Barrierefrei
Bauen für Behinderte
und Betagte

Barrierefrei
Bauen für Behinderte und Betagte

DIN-Normen
Kommentar
Statistik
Wohnformen
Betreutes Wohnen
Wohnungsbau
Außenanlagen
Öffentliche Gebäude
Sport- und Freizeitanlagen
Werkstätten
Arbeitswelt
Städtebau und Verkehr
Orientierung
Beratung
Selbsthilfe
Finanzierung
Östliche Bundesländer

Herausgeber
Axel Stemshorn

Unter Mitarbeit von
Ralf Aßmann
Gerhard Berger
Dietmar Böhringer
Frank Bolay
Joachim Brohm
Klaus Buhmann
Volker Doose
Gottfried Ebenhöh
Clemens Fauth
Vjenka Garms-Homolová
Rolf Gennrich
Gabriele Gerngroß-Haas
Norbert Hahn
Joachim Hildebrand
Kurt-Alphons Jochheim
Thomas Klie
Ernst Krauspe
Werner Lesser
Herwig Loeper
Rolf Nill
Christa Osbelt
Georg Riehle
Walter Rohmert
Manfred Sautter
Josef Franz Scholz †
Klaus Schüle
Winfried Specht
Peter Treier
Manfred Tretter
Anne-Marie Wagner-Fischer †
Martina Wiese
Arnold Wietrzichowski

Verlagsanstalt Alexander Koch

ISBN 3-87422-651-4
5. erweiterte Auflage 2003
4. überarbeitete und erweiterte Auflage 1999
3. Auflage, 1. Nachdruck 1995
3. überarbeitete und erweiterte Auflage 1994
2. Auflage, 1. Nachdruck 1983
2. Auflage 1979
© 1974 by
Verlagsanstalt Alexander Koch GmbH
Leinfelden-Echterdingen

Das Werk einschließlich aller seiner Teile ist urheberrechtlich geschützt. Jede Verwertung außerhalb der engen Grenzen des Urheberrechtsgesetzes (auch Fotokopien, Mikroverfilmung und Übersetzung) ist ohne Zustimmung des Verlages unzulässig und strafbar. Dies gilt auch ausdrücklich für die Einspeicherung und Verarbeitung in elektronischen Systemen jeder Art und von jedem Betreiber.

Es wurden die neuen Rechtschreibregeln angewandt.

Produktion:
Schack Verlagsherstellung, Dortmund
Gesamtherstellung:
Karl Weinbrenner & Söhne GmbH & Co.,
Leinfelden-Echterdingen

Bestellnummer: 651

Vorwort
zur 5. Auflage

Mit der grundsätzlichen Überarbeitung der Normen DIN 18025 Teil 1, Teil 2 und auch der Norm DIN 18024 Teil 2 ist eine wesentliche Neuerung eingetreten: Wohnungen, Gebäude und Arbeitsstätten müssen barrierefrei sein.

Damit ist eine Anforderung definiert, die nicht nur den Menschen mit Behinderungen zu Hilfe kommt, sondern auch betagten und allen anderen Menschen. Diesem Ziel hat der Deutsche Bundestag am 16.1. 1992 Rechnung getragen und hat über alle Fraktionen hinweg einstimmig beschlossen, dass die vorliegenden Anträge „Wohnen im Alter – Förderung der Selbstständigkeit in der Gemeinschaft" und „Wohnen im Alter" befürwortend angenommen werden. In diesen Anträgen wird u.a. gefordert, dass dem Prinzip des barrierefreien Wohnens bei der Wohnungsversorgung älterer Menschen wie Menschen mit Behinderungen verstärkt Geltung verschafft wird. Dies gilt sowohl für den Neubau wie auch für den Umbau von Wohnungen. Die einschlägigen Normen sollten dabei, wo immer möglich, Anwendung finden. Auch die Förderprogramme der Länder und des Bundes sollen darauf abgestimmt sein. Damit ist das Ziel des barrierefreien Bauens für alle Menschen – insbesondere für die mit Behinderungen – von Seiten des Bundestages vorgegeben. Die Landesbauordnungen der einzelnen Bundesländer müssen in der Weise überarbeitet werden, dass diese Zielvorstellung in das Länderbaurecht übernommen wird. Dies bedeutet, dass die Normen DIN 18025 und DIN 18024 als Technische Baubestimmung in die Landesbauordnungen verbindlich eingeführt werden.

Die Bedeutung des barrierefreien Wohnungsbaus haben in einer Resolution im Sozialbereich tätige Organisationen und Vertretungen für ca. 3,5 Millionen Mitglieder zum Ausdruck gebracht. An die Bundesregierung, die Ministerpräsidenten und Fachminister der Bundesländer, an den Deutschen Städtetag, an den Deutschen Gemeindetag, an Persönlichkeiten, an Dienststellen und an Mandatsträger des Wohnungswesens in der Bundesrepublik Deutschland gewandt, fordern diese Organisationen und Vertretungen, dass die Neufassung der DIN 18025 Teil 2, Barrierefreie Wohnungen für alle Menschen, insbesondere für solche mit sensorischen und anderen Körperbehinderungen, verwirklicht wird. DIN 18025 Teil 2 bietet eine ökonomisch machbare Grundlage für einen allgemeinen, barrierefreien Lebensraum in den Wohnanlagen.

Was heißt „barrierefrei"? Der aus dem angelsächsischen Sprachraum übernommene Begriff – dort heißt es barrierfree – heißt soviel wie ohne Barrieren, frei von Hindernissen oder hindernisfrei. Damit wurde ein internationaler Begriff in den deutschen Sprachraum übernommen. Er bedeutet, dass alle Menschen in jedem Alter unabhängig von ihrer Behinderung und ohne jegliche Einschränkungen gleichberechtigt, selbstständig und selbstbestimmt in ihrer Umgebung leben können. Ergänzt wird der Begriff „barrierefrei" noch durch die Begriffe „accessibility" aus dem angelsächsischen Sprachraum, womit Zugänglichkeit gemeint ist.

Nachdem im November 1996 die Norm 18024-2 mit dem Titel „Barrierefreies Bauen Teil 2: Öffentlich zugängige Gebäude und Arbeitsstätten; Planungsgrundlagen" und nachdem auch im Januar 1998 die DIN 18024-1 mit dem Titel „Barrierefreies Bauen Teil 1: Straßen, Plätze, Wege, öffentliche Verkehrs- und Grünanlagen sowie Spielplätze; Planungsgrundlagen" erschienen sind und im Weißdruck vorliegen, ist das aus vier Teilen bestehende Normenwerk vollständig. Die Normen DIN 18025 Teil 1 und Teil 2 sind seit dem Dezember 1992 als Weißdruck bekannt. Die genannten vier Teile der zwei DIN-Normen sind im Anhang dieses Buches aufgeführt.

In die 5. Auflage wurde neben den bisher vorliegenden Normen DIN 18024 sowie 18025 (jeweils Teil 1 und 2) deren Überarbeitung in Form des Norm-Entwurfs 18030 aufgenommen. Der Weißdruck der DIN 18030 wird die bestehenden Normen ersetzen, weitere Erkenntnisse einbeziehen und in besserer Übersichtlichkeit dargestellt werden, was u.a. durch die Stellungnahme der Öffentlichkeit zum Entwurf erreicht werden soll.

Hinzu kommt, dass die Landesbauordnungen der einzelnen Bundesländer und Stadtstaaten in den vergangenen Jahren überarbeitet wurden und hierbei die DIN-Normen teilweise Eingang in das Baurecht der einzelnen Bundesländer fanden. Zur Vereinheitlichung der doch teilweise unterschiedlichen Formulierungen in den Landesbauordnungen und Bauordnungen ist die Forderung erhoben worden, über die Musterbauordnung (MBO) eine einheitliche Formulierung zugunsten der Behinderten und Betagten zu erarbeiten.

Auch gewinnt in zunehmendem Maße in der öffentlichen Diskussion das betreute Wohnen an Bedeutung, so dass ein eigenes Kapitel diesem Thema gewidmet werden musste.

Breiteren Raum nimmt nun auch die Darstellung der Arbeitswelt der Behinderten und Betagten ein. Weitere Kapitel zur Gestaltung des Arbeitsplatzes und der Arbeitsräume wurden aufgenommen.

Bemerkenswert ist in diesem Zusammenhang die Barcelona-Erklärung 1995 über die Stadt und die Behinderten. Hierin wird der Gesellschaft und den Stadträten in einem umfangreichen Aufgabenkatalog aufgegeben, wie eine barrierefreie Umwelt zugunsten der Behinderten und Betagten entstehen muss.

Hervorzuheben ist außerdem das Inkrafttreten des Gesetzes zur Gleichstellung behinderter Menschen am 1. Mai 2002. Es gehört neben dem Gesetz zur Bekämpfung der Arbeitslosigkeit Schwerbehinderter sowie dem SGB-X zum gesetzgebenden Programm der Bundesregierung.

Herrn Dr. med. Nissen ist besonders zu danken für die erneute Durchsicht der medizinischen Aspekte, insbesondere in Kapitel 2.4 Medizin: Funktionsbehinderungen und Funktionsausfälle.

Auch danke ich besonders Frau Annette Bahn, da sie zur Aktualisierung der einzelnen Vorschriften in den Bundesländern umfangreichen Schriftverkehr führte. Die Einarbeitung der Korrekturen in den verschiedenen Beiträgen sowie die Zuordnung neuer Passagen wurde von ihr vorgenommen.

Herausgeber, Autoren und Verlag
Stuttgart/Leinfelden-Echterdingen 2003

Inhalt

1.0 Der Anspruch der Menschen mit Behinderungen an die Gesellschaft und Umwelt — 23

Kurt-Alphons Jochheim

1.1	Einleitung	23
1.2	Der Anspruch an die Gesellschaft	23
1.3	Der Anspruch behinderter Kinder im Kindergartenalter	23
1.4	Der Anspruch behinderter Kinder im Schulalter	23
1.5	Der Anspruch behinderter Jugendlicher	24
1.6	Der Anspruch behinderter Erwachsener	25
1.7	Der Anspruch älterer behinderter Menschen	25
1.8	Der Anspruch an die Umwelt	26
1.9	Zur europäischen Entwicklung	26

2.0 Allgemeine Hinweise — 28

2.1 Statistik, Altersstufen — 28

Vjenka Garms-Homolová

2.1.1	Einleitung	28
2.1.2	Wohnsituation und Formen des Zusammenlebens	29
2.1.3	Bevölkerung und Altersgliederung	30
2.1.4	Die Wohnsituation alter Menschen	31
2.1.5	Situation von Behinderten	32
2.1.6	Wohnsituation Behinderter	34
2.1.7	Resümee	35

2.2 Psycho-soziale Aus- und Nebenwirkungen der Behinderung — 35

Norbert Hahn

2.2.1	Psycho-soziale Beziehungen	35
2.2.2	Psycho-soziale Beziehungen des Behinderten	36
2.2.2.1	Das Kaschieren oder Verbergen der Behinderung	37
2.2.2.2	Das Verleugnen der Behinderung	37
2.2.2.3	Die Anerkennung der Behinderung und des Leidensgewinns	37
2.2.2.4	Die aggressive Identitätsverteidigung	37
2.2.2.5	Die Apathie	37
2.2.3	Psycho-soziale Beziehungen Nichtbehinderter zu Behinderten	38
2.2.3.1	Das Vermeiden einer Kontaktaufnahme	38
2.2.3.2	Die aufdringliche Zuwendung	38
2.2.3.3	Das Hochstilisieren	38
2.2.3.4	Die Ablehnung	38
2.2.4	Versuch einer Kausalanalyse	38

2.3 Blindheit und Sehbehinderung — 40

Dietmar Böhringer
Winfried Specht

2.3.1	Behindertengerechte Umweltgestaltung als Mittel zur Integration Blinder und Sehbehinderter	40
2.3.2	Blindheit und Sehbehinderung aus medizinischer Sicht	40
2.3.3	Schriftliche Informationen für blinde und sehbehinderte Personen	41
2.3.4	Raumerfassung des Blinden	44
2.3.5	Mobilität und Mobilitätstraining blinder Personen	45

2.4 Medizin: Funktionsbehinderungen und Funktionsausfälle — 46

Anne-Marie Wagner-Fischer †

2.4.1	Einleitung	46
2.4.2	Darstellung von Funktionsbehinderungen und Funktionsausfällen mit Konsequenzen für die Umweltgestaltung	47
2.4.2.1	Die Fb und die Fa am Bewegungs-, Stütz- und Halteapparat	47
2.4.2.2	Die Fb und die Fa der Sinnesorgane	47
2.4.2.3	Fb und Fa der inneren Organe	47
2.4.3	Exemplarische Darstellung der Konsequenzen für die Umweltgestaltung	48
2.4.4	Übersicht über wichtige Diagnosen, die behindertengerechtes Bauen erfordern	52

	2.4.4.1	Arteriosklerose	52
	2.4.4.2	Coxarthrose	52
	2.4.4.3	Dysmelie	52
	2.4.4.4	Hüftgelenksluxation	52
	2.4.4.5	Multiple Sklerose	53
	2.4.4.6	Muskeldystrophie	53
	2.4.4.7	Paraplegie	53
	2.4.4.8	Poliomyelitis	53
	2.4.4.9	Polyarthritis	54
	2.4.4.10	Cerebralparese	54
	2.4.4.11	Epilepsie	54

2.5 Der Bewegungsraum und seine Messung 55

Ernst Krauspe

2.5.1	Einleitung – Aufgabenstellung	55
2.5.2	Möglichkeiten der Bewegungsraummessung	55
2.5.3	Messziele und Definition	55
2.5.4	Medizinisch-anatomische Überlegungen zur Erfassung des Bewegungsraumes	55
2.5.5	Behinderungsarten und ihr Bewegungsraum	56
2.5.5.1	Hand- und Armbehinderungen	56
2.5.5.2	Behinderungen durch Lähmungen im oberen und mittleren Hals-Arm-Nervengeflecht	56
2.5.5.3	Behinderungen durch die untere (Klumpke'sche) Lähmung des Armplexus	56
2.5.5.4	Behinderungen durch Versteifung oder Teilversteifung der Gelenke	56
2.5.5.5	Behinderungen bei Paraplegikern (Querschnittgelähmten), Rollstuhlbenutzern	56
2.5.5.5.1	Der Platzbedarf für den Rollstuhlbenutzer	57
2.5.5.5.2	Praktische Hinweise	57
2.5.5.6	Behinderungen der unteren Extremitäten	57
2.5.6	Übersicht über Bewegungsraum, Höhen und Tiefen von Arbeitsflächen	58

2.6 Gehhilfen – Stehhilfen 58

Axel Stemshorn

2.6.1	Gehstöcke	59
2.6.2	Unterarmstützen, Arthritisstützen	60
2.6.3	Achselstützen	60
2.6.4	Vierfuß-Gehhilfen	60
2.6.5	Gehgestelle und Gehböcke	60
2.6.5.1	Starre Gehgestelle, Gehböcke	60
2.6.5.2	Bewegliche Gehgestelle	60
2.6.6	Fahrbare Gehgestelle, Rollatoren	61
2.6.7	Gehwagen	61
2.6.8	Stehhilfe, Stehgerät	63
2.8.9	Platzbedarf für Gehhilfen	63

2.7 Bewegungshilfen, Rollstühle 63

Axel Stemshorn

2.7.1	Angaben in Normen und Empfehlungen	63
2.7.2	Rollstuhlarten	63
2.7.2.1	Antrieb	63
2.7.2.1.1	Greifreifenantrieb	63
2.7.2.1.2	Einarmantrieb	64
2.7.2.1.3	Hebelantrieb	64
2.7.2.1.4	Elektroantrieb	64
2.7.2.1.5	Einhand-Hebelantrieb	64
2.7.2.1.6	Ohne Antrieb (Transit)	64
2.7.2.1.7	Liftrollstuhl	66
2.7.2.1.8	Rolli-Bikes	66
2.7.2.2	Starre oder faltbare Modelle	66
2.7.2.3	Armlehnen	66
2.7.2.4	Beinstützen	66
2.7.2.5	Rückenlehnen	67
2.7.2.6	Verstärkte Ausführung	67
2.7.2.7	Reifen und Räder	67
2.7.2.8	Zusatzausstattungen	67
2.7.2.9	Sondermodelle und Spezialgeräte	68
2.7.2.9.1	Zimmerrollstuhl	68
2.7.2.9.2	Hebesitz-Roller	68
2.7.2.9.3	Fahrbare Liegen	68

	2.7.2.9.4	Toiletten- und Duschstühle	68
	2.7.3	Maße	68
	2.7.4	Platzbedarf	69
	2.7.5	Fahrrad-Kombinationen	70
	2.7.6	Designobjekt Rollstuhl	71

2.8 Lifter und sonstige Hilfsmittel — 72

Axel Stemshorn

	2.8.1	Lifter	72
	2.8.1.1	Bodengebundene, fahrbare Lifter	72
	2.8.1.2	Deckengebundene Lifter	73
	2.8.1.3	Wandgebundene Lifter	74
	2.8.1.4	Bodengebundene stationäre Lifter	74
	2.8.1.5	Sitz- und Liegelifter	75
	2.8.2	Lifterhilfen	75
	2.8.3	Stehgeräte	75
	2.8.4	Sonstige Hilfsmittel	75

2.9 Der Rollstuhl am Arbeitsplatz und zu Hause — 76

Walter Rohmert
Werner Lesser

	2.9.1	Körperliche Einschränkungen von Rollstuhlfahrern	76
	2.9.2	Anpassung des Rollstuhls an Behinderung und individuelle Eigenschaften des Benutzers	76
	2.9.3	Anforderungen an die Rollstuhlgestaltung bezogen auf den vorgesehenen Einsatzbereich	77
	2.9.4	Systemgestaltung für Rollstuhlfahrer	78
	2.9.5	Technische Hilfen für Rollstuhlfahrer am Arbeitsplatz und zu Hause	79
	2.9.6	Rollstuhlverladung und Kfz-Einstieg	79
	2.9.7	Information und Beratung zur Lösung von Gestaltungsproblemen am Arbeitsplatz, zum Arbeitsweg und zu Hause	80

3.0 Planungshinweise — 81

3.1 Wohnwert — 81

Axel Stemshorn

	3.1.1	Einleitung	81
	3.1.2	Gesichtspunkte zur Beurteilung des Inneren Wohnwertes	82
	3.1.2.1	Mindestbemessung der Räume und besondere Raumgrößen	82
	3.1.2.2	Mindesteinrichtung der Räume und zusätzliche Einrichtung	82
	3.1.2.3	Mindestbemessung der Stellflächen für die Einrichtungsgegenstände	82
	3.1.2.4	Mindestbemessung der Bewegungsflächen	82
	3.1.2.5	Mindestbemessung der Abstände	82
	3.1.2.6	Mindestwerte für den Wärmeschutz	82
	3.1.2.7	Mindestwerte für den Schallschutz	82
	3.1.3	Gesichtspunkte zur Beurteilung des Äußeren Wohnwertes	82
	3.1.3.1	Zugang zur Wohnung	82
	3.1.3.2	Zugang zum Haus	82
	3.1.3.3	Zufahrt zum Haus	82
	3.1.3.4	Freisitz	82
	3.1.3.5	Äußere Einflüsse und Wohnumgebung	82
	3.1.3.6	Das Erreichen der näheren Umgebung	82
	3.1.3.7	Das Erreichen der weiteren Umgebung	83
	3.1.3.8	Entfernungen	83
	3.1.4	Beurteilung des Wohnwertes	83
	3.1.5	Behindertengerecht oder behindertenfreundlich?	83
	3.1.6	Wohnungsgröße	83
	3.1.6.1	Begriffsbestimmung	83
	3.1.6.2	Statistische Angaben	84
	3.1.6.3	Wohnungen für Rollstuhlbenutzer	84
	3.1.6.3.1	Wohnungsgrößen-Vergleich zwischen Wohnungen für Rollstuhlbenutzer und Nichtbehinderte	84
	3.1.7	Untersuchungen	84
	3.1.7.1	Fragebogen zur Wohnsituation der Körperbehinderten	84
	3.1.7.2	Fragebogen zur Wohnsituation von Rollstuhlbenutzern in Stuttgart	84
	3.1.7.3	Untersuchung zur Wohnsituation Schwerkörperbehinderter in Frankfurt	84
	3.1.8	Gütesiegel „Barrierefrei"	85

3.2 SIESTA: Qualitätsdiagnose von Einrichtungen der Altenhilfe   86

Gerhard Berger, Gabriele Gerngroß-Haas

3.3 Wohnform   67

Joachim Brohm

3.3.1	Die Bedeutung geeigneter Wohnformen für behinderte sowie betagte Menschen	87
3.3.2	Berücksichtigung der Belange behinderter und betagter Bewohner im allgemeinen Wohnungsbau	88
3.3.3	Wohnformen für Rollstuhlbenutzer	88
3.3.3.1	Einfamilienhäuser für rollstuhlgebundene Bewohner	88
3.3.3.2	Wohnungen im Geschosswohnungsbau für Rollstuhlbenutzer	89
3.3.3.3	Wohnanlagen für Rollstuhlbenutzer und mehrfach Behinderte mit Betreuung	97
3.3.3.4	Wohnheime für Rollstuhlbenutzer	97
3.3.4	Wohnformen für Menschen aller Altersgruppen mit sensorischen und anderen Behinderungen	98
3.3.4.1	Einfamilienhäuser für Menschen mit sensorischen oder anderen Behinderungen	99
3.3.4.2	Geschosswohnungen für Menschen mit sensorischen oder anderen Behinderungen	99
3.3.4.3	Wohnanlagen für Menschen mit sensorischen und anderen Behinderungen	99
3.3.4.4	Heime für Menschen mit sensorischen und anderen Behinderungen	100

3.4 Neue Wohnformen für betagte und behinderte Menschen aus sozialplanerischer Sicht   102

Gabriele Gerngroß-Haas

3.4.1	Traditionelle Wohnformen für ältere Menschen und notwendige Weiterentwicklungen	102
3.4.2	Servicehäuser für betagte und behinderte Menschen	104
3.4.3	Palette der Wohnformen für Körperbehinderte	104
3.4.4	Projekte und Planungen zu Servicehäusern für ältere und behinderte Menschen in Stuttgart	105
3.4.5	Sozialwissenschaftliche Aspekte	107
3.4.5.1	Architekturpsychologie und bauliche Anforderungen	107
3.4.5.2	Größe	107
3.4.5.3	Fragen der Mischung	108
3.4.5.4	Notwendigkeit von Evaluationsuntersuchungen	109
3.4.5.5	Erste Ergebnisse	109

3.5 Betreutes Wohnen   111

Gabriele Gerngroß-Haas

3.5.1	Vorgeschichte: Von der Altenwohnung zum Betreuten Wohnen	111
3.5.2	Charakteristika des Betreuten Wohnens	111
3.5.3	Diffusität in der Praxis	111
3.5.4	Diffusität in der Theorie	111
3.5.5	Entwicklungen und Präzisierungen	112
3.5.6	Beispiele und Typologie	112
3.5.7	Chancen und Risiken	113
3.5.8	Zusammenfassende Checkliste für Qualität im Betreuten Wohnen	115

3.6 Wohnungen für blinde und sehbehinderte Menschen   116

Manfred Tretter, Dietmar Böhringer

3.6.1	Die Lage der Wohnung	116
3.6.2	Die Größe der Wohnung	116
3.6.3	Hinweise zur Gestaltung der Wohnung	116

3.7 Anpassbares Bauen in den Niederlanden   117

Axel Stemshorn

3.7.1	Zielsetzungen	117
3.7.2	Bewertung	119

3.8 Barrierefreier Wohnungsbau in der Bundesrepublik Deutschland   120

Axel Stemshorn

3.8.1	Freistaat Bayern	120
3.8.1.1	Lindenberg im Allgäu	120
3.8.1.2	Regensburg, Rote-Löwen-Straße	122
3.8.1.3	Bad Birnbach	124
3.8.1.4	Deggendorf	126
3.8.1.5	Regensburg, Königswiesen-Süd	128
3.8.1.6	Neu-Ulm	130
3.8.2	Baden-Württemberg	132

| | | 3.8.2.1 | Blaubeuren | 132 |
| | | 3.8.2.2 | Ulm | 134 |

4.0 Planungsgrundlagen zu Räumen innerhalb und außerhalb der Wohnung — 135

Axel Stemshorn

4.1 Äußerer Eingangsbereich. Zugang zum Haus und zur Wohnung, Zufahrt — 135

Axel Stemshorn

4.1.1	Normen	135
4.1.1.1	DIN 18025 Teil 1 Barrierefreie Wohnungen, Wohnungen für Rollstuhlbenutzer	135
4.1.1.2	DIN 18025 Teil 2 Barrierefreie Wohnungen	137
4.1.2	Forderungen der Rollstuhlbenutzer	137
4.1.3	Forderungen der behinderten und betagten Menschen	138
4.1.3.1	Treppenhaus	138
4.1.4	Zwei- und Mehrspänner, Laubengangerschließung	138
4.1.5	Einrichtungen im äußeren Eingangsbereich	141
4.1.5.1	Briefkastenanlage	141

4.2 Innerer Eingangsbereich — 142

Axel Stemshorn

4.2.1	Normen	142
4.2.1.1	DIN 18025 Teil 1 Barrierefreie Wohnungen, Wohnungen für Rollstuhlbenutzer	142
4.2.1.2	DIN 18025 Teil 2 Barrierefreie Wohnungen	142
4.2.2	Forderungen der Rollstuhlbenutzer	142
4.2.3	Forderungen der behinderten und betagten Menschen	143
4.2.4	Innere Erschließung	143
4.2.5	Flächen im Eingangsbereich	144
4.2.6	Einrichtungen im inneren Eingangsbereich	144
4.2.6.1	Fußabstreifer	144
4.2.6.2	Ablage	146
4.2.6.3	Briefkasten	146
4.2.6.4	Weitere Einrichtungen im Eingangsbereich	146

4.3 Wohnraum, Essplatz und zusätzliche Wohnfläche — 146

Axel Stemshorn

4.3.1	Normen und Empfehlungen	146
4.3.1.1	DIN 18025 Teil 1	146
4.3.1.2	DIN 18025 Teil 2	146
4.3.2	Die Bedeutung des Wohnraumes für Menschen mit Behinderungen	146
4.3.2.1	Forderungen des Rollstuhlbenutzers	147
4.3.2.2	Forderungen der Menschen mit anderen Behinderungen, insbesondere der blinden und sehbehinderten, der gehbehinderten, älteren Menschen	147
4.3.2.3	Forderungen der Menschen aller Altersgruppen mit Behinderungen, insbesondere der Betagten	147
4.3.3	Wohnraum ohne Essplatz für Rollstuhlbenutzer	147
4.3.4	Wohnraum mit Essplatz für Rollstuhlbenutzer	149
4.3.5	Zuordnung des Essplatzes zur Küche	149
4.3.6	Zusätzliche Wohnfläche/zusätzlicher Raum für Rollstuhlbenutzer	149
4.3.7	Zusätzlicher Raum für Blinde und Sehbehinderte	152
4.3.7.1	Unterzubringende Gegenstände	152
4.3.7.2	Anordnung	152
4.3.7.3	Schallschutz	152

4.4 Schlafraum — 153

Axel Stemshorn

4.4.1	Normen	153
4.4.1.1	DIN 18025 Teil 1 Wohnungen für Rollstuhlbenutzer	153
4.4.1.2	DIN 18025 Teil 2 Barrierefreie Wohnungen	153
4.4.2	Bedeutung für Menschen mit Behinderungen	153
4.4.3	Zuordnung zum Sanitärraum	153
4.4.4	Stellung des Bettes und die Bewegungsfläche	154
4.4.4.1	Die Stellung des Bettes und die Bewegungsflächen bei Rollstuhlbenutzern	155
4.4.4.2	Die Stellung des Bettes und die Bewegungsfläche für behinderte und betagte Menschen nach DIN 18025 Teil 2	156
4.4.5	Einbettzimmer für Rollstuhlbenutzer	156
4.4.6	Zweibettzimmer für Rollstuhlbenutzer	158
4.4.6.1	Nebeneinander stehende Betten	158

		4.4.6.2	Getrennt stehende Betten	161
		4.4.6.3	Bettstellungen in Heimen	162
		4.4.7	Einrichtung	162

4.5 Küchen — 164

Joachim Brohm

4.5.1	Normen	164
4.5.2	Der Küchenraum und seine Bedeutung für den behinderten oder betagten Bewohner	164
4.5.3	Allgemeine Planungsvoraussetzungen	164
4.5.3.1	Arbeitsabläufe	164
4.5.3.2	Grundformen des Küchenraumes	164
4.5.3.3	Küchenanordnung in der Wohnung	165
4.5.3.4	Die weitere Ausgestaltung	166
4.5.3.5	Die Küchenausstattung	166
4.5.4	Küchen für Rollstuhlbenutzer nach DIN 18025 Teil 1	166
4.5.4.1	Flächen für Kücheneinrichtungen	167
4.5.4.2	Unterfahrbarkeit und Arbeitshöhen von Einrichtungsteilen	167
4.5.4.3	Bewegungsflächen	167
4.5.4.4	Die einzelnen Einrichtungsteile	167
4.5.4.5	Übereckanordnung des Hauptarbeitsplatzes	169
4.5.4.6	Beispiele von Küchen nach DIN 18025 Teil 1	169
4.5.5	Küchen für sonstige behinderte und betagte Menschen nach DIN 18025 Teil 2	171
4.5.5.1	Flächen für Kücheneinrichtungen	171
4.5.5.2	Arbeitshöhe und Beinfreiheit von Einrichtungsteilen	171
4.5.5.3	Bewegungsflächen	171
4.5.5.4	Die einzelnen Einrichtungsteile	171
4.5.5.5	Winkelförmige Anordnung des Hauptarbeitsplatzes	173
4.5.5.6	Beispiele von Küchen nach DIN 18025 Teil 2	174

4.6 Hausarbeitsraum — 174

Joachim Brohm

4.6.1	Planungsvorgaben	174
4.6.2	Hausarbeitsräume für behinderte und betagte Bewohner	174
4.6.3	Grundformen der Hausarbeitsräume	174
4.6.4	Anordnung des Hausarbeitsraumes in der Wohnung	175
4.6.5	Ausstattung der Hausarbeitsräume	175
4.6.6	Die übrige bauliche Ausgestaltung	176

4.7 Abstellraum innerhalb und außerhalb der Wohnung — 176

Axel Stemshorn

4.7.1	Normen und Richtlinien	176
4.7.2	Bedeutung des Abstellraumes für Menschen mit Behinderungen	176
4.7.3	Befahrbarer Abstellraum	177
4.7.4	Einrichtung	178
4.7.5	Abstellflächen in Nischen	178
4.7.6	Abstellplätze für Rollstühle	178

4.8 Sanitärraum — 179

Axel Stemshorn

4.8.1	Einleitung	179
4.8.2	Normen	179
4.8.2.1	DIN 18025 Teil 1	179
4.8.2.2	DIN 18025 Teil 2	180
4.8.3	Bedeutung der Sanitärräume für behinderte und betagte Menschen	181
4.8.4	Anordnung von Sanitärräumen in Wohnungen für Rollstuhlbenutzer	181
4.8.4.1	Anordnung des Sanitärraumes in der Wohnung für eine Person	181
4.8.4.2	Anordnung des Sanitärraumes in Wohnungen für zwei Personen	182
4.8.4.3	Anordnung des Sanitärraumes in Wohnungen für drei Personen	182
4.8.4.4	Zuordnung der Sanitärräume in Heimen	182
4.8.4.5	Anordnung des Sanitärraumes in Wohnungen nach DIN 18022	183
4.8.5	Anordnung von Sanitärräumen in der Wohnung für behinderte und betagte Menschen	183
4.8.6	Austauschbarkeit Duschplatz/Wanne	184
4.8.7	WC-Raum	184

4.9 Therapie- und Sporteinrichtungen, Bewegungsbad und Sauna	186	4.9.1	Die Bedeutung von Sport- und Therapieeinrichtungen für behinderte und betagte Menschen	186
		4.9.2	Strukturen der unterschiedlichen Wohn- und Lebensbereiche und Anforderungen an die Ausstattung	186
Gottfried Ebenhöh		4.9.2.1	Privatwohnung und Eigenheim	186
		4.9.2.2	Wohnanlagen und Altenwohnheime	186
		4.9.2.3	Tagesstätten	186
		4.9.2.4	Altenheime und mehrstufige Einrichtungen mit Pflegestation	187
		4.9.2.5	Therapie- und Behandlungszentren	188
		4.9.3	Die Ausstattung	188
		4.9.3.1	Trainings- und Übungsmittel, Hilfsmittel zur Lagerung und Fortbewegung	188
		4.9.3.2	Einzelraum, Gruppenraum und Sporthalle	190
		4.9.3.3	Therapieeinrichtungen im Freien	190
		4.9.3.4	Sonderräume	190
		4.9.4	Das Bewegungsbad	190
		4.9.4.1	Maße und Form des Bewegungsbades	190
		4.9.4.2	Haltevorrichtungen	194
		4.9.4.3	Hubboden	194
		4.9.4.4	Einstiegshilfen	194
		4.9.5	Wasser- und raumtechnische Anlagen	196
		4.9.5.1	Temperatur von Wasser und Luft	196
		4.9.5.2	Umkleideräume, Dusche und WC	196
		4.9.5.3	Wasseraufbereitung	196
		4.9.6	Sauna	197
5.0 Planungsgrundlagen. Gebäudetechnische Ausstattung und Einrichtung	197			
5.1 Oberflächen im Raum: Wand – Decke – Boden	197	5.1.1	DIN 18025 Teil 1 und Teil 2	197
		5.1.2	Kriterien zur Auswahl von Materialien	198
		5.1.2.1	Mechanische Eigenschaften	198
Axel Stemshorn		5.1.2.2	Wärmetechnische Eigenschaften, die für behinderte und betagte Menschen wichtig sind	198
		5.1.2.3	Feuchtigkeitstechnische Eigenschaften	198
		5.1.2.4	Schalltechnische Eigenschaften	198
		5.1.2.5	Lichttechnische Eigenschaften	198
		5.1.2.6	Reibfähigkeit (Rutschhemmung)	198
		5.1.2.7	Elektrostatische Aufladung	198
		5.1.2.8	Pflege	198
		5.1.3	Wand	198
		5.1.3.1	Festigkeit	199
		5.1.3.2	Stoßleisten	199
		5.1.3.3	Handläufe und Geländer	200
		5.1.3.4	Reinigung	200
		5.1.3.5	Tapeten	200
		5.1.3.6	Vorhänge	200
		5.1.3.7	Farben	200
		5.1.4	Decke	200
		5.1.5	Boden	200
		5.1.5.1	Rutschhemmung	200
		5.1.5.1.1	Bodenbeläge im Innenbereich	201
		5.1.5.1.2	Treppen im Innenbereich	205
		5.1.5.1.3	Reinigung im Innenbereich	206
		5.1.5.1.4	Bodenbeläge im Außenbereich	206
		5.1.5.2	Festigkeit	206
		5.1.5.2.1	Teppichbeläge	206
		5.1.5.2.2	Roste	207
		5.1.5.3	Fußwärme	207
		5.1.5.4	Spiegelung	207
		5.1.5.5	Elektrostatische Aufladung	207
		5.1.5.6	Trittschalldämmung	207
		5.1.5.7	Widerstandsfähigkeit gegen Säuren	207
		5.1.5.8	Pflege	207
		5.1.5.9	Orientierung	207

5.2 Fenster **208**

Axel Stemshorn

5.2.1	DIN 18025 Teil 1	208
5.2.2	DIN 18025 Teil 2	208
5.2.3	Fenster für Rollstuhlbenutzer	208
5.2.3.1	Bewegungsfläche	208
5.2.3.2	Materialien	208
5.2.4	Beschlagsarten	208
5.2.5	Brüstung	209
5.2.6	Reinigung	209
5.2.7	Zusätzliche Ausstattung	209
5.2.7.1	Rollladen	209
5.2.7.2	Fensterläden	211
5.2.7.3	Jalousetten	211

5.3 Türen **211**

Axel Stemshorn

5.3.1	DIN 18025 Teil 1	211
5.3.2	DIN 18025 Teil 2	212
5.3.3	Türen für Rollstuhlbenutzer nach DIN 18025 Teil 1	212
5.3.3.1	Bewegungsflächen	212
5.3.3.2	Materialien	212
5.3.3.2.1	Oberfläche des Türblattes	213
5.3.3.2.2	Oberfläche des Türrahmens	213
5.3.3.3	Hauseingangstüren	213
5.3.3.4	Wohnungseingangstüren	214
5.3.3.5	Wohnungs-/Zimmertüren	214
5.3.3.6	Balkon- und Terrassentüren	214
5.3.3.7	Ausstattung	217
5.3.3.7.1	Beschläge	217
5.3.3.7.2	Türdichtungen	219
5.3.3.7.3	Gitterroste	219
5.3.4	Türen für behinderte und betagte Menschen nach DIN 18025 Teil 2	220
5.3.4.1	Bewegungsflächen	220
5.3.4.2	Hauseingangs- und Wohnungseingangstüren	221
5.3.4.3	Wohnungstüren/Zimmertüren	221
5.3.4.4	Balkon-/Terrassentüren	221
5.3.5	Sonderformen	221

5.4 Einrichtung, Möbel **222**

Axel Stemshorn

5.4.1	Anforderungen der behinderten Menschen an die Einrichtung	222
5.4.2	Einrichtungsteile wie Schränke und Regale	222
5.4.3	Einrichtungsteile wie Möbel	222
5.4.3.1	Stühle, Sessel	222
5.4.3.2	Tische, Ablagen und Arbeitsflächen	222
5.4.3.3	Betten	222
5.4.3.4	Kleinmöbel	222
5.4.4	Einrichtungsteile der beruflichen Arbeitswelt	223
5.4.4.1	Arbeitsplatz zu Hause	223
5.4.4.2	Arbeitsplatz außer Haus	223
5.4.4.3	Arbeitsplatz in Werkstätten	223

5.5 Raumklima, Heizung, Lüftung **223**

Axel Stemshorn

5.5.1	Raumklima	223
5.5.1.1	Allgemeine Angaben	223
5.5.1.1.1	Luft- und Oberflächentemperatur	223
5.5.1.1.2	Luftfeuchtigkeit	224
5.5.1.1.3	Luftgeschwindigkeit	224
5.5.1.2	Bedeutung des Raumklimas für behinderte und betagte Menschen	224
5.5.1.2.1	Bedeutung für Rollstuhlbenutzer	224
5.5.1.2.2	Bedeutung für behinderte und betagte Menschen	224
5.5.1.3	Das Außenklima und das Gebäude	224
5.5.1.3.1	Wetterschutz	224
5.5.1.3.2	Windschutz	225
5.5.1.3.3	Sonnenschutz	225
5.5.2	Heizung	225
5.5.2.1	DIN 18025 Teil 1 und Teil 2	225
5.5.2.2	Anforderungen	225
5.5.2.3	Auswahl der Heizungsanlage	226
5.5.2.3.1	Wärmeübertragung	226
5.5.2.3.2	Temperaturverlauf	226

	5.5.2.3.3	Bauart, Betriebsweise, Raumgröße	226
	5.5.2.4	Einzelheizungen	226
	5.5.2.5	Zentralheizungen	226
	5.5.2.5.1	Warmwasser-Fußbodenstrahlungsheizung	227
	5.5.2.5.2	Warmwasser-Heizkörperheizung	227
	5.5.2.5.3	Elektrische Fußbodenstrahlungsheizung in Gebäuden und Außenanlagen	228
	5.5.3	Lüftung	228
	5.5.3.1	DIN 18025 Teil 1 und Teil 2	228
	5.5.3.2	Aufgabe der Lüftung und Bedeutung für behinderte und betagte Menschen	229
	5.5.3.3	Lüftung nach DIN 18017 Teil 1	229
	5.5.3.4	Lüftung nach DIN 18017 Teil 3	229

5.6 Schallschutz   229

Arnold Wietrzichowski

5.6.1	Normen und Empfehlungen	229
5.6.2	Bedeutung für den Behinderten und Betagten	229
5.6.3	Messbarkeit und subjektives Empfinden	229
5.6.4	Städtebau bei unterschiedlichen Bedingungen	229
5.6.5	Hochbau	230
5.6.6	Räume und Bereiche	230
5.6.6.1	Eingangsbereiche	230
5.6.6.2	Wohn- und Schlafräume	230
5.6.6.3	Hauswirtschafts- und Sanitärraum	230
5.6.6.4	Therapieräume	230
5.6.6.5	Oberflächen, Wand – Decke – Boden	230

5.7 Sanitäre Installation im Sanitärraum   231

Axel Stemshorn

5.7.1	Normen und Empfehlungen	231
5.7.2	Bedeutung für Rollstuhlbenutzer und nicht an den Rollstuhl gebundene, behinderte und betagte Menschen	231
5.7.3	Allgemeine Installationshinweise	231
5.7.4	Einrichtungsgegenstände	232
5.7.4.1	Duschplatz, Anordnung, Armaturen, Haltegriffe und Hilfsmittel	232
5.7.4.2	Austauschbarkeit Duschplatz/Wanne	233
5.7.4.3	Wanne, Armaturen, Haltegriffe, Hilfsmittel	239
5.7.4.4	Waschtisch, Armaturen, Haltegriffe, Hilfsmittel	241
5.7.4.5	Spülklosett, Armaturen, Haltegriffe, Hilfsmittel	242
5.7.4.6	Waschmaschine	243
5.7.4.7	Möbel	243
5.7.4.8	Lüftung	243
5.7.4.9	Notruf	243
5.7.4.10	Stütz- und Haltegriffe	243
5.7.4.11	Fertigbäder	243

5.8 Elektro-Installationen und -Einrichtungen   243

Georg Riehle

5.8.1	Allgemeines	243
5.8.1.1	Bedeutung elektrischer Energie	243
5.8.1.2	Begriffe	244
5.8.1.3	Vorschriften, Regeln, Normen	244
5.8.2	Starkstromanlagen	246
5.8.2.1	Einzelne Einrichtungen	246
5.8.2.2	Beleuchtung	247
5.8.2.3	Besonderheiten einzelner Räume	247
5.8.3	Fernmelde- und Informationsverarbeitungsanlagen	250
5.8.3.1	Klingelanlagen	250
5.8.3.2	Türöffneranlagen	252
5.8.3.3	Türsprechanlagen	252
5.8.3.4	Video-Türsprechanlagen	252
5.8.3.5	Antennenanlagen	252
5.8.3.6	Breitband-Kommunikationsnetz (BK-Netz)	252
5.8.3.7	Fernmeldeanschluss	252
5.8.3.8	Notrufeinrichtungen	253
5.8.3.9	Gefahrenmeldeanlagen	253
5.8.3.10	Öffentliche Fernsprechstellen	253

5.9 Aufzüge und Personen-Förderanlagen   253

Georg Riehle, Dietmar Böhringer (Kapitel 5.9.8)

5.9.1	Gesetze, Vorschriften, Empfehlungen	253
5.9.1.1	Baurecht; Landesbauordnungen	253
5.9.1.2	Aufzugverordnung (AufzV)	253
5.9.2	Normen für Personenaufzüge	255

5.9.2.1	Allgemeines	255
5.9.2.2	DIN 18025 Teil 1	255
5.9.2.3	DIN 18025 Teil 2	257
5.9.2.4	DIN 18024 Teil 2	258
5.9.2.5	DIN 15306	258
5.9.2.6	DIN 15309	258
5.9.2.7	DIN 15315	259
5.9.2.8	Abweichungen von den Normen	259
5.9.3	Antriebe für Personenaufzüge	259
5.9.3.1	Treibscheibenantriebe	259
5.9.3.2	Indirekt-hydraulische Antriebe	259
5.9.4	Kosten für Personenaufzüge	259
5.9.4.1	Anschaffungskosten	259
5.9.4.2	Betriebskosten	259
5.9.5	Sicherheitstechnische Regeln für Behindertenaufzüge	261
5.9.5.1	Senkrechtaufzüge („Hebebühnen")	261
5.9.5.2	Schrägaufzüge (Treppenaufzüge, „Treppenlifte")	262
5.9.6	Fahrtreppen und Fahrsteige	262
5.9.6.1	Fahrtreppen	262
5.9.6.2	Fahrsteige	263
5.9.7	Home-Lift/Vereinfachter Personenaufzug	263
5.9.7.1	Allgemeines	263
5.9.7.2	Der „vereinfachte Personenaufzug" in Deutschland	263
5.9.7.3	Wesentliche Abweichungen gegenüber Personenaufzügen nach TRA 200 bzw. EN 81	263
5.9.7.3.1	Schachtgrube	263
5.9.7.3.2	Schachtkopf	263
5.9.7.3.3	Triebwerksraum	263
5.9.7.3.4	Betriebsgeschwindigkeit	263
5.9.7.3.5	Fahrkorb	263
5.9.7.4	Schlussbemerkung	263
5.9.8	Blinden- und sehbehindertengerechte Gestaltung von Aufzügen	264
5.9.8.1	Gestaltung von optisch und taktil erfaßbarer Schwarzschrift im Bereich des Tableaus	266
5.9.8.2	Gestaltung von Punktschrift	266
5.9.8.3	Piktogramme	267
5.9.8.4	Tastenart	267
5.9.8.5	Stockwerksanzeige	267
5.9.8.6	Der optimale Platz für das blinden- und sehbehindertengerechte Tableau	267
5.9.8.7	Kontrastreiche Gestaltung	267

5.10 Abfallbeseitigung   268

Axel Stemshorn

5.10.1	DIN 18025 Teil 1	268
5.10.2	Die Bedeutung der Abfallbeseitigung für alle, vor allem für Menschen mit Behinderungen	268
5.10.3	Bedeutung für Menschen mit Behinderungen	268
5.10.3.1	Abfallmengen	268
5.10.3.2	Abfallarten	268
5.10.4	Sammlung des Abfalls in der Wohnung	268
5.10.4.1	Transportieren des Abfalls mit dem Rollstuhl	269
5.10.5	Einfüllen in zum Hause gehörenden Sammeleinrichtungen	269
5.10.5.1	Einfüllen in die freistehende Mülltonne	269
5.10.5.2	Einfüllen in die Mülltonne im Mülltonnenschrank	270
5.10.5.3	Einfüllen in den Großmüllbehälter	270
5.10.5.4	Zugang zu den Standplätzen	270
5.10.5.5	Einfüllen in eine Abwurfanlage	270
5.10.6	Mültonnenraum, sonstige Anlagen	270
5.10.7	Bedeutung für blinde oder wesentlich sehbehinderte Menschen	270

5.11 Bautechnischer Brandschutz und feuersicherheitliche Maßnahmen   271

Manfred Sautter

5.11.1	Einleitung	271
5.11.2	Allgemeines	271
5.11.3	Lage der baulichen Anlage, Anfahrt und Verkehrswege	271
5.11.4	Bauart und betriebliche Einrichtungen	272
5.11.4.1	Gebäude	272
5.11.4.2	Brandwände	272

5.11.4.3	Haupteingänge und Aufzüge	272
5.11.4.4	Flure	272
5.11.4.5	Treppen und Rutschen	272
5.11.4.6	Aufzüge	273
5.11.4.7	Abwurfschächte	273
5.11.4.8	Putzräume	273
5.11.4.9	Röntgenräume, Dunkelkammern	273
5.11.5	Elektrische Anlagen und Geräte; Blitzschutz	273
5.11.5.1	Sicherheitsbeleuchtung	273
5.11.5.2	Nachtbeleuchtung	273
5.11.5.3	Notrufanlage	273
5.11.5.4	Elektrische Geräte	273
5.11.5.5	Blitzschutz	273
5.11.6	Gasanlagen und Geräte	273
5.11.7	Feuerlösch- und Alarmeinrichtungen	273

6.0 Planungsgrundlagen zu Außenanlagen — 274

6.1 Rollstuhlabstellplatz — 274

Axel Stemshorn

6.1.1	DIN 18025 Teil 1	274
6.1.2	Aufgabe des Rollstuhlabstellplatzes	274
6.1.3	Maße	276
6.1.4	Einrichtung	276
6.1.5	Rollstuhlabstellplatz im Gemeinschaftseigentum	276

6.2 Terrasse und Balkon — 278

Axel Stemshorn

6.2.1	Normen	278
6.2.2	Bedeutung für Rollstuhlbenutzer, Sehbehinderte und Betagte	278
6.2.3	Freisitz-Arten	278
6.2.3.1	Terrassen im Erdgeschoss	278
6.2.3.2	Balkon, Loggia im Obergeschoss	278
6.2.3.3	Dachterrassen – Terrassen in Verbindung mit dem Dachgeschoss	278
6.2.4	Brüstung	278
6.2.5	Maße	278
6.2.6	Ausblick	278
6.2.7	Einrichtung – Ausstattung	280
6.2.8	Entwässerung	280

6.3 Pkw-Stellplätze und Pkw-Garagen — 281

Axel Stemshorn

6.3.1	Normen	281
6.3.2	Pkw-Stellplätze in der Wohnanlage	282
6.3.3	Pkw-Stellplätze im öffentlichen Bereich	282
6.3.4	Maße	283
6.3.5	Pkw-Garagen	283
6.3.5.1	Freistehende Garage	283
6.3.5.2	Angebaute Garage	283
6.3.5.3	Tiefgarage	284
6.3.5.4	Parkhäuser	284
6.3.5.5	Autoparksysteme	286
6.3.5.6	Ausstattung einer privaten Garage	286

6.4 Gehwege, Rampen und Plätze — 286

Axel Stemshorn

6.4.1	Normen	286
6.4.2	Gehwege	286
6.4.2.1	Breite der Gehwege	286
6.4.2.2	Längsgefälle	286
6.4.2.3	Quergefälle	286
6.4.2.4	Belag und Bordstein	287
6.4.2.5	Gehweg als Orientierungshilfe	287
6.4.3	Rampen	287
6.4.4	Plätze	287

6.5 Außenanlagen am Haus — 287

Clemens Fauth

6.5.1	Normen	287
6.5.2	Bedeutung für den Rollstuhlbenutzer, Sehbehinderten und Betagten	287
6.5.3	Beläge	287
6.5.3.1	Rollstuhlgerecht	287
6.5.3.2	Für Sehbehinderte geeignet	287
6.5.3.3	Für Gehbehinderte, Betagte geeignet	289

6.5.3.4	Wasserdurchlässige Beläge	289
6.5.4	Wegebegrenzungen, -einfassungen	290
6.5.4.1	Wegebau, Gefälle	290
6.5.5	Terrasse, Balkon	290
6.5.6	Stufenlose Verbindung Wohnung und Freiraum	291
6.5.6.1	Rinne	291
6.5.6.2	Rampe	291
6.5.6.3	Vorgelagerter Rost/Lichtschacht	291
6.5.7	Mauern und Zäune	291
6.5.8	Pflanzbehälter	291
6.5.8.1	Pflanzenauswahl	291
6.5.8.2	Nutzpflanzen	291
6.5.8.3	Spaliere/Kletterpflanzen	291
6.5.8.4	Hochbeetpflanzen	291
6.5.8.5	Hochstammrosen	291
6.5.8.6	Duftpflanzen	293
6.5.9	Sonderanlagen	293
6.5.9.1	Das Gewächshaus	293
6.5.9.2	Der Frühbeetkasten	294
6.5.9.3	Der Kompostbehälter	294
6.5.9.4	Die Feuerstelle	294
6.5.9.5	Das Hochbeet	294
6.5.10	Bewässerungstechnik	294
6.5.10.1	Balkon- oder Trogbewässerung	294
6.5.10.2	Versenkberegnung	294
6.5.10.3	Verteilungstechnik	294
6.5.11	Planungsbeispiel	295

7.0 Umbaumaßnahmen bei Wohnungen — 296

Axel Stemshorn

7.1	Umfang der Umbaumaßnahmen	296
7.1.1	Grad der Behinderung	296
7.1.2	Art des Gebäudes	296
7.1.3	Einrichtung – bewegliche und festverbundene Möbelstücke	296
7.1.4	Einrichtung – festverbundene Bauteile und Geräte	296
7.1.5	Bauweise und Konstruktion des Gebäudes	296
7.1.6	Eigentumsverhältnisse	296
7.2	Umbau-Beispiele	298
7.3	Verfahren und Kostenermittlung	298

8.0 Öffentlich zugängige Gebäude und Arbeitsstätten — 299

Axel Stemshorn
Dietmar Böhringer (Kapitel 8.19)

8.1	Einleitung	299
8.1.1	Öffentlich zugängige Gebäude	299
8.1.2	Arbeitsstätten-Verordnung	300
8.1.3	Arbeitsstätten-Richtlinien	300
8.2	Kommentierung der seit November 1996 vorliegenden Norm DIN 18024 Teil 2	300
8.2.1	Anwendungsbereich	300
8.2.2	Normative Verweisungen	303
8.3	Begriffe	303
8.3.1	Einrichtungen	303
8.3.2	Bewegungsflächen	303
8.4	Maße der Bewegungsflächen	304
8.4.1	Allgemeines	304
8.4.2	Bewegungsflächen, 150 cm breit und 150 cm tief	304
8.4.3	Bewegungsflächen, 150 cm tief	304
8.4.4	Bewegungsflächen, 150 cm breit	304
8.4.5	Bewegungsflächen, 120 cm breit	304
8.4.6	Bewegungsflächen, 90 cm breit	304
8.4.7	Bewegungsfläche vor Fahrschachttüren	304
8.4.8	Bewegungsfläche vor handbetätigten Türen	305
8.5	Maße der Begegnungsflächen	305
8.6	Türen	305
8.7	Stufenlose Erreichbarkeit, untere Türanschläge und -schwellen, Aufzug, Rampe	306
8.7.1	Stufenlose Erreichbarkeit	306
8.7.2	Untere Türanschläge und -schwellen	306
8.7.3	Aufzug	307
8.7.4	Rampe	307
8.8	Treppe	308

8.9	Bodenbeläge	309
8.10	Wände und Decken	309
8.11	Sanitärräume	311
8.12	Sport-, Bade-, Arbeits- und Freizeitstätten	311
8.12.1	Zusätzliche Anforderungen an Toilettenkabinen bzw. Duschkabinen	311
8.12.2	Umkleidebereiche	312
8.12.3	Schwimm- und Bewegungsbecken	314
8.12.4	Hygieneschleuse, Durchfahrbecken	314
8.12.5	Rollstuhlabstellplatz	314
8.13	Versammlungs-, Sport- und Gaststätten	315
8.14	Beherbergungsbetriebe	315
8.15	Tresen, Serviceschalter und Verkaufstische	315
8.16	Pkw-Stellplätze	315
8.17	Bedienungsvorrichtungen	315
8.18	Orientierungshilfen, Beschilderung	315
8.19	Blinden- und sehbehindertengerechte Gestaltung öffentlich zugänglicher Gebäude	316
8.19.1	Treppen	316
8.19.2	Türen	317
8.19.3	Flure	317
8.19.4	Sanitärräume	318
8.19.5	Beleuchtung	318
8.19.6	Blinden- und sehbehindertengerechte Aufzüge	318
8.19.7	Orientierungshilfen für Blinde und Sehbehinderte	318

9.0 Öffentliche Außenanlagen 319

Clemens Fauth

9.1	DIN Normen	319
9.2	Bedeutung für den Rollbenutzer, Sehbehinderten und Betagten	319
9.3	Beläge, Geländer, Rampen	319
9.4	Wegebau	319
9.5	Sperren/Sicherheitsbarrieren	320
9.6	Mauern und Zäune	320
9.7	Wasserflächen	320
9.8	Entwässerung	320
9.9	Pflanzbehälter	321
9.10	Bepflanzung	321
9.11	Sonderanlagen	322
9.11.1	Barrierefreie Spielplätze	322
9.11.2	Planungsempfehlungen	322
9.11.3	Barrierefreie Spielgeräte	322
9.12.1	Öffentliche Freiräume für Blinde und Sehgeschädigte	323
9.12.2	Orientierungshilfen	323
9.12.3	Beete	324
9.12.4	Wegebau	324
9.13	Therapiegarten an einer Rehabilitationsklinik	324
9.13.1	Mindestausstattung eines Therapiegartens	324
9.14	Gehgarten, Gehlernpfad	324

10.0 Sport- und Freizeitanlagen 325

Klaus Schüle

10.1	Einleitung	325
10.2	Begriffliches zur Freizeit	325
10.2.1	Freizeitbedürfnisse	325
10.2.2	Freizeitverhalten und Freizeitinhalte	325
10.3	Begriffliches zum Sport	326
10.3.1	Institutionen und Einsatzfelder	327
10.3.1.1	Therapeutischer und rehabilitativer Bereich	327
10.3.1.2	Breiten- und Freizeitsport	327
10.3.1.3	Wettkampfsport	327
10.3.1.4	Sonderpädagogischer Bereich	328
10.4	Störungen und Behinderungsbilder	328
10.5	Folgerungen für den Sportstätten- und Freizeitbau	329
10.5.1	Hallenanlagen, Hallenausstattung	332
10.5.2	Schwimmbäder, Kombibäder	332
10.5.3	Frei- und Naturparkanlagen	336
10.5.3.1	Sportplätze	336
10.5.3.2	Fitness-Parcours	336
10.5.3.3	Wassersportanlagen	336
10.5.3.4	Reitanlagen	336

	10.5.3.5	Tennisanlagen	337
	10.5.3.6	Skisport	337
	10.5.3.7	Naturparkanlagen	337
	10.5.3.8	Spielplätze	337

11.0 Werkstätten für Behinderte — 339

Joachim Hildebrand

11.1	Einleitung	339
11.2	Arbeitsbereiche	339
11.3	Planung	339
11.3.1	Bauabsicht	339
11.3.2	Vorentwurf und Entwurf	339
11.3.2.1	Werkstatt für Behinderte	339
11.3.2.2	Modellraumprogramm	339
11.3.2.3	Finanzierung und Antragstellung	341

12.0 Arbeitswelt — 345

Peter Treier (Kapitel 12.1)
Klaus Buhmann (Kapitel 12.2)
Ralf Aßmann (Kapitel 12.3)

12.1	Arbeitsgestaltung, menschengerecht	345
12.2	Barrierefrei gestaltete Büro- und Bildschirm-Arbeitsplätze	346
12.2.1	Der Arbeitsraum	347
12.2.2	Büromöbel	348
12.2.3	Bildschirmgeräte	348
12.2.4	Neue Arbeitsformen	348
12.3	Gestaltung von Arbeitssystemen (nicht nur) für Personen mit Behinderungen	349
12.3.1	Computergestützte Technologien	349
12.3.2	Kriterien	350
12.3.3	Beispiel: EDV-Tastatur	351
12.3.4	Beispiel: EDV-Arbeitstisch	352
12.3.5	Beispiel: Kopiergerät	352
12.3.6	Beispiel: Kantinengestaltung	353

13.0 Arbeitspädagogische Probleme der Rehabilitation — 354

Peter Treier

13.1	Begriff und Ziele der Arbeitspädagogik	354
13.2	Methoden und Modelle der Arbeitspädagogik	355
13.3	Wertung menschlicher Arbeitskraft und deren Träger	355
13.4	Aspekte einer Strukturierung der Behinderungsarten, ihre Entstehung, begriffliche Erfassung	356
13.5	Arbeitspädagogische Rückführung von Menschen mit Behinderungen in die Wirtschaft	356
13.5.1	Berufsberatung	357
13.5.2	Wiedereinschulung	357
13.5.3	Umschulung	358
13.5.4	Neueinschulung	358
13.6	Seelische Führung von Menschen mit Behinderungen im Betrieb	359
13.7	Bewegungsschulung von Menschen mit Behinderungen als Beispiel arbeitspädagogischer Bemühungen	359
13.7.1	Neue Bewegungen erlernen	359
13.7.2	Umlernen an sich bekannter Bewegungen	359
13.7.3	Veränderung der üblichen Arbeitstechnik	360
13.8	Exkurs: Einfluss von Ausbildungsmängeln auf die Frühinvalidität	360
13.9	Empfehlungen für die Baugestaltung	362

14.0 Berufliche Belastungen und Beanspruchungen behinderter Menschen — 363

Josef Franz Scholz †

14.1	Zeitliche Inanspruchnahme	363
14.1.1	Weg zwischen Wohnung und Arbeitsplatz	363
14.1.2	Normalarbeitszeit	363
14.1.3	Pausenregelung	364
14.1.4	Reisen und „Heimarbeit"	364
14.1.5	Weiterbildung	364
14.2	Körperliche Belastung	364
14.2.1	Die Art der Arbeit	364
14.2.2	Schweregrad der Arbeit; Leistungskraft; Einstellung zur Arbeit	364
14.2.3	Arbeitsumwelt	364
14.3	Seelisch-geistige Anforderungen	364
14.4	Beanspruchung der Sinnesorgane	364
14.5	Individualfaktoren	364
14.6	Besondere Hinweise zu Behinderungsarten	365
14.6.1	Hirnverletzte	365
14.6.2	Querschnittgelähmte	365
14.6.3	Tuberkulosekranke	365

14.6.4	Seelisch und geistig Kranke	365
14.6.5	Stoffwechselkranke	365
14.6.6	Sehbehinderte und Blinde	366
14.6.7	Geschwulstkranke	366
14.6.8	Herzerkrankung	366
14.6.9	Haltungs- und Bewegungsgestörte	366
14.7	Automatisierte Produktionsbereiche	366
14.8	Eigenschaften und Verhaltensweisen der Menschen mit Behinderungen	366

15.0 Öffentlicher Verkehrsraum. Straßen, Plätze, Wege — 367

Axel Stemshorn

15.1 Hindernisse und Gefährdungen für Blinde und Sehbehinderte — 368

Frank Bolay

15.1.1	Gestaltung von Hindernissen	368
15.1.1.1	Nicht auskragende Hindernisse	368
15.1.1.2	Hindernisse mit etwa hüfthoher Bodenfreiheit	368
15.1.1.3	Hindernisse in Kopfhöhe	369
15.1.1.4	Absätze als Hindernisse	370

15.2 Blinden- und sehbehindertengerechte Absicherungsmaßnahmen — 370

Dietmar Böhringer

15.3 Leit- und Schutzlinien für Blinde und Sehbehinderte — 373

Winfried Specht

15.3.1	Einleitung	373
15.3.2	Begriffsklärung	373
15.3.3	Ausführung	373
15.3.4	Leuchtdichtekontrast	374

15.4 Kontrastreiche Gestaltung der Umwelt — 374

Winfried Specht

15.5 Anforderungen von Blinden und Sehbehinderten an die Gestaltung von Treppen — 375

Frank Bolay

16.0 Städtebau und Verkehr — 377

Rolf Nill

16.1	Gemeinsamkeiten der Bedürfnisse unterschiedlicher Gruppen	377
16.2	Gegenwärtige Tendenzen der Stadtentwicklungsplanung	377
16.3	Stadtstruktur, Zuordnung	378
16.4	Wohnen und Wohnstandort	379
16.4.1	Generell barrierefreie Wohnungen	379
16.4.2	Standorte für Sonderwohnformen	379
16.4.3	Wohn- und Pflegeheime	379
16.4.4	Körperbehindertensiedlungen	379
16.4.5	Servicehäuser	380
16.4.6	Sonderwohnformen in herkömmlichen Wohngebieten	380
16.4.7	Chancen der Durchsetzbarkeit	380
16.5	Standorte für Arbeitsplätze	380
16.6	Verkehr	380
16.6.1	Straßenraum, Wegenetze	380
16.6.2	Öffentliche Verkehrsmittel	381
16.6.2.1	Linienbus	382
16.6.2.2	Straßenbahn	382
16.6.2.3	U-Bahn/Stadtbahn	382
16.6.2.4	S-Bahn	382
16.6.2.5	Schienenregional- und Fernverkehr	382
16.6.2.6	Taxen	382
16.6.3	Individualfahrzeug	383
16.7	Folgeeinrichtungen	383
16.8	Kommunale Fachplanung	383
16.9	Forschung, Gesetzgebung	383

17.0 Blinden- und sehbehindertengerechter Verkehrsraum — 384

17.1 Blinden- und sehbehindertengerechte Bordsteinabsenkungen — 384

Dietmar Böhringer

17.2 Wichtige Aspekte behindertengerechter Verkehrsinseln — 386

Dietmar Böhringer

17.3 Radwege niveaugleich neben Gehwegen – eine Gefahr nicht nur für blinde Verkehrsteilnehmer — 389

Dietmar Böhringer

17.4 Zusatzeinrichtungen für Blinde an Lichtsignalanlagen — 393

Dietmar Böhringer

17.4.1	Ein Missverständnis	394
17.4.2	Gestaltung des akustischen Freigabesignals	394
17.4.3	„Taktile Signale dürfen nicht allein gegeben werden"	395
17.4.4	Hörbarkeit der akustischen Signale	395
17.4.5	Verwechslungsgefahr akustischer Signale auf schmalen Verkehrsinseln	395

18.0 Orientierung — 397

Rolf Nill
Volker Doose (Kapitel 18.8)

18.1	Orientierung im Raum	397
18.2	Prinzip der Übersichtlichkeit	397
18.3	Baulich-städtebauliche Orientierung für Gehbehinderte und Rollstuhlbenutzer	397
18.4	Baulich-städtebauliche Orientierung für Blinde und Sehbehinderte	398
18.5	Orientierung durch Zeichen und Schilder	398
18.6	Pläne, Modelle und Beschreibungen	398
18.6.1	Prinzipielle Darstellungen	399
18.6.2	Pläne und Führer für Blinde	399
18.7	Bildung von kommunalen Arbeitsgruppen	399
18.8	Das intergrative Leit- und Informations-System – I.L.I.S.	399

19.0 Informations- und Beratungsstellen auf der Ebene des Bundes, der Länder und der Gemeinden — 402

Christa Osbelt

19.1	Einleitung	402
19.2	Zukunftsorientiertes Planen und Bauen in der Bundesrepublik Deutschland	402
19.2.1	Eine neue Norm räumt den Politikern und Planern alle Barrieren aus dem Weg	402
19.3	Das Nachholthema „Leben und Wohnen älterer Menschen" und die ineinandergreifenden Probleme	403
19.3.1	Aufruf des Bundesbauministeriums zur Zusammenarbeit aller Tätigkeitsbereiche	403
19.4	Das Nachholthema „Leben und Wohnen mit Behinderungen"	404
19.4.1	Beratungsstellen für behinderte Menschen	404
19.5	Wohnberatung für ältere und behinderte Menschen	404
19.5.1	Studiengang für ein völlig neues Berufsbild	405
19.5.2	Wohnberatung	405
19.6	Die Forschung des Bundes ist abgeschlossen; Länder und Kommunen können mit der Umsetzung beginnen	406
19.6.1	Verteilte Zuständigkeiten in den Bundesländern und Kommunen	406
19.7	Informations- und Beratungsstellen	406
19.7.1	Auf Landesebene	406
19.7.2	Auf kommunaler Ebene	406

20.0 Selbsthilfe in der Rehabilitation — 408

Klaus Schüle

20.1	Vorbemerkungen	408
20.2	Gesundheitsselbsthilfe	408
20.2.1	Defizitthese	408
20.2.2	Überversorgungsthese	409
20.2.3	Wandel der Bedürfniskonstellation	409
20.2.4	Organisation	409
20.3	Behindertenselbsthilfe	410
20.3.1	Selbsthilfe und Experten	410

21.0 Finanzierung — 411

Rolf Gennrich, Thomas Klie, Axel Stemshorn, Martina Wiese

21.1	Rechtliche und finanzielle Aspekte des Wohnens in stationären Einrichtungen	412
21.2	Heimgesetz	412
21.3	Sozialleistungsrecht	413
21.4	SGB V (Krankenversicherung)	413
21.5	SGB XI (Pflegeversicherung)	413
21.6	Bundessozialhilfegesetz	414
21.7	Bundesversorgungsgesetz	414
21.8	Wohngeldgesetz	414
21.9	Rehabilitationsangleichungsgesetz	414
21.10	Beihilfevorschriften	414
21.11	Finanzierung von Wohnungen und Heimen für betagte Menschen mit Hilfe öffentlicher Mittel	414
21.12	Gesetze, Rechts- und Verwaltungsvorschriften des Bundes und der Bundesländer	415
21.13	Landesbauordnungen	422

22.0 Östliche Bundesländer - Ausgangsbedingungen und Entwicklung — 422

Herwig Loeper

22.1	Einleitung	422
22.2	Wohnungsbau in der ehemaligen DDR	422
22.3	Probleme und Entwicklung typischer Wohngebiete	423
22.3.1	Innerstädtische Altbaugebiete	423
22.3.2	Wohnsiedlungen (Neubaugebiete)	424
22.3.3	Kleinstädte und ländliche Siedlungen	424
22.4	Zur Entwicklung einzelner Elemente alten- und behindertengerechter Lebensräume in den östlichen Bundesländern	426
22.4.1	Alten- und behindertengerechte Wohnungen	426
22.4.2	Wohngemeinschaften und geschützte Wohnheime	426
22.4.3	Beratung zur alten- und behindertengerechten Wohnungsanpassung	426
22.4.4	Wohnhäuser für ältere Bürger/Appartementhäuser/befürsorgtes Wohnen/Altenwohnheime	426
22.4.5	Mehrgenerationen-Wohnungen	427
22.4.6	Feierabend- und Pflegeheime/Altenheime/Altenpflegeheime	427
22.4.7	Wohnheime für erwachsene Behinderte	428
22.4.8	Geschützte Arbeitsplätze	428
22.4.9	Rehabilitationspädagogische Förderungseinrichtungen für so genannte schulbildungsunfähige, förderungsfähige Kinder und Jugendliche im Alter von 3 bis 18 Jahren	428
22.4.10	Ergänzende Einrichtungen und Dienste	428
22.4.11	Barrierefreies Bauen	428

Anhang — 429

Normen (DIN 18024, 18025, 66079-4), Richtlinien und Empfehlungen	429
Norm-Entwurf DIN 18030	I–XXVII
Ergänzende Unterlagen zu einzelnen Kapiteln	470
Literaturverzeichnis	484
Literaturverzeichnis nach Kapiteln	484
Literaturverzeichnis nach Verfasser	495
Literaturverzeichnis nach Titeln	498
Autoren, Daten und Anschriften	500
Stichwortverzeichnis	503

1.0 Der Anspruch der Menschen mit Behinderungen an die Gesellschaft und Umwelt

Kurt-Alphons Jochheim

1.1 Einleitung

Der Personenkreis der behinderten Menschen ist keine einheitliche, leicht definierbare Gruppe mit homogenen gesellschaftlichen, ökonomischen und politischen Zielen und daher auch nur schwer dazu zu bewegen, im Rahmen der üblichen Interessengruppierung Wünsche, Ansprüche oder gar Rechte innerhalb der sozialen Gemeinschaft zu formulieren. Ansätze solcher Gruppierungen sind hier und dort von gemeinsamen materiellen Forderungen, wie etwa bei den Kriegsbeschädigten, den Opfern des Nationalsozialismus, den Elternverbänden körperbehinderter Kinder (z.B. Dysmelie), ausgegangen. Zum Teil ist dabei eine Spezialisierung auf bestimmte Schadensgruppen eingetreten.
Es handelt sich um folgende Behinderungen:
1. Körperliche Behinderungen
2. Sinnesbehinderungen
3. geistige Behinderungen
4. seelische Behinderungen
5. Mehrfachbehinderungen.

Um einen Eindruck von den Größenordnungen innerhalb der einzelnen Gruppen zu gewinnen, mag die Schwerbehindertenstatistik aus dem Jahre 1985 dienen, weil dies die einzige Zusammenstellung innerhalb der Bundesrepublik darstellt, die eine solche Aufschlüsselung zuläßt.
Verständlicherweise haben körperlich Behinderte bei solchen Zusammenschlüssen die geringeren Schwierigkeiten zu überwinden, ihre Ziele zu artikulieren, während Solidarisierungen unter geistig und psychisch Behinderten kaum jemals ohne aktive Mitwirkung nichtbehinderter Menschen möglich sind. Die seit 1963 bestehende Vereinigung „Lebenshilfe" stützt sich vor allem auf die tatkräftige Elternschaft, die Wünsche für den ihr anvertrauten Kreis von behinderten Menschen gut zu formulieren versteht. Neben Aufgliederungen nach Behindertenarten und nach rechtlich abgegrenzten Personenkreisen haben schließlich auch Übereinstimmungen im Lebensalter und gemeinsame Interessen Grund für Zusammenschlüsse gegeben, wie etwa der Reichsbund, der VdK, die

Schwerbehinderte mit einem Behinderungsgrad von 50–100 % (1992)

Gesamt	6 563 765
alte Bundesländer	5 588 126
neue Bundesländer	975 765

Altersschichtung (Dezember 1991)

unter 18	110 109	2 %
18–60	1 861 645	35 %
60 und mehr	3 400 206	63 %
Anteil an der Wohnbevölkerung		8,05 %

Anteil der Beeinträchtigungen

Funktionsbeeinträchtigung der inneren Organe	33,6 %
Funktionseinschränkungen der Gliedmaßen, Wirbelsäule, Rumpf, Brustkorb	33,7 %
Querschnittslähmung, Cerebrale Störung, geistig-seelische Behinderung, Suchtkrankheit	12,5 %
Blindheit, Sehbehinderung	4,6 %
Sonstige Behinderungen	15,7 %

Bundesarbeitsgemeinschaft der Clubs Behinderter und ihrer Freunde e.V., der Deutsche Behindertensportverband oder ein Dachverband, wie die BAG Hilfe für Behinderte in Düsseldorf.
Ganz vereinzelt bilden sich auch Gruppen, die bewusst die Integration behinderter Menschen innerhalb ihrer Gemeinschaft zum Ziel haben, wie etwa die Pfadfinder St. Georg oder die englische Jugendorganisation „PHAB" (Physically Handicapped and Ablebodied).

1.2 Der Anspruch an die Gesellschaft

Der Anspruch der behinderten Menschen, zunächst einmal in der Beseitigung der Minderheitenrolle. Er erstrebt die volle persönliche Anerkennung der behinderten Menschen durch die soziale Gemeinschaft als gleichberechtigte Bürger mit vollen Entfaltungsmöglichkeiten im Beruf, in der Familie und im öffentlichen Leben. Solche Ansprüche sind beispielsweise auch vom Stand der schulischen Ausbildung abhängig, der gleichberechtigten Teilnahme an einem Ausbildungssystem, das von der vorschulischen Bildung über die Regelschule oder unterschiedliche Zweige des Sonderschulwesens bis zum Studium oder zur Berufsausbildung reicht. Wieweit dabei Unterteilungen nach Alter, Neigung und Behinderungsgrad erforderlich werden, kann im Rahmen dieser Studie nicht untersucht werden.
Die Erwartungen behinderter Menschen haben inzwischen in der Charta für die 80er Jahre und im Aktionsprogramm der Vereinten Nationen eine überzeugende Formulierung gefunden.

1.3 Der Anspruch behinderter Kinder im Kindergartenalter

Lernen und Erziehung statt Bewahrung und Pflege kennzeichneten den Aufbau zu einem gemeinsamen Bemühen von Eltern und Erziehern in den 60er Jahren, die Bildungs- und Lernfähigkeit auch geistig behinderter Kinder zu beweisen. Die Gründung von Sonderkindergärten, in denen der besondere Förderungsbedarf erprobt, die Rahmenbedingungen ermittelt und die Kooperation mit dem Elternhaus eingeübt werden konnte, bildeten den ersten Schritt zum Nachweis der Integrationsfähigkeit auch schwerbehinderter Kinder. Allerdings tauchte auch schon frühzeitig die Frage auf, ob nicht durch eine Vernetzung der Lebenswelt behinderter und nichtbehinderter Kinder auf der Wohnortebene das Integrationsziel noch sehr viel überzeugender erreicht werden könnte. Im Mittelpunkt einer solchen Überlegung steht die Verwirklichung kindgemäßer Bedürfnisse, wie sie für Kinder mit und ohne Behinderung gleichermaßen gegeben sind. In der Praxis haben diese Überlegungen zu Modellversuchen in allen Bundesländern geführt, deren Ergebnisse in einer Abschlusstagung von 160 Kindergarteneinrichtungen im Jahre 1987 zusammengetragen wurden.
Die Einrichtungen wiesen allerdings recht unterschiedliche Strukturmerkmale auf:
– „Kindergarten für alle Kinder", d.h. Aufnahmebereitschaft für alle Kinder im regionalen Einzugsgebiet des Kindergartens (auch für alle behinderten Kinder)
– Aufnahme einzelner, ausgewählter Kinder mit einer Behinderung in einem wohnortnahen Regelkindergarten
– Überregionale Bildung einzelner integrativer Gruppen in Regelkindergärten oder Sonderkindergärten
– Errichtung integrativer Kindergärten (die durchgängig in ihren Gruppen behinderte und nichtbehinderte Kinder gemeinsam fördern)
– Kooperation von Sonder- und Regelkindergärten mit entsprechenden Gemeinschaftsprojekten unter Beibehaltung der unterschiedlichen Organisationsformen.

Auf dem Hintergrund gewonnener Erfahrungen plädierten die Teilnehmer dieser Abschlusstagung für eine Ausweitung integrativer Erziehung im Kindergarten. Grenzen der Integration wurden überwiegend in Rahmenbedingungen pädagogischer Praxis gesehen und nicht im Schweregrad der Behinderung (Frühauf 1989).

1.4 Der Anspruch behinderter Kinder im Schulalter

Neuere Entwicklungen bei uns und im Ausland zeigen jedoch, wie schwierig es ist, schadensspezifische und individuelle Schulprogramme anzubieten, ohne der Gefahr einer Isolierung behinderter Kinder

von ihrer nichtbehinderten Altersgruppe Vorschub zu leisten (Europäische UNESCO-Konferenz Gummersbach).
Die Überlegungen zu einer Gesamtschule unter Einschluss behinderter Kinder gehen jedenfalls von der Vorstellung aus, behinderte Kinder möglichst frühzeitig mit nichtbehinderten Kindern in Kontakt zu bringen, aber auch besondere technische und psychologische Hilfen beizubehalten und im Gesamtschulkonzept verfügbar zu machen. Eltern fordern vielfach die gemeinsame schulische Ausbildung ihrer behinderten Kinder mit wesentlich leistungsstärkeren Gruppen, ohne dabei zu bedenken, welche schwierigen psychologischen Situationen sich aus der nicht immer hilfsbereiten Reaktion nichtbehinderter Kinder ergeben.
Für nichtbehinderte Kinder sind dabei, entgegen mancherlei Vorurteilen der Eltern, negative Auswirkungen einer frühzeitigen Kontaktaufnahme mit behinderten Kindern nicht zu erwarten. Die behinderten Kinder dagegen kommen im Hinblick auf den benötigten Zeit- und Personalaufwand im größeren Klassenverband oft zu kurz.
Die Forderung nach frühzeitiger schulischer Integration kann daher nur in kleinen Schritten erfolgen, wenn bauliche Voraussetzungen, Verkehrsbewältigung, pädagogische Konzepte und begleitende Therapieangebote geklärt werden konnten. Sie muss sich in der Erfolgsbeurteilung an den zweifellos beachtlichen Ergebnissen des gegliederten Sonderschulwesens messen.
Man darf davon ausgehen, dass das Schulwesen in den nächsten Jahren in zunehmendem Maße von dem Leitziel Integration bestimmt sein wird. Es wird sich daher in verstärktem Maße für neue Organisationsformen der integrativen Unterrichtung öffnen. Ob hierbei Integration als Weg gegenüber der Integration als Ziel bevorzugt wird, hängt von verschiedenen bildungspolitischen Grundentscheidungen ab. Die Sachprobleme, die sich mit schulischen Integrationsformen stellen und für die die Bundesländer verschiedene Lösungsmodelle bereithalten, lassen sich in fünf Abschnitten aufzählen:
1. Integration von Schülern mit Behinderungen und normaler intellektueller Leistungsfähigkeit
Dies ist der „Normalfall" von Integration: Körper- und sinnesgeschädigte Schüler bleiben in allgemeinen Schulen, wenn sie das Leistungsziel dieser Schulen erreichen.
2. Integration von Schülern mit Behinderungen und herabgesetzter intellektueller Leistungsfähigkeit
Dies ist der – zumindest in einigen Bundesländern – Ausnahme- und Bewährungsfall von Integration. Spätestens in der Sekundarstufe ist darüber zu entscheiden, wie intelligenzgeschädigte und hörgeschädigte Schüler, die den Abschluss der allgemeinen Schule nicht erwarten lassen, gemeinsam mit leistungsfähigeren Schülern beschult werden können.
3. Schulrechtliche Probleme der Integration behinderter Schüler
Auf Dauer erfordert schulische Integration als Regelfall eine vollständige Überprüfung und gegebenenfalls Änderung der schulrechtlichen Rahmenbedingungen.
4. Didaktische Probleme zieldifferenten Lernens bei der Integration behinderter Schüler
Namentlich bei Schülern ohne die Aussicht eines regulären Abschlusses der allgemeinen Schule ist zieldifferentes Lernen in einem binnendifferenzierten Curriculum sicherzustellen.
5. Kooperation des Lehr- und Therapiepersonals in integrativen Schulen
Kooperationsprobleme zwischen Lehrern der allgemeinen Schule und Sonderschullehrern, therapeutischem und pädagogischem Personal erweisen sich immer mehr als Angelpunkt der Organisation von schulischer Integration (Bleidick 1989).

Behinderte Kinder haben über die Schule hinaus wachsende Ansprüche an eine sinnvolle Freizeitgestaltung. Hier entsteht Bedarf für zahlreiche Neigungsgruppen, die neben dem Sport allerlei Hobbys umfassen. Sie lassen sich in der Regel nur in kleinen Arbeitskreisen verwirklichen. Kirchliche Jugendkreise und zahlreiche Jugendorganisationen und Vereine besitzen bereits die für solche Aufgaben notwendigen administrativen Grundelemente; zuweilen enthalten auch kommunale Freizeithäuser bereits ein solches Angebot. Freizeitstätten, Sportanlagen, Erholungsparks o.Ä., die gegenwärtig schon zu den umfassenderen städteplanerischen Bemühungen gehören, sollten stets auf ihre Möglichkeiten zur Aufnahme behinderter Kinder überprüft werden. Frühzeitige Integrationsbemühungen, wie beispielsweise die Bestrebungen zahlreicher Reitervereine zur Aufnahme des therapeutischen Reitens, stellen ermutigende Modelle der Solidarisierung zwischen behinderten und nichtbehinderten Menschen auf dem Gebiet von Sport und Freizeit dar. Welche Schwierigkeiten sich jedoch oft bei den Bemühungen um eine frühe Kontaktaufnahme zwischen behinderten und nichtbehinderten Kindern ergeben, hat K. Dönhoff (1971) eindrucksvoll dargelegt. Es hat sich gezeigt, dass für eine erfolgreiche Interaktion ausgebildete Gruppenleiter sowie eine sorgfältige Vorbereitung und Organisation derartiger gemeinsamer Freizeitaktivitäten unerlässlich sind. Kluge und Zielniok haben über ein Programm für eine derartig gemischte Gruppe berichtet, das den selbstentwickelten Wünschen lerngestörter und körperbehinderter Kinder und Jugendlicher Rechnung trägt und einen am Alter orientierten differenzierten Stufenplan enthält.

1.5 Der Anspruch behinderter Jugendlicher

Einen entscheidenden Abschnitt für die gesellschaftliche Eingliederung behinderter Jugendlicher stellt die Berufswahl und die zum erreichbaren Ziel hinführende Schul- und Berufsbildung dar. Während unser System der weiterführenden Schulen und Hochschulen in der Regel nur den körperlich voll Leistungsfähigen berücksichtigt, sind Schüler und Studenten mit überwiegenden Behinderungen des Stütz- und Bewegungsapparates und/oder der Sinnesorgane deutlich benachteiligt und müssen zunächst erhebliche Zeitverluste und Frustrationen durchmachen, bis es den Zähesten unter ihnen schließlich doch gelingt, die zahlreichen Unzulänglichkeiten des Alltages zu überwinden. W. M. Schubert (1966) hat anhand seines eigenen Lebensweges diese Einschränkungen dargestellt. Seine Beschreibung gilt zweifellos auch noch heute für das Gros unserer Höheren Schulen und Universitäten, obwohl mit Hilfe des an allen Hochschulen benannten Behindertenberaters manche baulichen und organisatorischen Mängel in Angriff genommen werden konnten. Aber auch für die Berufsausbildung in Industrie, Handwerk, Verwaltung, Handel und Gewerbe bestehen erhebliche Erschwernisse, vor allem für die Abgänger von Sonderschulen, sofern sie zu diesem Zeitpunkt erstmalig mit den üblichen Bedingungen des Arbeitslebens und mit den sehr unterschiedlichen Einstellungen von Kollegen und Vorgesetzten zum „Behinderten" in Kontakt treten. Diese Schwierigkeiten werden zweifellos im Rahmen der Berufsbildungswerke, die gegenwärtig ja allen Behindertengruppen gemeinsam zur Verfügung stehen, erheblich gemildert. Zur Zeit ist das Angebot an solchen Einrichtungen mit einem ausreichend differenzierten und zukunftsorientierten Berufsspektrum für Jugendliche beiderlei Geschlechts auf 10 000 Plätze erweitert worden in den alten Bundesländern. Hinzu kommen 1800 in den neuen Bundesländern. Der Aufbau der Berufsbildungswerke muss auch Chancen für theoretisch schwache, aber handwerklich geschickte Jugendliche einschließen, die z.Zt. lediglich Anlernmöglichkeiten in der Industrie wahrnehmen können, für eine solche Aufgabe aber zumeist noch nicht über die nötige Berufsreife verfügen. Für stärker behinderte Jugendliche, die einer Ausbildung in einem Berufsbildungswerk nicht gewachsen sind, stehen Fördermöglichkeiten über die Dauer von zwei Jahren in den Werkstätten für Behinderte zur Verfügung, so dass auch der Erwerb von Fähigkeiten und Fertigkeiten und einer gewissen Berufsreife möglich ist.
Mit dem Eintritt in die Berufsausbildung beginnt zugleich auch eine oft von Jugendlichen und Eltern schmerzlich durch-

lebte Phase der Ablösung vom Elternhaus und der Suche nach gleichaltrigen Freunden und Freundinnen unter den mehr oder weniger ausgeprägten Anzeichen des Generationenkonfliktes. Diese Ablösung als biologisch und psychologisch notwendiger Vorgang enthält für den behinderten Jugendlichen besondere Probleme insofern, als er sich einerseits dem Schutz des Elternhauses häufig aus äußeren Gründen nicht voll entziehen kann, andererseits aber Schwierigkeiten bei der Suche nach geeigneten gleichaltrigen Partnern auftreten. Beides verstärkt die Abhängigkeit gegenüber dem Elternhaus und erschwert eine phasengerechte Umwandlung in ein reifes partnerschaftliches Verhältnis mit den Eltern. Die schwedische Informationsschrift „Life together" weist auf diesen Sachverhalt eigens hin und stellt Zusammenhänge zwischen architektonischen Barrieren und sexuellen Begegnungsmöglichkeiten dar. Sicherlich bedarf es im Zuge der gesellschaftlichen Eingliederung behinderter Jugendlicher besonderer Überlegungen und besonderer Anstrengungen, die Chancengleichheit bei der Ablösung vom Elternhaus auch nur einigermaßen herzustellen und damit eine gewichtige Quelle neurotischer Fehlentwicklungen zum Versiegen zu bringen. Reifung in dieser Phase vollzieht sich über zahllose intime Gespräche und unterschiedliche Formen der Annäherung, verbunden mit einem langsamen Wachstum von Selbstvertrauen und Sicherheit. Ort und Zeit solcher Begegnungen sind für Nichtbehinderte ungleich leichter zu fixieren als für den in Heimen oder auch in der Familie aufwachsenden behinderten Jugendlichen.

Wenn man den Trend frühzeitiger Inanspruchnahme eigenen Wohnraumes bei nichtbehinderten Jugendlichen bedenkt, so wird die Benachteiligung bei schweren Behinderungen entsprechend deutlich.

1.6 Der Anspruch behinderter Erwachsener

Mit dem Abschluss der Berufsausbildung winkt nun endlich die Selbstständigkeit auch in wirtschaftlicher Hinsicht. Unzureichende Arbeitsangebote sind ebenso wie überhöhte Erwartungen an die berufliche Tätigkeit Quellen von seelischen Fehlentwicklungen, die mit allen Mitteln vermieden werden sollten. Der Tätigkeit der Beratungsdienste bei den Trägern der sozialen Sicherheit, vor allem beim Arbeitsamt, kommt daher eine besondere Verantwortung zu, durch eine reibungslose Koordination der Behindertendienste solche Frustrationen möglichst einzudämmen. Dazu bedarf es neben der inzwischen vollzogenen Verbesserung des Schwerbehindertenrechts einer erheblichen Personalvermehrung – bei den Sonderdiensten der Arbeitsverwaltung aber auch eines wesentlichen Mehrangebotes an großen gut gegliederten Werkstätten für Behinderte, in denen neben Anlern- und Fördermöglichkeiten ein attraktives Arbeitsangebot vor allem auch für psychisch Behinderte zur Verfügung steht. Hinreichend bewährte Prüfungsverfahren sollten zu gegebener Zeit den Wechsel auf den allgemeinen Arbeitsmarkt ermöglichen.

Ein immer wieder vorgetragener Wunsch im Interesse der beruflichen Mobilität, aber auch für Ferien, Sport und Freizeitmöglichkeiten, ist die Teilnahme am motorisierten Straßenverkehr. Behinderte Jugendliche und Erwachsene sehen im Erwerb des Führerscheines und im Besitz des eigenen Kraftfahrzeuges vielfach den konkreten Ausdruck der Chancengleichheit, für den jedes materielle Opfer gebracht wird. Die im Interesse der Verkehrssicherheit erforderlichen Eignungsuntersuchungen durch die Medizinisch-Psychologischen Institute, die Anpassungshilfen für die Benutzung von Serienfahrzeugen und die Entwicklung von Spezialfahrzeugen, die von der äußeren Form her behindertengerecht, aber nicht diskriminierend erscheinen, lassen noch ein breites Spektrum an Wünschen offen. Insbesondere dürfte die im Stadtverkehr erwünschte Schwerpunktverlagerung auf den Elektroantrieb auch für Behinderte neue Chancen eröffnen.

Der durch einen eigenen Arbeitsverdienst auch materiell selbstständig gewordene junge Erwachsene erstrebt durchweg eine eigene Lebensgemeinschaft in der Kleinfamilie und eine Wohnform, die ihm nach Bedarf sowohl Abgeschlossenheit als auch Kommunikation ermöglicht. Wohnheime und Behindertensiedlungen sind in dieser Hinsicht nur unbefriedigende Ersatzlösungen für eine volle Integration in moderne Siedlungsformen mit Nichtbehinderten. Brattgard (1972) hat im Fokus-System einen Weg beschrieben, der neben optimal angepassten baulichen Konzepten auch Vorsorgen vorsieht für den pflegerischen Grundbedarf, der zuweilen oder auch in gewisser Regelmäßigkeit benötigt wird. Berücksichtigt man die notwendige Entwicklung sozialer Dienstleistungen in der modernen Gesellschaft, so löst sich das alte Muster der Alternative zwischen voller Selbstständigkeit und voller institutioneller Pflege (Krankenhaus, Altersheim, Pflegeheim, psychiatrische Anstalt) ohnehin in Form der partiellen Mitbetreuung im bisherigen Wohnbereich auf. Die Kranken-, Alters- und Gebrechlichen-Versorgung wird mehr und mehr auf kurze Perioden der institutionellen Intensivpflege und langfristige Teilbetreuung im Wohnbereich und in Tageseinrichtungen umgestellt werden müssen. Die vorschulische und schulische Förderung Behinderter hat diesen Weg bereits vorgezeichnet. Tages- und Nachtklinik in der Psychiatrie, Werkstätten für Behinderte, Patientenklubs und Altenklubs haben als Modelle weitere Erfahrungen vermittelt (Haack 1989).

Im weiteren Lebenslauf erwartet auch der behinderte Mensch Aufstiegsmöglichkeiten, die entweder durch weitere Qualifizierung in der bisherigen Berufsrichtung oder durch das weite Netz der Berufsförderungsmaßnahmen verfügbar gemacht werden können. Gegenwärtig ist eine solche zweite berufliche Karriere mit erheblichen Anstrengungen, zuweilen auch mit wirtschaftlichen Opfern für den behinderten Menschen verbunden. Während der Rehabilitationsmaßnahmen wird eine Weitergewährung des früheren Nettolohnes durch den Sozialleistungsträger zugesagt, so dass in dieser Hinsicht frühere Härten aufgehoben sind. Frau C. Safilios-Rothschild (1970) hat in ihrer ausführlichen soziologischen und sozialpsychologischen Studie deutlich gemacht, dass die Aufnahme behinderter Menschen innerhalb der Familie vor allem von der Übernahme der gewohnten Rollen abhängig war. Von Männern wurde der Erwerb des Lebensunterhaltes, von Frauen die Versorgung des Haushaltes und der Kinder gefordert. Inzwischen verstehen auch Frauen in wachsender Zahl ihre Rolle als berufstätige Partner in der Familie. Konnte der Rehabilitationsplan dieses Ziel auch mit Einschränkungen erreichen, so stand der sozialen Wiedereingliederung in der Regel nichts im Wege. Blieb der behinderte Mensch jedoch in erheblichem Maße pflegebedürftig und konnte er die Rollenerwartung nicht erfüllen, so drohte früher oder später die gesellschaftliche Ausgliederung. Zum Beispiel durch Auflösung von Ehe oder Partnerschaft oder bei älteren Menschen durch Verweisung in Alters- oder Pflegeheime. Die Solidarität der früheren Großfamilie für ihre behinderten Mitglieder wird heute z.T. durch die kommunalen Gesundheits- und Sozialdienste abgelöst. Sie schicken sich an, nach einem fast 100 Jahre praktiziertem Versuch der Bewältigung pflegerischer Aufgaben in Großinstitutionen weitab von Ballungsräumen, wieder individuelle Partial-Hilfen zur Verfügung zu stellen, die abgesehen von kurzfristigen Unterbrechungen die Verbindung zum bisherigen Lebenskreis aufrechterhalten (Sozialstationen, Tageskliniken, Krankenwohnungen etc.). Verbleibende Mängel im Bereich der körperlichen Leistung, der geistig-seelischen Kapazität und der sozialen Anpassung können, wie die wenigen bisher aufgerichteten Modelle kommunaler Rehabilitationsleistungen zeigen, in erstaunlichem Umfang kompensiert werden.

1.7 Der Anspruch älterer behinderter Menschen

Die demografische Entwicklung, die unter dem Titel „Gesundheit im Alter" auf dem

101. Deutschen Ärztetag (1998) in Köln in einem Bericht vorgelegt wurde, weist deutlich auf die Singularisierung und Feminisierung der höheren Altersgruppen hin. Sie lässt auch erkennen, dass die Pflegebedürftigkeit der 70-74jährigen nur 3,3 %, der 75-79jährigen 6,4 % und erst der 80jährigen und Älteren auf 17,1 % steigt. Frühere Schätzungen zum Pflegeheimbedarf wegen unzureichender familiärer und häuslicher Pflegebedingungen haben offenbar weder die ausgesprochenen Wünsche älterer Menschen auf Verbleib im bisherigen Wohnumfeld noch die begrenzten Ressourcen der öffentlichen Hand für die Übernahme in Heimpflege hinreichend berücksichtigt.

Die Einführung der Pflegeversicherung (SGBXI) mit der Gewährung von Leistungen für die häusliche Pflege seit 1.4.1995 und für die stationäre Pflege seit 1.7.1996 hat erheblich zu dem Ziel des Verbleibs in der sozialen Einbindung beigetragen und sowohl zur Entwicklung wohnortnaher Pflegemöglichkeiten als auch zur Verbesserung des Wohnumfeldes durch Umgestaltung und technische Hilfen bis zu einem Zuschuss von DM 5000,– im Einzelfall geführt.

Modellmaßnahmen für die Wohnraumanpassung haben erkennen lassen, dass solche Maßnahmen vorrangig in Toilette und Bad erforderlich wurden.

Dieser Trend deckt sich mit den skandinavischen Erfahrungen, die im Kapitel 1.9 näher dargestellt werden.

Die Bedürfnisse in dem hier zu beschreibenden Lebensabschnitt können bei allen individuellen Besonderheiten doch mit einigen generellen Problemsituationen erfasst werden. Bekanntlich führt das höhere Lebensalter oft zu einem Wandel des sozialen Beziehungsmusters, was daher zum kompensatorischen Ausbau und zur Stärkung sozialer Netze zwingt.

Mit dem Übergang in den Ruhestand sind neben Veränderungen in den ökonomischen Verhältnissen vor allem Veränderungen im Tagesablauf, der Rollenfunktion und damit oft auch des Selbstwertgefühls verbunden.

Bildungsangebote im Alter und für das Alter sind daher besonders wichtig. Sie können Partnerschaften und Erfolgserlebnisse vermitteln.

Alte Menschen hängen oft stark an den im Laufe des Lebens erworbenen Möbeln, Büchern, Bildern und an den kleinen, jeweils mit Erinnerungen verbundenen Gegenständen. Mit der Verringerung der Bezugspersonen, insbesondere mit dem Tod des Ehepartners, bekommt die unmittelbare Wohnumgebung und das kleinräumige soziale Netz überragende Bedeutung. In diesem Bereich noch ein autonomes Leben zu führen, erhält daher wachsende Priorität.

1.8 Der Anspruch an die Umwelt

Die bisher dargestellten Ansprüche Behinderter an die gesellschaftliche Solidarität finden ihre Erfüllung lediglich durch die vermehrten Anstrengungen im Bereich des Sozialrechts, die Beseitigung unnötiger architektonischer Hindernisse, die Entwicklung entsprechender Einrichtungen und die Einbeziehung der behinderten Menschen und ihrer Bedürfnisse in jegliches städte- und raumplanerische Gesamtkonzept. Die besonderen Probleme behinderter Menschen sollten daher bei jedem Raumprogramm für die Entwicklung gesellschaftlicher Dienste berücksichtigt werden, denn von den baulichen Strukturen geht eine wesentliche Stimulation für solche Dienste aus, während mangelhafte räumliche Konzepte wichtige Initiativen häufig schon im Keim ersticken.

Im Hinblick auf die gleich lautenden Erfahrungen mit so genannten „Behindertenwohnungen", die durchaus sachgerecht geplant sein konnten, aber dennoch selten in der von dem behinderten Menschen gewünschten Wohnumgebung gelegen waren, werden heute generelle Forderungen auf eine behindertenfreundliche Grundnorm im Sozialen Wohnungsbau verständlich, wie sie sich in Schweden bereits vor Jahren in einem Landesbaugesetz niedergeschlagen haben. Nur so kann auf lange Sicht auch der ältere Mensch beim Eintreten einer schweren Behinderung durch vergleichsweise bescheidene Anpassungsmaßnahmen in der bisherigen Wohnumgebung verbleiben. Auch der öffentliche Personenverkehr rüstet sich für den behinderten Fahrgast als Regelfall.

1.9 Zur europäischen Entwicklung

Zur Prävention von Behinderungen hat die Europäische Gemeinschaft wichtige Grundsatzbeschlüsse gefasst. Zu nennen sind in diesem Zusammenhang die Charta der sozialen Grundrechte, die Richtlinien zur Sicherheit und Gesundheit der Arbeitnehmer, die umweltpolitischen Beschlüsse hinsichtlich Luft, Gewässer, Lärm und ionisierter Strahlung sowie die Einsetzung der Europäischen Stiftung zur Verbesserung der Lebens- und Arbeitsbedingungen.

Auf gesundheitspolitischem Gebiet sind vor allem die Themen Krebs, Aids und Drogenabhängigkeit in Angriff genommen worden. Die beruflichen Probleme Behinderter in der Gemeinschaft wurden Anlass zu einem Beschluss über die Beschäftigung von Behinderten und zum Ausbau des rechnergestützten Informationssystems (Handynet) und zum weiteren Ausbau des Helios-Programms.

Die Früh-Diagnose und Frühförderung bei drohenden kindlichen Behinderungen hat inzwischen sozialpädiatrische Programme in zahlreichen europäischen Ländern in Gang gesetzt. Diese Programme umfassen den Zeitraum von wenigen Tagen nach der Geburt bis etwa zum 4. Lebensjahr. Die Motivation zur Teilnahme an derartigen Programmen wird z.T. sogar durch Hausbesuche von Krankenschwestern (Schweden) bis hin zu finanziellen Anreizen (Österreich) unterstützt. Während ursprünglich in den meisten europäischen Ländern nur die Kriegs- und Arbeitsopfer in vollem Umfang zu Rehabilitationsprogrammen Zugang hatten, hat die Europäische Gemeinschaft bereits vor 25 Jahren dafür geworben, nicht die Kausalität (des Schadens), sondern die Finalität (des Bedarfs) zum Grundsatz des Sozialrechts zu machen.

In dieser Richtung sind die Mitglieder des Europarats schrittweise vorangekommen, obwohl immer noch beträchtliche Unterschiede bei der Finanzierung und in der Verfahrensweise zwischen Kriegs- und Arbeitsopfern und den anderen Gruppen der Bevölkerung erkennbar sind. Gesundheitsdienste werden in einigen Ländern direkt von der Regierung organisiert und aus Steuern finanziert, in anderen Ländern erbringt eine obligatorische Sozialversicherung entsprechende Leistungen. Durch derartige Systeme ist das finanzielle Krankheitsrisiko für das Gros der Bevölkerung erheblich vermindert, obwohl in verschiedenen Systemen quantitative Abzüge gegenüber dem Arbeitslohn, Wartezeiten oder andere Formen des Missbrauch-Schutzes versucht werden. Krankengeldleistungen umfassen, je nach der nationalen Gesetzgebung, sechs Monate bis zu drei Jahren. Vielfach ungelöst ist allerdings noch der rechtzeitige Einsatz einer kompetenten Rehabilitationsberatung. Es erscheint gerade aus der Erfahrung der langfristigen Krankengeldleistungen dringend wünschenswert, schon innerhalb von drei Monaten im Einzelfall eine Bewertung des Rehabilitationspotentials und der voraussichtlichen Gesamtprognose vorzunehmen, weil sonst mit wachsender Resignationshaltung Maßnahmen häufig verschleppt oder auch völlig unterlassen werden. Selbst bei schwereren Unfallfolgen und auch bei chronischen Krankheiten können in diesem Zeitraum wichtige Daten zum sozialen Lebensraum und zur Krankheitsprognose bereits erfasst werden, um einen realistischen Rehabilitationsplan zeitgerecht aufzubauen. Übereinstimmende Erfahrungen konnten in Schweden, Holland und Deutschland zusammengetragen werden. Der Katalog verfügbarer Leistungen ist im übrigen ähnlich, wenngleich Pflege und Sozialleistungen häufig noch vom Bedürftigkeitsnachweis abhängen. Die Forderung nach vollständiger Integration umfaßt einen Komplex, der sich, schon im Hinblick auf die Dauerhaftigkeit von Bauwerken, nur in längeren Zeiträumen verwirklichen lässt. Neubau und Umgestaltung der öffentlichen und privaten Gebäude, der Verkehrsmittel und der Produktionsbetriebe gelingt selbst mit großzügigen gesetzlichen Regelungen, wie das Beispiel Schweden zeigt, nicht in einer Generation. Dennoch ist eine wachsende Tendenz erkennbar, die Bedürfnisse behinderter Menschen in die europäische Entwicklungsarbeit einzubeziehen und selbst bei neuen Medien die Nutzerfreundlichkeit auf behinderte Menschen auszudehnen. Europäische Forschungsprogramme auf der Ebene der Informationstechnologie, der Telekommunikation und der Erwachsenenbildung (Esprit, Race u. Delta) haben sich derartigen Wünschen geöffnet. Selbsthilfegruppen mit sehr spezifischen Anliegen, aber auch große traditionelle Behindertenorganisationen suchen und finden Partnerschaften auf nationaler und übernationaler Ebene, um rechtzeitig ihren politischen Einfluss auf die demokratischen Vertretungen ausüben zu können.

Der Austausch von Informationen hat auf der europäischen wie auf der nationalen Ebene eine erhebliche Zunahme erfahren. Hierbei sind sowohl die Regierungen als auch die frei-gemeinnützigen Organisationen intensiv beteiligt.

Das internationale Jahr 1981 hat dabei schon durch die Bildung der nationalen Kommissionen einen erheblichen Publikationsschub bewirkt. Umfang und Zielgruppe der Information sind allerdings recht unterschiedlich gewesen und haben den Bedarf nach individueller Beratungshilfe eher vergrößert.

Die vier Ziele der Charta haben in Europa durch die engen internationalen Verbindungen im UN-Aktionsprogramm, im Europa-Rat, in der WHO und in der Kommission der Europäischen Gemeinschaften eine breite Resonanz gefunden. Das von Gorbatschow angesprochene Europäische Haus hat auch bereits vielfache Kontakte zu den osteuropäischen Staaten ermöglicht, wenngleich der Prozess der „Demokratisierung" zur Zeit noch erhebliche Probleme in der Wirtschafts- und Sozialpolitik zu überwinden hat, bevor von einem vergleichbaren Leistungsniveau ausgegangen werden kann.

Auch in der Europäischen Gemeinschaft selbst finden sich noch beachtliche Unterschiede, die Anlass zur Entwicklung eines breiten Informationsaustausches innerhalb des Helios-Programms gegeben haben.

Die westeuropäischen Länder bereiten sich mit dem gemeinsamen Markt auf eine weitere Harmonisierung in der Sozialpolitik vor, wenngleich allerorts mit Nachdruck betont wird, dass erreichte Standards, z.B. in der Unfallverhütung, aber auch in den Leistungen zur Bewältigung von Krankheits- und Behinderungsfolgen, nicht nivelliert, sondern eher den höheren Sozialleistungen angepasst werden sollen.

Der Austausch von Erfahrungen zwischen den Rehabilitationszentren, aber auch zwischen den lokalen Modellaktivitäten soll dieser langfristigen Entwicklung zu einem europäischen Standard ebenso dienen wie die breit angelegte Hilfsmittelinformation (Handyaid).

Die Europäische Entwicklung

Eine Alten-Kommission des dänischen Sozialministeriums hat sich in den 70er Jahren ohne Beteiligung der Politik mit den Bedürfnissen der damals 40jährigen und deren eigenen Altersperspektiven beschäftigt. Daraus wurden drei Prinzipien für die politische Zielsetzung abgeleitet: Solange wie möglich
– Kontinuität im eigenen Leben, d.h. auch bei Pflegebedürftigkeit ein Verbleib in der eigenen Umgebung
– größtmögliche Selbstbestimmung, auch finanziell
– Nutzung der eigenen Ressourcen.

Als Konsequenz aus diesen politischen Vorgaben sind seit 1987 in Dänemark keine neuen Pflegeheime mehr gebaut worden. Statt dessen wurden jährlich zwischen 5000 und 7000 Altenwohnungen errichtet, in denen eine Größe von 60–70 m^2 gesetzlich vorgeschrieben ist. 80 % der Kosten trägt der Staat, 18 % übernimmt die Gemeinde und 2 % trägt der Bewohner selbst. Im Gegensatz zu den früheren Pflegeheimen werden Altenwohnungen nun auch mitten in der Stadt errichtet.

Mit Hilfe von Kultur- und Aktivitätszentren wird der Vereinsamung alter Menschen vorgebeugt und teils durch professionelle Kräfte, teils durch die älteren Menschen selbst Freizeitaktivitäten aller Art unter Einschluss von Restauration, handwerklichen Angeboten, Reisevermittlungen und künstlerischen Mitwirkungen die gesellschaftliche Teilhabe auf kommunaler Ebene gesichert. Noch vorhandene Wohnheime wurden zu Wohnungseinheiten umgebaut.

Schwerstpflegebedürftige sind weiterhin in Pflegeheimen untergebracht, aber auch diese Pflegeheime haben ihre Aktivierungsabteilung.

Die Probleme von pflegebedürftigen Menschen mit seniler Demenz wird allerdings nicht mehr auf kommunaler Ebene, sondern im Kreis mit abgeschirmten Einheiten und gerontopsychiatrischer Spezialisierung des Personals gelöst.

Dänemark hat also zunächst die Wohnungsreform, dann die Rentenreform (Volksrente) und schließlich die Ausbildungsreform verabschiedet, um die oben angesprochenen Ziele verwirklichen zu können.

Die Zusammenarbeit zahlreicher freigemeinnütziger Gruppen, wie z.B. RI-ECA, aber auch reiner Behindertenverbände hat in Partnerschaft zum regierungsseitigen Aspekt erheblich zum gegenseitigen Verständnis und zu der in der Charta geforderten Ideenausbreitung beigetragen.

Gegenwärtige Probleme auf nationaler Ebene

Aus-, Weiter- und Fortbildung von Fachkräften

Information und Verfügbarkeit von Diensten und technischen Hilfen

Integration in das Schul- und Ausbildungs-System

Integration in den Arbeitsmarkt

Entwicklung von Normen für öffentliche und private Gebäude

Unterstützung von Selbsthilfe-Organisationen als Hilfe zur politischen Mitwirkung

---

Elemente der wohnortnahen Versorgung

1. Kompetente Reha-Beratung, Medizinisch, schulisch, beruflich, sozial, Hilfsmittelerprobung
2. Unterstützungsdienst (Essen auf Rädern, Gemeindeschwester)
3. Pflegeunterstützung der Familie (Sozialstation etc.)
4. Zivildienstleistende o.Ä.
5. 24-Stundenpflegehilfe im Hause oder Wohnheim
6. Rehabilitation und Notfallösung bei Dialyse und Beatmung
7. Frühförderung behinderter Kinder
8. Werkstätten für Behinderte
9. Mobile Dienste (Schlaganfall)
10. Sport- und Freizeitangebote

Die nationale Ebene (s. Tabelle „Gegenwärtige Probleme auf nationaler Ebene") ist weitgehend für die gesetzgeberischen Aufgaben und für Implementierung und Finanzausstattung zuständig. Hier sind sowohl im Bereich der Schulgesetze, der Sozialgesetzgebung, Bau-Gesetze und der Ausbildungsordnungen sowie der Arbeitsmarkt- und Tarifpolitik noch vielfältige Lücken zu schließen, die von Land zu Land unterschiedliche Strategien und Taktik erfordern. Dabei bedarf es besonderer Anstrengungen, die ökonomischen und personellen Ressourcen für einen Kreis von unterschiedlich behinderten Menschen in sehr verschiedenen Altersgruppen zu gewinnen, die sicher nicht als gemeinsamer Wählerblock in Erscheinung treten.

Die bisher geringsten Fortschritte in der Umsetzung der Charta sind bisher auf der Wohnortebene (s. Tabelle „Elemente der wohnortnahen Versorgung") zu verzeichnen. Die von der WHO für die Entwicklungsländer entworfenen Elementarhilfen in der „Community" werden im Prinzip, wenn auch mit stärkerer professioneller Unterstützung, auch in den europäischen Ländern benötigt. Sie können vielfach nur unzureichend und häufig ohne hinreichende Qualität und Kontinuität durch regionale Institutionen vorgehalten werden. Hier auf der Wohnortebene die notwendigen ergänzenden Rehabilitationsdienste zu entwickeln und mit bereits vorhandenen Institutionen sinnvoll zu verbinden, ist die vordringliche Aufgabe aus den Anregungen der Charta bis zum Ende unseres Jahrhunderts.

Aus dem im Jahre 1996 abgeschlossenen Helios II Programm ist von der Europäischen Kommission im Dezember 1996 ein „Leitfaden für empfehlenswerte Praktiken" in allen elf Amtssprachen veröffentlicht worden, der unter der Überschrift „Heim und Familie" u.a. das Marjala Projekt in Joensuu (Finnland) besonders herausstellt. Dort ist ein vollständig barrierefreier Vorort mit 1250 Häusern, Büros, Geschäften und Freizeiteinrichtungen entstanden, der die Nutzung aller öffentlichen Plätze, die Zugänglichkeit der Häuser durch ferngesteuerte Türen und die Kontakte zum Service-Zentrum über ein ISDN Telekommunikationsnetz ermöglicht.

2.0 Allgemeine Hinweise

In den Kapiteln 2.1 bis 2.9 sind Bereiche erläutert, die zunächst in keinem unmittelbaren Zusammenhang zu den folgenden Planungsgrundlagen stehen. Zum Verständnis der besonderen Situation, in der sich behinderte und betagte Menschen befinden können, sind diese Kapitel jedoch notwendig. Insbesondere sind in Kapitel 2.1 neuere statistische Daten zusammengetragen.

2.1 Statistik, Altersstufen

Vjenka Garms-Homolová

2.1.1 Einleitung

Die nachfolgenden Ausführungen und Zahlen, die auf den ersten Blick so trocken anmuten, sollen nicht einfach übersprungen werden. Sie gehören zu den Grundlagen jeder Planungsstrategie. Geht es um Stadt- oder Bauplanung für Behinderte, speziell für die im höheren und hohem Alter, helfen solche Zahlen, die Personengruppen zu identifizieren, die im besonderen Maße von physikalischen und räumlich-sozialen Umweltbedingungen abhängig sind: durch diese zusätzlich benachteiligt oder eingeschränkt werden können.

Diese Darstellung ist mit besonderen Schwierigkeiten verbunden. Es gibt nämlich keine einheitliche Definition des Begriffs „Behinderung". Die verfügbare internationale Klassifikation (vgl. WHO 1980) fand in der Bundesrepublik noch keine allgemeine Akzeptanz. Offiziell übersetzt wurde sie zunächst nur in der DDR (Matthesius 1990). Erst nach der Wende begann ihre Bekanntheit in Deutschland zuzunehmen (Matthesius et al. 1995; Schuntermann 1996; Schuntermann 1994) – zu einem Zeitpunkt, als die Erfordernis einer Neufassung deutlich geworden ist (WHO 1997).

„Behinderung" ist ein schillernder Begriff. Das wird deutlich, wenn man sich nicht nur die Vielfalt der auftretenden Defekte vergegenwärtigt, sondern auch die der Probleme, mit denen behinderte Menschen bei ihrer Alltagsbewältigung zu kämpfen haben. Die Bauplanung und Umweltgestaltung sollte auf diese Probleme differenziert reagieren. Als Grundlage benötigt man Daten und Informationen, wobei gleich zu Beginn dieses Kapitels unterstrichen werden muss, dass die amtlichen Statistiken und verfügbaren Versicherungsdaten den Planungsanforderungen nicht gerecht sind. Sie erweisen sich als zu grob und können nur einer allgemeinen Orientierung dienen. Daher müssen wir in dieser Darstellung stets darauf aufmerksam machen, dass die leicht zugänglichen Zahlen eine begrenzte Aussagefähigkeit haben und dass ein „Planer" mehr Informationen benötigt, um in die Materie tiefer eindringen zu können. Darüber hinaus ist es fast unmöglich, exakte Angaben über die Anzahl der verschiedenen Beeinträchtigungen und Behinderungen aus verfügbaren Statistiken zu extrahieren. In der Bundesrepublik gibt es keine generelle Meldepflicht für wie auch immer verursachte körperliche und psychische Beeinträchtigungen. Seit langem wird eine Berichterstattung angemahnt, die verlässliche Planungsgrundlagen bieten würde, ohne die Behinderten zu einer „gläsernen Gruppe" zu machen, deren Daten vollständig erfasst wären.

Wir müssen uns statistischer Quellen unterschiedlicher Art und Verallgemeinerungsfähigkeit bedienen: Entweder greifen wir auf amtliche Statistiken zurück, die routinemäßig erhoben werden, oder auf Befragungen des so genannten „Mikrozensus" des Statistischen Bundesamtes, mit denen in regelmäßigen Abständen Daten über 1 % der Bevölkerung erhoben werden. Ferner stehen Zahlen der Leistungsträger und Resultate spezifischer Untersuchungen zur Verfügung, mit denen Merkmale bestimmter (mehr oder minder repräsentativer) Zielgruppen – und oft nur in ausgewählten Regionen – erfasst wurden. Bei statistischen Darstellungen spielte die deutsche Vereinigung eine große Rolle. Lange existierten keine „vereinigten" Statistiken und auch heute sind entsprechende Lücken spürbar. Auch statistische Rückblicke sind schwer, da in der ehemaligen DDR die Informationen meist anders aufgebaut waren als in den Statistiken der alten Bundesrepublik. Beide Teile können daher nicht ohne weiteres verknüpft oder gegenübergestellt werden. Aufgrund dieser Einschränkungen präsentieren wir ein Mosaik mit möglichst vielen relevanten Einzelangaben.

Und noch eine Schwierigkeit kommt hinzu: nichts ist so kurzlebig, wie statistische Angaben! Sie veralten, weil sich die Situation rasch verändert und weil sie durch frische Untersuchungsergebnisse überholt werden. Deshalb sollen die Leser die vorliegenden Ausführungen weniger als eine dauerhaft verbindliche Quantifizierung der Wirklichkeit auffassen, sondern als die Information darüber, welche Eckwerte für ihre Arbeit relevant sein mögen und wo man sich diese jeweils in der aktuellsten Auflage besorgen kann. Vor allem bietet diese Darstellung eine erste Orientierung über die Bevölkerungsgruppen, um die es in diesem Buch geht: die Behinderten aus allen Altersgruppen und besonders aus den Reihen der Betagten. Für diese Personenkreise repräsentiert eine Optimierung des Wohnens und der Wohnumgebung die wichtigste Voraussetzung bei der Bewältigung alltäglicher Anforderungen des Lebens.

2.1.2 Wohnsituation und Formen des Zusammenlebens

Wir beginnen mit der Darstellung einiger statistischer Grunddaten zum Wohnungsbestand. Die letzte repräsentative Stichprobenerhebung wurde in Deutschland 1993 durchgeführt (Repräsentative Gebäude- und Wohnungsstichprobe – GWS). Laut GWS 1993 gab es zum Stichtag 30.9.1993 für 33,9 Mio. Haushalte (davon 12,0 Mio. Ein-Personen-Haushalte) 33,1 Mio. Wohnungen. Dementsprechend fehlten bei einer Wohnung rein rechnerisch je Haushalt 0,8 Mio. Wohnungen. Von diesem Wohnungsbestand entfielen 12,6 Mio. Wohnungen auf Wohneigentum und 19,7 Mio. auf Mietwohnungen. Von den Mietwohnungen waren ca. 3,0 Mio. im sozialen Wohnungsbau errichtet worden (Hämmerlein 1996).

Die Besitzverhältnisse variierten stark je nach Bundesland. Die niedrigste Quote der Eigentümerwohnungen fand sich in den Stadtstaaten: in Berlin, in Hamburg, in Bremen, die höchste hingegen in ländlichen Gebieten. Je neuer die Wohneinheit – so lässt sich vereinfachend feststellen –, desto größer ist der Anteil von Eigentümerwohnungen. In den ostdeutschen Bundesländern waren 1993 rund 40 % der Wohnungen privates, ebenfalls 40 % staatliches Eigentum. Der Restanteil befand sich im Besitz von Genossenschaften (Bartholomai & Melzer 1993). Charakteristisch sind auch hier starke bundeslandspezifische Differenzen in den Eigentumsformen.

Im Jahre 1993 betrug die durchschnittliche Wohnfläche 84,7 m^2 pro Wohnung (Statistisches Bundesamt 1994); sie war mit 88,1 m^2 größer in den alten als in den neuen Bundesländern (70,1 m^2). So standen einem Bewohner des ehemaligen Bundesgebiets im Durchschnitt 37,8 m^2, einem Bewohner der neuen Länder durchschnittlich nur 29,5 m^2 zur Verfügung (Durchschnitt für Gesamtdeutschland 36,2 m^2 – ebenda). Ein erheblicher Unterschied hinsichtlich der Wohnfläche besteht in Abhängigkeit mit Eigentumsverhältnissen. „Mieter" müssen sich mit kleineren Wohnungen als die Eigentümer begnügen. In der Bundesrepublik ist seit den siebziger Jahren eine ständige Verbesserung des Wohnkomforts zu verzeichnen und besonders seit 1978 wurden viele Wohnungen, speziell auch Mietwohnungen, modernisiert. Im Jahre 1993 erreichte der Anteil der Wohneinheiten mit Sammelheizung, Bad und WC im Bundesdurchschnitt 76,5 %.

Fachleute prognostizieren (vgl. Tab. Prognose für die Wohnungsversorgung: Jahre 1993 und 2010):
– eine Zunahme der Wohnfläche pro Haushalt und Person, die sich speziell in Ostdeutschland bemerkbar machen wird
– steigende Nachfrage nach Wohnungen und Wohnmöglichkeiten in Ein-/Zweifamilienhäusern und somit in Eigenheimen
– gehobene Ansprüche auf das Wohnen werden zunehmen
– der Trend zur abnehmenden Haushaltsgröße – speziell auch zum Einpersonenhaushalt – wird sich weiter fortsetzen.

Im Jahre 1992 gab es in der Bundesrepublik 35 700 Mio. Haushalte, davon 4 887 Mio. Einpersonenhaushalte (nach Mikrozensus, Stat. Bundesamt 1994). Fünf Jahre später, also 1997, wurden bereits 37 457 Mio. Haushalte mit 82 235 Mio. Mitgliedern gezählt. Damit betrug die durchschnittliche Haushaltsgröße 2,18 Personen in West- und 2,24 Personen in Ostdeutschland (BMFuS 1994). Der Anteil der Einpersonenhaushalte betrug im Westen 16,6 % und in den neuen Ländern 13,9 % der Bevölkerung. Ältere und alte Menschen stellen relativ wie absolut die Gruppe in Einpersonenhaushalten dar. Doch die Mehrheit von ihnen wohnt in Zweipersonenhaushalten (Tab. Bevölkerung ab 50 in privaten Haushalten).

Prognose für die Wohnungsversorgung: Jahre 1993 und 2010

		Alle Haushalte		Alte Haushalte	
		1993	2010	1993	2010
Wohnfläche pro Person (in m^2)	West	37,8	42,3	50,1	59,0
	Ost	29,5	39,4	40,5	44,5
	Bund	36,2	41,7	48,5	55,9
Wohnungsgröße (in m^2)	West	88,1	93,9	80,8	91,5
	Ost	70,1	84,3	61,2	68,7
	Bund	84,7	92,2	77,3	86,4
Ausstattung mit Bad, WC und Sammelheizung (in %)	West	81,7	–	77,0	–
	Ost	54,1	–	41,6	–
	Bund	76,5	–	70,7	–
Eigentümeranteil in % aller Wohnungsinhaber	West	41,8	45,0	43,8	52,5
	Ost	26,1	34,2	24,0	30,0
	Bund	38,8	42,7	52,5	47,6

Quelle: Gebäude- und Wohnungsstichprobe 1993, Statistisches Bundesamt, Fachserie 5, Heft 3

Bevölkerung ab 50 in privaten Haushalten

Altersgruppe in Jahren	Bevölkerung in Haushalten insg. in 1000	Einpersonenhaushalte in 1000	in %	Mehrpersonenhaushalte in 1000	in %
Früheres Bundesgebiet, Männer					
50 – unter 55	1997	274	13,74	1 723	86,3
55 – unter 60	2605	343	13,2	2 262	86,8
60 – unter 65	1955	242	12,4	1 713	87,6
65 – unter 70	1620	202	12,5	1 418	87,5
70 – unter 75	1159	170	14,7	988	85,0
75 – unter 80	697	129	18,5	569	81,6
80 und älter	684	217	31,7	468	68,4
Früheres Bundesgebiet, Frauen					
50 – unter 55	1968	254	12,9	1 715	87,1
55 – unter 60	2554	426	16,7	2 128	83,3
60 – unter 65	2028	447	22,0	1 580	77,9
65 – unter 70	1827	594	32,5	1 233	67,5
70 – unter 75	1795	824	45,9	971	54,1
75 – unter 80	1328	812	61,1	516	38,9
80 und älter	1626	1155	71,0	471	29,0
Neue Länder und Berlin-Ost, Männer					
50 – unter 55	433	46	10,6	388	89,6
55 – unter 60	619	55	8,9	564	91,1
60 – unter 65	480	45	9,4	435	90,6
65 – unter 70	381	38	10,0	343	90,0
70 – unter 75	224	30	13,4	195	87,1
75 – unter 80	141	26	18,4	115	81,6
80 und älter	139	49	35,3	89	64,0
Neue Länder und Berlin-Ost, Frauen					
50 – unter 55	439	51	11,6	388	88,4
55 – unter 60	647	101	15,6	546	84,4
60 – unter 65	528	124	23,5	404	76,5
65 – unter 70	475	157	33,1	318	66,9
70 – unter 75	403	200	49,6	203	50,4
75 – unter 80	303	193	63,7	110	36,3
80 und älter	345	249	72,2	96	27,8

Datenbasis: Statistisches Bundesamt, Mikrozensus 1997

Bevölkerung der Bundesrepublik Deutschland nach Altersgruppen

Alter von/bis Jahre	insg. (in 1000)[1] Länder alte	neue	Männer (in 1000)[1] Länder alte	neue	Frauen (in 1000)[1] Länder alte	neue
<1 bis <5	3679	761	1887	391	1792	371
5 bis <10	3363	1058	1726	543	1636	515
10 bis <15	3286	1094	1686	561	1599	533
15 bis <20	3299	862	1694	446	1605	415
20 bis <25	4820	989	2478	517	2341	471
25 bis <30	5941	1225	3091	631	2849	594
30 bis <35	5457	1278	2826	657	2631	621
35 bis <40	4710	1202	2420	616	2290	585
40 bis <45	4447	1073	2265	548	2181	525
45 bis <50	3827	835	1957	548	1869	417
50 bis <55	4856	1218	2474	602	2381	616
55 bis <60	4145	1049	2081	511	2064	537
60 bis <65	3459	864	1681	402	1778	462
65 bis <70	3117	685	1284	256	1832	429
70 bis <75	2523	559	909	184	1614	375
75 bis <80	1742	368	569	109	1173	259
80 bis <85	1579	352	463	97	1116	255
85 bis <90	767	162	201	42	566	120
90 bis <95	231	42	52	9	178	33
95 +	37	6	7	1	33	5
Gesamt	65289	15685	33593	7544	33533	8141

[1] aufgerundet Quelle: Statistisches Bundesamt

Immer mehr Kinder leben nur mit einem Elternteil. Diese Feststellung resultiert aus der Tatsache, dass 1992 602 000 Haushalte mit Kindern unter 18 Jahren nur aus zwei Personen bestanden. Bei „alleinerziehenden" Eltern handelte es sich vorwiegend um Frauen: auf einen allein erziehenden Vater mit Kindern unter 18 Jahren entfallen 6,6 allein erziehende Mütter.

Eine besondere Kategorie bildeten die so genannten „nichtehelichen Lebensgemeinschaften", deren Anzahl auf 1485 Tausend Haushalte geschätzt wird; darunter hatten 73 % Lebensgemeinschaften keine Kinder. Seit 1972 steigt die Häufigkeit dieser Lebensform kontinuierlich an (Statistisches Bundesamt 1994). Rechnet man noch die Alleinstehenden mit Kindern und Lebenspartner dazu, so wird die Anzahl nichtehelicher Lebensgemeinschaften für das ehemalige Bundesgebiet mit 1 Mio. Haushalten beziffert und mit einer weiteren Verbreitung dieser Lebensform wird gerechnet (Pohl 1985; Burkhard et al. 1989, Voigt 1992, 1993; Niemeyer 1994).

2.1.3 Bevölkerung und Altersgliederung

Die Übersicht über die Altersgliederung der bundesrepublikanischen Bevölkerung (Tab. Bevölkerung der Bundesrepublik Deutschland nach Altersgruppen) verdeutlicht einerseits die Relationen zwischen den Alters- und Geschlechtsgruppen – so das Übergewicht von Frauen als Resultat der Überrepräsentanz von Frauen höheren Alters. Andererseits gibt sie eine allgemeine Information darüber, wie stark einzelne Alters- und Geschlechtsgruppen in der Gesamtbevölkerung vertreten sind. Würde man nach Geburtsjahrgängen differenzieren, werden historische Einflüsse auf Bevölkerungszahlen deutlich, etwa die Geburtenausfälle während des 1. Weltkrieges, der Wirtschaftskrise um 1932 und in der Nachkriegszeit.

Werfen wir einen Blick in die Vergangenheit! Zwischen 1970 und 1980 ist die Bevölkerung in der alten Bundesrepublik um 1,5 % angewachsen. Im Vergleich der Länder der europäischen Gemeinschaft, deren Gesamtbevölkerung in diesem Zeitabschnitt um 4,8 % zunahm, ist es ein geringes Wachstum. Nur Frankreich verzeichnete mit 1,2 % eine noch kleinere Zuwachsrate (Statistisches Bundesamt 1989). Zwischen 1980 und 1987 war die durchschnittliche Bevölkerungsentwicklung in Deutschland durch eine 0,8 %ige Schrumpfung gekennzeichnet – eine einmalige Tendenz in der EG, deren Gesamtbevölkerung im genannten Zeitraum um 1,8 % zunahm (ebenda). Diese asymmetrische Entwicklung ist das Ergebnis der Bilanz zwischen Geburtenhäufigkeit, Sterbefällen und Migration.

Noch wichtiger für das Verständnis dieser Entwicklungen ist die Betrachtung einzelner Altersgruppen. Der relative Anteil der jüngeren und jüngsten Bevölkerungsgruppen geht seit längerem zurück, bei gleichzeitiger Zunahme der relativen Anteile der älteren und alten Personen. Es handelt sich um einen Prozess, der „demographisches Altern" oder „Ergrauung der Gesellschaft" genannt wird und der sich in allen Industriegesellschaften vollzieht, wobei er hier zu Lande eine besondere Zuspitzung erfahren hat. Im Jahre 1939 im Reichsgebiet betrug der Anteil von Personen unter 15 Jahren 23,3 %, der von 15- bis unter 65jährigen 69,9 % und von 65jährigen und Älteren 7,8 %. Im Jahre 1950 wird ein weiterer Anstieg älterer Menschen verzeichnet (Tab. Prozentuelle Bevölkerungsentwicklung von 1950 bis 2040), so dass er vierzig Jahre später (Ende 1979) schon 15,6 % der Bevölkerung von 65jährigen und Älteren betrug, während nur noch 18,5 % der Bevölkerung unter 15 Jahren waren. 65,9 % waren zwischen 15 und 65 Jahren alt. Besonders stark ist der Anteil alter Frauen angestiegen: Von 8,2 % im Jahre 1939 auf 19 % im Jahre 1979 (vgl. Höhn et al. 1981).

Die „Alterung" der Bevölkerung wird auch künftig noch eine Rolle spielen (Tab. „Prozentuelle Bevölkerungsentwicklung von 1950 bis 2040"). Mit ihr geht eine Verringerung der Reproduktionsrate einher, denn große Gruppen der (weiblichen) Bevölkerung erreichen ein Alter jenseits der Gebärfähigkeit. Daraus wird ein genereller Bevölkerungsrückgang resultieren, wenn keine Kompensationsmechanismen – etwa Zuzug von Ausländern – gegensteuernde Effekte zeitigen würden.

Aus Prognosen der Bevölkerungsentwicklung bis zum Jahre 2040 (vgl. z. B. ebenda) geht ein beträchtlicher Rückgang der Bevölkerung in der Bundesrepublik hervor. Obwohl diese Trends mit großer Zurückhaltung betrachtet werden müssen, gelten einige Entwicklungstendenzen als relativ sicher:
- Eine weitere Alterung unserer Gesellschaft wird sich bis zum Jahre 2040 so auswirken, dass gut jeder dritte Bundesbürger älter als 65 Jahre wird.
- Die Bevölkerungszahl wird nur noch 72,4 Mio. betragen. In den einzelnen Altersgruppen werden sich beträchtliche Unterschiede ergeben. Daher werden die Jahrgänge der 50- beziehungsweise 70jährigen vergleichsweise stark, andere dagegen schwächer besetzt sein.
- Für die östlichen Bundesländer rechnen Experten mit einer „differenzierten" Alterung, obwohl sich die bisher niedrigere Lebenserwartung in Ostdeutschland der Westdeutschen schneller als erwartet annähern wird (Münz & Ulrich 1994; Sommer 1996).

Prozentuelle Bevölkerungsentwicklung von 1950 bis 2040

Alter	1950	1995	2010	2040
Insgesamt	100,0	100,0	100,0	100,0
unter 1	1,5	0,9	0,8	0,7
1 – 4	5,3	4,0	3,2	2,8
5 – 14	16,4	11,2	9,1	7,9
15 – 19	7,3	5,4	5,4	4,6
20 – 39	26,4	30,7	24,6	22,1
40 – 59	28,6	26,7	31,9	28,0
60 – 79	13,6	17,0	20,4	26,5
80 – 89	1,0	3,6	4,0	6,4
über 89	0,0	0,5	0,5	1,0

Quelle: StBA, Bevölkerungsstatistik, 8. koordinierte Bevölkerungsvorausberechnung (2. Variante)

- Der so genannte „Frauenüberschuss" der alten Jahrgänge bleibt in nicht abgemilderter Form noch bestehen. Mit einem relativen Ausgleich ist in den Gruppen der „jüngeren" alten Menschen (65 bis 70 Jahre) zu rechnen.
- Hochaltrige Bevölkerungsgruppen, deren Anteil aufgrund des altersspezifischen Sterblichkeitsrückgangs um 2 Mio. anwächst, werden eine relevante Population ausmachen.

2.1.4 Die Wohnsituation alter Menschen

Welche Spezifika weist die gegenwärtige Wohnsituation alter Menschen auf, wenn sie mit der Wohnsituation der Durchschnittsbevölkerung, die wir am Anfang dieses Kapitels charakterisierten, verglichen wird? Bei dieser Frage denken manche Leser ganz gewiss an die Unterbringung im Heim. Aber in der Bundesrepublik leben vergleichsweise wenige alte Menschen dauerhaft in Einrichtungen dieser Art. Der Anteil wird für 65jährige und Ältere mit 5,3 % angegeben (Statistisches Bundesamt 1994). Die größte Gruppe stellen die Pflegeheimbewohner/innen dar (3 % der Bevölkerung von 65 Jahren). Im Altenheim klassischer Prägung befinden sich 1,6 % dieser Altersgruppe, die Attraktivität dieser Wohnform nimmt jedoch seit Jahren ab. Eines wachsenden Interesses erfreuen sich dagegen Altenwohnungen, in denen ca. 2,0 % der 65jährigen und Älteren leben (Tendenz steigend).

Obwohl die Durchschnittsanteile der Heimbewohner niedrig sind, zeigt eine Differenzierung nach Altersgruppen, dass von den Hochbetagten (80jährigen und älteren) sehr viele (14 %) in Institutionen wohnen und dort das Leben beenden (Schneekloth & Müller 1997). Insbesondere in den Altersgruppen jenseits 85 steigt der Heimanteil dramatisch an. Berücksichtigt man noch die Verweildauer und zunehmende Lebenserwartung der Heimbewohner/Heimbewohnerinnen, so wird deutlich, dass die Bedeutung des Heims nicht unterschätzt werden sollte. Von neunzigjährigen und älteren Frauen kommt gut jede dritte, von fünfundachtzigjährigen Frauen gut jede vierte ins Heim. Ledige Frauen und geschiedene alte Menschen beiderlei Geschlechts haben eine besonders große Chance in einer Heimeinrichtung ihren Lebensabend abzuschließen (Rückert 1992). Der schon weiter oben dargestellte Wandel des Bedarfs an speziellen Wohnformen für die alte Bevölkerung wird sich noch fortsetzen:
- Wohnformen, die den alten Menschen das höchst mögliche Maß an Selbstbestimmung und Selbstständigkeit ermöglichen, jedoch auch Sicherheit und ein geringes Maß an Hilfen zur Alltagsbewältigung bieten, werden bevorzugt – speziell von Personen, die noch nicht das Stadium der Hochaltrigkeit erreicht haben.
- Besonders die Angebote des „betreuten Wohnens" und der „Servicehäuser" erfreuen sich zunehmender Beliebtheit, obwohl ihrer Verbreitung u. a. auch finanzielle Grenzen gesetzt sind.
- Die Anzahl der Altenheime ohne Pflegeabteilungen nimmt ab, weil alte Menschen in ihren Privatwohnungen so lange verbleiben, so lange es die Gesundheit und Funktionsfähigkeit zulassen. Der Ausbau von ambulanten Pflegediensten und die Einführung der Pflegeversicherung begünstigen das individuelle Wohnen Hochbetagter.
- Die Anzahl der Altenwohnheime mit ständiger Pflegeabteilung erfährt eine geringfügige Kapazitätserweiterung (im Jahre 1994 wurden nach Angaben von Infratest für das gesamte Bundesgebiet 82 000 Altenwohnheimplätze gezählt).
- Am stärksten expandieren Altenpflegeheime (derzeit ca. 375 000 im gesamten Bundesgebiet – Schneekloth & Müller 1997). Gerade darin finden die vorher angedeuteten demographischen Trends ihren Ausdruck. Ausschlaggebend ist die Tatsache, dass immer größere Gruppen zu den Hochaltrigen zählen, unter denen sich viele hilfe- und versorgungsbedürftige Personen und solche Personen finden, die alle potenziellen Helfer aus dem Kreise der Angehörigen und Freunde bereits überlebten und daher im verstärkten Maße auf Fremdhilfen angewiesen sind.

Die Mehrheit der Altenpopulation lebt – wie schon aus der Haushaltsstatistik klar zu entnehmen war (vgl. Tab. Bevölkerung ab 50 in privaten Haushalten) – nicht im Heim, sondern in einer Privatwohnung, wobei das Leben zu zweit (Ehepartnerhaushalte) überwiegt. Früher zeichnete sich das Wohnen alter Menschen durch eine schlechte Wohnqualität aus (vgl. z.B. Garms-Homolová et al. 1982; Stolarz 1984). Auf dem Gebiet der ehemaligen Bundesrepublik sind nur noch kleine Gruppen alter Menschen in Substandardwohnungen untergebracht. Die Mehrheit hat

an Wohnmodernisierung und Standardverbesserung partizipiert, so dass im Jahre 1993 nur 29 % der Wohnungen alter Menschen als „nicht modern" bezeichnet wurden – ihnen fehlten eine zeitgemäße sanitäre Ausstattung und/oder Sammelheizung (Statistisches Bundesamt 1996). In den westlichen Bundesländern wurde nur knapp ein Viertel der Wohnungen alter Menschen als „nicht modern" bezeichnet. Bei der Mehrheit überwogen „leichte Mängel". Ganz anders in den neuen Bundesländern (ebenda). Fast 60 % der Wohnungen von 65jährigen und Älteren wurde als „nicht modern" eingestuft, davon wiesen rund 45 % der Wohnungen schwere Mängel auf. Allein die „Innentoilette" fehlte in einem Drittel von Wohnungen dieser Art. Doppelt so viele 65jährige und Ältere lebten im Osten als im Westen in Gebäuden, die vor 1919 errichtet worden sind. Auch der Prozentsatz von alten Menschen, die in den zwischen 1919 und 1923 gebauten Häusern lebt, ist in den neuen Ländern überproportional hoch. Zudem sind Betagte wohnungsmäßig schlechter ausgestattet als Personen im jüngeren oder mittleren Alter (Bartholomai et al. 1993), eine Relation, die im Westen nicht mehr gilt. Besonders schlecht ausgestattet sind die Wohnungen in ländlichen Gebieten und im Süden der neuen Bundesländer. Für die Planung gilt dort besonders zu berücksichtigen:
– zu kleine Wohnungen
– die Tatsache, dass zwei Drittel der Älteren und Alten außerhalb von Ballungsgebieten wohnen und auch in den Städten außerhalb der Zentren. Das erfordert – neben bauplanerischen – auch städteplanerische Strategien, die die Lage alter Menschen berücksichtigen.
Für die gesamte Bundesrepublik ist zu vermerken, dass die Wohnungslosigkeit älterer und alter Menschen ansteigt. Wohnungslose alte Personen gehören zu extrem hilfebedürftigen Bevölkerungsgruppen, wobei der Unterstützungsbedarf sehr frühzeitig ansetzt (Voralterung, vgl. Deutscher Bundestag 1998). Gefordert werden menschenwürdige Unterbringungsmöglichkeiten in Unterkünften für Wohnungslose, Eingliederungshilfen und präventive Maßnahmen, mit denen die Gefahr der Wohnungslosigkeit rechtzeitig aufgefangen wird.
Zu den Problemschwerpunkten des Altenwohnens im Westen gehört, dass in baldiger Zukunft viele Menschen in suburbanen Wohnregionen altern werden. Diese Gegenden sind nicht altersgerecht ausgestattet und an Zentren angebunden. Eine weitere Schwierigkeit besteht in den sozialen Disparitäten. Gemeint ist damit, dass extrem sozial schlecht gestellte Gruppen auch im Bereich des Wohnens zunehmend benachteiligt werden.

Insgesamt betrachtet besteht also noch ein qualitatives Gefälle zwischen Wohnungen des Bevölkerungsdurchschnitts und denen der alten Bevölkerung. Auch die vergleichsweise geringen Abstriche an Bequemlichkeitsstandards im Westen werden zum Problem, wenn die Fähigkeiten zur Bewältigung alltäglicher Anforderungen nachlassen – eine Situation, die sich mit zunehmendem Alter bei immer größeren Bevölkerungsgruppen einstellt. Zudem muss unterstrichen werden, dass mit den Merkmalen: sanitäre Ausstattungen, Heizungsart, Wohnfläche die Wohnsituation alter Menschen nicht ausreichend erfasst wird, schon gar nicht die Probleme, die sich ergeben, wenn Funktionseinschränkungen und schlechte Wohnverhältnisse zusammentreffen. Ergebnisse einer 1992 abgeschlossenen repräsentativen Erhebung in Ost und West (Schneekloth & Potthoff 1993) belegten eine besonders prekäre Wohnsituation der hilfe- und pflegebedürftigen alten Menschen in östlichen Gebieten Deutschlands. 15 % von ihnen hatten keine Toilette (3 % im Westen), 21 % kein Bad (8 % im Westen), 63 % kein Warmwasser in der Wohnung (Westen: 27 %), 72 % keinen Telefonanschluß (Westen: 7 %). Nur 18 % der Wohnungen Hilfe- und Pflegebedürftiger in Ostdeutschland waren ohne Treppensteigen zu erreichen. Doch dieses Problem ist auch im alten Bundesgebiet weit verbreitet (nur 28 % mußten keine Treppen steigen). Behindertengerechte Ausstattungen – etwa spezielle Toilette, Badewanne etc. – haben im Osten nur einzelne hilfe- und pflegebedürftige Personen (5 % und weniger); im Westen haben solche Errungenschaften 11 % und weniger der Wohnungen von hilfe- und pflegebedürftigen Menschen.
Solche Faktoren zeitigen um so größere Effekte, um so stärker sie mit anderen – etwa gesundheitlichen und sozialen Problemen und mit der Einschränkung des informellen Netzes sozialer Beziehungen im höchsten Alter – zusammentreffen. Der alltägliche Lebensvollzug wird auch durch fehlende Dienstleistungen und Versorgungseinrichtungen erschwert. Weit entfernte Lebensmittelgeschäfte, fehlende Grünanlagen, weit entfernte Ämter etc. sind sowohl im Westen als auch im Osten zu beklagen (ebenda). Die zuweilen notwendige Fremdbetreuung oder häusliche Pflege stoßen oft an die Grenzen der Durchführbarkeit, wenn sie in Wohnungen mit unzulänglichen sanitären Einrichtungen (Garms-Homolová 1993) und mit „altersspezifischen Ausstattungsmängeln" (Deutscher Bundestag 1998) stattfinden sollen.

2.1.5 Situation von Behinderten

Wer wird eigentlich zu behinderten Menschen gezählt? Vorhandene Statistiken bedienen sich Kriterien und Kategorien, die nur sehr unscharf abbilden, inwieweit die jeweils als behindert geltenden Individuen oder Personengruppen in ihrem Lebensvollzug so beeinträchtigt sind, dass für sie besondere umweltplanerische Maßnahmen erforderlich werden. Die Angabe „beinamputiert" kann bestenfalls signalisieren, dass der/die Betroffene Probleme beim Treppensteigen und bei der Überwindung von Unebenheiten jeder Art haben. Mit Sicherheit gehören zu der Gruppe der beinamputierten Personen mit einem ganz unterschiedlichen Aktionsradius: jene, die mit sämtlichen physikalischen Hindernissen fertig werden, wie auch jene, die vollständig immobil sind. Entsprechend ungenaue Informationen resultieren aus ärztlichen Diagnosen und den Statistiken der Leistungsträger. Doch gerade diese Letztgenannten stellen die Hauptquellen der Behindertenstatistiken dar. Denn Menschen mit Beeinträchtigungen, Funktionseinbußen und Behinderungen werden in der Regel nur dann erfasst, wenn sie eine Leistung (Rente, Rehabilitationsmaßnahme, Schmerzensgeld, Behandlungskosten etc.) beanspruchen wollen. Ansonsten besteht keine Meldepflicht für Behinderungen oder für Krankheiten, mit Ausnahme der „meldepflichtigen Erkrankungen", die nach Maßgabe des Bundes-Seuchengesetzes erfasst werden (hierzu gehören übertragbare Erkrankungen, z. B. Salmonellose, Pocken, Scharlach, Hepatitis, Meningitis, Poliomyelitis) und Geschlechtskrankheiten. Es sind überwiegend Krankheiten, die nicht zu Behinderungen führen und wenn ja, dann kommen sie heute nur noch selten vor (so wurde z. B. im Jahre 1993 kein Fall von Polio mehr registriert – Statistisches Bundesamt 1994).
Doch es gibt eine ganze Reihe von Informationsquellen, auf die wir im folgenden hinweisen wollen:
Nach einer Mikrozensus Erhebung von 1995 litten rund acht Millionen Menschen in Deutschland unter irgendeiner Behinderung oder behindernde Erkrankung(sfolgen). Amtlich als schwer behindert anerkannt waren 6,5 Mio. Personen, die insgesamt 9,1 Mio. Behinderungen aufwiesen (Statistisches Bundesamt 1996). Jährlich werden vom Statistischen Bundesamt Daten über den Zugang zu Rehabilitationsmaßnahmen veröffentlicht. Sie informieren über alle Rehabilitanten, deren Geschlecht, Alter, Stellung im Erwerbsleben und weitere soziale Merkmale. Ferner wird nach Ursachen der Rehabilitationserfordernis und nach einzelnen Maßnahmen sowie deren Trägern unterschieden. In die Erstellung der Statistik sind die Träger der gesetzlichen Kranken-, Unfall- und Rentenversicherung einbezogen, ferner die Träger der Kriegsopferversorgung, die Bundesanstalt für Arbeit als Trägerin beruflicher Rehabilitationsmaßnahmen und die Sozialhil-

fe. Obwohl die Meldungen teilweise unvollständig sind, erhält man eine ganze Reihe wichtiger Informationen. Bei Dreiviertel der Rehabilitationen handelt es sich um medizinische Maßnahmen. Im Jahre 1991 wurden 1,23 Mio. dieser Rehabilitationen stationär durchgeführt; im Jahre 1993 waren es 1,34 Mio. und 1995 14,5 Mio. Der typische Rehabilitant war männlich, erwerbstätig, im Alter zwischen 45 und 60 Jahren. Er wurde aufgrund einer Erkrankung, nicht eines Unfalls, am ehesten der Krankheit des Skeletts, der Muskeln oder des Bindegewebes (in gut 0,6 Mio. Fällen), einer Krankheit der Atmungsorgane, einer geistigen beziehungsweise seelischen Störung (182 Tausend Fälle) oder des Kreislaufsystems (216 Tausend Fälle) rehabilitiert. Es wird deutlich: Krankheiten überwiegen als Ursachen der Behinderungen, wegen deren rehabilitiert werden muss, in sämtlichen Altersgruppen. Bei Kindern bis zum 6. Lebensjahr sind jedoch vorgeburtliche Schäden für fast ein Viertel der Rehabilitationsmaßnahmen ausschlaggebend. Bei Jugendlichen sind wir dagegen mit einer signifikanten Anzahl von Arbeitsunfällen konfrontiert. Der Verkehrsunfall verursacht rehabilitationsfähige Behinderungen vor allem in der Gruppe der 25- bis 35jährigen Männer, der Wegeunfall begründet Rehabilitationen am häufigsten bei 18- bis 25jährigen.

Eine weitere Informationsquelle zur Behindertenproblematik ist die Statistik der Frührentenzugänge wegen Berufs- und Erwerbsunfähigkeit (Statistisches Bundesamt 1998). Denn es sind chronische Erkrankungen und aus ihnen resultierende Behinderungen, die am häufigsten zur Frühberentung führen. Von einer besonderen Bedeutung sind hierbei die Osteopatien und Krankheiten der Knochen, Gelenke, Bewegungsorgane (ICD-9: Nr. 710, 715 bis 739 von ICD), an zweiter Stelle Krankheiten des Kreislaufsystems (ICD-9: 290-319) und Neubildungen (ICD-9: 140-239). Dabei erweisen sich geschlechtsspezifische und regionale Unterschiede als relevant: so werden z. B. Frauen seltener als Männer aufgrund von Kreislauferkrankungen berentet, dafür weisen sie öfters psychische Probleme als Berentungsursachen auf. Unterschiede in der Häufigkeit bestehen auch zwischen verschiedenen Berufsgruppen.

Die Rentenzugänge besagen freilich nichts über die Behinderungen im Kindesalter, die entweder angeboren sind oder durch geburtliche Schäden entstehen. Deren Häufigkeit beläuft sich auf ungefähr 0,21 pro Tausend Lebendgeborene, wobei Mädchen seltener betroffen sind als Knaben und darüber hinaus seltener Mehrfachbehinderungen aufweisen. Andere Quellen geben für Kinder die Anteile mit 4,4 % der unter 6jährigen und 3,6 % der 6- bis 18jährigen an. Entsprechend der Schwerbehindertenstatistik sind nur 0,7 % der unter 6jährigen und 1,3 % der 6- bis 18jährigen behindert. Eine Ergänzung bieten Informationen der „Schulstatistik" (Statistisches Bundesamt 1998). Aus der Tabelle „Schüler in Sonderschulen, Schuljahr 1995/1996" geht hervor, dass rund 3,94 % der Schüler der allgemeinbildenden Schulen als behindert gelten. Kognitive Behinderung (Lernbehinderung, geistige Retardierung) führen die Statistik an, während körperliche und sensorische Behinderungen weit seltener vorkommen.

Für die männliche Bevölkerung werden darüber hinaus vom Verteidigungsministerium die Ergebnisse der Musterungsuntersuchungen regelmäßig publiziert. Diese geben Aufschlüsse über Körperfehler und Gesundheitsschäden der Kohorte der jeweils 19jährigen Männer.

Seit 1979 wird nach Maßgabe des Schwerbehindertengesetzes alle zwei Jahre zum Stichtag, dem 31. Dezember, eine Bundesstatistik über die Behinderten durchgeführt. Ihr Ziel ist es, Informationen für sozialpolitische Planungen, für die Einleitung von Maßnahmen und die Gewährung von Leistungen zu Gunsten des betroffenen Personenkreises bereitzustellen. Die Behindertenstatistik enthält Angaben über die Zahl und die persönlichen Merkmale der Behinderten sowie über Art, Ursache und Grad ihrer Behinderung. Bis einschließlich 1985 wurden die Schwer- und die Leichtbehinderten erfasst. Seit 1987 werden nur noch die Schwerbehinderten einbezogen, die einen gültigen Schwerbehindertenausweis besaßen. Die Daten werden von den Versorgungsämtern geliefert, die für die Bearbeitung von Anträgen und Anerkennung der Behinderteneigenschaft zuständig sind. Danach gelten die Personen als schwerbehindert, denen von den Versorgungsämtern ein Grad der Behinderung von 50 oder mehr zuerkannt worden ist.

Nach Art der Behinderung (wir ziehen an dieser Stelle nur die schwerste in Betracht) werden deutliche Differenzen sichtbar (Tab. „Schwerbehinderte im Jahre 1995 nach Art der Behinderung"). An erster Stelle stehen Behinderungen verursacht durch den Bewegungsapparat, danach folgen Behinderungen als Folgen von Herz-/Kreislauferkrankungen. Suchtfolgen und Querschnittslähmungen gehören zu den seltenen Behinderungsarten. Von beiden sind Männer vergleichsweise mehr betroffen als Mädchen und Frauen. Die größte Gruppe bilden Funktionsbeeinträchtigungen, die mit Erkrankungen innerer Organe einhergehen.

Neben solchen allgemeinen Statistiken, die periodisch, d. h. jeweils aktualisiert herausgegeben werden sollten, sind für die Wohnplanung und Umweltgestaltung gezielte Untersuchungen relevant, die Aufschluss darüber geben, welche Erleichterungen besonders erforderlich sind. Beispiele dafür geben Analysen der Situation 60- bis 89jähriger Großstadtbewohner, die sich einer Prüfung motorischer Funktionen unterzogen haben (Garms-Homolová & Hütter 1983), ferner die Vergleichsstudie alter Menschen in der Stadt und auf dem Lande (AG Gesundheitsanalysen et al. 1991), die Repräsentativerhebung von Hilfe- und Pflegebedürftiger in privaten Haushalten (Schneekloth & Potthoff 1993) und in Heimen (Schneekloth & Müller 1997).

Schüler in Sonderschulen, Schuljahr 1995/96

Klassentyp	Anzahl	Schüler allgemeinbildender Schulen in %
Lernbehinderte	220 977	2,22
Geistigbehinderte	56 194	0,57
Sprachbehinderte	31 393	0,32
Verhaltensgestörte	20 954	0,21
Körperbehinderte	19 364	0,19
Kranke	7 788	0,08
Gehörlose	5 267	0,05
Schwerhörige	4 946	0,05
Sehbehinderte	2 444	0,02
Mehrfachbehinderte	2 339	0,02
Blinde	1 752	0,02
ohne Angabe	17 700	0,18
Insgesamt	391 118	3,94

Quelle: StBA, Schulstatistik

Schwerbehinderte im Jahre 1995 nach Art der Behinderung

Behinderung	Insgesamt abs. (in 1000)	Gesamtheit der Behinderten in %
Wirbelsäule, Rumpf, Brustkorb	1689	18,6
Herz-, Kreislauforgane	1522	16,8
Extremitäten	1480	16,3
geistige Behinderung, Hirnorgane	809	8,9
Sehbehinderung	485	5,3
Hör-, Sprach-, Sprechbehinderung	415	4,6
Atemwege	375	4,1
Verdauungsorgane	355	3,9
Harn-, Geschlechtsorgane	312	3,4
Psychosen, Neurosen, Sucht	241	2,7
Stoffwechsel, innere Sekretion	194	2,1
Querschnittslähmung	16	0,2
Sonstige	1187	13,1
Insgesamt	9079	100,0

Quelle: StBA 1998

2.1.6 Wohnsituation Behinderter

Mit dieser Darstellung sind wir beim Wohnen behinderter Menschen angelangt. Dieses beschreiben zu wollen, ist noch schwieriger als die Erörterung des Wohnens im Alter. Der Grund ist das Fehlen entsprechender Daten und Untersuchungen. Die so genannte Heimstatistik von 1993 wies 115648 Plätze in 2235 Einrichtungen der Behindertenhilfe aus (vgl. Wakker et al. 1998). Nicht berücksichtigt sind in dieser Statistik Wohnplätze in Einrichtungen, die nicht unter das Heimgesetz fallen (z.B. Plätze in Einrichtungen für nicht Volljährige, Übergangsheime für seelisch Behinderte und zeitlich befristete Angebote wie Trainingswohngruppen und Internate). So unterliegen Einrichtungen im Sinne des HeimG u.a. den impliziten Kriterien „organisatorische Zusammenfassung sächlicher und personeller Mittel unter der Verantwortung eines Trägers", „Bezahlung der gewährten Leistung" und „Personenneutralität beziehungsweise keine Bindung der Einrichtung an bestimmte Personen". Wohngemeinschaften und andere organisatorisch unabhängige Wohnformen sind ausgeklammert. Werden diese berücksichtigt, so müsste die Anzahl auf rund 146774 erhöht werden (Tab. „Verteilung der Wohnplätze nach Trägern (Hochrechnung)" und ebenda). Da etwa von einer 96,8 %igen Belegung ausgegangen wurde, rechnet man damit, dass zum Stichtag rund 142 000 Personen in den Wohneinrichtungen der stationären Altenhilfe lebten.

Die Varietät der Einrichtungsplätze war und ist noch beträchtlich und nicht immer eindeutig zu charakterisieren. Das Gros dieser Plätze, speziell Heimplätze (insgesamt 58824 im früheren Bundesgebiet – Neumann & Wacker 1991), ist für geistig Behinderte und psychisch Kranke bestimmt. Das so genannte „betreute Wohnen" – vorwiegend für psychisch Kranke geschaffen – wurde auf 4800 Plätze, Wohngemeinschaften und Außenwohngruppen der Heime auf 7512 Plätze beziffert. Inzwischen ist deren Anzahl angestiegen, nicht zuletzt bedingt durch den Ausbau in den neuen Bundesländern. Insgesamt zeigen die vorhandenen Daten und deren Interpretationen, dass Wohneinrichtungen für Behinderte nur von den Personen genutzt werden, die sich in einer individuellen Privatwohnung nicht versorgen können und die entsprechenden Anforderungen nicht bewältigen.

Eine große Mehrheit von Behinderten lebt aber in Privatwohnungen. Jeder vierte von ihnen wohnt und wirtschaftet allein. Das ist verständlich, denn die Häufigkeit von Behinderungen steigt im höheren Alter an (71,3 % der Behinderten und 75 % der Schwerbehinderten sind über 55 Jahre alt oder älter), so dass unter den behinderten Menschen rund 20 % verwitwet (verwitwete Frauen = 36 %; verwitwete Männer = 7 %) sind. Doch die meisten Personen mit Behinderungen sind verheiratet (60 %, Männer 76 %, Frauen 41 %) und lebten in Zweipersonenhaushalten (47 %). Der Familienstand von Behinderten differenziert nach der Schwere der Behinderung: 74 % von leicht Behinderten, aber nur 58 % von schwer Behinderten sind verheiratet. Auch hier macht sich der Alterseinfluss bemerkbar. Mit zunehmendem Alter nimmt die Häufigkeit schwerer Behinderungen zu. Bei den 65jährigen und Älteren ist gut jeder Vierte schwerbehindert.

Solche Zahlen sind für die Bauplanung von großer Bedeutung. Wenn jeder zehnte Bürger der Bundesrepublik – so lässt sich der Anteil der anerkannten Behinderten interpretieren (Statistisches Bundesamt 1996) – behindert ist, müsste eigentlich grundsätzlich „behindertengerecht" geplant und gebaut werden, damit unsere Städte und Wohnungen auch „bürgergerecht" sind. In jeder Altersklasse sind Männer unter behinderten Menschen stärker als Frauen vertreten: Jeder achte Mann, aber nur jede zehnte Frau gelten im Sinne geltender Gesetzgebung als behindert.

Die Wohnsituation von Behinderten außerhalb von Institutionen und kollektiven Wohnformen kann wie folgt charakterisiert werden:
– Jugendliche unter 15 Jahren leben zu 70 % in Mehrpersonenwohnungen, in der Regel mit ihren Eltern.
– Das Wohnen in Eigentumswohnungen und in Eigenheimen stellt bei Behinderten eine seltene Wohnform dar (Bundesminister für Raumordnung, Bauwesen und Städtebau 1985).
– Weit mehr als die Hälfte von Behinderten lebt in Wohnungen, die nicht behindertengerecht sind. Allerdings zeigen Befragungen, dass der Wunsch nach behindertengerechten Wohnungen nicht generell ausgeprägt ist, wahrscheinlich, da das behindertengerechte Wohnen mit Aussonderung assoziiert wird (ebenda). Behinderte in den neuen Ländern erweisen sich als besonders „genügsam" (Vortmann & Wagner 1993).
– Große, sozial schwache Haushalte mit einem behinderten Familienmitglied sind eine besondere Problemgruppe. Ihre finanzielle Lage erlaubt es nicht, eine Behindertenwohnung im Neubau mit großzügig bemessenen Flächen und entsprechendem Mietpreis anzustreben. Aber auch vielen anderen Behinderten sind Mieten in neuen Behindertenwohnungen zu hoch. Preisgünstige Wohnungen, die sich für Rollstuhlbenutzung eignen, sind eine „Mangelware" (Bundesminister für Raumordnung 1985).
– Eine weitere Problemgruppe in ökonomischer Hinsicht stellen behinderte Kinder und Jugendliche dar, die nur mit einem Elternteil zusammenleben.
– Der Bedarf an Wohnungen für allein stehende Behinderte nimmt zu. Junge erwachsene bzw. jugendliche Behinderte lösen sich zunehmend wie andere gleichen Alters vom Elternhaus und bilden eigene Haushalte, wollen selbstständig und so unabhängig wie möglich wohnen.
– Nicht nur Rollstuhlfahrer, sondern auch anders Behinderte (Spastiker, Personen mit Mehrfachbehinderungen, mit geistigen Störungen etc.) wollen selbstständig oder in Wohngemeinschaften in zentralen städtischen Gegenden wohnen.

Generell müssen wir feststellen, dass es an genaueren und aktuelleren Daten über das Leben und Wohnen mit Behinderungen verschiedener Art mangelt. Solche Informationen sollten die Fähigkeiten bei der Bewältigung der alltäglichen Anforderungen widerspiegeln. Allgemeine Behindertenstatistiken decken diesen Informationsbedarf nicht. Benötigt werden regionale und lokale Umfragen und Untersuchungen, die ausreichend differenzieren und zugleich den Weg zu den Zielgruppen der Behinderten und ihren Lebensstilen eröffnen. Und noch ein Grundsatz sollte zur Selbstverständlichkeit werden: Diese Behinderten sollten an der Planung von Wohnungen für sie mitwirken.

Verteilung der Wohnplätze nach Trägern (Hochrechnung)

Träger	Plätze nach Statistik laut Heimgesetz abs.	in %	Hochrechnung Plätze nach Trägern abs.	in %
frei-gemeinnützige	91 485	79,1	116 099	79,1*
privat-gewerbliche	12 631	10,9	15 998	10,9
öffentliche	11 632	10,0	14 677	10,0
Plätze insgesamt	115 648	100,0	146 774	100,0

*Diese Platzzahl nähert sich den 115 884 Plätzen auf, die in der Gesamtstatistik der Einrichtungen der freien Wohlfahrtspflege angeführt sind.

Quelle: Lebenswelten behinderter Menschen, Universität Tübingen, MUG II 1996

2.1.7 Resümee

In unserem letzten Beispiel (ebenda) werden Behinderungen und deren graduelle Unterschiede danach bemessen,
- wie die Betroffenen die spezifischen Alltagsanforderungen meistern
- in welchem Maße sie dabei selbst Defizite empfinden.

Das hier verwendete Kriterium des Behindertseins ist demnach eine „sozioökologische" Norm, ein Maßstab, der nicht allgemein gültig ist, sondern jeweils von der konkreten Umwelt abhängig: von ihrer physikalischen Beschaffenheit und von Menschen, die dort leben.

Eines ist aus diesen Ausführungen hoffentlich klar geworden: eine Behinderung ist nichts absolutes, sondern es ist eine soziale Kategorie, die sich je nach Kontext verändert. Und dementsprechend wird auch die Anzahl der Behinderten und deren Zusammensetzung jeweils unterschiedlich bemessen. Wer von Medizinern als „behindert" eingestuft wird, kann trotzdem in seiner Umwelt prächtig zurechtkommen und muss nicht als Behinderter auffallen. Wer in den Augen eines Rentenversicherungsträgers als voll erwerbs- und berufsfähig gilt, kann aber unter Umständen Schwierigkeiten haben, in privaten Bereichen des Alltags zurechtzukommen: obwohl er nirgends als ein „behinderter" Mensch registriert ist.

Aus diesem Grunde erweisen sich alle jene Statistiken, die zwar die Art der Behinderung benennen, nicht jedoch das Ausmaß von Problemen, die es mit sinnvoller Umwelt- und Wohngestaltung zu kompensieren gilt, für Planungs- und Bauvorhaben als nur begrenzt relevant. Meist ist es wenig sinnvoll, von der Gesamtheit der Behinderten ausgehen zu wollen. Unerlässlich ist eine Spezifizierung und zugleich eine Einbeziehung von regionalen Strukturdaten und Erhebung von Daten über den Lebensstil und das tatsächliche Wohnverhalten Behinderter in der jeweiligen Region. Im Hinblick auf deren Wohnungswahl müssen wir beachten, dass behinderte Menschen stärker als nichtbehinderte ökonomischen Zwängen (auch auf dem Wohnungsmarkt) unterliegen und dass sie vielfältigen sozialen Pressionen ausgesetzt sind. Nicht zu unterschätzen ist das Bestreben behinderter Personen nach Normalität, sie nehmen häufig bauliche und andere Erschwernisse in Kauf, um nicht als „Geschädigte" ausgesondert zu werden.

Idealerweise soll sich die Planung auch auf Daten beziehen, die regionale/lokale Begebenheiten widerspiegeln. Ein exemplarisches Vorgehen findet sich bei Stolarz et al. 1993. Aus unserer Sicht können die Planer folgende Quellen verwenden:
- Aktenanalyse von Beratungsstellen und Leistungsträgern für Behinderte (z. B. Sozialamt, Gesundheitsamt, Arbeitsamt)
- Kurzbefragungen von Behinderten, die in einem bestimmten Zeitraum Beratungsstellen, Ämter u.a. aufsuchen und dort ihre Wohnungsanliegen vorbringen
- Diskussionen mit Selbsthilfegruppen und Behindertenverbänden
- qualitative Analysen der Alltagsbewältigung durch Behinderte und Familien (Bezugspersonen) von Behinderten
- Anhalts- und Vergleichszahlen aus anderen Regionen.

Es soll selbstverständlich sein, behinderte Personen direkt oder indirekt, über ihre Vertreter und die Behindertenbeauftragten, in die Planungsvorhaben miteinzubeziehen. Und noch etwas ist wichtig: angesichts der durchlässigen Grenzen zwischen „nichtbehindert" und „behindert" sollen Bauplanung und Umweltgestaltung in jedem Fall ein Höchstmaß an Menschenfreundlichkeit anstreben. Denn jeder Mensch befindet sich zumindest zeitweise in einer Situation, die ihn über das normale Maß hinaus abhängig von optimalen Wohn- und Umweltbedingungen macht. In der Bundesrepublik ereignen sich jedes Jahr mehr als 3,5 Mio. Haus- und Freizeitunfälle (jeder dritte davon in einem Wohngebäude). Die Ursachen sind häufig die insuffizienten Wohnbedingungen, manchmal auch Baumängel (Zeifang & Pfleiderer 1990). Bei jedem fünfzigsten Unfall stellen sich schwerwiegende Folgen und Behinderungen ein (ebenda). Auch unter diesem Gesichtspunkt sind die Unfall- und Behindertenstatistiken notwendig, damit sichtbar wird, was durch die Optimierung des Wohnens wenigstens teilweise vermieden werden könnte.

2.2 Psycho-soziale Aus- und Nebenwirkungen der Behinderung

Norbert Hahn

Wenn in einer Schrift wie der vorliegenden über psycho-soziale Aus- und Nebenwirkungen der Behinderung gesprochen werden soll, empfiehlt es sich, sowohl aus Gründen der Verständlichkeit als auch der argumentativen Verwendbarkeit der Deskription und Analyse des Spezialproblems, eine generelle Betrachtung der Phänomenologie psycho-sozialer Beziehungen vorauszuschicken; dies um so mehr, als die behinderungsspezifischen Formen letztlich nur aus ihrer gesamtgesellschaftlichen Bestimmung heraus kritisiert werden können.

2.2.1 Psycho-soziale Beziehungen

Unter psycho-sozialen Beziehungen haben wir uns ein Geflecht von Aktionen und Reaktionen vorzustellen, das sich innerhalb des sozialen Raumes, also zwischen Mensch und Mensch oder Menschen und Dingen abspielt. Diese greifen in die psychische Verfassung des Einzelnen ein und veranlassen ihn zu bestimmten Handlungen oder Haltungen, die wiederum zum Anlass für Reaktionen anderer innerhalb dieses Raums oder Geflechtes von Beziehungen werden müssen. Konkreter bedeutet dies: wenn ich innerhalb des sozialen Raumes agiere, um beim Gegenstand dieses Buches zu bleiben z.B. ein Bauvorhaben plane oder gar ausführe, allein auch schon, wenn ich nur etwas „schön" oder „richtig" finde und dies mitteile bzw. meine Haltung dem Objekt gegenüber oder gar meine Handlungen dadurch beeinflussen lasse, so ist es unmöglich, dass davon nicht andere in irgendeiner Weise betroffen werden. Im Gegenteil, stets wird eine Vielzahl von Menschen durch meine Haltung und Handlung zu Reaktionen genötigt, deren Qualität aufgrund der allgemeinen psychologischen Unkenntnis noch kaum abschätzbar ist. Wie groß dieser Kreis von Menschen tatsächlich ist, wird man sich im ganzen Umfang meist gar nicht klarmachen können. Ich entscheide also mit meinen Haltungen und Handlungen im sozialen Raum über ganz konkrete Lebens- und Genußchancen anderer zumindest mit. Denn Leben und Genuss bleiben für den Menschen als soziales Wesen gebunden an die direkte oder indirekte Kommunikation mit anderen Menschen, d.h. entweder an die direkte Begegnung und das direkte Sich-zueinander-Verhalten oder aber an den indirekten über Produkte vermittelten Verkehr. Diese Kommunikation kann lustvoll oder unlustvoll erlebt werden, was doch ohne Zweifel eine Beeinflussung der Lebensqualität darstellt.

Versuchen wir uns diese Zusammenhänge anhand eines einfachen Beispiels klarzumachen: Die Zweier- oder Partnerbeziehung ist der soziale Raum mit der geringsten Ausdehnung. Sie bietet daher die Chance der größtmöglichen Übersichtlichkeit und dürfte damit für unsere Zwecke der Darstellung zunächst nur theoretisch fassbarer Probleme am geeignetsten sein. Stellen wir uns nun vor, innerhalb einer Partnerbeziehung ist aufgrund einer Gewichtszunahme des einen Partners eine leichte Störung des emotionalen Verhältnisses eingetreten, zunächst durchaus einseitig bei demjenigen Partner, der die Gewichtszunahme seines Gegenübers bemerkt hat. Diese leichte Störung drückt sich nun in den subtilsten Verhaltensänderungen, wie nur zögerndem Zustimmen zu einem gemeinsamen Ausgehen, Kino- oder Theaterbesuch o.Ä. aus. Diese Verhaltensänderung wird von dem anderen Teil als eine Einschränkung der ursprünglich unbeeinträchtigten Genusswelt registriert. Er reagiert jetzt seinerseits mit Verstimmtheit auf das Zögern seines Partners und setzt dadurch seine Attraktivität für diesen – auch in Bezug auf das gemeinsame Ausgehen – um ein weiteres Stück herab, was eindeutig zu einer weiteren Einbuße an Genusszugänglichkeit führt. Diese Einbuße an Genusszugänglichkeit wirkt frustrierend und tönt dadurch das gesamte Verhältnis der beiden Partner zueinander möglicherweise aggressiv. Damit aber werden beide für ihren weiteren Freundes- bzw. Kommunikationskreis unattraktiver. Dies kann zu einer Vereinsamung beider und damit zu einer weiteren Einbuße an Genußzugänglichkeit führen. Die daraus wieder resultierende Frustration bleibt nicht ohne Folgen auf die beruflichen Tätigkeiten beider. Nehmen wir an, die beruflichen Leistungen, als Leistungen für die größere Gemeinschaft, werden von ihnen aufgrund der erfahrenen Isolierung unlustvoll erbracht und daher nur oberflächlich oder gar mit unterschwelligen Aggressionen durchgeführt. Von der beruflichen Tätigkeit aber wiederum sind andere betroffen, da sie mit den Produkten der aggressiv ausgeführten Arbeit in irgendeiner Weise zurechtkommen müssen, woraus für diese Gruppe nunmehr wieder Anlass zu Missgestimmtheit erwächst. Wir sehen also, dass sich aus einer geringfügigen Störung des sozialen Raumes „Partnerschaft" ein immer größer werdender Teufelskreis sozialen Fehlverhaltens ergeben hat. Dieses Beispiel sollte jedoch nicht abgeschlossen werden, ohne den wahren Grund der Störung der sozialen Beziehungen untersucht zu haben, denn die Gewichtszunahme des einen Partners ist ja wohl kaum als letzter unhinterfragbarer Grund der Störung anzuerkennen. Das Beispiel lässt sich sicherlich auch nach der anderen Seite hin verlängern, denn der die Gewichtszunahme seines Partners bemerkende und darauf reagierende Partner seinerseits hat nicht allein von sich aus und aufgrund einzig ihm eigener ästhetischer Vorstellungen daran Anstoß genommen. Er stand vielmehr unter dem Eindruck eines sozial definierten Ideals oder einer sozialen Norm, nämlich der der Schlankheit. Dass sein Partner mit dieser Norm nicht mehr übereinstimmt, wurde für ihn zum Auslöser von Unsicherheitsgefühlen, sowohl in Bezug auf seinen Partner und dessen sozialer Akzeptabilität als auch auf die eigene Akzeptierbarkeit. Jeder Mensch identifiziert sich ja auch mit seinem Partner und fühlt sich selbst in seiner Eigenliebe gekränkt, sobald er diesen sozial disqualifiziert sieht. Um dieser Kränkung zu entgehen, zögert er mit seiner Zustimmung zum gemeinsamen öffentlichen Erscheinen. War nun aber die Gewichtszunahme vom anderen Partner selbst bemerkt worden, so führt er diese Verhaltensänderung verständlicherweise darauf zurück, was wiederum eine Kränkung seiner Selbstliebe hervorruft. Durch das Wissen um die eigene Norminkonformität und der daraus resultierenden sozialen Disqualifizierung kann er nur mit erneuter Verunsicherung und damit inadäquat reagieren. Wir sehen also, der wahre Anlass der sozialen Störung war die Normabhängigkeit des die Gewichtszunahme bemerkenden Partners – bzw. die sozial definierte Norm der Schlankheit selbst.

Solche sozial – also von uns selbst – definierten Normen gibt es aber viele. Die meisten werden von uns eingehalten, akzeptiert, durchgesetzt, neu festgesetzt durch allgemeine Akzeption, ohne dass wir uns dessen auch nur im entferntesten bewusst würden. Wenn wir uns jedoch einer solchen Norm einmal bewusst werden, nämlich dann wenn wir bemerken, dass entweder wir selbst oder irgendein anderer von ihr abweicht, so empfinden wir sie meist als etwas uns äußerlich Aufoktroyiertes; es sei denn, wir identifizieren uns voll mit ihr, indem wir den Abweichenden verurteilen oder, wenn wir selbst der Abweichende sind, uns schämen. Aber in diesen Fällen haben wir wohl auch die Norm nur halb wahrgenommen, ihre Durchbrechbarkeit, ja bisweilen Unsinnigkeit, nicht erkannt und uns dumpf ihrem Druck gefügt. Der Regelfall dürfte jedoch sein – wie bereits gesagt – dass wir uns ihrer gar nicht erst bewusst werden und das Schema, nach dem wir handeln, nicht erkennen. Damit erkennen wir aber auch nicht die psycho-sozialen Folgen, die eine Handlung oder Haltung für andere haben kann. Werden wir uns solcher Folgen einmal bewusst, so wird die Handlung oder Haltung meist gedankenlos abgetan. Das Komplexe, sich Erweiternde, auf uns selbst letztlich Zurückschlagende bleibt außerhalb des Gesichtsfeldes. Suchen wir nun die bisher gewonnenen Erkenntnisse auf Behinderte anzuwenden.

2.2.2 Psycho-soziale Beziehungen des Behinderten

Ein Behinderter ist per definitionem ein Abweichender im Sinne unserer letzten Betrachtungen. Sein Körper entspricht in irgendeiner Weise nicht der allgemein anerkannten und akzeptierten Norm der für angeblich auf unsere Bedürfnisse hin eingerichteten Welt – sei es, dass er seinen Bewegungsapparat nicht vollkommen beherrscht oder dieser ganz funktionsuntüchtig bzw. unvollständig ausgebildet ist, sei es, dass einer seiner Sinne, wie das Seh- oder Hörvermögen, unzureichend oder ganz ausgefallen ist oder dass sein Denk- und Merkvermögen nicht die durchschnittliche Leistungsfähigkeit erreicht. Nicht genug, dass dieser Umstand ihn unausgesetzt vor Probleme stellt, wird für ihn auch Urteilen, Handeln und Verhalten seiner Umwelt zum Anlass gekränkter Selbstliebe. Die Selbstliebe ist aber nicht, wie die allgemeine Auffassung es haben möchte, eine unnatürliche ethisch anstößige Verhaltensform, sondern die Grundvoraussetzung der Liebes- und damit Aktionsfähigkeit überhaupt. Sie ist – im psychoanalytischen Jargon „Narzissmus" genannt – die älteste, d.h. erste Form der Liebe überhaupt. Der Säugling empfindet zunächst nichts anderes als eben diese Selbstliebe. Wird er in ihr gestört, etwa durch eine ablehnende Haltung der Mutter ihm gegenüber, so wird seine spätere Liebesfähigkeit zumindest gestört sein, wenn er nicht in Depressivität bis hin zu Selbstvernichtungstendenzen verfällt, wie R. Spitz in seinen Untersuchungen „Vom Säugling zum Kleinkind" nachgewiesen hat. Die Selbstliebe oder der primäre Narzissmus bleibt zu großen Teilen auch als Wesenszug im erwachsenen Menschen erhalten und ist der Motor einer sich identifizierenden Liebe, wie sie in dem Beispiel der Partnerschaft zum Ausdruck kam. Gekränkt in seiner Selbstliebe wird der Behinderte aber schon allein dadurch, dass wir ein festgelegtes Ideal der Körperlichkeit haben, so wie wir es täglich in Film, Funk, Fernsehen und Presse vermittelt bekommen. Wir feiern in Berichten die Hochleistungen des Leistungssports mit all seiner Zweifelhaftigkeit, verherrlichen in Anzeigen und Filmen die Symbole der Männlichkeit und Weiblichkeit bis zum Exzess und schildern in alltäglichen Gesprächen die Schönheit bzw. Normgerechtheit anderer Personen. Dem Behinderten muss also seine eigene Abweichung stets als Vorwurf erscheinen. Versuchen wir uns vorzustellen, welche Reaktionsmöglichkeiten ihm auf diese narzistische Beleidigung bleiben.

2.2.2.1 Das Kaschieren oder Verbergen der Behinderung

An seiner Körperlichkeit kann er nichts verändern. Eine Möglichkeit ist das Kaschieren oder Verbergen. Es bedarf – gleich, ob die Behinderung mehr oder weniger bemerkbar ist – umfangreicher Vorkehrungen, die zweifellos einen sehr hohen Kraftaufwand erfordern. Weit höher aber als dieser physische Kraftaufwand ist der psychische, der mit dem Kaschieren verbunden ist. Den Behinderten begleitet stets das Wissen um seine Norminadäquanz und die Furcht, dass sie, trotz aller Bemühungen, doch nicht verborgen bleibt; dies hält ihn in ständiger Anspannung. Darüber hinaus wird auch die glücklich überstandene Kaschiersituation von ihm kaum als ungetrübtes Erfolgserlebnis verbucht werden können, da stets der Zweifel bleibt, ob sein Gegenüber nicht doch etwas bemerkt und nur aus Rücksicht das „Spiel" mitgespielt hat. Dieser Zweifel wirkt deprimierend und belastend, von der öffentlichen Situation bis hin in die Privatsphäre, in die man sich zur Entlastung vom Kaschieren ja endlich doch begeben muss. Selbst wenn man dies alles unberücksichtigt lässt, tritt hier in der Privatsphäre – trotz oder gerade wegen allen geglückten Kaschierens – die Konfrontation mit der eigenen beschädigten Identität mit doppelter Härte ein.

2.2.2.2 Das Verleugnen der Behinderung

Eine andere, dem Kaschieren sehr nahe stehende – oftmals mit ihm verbundene – Reaktionsmöglichkeit ist das Verleugnen der Behinderung. Mit Verleugnen ist hier nicht nur der Sachverhalt des rationalen Bestreitens und der damit verbundene, in bestimmten Fällen von vornherein zur Erfolglosigkeit verdammte Versuch „es den anderen gleichzutun" gemeint. Vielmehr geht es hier um jenes breite Spektrum der quasi-unbewussten Verleugnung des Handicaps, das von „nicht so schlimm" über „es geht ja noch" bis zur Errichtung einer wahnhaften Privatwelt reicht, in der es nur noch oder gar keine Behinderten gibt. Diese Reaktionsmöglichkeit ist, wie die vorangegangene, nur unter ungeheurem psychischem Kraftaufwand bzw. um den Preis der auf das minimalste reduzierten Sozialkontakte aufrechtzuerhalten. Stark reduzierter Sozialkontakt aber wird – und dies scheint eine berechtigte Annahme zu sein – von verschiedenen Psychiatern und Psychoanalytikern in den Kreis ätiologischer Behinderungen für Paranoia (wahnhafte Realitätsverbildung), Schizophrenie, einbezogen. Diese Annahme scheint um so zutreffender zu sein, wenn man sich das Beispiel der errichteten Privatwelt recht vergegenwärtigt. Aber selbst hier bleibt der Konflikt Identität/Ideal nicht erspart, denn selbst der eingeschränkteste Sozialkontakt enthält immer noch die Möglichkeit und die Notwendigkeit des Vergleichs.

2.2.2.3 Die Anerkennung der Behinderung und des Leidensgewinns

Eine dritte Möglichkeit, die nur scheinbar den beiden erstgenannten konträr gegenübersteht, ist das Anerkennen der Behinderung und ihre gleichzeitige Ausnutzung zum so genannten Leidensgewinn. Unter diesem Kategorial haben wir uns jenes Spektrum von Reaktionen vorzustellen, das vom „ewig-Kind-bleiben" bis zum rigorosen „mach' gefälligst Platz, ich bin behindert" reicht. Hier wird zwar eine adäquate Realitätswahrnehmung vom Behinderten geleistet, doch wird sie entweder infantil oder brutal egozentriert. Diese Sozialverhaltensform wirkt auf die Umwelt ungeheuer belastend und führt damit unumgänglich zur Einengung des Sozialkontaktes auf einen Personenkreis, der entweder aus rechtlich-familiären, beruflichen oder aber so genannten ethisch-moralischen Gründen den Sozialkontakt aufrechterhält. Gerade bei dem letzteren Personenkreis aber ist die Gefahr nicht zu unterschätzen, dass der Behinderte zur eigenen Selbstbestätigung in einem kaum zu überschätzenden Ausmaß in Abhängigkeit gehalten wird. Auf diese Weise wird er entscheidender Lebensqualitäten beraubt und in der Behindertenrolle tyrannisch festgehalten. Es ist klar, dass diese Situation für ihn ebenfalls keinen Gewinn bringt, sondern mit neuer psychischer Belastung bezahlt werden muss. Er bleibt ein Inferiorer, ein Almosenempfänger, nicht ernstgenommen, nicht gleichberechtigt, oftmals unterschwellig gehasst und mit Todeswünschen accreditiert, die sich ihm – auch wenn sie nicht ausgesprochen werden – über kleine und kleinste Gesten mitteilen und so zu einem sich allmählich bis zum Suizidwunsch auffüllenden Reservoir an Selbstverachtung werden können. Dies wird dadurch erhärtet, dass gerade jene Behinderten, die man unter dem Begriff der „overprotectioned" zusammenfassen kann, in besonderer Weise suizidal sind.

2.2.2.4 Die aggressive Identitätsverteidigung

Besondere Erwähnung sollte noch die mit dieser Reaktionsweise zum Teil identische Verhaltensform der aggressiven Identitätsverteidigung finden. Sie weicht von dem bereits genannten „mach gefälligst Platz, ich bin ja behindert"-Verhaltenstypus insofern ab, als das innere Leidenspotential des seine Identität aggressiv Verteidigenden dadurch vergrößert wird, dass er eine oszillierende Haltung zwischen den Reaktionsmöglichkeiten Kaschieren und Anerkennen mit sekundärem Leidensgewinn annimmt. Er muss also sowohl seine eigenen psychischen Spannungen aushalten, die mit der ersteren verbunden sind – und von Scham über Depressivität, Selbstverachtung bis zur Resignation reichen können, als auch die eines eingeschränkten Sozialkontaktes, die im Sinne eines Circulus vitiosus die erstgenannten wieder verstärken.

2.2.2.5 Die Apathie

Die fünfte und letzte hier genannte Reaktionsmöglichkeit wird vielleicht am besten mit dem Adjektiv „apathisch" umschrieben. Ihr wäre nicht nur die religiös fundierte schicksalsgläubige, sondern auch die total desperate Apathie zu subsumieren. Bei ihr handelt es sich um ein Reaktionsbild, das in seiner ganzen Tragweite wohl am wenigsten begreifbar, den Behinderten für sich selbst und für andere auf ein bloßes Objektdasein beschränkt und ihm somit sämtliche Lebensqualitäten nimmt, die als Lusterlebnisse dem Aktivwerden entspringen. Psychische Folgen brauchen nicht mehr erläutert zu werden, da es sich ja bereits um das Bild einer psychisch halbierten Welt handelt.

All diese Reaktionsbildungen aber müssen bei dem Behinderten zu einer sich spiralförmig nach unten bewegenden Verkümmerung aller Lebensinteressen führen. Dieser Prozess wird oftmals nur durch den nackten Selbsterhaltungstrieb an der Suizidgrenze aufgehalten.

Keineswegs jedoch wird der Behinderte nur allein von der narzisstischen Kränkung durch das soziale Ideal und dessen Folgen betroffen. Vielmehr werden zugleich mit ihm alle jene Personen disqualifiziert, die mit ihm identifiziert werden, wie Eltern, Geschwister, ganz besonders Partner, aber auch Lehrer, Ausbilder – kurz jener Personenkreis, den E. Goffman in seinem Buch „Stigma" die „Weisen" nennt, d.h. jene Personen, die aufgrund von Beruf oder Neigung mit ihm zu tun haben. Ein Teil jener Deklassierung, die wir berechtigt glauben aus Norminadäquanz ableiten zu dürfen, wird auf sie übertragen nach dem Grundsatz „wer sich mit so etwas abgibt, muss ja selbst ein bisschen so sein". Unser Verhalten ihnen gegenüber zeigt die gleichen unsinnigen, ja oftmals lächerlichen Züge von feierlichem Ernst über gespielte Heiterkeit und betuliche Fürsorglichkeit bis zu kaum verhohlener Aggressivität, wie wir sie Behinderten gegenüber oft direkt zum Ausdruck bringen.

Mit dieser Übertragung schränken wir aber, quasi hintenherum, ein zweites Mal die Sozialkontaktmöglichkeit für den Behinderten ein, da wir das mit ihm Befasstsein oder Angetroffenwerden als ungeheuer unlustvoll erleben.

2.2.3 Psycho-soziale Beziehungen Nichtbehinderter zu Behinderten

Was aber ist es, was uns zu den bereits angedeuteten gravierenden Veränderungen in unserem Verhalten bei der Begegnung mit Behinderten bzw. dem mit ihnen agierenden Personenkreis verleitet, ja in manchen Fällen nahezu zwanghaft herausfordert? Um dies herauszufinden, ist es wohl notwendig, zunächst wiederum eine nähere klassifikatorische Betrachtung der in Frage kommenden Verhaltensweisen anzustellen und dabei die Aufmerksamkeit auf unser eigenes Verhalten zu richten. Dies wird uns zweifelsfrei schwer fallen, da viele der aufzuzeichnenden Aktionen und Reaktionen uns so normal, so vernünftig und richtig erscheinen, dass wir kaum in der Lage sind, sie kritisch wahrzunehmen.

2.2.3.1 Das Vermeiden einer Kontaktaufnahme

Die weitaus häufigste Reaktionsweise Nichtbehinderter bzw. nicht offensichtlich Behinderter ist die Vermeidung. Unter ihr muss wiederum ein ganzes Spektrum von Verhaltensweisen begriffen werden, das von dem bloßen Wegschauen über das Ignorieren des Behinderten und ausschließliche Kommunizieren mit seiner Begleitung bis hin zum fluchtartigen Ausweichen vor der Konfrontation reicht.

Konkret bedeutet dies, dass wir, wenn wir nur einige Aufmerksamkeit auf unser Verhalten verwenden, in uns ein Gefühl der Peinlichkeit wahrnehmen können, wenn wir mit Behinderten oder dem sie betreuenden Personenkreis zusammenkommen. Diese Peinlichkeit und die an ihr abgeleitete Reaktion – uns als „Diskretion" realisierbar – verleitet uns dazu, dem Behinderten eine gezielte Nichtbeachtung zukommen zu lassen. Eine Nichtbeachtung, die – wie H. Bernd in ihrem Aufsatz „Ist der Funktionalismus eine funktionale Architektur?" (Edition Suhrkamp Nr. 243) beschreibt – weit über eine, als normal für städtisches Verhalten beschriebene Oberflächlichkeit des sozialen Kontaktes im öffentlichen Raum hinausgeht. Der uns nur oberflächlich bekannte Taubstumme, den wir aufgrund unseres Wissens um seine Behinderung gar nicht grüßen, statt ihn, wissend um seine Fähigkeit, Sprache vom Mund abzulesen, wie jeden anderen zu behandeln, stellt dafür ein ebenso beredtes Beispiel dar wie der Blinde, mit dessen Begleitung wir uns in seiner Gegenwart und möglichst noch über ihn unterhalten. Zur ausgesprochenen Beleidigung wird diese Diskretion jedoch in dem Moment, wo wir einem Rollstuhlbenutzer so viel Platz machen, wie er für seine Bewegung überhaupt nicht benötigt und ihn öffentlich zum Alleingänger, zum „Nichtberührbaren" stempeln. Oftmals bringt uns auch die Rationalisierung „dieses Leid nicht mit ansehen zu müssen" dazu, dass wir uns „still verdrücken", sobald ein Behinderter auftaucht.

2.2.3.2 Die aufdringliche Zuwendung

Eine andere beliebte Reaktionsweise in der Begegnung mit der Behinderung ist die aufdringliche Zuwendung zum Behinderten. Sie stellt das gerade Gegenteil des oben Beschriebenen dar, indem sie ihn zu einer Person macht, der wir nicht in gleicher Weise jenes Maß an Flüchtigkeit zuerkennen, wie wir es bei Nichtbehinderten im öffentlichen Raum als Selbstverständlichkeit praktizieren. Wir wenden ihm unsere Aufmerksamkeit mit über das Maß statthafter Penetranz zu und es ist nicht selten, dass wir unter der Rationalisierung des Mitleids bzw. der Menschlichkeit, ihm Verbal- oder Körperkontakt aufdrängen, der eigentlich dem Bereich privater, selbstgewählter Beziehungen vorbehalten ist. Ausfragen ist das noch schwächste Beispiel für diese Verhaltensform: das Ausfragen über Art, Ausmaß, Reversibilität und Grad der Belastung durch seine Behinderung. Dazu gehören aber auch die den Behinderten oft langweilenden Erzählungen über entweder im Schweregrad weit unter dem Niveau bleibende eigene Behinderung oder Erfahrungen aus dem Bekanntenkreis und nicht weniger die „gut gemeinten Ratschläge" über Heilungsmöglichkeiten oder Hilfsmittel, die dem Behinderten längst bekannt sind oder von ihm verworfen wurden. Weit stärker diskreditierend, weil auf den Status der Infantilität herabdrückend, sind Gesten, wie das Lamentieren über das Leid, das der Behinderte tragen müsse. Nicht selten wird dabei die gebotene Distanz durch das plumpe Du oder gar ein Kopfstreicheln durchbrochen, wie man es – m. E. in ebenfalls unziemlicher Weise – Kindern oder Jugendlichen gegenüber tut.

2.2.3.3 Das Hochstilisieren

Als dritte der letztgenannten stark ähnliche, jedoch nicht mit ihr identische Reaktionsweise muss das „Hochstilisieren" des Behinderten zum „Bewundernswerten" angeführt werden. Es unterscheidet sich von der vorgenannten Verhaltensform vor allem dadurch, dass hier zwar nicht infantilisiert und damit inferiorisiert wird, jedoch dem Behinderten durch ein Hochjubeln ebenfalls der normale Platz in der menschlichen Gemeinschaft verweigert wird. Fußend auf einer gründlichen Unkenntnis der kompensatorischen Selbsthilfemöglichkeiten, die dem Behinderten bleiben, und unter Nichtberücksichtigung der von der Behinderung nicht betroffenen durchaus durchschnittlichen Leistungsfähigkeit, werden die geringfügigsten selbstständigen Handlungen des Behinderten zu „wahren Wundertaten" verkannt. Diese für ihn zweifelsfrei oft schmeichelhafte Verhaltensform birgt eine Gefahr in sich: Für den Nichtbehinderten platzt die Seifenblase der Gloriole in dem Augenblick, in dem sich der Behinderte als durchschnittlich oder eben gar als Behinderter erweist. Der Behinderte wird evtl. völlig seinem Schicksal überlassen, wenn nicht gar – und dies soll die letzte der hier genannten Reaktionsformen Nichtbehinderter sein – der Umschlag in offen aggressive Ablehnung erfolgt.

2.2.3.4 Die Ablehnung

Sie ist jedoch auch als eigenständige, nicht auf enttäuschten Erwartungen basierende Verhaltensform Nichtbehinderter den Behinderten gegenüber betrachtenswert. Die Skala dieser Verhaltenskategorie reicht vor allem tiefer, als man auf den ersten Blick hin annehmen sollte. Es ist nicht bloß das mehr oder minder brutale Beiseitedrängen des Behinderten in Situationen zu berücksichtigen, in denen der Egoismus durch den Kontext der Situationsbedingungen herausgefordert wird. Diese Verhaltensform nimmt sogar einen Mittelplatz in der Rangreihe der hier zu nennenden ein. Zwar muss zugegeben werden, dass die brutalsten Formen der offenen Aggression sehr oft als korrespondierendes Verhältnis zwischen dem Verhalten Behinderter und Nichtbehinderter zu sehen sind, jedoch treten sie auch unherausgefordert auf. Beispiele, die dies zeigen, sind ebenso die Grausamkeiten, die sich Kinder Behinderten, generell Schwächeren, gegenüber erlauben, wie die brutale Misshandlung behinderter Kinder durch ihre Eltern oder auch das brutale, durch unser Leistungsprinzip verursachte Benachteiligen, z.B. in der Berufswelt, das Abschieben, kurz rücksichtslose Behandeln älterer und behinderter Menschen.

2.2.4 Versuch einer Kausalanalyse

Unternehmen wir den Versuch einer Kausalanalyse dieser Verhaltensformen, so sollte zu Anfang festgehalten werden:
1. Soziale Gleichbehandlung setzt ein Mindestmaß an Identifikation voraus, das zur Grundlage der Annahme intersubjektive Kommunizierbarkeit von Selbstsymbolisierung und Ingroup-Normen hat.
2. Erhöhte, zumal unsinnige Leistungsanforderungen führen zu Frustration, frustrierte Libido aber setzt aggressive Energie frei.
3. Das Konzept der dualistischen Trieblehre Freuds lässt die Annahme eines Rests archaischer Grausamkeit zu, die geneigt macht, uns auf jedes geeignet erscheinende Objekt zu stürzen – dies ist entsprechend dem Prinzip der Hackordnung stets das Schwächere – und über dieses unsere grausamen Impulse abzuleiten.

Diese sozial-psychologischen Grundtatsachen sollen uns als Leitlinie bei unserem analytischen Versuch dienen. Freilich dürfte es kaum möglich sein, sie so getrennt, wie aufgeführt, abzuhandeln. So werden wir darauf gefasst sein müssen, in den diversen Verhaltensformen Legierungen zweier oder aller drei Momente zu finden. Allen Verhaltensformen als Grundlage gemeinsam ist zunächst der Wunsch, auf keinen Fall mit dem Behinderten identifiziert, ihm gleichgestellt zu werden. Zweifelsfrei spielt bei diesem Wunsch der Umstand eine Rolle, dass wir alle in der eigenen oder anderen Weise mehr oder weniger stark vom sozial-dekreditierten Ideal abweichen oder zumindest in Gefahr sind, zu Abweichenden zu werden. Dies wird besonders augenfällig, wenn wir den Punkt „Alter" näher betrachten. Offensichtlich gehört Jugendlichkeit, Frische der Haut und der Bewegung, kurz der gesamten äußeren Erscheinung, zum verehrten angepriesenen Ideal. Die Gefahr nun, davon abweichend zu sein oder zu werden, ist uns unbewusst, steht also auf dem Sprung, die Bewusstseinsschwelle zu überschreiten und damit eine Dissonanz in unserem Selbstwertgefühl hervorzurufen. Das Ansichtigwerden aber erhöht zweifellos diese Gefahr der Bewusstwerdung und so weichen wir der Begegnung lieber aus. Sicherlich fördert auch die aus Unkenntnis des Problems und seiner adäquaten Behandlung resultierende Verhaltensunsicherheit unsere Bereitschaft zum Ausweichen. Jedoch erklärt sie nur zu einem geringen Teil die Empfindung der Peinlichkeit, die wir im Umgang mit Behinderten verspüren.

Eine andere Ursache für die Verhaltensunsicherheit dürfte sein, dass die Behinderung auf uns einen so starken Eindruck macht, dass wir unter ihr alle durchschnittlichen sonstigen Eigenschaften der behinderten Person übersehen, vergessen, verdrängen. Da dies aber oft nur unvollständig möglich ist, kommt es bei uns zu einer Reaktionsbildung, nämlich der, dass wir unser eigenes Verhalten verdrehen, verbiegen, dass es für einen Unbeteiligten oft schon grotesk, wenn nicht lächerlich wirkt; man denke z.B. an den bereits angeführten feierlichen Ernst, die übertrieben gespielte Heiterkeit, die penetrante Fürsorglichkeit usw. All das tun wir, um uns doppelt vom Behinderten abzusetzen; wir suchen seine Normalität als anormal darzustellen, indem wir uns selbst anormal verhalten. Aber auch nur die Vermeidung der Gleichsetzung ist keine letzte unhinterfragbare Größe. Hinter ihr versteckt sich – und dies können wir am besten aus der Befriedigung entnehmen, die wir aus solchen Situationen mit Behinderten oftmals ziehen – der Wunsch, ein soziales Tiefer, dem wir überlegen sind und das auf unsere Hilfe angewiesen ist, klar zu definieren; ein Objekt also, das in der sozialen Hackordnung noch unter uns steht und dem wir die selbsterlittenen sozialen Disqualifizierungen weitergeben können. Überhaupt scheint das Moment der Hackordnung, das ja mit dem genannten Rest archaischer Grausamkeit in direkter Beziehung stehen dürfte, in diesem Zusammenhang eine größere Rolle zu spielen, als unser Kulturstolz uns eingestehen lassen möchte. B. Grunberger bringt die Grausamkeit bzw. die sadistischen Impulse des Menschen – durchaus in Übereinstimmung mit der Freud'schen psychoanalytischen Theorie – mit dem Apparat der Nahrungsaufnahme und dem des Verdauungstraktes in Verbindung. Er bezeichnet den Schwachen, und dies wäre hier durchaus auf den Behinderten übertragbar, als ein „angedautes Objekt", das durch gerade sein Sosein in erhöhtem Maße zum Verschlingen (Zähneknirschen als Aggressionsableitung), d.h. in unserem Zusammenhang, zum Aggredieren herausfordert. Eine solche Hypothese würde uns auch das Verständnis jener Verhaltensform erleichtern, die wir als „aufdringliches Befassen" mit den Behinderten bezeichnet haben. Das Mitleid, das stets als Rationalisierung für dieses plumpe Durchbrechen der gebotenen Distanz dem anderen gegenüber missbraucht wird, erscheint unter dieser Annahme in völlig anderem Licht. Es wäre dann der Versuch, das aggressionswürdige bzw. aggredierbare Objekt vor uns dadurch in Schutz zu nehmen, dass wir uns ihm in überhöhtem Maße nahe bringen und es quasi uns zu eigen machen. Diese Annahme sollte uns allerdings nicht darüber hinwegtäuschen, dass es auch Verhaltensweisen gibt, die dem realen Sicheinfühlen, dem sensiblen Nachempfinden der gegebenen sozialen Situation entspringen und denen der Name des Mitleids im Sinne von wirklichem Mitleiden vorbehalten bleiben muss.

Die Verhaltensweisen der offenen Aggressivität jedoch wären unzulänglich erklärt, beließe man es bei der Annahme der Raubtierinstinkte. Die analytische Erklärung aus dem Zusammenhang unserer Lebens- und Wirtschaftsverhältnisse heraus, muss diesen Annahmen zur Seite treten, will die Analyse auch nur entfernt Anspruch auf Differenzierung erheben. Durch das in unserer täglichen Wirklichkeit vorherrschende Leistungsprinzip, d.h. durch den Umstand, dass wir „leben, um zu arbeiten", statt zu arbeiten, um unsere Bedürfnisse zu befriedigen, wird den meisten von uns die Möglichkeit wirklicher Befriedigung abgeschnitten. Wir müssen uns statt dessen mit Surrogaten, Ersatzbefriedigungen, Teillösungen, Verschiebungen auf eigentlich Unlustvolles zufrieden geben. Produktivität, Rentabilität, Nützlichkeit sind die obersten Maximen nicht nur – wenn auch vor allem – unseres wirtschaftlichen Verkehrs, sondern auch unserer so genannten privaten oder persönlichen Beziehung. Das bedeutet aber, dass uns der andere zum bloßen Objekt, zum nützlichen und nützenden Gegenstand wird, nicht aber zum Objekt unserer Emotion, indem wir uns selbst lieben, indem wir ihn lieben. Unter „ihn lieben" soll hier keinesfalls einem irrational fundierten Weltumarmungsgedanken das Wort geredet werden. Vielmehr ist darunter jenes Besetzen mit feinst differenzierten Emotionsquantitäten zu verstehen, das für jede Abstufung sozialer Kommunikation ein adäquates Maß an identifikatorischer Zuwendung zulässt, die Voraussetzung der Aufrechterhaltung positiver Kommunikation ist. Das Angewiesensein auf die Ersatzbefriedigungen, Teilentladungen, sowohl unserer libidinösen als auch aggressiven Strebungen, lässt Bedürfnisspannungen in uns bestehen bleiben, die kumulativ nach einer Entladung drängen. Die an den Anfang dieses Abschnitts gestellte Einsicht, dass frustrierte Libido Aggressivität nicht bindet, sondern freisetzt, führt uns dazu, dass angestaute Aggressionen unkontrolliert sich ein Entladungsobjekt suchen werden. Was aber wäre ein geeignetes Objekt für die Entladung unterdrückter Aggressionen als ein schwaches, seinerseits unterdrückbares. Als solches bietet sich, gezeichnet durch die soziale Disqualifizierung, der Behinderte an. Aggressivität, die aus dieser Quelle gespeist wird, kommt vor allem zum Ausdruck in der nahezu durchgängigen Ablehnung des Behinderten als Mitarbeiter bzw. in seiner Überbelastung, wenn er schon einmal als Kollege eingestellt wird. Aber auch Situationen, wie die familiäre Vernachlässigung oder gar Ablehnung, seine Probleme beim Finden eines Partners usw., sind Ausdruck dieser Leistungs- bzw. Objektbetrachtung, d.h. des Vorherrschens des Nützlichkeitsprinzips. Gerade das Nützlichkeits- oder auch Leistungsprinzip verleitet uns aber, weit häufiger als wir meinen, dazu, gedankenlos über die Bedürfnisse unserer Mitmenschen hinwegzugehen. Dies ist vor allem für die ohnedies Benachteiligten, also auch die Behinderten, eine entscheidende Einschränkung in Lebensmöglichkeiten und Lebensgenuss.

2.3 Blindheit und Sehbehinderung

Dietmar Böhringer
Winfried Specht

2.3.1 Behindertengerechte Umweltgestaltung als Mittel zur Integration Blinder und Sehbehinderter

Im Gegensatz zu anderen Mobilitätsbehinderten (z.B. Rollstuhlbenutzern oder Personen mit Gehhilfen) können blinde Personen in Begleitung eines Sehenden im Prinzip jeden Weg gehen, den auch Nichtbehinderte bewältigen. Schließlich unternehmen Blinde – wenn auch nur vereinzelt und wiederum nur, wenn eine sehende Begleitperson für sie ununterbrochen zur Verfügung steht – Hochgebirgswanderungen oder gar Klettertouren, Befahrungen unausgebauter Höhlen, Skilanglauf- oder Abfahrtstouren. Bei Sehbehinderten kann man davon ausgehen, dass die Mobilität im Durchschnitt um so besser ist, je größer das Restsehvermögen ist.

Nur relativ wenigen Blinden bietet sich die Möglichkeit, permanent eine Begleitperson zur Verfügung zu haben. Wenn sie ein selbstständiges Leben führen wollen, müssen und können sie sich von einer ständigen Begleitung freimachen – zumindest auf wichtigen, regelmäßig zu gehenden Wegstrecken, z.B. zur Arbeit oder zum Einkauf von Lebensmitteln.

Für Blinde und Sehbehinderte, die alleine unterwegs sind und ihre Orientierung finden müssen, sind jedoch eine Reihe von – größtenteils bescheidenen – Forderungen zur baulichen Gestaltung von großer Bedeutung. Dass diese häufig noch wenig bekannt sind, dass die Problematik nicht schon vor Jahrzehnten diskutiert und Wünsche formuliert wurden, hat historische Ursachen: Bis Ende der 60er Jahre war man in Deutschland der Überzeugung, dass sich Blinde im öffentlichen Bereich nur mit Hilfe eines sehenden Begleiters bewegen könnten (von seltenen, allgemein bestaunten Ausnahmen abgesehen). Als anfangs der 70er Jahre die Technik der selbstständigen Fortbewegung mit Hilfe des weißen „Langstockes" in Deutschland Eingang fand, glaubte man zunächst, dass mit entsprechendem Training jede Situation gemeistert werden könne. Erst Mitte der 80er Jahre erkannte man die Notwendigkeit, bei der Gestaltung öffentlicher Bereiche auch Aspekte zu berücksichtigen, die Blinden und Sehbehinderten die selbstständige Orientierung und Bewegung erleichtern bzw. erst ermöglichen[1].

Bei den gegenwärtig üblichen bzw. den wünschenswerten Maßnahmen zur blinden- und sehbehindertenfreundlichen bzw. -gerechten Gestaltung handelt es sich zum Teil um Lösungen, die ohne größere Probleme Konsens wurden, zum Teil um Kompromisse, die bei Interessenkonflikten mit anderen Personengruppen ausgehandelt wurden; zum Teil um Forderungen, deren Sinn und Notwendigkeit bisher noch nicht oder noch zu wenig erkannt wurden. Es gibt auch Probleme, für die gegenwärtig noch keine optimalen Gestaltungslösungen gefunden wurden. Die entsprechenden Aufsätze im vorliegenden Werk versuchen einerseits, Verständnis zu wecken für die Bedürfnisse Blinder und Sehbehinderter, sie dokumentieren andererseits den gegenwärtigen Stand der Richtlinien und Normen und versuchen schließlich, eventuelle Schwachstellen bei diesen aufzuzeigen und Lösungsmöglichkeiten anzubieten bzw. Forschungsbedarf anzumahnen.

2.3.2 Blindheit und Sehbehinderung aus medizinischer Sicht

Blindheit ist nicht auf den Zustand beschränkt, dass keinerlei Lichtempfindung vorhanden ist. Von Blindheit wird auch gesprochen, wenn noch geringe Sehreste feststellbar sind. Im gesetzlichen Sinne trifft dies bei einem Behinderten zu, dessen Sehschärfe so gering ist, dass er sich in einer ihm nicht vertrauten Umgebung ohne fremde Hilfe nicht zurechtfinden kann. Dies ist im allgemeinen der Fall, „wenn die Sehschärfe des besseren Auges nicht mehr als 1/50 beträgt...". Den Zähler eines derartigen Bruches kann man sich dabei als jene Entfernung vorstellen, aus der der Untersuchte ein bestimmtes „Sehzeichen" (z.B. einen groß gedruckten Buchstaben) gerade noch erkennen konnte (hier: 1 m); den Nenner des Bruches als jene Entfernung, aus der eine Person mit durchschnittlichem Sehvermögen das betreffende Zeichen noch erkennt (hier: 50 m)[2] – „Wesentliche Sehbehinderung" liegt vor, wenn die Sehschärfe besser als 1/50, aber schlechter als 1/3 ist. Die Sehbehinderung ist „hochgradig", wenn die Sehschärfe zwischen 1/50 und 1/20 beträgt.[3] In der Bauliteratur wird immer noch gelegentlich der Begriff „Sehbehinderte" als Oberbegriff für „Blinde" und „Sehbehinderte" verwendet. Dies führt zu einer bedauerlichen Sprachverwirrung![4]

Nicht alle Sehbeeinträchtigungen sind mit Hilfe des Visusbegriffes zu erfassen. Ein so genanntes Röhrengesichtsfeld z.B. ermöglicht etwa über eine Verkehrssituation keinen großräumigen Überblick mehr, sondern nur noch punktuelles Erfassen eines kleinen Ausschnitts. Hier kann es zu dem scheinbaren Widerspruch kommen, dass zwar Kleingedrucktes noch gelesen werden kann, Großgedrucktes jedoch nicht – oder dass z.B. die Zeit auf der Kirchturmuhr (falls diese zufällig ins Blickfeld rückt) noch abgelesen werden kann, zur Fortbewegung aber ein Blindenstock verwendet werden muss.

8 % der Männer und 0,4 % der Frauen haben angeborene Farbsinnstörungen, wobei bestimmte Farbtöne nur noch als Grauwerte gesehen werden. Bei der sehr seltenen totalen Farbenblindheit ist keine Farbenerkennung mehr möglich; außerdem besteht eine störende Blendempfindlichkeit und die Sehschärfe ist auf 5/50 herabgesetzt.

Bei Dämmerungsblindheit („Nachtblindheit") wird z.B. das von der Straßenbeleuchtung Erhellte nicht mehr gesehen. Die Lampen erscheinen damit als helle Punkte in strukturloser Finsternis. Eine Orientierung ist dann nur noch mit Blindentechniken, z.B. unter Zuhilfenahme des weißen Langstocks, möglich, während bei größerer Helligkeit die Umwelt problemlos erfasst wird.

Eine erhebliche Erschwerung der Lebensumstände stellt eine Mehrfachbehinderung dar, d.h., wenn außer der Sehbehinderung oder Blindheit z.B. noch eine geistige Schädigung, eine Körperbehinderung, Schwerhörigkeit oder Taubheit vorliegt. Dass ein solches Leben dennoch reich und erfüllt sein kann, wissen wir z.B. aus den Büchern der taubblinden Amerikanerin Helen Keller. Im Verlauf der letzten 100 Jahre lässt sich in den Industrieländern ein deutlicher Wandel bei den Erblindungsursachen feststellen: Dank großer Fortschritte der Ophtalmologie (Augenheilkunde) konnten einer Reihe von früher gefährlichen Augenkrankheiten ihre Schrecken genommen werden. Drohende Erblindung kann heute in vielen Fällen verhindert werden (z.B. bei Hornhautentzündungen, Ablatio = Netzhautablösung, Glaukom = Grüner Star), in Einzelfällen können auch bereits Erblindete wieder ein fast normales Sehvermögen zurückerhalten (z.B. bei Katarakt = Grauem

---

1 D. Böhringer: Mehr Sicherheit für Blinde und Sehbehinderte im öffentlichen Bereich, in: Kongreßbericht über den 32. Kongreß der Blinden- und Sehbehindertenpädagogen, Nürnberg, 3. bis 8.8.98, VzFB Hannover 1999

2 Wissenschaftlich exakt, aber schwerer nachvollziehbar ist folgende Definition: Die Sehschärfe S = 1 wird erreicht, wenn zwei Punkte, die einen Abstand von einer Bogenminute (1' = 0,01667°) besitzen, getrennt wahrgenommen werden können. Die Sehschärfe S ist definiert als der reziproke Wert des Sehwinkels (in Bogenminuten) von zwei Punkten. (Grehn S. 44)

3 Grehn S. 433

4 s. Kap 17.3, Anm. 4

Star, Hornhauttrübungen u.a.). Andererseits nahm die Zahl der Erblindungen bei einigen anderen Krankheitsbildern zu. Dies betrifft z.B. Retinoblastom (Augapfelkrebs) und Degenerationserkrankungen (z.B. Retinitis pigmentosa – hier wird Zellsubstanz des Auges ohne erkennbaren Grund vom Körper abgebaut, ohne dass bisher eine Möglichkeit gefunden worden wäre, diesen Prozess sicher zu stoppen).

Seit längerer Zeit wird versucht, mit Hilfe von ins Gehirn oder in den Augapfel eingepflanzten elektronischen Sensoren bzw. Erregern verwertbare Seheindrücke hervorzurufen. Ob diese Forschungen eines Tages zum Erfolg führen und dann die erhoffte Breitenwirkung haben werden, lässt sich noch nicht absehen.

Da innerhalb eines Jahrgangs im Laufe des Lebens immer wieder Personen erblinden, steigt der Anteil Blinder von jeder Altersgruppe zur nächsten an. Ein besonders starker Anstieg der Erblindungen erfolgt im höheren Lebensalter, so dass gegenwärtig in unserem Land ca. 70 % aller Blinden älter als 65 Jahre sind.

Fasst man alle Altersgruppen zusammen, dann sind Glaukom (grüner Star), Diabetes (Zuckerkrankheit) und Degenerationserkrankungen die häufigsten Ursachen für eine Erblindung in Europa. In Ländern mit ungenügender ärztlicher Versorgung stehen Katarakt (grauer Star), Trachom (ägyptische Körnerkrankheit) und Onchozerchose (Flussblindheit) an oberster Stelle. In Deutschland kommt (nach Aussage des Deutschen Blinden- und Sehbehindertenverbandes) ca. ein Blinder auf 500 Einwohner. In Entwicklungsländern liegt die Blindheitsrate durchweg wesentlich höher, in einzelnen Gegenden kommen auf 1000 Einwohner bis zu 200 Blinde.

2.3.3 Schriftliche Informationen für blinde und sehbehinderte Personen

Die Erfindung, die sich am segensreichsten für Blinde ausgewirkt hat, ist ohne Frage die Braillesche Blindenschrift (im folgenden „Punktschrift" genannt), die 1825 von dem 16jährigen blinden Franzosen Louis Braille entwickelt wurde. Sie hat sich inzwischen weltweit in fast allen Kulturkreisen durchgesetzt. Grundform dieser Schrift sind erhabene Noppen, angeordnet wie die Sechs auf dem Würfel[5] (s. Abb. 2.3/1). Durch Weglassen einzelner Punkte entstehen 64 verschiedene Zeichen. Mit ihnen werden Buchstaben nahezu sämtlicher Alphabete, werden Ziffern, Satzzeichen und Musiknoten sowie (bei Stenographieschriften) mehr als 600 Kürzungen gebildet, wobei das einzelne Zeichen (z.B. je nach dem Platz innerhalb eines Wortes) die unterschiedlichste Bedeutung haben kann. Blinde erreichen mit dieser Schrift ungefähr gleiche, häufig sogar wesentlich höhere Schreibgeschwindigkeiten als Sehende, nur selten jedoch gleiche Lesegeschwindigkeiten. Ein großes Problem der Punktschrift ist der ca. 40 bis 80fache Raumbedarf gegenüber Texten in optischer Schrift (im folgenden „Schwarzschrift" genannt).

In jüngster Zeit wurde eine Reihe wertvoller elektronischer Hilfsmittel entwickelt: Die elektronische „Braillezeile" ermöglicht die umfassende Bedienung des PC und erschließt damit viele berufliche Möglichkeiten. Mit Hilfe von Scannern lassen sich Schwarzschrift-Texte in den PC einlesen; die Ausgabe erfolgt dann wahlweise über Punktschrift (Braillezeile bzw. Papierausdruck) oder synthetische Sprache.

Hochgradig sehbehinderte Kinder mussten früher grundsätzlich Blindentechniken erlernen. Dank verbesserter optischer Sehhilfen (Brillen, Lupenbrillen, Fernrohrlupenbrillen, Monokularen u.a.), insbesondere aber aufgrund der Entwicklung elektronisch vergrößernder Sehhilfen (Fernsehlesegeräte), die bis zu 60fache Vergrößerung ermöglichen, kann heute auch noch ein geringer Sehrest im schulischen Bereich und im Berufsalltag ausgenützt werden.

Bei blinden- und sehbehindertengerechten Beschriftungen im öffentlichen Bereich sind die folgenden drei Personenkreise zu unterscheiden[6]:

– Sehbehinderte: Sie benötigen große, kontrastreiche Schwarzschrift.[7]
– Späterblindete, die Punktschrift nicht lesen können: Sie benötigen ebenfalls große Schwarzschrift, die jedoch zusätzlich erhaben sein muss, so dass sie mit dem Tastsinn erkannt werden kann.
– Blinde, die diese erhabene Schwarzschrift nicht lesen können: Sie benötigen Informationen in Punktschrift.[8]

Während die erste und zweite Forderung z.B. in DIN 18024[9] und 18025[10] erhoben werden und damit zumindest für Verkehrsbauten und barrierefrei errichtete Wohnanlagen Konsens sind, beginnt die dritte Forderung sich nur sehr zögernd durchzusetzen.[11] Dies dürfte daher rühren, dass in der Vergangenheit behauptet wurde, alle Blinden wären in der Lage, taktile Großbuchstaben zu lesen, was jedoch nicht zutrifft: Nur ein kleiner Teil jener Blinden, für die die Braillesche Punktschrift die einzige Gebrauchsschrift darstellt, ist in der Lage, erhabene Schwarzschriftbuchstaben rasch und sicher zu ertasten. Selbst dann, wenn sie diese Technik in der Schule gelernt und zu einer gewissen Perfektion gebracht haben, sind die komplexen Formen der einzelnen Schwarzschriftbuchstaben und -ziffern in aller Regel bereits nach wenigen Jahren, in denen sie nicht geübt wurden, wieder vergessen. Die Forderung, wichtige Informationsbeschriftungen nicht nur in ertastbarer Schwarzschrift, sondern auch in Punktschrift anzubringen, hat also ihre unbedingte Berechtigung.

Zu begrüßen wäre es daher, wenn Punktschrift mehr als bisher zur ergänzenden Beschriftung für Blinde eingesetzt würde. Wichtig wären z.B. Informationen in Aufzügen, vor den Räumen öffentlicher Gebäude, Stockwerksangaben und – in Bahnhöfen – Bahnsteignummern. Zu berücksichtigen ist dabei, dass Sehende eine Information, die z.B. auf einer großen Wandfläche angebracht ist, problemlos entdecken können. Blinde dagegen würden daran vorübergehen – fast ohne Chance, sie zu entdecken. Informationen für Blinde müssen daher an markanten, eindeutig definierten Stellen angebracht werden. Gut eignen sich z.B. Türschilder, die grundsätzlich auf der Seite des Türgriffs angebracht sein sollten; besonders gut eignet sich auch die Rückseite des Handlaufs einer Treppe, wo Punktschrift vom vorbeigleitenden „Lesefinger" erfasst werden kann. Befinden sich Informationen für Blinde an anderen Stellen, sollte mit „Bodenindikatoren" (s. 15.3.1), die mit dem Blindenstock erfasst werden können, darauf hingewiesen werden. (Wegen der Erstellung von Informationen in Punktschrift wendet man sich am besten an eine der Bildungsstätten für Blinde und Sehbehinderte, z.B. Deutsche Blindenstudienanstalt Marburg. Über die dauerhafte Gestaltung von Informationen in Punktschrift s. Kap. 5.9.8.)

Mit Punktschrift versehene tastbare Pläne stellen eine wertvolle Informationsquelle für Blinde dar. Sie können auch im öffentlichen Bereich ausgestellt werden. Pläne aus PVC-Folie (Marburg, Hamburg) oder einer Materialkombination (Gouda/Niederlande) wurden bedauerlicherweise durch Vandalismus häufig beschädigt, in Einzelfällen sogar total zerstört (insbesondere mit Taschenmesser oder Feuerzeug). In Stuttgart

---

5 Marburger Systematiken der Blindenschrift, Teil 2, Leitfaden der deutschen Blindenkurzschrift, S. 31, Marburg/Lahn 1973

6 Über die Größenordnung der Personenkreise liegen gegenwärtig keine detaillierten Untersuchungen vor. Sicher ist nur, dass alle drei Personenkreise beachtliche Gruppengrößen aufweisen und daher unbedingt berücksichtigt werden sollten. (Vergl. Kurzbefragung in der vorhergehenden Auflage des vorliegenden Werks, S. 42.)

7 Gestaltungsvorschläge in: Verbesserung von visuellen Informationen im öffentlichen Raum, Handbuch für Planer und Praktiker, Hrsg. Bundesministerium für Gesundheit, Bonn 1996, S. 88 ff.

8 Gestaltungsvorschläge: Kapitel 5.9.8

9 DIN 18024, Teil 1, Abschnitt 11.6; Teil 2, Abschnitt 7.3

10 DIN 18025, Teile 1 und 2, jeweils Abschnitt 5.3

11 Die Forderung ist jedoch bereits in zwei ministeriellen Handbüchern enthalten: direkt 47, S. 72; direkt 51, S. 57

wurden daher Tastpläne aus Metallguss gefertigt; in Hamburg wurden Verfahren untersucht, um Reliefkarten aus transparentem Gießharz herzustellen, das einen gewissen Schutz gegen Zerstörung bietet. Gegenwärtig geht die Tendenz jedoch stärker zu vervielfältigten Plänen, die interessierten Blinden zur Verfügung gestellt werden.

Damit Sehbehinderte Hinweise im öffentlichen Bereich lesen können, sind Mindestgrößen der Schrift erforderlich. Dabei hängt die Buchstabenhöhe h ab von der vorgesehenen Leseentfernung s. Die übliche, jedoch schwer umzurechnende Angabe des erforderlichen „Sehwinkels" lässt sich in eine einfache Formel umsetzen. Empfohlen wird eine Abstufung von drei „Prioritäten"[12]:

Priorität 1
Warnungen, Notfälle (z. B: Notausgang, Rettungsweg, Absturzgefahr):
Sehwinkel 2°; Formel: $h = s \cdot 0{,}035$.
Dabei bedeuten h = Höhe der Schrift- bzw. Bildzeichen – in cm; s = angestrebte Leseentfernung – ebenfalls in cm. (Beispiel: Leseentfernung 3 m, Höhe von Schrift und Bildzeichen 10,5 cm).

Priorität 2
Entscheidungsfunktionen (z. B. Fahrpläne, Straßennamen, Hausnummern):
Sehwinkel 1,5° für Bildzeichen; Formel: $h = s \cdot 0{,}0262$ (Beispiel: Leseentfernung 3 m, Höhe der Bildzeichen 7,9 cm);
Sehwinkel 1° für Schrift; Formel: $h = s \cdot 0{,}017$ (Beispiel: Leseentfernung 3 m, Schrifthöhe 5,1 cm).

Priorität 3
Leitfunktionen (z. B. kontinuierliche Markierungen an Wegen und an Wänden):
Sehwinkel 1° für Bildzeichen; Formel: $h = s \cdot 0{,}017$ (Beispiel: Leseentfernung 3 m, Höhe der Bildzeichen 5,1 cm);
Sehwinkel 0,8° für Schrift; Formel: $h = s \cdot 0{,}0144$ (Beispiel: Leseentfernung 3 m, Schrifthöhe 4,3 cm).

„In den meisten Fällen kann die Leseentfernung zur Schrift verkleinert und auf diese Weise der Sehwinkel vergrößert werden. Große Schriften können für Personen mit eingeschränktem Gesichtsfeld von Nachteil sein, wenn sie die Entfernung nicht vergrößern können."[13] – Offen gelassen werden bei diesem richtigen und wichtigen Hinweis, wie jene Fälle zu handhaben sind, bei denen die Leseentfernung zur Schrift nicht unbegrenzt verkleinert werden kann. Verwendet man etwa bei einer Overhead-Information, die man aus fünf Meter Entfernung erkennen sollte, gemäß Priorität 3 eine Schriftgröße von 7,2 cm, und kann man sich der Information auf maximal zwei Meter nähern, dann sind Personen mit einem höheren Grad an Sehbehinderung von dieser Information ausgeschlossen, da sie sie nicht mehr lesen können. Die logische Ergänzung zum oben Dargestellten ist also die Forderung, wichtige Informationen so groß darzustellen, dass hochgradig Sehbehinderte sie bei einer gerade noch möglichen Annäherung gerade noch erkennen können. Dies bedeutet:

– Sehwinkel 4,2°, Formel: $h = s \cdot 0{,}072$ (Beispiel: Leseentfernung 2 m, Schrifthöhe 14,4 cm).

Bei der Gestaltung von Informationsträgern und Schriftzeichen ist auf klare, gut leserliche Darstellung zu achten. In der DIN 1450 wird u. a. auf folgende Anforderungen hingewiesen: (h = Höhe der Zeichen)
– Linienbreite der Zeichen: (1/7)h bis (1/8)h
– Zeichenabstand: ca. (1/7)h
– Schreibweise: Verwendung von Groß- und Kleinbuchstaben. (Ober- und Unterlängen von Kleinbuchstaben ergeben ein Wortbild, das auch dann noch erkannt werden kann, wenn die einzelnen Buchstaben nicht mehr zu lesen sind.)
– Wortabstand: größer oder gleich (3/7)h
– Zeilenabstand: ca. (11/7)h
– Als Schriftarten sind Standardschriften ohne Serifen (ohne kleine Abschlussstriche) zu verwenden, z. B. Futura, Frutiger, Helvetica, VAG Rundschrift.[14]

Wenn Informationen (z.B. Fahrpläne, Stadtpläne u.Ä.) an der Rückwand von 10 bis 20 cm tiefen Informationsvitrinen angeschlagen sind, wie dies gegenwärtig noch häufig anzutreffen ist, können viele Sehbehinderte sie nicht erfassen: Entweder beträgt ihr Leseabstand, bei dem sie Schrift

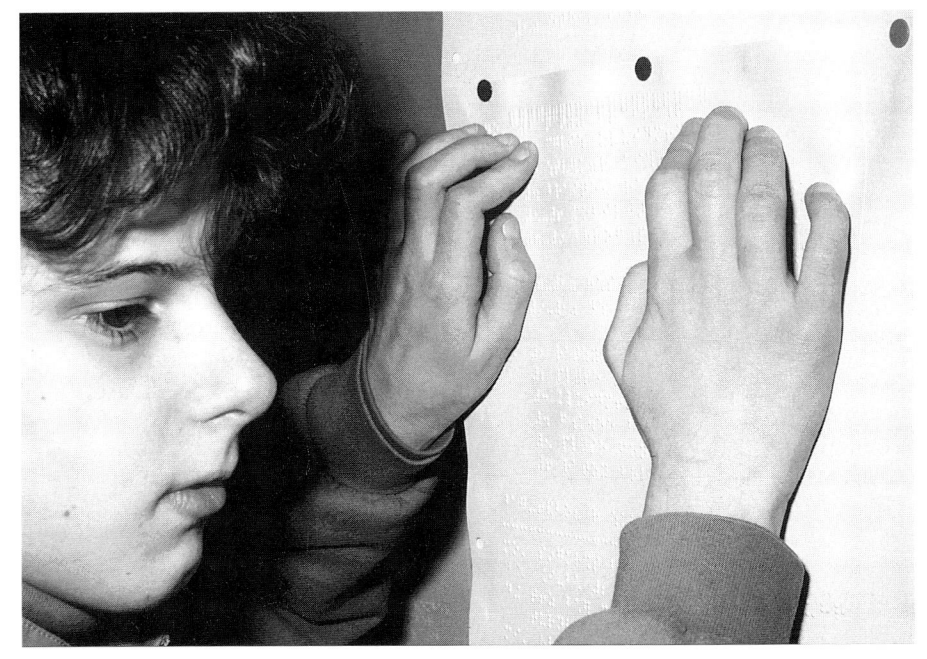

2.3/1 Lesende Hände: Am Stundenplan-Aushang im Klassenzimmer einer Blindenschule

2.3/3 Sehbehinderte haben häufig einen Leseabstand von nur wenigen Zentimetern

---

12 a.a.O.: S. 38 und 43 ff.
13 a.a.O.: S. 32
14 a.a.O.: S. 31 f.

Braille-Alphabet

(mit den deutschen Hilfszeichen)

Grundform

Gruppe I Punkte 3 und 6 fehlen	a b c d e f g h i j	
Gruppe II Den Zeichen der Gruppe I ist Punkt 3 zugefügt	k l m n o p q r s t	
Gruppe III Den Zeichen der Gruppe I sind d. Punkte 3 u. 6 zugef.	u v x y z ( )* ( )* ( )* ß st	
Gruppe IV Den Zeichen der Gruppe I ist Punkt 6 zugefügt	au eu ei ch sch ( )* ( )* ü ö w	
Gruppe V Die Zeichen der Gruppe I sind heruntergesetzt	, ; : ( )* ? ! ( ) „ * "	

Gruppe VI
Abwendende Bildungen

Satzpunkt	Binde- u. Trenn.-Strich	Apostroph Aufheb.-Zch.	äu	ä	Zahlenzeichen	ie §
Akzentz.	Folge von Großbuchst.	Sperrdr.-Zeichen	Großbuchstabenz.	mathem. Hilfszeichen	Kennzeichen fremder Alphab.	

Abschlußstrich · Gedankenstrich · Hinführungspunkte

Zahlen: 1 2 3 4 5 6 7 8 9 0

---

* Diese Zeichen des Systems finden in der deutschen Vollschrift keine Verwendung; sie werden in der Kurzschrift benutzt.

2.3/2 Das deutsche Punktschriftalphabet (Vollschrift)

scharf erkennen können, nur wenige Zentimeter, oder sie benötigen eine Lupe, die direkt auf das Lesegut aufgesetzt werden muss. Aus der Sicht dieses Personenkreises ist es daher von größter Wichtigkeit, dass Informationen direkt hinter der Glasscheibe angebracht werden (falls eine solche erforderlich ist). Dabei sollte möglichst entspiegeltes Glas verwendet werden, da es die Erkennbarkeit der Informationen verbessert.

2.3.4 Raumerfassung des Blinden

Jeder Mensch muss das Phänomen Raum auf Grund seiner individuellen alltäglichen Erfahrungen erfassen lernen. Orientierung im Raum ist dabei ein komplexer Prozess der Widerspiegelung der Außenwelt, der durch die Analyse der Eindrücke von Gleichgewichtsorgan, Muskelsinn, Gehör und insbesondere – so weit vorhanden – des optischen Sinnes erfolgt.

Das Kind erlernt mit der Sprachentwicklung, Raumkategorien (vorn – hinten, oben – unten, rechts – links) in Worten auszudrücken, wobei zuerst die Richtung vom eigenen Standpunkt aus erfasst wird, dann vom Standpunkt anderer Menschen und vom Standpunkt von Dingen aus. Die Entwicklung der Auffassung räumlicher Beziehungen verläuft bei blinden Kindern in der gleichen Reihenfolge wie bei sehenden, in der Regel jedoch retardiert. Dabei ist die Streubreite der Leistungen größer als bei sehenden Gleichaltrigen, wobei die Qualität und Intensität der Erziehung offensichtlich eine entscheidende Rolle spielt. Die Erfassung räumlicher Beziehungen geht um so rascher und ist um so exakter, je größer ein noch vorhandener Sehrest ist[15]. Im Hinblick auf selbstständige Fortbewegung, z.B. im Straßenverkehr, lassen sich zwei Orientierungsprozesse unterscheiden, die mit den Begriffen „räumlich" bzw. „geographisch" charakterisiert werden. „Räumliche" Orientierungsaufgaben stellen sich für den Blinden z.B., wenn er versucht, auf eine Geräuschquelle zuzugehen oder ihr auszuweichen, insbesondere aber bei der – für blinde Fußgänger schwer leistbaren – Aufgabe, in der Mitte eines Gehweges zu gehen und nicht nach links oder rechts abzuweichen. Dies verursacht dann keine allzu großen Schwierigkeiten, wenn entweder eine deutlich wahrnehmbare „innere Leitlinie" (eine durchgehende Häuserzeile, Gartenmauer, dichte Hecke o.Ä. auf der „Innenseite" des Gehwegs) und bzw. oder ein akustisch gut wahrnehmbarer fließender Straßenverkehr an der „äußeren Leitlinie" vorhanden ist. Schwierigkeiten ergeben sich jedoch vor allem bei freien Plätzen und weiten Straßenkreuzungen.

Wegen der fehlenden Möglichkeit Blinder, die Umwelt weiträumig wahrzunehmen, gleicht ihre Mobilitätssituation in starkem Maße einer geographischen Orientierungsaufgabe. Die Verarbeitung aller Informationen, die über das weitere Umfeld gesammelt wurden, zu einer Gesamtvorstellung wird als „geographische Orientierung" bezeichnet: Der Blinde kann die ungefähre Richtung und Entfernung zu nicht mehr wahrnehmbaren geographischen Punkten einschätzen, wenn er sich eine derartige „kognitive Landkarte" erarbeitet hat. Sie ermöglicht es ihm auch, größere, komplexe Wegstrecken selbstständig zurückzulegen[16].

Auf welche Weise baut sich ein Blinder eine Raumvorstellung auf und wie qualifiziert kann diese sein? Ein Beispiel mag dies verdeutlichen: Ein Sehender, der einen Blick auf eine ihm bisher unbekannte Kreuzung wirft, erfasst innerhalb weniger Sekunden folgende drei Aspekte:
– den Verlauf der Kreuzung und ihre Fußgänger- und Fahrzeugströme
– einige auffällige Gebäude
– den günstigsten Weg zu einem Zielpunkt (z.B. einem diagonal gelegenen Ladengeschäft).

Würde er nach sonstigen Sinneseindrücken seines kurzen Überblicks befragt, könnte er vermutlich nur von einem gewissen Lärmpegel diffuser Verkehrsgeräusche und vielleicht noch von einem undefinierbaren Geruch, der in der Luft lag, berichten.

Was könnte ein Blinder in dieser Situation wahrnehmen? – Die Verkehrsgeräusche, die nicht so „diffus" sind, wie es zunächst scheint, lassen sich nach einem intensiven Hörtraining erstaunlich umfassend interpretieren. Sie können den Blinden informieren über
– die Richtungen der beiden Straßen
– die Stärke der Verkehrsströme darauf (Hauptstraße – Nebenstraße)
– Fußgängerverkehrsströme, die z.B. die Straße auf Fußgängerfurten überqueren
– die Art der Verkehrsregelung (rechts vor links, Vorfahrtsberechtigung oder Signalsteuerung)
– einzelne Fahrzeuge (z.B. Moped, Motorrad, LKW, Straßenbahn; evtl. sogar bestimmte Pkw-Typen), die sich unter Umständen über eine große Strecke akustisch verfolgen lassen.

Daneben lassen sich weitere „Geräuschverursacher" differenzieren und identifizieren, z.B.
– Bäume (an ihrem Blätterrauschen)
– eine Baustelle
– ein plätschernder Brunnen
– ein Straßencafé.

Akustische Informationen liefert schließlich noch die „Echolokation", d.h. der z.B. von Hauswänden reflektierte Schall. Damit lässt sich u.a. feststellen, ob
– sich an der Kreuzung eine geschlossene oder eine lockere Bebauung befindet
– es sich um niedrige oder hohe Häuser handelt.

Auch aufgrund von Gerüchen lassen sich – wiederum nach entsprechend intensivem Training – recht interessante Rückschlüsse ziehen. So sind z.B. zumindest folgende Geschäfte unter günstigen Bedingungen zum Teil auf viele Meter Entfernung zu identifizieren:
– Blumenladen
– Bäckerei
– Metzgerei
– Café
– Kneipe.

Der Muskelsinn liefert dem Blinden schließlich noch die Information, ob die Kreuzung
– ungefähr eben liegt
– in einem deutlich abschüssigen Hangbereich liegt.

Der Blinde kann also – allein durch intensive Beobachtung mit seinen Restsinnen – eine Fülle von Informationen aufnehmen, verarbeiten und zu einem Gesamtbild zusammensetzen, das unter Umständen alle drei o.a. Aspekte des sehenden Beobachters umfasst, allerdings
– unter erheblich höherem Einsatz von Konzentration
– mit viel größerem Zeitaufwand
– bei geringerer Detailgenauigkeit optisch erfassbarer Phänomene, jedoch
– bei höherer Detailgenauigkeit akustisch und olfaktorisch erfassbarer Phänomene.

Weitere Informationen, die seine Vorstellung über den betreffenden Raum ergänzen oder präzisieren, kann der Blinde von einem sehenden Begleiter erhalten, entweder unterwegs (vor Ort) oder zu Hause (zur Vor- bzw. Nachbereitung). Dabei gibt es verschiedene Vermittlungstechniken:
– Alles, auch Richtungen, wird verbalisiert.
– Der Begleiter „zeigt" mit dem Arm bzw. Finger des Blinden in die betreffende Richtung.
– Der Begleiter „zeichnet" Richtungen oder einfache Formen in die geöffnete Hand des Blinden.
– Der Begleiter „zeichnet" mit dem Zeigefinger des Blinden eine Skizze z.B. auf eine Tischplatte.
– Der Begleiter „zeichnet" mit dem Zeigefinger des Blinden eine auf dem Tisch liegende Karte, einen Stadt- oder Bauplan nach.
– Der Begleiter baut mit irgendwelchen Gegenständen (z.B. Besteck, Bleistiften,

---

15 Rita Degenhardt, Zur Entwicklung der Raumerkenntnis blinder Vorschulkinder, in: Tagungsbericht über die 11. Fortbildungstagung (Oktober 1990, Salzau) der AG „Frühförderung sehgeschädigter Kinder" im Verband der Blinden- und Sehbehindertenpädagogen e.V., Hannover 1991

16 Michael Brambring, W. Schneider: Lokomotion und Verkehrsverhalten sehgeschädigter Personen in: Rehabilitation 25 (1986), 74–79, Georg-Thieme-Verlag Stuttgart, New York

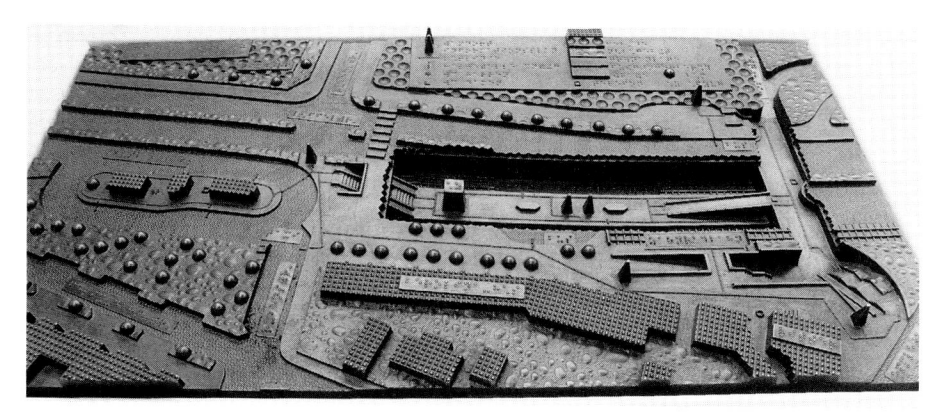

2.3/4 Gut gestaltete, tastbare Pläne oder Reliefs ermöglichen Blinden eine erstaunlich umfassende Raumvorstellung. Relief der Haltestelle Stuttgart-Degerloch. (Tiefbauamt Stuttgart)

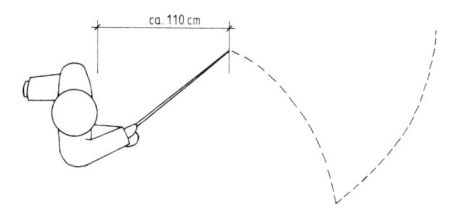

2.3/5 Mobilität und Mobilitätstraining Blinder und Sehbehinderter. (Zeichnung Bolay)

Büchern, Bauklötzen, ...) eine Situation auf und lässt sie den Blinden abtasten.
– Der Begleiter fertigt mit speziellem Material eine tastbare Skizze.
Mit Hilfe all der beschriebenen Möglichkeiten kann der Blinde damit eine Vorstellung aufbauen, die zwar nicht so umfassend und detailliert ist wie das Bild, das der Sehende vor Augen hat, die aber jener Vorstellung sehr nahe kommen kann, die der Sehende in seinem Gedächtnis gespeichert hat. Wie genau und differenziert der „kognitive Plan" des Blinden tatsächlich ist, hängt allerdings von vier Faktoren ab (die sich im Prinzip nicht wesentlich von jenen nichtbehinderter Personen unterscheiden):
– von seiner Intelligenz
– von der Qualität der Langzeit-Schulung bzw. des Trainings seines Raumverständnisses
– von der Qualität der blindengerechten Aufarbeitung bzw. Darstellung der aktuellen Raumsituation durch den sehenden Begleiter
– von seinem Interesse (d.h. seiner aktuellen Konzentrationsbereitschaft).

2.3.5 Mobilität und Mobilitätstraining blinder Personen

Blinde Menschen sind in ihrer Mobilität gegenüber Menschen ohne körperliche Einschränkungen bzw. Ausfall eines Sinnesorgans grundsätzlich eingeschränkt. Um dies weitestgehend auszugleichen, müssen die verbleibenden Sinne viel intensiver zum Einsatz kommen. Das Orientierungsvermögen Blinder und Sehbehinderter ist ebenso individuell und unterschiedlich ausgeprägt. Durch die fehlende optische Wahrnehmung sind zur Orientierung nur im Bereich des Tast-, Hör- und Geruchsinns wahrnehmbare Informationen verwertbar.
Im Straßenverkehr wird der Tastsinn durch den weißen Blindenstock erweitert. Auch die Wahrnehmung über die Füße ist von Bedeutung. Der Blindenstock stellt sozusagen den verlängerten Zeigefinger des Blinden dar. Durch ihn ertastet eine blinde Person die unmittelbare Umgebung vor den Füßen. Dadurch wird es möglich, rechtzeitig Treppen, Laternenpfähle, ordnungsgemäß abgesicherte Baustellen (s. Kap. 15.2) wahrzunehmen und der Situation entsprechend zu reagieren.
Eine weitere Hilfe für die Mobilität blinder Personen ist der Führhund. Er „sieht" für die blinde Person und weist sie durch ihm andressierte Bewegungen beispielsweise auf Treppen hin, führt sie um Hindernisse (z.B. Laternenpfähle) und bleibt an Bordsteinkanten stehen.
Der weiße Blindenlangstock und die damit einzusetzende Handhabungstechnik wurden in den USA in den 40er Jahren entwickelt und verbreitete sich über Skandinavien und Holland in Europa. Zu Beginn der 70er Jahre wurde in der Bundesrepublik Deutschland der weiße Blindenlangstock eingeführt. Er ist ein der Körpergröße angepasster Blindenstock und soll, senkrecht aufgestellt, etwa bis zum Brustbein der Person reichen, die ihn benutzt. Die Handhabung des Langstocks wird in einem Kurs (Orientierungs- und Mobilitätstraining) vermittelt.
Die Unterweisung im korrekten Gebrauch des Langstocks ist heute ein fester Bestandteil der schulischen und beruflichen Ausbildung Blinder und Sehbehinderter. Auch spätererblindete Personen haben die Möglichkeit, in den Gebrauch des Langstocks eingewiesen zu werden. Diesem Personenkreis gibt der Einsatz des Langstocks ein Stück der verlorenen Selbstständigkeit zurück, was für die neue Lebenssituation von großer Wichtigkeit ist. Diese Entwicklung trug dazu bei, dass die Zahl der Blinden, die sich selbstständig im öffentlichen Raum bewegen, zugenommen hat.
Im Mobilitätstraining, das ca. 60 Stunden intensiven Unterricht umfasst, werden folgende Lerninhalte vermittelt:
– Grundtechniken zur Handhabung des Langstocks (z.B. Tipp-, Schleif- und Bleistifttechnik)
– Einsatz des Gehörs zur Orientierung
– Gliederung der Verkehrsflächen
– Grundregeln, nach denen Lichtsignalanlagen geschaltet sind
– Bewältigen alltäglicher Wege (zur Arbeit, zum Einkauf usw.)
– Umgang mit taktilen Stadtplänen
– Einsatz von elektronischen Hindernisanzeigern.

Grundtechniken:
Grundsätzlich wird der Langstock pendelnd vor dem Körper bewegt. Der Pendelausschlag reicht dabei unwesentlich über die Körperbreite sowie evtl. seitlich überstehende Taschen o.Ä. hinaus. Die Stockspitze ist stets eine Schrittlänge voraus und erkundet den Punkt, auf den der Fuß beim nächsten Schritt gesetzt wird (s. Abb. 2.3/5). Bei der Tipptechnik beschreibt die Stockspitze einen flachen Bogen, an dessen äußersten Punkten die Stockspitze auf den Boden tippt. Gleitet die Stockspitze ständig auf dem Boden, wird von der Schleiftechnik gesprochen. Bei bekannten Wegen wird die Tipptechnik eingesetzt, da sie ein zügigeres Vorwärtskommen ermöglicht als die Schleiftechnik, bei der der Stock leicht an Unebenheiten hängen bleibt. Diese ist jedoch bei unbekannten Wegen vorzuziehen, da durch den ständigen Bodenkontakt der Stockspitze eine kontinuierliche Wahrnehmung der Bodenbeschaffenheit gegeben ist. Somit ist es möglich, für Blinde verlegte Leitstreifen bzw. Bodenmarkierungen zu erkennen.
Bei reduzierter Gehgeschwindigkeit in eng möblierten Räumen oder in dichtem Gedränge kommt die Bleistifttechnik zum Einsatz. Dabei wird der Stock fast senkrecht vor dem Körper geführt, da in solchen Fällen die weit vorragende Stockspitze Schäden verursachen oder eine Stolpergefahr für andere Personen sein kann.
Die richtige Handhabung des Langstocks gewährt Blinden nur eine teilweise Sicherheit. Er schützt nur vor Hindernissen, die auf ihrer ganzen Fläche Bodenkontakt haben und nicht vorragend sind (z.B. Mauern, Zäune usw.), macht auf Treppen aufmerksam und zeigt bei ausreichender Höhe von Bordsteinkanten (min. 3 cm) den Beginn der Straße an. Bei Objekten mit einer Beinfreiheit von mehr als 30 cm besteht

die Gefahr des „Unterlaufens", wodurch es zu Verletzungen kommen kann (z.B. Briefkästen, Vitrinen) (s. Kap. 15.1).

Gehör:
Der richtige Einsatz des Gehörs bietet Blinden eine weitere Hilfe bei der Orientierung. Vielfältige akustische Eindrücke nimmt ein blinder Mensch beim Gehen wahr. Alleine das durch den Stock erzeugte Geräusch beim Auftippen oder Schleifen kann wichtige Hinweise für die Orientierung geben. So klingt ein Ablaufgitter anders als ein Betonboden oder gar eine Gummiplatte. Auch kann die Schallreflexion der Schritte zur Lokalisation verwendet werden. Durch Schallreflexion können Blinde beispielsweise ohne ständige oder gelegentliche Berührung mit einer Häuserfront Hofeinfahrten erkennen.

Gliederung der Verkehrsflächen:
Zur Gliederung der Verkehrsflächen dienen im allgemeinen Niveauunterschiede. Sie sind für Blinde von großer Bedeutung, da sie eindeutig wahrgenommen werden können.
Der Bordstein, der den Bürgersteig von der Straße trennt, bildet stets eine Stufe nach unten. Sie warnt vor dem unbedachten Betreten einer Straße. Ebenso bieten Einfassungen, Häuserfluchten usw. die Möglichkeit zur eindeutigen Orientierung. Eine solche klare Gliederung ist für Blinde von großer Wichtigkeit. Besonders die Anordnung in verschiedenen Ebenen ist gut geeignet, da diese durch den Niveauwechsel mit Hilfe des Langstocks rechtzeitig und eindeutig erkennbar ist.

Lichtsignalanlagen:
Blinde Menschen lernen durch das Gehör festzustellen, wie der Verkehr fließt. Bei einfachen Kreuzungen, die eine fest definierte Verkehrssteuerung aufweisen, können sie dadurch erkennen, ob der Fußgängerüberweg, der benutzt werden soll, grün zeigt oder nicht. Bei komplexeren Kreuzungen (getrennte Regelung von Abbiegespuren, mehrere Fahrbahnen oder gar verkehrsabhängig gesteuerte Ampelanlagen) benötigen Blinde eine akustische oder taktile Signalanzeige.

Tastpläne:
Bei Tastplänen handelt es sich um Stadt- oder Gebäudepläne. Sie werden mit vereinheitlichten Symbolen erstellt, die wie bei den Plänen für Sehende, die Strukturierung des dargestellten Raumes zeigen. Dargestellt werden z.B. der Straßenverlauf, der Verlauf der Fahrrouten von öffentlichen Nahverkehrsmitteln und deren Haltestellen, Fußgängerüberwege und Telefonzellen. Auch der Hinweis auf die Eingänge in Gebäude kann in den Plänen enthalten sein.

Im Mobilitätstraining wird vermittelt, die im Plan enthaltenen Informationen zu interpretieren und umzusetzen.
Die Verwendung eines Plans ermöglicht es blinden Personen, sich eine räumliche Vorstellung über ein Gebiet zu verschaffen, selten benutzte Wege in das Gedächtnis zurückzurufen oder unbekannte Wege zu erarbeiten, um diese selbstständig zurück legen zu können.

Alltagswege:
Diese werden am Wohnort des Blinden trainiert. Dies ist dann von besonderer Wichtigkeit, wenn eine neue Arbeitsstelle angetreten oder eine neue Wohnung bezogen wird.

Elektronische Hindernisanzeige:
Wie bereits beschrieben, nimmt die blinde Person mit dem Langstock Objekte nur dann vollständig wahr, wenn diese auf ihrer ganzen Grundfläche vom Boden ausgehen. Um einen besseren Schutz vor herabhängenden Ästen, offenen LKW-Türen usw. zu haben, wurden elektronische Hindernisanzeiger entwickelt. Diese Geräte arbeiten nach dem gleichen Prinzip: Ein Sender strahlt einen Ton im Ultraschallbereich aus. Wird dieser Ton im Bereich von bis zu 3 m Entfernung von einem Gegenstand reflektiert, wird die Reflexion von einem im Gerät befindlichen Empfänger aufgenommen und in akustische oder taktile Signale gewandelt.

1 Akustische Signale
Sie werden von Ultraschallbrillen wiedergegeben. In deren Bügel befindet sich je ein kleiner Lautsprecher an jedem Ohr, der das Signal wiedergibt. Eine Stereowiedergabe ist dabei von großem Vorteil. Sie lässt erkennen, ob sich ein Hindernis mittig, rechts oder links in der Gehfläche befindet. Es gibt Geräte, mit deren Tonwiedergabe auch festgestellt werden kann, ob man sich auf eine Mauer oder eine Hecke zubewegt.

2 Taktile Signale
Da viele Blinde nicht noch weitere akustische Informationen aufnehmen wollen, wurden Geräte entwickelt, die den reflektierten Ultraschall in ein taktiles Signal umwandeln. Die Signale werden dann über die Haut wahrgenommen.

2.4 Medizin: Funktionsbehinderungen und Funktionsausfälle

Anne-Marie Wagner-Fischer †

2.4.1 Einleitung

Bei der Durchsicht der wenigen in- und ausländischen Werke, die sich mit Planungsgrundlagen für Behinderte befassen, begegnen dem Leser in den seltensten Fällen eingehendere Darstellungen von Krankheitsbildern oder -verläufen. Das liegt wohl daran, dass es sich um Fachbücher handelt, die sich an den Architekten wenden. Für ihn scheinen übergeordnete Gesichtspunkte, etwa bestimmt durch signifikante Funktionseinschränkungen wie z.B. Rollstuhlbenutzer, Gehbehinderter, Blinder o.Ä., bedeutungsvoller zu sein als das Wissen um Ursachen, Erscheinungsbilder, Verläufe und Prognosen einzelner Behinderungsarten.
Diese Hypothese klingt zunächst einleuchtend. Sicher ist sie richtig für alle Überlegungen im Zusammenhang mit Bauproblemen Behinderter in der Großraumstruktur eines Gemeinwesens oder eines Therapie-, Bildungs-, Ausbildungs- oder Werkstättenbereiches. Je weiter jedoch in den Individualbereich hineingeplant wird, z.B. bei der Entwicklung von Wohnformen für Körperbehinderte, Betagte, Blinde, Gehörlose usw., sei es eingestreut in Wohngebäude oder sei es beim Bau eines Einfamilienhauses, desto deutlicher wird dem von den Funktionserfordernissen ausgehenden Architekten bewusst, dass es mit einer groben Klassifizierung nicht getan ist. Optimale Lösungen wird er am ehesten erzielen, wenn er von dem lapidaren Grundsatz ausgeht: So allgemein verwendbar wie möglich, jedoch so individuell anpassbar wie nötig.
Für den Personenkreis, der in diesem Buch angesprochen wird, braucht der Architekt zusätzliche Grundinformationen über Ursache, Auswirkung und Prognose einzelner Funktionsbehinderungen und Funktionsausfälle. Wenn er diese bei seinen planerischen Überlegungen in Bezug setzt zu sozio-psychologischen Fakten und individuellen Bedürfnissen und zu dem bei manchen Behinderten ausgeprägten Hang zur Überkompensation ihres Leistungsvermögens sowie der u.U. vorhandenen Neigung zur Perfektion, wird er mit zunehmender Erfahrung in diesem Bereich immer besser

lernen, einen praktikablen Mittelweg zu gehen.
Nicht nur die Eltern behinderter Kinder, nicht nur die Gesellschaft, in der Behinderte ihren Platz als anerkannte Glieder erhalten sollen und die Behinderten selbst, sondern auch der Architekt als Sachwalter in der Gestaltung des Lebensraumes werden Mühe auf die Entwicklung eines Bewusstseins zu verwenden haben, das den Grenzbereich zur Überverwöhnung und zur Überforderung erkennt. Sie müssen durch konsequentes Handeln erreichen, dass der Behinderte sich seinen Fähigkeiten und Kräften entsprechend so unabhängig wie möglich von fremder Hilfe entfalten und in diesem Bereich leben kann.
Auf dieser Basis entwickelte Lösungen sollten denen für den „Normalverbraucher" möglichst nahe kommen. Sie klassifizieren den Behinderten dann nicht noch zusätzlich als Randgruppe. Dieses Ziel erreicht man am ehesten, wenn bei allen Planungen eine Reihe von Grundforderungen erfüllt werden, die es auch dem Behinderten ermöglichen, die so entstandenen baulichen Anlagen ohne wesentliche Einschränkung seiner Bewegungsfreiheit zu nutzen. Man spricht dann von behindertenfreundlichem Bauen, der Vorstufe der weitergehenden Forderung nach behindertengerechtem Bauen.

2.4.2 Darstellung von Funktionsbehinderungen und Funktionsausfällen mit Konsequenzen für die Umweltgestaltung

Unter Funktionsbehinderung (Fb) versteht man in diesem Zusammenhang z.B. eine Einschränkung der Greif- und Bewegungsfähigkeit unter Verlust der Feinmotorik oder differenzierter Bewegungsabläufe, unter Funktionsausfall (Fa) aber eine völlige Unfähigkeit zur Erfüllung der Funktion, z.B. bei der schlaffen Lähmung oder dem Fehlen einer Gliedmaße oder eines Gliedmaßenteiles.
Die Fb und die Fa können angeboren, krankheits-, unfall- oder altersbedingt sein.

2.4.2.1 Die Fb und die Fa am Bewegungs-, Stütz- und Halteapparat
1. Fehlbildung oder Verlust von Gliedmaßen oder Gliedmaßenteilen: Beispielhaft seien hier Fehlbildungen genannt, die durch mechanische Abschnürung oder chemische Schädigung während der Entwicklung im Mutterleib entstanden sind, sog. Dysmelien. Gliedmaßenverluste hingegen treten nach der Geburt im Gefolge von Unfällen, Amputationen wegen bösartiger Geschwülste oder Gefäßschäden (Raucherbein, Arteriosklerose u.a.) auf.
2. Krampfartige Lähmungen von Muskelgruppen mit Fehlstellungen durch Kontrakturen (Gelenksteife) infolge Überwiegens der betroffenen Muskelgruppen (meistens Beuger): Sie werden, von Herden im Gehirn ausgelöst, am häufigsten bereits in früher Kindheit beobachtet und stellen die spastische Form der infantilen Cerebralparese (frühkindliche Hirnlähmung) dar. Bei zu ausgedehnter Schädigung oder zu spätem Einsetzen der Behandlung führen sie zu oft erheblichen Dauerbehinderungen der Bewegungsfähigkeit. Auch im Erwachsenenalter können als Folge von Schlaganfällen und Erkrankungen des Gehirns oder motorischer Regionen des Rückenmarkes „spastische" Lähmungen auftreten (z.B. bei Multipler Sklerose, MS).
3. Ausfahrende (athetotische) Bewegungen der Gliedmaßen: Sie sind, ebenfalls von Herden im Gehirn ausgelöst, eine andere Form der infantilen Cerebralparese. Durch von den Herden aus einschießende unkoordinierte Bewegungsimpulse z.T. auch mit Fehlstellungen, die hier mehr von den Streckern ausgelöst werden, treten erhebliche Gleichgewichtsstörungen auf.
4. Asymmetrische schlaffe Lähmungen von Muskelgruppen infolge einer Schädigung peripherer Nerven oder von Störungen des Muskelstoffwechsels: Ausgelöst werden sie in jedem Lebensalter durch Durchtrennung peripherer Nerven, vom Kindesalter ab etwa bis zum 40. Lebensjahr durch Poliomyelitis (spinale d.h. das Rückenmark befallende Kinderlähmung) oder je nach Art der Erkrankung in der Kindheit oder erst im Erwachsenenalter beginnend durch Muskeldystrophie (-schwund).
5. Symmetrische Lähmungen infolge von Verletzung, Fehl- oder Herdbildung im Bereich des Rückenmarkes: Querschnittslähmungen verschiedener Ausdehnung je nachdem, in welcher Höhe die Leitungsbahnen vollständig oder teilweise unterbrochen sind. Hierher gehören z.B. auch die Spina bifida (Spaltbildung des Wirbelkanals), Folgen von Wirbelbrüchen oder Unterbrechung der Leitungsbahnen durch Zusammenfallen einzelner Wirbelkörper auf dem Boden einer Knochentuberkulose oder einer bösartigen Geschwulst.
6. Verrenkung, Versteifung oder Neubildung (Pseudarthrose) von Gelenken mit entsprechenden Fehlstellungen: Sie können angeboren sein wie die Hüftgelenksluxation (-verrenkung). Gelenkversteifungen entstehen auf dem Boden rheumatischer Erkrankungen in der Jugend und bis ins höhere Lebensalter oder durch Abnutzungserscheinungen. Pseudarthrosen findet man z.B. nach nicht heilenden Knochenbrüchen im Bereich der langen Röhrenknochen oder des Schenkelhalses, falls diese nicht operativ angegangen werden.
7. Versteifungen der Zwischenwirbelgelenke und andere zu Bewegungseinschränkungen führende Veränderungen der Wirbelsäule, z.B. Bechterewsche Krankheit sowie Spondylarthrosen (Abnutzungserscheinungen an den Zwischenwirbelgelenken mit Spangenbildung zwischen den Wirbeln): Sie beginnen im mittleren und verstärken sich mit fortschreitendem Lebensalter.

2.4.2.2 Die Fb und die Fa der Sinnesorgane
1. Verlust eines oder beider Augen (angeboren oder durch Unfall oder Erkrankung teilweise oder völlige Einbuße der Sehkraft): Ausgelöst durch grünen oder grauen Star, Hornhautnarben oder Folgen von Netzhautblutung oder -ablösung, u.a.m., Fehlen (von Geburt an) oder Schwinden bestimmter Qualitäten der Sehfunktion.
2. Verlust oder teilweise Einbuße der Hörfähigkeit: Sie kann angeboren oder durch Unfälle (Explosionen u.Ä.) erworben in allen Lebensaltern auftreten. Minderung oder Einbuße der Hörfähigkeit durch Zerstörung des Trommelfelles als Folge einer Mittelohrentzündung (heute häufig mit Erfolg operativ behandelbar). Die zum Nachlassen der Hörfähigkeit führende Otosklerose (Verkalkung der Gehörknöchelchen und Versteifung der Gelenke zwischen denselben) tritt im mittleren Lebensalter familiär gebunden auf und ist heute durch Operation zu bessern. Altersschwerhörigkeit bis zur Taubheit ist die Folge einer Hörnervenschädigung.
3. Störungen des Gleichgewichtsempfindens: Im Gefolge von Erkrankungen des Sehorganes, des zentralen Gleichgewichtsorganes (Kleinhirn) entweder angeboren als dritte Form der infantilen Cerebralparese: Ataxie oder erworben als Folge von Kleinhirnbrückenwinkel (Hirnregion), -geschwülsten oder Schädigung des peripheren (Innenohr) Gleichgewichtsorganes.
4. Störungen des Lage- und Tastgefühles und der Berührungsempfindung im Gefolge von 2.4.2.1 4. und 5. und insbesondere bei der Multiplen Sklerose (MS).
5. Empfindungsststörungen für thermische Reize im Gefolge von 2.4.2.1 4. und 5. auf der Hautoberfläche.
6. Durchblutungsstörungen und damit Unfähigkeit, die Hauttemperatur im Bereich der gelähmten Körperabschnitte zu regulieren im Gefolge von 2.4.2.1 4. und 5. Bei Nichtbeachtung Gefahr von Verbrennungen bzw. Verbrühungen.

2.4.2.3 Fb und Fa der inneren Organe
1. Störungen an Herz und Kreislauf mit Leistungseinbuße als Folgekrankheit von Gelenkrheumatismus oder einer entzündlichen Erkrankung der Herzklappen oder des -beutels (Einschränkung der Leistungsfähigkeit des Herzens durch narbige Veränderung) oder z.B. nach Einsetzen eines Herzschrittmachers u.a. führen zu mangelnder Sauerstoffversorgung des Körpergewebes mit Allgemeinerscheinungen wie Kurzatmigkeit, Ödemen (Flüssigkeitsan-

sammlung im Gewebe) und lokaler Mangeldurchblutung. Kreislaufschäden wie Bluthochdruck, gelegentlich auch schwerer Unterdruck und Gefäßschäden durch Gefäßsklerose (Verengung des Gefäßvolumens) oder Engstellung der Gefäße mit Mangeldurchblutung der Peripherie durch Gefäßgifte wie Nikotin u.a. betreffen überwiegend das mittlere und höhere Lebensalter.

2. Störungen der Ausscheidefunktionen von Blase und Darm als Folgekrankheiten bei 2.4.2.1 5. bestehen von Geburt an infolge von Fehlbildungen, in jedem Lebensalter als Folge von Querschnittslähmungen durch Unfälle oder nach operativen Eingriffen bei Geschwülsten des Rückenmarkes. Anus praeter (Ileostomie) ist die Verlegung des Darmausganges in die Bauchdecke nach Darmoperationen wegen Mastdarmkrebs oder anderer Darmerkrankungen.

Eine derartige Systematik wird immer etwas Gewaltsames an sich haben. Dennoch wird sie für notwendig gehalten, weil diese Systematik dem Leser bestimmte Hinweise gibt auf die Vielfalt dessen, was ihn bei der Lösung seiner Aufgaben erwarten kann, aber nicht erwarten muss.

2.4.3 Exemplarische Darstellung der Konsequenzen für die Umweltgestaltung

Die folgende Tabelle zeigt die Konsequenz von Funktionsbehinderungen und Funktionsausfällen, ihren Ausgleich durch therapeutische Maßnahmen und Hilfsmittel sowie Maßnahmen zur Umweltgestaltung. Sie geht von den geschädigten Organen, Körperteilen und Sinnesorganen aus und ermöglicht anstehende Fragen zunächst frei von verwirrenden medizinischen Diagnosen zu durchdenken.

Bewegungs-, Stütz- und Halteapparat

Organ, Körperteil, Sinneswahrnehmung	Funktionsbehinderung Funktionsausfall	A. Ersatzfunktionen B. therapeutische Maßnahmen	Hilfsmittel	Umweltgestaltung
1. Extremitäten oder -teile obere	Verlust oder Fehlbildungen Störung der Greif- und Haltefunktionen Ausfall der Abstütz- und physiologischen Ausgleichsbewegungen	A. Übernahme z.T. durch verbliebene Extremitäten und Körperteile z.B. Kopf, andere Muskelgruppen und Funktionsbereiche z.B. Schultergürtel, Becken, Rumpf	Eigen- oder fremdkraftbetriebene Prothesen, Stützapparate. Gehhilfen bis zum Rollstuhl. Kopflichtschreiber, Gerät multicom 100, evtl. Kopfschutz	Beachtung von: Greifradius, Arbeitsplatzhöhe. Funktionsgerechte Schalter und Armaturen, Schrank- und Fensterbeschläge. Gegebenenfalls behindertengerechte Bauweise für Rollstuhlbenutzer (DIN 18025 Teil 1)
untere	Gehunfähigkeit Ausfall der Abstütz- und physiologischen Ausgleichsbewegungen	B. Übung durch Krankengymnastik, Schwimmen, Versehrtensport		Abrundung von Vorsprüngen, keine hervorragenden scharfkantigen Armaturen usw. Abpolstern unvermeidlicher Kanten z.B. Stufenkanten an freien Treppen bis in Kopfhöhe
2. Extremitäten oder -teile evtl. halbseitig	krampfartige Lähmungen (Spastik); u.U. mit Kontrakturen aller Grade und Gehfähigkeit bis Rollstuhlgebundenheit, Störung der Grob- und Feinmotorik	A. Nach Frühbehandlung und auch bei konsequenter Übungstherapie im späteren Alter. Übernahme gestörter Funktionen durch Steuerung über andere Reflexbahnen B. Neurophysiologische Frühbehandlung, später funktionserhaltende Bewegungstherapie. Operationen zur Verbesserung von Fehlstellung und -funktion Schwimmen in überwärmtem Wasser (ca. 33 °C), therapeutisches Reiten, Krankengymnastik	Gehhilfen bis zum Rollstuhl. Kopflichtschreiber, Possumgerät, Gerät multicom 100 der Fa. Stiefenhofer, o.Ä. Wenn nötig, Kopfschutz durch Schutzhelm o.Ä.	Beachtung von: Greifradius, Arbeitsplatzhöhe. Funktionsgerechte Schalter und Armaturen, Schrank- und Fensterbeschläge Gegebenenfalls behindertengerechte Bauweise für Rollstuhlbenutzer (DIN 18 025 Teil 1). Zusätzlich: Stützgriffe und Handläufe im Wohnbereich Hallenbad, Bewegungsbad oder Lehrschwimmbecken in erreichbarer Nähe, für Gehbehinderte und Rollstuhlbenutzer zugänglich
3. Extremitäten oder -teile	Ausfahrende, unkoordinierte Bewegungen (Athetose): häufig mit starker Bewegungsunruhe. Unfähigkeit gezielt zuzugreifen. Störung der Grob- und Feinmotorik	A. Auch nach Frühbehandlung nur beschränkt möglich, z.T. stärkster unkoordinierter Bewegungen der Extremitäten gute Kompensation des Gleichgewichts über die Rumpfmuskulatur B. Neurophysiologische Frühbehandlung, später funktionserhaltende Bewegungstherapie. Stereotaktische Operationen zur Ausschaltung störender Bewegungsabläufe aus einschießenden Gehirn	Gehhilfen bis zum Rollstuhl. Kopflichtschreiber, Possumgerät, Gerät multicom 100 der Fa. Stiefenhofer, o.Ä. Wenn nötig, Kopfschutz durch Schutzhelm o.Ä.	Beachtung von: Greifradius, Arbeitsplatzhöhe. Funktionsgerechte Schalter und Armaturen, Schrankund Fensterbeschläge. Behindertengerechte Bauweise für Rollstuhlbenutzer (DIN 18025 Teil 1) Abrundung von Vorsprüngen, keine hervorragenden scharfkantigen Armaturen usw. Abpolstern unvermeidlicher Stufenkanten an freien Treppen in Kopfhöhe. U.U. auch bei Gehfähigkeit gleicher Raumbedarf wie bei Rollstuhlbenutzer wegen stark ausfahrenden Bewegungen

4. Extremitäten und Rumpfmuskulatur meist asymmetrisch	Schlaffe Lähmungen mit: Unfähigkeit, die betroffenen Gliedmaßen oder gelähmten Teile derselben mit oder ohne Unterstützung in einer erreichten Position zu halten. Unfähigkeit zum Zufassen oder Festhalten	A. Übernahme z.T. durch verbliebene Extremitäten und Körperteile z.B. Kopf, andere Muskelgruppen und Funktionsbereiche z.B. Schultergürtel, Becken, Rumpf B. Stabilisierung durch Operationen. Physikalische Therapie und aktives Training zur Erhaltung und Steigerung der Restkräfte und Ausschaltung von Fehlbelastung u.a.	Schienen- und Stützapparate. Rollstuhl bei Schädigung der unteren Extremitäten. Gehhilfen. Kopfpflichtschreiber. Posaunengerät, Gerät multicom 100 der Fa. Stiefenhofer, o.Ä.	Beachtung von: Greifradius. Arbeitsplatzhöhe. Funktionsgerechte Schalter und Armaturen und Schrank- und Fensterbeschläge, gegebenenfalls behindertengerechte Bauweise für Rollstuhlbenutzer (DIN 18025 Teil 1). Arbeitsplatzhöhe und unterfahrbare Arbeitsfläche besonders wichtig. Aufhebung der Schwerkraft des gelähmten Armes zur Erzielung einer Stütz- bzw. Haltefunktion z.B. durch in einer Schiene laufende Expanderschlinge über der durchlaufenden Arbeitsfläche in der Küche Keine vorkragenden Treppenstufen wegen Gefahr des Hängenbleibens mit dem gelähmten Vorfuß. Zusätzlich: Stützgriffe und Handläufe im Wohnbereich
		Übung durch Krankengymnastik. Schwimmen, Versehrtensport		Hallenbad, Bewegungsbad oder Lehrschwimmbecken in erreichbarer Nähe und für Gehbehinderte und Rollstuhlbenutzer zugänglich
5. Extremitäten und Rumpf ab Höhe des betroffenen Rückenmarkssegmentes überwiegend symmetrisch	Meist spastische teilweise inkomplette Lähmungen mit Inaktivitätsschwund der Muskulatur	A. Übernahme z.T. durch verbliebene Extremitäten und Körperteile z.B. Kopf, andere Muskelgruppen und Funktionsbereiche z.B. Schultergürtel, Becken, Rumpf nur sehr bedingt möglich B. Schienen- und Stützapparate. Rollstuhl bei Schädigung der unteren Extremitäten, Gehhilfen, Schmerzlinderung sowie Funktionsverbesserung durch physikalische Therapie. Operation Schwimmen in warmem Wasser (ca. 33 °C)	Schienen- und Stützapparate, Gehhilfen, Rollstuhl	Beachtung von: Greifradius. Arbeitsplatzhöhe. Funktionsgerechte Schalter und Armaturen, Schrank- und Fensterbeschläge, gegebenenfalls behindertengerechte Bauweise für Rollstuhlbenutzer (DIN 18025, Teil 1). Evtl. zusätzlich Stützgriffe und Handläufe im Wohnbereich Arbeitsplatzhöhe und unterfahrbare Arbeitsfläche bei Rollstuhlbenutzern besonders wichtig. Keine vorkragenden Treppenstufen wegen Gefahr des Hängenbleibens mit dem gelähmten Vorfuß. Einbau höherer Toilettenschüsseln (Sitzhöhe 48 cm) Ergänzung des Treppengeländers durch Handlauf an der Wandseite besonders auch dort, wo Betagte dauernd oder vorübergehend (Erholungsheime) leben, bzw. für solche, die häufig einen Stock brauchen. Möglichkeit für Bäder mit medizinischen Zusätzen in der eigenen Wohnung
6. Große Gelenke (z.B. Hüfte, Knie) besonders mit zunehmendem Alter	Versteifung mit oder ohne Fehlstellung. Bewegungseinschränkung. Schwierigkeiten beim Aufstehen und Niedersetzen, Ein- und Aussteigen aus der Badewanne	A. Nur sehr bedingt möglich B. Schmerzlinderung sowie Funktionsverbesserung durch physikalische Therapie. Operation, insbesondere Gelenkendoprothesen	Alltagshilfsmittel zum Vermeiden des Bückens (helfende Hand), zum leichteren Aufstehen (Katapultsitz), Verbesserung der Sitzhaltung (Arthrodesenstuhl u.a.) Badelift	Zentrum für physikalische Therapie in erreichbarer Nähe
7. Wirbelsäule	Versteifung durch Veränderungen der Zwischenwirbelgelenke (Spondylarthrose) und Spangenbildung an den Rändern der Wirbelkörper. Veränderungen der Bandscheiben. Bewegungseinschränkung der Wirbelsäule bis zur völligen Unfähigkeit, sich zu bücken, aufzurichten und schwere Gegenstände zu heben und zu tragen	A. Nur sehr bedingt möglich. B. Schmerzlinderung sowie Funktionsverbesserung durch physikalische Therapie oder Operation	Alltagshilfsmittel zum Vermeiden des Bückens (helfende Hand), zum leichteren Aufstehen (Katapultsitz), Verbesserung der Sitzhaltung, Badelift	Sicherheits- und Stützgriffe im Sanitärbereich (in Wohnungen für Betagte serienmäßig) bei Bedarf individuell anpassbar. Einbau höherer Toilettenschüsseln (Sitzhöhe 48 cm). Ergänzung des Treppengeländers durch Handlauf an der Wandseite besonders auch dort, wo Betagte dauernd oder vorübergehend (Erholungsheime) leben, die häufig einen Stock brauchen. Möglichkeit für Bäder mit medizinischen Zusätzen in der eigenen Wohnung. Zentrum für physikalische Therapie in erreichbarer Nähe

Fortsetzung nächste Seite

Fortsetzung 2.4.3 Exemplarische Darstellung der Konsequenzen für die Umweltgestaltung

Sinnesorgane

Organ, Körperteil, Sinneswahrnehmung	Funktionsbehinderung Funktionsausfall	A. Ersatzfunktionen B. therapeutische Maßnahmen	Hilfsmittel	Umweltgestaltung
1. Auge	Einschränkung der Sehfähigkeit	A. Bei hochgradiger Einschränkung oder fortschreitendem Leiden Umprogrammierung der Reizaufnahme auf intaktes Gehör, Tastsinn, Orientierung durch Schallreflexion	Evtl. Brille, Taststock, Langstock	Verwendung von Kontrastfarben z.B. zwischen Tür und Türrahmen, an Treppen zwischen Treppenstufen und ebenen Flächen. Bessere Belichtung durch vermehrte Befensterung und gute Ausleuchtung von Räumen
	Farbenblindheit	A. Unterscheidung der Helligkeitsgrade und z.B. im Verkehr Beobachtung der Ampelposition: oben immer rot – unten grün = freie Fahrt		
	Totale Blindheit	A. Umprogrammierung der Reizaufnahme auf intaktes Gehör, Tastsinn, Orientierung durch Schallreflexion. B. Evtl. Operation zur Verbesserung oder Wiederherstellung der Sehfähigkeit. Langstocktraining zur besseren Orientierung in fremden Bereichen	Taststock, Langstock. Evtl. Blindenführhund	Auch bei Vollblinden sollen der Wohnbereich und die Arbeitsräume farbenfroh gestaltet werden, da sich die von der Farbgebung ausgehende Stimmung über sehende Mitbenutzer des Raumes auch auf die Blinden überträgt. Leitlinien an Wänden im Greifbereich oder am Boden z.B. in Parks oder Anlagen (ca. 2-3 cm hoch). Unterschiedliche Bodenbelagoberflächen. Reliefpläne mit Brailleschrift oder Textansage. Namens- und Nummernschilder mit versenkter oder erhabener Schrift zum Abtasten. Lichtschalter, Armaturen usw. in gleicher Höhe. Arbeitsbereiche möglichst einzeilig oder in L-Form und ohne Unterbrechung oder Niveauunterschied. Keine in den Raum vorragenden Bauteile oder nach innen aufschlagenden Fensterflügel u.Ä. im Gehbereich. Treppengeländer horizontal nach Möglichkeit etwas über das Treppenende hinaus fortführen, soweit sie dadurch nicht in den Gehbereich hineinragen. Treppengeländer an beiden Seiten der Treppe. Keine gewendelten Treppen. Kombination von Verkehrsampeln mit Summer als Anzeiger, dass die Straße frei ist. Wechselsprechanlage zum akustischen Erkennen von Einlassbegehrenden und zur Verständigung. Verwendung schallschluckenden Materials evtl. problematisch (Echowirkung; akustische Erschwerung der Orientierung)
2. Ohr	Schwerhörigkeit, Taubheit	A. Umprogrammierung vor der Aufnahme akustischer Reize auf 1. Schwingungen über den Tastsinn 2. Lichtreize über das Auge B. Bei intaktem Hörnerv und Hörzentrum im Gehirn Verstärkung akustischer Reize durch Hörgerät. Operation zur Wiederherstellung der Schalleitung z.B. bei Beschädigung des Trommelfelles oder Otosklerose		Türglocke mit Lichtsignal nicht nur im Flur, sondern in Zimmer und Küche. Kontrollleuchte für den Türsummer. Möglichkeit zum Ausblick auf den Hauseingang von der Wohnung aus. Parallele Oberflächen und genau rechtwinklige Ecken beim Anbringen von schallschluckendem Material (immer senkrecht anbringen). Gute Beleuchtung erleichtert das Ablesen von den Lippen. Mit Rücksicht auf hörschwache und taube Mitbürger Einbaumöglichkeiten zum Anschluss von Mikrophonen, Lautsprechern, Fernsehgeräten an verschiedenen Stellen beachten – usw. Lärm als Störfaktor bei Hörschwäche selbst bei ganz geringen Hörresten möglichst ausschalten
3. Gleichgewichtssinn (zentral: Kleinhirn, peripher: Gleichgewichtsorgan im Labyrinth des Innenohres)	Schwindel, Gehunsicherheit, Unfallgefahr, Unselbstständigkeit, Angst	A. bei peripheren Störungen bedingt möglich B. Behandlung auslösender Ursachen evtl. z.B. durch Operation	Bei Bedarf Rollstuhl	Treppengeländerverkleidungen besonders in Häusern für gehbehinderte, zu Gleichgewichtsstörungen neigende alte Menschen sollten möglichst undurchsichtig sein und die Waagerechte betonen. Keine freischwebenden Holztreppen mit Durchblick. Handläufe und Geländer müssen gut zu umfassen sein und dürfen nicht scharfkantig sein und frei auslaufend enden. Zusätzliche Haltegriffe im Bad

	Beschreibung	Maßnahmen	Empfehlungen
4. Lage-, Tast-, Berührungs- und Schmerzempfinden: Lokalisation im Gehirn, in peripheren Nerven und im Unterhautgewebe	Unfähigkeit bei geschlossenen Augen die Position einer aktiv oder passiv angehobenen Extremität oder eines ihrer Teile (z. B. Finger) zu bestimmen oder die Spitzen z. B. der Zeigefinger zusammenzuführen oder Materialien verschiedener Schwere, Konsistenz oder Oberfläche zu erkennen, Berührungen wahrzunehmen und zu lokalisieren. Ausfall der Schmerzempfindung	A. Mit Ausnahme der letztgenannten Störung durch Augenkontrolle B. Behandlung des Grundleidens	Scharfe Kanten vermeiden. Heizung, Warmwasserleitungen usw. verkleiden
5. Störung der Wärmeregulationsfähigkeit zentral und peripher meist bei Erkrankungen des Zentralnervensystems oder nach Durchtrennung oder Schädigung peripherer Nerven	Warmwasser über Körpertemperatur ebenso wie Wärmflasche bzw. Heizkissen verursachen sofort Verbrennungen 2. Grades, da der warnende Schmerz fehlt. Schlechte Durchblutung der gelähmten Körperpartien. Unterkühlungsgefahr mit Anfälligkeit für Blasen und Nierenbeckenentzündung. Gefährdung durch Zugluft.	A. keine B. physikalische und medikamentöse durchblutungsfördernde Maßnahmen Schwimmen in auf 30-33 °C aufgeheiztem Wasser	Warmhaltende, nicht zu enge Kleidungsstücke Thermostatische Regulierung der Wassertemperatur Verkleidung von Heizkörpern, warmwasserführenden Rohrleitungen, Wärmedämmung, höhere Raumtemperatur Zugfreiheit bei Türen und Fenstern trotz Schwellenfreiheit für Rollstuhlbenutzer

Innere Organe

	Beschreibung	Maßnahmen	Empfehlungen
1. Herz und Kreislauf	Leistungseinbuße (physiologisch auch im Alter), Kurzatmigkeit, leichte Ermüdbarkeit	A. Beschleunigung von Puls und Atmung bis zur Erschöpfung B. Behandlung des Grundleidens. Stärkung der Herzfunktion. In bestimmten Fällen dosiertes Training nach ärztlicher Vorschrift	Möglichkeit zur Sauerstoffversorgung im Wohnbereich. Evtl. Möglichkeiten zum leistungsverbessernden Training	Beachtung der Leistungseinbuße und des gehäuften Vorkommens im Alter bei der Wahl und Anlage des Geländes für Altenwohnungen. Kurze, nicht zu steile Treppenabschnitte mit Sitznische oder -plätzen zum Ausruhen. Wohnungsnahe Spazierwege und Anlagen
2. Blase	Blaseninkontinenz durch Lähmung, Erkältungen mit akuter oder chronischer Entzündung. Neigung zu Nierensteinen bei Rollstuhlbenutzern wegen Störung der Ausscheidungsfunktion durch anhaltendes Sitzen	A. Blasentraining bei Querschnittgelähmten zur Einübung fester Zeiten für die Entleerung B. Behandlung des Grundleidens	In bestimmten Fällen bei Inkontinenz Benutzung eines Urinales (Urinauffangbehälter)	Für Inkontinente ist immer ein eigener Sanitärraum mit Wanne bzw. Dusche und Toilettenbecken vorzusehen (DIN 18025 Teil 1). Platz für Urinalhalterung oder -ständer bei Bedarf
3. Darm	Lähmung mit Stuhlinkontinenz oder Stuhlverhaltung Anus praeter = Ileostomie = Verlagerung des Darmausganges in die Bauchdecke nach Mastdarmkrebs und sonstigen Darmerkrankungen	A. Manuelle Ausräumung bei Darmlähmung B. Stuhlregulierung durch Diät, regelmäßige Mahlzeiten und Darmtraining optimale Stomaversorgung	Klebebeutel zur Aufnahme des Stuhlganges Eine Möglichkeit zur geruchssicheren Verwahrung bzw. möglichst sofortigen Vernichtung des Zellstoffes usw. ist vorzusehen	Für Inkontinente ist immer ein eigener Sanitärraum mit Wanne bzw. Dusche und Toilettenbecken vorzusehen (DIN 18025 Teil 1) Vom Toilettenbecken aus muss das Handwaschbecken oder die Handdusche einschließlich Armatur unmittelbar erreichbar sein, damit nach manueller Ausräumung oder Versorgung der Ileostomie ohne Umsetzen bzw. Berührung der Kleidung eine Reinigung der Hände möglich ist

2.4.4 Übersicht über wichtige Diagnosen, die behindertengerechtes Bauen erfordern

Die Übersicht ist der Versuch einer tabellarischen Aufgliederung ausgewählter, für den Architekten verständlicher, medizinischer Daten zu einigen häufigen Behinderungsarten.

Diagnose und Verweis auf Abschnitt 2.4.2 und 2.4.3	Auslöser bzw. Ursache -einschränkungen	Erfolgsorgane, Funktionsausfälle bzw. -einschränkungen	Prophylaxe	Betroffene Lebensalter, Prognose Individualbereich	Anforderungen an bauliche Maßnahmen im
2.4.4.1 Arteriosklerose (Lipoid- und Kalkablagerung in den Gefäßen). Sie führt zum Gefäßverschluß in verschiedensten Bereichen und damit zu Funktionsausfällen der nicht mehr mit Blut versorgten Organe oder Organbezirke	90 % der anfallenden Gefäßverschlüsse entstehen durch Arteriosklerose. 10 % aus anderem Anlass. Ursache der Arteriosklerose: Diabetis mellitus, Hypercholesterinemie, Hypertonus (metabolisches Syndrom) oft in Folge von Übergewicht, fettreicher Ernährung, aktiv und passiv Rauchen. Begünstigend sind Alter, männliches Geschlecht (Frauen relativ geschützt bis zum Klimakterium)	Arteriosklerose der Beingefäße führt zu Amputation. Arteriosklerose der Hirngefäße verursacht sog. Schlaganfälle, die eine Halbseitenlähmung auf der Gegenseite des Gefäßverschlusses im Gehirn bzw. der Hirnblutung auslösen. Arteriosklerose der Herzkranzgefäße führt zur Angina pektoris und Herzinfarkt	Körperliche Bewegung, vollwertige, mäßige, mit Einschränkung tierischer Fette, kein Zigarettenmißbrauch, optimale Einstellung von Stoffwechselkrankheiten wie Diabetis mellitus, Hypercholesterinemie und Bluthochdruck	Die Folgen arterieller Gefäßverschlüsse wie Amputationen, Gehbehinderungen durch Mangeldurchblutung der Beine, Schlaganfälle und Herzinfarkte betreffen zunehmend auch jüngere Menschen. Eine besondere Relevanz besitzen sie allerdings statistisch immer noch im höheren Lebensalter. Die Prognose, insbesondere bei Schlaganfällen, ist heute durch bessere Behandlungsmöglichkeiten günstiger. Die Beinfunktion bessert sich eher als die Armlähmung	Insbesondere für halbseitig gelähmte Hausfrauen, aber auch für Männer, sind bei der besseren Prognose, die eine weitgehende Wiederaufnahme früherer Lebensgewohnheiten ermöglicht, bauliche Vorkehrungen erforderlich im Sinne einer behindertenfreundlichen, bei ausgedehnten Restzuständen im Sinne einer behindertengerechten Wohnung. Vor allem bei älteren Menschen muss man damit rechnen, dass sie später auf den Rollstuhl angewiesen sind
2.4.4.2 Coxarthrose (degenerative Veränderung des Hüftgelenks)	Sie tritt auf angeboren oder im Gefolge chronischer Abnutzungserscheinungen der Hüftgelenke (auch altersbedingt).	Eines oder beide Hüftgelenke. Gehbehinderung infolge Bewegungseinschränkung und Schmerzen	Ausschluss bzw. Früherkennung der Hüftverrenkungen durch regelmäßige Vorsorgeuntersuchungen im Säuglingsalter	Höheres Lebensalter. Verlauf schleichend. Zunehmende Schmerzen und Bewegungseinschränkung. In den letzten Jahren durch Entwicklung neuer Operationsmöglichkeiten (Ersatz von Kopf und Pfanne durch körperfremdes Material) fundamentale Verbesserung der Prognose im höheren Lebensalter	Bei Ausbildung von Treppen und Ausgestaltung des Sanitärbereiches auf Bewegungseinschränkung Rücksicht nehmen (höhere Toilettenschüssel), keine verkürzte Badewanne, ohne spezielle Einsteigehilfen besonders bei Hüft- und Kniegelenk-Versteifen beim Aussteigen meist nicht benutzbar
2.4.4.3 Dysmelie (Gliedmaßenfehlbildung)	Exogene chemische (Medikamente) oder mechanische (Abschnürung durch Einhautstränge) Einwirkung auf den Embryo im Mutterleib während der Determinationszeit der Gliedmaßen	Obere und untere Gliedmaßen: Amelie: Fehlen der ganzen Gliedmaße. Peromelie: Stummelbildung. Je nach Lokalisation und Ausmaß Störung bis Ausfall jeglicher Greiffunktion der Arme, Gehunfähigkeit evtl. auch mehrfache Kombination verbunden mit Fehlbildungen im Bereich der Sinnesorgane (Auge, Ohr) und innerer Organe	Sorge für ausreichende Sauerstoffversorgung während der Schwangerschaft. Keine unkontrollierte Medikamenteneinnahme, insbesondere während der ersten Schwangerschaftsmonate	Stets angeborene Behinderung. Prognose abhängig vom Ausmaß und der Kombination von Schädigungen sowie der Möglichkeit der apparativen und technischen Versorgung	Je nach Ausmaß der Behinderung bis zur rollstuhlgerechten Ausstattung Bewegungseinschränkung bzw. Rollstuhlfahrer. Spezialarmaturen und andere Hilfsmittel für Ausfall der Greiffunktion besonders im Sanitärbereich. Für Eltern behinderter Kinder ist die Zuordnung der Räume wichtig. Fortbewegung des Wirtschaftsraumes, Nachbarschaft zum Elternschlafzimmer
2.4.4.4 Hüftgelenksluxation (-verrenkung Perthes-Krankheit)	Angeborene Form, häufig erst als Anlage vorhanden und durch Muskelzug bei Belastung ausgelöst. Zum Teil erbbedingte Skelettfehlformen, zum Teil infolge von Lageanomalien in der Gebärmutter	Eines oder beide Hüftgelenke. Gehbehinderung mit Abnutzungserscheinungen mit Bewegungseinschränkung und Schmerzen infolge Fehlbelastung der betroffenen Hüftgelenke und Fußgelenke	Frühdiagnose durch die gesetzlich verankerten Vorsorgeuntersuchungen im Säuglings- und Kleinkindalter. Die Frühbehandlung verbürgt bei schonendem Ablauf weitgehend folgenlose Ausheilung im 1. Lebensjahr	Angeborenes Leiden. Wenn die Diagnose nicht in den ersten Lebensmonaten gestellt wird, am Ende des ersten Lebensjahres durch Ganganomalie erkennbar. Dann ist die folgenlose Ausheilung erschwert. Es drohen Leistungseinschränkungen durch chronische Gelenkveränderungen	Bei Ausbildung von Treppen und Ausgestaltung des Sanitärbereiches auf Bewegungseinschränkung Rücksicht nehmen. Keine verkürzte Badewanne, da ohne besondere Einsteigehilfen, besonders beim Aussteigen mit Versteifung von Hüft- und Kniegelenk nicht benutzbar

2.4.4.5 Multiple Sklerose (Abkürzung: MS)	Zahlreiche Verhärtungsherde im Zentralnervensystem verstreut (d.h. in Gehirn und Rückenmark). Ursache unbekannt	Spastische (krampfartige) Muskellähmungen in den Versorgungsgebieten der betroffenen Bezirke des Zentralnervensystems. Evtl. Seh- und Sprachstörungen	Erwachsene von 20 bis 50 Jahren. Schnell fortschreitend. Krankheitsphasen wechselnd schubartig mit gelegentlich weitgehenden Remissionen. Besonders starke psychische Beeinträchtigung im Sinne von Euphorie oder Depression	Bisher nicht möglich	Je nach dem Ausmaß der im akuten Stadium eingetretenen Lähmungen, im weitestgehenden Fall behindertengerechte Ausstattung (Rollstuhlbenutzer). Individuelle Ergänzung durch spezielle Armaturen usw. den Ausfällen der Greiffunktion usw. entsprechend, Schutz vor thermischen Reizen
2.4.4.6 Muskeldystrophie progressive (Muskelschwund)	genetisch bedingte Störung des Muskelstoffwechsels	Schultergürtel-, Beckengürtelmuskulatur. Schwund der quer gestreiften willkürlichen Muskulatur, der zu hochgradiger Schwäche bis zur Bewegungsunfähigkeit der betroffenen Partien führt ohne Sensibilitätsstörungen	Beginn zwischen dem 2. und 40. Lebensjahr. Von der fortschreitenden im Kindesalter auftretenden Form sind meistens Knaben befallen. Je später die Krankheit auftritt, um so günstiger ist die Prognose	Verzicht auf eigene Kinder bei familiärer Belastung. Bei einer Konduktorinnen, d.h. gesunde Überträger der Anlage	Einbaumöglichkeit für einen Krankenlifter immer ins Auge fassen, da Betroffene durch Bewegungsunfähigkeit hochgradig übergewichtig. Ausstattung für Elektrofahrer mit Ladegerät. Je nach dem Ausmaß der akuten Lähmungen im weitestgehenden Fall behindertengerechte Ausstattung (Rollstuhlbenutzer). Individuelle Ergänzung durch spezielle Armaturen usw. entsprechend den vorhandenen Ausfällen der Greiffunktion usw.
2.4.4.7 Paraplegie (Querschnittlähmung)	Wirbelsäulenveränderung mit Schädigung des Rückenmarkes infolge einer angeborenen Spaltbildung, einer Geschwulst der Rückenmarkshäute, des Rückenmarkes oder einer Verletzung bei einem Wirbelbruch durch Unfall oder Wirbelmetastasen, Wirbelknorpeltuberkulose	Lähmung der Gliedmaßen und Rumpfmuskulatur vom betroffenen Segment abwärts und entsprechend dem geschädigten Rückenmarksanteil sowie der zum gestörten Versorgungsbereich gehörenden inneren Organe: Blase und Mastdarm	Alle Altersgruppen, insbesondere Jugendliche. Mit Ausnahme der hohen Halsmarklähmungen heute günstige Prognose	Beachtung von Unfallverhütungsvorschriften, Tragen von Sicherheitsgurten im Pkw. Keine Kopfsprünge in unbekannte Gewässer	Meist behindertengerechte, für Rollstuhlbenutzer z.T. auch elektrowagengeeignete Ausstattung. Neben Spezialausstattung des Sanitärbereichs bei erhaltener Armkraft Anbringen von Haken oder evtl. auch Laufschiene für Flaschenzug in Decke über Bett, Toilette, Badewanne usw. zum Befestigen von Haltegriffen zum Umsetzen, sowie Möglichkeiten zum Training. Hinsichtlich Wärmeempfinden und Regulationsunfähigkeit Schutz vor thermischen Reizen. Konzentration derartiger Wohneinheiten zweckmäßig
2.4.4.8 Poliomyelitis (spinale Kinderlähmung)	Viruserkrankung. Das Virus befällt die Vorderhornzellen des Rückenmarkes, in denen die motorischen (Bewegungs-)Bahnen verlaufen	Die quer gestreifte (willkürliche) Muskulatur, soweit sie von dem Virus befallenen Nervenbahnen versorgt wurde. Schlaffe Lähmungen unterschiedlicher Ausdehnung der Gliedmaßen und Rumpfmuskulatur. Betroffene Körperteile bleiben im Wachstum zurück. Bei schweren Formen auch Atemmuskulatur und innere Organe befallen	Erkrankungsalter: Kindesalter – ca. 40 Jahre. Mit dem Abklingen des akuten Stadiums ist hinsichtlich der motorischen Ausfälle ein Endzustand erreicht. Allerdings ist bei mangelndem Training der verbliebenen Restfunktionen weitere Funktionseinbuße zu befürchten	Durchführung der Mehrfachimpfung mit Poliokomponente im Säuglingsalter. Impfung in zehnjährigen Abständen für alle Kinder und Erwachsene	Bei Treppen und Sanitärbereichen ist auf Bewegungseinschränkung Rücksicht zu nehmen. Bei schweren Formen behindertengerechte, für Rollstuhlbenutzer geeignete Ausstattung. Bei erhaltener Armkraft Haken für Haltegriffmontage an der Decke dort, wo Umsteigen vom Rollstuhl erforderlich ist

Fortsetzung nächste Seite

Fortsetzung 2.4.4 Übersicht über wichtige Diagnosen, die behindertengerechtes Bauen erfordern

Diagnose und Verweis auf Abschnitt 2.4.2 und 2.4.3	Auslöser bzw. Ursache	Erfolgsorgane, Funktionsausfälle bzw. -einschränkungen	Prophylaxe	Betroffene Lebensalter, Prognose	Anforderungen an bauliche Maßnahmen im Individualbereich
2.4.4.9 Chronische Polyarthritis (Gelenkrheumatismus)	Auf immunologische Allgemeinerkrankungen mit serologischem Nachweis des Rheumafaktors	Kleine Gelenke. Versteifung durch Bewegungseinschränkung infolge umgebender Weichteilschwellungen, Kapselschrumpfung oder knöcherner Gelenkversteifung, ausgeprägte Fehlstellung	Beim ersten Auftreten von rheumatischem Fieber intensivste medizinische und später physikalische Behandlung. Ggf. operative Behandlung	3.-5. Lebensjahrzehnt. Frauen sind dreimal häufiger betroffen als Männer. Bei chronischen Verlaufsformen häufig fortschreitend und zu schwersten Bewegungsbehinderungen der Gliedmaßen und Rollstuhlgebundenheit führend	Bei chronischen Verlaufsformen die evtl. Neigung zum Fortschreiten berücksichtigen; behindertengerechte Bauweise für Rollstuhlbenutzer bis zum Elektrofahrer
2.4.4.10 Cerebralparese infantile (cerebrale Kinderlähmung). Sammelbegriff für verschiedene Hirnschädigungen. Man unterscheidet spastische (krampfartige), athetotische und cerebellare (vom Kleinhirn ausgehende) Formen	Folgezustände von im Mutterleib, unter der Geburt oder in frühester Kindheit erlittenen Hirnschäden. Häufigste Ursachen: Blutgruppenunverträglichkeit der Eltern (insbesondere Rhesusfaktor), Virusinfektionen der Mutter während der Frühschwangerschaft, mangelhafte Sauerstoffversorgung der Mutter während der Frühschwangerschaft, Sauerstoffmangel des Kindes, u.a. nach Infektionen des Gehirns oder der Hirnhäute im Säuglingsalter, z.B. nach Masern, Keuchhusten u.a.	Spastische Form: Hemiplegie = Halbseitenlähmung, Paraplegie = Befall der oberen oder unteren Gliedmaßen; Tetraplegie = Befall aller vier Gliedmaßen. Athetotische Form: je nach Ausdehnung ausfahrende, ungeordnete und willkürlich nicht kontrollierbare Bewegungen mehrerer oder aller Gliedmaßen mit u.U. schweren Gehstörungen. Auch Schluck- und Sprechmuskulatur können mitbetroffen sein. Häufig bei beiden Formen zusätzlich Funktionsstörungen der Sinnesorgane: Form- und Farberkennung, Hörfähigkeit. Auffällige Bewegungsabläufe, Sprachbehinderung; Störung der Sinnesorgane oder deren Folgeausfälle. Betroffene gelten oft zu Unrecht als geistig behindert. Bei normaler Intelligenz oft nur geistige sekundäre Behinderung. Bei ausgedehnten Schäden auch geistige Behinderung. Die Schwere der Bewegungsbehinderung lässt keinen direkten Schluss auf den Grad der geistigen Entwicklung zu. Cerebellare Form: Störung des muskulären Zusammenwirkens der Gliedmaßenmuskulatur mit der Rumpfmuskulatur	Regelmäßige Teilnahme der Schwangeren und der Säuglinge und Kleinkinder an den gesetzlich verankerten Vorsorgeuntersuchungen. Bei Folgen von Blutgruppenunverträglichkeit Blutaustausch bei Neugeborenen. Intensive Überwachung von Risikokindern (Frühgeburten, geburtsgeschädigten Kindern usw.). Frühbehandlung von festgestellten Störungen in der Bewegungsentwicklung	Angeboren oder im frühen Kindesalter entstanden. Bei nicht zu ausgedehnten Schäden und Früherkennung in den ersten Lebensmonaten bieten verschiedene sog. neurophysiologische Behandlungsmethoden durch Krankengymnastik und Handhabung des Kindes bei allen Verrichtungen durch die Mutter in bestimmten, die gestörten Reflexabläufe hemmenden und neue Bewegungsmustern aufbauenden Bewegungsmustern gute Aussicht auf Besserung. Gleichzeitig müssen systematisch die Ausfälle der Sinnesorgane diagnostiziert und mehrdimensional behandelt werden. Bei Reststörungen der Bewegungsabläufe im späten Kindes-, Jugend- und Erwachsenenalter ist die Fortführung eines Übungsprogrammes, das auf die Verhütung von Kontrakturen abzielt, sind evtl. operative orthopädische Eingriffe zur Besserung von Fehlstellungen notwendig	Je nach Ausdehnung und Schwere der Ausfälle Vorkehrungen für Gehbehinderte, insbesondere Handläufe im gesamten Wohnbereich bis zur rollstuhlgerechten Wohnung mit ausreichend Bewegungsraum für die notwendigen Bewegungsübungen auch im Erwachsenenalter. Anpassung von Armaturen usw. an die häufig vorhandenen schweren Greifbehinderungen. Für Eltern ist die Zuordnung der Räume wichtig: Beobachtung der Kinderzimmer von den Wirtschaftsräumen aus, Nachbarschaft zum Elternschlafzimmer
2.4.4.11 Epilepsie: Neigung zu Krampfanfällen	Genetisch, durch Stoffwechselstörung, nach Hirnverletzungen bzw. Schlaganfällen, oft ohne erkennbare Ursache	Vom Gehirn ausgehender generalisierter Krampfanfall in der Muskulatur mit Bewusstseinsverlust. Gelegentlich nur kurze Bewusstseinsstörungen ohne Krampfanfall bzw. kurzer Dämmerzustand	Laufende ärztliche Überwachung und strenge Einhaltung der ärztlichen Anordnungen (insbesondere medikamentöse Behandlung)	Alle Lebensalter. Besonders bei schlechter Einstellbarkeit progrediente Hirnleistungsstörung	Evtl. Abrundung oder Polsterung von scharfen Ecken und Kanten an Wänden und Einrichtungsgegenständen, keine Stein- oder Betonfußböden

Fremdworterklärungen

Determinationszeit: Kritische Zeit für die Organ- und Extremitätenentwicklung in der Embryonalzeit.

Lipoide: Für den Organismus lebenswichtige Stoffe mit ähnlichen Löslichkeitseigenschaften wie Fette.

Neurophysiologische Behandlung: Krankengymnastische Methoden auf der Basis physiologischer Reflexabläufe im Bereich des Nervensystemes.

Possumgerät: Elektronisch gesteuertes vielfältig verwendbares Antriebsgerät für die Ausübung der verschiedensten Tätigkeiten bei einem Minimum an Restkraft für Druck, Stoß, Atemstöße u.a.m. (lat. possum = ich kann). (Vgl. Geräte multicom 100 der Firma Stiefenhofer.)

Stereotaktische Operation: Neurochirurgischer Eingriff mit Spezialgerät, das dem Operateur anhand äußerer Knochenstrukturen am Schädel Richtung und Eingriffstiefe angibt, um durch ein kleines Bohrloch am Schädel eine gezielte Ausschaltung von Hirnregionen vorzunehmen, durch Elektrokoagulation vorzunehmen.

2.5 Der Bewegungsraum und seine Messung

Ernst Krauspe

2.5.1 Einleitung – Aufgabenstellung

Wenn wir unter der Rehabilitation eine Gemeinschaftsaufgabe unserer Gesellschaft sehen, so müssen wir auch alle Möglichkeiten der Zusammenarbeit, die sich im Mit- und Nebeneinander des klinischen, sozialen und öffentlich-rechtlichen Bereiches ergeben, ausnützen, um zu optimalen Lösungen zu kommen. Nicht die einzelne Verletzungsart des Beinamputierten, des Handverletzten, des Querschnittsgelähmten oder gar die Rehabilitätsfrage nach der schnellstmöglichen Wiedereingliederung eines behinderten Menschen in das Berufsleben soll Richtschnur unseres Denkens und Handelns sein, sondern der Mensch in seiner Gesamtheit. In der Praxis der Rehabilitation kommt dieser Gesichtspunkt allerdings häufig zu kurz. Ein großer Teil der Versagerquote bei schwierigen Rehabilitationsfällen ist sicherlich darauf zurückzuführen, dass auf die gebaute Umgebung des behinderten Menschen, auf seine Bedürfnisse, auf seine Fähigkeiten am Arbeitsplatz, auf seine Situation in der Familie und im Haus zu wenig geachtet wird. Nach Zutt sollte der behinderte Mensch in der Lage sein, mit seinem Nächsten gleichberechtigt zu leben. Das kann er aber nur, wenn ihm genügend Raum, geeignete Ausstattung und Einrichtungen am Arbeitsplatz oder im Haus gegeben werden.

In diesem Kapitel versucht der Arzt aus der Sicht der Rehabilitation den Bewegungsraum eines Menschen, wie er sich aus der Art seiner Behinderung ergibt, zu erfassen und für die praktische Tätigkeit des Architekten messbar zu machen. Dazu müssen wir den Bewegungsraum entsprechend den Hauptbehinderungen messen. Es ergeben sich praktische Werte, die tabellarisch zusammengefasst sind (s.S. 59).

2.5.2 Möglichkeiten der Bewegungsraummessung

Bei Brattgart et al. finden wir eine ausführliche Darstellung der fotografischen Möglichkeiten zum Erfassen des Bewegungsraumes bei verschiedenen Behinderungen, die für das Studium der Art und Weise, wie behinderte Menschen ihre technischen Hilfsmittel benutzen, und die für das Studium der typischen Verhaltensweise und Bewegung geeignet sind:

1. Zeitgerechte Serienaufnahmen mit Kamera – Stroboskop – Blitzlicht. Auf einem Bild wird der Ablauf einer Bewegungsphase in einer Ebene festgehalten.
2. Spurenfotografie. Langzeitbelichtung und Registrierung der interessierenden Bewegungspunkte der Versuchspersonen mit kleinen Lampen auf einem Bild. Hiermit gelingt es, die typischen Bewegungen eines behinderten Menschen, aber auch den gesamten Bewegungsraum eines gesunden Gliedes in einer Ebene darzustellen.
3. Intervallfotografie mit drei Kameras vor, seitlich und über der Versuchsperson. Bei der Betrachtung im Stereoverfahren bekommt man eine gewisse räumliche Vorstellung. Eine wertvolle Ergänzung dazu bietet der Stereofilm.
4. Die Spiegelreflexmethode. Durch je einen Spiegel seitlich und oberhalb der Versuchsperson, die im Winkel von 45° zu der Wand- bzw. Bodenebene geneigt sind, können gleichzeitig durch eine Kamera auf einem Bild alle drei Ebenen sichtbar gemacht werden.

Mit den angegebenen Methoden kann man sich sicher einen allgemeinen und guten Überblick über den erforderlichen Bewegungsraum bei bestimmten Behinderungen machen. Das reicht aber im Einzelfall nicht aus. Nach Haike sind nicht die Ausfälle wesentlich, sondern ist die noch vorhandene Funktionsfähigkeit, die bei jedem Behinderten verschieden ist, entscheidend. Sie herauszuarbeiten, ist wichtig für eine befriedigende Berufsfindung und für eine sinnvolle Wiedereingliederung des Patienten. In der Arbeit mit behinderten Personen erlebt der Arzt täglich, dass die Wiedergewinnung einer noch so kleinen Restfunktion dem Rehabilitanden eine große Freude bereitet. Er will nicht auf diese verzichten und stimmt nur ungern einer notwendigen Nachoperation zu, wenn sie diese Restfunktion gefährden könnte.

In der Behindertenküche im Krankenhaus in Detmold und in seiner beschäftigungstherapeutischen Abteilung wurde eine ganze Reihe von behinderten Menschen untersucht und bei ihren Tätigkeiten beobachtet. Wir konnten feststellen, dass Bewegungen verschieden ausfallen, wenn der Patient sich beobachtet oder unbeobachtet fühlt. Hier aber setzt die Schulung ein mit dem Ziel, alle Fähigkeiten zu entwickeln, Ersatzfunktionen aufzuzeigen und erkennbare schädliche Bewegungsmuster aufzudecken, um ein Funktionsoptimum zu erreichen und Verletzungsgefahren zu reduzieren.

2.5.3 Messziele und ihre Definition

Für die praktische Arbeit müssen die noch vorhandenen Bewegungsmöglichkeiten des Patienten untersucht werden auf:

a) horizontale und vertikale Bewegungsbögen. Darunter ist der größtmögliche, mit dem behinderten Glied erreichbare Bewegungskreis- oder Bewegungsovalabschnitt zu verstehen. Aus der räumlichen Zusammenlegung der horizontalen und vertikalen Bewegungsbögen ergibt sich
b) der Bewegungsraum der behinderten Extremität oder des Behinderten selbst.
c) Aus der Kenntnis der Bewegungsbögen und des Bewegungsraumes werden die optimalen und maximalen Arbeitsplatzhöhen und -tiefen ermittelt.
d) Der Platzbedarf des behinderten Menschen richtet sich nach für eine bestimmte Tätigkeit ermittelten Arbeitsplatzhöhe und -tiefe sowie aus den Begleitumständen der Behinderung: Zusätzlicher Platzbedarf für einen Rollstuhl, für einen Spezialstuhl, für Gehhilfen und für erforderliche Schutzvorrichtungen. Der Platzbedarf hängt weiter davon ab, ob Fließbandarbeit oder Arbeit am Einzelarbeitsplatz geleistet werden muss und welche Verkehrsbänder oder -schienen vor und hinter dem Arbeitsplatz des Verletzten erforderlich sind.

2.5.4 Medizinisch-anatomische Überlegungen zur Erfassung des Bewegungsraumes

Der Rehabilitationsarzt gibt sich nicht mit der medizinischen Diagnose einer Behinderung zufrieden; sie ist für ihn keine feste Größe. Die beruflichen und privaten Möglichkeiten eines behinderten Menschen für die Zukunft ergeben sich aus der Erfassung aller Restfunktionen. Diese können für Beruf und Privatleben durchaus unterschiedlich sein. Dazu gehört aber eine genaue Kenntnis der Anatomie und der Bewegungsphysiologie, um alle Ersatzfunktionen zu finden und zu mobilisieren.

In der „Praktischen Anatomie" von Lanz-Wachsmuth, Bd. I/3 „Arm" und Bd. I/4 „Bein und Statik" finden wir die genauen anatomischen Grundlagen für die Funktion eines jeden Gelenkes und jedes Muskels sowie die Synthese zu einem größeren Bewegungsablauf. Aus dem Studium der verbliebenen Funktionsmöglichkeiten lassen sich überraschende Ergebnisse ableiten.

An Hand zweier Abbildungen soll dargestellt werden, dass es nicht auf die alleinige Beweglichkeit einer Extremität ankommt, sondern dass durch nur geringe Mitbewegungsmöglichkeiten des Rumpfes ein wesentlich größerer Bewegungsraum geschaffen werden kann.

In Abb. 2.5/1 wird der vorhandene Bewegungsraum des Armes durch eine leichte Rumpfbeugung erheblich vergrößert. Anhand von Abb. 2.5/2 zeigt sich der gleiche Effekt bei einer noch möglichen Drehung des Oberkörpers in der Längsachse des Rumpfes um nur ± 20°. Gleichzeitig ist dargestellt, wie sich Bewegungssektor und Bewegungsraum vergrößern, wenn die Be-

2.5/1 Zusätzlicher Bewegungsraum der Arme bei leichter Rumpfbeugung

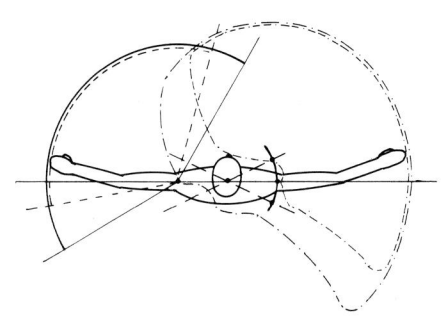

2.5/2 Erweiterung vorhandener Beweglichkeiten zu größeren Bewegungsräumen bei einfacher Drehung des Oberkörpers um ±20° in der Körperlängsachse
——— li. Arm: Bewegungssektor bei freiem Schultergelenk
– – – – – li. Arm: Bewegungssektor bei fixiertem Schulterblatt
–·–·–·– re. Arm: Bewegungsraum bei Körperdrehung um ±20°
–··–··– re. Arm: desgl. bei fixiertem Schulterblatt

wegung statt nur aus dem Schultergelenk auch mit freibeweglichem Schultergürtel durchgeführt werden kann. Gerade bei der Beurteilung der letztgenannten Situation erkennen wir, dass Funktionen wie Essen, Waschen, Kämmen etc. von einer auf dem ersten Blick nachgeordneten Bewegungsmöglichkeit abhängig sind. Zwei querschnittsgelähmte Rollstuhlbenutzer sind also nur bedingt miteinander zu vergleichen.
Die Trainierbarkeit einzelner Muskelgruppen spielt für die Möglichkeiten in der Rehabilitation ebenfalls eine große Rolle. Ein junger Querschnittsgelähmter mit einer Läsion im unteren BWS-LWS-Bereich oder ein Doppelbeinamputierter, die beide auf einen Rollstuhl zur Fortbewegung angewiesen sind, können erhebliche Bewegungsreserven aus dem Rumpfbereich heraus mobilisieren, die einem Apoplektiker oder Rheumatiker nicht ohne weiteres möglich sind.

2.5.5 Behinderungsarten und ihr Bewegungsraum

2.5.5.1 Hand- und Armbehinderungen

Die Behinderungen im Bereich der oberen Extremitäten führen im Regelfall nicht zu einer wesentlichen Änderung des Bewegungsraumes, da die Ausfälle durch die nichtbehinderte Extremität kompensiert werden können.
Eine deutliche Verkleinerung des Bewegungsraumes finden wir bei beidseitigen Unterarmamputierten, wie Ohnhändern, Krukenberg-Arme oder bei anderweitig geringen Verkürzungen der normalen Armlänge (Dysmelie). Bei gewissen Fabrikationsvorgängen, z.B. Bandarbeit im Sitzen ist aber schon bei Verletzung der Führungshand eine Einbuße des Bewegungsraumes zu berücksichtigen. Als Regel für einen Ohnhänder muss angenommen werden, dass sich der Bewegungsraum auf ein Drittel bis zur Hälfte der normalen Armlänge verkürzt, da der Beweglichkeitsverlust der fehlenden Hand- und Fingergelenke mit ausgeglichen werden muss.
Praktische Hinweise: Einschränkung der vertikalen und horizontalen Bewegungsbögen bei schweren Behinderungen. Vertikaler Greifbereich 160 cm. Horizontaler Greifbereich bis 1/3-1/2 der normalen Tiefe von Arbeitsplatten. Es sind Vorkehrungen nötig, die verhindern, dass Gegenstände außerhalb dieses Greifbereiches z.B. nach hinten gelangen. Möglichkeit der Kopfverletzung beim Bücken, beim Sich-Aufrichten und bei offenen Schranktüren sind zu berücksichtigen.

2.5.5.2 Behinderungen durch Lähmungen im oberen und mittleren Hals-Arm-Nervengeflecht

Diese Lähmungen bringen einen erheblichen Verlust des Bewegungsraumes mit sich. Bei der oberen Plexuslähmung (Erb-Duchenné-Typ) ist vorwiegend die Beweglichkeit des Schultergürtels und des Oberarmes eingeschränkt. Im typischen Fall sind also nur Bewegungen im Ellenbogen und in tieferen Gelenken möglich.
Der vertikale Bewegungsbogen der betroffenen Extremität reicht nur etwa bis über die Ellenbogen (Tisch)-höhe. Der horizontale Bewegungsbogen ist auf Unterarmlänge verkürzt. Der Typ der mittleren Arm-Plexuslähmung zeigt eine Abschwächung der Schulter-Oberarmbeweglichkeit und eine Lähmung im Ausbreitungsgebiet des Speichennervs (Nervus radialis). Hier kommen also noch erhebliche Beeinträchtigungen der Beweglichkeit von Daumen und Fingern hinzu. Die Bewegungsbögen des betroffenen Armes sind in gleicher Weise wie vorher eingeschränkt.
Praktische Hinweise: Erhebliche Einschränkung der vertikalen und horizontalen Bewegungsbögen. Vertikaler Greifbereich bis 110 (150) cm. Horizontaler Greifbereich bis 1/2 der Arbeitsplatte in der Tiefe (entsprechende Vorkehrungen). Notwendige Bedienungshebel sind auf der Platte flach und u.U. versenkt zu gestalten.

2.5.5.3 Behinderungen durch die untere (Klumpke'sche) Lähmung des Armplexus

Diese Lähmung betrifft die Ausbreitungsgebiete des mittleren und ellenseitigen Armnervs (Nerv. medianus und ulnaris). Die betroffene Hand kann nur mit Hilfsmitteln zu einem gewissen Funktionswert gebracht werden, während die Bewegungsbögen in horizontaler und vertikaler Hinsicht der vollen Gebrauchslänge des Armes entsprechen.
Praktische Hinweise: Gebrauchsfähigkeit der Hand nur durch Apparathilfen gegeben, daher erhöhte Verletzungsgefahr durch Hängenbleiben. Griffe sollten daher funktionsgerecht, breitflächig bis kugelig oder entsprechend den Hilfsmitteln gestaltet werden. Reine Lähmungen der oben angeführten Arten gibt es aber meist nicht; es sind angrenzende Nerven mitbeteiligt oder der ursprüngliche Funktionsausfall hat sich z. T. wieder zurückgebildet. Die Ermittlung des vollständigen, möglichen Bewegungsraumes erfolgt am besten während der Behandlung in einer beschäftigungstherapeutischen Abteilung.

2.5.5.4 Behinderungen durch Versteifung oder Teilversteifung der Gelenke

Nach Unfällen, Entzündungen, Rheuma und bei Arthrosen kommt es auch zu Versteifungen oder Teilversteifungen der Gelenke. Sie haben ebenfalls eine Einschränkung des Bewegungsraumes zur Folge, die sich ganz nach der Art der Behinderung richtet. Eine für die täglichen Funktionen noch tragbare Versteifung des Ellenbogengelenkes im Winkel von 90° Beugung vermindert praktisch den Bewegungsraum um 1/3-1/2 der Armlänge. Durch Nachgeben des Oberkörpers ist ein gewisser Ausgleich möglich.
Praktische Hinweise: Einschränkung der vertikalen und horizontalen Bewegungsbögen. Vertikaler Greifbereich bis 110 (150) cm. Horizontaler Greifbereich bis 2/3-1/2 der normalen Tiefe von Arbeitsplatten (entsprechende Vorkehrungen, mögliche Kopfverletzungen).

2.5.5.5 Behinderungen bei Paraplegikern (Querschnittgelähmten), Rollstuhlbenutzern

Sehr schwierig sind allgemein die Verletzungen des Rückenmarks mit nachfolgenden Querschnittslähmungen in Bezug auf den Bewegungsraum darzustellen, da gerade hier oft noch verblüffende Teilfunktionen in einem Abschnitt des Körperstammes bestehen, die eigentlich nach dem Sitz der Lähmung nicht mehr vorhanden sein sollten. Allgemeine Richtlinien: Verletzungen des oberen und mittleren Halsmarkes lassen nur Sitzen in aufrechter Haltung zu, meistens auch nur unter Verwendung körperstützender Apparate. Mit Absteigen der Verletzungshöhe nimmt die Beweglichkeit des Schultergürtels und der Arme zu bis hin zu möglichen Rumpfbewegungen des unteren Hals- und oberen Brustmarks. Sind in den schwersten Fällen gerade noch leichte Bewegungen des Schultergürtels und der Hände in Körperhöhe möglich, kann sich in den Fällen mit leichteren Lähmungsformen der Arm frei und zum Teil auch der Rumpf an den notwendigen Bewegungen beteiligen. Bei weiterem Absteigen der Verletzungshöhe im mittleren und unteren Brustmark sind Rumpfbewegungen in starkem Ausmaß möglich. Bei Verletzungen des Lendenmarkes sind lediglich noch die Beweglichkeit der unteren Extremitäten und die Ausscheidungsfunktionen gelähmt. Sinngemäß müssen die Rollstuhlbenutzer wie die anderen Behinderungsarten, Rheumatiker, Apoplektiker usw. nach der Art der Krankheit, richtiger nach den noch verbliebenen Restfunktionen eingereiht werden (s. Kap. 2.4).

2.5.5.5.1 Der Platzbedarf für den Rollstuhlbenutzer

Der behinderte Mensch im Rollstuhl hat in der Regel einen erheblich größeren Platzbedarf als der Gehbehinderte oder Nichtbehinderte. In DIN 18025 Teil 1 ist an mehreren Stellen der Mindestplatzbedarf als eine 150 x 150 cm große Fläche definiert. Diese Fläche darf in keinem Fall unterschritten werden, da dies schon viele Behinderte im Rollstuhl zu zusätzlichen Fahrmanövern veranlasst. Es ist zu unterscheiden zwischen einer Mindestkreisfläche und einer rechteckigen oder quadratischen Mindestfläche. Während eine Kreisfläche zunächst eine theoretische Wendekreisfläche bedeutet, kommt im Bauwesen die rechteckige oder die quadratische Mindestfläche durch begrenzende Wand- und Einrichtungsteile häufig vor. Anhand der Abbildungen in Kap. 2.7 wird deutlich, dass die Mindestfläche von 150 x 150 cm nach DIN 18025 Teil 1 nur in den wenigsten Fällen ausreicht und größer bemessen werden sollte.

2.5.5.5.2 Praktische Hinweise

In DIN 18025 Teil 1 und DIN 18 024 Teil 1 und 2 sind die wesentlichsten Hinweise enthalten. Generell benötigt der Rollstuhlbenutzer neben dem zusätzlichen Platzbedarf unterfahrbare Arbeitsflächen. Dabei ist zu berücksichtigen, dass der freie Verkehrsraum für diese Gruppe der Behinderten erst dann beginnt, wenn der Rollstuhl einen genügend weiten Abstand von der Arbeitsfläche erreicht hat. Dies gilt für alle Einrichtungen im persönlichen Bereich: Küche, Bad, Toilette, Schlafraum, Arbeitsraum, Lift, Garage und im beruflichen Bereich: Verkehrsmittel, Arbeitsplatz, Verkehrsschiene hinter dem Arbeitsplatz, Büro, Werkstatt usw. Auch die Freizeitgestaltung des Behinderten wie Sport, Kino, Theater, Kirchen, Gaststätten, die öffentlichen Verkehrsmittel Bahn, Bus, Schiff sowie die dazugehörigen Gebäude wie Bahnhöfe, Haltestellen, Anlegestellen und Fortbildungsstätten: Schule, Volkshochschule, Universitäten sollten diesem Platzbedarf Rechnung tragen.

2.5.5.6 Behinderungen der unteren Extremitäten

In diese Rubrik fallen alle Formen der Bein- und Fußamputationen, Lähmungen der

Bewegungsräume, Höhen und Tiefen von Arbeitsflächen bei einigen Behinderungsarten (Greifbereich)

Behinderungsart	Bewegungsraum	vertikaler Greifbereich bei stehender Tätigkeit	horizontaler Greifbereich bei stehender Tätigkeit	vertikaler Greifbereich bei sitzender Tätigkeit	horizontaler Greifbereich bei sitzender Tätigkeit	Bemerkungen
einf. Handverletzung	normal	normal	normal	normal	normal	
schwere Handverletzung	mäßig eingeschränkt	normal	normal	normal	u.U. nur 40 cm	Griffgestaltung beachten
Unterarmamputation (Krukenberg-Arm)	eingeschränkt	bis 160 cm	20-30 cm	bis 110 cm	20-30 cm	Griffgestaltung beachten
Oberarmamputation ein- u. beidseitig	voll eingeschränkt	volle Einschränkung der verletzten Seite				evtl. Mundgriffe
obere Plexuslähmung	eingeschränkt	bis 110 cm	30 cm	70-80 cm	30 cm	flache Bedienungshebel oder Platten
mittl. Plexuslähmung	eingeschränkt	bis 110 cm	30 cm	70-80 cm	30 cm	
untere Plexuslähmung	eingeschränkt	bis 150 cm	45-60 cm	bis 110 cm	45-60 cm	Griffgestaltung
Versteifung im Handgelenk	normal	normal	normal	normal	normal	
Versteifung im Ellenbogengelenk 90°	eingeschränkt	bis 150 cm	30-45 cm	bis 110 cm	30 cm	
Versteifung im Schultergelenk (günstigste Stell.)	eingeschränkt	bis 110 cm	30-45 cm	bis 80 cm	30-45 cm	
Querschnittlähmung ob.-mittl. HWS	voll eingeschränkt	entfällt	entfällt	bis Unterarmhöhe	körpernah	Platzbedarf des Rollstuhls
Querschnittslähmung unt. HWS – ob. BWS	erheblich eingeschränkt	entfällt	entfällt	Unterarmhöhe bis 120 cm	körpernah bis 40 cm	Raumgrößen, Sitzgestaltung, Platzbedarf
Querschnittslähmung mittl. u. unt. BWS	erheblich eingeschränkt	entfällt	entfällt	bis 140 cm	bis 60 cm	unter Arbeitsplatte (vgl. DIN 18025 Teil 1)
Querschnittslähmung LWS-Bereich	stark – weniger stark eingesch.	wenn möglich besteht keine Einschränkung		bis 150 cm	bis 60 cm	
Beinverletzte	wenig eingeschränkt	normal	normal	normal	normal	Platzbedarf unter Arbeitsplatte

Beine und die Versteifungen der unteren Extremitäten. Die häufigste Behinderungsart überhaupt ist die Amputation an einer unteren Extremität. Der Bewegungsraum wird in den meisten Fällen kaum eingeschränkt, wohl aber die vertikalen Bewegungsbögen. Der Gang mit einer Prothese ist stets unsicher, weil der Kontakt mit der Bodenfläche nur über einen dafür ungenügend sensibel versorgten Stumpf der Gliedmaße erfolgt. Hinzu kommt, dass die Prothese das Gefühl für die Bodenfläche weiter verschlechtert. Verletzungsgefahr besteht in erhöhtem Maße durch zu hohe Treppenstufen, auskragende Stufen und zu glattes Bodenmaterial.

Praktische Hinweise: Treppen mit breiter Trittstufe und niedriger Setzstufe gestalten, um eine volle Standfestigkeit zu gewährleisten und das Steigen zu erleichtern. Unter Umständen Treppenhilfen verwenden. Jeder Treppenlauf sollte nicht mehr als 10 Stufen aufweisen. Podeste zum Ausruhen vorsehen. Rechtwinklige Stufen verwenden. Die Trittstufe darf nicht über die Setzstufe ragen. Griffige Handläufe mit ovalem Querschnitt möglichst beidseitig vorsehen. Der Boden sollte eben und rutschfest sein. Sitzgelegenheiten in öffentlichen Bauten und in Verkehrsmitteln (Schwerbehindertenplätze) prothesengerecht, d.h. die Sitzhälften wahlweise abkippbar fertigen. Genügenden Bewegungsraum unter Arbeitsflächen belassen. Für Behinderte mit Lähmungen an den unteren Extremitäten, Versteifungen oder für solche, die starre, orthopädische Schienenapparate ohne bewegliches Kniegelenk tragen müssen, gelten die oben genannten Hinweise ebenfalls.

2.5.6 Übersicht über Bewegungsraum, Höhen und Tiefen von Arbeitsflächen

In der Tabelle „Bewegungsräume, Höhen und Tiefen von Arbeitsflächen bei einigen Behinderungsarten" sind als Durchschnittswerte ermittelte Maße von Höhen und Tiefen der Arbeitsflächen und Bewegungsräume nach Behinderungsarten zusammengestellt. Werte für ähnliche Behinderungen lassen sich von diesen Maßen ableiten (s.S. 59).

2.6 Gehhilfen – Stehhilfen

Axel Stemshorn

Unter Gehhilfen sind alle Hilfsmittel für Personen zu verstehen, die zeitweise oder dauernd gehbehindert sind; auch Rollstuhlbenutzer können aus Trainingsgründen darauf zurückgreifen. Ferner werden Gehhilfen dann verwendet, wenn es z.B. darum geht, den Patienten vom Gehbarren weg an den Gehwagen, an die Vierfuß- oder Zweifußgehhilfe oder sogar an den Gehstock zu gewöhnen.

Die Verwendung eines Rollstuhls ist bei bestimmten Funktionsbehinderungen oder Funktionsausfällen unabdingbar notwendig, bei Gehhilfen hingegen ist dies nicht immer der Fall: Einmal sind es sich im Krankheitsbild ändernde Behinderungen, therapeutische Maßnahmen und Trainingsgründe, die unterschiedliche Gehhilfen bei ein und demselben Patienten erfordern, zum andern spielen auch die Umweltbedingungen eine Rolle. Z.B. können im Haus bestimmte Gehhilfen verwendet werden, die außerhalb des Hauses nicht geeignet sind. Im folgenden werden die wichtigsten Gehhilfen im Hinblick auf die medizinische Indikation, ihre Ausführung, ihre Anwendung und im Hinblick auf den erforderlichen Platzbedarf (Tabelle „Platzbedarf der Gehhilfen") dargestellt. Diese Zusammenstellung ist nicht vollständig, wenn man von dem weitgefächerten Angebot der Hersteller ausgeht. Oft sind auch Sonderanfertigungen notwendig. Wichtiger als die Gehhilfen für den Bereich des Bauwesens sind jedoch die für den Rollstuhl zu treffenden Maßnahmen.

Herstellernachweis für Gehhilfen:
Dr. Blatter & Co., Seestraße/Staubstraße 1, CH-8023 Zürich; MEYRA Wilhelm Meyer GmbH & Co. KG, Postfach 1703, Vlotho; Johannes Drescher, Klosterstr. 20, Düsseldorf; Ortopedia, Postfach 6409, Kiel; Deutsche Orthopädische Werke GmbH, Werner-Voß-Damm 54b, Berlin; Friedrich Hauenstein HASI, Freienfels-Pottenstein-Straße, München; REHA-Partner, Carl-Zeiss-Str. 9-11, Garbsen/Berenbostel; Leber Rehab. Ilabäcksvägen 5, S-34200 Alvesta/Schweden; Rehabilitationstechnik Karl

Platzbedarf der Gehhilfen

Gehhilfen		seitlich vom Gehbehinderten und Gesamtbreite	in Gehrichtung des Behinderten	Bemerkungen
2.6.1	Gehstöcke	bis ca. 40 cm Gesamtbreite bis ca. 90 cm		Anwendung einseitig oder beidseitig, Platzbedarf je nach Ausstellung
2.6.2	Unterarmstützen, Arthritisstützen	bis ca. 50 cm Gesamtbreite bis ca. 120 cm (beidseitig)		Anwendung einseitig oder beidseitig, Platzbedarf je nach Ausstellung
2.6.3	Achselstützen	50-80 cm Gesamtbreite bis ca. 150 cm (beidseitig)		Anwendung beidseitig
2.6.4	Vierfuß-Gehhilfen	bis ca. 40 cm (Vierfuß) Gesamtbreite bis 120 cm (beidseitig)		Anwendung meist beidseitig, Fläche der Vierfußgehhilfen 23 x 24 cm
2.6.5	Gehgestelle			
2.6.5.1	Starre Gehgestelle	Gesamtbreite ca. 50 cm	Gesamttiefe ca. 45 cm	Platzbedarf des starren Gehgestelles 45 x 50 cm, des beweglichen Gehgestelles 45 x 50 cm
2.6.5.2	Bewegliche Gehgestelle	Gesamtbreite ca. 50 cm	Gesamttiefe ca. 45 cm	
2.6.6	Fahrbare Gehgestelle (Rollatoren)	Gesamtbreite bis ca. 65 cm	Gesamttiefe bis ca. 65 cm	Platzbedarf des fahrbaren Gehgestelles (Rollatoren) ca. 65 x 65 cm
2.6.7	Gehwagen	Gesamtbreite bis ca. 56,5 cm	Gesamtlänge bis 97 cm	Platzbedarf ca. 56,5 x 97 cm. Die Mindestbewegungsfläche sollte der des Rollstuhls (s. Kap. 2.7) entsprechen.

Bis zum Schrittwinkel von 45° liegt die gesamte Sohle am Boden auf: optimale Haftung, große Sicherheit.

Aufsetzenergie
Rückprallenergie

Die Freizeitplatte ermöglicht das sichere Gehen auf Wiese, Strand, Wald und Schnee.

Zwölf Spikes geben auch auf Eis und Schnee sicheren Halt.

Schnee und Eis

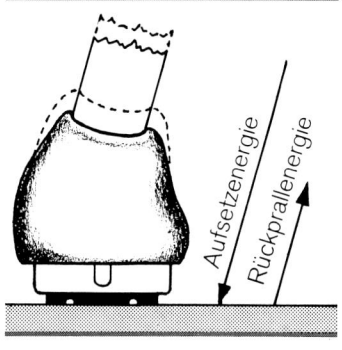

2.6/1 Gehstöcke, Krückenkapseln

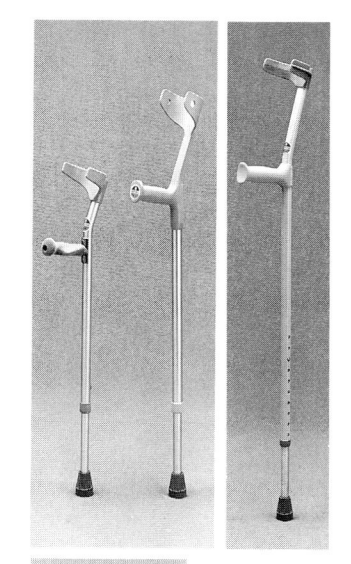

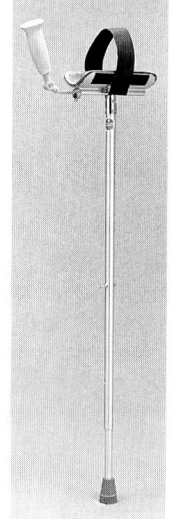

2.6/2 Unterarmstützen, Arthritisstützen. (Meyra)

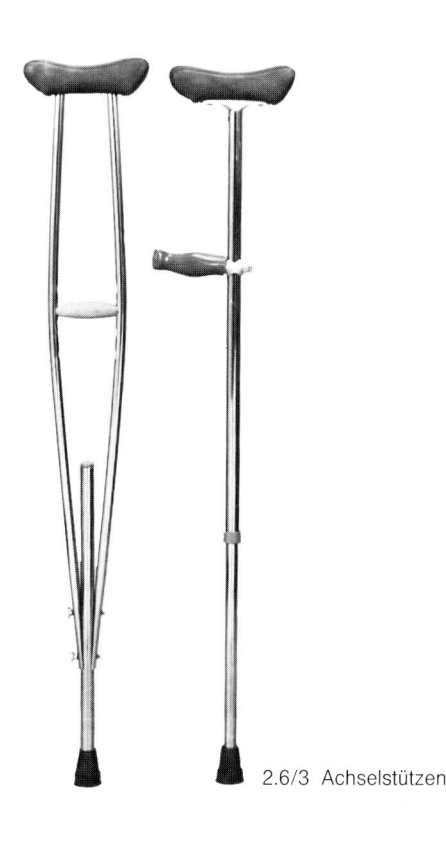

2.6/3 Achselstützen

Dietz, Becker-Göring-Str. 13, Karlsbad-Ittersbach; POK Poirier-Krankenfahrstühle-GmbH, Georgstr. 3, Köln; Blanc-GmbH & Co., Postfach 1160, Oberderdingen; Dieter Frank, Rehabilitationstechnik, Johann-Wilhelm-Straße 94, Wilhelmsfeld.

2.6.1 Gehstöcke

Der Gehstock ist die einfachste Form der Gehhilfe, die den Wanderstock wie auch andere Arten, z.B. Stöcke aus teleskopartig verstellbarem Aluminiumrohr, umfasst. Er wird im und außerhalb des Hauses verwendet. Gehstöcke sind angezeigt, z.B. bei: einseitigen Unter- und Oberschenkelamputationen, schlaffen und spastischen Lähmungen, neurologischen Erkrankungen (MS), halbseitigen Lähmungen, peripheren Nervenlähmungen, Training Querschnittsgelähmter (wenn Schritte noch möglich sind), spina bifida, Folgen angeborener Hüftgelenksluxation, Hüftgelenkserkrankungen, Totalprothesen und künstlichem Hüft- und Kniegelenksersatz, postoperativer Zustände nach umstellenden Operationen im Bereich der Hüfte mit in Fehlstellung geheilten Frakturen, Perthes und Oberschenkelkopflösung, entzündlichen Gelenkerkrankungen, Arthrosen in den Kniegelenken, extremen X- und O-Beinstellungen, schweren Fußdeformitäten (Klumpfuß), Knochenbrüchigkeit (Glasknochenkrankheit), Muskelsystemerkrankungen (z.B. progressive Muskeldystrophie) und bei Betagten.

Die Länge der Gehstöcke wird ermittelt aus dem Abstand zwischen der geschlossenen Hand des zum Boden hängenden Armes und dem Boden und zusätzlich 5 cm. Wenn der Gehstock bei unsicheren Patienten als „drittes" Bein dienen soll, wie etwa bei „MS", sollte die Länge statt um 5 cm um 10 cm vergrößert sein. Gehstökke werden etwa in einem Winkel von 85° gehalten. Dadurch entsteht ein Abstand vom Fuß von etwa 30-50 cm. Gehstöcke gibt es in verschiedenen Ausführungen (Abb. 2.6/1): durchgehender Holzstab, durchgehendes Aluminiumrohr, Aluminiumrohr als verstellbarer Teleskopschaft, verchromtes Stahlrohr (330-600 g schwer), Rundgriff, „Pistolengriff" eckiger Griff, mit Gummikappen, Dreidorn-Gleitschutzkappe und Eispickel.

Die Verwendung der Gehstöcke im Freien ist von der Beschaffenheit des Bodens abhängig: Bei Eis und Schnee besteht erhöhte Rutschgefahr. In moorhaltigen Böden dringt der Gehstock tief ein und auf geneigter Fläche kann der Gehstock, vor allem wenn diese Fläche nass ist, sehr leicht abrutschen.

Die Inova GmbH Orthopädietechnik, Ellighofer Str. 32 in Attenweiler-Oggelsbeuren, hat deswegen verschiedene Platten (Krükkenkapseln) entwickelt:

– Sommer-Laufplatte mit Laufgummi und Kreuzprofil
– Allwetter-Haftplatte mit abriebfestem Kreuzprofil und außenanliegenden Spikes für sicheren Halt auf Schnee und Eis
– Freizeitplatte mit vergrößerter Auflagefläche für weichen Untergrund.

Für die Verwendung der Gehstöcke in der Dämmerung und bei Nacht sollten solche verwendet werden, die fluoriszierende Punkte, Rückstrahler im Griff und evtl. eine Batterielampe enthalten.
Fabrikate z.B. Ortopedia OK 1318; Meyra 306001-2

2.6.2 Unterarmstützen, Arthritisstützen

Bei den Unterarmstützen wird zur Fixierung und zum gezielten Ausstellen – wie der Name sagt – der Unterarm mit herangezogen; er ist dabei ausgestreckt. Dadurch ermöglichen Unterarmstützen ein kraftvolleres Abstützen auf diesen Gehhilfen. Unterarmstützen, die auch außerhalb des Hauses verwendet werden, sind angezeigt z.B. bei Personen, die den Gehstock nicht verwenden können, die sich im Übergang zum Gehstock befinden, die sich in einem Heilungsprozess befinden; bei Querschnittsgelähmten aus Trainingsgründen oder wenn Schritte noch möglich sind; spina bifida, Prothesenträgern und Polyarthritis rheumatika. Die Manschette bei Unterarmstützen ist in elastischer bzw. beweglicher Ausführung angebracht. Dadurch hält die Unterarmstütze sicher am Arm und ermöglicht z.B. das Aussteigen aus Verkehrsmitteln, ohne die Gehhilfe ablegen zu müssen. Die Ausführungen sind denen der Gehstöcke ähnlich. Länge 70-103 cm (Abb. 2.6/2). Fabrikat z.B. Ortopedia OK 1305, 1306, 1308; Meyra 306032-2, 306036-2, 306051-2, 306065-2, 306066-2, 306071-2, 306072-2.
Bei den so genannten Arthritisstützen ist die Unterarmstütze so geformt, dass das Körpergewicht mit auf den waagerechten Unterarm verlagert wird. Die Schale, in der der Unterarm ruht, ist abgepolstert und mit Verschlüssen versehen, die das Abheben verhindern. Länge 95-120 cm (Abb. 2.6/2). Fabrikat z.B. Ortopedia OK 1322. MEYRA 306038-2.

2.6.3 Achselstützen

Achselstützen sind bis unter die Achsel hochgeführte Gehhilfen. Gehbehinderte Menschen stützen sich also mit den Achseln und den Händen auf die Gehhilfe. In Deutschland werden Achselstützen wegen möglicher Dauerschädigungen und Plexuslähmungen selten verordnet. Die Anwendung dieser Gehhilfen ist nicht ungefährlich: der Behinderte kann leicht stürzen und fällt dann, ohne sich abstützen zu können. Die Ausführung ist ähnlich der der Gehstöcke. Der Handgriff kann seitlich an einem Rohr oder zwischen den beiden Rohren angebracht sein (Abb. 2.6/3). Fabrikat z.B. Ortopedia OK 1315, 1311.

2.6.4 Vierfuß-Gehhilfen

Die Zweifuß- und Vierfußgehhilfen, die auch Fußbänkchen genannt werden, bieten gegenüber dem Gehstock eine größere Unterstützungsfläche durch zusätzliche Abstützung nach außen bzw. nach vorne und hinten. Sie sind angezeigt z.B. bei: spastischen Lähmungen, fehlender oder nicht ausreichender Muskelkoordination, Paraplegien (Lähmungen an beiden Beinen), Gleichgewichtsstörungen; im Rahmen der Gehschulung als Übergang vom Gehbarren zum Stock – aber nur im Haus – sonst Rollstuhl.
Die Vierfuß-Gehhilfen (Abb. 2.6/4) sind standsicherer als die Zweifuß-Gehhilfen. Sie können daher auch besser einzeln verwendet werden. Der Abstand der Füße ist so gewählt, dass auch auf Treppenstufen ein sicherer Stand möglich ist. Gewicht ca. 1200 g, z.B. Ortopedia OK 1313, Meyra 306008-2, 306009-2, 306010-2.

2.6.5 Gehgestelle und Gehböcke

Neben den aus zwei Teilen bestehenden Gehhilfen wie Gehstöcken, Unterarmstützen und Zwei- bzw. Vierfuß-Gehhilfen gibt es die aus einem Stück bestehenden Gehgestelle. Sie können starr oder auch in sich beweglich sein.

2.6.5.1 Starre Gehgestelle, Gehböcke (Abb. 2.6/5)

Diese Gehhilfen müssen beim Gehen laufend mit allen vier Füßen umgesetzt werden. Sie werden deswegen mehr zum sicheren Stehen verwendet. Patienten mit Gleichgewichtsstörungen sind kaum in der Lage, diese Gehhilfe zu bewegen. Besser geeignet sind daher Rollatoren.
Die starren Gehgestelle sind in der Höhe verstellbar. Für Erwachsene sind sie bis 100 cm hoch und bis zu 3 kg schwer, für Kinder bis 70 cm hoch und bis zu 2 kg schwer. Die unterschiedlichen Gewichte hängen vom Material ab: verchromtes Stahlrohr oder Aluminium. Fabrikate z.B. Meyra, Ortopedia OK 436.

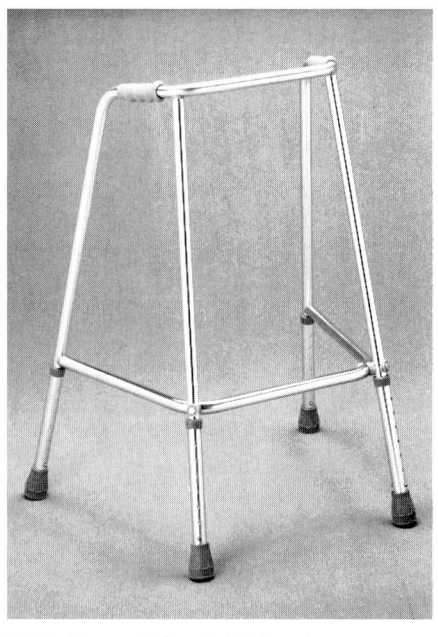

2.6.5.2 Bewegliche Gehgestelle (Abb. 2.6/6)

Die beweglichen, reziproken Gehgestelle passen sich dem Bewegungsablauf besser an und erlauben, immer ein Bein um das andere vorzuschieben. Diese Gehhilfen, die sich nur für den Gebrauch innerhalb von Gebäuden und auf ebenem Boden eignen, werden verwendet von gehfähigen Behinderten, die eine Abstützung benötigen, im Rahmen einer Gehschulung und von Betagten.

2.6/4 Vierfußgehhilfen

2.6/5 Starres Gehgestell. (Meyra)

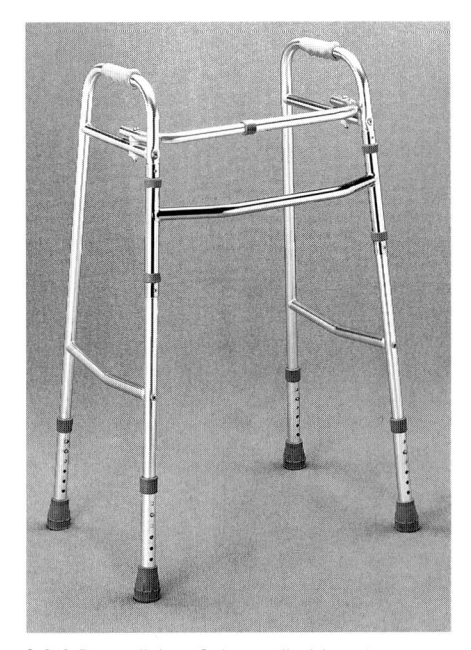

2.6/6 Bewegliches Gehgestell. (Meyra)

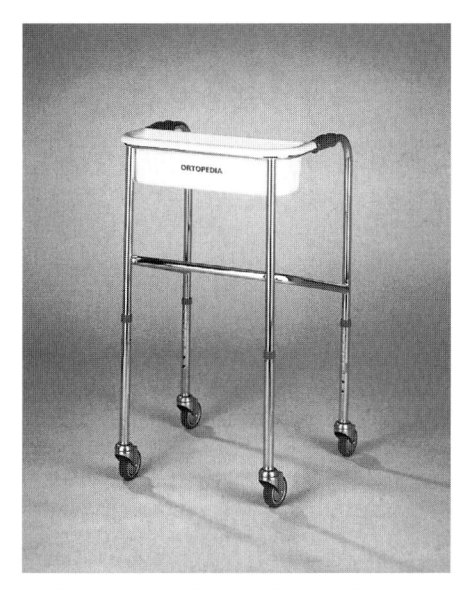

2.6/7 Fahrbares Gehgestell. (Ortopedia)

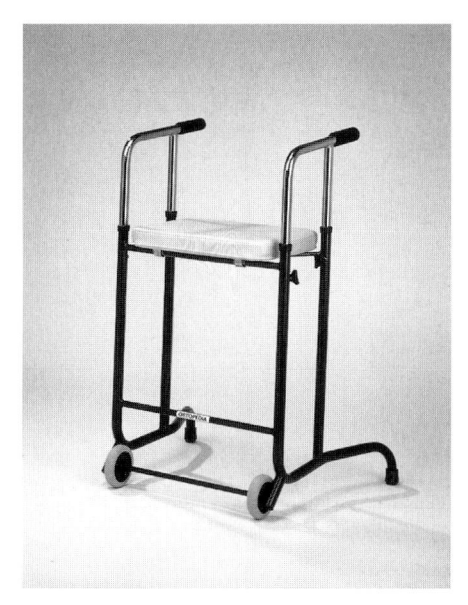

2.6/8 Rollator mit Sitzplatte. (Ortopedia)

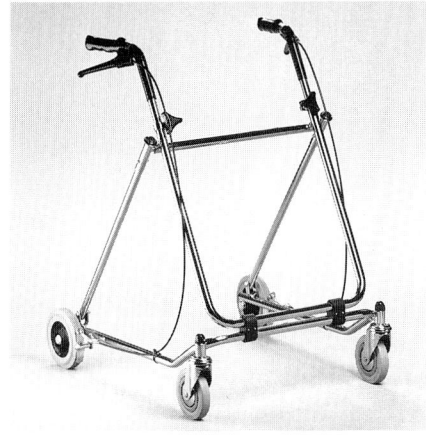

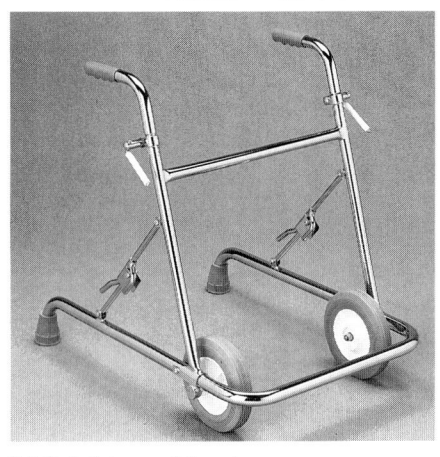

2.6/9 Rollatoren. (Meyra)

Zur Raum sparenden Aufbewahrung lassen sich diese beweglichen Gehgestelle rasch zusammenlegen; sie sind aber durchweg schwerer als die starren (bis zu 4,7 kg). Für Erwachsene sind sie verstellbar, Höhe bis etwa 95 cm, für Kinder Höhe bis etwa 70 cm. Fabrikat z.B. Meyra 306013-2.

2.6.6 Fahrbare Gehgestelle, Rollatoren

Fahrbare oder auch rollende Gehgestelle sind starr und mit zwei oder vier Rollen ausgestattet (Abb. 2.6/7-9). Fabrikat Meyra 306015-2, Ortopedia OK 438. Die mit vier Rollen versehenen Gehgestelle sollten nur von gehsicheren Menschen mit Behinderungen verwendet werden, da sie leicht fortrollen. Rollatoren werden verwendet, wenn eine Fortbewegung durch Gehen möglich, ein Abstützen aber notwendig ist, Vierfuß-Gehhilfen keine ausreichende Sicherheit bieten, Querschnittsgelähmte sich aus Trainingsgründen bewegen müssen und bei Altersbehinderungen.

Rollatoren können nur auf ebenem Boden im Haus, aber auch im Freien verwendet werden. Fahrbare Gehgestelle gibt es auch mit drei Rädern, von denen das vordere als Lenkrolle ausgebildet ist. Solche Gehgestelle sind weniger gebräuchlich. Sie sollten mit einer Handbremse ausgestattet sein, die auf die Hinterräder wirkt (Abb. 2.6/9). Bei den Rollatoren mit vier Rollen bzw. mit zwei Abstützungen gibt es solche, die sich Raum sparend zusammenklappen lassen. Eine Neuerung bilden die Rollatoren mit größeren Rädern, Handbremsen und durchgehender oder unterteilter oberer Abstützfläche.

Für den Gebrauch außerhalb des Hauses wurden Kombinationsgeräte entwickelt, die gleichzeitig den Transport von Einkaufsgut ermöglichen. Diese fahrbaren Gehgestelle oder Rollatoren haben größere, gummibereifte Räder. Die Handbremse wirkt auf die hinteren Räder (Abb. 2.6/9 + 10).

2.6.7 Gehwagen

Gehwagen bieten dem behinderten Menschen eine größere Auswahl von Achselstützen, Armstützen, Handgriffen, Körperstützen, Balanceringen, Rückenstützen, Sitzplatten, u.a. (Abb. 2.6/10). Sie sind angezeigt z.B. bei behinderten Menschen, die sich fortbewegen können, aber darauf angewiesen sind, sich jederzeit hinsetzen zu können; abnormer Knochenbrüchigkeit; mangelnder Stabilität des Stütz- und Halteapparates; Querschnittslähmungen mit geringer Gehfähigkeit u.a.

Je nach der Art der Behinderung werden sie mit den entsprechenden Stützvorrichtungen versehen. Der Platzbedarf dieser Geräte ist groß. Deshalb sind die meisten ähnlich dem Rollstuhl zusammenklappbar. Fabrikat z.B. Ortopedia 5 W 20.

2.6/10 Gehwagen, Gehrad. (Meyra)

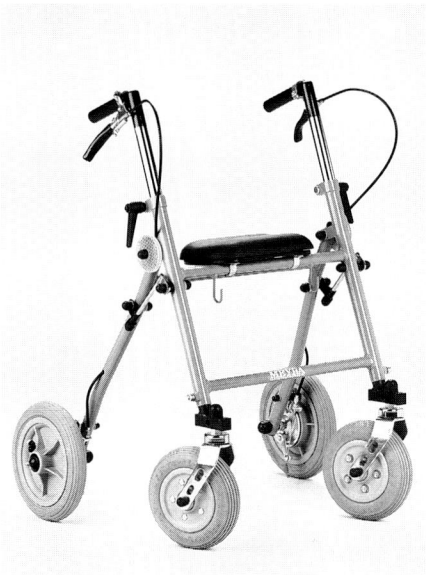

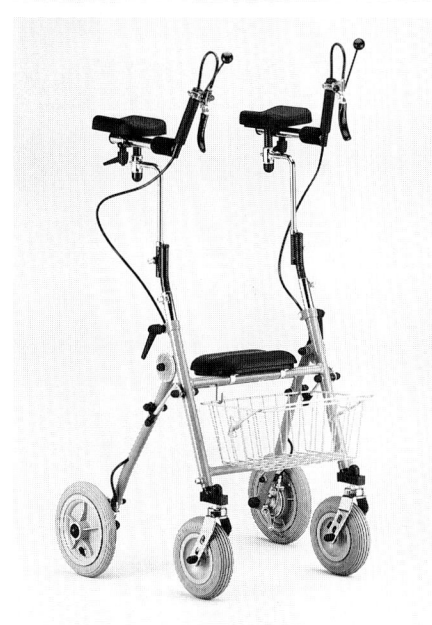

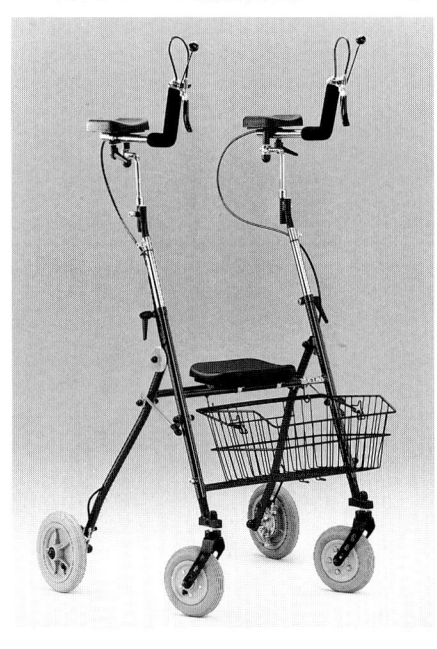

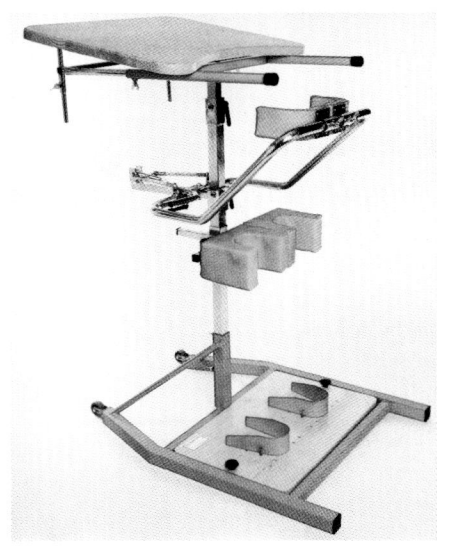

2.6/11 Stehhilfe. (Bima)

2.6/12 Stehgeräte. (Rehatec)

Abmessungen cm	5 W 20
Gesamtlänge	96
Gesamtbreite	55
freie Innenlänge	49
Höhe des Handlaufes	76-91
Höhe der Achselstützen	111-148
Gewicht kg	13,5

Die Bewegungsflächen für Gehwagen sind denen für Rollstühle ähnlich. Sie sind abhängig von der Lenkbarkeit der Rollen. Neben diesen Gehwagen gibt es auch Sonderformen, die z.B. für Querschnittsgelähmte besonders geeignet sind und eine größere Standfläche bieten.
Herstellernachweis:
Deutsche Orthopädische Werkstätte GmbH, Werner-Voß-Damm 54b, Berlin; Valutec AG, CH-8610 Uster 3/Zürich; Batric, Saarstr. 66, Trier; Thomas, Hilfen für Körperbehinderte, Kranke und Gesunde, Walkmühlenstr. 1, Bremervärde; Carl Ludwig Lüling, Werdohl/Westf.; Petri & Lehr, Postfach 985, Offenbach/Main; Günter Meier, Eschweg 7, Porta Westfalica; Medistuhl Herbert Brumme, Marienstr. 19, Stuttgart; Friedrich Hauenstein GmbH & Co. KG, Freienfels-Pottensteinstraße, München (Krabbel-, Steh- und Gehhilfen), Meyra Wilhelm Meyer GmbH & Co. KG, Postfach 1703, Vlotho.

2.6.8 Stehhilfe, Stehgerät
Wegen seiner besonderen Bedeutung am Arbeitsplatz muss die Stehhilfe erwähnt werden. Sie erleichtert das Stehen beim Arbeiten durch eine zusätzliche Unterstützung (Abb. 2.6/11). Die Stehhilfe der Fa. Heinrich Wilhelm Dreyer entspricht der Arbeitsstättenrichtlinie ASR 25/1.
Herstellernachweis:
Fa. Heinrich Wilhelm Dreyer, Bad Essen/Wittlage; Fa. Biedermann, GmbH & Co. KG, Neue Rottenburger Str. 37, Hechingen.
Stehgeräte (Abb. 2.6./12) ermöglichen das Stehen, wenn der Stütz- und Halteapparat Ausfälle zeigt.

2.6.9 Platzbedarf für Gehhilfen
Der unterschiedliche Platzbedarf der oben angeführten Gehhilfen ist der Tabelle „Platzbedarf der Gehhilfen" zu entnehmen (s.S. 58).

2.7 Bewegungshilfen, Rollstühle

Axel Stemshorn

Der Grad der Behinderung, selbstfahren, gefahrenwerden, fahren im Haus oder im Freien und die Art der Tätigkeit, wie Beruf und Sport, bestimmen die Anforderungen an einen Rollstuhl. Die Vielfalt der Rollstuhltypen ist entsprechend groß.

2.7.1 Angaben in Normen und Empfehlungen
Über den Rollstuhl selbst ist in DIN 18025 Teil 1 nur im Hinblick auf die Mindestbewegungsfläche (150 x 150 cm) etwas ausgesagt. Da jede Norm neben den Festlegungen der Normung auch einen Informationsgehalt darstellen soll, wäre es sinnvoll, wenn in dem einleitenden Text nähere Angaben zum Rollstuhl selbst enthalten wären. Der Rollstuhl bestimmt in vielen Fällen die räumliche Abmessung im privaten und öffentlichen Bereich. Angaben zum Rollstuhl selbst sind z.B. enthalten in:
SNV 521 500 1974 (Schweizerische Zentralstelle für Baurationalisierung); architecture et accessibilité; American Standard Specification for Making Buildings and Facilities Accessible to, and Usable by the physically Handicapped (ASA A 117.1-1961) und natürlich in den Prospektunterlagen der Hersteller.
Für Rollstühle mit Muskelkraftantrieb, Anforderung und Prüfverfahren, liegt seit dem Februar 1996 der Entwurf zur DIN EN 1283 vor. Für Elektrorollstühle und -mobile und zugehörige Ladegeräte, Anforderung und Prüfverfahren heißt die entsprechende Bezeichnung DIN EN 12184.
In diesen und ähnlichen Unterlagen werden im Hinblick auf die Mindestbewegungsfläche unterschiedliche Angaben gemacht. Bei der Auswahl eines Rollstuhls für einen behinderten Menschen ist eine sorgfältige Beratung durch den Arzt, den Therapeuten, durch den Hersteller oder Lieferanten erforderlich.
Folgende Firmen sind z.B. zu nennen:
Meyra Wilhelm Meyer GmbH & Co. KG, Postfach 1703, Vlotho a. d. Weser; Ortopedia GmbH, Kiel, Postfach 6409, Kiel; Everest + Jennings, durch Fa. Ortopedia Kiel; INVACARE Deutschland GmbH, Dehmer Straße 66, Bad Oeynhausen; LEVO AG, Bleicheweg 5, CH 5605 Dottikou; Wolfgang Braun KG, Sulzbach/Murr; Gerd Schladebach, Windeck (Sieg), Herchen, Werfer Mühle; Grewe + Schulte-Derne, Derner Str. 136, Lünen/Westf.; Friedrich Albrecht, Skalitzer Str. 131, Berlin; HASI, Kinder- und Krankenmöbel, Freienfels-Pottensteinstraße, München-Neuaubing; Dr. Blatter + Co., Ecke Seestraße/Staubstraße 1, CH-8023 Zürich; ARJO-Systeme, Auf'm Gartenstück 68, Essen; Tünkers AG, Postfach 1726, Ratingen; Dieter Frank Rehabilitationstechnik, Johann-Wilhelm-Str. 94, Wilhelmsfeld; Rollstuhl-Richter GmbH + Co. KG, Hutschdorfer Str. 2, Thurnau; Kunststoff-Service Danecker GmbH, Grafing 11, Halfing; Karl Dietz, Rehabilitationstechnik, Karlsbad-Ebersbach; Uniroll GmbH, Vogesenstr. 7, Waldbronn; Bachmann KG, Paul-Gerhard-Str. 38, Bruchsal; Sopur GmbH, Bahnhofstr. 4, Malsch/Heidelberg; Werkstatt für Körperbehinderte GmbH, Barlachstr. 26, München; Poirier Krankenfahrstühle GmbH, Georgstr. 3, Köln; E. Strunz, Xaver-Weißmoor-Str. 10, München.

2.7.2 Rollstuhlarten
Die Vielfalt der Rollstuhlarten ist an folgenden Gesichtspunkten erkennbar:

2.7.2.1 Antrieb
Im wesentlichen sind folgende Antriebsarten zu unterscheiden:
1. Greifreifenantrieb
2. Hebelantrieb
3. Elektroantrieb.

2.7.2.1.1 Greifreifenantrieb
Der seitlich von den großen Rädern angebrachte Greifreifen ist die häufigste Antriebsart. Zu unterscheiden sind wiederum der Greifreifenantrieb mit den großen Rädern hinten und den großen Rädern vorne. Greifreifenantrieb mit großen Rädern hinten: Diese am meisten begehrte Standardausführung erlaubt wegen des Kontaktes zur Rückenlehne ein gutes Abstützen; der Greifreifen ist gut erreichbar, die kleinen Lenkräder vorne sind entlastet, seitliches Aussteigen ist gut möglich und der Rollstuhlbenutzer kann nahe ans Auto und ans Bett heranfahren. Im Vergleich zum Greifreifenantrieb vorne ist der Rollstuhl leicht zu lenken, z.B. 8 ULW 20-76 der Fa. Ortopedia; Modell 4.400 der Fa. Meyra (Abb. 2.7/1).
Greifreifenantrieb große Räder vorne: Bei dieser Antriebsart sind die kleinen, drehbaren Lenkräder hinten stärker belastet. Der behinderte Mensch muss sich, um den Greifreifen zu erreichen, nach vorne beugen und kann sich an der Rückenlehne nicht abstützen. Im Freien ist dieser Antrieb günstiger, weil die großen Räder vorne Stufen geringerer Höhe und Niveauunterschiede leichter überfahren. Das Überwinden von Stufen ist allerdings schwer. In der

Wohnung und in den mitunter engen Raumverhältnissen ist dieser Antrieb wegen seines engen Wendekreises im Vergleich zum Greifreifenantrieb hinten günstig. Z. B. 8 UV 25-71 (Abb. 2.7/2) und 8 UC 20-71 der Firma Ortopedia.

2.7.2.1.2 Einarmantrieb
Rollstuhlbenutzer, die Greifreifen nur auf einer Seite antreiben können, benutzen Rollstühle mit Einarmantrieb. Dabei muss mit der funktionstüchtigen Hand abwechselnd ein großer und ein kleiner Greifreifen betätigt werden. Der kleinere Greifreifen wirkt auf das gegenüberliegende Rad, z.B. Primat 3.400-881 der Fa. Meyra (Abb. 2.7/3); 8 UV 25-13-76 der Fa. Ortopedia.

2.7.2.1.3 Hebelantrieb
Der Hebelantrieb setzt normale Armkraft voraus und befähigt den Rollstuhlbenutzer, große Strecken zurückzulegen. Die Steuerung der kleinen Räder hinten oder vorne kann am linken, rechten oder an beiden Hebeln angebracht werden. Es gibt den Hebelantrieb auf die großen Räder vorne oder die großen Räder hinten, z.B. 12 UV 23-12-71 der Fa. Ortopedia (Abb. 2.7/4), Modell 1.406 der Fa. Meyra.

2.7.2.1.4 Elektroantrieb
Behinderte, die den Greifreifenantrieb oder den Hebelantrieb nicht mehr benutzen können, sind auf Elektrofahrstühle (Ortopedia) bzw. auf Elektrofaltfahrer (Meyra) angewiesen. Verbunden mit der elektrischen Steuerung für Fahrtrichtung und Geschwindigkeit sind weitere Besonderheiten möglich: Kinnsteuerung, Handsteuerung, Fußsteuerung, Tischplattensteuerung, Atemsteuerung (Possum) usw.; Führerschein und Zulassung sind gemäß der Straßenverkehrszulassungsordnung nicht erforderlich, da die Höchstgeschwindigkeit auf 6 km/h begrenzt ist.

Grundsätzlich werden die Elektrorollstühle mit zwei verschiedenen Antriebssystemen angeboten. Man unterscheidet zwischen dem einmotorig angetriebenen Rollstuhl, bei dem ein Differentialgetriebe für das kinematisch einwandfreie Fahrverhalten sorgt und dem zweimotorig angetriebenen Rollstuhl (ein Motor je Rad), dessen Fahreigenschaften denen eines greifreifen-angetriebenen Fahrzeuges gleichkommt.

Wiederaufladbare Batterien speisen die Motoren. Mit einer Batterieladung kann der Rollstuhlbenutzer etwa 30 km weit oder etwa 5 Stunden lang fahren. Es gibt Modelle, die auch 60 km weit fahren und Steigungen bis 20 %, normal 12 %, überwinden können. Die Meyra-Electronic ermöglicht sogar ein Wiederaufladen der Batterien bei Talfahrten in einer max. Geschwindigkeit von 6 km/h. Jeder Rollstuhl mit Elektroantrieb hat mindestens zwei voneinander unabhängige Bremssysteme,

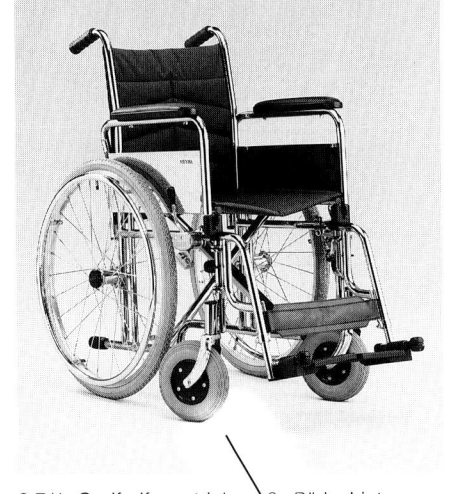

2.7/1 Greifreifenantrieb große Räder hinten. (Meyra)

2.7/2 Greifreifenantrieb große Räder vorne. (Ortopedia)

in den meisten Fällen sind es sogar drei, eine mechanische, eine elektromechanische und eine Motorbremse, z.B. der Elektro-Rollstuhl Genius 1.522 der Firma Meyra oder der Elektrofahrstuhl 904 UVE + 824 der Fa. Ortopedia (Abb. 2.7/5).

Auch Elektrorollstühle lassen sich, wie Fabrikat Clou der Fa. Ortopedia zeigt, auf ca. 33 cm Breite zusammenklappen. Vorher müssen die Batterien herausgenommen werden. Dadurch lässt sich dieser Elektrorollstuhl in fast jedem Pkw transportieren. Ergänzend zu den faltbaren Elektrorollstühlen sind in ihre Bestandteile zerlegbare Rollstühle zu erwähnen z.B. Citypartner und Shopper der Fa. Ortopedia. Diese Rollstühle dienen vor allem gehbehinderten Personen, die darauf angewiesen sind, Rollstühle zerlegt im Pkw zu transportieren und an anderer Stelle wieder zu verwenden.

2.7.2.1.5 Einhand-Hebelantrieb
Rollstühle mit diesem Antriebssystem ermöglichen Patienten mit einseitig eingeschränkter Körperfunktion, sich durch geringe Muskelkraft selbstständig fortzubewegen. Ferner ist zu erwähnen, dass die verwendeten Getriebe keine Totpunktlagen des Antriebshebels haben und somit die Bedienkräfte gering und annähernd konstant sind, z.B. die Modelle 3.400-885, 2.312, 2.302 des Typs „Mono-Drive" der Firma Meyra (Abb. 2.7/6).

2.7.2.1.6 Ohne Antrieb (Transit)
Transit- bzw. Transport-Rollstühle empfehlen sich bei Versorgung immer dann, wenn der Patient aufgrund seiner körperlichen Verfassung geschoben werden muss. Sie werden mit kleinen Rädern versehen, um die leichte Manövrierbarkeit für die „schiebende" Person sicherzustellen, z.B. Modell 2.310 und Modell 2.300 der Firma Meyra und der Fa. Ortopedia (Abb. 2.7/7).

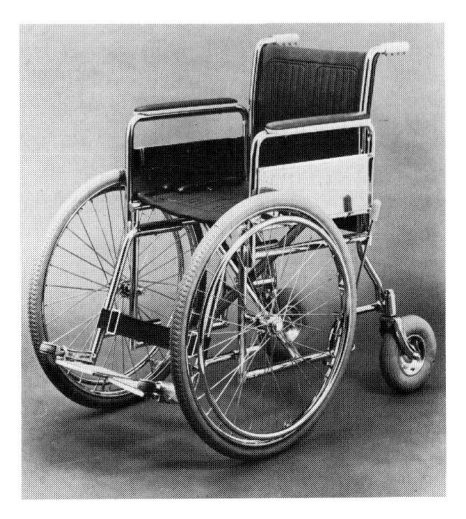

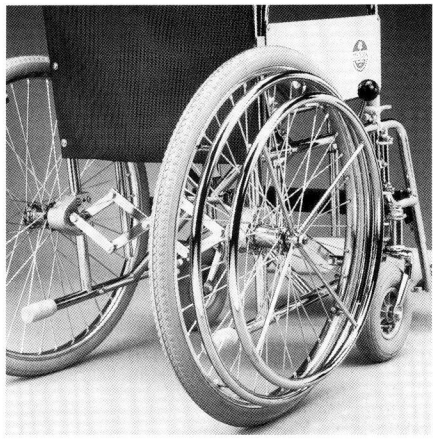

2.7/3 Einarmantrieb. (Meyra)

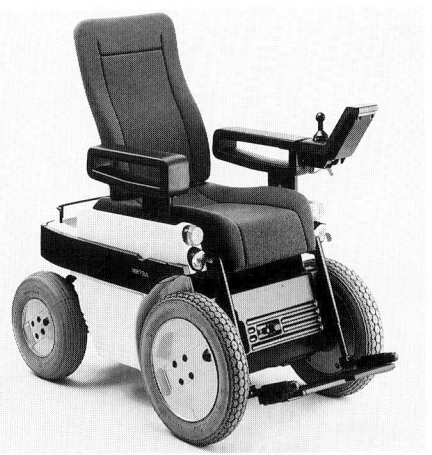

2.7/5 Elektro-Rollstuhl. (Meyra, Ortopedia)

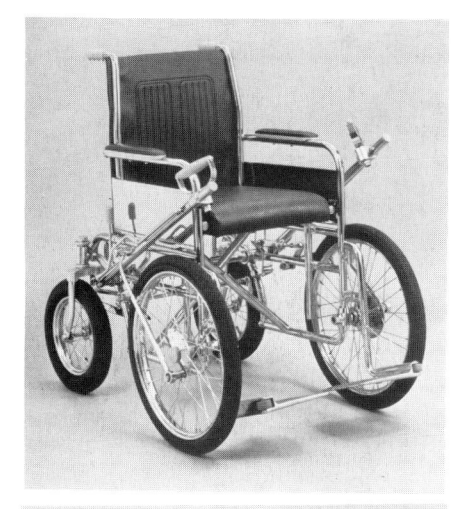

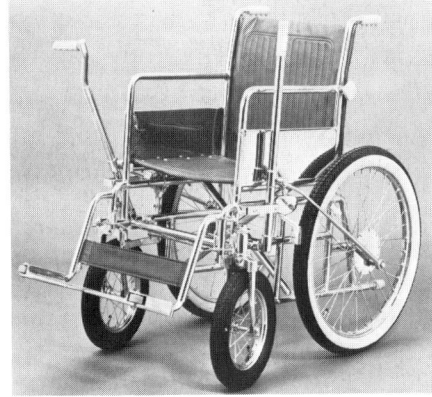

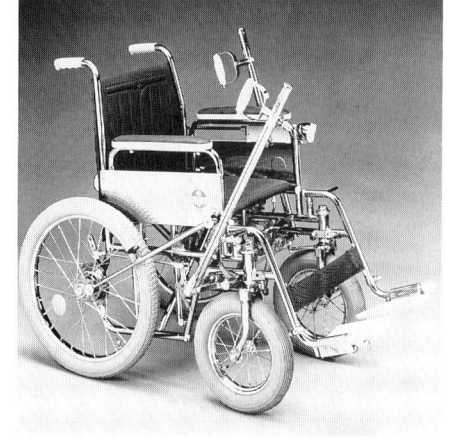

2.7/4 Hebelantrieb. (Meyra, Ortopedia)

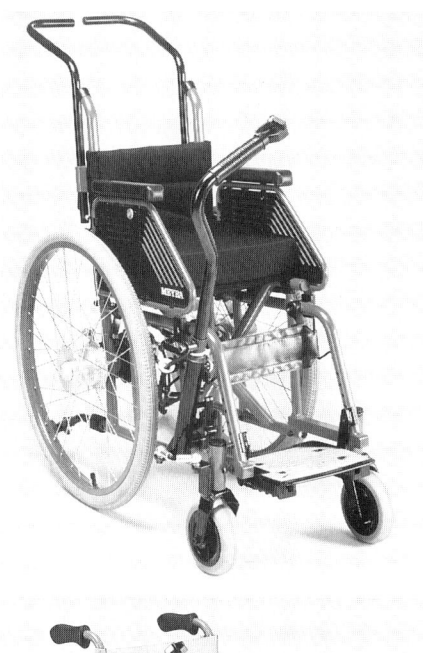

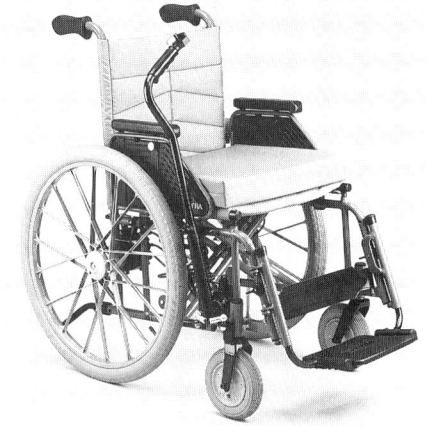

2.7/6 Einhandhebelantrieb. (Meyra)

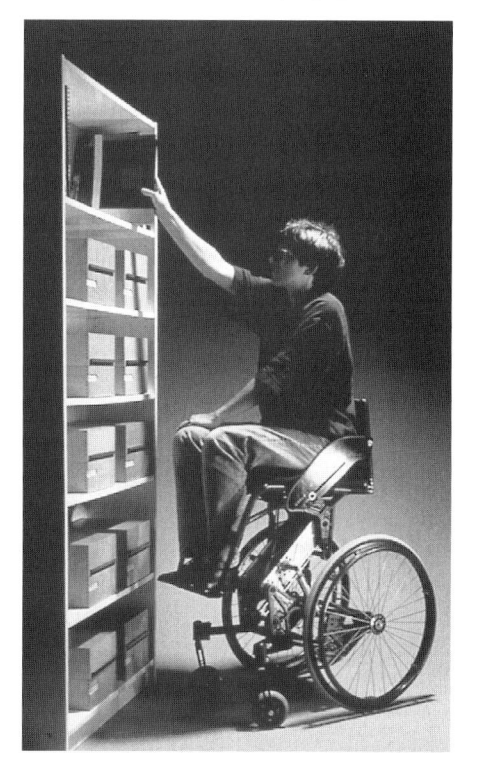

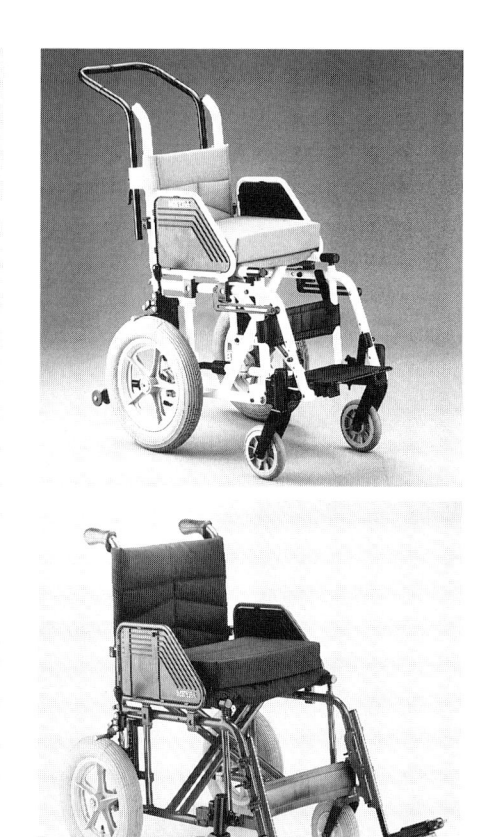

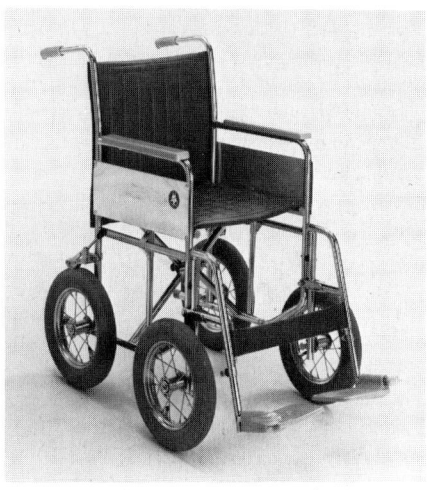

2.7/7 Transit-/Faltschiebewagen. (Meyra)

2.7/8 Liftrollstuhl. (PRO ACTIV)

65

2.7.2.1.7 Liftrollstuhl

Liftrollstühle eignen sich für den Beruf und den Alltag. Mit einer Handbewegung und Unterstützung durch eine Gasfeder kann der Rollstuhlbenutzer sich im Sitzen nach oben heben und so auch im oberen Bereich Gegenstände greifen. So wird mühelos der Greifbereich eines stehenden Erwachsenen erreicht. (Abb 2.7/8)

2.7.2.1.8 Rolli-Bikes

Die Rolli-Bikes sind moderne Rollstuhlfahrräder, die mit aktuellen Fahrradkomponenten ausgrüstet sind. Sie zeichnen sich dadurch aus, dass über einen Handkurbelbetrieb das Vorderrad dieses dreirädrigen Fahrzeuges angetrieben wird. Auch Konstruktionen, bei denen ein Vorsatz an den Rollstuhl angebracht wird, sind gebräuchlich. Mit diesen Fahrzeugen ist es behinderten Menschen möglich, in der Gruppe mit anderen Fahrradfahrern mitzuhalten oder sogar täglich zur Arbeit zu fahren. Große Strecken sind leicht zurückzulegen.

2.7.2.2 Starre oder faltbare Modelle

Überwiegend werden heute faltbare Rollstühle verwendet. Sie lassen sich auf engstem Raum zusammenfalten und auch im Pkw mitnehmen. Selbst bei manchen Elektrofahrstühlen wird das Faltprinzip angewendet. Das Zusammenfalten geschieht durch Anheben der beweglichen Sitzfläche und durch Zusammenklappen der Kreuzschere. Im gefalteten Zustand ist der Rollstuhl je nach Fabrikat 25-40 cm breit (Abb. 2.7/9). Viele Rollstühle besitzen zusätzlich noch einen Verengungshebel oder eine Verengungskurbel, mit dem der Rollstuhlbenutzer im Fahren den Rollstuhl um ca. 6 cm enger stellen kann.

2.7.2.3 Armlehnen

Die Armlehnen bzw. die Seitenteile sind bei vielen Rollstühlen nach oben herausziehbar oder nach hinten zurückklappbar. Das erleichtert das seitliche Umsteigen vom Rollstuhl auf den WC-Sitz oder ins Auto. In der Höhe verstellbare Armlehnen lassen sich an die jeweilige Tätigkeit anpassen. Die gekröpfte Armlehne (Desk-Armlehne) ist dann eine große Hilfe, wenn der Behinderte ganz nahe an seinen Arbeitsplatz, an die Spüle oder ans Waschbecken heranfahren muss. So ist ein „Unterfahren" möglich (Abb. 2.7/10).

2.7.2.4 Beinstützen

In den meisten Fällen sind Beinstützen im Wege, wenn der Rollstuhlbenutzer nach vorne aussteigt, wenn er nahe ans Bett oder an den WC-Sitz heranfahren will oder wenn der Rollstuhl zusammengeklappt und im Pkw verstaut werden muss. Die Beinstützen lassen sich daher je nach Fabrikat zur Seite schwenken, ganz abnehmen oder es können nur die Fußplatten hochgeklappt

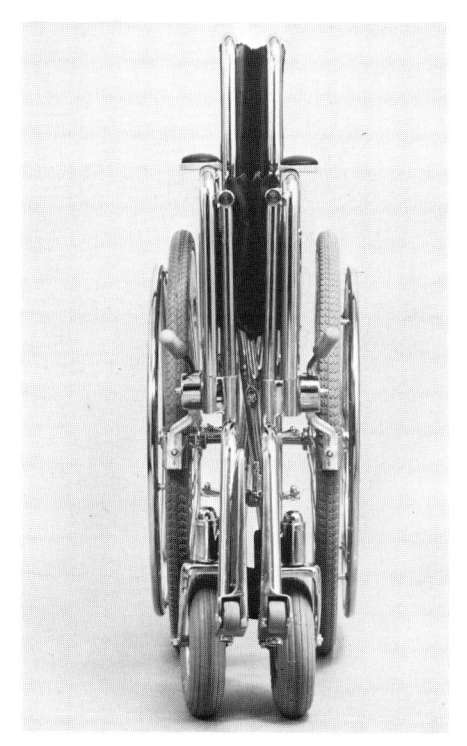

2.7/9 Rollstuhl zusammengeklappt

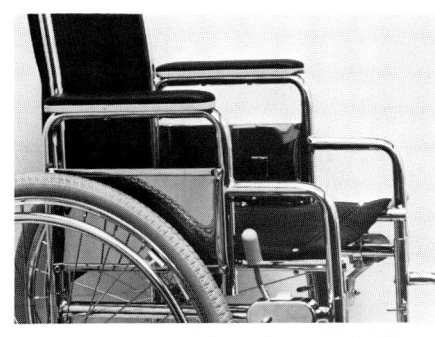

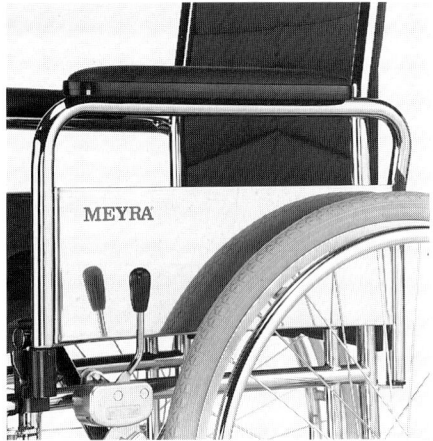

2.7/10 Armlehnen. (Meyra)

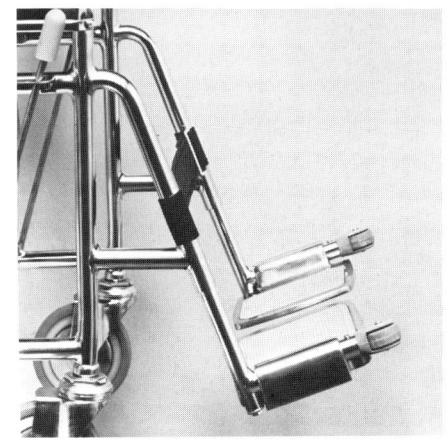

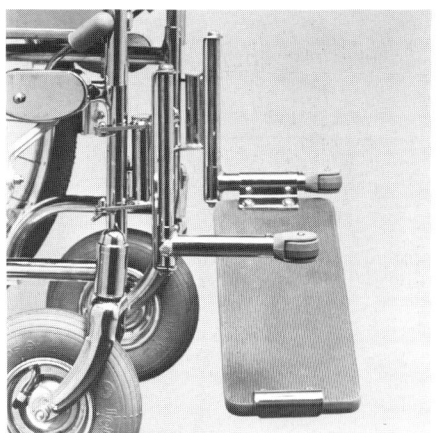

2.7/11 Beinstützen

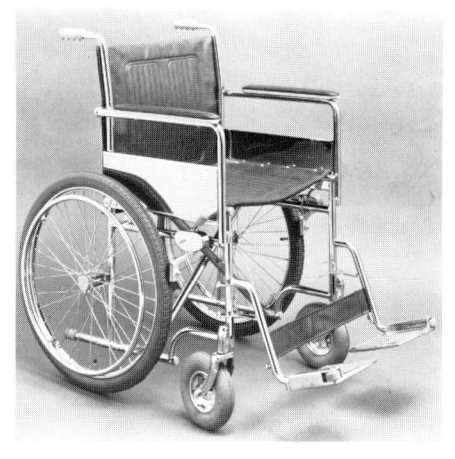

2.7/12 Verstärkte Ausführung

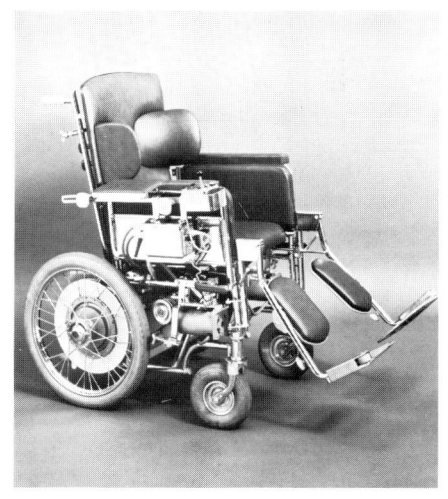

2.7/14 Postura-System

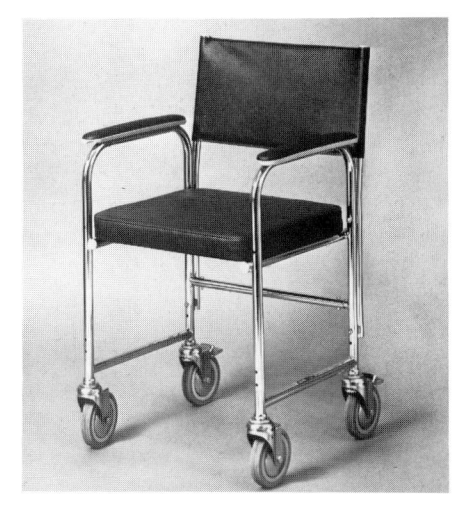

2.7/15 Zimmerrollstuhl

2.7/13 Lenkräder

werden. Außerdem gibt es waagerecht ausstellbare und bis in die Waagerechte verstellbare Beinstützen (Abb. 2.7/11).

2.7.2.5 Rückenlehnen
Bei vielen Behinderungsarten ist eine verstellbare Rückenlehne angezeigt (30°/90°). Dadurch können Behinderte sich nahezu liegend im Rollstuhl vom ständigen Sitzen erholen.

2.7.2.6 Verstärkte Ausführung
Rollstühle in verstärkter Ausführung sind vor allem bei schwergewichtigen Behinderten – über 90 kg Körpergewicht – angezeigt. Auch für den Sport und andere besonders starke Beanspruchungen ist diese Ausführung notwendig (Abb. 2.7/12). Z.B.: 8 U 25-620-76 u. 8 U 25-618-766 der Fa. Ortopedia; Modell 4.400-53 der Fa. Meyra.

2.7.2.7 Reifen und Räder
Die großen Räder haben einen Durchmesser von 20", 22" oder 24". Sie sind meistens mit Luftbereifung ausgerüstet, die Bodenunebenheiten besser auffängt als Vollgummibereifung. Von Nachteil ist der größere Reibungswiderstand, der durch gutes Aufpumpen einigermaßen ausgeglichen werden kann.
Die kleinen Räder – Lenkräder – haben Durchmesser von 5", 7" und 8" und werden sowohl mit Vollgummi als auch mit Luftbereifung geliefert. Vollgummibereifung ist auf Unebenheiten weniger angenehm. Dafür ist der Reibungswiderstand geringer als bei Luft-Bereifung (Abb. 2.7/13). – Die Farbe des Reifenmaterials soll immer hell sein, weil dann keine Farbspuren durch Reifenabrieb auf dem Boden sichtbar werden.

2.7.2.8 Zusatzausstattungen
Die Vielfalt der Rollstühle wird ergänzt durch zahlreiche Zusatzausstattungen, die für den behinderten Menschen erforderlich sind, sie erleichtern ihm das Fahren im Rollstuhl und schaffen Annehmlichkeiten. Vor allem das Postura-System der Fa. Ortopedia ist zu erwähnen (Abb. 2.7/14). Die gepolsterten Sitze, Rückenlehnen, Kopfstützen und Beinstützen können auch nachträglich in ihrer Lage verändert und dadurch besonderen Bedürfnissen angepasst werden. Weiter sind zu nennen: Sitzkissen (z.B. Kubivent Fa. Richard Selzer, Bogenstr. 18, Stuttgart), Toiletteneinrichtung, Gurte, Taschen, Einkaufsnetz, Regenschutzdecke, Regenschutzumhang, Schlupfsack, Plastikhaube, Arbeitsplatte, Kopfstütze, Beleuchtung, Luftpumpe, Stockhalter, Aschenbecher, Schwenkgabel, Feststellvorrichtung, Fußkasten, Bremshebelverlängerung, Batteriekontrollgerät, Elektrosteuerung, Beinbespannung, Schneekufen, Rutschbrett usw.

2.7.2.9 Sondermodelle und Spezialgeräte

Neben den häufig vorkommenden Rollstuhlmodellen gibt es Sonderausführungen und Spezialgeräte, die hier nur kurz angesprochen werden können. So wird durch sportliche Gestaltung und z.B. durch aktive Farbgebung dem modischen Trend Rechnung getragen. Diese Sondermodelle sollen damit den jüngeren Rollstuhlbenutzern oder sportlichen Erwachsenen besonders zusagen. Um auch nachträglich Anpassungsmöglichkeiten vorzunehmen, bieten die Hersteller veränderbare Lochplatten an, die z.B. die Montagehöhe einer Radachse verändern lassen.

2.7.2.9.1 Zimmerrollstuhl

Das Modell hat vier kleine Lenkräder und wird im Raum verwendet. Der Rollstuhlbenutzer bewegt sich durch Abstoßen der Füße oder er wird geschoben (Abb. 2.7/15); dazu sind Beinstützen notwendig.

2.7.2.9.2 Hebesitz-Roller

In den Hebesitz-Roller ARJO Pilot B 21 (Fa. ARJO-Systeme) steigt der behinderte Mensch von hinten ein und zieht sich auf den Spaltensitz. Er ist eine Hilfe beim Umsteigen vom Stuhl zum Bett, beim Aussteigen aus dem Auto und beim Einfahren in eine Duschkabine (Abb. 2.7/16).

die Oberkante des WC-Beckens müssen aufeinander abgestimmt sein. Das WC-Becken soll nicht höher als 48 cm sein, wenn vom Rollstuhl aus übergewechselt wird. Wenn jedoch ein Toiletten- und Duschstuhl zum Überfahren des WC-Bekkens Verwendung findet, sind 48 cm zu hoch: z.B. Fabrikate der Firmen Ortopedia GmbH, Meyra GmbH und Aquatec GmbH.

2.7/16 Hebesitz-Roller

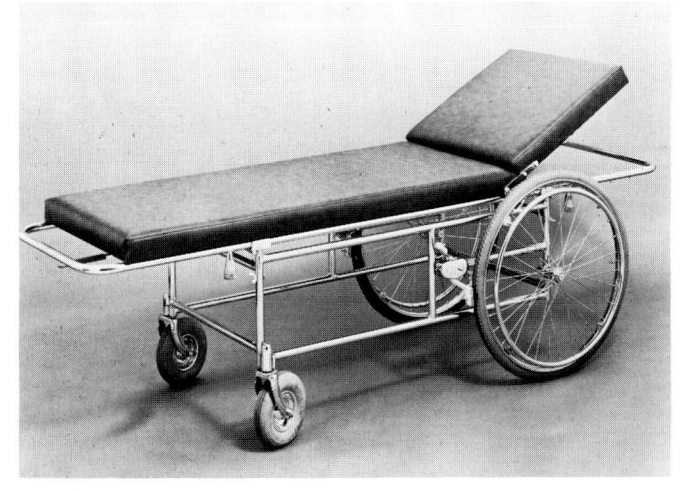

2.7/17 Selbstfahrerliege, auf dem Bauch liegend zu benutzen

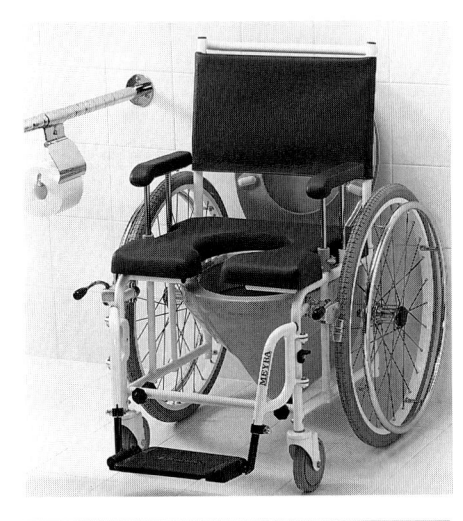

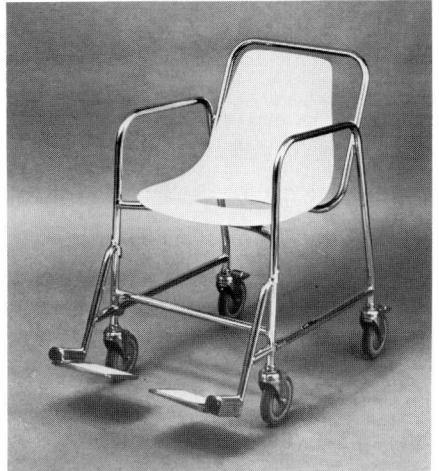

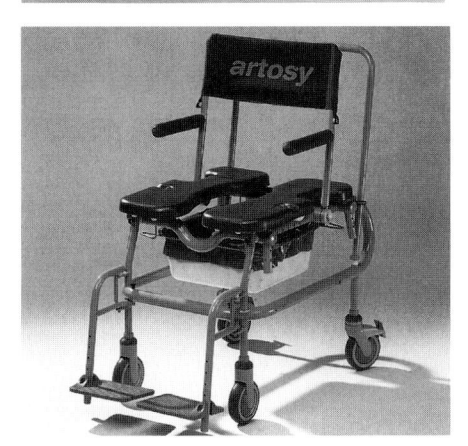

2.7.2.9.3 Fahrbare Liegen

Behinderte Menschen, die z.B. an Hüftgelenksversteifungen leiden, müssen auf dem Bauch oder auf dem Rücken liegend fahren oder gefahren werden. Es gibt die Selbstfahrerliege 202 cm lang und 73 cm breit (Ortopedia, Abb. 2.7/17), auf der sich der behinderte Mensch in Bauchlage – mit Greifreifen vorwärts bewegt.

2.7.2.9.4 Toiletten- und Duschstühle

Mit diesen Rollstühlen können behinderte Menschen in den Duschplatz oder über das WC-Becken fahren. Die Sitzhöhe und

Z.B.: 6 ESC 20-73 und 5 SC 25-73-024 der Fa. Ortopedia und Meyra 301073-2 190 sowie mfh, Innovative Produkte/Wanke (Abb. 2.7/18).

2.7.3 Maße

Die Vielfalt der Rollstühle ergibt sehr verschiedene Abmessungen. Für die Planung sind folgende Maße bedeutsam:
1. Rollstuhlbreite
2. Rollstuhllänge
3. Sitzhöhe
4. Gesamthöhe.

Bei der Breite ist zusätzlich der Greifraum

2.7/18 Toiletten-Duschstühle. (Meyra, Ortopedia, Artosy)

der Hand am Greifreifen, bei der Länge zusätzlich der Platzbedarf für die Fußspitzen und bei der Sitzhöhe sind zusätzlich die Sitzkissenhöhe und die Dicke der Oberschenkel zu beachten. Die Höhe der hinteren Schiebegriffe ist entscheidend, wenn empfindliche Wandflächen, z.B. Glas, vor Beschädigung geschützt werden müssen. Die wichtigsten Maße für die Rollstühle mit Greifreifen hinten oder vorne sind in Abb. 2.7/19 dargestellt. Für Elektrorollstühle, für Rollstühle mit ausgestellten Beinstützen und bei Sonderausführungen sind größere Längenmaße anzunehmen. Die genauen

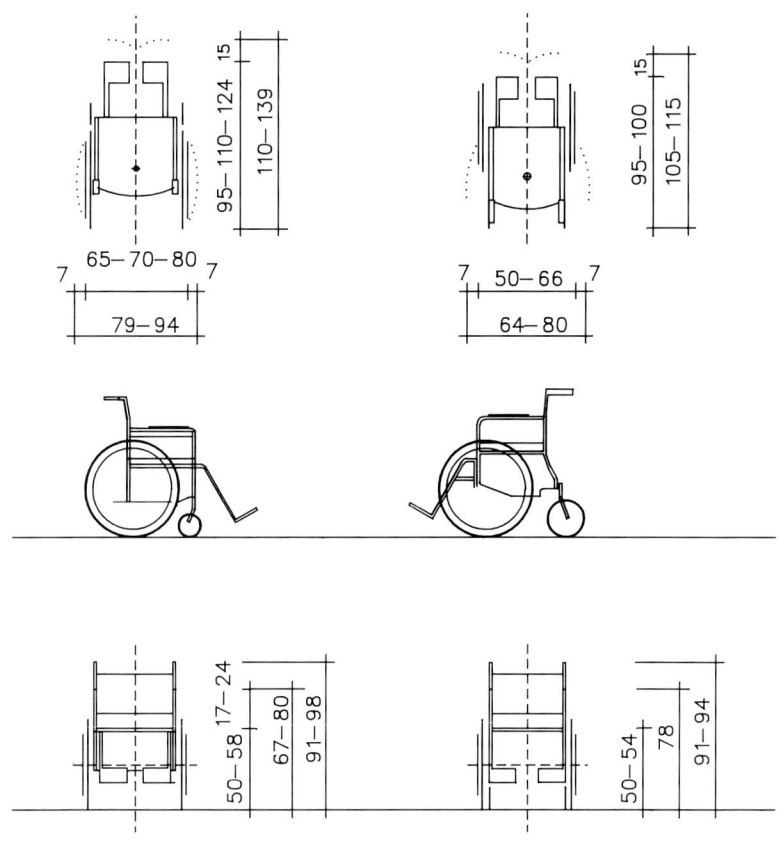

2.7/19 Die wichtigsten Rollstuhlmaße für Rollstühle mit Greifreifen vorne und hinten. Der Greifraum für die Hand am Greifreifen und der Platzbedarf für die Fußspitzen ist zu beachten, M 1:50

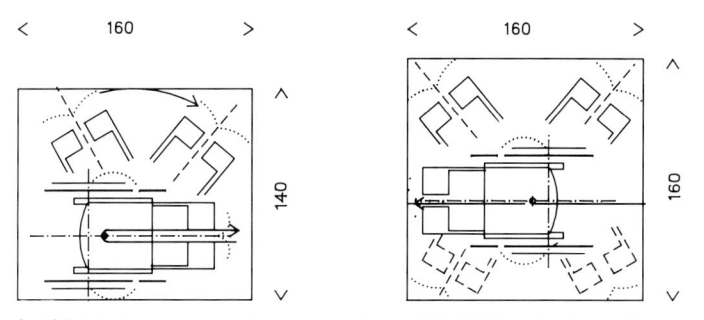

2.7/20 Mindestplatzbedarf abweichend von DIN 18025 Teil 1 beim Wenden um 180° und um 360°

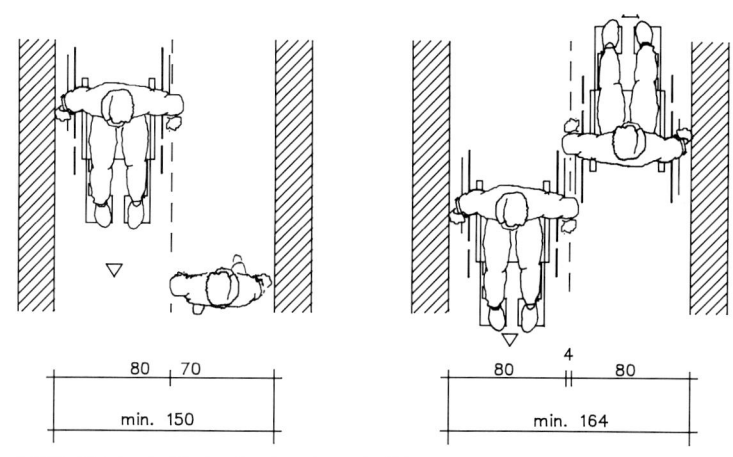

2.7/21 Platzbedarf beim Aneinandervorbeifahren

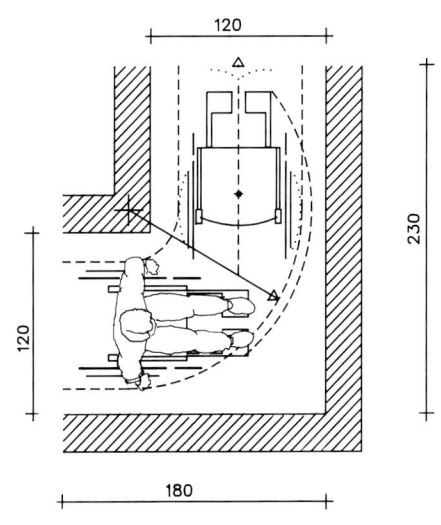

2.7/22 Platzbedarf in der Kurve

Maßangaben für den jeweils in Frage kommenden Rollstuhl sind Firmenunterlagen zu entnehmen.

2.7.4 Platzbedarf

Der Mindestplatzbedarf von 150x150 cm nach DIN 18025 Teil 1 ist gering bemessen. Er sollte 160x160 cm betragen, wenn größere Rollstühle verwendet werden. Die in Abb. 2.7/19 dargestellten Rechteck- und Quadratflächen beinhalten eine Wendekreisfläche bei Drehungen um 180° und 360°. Die meisten Maßangaben in den folgenden Kapiteln berücksichtigen diesen, von der DIN abweichenden Mindestplatzbedarf. Besonders zu beachten ist der Platzbedarf des Rollstuhls in beengten Raumverhältnissen (Türen nicht berücksichtigt): Beim Aneinandervorbeifahren auf der Geraden (Abb. 2.7/21); in der Kurve (Abb. 2.7/22); beim Wenden um 90°; beim Wenden um 180° und 360° (Abb. 2.7/20 und 2.7/23-26). Bei allen Wendemanövern auf engem Raum sind dem Rollstuhlbenutzer unnötige Vor- und Zurückbewegungen zu ersparen.

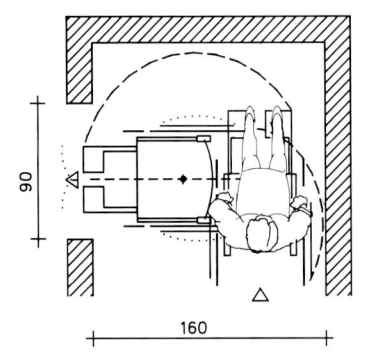

2.7/23 Platzbedarf beim Wenden um 90°, eine Türe

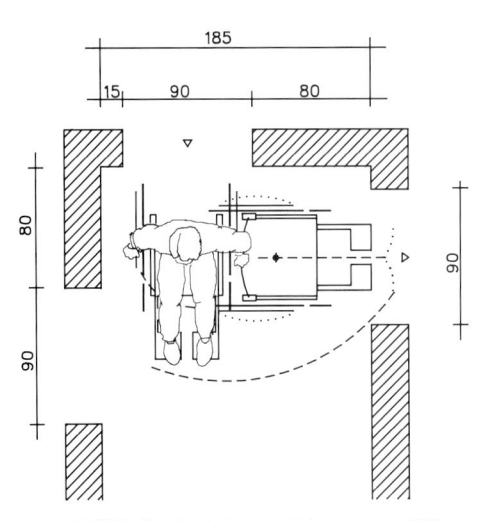

2.7/25 Platzbedarf beim Wenden um 90°, drei Türen

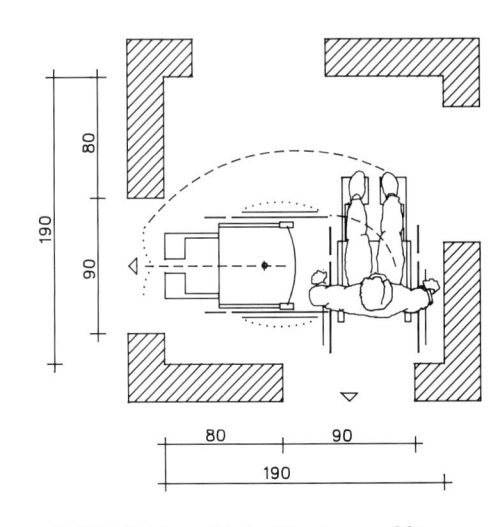

2.7/26 Platzbedarf beim Wenden um 90°, vier Türen

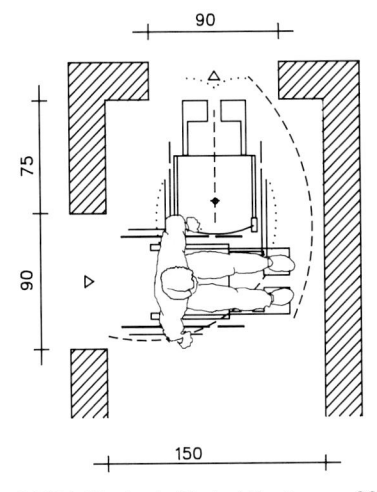

2.7/24 Platzbedarf beim Wenden um 90°, zwei Türen

2.7.5 Fahrrad-Kombinationen

Der Wunsch, größere Strecken zurückzulegen, hat zur Entwicklung zahlreicher Fahrradkombinationen für Menschen mit Behinderungen geführt. So sind auf dem Markt sowohl Dreiräder erhältlich, in denen Menschen mit geringen Behinderungen selbst fahren können, als auch solche, in denen behinderte Menschen im Rollstuhl verbunden mit dem Fahrrad gefahren werden.

Die Dreiräder – auch in Tandemkonstruktion – ersparen es dem Benutzer, das Gleichgewicht zu halten. Auch sind größere Lasten transportierbar. Neben einem Handantrieb statt der Fußpedale sind zahlreiche Übersetzungsvarianten und weiteres Sonderzubehör wie Invaliden-Tretkurbel, Stockhalter, Pedalverkürzungen, Armhalterungen, verstellbare Fußstützen mit Beinhalterung, Rücken- und Seitenlehnen sowie Spezialsattel und Rundlenker erhältlich (Abb. 2.7/27 + 28). Rollstuhl- und Fahrradkombinationen ermöglichen das Zurücklegen großer Strecken und auch das

2.7/27 Dreirad

2.7/28 Dreirad-Tandem

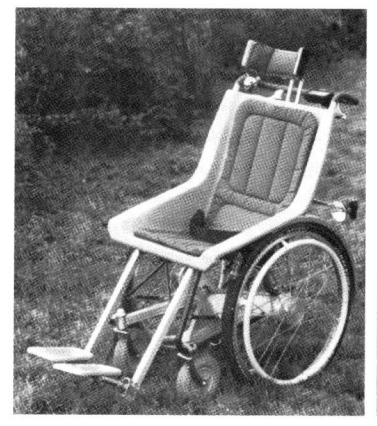

2.7/29 Rollfiets

2.7/30 Mitfahr-Rad

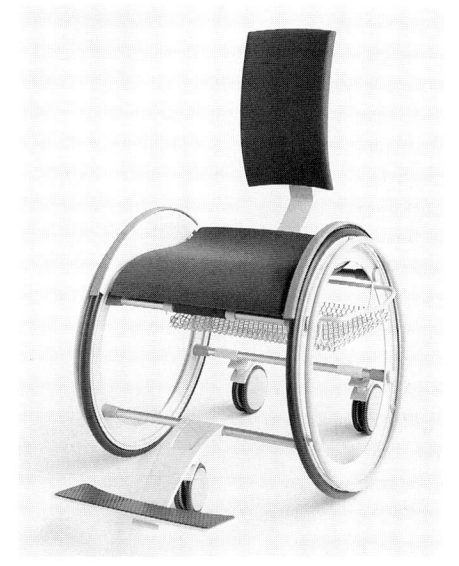

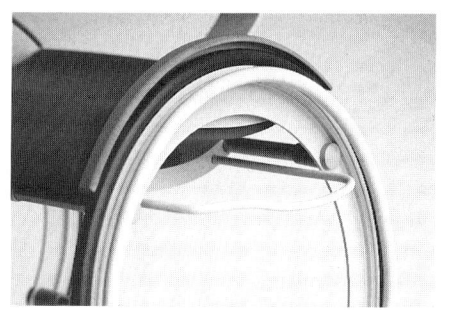

Abkoppeln, so dass mit dem Rollstuhl alleine weitergefahren werden kann. Das Fahrrad-Antriebsteil ist mit den üblichen Zusatzausrüstungen erhältlich. Beim Rollstuhl sind auch in begrenztem Maße individuell anpaßbare Polsterungen vorgesehen. Rollstuhl und Fahrrad-Antriebsteil müssen aufeinander abgestimmt sein (Fabrikat Rollfiets – Abb. 2.7/29). Eine weitere Variante ist der so genannte Rollstuhlboy, ein Fahrradteil, das an fast jeden herkömmlichen Rollstuhl angekoppelt werden kann. Hierbei entsteht ein fünfrädriges Gesamtfahrzeug, da der Rollstuhl wie bisher auf den vier Rädern fährt und von einem einrädrigen Fahrradteil angetrieben wird.

Mit absenkbaren Ladekufen zur Aufnahme jedes gängigen Rollstuhls ist das Mitfahr-Rad, Fabrikat Marcobil, ausgestattet. Hierbei können übliche Rollstuhlmodelle aufgeladen und mit diesem Mitfahr-Rad transportiert werden. Ein Umsetzen des Rollstuhl-Fahrers in ein anderes Fahrgerät entfällt (Abb. 2.7/30).

Produktionsnachweis: 3-Räder: Fa. Wulfhorst, Herzebrocker Str. 5, Gütersloh; Raha-Rad: Fa. Elektro-Rad, Steinkirchner Str. 1, München; Rollfiets: Fa. Robert Hoening, Schulstr. 22, Leinfelden-Echterdingen; Fa. Schramm Rollstuhlboy GmbH, Richthofenstr. 29, Hildesheim; Fa. Marcobil, Kirchplatz 7, Steinfurt.

2.7.6 Designobjekt Rollstuhl

Viele Designer nehmen den Rollstuhl immer wieder zum Anlass, Verbesserungen zu entwickeln. Als Beispiel sei hier eine Diplomarbeit (Elke Stimpfig 1992) vorgestellt (Abb. 2.7/31).

Die Besonderheit dieses Rollstuhles ist das nabenlose Antriebsrad. Es ermöglicht, den Platz unterhalb der Sitzfläche als Stauraum zu verwenden.

Am Sitzunterbau ist links und rechts je ein ausziehbarer Stahlbügel angebracht. Darin haben Hängeregistermappen Platz. Es kann auch ein ganzes Ablagesystem angeboten werden, welches beliebig aus Ablagekörben, Spezialhalterungen oder Schubladen bestehen kann.

Durch die in der Rollstuhlmitte angebrachten Antriebsräder ist der Rollstuhl kleiner und wendiger als ein Universalgreifreifenrollstuhl.

2.7/31 Designobjekt Rollstuhl

2.8 Lifter und sonstige Hilfsmittel

Axel Stemshorn

Um Menschen mit Behinderungen ins Bett, in die Badewanne, auf den WC-Sitz oder in das Schwimmbecken zu heben, gibt es eine Reihe von Hebegeräten, die sich im Hinblick auf die Montage, also ortsfest, und im Hinblick auf ihre Beweglichkeit, d.h. fahrbar, unterscheiden. Die letzteren sind teilweise auch zusammenklappbar, damit sie im Pkw transportiert werden.

2.8.1 Lifter

Diese Geräte dienen dazu, mit Motorkraft oder von Hand Personen zu transportieren, anzuheben, umzusetzen und abzulassen. Typische Anwendungssituationen sind das Überwechseln vom Rollstuhl in die Badewanne, auf den WC-Sitz oder das Einheben vom Rollstuhl in das Schwimmbecken. Bei der Auswahl sind folgende Fragen zu beantworten: Feststehend oder fahrbar, leichte Bedienung, leichte Steuerfähigkeit auch unter Last, verschiebesicher feststellbar, kippsicher, rostfrei, sind Sitz oder Liege möglich, ausreichender Kopfraum für die zu transportierende Person auch in Türöffnungen, Unterfahrbarkeit, leichte Reinigung und ist bei wasserbetriebenen Anlagen ausreichend Wasserdruck vorhanden?

2.8.1.1 Bodengebundene, fahrbare Lifter
Mit diesen Liftern (Abb. 2.8/1-6), ob mit Gurtsitzen und Liegen oder mit festen Sitzen ausgestattet, kann z.B. eine freistehende Badewanne unterfahren oder mit gespreiztem Gestell umfahren werden. Dies bedeutet, dass der Bodenbelag auch bis unter die Wanne geführt wird. Dies ist ohnehin im Hinblick auf die Austauschbarkeit Dusche gegen Wanne und umgekehrt sinnvoll. Eine Badewanne darf in diesem Bereich nicht eingemauert sein. Die Höhe des Fahrgestelles ist für den erforderlichen Freiraum unter der Wanne entscheidend. Die Fahrgestellhöhen schwanken zwischen 8 und 14,5 cm. Es empfiehlt sich daher, mindestens 15 cm Freiraum zwischen Wanne und Oberkante Fertigfußboden unter der Wanne vorzusehen. Eine rechtzeitige Abstimmung zwischen Freiraum unter der Wanne und dem Liftertyp ist notwendig. Bei nichtunterfahrbaren Wannen sollte auf andere Liftersysteme ausgewichen

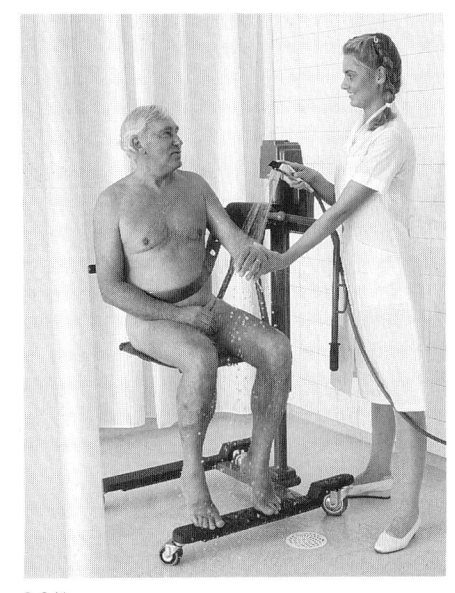

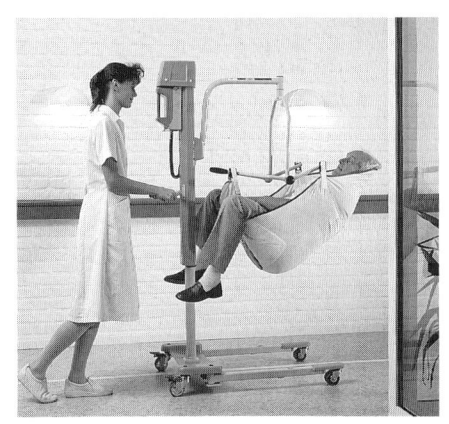

2.8/1

2.8/2

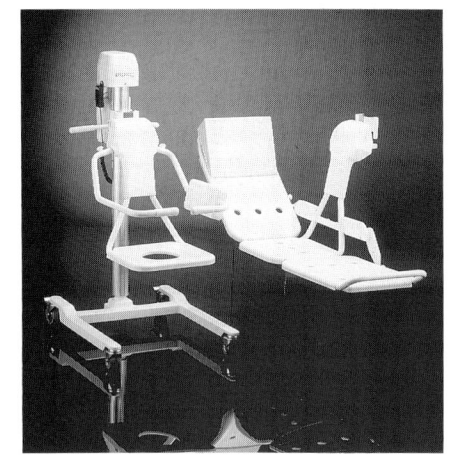

2.8/1–3 Bodengebundene, fahrbare Lifter. (Arjo, Hospitec)

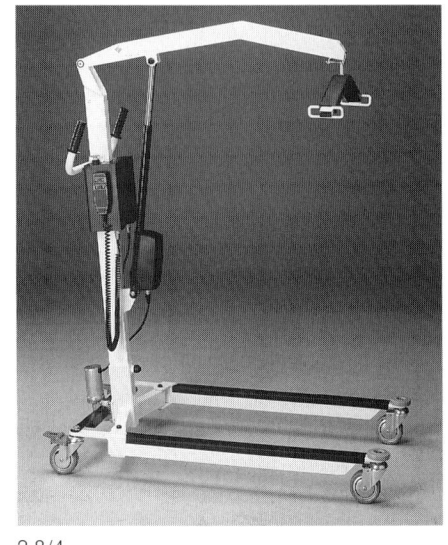

2.8/4

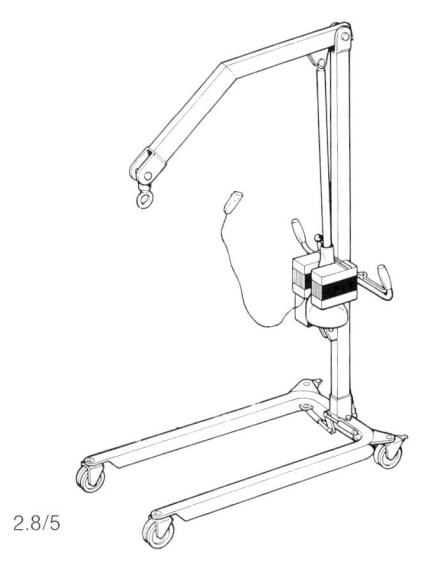

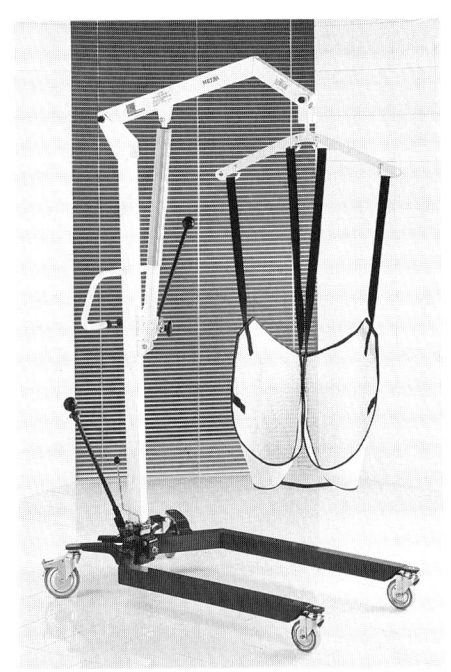

2.8/5

2.8/4–6 Bodengebundener, fahrbarer Lifter mit elektrischer oder manuell hydraulischer Bedienung. (Guldmann, Meyra)

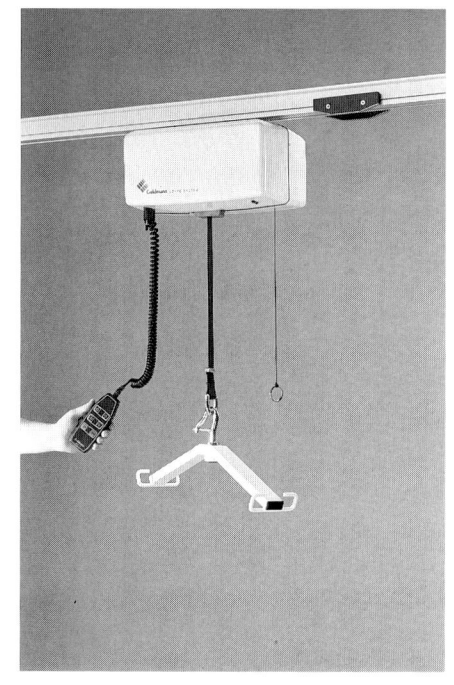

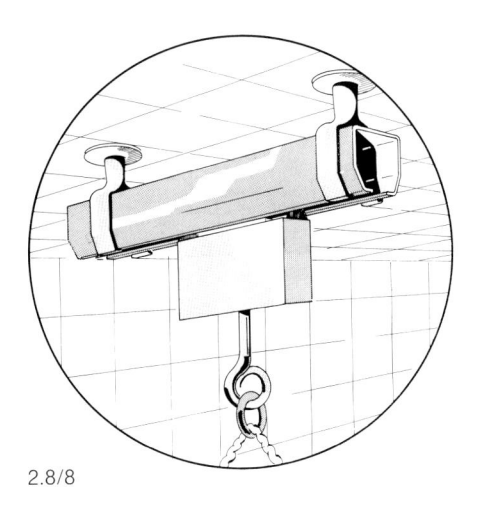

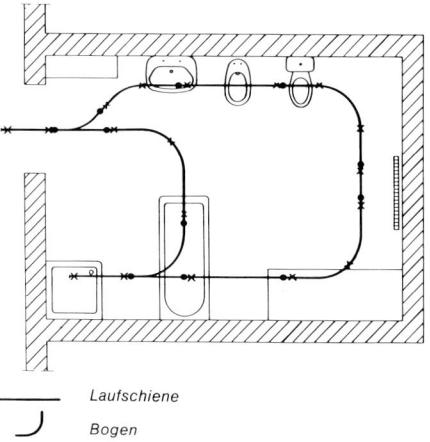

2.8/7

— Laufschiene
⌐ Bogen
⌐ Weiche
—•— Verbinder
—✕— Aufhängepunkt
— Schienenbegrenzer

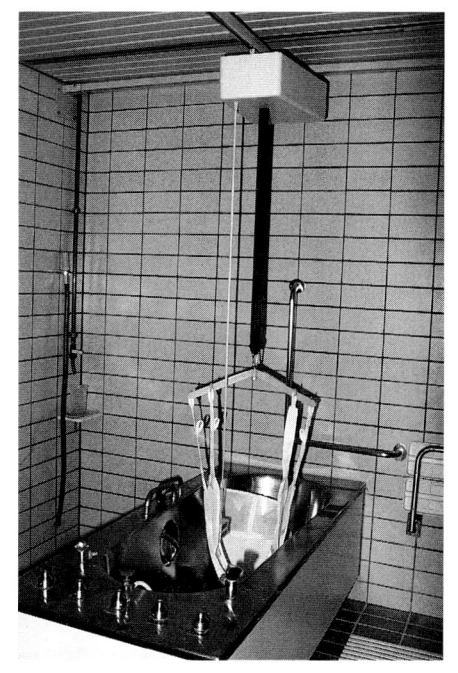

2.8/8

2.8/7–9 Deckengebundene Lifter. (Guldmann, Modie-Trans)

werden, da sonst u.U. nicht rostende Ankerplatten im Fußboden erforderlich sind, um das Fahrgestell vorübergehend gegen Kippen zu sichern. Dies bedeutet jedoch, dass durch die Befestigung der Ankerplatten die im Fußbodenaufbau erforderliche Abdichtung verletzt wird.

Auch die Fahrwerksbreite insgesamt ist entscheidend für den Gebrauch. Geringere Fahrwerksbreiten bedeuten, dass Lifter leichter gehandhabt werden können. Die Kippsicherheit ist jedoch eingeschränkt.

Lifter mit Gurten haben den Vorteil, dass die Gurte ausgehängt und unter der zu hebenden Person hindurchgeführt werden können. Bei den Liftern mit festen Sitzen oder Liegen muss die betreffende Person entweder mit eigener Kraft umsteigen oder sie muss auf den Sitz gehoben bzw. auf die Liege geschoben werden.

Neben einer mechanischen oder hydraulischen Lifttechnik gibt es auch elektrische Bedieneinheiten, die den Liftvorgang besonders leicht gestalten.

Firmennachweis: Meyra GmbH & Co. KG, Meyra-Ring, Kalletal-Kalldorf; Rollstuhl-Richter GmbH & Co. KG, Seidelsberg 1, Thurnau; Hospitec GmbH, Eppsteinstr. 64, Hanau; Mecalift Geräte GmbH, Postfach 6101, Düsseldorf; Arjo Systeme für Rehabilitation GmbH, Rudolf-Diesel-Str. 5, Hofheim-Wallau; Oxyon-Wolff, Postfach 6101, Düsseldorf; Hoyer GmbH, Postfach 100413, Friedberg/Hessen; Equipement Hospitalier, 2, Rue de Cosnes, F-35400 Saint-Malo/France.

2.8.1.2 Deckengebundene Lifter

Derartige Lifter sind an eine Deckenschiene oder an ein ganzes Deckenschienensystem gebunden (Abb. 2.8/7-9). In ihnen bewegt sich manuell oder ebenfalls motorisch angetrieben ein Lifter. So können Menschen mit Behinderungen z.B. innerhalb einer Wohnung selbstständig und ohne fremde Hilfe Entfernungen zurücklegen. Dies bedeutet natürlich, dass ein Liftsystem an der Decke angebracht wird. Der technische Aufwand ist auch konstruktiv erheblich, vor allem dann, wenn die Tragfähigkeit der Decke nicht ausreicht und von Wand zu Wand das Tragsystem gespannt werden muss. Bei untergehängten Decken oder Deckenverkleidungen kann das Deckenschienensystem so integriert werden, dass das technische Hilfsmittel Deckenliftsystem integriert erscheint.

Der große Vorteil der deckengebundenen Lifter in Verbindung auch mit Deckenschienen besteht darin, dass bei nachträglichen Umbauten ein wertvolles Hilfsmittel angeboten werden kann. Dies gilt besonders für schwierige und weitläufige Grundrissanordnungen auf einer Ebene.

Firmennachweis: H. J. Bunzeck, Klinkgasse 4, Eschweiler; G. Hoffmann GmbH & Co. KG, Unterbergstr. 3, Prüm; Peter Tuszynski,

Reha-Hilfen-Vertrieb, Augustastr. 36, Witten; Nitzbon Metalltechnik, Osterrade 14, Hamburg; Hoyer GmbH, Postfach 100413, Friedberg/Hessen; Hans Armbruster, Sonnenrain 11, Wildberg; Blanc GmbH & Co., Postfach 1160, Oberderdingen; Arjo Systeme für Rehabilitation GmbH, Rudolf-Diesel-Str. 5, Hofheim-Wallau; Modie-Trans GmbH, Freiherr-vom-Stein-Str. 14, Dautphetal.

2.8.1.3 Wandgebundene Lifter
Sie sind, wie der Name sagt, an die Wand bzw. an den betreffenden Wandbereich gebunden. Ihr Einsatz ist begrenzt und setzt eine stabile Wandkonstruktion voraus. Für eine Erweiterung des Aktionsradius gibt es solche Wandlifter mit Verschiebeeinheit. Die Länge der Laufschienen ist für den größeren Aktionsradius bestimmend (Abb. 2.8/10 + 11).
Bei dem WC-Lifter handelt es sich um ein Hebegerät neben dem WC-Sitz (Abb. 2.8/12). Das Gerät selbst kann neben oder hinter dem WC montiert werden. Die Haltevorrichtung lässt sich am vorhandenen Sitz befestigen oder ein neuer Sitz wird geliefert. Das pneumatische Steuerelement hängt an einem Schlauch und ist leicht erreichbar.
Firmennachweis: Modie-Trans GmbH, Freiherr-vom-Stein-Str. 14, Dautphetal.

2.8.1.4 Bodengebundene stationäre Lifter
Diese werden meist in der Umgebung von Schwimmbecken, Wannen im Therapiebereich oder Sanitärräumen verwendet (Abb. 2.8/13-15). Sie werden in der Regel im Boden befestigt oder auf den Badewannenrand gesteckt. Die Hebekräfte werden hierbei voll auf Wanne und Verkleidung übertragen. Deshalb eignen sich nur standsichere und sorgfältig verkleidete, d.h. eingemauerte Wannen. Neben diesen Liftern mit hydraulischem Antrieb gibt es Badlifter, die als höhenverstellbarer Sitz in die Wanne eingestellt mit Hilfe des Wasserdruckes oder durch mechanische Betätigung angehoben werden und so das Einsteigen in die Wanne bzw. das Aussteigen erleichtern (Abb. 2.8/16+19+20).
Herstellernachweis: Ortopedia GmbH, Postfach 6409, Kiel; G. Hoffmann GmbH & Co. KG, Pferdemarkt 2, Prüm (Mini-Baclift-Petermann); HMD Ltd. Appollo House, 34 Church Road, Romsey, Hants SO51 BEY; Aquatec – Peter Schmidt GmbH, Benzstraße 2, Oberstenfeld; Hoyer GmbH, Postfach 1603, Vorstadt zum Garten 5, Friedberg/Hessen; Arjo Systeme für Rehabilitation GmbH, Rudolf-Diesel-Str. 5, Hofheim-Wallau; Blanc GmbH & Co., Postfach 1160, Oberderdingen (stationärer Lifter); Mecalift Geräte GmbH, Postfach 6101, Düsseldorf oder Oxyon-Wolff, Postfach 6101, Düsseldorf; Meyra GmbH & Co. KG, Meyra-Ring 2, Kalletal-Kalldorf.

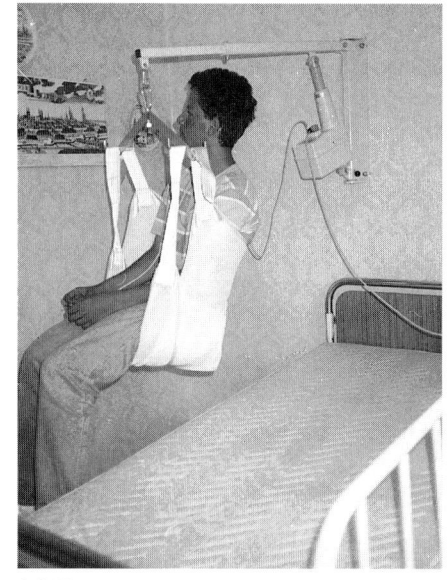

2.8/10

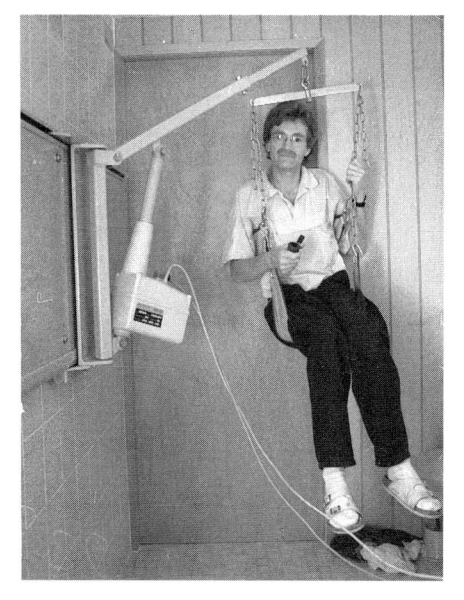

2.8/10+11 Wandgebundene Lifter. (Modie-Trans)

2.8/12 Wandgebundener Lifter, WC-Lifter. (Modie-Trans)

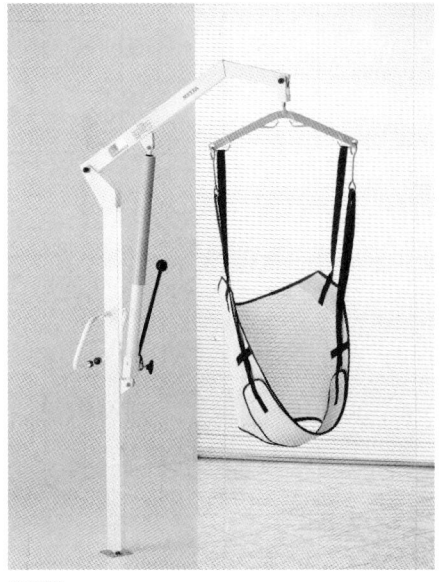

2.8/13

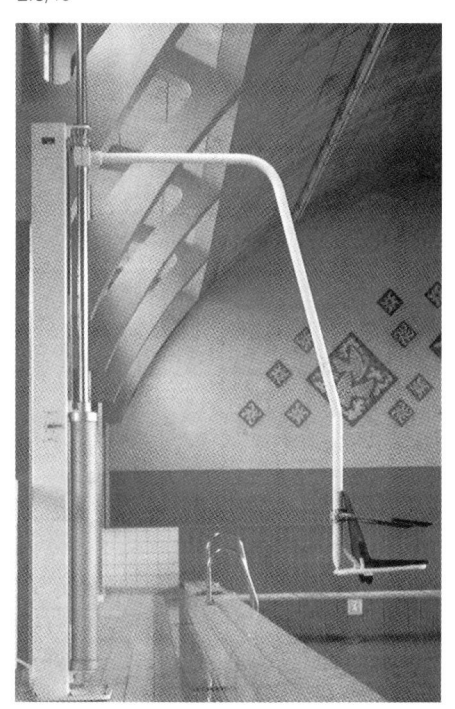

2.8/14

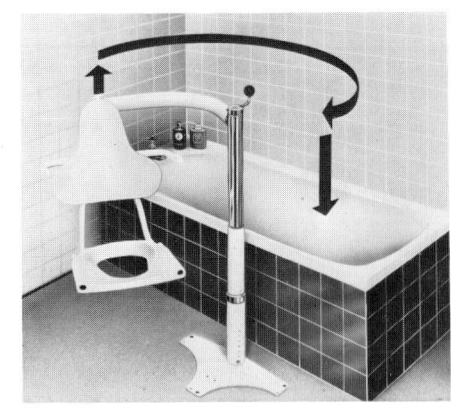

2.8/15

2.8/13-15 Stationäre Lifter. (Meyra, Blancomed, Arjo)

2.8.1.5 Sitz- und Liegelifter

Mit Wasserdruck lassen sich die Badewannen-Sitzlifter und -Liegelifter bewegen (Abb. 2.8/17+20).

2.8.2 Lifterhilfen

Ergänzend zum Universal-Lifter bzw. Universalelektro-Lifter bietet z.B. Fa. Hoyer GmbH verschiedene Sitzmöglichkeiten als Transportmittel, zur Badbenutzung und als Toilettensitz an. Auch mit Hilfe einer Kreuzbügelliege lassen sich waagerecht liegende Personen transportieren.

2.8.3 Stehgeräte

Bei Therapie und Rehabilitation erleichtert das Stehgerät, auch Stehbarren genannt, das notwendige Stehen zu Kreislauftraining und Entleerung (Abb. 2.8/21-22). Es ermöglicht ein sicheres und selbstständiges Stehen. Die vier Rollen sind auch einzeln feststellbar.

Beim Stehbrett wird aus dem Liegen in die Senkrechte angehoben. Das Fußbrett hat in der Endstellung fast Bodenkontakt, so dass sich der Benutzer leicht vom Gerät entfernen kann. Länge des Stehbrettes in der Horizontalen bis 220 cm, Breite bis 100 cm. Hier sind die vier Rollen einzeln feststellbar (Abb. 2.8/22 Firma Rollstuhl-Richter GmbH & Co. KG).

2.8.4 Sonstige Hilfsmittel

Unübersehbar groß ist die Vielfalt der Hilfsmittel für alle Bereiche des täglichen Lebens wie Haushalt, Ausstattung, Arbeitswelt und Fortbewegungsmittel. An dieser Stelle kann nur auf die bekannten Firmen, die Ausstattungshilfen oder Fortbewegungshilfen herstellen und auf Informationssammlungen, wie z.B. die der Deutschen Vereinigung für die Rehabilitation Behinderter e.V. und der Stiftung Rehabilitation Heidelberg, hingewiesen werden. Aber auch die größeren Rollstuhlhersteller bieten ergänzend weitere Hilfsmittel an. In DIN EN 1282 werden technische Hilfen für behinderte Menschen, allgemeine Anforderungen und Prüfverfahren, behandelt.

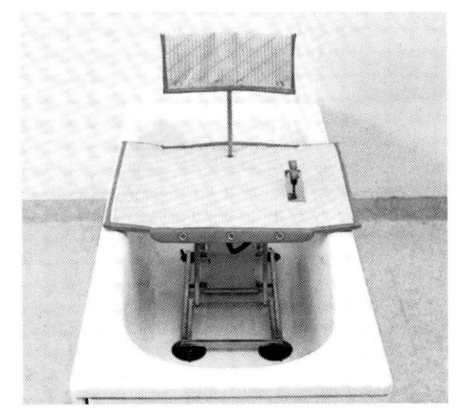

2.8/17

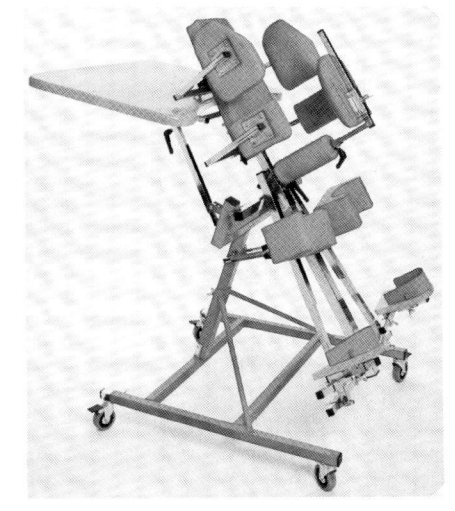

2.8/21

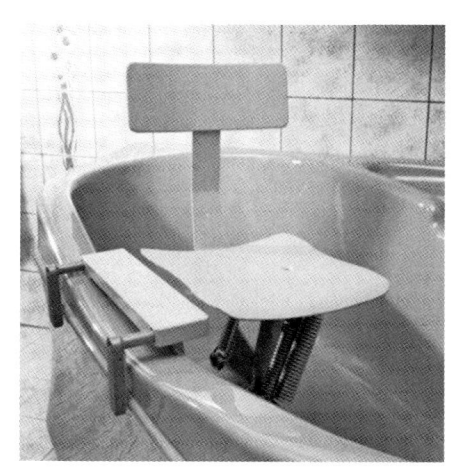

2.8/16 Badewannenrand-Lifter. (Hoyer)

2.8/17+18 Badewannen-Sitzlifter. (Arjo, Ortopedia)

2.8/21+22 Stehgeräte. (Rehatec, Richter)

2.8/19 Badewannen-Sitzlifter. (Aquatec)

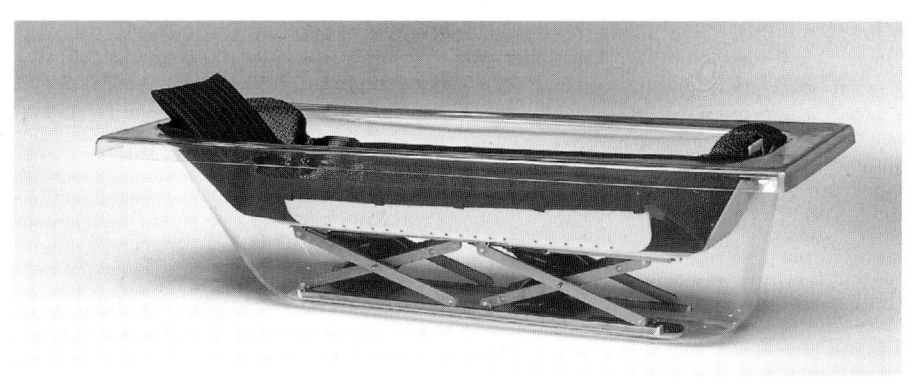

2.8/20 Badewannen-Liegelifter. (Aquatec)

2.9 Der Rollstuhl am Arbeitsplatz und zu Hause

Walter Rohmert
Werner Lesser

Menschen mit Behinderungen, die in besonderer Weise auf den Rollstuhl angewiesen sind, müssen sich mit seiner Eignung am Arbeitsplatz und zu Hause auseinander setzen. Die folgenden Ausführungen sind hierfür eine Hilfe.

2.9.1 Körperliche Einschränkungen von Rollstuhlfahrern
Begrenztheit von Bewegungsraum, Körperkräften, Leistungsfähigkeit, Hand-Arm-Geschicklichkeit

Aussagen zur körperlichen Einschränkung von Rollstuhlfahrern lassen sich bezogen auf den Bewegungsraum und die Geschicklichkeit des Hand-Arm-Schultersystems, bezogen auf die Fähigkeit, Körperkräfte nach außen abzugeben, sowie bezogen auf die allgemeine körperliche Leistungsfähigkeit machen. Dabei muss als Ursache der körperlichen Einschränkung die individuelle Behinderung, die die Verwendung des Rollstuhls erfordert, genannt werden.
Aus der Verwendung des Hilfsmittels selbst resultiert eine Einschränkung der Fähigkeiten im Vergleich zu dem nicht auf einen Rollstuhl angewiesenen Nichtbehinderten. Diese zunächst paradox klingende Feststellung lässt sich leicht nachvollziehen, wenn man sich überlegt, welche Einschränkungen im Kraftleistungsvermögen durch die wenig stabile Positionierung im Rollstuhl gegenüber einer stabilen Sitzposition mit Abstützung über die Beine entstehen.
Auswirkungen auf die Fähigkeiten zur Ausübung beruflicher Tätigkeit können aus allen genannten Bereichen entstehen, sind aber durch die Verwendung geeigneter Hilfsmittel und/oder Durchführung entsprechender Gestaltungsmaßnahmen mehr oder weniger kompensierbar.
Im folgenden werden typischen Krankheitsbildern bei Rollstuhlfahrern die funktionellen Auswirkungen der Behinderung gegenübergestellt.
Schäden und Erkrankungen der Gelenke wie Gelenkentzündungen, Arthrose, Ankylose, Gelenktuberkulose bedingen neben den Einschränkungen der Geh-, Sitz- und Stehfunktion noch folgende funktionale Auswirkungen:
– Einschränkungen im Bewegungsraum
– Einschränkungen der Kraftaufbringungsmöglichkeiten
– Einschränkungen der Hand-Arm-Geschicklichkeit.

Amputationen im Fuß-Beinbereich erfolgen aufgrund von Unfallverletzungen und Durchblutungsstörungen. Die Folgen sind Einschränkungen der Geh- und Stehfunktion, eventuell auch der Sitzfunktion. Zusätzliche Amputationen im Hand-Armbereich bedingen:
– Einschränkungen der Greiffähigkeit
– Einschränkungen der Bewegungsfähigkeit
– Einschränkungen der Kraftleistungsfähigkeit
– Einschränkung der sensorischen Fähigkeit.

Muskelerkrankungen wie Muskeldystrophie, Muskelatrophie sind häufig verbunden mit einer Verringerung der körperlichen Leistungsfähigkeit. Folgende funktionale Auswirkungen treten auf:
– Einschränkung der Bewegungsfähigkeit
– Einschränkung der Kraftleistungsfähigkeit
– Einschränkung der Geh- und Stehfunktion.

Schäden und Erkrankungen der Wirbelsäule wie Arthrose, Bandscheibenschäden, Wirbelsäulenverkrümmung, Spondylosis deformans bedingen Bewegungseinschränkungen beim
– Bücken
– Aufrichten
– Heben
– Tragen.

Einschränkungen im Atemvolumen sowie negative Wirkungen auf die Leistungsfähigkeit des Herz-Kreislaufsystems können mit Wirbelsäulenschäden verbunden sein. Lähmungen von Rumpf und Körperteilen bei Cerebralschäden, Hemiplegie, Paraplegie, Tetraplegie, Multiple Sklerose, Parkinsonsche Krankheit, Poliomyelitis sind abhängig vom Ort und von der Art der Lähmung.
Bei schlaffen Lähmungen ist der betroffene Muskel entspannt. Bei spastischer Lähmung kommt es zu unwillkürlichen, ausdauernden oder wechselnden Spannungszuständen im Muskel. Komplette Lähmungen der Beine und des Rumpfes bedingen Unfähigkeit zum Stehen und Gehen. Spastische Lähmungen sind oft verbunden mit der Atheose, der Unfähigkeit, genau koordinierte Bewegungen ausführen zu können.
Schäden und Erkrankungen des Herz-Kreislaufsystems wie Koronare Herzkrankheit und Herzinfarkt sowie Durchblutungsstörungen der Gliedmaßen: Als funktionale Auswirkungen treten auf:
– Leistungseinbußen und leichtere Ermüdbarkeit bei höherer körperlicher Belastung
– Schwierigkeit, eine Körperhaltung auf Dauer einzunehmen
– Einschränkung der Gehfähigkeit durch ungenügende Sauerstoffversorgung der Muskulatur
– Höhere Empfindlichkeit gegenüber Stressbelastung.

Diese Zusammenstellung zeigt einige der vielfältigen Ursachen und Wirkungen auf, die zur Verwendung des Hilfsmittels Rollstuhl führen können. Wichtig ist gerade bei Betrachtung dieser Personengruppe, dass pauschale Aussagen über die Fähigkeiten zu vermeiden sind.

2.9.2 Anpassung des Rollstuhls an Behinderung und individuelle Eigenschaften des Benutzers
Körpermaße, Funktionseinschränkung

Die Anforderungen, die an den Rollstuhl gestellt werden müssen, der möglichst umfassend seine Funktion erfüllen soll, lassen sich nach folgenden Gesichtspunkten gliedern:
– optimale Anpassungen an individuelle Eigenschaften und Fähigkeiten des Benutzers
– optimale Anpassung an die zu erfüllende Funktion, entsprechend auch seinem bevorzugten Einsatzbereich.

Beide Gesichtspunkte müssen beachtet werden, wenn die optimale Leistungsfähigkeit des Systems angestrebt wird.
Bei der Anpassung an die individuellen Eigenschaften und Fähigkeiten sind folgende Merkmale von hoher Wichtigkeit:
– Körpermaße
– Körpergewicht
– Kraftleistungsfähigkeit des Hand-Arm-Schultersystems
– Bewegungsfähigkeit des Hand-Arm-Schultersystems
– Sonstige Auswirkung der Behinderung.

Bezogen auf die individuellen Körpermaße sind folgende Rollstuhlmaße zu optimieren:
Sitzhöhe im Rollstuhl minimieren!
Ergebnis:
– Gute Unterfahrbarkeit von Tischen
– ergonomisch günstige Armhaltung zur Ausübung der Antriebsfunktion beim Greifreifenantrieb
– niedriger Schwerpunkt des Gesamtsystems, geringe Kippgefahr.

Sitzflächenlänge optimieren durch Anpassung an Oberschenkellänge abzüglich Kniefreiraum von 50 mm.
Ergebnis:
– Gute Abstützung mit gleichmäßiger Druckverteilung auf die Oberschenkel.

Sitzflächenbreite minimieren!
Ergebnis:
– Da die Sitzflächenbreite die Gesamtbreite des Rollstuhls wesentlich beeinflusst, stellt sie häufig eine Engpaßfunktion dar
– Bezogen auf die Antriebsfunktion bewirkt eine Anpassung an die Körperbreite eine Vermeidung von unnötiger statischer Haltearbeit. Auch lässt sich damit ein ausreichend großer Krafteinteilungsweg sicherstellen.

Rückenlehnenhöhe und Form an die Körpermaße anpassen!
Ergebnis:
– Stabile Abstützung bei Antriebsfunktion und bei Kraftaufbringung
– erforderliche Beweglichkeit im Schulterbereich für die Antriebsfunktion sicherstellen
– Unterstützung der Wirbelsäule durch individuell angepassten Lendenbausch.

Armlehne möglichst stufenlos verstellbar!
Ergebnis:
– Gute Abstützmöglichkeit, an Innenmaße von zu unterfahrenden Tischen usw. angepasst. Fußstütze verstellbar bis auf den Boden!
Ergebnis:
– Durch eine Verstellmöglichkeit der Fußstütze bis auf Bodenhöhe wird eine erhöhte Stabilität des Gesamtsystems erreicht. Die Verstellmöglichkeit muss vom Rollstuhlfahrer selbstständig betätigt werden können.

Antriebsradposition variabel, zur Optimierung der Antriebsgeometrie des Greifringrollstuhls! Radachse soll etwa unter dem Lot, das durch das Schultergelenk gefällt wird, liegen!
Ergebnis:
– Vermeidung unnötiger statischer Haltearbeit, Erhöhung der Ausdauer und Verringerung der Beanspruchung.

Bezogen auf das Rollstuhlgewicht soll folgende Optimierung erfolgen:
Rollstuhlgewicht minimieren!
Ergebnis:
– Antriebsaufwand und Transportaufwand für Rollstuhlfahrer und Hilfspersonen verringert sich mit reduziertem Rollstuhlgewicht
– Abhängigkeit zur Verwendung des Rollstuhls ist zu beachten, Gewicht hat großen Einfluss bei Mobilitätsfragen, geringeren Einfluss bei eher stationärer Rollstuhlfunktion.

Bezogen auf die Leistungsfähigkeit des Hand-Arm-Schultersystems soll folgende Optimierung erfolgen:
Antriebssystem an die Leistungsfähigkeit des Hand-Arm-Schultersystems anpassen! Hohe Fähigkeiten kommen am besten bei nach sportlichen Gesichtspunkten ausgelegten Rollstühlen zur Geltung! Geringe Fähigkeiten bedingen Sonderformen des Rollstuhlantriebs, sehr geringe Fähigkeiten sind durch motorischen Antrieb zu kompensieren!
Ergebnis:
– Antriebssystem, das die Fähigkeiten des Rollstuhlfahrers optimal nutzt, fördert und erhält
– Elektroantrieb nur, wenn keine Kraftaufbringung mehr möglich, Antrieb des Rollstuhls beinhaltet wichtige Kreislauftrainingsfunktion bei Rollstuhlfahrern.

Die Berücksichtigung spezieller Probleme kann nur in einem individuellen Beratungs- und Gestaltungsprozess erfolgen.
Spezielle Auswirkungen von Behinderungen wie z.B. Amputationen, Wirbelsäulenverkrümmungen usw. müssen durch entsprechendes Rollstuhlzubehör oder auch durch individuelle orthopädische Anpassungen behandelt werden. Solche Aufgaben werden von den Medizinern, Ergotherapeuten und Orthopädiefachleuten an den entsprechenden Rehabilitationseinrichtungen wahrgenommen.

2.9.3 Anforderungen an die Rollstuhlgestaltung bezogen auf den vorgesehenen Einsatzbereich
Arbeitsbereich, häuslicher Bereich, Freizeit

Die Funktion, die der Rollstuhl zu erfüllen hat, ist der Ersatz der eingeschränkten oder nicht mehr vorhandenen Beinfunktion des Benutzers. Der Rollstuhl deckt somit zwei wesentliche Funktionen ab: die Sitzfunktion und die Transportfunktion.
Die Erfüllung der Anforderung nach hoher Mobilität im Rollstuhl und günstigem Transport des Rollstuhls im Kfz steht konträr zu der Anforderung der Verwendung des Rollstuhls als stabiler, komfortabler Arbeitssitz. Diese Tatsache lässt sich untermauern durch die Auflistung von Einzelmerkmalen, die den Anforderungen zuzuordnen sind.

Anforderungen bezüglich Mobilität sind:
– geringes Gewicht
– kleine Außenmaße
– optimale Antriebs-, Lenk- und Bremsfunktion.

Anforderungen bezüglich Kfz-Transport sind:
– Faltbarkeit
– geringes Gewicht
– kleine Außenmaße im gefalteten Zustand.

Anforderungen bezüglich Sitzfunktion sind:
– stabiler Stand
– feste, gepolsterte Sitzfläche, höhenverstellbar
– feste, gepolsterte, verstellbare Rückenlehne
– Armstütze.

Häufig sind in den Fällen unterschiedlicher, gleichgewichtiger Anforderungen Kompromisse eher ungünstig. Es sollte dann überlegt werden, ob nicht die Beschaffung mehrerer, entsprechend auf den Verwendungszweck zugeschnittener Systeme erfolgen kann.
Der Wunsch nach Ausübung von sportlicher Aktivität im Rollstuhl sollte nicht als einziges Kriterium für die Wahl eines Rollstuhls gelten, da geringes Gewicht oft auch mit verringerter Sitzqualität verbunden ist. Speziell für den beruflichen Einsatzbereich sollte davon ausgegangen werden, dass jedem Rollstuhlfahrer ein eigener, individuell angepasster Arbeitsrollstuhl zur Verfügung gestellt wird. So wie ein nichtbehinderter Arbeitnehmer einen seinen Tätigkeitsanforderungen angepassten Arbeitsstuhl zur Verfügung gestellt bekommt, sollte dies auch für den Rollstuhlfahrer gelten. Damit lassen sich viele Probleme, die aus der mangelnden Anpassung des Privatrollstuhls an Arbeitsplatz und Umgebung resultieren, vermeiden.
Ist der Rollstuhlfahrer infolge seiner Behinderung auf die Verwendung von Elektrorollstühlen angewiesen, liegen veränderte Voraussetzungen vor. Der Elektrorollstuhl bietet meist eine deutlich bessere Sitzqualität als ein üblicher Faltrollstuhl mit Handantrieb.
Prinzipiell ist davor zu warnen, elektrisch angetriebene Systeme einzusetzen, die dem Benutzer nicht die volle benötigte Mobilität gewährleisten.

Folgende Einzelanforderungen gelten über die bei üblichen handangetriebenen Rollstühlen zu beachtenden Anforderungen (vgl. Lesser, 1986) hinaus bei Arbeitsrollstühlen.
Faltbarkeit:
Der Arbeitsrollstuhl muss nur dann faltbar sein, wenn er verladen und transportiert werden muss.
Antrieb:
Greifringantrieb mit Radgröße 24 Zoll. Ist hohe Wendigkeit gefordert, können auch kleinere Antriebsräder zum Einsatz kommen (bis 20 Zoll). Bereifung der Antriebs- und Lenkräder entsprechend dem zu be-

fahrenden Boden bzw. zu überfahrenden Unebenheiten oder Stufen. Hartgummi- oder Kunststoffbereifung bei glatten Böden ohne Stufen günstiger als Luftbereifung. Auch bei Beschädigungsgefahr durch Metallspäne in Produktionsbereichen sinnvoll. Bei Teppichböden, im Freien, bei größeren Unebenheiten oder Stufen ist Luftbereifung erforderlich.

Greifreifen kann bei kurzen Wegstrecken ohne Gefälle mit elastisch verformbaren Bezug versehen werden.

Feststellbremsen mit niedrigen Betätigungskräften zum Anziehen und Lösen, zum Fixieren des Rollstuhls am Arbeitsplatz.

Sitz:
Der Sitz im Arbeitsrollstuhl sollte eine feste, gepolsterte, wasserdampfdurchlässige Sitzfläche aufweisen. Diese Sitzfläche muss eine möglichst gleichmäßige Sitzdruckverteilung ermöglichen, um Schädigungsgefahren durch Sitzdruckgeschwüre (Dekubitus) zu minimieren (vgl. Engel et al., 1986).
Er muss mit einer Befestigungsmöglichkeit für ein individuelles Sitzkissen versehen sein. Seine Höhe sollte verstellbar sein, um individuelle Anpassungen an die Körpermaße vornehmen zu können.

Rückenlehne:
Die Rückenlehne sollte in ihrer Höhe, in ihrem Winkel und, wenn möglich, auch in der Tiefe verstellbar sein. Die optimale Anpassung der Rückenlehne an die Anforderungen aufgrund der Körpermaße, der Behinderung und der Arbeitsaufgabe ist eine Grundanforderung, die meist nur von Elektrorollstühlen geboten wird. Die Veränderungsmöglichkeit der Rückenlehnenneigung kann bei richtiger Wahl des Drehpunktes eine gute Möglichkeit zur Sitzdruckvariation bieten. Dadurch kann auch die Wirbelsäule und die Muskulatur entlastet werden.

Armlehne:
Die höhenverstellbare Armlehne mit Möglichkeit zur vollständigen Absenkung bis auf Sitzflächenhöhe ist eine wichtige Voraussetzung für eine entlastete Körperhaltung bei der Tätigkeit.

Fußstütze:
Die Fußstütze sollte auf den Boden absenkbar sein, um dem Menschen im Rollstuhl eine möglichst hohe Stabilität bei der Ausübung beruflicher Tätigkeit zu gewährleisten.

Elektrorollstuhl:
Elektrisch angetriebene Arbeitsrollstühle sollten nur dann verwendet werden, wenn sie aufgrund der Behinderung benötigt werden. Gerade zur Erhaltung der körperlichen Leistungsfähigkeit des Rollstuhlfahrers ist ein ständiger Trainingsanreiz notwendig, der nicht durch ein Zuviel an technischen Hilfen aufgehoben werden soll. Es ist zu überlegen, ob Funktionen, die durch komplizierte Systeme im Rollstuhl erreichbar sind (z.B. Hubvorrichtungen) nicht besser durch entsprechende Maßnahmen der Arbeitsumgebungsgestaltung realisiert werden sollten (z.B. Hubregale).

Jede technische Maßnahme am Rollstuhl selbst führt zu einer Minderung der Mobilität durch erhöhtes Gewicht oder eine zusätzliche Energiezuführung. Auch erhöht sie die Abhängigkeit von einer auffälligen, die Behinderung herausstreichenden Vorrichtung, die dem Streben nach möglichst unauffälligen technischen Hilfen entgegensteht.

2.9.4 Systemgestaltung für Rollstuhlfahrer
Vorgehensweise, Anforderungen

Unter dem Begriff der Systemgestaltung lassen sich alle Aktivitäten zusammenfassen, deren Ziel es ist, dem Rollstuhlfahrer ein Optimum der Teilnahme am täglichen Leben zu ermöglichen. Wir begrenzen den Begriff Systemgestaltung auf die Gestaltung solcher Funktionen, die durch Maßnahmen der Arbeitsgestaltung oder Ergonomie zu beeinflussen sind. Die Ebene der sozialen und emotionalen Beziehungen soll bei unserer Betrachtung ausgeklammert werden.

Um Verbesserungen erzielen zu können, ist eine wichtige Voraussetzung die Analyse der im Istzustand vorliegenden Situation mit Erfassung aller Mängel und Unzulänglichkeiten. Eine solche Analyse kann durch die einfache Methode der Befragung, durch komplexere strukturierte Methoden der Tätigkeitsanalyse und schließlich auch durch Messen oder sonstiges Erfassen geeigneter Parameter vorgenommen werden. Standardisierte Verfahren zur Analyse der Anforderungen, die die Arbeitsaufgabe beinhaltet, und der Fähigkeiten, die der Behinderte zur Erfüllung der Anforderungen mitbringen soll, liegen in etlichen Variationen vor.

Das ERTOMIS-Verfahren (ERTOMIS GmbH, 1981), das von der gleichnamigen Stiftung entwickelt wurde, bewertet Fähigkeiten und Anforderungen, die sich in sieben Gruppen gliedern lassen:
– obere und untere Gliedmaßen, Kopf- und Rumpfbewegungen
Koordination dieser Bewegungen
– Grund-Haltungen bzw. Bewegungen
– Sinne
– psychisch bedingte Fähigkeiten
– Kommunikationsfähigkeit z.B. Sprechen, Schreiben
– Toleranz von Umgebungseinflüssen bei der Arbeit
– sonstiges z.B. Führungsfähigkeit.

Die Fähigkeiten bzw. Anforderungen werden in einer dreistufigen Skala bewertet, die volle, eingeschränkte und keine Fähigkeit/Anforderung einstuft.

Der Profilvergleich kann über Folien grafisch vorgenommen werden, er liefert die Information der Eignung/Nichteignung von Arbeitsplätzen. Diese Erkenntnisse können als Ausgangsbasis für eine anforderungsgerechte Umgestaltung dienen.
Informationen über die Mittel und Wege und die Art der notwendigen Umgestaltung sind allerdings von diesem Verfahren nicht zu erwarten.

Im Rahmen eines Forschungsvorhabens wurde bei BMW ein Verfahren zur Anforderungs- und Belastbarkeitsanalyse (ABA) entwickelt und eingeführt (Hell et al., 1985).
Dieses Verfahren enthält gleiche Merkmale für Fähigkeiten und Anforderungen. Bezogen auf die unterschiedlichen Anwender im beruflichen Einsatzfeld des Verfahrens wurden drei Teilverfahren entwickelt.
Teil A 1 dient zur Einstufung der Fähigkeiten des Behinderten durch den Betriebsarzt.
Teil A 2 beinhaltet die Beschreibung der Anforderungen der Tätigkeit. Sie werden von den betrieblichen Vorgesetzten oder der Personalabteilung eingestuft.
Teil B wird als Leitfaden zur Überprüfung von präventiven und korrektiven Arbeitsgestaltungsmaßnahmen bezeichnet. Im Rahmen seiner Anwendung können Umgestaltungsmaßnahmen durch den Arbeitsgestalter und vorbeugende Maßnahmen durch den Planer ausgeführt werden.
Es werden insgesamt 30 Merkmale der körperlichen und Sinnesbelastung eingestuft. Die Einstufung erfolgt in vorgegebenen Definitionen, die bereits konkrete Aussagen enthalten.
Vorteil dieses Verfahrens ist eine Erweiterung, die über den bei vielen Verfahren angebotenen Profilvergleich hinausgeht. Beim einfachen Vergleich von Fähigkeits- und Anforderungsprofilen besteht die Gefahr, dass von einer statischen Betrachtungsweise des Arbeitssystems ausgegangen wird. Gestaltungsmöglichkeiten, die in technischer, ergonomischer und organisatorischer Hinsicht bestehen, können bei solchen Verfahren nicht genutzt werden.
Auf der anderen Seite ist durch Übung und Training sowie durch die Nutzung kompensatorischer Fähigkeiten ebenfalls eine Veränderung von Fähigkeiten und Fertigkeiten erreichbar. Die Streubreite, die innerhalb der Beschreibung von Fähigkeiten und Anforderungen vorhanden ist, muss ebenfalls berücksichtigt werden, da eine absolut exakte und vollkommene Beschreibung von Fähigkeiten und Anforderungen von keinem Verfahren geliefert werden kann.
Als gängiges Arbeitsanalyseverfahren, das durch ein behindertenspezifisches Supplement zur Anforderungsermittlung für Behinderte eingesetzt werden kann, ist das arbeitswissenschaftliche Verfahren zur Tä-

tigkeitsanalyse AET zu erwähnen. Dieses Verfahren beinhaltet keine Beurteilungsmöglichkeit der Fähigkeiten von Behinderten. Es liefert eine umfassende Beschreibung des Arbeitssystems sowie eine Aufgaben- und Anforderungsanalyse (vgl. Rohmert; Landau 1979).

Als Konsequenz der Anwendung solcher Methoden zur Analyse erfolgt schließlich die konkrete Arbeitsgestaltung. Während bei nichtbehinderten Arbeitnehmern Arbeitsgestaltung in der Regel auf eine Gruppe oder die Gesamtheit der tätigen Mitarbeiter bezogen ist, müssen bei behinderten Personen andere Maßstäbe gelten. Hier sollte durch eine auf das Individuum bezogene Arbeitsgestaltung eine optimale Anpassung von Arbeitsanforderungen sowie Fertigkeiten und Fähigkeiten erreicht werden. Der Mehraufwand, den diese Art der Arbeitsgestaltung beinhaltet, zahlt sich letztlich aus in einer verbesserten Möglichkeit der Leistungserbringung, in geringeren Fehlzeiten infolge von Überbelastungen und in motivationalen Effekten, die solche Maßnahmen auslösen können.

Nur im Rahmen einer engen Zusammenarbeit zwischen Arbeitsplatzgestalter und Behinderten kann eine der individuellen Schädigung gerecht werdende Anpassung der Arbeitsmittel gewährleistet werden.

Eine standardisierte Form der Arbeitsplatzgestaltung ist aufgrund individueller Schädigungsmerkmale und Fähigkeiten nur bedingt möglich. Mit zunehmender Schwere der Behinderung müssen individuell angepasste Lösungen angestrebt werden, wobei eine Entwicklung mehrerer Varianten erfolgen sollte, die dann gemeinsam mit dem Behinderten beurteilt, ausgewählt und eingeführt werden sollte.

Neben den rein technisch orientierten Arbeitsgestaltungsmaßnahmen sollten auch die Maßnahmen der Arbeitsstrukturierung wie Job-Rotation, Job-Enlargement, Job-Enrichment, Einführung von Gruppenarbeit in die Überlegungen zur Arbeitsgestaltung miteinbezogen werden.

2.9.5 Technische Hilfen für Rollstuhlfahrer am Arbeitsplatz und zu Hause
Auswahlkriterien, Einsatzhilfen

Die Technischen Hilfen, die neben dem Rollstuhl und den in Kapitel 2.9.6 erläuterten Mobilitätshilfen zum Einsatz kommen können, werden entsprechend der von Wieland et al. (1984) vorgeschlagenen Systematik untergliedert in
1. Arbeitshilfen zur Unterstützung der Körperhaltung
2. Arbeitshilfen zur Unterstützung der Körperfortbewegung
3. Arbeitshilfen zur Unterstützung der Körperteilbewegung, Bereitstellung und Handhabung von Arbeitsgegenständen.

Arbeitshilfen zur Unterstützung der Information und Kommunikation sowie spezielle Arbeitshilfen werden hier nicht diskutiert, da sie nicht speziell bei Rollstuhlfahrern zum Einsatz kommen müssen.

Ein wichtiges Arbeitsplatzelement, das den Arbeitshilfen zur Unterstützung der Körperhaltung zuzurechnen ist, ist der Arbeitstisch. Ein Arbeitstisch muss prinzipiell in seiner Höhe auf die individuellen Körpermaße anpassbar sein, wenn er von Rollstuhlfahrern verwendet werden soll. Fischbach (1987) zeigt den derzeitigen Stand des industriellen Angebotes von variablen Arbeitstischen auf. Folgende Regeln wurden als Entscheidungshilfe für die Auswahl des richtigen Arbeitstisches aufgestellt:
– Der Arbeitstisch des Rollstuhlfahrers muss individuell anpaßbar sein.
– Eine mechanische Höhenverstellung ist ausreichend bei gleichartiger Tätigkeit mit konstanter Arbeitshöhe.
– Eine Höhenverstellung mit Fremdantrieb ist notwendig bei Tätigkeiten in unterschiedlicher Arbeitshöhe (z.B. Schreiben von Hand und Schreiben mit Maschine) und bei Tätigkeiten, bei denen der gleiche Arbeitstisch von verschiedenen Personen genutzt wird.
– Der Höhenverstellbereich ist abhängig von Tätigkeit, Körper- und Rollstuhlmaßen der Person(en), die am Arbeitstisch tätig ist (sind).
Anhaltswert: 550-850 mm Verstellbereich, von Fußboden bis Oberkante Tischplatte.
– Es ist in jedem Fall zu überprüfen, ob aufgrund eines speziellen Rollstuhls oder einer speziellen Behinderung dieser Wert eingehalten werden kann oder muss.

Arbeitshilfen zur Unterstützung der Körperfortbewegung umfassen Rollstühle und alle damit verwandten Beförderungsmittel für Behinderte. Eine detaillierte Besprechung dieser Hilfen ist an dieser Stelle nicht sinnvoll, wichtig sind einige Hinweise zu deren Auswahl und Einsatz.

Vor der Beschaffung von technischen Hilfsmitteln, die zur Überwindung der Mobilitätsprobleme von Rollstuhlfahrern dienen sollen, muss abgeklärt werden:
– Erhöht die Technische Hilfe die Selbstständigkeit des Rollstuhlfahrers oder schafft sie neue Abhängigkeiten?
– Lässt sich das Mobilitätsproblem u.U. auch durch organisatorische Veränderungen lösen?
– Schafft die technische Hilfe eine zusätzliche Sonderstellung des Rollstuhlfahrers oder kann sie seine Integration in den Betrieb verbessern?
– Entspricht die technische Hilfe dem Stand der Technik und Ergonomie (TÜV-Gutachten, GS-Zeichen)?
– Liegen positive Erfahrungen anerkannter Organisationen über die technische Hilfe vor? (S. Kapitel 2.9.7)

– Sind individuelle Anpassungen nötig, wenn ja, ist der Hersteller/Vertreiber zu deren Durchführung in der Lage oder gibt es andere kompetente Umrüster?

Die Arbeitshilfen zur Unterstützung der Körperteilbewegungen beinhalten Hilfsmittel, die gerade für Rollstuhlfahrer am Arbeitsplatz und zu Hause wesentliche Erleichterungen bringen können.

Der eingeschränkte Bewegungsbereich des Rollstuhlfahrers lässt sich am einfachsten ausgleichen, wenn die zu handhabenden Gegenstände mechanisch/elektrisch/hydraulisch in den Bewegungsraum des Menschen gebracht werden.

Bezogen auf die jeweilige Tätigkeit sind entsprechende Geräte oder Funktionselemente vorhanden, die hier sinnvollerweise eingesetzt werden können.

Im Haushaltsbereich werden höhenverfahrbare Küchen- und Schrankelemente angeboten, die eine Bedienung und Handhabung nach der Positionierung in die entsprechende Arbeitshöhe ermöglichen.

Bezogen auf den Bürobereich lassen sich z.B. durch Paternosterregale oder Karteilifter ähnliche Ergebnisse erzielen. Diese Geräte haben zudem den Vorteil, dass auch für Nichtbehinderte belastende Tätigkeit verringert oder abgebaut werden kann.

Für den Produktionsbereich existiert eine große Vielfalt an sog. Bereitstellgeräten, die auch für Rollstuhlfahrer Verwendung finden können.

2.9.6 Rollstuhlverladung und Kfz-Einstieg
Auswahl geeigneter Verfahren, Fahrzeuge und Hilfsmittel

Das Ein- und Aussteigen in den eigenen Pkw mit dem damit erforderlichen Verladen des Rollstuhls ist eine für den Rollstuhlfahrer in der Regel hoch belastende Tätigkeit. Insbesondere das Aufbringen der Kräfte zum Hereinziehen des Rollstuhls in das Fahrzeug liegt mit 100-200 N schon im Bereich der in dieser Körperhaltung aufbringbaren statischen Maximalkraft.

Aufgrund der Erfahrungen von Rollstuhlfahrern haben sich typische Einstieg- und Verladetechniken entwickelt, die man bestimmten Behinderungsarten zuordnen kann.

1. Auf der Fahrerseite steigen Rollstuhlfahrer mit Schädigungen im Lendenwirbelsäulenbereich und im Bereich der Beine ein.
2. Auf der Beifahrerseite steigen Rollstuhlfahrer mit eher höherem Behinderungsgrad ein. Sie wechseln von dort auf den Fahrersitz und ziehen den Rollstuhl dann hinter den Beifahrersitz.

Als Problembereiche müssen bei der Auswahl eines geeigneten Fahrzeugs beachtet werden:

– Erschwerung des Überrutschens von der Beifahrerseite zur Fahrerseite durch Mittelkonsole?
– Stören nichtabnehmbare Kopfstützen der Rückenlehne die Verladung des Rollstuhls?
– Ist der Raum zwischen Vorder- und Rücksitz groß genug, um den Rollstuhl aufnehmen zu können?
– Führen offen laufende Sicherheitsgurte zum Verhaken des Rollstuhls?
– Sind zusätzliche Haltegriffe zur besseren Fixierung beim Verladen anbringbar?
– Ist der Türschweller behindernd beim Ein- und Ausladen infolge von Höhe und Form?

Für Rollstuhlfahrer, die Probleme beim Einstieg und bei der Rollstuhlverladung haben, existiert ein großes Angebot zusätzlicher Hilfsmittel. Eine Auflistung dieser Hilfen mit dem Einsatzbereich kann als erstes Vorauswahlkriterium verwendet werden. Im Einzelfall muss, genau wie beim Kauf eines Kfz, eine Erprobung vor Ort erfolgen, um die Wirksamkeit und den Nutzen des Hilfsmittels individuell festzustellen.

1. Einstiegshilfen
– Rutschbrett kann Kraftaufwand beim Umsteigen verringern
– Schwenksitz verbessert Einstiegsmöglichkeit in das Fahrzeug und erleichtert Rollstuhlverladung
– Autolifter zum Heben des Rollstuhlfahrers von Rollstuhl in das Fahrzeug durch Fremdperson
– Aufstehhilfe durch Anheben der Sitzfläche und Nachaußenschwenken des Fahrzeugsitzes.

2. Rollstuhlverladehilfen
– Rollstuhllifter hebt Rollstuhl in Fahrgastraum oder Kofferraum des Fahrzeugs. Bei Gurt- oder Seilzug kann Rollstuhl nur eingeladen werden
– Rollstuhldachlifter hebt Rollstuhl vollautomatisch in Dachbox. Veränderung der Pkw-Höhe
– Teleskopschiebetür zur Erleichterung der Rollstuhlverladung. Elektromotorischer Antrieb und automatische Verriegelung.

3. Kombinierte Systeme
– Verwendung eines Rollstuhls als Fahrersitz, entweder Einfahren in das Fahrzeug durch Hecktür oder Einschwenken des Rollstuhls ohne Räder in das Fahrzeug.
Folgende Anforderungen sollten bei der Beschaffung von solchen Systemen berücksichtigt werden:
– Abstimmung der Funktion auf individuelle Behinderung
– Fahrsicherheit muss gewährleistet bleiben
– keine Behinderung beim Fahrvorgang
– TÜV-Genehmigung

– einfache, reversible Montage, wartungsfreundlich
– geringes Bauvolumen
– witterungsunabhängige Funktion
– keine wesentliche Veränderung am Serienfahrzeug
– Ausstieg bzw. Verladen auch bei Geräteausfall möglich
– Bedienung einfach und in ergonomisch günstiger Weise möglich.

Eine gute Möglichkeit zur Informationsbeschaffung stellen die regelmäßig stattfindenden Ausstellungen von technischen Hilfen für Behinderte dar. Dort lassen sich neu entwickelte Geräte begutachten und meist auch direkt erproben. Die Fachwerkstätten, die sich auf die Kfz-Ausstattung für Behinderte spezialisiert haben, bieten ebenfalls solche Erprobungsmöglichkeiten an.

2.9.7 Information und Beratung zur Lösung von Gestaltungsproblemen am Arbeitsplatz, zum Arbeitsweg und zu Hause
Hinweise auf Institutionen und Literatur

Im deutschen Sprachraum liegen zwei Veröffentlichungen vor, die umfassende Informationen über Technische Hilfsmittel für Behinderte beinhalten.
Die von der Stiftung Rehabilitation (1986) in Heidelberg herausgegebene Informationssammlung „Technische Hilfen für Behinderte" bietet aktuelle Hinweise zu den Themen:
– Haushalt, Alltag/Mahlzeiten/Kleidung
– Körperpflege
– Kommunikation
– Geh- und Mobilitätshilfen
– Fahrgeräte, Rollstühle
– Auto und Verkehr
– Physiotherapie/Ergotherapie/Freizeit/Sport
– Möbel
– Bauen, Wohnen
– Arbeitsplatz, Ausbildung.

Die gleiche Stelle erteilt auch individuelle Auskünfte auf Anfrage.
Von der Bundesanstalt für Arbeitsschutz wurde das von Wieland et al. (1984) verfasste Handbuch technischer Arbeitshilfen zur Arbeitsgestaltung „Arbeitsplätze für Behinderte" herausgegeben. Dieses Handbuch enthält Informationen zu den Themen:
– Arbeitshilfen zur Unterstützung der Körperhaltung
– Arbeitshilfen zur Unterstützung der Körperfortbewegung
– Arbeitshilfen zur Unterstützung der Körperteilbewegungen
– Arbeitshilfen zur Unterstützung der Information und Kommunikation
– Spezielle Arbeitshilfen.

Diese Informationssammlung ist speziell für die Bedürfnisse der Arbeitsgestaltung für Behinderte ausgelegt. Die Sammlung der Hilfsmittel deckt weitgehend den Informationsbedarf der Arbeitsgestaltung für Industrie- und Verwaltungstätigkeiten ab. Die dort genannten Hilfsmittel sind in vielen Fällen auch für Nichtbehinderte verwendbar als Bestandteil von ergonomisch optimierten Arbeitsplätzen.
Beratende Funktionen werden ausgeübt von den in Rehabilitationsfragen zuständigen Kostenträgern.
Unfallversicherungsträger werden tätig bei Berufsunfällen, Berufskrankheiten, Unfällen beim Besuch von Kindergarten, Schule, Hochschule.
Die Bundesanstalt für Arbeit fördert Aufwendungen, die für eine behinderungsgerechte Ausgestaltung des Arbeits- oder Ausbildungsplatzes zusätzlich erforderlich sind. Sie unterhält zu diesem Zweck bei allen größeren Arbeitsämtern ein Netz von Technischen Beratern, die sich um technische und organisatorische Arbeitsgestaltungsmaßnahmen bei der beruflichen Eingliederung von Behinderten kümmern.
Die Hauptfürsorgestellen nehmen die begleitende Hilfe im Arbeits- und Berufsleben für Schwerbehinderte wahr.
Der Technische Beratungsdienst der Hauptfürsorgestellen ist der Ansprechpartner für Arbeitsgestaltungsprobleme Behinderter im Arbeitsleben. In enger Zusammenarbeit mit den betrieblichen Verantwortlichen (Beauftragte des Arbeitgebers, Vertrauensleute für Schwerbehinderte, Betriebs- oder Personalrat) leistet er Beratung bei Personaleinsatzproblemen von Behinderten, Einsatz von technischen Hilfen am Arbeitsplatz, Umsetzungs- oder Umschulungsmaßnahmen.
Die einzelnen Hauptfürsorgestellen bieten Schulungs- und Informationsveranstaltungen an, in denen den betrieblichen Verantwortlichen das für ihre Tätigkeit notwendige Wissen vermittelt wird. Diese Weitergabe von Fachwissen erfolgt auch über die Veröffentlichung von entsprechender Literatur.
So enthalten die vom Landschaftsverband Rheinland – Hauptfürsorgestelle – in Köln herausgegebenen Mitteilungen Informationen über gesetzliche Regelungen und auch konkrete Hinweise zur Arbeitsgestaltung, wie die von Spieler et al. (1985) verfasste Broschüre „Variable Arbeitsplätze für Behinderte und Nichtbehinderte 1. im Bürobereich".
Moderne Methoden der Informationssammlung und Weitergabe sind Datenbanken, die auf Abruf aktuelle Informationen aus den betreffenden Wissensgebieten zur Verfügung stellen.

Am Institut der deutschen Wirtschaft in Köln wird ein Informationssystem zur Un-

terstützung der Integration von Behinderten in die Arbeitswelt in Form der Datenbank REHADAT entwickelt. Diese Datenbank soll außerhalb der Betriebe von Mitarbeitern der Arbeitsämter, Hauptfürsorgestellen, Berufsgenossenschaften, Rehabilitationseinrichtungen genutzt werden können. In den Betrieben sind die Schwerbehindertenvertrauensleute, Arbeitsgestalter und Ergonomen, Betriebsmediziner, Mitarbeiter des Personalwesens und Personal- und Betriebsräte als Adressatenkreis vorgesehen. In dieser Datenbank werden folgende Informationen gesammelt und angeboten:
- Analyseverfahren zum Anforderungs-/Fähigkeitsvergleich
- Praxisbeispiele für behindertengerechte Arbeitsplatzgestaltungsmaßnahmen
- technische Arbeitshilfen für Behinderte
- gesetzliche Bestimmungen, Förderungsrichtlinien
- Rechtsprechung
- Aus- und Weiterbildungsmöglichkeiten
- staatliche und private Rehabilitationsinstitutionen
- Schulungsseminare
- Medienangebote zum Thema Rehabilitation.

Die gleiche Institution gibt zum Thema Arbeitsplatzgestaltung für Behinderte ein Info-Paket heraus (Istanbuli/Lesser, 1987), in dem viele betriebliche Beispiele der behindertenbezogenen Arbeitsgestaltung dargestellt sind.
Neben den hier genannten Institutionen sei noch auf die große Zahl der Behindertenorganisationen und Verbände verwiesen, die als Ansprechpartner zur Verfügung stehen. Adressen können z.B. dem von Hale (1981) herausgegebenen „Handbuch für Körperbehinderte" entnommen werden. In dieser Veröffentlichung finden sich im übrigen viele Hinweise zur Bewältigung der Probleme des Alltags von Behinderten.

3.0 Planungshinweise

Wohnwert, Qualitätsdiagnose von Einrichtungen der Altenhilfe, Wohnform, Neue Wohnformen für betagte und behinderte Menschen, Betreutes Wohnen, Wohnungen für blinde und sehbehinderte Menschen, anpassbares Bauen in den Niederlanden und barrierefreier Wohnungsbau in der Bundesrepublik Deutschland sind die Themen der folgenden ausführlichen Erörterungen.

3.1 Wohnwert

Axel Stemshorn

3.1.1 Einleitung
Was verstehen Menschen mit Behinderungen, gemeint sind vor allem Rollstuhlbenutzer und Betagte, unter dem Wort „Wohnwert"? Dieser in der Literatur verschieden definierte Begriff hat für Menschen mit Behinderungen die Bedeutung „Wert einer Wohnung" oder „was ist an dieser Wohnung für mich wertvoll". Auf diese Fragestellung wird er mit einer Aufzählung von Eigenschaften antworten, die sich z.B. in folgende Punkte gliedern lassen:
unabdingbare Eigenschaften, die z.B. seiner Behinderung entsprechen: ausreichende Raumgrößen, ausreichende Ausstattung ... usw.
und **wünschenswerte** Eigenschaften, die zur Verwirklichung seiner individuellen Belange notwendig sind: günstige Lage in der Stadt, zu Parkanlagen ... usw.
Wegen solcher, unterschiedlicher Eigenschaften kann der Wohnwert für Menschen mit Behinderungen nicht als allgemeine feste Größe definiert werden. Die betroffenen Personen müssen daher aus einer Reihe von Eigenschaften die für sie entscheidenden auswählen, vgl. auch Wohnmedizinische Checkliste der Deutschen Gesellschaft für Wohnmedizin e.V.
Wenn neben Wohnen auch eine Berufstätigkeit innerhalb der Wohnung ausgeübt werden muss, muss man sich fragen, welche Bedürfnisse überhaupt im Wohnbereich befriedigt werden. Hierbei ist zu bemerken, dass gerade bei behinderten Menschen mit geringen Bewegungsfähigkeiten die Wohnung zum primären Bereich, die Wohnung zur Selbstverwirklichung und die Wohnqualität zur Wohnlebensqualität wird (vgl. Kap. 4.3).
Die folgende Auflistung Bedürfnisbefriedigung durch Wohnen (vgl. dazu Malke und Schwarte 1985) erläutert dies:
Streben nach Sicherheit, Schutz und Geborgenheit;
Wunsch nach Beständigkeit und Vertrautheit;
Räumlicher Rahmen für die Möglichkeiten der Selbstverwirklichung;
der Wunsch nach Selbstdarstellung und Demonstration des sozialen Status;

Bedürfnis nach selbstgewählten Kontakten und Kommunikationen.

Im folgenden wird als Modellfall davon ausgegangen, dass z.B. einem Rollstuhlbenutzer auf dem Wohnungsmarkt eine Wohnung angeboten wird und er will diese Wohnung hinsichtlich des Wohnwertes beurteilen. Ausgehend von den Angaben in DIN 18025 Teil 1 und Teil 2 ergeben sich weitere Gesichtspunkte für den Inneren Wohnwert – die Wohnung selbst – und den Äußeren Wohnwert – die Wohnumgebung.

In den Vorbemerkungen zu DIN 18025 Teil 1 und Teil 2 wird ausdrücklich darauf hingewiesen, dass alle zur Wohnung gehörenden Räume und alle den Bewohnern der Wohnanlage gemeinsam zur Verfügung stehenden Räume gemeint sind. Mit dem Begriff Wohnanlage ist der nähere Bereich der Wohnumgebung gemeint.

3.1.2 Gesichtspunkte zur Beurteilung des Inneren Wohnwertes

Im folgenden werden einige der wichtigsten Gesichtspunkte genannt, anhand derer der Innere Wohnwert beurteilt werden kann.

3.1.2.1 Mindestbemessung der Räume und besondere Raumgrößen (vgl. DIN 18025 Teil 1) im Hinblick auf
Eingangsbereich
Wohnraum
Wohnraum mit Essplatz
Küche mit Essplatz
Sanitärraum, Schlafraum, Arbeitsplatz und Platz zur Freizeitgestaltung des behinderten Menschen
Abstellraum
Loggia
Therapieraum
günstige Türenanordnung und lichte Durchgangsbreite
günstige Fensteranordnung
günstige Anordnung der Bewegungsflächen und deren Mindestbemessung
günstige Raumform
günstige Bemessung der Stellflächen (bei besonderen und sehr großen Einrichtungsgegenständen)
ausreichenden Platz zum ungestörten Zusammenleben mit weiteren Familienmitgliedern
günstige Lage der Räume zueinander
u.a.m.

3.1.2.2 Mindesteinrichtung der Räume und zusätzliche Einrichtung (vgl. DIN 18025 Teil 1) im Hinblick auf
sanitäre Installation in Küche und Bad
Starkstromanlagen
Fernmeldeanlagen
Alarm- und Sicherungsmaßnahmen
Heizung, Anordnung der Heizkörper
Lüftung in Sanitärraum, Küche
Beleuchtung mit künstlichem Licht
Bodenaufbau und -belag
Wandbelag, Widerstandsfähigkeit
Montage von Haltegriffen
Decke, Montage von Schienen
Bedienung der Fenster und Rolläden
Bedienung der Innen- und Außentüren
vielfältige Nutzung der Räume
Nutzung der Loggia (Heizung, Beleuchtung, Sichtschutz, Windschutz) u.a.m.

3.1.2.3 Mindestbemessung der Stellflächen für die Einrichtungsgegenstände (vgl. DIN 18025 Teil 1) und zusätzliche Stellflächen im Hinblick auf
besondere Einrichtungsgegenstände, die der Lebens- und Arbeitsweise des Menschen mit Behinderungen und seinem Greifbereich besonders angepasst sind
besonders große Einrichtungsgegenstände
vielfältige Einrichtungsmöglichkeiten, dazu
günstige Anordnung der Türen
günstige Anordnung der Fenster
günstige Anordnung der Heizkörper
u.a.m.

3.1.2.4 Mindestbemessung der Bewegungsflächen (vgl. DIN 18025 Teil 1) und größere Bewegungsflächen im Raum bei Einrichtungsgegenständen
Bewegungsflächen für den Rollstuhl
vor und hinter den Türen
in Fluren
im Sanitärraum
zur Bedienung der Einrichtungsgegenstände
in kleinen Räumen (Abstellraum)
im Schlafraum
im Wohnraum
bei verschiedener Nutzung der Räume
u.a.m.

3.1.2.5 Mindestbemessung der Abstände (vgl. DIN 18025 Teil 1) und größere Abstände
zwischen den Einrichtungsteilen und den Wänden
zum Unterfahren von Arbeitsflächen, Waschbecken u.a.m.

3.1.2.6 Mindestwerte für den Wärmeschutz und besserer Wärmeschutz im Hinblick auf
eine exponierte Lage der Wohnung gegenüber Witterungseinflüssen
eine exponierte Lage der Wohnung im Gebäude, z.B. Erdgeschoss oder Dachgeschoss u.a.m.

3.1.2.7 Mindestwerte für den Schallschutz und besserer Schallschutz im Hinblick auf
Lärmeinwirkung von außen (Verkehrslärm)
Lärmeinwirkung aus dem Haus und durch seine Bewohner
Lärmeinwirkung aus Installationen (Wasserleitung) u.a.m.

3.1.3 Gesichtspunkte zur Beurteilung des Äußeren Wohnwertes

Im folgenden werden einige der wichtigsten Gesichtspunkte genannt, anhand derer ein Mensch mit Behinderung den Äußeren Wohnwert beurteilen kann.

3.1.3.1 Zugang zur Wohnung (vgl. DIN 18025 Teil 1)
Stufenloser Zugang vom Hauseingang zur Wohnung
Aufzug mit entsprechenden Maßen und Einrichtung
Rollstuhlabstellplatz außerhalb der Wohnung evtl. mit Ladegerät-Anschluss
Mindestbewegungsflächen in Fluren und vor Türen
Beleuchtung mit künstlichem Licht u.a.m.

3.1.3.2 Zugang zum Haus (vgl. DIN 18025 Teil 1)
Stufenloser Zugang zum Haus
6 %-Rampe mit Podesten am Anfang, am Ende und evtl. mit Zwischenpodesten
Wetterschutz – eisfrei
wettergeschützter Zugang, auch von der Garage zum Haus
Beleuchtung mit künstlichem Licht
automatischer Türöffner u.a.m.

3.1.3.3 Zufahrt zum Haus (vgl. DIN 18025 Teil 1)
Stellplatz beim Hauseingang
Garage mit gedecktem Zugang zum Hauseingang
Heizung in der Garage
Automatische Garagentorsteuerung
u.a.m.

3.1.3.4 Freisitz
Freisitz als Loggia, Balkon, Terrasse
Sichtschutz
Wind- und wettergeschützt
Himmelsrichtung
vielfältige Nutzung
Ausblick
Heizung, Beleuchtung mit künstlichem Licht
Lärm von außen

3.1.3.5 Äußere Einflüsse und Wohnumgebung
Ausblick auf erlebnisreiche Wohnumgebung
Himmelsrichtung, Windanfall
Verbauung durch gegenüberliegende Gebäude
Geruchsbelästigung
Lärm von außen
Besonnung u.a.m.

3.1.3.6 Das Erreichen der näheren Umgebung (vgl. DIN 18025 Teil 1 + 2, DIN 18024 und EAE 85)
Ebene Gehwege
abgesenkte Bordsteine
Fußgängerüberwege (Schutzinseln)

niveaugleich mit der Verkehrsstraße
Fußgängerüberwege, auch als Unter- oder Überführung mit dem Rollstuhl befahrbar
rollstuhlgeeignete Fernsprechstelle
Zugang zu den Geschäften für den täglichen Bedarf
Erreichen des Arbeitsplatzes u.a.m.

3.1.3.7 Das Erreichen der weiteren Umgebung (vgl. DIN 18024 und EAE 85)
Mit dem Rollstuhl
mit dem eigenen Pkw
Erreichen des Arbeitsplatzes
Zugang zu Gebäuden
Bewegungsfreiheit innerhalb der Gebäude
Zugang zu Anlagen, Bewegungsfreiheit innerhalb der Anlagen
rollstuhlgeeignete Fernsprechstellen
rollstuhlgeeignete Bedürfnisanstalten
u.a.m.

3.1.3.8 Entfernungen
Wie weit sind Geschäfte für den täglichen Bedarf und für andere Dienstleistungseinrichtungen entfernt: z.B. Arzt, therapeutische Einrichtungen, Apotheke, Rechtsanwalt
wie weit sind Verwandte und Bekannte entfernt
wie weit sind Haltestellen öffentlicher Verkehrsmittel entfernt.

3.1.4 Beurteilung des Wohnwertes

In erster Linie soll ein Mensch mit Behinderungen, z.B. ein Rollstuhlbenutzer, selbst in die Lage versetzt werden, eine ihm angebotene Wohnung im Hinblick auf den Wohnwert zu beurteilen. Das ist für ihn dann schwer, wenn er mit der Behinderung zum ersten Mal das Krankenhaus verlässt. In diesem Fall müssen die Angehörigen oder andere Personen in stärkerem Maße mitwirken. Dem Rollstuhlbenutzer ist eine Beurteilung dagegen leichter möglich, wenn er vor einem Umzug steht oder wenn er eine Wohnung kaufen möchte, weil er sich schon vorher kritisch mit dem Wohnwert auseinander gesetzt hat. Dem Kauf einer Wohnung müssen eine besonders sorgfältige Prüfung anhand der Verkaufsunterlagen und möglichst eine Ortsbesichtigung vorausgehen. Die genannten Gesichtspunkte für den Inneren und Äußeren Wohnwert sind nicht vollständig; für eine erste Beurteilung reichen sie aus. Weitere Gesichtspunkte erfährt der Rollstuhlbenutzer, indem er auf die DIN 18024 und 18025 oder auf die Ausführungen in den Kapiteln dieses Buches zurückgreift oder indem er eigene besondere Anforderungen, die sich aus seiner Behinderung ergeben, zu Grunde legt. Auch ein Stadtplan, Erkundigungen oder Ausflüge in die nähere und weitere Umgebung seiner künftigen Wohnung bieten neue Aspekte.

3.1.5 Behindertengerecht oder behindertenfreundlich?

Während der Begriff „behindertengerecht" eindeutig durch DIN 18 024 und DIN 18025 Teil 1 definiert ist, wird zunehmend auch der Begriff „behindertenfreundlich" vorgetragen. Untersuchungen haben ergeben, dass sog. „behindertenfreundliche Wohnungen" bei gleichgroßen finanziellen Aufwendungen in viel größerer Zahl gebaut werden können als „behindertengerechte Wohnungen" nach DIN 18025 Teil 1 und dass dadurch wesentlich mehr Menschen mit Behinderungen geholfen werden kann.

Der Begriff „behindertenfreundliche Wohnung" kann DIN 18025 Teil 2 zugeordnet werden. Der Titel dieser Norm lautet: Barrierefreie Wohnungen, Planungsgrundlagen.

Und im Vortext zu dieser Norm heißt es: „Die Wohnungen müssen für alle Menschen nutzbar sein. Die Bewohner/innen müssen in die Lage versetzt werden, von fremder Hilfe weitgehend unabhängig zu sein. Das gilt insbesondere für
– Blinde und Sehbehinderte
– Gehörlose und Hörgeschädigte
– Gehbehinderte
– Menschen mit sonstigen Behinderungen
– ältere Menschen
– Kinder, klein- und großwüchsige Menschen.

Damit ist zum ersten Mal der Begriff „behindertenfreundlich" nach DIN 18025 Teil 2 definiert und insofern auch im Hinblick für den Wohnungsbau für Betagte festgelegt (siehe Anhang DIN 18025 Teil 2).

3.1.6 Wohnungsgröße

3.1.6.1 Begriffsbestimmung
Unter dem Begriff Wohnungsgröße ist eine messbare Quadratmeter-Angabe (m^2) zu verstehen, die die Wohnfläche und Nutzfläche je Wohnung zusammenfaßt. Ebenso wird ein Bezug im Hinblick auf die Personen- oder Raumzahl einer Wohnung zum Ausdruck gebracht. So ist zum Beispiel die Wohnungsgröße für den Rollstuhlbenutzer einer der wichtigsten Gesichtspunkte zur Beurteilung einer Wohnung. Dieser Gesichtspunkt ist bereits oben unter „Wohnwert" angesprochen worden bei der Mindestbemessung der Räume, der Stell- und Bewegungsflächen sowie der Abstände.

Bei der Berechnung der Wohnfläche sind DIN 283 und die II. Berechnungsverordnung zu berücksichtigen.

In den einzelnen Ländern bestehen unter Umständen noch weitere Vorschriften. Auf die zusätzliche Wohnfläche, die eine Erhöhung um ca. 15 m^2 bedeutet, wird hingewiesen.

Wohnungen in Gebäuden nach Wohnfläche – Bundesgebiet – 1000

Jahr	Wohnungen insgesamt	Wohnungen mit einer Wohnfläche von ... m^2					Wohnfläche je Wohnung in m^2
		unter 40	40 bis unter 60	60 bis unter 80	80 bis unter 100	100 oder mehr	
1965[1]	...	Angaben liegen nicht vor					69
1968[2]	...	19 640,2	2 238,2	5 551,4	5 719,7	3 073,5	3 057,4	71
1972[1]	...	20 965,6	2 168,5	5 182,1	6 102,3	3 629,2	3 883,5	74
1978[1]	...	21 737,9	1 722,5	4 551,5	6 167,1	4 197,4	5 099,4	79
1980[3]	...	22 777,7	1 549,9	4 582,3	6 298,4	4 421,8	5 925,3	82
1982[3]	...	23 213,2	1 549,0	4 529,7	6 358,0	4 481,7	6 294,8	82
1985[3]	...	23 222,0	1 408,6	4 376,1	6 283,6	4 473,7	6 680,0	84
1987[2]	...	26 279,5	Detail-Angaben liegen noch nicht vor					86

1 1 %-Stichprobe; 1978: Bewohnte Wohneinheiten in nicht landwirtschaftlichen Wohngebäuden
2 Totalzählung
3 Mikrozensus-Ergänzungserhebung; bewohnte Wohneinheiten in Wohngebäuden
Quelle: Statistisches Bundesamt, Wiesbaden

Jahr		Wohnungen insgesamt	Wohnungen mit einer Wohnfläche von ... m^2					Wohnfläche je Wohnung in m^2
			unter 40	40 bis unter 60	60 bis unter 80	80 bis unter 100	100 oder mehr	
1987	BRD	26 183,860	–	–	–	–	–	86,1
	DDR	6 963,461	–	–	–	–	–	63,9
1988	BRD	26 375,123	–	–	–	–	–	86,2
	DDR	7 001,964	–	–	–	–	–	64,1
1989	BRD	26 598,269	–	–	–	–	–	86,4
	DDR	7 002,539	–	–	–	–	–	64,3
1990	BRD	26 839,344	–	–	–	–	–	86,5
	DDR	7 016,977	–	–	–	–	–	64,4
1991	BRD	27 139,117	–	–	–	–	–	88,6
	ehem. DDR	7 034,464	–	–	–	–	–	64,4

Quelle: Statistisches Bundesamt, Zweigstelle Berlin

3.1.6.2 Statistische Angaben
Nach den letzten Gebäude- und Wohnungszählungen von 1965-1987 ergibt sich für die Wohnungsgröße nach Wohnfläche folgendes Bild (siehe Tabelle „Wohnungen in Gebäuden nach Wohnfläche"):
Die durchschnittliche Wohnfläche betrug 1965 69 m^2 und 1987 86 m^2.
Es ist erkennbar, dass die Wohnungen durchschnittlich größer geworden sind. Auch lässt sich ablesen, dass die Wohnungen unter 40 m^2 und zwischen 40 und 60 m^2 zahlenmäßig abgenommen, die Wohnungen mit durchschnittlichen Wohnflächen von 60-100 m^2 und mehr m^2 deutlich zugenommen haben. Diese Steigerung ist auch im Zusammenhang mit der Flächenzunahme der Sanitär- und Hauswirtschaftsräume zu sehen.

3.1.6.3 Wohnungen für Rollstuhlbenutzer
Über die Wohnungsgröße dieser Wohnungen ist in DIN 18025 Teil 1 im einleitenden Text folgendes ausgesagt: Rollstuhlbenutzer/innen – auch mit Oberkörperbehinderungen – müssen alle zur Wohnung gehörenden Räume und alle den Bewohnern der Wohnanlage gemeinsam zur Verfügung stehenden Räume befahren können. Sie müssen grundsätzlich alle Einrichtungen innerhalb der Wohnung und alle Gemeinschaftseinrichtungen innerhalb der Wohnanlage nutzen können. Sie müssen in die Lage versetzt werden, von fremder Hilfe weitgehend unabhängig zu sein.

Empfehlung:
Benachbarte, nicht für Rollstuhlbenutzer bestimmte Wohnungen sowie alle den Bewohnern der Wohnanlage gemeinsam zur Verfügung stehenden Räume und Einrichtungen sollen neben den Anforderungen nach DIN 18025 Teil 1 den Anforderungen nach DIN 18025 Teil 2 entsprechen.

Auch die in der alten Norm eingangs vorgetragene Formulierung hat ihre Richtigkeit.
Aus DIN 18025 Blatt 1 Januar 1972:
"Haushalte, denen ein Rollstuhlbenutzer angehört, haben einen größeren Wohnflächenbedarf als vergleichbare Normalhaushalte. Im wesentlichen sind größere, dem Wendekreis des Zimmerrollstuhls entsprechende Bewegungsflächen erforderlich. Außerdem sind einige der in DIN 18011 und DIN 18022 festgelegten Mindeststellflächen breiter zu bemessen, da der Stauraum, der sich aufgrund der Mindeststellflächen nach DIN 18011 bzw. DIN 18022 ergibt, vom Rollstuhlbenutzer infolge seines geringen Greifbereichs nicht voll genutzt werden kann. Daneben ist eine Reihe besonderer Grundriß- und Ausstattungsmerkmale zu beachten, die dem Behinderten das Wohnen und Wirtschaften erleichtern."

3.1.6.3.1 Wohnungsgrößen-Vergleich zwischen Wohnungen für Rollstuhlbenutzer und Nichtbehinderte
Ein Wohnungsgrößen-Vergleich dieser Art interessiert z.B. dann, wenn ein Behinderter den Antrag auf Bezuschussung für einen Umbau oder den Erwerb einer Wohnung stellt. Im Gutachten müssen die Mehrkosten aufgrund der Behinderung nachgewiesen werden. Diese Mehrkosten betreffen einmal den Einbau besonderer und deutlich als solche erkennbarer Hilfsmittel, z.B. einen Aufzug, und die weniger klar erfassbare Mehrfläche (vgl. auch Kap. 7.0 Umbaumaßnahmen bei Wohnungen).
Ein vergleichbares Ergebnis für den einzelnen Fall erhält man, wenn dieselbe Wohnung für den Behinderten mindestens nach DIN 18025 Teil 1 und für einen Nichtbehinderten geplant wird oder bereits besteht.
Gutachten könnten auf zwei Arten aufgebaut werden:
1. Der vorhandene Umbaute Raum in m^3 der Wohnung oder des Wohnhauses wird mit einem Umbauzuschlag entsprechend der Behinderung versehen. Dies ergibt dann eine überschlägige Kostenschätzung, was der Umbau der Wohnung oder des Hauses kosten würde. Nicht erfasst sind die zum Außenbereich der Wohnung, der Wohnanlage oder des Wohnhauses gehörenden Umbaumaßnahmen.
Es ist immer davon auszugehen, dass der vor dem Unfall, der zu der Behinderung geführt hat, genutzte Wohnbereich auch nachher in vollem Umfang zur Verfügung steht.
2. Eine Aufteilung und kostenmäßige Erfassung der einzelnen Umbaumaßnahmen birgt immer die Gefahr in sich, dass nicht alle Kosten erfasst werden können. Dieser Weg soll nur dann beschritten werden, wenn klar abgegrenzte Baumaßnahmen durchgeführt werden, z.B. wenn ein Aufzug außen am Gebäude angefügt wird.

Erste Anhaltspunkte für die Mehrfläche liefern Vergleiche im Hinblick auf: Raumgrößen von Wohnraum, Schlafraum, Freisitz, Flur, Sanitärraum usw., Stellflächen für Einrichtungsteile, Stellflächen für Ausstattungsgegenstände, Bewegungsflächen und Abstände.
Eine durchschnittliche Mehrfläche für bestimmte Grundrisstypen, Wohnungsgrößen und die in der Wohnung lebenden Personen lässt sich nur anhand mehrerer Vergleiche ermitteln. Folgende Merkmale sind u.a. noch zu beachten: Art der Behinderung, Lebensgewohnheiten, berufliche Tätigkeit in der Wohnung, gesellschaftlicher Status, Wunsch nach Repräsentation, besondere Ansprüche, Größe der Wohnung (bei Umbau).
Eine nicht repräsentative Untersuchung des Verfassers ergab durch Vergleichsplanung nach DIN 18025 Teil 1 und 18011/18022 bei 2-3-Zimmerwohnungen Mehrflächen von etwa 15 %. Bei kleineren Wohneinheiten liegen die Mehrflächen in % höher. Es ergab sich außerdem, dass eine günstig bemessene Eigentumswohnung kaum Mehrfläche erfordert. Hier kann sich eine Flächenannäherung von Komfort- und Behindertenwohnungen herauskristallisieren.

3.1.7 Untersuchungen
Zur Ermittlung des Wohnwertes eines ganzen Wohnungsbestandes in einer Stadt oder in einem Stadtteil wurden zahlreiche Fragebogen aufgestellt und einer Untersuchung zu Grunde gelegt.
Beispielhaft für derartige Fragebögen werden die drei folgenden angeführt:

3.1.7.1 Fragebogen zur Wohnsituation der Körperbehinderten
Blatt 1: Ärzte (Krankenhäuser, Kliniken)
Blatt 2: Betroffene (siehe Anhang)

3.1.7.2 Fragebogen zur Wohnsituation von Rollstuhlbenutzern in Stuttgart (siehe Anhang)

3.1.7.3 Untersuchung zur Wohnsituation Schwerkörperbehinderter in Frankfurt. Aufgestellt im Auftrag der Stadt Frankfurt am Main durch Sofo e.V., Verein zur Ermittlung der Lebensumstände Behinderter; Bad Homburg, November 1977:
Anlass, Gegenstand, Methode der Untersuchung
Auftragsvergabe durch die Stadt Frankfurt a. M.
Abgrenzung des Untersuchungsgegenstands
Inhalt des Auftrags
Begrenzung des Untersuchungsgebiets
räumliche Begrenzung
Erweiterung der räumlichen Begrenzung
Abgrenzung des Personenkreises
nach der Art der Behinderung
nach dem Alter
Wahl der Methoden
Die Befragung der Betroffenen und Angehörigen
Die Befragung der Experten
Die Gruppendiskussion
Reale Findung des Beispiels und Problem bei der Durchführung der Studie
Darstellung des gefundenen Beispiels
Darstellung der Ergebnisse der Expertenbefragung
Darstellung der Studienergebnisse aus dem Bereich der Einzelbefragung nach Soll- und Ist-Lage nach den Ergebnissen der Einzelbefragung
Die Wohnung allgemein
Differenziertere Kriterien der Wohnungsbewertung
Erste Auswertung aufgrund der differenzierteren Kriterien

Darstellung und Wertung der Gründe für den Bezug der derzeitigen Wohnung unter Berücksichtigung der differenzierteren Kriterien
Exkurs: Psycho-Soziale Probleme, die am Verlassen der Wohnung hindern können.

Ergebnisse der Überprüfung der Situation innerhalb der Wohnung nach der DIN 18025 Teil 1
Zur Küche:
Größe der Küche
Essplatz oder Essecke in der Küche
Einrichtung der Küche
Abstellraum
Zum Bad:
Funktionsaufteilung im Sanitärbereich
Selbsthilfe beim Baden
Halte- und Hebevorrichtungen im Sanitärbereich
Waschbecken
Waschmaschine
Bewegungsfläche im Bad
Fußbodenbelag im Bad
Toilette im Bad
Stütz- und Haltevorrichtungen
Separate Toilette
Belüftung der Toilette
Flur:
Ausstattung im Flur
Wohnungseingangstür
Notrufanlage
Wohnzimmer:
Spezialausstattung im Wohnzimmer
Fenster im Wohnzimmer
Freisitz
Schlafzimmer
Kinderzimmer
Arbeitszimmer
Zum Bautyp
Zum Bautyp allgemein
Aufzug
Treppen und Rampen
Heizungseinrichtungen
Zur Erreichbarkeit verschiedener Installationen
Zur Erreichbarkeit von Gemeinschaftseinrichtungen innerhalb des Hauses
Garagen, Parkmöglichkeiten
Zum näheren Wohnumfeld:
Rampen
Vorhandene Einkaufsmöglichkeiten und andere Möglichkeiten im näheren Wohnumfeld
Bordsteine an Gehwegen und andere Zugangserleichterungen
Telefonzellen
Briefkästen
Garten (am Haus)
Grünanlagen im Wohnnahbereich
öffentliche Toiletten
Zum erweiterten Wohnbereich:
Verkehrsmäßige Anbindung
Versorgung im weiteren Wohnumfeld
Zum Problem der Serviceangebote und medizinischer Versorgung
Zugänglichkeit der Behörden

Exkurs: Pkw-Besitz
Vorhandensein und Wahrnehmung von Freizeitangeboten
Darstellung der Studienergebnisse aus dem Bereich der Einzelbefragung nach den geäußerten Bedürfnislagen:
Die Wohnung allgemein
Die Küche
Der Sanitärbereich
Das Wohnzimmer
Das Kinderzimmer
Das Arbeitszimmer
Hilfsmittel im Bereich der Wohnung
Serviceangebote im Wohnbereich
Der Baukörper
Lift
Lärmbelästigung
Eigenheime/Eigentumswohnungen
Die Garage
Das nähere Wohnumfeld
Das nähere Wohnumfeld allgemein
Postalische Einrichtungen
Grünanlagen
Wunschvorstellungen in Bezug auf Serviceleistungen im Wohnnahbereich
Das weitere Wohnumfeld
Die verkehrsmäßige Anbindung
Die Bedürfnisse nach Freizeitangeboten
Die Bedürfnisse nach Weiterbildungseinrichtungen
Bedürfnis nach sozialer Teilhabe
Bedürfnis nach Zugänglichkeit von Behörden und anderen öffentlichen Institutionen
Zusammenfassung.

3.1.8 Gütesiegel „Barrierefrei"

Es ist denkbar, barrierefreien Wohnungen nach DIN 18025 Teil 1, also Wohnungen für Rollstuhlbenutzer, und barrierefreien Wohnungen nach DIN 18025 Teil 2, die für alle Menschen nutzbar sind, ein Gütesiegel zu geben. Eine barrierefreie Wohnung hat grundsätzlich den Vorteil, dass die Bewohner sehr lange in dieser Wohnung wohnen können. Das Auftreten von Behinderungen zwingt nicht zum Umzug in eine andere Wohnung oder gar in ein Heim. Auch können in einer barrierefreien Wohnung ambulante Dienste entgegengenommen werden.

In der Schriftenreihe Forschung des Bundesministers für Raumordnung, Bauwesen und Städtebau, Heft 486, mit dem Titel „Wohnen alter und pflegebedürftiger Menschen – beispielhafte Lösungen" ist dieser Gedanke auf Seite 154 dargestellt: „Generell sollte verstärkt für das barrierefreie Bauen, die Anwendung von DIN 18025, geworben werden. Ihre Einhaltung sollte zum „Gütesiegel" werden, so dass es nicht nur im Belieben der Reklame liegt, welche Wohnungen als altengerecht oder behindertenfreundlich angepriesen werden. Wir empfehlen deshalb auch eine populärere und einfachere Namensgebung, wie sie sich umgangssprachlich auch bereits eingebürgert hat. DIN 18025 Teil 1 ist die Basis für die behindertengerechte (= rollstuhlgerechte) Wohnung, Teil 2 für die altengerechte und behindertenfreundliche Wohnung."

Hierzu ist zu sagen, dass auf dem Wohnungsmarkt Wohnungen mit der Bezeichnung behindertengerecht, altengerecht oder behindertenfreundlich schlecht zu verkaufen sind. Aus diesem Grunde sollte die Bezeichnung „barrierefrei" angewendet werden. Diese Bezeichnung ist auch international anerkannt.

Ein „Gütesiegel barrierefrei" für eine Wohnung bedeutet zugleich auch, dass im Pflegefall besonders leicht die Pflege durchgeführt werden kann. So ist durchaus denkbar, dass im Rahmen einer Pflegeversicherung im Pflegefall ein Bonus für barrierefreie Wohnungen gesehen wird. Es könnte u.U. auch zur Konsequenz haben, dass Menschen mit Behinderungen in barrierefreien Wohnungen bevorzugt gepflegt werden können.

3.2 SIESTA: Qualitätsdiagnose von Einrichtungen der Altenhilfe

Gerhard Berger
Gabriele Gerngroß-Haas

Qualität, Qualitätssicherung, Qualitätsentwicklung – diese Schlagworte hört man seit Einführung der Pflegeversicherung immer häufiger. SIESTA (als einem **S**tandardisierten **I**nstrumentarium zur **E**valuation von Einrichtungen der **ST**ationären **A**ltenhilfe) liegt die Vorstellung zu Grunde, dass man zuerst in der Lage sein muss, Qualität einigermaßen objektiv, wissenschaftlich fundiert, wirklich detailliert und vergleichbar zu erheben und zu dokumentieren, bevor man sie entwickeln bzw. optimieren oder sichern kann.

SIESTA besteht als Instrumentarium der Qualitätsdiagnose und -dokumentation aus einem System von Erhebungsbögen, die von der zu untersuchenden Einrichtung in Zusammenarbeit mit externen Untersucher/innen ausgefüllt werden. Die Erhebungen beziehen sich auf die Bereiche (vgl. hierzu auch die Abb.3.2/1):

SIESTA – A: Bau und Technik: 45-seitiger Fragebogen zur Qualitätsdiagnose der Bau- und Raumkonzepte, auszufüllen von Hausleitung/Pflegedienstleitung bzw. Leitungsteam

SIESTA – B: Konzeption und Organisation: 54-seitiger Fragebogen zur Qualitätsdiagnose der Betriebs- und Betreuungskonzepte, auszufüllen analog SIESTA A

SIESTA – C: Arbeitssituation der Pflegekräfte: 17-seitiger Fragebogen zu Arbeitsorganisation und Führung, zu Betriebsklima, Beanspruchungserleben, Arbeitszufriedenheit etc., auszufüllen von den Mitarbeiter/innen in der Pflege

SIESTA – D: Ergebnisqualität aus der Perspektive der Bewohner/innen: je nach Rüstigkeit auszufüllen von Bewohner/innen bzw. Angehörigen.

Alleine in den Modulen A und B werden ca. 1.300 Einzelinformationen oder Qualitätskriterien erhoben. Diese Einzelinformationen werden sodann über ein EDV-Modell zu Qualitätsindikatoren zusammengefasst. Die ausgewerteten Daten fließen in einen Bericht ein, der nicht nur die Diagnose differenziert auffächert, sondern auch transparent macht, woraus sie sich im einzelnen ergibt. Die Diagnose wird zum einen quantitativ und grafisch im Überblick dargestellt und zum anderen differenziert und qualitativ verbal erläutert. So erhält der Auftraggeber ein detailliertes Profil der Stärken und Schwächen der untersuchten Einrichtung(en). Dabei berücksichtigt das EDV-gestützte Auswertungsverfahren den Einrichtungstyp: in unterschiedlichen Versionen des Instruments werden sowohl Pflegeheime als auch Häuser, die eine qualitativ akzeptable Form des Betreuten Wohnens anbieten (Wohnen mit gesicherter Pflege), jeweils spezifisch behandelt. (Vgl. hierzu das Kapitel 3.5)

SIESTA wurde von einem Team aus Gerontologie und Sozialplanung unter ständiger Einbeziehung von Betroffenen und Praktiker/innen der Altenarbeit entwickelt. Ziel war es dabei, alles das, was in den letzten Jahren an Anforderungen an Altenhilfeeinrichtungen formuliert worden ist, als Prüfsteine eines Qualitätsdiagnose-Systems zusammenzustellen. Nach über 6 Jahren Entwicklung und Praxiserprobung steht SIESTA nun als ein spezifisch auf deutsche Verhältnisse zugeschnittenes Instrument der Qualitätsdiagnose und -dokumentation allen Einrichtungen und Trägern zur Verfügung, die wissen wollen, wo sie stehen, um klären zu können, was bezüglich der Qualitätssicherung und -entwicklung in ihrem individuellen Fall möglichst effizient zu tun ist.

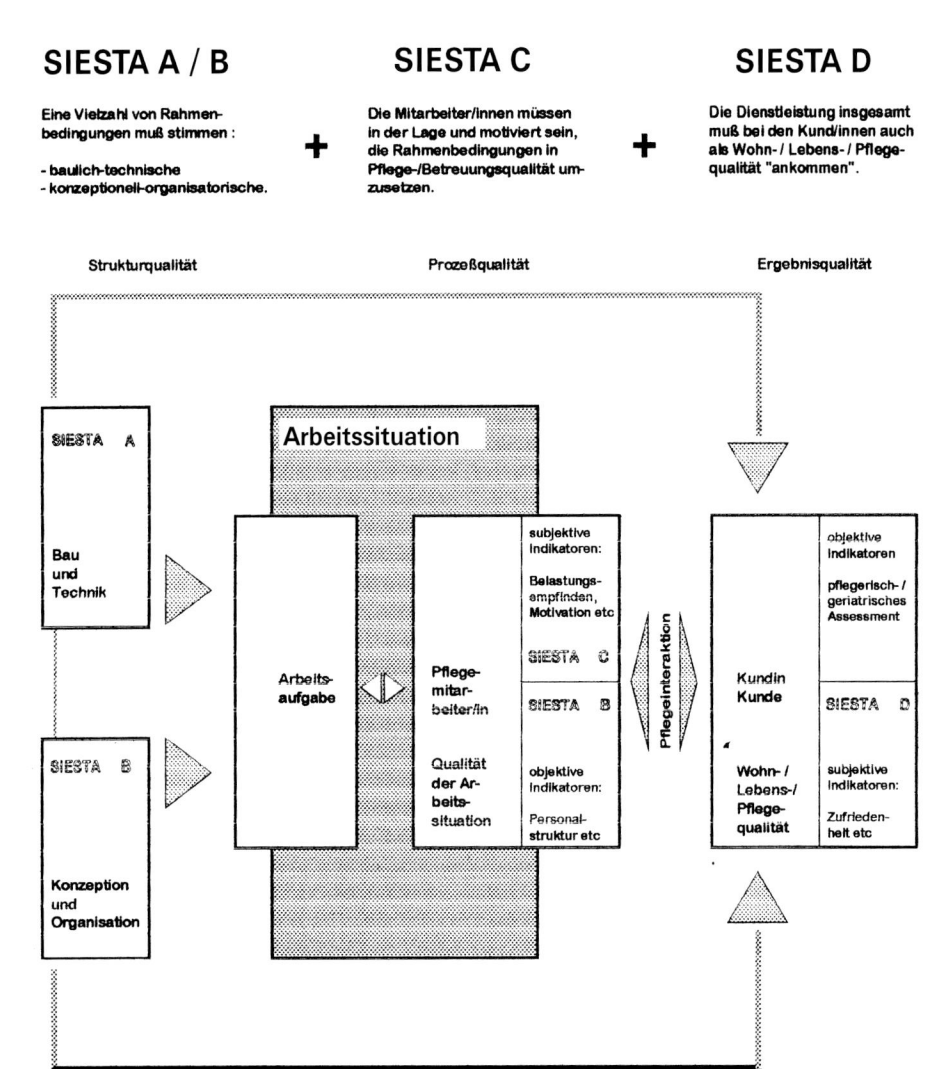

3.2/1 Die von SIESTA diagnostizierten Bereiche, die zur Gesamtqualität einer Einrichtung beitragen

SIESTA ist somit ein Instrumentarium, das extern entwickelt wurde, ständig weiterentwickelt wird und das über eine Standardisierung der Datenerhebung bzw. -auswertung die Vergleichbarkeit der Qualitätsdiagnose einer Einrichtung sicherstellen kann. Die einzelne untersuchte Einrichtung kann so in den Rahmen eines systematischen und aussagekräftigen Vergleichs mit weiteren Häusern desselben Trägers oder anderen Einrichtungen in der Region gestellt werden. Controlling und internes Benchmarking eines Trägers erhalten so eine bisher in der Regel noch nicht vorhandene Datenbasis und damit eine neue Qualität.

SIESTA ist zugleich ein Instrument der internen Qualitätsentwicklung bzw. -optimierung, da es in zumindest zwei Phasen wichtige Diskussionen innerhalb der untersuchten Einrichtung auslöst und unterstützt: bereits beim Ausfüllen der Erhebungsunterlagen, insbesondere wenn dies im Rahmen eines Qualitätszirkels o.Ä. erfolgt, und nach der Rückmeldung der detaillierten Ergebnisse. SIESTA stellt somit einen wichtigen, bisher nicht verfügbaren Baustein eines modernen Qualitätsmanagements dar.

Das Sozialministerium Baden-Württemberg förderte ein 1997 abgeschlossenes Pilotprojekt, in dessen Rahmen die Qualität aller Pflegeheime eines Landkreises mit Hilfe von SIESTA vergleichend erhoben und beurteilt wurde sowie die Einsatzmöglichkeiten des Instruments auf Kreisebene getestet wurden (z.B. für Zwecke der Heimaufsicht). Nachdem die SIESTA-Qualitätsdiagnose und -dokumentation bislang erfolgreich auf der Ebene einzelner Einrichtungen sowie im Rahmen des trägerinternen Qualitäts-Controlling eingesetzt wurde, hat die Pilotstudie Baden-Württemberg erstmals den Nutzen für ein datengestütztes regionales Qualitätsmanagement am Beispiel des Landkreises Heidenheim in der Praxis erprobt und nachgewiesen. Als Anschlussprojekt wird gerade im Rahmen des Moduls SIESTA D ein Fragebogen für Angehörige entwickelt und getestet sowie mit Hilfe von Planungszellen die Sicht „junger, aktiver Alter" in das Instrumentarium eingespeist.

Laufend werden derzeit für jeweils mehrere Heime unterschiedlicher Träger sowie für einzelne Heime SIESTA-Diagnosen erstellt, so dass für neue Interessenten inzwischen auch bundesweit ausreichend Material für aussagekräftige Vergleiche zur Verfügung steht. SIESTA – A/B ist auch zur Qualitätsdiagnose bzw. -diskussion bereits im Planungsstadium (Funktions- und Raumprogramme, Betriebs- und Betreuungskonzepte) für Architekten, Sozialplaner/innen und Träger nutzbar (Neubau und Umbau).

Nähere Informationen und die zur Durchführung notwendigen Materialien sind erhältlich bei:
Dr. Gerhard Berger, Christian-Albrechts-Universität zu Kiel, Institut für Soziologie, Olshausenstraße, D-24098 Kiel, Tel. (0431) 880-3461 oder (0431) 24913, Fax (0431) 880-3467.

3.3 Wohnform

Joachim Brohm

3.3.1 Die Bedeutung geeigneter Wohnformen für behinderte sowie betagte Menschen

Die Wohnung hat für jeden von uns als privaten Lebensbereich wesentliche Bedeutung. In unserer Wohnung können wir uns von der Arbeit erholen und die Freizeit allein, in der Familie oder mit Bekannten verbringen. Das gilt in besonderem Maße für Menschen, die durch eingeschränkte Mobilität oder nicht mehr ausgeübte Berufstätigkeit stärker auf ein Zuhause angewiesen sind.

Durch Verbesserungen im Bereich der technischen Hilfsmittel und durch die Zunahme der ambulanten Betreuungsangebote können auch schwerbehinderte Menschen in Wohnungen außerhalb von Heimen leben. Trotz vielfältiger Aktivitäten der Wohnungswirtschaft fehlt es aber oft noch an ausreichenden und von Lage und Ausstattung her geeigneten Wohnformen für behinderte Menschen. Die Bedeutung der eigenen Wohnung gerade für diese Menschen wird immer noch nicht genügend erkannt. Dabei unterstützt die eigene Wohnung wesentlich die Wiedereingliederung, verlangt sie doch vom behinderten Bewohner erhebliche Selbstständigkeit und Aktivität. Auch wirkt sie durch Zuordnung zu Wohnungen von Nichtbehinderten der Isolierung des behinderten Bewohners entgegen.

Auch für den betagten Menschen nimmt die Bedeutung einer geeigneten Wohnung zu. Längere Lebenserwartung und früheres Ausscheiden der Kinder aus dem elterlichen Haushalt veranlassen betagte Ehepaare oder verbliebene Ehepartner, die bisherige größere Familienwohnung, deren Bewirtschaftung über ihre Kräfte geht, zu Gunsten kleinerer, für die Wohnbedürfnisse betagter Menschen zugeschnittener Wohnungen aufzugeben. Auf diesem Gebiet fehlt es noch oft an einem ausreichenden Angebot geeigneter Wohnformen.
Neben der Wohnung darf das Heim nicht zurückgestellt werden. Gerade bei allein stehenden behinderten und betagten Menschen mit stark eingeschränkter Mobilität ist das Heim mit seinen Kontaktmöglichkeiten zu anderen Bewohnern einem Ver-

bleib in der eigenen Wohnung mit der Gefahr der Vereinsamung vorzuziehen. Jedoch müssen künftige Heimformen mehr als bisher die individuellen Lebens- und Wohnbedürfnisse des einzelnen Bewohners berücksichtigen und seine Eigeninitiativen und Aktivitäten fördern. Das ist nicht nur eine Frage der Organisation und des Therapieangebots, sondern auch eine Aufgabe für die Planung und bauliche Verwirklichung. In letzter Zeit gibt es bereits erfreuliche Ansätze eines „Aufbrechens" der bisherigen uniformen Heime durch Untergliederung in kleinere Wohngruppen und die Tendenz, pflegerische Betreuung nicht mehr in speziellen Pflegestationen, sondern im Wohnbereich selbst durchzuführen.

Wohnung und Heim stellen längst nicht mehr alleinige Alternativen dar. Zwischen beiden sind zunehmend Wohnformen zu sehen, wie Wohnanlagen mit Betreuungsangeboten, die dem Bewohner ein eigenständiges Wohnen und Wirtschaften ermöglichen, aber nach Erfordernis Hilfe und pflegerische Betreuung anbieten.

Vielen nicht behinderten oder jüngeren Menschen ist es nicht bewusst und nicht einleuchtend, dass die Auswahlmöglichkeit, die sie hinsichtlich Lage, Größe, Zuschnitt und Ausstattung der Wohnung für sich fordern und in Anspruch nehmen, auch für behinderte oder betagte Mitbürger gilt. Ziel der Wohnungspolitik und -wirtschaft muss es sein, den behinderten oder betagten Menschen diese Auswahlmöglichkeit zu schaffen. Dabei ist es ausschlaggebend, dass alle Wohnformen für Behinderte und Betagte nicht irgendwo, vielleicht am Rand der Städte und Gemeinden, sondern inmitten unserer Wohnquartiere und Siedlungen, in Nähe zu Gemeinschafts-, Freizeit-, Bildungs- und Verkehrseinrichtungen entstehen.

3.3.2 Berücksichtigung der Belange behinderter und betagter Bewohner im allgemeinen Wohnungsbau

Ein großer Teil behinderter oder betagter Menschen würde keine speziellen Wohnformen benötigen, wenn der „normale" Wohnungsbau mehr auf ihre Belange einginge. Die Existenz der DIN 18025 und darauf beruhender besonderer Förderprogramme für den Bau von Behindertenwohnungen kann zu der Annahme verführen, dass außerhalb dieser Sonderformen der übrige Wohnungsbau behinderte und betagte Menschen nicht zu berücksichtigen brauche und weiterhin Wohnungen für jüngere und „gesunde" Bewohner produzieren könne. Dieser Auffassung kann nicht scharf genug widersprochen werden und es ist alles zu unternehmen, den künftigen Wohnungsbau insgesamt, im sozialen und auch im wirtschaftlichen Interesse, behinderten oder betagten Menschen zu öffnen.

Denn viele älter werdende oder von einer Behinderung betroffene Bewohner können länger in ihren bisherigen Wohnungen verbleiben, wenn bei der Planung und Ausstattung von folgenden Gesichtspunkten ausgegangen wird:
– Stufenloser Zugang von der Straßenebene zur Erdgeschoßebene, soweit es die örtlichen Gegebenheiten zulassen. Dadurch wird die Einplanung von Wohnungen z.B. für Gehbehinderte im Erdgeschoss von mehrgeschossigen Wohngebäuden möglich
– keine Niveau-Unterschiede innerhalb von Wohnungen und angrenzenden Freiräumen
– alle Türen, auch von Nebenräumen, mit einem lichten Rohbaumaß von 0,885 m
– Türen von Bad und WC nach außen aufschlagend
– im Sanitärbereich neben dem WC eine freie Stellfläche vorsehen, so dass im Bedarfsfall das WC vom Rollstuhl aus erreicht werden kann. Wände und Decken sollen nachträgliche Anbringung von Griffen, Leitern und Stangen erlauben. Duschtassen in flacher Ausführung vorsehen
– Schlafräume so groß ausbilden, dass Pflegebetten mit erforderlicher Bewegungsfläche Platz finden
– in zweigeschossigen Einfamilienhäusern (Reihenhäusern) Treppen nicht zu eng und zu steil ausbilden
– in zweigeschossigen Einfamilienhäusern (Reihenhäusern) außer dem Wohnraum im Erdgeschoss einen weiteren Aufenthaltsraum anordnen und das WC im Erdgeschoss so groß bemessen, dass nachträglich der Einbau einer Dusche möglich ist. Dadurch kann einem Familienmitglied, welches durch Alter oder Behinderung keine Treppen mehr bewältigen kann, ein weiteres Zusammenleben mit der Familie erlaubt werden
– Bedienungsvorrichtungen (Schalter, Steckdosen, Fensteröffner, Sicherungen, Raumthermostaten) nicht höher als 120 cm über Fußboden anordnen.

Alle diese Maßnahmen liegen in einem wirtschaftlich vertretbaren Rahmen, führen aber zu Wohnungen, die stärker und nachhaltiger die unterschiedlichen und sich ändernden Wohnbedürfnisse ihrer Bewohner berücksichtigen und insgesamt zu einer Anhebung der Wohnqualität im Wohnungsbau beitragen können.

3.3.3 Wohnformen für Rollstuhlbenutzer

Um Rollstuhlbenutzern ein selbstständiges Wohnen und Wirtschaften zu ermöglichen, ist ein besonderer baulicher Aufwand notwendig. Hierfür gibt das Normblatt DIN 18025 Teil 1 Planungsgrundlagen. Sie bestehen im wesentlichen in folgendem:
– Bewegungsflächen 150 x 150 cm an den Stellen, wo mit dem Rollstuhl gedreht oder gewendet werden muss
– Bewegungsfläche von 95 cm Breite neben dem WC zum Übersteigen
– größere Bewegungsflächen vor Türen
– Durchfahrtsbreite bei Türen von 90 cm
– befahrbarer Duschplatz im Sanitärraum; Umnutzungsmöglichkeit von Dusche auf Wanne oder umgekehrt
– Herd, Arbeitsplatte und Spüle in der Küche unterfahrbar und der individuellen Arbeitshöhe anpaßbar; nach Möglichkeit Anordnung übereck
– Freisitz mindestens 4,5 m² groß, Übergang zum Wohnraum ohne Niveauunterschiede
– bei Bedarf eine zusätzliche Wohnfläche bis zu 15 m²
– Rollstuhlabstellplatz im Eingangsbereich des Hauses oder vor der Wohnung.

Durch die geforderten Bewegungsflächen in allen Räumen sowie den zusätzlichen Aufenthaltsraum für den Rollstuhlbenutzer vergrößert sich die Wohnfläche nicht unerheblich. So umfaßt die in Abb. 3.3/1 dargestellte, nach DIN 18025 Teil 1 entwickelte Rollstuhlbenutzerwohnung für zwei Personen ca. 90 m² Wohnfläche, während eine Wohnung für zwei nicht behinderte Bewohner im Durchschnitt 55-60 m² Wohnfläche aufweist. Eine Rollstuhlbenutzerwohnung für drei Personen erfordert eine Wohnfläche von mindestens 111 m² gegenüber 70-80 m² für Nichtbehinderte (Abb. 3.3/2).

3.3.3.1 Einfamilienhäuser für rollstuhlgebundene Bewohner

Bei Eigenheimen kann im Grundriss und in der Ausstattung sehr genau die individuelle Behinderungsart des Bewohners berücksichtigt werden. Dabei kann es zu Abweichungen von der Planungsnorm kommen. Selbst wenn „nur" ein Kind behindert ist, sollte das Eigenheim behindertengerecht gestaltet werden, um dem Kind schon früh ein Training auf ein späteres selbstständiges Leben zu ermöglichen. Wichtig ist, dass alle Räume, auch Nebenräume, vom Rollstuhl aus erreichbar sind.

Mieteinfamilienhäuser für Rollstuhlbenutzer werden verschiedentlich in der Form von eingeschossigen Reihenhäusern verwirklicht. Da hierbei in der Regel die Bewohner nicht vorher bekannt sind, ist bei der Planung die DIN 18025 Teil 1 in allen Einzelheiten zu erfüllen.

Für Eigenheime wie für Mieteinfamilienhäuser bietet sich die eingeschossige Anordnung an. Alle Nebenräume, wie Abstellräume, Heizung, Waschküche usw., sind ebenfalls ebenerdig erreichbar und genügend groß vorzusehen (Abb. 3.3/3). Zweigeschossige Einfamilienhäuser sind für Rollstuhlbenutzer ungeeignet, da sie in der Regel keinen Aufzug haben und da-

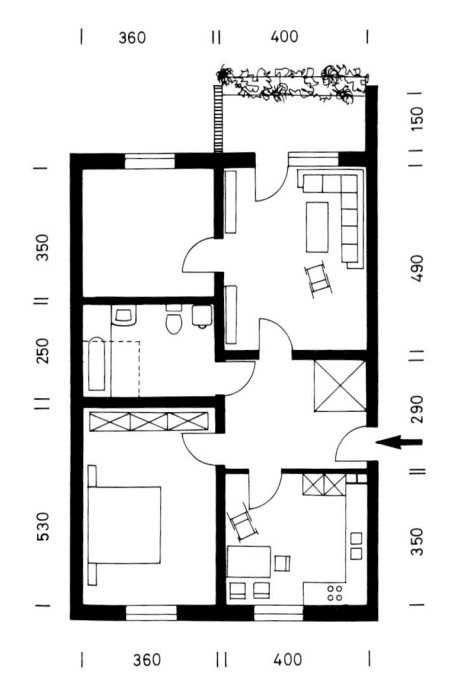

3.3/1 Wohnung für einen Zweipersonenhaushalt mit einem auf den Rollstuhl angewiesenen Bewohner nach DIN 18025 Teil 1. Vom Wohnraum aus ist ein zusätzlicher Aufenthaltsraum für den Rollstuhlbenutzer zugänglich, M 1:200.

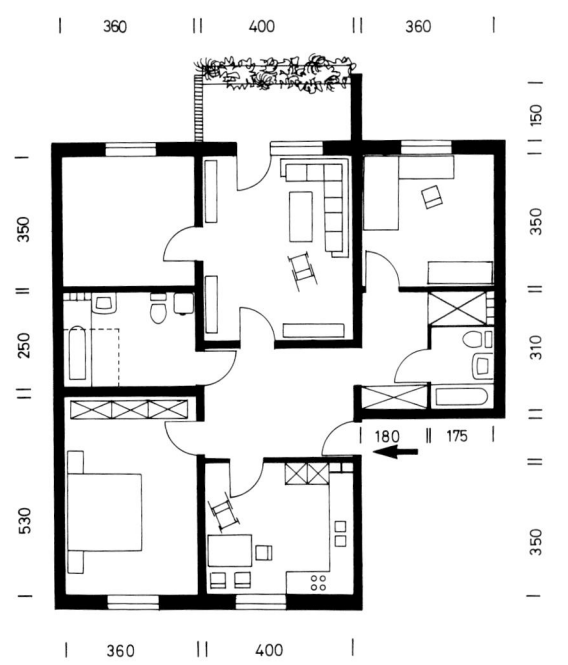

3.3/2 Wohnung für einen Dreipersonenhaushalt mit einem auf den Rollstuhl angewiesenen Bewohner nach DIN 18025 Teil 1. Vom Wohnraum aus ist ein zusätzlicher Aufenthaltsraum für den Rollstuhlbenutzer zugänglich, M 1:200.

durch im Obergeschoss nicht für den behinderten Bewohner erreichbar sind.
Es kann aber erforderlich werden, dass ein zweigeschossiges Haus nachträglich durch Anbau oder Einbau eines Aufzuges zugängig gemacht werden muss. Hierbei sollte sehr genau geprüft werden, ob die Aufwendungen in einem vertretbaren Verhältnis zum erzielten Ergebnis stehen. Ein Umzug in eine behindertengerechte Wohnung an anderer Stelle kann nicht nur kostengünstiger sein, sondern auch den Bedürfnissen des behinderten Bewohners mehr entsprechen als ein Umbau eines dafür schwer geeigneten Gebäudes und Inkaufnahme von Kompromissen.

3.3.3.2 Wohnungen im Geschosswohnungsbau für Rollstuhlbenutzer
Die Planung und Ausstattung von Eigentumswohnungen im Geschosswohnungsbau ist vom kostenmäßigen Aufwand nur vertretbar, wenn ein spezieller behinderter Käufer verbindlich auftritt, für den alle baulichen Maßnahmen individuell vorher abgestimmt werden können.
Im Geschosswohnungsbau werden daher überwiegend Mietwohnungen für auf den Rollstuhl angewiesene Bewohner verwirklicht.

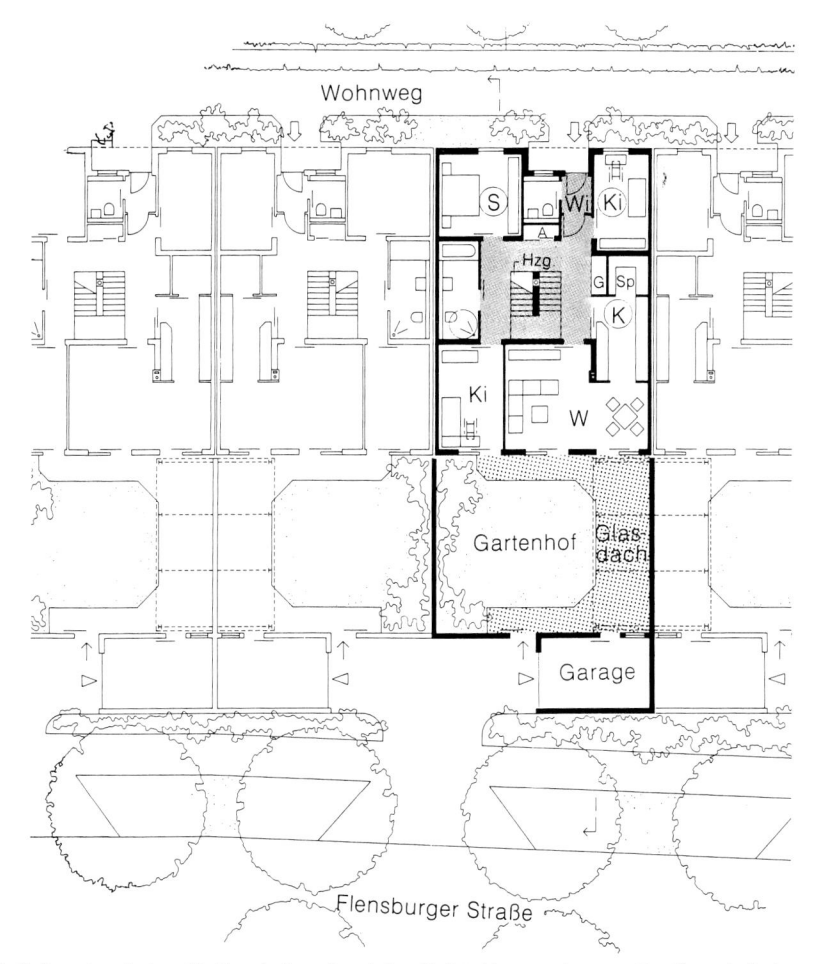

3.3/3 Reiheneigenheime für Haushalte mit auf den Rollstuhl angewiesenen Familienmitgliedern in München-Johanniskirchen, M 1:400. Architekten: Bernd Reumann und Eva Nuytten, aus: „Wohnungsbau für Behinderte," Oberste Baubehörde München 1989.

Hierbei sind jedoch nicht nur Familien mit einem behinderten Bewohner zu berücksichtigen. Wie bereits ausgeführt, ist es zunehmend auch schwerbehinderten Alleinstehenden möglich, außerhalb des Heimes in einer eigenen Wohnung oder zusammen mit anderen behinderten Alleinstehenden in einer Wohngemeinschaft zu wohnen.
Deswegen sind im Wohnungsbau für Rollstuhlbenutzer alle Haushaltsgrößen zu berücksichtigen:

Einpersonenwohnungen:
Das selbstständige Wohnen eines behinderten Alleinstehenden ist abhängig von der pflegerischen Betreuung. Sie kann zeitweise und ambulant, aber auch durch ständig präsente Betreuer erfolgen. Daher sollten Einpersonenwohnungen grundsätzlich mindestens zwei Räume erhalten zur Unterbringung permanenter oder auch zeitweilig erforderlich werdender Betreuer.

Zweipersonenwohnungen:
Hierbei sollte nicht ausschließlich von einem Haushalt mit einem behinderten und einem nichtbehinderten Bewohner ausgegangen werden; es sind auch Partnerschaften von zwei Behinderten zu berücksichtigen.
Deswegen sollte die „klassische" Wohnungsaufteilung in größeren Wohnraum und kleineren Schlafraum aufgegeben werden zu Gunsten zweier gleich großer Räume, die von jedem der beiden Bewohner als Wohn- und Schlafraum genutzt werden können.

Familienwohnungen:
Bei der Planung von Behindertenwohnungen für Familien ist zu beachten, dass nicht ausschließlich ein Erwachsener, sondern auch Kinder behindert sein können. Gerade für Kinder ist es wichtig, dass sie frühzeitig in einer behindertengerechten Wohnung ein selbstständiges Wohnen und Wirtschaften für ihr späteres eigenes Leben trainieren können. Eine Wohnung für eine Familie mit einem behinderten Kind kann bei behindertengerechter Gestaltung für die Familienangehörigen eine wesentliche Entlastung bringen.

Mehrpersonenwohnungen:
Zunehmend sind auch Wohngemeinschaften aus mehreren Behinderten und Betreuern im Wohnungsbau zu berücksichtigen. Hierfür ist der übliche Familienwohnungs-Grundriss unzureichend. Es sind neue Wohnformen notwendig mit genügend großen individuellen Wohnschlafräumen für jeden einzelnen behinderten Bewohner sowie den notwendigen Sanitärräumen und dem gemeinsamen Wohnraum, Essraum und der Küche. Auch sind Räume für den Aufenthalt der Betreuer und genügend Abstellräume vorzusehen (Abb. 3.3/4 + 5). Wohngemeinschaften können bei entsprechender Betreuung die Eigenständigkeit der einzelnen Bewohner fördern und sie auf ein selbstständiges Leben außerhalb der Gemeinschaft vorbereiten. Um diese „Emanzipations"-Bestrebungen zu unterstützen, sollten in der Nähe von Wohngemeinschaften kleinere Behindertenwohnungen angeordnet werden, die einzelnen Bewohnern, die bereits über größere Selbstständigkeit verfügen, für eine Übergangszeit das eigene Wohnen und Wirtschaften erlauben, gleichzeitig aber auch die Geborgenheit der Gruppe und Nähe zu Betreuern ermöglichen.
In Mehrfamilienhäusern gibt es zwei Möglichkeiten, Wohnungen für Rollstuhlbenutzer mit einzuplanen:

3.3/4 Großwohnung für eine Wohngemeinschaft von sieben Rollstuhlbenutzern und einem Betreuer im Staffelgeschoss eines mehrgeschossigen innerstädtischen Miethauses, M 1:200. Architekt: Georg Tinneberg, Hamburg.

3.3/5.3 Dachgeschoss, M 1:200

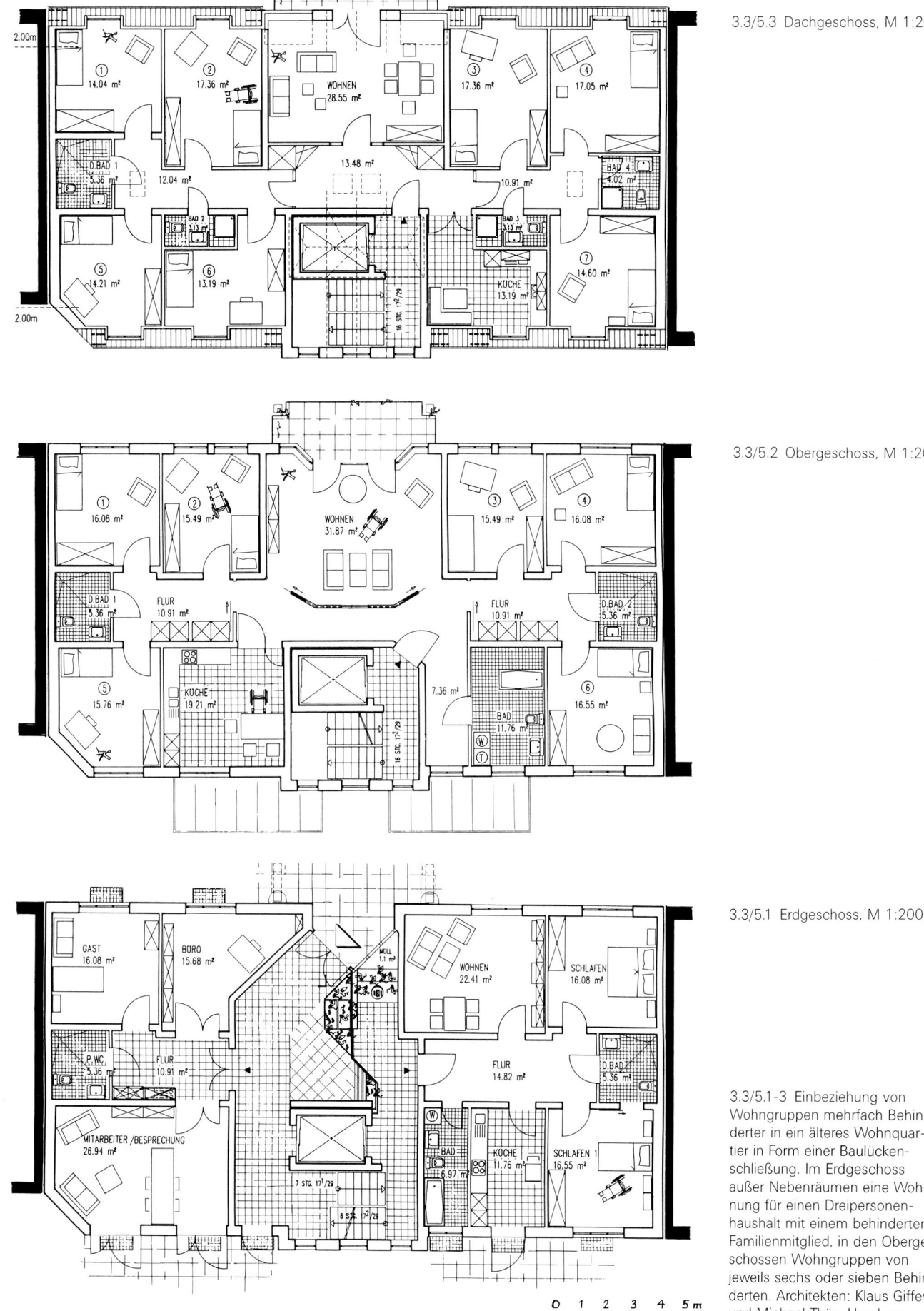

3.3/5.2 Obergeschoss, M 1:200

3.3/5.1 Erdgeschoss, M 1:200

3.3/5.1-3 Einbeziehung von Wohngruppen mehrfach Behinderter in ein älteres Wohnquartier in Form einer Baulückenschließung. Im Erdgeschoss außer Nebenräumen eine Wohnung für einen Dreipersonenhaushalt mit einem behinderten Familienmitglied, in den Obergeschossen Wohngruppen von jeweils sechs oder sieben Behinderten. Architekten: Klaus Giffey und Michael Thüs, Hamburg.

Im Erdgeschoss:
Vorteil: Einsparung eines Aufzuges.
Bei Wohnhäusern ohne Niveauunterschied zwischen Straßenebene und Erdgeschoss sollte von dieser Lösung Gebrauch gemacht werden. Kleinere Differenzen lassen sich durch Rampen überwinden.
Nachteil: Erhöhte Baukosten können durch unterschiedliche Gebäudekonstruktionen im Erdgeschoss für die in der Regel größeren Abmessungen der einzelnen Räume der Behindertenwohnung gegenüber den darüberliegenden Wohnungen entstehen. Dieser Mangel lässt sich nur durch Wohnungsstrukturen mit neutralen, nicht von vornherein auf bestimmte Nutzungen festgelegte Raumabmessungen vermeiden, die zu einer für alle Geschosse gleichen Gebäudekonstruktion führen (Abb. 3.3/6). Eingeschränkte Aussicht, Straßenlärm und Autoabgase sowie erhöhte Einbruchgefahr für die Erdgeschosswohnung dürfen bei nicht mobilen und stärker auf die Wohnung angewiesenen behinderten Bewohnern nicht übersehen werden. Aus diesen Gründen sollte der folgenden Anordnungsmöglichkeit der Vorzug gegeben werden.

In allen Geschossen:
Vorteil: Durch Anordnung von Rollstuhlbenutzer-Wohnungen in einem Strang übereinander wird ein Angebot von Wohnungen in verschiedenen Höhenlagen und die Möglichkeit, Behindertenwohnungen mit Nichtbehindertenwohnungen auf gleicher Etage zu koppeln, erreicht, wodurch das Zusammenleben von behinderten mit nichtbehinderten Bewohnern unterstützt wird.
Gleichzeitig entsteht eine wirtschaftliche Gebäudekonstruktion durch wiederkehrende Grundrisse übereinander.
Nachteil: Einbau eines Aufzuges mit zusätzlichen Bau- und Betriebskosten erforderlich.

Lebenslaufwohnen:
Der Kontakt zwischen behinderten und nicht behinderten Hausbewohnern kann dadurch unterstützt werden, dass die Nichtbehindertenwohnungen für den auf den Rollstuhl angewiesenen Nachbarn zugängig gemacht werden. So kann der Rollstuhlbenutzer von sich aus seine Nachbarn besuchen. Einen wesentlichen Schritt weiter bedeutet es, wenn die übrigen Wohnungen im Gebäude von vornherein barrierefrei nach DIN 18025 Teil 2 geplant und ausgestattet werden.
Ein derartiges Objekt ist 1998 in Hamburg im Rahmen des öffentlich geförderten Mietwohnungsbaues nach dem Konzept von Architekt Volker Doose, das er „Lebenslaufwohnen" nennt, verwirklicht worden:

3.3/6.1-5 Darstellung einer Gebäudestruktur, die unterschiedliche Wohnungsformen in Anordnung übereinander in einem Mehrfamilienhaus ohne wesentliche konstruktive Änderungen zulässt:

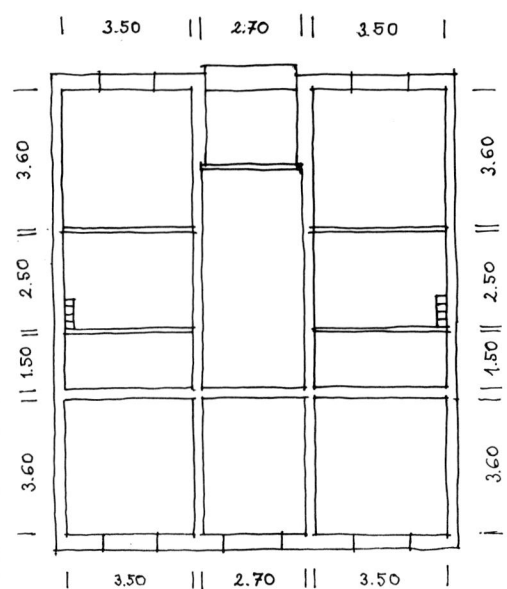

3.3/6.1 Grundstruktur für Familienwohnungen von ca. 107 m² Wohnfläche, M 1:200

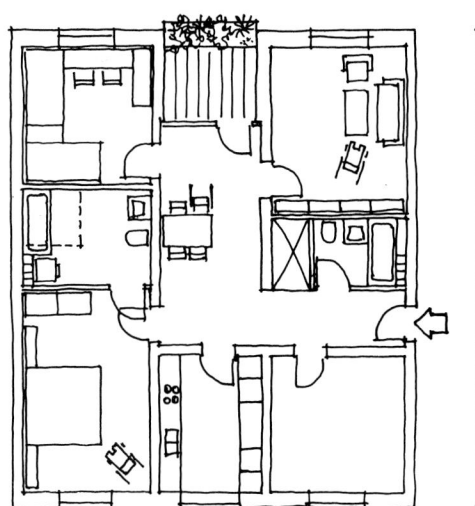

3.3/6.2 Wohnung für einen Drei- bis Vierpersonenhaushalt mit einem auf den Rollstuhl angewiesenen Elternteil, M 1:200.

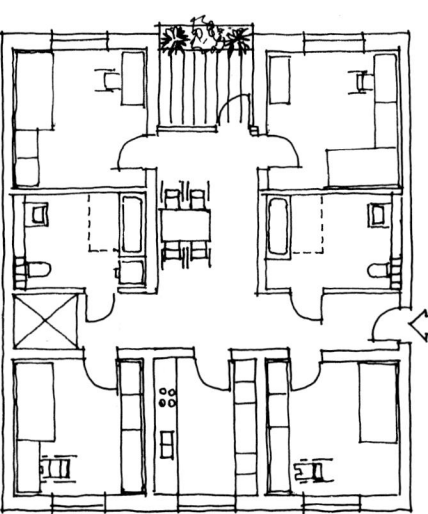

3.3/6.4 Wohnung für eine Wohngemeinschaft von vier auf den Rollstuhl angewiesenen Bewohnern, M 1:200.

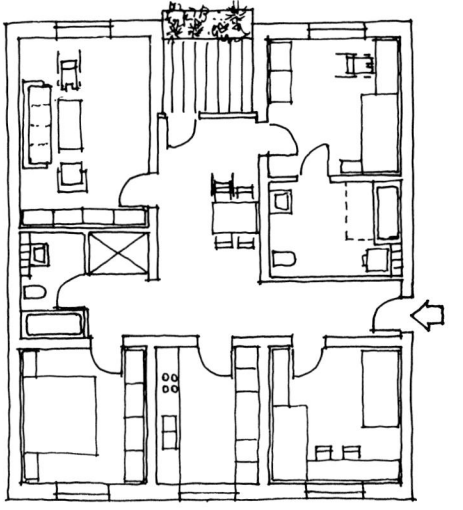

3.3/6.3 Wohnung für einen Vier- bis Fünfpersonenhaushalt mit einem auf den Rollstuhl angewiesenen Kind oder Jugendlichen, M 1:200.

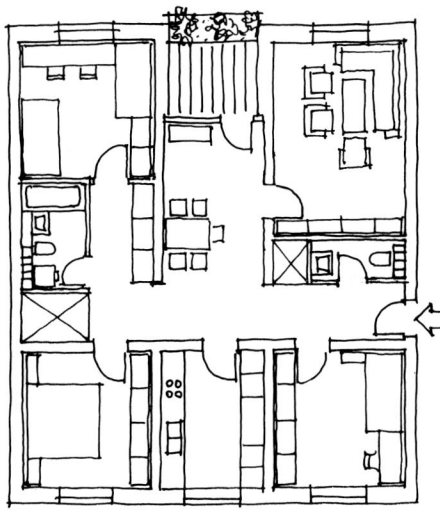

3.3/6.5 Wohnung für eine Familie von vier bis sechs nicht behinderten Personen, M 1:200.

3.3/7.1 Lageplan

3.3/7.2 Grundrissausschnitt, M 1:200

3.3/7.1+2 Wohnanlage in Hamburg-Wandsbek mit 45 Wohneinheiten nach dem Konzept „Lebenslaufwohnen" des Architekten Volker Doose. Dieses Konzept beinhaltet umfangreiche Vorkehrungen, damit die Wohnungen für die unterschiedlichen und im Laufe eines Lebens veränderlichen Anforderungen an das Wohnen geeignet bleiben. Es ist eine breite Belegungsmischung der Bewohner sowohl mit Mobilitätsbeschränkungen, Sinnesbeschränkungen als auch ohne Beschränkungen vorgesehen. Realisierung: Doose+Vrana Planungsbüro GmbH.

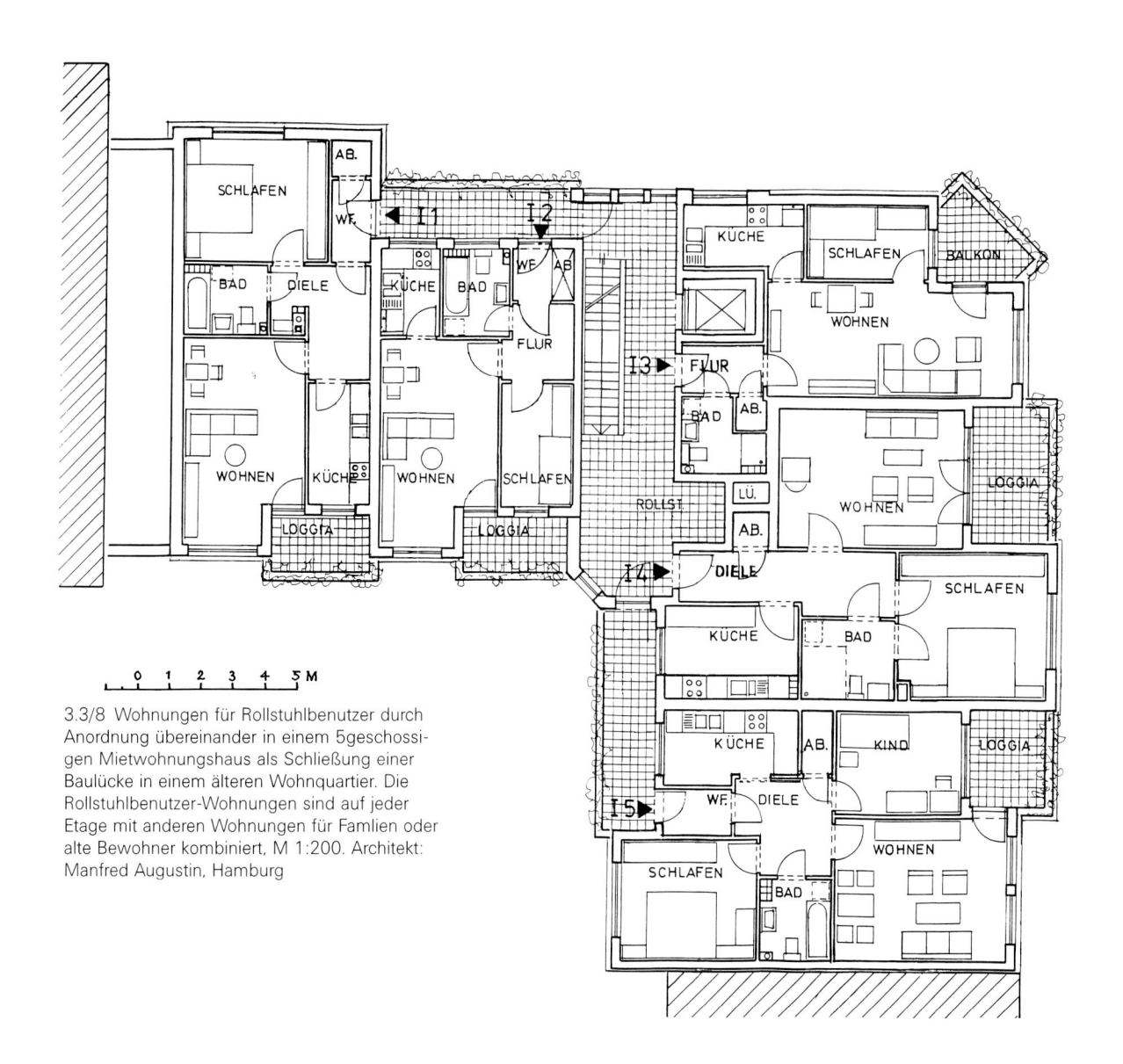

3.3/8 Wohnungen für Rollstuhlbenutzer durch Anordnung übereinander in einem 5geschossigen Mietwohnungshaus als Schließung einer Baulücke in einem älteren Wohnquartier. Die Rollstuhlbenutzer-Wohnungen sind auf jeder Etage mit anderen Wohnungen für Famlien oder alte Bewohner kombiniert, M 1:200. Architekt: Manfred Augustin, Hamburg

„Ziel des Lebenslaufwohnens ist, für unterschiedliche Nutzergruppen flexible, individuell anpassbare Lebensbereiche zu schaffen".
Die Gebäudestruktur ermöglicht durch gleichwertige Räume in den Wohnungen und stufenlose Erreichbarkeit aller Wohnungen ein gemeinsames Wohnen von Familien, älteren Menschen, Alleinerziehenden sowie Menschen mit Sinnes- und Bewegungseinschränkungen unter einem Dach. Dabei können die individuellen Bedürfnisse der einzelnen Bewohner in ihren unterschiedlichen und sich verändernden Lebenssituationen besser als im bisherigen Wohnungsbau berücksichtigt werden. Die Idee des Lebenslaufwohnens ist ein wichtiger Anstoß für die künftige Wohnungsplanung, von den so genannten Sonderwohnformen wegzukommen zu Wohnungen, die für alle Menschen geeignet sind (Abb. 3.3/7.1+2)

Wohnungen für Rollstuhlbenutzer in älteren Wohnquartieren
Die Schaffung von Rollstuhlbenutzer-Wohnungen darf sich nicht auf reine Neubaugebiete oder -siedlungen beschränken. Besonders in älteren, zentral gelegenen Wohnquartieren, in denen keine Neubautätigkeit mehr stattfindet, wohnen auf den Rollstuhl angewiesene Menschen vielfach in ungeeigneten Wohnungen. Wegen der vorhandenen sozialen Kontakte scheuen sie jedoch ein Übersiedeln in ein weiter entferntes Neubaugebiet, selbst wenn sie dort eine behindertengerechte Wohnung bekommen könnten. Es muss daher jede Möglichkeit ausgenutzt werden, auch im Bestand Wohnungen für Rollstuhlbenutzer zu schaffen, z.B. durch:
– Schließung von Baulücken im innerstädtischen Bereich
Vorhandene hohe Nachbarbebauung macht bei Baulückenschließungen oft den Einbau von Aufzügen erforderlich. Damit

ist eine gute Voraussetzung dafür gegeben, wirtschaftliche Behindertenwohnungen einzuplanen (Abb. 3.3/8)
– Anbau vorhandener Wohnhäuser
Bietet sich besonders an im Zuge von Verdichtungsmaßnahmen älterer, aufgelockert bebauter Wohnquartiere (Ab. 3.3/9).
– Ausbau ebenerdig gelegener nicht mehr benötigter Läden, Gewerberäume oder Verwaltungsräume in mehrgeschossigen Wohngebäuden (Abb. 3.3/10)
– Umbau von Erdgeschosswohnungen, wenn stufenlose Zugängigkeit geschaffen werden kann oder von Geschosswohnungen bei vorhandenem stufenlos erreichbarem und genügend großem Aufzug (Abb. 3.3/11)
Bei Aus- und Umbaumaßnahmen lassen sich durch konstruktive Gegebenheiten die Planungsgrundlagen der DIN 18025 Teil 1 nicht in allen Fällen restlos erfüllen; wichtig ist aber, dass bei Einschränkungen an anderer Stelle der Wohnung ein Ausgleich geschaffen werden kann, z.B. Möbel- oder Waschmaschinenstellflächen an einem anderen Platz.

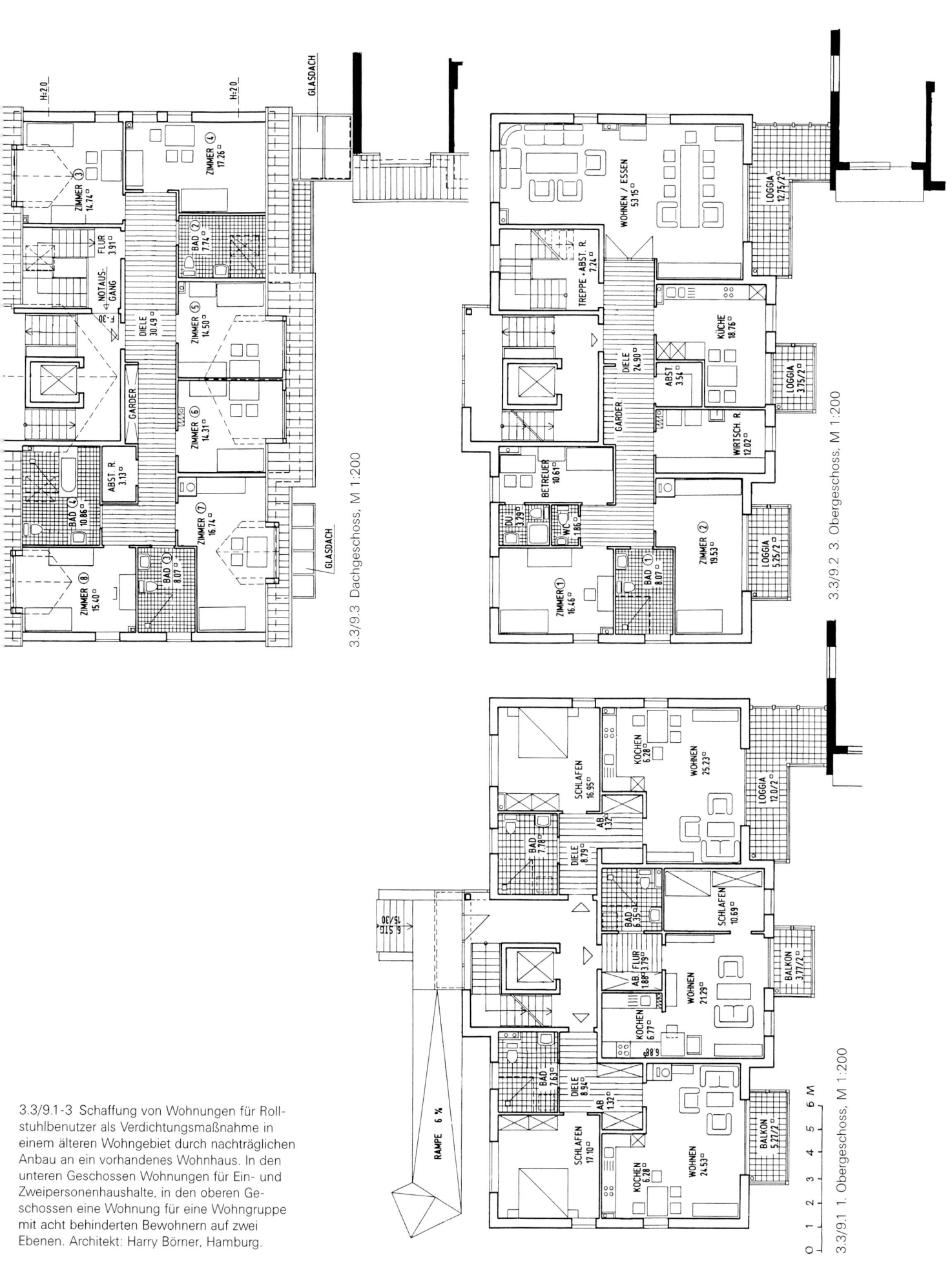

3.3/9.1-3 Schaffung von Wohnungen für Rollstuhlbenutzer als Verdichtungsmaßnahme in einem älteren Wohngebiet durch nachträglichen Anbau an ein vorhandenes Wohnhaus. In den unteren Geschossen Wohnungen für Ein- und Zweipersonenhaushalte, in den oberen Geschossen eine Wohnung für eine Wohngruppe mit acht behinderten Bewohnern auf zwei Ebenen. Architekt: Harry Börner, Hamburg.

3.3/9.3 Dachgeschoss, M 1:200

3.3/9.2 3. Obergeschoss, M 1:200

3.3/9.1 1. Obergeschoss, M 1:200

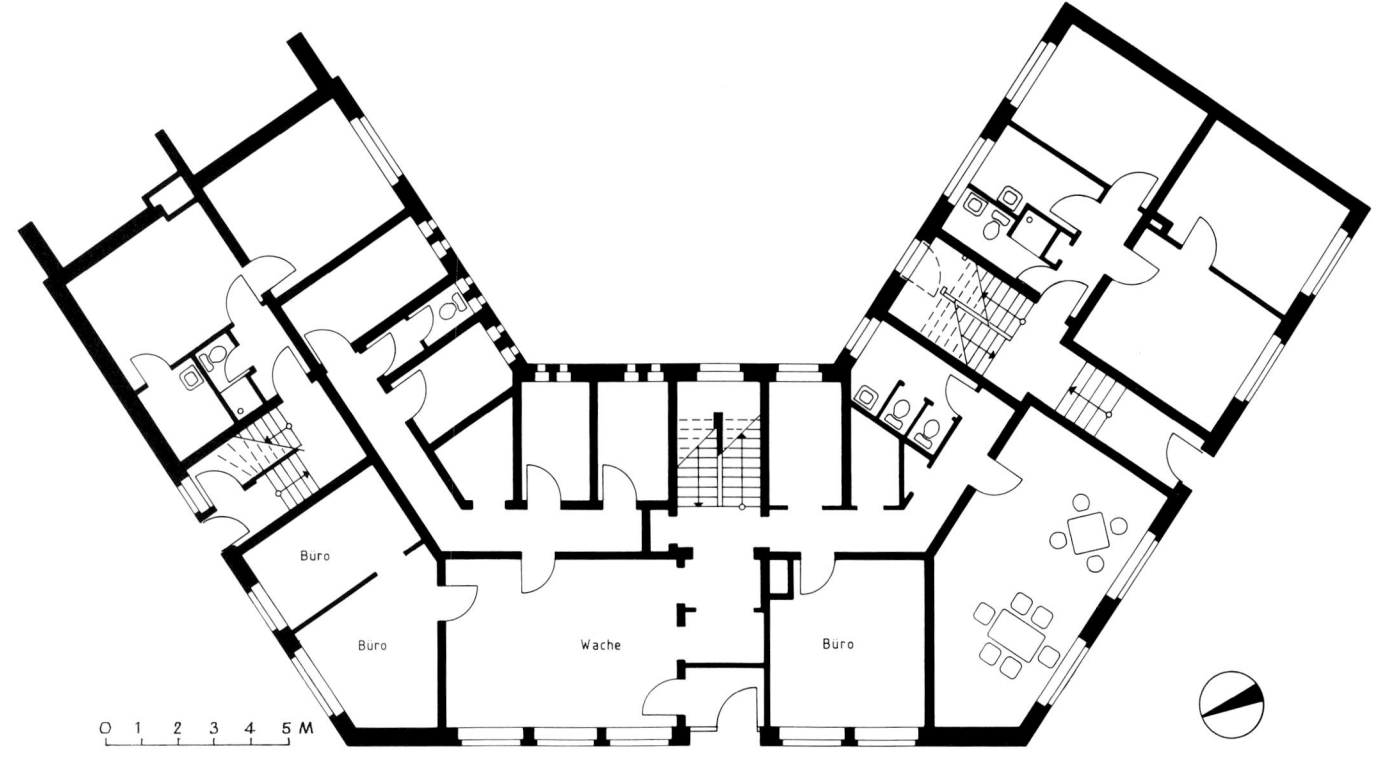

3.3/10.1 Erdgeschoss vor dem Umbau, M 1:200.

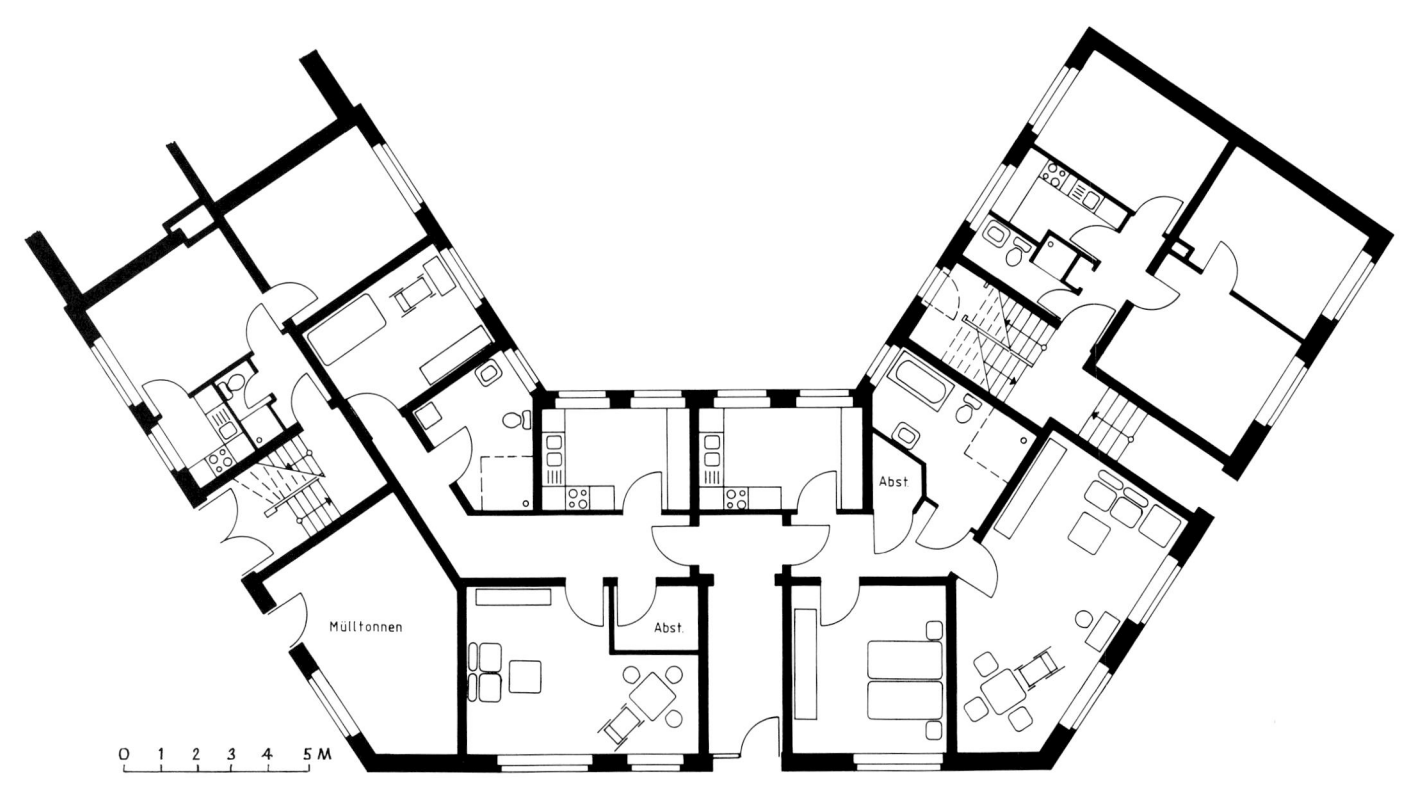

3.3/10.1+2 Umbau einer durch Zusammenlegung aufgegebenen Polizeiwache in zwei Wohnungen für Rollstuhlbenutzer im Erdgeschoss eines innerstädtischen Wohnhauses. Architekt: Deutsche Allgemeine Schiffszimmerergenossenschaft, Hamburg.

3.3/10.2 Erdgeschoss nach dem Umbau, M 1:200.

3.3/11.1 Erdgeschoss vor dem Umbau
M 1:200.

3.3/11.2 Erdgeschoss nach dem Umbau
M 1:200.

3.3.3.3 Wohnanlagen für Rollstuhlbenutzer und mehrfach Behinderte mit Betreuung

Es handelt sich hierbei um eine Zwischenform zwischen Wohnung und Heim und bietet sich für Alleinstehende und zusammenlebende Paare an, die auf stärkere Betreuung und Pflege angewiesen sind. Zur Förderung der Selbstständigkeit der einzelnen Bewohner hat sich die Unterteilung der Anlage in Wohngruppen mit jeweils acht bis zehn Bewohnern bewährt. Durch Übernahme bestimmter Aufgaben im hauswirtschaftlichen Bereich sowie bei Vorbereitung und Durchführung von Freizeitunternehmungen durch die Bewohner wird einer Versorgungsmentalität, wie sie in Heimen entstehen kann, entgegengewirkt, der einzelne Bewohner wird stärker gefordert und aktiviert. Eine sorgfältige Gebäudeplanung, die jeder Wohngruppe ein selbstständiges Wohnen ermöglicht, kann dazu erheblich beitragen. Sinngemäß gilt das in Kapitel 3.3.3.2 Mehrpersonenwohnungen Gesagte. Wichtig ist die Nähe von Gemeinbedarfs- und Verkehrseinrichtungen (Abb. 3.3/12).

3.3.3.4 Wohnheime für Rollstuhlbenutzer

Schwerst- und Mehrfachbehinderte, die nicht selbstständig wohnen können, sind auf einen Heimaufenthalt angewiesen.
Es ist zu begrüßen, dass bei Neuplanungen, aber auch bei anstehenden Modernisierungen bestehender Heime die individuellen Bedürfnisse der einzelnen Bewohner besser berücksichtigt werden. Dazu gehört vor allem, dass jeder Bewohner über seinen eigenen Wohn- und Schlafbereich mit Sanitärraum verfügen kann. Auch wird verstärkt die bisherige „kasernenmäßige" Anordnung einer großen Zahl aneinander gereihter Heimplätze aufgegeben, zu Gunsten einer Unterteilung des Heims in einzelne Gruppen von Appartements, die den Bewohnern durch die überschaubare Zahl von Nachbarn eine schnellere Identifikation ermöglicht und zu einem besseren Miteinanderleben führt.

3.3/11.1+2 Schaffung einer Wohnung für Rollstuhlbenutzer mit eigenem Zugang im Erdgeschoss eines Wohnhauses von 1950 durch Zusammenlegung sehr kleiner ehemaliger Schlichtwohnungen. Architekten: Hans-Georg Ockelmann und Joachim Rottgardt, Hamburg.

3.3.4 Wohnformen für Menschen aller Altersgruppen mit sensorischen und anderen Behinderungen

Das Normblatt DIN 18025 Teil 2 berücksichtigt nicht nur Blinde und wesentlich Sehbehinderte, sondern bezieht auch Gehörlose und wesentlich Hörgeschädigte sowie Menschen aller Altersgruppen mit Behinderungen ein. Damit wird auch der große Kreis der Menschen mit Gehbehinderungen und der Betagten mit eingeschränkter Mobilität angesprochen. Das Normblatt gibt damit erstmalig verlässliche Planungsgrundlagen für eine Wohnform, die bisher als „behindertenfreundlich" nicht klar genug umrissen war.

Es ist zu wünschen, dass im künftigen Wohnungsbau starker Gebrauch von diesem Normblatt gemacht wird bei der Einplanung solcher Wohnungen in den Geschosswohnungsbau und in Altenwohnanlagen und Wohnheime. Dadurch kann ein großer Teil behinderter und betagter Menschen mit geeigneten Wohnungen versorgt werden, ohne dass sie auf die aufwändigeren Wohnungen für Rollstuhlbenutzer nach DIN 18025 Teil 1 angewiesen wären und diese für sie erstellt und vorgehalten werden müssten.

Der Unterschied dieser Wohnungsart zu Nichtbehindertenwohnungen besteht nicht – wie bei den Rollstuhlbenutzerwohnungen – in einer größeren Wohnfläche, sondern in der zusätzlichen Ausstattung. Dadurch wird dem behinderten oder betagten Bewohner eine selbstständige Haushaltsführung und auch im Pflegefall ein Verbleiben in seiner Wohnung ermöglicht. Für Wohnformen für Menschen aller Altersgruppen mit sensorischen und anderen Behinderungen gelten im wesentlichen folgende Planungsgrundlagen:

– Berücksichtigung von Bewegungsflächen mindestens 120 cm breit in allen Räumen zwischen Einrichtungen und Wandoberflächen oder vor Einrichtungen.

– Innerhalb der Wohnung muss ein Bett zur Pflege aufgestellt werden können mit einer Bewegungsfläche von 120 cm Breite auf einer Längsseite; für die andere Seite reicht eine Bewegungsfläche von 90 cm Breite aus.

– In der Küche sind Herd, Arbeitsplatte und Doppelspüle nebeneinander mit Beinfreiheit anzuordnen. Sie müssen für die Belange des Nutzers in entsprechender Arbeitshöhe montiert werden können.

– Im Sanitärraum muss der Duschplatz stufenlos begehbar sein. Für die Duschplatzgröße empfiehlt sich – über die Festlegungen des Normblattes hinausgehend – die Übernahme der Bewegungsfläche von 120 cm Tiefe und Breite als Platzbedarf für eine Pflegeperson. Die Umnutzung des Duschplatzes auf Badewanne oder umgekehrt soll möglich sein.

– Der Freisitz muss stufen- und schwel-

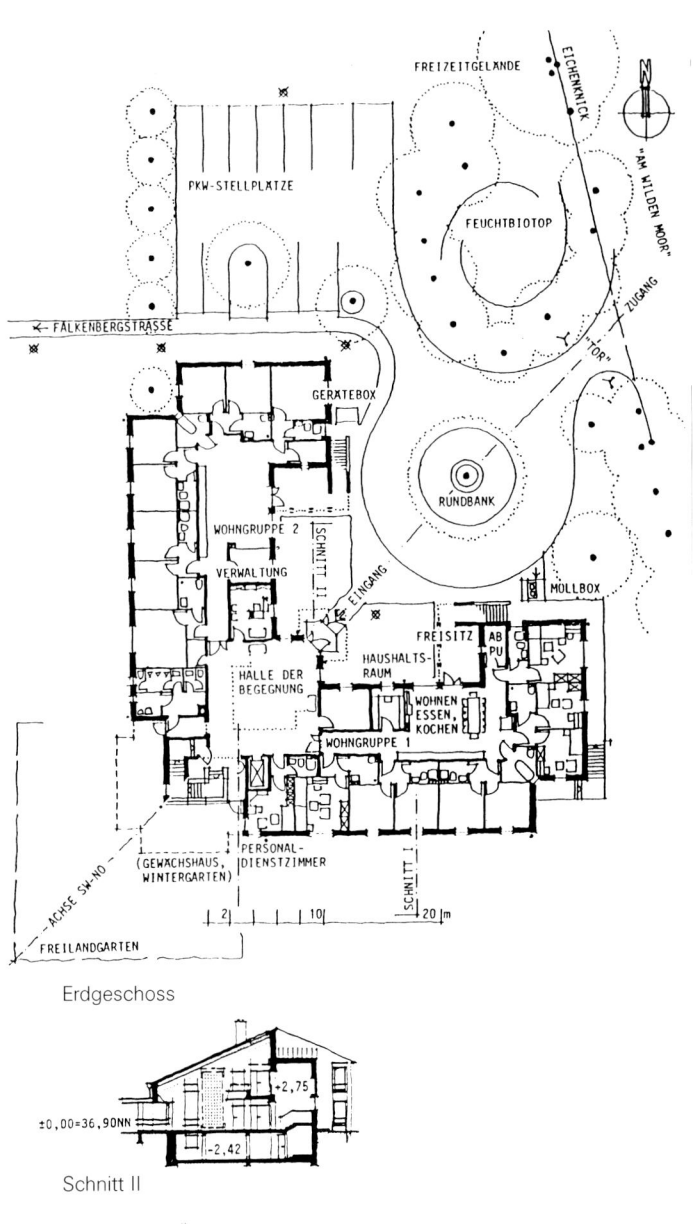

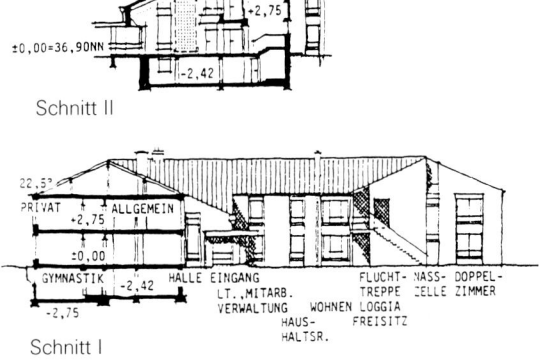

Erdgeschoss

Schnitt II

Schnitt I

3.3/12 Wohnanlage für 40 geistig und mehrfach behinderte Erwachsene in zentraler Lage von Norderstedt. Das zweigeschossige Gebäude ist in vier Wohnbereiche für jeweils zehn Bewohner mit Wohnraum, Küche, Individualräumen und zugehörigen Sanitär- und Nebenräumen unterteilt. Alle Wohngruppen haben durch die Winkelform des Gebäudes direkten Bezug zu der durch zwei Geschosse gehenden zentralen Halle am Eingangsbereich, die wie geschaffen ist für Zusammenkünfte und Veranstaltungen zwischen Bewohnern und Besuchern von außerhalb. Architekt: Hans-Christoph Klein, Ellerau.

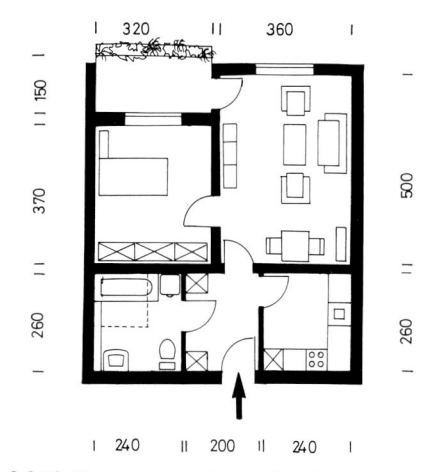

3.3/13 Einpersonenwohnung für einen Bewohner mit einer sensorischen oder anderen Behinderung nach DIN 18025 Teil 2, M 1:200.

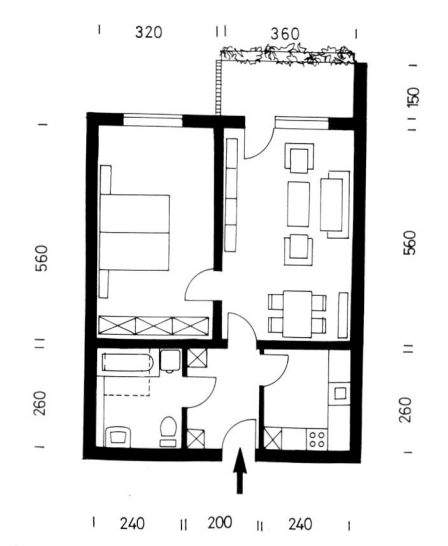

3.3/14 Zweipersonenwohnung für zwei Bewohner mit einer sensorischen oder anderen Behinderung nach DIN 18025 Teil 2, M 1:200.

lenlos erreichbar sein und eine Mindestgröße von 4,5 m² haben. Empfohlen werden Überdachung und seitlicher Witterungsschutz.
– Alle Türen müssen eine lichte Breite von mindestens 80 cm haben.
– Für z.B. Kleinwüchsige, Blinde und Sehbehinderte ist bei Bedarf eine zusätzliche Wohnfläche bis zu 15 m² vorzusehen.

3.3.4.1 Einfamilienhäuser für Menschen mit sensorischen oder anderen Behinderungen

Alle Räume, aber auch Wirtschafts- und sonstige Nebenräume sind stufenlos erreichbar anzuordnen, um dem behinderten Bewohner ein von den anderen Mitbewohnern unabhängiges Wirtschaften zu ermöglichen. Der Vorzug gilt daher dem eingeschossigen Einfamilienhaus, da zweigeschossige Häuser den Einbau eines Aufzuges voraussetzen, der aus Kostengründen nur in Ausnahmefällen, z.B. bei Ausbaumaßnahmen bestehender zweigeschossiger Häuser, die nachträglich der Behinderung eines Bewohners angepasst werden sollen, zu vertreten ist.

3.3.4.2 Geschosswohnungen für Menschen mit sensorischen oder anderen Behinderungen

Während bei Eigentumswohnungen stärker der individuellen Behinderungsart des Bewohners und dem Grad seiner Behinderung gefolgt werden kann und daher Abweichungen vom Normblatt möglich sind, ist bei Mietwohnungen, bei denen von einem stärkeren Bewohnerwechsel auszugehen ist, das Normblatt in vollem Umfang der Planung zu Grunde zu legen:

Ein- und Zweipersonenwohnungen:
In den Abbildungen 3.2/13 und 14 sind eine Einpersonen- und eine Zweipersonenwohnung auf der Basis der DIN 18025 Teil 2, entsprechend den vorstehenden Planungsgrundlagen, dargestellt. Beide Wohnungsgrundrisse bewegen sich von der Wohnfläche her durchaus in der Größenordnung üblicher Ein- und Zweipersonenwohnungen. In der Einpersonenwohnung ist eine Mindestgröße für den Wohnraum von 18 m² zu Grunde gelegt, die nicht unterschritten werden sollte, um alle notwendigen Möbel wie Sitzgruppe, Schrank und Fernseher vom Bewohner gut erreichbar unterzubringen.
Die im Normblatt geforderte Aufstellungsmöglichkeit eines Pflegebettes sollte im Schlafraum berücksichtigt werden. Das bedeutet, dass bei Einpersonenwohnungen die bisher übliche Schlafnische oder das unter 10 m² große „halbe" Zimmer nicht mehr ausreichen. Künftig sollte bereits bei Einpersonenwohnungen ein separates größeres Schlafzimmer die Regel werden. Es hat Vorteile hinsichtlich einer vom Wohnraum abweichenden Schlaftemperatur, auch kann, wenn Besuch kommt, das Bett einmal „ungemacht" bleiben. Es ermöglicht, im Wohnzimmer vorübergehend Besuch oder Betreuungspersonal unterzubringen.

In Ein- und Zweipersonenwohnungen sind Kochschränke oder Kochnischen nicht mehr ausreichend. Es sollten ausschließlich Kleinküchen mit einer Stellflächenlänge, entsprechend DIN 18022, von 330 cm vorgesehen werden. Bei ausreichender Belüftungsinstallation können Kleinküchen innenliegend angeordnet werden, da es aus wirtschaftlichen Gründen nicht stets gelingt, außer Wohn- und Schlafraum, auch die Küche durchs Fenster zu belichten.

Bei Mehrpersonenwohnungen sollten von vornherein „halbe" Zimmer, d.h. Räume mit weniger als 10 m², vermieden werden, um die Aufstellung eines Pflegebettes mit den notwendigen Bewegungsflächen in allen Aufenthaltsräumen zu ermöglichen. Nach DIN 18022 ist in Mehrpersonenwohnungen die Anordnung eines vom Bad getrennten WC's zweckmäßig.

Für die Anordnung dieser Wohnungen im Geschosswohnungsbau ist die stufenlose Erreichbarkeit der Wohnungen und der Nebenräume Voraussetzung. Einzelne Wohnungen können im Erdgeschoss eingeplant werden, wenn das Erdgeschoss auf Straßenebene liegt. Bei geringeren Niveauunterschieden bieten sich Rampen an. Es ist bei ihrer Planung aber zu bedenken, dass sie für Gehbehinderte und Betagte, besonders wenn diese auf Gehhilfen angewiesen sind, bei Regen, Schnee und Kälte eine Gefahr darstellen können.

Bei der Anordnung mehrerer Wohnungen in den Obergeschossen wird der Einbau eines Aufzuges erforderlich, der von vornherein auf Hauseingangsebene heruntergeführt werden muss.

3.3.4.3 Wohnanlagen für Menschen mit sensorischen und anderen Behinderungen werden vor allem für betagte Menschen erstellt

In der Form der Altenwohnanlage wird eine kleinere oder auch größere Zahl von Wohnungen für alleinstehende betagte Bewohner bzw. Ehepaare zusammengefasst. In letzter Zeit werden sie von vornherein durch Betreuungs- und Verpflegungsangebote ergänzt, die je nach Bedürfnis vom Bewohner in Anspruch genommen werden können. Auch enthalten Altenwohnanlagen vielfach Gemeinschaftsräume für unterschiedliche gemeinsame Betätigungsmöglichkeiten.

Damit stellen sie eine interessante Zwischenform für viele Betagte dar, die nach Auszug ihrer Kinder nicht mehr in der ihnen nun zu groß gewordenen Familienwohnung verbleiben möchten, aber, da sie noch rüstig sind, noch nicht in ein Heim übersiedeln wollen. In einer Altenwohnanlage können sie zu gleichaltrigen Mitbewohnern Kontakte schließen und mit ihnen gemeinsam die Freizeit gestalten (Abb. 3.3/15).

3.3.4.4 Heime für Menschen mit sensorischen und anderen Behinderungen
Mit Zunahme der ambulanten Betreuung in der eigenen Wohnung und durch das Angebot alternativer Wohnformen verliert das Heim in seiner bisherigen Form an Bedeutung. Bewohner siedeln heute vielfach erst dann in ein Heim über, wenn sie in größerem Umfang pflegerische Betreuung benötigen, die ihnen die ambulanten Dienste nicht mehr bieten können. Darauf müssen sich die neuen Heimformen in der Organisation und in der baulichen Ausbildung einstellen. Das gilt vor allem für Altenheime.

War es bisher üblich, dass der Bewohner im Pflegefall aus seinem Wohnbereich in eine gesonderte Pflegeabteilung überwechseln mußte, so wird bei vielen neu entstehenden Heimen dieser Wechsel dadurch vermieden, dass die pflegerische Betreuung im Wohnbereich des einzelnen Bewohners selbst durchgeführt wird und der Bewohner in dem ihm vertrauten Wohnmilieu verbleiben kann.

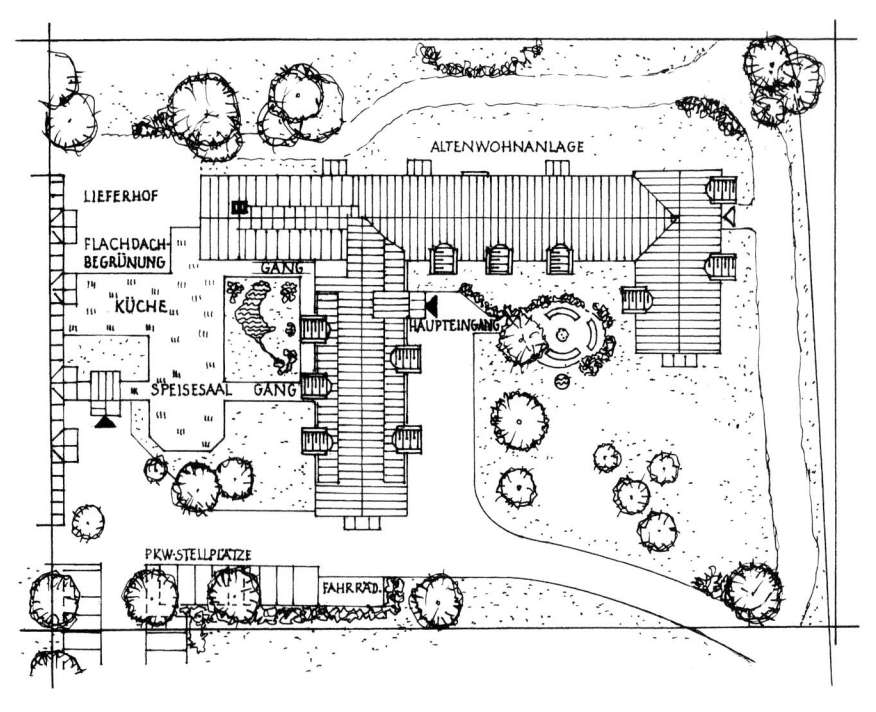

3.3/15.1 Lageplan der Altenwohnanlage in Chemnitz, M 1:1000.

3.3./15.2 Barrierefreie Wohnung für einen Bewohner, M 1:200.

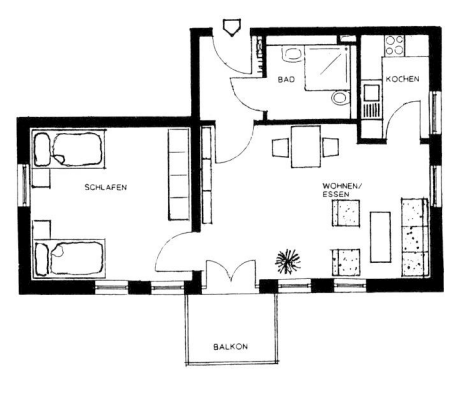

3.3/15.3 Barrierefreie Wohnung für zwei Bewohner, M 1:200.

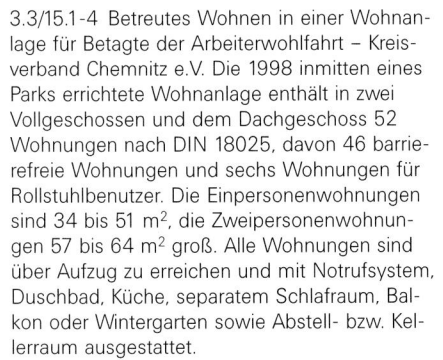

3.3/15.1-4 Betreutes Wohnen in einer Wohnanlage für Betagte der Arbeiterwohlfahrt – Kreisverband Chemnitz e.V. Die 1998 inmitten eines Parks errichtete Wohnanlage enthält in zwei Vollgeschossen und dem Dachgeschoss 52 Wohnungen nach DIN 18025, davon 46 barrierefreie Wohnungen und sechs Wohnungen für Rollstuhlbenutzer. Die Einpersonenwohnungen sind 34 bis 51 m², die Zweipersonenwohnungen 57 bis 64 m² groß. Alle Wohnungen sind über Aufzug zu erreichen und mit Notrufsystem, Duschbad, Küche, separatem Schlafraum, Balkon oder Wintergarten sowie Abstell- bzw. Kellerraum ausgestattet.

Den Bewohnern stehen umfangreiche Gemeinschaftseinrichtungen, wie Pflegebad, Fitnessraum, Sauna, hauseigene Bibliothek, Aufenthaltsbereiche sowie Wasch- und Trockenräume zusammen mit einem ausreichenden Betreuungsangebot bis hin zur pflegerischen Betreuung zur Verfügung. Ein Aufenthalt im Freien ist durch die barrierefreie Gestaltung der Außenanlagen gewährleistet. Architekt: HOPAK Planungs GmbH, Nürnberg.

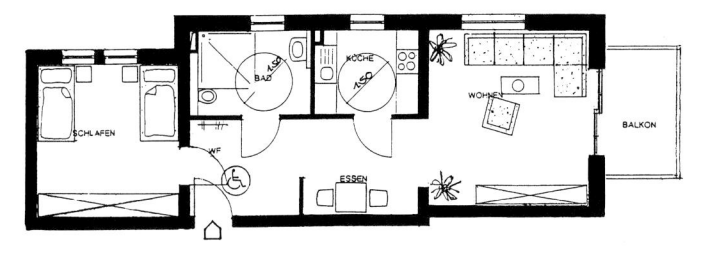

3.3/15.4 Rollstuhlbenutzer-Wohnung für zwei Bewohner, M 1:200.

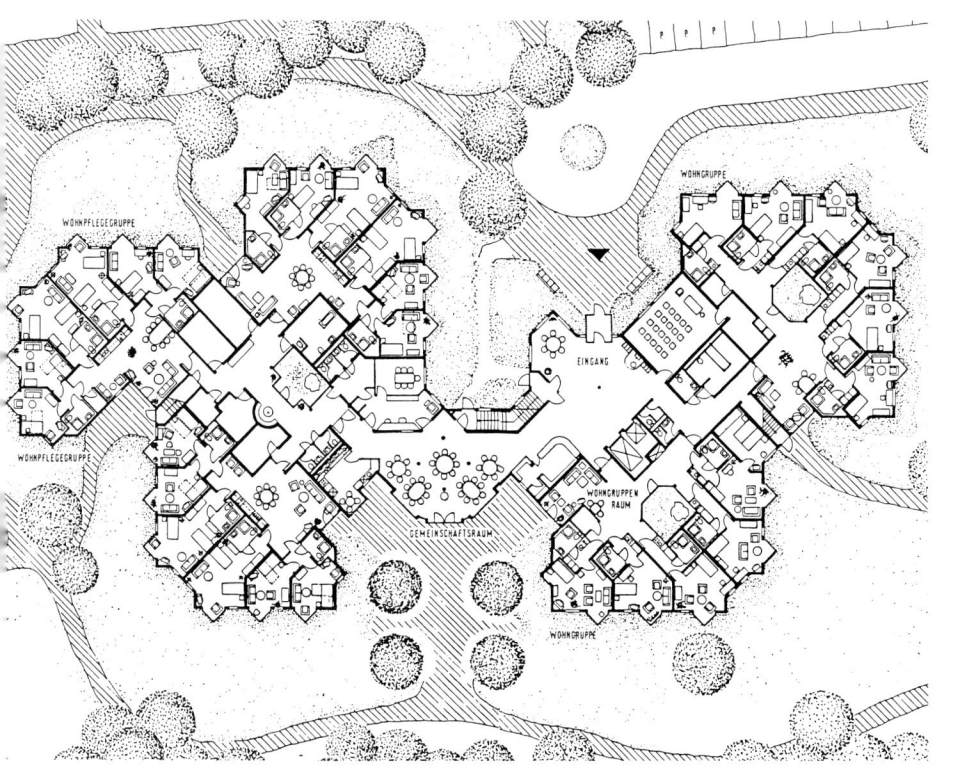

3.2/16 Altenwohnhaus St. Sixtus in Haltern/Westfalen. Als Nachfolgekonzept zum herkömmlichen Alten- und Pflegeheim. Sechs Wohngruppen mit jeweils acht Pflegeplätzen und vier Wohngruppen mit jeweils sechs Heimplätzen. Zweigeschossige Bauweise mit kleiner Eingangshalle, dafür vergrößertem Wohnbereich und Gemeinschaftsräumen in den Wohngruppen. Modellprojekt des Bundesministeriums für Jugend, Familie, Frauen und Gesundheit und des Kuratoriums Deutsche Altershilfe, Köln, M 1:500. Architekt: Karlhans Pfleiderer, aus: „Wohnen alter und pflegebedürftiger Menschen – beispielhafte Lösungen" Bundesministerium für Raumordnung, Bauwesen und Städtebau, 1991

Diese stärkere Berücksichtigung der individuellen Bedürfnisse des einzelnen Bewohners drückt sich auch in der Planung und Ausstattung neuer Heimformen aus:
– Dezentralisierung der für die Pflege erforderlichen Neben- und Personalräume und ihre Verlagerung in die Wohnbereiche hinein
– Vergrößerung des Wohnbereichs für den einzelnen Bewohner. Vermeidung von Zwei- oder gar Mehrbettzimmern.
Der Wohn-Schlafbereich des Bewohners ist genügend groß zur Aufstellung eines Pflegebettes, für zugehörige Bewegungsflächen und für einen ausreichenden Sanitärraum auszubilden. DIN 18025 Teil 2 gibt hierfür erforderliche Planungsgrundlagen
– Aufgliederung der bisherigen großen Heimformen in einzelne Gruppen von etwa acht Bewohnern und Zuordnung jeweils eines gemeinsamen Aufenthaltsbereiches durch Einbeziehung von Flurzonen (Abb. 3.3/16).

Es zeigt sich, dass diese im Sinne des einzelnen Bewohners liegende Entwicklung nicht nur bei Neuplanungen von Heimen, sondern auch bei anstehenden Modernisierungen älterer Heime durch entsprechende Umbaumaßnahmen verwirklicht wird (Abb. 3.3/17).

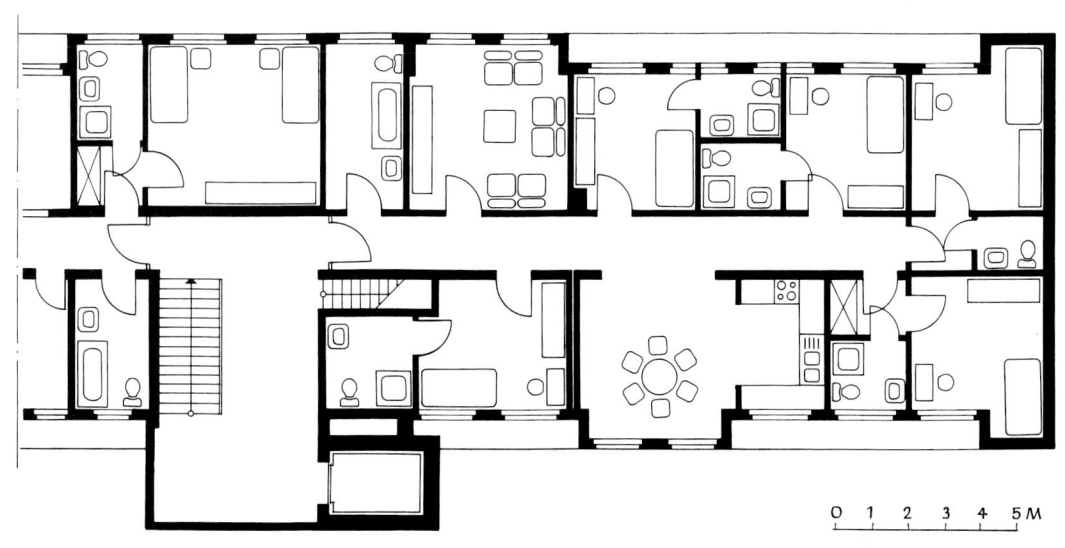

3.3/17 Umbau eines Jugendheimes aus dem Anfang der fünfziger Jahre in eine Altenwohnanlage für Bewohner mit psychischen Behinderungen. Grundriss des Staffelgeschosses als Beispiel für die Auflösung der herkömmlichen Heimform in eine Wohngruppe für sieben Bewohner durch Aufweitung des vorhandenen gewesenen Mittelflures in eine gemeinsame Essdiele. Stufenlose Zugänglichkeit durch Anbau eines Aufzuges, M 1:200. Architekt: Heinrich Meier, Hamburg.

3.4 Neue Wohnformen für betagte und behinderte Menschen aus sozialplanerischer Sicht

Gabriele Gerngroß-Haas

Der folgende Beitrag stammt aus der Perspektive einer Sozialwissenschaftlerin, die in einer Großstadt in der kommunalen Sozialplanung tätig war. Sozialplanung hat hier die Aufgabe, Zielvorstellungen und Konzeptionen für bestimmte Fragestellungen und Hilfeangebote zu entwickeln, entsprechende Projekte zu planen und umzusetzen sowie nach Realisierung von Projekten und Maßnahmen diese zu begleiten und – im Sinne der Rückkoppelung zur Planungsphase – auszuwerten.

3.4.1 Traditionelle Wohnformen für ältere Menschen und notwendige Weiterentwicklungen

Seit Beginn der Sozialplanungstätigkeit im Sozialamt Stuttgart im Jahre 1980 hat das Thema „Wohnen älterer Menschen", haben Fragen und Konzepte bezüglich altengerechter Wohnformen eine wesentliche Rolle gespielt. Aus dieser Arbeit werden einige Überlegungen dargestellt, die teilweise sinngemäß auch auf das Wohnen Körperbehinderter zu übertragen sind.
Die Sozialplanung sieht als Grundbedürfnis der älteren Menschen im Hinblick auf das Wohnen den Anspruch auf möglichst viel Autonomie bei optimaler und verlässlicher Hilfe, wenn Hilfe notwendig ist.
Was heißt Autonomie? Z.B.:
– Selbstständigkeit, Selbstbestimmung und Selbstgestaltung in der Lebensführung
– Handlungsspielraum und Wahlmöglichkeiten
– Möglichkeit zu Individualität, Identität und Selbstverwirklichung, im Einklang mit der eigenen Lebensgeschichte bleiben
– Basis an wirtschaftlicher Sicherheit.

Was wird an Hilfen erwartet? Z.B.:
– Hauswirtschaftliche Hilfen wie Putzen, Einkaufen, Kochen
– rehabilitative, pflegerische und ärztliche Versorgung
– psychosoziale Hilfen (wie Kontakte, sozialkulturelle Angebote, beratende Gespräche, gerontopsychiatrische Versorgung)
– Hilfen im Hinblick auf Angst und Sicherheitsbedürfnis der Alleinstehenden
– Hilfestellung zu sinnvollen Aufgaben und Tätigkeiten Älterer in und für die Gesellschaft
– wirtschaftliche Absicherung
– bauliche Erleichterung und Hilfen, all das, was mit „alten- und behindertengerechtem Bauen" gemeint ist.

Grundsätzlich geht es um möglichst viel Individualität und Flexibilität in Bezug auf Lebensführung und Hilfen im Heim und in Formen privaten Wohnens. Die Hilfen sollten individuell zugeschnitten und quantitativ flexibel sein.
Als Hintergrund für das Zielpaar „Autonomie und Hilfen" und zur Gewichtung der Bedeutung von Hilfen soll auf einige strukturelle Entwicklungstendenzen im Hinblick auf die Situation der Älteren in unserer Gesellschaft verwiesen werden.
In Zukunft wird es – schlagwortartig bezeichnet – mehr Alte und insbesondere auch mehr Hochaltrige geben. Dem werden immer weniger Junge gegenüberstehen, die Hilfe leisten könnten. Es wird mehr Alleinstehende und Alleinlebende unter den Älteren geben sowie insgesamt eine Zunahme der Versorgungs- und Pflegebedürftigkeit, eine Zunahme chronischer und eine Zunahme psychischer Erkrankungen im Alter. Dem wird als Folge sozialen Wandels eine Abnahme familiärer Netze, z.B. auch eine zunehmende Berufstätigkeit bei der Ehepartner aus der „Kindergeneration", gegenüberstehen.[1]
Dies hat, und darüber sind sich Altenhilfeexperten einig, einen erheblichen Anforderungszuwachs an die kommunale Altenhilfe zur Folge und bedeutet, dass es in Zukunft mehr außerfamiliäre Altenhilfe in stationärer, teilstationärer und ambulanter Form wird geben müssen.[2]
Das Hauptproblem der Altenhilfe in den kommenden Jahren wird in der angemessenen Bewältigung der Hilfe- und Pflegebedürftigkeit, in die die Menschen mit steigendem Alter und sich verschlechterndem Gesundheitszustand geraten können, bestehen.
Sollen Angebote für ältere Menschen „altengerecht" sein, dann müssen sie den Älteren möglichst viel Selbstständigkeit und Selbstgestaltung in der Lebensführung gewährleisten bei gleichzeitigen zuverlässigen Hilfemöglichkeiten, wenn diese gebraucht werden.
Bisher gab es vor allem folgende Wohnangebote bzw. Wohnformen für ältere Menschen:
– normale Privatwohnung
– Altenwohnung
– Altenwohnhaus
– Altenwohnheim
– Altenheim
– Pflegeheim.

Vgl. zur Kurzbeschreibung dieser Wohnformen die „Übersichtstabelle zur Charakterisierung und Weiterentwicklung der Wohn- und Pflegeformen für ältere Menschen".
Wie stellen sich nun diese traditionellen Wohnformen unter der Perspektive dar, dass sie den Älteren „Autonomie und Hilfe" bieten sollen?

Privatwohnung
Über 90 % der über 65jährigen leben in Stuttgart in dieser Wohnform. Die gegenwärtige Situation ist dadurch gekennzeichnet, dass die Älteren in der Privatwohnung optimale Autonomie und Selbstständigkeit genießen, allerdings auf Kosten einer mehr oder weniger ungesicherten Hilfesituation im Hinblick auf ambulante hauswirtschaftliche, pflegerische und psychosoziale Hilfen. Neben einer quantitativen Mangelsituation bestehen qualitative Probleme darin, dass es zum Teil noch keine Versorgung am Wochenende, keine Versorgung während der Nacht, keine Lang- und Vollzeitpflegen, zu starke Spezialisierung bzw. weithin keine Ganzheitlichkeit im Hinblick auf die Klienten, keine gezielt bekanntmachbare, ständig besetzte zentrale Anlaufstelle im Stadtteil gibt.[3] Dazu kommen bauliche Mängel und Probleme, vor allem im Althausbestand sowie im städtebaulichen Umfeld.

Pflegeheim
Etwas über 3 % der über 65jährigen leben in Stuttgart im Pflegeheim; in Heimen insgesamt, d.h. im Altenwohnheim, Altenheim oder Pflegeheim, ungefähr 7 %. Eine Untersuchung des KDA (Kuratorium Deutsche Altershilfe in Köln) ergab, dass 18,4 % aller über 65jährigen zum Zeitpunkt ihres Todes einen Heimplatz inne hatten, d.h. dass die Situation in den Heimen doch einen relativ großen Anteil der Älteren betrifft.[4]
Das Heim, insbesondere das Pflegeheim, stellt sozusagen den Gegenpol zur Privatwohnung dar. Es garantiert in der bisherigen Form maximale Hilfe, vor allem pflegerischer und hauswirtschaftlicher Art, einschließlich einer behindertengerechten Umwelt bei unterschiedlichen Formen von mittlerer bis geringer Autonomie. Das Hauptproblem im Pflegeheim besteht sicherlich im Autonomieverlust des Heimbewohners. Er hat sich einem mehr oder weniger starren Anpassungsdruck an die Gegebenheiten des Heimbetriebs und einer sozialen Kontrolle von außen zu unterwerfen, seine Privatsphäre ist stark eingeschränkt oder besteht kaum noch für ihn. Die Hilfen im hauswirtschaftlichen und pflegerischen Bereich sind gesichert, werden jedoch in der Regel als starres Hilfepa-

---

1-4 Siehe Anhang „Literaturverzeichnis nach Kapiteln"

ket angeboten, das einzelne Heimbewohner zum Teil über-, andere zum Teil wieder unterversorgt und Kräfte zur Selbsthilfe teilweise eher schwächt als fördert. Hilfen im psychosozialen Bereich kommen bisher zu kurz.

Außerdem besteht in den traditionellen dreigliedrigen Altenwohnanlagen die Problematik des Umziehenmüssens vom Altenwohnheim über das Altenheim ins Pflegeheim bei Veränderung der Hilfs- und Pflegebedürftigkeit. Mehrmaliges Umziehenmüssen im Alter muss als sehr problematisch angesehen werden. Diese Einschätzung basiert u.a. auf einer Fülle von Erfahrungen aus der Praxis, die zeigen, dass z.B. mit dem Einzug in ein Heim oder mit dem Umzug innerhalb einer dreigliedrigen Einrichtung Phänomene wie Orientierungsschwierigkeiten und Verwirrtheitszustände zum Teil erheblich zunehmen bzw. erst ausgelöst werden können.

Altenwohnung

Abgesehen vom Hausmeisterservice handelt es sich bei der Altenwohnung praktisch um eine normale, kleine Wohnung mit dem heute üblichen Standard. Der Unterschied zu einer normalen kleinen Neubauwohnung besteht im Hinblick auf die finanzielle Förderung im Rahmen des sozialen Wohnungsbaus, die wiederum den Zugang für finanziell besser gestellte Ältere einschränkt. In Bezug auf die Gesichtspunkte „Autonomie" und „Hilfe" sind Privat- und Altenwohnung bisher ähnlich einzuschätzen. Den beinahe optimalen Möglichkeiten in Bezug auf Autonomie stehen bisher in Stuttgart nicht so gesicherte, von Stadtteil zu Stadtteil unterschiedliche Hilfeangebote gegenüber.

Problematisch erscheint die untere Altersgrenze beim Einzug (etwa ab 60 Jahren); d.h. es ist nicht möglich, früher in eine Altenwohnung einzuziehen, zugleich kann aber auch nicht ausgeschlossen werden, dass man aufgrund von Pflegebedürftigkeit wieder ausziehen muss. Da von der Möglichkeit her, ambulante Hilfen zu bekommen, die Altenwohnung im Moment der Privatwohnung nicht vorzuziehen ist, muss man zu dem Ergebnis kommen, dass sich gegenwärtig für jemanden, der in einer guten privaten Wohnung lebt, der (möglicherweise vorübergehende) Umzug in eine Altenwohnung nicht lohnt.

Die Altenwohnung ist gegenwärtig nur für diejenigen unter den Älteren ein mögliches Angebot, die unter bestimmten baulichen Mängeln ihrer bisherigen Wohnung leiden: Zu große Altbauwohnung, ohne Bad, ohne Zentralheizung, ohne Aufzug. Denkbar wäre hier allerdings auch eine normale Kleinwohnung.

Altenwohnhaus

Ein Unterschied zur Altenwohnung besteht darin, dass hier in der Regel eine Rufanlage, jedoch nur zum Hausmeister, vorhanden ist. In Bezug auf weitere Hilfedimensionen, nämlich die Versorgung mit ambulanten Hilfen, scheinen die AltenwohnhausbewohnerInnen in der gegenwärtigen Situation nicht wesentlich mehr gesichert als die AltenwohnungsbewohnerInnen. Die SozialarbeiterInnen des Allgemeinen Sozialdienstes berichten häufig von schwierigen Versorgungssituationen im Hinblick auf hauswirtschaftliche und pflegerische Dienstleistungen, weil der Hilfebedarf hier so konzentriert anfällt und von den Sozial- und Diakoniestationen nicht bewältigt werden kann. Das Altenwohnhaus bietet allerdings von der Theorie her den Vorteil, dass sich Hilfen leichter und ökonomischer organisieren lassen. Eine entsprechende Bezugsperson, eine Ansprechpartnerin, kann einmal in der Woche zur Abklärung und Organisation notwendiger Hilfen im Haus sein.

Übersichtstabelle zur Charakterisierung und Weiterentwicklung der Wohn- und Pflegeformen für ältere Menschen

Wohnform	Kurzbeschreibung	Angebot an Hilfen	gegenwärtige Vorteile	gegenwärtige Nachteile bzw. Probleme	Weiterentwicklung
Privatwohnung	normale, private Wohnung unterschiedlichster Art, Größe, Lage und Ausstattung	verschiedene ambulante Dienste	optimale Autonomie	ungesicherte Hilfesituation, bauliche Mängel im Althausbestand	Wohnungsanpassung; Ausbau ambulanter sozialpflegerischer Dienste, Bündelung, eine Anlaufstelle im Stadtteil; Ausbau teilstationärer Hilfeformen wie Kurzzeit- und Tagespflege; Reha-Klinik
Altenwohnung	in Lage, Ausstattung und Einrichtung für besondere Bedürfnisse älterer Menschen geeignet; Zentralheizung, Aufzug, Hausmeister	verschiedene ambulante Dienste	optimale Autonomie, bauliche Erleichterungen	ungesicherte Hilfesituation, untere Altersgrenze beim Einzug, Umzug bei stärkerer Hilfs- bzw. Pflegebedürftigkeit notwendig	Altenwohnungen und Altenwohnhäuser nur noch, wenn Dienstleistungsangebote verbindlich und verläßlich hinzukommen
Altenwohnhaus	Wohngebäude, das ausschließlich Altenwohnungen enthält	verschiedene ambulante Dienste	leichtere Organisierbarkeit von Hilfen	Zusammenleben ausschließlich mit Gleichaltrigen	Entwicklung neuer Formen privaten Wohnens mit institutionalisiertem Versorgungssystem
Altenwohnheim	abgeschlossene kleine Wohnung in einem Heim, selbstständige Führung eines eigenen Haushalts	„Sicherheit": Notrufklingel, Anspruch auf Pflegeplatz	weitgehende Autonomie, Möglichkeit zum Mittagessen in Gemeinschaft	nur Gleichaltrige, weiterer Umzug bei Pflegebedürftigkeit notwendig	Entwicklung neuer Formen privaten Wohnens mit institutionalisiertem Versorgungssystem
Altenheim	Zimmer bzw. Kleinappartement in einem Heim, eigene Möbel, z.T. mit Naßzelle	Haushaltsführung wird abgenommen (Putzen und Essensversorgung)	gesicherte hauswirtschaftliche Hilfen	Autonomieverlust, nur Gleichaltrige, weiterer Umzug u.U. notwendig	ein flexibles Heim für altenheim- und pflegeheimbedürftige Ältere
Pflegeheim	Einzel- oder Mehrbettzimmer, einzelne eigene Einrichtungsgegenstände	umfassende pflegerische Versorgung der Person, allerdings primär im physischen Bereich	gesicherte hauswirtschaftliche und pflegerische Hilfe	geringe Autonomie nur Gleichaltrige	ein flexibles Heim für altenheim- und pflegeheimbedürftige Ältere

In der Beziehungsdimension hat das Altenwohnhaus den Nachteil, dass man ausschließlich mit Gleichaltrigen zusammenlebt und dass bei entsprechender Hilfebedürftigkeit keine oder nur sehr wenig Möglichkeit zur Hilfe durch Nachbarn besteht. In der Praxis wird zudem von Querelen und Konflikten unter den Bewohnern berichtet. Grundsätzlich ist festzuhalten, dass mehrmaliges Umziehenmüssen im Alter – das bisher bei den Wohnformen Altenwohnung, Altenwohnhaus, Altenwohnheim und Altenheim bei Veränderung der jeweiligen Hilfs- und Pflegebedürftigkeit nicht ausgeschlossen werden kann – als sehr problematisch eingeschätzt werden muss und vermieden werden sollte.

Das bedeutet, dass es aus der Perspektive einer kommunalen Sozialplanung nicht vertretbar ist, ältere Menschen unter dem Etikett „Altenwohnung" oder „Altenwohnhaus" bzw. inzwischen unter dem Etikett des sog. „betreuten Wohnens" zu animieren, aus ihrer angestammten Wohnung in eine „Sonderwohnform" umzuziehen, wenn ihnen nicht gewährleistet wird, in jedem Fall dann in dieser Wohnform bleiben zu können.

Das heißt, dass Altenwohnungen und Altenwohnhäuser, wenn sie lediglich normale – unter baulicher Perspektive – „altengerechte", heutigem Standard und Wohnkomfort entsprechende Privatwohnungen ohne sonstige Hilfen darstellen, in ihrer Funktion als äußerst problematisch einzuschätzen sind. Oder positiv gewendet: Wenn man schon ein spezielles Wohnangebot für Ältere im Sinne der bisherigen Altenwohnung bzw. des Altenwohnhauses konzipiert, dann müssen unbedingt verlässliche Dienste dazu angeboten werden, die ein möglichst großes Dienstleistungsspektrum abdecken.

Notwendige Weiterentwicklungen im Hinblick auf Wohnen und Wohnformen älterer Menschen müssen aus sozialpolitischer Sicht in folgenden Bereichen liegen:
1. Da der größte Anteil der Älteren in der eigenen, normalen Privatwohnung lebt und dies auch bevorzugt, müssen verstärkt entsprechende unterstützende Bedingungen zur Verfügung gestellt werden. Hier geht es um die Schaffung bzw. entsprechende bauliche Anpassung und Modernisierung von möglichst vielen, gut ausgestatteten und preisgünstigen Kleinwohnungen, flankiert von intensiver Ausweitung und Qualifizierung ambulanter und teilstationärer sozialpflegerischer Dienste sowie der Schaffung einer Rehabilitationsklinik für ältere Menschen im jeweiligen regionalen Einzugsbereich. Das städtebauliche Umfeld muss noch mehr als bisher den Bedürfnissen der immer größer werdenden Gruppe älterer Menschen (und behinderter Menschen sowie von Kindern, Eltern mit Kleinkindern etc.) entsprechen.

In diesem Bereich muss sicher ein Maßnahmenschwerpunkt liegen, da es weder vorstellbar noch sinnvoll ist, allen zukünftigen Wohnraumbedarf älterer Menschen mit Sonderwohnformen und „Sonderumwelten" zu befriedigen.
2. In den Heimen müssen mehr Möglichkeiten für Autonomie, insbesondere für die Pflegebedürftigen, geschaffen werden. Die traditionelle Dreigliedrigkeit ist abzulehnen, an ihre Stelle sollte ein flexibles Heim für altenheim- und pflegeheimbedürftige Ältere treten, in dem die Bewohner im einmal bezogenen Zimmer bzw. Appartement bleiben können. In diesem flexiblen Heim wird aufgrund der demographischen Entwicklung der Anteil Pflegebedürftiger zunehmen und überwiegen. Insgesamt ist davon auszugehen, dass die Schaffung weiterer Pflegeplätze notwendig sein wird.
3. Die Schaffung von sog. Altenwohnungen bzw. Altenwohnhäusern ist nur sinnvoll mit gleichzeitiger verbindlicher und verlässlicher Ausstattung mit Diensten im Sinne des Konzepts „Wohnungen mit institutionalisierten Dienstleistungsangeboten", aus denen auch bei Pflegebedürftigkeit nicht mehr ausgezogen werden muss, bzw. muss der Bestand in diesem Sinne qualifiziert werden. Auf diese neuen Wohnformen werde ich im folgenden ausführlich eingehen.

Die entsprechend notwendigen städtebaulichen Wohnumfeldbedingungen gelten selbstverständlich auch für die beiden letztgenannten Bereiche.
Deutlich wird hier, dass eine stärkere Integration der einzelnen Planungs- und Maßnahmenansätze aus den Bereichen Altenhilfe, Wohnungspolitik, Stadtplanung, Stadtentwicklungspolitik, Verkehrsplanung etc. notwendig wird.

Die Idee, Wohnungen mit institutionalisierten Dienstleistungen anzubieten, wäre auf die Behindertenhilfe übertragen auch für Körperbehinderte interessant, da dies ihnen eine Alternative zum Leben in der Privatwohnung (mit mehr oder weniger gesicherter Hilfe von Familienangehörigen oder ambulanten Diensten) und zum Leben im Heim bieten könnte, nämlich die Möglichkeit zum autonomen, selbstständigen Leben in der eigenen, privaten Wohnung, unterstützt und abgesichert durch vielfältige Dienstleistungsangebote.

3.4.2 Servicehäuser für betagte und behinderte Menschen

Aus diesen grundsätzlichen Überlegungen zum Wohnen und zu besonderen Wohnformen heraus hat das Sozialamt in Stuttgart in Zusammenarbeit mit Bau- und Betriebsträgern Ideen zu sog. „Servicehäusern" bzw. Wohnungen mit institutionalisierten Dienstleistungsangeboten entwickelt, d.h. eine Mehrzahl in sich abgeschlossener privater Wohnungen mit einem den individuellen Bedürfnissen angepassten, abgestuften Dienstleistungsangebot. Diese Häuser bzw. Wohnanlagen sollen eine größere Anzahl von Wohnungen für ältere und eine kleinere Anzahl von Wohnungen für körperbehinderte Menschen (unter 60jährige Körperbehinderte) enthalten. Personen, die älter sind, zählen zur Zielgruppe der älteren Menschen.

Die Idee der Kombination von älteren und behinderten Menschen entstand, weil beide Gruppen gleiche bzw. ähnliche „technische und organisatorische Anforderungen" haben. Für alte und körperbehinderte Menschen ist eine behindertengerechte bauliche Gestaltung erforderlich und beide Gruppen brauchen ähnliche Dienstleistungen (hauswirtschaftliche und pflegerische Hilfen, ständige Ansprechperson im Haus und Notruf, Beratung und sozialarbeiterische Begleitung, Hausmeisterdienste).

Erste Anregungen für derartige Konzepte und Weiterentwicklungen traditioneller Wohnformen auch im Rahmen der Behindertenhilfe ergaben sich schon 1980 im Zusammenhang mit einer Gemeinderatsanfrage zur „Unterbringung versorgungsbedürftiger Multiple Sklerose-Kranker". Unterstützt durch Befragungen betroffener Behinderter wurde für die angesprochene Thematik als sog. „Realmodell" (aus der Sicht der Behinderten selber) eine Abteilung für jüngere Pflegebedürftige an einem Altenpflegeheim konzipiert und inzwischen in die Praxis umgesetzt – als Verbesserung und Alternative zur Situation der vereinzelten Unterbringung im Altenpflegeheim.[5] Als „Idealmodell" wurde schon damals ein sog. „Servicehaus" bezeichnet, selbstständiges Wohnen in Verbindung mit gesicherten pflegerischen Dienstleistungen in einer normalen Wohnumwelt, aus der Sicht der Behinderten am allerliebsten durchmischt mit Nichtbehinderten.[6]

3.4.3 Palette der Wohnformen für Körperbehinderte

An diesem Punkt soll darauf hingewiesen werden, dass es auch bei den Wohnformen für körperbehinderte Menschen eine ganze Palette unterschiedlicher Wohnmöglichkeiten und Wohnangebote gibt (und im Sinne der Vielfalt und der Wahlmöglichkeiten auch geben sollte), je nach der individuellen Situation der Behinderten, ihrem jeweiligen Hilfe- bzw. Pflegebedarf und ihrer Einschätzung der jeweiligen Vor- und Nachteile der einzelnen Wohnformen.

In Stuttgart wären dies gegenwärtig z.B.:
– Behindertengerechte, d.h. rollstuhlgerechte, Wohnungen ohne Dienste, in der Regel eingestreut in Vorhaben des sozialen Wohnungsbaus; zwischen 1974 und 1987

5-6 Siehe Anhang „Literaturverzeichnis nach Kapiteln"

förderte die Stadt Stuttgart z.B. den Bau von 120 derartiger Wohnungen.
– Mehrere behindertengerechte Wohnungen integriert in eine größere Wohnanlage, in der ansonsten Nichtbehinderte leben, mit Versorgung durch eine Hilfsdienststation in der Anlage, die derzeit vor allem durch Zivildienstleistende besetzt ist. Die behindertengerechten Wohnungen und die Hilfsdienststation sind über eine Notrufanlage miteinander verbunden. Ein erstes Projekt ist in Betrieb, weitere sind in Planung und im Bau. Initiator und Träger war ein Stuttgarter Behindertenverband.
– „Wohnanlage Fasanenhof": 47 rollstuhlgerechte Wohnungen für Körperbehinderte mit verschiedenen Zusatzeinrichtungen und Serviceleistungen.
– Behindertengerechte Wohnungen mit institutionalisierten Dienstleistungsangeboten für Körperbehinderte in Kombination mit einer größeren Zahl von Altenwohnungen, über die im folgenden (Kap. 3.4.4) berichtet wird.
– Abteilung für jüngere Pflegebedürftige an einem Altenpflegeheim.

Ein möglicher Unterschied im Hinblick auf Wohnen und Wohnformen für jüngere Körperbehinderte und für ältere Menschen muss an dieser Stelle betont werden. Während gerade bei älteren Menschen aufgrund des zunehmenden Alters tendenziell die Kräfte weiter nachlassen sowie Einschränkungen und Behinderungen auftreten können und ein zunehmender Hilfebedarf entstehen kann, der dann durch entsprechend flexible und variable Hilfeangebote aufgefangen werden muss, können bei jüngeren Körperbehinderten, wenn es sich nicht um progressive Erkrankungen handelt, eher relativ stabile Zustände über relativ lange Zeiträume hinweg bestehen. Diese Behinderten können u.U. über lange Jahre hin in behindertengerechten Wohnungen ohne Dienste leben oder relativ gleich bleibende Hilfeleistungen ambulant erhalten. Demgegenüber wäre die Situation und der Hilfebedarf bei jüngeren Behinderten mit progressiven Erkrankungen bis hin zu Pflegebedürftigkeit eher der der älteren Menschen zu vergleichen und die entsprechend in Pkt. 3.4.1 abgeleiteten Anforderungen, z.B. im Hinblick darauf, mit steigendem Hilfebedarf einhergehenden Wohnungswechsel zu vermeiden, müssten auch hier gelten.

3.4.4 Projekte und Planungen zu Servicehäusern für ältere und behinderte Menschen in Stuttgart

Bei den konkreten Projektplanungen hat das Sozialamt zusammen mit seinen Kooperationspartnern bisher zwei Typen solcher Wohnungen mit institutionalisierten Dienstleistungsangeboten verfolgt, die kurz am Beispiel skizziert werden:

Bei dem ersten derartigen Projekt in Stuttgart handelt es sich um Wohnungen mit Dienstleistungsangeboten im „Wohnhaus Reinsburgstraße". Hier werden insgesamt 31 Wohnungen für ältere Menschen angeboten, vier Wohnungen für Behinderte und 12 Wohnungen für Familien mit älteren oder behinderten Familienmitgliedern. Die letzteren können entweder in einer gemeinsamen oder in getrennten, aber benachbarten Wohnungen leben.

Das Neue an diesem Wohnhaus ist, dass zusätzlich zum Hausmeister-Service eine Reihe von Dienstleistungen abgerufen werden können. Hierbei handelt es sich im Einzelnen um: Ansprechperson im Haus (zur Koordination und Vermittlung der Hilfen, die nicht selbst erbracht werden), Mittagstisch (der auch für die Umgebung zugänglich ist), einzelne pflegerische Hilfen (z.B. Spritzen geben, Verbände anlegen, Hilfen beim Baden und bei der Körperpflege), gelegentliche kleine Arbeiten im Haushalt, Pflege sozialer Kontakte, Reinigungsdienste, Appartement für Gäste der Bewohner.

Entsprechend dieser Zielsetzung gibt es neben den Wohnungen zusätzliche räumliche Angebote wie einen Pflegestützpunkt mit Ansprechpartner, Pflegebäder, Speise- und Veranstaltungsraum mit Cafeteria. Die Behindertenwohnungen und die Gemeinschaftsbereiche sind rollstuhlgerecht.

Vermieter der Wohnungen ist die gemeinnützige Baugenossenschaft Flüwo, Träger der Dienstleistungen ist das Wohlfahrtswerk für Baden-Württemberg, das in der Nähe eine mehrgliedrige Altenwohnanlage betreibt und von dort aus – neben einem Zivildienstleistenden – Fachpersonal (zwei Stellen für Pflegekräfte aus den Bereichen Haus- und Familienpflege oder Altenpflege) einsetzt. Die Bewohner schließen beim Einzug neben dem Mitvertrag einen Betreuungsvertrag ab.

Die Bewohner sollten beim Einzug im großen und ganzen noch ihren eigenen Haushalt führen können. Bei Nachlassen ihrer Kräfte und zunehmenden Behinderungen können sie mit Hilfe der abrufbaren Dienstleistungen in ihrer Wohnung bleiben. Älteren Menschen kann dadurch ein Altenheimaufenthalt ersetzt werden. Es entfällt also der sonst übliche bzw. notwendige Umzug von der Altenwohnung (ohne Dienste) ins Altenheim (mit hauswirtschaftlicher Versorgung).

Werden die Bewohner darüber hinaus auf die noch weitergehenden Dienstleistungen eines Pflegeheims angewiesen (intensive pflegerische Versorgung, Nachtwache), kann ihnen aufgrund der Konzeption und der entsprechenden Personalausstattung voraussichtlich ein weiterer Umzug ins Pflegeheim nicht erspart werden.

Positiv an diesem Projekt ist u.a. die Kombination mit Familienwohnungen und die Tatsache, dass das Projekt aus Altenhilfesicht noch relativ klein ist (aus Behindertenhilfesicht ist es das wohl nicht mehr!). Nachteilig ist, dass es sich zum Teil um den Umbau eines älteren Gebäudes handelt, also nicht alle Altenwohnungen behindertengerecht gestaltet werden konnten, und vor allem dass die Bewohner bei voller und dauernder Pflegebedürftigkeit umziehen müssen.

Das Haus ist seit Juli 1987 bezogen. Die Nachfrage nach den Wohnungen, insbesondere nach den Alten- und Behindertenwohnungen, war groß. Die ersten Erfahrungen zeigen, dass es nicht unproblematisch ist, wenn von den Dienstleistungen her Pflegebedürftigkeit ausgeschlossen wird. Es bewerben sich nur relativ rüstige Ältere um die Wohnungen, die kaum Dienstleistungen brauchen (Problem der Vorhaltung dieser Dienste für den Betriebsträger). Diejenigen, die die Dienste bereits beim Einzug benötigen, scheuen den absehbaren, nochmaligen Umzug und bewerben sich deshalb gar nicht erst.

Deshalb sollte der Schwerpunkt bei weiteren „Wohnungen mit Dienstleistungsangeboten" bei Projekten liegen, die einen weiteren Umzug auch bei dauernder Pflegebedürftigkeit unnötig werden lassen. Beispielhaft für in Planung befindliche Projekte kann hier das sog. „Servicehaus in Stuttgart-Obertürkheim" (Haus am Weinberg) zitiert werden.

Hier sind 98 Alten- und Behindertenwohnungen für insgesamt rund 130 Bewohner sowie drei Personalwohnungen erstellt worden. Im Haus gibt es eine Wohngemeinschaft für unter 60 Jahre alte Körperbehinderte mit sechs Plätzen. Daneben leben noch etwa 10 bis 12 unter 60jährige Körperbehinderte im Haus. Die restlichen Bewohner sind ältere Menschen. Die Alten- und Behindertenwohnungen sind identisch.

Das Besondere an diesem Projekt ist, dass über die Leistungen hinaus, die im Wohnhaus Reinsburgstraße erbracht werden, alle pflegerischen Hilfen, die sonst im Pflegeheim üblich sind ("Pflege rund um die Uhr", Nachtwache, Notruf zum ständig besetzten Pflegestützpunkt) hier verlässlich und auf Dauer geleistet werden können. Aus Altenhilfesicht gesprochen, können und sollen diese Wohnungen den betroffenen älteren Menschen – je nach ihrer individuellen Situation – ein Altenwohnheim, ein Altenheim oder ein Pflegeheim ersetzen. Die in diesen Heimtypen üblichen Dienste werden hier den Bewohnern in der eigenen Wohnung individuell und flexibel zur Verfügung gestellt. Analoges gilt für körperbehinderte Menschen.

Es ist daran gedacht, dass beim Einzug 1/3 der älteren Bewohner altenwohnheimbedürftig, 1/3 altenheimbedürftig und 1/3 pflegebedürftig sein sollen. Ein erzwungener Umzug ist bei Veränderung der individuellen Situation nicht mehr notwendig. Dementsprechend ist das Raumprogramm und die räumliche Ausstattung konzipiert. Neben den Wohnungen, die alle behindertengerecht sind, wie auch die gesamte Wohnanlage, gibt es einen „zentralen Pflegestützpunkt" mit Pflegebädern, dezentrale Pflegearbeitsräume auf den Wohngeschossen, Gemeinschaftsbereiche, Speiseraum, Cafeteria, Clubraum, Büroräume und Räume für Mitarbeiter, einen physiotherapeutischen Bereich, Räume für Küche, Hauswirtschaft usw. sowie das Angebot einer Tagespflege (vgl. hierzu die Grundrisse in Abb. 3.4/1+2).

Fachkräfte stehen für die Bereiche Hauswirtschaft, Pflege, Sozialarbeit/Sozialpädagogik/Ergotherapie, Hausleitung, Verwaltung, Hausmeister zur Verfügung.

Auch hier wird neben dem Mietvertrag ein obligatorischer Betreuungsvertrag abgeschlossen. Erstmals in Stuttgart wird ein Teil der Wohnungen frei finanziert. Rund 1/3 der Alten- bzw. Behindertenwohnungen werden als Eigentumswohnungen erstellt und verkauft. Die Gesamtkosten für das Projekt Obertürkheim betrugen rund 32 Mio. DM.

Die Planung eines derartigen Projektes gestaltete sich als komplexer Prozess mit vielen Beteiligten. Auf den grundsätzlichen konzeptionellen Vorüberlegungen der Sozial- bzw. Altenhilfeplanung aufbauend, erfolgte sie in einer Planungsgruppe, bestehend aus Vertretern der Stadt Stuttgart bzw. städtischer Ämter (Sozialamt, Amt für Wohnungswesen, Hochbauamt), dem Siedlungswerk, dem Betriebsträger Wohlfahrtswerk für Baden-Württemberg, der Mühlschlegel-Stiftung, sowie dem beauftragten Architekturbüro Zinsmeister und Scheffler. Mit dem Bau wurde im Mai 1989 begonnen, das Haus ist seit Sommer 1992 bezogen.

Die Bewohner haben in diesen „Servicehäusern" neben der Miete eine Betriebskostenpauschale und eine Betreuungspauschale zu entrichten. Im Wohnhaus Reinsburgstraße betrug z.B. 1988 die Betriebskostenpauschale (zur Deckung der sächlichen Betriebsvorhaltekosten für die Gemeinschaftsräume) DM 60.-/Monat und die Betreuungspauschale DM 58.-/Monat (für Ehepaare DM 87.-).

In der Betreuungspauschale ist ein bestimmter Grundumfang an Leistungen enthalten, zusätzliche Leistungen können als gestaffelte „Servicepakete" abgerufen werden und werden gesondert berechnet. Im Projekt Obertürkheim z.B. werden diese Leistungen bis hin zu voller Pflege gehen, bei der dann ein Pflegesatz berechnet wird. Nach bisheriger Einschätzung und vorausschauender Berechnung des zukünftigen Betriebsträgers werden die auf die Bewohner zukommenden Kosten für die jeweili-

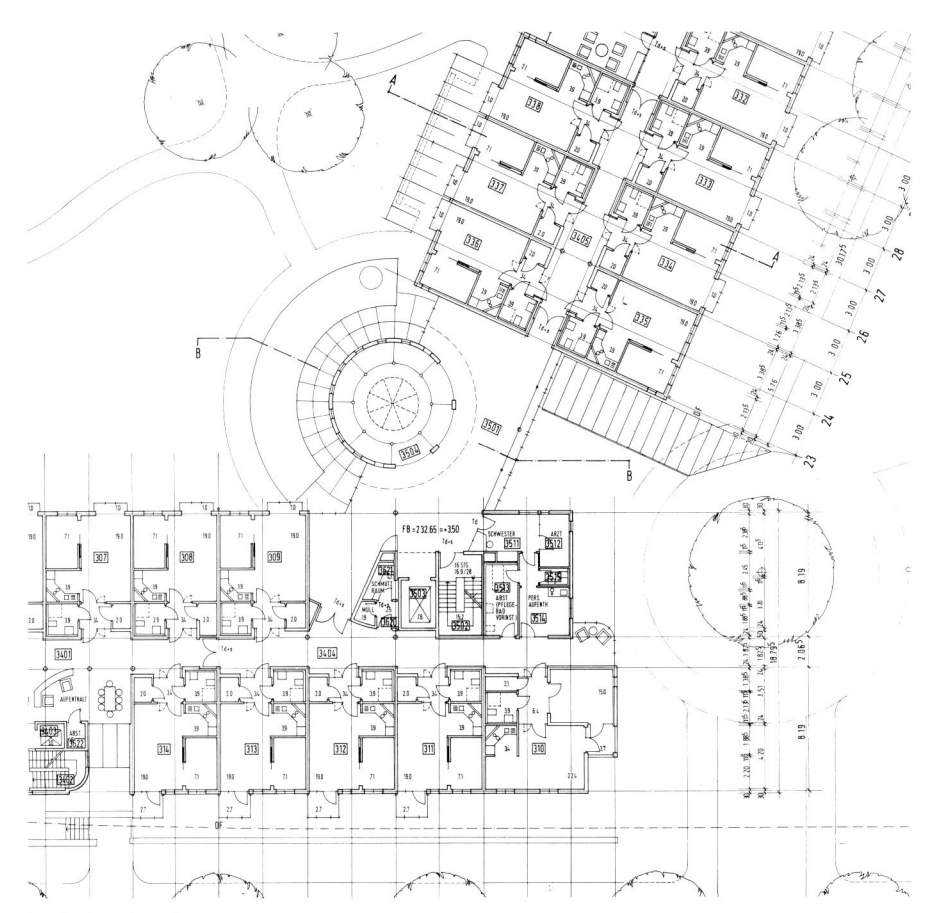

3.4/2 Grundriss Obergeschoss (Ausschnitt), M 1:500

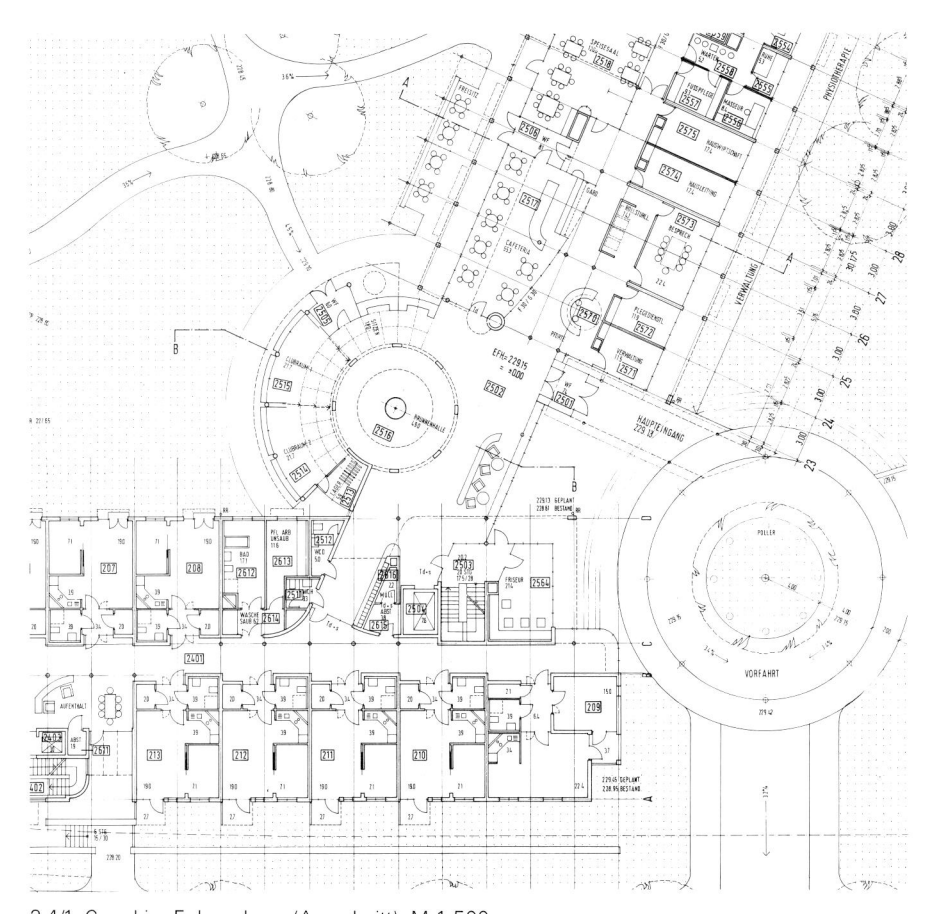

3.4/1 Grundriss Erdgeschoss (Ausschnitt), M 1:500
3.4/1+2 Haus am Weinberg, Stuttgart-Obertürkheim, Architekten: Zinsmeister und Scheffler, Stuttgart.

gen „Servicepakete" in etwa denen entsprechen, die für den vergleichbaren Betreuungsaufwand im traditionellen Altenwohnheim, Altenheim oder Pflegeheim zu zahlen sind.

3.4.5 Sozialwissenschaftliche Aspekte

Ergänzend zu den geschilderten Projektplanungen und den ihnen vorausgehenden grundsätzlichen Überlegungen sind noch einige sozialwissenschaftliche Aspekte im Hinblick auf diese neuen Wohnformen zu beleuchten. Dabei handelt es sich zum Teil um eindeutige, gesicherte Ergebnisse und Erfahrungen, zum Teil aber auch um offene Fragen, auf die es noch keine Antwort gibt.

3.4.5.1 Architekturpsychologie und bauliche Anforderungen

Architekturpsychologie befasst sich mit dem Zusammenhang zwischen gebauter Umwelt und psychischen Prozessen sowie sozialem Verhalten der Bewohner oder (Be-) Nutzer.[7]

Exemplarisch sei ein wesentliches Konzept der Architekturpsychologie dargestellt, nämlich das Spannungsverhältnis zwischen dem Kontakt- und Rückzugsbedürfnis im menschlichen Verhalten. Dies wird im Hinblick auf die Situation älterer Menschen in den neuen Wohnformen „Wohnungen mit institutionalisierten Dienstleistungsangeboten" erläutert.

Ältere Menschen haben – wie alle anderen auch – neben dem Wunsch nach Kontakten und Kommunikation mit Mitbewohnern, Besuchern und Mitarbeitern das unabdingbare Bedürfnis nach Abgeschlossenheit, nach einer Rückzugsmöglichkeit für sich alleine. Die räumliche Umgebung muss diesem Prozess des selbstgesteuerten Hin- und Herpendeln-Könnens zwischen Kontaktaufnahme mit anderen und Privatheit Rechnung tragen, denn sowohl zu viel Rückzug (= Isolation) als auch zu viel Kontakte (= Dichte- und Engephänomene, keine Möglichkeit für Privatsphäre) sind schwer erträglich.

Des weiteren ist in diesem Zusammenhang das Bedürfnis nach abgestuften Kontakten, nach Abstufung der räumlichen Zonen in private, halböffentliche und öffentliche Bereiche zu berücksichtigen. Hier kommt insbesondere auch der kleinen Wohngruppe bzw. der Gruppe von Nachbarn und den ihr zugeordneten halböffentlichen Bereichen besondere Bedeutung zu. Die Prämisse ist nun, dass im Hinblick auf diese grundsätzlichen Anforderungen, denen die Wohnumgebung älterer Menschen Rechnung tragen muss, nicht zwischen Alten- und Pflegeheimen einerseits und Servicehäusern bzw. Wohnungen mit institutionalisierten Dienstleistungsangeboten andererseits unterschieden werden kann, da die Wohnungen gerade auch die Funktionen dieser Heimtypen erfüllen sollen.

Das Bedürfnis nach Rückzug und Privatsphäre wird im Heim angemessen durch das Einzelzimmer befriedigt. Die Wohnungen mit Dienstleistungen bieten hier als Privatwohnung Alleinstehenden oder Ehepaaren optimale Privatheit und Rückzugsmöglichkeiten.

Daneben besteht bei den Bewohnern der Servicehäuser auch das Bedürfnis nach Kontakt, wobei anzunehmen ist, dass „alten- und insbesondere pflegeheimbedürftige" Ältere (die ja auch in den „Servicehäusern" wohnen sollen) – aufgrund ihrer stärkeren „Immobilität" – hier in der nahen Umgebung ihrer Wohnung räumliche Hilfen und Angebote brauchen: z.B. in Form von „Gruppengliederung", z.B. in Form eines gemeinsamen „Wohn- und Esszimmers" für eine kleinere Bewohnergruppe, von entsprechender innenräumlicher Gestaltung der Flure.[8] In guten Alten- und Pflegeheimen gibt es hierzu differenzierte räumliche Möglichkeiten.

In einer Wohnanlage, die zu 2/3 die Funktion eines Alten- und Pflegeheims erfüllen soll, darf es keinesfalls nur abgeschlossene Privatwohnungen geben, hinter deren an langen Fluren aufgereihten Türen dann die Pflegebedürftigen allein oder zu zweit sitzen.

Hier müssen dann unbedingt die Geschossflure zu halböffentlichen bzw. halbprivaten, gegliederten Wohnfluren werden, auf denen die Pflegebedürftigen sich intern treffen, zusammensitzen und umherlaufen können.

Fazit wäre, dass der neue Wohntyp „Wohnungen mit Dienstleistungsangeboten" das entschiedene Abkommen von mehr traditionellen Denkschemata verlangt: es gibt im Hinblick auf raumbezogene menschliche Grundbedürfnisse nicht einerseits Heime (traditionelle Altenwohnheime, Altenheime, Pflegeheime) und andererseits Altenwohnungen mit Diensten – für die die entsprechenden Anforderungen nicht gelten –, sondern es gibt statt dessen Privatwohnungen, die die Funktion eines „flexiblen dreigliedrigen Heimes" (mit allen räumlichen und personellen Konsequenzen, d.h. Vorteile der Privatwohnung im Hinblick auf Rückzugsbedürfnisse und Vorteile eines guten Heimes im Hinblick auf Kontaktbedürfnisse) erfüllen sollen.

In Bezug auf innenräumliche Qualitäten muss man für „altenheim- und pflegebedürftige" Wohnungsbewohner sozusagen „ein hervorragendes Heim" bauen.

Die Erfahrungen bei den laufenden Bauplanungen zeigen jedoch, dass derartige Gedanken recht schwer den anderen Beteiligten (insbesondere Bauträgern, auch Architekten) zu vermitteln sind, da der Begriff „Altenwohnung", der ja für die bauliche Konzeption der Wohnung gilt (bauliche Anforderungen, Finanzierung), hier auf die falsche Fährte führt.

Weitere bauliche Anforderungen, die eigentlich aus dem Vorhergesagten selbstverständlich sind, müssen noch benannt werden, weil sie in Entwürfen oft nicht berücksichtigt werden:

– Witterungsunabhängige Verbindung aller Gebäudeteile untereinander (hauswirtschaftliche Dienste, Pflegepersonal, Nachtwachen)

– Wege für Mitarbeiter so kurz wie möglich

– Behindertengerechtigkeit der gesamten Wohnanlage (Gemeinschaftsbereiche und Wohnungen), auch der Außenanlagen; anzustreben wie beim Projekt „Obertürkheim": Austauschbarkeit von Behinderten- und Altenwohnungen, Wohnungen sollten identisch sein.

3.4.5.2 Größe

Im Hinblick auf die Größe der Einrichtungen bzw. Heime gibt es eine Reihe von Ergebnissen, die durch die Fachliteratur belegt sind.[9 + 10]

– Kleine Einrichtungen sind großen bzw. größeren eindeutig überlegen, wenn es um die Zufriedenheit der Bewohner geht.

Die Durchsicht der Forschungsliteratur ergibt, dass Bewohner kleinerer Einrichtungen mehr Gestaltungsfreiheit haben, ihr Leben selbstständiger führen können, mehr Aktivität zeigen, mehr Selbst- und Situationskontrolle haben, ein positiveres Selbstbild und mehr Handlungskompetenz haben, einen individuelleren Tagesrhythmus pflegen können, in der Nähe ihres bisherigen Umfeldes leben können und alles in allem eine höhere Zufriedenheit zeigen.

Aber es geht nicht bloß um „oberflächliche Zufriedenheit": Letzten Endes führt Überversorgung und Einschränkung des Handlungsspielraums – charakteristisch für viele große „totale Institutionen" – z.B. bei älteren Heimbewohnern auch zu einem Ansteigen der Pflegebedürftigkeit.

– Kleine Einrichtungen sind großen eindeutig überlegen, wenn es um die Zufriedenheit der Mitarbeiter geht.

Das vorhandene Maß an Zentralisation und Hierarchie in einer Großeinrichtung verkleinert die jeweiligen Handlungsspielräume, Einfluss und Autonomie der Mitarbeiter (lähmender „Hierarchieeffekt"). Je größer eine Organisation ist, desto größer sind die Abwesenheitsraten des Personals. Mit der Zahl der Hierarchieebenen nimmt die Konflikthäufigkeit zu, Kommunikation und Information werden erschwert. Auch diese Effekte müssten eigentlich in „Wirtschaftlichkeitsüberlegungen" einbezogen werden.

7-10 Siehe Anhang „Literaturverzeichnis nach Kapiteln"

Je mehr Partizipationsmöglichkeiten für Mitarbeiter vorhanden sind (teamorientierte Strukturen), desto geringer ist die Gefahr massiver Konflikte. Kleine Einrichtungen sind überschaubarer, Mitarbeiter können sich mit ihrer Arbeit und der Organisation als Ganzes identifizieren. Die gewonnene Autonomie ermutigt Mitarbeiter, auch den Bewohnern eine größere Autonomie einzuräumen. Dies wirkt sich direkt auf therapeutische und rehabilitative Arbeitsansätze aus.

– Eine kleine Einrichtung in zentraler Lage kann besser in das jeweilige soziale Umfeld eingebettet werden.
– Es gibt – nach dem Stand der vorliegenden Forschungsliteratur – keine stichhaltigen Belege für die These „je größer, desto ökonomischer" und keine Hinweise, dass es unter Kostenaspekten eine optimale Betriebsgröße gibt. Allerdings wird in der Literatur auch der Mangel an empirischen Untersuchungen über eine „optimale" Betriebsgröße beklagt.

Als Resümee der Aufarbeitung der vorhandenen Forschungsliteratur kommt man zu dem Schluss, dass kleine Einrichtungen nicht teurer sind als große und dass kleinen Einrichtungen aufgrund der höheren Mitarbeiter- und Bewohnerzufriedenheit gegenüber großen der Vorzug zu geben ist. Zu denken ist hierbei an eine Größenordnung bis maximal 40-60 Plätze.
Auch unter der Perspektive der Ökonomie und Finanzierbarkeit gibt das DZA (Deutsches Zentrum für Altersfragen) die Richtgröße 40-60 Plätze (bei Einrichtungen für alte Menschen) an.
Wichtige Aspekte bei Einrichtungen und Heimen sind demnach die Größe (bzw. Kleinheit), gegliederte Strukturen und eine „nicht anstaltsmäßige" Organisationskultur. Zu einer positiven Heimumwelt, zu einem „normalisierten" Leben von Bewohnern und „normalisierten" Arbeiten von Mitarbeitern, tragen alle genannten Faktoren bei. Eine Größe von maximal rund 40-60 Plätzen ist eine notwendige Voraussetzung, Untergliederung in kleine Bewohnergruppen, in horizontale Teamstrukturen von Mitarbeitern und eine entsprechend offene Kultur müssen dazukommen. Die letztgenannten Faktoren sind um so wichtiger, ja absolut unverzichtbar, wenn die genannte „Maximalgröße" aus verschiedenen Gründen überschritten werden muss. Die Frage bleibt jedoch offen, ob diese die negativen Effekte der Größe kompensieren können.
Aus der Sicht der Forschungsliteratur zum Thema scheint somit eine sinnvolle Größenordnung von Einrichtungen bzw. Heimen für Ältere bei nicht weniger als 20 und nicht mehr als 60 Plätzen zu liegen.
Die Servicehäuser, die Dienstleistungen bis hin zum Pflegeheim bieten, sind größer; sie werden 100 oder noch wesentlich mehr Ältere und Behinderte beherbergen.
Eine Begründung dafür ist, dass eine Versorgung Pflegebedürftiger erst bei rund 40 Pflegebedürftigen machbar ("finanzierbar") ist; will man eine Mischung mit Noch-Weniger-Hilfsbedürftigen erreichen, kommen andere Größenordnungen zustande.
Die Frage ist, wie sich die Größe der Servicehäuser auf Bewohner und MitarbeiterInnen auswirkt; ob nicht die Tatsache, dass es sich hierbei nicht um ein Heim, sondern um Privatwohnungen handelt, in denen die Bewohner selbstständig leben und wirtschaften, die negativen Effekte der Größe, zumindest für die Bewohner, kompensieren kann. – Eine Frage, die im Moment noch nicht beantwortet werden kann.
Sicherlich müssen hier zusätzliche, die Größe kompensierende bzw. flankierende Maßnahmen überlegt werden, wie z.B. ganz allgemein „gegliederte Strukturen", Untergliederung in horizontale Teamstrukturen von Mitarbeitern, bauliche Untergliederung in überschaubare Bewohner- bzw. Nachbarschaftsgruppen, auch eine „nicht anstaltsmäßige" Organisationskultur.

3.4.5.3 Fragen der Mischung

Allgemein in der Stadtplanung und im Alltags-Denken gibt es eine eindeutige Tendenz „pro Mischung": Alte sollen „integriert" leben, man will sie nicht ins – wie wir sagen – „Altenghetto" abschieben, sie sollen gemischt mit allen anderen Altersgruppen leben.
Planungen sehen gelegentlich sogar die Kombination von Altenwohnungen, Familienwohnungen, Sozialstation und Kindergarten unter einem Dach vor.
Das KDA (Kuratorium Deutsche Altershilfe) hat 1986 bezüglich der Frage, inwieweit „innere Nähe" von alt und jung über die gebaute „äußere Nähe" erreicht wird, eine Reihe bekannter Projekte, wo etwa ein Kindergarten in eine Altenwohnanlage integriert wird oder eine Altentagesstätte mit einem Jugendklub kombiniert wird, zu ihren Erfahrungen befragt.[11]
Die Projekte waren recht unterschiedlich und auch die Erfahrungen waren recht unterschiedlich. Das KDA kommt zu dem Fazit: „Es ist kein ganz leichter Weg, bis aus dem gebauten Nebeneinander der Generationen ein menschliches Miteinander wird." Auf jeden Fall braucht man zum Erreichen dieses Miteinanders im Hinblick auf Projekte der zitierten Art in der Regel Begleitung durch qualifizierte Mitarbeiter.
Diese Einschätzung wird bestätigt durch die Erfahrungen im Wohnhaus Reinsburgstraße (vgl. Kap. 3.4.4), wo die Mitarbeiter meinen, dass die sozialarbeiterische Funktion für 80-90 % der Bewohner in den Bereichen „persönliche Beratung im Einzelfall", „Entwicklung des Gemeinwesens" und „Ausgleich bei Konflikten" sehr wichtig sei.[12]
Fragt man die Älteren selber, dann erhält man unterschiedliche Antworten: etwa die Hälfte der über 60jährigen glaubt, dass sich ein älteres Ehepaar in einer alterskonzentrierten Nachbarschaft wohler fühlt, etwa die Hälfte glaubt das Gegenteil.[13]
Separate Wohnhäuser werden bevorzugt von Älteren im höheren Lebensalter, von Frauen, von Alleinstehenden, von Älteren mit schlechterem Gesundheitszustand, von Angehörigen der Arbeiterschicht. Lieber gemischt leben wollen: Männer, Verheiratete, Akademiker, „junge Alte". Die Erklärung für diese Unterschiede ist, dass die tägliche Erfahrung des Altseins, des Nichtmehr-Dazugehörens belastet und veranlasst, sich ganz zurückzuziehen. Je mehr Ältere in ihren Handlungsmöglichkeiten reduziert sind und je stärker sie dadurch von ihrer unmittelbaren sozialen Umgebung abhängig werden, desto eher äußern sie den Wunsch nach einem Lebensbereich in geschützter Distanz von den Jüngeren. Nur Ältere mit „starken Ressourcen" haben die Voraussetzung für die Entwicklung positiver Beziehungen zu Jüngeren.[14]
Was will man durch Mischung eigentlich erreichen? Oft wird hier „Integration" genannt. Und was heißt eigentlich Integration?
Integration bedeutet Einbindung in gesellschaftliche Bezüge, soziale Beziehungen, Kontakte, Interaktionen, Freundschaften, Familienbeziehungen.
Ergebnisse sozialwissenschaftlicher Untersuchungen belegen nun, dass diese Kontakte und Beziehungen außerhalb des Rahmens der Familie bei allen Altersgruppen, auch bei den Älteren, eher auf die eigene „Altersklasse", also Gleichaltrige, beschränkt sind. Langfristig nimmt man zudem an, dass die Integrationsmöglichkeiten der Familie abnehmen werden, also Ältere zunehmend auch auf Integration außerhalb der Familie angewiesen sein werden.
Es gibt eine empirische und theoretische Richtung der Altersforschung, die sich mit dem Thema Integration speziell im Hinblick auf Ältere beschäftigt hat. Hier wird das sog. „Insulationskonzept" entwickelt, das besagt, dass ältere Menschen sich zu Gruppen, Haus-, Wohn- und Nachbarschaftsgemeinschaften zusammenschließen sollen, die ihnen vermehrt Gelegenheit zur Interaktion mit Gleichaltrigen und somit zur Integration bieten. Dies soll ihnen auch dazu verhelfen, Distanz vom negativen Altersstereotyp der Nicht-Alten zu bekommen, ein sog. Gruppenbewusstsein zu entwickeln, in der mit dem Altern verbundenen Phase des Rollenwechsels oder Rollenverlustes Unterstützung und Rückhalt durch Gleichgesinnte zu bekommen, eigene Normen und Rollen zu entwickeln, In-

---

11-14 Siehe Anhang „Literaturverzeichnis nach Kapiteln"

teressengruppen zu bilden und ihre Interessen zu artikulieren.
Für die Planung der Insulation ist es diesem Konzept zu Folge jedoch wichtig, die Verbindung mit Jüngeren aufrecht zu erhalten, d.h. alterskonzentrierte Nachbarschaften auf der Ebene eines Wohnhauses, keine abgeschlossenen Alterssiedlungen. Dazu sollte weiter kommen: Autonomie der Alten in Verwaltung und Gestaltung ihres Lebensraumes, räumliche Voraussetzungen für Interaktionen. – Die vorgestellten Servicehäuser bieten hier vermutlich Möglichkeiten. Das hieße zusammengefasst, dass Separation bzw. Insulation Älterer unter bestimmten positiven Randbedingungen durchaus positive Wirkungen für die Älteren[15] haben kann.
In den Servicehäusern werden Alte und Behinderte im mittleren Lebensalter zusammenleben. Die Häuser werden eine größere Anzahl von Wohnungen für ältere und eine kleine Anzahl von Wohnungen für körperbehinderte, unter 60jährige, Menschen enthalten, um hier so etwas wie „Integration" bzw. Mischung zu erreichen, nicht nochmals Aufspaltung, Trennung dieser zwei Zielgruppen.
Die Frage ist hier, ob die Zusammenfassung von älteren und behinderten Menschen aus der Sicht der Bewohner der Integration dient oder ob sie das Gefühl des Abgetrenntseins von einer „normalen Wohnumwelt" eher noch verstärkt bzw. ob sich im Sinne des Insulationskonzeptes Gemeinsamkeiten und Kontakte nur innerhalb oder auch zwischen den beiden Gruppen entwickeln werden und wie das verlaufen wird (wie sich z.B. auch die gemeinsame Nutzung von Gemeinschaftsräumen gestalten wird). Dieser Frage hat sich bisher die sozialwissenschaftliche Forschung nicht angenommen.
Allerdings wurden schon des öfteren mit Behinderten diese Formen des Zusammenlebens diskutiert mit dem Ergebnis, dass sich eine Reihe von ihnen dies vorstellen kann.
Eine baulich-organisatorische Bedingung wird vermutlich sein, die Behinderten räumlich in einem Gebäudeteil, auf einem Stockwerk zu konzentrieren, um sie nicht dem Erlebnis der Vereinzelung unter so vielen Älteren auszusetzen, wie sie das selber formulieren.[16] Die Gruppenorientierung innerhalb des Servicehauses auf die Gruppe der jüngeren Körperbehinderten hin wird vermutlich um so wichtiger, je eher es sich um pflegebedürftige jüngere Körperbehinderte handelt (vgl. hierzu Kap. 3.4.5.1 „Architekturpsychologie" und Kap. 3.4.5.2 „Größe").
Die bisherigen Erfahrungen in der „Reinsburgstraße" zum Thema Mischung älterer und unter 60jähriger körperbehinderter Menschen lassen sich folgendermaßen zusammenfassen:

– Die Nachfrage nach den vier Wohnungen für Körperbehinderte war sehr groß. Es wurden letztlich mehr Wohnungen mit dieser Zielgruppe belegt.
– Die Gruppe der Körperbehinderten bringt von Anfang an – im Gegensatz zur Gruppe der Älteren – einen relativ konstanten und planbaren Hilfebedarf ein. Dies ist für den Träger für die Kalkulation des Personaleinsatzes sehr wichtig.
– Bei ersten Auswertungsgesprächen mit Mitarbeitern, die die ihnen bekannte Meinung der Bewohner wiedergaben, wurden keine Problempunkte oder Konflikte zwischen den beiden Gruppen bekannt.
– Die ersten Ergebnisse von Intensivinterviews mit den alten und jüngeren körperbehinderten Bewohnern selber vermitteln allerdings den Eindruck, dass auf beiden Seiten der Versuch des Zusammenwohnens kaum besonders positiv gesehen wird. Jüngere Behinderte wünschen sich eher Kontakt zu jungen, nicht behinderten Menschen und von Seiten der Älteren kommen viele Stimmen, die eine reine Altenwohnanlage bevorzugen würden.[17]

3.4.5.4 Notwendigkeit von Evaluationsuntersuchungen

Bei den Servicehäusern bzw. Wohnungen mit Dienstleistungsangeboten handelt es sich um eine neue Wohnform für alte und körperbehinderte Menschen. Wie bei den letzten Ausführungen deutlich wurde, sind verschiedene Fragen offen und es gibt eine Reihe von Hypothesen aus der Planung, die in der Praxis überprüft werden müssten.
Hierzu gehören z.B. die Fragen, welche Älteren und Behinderten sich von diesen neuen Wohnformen angesprochen fühlen und zum Einzug entschließen; wie sich deren Hilfs- und Pflegebedürftigkeit im Zeitablauf entwickelt; inwieweit Selbsthilfekräfte durch die Möglichkeit, teilweise den Haushalt selber zu führen, erhalten, aktiviert und gefördert werden und somit diese Wohnform vielleicht sogar dazu dienen kann, der Pflegebedürftigkeit vorzubeugen. Weitere Fragen wären, inwieweit es in dieser Wohnform gelingen wird, Ältere mit psychischen Schwierigkeiten integriert zu versorgen; wie sich das Zusammenleben alter und behinderter Menschen weiter gestalten wird usw.
Eine Fülle von Fragen, die im Sinne verantwortlicher Planung bei sog. „Evaluationsuntersuchungen" weiter erforscht und beantwortet werden müssen, sobald die Servicehäuser gebaut und bewohnt werden. Diese Untersuchungen sollen als Rückkoppelung dazu dienen, die Annahmen und offenen Fragen aus der Planungsphase zu überprüfen und die Ergebnisse bei Weiterentwicklungen und Neuplanungen wieder einzubringen.[18]

3.4.5.5 Erste Ergebnisse

Im Rahmen seines Förderkonzepts „Neue Wege in der Altenhilfe" hat das Bundesministerium für Familie und Senioren deshalb die Mittel für eine dreijährige wissenschaftliche Evaluation des Modellprojekts „Haus am Weinberg" in Stuttgart-Obertürkheim bewilligt. Das Forschungsprojekt lief von 1992-1995 und seine Ergebnisse liegen inzwischen veröffentlicht vor.[19] Neben der Überprüfung der Ziele des Modellprojekts widmete sich ein Schwerpunkt der Frage, in welchem Ausmaß mit der geschilderten Konzeption entlastende und möglicherweise auch belastende Effekte für Bewohner, Mitarbeiter und Träger verbunden sind. Als erste Ergebnisse lassen sich festhalten:
– Im Verlaufe des Planungsprozesses waren es ganz besonders interessierte Einzelpersonen bei den beteiligten Institutionen (z.B. Amtsleiter, Stifter), die das Projekt engagiert und kreativ vorantrieben, auch wenn bzw. gerade weil sie hierbei in nahezu allen Bereichen Neuland betreten mußten, z.B. bei Konzeption, Finanzierung, Vertragsgestaltung, Betriebsführung.
– Für das Planungsvorhaben wurde eine ämter-, ressort- und institutionenübergreifende, interdisziplinäre Projektgruppe gebildet, in der von Anfang an alle Beteiligten (und zwar sowohl auf Leitungs- als auch auf Mitarbeiterebene) eingebunden waren und über Jahre hin zusammenarbeiten: Sozialamt, Amt für Wohnungswesen, Hochbauamt, Stiftung, Bauträger, Betriebsträger, Architekturbüro. In der Projektgruppe kamen somit die unterschiedlichen Bereiche zusammen, die sonst auf kommunaler, Landes- und Bundesebene in unterschiedliche Ressorts, Referate, Ministerien zergliedert sind: Wohnungsbau und Wohnungsbaupolitik, Bauplanung, Sozialplanung, Stadtplanung.
– Der gesamte Planungsprozess von der ersten Idee zu einem „Servicehauskonzept" bis hin zum Einzug der ersten BewohnerInnen erstreckte sich über rund 12 Jahre und verlangte von allen Beteiligten, insbesondere den nicht selber in die langwierigen Abstimmungsprozesse innerhalb einer Stadtverwaltung Eingebundenen, ein großes Durchhaltevermögen. Dies hatte u.a. damit zu tun, dass das Projekt querliegend zu den bestehenden Regelungen, Richtlinien, Förderprogrammen angesiedelt war: Wohnungs- und Heimförderung innerhalb eines Projektes, unter einem Dach, innerhalb eines Gebäudeteiles; Miet- und Eigentumswohnungen unter einem Dach, auf einem Stockwerk; Pflegesatz in Wohnungen. Für all diese Konstruktionen mussten innovative Lösungen und Ausnahmeregelungen gefunden werden.

15-19 Siehe Anhang „Literaturverzeichnis nach Kapiteln"

– Die Planungsgruppenarbeit war geprägt von Kooperationswillen und „langem Atem" aller Beteiligten, aber auch von ganz unterschiedlichen Perspektiven/Fachdisziplinen, von Konflikten um die Sache und von Durchsetzungsmacht einzelner Beteiligter/Institutionen. Sozialwissenschaftlich basierte Sozialplanung tat sich in diesen komplexen Prozessen oftmals schwer, da sie weder über „Fördertöpfe" verfügte, noch aus einer Leitungsposition heraus argumentieren konnte, was ihren Sichtweisen möglicherweise mehr „Durchschlagskraft" verliehen hätte.

– Im Planungsprozess erwies sich, in welchem Ausmaß sozialplanerische Konzeptionen in ihrer Umsetzbarkeit von Finanzierungsmöglichkeiten (z.B. Stiftung) abhängig sind, wie es aber auch gelingen kann, durch neue Konzepte und entsprechende Modellprojekte auf Finanzierungsmöglichkeiten (z.B. „Modellfinanzierung") „einzuwirken".

– Um ein ganz wesentliches Projektergebnis handelt es sich bei den folgenden Erfahrungen: die eigene Wohnung und der Mieterstatus (bzw. der Eigentümerstatus) prägen in vielen Beziehungen das Selbstbewusstsein und die Lebensführung der BewohnerInnen. Sie bilden die Basis für das von nahezu allen Bewohnern emphatisch bejahte „Möglichst-selbstständig-Sein". Dieses „neue Selbstbild" eines „neuen BewohnerInnentyps", das sich nicht zuletzt auf den Status eines Mieters bzw. Eigentümers einer abgeschlossenen Wohnung (mit Namensschild an der Tür, mit Türschloss und Klingel, mit eigenen Möbeln möbliert) stützt, wird von den Bewohnern selbst so erlebt, es spiegelt sich aber auch in dem, wie deren Individualität von den MitarbeiterInnen wahrgenommen wird. In der Aussage eines Mitarbeiters: „Es ist eine richtige Wohnung, in die ich komme. Eine richtige Wohnung, und die betrete ich anders als ein Zimmer, und mag das auch noch so sehr ein Einzelzimmer auf einer Pflegestation sein, das ist was anderes." Oder: „Ich würde behaupten, der Bewohner hat einen höheren Status, der alleine daher kommt, dass er ein Schloss und eine Klingel vorne dran hat."

– Auch im Hinblick auf die Möglichkeiten zur Privatheitsregulation hat die eigene Wohnung und die „Schlüsselgewalt" des Bewohners über sie einen ganz wesentlichen Stellenwert: Auch bei BewohnerInnen mit einem ganz stark ausgeprägten Bedürfnis zum Alleinesein, kann die – wenn auch noch so kleine – eigene Wohnung dieses Bedürfnis zum Rückzug aus der Gemeinschaft aus ihrer Sicht optimal befriedigen.

– Weiter scheint die Mischung so unterschiedlicher Bewohnergruppen besser zu funktionieren als erwartet bzw. befürchtet: Dies gilt zum einen für die Beziehungen zwischen „jüngeren" (unter 60 Jahre alten) Körperbehinderten und alten Menschen. Dies gilt auch mit Einschränkungen für das Zusammenleben mit verwirrten älteren Menschen und die damit zusammenhängenden Belastungen: auch hier scheint wieder die eigene, abschließbare Wohnung eine ganz wesentliche Entlastungsfunktion zu haben. Weiter scheint die Wahlmöglichkeit, z.B. beim Essen in unterschiedliche räumliche Bereiche ausweichen zu können (wie das eigene Appartement, das Restaurant und die Pflegeaufenthaltsbereiche) in diesem Zusammenhang entlastend zu wirken.

– Die Gruppe der jüngeren, rüstigen Alten übernimmt im Haus eine wichtige Sprecherfunktion zur selbstbewussten Artikulation von Bewohnerinteressen und hat auch eine Kontrollfunktion, die bei einer abgetrennten Pflegestation in dieser Form nicht möglich wäre. Wie dies ein Mitarbeiter formuliert: „Es ist hier im Hause sehr viel schwieriger, in die typischen Verhaltensweisen zu verfallen, wie das Duzen, das Eintreten ohne zu klingeln, das Offenstehenlassen der Türen bei pflegerischen Handlungen. Das ist hier schon von der Optik her und von der ganzen Baulichkeit sehr viel schwieriger möglich, selbst wenn ein Mitarbeiter in diese Richtung veranlagt ist, da stimmt einfach der Rahmen nicht. Da muss man damit rechnen, dass dann wirklich jemand von der Nachbarschaft vorbeikommt. Das kann man hier so nicht machen."

– Zum Stichwort „Kompetenz wiedergewinnen" sind aus den bisherigen Erfahrungen einige Dimensionen festzuhalten: Zum einen erleben Körperbehinderte durch die behindertengerechte Umwelt einen Zuwachs an Bewegungsraum und damit neuer Freiheit. Zum anderen erleben wohl eine Reihe von BewohnerInnen, im Vergleich mit ihrer vorhergehenden Wohn- und Lebenssituation, einen Zuwachs an Möglichkeiten (Veranstaltungen im Haus, sinnvolle Aufgaben für sich im Haus finden können) und neue Chancen zu Kontakten und Kommunikation. Nicht zuletzt tragen die Flexibilität der Dienste und die eigene Küche zu Wiedergewinnung, Erhalt und Förderung der Kompetenz bei.

– Insgesamt überrascht, wie insbesondere aus den qualitativen Interviews mit BewohnerInnen deutlich wurde, die Pluralität des Lebens, die sich im Haus abspielt, die Vielfältigkeit unterschiedlicher Lebensmuster und -stile, die im Haus gelebt werden können: eine jüngere körperbehinderte Bewohnerin übernimmt eine Vielzahl von Aufgaben z.B. an der Rezeption und in der Verwaltung, entdeckt neu für sich Freude an sozialem Engagement (in der Betreuung anderer Bewohner, im Bewohnerbeirat). Eine sehr betagte, pflegebedürftige Dame ist ihren Aussagen zufolge zum ersten Mal in ihrem Leben verliebt und genießt das Tür an Tür Zusammenlebenkönnen ohne Verpflichtung. Eine andere Bewohnerin beschreibt dies so: „Es ist ganz einfach so, man ist im Heim, nennen wir's mal Heim, man ist im Heim und doch nicht, denn man hat seine eigenen vier Wände, man kann tun und lassen, was man will. Ich muss nicht fragen, darf ich nach Obertürkheim reinlaufen oder fahren oder darf ich heut' ins Kino. .. Ich leb' mein Leben, wie ich will. Ich gestalt' mir das, wie ich mir das vorstell', und das geht ja auch, es ist machbar hier. Es ist ja wirklich so, du kannst ja tun und lassen, was du willst."

3.5 Betreutes Wohnen

Gabriele Gerngroß-Haas[1]

3.5.1 Vorgeschichte: Von der Altenwohnung zum Betreuten Wohnen

Wohnen im Alter, „altengerechtes Wohnen" ist angesichts der demographischen Entwicklung bereits seit längerer Zeit – und immer noch – ein wichtiges und häufig diskutiertes Thema. In letzter Zeit sind hier Entwicklungen in Gang gekommen, die zu Veränderungen im System der traditionellen Wohnformen geführt haben (vgl. Übersichtstabelle zur Charakterisierung und Weiterentwicklung der Wohn- und Pflegeformen für ältere Menschen in Kap. 3.4). Verstärkt wird dies durch die Auswirkungen der Pflegeversicherung. Altenwohnheime und Altenheime werden inzwischen bereits als „auslaufende Modelle" bezeichnet, und insbesondere das sog. „Betreute Wohnen" für ältere Menschen spielt in dieser Diskussion eine prominente Rolle. Befürworter sehen in ihm sogar den „Endpunkt einer über 1000-jährigen Entwicklung."[2] – Gründe, dieses neue Konzept darzustellen und kritisch zu hinterfragen. Betreutes Wohnen für ältere Menschen – angesiedelt zwischen Privatwohnung und Heimbereich – leitet sich her aus Problemen bei den „klassischen" Altenwohnungen bzw. Altenwohnhäusern und hat eine wesentliche Wurzel als Wohnungsbauförderkonzept. Die „klassische" Altenwohnung war charakterisiert durch bestimmte bauliche Anforderungen[3] und insbesondere durch ihre spezielle Art der finanziellen Förderung im Rahmen des sozialen Wohnungsbaus. Ältere Menschen, die in eine ihrer Einschätzung nach „spezielle Altenwohnung" einzogen, fühlten sich jedoch oftmals in ihren Erwartungen enttäuscht, hier mehr als bauliche Hilfen zu finden, vor allem auch, wenn diese „Altenwohnungen" konzentriert in einem sog. „Altenwohnhaus" angeboten wurden. In der Regel gab es hier in der Vergangenheit in der Praxis außer Hausmeisterdiensten keine speziellen Hilfeangebote, zudem eine ganze Reihe von Problemen im Bereich der Versorgung und des Zusammenlebens.[4] Die Erfahrungen zeigten, dass sich spezielle sog. „Altenwohnungen", die sich vom Baulichen her nicht wesentlich von einer kleinen Neubauwohnung mit heute üblichem Standard unterschieden und die konzentriert in Form eines sog. „Altenwohnhauses" ohne sonstige Hilfsdienste angeboten wurden, als nicht besonders sinnvolles Konzept erwiesen haben. Hieraus leitete man z.B. in Baden-Württemberg oder Nordrhein-Westfalen ab, derartige Altenwohnungen künftig nur noch mit Diensten bzw. „Betreuung" als „Betreutes Wohnen" anzubieten.

3.5.2 Charakteristika des Betreuten Wohnens

Betreutes Wohnen umfaßt vom theoretischen Anspruch her die beiden Hauptelemente Wohnen und Betreuung, wobei im Bereich des Wohnens die Betonung auf der Selbstständigkeit (gegenüber Autonomieverlusten im Heim) und im Bereich der Hilfen auf der Sicherheit und Verlässlichkeit (gegenüber ungesicherter Hilfesituation im ganz privaten Wohnen) liegt. Demzufolge bestehen Projekte des Betreuten Wohnens oftmals aus einer Mehrzahl von Wohnungen, die von einem Bauträger angeboten werden, mit dem die Mieter einen Mietvertrag abschließen bzw. bei dem die Wohnung käuflich erworben wird. Hinzu kommt in der Regel ein haustechnischer Grundservice (Hausmeister, Kehrwoche) und, sofern vorhanden, die Mitnutzung von Gemeinschaftsflächen bzw. -einrichtungen sowie ein Notruf. Dazu besteht die Möglichkeit, Dienste in Anspruch zu nehmen. Diese können hauswirtschaftliche, pflegerische, psychosoziale Hilfen umfassen und werden in der Regel von einem Betriebs- oder Betreuungsträger, mit dem die MieterInnen einen Betreuungsvertrag abschließen, angeboten. Der Betreuungsträger kann die Dienste selbst erbringen oder über Kooperation mit ambulanten Diensten (wie der regional zuständigen Sozialstation) oder einem in der Nähe gelegenen Heim erbringen lassen. Neben öffentlich geförderten Wohnungen, für deren Bezug ein Wohnberechtigungsschein erforderlich ist, werden auch freifinanzierte Wohnungen sowie Eigentumswohnungen angeboten. Betreutes Wohnen als Kategorie der Daseinsvorsorge findet auch Anwendung bei verschiedenen anderen Zielgruppen; im hier beschriebenen Sinne sind die BewohnerInnen meist ältere Menschen, manchmal in Kombination mit Körperbehinderten, vereinzelt auch mit Familien. Der wesentliche Unterschied zu den bisher üblichen Altenwohnungen liegt zunächst nicht im baulich-planerischen Bereich, sondern in der Existenz von in irgendeiner Weise organisierter Betreuung bzw. Diensten. Oftmals ist die finanzielle Seite so geregelt, dass die BewohnerInnen zusätzlich zur Miete und den üblichen Mietnebenkosten eine Betriebskostenpauschale (anteilige Gemeinschaftsflächen), eine Betreuungspauschale (für Grundleistungen wie Vorhaltung des Notrufs, AnsprechpartnerIn im Haus, soziale Betreuung) sowie die in Anspruch genommenen Wahlleistungen nach Einzelabrechnung bezahlen.

3.5.3 Diffusität in der Praxis

In der Praxis zeigt sich eine sehr große Bandbreite der geplanten und realisierten Projekte von der Einfachsversion, die lediglich halbwegs altengerechte Wohnungen ohne weitergehendes Dienstleistungsangebot aufweist, über eine Wohnanlage, in der regelmäßig eine fachkompetente Betreuungs- bzw. Kontaktperson zur persönlichen Beratung und Vermittlung von Dienstleistungen in erster Linie hauswirtschaftlicher Art zur Verfügung steht, bis hin zum anspruchsvollen Projekt, das selbstständiges Wohnen in behindertengerechten Wohnungen mit Pflege im Bedarfsfall und allen sonstigen Diensten Tag und Nacht wie in einem Pflegeheim garantiert. So belegen beispielsweise Erhebungen im Landkreis Esslingen, dass die Angebote des Betreuten Wohnens „von enormer Unterschiedlichkeit sind", dass monatliche Preisunterschiede von bis zu 2000.- DM existieren, dass nahezu jede Anlage ein eigenes Profil hat und dass bei Leistungen und Preisen wenig Transparenz besteht. So ist z.B. auch die – konzeptionell unabdingbare – Notrufeinrichtung „in der Regel höchst ungenügend geplant."[5] Selbst von den Projekten, die sich um den „Gestaltungspreis der Wüstenrot Stiftung 1993"[6] bewarben, entsprachen nur rund ein Viertel dem Konzept des Betreuten Wohnens im engeren Sinne.[7] Diese Situation wird immer wieder euphemistisch als „Vielfalt vor Ort" bezeichnet. Sie führt jedoch zu einer ganzen Reihe von Problemen. Insbesondere gehören hierzu die große Unterschiedlichkeit und Variationsbreite der Projekte, die zu mangelnder Transparenz der Angebote und mangelnder Überschaubarkeit für interessierte Ältere führen. Das Etikett „Betreutes Wohnen" wird im Moment leider noch für die unterschiedlichsten Erscheinungsformen verwendet. Im Grunde kann dies zu einer ähnlichen Situation, wie bei dem Konzept der „Altenwohnung" geschildert, führen. Ältere (und behinderte) Menschen assoziieren mit dem Begriff mehr Betreuung als dann tatsächlich in der Praxis bei einer Reihe von Projekten eingelöst wird und fühlen sich oftmals in ihren Umzugserwartungen enttäuscht.

3.5.4 Diffusität in der Theorie

Die große Spannweite realisierter Projekte bzw. die Diffusität in der Praxis hat – neben dem Faktum, dass auch das Betreute Wohnen ganz wesentlich ein Förderkonzept ist – mit der Diffusität der sozialplaneri-

---

1–7 Siehe Anhang „Literaturverzeichnis nach Kapiteln"

schen Konzeption zu tun. Betreutes Wohnen soll selbstständiges Wohnen mit gesicherten Hilfen bieten, aber wieweit diese Hilfen zu gehen haben und wie sie zu organisieren sind, darin gehen auch in der Theorie die Meinungen auseinander. Da gibt es die eine Position, die im Betreuten Wohnen älteren Menschen – bei Wahrung des selbstständigen Mieterstatus – alle benötigten Dienste, je nach Bedarf auch die gesicherte Pflege wie im Pflegeheim, bieten will. Die Absicherung von Dauer- und Schwerst-Pflege gehört mit zum Konzept und bestimmt auch das bauliche Angebot. Diese Position (sie wurde ausführlich dargestellt in Kap. 3.4) steht den Einfachstversionen des Betreuten Wohnens sehr, aber auch seiner Absicht, lediglich das Altenheim ersetzen zu wollen, eher skeptisch gegenüber. Diese Position wird auch als „Weiterführungsmodell" bezeichnet. (Beispiele für diesen Typus Betreuten Wohnens sind die Kieler Servicehäuser der Arbeiterwohlfahrt Schleswig-Holstein oder das Servicehaus „Haus am Weinberg" in Stuttgart. – vgl. hierzu Kap. 3.5.6)

Da gibt es aber auch die andere Position, die dezidiert formuliert, Betreutes Wohnen solle maximal das klassische Altenheim ersetzen und mehr nicht. Gemäß dem (ursprünglichen) Konzept der baden-württembergischen Landesregierung z.B. (nach der entsprechenden Verwaltungsvorschrift des Sozialministeriums von 1989) sollten Dienstleistungen erbracht werden, die in etwa (maximal) den Altenheimleistungen vergleichbar sind, die jedoch einen nochmals notwendig werdenden Umzug ins Pflegeheim nicht verhindern können bzw. sollen. „Die Bereitstellung betreuter Altenwohnungen soll die Selbstständigkeit in der Lebens- und Haushaltsführung älterer Menschen erhalten, sichern und stärken. Betreute Altenwohnungen sind eine Alternative zum Altenwohnheim oder zum Altenheim; sie können jedoch die Betreuung und Pflege in einem Pflegeheim grundsätzlich nicht ersetzen." (Dieses Konzept wurde 1996 etwas modifiziert.)[8] Pflege kann hier als „leichte bzw. vorübergehende pflegerische Betreuung" erbracht werden, ist aber kein wesentlicher Bestandteil des Konzepts, darf es auch nicht sein, da die zu Grunde liegenden Wohnungsbau-Förderrichtlinien dies nicht zuließen, nach denen die „selbständige Haushaltsführung" entscheidendes Kriterium ist. Diese Position wird auch als „Ergänzungsmodell" (Betreutes Wohnen als Ergänzung zum Heim) bezeichnet.[9] Ähnlich denken Vertreter des KDA, wenn sie formulieren, „die bei Einzug gegebene weitestgehende Garantie der Aufrechterhaltung des Wohnens im Betreuten Wohnen findet ihre Grenzen, wenn notwendige Hilfe und Pflege nachts, zudem durch qualifiziertes Personal erforderlich wird ... ."[10] Damit wird qualifizierte Pflege zum Ausschlusskriterium für Betreutes Wohnen.

Und dann gibt es die dritte Position von aktiven Promotoren des Konzepts, die alles und dabei sehr Widersprüchliches wollen: sie wollen auf der einen Seite Wohnen mit Pflegegarantie, die Architektur soll aber nur Wohnen signalisieren und auch anderen Zielgruppen ohne Pflegebedarf dienen können. Sie wollen Gemeinschaftseinrichtungen und pflegerisch-therapeutische Räume in den Projekten haben, es soll aber keine Sonderwohnform sein. Sie wollen Pflege und Betreuung im Bedarfsfall „Tag und Nacht", diese soll aber von der regional zuständigen Sozialstation geleistet werden.[11] Dass Sozial- und Diakoniestationen (derzeit noch) als ambulante Dienste (im Gegensatz zu den Heimen) Probleme bei der Nacht- und Wochenendversorgung haben und diesem Anspruch nur schwerlich nachkommen können, ist bekannt.

3.5.5 Entwicklungen und Präzisierungen

Auf diesem Hintergrund gab es seither eine ganze Reihe von Entwicklungen, Präzisierungen und Nachbesserungen des Betreuten Wohnens. Hierzu gehören z.B. Überlegungen und Initiativen, das Betreute Wohnen mehr in die Richtung weiterzuqualifizieren, dass generell mehr bzw. weitergehende Pflege ermöglicht und abgesichert werden soll. Auch das von der Kleeblatt Pflegeheim GmbH neuerdings entwickelte und mit Unterstützung der Wüstenrot Stiftung propagierte „Betreute Wohnen mit Pflegekern" anerkennt in Weiterentwicklung früherer Positionen die Problematik von Dienstleistungen im Betreuten Wohnen, die rein ambulant erbracht werden.[12] In Baden-Württemberg z.B. wurden verschiedene Materialien erarbeitet, die der Übersichtlichkeit und Transparenz dienen und als Hilfestellung für Betroffene, aber auch PlanerInnen gute Dienste leisten können: der „Fragenkatalog zum Betreuten Wohnen im Alter"[13], ein Verzeichnis aller Projekte Betreuten Wohnens[14], das Handbuch „Betreutes Wohnen für Senioren – Qualitätssiegel Baden-Württemberg"[15]. Der „Fragenkatalog zum Betreuten Wohnen im Alter" kann für InteressentInnen eine erste wichtige Orientierungshilfe darstellen und über gezielte Nachfrage durch Betroffene auch Bau- und Betriebsträger beeinflussen. Einleitend wird hier auch nochmals darauf hingewiesen, dass es bei derartigen Projekten – über die durch die Verwaltungsvorschriften garantierten Mindestanforderungen hinaus – „große Unterschiede, insbesondere hinsichtlich der Betreuung und Pflege" gibt. Drei „Leistungsstufen" werden grob umrissen: von der „Leistungsstufe 1", bei der der Schwerpunkt auf der Bereitstellung des altengerechten Wohnraumes liegt; über die „Leistungsstufe 2", bei der umfangreichere betreuerische und hauswirtschaftliche Hilfen angeboten werden; bis hin zur „Leistungsstufe 3", bei der neben umfangreichen betreuerischen und hauswirtschaftlichen Hilfen umfangreiche pflegerische Hilfen angeboten werden.

Das „Qualitätssiegel-Handbuch" definiert Qualität im Betreuten Wohnen und schreibt Qualitätsstandards fest. Es soll einen Beitrag leisten zur Sicherung der Qualität auf einem definierten Mindeststandard sowie der Forderung nach mehr Verbraucherschutz durch die Einführung eines Qualitätssiegels entsprechen. Eine systematisch vergleichbare und differenzierter darstellbare bewohnerorientierte Qualitätsdiagnose, -beurteilung und -dokumentation kann mit SIESTA vorgenommen werden. Hierbei wird davon ausgegangen, dass vor der angestrebten Qualitätssicherung als wesentlicher Schritt eine Qualitätsdiagnose und vergleichende Qualitätsbeurteilung zu erfolgen hat. SIESTA besteht aus einem System von Erhebungsbögen, die von der zu untersuchenden Einrichtung in einem internen Prozess (z.B. in Qualitätszirkeln) in Zusammenarbeit mit externen Experten ausgefüllt werden. Die so gewonnenen Daten werden mit Hilfe eines speziellen EDV-Programms ausgewertet und bilden die Grundlage eines Berichts, der ein umfassendes und zugleich detailliertes Stärken- und Schwächenprofil der Einrichtung zeigt.[16] (Vgl. hierzu auch Kap. 3.2)

3.5.6 Beispiele und Typologie

Einzelne Beispiele Betreuten Wohnens sind in verschiedenen Publikationen dargestellt. Zum einen kann hierzu wieder auf Kap. 3.4 verwiesen werden: hierin sind als zwei grundlegend unterschiedliche Typen das „Wohnhaus Reinsburgstraße" in Stuttgart sowie das „Haus am Weinberg", ebenfalls in Stuttgart, beschrieben. Das „Wohnhaus Reinsburgstraße" (Wohnungen u.a. für alte Menschen und Körperbehinderte in Verbindung mit Dienstleistungen) wurde, 1987 bezogen, Vorbild für eine Reihe von Projekten des Betreuten Wohnens in Baden-Württemberg. Älteren Menschen kann hier – in der seitherigen Terminologie gesprochen – ein Altenheim-Aufenthalt ersetzt werden. Es übersteigt in seinem Angebot deutlich die Mindestanforderungen nach „Qualitätssiegel Baden-Württemberg", indem es z.B. über mehrere eigens für das Haus fest angestellte Fachkräfte verfügt. Inzwischen ist dieses Projekt unter dem Titel „Betreutes Wohnen Stuttgart-West" auf weitere in der Nähe befindliche Gebäude erweitert worden (Reinsburgstraße 46/48 und 58, Senefelderstraße 4, 6A und 25). Das „Haus am Weinberg", 1992 bezo-

---

8–16 Siehe Anhang „Literaturverzeichnis nach Kapiteln"

gen, geht nochmals entscheidend über dieses Wohnangebot hinaus, indem es Wohnen mit gesicherter Pflege – auch bereits ab dem Einzug – bietet. Ein Umzug in ein Pflegeheim wird hier nicht mehr notwendig. In der oben beschriebenen Typologie der drei Leistungsstufen nimmt es das oberste Segment der „Leistungsstufe 3" ein. Im Rahmen seines Förderprogramms „Neue Wege in der Altenhilfe" finanzierte das Bundesministerium für Familie, Senioren, Frauen und Jugend eine 1995 abgeschlossene dreijährige wissenschaftliche Begleituntersuchung dieses Modellprojekts, die systematisch und detailliert relevante Erfahrungen der ersten Betriebsjahre, insbesondere auch aus der Sicht der betroffenen BewohnerInnen und MitarbeiterInnen, dokumentiert und analysiert.[17]

Weiter sind z.B. entsprechende Publikationen über die Kieler Servicehäuser[18] unter konzeptioneller Perspektive informativ. Das erste der inzwischen sechs Kieler Servicehäuser der Arbeiterwohlfahrt, die von ihrer Konzeption her betreutes „Wohnen bis zum Lebensende"[19], also Versorgung und Pflege bis zum Tod bieten, wurde bereits 1977 in Betrieb genommen. Einzelne Servicehäuser leisten unterschiedliche Schwerpunktarbeit, z.B. in der Betreuung parkinsonerkrankter BewohnerInnen oder jüngerer MS-Betroffener sowie in der Konzentration auf ein spezifisch gerontopsychiatrisches Angebot, und bieten innerhalb eines Verbundsystems z.B. auch die Angebotsbausteine Tages- und Kurzzeitpflege.

Auch die Altenwohnanlage Laubenhof in Freiburg, die z.B. im Rahmen einer vergleichenden Darstellung von vier Projekten Betreuten Wohnens für das KDA[20] beschrieben wird, blickt bereits auf eine über 15jährige Betriebszeit zurück. Interessante Charakteristika sind hier z.B. die Identität von Bau-, Betriebs- und Dienstleistungsträger sowie die Tatsache, dass die ursprüngliche Konzeption des Laubenhofes 1989-1990 mit dem Ziel überarbeitet wurde, den MieterInnen zukünftig Pflege und Betreuung über einen trägereigenen ambulanten Pflegedienst in der eigenen Wohnung bis zum Tod anzubieten. Ebenfalls neu für den Laubenhof ist das zusätzliche Angebot von Frühstück, Mittagessen und Abendessen bei Bedarf. Den MieterInnen soll nach dieser veränderten Konzeption ermöglicht werden, auch bei dauerhafter Pflegebedürftigkeit in der eigenen Wohnung bleiben und in vertrauter Umgebung sterben zu können. Im Hinblick auf die Kooperation mit externen Diensten machte man die Erfahrung, dass es bei diesen oft an Verlässlichkeit mangelt.

Des weiteren kann auf den bereits zitierten „Gestaltungspreis der Wüstenrot Stiftung 1993" verwiesen werden. In der entsprechenden Publikation sind (insbesondere interessant für ArchitektInnen und PlanerInnen) die prämierten und ausgezeichneten Projekte im einzelnen dargestellt.[21] Das mit dem ersten Preis bedachte Projekt „Betreutes Wohnen im Quartier IV" der Neu-Isenburger Innenstadt ist konzeptionell durch eine „relativ zwanglose Lösung"[22] gekennzeichnet. Mit Mitteln des sozialen Wohnungsbaus entstanden in einem innerstädtischen Sanierungsgebiet u.a. 40 barrierefreie Wohnungen für alte und behinderte Menschen und 30 Familienwohnungen. Die BewohnerInnen werden hier mit Abschluss des Mietvertrages nicht gleichzeitig verpflichtet, einen Betreuungsvertrag abzuschließen. Ein bei Bedarf mit einem nahegelegenen Alten- und Pflegeheim abgeschlossener Betreuungsvertrag beinhaltet keine Kostenpauschalen für die Vorhaltung der Versorgungssicherheit. Die Vorhaltekosten, insbesondere die Kosten für die Rufbereitschaft, werden von der Stadt übernommen. Die BewohnerInnen können auch die mobilen Hilfs- und Pflegedienste anderer Anbieter in Anspruch nehmen. Entscheidend für das Funktionieren dieser Lösung ist „das Vorhandensein eines qualitativ hochwertigen Angebots an sozialen Diensten, wie es in Neu-Isenburg für die gesamte Stadt besteht"[23] (z.B. erhebliche Ausweitung der Personalkapazitäten in den letzten Jahren, Nachtbereitschaft für mobile Pflege). Bei diesem Konzept handelt es sich im Grunde um normales, allerdings barrierefreies und bewusst kommunikationsförderlich gestaltetes Privatwohnen mit vorbildlich ausgestatteten ambulanten Diensten vor Ort. Ausgangspunkt für spezielle Konzepte Betreuten Wohnens war im Gegensatz dazu gerade die noch häufig anzutreffende Situation, dass die ambulanten Dienste vielfach noch nicht ausreichend und verlässlich genug sind. Ist der ambulante Bereich dermaßen vorbildlich ausgebaut und werden noch Angebote der Wohnberatung und Wohnungsanpassung einbezogen, dann werden spezielle Konzepte und Projekte Betreuten Wohnens, die keine Dauer- und Schwerstpflege beinhalten, tendenziell überflüssig bzw. es besteht kein Unterschied mehr zwischen dem normalen, baulich und mit ambulanten Diensten gut abgefederten, privaten und dem sog. „betreuten" Wohnen.

Beispiele und Modelle aus den neuen Bundesländern finden sich z.B. in der Publikation über die Tagung des BMFuS „Betreutes Wohnen – Lebensqualität sichern", die 1994 in Leipzig stattfand.[24] Hier sind weiter auch Ausführungen zu Rechtsformen und Trägerschaften enthalten.[25] Daneben gibt es eine Reihe von Broschüren, die Beispiele betreuter Seniorenwohnanlagen zusammenstellen, diese unter spezifischen Fragestellungen, wie z.B. der Bewohnerbeteiligung, durchleuchten und Informationen über Fördermöglichkeiten bieten.[26]

Im folgenden wird wegen der dringend erforderlichen Übersichtlichkeit in diesem Bereich eine alle bisher angesprochenen Aspekte umfassende Systematik von Wohnen mit Diensten bzw. Betreuung nach baulich-technischer Ausstattung der Wohnung und nach wohnbegleitenden Diensten entworfen. Einzelne zitierte Beispiele, Konzepte und Standards lassen sich hier verorten (vgl. Abb. 3.5/1).

3.5.7 Chancen und Risiken

Bei den Problempunkten des Betreuten Wohnens handelt es sich u.a. zum einen um die bereits umrissene „Diffusität in Theorie und Praxis" mit allen damit verbundenen Unübersichtlichkeiten und Unsicherheiten für die potenziellen NutzerInnen. Zum anderen beinhaltet das Betreute Wohnen in seinen unteren Leistungssegmenten für die älteren Menschen und für das Gesamtsystem der Daseinsvorsorge die Umzugsproblematik. Während man im Heimbereich (vor Einführung der Pflegeversicherung) unter konzeptioneller Perspektive mehr und mehr von der sog. Dreigliedrigkeit (Altenwohnheim, Altenheim, Pflegeheim) abkam, weil man gerade den mehrmaligen Umzug mit all seinen negativen Begleitumständen, wie z.B. Zunahme von Orientierungsstörungen und Verwirrtheitszuständen, vermeiden wollte und hier eher zu neuen Konzepten eines sog. „flexiblen Heims" überging, würde man mit dem so genannten „Betreuten Wohnen", sofern dessen Leistungen nur bis hin zum Altenheimniveau und nicht darüber hinaus reichen sollen, die konzeptionell gerade überwunden geglaubte Mehrgliedrigkeit reproduzieren. Primär finanztechnische Konstruktionen (Wohnbauförderung, Marktinteressen der Wohnbaugesellschaften, Pflegeversicherung) würden somit Entwicklungen befördern, die aus sozialplanerischer Perspektive fragwürdig sind.

Dass es sich bei dieser Umzugsproblematik um eine auch quantitativ nicht zu vernachlässigende Größenordnung handelt, können die folgenden Zahlen belegen. Aus der Freiburger Wohnanlage Laubenhof beispielsweise, in deren Konzept auch anfänglich schon „Pflegeleistungen" beinhaltet waren, mussten von 1980-1992 bei einer durchschnittlichen Wohndauer von acht Jahren rund 30 % der BewohnerInnen in ein Pflegeheim umziehen. Diese „Übergangsquote" liegt nicht niedriger als bei der „Normalbevölkerung" außerhalb Betreuten Wohnens – nur eben hier mit dem „Umweg" über das Betreute Wohnen.[27] Sie entspricht auch in etwa dem Prozentsatz des bisher bzw. früher üblichen Umzugs vom Altenwohnheim bzw. Altenheim ins Pflegeheim. In diesem Sinne

---

17–27 Siehe Anhang „Literaturverzeichnis nach Kapiteln"

wird in der Diskussion um die Probleme des Betreuten Wohnens von Tews auch auf die mögliche „Überforderung bei schwerer Hilfs- und Pflegebedürftigkeit" hingewiesen sowie auf die Notwendigkeit der „Steuerung der Bewohnerstruktur".

Die wissenschaftliche Begleitforschung des „Hauses am Weinberg" – deren Ergebnisse inzwischen auch in einer prägnanten Kurzfassung vorliegen – [28] hat gezeigt, dass derartige Probleme bei Projekten des oberen Leistungssegments des Betreuten Wohnens durchaus bewältigt werden können und dass darüber hinaus eine Vielzahl von positiven Effekten mit diesen Projekten verbunden ist. Betreutes Wohnen nach dem Konzept des „Hauses am Weinberg" oder der Servicehäuser der Kieler Arbeiterwohlfahrt – im folgenden „Servicehaus" genannt – kann selbstständiges Wohnen im Alter bei gesicherter Pflege ermöglichen, trägt zur Aufrechterhaltung einer selbstbestimmten und aufgabenbezogenen Lebensführung bei, fördert Kompetenz durch individuelle Abstimmung des Dienstleistungspakets auf den Hilfebedarf, schafft Bedingungen für optimale Privatheitsregulation, neue Rollen und Kontaktchancen sowie höhere Kontrolldichte gegenüber MitarbeiterInnen etc. Im „Haus am Weinberg" sollen die Wohnungen von Beginn an und auf Dauer folgendermaßen belegt werden: 1/3 der Wohnungen ist für ältere oder körperbehinderte Pflegebedürftige vorgesehen, 1/3 für Ältere oder Körperbehinderte mit hauswirtschaftlicher Versorgung (analog Altenheim) und 1/3 der Wohnungen für Ältere oder Körperbehinderte mit Versorgungswünschen analog dem traditionellen Altenwohnheim. Nach den vorliegenden Betriebserfahrungen und den Ergebnissen der Begleitforschung ist das Servicehaus-Konzept in der Lage, die Funktion des traditionellen Pflegeheims zu übernehmen, und zwar flexibel abgestuft genau in dem Umfang, in dem dies die BewohnerInnen benötigen und im Rahmen eines integrativen, gemischt belegten Wohnkonzepts, ohne größere Akzeptanz- oder Finanzierungsprobleme aufzuwerfen.[29] Es ermöglicht trotz der damit verbundenen Belastungen für Rüstige und MitarbeiterInnen nicht nur die Versorgung und Betreuung von pflegebedürftigen, sondern auch von dementiell erkrankten älteren Menschen in einem integrativen Milieu. Den Belastungen stehen wiederum als Positiva z.B. gegenüber, dass Rüstige sich frühzeitig mit dem eigenen Älterwerden auseinander setzen, dass gegenseitige Hilfe- und Unterstützungsleistungen erbracht werden etc.

3.5.8 Zusammenfassende Checkliste für Qualität im Betreuten Wohnen

Im folgenden werden wichtige Qualitätsdimensionen (ohne Anspruch auf Vollständigkeit) zusammengefasst und wird auf weiterführende Materialien verwiesen. Der

3.5/1 Typologie Wohnen mit Diensten/Betreuung

Typologie Wohnen mit Diensten / Betreuung

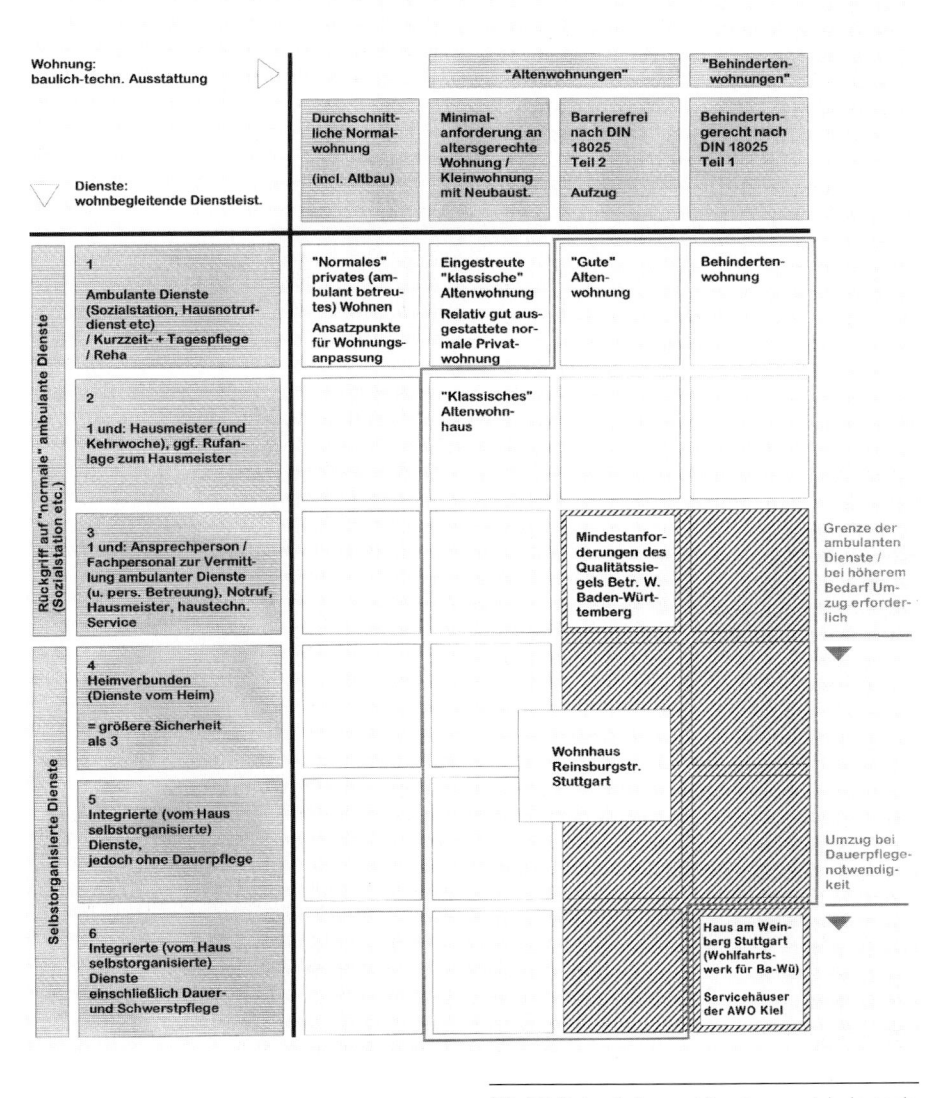

28–29 Siehe Anhang „Literaturverzeichnis nach Kapiteln"

Schwerpunkt liegt dabei mehr auf Hinweisen für PlanerInnen, weniger für die Betroffenen selber (und ihre Angehörigen). Vgl. hierzu weiterführend z.B. auch die „Planungshinweise zum Betreuten Wohnen", die vom Landkreis Esslingen herausgegeben wurden.[30]

1. Die Frage nach dem regionalen Bedarf betreuter Altenwohnungen wird sich (mit dem weiteren Ausbau ambulanter Dienste und mit Zunahme baulich gut ausgestatteter Kleinwohnungen) zunehmend als Qualitätsfrage stellen. Projekte des Betreuten Wohnens werden auf der KundInnenseite – am Markt – um so mehr nachgefragt werden, je qualitätvoller sie sind.

2. Als minimale und absolut unverzichtbare Qualitätsanforderungen für das Betreute Wohnen müssen deshalb zukünftig die im Handbuch „Betreutes Wohnen für Senioren – Qualitätssiegel Baden-Württemberg" für die Bereiche Bauwerk und Umfeld, Grundservice, Wahlservice und Vertragsgestaltung festgeschriebenen Anforderungen gelten.
In diesem Rahmen sind als Mindestanforderungen besonders wichtig und werden deshalb nochmals speziell hervorgehoben: Barrierefreiheit nach DIN 18025 Teil 2; Notruf(organisation) rund um die Uhr mit kompetent besetzter Empfangsstelle; Betreuung/persönlicher Service durch kompetente Betreuungs-/Kontaktperson; Betreuungsvertrag (ein Betreuungsvertrags-Muster ist im Qualitätssiegel-Handbuch enthalten).

3. Zusätzlich sollte bei Projekten mit durchschnittlichem Qualitätsanspruch an einigen Punkten jedoch über das Qualitätssiegel-Niveau hinausgegangen werden:
Die Angebote und Dienste des Betreuten Wohnens sollten das rein ambulante Niveau übersteigen und mindestens dem seitherigen „Altenheim-Niveau" vergleichbar sein. Denn wenn bereits ein Umzug aus der „normalen Privatwohnung" erfolgt ist, dann muss mehr gewährleistet werden als die Inanspruchnahme gut ausgebauter ambulanter Dienste und eines mobilen Hausnotrufs z.B. nach dem Modell des „Funkfingers", welcher man sich auch in der seitherigen Privatwohung hätte bedienen können. Diese Anforderungen beziehen sich u.a. auf die Festanstellung einer zuständigen, im Haus stationierten Betreuungsfachkraft bzw. einiger MitarbeiterInnen und auf die Gewährleistung von mehr Versorgungssicherheit im sozialpflegerischen Bereich, z.B. nach dem Modell „Wohnhaus Reinsburgstraße" in Stuttgart. Die im Haus institutionalisierte Mitarbeiterkapazität mit Pflege- und psychosozialer Kompetenz bzw. die Präsenz einer entsprechenden Fachkraft ist ein deutliches Hin-

ausgehen über das rein ambulant betreute Wohnen. Besonders wichtig ist sie auch im Hinblick auf das Arbeitsfeld psychosozialer Beratung und Begleitung. Hierbei handelt es sich um persönliche Beratung im Einzelfall in schwierigen Situationen einzelner BewohnerInnen, um Ausgleich bei Konflikten im Zusammenleben, um Hilfestellung bei der Entwicklung einer „Hausgemeinschaft" und um kommunikationsförderliche Angebote.[31]
Weiter sollte ein Mindestmaß an Gemeinschafts- und Versorgungseinrichtungen (barrierefrei gemäß DIN 18024) unter einem Dach, innerhalb der Anlage vorhanden sein: Raum für AnsprechpartnerIn; Pflegestützpunkt, Pflegebad und behindertengerechtes WC; flexibel nutzbarer Gemeinschaftsraum mit Teeküche/Aufbereitungsküche; Abstellraum für Rollstühle, Geräte und Putzmaterialien. (vgl. z.B. die Richtlinien der Landeshauptstadt Stuttgart für den Bau und Betrieb von betreuten Altenwohnungen vom Mai/Juni 1993).
Die Größe der Anlage sollte mindestens 20 Wohnungen umfassen. Weitere Anforderungen: mindestens ein Fünftel der Wohnungen (wegen größerer Flexibilität optimalerweise alle) rollstuhlgerecht nach DIN 18025 Teil 1; in allen Wohnungen bodengleiche Dusche; sofern ein Stockwerk überwunden werden muss, ist ein rollstuhlgerechter Aufzug zu schaffen (nach DIN 18025 Teil 1).

4. Optimalerweise sind zukunftsträchtige Projekte des Betreuten Wohnens nach dem Servicehaus-Modell zu konzipieren: Wohnen in behindertengerechten Wohnungen nach DIN 18025 Teil 1 mit allen Diensten bis hin zu gesicherter Dauer- und Schwerst-Pflege je nach individuellem Bedarf, in einem behindertengerechten Gebäude mit allen notwendigen Gemeinschafts- und (pflegerischen) Funktionsräumen nach dem Modell des „Hauses am Weinberg" oder der Servicehäuser der Kieler Arbeiterwohlfahrt, das auch älteren Menschen mit psychischen Schwierigkeiten und Verwirrtheit Heimat bietet. (Vgl. z.B. das Raumprogramm oder das Betriebs- und Betreuungskonzept des „Hauses am Weinberg").[32]

5. Bei der Realisierung von Projekten des Betreuten Wohnens, die auch Wohnangebote für Körperbehinderte machten, zeigten sich immer wieder nach dem Einzug Probleme im Hinblick auf mangelnde Behindertengerechtheit, insbesondere der baulichen Ausstattung, auch wenn Zielsetzung und Zielgruppe des Projekts bei der Bauplanung bekannt gewesen waren. Dies lag auch an Informations- oder Umsetzungsdefiziten bei den mit der Bauplanung beauftragten Architekten. Diese Erfahrung verweist auf die Notwendigkeit, sowohl

frühzeitig in der Aus- und Fortbildung von Architekten als auch im Prozess der Bauplanung sowie letztlich bei der Baukontrolle oder Bauabnahme diesem Punkt stärkeres Gewicht beizumessen.

6. Bei der Planung von Projekten des Betreuten Wohnens geht es um Bau- und Betreuungskonzepte. Die Planung und Umsetzung erfordert Kooperation und Absprachen, eine „konzertierte Aktion" zwischen Bereichen und ihren VertreterInnen, die sonst auf kommunaler, Landes- und Bundesebene in unterschiedliche Fachdisziplinen und Ressorts aufgegliedert sind: Wohnungsbau/Bauplanung, Stadtplanung, Sozialplanung/Sozialpflegerische Dienste. Zusätzlich zur Vorlage eines schriftlichen Bau- und Betreuungskonzepts als Fördervoraussetzung, in dem darzulegen ist, wie die technische Grundversorgung sowie die hauswirtschaftliche, pflegerische und psychosoziale Betreuung der BewohnerInnen gewährleistet werden soll, käme ein frühzeitiges, regional abgestimmtes interdisziplinäres Herangehen und Planen in Form einer Projektgruppe, ein gemeinsames Erarbeiten von Bedarf, Zielsetzungen, Konzepten und Angeboten dem Projekt und seinen zukünftigen BewohnerInnen sowie auch der Absetzbarkeit „am Markt" zugute.

7. Grundsätzlich sollten vor dem ersten Spatenstich bauliche Pläne und Betreuungskonzepte mindestens am Prüfbogen „Qualitätssiegel Baden-Württemberg", besser noch mit Hilfe der Methode SIESTA überprüft werden. Wichtig ist, dass hier nicht nur bauliche, sondern auch Betreuungsaspekte geprüft werden.[33]

30–33 Siehe Anhang „Literaturverzeichnis nach Kapiteln"

3.6 Wohnungen für blinde und sehbehinderte Menschen

Manfred Tretter
Dietmar Böhringer

Blinde und sehbehinderte Menschen können im Prinzip jede angebotene Wohnung nutzen. Bei der Entscheidung für eine bestimmte Wohnung sind zwei Kriterien für den Personenkreis der Blinden und Sehbehinderten besonders wichtig:

3.6.1 Die Lage der Wohnung
Infrastruktureinrichtungen müssen leicht erreichbar sein, damit die Organisation des täglichen Lebens nicht unzumutbar kompliziert und langwierig wird. Es muss möglich sein, regelmäßig erforderliche Wegstrecken (Arbeitsweg, Einkäufe, Behördengänge, Arztbesuche, Freizeitgestaltung usw.) ohne Pkw zurückzulegen. Die gute Anbindung des Wohngebietes an den öffentlichen Personennahverkehr ist dafür entscheidend. Um die selbstständige Lebensführung auch in Problemsituationen (Krankheit, Alter) zu gewährleisten, sollten im Wohngebiet gut ausgebaute ambulante Dienste bestehen.

3.6.2 Die Größe der Wohnung
Für Blinde und Sehbehinderte muss von einem deutlich erhöhten Raumbedarf ausgegangen werden. Hilfsmittel beanspruchen einen wesentlich größeren Raum für Aufbewahrung und Nutzung als vergleichbare Gegenstände für Sehende. Ein besonderes Arbeitszimmer für entsprechende Geräte und Materialien wie z.B. Blindenschriftmaschine, Fernseh-Lesegerät für Sehbehinderte, Literatur auf Kassetten usw. sollte vorgesehen werden. Gravierend wirkt sich der durchschnittlich 40- bis 80fache Raum-Mehrbedarf für Blindenschrift-Literatur aus. Blinde Personen greifen zwar in zunehmendem Maße auf die elektronischen Speichermöglichkeiten zu (die Bibel z. B., die 31 großformatige Punktschriftbände umfasst, hat bekanntlich auf einer CD Rom Platz!). Ganz auf Gedrucktes wird aber niemand verzichten wollen und können. Welch enormer Platzbedarf dann erforderlich ist, zeigt folgendes Beispiel:
– Füllte man die laut DIN 18025-2 einem Blinden zustehenden 15 m² zusätzlicher Wohnfläche[1] mit bis zur Decke reichenden Regalen, würde die darin untergebrachte Punktschriftliteratur einer „Schwarzschrift"-Handbücherei entsprechen, die in einem kleinen Hängeregal von ca. 1,5 m² Fläche Platz fände.

Bei der Planung von Nebenräumen (Keller, Dachboden) sollte ebenfalls von zusätzlichem Platzbedarf ausgegangen werden (etwa für Tandem und Ruderboot, zwei bei Blinden und Sehbehinderten häufig anzutreffende, in hohem Maße integrationsfördernde Sportgeräte).

Die Größe der in Wohngebäuden üblicherweise verwendeten Briefkästen reicht nicht aus, um Blindenschriftsendungen und Versandboxen für Hörkassetten aufzunehmen. Es muss daher der Platz vorhanden sein, um einen wesentlich größeren Briefkasten anbringen zu können.

3.6.3 Hinweise zur Gestaltung der Wohnung
Ein Problem für Blinde sind offenstehende, in den Raum ragende Türen. Aus dieser Erkenntnis heraus wurden z. B. bei der um 1960 erbauten Carl-Strehl-Schule der Blindenstudienanstalt Marburg die Türen so in Nischen versetzt, dass sie nicht in den Flur ragen können. Dies ist eine Idee, die es wert wäre, nicht nur beim Bau von Wohnungen, sondern – in verstärktem Maße – bei öffentlichen Gebäuden aufgegriffen zu werden. Türen, die in einen Flur aufschlagen, stellen nämlich auch für Nichtbehinderte eine Gefahr dar (s. Abb. 3.6/1-3).

Entsprechendes gilt auch für die Möblierung: Schränke mit Schiebetüren oder Oberschränke, deren Türen nach oben weggeklappt werden, vermindern Verletzungsgefahren. Insbesondere im Flur, Treppenhaus oder Foyer sind unnötige Hindernisse zu vermeiden: Heizkörper oder Feuerlöscher sollten in Nischen verschwinden,[2] freistehende Treppen (auch Wendeltreppen) so abgeschrankt oder verstellt werden, dass sie nicht „unterlaufen" werden können.[3]

Die positive Atmosphäre eines freundlich gestalteten Zuhauses strahlt von Besuchern oder Gästen auf einen Wohnungsinhaber zurück. Dies ist der Grund, weshalb blinde Personen großen Wert auf das gute optische Aussehen ihrer Wohnung legen bzw. legen sollten.

Für sehbehinderte Personen sind deutliche, jedoch nicht übertriebene und aufdringliche Kontraste[4] in ihrer Wohnung von großer Wichtigkeit: Türrahmen und -griffe,[5] Handläufe von Treppen,[6] Lichtschalter und Steckdosen[7] müssen sich deutlich von ihrer Umgebung abheben. Küchen- und Sanitäreinrichtungen[8] dürfen nicht „Ton in Ton", sondern müssen kontrastreich gestaltet sein (S. Kap. 15.5 und 5.9.8).

1–9 Siehe Anhang „Literaturverzeichnis nach Kapiteln"

3.6/1: Offenstehende Schrank- und Zimmertüren – eine Gefahr für den Blinden.[9]

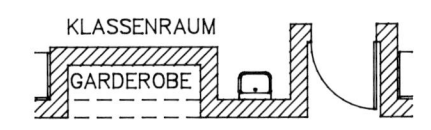

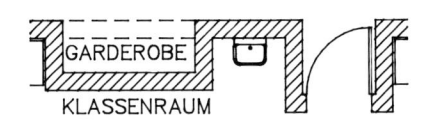

3.6/2 In Nischen versetzte Türen ragen auch dann nicht in die Verkehrsfläche eines Flures, wenn sie nach außen aufschlagen (Marburg ca. 1960).

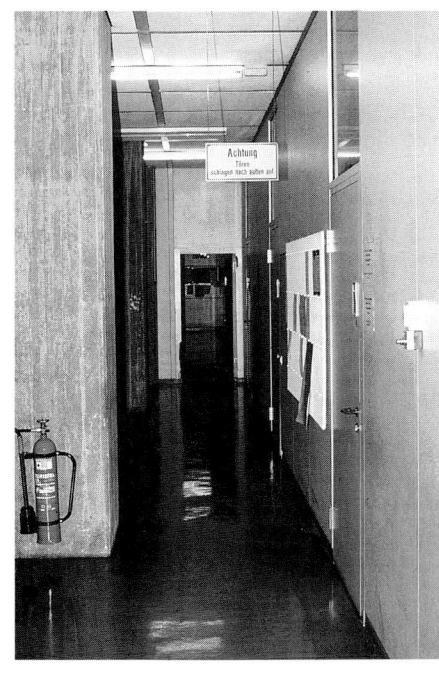

3.6/3 Nach außen aufschlagende Türen – eine Gefahr, die offensichtlich nicht nur Blinde betrifft. (Universität Stuttgart; Foto: Bolay)

3.7 Anpassbares Bauen in den Niederlanden

Axel Stemshorn

Diese neue Zielsetzung im Wohnungsbau geht auf die Initiative des Niederländischen Rates für Wohnungswesen zurück. Im Auftrag der Abteilung „Maßnahmen zu Gunsten der Behinderten in der Europäischen Gemeinschaft" wurden in einem Seminar Ende Mai 1989 die bisherigen Erfahrungen vorgestellt. „Anpassbarer Wohnungsbau bedeutet, bei Neubauten oder Umbauten Wohnraum zu schaffen, der zwar nicht auf Vorrat angepasst und für Behinderte vorgesehen ist, sondern der so entworfen ist, dass eine nachträgliche Anpassung ohne großen Aufwand und dadurch auch verhältnismäßig kostengünstig durchführbar ist, wenn Bewohner einmal behindert sind." So lautet die Definition des Niederländischen Rates für Wohnungswesen.

An dieser Definition wird deutlich, dass es sich nicht um Wohnungen für Behinderte oder für Betagte handelt, sondern um Wohnungen für alle, die ein zusätzliches Merkmal haben. Dieses Merkmal ist die Möglichkeit, zu einem späteren Zeitpunkt und dann bei Bedarf Anpassungen für Menschen mit Behinderungen vorzunehmen. Es handelt sich also grundsätzlich um übliche Wohnungen, die für jeden geeignet sind. Der Entwurf muss also die Möglichkeit bieten, dass später nach der Anpassung auch genügend Platz zur Benutzung eines Rollstuhls vorhanden ist.

Im Gegensatz dazu gibt es die „behindertengerechten Wohnungen", die gleich von Anfang an die individuellen Anforderungen eines Menschen mit Behinderungen angepasst wurden. Dieser Weg bedeutet zugleich, dass eine große Menge behindertengerechter Wohnungen auf Vorrat bereitstehen muss, in der Hoffnung, dass im Bedarfsfall Menschen mit Behinderungen, das können auch Betagte sein, dann auch in diese Wohnungen einziehen. Dies ist jedoch nicht immer gegeben, da viele das soziale Umfeld nicht verlassen wollen oder können. So besteht die Gefahr, dass Fehlinvestitionen gemacht werden. Diesem Mangel soll das Konzept „Anpassbarer Wohnungsbau" abhelfen.

3.7.1 Zielsetzungen

Neben dem Aspekt, dass in einer anpassbaren Wohnung sich auch ein Mensch im Rollstuhl als Besucher aufhalten kann, hat der Niederländische Rat für das Wohnungswesen auch als Ziel für eine solche Wohnung „die Besuchseignung" festgelegt. Menschen mit Behinderungen sind heute oft mit dem Problem konfrontiert, dass Wohnungen nicht schon beim Neubau für sie besuchsgeeignet sind. Das bedeutet, dass sie ihre Nachbarn gar nicht oder nur in sehr begrenztem Umfang besuchen können. Die „Besuchseignung" wurde daher folgendermaßen festgelegt: „Eine Wohnung gilt als besuchsgeeignet, wenn ein behinderter Mensch problemlos zur Haustüre hereinkommt, unter geringstem Aufwand das Wohnzimmer und die Küche erreichen und eventuell mit etwas Hilfe auch die Toilette benutzen kann." Die Erreichbarkeit einer Wohnung ist daher grundsätzlich wichtig; das bedeutet zugleich, dass ein Mensch mit Behinderungen vom öffentlichen Verkehrsweg aus die Wohnungstür ohne fremde Hilfe erreichen kann.

Die Zielgruppe für den anpassbaren Wohnungsbau umfaßt alle Menschen mit Behinderungen. Der Niederländische Behindertenrat unterscheidet folgende Behinderungen:

1. Motorische Behinderungen (Bewegungsstörungen) wie bei Spastikern, Personen mit Muskelerkrankungen oder Personen mit Rheumaleiden.

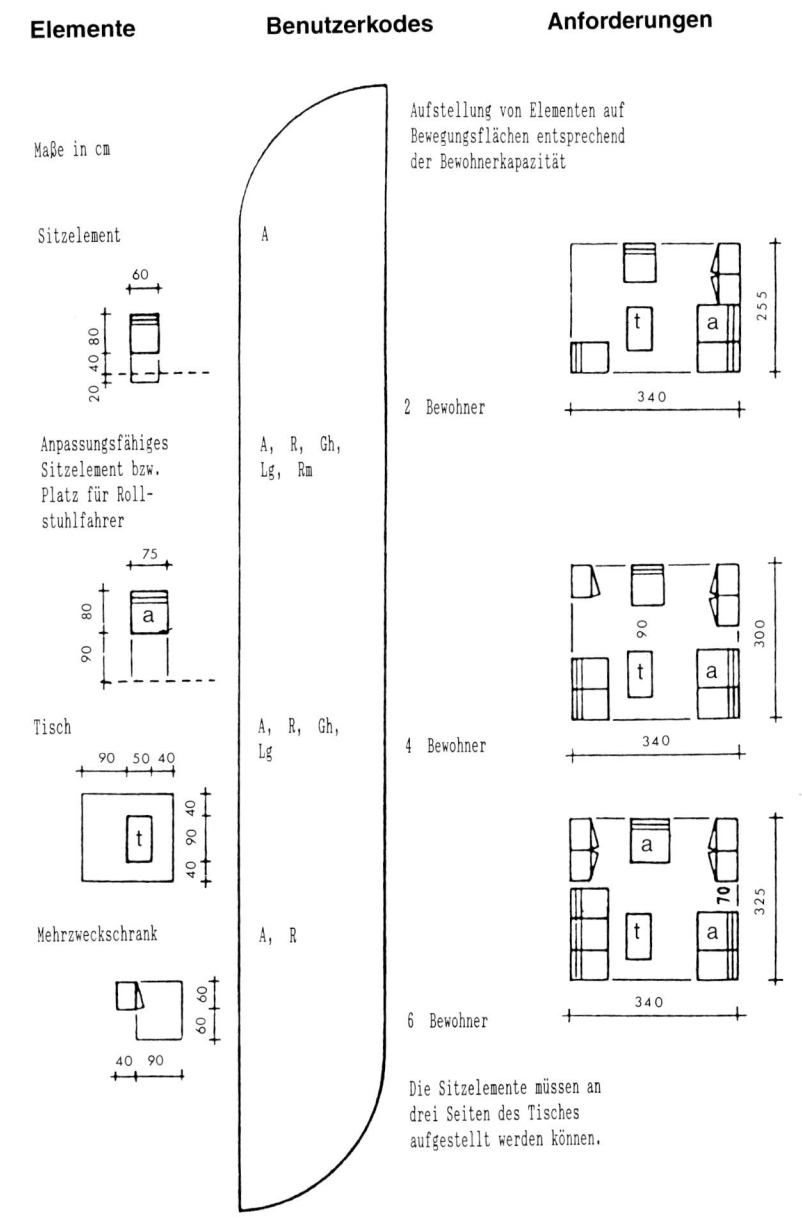

3.7/1 Beispiel für Elemente, Benutzerkodes und Anforderungen an den Platzbedarf beim anpassbaren Bauen. (Quelle: Niederländischer Rat für Wohnungswesen).

2. Personen mit Sinnbehinderungen wie Blinde und Sehbehinderte, Taube, Schwerhörige und Sprechbehinderte.
3. Personen mit organischen Behinderungen wie Herz-, Nieren- oder Asthmapatienten.

Die Menschen mit einer motorischen Störung (Gehbehinderung oder Behinderung der Arm- oder Handfunktionen) stellen mit beinahe 50 % der Gesamtzahl von 1,3 Millionen Behinderten eine wichtige Gruppe dar. Der anpaßbare Wohnungsbau ist nicht alleine auf Menschen im Rollstuhl ausgerichtet, deren Zahl einen geringen Anteil ausmacht (40 000 bis 60 000 Menschen, von denen ungefähr 20 000 weitgehend selbstständig wohnen können). Menschen im Rollstuhl bilden zwar nicht zahlenmäßig die entscheidende Gruppe, sie sind aber der Anlass zur Entwicklung des anpaßbaren Wohnungsbaus. Im Hinblick auf andere Personen, die als Zielgruppe für den anpassbaren Wohnungsbau in Frage kommen, wurden auch sehr große Menschen untersucht. Hierbei wurde festgestellt, dass die Anzahl der sehr großen Menschen ständig zunimmt. Schon jetzt wird mit einer Million Niederländer größer als 1,90 m gerechnet und mit 50 000 Menschen, die größer als 2,00 m sind. Diesem deutlich zunehmenden Längenwachstum muss auch ein zukunftsorientierter anpassbarer Wohnungsbau gerecht werden. Dies betrifft die Türhöhen, die Badewannen, die Bettlängen und der sich daraus ergebende größere Wohnflächenbedarf sowie die lichte Raumhöhe. Sie erhöht maßgeblich den umbauten Raum.

So ergeben sich für den anpassbaren Wohnungsbau folgende Zielsetzungen:
1. Die Wohnungen sind besser nutzbar, da sie von Anfang an für mehr Bewohnerkategorien geeignet sind. Aufgrund der flexiblen Entwurfskonzeption haben die Wohnungen auch in Zukunft einen hohen Gebrauchswert.
2. Menschen mit Behinderungen können sehr gut integriert werden, da der anpassbare Wohnungsbau die gesellschaftliche Integration z.B. durch die Besuchseignung fördert. Bei Eintritt der Behinderung kann der Behinderte in seine bisherige Wohnung nach dem Umbau zurückkehren. Die Wohnungswahl beschränkt sich daher nicht auf wenige Wohnungen.
3. Notwendige Umzüge werden vermieden, da eine Rückkehr in die angepasste Wohnung möglich ist.
4. Die Baumaßnahmen können mit dem Ziel, die Wohnung angepasst zu machen, schnell durchgeführt werden, da das Konzept zur Anpassung bereits vorliegt.
5. Es werden erhebliche Kosten eingespart, da die individuellen Anpassungen ohne größere Umbaumaßnahmen wesentlich billiger ausgeführt werden können.

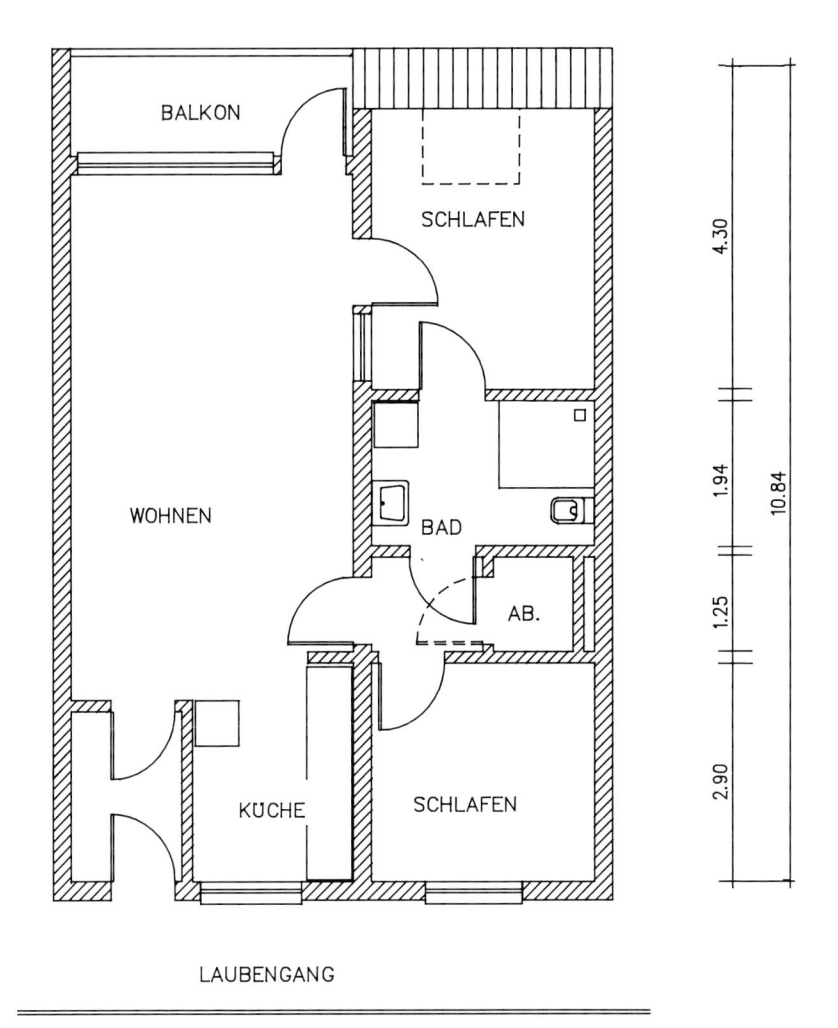

3.7/2 Geschosswohnung mit Laubengangerschließung, M 1:100

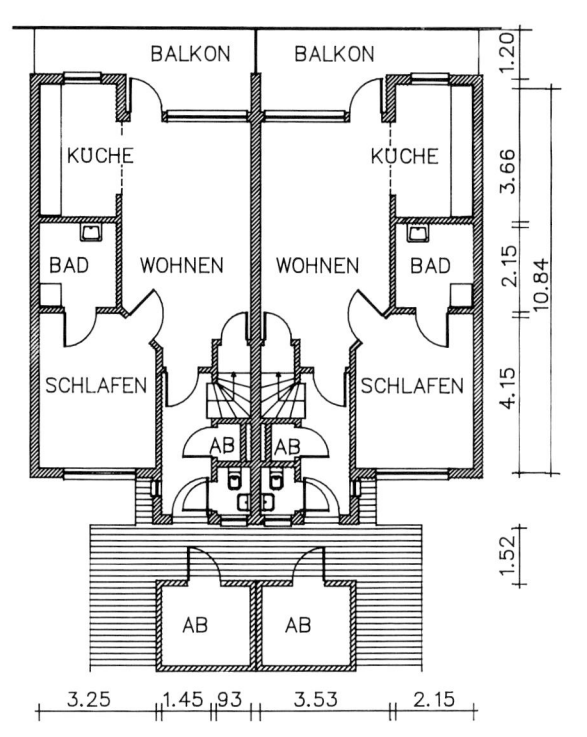

6. Die Vermietbarkeit der Wohnungen ist deutlich besser, da ein größerer Personenkreis langfristig in Frage kommt.
7. Die Wohnungen sind deswegen besonders kostengünstig, da bei Bedarf zu einem späteren Zeitpunkt besondere Baumaßnahmen durchgeführt werden müssen.

3.7.2 Bewertung

Der räumliche Zuschnitt der dargestellten Wohnungen ist sicher nicht auf die Wohnsituation in der Bundesrepublik und andere Länder übertragbar. Die Wohnflächen der einzelnen Räume sind klein und im Hinblick auf die Einrichtungsteile sparsam bemessen (Abb. 3.7/1-6).

Bemerkenswert ist jedoch der methodische Ansatz, durch anpassbares Bauen einen Wohnungsbestand zu schaffen, der ein erhöhtes Maß an flexibler Nutzung auch für Menschen mit Behinderungen zulässt.

3.7/3 Zweigeschossiges Wohnhaus mit außenliegendem Abstellraum, M 1:200

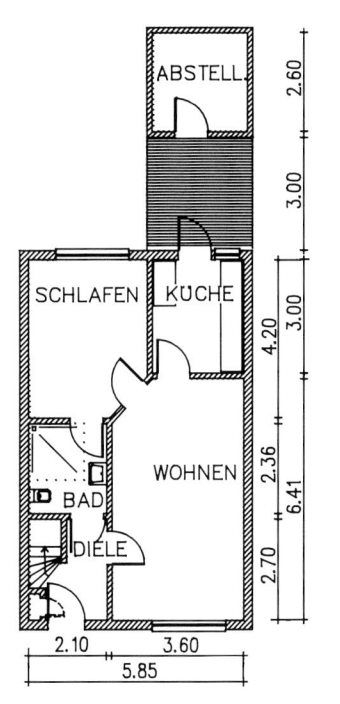

3.7/4 Zweigeschossiges Wohnhaus mit außenliegendem Abstellraum, M 1:200

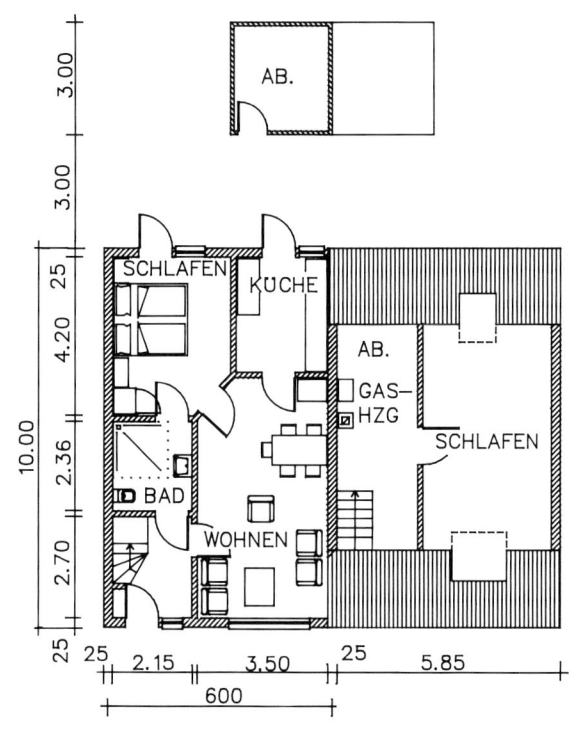

3.7/5 Zweigeschossiges Wohnhaus mit außenliegendem Abstellraum, M 1:200

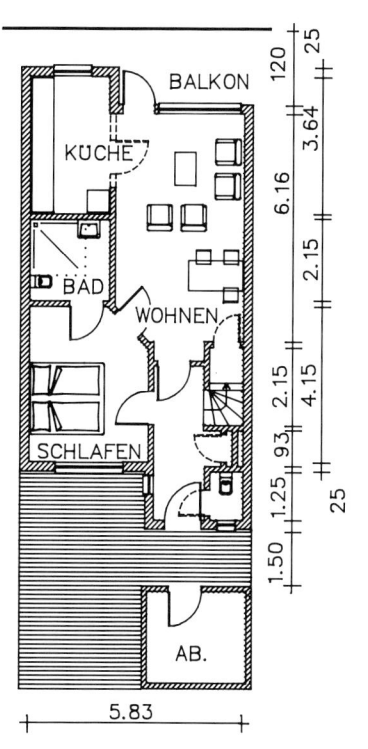

3.7/6 Zweigeschossiges Wohnhaus mit Carport und außenliegendem Abstellraum, M 1:200

3.8 Barrierefreier Wohnungsbau in der Bundesrepublik Deutschland

Axel Stemshorn

Parallel zur Entstehung der neuen Normen DIN 18025 Teil 1, Barrierefreie Wohnungen für Rollstuhlbenutzer und DIN 18025 Teil 2, Barrierefreie Wohnungen für alle Menschen wurden in wenigen Bundesländern, überwiegend von Mitgliedern des Normenausschusses, Projekte für den barrierefreien Wohnungsbau angeregt. Dies wurde vor dem Hintergrund des zur Zeit intensiven Wohnungsbaus erkannt. Die Zielvorstellung war die, dass Wohnungen, die für Aussiedler und Umsiedler geschaffen werden müssen, zugleich auch barrierefrei sein sollen, weil damit sehr schnell eine große Zahl barrierefreier Wohnungen geschaffen werden kann. Dies wurde leider nicht in die Tat umgesetzt. Ein weiterer Gesichtspunkt war der, dass die in der Norm vorgesehenen Maßnahmen rechtzeitig auch experimentell belegt werden.

3.8.1 Freistaat Bayern
Im Freistaat Bayern wurden zum 1. 1. 1991 sieben Projekte für den barrierefreien Wohnungsbau als Experiment gefördert (siehe Anhang). Diese sind:

3.8.1.1 Lindenberg im Allgäu, An der Säge, 1. und 2. Bauabschnitt
Es handelt sich um zwei Bauabschnitte jeweils mit Tiefgarage, die beide fertiggestellt sind. Der Wettbewerbsentwurf der Architekten wurde im Hinblick auf den barrierefreien Wohnungsbau nach DIN 18025 Teil 2 überarbeitet. Er sieht jetzt im 1. B.A. ein Laubenganghaus vor, in dem acht Wohnungen am Laubengang liegend über einen Aufzug und zwei Treppenhäuser erschlossen werden.
Die Abbildungen zeigen den Lageplan (Abb. 3.8/1), das Untergeschoss mit Tiefgarage, Rampe, Abstellräumen (Abb. 3.8/2), das Erdgeschoss mit Durchgangszonen (Abb. 3.8/3), die in den Obergeschossen (Abb. 3.8/4) überbaut wurden. Wettbewerbsentwurf und Planung: Thomas Rössel, Nördlingen/München. Entwurfs- und Genehmigungsplanung: Büro Peck + Rössel, München

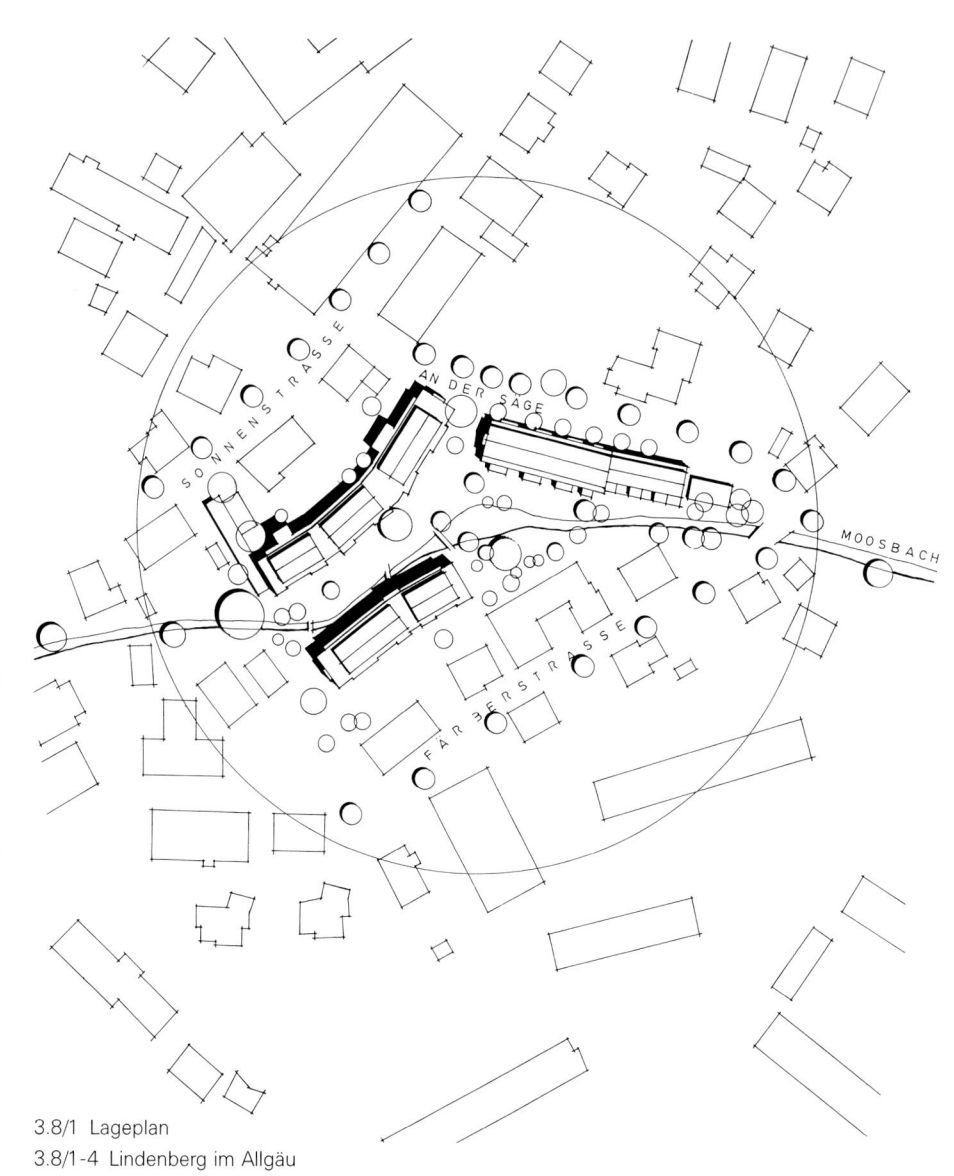

3.8/1 Lageplan
3.8/1-4 Lindenberg im Allgäu

Zusammenstellung der Wohnungsgrößen

	max. nach WFB (m²)	Ist (m²)	Bemerkung nach DIN 18025
4 Zimmer		117,85	Teil 1
4 Zimmer		121,60	Teil 1
4 Zimmer		113,40	Teil 1
3 Zimmer		95,50	Teil 1
4 Zimmer	90	100,20	Teil 2
(4 Pers.)	90	97,90	Teil 2
2 Zimmer	60	63,80	Teil 2
2 Zimmer	60	66,10	Teil 2
2 Zimmer	60	67,30	Teil 2
3 Zimmer	90	92,40	Teil 2
3 Zimmer	90	90,00	Teil 2
3 1/2 Zimmer	105	98,30	Teil 2
3 1/2 Zimmer	105	96,30	Teil 2
2 Zimmer	60	51,30	Teil 2
2 Zimmer	60	54,00	Teil 2
3 Zimmer	90	75,80	Teil 2

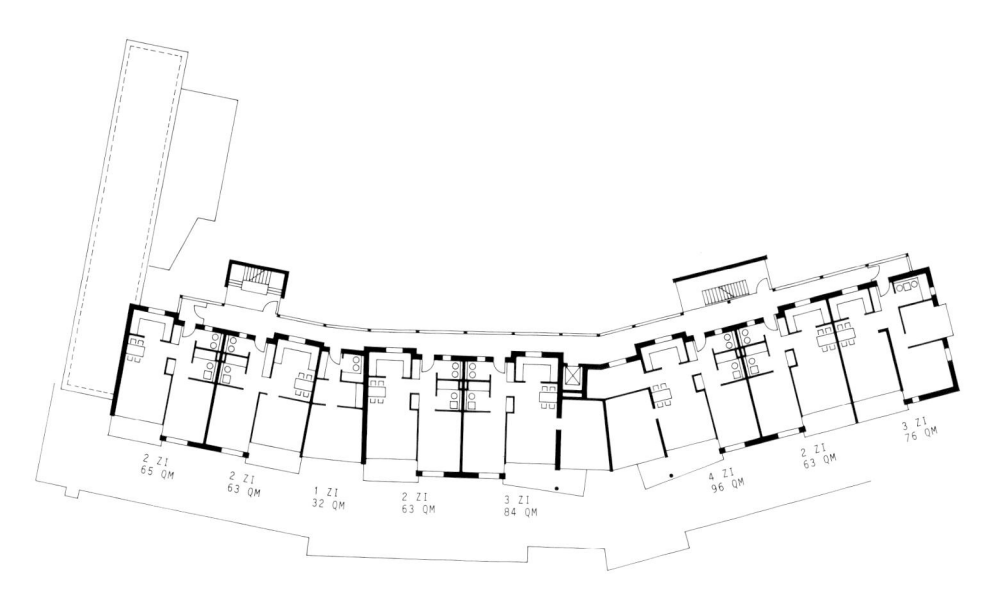

3.8/4 1. Obergeschoss, M 1:600

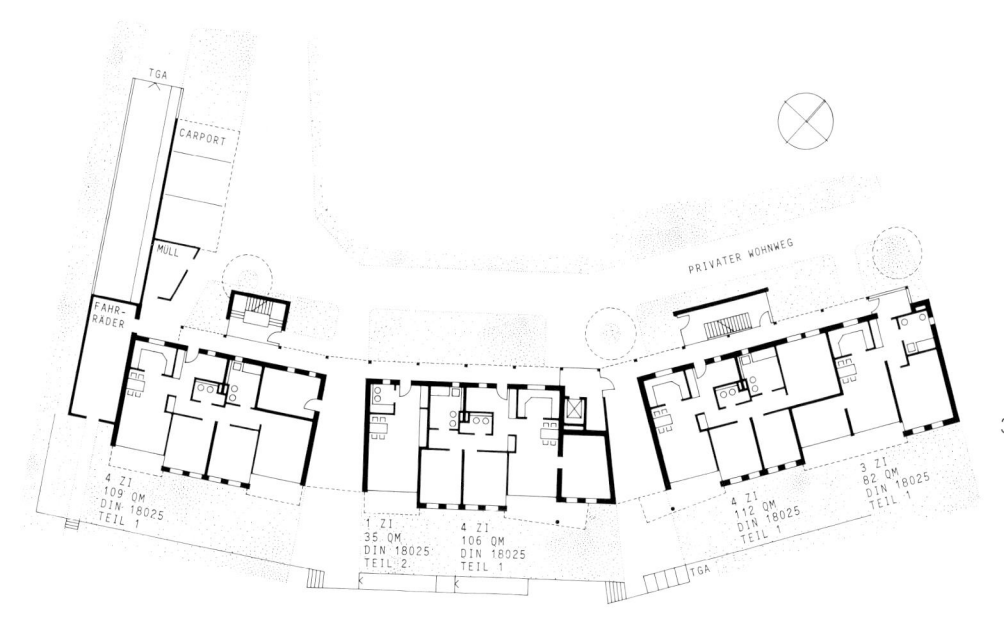

3.8/3 Erdgeschoss, M 1:600

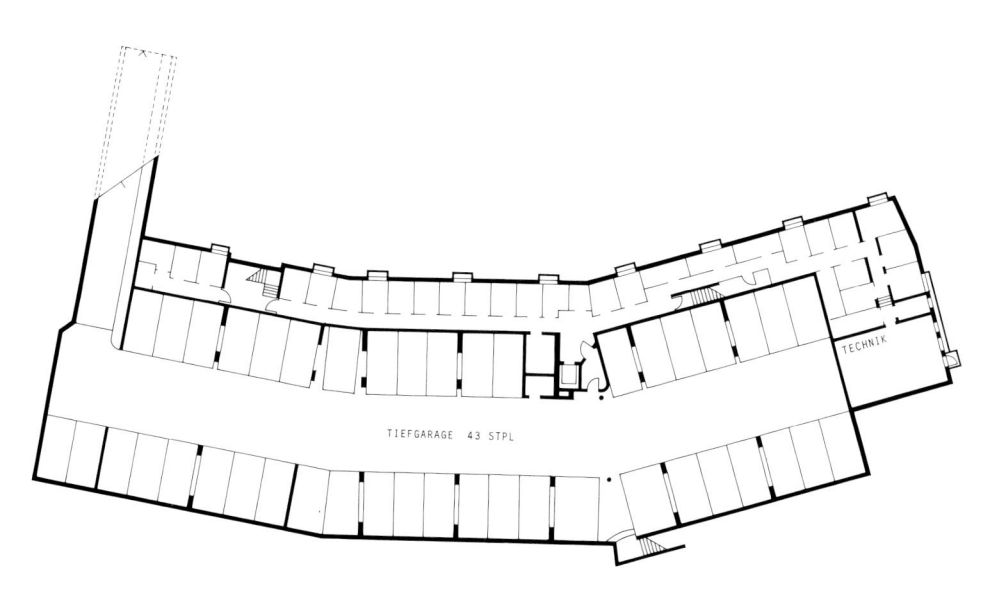

3.8/2 Untergeschoss mit Tiefgarage, Rampe und Abstellräumen, M 1:600

3.8.1.2 Regensburg, Rote-Löwen-Straße

Hierbei handelt es sich um einen seltenen Glücksfall, da zwei gegenüberliegende Gebäude im Altstadtviertel Regensburgs saniert und mit einem dazwischenstehenden Aufzug erschlossen wurden. So konnten im ersten Obergeschoss mit einem Aufzug insgesamt zehn Wohnungen erschlossen werden und im zweiten Obergeschoss ebenfalls zehn Wohnungen, im Dachgeschoss sind es dann nur noch neun Wohnungen (Abb. 3.8/5-8); Planung: Stadtbau GmbH RGBG

3.8/5-8 Regensburg, Rote-Löwen-Straße

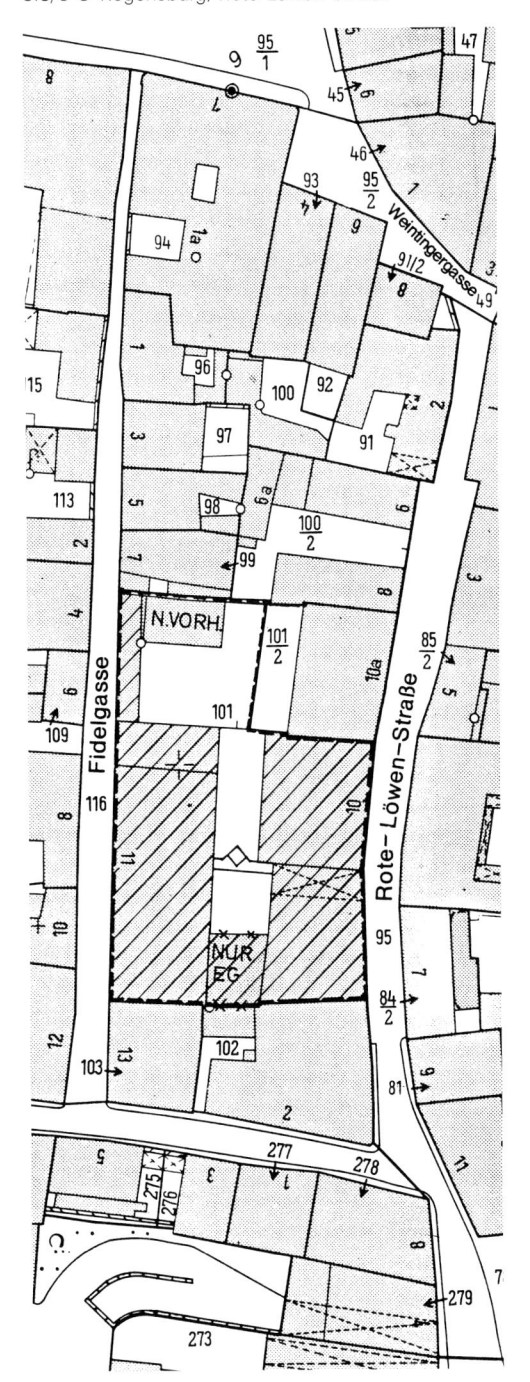

3.8/5 Lageplan, M 1:1000

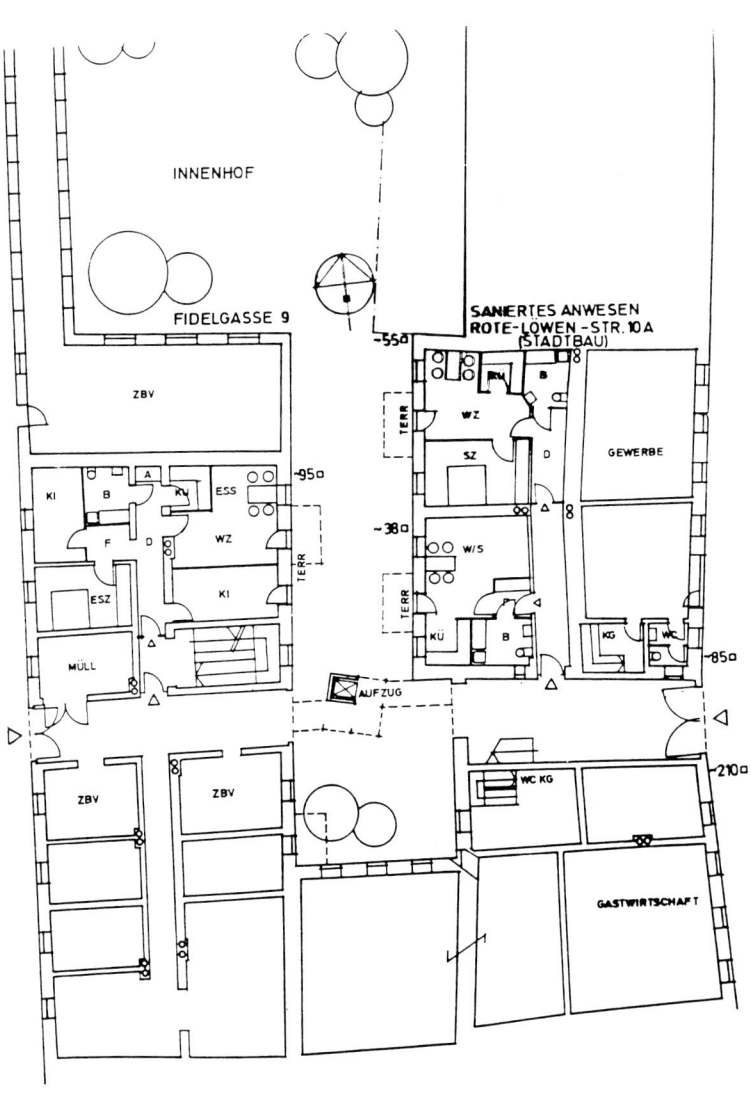

3.8/6 Erdgeschoss, M 1:400

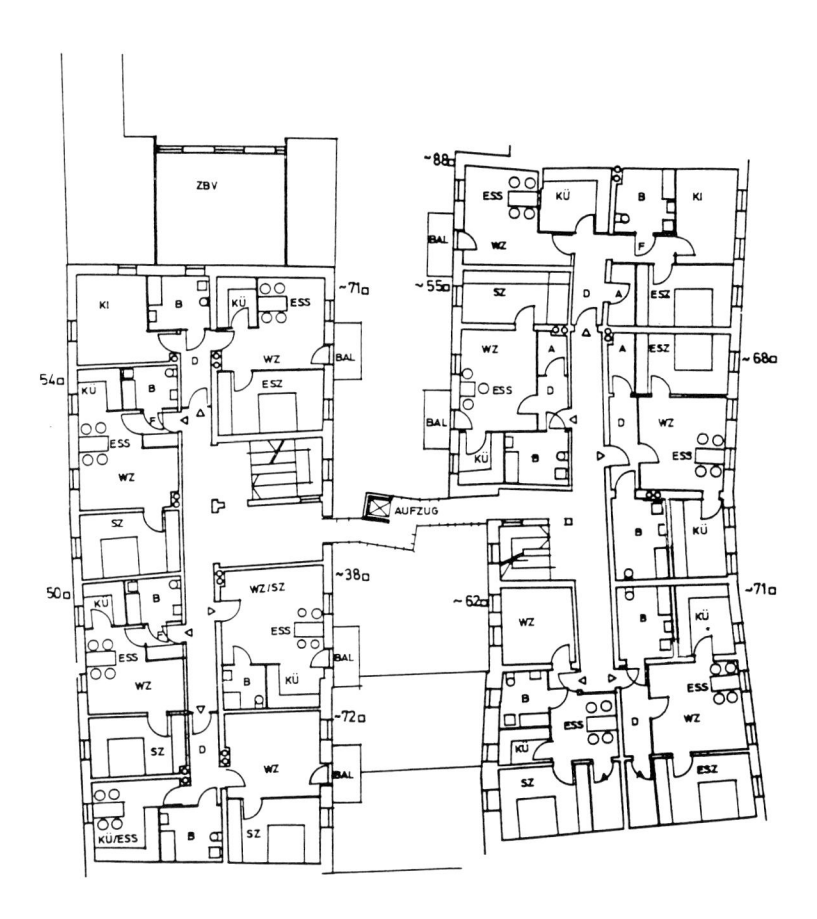

3.8/8 2. Obergeschoss, M 1:400

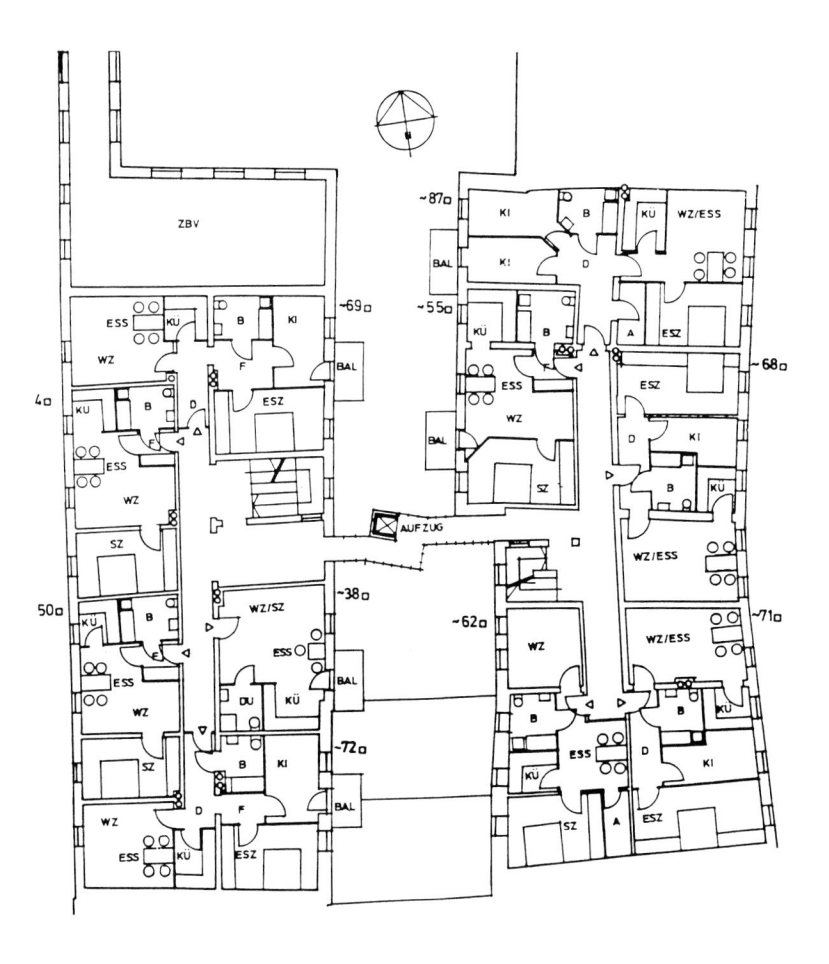

3.8/7 1. Obergeschoss, M 1:400

123

3.8.1.3 Bad Birnbach, Stapferhof

Es handelt sich wiederum, wie die Abbildungen 3.8/9-11 zeigen, um ein Laubenganggebäude mit einem Untergeschoss, einem Hochparterre mit vier Wohnungen, einem Obergeschoss mit vier Wohnungen und um ein Dachgeschoss, das ebenfalls zwei mit dem Aufzug und Treppenhaus erreichbare Wohnungen aufweist. Architekten: Biesterfeld, Brennecke, Richter, Bauerstr. 22, München.

Zusammenstellung der Wohnungsgrößen

	max. nach WFB (m^2)	Ist (m^2)	Bemerkung nach DIN 18025
3 Zimmer	90	82,70	Teil 1
2 Zimmer	60	51,00	Teil 1
2 Zimmer	60	59,60	Teil 1
3 Zimmer	90	76,70	Teil 1

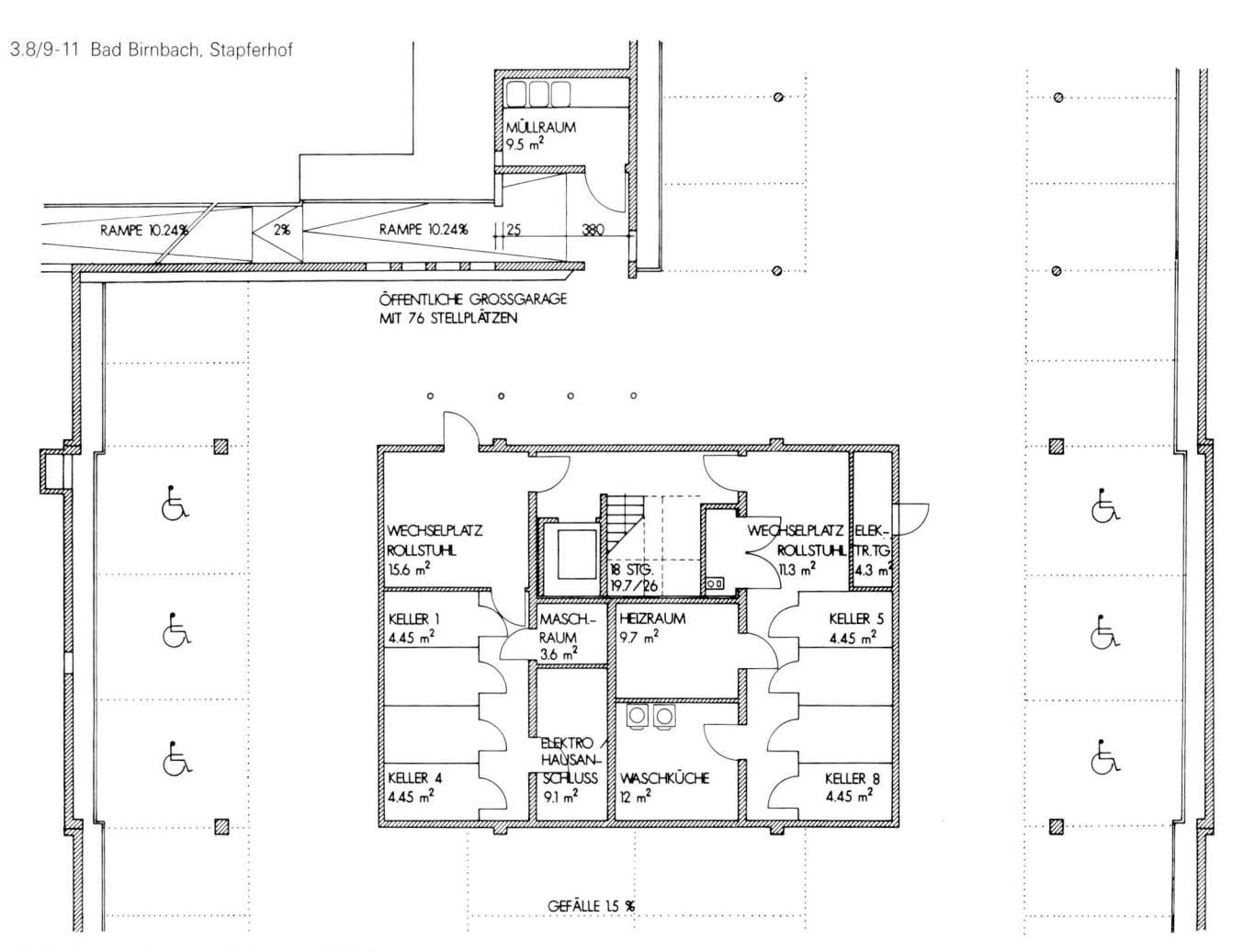

3.8/9-11 Bad Birnbach, Stapferhof

3.8/9 Untergeschoss mit Tiefgarage, M 1:200

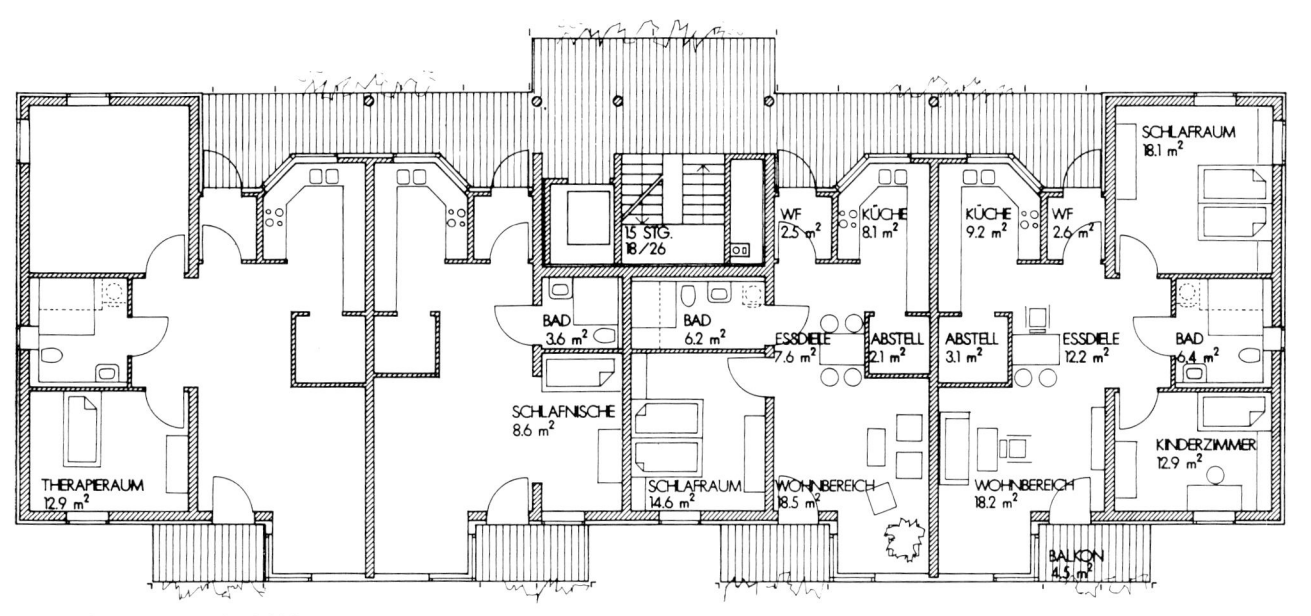

3.8/11 Obergeschoss, M 1:200

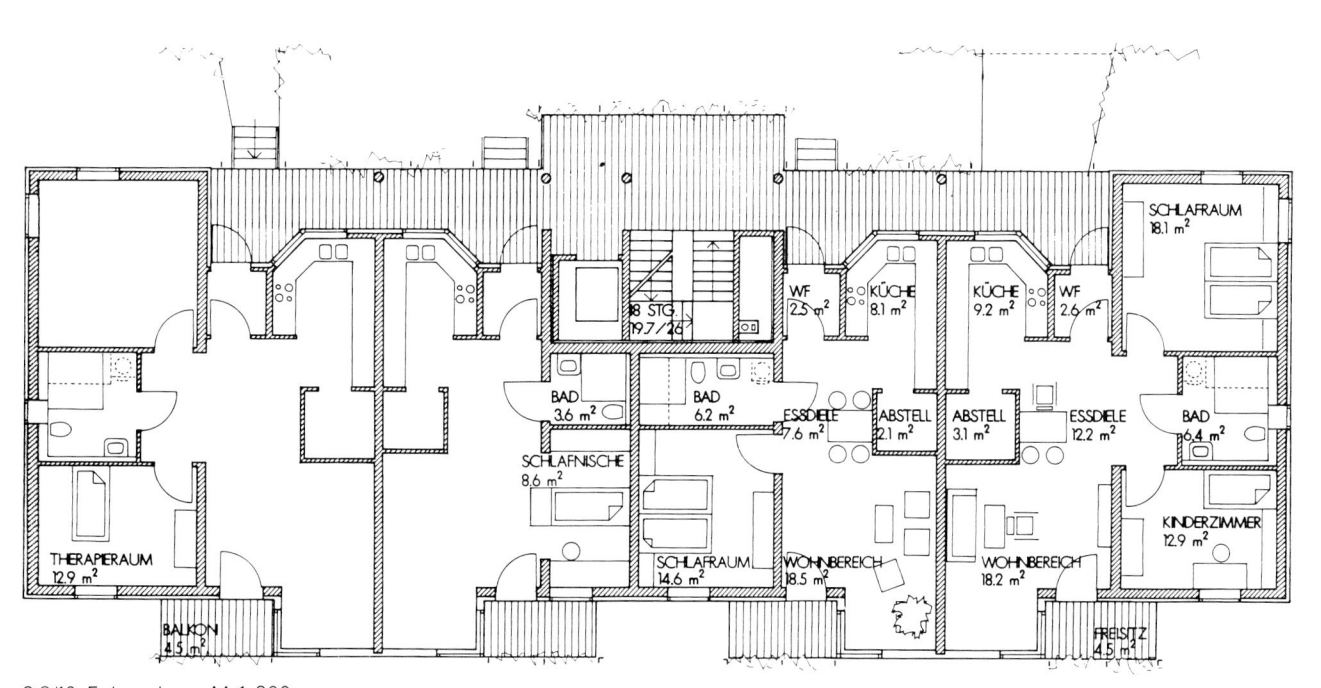

3.8/10 Erdgeschoss, M 1:200

125

3.8.1.4 Deggendorf, Bahnhofstraße

Auch hier handelt es sich um ein Laubenganghaus (Abb. 3.8/12-14), bei dem im Erdgeschoss drei Wohnungen, im Obergeschoss ebenfalls drei Wohnungen und im Dachgeschoss zwei Wohnungen (Zweispänner) durch Aufzug und Treppenhaus erschlossen werden. Ins Untergeschoss führt eine Rampe zu den Stellplätzen, jedoch auch zum Rollstuhlabstellraum, zum Aufzug und zu den Abstellräumen.

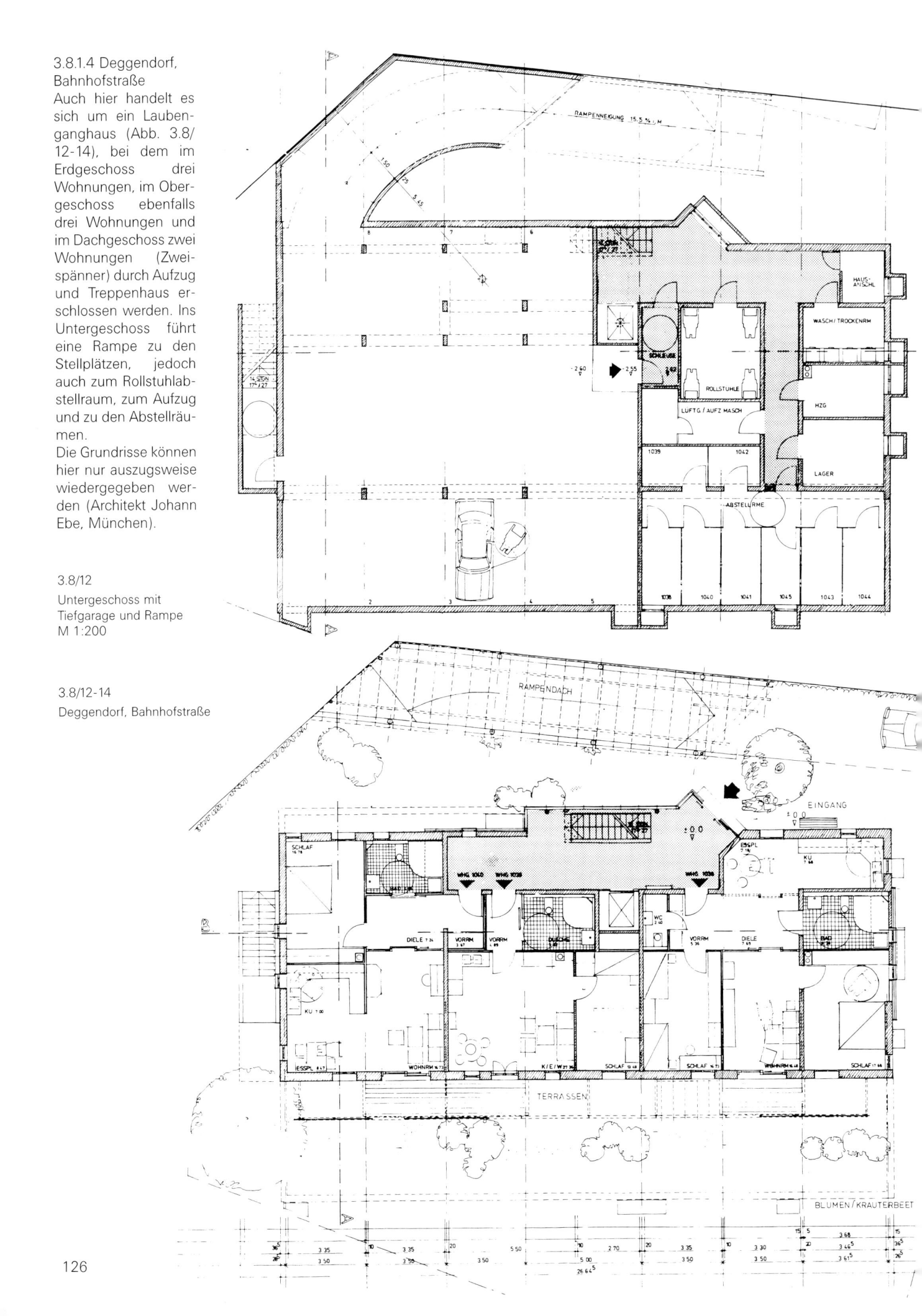

Die Grundrisse können hier nur auszugsweise wiedergegeben werden (Architekt Johann Ebe, München).

3.8/12
Untergeschoss mit Tiefgarage und Rampe
M 1:200

3.8/12-14
Deggendorf, Bahnhofstraße

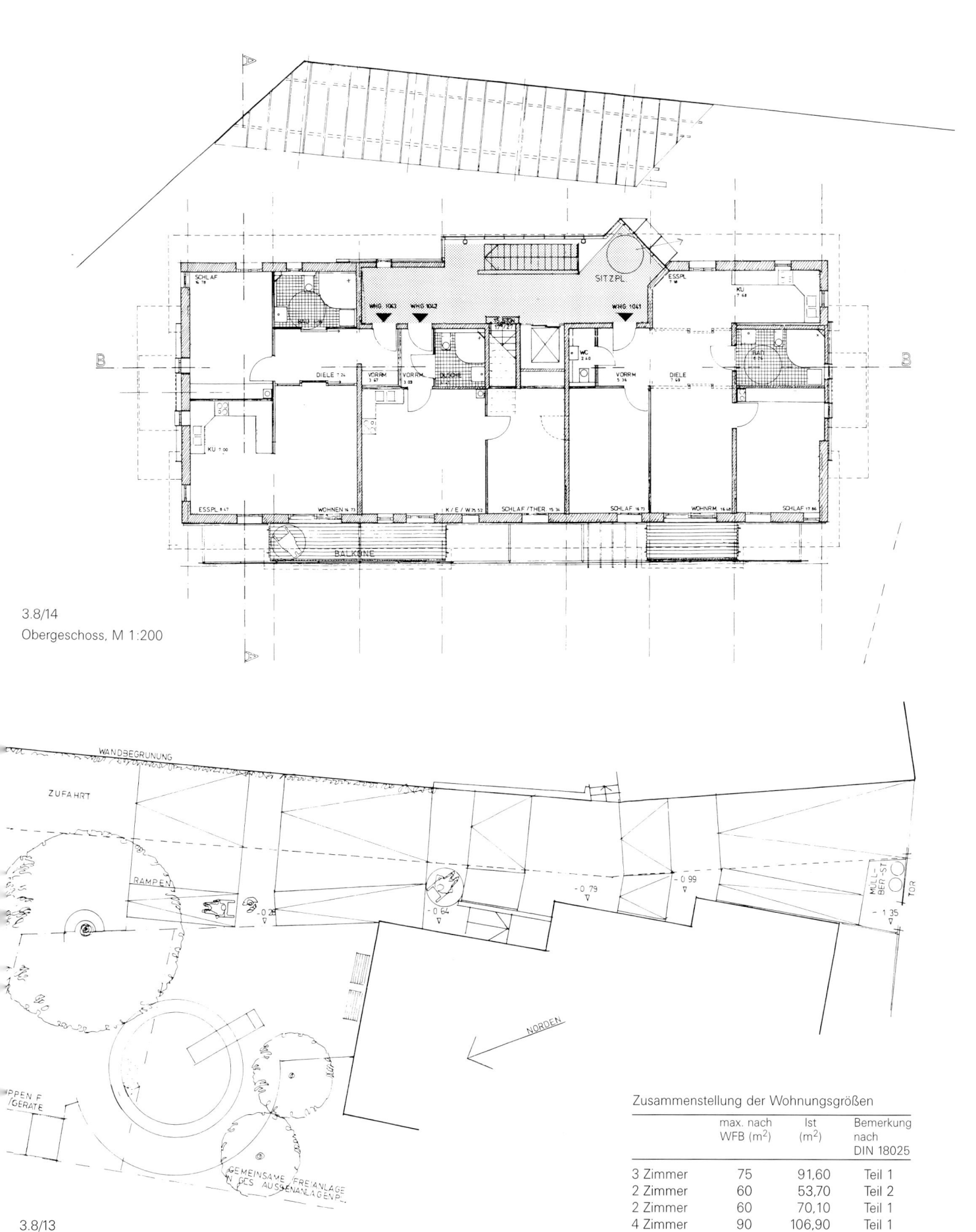

3.8/14
Obergeschoss, M 1:200

3.8/13
Erdgeschoss, M 1:200

Zusammenstellung der Wohnungsgrößen

	max. nach WFB (m²)	Ist (m²)	Bemerkung nach DIN 18025
3 Zimmer	75	91,60	Teil 1
2 Zimmer	60	53,70	Teil 2
2 Zimmer	60	70,10	Teil 1
4 Zimmer	90	106,90	Teil 1
1 Zimmer	45	35,60	Teil 2
2 Zimmer	60	70,10	Teil 1
2 Zimmer	60	55,30	
2 Zimmer	60	64,10	

3.8.1.5 Regensburg, Königswiesen-Süd

Wie aus den Abbildungen 3.8/15-17 hervorgeht, handelt es sich um ein Dreispänner-Projekt mit eingestelltem Aufzug im Treppenhausauge (Architekt: Hans Kierner, Amberg). Jeweils drei Wohnungen sind über eine Treppenhausanlage mit Aufzug erschlossen. Besonders interessant für das Wohnungsbauunternehmen war, dass die Mehrkosten für die barrierefrei gebauten Wohnungen nur bei ca. DM 12 000.– je Wohnung liegen. Der Fertigstellungspreis je m^2 Wohnfläche einschließlich Grundstück und Erschließung lag bei DM 2452.–. Damit ist eindrucksvoll belegt, dass die Mehrkosten für barrierefreien Wohnungsbau nicht besonders hoch sein müssen.

3.8/15-17 Regensburg, Königswiesen-Süd

3.8/15 Lageplan, M 1:3000

3.8/17 Erdgeschoss M 1:200

3.8/16 Kellergeschoss, M 1:200

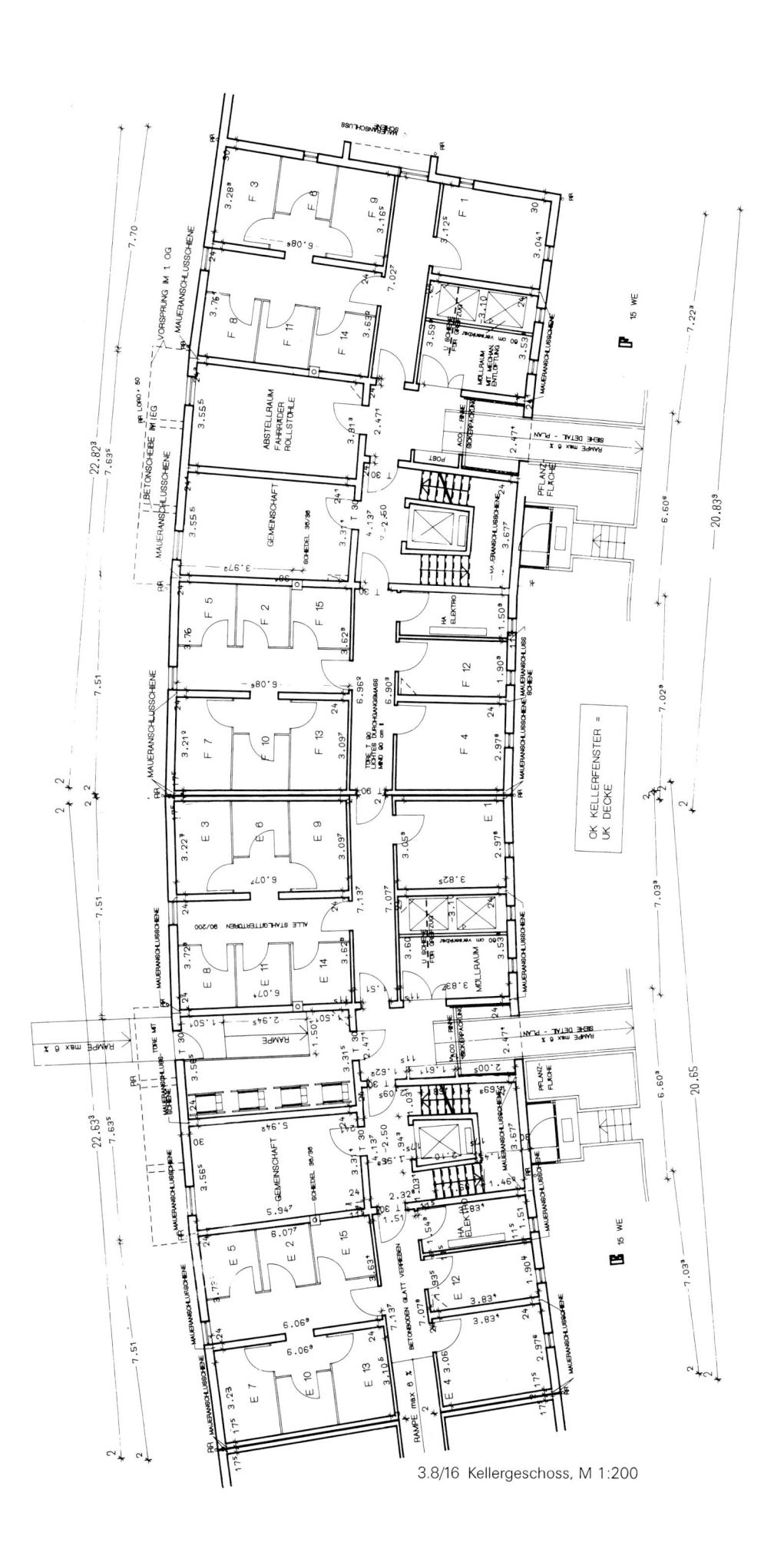

3.8.1.6 Neu-Ulm

Zwei weitere Beispiele aus Neu-Ulm sollen zeigen, dass auch in Anbindung an vorhandene Bausubstanz, in diesem Fall ebenfalls an Laubenganghäuser, barrierefreier Wohnungsbau angeschlossen werden kann (Nachverdichtungsprogramm). Im vorliegenden Fall (Abb. 3.8/18) wurde an das vorhandene Laubenganghaus ein Aufzug mit Treppenhaus angeschlossen, so dass sowohl das alte wie auch das neue Laubenganghaus mit einer Aufzuganlage barrierefrei wird. Die neukonzipierten Wohnungen zeichnen sich dadurch aus, dass ein so genannter Außenabstellraum vom Laubengang aus vorgesehen wird. Dieser Abstellraum ist brüstungshoch mit Bepflanzung, so dass die darüberliegenden Fenster zum Sanitärraum wie auch zum Essplatz vom Laubengang zurückgesetzt sind und ein unmittelbarer Einblick in diese Intimbereiche nicht möglich ist. Die Fenster der Küche sind zugleich Kontaktfenster zum Laubengang. Die Aufenthaltsräume und Schlafräume liegen auf der vom Laubengang abgewandten Seite (Architekten: Stemshorn, Fink, Hörger, Frauenstr. 31, Ulm).

Ein weiteres Projekt in Neu-Ulm (Abb. 3.8/19) sieht die spiegelbildliche Anordnung dieser Wohnungen mit Außenabstellraum und gemeinsamem Laubengang vor. Durch Pflanzbeete erhält dieser innenliegende Laubengang Freiluftcharakter (Architekten: Stemshorn, Fink, Hörger, Frauenstr. 31, Ulm).

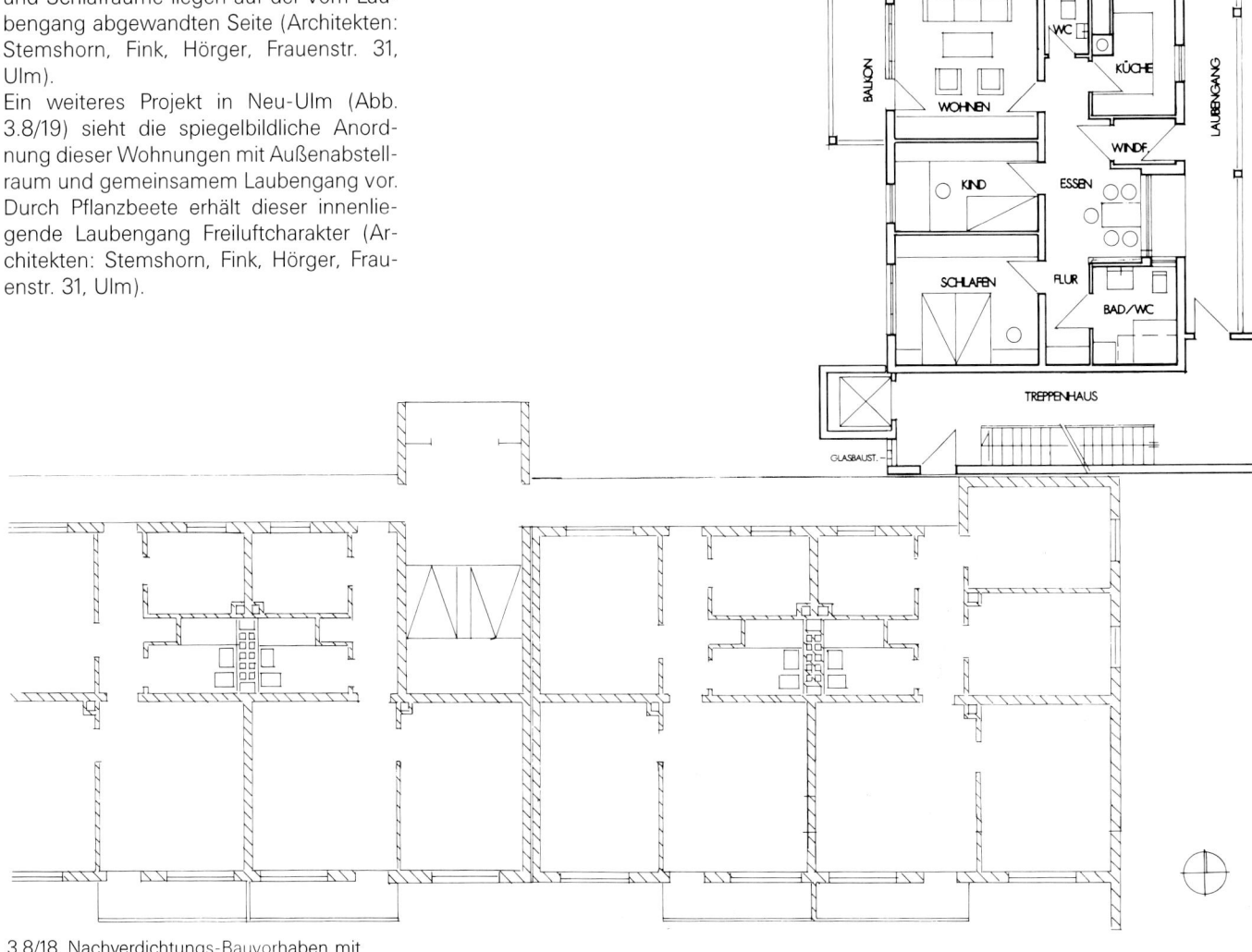

3.8/18 Nachverdichtungs-Bauvorhaben mit barrierefreien Wohnungen in Neu-Ulm, Schwabenstraße, durch Anbau an ein bestehendes Laubenganggebäude, M 1:200

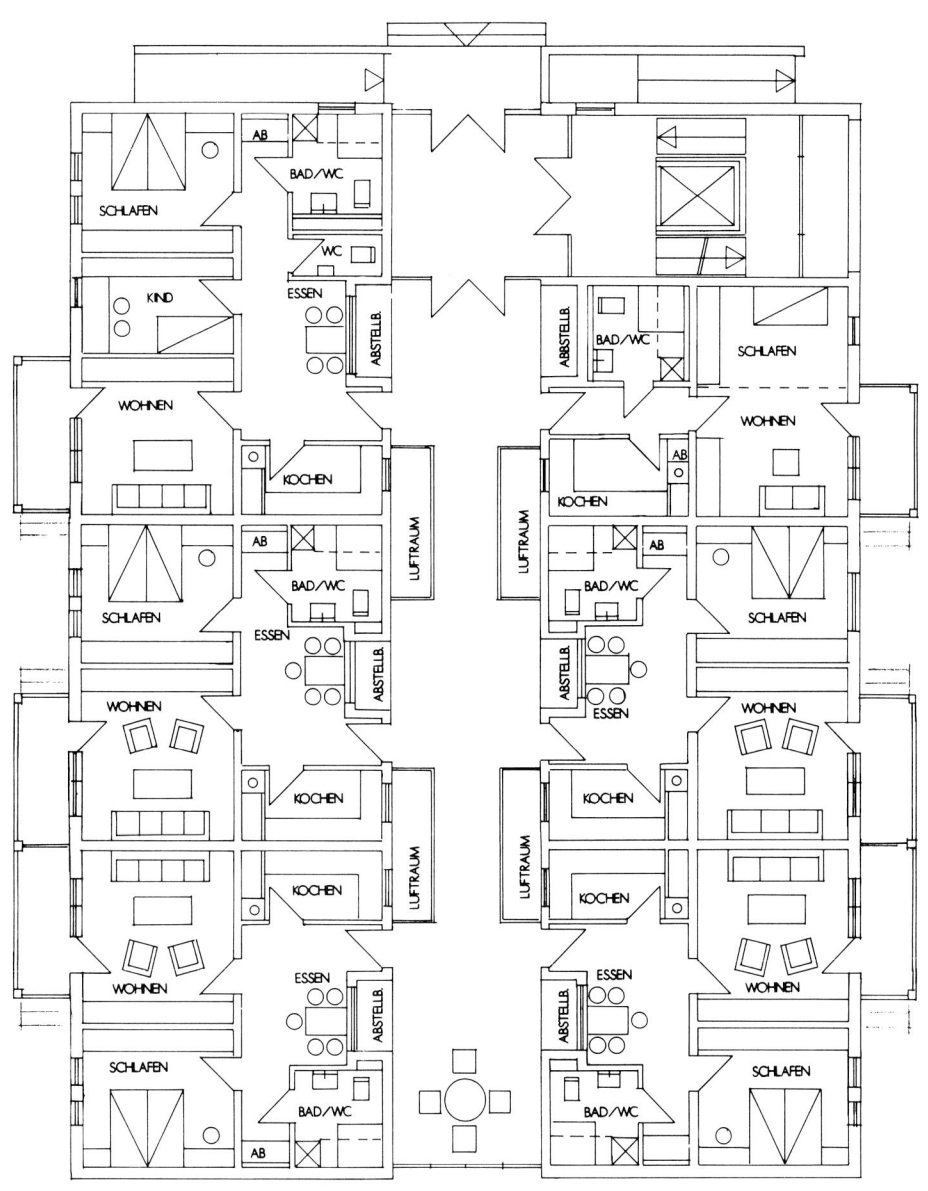

3.8/19 Nachverdichtungs-Bauvorhaben mit barrierefreien Wohnungen in Neu-Ulm, Schwabenstraße, M 1:200

3.8.2 Baden-Württemberg

3.8.2.1 Blaubeuren

Hier handelt es sich um ein barrierefreies mehrgeschossiges Wohngebäude nach DIN 18025 Teil 2 in Blaubeuren. Die Architekten (Stemshorn, Fink, Hörger, Frauenstr. 31, Ulm) haben bei diesem im Winkel angeordneten Baufenster insgesamt drei Aufzuganlagen zur Erschließung der Eigentumswohnungen vorgesehen. Die Aufzüge fahren auch in das Untergeschoss, in dem sich die Abstellräume und die Stellplätze befinden. Die Tiefgarage ist von außen durch eine Rampe zugängig. Die im Dachgeschoss befindlichen Wohnungen sind nicht über die Aufzuganlage erreichbar (Abb. 3.8/20-24).

3.8/20-24 Blaubeuren, barrierefreie Wohnungen

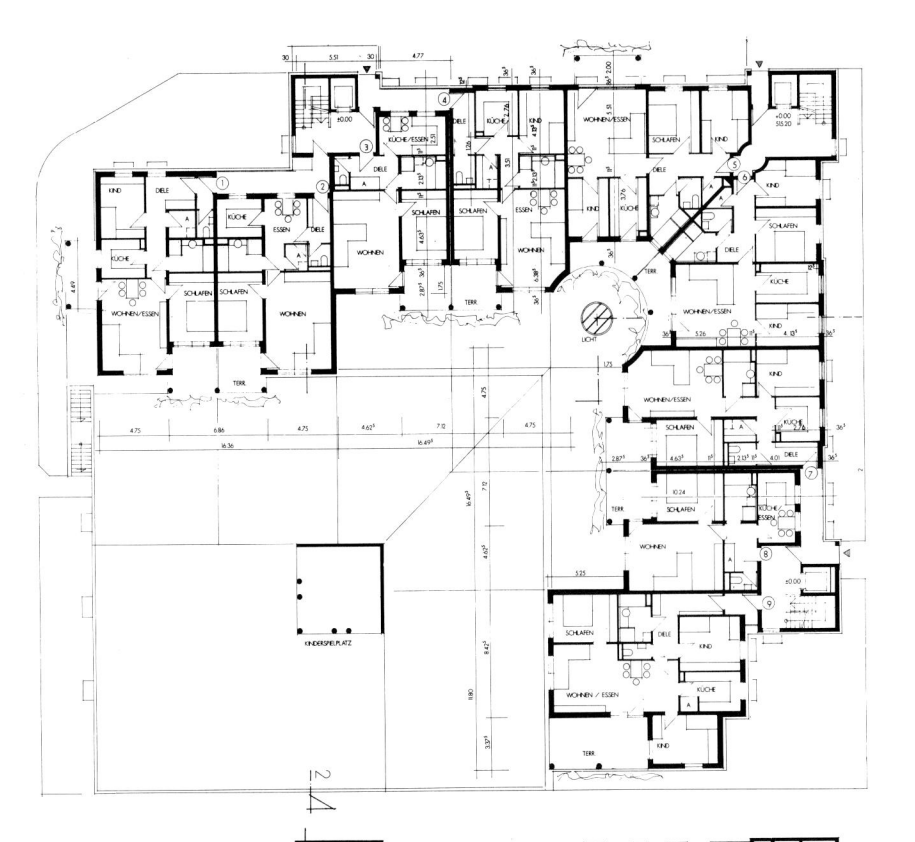

3.8/21 Erdgeschoss, M 1:500

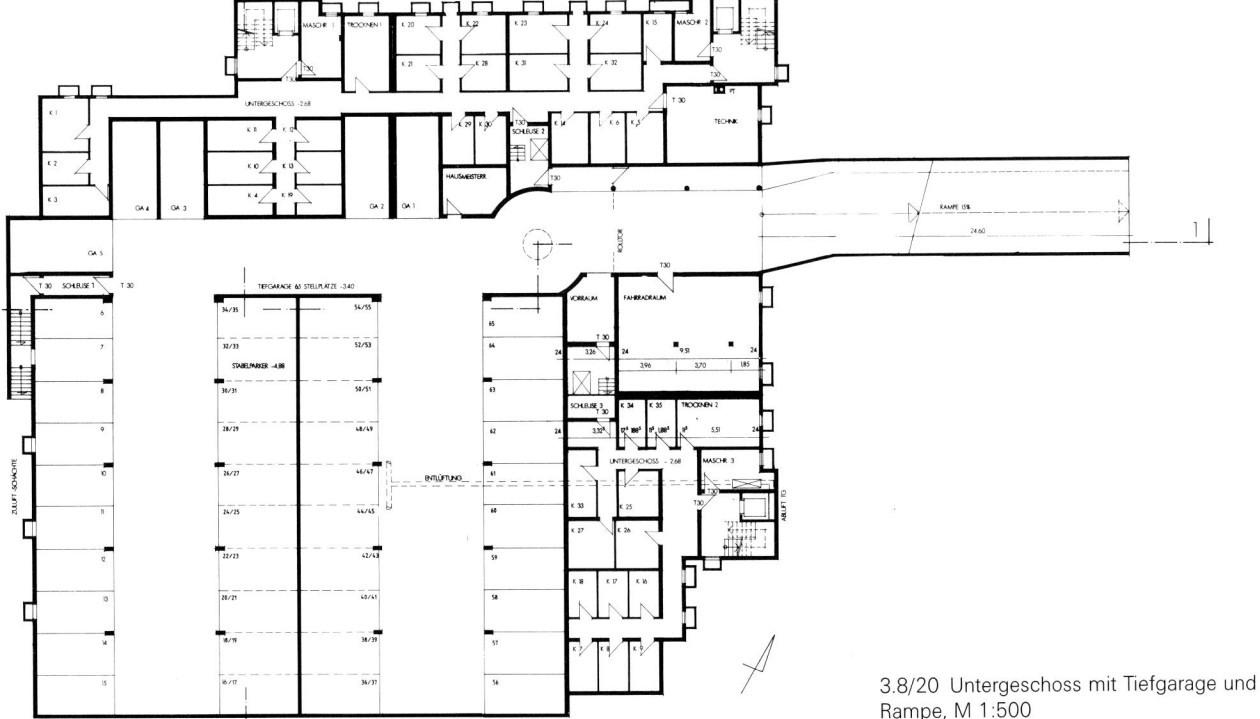

3.8/20 Untergeschoss mit Tiefgarage und Rampe, M 1:500

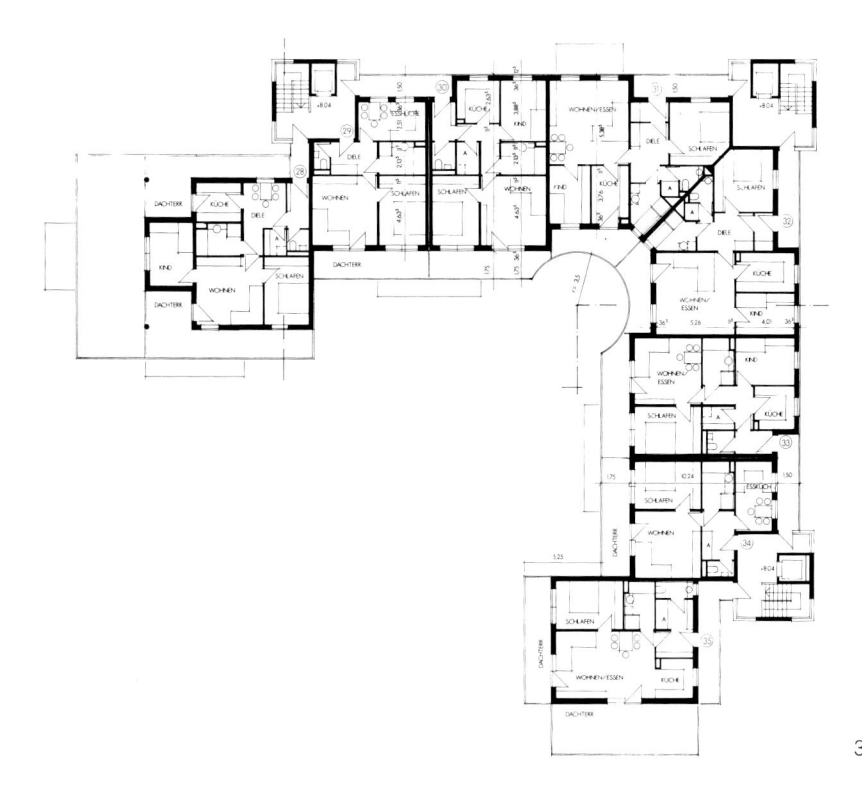

3.8/23 Dachgeschoss, M 1:500

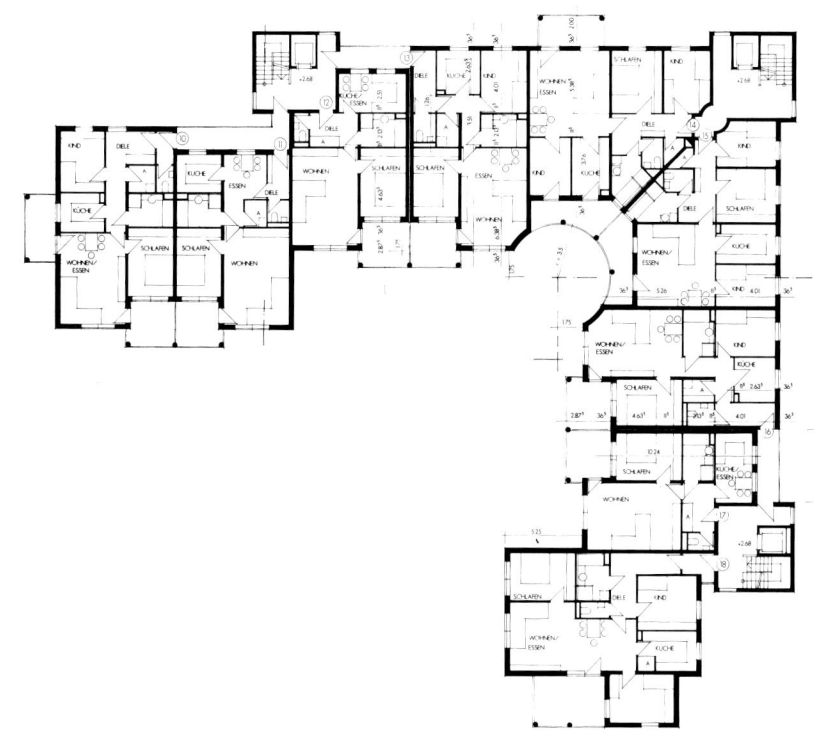

3.8/22 1. Obergeschoss, M 1:500

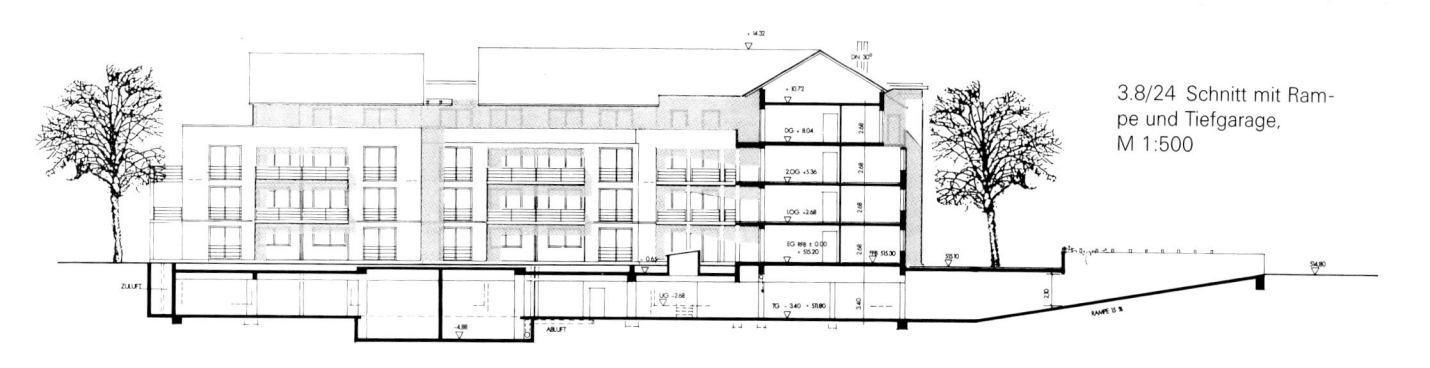

3.8/24 Schnitt mit Rampe und Tiefgarage, M 1:500

3.8.2.2 Ulm

Bei diesem Wettbewerbsprojekt wurden barrierefreie Wohnungen nach DIN 18025 Teil 2 mit Sanitärräumen nach DIN 18025 Teil 1 auf Wunsch des Auftraggebers versehen (Abb. 3.8/25 + 26).

Je vier Wohnungen in den Obergeschossen werden über einen Aufzug und über eine Treppe erschlossen. Das Betreuungskonzept im Sinne eines Servicehauses sieht die Hilfe durch Familienangehörige und die Inanspruchnahme der Betreuungseinrichtungen im Erdgeschoss vor (Architekten: Stemshorn, Fink, Hörger, Frauenstr. 31, Ulm).

3.8/25+26 Wettbewerbsprojekt in Ulm, barrierefreie Wohnungen nach DIN 18025 Teil 2

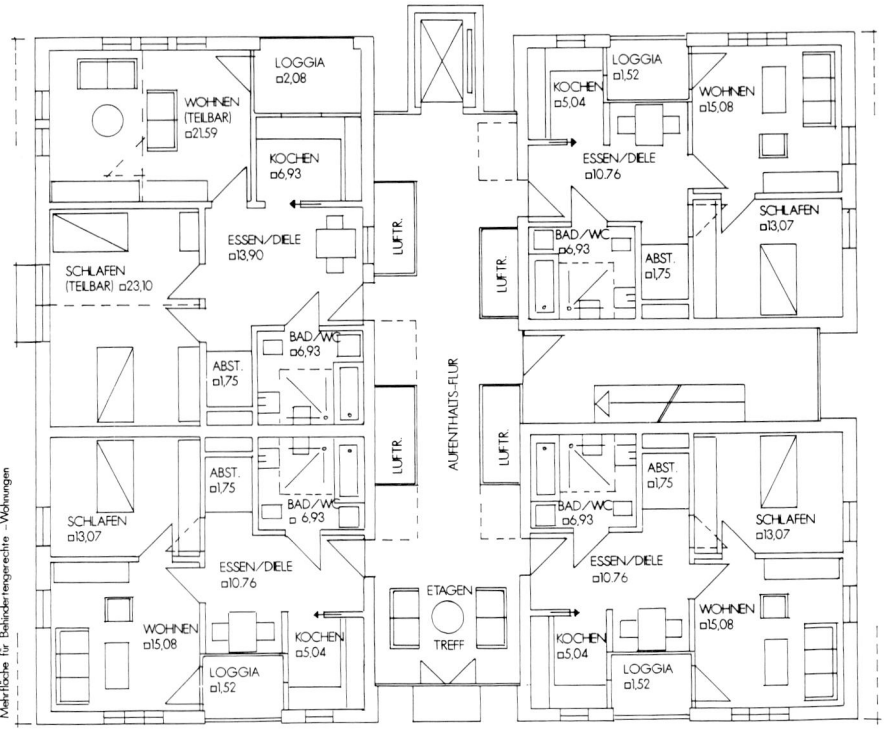

3.8/26 Obergeschoss, Typengrundrisse, M ca. 1:200

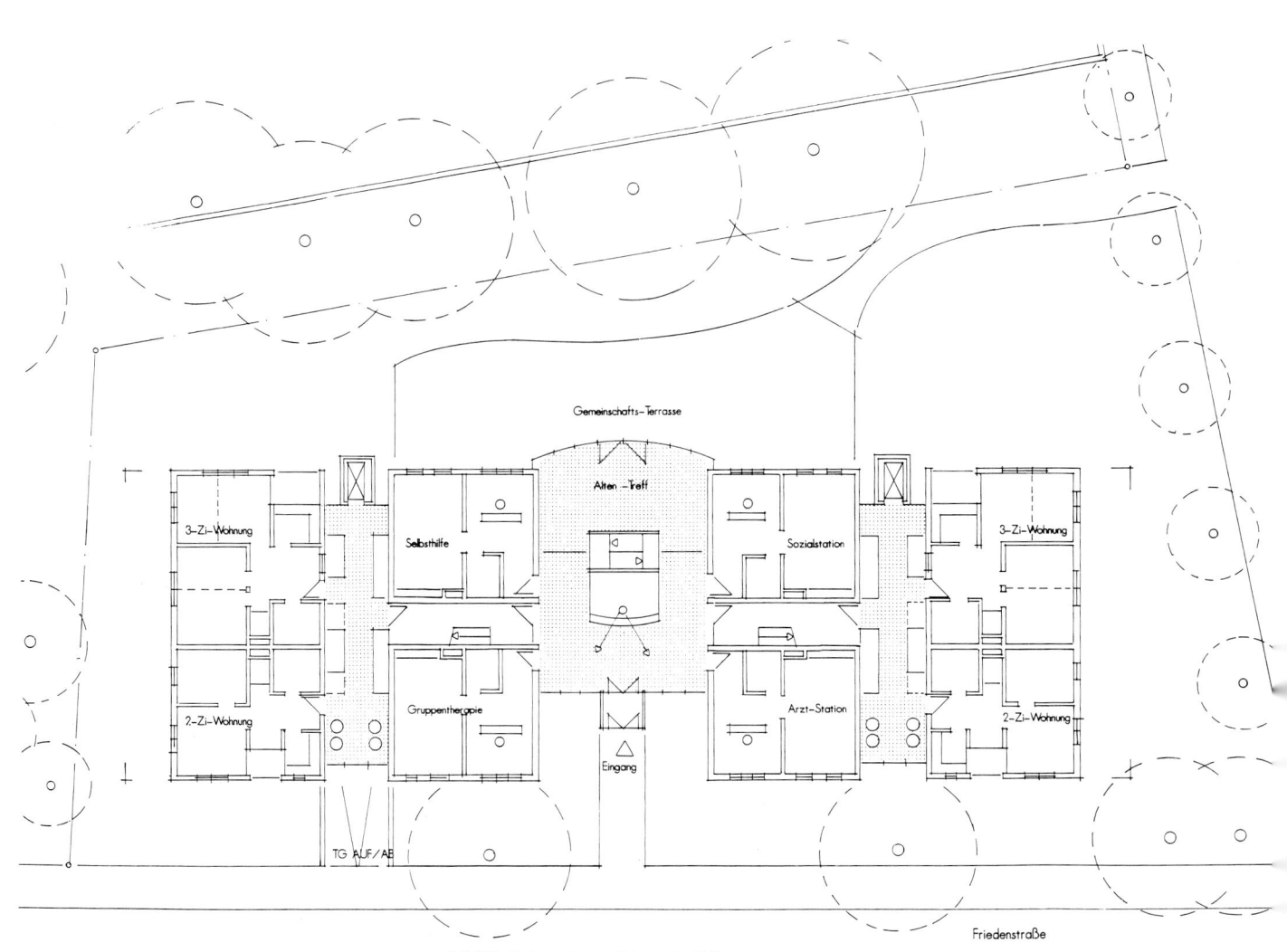

3.8/25 Erdgeschoss, M ca. 1:400

4.0 Planungsgrundlagen zu Räumen innerhalb und außerhalb der Wohnung

Axel Stemshorn

In den folgenden Kapiteln werden Planungsgrundlagen zu einzelnen Räumen innerhalb und außerhalb des Wohnbereiches dargestellt.
Die Einrichtung dieser Räume wird nur so weit, als es erforderlich ist, angesprochen. Näheres dazu ist in den Kapiteln 5.0 ff. enthalten. Dort werden gebäudetechnische Hinweise gebracht, die zwar in einem engen Zusammenhang zum Raum stehen, aber insgesamt eine unabhängige Aussagekraft haben. Den einzelnen Kapiteln sind die entsprechenden Texte aus den DIN-Normen vorangestellt. Die folgenden Ausführungen sind daher zugleich als Kommentar zu diesen DIN-Texten zu verstehen. Zunächst wird der betreffende Text aus DIN 18025 Teil 1 Barrierefreie Wohnungen, Planungsgrundlagen, Wohnungen für Rollstuhlbenutzer und dann der entsprechende Text aus DIN 18025 Teil 2 Barrierefreie Wohnungen, Planungsgrundlagen, vorangestellt. Im Vortext zu DIN 18025 Teil 1 heißt es: Rollstuhlbenutzer – auch mit Oberkörperbehinderungen – müssen alle zur Wohnung gehörenden Räume und alle den Bewohnern der Wohnanlage gemeinsam zur Verfügung stehenden Räume befahren können. Sie müssen grundsätzlich alle Einrichtungen innerhalb der Wohnung und alle Gemeinschaftseinrichtungen innerhalb der Wohnanlage nutzen können. Sie müssen in die Lage versetzt werden, von fremder Hilfe weit gehend unabhängig zu sein.
Empfehlung: Benachbarte, nicht für Rollstuhlbenutzer bestimmte Wohnungen sollen neben den Anforderungen nach DIN 18025 Teil 1 den Anforderungen nach DIN 18025 Teil 2 entsprechen.
Mit diesem Vortext ist zum Ausdruck gebracht, dass Rollstuhlbenutzer nicht nur die Räume innerhalb der Wohnung, sondern auch die Einrichtungen innerhalb der Wohnanlage benützen können müssen. Dies heißt ausdrücklich, dass auch der äußere Eingangsbereich gemeint ist.
Darüber hinaus wird mit dem Bezug auf DIN 18025 Teil 2 dem Gedanken Rechnung getragen, dass Rollstuhlbenutzer und andere Menschen mit Behinderungen sich besuchen können.

4.1 Äußerer Eingangsbereich. Zugang zum Haus und zur Wohnung, Zufahrt

Axel Stemshorn

4.1.1 Normen
Der äußere Eingangsbereich ist in DIN 18025 Teil 1 und Teil 2 nur durch den Begriff Wohnanlage angesprochen.

4.1.1.1 DIN 18025 Teil 1 Barrierefreie Wohnungen, Wohnungen für Rollstuhlbenutzer
So heißt es im Vortext zu DIN 18025 Teil 1: Rollstuhlbenutzer – auch mit Oberkörperbehinderungen – müssen alle zur Wohnung gehörenden Räume und alle den Bewohnern der Wohnanlage gemeinsam zur Verfügung stehenden Räume befahren können. Sie müssen grundsätzlich alle Einrichtungen innerhalb der Wohnung und alle Gemeinschaftseinrichtungen innerhalb der Wohnanlage nutzen können.
In Abschnitt 1 heißt es: Diese Norm gilt für die Planung, Ausführung und Einrichtung von rollstuhlgerechten neuen Miet- und Genossenschaftswohnungen und solcher Wohnanlagen. Sie gilt sinngemäß für die Planung, Ausführung und Einrichtung von rollstuhlgerechten, neuen Wohnheimen, Aus- und Umbauten sowie Modernisierung von Miet- und Genossenschaftswohnungen und entsprechender Wohnanlagen und Wohnheime.
Abschnitt 2.2: Bewegungsflächen sind die für den Rollstuhlbenutzer zur Bewegung mit dem Rollstuhl notwendigen Flächen. Sie schließen die zur Benutzung der Einrichtungen erforderlichen Flächen ein.
Abschnitt 3.1: Die Bewegungsfläche muss mindestens 150 cm breit und 150 cm tief sein:
– vor den Fahrschachttüren (siehe Bild 12 bzw. Abb. 4.1/1)
– am Anfang und am Ende der Rampe (siehe Bild 7 bzw. Abb. 4.1/2 +3)
– vor dem Einwurf des Müllsammelbehälters.

Abschnitt 3.3: Die Bewegungsfläche muss mindestens 150 cm breit sein:
– zwischen Wänden außerhalb der Wohnung
– neben Treppenauf- und Treppenabgängen; die Auftrittsfläche der obersten Stufe ist auf die Bewegungsfläche nicht anzurechnen (siehe Bild 14 bzw. Abb. 4.1/4).

Abschnitt 3.4: Die Bewegungsfläche muss mindestens 120 cm breit sein:
– zwischen den Radabweisern einer Rampe (siehe Bild 7 + 9 bzw. Abb. 4.1/3)
– auf Wegen innerhalb der Wohnanlage.

Abschnitt 5.1: Stufenlose Erreichbarkeit.
Alle zur Wohnung gehörenden Räume und die gemeinschaftlichen Einrichtungen der Wohnanlage müssen stufenlos, gegebenenfalls mit einem Aufzug oder einer Rampe, erreichbar sein.
Alle nicht rollstuhlgerechten Wohnungen innerhalb der Wohnanlage müssen, zumindest durch den nachträglichen Ein- oder Ausbau eines Aufzuges oder einer Rampe, stufenlos erreichbar sein.

Abschnitt 5.2: Untere Türanschläge und -schwellen.
Untere Türanschläge und -schwellen sind grundsätzlich zu vermeiden. So weit sie technisch unbedingt erforderlich sind, dürfen sie nicht höher als 2 cm sein.

Abschnitt 5.3: Aufzug.
Der Fahrkorb des Aufzuges ist mindestens wie folgt zu bemessen:
– lichte Breite 110 cm
– lichte Tiefe 140 cm.

Bei Bedarf muss der Aufzug mit akustischen Signalen nachgerüstet werden können.
Bewegungsflächen vor den Fahrschachttüren siehe Abschnitt 3.1 und Bild 12 bzw. Abb. 4.1/1.
Lichte Breite der Fahrschachttüren, siehe Abschnitt 4. Bedienungstableau und Haltestangen siehe Bilder 21-24.
(Bild 21 Höhenlage und Ansicht des Bedienungstableaus vgl. Abb. 4.1/5 + 6)
(Bild 22 Tiefenlage des Bedienungstableaus (Schnitt) und Querschnitt des horizontal angeordneten Bedienungstableaus und der Haltestange, siehe Abb. 4.1/7)
Für ein zusätzliches senkrechtes Bedienungstableau gilt DIN 15 325.
Anmerkung: Im Fahrkorb sollte gegenüber der Fahrkorbtür ein Spiegel zur Orientierung angebracht werden.

Abschnitt 5.4: Rampe.
Die Steigung der Rampe darf nicht mehr als 6 % betragen. Bei einer Rampenlänge von mehr als 600 cm ist ein Zwischenpodest von mindestens 150 cm Länge erforderlich. Die Rampe und das Zwischenpodest sind beidseitig mit 10 cm hohen Radabweisern zu versehen. Die Rampe ist ohne Quergefälle auszubilden.
An Rampe und Zwischenpodest sind beidseitig Handläufe mit 3-4,5 cm Durchmesser in 85 cm Höhe anzubringen. Handläufe und Radabweiser müssen 30 cm in den Plattformbereich waagerecht hineinragen (s. Bilder 7, 8 und 9 bzw. Abb. 4.1/2 + 3).

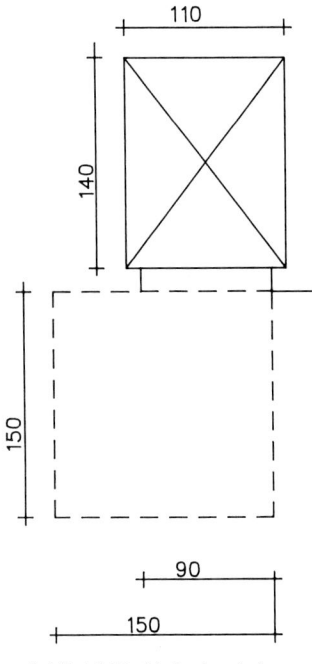

4.1/1 Lichte Maße des Aufzugfahrkorbs und Bewegungsfläche vor den Fahrschachttüren, M 1 : 50

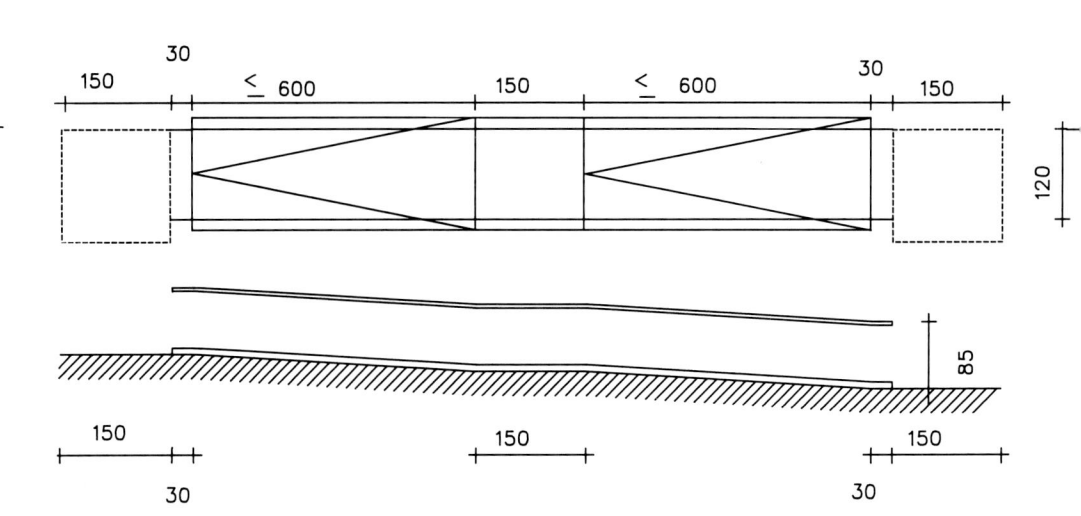

4.1/2 Rampe (Rampenlänge − 600 cm). Bewegungsflächen am Anfang und Ende einer Rampe, Grundriß, M 1 : 100

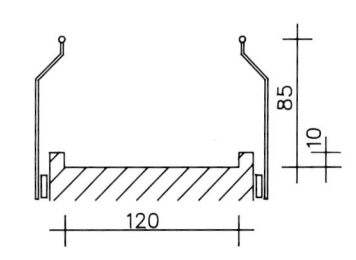

4.1/3 Rampe, Querdarstellung Rampe (Radabweiser), M 1 : 50

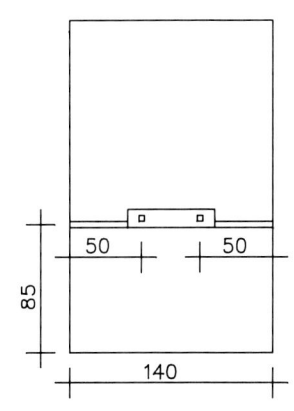

4.1/5 Höhenlage und Ansicht des Bedienungstableaus (Ansicht im Aufzugfahrkorb), M 1 : 50

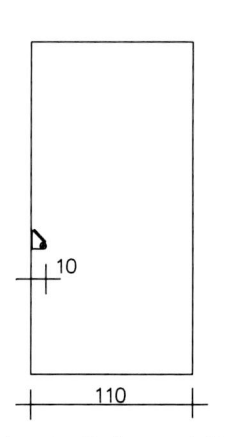

4.1/6 Tiefenlage des Bedienungstableaus (Schnitt im Aufzugfahrkorb), M 1 : 50

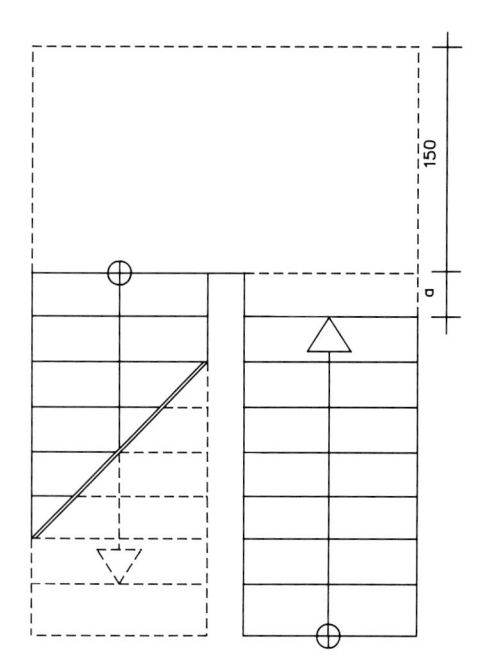

4.1/4 Bewegungsfläche neben Treppenauf- und -abgängen, M 1 : 50

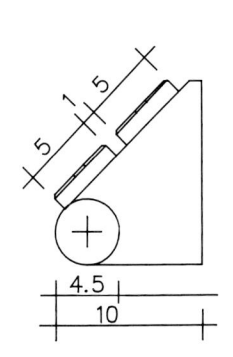

4.1/7 Querschnitt des horizontal angeordneten Bedienungstableaus und der Haltestange im Aufzugfahrkorb, M 1 : 200

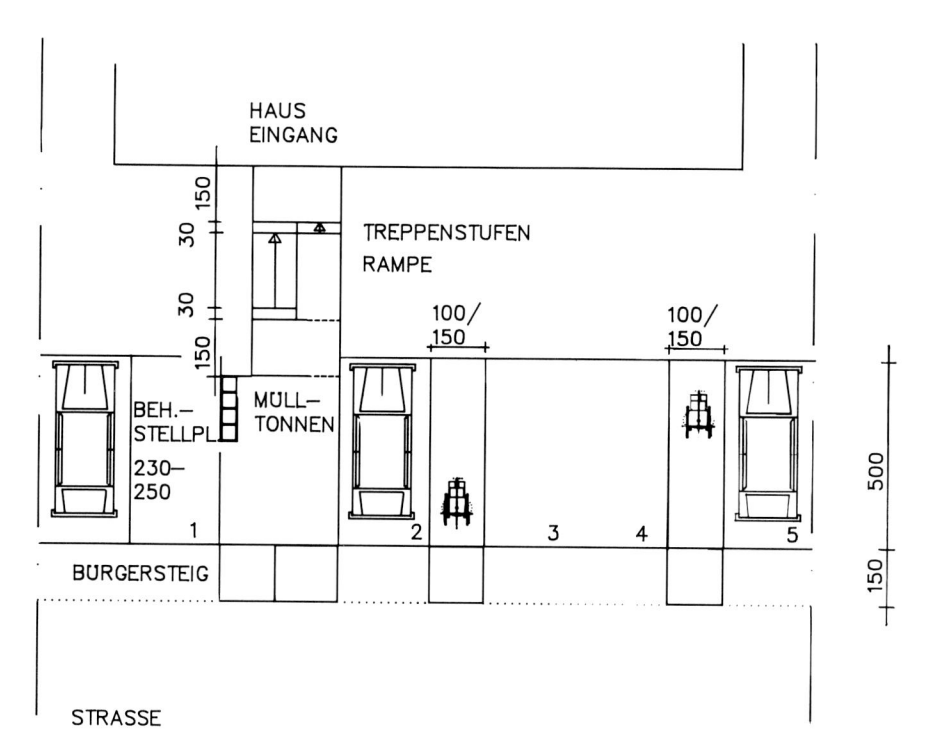

4.1/8 Beispiel für die Bewegungsflächen im äußeren Eingangsbereich eines Wohngebäudes, M 1 : 100

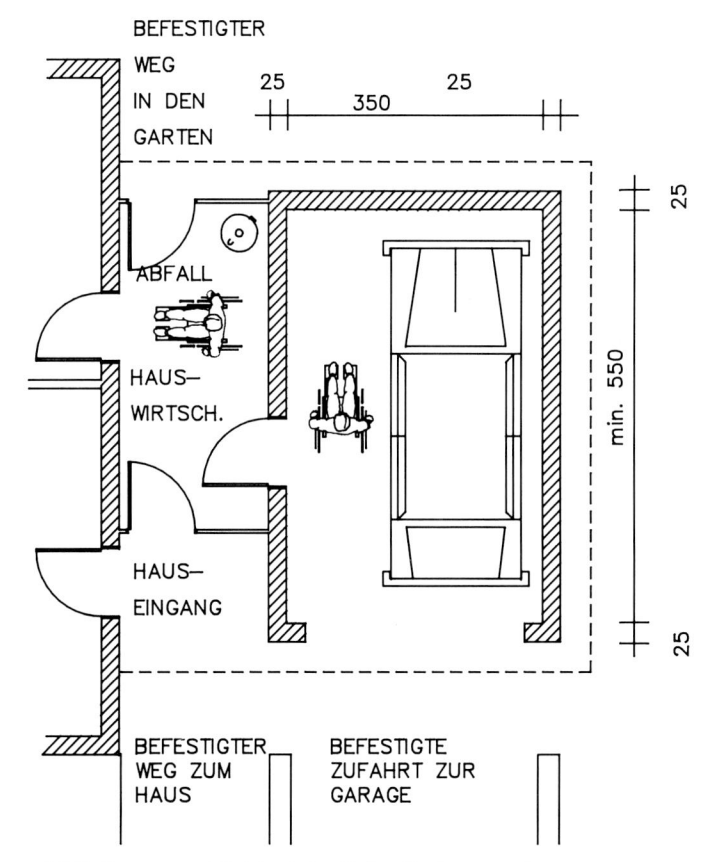

4.1/9 Zugang und Zufahrt beim Einfamilienhaus mit Bewegungsflächen für Rollstuhlbenutzer, M 1 : 50

Bewegungsflächen am Anfang und am Ende der Rampe und zwischen den Radabweisern, siehe Abschnitte 3.1 und 3.4.

4.1.1.2 DIN 18025 Teil 2 Barrierefreie Wohnungen

Die oben gemachten Aussagen zu der Wohnanlage gelten sinngemäß auch für die barrierefreien Wohnungen nach DIN 18025 Teil 2. Jedoch ist besonders auf die Anmerkung im Vortext DIN 18025 Teil 1 hinzuweisen. Dort heißt es:
"Benachbarte, nicht für Rollstuhlbenutzer bestimmte Wohnungen sowie alle den Bewohnern der Wohnanlage gemeinsam zur Verfügung stehenden Räume und Einrichtungen sollten neben den Anforderungen nach DIN 18025 Teil 1 den Anforderungen nach DIN 18025 Teil 2 entsprechen."
Damit ist eine Verbindung zwischen beiden Normteilen hergestellt in der Weise, dass Wohnungen und Gemeinschaftseinrichtungen innerhalb einer Wohnanlage barrierefrei und für alle Menschen nutzbar sein müssen. Zur stufenlosen Erreichbarkeit heißt es in Abschnitt 5.1: Der Hauseingang und eine Wohnebene müssen stufenlos erreichbar sein, es sei denn, nachweislich zwingende Gründe lassen dies nicht zu.
Alle zur Wohnung gehörenden Räume und die gemeinschaftlichen Einrichtungen der Wohnanlage müssen zumindest durch den nachträglichen Ein- oder Anbau eines Aufzuges oder durch eine Rampe stufenlos erreichbar sein. Anmerkung: Alle zur Wohnung gehörenden Räume und die gemeinschaftlichen Einrichtungen der Wohnanlage sollen stufenlos erreichbar sein.

4.1.2 Forderungen der Rollstuhlbenutzer

Der äußere Eingangsbereich innerhalb und auch außerhalb des Wohngebäudes muss in gleicher Weise für Rollstuhlbenutzer befahrbar sein. Dies gilt auch für alle Gemeinschaftseinrichtungen, die ein Rollstuhlbenutzer benützen will. Der äußere Eingangsbereich außerhalb der Wohnung, aber noch im Gebäude, bezieht sich auf den Hauseingang, den Zugang zum Aufzug, den Zugang zum Rollstuhlabstellplatz, den Zugang zu anderen Wohnungen und auch den Zugang zu Abstellräumen, die evtl. im Untergeschoss liegen. Außerhalb eines Gebäudes erstreckt sich der äußere Eingangsbereich auf die Fläche zwischen Hauseingang und der zur Wohnanlage gehörenden Grundstücksgrenze. Auf dem zur Wohnanlage gehörenden Grundstück befinden sich auch Pkw-Stellplätze, Spielplätze und Müllsammeleinrichtungen (Abb. 4.1/8).
In den Bereichen, wo Rollstuhlbenutzer wenden müssen, sind entsprechend größere Bewegungsflächen, mindestens 150 cm auf 150 cm tief erforderlich (Abb. 4.1/9 Beispiel Einfamilienhaus).

4.1.3 Forderungen der behinderten und betagten Menschen

Der äußere Eingangsbereich entspricht sinngemäß dem für Rollstuhlbenutzer, da für sie die Besuchsmöglichkeit auch in diesen Bereichen gilt.

4.1.3.1 Treppenhaus

Abgesehen vom Aufzug für Rollstuhlbenutzer sind an das Treppenhaus für Blinde, Sehbehinderte und Gehbehinderte besondere Anforderungen zu stellen. Das Treppenauge soll schmal sein, so dass Durchblicke, die Schwindelgefühle erregen, nicht möglich sind. Podeste in Treppenhäusern sollen dort, wo Rollstuhlbenutzer Zugang haben, so breit sein, dass genügend Bewegungsfreiheit vorhanden ist (Abb. 4.1/10+11). Maßnahmen gegen Abstürzen können erforderlich sein. Die Treppenläufe sollen gerade, also nicht gewendelt sein und immer das gleiche Steigungsverhältnis aufweisen. Der Auftritt soll nicht über die Setzstufe ragen, weil Gehbehinderte leicht mit der Ferse oder der Fußspitze hängen bleiben und stürzen können. Ein rutschfester Treppenbelag ist erforderlich. Teppichbeläge erfüllen diese Anforderung (z.B. Syntolan). Für das Verlegen von Teppichbelägen sollten die äußeren und inneren Kanten der Auftritte abgerundet sein (Abb. 4.1/12). Auftritt- und Setzstufen müssen für Sehbehinderte deutlich zu unterscheiden sein. Unter Umständen sind unterschiedliche Materialien oder Farben zu verwenden. Auf jeden Fall ist eine schattenfreie Beleuchtung notwendig. Das Treppengeländer an beiden Seiten soll gut greifbar sein. Es eignen sich Rundstahlrohre, Durchmesser ca. 30-45 mm. Die Handläufe, auf beiden Seiten 85 cm hoch, sind beim Begehen vor allem einseitig behinderter Menschen hilfreich. Die Treppenhandläufe haben zugleich die Aufgabe, den Blinden zu führen. Deshalb soll der Handlauf über die Treppe hinaus 30 cm ins Podest ragen. Es können am Handlauf, vorzugsweise auf der Unterseite, Markierungen angebracht werden, die dem Blinden anzeigen, wo er sich befindet.

4.1.4 Zwei- und Mehrspänner, Laubengangerschließung

In DIN 18025 Teil 2, barrierefreie Wohnungen für alle Menschen, ist in Abschnitt 5.1 die stufenlose Erreichbarkeit – siehe 4.1.1.2 – ausgewiesen. Dieser Abschnitt kann so interpretiert werden, dass unter „eine Wohnebene" mindestens das Erdgeschoss anzusehen ist. Dies würde bedeuten, dass ein Aufzug für darüber befindliche Wohnungen nicht notwendig ist. Nun kommt noch der Aspekt, dass alle gemeinschaftlichen Einrichtungen der Wohnanlage, dies können Räume im Untergeschoss sein, erreichbar sein müssen. Hierfür müsste entweder gleich oder später ein Aufzug

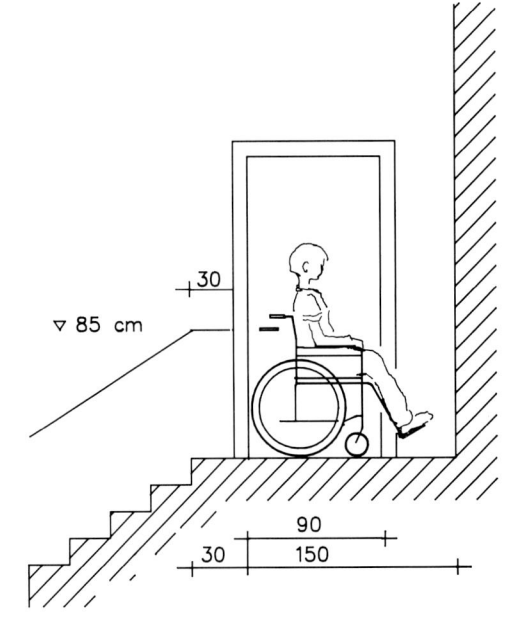

4.1/10 Treppenpodeste nach DIN 18025 Teil 1 und 2

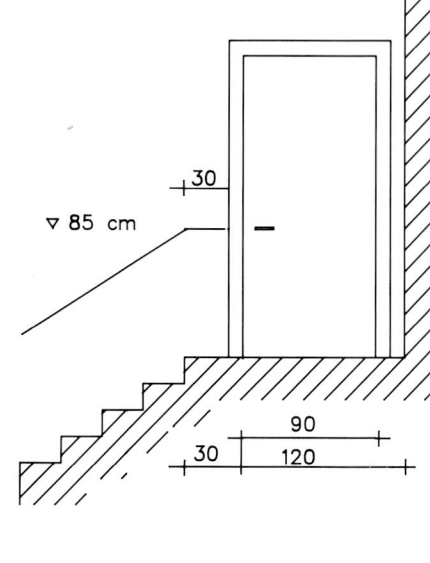

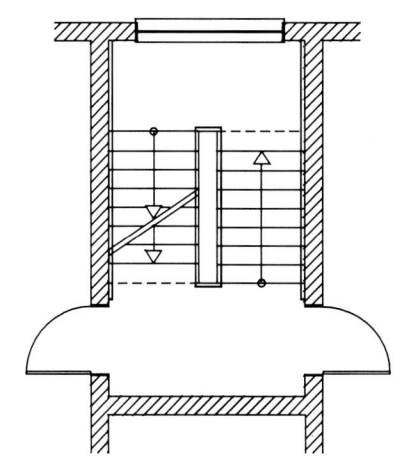

4.1/11 Treppenpodest und Handlauf nach DIN 18025 Teil 2, M 1:100

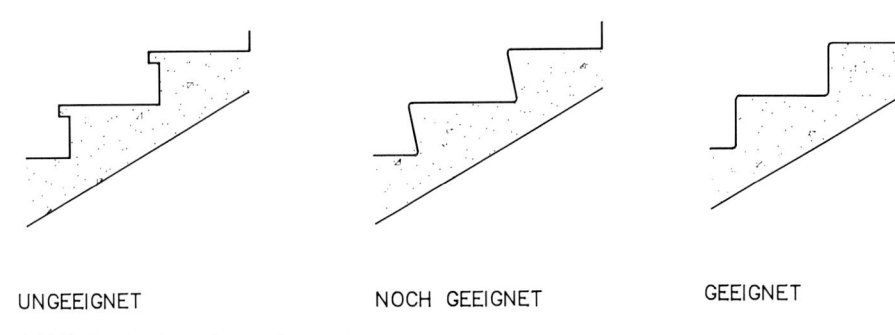

UNGEEIGNET NOCH GEEIGNET GEEIGNET

4.1/12 Geeignete und ungeeignete Ausformung der Treppenstufen, M 1:20

Zusammenstellung der Mehrkosten für den Einbau eines behindertengerechten Aufzuges ab dem 1. Obergeschoß nach DIN 18025 Teil 2 Entwurf August 1989 bei 2- bis 4-geschossigen Wohnhäusern mit einer unterschiedlichen Wohnungsanzahl je Geschoß und verschiedenen Wohnungsgrößen. (Kostenstand Mai 1990, Kosten einschl. 14 % MwSt.).
Quelle: Unveröffentlichte Broschüre des Bayerischen Staatsministeriums des Innern/IFB

Bereich C 6.3 Aufzug		Gebäudekosten je Wohnung	Mehrkosten durch DIN 18025 Teil 2 Entwurf 8. 1989		
Einbau eines behindertengerechten Aufzuges nach DIN 18025 Teil 2 Entwurf August 1989 in 2- und 4-geschossigen Gebäuden mit unterschiedlicher Wohnungsanzahl pro Geschoss		allgemeiner Wohnungsbau	nach DIN 18025 Teil 2 Entwurf 8. 1989	je Wohngeschoss	je m² WF	Kosten
		DM	DM	DM	DM	%
2-Spänner	2geschossig	15.833,-	31.665,-	226,-	12,57
	3geschossig	11.763,-	23.527,-	168,-	9,33
	4geschossig	9.729,-	19.458,-	140,-	7,78
3-Spänner	2geschossig	10.555,-	31.665,-	176,-	9,78
	3geschossig	7.843,-	23.527,-	131,-	7,28
	4geschossig	6.486,-	19.458,-	108,-	6,00
4-Spänner	2geschossig	7.916,-	31.665,-	144,-	8,00
	3geschossig	5.882,-	23.527,-	107,-	5,94
	4geschossig	4.864,-	19.458,-	88,-	4,89
2-Spänner (Laubengang)	2geschossig	4.524,-	31.665,-	62,-	3,44
	3geschossig	3.361,-	23.527,-	46,-	2,56
	4geschossig	2.780,-	19.458,-	38,-	2,11

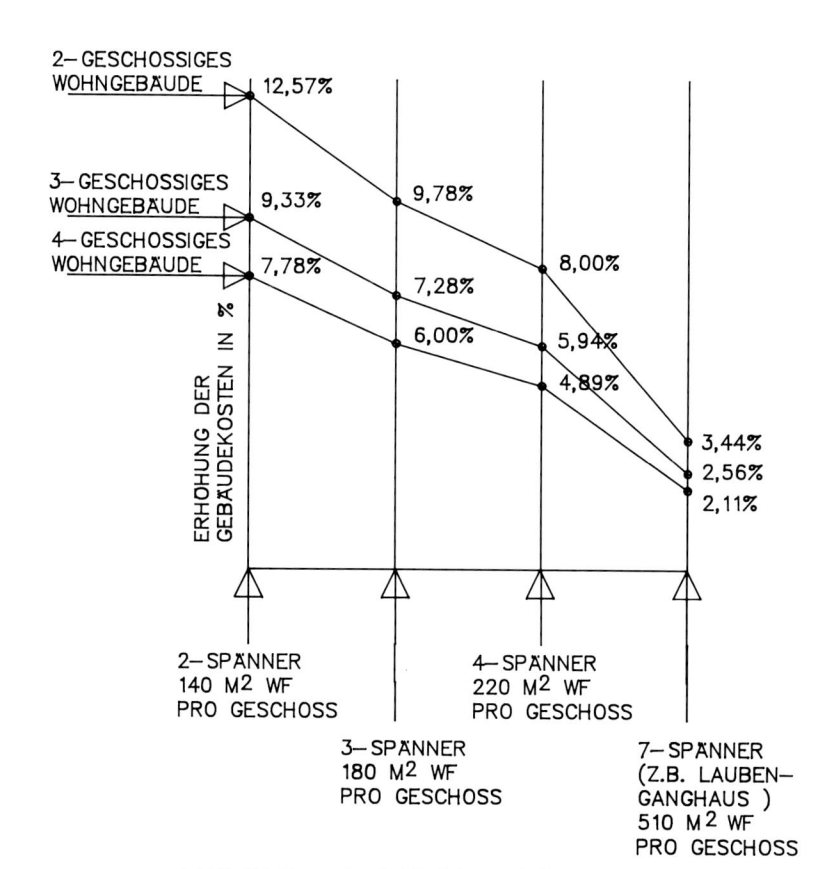

ein- oder angebaut werden. Ersatzweise wäre, sofern die topografische Situation dies zulässt, auch eine Rampe für die Erreichbarkeit der Räume im Untergeschoss möglich. Wichtig ist die Empfehlung: Sie besagt, dass alle Wohnungen und alle gemeinschaftlichen Einrichtungen der Wohnanlage stufenlos erreichbar sind. Dies bedeutet, dass ein Aufzug sofort vorgesehen und gebaut werden muss.

Wie in der noch nicht veröffentlichten Broschüre „Experimenteller Wohnungsbau" des Bayerischen Staatsministeriums des Innern/IFB ausgeführt, vermindern sich die Investitionskosten eines Personenaufzuges bei mehrgeschossigen Gebäuden und bei Zwei- und Mehrspänner-Erschließung, wie aus der Tabelle und aus Abb. 4.1/13 ersichtlich. Es kann sich bei diesen Prozentangaben nur um Größenordnungen handeln. Ablesbar ist jedoch, dass die im Wohnungsbau bisher übliche besonders wirtschaftliche Zweispänner-Erschließung bei einer barrierefreien Erschließungskonzeption mit Aufzug am unwirtschaftlichsten abschneidet. Aus diesem Grund sind Überlegungen durchaus angezeigt, die Mehrspänner-Erschließung bzw. eine Laubengang-Erschließung zu bevorzugen.

Die Zweispänner-Erschließung hat dazu geführt, dass bei nachträglicher Anordnung eines Aufzuges ein Aufzughalt auf dem Podest vorgesehen wird. Dies ist im Sinne der Norm unvernünftig (siehe Abb. 4.1/14).

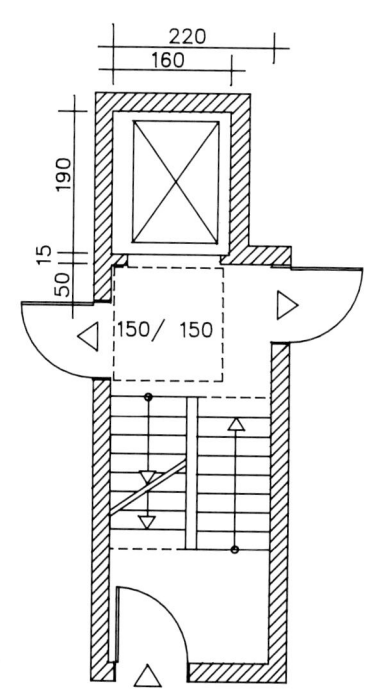

4.1/13 Erhöhung der Gebäudekosten in Prozent durch den Einbau eines Personenaufzuges nach DIN 18025 Teil 2 bei Mehrfamilienhäusern mit unterschiedlicher Grundrißkonzeption und Gesamtwohnfläche sowie 2 bis 4 Wohngeschossen. Quelle: unveröffentlichte Broschüre des Bayerischen Staatsministeriums des Innern/Institut für Bauforschung

4.1/14 Zweispänner mit Aufzughalt auf dem 1. Podest: im Sinne der Norm unsinnig, M 1 : 100

Der Aufzughalt muss sich daher auf der Hauseingangsebene befinden (siehe Abb. 4.1/15 a + b). Dies bedeutet eine weitere Flurfläche, möglichst 150 cm breit neben der Treppenanlage, so dass ein weiterer Platz neben dem Aufzugsschacht zur Verfügung steht. Dieser könnte bei entsprechender Ausformung einen Rollstuhlabstellplatz für insgesamt zwei Rollstühle, also für einen Rollstuhlbenutzer, beinhalten (nach DIN 18025 Teil 1) oder einen Zugang zu einer weiteren Wohnung (Abb. 4.1/15 a-c).

Die Erfordernisse eines Rollstuhlabstellplatzes nach DIN 18025 Teil 1 außerhalb der Wohnung, vorzugsweise im Eingangsbereich des Hauses, verlangen eine größere Fläche im Treppenhaus (siehe Abb. 4.1/15a). In der dazugehörigen Abb. 4.1/15 b ist diese Fläche für einen Rollstuhlabstellplatz einer weiteren Wohnung zugeschlagen. Die jeweilige Obergeschoss-Lösung des Zweispänners ist in Abb. 4.1/15 c erkennbar.

Die in Abb. 4.1/16 gezeigte Vierspänner-Lösung mit Aufzugsschacht im Treppenauge hat den großen Vorteil, dass der Hohlraum für den Schacht im Treppenauge freigehalten wird, so dass später ein Aufzug nachgerüstet werden kann (Rollstuhlabstellplätze sind vor der Wohnung zu berücksichtigen, Abb. 4.1/17). Durch Einstellen einer Stahlkonstruktion mit Drahtglas-Verglasung lässt sich ohne größere Mehrkosten im Schacht, abgesehen von der Unterfahrt und Überfahrt, eine Aufzuganlage einbauen. Eine vorübergehende Nutzung wäre in der Weise möglich, dass Podeste eingehängt werden. Eine außen an der Fassade nachrüstbare Aufzuganlage ist in Abb. 4.1/18 erkennbar. Die Aufzuganlage erschließt die Obergeschosse, das Erdgeschoss und die Tiefgarage (Architekten: Marx und Rath, Tengstr. 26, München).

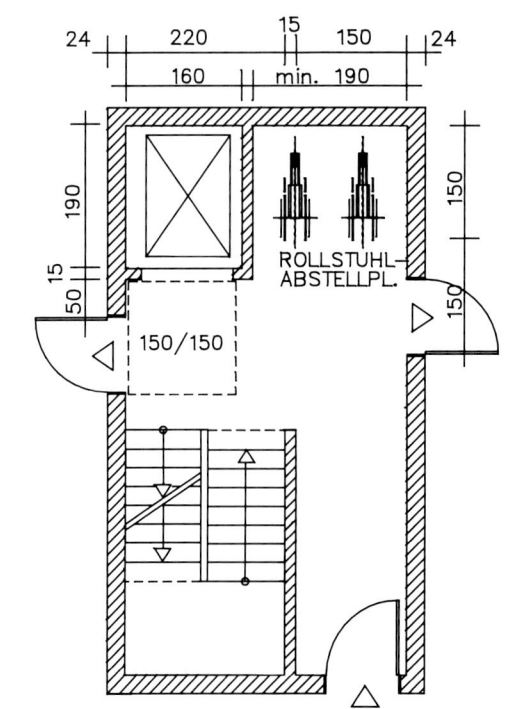

4.1/15a Zwei- oder Mehrspänner mit Rollstuhlabstellplatz im Erdgeschoss, M 1:100

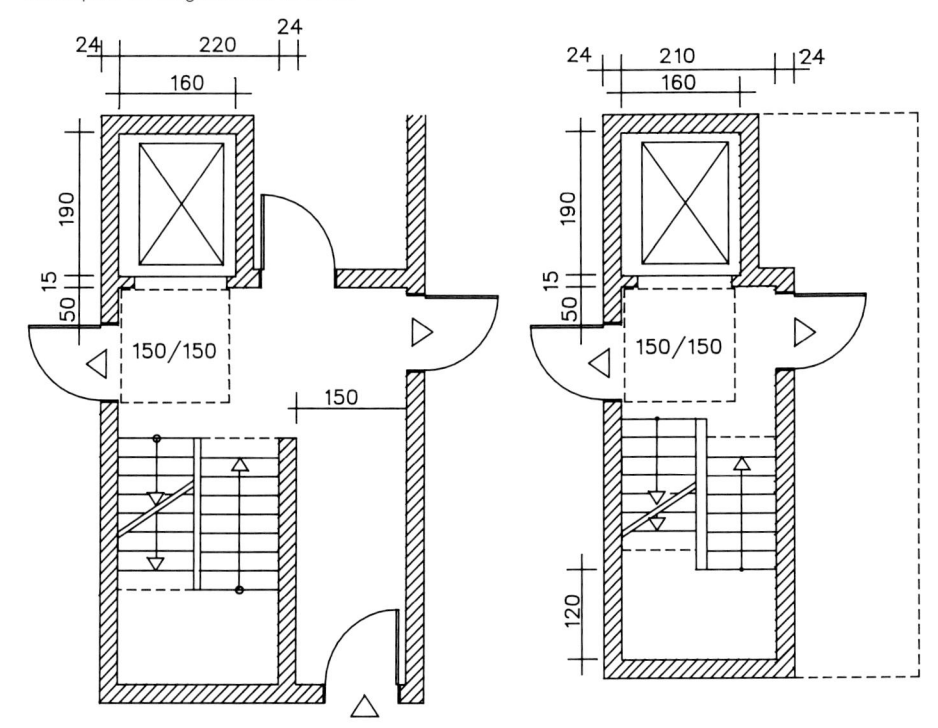

4.1/15b Zwei- oder Mehrspänner ohne Rollstuhlabstellplatz im Erdgeschoss, M 1:100

4.1/15c Zwei- oder Mehrspänner, Obergeschoss mit überbauter Zugangsfläche im Erdgeschoss, M 1:100

4.1/19 Hochparterre-Lösung mit Rampe zum Aufzughalt

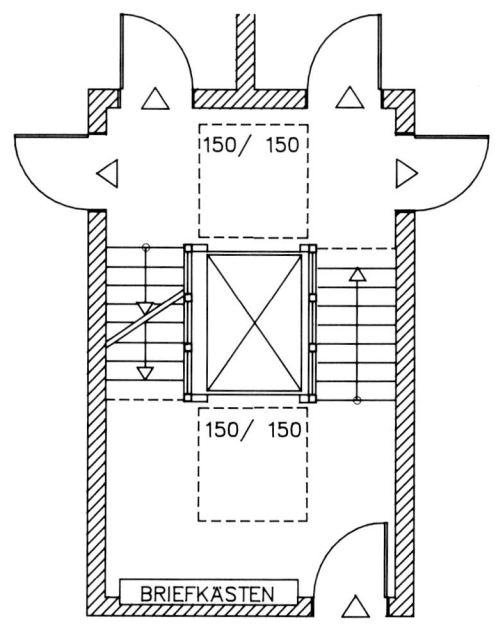

4.1/16 Vierspänner mit Aufzugsschacht im Treppenauge, eventuell nachrüstbar, Erdgeschoss und Obergeschoss, M 1:100

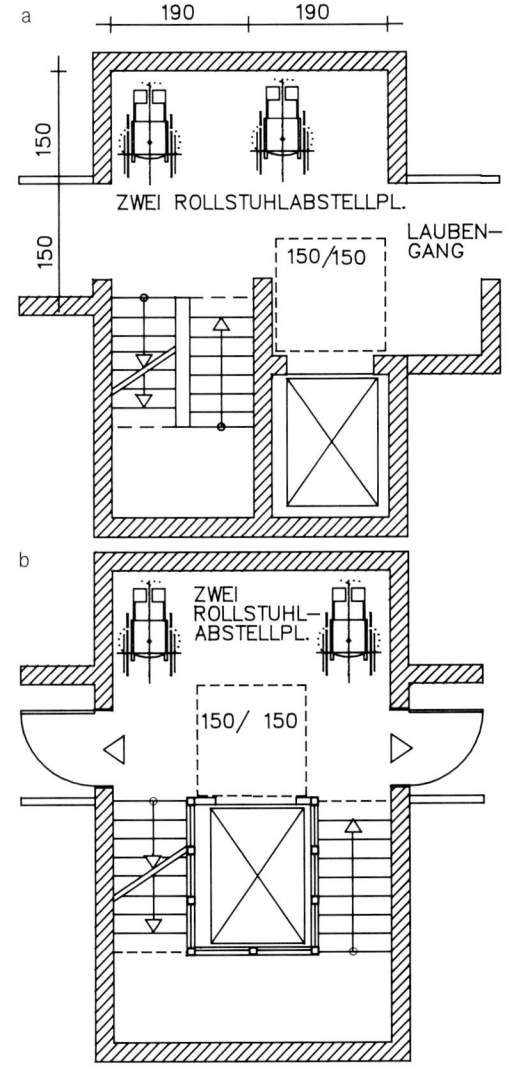

4.1/17 Innen nachrüstbarer Aufzug neben der Treppe zur Erschließung von Laubengängen. Rollstuhlabstellplätze auf den Geschossen, M 1:100

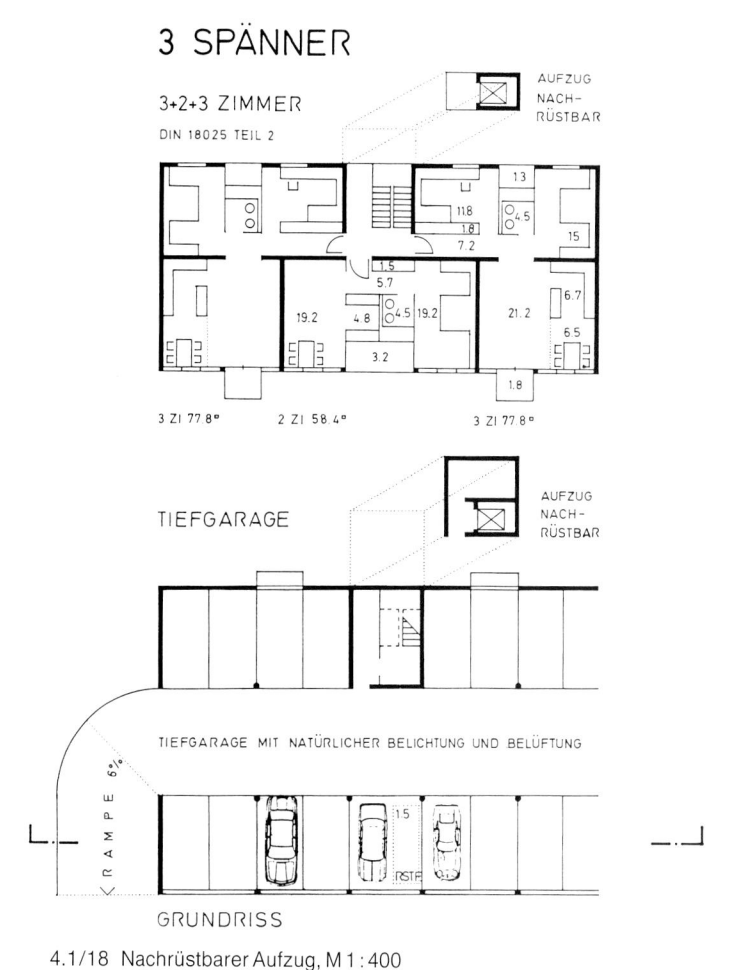

4.1/18 Nachrüstbarer Aufzug, M 1:400

4.1.5 Einrichtungen im äußeren Eingangsbereich

4.1.5.1 Briefkastenanlage
Neben den in Abschnitt 4.2.6 genannten Einrichtungen im inneren Eingangsbereich ist besonders die Anordnung der Briefkästen hervorzuheben: Vor der Haustüre, außerhalb des Gebäudes, in Verbindung mit der Haustüre, im Erdgeschoss des Treppenhauses und in Sonderfällen auch in Verbindung mit der Wohnungseingangstüre.

Menschen mit Behinderungen bevorzugen Briefkastenanlagen in beheizten Treppenhäusern gegenüber Anlagen im Freien, die überdacht sein müssen. Grundsätzlich sollen Briefkästen innerhalb des senkrechten Greifbereichs liegen und mit dem Rollstuhl anfahrbar sein. Unterfahrbare Ablagen erleichtern das Entgegennehmen und Vorsortieren der Post. Ein großer Papierkorb sollte sich in der Nähe befinden. Die Mindestbewegungsfläche 150/150 cm bzw. 120/120 cm muss so gewährleistet sein, dass andere Personen nicht behindert werden.

4.2 Innerer Eingangsbereich

Axel Stemshorn

4.2.1 Normen
Der innere Eingangsbereich ist nicht ausdrücklich erwähnt. Die Mindestbewegungsflächen und Türen sind in den Abschnitten 2.2, 3 und 4 angesprochen. So heißt es in

4.2.1.1 DIN 18025 Teil 1 Barrierefreie Wohnungen, Wohnungen für Rollstuhlbenutzer
Abschnitt 2.2 Bewegungsflächen: Bewegungsflächen für den Rollstuhlbenutzer sind die zur Bewegung mit dem Rollstuhl notwendigen Flächen. Sie schließen die zur Benutzung der Einrichtungen erforderlichen Flächen ein.
Bewegungsflächen dürfen sich überlagern (siehe Bild 6 bzw. Abb. 4.1/1). Die Bewegungsflächen dürfen nicht in ihrer Funktion eingeschränkt sein, z.B. durch Rohrleitungen, Mauervorsprünge, Heizkörper, Handläufe.
Abschnitt 3.1 Bewegungsfläche muss mindestens 150 cm breit und 150 cm tief sein: als Wendemöglichkeit in jedem Raum, ausgenommen kleine Räume, die der Rollstuhlbenutzer ausschließlich vor- und rückwärts fahrend uneingeschränkt nutzen kann.
Abschnitt 4 Türen: Türen müssen eine lichte Breite von mindestens 90 cm haben (siehe Abb. 10 und 11 bzw. Abb. 4.2/1+2). Große Glasflächen müssen kontrastreich gekennzeichnet und bruchsicher sein.
Bewegungsflächen vor handbetätigten Türen, siehe Abschnitt 3.6. Untere Türanschläge und -schwellen, siehe Abschnitt 5.2. In diesem Abschnitt heißt es: Untere Türanschläge und -schwellen sind grundsätzlich zu vermeiden. Soweit sie technisch unbedingt erforderlich sind, dürfen sie nicht höher als 2 cm sein.
Anmerkung: Türen sollten eine lichte Höhe von mindestens 210 cm haben.

4.2.1.2 DIN 18025 Teil 2 Barrierefreie Wohnungen
Abschnitt 2.2: Bewegungsflächen sind die zur Nutzung der Einrichtungen erforderlichen Flächen. Ihre Sicherstellung erfolgt durch Einhaltung der Abstände (Aus: DIN 18022/11.89). Bewegungsflächen dürfen sich überlagern.
Abschnitt 3.5: Die Bewegungsfläche muss mindestens 120 cm breit sein
– zwischen Wänden innerhalb der Wohnung.
Abschnitt 4: Türen müssen eine lichte Breite von mindestens 80 cm haben.
Hauseingangs-, Wohnungseingangs- und Fahrschachttüren müssen eine lichte Breite von mindestens 90 cm haben. Große Glasflächen müssen kontrastreich gekennzeichnet und bruchsicher sein.
Untere Türanschläge und -schwellen siehe Abschnitt 5.2.
Anmerkung: Türen sollten eine lichte Höhe von mindestens 210 cm haben. Im Bedarfsfall sollten Türen mit Schließhilfen ausgestattet werden können.

4.2.2 Forderungen der Rollstuhlbenutzer
Der innere Eingangsbereich bedarf in einigen Punkten besonderer Beachtung. Meistens wird dieser, vor allem bei kleinen Wohneinheiten, zu gering bemessen.
Mit dem inneren Eingangsbereich zusammen ist auch die Erschließungsart zu sehen. Der Eingangsbereich beginnt hinter der Wohnungseingangstüre und enthält Flur, Garderobe, möglicherweise WC und Abstellraum und die Zugänge zu den Räumen.
Der innere Eingangsbereich einer Wohnung für Rollstuhlbenutzer muss größer als sonst üblich bemessen werden. In diesem Bereich soll er volle Bewegungsfreiheit haben, da er hier Kontakte zu anderen Personen einleitet und/oder auch pflegt. Der Rollstuhlabstellplatz soll grundsätzlich nicht in diesem Bereich, sondern nach DIN 18025 Teil 1 vor der Wohnung liegen.
Die Fläche des Eingangsbereiches muss zunächst entsprechend der Mindestflurfläche bemessen werden. Das Mindestmaß von 150/150 cm nach DIN 18025 Teil 1 resultiert aus dem dort angenommenen Wendebereich des Rollstuhls. Dies gilt auch für möblierte Bereiche.
Mehrere Gründe sprechen dafür, diese theoretische Mindestfläche von 150/150 cm nicht als endgültig anzusehen. In Kapitel 2.7 ist nachgewiesen, dass der Rollstuhlbenutzer bei zurückgezogenen Fußspitzen und bei einer Drehung um 90° bzw. 180° eine Fläche von 150 cm Tiefe benötigt. Bei einer Drehung um 360° benötigt er dagegen eine Fläche von 160/160 cm. Um die volle Bewegungsfreiheit zu ermöglichen, sollte sogar vor allem in kleinen Räumen eine Mindestbewegungsfläche von 160/160 cm garantiert sein, auch dann, wenn die Eingangstüren in den Eingangsbereich schlagen. Dazu kommt noch die Bewegungsfläche vor den Türen. Eine Überlagerung ist zwar möglich, aber bei kleinen Eingangsbereichen ungünstig.

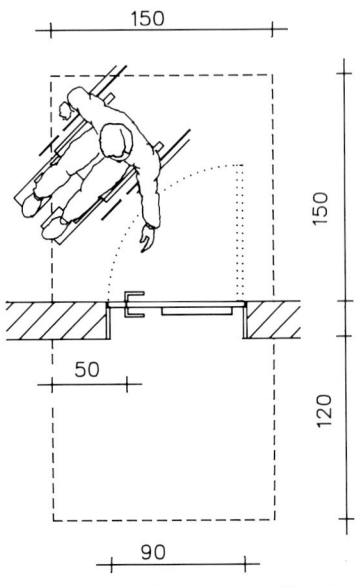

4.2/1 Bewegungsfläche vor Drehflügeltüren, M 1:50

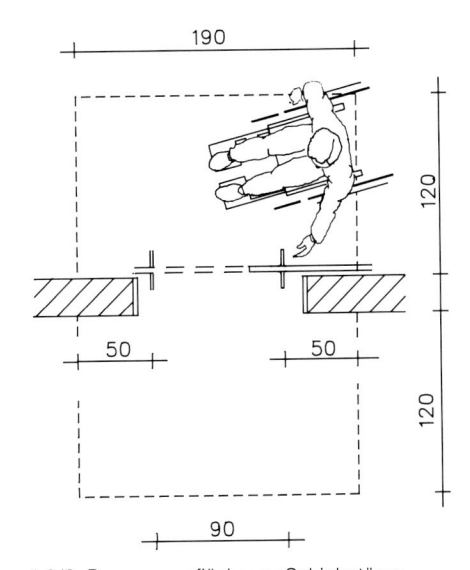

4.2/2 Bewegungsfläche vor Schiebetüren, M 1:50

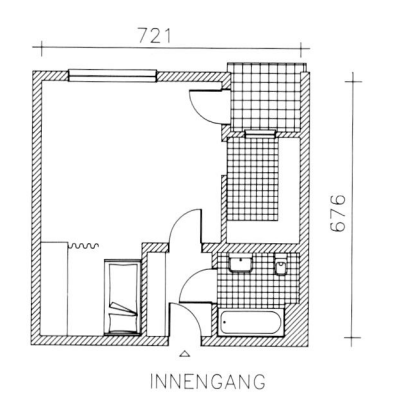

4.2/3 Altenwohnung für eine Person, 41 m², M 1:200

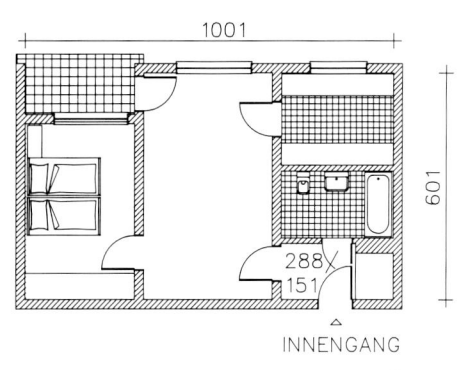

4.2/5 Altenwohnung für ein Ehepaar, 52 m², M 1:200

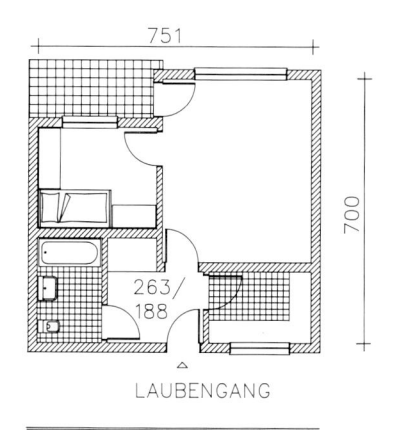

4.2/4 Altenwohnung für eine Person, 44 m², M 1:200

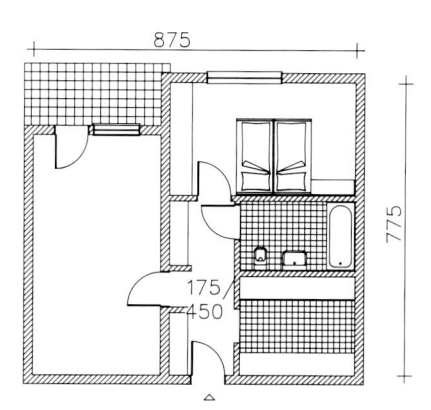

4.2/6 Altenwohnung für ein Ehepaar, 56 m², M 1:200

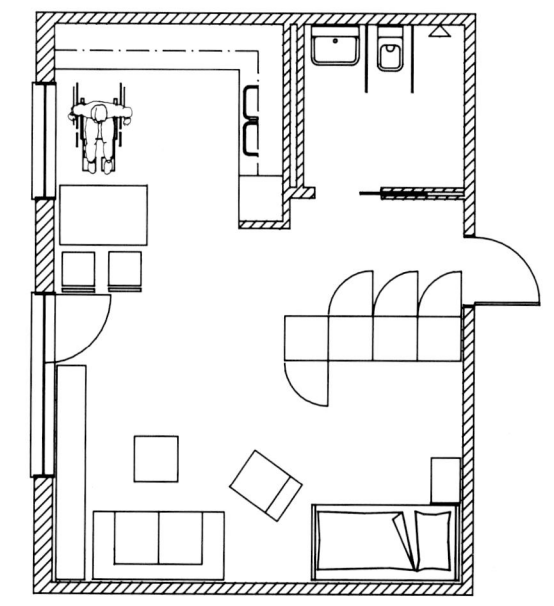

4.2/7 Fokus-Einraumwohnung, 43,1 m², M 1:100

4.2.3 Forderungen der behinderten und betagten Menschen

Der innere Eingangsbereich einer Wohnung, in der diese Personen wohnen, unterscheidet sich kaum von Wohnungen für Rollstuhlbenutzer. In DIN 18025 Teil 2 ist statt einer Mindestfläche für den Eingangsflur eine Mindestbreite von 120 cm der Bewegungsflächen angegeben. Dies gilt auch für möblierte Bereiche. Die Anordnung einer Garderobe oder anderer Einrichtungsteile bedeutet zugleich, dass der Eingangsbereich deutlich größer als die Mindestbewegungsfläche bemessen sein soll. Vor allem sollen Flure nicht zu lang sein. Bei ungünstiger, d.h. zu langer Raumform ist sogar zur leichteren Orientierung und zur Hilfe beim Gehen ein Handlauf vorteilhaft.

Einrichtungsgegenstände dürfen sehbehinderten Menschen nicht im Wege stehen. Da der Eingangsbereich auch Kontakten mit fremden Personen dient, ist dem Sicherheitsbedürfnis besonders Rechnung zu tragen, unter Umständen sind zusätzliche Einrichtungen notwendig (Spion).

In kleinen Wohneinheiten, z.B. in Altenwohnungen, ist bei der Bemessung besonders zu berücksichtigen, dass die Türe zum Bad nach außen und damit in den Eingangsbereich schlagen muss. Deshalb muss u.a. der Eingangsbereich über das angegebene Mindestmaß von 120/120 cm hinaus erweitert werden. In den Planungsbeispielen wird dies deutlich (Abb. 4.2/3-6).

4.2.4 Innere Erschließung

Die innere Erschließung prägt wesentlich den Charakter einer Wohnung. Zunächst wird erörtert, welche Erschließungsarten möglich sind und welche Auswirkungen sie auf die Wohnung und den Wohnungsnutzer haben. In DIN 18025 Teil 1 ist in dem Vortext dazu gesagt: Rollstuhlbenutzer – auch mit Oberkörperbehinderungen – müssen alle zur Wohnung gehörenden Räume und alle den Bewohnern der Wohnanlage gemeinsam zur Verfügung stehenden Räume befahren können. Sie müssen grundsätzlich alle Einrichtungen innerhalb der Wohnung benutzen können.

Eine Wohnung mit einer Wohndiele oder einem zentral angeordneten Wohnraum ist für einen Rollstuhlbenutzer besonders günstig, weil er sich mit geringstem Aufwand bewegen oder von Angehörigen bewegen lassen kann. Die Einraumwohnung der Stiftung Fokus entspricht z.B. diesem Prinzip (Abb. 4.2/7).

Eine Wohnung dagegen, deren Räume über einen inneren Flur zu erreichen sind, zwingt den Rollstuhlbenutzer zu Vor- und Zurückbewegungen über den ohnehin oft schmalen Flur.

4.2.5 Flächen im Eingangsbereich

Ungünstig für Rollstuhlbenutzer ist ein schmaler und tiefer Eingangsbereich vor der Wohnungseingangstüre (Mindestbreite von 150 cm, Abb. 4.2/8), da er durch eine Garderobe eingeengt wird.

Günstiger ist eine Lösung nach Abb. 4.2/9. Hier kann der Rollstuhlbenutzer seitlich ausweichen und die Garderobe gut nutzen. Auch ein quer zum Wohnungseingang angeordneter Eingangsbereich mit der nach DIN 18025 Teil 1 geforderten Mindestbreite von 150 cm ist für Menschen mit Behinderungen, insbesondere für Rollstuhlbenutzer, günstig (Abb. 4.2/10).

Die Länge der Garderobe wird, sofern nicht unterfahrbar, mitbestimmt von der erforderlichen Bewegungsfläche vor der Wohnungseingangstüre. Ein mindestens 160 cm breiter Eingangsbereich ermöglicht Rollstuhlbenutzern eine volle Drehung (Abb. 4.2/11) und einen guten Zugang zur Garderobe (Abb. 4.2/12).

Oft ist dem Eingangsbereich ein WC zugeordnet. Für den Rollstuhlbenutzer fordert DIN 18025 Teil 1 einen für ihn geeigneten Sanitärraum nach Abschnitt 6.2. In Wohnungen ab drei Personen ist sogar ein zusätzlicher Sanitärraum vorzusehen. Das bedeutet, dass ein zusätzliches WC im Eingangsbereich heute auch bei kleineren Wohneinheiten üblich ist. Bei Wohneinheiten für mehr als drei Personen kann dieses zusätzliche WC im Eingangsbereich als zusätzlicher Sanitärraum ausgewiesen werden. Er muss dann nicht unbedingt in vollem Umfang den Anforderungen des Rollstuhlbenutzers entsprechen. Es sollte jedoch auch von ihm befahrbar sein. Wenn jedoch in einer Wohnung, z.B. in einer Wohngemeinschaft, mehrere Rollstuhlbenutzer wohnen, empfiehlt es sich, auch den zusätzlichen Sanitärraum für Rollstuhlbenutzer voll geeignet zu bemessen.

4.2.6 Einrichtungen im inneren Eingangsbereich

4.2.6.1 Fußabstreifer

Fußabstreifer vor der Wohnungseingangstüre dürfen nicht lose auf dem Boden liegen. Sie sind für den Rollstuhlbenutzer schwer zu befahren und verschieben sich beim Benutzen. Deshalb sind sie immer vertieft und niveaugleich mit dem umgebenden Belag anzuordnen. Das erlaubt dem Rollstuhlbenutzer auch, die Räder zu reinigen. Außerdem müssen sie die Vertiefung voll ausfüllen, damit sich die Räder des Rollstuhls nicht einklemmen können; wenig nachgebende Geflechte oder Gitter sind am besten geeignet (Abb. 4.2/13-15). Nach DIN 18025 Teil 1 ist für die Wohnungseingangstüre eine bis 2,0 cm hohe Schwelle zulässig. Obwohl schwellenlose Wohnungseingangstüren vorzuziehen sind, kann eine Schwelle angeordnet werden,

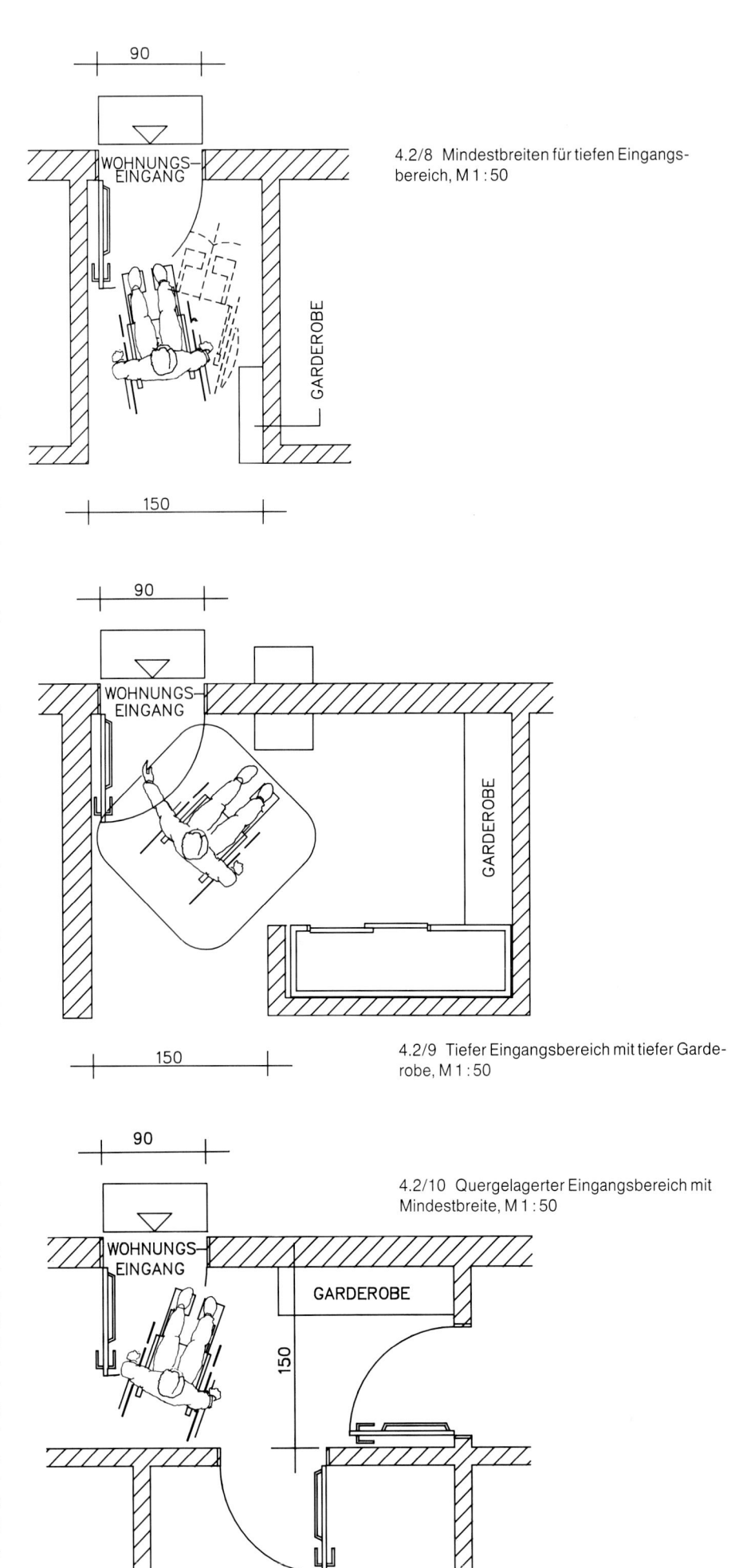

4.2/8 Mindestbreiten für tiefen Eingangsbereich, M 1 : 50

4.2/9 Tiefer Eingangsbereich mit tiefer Garderobe, M 1 : 50

4.2/10 Quergelagerter Eingangsbereich mit Mindestbreite, M 1 : 50

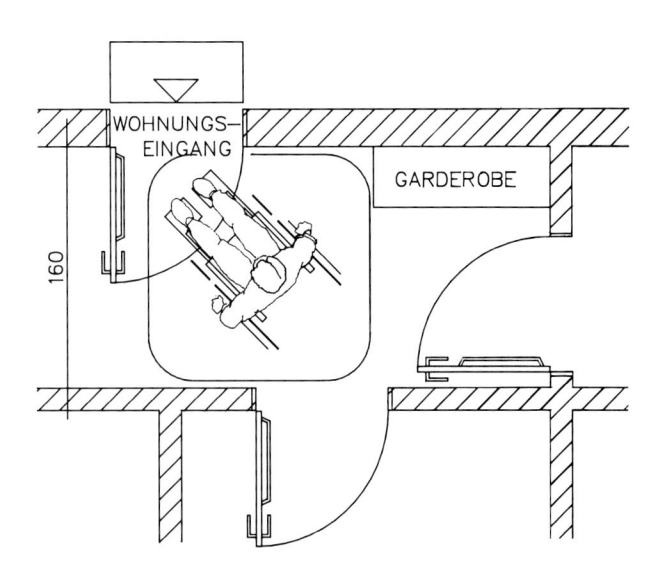

4.2/11 Quergelagerter Eingangsbereich, ausreichend breit, M 1 : 50

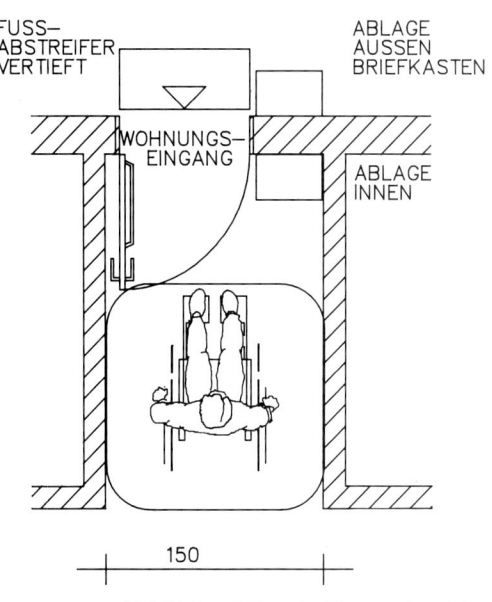

4.2/13 Ausstattung im Eingangsbereich, M 1 : 50

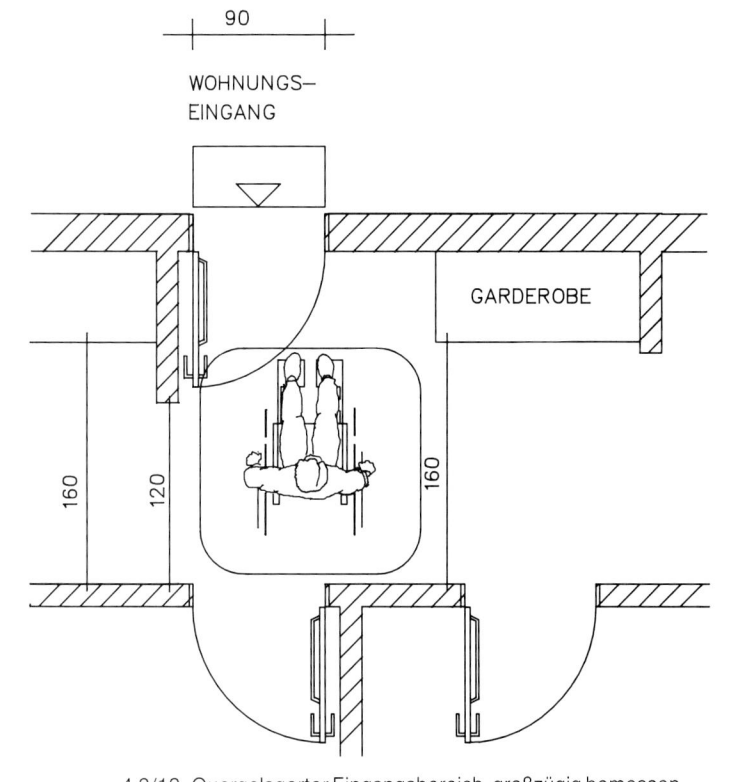

4.2/12 Quergelagerter Eingangsbereich, großzügig bemessen, M 1 : 50

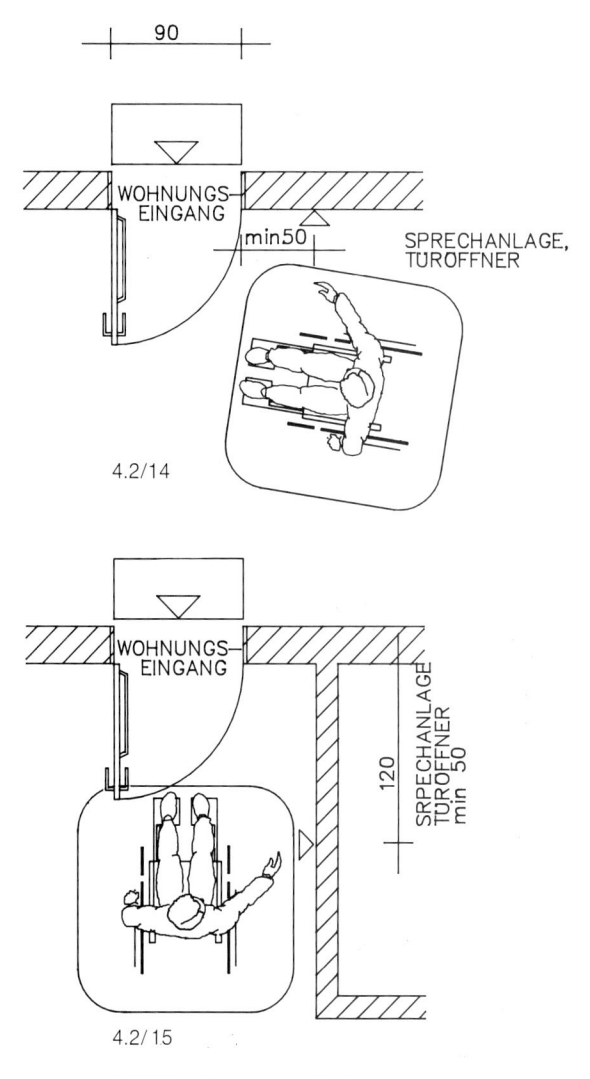

4.2/14

4.2/15

4.2/14 + 15 Lage von Bedienungselementen im Eingangsbereich, M 1 : 50

damit Zugerscheinungen zwischen Wohnung und Treppenhaus und die damit verbundenen Wärmeverluste vermieden werden. Auch die Ausbreitung von Gerüchen und der Luftschallschutz sind zu beachten.

4.2.6.2 Ablage
Für den Rollstuhlbenutzer ist eine Ablage innerhalb und außerhalb der Wohnungseingangstüre notwendig. Innen kann sich der Rollstuhlbenutzer Besorgungen oder Briefe zurechtlegen; von außen erhält er Besorgungen (z.B. Milchflaschen, Post). Ablagebretter innen und außen, oder kleine möglichst unterfahrbare Regale, müssen im senkrechten Greifbereich des Rollstuhlbenutzers gleich hoch angeordnet sein. Unter Umständen müssen sie sich auch dazu eignen, dass Menschen mit Behinderungen sich auf diese Ablagen stützen.

4.2.6.3 Briefkasten
Für die Anordung der Briefkästen gibt es vier Möglichkeiten: Vor der Haustüre, außerhalb des Gebäudes, in Verbindung mit der Haustüre, im Erdgeschoss des Treppenhauses, in Sonderfällen in Verbindung mit der Wohnungseingangstür. Menschen mit Behinderungen bevorzugen Briefkastenanlagen in beheizten Treppenhäusern gegenüber Anlagen im Freien. Diese müssen überdacht sein. Grundsätzlich sollen Briefkästen innerhalb des senkrechten Greifbereichs liegen und mit dem Rollstuhl anfahrbar sein. Unterfahrbare Ablagen erleichtern das Entgegennehmen und Vorsortieren der Post. Ein Papierkorb sollte sich in der Nähe befinden.

4.2.6.4 Weitere Einrichtungen im Eingangsbereich
In Abschnitt 10 der Norm sind die Fernmeldeanlagen erwähnt: In der Wohnung ist zur Haustür eine Gegensprechanlage mit Türöffner vorzusehen. Fernsprechanschluß muss möglich sein. Diese Gegensprechanlage muss sich nicht unbedingt im Eingangsbereich befinden. Sie könnte auch dem Hauptwohnbereich zugeordnet sein. Dies gilt sinngemäß für den Fernsprechanschluss. Nach den Technischen Vorschriften der ehemaligen Deutschen Bundespost sind Leitungen auswechselbar, z.B. in Rohren oder Kanälen zu führen, sofern sie nicht auf der Wandoberfläche verlegt werden. Auf Gefahren-Meldeanlagen (GMA) und auf die Notrufanlage wird besonders hingewiesen. Zu klären ist hier, wer den Notruf empfängt. Um dem Sicherheitsbedürfnis der Bewohner entgegenzukommen, ist ein Blickkontakt nach außen sinnvoll. Dies wird z.B. durch ein kleines Fenster oder durch einen Spion in erreichbarer Höhe, d.h. auch vom Rollstuhl aus, ermöglicht.

4.3 Wohnraum, Essplatz und zusätzliche Wohnfläche

Axel Stemshorn

4.3.1 Normen und Empfehlungen

4.3.1.1 DIN 18025 Teil 1
Die Bemessung von Wohnräumen, das heißt deren nutzbare Fläche, ist in der Neufassung der DIN 18025 Teil 1 nicht mehr vorgesehen.
In DIN 18025 Teil 1 heißt es zwar im Vortext:
„Rollstuhlbenutzer – auch mit Oberkörperbehinderungen – müssen alle zur Wohnung gehörenden Räume und alle den Bewohnern der Wohnanlage gemeinsam zur Verfügung stehenden Räume befahren können. Sie müssen grundsätzlich alle Einrichtungen innerhalb der Wohnung und alle Gemeinschaftseinrichtungen innerhalb der Wohnanlage nutzen können. Sie müssen in die Lage versetzt werden, von fremder Hilfe weitgehend unabhängig zu sein."
Anmerkung: Benachbarte, nicht für Rollstuhlbenutzer bestimmte Wohnungen sowie alle den Bewohnern der Wohnanlage gemeinsam zur Verfügung stehende Räume und Einrichtungen sollten neben den Anforderungen nach dieser Norm den Anforderungen nach DIN 18025 Teil 2 entsprechen.
Im Hinblick auf die nutzbare Fläche in den Wohnräumen sind die Maße der Bewegungsflächen in Abschnitt 3 dieser Norm heranzuziehen:
– Die 150 cm breite und 150 cm tiefe Mindestbewegungsfläche gilt überall, und zwar als Wendemöglichkeit in jedem Raum, ausgenommen in kleinen Abstellräumen, die der Rollstuhlbenutzer vor- oder rückwärtsfahrend uneingeschränkt nutzen kann
– Die 150 cm tiefe Mindestbewegungsfläche vor Schränken wird durch die Länge der Schrankwand bestimmt
– Die 120 cm breite Mindestbewegungsfläche entlang der Möbel, die der Rollstuhlbenutzer seitlich anfahren muss, und zwischen Wänden innerhalb der Wohnung werden durch deren Länge bestimmt.

In Abschnitt 6.3 dieser Norm ist eine zusätzliche Wohnfläche gefordert:
Für Rollstuhlbenutzer ist bei Bedarf eine zusätzliche Wohnfläche vorzusehen. Die angemessene Wohnungsgröße erhöht sich hierdurch im Regelfall um 15 m^2 (siehe § 39 Abs. 2 Zweites Wohnungsbaugesetz und § 5 Abs. 2 Wohnungsbindungsgesetz).

4.3.1.2 DIN 18025 Teil 2
Auch hier ist eine Mindestgröße der nutzbaren Flächen für den Wohnraum und Essplatz nicht näher festgelegt. Im Hinblick auf die Maße der Bewegungsflächen heißt es in Abschnitt 3.5:
Die Bewegungsfläche muss mindestens 120 cm breit sein:
– zwischen Wänden in der Wohnung.
In Abschnitt 3.6: Die Bewegungsfläche muss mindestens 90 cm tief sein:
– vor Möbeln (z.B. Schränken, Regalen, Kommoden, Betten). Auch hier ist in Abschnitt 6.3 eine zusätzliche Wohnfläche gefordert:
Für z.B. Kleinwüchsige, Blinde und Sehbehinderte ist bei Bedarf eine zusätzliche Wohnfläche vorzusehen. Die angemessene Wohnungsgröße erhöht sich hierdurch im Regelfall um 15 m^2 (siehe § 39 Abs. 2 Zweites Wohnungsbaugesetz und § 5 Abs. 2 Wohnungsbindungsgesetz).

4.3.2 Die Bedeutung des Wohnraumes für Menschen mit Behinderungen

In dem Wohnraum möchten Menschen mit Behinderungen so wenig wie möglich durch besondere Einrichtungen an ihre Behinderung erinnert werden. Größe und Einrichtung des Wohnraumes, mit oder ohne Essplatz, hängen von den Anforderungen des Nutzers an den Wohnraum ab. Als wichtigster Raum einer Wohnung soll der Wohnraum eine möglichst vielfältige Nutzung zulassen. Wohnräume mit Essplatz ermöglichen zugleich eine vielfältigere Nutzung bei geringerem Bewegungsaufwand. Neben den Tätigkeiten im Wohnraum, wie Sitzen, Essen, Trinken, Unterhalten, Fernsehen, Rauchen, Erzählen, Spielen, Nähen, Schreiben, Lesen, Musizieren, ist für Menschen mit Behinderungen – und das gilt auch für Betagte – der Wohnraum deshalb so besonders wichtig, weil sie hier den Kontakt mit anderen Personen pflegen können. Auch die Möglichkeit, dass Menschen mit Behinderungen im Wohnraum arbeiten, kann von großer Bedeutung sein. Und schließlich haben sie auch den Wunsch, in ihrem Wohnbereich zu repräsentieren.
Der Einbindung in das familiäre Milieu steht aber auch die Ablösung eines jugendlichen behinderten Menschen gegenüber. Der Ablöseprozess ist für Jugendliche – auch ohne Behinderung – oft sehr schwer. Für einen behinderten jüngeren Menschen kann dieser Ablöseprozeß noch viel schwerer sein, da er zugleich auf die gewohnten häuslichen und familiären Hilfen verzichten muss. Hinzu kommt die Angst bezüglich der eigenen Lebensbe-

wältigung, die Angst vor sozialer Vereinsamung und die Sorge, ob neue Pflegehilfen zur Verfügung stehen. Ziel muss es daher sein, den Ablösungsprozess fließender zu gestalten und neue Wohnmöglichkeiten zu eröffnen. Gerade Menschen mit Behinderungen und geringen Bewegungsfähigkeiten wird die Wohnung zum primären Bereich, die Wohnform zur Selbstverwirklichung und die Wohnqualität zur Lebensqualität (nach E.-M. Weinwurm-Krause). Der Bedürfnisbefriedigung durch Wohnen ordnet Frau Weinwurm-Krause nach Mahlke und Schwarte 1985 folgendes zu:
– das Streben nach Sicherheit, Schutz und Geborgenheit
– der Wunsch nach Beständigkeit und Vertrautheit
– den räumlichen Rahmen für die Möglichkeiten der Selbstverwirklichung
– der Wunsch nach Selbstdarstellung und Demonstration des sozialen Status
– das Bedürfnis nach selbstgewählten Kontakten und Kommunikation

4.3.2.1 Forderungen des Rollstuhlbenutzers

Ein größerer Wohnflächenbedarf schlägt sich vor allem auch im Wohnraum nieder. Gegenüber den Raumgrößen nach alter DIN 18 011, Abschnitt 2.1, wurden die Raumgrößen in alter Norm DIN 18025 Bl. 1 um 2 m² größer angesetzt.

Wohnzimmer mit Essplatz	DIN 18011	DIN 18025.1
in Wohnungen für 1 Person		20 m²
in Wohnungen für/bis 4 Personen	20 m²	22 m²
in Wohnungen für 5 Personen	22 m²	24 m²
in Wohnungen für 6 Personen	24 m²	26 m²
ohne Essplatz	18 m²	20 m²

Diese Mehrfläche nach alter DIN 18025 Bl. 1 ist äußerst knapp bemessen. Um mindestens 2 bis 4 m² oder mehr sollten die Wohnräume größer sein. Das hängt vor allem damit zusammen, dass der Rollstuhlbenutzer im Hinblick auf die erforderliche Bewegungsfläche noch über das normale Maß hinausgehende Forderungen an den Wohnraum stellt. Diese sind neben den bereits in Abschnitt 4.2.2 genannten Gründen folgende:
1. Fensterplatz: Wegen des Ausblicks und der damit verbundenen Kommunikation sollen Rollstuhlbenutzer einen Fensterplatz haben.
2. Arbeitsplatz: Viele Rollstuhlbenutzer müssen eine berufliche Tätigkeit zu Hause ausüben. Selbst Personen, die in einem Unternehmen tätig sind, müssen aus gesundheitlichen Gründen auch zeitweise zu Hause arbeiten können. Dieser Arbeitsplatz ist zweckmäßigerweise im Wohnraum anzuordnen. In besonderen Fällen, z.B. wenn ungestörte Arbeit möglich sein muss oder wenn die Arbeitsunterlagen liegen bleiben sollen, ist ein eigener Arbeitsraum (zusätzliche Wohnfläche) vorzusehen (s. Kap. 4.3.6). Wohnräume mit getrenntem Essplatz eignen sich auch vorübergehend für eine berufliche Tätigkeit zuhause.
3. Besuch: Die Wohnräume sollen so bemessen und eingerichtet sein, dass sich auch rollstuhlgebundene Besucher hier aufhalten können. Je größer die Wohnräume sind, um so lieber werden sie auch für private Zusammenkünfte verwendet. So sollte z.B. der für sechs Personen bemessene Wohnraum nicht 24 m², sondern ca. 30 m² groß sein.
4. Abstellplatz: Der Wohnungsinhaber möchte nicht immer im Rollstuhl, sondern auch in anderen Sitzgelegenheiten sitzen. Zum Abstellen seines Rollstuhls benötigt er einen Abstellplatz in der Nähe seines Sitzplatzes.
5. Freisitz: Vom Wohnraum aus soll der Rollstuhlbenutzer den nach DIN 18025 Teil 1 erforderlichen Freisitz erreichen können.
6. Spielbereich: In der neuen Norm DIN 18025 Teil 1 ist ein Spielbereich nicht erwähnt. Der Leitgedanke hierfür war, dass die Wohnungen ohnehin größer sind und deswegen Spielflächen nicht mehr gesondert ausgewiesen werden müssen. Das ist bezogen auf den Wohnraum sicher richtig; aber vor allem für behinderte Jugendliche sind in deren Wohn-Schlafräumen ausreichend Spielflächen nachzuweisen. Eine zusätzliche Wohnfläche ist bei Bedarf für Rollstuhlbenutzer vorzusehen (siehe Kap. 4.3.6).

4.3.2.2 Forderungen der Menschen mit anderen Behinderungen, insbesondere der blinden und sehbehinderten, der gehbehinderten, älteren Menschen

Die Wohnräume in solchen Haushalten können in üblicher Weise bemessen werden. Die Bewegungsflächen nach DIN 18025 Teil 2 sind einzuhalten. Neben dem üblichen Wohnraum in einem Haushalt benötigen Sehbehinderte einen eigenen Wohnraum (zusätzliche Wohnfläche). Er soll eine Fläche von min. 15 m² haben.
An die Wohnräume stellt der Sehbehinderte u.a. folgende Anforderungen:
1. Freisitz: Von mindestens einem Wohnraum aus muss der Sehbehinderte auf den Freisitz gelangen, um ungestört den Freiraum vor seiner Wohnung erleben zu können.
2. Arbeitsplatz: Er muss in seinem Wohnraum einen Arbeitsplatz haben, der es ihm ermöglicht, zuhause zu arbeiten. Je nach Art der Arbeit und der Zahl der unterzubringenden Bücher und Geräte ist dieser Arbeitsplatz zu bemessen. Die in der Norm geforderte zusätzliche Wohnfläche ist besonders für den Blinden oder wesentlich Sehbehinderten notwendig. Dort kann er Bücher und Geräte unterbringen (Blindenbücherei und Mediothek).
3. Besuch: Mindestens ein Wohnraum muss eine Versammlungsmöglichkeit bieten. Der Mangel an geeigneten Medien zur Informationsweitergabe veranlasst gerade die Sehbehinderten, sich in kleinem Kreis zu treffen.
4. Einrichtung: Bei der Einrichtung ist zu beachten, dass diese Menschen auf Tonübertragungsgeräte und Blindenliteratur besonders angewiesen sind. Das erfordert zusätzliche Stellflächen und Einrichtungsgegenstände, um Übertragungsgeräte und Blinden-Literatur gut greifbar und sicher benützbar unterzubringen (siehe Kap. 2.3).

4.3.2.3 Forderungen der Menschen aller Altersgruppen mit Behinderungen, insbesondere der Betagten

Der Betagte hat im wesentlichen ähnliche Anforderungen an den Wohnraum bzw. Wohnschlafraum:
1. Fensterplatz: Der Betagte wünscht Ausblick aus seinem Wohnraum, damit er am Leben und Treiben teilhaben kann.
2. Freisitz: Der Betagte schätzt einen Freisitz wegen des Aufenthalts im Freien und der damit verbundenen Kommunikationsmöglichkeit. Er sollte jedoch nicht über die ganze Fensterbreite gehen, da hierdurch der Ausblick im Winter eingeschränkt wird. Der Freisitz soll Schutz vor Witterungseinflüssen und Sonne bieten.
3. Besuch: Für gegenseitige Besuche muss genügend Platz vorhanden sein. Auch gehbehinderte oder rollstuhlgebundene Besucher dürfen durch zu klein bemessene Wohnräume nicht eingeengt werden.
4. Einrichtung: Im Hinblick auf die Erreichbarkeit der Bedienungsvorrichtungen gelten die gleichen Gesichtspunkte wie für Rollstuhlbenutzer.
5. Möbel: In der Regel nehmen Betagte ihre Wohnungseinrichtung ganz oder teilweise in ihre neue Wohnung mit; daher besteht größerer Platzbedarf.

4.3.3 Wohnraum ohne Essplatz für Rollstuhlbenutzer

Im folgenden Abschnitt wird anhand von prinzipiellen Darstellungen versucht, verschiedene Nutzungen des Wohnraumes entsprechend den Anforderungen des Rollstuhlbenutzers darzustellen. Es wurden die Mindestflächen nach DIN 18025 Teil 1 zu Grunde gelegt. Ziel dieser besonderen Untersuchung ist es zu ermitteln, ob und wie weit eine Nutzung aufgrund der geforderten Mindestflächen möglich ist:

Folgende Maße wurden angenommen:
1. Für den Rollstuhl eine Bewegungsfläche in der Tiefe von 150 cm, auch bei einer Drehung um 180°.
2. Für den Rollstuhl eine Bewegungsfläche bei einer Drehung um 360° von 150 x 150 cm.
3. Für Tische eine Stellfläche, oder ein Mehrfaches davon, von 80 x 80 cm.
4. Für Sitzgelegenheiten eine Stellfläche von 80 x 80 cm.
5. Für Schränke eine Tiefe der Stellfläche von 60 cm.
6. Für Arbeitsplätze eine Tiefe der Stellfläche von 50 cm.
7. Für den Abstellplatz eine Stellfläche von 80 x 80 cm.

Folgende Zuordnungen wurden berücksichtigt:
– Zugang zu Küche und Essplatz
– Zugang zum Wohnraum
– Zugang zum Freisitz.

Bezogen auf den Mindestabstand von 150 cm ist in Abb. 4.3/1 der verbleibende Abstand hinter dem Rollstuhl dargestellt. Bei rechtwinkliger Stellung des Rollstuhls zum unterfahrbaren Tisch verbleiben 70 cm, bei schiefwinkliger Stellung 40-50 cm hinter dem Rollstuhl. Diese Abstände sind zu vergrößern, wenn Nichtbehinderte oder Rollstuhlbenutzer hinter dem stehenden Rollstuhl vorbeigehen sollen.

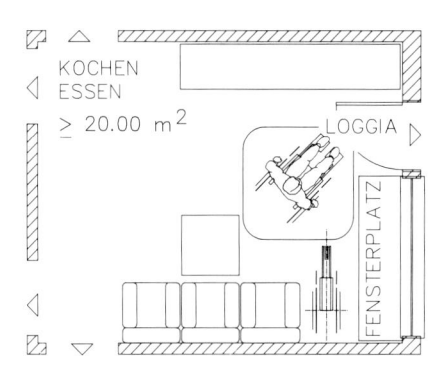

4.3/2 Wohnraum ohne Essplatz, 20 m², für eine bis drei Personen, mit Fensterarbeitsplatz, M 1:100

In Abb. 4.3/2-6 sind 20 m² große Wohnräume dargestellt. Ein guter Zugang zur Küche mit Essplatz und auch die Anordnung eines Arbeitsplatzes am Fenster sind bei der Anordnung nach Abb. 4.3/2 möglich. Bis zu drei ständig im Haushalt lebende Personen, von denen eine behindert ist, haben genügend Bewegungsraum. Der Abstellplatz für den Rollstuhl befindet sich, wenn der Rollstuhlbenutzer auf einen Sitzplatz überwechselt, unmittelbar neben ihm. Die Grundrissbeispiele nach Abb. 4.3/2-6 lassen keinen Zugang zur Küche und zum Essplatz mehr zu, wenn ein Arbeitsplatz in Verbindung mit einer Schrankwand vorge-

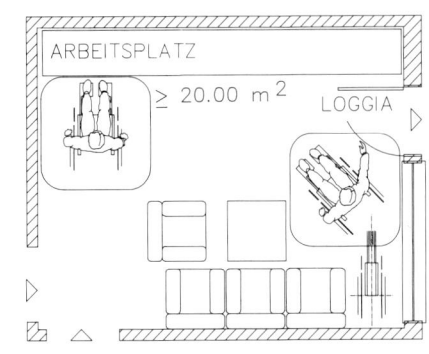

4.3/3 Wohnraum ohne Essplatz, 20 m², für bis vier Personen, mit Arbeitsplatz, M 1:100

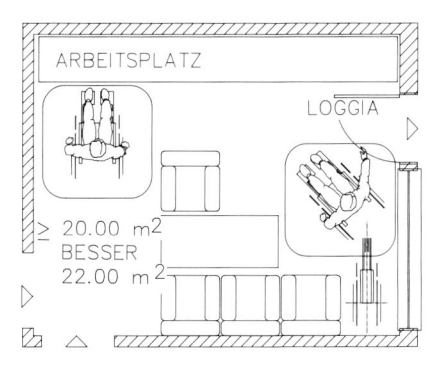

4.3/4 Wohnraum ohne Essplatz, 20 m², besser 22 m², für bis vier Personen, M 1:100

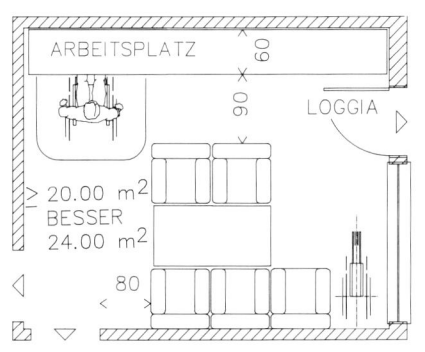

4.3/5 Wohnraum ohne Essplatz, 20 m², besser 24 m², für bis fünf Personen, M 1:100

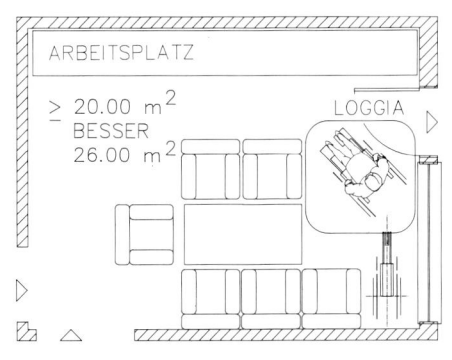

4.3/6 Sehr knapp bemessener Wohnraum ohne Essplatz mit 20 m², besser 26 m² oder mehr, für bis zu sechs Personen, M 1:100

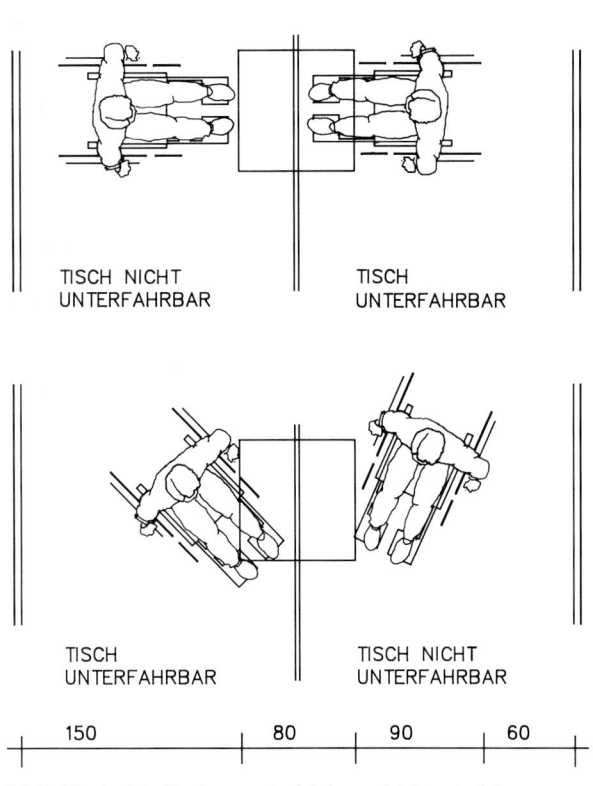

4.3/1 Mindestabstände am unterfahrbaren/nicht unterfahrbaren Wohnzimmertisch, M 1:50

sehen werden soll. Ein Wohnraum für vier Personen mit einem Tisch bietet noch genügend Bewegungsfläche. Vor allem durch größere Tische und durch Sitzmöglichkeiten bis zu sechs Personen ergeben sich wesentliche Einschränkungen in der Bewegungsfläche für Rollstuhlbenutzer.

Die Darstellungen der Wohnräume ohne Essplatz sollen zeigen, dass in Anlehnung an die alte Norm DIN 18025 Bl. 1 die ausgewiesenen Flächen bei weitem zu gering sind. Bei der Ausformung der Wohnfläche im Wohnraum ist darauf zu achten, dass vielfältige Nutzungen möglich sind. Außerdem ist anzustreben, möglichst quadratische Flächen auszuweisen. Tiefe und schmale Wohnräume sind weniger günstig, da sie Rollstuhlbenutzer zu zusätzlichen Vor- und Rückwärtsbewegungen veranlassen.

4.3.4 Wohnraum mit Essplatz für Rollstuhlbenutzer

Es wurde bereits darauf hingewiesen, dass in der neuen Norm DIN 18025 Teil 1 Mindestflächen für den Wohnraum mit Essplatz nicht mehr ausgewiesen sind. Vielmehr sind aus Kap. 3 die Maße der Bewegungsflächen heranzuziehen. In Kap. 4.3.6 wird die zusätzliche Wohnfläche erwähnt. In diesem Abschnitt wird der Wohnraum mit Essplatz nach alter Norm DIN 18025 Bl. 1, Januar 1972, untersucht. Ziel der Untersuchung ist es zu ermitteln, ob die angegebenen Mindestflächen eine ausreichende Nutzung für den Rollstuhlbenutzer zulassen. Folgende Flächen und Maße wurden angenommen:
1. Essplatzbreite an der Längsseite von 65 cm. Für den Rollstuhlbenutzer ist die Essplatzbreite von 65 cm dann gerade noch ausreichend, wenn er am Tischende sitzt.
2. Essplatzbreite an der Stirnseite von 80 cm.
3. Esstischflächen bei gegenüber angeordneten Sitzplätzen von 80 x 65 cm.
4. Zusätzliche Esstischflächen für den Rollstuhlbenutzer bei stirnseitigem Sitzplatz 80 x 30 cm.
Bei großen Tischen kann diese Zusatzfläche entfallen.
5. Für den Rollstuhl eine Bewegungsfläche in der Tiefe von 150 cm, auch bei einer Drehung um 180°.
6. Für den Rollstuhl eine Bewegungsfläche von 150 x 150 cm bei einer Drehung um 360°.
7. Für Tische Stellflächen, oder ein Mehrfaches davon, von 80 x 80 cm.
8. Für Sitzgelegenheiten im Wohnbereich Stellflächen von 80 x 80 cm.
9. Für Sitzgelegenheiten im Essbereich ohne Abstände, Stellflächen von 65 x 50 cm.
10. Für Schränke eine Tiefe der Stellflächen von 60 cm.
11. Für den Abstellplatz eine Stellfläche von 80 x 80 cm.
Folgende Zugänge wurden berücksichtigt:
– Zugang zur Küche
– Zugang zum Wohnraum mit Essplatz
– Zugang zum Freisitz.

In Abb. 4.3/7-12 sind Essplätze und die dazu mindestens erforderliche Bewegungsfläche für zwei bis sieben Personen dargestellt. Für Rollstuhlbenutzer ist besonders ein Sitzplatz an der Stirnseite des Tisches geeignet. Um für die Fußstützen am Rollstuhl genügend Bewegungsraum zu haben, sollte eine zusätzliche Tischfläche von ca. 30 cm Tiefe vorgesehen werden. Die Bewegungsfläche hinter dem Rollstuhl muss größer sein als hinter normalen Stühlen.

Nach alter Norm DIN 18025 Bl. 1, Abschnitt 2.1, sind Wohnräume mit Essplatz in der Größe abhängig von der Zahl der im Haushalt lebenden Personen. Wohnräume mit Essplatz für eine Person sollen mindestens 22 m² groß sein.

Wohnräume für zwei bis drei Personen mit Essplatz und mindestens 22 m² Wohnfläche bieten noch genügend Bewegungsfläche für Rollstuhlbenutzer. Etwa 5,5 m tiefe Wohnräume ermöglichen darüber hinaus eine zusätzliche Schrankfläche im Bereich des Essplatzes (Abb. 4.3/13 + 14 c).

Wohnräume mit einem Essplatz für vier Personen behindern Rollstuhlbenutzer dann besonders stark, wenn der Raum nur ca. 4,0 m breit ist (Abb. 4.3/15).

Es ist daher zu empfehlen, Wohnräume für vier Personen mit Essplatz, Zugang zu Küche und Freisitz mindestens 24 m² groß vorzusehen.

Auch Wohnräume mit einem Essplatz für fünf bis sechs Personen sollten deutlich größer bemessen sein (Abb. 4.3/16 + 17). Dann ist auch eher eine Versammlung von mehreren Rollstuhlbenutzern in großen Haushalten möglich.

In dieser Untersuchung wird deutlich, dass die nutzbaren Flächen eines Wohnraumes mit Essplatz genau zu untersuchen sind, bevor sie in ihrer endgültigen Größe festgelegt werden. Eine Angabe von Mindestflächen in DIN 18025 Teil 1 wäre hilfreich gewesen.

4.3.5 Zuordnung des Essplatzes zur Küche

In DIN 18025 Teil 1 ist über die Zuordnung des Essplatzes zur Küche bzw. zum Wohnbereich insgesamt nichts ausgesagt. Sinngemäß gelten die Empfehlungen in der alten Norm: „Für Wohnungen für eine Person wird die Anordnung der Küche als ein dem Wohnzimmer angeschlossenes Kochabteil empfohlen. Andernfalls ist in der Küche zusätzlich ein Platz zur gelegentlichen Einnahme von Mahlzeiten (siehe DIN 18022 Abschnitt 3.1.1.7) erforderlich."

Der Wohnraum in Verbindung mit einer Essküche stellt für den alleinstehenden Behinderten den Typ der Einraumwohnung dar. Aber auch der Wohnraum mit Essplatz für zwei Personen ist unmittelbar zur Küche hin anzuordnen. Dadurch kann der im Haushalt Tätige weitgehend ohne fremde Hilfe auskommen. Ein der Küche vorgelagerter Essplatz sollte den in Abb. 4.3/18 dargestellten Abmessungen entsprechen. Durchreichen zwischen Küche und Essplatz sind nur dann für den im Haushalt Tätigen geeignet, wenn so viel erreichbarer Platz vorhanden ist, dass Speisen und Geschirr von beiden Seiten hingestellt und weggenommen werden können. Vor allem diejenigen Lösungen sind geeignet, bei denen großflächige Öffnungen, z.B. 150 cm breit und 100 cm hoch, oberhalb der Küchenarbeitsfläche entstehen. Das erfordert aber oft einen motorischen Antrieb oder einen durch Gegengewicht mechanisch leicht zu bewegenden Beschlag. Essplätze in Verbindung mit einer Diele sind ebenfalls geeignet, wenn eine unmittelbare Verbindung zur Küche gewährleistet ist (vgl. Kap. 4.5).

4.3.6 Zusätzliche Wohnfläche/zusätzlicher Raum für Rollstuhlbenutzer

Neben dem bereits oben genannten Wortlaut in DIN 18025 Teil 1 für Rollstuhlbenutzer und Teil 2 für Menschen mit anderen Behinderungen heißt es in dem Zweiten Wohnungsbaugesetz, § 39, Abs. 1-4 a:

§ 39 Wohnungsgrößen

(1) Mit öffentlichen Mitteln soll nur der Bau von Wohnungen gefördert werden, deren Wohnfläche die nachstehenden Grenzen nicht überschreitet:

a) Familienheime mit nur einer Wohnung 130 Quadratmeter;

b) Familienheime mit zwei Wohnungen 180 Quadratmeter;

c) eigengenutzte Eigentumswohnungen und Kaufeigentumswohnungen 120 Quadratmeter;

d) andere Wohnungen in der Regel 90 Quadratmeter.

Bei Familienheimen mit zwei Wohnungen soll die für den Eigentümer bestimmte Wohnung 130 Quadratmeter nicht übersteigen.

(2) Innerhalb der sich aus Absatz 1 ergebenden Grenzen ist die Wohnfläche zuzulassen, die im Hinblick auf die vorgesehene Bestimmung der Wohnung als angemessen anzusehen ist und die es ermöglicht, in der Wohnung zwei Kinderzimmer zu schaffen, es sei denn, dass die Wohnung für ältere Ehepaare oder für Alleinstehende bestimmt ist.

(3) Steht der künftige Wohnungsinhaber bereits fest oder ist die Größe seines Haushalts bestimmbar, so ist die Wohnfläche als angemessen anzusehen, die es ermöglicht, dass auf jede Person, die zum Haushalt gehört oder alsbald nach Fertigstellung des Bauvorhabens in den Haushalt aufgenommen werden soll, ein Wohnraum ausreichender Größe entfällt. Darüber hinaus ist die Wohnfläche als angemessen an-

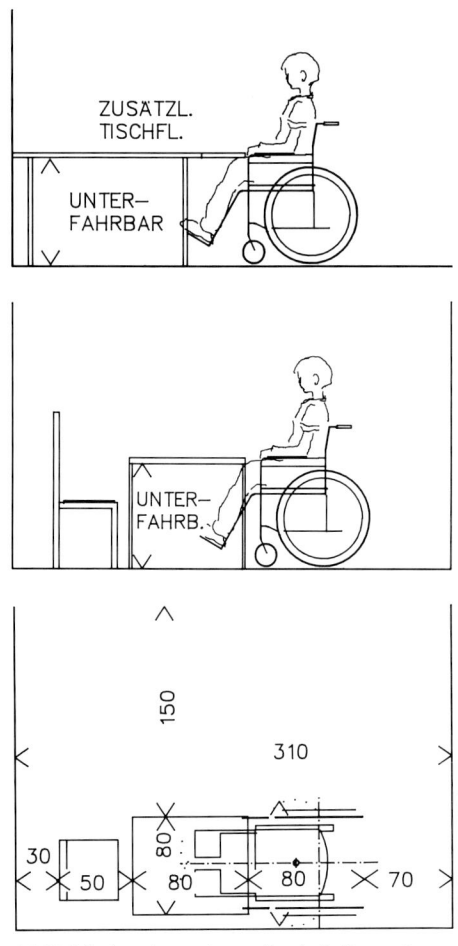

4.3/7 Mindestabstände am Esstisch für zwei Personen, M 1:50

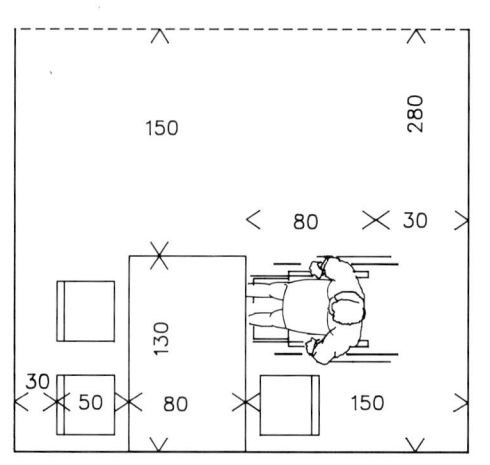

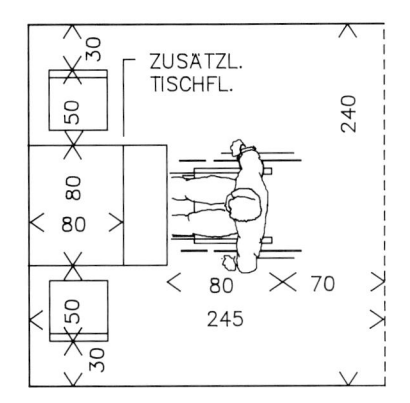

4.3/8 Mindestabstände am Esstisch für drei Personen, M 1:50

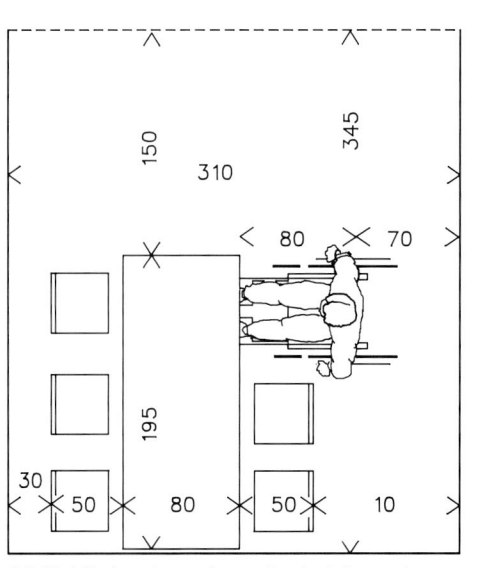

4.3/9 Mindestabstände am Esstisch für vier Personen, M 1:50

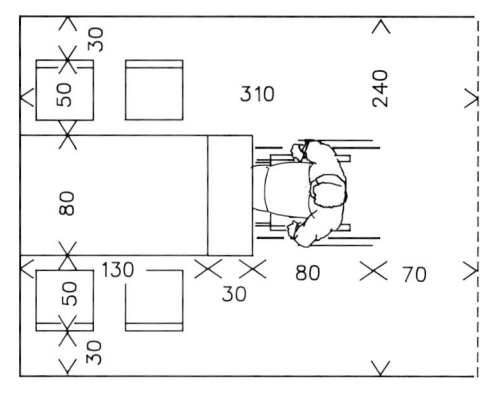

4.3/10 Mindestabstände am Esstisch für fünf Personen, M 1:50

4.3/11 Mindestabstände am Esstisch für sechs Personen, M 1:50

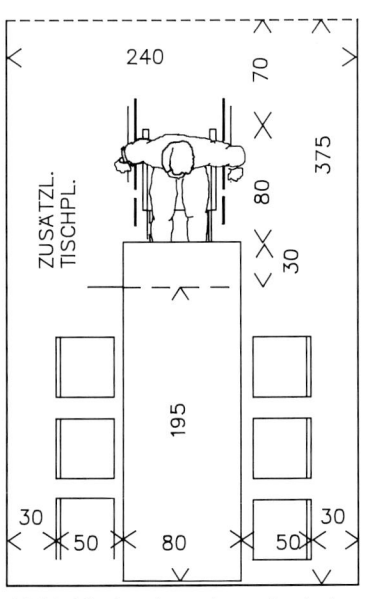

4.3/12 Mindestabstände am Esstisch für sieben Personen, M 1:50

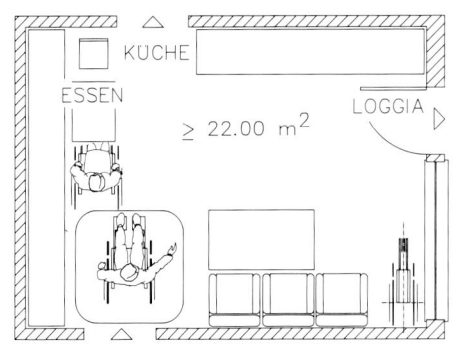

4.3/13 Wohnraum mit Essplatz für zwei Personen, M 1:100

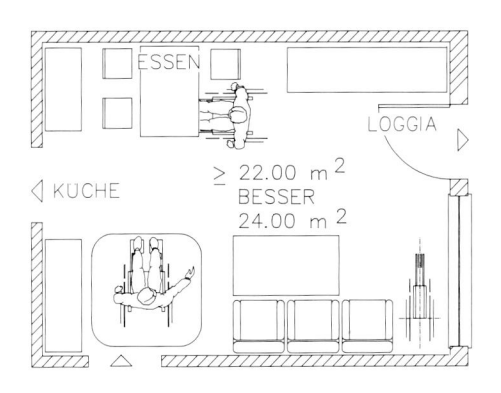

4.3/14a

4.3/14b

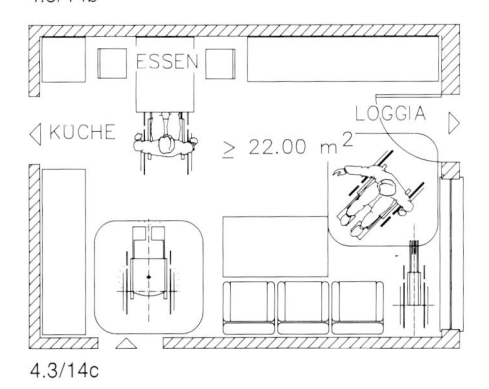

4.3/14c

4.3/14 a–c Wohnraum mit Essplatz für drei Personen, M 1:100

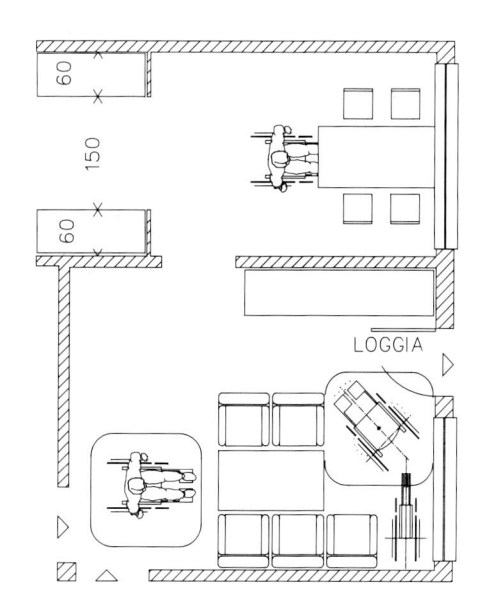

4.3/15 Wohnraum mit Essplatz für vier Personen, 22 m², besser 24 m², M 1:100

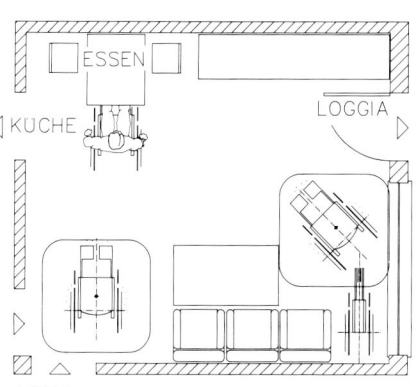

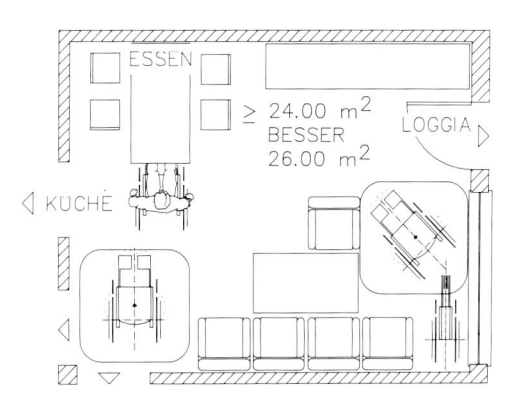

4.3/16 Wohnraum mit Essplatz bis fünf Personen, 24 m² besser 26 m², M 1:100

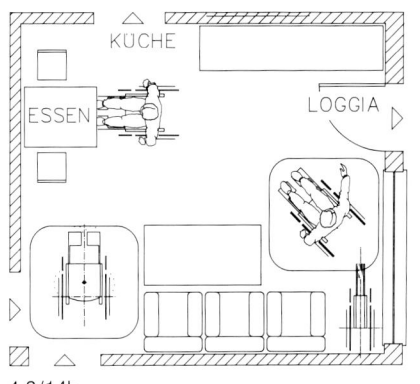

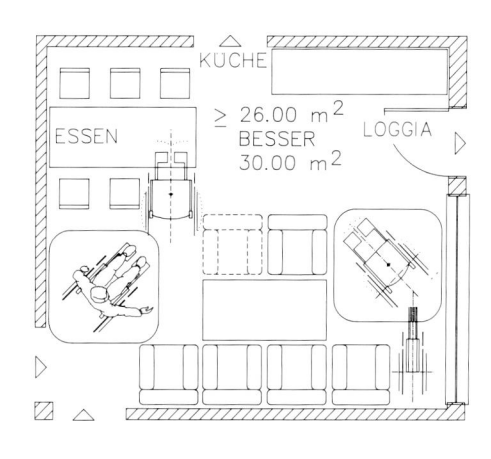

4.3/17 Wohnraum mit Essplatz für sechs Personen, 26 m², besser 30 m², M 1:100

4.3/18 Zuordnung von Wohnraum zur Küche mit vorgelagertem Essplatz, M 1:100

151

zusehen, die zur Berücksichtigung der persönlichen und beruflichen Bedürfnisse des künftigen Wohnungsinhabers sowie zur Erfüllung eines Anspruchs auf Zuteilung eines zusätzlichen Raumes nach § 81 erforderlich ist. Bei Familienheimen ist auch auf den voraussichtlichen künftigen Raumbedarf der Familie Rücksicht zu nehmen und mindestens die sich aus Absatz 2 ergebende Wohnfläche zuzubilligen.

(4) Eine Überschreitung der in Absatz 1 bezeichneten Wohnflächengrenzen ist zulässig,

a) so weit die Mehrfläche unter entsprechender Anwendung der Vorschriften des Absatzes 3 angemessen ist ...

In Verbindung mit § 39 ist § 82 „Anerkennung als steuerbegünstigte Wohnungen" zu beachten: Neugeschaffene Wohnungen, die nach dem 30. Juli 1956 bezugsfertig geworden sind oder bezugsfertig werden, sind als steuerbegünstigte Wohnungen anzuerkennen, wenn keine öffentlichen Mittel eingesetzt sind. Voraussetzung ist, dass die Wohnungen, die in § 39 Abs. 1 bestimmten Wohnflächengrenzen um nicht mehr als 20 v. H. überschreiten.

Eine Überschreitung der sich nach Absatz 1 ergebenden Wohnflächengrenzen ist zulässig,

a) soweit die Mehrfläche zu einer angemessenen Unterbringung eines Haushaltes mit mehr als 5 Personen erforderlich ist oder

b) soweit die Mehrfläche zur angemessenen Berücksichtigung der persönlichen oder beruflichen Bedürfnisse des künftigen Wohnungsinhabers erforderlich ist...

Die Forderung nach einer zusätzlichen Wohnfläche ist vom Gesetzgeber vorgesehen. Sie bedeutet, dass Menschen mit Behinderungen je nach individuellem Bedarf oder aufgrund besonderer Bedürfnisse zusätzliche Wohnfläche, eventuell in einem besonderen Raum, brauchen. Dies ist vor allem dann wichtig, wenn der behinderte Bewohner zusammen mit anderen Familienmitgliedern in der Wohnung wohnt. Im Hinblick auf die Größe von mindestens ca. 15 m^2 sind die Bewegungsflächen in diesem Raum ebenfalls zu gewährleisten. Nur dann sind sie nutzbar.

Die Art der Nutzung kann nicht festgelegt werden, da sie sich im Laufe des Lebens sicher ändert. Denkbar ist die Einrichtung eines Büroraumes, aber auch die Einrichtung einer Blindenbibliothek und -mediothek, die erfahrungsgemäß sehr viel Platz beansprucht.

Zu erwägen ist jedoch auch die Einrichtung eines Therapieraumes, damit der behinderte Bewohner fast täglich therapeutische Übungen vornehmen oder therapeutische Behandlungen erhalten kann. Die zusätzliche Wohnfläche ist bei Mietwohnungen aktuell (Wohnungsbindungsgesetz bei Ermittlung der zulässigen Mieten und Mietpreisfreigabe). Bei Eigentumswohnungen bestimmt der Eigentümer ohnehin seinen individuellen Bedarf. Die zusätzliche Wohnfläche macht sich mit ca. 17,14 % deutlich bemerkbar, wie aus einer unveröffentlichten Broschüre des Bayerischen Staatsministeriums hervorgeht (siehe auch Kap. 4.1 Tabelle sowie Abb. 4.1/13).

4.3.7 Zusätzlicher Raum für Blinde und Sehbehinderte

Blinde und Sehbehinderte, die in einem Mehrpersonenhaushalt wohnen, benötigen neben dem üblichen Wohnraum einen eigenen Raum. Dieser zusätzliche Raum steht ihnen nach dem Zweiten Wohnungsbaugesetz § 39, Abs. 2 und nach dem Wohnungsbindungsgesetz § 5, Abs. 2 zu. Der zusätzliche ca. 15 m^2 große Raum muss aus akustischen Gründen abgetrennt sein. Die Mehrfläche für diesen Raum ist als Mindestforderung zu verstehen. Größere Flächen sind zu empfehlen. Die Bewegungsflächen nach DIN 18025 Teil 2 sind einzuhalten. Offenstehende Türen und Fenster, vorstehende Möbel und Geräte sind für Blinde und Sehbehinderte eine Gefahr. Die Größe des zusätzlichen Raumes wird von der notwendigen Einrichtung bestimmt.

4.3.7.1 Unterzubringende Gegenstände
Der Sehbehinderte muss zusätzlich zu oder abweichend von den üblichen Gegenständen folgendes benützen können:

a) Bücher in Punktschrift (Braille-Schrift): Diese Bücher sind in der Regel 35-40 cm hoch und 30 cm breit. Aufgrund ihres Prägedrucks sind sie wesentlich leichter als normale Bücher gleicher Größe. Diese Bücher sind senkrecht stehend aufzubewahren. An den Enden und innerhalb der Buchreihen sind Bücherstützen anzuordnen. Der Platzbedarf ist wesentlich größer.

b) Zeitschriften in Punktschrift (Braille-Schrift): Einmal gefaltet haben diese Zeitschriften ungefähr das gleiche Format wie Bücher.

c) Tonbandgerät und Mikrophon: Waagerecht liegende Tonbandgeräte sind etwa 40 cm breit und 35 cm tief. Mit diesen Geräten hört der Sehbehinderte Hörbücher der Blinden-Hörbücherei von Tonbändern ab.

d) Kassettenrecorder: Hörbücher werden neuerdings auch in Kassettenform hergestellt. Deshalb ist Platz für einen Kassettenrecorder und für Kassetten erforderlich.

e) Normale Schreibmaschine für DIN A 4-Bögen.

f) Stenogramm-Schreibmaschine für Punktschrift: Sie benötigt einen Platz von etwa 20 x 20 cm. Mit ihr können kurze Notizen in einen Papierstreifen gestanzt werden.

g) Bogen-Schreibmaschine: Sie benötigt einen etwa 40 cm breiten und 40 cm tiefen Platz. Mit ihr bestanzt der Sehbehinderte in Voll- oder meistens in Kurzschrift ca. DIN A 3-große Papierbögen.

h) Klavier und andere Musikinstrumente.

i) Telefon.

j) Große Tische, um die Bücher in Punktschrift handhaben und lesen zu können.

4.3.7.2 Anordnung
Die Gegenstände sind in Regalen oder ähnlichen Möbelstücken so unterzubringen, dass sie möglichst wenig vorstehen. Dabei ist eine Anordnung zu wählen, die es Sehbehinderten ermöglicht, oberhalb und unterhalb des Möbelstückes aufgeklappte Deckel z.B. von der Bogen-Schreibmaschine oder vom Tonbandgerät abzulegen. Dort lassen sie sich außerhalb der Bewegungsfläche ablegen und behindern den Sehbehinderten nicht. Gegenüber dem Sehenden benötigt der Sehbehinderte etwa den dreifachen Platz für das Unterbringen seiner Bücher und Zeitschriften. Es sind daher ausreichend Stellflächen für geeignete Möbelstücke vorzusehen.

4.3.7.3 Schallschutz
Über das übliche Maß hinausgehend, muss die Wohnung mit einem besonders guten Schallschutz ausgestattet sein. Das ist deshalb nötig, weil Sehbehinderte besonders viel Tonübertragungsgeräte benützen und auch gerne musizieren (siehe auch Kap. 5.1 Oberflächen im Raum, Kap. 5.6 Schallschutz und Kap. 5.8 Elektroinstallation).

4.4 Schlafraum

Axel Stemshorn

4.4.1 Normen

In DIN 18025 Teil 1, Wohnungen für Rollstuhlbenutzer und in DIN 18025 Teil 2, Menschen mit sensorischen oder anderen Behinderungen sind zum Schlafraum selbst keine Angaben enthalten. Auch hier wird wiederum auf die Maße der Bewegungsflächen hingewiesen. Auch die unmittelbare Verbindung zwischen Schlafraum und Sanitärraum wird nicht mehr gefordert.

4.4.1.1 DIN 18025 Teil 1 Wohnungen für Rollstuhlbenutzer
Über die Bewegungsfläche ist in Abschnitt 3.2 folgendes ausgeführt:
Die Bewegungsfläche muss mindestens 150 cm tief sein:
– vor einer Längsseite des Bettes des Rollstuhlbenutzers (siehe Bild 16)
– vor Schränken.

In Abschnitt 3.4 ist ausgeführt, dass die Bewegungsflächen mindestens 120 cm breit sein müssen:
– entlang der Möbel, die der Rollstuhlbenutzer seitlich anfahren muss
– entlang der Betteinstiegsseite – Bett des Nichtrollstuhlbenutzers (siehe Bild 17).

4.4.1.2 DIN 18025 Teil 2 Barrierefreie Wohnungen
Im Hinblick auf die Maße der Bewegungsflächen ist in Abschnitt 3.5 ausgeführt:
Die Bewegungsfläche muss mindestens 120 cm breit sein:
– entlang einer Längsseite eines Bettes, das bei Bedarf von drei Seiten zugänglich sein muss.

Und in Abschnitt 3.6 heißt es:
Die Bewegungsfläche muss mindestens 90 cm tief sein:
– vor Möbeln (z.B. Schränken, Regalen, Kommoden, Betten).

4.4.2 Bedeutung für Menschen mit Behinderungen
Der Schlafraum ist wegen seiner besonderen Funktionen für jeden behinderten Menschen einer der wichtigsten Räume. Er enthält Stellflächen, Bewegungsflächen und Einrichtungen, die seinen persönlichen Bedürfnissen angemessen sind. Der Schlafraum ist privatester Wohnbereich, im Pflegefall und nur dann Besuchern zugänglich, wenn er zugleich Wohnfunktionen erfüllt. Das ist in Wohnungen für alleinstehende Menschen mit Behinderungen und vor allem für Betagte oft der Fall. Besser sind Lösungen, die mindestens eine Schlafnische oder einen gesonderten Schlafraum vorsehen. Behinderte Menschen in der Familie oder in der Wohngemeinschaft, z.B. jugendliche Behinderte, benötigen einen eigenen Schlafraum, in der Regel mit Wohnfunktionen.

4.4.3 Zuordnung zum Sanitärraum
Die in der ursprünglichen Fassung der DIN 18025 Blatt 1 genannte unmittelbare Verbindung zwischen Schlafraum und Sanitärraum ist in der neuen Norm nicht mehr gefordert. Aus hygienischen Gründen kann dies jedoch notwendig sein (Abb. 4.4/1).

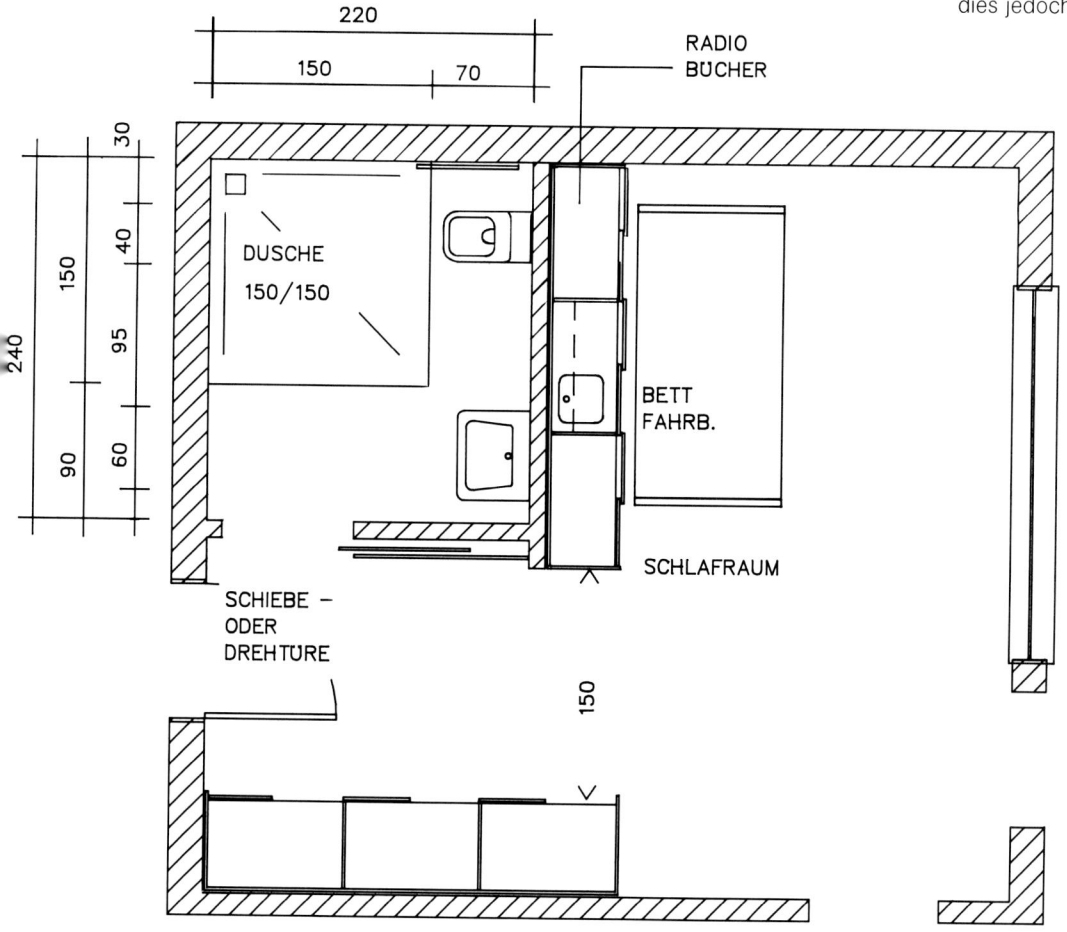

4.4/1 Schlafraum mit Zuordnung zum Sanitärraum über Verbindungsflur, M 1 : 50

Es hat sich gezeigt, dass diese unmittelbare Verbindung des Sanitärraumes zum Schlafraum des Rollstuhlbenutzers die Grundrissgestaltung erschwert, vor allem dann, wenn man bestrebt ist, installationsintensive Räume zusammenzufassen.
Außerdem muss die Wohnfläche der Wohnung deutlich größer bemessen werden, da die zusätzliche Verbindungstüre zusätzliche Bewegungsflächen auf beiden Seiten der Türe verlangt. Hinzu kommt noch, dass der Sanitärraum zur Unterbringung der notwendigen Einrichtungen wegen der Stellflächen größer bemessen werden muss.

4.4.4 Stellung des Bettes und die Bewegungsfläche

Menschen mit Behinderungen, wie Rollstuhlbenutzer, Sehbehinderte, Blinde und Betagte, erheben unterschiedliche Anforderungen an die Stellung des Bettes und an die Bewegungsfläche.

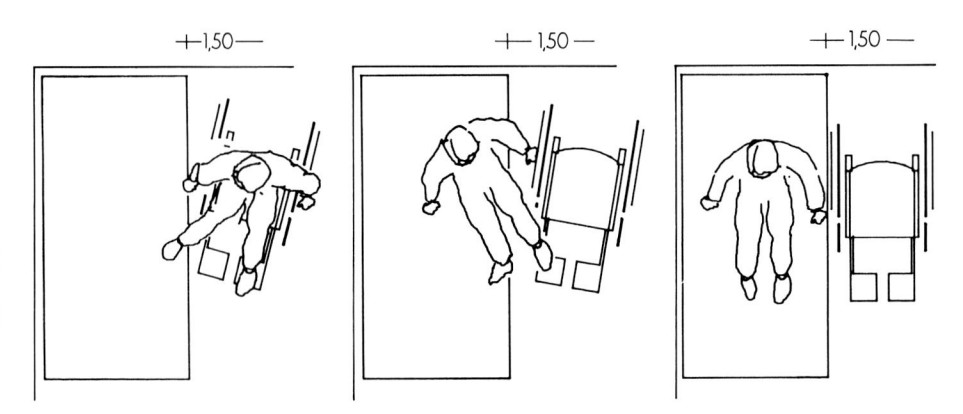

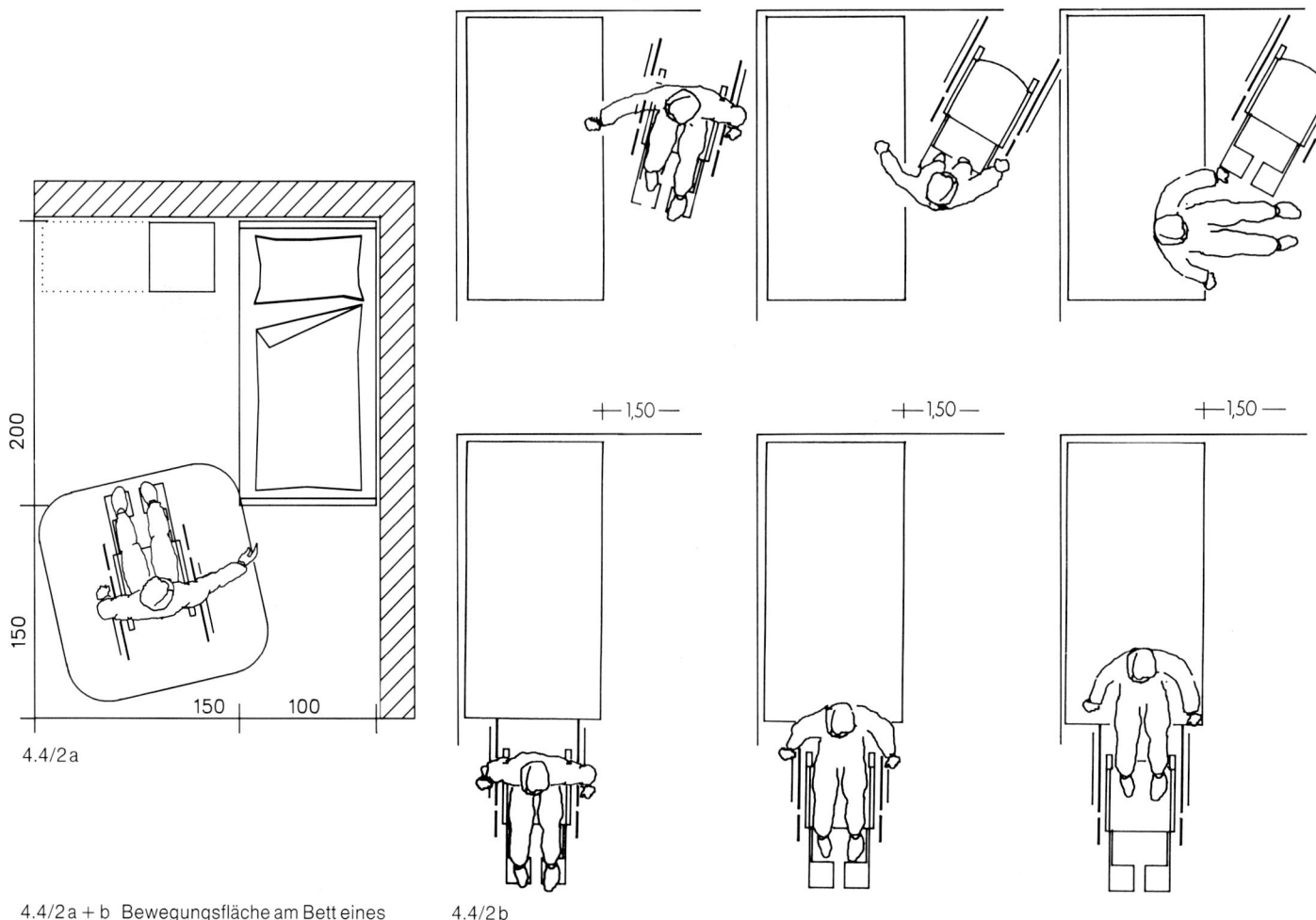

4.4/2a

4.4/2a + b Bewegungsfläche am Bett eines Rollstuhlbenutzers nach DIN 18025 Teil 1, mit Bewegungsabläufen, M 1 : 50

4.4/2b

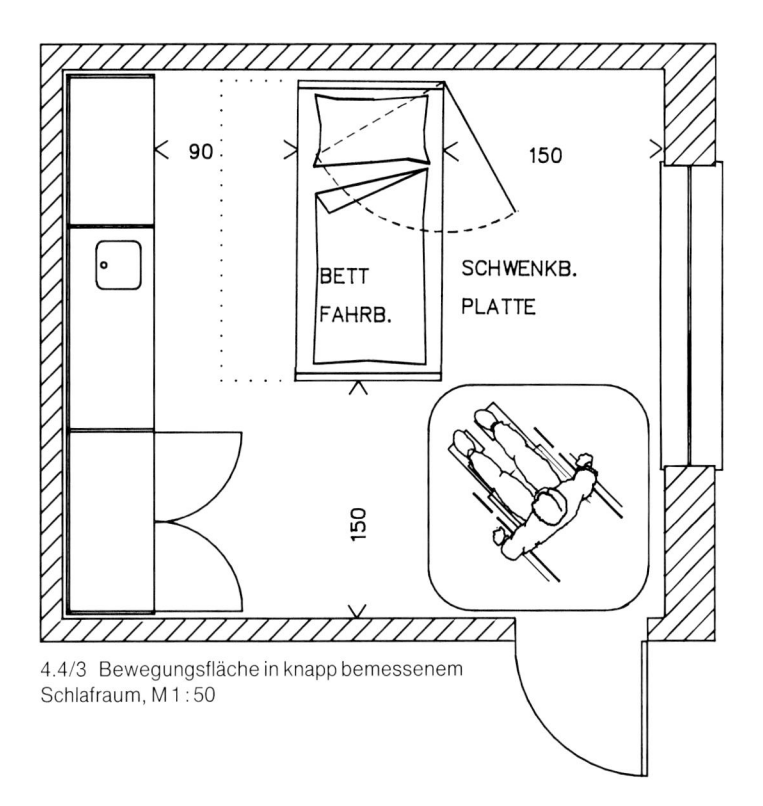

4.4/3 Bewegungsfläche in knapp bemessenem Schlafraum, M 1 : 50

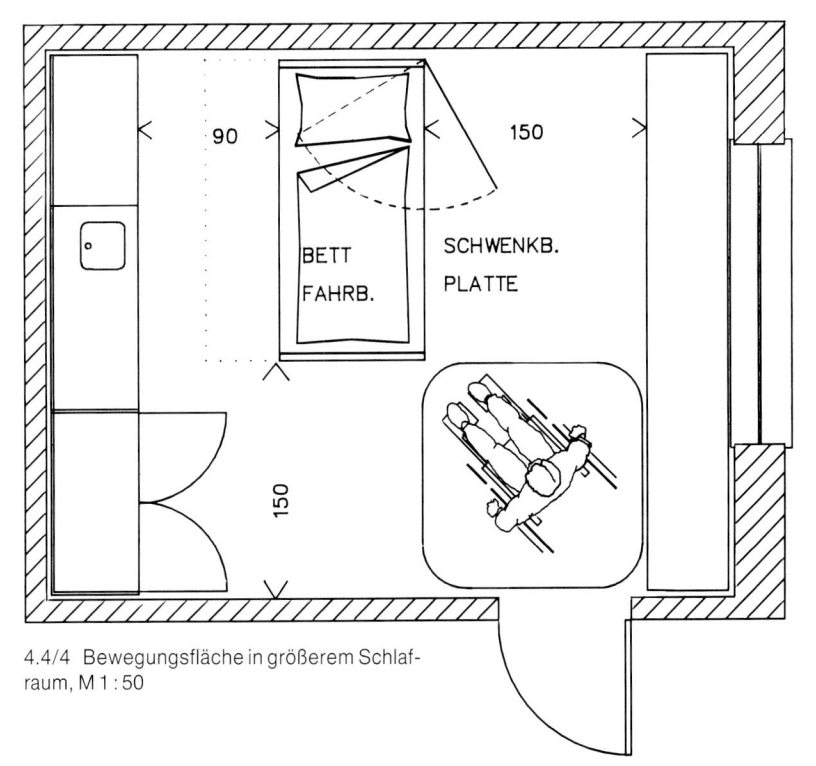

4.4/4 Bewegungsfläche in größerem Schlafraum, M 1 : 50

4.4.4.1 Die Stellung des Bettes und die Bewegungsflächen bei Rollstuhlbenutzern
Für den Rollstuhlbenutzer ist die Stellung des Bettes in Verbindung mit Wandflächen und Möbelstücken deshalb ausschlaggebend, weil immer Bewegungsfläche für den Rollstuhl gewährleistet sein muss. Diese Bewegungsfläche (Abb. 4.4/2 a + b) darf in der Tiefe grundsätzlich 150 cm nicht unterschreiten (siehe Abschnitt 3.1 und 3.2 in DIN 18025 Teil 1). Ausgenommen sind nach Abschnitt 3.4 in DIN 18025 120 cm breite Mindestbewegungsflächen
– entlang der Möbel, die der Rollstuhlbenutzer seitlich anfahren muss
– entlang der Betteinstiegsseite – Bett des Nicht-Rollstuhlbenutzers
– zwischen Wänden innerhalb der Wohnung.

Einzelbetten, in denen Schwerstbehinderte gepflegt werden, müssen an zwei Längsseiten zugänglich sein. Die Tiefe der Bewegungsflächen muss daher auf der einen Seite mindestens 150 cm betragen; auf der anderen Seite in Anlehnung an DIN 18025 Teil 2, Abs. 3.5 90 cm. Dadurch kann der Rollstuhlbenutzer auf der einen Seite mit Hilfe eines Hebegerätes und auf der anderen Seite durch eine Hilfsperson in das Bett und aus dem Bett gehoben werden (Abb. 4.4/3 + 4). Das Fußende muss frei sein.

In Zweibett-Schlafräumen, in denen die Betten nebeneinander aufgestellt werden, muss die Bewegungsfläche auf der Seite des Rollstuhlbenutzers 150 cm breit und auf der anderen Seite am Bett des Nicht-Rollstuhlbenutzers 120 cm breit sein. Dies gilt auch, wenn dort Schränke stehen. Bei der Planung eines Schlafraumes für zwei Personen mit einer Aufstellung der Betten nebeneinander ergibt sich daher eine sehr große Raumtiefe von bis zu 5,30 m einschl. Schrank (Abb. 4.4/5).

Wenn etwas größere Bewegungsflächen als die Mindestbewegungsfläche von 150 cm auf 150 cm vorgesehen sind, werden bei einer Drehung um 360° Möbelstücke weniger beschädigt.

Bei unterfahrbaren Betten kann für Fußstützen die Bewegungsfläche unter dem Bett mit berücksichtigt werden.

4.4.4.2 Die Stellung des Bettes und die Bewegungsfläche für behinderte und betagte Menschen nach DIN 18025 Teil 2
In Abschnitt 3.5 ist die Bewegungsfläche zwischen Einrichtungen und Wandoberflächen und vor Einrichtungen mit mindestens 120 cm Breite festgelegt. Dies gilt für alle Behinderte und vor allem für Betagte. Im Pflegefall gilt Abschnitt 3.5: „Die Bewegungsfläche muss mindestens 120 cm breit sein entlang einer Längsseite eines Bettes, das bei Bedarf von drei Seiten zugänglich sein muss." Es genügt also, auf der einen Längsseite die Bewegungsfläche 120 cm tief und auf der anderen 90 cm tief anzuordnen (Abb. 4.4/6 a + b).

4.4.5 Einbettzimmer für Rollstuhlbenutzer

Bei Einbettzimmern ist grundsätzlich zu unterscheiden zwischen Zimmern mit an beiden Längsseiten zugänglichem Bett für Schwerstbehinderte und Zimmern, bei denen das Bett mit einer Längsseite an der Wand steht. Solche Zimmer ermöglichen Mindestflächen und sind daher geeignet für weniger behinderte Personen, die in Familien oder Wohngemeinschaften leben. Schlafräume, die einem Rollstuhlbenutzer vorbehalten sind, sollten so bemessen sein, als ob der Rollstuhlbenutzer schwerstbehindert wäre; d.h. das Bett muss an zwei Längsseiten zugänglich sein. Abb. 4.4/3 zeigt einen Schlafraum für einen Schwerstbehinderten. Das Bett ist verschiebbar und an zwei Längsseiten zugänglich (Abb. 4.4/ 7 + 8). Die Beispiele Abb. 4.4/9 + 10 erlauben das Aufstellen größerer Möbelstücke, z.B. eines Arbeitstisches. Dabei ist darauf zu achten, dass die Bedienungselemente der Fenster und Heizkörper, die Schalter und Steckdosen zugänglich sind. Vor allem Jugendliche in der Familie sollten einen so großen Raum haben, dass sie darin spielen, arbeiten und Besucher empfangen können.

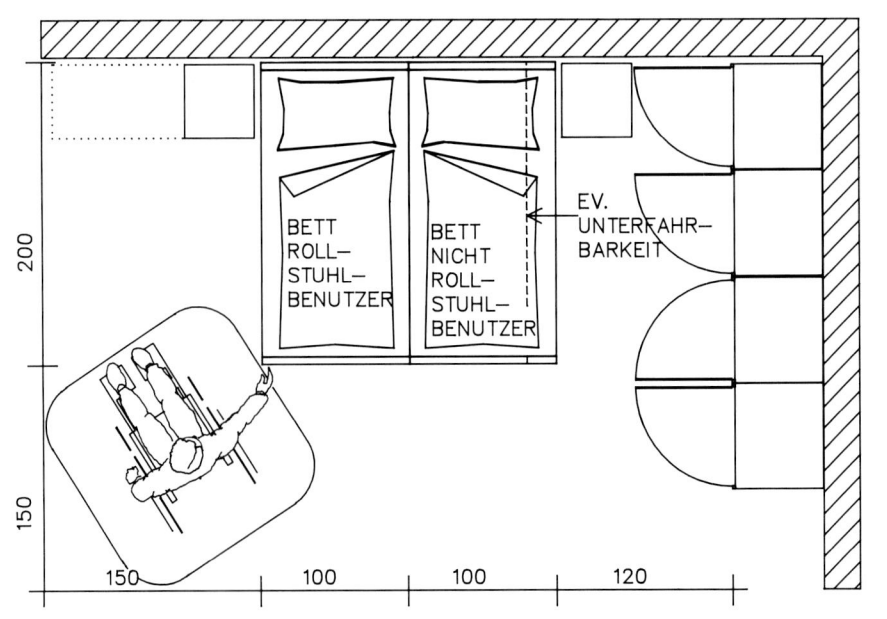

4.4/5 Bewegungsfläche am Bett für Rollstuhlbenutzer nach DIN 18025 Teil 1 im Zweibettzimmer, statt Drehtüren am Schrank besser Schiebetüren, M 1 : 50

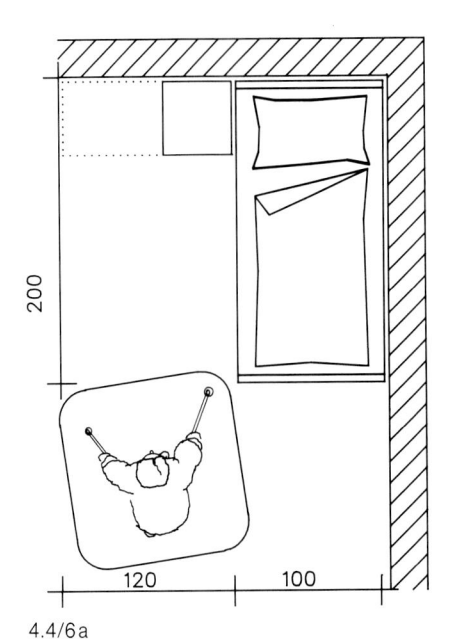

4.4/6a + b Bett eines behinderten Menschen – Nicht-Rollstuhlbenutzer nach DIN 18025 Teil 2, M 1 : 50

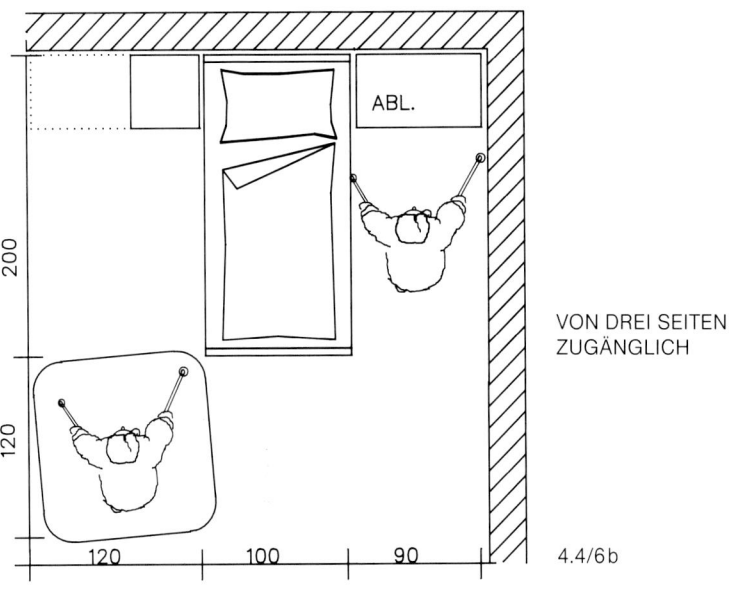

4.4/6a

VON DREI SEITEN ZUGÄNGLICH

4.4/6b

4.4/7 Einbettzimmer für einen Schwerstbehinderten, M 1:50

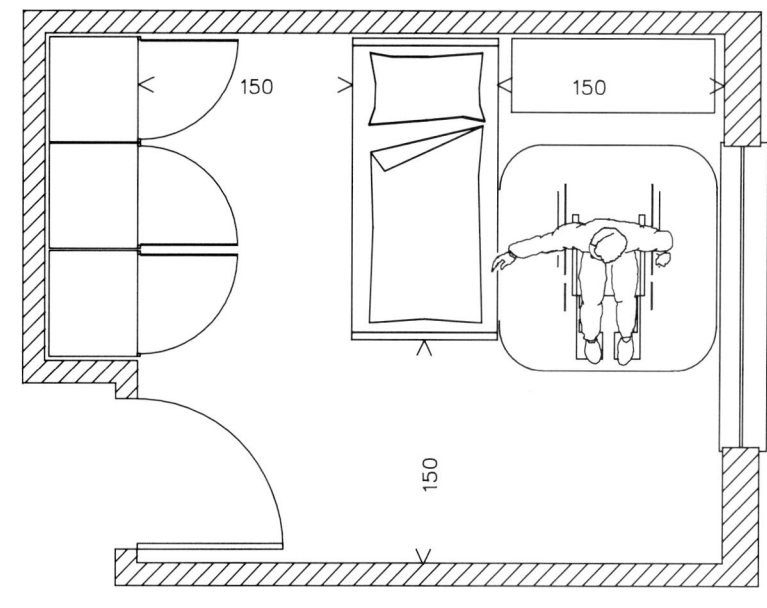

4.4/8 Einbettzimmer für einen Schwerstbehinderten, M 1:50

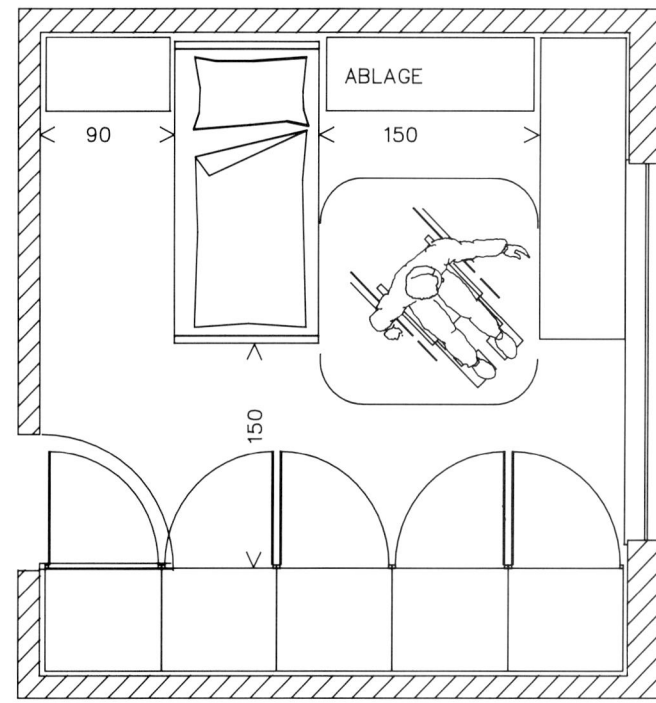

ABLAGE

4.4/9 Einbettzimmer für Rollstuhlbenutzer – Bett nur an einer Längsseite zugängig, M 1:50

4.4/10 Einbettzimmer für Rollstuhlbenutzer – Bett nur an einer Längsseite zugängig, M 1:50

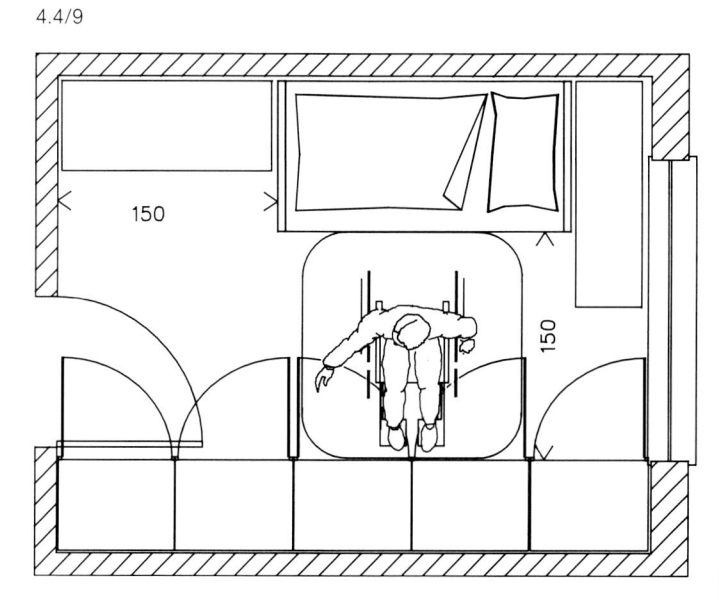

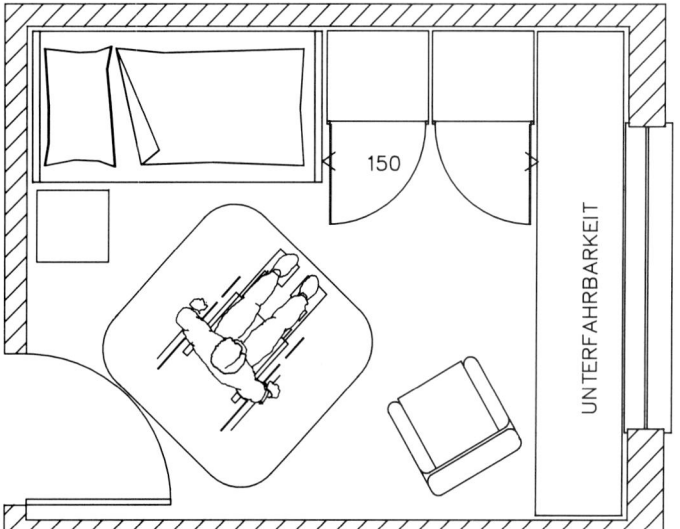

4.4/9

4.4/10

UNTERFAHRBARKEIT

4.4.6 Zweibettzimmer für Rollstuhlbenutzer

Bei den Zweibettzimmern sind zu unterscheiden nebeneinander oder getrennt stehende Betten.

4.4.6.1 Nebeneinander stehende Betten
Nach DIN 18025 Teil 1 sind mindestens die Maße, wie in Abb. 4.4/11-15 dargestellt, einzuhalten. Lösungen, die über die Mindestfläche hinausgehen und die größere Möbelstücke zulassen, z.B. einen Arbeitsplatz am Fenster, sind zu empfehlen. Tiefe und schmale Schlafräume wie in Abb. 4.4/15 a + b sind weniger günstig.

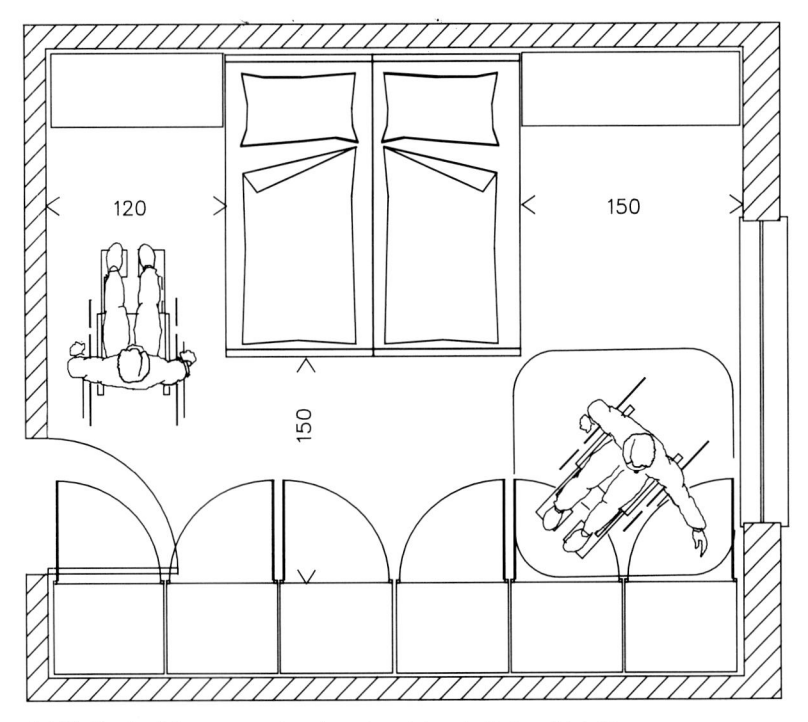

4.4/11 Zweibettzimmer – nebeneinander stehende Betten, M 1:50

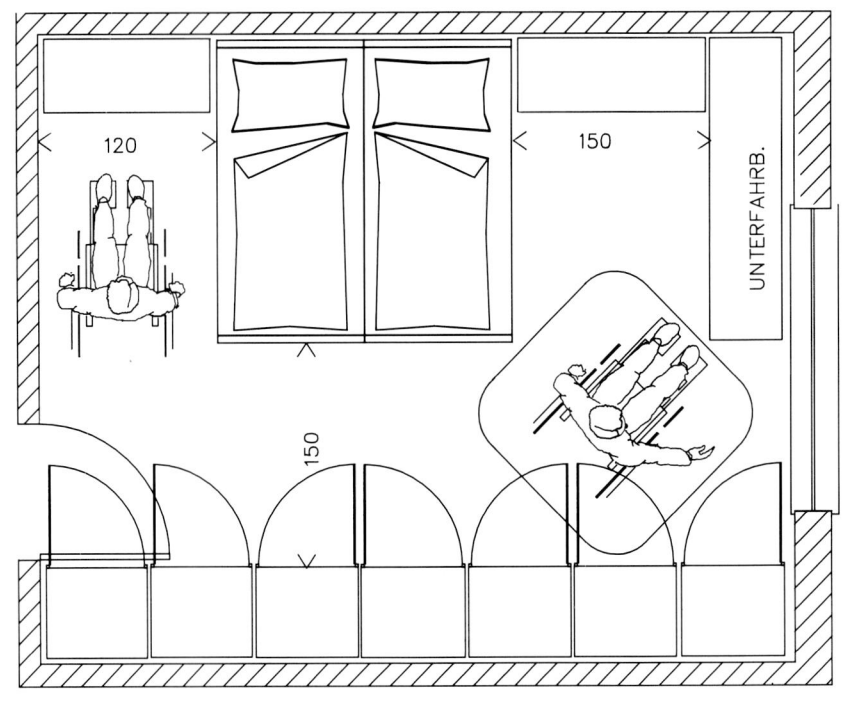

4.4/12 Zweibettzimmer – nebeneinander stehende Betten, M 1:50

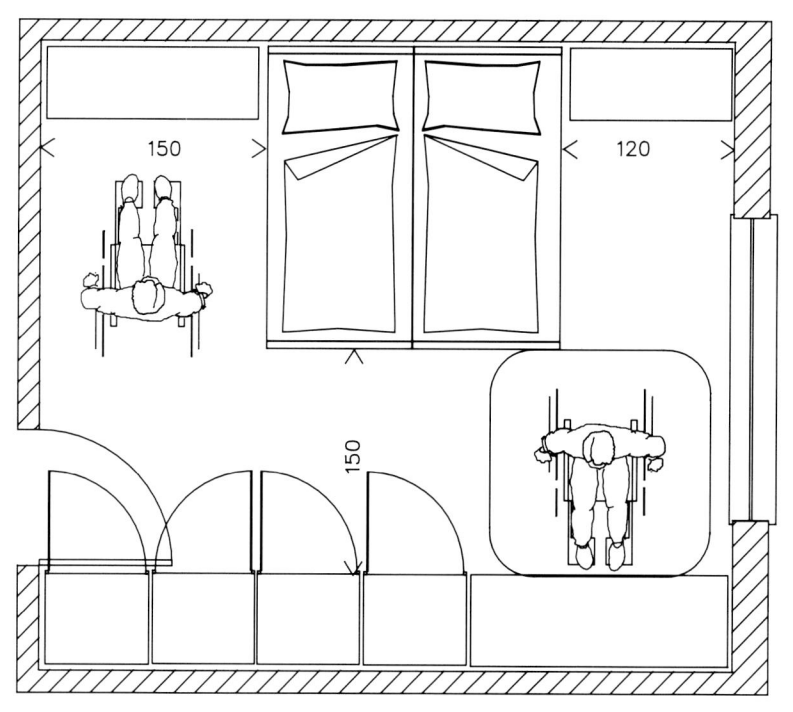

4.4/13 Zweibettzimmer – nebeneinander stehende Betten, M 1:50

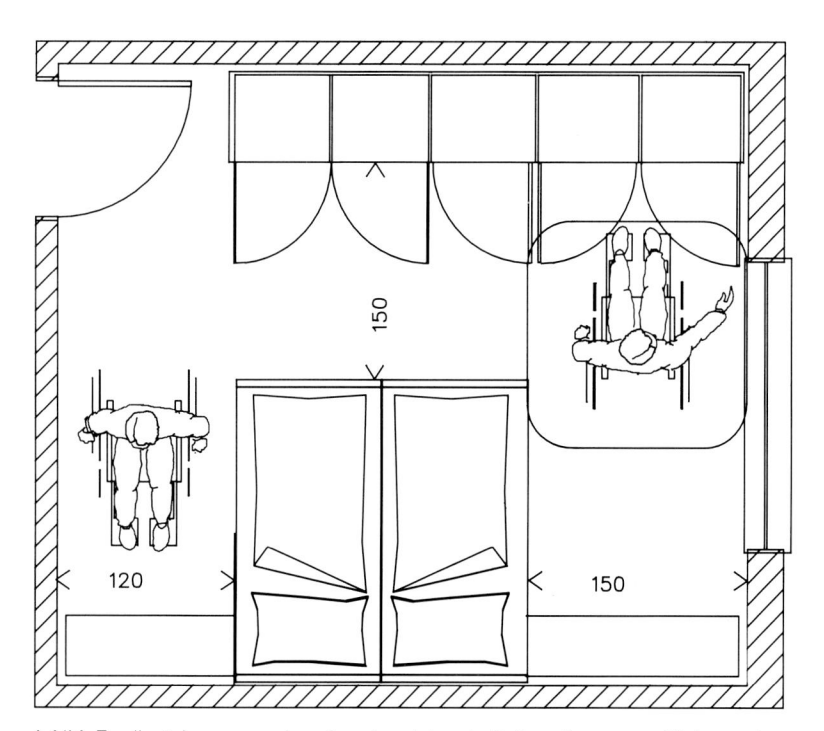

4.4/14 Zweibettzimmer – nebeneinander stehende Betten, Bewegungsfläche an der Türe etwas eingeschränkt, M 1:50

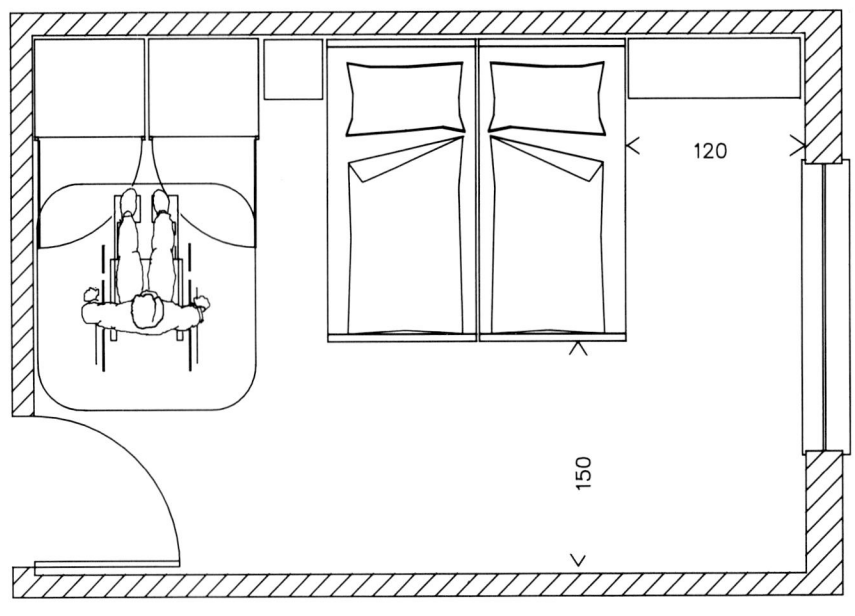

4.4/15a

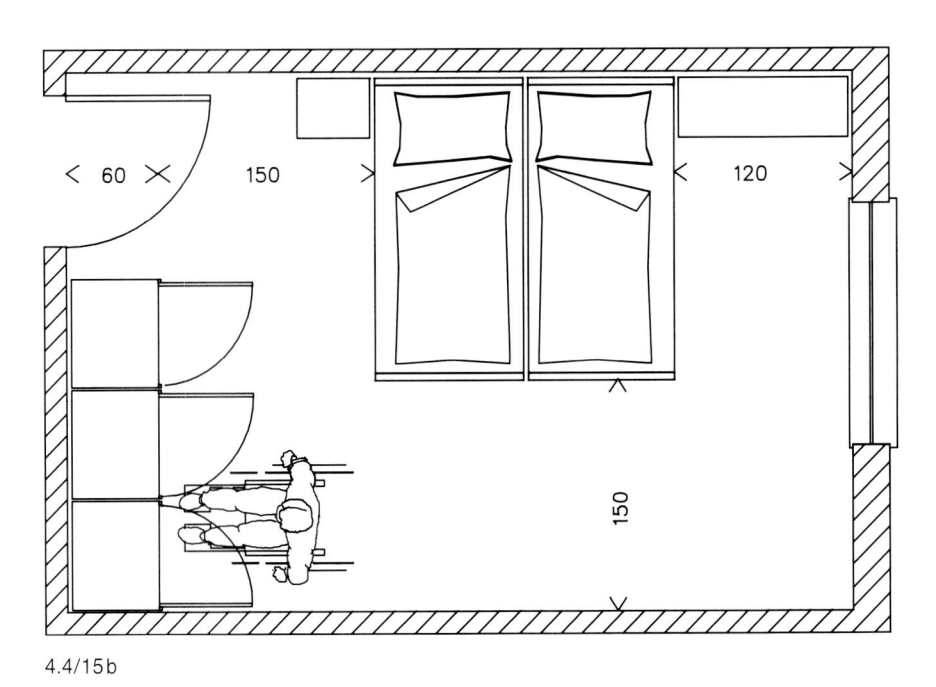

4.4/15b

4.4/15 a+b Zweibettzimmer – nebeneinander stehende Betten, M 1:50

4.4.6.2 Getrennt stehende Betten
Hinsichtlich der Bemessung und Nutzung eines Schlafraumes, der getrennt stehende Betten zulässt, ergeben sich besondere Vorteile. Dem Rollstuhlbenutzer stehen zusammenhängende Bewegungsflächen zur Verfügung (Abb. 4.4/16-19), die auch zusätzliche Wohnfunktionen, etwa Schreibarbeiten, zulassen. Die Durchgangsbreite von 150 cm an der Türe in Abb. 4.4/19 könnte evtl. geringer bemessen werden.

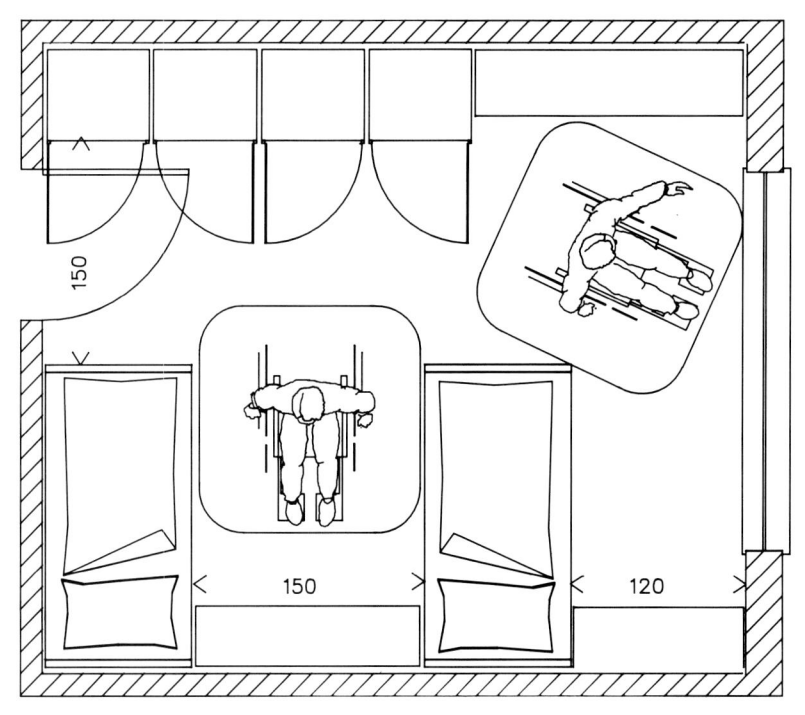

4.4/16 Zweibettzimmer – getrennt stehende Betten, M 1:50

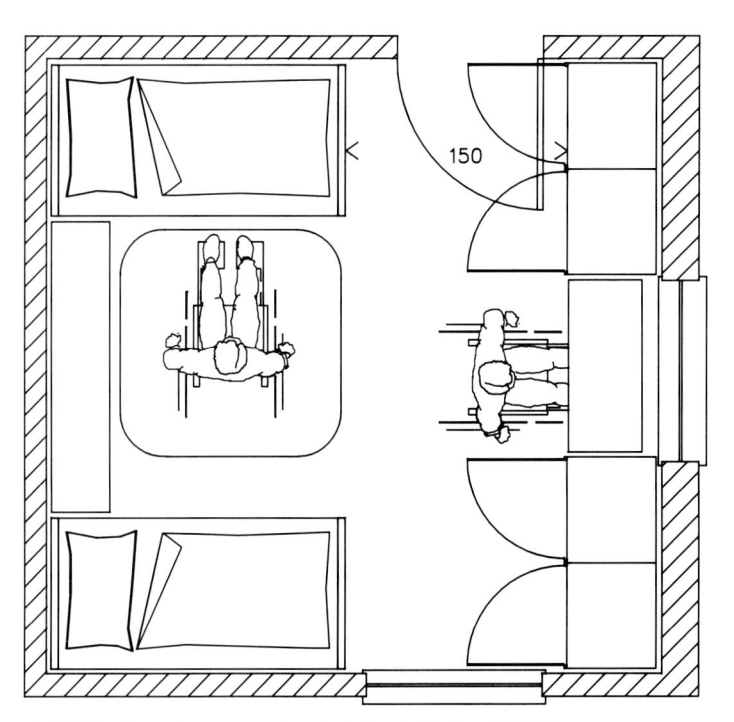

4.4/17 Zweibettzimmer – getrennt stehende Betten, M 1:50

4.4.6.3 Bettstellungen in Heimen

Bei der Bemessung von Wohn-Schlafräumen für mehrere Rollstuhlbenutzer in Heimen sind möglichst die Bewegungsflächen für Einbettzimmer oder die für Zweibettzimmer mit getrennt stehenden Betten anzunehmen. Solche Anordnungen benötigen in der Addition so viel Platz, dass sie nicht immer verwirklicht werden können. Es ist darauf zu achten, dass die Bewegungsfläche für mehrere Rollstuhlbenutzer vorhanden ist, damit sie sich gegenseitig besuchen können (Abb. 20 a + b).

4.4.7 Einrichtung

Zur Einrichtung der Schlafräume gehört auch die Möglichkeit, bei Bedarf Deckenschienen anzubringen (siehe Kap. 5.1 Oberflächen im Raum, Wand, Decke, Boden; Kap. 5.4 Einrichtung, Möbel; Kap. 5.5 Raumklima, Heizung, Lüftung; Kap. 5.8 Elektroinstallation).

Sehr tiefe Räume, die oft auch eine Schlafnische enthalten, können durch Fenster kaum ausreichend gelüftet werden. Hier empfiehlt sich eine zusätzliche Lüftungseinrichtung. In allen Schlafräumen ist auf die Zugänglichkeit von Heizkörperventilen, Fenstergriffen, Schaltern und Steckdosen zu achten.

Der Schwerstbehinderte muss ferner in der Lage sein, vom Bett aus z.B. das Leselicht, Heizkissen, Radio, Alarm-, Fernsprecheinrichtung und Türöffner zu betätigen. Bei der Einrichtung der Schlafräume ist besonders zu berücksichtigen, dass das Bett des Rollstuhlbenutzers so hoch wie sein Rollstuhl ist und er somit bequem ins Bett gelangen kann. Neben dem Bett, parallel zur Längsseite, ist vor allem bei Schwerstbehinderten eine Schrankwand für Radio, Bücher, Waschtisch, Stützapparate usw. sehr vorteilhaft. Schwenkbare oder ausziehbare Platten an der Unterseite des Bettes sind nützlich.

Neuere Pflegebetten haben große Variationsmöglichkeiten. Menschen mit Behinderungen können mit Hilfe dieser Betten die Höhenlage und Neigung der Matratzen den persönlichen Bedürfnissen anpassen. Meistens werden elektrische Antriebe verwendet, um z.B. das Kopfteil, das Beinteil oder die Höhe zu verstellen. Diese Betten sind in der Regel 200 cm auf 100 cm groß.

4.4/18 Zweibettzimmer – getrennt stehende Betten, M 1:50

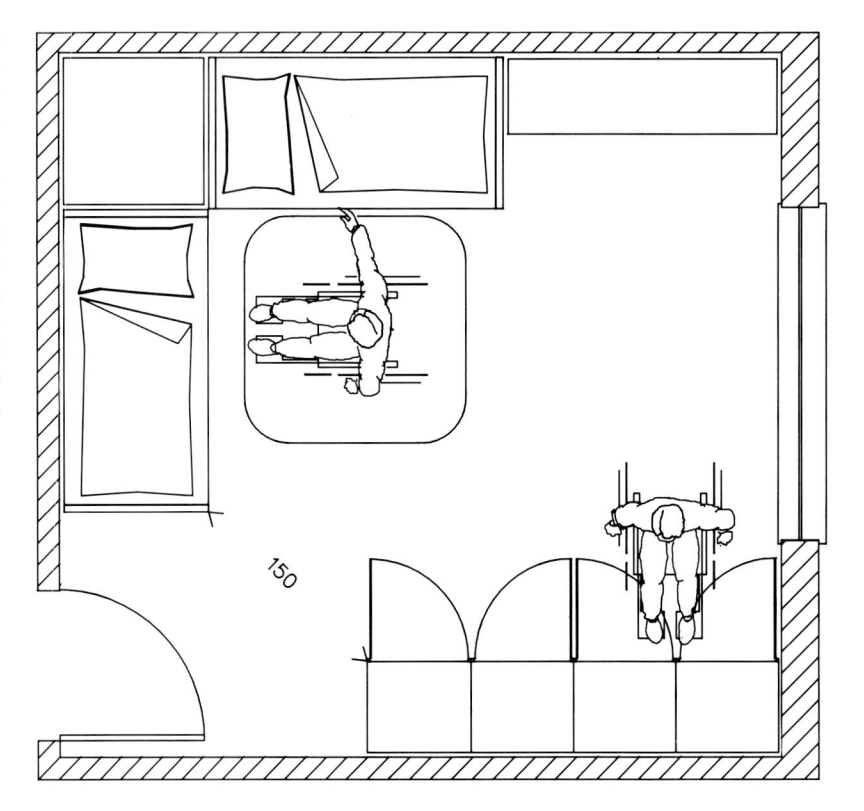

4.4/19 Zweibettzimmer, übereck getrennt stehende Betten, M 1:50

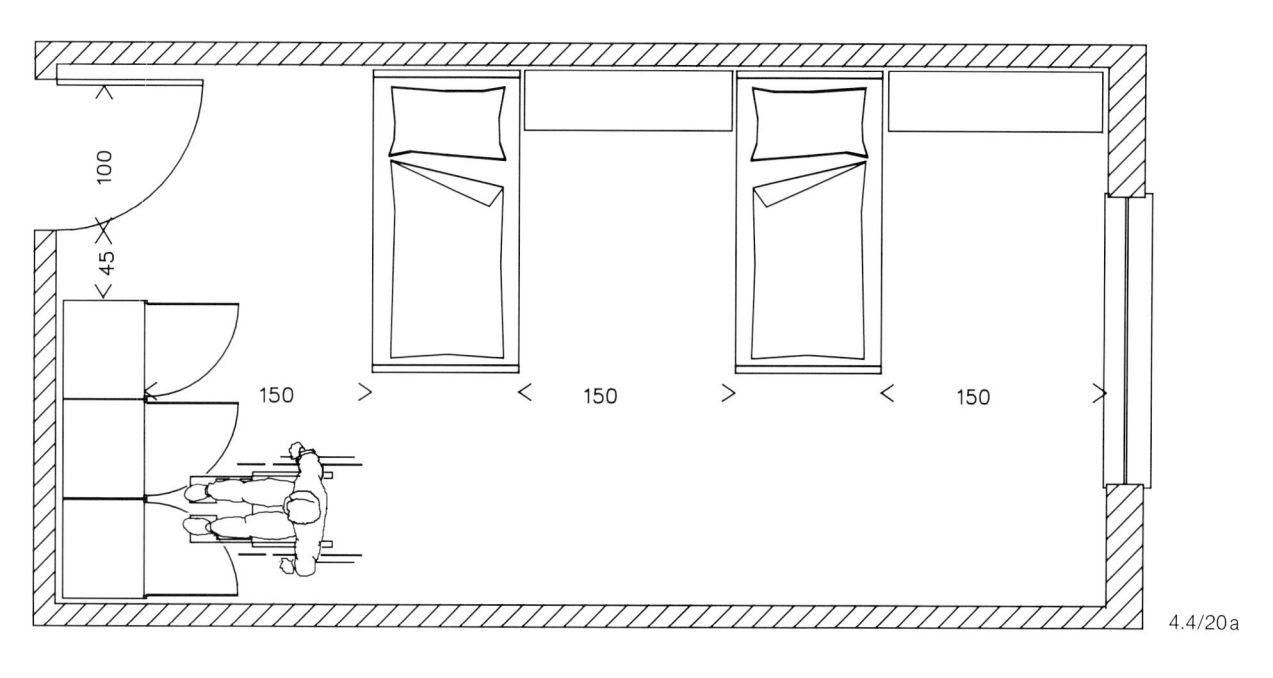

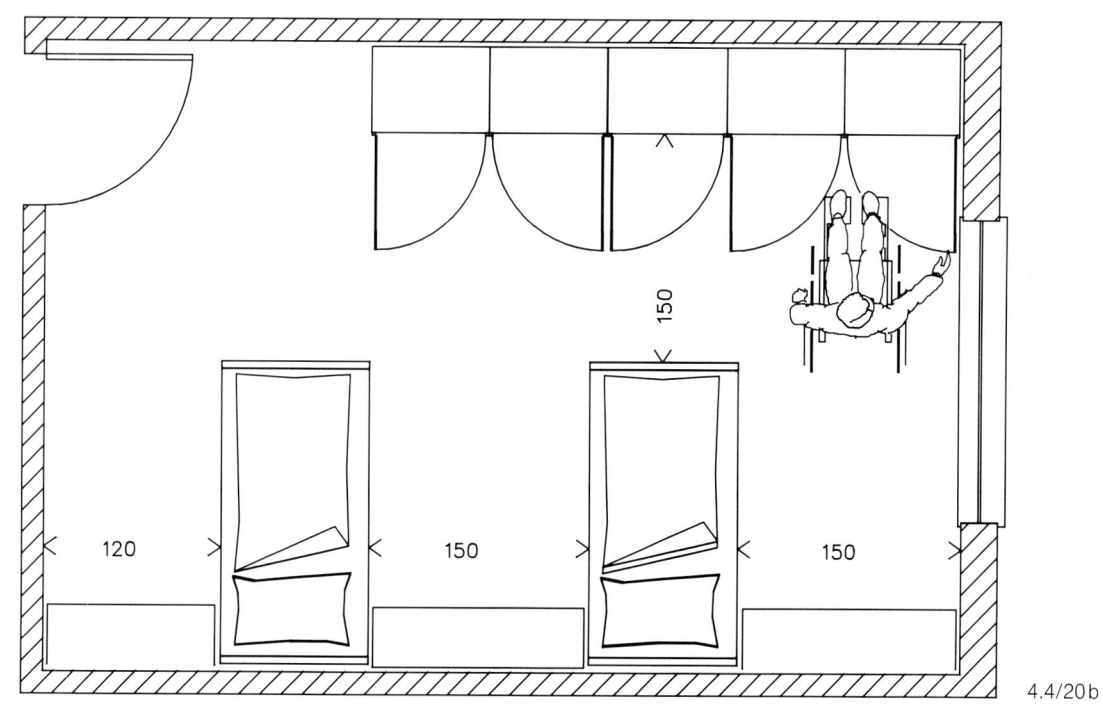

4.4/20 a+b Zweibettzimmer mit getrennt stehenden Betten – große Raumtiefe, ungünstig, M 1:50

4.5 Küchen

Joachim Brohm

4.5.1 Normen
DIN 18025 Barrierefreie Wohnungen Dezember 1992 Teil 1, Wohnungen für Rollstuhlbenutzer – Planungsgrundlagen
In Kap. 6.1 Küche heißt es:
Herd, Arbeitsplatte und Spüle müssen uneingeschränkt unterfahrbar sein. Sie müssen für die Belange des Nutzers in die ihm entsprechende Arbeitshöhe montiert werden können. Zur Unterfahrbarkeit der Spüle ist ein Unterputz- oder Flachaufputzsiphon erforderlich.
Zusätzlich gilt DIN 18022.
Bewegungsflächen vor Kücheneinrichtungen siehe Abschnitt 3.2.
Anmerkung: Herd, Arbeitsplatte und Spüle sollten übereck angeordnet werden können.
Teil 2, Barrierefreie Wohnungen – Planungsgrundlagen
In Kap. 6.1 Küche heißt es:
Herd, Arbeitsplatte und Spüle müssen für die Belange des Nutzers in die ihm entsprechende Arbeitshöhe montiert werden können.
Zusätzlich gilt DIN 18022.
Bewegungsflächen vor Kücheneinrichtungen siehe Abschnitt 3.4.
Anmerkung: Herd, Arbeitsplatte und Spüle sollten nebeneinander mit Beinfreiraum angeordnet werden können. Die Spüle sollte mit Unterputz- oder Flachaufputzsiphon ausgestattet werden.

4.5.2 Der Küchenraum und seine Bedeutung für den behinderten oder betagten Bewohner
Ein entsprechend geplanter und ausgestatteter Küchenraum kann wesentlich zu einem selbstständigen Wohnen und Wirtschaften des behinderten oder betagten Bewohners beitragen. Neben der eigenen Essenszubereitung ist besonders die Möglichkeit, Gäste zu bewirten, von Bedeutung, da hierdurch soziale Kontakte, auf die der behinderte oder betagte Mensch sehr stark angewiesen ist, entstehen können oder erhalten bleiben. Auch für Familienhaushalte, in denen der Mann oder ein Kind behindert ist, kann ein die Behinderung berücksichtigender Küchenraum von Bedeutung sein. Bei Behinderungen des Mannes übernimmt erfahrungsgemäß die nichtbehinderte Frau stärker die Funktionen außerhalb des Hauses, während sich der behinderte Partner der Haushaltsführung widmet. Ein behindertes Kind kann durch Mitarbeit in einer behindertengerecht ausgestatteten Küche besser auf ein späteres selbstständiges Wohnen und Wirtschaften vorbereitet werden.
Küchenräume für behinderte oder betagte Nutzer müssen daher so geplant werden, dass sie außer der vollen Zugänglichkeit aller Einrichtungsteile eine optimale Organisation und ökonomische Durchführung der einzelnen Hausarbeiten ermöglichen.
Es ist dabei jedoch zu berücksichtigen, dass eine noch so gut durchdachte Küchenausstattung eine bestimmte Armkraft des Nutzers, um z.B. einen Topf mit Wasser zu füllen und ihn auf den Herd zu stellen, nicht ersetzen kann. Hier sind die Grenzen des selbstständigen Wirtschaftens zu sehen.

4.5.3 Allgemeine Planungsvoraussetzungen
Unterschiedliche Behinderungsarten führen zwar zu Küchengestaltungen, die in den Einzelheiten voneinander abweichen, aber in den folgenden wichtigen Grundlagen übereinstimmen.

4.5.3.1 Arbeitsabläufe
Noch stärker als beim nichtbehinderten ist beim behinderten Küchennutzer auf einen rationellen Arbeitsablauf für die Zubereitung der Mahlzeiten Wert zu legen, da für behinderte und betagte Bewohner jede längere Wegstrecke und jeder zusätzliche vertikale Hebevorgang eine besondere körperliche Anstrengung bedeutet. Daher sind die unterschiedlichen Küchenarbeiten auf möglichst wenige Arbeitsplätze zu konzentrieren. Durch eine folgerichtige Anordnung der einzelnen Elemente wird gleichzeitig die Orientierung innerhalb des Küchenraumes erleichtert – für blinde und sehbehinderte Nutzer von großer Wichtigkeit.
Für die Planung des Küchenraumes sollte daher von der in Abb. 4.5/1 dargestellten Anordnung der Grundelemente ausgegangen werden, wie sie im Normblatt DIN 18022 – Küchen, Bäder und WC's im Wohnungsbau – Ausgabe November 1989 – festgelegt ist. Diese Anordnung gestattet für die Hauptfunktionen der Küchenarbeit: Essensvorbereitung – Kochen – Spülen ökonomische Arbeitsabläufe.
Als Hauptarbeitsplatz für diese Hauptfunktionen ist die Arbeitsplatte (1) zwischen Herd und Spüle anzusehen. Sie darf für die Arbeiten der Essenszubereitung nicht zu schmal sein, andererseits darf sie wiederum nicht zu breit sein, damit der Arbeitsablauf beim Kochen – Verbindung Herd mit Wasserzapfstelle – nicht durch zu lange Wege auseinander gerissen wird.
An die Arbeitsplatte grenzen rechts der Kochherd (2) und links die Spüle (3) mit Kalt- und Warmwasseranschlüssen direkt an (Anordnung für Rechtshänder). Der Herd wird rechts durch eine Abstellfläche (4), um Töpfe vom Herd abstellen zu können, ergänzt, während an die Spüle eine Abstellfläche (5) angrenzt, die beim Spülen als Absetzfläche für Geschirr und als Arbeitsfläche für umfangreichere Essensvorbereitungen dient. Alle diese Grundelemente müssen abstandslos aneinander anschließen und in der für den Nutzer richtigen Arbeitshöhe angeordnet werden.
Dieser Grundanordnung werden alle weiteren Einrichtungsteile, wie Unter-, Ober- und Hochschränke, Kühlschrank, Tiefkühltruhe, Backofen, Geschirrspülmaschine usw. zugeordnet.

4.5.3.2 Grundformen des Küchenraumes
Der Küchenraum darf von seiner Grundfläche her nicht zu knapp bemessen sein. Es sollen nicht nur die notwendigen Einrichtungsteile Platz finden und die Mindestabstände eingehalten sein, sondern alle Teile müssen in arbeitsgerechter Reihenfolge aufgestellt werden können. Ferner muss Spielraum für Ergänzungen und für sich im Laufe der Zeit ergebende Entwicklungen vorhanden sein. Andererseits darf der Küchenraum nicht zu groß bemessen sein, da sonst die schnelle Erreichbarkeit der einzelnen Teile eingeschränkt und er zu pflegeaufwendig wird. Als Küchengrundformen sind zu unterscheiden:

Abb. 4.5/2 Einzeilige Form:
Empfiehlt sich nur bei Kleinküchen, auch in Form von Kochnischen in Einpersonenhaushalten. In Mehrpersonenhaushalten würden durch die notwendigen weiteren Einrichtungsteile zu lange Küchenzeilen mit sehr ungünstigen Wegelängen für den Nutzer entstehen.

Abb. 4.5/3 Zweizeilige Form:
Als günstige Form anzusehen, wenn sie von vornherein in einen Hauptarbeitsbereich mit Herd, Arbeitsplatte, Spüle und Kühlschrank auf der einen Seite und einen zweiten Arbeitsbereich mit Abstell- und Aufbewahrungseinrichtungsteilen auf der anderen Seite aufgeteilt wird. Beide Bereiche dürfen in sich nicht auseinander gerissen werden; die Anordnung z.B. der Spüle in der einen und des Herdes in der anderen Zeile würde zu erheblichen zusätzlichen Wegelängen und Drehbewegungen für den behinderten Nutzer führen.
Die zweizeilige Form ermöglicht gute Belichtung bei Anordnung des Fensters in einer Stirnseite, welches dadurch von Einrichtungsteilen freigehalten werden kann.

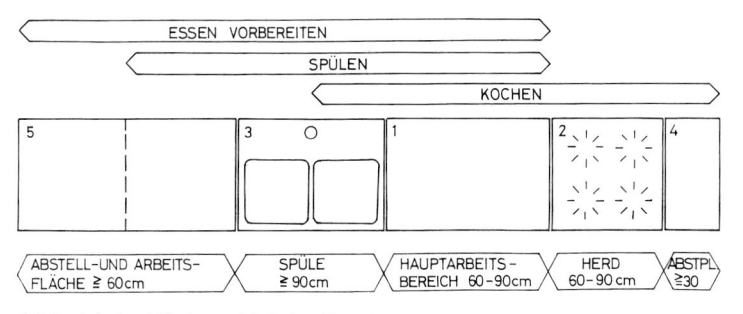

4.5/1 Arbeitsabläufe und Arbeitsplätze in der Küche

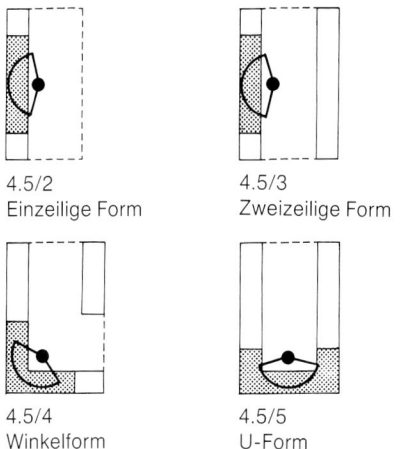

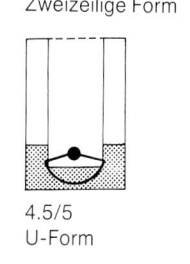

4.5/2 Einzeilige Form
4.5/3 Zweizeilige Form
4.5/4 Winkelform
4.5/5 U-Form

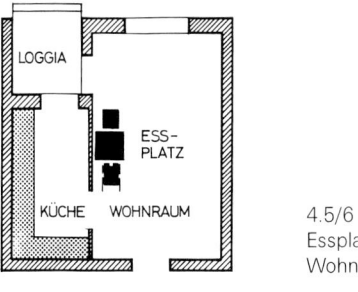

4.5/6 Essplatz im Wohnraum

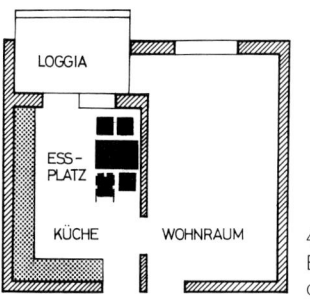

4.5/7 Essplatz in der Küche

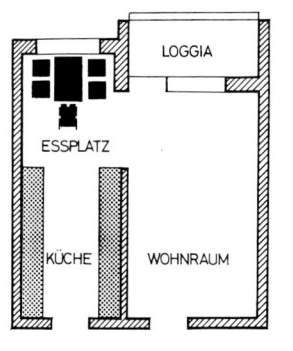

4.5/8 Essplatz der Küche vorgelagert

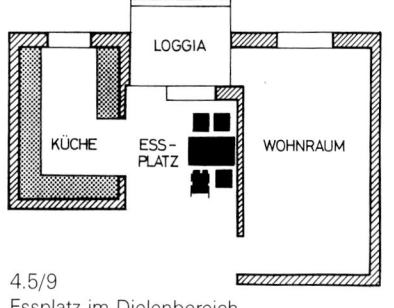

4.5/9 Essplatz im Dielenbereich zwischen Küche und Wohnraum

4.5.3.3 Küchenanordnung in der Wohnung

Eine abseitige oder isolierte Lage des Küchenraumes ist zu vermeiden. Er muss – mit Ausnahme von Ein- und Zweipersonenwohnungen – direkt vom Flur oder vom Essplatz zugängig sein und soll möglichst zentral in der Wohnung angeordnet werden mit kurzen Verbindungen zu den anderen Räumen. Dadurch bleibt auch während der Arbeit in der Küche der Kontakt zu den übrigen Familienmitgliedern erhalten, was besonders wichtig bei kleinen Kindern im Haushalt ist.

Die Zuordnung des Küchenraumes zum Essplatz ist besonders sorgfältig zu überlegen:

Essplatz im Wohnzimmer: Er kann bei geringen Raumgrößen die Stellflächen für die eigentliche Wohnzimmereinrichtung einengen, auch kann der Weg zwischen Küche und Essplatz in größeren Wohnungen zu lang werden. Der Essplatz im Wohnzimmer bietet sich daher nur in Ein- und Zweipersonenwohnungen an, bei denen durch direkten Zugang vom Wohnzimmer zur angrenzenden Küche oder Kochnische kurze Wege erreicht werden können (siehe Abb. 4.5/6).

Essplatz in der Küche: Er vermeidet die vorstehenden Nachteile und ermöglicht darüber hinaus, dass Teile der Küchenarbeiten, wie z.B. Gemüseputzen und Kartoffelschälen, am Esstisch ausgeführt werden und sich dadurch mehrere Familienangehörige an der Küchenarbeit beteiligen können, ohne sich gegenseitig zu stören. Der in der Küche gelegene Essplatz ermöglicht nicht nur den kürzesten Weg zwischen Zubereitung und Einnehmen der Mahlzeiten, sondern bietet sich auch für den längeren Aufenthalt der übrigen Haushaltsmitglieder an, wodurch die Isolation des behinderten Küchennutzers vermieden werden kann (siehe Abb. 4.5/7).

Eine andere günstige Anordnung stellt der der zeilenförmigen oder U-förmigen Küche vorgelagerte Essplatz dar. Auch er kann direkt belichtet werden. Wichtig für eine vielfältige Nutzung dabei ist, dass er nicht nur über die Küche erreichbar ist, sondern auch eine direkte Verbindung zum angrenzenden Wohnraum aufweist (siehe Abb. 4.5/8).

Essplatz in besonderer Diele: Für größere Haushalte sollte der Essplatz in einer zwischen Küche und Wohnraum gelegenen, direkt belichteten Diele vorgesehen werden. Gerade bei mehreren Bewohnern dient eine separate Essdiele auch anderen, vielfältigen Funktionen, wie Spielen, Basteln, Schularbeiten machen, Lesen, Kaffeetrinken u.a., auch wird sie schnell zu einem Hauptaufenthaltsraum der Kinder in Nähe der Küchennutzer (siehe Abb. 4.5/9).

Abb. 4.5/4 Winkelform:
DIN 18025 Teil 1 empfiehlt die Anordnung von Herd, Arbeitsplatte und Spüle übereck. Dadurch wird ein sehr günstiger zentraler Hauptarbeitsplatz erreicht, durch den die wichtigsten Arbeitswege und Drehbewegungen, vor allem für den auf den Rollstuhl angewiesenen Küchennutzer, weitgehend reduziert werden.
Winkelküchen benötigen eine größere Fläche; es sei denn, dass nicht so häufig benutzte Einrichtungsteile getrennt in einer zweiten Zeile parallel zu dem einen Winkelteil angeordnet werden.
Das Fenster kann frei von Einrichtungsteilen angeordnet werden, ein teilweise „Sich-im-Licht-Stehen" ist jedoch nicht zu vermeiden.

Abb. 4.5/5 U-Form:
Sie ermöglicht die stärkste Konzentration der Einrichtungsteile bei geringer Flächengröße und Reduzierung der Arbeitswege und Drehbewegungen des Nutzers auf ein Minimum. Im Küchenbereich ist ein von Einrichtungsteilen frei zu erreichendes Fenster jedoch nicht anzuordnen. Sie bietet sich als Kleinküche (unbelichtet) für Ein- und Zweipersonenhaushalte an.

4.5.3.4 Die weitere Ausgestaltung

Die in der heutigen Zeit angestrebte Wohnlichkeit des Küchenraumes gilt besonders für den behinderten und für den betagten Bewohner, da gerade er stärker auf den Aufenthalt innerhalb seiner vier Wände angewiesen ist. Es ist daher nicht bloße Ästhetik, sondern eine Notwendigkeit, auch den Küchenraum in einer Behinderten- oder Betagtenwohnung so zu gestalten, dass der Aufenthalt hierin nicht als notwendiges Übel, sondern als angenehm empfunden wird. Weitere wichtige Gesichtspunkte für eine gute Planung sind Pflegeleichtigkeit des Raumes und Ausschaltung von Unfallquellen aller Art.

Grundrissplanung, Fenster: Eine überlegte Grundrissplanung kann zu den o.g. Anforderungen bereits Wesentliches beitragen. Alle Einrichtungsteile sind von den Arbeitsabläufen hier zweckmäßig und zugleich sinnfällig anzuordnen, um die Orientierung zu erleichtern. Die Wände müssen tragfähig für die Anbringung von Einrichtungsteilen wie Herdmulden, Arbeitsplatten und Spülen auf Konsolen sowie von Oberschränken sein.

Innenliegende Küchen, die ständig künstliche Beleuchtung erfordern, sind zu vermeiden, nach Möglichkeit auch bei Kleinküchen in Altenwohnungen.

Gerade für den behinderten Bewohner ist ein Blickkontakt zur Wohnungsumgebung, auch vom Küchenraum aus, sehr wichtig. Zu kleine und hochliegende Fenster, die den Raum ungenügend belichten und keine direkte Aussicht, auch vom Rollstuhl aus, gewähren, sind ebenso zu vermeiden wie große Fenster, die die Nutzung der Raumecken für Ausstattungs- oder Einrichtungsteile verhindern und pflegeaufwendig sind. Um ein einwandfreies Bedienen und Putzen der Fenster zu ermöglichen, sind Einrichtungsteile im Fensterbereich zu vermeiden – selbst wenn das Normblatt dieses zulässt.

Belüftung: Die Fenster müssen, z.B. durch schmale Lüftungsklappen, so ausgebildet sein, dass sie eine genügende, zugarme und regelbare Dauerlüftung ermöglichen. Solche Lüftungseinrichtungen sind jedoch von den Wetterverhältnissen abhängig und oft nicht ausreichend. Sie sollten daher durch Lüftungsschächte oder besser noch durch Lüftungen mit Motorkraft in der Außenwand oder im Lüftungsschacht ergänzt werden.

Beleuchtung: Die Allgemeinbeleuchtung durch künstliches Licht ist auf jeden Fall mit Rücksicht auf Sehbehinderungen durch besondere Leuchten über den Arbeitsplätzen zur Essensvorbereitung, zum Kochen, Backen und Spülen zu ergänzen. Über den einzelnen Arbeitsplätzen und Abstellflächen sind genügend Steckdosen vorzusehen.

Wasserinstallation: An der Spüle ist eine Versorgung mit Kalt- und Warmwasser und eine Ausstattung mit Mischbatterie als Eingriffstyp und mit schwenkbarem Rohr vorzusehen.

Beheizung: Wichtig ist eine ausreichende Beheizung des Küchenraumes. Die Heizkörper und Heizrohre sowie auch alle anderen Installationseinbauten müssen so angeordnet werden, dass die Aufstellung und Nutzung von Einrichtungsteilen nicht beeinträchtigt wird.

Äußere Gestaltung der Einrichtungsteile: Zur Ausschaltung von Unfallquellen, vor allem für Blinde und Sehbehinderte, dürfen vorspringende Türen von Einrichtungsteilen im geöffneten Zustand nicht in den Raum ragen. Daher muss bei Drehtüren eine Öffnung um 180° möglich sein, oder es sind Schiebe- oder Falttüren zu verwenden. Kanten müssen abgerundet sein, Türbeschläge von Einrichtungsteilen müssen von der ganzen Hand umfasst werden können; Griffleisten sind ungeeignet.

Bedienungselemente: Alle Griffe, Bedienungsschalter, Steckdosen, Wasserhähne, Fenster- und Türbeschläge müssen im Greifbereich des Benutzers liegen und einfach zu bedienen sein.

Materialien: Die Wahl geeigneter Oberflächenmaterialien für Einrichtungs- und Ausstattungsteile, Wandflächen und Fußbodenbeläge sollte nicht modischen Gesichtspunkten, sondern in erster Linie der Vermeidung von Unfällen und der Pflegeleichtigkeit dienen; der Fußbodenbelag soll elastisch, warm, rutschhemmend, leicht zu reinigen und wasserundurchlässig sein. Er darf sich nicht elektrostatisch aufladen.

Farbgestaltung: Ihr ist im Küchenbereich besondere Sorgfalt zu widmen, da durch sie zum einen die angestrebte Wohnlichkeit erreicht werden kann, zum anderen kann eine kontrastgebende Farbgestaltung bei den unterschiedlichen Einrichtungsteilen und durch Betonung der Schalter und Bedienungselemente vor allem sehbehinderten Nutzern die Orientierung und damit die Küchenarbeit sehr erleichtern.

4.5.3.5 Die Küchenausstattung

DIN 18022 und DIN 18025 sehen in ihrer Novellierung von der Festlegung bauseitig einzubringender Ausstattungsteile im Gegensatz zu den vorhergehenden Fassungen völlig ab. Damit soll wohl den Küchennutzern eine selbstständigere Auswahl an Einrichtungsteilen und eine individuellere Küchengestaltung ermöglicht werden. Dem kann bei Eigenheimen und Eigentumswohnungen entsprochen werden; steht doch hierbei der Bauherr oder Käufer frühzeitig genug fest, um die Küchenplanung und -gestaltung voll auf seine individuelle Behinderungsart und den Grad der Behinderung ausrichten zu können oder durch ihn selbst bestimmen zu lassen.

Im Mietwohnungsbau dagegen ist der Bewohner zum Zeitpunkt des Ausbaues meistens noch nicht bekannt. Selbst wenn er bekannt ist, ist im Gegensatz zu Eigentumsmaßnahmen bei Mietwohnungen mit einem öfteren Wechsel der Mieterschaft zu rechnen, so dass Bewohner unterschiedlicher Behinderungsarten und -grade nacheinander die gleiche Küche benutzen werden.

Auch erwarten Mieter eine bestimmte Grundausstattung der Küche. Für Mietwohnungen für behinderte und betagte Bewohner, die ganz überwiegend im öffentlich geförderten Wohnungsbau errichtet werden, sind ohnehin die dafür geltenden Förderrichtlinien der einzelnen Bundesländer zu beachten. Sie gehen in der Regel für den Küchenraum von einer bauseitig einzubringenden Grundausstattung mit Arbeitsplatte, Herd und Spüle aus. Diese drei Einrichtungsteile als Hauptarbeitsplatz der Küche sind daher von vornherein bei Mietwohnungen bauseitig vorzusehen. Durch die Forderung nach ihrer Unterfahrbarkeit und Höhenverstellbarkeit nach DIN 18025 können sie ohnehin nutzerneutral auf die jeweilige Arbeitshöhe eingestellt werden und müssen nicht bei Bewohnerwechsel ausgetauscht werden. Zur Grundausstattung gehört auch der in einem Hochschrank eingebaute Backofen. Ferner sollte dem behinderten Mieter von vornherein Schrankraum für die wichtigsten Vorräte, Geschirrteile und Küchengeräte zur Verfügung stehen.

Mit dieser Grundausstattung wird der behinderte oder betagte Mieter sofort in die Lage versetzt, in der Küche wirtschaften zu können. Die übrige Einrichtung der Küche mit Kühlschrankeinbau, Hoch-, Unter- und Oberschränken usw. bleibt dem Bewohner entsprechend seinen Bedürfnissen überlassen.

Kleinküchen in Mietwohnungen für Betagte sollten von vornherein komplett ausgestattet werden. Bei nur teilweiser Ausstattung wäre der Bewohner gezwungen, sich die Küche mit zusätzlichen Einrichtungsteilen selbst ergänzen zu müssen, was, da entsprechende Beratung oft fehlt, zu fehlerhafter Anordnung der Einzelteile führen kann. Dadurch können Arbeitsabläufe und die gesamte Küchenarbeit kraft- und zeitaufwendig werden.

4.5.4 Küchen für Rollstuhlbenutzer nach DIN 18025 Teil 1

Um die Forderung des Normblattes DIN 18025 Teil 1 zu erfüllen, dass Rollstuhlbenutzer alle Einrichtungen der Wohnung nutzen können und in der Lage sein müssen, von fremder Hilfe weitgehend unabhängig zu sein, müssen besonders bei der Planung und Einrichtung des Küchenraumes die Bewegungsmöglichkeiten mit dem Rollstuhl und der Greifbereich vom Rollstuhl aus sehr sorgfältig berücksichtigt werden. Hierfür geben die folgenden Ausführungen Hinweise.

4.5.4.1 Flächen für Kücheneinrichtungen

Im Gegensatz zur bisherigen DIN 18025 Teil 1 enthält die Neufassung vom Dezember 1992 keine Vorgaben mehr für Art und Abmessungen der einzelnen Einrichtungsgegenstände. Sie verweist lediglich auf das Normblatt DIN 18022 „Küche, Bäder und WC's im Wohnungsbau", Ausgabe November 1989. Aber auch hierin sind keine Angaben über Mindesteinrichtungen von Küchen enthalten, sondern es wird nur gesagt, dass „Größe und Einrichtung von Küchen ... vorrangig von der Anzahl der Personen, für die Wohnungen oder Einfamilienhäuser geplant werden" abhängen. Als Ergänzung sind dem Normblatt zwei Grundrissdarstellungen einer zweizeiligen Küche und einer winkelförmigen Kleinküche beigegeben. Da dem Entwurf von Wohnbauten oft nicht die erforderliche Zeit gewidmet wird und vielfach griffbereite Vorlagen unbesehen übernommen werden, ist zu befürchten, dass die Zeichnungen der DIN 18022 zur Grundlage für die Planung von Küchen für Rollstuhlbenutzer genommen werden. Damit entstünden jedoch völlig unzureichende Küchengrößen und -einrichtungen!

Aus der Darstellung der zweizeiligen Küche in DIN 18022, die als Mindestküchengröße für einen mittelgroßen Nichtbehindertenhaushalt angesehen werden kann, ergibt sich nämlich eine Frontlänge aller Einrichtungsteile von nur 540 cm. Küchen für Rollstuhlbenutzer benötigen jedoch wesentlich mehr Frontlänge durch:
– den eingeschränkten Greifbereich vom Rollstuhl aus. So können nur die mittleren Teile von Unterschränken und Hochschränken erreicht werden, was zu zusätzlichem Schrankraum führt
– die erforderliche Unterfahrbarkeit des Hauptarbeitsplatzes von Arbeitsplatte, Herd und Spüle. Der in einer Nichtbehindertenküche unter der Herdmulde angeordnete Backofen und der Schrankraum unter Arbeitsplatte und Spüle muss in der Küche des Rollstuhlbenutzers an anderer Stelle zusätzlich angeordnet werden.

Nach der bisher gültigen DIN 18025 Teil 1 war bei einer Summierung aller Einrichtungsteile eine Stellflächenlänge von mindestens 710 cm erforderlich, also bereits deutlich mehr als die Mindestanforderung an eine Nichtbehindertenküche. Die Frontlänge nach der alten DIN 18025 Teil 1 kann aber nicht mehr als ausreichend angesehen werden. Inzwischen gehören z.B. Geschirrspülmaschinen und Gefrierschränke zum Haushalt auch des behinderten Bewohners. Das führt zu einer Gesamtabwicklungsfläche der Einrichtungsteile von mindestens 800 cm, die für einen mittelgroßen Haushalt mit einem auf den Rollstuhl angewiesenen Angehörigen nicht unterschritten werden sollte. Je nach Form der Küche und unter Berücksichtigung der erforderlichen Bewegungsfläche ergibt sich daraus eine Größe des Küchenraumes von mindestens 11 m².

4.5.4.2 Unterfahrbarkeit und Arbeitshöhen von Einrichtungsteilen

Neben dem Vorhandensein ausreichender Stellflächen für Einrichtungsteile ist für den auf den Rollstuhl angewiesenen Nutzer die Unterfahrbarkeit des für die Küchenarbeit wichtigsten Arbeitsplatzes von Arbeitsplatte, Herd und Spüle notwendig. DIN 18025 Teil 1 fordert die uneingeschränkte Unterfahrbarkeit dieser drei Einrichtungsteile. „Uneingeschränkt" bedeutet, dass nicht nur die einzelnen Einrichtungsteile isoliert voneinander unterfahrbar sein müssen, sondern dass unter allen drei Einrichtungsteilen Bewegungen mit dem Rollstuhl, z.B. von der Arbeitsplatte zur Herdmulde oder zur Spüle, möglich sein müssen. Daher dürfen keine senkrechten Stützen diese Bewegungen einengen; es empfiehlt sich für die Arbeitsplatte, Herdmulde und Spüle eine Befestigung an Konsolen.

Gegenüber der bisherigen Norm gibt es in der Neufassung keine Mindesthöhe für die Unterfahrbarkeit des Hauptarbeitsplatzes mehr und – damit zusammenhängend – auch keine Vorgabe für eine bestimmte Arbeitshöhe. Die zwischenzeitliche Entwicklung der Küchentechnik und Ausweitung des Angebotes an Einrichtungsteilen für behinderte Nutzer ermöglichte die Forderung im jetzigen Normblatt, die Einrichtungsteile Arbeitsplatte, Herd und Spüle in die dem Benutzer entsprechende Arbeitshöhe montieren zu können. Das bedeutet nicht, dass aufwändige, motorisch verstellbare Einrichtungsteile installiert werden müssen. Es genügt, wenn diese Teile an z.B. senkrecht montierten Schienen auf Konsolen in die für den Nutzer richtige Arbeitshöhe angebracht werden können. Bei Eigentumsmaßnahmen lässt sich diese Regelung, da der behinderte Nutzer von vornherein feststeht, sehr früh umsetzen. Bei Mietwohnungen ist es aber auch erforderlich, dass, sobald der behinderte Mieter feststeht, seine individuelle Arbeitshöhe zwischen ihm, dem Bauträger und dem mit der Einrichtung beauftragten Küchenhersteller ermittelt wird und die Einrichtungsteile entsprechend montiert werden.

4.5.4.3 Bewegungsflächen

Vor Einrichtungsteilen muss lt. DIN 18025 Teil 1 die volle Bewegungsfläche von 150 cm Tiefe eingehalten werden. Das gilt auch für Einrichtungsteile, die vom Rollstuhl unterfahrbar ausgebildet sein müssen, wie Arbeitsplatte, Herd und Spüle; von der Vorderkante dieser Teile aus muss die volle Bewegungsfläche vorhanden sein. Lediglich im Bereich übereck angeordneter, unterfahrbarer Arbeitsplatten (siehe 4.5.4.5) kann die Bewegungsfläche unter die Arbeitsplatte greifen.

Obwohl im Normblatt leider nicht erwähnt, müssen Küchenfenster direkt und hindernisfrei erreichbar sein, da sonst eine Bedienung oder Reinigung der Fenster vom Rollstuhl aus nicht oder nur sehr eingeschränkt möglich ist. Selbst ein Heizkörper im Fensterbereich kann zu einem erheblichen Hindernis werden.

4.5.4.4 Die einzelnen Einrichtungsteile

Das für die Kücheneinrichtung maßgebende Normblatt DIN 18022 geht für die Breiten der Einrichtungsteile von einem Modul von 3 M = 30 cm aus. Alle im Normblatt enthaltenen Breitenmaße sind das Einfache oder das Mehrfache von 3 M. Die Tiefe der Einrichtungsteile hat das feste Maß von 6 M = 60 cm mit Ausnahme der Oberschränke, deren Tiefe mit höchstens 4 M ≤ 40 cm angegeben ist.

Die Ziffern der folgenden Einrichtungsteile kehren in den Grundrissbeispielen wieder.

(1) Arbeitsplatte – Stellfläche nach DIN 18022:
b ≥ 60 cm, t = 60 cm

Die Arbeitsplatte bildet zusammen mit dem rechts anschließenden Herd (2) und der links anschließenden Spüle (3) den Hauptarbeitsplatz. Sie muss wie Herd und Spüle voll unterfahrbar sein und für die Belange des Nutzers in die ihm entsprechende Arbeitshöhe montiert werden können.

Da hier die wichtigsten Küchenarbeiten vorgenommen werden, darf sie nicht zu schmal ausgebildet werden. Eine Breite von 60 cm kann für einen vom Rollstuhl aus arbeitenden Küchennutzer zu Platzmangel führen, wenn sein Greifbereich durch hohe Gefäße und Geräte eingeschränkt wird, um die Arbeitsplatte in der Tiefe nutzen zu können. Skandinavische Hersteller von Behindertenküchen haben daher bereits vor Jahren eine Breite von 80 cm vorgegeben. Zu empfehlen ist eine Breite von 90 cm. Bei darüber hinausgehenden Breiten würde das Arbeiten an Herd und Spüle zu stark auseinander gerissen und der Nutzer gezwungen, mit dem Rollstuhl für ihn zusätzliche und zeitraubende Bewegungen auszuführen. Sollte aus Platzgründen nur eine Breite von 60 cm möglich sein, bietet sich die Ausbildung der Arbeitsplatte mit zwei Arbeitshöhen und einem verschiebbaren Teil im höheren Arbeitsbereich an. Dadurch kann über höhere Gegenstände auf der vorderen unteren Platte hinweggegriffen und die obere Platte im hinteren Bereich benutzt werden. Die Plattenoberfläche sollte kratz- und stoßfest sein und die Anbringung von

Saugnäpfen zur Halterung von Töpfen und Gerät ermöglichen.

(2) Herd – Stellfläche nach DIN 18022:
b = 60 cm, t = 60 cm
Unterfahrbar auszubilden, an die Arbeitsplatte (1) rechts und an die Abstellfläche (4) anschließend.

Die üblichen Herde mit hintereinander angeordneten Kochplatten haben für Rollstuhlbenutzer Nachteile, da die hinteren Töpfe vom Rollstuhl aus schlecht bedient und eingesehen werden können. Besser ist eine Kochplattenanordnung nebeneinander, was zu einer breiteren Herdmulde bis zu 120 cm führt.

Bei Herden mit einzelnen Kochplatten ist es wegen der tieferliegenden Zwischenräume für den Nutzer vom Rollstuhl aus oft schwierig – insbesondere bei geringerer Armkraft –, Töpfe von einer Platte auf eine andere zu stellen oder vom Herd zu nehmen. Hierfür sind Glaskeramikplatten günstiger, die eine ebene Fläche bilden und bei denen die eingeschalteten Kochstellen optisch erkennbar sind. Auf ihnen können Töpfe und Pfannen ohne größeren Kraftaufwand hin- und hergeschoben und auch auf den angrenzenden Abstellflächen sicher abgestellt werden.

Wichtig ist die richtige Anordnung der Bedienungsschalter. Eine Installation frontal vor dem Herd kann den Kochvorgang vom Rollstuhl aus erschweren. Besser ist die Anordnung einer Schalterleiste seitlich vom Herd oder im direkten oberen, aber vorderen Bereich der Herdfläche.

Zur schnellen Beseitigung des Essensgeruchs muss direkt über dem Herd ein Wrasenabzug mit den zugehörigen Anschlüssen angeordnet werden können.

(3) Spüle – Stellfläche nach DIN 18022:
b ≥ 90 cm, t = 60 cm
Unterfahrbar auszubilden, an die Arbeitsplatte (1) links und an die Abstellfläche (5) angrenzend.

Um die Unterfahrbarkeit für den Rollstuhl zu gewährleisten und gleichzeitig eine möglichst niedrige Arbeitshöhe zu erreichen, dürfen die Spülbecken nicht zu tief sein; eine Beckentiefe von 15 cm sollte nicht überschritten werden. Die Becken müssen für den vom Rollstuhl aus arbeitenden Nutzer direkt an der Vorderkante liegen.

Becken mit seitlicher Einlaufschräge ermöglichen das Spülen mit einer Hand und erleichtern das Ausgießen von schweren Töpfen. Die Spüle sollte mit einer Einhand-Mischbatterie mit langem Bedienungshebel und einem schwenkbaren längeren Rohr versehen werden. Drehgriffarmaturen sind für Nutzer mit geringer Greiffähigkeit unbrauchbar. Von Vorteil ist eine zusätzliche ausziehbare Schlauchbrause für den Abwaschvorgang, zur Beckenreinigung sowie zum Füllen neben der Spüle stehender Töpfe oder Eimer.

Nach DIN 18025 Teil 1 ist zur vollen Unterfahrbarkeit der Spüle ein Unterputz- oder Flachaufputzsiphon erforderlich.

Wird eine Geschirrspülmaschine vorgesehen, so muss sie in der Höhe so angeordnet werden, dass die ausgefahrenen Fächer eine Bestückungs- und Entnahmehöhe von 30-40 cm nicht unterschreiten. Wichtig ist die Zuordnung einer anschließenden Abstellfläche.

Bei Vorhandensein einer Geschirrspülmaschine ist ein Spülbecken mit Abtropffläche ausreichend.

(4) und (5) Abstellfläche – Stellfläche nach DIN 18022:
b ≥ 30 cm, t = 60 cm
Die Abstellfläche (4) schließt unmittelbar ohne Höhenunterschied rechts an den Herd (2), die Abstellfläche (5) an die Spüle (3) links an.

Um schnell und ausreichend Töpfe und Pfannen neben dem Herd bzw. Geschirr neben der Spüle abstellen zu können, sollten beide Flächen von vornherein auf 60 cm verbreitert werden. Die Oberflächen müssen kratz- und stoßfest sein.

Bei Rollstuhlbenutzern mit großem Bewegungsspielraum, z.B. bei Rollstühlen mit weit ausladendem Fußteil, sollten die Abstellflächen unterfahrbar ausgebildet werden. Im anderen Fall können unter ihnen Unterschränke (10) angeordnet werden.

(6) Große Arbeitsplatte – Stellfläche nach DIN 18022:
b ≥ 120 cm, t = 60 cm
Als Platz für umfangreichere Essens- und Backvorbereitungen ist ihre Anordnung zwischen Backofen und Kühlschrank vorteilhaft, weil dadurch Backofen und Kühlschrank vom Rollstuhl aus leichter bedient bzw. einfacher Backgut und Vorräte entnommen werden können. Dafür empfiehlt sich die Unterfahrbarkeit und Montagemöglichkeit der Platte auf die individuelle Arbeitshöhe des Nutzers. Ihre Oberfläche sollte kratz- und stoßfest sein und die Anbringung von Saugnäpfen zum Festhalten von Töpfen und Gerät erlauben.

Grenzt die große Arbeitsplatte an den Herd oder die Spüle an, kann die dort sonst vorgesehene Abstellfläche (4) bzw. (5) entfallen.

(7) Kühlschrank – Stellfläche nach DIN 18022:
b = 60 cm, t = 60 cm
Obwohl DIN 18025 Teil 1 darüber nichts aussagt, ist es erforderlich, dass der Kühlschrank im Greifbereich des Nutzers angeordnet wird. Es empfiehlt sich sein Einbau in einen Hochschrank in der für den Nutzer richtigen Höhe.

Um die volle Tiefe vom Rollstuhl aus erreichen zu können, muss der Kühlschrank mit herausziehbaren Fächern versehen werden. Günstig ist die Zuordnung einer Abstellfläche, auch in Form der großen Arbeitsplatte (6).

Tiefkühltruhen wie auch Kühl-Gefrier-Kombinationen sind vom Rollstuhl aus nicht erreichbar. Daher sollte eine zusätzliche Stellfläche für einen Gefrierschrank berücksichtigt werden. Er sollte ähnlich wie der Kühlschrank im Greifbereich des Nutzers angeordnet werden.

(8) Backofen – Stellfläche nach DIN 18022:
b = 60 cm, t = 60 cm
Die geforderte Unterfahrbarkeit der Herdmulde verbietet die sonst übliche Kombination mit einem unter der Herdmulde angeordneten Backofen. Vergleichbar mit dem Kühlschrank ist er ebenfalls in der für den Nutzer erreichbaren Höhe, am besten in einem Hochschrank, anzuordnen.

Backöfen sollten mit nach unten aufschlagenden Türen, die gleichzeitig als Abstellfläche dienen, versehen werden.

Als alternative Lösung kann eine ausziehbare, hitzebeständige Abstellfläche unter dem Backofen angesehen werden. Backwagen können Bedienung und Reinigung des Backofens erleichtern.

Erforderlich ist die Anordnung einer seitlich angrenzenden Abstellfläche, auch in Form der großen Arbeitsplatte (6), um Backwaren vom Ofen aus horizontal absetzen zu können. Wichtig ist die Einsicht vom Rollstuhl aus in den Backofen.

Die Bedienungselemente sind in Höhe von 85 cm anzuordnen.

Schrankraum:
Die bisher beschriebenen Einrichtungsteile lassen nur in geringem Umfang Schrankraum zu, lediglich unter den Abstellflächen (4) und (5) und über bzw. unter dem in Hochschränken eingebauten Kühlschrank (7) und Backofen (8). Dieser Schrankraum ist für einen Mehrpersonenhaushalt bei weitem nicht ausreichend und ist durch weitere Schränke zu ergänzen.

(9) Hochschrank – Stellfläche nach DIN 18022:
b = 60 cm, t = 60 cm
Hochschränke sind nur im mittleren Bereich vom Rollstuhl aus zu erreichen. Deswegen sind hier die wichtigsten Geschirrteile, Kochgeräte, Vorräte usw. vorzusehen, während nicht so häufig benutzte Gegenstände darunter oder darüber Platz finden können. Um die Schränke in voller Tiefe vom Rollstuhl aus nutzen zu können, sind voll ausziehbare Fächer in Korb- oder Schalenform vorzusehen. Für einen Mehrpersonenhaushalt sind zwei Hochschränke erforderlich, wobei Hochschränke mit Kühlschrank- oder Backofeneinbau nicht mitzählen.

(10) Unterschrank – Stellfläche nach DIN 18022:
b = 30-150 cm, t = 60 cm
Unterschränke werden nur in geringem Umfang z.B. unter den Abstellflächen (4) und (5) zur Anwendung kommen. Auch

sind sie vom Rollstuhl aus im unteren Teil nur eingeschränkt nutzbar. Wie bei den Hochschränken sind voll ausziehbare Fächer erforderlich.

Mobile Rollenschränke zur Aufnahme von Kochgeräten, wie Löffel, Schälmesser usw., oder von Spülmitteln und Putzgerät können – unter den Arbeitsplatten herausgezogen und neben dem Rollstuhl aufgestellt – die Koch- und Spülarbeiten wesentlich erleichtern.

(11) Oberschrank – Stellfläche nach DIN 18022:
b = 30-150 cm, t ≥ 40 cm

Oberschränke über der kleinen Arbeitsplatte (1), der Spüle (3) und der großen Arbeitsplatte (6) sind von Vorteil, da in ihnen die ständig benötigten Vorräte und Gewürze sowie das wichtigste Geschirr untergebracht werden können, was dadurch schnell zur Hand ist. Wichtig ist ihre Erreichbarkeit vom Rollstuhl aus. Die Schrankoberkante darf daher eine Höhe von 150 cm nicht überschreiten.

Die nach DIN 18022 mögliche Oberschranktiefe von 40 cm kann vom Rollstuhl aus nicht genutzt werden. Hersteller von Behindertenküchen bieten daher Oberschränke mit der geringeren Tiefe von 30 cm an.

Zur besseren Sichtbarmachung von Gegenständen auf den Borden empfiehlt sich deren Ausbildung aus durchsichtigem Material.

4.5.4.5 Übereckanordnung des Hauptarbeitsplatzes

DIN 18025 Teil 1 enthält die Empfehlung: Arbeitsplatte, Herd und Spüle sollten übereck angeordnet werden können. Der aus diesen drei Einrichtungsteilen bestehende Hauptarbeitsplatz der Küche hat in der Ausführung übereck, wie unter 4.5.3.2 erläutert, große Vorteile für den Rollstuhlnutzer, da für ihn beschwerliche und aufwändige Seitenbewegungen in günstigere Drehbewegungen umgewandelt werden. Der Übereckausbildung des Hauptarbeitsplatzes sollte daher bei der Küchenplanung für Rollstuhlbenutzer der Vorzug gegeben werden.

Die zwischen Herd und Spüle abgewinkelte Arbeitsplatte sollte an ihrer Vorderkante eine Mindestbreite von 65 cm haben (Rollstuhlbreite). Diese Anordnung ergibt allerdings für die Arbeitsplatte eine vom Rollstuhl aus nicht mehr erreichbare und nicht zu reinigende Tiefe. Sie kann zur Unterbringung des Leitungsschachtes genutzt werden. Auch besteht die Möglichkeit, eine vorziehbare Platte, auf der Küchengeräte untergebracht sind, oder einen auf der Arbeitsplatte aufgesetzten Eckschrank mit vorziehbaren Fächern für Vorräte, Gewürze oder Küchengeräte zu installieren.

Diese Schwierigkeiten entstehen bei einer rechtwinkeligen Anordnung des Hauptarbeitsplatzes bei Bewahrung der sonstigen Vorteile nicht.

4.5.4.6 Beispiele von Küchen nach DIN 18025 Teil 1

Die dargestellten Grundrisse (Abb. 4.5/10-12) geben Anregungen für die Planung von Küchen für einen Mehrpersonenhaushalt mit einem auf den Rollstuhl angewiesenen Bewohner. Ausgehend von den gleich bleibenden Mindestabmessungen des Raumes sind die unterschiedlichen Formen wie zweizeilige, winkelförmige und übereck angeordnete Küchen dargestellt. In allen Fällen wurde der Fensterbereich von Einrichtungsteilen freigehalten.

Beispiele von Küchen für Einpersonenhaushalte sind unter 4.5.5.6 zu finden. Sie können sinngemäß für Rollstuhlnutzer zu Grunde gelegt werden; allerdings sind die größeren Bewegungsflächen zu berücksichtigen.

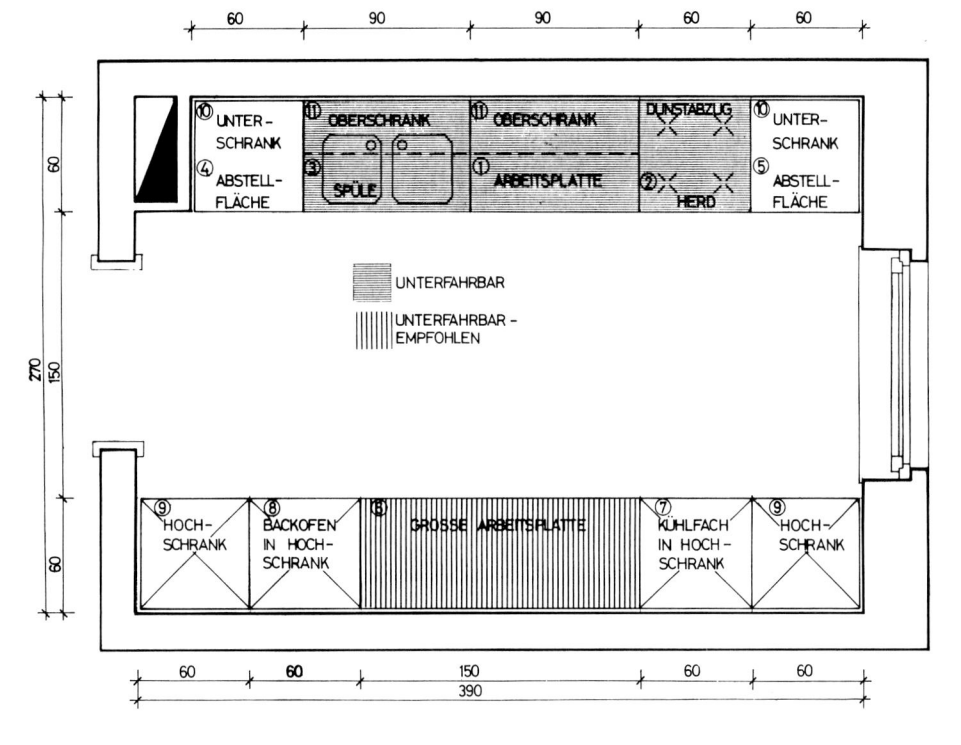

4.5/10 Küche für einen Mehrpersonenhaushalt in zweizeiliger Form mit Hauptarbeitsplatz aus Spüle, Arbeitsplatte und Herd auf der einen Seite sowie der großen Arbeitsplatte zwischen höher angeordnetem Backofen und Kühlfach auf der anderen Seite

4.5/11 Küche für einen Mehrpersonenhaushalt in Winkelform mit dem günstig im Winkel angeordneten Arbeitsplatz aus Spüle, Arbeitsplatte und Herd, an den sich Kühlfach bzw. Backofen mit großer Arbeitsplatte anschließen. Seltener benötigtes Geschirr, Gerät oder Vorräte können in der gegenüberliegenden Schrankzeile untergebracht werden

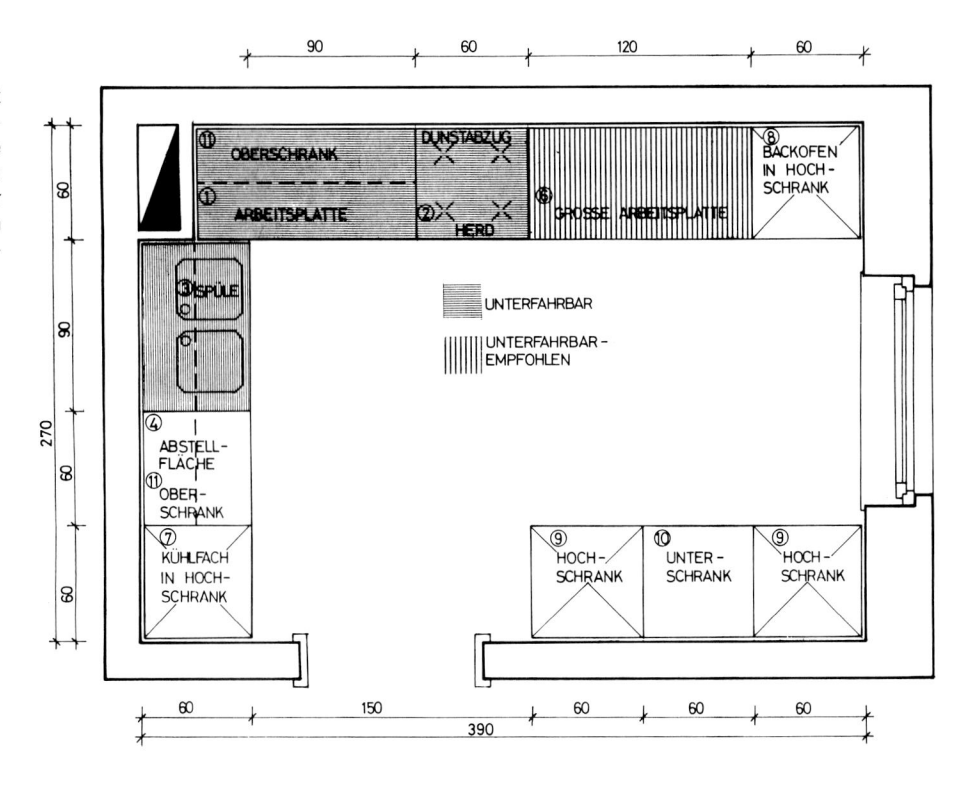

4.5/12 Küche für einen Mehrpersonenhaushalt in Übereckanordnung. Dadurch wird eine starke Konzentration des Hauptarbeitsplatzes aus Spüle, Arbeitsplatte und Herd ermöglicht. An die Spüle schließt die höher angeordnete Spülmaschine an, dadurch kann auf das zweite Spülbecken verzichtet werden

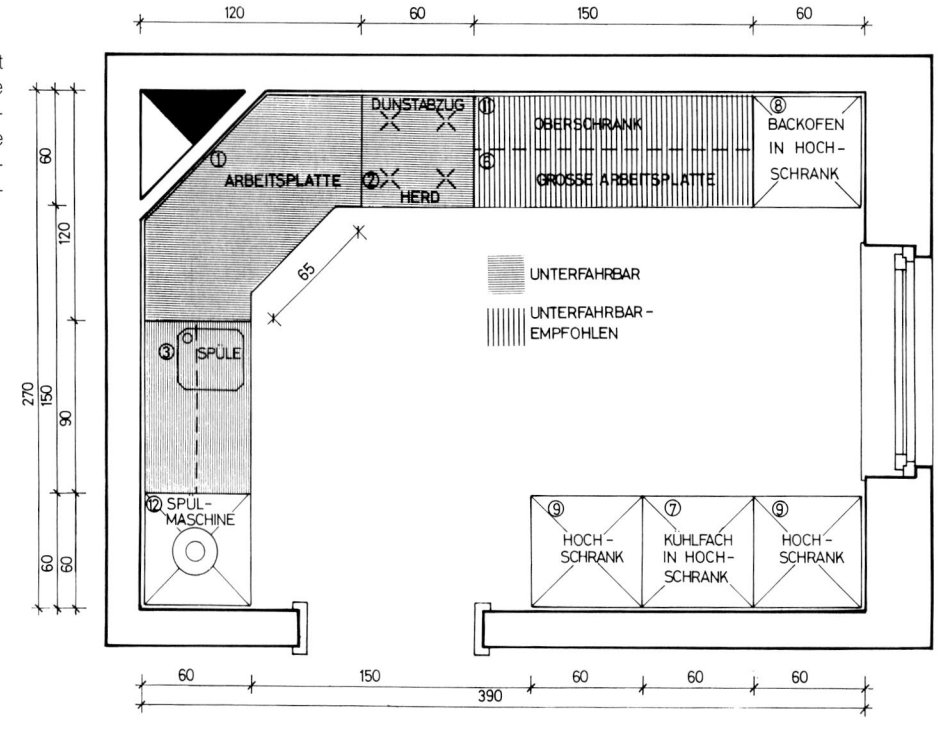

4.5.5 Küchen für sonstige behinderte und betagte Menschen nach DIN 18025 Teil 2

Während DIN 18025 Teil 1 sich ausschließlich auf Rollstuhlbenutzer konzentriert, spricht Teil 2 einen wesentlich größeren Bewohnerkreis an, wie vor allem Blinde und Sehbehinderte, Gehörlose und Hörgeschädigte, Gehbehinderte, Menschen mit sonstigen Behinderungen, ältere, klein- und großwüchsige Menschen. Auf diese Nutzergruppen muss die Küchenplanung und -einrichtung besondere Rücksicht nehmen.

4.5.5.1 Flächen für Kücheneinrichtungen

Wie Teil 1 enthält auch Teil 2 von DIN 18025 in der Neufassung von Dezember 1992 keine Vorgaben mehr für die Zahl und Abmessungen von Einrichtungsteilen und verweist auf DIN 18022 „Küchen, Bäder und WC's im Wohnungsbau". Wie unter 4.5.4.1 ausgeführt, sind die aus dieser Norm abzuleitenden Angaben für behinderte Nutzer nicht ausreichend. Nicht nur für Rollstuhlbenutzer, sondern auch für viele andere Bewohner mit eingeschränktem Greifbereich sind mehr Stellflächen für Einrichtungsteile notwendig. So können insbesondere Blinde und Sehbehinderte, Gehbehinderte, ältere Menschen und Kleinwüchsige nur Teilbereiche von Schränken, auch in der Schranktiefe erreichen. Wird die im Normblatt empfohlene Beinfreiheit von Arbeitsplatte, Herd und Spüle verwirklicht, entfällt sonst mögliche Schrankfläche und die Anordnung des Backofens unter diesen Teilen. Für alles muss Ausgleich an anderer Stelle der Küche geschaffen werden.

Wird bei der Küchenplanung von Beinfreiheit unter Herd, Arbeitsplatte und Spüle ausgegangen, sind Stellflächen für Einrichtungsteile im gleichen Umfang wie bei Küchen für Rollstuhlnutzer vorzusehen; das bedeutet bei Küchen für durchschnittlich große Mehrpersonenhaushalte eine Abwicklungsfläche von mindestens 800 cm.

4.5.5.2 Arbeitshöhe und Beinfreiheit von Einrichtungsteilen

Entsprechend der Norm müssen Herd, Arbeitsplatte und Spüle für die Belange des Nutzers in die ihm entsprechende Arbeitshöhe montiert werden können. Das kommt allen Nutzergruppen, vor allem aber Klein- und Großwüchsigen entgegen. Auch wird dadurch das Arbeiten im Sitzen ermöglicht, was für gehbehinderte und betagte Menschen von großem Vorteil ist. Dafür ist die im Normblatt empfohlene Beinfreiheit unter Herd, Arbeitsplatte und Spüle Voraussetzung.

Nicht nur die individuell einstellbare Arbeitshöhe, sondern auch die im Normblatt empfohlene Beinfreiheit unter dem Hauptarbeitsbereich sollte im Mietwohnungsbau die Regel werden, da hierdurch allen unterschiedlichen Behinderungsarten entsprochen und bei Mieterwechsel die gleiche Kücheneinrichtung ohne Mehrkosten den jeweiligen individuellen Bedürfnissen angepasst werden kann.

Um völlige Beinfreiheit zu erreichen, dürfen die einzelnen Teile, wie Herd, Arbeitsplatte und Spüle, nicht auf senkrechten Stützen, sondern sollten auf an der Wand befestigten Konsolen aufgelagert werden.

4.5.5.3 Bewegungsflächen

DIN 18025 Teil 2 fordert eine uneingeschränkte Bewegungsfläche von 120 cm vor bzw. zwischen Kücheneinrichtungen. Bei der im Normblatt empfohlenen Beinfreiheit von Arbeitsplatte, Herd und Spüle muss von der Vorderkante dieser Einrichtungsteile aus die volle Bewegungsfläche vorgesehen werden.

Obwohl im Normblatt nicht erwähnt, sollten Fenster von Einrichtungsteilen freigehalten werden, da sonst viele Nutzer, wie z.B. Gehbehinderte oder Kleinwüchsige, das Fenster nicht bedienen können.

4.5.5.4 Die einzelnen Einrichtungsteile

Teil 2 von DIN 18025 verweist ebenso wie Teil 1 auf DIN 18022. In diesem Normblatt sind alle Einrichtungsteile mit ihrem erforderlichen Flächenbedarf einzeln erläutert.

In der Kücheneinrichtung gibt es zwischen Rollstuhlbenutzern und anderen Behinderten keine grundlegenden Unterschiede, insbesondere, wenn für viele Nutzer der nach Teil 2 geplanten Küchen ein Arbeiten im Sitzen vordringlich ist, wie z.B. bei gehbehinderten oder betagten Menschen. Daher können die Einrichtungsteile und ihr Flächenbedarf, wie unter 4.5.4.4 für Rollstuhlbenutzer erläutert, auch für die Nutzergruppen der DIN 18025 Teil 2 zu Grunde gelegt werden. Um dem Leser jedoch Verweise auf frühere Textstellen zu ersparen, werden im folgenden die Einrichtungsteile mit ihren Stellflächen im einzelnen – auf die Gefahr einer Wiederholung hin – dargestellt und durch besondere Hinweise für die Nutzergruppen von Teil 2 der DIN 18025 ergänzt.

Die Ziffern der einzelnen Einrichtungsteile sind mit denen in den Grundrißssbeispielen identisch.

(1) Arbeitsplatte – Stellfläche nach DIN 18022:
$b \geq 60$ cm; $t = 60$ cm
Rechts anschließend (2) Herd, links anschließend (3) Spüle.
Die Arbeitsplatte als Hauptarbeitsbereich darf nicht zu schmal ausgebildet werden. Besonders für im Sitzen arbeitende Nutzer wird der Greifbereich durch höhere Gefäße oder Geräte in der Tiefe eingeschränkt. Dafür ist ein Ausgleich in der Breite zu schaffen; empfohlen wird eine Breite von 90 cm.

Für ein Arbeiten im Sitzen ist volle Beinfreiheit erforderlich. Die Plattenoberfläche sollte kratz- und stoßfest sein und die Anbringung von Saugnäpfen als Halterung von Töpfen und Geräten gestatten.

(2) Herd – Stellfläche nach DIN 18022:
$b = 60$ cm; $t = 60$ cm
Direkt an (1) Arbeitsplatte links und (4) Abstellfläche rechts anschließend.
Für im Sitzen arbeitende Gehbehinderte oder Betagte haben Herde mit hintereinander liegenden Kochplatten Nachteile, da auf den hinteren Platten stehende Töpfe nicht eingesehen und nur schlecht bedient werden können. Besser ist eine Anordnung der Platten nebeneinander; das führt zu einer größeren Breite der Herdmulde. Günstig sind Glaskeramikplatten mit einer ebenen Fläche, die ein Verschieben von Töpfen und Pfannen zulassen und dadurch die Nutzung der hinteren Brennstellen erleichtern. Für Kocharbeiten im Sitzen ist die Beinfreiheit der Kochmulde Voraussetzung. Schalter sollten nicht senkrecht vor dem Herd angeordnet werden, da sie im Sitzen schlecht zu bedienen und im Stehen kaum zu erkennen sind. Besser ist ihre Anordnung im oberen vorderen Herdbereich. Die Schalter sollten für Blinde und Sehbehinderte Kontrastmarkierungen und ertastbare Kennzeichnungen erhalten.

Über dem Herd muss ein Wrasenabzug mit den zugehörigen Anschlüssen angebracht werden können.

(3) Spüle – Stellfläche nach DIN 18022:
$b \geq 90$ cm; $t = 60$ cm
Direkt an (1) Arbeitsplatte rechts und (5) Abstellfläche links angrenzend.
Für ein Arbeiten im Sitzen muss für die nötige Beinfreiheit auf Unterbauten verzichtet und ein Unterputz- oder Flachaufputzsiphon vorgesehen werden. Für die notwendige Beinfreiheit einerseits und eine möglichst niedrige Arbeitshöhe andererseits dürfen die Spülbecken nicht zu tief sein; eine Beckentiefe von 15 cm sollte nicht überschritten werden. Auch sollten die Becken direkt an der Vorderkante liegen. Die Spüle sollte mit einer Einhand-Mischbatterie mit langem Bedienungshebel und einem schwenkbaren längeren Rohr versehen werden. Eine zusätzliche ausziehbare Schlauchbrause kann für den Abwaschvorgang, zur Beckenreinigung sowie zum Füllen neben der Spüle stehender Töpfe oder Eimer von Vorteil sein.

Bei Vorhandensein einer Geschirrspülmaschine genügt ein Spülbecken mit Abtropffläche. Geschirrspülmaschinen sind im Greifbereich des Küchennutzers mit einer anschließenden Abstellfläche anzuordnen.

(4) und (5) Abstellflächen – Stellfläche nach DIN 18022:
$b \geq 30$ cm; $t = 60$ cm
Abstellfläche (4) schließt direkt rechts an den Herd (2), Abstellfläche (5) direkt an die Spüle (3) links an.

Eine Verbreiterung beider Flächen auf 60 cm empfiehlt sich, um schnell Töpfe und Pfannen vom Herd nehmen bzw. Geschirr neben der Spüle abstellen zu können.

Unter den Abstellflächen können Unterschränke (10) angeordnet werden. Die Oberflächen sind kratz- und schlagfest auszubilden.

(6) Große Arbeitsplatte – Stellfläche nach DIN 18022:
b ≥ 120 cm; t = 60 cm

Als Platz für umfangreichere Essens- und Backvorbereitungen ist ihre Anordnung zwischen Kühlschrank (7) und Backofen (8) von Vorteil. Auch hier sollte ein Arbeiten im Sitzen möglich sein; es empfiehlt sich Beinfreiheit und Höhenverstellbarkeit. Die Oberfläche sollte kratz- und schlagfest sein. Auch müssen auf ihr Saugnäpfe zum Festhalten von Töpfen und Gerät haften können.

(7) Kühlschrank – Stellfläche nach DIN 18022:
b = 60 cm; t = 60 cm

Bei üblicher Aufstellung können z.B. Gehbehinderte und Betagte nur mit Mühe den Kühlschrank erreichen. Es empfiehlt sich daher sein Einbau in einen Hochschrank in der für den Nutzer richtigen Höhe.

Um die volle Tiefe nutzen zu können, sollte er über herausziehbare Fächer verfügen. Günstig ist seine Zuordnung zu Abstellflächen oder zur großen Arbeitsplatte (6).

(8) Backofen – Stellfläche nach DIN 18022:
b = 60 cm; t = 60 cm

Die im Normblatt empfohlene Beinfreiheit unter der Kochmulde lässt die sonst übliche Anordnung des Backofens nicht zu.

Wie der Kühlschrank sollte daher der Backofen in einem Hochschrank in der für den Nutzer richtigen Höhe eingebaut werden. Backöfen sollten mit nach unten sich öffnenden Türen bzw. einer unter dem Backofen angebrachten ausziehbaren Platte zum Abstellen des Backgutes versehen werden. Günstig ist die Zuordnung des Backofens zu angrenzenden Stellflächen oder auch zur großen Arbeitsplatte (6).

Die bisher beschriebenen Einrichtungsteile lassen Schrankraum – besonders bei Ausbildung von Beinfreiheit unter dem Hauptarbeitsplatz – nicht ausreichend zu. Daher sind weitere Schränke vorzusehen:

(9) Hochschrank – Stellfläche nach DIN 18022:
b = 60 cm; t = 60 cm

Hochschränke sind für viele Nutzer nur im mittleren Teil erreichbar. Um auch die unteren Teile nutzen zu können, sind voll ausziehbare Fächer in Korb- oder Schalenform vorzusehen. Für einen mittelgroßen Haushalt sollten zwei Hochschränke – ohne die Hochschränke mit Kühlschrank- oder Backofeneinbau – vorgesehen werden.

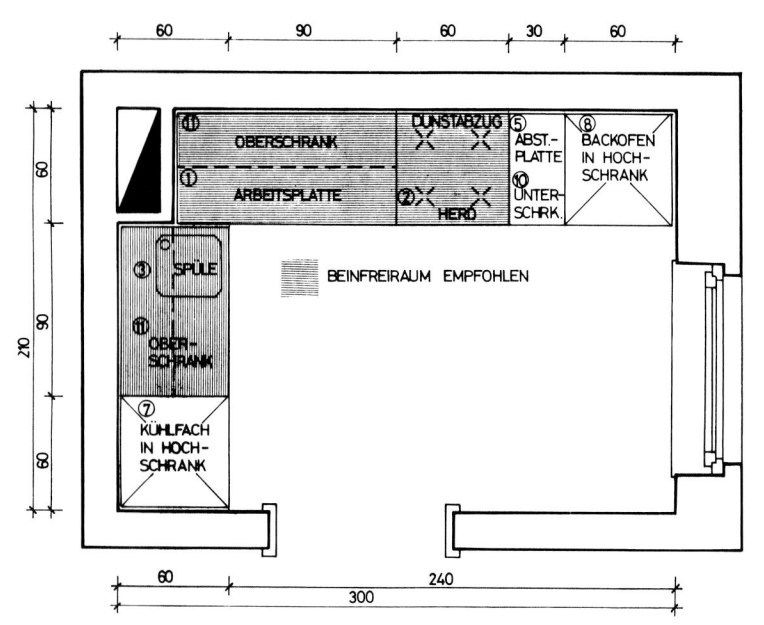

4.5/13 Kleinküche für einen Einpersonenhaushalt mit natürlicher Belichtung und Belüftung. Der Hauptarbeitsplatz aus Spüle, Arbeitsplatte und Herd ist günstig im Winkel angeordnet. An ihn grenzen Hochschränke mit Kühlfach- bzw. Backofeneinbauten an

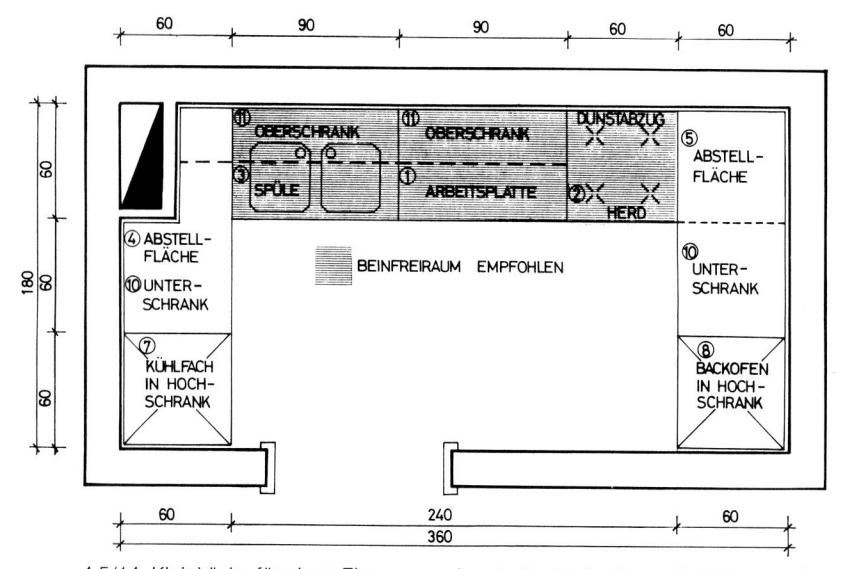

4.5/14 Kleinküche für einen Einpersonenhaushalt mit künstlicher Belichtung und Belüftung. Hier sind Spüle, Arbeitsplatte und Herd nebeneinander angeordnet zum Hauptarbeitsplatz. An diesen schließen Hochschränke mit Kühlfach- bzw. Backofeneinbauten an

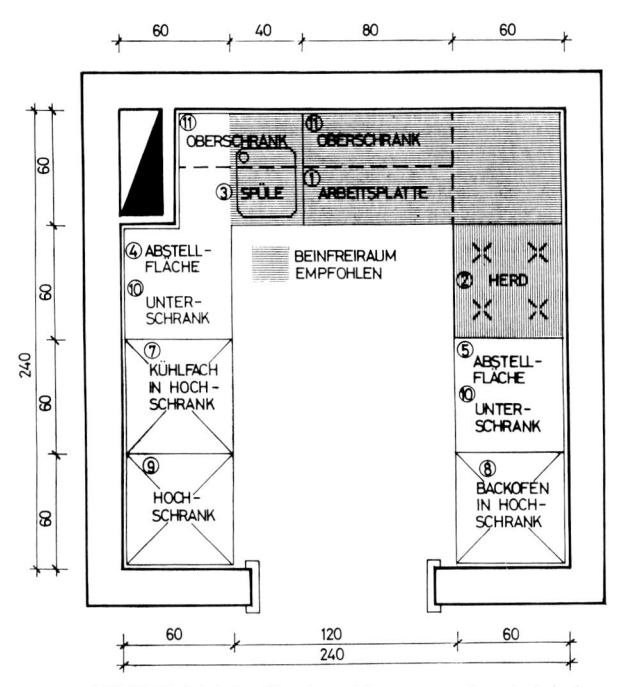

(10) Unterschrank – Stellfläche nach DIN 18022:
b = 30-150 cm; t = 60 cm
Wenn der empfohlenen Beinfreiheit unter dem Hauptarbeitsbereich gefolgt wird, werden Unterschränke nur in geringem Umfang, z.B. unter den Stellflächen (4) und (5), angeordnet werden können. Um sie auch im unteren Teil erreichbar zu machen, sind sie mit voll ausziehbaren Fächern auszustatten.

(11) Oberschrank – Stellfläche nach DIN 18022:
b = 30-150 cm; t ≥ 40 cm
Ihre Anordnung über der Spüle (3), der Arbeitsplatte (1) und der großen Arbeitsplatte (6) zur Unterbringung des wichtigsten Geschirrs, der beim Kochen ständig benötigten Vorräte und Gewürze kann die Arbeitsabläufe bei der Essensvorbereitung, dem Kochen und Spülen wesentlich konzentrieren und erleichtern. Voraussetzung ist, dass sie im jeweiligen Greifbereich des Nutzers montiert werden.
Die Tiefe der Oberschränke sollte 30 cm nicht überschreiten, um besonders die einreihige Unterbringung von Geschirrteilen oder Vorräten, die für Blinde und Sehbehinderte ausschlaggebend ist, zu ermöglichen.

4.5.5.5 Winkelförmige Anordnung des Hauptarbeitsplatzes

Nicht auf den Rollstuhl angewiesene Küchennutzer können – im Gegensatz zu Rollstuhlbenutzern – Seitenbewegungen leichter durchführen. Die Küchenarbeit an einem zeilenförmig angeordneten Hauptarbeitsplatz ist daher durchaus möglich. Es ist aber für viele Gehbehinderte und Betag-

4.5/15 Kleinküche für einen Einpersonenhaushalt in innenliegender, konzentrierter U-Form. Anordnung des Hauptarbeitsplatzes aus Spüle, Arbeitsplatte und Herd sowie die Zuordnung der übrigen Einrichtungsteile wie in Abb. 4.5/14

4.5/16 Übereckanordnung des Hauptarbeitsplatzes aus Herdmulde, Arbeitsplatte und Spüle, vom Rollstuhl aus voll unterfahrbar und elektromotorisch höhenverstellbar. (Fokus-Küche)

4.5/17 Anordnung der Geschirrspülmaschine im Greifbereich des Rollstuhlbenutzers. (Fokus-Küche)

4.5/18 Hochschrank mit Vorratsauszügen. (Fokus-Küche)

te von großem Vorteil, wenn sie die wichtigsten Arbeiten im Sitzen verrichten können. Hierfür schaffen die empfohlene Beinfreiheit und die Montagemöglichkeit von Arbeitsplatte, Herd und Spüle auf die individuelle Arbeitshöhe notwendige Voraussetzungen. Eine winkelförmige Anordnung des Hauptarbeitsplatzes kann das Arbeiten im Sitzen noch weiter verbessern: Es entsteht dadurch ein „Arbeitszentrum", welches von einem Drehstuhl aus alle wichtigen Küchenarbeiten zulässt, ohne den Platz verlassen zu müssen.

4.5.5.6 Beispiele von Küchen nach DIN 18025 Teil 2

Teil 2 von DIN 18025 benennt unter den Nutzern, für die dieses Normblatt Planungshinweise gibt, auch die älteren Menschen. Da es sich hierbei vor allem um Einpersonenhaushalte handelt, sollen hier Beispiele von Küchen für alleinstehende betagte Menschen (Abb. 4.5/13-15) gegeben werden. Dass auch der alleinstehende Bewohner selbstständig und ohne fremde Hilfe wirtschaften kann und auch möchte, wird häufig vernachlässigt, es werden in sog. Altenwohnungen oft nur enge Kochnischen vorgesehen. Der Umstand, dass mit Nachlassen der körperlichen Kräfte die Arbeit in zu kleinen Küchen und auf zu knapp bemessenen Bewegungsflächen beschwerlich und unsicher wird, darf bei künftigen Planungen nicht mehr außer acht gelassen werden und muss zu ausreichend bemessenen Küchenräumen führen.

Da die winkelförmige Anordnung des Hauptarbeitsplatzes besonders für betagte Menschen im Sitzen große Vorteile hat, wird sie in den Grundrissbeispielen zu Grunde gelegt.

Für Mehrpersonenhaushalte können die Küchenbeispiele unter 4.5.4.6 sinngemäß angewendet werden – abgesehen von den unterschiedlichen Bewegungsflächen.

4.6 Hausarbeitsraum

Joachim Brohm

4.6.1 Planungsvorgaben

Während in den früheren Ausgaben der DIN 18022 und DIN 18025 dem Hausarbeitsraum erhebliche Beachtung geschenkt wurde und in ihnen detaillierte Planungs- und Einrichtungsvorgaben enthalten sind, verzichten die genannten Normblätter in der novellierten Form von 1989 bzw. 1992 auf jegliche Angaben zu Hausarbeitsräumen.

Das hängt wohl damit zusammen, dass für die durchschnittliche Haushaltsgröße ein besonderer Hausarbeitsraum als nicht erforderlich und wirtschaftlich nicht vertretbar erscheint und davon ausgegangen wird, dass die anfallenden Arbeiten in anderen Räumen, so z.B. die Wäschepflege innerhalb des Bades, mit durchgeführt werden können.

Voraussetzung dafür ist jedoch, dass diese Räume dafür entsprechend vorbereitet sind. Was die Wäschepflege anbelangt, berücksichtigt die Neufassung der DIN 18022 von 1989 Einrichtungen für Wäschepflegegeräte. Hierauf bezieht sich indirekt DIN 18025 Teil 1 und Teil 2 in der Neufassung von 1992. Da für bestimmte Haushaltsgrößen und -strukturen Hausarbeitsräume als erforderlich und wirtschaftlich vertretbar anzusehen sind, wird in den folgenden Abschnitten unabhängig von den zitierten Normblättern, die dazu keine Aussage treffen, versucht, Vorgaben für die Planung und Ausstattung von Hausarbeitsräumen zu geben.

4.6.2 Hausarbeitsräume für behinderte und betagte Bewohner

Wie unter 4.6.1 ausgeführt, ist ein besonderer Hausarbeitsraum in kleinen und mittelgroßen Haushalten als entbehrlich anzusehen, wenn die anfallenden Arbeiten an anderer Stelle wie z.B. im Bad, welches Stellflächen und Anschlüsse für Waschgeräte enthält, oder in einer direkt belichteten Essdiele, die sich für Näh- und Bügelarbeiten eignet, geleistet werden können.

Hausarbeitsräume können dagegen erforderlich werden in großen Haushalten mit einem behinderten Familienmitglied sowie insbesondere bei Wohngemeinschaften von behinderten oder betagten Bewohnern, wie sie in letzter Zeit zunehmend entstehen und auf ein möglichst selbstständiges Wohnen und Wirtschaften der einzelnen Bewohner angelegt sind.

Die durch die größere Bewohnerzahl bedingte umfangreichere Wäsche- und Kleiderpflege lässt sich nicht mehr in Sanitärräumen mit durchführen, zumal diese Sanitärräume in einem großen Haushalt mit mehreren Bewohnern sehr stark frequentiert werden. Ein separater Hausarbeitsraum von ausreichender Größe und Ausstattung und günstiger Anordnung innerhalb der Wohnung kann daher das Wirtschaften wesentlich erleichtern. Neben der Wäschepflege kann er auch für kleinere Reparaturen und zum Werken genutzt werden. Trotzdem sollte bei der Planung von größeren Wohnungen für behinderte oder betagte Bewohner eingehend geprüft werden, ob der erforderliche technische und bauliche Aufwand für einen Hausarbeitsraum die voraussichtliche Nutzung rechtfertigt. Aus dem gleichen wirtschaftlichen Grund sind Anordnung, Abmessungen und Einrichtung sehr sorgfältig vorzunehmen.

4.6.3 Grundformen der Hausarbeitsräume

Wie unterschiedlich und vielseitig die Anforderungen an den Hausarbeitsraum sind, zeigt der folgende Überblick über die Tätigkeiten und die dafür benötigten Einrichtungsteile (Tabelle).

Überblick über die Tätigkeiten und dafür benötigte Einrichtungsteile

Aufgaben	Einrichtungsteile
Wäsche- und Kleiderpflege	
Waschen, Spülen	Waschbecken, Waschmaschine
Schleudern	Wäscheschleuder
Trocknen	Wäschetrockengerät
Plätten, Bügeln	Bügelgerät, Bügelbrett
Ausbessern, Nähen	Nähmaschine, Arbeitsplatte
Sammeln	Schmutzwäschebehälter
Schuhpflege	Schrank für Reinigungs- und Pflegemittel
Pflanzenpflege	Arbeitsplatte, Waschbecken
Kleinere Reparaturarbeiten	Arbeitsplatte, Schrank für Werkzeug
Werken	Arbeitsplatte, Wasserbecken, Schrank für Geräte und Material

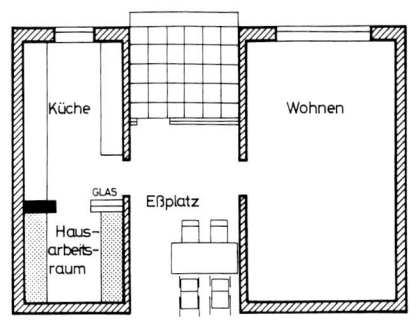

4.6/1 Hausarbeitsraum in Kombination mit dem Küchenraum

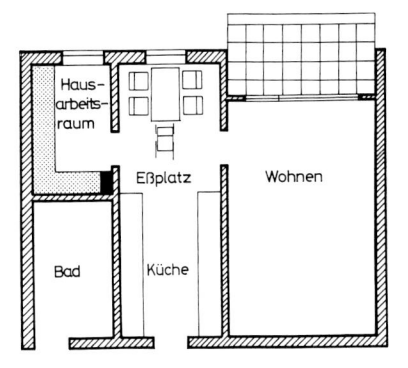

4.6/2 Hausarbeitsraum in Verbindung mit dem Essplatz

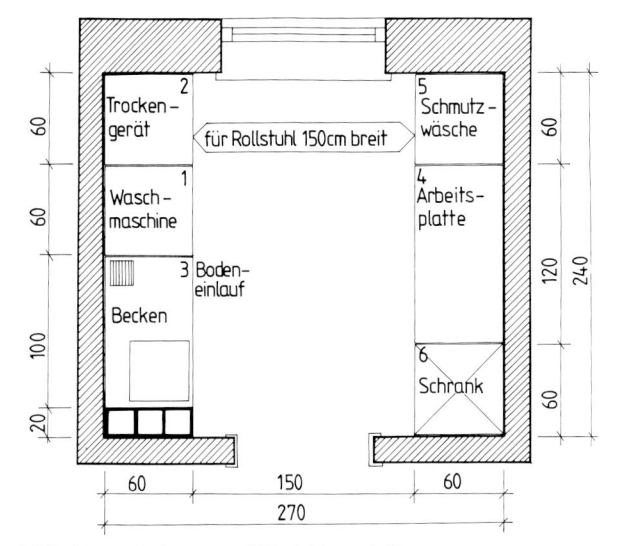

4.6/3 Hausarbeitsraum mit Einrichtungsteilen in zweizeiliger Form, M 1:50

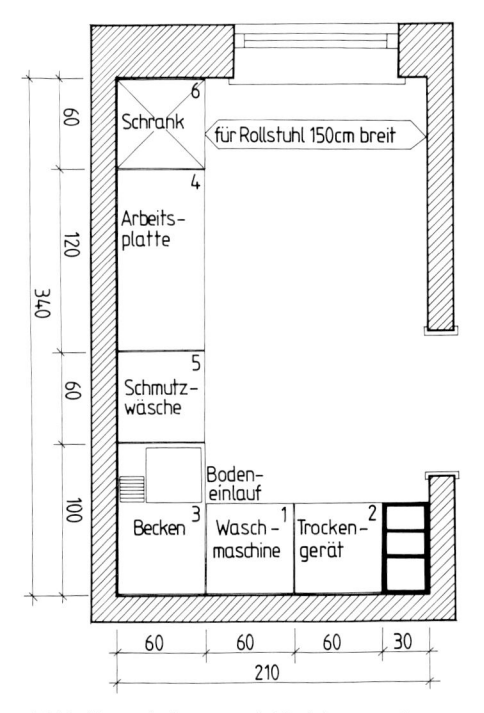

4.6/4 Hausarbeitsraum mit Einrichtungsteilen in Winkelform, M 1:50

Als Grundformen des Hausarbeitsraumes bieten sich an:

Zweizeilige Form (Abb. 4.6/3): Hierbei ist eine Unterteilung in eine nasse Seite mit Anschlüssen für Waschgeräte und Waschbecken möglich und in eine trockene Seite für Arbeitsflächen und Schränke. Durch Fensteranordnung in einer Stirnseite wird eine gute Belichtung des Raumes erreicht, wobei das Fenster von vornherein von Einrichtungs- und Ausstattungsteilen freigehalten bleibt.

Winkelform (Abb. 4.6/4): Sie gestattet eine längere, ununterbrochene Aneinanderreihung von Ausstattungs- oder Einrichtungsteilen, als in der zweizeiligen Anordnung möglich ist. Das kommt den Arbeitsabläufen zugute. Z. B. kann das Waschen durch Zusammenfassung von Schmutzwäschebehälter, Waschbecken, Waschmaschine, Schleuder, Trockengerät nebeneinander wesentlich erleichtert werden. – Die Winkelform ist aber so vorzusehen, dass das Fenster von Ausstattungs- und Einrichtungsteilen frei bleibt.

U-Form: Da hierbei Einbauten oder Stellflächen für Ausstattungsteile unter dem Fenster nicht vermieden werden können, sollte diese Form nicht angewendet werden.

4.6.4 Anordnung des Hausarbeitsraumes in der Wohnung

Für die Anordnung des Hausarbeitsraumes innerhalb der Wohnung sollten in erster Linie Überlegungen maßgebend sein, den Bewohnern Aufwand an Zeit und Wegen zu ersparen. Eine enge Zusammenfassung des Hausarbeitsraumes mit den Sanitärräumen, der Küche und dem Essplatz wirkt sich nicht nur aus installationstechnischen Gründen günstig aus, sondern ermöglicht eine Konzentration aller hauswirtschaftlichen Arbeiten. Auch kann während der Arbeit von einem zentral gelegenen Hausarbeitsraum aus das übrige Haushaltsgeschehen besser mit überwacht werden.

Die dargestellten Anordnungsmöglichkeiten berücksichtigen diesen Gesichtspunkt einer zentralen Lage des Hausarbeitsraumes:

Abb. 4.6/1 Hausarbeitsraum in Kombination mit dem Küchenraum. Diese Lösung kann von Vorteil bei größeren Gebäudetiefen sein. Als Nachteil muss die indirekte Belichtung gesehen werden, die durch Verglasung der Trennwand zwischen Küche und Hausarbeitsraum verbessert werden kann. Günstige Verbindung des Hausarbeitsraumes mit Küche, Essplatz und Flur.

Abb. 4.6/2 Hausarbeitsraum in Verbindung mit Essplatz. Hierdurch kann der Essplatz für Plätt-, Bügel- und Näharbeiten mitbenutzt werden. Günstige Konzentration der Installation für Küche, Bad und Hausarbeitsraum.

4.6.5 Ausstattung der Hausarbeitsräume

Unter „4.6.3 Grundformen der Hausarbeitsräume" sind bereits die Einrichtungsteile für die Arbeit im Hausarbeitsraum genannt. Nachfolgend sind diese geforderten Einrichtungsteile mit ihren Einzelabmessungen für die zweizeilige (Abb. 4.6/3) und für die winkelförmige Ausbildung des Hausarbeitsraumes (Abb. 4.6/4) dargestellt und erläutert. Die laufenden Nummern dieser Erläuterung sind identisch mit den Grundrißssdarstellungen:

(1) Waschmaschine mit Schleuder
Erforderliche Stellfläche: Breite 60 cm, Tiefe 60 cm
Wasser- und Stromanschlüsse, Bodeneinlauf
Erläuterungen:
Für auf den Rollstuhl angewiesene Bewohner sind Waschmaschinen mit Frontbeschickung vorzuziehen; sie sollten auf einem bis zu 30 cm hohen Sockel fest installiert werden. Um längere Schlauchleitungen zu vermeiden, sind die Strom- und Wasseranschlüsse für die Waschmaschine direkt an der Stellfläche der Waschmaschine einzubauen. Der Bodeneinlauf sollte in unmittelbarer Nähe der Waschmaschine vorgesehen werden. Die Aufstellung der Maschine empfiehlt sich wegen der Arbeitsabläufe und der Installation neben dem Waschbecken. Schleudergeräte sollten, um Kraftaufwand zu sparen, direkt mit der Waschmaschine kombiniert werden.

(2) Trockengerät
Erforderliche Stellfläche: Breite 60 cm, Tiefe 60 cm, Stromanschluss sowie Anschluss an Luftabzugkanal.
Erläuterungen:
Um dem Bewohner Wege zum Trockenplatz außerhalb der Wohnung zu ersparen, sind Wäschetrockengeräte innerhalb des Hausarbeitsraumes vorzusehen. Bei der Auswahl und Anordnung der Geräte ist der begrenzte Greifbereich des auf den Rollstuhl angewiesenen Nutzers von ca. 40 bis 140 cm über OKF zu berücksichtigen.

(3) Becken mit angebauter Abstellplatte
Breite ≥ 100 cm, Tiefe 60 cm
Kalt- und Warmwasseranschluss sowie Mischbatterie
Erläuterungen:
Die Höhe des Beckens sollte die Höhe der Arbeitsplatte aufnehmen und lt. DIN 18025 Teil 1, 5.1 sowie Teil 2, 5.1 für die Belange des Nutzers in entsprechender Arbeitshöhe montiert werden können. An die Abstellplatte des Waschbeckens sollte die Waschmaschine anschließen. Becken mit Abstellplatte müssen unterfahrbar sein. Die Armaturen sind als Einhebel-Mischbatterien mit Temperaturbegrenzern und schwenkbarem Auslauf vorzusehen. Das Becken muss als Ausgussmöglichkeit ausgebildet werden.

(4) Arbeitsplatte
Breite ≥ 120 cm, Tiefe 60 cm
Schutzkontaktsteckdosen, möglichst zwei über der Arbeitsplatte
Erläuterungen:
Die Arbeitsplatte muss lt. DIN 18025 Teil 1, 5.1 und Teil 2, 5.1 für die Belange des Nutzers in entsprechender Arbeitshöhe montiert werden können. Für auf den Rollstuhl angewiesene Nutzer muss sie voll unterfahrbar sein. Die Breite der Arbeitsplatte sollte für Plätt-, Bügel- und Wäschelegearbeiten nach Möglichkeit mehr als 120 cm betragen.
Die Arbeitsplatte sollte in Nähe einer natürlichen Belichtung angeordnet werden.

(5) Schmutzwäschebehälter
Breite ≥ 60 cm, Tiefe 60 cm
Erläuterungen:
Der Behälter sollte neben der Arbeitsplatte angeordnet und gleich hoch ausgebildet werden; so kann er die Arbeitsfläche vergrößern. Eine ausreichende Belüftung durch Luftschlitze ist vorzusehen. Fahrbare Behälter erleichtern die Arbeit.

(6) Hochschrank für Wäsche-, Reinigungs-, Pflegemittel und Zubehör
Breite 60 cm, Tiefe 60 cm
Erläuterungen:
Bei der Ausbildung des Schrankes für auf den Rollstuhl angewiesene Nutzer ist deren Reichweite von ca. 40 bis 140 cm über OKF zu berücksichtigen. Im unteren Schrankbereich sind daher herausschiebbare Schubladen, Drahtkörbe oder Plastikwannen vorzusehen.

4.6.6 Die übrige bauliche Ausgestaltung

Zwischen den Vorderkanten von Einrichtungsteilen oder Wänden muss nach DIN 18025 Teil 1 ein Bewegungsabstand von 150 cm und nach DIN 18025 Teil 2 ein Abstand von 120 cm eingehalten werden. Der Hausarbeitsraum sollte durch ein genügend großes Fenster belichtet werden. Außer der Belichtung wird damit eine bessere Belüftung und der für die behinderten Bewohner besonders notwendige Blickkontakt nach draußen ermöglicht. Das Fenster muss zum Lüften und zum Putzen stets erreichbar und daher frei von Einrichtungsteilen sein.
Hausarbeitsräume machen eine einwandfreie zusätzliche Lüftung mit Motorkraft in der Außenwand oder im Lüftungsschacht erforderlich. Die allgemeine Raumbeleuchtung durch künstliches Licht ist durch zusätzliche Leuchten über der Arbeitsplatte und über den Waschgeräten zu ergänzen.
Im Hausarbeitsraum sind die Bodenfläche sowie die spritzwassergefährdeten Wandflächen wasserabweisend auszubilden; der Einbau eines Bodeneinlaufes ist erforderlich; er sollte in Nähe von Waschmaschine und Wasserbecken liegen. Der Raum muss regelbar beheizbar sein.

4.7 Abstellraum innerhalb und außerhalb der Wohnung

Axel Stemshorn

4.7.1 Normen und Richtlinien

In DIN 18025 Teil 1 Barrierefreie Wohnungen, Wohnungen für Rollstuhlbenutzer, und in DIN 18025 Teil 2 Barrierefreie Wohnungen ist ein Abstellraum nicht mehr ausgewiesen. Er lautete im Entwurf ursprünglich: „Der zur Wohnung gehörende Abstellraum muss mindestens 6 m² groß sein, davon muss mindestens 1 m² Abstellfläche innerhalb der Wohnung liegen."
Diese Formulierung steht im Einklang mit den Ausführungen in den einzelnen Landesbauordnungen. Sie geben auch in der Regel eine Mindestgröße von 6 m² an.
So heißt es z.B. in der Landesbauordnung von Baden-Württemberg, § 37 Abs. 4: „Jede Wohnung muss eine Küche oder Kochnische haben sowie über einen Abstellraum verfügen." In Abs. 5 heißt es: „Für Wohngebäude mit mehr als drei Vollgeschossen sollen leicht erreichbare und gut zugängliche Abstellräume für Kinderwagen und Fahrräder hergestellt werden." Und in Abs. 6 heißt es: „Für Gebäude mit mehreren Wohnungen müssen Trockenräume zur gemeinschaftlichen Benutzung eingerichtet werden; Ausnahmen können gestattet werden."

4.7.2 Bedeutung des Abstellraumes für Menschen mit Behinderungen

Die Bewegungseinschränkungen eines behinderten Menschen bedeuten, dass er auf Abstellfläche und Vorratswirtschaft angewiesen ist. Diesem Aspekt trug die Formulierung in der alten Norm DIN 18025 Bl. 1 Rechnung: „Innerhalb der Wohnung ist Abstellraum von 2 % der Wohnfläche, jedoch von mindestens 1 m² Grundfläche erforderlich. In Wohnungen für eine Person ist Abstellraum von mindestens 4 m² Grundfläche erforderlich, wenn der Keller- bzw. Bodenverschlag nicht stufenlos – z.B. über einen Aufzug – erreichbar ist. Begehbarer Abstellraum darf die Abmessung 140 x 140 cm nicht unterschreiten. Abstellraum in Form von Nischen darf höchstens 75 cm tief sein. Der Abstellraum muss einem Flur zugeordnet sein."
Und in der alten Norm DIN 18025 Bl. 2, Wohnungen für Blinde und wesentlich Sehbehinderte steht:

„In Geschosswohnungen ist Abstellraum von 2 % der Wohnfläche, mindestens jedoch 1 m² Grundfläche, erforderlich. Begehbarer Abstellraum muss mindestens 85 cm breit sein. Abstellraum in Form von Nischen muss mindestens 50 cm, höchstens jedoch 75 cm tief sein. Der Abstellraum muss einem Flur zugeordnet sein."
Auch in den Altenwohnstätten (Planungsempfehlungen) ist der Abstellraum in Ein- und Zweipersonenwohnungen angegeben: „Innerhalb der Wohnung ist Abstellraum von mindestens 1 m² Grundfläche – bei mindestens 50 cm und höchstens 101 cm Tiefe – erforderlich. Der Abstellraum sollte dem Vorraum zugeordnet sein."
Gerade Menschen mit Behinderungen sollten nicht darauf angewiesen sein, abgelegte Gegenstände im Untergeschoss oder im Dachgeschoss zu suchen. Es ist vielmehr anzustreben, dass Abstellraum innerhalb der Wohnung in ausreichender Größe zur Verfügung steht. Es ist jedoch auch denkbar, dass neben kleineren Abstellräumen oder Flächen innerhalb der Wohnung weitere Abstellräume oder Abstellflächen im Untergeschoss oder im Dachgeschoss zur Verfügung stehen, wenn diese auch mit dem Rollstuhl, das bedeutet einen Aufzug, erreichbar sind.

Die Lage des Abstellraumes, ob innerhalb oder außerhalb der Wohnung ist in den Landesbauordnungen der einzelnen Bundesländer unterschiedlich formuliert: Oft steht nur sinngemäß, dass für jede Wohnung Abstellraum zur Verfügung stehen muss. Üblicherweise wird dieser Abstellraum aus Gewohnheit im Untergeschoss angeordnet. Dort ist er jedoch nur barrierefrei zugängig, wenn ein Aufzug zur Verfügung steht.

4.7.3 Befahrbarer Abstellraum
In einen Abstellraum mit Mindestbewegungsfläche von 150 x 150 cm nach DIN 18025 Teil 1 fährt ein Rollstuhlbenutzer geradeaus hinein und verlässt den Raum wieder, ohne zu wenden. Eingebaute Ablageflächen müssen unterfahrbar sein, wenn der behinderte Mensch möglichst alle Gegenstände erreichen will. Eine weitere Ablagemöglichkeit, die ebenfalls unterfahrbar sein muss, besteht an der Stirnseite des Raumes. Ein Wenden ist dann nicht mehr

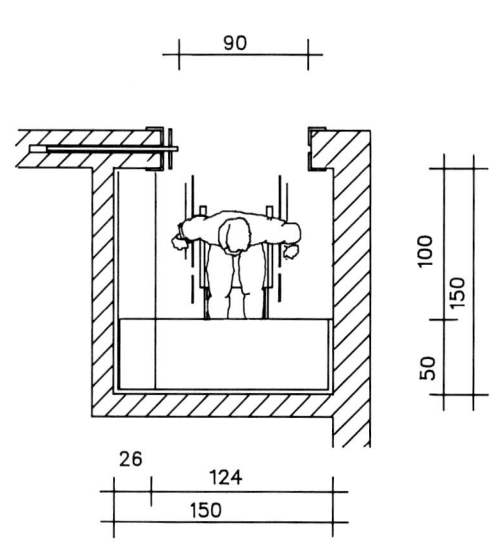

4.7/1 Abstellraum 150 × 150 cm mit einseitiger Ablage, M 1 : 50

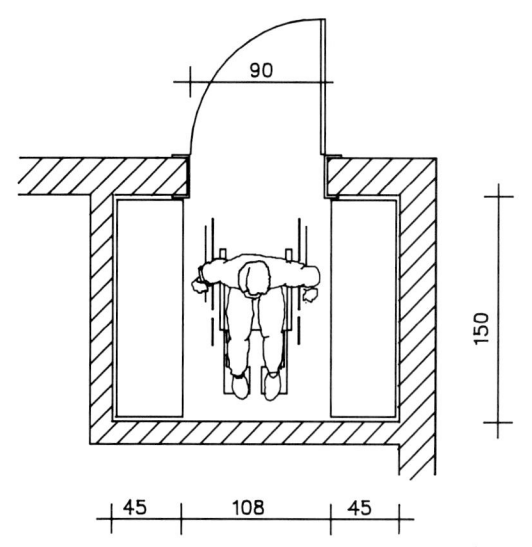

4.7/2 Abstellraum mit beidseitigen Ablagen, M 1 : 50

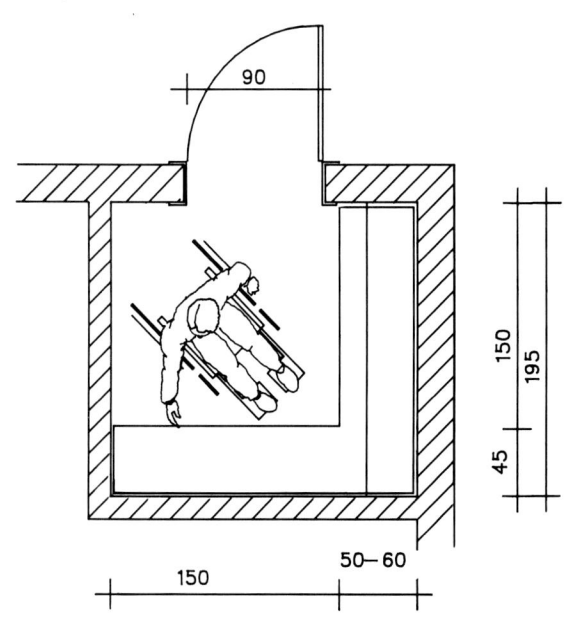

4.7/3 Abstellraum zum Wenden, M 1 : 50

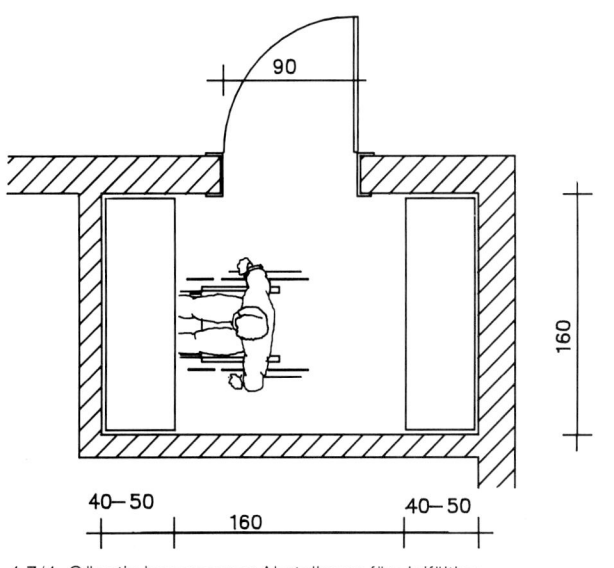

4.7/4 Günstig bemessener Abstellraum für vielfältige Nutzung, M 1 : 50

möglich. Türen müssen nach außen aufgehen. Auch eine Schiebetüre ist möglich (Abb. 4.7/1). Die Tiefe der Ablage muss einem behinderten Menschen im Rollstuhl angepasst sein. Einen Abstellraum mit beidseitiger Ablage zeigt Abb. 4.7/2. Der in Abb. 4.7/3 gezeigte Abstellraum stellt eine sinnvolle Größe dar, da Wenden mit dem Rollstuhl möglich ist. Weitere Nutzungen, wie z.B. für Reparaturen, erfordern noch größere Abstellräume (Abb. 4.7/4+5). Vor allem in Hobbyräumen ist auf große Bewegungsflächen zu achten. Bei Abstellräumen mit Schranktüren ist die hierfür erforderliche zusätzliche Bewegungsfläche zu berücksichtigen (Abb. 4.7/6).

4.7.5 Abstellflächen in Nischen
Die einem Flur zugeordneten Abstellflächen in Nischen sollten nicht zu tief sein, da der Greifbereich eines Rollstuhlbenutzers vom Rollstuhl aus begrenzt ist. Vor allem Ablageflächen im oberen und unteren Bereich des Raumes sind schwer einsehbar (Abb. 4.7/7+8). Für Menschen mit Behinderungen sind offene, durch einen Vorhang verdeckte Nischen mit unterfahrbaren Regaleinbauten günstig. Auch Dreh- oder Schiebetüren sind geeignet. Das Umsetzen von Gegenständen von Schrankelement zu Schrankelement ist jedoch besonders schwierig, wenn Schranktüren oder senkrechte Blenden im Schrankelement vorhanden sind. Grundsätzlich ist zu erwägen, ob nicht Abstellflächen für Rollstuhlbenutzer wesentlich günstiger sind, wenn diese an ohnehin vorhandene Bewegungsflächen, wie z.B. im Flur, angelagert sind. Abstellräume benötigen im Türbereich und auch im Raum selbst zusätzliche Bewegungsflächen.

4.7.6 Abstellplätze für Rollstühle
Während der allgemeine Abstellraum innerhalb der Wohnung liegen soll, ist der Rollstuhl-Abstellplatz außerhalb der Wohnung, jedoch noch im Haus anzuordnen (siehe Kap. 6.1).

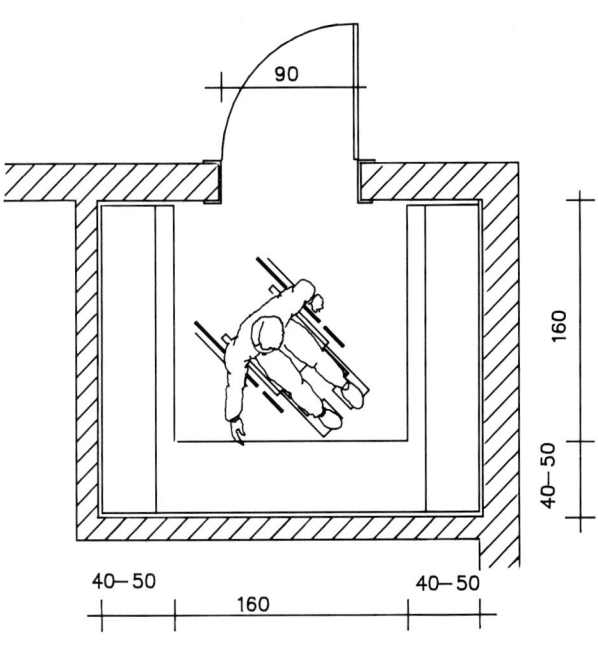

4.7/5 Günstig bemessener Abstellraum für vielfältige Nutzung, M 1 : 50

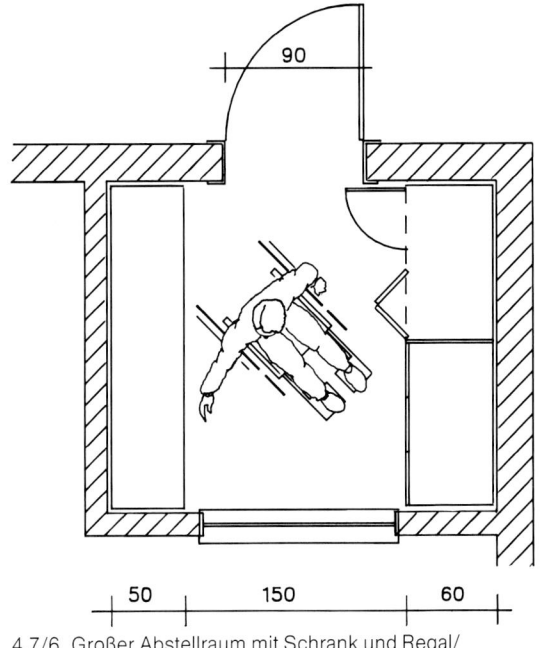

4.7/6 Großer Abstellraum mit Schrank und Regal/Arbeitsfläche, M 1 : 50

4.7.4 Einrichtung
Je nach Nutzung sollen Abstellräume künstlich belichtet werden können und lüftbar sein. Wenn Fenster vorgesehen werden, ist u.U. auch eine Heizung erforderlich. Die Lüftungsmöglichkeit kann darin bestehen, dass das Türblatt Zuluft- und Abluftgitter aufweist. Neben der Fensterlüftung ist jedoch auch der Anschluss an eine Lüftungsanlage denkbar.

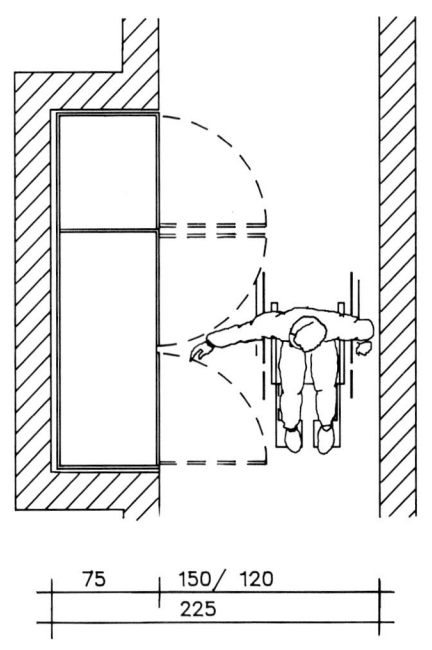

4.7/7 Abstellfläche als Nische mit Dreh- oder Schiebetüren, M 1 : 50

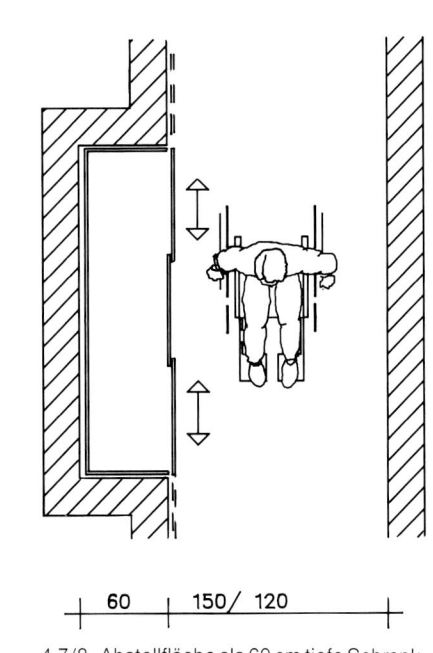

4.7/8 Abstellfläche als 60 cm tiefe Schranknische mit Schiebetüren, M 1 : 50

4.8 Sanitärraum

Axel Stemshorn

4.8.1 Einleitung

Der Sanitärraum im Sinne von Bad und WC ist nach DIN 18025 Teil 1 und Teil 2 ein selbstständiger Raum, in dem Einrichtungen für Körperpflege und Gesundheitspflege sowie auch für Wäschepflege untergebracht sind. In DIN 18025 Teil 1 und Teil 2 sowie auch in DIN 18022 heißt es im Abschnitt 2.1 Einrichtungen:
„Einrichtungen sind die zur Erfüllung der Raumfunktion notwendigen Teile, z.B. Sanitär-Ausstattungs-Gegenstände, Geräte und Möbel; sie können sowohl bauseits als auch von dem Wohnungsnutzer eingebracht werden."

Die in DIN 18022 Küchen, Bäder und WC's im Wohnungsbau, Planungsgrundlagen genannten Begriffe wie Stellflächen, Abstände und Bewegungsflächen erhalten in DIN 18025 Teil 1 und Teil 2 eigene Festlegungen.

4.8.2 Normen

4.8.2.1 DIN 18025 Teil 1

Die auf den Sanitärraum bezogenen Stellen in DIN 18025 Teil 1 haben folgenden Wortlaut:

3 Maße der Bewegungsflächen

3.1 Bewegungsflächen, 150 cm breit und 150 cm tief
Die Bewegungsfläche muss mindestens 150 cm breit und 150 cm tief sein:
– als Wendemöglichkeit in jedem Raum, ausgenommen kleine Räume, die der Rollstuhlbenutzer ausschließlich vor- und rückwärtsfahrend uneingeschränkt nutzen kann
– als Duschplatz (siehe Abb. 4.8/1+3)
– vor dem Klosettbecken (siehe Abb. 4.8/4)
– vor dem Waschtisch (siehe Abb. 4.8/5).

3.2 Bewegungsflächen, 150 cm tief
Die Bewegungsfläche muss mindestens 150 cm tief sein:
– vor der Einstiegsseite der Badewanne (siehe Abb. 4.8/2+3).

3.4 Bewegungsflächen, 120 cm breit
Die Bewegungsfläche muss mindestens 120 cm breit sein:
– neben Bedienungsvorrichtungen (siehe Bild 13).

3.5 Bewegungsfläche neben Klosettbecken
Die Bewegungsfläche muss links oder rechts neben dem Klosettbecken mindestens 95 cm breit und 70 cm tief sein. Auf einer Seite des Klosettbeckens muss ein Abstand zur Wand oder zu Einrichtungen von mindestens 30 cm eingehalten werden (siehe Abb. 4.8/4).

3.6 Bewegungsflächen vor handbetätigten Türen
Vor handbetätigten Türen sind die Bewegungsflächen nach den Bildern 10 oder 11 zu bemessen.
(Türen müssen eine lichte Breite von mindestens 90 cm haben.
Die Tür darf nicht in den Sanitärraum schlagen.
Untere Türanschläge und -schwellen siehe Abschnitt 5.2.).

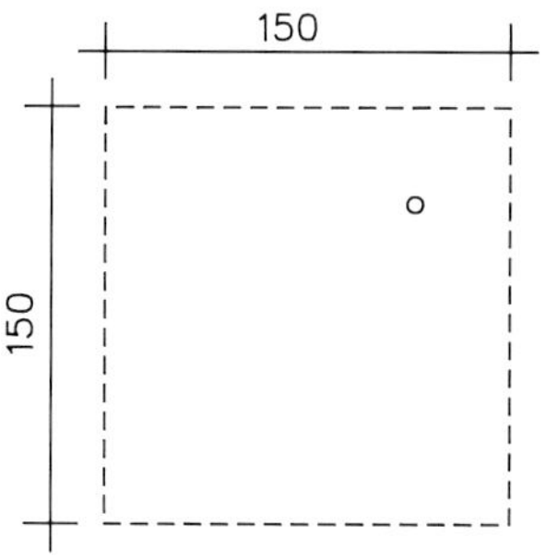

4.8/1 Bewegungsfläche im Bereich des Duschplatzes, M 1:50

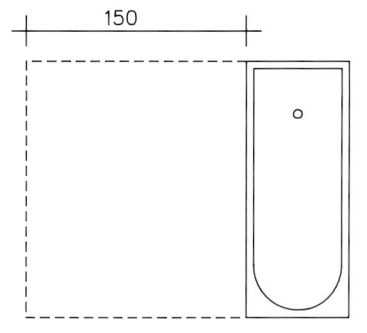

4.8/2 Bewegungsfläche vor der Einstiegsseite der Badewanne, M 1:50

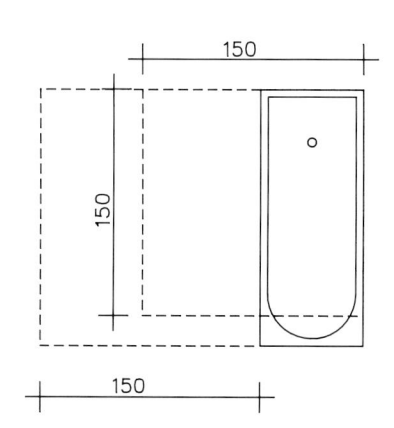

4.8/3 Bewegungsfläche Duschplatz alternativ: Badewanne, M 1:50

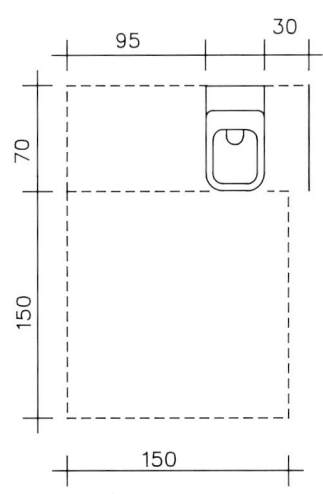

4.8/4 Bewegungsfläche vor und neben dem Klosettbecken, M 1:50

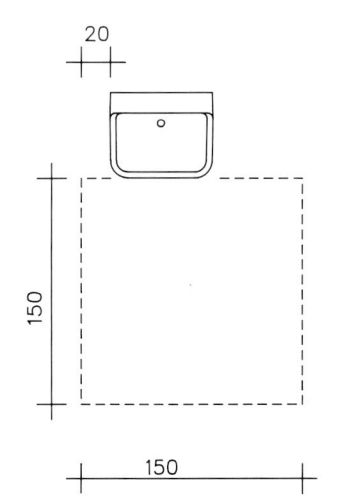

4.8/5 Bewegungsfläche vor dem Waschtisch, M 1:50

4 Türen

Türen müssen eine lichte Breite von mindestens 90 cm haben (siehe Bilder 10, 11 und 12).
Die Tür darf nicht in den Sanitärraum schlagen.
Große Glasflächen müssen kontrastreich gekennzeichnet und bruchsicher sein.
Bewegungsflächen vor handbetätigten Türen siehe Abschnitt 3.6.
Untere Türanschläge und -schwellen siehe Abschnitt 5.2.
Anmerkung: Türen sollten eine lichte Höhe von mindestens 210 cm haben.

5.2 Untere Türanschläge und -schwellen

Untere Türanschläge und -schwellen sind grundsätzlich zu vermeiden. So weit sie technisch unbedingt erforderlich sind, dürfen sie nicht höher als 2 cm sein.

6.2 Sanitärraum (Bad, WC)

Der Sanitärraum (Bad, WC) ist mit einem rollstuhlbefahrbaren Duschplatz auszustatten. Das nachträgliche Aufstellen einer mit einem Lifter unterfahrbaren Badewanne im Bereich des Duschplatzes muss möglich sein (siehe Bild 3).
Der Waschtisch muss flach und unterfahrbar sein; ein Unterputz- oder Flachaufputzsiphon ist vorzusehen.
Der Waschtisch muss für die Belange des Nutzers in die ihm entsprechende Höhe montiert werden können.
Die Sitzhöhe des Klosettbeckens, einschließlich Sitz, muss 48 cm betragen. Im Bedarfsfall muss eine Höhenanpassung vorgenommen werden können.
Der Sanitärraum muss eine mechanische Lüftung nach DIN 18 017 Teil 3 erhalten.
Zusätzlich gilt DIN 18022.
Bewegungsflächen vor und neben Sanitärraumeinrichtungen siehe Abschnitte 3.1, 3.2 und 3.5.
Besondere Anforderung an die Sanitärraumtür siehe Abschnitt 4.
In Wohnungen für mehr als drei Personen ist ein zusätzlicher Sanitärraum nach DIN 18022 mit mindestens einem Waschbecken und einem Klosettbecken vorzusehen.

11 Bedienungsvorrichtungen

Bedienungsvorrichtungen (z.B. Sanitärarmaturen, Toilettenspüler) sind in 85 cm Höhe anzubringen. Bedienungsvorrichtungen müssen ein sicheres und leichtes Zugreifen ermöglichen. Sie dürfen nicht versenkt und scharfkantig sein.
Bedienungsvorrichtungen müssen einen seitlichen Abstand zur Wand oder zu bauseits anzubringenden Einrichtungen von mindestens 50 cm haben (siehe Abb. 4.8/7).
Sanitärarmaturen sind als Einhebel-Mischbatterien mit Temperaturbegrenzern und schwenkbarem Auslauf vorzusehen. Die Tür des Sanitärraumes muss abschließbar und im Notfall von außen zu entriegeln sein.

4.8.2.2 DIN 18025 Teil 2

3.4 Bewegungsfläche, 120 cm breit und 120 cm tief
Die Bewegungsfläche muss mindestens 120 cm breit und 120 cm tief sein:
– vor Einrichtungen im Sanitärraum
– im schwellenlos begehbaren Duschbereich.

4 Türen

Türen müssen eine lichte Breite von mindestens 80 cm haben. Hauseingangs-, Wohnungseingangs- und Fahrschachttüren müssen eine lichte Breite von mindestens 90 cm haben. Die Tür darf nicht in den Sanitärraum schlagen. Große Glasflächen müssen kontrastreich gekennzeichnet und bruchsicher sein.
Untere Türanschläge und -schwellen siehe Abschnitt 5.2.

5.2 Untere Türanschläge und -schwellen

Untere Türanschläge und -schwellen sind grundsätzlich zu vermeiden. So weit sie technisch unbedingt erforderlich sind, dürfen sie nicht höher als 2 cm sein. (Aus: DIN 18025 Teil 1/12.92).

6.2 Sanitärraum (Bad, WC)

Der Sanitärraum (Bad, WC) ist mit einem stufenlos begehbaren Duschplatz auszustatten.
Anmerkung: Das nachträgliche Aufstellen einer Badewanne im Bereich des Duschplatzes soll möglich sein.
Unter dem Waschtisch muss Beinfreiraum vorhanden sein; ein Unterputz- oder Flachaufputzsiphon ist vorzusehen.
Zusätzlich gilt DIN 18022.
Besondere Anforderungen an die Sanitärraumtür siehe Abschnitte 4 und 12.
Bewegungsfläche siehe Abschnitt 3.4.

12 Bedienungsvorrichtungen

Die Tür des Sanitärraumes muss abschließbar und im Notfall von außen zu entriegeln sein.

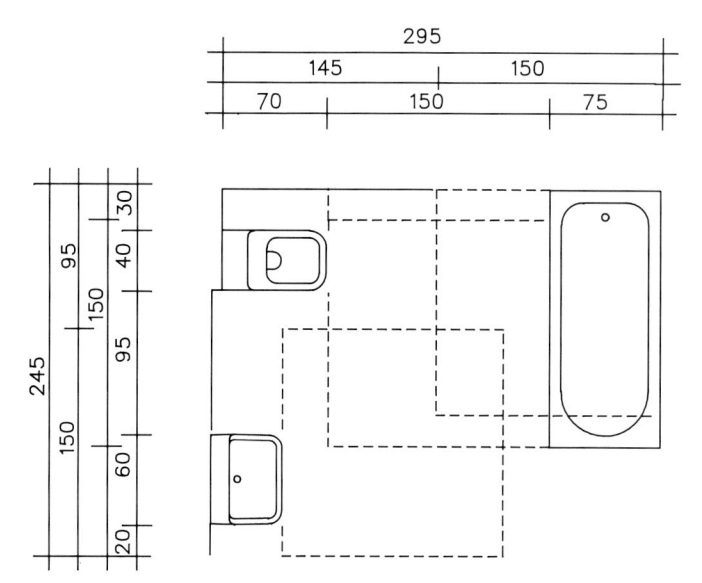

4.8/6 Beispiel der Überlagerung der Bewegungsflächen im Sanitärraum, M 1:50

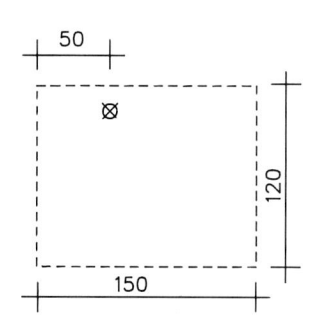

4.8/7 Bewegungsfläche neben Bedienungsvorrichtungen, M 1:50

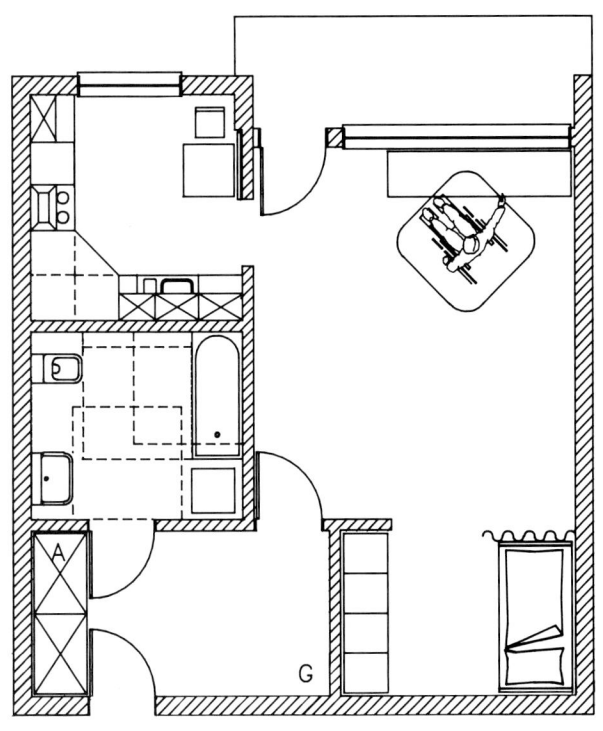

4.8/8 Sanitärraum nach DIN 18 025 Teil 1 in Einraumwohnung mit Schlafnische, M 1 : 100

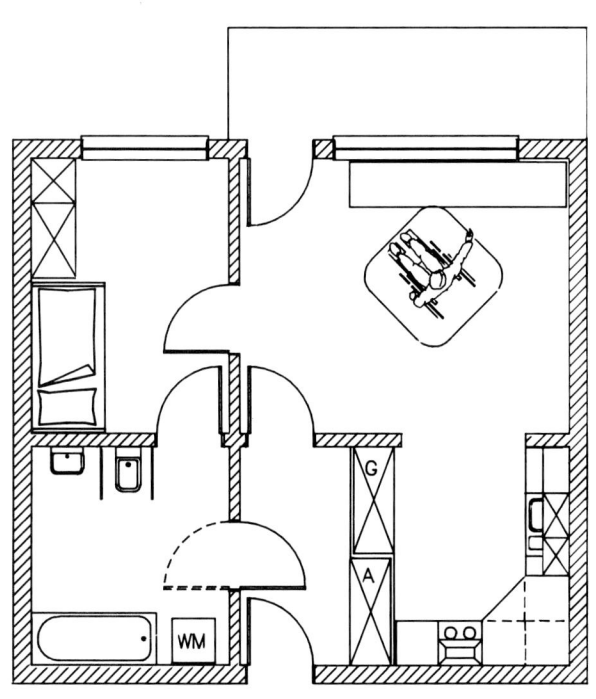

4.8/9 Sanitärraum nach DIN 18 025 Teil 1 in Zweiraumwohnung, M 1 : 100

4.8.3 Bedeutung der Sanitärräume für behinderte und betagte Menschen

Diese Räume bilden einen wesentlichen Teil der Wohnung und haben einen großen Einfluss auf die Bewohnbarkeit der Wohnung. Sind diese Räume in Zuordnung, Größe und Einrichtung nicht geeignet, so ist die Wohnung für den behinderten oder betagten Menschen unbrauchbar. Oft helfen schon kleine technische und bauliche Veränderungen, um behinderten und betagten Menschen wieder zur Selbstständigkeit zu verhelfen. Rollstuhlbenutzer stellen an Sanitärräume besonders hohe Anforderungen, die u.a. durch die Benutzung des Rollstuhls bestimmt sind. Menschen mit anderen Behinderungen und auch betagte Menschen kommen fast mit den üblichen Sanitärräumen zurecht. Aber auch hier sind Mindestanforderungen zu erfüllen.

4.8.4 Anordnung von Sanitärräumen in Wohnungen für Rollstuhlbenutzer

4.8.4.1 Anordnung des Sanitärraumes in der Wohnung für eine Person
Bei diesem Wohnungstyp ist ein Sanitärraum ausreichend. Dieser muss alle Funktionen der Hygiene und Wäschepflege aufnehmen. Dies gilt sinngemäß auch für Einraumwohnungen oder Wohnungen mit Schlafnischen (Abb. 4.8/8).
Bei Zwei- und Mehrraumwohnungen für eine Person kann ein unmittelbarer Zugang vom Schlafraum zum Sanitärraum notwendig sein (Abb. 4.8/9). Dies bedeutet jedoch zusätzliche Bewegungsfläche, da vom Sanitärraum aus gesehen zwei Türen vorgesehen werden müssen. Von diesen beiden Türen muss nicht jede unmittelbar nach außen aufschlagen. Die Erfordernis einer zweiten Türe hängt vom behinderten Menschen selbst ab. Mit einer solchen Anordnung der zwei Türen kann die Funktion eines Besucher-WC's zusätzlich erfüllt werden.

4.8.4.2 Anordnung des Sanitärraumes in Wohnungen für zwei Personen

In Wohnungen für zwei Personen empfiehlt es sich, neben dem Sanitärraum für Rollstuhlbenutzer einen weiteren Sanitärraum mit einem WC und Waschtisch auszustatten. Dieser zweite Sanitärraum übernimmt zugleich die Funktion eines Besucher-WCs. Der große Sanitärraum ist dem gemeinsamen Schlafraum zuzuordnen, der kleine Sanitärraum mit Besucher-WC dem Flur (Abb. 4.8/10). Bei Wohngemeinschaften sind entsprechend mehr große Sanitärräume vorzusehen. Der kleine Sanitärraum (Besucher-WC) kann dann u.U. entfallen.

4.8.4.3 Anordnung des Sanitärraumes in Wohnungen für drei Personen

In der vorhergehenden Norm DIN 18025 Blatt 1 war in Wohnungen für drei und mehr Personen ein dem Rollstuhlbenutzer vorbehaltener, unmittelbar von seinem Schlafzimmer zugängiger, Sanitärraum anzuordnen. In der Neufassung DIN 18025 Teil 1 wurde hiervon Abstand genommen: „In Wohnungen für mehr als drei Personen ist ein zusätzlicher Sanitärraum nach DIN 18022 mit mindestens einem Waschbecken und einem Klosettbecken vorzusehen."
Das heißt, erst in Wohnungen ab vier Personen ist ein zusätzlicher Sanitärraum nach DIN 18022 mit mindestens einem Waschbecken und einem Klosettbecken vorzusehen. Die Neufassung der Norm DIN 18025 Teil 1 ist gegenüber der vorhergehenden Fassung ein Rückschritt. Es muss jedoch erwähnt werden, dass im Wohnungsbau in der Regel ohnehin neben dem großen Sanitärraum ein kleiner Sanitärraum mit der Funktion eines Besucher-WC's vorgesehen wird.

Wenn in einer Wohnung vier und mehr Personen wohnen, von denen wiederum mehr als eine Person an den Rollstuhl gebunden ist, empfiehlt es sich ohnehin, zwei große Sanitärräume vorzusehen. Die Forderung nach einem weiteren Sanitärraum ist deshalb begründet, weil behinderte Menschen oft das Mehrfache an Zeit für die Körperpflege benötigen.

4.8.4.4 Zuordnung der Sanitärräume in Heimen

In Heimen sollte jedem Schlafraum bzw. Wohn-Schlafraum ein Sanitärraum mit mindestens einem Spülklosett und Waschtisch zugeordnet sein. Anzustreben ist jedoch eine zusätzliche Duschfläche in diesem Sanitärraum. Auf die Austauschbarkeit Duschfläche/Wanne kann u.U. verzichtet werden. Ein Teil der Sanitärräume sollte mit einer Wanne anstelle eines Duschplatzes ausgestattet sein (Abb. 4.8/11).

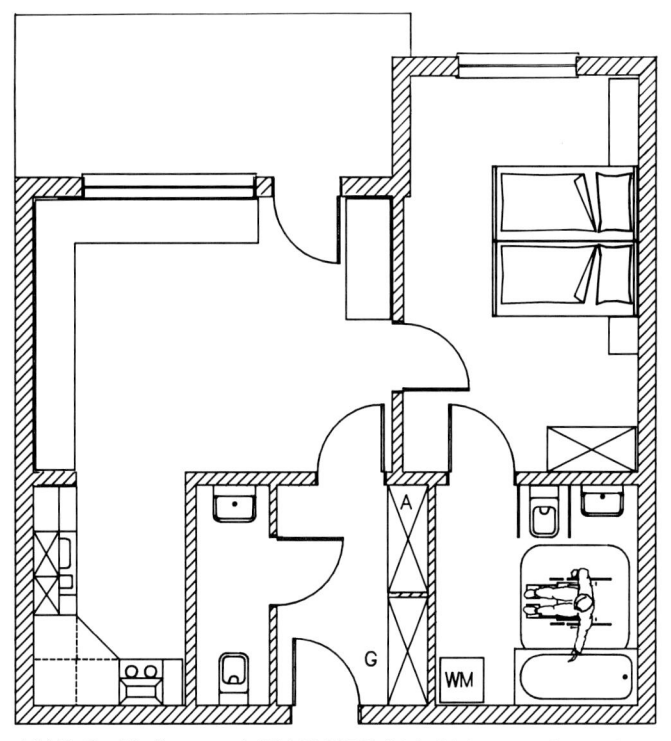

4.8/10 Sanitärräume nach DIN 18025 Teil 1 in Wohnungen für zwei Personen, M 1 : 100

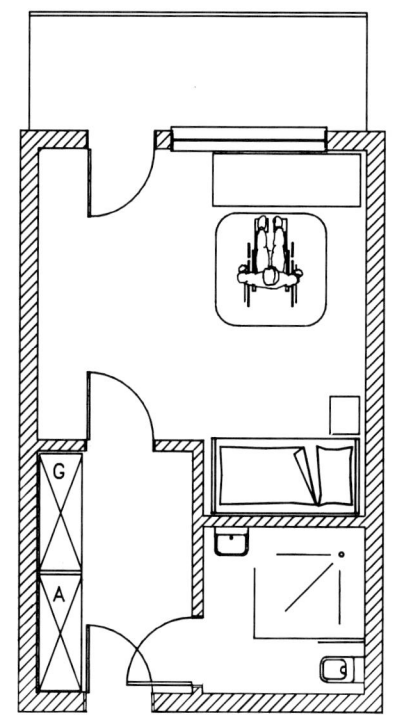

4.8/11 Sanitärraum nach DIN 18025 Teil 1 im Heim, M 1 : 100

4.8.4.5 Anordnung des Sanitärraumes in Wohnungen nach DIN 18022

Im Abschnitt 4.1 ist keine Festlegung nach der Anzahl der Personen vorgenommen. Es heißt: „Anzahl und Größe von Bädern und WC's hängen vorrangig von der Anzahl der Personen ab, für die Wohnungen oder Einfamilienhäuser geplant werden, sowie von den dafür vorgesehenen Einrichtungen. In Wohnungen für mehrere Personen ist die Anordnung eines vom Bad getrennten WC's zweckmäßig."

4.8.5 Anordnung von Sanitärräumen in der Wohnung für behinderte und betagte Menschen

Die Mindestbewegungsfläche nach DIN 18025 Teil 2 beträgt 120 auf 120 cm. Danach richten sich die Sanitärräume (siehe Abb. 4.8/12-15) sinngemäß.

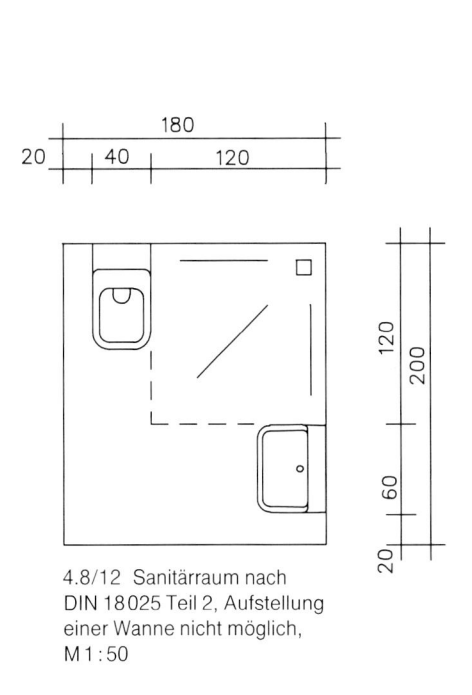

4.8/12 Sanitärraum nach DIN 18025 Teil 2, Aufstellung einer Wanne nicht möglich, M 1 : 50

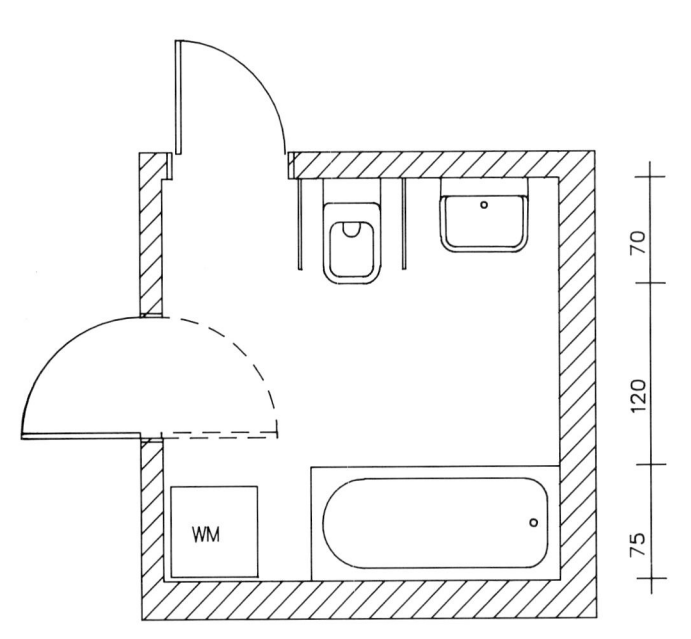

4.8/13 Sanitärraum nach DIN 18025 Teil 2, M 1 : 50

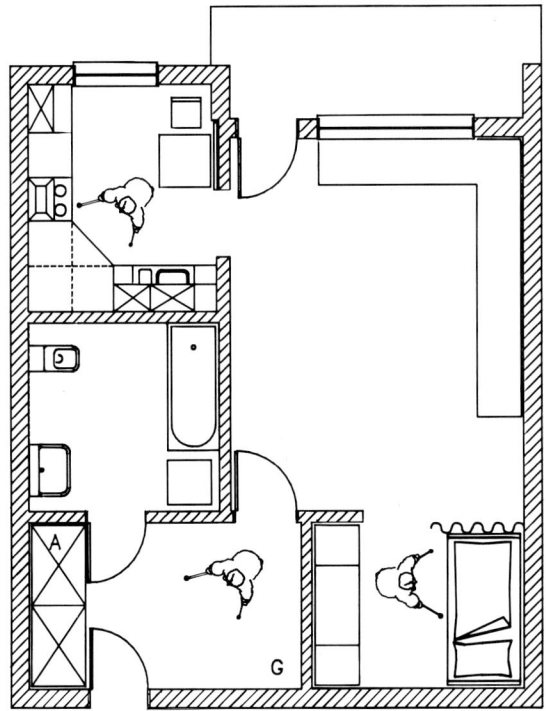

4.8/14 Sanitärraum nach DIN 18025 Teil 2 in Einraumwohnung. Aufstellung einer Wanne möglich, M 1 : 100

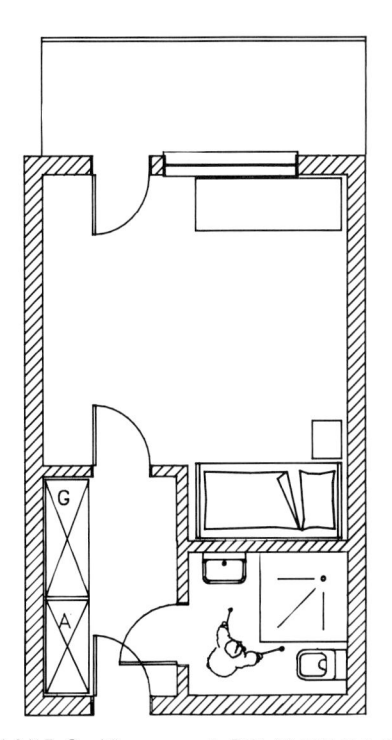

4.8/15 Sanitärraum nach DIN 18025 Teil 2 im Heim, Aufstellung einer Wanne nicht möglich, M 1 : 100

4.8.6 Austauschbarkeit Duschplatz/Wanne

In beiden Teilen der Norm DIN 18025 ist der Aspekt der Austauschbarkeit Dusche gegen Wanne erwähnt. Nachträglich soll im Bereich des Duschplatzes eine Wanne aufstellbar sein, die bei Rollstuhlbenutzern unterfahrbar sein muss. Im Bereich des Duschplatzes heißt das, dass die Wanne anstelle des Duschplatzes aufgestellt werden kann. Mit dieser Festlegung in der Norm soll es behinderten Menschen freigestellt werden, entweder die Wanne (therapeutische Anwendungen) oder den Duschplatz (Hygiene) zu benützen. Die Austauschbarkeit Duschplatz/Wanne bedeutet zunächst eine größere Investition insofern, als Abdichtung, Estrich und Fliesen im Bereich des Duschplatzes vollständig ausgeführt werden müssen. Auch die Anordnung des Wannenablaufes muss auf den Fußbodeneinlauf des Duschplatzes abgestimmt werden (siehe Abb. 4.8/16+17 und Kap. 5.7 Sanitäre Installation). Die nachträgliche Austauschbarkeit des Duschplatzes gegenüber der Wanne könnte insofern umgangen werden, als Duschplatz und Wanne nach Abb. 4.8/18+19 angeordnet werden.

Es ergibt sich gegenüber Abb. 4.8/16 ein tieferer bzw. breiterer Sanitärraum.

4.8.7 WC-Raum

Wenn ein WC-Raum für Rollstuhlbenutzer, z.B. im Eingangsbereich, vorgesehen wird, muss er ebenfalls die Mindestbewegungsfläche nach DIN 18025 Teil 1 – Rollstuhlbenutzer – (Abb. 4.8/20) und Teil 2 – behinderte und betagte Menschen – (Abb. 4.8/21) aufweisen. Auf eine Duschfläche und deren Austauschbarkeit gegen eine Wanne kann verzichtet werden, wenn ein Sanitärraum vorhanden ist.

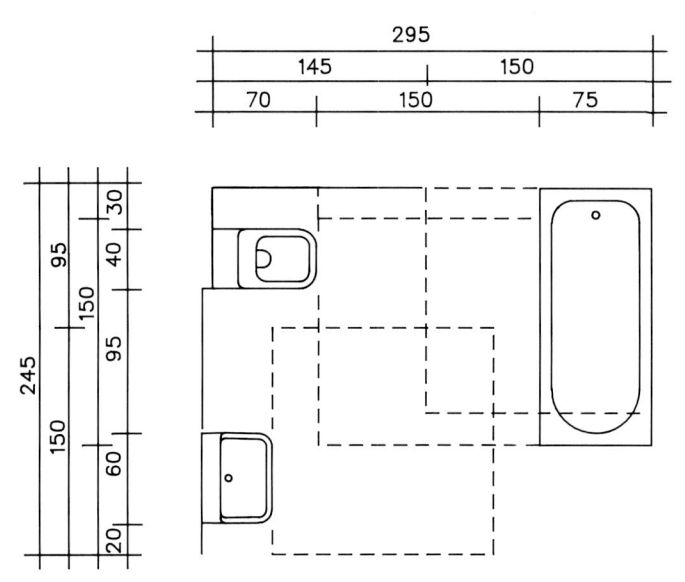

4.8/16 Austauschbarkeit Duschplatz/Wanne, M 1:50

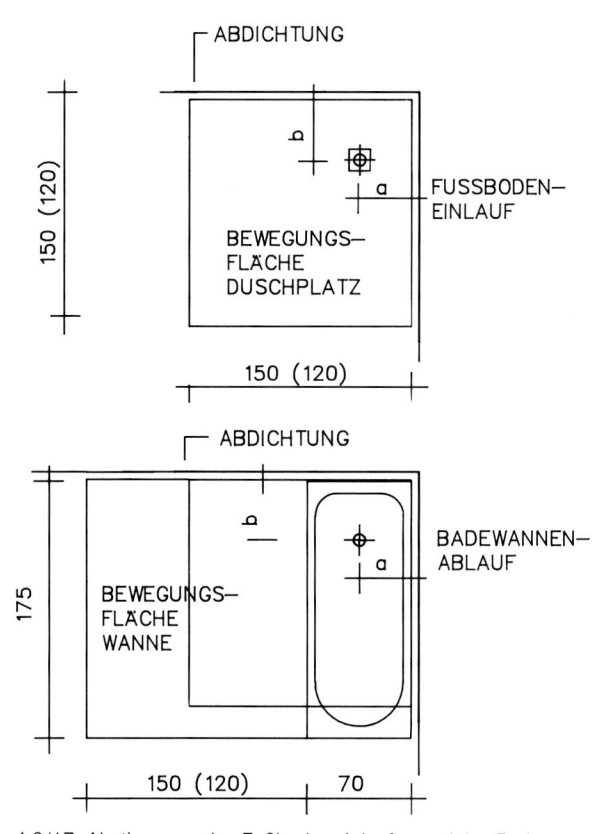

4.8/17 Abstimmung des Fußbodeneinlaufes und des Badewannenablaufes, M 1:50

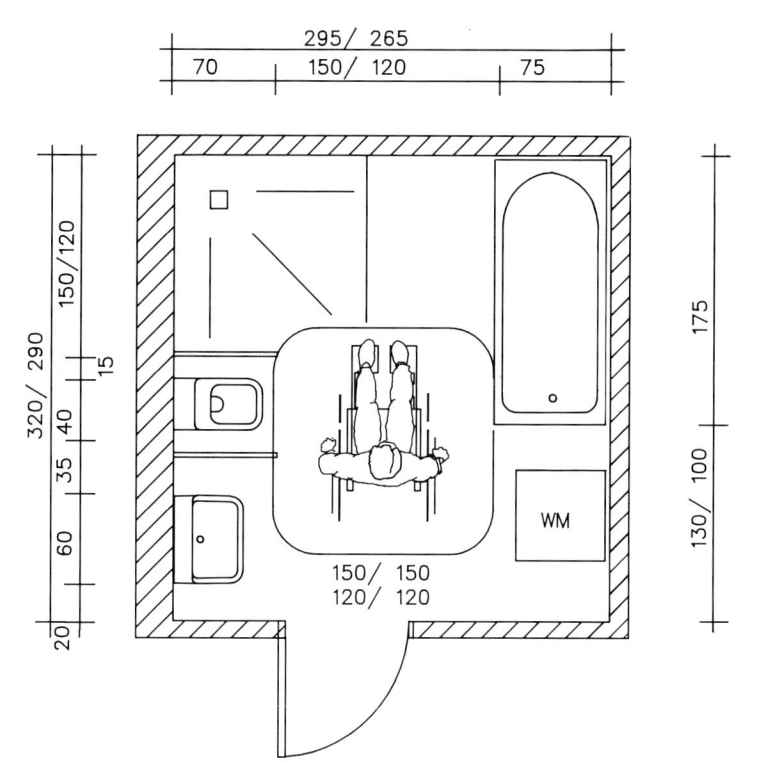

4.8/18 Sanitärraum nach DIN 18025 Teil 1 mit Duschplatz und Wanne, M 1:50

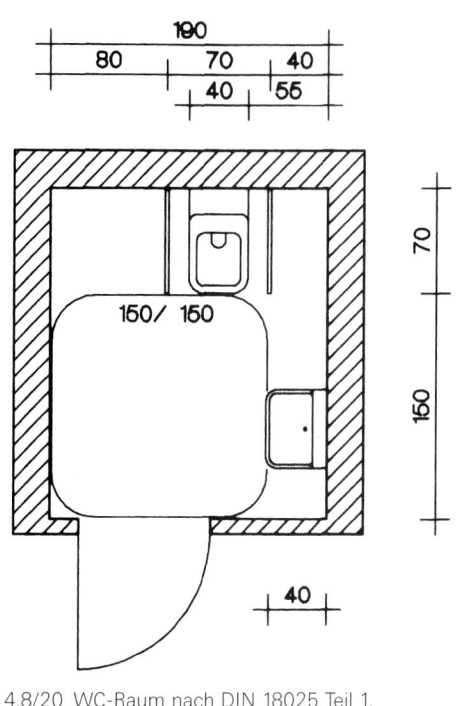

4.8/20 WC-Raum nach DIN 18025 Teil 1, M 1:50

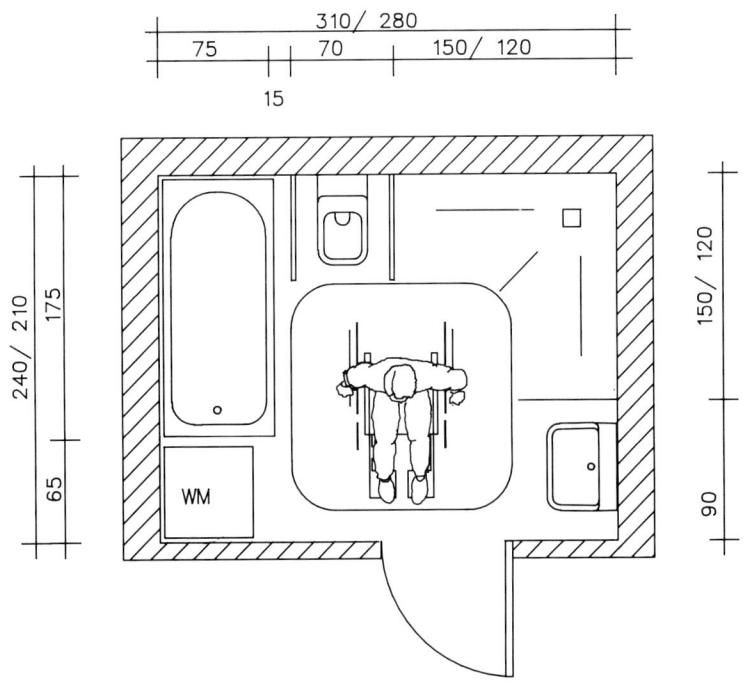

4.8/19 Sanitärraum nach DIN 18025 Teil 1 mit Duschplatz und Wanne, M 1:50

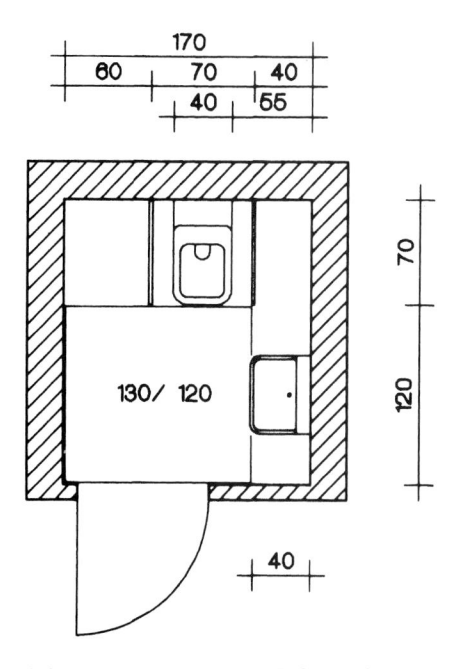

4.8/21 WC-Raum nach DIN 18025 Teil 2, M 1:50

4.9 Therapie- und Sporteinrichtungen, Bewegungsbad und Sauna

Gottfried Ebenhöh

4.9.1 Die Bedeutung von Sport- und Therapieeinrichtungen für behinderte und betagte Menschen

Der gesundheitliche Wert von physiotherapeutischen Maßnahmen – insbesondere von eigeninitiativ durchgeführten Maßnahmen, ist für behinderte wie für alte Menschen gleichermaßen unbestritten. Die Bewegungstherapie soll auf eine Funktionserhaltung abzielen. Durch eine aktive Bewegungstherapie können durch den Alterungsprozeß entstandene und den Alterungsprozeß begleitende Erkrankungen positiv beeinflusst werden. Eine möglichst große Unabhängigkeit von externen Therapiezentren, Krankenhäusern, Rehabilitationseinrichtungen und Physiotherapie-Praxen ist wünschenswert.

Neben der Zweckmäßigkeit einer solchen Einrichtung sollte auch ein angenehmes Ambiente vergnügliche und spaßmachende Therapien fördern. Für Heime oder Wohnanlagen sollten Ausstattung und Konzeption die Möglichkeit von umfassenden sozialen Kontakten und Gemeinschaftstätigkeiten eröffnen, die Therapie- und Sporträume sollten eine direkte Anbindung ans Freie z.B. an eine Terrasse oder an ein Sportfeld haben.

So ergeben sich schon bei der Planung oft recht vielschichtige Probleme.

Was für die Planung und Erstellung von öffentlichen Einrichtungen und größeren Wohnstätten oder Anlagen selbstverständlich ist, sollte auch für die Planung von Privatwohnungen oder Eigenheimen gelten: Der Behinderte selbst, seine Familie, der Arzt, Sozialarbeiter, das betreuende medizinische Personal, (Krankengymnasten, Sportlehrer oder Ergotherapeuten) sollen über Neu- oder Umbauvorhaben informiert werden und beratend hinzugezogen werden. Nur so lässt sich ein Optimum schon in der Planung erzielen. Das wird dann erreicht, wenn es dem behinderten oder dem alten Menschen durch die Einrichtung ermöglicht wird, weitgehend selbstständig, aktiv und mobil zu bleiben.

4.9.2 Strukturen der unterschiedlichen Wohn- und Lebensbereiche und Anforderungen an die Ausstattung

Je nach Struktur des Wohn- oder Lebensbereiches ergeben sich unterschiedliche Erfordernisse in der Planung der Therapie- und Sporteinrichtungen. In größeren Wohneinheiten, Heimen oder mehrstufigen Einrichtungen besteht die Gefahr, dass einige der physikalischen Therapieeinrichtungen im Verhältnis zum objektiven Bedarf überdimensioniert und für die Träger unwirtschaftlich werden.

Fremdbetriebene oder verpachtete Therapieeinrichtungen werden von Heimbewohnern in einem geringeren Prozentsatz in Anspruch genommen als in alleiniger Regie betriebene Einrichtungen (Rulffs). Dies sollte gerade vor der Erstellung von größeren Anlagen berücksichtigt werden.

Für die Ausgestaltung ist auch zu prüfen, ob die Räume ausschließlich einer eigenständig bzw. selbsttätigen Benutzung und Behandlung dienen oder ob Pflege und Therapie durch Fach- oder Hilfskräfte durchgeführt werden. Weiter ist zu prüfen, ob die Einrichtung durch Rollstuhlfahrer benutzt werden soll oder ob dies ausgeschlossen bleibt. Im Falle der Mitbenutzung durch Rollstuhlfahrer ist auf eine ausreichende Dimensionierung entsprechend den DIN-Vorschriften zu achten. Die Installation von Übersetzhilfen und Liftern sollte berücksichtigt werden. Es ist sinnvoll, Therapieräume im privaten und öffentlichen Bereich so zu planen, dass sie auch kommunikativen Zwecken dienen können. Nicht vergessen werden soll der motivierende Effekt durch eine innenarchitektonisch ansprechende Gestaltung.

Anschlüsse für audiovisuelle Geräte und Medien (Rundfunk, Fono, Fernseher, Videoeinrichtungen) sollte man einplanen.

4.9.2.1 Privatwohnung und Eigenheim

Für den Privatmann eröffnen sich die meisten Möglichkeiten bei Planung und Neubau eines Eigenheimes. Die Ausstattung eines Therapie- oder Fitnessraumes wird sich nach der Art der Behinderung und nach dem Stellenwert richten, den der Benutzer einer solchen Einrichtung zumisst. Selbstverständlich sind auch die finanziellen Möglichkeiten des Bauherrn ein limitierender Faktor. Steht man dagegen unter dem Zwang, eine vorhandene Wohnung oder ein Eigenheim behindertengerecht umplanen zu müssen, ist weitaus mehr Kreativität gefordert. Möglichkeiten eröffnen sich hier durch Neugestaltung und Neudimensionierung des Badezimmers. Ist der behinderte Mensch in der Lage, das Untergeschoss des Hauses zu erreichen (ausreichende Gehfähigkeit oder Aufzug), so bietet sich an, vorhandene Kellerräume in einen Therapieraum umzugestalten. Voraussetzungen sind eine ausreichende Belichtung und Belüftung. In fast allen Wohnungen ist es möglich, bestimmte Therapiemittel unterzubringen (Sprossenwand, Behandlungsliege, Rollenzuggerät etc., Abb. 4.9/1-5).

4.9.2.2 Wohnanlagen und Altenwohnheime

Altenwohnheime sind Einrichtungen, in denen die Bewohner noch rüstig sind und ein weitgehend selbstständiges Leben führen. Hier wird nur bei vorübergehenden Erkrankungen fremde Betreuung und Verpflegung in Anspruch genommen. In Altenwohnheimen sollte den mobilen Bewohnern ein Gymnastikraum und ein Bewegungsbad, das auch zum Schwimmen geeignet ist, angeboten werden. Ein Raum für physikalische Therapie sollte vorhanden sein und die Möglichkeit bieten, medizinische Wannenbäder, evtl. Unterwasserdruckstrahlmassagen und hydroelektrische Vollbäder, durchzuführen (Kombinationswanne). Ein Inhalationsplatz sollte vorgesehen werden, ebenso die Möglichkeit, Massagen und Wärmepackungen zu verabreichen. Die Ausstattung mit einem Gerät für niederfrequente Elektrotherapie ist wünschenswert. Bei einer derartigen Ausstattung für die physikalische Therapie ist auch ein Erholungsraum zu berücksichtigen.

Es soll nochmals betont werden, dass den Einrichtungen für aktive Betätigung mehr Augenmerk geschenkt werden muss als den Erfordernissen einer physikalischen Therapiepraxis. Es ist schließlich auch bekannt, dass Sauna oder Dampfbad von Bewohnern von Altenwohnheimen in viel geringerem Umfang angenommen werden als vermutet.

In Behindertenwohnanlagen führen die Bewohner ebenfalls ein weitgehend selbstständiges Leben in eigenen Wohnungen. Hier ist es möglich und erwünscht, großzügig gestaltete und dimensionierte Gemeinschaftseinrichtungen zu schaffen, die von allen genutzt werden sollen.

Man wird auf die o.g. physikalischen Therapieformen verzichten, der Gymnastikraum wird in dem einen oder anderen Fall den Charakter einer Mehrzweckhalle bekommen, da in solchen Wohnanlagen auch ein Optimum an kommunikativen Möglichkeiten geboten werden sollte. Unter diesem Aspekt wird man ebenso die Frage nach der Einrichtung einer Sauna stellen.

4.9.2.3 Tagesstätten

Tagesstätten für Senioren werden zu unterschiedlichen Zwecken aufgesucht. Im Vordergrund stehen psychosoziale Aspekte.

Soziale Depravation soll durch Handeln und Kontakte verhindert werden.

Es werden Mahlzeiten angeboten, es werden gemeinsame Freizeitaktivitäten initiiert,

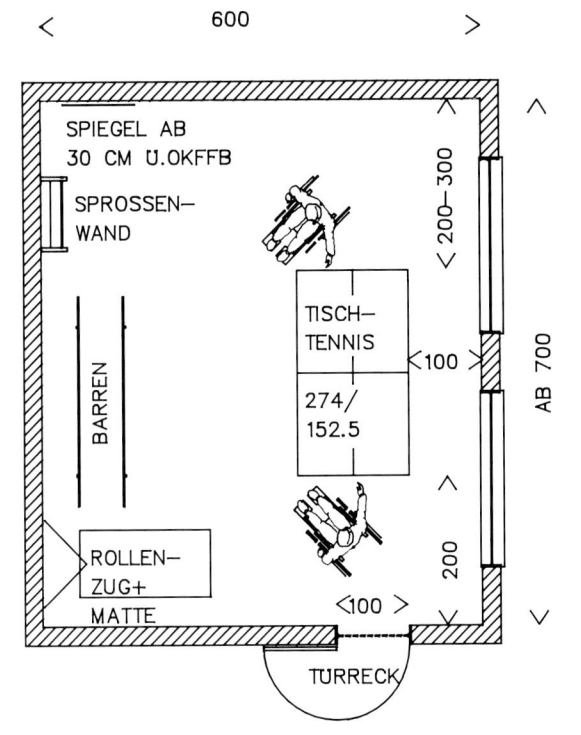

4.9/1 Der Therapieraum im privaten Bereich, M 1:50

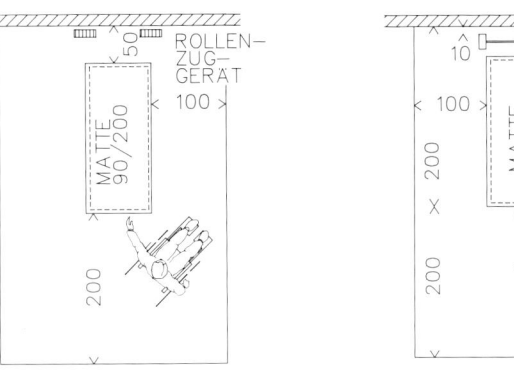

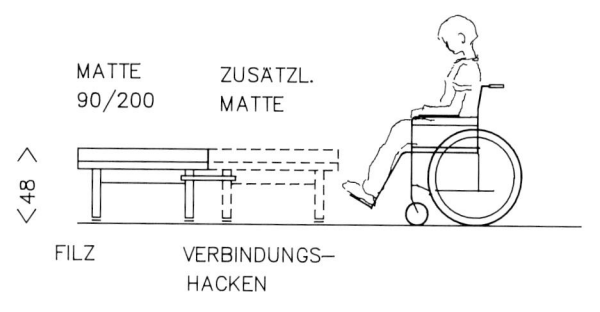

4.9/2 Das Hochmattengestell, M 1:50

4.9/3 Das Rollenzuggerät mit Hochmatte, M 1:100

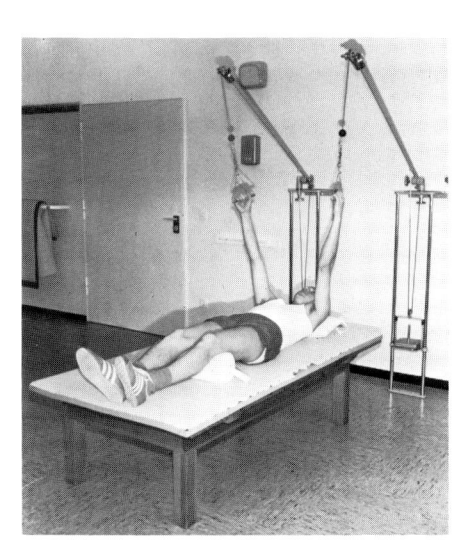

4.9/5 Die Sprossenwand mit Hochmatte, M 1:100

4.9/4 Das Rollenzuggerät mit Hochmatte

und es ist die Möglichkeit zu Hilfeleistungen im sozialpädagogischen Sinne gegeben. Daneben können medizinische Kontakte aufgenommen werden. Im Behindertenbereich haben Tagesstätten oftmals einen bewahrenden und beschützenden Charakter. Hier sind auch so genannte „beschützende Werkstätten" angesiedelt, häufig zusammen mit therapeutischen Kindertagesstätten oder Kindergärten.

In jedem Fall sollte man in Tagesstätten, in denen Sozialarbeit geleistet wird, einen Raum für Beratungen und Behandlungen vorsehen (Krankengymnastik, Ergotherapie, Logopädie).

4.9.2.4 Altenheime und mehrstufige Einrichtungen mit Pflegestation

Zum Charakter von Altenheimen gehört es, dass deren Bewohner umfassend versorgt und betreut werden. Die Insassen sind häufiger bereits weniger mobil, so dass auch auf eine rollstuhlgerechte Ausgestaltung der Räume geachtet werden muss. Die Grundausstattung der physikalischen Therapieabteilung sollte derjenigen der Altenwohnheime entsprechen. In Altenheimen sind überwiegend bettlägerige Patienten zu betreuen. Weitere sind sehr schwer gehbehindert, so dass viele Aktivitäten und Anwendungen auf den Stationen, also patientennah, durchgeführt werden müssen, es sei denn, es wird mit entsprechendem personellen Aufwand ein Transportdienst installiert. Bei einer Ausstattung im stationären Bereich wird die zentrale physikalische Therapieeinrichtung von den Raumanforderungen her deutlich entlastet. Auf der Station können eine Gehschule, Atemgymnastik und andere Bewegungsübungen sowie Massagen durchgeführt werden. Wärmepackungen können in Isolierbehältern auf die Station transportiert werden. Medizinische Bäder können in den sonst für die Reinigungsbäder benutzten Badewannen verabreicht werden. Niederfrequenz-Elektrotherapie sowie Inhalationen sind mit transportablen Geräten möglich.

Erforderlich bleibt für die zentrale Therapieeinrichtung ein Gymnastikraum für gehfähige und weitgehend selbstständige Bewohner sowie ein Bewegungsbad mit Behandlergang und Hebevorrichtung. Im passiven Bereich ist eine Kombinationswanne vorzusehen. Ein Raum mit Wärmestrahler und Therapiebänke für die Krankengymnastik ist erforderlich.

Unter mehrstufigen Einrichtungen versteht man Altenwohnheime oder Altenheime mit einer angegliederten Pflegeabteilung. In der Pflegeabteilung finden die Bewohner nur vorübergehend Aufnahme, meist unter dem Aspekt der baldigen Besserung und Remobilisation sowie Rückkehr an den gewohnten Platz in der Einrichtung.

Die Ausstattung der Gesamtanlage wird sich nach dem Anspruch und Ausmaß der Pflegeabteilung zu richten haben. Es gilt das gleiche Grundmuster, wie es für Altenwohn- und Altenheime geschildert wurde. Konsequenzen ergeben sich besonders hinsichtlich der größeren personellen Ausstattung einer solchen Einrichtung.

4.9.2.5 Therapie- und Behandlungszentren

Hier ist zu unterscheiden zwischen ambulanten und stationären Einrichtungen (Reha-Zentren). Gemeinsam ist beiden, dass dort ein Optimum an Behandlungsmöglichkeiten angeboten werden soll. Die Limitierung erfolgt lediglich durch die Indikation und die vorgesehenen Kapazitäten. In diesen Einrichtungen wird man alle bisher genannten Ausstattungsdetails vorfinden.

4.9.3 Die Ausstattung

Es soll bedacht werden, dass möglichst alle Geräte von den behinderten oder alten Menschen auch selbst in Gebrauch genommen werden können. Die Benutzung soll ungefährlich und unschädlich sein. Für eine Sauna gibt es individuelle Ausschlüsse (Stoffwechsel-, Herz-Kreislauf-Krankheiten), für Schwimm- und Bewegungsbäder gelten Einschränkungen für einzelne Benutzer, die sich aus der Wassertiefe und der Wassertemperatur ergeben können. Für bestimmte Trainingsgeräte (Fahrradergometer, Kraftmaschinen etc.) kann sich eine Schädlichkeit durch Überforderung und unkontrollierte Anwendung ergeben.

Checkliste für (H) Hilfs-, (Ü) Übungsmittel und (T) Trainingsgeräte

			Raum- oder bautechnische Vorkehrungen
Behandlungsliege, -bank	H	Platzbedarf +	
Hochmatte	H	Platzbedarf ++	
Bobathliege	H	Platzbedarf ++	
Stehbrett	H	Platzbedarf +	
Kipptisch	H	Platzbedarf +	
Schlingentisch	H	Platzbedarf +	evt. Deckenanbringung
Spiegel			
Übersetzhilfen:			
Strickleiter	H		evt. Deckenstatik
Drehscheibe	H		
Lifter	H		abhängig vom Typ stat. Vorkehrungen
Sprossenwand	Ü		Wandanbringung
Reckstange	ÜT		
Gehbarren	Ü	Platzbedarf ++	
Zugapparat	ÜT	Platzbedarf +	Wandanbringung
Fahrradergometer	T	Platzbedarf +	
„Moto-F"	T	Platzbedarf +	Elektroanschluss
Isokinetisches Trainingsgerät	ÜT	Platzbedarf ++	Elektroanschluss
Kraftmaschinen	ÜT	Platzbedarf ++	
Tischtennisplatte	T	Platzbedarf ++	
Basketballvorrichtung	T	Platzbedarf +++	
Schmetterlingswanne	HÜ	Platzbedarf +++	Wasser- u. Abwasseranschluss, Filteranlage, Statik
Kombiwanne	H	Platzbedarf ++	

Platzbedarf: +++ hoch; ++ mittel; + gering

4.9.3.1 Trainings- und Übungsmittel, Hilfsmittel zur Lagerung und Fortbewegung

Im therapeutischen und pflegerischen Einsatz ist zu unterscheiden zwischen Hilfs- und Übungsmitteln bzw. Trainingsmitteln. In der Tabelle sind solche beispielhaft aufgeführt. Für manche Hilfs- oder Übungsmittel ist zu prüfen, ob größere statische, raum- oder bautechnische Vorkehrungen zu treffen sind.

Behandlungsliegen und krankengymnastische Behandlungsbänke gibt es in vielfachen Formen.

Eine sog. Hochmatte stellt die einfachste Form einer Behandlungsliege dar. Die Größe kann einer sog. Bobathliege entsprechen. Es handelt sich hier um eine großdimensionierte und in der Höhe verstellbare Liege für die Behandlung von gelähmten Patienten.

Eine Hochmatte kann selbst hergestellt werden, das Hochmattengestell hat eine Auflagefläche von 2 x 0,90 m, der Holzrahmen besteht aus vier Kanthölzern mit Filzunterlage; die Auflagefläche soll allseits 10 cm über den Rahmen hinaus stehen. Bei der Auflage handelt es sich um abwischbare Schaumstoffmatten, z.B. Aerex oder Sporex-Matten, die in verschiedenen Stärken aufrollbar geliefert werden. Sprossenwände werden in verschiedenen Höhen in Holz oder Metall hergestellt, sie werden auch in Kombination mit Rollenzuggeräten und einhängbaren Behandlungsliegen verwendet (Abb. 4.9/2-4).

Eine einfache Sprossenwand kann auch im privaten Wohnbereich z.B. in Flur oder Diele aufgestellt werden. Dabei ist zu berücksichtigen, dass ausreichend Platz vor der Sprossenwand besteht; der Mindestplatzbedarf beträgt 2 x 1,50 m. Sprossenwände und Behandlungsliegen können mit verschiedenen Geräten kombiniert werden. Es gibt einfache einhängbare Rollenzugapparate oder z.B. den sog. Gehri-Pulling-Former, ein vielseitig verwendbares Trainingsgerät, das in beliebiger Höhe an der Sprossenwand, an Decken- oder Wandhaken befestigt werden kann (Abb. 4.9/5+6). Für die Einrichtung von Gehbarren gibt es die Möglichkeit, festinstallierte Parallelbarren in verschiedenen Versenktiefen frei aufzustellen oder einen Hülsenbarrenholm in Verbindung mit einem Handlauf an einer Wand zu installieren (Abb. 4.9/7).

Kraftmaschinen werden nicht nur in so genannten Fitnesszentren eingesetzt, sie werden heute auch im medizinischen und krankengymnastischen Bereich vielfältig verwendet. Es gibt inzwischen sinnvoll nutzbare, ausreichend robuste Kombinationsgeräte, wenn aus Bedarf- und Platzgründen trainingsspezifische Einzelgeräte nicht aufgestellt werden sollen.

Auch für den häuslichen, privaten Bereich ist der Gebrauch von motorisch betriebenen Bewegungsgeräten, z.B. Theramobil, Moto-F-Gerät, oft nützlich. Es gibt Geräte, die sowohl für die Beine wie für die oberen Gliedmaßen einsetzbar sind und die dazu dienen, auch bei weitgehenden Funktionsverlusten (Lähmungen etc.) die Restbeweglichkeit und Kraft zu erhalten und die

Herz-Kreislauf-Funktion zu trainieren. Für behinderte Menschen mit gesunden Beinen sind Übungsfahrräder mit verstellbarem Widerstand (Ergometer-Fahrräder) geeignet. Auch Rudergeräte eignen sich hervorragend zur Erhaltung der Muskelkraft und zum Herz-Kreislauf-Training.

So genannte isokinetische Test- und Trainingsmaschinen kommen nur für Therapie- und Behandlungszentren in Frage. Es handelt sich dabei um sehr kostenaufwendige, computergesteuerte hochspezifische Rehabilitationsgeräte.

Tischtennisplatten können im Freien wie in Innenräumen installiert werden. Für den Wohnbereich wird man zweckmäßigerweise eine zusammenklappbare Platte anschaffen. Im Außenbereich ist auf besondere Robustheit der Geräte zu achten. Dann kann eine dauerhafte Installation sinnvoll sein.

Kipptisch bzw. Stehbrett sind Stehhilfen (Abb. 4.9/8), die bei gelähmten Personen oder bei Patienten angewendet werden, für die eine kontrollierte und stufenweise Belastung und Gewöhnung an die aufrechte Position erwünscht wird. Diese Einrichtungen verhindern Durchblutungsstörungen bei lang andauernder Immobilisierung. Kipptische werden mobil und transportabel angeboten.

Ein Schlingentisch (Abb. 4.9/9) ist eine krankengymnastische Hilfseinrichtung, entweder in Form eines Gitterkäfigs oder eines deckenbefestigten Rahmens mit zusätzlichen Extensionsstäben. Im Schlingentisch können sowohl Extensionsbehandlungen durchgeführt werden als auch Bewegungsübungen unter Ausschaltung der Schwerkraft. Er gilt als Alternative zur Bewegungsbadbehandlung.

Dort wo eine Gehschule oder Haltungsschulung durchgeführt wird, sind Wandspiegel oder rollbare Standspiegel vorzusehen. Gegenüber Rollzugapparaten oder bestimmten Trainings- und Kraftmaschinen sind zur Haltungskontrolle ebenfalls Spiegel anzubringen.

Es gibt unzählige Kleingeräte, die als Übungs- und Hilfsmittel eingesetzt werden (z.B. Medizinbälle, Gymnastikbälle, Hanteln, Ballgerät, Expander usw.) und im Behandlungsraum untergebracht werden müssen. Auch für die notwendigen Zubehörteile für größere Therapiegeräte muss Ablage und Stauraum vorhanden sein. Es sollte an Halterungen oder Abstellmöglichkeiten für Gehstützen und andere Gehhilfen gedacht werden.

Wichtige Ausstattungsmerkmale von Behandlungsräumen im Behindertenbereich sind Übersetzhilfen oder Lifter.

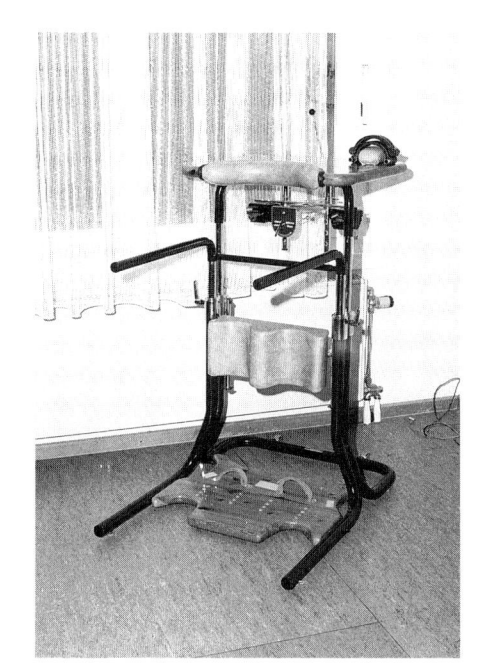

4.9/6 Die Sprossenwand, 3,0 × 1 m breit, Höhe nach Erfordernis, Gehri-Pullingformer für Bewegungsübungen, Basketballkorb (hier nur als Übungskorb) in wettkampfgerechter Höhe, ausreichender Wandabstand des Brettes ist wichtig

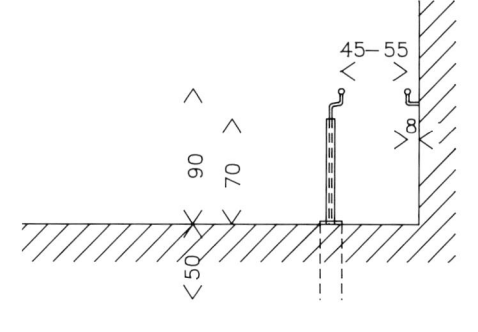

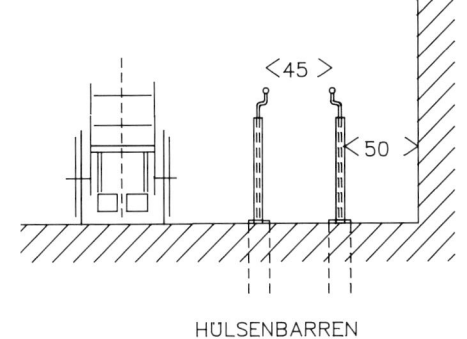

4.9/7 Hülsenbarren freistehend und in Verbindung mit der Wand, M 1 : 50

4.9/8 Therapeutische Stehhilfe (Stehbrett) für gelähmte Patienten

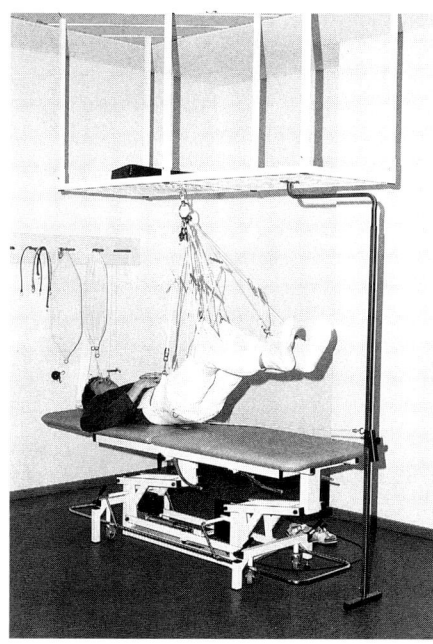

4.9/9 Schlingentischaufhängung mit hydraulischer Behandlungsliege

4.9.3.2 Einzelraum, Gruppenraum und Sporthalle

Es ist zu unterscheiden zwischen Räumen, in denen Einzeltherapie durchgeführt wird, Gruppenräumen und Gymnastik- oder Sporthallen.

In Gemeinschaftsanlagen wird der Therapieraum von mehreren behinderten Menschen, von Familien und Bewohnern der ganzen Anlage oft gemeinsam genutzt. Auch kleine Anlagen außerhalb des privaten Bereiches, sollten so konzipiert werden, dass Therapien auch unter Anleitung eines Krankengymnasten oder eines Sportlehrers etc. möglich sind. Es wird notwendig sein, neben dem großen Sportraum oder der Halle einen räumlich und akustisch abgetrennten Bereich zu schaffen, in dem durch einen Physiotherapeuten medizinisch indizierte Einzelbehandlungen durchgeführt werden können.

Für einen solchen Einzeltherapieraum reichen im allgemeinen 20 m^2 aus, wenn folgende Mindestausstattung vorgesehen wird: ein oder zwei Massage- oder Behandlungsbänke, die gleichzeitig als Ruhebänke genutzt werden können. Die Bänke bzw. Liegen sollten durch einen Vorhang oder Paravent voneinander abgeschirmt werden können. Wenn möglich wird ein Heißluftgroßflächenstrahler installiert, der entweder schwenkbar an der Decke oder an einem drehbaren Wandarm befestigt wird. Es gibt aber auch mobile Geräte. Kombinationswannen für Unterwassermassageeinrichtung oder auch Elektrotherapiegeräte sind bewusst für einen solchen Bereich nicht vorzusehen.

Für die Einrichtung von Sporttherapieräumen ist ein ungleich größerer Raumbedarf vorzusehen. Der Sporttherapieraum in einer Gemeinschaftsanlage soll wenigstens alle Geräte enthalten, die für einen Einzeltherapieraum möglich erscheinen. In der Gemeinschaftsanlage sollen aber die spielerischen Möglichkeiten – durchaus auch wettkämpferische Spiele – im Vordergrund stehen. Wenn eine Sporthalle mit Mehrzweckcharakter geplant ist, sollten bestimmte Maße berücksichtigt werden.

Ein Feld für Federball z.B. benötigt einen Raum von 6 x 14 m und ist damit auch für Sitzball, Prellball und ähnliche Spiele geeignet. Letztere werden gern von Amputierten betrieben. Ein Basketballfeld benötigt 14 x 26 m, bei einer Mindestraumhöhe von 5 m. Das Basketballspiel zählt zu den beliebtesten Hallensportarten bei Rollstuhlfahrern. Wird nur ein einzelner Übungskorb in einem Raum angebracht, z.B. oberhalb der Sprossenwand, soll ein ausreichender Abstand von der Wand berücksichtigt werden, damit der Korb von Rollstuhlbenutzern unterfahren werden kann (Abb. 4.9/10). In Sporttherapieräumen oder Hallen, in denen auch Wettkampfsport ausgeübt wird, sind Sicherheitsvorrichtungen vor Fenstern und Glastüren vorzusehen, um möglichen schweren Verletzungen vorzubeugen.

Eine größere Therapie- oder Sporthalle sollte man möglichst so planen, dass sie auch als Veranstaltungshalle dienen kann.

4.9.3.3 Therapieeinrichtungen im Freien

Behinderte Menschen, die ein eigenes Grundstück und ein eigenes Haus besitzen, sollten außerhalb des Hauses genügend Fläche für körperliche Betätigungen vorsehen. Es bietet sich sicher die Möglichkeit, auf einer Terrasse einen stabilen wetterfesten Tischtennistisch zu errichten (Abb. 4.9/11), der mit dem Rollstuhl gut unterfahrbar ist. Ebenfalls lässt sich im Eigenheim unter einem überdachten Freisitz ein Rollenzuggerät anbringen. Ein Stütz- oder Gehbarren kann auf einer Terrasse Platz finden (Abb. 4.9/12).

Rollstuhlfahren auf Rasenflächen erfordert einen erheblichen Kraftaufwand. So sollte bei der Gartengestaltung oder Gestaltung eines Freigeländes Wert auf gut drainierte oder besonders feste Rasenflächen gelegt werden. Durch geschicktes Anlegen der Rollstuhlwege lassen sich auch Höhenunterschiede im Freigelände leicht überwinden.

Die Steigungen dürfen für Rollstuhlfahrer nicht mehr als 4 % betragen. Andererseits soll bedacht werden, dass Amputierte oder sonstige Gehbehinderte Höhenunterschiede lieber durch Stufen überwinden als über schräge Rampen oder Wege.

In Therapie- und Rehabilitationszentren ist für die Gehschulung oft eine Außenanlage mit verschiedenen Schikanen und Bodenbelägen angelegt und damit ein Teil des Freibereiches speziell zu diesem Zweck ausgestaltet.

Zu den klassischen Behindertensportarten – besonders für Rollstuhlfahrer – zählt das Bogenschießen. Für eine Bogenschießanlage ist ein entsprechender Platzbedarf zu berücksichtigen, da die geringste Distanz 30 m beträgt. Der Scheibenstandort und das umliegende Gelände muss zuverlässig abgesichert sein (Abb. 4.9/13).

4.9.3.4 Sonderräume

Unter Sonderräumen verstehen wir hier Einrichtungen, die unabhängig von den Ansprüchen der aktiven und funktionsgerichteten Therapien vorgesehen werden. Dies können einfache Räume zum Zwecke der Beratung oder medizinischen Untersuchung und Hilfe sein. Verschiedene Berufsgruppen sollen den Raum benutzen können (Sozialarbeiter, Ergotherapeuten, Ärzte). Ein Sonderraum kann auch einer spezifischen medizinischen Therapie dienen. Zu denken ist dabei z.B. an hydrotherapeutische oder elektrotherapeutische Maßnahmen. Die meisten Elektrotherapiegeräte sind handlich und mobil zu verwenden. Für die Verabreichung von Wärmepackungen gibt es ebenfalls mobile Aufbereitungsgeräte.

In größeren zentralen physikalischen Therapieeinrichtungen wird aus Kapazitäts- und Wirtschaftlichkeitsgründen z.B. für Fango- und Moorpackungen eine stationäre Zubereitungsanlage mit Wärmeschränken eingeplant werden. Für die Möglichkeit, medizinische Teil- oder Vollbäder zu verabreichen, sind Sonderräume vorzusehen, in denen die raum- und installationstechnischen höheren Anforderungen, z.B. für die Unterbringung von großen Kombinationswannen, berücksichtigt sind. Eine so genannte Schmetterlingswanne kann eine wirtschaftliche und Raum sparende Alternative zu einem Bewegungsbad darstellen. Hier ist je nach Ausführung zu berücksichtigen, ob eine gesonderte Wasseraufbereitungsanlage erforderlich ist und ob sonstige, auf die Benutzer bezogene sanitäre Einrichtungen oder Hebehilfen notwendig sind (Abb. 4.9/14-15).

4.9.4 Das Bewegungsbad

Bei gesunderhaltenden und vorbeugenden Maßnahmen sind die Möglichkeiten, die ein Bewegungsbad bietet, nicht hoch genug einzuschätzen. Das gilt nicht nur für die Rehabilitation Behinderter und Kranker, sondern für alle Menschen jeder Altersgruppe. Gerade für Körperbehinderte ist das Bewegungsbad kein Luxus, sondern eine Notwendigkeit. In unserer Zeit sollte in privaten und öffentlichen Anlagen (Behindertenheime, Altenwohnanlagen usw.) ein Schwimmbad oder Bewegungsbad nicht fehlen. Das Bewegungsbad oder auch das Schwimmbad sollte dort eingerichtet werden, wo es immer Tageslicht erhält und möglichst mit Blick oder Ausgang ins Freie versehen werden kann (Abb. 4.9/16).

4.9.4.1 Maße und Form des Bewegungsbades

Die Größe des Schwimmbades oder Therapiebeckens muss sich nach der Anzahl der Personen richten, die das Bad evtl. gleichzeitig benutzen sollen. Details für eine behindertengerechte Ausstattung sind dabei einzuplanen. Die Wasserfläche muss wenigstens 4 x 2,50 m betragen. Eine rechteckige Form des Beckens ist günstiger, wenn der Einbau einer Gegenstromanlage oder die Anbringung einer Widerstandsfeder vorgesehen wird.

Die Größe des Beckens in einer Gemeinschaftsanlage sollte bei 6 bis 8 m Breite und einer Länge von 12,5 m beginnen, optimal ist das Maß von 12,5 x 25 m. Ein solches Becken bietet damit auch eine geeignete Strecke für den Erwerb des Sportabzeichens und für Wettkämpfe.

Die Tiefe des Beckens im Rehabilitationsbereich und in Alten- und Behinderteneinrichtungen ist aus Sicherheitsgründen wie

BASKETBALL

SPIELFELD 14.00m / 26.00m

HÖHE min. 5m

GRENZLINIE 1m VON

JEDEM HINDERNIS ENTFERNT

BADMINTON / FEDERBALL

SPIELFELD 6.10m / 13.40m
9.19m / 18.00m

HÖHE 7.60m

4.9/10 Spielfelder für Basketball und Badminton, M 1:200

TISCHTENNISPLATTE

FASERZEMENT 20 mm	BETON 70mm
ECKEN RUNDEN < 600	ECKEN RUNDEN < 600
AUF WINKELGESTELL	AUF BETONFUNDAMENT

760 UNTERFAHRBAR

4.9/11 Tischtennisplatten aus Beton oder Faserzement, M 1:50

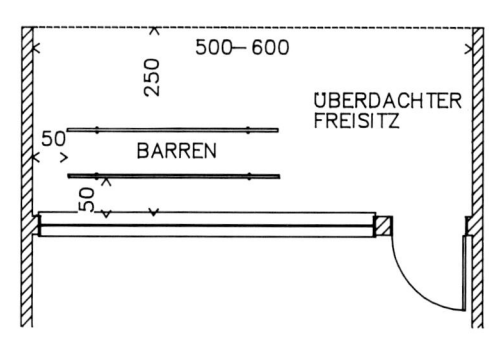

500–600
250
50
BARREN
ÜBERDACHTER FREISITZ
50

4.9/12 Überdachter Freisitz mit Barren, M 1:100

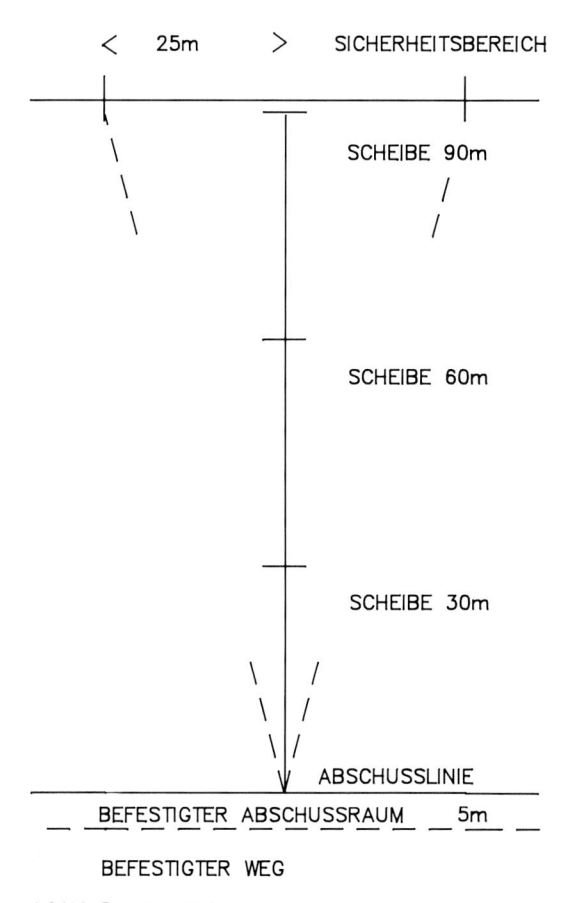

< 25m > SICHERHEITSBEREICH

SCHEIBE 90m

SCHEIBE 60m

SCHEIBE 30m

ABSCHUSSLINIE
BEFESTIGTER ABSCHUSSRAUM 5m
BEFESTIGTER WEG

4.9/13 Bogenschießanlage, M 1:1000

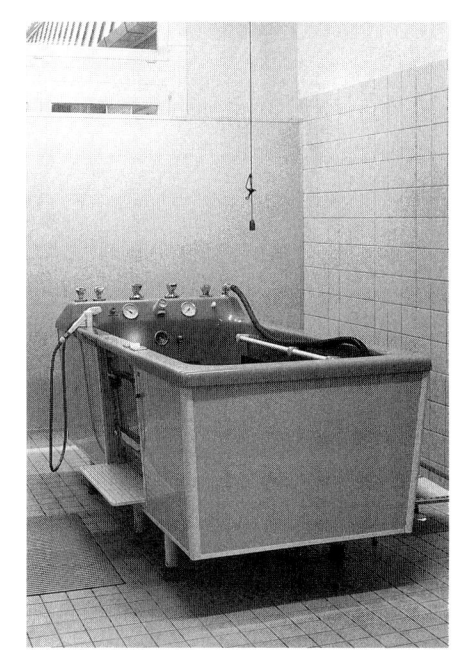

4.9/14 Kombinationswanne

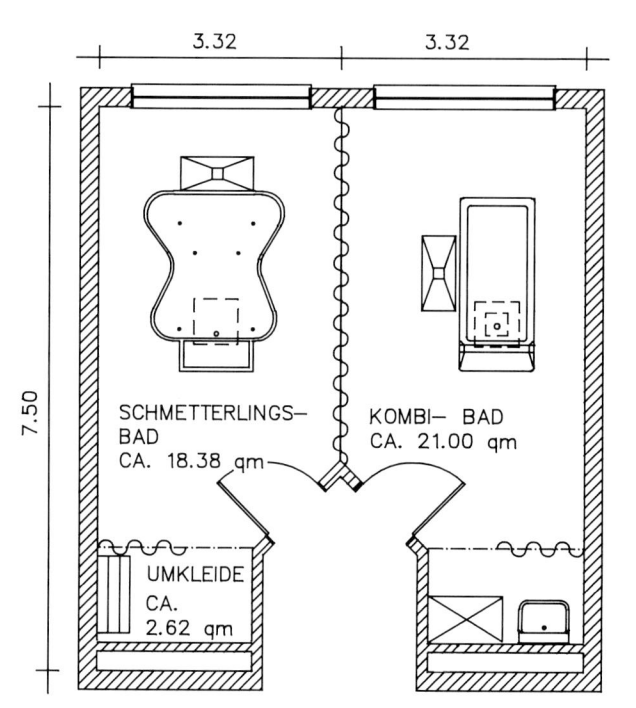

4.9/15 Einrichtung einer „kleinen Bäderabteilung", M 1 : 100

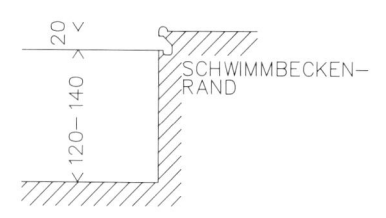

4.9/17 Schwimmbeckenrand 20 cm tiefer als der Boden, M 1 : 200

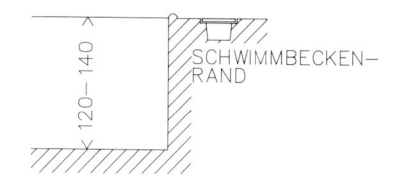

4.9/18 Schwimmbeckenrand bündig mit dem Boden, M 1 : 200

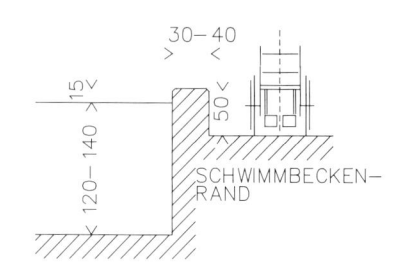

4.9/19 Schwimmbeckenrand in Rollstuhlsitzhöhe, M 1 : 200

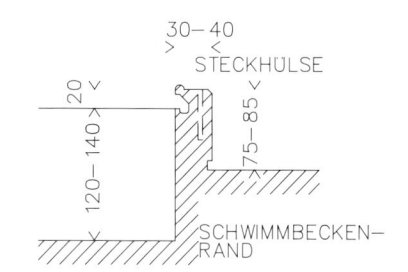

4.9/20 Schwimmbeckenrand in Brüstungshöhe, M 1 : 200

4.9/16 Kleines und großes Therapiebecken (Reha-Zentrum Bad Orb) mit unterschiedlichen Überlaufrinnen und hydraulischen Hebevorrichtungen

aus wirtschaftlicher Sicht mit 1,35 m ausreichend. Ist eine variable Wassertiefe wünschenswert, so kann dies durch einen verstellbaren Schwimmbeckenboden ermöglicht werden.

Bei Bewegungs- oder Schwimmbädern, die ausschließlich für Querschnittsgelähmte erstellt werden, ist eine Wassertiefe von 1,60 m zu ermöglichen, damit auch bei sehr großen Menschen ein Schleifen der bewegungsunfähigen Beine auf dem Schwimmbadboden auf jeden Fall ausgeschlossen werden kann. Der Boden des Bewegungsbades muss einen rutschfesten Belag haben. Die Verfugung der Fliesen im Boden wie im Randbereich muss besonders sorgfältig erfolgen. Kantenbildungen und Rauigkeiten und Grate müssen auf jeden Fall vermieden werden. Bei Lähmungen und anderen neurologischen Erkrankungen besteht sonst die Gefahr von unbemerkten Hautverletzungen mit oft fatalen Folgen.

Für Planung und Bau eines Therapiebeckens stellt die Frage der Beckenrandhöhe zum Fußboden ein nicht unwichtiges Problem dar, wenn Therapiezweck und Behinderungsart als wesentliche Kriterien zu berücksichtigen sind. Bei Bewegungsbädern, die auch sportlichen Zwecken dienen, wird der Beckenrand immer bündig mit dem Fußboden geplant. Man kennt für Therapie- und Bewegungsbecken drei Lösungen:
1. Beckenrand bündig mit dem Fußboden.
2. Beckenrand in Rollstuhlsitzhöhe.
3. Beckenrand in Brüstungshöhe.

Zu 1. Bei voll im Boden eingelassenen Becken geben sich wieder zwei Möglichkeiten:
a) Der Wasserspiegel kann tiefer als der Beckenrand liegen. Die Überlaufrinnen müssen dabei ausreichend Kapazität für Oberflächenabsaugung haben; die Rinnen können gleichzeitig eine gute Haltemöglichkeit sein. Bequem begehbare Treppen mit rutschhemmenden Fliesen oder Belägen, mit rutschfesten Geländern und Handläufen müssen den Benutzern und deren Behinderung angepasst werden (Abb. 4.9/17).

b) Der Wasserspiegel liegt in Höhe des umlaufenden Bodens, dabei läuft das Wasser in Ablaufrinnen, die mit Abdeckrosten versehen sind. Bei dieser Lösung ist aber zu berücksichtigen, dass hier die wichtigen Haltemöglichkeiten nur schwer oder in sehr eingeschränktem Umfang angebracht werden können (Abb. 4.9/18).

Zu 2. Für Rollstuhlfahrer ist die Lösung vorstellbar, dass das Becken nur so weit in den Boden eingelassen wird, dass der Beckenrand einer Rollstuhlsitzhöhe entspricht (50 cm). Das Einsteigen in das Schwimmbad kann bei dieser Lösung von Rollstuhlbenutzern wie auch von anderen Bewegungsbehinderten sehr leicht bewerkstelligt werden (Abb. 4.9/19). Ist ein Behandlerumgang vorgesehen, muss im Bereich des Behandlungsganges neben dem Becken zusätzlich vertieft werden. Die Vertiefung beträgt gegenüber dem Beckenrand 90 bis 95 cm. Der Behandlergang sollte aus Zweckmäßigkeitsgründen nur an einer Längsseite, höchstens zusätzlich auch an einer Breitseite vorgesehen werden (Abb. 4.9/20).

Zu 3. Sollen überwiegend Therapien unter Anleitung durch das Behandlungspersonal möglich sein, ist es günstig, den Beckenrand in Brüstungshöhe auszuführen (Abb. 4.9/20). Das Personal steht auf dem umgebenden Fußbodenniveau. Die Therapeuten müssen nicht unbedingt zur Hilfeleistung mit ins Wasser. Die Oberkante des Beckens liegt 85 bis 95 cm über dem Fußbodenniveau. Die Beckenrandung sollte möglichst schmal gehalten werden. Dies ist oft ein technisches Problem, das von der Gestaltung der Überlaufrinnen bzw. der Oberflächenabsaugung mit der Höhe des Wasserspiegels und dem Inhalt des Beckens abhängt. Der Wasserspiegel sollte bei entsprechender Gestaltung der Überlaufrinne 10 bis 15 cm unterhalb des oberen Beckenrandes liegen. Dieser Abstand ist ausreichend, um ein Überschwappen des Wassers bei intensiven Bewegungsübungen zu verhindern. Weitere Details siehe Abb. 4.9/21.

Bei größeren Schwimm- und Bewegungsbädern, in denen Schwimmunterricht erteilt wird, sollte die Beckengrenze durch gestalterische Mittel entweder an der Schwimmbaddecke oder durch Wimpel erkennbar sein, damit Rückenschwimmer rechtzeitig das Beckenende abschätzen können, um einem unbeabsichtigten Anprall vorzubeugen.

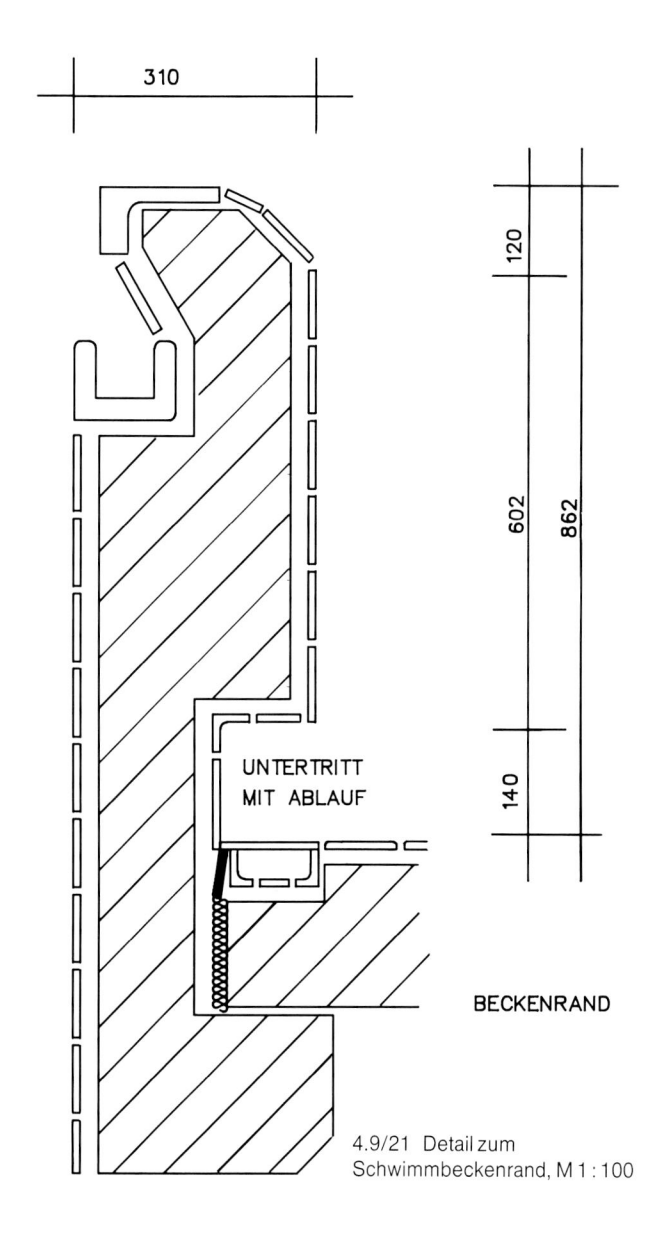

4.9/21 Detail zum Schwimmbeckenrand, M 1 : 100

4.9.4.2 Haltevorrichtungen

Für die Durchführung von bestimmten gezielten Bewegungsübungen sind Haltevorrichtungen notwendig. Die Überlaufrinne unter dem Beckenrandniveau stellt eine gute Haltemöglichkeit dar. Zusatzgeräte oder zusätzliche Haltevorrichtungen können durch Steckhülsen im Beckenrand vorgesehen werden. Ein Beispiel für ergänzende Haltebügel, die in die herkömmlichen Überlaufrinnen eingehängt werden können, geben die Abbildungen 4.9/22+23.

4.9.4.3 Hubboden

Ein verstellbarer Schwimmbeckenboden ist die flexibelste und ökonomischste Lösung, wenn das Becken für verschiedene Zwecke bzw. Disziplinen verwendet werden soll. Nicht nur für Behinderte, sondern auch für Kinder und Kleinkinder ist ein Hubboden eine große Hilfe und die ideale Möglichkeit zur Wassergewöhnung und Hilfe bei ersten Schwimmversuchen (Abb. 4.9/24).

Für behinderte Menschen ist es wichtig, dass nur solche Böden installiert werden, die völlig waagerecht gehoben werden. Der Belag und die Unterkonstruktion des Hubbodens müssen besonderen Bedingungen genügen. Entsprechend der Wasseraufbereitungsart muss korrosionsbeständiges Material verwendet werden, der Belag muss rutschhemmend, möglichst aus abnehmbaren Kunststoffkacheln bestehen. Die Durchflussöffnungen um die Kacheln bzw. um den Hubboden, durch die das Wasser beim Hubvorgang hindurchfließen kann, sollten eine Dimension von 6, max. 9 mm nicht überschreiten (Einklemm- bzw. Verletzungsgefahr).

Die Gestaltung des Beckens muss auf die Einrichtung eines Hubbodens abgestimmt sein. Es sollte darauf geachtet werden, dass keine Überlaufrinnen installiert werden, bei denen ein Einklemmen der Hände vorkommen kann.

Ist ein durchgehender Hubboden für die gesamte Beckengröße technisch oder finanziell nicht möglich, so kann eine Hebebühne genügen, die eine Behandlungs- oder Übungsplattform in der Größe von etwa 2 x 1,75 m trägt und auf jede Höhe fahrbar ist (Abb. 4.9/24). Bei Hebebühnen sind noch besondere Schutzvorrichtungen zu berücksichtigen. Besonders in Becken, die von Kindern benutzt werden, soll durch technische Vorkehrungen, z.B. durch eine Schleppstütze oder ähnliches, verhindert werden, dass die Hebebühne in hochgefahrenem Zustand untertaucht oder unterschwommen werden kann. Beim Absenken muss das Einquetschen eines Fußes oder der Zehen ausgeschlossen sein.

4.9.4.4 Einstiegshilfen

Treppen, auch mit rutschfesten Auftritten und Handläufen sind durchaus nicht immer von allen Behinderten benutzbar. Teilgelähmte und besonders Querschnittsgelähmte sind auf die Installation von Einstiegshilfen oder speziell gestalteten Treppen angewiesen. Eine einfache und geschickte Möglichkeit, eine geeignete Treppe für ein privates Becken oder eine Gemeinschaftsanlage, stellt das Beispiel in den Abbildungen 4.9/25+26 dar. Es handelt sich um eine Stütztreppe, die von einem Querschnittsgelähmten für sein Becken entwickelt wurde. Die obere Stufe der Stütztreppe entspricht der Rollstuhlhöhe, der Abstand der Stützgeländer der Rollstuhlbreite. Die Geländer sind den Stufen entsprechend geschwungen und ca. 10 cm darüber angebracht. Die Stufen sind niedriger gehalten als normale Treppenstufen und die Kanten abgerundet. Das Ende der Treppe besitzt eine Plattform in Größe der Rollstuhlsitzfläche und eine Wendemöglichkeit ins Wasser. Die „Stütztreppe" ist aus Beton gefertigt und mit einem wasserfesten Anstrich versehen, der Verletzungen durch Aufscheuern verhindern soll.

Hebe- und Einstiegshilfen in behindertengerechten Bädern sind so genannte Hebelifte, die entweder mit einer Sitzschale oder einer Liege mit wasserfester Auflage versehen sind. Hebelifte mit Sitzschale können sinnvoll mit einer Strickleiter kombiniert werden, um den Behinderten selbstständig ohne Hilfsperson in das Wasser gelangen zu lassen (Abb. 4.9/27-30).

Es gibt universelle Hilfsgeräte, wie Hebezugsysteme, mit denen Patienten mitsamt wasserfester Spezialstühle oder -liegen ins Bad gehoben werden können. Bei solchen Vorrichtungen kann auch ein Laufgeschirr zur Unterstützung von Laufübungen im Wasser angebracht werden. Die Hebezugsysteme bestehen aus Deckenschienen

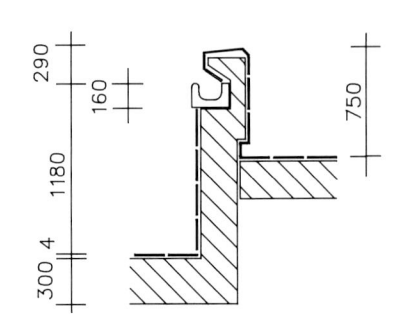

4.9/22 Beckenrand eines Bewegungsbades (vgl. Abb. 4.9/20), M 1 : 50

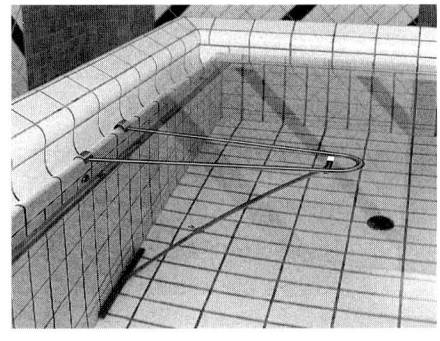

4.9/23 Badeteiler und Haltebügel für Haltestangen und Überlaufrinnen verwendbar

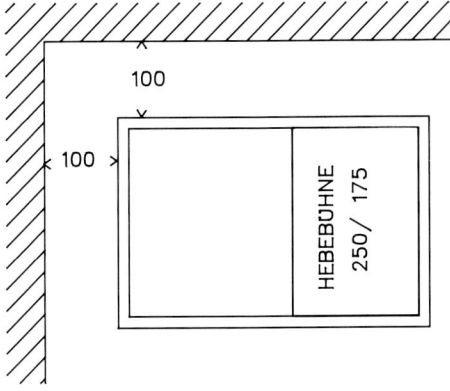

4.9/24 Bewegungsbad mit Hebebühne, M 1 : 50

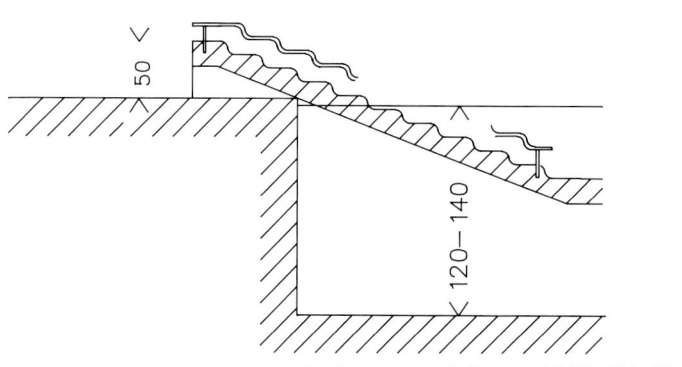

4.9/25 Stütztreppe, Schnitt zu 4.9/26, M 1 : 50

4.9/26 Stütztreppe. Die obere Stufe (links im Bild) hat Rollstuhlhöhe, ca. 50 cm über Fußboden. Die Stütztreppe ist massiv aus Beton. Eine Konstruktion aus Kunststoff wäre denkbar

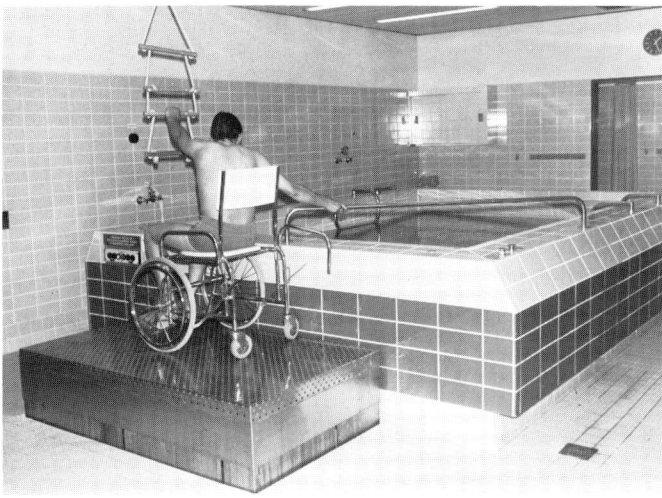

4.9/27 Haltegeräte, die in Hülsen eingesteckt werden, Schutzkappen. Außenhebebühne. Innere Hebebühne mit PVC-Platte 2,5 × 1,5 m. Hydraulischer Antrieb

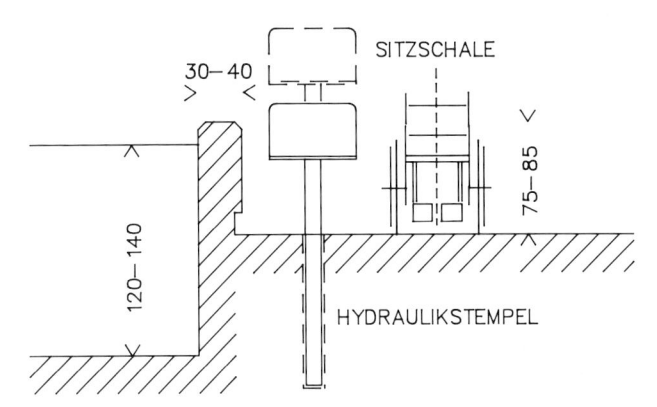

4.9/29 Schwimmbeckenrand mit Hebelift, M 1:50

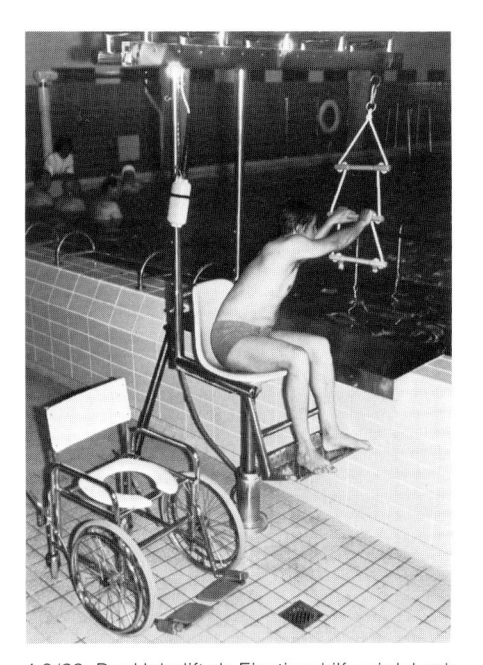

4.9/28 Der Hebelift als Einstiegshilfe wird durch die im Bild links hängende Schaltbirne vom Behinderten selbst gesteuert. Die Fußstütze am Liftsessel darf keine scharfen Kanten haben

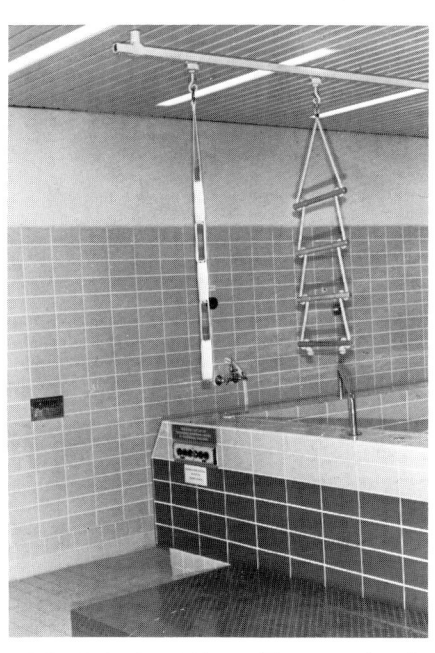

4.9/30 Außenhebebühne. Die untereinander festvernieteten Schlaufen sind aus festem Gurtzeug, so daß auch der Oberarm eingelegt werden kann. Läufer der Deckenschiene können so gebaut werden, daß sie sich unter Belastung feststellen (auch bei schrägem Zug)

mit unterschiedlicher Länge und einem Elektromotor als Flaschenzug, der kugelgelagert an einem Läufer oder im Schienensystem hängt und über die gesamte Länge der Schiene leicht verschoben werden kann.

Die Installation der erwähnten Hilfseinrichtungen, sei es nun Strickleiter, Schlaufenleiter oder Hebezugsysteme, muss rechtzeitig vorbedacht werden, da eine einfache Anbringung an der Decke oft nicht möglich ist. Eine tragende Decke muss nach aufzunehmender Last und Belastung statischen Erfordernissen entsprechen. Für die Nachrüstung bestehender Einrichtungen gibt es besonders entwickelte Hebezugsysteme, die mit minimalem Aufwand nachträglich installiert werden können (z.B. Enbo-Hebezugsystem).

4.9.5 Wasser- und raumtechnische Anlagen

4.9.5.1 Temperatur von Wasser und Luft
Wasser- und Lufttemperaturen müssen sich nach dem Personenkreis richten, für den das Bewegungsbad überwiegend zur Verfügung steht. Querschnittsgelähmte bevorzugen allgemein eine Wassertemperatur von 28 bis 32 °C, während spastisch Gelähmte auf jeden Fall eine Wassertemperatur von 32 °C benötigen. Darüber hinausgehende Temperaturen sind wegen der damit verbundenen erheblichen Belastung des Kreislaufs nicht zu empfehlen. Dies gilt gerade auch für alte Menschen. Die Behaglichkeitsbereiche sind sowohl bei Körperbehinderten wie auch bei alten Menschen sehr unterschiedlich.

Bei Bewegungs- und Schwimmbädern in Gemeinschafts- oder öffentlichen Anlagen, die weniger zu heiltherapeutischen Zwecken verwendet werden, sondern eher der vorbeugenden und spaßbetonten Bewegung dienen, reicht eine Temperatur von 28 °C aus.

Die Lufttemperatur sollte 26 bis max. 28 °C betragen. Bei der Bemessung der Raumhöhe soll berücksichtigt werden, dass kein Wärmestau durch die notwendig höheren Luft- und Wassertemperaturen entsteht. Bei intensiven Bewegungsbehandlungen erfolgt eine erheblich vermehrte Wasserverdunstung. Dem muss durch eine entsprechend funktionierende Be- und Entlüftungsanlage Rechnung getragen werden.

4.9.5.2 Umkleideräume, Dusche und WC
Bei der Einrichtung der Umkleidevorrichtungen, der Duschen und der WC's muss bedacht werden, dass die Kabinen auch von Rollstuhlbenutzern befahren werden können. Es muss eine ausreichende Anzahl von Duschen und Toiletten vorhanden sein, die behindertengerechten Maßstäben genügen. Für Rollstuhlfahrer sind an entsprechenden Stellen die erforderlichen Umsetzhilfen und Abstützvorrichtungen vorzusehen.

4.9.5.3 Wasseraufbereitung
Die hygienischen Probleme hinsichtlich der Wasseraufbereitung in Schwimmbädern, die von Behinderten oder alten Menschen benutzt werden, sind nicht unbedingt problematischer als dies für öffentliche Schwimmbäder allgemein gilt. Wenngleich oft Querschnittsgelähmte oder alte Menschen mit Inkontinenz-Erscheinungen Probleme mit der Kontrolle von unbeabsichtigten Körperausscheidungen bei der Badbenutzung haben könnten, sollte dem kein übermäßiger Stellenwert zugemessen werden. Eine optimale Wasseraufbereitung nach dem technisch bestmöglichen Standard ist für alle Bäder zu fordern, gleichgültig ob sie von Behinderten, Senioren oder von „Gesunden" in Anspruch genommen werden. Alle technischen Möglichkeiten und Erfordernisse der Wasseraufbereitung darzustellen, würde den Rahmen dieses Kapitels sprengen. Für öffentliche und größere private Gemeinschaftseinrichtungen ist die Hinzuziehung eines Fachingenieurs zu fordern.

In den letzten Jahren sind Gegenstromanlagen für kleinere Schwimmbecken in Mode gekommen. In einer Stirnwand des Bewegungsbades werden Düsen eingebaut, aus denen Wasser mit starkem Druck in das Becken eintritt und einen gleichmäßigen Wasserstrom erzeugt. Dadurch kann ein Schwimmen „auf der Stelle" ermöglicht werden, und der Muskelaufbau und Trainingseffekt kann durch Schwimmtraining auch in einem kleinen Becken ausgenutzt werden.

Derartige Gegenstromanlagen sind gleichermaßen wie Warmsprudelbecken (Whirlpools) aus hygienischer Sicht nicht unproblematisch. Durch Gegenstrom und

4.9/31 Schwimmgürtel mit rostfreier Widerstandsfeder

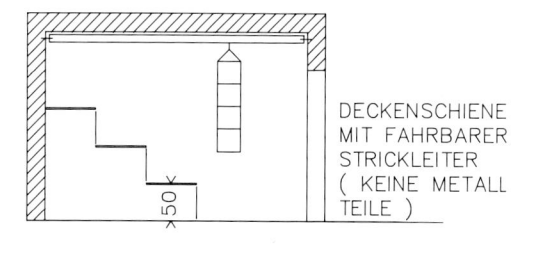

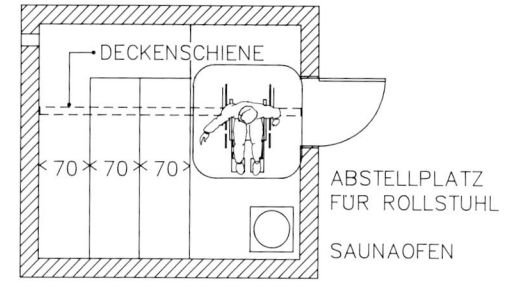

4.9/32 Sauna, Grundriss und Schnitt, M 1:100

Sprudelanlagen ist eine Aerosolbildung möglich, was bei entsprechender bakterieller Kontamination (Legionellen!) durchaus Risiken beinhalten kann. Manche behinderte und betagte Menschen leiden unter einer verminderten Abwehr- und Widerstandskraft gegenüber Infektionen, so dass für diese Personengruppe eine Gefährdung durch eine Therapieanlage nicht in Kauf genommen werden sollte.
Wie schon erwähnt, wird ein entsprechend hoher hygienetechnischer Aufwand gefordert. Es gibt hierzu eine DIN-Vornorm sowie die neue DIN 19 643, die sämtliche Schwimm- und Badebecken umfaßt.
Ein Schwimmtraining ist in einem kleineren Bewegungsbad auch mit einem Schwimmgürtel mit Widerstandsfeder (Abb. 4.9/31) durchführbar, ohne eine Gegenstromanlage vorsehen zu müssen.

4.9.6 Sauna
Der medizinische Wert eines Saunabades ist allgemein bekannt. Das Saunabad hat nicht nur eine Bedeutung für die Vorbeugung und Gesunderhaltung, die Sauna wurde auch von jeher als eine Einrichtung mit kommunikativen Zweck und Wert genutzt. In diesem Kapitel soll darauf hingewiesen werden, dass die Sauna nicht ausschließlich auf die Belange der Körperbehinderten zugeschnitten zu sein braucht, sie ist eine Gemeinschaftsanlage (Abb. 4.9/32).
Bei einer Anlage, die auch von Rollstuhlfahrern benutzt wird, sollte der Saunaschwitzraum selbst mit dem Rollstuhl befahrbar sein, und es sollte eine Deckenlaufschiene mit einer Strick- oder Schlaufenleiter als Umsetz- und Umsteigehilfe angebracht sein. Die Behinderten sollen auch die oberen Liegeplätze ohne Hilfe einer anderen Person mühelos erreichen. Bei einer großen Gemeinschaftssauna muss die Bewegungsfläche so reichlich bemessen sein, dass alle Sitzbänke leicht und rasch erreicht werden können. Abgesehen von den Hygieneeinrichtungen (Dusche, WC) sind in einer Saunaanlage keine zusätzlichen Einrichtungen notwendig. Das Kaltwassertauchbecken, für die Sauna sonst unentbehrlich, kann für den Behinderten durch ein Kaltwasserschwallschlauch ersetzt werden.
Der Rollstuhl sollte wegen der Metallteile, die im Schwitzraum zu heiß werden können, außerhalb des Schwitzraumes abgestellt werden können.
Eine Saunaanlage muss an einen Freiluftraum angeschlossen sein, um einerseits die Heißluft gegen Frischluft auszutauschen und, im Anschluss an das Saunabad, den Kaltluftreiz auf die Haut des ganzen Körpers wirken zu lassen. Eine Sauna ohne Frischluftraum ist inkomplett.

5.0 Planungsgrundlagen. Gebäudetechnische Ausstattung und Einrichtung

In den folgenden Kapiteln sind Planungsgrundlagen zur gebäudetechnischen Ausstattung und Einrichtung dargestellt. Teilweise sind sie schon bei den Raumarten in den Kapiteln 4.1-4.9 behandelt und werden hier nicht wiederholt. In den Fällen, in denen bestimmte Ausstattungsdetails Vor- und Nachteile bedeuten können, ist für jeden einzelnen Behinderten die günstigste Lösung zu ermitteln. Die wesentlichsten Gesichtspunkte sind für Rollstuhlbenutzer, behinderte und betagte Menschen getrennt angegeben.
Die entsprechenden DIN-Texte sind teilweise vorangestellt. Die folgenden Erläuterungen sind daher auch als Kommentar zu verstehen.

5.1 Oberflächen im Raum: Wand – Decke – Boden

Axel Stemshorn

5.1.1 DIN 18025 Teil 1 und Teil 2
In DIN 18025 Teil 1 Barrierefreie Wohnungen, Wohnungen für Rollstuhlbenutzer sind die Abschnitte 7 und 8 maßgebend. In Abschnitt 7 Wände, Decken, Brüstungen und Fenster heißt es: „Wände und Decken sind zur bedarfsgerechten Befestigung von Einrichtungs-, Halte-, Stütz- und Hebevorrichtungen tragfähig auszubilden."
Anmerkungen: Brüstungen in mindestens einem Aufenthaltsraum der Wohnung und von Freisitzen sollten ab 60 cm Höhe durchsichtig sein.
Fenster und Fenstertüren im Erdgeschoss sollten einbruchhemmend ausgeführt werden.
Und in Abschnitt 8 Bodenbeläge heißt es: „Bodenbeläge im Gebäude müssen rutschhemmend, rollstuhlgeeignet und festverlegt sein; sie dürfen sich nicht elektrostatisch aufladen.
Bodenbeläge im Freien müssen mit dem Rollstuhl leicht und erschütterungsarm befahrbar sein. Hauptwege (z.B. zu Hauseingang, Garage, Müllsammelbehälter) müssen auch bei ungünstiger Witterung gefahrlos befahrbar sein; das Längsgefälle darf 3 % und das Quergefälle 2 % nicht überschreiten."
In DIN 18025 Teil 2 Barrierefreie Wohnungen für alle Menschen und besonders für Menschen mit Behinderungen sind ebenfalls die Abschnitte 7 und 8 maßgebend.
Nach Abschnitt 7 Wände, Brüstungen und Fenster „sind Wände der Küche tragfähig auszubilden" und in Abschnitt 8 heißt es: „Bodenbeläge in Gebäuden müssen reflexionsarm, rutschhemmend und fest verlegt sein; sie dürfen sich nicht elektrostatisch aufladen.
Hauptwege (z.B. zu Hauseingang, Garage, Müllsammelbehälter) müssen auch bei ungünstiger Witterung gefahrlos begehbar sein; das Längsgefälle darf 3 % und das Quergefälle 2 % nicht überschreiten."
Weiter wird empfohlen: „Bodenbeläge in Verkehrsbereichen sollen als Orientierungshilfe innerhalb und außerhalb des Gebäudes in der Beschaffenheit ihrer Oberfläche und in der Farbe kontrastreich wechseln (siehe auch Abschnitt 5.5)."

5.1.2 Kriterien zur Auswahl von Materialien

5.1.2.1 Mechanische Eigenschaften
Für behinderte und betagte Menschen sind vor allem Festigkeit und Elastizität bedeutsam. Die Festigkeit kann als Widerstand eines Körpers gegen Kraft von außen definiert werden. Die Festigkeit einer Wand ist z.B. dort entscheidend, wo ein Rollstuhl anstoßen könnte oder wo Deckenschienen angebracht werden müssen.
Elastizität. Bei Krafteinwirkung nehmen elastische Materialien z.B. Gummi ihre ursprüngliche Form wieder an, bei plastischen bleibt die Verformung. Elastische Bodenbeläge und natürlich auch plastische Beläge (z.B. Kies) sind für den Rollstuhlbenutzer nicht geeignet, weil die Reibung der Räder größer ist als bei nicht verformbaren Belägen.

5.1.2.2 Wärmetechnische Eigenschaften, die für behinderte und betagte Menschen wichtig sind:

Wärmeleitung
Das Maß für den Wärmetransport in einem Material ist sein Wärmeleitkoeffizient λ, gemessen in W/m · K.
Eine Holzwand fühlt sich wärmer an als eine Metallfläche, weil die Wärme der Hand schlechter abgeleitet wird. Die Wärmeleitfähigkeit ist außer für den wärmegedämmten Aufbau der Bauteile auch dort entscheidend, wo behinderte Menschen nicht nur kurzfristig mit Materialien in Berührung kommen, z.B. Fußboden, WC-Sitz.

Wärmestrahlung
Diese Eigenschaft beinhaltet, dass Wärme von einem Körper höherer Temperatur auf einen Körper niedrigerer Temperatur durch Strahlung übertragen wird. Diese Strahlung kann durch die Oberflächen und Materialien beeinflusst werden. Der Mensch strahlt an kältere Oberflächen Wärme ab und erhält Wärmestrahlung, z.B. von Heizkörpern oder Heizflächen. Damit behinderte Menschen nicht zu viel Wärme an kalte Oberflächen abstrahlen, sollte die Oberflächentemperatur höchstens 3 K unter der Raumlufttemperatur liegen. Unter Umständen ist die Wärmedämmung an Außenwänden zu erhöhen.

Wärmespeicherfähigkeit
Materialien, die Wärme gut speichern können, kühlen weniger schnell ab. Die Wärmespeicherfähigkeit hängt von der Rohdichte eines Stoffes und der Dicke des Bauteils ab.
Für ein konstantes Raumklima ist die Anordnung wärmespeichernder Baustoffe auf der Raumseite zu empfehlen. Dabei spielt das Verhältnis von Raumluftvolumen zur wärmespeichernden Masse eine Rolle.

5.1.2.3 Feuchtigkeitstechnische Eigenschaften
Bei Lüftungsvorgängen in der kalten Jahreszeit vermindert sich in Räumen auch der Feuchtigkeitsgehalt der Oberflächen. Kleinere Räume, in denen viel Feuchtigkeit entsteht, z.B. Küchen, sollten die Feuchtigkeit durch kapillare Saugfähigkeit aufnehmen; dann kann in Intervallen nach dem Kochen gelüftet werden. Dies ist vorteilhaft, weil durch Lüftungsintervalle Zugerscheinungen vermieden werden, solange man sich in dem Raum aufhält.

5.1.2.4 Schalltechnische Eigenschaften
Eine gute Luftschalldämmung ist bei einschaligen Bauteilen (Wände, Türen) durch ein hohes Flächengewicht zu erreichen.
Mit zweischaligen Konstruktionen kann auch bei geringem Flächengewicht ein hoher Luftschallschutz erreicht werden; hierbei sind maßgebend: die sog. Biegeweichheit der Schalen, ihr Abstand (Wanddicke) und eine schallabsorbierende Zwischenlage (in der Regel Mineralfaserplatten).
Durch Schallabsorption kann der Störschall im Empfangsraum gemindert werden; in der Regel allerdings nur geringfügig um 2–3 dB.
Eine hochwertige Trittschalldämmung ist durch einen schwimmenden Estrich gewährleistet, dessen Anwendung nach DIN 4109 in Wohngebäuden Vorschrift ist. Sorgfältige Ausführung, insbesondere Schallbrückenfreiheit an den Rändern, ist zu fordern, vornehmlich bei harten Gehbelägen wie Platten und Parkett. Weichelastische und textile Gehbeläge kompensieren „Randbrücken" und mindern den Trittschall im eigenen Raum.
Schallabsorption (Schalldämpfung) ist vornehmlich der Verlust von Schallenergie in porösen Materialien, z.B. Textilien, Faser- und Schaumstoffen. Bei normaler Raumausstattung liegt keine übermäßige Schalldämpfung vor.
Sehbehinderte leiden unter zu großer Schallabsorption, da sie sich außer durch ihren Tastsinn mit Hilfe der Geräuschentstehungsrichtung und Geräuschreflexion orientieren müssen. Auch Hörbehinderte leiden unter zu großer Schallabsorption.

5.1.2.5 Lichttechnische Eigenschaften
Gegenüber dem Licht verhalten sich Stoffe reflektierend, transmittierend und absorbierend. Besonders wichtig ist die Reflexion. Licht, das auf eine reflektierende Fläche trifft, wird spiegelnd, diffus oder gemischt reflektiert. Bei behinderten und betagten Menschen soll das Licht so reflektiert werden, dass die Gegenstände deutlich erkannt werden können. Sehbehinderte, die noch über einen Sehrest verfügen, können durch reflektierendes Licht gestört werden.

5.1.2.6 Reibfähigkeit (Rutschhemmung)
Für die Beurteilung eines Bodenbelags im Hinblick auf seine sog. Rutschhemmung ist die Reibfähigkeit der aufeinander treffenden Materialien entscheidend. Messgröße ist die Reibungszahl, die immer für zwei auf sich reibenden Oberflächen ermittelt wird. Im Gegensatz zum Maschinenbau sind für das Bauwesen erst in jüngerer Zeit Werte durch Versuche ermittelt worden (siehe Kap. 5.1.5.1).

5.1.2.7 Elektrostatische Aufladung
Sie ist von der Oberflächenstruktur unabhängig und bewirkt, dass schwebende Staubteile angelagert werden können. Die mit Staubteilchen verbundenen Bakterien können Krankheiten verursachen. Durch Reibung können sich Personen und Stoffe dann elektrostatisch aufladen, wenn kein ständiger Ladungsausgleich stattfindet (fehlende Leitfähigkeit durch trockene Beläge infolge geringer Luftfeuchtigkeit). Unerwartete Entladung, z.B. durch Berührung, stört vor allem Körperbehinderte (z.B. Cerebralparetiker). Es sind daher Materialien auszuwählen, die elektrisch leitend sind und einen Ladungsausgleich herbeiführen.

5.1.2.8 Pflege
Die Pflege und Reinhaltung einer Oberfläche ist abhängig von der Oberflächenstruktur und von dem Grad eventueller elektrostatischer Aufladung. Die Oberflächenstruktur soll so glatt sein, dass möglichst wenig Schmutz eindringen kann. Das wird bei Bodenbelägen oft im Widerspruch zur Reibfähigkeit/Rutschhemmung stehen. Grobstrukturierte Oberflächen, z.B. Noppenprofil oder Pyramidenprofil, haben jedoch den Vorteil, dass neben der Rutschhemmung auch ein großer Verdrängungsraum vorhanden ist, so dass Duschwasser in die Vertiefung der Oberflächenstruktur gelangen und für einen kurzen Zeitraum dort verbleiben kann (Vergleiche Abschnitt 5.1.2.6 Reibfähigkeit/Rutschhemmung).

5.1.3 Wand
Abgesehen von den schalltechnischen und wärmetechnischen Eigenschaften einer Wand ist es vor allem die Festigkeit als mechanische Eigenschaft, die bedeutend ist. Wände müssen eine ausreichende Festigkeit gegenüber Beschädigungen haben und tragfähig genug sein, um Einrichtungsteile, Halte-, Stütz- und Hebevorrichtungen anzubringen. Dies gilt sowohl für den eigenen Wohnbereich als auch für öffentlich zugängige Gebäude.
In der eigenen Wohnung werden erfahrungsgemäß Beschädigungen eher vermieden als in öffentlich zugängigen Gebäuden. Deshalb sind in diesen, z.B. in Schulen und Heimen, oft besondere Schutzmaßnahmen nötig.

5.1.3.1 Festigkeit

Die Festigkeit für das Anbringen von Haltegriffen, Stütz- und Hebevorrichtungen ist in der Regel bei den Baustoffen Beton (Leicht- und Schwerbeton), Mauerziegel, Kalksandstein, Hüttenstein, Naturstein, Holz, Holzwerkstoffe und Metallen gegeben. Weniger oder gar nicht geeignet sind dagegen Baustoffe aus Gasbeton oder Gips, Tragständerkonstruktionen aus Metall mit Beplankung z.B. aus Gipskartonplatten sind dagegen geeignet. Von den Herstellern der Gipskartonplatten zur Verarbeitung als Wand werden raumhohe Sanitärtragständerwände angeboten, an die jeweils ein Sanitärgegenstand befestigt wird. Bei der erforderlichen Festigkeit von Wänden sind drei verschiedene Krafteinwirkungen zu Grunde zu legen:

1. Krafteinwirkung durch Momentenbildung bei Ausladungen bis ca. 10 cm. Hierunter fallen z.B. alle Handläufe, Haltegriffe und Verkleidungselemente, die Auflast von oben bekommen.
2. Krafteinwirkung durch Momentenbildung bei Ausladungen bis 70 cm. Hierunter sind alle Einrichtungsteile wie an der Wand befestigte Küchenmöbel, Sanitärobjekte und Stütz- und Haltegriffe bis zu dieser Länge zu verstehen.
3. Krafteinwirkung durch Momentenbildung bei Ausladung bis ca. 85 cm. Hierunter sind vor allem die Stützgriffe zu verstehen, die sowohl fest als auch hochklappbar montiert werden.

5.1.3.2 Stoßleisten

Um Beschädigungen durch Rollstühle an verputzten Wänden, Anstrichen und Wandbelägen zu vermeiden, sind waagerechte Stoßleisten nach Abb. 5.1/1 a+b anzubringen. Der Rollstuhlfahrer stößt vor allem mit den Fußstützen und hinten in Höhe der Radmitte an. Stoßleisten können z.B. aus Holz, Metall, Keramik oder Kunststoff sein. Es ist darauf zu achten, dass Geräusche beim Anstoßen nicht übertragen werden. Die Reinigung der Wände wird durch die vorstehenden Stoßleisten erschwert. Aus diesem Grunde ist eine putzbündige oder vollflächige Beplankung z.B. mit Sperrholz sinnvoll. Diese kann sogar von Oberkante Sockelleiste bis in den Handlaufbereich reichen.

Um Ecken z.B. an Wänden zu schützen, können Eckschutzschienen nach Abb. 5.1/2 eingeputzt werden (z.B. Protektor-Werk Florenz Maisch, Gaggenau; Robert Blanke, Theodor-Heuss-Str., Bad Vilbel). Mauereckschutzschienen sind widerstandsfähiger (Abb. 5.1/3a+b). Noch besser sind Lösungen, bei denen Ecken in einem Radius von 10-15 cm abgerundet werden. Statt der üblichen Wandputze sind Hartputze, Kunststoffplattenbeläge, keramische Wandbeläge, Edelstahlwinkel oder auch Waschbeton zu bevorzugen.

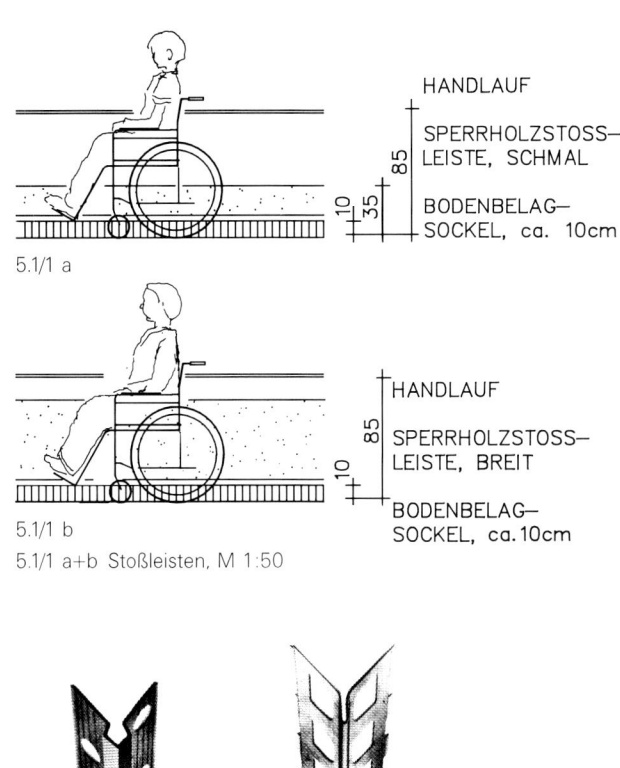

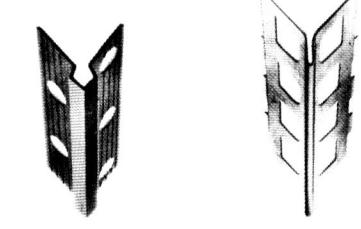

5.1/1 a

5.1/1 b

5.1/1 a+b Stoßleisten, M 1:50

5.1/2 Einputz-Eckschutzschienen

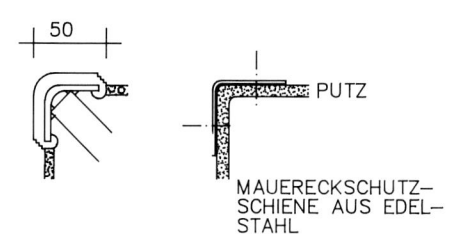

5.1/3 a Mauereckschutzschiene, M 1:5

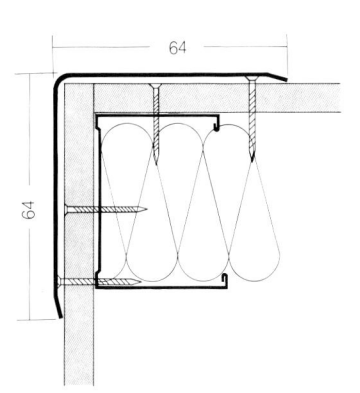

Edelstahl-Kantenschutzleiste Nr. 2065. Versenkte Schraublöcher. Oberfläche foliengeschützt. Auch ohne Löcher lieferbar Best.-Nr. 2066 zur Klebemontage. Best.-Nr. 2041 = 32 × 32 mm ohne Lochung

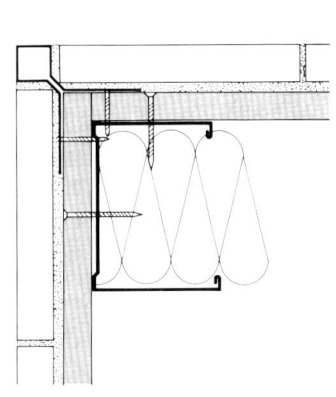

Edelstahl-Fliesen Kantenprofile Nr. 2158 oder 2162 für 8 bzw. 12 mm Fliesendicke.

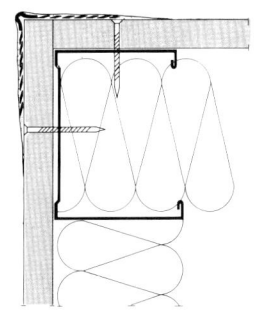

ALU-Kantenschutzleiste Nr. 9176 mit Streckmetallschenkeln für Metallständerwände.

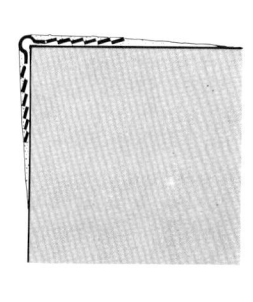

ALU-Kantenschutzleiste Nr. 9176 mit Streckmetallschenkeln für Vollgipswände.

5.1/3 b Mauereckschutzschiene mit Überzug und Kantenschutzprofil, M 1:2

5.1.3.3 Handläufe und Geländer

Sie sollen so montiert sein, dass behinderte und betagte Menschen sich mit ihrem ganzen Gewicht darauf stützen oder sich daran hochziehen können. Sie sollen an Rampen für Rollstuhlbenutzer 85 cm hoch angebracht sein. Der Zwischenraum zwischen Handläufen ergibt sich aus der Bewegungsfläche 120 cm breit nach Abschnitt 3.4 in DIN 18025 Teil 1 und 3.5 in DIN 18025 Teil 2. Diese Bewegungsfläche muss auch zwischen den Handläufen gegeben sein. An Treppen sind auf beiden Seiten Handläufe anzubringen. Sie dürfen im Treppenauge nicht unterbrochen sein. Die äußeren Handläufe müssen über Anfang und Ende der Treppe 30 cm waagerecht hinausreichen. Unter Umständen muss das waagerechte Ende des Handlaufes abgebogen sein, um eine Verletzungsgefahr auszuschließen.

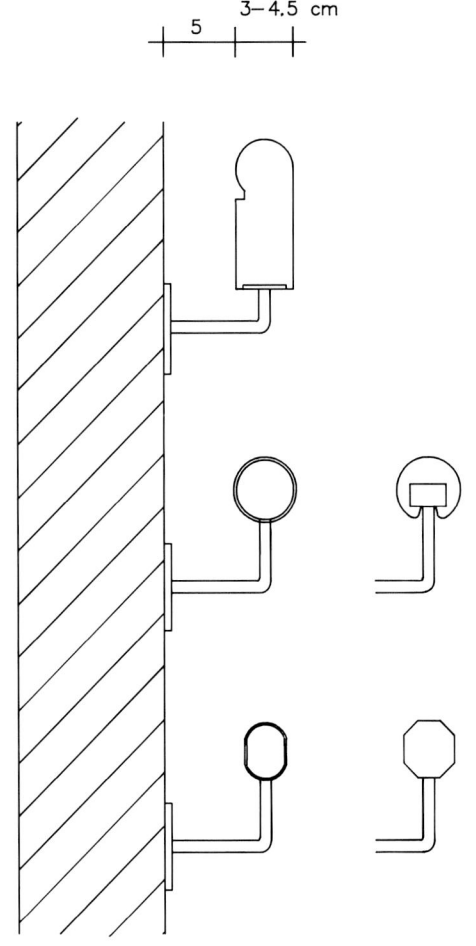

5.1/4 Anordnung der Handläufe und geeignete Profile, M 1:5

Dort sind taktile Hilfen für blinde und sehbehinderte Menschen anzubringen (Ringe oder Knopfzeichen auf der Unterseite).

Folgende Anforderungen sind an Handläufe zu stellen:

Sie sollen sicher und angenehm zu greifen sein, keine scharfen Ecken und keine zu großen oder zu kleinen Durchmesser haben. Am besten hat sich ein Rundrohr, Durchmesser 30-45 mm, bewährt. Handläufe, die davon abweichen, müssen wegen der besseren Greifbarkeit profiliert sein. Vor der Wand befindliche Handläufe sollen wie auf Abbildung 5.1/4 angeordnet sein. Die Befestigung des Handlaufes soll senkrecht nach unten wegführen, damit ein Umgreifen des Rundprofils nicht behindert wird.

Unter Umständen können auch Handläufe mit unter 30° geneigter Befestigung Verwendung finden. Handläufe aus Flacheisen mit Kunststoffprofilüberzug sind weniger gut zu greifen. Runde Kunststoffprofile sind vorzuziehen (z.B. Fa. K. Griesemer, CH-8048 Zürich, Saumacherstr. 70).

5.1.3.4 Reinigung

Gut zu reinigen sind wasch- und scheuerbeständige Anstriche, kunststoffbeschichtete Tapeten, keramische Beläge und Kunststoff-Fliesen. Es ist darauf zu achten, dass diese Materialien die Aufnahme und Abgabe von Feuchtigkeit beeinträchtigen oder verhindern können. Eine Reinigung mit desinfizierenden Mitteln kann unter Umständen notwendig sein.

5.1.3.5 Tapeten

Neben Papiertapeten haben sich auch kunststoffbeschichtete Tapeten mit Oberflächenstruktur bewährt. Sie können u.U. auch für Blinde und Sehbehinderte eine Orientierungshilfe sein. Bei den Kunststofftapeten gibt es solche, die wärmedämmend, kratzfest, waschbeständig, schallabsorbierend und fäulnissicher sind. Sie sind auch gegen mechanische Beschädigungen widerstandsfähiger.

5.1.3.6 Vorhänge

Vorhangstoffe sollen nicht nur gut zu reinigen, sondern auch nicht entflammbar bzw. schwer entflammbar sein. Bei Rollstuhlbenutzern können Lösungen gewählt werden, bei denen zum Reinigen die ganzen Vorhangschienen abgenommen und wieder angebracht werden können. Hierbei können behinderte Menschen den Vorhang selbst wieder einfädeln (z.B. Fa. Ebner & Hepperle KG, Heimsheim; Vossloh-Werke GmbH, Werdohl).

5.1.3.7 Farben

Farben an Wänden haben die Aufgabe zu stimulieren, den Raum mitzugestalten, auf Gefahr hinzuweisen und Orientierungshilfen zu geben. Eine kontrastreiche Farbgebung ist für viele sehbehinderte Menschen unbedingt notwendig und ermöglicht erst eine Orientierung. Kontrastreiche Farbgebung heißt z.B. weißer Streifen auf dunkelblauem Grund oder schwarze Schrift auf gelbem Grund. Grün auf Rot oder Gelb auf Blau ist wegen der Bewertung als unterschiedliche Grautöne für viele Sehbehinderte nicht geeignet. Hinweisschilder werden durch entsprechende Farb- und Schriftgestaltung besser lesbar. An Treppen, Aufzügen, Brüstungen, Verglasungen usw. helfen Farbhinweise, Unfälle zu vermeiden.

5.1.4 Decke

Obwohl in DIN 18025 Teil 1 und Teil 2 Deckenschienen nicht mehr angesprochen sind, müssen Decken jedoch eine ausreichende Festigkeit haben, um im Notfall Deckenschienen anbringen zu können. Dies kann notwendig sein, um Transporteinrichtungen, Haltevorrichtungen oder Umsteigeeinrichtungen zu befestigen (Abb. 5.1/5-8). Bei Stahlbetondecken kommt man jedoch in der Regel ohne einbetonierte Ankerschienen aus. Bei Deckenliftsystemen (Abb. 5.1/19) wird die Führungsschiene mit Hilfe von Ankerplatten unmittelbar von unten an die Stahlbetondecke angeschraubt oder bei schmalen Raumsituationen von Wand zu Wand gespannt. Bei der Befestigung ist darauf zu achten, dass die Deckenschiene nicht seitlich ausschwingen kann.

5.1.5 Boden

Rollstuhlbenutzer, gehbehinderte, blinde, sehbehinderte und betagte Menschen stellen von allen raumumschließenden Flächen an den Bodenbelag ganz besondere Anforderungen. Diese sind: er muss rutschhemmend sein, er muss eine ausreichende Festigkeit haben und fußwarm sein, er darf weder spiegeln noch sich elektrostatisch aufladen, er muss trittschalldämmend sein, gegen Säuren Widerstand bieten und sich leicht pflegen lassen.

5.1.5.1 Rutschhemmung

Der in der Umgangssprache und im Zusammenhang mit Bodenbelägen für Rollstuhlbenutzer und behinderte Menschen verwendete Begriff „rutschhemmend" oder die „Rutschhemmung" kommt aus der Arbeitswelt. So heißt es in der Verordnung über Arbeitsstätten (Arbeitsstätten-Verordnung) vom 20. März 1975 in § 8 Fußböden. Wände. Decken. Dächer: 1. Fußböden in Räumen dürfen keine Stolperstellen haben; sie müssen eben und rutschhemmend ausgeführt und leicht zu reinigen sein. Für Arbeits-, Lager-, Maschinen- und Nebenräume gilt dies insoweit, als es betrieblich möglich und aus sicherheitstechnischen oder gesundheitlichen Gründen erforderlich ist. Damit ist der Begriff

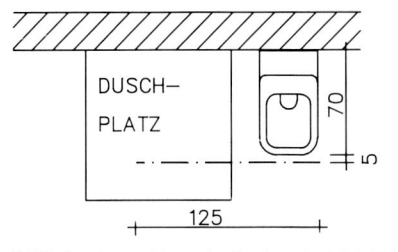

5.1/5 Deckenschiene im Bad nach DIN 18025 Blatt 1 alte Fassung, M 1:50

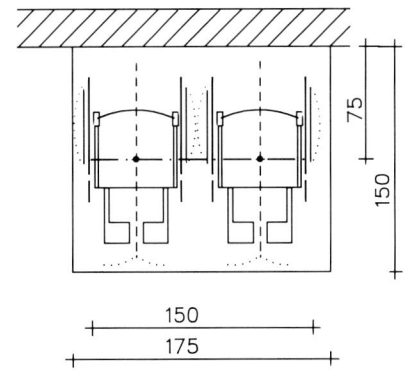

5.1/6 Deckenschiene über dem Rollstuhlabstellplatz nach DIN 18025 Blatt 1 alte Fassung, M 1:50

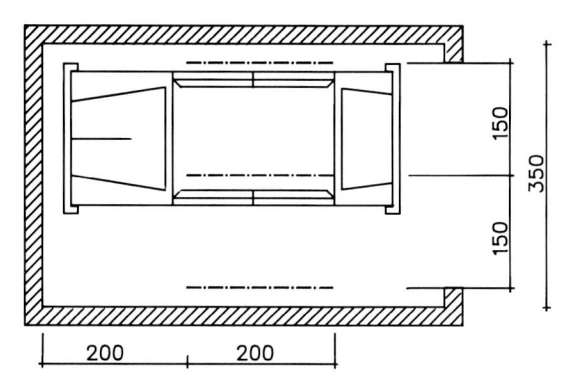

5.1/7 Deckenschienen in der Garage nach DIN 18025 Blatt 1 alte Fassung, M 1:100

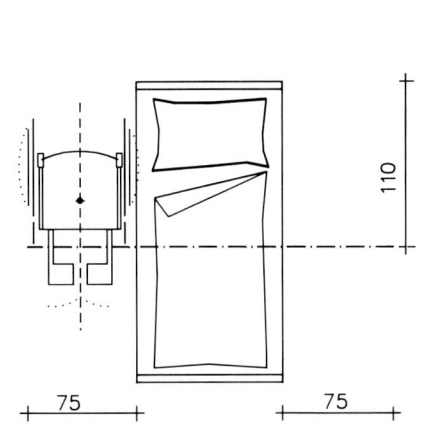

5.1/8 Deckenschienen im Schlafraum nach DIN 18025 Blatt 1 alte Fassung, M 1:50

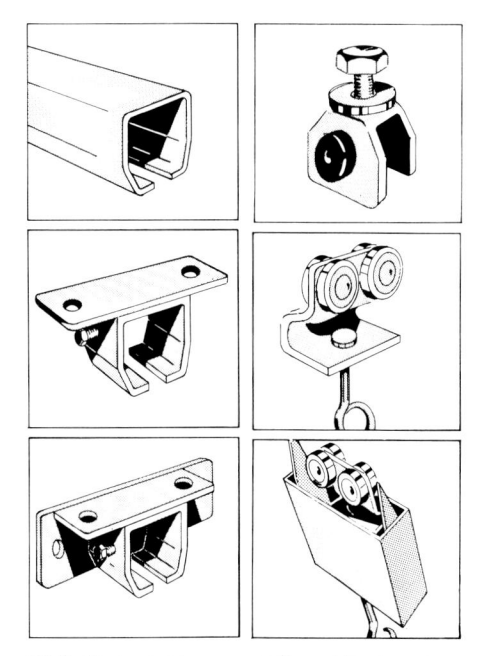

5.1/9 Deckenschienen und Stopp-Wagen

„rutschhemmend" eingeführt. Da Sturzunfälle durch Stolpern oder Ausrutschen in der Unfallstatistik des Hauptverbandes der gewerblichen Berufsgenossenschaften seit Jahren an erster Stelle stehen, war es nahe liegend, Kriterien für die Rutschhemmung aufzustellen. Ursache für viele Sturzunfälle durch Ausrutschen ist häufig eine unzureichende, nicht an den betrieblich vorhandenen Rutschgefahren orientierte Rutschhemmung von Fußbodenoberflächen. Im folgenden werden an Hand der zur Zeit gültigen Merkblätter und der dazugehörenden Literatur (siehe auch Anhang) die wesentlichen Kriterien zur Rutschhemmung vorgetragen.

5.1.5.1.1 Bodenbeläge im Innenbereich
Das Merkblatt über „Bodenbeläge für nassbelastete Barfußbereiche (GUV 26.17) vom Februar 1981" wurde vom Bundesverband der Unfallversicherungsträger der öffentlichen Hand – BAGUV – Abt. Unfallverhütung, Marsstr. 46-48, München, aufgestellt. Nassbelastete Barfußbereiche, die in diesem Merkblatt erfasst werden, sind dadurch gekennzeichnet, dass Bodenbeläge in diesen Bereichen in der Regel nass sind und barfuß begangen werden. Dies gilt auch für Treppen und Leitern. Nassbelastete Barfußbereiche befinden sich z.B. in Bädern, Krankenhäusern sowie Umkleide-, Wasch- und Duschräumen von Sport- und Arbeitsstätten. Die Anforderungen an Bodenbeläge in nassbelasteten Barfußbereichen werden mit dem Begriff Rutschhemmung erfasst. Entsprechend den unterschiedlichen Rutschgefahren werden die einzelnen Bereiche Bewertungsgruppen A, B oder C zugeordnet, wobei die Anforderungen an die Rutschhemmung von A-C zunehmen. In der Tabelle „Bewertungsgruppen für Barfuß-Nassbereiche" sind Mindestneigungswinkel für einzelne Bereiche festgelegt. Diese Mindestneigungswinkel müssen bei der Prüfung nach DIN 51097 von den Bodenbelägen erreicht werden.
Ein weiteres Kriterium, die sog. Trittfreundlichkeit, ist im Prüfverfahren nach DIN 51097 nicht erfasst und muss zusätzlich individuell ermittelt werden.
Rutschhemmende Bodenbeläge allein verhindern oft nicht Unfälle. Zusätzlich sind besonders folgende Punkte zu beachten:
– bauliche und organisatorische Maßnahmen, durch die sichergestellt wird, dass Verkehrswege möglichst wasserfrei sind
– wirkungsvolles Abführen des anfallenden Wassers, z.B. durch Gefälle und geeignete Anordnung von Abläufen
– Vermeidung von Absetzen in Duschräumen
– Abdeckung von Überlauf- bzw. Ablaufrinnen z.B. durch Roste niveaugleich mit dem Fußboden
– Verwendung geeigneter Reinigungs-,

Bewertungsgruppen für Barfuß-Nassbereiche

Bewertungsgruppe	Mindestneigungswinkel	Anwendungsbereiche
A	12° 	Barfußgänge (weitgehend trocken), Einzel- und Sammelumkleideräume, Beckenböden in Nichtschwimmerbereichen, wenn im gesamten Bereich die Wassertiefe mehr als 80 cm beträgt.
B	18° 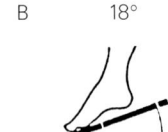 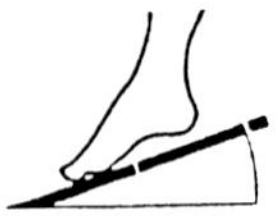	Barfußgänge, soweit sie nicht A zugeordnet sind, Duschräume, Bereiche von Desinfektionssprühanlagen, Beckenumgänge, Beckenböden in Nichtschwimmerbereichen, wenn in Teilbereichen die Wassertiefe weniger als 80 cm beträgt, Beckenböden in Nichtschwimmerbereichen von Wellenbecken, Hubböden, Planschbecken, ins Wasser führende Leitern, ins Wasser führende, max. 1 m breite Treppen mit beidseitigen Handläufen, Leitern und Treppen außerhalb des Beckenbereiches.
C	24° 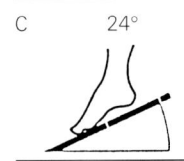	Ins Wasser führende Treppen, soweit sie nicht B zugeordnet sind, Durchschreitebecken, geneigte Beckenrandausbildungen.

Desinfektions- und Pflegemittel, die die rutschhemmenden Eigenschaften der Bodenbeläge nicht beeinträchtigen. Für die Reinigung großflächiger Fußböden mit stark rutschhemmender Oberflächenstruktur eignen sich im allgemeinen nur Reinigungsmaschinen und Hochdruckreinigungsgeräte. Hilfreich ist die „Liste geprüfter Reinigungsmittel für keramische Bodenbeläge in Schwimmbädern", die von der Deutschen Gesellschaft für das Badewesen e.V., Postfach 369, Essen, herausgegeben wurde
– sachgerechte Ausführung von Reinigungs-, Desinfektions- und Pflegearbeiten (weitere Ausführungen hierzu in Abschnitt 5.1.5.1.3 Reinigung).

In medizinischen Badeabteilungen können wegen körperlicher Behinderung auch folgende Gesichtspunkte ausschlaggebend sein:
– Gehen mit Gehhilfen
– Befahren mit Gehwagen, Rollstühlen und anderen Hilfen
– Reflexauslösung, z.B. bei Spastikern.

Die rutschhemmenden Eigenschaften von keramischen Bodenbelägen für nassbelastete Barfußbereiche werden nach DIN 51097 „Prüfung keramischer Bodenbeläge, Bestimmung der rutschhemmenden Eigenschaft, nassbelastete Barfußbereiche", Ausgabe Februar 1980, geprüft. Diese Norm ist sinngemäß für Bodenbeläge aus nichtkeramischem Material anzuwenden. Bei diesem Prüfverfahren bewegt sich eine Prüfperson in aufrechter Haltung vorwärts und rückwärts auf dem zu prüfenden Bodenbelag, dessen Neigung vom waagerechten Zustand beginnend bis zu dem Winkel (Neigungswinkel) gesteigert wird, und zwar bis zu dem Augenblick in dem die Prüfperson unsicher wird. Dieser Neigungswinkel wird zur Beurteilung des Bodenbelages herangezogen.

Das Merkblatt „Für Fußböden in Arbeitsräumen und Arbeitsbereichen mit erhöhter Rutschgefahr" (GUV 26.18), Oktober 1990, und das Merkblatt „Für Fußböden in Arbeitsräumen und Arbeitsbereichen mit erhöhter Rutschgefahr", herausgegeben vom Fachausschuß „Bauliche Einrichtungen" im Hauptverband der gewerblichen und Arbeitsmedizin, Lindenstr. 78-80, Sankt Augustin, Best-Nr. ZH 1/571, vom April 1989, befassen sich noch eingehender mit der Rutschhemmung. Diese Merkblätter sollen eine Hilfe bei der Auswahl geeigneter Bodenbeläge, bei der Gestaltung sicherer Fußböden und bei der Durchführung organisatorischer Maßnahmen sein, um sicherheitstechnischen Anforderungen gerecht zu werden. Rutschunfälle werden z.B. von Material- und Oberflächenstruktur des Bodenbelages und vom Grad der Verschmutzung durch gleitfördernde Stoffe beeinflusst. Auch durch ungünstige, kurvenreiche Verkehrswegeführung, durch nichtangepaßte Gehgeschwindigkeit, durch Art des getragenen Schuhwerks, durch Material und Zustand von Absätzen und Sohlen werden Rutschunfälle beeinflusst. In diesen Merkblättern wird die Rutschgefahr vier Bewertungsgruppen zugeordnet. Die Rutschgefahr nimmt von Gruppe R 9 nach Gruppe R 13 zu. Folgende Kriterien liegen zu Grunde:
1. Art und Eigenschaft der gleitfördernden Stoffe.
2. Der durchschnittliche Grad der Verunreinigung des Fußbodens durch diese Stoffe.
3. Sonstige bauliche, verfahrenstechnische und organisatorische Verhältnisse.

Zur Prüfung der Rutschhemmung hat der berufsgenossenschaftliche Fachausschuß „Bauliche Einrichtungen" das in Abb. 5./10 dargestellte Verfahren (schiefe Ebene) festgelegt. Dieses Verfahren zur Beurteilung der Rutschhemmung beruht, wie bereits oben angeführt, auf der Begehung des zu prüfenden Bodenbelages auf einer schiefen Ebene durch eine Prüfperson. Der mittlere Neigungswert ist für die Einordnung des Bodenbelages in eine von fünf Bewertungsgruppen maßgebend (siehe Tabelle „Bewertungsgruppen für gewerbliche Bereiche nach DIN").

Bewertungsgruppen für gewerbliche Bereiche nach DIN

Bewertungsgruppe	Gesamtmittelwerte
R 9	von 3° bis 10°
R 10	mehr als 10° bis 19°
R 11	mehr als 19° bis 27°
R 12	mehr als 27° bis 35°
R 13	mehr als 35°

Verdrängungsraum

Bezeichnung des Verdrängungsraumes	Mindestvolumen des Verdrängungsraumes
V 4	4 cm^3/dm^2
V 6	6 cm^3/dm^2
V 8	8 cm^3/dm^2
V 10	10 cm^3/dm^2

Neben der Prüfung ist auch die Prüfung des Verdrängungsraumes maßgebend. Unter Verdrängungsraum eines Bodenbelages versteht man den Hohlraum, der sich auf der profilierten oder strukturierten Oberfläche des Probekörpers ergibt. In der Regel erfordern Bodenbeläge in Arbeitsräumen und Arbeitsbereichen mit hoher Rutschgefahr, hervorgerufen durch große Mengen gleitfördernder Stoffe, auch größere Verdrängungsräume. Die Tabelle „Verdrängungsraum" ordnet die Mindestvolumina des Verdrängungsraumes der Bezeichnung des Verdrängungsraumes zu.
Die Auswahl geeigneter Bodenbeläge wird im Hinblick auf die Art und Nutzung der Räume durch Beurteilung der Rutschhemmung und Beurteilung des Verdrängungsraumes vorgenommen. So enthält das Merkblatt MH 1/57, Arbeitsräume und Arbeitsbereiche mit der Zuordnung der Bewertungsgruppe der Rutschgefahr (z. B: R 13) und der Bewertung des Verdrängungsraumes mit der Kennzahl für das Mindestvolumen (z.B. V 6).
Darüber hinaus wird durch weitere Maßnahmen die Trittsicherheit gewährleistet. Diese sind z.B.:
Anforderungen an Fußböden:
Keine Stolperstellen,
eben,
keine Wasserlachen,
widerstandsfähig gegen Belastung und Beanspruchung durch den Betrieb,
Flüssigkeit muss durch Gefälle mit 1-2 % abgeführt werden und Ablauföffnungen bzw. Ablaufrinnen erreichen,
diese müssen tritt- und kippsicher abgedeckt sein.

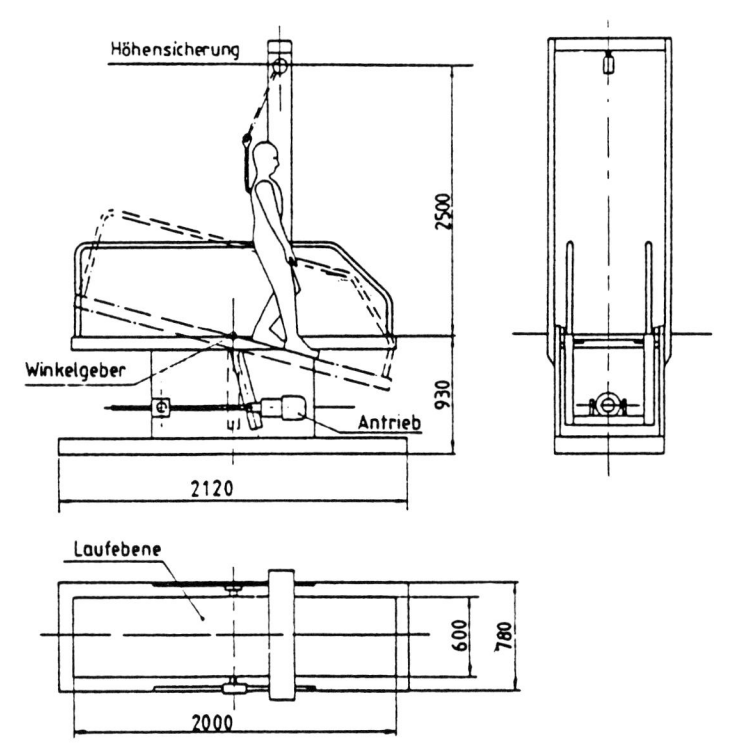

5.1/10 Prüfeinrichtung – schiefe Ebene

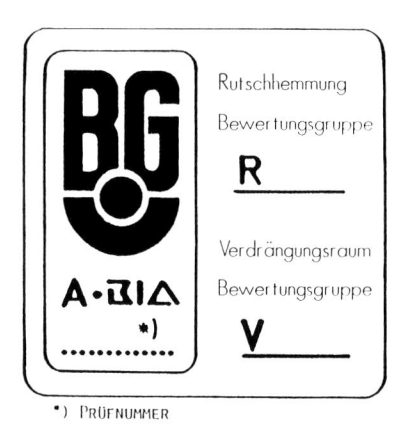

5.1/11 BG-Zeichen für geprüfte Bodenbeläge

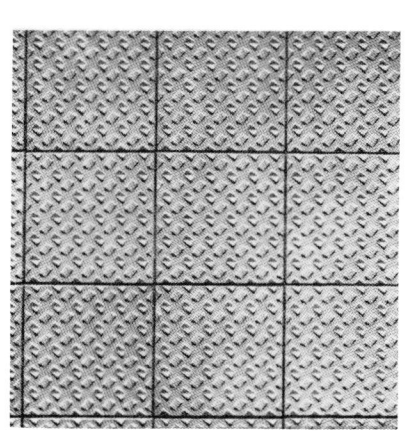

5.1/13 Profilierte Oberfläche

5.1/12 Rillierte Steinzeugplatten

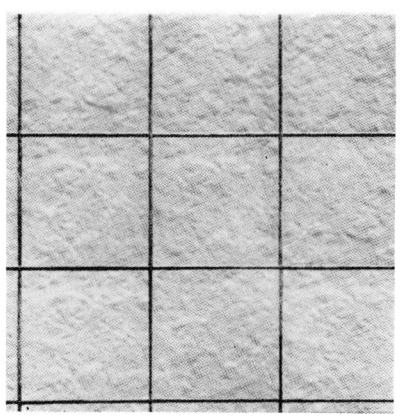

5.1/14 Gerauhte Oberfläche

Bauliche Maßnahmen:
Anfallendes Wasser muss durch Wassereinläufe in ausreichender Zahl ohne Rückstau abgeführt werden können, bei der Auswahl von Rosten oder Abdeckungen muss auch die Reinigung berücksichtigt werden, entlang von Wänden und unter fest verankerten Maschinen kann unprofilierter Bodenbelag verlegt werden.

Reinigung:
Gleitfördernde Stoffe sind in regelmäßigen Abständen zu entfernen, Reinigungsverfahren -mittel müssen auf den Bodenbelag abgestimmt sein.

Sonstige organisatorische Maßnahmen:
Arbeitsplätze sollen so gestaltet, Arbeitsabläufe so geregelt, Transportvorgänge, Einfüll-, Abfüll- und Umfüllarbeiten so durchgeführt werden, dass möglichst wenig gleitfördernde Stoffe auf den Fußboden gelangen können. Schuhsohlen und deren Profilierung müssen auf Bodenbeläge abgestimmt sein. Praktische Erfahrungen zeigen, dass feine Sohlenprofilierungen rutschhemmender sind als grobstollige.

Das „BIA-Handbuch, Sonderdruck, Sicherheitstechnisches Informations-Arbeitsblatt 560 210" enthält eine Positiv-Liste geprüfter Bodenbeläge. Dieses BIA-Handbuch wurde vom Berufsgenossenschaftlichen Institut für Arbeitssicherheit, Sankt Augustin, und der SFV-Säure-Fliesner-Vereinigung e.V., Untersuchungs- und Beratungsinstitut Großburgwedel herausgegeben. Dort sind keramische Bodenbeläge der Hersteller aufgeführt und mit den Kennzahlen für R und V bewertet. Je höher diese Kennzahlen, z.B. R 13 und V 10, um so besser die Rutschhemmung. Und ebenso sind nichtkeramische Bodenbeläge, in gleicher Weise geprüft, vom BIA zusammengestellt. Geprüfte Bodenbeläge werden mit dem BG-Zeichen (Abb. 5.1/11) ausgewiesen. Profil-Beispiele von nichtkeramischen und keramischen Bodenbelägen sind den Abbildungen 5.1/12-25 zu entnehmen.

Neu sind: Rillierte Steinzeugplatten aus keramischem Material (Abb. 5.1/12) (taktile Bodenindikatoren). Diese stranggepreßten Steinzeugplatten weisen an der Oberfläche ein sinuswellenförmiges Rillenprofil auf. Die Scheitelpunkte der Rillen sind parallel zueinander in Abständen von 11 mm ± 1,5 mm angeordnet. Die Wellentiefe beträgt 3 mm ± 1 mm. Blindenleitstreifen müssen im Verhältnis zum angrenzenden, möglichst fugenarmen Bodenbelag einen gut mit den Füßen oder einem Langstock (Blindenstock) ertastbaren Rauigkeitskontrast aufweisen.

Um eine besonders leichte Reinigung der rillierten Blindenleitplatten zu gewährleisten, sind die Rillentäler glasiert ausgebildet.

Die Blindenleitplatten sind in geschlossenen Räumen in einer Breite von 30 cm

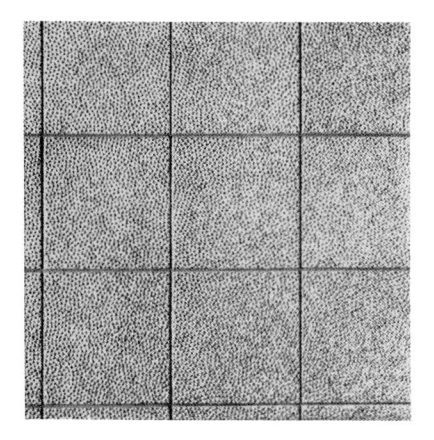

5.1/15 Gekörnte Oberfläche

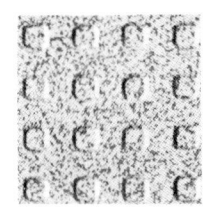

5.1/19 Genockte Oberfläche

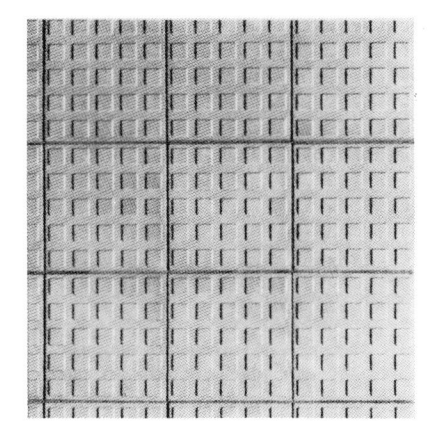

5.1/16 Genockte Oberfläche

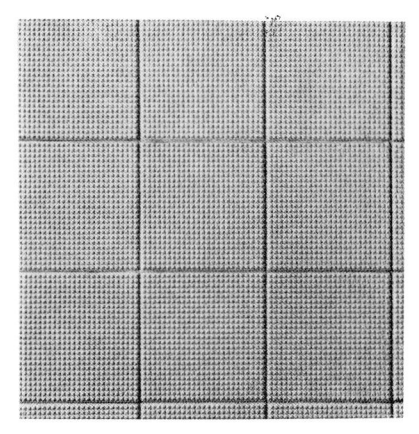

5.1/20 Spitzkorn-Oberfläche

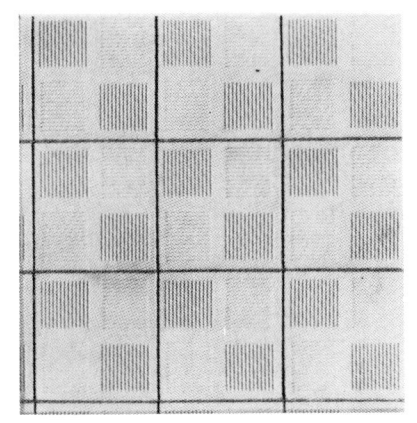

5.1/17 TS-Oberfläche

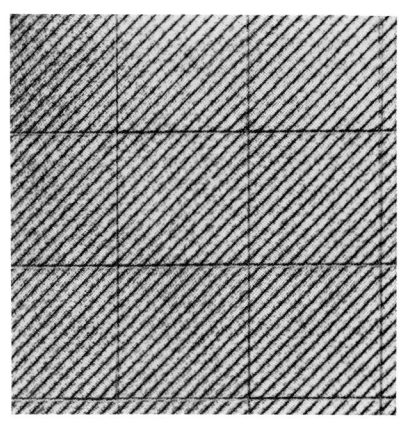

5.1/21 Schräggerippte Oberfläche

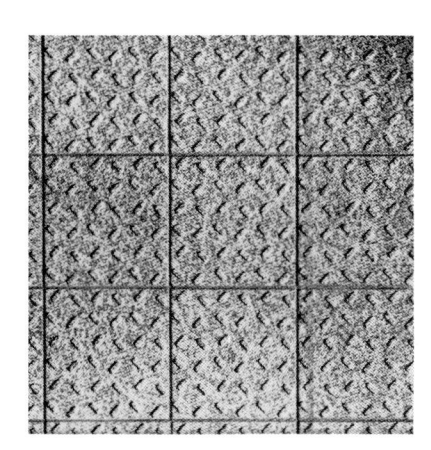

5.1/18 Steg-Oberfläche

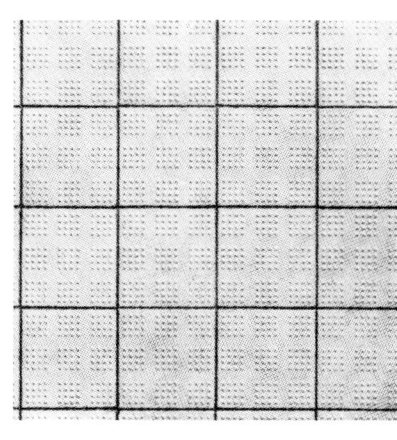

5.1/22 Profiliert genockte Oberfläche

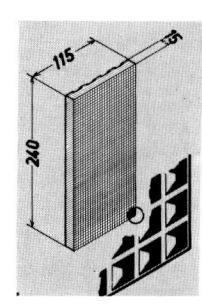

5.1/23 Waffelprofil

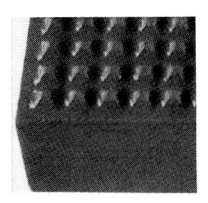

5.1/24 Pyramidenprofil

5.1/25 Diagonalnetz-Profil

einzubauen, wobei die Rillierung in Gehrichtung angeordnet sein muss.
Die so verlegten Blindenleitplatten ergeben einen Blindenleitstreifen, der niveaugleich mit dem Umgebungsmaterial eingebaut werden muss.
Neben dem Blindenleitstreifen sind auf beiden Seiten Kontraststreifen vorzusehen. Die Helligkeitsdifferenz zwischen Blindenleit- und Kontraststreifen soll nach dem Küppers-Farben-Atlas 30 % betragen. Dieser Helligkeitsunterschied wird vom deutschen Blindenverband ausdrücklich gefordert, um den Restsehbehinderten eine gute Leitstreifenerkennung zu garantieren. Diese Forderung wird aber auch durch eine Untersuchung für die australische „Association for the blind limited" dokumentiert.
Niveauwechsel von Bodenflächen durch eine oder mehrere Stufen, Treppen (einschließlich Rolltreppen oder Rampe) sollen durch Aufmerksamkeitsfelder angezeigt werden. Die Aufmerksamkeitsfelder sollen sich über die volle Breite der Treppe oder Rampe erstrecken und in Gehrichtung eine Länge von mindestens 60 cm in öffentlichen Gebäuden und 90 cm zum Beispiel auf Bahnhöfen aufweisen. Am Beginn und am Ende des Blindenleitstreifensystems sind Auffangstreifen anzuordnen, um dem Nichtsehenden den Systembeginn bzw. dessen Ende zu signalisieren.

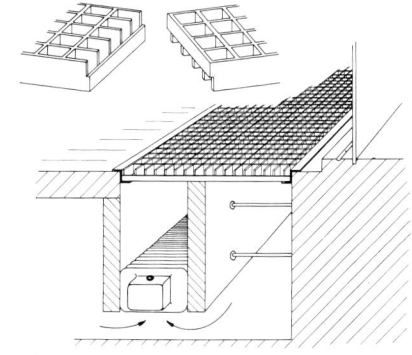

5.1/26 Metallischer Rost

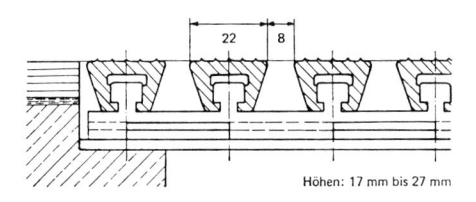

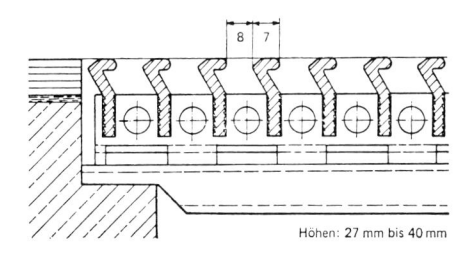

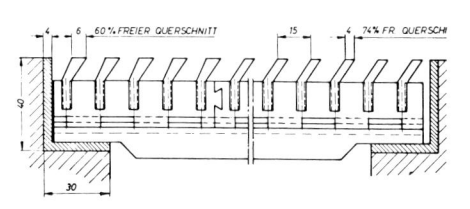

5.1/27 Metallischer Rost

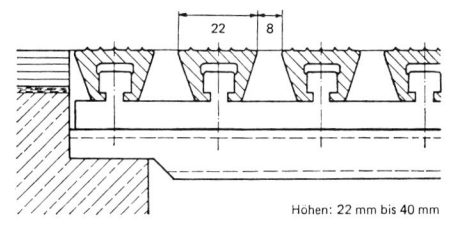

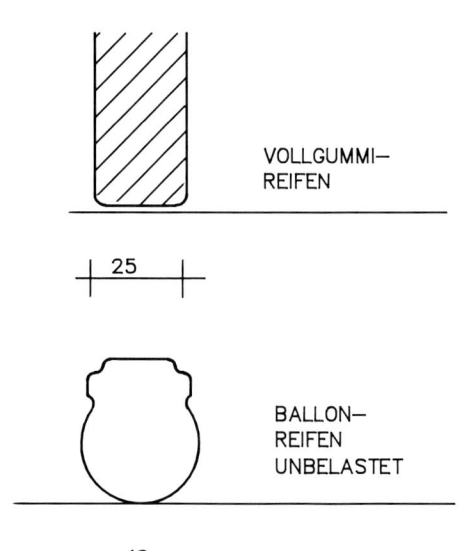

5.1/28 Reifenprofile, M 1:2

Höhen: 17 mm bis 27 mm

Höhen: 27 mm bis 40 mm

Höhen: 22 mm bis 40 mm

5.1/29 Roste in Bädern für Überlaufrinnen

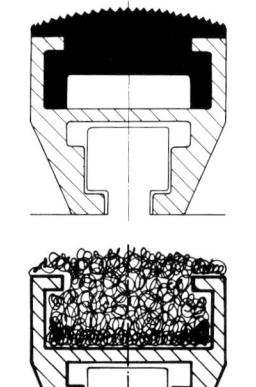

5.1/30 Profilleisten für Schuhabstreiferroste

5.1/31 Roste für Nassräume

Bei Rosten ist zusätzlich darauf zu achten, dass sie kleinteilig sind und möglichst eine profilierte, nicht scharfkantige Oberfläche haben. Kleinteilig sind Roste dann, wenn der Zwischenraum zwischen den Stäben so bemessen ist, dass weder Ballonreifen, noch Hartgummireifen, noch der unbekleidete Fuß, noch die Fußspitze oder der Absatz darin hängen bleiben. Dieser Zwischenraum sollte nicht weiter als 8 mm sein (Abb. 5.1/26+27).

In Abb. 5.1/28 sind kritische Reifenprofile von Rollstühlen dargestellt. Vollgummireifen der Toilettenstühle haben eine ca. 25 mm breite, profilierte Lauffläche. Ballonreifen für die großen Räder eines Rollstuhls messen mind. 32 mm im Durchmesser. Der mittlere Profilstreifen ist 10 mm breit. Roste, die bei Überlaufrillen in Bädern verwendet werden, sind in Abb. 5.1/29 dargestellt. Die Zwischenräume betragen 8 mm; breite Stegoberflächen müssen profiliert sein. Schuhabstreiferprofile für grobe und feine Reinigung sind in Abb. 5.1/30 dargestellt. Der geringe Abstand von ca. 8 mm zwischen den Profilleisten macht solche Roste für Rollstuhlfahrer gut befahrbar.

Der in Abb. 5.1/31 gezeigte Rost eignet sich vor allem für Nassräume. Das Wasser fließt sofort und unter dem hochgestellten Rost weg (Noppen an der Unterseite). Der Abstand der Stegparallelen beträgt ca. 28 mm. Hersteller für Roste ist z.B. Erich Arens-Bauzubehör, Hüttental-Weidenau, Postfach. Bodenbeläge von sehr unterschiedlicher Reibfähigkeit erleichtern blinden oder wesentlich sehbehinderten Menschen die Orientierung. Im Wohnbereich dienen hierzu die üblichen Bodenbeläge. Schwellen und lose Teppiche sind zu vermeiden.

5.1.5.1.2 Treppen im Innenbereich
Im Merkblatt für Treppen, herausgegeben vom Hauptverband der gewerblichen Berufsgenossenschaften, Zentralstelle für Unfallverhütung und Arbeitsmedizin, Alte Heerstraße 111, Sankt Augustin, sind Hinweise für die sicherheitsgerechte Gestaltung und Instandhaltung von Treppen aus der Sicht des Trägers der gesetzlichen Unfallversicherung enthalten. Treppen gehören zu den baulichen Einrichtungen, deren Gestaltung vornehmlich durch das Bauordnungsrecht der Bundesländer geregelt wird. Sonderbauordnungen, z.B. die Versammlungsstätten-Verordnung, die Geschäfts- und Warenhaus-Verordnung, Krankenhausbauordnungen, Garagen-Verordnungen, enthalten weitergehende Regelungen. Das Arbeitsstättenrecht des Bundesministers für Arbeit und Sozialordnung ergänzt das Bauordnungsrecht der Länder durch betriebsbezogene Regelungen, z.B. durch § 12 Schutz gegen Absturz und herabfallende Gegenstände und § 17

Verkehrswege der Arbeitsstättenverordnung. Darüber hinaus sind die Normen DIN 18064 Treppen; Begriffe und DIN 18065 Gebäude, Treppen; Hauptmaße entscheidend.

Im Merkblatt für Treppen ist bedauerlicherweise die Unterschneidung noch dargestellt. Auch in der Neufassung DIN 18065 ist die Unterschneidung wiederum enthalten, vergl. Abschnitt 8.2.6 Treppen. Darunter versteht man den Rücksprung zwischen der Trittkante der Trittfläche und der Setzstufe. Ausdrücklich sind in DIN 18025 Teil 2 Abs. 6 diese Stufenunterschneidungen als unzulässig gefordert. Dies hat seinen Grund darin, dass insbesondere gehbehinderte Menschen leicht an der Stufenunterschneidung mit der Fußspitze hängen bleiben und dadurch zu Fall kommen können. Erstaunlicherweise wird in diesem Merkblatt für Treppen auch das Unfallgeschehen nach der Unfallstatistik der gewerblichen Berufsgenossenschaften dargestellt.

Im Hinblick auf die Stufenabmessungen und das Steigungsverhältnis geht das Merkblatt auch von der mittleren Schrittlänge von 63 cm aus. Daraus ergibt sich die Schrittmaßformel
Auftritt + 2mal Steigung = 63 cm ± 3 cm.
Als besonders sicher begehbar haben sich Treppen mit einem Steigungsverhältnis von 29 auf 17 cm erwiesen. Weitere Steigungsverhältnisse ergeben sich aus der folgenden Tabelle:

Anwendungsbereich/ Bauten	Auftritt A in cm	Steigung S in cm
Freitreppen	32-30	14-16
Versammlungsstätten, Verwaltungsgebäude	31-29	15-17
gewerbliche Bauten	30-26	16-19

Im Hinblick auf den Belag wird vor allem dort, wo mit besonderer Rutschgefahr zu rechnen ist, ein rutschhemmender Belag gefordert. Bei textilen Bodenbelägen auf Treppen sollen Stufenvorderkanten mit möglichst kleinem Radius ausgerundet sein. Dadurch wird die Kantenpressung an der Ausrundung vermindert und der Verschleiß des Belages an der Stufenvorderkante ebenfalls geringer.

Im Hinblick auf das Geländer und die Handläufe erwähnt das Merkblatt für Treppen die Geländerhöhe ab Stufenvorderkante mit 1 m bzw. 1,10 m, wenn die Absturzhöhe mehr als 12 m beträgt. Weiter sind Öffnungen zwischen den Geländerstangen bis 12 cm zulässig.

In DIN 18025 Teil 2 ist als weitergehende Forderung der Durchmesser der Handläufe zwischen 3 und 4,5 cm festgelegt. Auch der innere Handlauf am Treppenauge darf nicht unterbrochen sein. Äußere Handläufe müssen 30 cm waagerecht um eine Auf-

trittsbreite am Anfang und Ende der Treppe hinausragen. Dort sind taktile Hilfen, z.B. durch Knopfmarkierungen an der Unterseite, für sehbehinderte und blinde Menschen anzubringen.

5.1.5.1.3 Reinigung im Innenbereich
Die rutschhemmenden Eigenschaften von Bodenbelägen, insbesondere von Fliesen, und die Reinigungsfreundlichkeit dieser Beläge ist immer zusammenzusehen. Darüber haben Böhner, Freising, Wildbrett und Gmeiner umfangreiche Untersuchungen angestellt. Die für die Rutschhemmung angebotenen keramischen Fliesen besitzen unterschiedliche Profile, deren Einfluss auf die Reinigungsfähigkeit durch Hochdruckspritzen getestet wurde. Mittels einer angetrockneten Eiweißverschmutzung gelang es, Fliesenprofile hinsichtlich ihres Reinigungsverhaltens zu differenzieren. Dabei zeigte es sich, dass eng aneinander gesetzte Profilelemente, wie beispielsweise Pyramiden oder Halbkugeln, unter den gewählten Versuchsbedingungen besser zu reinigen sind als manche Fliesen mit relativ hohem Anteil an unprofilierten Flächenelementen. Steil aufgesetzte Profilelemente mit kantigen Übergängen in die Grundfläche erschweren die Reinigung. Die Autoren Böhner, Freising, Wildbrett und Gmeiner fassen die Ergebnisse der Untersuchungen für die Praxis wie folgt zusammen:
Eine generelle Entscheidung für Fliesen, die maximalen Ansprüchen an Rutschhemmung und Verdrängungsraum genügen, kann zu unnötigen Reinigungsproblemen führen.
Noppen- bzw. Nockenfliesen tendieren im Vergleich zu anderen Fliesentypen zu erhöhten Restschutzmengen. Sie weisen eine geringere Reinigungsfreundlichkeit auf. Siliciumcarbid-Einlagerungen in die keramische Oberfläche erhöhen zwar die rutschhemmende Wirkung, die an diesen Fliesen auftretenden Risse und Löcher können aber auch Schmutz stärker festhalten und damit die Reinigung erschweren.
Kantige Übergänge zwischen dem Profil und der Grundfläche der Fliesen können relativ viel Schmutz zurückhalten, vor allem wenn die Spritzlanze schräg gehalten wird. Es entstehen hierbei „Spritzschatten".
Dichtstehende Profile aus Pyramiden, Tetraedern oder Halbkugeln lassen sich gleichmäßiger benetzen als z.B. Noppenprofile; die Verschmutzung quillt intensiver, der Reinigungserfolg steigt.

5.1.5.1.4 Bodenbeläge im Außenbereich
In einer Arbeitsanweisung für kombinierte Griffigkeits- und Rauheitsmessungen mit dem Pendelgerät und dem Ausflussmesser hat die Forschungsgesellschaft für das Straßenwesen, Köln, Maastrichter Str. 45, neue Messmethoden dargestellt. Diese

Untersuchungen beziehen sich vor allem auf nasse Beläge auf Fahrbahnen.
Den Messungen mit dem Pendelgerät liegt eine Messmethode zu Grunde, bei der ein Pendel, versehen mit einem Gleitkörper, durchschwingt und hierbei auf einer weiteren Oberfläche durch Verlust an potenzieller Energie die Griffigkeit messbar darstellt. Je größer der Verlust der potenziellen Energie, um so größer ist die Griffigkeit. Bei den Messungen mit Ausflussmesser wird ein Acrylglaszylinder senkrecht mit Wasser gefüllt und auf die Fahrbahnoberfläche gestellt. Je schneller das Wasser ausfließt, um so größer ist die Rauheit des Belages.

5.1.5.2 Festigkeit
Unter Festigkeit ist der Widerstand gegenüber Belastung durch Normal- und Schubkräfte in Verbindung mit dem Unterboden zu verstehen. Neben den Annehmlichkeiten eines gehweichen Belags für gehbehinderte Menschen ist für den Rollstuhlbenutzer die Festigkeit des Bodenbelages ein entscheidender Gesichtspunkt. Je fester ein Belag ist und je weniger er sich verformen lässt, um so geringer sind die Reibungskräfte, die das Fahren behindern. Genügend Festigkeit für Rollstühle haben z.B. Beläge aus Linoleum, PVC, keramischen Fliesen, Parkett und Hirnholz.

5.1.5.2.1 Teppichbeläge
Teppichbeläge können nicht generell befürwortet oder abgelehnt werden. Ausschlaggebend ist immer die jeweilige Nutzung. Über die besonderen Vorteile eines Teppichzimmers für Körperbehinderte Kinder wurde in der Zeitschrift Wohnungsmedizin Heft 5/1966 berichtet. Darin heißt es, dass für die therapeutisch wichtige „Kriecherziehung" ein Teppichzimmer nötig sei. Im Teppichzimmer haben Behinderte das Laufen gelernt. Die Vorteile eines solchen Teppichzimmers sind folgende:
1. Die Bodennähe gibt selbst schwerstgestörten Kindern ein Gefühl der Sicherheit. Wenn sie fallen, fallen sie weich.
2. Der Teppich ist elastisch. Die Bewegung auf Knien und Füßen wird durch die federnde Unterlage erleichtert.
3. Erwachsene und Kinder können ohne Turnschuhe (mit nackten Füßen und Knien) die Bewegungen aller Glieder richtig vor- bzw. nachmachen.
4. Bei Übermüdung legen sich die Kinder, ohne damit zu stören, einfach auf den Teppich, bis sie ausgeruht sind.
5. Kinder, die anfangs in Abwehrstellung an der Wand oder in der Ecke gesessen haben, sehen zu, ohne dass die Tätigkeit der anderen behindert wird, und fangen nach eigener Entscheidung an, daran mitzuwirken.
6. Die persönliche Nähe zwischen Erwachsenen und Kindern ist im Teppichzimmer durch die Bodennähe gewährleistet.

Büromöbel- oder Teppichhersteller haben ihre Aufmerksamkeit vor allem auf die Verbindung des Teppichbelags mit dem Unterboden konzentriert. Das Teppichforschungsinstitut der europäischen Teppichgemeinschaft in Deutschland e.V. prüft die Veränderungen des Teppichbelages, z.B. ob er sich vom Unterboden ablöst. „Rollstuhlgeeigneter Teppichboden" – in der Werbung – heißt also nicht, dass der Teppichbelag auch für die Rollstühle behinderter Menschen geeignet ist.

Büromöbel auf Teppichböden sollen nicht mit Gummirollen, sondern mit Polyamidrollen oder Stahlrollen ausgestattet sein; Rollstühle für Behinderte haben in der Regel Gummibereifung. Bei Teppichbelägen für Rollstuhlbenutzer müssen folgende Gesichtspunkte bedacht werden:

1. Festigkeit und möglichst geringer Reibungswiderstand. Das wird erreicht durch verhältnismäßig harte Beläge, in die die Reifen des Rollstuhls nicht eindringen können (Nadelfilz).
2. Haftung auf dem Unterboden. Die beste und auch rollstuhlgeeignete Haftung auf dem Untergrund wird durch Verkleben mit einem Kleber, mindestens 800 g/m², erreicht. (Fabrikat z.B. Uzin, der Uzin-Werke Georg Utz KG, Dieselstr. 3, Ulm.)
3. Ausreichende Trittschalldämmung. Schwimmende Estriche sind bei harten Belägen erforderlich. Gehweiche Beläge in Verbindung mit Verbundestrichen kommen nicht in Frage.
4. Pflege.
5. Nicht elektrostatisch aufladend.
6. Möglichst geringer Abrieb der Gummibereifung.

5.1.5.2.2 Roste
Roste über Fußboden-Konvektoren, an Eingangstüren und Abflussrinnen haben dann genügend Festigkeit, wenn sie sich gegenüber Normalkräften und Schubkräften nicht verformen oder verschieben lassen. Rollroste sind wenig geeignet. Für Rollstuhlbenutzer sind nur starre Roste zu verwenden, mit einem Lamellenabstand in beiden Richtungen von max. 8-10 mm (möglichst mit Quadrat-Raster). Siehe Abb. 5.1/26+27.

5.1.5.3 Fußwärme
Fußwarm ist ein Bodenbelag dann, wenn die Wärmeableitung bei Berührung so gering wie möglich ist. Bei langandauernder Berührung – beim Stehen – muss ein Bodenbelag besonders fußwarm sein.
Da für Rollstuhlbenutzer, aber auch für gehbehinderte und betagte Menschen Fußbodenstrahlungsheizung vorgesehen werden soll, ist durch diese Heizungsart mangelnde Fußwärme ausgleichbar. Fußbodenstrahlungsheizung unter Holzböden kann zu Schäden im Belag führen.

5.1.5.4 Spiegelung
Durch geeignete Lichtführung und erhöhte Reibfähigkeit können gerichtete Lichtreflexionen verhindert werden. Vor allem in Fluren mit Kopflicht ist deshalb auf geeignete und mindestens diffus reflektierende Beläge zu achten.

5.1.5.5 Elektrostatische Aufladung
Bodenbeläge laden sich durch Reibung und bei isolierter Verlegung elektrostatisch auf. Auch die Raumluftfeuchtigkeit ist hierbei ausschlaggebend. Sie soll nicht unter 45 % liegen. PVC- oder Gummibeläge sind mit antistatischen Zusätzen zu versehen und auf Kupferband zu verlegen (z. B: Mipolam 650, Fa. Dynamit Nobel). Bodenfliesen sollen elektrisch halbleitend sein (Fa. Villeroy & Boch). Zementmörtel wird durch Zusatz von Ruß (3 % des Zementgewichtes) und eingelegtem Baustahlgewebe leitend. Die Armierung ist zu erden. Teppichbeläge werden auch unter Zusatz antistatischer Fasern hergestellt (z.B. Bayer-Textilfaser-Perlon antistatisch, DLW). Mit Stahlfaserbeimischung sind sie ableitfähig.

5.1.5.6 Trittschalldämmung
Abgesehen vom schwimmenden Estrich sind gehweiche Beläge zugleich trittschalldämmend, ebenso keramische Beläge in Verbindung mit schwimmendem Estrich.

5.1.5.7 Widerstandsfähigkeit gegen Säuren
Bodenbeläge müssen an Ladestationen zum Nachladen der Batterien der Elektrorollstühle widerstandsfähig gegen Säuren sein.
Hier kommen vor allem keramische Beläge und Kunststoffbeläge in Frage.

5.1.5.8 Pflege
Anforderungen an einen pflegeleichten Bodenbelag können im Widerspruch zur Rutschhemmung (Kap. 5.1.5.1) stehen. Bodenbeläge mit profilierter Oberfläche müssen so gereinigt werden, dass sich die Vertiefungen nicht mit Schmutz zusetzen können. Vor allem im sanitären Bereich können Oberflächen verseifen. Bodenbeläge mit günstiger Reibfähigkeit sind daher oft nicht pflegeleicht. Der höhere Pflegeaufwand ist wegen der verminderten Rutschgefahr berechtigt.
Linoleum-, Kunststoff- und Gummiböden sind in der Regel pflegeleicht.
Pflege bei keramischen Bodenbelägen: Keramische Bodenbeläge erfordern wegen der profilierten Oberfläche höheren Pflegeaufwand. Zur besseren Reinigung soll der Bodenbelag mit runden Fliesen-Sockeln an den Wandbelag angeschlossen werden. Das Gefälle soll bei keramischen Bodenbelägen so gering wie möglich sein.

Pflege bei Teppichbelägen: In Heimen und Wohnungen für Rollstuhlbenutzer und Betagte muss eine rückstandsfreie Reinigung der Bodenbeläge möglich sein, da mit verschüttetem Urin gerechnet werden muss. Das ist in der Regel bei glatten Belägen möglich. Teppichbeläge aber sind in besonderen Reinigungsverfahren und mit besonderen Reinigungsgeräten zu pflegen:
1. Es ist eine Bauschlussreinigung nötig. Vor der Erstbenützung muss der Teppich abgesaugt werden.
2. Es ist eine tägliche Reinigung mit starken Saugern, Klopfsaugern oder Saugbürstgeräten erforderlich.
3. Von Zeit zu Zeit ist eine Grundreinigung im Nassschaumverfahren (nicht zu verwechseln mit dem Trockenschaumverfahren) durchzuführen. Den zu verwendenden Shampoos können Desinfektionsmittel beigefügt werden. Für die Grundreinigung ist das Sprühextraktionsverfahren geeignet, das auch Urin beseitigt.
Einfarbige und zu hell- oder dunkelfarbige Beläge sollten vermieden werden, da auf ihnen Flecken eher zu erkennen sind als auf mehrfarbigen.

5.1.5.9 Orientierung
Besonders für sehbehinderte und blinde Menschen ist der Bodenbelag ein Hilfsmittel zur Orientierung. Blinde Menschen sind auf Unterschiede im Material wie auf Unterschiede in der Oberfläche angewiesen, wenn z.B. Richtungsänderungen in allgemein begangenen Verkehrsbereichen und Gebäuden angezeigt werden müssen. Sehbehinderte Menschen – sie verfügen über einen Sehrest – benötigen Helligkeits- und Farbkontraste zur Orientierung. So lassen sich z.B. Treppenkanten, Treppenpodeste, Wegeführungen und besondere Verkehrsbereiche markieren (vgl. Kap. 2.3).

5.2 Fenster

Axel Stemshorn

5.2.1 DIN 18025 Teil 1

In Abschnitt 7 Wände, Decken, Brüstungen und Fenster heißt es:
„Empfehlung: Brüstungen in mindestens einem Aufenthaltsraum der Wohnung und von Freisitzen sollen ab 60 cm Höhe durchsichtig sein.
Fenster und Fenstertüren im Erdgeschoss sollen einbruchhemmend ausgeführt werden."

5.2.2 DIN 18025 Teil 2

Im Abschnitt 7 Wände, Brüstungen und Fenster heißt es:
„Empfehlung: Brüstungen in mindestens einem Aufenthaltsraum der Wohnung und von Freisitzen sollen ab 60 cm durchsichtig sein.
Fenster und Fenstertüren im Erdgeschoss sollen einbruchhemmend ausgeführt werden.
Schwingflügelfenster sind unzulässig."

5.2.3 Fenster für Rollstuhlbenutzer

Fenster sind dann für Rollstuhlbenutzer geeignet, wenn sie vom Rollstuhl aus geöffnet werden können. Dazu ist es notwendig, dass die Fensterolive nicht in Flügelmitte, sondern möglichst weit unten angeordnet wird. Auch der Beschlag muss ein leichtes und sicheres Zugreifen ermöglichen. Zu hohe Fensterflügel benötigen beim Schließen einen höheren Anpressdruck, wenn die Fensterolive im unteren Bereich angeordnet wird. Aus diesem Grunde sollten Fensterflügel in der Höhe begrenzt sein. Auch muss die Bewegungsfläche für den Rollstuhl bis vor das Fenster reichen. Ablagen vor dem Fenster in der Höhe der Fensterbrüstung müssen unterfahrbar sein. In beiden Fällen sind Heizkörper zu berücksichtigen, da sie ein nahes Heranfahren an die Fensterbrüstung verhindern. 30 cm hoch montierte Heizkörper ab OK FFB können auch im Rollstuhl mit den Fußspitzen unterfahren werden. Bei einer Fußbodenstrahlungsheizung sind in besonderen Fällen Radiatoren/Konvektoren als Zusatzheizung notwendig.
Eine Fußbodenstrahlungsheizung ist einer Radiatorenheizung vorzuziehen.

5.2.3.1 Bewegungsfläche

Die Mindestbewegungsfläche 150 cm auf 150 cm ist in der Regel vor dem Fenster gegeben. Vor allem bei der Bedienung des Fensters oder bei Reinigungsarbeiten am Fenster ist es notwendig, so nahe wie irgend möglich heranzufahren (siehe hierzu Abb. 5.2/1-4).

5.2.3.2 Materialien

Die üblichen Materialien für Fenster sind auch für Rollstuhlbenutzer geeignet: Holz-Fenster, Kunststoff-Fenster, Aluminium-Fenster.

5.2.4 Beschlagsarten

Eine Reihe von Fensterbeschlägen sind für Rollstuhlbenutzer und für Menschen mit anderen Behinderungen, z.B. für Betagte, mehr oder weniger gut geeignet:
1. Das Schwingfenster (waagerechte Achse in Flügelmitte) hat zwar den Vorteil der leichten Bedienbarkeit, weil der Griff unten am Fensterflügel angebracht ist. Der Nachteil besteht jedoch darin, dass es durchdrehen kann und dadurch für den Rollstuhlbenutzer und andere behinderte und betagte Menschen nicht mehr erreichbar ist. Auch Reinigungsarbeiten an diesen Fenstern sind außerordentlich schwer. Waagerecht stehende Schwingfenster stellen für den sehbehinderten und blinden Menschen eine große Gefahr dar.
2. Das Wendefenster (senkrechte Achse in Flügelmitte) kann vom Rollstuhlbenutzer bedient werden und ist immer erreichbar. Im geöffneten Zustand ragt es jedoch zu sehr in den Raum und schränkt die Bewegungsfläche in Fenstermitte ein. Auch dieses Fenster ist eine Gefahr für sehbehinderte und blinde Menschen.
3. Das Drehfenster ist eine übliche Fensterkonstruktion und ist für Rollstuhlbenutzer wie oben ausgeführt geeignet, wenn der Griff (Fensterolive) tief und gut erreichbar angebracht ist. Die Höhe der Fensterolive ab Oberkante Fensterbank ist abhängig von der Höhe des Fensterflügels (siehe 4. Fenster mit Dreh-Kippbeschlägen). Ein Fensterfeststeller verhindert, dass das nur wenig geöffnete Fenster in den Raum aufschlagen, und ermöglicht, dass die geöffnete Position beibehalten werden kann.
4. Fenster mit Dreh-Kippbeschlägen sind für Rollstuhlbenutzer, vor allem mit Oberarmschwächen, nicht immer bedienbar. Beim Umstellen von der Kippbewegung auf Drehbewegung und umgekehrt ist ein

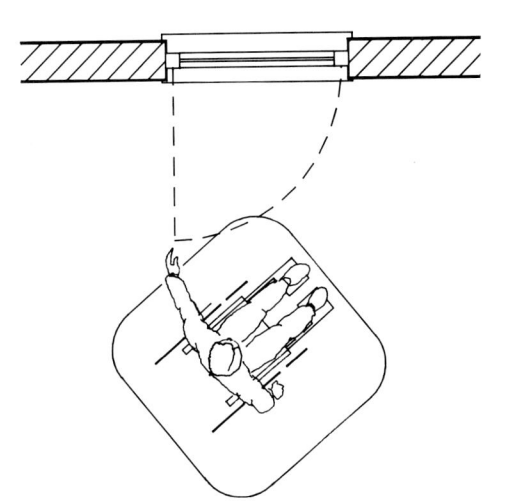

5.2/1 Bewegungsfläche vor einflügeligem Drehfenster, M 1 : 50

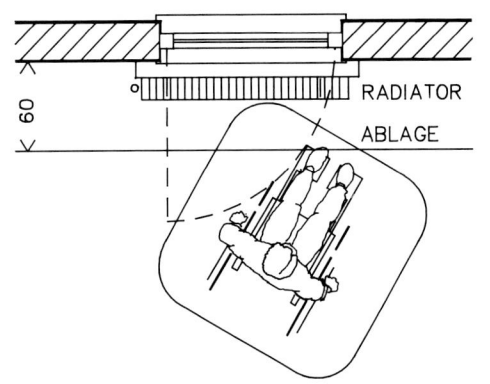

5.2/2 Bewegungsfläche vor einflügeligem Drehfenster mit Radiator, M 1 : 50

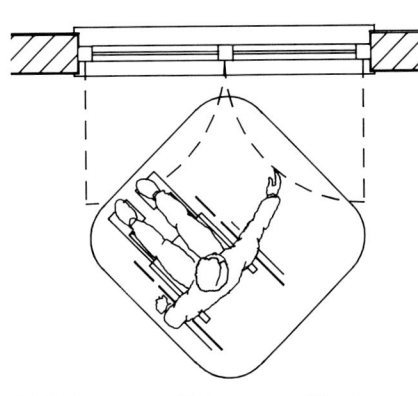

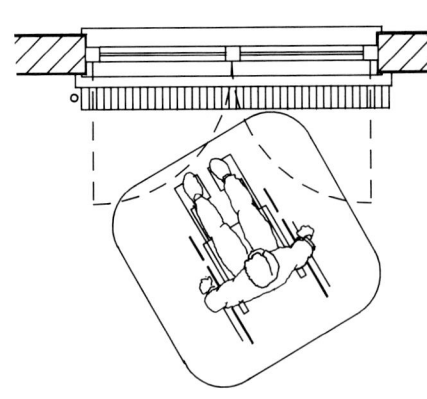

5.2/3 Bewegungsfläche vor zweiflügeligem Drehfenster, M 1 : 50

5.2/4 Bewegungsfläche vor zweiflügeligem Drehfenster mit Heizkörper, M 1 : 50

Getriebe konstant

Höhe des Fensterflügels	350-500	-700	-850	-1100	-1350	-1600	-1850	-2100	-2350
Griffsitz	155	200	250	400	500	600	600	980	980
Griffsitz mit Verlängerung 250				150	250	350	350		
Griffsitz mit Verlängerung 500								480	480

Getriebe variabel

Höhe des Fensterflügels	480-590	-700	-1200	-1450	-1700	-1950	-2450
Griffsitz	240	295	350	475	600	725	975
Griffsitz mit Verlängerung 250			100	225	350		
Griffsitz mit Verlängerung 500						225	475

Maße in mm
Bei Einsatz der genannten Verlängerungen erhöhen sich die Preise um ca. 6%. Die angegebenen Griffsitzmaße verstehen sich vom Getriebefalzmaß aus. Um den Griffsitz von Oberkante Fensterbank zu erhalten, addieren Sie bitte ca. 50 mm zu den angegebenen Maßen hinzu.

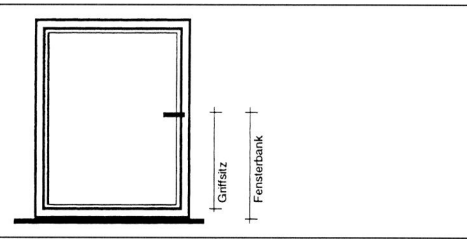

5.2/5 Möglicher Griffsitz, Montagehöhe der Fensterolive

Anpressdruck notwendig. Bei allen Menschen mit Behinderungen sind u.U. Verriegelungen notwendig, die verhindern, dass der Flügel sich in Dreh- und Kipposition zugleich entriegeln kann. Auch hier gilt, dass die Fensterolive so tief wie möglich angeordnet wird. Die Höhe der Fensterolive ab Oberkante Fensterbank ist jedoch abhängig vom Beschlag und auch von der Höhe des Fensterflügels. In Abb. 5.2/5 sind die Abhängigkeiten zwischen den Beschlägen und den Fensterflügelhöhen im Hinblick auf die Montagehöhe der Fensterolive dargestellt.
5. Schiebefenster, vor allem als waagerechte Schiebefenster, sind für Rollstuhlbenutzer und andere behinderte Menschen besonders gut geeignet, da sie sich leicht bewegen lassen und nicht in den Raum ragen (Fabrikat z.B. GU-966 + 976). Da die üblichen Schiebefenster wegen der Bürstendichtungen nicht dicht genug sind, werden sie nur in wärmeren Gegenden verwendet. Aus diesem Grunde wurde der Parallel-Schiebe-Kippbeschlag entwickelt (Abb. 5.2/6). Mit Hilfe einer Einhebelbedienung kann das Fenster aus der geschlossenen Fensterebene herausgenommen und seitlich weggeschoben werden. Die Einhebelbedienung kann ähnlich tief, wie in Abb. 5.2/5 dargestellt ist, angeordnet werden.
6. Bei den ebenfalls neu entwickelten Schiebe-Falzbeschlägen (z.B. GU-922 + 925) ist ebenfalls eine sehr leichte Handhabung gewährleistet, allerdings ragen die Flügel in ganzer Breite in den Raum.
7. Oberlichtfenster. Wenn Oberlichtfenster angeordnet werden, müssen sie auch vom Rollstuhl aus bedienbar sein. Hierzu eignet sich ein offen oder verdeckt liegendes Gestänge, das den Oberlichtöffner betätigt (z.B. GU Ventus EVZ 18). Diese Beschläge sind in der Regel durch den Kipphebel sehr leicht bedienbar. Der Hebel kann unmittelbar über der Fensterbank angeordnet werden. Die Bedienung des Oberlichtöffners ist durch Griff, Kurbel oder motorisch möglich. Auf die Richtlinien für Kraftbetätigte Fenster, Türen und Tore wird ein eingewiesen.
8. Dauerlüftung. In Verbindung mit Beschlägen, z.B. Dreh-Kippbeschlägen, ist eine Lüftung über das Fenster möglich. Die Betätigung der Dreh-Kippbeschläge ist – wie oben ausgeführt – u.U. nicht möglich, so dass andere Lösungen für die Lüftung notwendig sind. Die hohe Qualität der Fenster erlaubt nicht mehr eine natürliche Lüftung durch die vorhandenen Undichtheiten im Falz zwischen Rahmen und Flügel. Aus diesem Grunde ist oft eine zusätzliche Lüftungseinrichtung nötig. Als Beispiel kann der Dosierlüfter, z.B. GU-100 W, thermisch getrennt, wärmedämmend und in den Glasfalz eingebaut, erwähnt werden. Das Öffnen und Schließen lässt sich, wie aus Abbildung 5.2/7 ersichtlich, durch Fernbedienungsgestänge oder Schnurzug betätigen. Diese Dosierlüfter werden in der Regel waagerecht oben oder unten eingebaut. Eine weitere Möglichkeit besteht darin, Schalldämmlüfter einzubauen (vgl. Abb. 5.2/8). Schalldämmlüfter dieser Art eignen sich vor allem zum Einbau in Fensterelementen an verkehrsreichen Straßen. Die Betätigung kann manuell mit Drehgriff, Schnurzug oder Gestänge mit Handhebel erfolgen. Auch eine elektrische Schieberbetätigung ist möglich. Eine Gebläseleistung kann zusätzlich eingebaut werden.

5.2.5 Brüstung
Die Brüstung soll so hoch sein, dass der behinderte Mensch im Rollstuhl freien Ausblick hat. Ab 60 cm Höhe, gemessen ab Oberkante Fertigfußboden, soll sie von mindestens einem Aufenthaltsraum der Wohnung und vor Freisitzen durchsichtig sein. Diese Forderung ist nicht immer ohne weiteres zu erfüllen, da nach den jeweiligen Landesbauordnungen Umwehrungen notwendig sind. So müssen z.B. in Baden-Württemberg Fensterbrüstungen bei einer Absturzhöhe bis 12 m mindestens 80 cm hoch sein, darüber 90 cm. Hierbei wird die Brüstungshöhe von Oberkante Fußboden bis Unterkante Fensteröffnung, also bis zum Fensterrahmen, gemessen. Besondere Maßnahmen sind zu ergreifen, wenn in dem Haushalt Kleinkinder anwesend sind. In diesem Fall dürfen Umwehrungen in der senkrechten nicht breiter als 12 cm sein. Der waagerechte Abstand zwischen der Umwehrung und der zu sichernden Fläche darf nicht größer als 6 cm sein; ausgenommen hiervon sind Gebäude mit maximal zwei Wohnungen.
Wenn vor der niedrigen Fensterbrüstung Heizkörper angeordnet werden, die ein Übersteigen der Brüstung erleichtern, so ist die Umwehrung entsprechend höher als Oberkante Heizkörper anzuordnen.
Fenstersprossen in Augenhöhe, ca. 125 cm hoch, sind zu vermeiden, da sie den Ausblick stören (Abb. 5.2/9).

5.2.6 Reinigung
Das Reinigen der Fenster sollte, wenn es überhaupt für behinderte Menschen möglich ist, einfach sein. Verbundfenster sind nicht geeignet, da insgesamt vier Fensterflächen gereinigt werden müssen. Bei Isolierverglasung sind dies nur zwei Fensterflächen. Drehfenster sind für die Reinigung innen und außen geeignet. Bei Schiebefenstern ist die Reinigung der äußeren Glasfläche vom Rollstuhl aus unmöglich. Sehbehinderte und blinde Menschen können nicht kontrollieren, welche Flächen bereits gereinigt wurden.

5.2.7 Zusätzliche Ausstattung

5.2.7.1 Rollladen
Die Bedienung des Rollladens mit Hilfe des Rollladengurtes ist für Menschen mit eingeschränkter Greiffunktion sehr erschwert.

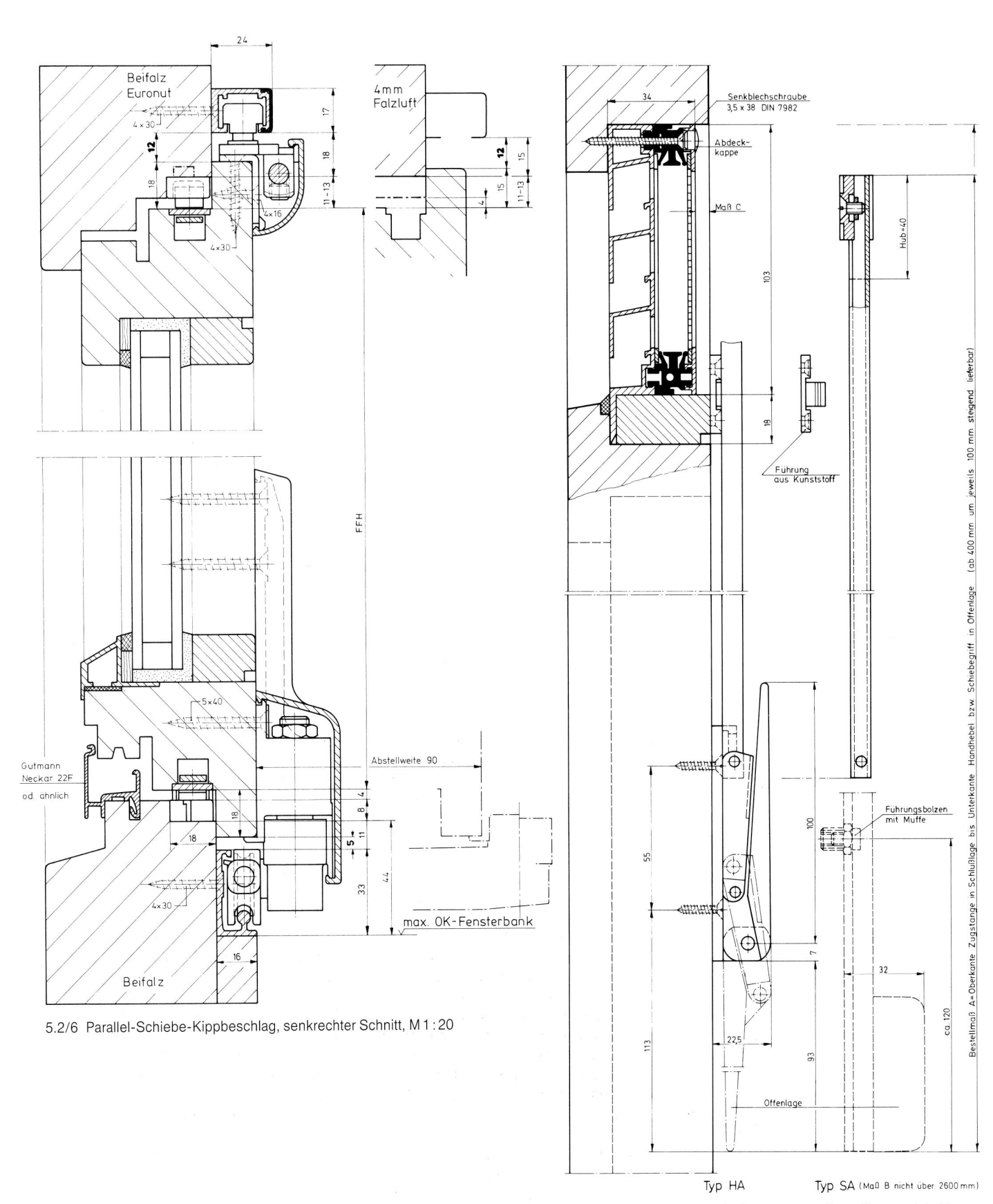

5.2/6 Parallel-Schiebe-Kippbeschlag, senkrechter Schnitt, M 1:20

5.2/7 Dosierlüfter, thermisch getrennt, wärmedämmend, in Verglasungsebene, M 1:20

Bei größeren Fensterflächen ist auch das Gewicht des Rollladens deutlich größer und bedeutet eine zusätzliche Erschwernis. Vor allem vom Rollstuhl aus sind die Gurtroller kaum zu bedienen. Es empfiehlt sich daher, Elektroantriebe einzubauen bzw. Elektroanschlüsse für den nachträglichen Einbau vorzusehen.

5.2.7.2 Fensterläden
Die Bedienung der außen angeschlagenen Fensterläden ist für behinderte Menschen in jedem Fall erschwert und ist daher abzulehnen. Hilfsweise kann ein Kurbelantrieb Erleichterung bieten.

5.2.7.3 Jalousetten
Diese für den Sonnen- und Sichtschutz gut geeigneten Jalousetten lassen sich leicht bedienen. Aber auch behinderte Menschen mit eingeschränkter Greiffunktion haben Schwierigkeiten, die Schnüre oder Kurbelantriebe zu greifen.
Außen angebrachte Jalousetten werden in der Regel mit Kurbelantrieb versehen. Elektroantriebe stellen jedoch auch hier eine große Erleichterung dar. Die außen montierten Jalousetten sind als Sonnenschutz eher geeignet, da sie die Wärmeeinstrahlung gegenüber innenliegenden Jalousetten vermindern.

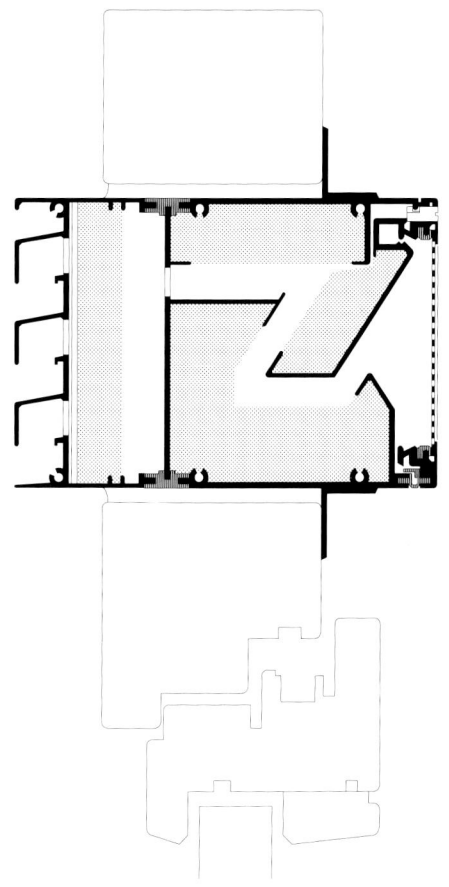

5.2/8 Schalldämmlüfter

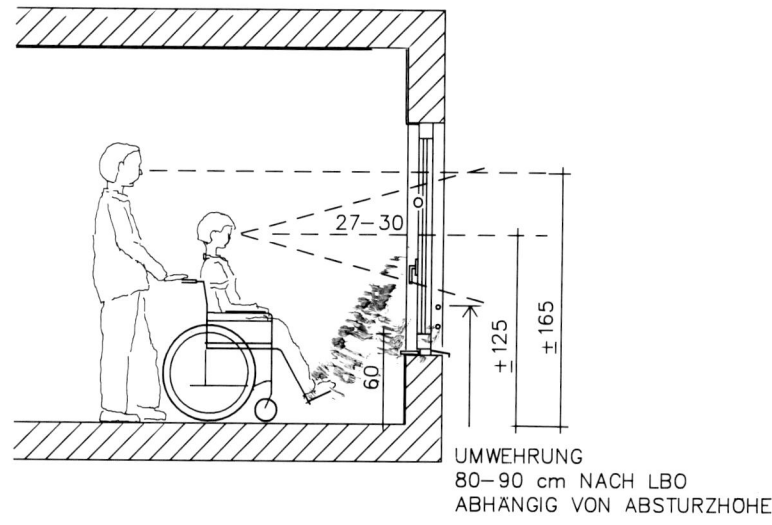

5.2/9 Fensterbrüstung und Höhe der Umwehrung, M 1:50

5.3 Türen

Axel Stemshorn

5.3.1 DIN 18025 Teil 1
Im Abschnitt 4 Türen heißt es:
Türen müssen eine lichte Breite von mindestens 90 cm haben (siehe Bilder 10, 11 und 12 bzw. Abb. 5.3/1+2).
Die Tür darf nicht in den Sanitärraum schlagen.
Große Glasflächen müssen kontrastreich gekennzeichnet und bruchsicher sein.
Bewegungsflächen vor handbetätigten Türen siehe Abschnitt 3.6.
Untere Türanschläge und -schwellen siehe Abschnitt 5.2.
Anmerkung: Türen sollen eine lichte Höhe von mindestens 210 cm haben.
Im Abschnitt 3.6 sind die Bewegungsflächen vor handbetätigten Türen angesprochen:
Vor handbetätigten Türen sind die Bewegungsflächen nach den Bildern 10 und 11 bzw. Abb. 5.3/1+2 zu bemessen.
Im Hinblick auf die unteren Türanschläge und Türschwellen ist in Abschnitt 5.2 ausgeführt:
Untere Türanschläge und -schwellen sind grundsätzlich zu vermeiden. So weit sie technisch unbedingt erforderlich sind, dürfen sie nicht höher als 2 cm sein.
Die Türe des Aufzuges wird in Abschnitt 5.3 erläutert: Bewegungsflächen vor den Fahrschachttüren siehe Abschnitt 3.1 und Bild 12 bzw. Abb. 5.3/3.
Lichte Breite und Fahrschachttüren siehe Abschnitt 4.
Im Abschnitt 11 Bedienungsvorrichtungen sind im Hinblick auf Türbeschläge detaillierte Angaben gemacht. Bedienungsvorrichtungen (z.B. Türdrücker, Querstangen zum Zuziehen von Drehflügeltüren, Öffner von Fenstertüren, Bedienungselemente automatischer Türen) sind in 85 cm Höhe anzubringen.
Die Tür des Sanitärraums muss abschließbar und im Notfall von außen zu entriegeln sein.
Hauseingangstüren, Brandschutztüren zur Tiefgarage, Garagentore und Fahrschachttüren müssen kraftbetätigt und manuell zu öffnen und zu schließen sein.
An kraftbetätigten Türen müssen Quetsch- und Scherstellen vermieden oder gesichert sein.

Schalter für kraftbetätigte Drehflügeltüren sind bei frontaler Anfahrt mindestens 250 cm vor der aufschlagenden Tür und auf der Gegenseite 150 cm vor der Tür anzubringen.

5.3.2 DIN 18025 Teil 2
Ebenfalls im Abschnitt 4 sind Türen erläutert:
Türen müssen eine lichte Breite von mindestens 80 cm haben. Hauseingangs-, Wohnungseingangs- und Fahrschachttüren müssen eine lichte Breite von mindestens 90 cm haben. Die Tür darf nicht in den Sanitärraum schlagen.
Große Glasflächen müssen kontrastreich gekennzeichnet und bruchsicher sein.
Untere Türanschläge und -schwellen siehe Abschnitt 5.2.
Anmerkung: Türen sollten eine lichte Höhe von mindestens 210 cm haben.
Über die unteren Türanschläge und -schwellen heißt es in Abschnitt 5.2:
Untere Türanschläge und -schwellen sind grundsätzlich zu vermeiden. So weit sie technisch unbedingt erforderlich sind, dürfen sie nicht höher als 2 cm sein.
(Aus: DIN 18025 Teil 1 12.1992)
In Abschnitt 12 Bedienungsvorrichtungen ist lediglich die Sanitärraumtür genannt:
Die Tür des Sanitärraumes muss abschließbar und im Notfall von außen zu entriegeln sein.
Auf folgende Normen wird verwiesen:
DIN 18 100 vom Oktober 1983 über Wandöffnungen für Türen
DIN 18 101 vom Januar 1985, Türen für den Wohnungsbau
DIN 18 111 vom Januar 1985, Stahlzargen.

5.3.3 Türen für Rollstuhlbenutzer nach DIN 18025 Teil 1

5.3.3.1 Bewegungsflächen
Die in den Abbildungen 5.3/1-3 ausgewiesenen Bewegungsflächen sind deswegen für den Rollstuhlbenutzer unabdingbar, weil er zum Öffnen an die Türe seitlich heranfahren muss (Abb. 5.3/4). Deswegen ist immer auf der Schlossseite eine zusätzliche Fläche auszuweisen. Die Gesamtfläche ist entweder 150 cm auf 150 cm oder 150 cm auf 120 cm groß. Bei der Schiebetüre ist diese Fläche auf beiden Seiten der Schiebetüre 190 cm auf 120 cm groß. Zur Erläuterung des seitlichen Abstandes auf der Schlossseite von 50 cm bis zur Wandoberfläche dient Abb. 5.3/5. Es ist nämlich davon auszugehen, dass das Dornmaß schwankt. Aufgrund der folgenden Dornmaßtabelle (Abb. 5.3/6) beträgt das Dornmaß bei Ovalzylindern für schmale Rahmen 30 mm, bei Rundzylindern für schmale Rahmen 40 mm, bei mittelschwerer Schlossausführung, z.B. Zimmertüren, 55 mm und bei schweren Behördenschlössern 60 mm. Entsprechend variiert daher auch der seitliche Abstand bis zur Wand von 483-453 mm. Am Beispiel der Fertigtüren in Abb. 5.3/5 ist dieser Sachverhalt dargestellt. Er gilt sinngemäß für alle anderen Drehflügel- und Schiebetüren. Die Fertigmaße und die Rohbaumaße am Beispiel Fertigtüren sind Abb. 5.3/5 zu entnehmen. Diese Maße weichen jedoch entsprechend der verwendeten Zarge ab. Holzblockzargen und Holzstockzargen benötigen ein größeres lichtes Rohbaumaß als Holzfutterzargen bzw. Fertigzargen (Abb. 5.3/7-9).

Stahlzargen (vgl. Abb. 5.3/8+9) weichen in den Maßen nur gering von den Holzfutterzargen ab. Für die üblichen Stahlzargen gibt es Normmaße, wie Tabelle und Abb. 5.3/9 zu entnehmen ist. Da das lichte Durchgangsmaß von 900 mm nicht unterschritten werden darf, können nur die nächst größere Zarge mit dem lichten Durchgangsmaß von 936 mm oder eine Sonderzarge verwendet werden.
Bei Wandstärken ab 17,5 cm ist es sinnvoll, Sonderzargen mit schiefer Seitenlaibung, hier Innenfläche zu verwenden. Der Bewegungsraum ist größer. Die Montage in der Rohbauöffnung, das Verfüllen und Aussteifen dieser Zargen ist jedoch erschwert (Fa. mfh Wanke, Am Weinberg 31 in 97076 Würzburg).
Die Mindestbewegungsfläche bei Drehflügeltüren muss entsprechend Abb. 5.3/10 a - c größer ausgelegt werden, wenn sie in einen Flur schlagen.
Bei Schiebetüren muss die Bewegungsfläche auf beiden Seiten breiter sein, da der Beschlag in der Türöffnung wandert. Je nachdem, ob die Schiebetüre offen oder geschlossen ist. In beiden Fällen muss der Beschlag sich im Greifbereich befinden (vgl. Abb. 5.3/11).

5.3.3.2 Materialien
Alle üblichen Materialien sind geeignet. Im Hinblick auf die Abnutzung und die Pflege sind jedoch Stahltürzargen mit Holztürblättern zu bevorzugen. Holzfutterzargen, Holzblockzargen werden an den Kanten zu sehr beschädigt, wenn die Rollstühle dagegen stoßen.
Die Türblätter sollten immer eine ausrei-

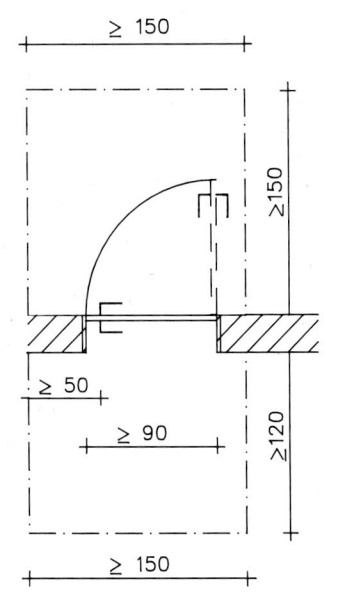

5.3/1 Bewegungsfläche vor Drehflügeltüren nach DIN 18025 Teil 1, M 1:50

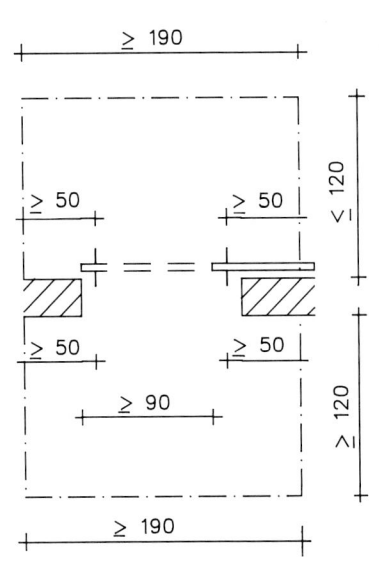

5.3/2 Bewegungsfläche vor Schiebetüren nach DIN 18025 Teil 1, M 1:50

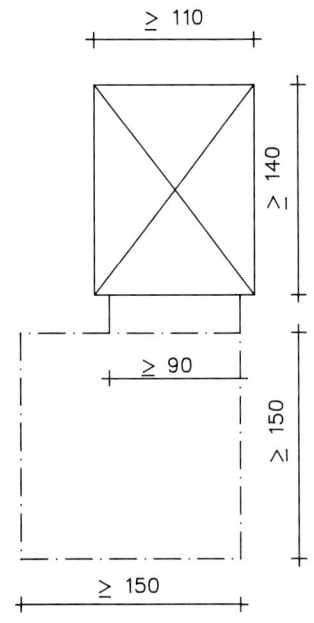

5.3/3 Lichte Maße des Aufzugfahrkorbs und Bewegungsfläche vor Fahrschachttüren nach DIN 18025 Teil 1, M 1:50

chend große Randverstärkung haben, so dass der Zuziehgriff auf der Bandseite (siehe Abb. 5.3/12) angebracht werden kann. Er dient dazu, dass nach dem Durchfahren der geöffneten Türe der Rollstuhlbenutzer nach hinten greifen und mit Hilfe des Zuziehgriffes die Türe hinter sich schließen kann. Dies erspart ihm unnötige Vor- und Rückwärtsbewegungen mit dem Rollstuhl. Bei Röhrenspan-Stegen oder Pappstegen ist eine stabile Befestigung des Zuziehgriffes ohne Randverstärkung nicht möglich. Bei geeigneten Türblättern ist es möglich, dass die Verschraubung durch das Türblatt hindurch mit Gegenmutter auf der anderen Seite ausgeführt wird.

5.3.3.2.1 Oberfläche des Türblattes
Viele Rollstuhlbenutzer fahren mit Schwung gegen das Türblatt, um dann nach vorne zu greifen und das Türblatt zu öffnen. Es empfiehlt sich in diesen Fällen, das Türblatt im Stoßbereich des Rollstuhls mit widerstandsfähigem Material, z.B. Sperrholz- oder nicht glatten Aluminiumplatten, zu versehen. Die Oberfläche sollte deshalb nicht zu glatt sein, da sonst Stöße deutlich sichtbar sind. Es eignen sich auch kunststoffbeschichtete Stahlbleche, wie sie im Aufzugbau verwendet werden. Stahlblechtüren (T30) sind wegen des Gewichts schwer zu bewegen. Kraftbetätigung ist erforderlich, siehe Abb. 5.3/10c.

5.3.3.2.2 Oberfläche des Türrahmens
Stahltürzargen mit Gummidichtung als Eck- oder Umfassungszarge bilden einen widerstandsfähigen Wandanschluß. Der übliche Anstrich genügt, obwohl auch er im Laufe der Zeit durch Anstoßen beschädigt wird. Türrahmen aus Holz werden wie oben ausgeführt in besonders starkem Maße beeinträchtigt und sollten nach Möglichkeit nicht verwendet werden.

5.3.3.3 Hauseingangstüren
Hauseingangstüren zu Gebäuden sind in der Regel schwer und daher nur mit Mühe von behinderten Menschen zu bewegen. Kraftbetätigung ist erforderlich.

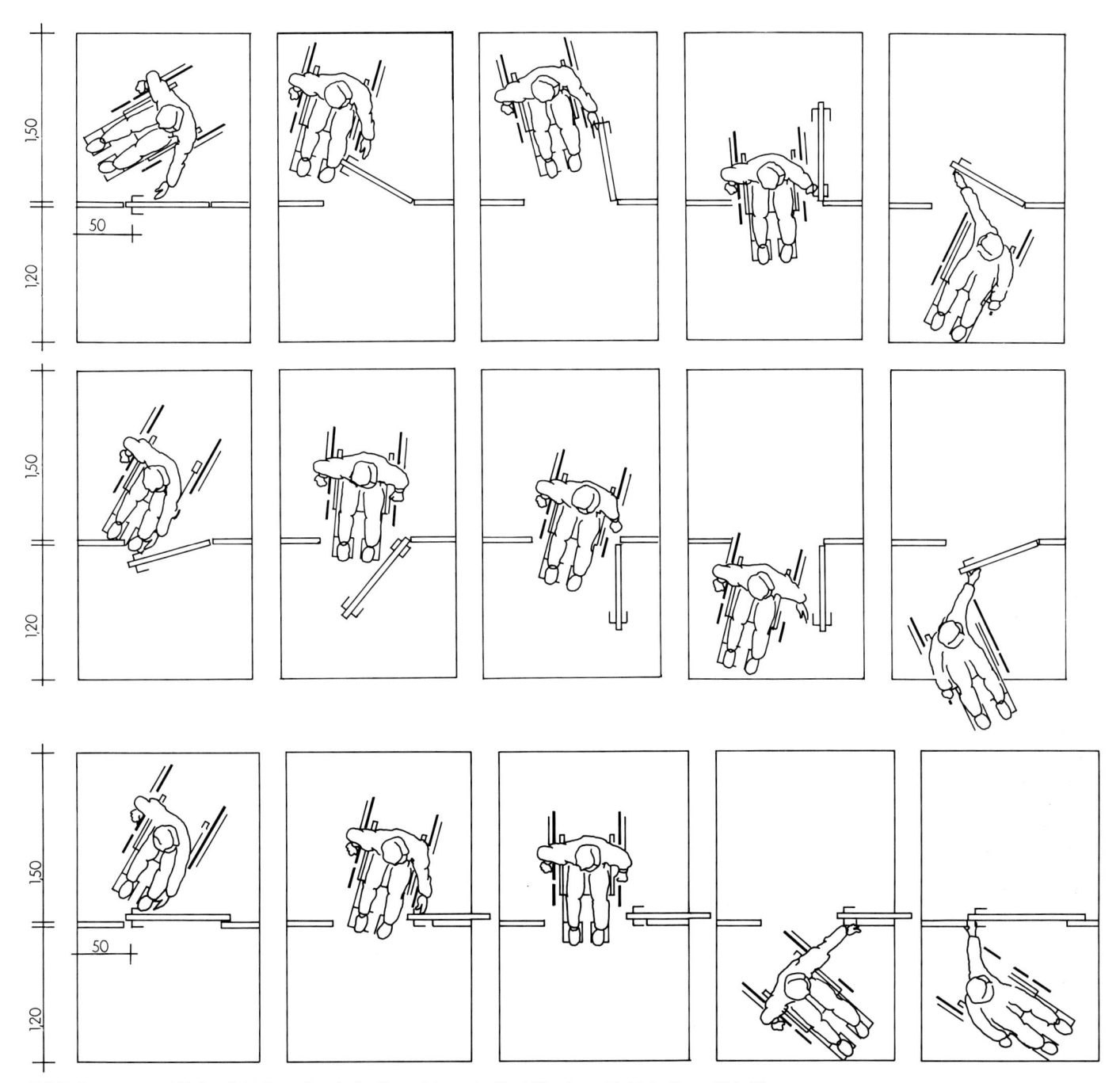

5.3/4 Bewegungsabläufe mit Maßangaben beim Durchfahren der Drehflügel- und Schiebetüren, M 1:50

Ölhydraulische Türschließer haben den Nachteil, dass sie sich beim Öffnen schwer bewegen lassen. Die Bewegungsflächen zu beiden Seiten der Hauseingangstüre sollten reichlich bemessen sein, da auch Einrichtungen wie z.B. eine Briefkastenanlage benützt werden müssen. Ein zu enger Hauseingangsbereich behindert u.U. alle (vgl. Kap. 4.1 Äußerer Eingangsbereich). Eine Türschwelle maximal 2 cm hoch ist aus schall- und wärmetechnischen Gründen sinnvoll.

5.3.3.4 Wohnungseingangstüren

An der Wohnungseingangstüre benötigt der behinderte Mensch im Rollstuhl Platz zum Wenden, Platz zum Ablegen der Garderobe, ein inneres und ein äußeres Ablagebrett, einen Briefkasten zum Durchreichen der Post nach innen und Bedienungsvorrichtungen für die Türöffner- und Sprechanlage. Aus schall- und wärmetechnischen Gründen sollte statt des Briefschlitzes in der Tür eine kleine Briefkastenanlage neben der Türe vorgesehen werden, wenn sie nicht im Hauseingangsbereich angeordnet wird (vgl. Kap. 4.2 Innerer Eingangsbereich).

Eine Türschwelle, maximal 2 cm hoch, ist aus schall- und wärmetechnischen Gründen sinnvoll.

5.3.3.5 Wohnungs-/Zimmertüren

Türen in Wohnungen, also im privaten Bereich, können als Drehflügel- oder als Schiebetüren nach Abb. 5.3/1+2 ausgebildet werden. Schiebetüren schließen nicht so dicht wie Drehflügeltüren und sind daher nur dann zu verwenden, wenn die Bewegungsfläche für Drehflügeltüren nicht ausreicht, wenn Wärmeverluste unerheblich sind und wenn eine Geruchs- bzw. Lärmbelästigung nicht zu erwarten ist. Bei Schiebetüren sind gut greifbare Griffe erforderlich. U.U. müssen sie über die Türlaibung vorstehen.

5.3.3.6 Balkon- und Terrassentüren

Türen zu Außenbereichen einer Wohnung, wie z.B. zum Balkon, zur Loggia, zur Terrasse oder zum überdeckten Freisitz, müssen besonders dicht schließen, da das Eindringen von Regen und Wind sowie Wärmeverluste verhindert werden müssen. Der aus diesen Gründen übliche Hebetürbeschlag ist wegen der Schwelle und schwerer Bedienbarkeit für behinderte und betagte Menschen nicht günstig. Leichter zu bedienen sind Hebeschiebetüren mit einem Beschlag, z.B. GU-966 (Abb. 5.3/13) der Firma Gretsch-Unitas. Dieser Beschlag ist wie auf der Abbildung ersichtlich, rollstuhlgeeignet. Auch Schiebe-Falttüren sind mit dem Rollstuhl leicht überfahrbar. Allerdings ist, wie in Abb. 5.3/14, ein ca. 40 mm breites U-Profil zu überfahren. Fabrikat GU-922/925.

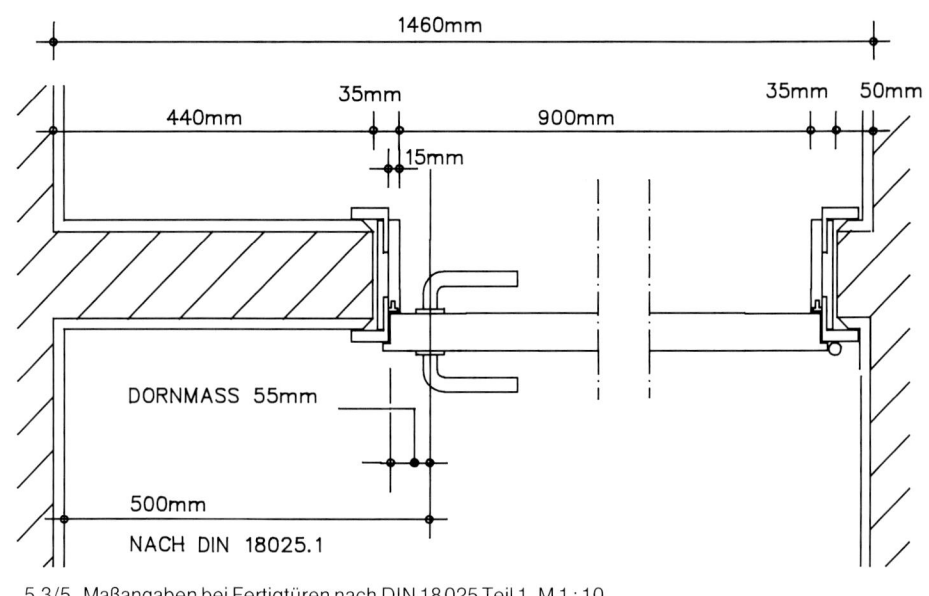

5.3/5 Maßangaben bei Fertigtüren nach DIN 18025 Teil 1, M 1:10

mittelschwere Schloßausführung

| 50 | **55** | 60 | 65 | 70 | 80 | 90 | 100 |

schwere Behördenschlösser (Maße in Klammern)

| 45 | 50 | 55 | **60** | 65 | 70 | 80 | 90 | 100 |

Schlösser mit Ovalzylinder für schmale Rahmen

| 25 | 30 | **35** | 40 |

Schlösser mit Rundzylinder für schmale Rahmen

| 30 | 35 | **40** | 45 |

5.3/6 Dornmaß-Tabelle (Maße in mm)

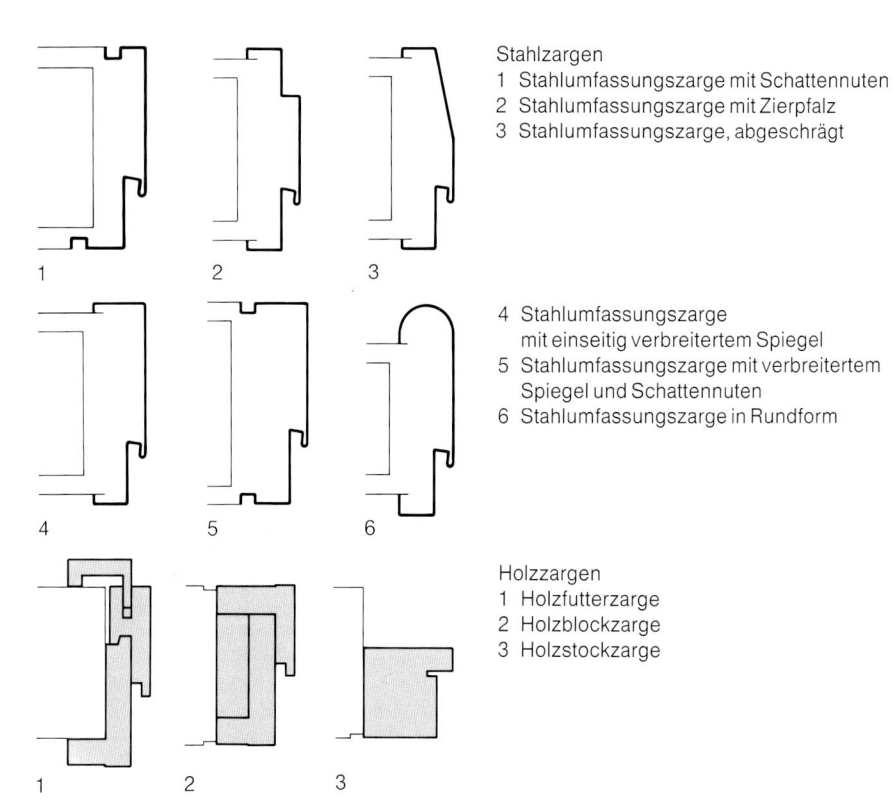

Stahlzargen
1 Stahlumfassungszarge mit Schattennuten
2 Stahlumfassungszarge mit Zierpfalz
3 Stahlumfassungszarge, abgeschrägt

4 Stahlumfassungszarge mit einseitig verbreitertem Spiegel
5 Stahlumfassungszarge mit verbreitertem Spiegel und Schattennuten
6 Stahlumfassungszarge in Rundform

Holzzargen
1 Holzfutterzarge
2 Holzblockzarge
3 Holzstockzarge

5.3/7 Stahlzargen- und Holzzargenprofile

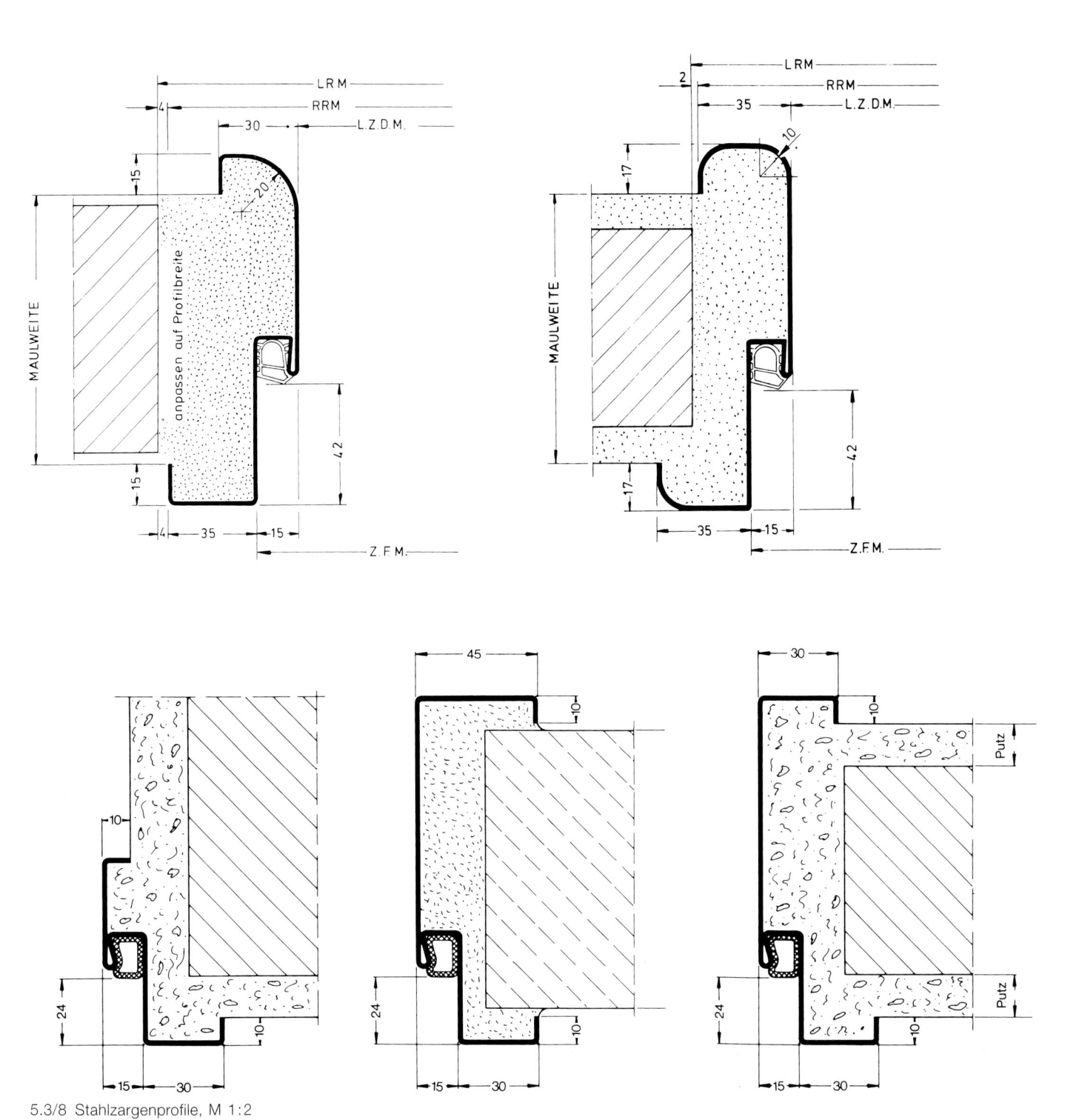

5.3/8 Stahlzargenprofile, M 1:2

Aus DIN 18111 Teil 1: Maße

	Baurichtmaß (siehe DIN 18100) Breite x Höhe	Nennmaß der Wandöffnung Breite x Höhe	Zargenfalzmaß Breite x Höhe ± 1 0/-2	Lichtes Zargendurchgangsmaß Breite x Höhe	Türblattaußenmaß (siehe DIN 18101) Breite x Höhe
1	875 x 1875	885 x 1880	841 x 1858	811 x 1843	860 x 1860
2	625 x 2000[1]	635 x 2005	591 x 1983	561 x 1968	610 x 1985
3	750 x 2000[1]	760 x 2005	716 x 1983	686 x 1968	735 x 1985
4	875 x 2000[1]	885 x 2005	841 x 1983	811 x 1968	860 x 1985
5	1000 x 2000[1]	1010 x 2005	966 x 1983	936 x 1968[2]	985 x 1985
6	750 x 2125	760 x 2130	716 x 2108	686 x 2093	735 x 2110
7	875 x 2125	885 x 2130	841 x 2108	811 x 2093	860 x 2110
8	1000 x 2125	1010 x 2130	966 x 2108	936 x 2093[2]	985 x 2110
9	1125 x 2125	1135 x 2130	1091 x 2108	1061 x 2093[2]	1110 x 2110

1 Diese Größen sind Vorzugsgrößen (Lagerzargen)
2 Nur diese Größen sind geeignet für Rollstuhlbenutzer (lichte Durchgangsbreite min 850 mm, siehe DIN 18025 Teil 1

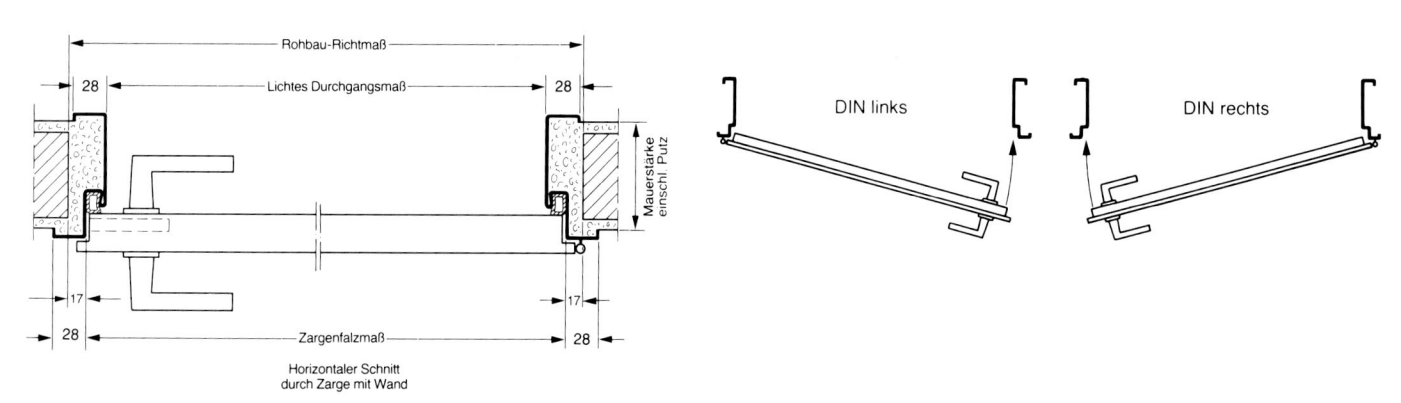

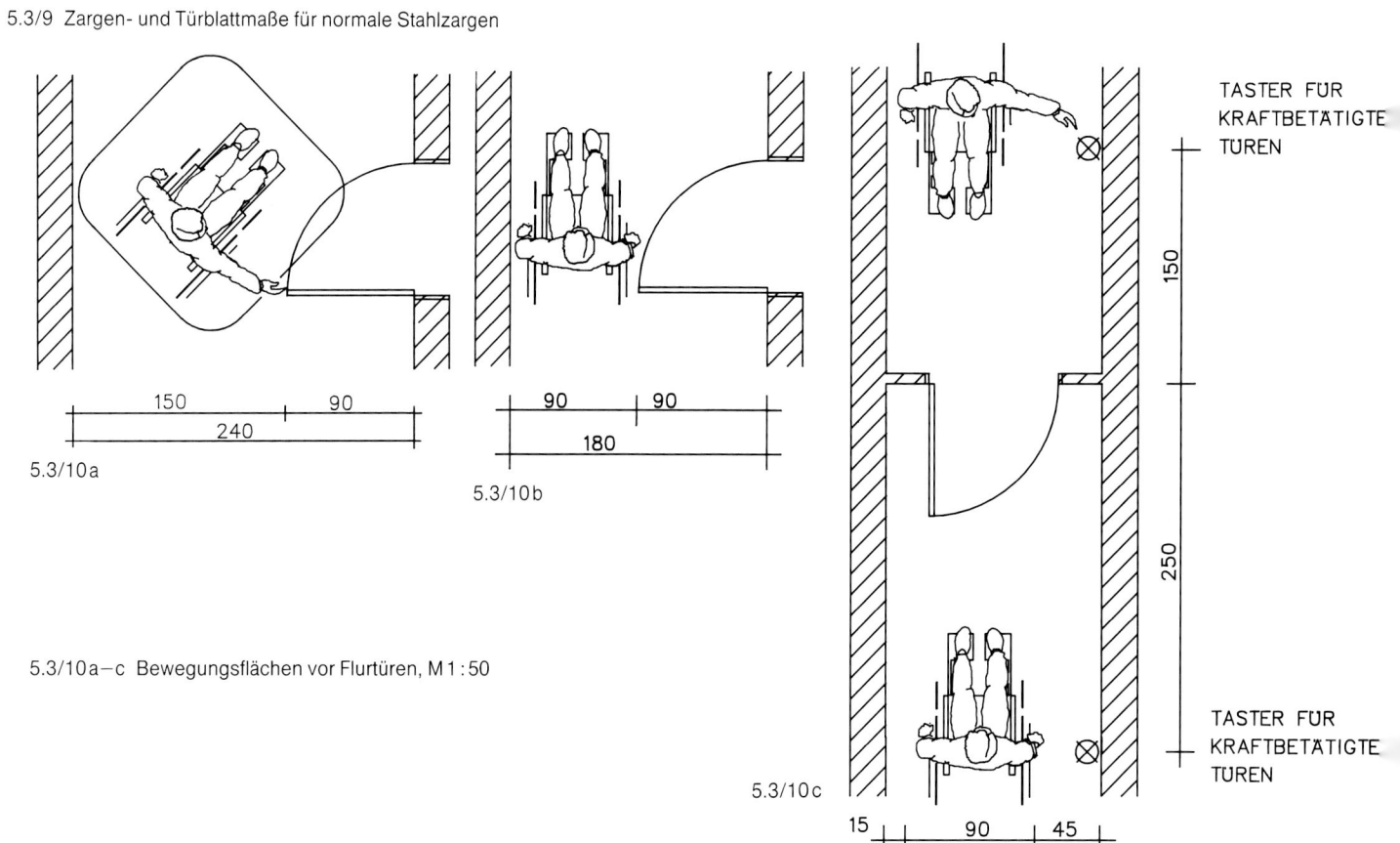

5.3/9 Zargen- und Türblattmaße für normale Stahlzargen

5.3/10a

5.3/10b

5.3/10c

5.3/10a–c Bewegungsflächen vor Flurtüren, M 1:50

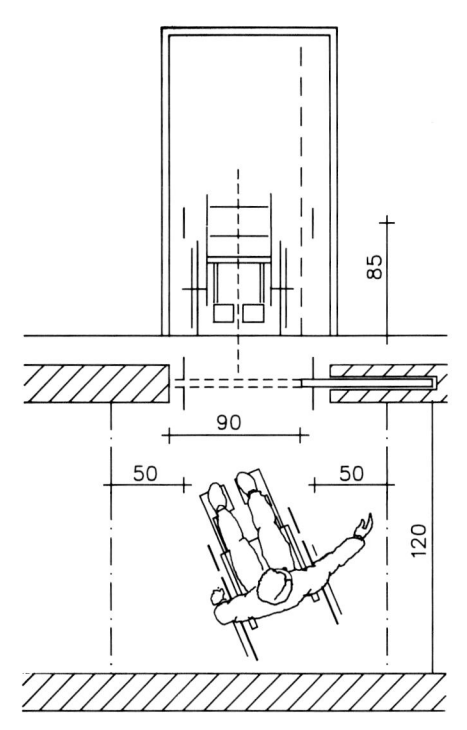

5.3/11 Bewegungsfläche vor Schiebetüren, M 1:50

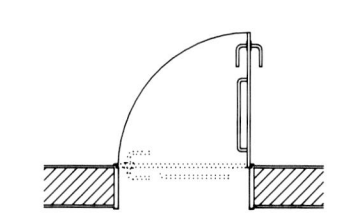

5.3/12 Zuziehgriff am Türblatt, M 1:50

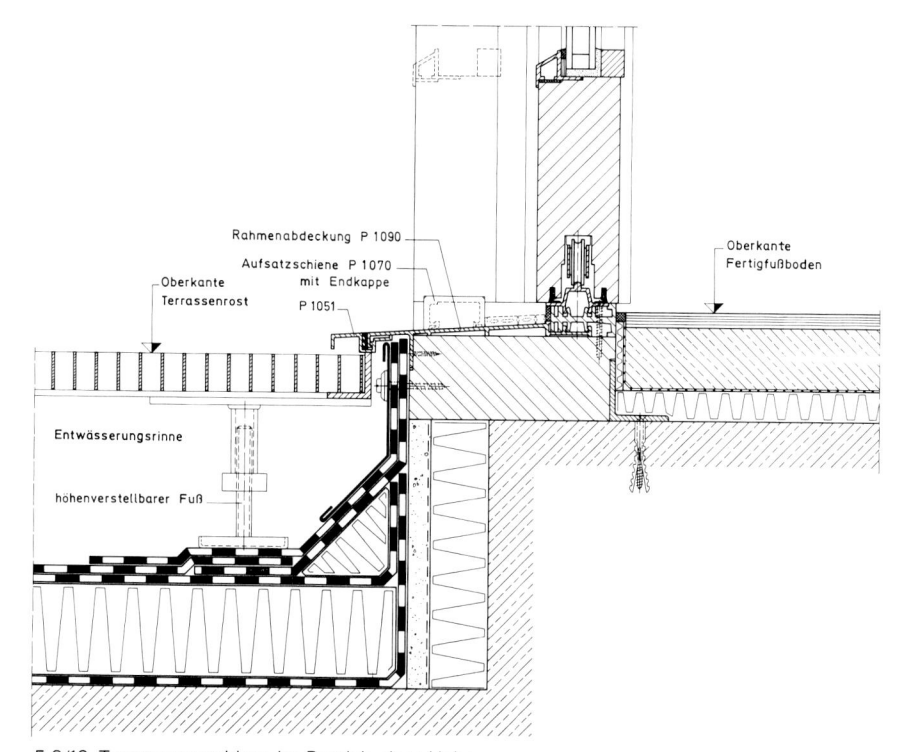

5.3/13 Terrassenanschluss im Bereich einer Hebeschiebetür, M 1:5

Die Parallel-Schiebe-Kippbeschläge, z.B. GU-966 Holz, Fa. Gretsch-Unitas, sind verhältnismäßig leicht bedienbar. Sie sind jedoch für Rollstuhlbenutzer nicht geeignet, da ein Überfahren der Schwelle kaum möglich ist.

Einfachere Beschläge für Drehflügeltüren mit festem Anpreßdruck sind dann vorzusehen, wenn die Türen zum Außenbereich einer Wohnung vor Wind und Wetter geschützt angeordnet sind. Das ist z.B. bei Loggien möglich (siehe Abb. 5.3/19 b).

5.3.3.7 Ausstattung
Folgende Türausstattungen sind besonders zu betrachten: Beschläge, Türdichtungen, Gitterroste.

5.3.3.7.1 Beschläge
Damit behinderte Menschen Drehflügeltüren nach dem Durchfahren zuziehen können, ist eine Griffstange auf der Bandseite erforderlich. Diese Griffstange sollte möglichst waagerecht, etwa 85 cm hoch, angeordnet sein. Die Befestigung der Griffstange (Zuziehgriff) erfordert Türblattverstärkungen.

Die üblichen Türklinken sind auch für behinderte Menschen geeignet, nicht jedoch Drehknöpfe. Drehknöpfe haben aber den Vorteil, dass der Schließzylinder integriert ist. Beides kann auf 85 cm Höhe montiert werden. Bei den üblichen Türbeschlägen, auf 85 cm Türklinkenhöhe montiert, sitzt das Schloss für andere Personen zu tief. Es wäre zu begrüßen, wenn die Industrie Drehknöpfe mit Schließzylinder und Klinke oder Klinken mit integriertem Schließzylinder entwickeln würde. Statt Schlösser sind in besonderen Fällen auch Schnäpper möglich. Die behinderten Menschen können durch geringen Druck die Türe öffnen. Pendeltürbeschläge sind zu vermeiden, da die Türöffnung nicht schnell genug passiert werden kann. In Sanitärräumen oder in anderen Räumen, in denen behinderte Menschen sich alleine aufhalten und unter Umständen der Hilfe von außen bedürfen, sind Schlösser zu verwenden, die auch von außen wieder geöffnet werden können. Hierfür eignen sich Schließanlagen mit Doppelzylindern oder solche Beschläge, die mit einem Steckschlüssel oder Geldstück von außen entriegelt werden können.

Die üblichen Türschließer haben oft den Nachteil, dass ein zu großer Öffnungsdruck aufgebracht werden muss, um das Türblatt zu öffnen. Aus diesem Grunde eignen sich diese Türschließer in der Regel nicht für behinderte Menschen, da sie nicht genügend Kraft aufwenden können (T30-Türen in Schleusen zu Tiefgaragen). Es empfiehlt sich dann, Türschließer mit elektrischen Antrieben zu verwenden, bei denen der Öffnungsvorgang durch Knopfdruck ausgelöst wird. Diese Bedienungselemente automatischer Türen sind außerhalb der unmittelbaren Bewegungsfläche vor den Türen anzubringen, damit die im Wohnungsbau üblichen Bewegungsflächen für Drehflügeltüren frei sind, wenn das Türblatt sich öffnet. Automatische Drehflügeltüren sollten sich in Gehrichtung öffnen. Automatische Schiebetüranlagen sind vorzuziehen, wenn seitlich Platz vorhanden ist. Auf die Richtlinien für kraftbetätigte Fenster, Türen und Tore wird hingewiesen.

Automatische Türantriebe mit Kontakt- oder Fernsteuerung werden u.a. von folgenden Firmen hergestellt:

Stusmann + Co., Bilker Str. 23 a, Düsseldorf; Besam GmbH, Holsteinstr. 79-81, Hamburg; Fischer-Stahlbau, Germaniastr. 17-19, Düsseldorf; Erhard + Leniser, Leitershoferstr. 80, Augsburg; Gretzsch + Co. GmbH, Postfach, Leonberg; Schüco, Postfach, Bielefeld; Th. Düppe, Postfach, Essen; HIRO Lift, Meller Str. 6, Bielefeld, GEZE, Leonberg.

Ferngesteuerte Garagentorantriebe werden hergestellt von:

Paul Schollmeier, Linienstr. 39, Düsseldorf; Deutsche Metalltüren-Werke Aug. Schwarze AG, Postfach, Brackswede.

Schiebetürbeschläge bestehen aus Laufwerk, Führungsnocken, Türpuffern, Schiebetürschloß und den Griffen. Laufwerke für Wand- und Deckenmontage sind Abb. 5.3/15 a+b zu entnehmen. Führungsnocken, die sich natürlich nicht im Durchgangsbereich, sondern in der Mauertasche oder vor der Wand befinden, sind in Abb. 5.3/15 c dargestellt.

Vertiefungen im Bodenbelag haben den Nachteil, dass sie u.U. verschmutzen.

Beispiele für die Anordnung von ein- und zweiflügligen Schiebetüren sind in Abb. 5.3/16 dargestellt. Die wandmittig in Mauertaschen laufenden Schiebetüren sind im Hinblick auf die Ausbildung der Wand konstruktiv aufwändiger. Leichter zu verwirkli-

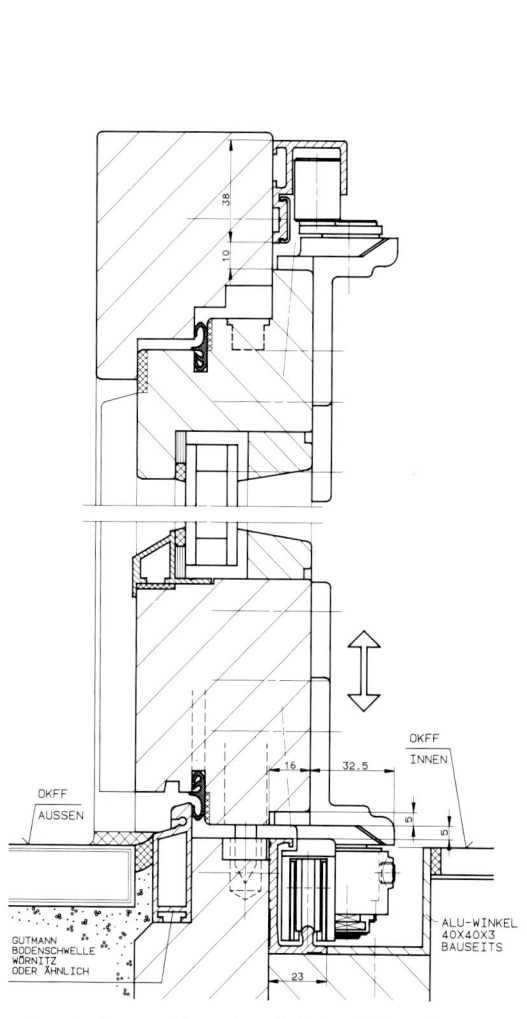

5.3/14 Bodenanschluss eines Schiebe-Faltbeschlages

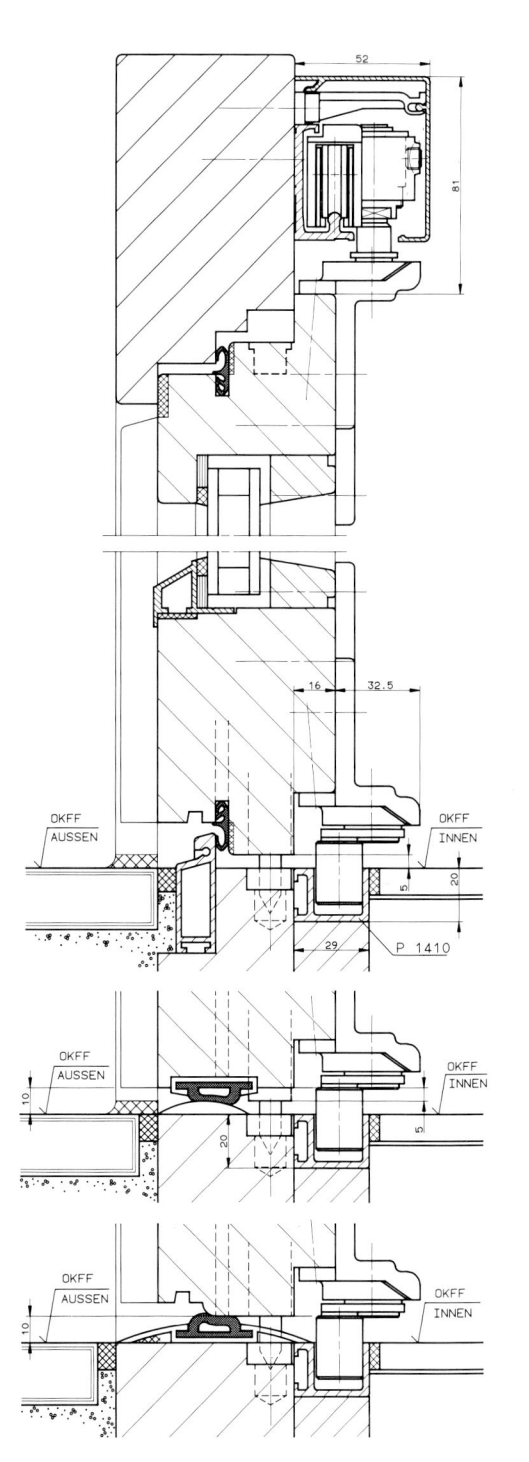

5.3/15 a

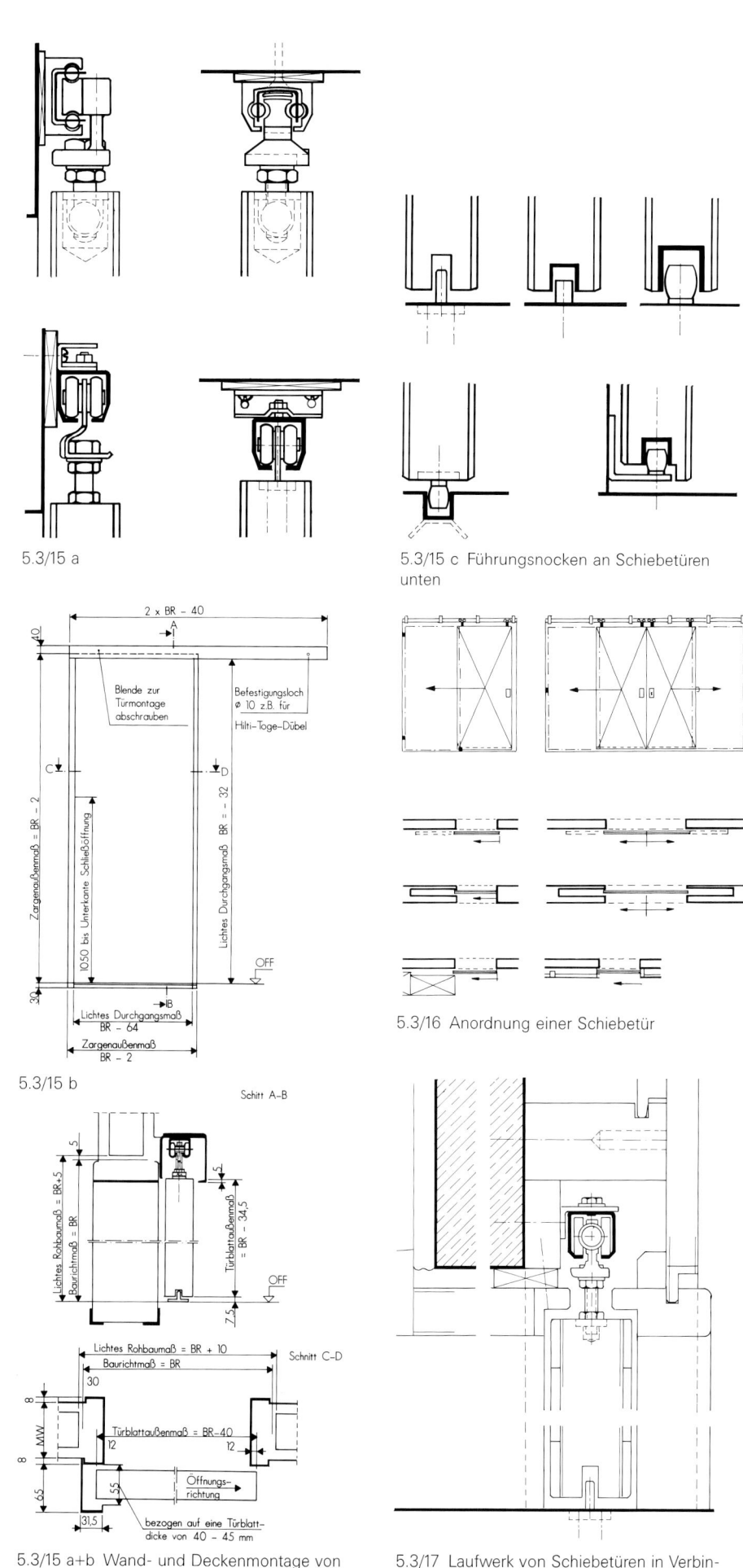

5.3/15 c Führungsnocken an Schiebetüren unten

5.3/15 b

5.3/15 a+b Wand- und Deckenmontage von Schiebetüren

5.3/16 Anordnung einer Schiebetür

5.3/17 Laufwerk von Schiebetüren in Verbindung von Einrichtungsteilen, M 1:2

chen sind frei vor der Wand oder zwischen Wand und Einrichtungsteilen laufende Schiebetüren (siehe Abb. 5.3/17 sowie 5.3/15 b).

5.3.3.7.2 Türdichtungen

Türschwellen sind nach DIN 18025 Teil 1 zu vermeiden. Jedoch ist eine Türschwelle zur Abdichtung gegen eindringendes Wasser und gegen Wärmeverluste sinnvoll und nach DIN 18025 Teil 1, Abschnitt 5.2 zulässig. Neben diesen Schwellen sind folgende Türdichtungen möglich: Plastische, elastische, mechanische und magnetische Türdichtungen (Abb. 5.3/18). Bei plastischen Türdichtungen kann das Dichtungsmaterial in den Bodenbelag oder in eine Nut des Türblattes eingebaut werden. Fabrikate z.B. der Firmen: Stahl-Schanz, Postfach, Mühlheim; Jost & Co., Holzbauwerke, Großschaffhausen; Guttendorfer Bauelemente, Postfach, Ansbach.

Mechanische Türdichtungen sind im Türblatt eingebaut und öffnen und schließen sich mit der Drehbewegung des Türblattes. Fabrikate z.B. der Firmen: Karl H. Schneider, H. H. Meier-Allee 51, Bremen; F. Athmer, Postfach, Müschede (Kältefeind, Magnetomat, Dichtomat, Windes, Stadi).

5.3.3.7.3 Gitterroste

Nach DIN 18 195 Teil 5 Bauwerksabdichtungen, Abdichtungen gegen nichtdrückendes Wasser, Bemessung und Ausführung, vom Februar 1984, Abs. 7.1.6 ist die Abdichtung 15 cm hochzuführen. Im Wortlaut heißt es:

„7.1.6 Die Abdichtung von waagerechten oder schwachgeneigten Flächen ist an anschließenden, höhergehenden Bauteilen in der Regel 15 cm über die Oberfläche der Schutzschicht, des Belages oder der Überschüttung hochzuführen und dort zu sichern" (siehe DIN 18195, Teil 9, gemeint sind Klemmschienen).

In den Flachdachrichtlinien, Planung und Ausführung von Dächern mit Abdichtungen, sind die Türanschlüsse in Abschnitt 9.5 ausführlich dargestellt. Es heißt dort: Türen als Zugänge zu Dachterrassen und Dachflächen müssen im Bereich der Türschwellen und Türpfosten so ausgebildet sein, dass ein einwandfreier Abdichtungsanschluß möglich ist. Folgende Forderungen sind bereits bei der Planung und Konstruktion zu berücksichtigen:

Die Anschlusshöhe muss in der Regel 15 cm über Oberfläche Belag oder Kiesschüttung betragen. Dadurch soll möglichst verhindert werden, dass bei Schneematschbildung, Wasserstau durch verstopfte Abläufe, Schlagregen, Winddruck oder bei Vereisung Niederschlagswasser über die Türschwelle eindringt.

In Ausnahmefällen ist eine Verringerung der Anschlusshöhe möglich, wenn – bedingt durch die örtlichen Verhältnisse – zu jeder Zeit ein einwandfreier Wasserablauf im Türbereich sichergestellt ist. Das ist dann der Fall, wenn sich im unmittelbaren Türbereich Terrassenabläufe oder andere Entwässerungsmöglichkeiten befinden. In solchen Fällen muss die Anschlusshöhe jedoch mindestens 5 cm (oberes Ende der Abdichtung oder von Anschlussblechen unter der Hebeschiene) über Oberfläche Belag betragen. Bei niveaugleichen Übergängen, z.B. bei Krankenhäusern und Altersheimen, sind Sonderlösungen vorzusehen.

Dies bedeutet, dass bei Türen zu Außenbereichen einer Wohnung, wie z.B. zum Balkon, zur Terrasse, zur Loggia oder zum Freisitz, die Abdichtung 15 cm über die wasserführende Schicht, das ist die Oberkante des Belages, hochgeführt werden muss. Es entsteht dadurch eine Türschwelle, die ein Rollstuhlbenutzer nicht überwinden kann. Hier hilft nur die Anordnung eines Gitterrostes, und zwar nicht nur vor der Türe, sondern umlaufend vor der Wandfläche des Balkones oder der Loggia. Mit Hilfe dieses Gitterrostes kann die wasserführende Schicht durch den Gitterrost hindurch um ca. 15 cm abgesenkt werden (siehe Abb. 5.3/19 a-c sowie 5.3/13).

5.3.4 Türen für behinderte und betagte Menschen nach DIN 18025 Teil 2

5.3.4.1 Bewegungsflächen

In Abschnitt 4 heißt es: Türen müssen eine lichte Breite von mindestens 80 cm haben. Hauseingangs-, Wohnungseingangs- und Fahrschachttüren müssen eine lichte Breite von mindestens 90 cm haben. Die Tür darf nicht in den Sanitärraum schlagen.
Große Glasflächen müssen kontrastreich gekennzeichnet und bruchsicher sein.
Untere Türanschläge und -schwellen siehe Abschnitt 5.2.
Anmerkungen: Türen sollen eine lichte Höhe von mindestens 210 cm haben.
Im Bedarfsfall sollen Türen mit Schließhilfen ausgestattet werden können.
In Abschnitt 5.2 Untere Türanschläge und -schwellen heißt es sinngemäß wie in DIN 18025 Teil 1 (Rollstuhlbenutzer): Untere Türanschläge und -schwellen sind grundsätzlich zu vermeiden. So weit sie technisch unbedingt erforderlich sind, dürfen sie nicht höher als 2 cm sein.
Eine gesonderte Bewegungsfläche im Bereich der Türen ist in DIN 18025 Teil 2 nicht dargelegt. Es gilt jedoch gemäß Abschnitt 3.5 Bewegungsflächen 120 cm breit:
Die Bewegungsfläche muss mindestens 120 cm breit sein, – zwischen Wänden innerhalb der Wohnung.
Die daraus abgeleiteten lichten Durchgangsmaße und Rohbaumaße sind Abb. 5.3/20 zu entnehmen.

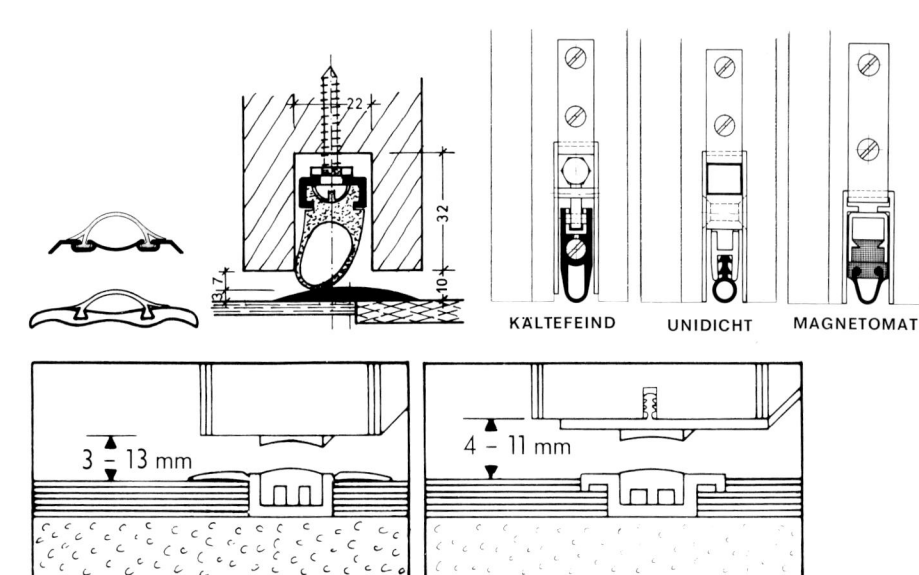

5.3/18 Mechanische und magnetische Türdichtungen

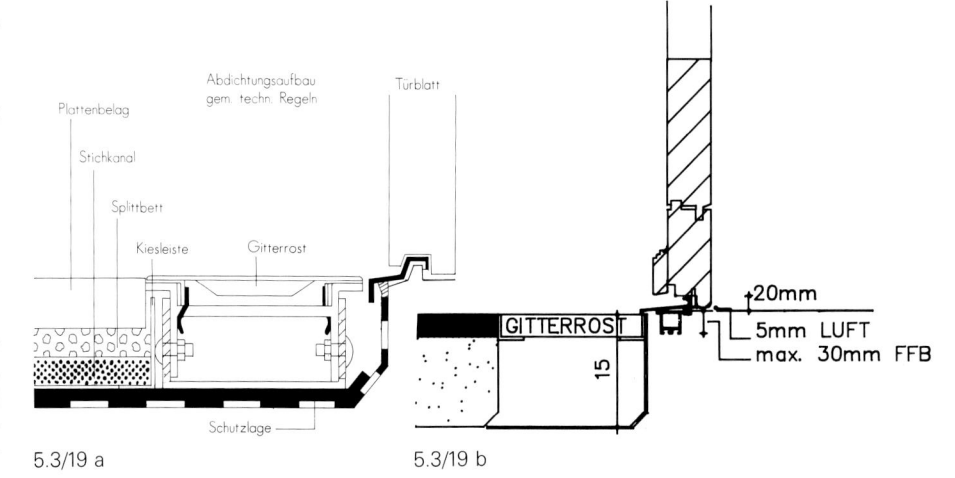

5.3/19 a   5.3/19 b

5.3/19 c

5.3/19 a-c Anordnung von Gitterrosten und Absenkung der wasserführenden Schicht, M 1:10

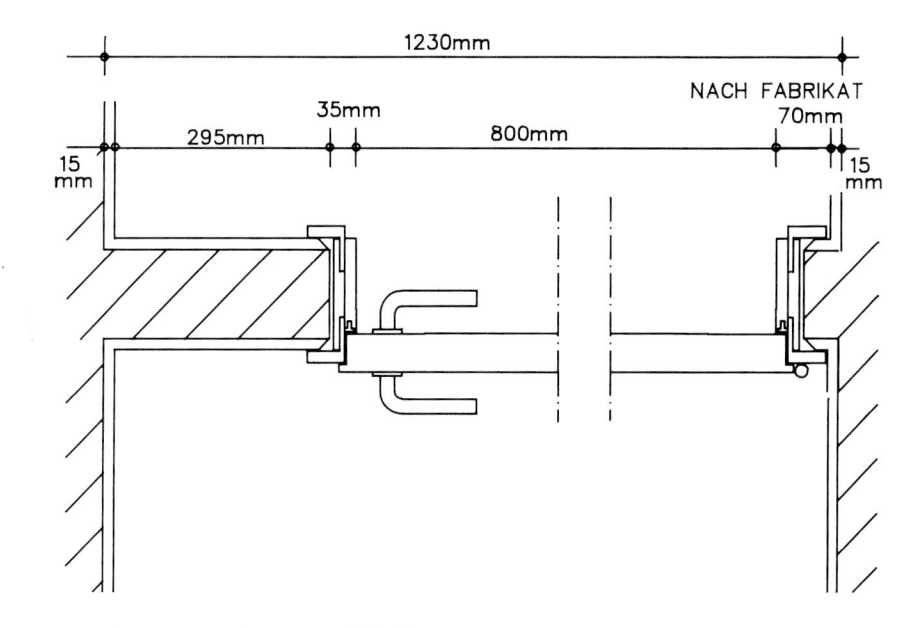

5.3/20 Maßangaben bei Fertigtüren, M 1:10

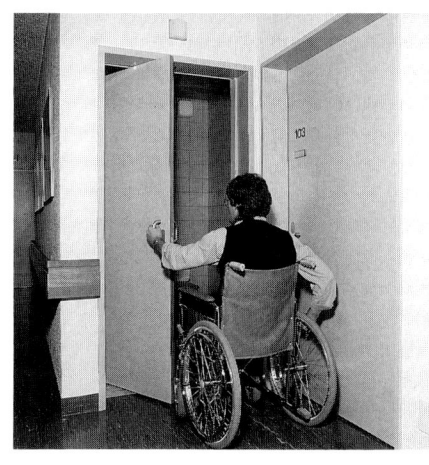

5.3/21 a

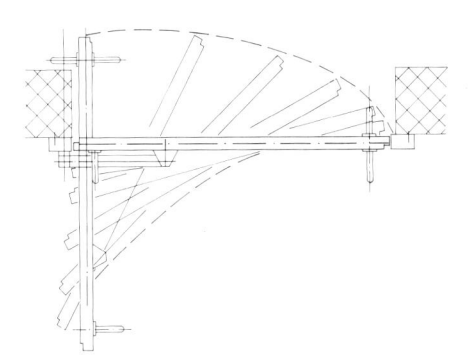

5.3/21 b
5.3/21 a+b Behinderten-Drehschiebetüre System Koch

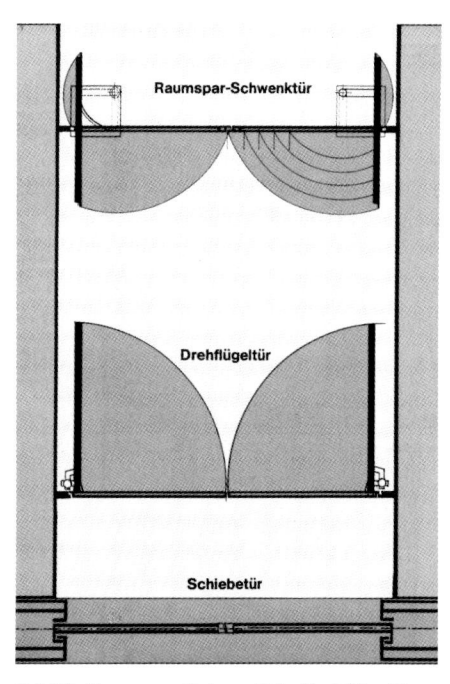

5.3/22 Raumspar-Schwenktür, Drehflügeltür, Schiebetür

5.3.4.2 Hauseingangs- und Wohnungseingangstüren
müssen entsprechend DIN 18025 Teil 1 (Rollstuhlbenutzer) im Lichten 90 cm breit sein. Nähere Ausführungen siehe Kapitel 5.3.3.

5.3.4.3 Wohnungstüren/Zimmertüren
Das lichte Durchgangsmaß ist mit 80 cm angegeben (vgl. Abb. 5.3/20).

5.3.4.4 Balkon-/Terrassentüren
Türen zu Außenbereichen von Wohnungen können im Lichten ebenfalls 80 cm breit angeordnet werden. In den Fällen, wo sie jedoch im Erdgeschoss zugleich eine Zugangsfunktion von außen, z.B. über einen Freisitz, erfüllen, sollten auch diese im Lichten 90 cm breit angeordnet werden. Dadurch wird einer Besuchsmöglichkeit durch Rollstuhlbenutzer Rechnung getragen.

5.3.5 Sonderformen
Die Behinderten-Drehschiebetüre System Koch (Abb. 5.3/21 a+b) weist eine besondere Drehschiebetechnik aus, die dieser einen wesentlich geringeren Ausschwenkbereich gegenüber herkömmlichen Systemen verleiht. Der Rollstuhlbenutzer kann zum Öffnen der Türe weitgehend in seiner Position verharren. Bei der lichten Durchgangsbreite ist das in der Laibung stehende Türblatt zu berücksichtigen (Fa. Koch GmbH & Co. KG, Waltershofener Str. 2, Freiburg).
Auch die Raumspar-Schwenktür (Fabrikat Hillenkötter & Ronsieck GmbH, Mellerstr. 6, Bielefeld) schwenkt beim Öffnen die Türe hälftig nach beiden Seiten aus. Die erforderliche Bewegungsfläche vor den Türen wird ebenfalls auf beide Seiten verlagert (Abb. 5.3/22).
Rotationstüren (Abb. 8/14 im Kapitel 8.0 Öffentlich zugängige Gebäude und Arbeitsstätten), die in zunehmendem Maße in öffentlich zugängigen Gebäuden eingesetzt werden, haben einen Durchmesser von etwa 4 m. Die laufende Drehbewegung schreckt behinderte und betagte Menschen, aber auch Rollstuhlbenutzer davor ab, sie zu benützen. Aus diesem Grunde sollte seitwärts ein Ersatz, z.B. durch eine Drehflügeltüre, geschaffen werden. Rollstuhlbenutzer können in der Eile der Drehbewegung oft nur schwer im Radius fahren; blinde und sehbehinderte Menschen haben eine erschwerte Orientierung bei der Benutzung dieser Rotationstüren; betagte und gehbehinderte Menschen können der Drehbewegung nicht schnell genug folgen.

5.4 Einrichtung, Möbel

Axel Stemshorn

5.4.1 Anforderungen der behinderten Menschen an die Einrichtung

Unter Einrichtungen versteht man nach DIN 18025 Teil 1 und 2 die zur Erfüllung der Raumfunktion notwendigen Teile, z.B. Sanitärausstattungsgegenstände, Geräte und Möbel; sie können sowohl bauseits als auch vom Wohnungsnutzer eingebracht werden. Im vorliegenden Fall sind jedoch unter Einrichtung die fest mit dem Gebäude verbundenen Einrichtungsteile zu verstehen, unter Möbeln die beweglichen Teile.

Grundsätzlich stellen behinderte Menschen – ob im Rollstuhl oder steh- bzw. gehbehindert – in der Regel die gleichen Anforderungen an die Einrichtung in der Wohnung wie nichtbehinderte Menschen. Sie soll ebenso den Wunsch nach Geborgenheit, Behaglichkeit, Bequemlichkeit sowie der Möglichkeit zur geselligen Gruppierung oder Abschirmung gegen die Umwelt neben vielen anderen Bedürfnissen entsprechen. Auch die beweglichen Gegenstände des täglichen Bedarfs und Einrichtungsteile müssen untergebracht werden. Deshalb soll die Einrichtung in einer Wohnung für behinderte oder betagte Menschen von den übrigen Normvorstellungen möglichst wenig abweichen. Die nicht zu verbergenden Funktionseinschränkungen und Auffälligkeiten im äußeren Erscheinungsbild unterscheiden die behinderten Menschen ohnehin so stark von der Umwelt, dass der Wunsch berechtigt ist, im engsten Lebensbereich, der Wohnung, auch den Erwartungen nichtbehinderter Menschen zu entsprechen. Dieser Anspruch ist um so eher erfüllbar, als die Einrichtungsmöglichkeiten einen weiten Spielraum für individuelle Gestaltung zu lassen. Diesen Spielraum sinnvoll zu nutzen, ist nicht nur Sache der behinderten Menschen selbst, sondern auch die der Berater auf diesem Gebiet, der Angehörigen und der betreuenden Personen. Es liegt auf der Hand, dass es bestimmter Kriterien bedarf, um bei der Planung, beim Kauf und bei der Anordnung einzelner Einrichtungsgegenstände sinnvolle Entscheidungen zu treffen. Ziel aller Überlegungen muss es sein, ein Höchstmaß an Selbstständigkeit und Stimulation sowie Erhaltung oder Verbesserung der motorischen und statischen Körperfunktionen zu erreichen. Auch die Sicherheit, die Vermeidung von Unfällen und die Kraftersparnis sind zu beachten.

In den Kapiteln 4.2 Innerer Eingangsbereich, 4.3 Wohnraum, Essplatz und zusätzlicher Aufenthaltsraum, 4.4 Schlafraum, 4.5 Küche, 4.6 Hausarbeitsraum und 4.7 Abstellraum wurden Einrichtungsteile in ihrer Anordnung im Raum bereits dargestellt. Auch im Kapitel 19 wird deutlich, dass bei der Beratung und Wohnungsanpassung mit dem Erwerb geeigneter Einrichtungsteile oder dem Umstellen von Einrichtungsteilen bereits Verbesserungen in der Wohnungsnutzung erreicht werden können.

5.4.2 Einrichtungsteile wie Schränke und Regale

Diese entweder mit dem Gebäude fest verbundenen Einrichtungsteile oder aufgrund ihres Gewichtes sehr schwer verrückbaren Einrichtungsteile erfordern eine besonders große Sorgfalt bei der Auswahl. Tiefe Schränke und Regale sind oft nicht voll nutzbar, da der Greifbereich des Rollstuhlbenutzers begrenzt ist, und zwar sowohl in der Höhe als auch in der Tiefe. Hinzu kommt noch in vielen Fällen, dass behinderte Menschen in den Oberarmen geschwächt sind, so dass unter Umständen Sonderanfertigungen der Innenausstattung sinnvoll sind: schwenkbare Querfächer, Karussells, in der Höhe verschiebbare Böden oder Fächer, Einhängekörbe, ausziehbare Böden, ausziehbare Kleiderstangen. Auch waagerechte oder senkrechte Rolltüren und Schiebetüren erleichtern das Hantieren innerhalb der Fächer und das Umsetzen der Gegenstände. Grundsätzlich sind offene Regale oder offene Schränke mit ausfahrbaren Behältern vorteilhaft. Größere Schrank- und Regaleinheiten können auch befahrbar wie Abstellräume angeordnet werden. In ihnen sind die Gegenstände jederzeit offen zugängig. Bei der Oberflächengestaltung ist darauf zu achten, dass das Material widerstandsfähig ist gegen Beschädigungen durch den Rollstuhl. Kanten sind zu vermeiden und durch gerundete Profile (Round-Line-Modelle) zu ersetzen, damit die Verletzungsgefahr deutlich vermindert wird. Schränke und Regale sind dann besonders gegen Kippen zu sichern, wenn behinderte Menschen sich daran halten oder hochziehen wollen.

5.4.3 Einrichtungsteile wie Möbel

5.4.3.1 Stühle, Sessel

Auch Rollstuhlbenutzer wechseln oft auf andere Sitzgelegenheiten um, so dass diese ein gleichhohes Sitzen wie im Rollstuhl ermöglichen müssen. Neben den Stühlen ist daher ein Umsteigeplatz für den Rollstuhl notwendig. Stühle und Sessel sollen für behinderte und betagte Menschen standfest sein. Wenn sie Rollen haben, müssen zwei arretierbar und leicht wieder lösbar sein. Stühle sind oft leichter umsetzbar als Sessel.

Armlehnen erleichtern das Aufstehen und sich Niederlassen, auch bieten sie zusätzlich seitlichen Halt. Armlehnen sind jedoch ungünstig und Rollstuhlbenutzern im Wege, wenn sie seitlich überwechseln wollen. Katapultstühle oder Katapultsitze, die auch auf Stühle aufgelegt werden können, erleichtern das Aufstehen und Hinsetzen.

5.4.3.2 Tische, Ablagen und Arbeitsflächen

Diese Einrichtungsteile sollten unterfahrbar sein, sofern daran gearbeitet wird oder Mahlzeiten eingenommen werden. Bei der Wahl der Höhe der Tisch- oder Arbeitsfläche ist darauf zu achten, dass im Rollstuhl sitzend diese Flächen unterfahren werden können und das Hantieren bei oberarmgeschwächten Personen auch auf der Tisch- und Arbeitsfläche möglich ist. Unterfahrbare Tisch- und Arbeitsflächen müssen unter Umständen zusätzlich Platz für die Beine des Rollstuhlbenutzers zur Verfügung stellen. Auch sind verstellbare Tischhöhen sinnvoll. Durchlaufende Oberflächen, also Tisch- und Arbeitsflächen auf gleicher Höhe, erleichtern auch Blinden und Sehbehinderten die Orientierung im Raum und das Umsetzen von Gegenständen.

5.4.3.3 Betten

Der Matratzenoberrand soll möglichst auf gleicher Höhe wie die Rollstuhlsitzhöhe liegen, dann ist das Umsteigen vom Rollstuhl in das Bett leichter. Ein Kopfteil und ein Fußteil sollen so beschaffen sein, dass ein Aufstützen beim Umsetzen möglich ist. Bei oft ans Bett gebundenen Rollstuhlbenutzern oder behinderten und betagten Menschen ist ein mobiles Bett mit feststellbaren Rollen empfehlenswert. Dann kann das Bett auch auf die Terrasse oder den Balkon geschoben werden. Schubladen oder ausschwenkbare Behälter unter dem Kopfteil oder Mittelteil erlauben, Kleidungsstücke oder Gegenstände zum täglichen Gebrauch in unmittelbarer Nähe des Bettes aufzubewahren. Ein Bettgalgen, an der Kopfseite angebracht, erhöht die Selbstständigkeit, wenn noch genügend Armkraft vorhanden ist, um sich selbst aufzurichten. Bei der Auswahl eines Pflegebettes sind die technische Ausrüstung und das Material besonders zu prüfen.

5.4.3.4 Kleinmöbel

Sie gestatten das Unterbringen von Gebrauchsgegenständen in unmittelbarer Nähe des Rollstuhlbenutzers oder des behinderten und betagten Menschen. Sie lassen sich meist leicht bewegen und engen den Bewegungsraum kaum ein. Auf Rollen können diese Einrichtungsteile sehr leicht zum Rollstuhl oder zum Bett gezogen oder geschoben werden. Es ist jedoch immer zu bedenken, dass es kaum möglich ist, auf diesen mobilen Einrichtungsteilen sich abzustützen. Vor allem Transportwagen, wie Wäschewagen in Heimen, bieten wegen oft fehlender Arretierung kaum Halt.

Die Vielfalt der Einrichtungsteile und Möbel ist außerordentlich groß. Es ist kaum möglich, sämtliche Unterscheidungsmerkmale erschöpfend darzustellen. Behinderte und betagte Menschen müssen sich daher selbst aufgrund eigener Erfahrungen mit der Auswahl von Einrichtungsteilen und Möbelstücken befassen und diese auf ihre Tauglichkeit überprüfen.

5.4.4 Einrichtungsteile der beruflichen Arbeitswelt

Menschen mit Behinderungen sind auch beruflich tätig und dort auf eine optimale Arbeitsplatzgestaltung angewiesen. Der Weg zur beruflichen Eingliederung bzw. zur beruflichen Wiedereingliederung erfordert eine sorgfältige Begleitung (s. a. Kapitel 13.0 Arbeitspädagogische Probleme der Rehabilitation und Kapitel 14.0 Berufliche Belastungen und Beanspruchungen behinderter Menschen).

5.4.4.1 Arbeitsplatz zu Hause
Neben den üblichen Tätigkeiten im Haushalt wie Waschen, Bügeln, Kochen, Nähen gewinnt zunehmend auch die berufliche Tätigkeit innerhalb des Wohnbereiches an Bedeutung. Hier kommen Geräte mit moderner Elektronik zum Einsatz, die zugleich den Kontakt zum Arbeitgeber außer Haus herstellen. Abgesehen von unterfahrbaren Zeichentischen dürften ebenso unterfahrbare Arbeitstische notwendig sein, auf denen die elektronischen Geräte stehen.
Auf diese Weise lässt sich, vor allem bei schwerer Behinderung, ein individueller Arbeitsplatz gestalten.

5.4.4.2 Arbeitsplatz außer Haus
Ein Arbeitsplatz für Menschen mit Behinderungen außer Haus sollte für größere Arbeitgeber, vor allem im Dienstleistungsbereich, stärker erfolgen. Auch im Hinblick auf die individuelle Arbeitsplatzgestaltung im Zusammenhang mit den übrigen Arbeitsplätzen ist großes Einfühlungsvermögen notwendig. Menschen mit Behinderungen sollten ihrer beruflichen Tätigkeit so selbstverständlich nackommen können, wie dies nicht behinderte Menschen tun. Die Kriterien sind weitgehend gleich, wie oben angeführt, d.h. die Arbeitsflächen müssen groß genug und unterfahrbar sein. Auch ein oder mehrere Sanitärräume müssen barrierefrei sein. Dies gilt auch für die Räume zur Essenseinnahme mit Bedienung oder mit Selbstbedienung.

5.4.4.3 Arbeitsplatz in Werkstätten
In Kapitel 11.0 Werkstätten für Behinderte sind Arbeitsbereiche aufgeführt, wie sie in Werkstätten für Behinderte anzutreffen sind.
Je nachdem, welche Arbeiten in den einzelnen Arbeitsbereichen anfallen, und je nach Behinderung sind individuelle Lösungen an Arbeitstischen und Maschinen zu suchen.

5.5 Raumklima, Heizung, Lüftung

Axel Stemshorn

5.5.1 Raumklima
In dem folgenden Kapitel werden die für behinderte Menschen wichtigen Gesichtspunkte bei Heizungs- und einfachen Lüftungsanlagen dargestellt.

5.5.1.1 Allgemeine Angaben
Die Luft und die raumumschließenden Flächen stellen im Hinblick auf das Raumklima wesentliche Faktoren dar. In Verbindung mit ihnen sind Luft- und Oberflächentemperatur, Luftfeuchtigkeit und Luftgeschwindigkeit zu sehen.
Darüber hinaus können für das Raumklima folgende Faktoren wichtig sein: Luftdruck, Luftreinheit, Einstrahlung, Luftelektrizität.

5.5.1.1.1 Luft- und Oberflächentemperatur
Im Raum können Luft und Oberflächen unterschiedliche Temperaturen aufweisen. Zu große Unterschiede beeinträchtigen in starkem Maße das Wohlbefinden. Für den Aufenthalt in großen Räumen ist fast nur die Lufttemperatur entscheidend. Es kann also ein verhältnismäßig großer Unterschied zwischen Luft- und Oberflächentemperatur zugelassen werden.
In kleineren Räumen aber dürfen, wenn Menschen sich wohlfühlen sollen, keine größeren Unterschiede zwischen Luft- und Oberflächentemperatur als 3 K vorhanden sein. Dieser Zusammenhang ist u.a. mitentscheidend für die Auswahl des Heizungssystems.
Die Wärme kann übertragen werden durch: Strahlung, Leitung und Konvektion. Die Wärmeabgabe des Menschen erfolgt durch: Strahlung, Leitung, Konvektion und Wasserverdunstung.
Die insgesamt abgegebene Wärmemenge verteilt sich hierbei mit: 35 % auf Strahlung an die umgebenden Flächen, 35 % auf Leitung und Konvektion an die Luft, 18 % auf Wasserverdunstung, 6 % auf Ausatmung und 6 % auf Ausscheidung. Wärme wird also vor allem durch Strahlung und Leitung abgegeben. Daran wird deutlich, dass bei kleinen Räumen wegen der ständig gegebenen Nähe zu kälteren Oberflächen neben der Raumlufttemperatur auch die Oberflächentemperatur von Bedeutung ist.

5.5.1.1.2 Luftfeuchtigkeit

Die Luftfeuchtigkeit hängt in starkem Maße von der Lufttemperatur ab. Warme Luft kann mehr Feuchtigkeit aufnehmen als weniger warme Luft. Eine zu hohe wie eine zu geringe Luftfeuchtigkeit beeinträchtigen das Wohlbefinden. Optimal liegt die relative Luftfeuchtigkeit zwischen 40 % und 60 %.

5.5.1.1.3 Luftgeschwindigkeit

Warme, bewegte Luft ist angenehmer als kalte, gleich schnell bewegte Luft. Luftbewegungen werden in kleineren Räumen und in der Nähe von Luftzutritts- und Austrittsöffnungen besonders stark empfunden.

Für ein angenehmes Raumklima sind nicht allein optimale Einzelwerte entscheidend, sondern vor allem das Zusammenwirken aller Faktoren. Ein Raumklima wird normalerweise dann als angenehm empfunden, wenn etwa folgende Werte eingehalten sind:
1. Lufttemperatur in Wohn- und Büroräumen 19-22 °C.
2. Oberflächentemperatur der umgebenden Flächen, möglichst wie Lufttemperatur oder weniger als 3 K darunter.
3. Relative Luftfeuchtigkeit 40-60 %.
4. Luftgeschwindigkeit 20-25 cm/s.

Diese Durchschnittswerte schwanken. Es ist mitbestimmend, welche Tätigkeit die Person im Raum ausübt und vor allem, in welcher augenblicklichen körperlichen Verfassung die Person sich befindet.

5.5.1.2 Bedeutung des Raumklimas für behinderte und betagte Menschen

Behinderte und betagte Menschen reagieren auf das sie umgebende Raumklima empfindlicher als nicht behinderte Personen.

5.5.1.2.1 Bedeutung für Rollstuhlbenutzer

In DIN 18025 Teil 1 ist hinsichtlich des Raumklimas bzw. der Raumtemperatur in Abschnitt 9 ausgesagt: „Die Heizung von Wohnungen und gemeinschaftlich zu nutzenden Aufenthaltsräumen ist für eine Raumtemperatur nach DIN 4701 Teil 2 zu bemessen. Die Beheizung muss je nach individuellem Bedarf ganzjährig möglich sein, z.B. durch eine Zusatzheizung."
Abschnitt 6.2 Sanitärraum (Bad, WC): „Der Sanitärraum muss eine mechanische Lüftung nach DIN 18017 Teil 3 erhalten."
Rollstuhlbenutzer haben vor allem wegen ihrer verminderten Bewegungsfähigkeit einen höheren Wärmebedarf als nichtbehinderte Menschen. Die Raumtemperatur ist nach DIN 4701 Tabelle 2 Norm-Innentemperaturen für beheizte Räume zu bemessen. Diese Werte sind der Berechnung des Norm-Wärmebedarfs zu Grunde zu legen, wenn vom Auftraggeber nicht ausdrücklich andere Werte gefordert werden. Zusammen mit der Raumlufttemperatur ist nach dem oben gesagten auch die Oberflächentemperatur der raumumschließenden Flächen wie Wände, Decke und Boden zu sehen. Die höhere Oberflächentemperatur setzt u.U. eine bessere Wärmedämmung voraus. Bei der Beheizung von Räumen sind die geltenden Vorschriften für den Wärmeschutz zu beachten und alle Maßnahmen zur Energieeinsparung auszuschöpfen. Da Rollstuhlbenutzer sich sitzend oder liegend in den Räumen aufhalten, muss sichergestellt sein, dass ausreichende Temperaturen auch im unteren Raumbereich gewährleistet sind. Dieser Gesichtspunkt ist entscheidend für die Auswahl des Heizungssystems. Neben den erhöhten Temperaturen beeinflusst möglicherweise eine höhere Luftfeuchtigkeit das Raumklima. Das erfordert zugleich auch eine ausreichende Lüftungsmöglichkeit.

In der alten Fassung der Norm DIN 18025 Blatt 1 wurde noch gesondert die Lüftung in den Sanitärräumen angesprochen: „Unabhängig davon, ob der Sanitärraum durch Fenster belüftet wird, ist noch mechanische Lüftung erforderlich." Eine ähnliche Aussage ist auch in der Neufassung der DIN 18025 Teil 1 enthalten. In den Landesbauordnungen der Länder und Stadtstaaten sind entsprechende Formulierungen aufgenommen. So heißt es z.B. in der Landesbauordnung Baden-Württemberg, § 35: „Toilettenräume müssen eine ausreichende Lüftung haben. Hierbei wird außerdem auf die Anforderung an die Lüftung innenliegender sanitärer Räume in DIN 18017 Teil 1 und Teil 3 hingewiesen. Diese Norm ist als bautechnische Bestimmung eingeführt."

5.5.1.2.2 Bedeutung für behinderte und betagte Menschen

Dieser Personenkreis nach DIN 18025 Teil 2 stellt an das Raumklima und vor allem an die Raumlufttemperatur und Luftfeuchtigkeit keine anderen Anforderungen als bereits oben ausgeführt. In Absatz 9 Raumtemperatur heißt es: „Die Heizung von Wohnungen und gemeinschaftlich zu nutzenden Aufenthaltsräumen ist für eine Raumtemperatur nach DIN 4701 Teil 2 zu bemessen.

Die Heizung muss je nach individuellem Bedarf ganzjährig möglich sein, z.B. durch eine Zusatzheizung."

Blinde und sehbehinderte Menschen befinden sich jedoch oft in engem Kontakt zu Oberflächen von Möbeln und Wänden. Deshalb ist darauf zu achten, dass angenehme Oberflächentemperaturen gewährleistet sind.

Ältere Menschen haben wie Rollstuhlbenutzer ein erhöhtes Wärmebedürfnis. Hinzu kommt, dass sie manchmal in kleinen Wohneinheiten wohnen. Eine Lüftung soll deswegen ohne Zugerscheinungen möglich sein und nicht dazu führen, dass die Wohnung schnell auskühlt.

5.5.1.3 Das Außenklima und das Gebäude

Durch geeignete Maßnahmen kann der ungünstige Einfluss des Außenklimas auf das Gebäude reduziert werden. Das ist deshalb wichtig, weil behinderte und betagte Menschen gegenüber dem Außenklima besonders empfindlich sind. Zu diesen Maßnahmen gehören neben dem Wärmeschutz: Wetterschutz, Windschutz und Sonnenschutz.

5.5.1.3.1 Wetterschutz

Der äußere Zugang zum Haus und Freibereich, Balkon, Loggia, Terrasse oder Freisitz

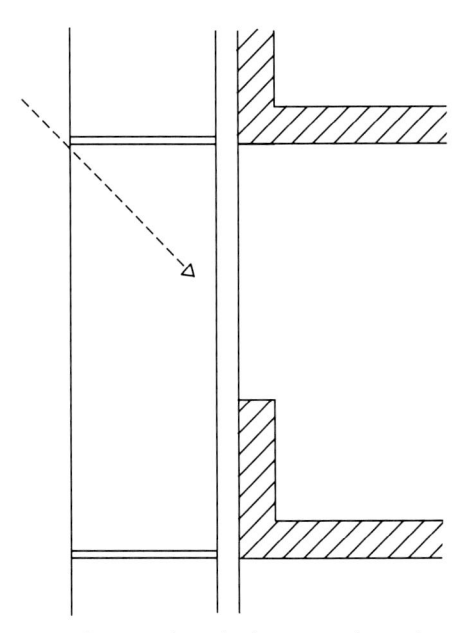

5.5/1 Sonnenschutz durch waagerechte und senkrechte Blenden, M 1 : 50

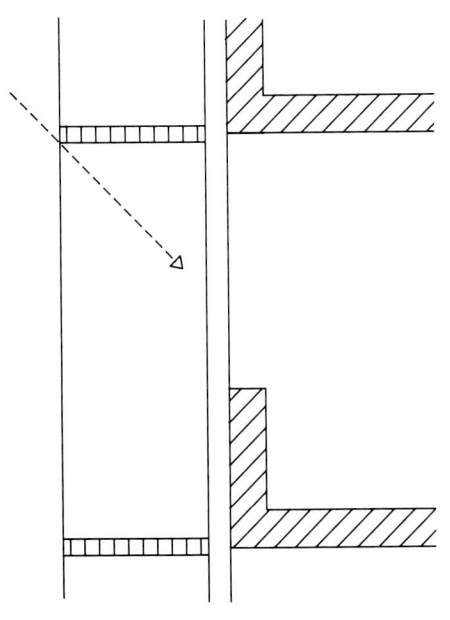

5.5/2 Sonnenschutz durch waagerechte Lamellenblenden, M 1 : 50

sind gegen Regen und Schnee nicht nur durch eine Überdachung, sondern auch durch seitliche Blenden zu schützen. Dies gilt vor allem für herausragende Balkonflächen. Nach DIN 18025 Teil 1 Barrierefreie Wohnungen, Wohnungen für Rollstuhlbenutzer, und nach DIN 18025 Teil 2 Barrierefreie Wohnungen für alle Menschen und solche mit anderen Behinderungen heißt es in Absatz 6.4 Freisitz:
„Als Empfehlung: Jeder Wohnung soll ein mindestens 4,5 m² großer Freisitz (Terrasse, Loggia oder Balkon) zugeordnet werden. Bewegungsfläche auf dem Freisitz siehe Abschnitt 3.1."

5.5.1.3.2 Windschutz
Bei der Planung von Wohnungen ist darauf zu achten, dass Fenster und Türen zum Balkon oder zur Terrasse nicht ständig dem Winddruck ausgesetzt sind, da das zu Zugbelästigungen führen kann. Der Wind ist ggf. durch geeignete Blenden oder durch Bepflanzungen abzuhalten. Besonders Balkone und Terrassen sind mit einem zusätzlichen Windschutz zu versehen.

5.5.1.3.3 Sonnenschutz
Eine schnelle Erhöhung der Raumlufttemperatur durch Sonneneinstrahlung kann vor allem behinderte und betagte Menschen in ihrem Wohlbefinden beeinträchtigen. Deshalb ist ein äußerer Sonnenschutz an Türen und Fenstern angebracht. Als Sonnenschutz kommen in Frage:
Sonnenschutz durch Pflanzen und Bäume: Ein wirksamer Sonnenschutz kann durch Laubbäume und andere Schatten spendende Pflanzen erzielt werden. Hier wirkt das Laub im Sommer als Hitzefilter und Blendschutz. Im Winter wird weder die Licht- noch die Wärmeeinstrahlung behindert. Sonnenschutz durch Auskragungen: Vordächer, vorspringende Geschossdecken und zurückgesetzte Geschosse bieten an der Südseite einen einfachen und dauerhaften Sonnenschutz. Ein Wärmestau vor den Fenstern muss durch Hinterlüftung des Sonnenschutzes vermieden werden.
Sonnenschutz durch Blenden: Sie können senkrecht und waagerecht vor der Fassade angebracht werden (Abb. 5.5/1).
Sonnenschutz durch Sonnenblenden: In der Anbringungsart und in der Wirkungsweise können Lamellenblenden mit nicht unterbrochenen Blenden verglichen werden (Abb. 5.5/2).
Sonnenschutz durch Jalousetten: Dieser Sonnenschutz ist auch nachträglich leicht anzubringen. Die verstellbaren Jalousetten können an der Außenseite und an der Innenseite der Fenster montiert werden (Abb. 5.5/3). Der wirksamste Schutz wird durch Jalousetten an der Außenseite erzielt. Allerdings werden sie schneller verschmutzt. Jalousetten auf der Innenseite des Fensters verursachen eine zusätzliche Wärmeeinstrahlung in den Raum. Ein elektrischer Antrieb ist vorzusehen und bei Schwerstbehinderten erforderlich.
Sonnenschutz durch Rollladen und Fensterläden: Sie bieten einen einfachen Sonnenschutz. Fensterläden können zur Seite geschoben werden, Rollläden sind mit elektrischem Antrieb zu versehen. Ausstellbare Rollläden können nur wenige behinderte und betagte Menschen bedienen.
Sonnenschutz durch Markisen: Sie sind geeignet, wenn sie mit einem elektrischen Antrieb ausgestattet sind. Ein Wärmestau vor den Fenstern muss durch Hinterlüftung der Markisen vermieden werden.

5.5.2 Heizung

5.5.2.1 DIN 18025 Teil 1 und Teil 2
In Abschnitt 9 Raumtemperatur ist die Heizung angesprochen. Es heißt:
„Die Heizung von Wohnungen und gemeinschaftlich zu nutzenden Aufenthaltsräumen ist für eine Raumtemperatur nach DIN 4701 Teil 2 zu bemessen.
Die Beheizung muss je nach individuellem Bedarf ganzjährig möglich sein, z.B. durch eine Zusatzheizung."

5.5.2.2 Anforderungen
Menschen mit Behinderungen, vor allem Rollstuhlbenutzer und betagte Menschen, stellen eine Reihe besonderer Anforderungen an die Heizungsanlage.
Sie soll alle Räume erwärmen (auf die Tabelle 2 der Norm-Innentemperaturen für beheizte Räume nach DIN 4701 Teil 2 wird hingewiesen).
Sie soll gleichmäßig erwärmen, d.h. der senkrechte Temperaturverlauf zwischen Decke und Boden soll möglichst gleichmäßig sein (Abb. 5.5/4). Entsprechendes gilt für die raumumschließenden Flächen wie Wände, Fenster und Türen. Manche behinderte und betagte Menschen benötigen sogar eine höhere Temperatur als +22 °C bzw. +24 °C.
Sie soll leicht regelbar sein, und zwar automatisch, und sich schnell an die klimatischen Veränderungen anpassen.

Norm-Innentemperatur für beheizte Räume[1]

Lfd.Nr.	Raumart	Norm-Innentemperatur °C
1	Wohnhäuser	
1.1	Vollbeheizte Gebäude	
	Wohn- und Schlafräume	+20
	Küchen	+20
	Bäder	+24
	Aborte	+20
	geheizte Nebenräume (Vorräume, Fluren)[2]	+15
	Treppenräume	+10
2	Verwaltungsgebäude	
	Büroräume, Sitzungszimmer, Ausstellungsräume, Schalterhallen und dgl., Haupttreppenräume	+20
	Aborte	+15
	Nebenräume und Nebentreppenräume wie unter 1.	
4	Hotels und Gaststätten	
	Hotelzimmer	+20
	Bäder	+24
	Hotelhalle, Sitzungszimmer, Festsäle, Haupttreppenhäuser	+20
	Aborte, Nebenräume und Nebentreppenräume wie unter 1.	
5	Unterrichtsgebäude	
	Unterrichtsräume allgemein sowie Lehrerzimmer, Bibliotheken, Verwaltungsräume, Pausenhalle und Aula als Mehrzweckräume, Kindergärten	+20
	Lehrküchen	+18
	Werkräume je nach körperlicher Beanspruchung	+15 bis 20
	Bade- und Duschräume	+24
	Arzt- und Untersuchungszimmer	+24
	Turnhallen	+20
	Gymnastikräume	+20
	Aborte, Nebenräume und Treppenräume wie unter 2.	
11	Schwimmbäder	
	Hallen (mindestens jedoch 2 K über Wassertemperatur)	+28
	sonstige Baderäume (Duschräume)	+24
	Umkleideräume, Nebenräume und Treppenräume	+22

1 Für Räume mit Anlagen, die in den Anwendungsbereich von DIN 1946 Teil 4 fallen, gelten die dortigen Festlegungen.
2 Innenliegende Flure in Geschosswohnungen werden in der Regel nicht beheizt.

Sie soll keine schädlichen oder unangenehmen Verunreinigungen der Luft und Oberfläche verursachen.
Sie soll wirtschaftlich und lärmfrei sein. Heizkörper dürfen den Menschen nicht verletzen, verbrennen und in seinem Bewegungsraum behindern.
Sie soll ohne Mitwirkung des behinderten und betagten Menschen zuverlässig funktionieren.

5.5.2.3 Auswahl der Heizungsanlage
Die Auswahl einer Heizungsanlage erfolgt neben wirtschaftlichen Erwägungen nach der Art der Wärmeübertragung, nach dem Temperaturverlauf und nach der Bauart.

5.5.2.3.1 Wärmeübertragung
Wärme wird durch Strahlung (Strahlungsheizfläche), Konvektion (Konvektionsheizkörper) und Leitung übertragen. Durch die Wahl der Wärmeübertragung wird auch wesentlich der Temperaturverlauf im Raum beeinflusst. Die meisten Heizkörper wirken durch Wärmestrahlung und Konvektion.

5.5.2.3.2 Temperaturverlauf
Von der Art der Wärmeübertragung hängt auch der Temperaturverlauf im Raum ab. Abbildung 5.5/4 zeigt den prinzipiellen Temperaturverlauf. Es wird deutlich, dass alle Heizkörper, die vorwiegend Konvektionswärme abgeben (z.B. Kachelofen, Einzelofen) im unteren Raumbereich große, für den behinderten und betagten Menschen ungünstige Temperaturunterschiede aufweisen. Auch die Radiatorenheizung zeigt einen ungünstigen Verlauf. Strahlungsheizfläche im Boden oder in der Decke sind dagegen günstiger. Vor allem die Fußbodenheizung zeigt im Fußbereich einen für behinderte und betagte Menschen sehr günstigen Temperaturverlauf.
Die Energieeinsparung zwingt zur Verwendung von Niedrigtemperaturheizungsanlagen. Dies bedeutet, dass entweder die Fußbodenstrahlungsheizung oder großflächige Heizkörper mit Strahlungs- und Konvektionsanteil verwendet werden. Mit Fußbodenstrahlungsheizflächen ist oft der Nachteil verbunden, dass gerade im Bereich von Fensterbrüstungen oder raumhohen Fensterelementen ein Kaltluftabfall vorhanden ist. Hier sind zusätzliche Heizflächen, z.B. im Fußboden eingebrachte Konvektoren, notwendig. Die Gitterroste müssen mit dem Rollstuhl befahrbar sein.
Für großflächige Heizkörper im Brüstungsbereich unter den Fenstern sind ausreichend große Wandflächen notwendig.

5.5.2.3.3 Bauart, Betriebsweise, Raumgröße
Hinsichtlich der Bauart bilden Massivbaustoffe einen Wärmespeicher. Eine schnelle Anpassung an klimatische Veränderungen ist weniger gegeben. Wärmespeichernde Eigenschaften sind bei durchgehender Betriebsweise z.B. im Wohnungsbau erwünscht.
Leichtbauweisen haben weniger wärmespeichernde Eigenschaften und sind klimatischen Veränderungen stärker ausgesetzt. Die Raumgröße ist wegen der Temperaturdifferenz zwischen Raumlufttemperatur und Oberflächentemperatur entscheidend. Räume im Wohnungsbau werden in der Regel in Massivbauweise errichtet und sollten vor allem bei behinderten und betagten Menschen durch Strahlungsheizung erwärmt werden. Dadurch werden die Oberflächen schneller erwärmt als bei einer Konvektionsheizung. Stark erwärmte Oberflächen ermöglichen auch eine intensivere Raumlüftung in Intervallen, ohne allzu große Wärmeverluste. Bei einer Konvektionsheizung bedeutet eine intensive Raumlüftung einen großen Wärmeverlust. Es ist allerdings zu berücksichtigen, dass bei durchgehender Betriebsweise die Oberflächen sich auch durch Konvektionsheizung ausreichend erwärmen.

5.5.2.4 Einzelheizungen
Einzelheizungen sind nur als Zusatzheizung in der Übergangszeit sinnvoll. Es eignen sich z.B. Elektrodirektheizgeräte, die meistens an der Wand montiert werden und deswegen einen geringen Platzbedarf haben. Auch fahrbare Elektrodirektheizgeräte sind denkbar.

5.5.2.5 Zentralheizungen
Die heute übliche Zentralheizungstechnik im Wohnungsbau und anderen Gebäuden, es handelt sich in der Regel um die Warmwasserzentralheizung, ist für alle Menschen, vor allem für Rollstuhlbenutzer und für betagte Menschen, uneingeschränkt geeignet. Vor allem die Niedertemperaturheizungen mit geringen Oberflächentemperaturen an den Heizkörpern verhindern, dass es bei berührungsunempfindlichen Beinen zu Verbrennungen kommt.

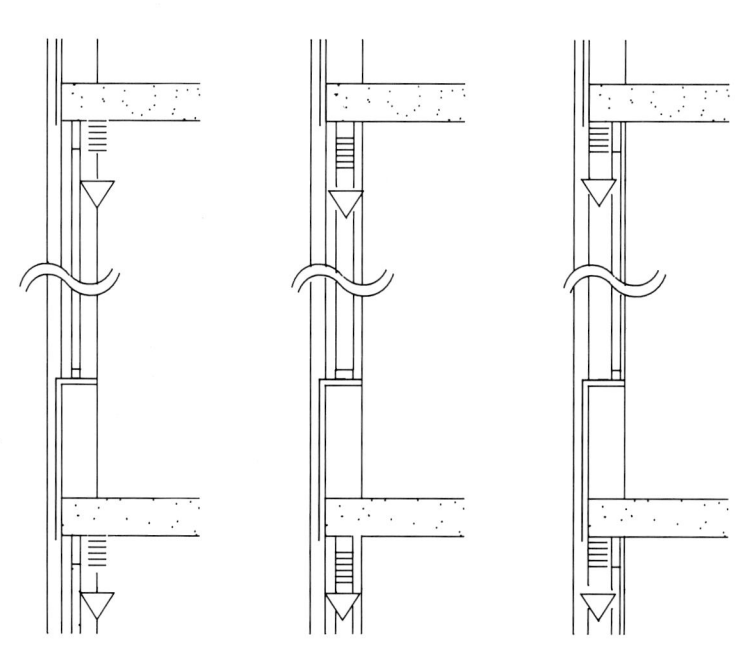

5.5/3 Jalousetten an den Scheiben innen, zwischen den Scheiben und an den Scheiben außen, M 1:50

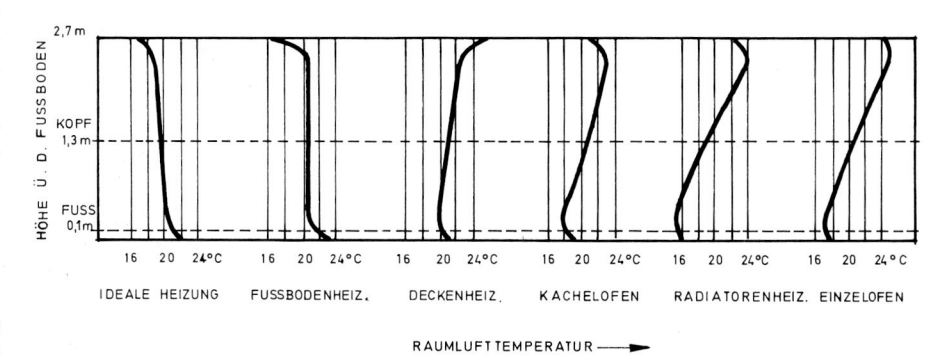

5.5/4 Prinzipieller Temperaturverlauf der Raumluft zwischen Boden und Decke

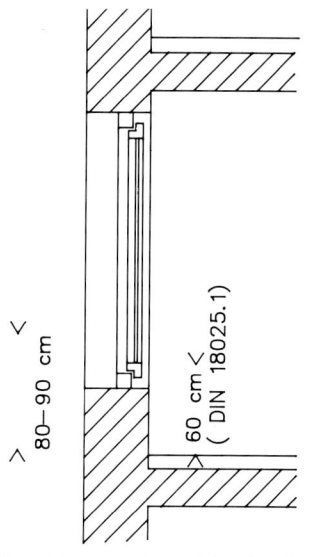

5.5/5 Brüstungshöhe nach LBO und undurchsichtige Brüstungshöhe für Rollstuhlbenutzer, M 1:50

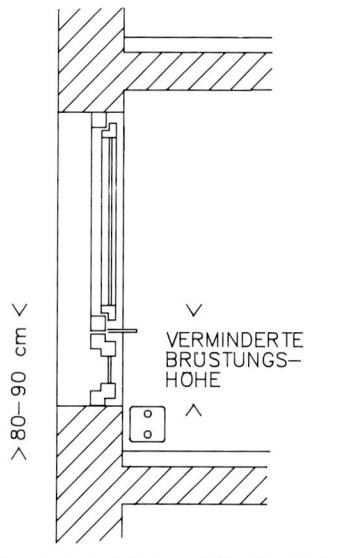

5.5/6 Verminderte Brüstungshöhe über Heizkörpern, M 1:50

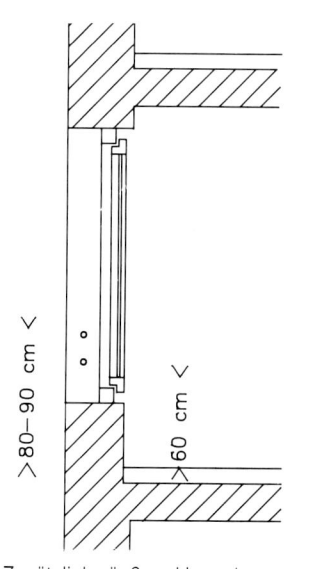

5.5/7 Zusätzliche äußere Umwehrung wegen verminderter Brüstungshöhe, M 1:50

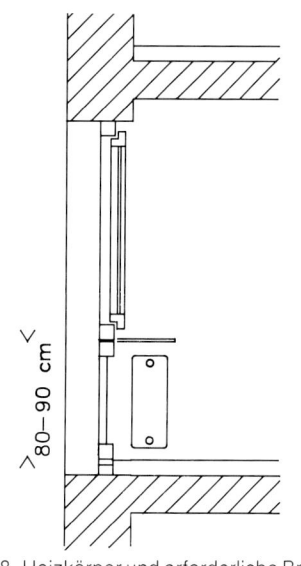

5.5/8 Heizkörper und erforderliche Brüstungshöhe, M 1:50

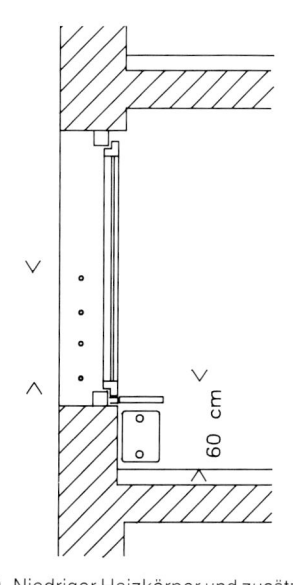

5.5/9 Niedriger Heizkörper und zusätzliche Umwehrung, M 1:50

5.5.2.5.1 Warmwasser-Fußbodenstrahlungsheizung

Die Oberflächentemperatur des Fußbodens ist nach oben begrenzt. In Wohn- und Arbeitsräumen soll sie ca. 26 °C betragen, in Flurbereichen ist sogar eine geringe Erhöhung möglich. Wegen der geringen Oberflächentemperatur und weil durch Möbelstellflächen zugleich Heizfläche verlorengeht, ist eine Zusatzheizung bei Kaltluftabfall oft notwendig. Bodenbeläge mit hoher Wärmeleitfähigkeit, wie z.B. keramische Beläge, sind besonders geeignet.

5.5.2.5.2 Warmwasser-Heizkörperheizung

Wegen seiner wirtschaftlichen Vorteile ist der Heizkörper im Wohnungsbau, aber auch in anderen Gebäuden besonders gebräuchlich.

Neben den Radiatoren nach DIN 4720/4722 gibt es eine Reihe von Mischformen, die die Wärme auf dem Wege der Strahlung und/oder Konvektion abgeben. Diese Heizkörper sind so gestaltet, dass sie nahezu eine glatte Vorderseite haben. Es ist prinzipiell darauf zu achten, dass nur solche Heizkörper verwendet werden, an denen sich behinderte und betagte Menschen nicht verletzen können. Dies ist vor allem dann möglich, wenn sie in der Nähe der Heizkörper zu Fall kommen. Niedertemperaturheizungen verhindern ohnehin weitgehend Verbrennungen.

Bei der Aufstellung der Heizkörper, es handelt sich meistens um Radiatoren, ist darauf zu achten, dass sie die Bewegungsflächen nicht einschränken (siehe Abschnitt 2.2 Bewegungsflächen in DIN 18025 Teil 1 und Teil 2). Dies gilt sowohl für die Bewegungsfläche des Rollstuhls als auch eines Türblattes. Heizkörper sollen dort angeordnet werden, wo besonders mit Kaltluftabfall zu rechnen ist. Dies ist meistens im Brüstungsbereich von Fenstern oder großflächigen Fensterelementen gegeben.

Heizkörper in Sanitärräumen sollen nicht in der Nähe des Duschbereiches, des Waschbeckens oder des WC's montiert werden. Auftreffende Wasserspritzer können Rost entstehen lassen. Heizkörperventile müssen erreichbar und so geformt sein, dass sie auch von behinderten und betagten Menschen betätigt werden können. Aus diesem Grunde sind sie grundsätzlich am oberen Ende eines Heizkörpers anzubringen. Optische Verkleidungen von Heizkörpern vermindern erheblich die Wärmeabgabe durch Strahlung. Solche Verkleidungen sind daher nicht geeignet.

In der alten Fassung der DIN 18025 Teil 1, Abschn. 2.2 Freisitz ist der Ausblick erwähnt. Es heißt:

„Undurchsichtige Teile von vorderen Brüstungen dürfen – wegen des besseren Ausblicks – nicht höher als 60 cm reichen."

Diese Forderung ist bedauerlicherweise in der Neufassung DIN 18025 Teil 1 nur noch

als Empfehlung mit folgendem Wortlaut enthalten:
„Brüstungen in mindestens einem Aufenthaltsraum der Wohnung und von Freisitzen sollen ab 60 cm Höhe durchsichtig sein."
Es ist wünschenswert, dass grundsätzlich in mindestens einem Aufenthaltsraum in der Wohnung die Brüstung ab 60 cm Höhe durchsichtig ist.
In Verbindung mit Heizkörpern und in Wohnungen ab dem ersten Obergeschoss ist diese Forderung nur schwer zu erfüllen. Einmal ist eine Brüstungshöhe von 80 cm bei einer Absturzhöhe von 1 bis 12 m und darüber von 90 cm Höhe erforderlich und zum anderen reduzieren vorgestellte Heizkörper innen die für Kinder besonders erforderliche Brüstungshöhe. Ausblick, Heizkörper und die erforderliche Brüstungshöhe sind daher nur schwer vereinbar.
Es wird empfohlen, das Fensterelement bis zum Boden herunterzuführen, mit der erforderlichen Umwehrung nach Landesbauordnung zu sichern und den Heizkörper seitlich anzuordnen. Wenn dies nicht möglich ist, so müsste die Brüstungshöhe ab Oberkante Heizkörper innen um 80 cm bzw. 90 cm erhöht werden (Abb. 5.5/5-9).

5.5.2.5.3 Elektrische Fußbodenstrahlungsheizung in Gebäuden und Außenanlagen
Bei ebenen oder geneigten Gehwegen und Zufahrten kann es notwendig sein, diese elektrisch zu beheizen, um sie schnee- und eisfrei zu halten. Dadurch wird ein sicheres Gehen und Fahren möglich. Wegen der hohen Energiekosten ist eine temperaturgesteuerte elektrische Bodenheizung nur in begründeten Sonderfällen anzuwenden. Es ist besser, darauf zu achten, dass Rampen ein möglichst geringes Gefälle haben und dass sie, wie auch ebene Zuwege, überdacht sind.

5.5.3 Lüftung

5.5.3.1 DIN 18025 Teil 1 und Teil 2
Zur Lüftung ist in diesen beiden Teilen der Norm nichts ausgesagt. Dies ist auch nicht notwendig, da in den Landesbauordnungen der einzelnen Bundesländer und Stadtstaaten und in den ergänzenden Ausführungsverordnungen die Lüftung im Wohnungsbau und ihre besonderen Anforderungen behandelt sind. So heißt es z.B. in der Landesbauordnung von Baden-Württemberg:
§ 35 Toilettenräume und Bäder „... Toilettenräume müssen eine ausreichende Lüftung haben ..." Auf DIN 18017 Teil 1 und 3 wird hingewiesen.
In § 36 Aufenthaltsräume heißt es „Aufenthaltsräume müssen ausreichend belüftet werden können; sie müssen unmittelbar ins Freie führende Fenster von solcher Zahl, Lage, Größe und Beschaffenheit haben,

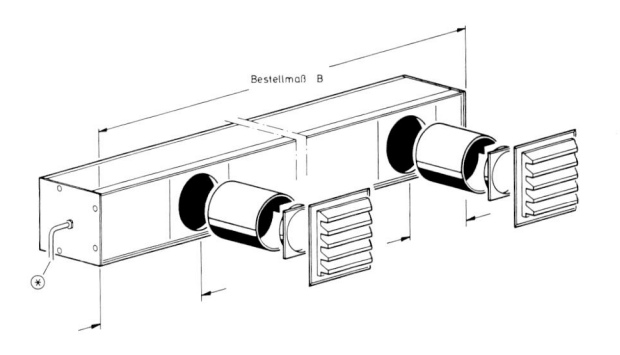

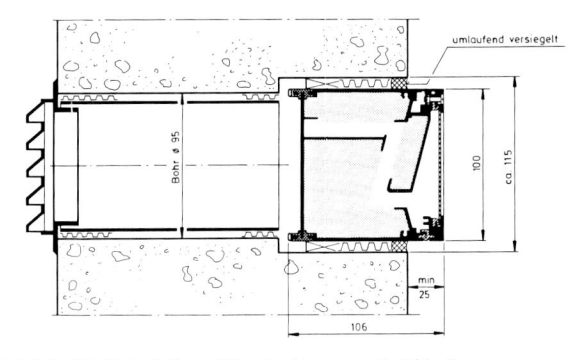

5.5/10 GU Schalldämmlüfter im Mauerwerk, M 1:5

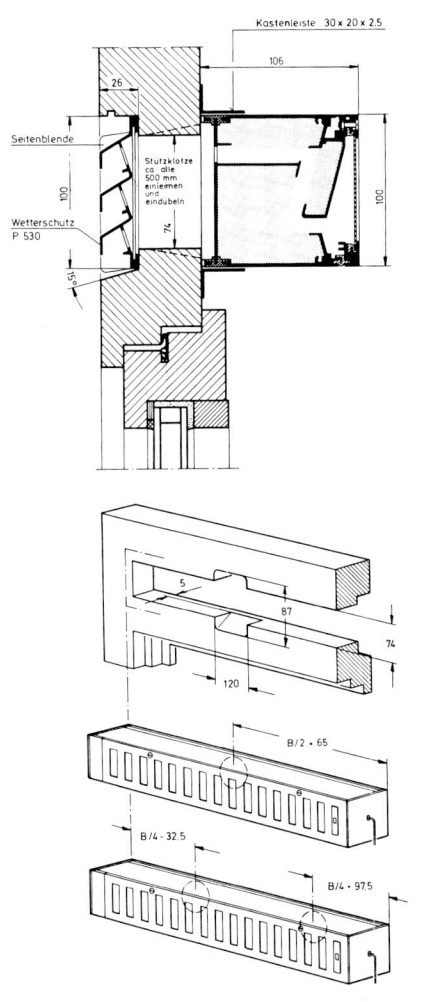

5.5/11 GU Schalldämmlüfter im Fenster, M 1:5

dass die Räume ausreichend mit Tageslicht belichtet werden können (notwendige Fenster). Das Rohbaumaß der Fensteröffnungen muss mindestens 1/10 der Grundfläche des Raumes betragen.

5.5.3.2 Aufgabe der Lüftung und Bedeutung für behinderte und betagte Menschen
Einrichtungen zur Lüftung haben die Aufgabe, die Raumluft auf dem Wege des Austausches zu erneuern, d.h. verbrauchte Luft zu entfernen und frische Luft zuzuführen. Dies soll immer möglich sein: bei Tag und bei Nacht, im Sommer und im Winter, bei Windanfall und bei Windstille. Die Lüftung muss vor allem bei Menschen mit Behinderungen deshalb einwandfrei wirksam sein, da sie sich besonders viel in ihren Räumen aufhalten und weil die Raumlufttemperatur höher ist und damit die Luft mehr Feuchtigkeit enthalten kann. Vor allem in Sanitärräumen, in denen behinderte und betagte Menschen lange verweilen, ist eine wirksame Lüftung erforderlich.

5.5.3.3 Lüftung nach DIN 18017 Teil 1
Es handelt sich hierbei um die Lüftung von Bädern und Toilettenräumen ohne Außenfenster mit Einzelschachtanlagen ohne Ventilatoren, die nur dann eine wirksame Lüftung gewährleisten, wenn die Raumlufttemperatur im Raum höher ist als außen. Dies ist in der Regel im Winter der Fall. Dies bedeutet, dass solche Einzelschachtanlagen ohne Ventilatoren eine wirksame Lüftung im Sommer nicht gewährleisten.
Sie sind daher grundsätzlich abzulehnen.

5.5.3.4 Lüftung nach DIN 18017 Teil 3
Es handelt sich hierbei um die Lüftung von Bädern und Toilettenräumen ohne Außenfenster mit Ventilatoren. Diese Zwangsentlüftung arbeitet mit Motorkraft. Sie ermöglicht, unabhängig von Druck- und Temperaturunterschieden, eine ständige Lüftung der angeschlossenen Räume. Neben den Druckventilatoren, die aus den Räumen die Luft absaugen und in den Schacht über Dach leiten, sind auch zentrale Absaugeanlagen üblich. Hierbei sind nicht mehrere Ventilatoren, sondern ein gemeinsamer Ventilator im Einsatz. Bei beiden Arten wird ständig Abluft abgesaugt und ins Freie abgegeben. Schalldämmlüfter der Fa. Gretsch-Unitas GmbH (s. Abb. 5.5/10+11). Wegen der Energieeinsparung sollten Absaugeanlagen grundsätzlich nicht mehr verwendet werden, da mit dem ständig wirksamen Abluftstrom auch Wärme ins Freie abgegeben wird. Es sollten grundsätzlich nur noch solche Anlagen eingebaut werden, bei denen über einen Wärmetauscher die frische Außenluft erwärmt und den Räumen wieder zugeführt wird.

5.6 Schallschutz

Arnold Wietrzichowski

5.6.1 Normen und Empfehlungen
In DIN 18025 Teil 1 + 2 sind zum Schallschutz keine Aussagen gemacht.
In den Planungsempfehlungen für Altenwohnstätten, die wohl durch DIN 18025 Teil 2 ersetzt werden, heißt es:
Altenwohnstätten sollen innerhalb der normalen Bebauung möglichst lärmgeschützt und in der Nähe des bisherigen Lebensbereiches ihrer Bewohner gelegen sein. Ein über die Mindestanforderungen von DIN 4108 und DIN 4109 hinausgehender Wärme- und Schallschutz wird empfohlen.

5.6.2 Bedeutung für den Behinderten und Betagten
Unter störenden Schalleinwirkungen – auch mit Lärm bezeichnet – leiden Behinderte deshalb verstärkt, weil sie meist lange Zeit und hilflos der Belastung ausgesetzt sind.
Bei Betagten mindert sich die Immissionsempfindlichkeit im allgemeinen wegen der abnehmenden Hörfähigkeit, insbesondere im hohen Tonbereich.
In der Literatur werden die gesundheitsschädigenden Wirkungen des Lärms ausführlich dargestellt und zahlreiche Schallschutzmaßnahmen empfohlen.
In diesem Zusammenhang können nur einige Hinweise auf Schallschutzmaßnahmen und auf Literatur gegeben werden. Zusätzliche finanzielle Aufwendungen für einen verbesserten Schallschutz werden leider oft gescheut. Für den Schallschutz gegen Verkehrslärm können ggf. öffentliche Beihilfen in Anspruch genommen werden.
Es ist grundsätzlich zu unterscheiden zwischen Luftschall (Schwingungen in der Luft) und Körperschall (Schwingungen in Körpern – Mauer, Decke).
Trittschall ist primär Körperschall. Man unterscheidet Töne, Klänge und Geräusche; letztere erhalten mehrere zueinander ungeordnete Teiltöne.
Folgende prinzipielle Geräuscheinwirkungsmöglichkeiten im Bauwesen kann man unterscheiden
– Lärm, der im Freien entsteht und gegenüber dem Gebäudeinneren abgeschirmt werden muss (z.B. Flugzeug, Verkehr)
– Geräusche, die im Gebäude entstehen und die gegenüber der Umgebung abgeschirmt werden müssen (z.B. Fabrik)
– Geräusche, deren Übertragung von Raum zu Raum verhindert werden muss (z.B. Wohngeräusche, Installationsgeräusche)
– Geräusche, die im Raum selbst vermindert werden müssen (z.B. Klavierspiel, Rundfunkgerät).

5.6.3 Messbarkeit und subjektives Empfinden
Der Schallpegel der Geräusche wird physikalisch in dB (dezibel) gemessen. Das menschliche Gehör ist im Tieftonbereich deutlich unempfindlicher als für mittlere und hohe Töne. Die Hörfähigkeit im Hochtonbereich nimmt im Alter ab. Als Näherungswert für das menschliche Gehörsempfinden wurde seinerzeit das Lautstärkemaß fon ermittelt, dem das jetzt gültige Maß dB(A) etwa entspricht. Die Tatsache, dass gleiche Geräusche von verschiedenen Personen verschieden empfunden werden, ist die Ursache für die meisten Lärmbeschwerden.

5.6.4 Städtebau bei unterschiedlichen Bedingungen
Die Lage und Orientierung der Wohnungen und der Wohnquartiere innerhalb eines Stadtgefüges sind neben der bautechnischen Ausführung wesentlich mitbestimmend für die Geräuscheinwirkung von außen. Durch geeignete Stellung der Gebäude zur Umgebung kann Lärm abgehalten werden. Nähere Angaben hierzu sind in DIN 18005 Schallschutz im Städtebau, April 1982, mit Beiblatt 1, Teil 1 (Mai 1987) zu entnehmen. Über die Auswahl des Standorts eines Altenheimes hat Dittrich in „Wohnen alter Menschen" hingewiesen: Heime sollen zwar lärmgeschützt liegen, aber zugleich Teilnahme am Leben und Treiben auf der Straße ermöglichen.
Durch die Anordnung von Wällen, Schallschirmen und ähnliche Maßnahmen können Lärmemissionen aus Straßen- und Bahnverkehr und aus Industriebereichen gemindert werden.
DIN 18005 Beiblatt 1 gibt folgende Orientierungswerte, d.h. die maximalen Beurteilungspegel für die städtebauliche Planung an:
– reine Wohngebiete tags 50, nachts 40 dB
– allgemeine Wohngebiete tags 55, nachts 45 dB.

Für Industrie-, Gewerbe- und Freizeitlärm bzw. Lärm aus öffentlichen Betrieben ist nachts ein um 5 dB niederer Pegel maßgebend.
Da gegen Fluglärm außerhalb des Gebäudes keine Maßnahmen getroffen werden können, muss als Abhilfe eine erhöhte

Schalldämmung der Außenbauteile gewählt werden.
Das gilt auch für alle Fälle, bei denen die Immissionspegel über den Richtpegeln der betreffenden Baugebiete liegen. In DIN 4109 Ziffer 5 liegen Angaben über die erforderlichen Dämmwerte der Bauteile (Fenster, Wände) vor. Für die Ausführung schalldämmender Fenster und schallgedämpfter Lüftungen ist die VDI-Richtlinie 2719 maßgebend; Angaben auch in: Gösele/Schüle: Schall, Wärme, Feuchtigkeit.

5.6.5 Hochbau
Für den Schallschutz im Hochbau ist die gleich lautende DIN 4109 (Nov. 1989) maßgebend. Im einzelnen ist die Norm in folgender Form gegliedert:
DIN 4109 Anforderungen und Nachweise; es behandeln
Ziffer 3 Anforderungen an die Luft- und Trittschalldämmung
Ziffer 4 Schutz gegen Geräusche aus haustechnischen Anlagen und Betrieben
Ziffer 5 Schutz gegen Außenlärm, Anforderungen an die Luftschalldämmung von Außenbauteilen.
Im Anhang A sind die Begriffe definiert, Anhang B macht Angaben zu Messungen.
Beiblatt 1 zu DIN 4109 enthält Ausführungsbeispiele und Rechenverfahren.
Beiblatt 2 zu DIN 4109 enthält Hinweise für Planung und Ausführung, Vorschläge für einen erhöhten Schallschutz, Empfehlungen für den Schallschutz im eigenen Wohn- und Arbeitsbereich.

5.6.6 Räume und Bereiche
Hier ist anzustreben, dass nicht nur der in DIN 4109 angesprochene Mindestschallschutz erfüllt wird, sondern nach DIN 4109 Beiblatt 2 die Vorschläge für einen erhöhten Schallschutz eingehalten werden.
Bei Planung und Ausführung eines Bauvorhabens sind u.a. folgende bautechnischen Probleme zu bedenken:
1. Lage des Bauvorhabens und Ausbildung der Fenster bei Lärm von außen.
2. Ausbildung der Grundrisse und Anordnung der sanitären Installation (bauakustisch günstige Grundrisse).
3. Bauweise im Hinblick auf Leichtbau, Massivbau, Skelettbau, Trennwände, Decken.
4. Ausbildung der sanitären Installation.
5. Art und Einbau von Anlagen und Geräten des Technischen Ausbaus, z.B. Aufzuganlagen, Müllabwurfanlagen, Heizungsanlagen.

5.6.6.1 Eingangsbereiche
Der Hauseingang und der Wohnungseingang sollen Türen haben, die langsam und dicht schließen. Schwere Türen ergeben guten Luftschallschutz. Sie lassen sich aber nur schwer bewegen, wenn nicht spezielle Beschläge verwendet werden können.

Auch die Schließkraft eines Türöffners zu überwinden, erfordert Kraft von Behinderten. So kann es u.U. nötig sein, leichte Wohnungseingangstüren zu verwenden (s. Kap. 5.2.1). Durch schallabsorbierend ausgestattete Vorräume kann über das Treppenhaus eindringender Lärm abgehalten werden.

5.6.6.2 Wohn- und Schlafräume
Gegen Lärm von außen sind dicht schließende Schalldämmfenster zu verwenden. Freie Lüftung durch vorhandene Undichtheiten ist dann allerdings ausgeschlossen. In der Regel müssen schalldämpfende Lüftungsöffnungen eingebaut werden, die in die Fenster integriert oder in die Wand eingebaut werden können. Auch der Anpreßdruck beim Dicht-Schließen der Fenster kann den Behinderten schon überfordern; dann sind Spezialbeschläge oder verlängerte Bedienungshebel zu wählen.
Sehbehinderte und Blinde ermüden schneller, wenn sie starkem Lärm von außen oder in Gesellschaft ausgesetzt sind, da ihr Konzentrationsvermögen und ihr Gehörsinn überbeansprucht werden. Sie sollten sich daher gelegentlich in einen ruhigen Raum (zusätzlicher Aufenthaltsraum) zurückziehen können.

5.6.6.3 Hauswirtschafts- und Sanitärraum
Durch sanitäre Installation, elektrische Hausgeräte und schlecht ausgeführte, schwimmende Estriche im Zusammenhang mit keramischen Bodenbelägen entstehen in diesen Räumen die meisten Geräusche, die zu Klagen führen. Der Betrieb von haustechnischen Gemeinschaftsanlagen im Gebäude, wie Aufzuganlagen, Müllabwurfanlagen und sanitäre Installation, darf nach DIN 4109 in fremden Wohn-, Schlaf- und Arbeitsräumen keinen größeren Schallpegel erzeugen als 30 dB(A), lüftungstechnische Anlagen dürfen einen Schallpegel von 35 dB(A) emittieren, wenn das Dauergeräusch keine auffälligen Einzeltöne enthält.
Betriebsgeräusche müssen folgende Pegel einhalten:
tagsüber (zwischen 6 und 22 Uhr):
35 dB(A);
nachts (zwischen 22 und 6 Uhr):
25 dB(A).
Für Geräusche in der Wasserinstallation ist der Grenzwert auf 35 dB erhöht worden. Es sollten jedoch allgemein Schalldruckpegel gleich oder kleiner als 30 dB eingehalten werden.
Für die sanitäre Installation gelten folgende grundsätzlichen Gesichtspunkte:
1. Bauakustisch günstige Grundrisse planen.
2. Leise Armaturen verwenden (Armaturengruppe I).
3. Ausreichende Wasserleitungsquerschnitte vorsehen.

4. Leitungsdruck mindern.
5. Leitungen konzentrieren und strömungsgünstig anordnen.
6. Schallbrücken, z.B. bei Rohrschellen und Wand-/Deckendurchführungen, durch dämmende Einlagen vermeiden.
7. Wasseraufprallgeräusche durch Luftsprudler reduzieren.
8. Geräuscharme Geräte verwenden.

5.6.6.4 Therapieräume
Sportliche Betätigung in Therapieräumen ist oft mit der Erzeugung von Körperschall verbunden. Deshalb sind körperschalldämmende Befestigungen und Unterlagen zu verwenden sowie hochwertige schwimmende Estriche auszuführen.

5.6.6.5 Oberflächen,
Wand – Decke – Boden
Schallabsorbierende Flächen im Raum, wie Vorhänge, Teppiche und Polstermöbel, können durch Schallabsorption, d.h. durch Verkürzung der Nachhallzeit, den Störschall im Raum mindern. In Räumen für Blinde dürfen diese Maßnahmen nur bedingt angewendet werden.

5.7 Sanitäre Installation im Sanitärraum

Axel Stemshorn

5.7.1 Normen und Empfehlungen

Bei den Angaben über die Sanitäre Installation handelt es sich um grundsätzliche Hinweise. Maßgebend für die Erstellung der Be- und Entwässerungsanlagen sind
DIN 1986 – Entwässerungsanlagen für Gebäude und Grundstücke und
DIN 1988 – Technische Regeln für Trinkwasser-Installationen (TRWI) sowie die jeweiligen Vorschriften der Wasserwerke und die Arbeitsblätter der DVGW (Deutscher Verein von Gas- und Wasserfachmännern e.V.).
Folgende Abschnitte in DIN 18025 Teil 1 Barrierefreie Wohnungen für Rollstuhlbenutzer sind im Hinblick auf die Sanitäre Installation im Sanitärraum zu beachten:
6.2 Sanitärraum (Bad, WC)
Der Sanitärraum (Bad, WC) ist mit einem rollstuhlbefahrbaren Duschplatz auszustatten. Das nachträgliche Aufstellen einer mit einem Lifter unterfahrbaren Badewanne im Bereich des Duschplatzes muss möglich sein (siehe Bild 3).
Der Waschtisch muss flach und unterfahrbar sein; ein Unterputz- oder Flachaufputzsiphon ist vorzusehen. Der Waschtisch muss für die Belange des Nutzers in die ihm entsprechende Höhe montiert werden können.
Die Sitzhöhe des Klosettbeckens, einschließlich Sitz, muss 48 cm betragen. Im Bedarfsfall muss eine Höhenanpassung vorgenommen werden können.
Der Sanitärraum muss eine mechanische Lüftung nach DIN 18017 Teil 3 erhalten.
Zusätzlich gilt DIN 18022.
Bewegungsflächen vor und neben Sanitärraumeinrichtungen siehe 3.1, 3.2 und 3.5.
Besondere Anforderungen an die Sanitärraumtür siehe Abschnitt 4.
In Wohnungen für mehr als drei Personen ist ein zusätzlicher Sanitärraum nach DIN 18022 mit mindestens einem Waschbecken und einem Klosettbecken vorzusehen.
11 Bedienungsvorrichtungen:
Bedienungsvorrichtungen (z.B. ... Sanitärarmaturen, Toilettenspüler ...) sind in 85 cm Höhe anzubringen. Bedienungsvorrichtungen müssen ein sicheres und leichtes Zugreifen ermöglichen. Sie dürfen nicht versenkt und scharfkantig sein.
Sanitärarmaturen sind als Einhebel-Mischbatterien mit Temperaturbegrenzern und schwenkbarem Auslauf vorzusehen.
In DIN 18025 Teil 2 Barrierefreie Wohnungen für alle, für behinderte und betagte Menschen heißt es in Abschnitt 6.2 Sanitärraum (Bad, WC):
Der Sanitärraum (Bad, WC) ist mit einem stufenlos begehbaren Duschplatz auszustatten.
Anmerkung: Das nachträgliche Aufstellen einer Badewanne im Bereich des Duschplatzes sollte möglich sein.
Unter dem Waschtisch muss Beinfreiraum vorhanden sein; ein Unterputz- oder Flachaufputzsiphon ist vorzusehen.
Zusätzlich gilt DIN 18022.
Besondere Anforderung an die Sanitärraumtür siehe Abschnitte 4 und 12.
Bewegungsfläche siehe Abschnitt 3.4.
Abschnitt 12 Bedienungsvorrichtungen:
Die Tür des Sanitärraumes muss abschließbar und im Notfall von außen zu entriegeln sein.
In DIN 18022 (Küchen, Bäder und WC's im Wohnungsbau) sind in Abschnitt 4 (Bäder und WC's) Installationshinweise enthalten.
Abschnitt 4.4: Für Vorwandinstallationen ist zusätzlicher Platzbedarf zu berücksichtigen: Bei horizontaler Leitungsführung 20 cm, bei vertikaler Leitungsführung 25 cm.
In der alten Fassung der DIN 18022 waren weitere detaillierte Angaben zur Installation enthalten:
Abschnitt 4.1.1: Die Zusammenfassung von Rohrinstallationen und Entlüftungsschächten wird empfohlen. Eine Trennung ist gerechtfertigt, wenn dadurch Grundrissvorteile oder eine bessere Wohnungsnutzung erreicht werden. In mehrgeschossigen Häusern sollen die Installationswände übereinander liegen.
Abschnitt 4.1.2: Einheitliche Rohrinstallationen innerhalb eines Bauvorhabens – auch für verschiedenartige Grundrisse – sind Voraussetzung für eine wirtschaftliche Vorfertigung.
Abschnitt 4.1.3: Die Leitungen zur Wasser- und Energieversorgung müssen so dimensioniert sein, dass sie der vorgesehenen Ausstattung und Einrichtung genügen. Es wird empfohlen, die Leitungen darüber hinaus so zu bemessen und anzuordnen, dass sie der haustechnischen Weiterentwicklung genügen.
Diese und ähnliche Forderungen in einem Gebäude, in dem auch behinderte Menschen wohnen, zu erfüllen, machen oft große Schwierigkeiten; vor allem dann, wenn einzelne barrierefreie Wohnungen gestreut im Gebäude untergebracht sind. Dies hängt damit zusammen, dass barrierefreie Wohnungen nach DIN 18025 Teil 2 und besonders nach DIN 18025 Teil 1 etwas größer bemessen sind und zusätzlich meist installationsintensiver ausgelegt werden. Die Anordnung übereinanderliegender Installationswände oder -schächte ist dann besonders erschwert.

5.7.2 Bedeutung für Rollstuhlbenutzer und nicht an den Rollstuhl gebundene, behinderte und betagte Menschen

Die richtige Wahl der Einrichtungsgegenstände, der dazugehörigen Armaturen und der unterschiedlichsten Hilfsmittel ist für die Benützung des Sanitärraumes durch behinderte und betagte Menschen von ausschlaggebender Bedeutung. Fast jede Art einer Behinderung bedeutet neue Überlegungen bei der Wahl installationstechnischer Einrichtungen. Oft kann schon durch kleine Änderungen an den im Handel vorhandenen Standardausführungen ein geeignetes Hilfsmittel für behinderte und betagte Menschen geschaffen werden.

5.7.3 Allgemeine Installationshinweise

Ein Beispiel für die Überlagerung der Bewegungsflächen im Sanitärraum nach DIN 18025 Teil 1 ist in Abb. 5.7/1 erkennbar. Wenn hierzu ergänzend der Installationsbereich dargestellt wird, so fällt auf, dass dieser gegenüber herkömmlichen Installationswänden, -blöcken und -schächten wesentlich umfangreicher ist (Ringinstallation, Abb. 5.7/2). Nicht die kostengünstige Zusammenlegung von Installationsbereichen auf engstem Raum mit Hilfe eines Schachtes ist wichtig, sondern von entscheidender Bedeutung für behinderte und betagte Menschen ist die Anordnung bzw. die Überlagerung der Bewegungsflächen. Wenn ein Installationsbereich nur entlang einer bzw. in einer Wand vorgesehen werden soll, bedeutet dies zugleich, dass die zu den Einrichtungsgegenständen erforderliche Bewegungsfläche mehr oder weniger nebeneinander angeordnet werden muss. Dadurch entstehen sehr viel größere Sanitärräume (Abb. 5.7/3). Bei Sanitärräumen für behinderte und betagte Menschen gilt daher grundsätzlich, dass die Anordnung der Bewegungsflächen Vorrang hat vor einer kostengünstigen Anordnung der Installation. Ersatzweise oder ergänzend zu der Anordnung von Sanitärbereichen in Verbindung mit einem Schacht kann auch die Verteilung der Leitungen im Deckenhohlraum des jeweils darunterliegenden Geschosses mitherangezogen werden (siehe Abb. 5.7/4).
Verbunden mit der Warmwasserversorgung ist die Legionellen-Problematik. Es handelt sich um eine Erkrankung, verursacht durch Bakterien, die zu einer schweren Lungenentzündung und unter Umständen zum Tod führt. Hierzu muss man wissen, dass die Legionellen sich insbesondere im Warmwassersystem bei einer Temperatur zwischen 30° und 40 °C verbreiten. Bakteriell besiedelte Ablagerungen finden sich

häufig in Warmwasserspeichern, selten oder nicht gewarteten Verteilerbalken und vor allem, wenn die Zirkulation fehlt. Eine Verhütung von Legionellen-Infektionen ist auf folgende Weise möglich:
Warmwasserleitungen sind so kurz wie möglich zu halten.
Der gesamte Wasserinhalt von Vorwärmstufe ist mindestens einmal pro Tag auf 60 °C aufzuheizen.
Die Zirkulation darf nicht unterbrochen werden.
Der Warmwasserspeicher muss an der tiefsten Stelle eine Entleerung gegen Ablagerungen aufweisen.

5.7.4 Einrichtungsgegenstände
Zu den Einrichtungsgegenständen, die in den folgenden Abschnitten behandelt werden, gehören der Duschplatz, die Badewanne, der Waschtisch, das Spülklosett, die Waschmaschine und Möbel.

5.7.4.1 Duschplatz, Anordnung, Armaturen, Haltegriffe und Hilfsmittel
Der Duschplatz mit seiner Anordnung im Sanitärraum prägt diesen in besonderer Weise (vgl. Abb. 5.7/1, 5.7/5-9). Er ist Bewegungsfläche und Duschfläche zugleich und muss daher ein unfallsicheres Befahren und Begehen ermöglichen. Dazu sind rutschhemmende Beläge, siehe Kapitel 5.1, notwendig. Eine Absenkung oder eine leicht geneigte Anordnung des Bodenbelages gegenüber dem Bodenbelag im Sanitärraum ist empfehlenswert. Ein Gefälle von 2 % ist erforderlich. Bei einer Absenkung des Duschplatzes allein genügt ein Tieferlegen um etwa 1-1,5 cm. Ein Kantenschutz ist erforderlich. Aber auch die geneigte Anordnung einer Fliesenreihe zur Begrenzung des Duschplatzes oder die Anbringung eines Alu- oder Edelstahlprofiles im Belag haben sich bewährt. Immer sollte jedoch bedacht werden, dass der Duschplatz ein Teil der Bewegungsfläche ist und auch mit dem Rollstuhl leicht befahrbar sein muss.
Leitgedanke soll auch sein, dass beim Duschen nur der Duschbereich nass wird und nicht die übrige Bodenfläche im Sanitärraum. Hierbei ist hilfreich, Bodenbeläge mit entsprechender Profilierung (z.B. Waffelprofil) zu verwenden, da dadurch zugleich die Ausbreitung des Wassers über die Bodenfläche des Sanitärraums vermindert und dem Aspekt eines rutschhemmenden Belages Rechnung getragen wird. Um die Ausbreitung des Wassers im Duschplatz einzuschränken, empfiehlt es sich, den Ablauf in die Ecke des Duschplatzes zu legen. Dadurch entstehen durch das Gefälle jedoch große Höhenunterschiede. Wenn der Ablauf sich in der Mitte des Duschplatzes befindet, sind die Höhenunterschiede an allen Seiten gleich groß.
Zum Duschplatz gehören thermostatge-

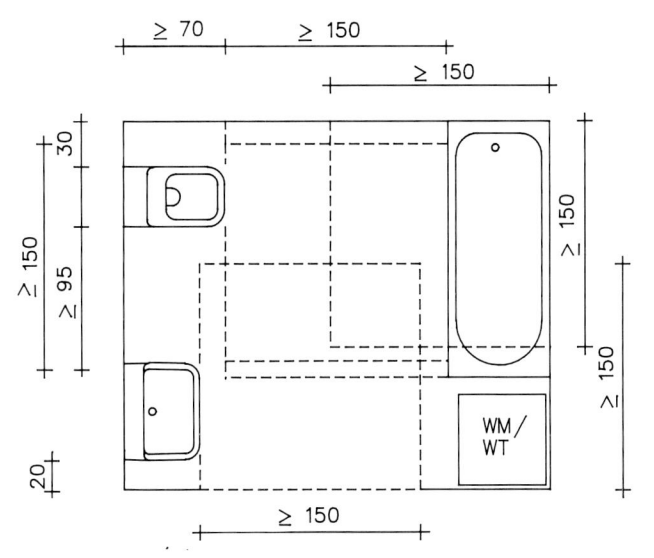

5.7/1 Beispiel der Überlagerung der Bewegungsflächen im Sanitärraum nach DIN 18025 Teil 1, M 1:50

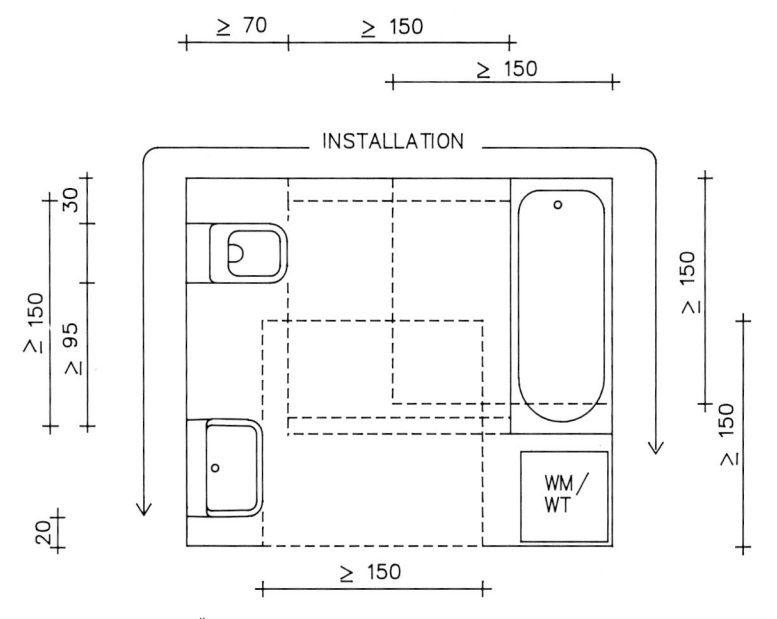

5.7/2 Beispiel der Überlagerung der Bewegungsflächen im Sanitärraum mit Angabe des notwendigen Installationsbereiches nach DIN 18025 Teil 1, M 1:50

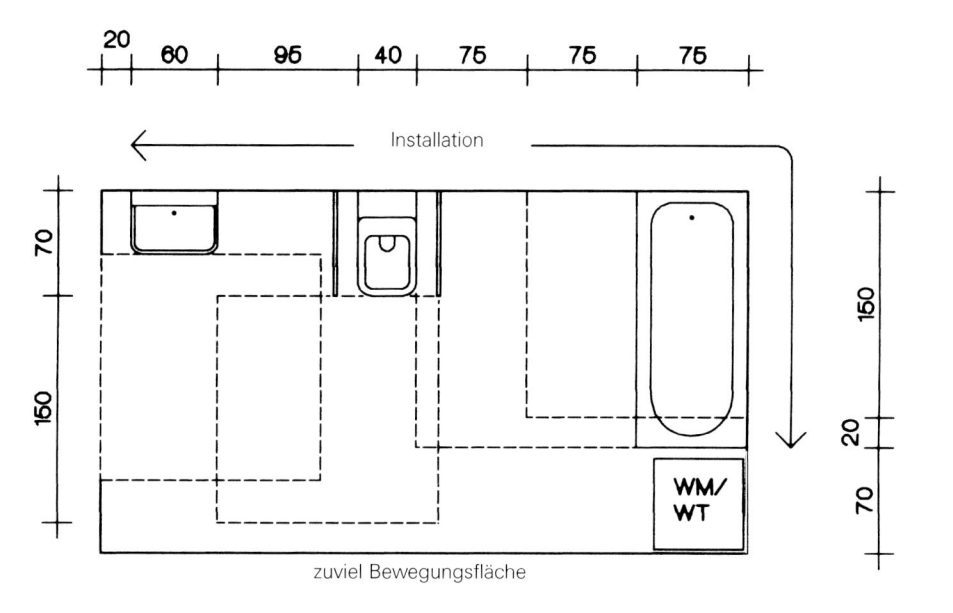

5.7/3 Beispiel der nebeneinander angeordneten Bewegungsflächen im Sanitärraum mit Angabe des Installationsbereiches nach DIN 18025 Teil 1, M 1:50

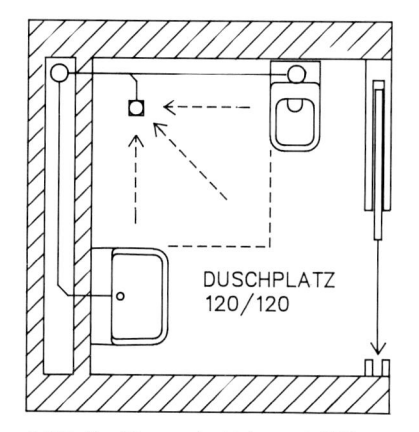

5.7/4 Sanitärraum im Heim nach DIN 18025 Teil 2 ohne Wannenaufstellmöglichkeit mit Angabe der Installation im Bereich der untergehängten Decke, M 1:50

steuerte Einhebel-Mischarmaturen mit Temperaturbegrenzung, um Verbrühungen zu vermeiden. Die Enden der übereck umlaufenden Griffstange sind jeweils nach oben gebogen, damit ein Aufrichten an diesen senkrechten Griffstangen möglich ist. Der Duschklappsitz muss ebenfalls in einer Höhe von 48 cm an verschiedenen Stellen des Duschplatzes einhängbar oder montierbar sein. Die Wandbrause kann entweder einhängbar an einer Gleitstange angeordnet sein, oder es wird ein fest installierter Brausekopf in Schräglage verwendet. Zu den Hilfsmitteln am Duschplatz gehören verschieden lange Haltegriffe, die je nach Behinderung angebracht werden. Auch Fußstützen und bewegliche Sitzmöglichkeiten kommen für leichtere Behinderungen in Frage.

5.7.4.2 Austauschbarkeit Duschplatz/Wanne

Die Austauschbarkeit von Duschplatz/Wanne bedeutet, dass der Duschplatz fertig installiert werden muss einschließlich Abdichtung, ablaufgeeigneter Duschfläche und Fußbodeneinlauf. Auf diesem Duschplatz kann bei Bedarf eine Badewanne aufgestellt werden (Abb. 5.7/10 a).

Die Austauschbarkeit Duschplatz/Wanne bzw. das nachträgliche Aufstellen einer unterfahrbaren Badewanne im Duschplatz nach DIN 18025 Teil 1 Absatz 6.2 erfordert entsprechende Bodenabläufe. Am einfachsten ist das nachträgliche Einstecken eines Wannenablaufes in den Fußbodenablauf, siehe Abb. 5.7/10b,

Firma Dallmer und 5.7/10c, Firma Kessel. Wegen der erforderlichen Toleranz, senkrecht und waagrecht, sind genaue Maßfestlegungen für die Lage des Fußbodeneinlaufes produktabhängig notwendig.

Nach den anerkannten Regeln der Bautechnik ist in Duschen, Bädern und anderen Nassräumen auch unter den keramischen Belägen eine Abdichtung erforderlich. Eine solche Abdichtung nach DIN 18195 Teil 5 besteht aus mindestens zwei Lagen heißgeklebten Pappen oder Bitumenschweißbahnen (Ablauf mit Kleberand und Flanschring). Inzwischen gibt es auch andere streich- und spachtelfähige Abdichtungsmassen, auf die keramische Beläge im Dünnbett unmittelbar, ohne weitere Abdichtungsmaßnahmen, aufgebracht werden können (Beispiel PCI-Lastoment/Lastogum Seccoral). Diese Abdichtungsmassen sind heute Stand der Technik, siehe Merkblatt des Zentralverbandes des Deutschen Baugewerbes, Hinweise für die Ausführung von Abdichtungen im Verbund mit Bekleidungen und Belägen aus Fliesen und Platten für Innenbereiche. In Verbindung mit Dünnbettabdichtungen gibt es auch besondere Dünnbett-Abläufe (Beispiel CeraDrain von Fa. Dallmer, siehe Abb. 5.7/11 a-c). Diese Abläufe benötigen auch einen Flansch, an den Gewebe, Vlies oder Folien angeschlossen werden (Schallbrücke durch späteren Estrichverguß und Abgang nach unten).

Im Zusammenhang mit der Anordnung des Ablaufes und der Boden- sowie Wandfliesen ist ein Hinweis auf das Protempi-System notwendig. Es handelt sich um ein System, das im Verbund von mehreren Firmen hergestellt wird. Folgende Firmen sind beteiligt:

1. Berleburger Schaumstoffwerk GmbH, Pf. 1180 in 57301 Bad Berleburg, Telefon: 02751 / 803-0, Fax 803-129 (Fabrikat Regupol für Trittschalldämmung)
2. Stadur GmbH, Karl-Benz-Str. 9 in 21684 Stade, Telefon: 04141 / 5181-0, Fax 66404 (für Unterbauwanne mit Gefälle sowie Verlegeelement mit Nut und Federn)
3. Dallmer GmbH & Co Sanitärtechnik, Liebelsheidestr. 25 in 59757 Arnsberg, Telefon: 02932 / 9616-0, Fax 9616-222 (Bodenablauf, Wand-Einbau-Waschgerätesiphon und Waschtischsiphon)
4. PCI Augsburg GmbH, Picchardstr. 11 in 86159 Augsburg, Telefon: 0821 / 5901-0, Fax 5901-372 (Seccoral-Abdichtung, Sicherheitsdichtband für Ecken und Boden/Wandanschlüsse, Fliesenkleber, Fugenmörtel, Silicondichtstoff)
5. Trust-Systemkeramik

Wie in Abb. 5.7/12 erkennbar, ist der Ablauf in der Mitte der Duschfläche angeordnet, um möglichst kurze Gefällestrecken zu erhalten. Versuche haben ergeben, dass bei der mittigen Anordnung des Ablaufes der Randbereich gut mit dem Rollstuhl befahrbar ist.

Die mittige Anordnung des Ablaufes in der Duschfläche hat jedoch auch den Nachteil, dass nachträglich eine Badewanne zwar aufgestellt, aber an den mittig angeschlossenen Ablauf nicht angeschlossen werden kann. Dies bedeutet, dass ein zusätzlicher Ablauf oder ein geeigneter Ablaufrost zum Einstecken eines Badewannenablaufes vorgesehen werden muss oder man verzichtet auf das nachträgliche Aufstellen einer Wanne und sieht diese von Anfang an vor.

Die nachträglich aufgestellte Badewanne muss für die Verwendung eines Lifters unterfahrbar sein (vgl. Kapitel 2.8). Diese Lifter haben in der Regel kleine Nylon- oder Hartgummiräder. Die Duschfläche sollte daher möglichst nicht mit einem zu hoch stehenden Alu-, Messing- oder Edelstahlprofil (Schlüter Reno) oder einer steilen Bodenfliesenreihe begrenzt sein, sondern eine möglichst leicht befahrbare, insgesamt geneigte Duschfläche aufweisen.

Ein besonderes Problem bei der befahrbaren Duschfläche stellt das Gefälle dar. Dieses bestimmt die Höhe des Fußbodenaufbaus.

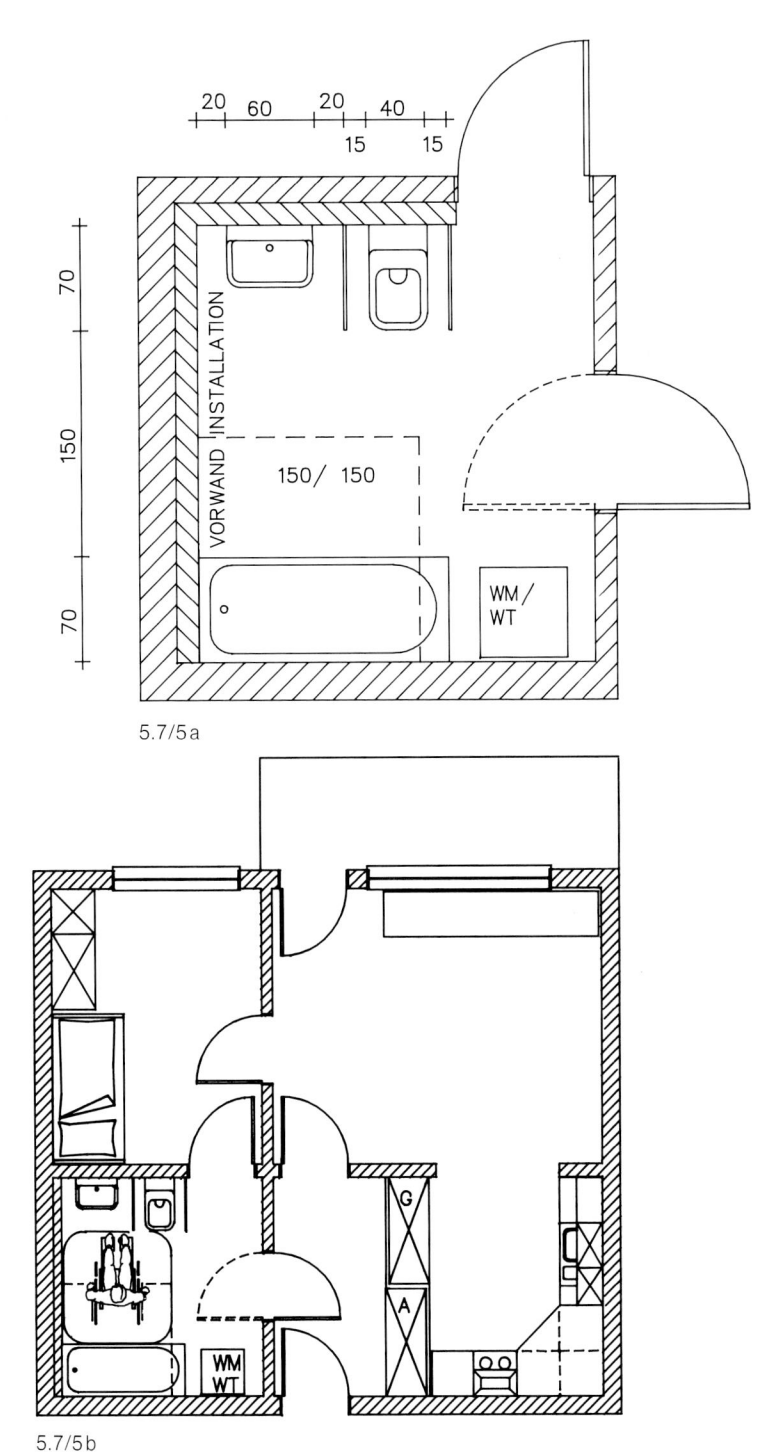

5.7/5a

5.7/5b

5.7/5a + b Sanitärraum für Rollstuhlbenutzer und Zugangsmöglichkeit zum Schlafraum mit Angabe der Vorwandinstallation, M 1:50, M 1:100

5.7/6a

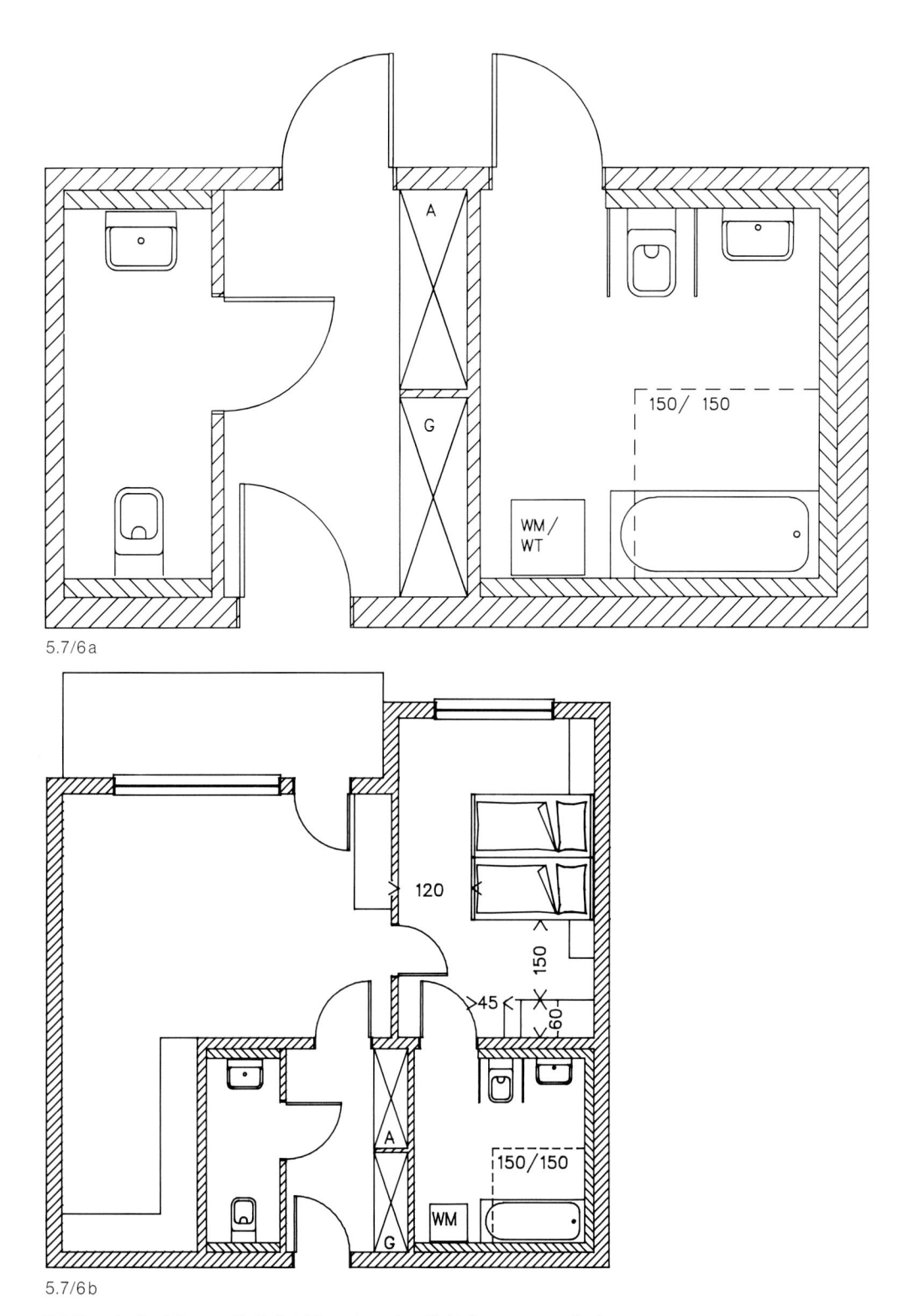

5.7/6b

5.7/6a + b Sanitärraum für Rollstuhlbenutzer dem Schlafraum zugeordnet mit Vorwandinstallation. WC-Raum nicht voll zugängig, M 1 : 50, M 1 : 100

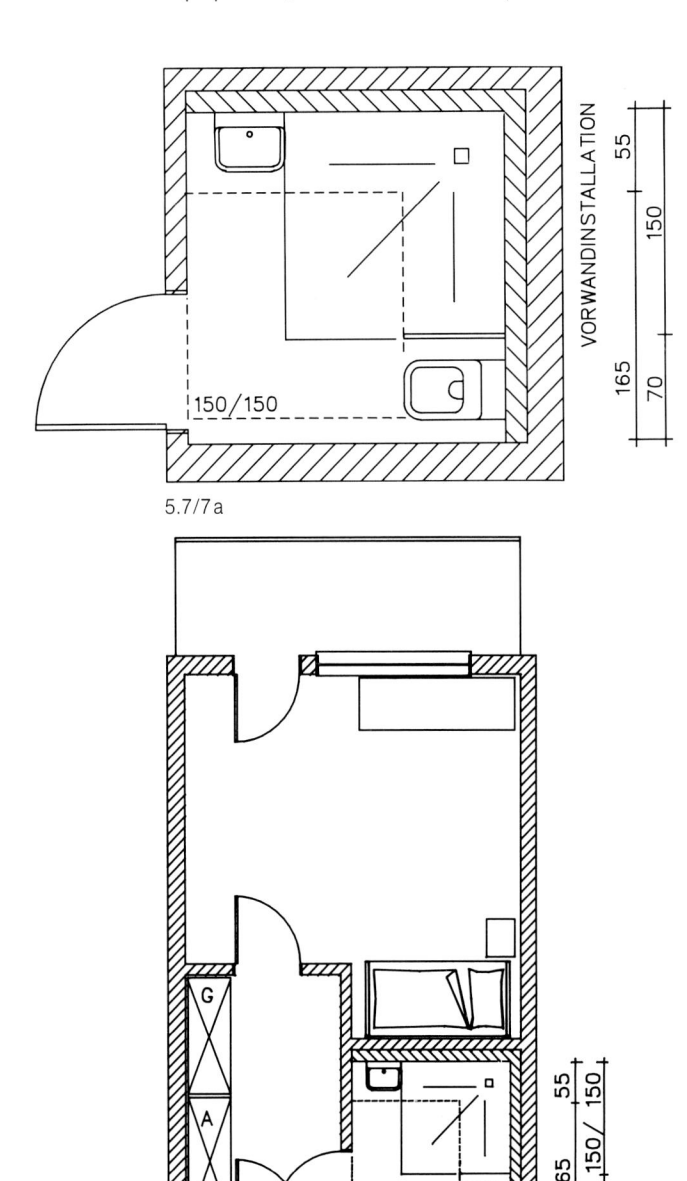

5.7/7a

5.7/7b

5.7/7a + b Sanitärraum für Rollstuhlbenutzer im Einzimmer-Appartement eines Heimes mit Vorwandinstallation ohne Wannenaufstellmöglichkeit, M 1:50, M 1:100

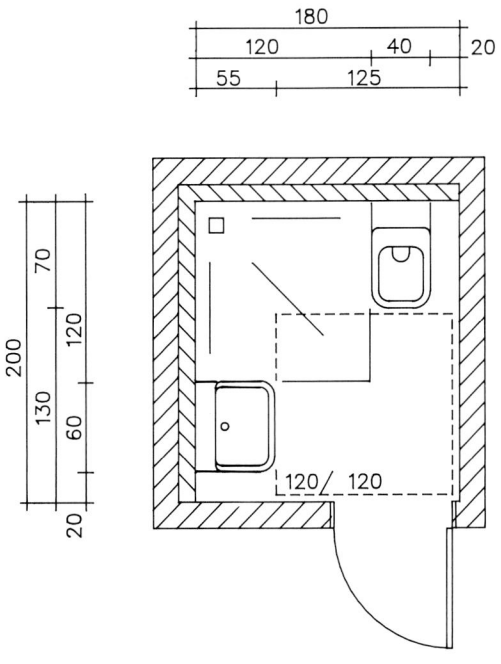

5.7/8 Sanitärraum nach DIN 18025 Teil 2 für behinderte und betagte Menschen mit Vorwandinstallation ohne Wannenaufstellmöglichkeit, M 1:50

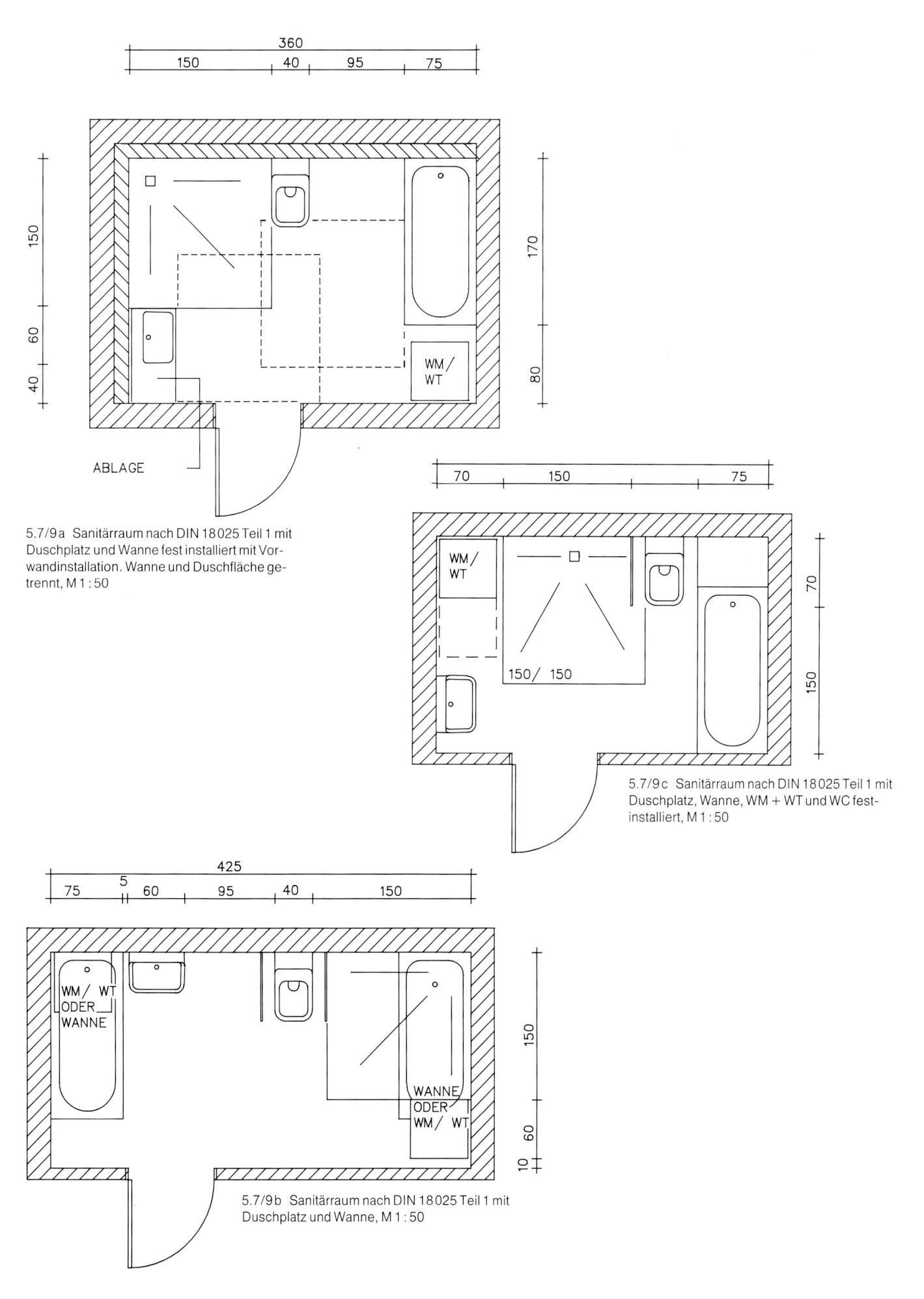

5.7/9a Sanitärraum nach DIN 18025 Teil 1 mit Duschplatz und Wanne fest installiert mit Vorwandinstallation. Wanne und Duschfläche getrennt, M 1:50

5.7/9c Sanitärraum nach DIN 18025 Teil 1 mit Duschplatz, Wanne, WM + WT und WC fest-installiert, M 1:50

5.7/9b Sanitärraum nach DIN 18025 Teil 1 mit Duschplatz und Wanne, M 1:50

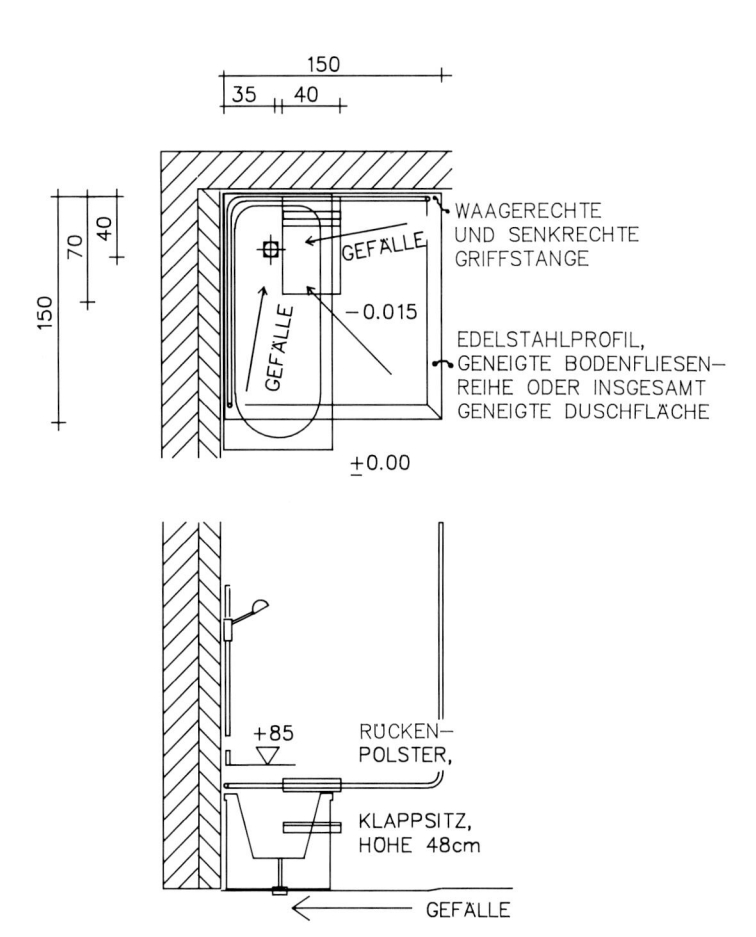

5.7/10 a Austauschbarkeit des Duschplatzes und der Wanne nach DIN 18025 Teil 1, M 1:50

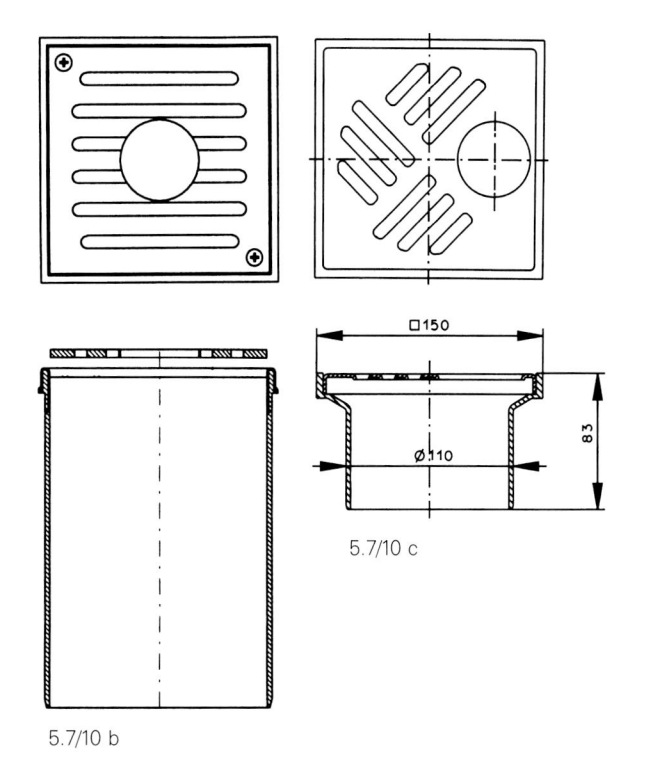

5.7/10 b Fußbodeneinlauf mit einsteckbarem Wanneneinlauf. (Dallmer)

5.7/10 c Fußbodeneinlauf mit einsteckbarem Wanneneinlauf. (Kessel)

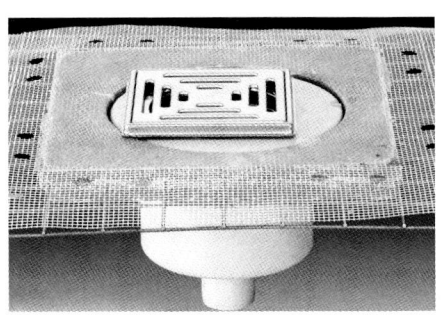

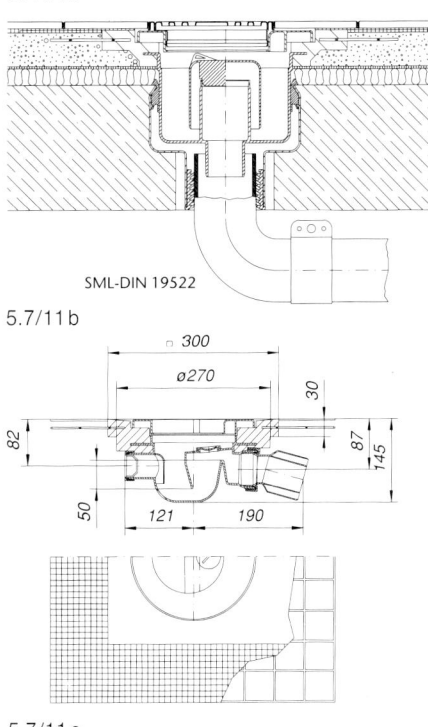

5.7/11 a–c Dünnbett-Ablauf. (Dallmer)

In Abbildung 5.7/12 ist ein Sanitärraum nach DIN 18025 Teil 1 dargestellt und zwar mit befahrbarer Duschfläche, Badewanne, Waschmaschine, Waschbecken und WC. Der mittig angeordnete Fußbodeneinlauf ergibt kurze Gefällestrecken und eine Absenkung um 20 mm.
Der Fußbodenaufbau ergibt sich daher wie folgt:
 5 mm Belag geklebt
 20 mm Gefälle
 45 mm Estrich
 40 mm Trittschalldämmung
 Summe ca. 11 cm.

Bei Verlängerung des Gefälleestrichs bis zum Türanschlag (3 mm Schwelle), um auslaufendes Wasser zurückzuhalten, ergibt sich eine Absenkung um ca. 35 mm, so dass sich folgender Fußbodenaufbau ergibt:
 5 mm Belag
 35 mm Gefälle
 45 mm Estrich
 40 mm Trittschalldämmung
 Summe ca. 12,5 cm.

Der gleiche Sanitärraum nach DIN 18025 Teil 2 mit Duschfläche 120 x 120 cm ergibt eine Absenkung im Duschbereich um ca. 15 mm, so dass sich der Fußbodenaufbau wie folgt ergibt:
 5 mm Belag
 15 mm Gefälle
 45 mm Estrich
 40 mm Trittschalldämmung
 Summe ca. 10,5 cm.

Bei Verlängerung des Gefälleestrichs bis zum Türanschlag ergibt sich eine Absenkung um ca. 35 mm, so dass sich folgender Fußbodenaufbau ergibt:
 5 mm Belag geklebt
 35 mm Gefälle
 45 mm Estrich
 40 mm Trittschalldämmung
 Summe ca. 12,5 cm.

5.7.4.3 Wanne, Armaturen, Haltegriffe, Hilfsmittel
Festinstallierte Wannen oder auch nachträglich eingestellte Wannen mit Stahlblechverkleidung müssen immer unterfahrbar sein (min. 15 cm). Die Bewegungsfläche vor der Wanne ist für das Umsetzen vom Rollstuhl in die Wanne oder für die

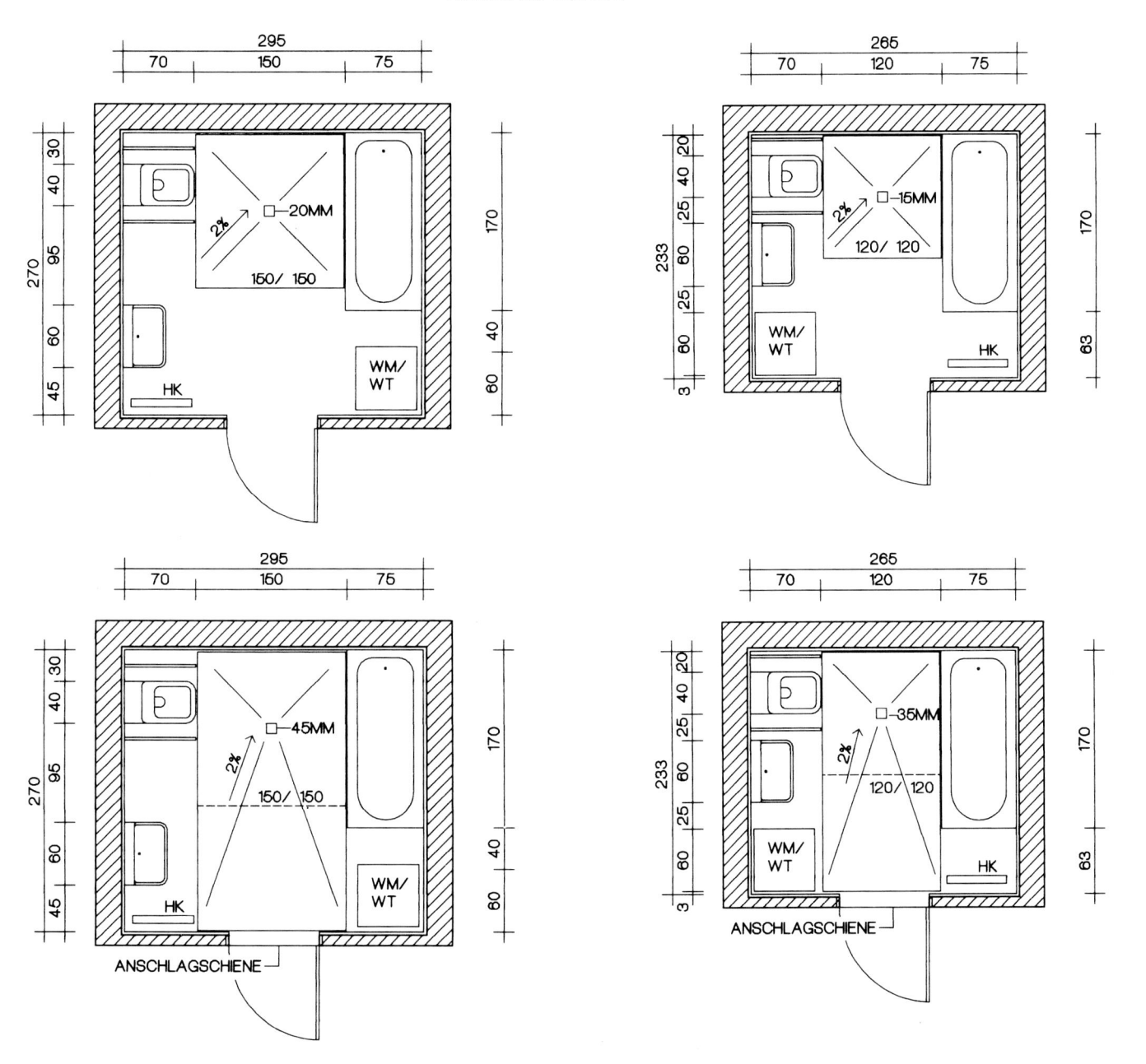

5.7/12a Sanitärraum nach DIN 18025 Teil 1 mit Duschfläche und Gefälleangabe

5.7/12b Sanitärraum nach DIN 18025 Teil 2 mit Gefälleangabe

Benutzung eines Lifters notwendig. An den Wannenrand befestigte Lifter erfordern eine festmontierte Wanne.

Das Ein- und Aussteigen in die Wanne ist ungeachtet verschiedener Umsteige- und Haltevorrichtungen in den meisten Fällen nur mit mechanischen Hebevorrichtungen oder mit fremder Hilfe nötig. Einige Methoden seien hier genannt (Abb. 5.7/13).

1. Die Anordnung eines Einstiegpodestes am Kopfende der Badewanne in Höhe des Badewannenrandes. Der behinderte und betagte Mensch wechselt von seinem Zimmerrollstuhl auf dieses Podest über und gleitet von dort in die Wanne. Haltevorrichtungen sind sowohl am Podest als auch an der Wannenlängswand notwendig, um ein Heraussteigen aus der Wanne zu ermöglichen.

2. In die Wanne eingelegte Hebegeräte stellen einen Ersatz für das Podest dar und erleichtern das Ein- und Aussteigen in und aus der Wanne. Als Beispiel werden die beiden Ausführungen der Firma Aquatec, Peter Schmidt GmbH, Benzstr. 2 in 71720 Oberstenfeld genannt: Die Minor-Aquatec Ausführung besteht aus einer Sitzfläche, die sich in die Badewanne ablassen und mit Hilfe von Wasserdruck wieder anheben lässt. Die Aquatec Normalausführung ist für das Absenken und Anheben liegender Personen geeignet.

3. Hebegeräte am Wannenrand oder im Bereich des Wannenrandes montiert, bedingen ebenfalls Haltevorrichtungen. Der behinderte und betagte Mensch steigt von seinem Rollstuhl auf den Hebesitz um, dreht diesen in die Wanne und kann sich so in die Wanne hinein absenken und von dort wieder herausheben (siehe Kap. 2.8).

4. Deckenlifter. Diese Hebegeräte erfordern eine Deckenschiene mit Hebezeug, die ein Ablassen unmittelbar über der Wanne ermöglichen:
Akkubetrieb bei ca. fünf Bewegungen je Tag; Netzbetrieb bei mehr als fünf Bewegungen je Tag. Ohne Umsteigen können bei geeigneter Schienenführung alle Sanitärgegenstände angefahren werden. Beim Transport durch Türöffnungen, z.B. vom Schlafraum in den Sanitärraum, müssen die Tür und das Türblatt raumhoch bis UK Decke ausgebildet werden. An der Decke wird die Schiene befestigt. Lifter und Fahrantrieb sowie Liegetuch, Achshebel oder Sitzschlinge benötigen reichlich Höhe über dem zu transportierenden Menschen.

5. Der fahrbare Lifter erfordert, wie bereits ausgeführt, eine unterfahrbare Wanne. Je nach Konstruktion des fahrbaren Lifters (siehe Kap. 2.8) ist ein hoher Hohlraum unter der Wanne zur Verfügung zu stellen. Auf die Befahrbarkeit dieser Fläche unter der Wanne ist zu achten (Austauschbarkeit Duschplatz/Wanne).

Sanitärarmaturen sind wie beim Duschplatz als Einhebel-Mischbatterien mit Tem-

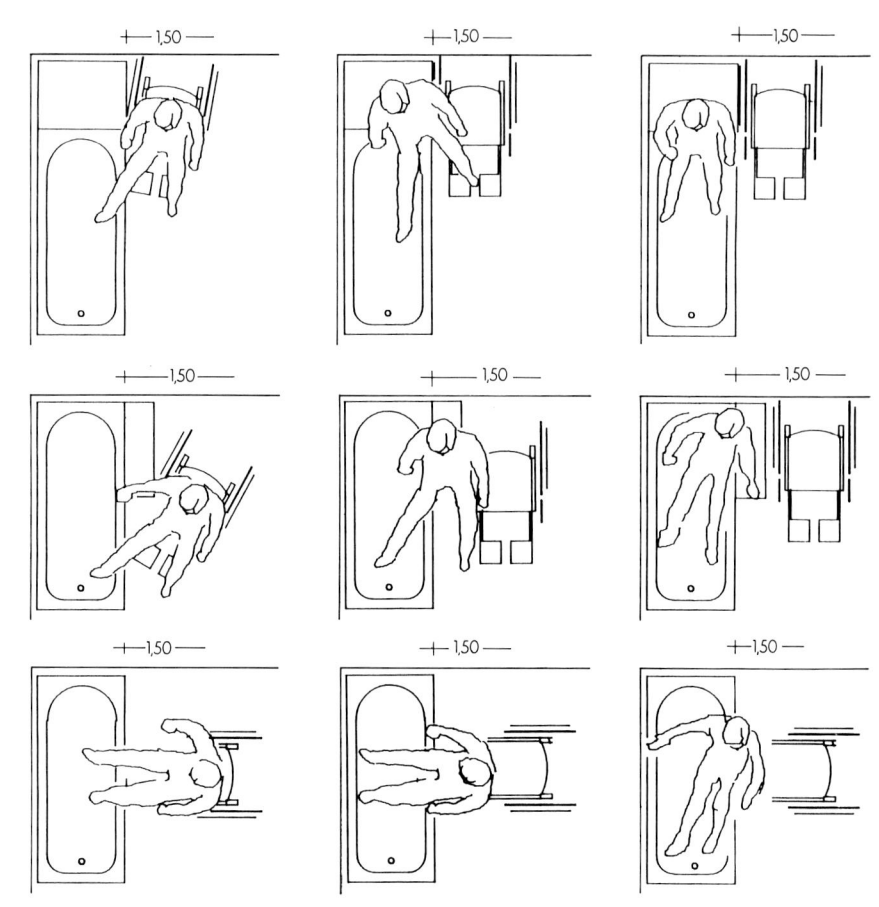

5.7/13 Bewegungsabläufe mit Maßangaben an der Wanne

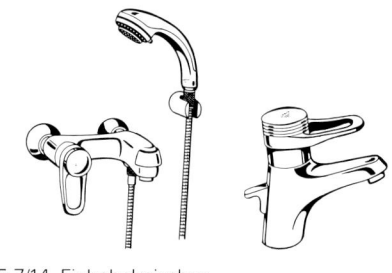

5.7/14 Einhebelmischer

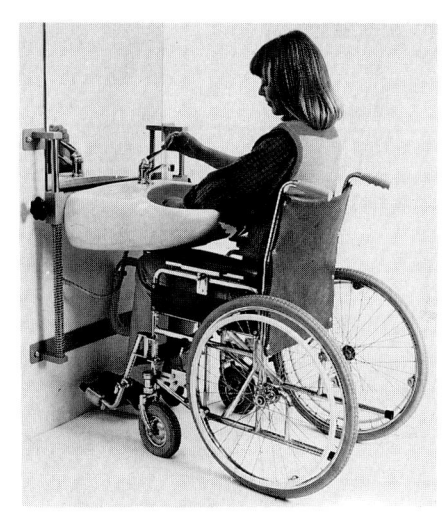

5.7/15a Höhenverstellbarer Waschtisch. (Dansk pressalit)

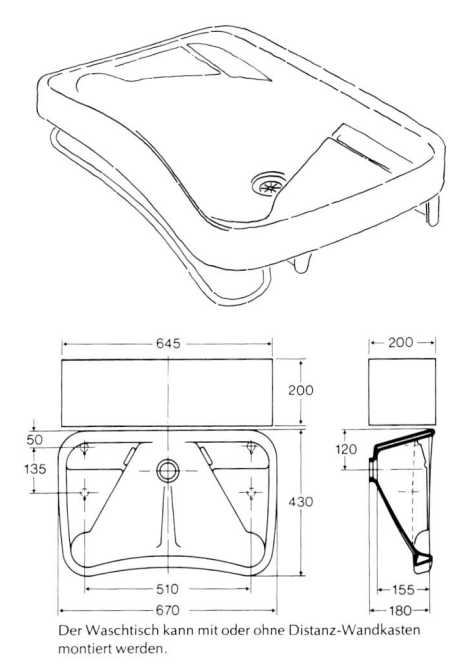

5.7/15b Höhenverstellbarer und neigbarer Waschtisch. Montage mit oder ohne Distanzkasten. (IFÖ)

Der Waschtisch kann mit oder ohne Distanz-Wandkasten montiert werden.

5.7/16 Wandeinbau-Siphon, zugleich kombiniert mit Grundwasserversorgung und Starkstrom. (Dallmer)

5.7/17 Waschtisch. Beckenrand als Greifrand mit seitlicher Ablage. (Keramag)

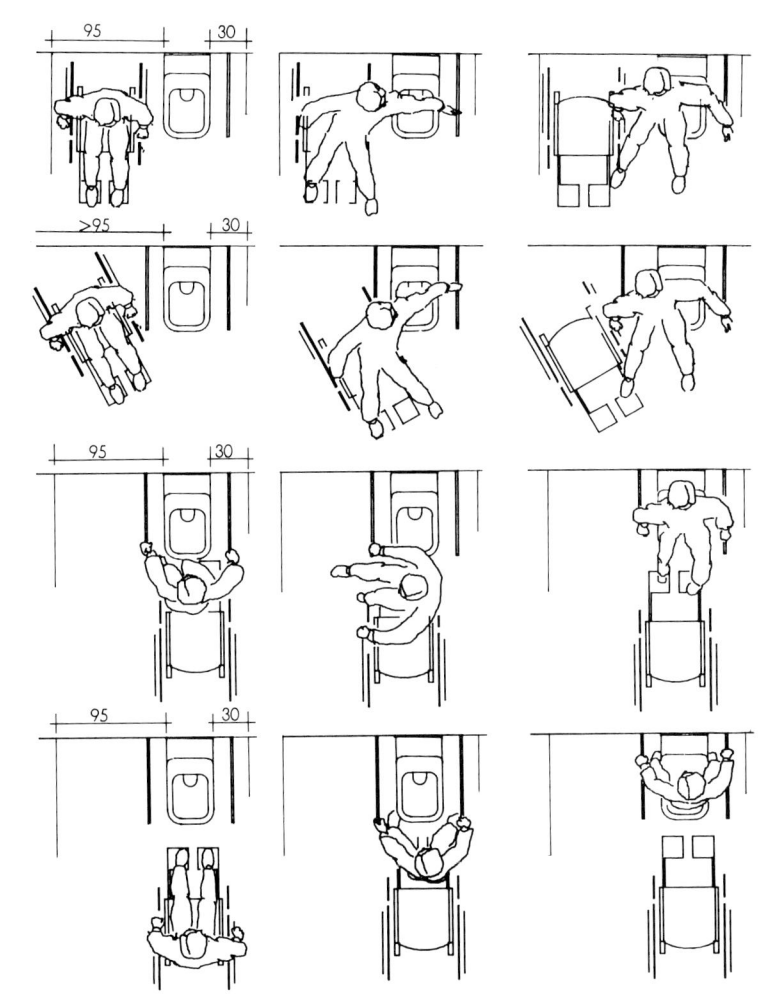

5.7/18 Bewegungsabläufe und notwendige Maße am WC

peraturbegrenzern vorzusehen. Ein schwenkbarer Auslauf ist nicht notwendig. Eine Schlauchbrause mit Gleitstange ist notwendig, wenn eine Schlauchbrause im Duschplatz nicht erreichbar ist. Zu den Hilfsmitteln an der Badewanne gehören auch verschiedene Haltegriffe und einhängbare Badesitze. Die Wahl der Haltegriffe ist von der Behinderung und den Gewohnheiten des behinderten Menschen abhängig. Vor allem, wenn Einstiegtritte verwendet werden, um in die Badewanne zu steigen, sind Haltegriffe unabdingbar. In die Badewanne eingelegte Saugmatten verhindern ein Ausrutschen auf dem Badewannenboden. Ein Untertritt unter die Wanne ist für pflegende Personen ohnehin sinnvoll.

Es empfiehlt sich, die Griffstange so hoch zu montieren, dass sie über dem Badewannenrand an der Wand befestigt wird und beim nachträglichen Aufstellen einer Badewanne nicht entfernt werden muss. Lediglich der Duschklappsitz müsste ausgehängt werden. Auch die Schlauchbrause an der Gleitstange kann verbleiben, ebenso ein fest installierter Brausekopf.

5.7.4.4 Waschtisch, Armaturen, Haltegriffe, Hilfsmittel

Waschtische müssen flach und unterfahrbar sein. Dazu ist es notwendig, dass ein Siphon außerhalb des Bewegungsraumes der Beine angebracht ist. Aus diesem Grunde empfiehlt die Norm einen Unterputz- oder Flachaufputz-Siphon an der Waschtischrückwand. Die bei den Röhrensiphons früher üblichen Rohrabweiser haben sich insofern nicht bewährt, da sie den Beinfreiraum einschränken. Die Montagehöhe des Waschbeckens beträgt 82-85 cm. Seitliche Haltegriffe oder seitliche, belastbare Ablagen sind bei Bedarf vorzusehen. Grundsätzlich gilt, dass Waschtische der Körperform angepasst sein sollen, da behinderte und betagte Menschen möglichst nahe an das Waschbecken heranfahren müssen (Fabrikat Paracelsus, Fabrikat IFÖ-Waschtisch 2630, Abb. 5.7/15b). Alle Einrichtungsgegenstände, wie Ablage, Seifenschalen usw. sind im Greifbereich anzuordnen.

In diesem Zusammenhang ist auf das Waschtischprogramm VITALIS PRO der Firmen KERAMAG in 40878 Ratingen und SPECTRA-Vertriebsgesellschaft mbH, Waldstr. 33 in 76571 Gaggenau hinzuweisen.

Dieses Waschtischprogramm zeichnet sich dadurch aus, als der Beckenrand als Greifrand ausgebildet ist. Auch können wahlweise nach links oder rechts oder nach beiden Seiten seitliche Ablagen angeformt werden, siehe Abb. 5.7/17. Der Handtuchhalter muss so beschaffen sein, dass er als Haltegriff dienen kann. Kippspiegel mit seitlicher Beleuchtung sind notwendig, um sich auch vom Rollstuhl aus betrachten zu können. Manche Kippspiegel können vom Rollstuhl aus kaum betätigt werden. Bis auf den Waschbeckenrand heruntergezogene Spiegel – die Armatur muss dann auf das Waschbecken aufgesetzt sein – haben den Nachteil, dass sie, mindestens im unteren Bereich, verschmutzen. Beim Roth-Kippspiegel ist die Leuchte oben auf das Spiegelglas aufgesetzt und bewegt sich daher mit.

Als Sanitärarmatur kommt auch nur eine Einhebel-Mischbatterie mit Temperaturbegrenzer, schwenkbarem Auslauf und greifgünstigem Hebel in Frage (Abb. 5.7/14). Eine Armatur mit herausziehbarem Brausekopf erleichtert viele Handbewegungen.

5.7.4.5 Spülklosett, Armaturen, Haltegriffe, Hilfsmittel

Es ist grundsätzlich anzustreben, dass jeder behinderte und betagte Mensch das Spülklosett selbstständig benutzen kann. Im wesentlichen sind es zwei Möglichkeiten, die für die Benutzung des Spülklosetts in Betracht kommen.

1. Der Rollstuhlbenutzer fährt vor das Spülklosett, steigt um, indem er bei Bedarf seitliche Armstützen entfernt.
2. Der Rollstuhlbenutzer fährt rechts oder links neben das Spülklosett und steigt nach Entfernen der entsprechenden seitlichen Armstütze um (Bewegungsabläufe siehe Abb. 5.7/18).

Beide Benutzungsarten sollten bei jeder Planung räumlich berücksichtigt werden. Nach Möglichkeit ist sogar ein Doppel-WC-Abgang vorzusehen, damit das WC nach links oder rechts umgesetzt werden kann. Der seitliche Platz zum Umsteigen auf das Spülklosett muss mindestens 95 cm breit sein. Das Umsteigen vom Rollstuhl auf das WC-Becken erfolgt durch Abstützen auf den Stützgriff oder durch Abstützen auf der WC-Brille. Die Sitzhöhe des Klosettbeckens muss deswegen 48 cm betragen, da ein Umsteigen vom Rollstuhl möglich sein muss. Aber auch das Aufsetzen des Fußes auf den Boden ist notwendig, um ein Abpressen des Unterschenkels auf den WC-Sitz zu vermeiden. Nur so ist zur Darmentleerung die Bauchpresse möglich. Wenn das Spülklosett mit dem WC-Rollstuhl von vorne überfahren werden soll, muss es u.U. tiefer montiert werden.

Die mit 48 cm angegebene Sitzhöhe verhindert, dass mit einem Toilettenrollstuhl (Sitzhöhe 43 cm) das WC-Becken überfahren werden kann. Höhere WC-Brillen, die auf normalhohem WC-Becken montiert werden, haben jedoch den Nachteil, dass die Sitztiefe bei aufgeklappter höherer WC-Brille eingeschränkt ist.

WC-Becken mit verlängerter Öffnung und tieferen Brillen sind angezeigt.

Die gebräuchlichen Spüleinrichtungen wie

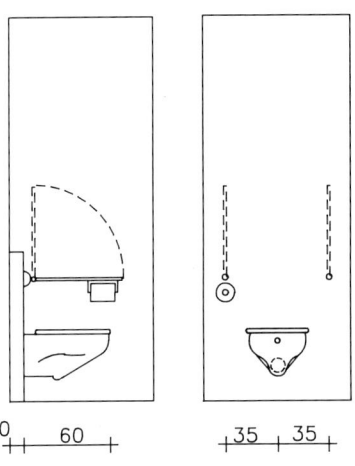

STÜTZGRIFF HERUNTERKLAPPBAR UND IN SENKRECHTER STELLUNG SICH ARRETIEREND

5.7/19 Wandhängendes WC mit herunterklappbaren Stützgriffen, in senkrechter Stellung arretierend, M 1:50

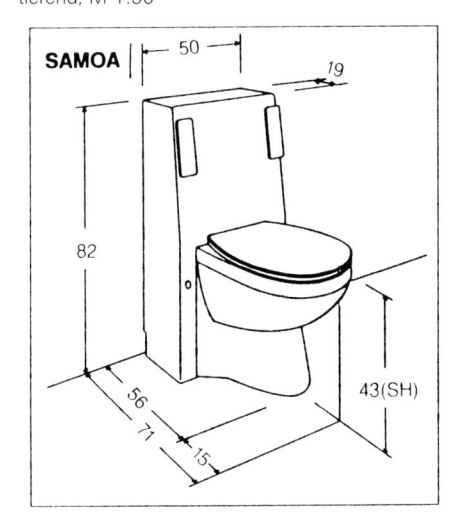

5.7/20 Closomat Samoa und Rio

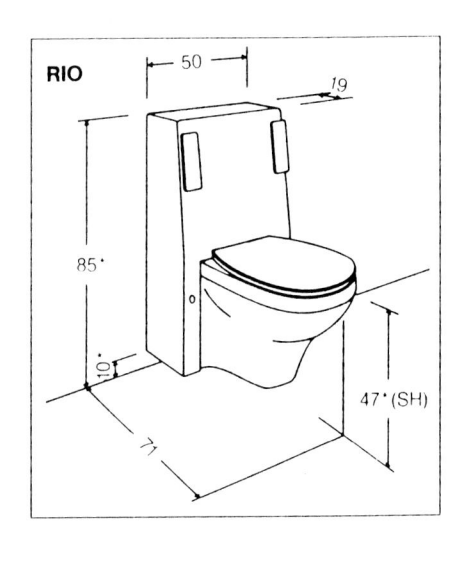

5.7/21 Barrierefreier Duschbereich mit Wandhandlauf und Duschsitz. (HEWI)

5.7/22 Barrierefreies Fertigbad. (Rasselstein)

Druckspüler und Spülkasten sind für behinderte und betagte Personen oft nicht zu betätigen. Daher ist im vorderen Bereich des 85 cm hohen Klappstützgriffes ein Taster zu montieren, damit die Spülung betätigt werden kann (Abb. 5.7/19). Der Abstand der seitlichen Stützgriffe, die in der Senkrechtstellung selbstarretierend ausgebildet sein müssen, beträgt 70 cm. Da Stützgriffe erhebliche Lasten aufnehmen müssen, ist eine entsprechende Verankerung in der Wand notwendig. Installationswände bieten in der Regel solche Verankerungsmöglichkeiten nicht.

Für behinderte und betagte Menschen hat die Sanitär-Industrie zwei Spülklosetts entwickelt, die auch mit Unterdusche und Warmlufttrocknung ausgestattet sind (Closomat und Geberit, Abb. 5.7/20). Wandhängende WC's sind wegen der Bodenfreiheit und der besseren Reinigungsmöglichkeit zu bevorzugen. Sie können jedoch nicht in der Höhe variabel montiert werden.

5.7.4.6 Waschmaschine
Wenn ein Hausarbeitsraum nicht vorhanden ist, muss die Stellfläche für eine Waschmaschine nach DIN 18022 im Bad oder an anderer Stelle vorgesehen werden. Es empfiehlt sich meistens, in Verlängerung einer Badewanne die Waschmaschine aufzustellen, da unter dem Badewannenrand die Trinkwasser- und Entwässerungsleitungen für die Waschmaschine untergebracht werden können. Wenn die Austauschbarkeit Duschplatz/Wanne vorgesehen ist, muss auch bis zur Waschmaschine eine Vorwandinstallation angeordnet werden (Abb. 5.7/5+6+9).

5.7.4.7 Möbel
In den Sanitärräumen werden oft Möglichkeiten zur Ablage von frischer und gebrauchter Wäsche und Hygieneartikel vergessen. Es ist unbedingt notwendig, diese Gegenstände auch im Greifbereich eines Rollstuhlbenutzers unterzubringen. Hierfür bieten sich an:
1. Ein Stauraum über einer Waschmaschine, sofern dort nicht zusätzlich ein Trockner untergebracht ist.
2. Seitliche Ablagen neben dem Waschbecken.
3. Regalflächen über der Vorwandinstallation.
4. Stauraum unter Einstiegspodest an der Badewanne.

5.7.4.8 Lüftung
Da viele behinderte und betagte Menschen sich sehr lange im Sanitärraum aufhalten oder aufhalten müssen, ist eine Lüftung nach DIN 18017 Blatt 3 notwendig. Dies bedeutet, dass mindestens die Raumluft über einen längeren Zeitraum motorisch abgesaugt wird. Noch besser ist, wenn die Wärme der Abluft über einen Wärmetauscher abgezogen und einer Zuluftanlage zugeführt wird. Reine Abluftanlagen werden mit dem Schlüssel oder Lichtschalter eingeschaltet und erst nach einiger Zeit über die Nachlaufautomatik wieder ausgeschaltet.

5.7.4.9 Notruf
In den Sanitärräumen ist immer ein Notrufschalter anzuordnen, der auch vom Boden aus erreichbar sein muss. Dies ist zum Beispiel mit einem Schnurzugschalter möglich, wobei die Schnur bis auf etwa 20 cm über dem Fußboden herunterreichen muss. Eine Notrufschaltung ist nur dann sinnvoll, wenn auch ein Notruf von mindestens einer Bezugsperson (Hausverwaltung oder Treppenhaus) optisch oder akustisch vernommen werden kann.

5.7.4.10 Stütz- und Haltegriffe
Je nach individuellem Bedarf sind vor allem im Sanitärraum, aber auch in anderen Räumen, Stütz- und Haltegriffe sowie Handläufe anzubringen. In der Regel werden diese an den Wänden, in besonderen Fällen an der Decke montiert. Neben den hochklappbaren und in dieser Stellung arretierbaren Stütz- und Haltegriffen bietet die Industrie verschieden geformte Teile an, die gerade oder abgewinkelt sind und aus Edelstahl (Fa. Blanco, Postfach 1160, Oberderdingen; HAGRI, Postfach Essen-Kettwig; WS Gerätebau, Bussardweg 33, Heidenheim-Schnaitheim; ZK-Hospital, Schachtstraße 17, Oer-Erkenschwick), kunststoffbeschichtetem Edelstahl oder auch aus Kunststoff (HEWI, Postfach 1260, Arolsen, Firma Erlau AG, Erlau 16, 73418 Aalen, Edelstahl-Rostfrei-Profil GmbH, Pf. 185247 in 45202 Essen) bestehen. An diesen Stütz- und Haltegriffen lassen sich weitere Hilfsmittel montieren.

5.7.4.11 Fertigbäder
Bei größeren Wohnanlagen lohnt es sich Fertigbäder zu erörtern, Abbildung 5.7/22. Diese Fertigbäder haben 60 bis 80 mm dicke Stahlbetonwände und lassen sich mit Hilfe von Gummilagern auf der vorhandenen Rohdecke aufstellen, so dass eine Schwelle vermieden wird und damit die Duschfläche stufenlos vom Flurbereich befahren werden kann, Fa. Rasselstein, Postfach 11 45 in 56501 Neuwied.

5.8 Elektro-Installationen und -Einrichtungen

Georg Riehle

5.8.1 Allgemeines

5.8.1.1 Bedeutung elektrischer Energie
Der Wohnwert einer Wohnung hängt heute in hohem Maße von einer gut geplanten und gut funktionierenden Stromversorgung bzw. Elektro-Installation ab. Die Elektroinstallation ist nicht eine vom Baukörper isolierte Einrichtung, die irgendwann als notwendiger Zusatz eingebracht wird; im Gegenteil, die Planung muss bereits so frühzeitig erfolgen, dass sie bei Baubeginn (weitgehend) abgeschlossen und eine kostengünstige Erstellung der Elektroinstallation möglich ist.

Für Behinderte und alte Menschen, insbesondere aber für Rollstuhlbenutzer, hat die elektrische Energie eine über das normale Maß hinausgehende Bedeutung, da ihnen elektrische Geräte und Einrichtungen bei vielen Tätigkeiten eine Hilfe sind oder sie erst ermöglichen. Es ist daher erforderlich, die Elektroinstallationen sorgfältig zu planen und hierbei die erhöhten Anforderungen des betroffenen Personenkreises besonders zu berücksichtigen.

Dabei sollte nicht vom augenblicklichen Behinderungsgrad einzelner Personen ausgegangen werden; besser ist eine weitgehend „barrierefreie" Planung, die den einzelnen Betroffenen genügt und möglichst einfach und kostengünstig – auch bei Veränderungen der Behinderung – angepasst werden kann.

Das Ziel muss sein, dass die Betroffenen ihre elektrischen Einrichtungen (z.B. Beleuchtung, Kochgeräte, Kommunikationseinrichtungen) und Geräte (z.B. Tischleuchten, Elektrogeräte) selbst bedienen und benutzen können.

5.8.1.2 Begriffe
Nach DIN 18 015 Teil 1 sind elektrische Anlagen in Wohngebäuden
– Starkstromanlagen mit Nennspannungen bis 1000 Volt
– Fernmeldeanlagen, zu denen die Fernmeldeanlagen der Deutschen Telecom sowie andere Fernmelde- und Informationsverarbeitungsanlagen einschließlich Gefahrenmeldeanlagen gehören

- Empfangsantennenanlagen für Ton- und Fernsehrundfunk
- Blitzschutzanlagen.

5.8.1.3 Vorschriften, Regeln, Normen
Bei der Planung von elektrischen Einrichtungen sind insbesondere zu beachten:
- die Anschlussvoraussetzungen des zuständigen EVU[1] einschließlich der Technischen Anschlussbedingungen (TAB)
- die VDE-Bestimmungen[2]
- die einschlägigen DIN-Normen.

Wegen der grundsätzlichen Bedeutung werden nachfolgend die Festlegungen der Normen über barrierefreies Bauen und elektrische Anlagen in Wohngebäuden dargestellt:

DIN 18025 Teil 1[3]
Diese Norm, die für Wohnungen für Rollstuhlbenutzer gilt, enthält insbesondere folgende Aussagen zu elektrischen Einrichtungen:
- Eine Bewegungsfläche von mindestens 120 cm Breite muss vorhanden sein neben Bedienungsvorrichtungen (Abb. 5.8/1)
- der Sanitärraum muss eine mechanische Lüftung (nach DIN 18017 Teil 3) erhalten
- Batterieladeplätze für Elektrorollstühle sind nach DIN VDE 0510 Teil 3 zu gestalten (siehe auch 5.8.2.3, Schlafräume)
- in jeder Wohnung ist zur Haustür eine Gegensprechanlage mit Öffner vorzusehen
- Fernsprechanschluss
- Bedienungsvorrichtungen (z.B. Schalter, häufig benutzte Steckdosen, Taster, Sicherungen, Raumthermostat, Bedienungselemente automatischer Türen) sind in 85 cm Höhe anzubringen
- Bedienungsvorrichtungen müssen ein sicheres und leichtes Zugreifen ermöglichen. Sie dürfen nicht versenkt und scharfkantig sein
- Bedienungsvorrichtungen müssen einen seitlichen Abstand zur Wand oder zu bauseits einzubringenden Einrichtungen von mind. 50 cm haben (Abb. 5.8/1).
- Hauseingangstüren, Brandschutztüren, Garagentore und Fahrschachttüren müssen kraftbetätigt sein

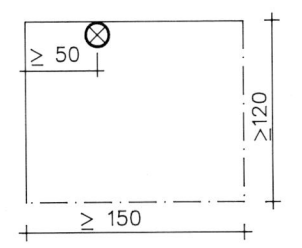

5.8/1 Bewegungsfläche neben Bedienungsvorrichtungen

- Schalter für kraftbetätigte Drehflügeltüren sind bei frontaler Anfahrt mind. 250 cm vor der aufschlagenden Tür und auf der Gegenseite 150 cm vor der Tür anzubringen.

DIN 18025 Teil 2[4]
Diese Norm gilt für alle übrigen Wohnungen. Sie enthält folgende Aussagen:
- In der Wohnung ist zur Haustür eine Gegensprechanlage mit Türöffner vorzusehen
- Fernsprechanschluss muss möglich sein
- Bedienungsvorrichtungen (z.B. Schalter, häufig benutzte Steckdosen, Taster, Bedienungselemente automatischer Türen) sind in 85 cm Höhe anzubringen
- Bedienungsvorrichtungen dürfen nicht versenkt und scharfkantig sein
- Schalter außerhalb von Wohnungen sind durch abtastbare Markierungen und Farbkontraste zu kennzeichnen.

Daneben gibt es noch folgende Empfehlung:
- Beleuchtung mit künstlichem Licht höherer Beleuchtungsstärke soll nach dem Bedarf Sehbehinderter möglich sein.

DIN 18024[5]
Auch diese Norm wurde überarbeitet. Sie gilt nunmehr für öffentlich zugängliche Gebäude und (neu) auch für Arbeitsstätten. Es wurden folgende Festlegungen zu Elektroinstallationen und -einrichtungen getroffen:
- die Bewegungsfläche muss mindestens 150 cm breit und 150 cm tief sein
.. vor Dienstleistungsautomaten
.. vor Ruf- und Sprechanlagen
.. vor Fernsprechzellen und öffentlichen Fernsprechern
.. vor dem Handtrockner im Sanitärraum
- die Bewegungsflächen müssen mindestens 120 cm breit sein
.. neben Bedienvorrichtungen
- in Sanitärräumen ist mindestens eine für Rollstuhlbenutzer geeignete Toilettenkabine einzuplanen. Sie muss u.a. enthalten:
.. Handtrockner, anfahrbar. Handtuchentnahme oder Luftaustritt in 85 cm Höhe
.. Notruf
Notrufschalter in 85 cm Höhe
- in Beherbergungsbetrieben müssen
.. 1 %, mindestens jedoch 1 Zimmer, nach DIN 18025-1 geplant und eingerichtet sein
.. jedes rollstuhlgerechte Gästezimmer mit Telefon ausgestattet sein
.. in rollstuhlgerechten Gästezimmern sollten alle Geräte (z.B. Vorhänge, Türverriegelung) fernbedienbar sein
- öffentlich zugängliche Gebäude oder Gebäudeteile, Arbeitsstätten und ihre Außenanlagen sind mit Orientierungshilfen auszustatten.
Orientierungshilfen sind so signalwirksam anzuordnen, dass Hinweise deutlich und frühzeitig erkennbar sind. Größe und Art der Schriftzeichen müssen eine gute, blendfreie Lesbarkeit ermöglichen.
Orientierungshilfen sind tastbar auszuführen, bei Richtungsänderungen oder Hindernissen müssen besondere Markierungen vorgesehen werden
- die Beleuchtung von Verkehrsflächen, Treppen und Treppenpodesten mit künstlichem Licht ist blend- und schattenfrei auszuführen. Eine höhere Beleuchtungsstärke als nach DIN 5035-2 ist vorzusehen
- empfohlen wird außerdem, Fluchtwege durch besondere Lichtbänder und richtungsweisende Beleuchtung z.B. in Fußleistenhöhe sowie durch Tonsignale zu kennzeichnen.

DIN 18 015 Teil 1[6]
Neben den bereits im Abschnitt 5.8.1.2 genannten begrifflichen Festlegungen enthält die Norm Planungsgrundlagen für die verschiedenen elektrischen Einrichtungen, insbesondere:
- Kabel und Leitungen sind grundsätzlich im Putz, unter Putz, in Wänden oder hinter Wandbekleidungen zu verlegen; auf Wandoberflächen nur bei Nachinstallationen
- die Anordnung unsichtbar verlegter Kabel und Leitungen richtet sich nach DIN 18 015 Teil 3
- innerhalb jeder Wohnung ist in der Nähe des Belastungsschwerpunktes, in der Regel im Flur, ein Stromkreisverteiler mit den erforderlichen Überstrom- bzw. Fehlerstrom-Schutzeinrichtungen vorzusehen. Der Stromkreisverteiler ist mit Reserveplätzen vorzusehen. Bei Mehrraumwohnungen sind mindestens zweireihige Stromkreisverteiler anzuordnen
- als Überstromschutzorgane für Licht- und Steckdosenstromkreise sollen Leitungsschutzschalter (LS-Schalter, „Sicherungsautomaten") vorgesehen werden
- die Anzahl von Steckdosen, Auslässen, Anschlüssen und Schaltern ist nach DIN 18 015 Teil 2 zu planen
- für die Schutzbereiche in Bädern usw. sind insbesondere die Vorgaben in DIN VDE 0100, Teil 701 und Teil 702, zu berücksichtigen
- bei Fernmelde- und Informationsverarbeitungsanlagen muss unterschieden werden zwischen Anlagen, an deren Übertragungssicherheit nur einfache Anforderungen gestellt werden (z.B. Klingel, Türöffner- und Türsprechanlagen) und solchen, die der Sicherung von Leben und hohen Sachwerten dienen und deren Übertragungssicherheit durch zusätzliche Maßnahmen erhöht werden muss (z.B. Brandmelde- und Alarmanlagen)
- Blitzschutzanlagen; sie werden auch in Kapitel 5.10 behandelt.

1–6 Siehe Anhang „Literaturverzeichnis nach Kapiteln"

DIN 18015 Teil 2[7]
regelt Art und Umfang der Mindestausstattung von Wohngebäuden:
- Anzahl der Stromkreise für Steckdosen und Beleuchtung, z.B.

Wohnfläche (m²)	Anzahl der Stromkreise
bis 50	2
über 50 bis 75	3
über 75 bis 100	4

- für Verbrauchmittel mit 2 kW und mehr immer eigene Stromkreise
- im Stromkreisverteiler Reserveplätze vorsehen
- Zahl der Steckdosen usw. in den verschiedenen Räumen nach Tabelle 2 der Norm, z.B.

Raumart/-Größe	Anzahl der Steckdosen
Wohn- oder Schlafraum über 8 m² bis 12 m²	3[x]
über 12 m² bis 20 m²	4[x]
über 20 m²	5[x]
Küche	5 + 1 für Kühlgerät
Bad	2 + 1 für Heizgerät
Flur bis 2,5 m Länge	1
über 2,5 m Länge	1
zur Wohnung gehörender Keller-, Bodenraum	1

x) Die den Betten zugeordneten Steckdosen sind mindestens als Doppelsteckdosen, die neben Antennensteckdosen als Dreifachsteckdosen vorzusehen. Doppel- und Dreifachsteckdosen gelten dabei jeweils als eine einzelne Steckdose.

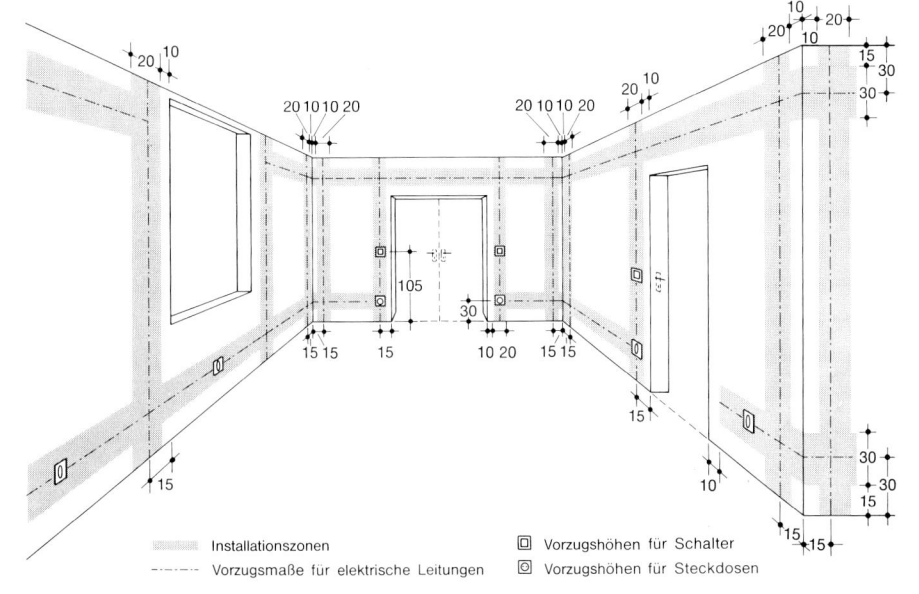

- für jede Wohnung eine Klingelanlage; bei Gebäuden mit mehr als zwei Wohnungen zusätzlich Türöffneranlage in Verbindung mit einer Türsprechanlage
- in jeder Wohnung ein Auslass für einen Telekommunikationsanschluss,
- bei Wohnungen bis zu 3 Aufenthaltsräumen (Wohn-, Schlafräume und Küchen) mindestens eine, bei Wohnungen mit 4 Aufenthaltsräumen mindestens zwei und bei größeren Wohnungen mindestens drei Antennensteckdosen
- Schalten von Auslässen

Für das Schalten – z.B. von Beleuchtungsanlagen, von motorischen Antrieben von Jalousien, Rollläden, Türen und Tore – wird in besonderen Fällen die Anwendung von drahtlosen Fernbedienungen empfohlen
- Beleuchtung von Gemeinschaftsanlagen

Zugangswege sowie Gebäudeeingangstüren einschließlich der Klingeltableaus und der Stufen im Zugangs- und Eingangsbereich sind ausreichend zu beleuchten. Sofern bei Dunkelheit die Beleuchtung nicht ständig sichergestellt ist, sind Einrichtungen wie Dämmerungsschalter, Bewegungsmelder oder vergleichbare automatische Schalteinrichtungen vorzusehen.

Beleuchtungsanlagen für Treppenvorräume, Aufzugvorräume, Treppenräume in Mehrfamilienhäusern und Laubengänge sind mit einstellbarer Abschaltautomatik auszustatten.

Bei Beleuchtungsanlagen in Treppenräumen von Mehrfamilienhäusern ist zur Vermeidung plötzlicher Dunkelheit die Abschaltautomatik mit einer Warnfunktion, z.B. Abdimmen, auszustatten.

Schalter und Taster der Beleuchtungsanlagen von Treppenvorräumen, Aufzugvorräumen, Treppenräumen in Mehrfamilienhäusern und Laubengängen müssen bei Dunkelheit erkennbar sein, z.B. durch eine eingebaute Lampe
- Gebäudesystemtechnik

Um den späteren Einsatz der Gebäudesystemtechnik zu ermöglichen, wird empfohlen, eine vorverkabelte Busleitung im Rahmen der Elektroinstallation oder ein Leerrohrsystem vorzusehen.

Die gültige Norm enthält nur noch einen Mindeststandard. In der früheren Ausgabe der Norm (1980) gab es auch Vorgaben für erhöhte Anforderungen, die den heutigen Vorstellungen für eine moderne und zukunftsweisende Elektroinstallation eher entsprachen.

Die jetzt geltenden Vorgaben über die Mindestausstattung sind insbesondere hinsichtlich Zahl der Stromkreise und Steckdosen für barrierefreie Wohnungen allgemein nicht und für Rollstuhlfahrerwohnungen in keiner Weise ausreichend.

5.8/2 Installationszonen und Vorzugsmaße nach DIN 18015 Teil 3. (Bau-Handbuch Technischer Ausbau, RWE Energie AG)

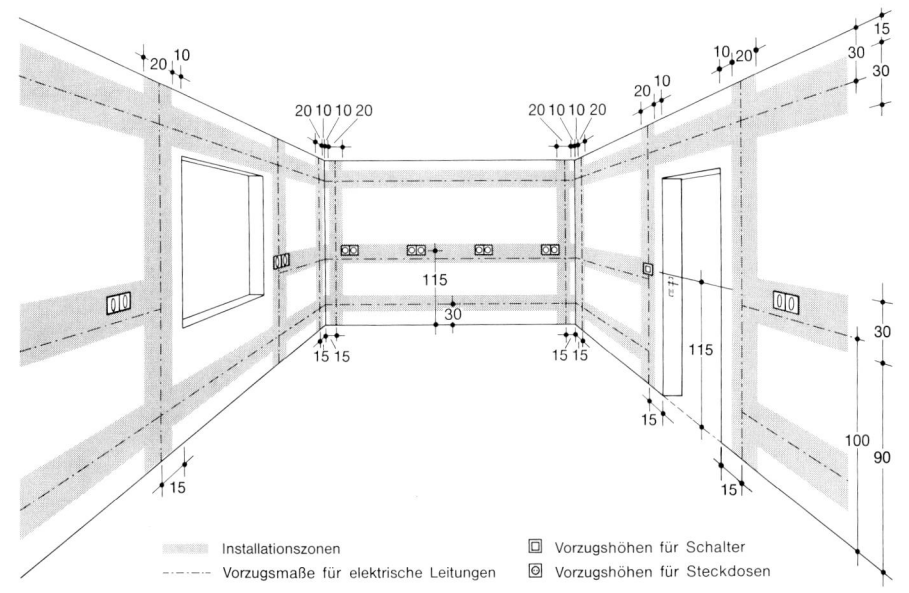

5.8/3 Installationszonen und Vorzugsmaße für Küchen nach DIN 18015 Teil 3. (Bau-Handbuch Technischer Ausbau, RWE Energie AG)

---
7 Siehe Anhang „Literaturverzeichnis nach Kapiteln"

Sehr gut wäre es, für jeden Wohnzwecken dienenden Raum einen eigenen Stromkreis und eine erheblich über die Tabellenwerte hinausgehende Anzahl von Steckdosen vorzusehen. Noch besser sind getrennte Licht- und Steckdosenstromkreise, damit bei einem Defekt in einem angeschlossenen Gerät das Licht nicht ausfällt und somit eine erhöhte Unfallgefahr vermieden wird. Dies gilt besonders für Küche und Bad.

Sofern z.B. aus Kostengründen die Elektroinstallation etwas einfacher ausgeführt werden soll, sollten zumindest für je zwei Wohn- oder Schlafräume jeweils eigene Stromkreise für Licht und Steckdosen eingeplant werden; für Küche und Bad jedoch immer eigene Stromkreise.

Die Hauptberatungsstelle für Elektrizitätsanwendung e.V. (HEA)[8] unterscheidet die Elektroinstallationen in Wohnungen in drei Stufen („Ausstattungswerte"). Dieses Bewertungsschema ist unter der Bezeichnung RAL-RG 678 beim Deutschen Institut für Gütesicherung und Kennzeichnung e.V. (RAL) registriert (derzeitig gültig Ausgabe März 1990)[9].

Die Stufe 1 (1 Stern) entspricht etwa der DIN 18 015 Teil 2 und sollte beim barrierefreien Bauen nicht als Grundlage für die Elektroinstallation angewendet werden.

Die Stufe 2 (2 Sterne) erfüllt bereits höhere Anforderungen und ist für viele Anwendungsfälle angemessen. Im Rahmen des barrierefreien Bauens sind einige Besonderheiten/zusätzliche Vorgaben erforderlich, auf die bei den einzelnen Räumen und Einrichtungen hingewiesen wird.

Die Stufe 3 (3 Sterne) erfüllt weit höhere Anforderungen. Es erscheint jedoch nicht unbedingt erforderlich und wirtschaftlich, diese hohe Anforderungsstufe als Grundsatz für das barrierefreie Bauen zu fordern.

DIN 18 015 Teil 3[10]
Diese Norm hat den Zweck, die Anordnung von unsichtbar verlegten Leitungen auf bestimmte festgelegte Zonen zu beschränken, um bei der Montage anderer Leitungen (z.B. Gas, Wasser, Heizung) oder bei sonstigen nachträglichen Arbeiten an den Wänden die Gefahr der Beschädigung der elektrischen Leitungen einzuschränken. Für die Unterbringung der elektrischen Leitungen werden Installationszonen festgelegt (Abb. 5.8/2+3).

Schalter und Steckdosen sind vorzugsweise neben den Türen in den senkrechten Installationszonen so anzuordnen, dass ihre Mitte 105 cm über der fertigen Fußbodenfläche liegt (Achtung: DIN 18024/25 gibt für Schalter 85 cm verbindlich vor!).

Der Anschluss von Schaltern und Steckdosen, die notwendigerweise außerhalb der Installationszonen angeordnet werden müssen (s. o.), ist mit senkrecht geführten Stichleitungen aus der nächstgelegenen waagerechten Installationszone vorzunehmen.

5.8.2 Starkstromanlagen

Die nachfolgenden Ausführungen beziehen sich hauptsächlich auf Wohnungen und grundsätzliche Aussagen für alle Gebäude; besondere Aussagen zu öffentlich zugänglichen Gebäuden (DIN 18024) werden nur an wenigen Stellen gemacht. Es ist selbstverständlich, dass in dem zuletzt genannten Bereich auf jeden Fall die Festlegungen in DIN 18024 berücksichtigt werden; siehe hierzu Kapitel 5.8.1.3.

5.8.2.1 Einzelne Einrichtungen

Zähler und Stromkreisverteiler
Diese Einrichtungen können getrennt oder in einem gemeinsamen Schrank vorgesehen werden.

Stromkreisverteiler sind nach DIN 18 015 Teil 1 innerhalb der Wohnung nahe am Belastungsschwerpunkt vorzusehen. Dies dürfte im Regelfalle im Flur nahe Küche/Bad sein. Da heute in den Stromkreisverteilern auch im privaten Bereich Schütze, Schaltuhren usw. eingebaut werden und diese Schalteinrichtungen meist Geräusche verursachen, sollten Verteilungen nicht in Wände eingebaut werden, die an Schlafräume angrenzen.

Wichtig ist, dass die ggf. zu bedienenden LS-Schalter in einer (mittleren) Höhe von 0,85 m über dem Fußboden angeordnet sind. Sofern eine mehrreihige Anordnung erforderlich ist (was z.B. bei einer Installation entsprechend den vorherigen Ausführungen immer der Fall sein wird), sollte die oberste Reihe – wenn irgend möglich – höchstens in etwa 1,0 m Höhe sein. Dies entspricht den Festlegungen des Bedientableaus in Aufzügen (siehe Kapitel 5.9).
Eine eindeutige Kennzeichnung der einzelnen Schalter (welcher gehört zu welchem Stromkreis?) entweder am Schalter oder z.B. auf der Innenseite der Tür des Stromkreisverteilers ist unbedingt erforderlich.

Stromkreisverteiler sind so anzuordnen, dass sie auch von Rollstuhlbenutzern erreicht werden können (Bewegungsfläche, mind. 50 cm aus der Ecke!); Zählernischen sind nach den einschlägigen DIN-Normen vorzusehen.

Leerrohre, Leerdosen
Für eine barrierefreie Nutzung ist es sinnvoll, Leerrohre und Leerdosen für eine einfache und preisgünstige nachträgliche Installation von z.B. zusätzlichen Steckdosen, Antennenanschlüssen und Telefonsteckdosen vorzusehen, wenn nicht von vornherein eine genügend große Anzahl fest installiert wird; höherer Installationsaufwand gegenüber DIN 18 015 Teil 2 vermeidet kostspielige und teilweise sehr „schmutzbereitende" Nachinstallationen, die fast immer erforderlich werden, wenn noch nicht einmal entsprechende Leerrohre vorhanden sind.

Nach DIN 18 015 Teil 1 ist zur Ausschöpfung aller Empfangsmöglichkeiten über
– terrestrische Antenne
– Satellitenantenne und
– Breitband-Kommunikationseinspeisung
ein Leerrohr zwischen oberstem Geschoss und Kellergeschoss vorzusehen.

Schalter, Taster
Schalter und Taster sind in einer Höhe von 0,85 m über dem Fußboden anzuordnen (DIN 18024/25). Möglich ist es auch, z.B. in Wohnungen für Rollstuhlbenutzer, Zugschalter oder ähnliches zu verwenden, deren Bedienung über verstellbare Schnüre, Kordeln oder dergleichen geschieht. Damit ist eine einfache Anpassung an die jeweiligen Bewohner möglich.
Schalter und Taster sollten immer auch von Rollstuhlbenutzern bedienbar sein, also von Ecken usw. mindestens 50 cm entfernt sein.
Als Taster sollten nur Großflächentaster verwendet werden (mindestens 50 mm), keine Sensortaster. Taster mit taktilen Bezeichnungen und gegenüber dem Hintergrund kontrastreich (Hell/Dunkel). Auf einheitliche Einstellung ist zu achten, z.B. bei Kipp- oder Wippschaltern.

Steckdosen
Häufig benutzte Steckdosen sind grundsätzlich in einer Höhe von 0,85 m über dem Fußboden anzuordnen. Daneben können seltener benutzte Steckdosen, z.B. für Staubsauger oder TV-Geräte, in einer geringeren Höhe angebracht sein. Manchmal ist dies sogar die günstigere Lösung.
Für Steckdosen gilt ebenfalls die Festlegung, dass in Ecken ein Abstand von 50 cm einzuhalten ist, damit auch Rollstuhlfahrer diese benutzen können.
Für in den Armen geschwächte Behinderte ist u.U. die Nutzung von Schuko-Steckdosen kaum möglich. Hier müssen im Einzelfalle geeignete Maßnahmen (Mithilfe durch andere Personen, über Taster abschaltbare Steckdosen o.Ä.) vorgesehen werden.
Schaltbare Steckdosen sollten immer einen Schalter mit Kontrolllicht haben, damit die Einschaltung leicht und eindeutig erkennbar ist.

Feste Anschlüsse
Feste Anschlüsse (z.B. Elektroherd) dürfen nur von einem zugelassenen Elektroinstallateur hergestellt werden, so dass für diese keine besonderen Anforderungen aus der Sicht der Behinderten zu stellen sind.

8-10 Siehe Anhang „Literaturverzeichnis nach Kapiteln"

Fest angeschlossene Geräte sollten immer einzeln abgesichert werden, auch wenn sie weniger als 2 kW Leistung haben (z.B. Lüfter), so dass ein Schaden an diesen Geräten nicht zum Ausfall der Licht- oder Steckdosenstromkreise (an Stehleuchten, Tischleuchten) führt.

Tür- und Torantriebe
Garagentore nach DIN 18024 Teil 2 und 18025 Teil 1 müssen kraftbetätigt sein, damit sie von allen Bewohnern leicht (bzw. überhaupt erst) geöffnet und geschlossen werden können. Werden für andere Wohnungen Torantriebe nicht von vornherein vorgesehen, ist zumindest die Nachrüstmöglichkeit einzuplanen (u.a. Elektroanschluss, ggf. Steuerstellen – Bedienhöhe!). Hinsichtlich der Steuerung sind die Festlegungen in DIN 18024/25 zu beachten. In den meisten Fällen dürfte es sinnvoll sein, Fernsteuerungen einzuplanen. Dadurch entfällt zumindest die feste Bedienungseinrichtung außen, und bei nachträglichem Einbau sind keine umfangreichen Installationsarbeiten erforderlich.
Hauseingangstüren nach DIN 18025 Teil 1 müssen ebenfalls mit einem Kraftantrieb ausgerüstet sein, die anderen sollten zumindest mit einem Kraftantrieb nachrüstbar sein, um insbesondere Rollstuhlfahrern die Benutzung zu erleichtern. Als Steuereinrichtungen hierfür eignen sich auch Bewegungsmelder (Passiv-Infrarot oder Radar), da hiermit die Türen berührungslos und rechtzeitig selbsttätig geöffnet werden.
Auch Brandschutztüren nach den vorgenannten Normen müssen kraftbetätigt sein. Die Festlegungen zum Unfallschutz in den verschiedenen Regeln (Unfallverhütungsvorschriften, DIN-Normen, EN-Normen) sind bei der Planung kraftbetätigter Türen und Tore unbedingt zu berücksichtigen, da hier im Bewegungsbereich immer mit (spielenden) Kindern gerechnet werden muss. Dies gilt insbesondere bei Drehflügeltüren und Garagenschwingtoren!

Elektrische Rollladenantriebe usw.
Zumindest in Wohnungen für Rollstuhlfahrer und in rollstuhlgerechten Gästezimmern von Beherbergungsbetrieben empfiehlt es sich, Rollläden, Jalousien, Sonnenschutzeinrichtungen und ähnliche kraftbetätigt und ferngesteuert auszuführen. Siehe hierzu auch die Ausführungen auf Seite 245. Bei fest installierten Steuereinrichtungen ist auf die richtige Bedienhöhe (0,85 m) zu achten.

5.8.2.2 Beleuchtung

Allgemeines
Für die Beleuchtungsstärke gibt DIN 5035[11] Richtwerte vor; ebenfalls werden Hinweise und Empfehlungen zu Blendung, Lichtrichtung und Schattigkeit, Lichtfarbe und Farbwiedergabe gegeben. Zur Beleuchtung siehe auch die Ausführungen auf Seite 244. Da die Leuchten zumindest in Wohnungen üblicherweise von den Bewohnern gestellt werden, können die Anforderungen durch geeignete Leuchtenwahl und -anbringung immer erfüllt werden. Dies gilt auch für Menschen, die eine erhöhte Beleuchtungsstärke benötigen, z.B. Sehbehinderte. Im Interesse der Betroffenen sollten dunkle Wohnbereiche, Flure, Hauseingänge und Außenbereiche vermieden werden bzw. es muss durch eine entsprechende Elektroinstallation die Möglichkeit der Leuchtenmontage gegeben sein.
Empfehlenswert sind Leuchten mit VDE- oder GS-Zeichen, damit sichergestellt und einfach erkennbar ist, dass die Leuchten ohne Gefahr benutzt werden können.

Decken- und Wandleuchten
Bei mehreren Lichtauslässen sind Serienschaltungen, bei mehreren Raumzugängen Wechselschaltungen zweckmäßig, wenn nicht eine Fernsteuerung für die Beleuchtung (Ein/Aus und ggf. Helligkeit) vorgesehen wird. Letzteres stellt insbesondere für Rollstuhlbenutzer eine erhebliche Erleichterung dar.
Bei Eingängen, Fluren und Treppenhäusern ist auf eine auch für Sehschwache ausreichende Beleuchtungsstärke bzw. entsprechende Auslässe für die Leuchten zu achten (DIN 18025 Teil 2).

Bodenleuchten
Bodenleuchten eignen sich wegen der am Boden liegenden Anschlussleitungen meist nicht für Wohnungen, in denen sich Gehbehinderte, Sehschwache, Blinde oder Rollstuhlbenutzer bewegen sollen.
Es müssen daher ausreichende Möglichkeiten für Decken-, Wand- und Tischleuchten vorgesehen werden.

Tischleuchten
Die Vielzahl von Formen ermöglicht jedem Wohnungsnutzer – bei entsprechend großer Zahl an Steckdosen – die geeignete Leuchte zu wählen und aufzustellen.
Auch hinsichtlich der Lampen werden unterschiedlichste Ausführungen angeboten (Glühlampen, Kompakt-Leuchtstofflampen, Halogenlampen, teilweise mit eingebauter Helligkeitsregelung), so dass die unterschiedlichsten Anforderungen und Wünsche erfüllt werden können.
Halogenlampen-Leuchten sollten zur Vermeidung von Verbrennungen an den heißen Lampen und als Schutz vor schädlicher UV-Strahlung immer mit einer Abdeckung (Schutzglas vor der Lampe) verwendet werden. Dies gilt besonders für Tisch- und Stehleuchten.

Notbeleuchtung (Sicherheitsbeleuchtung/Ersatzbeleuchtung)
In verschiedenen Vorschriften, Richtlinien, Normen usw. sind Forderungen nach dem Einbau von Not- oder Sicherheitsbeleuchtungen vorhanden, z. B.:
– bei hohen Gebäuden oder Hochhäusern nach den Landesbauordnungen
– bei bestimmten Großgaragen nach den Garagenverordnungen der Länder
– bei Waren- und Geschäftshäusern nach den Geschäftshausverordnungen der Länder
– bei Versammlungsstätten nach den Versammlungsstättenverordnungen der Länder
– bei Beherbergungsbetrieben, Krankenhäusern, Altenheimen, Schulen usw. nach den jeweiligen landesrechtlichen Vorschriften
– bei Arbeitsstätten nach § 7 Abs. 4 der ArbStättV[12] bzw. ASR 7/4[13].

Zur Klarstellung sind nachfolgend die Begriffe nach DIN 5035 Teil 5 aufgeführt:
Notbeleuchtung ist eine Beleuchtung, die bei Störung der Stromversorgung der allgemeinen künstlichen Beleuchtung rechtzeitig wirksam wird.
Unterschieden werden: Sicherheitsbeleuchtung und Ersatzbeleuchtung.
– Sicherheitsbeleuchtung ist eine Notbeleuchtung, die aus Sicherheitsgründen notwendig ist.
– Sicherheitsbeleuchtung für Rettungswege ist eine Beleuchtung, die Rettungswege während der betriebserforderlichen Zeiten mit einer vorgeschriebenen Mindestbeleuchtungsstärke beleuchtet, um das gefahrlose Verlassen der Räume oder Anlagen zu ermöglichen.
– Sicherheitsbeleuchtung für Arbeitsplätze mit besonderer Gefährdung ist eine Beleuchtung, die das gefahrlose Beenden notwendiger Tätigkeiten und das Verlassen des Arbeitsplatzes ermöglicht.
– Ersatzbeleuchtung ist eine Notbeleuchtung, die für die Weiterführung des Betriebes über einen begrenzten Zeitraum ersatzweise die Aufgabe der allgemeinen künstlichen Beleuchtung übernimmt.

Die Anforderungen an die verschiedenen Arten der Sicherheitsbeleuchtung bzw. Notbeleuchtung sind unterschiedlich und müssen im Einzelfalle in den zutreffenden Regeln, z. B: DIN VDE 0108[14], DIN 5035 Teil 5 sowie ASR 7/4 nachgelesen werden.

5.8.2.3 Besonderheiten einzelner Räume

Wohnräume
Auch bei kleineren Räumen sollten wesentlich mehr Steckdosen, als in DIN 18015

11-14 Siehe Anhang „Literaturverzeichnis nach Kapiteln"

Teil 2 vorgesehen, installiert werden, ggf. sogar als Doppel- oder Mehrfachsteckdosen (siehe hierzu auch Ausführungen zu DIN 18015 Teil 2 im Kapitel 5.8.1.3); allein in der Nähe der Rundfunk-/Fernsehanschlüsse sind mindestens drei Anschlussmöglichkeiten erforderlich (Rund- funk, Fernseher, Rekorder, Tonband/CD-Spieler, Hintergrundbeleuchtung usw.). Außerdem ist zu berücksichtigen, dass meist eine große Zahl elektrischer Geräte verwendet wird, wie z.B. Aquarien, Zusatzheizgeräte, Lüfter/Luftbefeuchter, Wärmeplatten, Reinigungsgeräte usw., die möglichst ohne „Kabelsalat" auf dem Fußboden angeschlossen werden sollen.

Empfehlenswert ist eine Ausstattung nach HEA-Ausstattungswert 3 mit folgender Anzahl von Steckdosen, die natürlich zweckmäßig verteilt im Raum anzuordnen sind:

Wohnfläche (m^2)	Anzahl der Steckdosen
über 50 bis 12	7
über 12 bis 20	9
über 20	11

Ausstattungswert 2 mit 5/7/9 Steckdosen ist hier etwas zu knapp.

Zur Schonung der Augen beim Fernsehen ist eine gewisse Grundhelligkeit im Raum erforderlich. Hierfür eignen sich z.B. kleine Leuchten hinter dem Fernseher, die möglichst gleichzeitig mit diesem eingeschaltet werden.

Schlafräume
Auch hier sind mehr Steckdosen erforderlich, als in DIN 18015 Teil 2 vorgesehen (siehe auch Kapitel 5.8.4.1); die in Bettnähe sind zumindest als Doppelsteckdosen auszuführen.

Empfehlenswert ist eine Grundausstattung gem. HEA-Ausstattungswert 2:

Wohnfläche (m^2)	Anzahl der Steckdosen
über 50 bis 12	5
über 12 bis 20	7
über 20	9

Auf eine nutzungsgerechte Anordnung im Raum muss geachtet werden.

Zu berücksichtigen sind insbesondere Bettwärmer, Heizdecken/-Kissen-, Rundfunk- und Fernsehgeräte, Zusatzheizgeräte, Lüfter/Luftbefeuchter, Reinigungsgeräte und ggf. elektrisch verstellbare Betten sowie ein Heimdialysegerät.

Die Beleuchtung sollte sowohl von der Türe als auch von den Betten aus schaltbar sein (Wechselschaltung, Stromstoßschaltung, Fernsteuerung). Siehe hierzu auch die Ausführungen auf Seite 244+245.

Für Rollstuhlbenutzer, Schwerstbehinderte usw. sind außerdem eventl. Hebe- und Pflegegeräte erforderlich, die zusätzliche Anschlussmöglichkeiten erfordern.

Bei Räumen für Rollstuhlbenutzer ist außerdem eine besondere Steckdose mit getrenntem Stromkreis in der Nähe des Bettes für eine Nutzung als Ladeplatz für Elektro-Rollstühle vorzusehen (zumindest jedoch Leerrohre, Leerdose), damit auch Rollstuhlbenutzer, die mit ihrem Rollstuhl bis zum Bett fahren müssen, eine Möglichkeit zum Laden der Antriebsbatterien haben. Hierbei sind jedoch unbedingt die Festlegungen in DIN VDE 0510 Teil 3[15] zu beachten.

Bei Ladeplätzen in Schlafräumen sind auf jeden Fall mindestens folgende Bedingungen einzuhalten, damit keine aufwändigen und teuren Lösungen (z.B. mechanische Lüftung, besondere Plätze) geschaffen werden müssen:
– Batteriespannung 24-36 V
– Ladegerät-Nennleistung höchstens 1 kW
– Raumtemperatur +10 °C bis +25 °C
– Raumheizung mit offenem Feuer oder Glühkörper unzulässig
– Heizkörper mit mehr als 300 °C Oberflächentemperatur im Nahbereich der Batterien (≤ 0,5 m) unzulässig
– Steckvorrichtungen müssen mindestens 0,5 m von den Batterien entfernt sein
– der Ladeplatz muss an den Bedienungsseiten begehbar sein (Gangbreite ≥ 0,6 m; Ganghöhe ≥ 2,0 m)
– es sind Ladegeräte zu verwenden, deren Transformatoren die Bedingungen der sicheren elektrischen Trennung erfüllen.

Küche/Hausarbeitsraum
An jedem Arbeitsplatz ist mindestens eine Steckdose erforderlich, die ggf. als Doppelsteckdose ausgeführt ist; insgesamt sollten mindestens acht Steckdosen für Kleingeräte und eine Steckdose für den Kühlschrank/Gefrierschrank, die Geschirrspülmaschine und die Dunstabzugshaube vorhanden sein.

Dies entspricht etwa dem Ausstattungswert 3 nach HEA; Ausstattungswert 2 mit nur 6+3 Steckdosen ist für die unterschiedlichen Bedürfnisse Behinderter und alter Menschen nicht zweckmäßig.

Die Beleuchtung der Arbeitsplätze muss schatten- und blendfrei möglich sein. Dafür müssen genügend Auslässe vorgesehen werden; in vielen Fällen wird eine Beleuchtung mit Leuchtstofflampen-Leuchten unter den Oberschränken (mit Blendschutz) die günstigste Lösung sein. Entsprechende Anschlussmöglichkeiten und Schalter in Normhöhe sind erforderlich.

Sofern keine zentrale Entlüftung vorgesehen ist, sollte unbedingt der Anschluss einer Dunstabzugshaube über der Kochstelle möglich sein (Abluftbetrieb ist wesentlich besser als Umluftbetrieb!).

---
15 Siehe Anhang „Literaturverzeichnis nach Kapiteln"

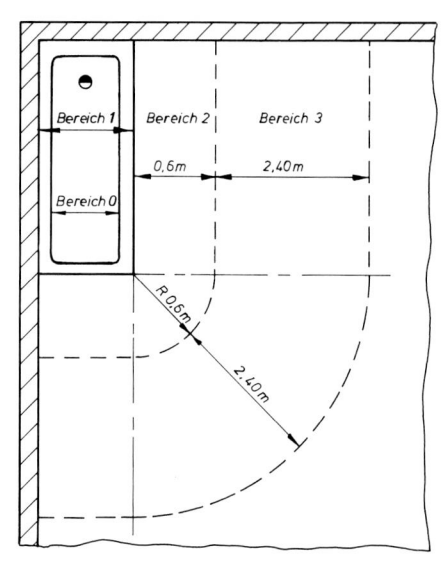

5.8/4 Beispiel der Bereichseinteilung bei Räumen mit Badewanne

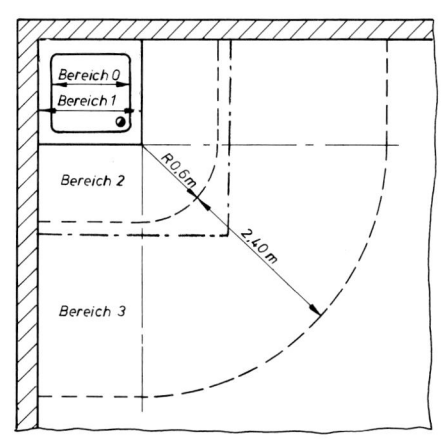

5.8/5 Beispiel der Bereichseinteilung bei Räumen mit Duschwanne

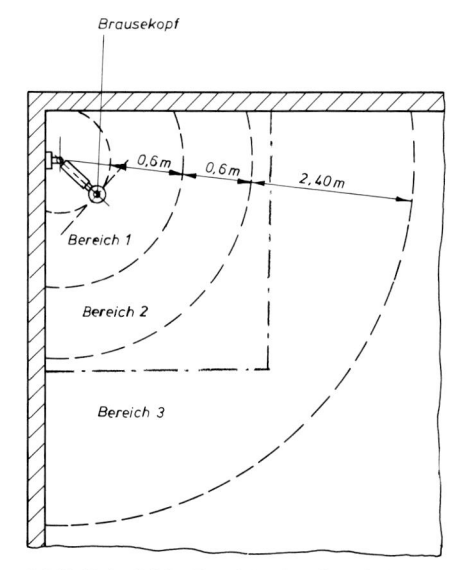

5.8/6 Beispiel der Bereichseinteilung bei Räumen mit Dusche

Für Rollstuhlbenutzer müssen die Steckdosen vorne oder unter der Arbeitsfläche (Greifbereich) angeordnet bzw. ihre Anordnung möglich sein, wobei die Unterfahrbarkeit nicht eingeschränkt werden darf. Häufig benutzte Steckdosen sind in 0,85 m Höhe anzubringen. Hier ist eine Abstimmung mit der Höhe der Arbeitsplatte, die entsprechend den Belangen des Nutzers in der erforderlichen Arbeitshöhe montiert wird, nötig. Es ist daher zweckmäßig, derartige Steckdosen grundsätzlich nicht fest an der Wand, sondern an der Vorderseite der Arbeitsflächen vorzusehen, auch wenn dadurch die Höhe von 0,85 m nicht eingehalten wird.

In der Küche sind neben den Handgeräten insbesondere folgende größere Geräte/Einrichtungen zu berücksichtigen:
Elektroherd, Grill, Microwellenherd, Kühl- und Gefrierschrank, Warmwassergerät (sofern keine andere Warmwasserversorgung vorgesehen ist), Kochendwassergerät, Spülmaschine, Waschmaschine und Wäschetrockner, sofern für die zuletzt genannten Geräte keine Gemeinschaftseinrichtungen oder ein anderer Aufstellplatz vorgesehen wurde.

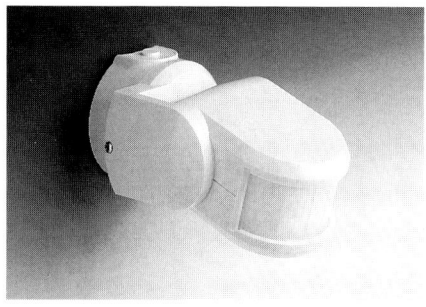

5.8/7

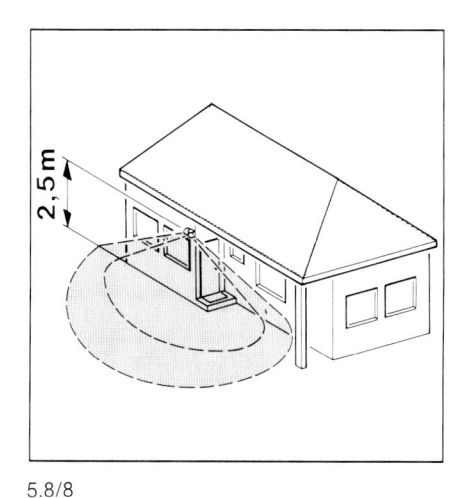

5.8/8

5.8/7 + 8 Passiv-Infrarot-Bewegungsmelder zum automatischen Einschalten von Leuchten usw. (Busch-Jaeger Elektro GmbH, Lüdenscheid)

Ein besonderer Hausarbeitsraum muss ebenfalls entsprechende Anschlüsse bzw. Anschlussmöglichkeiten haben.

Bad/Dusche/WC
Im Bad/Dusche sind mindestens zwei Steckdosen erforderlich; gem. HEA-Ausstattungswert 2 sind vier Steckdosen zu empfehlen.
Bei fensterlosen Räumen muss die (mechanische) Lüftung zusammen mit der Allgemeinbeleuchtung eingeschaltet werden; nach dem Ausschalten der Beleuchtung soll sie noch eine gewisse – möglichst einstellbare – Zeit nachlaufen.
Sofern keine zentrale Warmwasserversorgung vorgesehen ist, können anstelle von Warmwasserspeichern/-Boilern auch u.U. besser geeignete elektrische Durchlauferhitzer mit elektronischer Steuerung vorgesehen werden. Die meist recht hohe Anschlussleistung dieser Geräte ist zu berücksichtigen.
Es muss immer der Anschluss einer elektrischen Zusatzheizung möglich sein, damit auch außerhalb der allgemeinen Heizzeit bei Bedarf eine Raumtemperatur von 24 °C erreichbar ist. Hierfür ist eine der oben genannten Steckdosen vorzusehen (eigener Stromkreis für Steckdosen erforderlich!).
Sowohl bei der baulichen Planung als auch bei der Planung und Ausführung der Elektroinstallation müssen unbedingt die Schutzzonen nach DIN VDE 0100 Teil 701[16] berücksichtigt werden (siehe Abb. 5.8/4-6):
– Bereich 0 umfaßt das Innere der Bade- oder Duschwanne (beachten: bei stufenlosem Duschplatz keine Duschwanne!).
– Bereich 1 ist begrenzt
einerseits durch die senkrechte Fläche um die Bade- oder Duschwanne oder, falls keine Duschwanne vorhanden ist (was bei stufenlosen Duschplätzen der Fall ist), durch die senkrechte Fläche in 0,6 m Abstand um den Brausekopf in Ruhelage, z.B. am Führungsgestänge, andererseits durch den Fußboden und die waagerechte Fläche in 2,25 m über dem Fußboden.
– Bereich 2 ist begrenzt
einerseits durch die den Bereich 1 begrenzende senkrechte Fläche und eine zu ihr parallele Fläche im Abstand von 0,6 m, andererseits durch den Fußboden und die waagerechte Fläche in 2,25 m über dem Fußboden.
– Bereich 3 ist begrenzt
einerseits durch die den Bereich 2 begrenzende senkrechte Fläche und eine zu ihr parallele Fläche im Abstand von 2,4 m, andererseits durch den Fußboden und die waagerechte Fläche in 2,25 m über dem Fußboden.

Für diese Bereiche sind teilweise ganz strenge Vorgaben in der Norm enthalten.

Die wahrscheinlich wichtigsten:
– Innerhalb des Bereiches 0 darf nur die Schutzmaßnahme „Schutz durch Schutzkleinspannung" mit einer Nennspannung bis zu 12 V verwendet werden, wobei sich die Stromquelle der Schutzkleinspannung außerhalb des Bereiches 0 befinden muss.
– Steckdosen im Bereich 3 sind zulässig, wenn diese entweder einzeln von Trenntransformatoren gespeist oder mit Schutzkleinspannung gespeist oder durch eine Fehlerstrom-Schutzeinrichtung mit einem Nennfehlerstrom ≤ 30 mA im TN-Netz geschützt sind.
– Es ist ein zusätzlicher Potentialausgleich erforderlich, leitfähige Ablaufstutzen, leitfähige Bade- und Duschwannen, metallene Wasserleitungen und sonstige metallene Rohrleitungssysteme sind einzubeziehen.
– Elektrische Betriebsmittel müssen hinsichtlich des Wasserschutzes im Wohnbereich mindestens genügen
Bereich 0: IP x7
Bereich 1: IP x4
Bereich 1: IP x5 bei möglichem
　　　　　　Strahlwasser
Bereich 2: IP x4
Bereich 3: IP x1
– Es werden genaue Angaben über die zulässigen Kabel und Leitungen gemacht, z.B.:
in den Bereichen 0, 1 und 2 dürfen keine Leitungen im oder unter Putz verlegt werden, ausgenommen zur Versorgung im Bereich 1 oder 2 fest angebrachter Verbrauchsmittel, wenn sie senkrecht verlegt und von hinten in diese eingeführt werden; innerhalb der Bereiche 0, 1 und 2 dürfen sich keine Verbindungsdosen befinden.
– In den Bereichen 0, 1 und 2 dürfen keine Schalter und Steckdosen angebracht werden, ausgenommen Schalter in Verbrauchsmitteln, die in den Bereichen 1 oder 2 angebracht sind.
– Im Bereich 0 dürfen nur Betriebsmittel eingesetzt werden, die ausdrücklich zur Verwendung in Badewannen erlaubt sind; im Bereich 1 dürfen nur ortsfeste Wassererwärmer und Abluftgeräte angebracht werden;
im Bereich 2 zusätzlich Leuchten.
– Für Ruf- und Signalanlagen innerhalb der Bereiche 1 und 2 darf nur die Schutzmaßnahme Schutzkleinspannung mit einer Nennspannung ≤ 25 V Wechselspannung oder 60 V Gleichspannung angewendet werden.

Da im Bad mehrere Steckdosen (auch für eine elektrische Zusatzheizung) erforderlich sind, sollten diese über Fehlerstrom-Schutzeinrichtungen abgesichert sein, so dass sie auch im Bereich 3 angeordnet werden können.

---

16 Siehe Anhang „Literaturverzeichnis nach Kapiteln"

Damit beim Ansprechen des Fehlerstrom-Schutzschalters nicht gleichzeitig das Licht ausfällt (Unfallgefahr!), sind in diesen Räumen immer getrennte Licht- und Steckdosenstromkreise erforderlich.

Balkon/Terrasse
Für Behinderte ist ein Freibereich außerordentlich wichtig; er erweitert zumindest bei gutem Wetter seinen Wohnbereich. Wenn ein Heizgerät aufgestellt bzw. angeschlossen werden kann, kann dieser Platz auch bei kühlerem Wetter genutzt werden.
Entsprechend HEA-Ausstattungswert 2 ist bei kleinen Balkonen (höchstens 3 m breit) zwar nur eine Steckdose vorzusehen (erst bei breiteren Balkonen oder bei Terrassen zwei Stück), da jedoch der Anschluss einer Heizung möglich sein sollte, sind immer mindestens zwei Steckdosen erforderlich. Nach DIN VDE 0100 Teil 737[17] müssen
– in geschützten Anlagen im Freien die Betriebsmittel (z.B. Schalter, Steckdosen, Heizkörper) mindestens tropfwassergeschützt sein (IP x1)
– in ungeschützten Anlagen mindestens sprühwassergeschützt (IP x3).

Stromkreise mit Nennspannungen über 50 V Wechselstrom, durch die im Freien installierte Steckdosen bis 32 A Nennstrom versorgt werden, müssen in den üblichen Netzen (TN-Netze) mit Fehlerstrom-Schutzschaltern geschützt werden, deren Nennfehlerstrom höchstens 30 mA beträgt.
Die gleiche Forderung gilt in Gebäuden, die vorwiegend zum Wohnen genutzt werden, für Steckdosen bis 16 A, die für den Anschluss von im Freien betriebenen elektrischen Betriebsmitteln vorgesehen sind.
Weitere Ausführungen siehe Kapitel 6.3 dieses Buches.

Privater Therapieraum
zusätzlicher Raum
Durch eine großzügige Elektroinstallation sollte die Möglichkeit gegeben sein, die hier erforderlichen Geräte und Einrichtungen (z.B: Behandlungs- und Heizgeräte, UV-Strahler, Tonbandgeräte und Schreibmaschinen) ohne Schwierigkeiten aufstellen zu können.
Empfehlenswert ist eine Ausstattung ähnlich der von Wohnräumen nach HEA-Ausstattungswert 2 (siehe „Wohnräume").

Zugang zu Haus und Wohnung
Behinderte und alte Menschen benötigen ganz besonders einen sicheren Zugang zu Haus und Wohnung. Dieser muss daher gut beleuchtet und sollte auch bei Eis- und Schneeglätte sicher begeh- und befahrbar sein. Siehe hierzu auch die Ausführungen auf Seite 244.
Die Elektroinstallation muss tropf- oder spritzwassergeschützt ausgeführt werden.

Die Beleuchtung kann über Bewegungsmelder mit Dämmerungsschalter geschaltet werden, wodurch eine berührungslose, frühzeitige und gegenüber Dauerbeleuchtung energiesparende Ausführung möglich ist (Abb. 5.8/7+8).
Ratsam ist es, die Hauskennzeichnung („Hausnummer") beleuchtbar auszuführen, damit im Notfall z.B. Notarzt und Rettungswagen schnell an der richtigen Stelle sind und nicht erst lange in der Dunkelheit suchen müssen. Von derartigen einfachen Maßnahmen kann unter Umständen der Erfolg von Rettungsmaßnahmen abhängig sein. Weitere Ausführungen siehe Kapitel 6.

Rollstuhlabstellplatz
Zum Nachladen batteriebetriebener Rollstühle muss der Rollstuhlabstellplatz mit geeigneten Ladeeinrichtungen oder (wie heute meist üblich) mit geeigneten Elektroinstallationen für die eingebauten Ladegeräte ausgestattet sein.
Die übrigen Bedingungen der DIN VDE 0510 Teil 3 müssen beachtet werden. Weitere Ausführungen siehe in Kapitel 6.1.

Treppenhäuser bei Mehrfamilienhäusern
Zur Beleuchtung und Schaltung der Beleuchtung für Treppenhäuser in Mehrfamilienhäusern sollten die Empfehlungen der DIN 18015 Teil 2 (siehe Seite 245) berücksichtigt werden.

Flure/Dielen
Zumindest bei längeren Fluren oder größeren Dielen sind zwei Steckdosen erforderlich, damit Reinigungsgeräte und ähnliches ohne Schwierigkeiten und „Stolperfallen" durch Verlängerungskabel verwendet werden können. Dies entspricht HEA-Ausstattungswert 2:
Flur bis 2,5 m 1 Steckdose
über 2,5 m 2 Steckdosen.
Die Beleuchtung sollte von jeder Tür aus schaltbar sein. Es ist auch möglich, die Beleuchtung anstelle von Schaltern durch in die Schaltereinsätze eingebaute Bewegungsmelder automatisch einschalten zu lassen (Abb. 5.8/9+10).

Keller/Dachboden
Bei mehreren Zugängen ist eine Wechsel- oder Stromstoßschaltung erforderlich.
Bei mehreren Kellerräumen ist für jeden Kellerraum mindestens ein Lichtauslaß oder eine Leuchte erforderlich; erforderlich ist außerdem mindestens eine Steckdose je Keller/Bodenraum, der zur Wohnung gehört (HEA-Ausstattungswert 2 sieht je zwei Steckdosen vor!).
Im Dachraum ist eine Steckdose für einen Antennenverstärker in dessen Nähe zu planen, wenn für das Gebäude eine Antennenanlage vorgesehen bzw. erforderlich ist. Wird anstelle einer Antennenanlage ein Ka-

belanschluss geplant, muss hierfür im Keller in der Nähe der vorgesehenen Einführung eine Steckdose eingeplant werden.

Garagen
Die Garagen selbst und auch die Zufahrt müssen aufgrund der Sicherheitsbedürfnisse Behinderter und Betagter gut beleuchtbar sein.
In Einzelgaragen sollte mindestens eine Steckdose zum Anschluss elektrischer Geräte/Werkzeuge und evtl. einer elektrischen Beheizung des Kfz vorgesehen werden; HEA-Ausstattungswert 2 sieht sogar zwei Steckdosen vor.
Bei Gemeinschaftsgaragen sind die jeweiligen Auflagen der Baubehörden zu beachten, z.B. auch Auflagen zum Explosionsschutz.

Moderne Haussteuerungstechnik
Es gibt heute elektronische Bausteine für die Haustechnik, mit deren Hilfe die verschiedenen Einrichtungen ferngesteuert, geschaltet oder überwacht werden können, z.B. Beleuchtung der Räume, Steuerung von Türen, Heizung einzelner Räume, Rolläden usw.
Derartige Einrichtungen sind meist universell einsetzbar und können leicht an die Bedürfnisse der Bewohner angepasst werden. Damit sind sowohl automatische Steuerungen bzw. Programmierung der Funktionsabläufe als auch manuelle Bedienungen, ggf. über Fernsteuereinrichtungen, möglich (Abb. 5.8/11-15).
Zum Einbau von vorverkabelten Busleitungen oder zumindest Leerrohren siehe die Ausführungen zu DIN 18015 Teil 2 auf Seite 245.

5.8.3 Fernmelde- und Informationsverarbeitungsanlagen

Die Mindestanforderungen hinsichtlich dieser Einrichtungen in den DIN-Normen 18015, 18024 und 18025 sind bereits in Kapitel 5.8.1.3 aufgeführt. Nachstehend sollen Hinweise/Erläuterungen zu den einzelnen Einrichtungen gegeben und weitere empfehlenswerte Einrichtungen aufgezeigt werden.
Zu beachten ist in allen Fällen die Bedienhöhe von 85 cm.

5.8.3.1 Klingelanlagen
Für jede Wohnung ist nach DIN 18015 Teil 2 eine Klingelanlage vorzusehen, deren Tableau bei Gebäuden mit mehr als zwei Wohnungen ausreichend beleuchtet sein muss.
Eine Klingelanlage allein ist nicht zweckmäßig und entspricht auch heute nicht mehr den Anforderungen der Bewohner, da hier nicht erkannt werden kann, wer

---

17 Siehe Anhang „Literaturverzeichnis nach Kapiteln"

5.8/9

5.8/9 + 10 Passiv-Infrarot-Bewegungsmelder zum Einbau anstelle von UP-EIN/AUS-Schaltern für Beleuchtung usw., z. B. in Fluren. (Busch-Jaeger Elektro GmbH, Lüdenscheid)

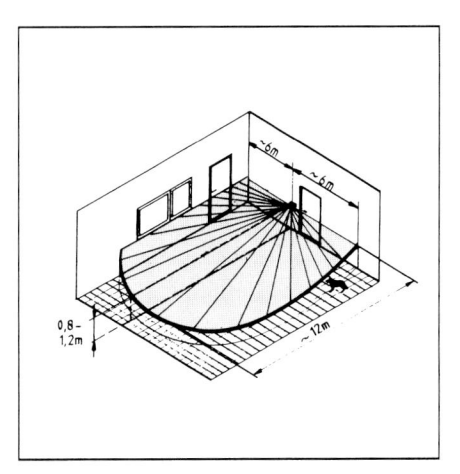

5.8/10

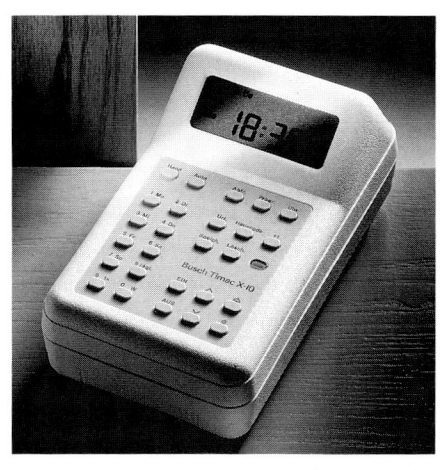

5.8/13 Hausautomationssystem, Steuer- und Programmiergerät. (Busch-Jaeger Elektro GmbH, Lüdenscheid)

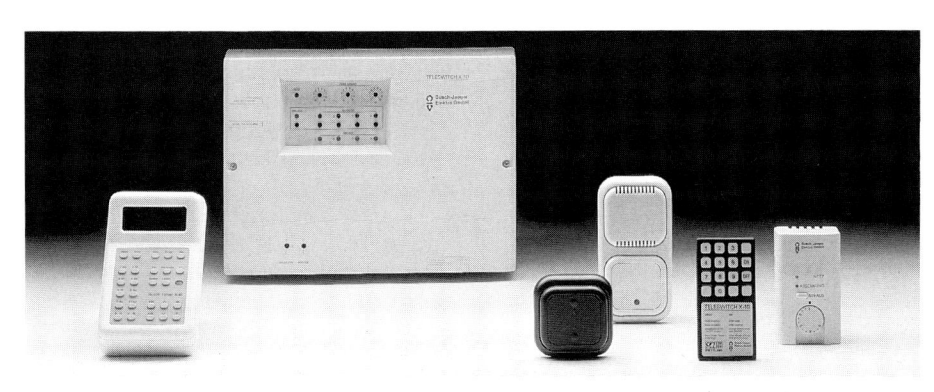

5.8/11 Hausautomationssystem, versch. Komponenten. (Busch-Jaeger Elektro GmbH, Lüdenscheid)

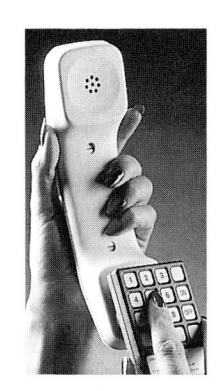

5.8/14 Hausautomationssystem, Steuergerät für Steuerung von Licht, Heizung usw. über Telefonnetz. (Busch-Jaeger Elektro GmbH, Lüdenscheid)

5.8/12 Hausautomationssystem, z.B. zur Steuerung von Rollläden, Beleuchtung

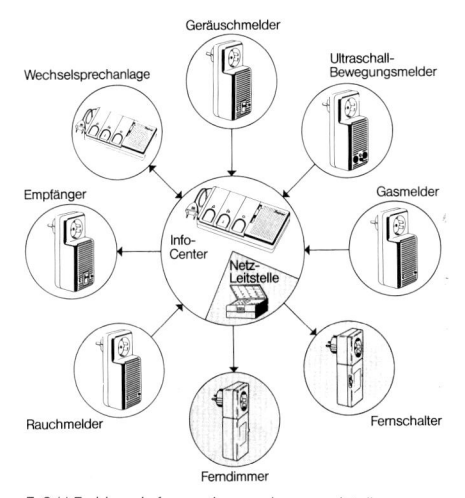

5.8/15 Hausinformationsanlagen mit trägerfrequenter Nutzung der Starkstrom-Installationsanlage. (Bauhandbuch Technischer Ausbau, RWE Energie AG)

geklingelt hat. Dadurch besteht ein erhöhtes Risiko beim Öffnen der Wohnungstür, was gerade bei alten Menschen und Behinderten abzulehnen ist.
Besser geeignet sind die später genannten Türsprech- oder Video-Türsprechanlagen.

5.8.3.2 Türöffneranlagen
Während DIN 18 015 Teil 2 eine Türöffneranlage in Verbindung mit einer Türsprechanlage nur bei Gebäuden mit mehr als zwei Wohnungen vorsieht, enthält HEA-Ausstattungswert 2 die Vorgabe, allgemein Türöffneranlagen und Sprechanlagen, letztere sogar mit mehreren Sprechstellen in der Wohnung, vorzusehen.
Im Zusammenhang mit Klingel-, Türsprech- oder Video-Türsprechanlagen sollten – über DIN 18015 Teil 1 hinausgehend – für alle Haustüren elektrische Türöffner vorgesehen werden, damit diese Türen von der Wohnung aus geöffnet (eigentlich nur entsperrt) werden können.

5.8.3.3 Türsprechanlagen
Hierfür sind heute Wechselsprechanlagen (von der Wohnung aus gesteuert) bereits weit verbreitet.
Für Behinderte und vor allem für Betagte sind jedoch Gegensprechanlagen, bei denen an beiden Sprechstellen gleichzeitig gesprochen oder gehört werden kann, weitaus besser geeignet (wie in DIN 18025 Teil 1 und Teil 2 gefordert); hier wird vermieden, dass durch ungünstige Betätigung der Sprechtasten keine brauchbare Verständigung zu Stande kommt.

5.8.3.4 Video-Türsprechanlagen
Der Einbau derartiger Anlagen erlaubt nicht nur Sprech-, sondern auch Sichtkontakt zu den Einlassbegehrenden. Dies ist die beste Zugangskontrolle für die Wohnung.
Diese Anlagen sind heute von den Kosten her erschwinglich und können auch ohne allzu großen Aufwand nachgerüstet werden; es sind keine aufwändigen Verkabelungsarbeiten notwendig.
Wichtig ist eine gute Ausleuchtung des von der Türstelle erfassten Bereichs; die Beleuchtung schaltet sich bei Betätigung der Anlage selbsttätig ein.

5.8.3.5 Antennenanlagen
Bei Wohnungen bis zu 3 Aufenthaltsräumen (Wohn-, Schlafräume und Küchen) ist nach DIN 18015 Teil 2 mindestens eine, bei Wohnungen mit 4 Aufenthaltsräumen sind mindestens zwei und bei größeren Wohnungen sind mindestens drei Antennensteckdosen vorzusehen. HEA-Ausstattungswert 2 verlangt bereits vier Antennensteckdosen, Ausstattungswert 3 sogar sieben.
Empfehlenswert ist es, in jedem Falle sowohl in den Wohnräumen als auch in den Schlafräumen einen Antennenanschluss einzubauen, wobei sehr große Räume zwei Anschlüsse enthalten sollten.
Antennenanlagen zum Empfang von Ton- und Fernsehrundfunk sind als integraler Bestandteil der elektrischen Anlagen von Wohngebäuden nach DIN VDE 0844 Teil 1[18] zu planen.
Einige Hinweise zur Planung von Antennenanlagen:
– Der Standort von Antennen ist zu bestimmen nach
.. optimaler Nutzfeldstärke
.. geringsten Störeinflüssen, z.B. Reflexionen
.. möglichst großem Abstand zu elektrischen Störquellen, z.B. Aufzugantrieben, Lüftungsmaschinen
.. sicherer Montagemöglichkeit und leichtem Zugang.
Die Befestigung an Schornsteinen ist nicht zulässig, der Sicherheitsabstand zu Starkstromfreileitungen muss unbedingt eingehalten und über Dach angeordnete Antennen müssen geerdet werden (DIN VDE 0855 Teil 1).
– Verstärker sollen in der Nähe der Antennen erschütterungsfrei und trocken untergebracht sein; ein Netzanschluss ist vorzusehen.
– Antennenkabel sollen auswechselbar und geschützt verlegt werden, also z.B. in Installationsrohren, nicht im Putz.
– Antennenkabel dürfen in Schächten zusammen mit Starkstromleitungen bis 1000 V verlegt werden.
– Verteiler und Abzweiger des Systems sind in jederzeit zugänglichen Räumen, z.B. Fluren, Treppenräumen, anzuordnen.
– Für Satelliten-Empfangsantennenanlagen gelten sinngemäß die gleichen Festlegungen.

5.8.3.6 Breitband-Kommunikationsnetz (BK-Netz)
Der Anschluss an ein Breitband-Kommunikationsnetz erspart eine eigene Antenne.
Üblicherweise ist der Empfang sowohl terrestrisch ausgestrahlter als auch über Satelliten gesendeter Programme Auswahlmöglichkeit gegeben.
Empfehlenswert ist es, bei mehreren Anschlüssen bzw. bei mehreren Wohnungen einen (möglichst regelbaren) Verstärker vorzusehen, so dass die Anlage leicht an Erfordernisse angepasst werden kann.

5.8.3.7 Fernmeldeanschluss
In jeder Wohnung ist nach DIN 18015 Teil 2 ein Auslass für einen Telekommunikationsanschluss vorzusehen; die DIN-Normen 18025 Teil 1 und Teil 2 geben ebenfalls vor, dass ein Fernsprechanschluss möglich sein muss.
HEA-Ausstattungsstufe 2 fordert drei Fernmeldeauslässe (Anschlüsse).
Es ist empfehlenswert, in jedem Wohn- und Schlafraum eine Anschlussmöglichkeit für einen Fernsprecher zu schaffen oder entsprechende Leerrohre vorzusehen.
Der Fernmeldeanschluss wird von der Deutschen Telekom grundsätzlich bis zur ersten „Steckdose" (TAE-Steckdose) verlegt; weitere Anschlüsse können durch zugelassene Firmen installiert werden.
Die Fernsprechapparate – in verschiedensten Ausführungen und mit den verschiedensten Zusatzeinrichtungen, anpaßbar an die persönlichen Bedürfnisse – können sowohl bei der Deutschen Telekom gemietet oder gekauft oder auch privat gekauft werden. Bei privat gekauften Geräten ist darauf zu achten, dass sie eine Zulassungsnummer haben; andere Geräte dürfen nicht an das öffentliche Fernsprechnetz angeschlossen werden.
Das Rufsignal des Telefons kann z.B. auch mittels Geräuschmelder, die in die vorhandenen Steckdosen des Starkstromnetzes eingesteckt werden, und entsprechender Empfänger – ebenfalls in eine Steckdose eingesteckt – praktisch in jeden Raum übertragen werden. Durch Verwendung eines „schnurlosen" Telefons kann auch bei nur einer Steckdose das Telefon in der gesamten Wohnung oder im Haus ohne Schwierigkeiten genutzt werden.
Die universelle Nutzung des Fernsprechnetzes wird zukünftig durch neue, technisch verbesserte Einrichtungen leichter möglich sein:
– „Mobilfunk-Telefon"
Seit 1986 gibt es derartige Einrichtungen (früher „Auto-Telefon" genannt) für das analoge C-Netz der Deutschen Telekom, wobei die Angebote der Geräte sehr vielfältig sind (Autotelefon fest eingebaut, Telefon auch herausnehmbar und außerhalb des Autos nutzbar, handliche Geräte zur allgemeinen Verwendung – „Handy"). Die Kosten für die Beschaffung dieser Geräte sind inzwischen erheblich günstiger geworden; dieses Funknetz ist in Deutschland praktisch lückenlos. Die laufenden Kosten für diese Telefone (Grundgebühr, Gesprächsgebühren) sind jedoch meist höher als bei Anschlüssen an das Festnetz.
Auch die inzwischen eingerichteten digitalen Netze (D 1 = Deutsche Telekom, D 2 = Mannesmann, E 1) decken die Fläche der Bundesrepublik fast vollkommen ab. In diesen Netzen werden vielfältigere Dienste angeboten als im C-Netz und die Sprachqualität ist durchweg günstiger. Auch sind die Geräte erheblich kleiner und leichter geworden. Die Kosten für die Beschaffung der Geräte sind inzwischen auch drastisch gesunken; es gibt schon einfache Geräte, die bei gleichzeitigem Abschluss eines Vertrages für 12 oder 24 Monate nur wenige Mark kosten. Auch die laufenden Kosten

---

18 Siehe Anhang „Literaturverzeichnis nach Kapiteln"

wurden schon ganz erheblich gesenkt, so dass häufig die Grundgebühren weniger als 30 DM je Monat und die Gesprächsgebühren in der Nebenzeit (z.B. zwischen 17.00 Uhr abends und 7.00 Uhr morgens sowie an den Wochenenden) weniger als 0,40 DM je Minute betragen. Es wird damit gerechnet, dass zukünftig die Preise noch weiter sinken werden.

5.8.3.8 Notrufeinrichtungen
Bei allein in einer Wohnung lebenden Betagten oder Behinderten kann es notwendig sein, eine Notrufeinrichtung vorzusehen, die z.B. an der Wohnungstür ein akustisches oder optisches Signal erzeugt oder viel besser z.B. über Funk ein Signal an eine zentrale, ständig besetzte Stelle absetzt, so dass im Notfall möglichst rasch geholfen werden kann. Die Betätigung sollte bei fester Installation in jedem Raum, insbesondere Bad oder WC, möglich sein. Im öffentlich zugänglichen Bereich sind mindestens die Anforderungen nach DIN 18024 zu berücksichtigen. Siehe hierzu auch Kapitel 5.8.1.3.

5.8.3.9 Gefahrenmeldeanlagen
Bei der Planung von Gefahrenmeldeanlagen nach DIN VDE 0833[19]
- Brand-
- Überfall-
- Einbruch-Meldeanlagen

sind die einschlägigen Vorschriften und Richtlinien, ggf. die Vorgaben zum Anschluss an die Polizei bzw. die Vorschriften des Verbandes der Schadensversicherer, zu berücksichtigen.
Derartige Anlagen sollten nur durch qualifizierte und ggf. zugelassene Fachfirmen geplant und ausgeführt werden.

5.8.3.10 Öffentliche Fernsprechstellen
Nachdem die „Handy's" ganz erheblich billiger, kleiner und leichter geworden sind, können Rollstuhlfahrer – auch mit Oberkörperbehinderung – im öffentlichen Bereich (oder selbstverständlich auch zu Hause) ohne größere Schwierigkeiten telefonieren, so dass die Probleme der öffentlichen Fernsprecher mit unterschiedlichen Höhen für Münzeinwurf/Münzrückgabe/Kartenschlitz, Bedientaster und Hörer nicht mehr so gravierend sind, wie dies früher der Fall war, bzw. die o.g. Probleme spielen heute praktisch kaum noch eine Rolle.

---

19 Siehe Anhang „Literaturverzeichnis nach Kapiteln"

5.9 Aufzüge und Personen-Förderanlagen

Georg Riehle
Dietmar Böhringer (Kapitel 5.9.8)

5.9.1 Gesetze, Vorschriften, Empfehlungen

5.9.1.1 Baurecht; Landesbauordnungen[1]
In den Bauordnungen der Bundesländer ist festgelegt, wann grundsätzlich welche Aufzüge (Personenaufzüge, Krankentragenaufzüge, Feuerwehraufzüge) zur Überwindung von Höhenunterschieden in den Gebäuden vorzusehen sind, z.B. LBO Nordrhein-Westfalen (§ 39):
– In Gebäuden mit mehr als fünf Geschossen über Geländeoberfläche Aufzüge in ausreichender Zahl;
einer muss zur Aufnahme von Lasten und Krankentragen geeignet sein (Fahrkorb mindestens 1,10 m x 1,40 m; Türen lichte Durchgangsbreite mindestens 0,90 m)
– Aufzüge zur Aufnahme von Rollstühlen müssen eine Fahrkorbgröße von mindestens 1,10 m x 1,40 m haben; sie sollen von der öffentlichen Verkehrsfläche stufenlos erreichbar sein und stufenlos erreichbare Haltestellen in allen Geschossen mit Aufenthaltsräumen haben. Türen müssen eine lichte Durchgangsbreite von mindestens 0,90 m haben.

Die Bauordnungen enthalten daneben Forderungen zur Berücksichtigung besonderer Personenkreise, wie z.B. LBO NW (§ 55):
1. Bauliche Anlagen und andere Anlagen und Einrichtungen, die einem allgemeinen Besucherverkehr dienen oder die von Behinderten, alten Menschen und Personen mit Kleinkindern nicht nur gelegentlich aufgesucht werden, sind so zu errichten und instandzuhalten, dass sie von diesen Personen ohne fremde Hilfe zweckentsprechend genutzt und barrierefrei erreicht werden können.
2. Dies gilt für die dem allgemeinen Besucherverkehr dienenden Teile insbesondere von
– Verkaufsstätten
– Gaststätten, Versammlungsstätten einschließlich der für den Gottesdienst bestimmten Anlagen
– Büro- und Verwaltungsgebäude, Gerichte
– Schalter- und Abfertigungsräume der Verkehrs- und Versorgungseinrichtungen sowie der Kreditinstitute
– Museen, öffentliche Bibliotheken, Messe- und Ausstellungsbauten
– Krankenhäuser
– Schulen
– Sportstätten, Spielplätze und ähnliche Anlagen
– öffentliche Bedürfnisanstalten
– Stellplätze und Garagen, die zu den vorstehend genannten Anlagen und Einrichtungen gehören.
3. Für bauliche Anlagen sowie andere Anlagen und Einrichtungen, die überwiegend oder ausschließlich von Behinderten oder alten Menschen genutzt werden wie
– Tagesstätten, Schulen, Werkstätten und Heime für Behinderte
– Altenheime, Altenwohnheime und Altenpflegeheime

gilt obige Forderung nicht nur für die dem allgemeinen Besucherverkehr dienenden Teile, sondern für die gesamte Anlage oder die gesamten Einrichtungen.
4. Die Forderung, dass Aufzüge in ausreichender Zahl vorzusehen sind, gilt auch für Gebäude mit weniger als sechs Geschossen, soweit Geschosse von Behinderten mit Rollstühlen stufenlos erreichbar sein müssen.
5. Ausnahmen von den unter 1. und 4. genannten Forderungen können gestattet werden, soweit die Anforderungen wegen schwieriger Geländeverhältnisse, ungünstiger vorhandener Bebauung oder im Hinblick auf die Sicherheit der Behinderten oder alten Menschen nur mit einem unverhältnismäßigen Mehraufwand erfüllt werden können.
Einige der wichtigsten Vorgaben in den LBOn der einzelnen Länder enthält die Tabelle „Vorgaben in den LBOn der Länder".

5.9.1.2 Aufzugverordnung (AufzV)[2]
Grundsätzlich müssen Aufzüge, die gewerblichen Zwecken dienen, in wirtschaftlichen Unternehmungen Verwendung finden oder in deren Gefahrenbereich Arbeitnehmer beschäftigt werden, der Aufzugverordnung (AufzV) entsprechen. Daneben enthalten viele LBOn oder Ausführungsbestimmungen, Erlasse usw. die Vorgabe, dass auch Aufzuganlagen in anderen Fällen – selbst wenn keine Arbeitnehmer beschäftigt werden – (z.B. Aufzüge in Eigentumswohnanlagen) nach der AufzV zu errichten, zu betreiben und zu prüfen sind (z.B. § 39 Abs. 1 der LBO für NRW). Daher werden nachstehend die für Planer und Betreiber wichtigsten Vorgaben der Aufzugverordnung dargestellt:
Die Verordnung über Aufzuganlagen (Aufzugverordnung-AufzV) i.d.F. vom 17.6.1998 regelt u.a. folgende Bereiche:

1–2 Siehe Anhang „Literaturverzeichnis nach Kapiteln"

Vorgaben der LBOn der Länder

Land	Personenaufzug erf., wenn mehr als ... Vollgeschosse	Aufzug im Treppenraum zul. bis ... Vollgeschosse	Krankentragen-Aufzug erf. bei mehr als ... Vollgeschosse	Aufzug für Rollstuhlben. erf. bei mehr als ... Vollgeschosse	Mindestbreite der Türen	Rollstuhl-Aufzug stufenloser Zugang im Eingang und in den Geschossen
Baden-Württemberg	Fußboden >12,5 m über Eingangsebene		Fußboden >12,5 m über Eingangsebene	Fußboden >12,5 m über Eingangsebene		ja
Bayern	5	5	5	5		ja
Berlin	5	5	5	5	0,90 m	ja
Brandenburg	5	besondere Vorgaben	5	5	0,90 m	ja
Bremen	4	6	4	4	0,90 m	
Hamburg	Fußboden >13 m über Gelände	Fußboden >13 m über Gelände	Fußboden >13 m über Gelände	Fußboden >13 m über Gelände		ja
Hessen	5	Gebäudeklassen A – F	5	5	0,90 m	ja
Mecklenburg-Vorpommern	5	5	5	5	0,90 m	ja
Niedersachsen	Fußboden >12,25 m über Gelände		Fußboden >12,25 m über Gelände	Fußboden >12,25 m über Gelände		ja
Nordrhein-Westfalen	5	5	5		0,90 m	ja
Rheinland-Pfalz	5	5	5	5	0,80 m	ja
Saarland	5		5	5		ja
Sachsen	5	5	5	5	0,80 m	ja
Sachsen-Anhalt	5	5	5	5	0,80 m, bei Rollstuhlaufzügen 0,95 m	ja
Schleswig-Holstein	4	5	4	4	angemessene Breite	ja
Thüringen	5	5	5	5	0,83 m	ja

Begriffsbestimmung (§ 2)
Aufzuganlagen im Sinne der AufzV sind Anlagen, die zur Personen- oder Güterbeförderung zwischen festgelegten Zugangs- oder Haltestellen bestimmt sind und deren Lastaufnahmemittel (Fahrkorb)
– in einer Senkrechten oder gegen die Waagerechte geneigten Fahrbahn bewegt werden und
– mindestens teilweise geführt sind.

Derartige Anlagen, die bei weniger als 1,8 m Förderhöhe zur ausschließlichen Güterbeförderung oder zur Güterbeförderung mit Personenbegleitung bestimmt sind, fallen nicht unter die AufzV. Somit gilt die AufzV zwar nicht für Hebebühnen zur Güterbeförderung, sie gilt jedoch für Hebebühnen als Behindertenaufzüge!

Allgemeine Anforderungen (§ 3)
Aufzuganlagen müssen nach den Vorschriften des Anhangs zu dieser Verordnung einer auf Grund des § 11 Abs. 1 Nr. 3 des GSG in Verbindung mit Abs. 4 erlassenen Rechtsverordnung und im übrigen nach dem Stand der Technik errichtet und betrieben werden.

Anzeigepflicht (§ 7)
Wer eine Aufzuganlage errichtet oder wesentlich ändert, muss dies dem Sachverständigen schriftlich anzeigen, bevor mit der Errichtung oder wesentlichen Änderung begonnen wird.

Betrieb (§ 19)
Wer eine Aufzuganlage betreibt, hat diese ordnungsgemäß zu betreiben und in betriebssicherem Zustand zu erhalten, insbesondere in dem erforderlichen Umfang von einer sachkundigen Person warten und in Stand setzen zu lassen.

Aufzugwärter (§ 20)
Wer eine Aufzuganlage betreibt, in der Personen befördert werden dürfen, hat mindestens einen Aufzugwärter zu bestellen und diesen anzuweisen,
1. die Anlage zu beaufsichtigen.
2. Mängel, die sich an der Anlage zeigen, bestimmten Personen zu melden.
3. eine Weiterbenutzung der Anlage zu verhindern, wenn durch Mängel an ihr Beschäftigte oder Dritte gefährdet werden.
4. einzugreifen, wenn Personen durch Betriebsstörungen im Fahrkorb eingeschlossen sind.

Er hat dafür Sorge zu tragen, dass ein Aufzugwärter jederzeit leicht zu erreichen ist, solange die Anlage zur Benutzung bereitsteht.
Da insbesondere die Bereitstellung eines Aufzugwärters während der gesamten Betriebszeit (z.B. auch nachts und an Wochenenden) in der Praxis immer häufiger zu Schwierigkeiten führte, wurden inzwischen von verschiedenen Stellen (z.B. Aufzughersteller, Wach- und Schließgesellschaften) zentrale Notrufstellen nach TRA 106[3] eingerichtet, an die Aufzüge gegen entsprechende Kosten angeschlossen werden können. Diese Stellen übernehmen dann in dem vertraglich zu vereinbarenden Umfang die Aufgaben des Aufzugwärters. Damit ergibt sich gerade für z.B. Mehrfamilienhäuser eine zuverlässige und preisgünstige Möglichkeit zur Lösung des Problems „Aufzugwärter".

Prüfungen (§§ 9-14)
Aufzuganlagen – auch Behindertenaufzü-

3 Siehe Anhang „Literaturverzeichnis nach Kapiteln"

ge – bedürfen einer Abnahmeprüfung vor Inbetriebnahme und danach regelmäßiger Prüfungen durch Sachverständige.
Die wichtigsten Prüfungen bei Aufzügen, mit denen Personen befördert werden dürfen:
– Abnahmeprüfung
– Hauptprüfungen, alle zwei Jahre
– Zwischenprüfungen, zwischen Abnahmeprüfung und erster Hauptprüfung bzw. zwischen den Hauptprüfungen.

Für die Prüfungen werden in jedem Falle Gebühren nach der amtlichen Gebührenordnung durch die prüfende Stelle („TÜV") erhoben; es gibt praktisch keine Möglichkeit, zwecks Kosteneinsparung diese Prüfungen zu umgehen.
Die Gebühren betragen derzeit z.B. bei einem Personenaufzug mit vier Haltestellen und 630 kg Tragfähigkeit
– Abnahmeprüfung einschl. Vorprüfung etwa 600,– DM
– Hauptprüfung etwa 250,– DM
– Zwischenprüfung etwa 130,– DM.

Daneben kommen meist noch Kosten für die Mithilfe von Aufzugmonteuren und ggf. die Beistellung von Prüfgewichten dazu. Diese Kosten betragen u.U. mehr als die reinen Prüfgebühren.

Die Gebühren für die Abnahmeprüfung und die Nebenkosten werden von den Aufzugherstellern öfters auch in den Angebotspreisen einkalkuliert, so dass hier ausnahmsweise keine besonderen Kosten für den Betreiber entstehen.

Anhang zu § 3, Begriffsbestimmungen
– Personenaufzüge sind Aufzuganlagen, die dazu bestimmt sind, Personen oder Personen und Güter zu befördern.
– Behindertenaufzüge sind Aufzuganlagen, die aufgrund ihrer Bauart ausschließlich zur Beförderung behinderter Personen mit einem Lastaufnahmemittel in einer deren Behinderungsart angemessenen Weise zwischen zwei Zugangsstellen bestimmt sind und deren Tragfähigkeit 300 kg nicht übersteigt.
– Treppenaufzüge sind Behindertenaufzüge mit einer dem Treppenlauf folgenden Fahrbahn.

Allgemeine Verwaltungsvorschrift zur Aufzugverordnung[4]
Prüft die zuständige Behörde, ob ein Aufzug den Anforderungen des § 3 der AufzV (siehe oben) entspricht, so hat sie in der Regel davon auszugehen, dass diese Anforderungen erfüllt sind, so weit die Anlage den vom Deutschen Aufzugausschuß (DAA) ermittelten und vom Bundesminister für Arbeit und Sozialordnung (BMA) im Bundesarbeitsblatt bekanntgemachten Technischen Regeln entspricht.

Zu diesen Technischen Regeln zählen sowohl die („klassischen") „Technischen Regeln für Aufzüge" (TRA) als auch die europäischen „Sicherheitsregeln für die Konstruktion und den Einbau von Personen- und Lastenaufzügen sowie Kleingüteraufzügen" (EN 81). Die wichtigsten veröffentlichten Regeln:
– TRA 200 Personenaufzüge, Lastenaufzüge, Güteraufzüge[5]
– EN 81 Teil 1 Elektrisch betriebene Aufzüge[6]
– EN 81 Teil 2 Hydraulisch betriebene Aufzüge[7].

Die TRA enthalten sicherheitstechnische Anforderungen, die die üblichen Betriebsverhältnisse berücksichtigen (TRA 001); ähnliche Aussagen enthalten die EN 81. Ab 1.7.1999 können als Technische Regeln nur noch die EN 81, Ausgabe 1999, angewendet werden; nicht mehr die TRA 200.

Behindertenaufzüge
Für Behindertenaufzüge gibt es bisher keine TRA oder EN 81. Sicherheitstechnische Anforderungen für diese Aufzüge wurden in den
„Richtlinien für Behindertenaufzüge", VdTÜV-Merkblatt 103[8]
festgelegt. Diese wurden von den Technischen Überwachungsorganisationen und Herstellern unter Mitarbeit von Arbeitsschutzbehörden erstellt.
Auch der Deutsche Aufzugausschuss hat sich mit dem Entwurf der „Richtlinien" befasst. Er spricht sich generell dafür aus, dass bei Neuerrichtung baulicher Anlagen – insbesondere im öffentlich zugänglichen Bereich – dem Einbau von Personenaufzügen nach TRA 200 der Vorzug gegeben werden muss. Deshalb kommen die „Richtlinien" in Betracht für Behindertenaufzüge, die nachträglich in bestehende Gebäude eingebaut werden. Insoweit ist der DAA mit der vorläufigen Anwendung grundsätzlich einverstanden, weil Behinderten durch entsprechende Aufzüge die Überwindung von Niveauunterschieden in Gebäuden erleichtert werden soll. In diesem Sinne erscheint es zweckmäßig, wenn bereits in der Planungsphase alle Beteiligten – ggf. unter Hinzuziehung medizinischer Betreuer – in gemeinsamer Abstimmung die auf den Einzelfall bezogenen Festlegungen treffen, insbesondere auch über betriebliche Maßnahmen (Präambel zu den „Richtlinien").
Damit ist der beabsichtigte („geduldete") Einsatzbereich dieser teilweise sehr problematischen Fördermittel eindeutig festgelegt: Ein- oder Zweifamilienhäuser, insbesondere zum nachträglichen Einbau!
Behindertenaufzüge unterliegen neuerdings der Maschinenverordnung (9. GSGV).
Eine Datenbank mit Beschreibungen und fortlaufend aktualisierten Angaben über Treppenaufzuganlagen und mobile Geräte (erstellt von der Hamburger Gesellschaft für Technikinformation und Beratung im Sozialen – TIBS) steht in 17 bundesweiten Beratungszentren zur Verfügung. Adresse: Stiftung Warentest, Postfach 41 41, Berlin.

5.9.2 Normen für Personenaufzüge

5.9.2.1 Allgemeines
Aufzüge sollten nur nach den nachstehend genannten Vorgaben geplant und ausgeführt werden, damit preisgünstige und einheitliche Ausführungen möglich sind.
Die einheitliche Ausführung ist auch deshalb wichtig, damit die Aufzüge in verschiedenen Gebäuden von Behinderten und alten Menschen ohne große Schwierigkeiten genutzt werden können (z.B. Suche nach den Bedienelementen, Kennzeichnung, Anordnung usw.).
Nachfolgend werden daher nur Aufzüge nach den gültigen bzw. in Kürze zu erwartenden Normen dargestellt.

Hinweis: Wenn in Gebäuden mit höchstens 4/5 Vollgeschossen kein Krankentragenaufzug erforderlich ist (siehe Tabelle auf der vorhergehenden Seite), sollte trotzdem ein Aufzug mit einer Fahrkorbtiefe von mehr als 1,40 m vorgesehen werden, wenn
– im Gebäude Rollstuhlfahrer wohnen oder arbeiten, die aufgrund ihrer Behinderung auf eine größere Fahrkorbtiefe angewiesen sind (Fahren mit ausgestreckten Beinen erforderlich) oder
– das Gebäude häufiger von einer größeren Anzahl Rollstuhlfahrer aufgesucht wird und dabei damit zu rechnen ist, dass von diesen (ausnahmsweise) einzelne eine größere Fahrkorbtiefe des Aufzugs benötigen, um diesen benutzen zu können.

5.9.2.2 DIN 18025 Teil 1, 12.92, Barrierefreie Wohnungen; Wohnungen für Rollstuhlbenutzer; Planungsgrundlagen[9]
Die Neuausgabe dieser Norm wurde vollkommen überarbeitet und den Bedürfnissen der Rollstuhlbenutzer angepasst. Die Norm enthält zu Aufzügen nunmehr folgende Aussagen:
Alle zur Wohnung gehörenden Räume und die gemeinschaftlichen Einrichtungen der Wohnanlage müssen stufenlos, ggf. mit einem Aufzug oder einer Rampe, erreichbar sein.
Alle nicht rollstuhlgerechten Wohnungen innerhalb der Wohnanlage müssen zumindest durch den nachträglichen Ein- oder Anbau eines Aufzuges oder einer Rampe stufenlos erreichbar sein.
Der Fahrkorb ist mindestens wie folgt zu bemessen:

4–9 Siehe Anhang „Literaturverzeichnis nach Kapiteln"

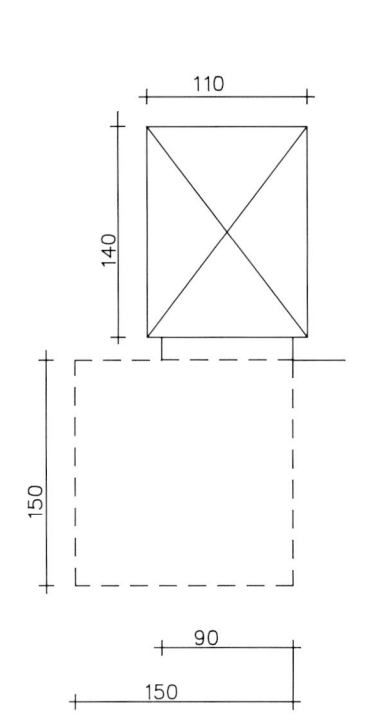

5.9/1 Bewegungsfläche vor Aufzügen, M 1 : 50

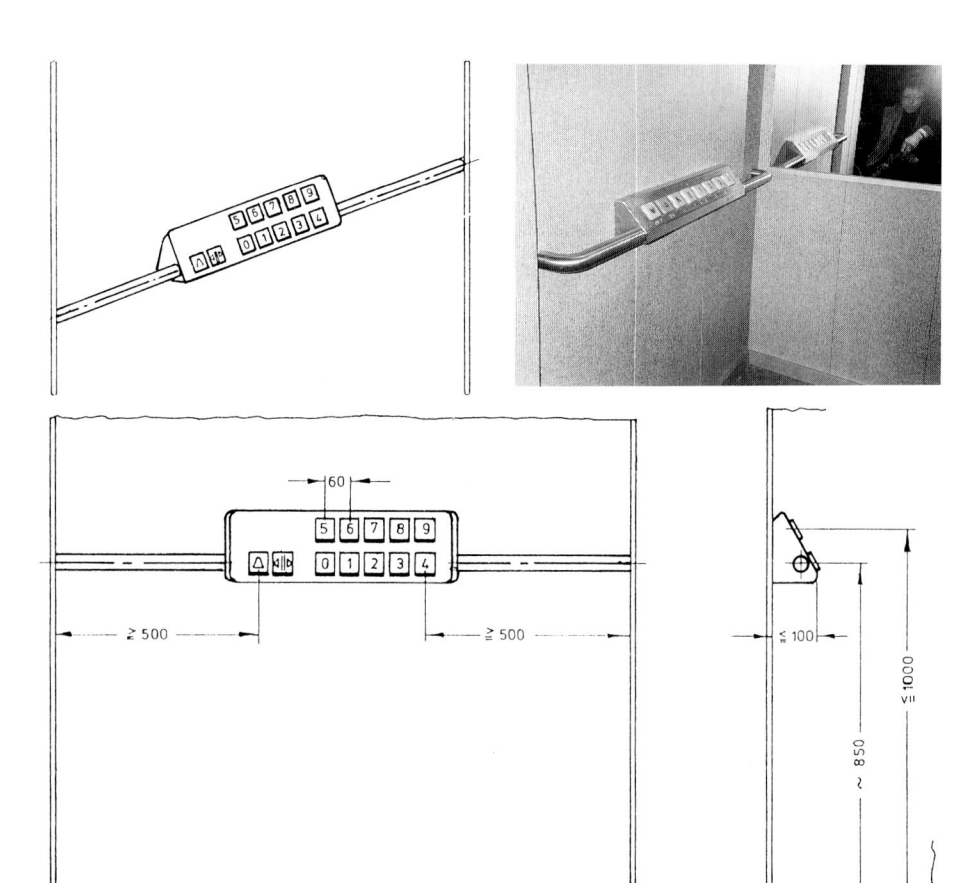

5.9/2 Behindertengerechte Bedienelemente in Personenaufzügen nach DIN 18025

- lichte Breite 110 cm
- lichte Tiefe 140 cm
- Türbreiten 90 cm (es kommen nur kraftbetätigte Türen in Frage)
- die Bewegungsflächen vor den Fahrschachttüren müssen mindestens 150 cm x 150 cm groß sein; sie sollten nicht in Hauptverkehrswegen liegen, besser angeordnet sind sie z.B. in seitlichen Nischen (Abb. 5.9/1, entspricht Abb. 4.1/1)
- bei Bedarf muss der Aufzug mit akustischen Signalen nachgerüstet werden können (z.B. Sprachansagen)
- die Bedienelemente sind wie folgt zu gestalten, damit sie von einem möglichst großen Personenkreis, auch Rollstuhlbenutzer, bedient werden können:
- in den Aufzügen sind die Bedienelemente waagerecht, von oben einsehbar anzuordnen (Abb. 5.9/2)
- die Bedientaster müssen etwa 50 mm groß sein (rund oder quadratisch); der Abstand ihrer Mittenachsen muss etwa 60 mm betragen, damit ein Mindestabstand von etwa 10 mm zwischen den Tastern verbleibt
- die Taster müssen erhaben sein, nicht flächenbündig, damit sie auch mit Handrücken, Ellenbogen o.Ä. bedient werden können. Verwendet werden könnten hier z.B. Kurzhubtaster, um ein Verkanten der Taster bei nicht senkrecht aufgebrachter Betätigungskraft zu vermeiden

- die Taster müssen eine erhabene Schrift (taktile Kennzeichnung) bzw. ein erhabenes Symbol erhalten, damit sie auch von Blinden oder Sehbehinderten erkannt werden können
- die Buchstaben/Zahlen/Symbole müssen mindestens 30 mm groß sein
- die Taster müssen einen erhabenen Rand haben
- die äußersten Taster müssen mindestens (etwa) 500 mm von der Vorder- und der Rückwand des Fahrkorbes entfernt sein (Bedienung durch Rollstuhlbenutzer!)
- die Mittenachse der Taster muss etwa 850 mm über dem Fußboden liegen
- aufgrund vorstehender Anforderungen können bei einem Aufzug mit den vorgenannten Mindestmaßen höchstens 8 Taster (Notruf, Tür-Auf und 6 Haltestellen) in einer Reihe untergebracht werden. Wenn mehr Haltestellen vorhanden sind, ist eine mehrreihige Anordnung zulässig, wobei die Mittenachse der obersten Reihe höchstens 1000 mm über dem Fußboden angeordnet sein darf
- zwischen den äußersten Tastern bzw. der Gehäusewand des Bedientableaus und der Vorder- bzw. Rückwand des Fahrkorbes muss jeweils ein Handlauf angeordnet sein
.. etwa rund oder oval, etwa 30 mm bis 45 mm Durchmesser
.. Mittenachse etwa 850 mm über dem Fußboden, damit auch Gehbehinderte den Aufzug sicher benutzen können
- die größte Ausladung aller Teile darf höchstens 100 mm (vor der Seitenwand) betragen
- wenn zusätzlich ein senkrechtes Bedientableau im Fahrkorb angebracht werden soll (z.B. auf Wunsch des Planers oder Betreibers, weil mit sehr häufiger Benutzung des Aufzuges durch Nicht-Rollstuhlbenutzer zu rechnen ist), werden an dieses Tableau keine Anforderungen in dieser Form gestellt; hierfür gelten allein die Festlegungen in DIN 15325 (Abb. 5.9/2).
Selbstverständlich sind die Bedientaster an den Zugängen gleichartig auszubilden. Dies gilt besonders für
- Größe der Taster
- Taster erhaben
- erhabene Beschriftung, sofern nicht die Form der Taster ausreichend ist (z.B. Pfeile)
- Höhe der Taster über dem Fußboden.

Daneben enthält die Norm noch folgende Empfehlungen:
- Im Fahrkorb soll gegenüber der Fahrkorbtür ein Spiegel zur Orientierung angebracht sein
- Türen sollen eine lichte Höhe von mind. 210 cm haben.

Abmessung für Fahrkorb, Tür und Schacht (Wohngebäude)

Tragfähigkeit kg	Fahrkorbmaße cm Breite × Tiefe	Türbreite cm	Schachtbreite bei Türen cm einseitig öffnen	cm mittig öffnen
630	110 × 140	80	160	180
zukünftig vorgesehen:		90	170	200
1000	110 × 210	80	160	180
zukünftig vorgesehen:		90	170	200

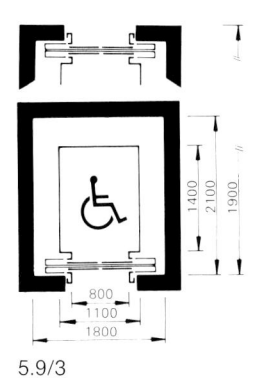

5.9/3 Wohnhausaufzug 630 kg nach DIN 15 306. (Schindler-Aufzüge GmbH)

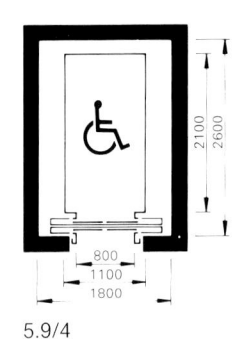

5.9/4 Wohnhausaufzug 630 kg entsprechend DIN 18024/18025. (Schindler-Aufzüge GmbH)

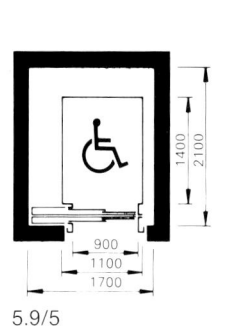

5.9/5 Wohnhausaufzug 1000 kg nach DIN 15 306. (Schindler-Aufzüge GmbH)

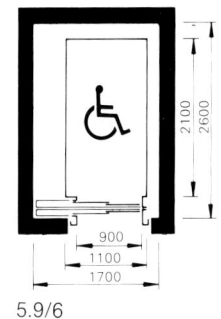

5.9/6 Wohnhausaufzug 1000 kg entsprechend DIN 18024/18025. (Schindler-Aufzüge GmbH)

Abmessung für Fahrkorb, Tür und Schacht (andere Gebäude)

Tragfähigkeit kg	Fahrkorbmaße cm Breite × Tiefe	Türbreite cm	Schachtbreite bei Türen cm einseitig öffnen	cm mittig öffnen
800	135 × 140	80		190
zukünftig vorgesehen:		90		200
neu:				
630	110 × 140	90		200
1000	160 × 140	110		240
zukünftig vorgesehen:		90		210
1250	195 × 140	110		260

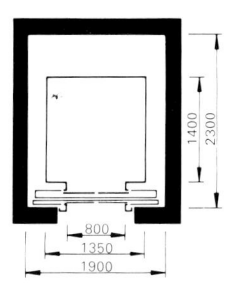

5.9/7 Personenaufzug 800 kg nach DIN 15 309. (Schindler-Aufzüge GmbH)

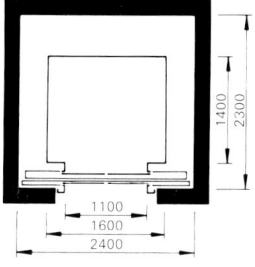

5.9/8 Personenaufzug 1000 kg nach DIN 15 309. (Schindler-Aufzüge GmbH)

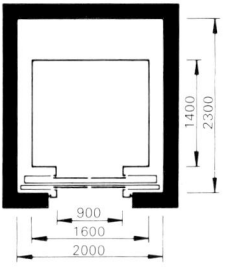

5.9/9 Personenaufzug 1000 kg, mögliche Ausführung. (Schindler-Aufzüge GmbH)

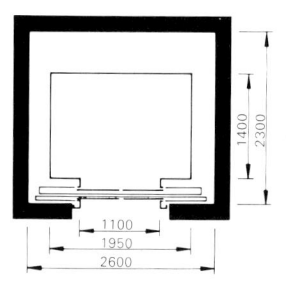

5.9/10 Personenaufzug 1250 kg nach DIN 15 309. (Schindler-Aufzüge GmbH)

5.9.2.3 DIN 18025 Teil 2, 12.92, Barrierefreie Wohnungen; Planungsgrundlagen[10]
Auch diese Norm wurde vollkommen überarbeitet und den Bedürfnissen der Nutzer angepasst; sie gilt nunmehr praktisch für alle Wohnungen, nicht mehr nur für Blinde und wesentlich Sehbehinderte, wie dies bei der früheren Ausgabe dieser Norm der Fall war.
Die Norm enthält zu Aufzügen nunmehr folgende Festlegungen:
– Der Hauseingang und eine Wohnebene müssen stufenlos erreichbar sein, es sei denn, nachweislich zwingende Gründe lassen dies nicht zu.
– Alle zu Wohnungen gehörenden Räume und die gemeinschaftlichen Einrichtungen der Wohnanlage müssen zumindest durch den nachträglichen Ein- oder Anbau eines Aufzuges oder durch eine Rampe stufenlos erreichbar sein.
Empfehlung: Alle zur Wohnung gehörenden Räume und die gemeinschaftlichen Einrichtungen der Wohnanlage sollen stufenlos erreichbar sein.

10 Siehe Anhang „Literaturverzeichnis nach Kapiteln"

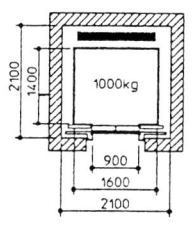

5.9/12 Personenaufzug 1000 kg, zukünftige Ausführung

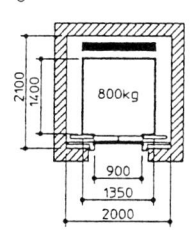

5.9/11 Personenaufzug 800 kg, zukünftige Ausführung

Es war nicht erreichbar, die Forderung nach stufenloser Erreichbarkeit als grundsätzliche Vorgabe in die Norm aufzunehmen, obwohl gerade dies eine der Grundvoraussetzungen für barrierefreies und damit alten- und behindertengerechtes Wohnen darstellt.

Wenn nachträglich oder aufgrund der Empfehlung sogleich bei der Errichtung eines Gebäudes ein Aufzug eingebaut wird, gelten für diesen die gleichen Anforderungen wie in DIN 18025 Teil 1 (siehe vorherige Ausführungen)

5.9.2.4 DIN 18024 Teil 2[11]
Die Neuausgabe dieser Norm wurde vollkommen überarbeitet und gilt nunmehr, wie bereits früher ausgesagt, auch für Arbeitsstätten.
In der Norm ist festgelegt, dass alle Gebäudeebenen stufenlos, gegebenenfalls mit einem Aufzug oder einer Rampe, erreichbar sein müssen.
Zur Gestaltung des Aufzuges gelten die gleichen Festlegungen wie in DIN 18025 Teil 1.

5.9.2.5 DIN 15306, 01.85, Personenaufzüge für Wohngebäude; Baumaße, Fahrkorbmaße, Türmaße[12]
In dieser Norm sind auf der Grundlage der derzeit gültigen internationalen Norm ISO 4190/1 Fahrkorb-, Tür- und Schachtabmessungen für Personenaufzüge in Wohngebäuden festgelegt. Für den behandelten Bereich kommen hieraus zwei Aufzüge in Frage: Tabelle „Abmessung für Fahrkorb, Tür und Schacht (Wohngebäude)".
Anmerkungen: Bei den zukünftig vorgesehenen Maßen wurden die Festlegungen in DIN 18025 Teil 1 und 2, DIN 18024 Teil 2 sowie die deutschen Vorschläge zur Änderung der ISO 4190 berücksichtigt; es sind auch massive Bestrebungen von verschiedenen anderen Ländern im Gange, die Aufzugnormen ISO 4190 entsprechend den Anforderungen der Behinderten usw. zu überarbeiten bzw. zu ändern (Abb. 5.9/3-6).

5.9.2.6 DIN 15309, 12.84, Personenaufzüge für andere als Wohngebäude sowie Bettenaufzüge; Baumaße, Fahrkorbmaße, Türmaße[13]
In dieser Norm werden – auch auf der Grundlage der derzeit gültigen ISO 4190/1 – die Fahrkorb-, Tür- und Schachtabmessungen für Personenaufzüge in anderen Gebäuden als Wohngebäuden sowie die Abmessungen für Bettenaufzüge festgelegt. Hieraus kommen für den behandelten Bereich insbesondere folgende Aufzüge in Frage: Tabelle „Abmessung für Fahrkorb, Tür und Schacht (andere Gebäude)"

11–13 Siehe Anhang „Literaturverzeichnis nach Kapiteln"

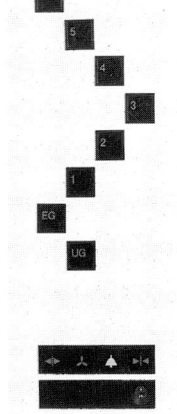

5.9/13 Senkrechte Bedientableaus entsprechend DIN 15325 mit dem Treppenverlauf entsprechende Anordnung der Befehlstasten. (Thyssen-Aufzüge GmbH)

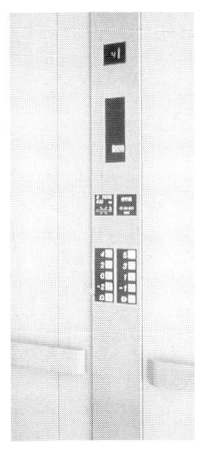

5.9/14 Senkrechtes Bedientableau entsprechend DIN 15325. (Otis GmbH)

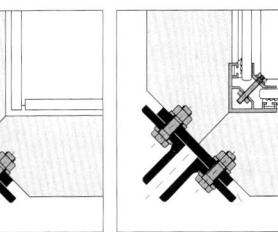

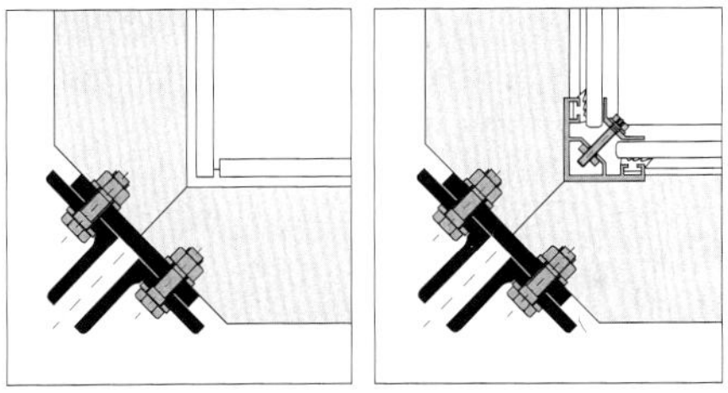

Innenerschließung.
Horizontalschnitt durch die Ecke eines Innenschachtgerüsts mit Eckstielvariante Profil 2 × L50 × 7 und angedeuteter Schachtgerüstverglasung.

Außenerschließung.
Horizontalschnitt durch die Ecke eines Außenschachtgerüsts mit Eckstielvariante Profil 2 × L50 × 7 und ausgeführter Schachtgerüstverglasung.

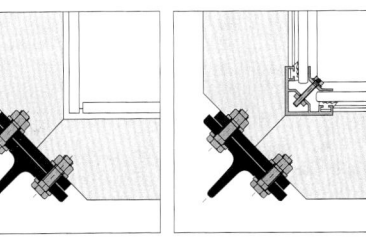

Innenerschließung.
Horizontalschnitt durch die Ecke eines Innenschachtgerüsts mit Eckstielvariante Profil TB 50 und angedeuteter Schachtgerüstverglasung.

Außenerschließung.
Horizontalschnitt durch die Ecke eines Außenschachtgerüsts mit Eckstielvariante Profil TB 50 und ausgeführter Schachtgerüstverglasung.

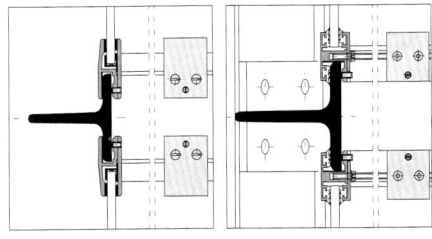

Innenerschließung.
Vertikalschnitt durch die Verglasung eines Innenschachtgerüsts mit dargestelltem Horizontalrahmen T-Profil und Glashalter.

Außenerschließung.
Vertikalschnitt durch die Außenverglasung mit dargestelltem Horizontalrahmen T-Profil und Verglasungsdetails.

5.9/15 Ausführungsmöglichkeiten für Schachtgerüste. (Schindler-Aufzüge GmbH)

Typ 7 1100 × 1400 mm 630 kg

Horizontalschnitt zum Typ 7 des Aufzugprogramms mit dreiseitig verglastem Schachtgerüst und zweiseitig verglaster Kabine.

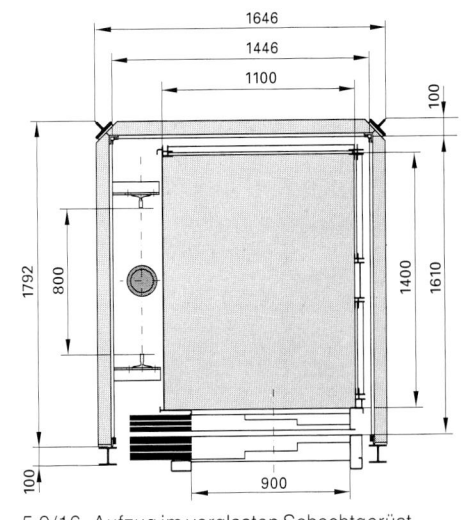

5.9/16 Aufzug im verglasten Schachtgerüst. (Schindler-Aufzüge GmbH)

Es gelten die gleichen Anmerkungen wie zu DIN 15306 (Abb. 5.9/7-12).

5.9.2.7 DIN 15315, 12.90, Aufzüge; Bedienungs-, Signalelemente und Zubehör; ISO 4190/5, Ausgabe 1982, modifiziert.[14]
Diese Norm entspricht der Internationalen Norm ISO 4190/5; in der deutschen Fassung wurden verschiedene Abschnitte, die nach deutscher Ansicht für die Norm nicht relevant sind, gestrichen und einige nationale Änderungen bzw. Zusätze aufgenommen (siehe Erläuterungen in der Norm).
Die Norm enthält Anforderungen für die Anordnung von Bedienelementen für Rollstuhlbenutzer sowie für die Form und Größe der Taster und für den Handlauf, die von den neueren Erkenntnissen (siehe DIN 18024 und DIN 18025 Teil 1 und 2) abweichen. Die zuständigen Normenausschüsse sind übereingekommen, die erforderlichen Änderungswünsche bei ISO einzubringen und dann die deutsche Norm auch entsprechend anzupassen.
Bis zu einer Überarbeitung der ISO 4190/5 bzw. der DIN 15315 sind in Aufzügen, die behindertengerecht gestaltet sein sollen, daher die Vorgaben der DIN 18024 bzw. DIN 18025 Teil 1 und 2 zu berücksichtigen (waagerechtes Tableau, Handläufe usw.); für ein evtl. zusätzlich eingebautes senkrechtes Tableau gelten jedoch die Ausführungen der DIN 15 325 (siehe Kapitel 5.9.2.1) (Abb. 5.9/13+14).

5.9.2.8 Abweichungen von den Normen
Wenn ausnahmsweise, z.B. in bestehenden Gebäuden, die Einhaltung der Aufzugnormen (insbesondere Fahrkorb- und Fahrschachtabmessungen) nicht möglich ist, müssen die Planungen entsprechend angepasst werden; die Mindestvorgaben der DIN 18024/18025 sollten auf jeden Fall berücksichtigt werden.
Die meisten Aufzughersteller bieten hierzu die Möglichkeit, Aufzüge mit genormten Fahrkörben auch (ausnahmsweise) in etwas kleineren Schächten unterzubringen. Sollen Aufzüge (z.B. nachträglich) in Treppenaugen eingebaut werden, sind hierfür tragende Schachtgerüste mit ggf. verglasten Schachtwänden möglich, da die LBOn dies durchweg bis fünf Vollgeschossen zulassen (Abweichungen in Hamburg, Niedersachsen).
Beispiele hierfür zeigen die Abbildungen 5.9/15+16.
Hinsichtlich der Ausführung der Verglasung sind insbesondere die Anforderungen des Unfallschutzes in den Technischen Regeln Aufzüge und in den dazu gehörenden sicherheitstechnischen Richtlinien für Aufzüge, z.B. „SR Glastüren" bzw. den EN 81, zu beachten.

5.9.3 Antriebe für Personenaufzüge
Für Personenaufzüge werden heute meist nur noch Treibscheibenantriebe oder indirekt-hydraulische Antriebe verwendet.

5.9.3.1 Treibscheibenantriebe
Eingesetzt wird üblicherweise der klassische Treibscheibenantrieb, bei dem das Triebwerk über dem Schacht in einem besonderen Triebwerksraum angeordnet ist (ggf. Dachaufbau!). Hierbei kann die Betriebsgeschwindigkeit je nach den betrieblichen Erfordernissen festgelegt werden, so dass auch höhere Gebäude gut erschlossen werden können.
Die Anordnung von Triebwerksräumen unten neben dem Schacht ist zwar möglich, sollte jedoch vermieden werden. Bei dieser Lösung wäre zwar kein Triebwerksraum über dem Schacht erforderlich, dafür müssen nicht unerhebliche Nachteile in Kauf genommen werden (z.B. große Seillängen, häufigere Seilumlenkungen, höherer Seilverschleiß usw.); außerdem ist doch ein (etwas niedrigerer) Rollenraum über dem Schacht oder bei Aufzügen nach TRA ein entsprechend höherer Schachtkopf mit zusätzlichen Anforderungen erforderlich.
In besonderen Fällen kann ein Triebwerksraum oben neben dem Schacht gewählt werden. Dabei sind jedoch erhebliche Nachteile gegenüber der Standardausführung mit Triebwerksraum über dem Schacht zu erwarten.
Inzwischen gibt es Antriebe, die ohne eigenen Triebwerksraum auskommen. Das Triebwerk ist im Schachtkopf mit eingebaut und meist in der obersten Haltestelle auch die komplette Steuerung. Als Antriebe werden teilweise getriebelose, langsam laufende Wechselstrom-Treibscheibenantriebe verwendet, die einen sehr guten Wirkungsgrad haben und relativ geringe elektrische Anschlusswerte erfordern.

5.9.3.2 Indirekt-hydraulische Antriebe
Insbesondere bei bestehenden Gebäuden werden heute immer häufiger Personenaufzüge mit indirekt-hydraulischem Antrieb und seitlich stehenden Hebern gewählt, da hierbei kein besonderer Raum über dem Schachtkopf erforderlich ist und der Triebwerksraum unten neben dem Schacht oder sogar in nicht allzu großer Entfernung davon untergebracht werden kann. Der Triebwerksraum kann auch wesentlich kleiner sein als bei einem Treibscheibenantrieb.
Die preisgünstige Lösung mit einem seitlich stehenden Heber kann ohne große Schwierigkeiten eingesetzt werden bei Wohnhausaufzügen nach DIN 15306 sowie bei den kleinen Aufzügen für andere Gebäude nach DIN 15309.
Zu beachten ist, dass die Betriebsgeschwindigkeit höchstens 1 m/s betragen darf und die Förderhöhe 20 m bis 25 m nicht übersteigt. Auch nicht vergessen werden dürfen bei hydraulischem Antrieb die inzwischen weiter verschärften Anforderungen des Gewässerschutzes, festgelegt vor allem im Wasserhaushaltsgesetz und in den VAwS[15] der Länder. Hierdurch können erhebliche zusätzliche Kosten für derartige Aufzüge entstehen.

5.9.4 Kosten für Personenaufzüge
Bei den Kosten ist zu unterscheiden nach Anschaffungs- und Betriebskosten für die Aufzüge.

5.9.4.1 Anschaffungskosten
Als Richtwert können folgende Kosten für die Lieferung und Montage angesetzt werden (unterstellt indirekt-hydraulischer Antrieb):
Personenaufzug 630 kg/8 Personen, 3 Haltestellen etwa 60 000 DM
Personenaufzug 630 kg/8 Personen, 5 Haltestellen etwa 70 000 DM.

In einem Forschungsbericht des BMBau[16] wurden u.a. die Kosten für einen behindertengerechten Personenaufzug nach DIN 18025 Teil 2, bezogen auf die Kosten einer Wohnung, ermittelt. Bei den Kostenermittlungen nach m² Wohnfläche wurden Gebäudekosten von 1800 DM (II. Berechnungsverordnung einschl. 14 % MWSt, Kostenstand August 1990) zu Grunde gelegt: Tabelle „Mehrkosten durch Einbau eines Aufzugs".
Die Verhältnisse daraus sind in Abb. 5.9/17 grafisch dargestellt.
Es ist zu erkennen (was voraussehbar war), dass der Einbau eines Personenaufzuges nach DIN 18025 Teil 2 vor allem bei niedrigen Gebäuden mit wenigen Wohnungen je Geschoss die Kosten für ein Gebäude ganz erheblich beeinflussen kann. Dies muss bei der Planung entsprechend berücksichtigt werden (Häuser wieder mehr als Laubengang-Häuser?).
Zu beachten ist bei all diesen Überlegungen, dass nach den Vorgaben der Landesbauordnungen in fast allen Ländern Aufzüge dann vorgesehen werden müssen – unabhängig von DIN 18025 Teil 2 –, wenn mehr als fünf Geschosse geplant werden (siehe Kapitel 5.9.1.1).

5.9.4.2 Betriebskosten
Hier kommen insbesondere auf Kosten für:
– Wartung und Inspektion
– Instandsetzungen
– Prüfungen
– Energie
– ggf. Aufzugwärter oder zentrales Notruf-Leitsystem.

Meist ist es empfehlenswert, einen „Wartungsvertrag" abzuschließen, der – wenn gewünscht – auch Instandsetzungen und Hilfeleistung bei den Prüfungen enthält.

14–16 Siehe Anhang „Literaturverzeichnis nach Kapiteln"

Mehrkosten durch Einbau eines Aufzugs

Wohnungen je Geschoss/ Anzahl der Geschosse		Mehrkosten durch einen Aufzug			
		je Wohnung DM	je Geschoss DM	je m² DM	Wohnfläche %
2-Spänner	2geschossig	15833	31665	226	12,57
	3geschossig	11763	23527	168	9,33
	4geschossig	9729	19458	140	7,78
3-Spänner	2geschossig	10555	31665	176	9,78
	3geschossig	7843	23527	131	7,28
	4geschossig	6486	19458	108	6,00
4-Spänner	2geschossig	7916	31665	144	8,00
	3geschossig	5882	23527	107	5,94
	4geschossig	4864	19458	88	4,89
7-Spänner (Laubengang)	2geschossig	4524	31665	62	3,44
	3geschossig	3361	23527	46	2,5
	4geschossig	2780	19458	38	2,11

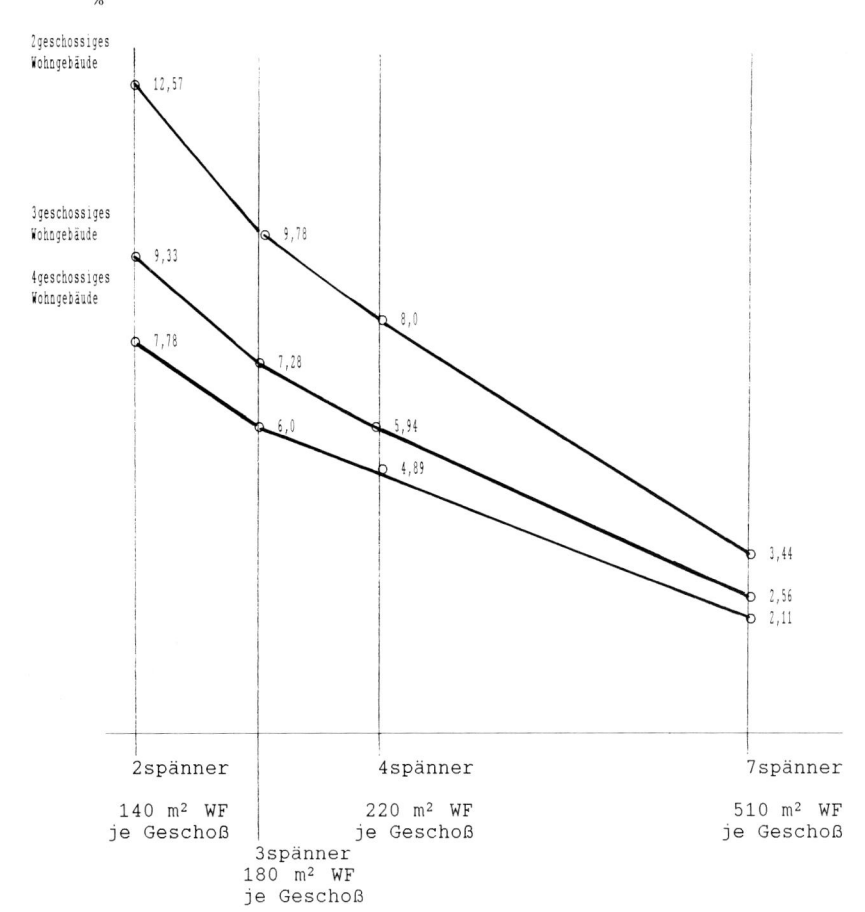

5.9/17 Erhöhung der Gebäudekosten in % durch den Einbau eines Personenaufzuges nach dem Forschungsbericht des IfB

5.9/18 Behinderten-Senkrecht-Aufzug (Perfekta GmbH)

5.9/19 Behinderten-Senkrecht-Aufzug (Perfekta GmbH)

5.9/20 Behinderten-Senkrecht-Aufzug (Perfekta GmbH)

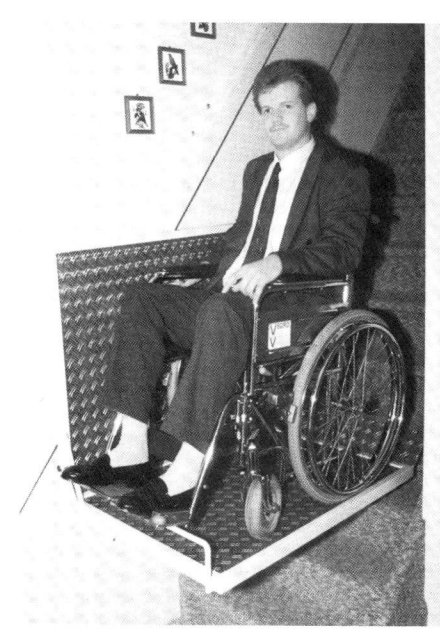

5.9/21 Treppenschrägaufzug für Rollstuhlfahrer. (Eurolift B.V.)

5.9/22 Treppenschrägaufzug mit Stehplattform. (HIRO-Lift)

Hierfür muss nach dem Stand von 1991 mit etwa folgenden Kosten gerechnet werden:
Wartungsvertrag etwa 1500 DM/Jahr (Reinigen, Prüfen, Schmieren und dergl.)
Vollwartungsvertrag etwa 4000-5000 DM/Jahr
(zusätzlich Instandsetzungen und Lieferung von Ersatzteilen sowie Mithilfe bei Prüfungen)
Anschluss an zentrales Notrufleitsystem etwa 1300-1500 DM/Jahr
(bei „einfachem" Wartungsvertrag oder ohne Wartungsvertrag zusätzlich Kosten für jeden Einsatz eines Monteurs; Kosten können je nach Anbieter sehr stark schwanken).

5.9.5 Sicherheitstechnische Regeln für Behindertenaufzüge

Wie bereits unter 5.8.1.2 ausgeführt, gibt es für Behindertenaufzüge keine TRA oder EN-Normen und auch keine speziellen DIN-Normen; es gelten die „Richtlinien für Behindertenaufzüge", VdTÜV-Merkblatt 103[8].
Zu beachten ist jedoch in jedem Falle, dass diese Aufzüge nunmehr der Maschinenverordnung (9. GSGV) unterliegen und damit auch die grundlegenden Sicherheitsanforderungen der EU-Maschinenrichtlinie erfüllen müssen.
Die vorgenannten Richtlinien enthalten folgende wichtigen und wesentlichen Festlegungen (zu den Einsatzmöglichkeiten siehe unter 5.9.1.2):

5.9.5.1 Senkrechtaufzüge („Hebebühnen")
– Die Förderhöhe darf
  – im öffentlich zugänglichen Bereich höchstens 1,80 m betragen
  – in anderen Bereichen höchstens dem Niveauunterschied zwischen Erdgleiche und 1. Obergeschoss entsprechen.
– Es sind höchstens zwei Zugangsstellen zulässig.
– Quetsch- und Scherstellen zwischen Lastaufnahmemittel (LAM) und festen Teilen der Umgebung dürfen nicht vorhanden sein.
– Unbefugte dürfen nicht unter das angehobene LAM gelangen können.
Dies bedeutet, dass praktisch immer eine Fahrbahnverkleidung erforderlich ist.
– Zumindest der obere Fahrbahnzugang muss Fahrbahntüren haben.
– Als LAM dürfen nur Plattformen verwendet sein.
– Die Grundfläche des LAM muss mindestens
0,9 m x 1,2 m (Breite x Tiefe)
betragen; die Fläche soll 2,0 m^2 nicht überschreiten (siehe hierzu auch Vorgaben in DIN 18024 bzw. 18025 Teil 1 und 2).
– Die zulässige Tragfähigkeit darf betragen
≥ 225 kg ≤ 300 kg.
– Die Zugänge des LAM müssen grundsätzlich mit Abschlüssen versehen sein („Fahrkorbtüren").
– Fahrbefehlsgeber müssen in „Totmann-Steuerung" arbeiten.
– Fahrbefehlsgeber, Notbremsschalter und Notruftaster müssen so ausgebildet und angeordnet sein, dass sie von dem Behinderten sicher bedient werden können (siehe hierzu auch Vorgaben in den DIN 18024 und 18025 Teil 1 und 2).
– Die Steuereinrichtungen müssen so eingerichtet sein, dass Unbefugte den Aufzug nicht benutzen können („Schlüsselschalter").
– Derartige Aufzüge kommen ohne die sonst bei Personenaufzügen erforderliche Schachtgrube bzw. den Schachtkopf aus,

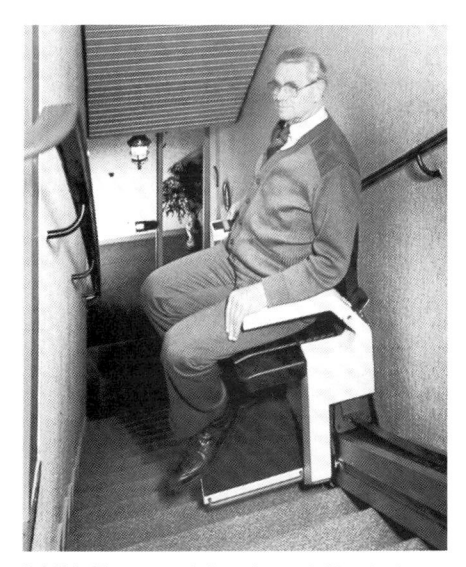

5.9/23 Treppenschrägaufzug mit Sitzplattform. (HIRO-Lift)

5.9/24 Fahrtreppen in einem U-Bahnhof. (Otis GmbH)

was gerade bei nachträglichem Einbau entscheidend sein kann.
Diese Vorgaben bedingen, zusätzlich zu den Ausführungen in der Präambel, eine ganz erhebliche Einschränkung des zulässigen/möglichen Benutzerkreises dieser Einrichtungen und erlauben keine barrierefreie Nutzung (Abb. 5.9/18-20).

5.9.5.2 Schrägaufzüge (Treppenaufzüge, „Treppenlifte")
Schrägaufzüge (Treppenaufzüge) sind Anlagen, die ausschließlich dazu bestimmt sind, behinderte Personen
- auf einer Plattform stehend
- auf einer Plattform im Rollstuhl
- auf einem Sitz
zwischen festgelegten Zugangsstellen zu befördern.
- Die Fahrbahn kann geradlinig oder gekrümmt sein und über begehbare Rampen (maximale Neigung 18°), Treppen, Podeste oder Flure verlaufen.
- Die Tragfähigkeit darf höchstens 300 kg betragen.
- Im öffentlich zugänglichen Bereich dürfen nicht mehr als zwei aufeinander folgende Stockwerke verbunden werden.
Im nicht-öffentlichen Bereich sind Abweichungen von den technischen Vorgaben zulässig, soweit dies im Merkblatt vorgesehen ist und wenn es die Umstände des Einzelfalls erfordern bzw. die Sicherheit auf andere Weise gewährleistet ist.
- Quetsch- und Scherstellen zwischen LAM und festen Teilen der Umgebung dürfen nicht vorhanden sein. Dies kann z.B. durch Fahrbahnverkleidungen erreicht werden.
- Sind Fahrbahnverkleidungen vorhanden, müssen die Fahrbahnzugänge mit Fahrbahntüren versehen sein.
- LAM als Plattform müssen mindestens eine Grundfläche von 0,8 m x 1,0 m (Breite x Tiefe), LAM als Stehplattform müssen mindestens eine Grundfläche von 0,4 m x 0,4 m haben.
- Hinsichtlich der Fahrbefehlsgeber, Notbremsschalter und Notrufeinrichtungen gelten die gleichen Aussagen wie bei Senkrecht-Aufzügen.

Diese Vorgaben zeigen noch deutlicher, dass derartige Aufzüge nur in besonderen Fällen für behinderte Menschen gebaut werden dürfen (Abb. 5.9/21-23).

5.9.6 Fahrtreppen und Fahrsteige

5.9.6.1 Fahrtreppen
Fahrtreppen (umlaufende Stufenbänder) werden eingesetzt, wenn eine größere Anzahl von Personen über längeren Zeitraum in andere Geschosse befördert werden soll.

17-20 Siehe Anhang „Literaturverzeichnis nach Kapiteln"

Typische Einsatzfälle sind Kaufhäuser und Verkehrsanlagen wie U- und S-Bahnen.
Fahrtreppen sind nach DIN EN 115 „Sicherheitsregeln für die Konstruktion und den Einbau von Fahrtreppen und Fahrsteigen"[17] zu errichten.
Daneben sind von Fall zu Fall noch zu beachten:
- „Richtlinien für Fahrtreppen und Fahrsteige"[18]
- Verordnung über Arbeitsstätten (Arbeitsstättenverordnung – ArbStättV)[19], insbesondere § 18, sowie die Arbeitsstättenrichtlinien ASR 18/1-3[20].
Fahrtreppen dürfen mit einem Neigungswinkel bis 30°, bei Förderhöhen bis 6 m und hierbei Nenngeschwindigkeit nicht über 0,50 m/s mit einem Neigungswinkel bis 35°, gebaut werden.
Die Nenngeschwindigkeit der Fahrtreppe darf bei einem Neigungswinkel bis 30° bis 0,75 m/s, bei einem größeren Neigungswinkel nur noch höchstens 0,50 m/s betragen.
Fahrtreppen eignen sich nicht zur Nutzung durch Gehbehinderte, sie sind für alte Menschen kaum benutzbar und für Rollstuhlbenutzer in keinem Falle geeignet. Auch dürfen Fahrtreppen nicht als „notwendige Treppen" verwendet werden (siehe z.B. LBO Nordrhein-Westfalen, § 32, Abs. 2).
In den Gebäuden und bei Gebäudezugängen, die nicht stufenlos sind, sind daher neben Fahrtreppen immer Personenaufzüge erforderlich, wenn alte Menschen, Gehbehinderte, Rollstuhlbenutzer oder ähnlich behinderte Personen in das Gebäude gelangen oder es nutzen sollen, es sei denn, bei geringeren Höhenunterschieden können geeignete Rampen (siehe DIN 18024

5.9/25 Fahrsteige in einem Messezentrum. (Otis GmbH)

5.9/26 Fahrsteige in einem Flughafen. (Otis GmbH)

und DIN 18025) vorgesehen werden (Abb. 5.9/24).

5.9.6.2 Fahrsteige
Fahrsteige (umlaufende stufenlose Bänder, z.B. Paletten oder Gurte) müssen nach den gleichen Vorschriften gebaut werden wie Fahrtreppen. Sie dienen zur Überwindung geringerer Höhenunterschiede oder zum Transport von Personen über längere Strecken, wie z.B. in Flughäfen oder ähnlichen Einrichtungen.

Ihr Neigungswinkel darf höchstens 12° betragen, die Betriebsgeschwindigkeit höchstens 0,75 m/s (unter festgelegten Voraussetzungen bis 0,90 m/s).

Die Nutzung von Fahrsteigen durch Gehbehinderte oder alte Menschen ist nicht ganz unproblematisch.

Rollstuhlbenutzer können Fahrsteige dann ohne allzugroße Schwierigkeiten nutzen, wenn die Rollstühle sicher auf dem Fahrsteig zum Stehen gebracht werden können und wenn die Fahrsteige eine Palettenoder Gurtbreite von mindestens 90 cm haben. Die Betriebsgeschwindigkeit sollte dabei nicht allzu hoch sein; über 0,75 m/s sind nach Meinung des Verfassers für Rollstuhlbenutzer nicht geeignet (Abb. 5.9/25+26).

5.9.7 Home-Lift/Vereinfachter Personenaufzug
Neue Möglichkeiten für behindertengerechte Aufzüge, insbesondere in bestehenden Gebäuden

5.9.7.1 Allgemeines
In neuen Gebäuden sind in jedem Falle Personenaufzüge nach DIN 18024/25 vorzusehen, die für die Behinderten eine gleich sichere und uneingeschränkte Beförderung ermöglichen wie für Nicht-Behinderte.

Bei bestehenden Gebäuden ist ein derartiger Aufzug oft nur mit erheblichem technischem und vor allem finanziellem Aufwand, wenn überhaupt, einbaubar. Insbesondere für den Bereich der Ein- und Zweifamilienhäuser wurde daher schon vor längerer Zeit der „Behindertenaufzug" zugelassen. Dieser Aufzug hat jedoch ein erheblich niedrigeres Sicherheitsniveau und darf auch nur von ganz bestimmten Behinderten benutzt werden.

In der Vergangenheit wurden daher immer wieder Überlegungen angestellt, wie man billigere, aber möglichst gleich sichere Aufzüge gestalten könnte. Lösungen hierzu wurden im Ausland teilweise schon vor Jahren zugelassen (z.B. in Schweden, Holland). Hier ist jedoch zu beachten, dass diese Aufzüge insbesondere wegen der baulichen Voraussetzungen (z.B. relativ kleine Treppenaugen) und dem gewählten Sicherheitsniveau (teilweise keine Fahrkorbtüren!) den deutschen Vorstellungen der Behinderten und hier insbesondere der Rollstuhlfahrer nicht entsprechen.

5.9.7.2 Der „vereinfachte Personenaufzug" in Deutschland
Aufgrund der Notwendigkeit, ältere Menschen und Behinderte möglichst lange in ihren Wohnungen leben zu lassen, wurde auch in Deutschland schon vor längerer Zeit darüber nachgedacht, wie man insbesondere in bestehenden Wohngebäuden einen billigeren, aber sicheren und von allen Menschen benutzbaren Aufzug gestalten könnte.

Das in Deutschland für die Erarbeitung Technischer Regeln für Aufzüge zuständige Gremium „Deutscher Aufzugausschuß" (DAA) hat sich intensiv mit dem Problem befasst und in langwierigen Sitzungen die TRA 1300 „Vereinfachte Personenaufzüge" erarbeitet.

Grundvoraussetzung für diesen Entwurf war die Vorgabe, dass die Sicherheit sowohl für die Benutzer als auch für das Wartungs-Prüfpersonal insgesamt nicht geringer sein darf als bei Personenaufzügen.

Die TRA 1300 wurden mit Ausgabedatum Mai 1994 vom Bundesarbeitsminister im Bundesarbeitsblatt veröffentlicht, so dass derartige Aufzüge inzwischen wie Personenaufzüge herkömmlicher Art ohne besondere Genehmigungen sowohl in neue als auch in bestehende Gebäude eingebaut werden dürfen.

Aufgrund der sehr geringen zulässigen Betriebsgeschwindigkeit ist zu erwarten, dass solche Aufzüge vor allem für Gebäude mit höchstens 3-4 Haltestellen vorgesehen werden und insbesondere auch anstelle von Behindertenaufzügen Anwendung finden. Derartige Aufzüge sind erheblich billiger als Pesonenaufzüge herkömmlicher Art und der bauliche Aufwand ist wesentlich niedriger, was sich gerade bei nachträglichem Einbau günstig auswirkt.

5.9.7.3 Wesentliche Abweichungen gegenüber Personenaufzügen nach TRA 200 bzw. EN 81
Nachfolgend werden nur die wesentlichen Abweichungen/Erleichterungen gegenüber den Personenaufzügen dargestellt, die für einen Gebäudeplaner wichtig sind, nicht jedoch technische Details, die meist nur den Aufzughersteller betreffen.

5.9.7.3.1 Schachtgrube
– Als Überfahrweg des Fahrkorbes genügen, unabhängig von der Antriebsart, 0,05 m.
– Der notwendige Schutzraum muss nicht unbedingt als Schachtgrube nach TRA 200/EN 81 ausgebildet sein, es genügen auch Abstützeinrichtungen und ein Hinweisschild mit vorgeschriebenem Text. Damit kann ein Aufzug mit sehr geringer Schachtgrube oder bei Verwendung einer Rampe sogar ohne besondere Schachtgrube gebaut werden.

5.9.7.3.2 Schachtkopf
– Als Überfahrweg des Fahrkorbes genügen 0,15 m bei Treibscheiben- und indirekt hydr. Antrieb,
0,10 m bei allen anderen Antrieben.
– Der obere Schutzraum muss nicht wie für Personenaufzüge ausgebildet sein, es können auch, ausgenommen bei Treibscheibenantrieb, abgehängte bewegliche Decken mit Schalteinrichtungen usw. vorgesehen werden.

Dadurch ist der Einbau eines Aufzuges auch bei wesentlich geringeren Schachtkopfhöhen (Raumhöhen) möglich.

5.9.7.3.3 Triebwerksraum
– Es ist nicht zwingend ein besonderer abschließbarer Raum für das Triebwerk erforderlich, das Triebwerk kann auch im Schacht oder auf dem Fahrkorb oder seitlich am Fahrkorb angebracht sein, wenn der Fahrkorb zur Befreiung von Personen von außen am Fahrschacht bewegt werden kann.

Damit können z.B. auch einfache Zahnstangenantriebe am Fahrkorb verwendet werden.

5.9.7.3.4 Betriebsgeschwindigkeit
– Die Betriebsgeschwindigkeit darf höchstens 0,20 m/s betragen, unabhängig von der Antriebsart oder Förderhöhe.

Hierdurch ist der sinnvolle Einsatzbereich eingeschränkt auf nicht allzu hohe Wohngebäude oder andere Gebäude mit höchstens drei oder vier Haltestellen.

5.9.7.3.5 Fahrkorb
– Die Tragfähigkeit darf höchstens 630 kg betragen.
– Die Grundfläche darf nicht größer sein als 1,66 m^2; bei behindertengerechter Ausführung soll sie 1,10 m x 1,40 m betragen.
– Die Fahrkorbschürze muss nicht zwingend 0,75 m lang sein, bei nicht dafür ausreichender Schachtgrube genügt eine Länge entsprechend der Entriegelungszone, zuzüglich 2 cm.

Damit können die Anforderungen der DIN 18024/25 erfüllt werden.

5.9.7.4 Schlussbemerkung
Vereinfachte Personenaufzüge (Home-Lifts) sind zwar vereinfachte Aufzüge mit z.T. geringerem Fahrkomfort und geringer Förderleistung; Sicherheitsdefizite für Benutzer, Wartungs- und Prüfpersonal bestehen jedoch nicht. In allen Fällen, in welchen von wesentlichen Bestimmungen für Personenaufzüge abgewichen werden

mußte, wurde durch entsprechende Ersatzmaßnahmen ein gleichwertiges Sicherheitsniveau geschaffen.

Es ist daher zu hoffen, dass zukünftig anstelle von Behindertenaufzügen dann, wenn keine Personenaufzüge gewollt oder möglich sind, derartige Vereinfachte Personenaufzüge eingesetzt werden.

Ab dem 1.7.1999 gelten anstelle der TRA 1300 nach heutigen Erkenntnissen nur noch die EN 81, Ausgabe 1998, als Technische Regeln für derartige Aufzüge.

Notwendige Abweichungen von den EN 81, die einen preisgünstigen „Homelift" ermöglichen, müssen voraussichtlich anhand einer Gefahrenanalyse dargestellt und begründet werden. Dies gilt, solange für derartige vereinfachte Aufzüge keine eigenen Normen vorhanden sind.

5.9.8 Blinden- und sehbehindertengerechte Gestaltung von Aufzügen

Bei vielen, insbesondere älteren Aufzügen ergeben sich für blinde und sehbehinderte Nutzer zwei Probleme, die ihnen die Benutzung eines Aufzuges erschweren, u.U. sogar unmöglich machen: Sie können (erstens) oft nicht feststellen, welche Taste sie drücken müssen, wenn die vorhandene Beschriftung für sie nicht lesbar ist. Ist dies jedoch möglich, dann können sie, wenn der Aufzug nach einer Fahrt wieder anhält, (zweitens) oft nicht erkennen, ob sie im gewünschten Stockwerk angekommen sind oder ob der Aufzug z.B. durch Außensteuerung vorher gestoppt wurde. Die üblicherweise im Aufzuginnern angebrachte Stockwerksanzeige mit hinterleuchteter Schrift kann nämlich von Blinden grundsätzlich nicht, von Sehbehinderten oft nicht gelesen werden. Um die beiden angesprochenen Probleme zu vermeiden oder zu beseitigen, ist eine blinden- und sehbehindertengerechte Beschriftung des Bedientableaus sowie eine blinden- und sehbehindertengerechte Stockwerksanzeige notwendig. Dazu sind Maßnahmen erforderlich, die zwar – wie viele Negativbeispiele zeigen – eine sehr genaue Detailkenntnis erfordern, jedoch nur einen vergleichsweise geringen Kostenaufwand verursachen. Sie sollten daher grundsätzlich bei jedem Personenaufzug eingeplant bzw. nachträglich realisiert werden.

Wie wichtig ein Aufzug für Rollstuhlbenutzer ist, ist einsichtig. Häufig übersehen wird dagegen, welch große Bedeutung er auch für Blinde und Sehbehinderte haben kann: In komplexen Gebäuden und Verkehrsbauwerken z.B. gestattet er ihnen (sofern er blinden- und sehbehindertengerecht gestaltet ist!) in der Regel eine wesentlich sicherere Orientierung als die alternativen Wege; häufig bietet er sogar die einzige Möglichkeit, sich selbstständig zurechtzufinden. Hier stellt der Aufzug für sie eine

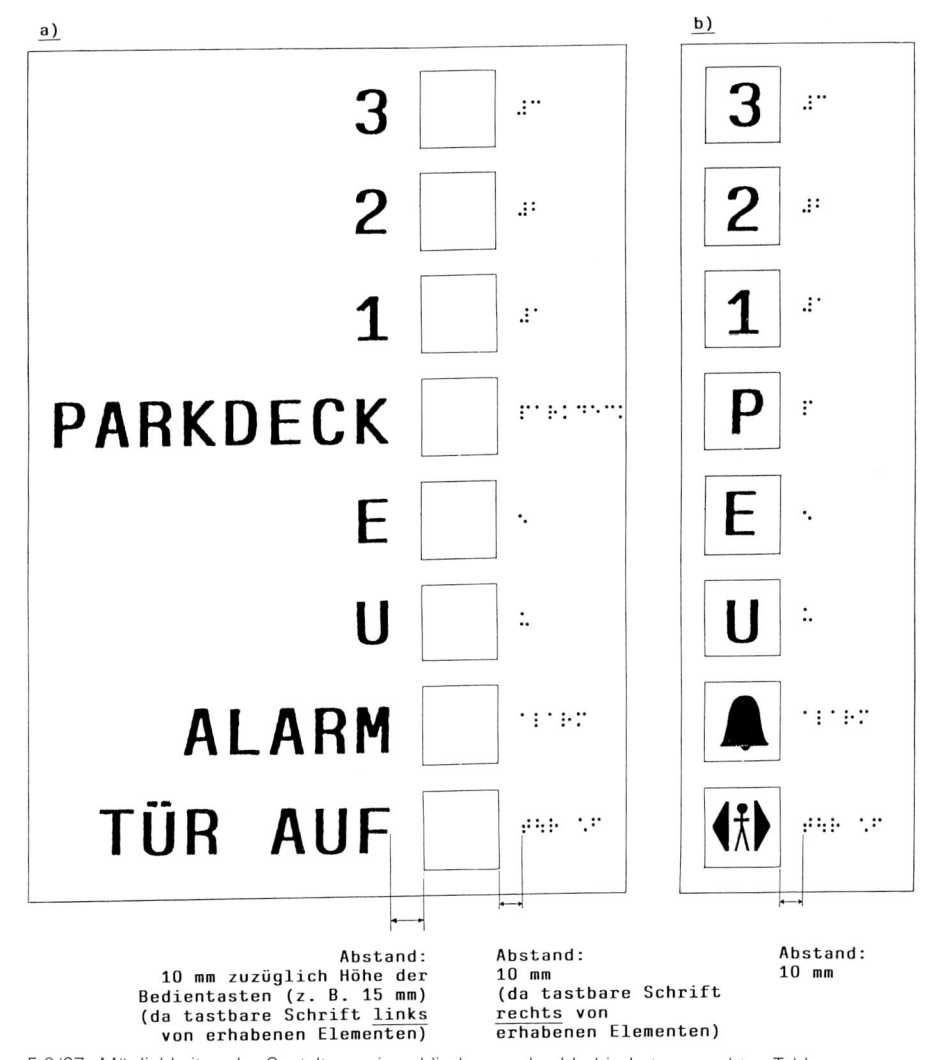

5.9/27 Möglichkeiten der Gestaltung eines blinden- und sehbehindertengerechten Tableaus:
a) Bedientasten nicht beschriftet
b) Bedientasten mit tastbaren Buchstaben bzw. Piktogrammen versehen; Punktschrift daneben.
Lösung a) ist vorzuziehen, da beim Abtasten von Informationen auf den Tasten durch einen blinden Nutzer u.U. Fehlbedienungen provoziert werden.

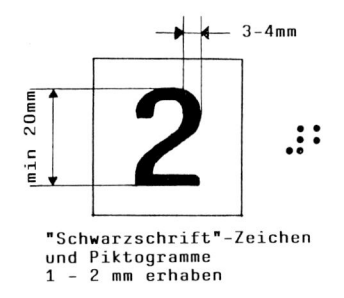

5.9/28 Tableaubeschriftung (Ausschnitt). Maße der Punktschrift s. Abb. 5.9/29

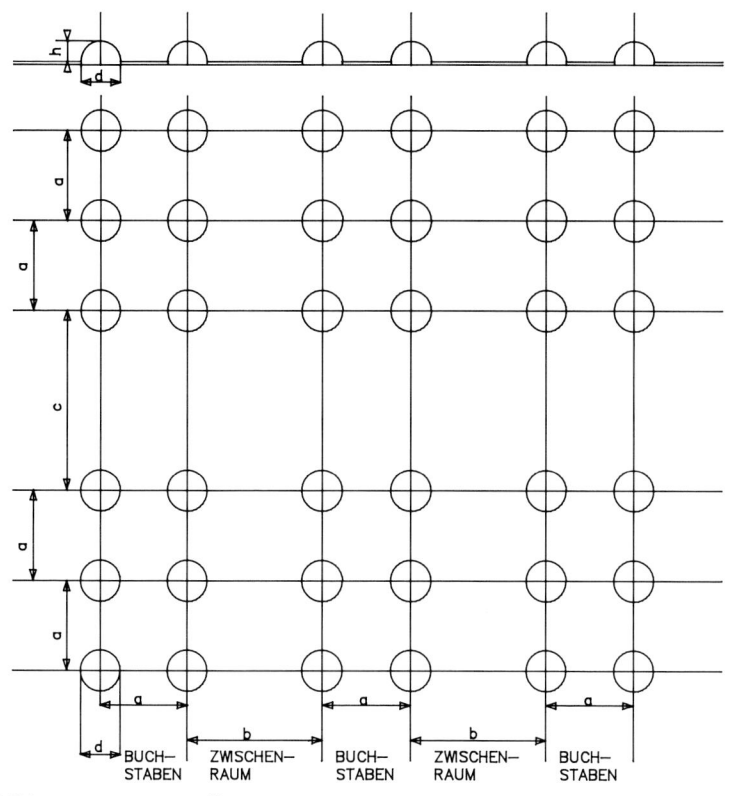

5.9/29 Punktschrift-Maße[21]. Die genormten Maße müssen eingehalten werden (Toleranz 5 %), da die Schrift sonst u.U. für den Blinden unlesbar wird.

Abstand der Punkte eines Buchstabens voneinander (horizontal): a = 2,6 mm
Abstand zweier Buchstaben voneinander (horizontal): b = 4,0 mm
Abstand zweier Zeilen voneinander (vertikal): c = 5,2 mm
Durchmesser des Tastpunkts: d = 1,9 mm
Höhe des Tastpunkts: h = 0,65 mm

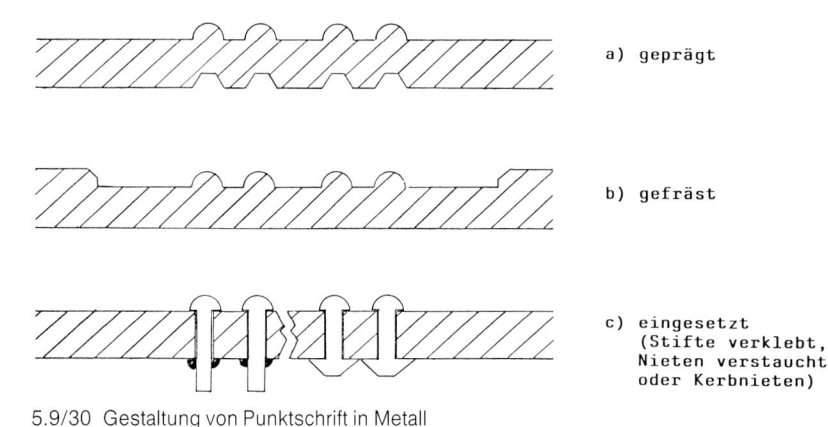

a) geprägt

b) gefräst

c) eingesetzt (Stifte verklebt, Nieten verstaucht oder Kerbnieten)

5.9/30 Gestaltung von Punktschrift in Metall

unersetzliche Mobilitätshilfe dar. In allen anderen Fällen gilt die am 27.10.94 verabschiedete Ergänzung des Artikels 3 des Grundgesetzes, wonach behinderte Menschen aufgrund ihrer Behinderung nicht benachteiligt werden dürfen. Blinde und Sehbehinderte dürfen demnach nicht von der Möglichkeit ausgeschlossen werden, das auch für sie wertvolle Transportmittel Aufzug selbstständig benutzen zu können, nachdem dies mit zumutbarem Aufwand ermöglicht werden kann (Abb. 5.9/27).

Wie in Kap. 2.3.3 näher ausgeführt, erfordert eine blinden- und sehbehindertengerechte Beschriftung dreierlei:
– große, kontrastreiche optische Schrift (im folgenden „Schwarzschrift" genannt) in einer besonders klaren Schriftart
– die zusätzlich erhaben, d.h. tastbar gestaltet sein muss
– sowie die wichtigsten Informationen in Braillescher Blindenschrift (im folgenden „Punktschrift" genannt).

Die Erfahrung zeigt, dass die erwähnten, relativ problemlos wirkenden Forderungen schwieriger zu realisieren sind, als zunächst anzunehmen ist. So konnten bei Aufzügen, bei denen man sich bewusst um eine blinden- und sehbehindertengerechte Gestaltung bemüht hatte, die folgenden Fehler beobachtet werden:

– Es wurde nur das Tableau, nicht aber die Stockwerksanzeige blinden- und sehbehindertengerecht gestaltet. Damit konnte der Aufzug von dem betroffenen Personenkreis – ohne sehende Begleiter – nach wie vor praktisch nicht benutzt werden.
– Speziell für Blinde angebrachte Punktschrift war von diesen kaum bzw. nicht lesbar, weil z.B. die Tastpunkte zu groß waren, die Abstände voneinander nicht stimmten oder die Beschriftung so dicht neben bzw. über den Tasten angebracht war, dass der tastende Finger sie nicht erfassen konnte.
– Die Punktschrift oder die erhabene Schwarzschrift war dem Vandalismus nicht gewachsen: Sie wurde z.B. mit Taschenmesser oder Feuerzeug zerstört.
– Erhaben gestaltete Schwarzschrift war kaum bzw. nicht zu ertasten, weil die Buchstaben zu klein bzw. zu undeutlich gestaltet waren – oder weil Lettern, die einzeln gut zu ertasten gewesen wären, so eng nebeneinander gesetzt worden waren, dass die daraus gebildeten Wörter von Blinden nicht mehr erfasst werden konnten.

Um solche Fehler zu vermeiden, sollten die folgenden Hinweise beachtet werden, die zur primär geltenden Norm im Widerspruch stehen können.

---

21 Siehe Anhang „Literaturverzeichnis nach Kapiteln"

5.9.8.1 Gestaltung von optisch und taktil erfassbarer Schwarzschrift im Bereich des Tableaus:

Die Schriftzeichen oder Ziffern sollten 20 bis 30 mm groß sein (s. Abb. 5.9/28). Sie müssen 1 – 2 mm erhaben, kontrastreich (z.B. schwarz auf weiß oder weiß auf schwarz), in Großbuchstaben und einer klaren Schriftart ohne Serifen ausgeführt sein. Die Strichbreite und der Abstand zwischen zwei benachbarten Buchstaben sollte 1/7 ihrer Höhe betragen (s. Kap, 2.3.3). Da eingravierte Schrift sehr schlecht ertastbar ist, sollte sie nicht in Erwägung gezogen werden[22].

5.9.8.2 Gestaltung von Punktschrift

Die genormte Buchstabengröße (s. Abb. 5.9/29) ist unbedingt einzuhalten, da sowohl bei Verkleinerungen als auch bei Vergrößerungen für Blinde die Schrift schwierig, u.U. sogar nicht mehr lesbar ist.
Zu verwenden ist „Vollschrift" (s. Abb. 2.3/2), wobei – entgegen früheren Empfehlungen – die darin enthaltenen Kürzungen für au, äu, ch, ei, eu, sch und st nicht verwendet werden dürfen, da die Schrift sonst für viele ausländische Blinde unlesbar wird. Gesetzt werden nur die im „Braille-Alphabet" (s. Abb. 2.3/2) fett gezeichneten Punkte; die übrigen werden nicht angedeutet.
Die Beschriftung ist so anzubringen, dass sie den zugehörigen Bedienungstasten zweifelsfrei zuzuordnen ist. Gleichzeitig muss der tastende Finger bequem an die Schrift herankommen können: Ist unter oder rechts neben einem erhabenen Teil (z.B. Taste oder Querstange) eine Punktschriftbeschriftung anzubringen, muss der Abstand dazwischen mindestens 10 mm betragen. Befindet sich die Punktschrift links oder oberhalb des erhabenen Teils, ergibt sich der Abstand nach der Faustregel „10 mm zuzüglich Höhe des betr. Teils".
Um Punktschrift dauerhaft zu gestalten, bieten sich unterschiedliche Verfahren an (s. Abb. 5.9/30):
– Prägen der Punktschriftpunkte
– Ausfräsen des Schriftbildes an konventionellen Graviermaschinen oder CNC-Maschinen. Um einen derart hergestellten Punktschrift-Block muss ein Rand von mindestens 5 mm Breite in allen 4 Richtungen ausgefräst werden, und alle Kanten müssen gefast sein
– Einkleben oder Vernieten von entsprechenden Stiften mit halbkugelförmiger Kuppe. (Beispiel: Halbrundniete DIN 660, Rohnietdurchmesser 1 mm, Halbrundkopf-Durchmesser 1,8 mm, Halbrundkopfhöhe 0,6 mm)
– Gussverfahren.

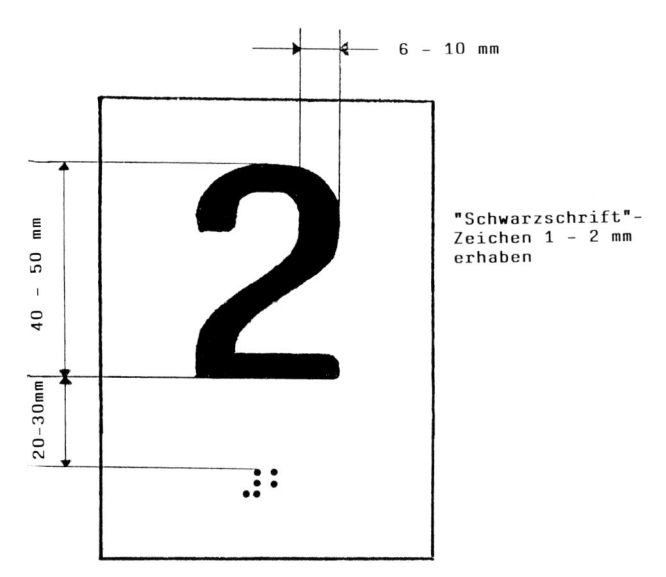

5.9/31 Stockwerksanzeige (optisch und taktil erfaßbar). Maße der Punktschrift s. Abb. 5.9/29

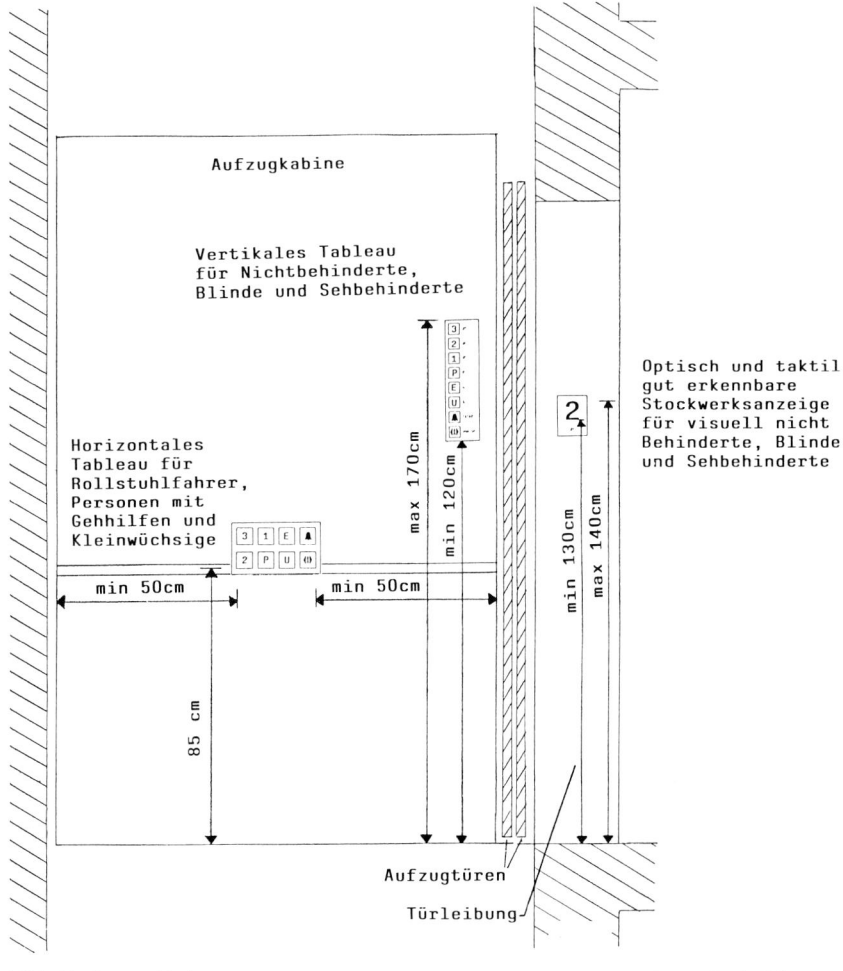

5.9/32 Umfassend behindertengerecht gestaltete Aufzuggestaltung, die z.B. die Bedürfnisse von Blinden, Sehbehinderten, Rollstuhlbenutzern, Personen mit Gehhilfen und Kleinwüchsigen berücksichtigt. (Zeichnungen Dietmar Böhringer)

---

[22] Siehe Anhang „Literaturverzeichnis nach Kapiteln"

5.9.8.3 Piktogramme
Piktogramme (z.B. für „Notruf", „Tür auf", Anforderung „nach oben" bzw. „nach unten") sind tastbar anzubringen (1 – 2 mm erhaben). Sie sollten in Punktschrift erläutert werden.

5.9.8.4 Tastenart
Sensortasten dürfen nicht verwendet werden, da sie von Blinden sehr schwer, u.U. nicht zu bedienen sind[23]. Stattdessen sind Drucktasten zu verwenden, die durch ein deutlich spürbares „Knacken" den Schaltvorgang erkennen lassen. Damit die Tasten von Blinden gut zu finden und von den benachbarten Tasten zu unterscheiden sind, müssen sie mindestens 2 mm aus dem Tableau herausragen[24].

5.9.8.5 Stockwerksanzeige
Bei Aufzügen mit mehr als zwei Halten ist eine von Blinden und Sehbehinderten erfassbare Stockwerksanzeige unbedingt erforderlich. Zwei gute Möglichkeiten haben sich dabei herauskristallisiert:
– Akustische Stockwerksanzeige mit Sprachausgabe („Haltestellenansage"). Diese Lösung wird z. B. in DIN 18024-1 +2[25] bei „mehr als zwei Haltestellen" zwingend gefordert, und nach DIN 32974 ist in öffentlichen Gebäuden bei mehr als zwei Etagen eine akustische Ansage vorzusehen. Akustische Stockwerksanzeigen können vor dem Anhalten des Aufzugs bei noch geschlossener Aufzugtür ertönen, so dass eine Lärmbelästigung nach außen minimiert wird.
– Optisch und taktil erfassbare Stockwerksanzeige (s. Abb. 5.9/31 und 32). Sie ist direkt außerhalb der Aufzugtür, d.h. an der Innenseite des Türrahmens (der Laibung), anzubringen, und zwar in einer Höhe von 1.30 m bis 1.40 m jeweils auf der Seite, an der im Aufzuginnern ein Bedienungstableau angebracht ist. Die Schwarzschriftzeichen müssen kontrastreich, 40 bis 50 mm hoch sowie 1 – 2 mm erhaben sein; die Strichbreite muss (1/7)h, der Abstand zweier benachbarter Schriftzeichen mindestens (3/14)h sein. Die Beschriftung ist 2 bis 3 cm darunter in Punktschrift zu wiederholen. – Der Sehbehinderte (und Nichtbehinderte) erkennt bei der Verwendung von Glastüren diese Stockwerksanzeige bereits beim Einfahren in das betr. Stockwerk vom Aufzuginnern aus. Bei nicht durchsichtigen Fahrkörben kann er sie lesen, sobald die Türen sich geöffnet haben. Letzteres ist auch dem Blinden nach kurzer Einweisung problemlos möglich.

Die akustische Stockwerksanzeige ist grundsätzlich wünschenswert; in Aufzügen mit Öffentlichkeitscharakter (z.B. in Verwaltungsgebäuden, Kaufhäusern oder größeren Verkehrsbauwerken) ist sie dringend erforderlich. Taktile Stockwerksanzeigen sollten dagegen zumindest überall dort, wo keine akustische Anzeige möglich ist, vorhanden sein und gegebenenfalls nachgerüstet werden. Sie können z.B. in Wohngebäuden und Hotels wichtig werden: Aufgrund ähnlicher Erfahrungen ist zu befürchten, dass eine dort installierte Akustik sehr schnell zum Störfaktor erklärt und wieder abgeschaltet wird.

Bei Aufzügen mit akustischer Stockwerksanzeige ist eine Ergänzung durch die optische und taktil erfassbare Stockwerksanzeige wünschenswert: Sie ist wartungsfrei und „funktioniert" auch dann, wenn die akustische Stockwerksanzeige ausgefallen oder unverständlich geworden ist, was nicht selten beobachtet werden muss. Sie ist außerdem für Nutzer, die die deutsche Sprache nicht oder nicht richtig beherrschen, eine wertvolle Hilfe.

Hinzuweisen ist noch auf zwei Probleme:
– Als akustische Stockwerksanzeige wird gelegentlich ein Gong verwendet, der beim untersten Halt einmal, bei den nach oben folgenden Halten entsprechend öfter ertönt. Äußerst problematisch ist dabei, dass bei Aufzügen mit unterschiedlich vielen Unter- bzw. Zwischengeschossen eine bestimmte Anzahl von Gongschlägen jeweils ein anderes Geschoss bezeichnet. Das erste Obergeschoss z.B. kann, je nach Gebäude bzw. Aufzugsstandort innerhalb eines Gebäudes, mit ein, zwei oder noch mehr Gongschlägen angekündigt werden. Blinde kann dieses System in hohem Maße verunsichern – sei es, dass sie mehrere Aufzüge mit unterschiedlicher Zählung benützen oder dass ihnen (z.B. telefonisch) ein bestimmtes Stockwerk mitgeteilt wurde, das dann aber mit der Anzahl der Gongschläge nicht identisch ist. Diese Art einer akustischen Stockwerksanzeige ist daher als unbrauchbar abzulehnen und sollte nicht weiter verfolgt werden.
– In der DIN 18025-1+2 wird nur verlangt: „Bei Bedarf muss der Aufzug mit akustischen Signalen nachgerüstet werden können." Diese Formulierung beinhaltet zwei schwerwiegende Mängel:
– Ein in einer Wohnanlage mit barrierefrei gestalteten Wohnungen DIN-gerecht gestalteter Aufzug ist zunächst von blinden Personen nicht selbstständig zu benützen, sondern erst dann, wenn der Antrag auf entsprechende Nachrüstung Erfolg hatte. Das Verfahren, das hier blinden Benutzern zugemutet wird, ist mühsam, nervenaufreibend und demütigend.
– Die Formulierung legt jene Gong-Möglichkeit nahe, die sich (siehe oben) als unbrauchbar erwiesen hat. Da sie gegenüber der Haltestellenansage die preiswertere Lösung ist, ist sogar zu befürchten, dass ihr häufig der Vorzug gegeben wird.

5.9.8.6 Der optimale Platz für das blinden- und sehbehindertengerechte Tableau
DIN 18024 und 18025 fordern für barrierefrei gestaltete Aufzüge ein horizontales Tableau an der Längswand der Kabine in einer Höhe von 85 cm (= Unterkante) und mit einem Abstand von mindestens 50 cm zur Kabinenenecke[26]. Diese Forderung, die nicht nur einzelnen Gruppen von Gehbehinderten, sondern z.B. auch Kleinwüchsigen und Kindern entgegenkommt, ist eine unbedingte Notwendigkeit. Die Lage im Zentrum des Aufzugs und die geringe Höhe bereiten aber verschiedenen Benutzergruppen z.T. erhebliche Probleme:
– Bei größeren Gebäuden ist die Zuordnung der Tasten auf einem horizontalen Tableau schwieriger als bei vertikalen: oben = oben und unten = unten ist logischer als z.B. rechts = oben und links = unten.
– Ein Tableau, angebracht in Hüfthöhe eines erwachsenen Menschen und im Mittelbereich der Aufzugskabine, ist von einem Zusteigenden häufig schwer zu finden, weil andere Benutzer es verdecken. Die schwerere Auffindbarkeit gilt in erhöhtem Maße für Blinde[27].
– Sehbehinderte mit einem Leseabstand von nur wenigen Zentimetern (s. Abb. 2.3/3) müssen sich vor dem o.a. Tableau extrem tief herabbeugen. Von Sehbehinderung sind aber vor allem ältere Menschen betroffen, denen dies zumindest sehr schwer fällt, u.U. sogar unmöglich ist.
– Der in einen gut besetzten Fahrstuhl Zusteigende muss sich, um ein zentral gelegenes Tableau bedienen zu können, an den übrigen Benutzern vorbeidrängen, während er ein im Eingangsbereich angebrachtes Tableau problemlos beim Eintreten bedienen kann.

Für viele Benutzer ist damit die Bedienung eines horizontalen Tableaus im Mittelbereich mühsamer und unangenehmer als die eines vertikalen im Eingangsbereich.
Das in DIN 18024-1 und 18025-1 + 2 als mögliche Ergänzung vorgeschlagene „zusätzliche senkrechte Bedienungstableau" sollte daher grundsätzlich eingebaut werden, und zwar möglichst direkt neben der Tür. Dieses Tableau ist blinden- und sehbehindertengerecht zu gestalten: Für Sehbehinderte sind optische Hinweise in Augenhöhe wesentlich leichter zu lesen als in Hüfthöhe, und auch für Blinde lässt sich hier eine Information in der Regel leichter ertasten[28].

5.9.8.7 Kontrastreiche Gestaltung
Ausreichende Kontraste sind für Nichtbehinderte und in besonderem Maße für Sehbehinderte eine entscheidende Hilfe, um Wichtiges im öffentlichen Bereich aufzufinden. Bei Aufzügen gilt dies sowohl für das Äußere (Tür, Rahmen), das sich markant von der Umgebung abheben sollte, als auch für die einzelnen Bedienelemente[29].

23-29 Siehe Anhang „Literaturverzeichnis nach Kapiteln"

5.10 Abfallbeseitigung

Axel Stemshorn

5.10.1 DIN 18025 Teil 1
Im Vortext zu dieser Norm heißt es „Rollstuhlbenutzer – auch mit Oberkörperbehinderungen – müssen alle zur Wohnung gehörenden Räume und alle den Bewohnern der Wohnanlage gemeinsam zur Verfügung stehenden Räume befahren können. Sie müssen grundsätzlich alle Einrichtungen innerhalb der Wohnung und alle Gemeinschaftseinrichtungen innerhalb der Wohnanlage nutzen können. Sie müssen in die Lage versetzt werden, von fremder Hilfe weitgehend unabhängig zu sein."
In Abschnitt 3 sind die Maße der Bewegungsflächen erwähnt. Nach Abschnitt 3.1 müssen die Bewegungsflächen vor dem Einwurf des Müllsammelbehälters 150 cm breit und 150 cm tief sein. Mindestens 120 cm breit muss nach Abschnitt 3.4 die Bewegungsfläche zwischen Radabweisern einer Rampe und zwischen Handläufen sein.
Nach Abschnitt 5.4 sind zur Überwindung von Höhenunterschieden Rampen ohne Quergefälle zulässig; die Steigung darf nicht mehr als 6 % betragen. Weiter heißt es „Bei Rampenlängen von mehr als 600 cm ist ein Zwischenpodest von mindestens 150 cm Länge erforderlich.
Die Rampe und das Zwischenpodest sind beidseitig mit 10 cm hohen Radabweisern zu versehen. Die Rampe ist ohne Quergefälle auszubilden.
An Rampe und Zwischenpodest sind beidseitig Handläufe mit 3 cm bis 4,5 cm Durchmesser in 85 cm Höhe anzubringen. Handläufe und Radabweiser müssen 30 cm in den Plattformbereich waagerecht hineinragen."
In DIN 18025 Teil 2 heißt es: „Die Wohnungen müssen für alle Menschen nutzbar sein. Die Bewohner müssen in die Lage versetzt werden, von fremder Hilfe weitgehend unabhängig zu sein."

Nach Abschnitt 3.5 muss die Bewegungsfläche 120 cm breit sein auf Wegen innerhalb der Wohnanlage.
Die beiden oben genannten Normen beziehen sich nicht nur auf das Gebäude, die Wohnungen und die Räume, sondern auf alle gemeinschaftlichen Einrichtungen der Wohnanlage. Das bedeutet, dass auch das nähere Umfeld ungefähr bis zum Straßenrand bzw. zur Grundstücksgrenze betrachtet werden muss. Im Bereich dieser Wohnanlage befinden sich auch Einrichtungen zur Abfallsammlung bzw. zur Abfallbeseitigung. Auch diese Einrichtungen müssen Menschen mit Behinderungen benutzen können.

5.10.2 Die Bedeutung der Abfallbeseitigung für alle, vor allem für Menschen mit Behinderungen
Die Sammlung des täglich im Haushalt anfallenden Abfalls und des Sperrmülls sowie die Beseitigung dieser Abfallmengen wird zu einem immer größeren Problem, vor allem für Menschen mit Behinderungen. In den Städten und Gemeinden werden in zunehmendem Maße Konzepte und Maßnahmen entwickelt, um die Bevölkerung auf die Müllvermeidung aufmerksam zu machen. Zur Zeit produzieren Bürger und Industrie jährlich mit steigender Tendenz etwa 250 Millionen Tonnen Müll. Die Sammlung und Beseitigung der Abfallmengen ist nach wie vor ein Problem, das nicht in allen Teilen befriedigen kann. Vor allem die Müllverbrennung ist nicht befriedigend.
Die zur Zeit entwickelten Abfallbeseitigungskonzepte haben etwa folgende Ziele:
1. Müllvermeidung. Die Bevölkerung wird informiert, wie sie den täglichen Erwerb des Abfalls, insbesondere durch Verpackung, vermeiden kann.
2. Müllverwertung. Die Bevölkerung wird informiert, welche Abfallstoffe wiederverwertet werden können und auf welche Weise sie gesammelt und in Recyclinghöfen abgegeben werden können.
3. Müllverbrennung.
4. Deponierung des Restmülls.
Der tägliche Aufwand, sorgfältig Waren einzukaufen, die ein Minimum an Abfall bedeuten, und die Beseitigung der Abfallstoffe einschließlich deren Sortierung nimmt einen breiten Raum ein. Vor allem Menschen mit Behinderungen sind hiervon in besonderem Maße betroffen.

5.10.3 Bedeutung für Menschen mit Behinderungen
Das Wegbringen der täglich anfallenden Abfallmengen aus der Wohnung ist vor allem für alleinstehende Menschen mit Behinderungen eine Last. Das gilt für den Rollstuhlbenutzer, den Gehbehinderten, den Betagten, den Sehbehinderten und besonders den Kleinwüchsigen. Behinderte Menschen innerhalb der Familie oder in einer Wohngemeinschaft sind oft weniger mit diesem Problem konfrontiert.

5.10.3.1 Abfallmengen
Die täglich anfallenden Abfallmengen sind an den einzelnen Wochentagen und zu den Jahreszeiten verschieden. Auch die soziale Struktur und die Wohnform – Einfamilienhaus oder Geschosswohnung – sind entscheidend. In städtischen oder ländlichen Wohngebieten sind unterschiedliche Abfallmengen anzutreffen. Zur Zeit entfallen auf eine Person je Tag 7-10 Liter Hausmüll.

5.10.3.2 Abfallarten
Abgesehen von der unterschiedlichen Zusammensetzung des Abfalls im ländlichen und städtischen Bereich sind allein stehende behinderte Menschen noch in der Lage, den täglich anfallenden Hausmüll zu beseitigen. Ohne fremde Hilfe vermögen sie jedoch nicht, Sperrmüll aus der Wohnung zu schaffen.

5.10.4 Sammlung des Abfalls in der Wohnung
Innerhalb der Wohnung stehen den behinderten Menschen für die Sammlung des Abfalls folgende Geräte zur Verfügung:
1. Deckeleimer mit Einsatzfolie in einem Küchenunterschrank eingebaut. Dabei kann eine Vorrichtung angebracht werden, die beim Öffnen des Unterschrankes gleichzeitig den Deckel anhebt.
2. Standeimer mit Einsatzfolie und Klappdeckel. Standeimer mit Fußbetätigung sind für den Rollstuhlbenutzer nicht geeignet. Der Gehbehinderte wird, wenn er sich noch bücken kann, eher mit der Hand den Deckel anheben wollen.
Der alleinstehende Behinderte wohnt meistens in Ein- oder Zweizimmerwohnungen. Es sollen daher nur solche Geräte verwendet werden, die eine Geruchsbelästigung im Wohnbereich ausschließen. Hierfür eignen sich grundsätzlich Sammelgefäße mit Einsatzfolie und dichtschließendem Deckel (Gummidichtung). Ein häufiges Leeren ist notwendig.
In Zukunft ist es jedoch unumgänglich, dass bereits im Haushalt eine Sortierung des Abfalls vorgenommen wird. Dies bedeutet, dass mehrere Gefäße oder andere Ablagemöglichkeiten zur Verfügung stehen müssen. Auch hier ist darauf zu achten, dass eine Geruchsbelästigung ausgeschlossen wird. Menschen mit Behinderungen sind auf Bevorratung angewiesen. Dies bedeutet, dass Lebensmittel abgepackt, in Flaschen oder Dosen eingefüllt, bevorzugt werden müssen. Damit verbunden ist jedoch wiederum eine Erhöhung der Abfallmenge durch Verpackungsmaterial. Eine Sortierung des Abfalls sollte mindestens folgende Materialien berücksichtigen:
Metall, Dosen, Folien, Flaschen, Glas, Papier, Pappe, Aluminium. Der Grad der Sortierung ist in den einzelnen Gemeinden unterschiedlich.

10/1 Freistehende Mülltonne 110 Liter, 1:50

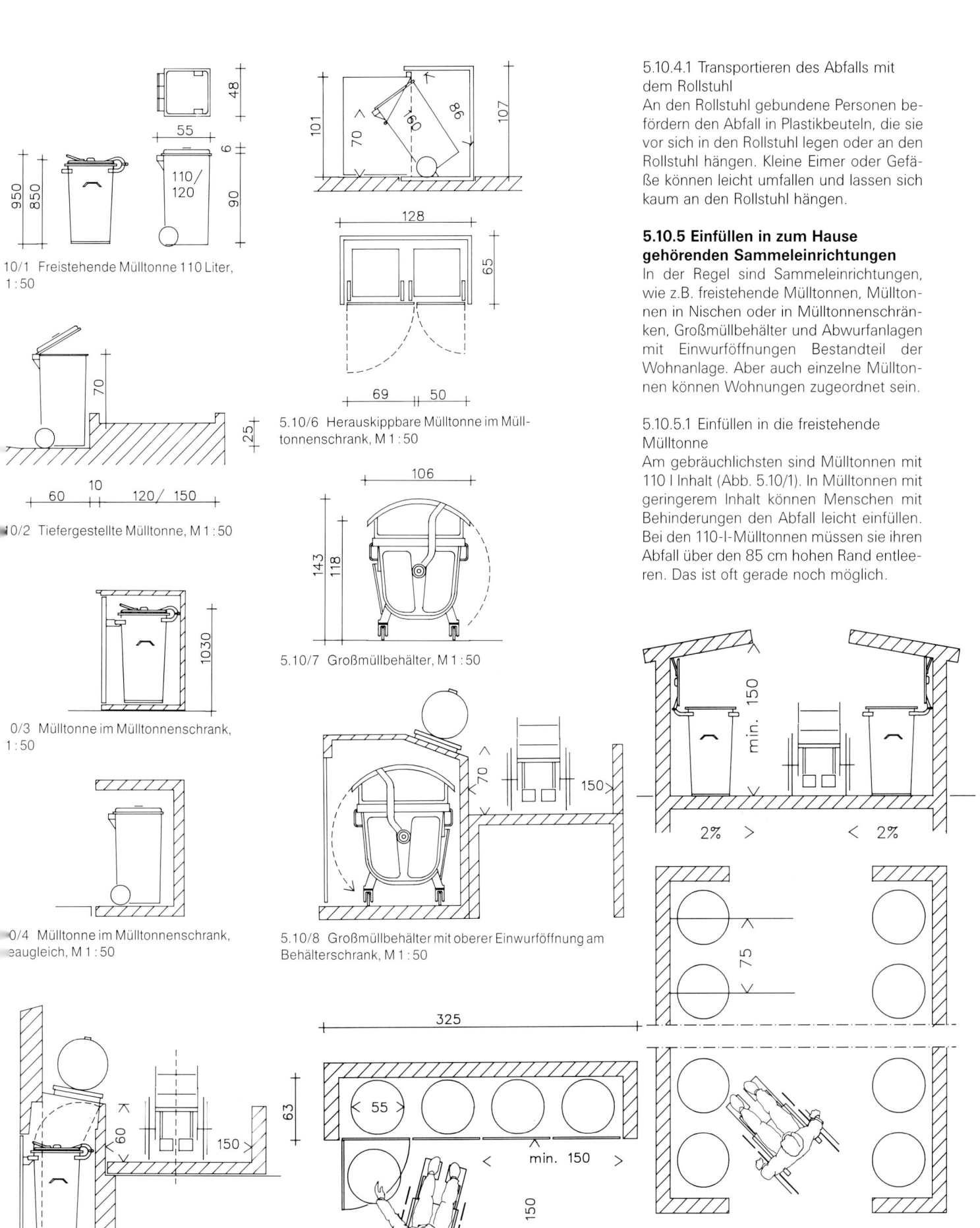

10/2 Tiefergestellte Mülltonne, M 1:50

10/3 Mülltonne im Mülltonnenschrank, 1:50

10/4 Mülltonne im Mülltonnenschrank, augleich, M 1:50

10/5 Mülltonnenschrank mit oberer Einföffnung, M 1:50

5.10/6 Herauskippbare Mülltonne im Mülltonnenschrank, M 1:50

5.10/7 Großmüllbehälter, M 1:50

5.10/8 Großmüllbehälter mit oberer Einwurföffnung am Behälterschrank, M 1:50

5.10/9 Mülltonnenschrank, M 1:50

5.10/10 Überdachter Mülltonnenstandplatz, M 1:50

5.10.4.1 Transportieren des Abfalls mit dem Rollstuhl

An den Rollstuhl gebundene Personen befördern den Abfall in Plastikbeuteln, die sie vor sich in den Rollstuhl legen oder an den Rollstuhl hängen. Kleine Eimer oder Gefäße können leicht umfallen und lassen sich kaum an den Rollstuhl hängen.

5.10.5 Einfüllen in zum Hause gehörenden Sammeleinrichtungen

In der Regel sind Sammeleinrichtungen, wie z.B. freistehende Mülltonnen, Mülltonnen in Nischen oder in Mülltonnenschränken, Großmüllbehälter und Abwurfanlagen mit Einwurföffnungen Bestandteil der Wohnanlage. Aber auch einzelne Mülltonnen können Wohnungen zugeordnet sein.

5.10.5.1 Einfüllen in die freistehende Mülltonne

Am gebräuchlichsten sind Mülltonnen mit 110 l Inhalt (Abb. 5.10/1). In Mülltonnen mit geringerem Inhalt können Menschen mit Behinderungen den Abfall leicht einfüllen. Bei den 110-l-Mülltonnen müssen sie ihren Abfall über den 85 cm hohen Rand entleeren. Das ist oft gerade noch möglich.

In vielen Gemeinden, aber auch in Städten wird die 110-l-Mülltonne durch eine 160-l- oder auch 220-l-Mülltonne ersetzt. Hier ergeben sich für Rollstuhlbenutzer erhebliche Schwierigkeiten, da der Rand 90 cm oder höher ist. Aus diesem Grunde ist es u.U. angezeigt, gegenüber dem befahrbaren Niveau diese große Mülltonne tiefer zu stellen. In der Regel genügen 2-3 Stufen. Entsprechend lang muss eine Rampe mit 6 % sein. Unter Umständen sind eine Aufkantung und ein Geländer notwendig (Abb. 5.10/2).

5.10.5.2 Einfüllen in die Mülltonne im Mülltonnenschrank
Auch hier ist zu unterscheiden zwischen der 110-l- und der 160-l-Mülltonne (Abb. 5.10/3-5).
Die 110-l-Mülltonnen sind innen an der Schranktüre eingehängt. Der obere Rand ist für Menschen mit Behinderungen unter Umständen nicht mehr überwindbar, vor allem dann, wenn der Mülltonnenschrank niveaugleich oder auf einem Sockel und damit gegenüber dem Gehweg erhöht angeordnet wird (vgl. Abb. 5.10/3). Schwere Abfallbehälter wird ein in den Armen geschwächter Mensch kaum über den Rand entleeren können. Günstiger sind daher Lösungen, bei denen man von einer erhöhten Fläche aus einfüllt. Bei der in Abb. 5.10/5 dargestellten Lösung bleibt die Mülltonne unter der Einwurföffnung offen. Sie kann leicht auch vom Rollstuhl aus geöffnet werden.
Die 160-l-Mülltonne ist fahrbar im Mülltonnenschrank eingestellt. Sie wird nicht eingehängt. Durch einen Kettenverschluß kann sie nach dem Öffnen der Mülltonnenschranktür herausgekippt werden (Abb. 5.10/4+6). Dadurch ist der zu überwindende Rand nur noch 70 cm hoch. Es ist zu erwägen, ob nicht grundsätzlich auf eine Mülltonnenschranktür verzichtet wird und die 160-l-Mülltonne zur besseren Bedienung in geneigter Lage bleibt. Auch das Wiederaufrichten der 160-l-Mülltonne und das Herausfahren bedeutet für die Mitarbeiter der Abfallbeseitigungsbetriebe keine zusätzliche Erschwernis.

5.10.5.3 Einfüllen in den Großmüllbehälter
Das Einfüllen des Abfalls in einen Großmüllbehälter von 1,1 m³ ist für alle Menschen beschwerlich und für Menschen mit Behinderungen nicht möglich, da der zu überwindende Rand 120 cm hoch ist und der Deckel sich nur sehr schwer wegschieben lässt.
Hier müssen eine obere Einwurföffnung und eine ebene, erhöhte und befahrbare Fläche vorgesehen werden. Das kann in Verbindung mit einem Behälterschrank geschehen (Abb. 5.10/7+8). Fabrikat: z.B. Müllschrank für Großmüllbehälter 1,1 m³, Fa. Paul Wolff, Heinrich-Lersch-Str. 16, Hilden oder Fa. Heinrich Brandhoff, Kupferstr. 6, Castrop-Rauxel.
Die erhöhte und befahrbare Fläche muss ebenfalls gegen seitliches Abstürzen gesichert werden. Eine entsprechende Rampenlänge ist je nach den örtlichen Verhältnissen vorzusehen.

5.10.5.4 Zugang zu den Standplätzen
In den Landesbauordnungen der Länder sind Angaben zu den Mülltonnenstandplätzen enthalten: Anlagen zur vorübergehenden Aufbewahrung und Beseitigung von Abfällen müssen betriebssicher und so angeordnet und beschaffen sein, dass Gefahren sowie erhebliche Nachteile oder Belästigungen, insbesondere durch Geruch oder Geräusch, nicht entstehen (Baden-Württemberg). Der Weg vom Hauseingang zum Mülltonnenstandplatz muss mindestens 120 cm breit sein. Diese Breite ist

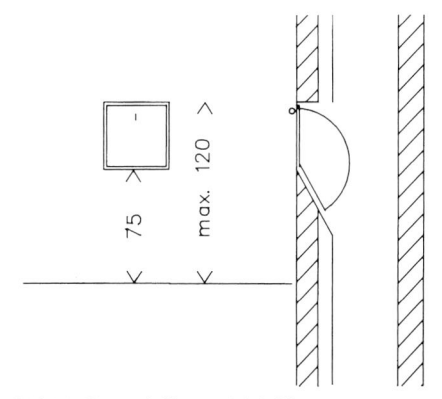

5.10/11 Einwurföffnung, M 1:50

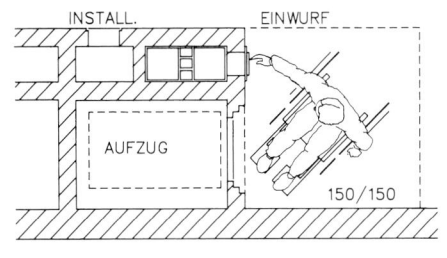

5.10/12 Lage des Abwurfschachtes, M 1:40

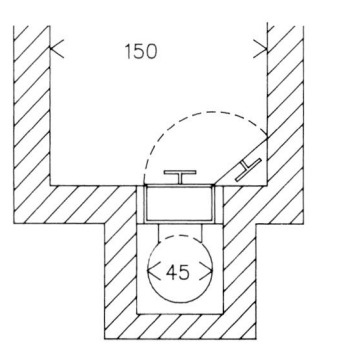

5.10/13 Bewegungsfläche vor dem Abwurfschacht, M 1:50

auch angezeigt für den befestigten Weg vom Mülltonnenstandplatz zum Straßenrand. Wenn statt der Mülltonnen ein Großmüllbehälter aufgestellt wird, muss der Weg zum Straßenrand mindestens 150 cm breit sein.
Im Bereich des Mülltonnenstandplatzes selbst muss die befestigte Fläche zwischen den Mülltonnen mindestens 150 cm breit sein, damit ein Rollstuhlfahrer wenden kann. Dies gilt für die offene Aufstellung von Mülltonnen. Bei Mülltonnenschränken mit Türen ist die Bewegungsfläche dieser Türen selbst zusätzlich zu berücksichtigen (Abb. 5.10/9+10).

5.10.5.5 Einfüllen in eine Abwurfanlage
Für Menschen mit Behinderungen ist eine Abwurfanlage deswegen zu befürworten, weil der Transport des Abfalls von der Wohnung zum Mülltonnenstandplatz entfällt.
Auf jedem Geschoss muss sich dann eine Einwurföffnung befinden. Einwurföffnungen auf Treppenpodesten zwischen den einzelnen Geschossen sind für Menschen mit Behinderungen nicht oder nur schwer erreichbar. Auch die Bewegungsfläche vor den Einwurföffnungen muss mindestens 150 cm auf 150 cm betragen (Abb. 5.10/11+13). Insbesondere ist auf diese Bewegungsfläche zu achten, wenn Einwurföffnungen in Nischen angeordnet sind. Wegen der Folgekosten sind Abwurfanlagen abzulehnen.

5.10.6 Mülltonnenraum, sonstige Anlagen
In der Regel müssen diese Räume von Menschen mit Behinderungen nicht aufgesucht werden.

5.10.7 Bedeutung für blinde oder wesentlich sehbehinderte Menschen
Blinde Menschen kommen in ihrer Wohnung mit jedem Sammelgefäß zurecht. Sie können Standeimer mit Fußbetätigung und Einwurföffnungen einer Abwurfanlage gleich gut handhaben. Auch der Transport eines Abfallbehälters, Beutel oder Eimer, zu der hauseigenen Abfallsammeleinrichtung ist bei gut erkennbarer Wegführung möglich. Sie müssen wissen, wo sich die freistehenden Mülltonnen oder die Mülltonnen in den Schränken befinden. Wenn allerdings jeder Haushalt einen eigenen Mülleimer hat, der frei aufgestellt und entleert wird, erkennt der blinde Mensch seinen eigenen Mülleimer nicht immer und kann ihn auch nach der Entleerung kaum wieder finden. Wohngebäude, in denen blinde Menschen wohnen, sollten daher eine feststehende Müllsammelanlage haben. Es kommen in Frage: Mülltonnen auf befestigten Mülltonnenstandplätzen, Mülltonnenschränke und Großmüllbehälter.

5.11 Bautechnischer Brandschutz und feuersicherheitliche Maßnahmen

Manfred Sautter

5.11.1 Einleitung

Bei Planung, Errichtung oder Änderung aller baulicher Anlagen sind die Forderungen der öffentlichen Sicherheit und Ordnung, insbesondere des Brandschutzes, zu beachten. Solche Anforderungen sind für die Bauten üblicher Art und Nutzung in den Bauordnungen der Länder der Bundesrepublik entsprechend den Bestimmungen der Musterbauordnung des Bundes dargestellt. Durch den föderativen Staatsaufbau der BRD ist es nicht möglich, verbindliche Angaben zu machen. Es können daher nur grundsätzliche Hinweise gegeben werden. Die Gesetze, Erlasse und Verordnungen des jeweiligen Bundeslandes sind in jedem Einzelfall noch besonders zu berücksichtigen. Es empfiehlt sich daher, mit dem örtlich zuständigen Baurechtsamt und dem zuständigen Brandschutzverständigen schon in der Vorplanungsphase zu sprechen. In allgemeinen Anforderungen wird dabei von dem Grundsatz ausgegangen, dass bauliche Anlagen so anzuordnen, zu errichten und zu unterhalten sind, dass die öffentliche Sicherheit oder Ordnung nicht verletzt, insbesondere Leben und Gesundheit nicht bedroht werden und dass sie ihrem Zweck entsprechend ohne Missstände benutzbar sind. Sie müssen weiter auf dem Grundstück so angeordnet werden, dass die für den Einsatz der Feuerlösch- und Rettungsgeräte erforderliche Bewegungsfreiheit und Sicherheit im Gefahrenfall gewährleistet ist. Weiter sind alle Vorsorgemaßnahmen zu treffen, die der Entstehung und Ausbreitung von Schadenfeuer vorbeugen und die bei einem Brand wirksamen Löscharbeiten und die Rettung von Menschen und Tieren ermöglichen.

Im Grundsatz ist daher weiter davon auszugehen, dass zur Errichtung von baulichen Anlagen keine Baustoffe verwendet werden, die auch nach Abschluss der Bauarbeiten noch leicht entflammbar sind (vgl. DIN 4102 Teil 1–7, 9, 11–13, 15–18). Reichen diese allgemeinen Anforderungen wegen des Brandschutzes nicht aus, um der Entstehung und Ausbreitung von Schadenfeuer vorzubeugen und im Gefahrenfall ausreichend Rettungsmaßnahmen einzuleiten und durchzuführen, so sind die Baurechtsbehörden ermächtigt, insbesondere bei baulichen Anlagen und Räumen besonderer Art oder Nutzung sowie baulichen Anlagen für besondere Personengruppen, weitere Anordnungen zum Brandschutz zu treffen, um Gefahren für Leben und Gesundheit sowie Störungen für die öffentliche Sicherheit abzuwenden. Diese Anforderungen können im Einzelfall betreffen:

1. Abstände von den Grenzen zu Nachbargrundstücken, von anderen baulichen Anlagen auf dem Grundstück und von öffentlichen Verkehrsflächen.
2. Anordnung der baulichen Anlagen auf dem Grundstück.
3. Öffnungen nach öffentlichen Verkehrsflächen und nach angrenzenden Grundstücken.
4. Bauart und Anordnung aller wesentlichen Bauteile für Sicherheit, Verkehrsschutz.
5. Feuerungsanlagen und Heizräume.
6. Zahl, Anordnung und Herstellung der Treppen, Aufzüge, Ausgänge und Rettungswege.
7. Zulässige Zahl der Benutzer, Anordnung der Zahl der zulässigen Sitze und Stehplätze bei Versammlungsstätten, Tribünen und fliegenden Bauten.
8. Lüftung.
9. Beleuchtung, Belichtung und Energieversorgung.
10. Wasserversorgung einschl. Löschwasserversorgung.
11. Aufbewahrung und Beseitigung von Abwässern und festen Abfallstoffen.
12. Stellplätze für Kraftfahrzeuge und Garagen.
13. Anlage der Zu- und Abfahrten.
14. Anlage von Grünstreifen, Baum- und anderen Pflanzungen sowie die Begrünung und Beseitigung von Halden und Gruben.

Bauliche Anlagen, die für den Aufenthalt betagter, körperlich- oder geistig-behinderter Personen bestimmt sind, sind in gleicher Weise zu bewerten wie Krankenhäuser, Kinderheime, Obdachlosenheime und ähnliche Anlagen, entsprechend ihrer Nutzung, gegebenenfalls auch ihrer Ausdehnung, und zwar als bauliche Anlagen besonderer Art im Sinne der baurechtlichen Bestimmungen.

5.11.2 Allgemeines

a) Weil in diesen Bauten ältere bzw. hilfsbedürftige Personen leben und betreut werden, müssen alle dem Brandschutz dienenden Vorschriften sowie die allgemein anerkannten Regeln der Baukunst und der Brandverhütung beachtet werden.
b) Es ist Pflicht der Heimleitung, dem Brandschutz größte Aufmerksamkeit zuzuwenden. Zu diesem Zweck ist eine geeignete Persönlichkeit mit der Verantwortung für den Brandschutz zu beauftragen; gleichzeitig ist ein Vertreter zu bestellen. Beide haben darüber zu wachen, dass alle für den Gefahrenfall erforderlichen Einrichtungen stets betriebsbereit sind. Sie haben die für die Bekämpfung einer Brandgefahr notwendigen Maßnahmen einzuleiten.
c) Für die im Hause wohnenden bzw. in der Anstalt beschäftigten Personen ist von der Heimleitung eine Anweisung über das Verhalten bei Brandgefahr (Brandschutzordnung) herauszugeben (siehe Anhang). Die hier beschäftigten Personen sind über die Handhabung der auf dem Gelände und in den baulichen Anlagen befindlichen Feuerlöschgeräte zu unterweisen.
d) Im Erdgeschoss sind an gut sichtbarer Stelle in unmittelbarer Nähe der Zugänge Lageplan und Grundrisspläne anzubringen, aus denen Rettungswege, für die Brandbekämpfung frei zu haltende Flächen, Feuermelde- und Feuerlöscheinrichtungen sowie die Zugänge zu besonderen Räumen und Bedienungseinrichtungen der technischen Anlagen ersichtlich sind.

5.11.3 Lage der baulichen Anlage, Anfahrt und Verkehrswege

Die Gebäude sind so anzuordnen, dass Außenwände mit Fenstern von Räumen, die zum Aufenthalt ständig zu betreuender oder bettlägeriger Personen bestimmt sind, zu anderen Außenwänden desselben oder anderer Gebäude einen Abstand von mindestens 10 m haben und anleiterbar sind. Schwingflügelfenster sind nur zulässig, wenn diese Außenwände auch andere Fenstertüren oder Fenster haben.

Die betriebliche Organisation des Brandschutzes muss der örtlichen Lage und den örtlichen Verhältnissen angepasst sein. Schwer-Körperbehinderte sollen nur in Erdgeschoss-Räumen mit unmittelbarem Ausgang ins Freie liegen.

An- und Zufahrten sowie notwendige Verkehrsflächen auf dem Grundstück müssen von zwei öffentlichen Straßen aus erreichbar und für 10-20 t schwere Feuerlöschfahrzeuge befahrbar sein. In Baden-Württemberg gilt die Verwaltungsvorschrift des Innenministeriums über Flächen für Rettungsgeräte der Feuerwehr auf Grundstücken (VwV Feuerwehrflächen) vom 11. 8. 1988, Änderung vom 21.11.1997. Die Zufahrten müssen mindestens 3,00 m breit und 3,50 m hoch sein; sie sind stets frei zu halten. Die zum Anleitern bestimmten Stellen müssen ein Aufstellen von Hubrettungsfahrzeugen ermöglichen (vergl. § 2 Abs. 3 LBOAVO). Zufahrten in Kurven sind nach DIN 14090/6.77 auszubilden. Genauere Angaben liefern die örtlich zuständigen Brandschutzsachverständigen. Bei Gebäuden, die ganz oder teilweise mehr als 50 m von einer öffentlichen Straße entfernt liegen, sind Zufahrten erforderlich, deren Befestigung und Maße den oben angegebenen entsprechen. Diese Zufahrten dürfen nicht durch Einbauten eingeengt werden und sollen möglichst geradlinig verlaufen. Am Ende einer Zufahrt ist gegebenenfalls eine Wendeplatte anzulegen (Durchmesser 20 m). Es muss gewährleistet sein, dass diese Anfahrten und Zufahrten auch im Winter befahrbar sind (Feuergasse!).

5.11.4 Bauart und betriebliche Einrichtungen

5.11.4.1 Gebäude, die für den Aufenthalt von betagten oder schwer behinderten Personen bestimmt sind, sind in ihren tragenden Teilen feuerbeständig (fb) zu errichten. Dazu gehören insbesondere alle Umfassungswände, tragende Bauteile wie Stützen, Unterzüge, Decken und Wände, wie auch Treppen und alle Flucht- und Rettungswege.

5.11.4.2 Brandwände
Innerhalb ausgedehnter Gebäude und bei aneinander gereihten Gebäuden auf einem Grundstück sollen die Brandwände (DIN 4102 Teil 3 Ziffer 4.2) in Abständen von höchstens 40 m errichtet werden (Brandabschnitt). Statt innerer Brandwände können zur Bildung von Brandabschnitten feuerbeständige Decken in Verbindung mit raumabschließenden feuerbeständigen Wänden und feuerbeständig abgeschlossenen Treppenräumen Anwendung finden, wenn die Nutzung des Gebäudes dies erforderlich macht und wegen des Brandschutzes keine Bedenken bestehen.
Feuerbeständige Türen müssen selbstzufallend, rauchdicht schließend und nach DIN 4102 Teil 5 – T 90 – hergestellt sein. Feuerhemmende Türen müssen selbstschließend, rauchdicht und nach DIN 4102 Teil 5 – T 30 – hergestellt sein. Werden Verglasungen verwendet, müssen diese als F-Verglasungen nach DIN 4102 Teil 13 ausgeführt werden. Verglasungen aus Chauvel-, Verbund- oder Listralglas sind in geprüften Brandschutztüren nicht zugelassen. Senkrechte Schächte für Aufzüge jeder Art, für Installationsleitungen, für Lüftungs- und Klimaanlagen u.Ä. müssen feuerbeständige Umfassungswände nach DIN 4102 erhalten. Jedes Gebäude muss für die Luftzu- und die Luftabführung eigene Hauptkanäle erhalten, von denen ggf. geschossweise horizontale Luftwege abzweigen.
Bei der Installation von elektrischen Leitungen, Rohrleitungen und Lüftungsleitungen ist in Baden-Württemberg die Verwaltungsvorschrift des Innenministeriums über Brandschutzanforderungen an Leitungen und Leitungsanlagen (VwV Leitungen) vom 2. Juli 1990, GA BL. Nr. 22 vom 5. 9. 1990, S. 597 ff zu beachten.
Waagerechte Kanäle müssen aus nicht brennbaren Baustoffen hergestellt sein, die bei Einwirkung von Hitze und von Löschwasser ihre Festigkeit nicht verlieren; sie sind von senkrecht verlaufenden Schächten durch geeignete typgeprüfte und amtlich anerkannte Sperrvorrichtungen abzuscheiden. Diese müssen sich bei einer Temperaturerhöhung über +72° C in Richtung der Luftströmung selbsttätig schließen und einrasten; sie müssen außerdem von Hand zu bedienen sein. Die jeweilige Stellung der Sperrvorrichtung muss von außen erkennbar sein. Eine ausreichende Anzahl von Reinigungsöffnungen ist vorzusehen. Schächte und Kanäle dürfen innen weder brennbare Anstriche noch brennbare Auskleidungen erhalten. In Schächten und Kanälen von Lüftungs- und Klimaanlagen dürfen keine Energieleitungen für Gas oder elektrischen Strom verlegt sein.
Gebläse für Be- und Entlüftungsanlagen sowie für Klimaanlagen sind in besonderen, allseitig feuerbeständig umschlossenen Räumen unterzubringen. Jedes Gebläse muss im Brandfall unmittelbar abgeschaltet werden können. Die Abschaltvorrichtungen sind so anzuordnen, dass sie auch im Gefahrenfalle sicher zu bedienen sind; sie sind durch Hinweisschilder nach DIN 4066/07.97 zu kennzeichnen. Zugänge zu Maschinenräumen aller Art, zu den Räumen für die Be-, Entlüftungs- und Klimaanlagen sind durch feuerhemmende Türen zu schließen.

5.11.4.3 Haupteingänge und Aufzüge
Sie sollen möglichst ebenerdig ohne Treppenstufen, gegebenenfalls über eine flache Rampe mit nicht mehr als 6 % Steigung, erreichbar sein. Lassen sich Treppenstufen nicht vermeiden, so muss daneben eine flache Rampe mit einem Gefälle von weniger als 6 % zum Hauseingang führen. Wege zum Hauseingang sollen mindestens 2,00 m breit sein. Rampen müssen seitlich einen Handlauf haben. Bei Rampen von mehr als 6 m Länge ist ein mindestens 1,50 m langes Zwischenpodest anzuordnen. Hohe Bordsteine sind zu vermeiden.
Die Eingangs- und Durchgangstüren müssen einflügig und mindestens 1,20 m, Türen innerhalb mindestens 0,95 m lichte Durchgangsbreite haben. Pendeltüren dürfen nicht eingebaut werden.
Die Rettungswege einschließlich der Aufzüge müssen so breit sein, dass Rollstühle benutzt werden können. Sie müssen rutschsicher begehbar sein.
In verschließbaren Türen sind Schlösser einzubauen, die es ermöglichen, die Tür von außen zu öffnen, wenn von innen der Schlüssel steckt (Doppelzylinderschlösser).

5.11.4.4 Flure
Sie müssen mindestens 2,20 m breit, gut belichtet, lüft- und heizbar sein. An den Wänden der Flure sind Handläufe anzubringen. Wand- und Deckenbeläge (Unterdecken) müssen einschließlich ihrer Halterungen aus nicht brennbaren Baustoffen, Bodenbeläge zusätzlich rutschsicher hergestellt sein.
Flure mit zweiseitig angeordneten Räumen sind mit Kopflicht zu versehen. Flure über 25 m Länge müssen zur einwandfreien Belüftung und Belichtung in Abständen von höchstens 20 m Seitenlicht von mindestens 3 m Breite erhalten und zwar durch direkten Lichteinfall. Stufen innerhalb eines Flures sind nicht zulässig.
Flure, die gleichzeitig als Flucht- und Rettungswege dienen, müssen einen unmittelbaren Ausgang ins Freie oder in einen notwendigen Treppenraum (Treppenhaus) haben. Sie sind in Abständen von höchstens 20 m rauchdicht zu unterteilen; jeder Teilabschnitt sollte möglichst einen unmittelbaren Zugang zu einem Treppenraum erhalten.
Von jeder Stelle eines Aufenthaltsraumes soll eine notwendige Treppe in höchstens 20 m Entfernung erreichbar sein. Genaue Angaben sind bei den örtlich zuständigen Brandschutzsachverständigen zu erfahren. Die Verbindungen von Fluren und Gängen zu Treppenräumen sind durch mind. feuerhemmende Türen – T 30 – nach DIN 4102 Teil 5 zu schließen. Alle Türen müssen in Richtung des Fluchtweges aufschlagen.

5.11.4.5 Treppen und Rutschen
Wenn statt Treppen auch Rutschen notwendig und zweckmäßig erscheinen, sollten sie nur vom Erdgeschoss bzw. vom 1. Obergeschoss aus mit unmittelbarem Ausgang ins Freie in Betracht kommen. Am Ende der Rutschen sind gepolsterte, taschenförmig ausgebildete Auffangmöglichkeiten zu schaffen (vgl. Brandnotrutsche Typ Herdmanflat Fa. Latex Upholstery Ltd. London). Treppen und ggf. Rutschen im Gebäudeinnern sind nur in besonderen Treppenräumen zu führen. Sie müssen in allen ihren Teilen – ausgenommen Handlauf und Stufenbelag – aus feuerbeständigen Bauteilen bestehen. Die Treppenläufe dürfen nicht gewendelt sein; sie müssen gerade verlaufen und dürfen nicht mehr als 15 Stufen haben. Die Stufenvorderkanten der Treppe dürfen nicht abgerundet, der Stufenbelag muss gleitsicher sein.
An beiden Seiten sind Handläufe vorzusehen. Die Breite des Treppenlaufes, gemessen zwischen den Handläufen, muss mindestens 1,30 m, die der Podeste mindestens 1,50 m betragen. Die Stufenhöhe darf bei 29 cm Mindest-Auftrittsbreite 17 cm nicht übersteigen. Die Handläufe dürfen – über der Stufenvorderkante gemessen – nicht höher als 0,80 m angebracht werden. Stockwerke mit mehr als 35 Plan-Betten müssen über mindestens zwei notwendige Treppen zu erreichen sein. Wegen der Behinderung der Gebäudebewohner soll vom Einbau innenliegen-

der Treppenräume kein Gebrauch gemacht werden. Das Treppenauge soll so eng sein, dass es keine Durchblicke durch mehrere Geschosse gestattet, um Schwindel- oder Angstgefühle auszuschließen.

Notwendige Treppenräume müssen an ihrer höchsten Stelle je eine Rauchklappe mit einer Fläche von mindestens 1,00 m² erhalten. Anstelle der Rauchabzugsvorrichtungen können auch günstig gelegene Fenster für den Rauchabzug eingerichtet werden, wenn sie hoch genug liegen. Die Rauchabzugsvorrichtungen müssen von jedem Geschoss aus bedienbar oder über automatische Rauchmeldersteuerung gesichert sein. Die Stellung – auf oder zu – muss ersichtlich sein.

5.11.4.6 Aufzüge
Als Ergänzung zu notwendigen Treppen kommen nur Aufzüge in Frage, die mit Notstromanschluss, Notbeleuchtung, zusätzlich Alarm- und Notrufanlagen, Bedienungsknöpfe nach DIN 18025 Teil 1 + 2 ausgestattet sind. In Gebäuden mit Wohnungen für Körperbehinderte sollen schon bei mehr als einem Vollgeschoss (Erdgeschoss) Aufzüge eingebaut werden (siehe Kapitel 5.9). Zur Erhöhung der Transportsicherheit müssen die Aufzüge so angeordnet und eingerichtet sein, dass die Betten bzw. fahrbaren Tragen in Richtung ihrer Längsachse in den Aufzug ein- und ausgeladen werden können. Im Fahrkorb sollen sich eine Klapp-Sitzbank und Haltestangen an den zwei Längsseiten befinden.

Nach den Ländervorschriften einzelner Bundesländer sind Feuerwehraufzüge vorzusehen. Diese Feuerwehraufzüge müssen in einem besonderen feuerbeständigen Schacht liegen. Haltestellen müssen sich in jedem Geschoss befinden. Der Feuerwehraufzug muss außerdem bei Ausfall des Netzstromes von einer Ersatzstromanlage versorgt werden und bis zum nächsten darunterliegenden Geschoss fahren können. Eine Schlüsselschaltung für die Feuerwehr ist erforderlich.

Einer Integration des Aufzuges im Treppenauge eines notwendigen Treppenraumes sollte zugestimmt werden, wenn die gesicherte Stromzuführung erfolgt. Eine feuerbeständige Abtrennung gegenüber dem Treppenraum kann entfallen.

Die Abtrennung des Aufzugmaschinenraumes in feuerbeständiger Bauart ist erforderlich.

Ein direkter Ausgang aus dem Treppenraum ins Freie ist ebenso erforderlich wie die notwendige Rauch- und Wärmeabzugsanlage (siehe Treppenräume).

Die für Rollstuhlbenutzer entsprechend notwendigen Bewegungsflächen müssen dabei berücksichtigt werden.

5.11.4.7 Abwurfschächte
Abwurfschächte für unreine Wäsche und ähnliches müssen feuerbeständig (fb) ausgeführt und besteigbar sein. Die Abwurföffnungen sind mit einem staub- und rauchdichten Verschluss in feuerhemmender (fh) Bauart zu versehen.

5.11.4.8 Putzräume
Zur Unterbringung der Putz- und Reinigungsgeräte sind in jedem Geschoss an geeigneten Stellen – jedoch nicht in den Treppenräumen – Geräteräume oder Wandschränke mit besonderer Entlüftung vorzusehen. Der Zugang zu diesen Räumen ist durch eine feuerhemmende Tür – T 30 – nach DIN 4102 Teil 5 zu schließen.

5.11.4.9 Röntgenräume, Dunkelkammern
Diese müssen durch unmittelbar ins Freie führende Fenster be- und entlüftbar sein. Röntgenräume müssen den Strahlenschutzregeln für die Herstellung medizinischer Röntgeneinrichtungen entsprechen (1. Strahlenschutzverordnung).
Fußböden in Röntgenuntersuchungs- und Behandlungsräumen müssen aus einem Material mit minimalster elektrischer Leitfähigkeit bestehen. Dunkelkammern sind mit Fußbodenentwässerung zu versehen. Lichthöfe, in den Umfassungswänden liegende Licht- oder Fensteröffnungen sind durch G 30-Verglasungen nach DIN 4102 Teil 13 in nicht zu öffnenden Rahmen kittlos zu verglasen. Die Einzelflächen dürfen das Höchstmaß der Zulassung nicht überschreiten. Werden z.B. durch Lichthöfe Brandabschnitte übereck zusammengeführt, sind einseitig 5,00 m feuerbeständige Abtrennungen einzubauen. Verglasungen in F-Glas nach DIN 4102 Teil 13 sind möglich, müssen in diesem Falle jedoch als Festverglasung – nicht zu öffnen – ausgeführt werden.

5.11.5 Elektrische Anlagen und Geräte; Blitzschutz
Elektrische Anlagen und Betriebseinrichtungen müssen nach den geltenden VDE-Vorschriften ausgeführt sein.

5.11.5.1 Sicherheitsbeleuchtung
In den Gebäuden ist eine Sicherheitsbeleuchtung (Ersatzstromanlagen nach VDE 0108/12.79 bzw. DIN 57 108/12.79) und eine Notrufanlage einzubauen. Sie muss von der allgemeinen Stromversorgung unabhängig und so stark ausgelegt sein, dass sie Flucht- bzw. Rettungswege, Operations- und Vorbereitungsräume, einschließlich der dazugehörigen Flure, sowie alle Ausgänge und die notwendigen Treppenräume ausreichend beleuchtet, wenn die allgemeine Stromversorgung aussetzt.

5.11.5.2 Nachtbeleuchtung
Stationsflure und Krankenzimmer sowie Räume, die mit ständig zu betreuenden Personen belegt sind, müssen mit einer Nachtbeleuchtung versehen werden; alle äußeren Verkehrswege und Eingänge müssen bei Dunkelheit einwandfrei beleuchtet sein.

5.11.5.3 Notrufanlage
Alle Zimmer sind mit einer Notrufanlage auszustatten. Der Ruf soll auf den Fluren optisch und in den Zimmern für Bedienstete optisch und akustisch angezeigt werden.

Steckvorrichtungen müssen so gestaltet sein, dass eine Verwechslung von Starkstrom- und Rundfunkanlagen unmöglich ist. Es ist darauf zu achten, dass ausschließlich Schutzkontaktsteckdosen in ausreichender Anzahl für den Anschluss ortsveränderlicher Stromverbraucher zu verwenden sind.

5.11.5.4 Elektrische Geräte
Geräte wie Bügeleisen, Heizkissen, Tauchsieder, Rundfunkapparate u.Ä. müssen den Vorschriften des Verbandes Deutscher Elektrotechniker (VDE) über die Einrichtung und den Betrieb elektrischer Anlagen entsprechen und dürfen nur mit Genehmigung der Heimleitung verwendet werden. Es dürfen nur vorschriftsmäßige Sicherungen verwendet werden.

5.11.5.5 Blitzschutz
Die bauliche Anlage ist mit einer Blitzschutzanlage nach DIN 75185 bzw. VDE 0185 zu versehen.

5.11.6 Gasanlagen und Geräte
Für die Ausführung sind die technischen Vorschriften und Richtlinien für die Einrichtung und Unterhaltung von Niederdruckgasanlagen in Gebäuden und Grundstücken – DVGW -, TRG, TRF/88 und TRGI/86 in Verbindung mit DIN 4756, die Gasfeuerungen und Heizungsanlagen betreffend, zu beachten.

5.11.7 Feuerlösch- und Alarmeinrichtungen
Die Löschwasserversorgung für die Anstalt ist durch zwei getrennte und voneinander unabhängige Hauptversorgungsleitungen sicherzustellen. Um die Anstalt ist eine Ringleitung von mindestens 150 mm lichte Weite vorzusehen, die mit Rohren von 200 mm lichte Weite an das Brauchwassernetz anzuschließen ist. Die Löschwasserleitung ist durch entsprechende Absperrschieber in Rohrabschnitte zu unterteilen. In der Nähe jedes notwendigen Treppenraumes ist in jedem Geschoss ein Wandhydrant nach DIN 14461 Teil 1, Ausführung 1, ausgestattet mit 2 C-Druckschläuchen nach DIN 14811 und einem C-M Strahlrohr nach DIN 14635 einzubauen. Die Wandhydranten sind an eine Steigleitung DN 80 „nass" nach DIN 14462 anzu-

schließen. Es muss jeder Punkt in den Geschossen erreichbar sein. Der Fließdruck des am ungünstigsten liegenden Wandhydranten muss mindestens 3,0 bar betragen. Sollte dieser Druck nicht erreicht werden, so ist eine Druckerhöhungsanlage vorzusehen, die an die Ersatzstromanlage anzuschließen ist. Zur Bekämpfung von Entstehungsbränden sind amtlich anerkannte Feuerlöscher in ausreichender Anzahl vorzusehen. Die Art des Löschmittels und die Standorte der Feuerlöscher sind örtlich festzulegen.

Auf dem Anstaltsgelände sind Überflurhydranten nach DIN 3222 DN 100 einzubauen. Die Standorte sollen so liegen, dass sie von befahrenen Straßen nicht weiter als 2,50 m und von Gebäuden wenigstens 20 m entfernt liegen. Die Gebäude müssen mit Feuerwehrzu- und Umfahrten nach DIN 14090/6.77, in Baden-Württemberg nach VwV-Feuerwehrflächen vom 11. 8. 88, versehen werden. Einzelheiten hierzu sind mit den örtlich zuständigen Brandschutzsachverständigen abzuklären.

Die Standorte der Feuerlöscher, Wandhydranten, Überflurhydranten sowie die Auslösung von Rauchabzugseinrichtungen, der Zugang zum Notstromraum, zur Trafostation und die Abschaltvorrichtungen für Be- und Entlüftungsgebläse sowie für die Heizungsanlagen sind durch Hinweisschilder nach DIN 4066 Blatt 2 zu kennzeichnen. Die Anstalt muss eine Druckknopffeuermeldeanlage erhalten, die über eine Nebenmeldezentrale unmittelbar auf die Feuerwehrleitstelle aufläuft. Bei bestimmten Anlagen, z.B. Altenpflegeheime oder Behindertenheime, sind über Rauchmelder gesteuerte automatische Brandmeldeanlagen vorzusehen. Ist dies aus bestimmten Gründen nicht möglich, so ist sie auf die Feuermeldezentrale der örtlichen Feuerwehr und gleichzeitig über ein automatisches Wähl- und Übertragungsgerät (AWUG) zur Feuerwehrleitstelle aufzuschalten.

Anstelle des Wähl- und Übertragungsgeräts (AWUG) ist eine Übertragung über ein ortsfestes Mobilfunkgerät im Objekt mit Brandmeldeanlage möglich (s. Erlass des Innenministeriums Baden-Württemberg vom 14.7.1997, AZ: 5-1541 4/1).

Die Nebenmeldeanlage ist in einem ständig überwachten Raum einzubauen. In der Personalsuchanlage ist zur Alarmierung bei Brandgefahr ein bestimmtes Signal festzulegen (vgl. Brandschutzordnung).

Praktische Unterweisungen des Personals und der Bediensteten über die Handhabung der Feuerlöschgeräte und die Räumung der Gebäude im Falle einer Gefahr sind in periodischen Abständen durchzuführen. Die Aufstellung eines Lösch- und Rettungsdienstes (Betriebsfeuerwehr) ist geboten. Die Ausbildung wäre im Einvernehmen mit der Feuerwehr durchzuführen.

6.0 Planungsgrundlagen zu Außenanlagen

In den Kapiteln 6.1 bis 6.5 sind die wichtigsten Außenanlagen erläutert, darunter fallen die Bereiche Zugang, Treppenhaus, Zufahrt und die der Wohnung unmittelbar vorgelagerten Bereiche wie Abstellplatz, Terrasse, Balkon und gärtnerisch gestaltete private Gartenanlagen.

Öffentliche Außenanlagen sind in Kapitel 9.0 behandelt.

6.1 Rollstuhlabstellplatz

Axel Stemshorn

6.1.1 DIN 18025 Teil 1

Über den Rollstuhlabstellplatz heißt es in dieser Norm: „6.5 Rollstuhlabstellplatz". Für jeden Rollstuhlbenutzer ist ein Rollstuhlabstellplatz, vorzugsweise im Eingangsbereich des Hauses oder vor der Wohnung, zum Umsteigen vom Straßenrollstuhl auf den Zimmerrollstuhl vorzusehen. Der Rollstuhlabstellplatz muss mindestens 190 cm breit und mindestens 150 cm tief sein (siehe Bild 15 bzw. Abb. 6.1/1).

Bewegungsfläche vor dem Rollstuhlabstellplatz siehe Abschnitt 3.2.

Zur Ausstattung eines Batterieladeplatzes für Elektro-Rollstühle ist DIN VDE 0510 Teil 3 zu beachten.

6.1.2 Aufgabe des Rollstuhlabstellplatzes

Rollstuhlfahrer benötigen den Rollstuhlabstellplatz zum Abstellen des Straßenrollstuhls, zum Umsteigen vom Straßenrollstuhl auf den Zimmerrollstuhl und zur ständigen Wartung des Rollstuhls, wie z.B. für Reparaturen, und zum Nachladen der Batterien eines Elektro-Fahrstuhles. Entsprechend dieser Aufgabe sollte ein solcher Rollstuhlabstellplatz im Eingangsbereich oder vor der Wohnung angeordnet sein. Ein Rollstuhlabstellplatz innerhalb der Wohnung erhöht unnötigerweise die Wohnfläche. Bei außerhalb der Wohnung liegenden Rollstuhlabstellplätzen ist die Frage des Missbrauchs, z.B. des Stromdiebstahls ein zu beachtendes Kriterium. Ein Rollstuhlabstellplatz kann grundsätzlich offen zugängig sein. Es eignet sich z.B. eine Nische. Wenn Rollstühle innerhalb eines abschließbaren Raumes angeordnet werden, ist zusätzlich zu der Mindeststellfläche des Rollstuhlabstellplatzes die Bewegungsfläche 150 cm tief nach DIN 18025 Teil 1 Abschn. 3.2 notwendig. Die Türen eines solchen Rollstuhlabstellraumes sollten dann nach außen aufgehen, wenn die Bewegungsfläche innerhalb des Raumes eingeschränkt ist. Sehr gut denkbar ist auch ein einfaches Schiebetürelement statt einer Drehflügeltüre vor einer Nische. Das Schiebetürelement muss jedoch dann seitlich Platz finden (Abb. 6.1/2-7). In Sonderfällen, vor al-

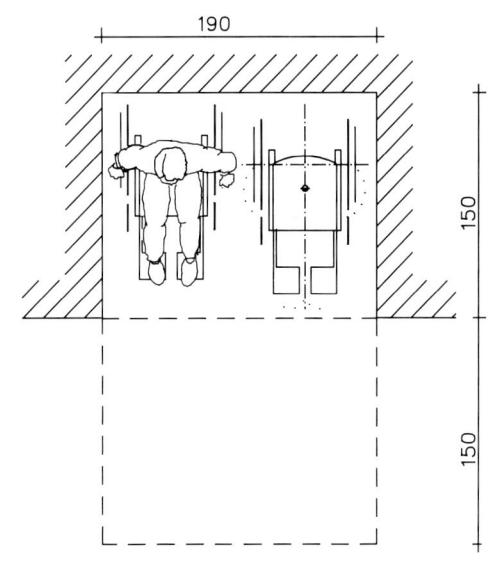

6.1/1 Platzbedarf für den Rollstuhlabstellplatz und Bewegungsfläche nach DIN 18025 Teil 1, M 1:50

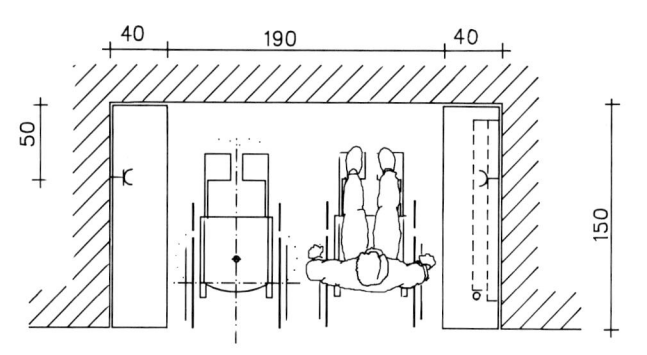

6.1/2 Rollstuhlabstellplatz mit seitlichen unterfahrbaren Ablageflächen, M 1:50

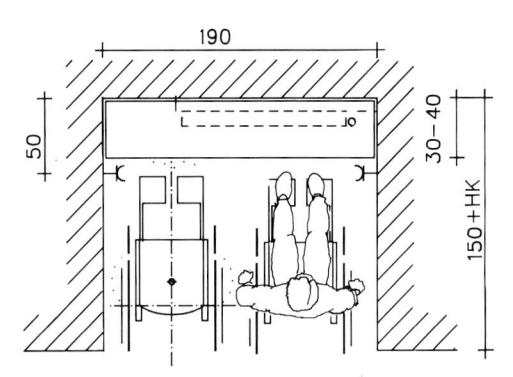

6.1/3 Rollstuhlabstellplatz mit stirnseitiger unterfahrbarer Ablagefläche, M 1:50

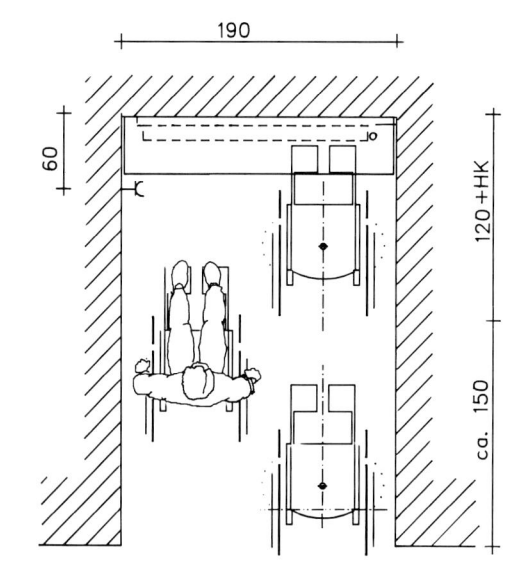

6.1/4 Tiefer Rollstuhlabstellplatz, M 1:50

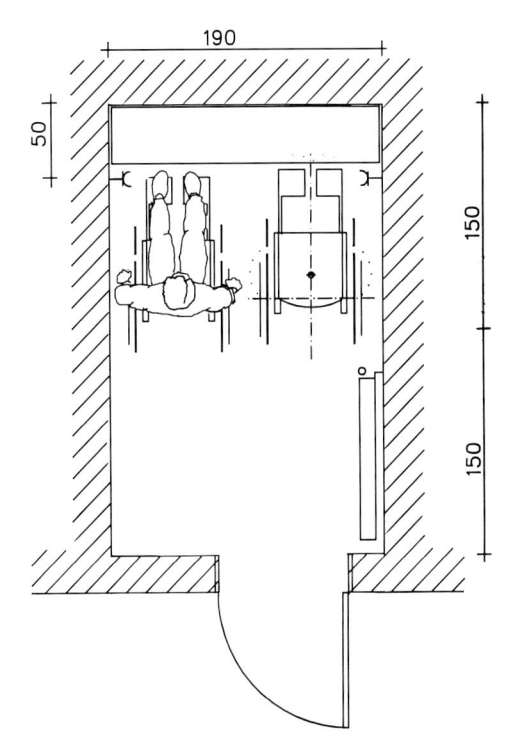

6.1/5 Rollstuhlabstellraum, M 1:50

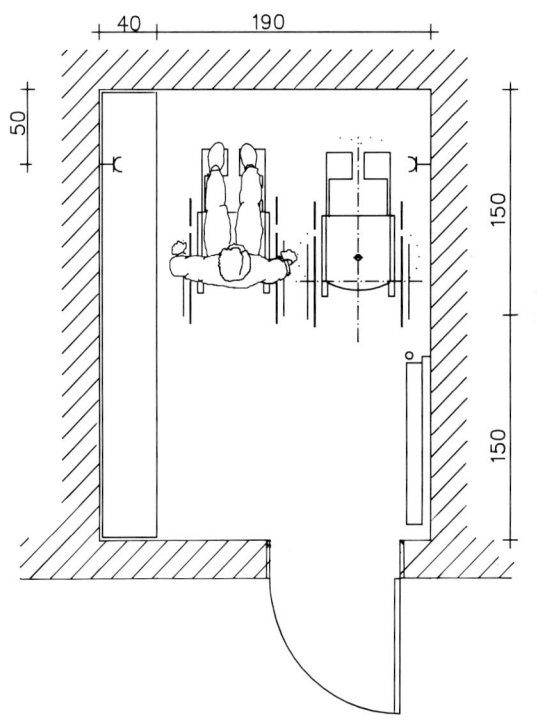

6.1/6 Rollstuhlabstellraum mit seitlicher Ablagefläche, M 1:50

lem zu Reparaturzwecken, ist ein Rollstuhlabstellplatz auch in der Garage möglich, wenn der Rollstuhlbenutzer häufig als Fahrer oder als Beifahrer den Pkw benutzt. Die Garage sollte beheizbar sein. Ein Rollstuhlabstellplatz in Verbindung mit der Garage ist bei Einfamilienhäusern mit dazugehöriger Garage besonders dann möglich, wenn auch ein überdachter Zugang zum Hauseingang vorhanden ist. Die größere Garagenbreite ergibt sich durch die zusätzliche Bewegungsfläche auf der Fahrer- oder Beifahrerseite eines Pkw's (Abb. 6.1/8-10).

6.1.3 Maße
Abweichend von den in DIN 18025 Teil 1 genannten Maßen, nämlich 150 cm Tiefe und 190 cm Breite, sind vor allem bei Dreirad-Rollstühlen oder bei Rollstühlen mit ausladenden Beinstützen größere Tiefen zu wählen. Im Notfall können bei ca. 2 m tiefen Rollstuhlabstellplätzen auch zwei Zimmerrollstühle hintereinander aufgestellt werden. Das Umsteigen ist dann jedoch unter Umständen erschwert.

6.1.4 Einrichtung
Zur Einrichtung eines Rollstuhlabstellplatzes gehören Beleuchtung, allgemeine Lüftungsmöglichkeit und besonders Lüftungsmöglichkeit bei Batterienachladestationen, eine Schutzkontaktsteckdose zum Nachladen der Batterie bis 85 cm hoch, säurefester Bodenbelag und evtl. ein Bodenablauf. Um dem u.U. möglichen Stromdiebstahl vorzubeugen, ist eine abschließbare Schutzkontaktsteckdose vorzusehen. Die Ladegeräte werden entweder auf Ablageflächen abgestellt oder sind in der Wand eingebaut. Seitliche oder stirnseitige und dann unterfahrbare Ablageflächen müssen so beschaffen sein, dass Rollstuhlbenutzer sich u.U. auf ihnen abstützen können. Eine Heizung in unmittelbarer Nähe der abgestellten Rollstühle ist dann notwendig, wenn der anschließende Flurbereich nicht ausreichend beheizbar ist (Abb. 6.1/11).

6.1.5 Rollstuhlabstellplatz im Gemeinschaftseigentum
Der außerhalb der Wohnung befindliche Rollstuhlabstellplatz ist in der Regel auf eine Fläche im Gemeinschaftseigentum angeordnet. Dies bedeutet, daß in entsprechenden Kaufverträgen bei Wohnanlagen eine Sondernutzung zugunsten der Rollstuhlbenutzer ausgesprochen werden muss. Eine Zuordnung des Rollstuhlabstellplatzes zu Fahrrad- und Kinderwagenräumen ist ungünstig, da in der Regel diese Räume mit Fahrrädern und Kinderwagen vollgestellt werden. Für Rollstuhlbenutzer ist es besonders günstig, wenn sich der Abstellplatz im Gemeinschaftseigentum in unmittelbarer Nähe der Wohnung befindet. Rollstuhlabstellplätze im Untergeschoss erfordern die Benutzung einer Aufzuganlage.

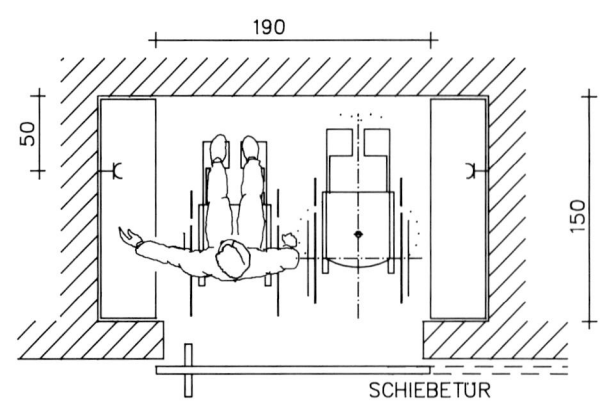

6.1/7 Rollstuhlabstellplatz mit Schiebetür, M 1 : 50

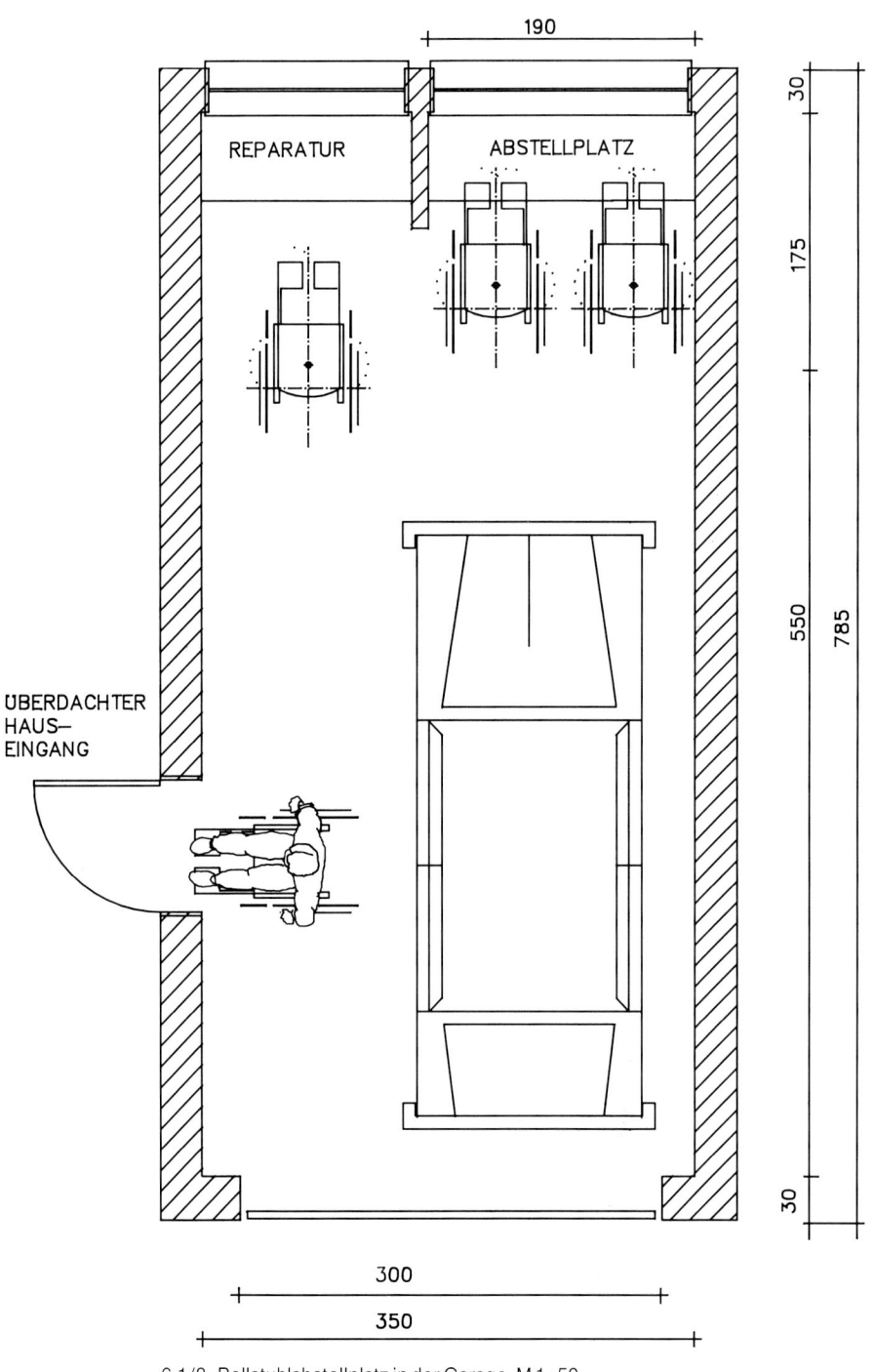

6.1/8 Rollstuhlabstellplatz in der Garage, M 1 : 50

6.1/9 Rollstuhlabstellplatz in der Garage, M 1 : 50

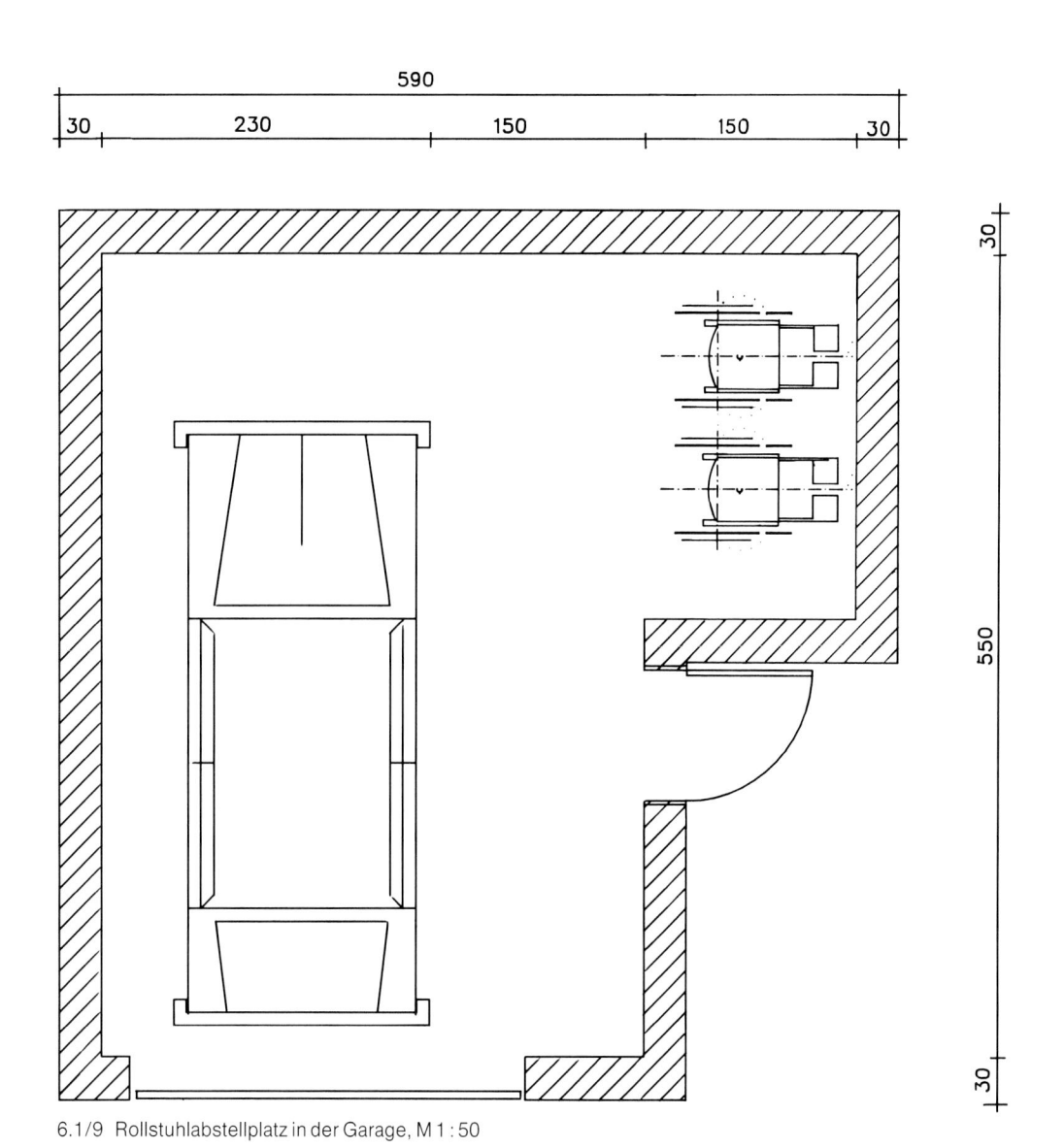

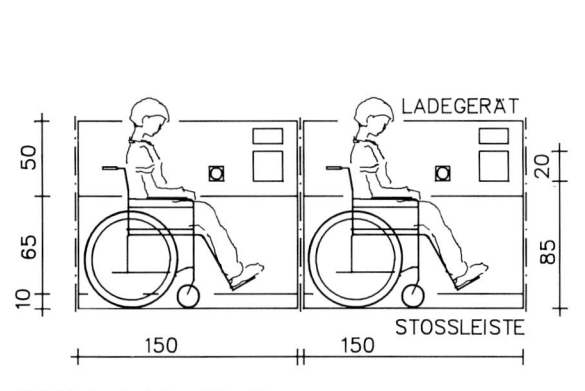

6.1/11 Ladestation, M 1 : 50

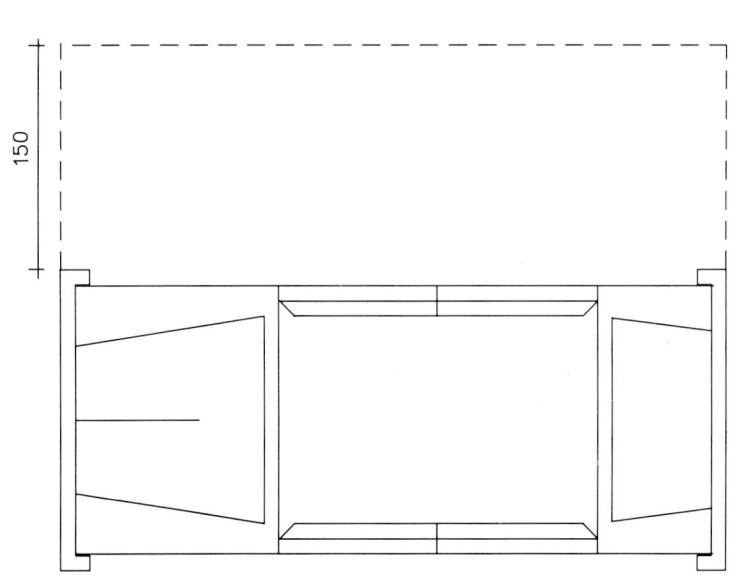

6.1/10 Bewegungsfläche vor einer Längsseite des Kraftfahrzeuges nach DIN 18025 Teil 1, M 1 : 50

6.2 Terrasse und Balkon

Axel Stemshorn

6.2.1 Normen
DIN 18025 Teil 1 Barrierefreie Wohnungen für Rollstuhlbenutzer. Nach Abschnitt 3.1 muss die Bewegungsfläche auf dem Freisitz mindestens 150 auf 150 cm groß sein. Und in Abschnitt 6.4 wird ein Freisitz empfohlen mit folgendem Wortlaut: „Jeder Wohnung soll ein mindestens 4,5 m² großer Freisitz (Terrasse, Loggia oder Balkon) zugeordnet werden." Eine weitere Empfehlung findet sich im Abschnitt 7 mit folgendem Wortlaut: „Brüstungen in mindestens einem Aufenthaltsraum der Wohnung und von Freisitzen sollten ab 60 cm Höhe durchsichtig sein."
In DIN 18025 Teil 2 ist die Mindestbewegungsfläche auf dem Freisitz in Abschnitt 3.1 ebenfalls mit 150 auf 150 cm Größe ausgewiesen.
In Abschnitt 6.4 ist der Freisitz mit folgender Formulierung empfohlen:
„Jeder Wohnung sollte ein mindestens 4,5 m² großer Freisitz (Terrasse, Loggia oder Balkon) zugeordnet werden."
Eine weitere Empfehlung findet sich in Abschnitt 7 mit folgendem Wortlaut: „Brüstungen in mindestens einem Aufenthaltsraum der Wohnung und von Freisitzen sollten ab 60 cm Höhe durchsichtig sein."
Die ursprünglichen Formulierungen in DIN 18025 Blatt 1 und Blatt 2 geben weitere Hinweise, da Überdachung und seitlicher Schutz gegen Wetter und Sicht empfohlen werden.

6.2.2 Bedeutung für Rollstuhlbenutzer, Sehbehinderte und Betagte
Der Freisitz als Terrasse im Erdgeschoss, als Balkon in höher liegenden Geschossen oder als Dachterrasse ist für Rollstuhlbenutzer, Sehbehinderte und Betagte ein erweiterter Wohnbereich und Ersatz für die nicht oder nur schwer erreichbare Außenwelt. Über die Nutzung von Balkonen und Terrassen durch Nichtbehinderte machte Dr. R. Bächtold, Bern, folgende Angaben (siehe Wohnungsmedizin Heft 2/1967):
„97 Prozent der untersuchten Wohnungen besaßen zu 81 Prozent einen, zu 16 Prozent zwei Balkone und in Parterrewohnungen einen entsprechenden Rasenvorplatz. Dabei wurden diese auf folgende Weise genützt: 85 % zum Ausruhen, Lesen, Stricken u.a., 82 % zum Kleider- und Schuhereinigen, 68 % zum Wäscheaufhängen, 48 % zum Spielen der Kinder, 36 % zum Essen, 10 % für diverse andere Hausarbeiten, 5 % der Balkone wurden nicht benutzt."
Für behinderte Menschen ist der Freisitz neben der vorgenannten Nutzung vor allem deshalb wichtig, weil er Kontakte zur Außenwelt schafft und damit einer Isolierung vorbeugt.
Behinderte Menschen und Betagte stellen folgende Forderungen an den Freisitz: er muss vom Wohnbereich aus leicht und ohne Türschwelle erreichbar sein; Kontakte zur Außenwelt ermöglichen; dem Sicherheitsbedürfnis Rechnung tragen; einen guten Ausblick bieten; geschützt sein gegen Wetter, Wind, Sonne, Lärm und Einsicht.

6.2.3 Freisitz-Arten
Auf folgende Weise kann ein Freisitz einem Wohnbereich zugeordnet werden: als Terrasse, wenn eine Verbindung mit Außenanlagen oder Dachflächen vorhanden ist; als Balkon, wenn er an höchstens zwei Seiten umschlossen ist; als Loggia, wenn dieser Freisitz an drei Seiten umschlossen und überdacht ist.

6.2.3.1 Terrassen im Erdgeschoss
Der am leichtesten und auch nachträglich zu verwirklichende Freisitz ist eine Terrasse im Erdgeschoss. Vor allem in Wohngebäuden ohne Aufzüge wird vorzugsweise im Erdgeschoss eine Wohnung für behinderte Menschen vorgesehen. Der größte Vorteil hierbei ist, dass die Terrasse mit den Außenanlagen durch befahrbare Wege verbunden werden kann und so ein erweiterter Außenbereich erschlossen wird. Auch eine Zuordnung zum Therapieraum ist gegeben. Gegen einen Behinderten- und Betagten-Freisitz im Erdgeschoss spricht aber das Sicherheitsbedürfnis dieses Personenkreises. Auch wollen viele behinderte und betagte Menschen vor Einblick geschützt sein. Terrassen im Erdgeschoss sollen mindestens teilweise überdacht sein. Durch geeignete Befestigung oder Terrasseneinfassung kann dafür gesorgt werden, dass der Rollstuhl nicht fortrollen kann. Ein Interessenkonflikt kann entstehen, wenn eine barrierefreie EG-Wohnung mit Terrasse entweder einem Rollstuhlbenutzer oder einer Familie mit Kindern zugeordnet werden soll.

6.2.3.2 Balkon, Loggia im Obergeschoss
Freisitze in Obergeschossen sind vor allem bei behinderten und betagten Menschen angebracht, die sehr schwer behindert sind, die sich unsicher fühlen und die vor Einblick geschützt sein wollen. Eine Überdachung und seitlicher Schutz sind stets erforderlich.

6.2.3.3 Dachterrassen – Terrassen in Verbindung mit dem Dachgeschoss
Hierbei ist von Nachteil, dass ein Kontakt zur Außenwelt erschwert wird und dass ein solcher Freisitz der Witterung besonders ausgesetzt ist. Auf Überdachung und seitlichen Windschutz ist besonders zu achten. Auf die Möglichkeit einer Dachbegrünung wird hingewiesen.

6.2.4 Brüstung
Die niedere Brüstung ist in DIN 18025 Teil 1 deshalb erwähnt, weil der Behinderte dadurch einen besseren Ausblick und bessere Kontaktmöglichkeiten erhält. Es ist falsch, nur in Verbindung mit dem Freisitz niedere Brüstungen vorsehen zu wollen. Sie sind grundsätzlich bei den Räumen des Behinderten anzubringen, besonders im Wohnraum. Es ist zu beachten, dass 60 cm hohe Brüstungen nicht zulässig sind. Die Landesbauordnungen der Länder verlangen höhere Brüstungen (Abb. 6.2/1). Erforderliche Geländer sind so zu bemessen, dass der Behinderte sich an ihnen hochziehen kann. Wenn entsprechender Schutz erreicht wird, können ausnahmsweise niedrigere, aber sehr breite Brüstungen, z.B. Blumentröge, zugelassen werden.

6.2.5 Maße
Bei der Dimensionierung der Freisitze ist für Rollstuhlbenutzer von der Bewegungsfläche des Rollstuhls auszugehen. Der 4,5 m² große Freisitz nach DIN 18025 Teil 1 ist für einen Rollstuhlbenutzer noch geeignet. Wenn er aber zusätzlich einen Tisch oder einen aufstellbaren Sonnenschirm verwenden will, wird der Bewegungsraum zu klein (Abb. 6.2/2). Dem Rollstuhlbenutzer sollte wenigstens so viel Platz angeboten werden, dass er sich hier mit einem rollstuhlfahrenden Besucher aufhalten kann (Abb. 6.2/3). In Gebäuden, in denen mehrere Rollstuhlbenutzer wohnen, sind Freisitze mindestens nach Abb. 6.2/4 zu bemessen. Um Zugerscheinungen zu vermeiden, muss die Türe geschlossen werden können.

6.2.6 Ausblick
Er wird weniger durch Brüstungen als durch seitliche Blenden begrenzt. Diese Blenden sind jedoch wegen des Wind- und Sichtschutzes notwendig. Durch weit vorgezogene seitliche Blenden wird der Ausblick am stärksten eingeengt (Abb. 6.2/5). Eine Ausbuchtung der Freisitzfläche erweitert den Blickwinkel.
Zurückgezogene Blenden (Abb. 6.2/6) reduzieren den seitlichen Schutz zu Gunsten eines verbesserten Ausblicks. Besonders günstig sind Übereckbalkone (Abb. 6.2/7-8). Sie sollten nicht an der Witterung stark ausgesetzten Gebäudeecken liegen. Stützen sind so anzuordnen, dass sie keine zusätzliche Behinderung bedeuten.

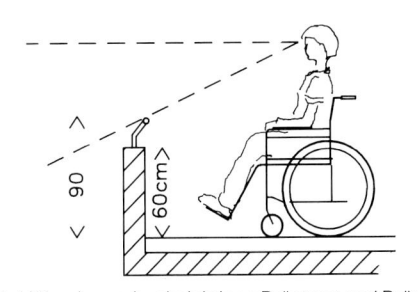

6.2/1 Höhe der undurchsichtigen Brüstung und Brüstungshöhe nach LBO, M 1:50

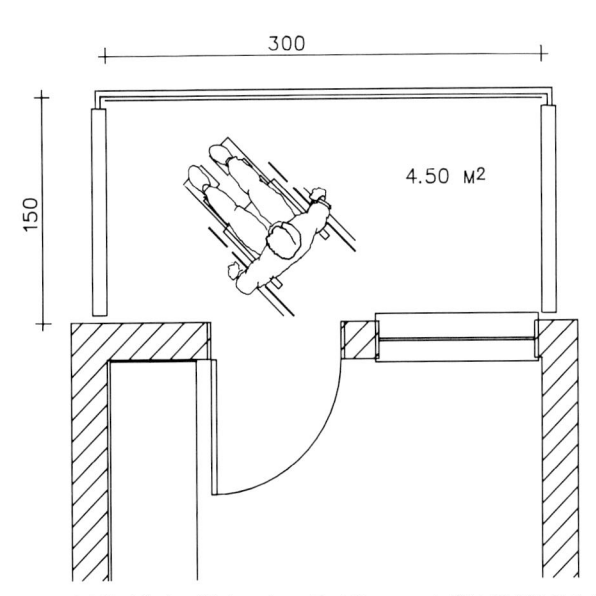

6.2/2 Mindestfläche eines Freisitzes nach DIN 18025 Teil 1 und Teil 2, M 1:50

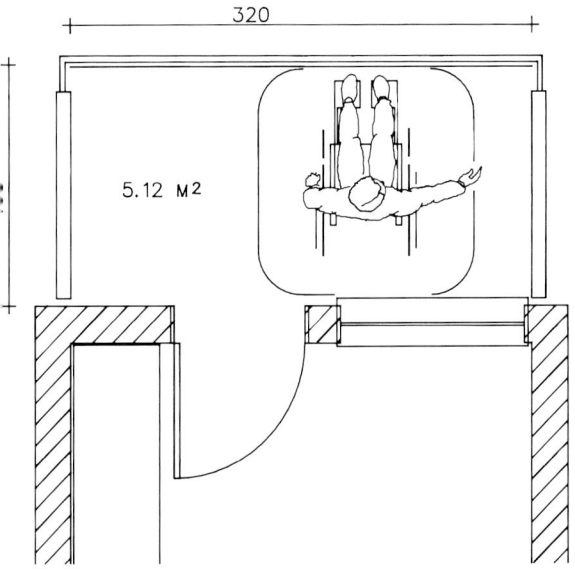

6.2/3 Mindestfläche eines Balkones für zwei Rollstuhlbenutzer, M 1:50

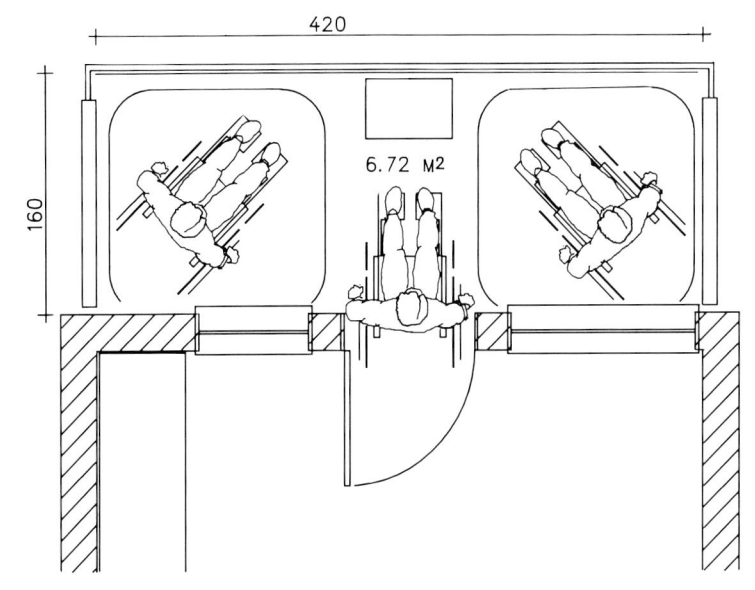

6.2/4 Mindestfläche eines Balkones für drei Rollstuhlbenutzer, M 1:50

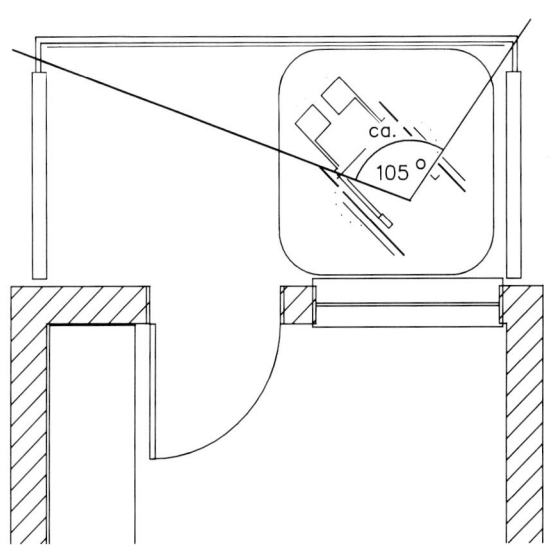

6.2/5 Ausblickwinkel bei seitlichen Blenden, M 1:50

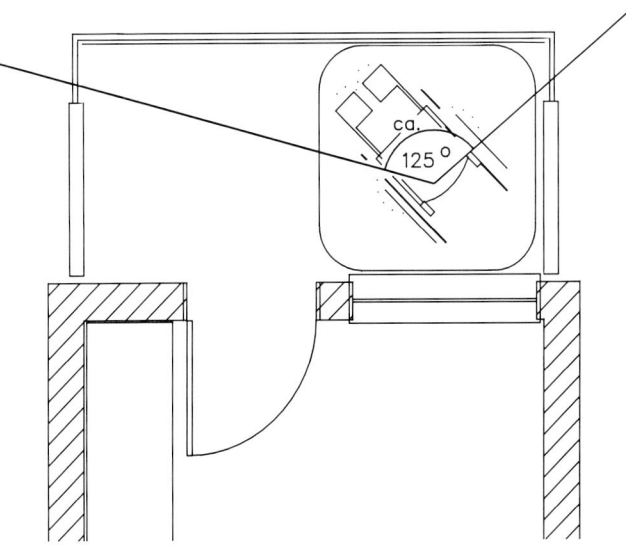

6.2/6 Ausblickwinkel bei zurückgezogenen Blenden, M 1:50

6.2.7 Einrichtung – Ausstattung

Freisitze sind dann für behinderte Menschen besonders wertvoll, wenn sie weitere Betätigungsmöglichkeiten anbieten, z.B. Blumenpflege und Tierhaltung.

An Ausstattungen kommen u.a. in Frage: Blumentrog, Infrarotheizung, Steckdose für Leuchten und Geräte, seitlicher Schutz aus klarem Drahtglas, Faserzementplatten oder z.B. aus wetterfestem Sperrholz.

Von dem Bodenbelag muss gefordert werden: dass er eben, leicht befahrbar und rutschfest ist auch bei Nässe, dass er widerstandsfähig ist gegen alle Witterungseinflüsse und das Wasser leicht abfließen kann. Unumgängliche Türschwellen sollten möglichst niedrig sein und so angeordnet werden, dass sie leicht überfahren werden können (2 cm). Folgende Einrichtungsteile können für den behinderten Menschen wichtig sein: Blumenpflegegeräte, Putzgeräte, Schrank, Sonnenschirm und -ständer, Klapptisch, Stühle, Leuchte.

6.2.8 Entwässerung

Bei Balkonen ist die Entwässerung ein besonderes Problem, da Dritte, also sich darunter aufhaltende Personen, nicht beeinträchtigt werden dürfen. So heißt es in DIN 1986 Teil 1, Abschnitt 7.3.3.1: Das Abführen des Regenwassers von Dächern, Balkonen und Loggien richtet sich nach den bauaufsichtlichen Vorschriften und nach den klimatischen Verhältnissen. Wenn Vorschriften nicht bestehen, gelten folgende Grundsätze:

7.3.3.1 Das Regenwasser von Balkonen und Loggien ist in besonderen Fallleitungen abzuführen.

7.3.3.2 Besondere Fallleitungen nach Abschnitt 7.3.3.1 sind nicht erforderlich, wenn das Regenwasser ohne Beeinträchtigung Dritter über Wasserspeier oder Tropfleisten auf das Grundstück abgeleitet werden kann.

7.3.3.3 Flachdächer mit nach innen abgeführter Entwässerung sollen ringsum mit einem wasserdichten Rand (Brüstung) eingefasst werden. Dachausstritte und -aufbauten sind in gleicher Höhe wasserdicht auszuführen (s.a. Abschnitt 6.2.4).

7.3.3.4 Flachdächer mit nach innen abgeführter Entwässerung müssen mindestens zwei Abläufe oder einen Ablauf und einen Sicherheitsüberlauf erhalten (s.a. Abschnitt 6.2.4).

In Abschnitt 6.2.4 heißt es: Haben Balkone und Loggien eine geschlossene Brüstung, so müssen außer dem Bodenablauf noch Durchlassöffnungen von mindestens 40 mm lichter Weite (Sicherheitsüberlauf) in der Brüstung vorhanden sein. Die Durchlassöffnungen sind so anzuordnen, dass das sich auf dem Boden sammelnde Wasser bei Verstopfung des Bodenablaufes ins Freie ablaufen kann.

In DIN 18195 Bauwerksabdichtungen heißt

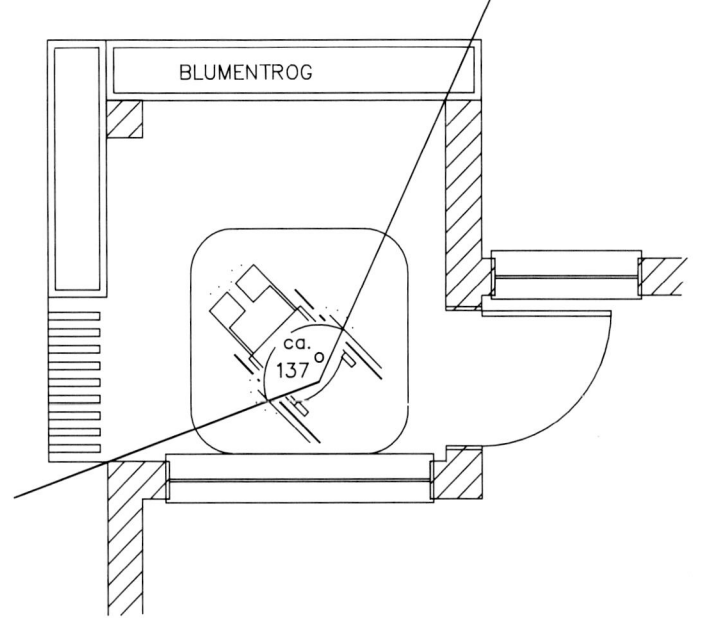

6.2/7 Ausblickwinkel bei Übereckbalkonen, M 1 : 50

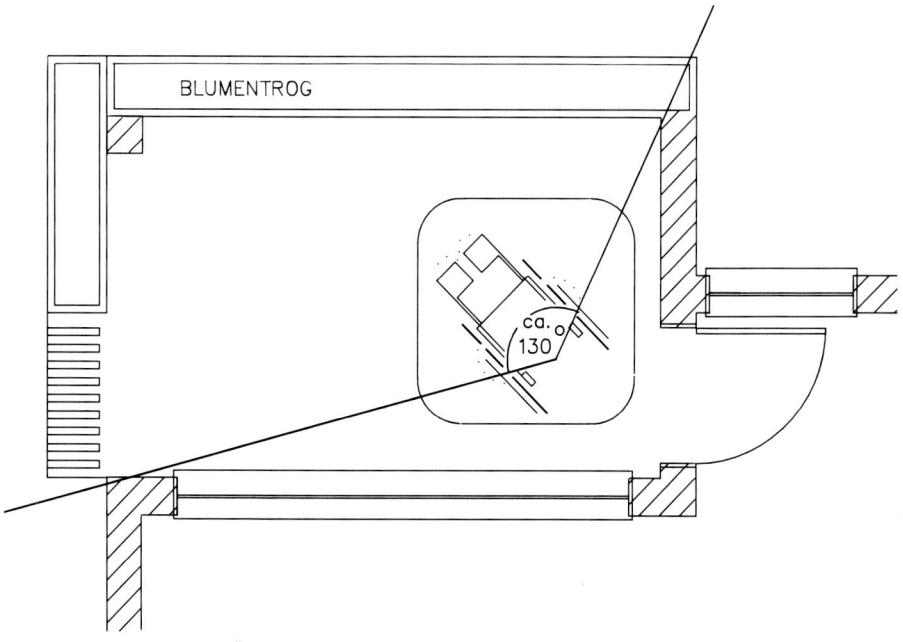

6.2/8 Ausblickwinkel bei Übereckbalkonen, M 1 : 50

es in Teil 5 Abschnitt 7.1.6: Die Abwicklung von waagerechten oder schwach geneigten Flächen ist an anschließenden, höher gehenden Bauteilen in der Regel 15 cm über die Oberfläche der Schutzschicht, des Belages oder der Überschüttung hochzuführen und dort zu sichern (s. DIN 18195 Teil 9).

Dies bedeutet, dass prinzipiell eine Schwelle notwendig ist, die jedoch ein Rollstuhlbenutzer nicht überfahren kann. Aus diesem Grunde ist mit Hilfe einer Rinne und eines Gitterrostes die wasserführende Schicht im Türbereich bzw. im Bereich des Türelementes um 10 – 15 cm abzusenken (vergl. auch Abb. 5.3/19a-c in Kap. 5.3).

Diese Maßnahme ist notwendig, wenn die Balkonplatte als auskragende Deckenplatte bzw. in gleicher Höhe mit dieser angeordnet wird. Die Höhen der Fußbodenaufbauten innen und außen sind aufeinander abzustimmen.
Im Hinblick auf die Wärmeschutzverordnung sind Wärmebrücken zu vermeiden. Aus diesem Grunde müssen auskragende Balkonplatten mit Wärmedämmkörben (so genannter ISO-Korb) versehen werden. Auf die Veröffentlichung "Niveaugleiche Türschwellen bei Feuchträumen und Dachterrassen" in der Reihe Bauforschung für die Praxis Band 3 von Oswald, Klein, Willmes am Aachender Institut für Bauschadensforschung und angewandte Bauphysik GmbH, erschienen im IRB Verlag, Stuttgart, wird hingewiesen. Die Autoren beleuchten besonders die Notwendigkeit, wann ein Gitterrost zur Absenkung der wasserführenden Schicht notwendig ist.

Eine weitere Möglichkeit, Balkonplatten anzubringen, besteht darin, diese losgelöst vom Gebäude, entweder auf Konsolen und Stützen, wie Abb. 8.2/9a+b, oder losgelöst auf vier Stahlstützen an den Ecken anzuordnen. In beiden Fällen entsteht zwischen Balkon und Platte und dem Gebäude eine Fuge, die kaum wasserdicht geschlossen werden kann. Es besteht daher die Gefahr, dass bei Regen das Wassr am Hausgrund abläuft. Die Balkonplatte ist in jedem Fall in ein Fallrohr zu entwässern (s. Abb. 6.2/10a).

Schließlich sei auch noch auf die Verwendung von Holzrosten und Gitterrosten hingewiesen, die das Abdichtungsproblem nicht aufweisen, jedoch die Gefahr bergen, dass bei Gebrauch Schmutz durch den Holzrost bzw. Gitterrost nach unten gelangen und dort Dritte beinträchtigen kann. Aus diesem Grunde sollte von dieser Lösung Abstand genommen werden.
Zur Überbrückung des Spaltes zwischen der Stahlbetonplatte und dem Hausgrund ist unter Umständen ein Edelstahlblechstreifen notwendig (Abb. 6.2/10b).

6.2/9a Balkonplatte auf Konsole
6.2/9b Balkonplatte auf Stützen

6.2/10a Balkonplatte mit Entwässerungs-Rinnen und Fallleitung
6.2/10b Überbrückungsblech

6.3 Pkw-Stellplätze und Pkw-Garagen

Axel Stemshorn

6.3.1 Normen
In DIN 18025 Teil 1 Abschnitt 6.6 ist der Pkw-Stellplatz erwähnt mit folgendem Wortlaut: "Für jede Wohnung ist ein wettergeschützter Pkw-Stellplatz oder eine Garage vorzusehen."
Bewegungsfläche vor einer Längsseite des Kraftfahrzeuges Abschnitt 3.2 (Abb. 6.3/1).
Anmerkung: Der Weg zur Wohnung sollte kurz und wettergeschützt sein.
In DIN 18025 Teil 2 sind keine Angaben über Pkw-Stellplätze gemacht.
In der Norm DIN 18024 Bl. 1 "Bauliche Maßnahmen für Behinderte und alte Menschen im öffentlichen Bereich, Planungsgrundlagen, Straßen, Plätze und Wege" heißt es: 6 Pkw-Stellplätze
6.1 3 % der Pkw-Stellplätze auf öffentlichen Parkplätzen sollten für Schwerbehinderte (Gehbehinderte oder Rollstuhlfahrer) reserviert werden.
6.2 Die für Schwerbehinderte reservierten Pkw-Stellplätze sind, um den Ein- und Ausstieg zu ermöglichen, 350 cm breit anzulegen.
Schmalere Stellplätze sind zulässig, wenn parallel eine freie Fläche von mindestens 150 cm Breite – z.B. ein Gehweg – vorhanden ist.
6.3 Durch Beschilderung ist auf das Vorhandensein der Pkw-Stellplätze für Schwerbehinderte aufmerksam zu machen.
6.4 Der Zugang zu den Pkw-Stellplätzen für Schwerbehinderte ist nach den Abschnitten 1 und 2 zu gestalten.
In DIN 18024 Teil 2 öffentlich zugängige Gebäude heißt es:
2 Pkw-Stellplätze
2.1 Auf den für den Publikumsverkehr anzulegenden Parkplätzen sind mindestens 3 % der Pkw-Stellplätze für Schwerbehinderte (Gehbehinderte oder Rollstuhlbenutzer) zu reservieren. Diese Stellplätze sollen in Gebäudenähe liegen und möglichst überdacht sein. In Parkhäusern sollten diese Stellplätze in unmittelbarer Nähe der Aufzüge angeordnet werden.
2.2 Die für Schwerbehinderte reservierten Pkw-Stellplätze sind – um den Ein- und Ausstieg zu ermöglichen – 350 cm

breit anzulegen. Schmalere Stellplätze sind zulässig, wenn parallel eine freie Fläche von mindestens 150 cm Breite – z.B. ein Gehweg – vorhanden ist.

2.3 Die Pkw-Stellplätze für Schwerbehinderte sind durch Beschilderung kenntlich zu machen.

2.4 Der Zugang zu den Pkw-Stellplätzen für Schwerbehinderte ist nach DIN 18024 Teil 1, Ausgabe November 1974, Abschnitt 1 und 2 zu gestalten.

6.3.2 Pkw-Stellplätze in der Wohnanlage

Die zur Wohnanlage gehörenden Stellplätze sind sinngemäß wie die im öffentlichen Bereich anzuordnen. Nach DIN 18025 Teil 1 ist neben dem Pkw eine 150 cm tiefe Bewegungsfläche notwendig, und zwar auf der Seite, wo der Rollstuhlbenutzer als Fahrer oder Beifahrer aussteigt (Abb. 6.3/1). Dies ergibt dann einen 350 cm breiten Pkw-Stellplatz, wie aus Abb. 6.3/2 ersichtlich ist. Vier 250 cm breite Stellplätze können zu drei 350 cm breiten Pkw-Stellplätzen zusammengelegt werden. Es handelt sich hierbei um die senkrechte Anordnung von drei Pkw-Stellplätzen für Rollstuhlbenutzer (Abb. 6.3/3).

6.3.3 Pkw-Stellplätze im öffentlichen Bereich

Für behinderte Menschen geeignete Pkw-Stellplätze müssen im öffentlichen Bereich vorgesehen werden, um Rollstuhlbenutzern und Gehbehinderten zu ermöglichen, mit ihrem Pkw so nahe wie möglich an das Ziel, z.B. an ein öffentliches Gebäude, heranzufahren. Pkw-Stellplätze in Tief- oder Hochgaragen sind für den Behinderten günstiger, weil sie beim Aussteigen gegenüber Pkw-Stellplätzen im Freien vor der Witterung geschützt sind. Solche Stellplätze sind auch eher frei zu halten, wenn sie in der Nähe der Aufsicht vorgesehen werden. Um dem Behinderten lange Wege von und zum Aufzug zu ersparen, sind diese Stellplätze möglichst in die Nähe des Aufzuges zu legen. Das ist vor allem auch dann notwendig, wenn die Parkfläche geneigt ist. Es ist darauf zu achten, dass der Aufzug vom Behinderten benutzt werden kann.

Im öffentlichen Bereich sind behindertengerechte Pkw-Stellplätze grundsätzlich so vorzusehen, dass Behinderte keine zu großen Entfernungen zurücklegen müssen.

Auch in städtischen Bereichen, die für den öffentlichen Verkehr gesperrt sind, und in Fußgängerzonen sind behindertengerechte Pkw-Stellplätze erforderlich. Den Behinderten sind besondere Erlaubnisscheine zum Anfahren dieser Stellplätze auszustellen. Die Forderung nach DIN 18024 Bl. 1 Abschnitt 6.2 ist in der Weise zu ergänzen, dass 3 % der Pkw-Stellplätze, mindestens aber ein Stellplatz vorzusehen ist.

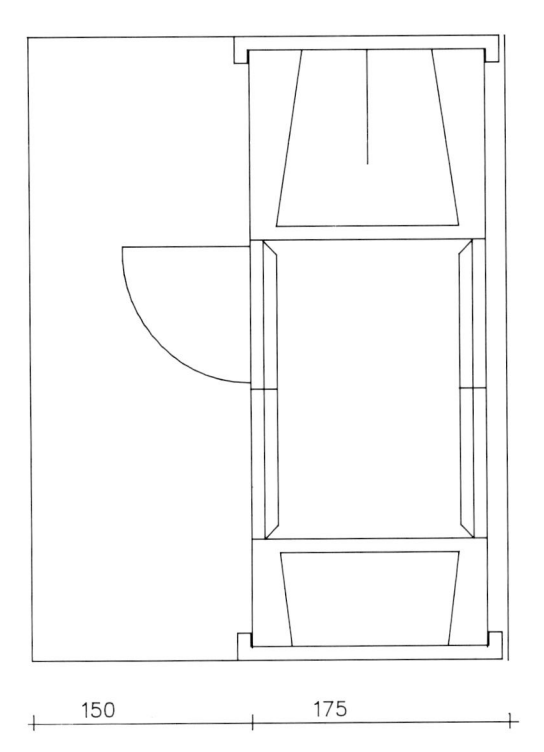

6.3/1 Bewegungsfläche vor einer Längsseite des Kraftfahrzeuges nach DIN 18025 Teil 1, Bild 20, M 1:50

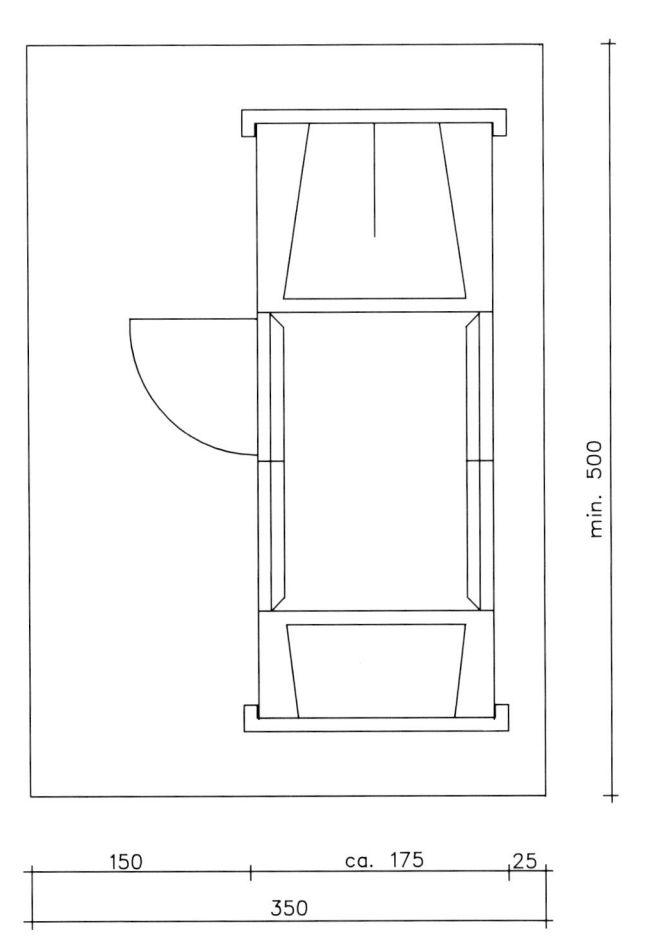

6.3/2 350 cm breiter Pkw-Stellplatz mit Bewegungsfläche auf der Fahrerseite, M 1:50

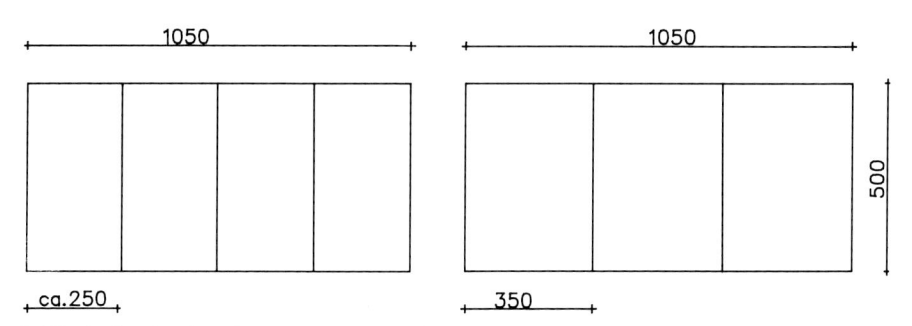

6.3/3 Senkrechte Anordnung von drei Pkw-Stellplätzen für Rollstuhlbenutzer anstelle von vier üblichen Stellplätzen, M 1:20

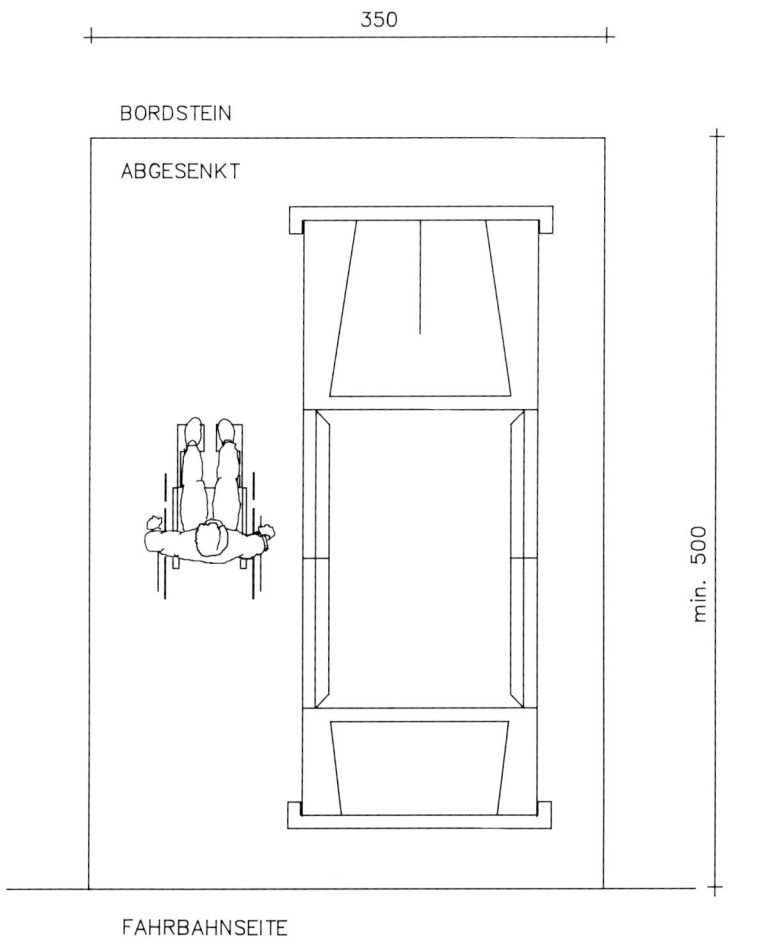

6.3/4 Senkrechte Anordnung des Pkw-Stellplatzes nach DIN 18024 Blatt 1, 350 cm breit. Bordstein zum Bürgersteig abgesenkt, M 1:50

6.3.4 Maße

Pkw-Stellplätze für behinderte Menschen können senkrecht, schiefwinklig und parallel zur Fahrbahn angeordnet werden. Bei der senkrechten und schiefwinkligen Anordnung müssen einzelne Stellplätze 350 cm breit sein (Abb. 6.3/1-4). Liegen mehrere Pkw-Stellplätze nebeneinander, so ist es auch möglich, dass die zusätzliche, 1,0 m breite Fläche zwischen zwei Pkw-Stellplätzen von zwei Rollstuhlbenutzern genutzt wird (Abb. 6.3/5). Ein Behinderter muss dann unter Umständen rückwärts in den Stellplatz einfahren. Die Aussteigefläche ist so zu kennzeichnen, dass sie immer freigehalten wird. Um es dem Rollstuhlbenutzer oder einer Begleitperson zu ermöglichen, den Kofferraum zu beladen, sind tiefere Stellplätze günstig. Bei paralleler Anordnung zur Straße liegt die Aussteigefläche meistens auf der rechten Fahrbahnseite in Verbindung mit dem Bürgersteig. Das ist für den Rollstuhlbenutzer nur dann günstig, wenn er rechts aussteigen kann. Muß er dagegen zur Fahrbahn hin aussteigen, so ist zu gewährleisten, dass der Rollstuhl nicht auf die Fahrbahn rollen kann. Die Länge des Stellplatzes muss es dem behinderten Menschen ermöglichen, dass er oder eine Begleitperson an den Kofferraum gelangen kann (Abb. 6.3/5+6).

6.3.5 Pkw-Garagen

In DIN 18025 Teil 1 Abschnitt 6.6 Pkw-Stellplatz ist alternativ eine Garage erwähnt. Diese kann entweder als Einzelgarage oder in Verbindung mit anderen Stellplätzen in einer Tiefgarage ausgewiesen werden. Wie bereits dargelegt, ist es notwendig, dass diese Garagenstellflächen sinngemäß so groß sind wie die Pkw-Stellplätze, d.h. in der Breite ebenfalls 350 cm. Wie bei den Pkw-Stellplätzen sind hierbei Lösungen anzustreben, die es dem Rollstuhlbenutzer ersparen, einen zu langen Weg von der Garage durchs Freie bis zum Hauseingang zu nehmen. So ergeben sich für die Lage einer Garage folgende Möglichkeiten: als freistehende Garage, als angebaute Garage, als Stellplatz in der Tiefgarage oder im Parkhaus.

6.3.5.1 Freistehende Garage

Die freistehende Garage ohne einen überdachten Zugang zum Haus ist für den Behinderten ungünstig, weil er vor der Witterung nicht geschützt ist. Ein überdachter Zugang sollte auch einen seitlichen Windschutz haben.

6.3.5.2 Angebaute Garage

An das Wohnhaus oder an das Wohngebäude angebaute Garagen müssen eine Schleuse oder eine feuerhemmende Türe (T 30) haben. Diese Türen sind schwer und von Behinderten kaum zu bewegen. Hier ist ein besonderer, überdachter Zugang,

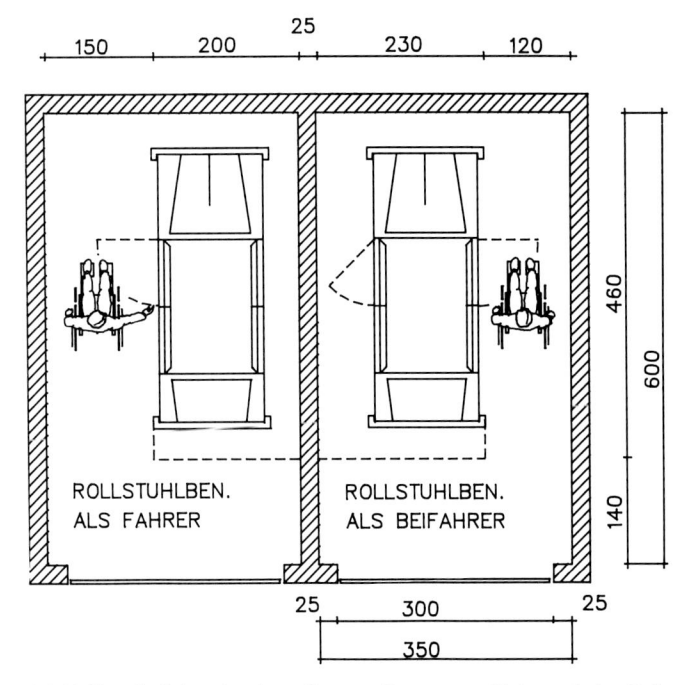

6.3/7 Pkw-Stellplatz in einer Garage. Bewegungsfläche auf der Rollstuhlfahrerseite 150 cm breit, M 1 : 100

z.B. auch eine Schleuse, statt eines unmittelbaren Zugangs zu empfehlen.

6.3.5.3 Tiefgarage
Tiefgaragen unter Wohngebäuden oder als öffentliche Tiefgaragen müssen für den Rollstuhlbenutzer über den Aufzug erreichbar sein. Nach DIN 18024 Teil 2 sollen 3 % der Pkw-Abstellplätze für Rollstuhlbenutzer bemessen sein. Mindestens ein solcher Pkw-Stellplatz soll immer vorhanden sein. Schleusen sind auch für Rollstuhlbenutzer passierbar vorzusehen.

6.3.5.4 Parkhäuser
Die Pkw-Stellplätze für Rollstuhlbenutzer sollen möglichst im Erdgeschoss liegen, damit Rollstuhlbenutzer im Brandfall, ohne einen Aufzug zu benutzen, ins Freie gelangen können.

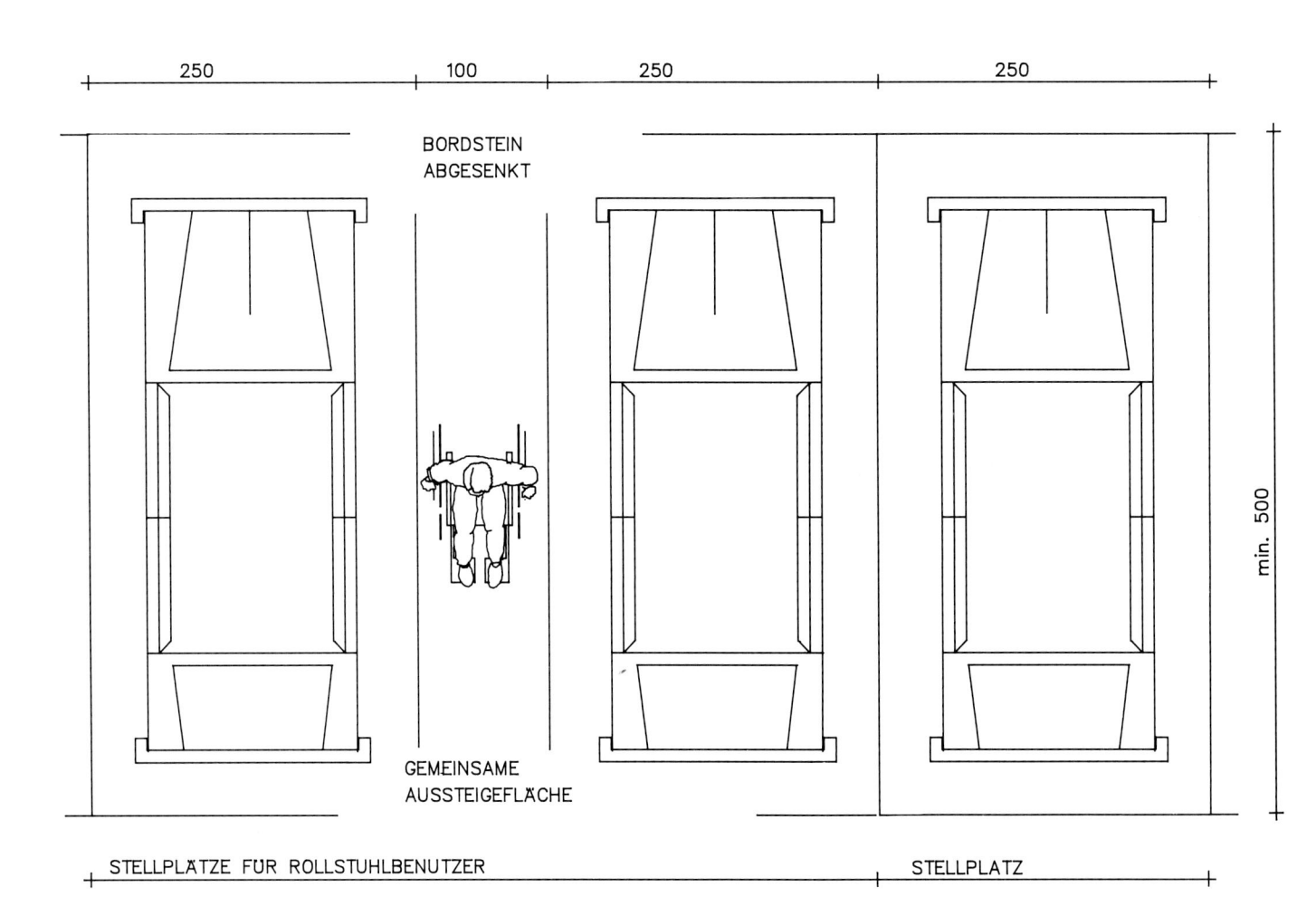

6.3/5 Senkrechte, platzsparende Anordnung von zwei nebeneinanderliegenden Pkw-Stellplätzen mit gemeinsamer Aussteigefläche für Rollstuhlbenutzer. Bordstein zum Bürgersteig abgesenkt, M 1 : 50

6.3/6a

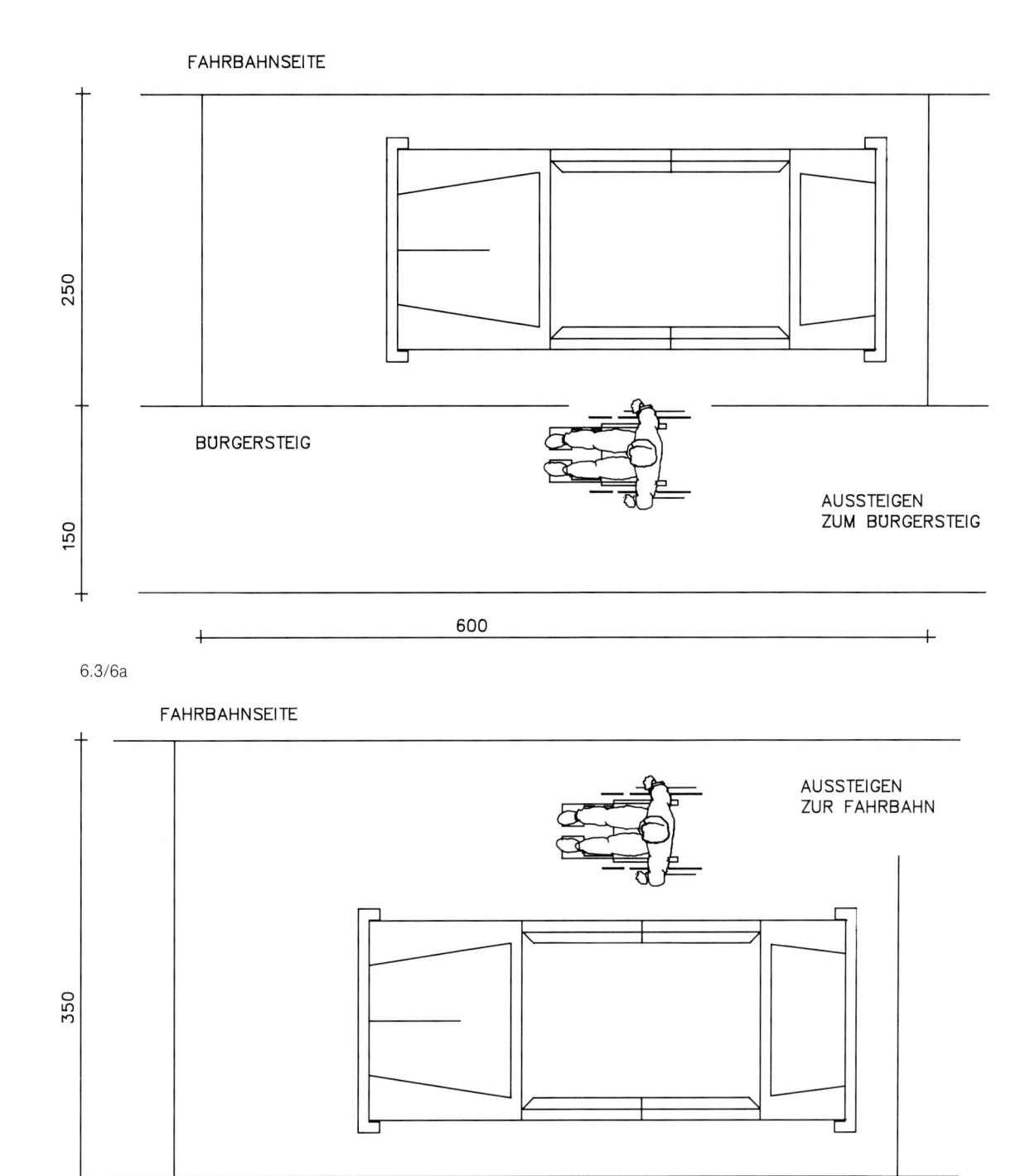

6.3/6b

6.3/6 a+b Parallele Anordnung des Pkw-Stellplatzes zur Fahrbahn. Beim Aussteigen zum Bürgersteig Pkw-Stellplatzbreite 250 cm, zur Straße Pkw-Stellplatzbreite 350 cm

6.3.5.5 Autoparksysteme

Autoparksysteme haben zum Ziel, Parkraum optimal zu nutzen, d.h. Verkehrsfläche soll zu Gunsten neuer Parkflächen genutzt werden. Für Rollstuhlbenutzer sind nur diejenigen Parksysteme geeignet, bei denen der Pkw automatisch zur Parkfläche transportiert und von dort wieder entnommen und dem Rollstuhlbenutzer übergeben wird. Parksysteme, die ein Befahren einer Plattform erforderlich machen, sind wegen der Höhe der seitlichen Profile und der Profilierung der Plattform selbst ungeeignet. Eine für Rollstuhlbenutzer befahrbare Plattform muss folgende Anforderungen erfüllen:
1. Sie muss waagerecht sein; geneigte Flächen sind für Rollstuhlbenutzer ungeeignet.
2. Die übermäßige Profilierung der Plattform selbst muss durch aufgelegte Profilstäbe oder Matten ausgeglichen werden.
3. Die Plattform selbst muss 350 cm breit sein und eine seitliche Wendefläche von 150 auf 150 cm mindestens zur Verfügung haben.
4. Eine befahrbare Plattform darf im Schwellenbereich maximal 2 cm hoch sein. Der Höhenunterschied beträgt 9 cm. Die 12 mm hohen Sicken zur Profilierung und Stabilisierung der Plattform können durch eine Gummimatte überbrückt werden.

6.3.5.6 Ausstattung einer privaten Garage

Zur Ausstattung einer privaten Garage gehören z.B.: Heizung, Beleuchtung, Lüftung, Schutzkontaktsteckdosen zum Anschluss eines zusätzlichen Heizgerätes, automatische Garagentorsteuerung.
Eine Heizung ist deshalb wichtig, weil dem Rollstuhlbenutzer so erspart wird, ins kalte Auto zu steigen. Da der Anschluss an eine Zentralheizung nicht immer möglich ist, sind elektrische Heizgeräte zu verwenden, die einige Zeit vor der Abfahrt eingeschaltet werden können. Eventuell genügt auch eine batteriebetriebene Sitzheizung. Die automatische Garagentorsteuerung ermöglicht vielen Rollstuhlbenutzern erst die Benutzung eines Pkw's. Das Öffnen und Schließen des Tores kann durch Fernsteuerung oder durch örtliche Schalter vorgenommen werden. Örtliche Schalter sind so anzubringen, dass der Rollstuhlbenutzer den Pkw nicht verlassen muss und auch vom Rollstuhl aus den Schalter betätigen kann. Es muss gewährleistet sein, dass das Tor nicht unkontrolliert schließen kann.

6.4 Gehwege, Rampen und Plätze

Axel Stemshorn

6.4.1 Normen

DIN 18025 Teil 1
Im Vortext der Norm ist ausdrücklich die Nutzung der Wohnanlage angesprochen. Es heißt: „Rollstuhlbenutzer ... müssen grundsätzlich alle Einrichtungen innerhalb der Wohnung und alle Gemeinschaftseinrichtungen innerhalb der Wohnanlage nutzen können."
In Abschnitt 3.1 ist die Bewegungsfläche mindestens 150 auf 150 cm groß am Anfang und am Ende der Rampe sowie vor dem Einwurf des Müllsammelbehälters ausgewiesen.
In Abschnitt 3.4 ist die Bewegungsfläche mindestens 120 cm breit auf Wegen innerhalb der Wohnanlage festgelegt.
In DIN 18025 Teil 2 muss die Bewegungsfläche nach Abschnitt 3.1 ebenfalls mindestens 150 auf 150 cm groß am Anfang und am Ende der Rampe sein sowie mindestens 120 cm breit auf Wegen innerhalb der Wohnanlage.

6.4.2 Gehwege

Für Gehwege sind folgende Gesichtspunkte maßgebend:
Breite, Längsgefälle, Quergefälle, Belag und Bordsteinorientierungshilfe.

6.4.2.1 Breite der Gehwege

Die Mindestbreite von Gehwegen und Rampen sollte um 15 cm über das Maß von 150 cm hinausgehen. Ein 165 cm breiter Gehweg ermöglicht es, dass zwei Rollstuhlbenutzer aneinander vorbeifahren können (Abb. 6.4/1).

6.4.2.2 Längsgefälle

Das Längsgefälle des Gehweges soll höchstens 6 % betragen. Der Abfluss des Oberflächenwassers ist zu berücksichtigen. Unter Umständen sind am Ende des Gefälles Entwässerungsrinnen notwendig.

6.4.2.3 Quergefälle

Ein Quergefälle des Gehweges ist für das Abfließen des Regenwassers erforderlich. Für Rollstuhlbenutzer ist ein stärkeres Quergefälle ungünstig, weil sie in Richtung des Gefälles abgetrieben werden und mit Anstrengung gegensteuern müssen.

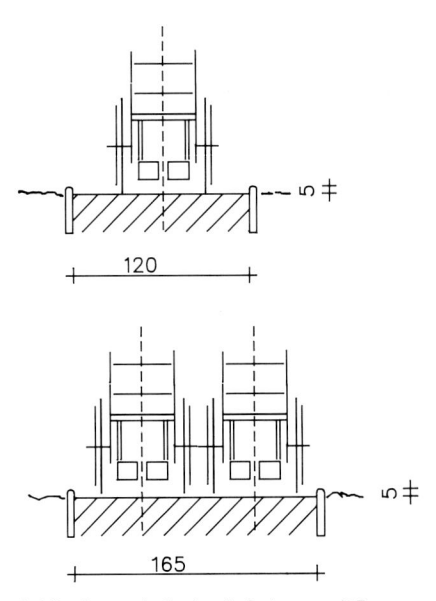

6.4/1 Querschnitt durch Gehweg mit Rasenkantensteinen, M 1 : 50

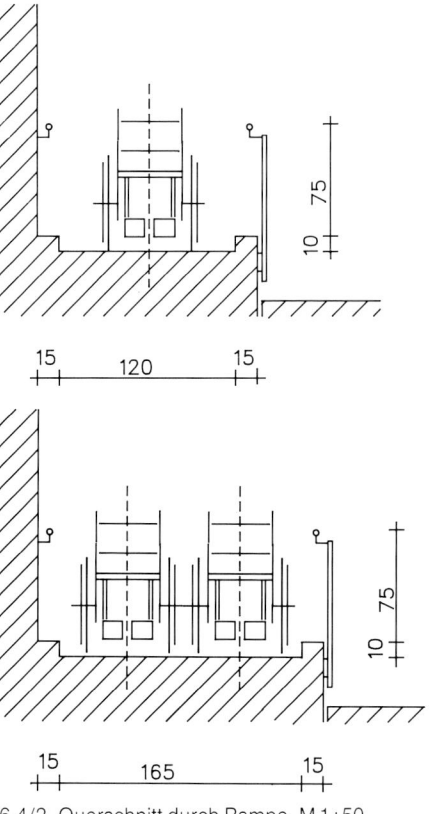

6.4/2 Querschnitt durch Rampe, M 1 : 50

6.4.2.4 Belag und Bordstein

Eine griffige, rutschhemmende Oberfläche ist vorzusehen. Griffig sind Oberflächen dann, wenn selbst bei Verschmutzung, bei Nässe und Staubeinlagerung, bei Schnee und Glatteis die Schuhe und die Räder des Rollstuhls noch Halt finden. Es haben sich bewährt: Betonsteine, Betonbeläge oder Gußasphaltbeläge mit Quarzsandeinstreuung, Waschbetonplatten mit kleinen und scharfkantigen Kieseleinstreuungen.

Eine zu grob strukturierte Oberfläche erhöht den Reibungswiderstand der Räder und ist daher ungeeignet. Der Bordstein ist eines der größten Hindernisse für Rollstuhlbenutzer. Eine Absenkung auf 3 cm kann vom Rollstuhlbenutzer vor allem bei abgerundeter Kante noch bewältigt werden.

6.4.2.5 Gehweg als Orientierungshilfe

Blinde und sehbehinderte Menschen benutzen vor allem die seitliche Begrenzung der Gehwegfläche als Orientierungshilfe. Deshalb sind alle Gegenstände, die in die Gehwegfläche hineinragen, oder Unterbrechungen der seitlichen Begrenzung ein Hindernis.

6.4.3 Rampen

Für Rollstuhlbenutzer ist bei Rampen vor allem deren Gefälle bedeutend. Nach DIN 18025 Teil 1 darf das Gefälle maximal 6 % betragen. Auf die erforderlichen Zwischenpodeste alle 6 m wird hingewiesen. Nicht allein Rollstuhlbenutzer schätzen Rampen mit geringem Gefälle, auch Betagte, Gehbehinderte und Eltern mit Kinderwagen können so Höhendifferenzen leichter überwinden. Eng gewendelte Rampen sind für Rollstuhlbenutzer ungeeignet, da sie ein Gegensteuern erfordern. Jede Rampe muss eine seitliche Begrenzung haben, damit der Rollstuhl nicht von der Rampenfläche abkommt (Abb. 6.4/2).

6.4.4 Plätze

Die Entwässerung von Plätzen sollte so erfolgen, dass Pflaster oder Platten auf einer Drainageschicht verlegt werden. Neu sind Natur- und Kunststeinplatten, die im Verbund mit einer Beton- oder Magerbetonunterfütterung auf einer Split- und Schotterschicht ruhen. Zwischen den Fugen dieser schweren Platten dringt das Oberflächenwasser ein und versickert. Diese Verlegeart erspart weitgehend die Anordnung eines Gefälles zu den Entwässerungsrinnen oder Einläufen. Rechtwinklige Orientierungshilfen für sehbehinderte oder blinde Menschen sind vor allem bei großen Plätzen notwendig.

6.5 Außenanlagen am Haus

Clemens Fauth

6.5.1 Normen

Da in DIN 18025 Teil 1 + 2 vorwiegend das Gebäude selbst behandelt ist, findet man dort kaum Angaben zu den privaten Gartenanlagen. In DIN 18025 Teil 1 Abschnitt 6.4 sind der „Freisitz" (s. Kap. 6.2) und in Abschnitt 8 unterschiedliche Bodenbeläge aufgeführt. DIN 18024 Teil 1 stellt die Planungsgrundlagen für Straßen, Plätze, Wege, öffentliche Verkehrs- und Grünanlagen sowie Spielplätze dar. Der Teil 2 der DIN 18024 gibt Hinweise zu öffentlich zugängigen Gebäuden und Arbeitsstätten.

Die Angaben dieser DIN-Normen sind sinngemäß auf Außenanlagen am Haus übertragbar.

DIN 18195 Teil 9 Bauwerksabdichtungen und die Flachdachrichtlinien des Dachdeckerhandwerkes regeln die Anschlüsse von Bodenbelägen an Gebäudeausgänge.

DIN 19580 gibt Hinweise für die Ausbildung von Entwässerungsrinnen.

6.5.2 Bedeutung für den Rollstuhlbenutzer, Sehbehinderten und Betagten

Nicht nur die behindertengerechte Gestaltung des häuslichen Bereiches ist für behinderte Menschen von größter Bedeutung, auch die zum Haus oder zur Wohnung gehörende Gartenanlage muss in die Überlegungen mit einbezogen werden. Gerade der Rollstuhlbenutzer ist wegen seiner eingeschränkten Bewegungsfreiheit auf ein vielfältiges Angebot in der privaten Gartenanlage angewiesen, wo er weitere Betätigungsmöglichkeiten finden soll.

Die private und halböffentliche Außenanlage, ob Vorgarten, Wirtschaftsgarten, Wohngarten oder Gartenhof, hat darüber hinaus die Aufgabe, dem Behinderten eine unmittelbare Berührung mit der Natur zu ermöglichen; er soll die allernächste Umgebung auch ästhetisch gestalten und sich mit ihr identifizieren können. Kleinere Kinder sollen hier einen geschützten Spielbereich haben. Das Halten und Betreuen von Tieren ist in manchen Fällen wünschenswert. Grundsätzlich soll die private Außenanlage neben den individuellen Anforderungen folgende erfüllen:

1. Schutz vor Regen, Schnee und Sonne
2. Seitlicher Schutz vor Wind
3. Seitlicher Schutz vor Einblick.

Im folgenden werden zu den behindertengerechten Gestaltungselementen Hinweise gegeben, wobei auf die eigentliche Gartengestaltung und die Gartentechnik nicht eingegangen wird. Es empfiehlt sich, mit diesen Aufgaben einen Landschaftsarchitekten zu beauftragen.

6.5.3 Beläge

Für den Rollstuhlbenutzer, aber auch für den Sehbehinderten und den Betagten ist das mühelose Fahren und Gehen im Garten eine der wichtigsten Voraussetzungen. Es ist sicher schwierig einen „optimalen" Wegebelag zu finden, der allen Ansprüchen gerecht wird. Ästhetisch ansprechend, stadtökologisch vertretbar und für jeden gut nutzbar sollte er sein.

Es haben sich alle diejenigen Beläge bewährt, die hart, eben und rutschhemmend sind und trotz möglicher Fugen ein erschütterungsfreies Fahren ermöglichen (vgl. DIN 18024-2,9). Zu grob strukturierte Materialien erhöhen den Rollwiderstand. Griffig sind Oberflächen nur dann, wenn auch bei Verunreinigung, Nässe oder Schnee, auch Schuhe, Gehhilfen und Rollstuhlräder einen Halt finden.

Aufgrund der unterschiedlichen persönlichen Voraussetzungen werden die Belagsarten in unterschiedliche Gruppen gegliedert:

6.5.3.1. Rollstuhlgerecht

Als Rollstuhlgerecht können Beläge bezeichnet werden, die ohne größere Bodenunebenheiten verlegt wurden, stufenfrei und von ausreichender Griffigkeit für die Räder sind.

Als geeignet werden Klinker, Asphalt- und Betondecken, kunststoff- und wassergebundene Decken sowohl in trockenem als auch in nassem Zustand von Rollstuhlfahrern eingestuft.

Als ungeeignet werden hingegen Großstein- und Kieselsteinpflaster, Sand, Kies sowie Kieselsteine und Wiesenflächen bezeichnet.

6.5.3.2. Für Sehbehinderte geeignet

Wichtig für Sehbehinderte sind tastbare Informationen. So vermitteln Bodenstrukturen über die Tastwahrnehmung der Füße und Hände mit Hilfe des Langstocks wichtige Orientierungshilfen. Als Bodenbeläge sind daher besonders Betonplatten, Betondecken, Asphaltbeläge mit Quarzsandeinstreuung, Mastixbeläge oder Plattenbeläge mit Einstreuungen geeignet. Das Oberflächenmaterial sollte aus einem harten Werkstoff bestehen, der ein deutlich hörbares Geräusch beim Auftippen des Langstocks von sich gibt.

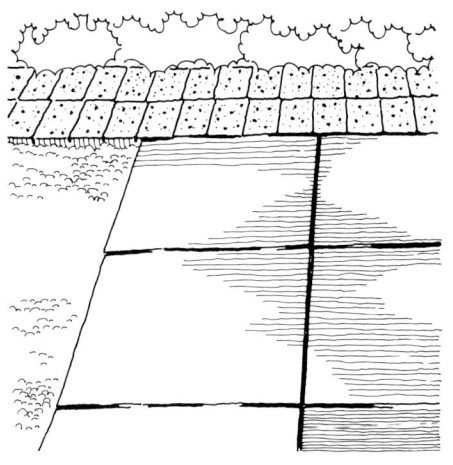

6.5/1 Gehwegplatten mit Klinkerbegrenzung

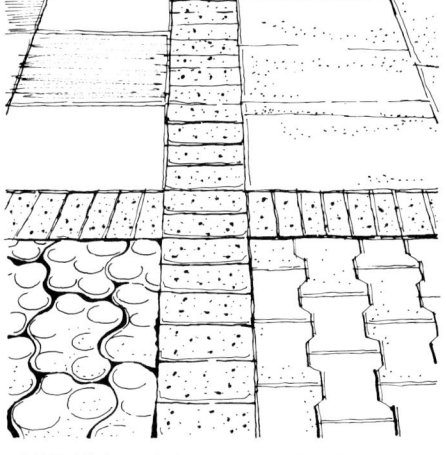

6.5/2 Klinker mit Hartbeton-Verbundsteinen

6.5/3 Rechtwinkliges Holzpflaster und Schwellen

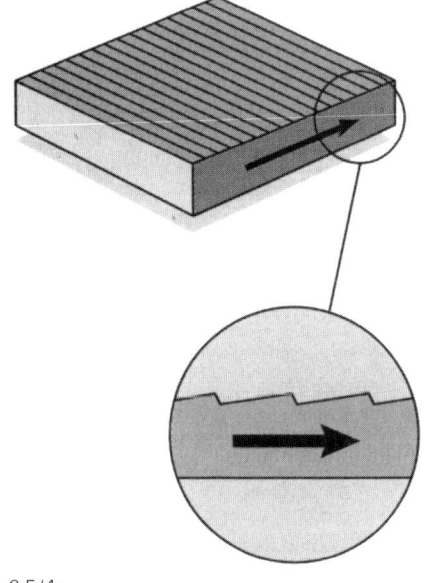

6.5/4a

6.5/4b
6.5/4a-b Griffige, feingerippte Platten mit Sägezahnprofil (Zapf)

6.5/5 Rasenschutzmatte und Baderost

6.5/6a

6.5/6b
6.5/6a-b Betonformsteine (Zapf)

6.5/7a

6.5/7b

6.5/7c
6.5/7a-c Versickerungsfähige Pflastersteine

Großflächige Gehwegplatten mit kontrastreichen Helligkeitsunterschieden und Rauigkeitskontrast des angrenzenden Materials können für Blinde bzw. Sehbehinderte als geeignet bezeichnet werden.
Die Begrenzungen der Wegebeläge sind mit gröberen Strukturierungen zu versehen.

6.5.3.3. Für Gehbehinderte, Betagte geeignet

Für Gehbehinderte und Betagte ist ein ebener, rutschfester Belag, der Vertrauen im täglichen Gebrauch vermittelt, von großer Bedeutung.
Neben den unter rollstuhlgerecht erwähnten Belägen werden auch Belagsarten mit einem höheren Fugenanteil als geeignet empfunden, wie Betonpflaster, Betonverbundpflaster und Gummiplatten.
Als ungeeignet werden vor allem in trockenem Zustand Rasenpflaster, Rasengitterplatten, Sand und Kiesflächen bezeichnet. In nassem Zustand bestehen gegenüber glatten Oberflächen wie Klinkerplatten, Keramikplatten und Kieselsteinen die größten Bedenken.
Allgemein als geeignet können bezeichnet werden: Asphalt; Hartbeton-Gehweg-Platten, eventuell mit Quarzsand-Einstreuung (Abb.6.5/1); Klinker; Hartbeton-Verbundsteine (Abb.6.5/2); Holzpflaster und Holzschwellen (Abb.6.5/3).
Wegen seiner verschiedenartigen Form muss auf das Betonpflaster näher eingegangen werden. Diese Steine sind bei fast allen Firmen in den unterschiedlichsten Farben wie z.B. Schwarz, Rot, Grau und Weiß erhältlich. Die dunklen Farben Schwarz und Rot haben gegenüber Grau und Weiß den Vorteil, dass im Winter wegen der höheren Erwärmung durch Sonneneinstrahlung die Flächen eher eisfrei und trocken sind. Bei der Auswahl der Steinform ist darauf zu achten, dass das Befahren erschütterungsfrei ist und ein Übergang von der ebenen Fläche zur Rampe gut ausgeformt werden kann. Solche Übergänge lassen sich mit Asphalt, der außerdem schwarz ist, sehr gut herstellen. Als weitere Sonderform sind feingerippte Platten (Abb. 6.5/4) erhältlich. Die feinen, parallel angeordneten Rippen mit Sägezahnprofil sind besonders griffig und rutschhemmend.
Nicht geeignet sind: Rasengittersteine, Holzpflaster aus Rundhölzern, Kopfsteinpflaster einzelne im Verband verlegte, runde Hartbetonsteine und Kies. Solche Beläge können jedoch Warnfunktionen, z.B. für Sehbehinderte, erfüllen, wenn es darum geht, eine seitliche Begrenzung des Weges zu markieren.
Eine Besonderheit stellt die Rasenschutzmatte dar (Fabrikat Gebrüder Schuster KG, Postfach 1000 in Herbertingen, Abb.6.5/ 5).

Diese Rasenschutzmatte point15 R wird auf den Oberbodenboden gelegt, eingewalzt und eingesät. Das Gras wächst durch die Matte hindurch und kann wie üblich gemäht werden. Die so befestigten Rasenflächen sind mit dem Rollstuhl gut befahrbar und vermitteln dem Rollstuhlbenutzer den Eindruck „er fahre im Grünen". Bei Nässe jedoch ist vorsichtiges Gehen wegen stark verminderter Rutschhemmung angezeigt. Die Rasenschutzmatte eignet sich auch für befahrbare Übergänge von Hartbetonbelägen auf Rasenflächen und für die Befestigung von flach geneigten Hügeln und Rampen.

6.5.3.4 Wasserdurchlässige Beläge

Um die Vorfluter von unnötigen Wassermengen zu entlasten sind wasserdurchlässige Beläge entwickelt worden, die bei bestimmten Voraussetzungen keine kostspieligen Entwässerungseinrichtungen, wie Hofsinkkästen oder Rinnen notwendig machen, die aber durch ihre Öffnungen Gefahrenpunkte darstellen können. Diese Beläge sind nicht nur aus ökologischen Gesichtspunkten besser geeignet, sondern auch aufgrund des schnelleren Regenwasserabflusses und da das Längs- bzw. Quergefälle geringer gestaltet werden kann.

Betonformsteine
Durch die Form des Pflastersteins (z.B als Pluszeichen oder Fehlen einer Ecke) können Verlegemuster entwickelt werden, die einen hohen Anteil an offenen Fugen (Abb. 6.5/6) besitzen, die aber so klein sind, dass ein bequemes Begehen oder Befahren möglich ist oder mit Splitt der Korngröße 1-3 mm aufgefüllt werden (Liefernachweis: z.B. Zapf GmbH + Co., 95440 Bayreuth).

Versickerungsfähige Pflastersteine
Die Oberfläche besteht aus Quarzverschleißschichten oder aus diversen Granitvorsätzen in unterschiedlichen Farben. (Abb. 6.5/7)
Durch den zweischichtigen Aufbau der Beläge wird die Porosität des Vorsatzbetons auf das Porenvolumen des Kernbetons abgestimmt.

Terraway Wegebausystem (Mehlkornfreie Sande)
Ein neuartiger Belag genannt Terraway, zeichnet sich durch eine feste Oberfläche mit hoher Versickerungsfähigkeit aus. Mehlkornfreie Sande werden mit Hilfe eines Bindemittels zu einem offenporigen, luft- und wasserdurchlässigen Belag verklebt.
Der Rollwiderstand ist gering und die Oberfläche griffig. Da der Kleber farbneutral ist, können unterschiedliche Farben durch Beimischung von Farbpigmenten hergestellt werden. Durch Verwitterung dringen angrenzender Rasen oder Kräuter langfristig

in die Belagsfläche ein, die aber durch Reinigung mit Dampfdruckstrahlern beseitigt werden können. Eine Einfassungszeile als Begrenzung des Belages ist nicht zwingend erforderlich, dafür sind Einbauten, wie Einläufe, Pollerleuchten etc., mit Dehnungsfugen zu versehen. Eine Befahrung mit Pkw bis ca. 7,5 t ist möglich, für Feuerwehrzufahrten ist der Belag jedoch ungeeignet.
(Terraway Wegebautechnik GmbH, Otterberger Straße 26, D 67724 Gundersweiler)

Wassergebundene Wegedecke
Ebenfalls nur für geringe Belastungen ist die sog. Wassergebundene Decke ausgelegt. Die feinkörnige Deckschicht hält durch Kohäsion die Mineralbestandteile zusammen. Der Belag benötigt regelmäßige Pflege in Form von Nachsanden bei starker Inanspruchnahme oder bei Verwitterung. Die Längsneigung sollte unter 5 % liegen, da sonst die Gefahr der Erosion der obersten Deckschicht besteht.

6.5.4 Wegebegrenzungen, -einfassungen
Wegebeläge werden in der Regel durch eine oder mehrere Zeilen eines Pflastersteins eingefasst und begrenzt.
Diese Einfassung kann als Führungslinie des Langstocks von Blinden dienen.
Unterscheidet sich die Wegeeinfassung durch ihre Farbe und Rauigkeit stellt sie eine gute Führung dar.
Für Rollstuhlfahrer sind Höhenunterschiede über 3 cm ein Hinderniss, wenn sie gequert werden müssen. So können aber Wegeeinfassungen mit einem deutlichen Höhenunterschied von ca. 8 – 10 cm ein Abkommen gerade in abschüssigem Gelände verhindern.

6.5.4.1 Wegebau, Gefälle
Bei der Anlage von Wegen im ebenen und geneigten Gelände ist auf sichere befahrbare Übergänge bei Belagswechsel zu achten. Auch ist es wichtig, dass eine seitliche Begrenzung der Wegefläche ein Abkommen vom Weg verhindert (Abb.6.5/8). Geneigte Wege müssen podestartige Übergangsflächen aufweisen, damit der Rollstuhlbenutzer bei Abwärtsfahrten die Geschwindigkeit verzögern kann.
Sind keine Zwischenpodeste vorzusehen, soll (DIN 18024-1, 8.2) das Längsgefälle nicht mehr als 3 % aufweisen. Bei einem Längsgefälle zwischen 3 und 6 % müssen in Abständen von maximal 10 m Verweilplätze mit weniger als 3 % Gefälle vorgesehen werden. Eine Neigung von 6 % ist für die meisten Rollstuhlbenutzer überwindbar.

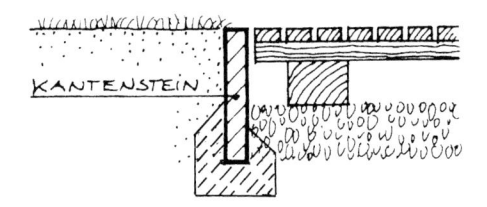

6.5/8a Bündig mit dem Gelände durch Setzen eines Kantensteins

Da in vielen innerstädtischen beengten räumlichen Verhältnissen Rampen unter 6 % nicht möglich sind, sind ausgeschilderte Alternativen (Aufzüge etc.) in der Praxis oft anzutreffen.
Ein Quergefälle aus entwässerungs-technischen Gründen ist zwar sinnvoll, sollte aber dennoch vermieden werden, weil der Rollstuhl beim Abwärtsfahren abgetrieben wird und nur durch Gegensteuern in der Fahrtrichtung gehalten werden kann. Situationsbedingt kann ein minimales Dachgefälle von der Mitte des Wegebelages zu den Rändern zur Entwässerung ausreichen. Um Rampen zu entwässern, ist deshalb am Fußpunkt eine Entwässerungsrinne mit Gitterrost vorzuziehen.
Der niveaugleiche Belagwechsel ist vor allem bei Holzbelägen schwierig, weil Holz in unmittelbarer Erdnähe fault. Hier sind entweder besondere Übergänge, z.B. durch Gitterroste, oder sehr widerstandsfähige Hölzer notwendig. Holzböden auf Schwellenhölzern erfordern eine sichere Begrenzung für den Rollstuhlbenutzer, um ein Abstürzen auszuschließen (Abb.6.5/9).

6.5.5 Terrasse, Balkon
Nach DIN 18025 Teil 1+2 soll jeder Wohnung ein Freisitz von mindestens 4,5 m² zugeordnet werden. Die Bewegungsfläche muss dabei mindestens 150 x 150 cm tief sein. Brüstungen an Balkonen sollen ab 60 cm Höhe durchsichtig sein.
Bei der Anlage von Terrassen sind die Mindestabstände für Bewegungsflächen mit in Betracht zu ziehen. (vgl. 4.3).

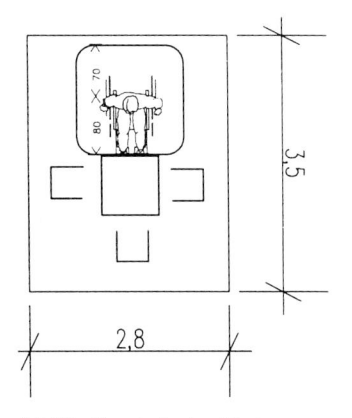

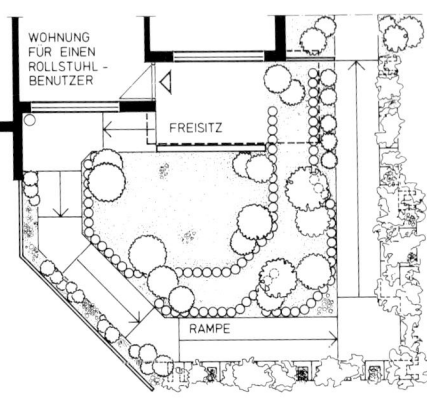

6.5/8b Rampe mit seitlicher Böschungssicherung einer Behindertenwohnung, die etwas unterhalb des Geländes liegt

6.5/9 Bei erhöhten Flächen Begrenzung oder Geländer vorsehen

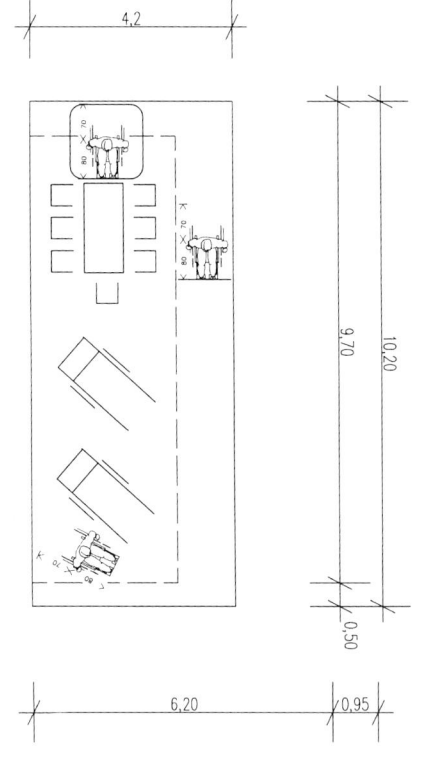

6.5/10a Quadratischer Tisch 80 x 80 cm mit vier Stühlen

6.5/10b Langer Tisch 180 x 80 cm mit acht Stühlen sowie zwei Liegen mit Bewegungsspielraum

Die Abb 6.5/10 zeigt Beispiele für die Anordnung von Gartenmöbeln für Sitzplätze bzw. Terrassen im Freien. Die jeweils notwendigen Erweiterungsflächen bei einem Umbau ergeben sich durch die Darstellung der ursprünglichen Terrassengröße als gestrichelte Linie.

Gartenmöbel sind z.T. mit ihren Abmessungen aus Bequemlichkeitsgründen auf einem niedrigeren Niveau als Esstische innerhalb des Gebäudes. Auf die Unterfahrbarkeit von 800 mm ist zu achten. Aufgrund der individuellen Gegebenheiten können andere Abmessungen notwendig sein.

6.5.6 Stufenlose Verbindung Wohnung und Freiraum

Nach den sog. „Flachdachrichtlinien", die den Stand der Technik der Dachabdichtung wiedergeben, muss zwischen der wasserführenden Schicht außen am Gebäude und einer horizontalen Gebäudefuge am Sockel 15 cm Höhendifferenz liegen, damit stauende Nässe nicht ins Gebäude dringen kann.

In Ausnahmefällen z.B. bei einer entsprechenden Überdachung und Gefälle kann die Anschlusshöhe nur 5 cm über der Oberfläche Belag betragen, wenn ein einwandfreier Wasserablauf im Bereich der Tür gewährleistet ist (vgl. Kap. 6.2). Da auch diese Höhendifferenz als nicht behindertengerecht (Vgl. DIN 18025 T1/5.2;T2/5.2) bezeichnet werden kann, haben sich in der Praxis einige Sonderlösungen durchgesetzt. So dürfen nach der DIN 18025 Türanschläge und -schwellen nicht größer als 2 cm sein.

Zu beachten ist, dass bei Brandschutztüren eine Schwelle von 2 cm einzuhalten ist.

Um auf die nach der o.a. Richtlinie obligatorische Stufe verzichten zu können, sind nachfolgend einige Alternativen aufgeführt:

6.5.6.1. Rinne
Je nach Situation und zur Verfügung stehenden Aufbauhöhen sind Entwässerungsrinnen entlang der Eingangstüren vorzusehen.
Es reichen z.T. Aufbauhöhen von 5 – 10 cm für Rinnen, die eigentlich für Dachbegrünungen bzw. Dachgärten vorgesehen sind. (z.B. Dachfix Faserfix, Fa. Hauraton, Werkstr. 13, Rastatt).

6.5.6.2 Rampe
Nur als Notlösung können mobile Rampen aus Holz oder Metall angesehen werden.

6.5.6.3. Vorgelagerter Rost/Lichtschacht
Roste aus Metall oder Holz werden auf Konstruktionen aus Metall oder Beton direkt der Tür vorgelagert. Der Bereich unterhalb des Rostes wird mit Dränkies ausgefüllt, um eine Wasserableitung zu gewährleisten.

Durch die Anlage eines Rostes auf der Gesamtfläche der Terrasse kann auch nachträglich der Niveauunterschied zwischen Fußbodenoberkante innen und Terrasse außen relativ kostengünstig beseitigt werden.

6.5.7 Mauern und Zäune

Für seitliche Begrenzungen wie Mauern, Zäune und Geländer sollten nur solche Materialien verwendet werden, die beim Anstoßen keine Verletzungen verursachen. Mauern aus scharfkantigen Steinen sind zu vermeiden (Abb.6.5/11). Während niedrige Begrenzungen noch einen Sichtkontakt erlauben, schützen hohe Zäune vor Einblick (Abb.6.5/12).

Zu beachten sind jeweils existierende Bebauungspläne, Vorgartenverordnungen oder das Nachbarschaftsrecht des jeweiligen Bundeslandes, die z.B. Zäune oder Mauern nur bis zu einer bestimmten Höhe zulassen.

Für die Ausbildung von Rampen und Böschungssicherungen eignen sich in vielen Fällen Schwerbetonsteine. Durch Bepflanzung kann das Erscheinungsbild einer Betonwand verändert werden (Abb. 6.5/13+14). Bei terrassierter Böschungssicherung sollte die untere Terrassenfläche ca. 50 cm hoch ab fahrbarer Fläche sein, damit der Rollstuhlbenutzer vom Rollstuhl aus auf dieser Ebene im Garten arbeiten kann.

6.5.8 Pflanzbehälter

Eine bequeme Pflege der Pflanzen, sei es im Freien, im Freisitz, auf der Terrasse oder auf dem Balkon, ist dem Rollstuhlbenutzer, dem Sehbehinderten und dem Betagten oft nur dann möglich, wenn er die Pflanzen problemlos erreichen kann (Abb. 6.5/15+16).

Der Greifbereich eines Rollstuhlfahrers bzw. eines Gehbehinderten erstreckt sich somit zwischen 40 cm bis max. 140 cm.

Zur Pflege der Pflanzen ist eine Arbeitshöhe von 85 bis 105 cm bei Pflanzbehältern besonders günstig (Abb. 6.5/17+18).

Man sollte sorgfältig überlegen, ob diese Pflanzbehälter schwer sein und an ihrem Aufstellungsort verbleiben dürfen oder ob sie, wie der Balkonkasten vor dem Winter an einen geschützten Ort im Untergeschoss gebracht werden müssen.

Behältnisse mit Rollen können während der kalten Jahreszeit z.B. in Gewächshäusern oder Wintergärten frostsicher untergebracht werden.

Neben den üblichen Balkonkästen müssen vor allem auch Pflanzschalen (Abb.6.5/15) erwähnt werden. Wegen ihres Gewichtes sind sie an einen Aufstellungsort gebunden. Unterfahrbare und höhenverstellbare Pflanzschalen aus Kunststoff, Stahlbeton oder Faserzement zeigen Abb. 6.5/17+18. Das verstellbare Stahlrohrgestell muss niveaugleich mit dem Bodenbelag angeordnet und im Boden fest verankert werden.

Für den Rollstuhlbenutzer sehr geeignet sind Pflanzwände als senkrechter Trog (Abb.6.5/19) oder in terrassierter Anordnung (Abb.6.5/20). Da senkrechte Pflanzwände leicht austrocknen, ist auf eine geregelte Wasserzufuhr zu achten.

Pflanztröge können mit speziellen Dachgartensubstraten aufgefüllt werden.

Die Wasserspeicherfähigkeit dieser Substrate ist wesentlich höher als die herkömmliche Erde und über Wasserstandsanzeiger ist der Wasserbedarf der Pflanzen ablesbar.

(vgl. Kap. 6.5.10 Bewässerungstechnik)

Die senkrechte Pflanzwand besteht aus einem Drahtkorb aus Zink-Drahtgeflecht und wird mit einem Torf-Erde-Gemisch gefüllt. Die Pflanzen werden von außen durch das Drahtgeflecht eingepflanzt.

6.5.8.1 Pflanzenauswahl
Für die Pflanzenauswahl können nur einige Anregungen aus dem vielfältigen Pflanzensortiment gegeben werden.

Die Auswahl ist abhängig von Kriterien wie Blütenfarbe, Habitus, Wuchs-, Veredelungshöhe, Früchte, Standorteignung u.a.

6.5.8.2 Nutzpflanzen
Nutzpflanzen können auch auf engstem Raum z.B. auf dem Balkon oder einer kleinen Terrasse in Kübelpflanzen gezogen werden. Dabei sind schlank aufrechtwachsende Pflanzen wie Tomaten, Wein, Johannisbeere, Stachelbeere als Hochstamm gut zu erreichen.

6.5.8.3 Spaliere/Kletterpflanzen
An Spalieren gezogenes Obst ist zwar arbeitsaufwendiger in der Pflege, aber sehr gut aus dem Rollstuhl oder im Stehen erreichbar.

Kletterpflanzen sind i.d.R. sehr pflegeleicht. Selbstklimmer ranken ohne zusätzliche Rankhilfe an Drahtgeflechten oder Holzspalieren.

Beispielpflanzen:
Wein, Spalierobst (z.B. Birne, Apfel), Rose „New Dawn", Echtes Geißblatt, Klettergeißblatt.

6.5.8.4 Hochbeetpflanzen
Die maximale Höhe der Pflanzen sollte bei ca. 25 cm liegen, daher eignen sich besonders Stauden, Kleinsträucher und Küchenkräuter zur Anzucht in Hochbeeten.

Beispielpflanzen:
Zitronenmelisse, Salbei, Bergbohnenkraut, Lavendel.

6.5.8.5 Hochstammrosen
Viele Hochstammrosen eignen sich durch ihre Wuchshöhe zur einfachen Pflege in einem barrierefreien Garten. Die Veredelungsstelle kann in unterschiedlichen Höhen liegen.

6.5/11 Böschungssicherung mit Betonformsteinen

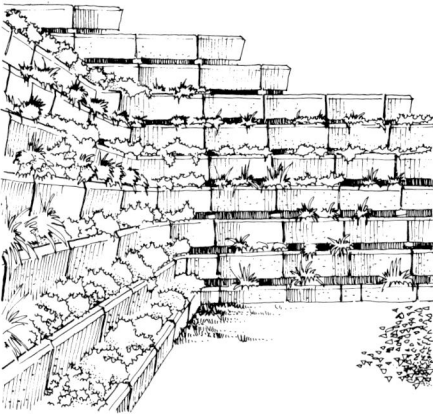

6.5/13 Böschungssicherung mit Betonformsteinen

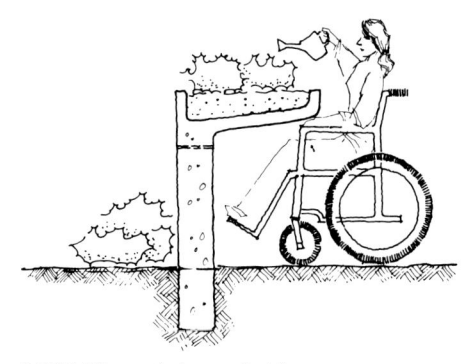

6.5/17 Pflanzschale aus Stahlbeton

6.5/12a Niedrige Mauer als Begrenzung, Sichtkontakt möglich

6.5/14 Böschungssicherung mit Betonformsteinen

6.5/18 Pflanzschale, höhenverstellbar

6.5/12b Holzflechtzaun als Sicht- und Windschutz

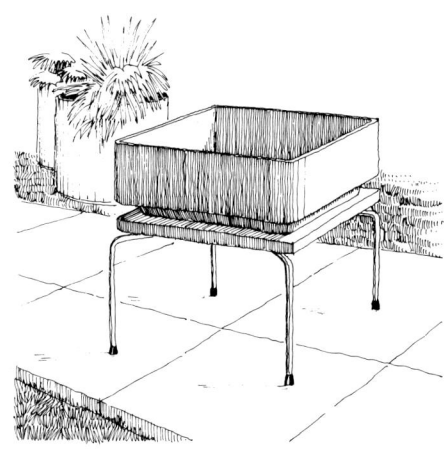

6.5/15 Pflanzschale aus Faserzement

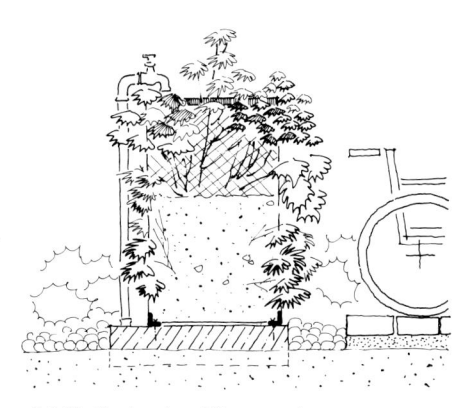

6.5/19 Senkrechte Pflanzwand

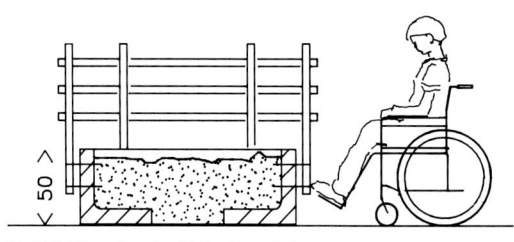

6.5/16 Pflanzbeet mit Rankgerüst

6.5/20 Terrassierte Pflanzwand

Beispielpflanzen:
Fußstämme 40 cm, Halbstämme 60 cm, Hochstämme 90 cm, Veredelungshöhe 140 cm z.B. Sorten Pink Meidiland, Schneewittchen.

6.5.8.6 Duftpflanzen
Nicht nur auf Blinde üben Duftpflanzen einen besonderen Reiz aus. Neben zahlreichen Küchenkräutern, Rosen, Schlingpflanzen sind auch manche Sträucher oder Bäume als Duftpflanzen bekannt. Das Buch „Schöne Duftpflanzen" stellt die einzelnen Pflanzen vor, zeigt Kombinationsmöglichkeiten und gibt eine Übersicht der Duft-, Kräuter- und Blindengärten in Deutschland. (vgl. Kap. 9)
Beispielpflanzen:
Lavendel, Bergbohnenkraut, Grünes Heiligenkraut, Weinraute, Thymian in Sorten, Sommerflieder, Zierapfel „Van Eseltine", Falscher Jasmin.

6.5.9 Sonderanlagen
Für Rollstuhlbenutzer, die sich besonders viel im eigenen Garten betätigen, sind noch folgende Geräte und Anlagen zu erwähnen:

6.5.9.1 Das Gewächshaus
Trotz der eingeengten Bewegungsfreiheit bietet das Gewächshaus (Abb.6.5/21) auch bei schlechtem Wetter Schutz vor Regen, Schnee und Wind. Die seitlichen Regale und Arbeitsflächen sollten unterfahrbar sein, damit im Gewächshaus eine Wendefläche von 150 x 150 cm zur Verfügung steht.

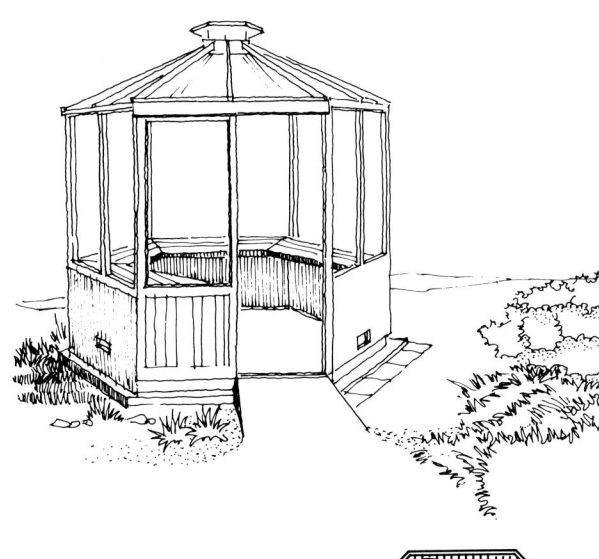

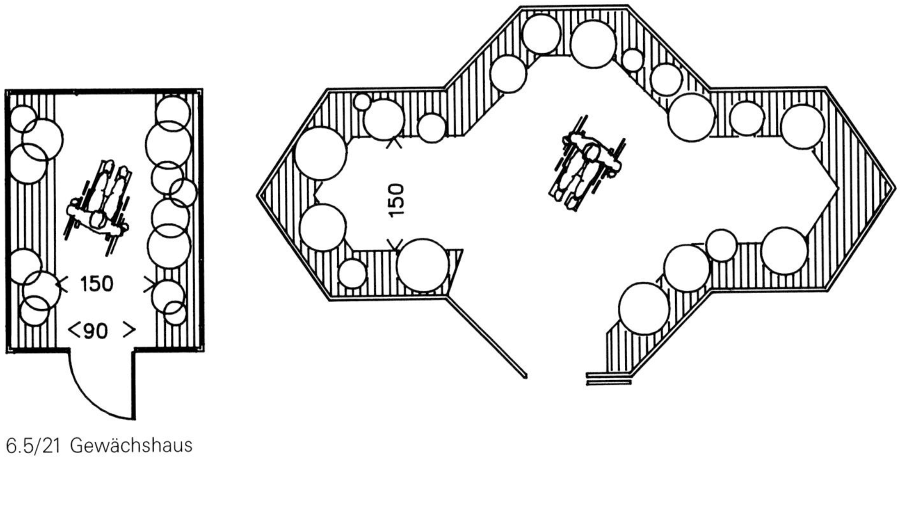

6.5/21 Gewächshaus

6.5.9.2 Der Frühbeetkasten

Schwieriger ist die laufende Pflege eines Frühbeetkastens, der immer Anschluss an ein Bodensubstrat haben solllte (Abb.6.5/22). Damit der Rollstuhlbenutzer sich nicht herausbeugen muss, empfiehlt es sich, bei einer terrassierten Gartenanlage einen solchen Frühbeetkasten auf der zweituntersten Terrassenfläche anzuordnen.

6.5.9.3 Der Kompostbehälter

Ohne fremde Hilfe kann der Rollstuhlbenutzer kaum die Kompostierung von Gartenabfällen betreiben (Abb.6.5/23). Zum Einfüllen der Abfälle muss die befahrbare Fläche bis zum Kompostbehälter reichen.

6.5.9.4 Die Feuerstelle

Der Feuerplatz muss wegen des Funkenfluges eine ca. 40 cm hohe Begrenzung haben und muss von allen Seiten anfahrbar sein.

6.5.9.5 Das Hochbeet

Hochbeete können in vielfältigen Varianten aus Holz, Metall oder Beton erstellt werden.

Vom Konstruktionsprinzip lassen sich zwei Lösungen unterscheiden: unterfahrbare Hochbeete ohne Bodenanschluß, randlich gefasste Hochbeete mit Bodenanschluss (Abb. 6.5/24+25)

Allgemein können einige Regeln für die Konstruktion von Hochbeeten gelten:
– die Randausbildung sollte nicht zu breit gewählt werden, nur wenn ein Abstützen notwendig ist
– die Höhe sollte ca. 60 cm betragen
– die Breite bei einseitigem Zugang ca. 55-60 cm und bei beidseitigem Zugang ca. 110-120 cm. Dabei ist auf die individuelle Armlänge je nach Alter und Behinderung Rücksicht zu nehmen
– die Länge ist an den Platzbedarf anzupassen.

Hochbeete bieten durch ihre umlaufende Einfassung durch z.B. Palisaden die Möglichkeit einen mehrschichtigen Aufbau für die Anpflanzung in einer best. Höhe vorzusehen.

Eine Sonderform stellt das „Garten Eden" Hochbeet dar. Auf einer Unterkonstruktion sind Rundpalisaden befestigt, die mit Folie ausgelegt sind, um die Fäulnisbildung der Palisaden zu verhindern.
(Liefernachweis: mfh Innovative Produkte, Am Weinberg 31, 97076 Würzburg)

6.5.10 Bewässerungstechnik

Balkonkästen, Tröge, Hochbeete, aber auch Freilandbeete können durch unterschiedliche Bewässerungssysteme, z.B. Tröpfchenbewässerung, automatisch mit entsprechender Feuchte versorgt werden (Abb. 6.5/26).

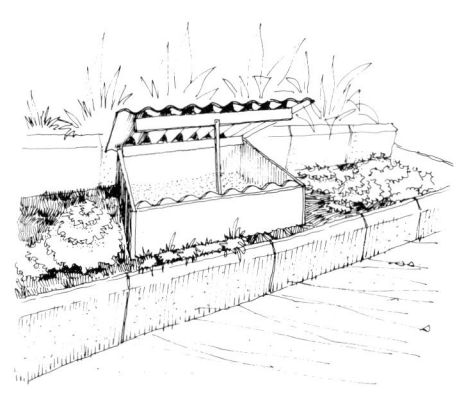

6.5/22 Frühbeetkasten

6.5/23 Kompostbehälter

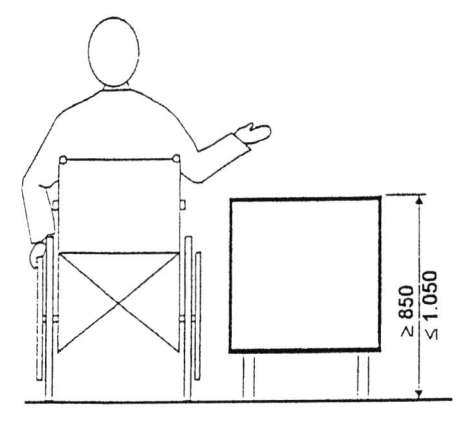

6.5/24 Hochbeet ohne Bodenanschluss

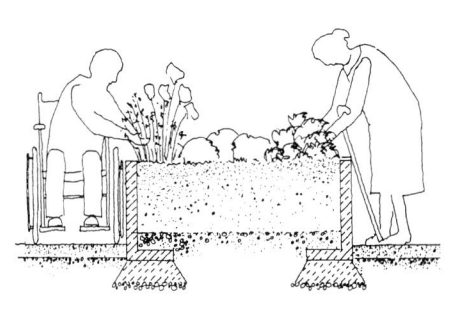

6.5/25 Hochbeet mit Bodenanschluss

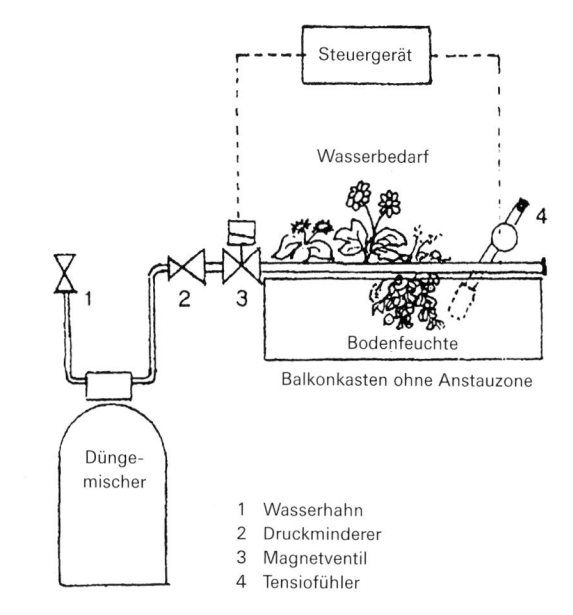

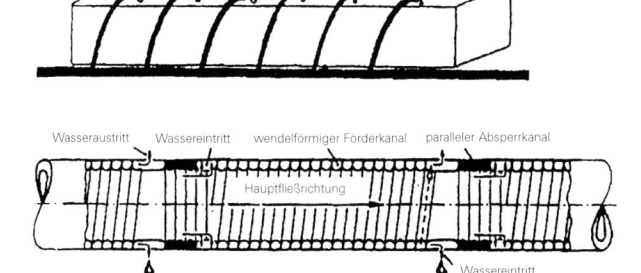

1 Wasserhahn
2 Druckminderer
3 Magnetventil
4 Tensiofühler

6.5/26 Tröpfchenbewässerung

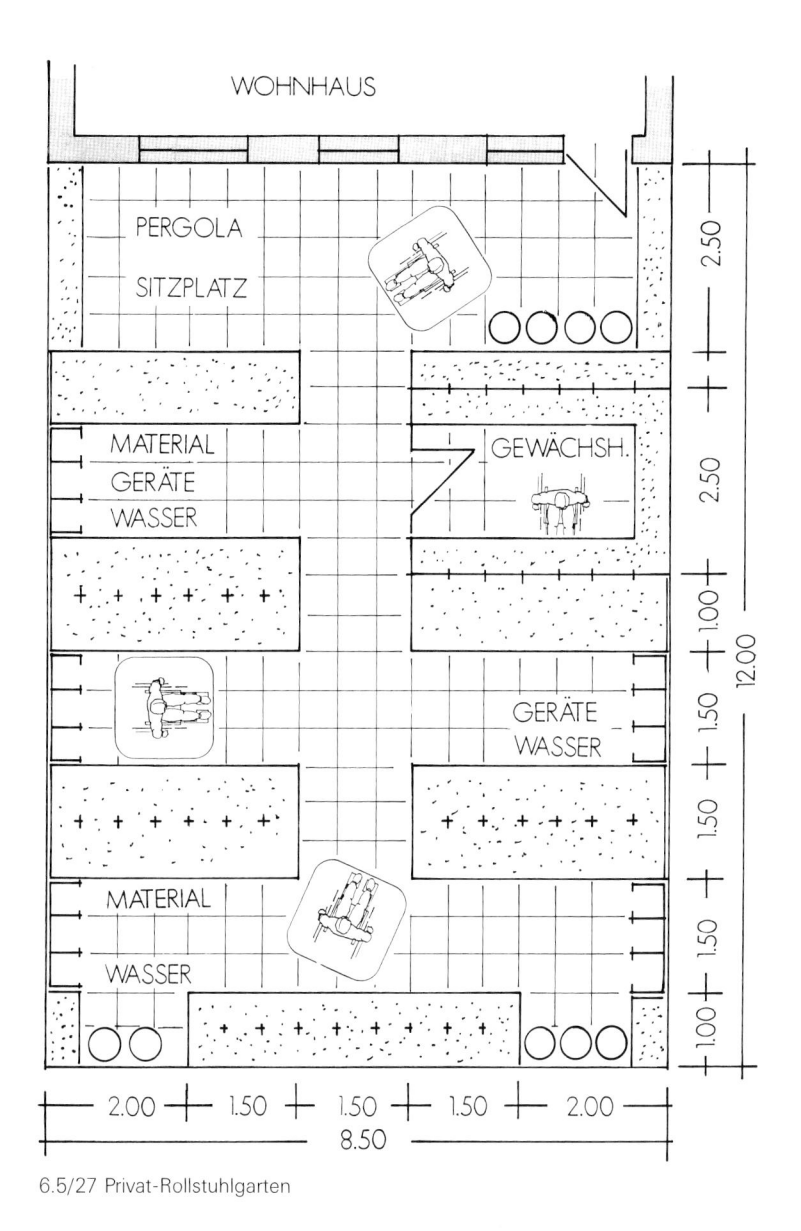

Dabei kann die Bewässerung manuell über Telefon oder Computer ausgelöst werden oder automatisch aufgrund unterschiedlicher Fühlersysteme mit Sensoren oder Zeitsteuerungen stattfinden.

6.5.10.1 Balkon- oder Trogbewässerung
Dabei meldet ein in das Substrat gesteckter Fühler den Wasserbedarf an das Steuergerät. Dieses öffnet über das Magnetventil die Wasserzufuhr und beendet den Gießvorgang, sobald der Fühler die ausreichende Bodenfeuchte feststellt.

6.5.10.2 Versenkberegnung
Unterschiedliche Hersteller (Gardena, Rainbird, Perrat) bieten für größere Flächen die Wasserversorgung durch im Boden versenkbare Beregnungselemente.

6.5.10.3 Verteilungstechnik
Im gesamten Gelände befinden sich Anschlussmöglichkeiten für Bewässerungsschläuche, so können einzelne Quartiere individuell bewässert werden.

6.5.11 Planungsbeispiel
Der hohe Anteil befahrbarer Fläche in einem Garten ist in Abb.6.5/27 erkennbar, vgl. das Buch von Alice Schairer „Gartenarbeit für Körperbehinderte und Senioren", Verlag Modernes Lernen, Dortmund. Die befahrbaren Flächen sind erforderlich, damit Rollstuhlbenutzer von allen Seiten an den Nieder- und Hochbeeten arbeiten können.

6.5/27 Privat-Rollstuhlgarten

7.0 Umbaumaßnahmen bei Wohnungen

Axel Stemshorn

Wenn ein behinderter oder betagter Mensch aus der Klinik nach Hause in seine bisherige Wohnung entlassen werden soll, so sind in den meisten Fällen Maßnahmen zur Anpassung an die neue Situation erforderlich. Das kann auch bedeuten, dass die bisherige Wohnung den neuen Bedürfnissen entsprechend umgebaut werden muss. Der Umbau hat ferner zum Ziel, die eingeleiteten Rehabilitationsmaßnahmen so weit wie möglich zu fördern. Umbaumaßnahmen sind vor allem dann angebracht, wenn der soziale Bezug über die Familie hinaus zu Freunden und Bekannten in der näheren Umgebung erhalten bleiben soll, wenn der bisherige Arbeitsplatz in der Nähe liegt und der behinderte Mensch an ihn zurückkehren will und kann, wenn die zur Förderung der Rehabilitation notwendigen Einrichtungen in erreichbarer Nähe liegen und wenn ein Umbau baulich möglich und wirtschaftlich vertretbar ist.

7.1 Umfang der Umbaumaßnahmen

Der Umfang der Umbaumaßnahmen hängt z.B. ab vom Grad der Behinderung, von der Art des Gebäudes und seiner Lage, von der Einrichtung im weitesten Sinne, von der Bauweise und Konstruktion des Gebäudes und auch von den Eigentumsverhältnissen am Gebäude. DIN 18025 Teil 1 und 2 unterscheidet nicht mehr zwischen Ausstattung und Einrichtung. Sie spricht nur noch von Einrichtung (s. Kapitel 7.1.3-7.1.4).

7.1.1 Grad der Behinderung

Der Grad der Behinderung ist insofern von Belang, da sich nach den ausgefallenen und verbliebenen Funktionen des Bewegungsapparates der Umfang der baulichen Maßnahmen richtet. (Funktionsausfälle und Funktionsbehinderungen s. Kap. 2.4, Bewegungsraum s. Kap. 2.5). Es ist außerdem in Betracht zu ziehen, ob die Behinderung in Grenzen stabil bleibt oder fortschreitet. Hier ist der für den Umbau zuständige Planer auf eingehende Informationen durch den Arzt angewiesen.

7.1.2 Art des Gebäudes

Nicht jedes Gebäude eignet sich gleich gut für einen Umbau. Mehrgeschossige Altbauten z.B. haben gegenüber Neubauten oft großzügigere Treppenhäuser, in die ohne besondere Schwierigkeit ein Aufzug eingebaut werden kann; sie sind meistens großräumig und weisen daher schon die für den Rollstuhlbenutzer zusätzliche Bewegungsfläche auf. Bei eingeschossigen Wohnhäusern oder bei Wohnungen im Erdgeschoss kann die zusätzlich notwendige Bewegungsfläche evtl. durch einen Anbau gewonnen werden. Auch können hier Außenanlagen leicht in den Lebensbereich des behinderten Menschen mit einbezogen werden. Liegt eine Wohnung im Erdgeschoss, so hängt von ihrer Höhe über dem Geländeniveau außerdem ab, ob ein Zugang durch Rampen oder durch einen Aufzug möglich ist.

7.1.3 Einrichtung – bewegliche und festverbundene Möbelstücke

Der Umfang von Umbaumaßnahmen kann klein gehalten werden, wenn es dem Wohnungsinhaber möglich ist, zusätzliche Bewegungsfläche zu gewinnen, indem er Einrichtungsgegenstände umstellen oder ganz entfernen lässt, sperrige und schwere Einrichtungsgegenstände, Möbel usw. durch kleinere und eventuell leicht bewegliche ersetzen lässt, Einrichtungsgegenstände tiefer hängen lässt, um sie im Greifbereich zu haben, oder indem er besondere Hilfsmittel erwirbt (Hilfsmittelkatalog). Es ist auch zu untersuchen, ob nicht durch einen Wechsel in der Nutzung der Räume eine für den behinderten und betagten Menschen günstigere Nutzung der Wohnung zu erreichen ist.

7.1.4 Einrichtung – festverbundene Bauteile und Geräte

Zur Einrichtung einer Wohnung gehören auch die mit der Wohnung festverbundenen Bauteile und Anlagen wie Dusche, Badewanne, Waschbecken, WC, sanitäre Installation; Spüle; Herd; Elektroinstallation, Heizungsanlage; Bodenbeläge, Schwellen; Wandbeläge; Türen, Fenster und – besonders wichtig – geeignete Bedienungsvorrichtungen, wie Tür- und Fenstergriffe. Veränderungen an solchen Einrichtungsteilen können Umbaumaßnahmen erheblichen Ausmaßes zur Folge haben; vor allem dann, wenn sie sich auf die Konstruktion auswirken und zum Verlegen von Installationsleitungen für Gas, Wasser, Abwasser und Heizungswasser zwingen und wenn neue Decken- und Wanddurchbrüche notwendig werden. In vielen Fällen ist es möglich, durch das Umsetzen oder Entfernen nichttragender Wände günstige Größen für die normalerweise kleineren Räume wie Bad, WC und Küche zu erreichen. Die Heizungsanlage muss eine Raumlufttemperatur von 22 °C in Aufenthaltsräumen und 24 °C in Sanitärräumen gewährleisten. Das heißt, dass z.B. eine Einzelofenheizung durch eine Zentralheizung ersetzt oder bei einer Zentralheizung größere Heizkörper eingebaut werden müssen. In Verbindung mit der Heizungsanlage kann es auch notwendig sein, einen besseren Wärmeschutz, z.B. auch Kasten- oder Verbundfenster oder Fenster mit Isolierverglasung, vorzusehen. Bei Wohnungen in verkehrsreicher Lage sind u.U. besondere Schallschutzfenster oder andere Schallschutzmaßnahmen erforderlich.

7.1.5 Bauweise und Konstruktion des Gebäudes

Umbaumaßnahmen, die einen erheblichen Eingriff in das bestehende konstruktive Gefüge bedeuten, hängen in besonders starkem Maße von der Bauweise und Konstruktion des Gebäudes ab. Handelt es sich z.B. um einen Mauerwerksbau oder um eine Scheibenbauweise? Welche Deckenspannweiten liegen vor? Wo sind Wand- und Deckendurchbrüche zur Unterbringung von Installationsleitungen möglich? Können tragende Wände entfernt und durch andere Konstruktionen ersetzt werden? Sind Anbauten möglich usw.? – Nur in besonderen Fällen wird man sich zu so umfangreichen baulichen Veränderungen entschließen, z.B. dann, wenn ein Umzug in eine andere Wohnung auszuschließen ist. Der Blick in vielleicht noch vorhandene Werkpläne täuscht oft, weil bereits erhebliche Eingriffe vorgenommen wurden.

7.1.6 Eigentumsverhältnisse

Bei allen Umbauten sind die Eigentumsverhältnisse zu klären. Wenn die Wohnung oder das Haus dem behinderten Menschen gehört, so werden sich kaum rechtliche Probleme ergeben. Sobald aber an fremdem Eigentum Veränderungen vorgenommen werden müssen, ist zu klären, ob sich die Besitzverhältnisse ändern, wenn vom Mieter oder von dritter Seite Mittel zur Finanzierung des Umbaus aufgebracht werden. Es ist auch zu klären, inwieweit der Eigentümer der Wohnung sich finanziell beteiligen wird, da mit den Umbaumaßnahmen eine Wertsteigerung verbunden sein kann. Schließlich ist es mit ausschlaggebend, ob das Mietobjekt nach dem Auszug des behinderten Menschen wieder in seinen ursprünglichen Zustand zurückversetzt werden muss.

Wenn ein Rollstuhlbenutzer eine Eigentumswohnung in einer Wohnanlage erwirbt, so kann er diese Wohnung bei rechtzeitiger Einwirkung auf die Planung behindertengerecht ausführen lassen. Es empfiehlt sich, diese Maßnahmen sorgfältig zu planen und im Kaufvertrag zu verankern. Zugleich aber ist der Rollstuhlbenutzer mit den anderen Wohnungseigentümern am

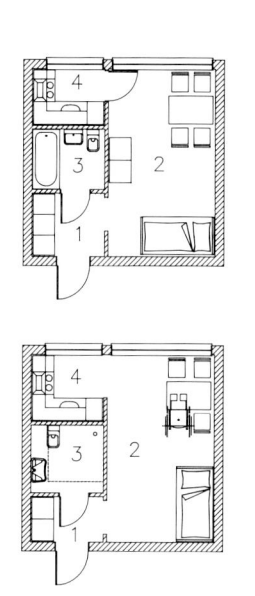

7/1 Umgebaute Einzimmerwohnung 25 m², M 1:200

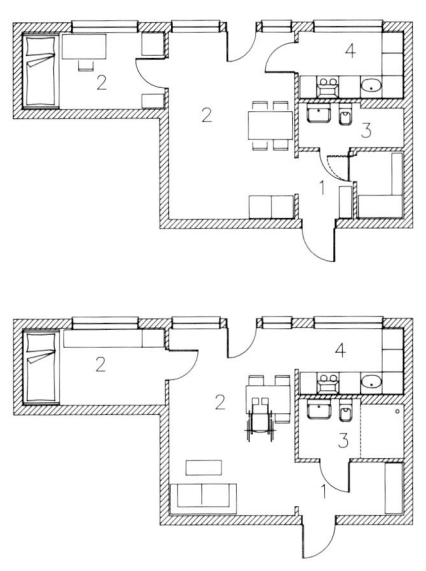

7/3 Umgebaute Zweizimmerwohnung 44 m², M 1:200

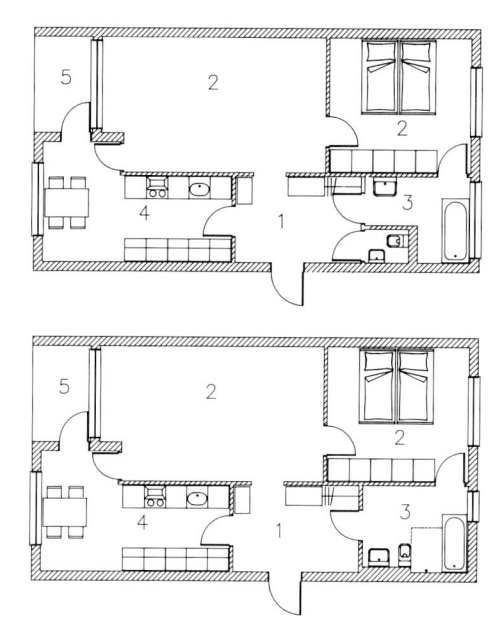

7/5 Umgebaute Zweizimmerwohnung mit Essplatz 68 m², M 1:200

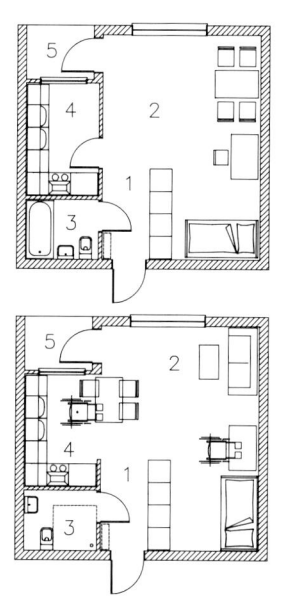

7/2 Umgebaute Einzimmerwohnung 39 m², M 1:200

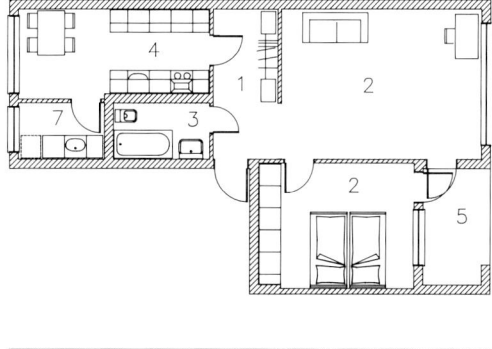

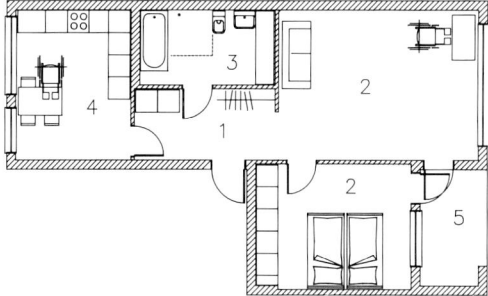

7/4 Umgebaute Zweizimmerwohnung mit Essküche 66 m², M 1:200

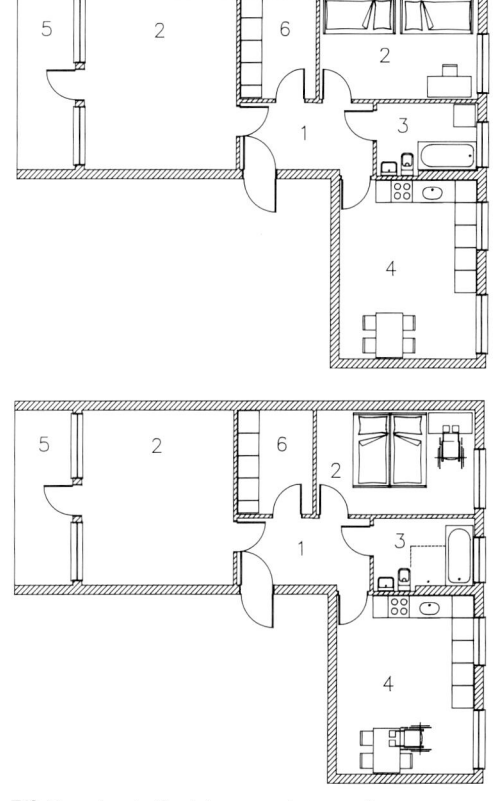

7/6 Umgebaute Zweizimmerwohnung mit Essküche 71 m², M 1:200

1 Eingang
2 Wohnraum/Schlafraum
3 Bad/WC
4 Küche
5 Balkon/Loggia/Dachterrasse
6 Abstellraum
7 Hauswirtschaftsraum

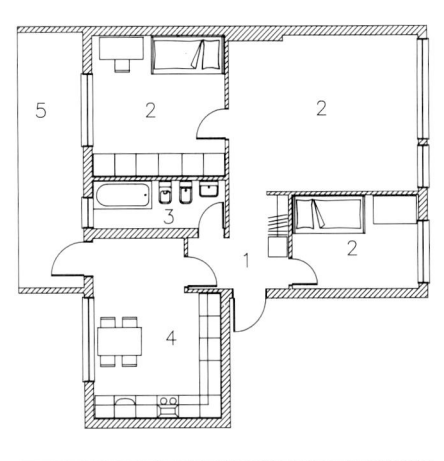

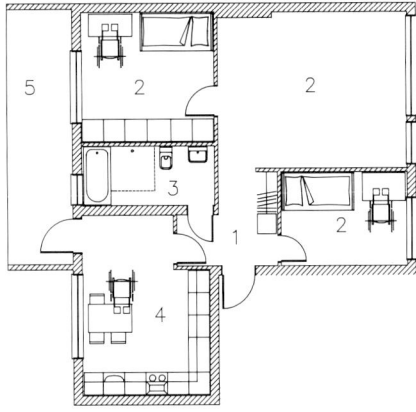

7/7 Umgebaute Dreizimmerwohnung mit Essküche 73 m², M 1:200

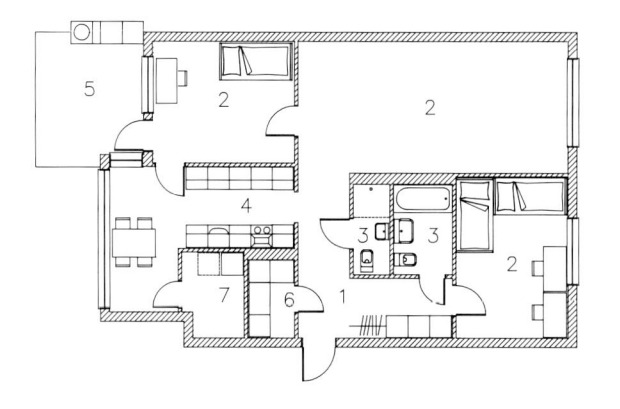

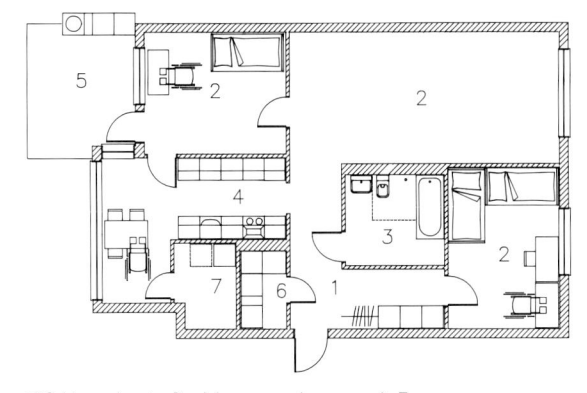

7/8 Umgebaute Dreizimmerwohnung mit Essplatz 99 m², M 1:200

1 Eingang
2 Wohnraum/Schlafraum
3 Bad/WC
4 Küche
5 Balkon/Loggia/Dachterrasse
6 Abstellraum
7 Hauswirtschaftsraum

Gemeinschaftseigentum beteiligt. Darunter versteht man das Treppenhaus, die Aufzuganlage, die Kellerräume, die Tiefgarage und die Außenanlagen einschließlich Grundstück. Wenn nun Rollstuhlbenutzer eine besondere behindertengerechte Baumaßnahme im Gemeinschaftseigentum benötigt, z.B. eine Rampe oder auch den stufenlosen Zugang zum Haus, so ist hierfür ein Beschluss der Eigentümerversammlung notwendig. Dies dauert erfahrungsgemäß oft sehr lange, da die Eigentümerversammlung erst dann zusammentreten kann, wenn alle Eigentümer bekannt sind. Bei schleppenden Verkäufen dauert das durchaus bis zu einem Jahr. Es empfiehlt sich daher, in die Kaufverträge rechtzeitig bindend für alle Eigentümer eine Klausel aufzunehmen, dass behindertengerechte Maßnahmen am Gemeinschaftseigentum nicht von den Beschlüssen einer Eigentümerversammlung abhängig sind.
Wenn eine Wohnanlage barrierefrei nach DIN 18025 Teil 2 geplant und gebaut wurde, entsteht dieser Konfliktfall nicht.

7.2 Umbau-Beispiele

Um Anregungen zu geben, werden hier Beispiele aus einer schwedischen Untersuchung dargestellt. In dieser Untersuchung, die in der Abteilung für Behindertenforschung an der Universität Göteborg in den Jahren 1964-68 durchgeführt wurde, ermittelte man zunächst Normalwohnungen, die für den Umbau geeignet erschienen. Für die endgültige Bearbeitung wurden dann diejenigen Wohnungen ausgesucht, die

1. einfach sind; selbst kleine Grundrisse von 39 und 46 m² Wohnfläche boten gute Voraussetzungen für den Umbau
2. verschiedene Typen aufwiesen
3. verschiedene Größen aufwiesen.

Für die Umbauplanung waren folgende Gesichtspunkte maßgebend:
1. die Grundrisse sollten einfach und übersichtlich sein.
2. die Räume sollten möglichst quadratisch sein.
3. das vorhandene Bad und das WC sollten behindertengerecht sein.

Teile dieser Untersuchung sind in den Abb. 7/1-8 in der Weise dargestellt, dass die Wohnung vor und nach dem Umbau abgebildet ist: Ein-, Zwei- und Dreizimmerwohnungen. Die Untersuchung ist veröffentlicht in Byggforskningens informationsblad B 20: 1971, Herausgeber: Statens institut för byggnadsforskning, Stockholm. Bezug: Svensk Byggtjänst, Box 14 03, 11 184 Stockholm.

Anhand der Untersuchungen wird deutlich, dass bei einem Umbau Küche und Bad mit den dazugehörigen Installationen die größten Probleme darstellen. Aus diesem Grunde sollten bei Neubauten grundsätzlich Installationen so flexibel wie möglich vorgesehen werden. Tragende Wände zu beseitigen, erfordert ebenfalls einen hohen Aufwand. Dagegen können nichttragende Wände leicht entfernt werden.

7.3 Verfahren und Kostenermittlung

Bei der Feststellung des Verfahrens, welche Umbaumaßnahmen durchzuführen sind, ist eine Zusammenarbeit zwischen den in der Klinik betreuenden Personen, der Familie, dem behinderten Menschen und einem im Bauwesen Fachkundigen erforderlich. Durch Planunterlagen und Aufstellungen der erforderlichen Kosten sind die notwendigen Maßnahmen darzustellen. Diese Unterlagen werden dem Antrag auf Bezuschussung, der beim örtlichen Sozialhilfeträger einzureichen ist, beigefügt. Da das Antragsverfahren örtlich verschieden ist, empfiehlt sich eine vorherige Anfrage beim örtlichen Sozialhilfeträger, z.B. beim Sozialamt. Eine Anfrage ist deshalb angebracht, weil der örtliche Sozialhilfeträger zugleich Beratungspflicht hat. Er überprüft, welcher Kostenträger heranzuziehen ist, z.B. eine Versicherung oder eine Berufsgenossenschaft, und welche Einkommensverhältnisse bei dem Wohnungsnutzer vorliegen. Zur Bestätigung und Begutachtung, dass die Umbaumaßnahmen für den behinderten Menschen zuträglich und kostengerecht sind, können die Sozialämter Sachverständige zuziehen. Wenn ein Wohnungseigentümer oder Hauseigentümer unverschuldet durch Unfall behindert wird und an den Rollstuhl gebunden ist, sind in der Regel die Umbaukosten für die Wohnung oder das Haus vom Verursacher zu übernehmen. Dabei ist zu Grunde zu legen, dass der ursprüngliche Lebensraum im vollen Umfang, auch mit Behinderung, zur Verfügung steht. Dies bedeutet, dass entsprechende Umbaumaßnahmen zu planen, deren Kosten zu ermitteln und entsprechend durchzuführen sind. Bei einer Eigentumswohnung kann dies so weit gehen, dass eine Aufzuganlage eingebaut werden muss. Bei einem Einfamilienhaus gilt dies sinngemäß. U.U. muss auch hier ein Aufzug vom Untergeschoss bis ins Dachgeschoss eingebaut werden. Diese Baumaßnahmen sind bei der Kostenermittlung zu Grunde zu legen. Ob sie durchgeführt werden, ist eine andere Frage. Auf jeden Fall besteht Anspruch darauf, dass der bisherige Lebensraum in gleicher Weise – trotz Behinderung – genutzt werden kann.

Es ist sicher sinnvoll, wirtschaftlich und baukonstruktiv nicht vertretbare Baumaßnahmen nicht durchzuführen, sondern einen barrierefreien erdgeschossigen Anbau, einen barrierefreien Neubau zu wählen oder gar in eine barrierefreie Wohnung umzuziehen. Die Entscheidung hierüber ist sekundär und hat auf die Kostenerstattung keinen Einfluss.

Das im Anhang befindliche Formblatt der Bauberufsgenossenschaft Bayern-Sachsen, aufgestellt von Architekt Peter Schrön, ist ein Beispiel für die Möglichkeit, wie unfallbedingte Baukosten ermittelt werden können. Es wird unterschieden zwischen einer Kostenübernahme zu 100 % und zu 50 % der Bau- und Einrichtungskosten.

8.0 Öffentlich zugängige Gebäude und Arbeitsstätten

Axel Stemshorn
Dietmar Böhringer (Kapitel 8.19)

8.1 Einleitung

Die Norm DIN 18024 Teil 2 vom April 1976, wird ersetzt durch die Norm DIN 18024 Teil 2 „Barrierefreies Bauen, öffentlich zugängige Gebäude und Arbeitsstätten, Planungsgrundlagen". Gegenüber der alten Fassung fällt vor allem am Titel auf, dass es sich nicht nur um den Zugang zum Gebäude handelt, sondern auch um die Arbeitsstätten im Gebäude. Damit ist gemeint, dass es sich nicht nur um Baumaßnahmen für barrierefreie Gebäude handelt, in denen Kunden z.B. Dienstleistungen entgegennehmen, sondern auch Mitarbeiter selbst behindert sein können und einem Kunden Dienstleistungen entgegenbringen. Die Entscheidung des Bundesministeriums für Arbeit und Sozialordnung, eine Verordnung über Arbeitsstätten für Menschen mit Behinderungen nicht herauszugeben, hat wesentlich dazu beigetragen, dass in der Neufassung DIN 18024 Teil 2 für öffentlich zugängige Gebäude auch die Arbeitsstätten berücksichtigt werden.

In Verbindung mit den Arbeitsstätten sind wichtige Neuregelungen im Zusammenhang mit dem Arbeitsschutzgesetz zu sehen. Grundlage des Arbeitsschutzgesetzes (ArbSchG) ist die Rahmen-Richtlinie 89/391 nach Artikel 118a des EG-Vertrages und damit Ausfluss Europäischen Rechts. Das Arbeitsschutzgesetz enthält in § 4 Allgemeine Grundsätze Nr. 8 die Forderung, dass Gefahren für besonders schutzbedürftige Personen zu berücksichtigen sind. Hierunter zählen u.a. Jugendliche, Behinderte usw. Nach Artikel 3 des Grundgesetzes (GG) ist es eine unzulässige Benachteiligung Behinderter, bei beruflicher Befähigung, sie allein auf Grund ihrer Behinderung von der beruflichen Tätigkeit auszuschließen. Unter Gefährdung ist nach allgemeiner Auffassung nicht nur der Schutz vor körperlichen Schäden, sondern auch die Ausführbarkeit von Tätigkeiten zu verstehen, was voraussetzt, dass sie zunächst einmal ihren Arbeitsplatz auch erreichen müssen. Die Arbeitsstätten-Verordnung (ArbStättV) ist rechtlich verbindlich an das Arbeitsschutzgesetz angehängt und unterliegt damit den generellen Anforderungen des Arbeitsschutzgesetzes. Im Sinne von DIN 18024 Teil 2 enthält die Arbeitsstätten-Verordnung eine Vielzahl gleichgerichteter Themen, wie z.B. Räume, Verkehrswege, Sanitärräume und Türen, die alle in ihren Anforderungen noch nicht auf eine barrierefreie Gestaltung ausgerichtet sind.

8.1.1 Öffentlich zugängige Gebäude

Als öffentlich zugängige Gebäude dieser Norm gelten insbesondere:
a) öffentlich zugängige Verwaltungsgebäude (z.B. Arbeitsämter, Beratungsstellen, Finanzämter, Gerichte, Geschäftsstellen von Kranken- und Sozialversicherungen, Gesundheitsämter, Pfarrämter, Polizeidienststellen, Postämter, Sozialämter, Standesämter, Verkehrs- und Reisebüros, Versorgungsämter)
b) Bahnhöfe, Flughafengebäude, Parkhäuser, Raststätten u.a.
c) Gaststätten und Beherbergungsbetriebe (z.B. Cafés, Hotels, Jugendherbergen, Kurheime, Restaurants)
d) Versammlungsräume (z.B. Gemeindesäle, Kinos, Kirchen, Kongresshallen, Theater)
e) Ausbildungsstätten (z.B. Hochschulen, Lehrwerkstätten, Schulen)
f) Sportanlagen (z.B. Freibäder, Hallenbäder, Turnhallen, Stadien)
g) Läden, Warenhäuser
h) Banken, Sparkassen
i) Apotheken, Arztpraxen, Krankenhäuser, Kureinrichtungen
j) Ausstellungsbauten, Bibliotheken, Museen
k) Kindertagesstätten, usw.

Eine solche Aufzählung beinhaltet immer zugleich auch den Mangel, dass die eine oder andere Gebäude- oder Nutzungsart nicht aufgezählt ist und im Falle eines Rechtsstreites zu Unklarheiten führen könnte. Aus diesem Grunde ist auch eine Formulierung denkbar, die alle anderen Gebäudearten, die nicht ausschließlich Wohnzwecken dienen, bezeichnet. Aber auch in Anlehnung an die Baunutzungsverordnung wäre eine Aufzählung möglich, die sich an die Gliederung anlehnt:
§ 1, Gliederung in Bauflächen und Baugebiete
§ 2, Kleinsiedlungsgebiete (ES)
§ 3, Reine Wohngebiete (WR)
§ 4, Allgemeine Wohngebiete (WR)
§ 5, Dorfgebiete (MD)
§ 6, Mischgebiete (MI)
§ 7, Kerngebiete (MK)
§ 8, Gewerbegebiete (GE)
§ 9, Industriegebiete (GI)
§ 10, Wochenendhausgebiete (SW)
§ 11, Sondergebiete (SO)
§ 12, Stellplätze und Garagen für Kraftfahrzeuge.

Aber auch eine solche Gliederung ist unvollständig und berücksichtigt vor allem nicht die Besonderheiten einzelner Gebäude- und Nutzungsarten.

In den Landesbauordnungen und Bauordnungen der einzelnen Bundesländer finden sich oft verschiedene Aufzählungen von öffentlich zugängigen Gebäuden, so dass auch durch die Landesbauordnungen und Bauodnungen selbst eine Verunklarung entstehen kann.

In Absatz 1 Anwendungsbereich der Norm wurde von einer Aufzählung nach Gebäudearten Abstand genommen.

8.1.2 Arbeitsstätten-Verordnung

Unter Arbeitsstätte ist der jeweilige Arbeitsplatz zu verstehen. In der Verordnung über Arbeitsstätten vom März 1975 ist der Gcltungsbereich in § 1 wie folgt formuliert:

Diese Verordnung gilt für Arbeitsstätten im Rahmen eines Gewerbebetriebes, für den die §§ 120 a bis 120 c sowie § 139 g der Gewerbeordnung in Verbindung mit § 62 des Handelsgesetzbuches Anwendung finden. Sie gilt ferner für Tagesanlagen und Tagebau des Bergwesens.

Diese Verordnung gilt nicht für Arbeitsstätten im Reisegewerbe und Marktverkehr sowie für Straßen-, Schienen- und Luftfahrzeuge im öffentlichen Verkehr.

Im § 2 Begriffsbestimmung sind die Arbeitsstätten wie folgt definiert:
1. Arbeitsstätten sind:
1.1 Arbeitsräume in Gebäuden einschl. Ausbildungsstätten
1.2 Arbeitsplätze auf dem Betriebsgelände im Freien
1.3 Baustellen
1.4 Verkaufsstände im Freien, die im Zusammenhang mit Ladengeschäften stehen
1.5 Wasserfahrzeuge und schwimmende Anlagen auf Binnengewässern
2. Zur Arbeitsstätte gehören:
2.1 Verkehrswege
2.2 Lager-, Maschinen- und Nebenräume
2.3 Pausen-, Bereitschafts-, Liegeräume und Räume für körperliche Ausgleichsübungen
2.4 Umkleide-, Wasch- und Toiletteräume (Sanitärräume)
2.5 Sanitätsräume
3. Zu den Arbeitsstätten gehören auch Einrichtungen, so weit für sie in den §§ 5-55 dieser Verordnung besondere Anforderungen gestellt werden.

In der amtlichen Begründung zu § 2 wird festgelegt, was als Arbeitsstätte im Sinne der Verordnung gelten soll. In erster Linie sind es die Arbeitsräume in Gebäuden. Der Begriff des Arbeitsraumes ist weit auszulegen. So können Arbeitsräume auch alle anderen Räume oder Bereiche von Räumen sein, wenn sich dort Arbeitsplätze befinden, auf denen Arbeitnehmer regelmäßig über einen längeren Zeitraum oder täglich über mehrere Stunden beschäftigt sind. Zur Arbeitsstätte gehören die Räume, die der Arbeitgeber aus betrieblichen oder aus Gründen des allgemeinen Gesundheitsschutzes bereitstellt, und die betrieblichen Einrichtungen, die aus arbeitsschutztechnischen, hygienischen, arbeitsmedizinischen oder ergonomischen Gründen vorhanden sein müssen und in der Verordnung ausdrücklich genannt sind, z. B: Lüftungs-, Heizungs-, Beleuchtungs-, Absauganlagen.

Im Sinne der Norm DIN 18024 Teil 2 Öffentlich zugängige Gebäude und Arbeitsstätten sind unter dem Begriff Arbeitsstätten die Arbeitsplätze oder Arbeitsbereiche, nicht unbedingt die Arbeitsräume zu verstehen. Damit sind nicht diejenigen Räume gemeint, die zur Arbeitsstätte gehören. So wird es z.B. kaum erforderlich sein, dass ein Arbeitnehmer mit Behinderung eine Lüftungs-, Heizungs-, Beleuchtungs- oder Absauganlage zu warten hat.

8.1.3 Arbeitsstätten-Richtlinien

Nach § 3 Abs. 2 der Verordnung über Arbeitsstätten gibt der Bundesminister für Arbeit und Sozialordnung Arbeitsstätten-Richtlinien bekannt. Sie enthalten die wichtigsten, allgemein anerkannten sicherheitstechnischen, arbeitsmedizinischen und hygienischen Regeln und gesicherten arbeitswissenschaftlichen Erkenntnisse.

8.2 Kommentierung der seit November 1996 verliegenden Norm DIN 18024 Teil 2

Barrierefreies Bauen, öffentlich zugängige Gebäude und Arbeitsstätten, Planungsgrundlagen.

Kommentar: Mit dem Begriff „Gebäudeteil" wird zum Ausdruck gebracht, dass ein Gebäude eine unterschiedliche Nutzung haben kann, z.B. in den Obergeschossen Wohnungen und im Erdgeschoss Läden. Diese Kommentierung wird ergänzt durch eine eigene Ausarbeitung über die „blinden- und sehbehindertengerechte Gestaltung öffentlicher Gebäude" am Schluss.

8.2.1 Anwendungsbereich

Diese Norm dient der Planung, Ausführung und Einrichtung von öffentlich zugängigen Gebäuden oder Gebäudeteilen sowie von Arbeitsstätten und von deren Außenanlagen. Sie ist sinngemäß auf bauliche Veränderungen und Nutzungsänderungen anzuwenden.

Auch hier ist der Leitgedanke, dass diese baulichen Anlagen für alle Menschen barrierefrei nutzbar sein müssen. Die Nutzer müssen in die Lage versetzt werden, von fremder Hilfe weitgehend unabhängig zu sein. Dies gilt insbesondere für
– Rollstuhlbenutzer, auch mit Oberkörperbehinderung
– Blinde und Sehbehinderte
– Gehörlose und Hörgeschädigte
– Gehbehinderte
– Menschen mit sonstigen Behinderungen
– ältere Menschen
– Kinder, klein- und großwüchsige Menschen.

Damit ist der Personenkreis nach DIN 18025 Teil 1 und Teil 2 erfasst.

Diese Norm gilt nicht für Krankenhäuser, da für diese Gebäude weitergehende Vorschriften und Richtlinien gelten. Es ist jedoch sinnvoll, als Mindestforderung DIN 18024 Teil 2 für den öffentlich zugängigen Bereich zu vereinbaren.

Entsprechend einer Interpretation nach der Baunutzungsverordnung kommen für öffentlich zugängige Gebäude und Bereiche in Gebäuden sowie Arbeitsstätten folgende in Frage, siehe § 5:

Dorfgebiete (MD):
Betriebe zur Verarbeitung und Sammlung land- und forstwirtschaftlicher Erzeugnisse, Einzelhandelsbetriebe, Schank- und Speisewirtschaften sowie Betriebe des Beherbergungsgewerbes, Anlagen für örtliche Verwaltungen sowie für kirchliche, kulturelle, soziale, gesundheitliche und sportliche Zwecke, Tankstellen.

Mischgebiete (MI):
Geschäfts- und Bürogebäude, Einzelhandelsbetriebe, Schank- und Speisewirtschaften sowie Betriebe des Beherbergungsgewerbes, Anlagen für Verwaltungen sowie für kirchliche, kulturelle, soziale, gesundheitliche und sportliche Zwecke, Tankstellen.

Kerngebiete (MK): Geschäfts-, Büro- und Verwaltungsgebäude, Einzelhandelsbetriebe, Schank- und Speisewirtschaften, Betriebe des Beherbergungsgewerbes und Vergnügungsstätten, Anlagen für kirchliche, kulturelle, soziale und gesundheitliche Zwecke, Tankstellen.

Gewerbegebiete (GE):
Geschäfts-, Büro- und Verwaltungsgebäude, Tankstellen.

Ausnahmsweise können auch zugelassen werden Anlagen für kirchliche, kulturelle, soziale, gesundheitliche und sportliche Zwecke.

Eine Aufzählung der einzelnen Gebäudearten – wie weiter oben angeführt – birgt immer die Gefahr in sich, dass die eine oder andere Gebäudeart vergessen wird und im Rechtsstreit zum Nachteil der Menschen mit Behinderungen angeführt wird. Aus diesem Grunde sollte man davon ausgehen, dass Menschen mit Behinderungen einschließlich der Rollstuhlbenutzer alle diejenigen öffentlich zugängigen Gebäude und Bereiche in Gebäuden sowie Arbeitsstätten erreichen und nutzen können müssen, die Dienstleistungen oder Waren anbieten, auf die auch Menschen mit Behinderungen angewiesen sind. Dies bedeutet, dass nicht nur öffentliche Gebäude, z.B. der Kommune, davon betroffen sind, sondern auch privatwirtschaftlich betriebene Gebäude oder Bereiche in Gebäuden, z.B. Anwalts- oder Arztpraxis.

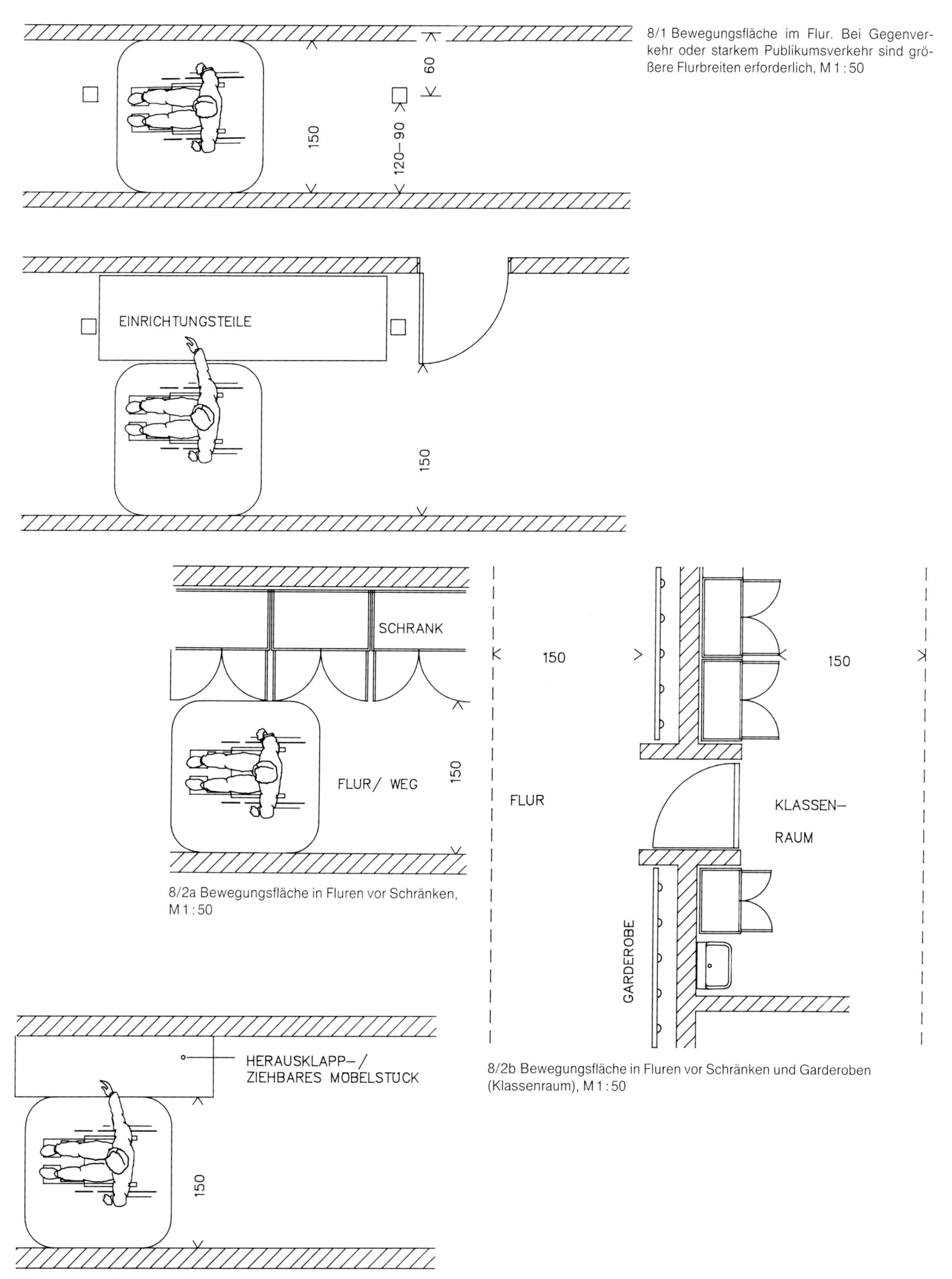

8/1 Bewegungsfläche im Flur. Bei Gegenverkehr oder starkem Publikumsverkehr sind größere Flurbreiten erforderlich, M 1:50

8/2a Bewegungsfläche in Fluren vor Schränken, M 1:50

8/2b Bewegungsfläche in Fluren vor Schränken und Garderoben (Klassenraum), M 1:50

8/3 Bewegungsfläche vor Möbelstücken, M 1:50

8/4a

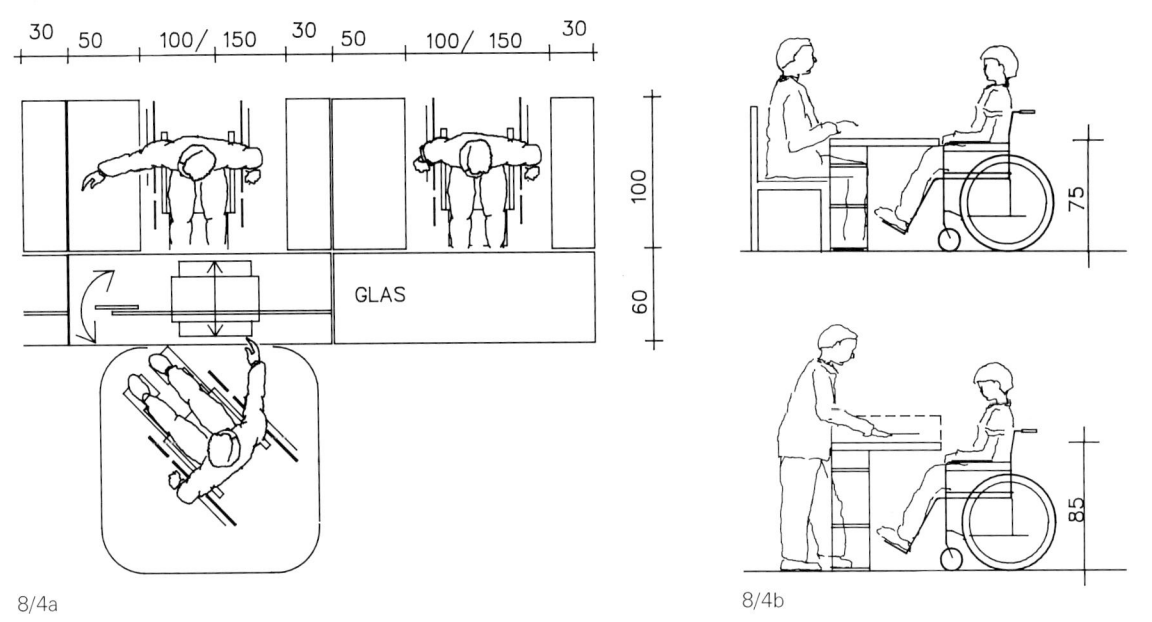

8/4b

8/4a+b Serviceschalter mit geschlossener und offener Theke, M 1:50

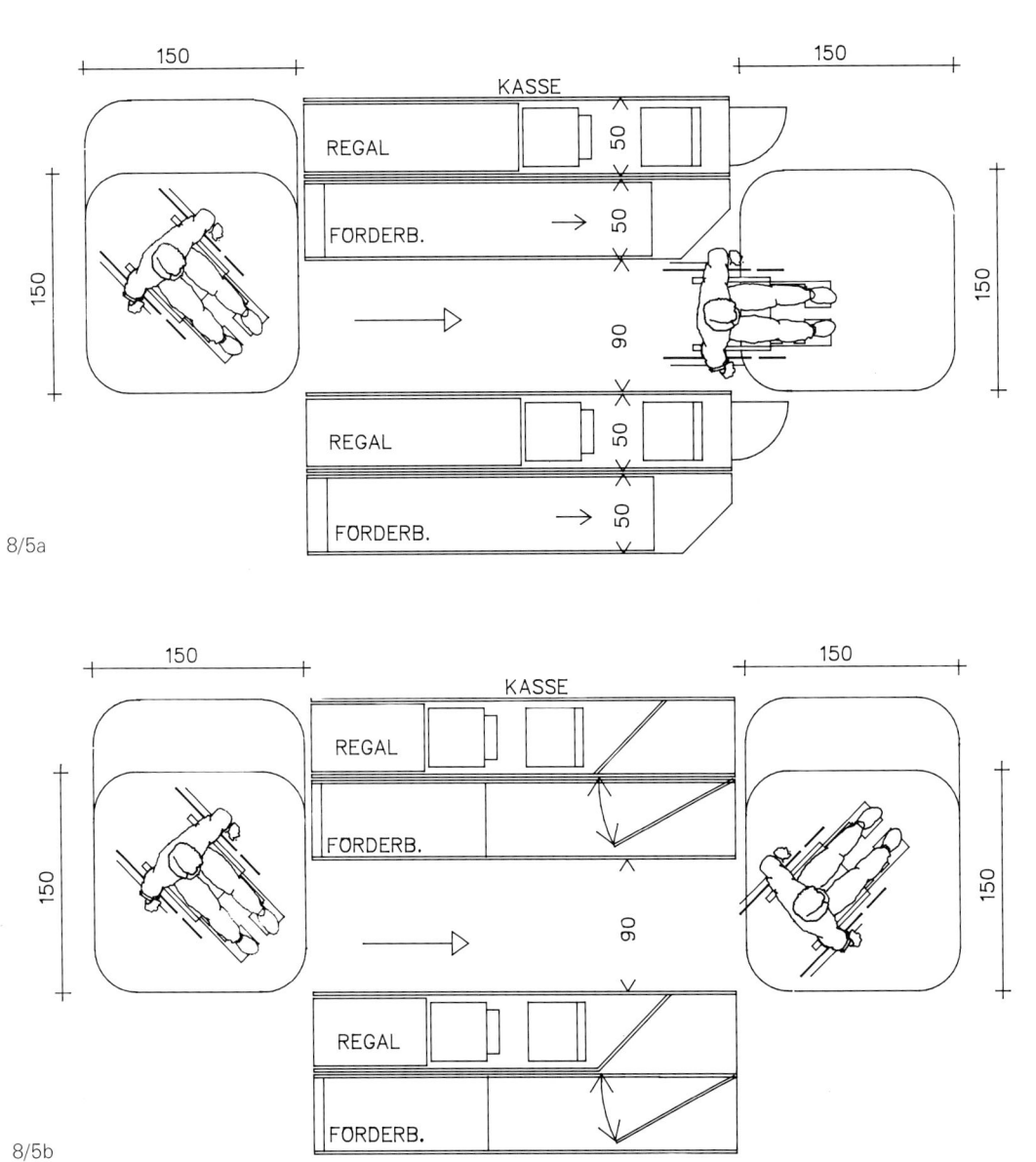

8/5a

8/5b

8/5a+b Bewegungsfläche vor einem Durchgang mit Kasse im Einkaufsmarkt, M 1:50

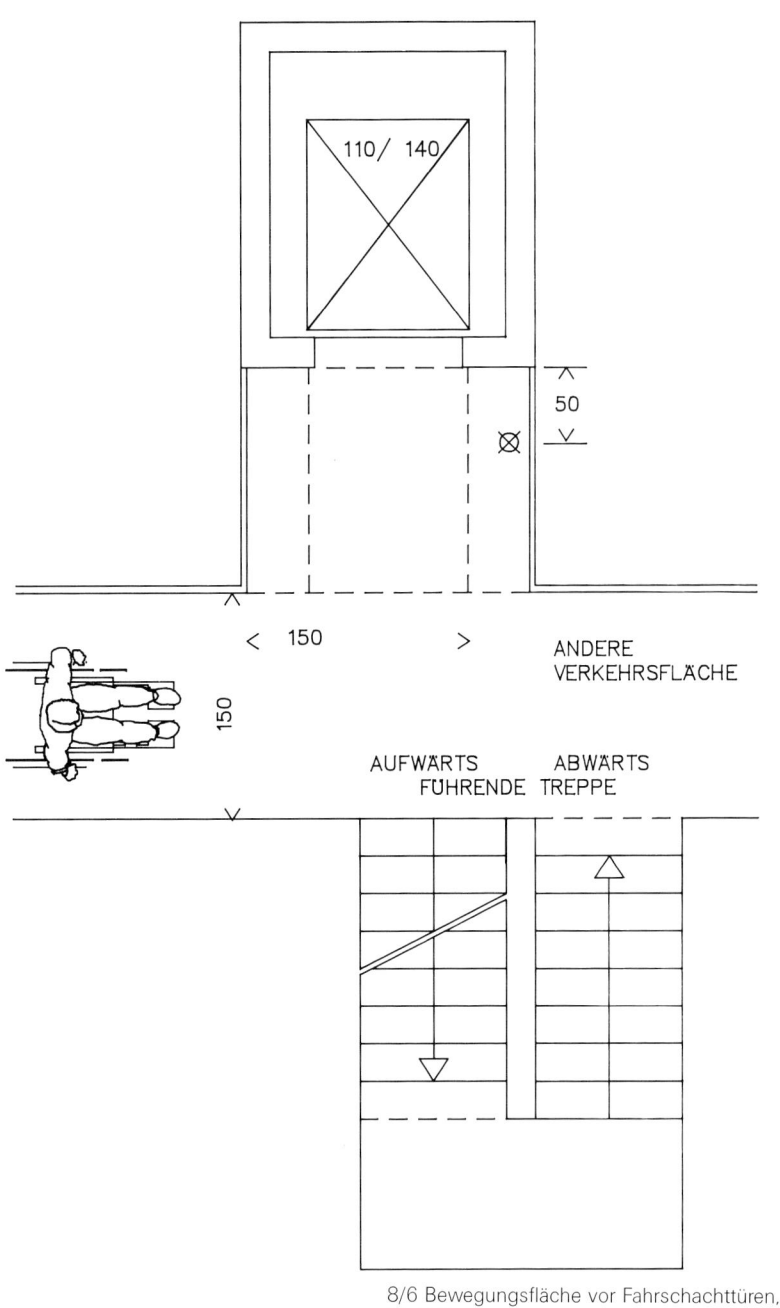

8/6 Bewegungsfläche vor Fahrschachttüren, M 1:50

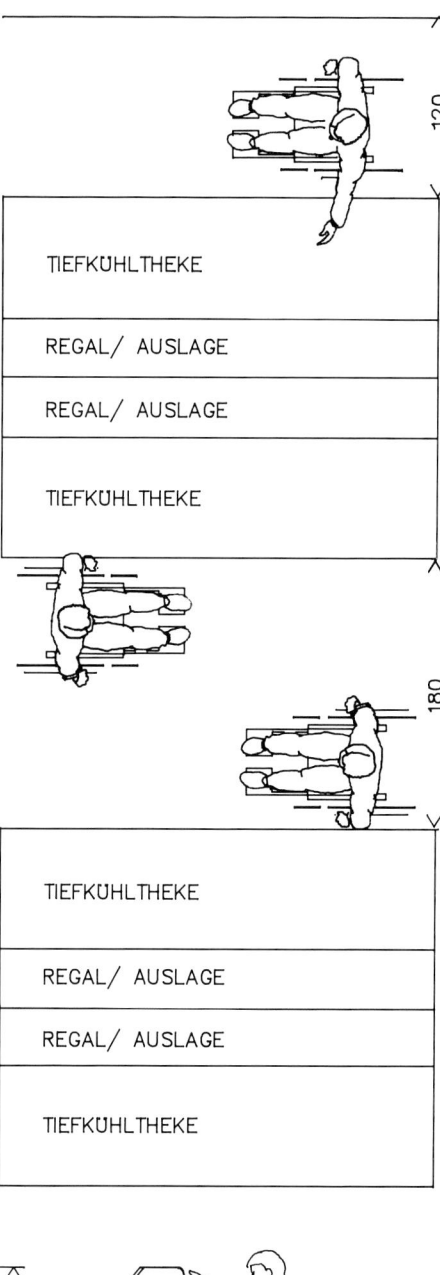

8/7 Bewegungsfläche vor seitlich anfahrbaren Einrichtungen, M 1:50

8.2.2 Normative Verweisungen
Die in der Norm enthaltenen Hinweise auf geltende bzw. zu berücksichtigende Normen und Merkbläter sind im Hinblick auf die Arbeitsstätten zu ergänzen, um die Arbeitsstätten-Verordnung und die Arbeitsstätten-Richtlinien in Verbindung mit dem ArbSchg.

8.3 Begriffe

8.3.1 Einrichtungen
Einrichtungen sind die zur Erfüllung der Raumfunktionen notwendigen Teile, z.B. Sanitär-Ausstattungsgegenstände, Geräte und Möbel; sie können sowohl bauseits als auch vom Nutzer eingebracht werden. Damit ist die Definition aus DIN 18022 vom November 1989 übernommen worden. Kommentar: Der früher noch übliche zusätzliche Begriff Ausstattung ist im Begriff Einrichtung aufgegangen.

8.3.2 Bewegungsflächen
Bei der Bemessung der Bewegungsflächen ist die Bewegung mit dem Rollstuhl zu Grunde gelegt. Diese Flächen schließen die zur Benutzung der Einrichtung erforderlichen Fläche ein.
Bewegungsflächen dürfen sich überlagern, ausgenommen vor Fahrschachttüren.
Bewegungsflächen dürfen nicht in ihrer Funktion eingeschränkt sein, z.B. durch Rohrleitungen, Mauervorsprünge und Einrichtungen, insbesondere auch in geöffnetem Zustand. Bewegliche Geräte und Einrichtungen an Arbeitsplätzen und Therapiebereichen dürfen die Bewegungsflächen nicht einschränken.

Kommentar: Darunter ist zu verstehen, dass offene Türen von Schränken und tischhohen Einrichtungsgegenständen die Bewegungsfläche einschränken können. Insbesondere gilt dies für den Flur in Gebäuden, für den eine Mindestbreite von 1,50 m vorgeschrieben ist. Nun könnte erwogen werden, dass auf diesem Flur noch Schrankelemente untergebracht sind. Deren Stellflächen dürfen ohnehin nicht die Mindestbewegungsfläche beeinträchtigen.

8.4 Maße der Bewegungsflächen

8.4.1 Allgemeines

Bewegungsflächen dürfen sich überlagern, ausgenommen vor Fahrschachttüren.
Bewegungsflächen dürfen nicht in ihrer Funktion eingeschränkt sein, z.B. durch Rohrleitungen, Mauervorsprünge und Einrichtungen, insbesondere auch in geöffnetem Zustand. Bewegliche Geräte und Einrichtungen an Arbeitsplätzen und Therapiebereichen dürfen die Bewegungsflächen nicht einschränken.

Kommentar: Zu beachten ist, dass im Entwurfsprozess oft eine Netto-Grundrissfläche als Mindestbewertungsfläche zu Grunde gelegt wird. Putzauftrag und Fliesen sowie Heizkörper und Handläufe sind zusätzlich zu berücksichtigen. Das bedeutet, daß eine größere Netto-Grundrissfläche erforderlich ist.

8.4.2 Bewegungsflächen, 150 cm breit und 150 cm tief

Die Bewegungsfläche muss mindestens 150 cm breit und 150 cm tief sein:
– als Wendemöglichkeit in jedem Raum
– am Anfang und am Ende einer Rampe
– vor Fernsprechzellen und öffentlichen Fernsprechern
– vor Serviceschaltern
– vor Durchgängen, Kassen und Kontrollen
– vor Dienstleistungsautomaten, Briefeinwürfen, Ruf- und Sprechanlagen.

Kommentar: Bei Fluren ist zu unterscheiden zwischen Türen, die in die Räume und in den Flur schlagen. Im letzteren Fall muss, wie auf Abb. 8/1 erkennbar, die Mindestbewegungsfläche auch im Bereich der Türe gewährleistet sein. Im Bereich von Stützen, die sich bei verschobenem Ausbauraster gegenüber der Tragkonstruktion im Flurbereich befinden können, muss jedoch diese Mindestbewegungsfläche nicht gewährleistet sein. Hier genügt eine geringere Durchgangsbreite von 120 bzw. auch 90 cm. Obwohl in der Norm DIN 18024 Teil 2 nicht vorgesehen, sollen geöffnete Türen von Schränken in Fluren die Bewegungsfläche von 150 cm nicht beschränken (Abb. 8/2). Dies kann auch für herausklappbare oder herausziehbare Möbelstücke gelten (Abb. 8/3).

Für öffentliche Fernsprechzellen wurde ein Wettbewerb durchgeführt und eine Achteckzelle prämiert, in der die Mindestbewegungsfläche auch in der Fernsprechzelle garantiert wird. Diese Achteckzelle wird übrigens von den Kommunen nicht in dem erwarteten Maße genutzt, da sie zu viel Platz benötigt.
Bei Durchgängen, vorbei an Förderbändern und Kassen, ist darauf zu achten, dass jeweils am Anfang und Ende die Mindesthöhe Nutzfläche zur Verfügung steht und nicht durch verlockende Angebote eingeengt wird.
Auf den Abbildungen 8/4 und 8/5 ist der Sachverhalt der Mindestbewegungsflächen vor Serviceschaltern und Durchgängen dargestellt.

8.4.3 Bewegungsflächen, 150 cm tief

Die Bewegungsfläche muss mindestens 150 cm sein:
– vor Therapieeinrichtungen (z.B. Badewanne, Liege)
– vor dem Rollstuhlabstellplatz
– neben der Längsseite des Kraftfahrzeuges des Rollstuhlbenutzers auf Pkw-Stellplätzen.

Kommentar: Die Länge der Bewegungsflächen, 150 cm tief, wird von der Länge der Therapieeinrichtungen, der Anzahl der Rollstühle und der Länge des Kraftfahrzeuges bestimmt.

8.4.4 Bewegungsflächen, 150 cm breit

Die Bewegungsfläche muss mindestens 150 cm breit sein:
– in Fluren
– auf Hauptwegen
– neben Treppenauf und -abgängen.
Die Auftrittsfläche der obersten Stufe ist auf die Bewegungsfläche nicht anzurechnen (siehe Bild 1).
Die Abbildungen 8/1-3 zeigen den Sachverhalt in Fluren. Die Abbildung 8/6 erläutert die Bewegungsfläche vor Fahrschachttüren und Treppenabgängen.

8.4.5 Bewegungsflächen, 120 cm breit

Die Bewegungsfläche muss mindestens 120 cm breit sein:
– entlang der Einrichtungen, die der Rollstuhlbenutzer seitlich anfahren muss
– zwischen Radabweisern einer Rampe (siehe Bilder 2+4)
– neben Bedienungsvorrichtungen.
Kommentar: Auf Abbildung 8/7 ist als Beispiel eine Tiefkühltheke in einem Einkaufsmarkt dargestellt. Der Rollstuhlbenutzer fährt seitlich an die Tiefkühltheke heran. Ein 120 cm breiter Durchgang verhindert jedoch, dass 2 Rollstuhlbenutzer aneinander vorbei fahren können.

In diesem Fall müsste eine Bewegungsfläche von 180 cm bei sehr langen Tiefkühltheken zur Verfügung stehen.
Bei unterfahrbaren Tiefkühltheken kann unter Umständen die unterfahrbare Fläche, die gleichzeitig zum Wenden dient, sich mit der 150 cm breiten Mindestbewegungsfläche überlagern.

8.4.6 Bewegungsflächen, 90 cm breit

Die Bewegungsfläche muss mindestens 90 cm breit sein:
– in Durchgängen, neben Kassen und Kontrollen
– auf Nebenwegen.
Kommentar: Bei den 90 cm breiten Durchgängen (siehe Abbildung 8/8) besteht die Gefahr, dass das Maß für Rollstuhlbenutzer gerade ausreicht, für gehende Personen jedoch zu groß bemessen ist. Dadurch könnte unter Umständen eine weitere Person ohne Kontrolle an der Kasse vorbeigehen. In diesen Fällen müssen Sperren oder herausklappbare Borde vorgesehen werden.
Durchgänge mit Drehkreuzen zu Beginn des Einkaufsmarktes sind für Rollstuhlbenutzer nicht passierbar (Abbildung 8/9).
Durchgänge mit automatisch sich öffnenden Sperren müssen im lichten Durchgang mindestens 90 cm Breite haben (Abbildung 8/10).
Das Schieben von Einkaufswägen ist für fast alle Rollstuhlbenutzer sehr beschwerlich und kaum durchführbar. Deswegen legen Rollstuhlbenutzer, wenn sie allein einkaufen, das Einkaufsgut vor sich auf die Oberschenkel oder benutzen seitlich oder rückwärts angebracht eine Einkaufstasche.

8.4.7 Bewegungsfläche vor Fahrschachttüren

Die Bewegungsfläche vor Fahrschachttüren muss so groß sein wie die Grundfläche des Aufzugfahrkorbes, mindestens aber 150 cm breit und mindestens 150 cm tief (siehe Bild 7). Sie darf sich mit Verkehrswegen und anderen Bewegungsflächen nicht überlagern.
Kommentar:
Wie bereits auf Abbildung 8/6 dargestellt, muss die Mindestbewegungsfäche vor Fahrschachttüren neben Fluren liegen, da sonst auf den Aufzug wartende Personen den Bewegungsablauf auf den Fluren behindern. Damit soll sogleich sichergestellt werden, dass auch bei großem Besucherandrang möglichst viel Platz zur Verfügung steht. Auch die Bedienungselemente vor dem Fahrschacht müssen 50 cm herausgerückt seitlich und 85 cm hoch angebracht sein.
Bei gegenüberliegenden Aufzuganlagen ist daher in der Breite eine Bewegungsfläche von 2 x 150 cm und eine zusätzliche Bewegungsfläche für den dazwischen befindlichen Flur erforderlich.

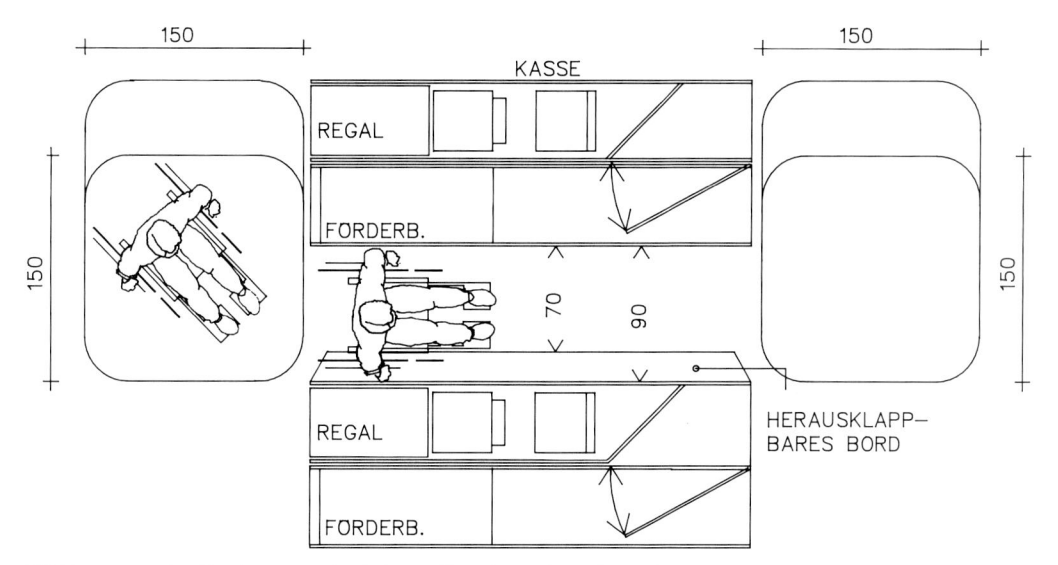

8/8 Verengung des Durchganges durch herausklappbaren Bord, M 1:50

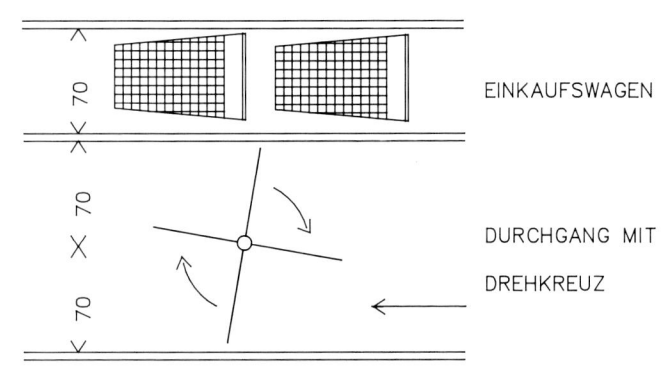

8/9 Durchgang mit Drehkreuz für Rollstuhlbenutzer nicht geeignet, M 1:50

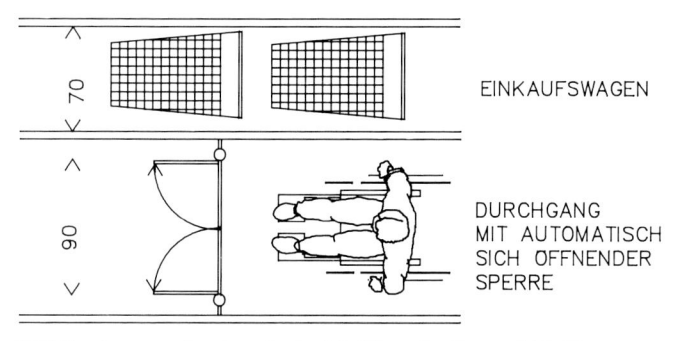

8/10 Durchgang mit automatisch sich öffnender Sperre, M 1:50

8.4.8 Bewegungsfläche vor handbetätigten Türen
Vor handbetätigten Türen sind die Bewegungsflächen nach den Bildern 5+6 zu bemessen (siehe DIN 18025 Teil 1).
Kommentar:
In Kapitel 5.3 Türen ist der Sachverhalt eingehend dargestellt, so dass ein Hinweis auf dieses Kapitel und die Darstellungen in DIN 18025 Teil 1 ausreichend sind.

8.5 Maße der Begegnungsflächen
Mehr als 1500 cm lange Flure und Wege müssen für die Begegnung von Rollstuhlbenutzern eine Begegnungsfläche von mindestens 180 cm Breite und 180 cm Tiefe aufweisen.
Kommentar:
Wenn sich Rollstuhlbenutzer in 15 m langen Fluren begegnen (Abbildung 8/11-13), ist eine erweiterte Begegnungsfläche von 180 x 180 cm notwendig. Diese könnte z.B. vor nebeneinanderbefindlichen Raumtüren in einer Nische angeordnet werden. Wenn die Türen jedoch geöffnet sind oder geöffnet werden, steht die Bewegungsfläche nicht in vollem Maße zur Verfügung. Besser sind dann Lösungen wie auf Abbildung 8/12 und 13. Die in den öffentlichen Verkehrsflächen vorgesehenen Wartezonen müssen für Rollstuhlbenutzer ebenfalls entsprechend dimensioniert sein, d.h. die üblichen Wartezonen müssen größer bemessen werden und eine Tiefe von etwa 80 bis 120 cm Tiefe aufweisen.

8.6 Türen
Türen müssen eine lichte Breite von mindestens 90 cm haben (siehe Bilder 5, 6+7). Türen von Toiletten-, Dusch- und Umkleidekabinen dürfen nicht nach innen schlagen. Große Glasflächen müssen kontrastreich gekennzeichnet und bruchsicher sein. Hauseingangstüren, Brandschutztüren und Garagentore müssen kraftbetätigt zu öffnen und zu schließen sein. An kraftbetätigten Türen sind Quetsch- und Schärstellen zu vermeiden oder zu sichern. Das Anstoßen soll vermieden werden. Rotationstüren sind nur dann vorzusehen, wenn auch Drehflügeltüren angeordnet werden.
Bewegungsflächen vor handbetätigten Türen, siehe 4.8.
Untere Türanschläge und -schwellen, siehe 7.2.
Bedienungsvorrichtung, siehe Abschnitt 17.
Türen sollen eine lichte Höhe von mindestens 210 cm haben.

Kommentar: Bei Drehflügeltüren ist die erforderliche Bewegungsfläche zu beachten. Türöffner-Taster müssen dann außerhalb dieser Bewegungsfläche seitlich und 85 cm hoch angeordnet sein.
Pendeltüren sind nicht erwähnt und für Rollstuhlbenutzer wie auch für Blinde und Sehbehinderte nicht geeignet. Auch Rotationstüren als einziges Türelement sind nicht zulässig, siehe Abbildung 8/14.
Sehbehinderte und blinde Menschen haben Schwierigkeiten, sich in die laufende Drehbewegung einzufügen. Dies gilt auch für gehbehinderte und betagte Menschen. Rollstuhlbenutzer sind oft nicht in der Lage, auf engem Raum in der Rotationstüre eine Kreisbewegung zu fahren.

Windfänge müssen in Gehrichtung so tief sein, dass die Bewegungsfläche des Rollstuhls und der Drehflügeltüren sich nicht überlagern. Besser sind sich seitlich öffnende Schiebetüren.

8.7 Stufenlose Erreichbarkeit, untere Türanschläge und -schwellen, Aufzug, Rampe

8.7.1 Stufenlose Erreichbarkeit
Alle Gebäudeebenen müssen stufenlos, gegebenenfalls mit einem Aufzug oder einer Rampe erreichbar sein.
Kommentar: Diese Formulierung ist sinngemäß in DIN 18025 Teil 1 Wohnung für Rollstuhlbenutzer in Abschnitt 5.1 enthalten. Dies gilt auch für die weiteren Abschnitte 7.2 bis 7.4.

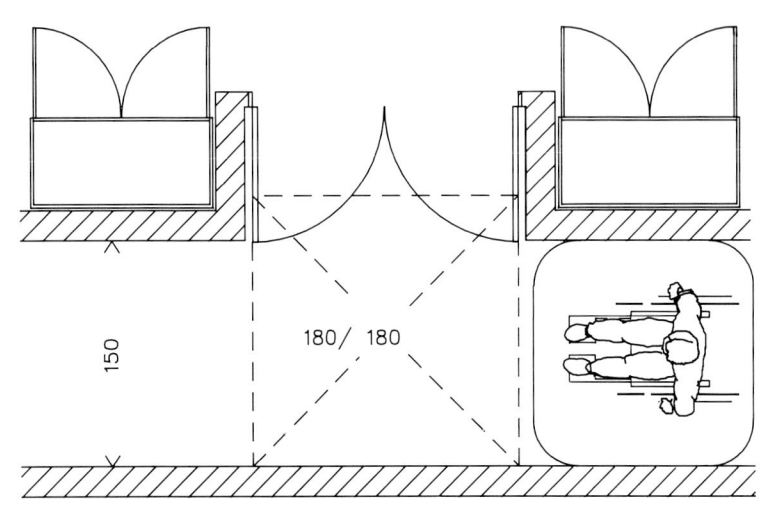

8/11 Nicht geeignete, erweiterte Bewegungsfläche im Flur, M 1:50

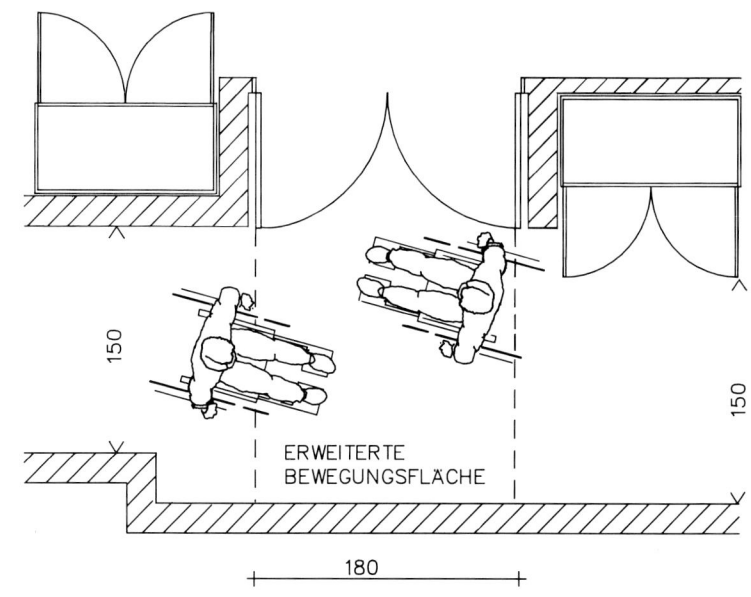

8/12 Beispiel für erweiterte Bewegungsfläche im Flur, M 1:50

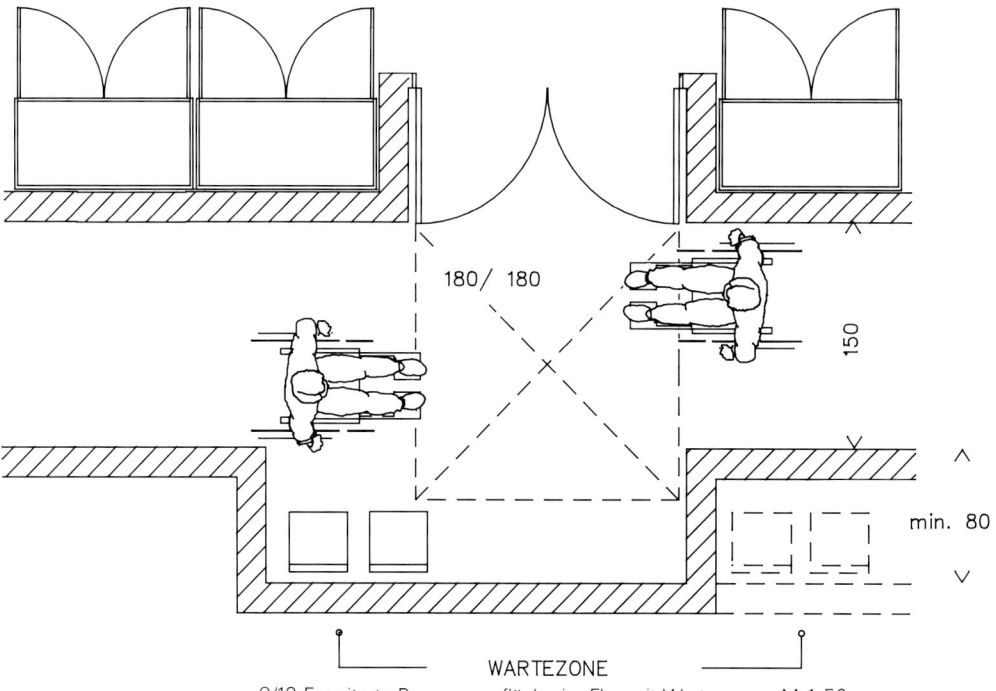

8/13 Erweiterte Bewegungsfläche im Flur mit Wartezonen, M 1:50

Dies bedeutet, dass im Gebäude ein Aufzug zur Erschließung der Gebäudeebenen und zwar aller Gebäudeebenen vorhanden sein muss. Eine Rampe kann sich nur auf eine Gebäudeebene, von außen unmittelbar erreichbar, beziehen. Die Norm sieht interessanterweise keine Ausnahmeregelung wie bei DIN 18025 Teil 2 vor:
Der Hauseingang und eine Wohnungebene müssen stufenlos erreichbar sein, es sei denn, nachweislich zwingende Gründe lassen dies nicht zu.

8.7.2 Untere Türanschläge und -schwellen

Untere Türanschläge und -schwellen sind grundsätzlich zu vermeiden. Soweit sie technisch unbedingt erforderlich sind, dürfen sie nicht höher als 2 cm sein.

Kommentar: Dieses Maß von maximal 2 cm für die unteren Türanschläge und -schwellen ist bereits in DIN 18025 Teil 1 und Teil 2 festgelegt. Untere Türanschläge und -schwellen sind wegen des Schallschutzes, des Wärmeschutzes und des Feuchtigkeitsschutzes erforderlich. Insbesondere beim Übergang von innen nach außen, wie z.B. in Eingangsbereichen, sind Türanschläge unerlässlich. Auf die Möglichkeit der Absenkung der wasserführenden Schicht im Außenbereich unmittelbar vor den Türanlagen wird hingewiesen, siehe auch Kapitel 5.3 Türen.

8.7.3 Aufzug

Der Fahrkorb des Aufzugs ist mindestens wie folgt zu bemessen:
– lichte Breite 110 cm,
– lichte Tiefe 140 cm.

Bedienungstableau und Haltestellen, siehe Bild 8 bis 11. Für ein zusätzliches senkrechtes Bedienungstableau gilt DIN 15325, ausgenommen 5.2 DIN 15325: 1990 – 12.
Bewegungsfläche vor den Fahrschachttüren, siehe 4.7. Lichte Breite der Fahrschachttüren, siehe Abschnitt 6.
Im Fahrkorb sollte ein Klappsitz und gegenüber der Fahrkorbtür ein Spiegel zur Orientierung beim Rückwärtsfahren angebracht werden.
Orientierungshilfen, siehe Abschnitt 18.

Kommentar: Die vor allem für Rollstuhlbenutzer vorgesehenen Aufzüge sollen im internen und öffentlichen Verkehrsraum so angeordnet sein, dass sich andere Personen in der Verkehrsfläche frei bewegen können. Die erforderliche Gesamtbewegungsfläche muss daher größer bemessen werden, vgl. Abbildung 8/6. Im übrigen wird auf Kapitel 5.9 Aufzüge und Personenförderanlagen verwiesen.

8.7.4 Rampe

Die Steigung der Rampe darf nicht mehr als 6 % betragen. Bei einer Rampenlänge von mehr als 600 cm ist ein Zwischenpodest von mindestens 150 cm Länge erforderlich. Die Rampe und das Zwischenpodest sind beidseitig mit 10 cm hohen Radabweisern zu versehen. Die Rampe ist ohne Quergefälle auszubilden.
An Rampe und Zwischenpodest sind beidseitig Handläufe mit 3 cm bis 4,5 cm Durchmesser in 85 cm Höhe anzubringen. Handläufe und Radabweiser müssen 30 cm in den Plattformbereich waagerecht hineinragen (siehe Bilder 2, 3+4).
Bewegungsflächen am Anfang und am Ende der Rampe und zwischen den Radabweisern, siehe 4.1 und 4.4.

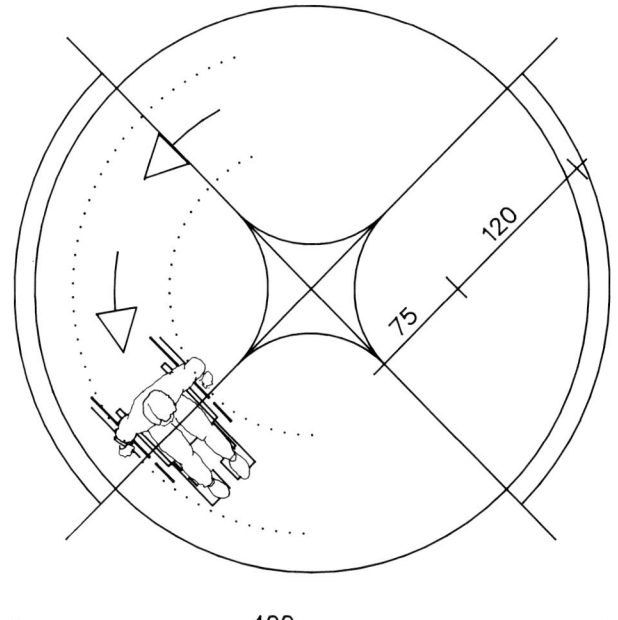

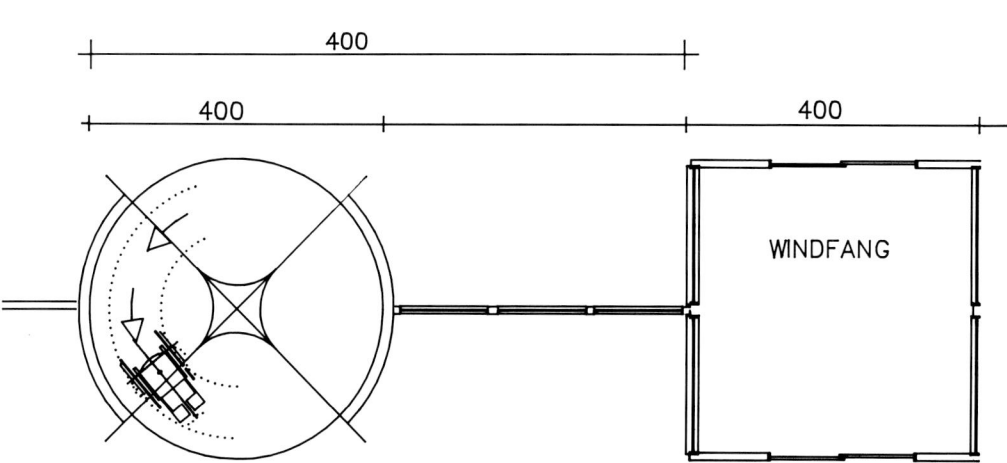

8/14 Rotationstüre für behinderte und betagte Menschen ungeeignet, M 1:50/1:100

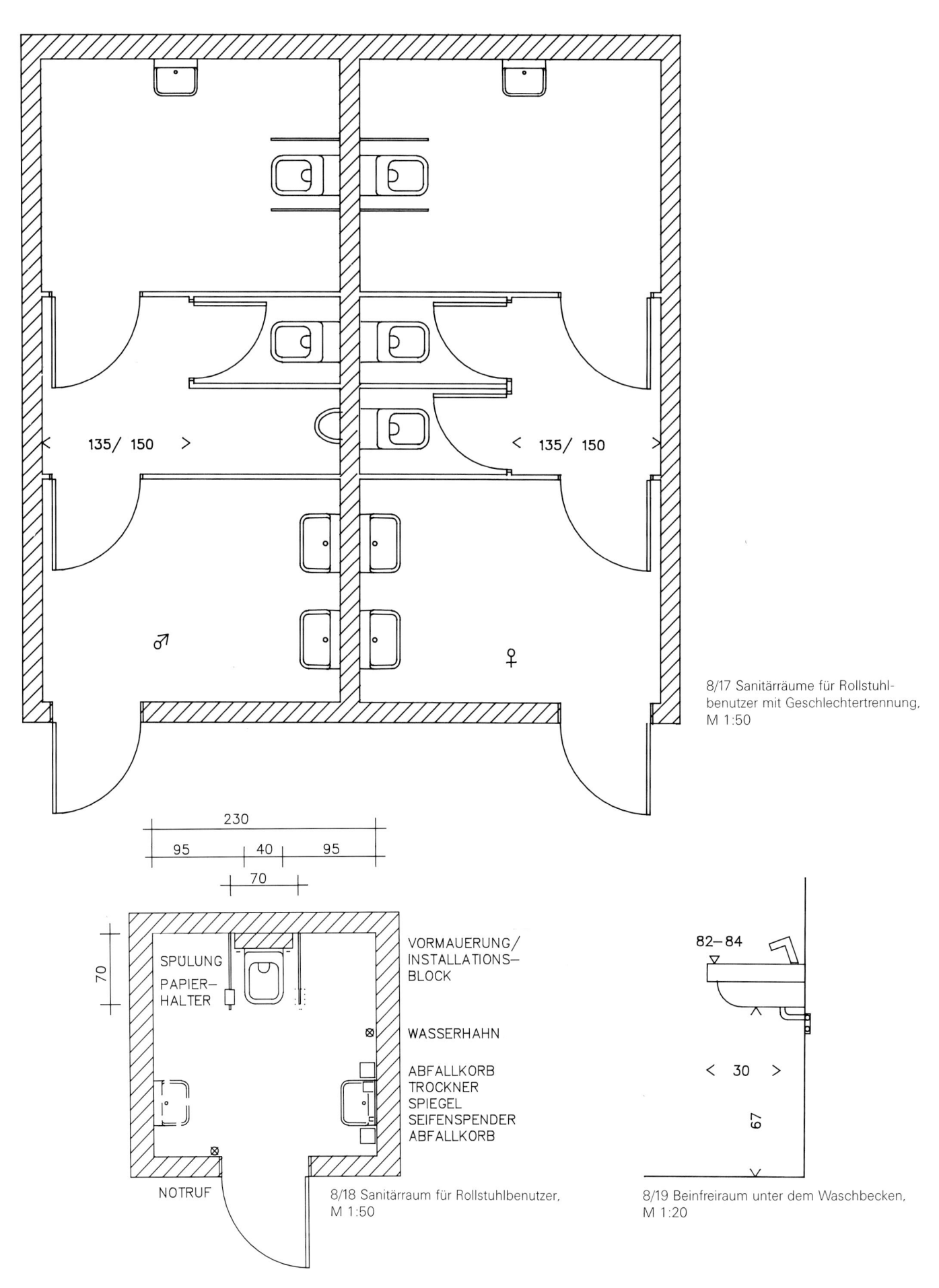

8/17 Sanitärräume für Rollstuhlbenutzer mit Geschlechtertrennung, M 1:50

VORMAUERUNG/
INSTALLATIONS-
BLOCK

SPÜLUNG
PAPIERHALTER

WASSERHAHN

ABFALLKORB
TROCKNER
SPIEGEL
SEIFENSPENDER
ABFALLKORB

NOTRUF

8/18 Sanitärraum für Rollstuhlbenutzer, M 1:50

8/19 Beinfreiraum unter dem Waschbecken, M 1:20

8.11 Sanitärräume

In jedem Sanitärraum oder jeder Sanitäranlage ist mindestens eine für Rollstuhlbenutzer geeignete Toilettenkabine einzuplanen.

Sie ist wie folgt zu planen und auszustatten:
- Klosettbecken.

Rechts und links neben dem Klosettbecken sind mindestens 95 cm breite und mindestens 70 cm tiefe und vor dem Klosettbecken mindestens 150 cm breite und mindestens 150 cm tiefe Bewegungsflächen vorzusehen (siehe Bild 12).

Die Sitzhöhe (einschließlich Sitz) sollte 48 cm betragen. 55 cm hinter der Vorderkante des Klosettbeckens muss sich der Benutzer anlehnen können.
- Haltegriffe.

Auf jeder Seite des Klosettbeckens sind klappbare, 15 cm über die Vorderkante des Beckens hinausragende Haltegriffe zu montieren, die in der waagerechten und senkrechten Position selbsttätig arretieren. Sie müssen am äußersten vorderen Punkt für eine Druckbelastung von 100 kg geeignet sein.

Der Abstand zwischen den Klappgriffen muss 70 cm, die Höhe 85 cm betragen (siehe Bild 12).
- Toilettenspülung.

Die Spülung muss beidseitig mit Hand oder Arm zu betätigen sein, ohne dass der Benutzer die Sitzposition verändern muss.
- Toilettenpapierhalter.

Je ein Toilettenpapierhalter muss an den Klappgriffen im vorderen Greifbereich des Sitzenden angeordnet sein.
- Waschtisch.

Ein voll unterfahrbarer Waschtisch mit Unterputz- oder Flachaufputzsiphon ist vorzusehen. Die Oberkante des Waschtisches darf höchstens 80 cm hoch montiert sein. Kniefreiheit muss in 30 cm Tiefe und in mindestens 67 cm Höhe gegeben sein. Der Waschtisch ist mit einer Einhebelstandarmatur oder mit einer berührungslosen Armatur auszustatten (siehe auch Abschnitt 17).

Vor dem Waschtisch ist eine mindestens 150 cm tiefe und 150 cm breite Bewegungsfläche anzuordnen (siehe Bild 12).
- Spiegel.

Über dem Waschtisch ist ein Spiegel anzuordnen, der die Einsicht sowohl aus der Steh- als auch aus der Sitzposition ermöglicht.
Seifenspender.

Ein Einhandseifenspender muss über dem Waschtisch im Greifbereich auch mit eingeschränkter Handfunktion benutzbar sein. Die Entnahmehöhe darf nicht unter 85 cm und nicht über 100 cm angeordnet sein.
- Handtrockner.

Der Handtrockner muss anfahrbar sein. Die Handtuchentnahme oder der Luftaustritt sind in 85 cm Höhe anzuordnen. Die Bewegungsfläche vor dem Handtrockner muss 150 cm tief und 150 cm breit sein.
- Abfallauffang.

Ein abgedichteter und geruchsverschlossener Abfallauffang mit selbstschließender Einwurföffnung in 85 cm Höhe muss anfahrbar und mit einer Hand bedienbar sein. Bewegungsfläche vor dem Abfallauffang, siehe 4.5.
- Ein Wasserventil mit Wasserschlauch und ein Fußbodenablauf sind vorzusehen.
- Notruf ist vorzusehen (siehe Abschnitt 17).
- Türen (siehe Abschnitt 6+17).

Die barrierefreie Toilettenkabine sollte mit Kleiderhaken in 85 cm und 150 cm und mit einer zusätzlichen, 15 cm tiefen und 30 cm breiten Ablagefläche in 85 cm Höhe ausgestattet werden.

Sanitärräume, z.B. in Raststätten, Sportstätten, Behinderteneinrichtungen, sollten mit einer 200 cm langen und 90 cm breiten Klappliege in 50 cm Höhe und einem klappbaren Mitteltisch, mindestens 50 cm breit und 50 cm tief in 85 cm Höhe ausgestattet sein.

Bewegungsfläche, siehe 4.3.

Kommentar: Zu der Frage, was ein Sanitärraum ist, muss zwischen einem Sanitärraum für Kunden, z.B. in einer Gaststätte, und für Beschäftigte in einer Arbeitsstätte unterschieden werden. Die Anzahl der Sanitärräume für Kunden, z.B. in einer Gaststätte, richtet sich nach der Schankraumfläche (Beispiel Baden-Württemberg, siehe Tabelle „WC-Anlagen abhängig von Schankraumfläche nach Gaststättenverordnung Baden-Württemberg").

Im Hinblick auf die Beschäftigten in einer Arbeitsstätte gibt die Verordnung über Arbeitsstätten keine Auskunft. Sie verwendet in Kapitel 2.3 den Begriff Sanitärräume für
§ 34 Umkleideräume, Kleiderablagen
§ 35 Waschräume, Waschgelegenheiten
§ 36 Verbindung von Wasch- und Umkleideräumen
§ 37 Toilettenräume.

In Kapitel 2.4 werden die Sanitätsräume im Sinne der ersten Hilfe erwähnt.
Eine begriffliche Abstimmung zwischen der Verordnung über Arbeitsstätten und DIN 18024 scheint erforderlich.

Die Anzahl der Sanitärräume und Arbeitsstätten richtet sich nach der Zahl der Beschäftigten, wie aus der Tabelle „Arbeitsstätten-Richtlinie Toilettenräume ASR 37/1 Ausgabe September 1976" (ASR zu § 37 Abs. 1) hervorgeht.

Eine Geschlechtertrennung ist prinzipiell erst ab zwei verschiedengeschlechtlichen Beschäftigten notwendig.

Bei einer Sanitäranlage wie Abb. 8/15 ist ein eigener, auch verschiedengeschlechtlichen Rollstuhlbenutzern vorbehaltener Sanitärraum gut machbar. Rollstuhlbenutzer beiderlei Geschlechts sind in der Lage, einen gemeinsamen Sanitärraum zu benützen (Abb. 8/16) (Beispiel Bundesbahn).

Bei behinderten Menschen, insbesondere bei Rollstuhlbenutzern, ist eine Geschlechtertrennung erst bei einer sehr viel größeren Beschäftigtenzahl angezeigt. Dies gilt z.B. für Werkstätten für Behinderte, in denen überwiegend behinderte Menschen berufstätig sind. In diesem Fall gelten die Arbeitsstätten-Richtlinien zu § 37 Abs. 1 und damit die o.a. Tabelle sinngemäß (Abb. 8/17-19).

8.12 Sport-, Bade-, Arbeits- und Freizeitstätten

8.12.1 Zusätzliche Anforderungen an Toilettenkabinen bzw. Duschkabinen

- Der schwellenfreie Duschplatz, 150 cm breit und 150 cm tief, kann als seitliche Bewegungsfläche des Klosettbeckens angeordnet werden.
- Ein 40 cm breiter und 45 cm tiefer Dusch-Klappsitz mit Rückenlehne muss vorhanden sein. Die Sitzhöhe muss 48 cm betragen.
- Neben dem Klappsitz muss eine Bewegungsfläche von 95 cm Breite und 70 cm Tiefe (gemessen von der Vorderkante des Klappsitzes) verfügbar sein. Beidseitig des Klappsitzes müssen waagerechte, hochklappbare Haltegriffe vorhanden sein.
- Eine Seifenschale bzw. -ablage muss aus der Sitzposition in 85 cm Höhe erreichbar sein.

Eine Einhebelduscharmatur, auch mit Handbrause, muss aus der Sichtposition seitlich in 85 cm Höhe erreichbar sein (siehe auch Abschnitt 17).
- Türen (siehe Abschnitt 6).

Kommentar: Auf den Abbildungen 8/20-22 sind Sanitärräume, d.h. Toilettenräume mit Duschflächen dargestellt. Der Klappsitz ist einhängbar und in der Halterung verschiebbar.

Bei Abbildung 8/22 ist eine wechselseitige Nutzung der Sanitärräume nur dann möglich, wenn diese zwischen 2 Umkleideräume angeordnet sind.

8.12.2 Umkleidebereiche

Bei den Umkleidebereichen (s. Abb. 8/23 a-c) ist zu unterscheiden, ob der Rollstuhlbenutzer sich im Sitzen oder im Liegen umkleiden kann. Während die Umkleidebereiche, 8/23 a+b, ohne WC-Benutzung bemessen sind, sind die Umkleidebereiche nach Abbildung 8/23 c zugleich für die WC-Benutzung größer bemessen.

Kommentar: Die Arbeitsstätten-Verordnung § 33+34 und dazugehörige Arbeitsstätten-Richtlinien § 34/1-5, Umkleideräume beziehen sich auf DIN 18228 Blatt 3, Gesundheitstechnische Anlagen in Industriebauten; Umkleide-, Reinigungs- und Sonderanlagen, Ausgabe Januar 1971.
Die dort gezeigten Grundrissbeispiele sind für Rollstuhlbenutzer nicht geeignet. Es muss in jedem Fall gewährleistet sein, dass die Mindestbewegungsfläche von 150 cm auf 150 cm vorhanden ist.
Umkleidebereiche für Rollstuhlbenutzer sollten immer auf der Ebene des Schwimmbeckens liegen. Dies gilt sinngemäß auch für Sanitärräume.

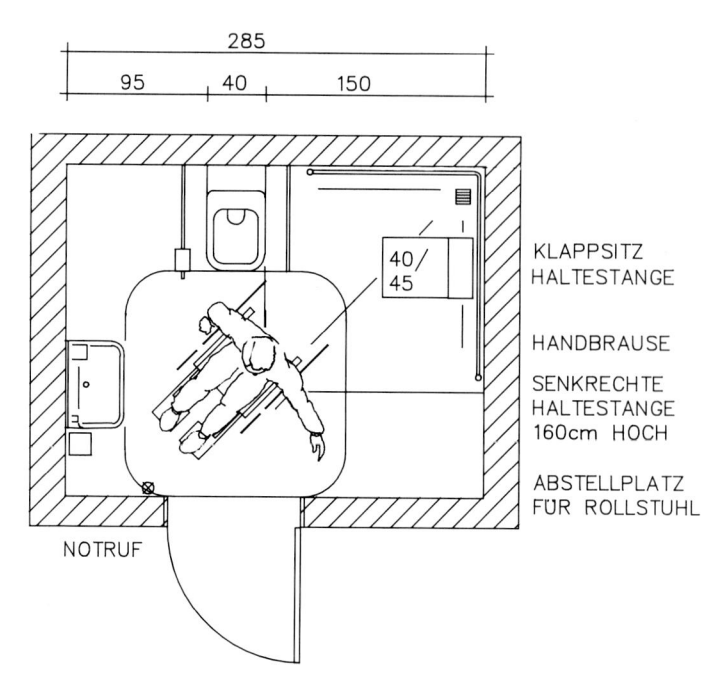

8/20 Sanitärraum für Rollstuhlbenutzer mit Duschfläche, M 1:50

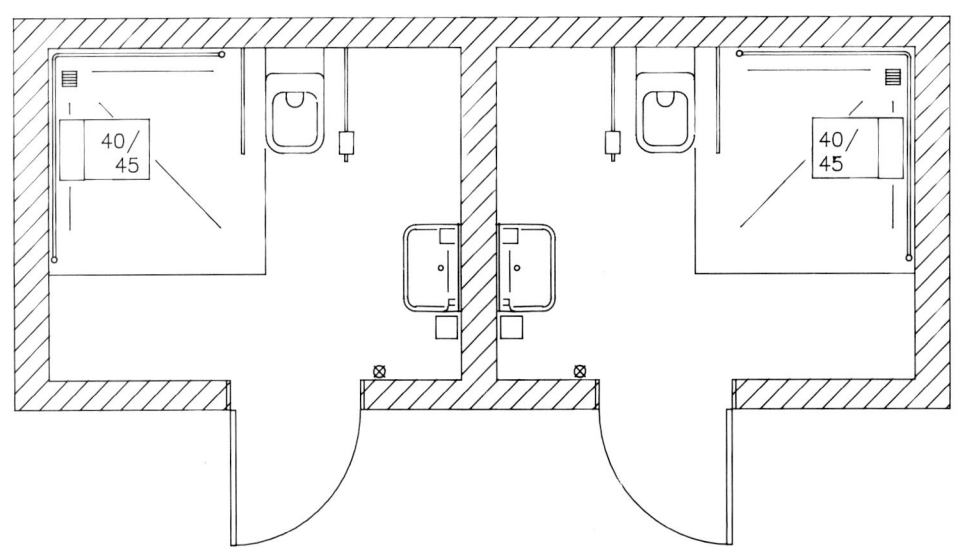

8/21 Sanitärräume für Rollstuhlbenutzer, M 1:50

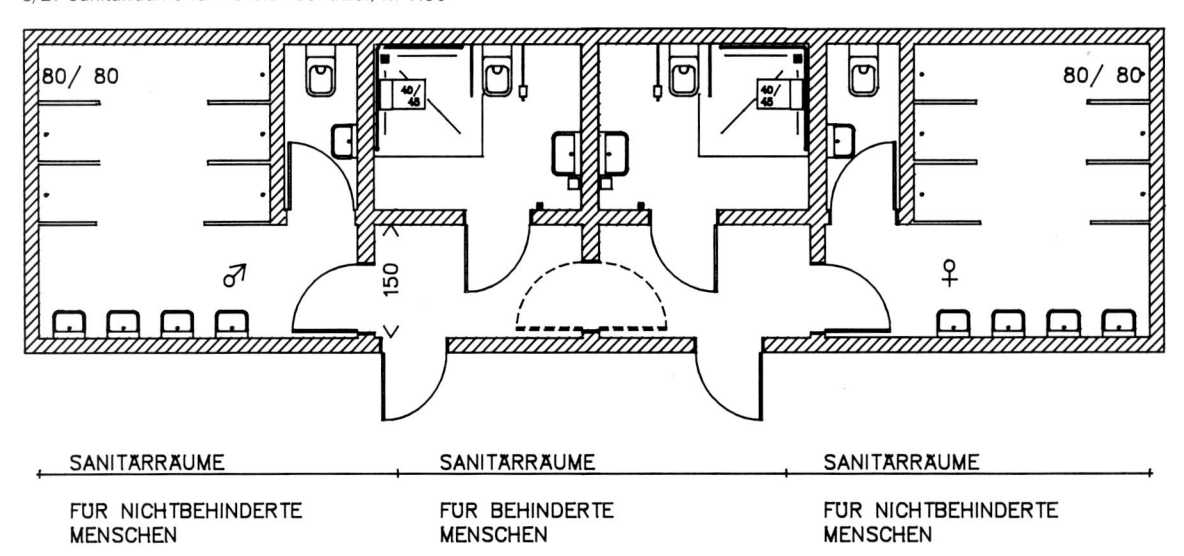

8/22 Wechselseitige Nutzung der Sanitärräume, M 1:100

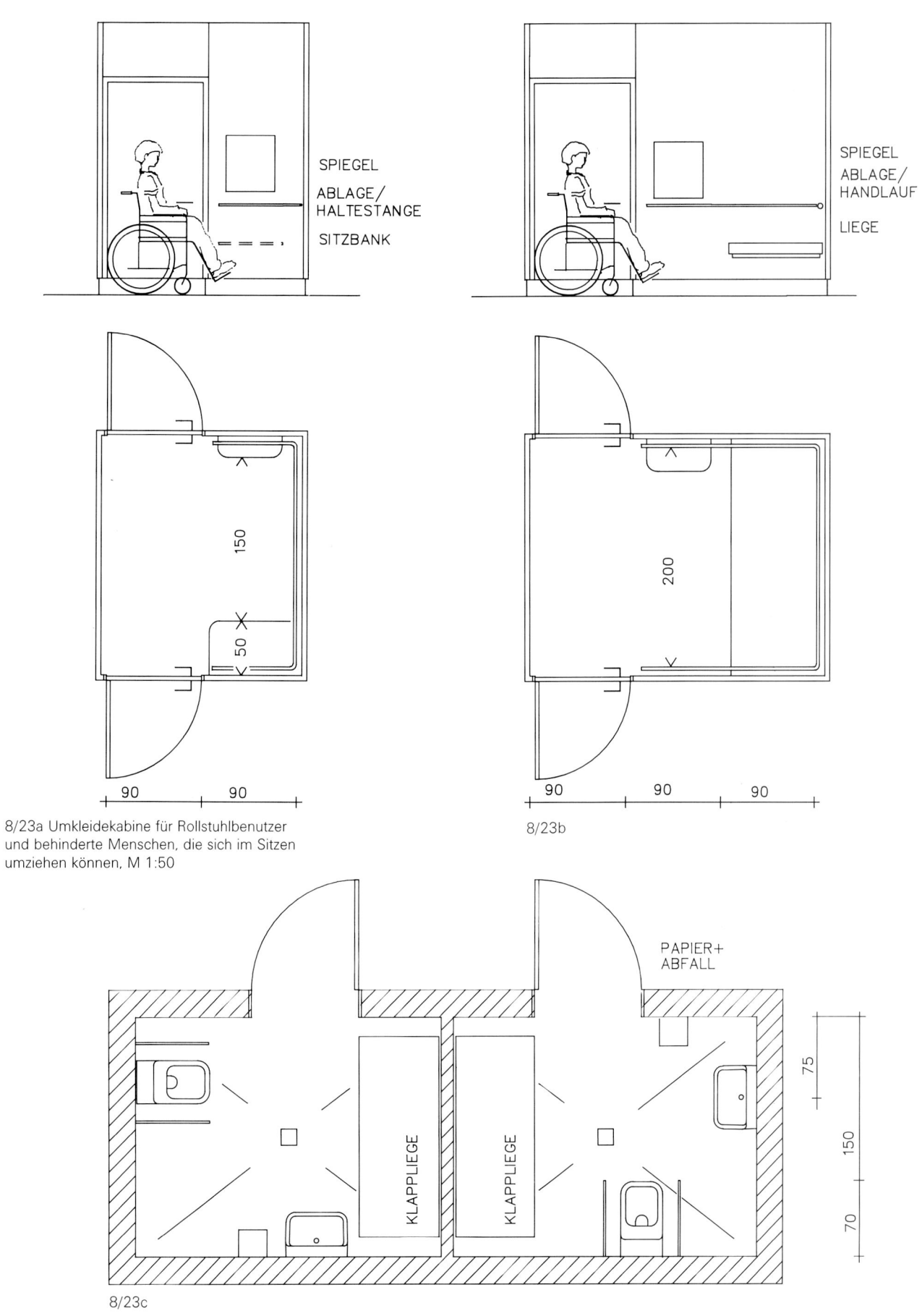

8/23a Umkleidekabine für Rollstuhlbenutzer und behinderte Menschen, die sich im Sitzen umziehen können, M 1:50

8/23b

8/23c
8/23b+c Umkleidekabine für Rollstuhlbenutzer, die sich nur im Liegen umziehen können, M 1:50

8.12.3 Schwimm- und Bewegungsbecken

Schwimm- und Bewegungsbecken sind mit geeigneten technischen Ein- und Ausstiegshilfen, z.B. Lifte, Rutschen, auszustatten. Abstellplätze für Rollstühle sind in Abhängigkeit in der jeweils gewählten Ein- und Ausstiegshilfe vorzusehen.
Bewegungsfläche vor dem Rollstuhlabstellplatz, siehe Abschnitt 4.

Kommentar: In Kapitel 4.9 Therapie- und Sporteinrichtungen, Bewegungsbad und Sauna sind verschiedene Einstiegs- und Ausstiegshilfen dargestellt (s. Abb. 4.9/27-30). Auch eine Zwischenform zwischen Treppe und Rutsche, eine so genannte Stütztreppe ermöglicht Menschen mit Behinderungen auf einfache Weise in das Wasser zu gelangen und wieder heraus.
Der barrierefreie Zugang muss für alle, für Rollstuhlbenutzer oder auch für Personen mit Behinderungen möglich sein.
Während der Schwimmbadbenutzung sind Mobilitätshilfen und Rollstühle am Beckenrand abzustellen. Hierfür sind Flächen und geeignete Haltevorrichtungen erforderlich.

8.12.4 Hygieneschleuse, Durchfahrbecken

Hygieneschleusen sind mit beidseitigen Handläufen in 85 cm Höhe auszustatten.
Rampen von Durchfahrbecken sind nach 7.4 zu bemessen.

Kommentar: Im Zugang befindliche Durchschreitebecken oder desinfizierende Durchgangsschleusen müssen so gestaltet sein, dass ein Rollstuhlbenutzer schwellenfreien und stufenlosen Zugang zum Becken hat und Personen mit anderen technischen Mobilitätshilfen ein rutschfreies und sicheres Durchschreiten ermöglicht wird (Abb. 8/24).
Im übrigen sind die maximale Steigung einer Rampe mit 6 % und die Breite zwischen der Radabweisung von 120 cm (s. Abb. 8/24) zu berücksichtigen.

8.12.5 Rollstuhlabstellplatz

Rollstuhlabstellplätze sind vorzugsweise im Eingangsbereich vorzusehen.
Ein Rollstuhlabstellplatz muss mindestens 190 cm breit und mindestens 150 cm tief sein. Bewegungsfläche vor dem Rollstuhlabstellplatz: s. Abschnitt 4.3 (s. Bild 13).

Kommentar: Es handelt sich um einen Rollstuhlabstellplatz zum Umsteigen von Straßenrollstuhl auf den Zimmerrollstuhl. Es handelt sich um die bereits in DIN 18025 Teil 1 vorgenommene Festlegung.

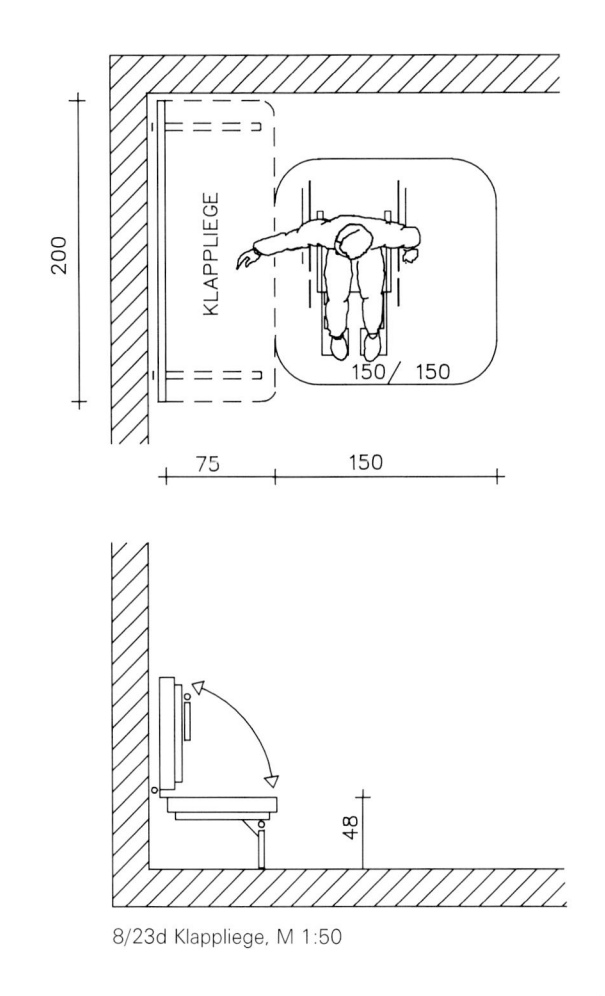

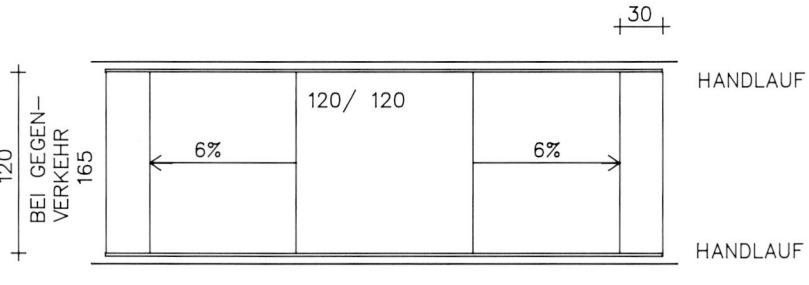

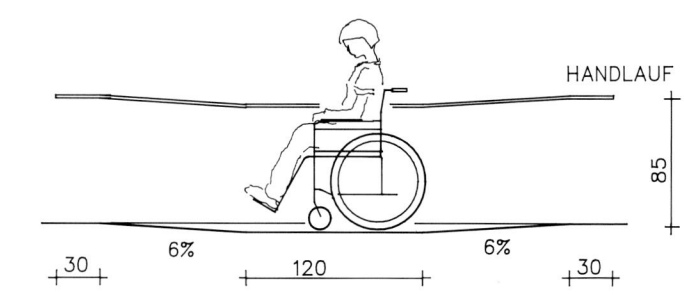

8/23d Klappliege, M 1:50

8/24 Durchfahrbecken, M 1:50

8.13 Versammlungs-, Sport- und Gaststätten

Plätze für Rollstuhlbenutzer müssen mindestens 95 cm breit und 150 cm tief sein. 1 %, mindestens jedoch 2 Plätze, sind für Rollstuhlbenutzer vorzusehen.
Je nach Bedarf sind weitere Plätze vorzusehen.
Sitzplätze für Begleitpersonen sind neben dem Rollstuhlplatz vorzusehen.

Kommentar: Grundsätzlich sollten die Standplätze der Rollstuhlbenutzer so angeordnet werden, dass sowohl der Rollstuhlbenutzer selbst als auch andere Personen Fluchtwege schnell zurücklegen können. Eine vertretbare Nähe zum nächsten Ausgang ist sinnvoll.
Bei loser Bestuhlung können die Standplätze für Rollstuhlbenutzer durch Weglassen der Stühle ausgewiesen werden. Eine schnelle Anpassung an den augenblicklichen Bedarf ist sehr leicht möglich. Bei fester Bestuhlung müssen geeignete Standplätze ausgewiesen werden. Dies sind diejenigen Standplätze, die auch bei ansteigendem Gestühl unmittelbar anfahrbar sind. Grundsätzlich ist darauf zu achten, dass die Standplätze der Rollstuhlbenutzer Rettungswege nicht beeinträchtigen.
Am Beispiel Tennissport ist zu erkennen, dass auch diese Sportart im Rollstuhl möglich ist und nur geringfügige Regeländerungen notwendig sind, um wettkampfmäßig Behinderte und Nichtbehinderte integrativ zusammenzuführen. Um Rollstuhlbenutzern den Zugang zu diesem Sport zu ermöglichen, müssen entsprechende bauliche Maßnahmen bedacht werden. Positive Beispiele für Tennissportanlagen für Rollstuhlbenutzer sind bei Jörg E. Schwan, Wasserturmstraße 11 in 52388 Norwenich zu erfahren.
Weitere Angaben zu verschiedenen Sportarten siehe Kapitel 10.0 Sport- und Freizeitanlagen.

8.14 Beherbergungsbetriebe

Es sind 1 %, mindestens jedoch 1 Zimmer, nach DIN 18025 Teil 1 zu planen und einzurichten. Jedes rollstuhlgerechte Gästezimmer muss mit Telefon ausgestattet sein.
In rollstuhlgerechten Gästezimmern sollten alle Geräte (z.B. Vorhänge, Türverriegelung) fernbedienbar sein.
Von verschiedenen Organisationen wurden in der zurückliegenden Zeit Fragebögen an Beherbergungsbetriebe geschickt, um zu ermitteln, ob der Beherbergungsbetieb für Rollstuhlbenutzer barrierefrei nutzbar ist. Die BAGcbf e.V. Eupener Straße 5 in 55131 Mainz und die Nationale Koordinationsstelle Tourismus für behinderte Menschen – tourism vorall – haben einen gemeinsamen einheitlichen Fragebogen erarbeitet, dem DIN 18024 Teil 2 zu Grunde liegt.

Auch die Mediguard International GmbH, Hüttenstraße 69 in 87600 Kaufbeuren hat sich dieser Fragebogenaktion auf der Grundlage der DIN 18024 Teil 2 angeschlossen.
Das EU-Projekt BARRIER-INFO entwickelt eine mehrsprachige Internet-Datenbank mit Informationen über die Zugänglichkeit europäischer Städte und Regionen. Zur Erhebung der Daten stellen acht Projektpartner eine spezielle Software zur Verfügung. Wer eine Reise plant, kann also schon zu Hause vom eigenen PC aus klären, wie es mit der Barrierefreiheit am Zielort aussieht (D.I.A.S. GmbH, Heike Clauss, Telefon 040/ 43 18 75 15).

8.15 Tresen, Serviceschalter und Verkaufstische

Zur rollstuhlgerechten Nutzung sollte die Höhe von Tresen, Serviceschaltern und Verkaufstischen 85 cm betragen.
Bei mehreren gleichartigen Einrichtungen ist mindestens ein Element in dieser Höhe anzuordnen und unterfahrbar auszubilden. Kniefreiheit muss in 30 cm Tiefe in mindestens 67 cm Höhe gegeben sein.

Kommentar: Dies ist z.B. in einer Bank der Fall, wo im Kundendienstraum mehrere Schalter bzw. Besprechungstische angeordnet sind.

8.16 Pkw-Stellplätze

1 % der Pkw-Stellplätze, mindestens jedoch 2 Stellplätze, müssen nach DIN 18025 Teil 1 gestaltet sein (siehe auch 4.3 dieser Norm). In der Nähe des Haupteinganges ist ein Stellplatz für einen Kleinbus, Höhe mindestens 250 cm, Länge 750 cm, Breite 350 cm, vorzusehen. In Parkhäusern und Tiefgaragen sollten rollstuhlgerechte Stellplätze in der Nähe der Aufzüge liegen; bei allen anderen Gebäuden unmittelbar am Haupteingang.

Kommentar: Die barrierefreien Stellplätze müssen im Bereich des Haupteinganges für den Publikumsverkehr liegen. Wenn ein Personaleingang für Beschäftigte vorhanden ist, muss u.U. auch dort ein rollstuhlgerechter Stellplatz liegen. Die Überdachung der Stellplätze allein schützt nicht vor Witterung; auch der Zugang zu diesem Stellplatz aus dem Gebäude heraus muss überdacht sein. Wenn Kleinbusse zum Einsatz kommen, ist eine Überdachung über 2,50 m Höhe erforderlich.
In Parkhäusern und Tiefgaragen können üblicherweise rollstuhlgerechte Stellplätze nur für Pkw's ausgewiesen werden.

8.17 Bedienungsvorrichtungen

Bedienungsvorrichtungen (z.B. Schalter, Taster, Toilettenspüler, Briefeinwurf- und Codekartenschlitze, Klingel, Bedienungselemente kraftbetätigter Türen, Notrufschalter) müssen auch mit eingeschränkter Greiffähigkeit leicht benutzbar sein; sie sind in 85 cm Höhe anzubringen. Sie dürfen nicht vesenkt und scharfkantig sein.
Für Sehbehinderte und Blinde müssen Bedienungselemente durch kontrastreiche und taktil erfassbare Gestaltung leicht erkennbar sein.
Die Tür des Sanitärraumes und/oder der Toilettenkabine muss abschließbar und im Notfall von außen zu öffnen sein.
Schalter für kraftbetätigte Türen sind bei frontaler Anfahrt mindestens 250 cm vor der aufschlagenden Tür und auf der Gegenseite 150 cm vor der Tür anzubringen. Bedienungsvorrichtungen müssen einen seitlichen Abstand zur Wand oder zu bauseits einzubringenden Einrichtungen von mindestens 50 cm haben (siehe Bild 14).
Sanitärarmaturen mit Warmwasseranschluss sind mit Einhebelmischbatterien oder berührungslose Armaturen und mit schwenkbarem Auslauf vorzusehen; die Wassertemperatur darf an der Armatur maximal 45 °C betragen.
Notrufschalter in Sanitärräumen oder Toilettenräumen müssen zusätzlich vom Boden aus (z.B. Zugschnur) erreichbar sein.

Kommentar: Eine Notrufmeldung muss optisch und akustisch an der Sanitärraum-Eingangstür erkennbar sein bzw. einen zentralen Meldeanschluss haben. Die Notrufmeldung muss zum Ziel haben, dass mindestens 1 Person zu Hilfe kommen kann. Daher muss der Notruf z.B. an eine Zentrale oder an eine ansprechbare Person weitergeleitet werden.
In Toilettenkabinen müssen Kleiderhaken in 85 cm und 150 cm Höhe angebracht werden. Zusätzliche Ablageflächen sind in 85 cm Höhe hilfreich.

8.18 Orientierungshilfen, Beschilderung

Öffentlich zugängige Gebäude oder Gebäudeteile, Arbeitsstätten und ihre Außenanlagen sind mit Orientierungshilfen auszustatten.
Orientierungshilfen sind so signalwirksam anzuordnen, dass Hinweise deutlich und frühzeitig erkennbar sind, z.B. durch Hell/ Dunkelkontraste (möglichst hell auf dunklem Hintergrund). Größe und Art von Schriftzeichen müssen eine gute, blendfreie Lesbarkeit ermöglichen.
Orientierungshilfen sind zusätzlich tastbar auszufahren, z.B. durch unterschiedlich strukturierte Oberflächen, bei Richtungsänderungen oder Hindernissen müssen besondere Markierungen vorgesehen werden.

Die Beleuchtung von Verkehrsflächen, Treppen und Treppenpodesten mit künstlichem Licht ist blend- und schattenfrei auszufahren. Eine höhere Beleuchtungsstärke als nach DIN 5035 – 2 ist vorzusehen. Fluchtwege sollten durch besondere Lichtbänder und richtungsweisende Beleuchtung, z.B. in Fußleistenhöhen, sowie durch Tonsignale gekennzeichnet werden.
Am Anfang und am Ende von Handläufen einer Treppe sind einheitlich taktile Hinweise auf Geschossebenen anzubringen. Personenaufzüge mit mehr als zwei Haltestellen sind zusätzlich mit Haltestellenansagen auszustatten.

Kommentar: Orientierungshilfen und Beschilderungen sind vor allem für Blinde und Sehbehinderte von großer Bedeutung. Aber auch Sehende und Rollstuhlbenutzer profitieren davon. Für die Verwendung in öffentlich zugängigen Gebäuden, Verkehrsanlagen sowie Straßenräumen wird zur Zeit eine Norm mit dem Titel „Bodenindikatoren im öffentlichen Verkehrsraum" erörtert. Sie befasst sich mit Anforderung, Planung und Ausführung von Bodenindikatoren, Blindenleitstreifen, Aufmerksamkeitsfeld, Auffangstreifen, Abschlussstreifen, Hinführungsstreifen, Begleitstreifen, Farbkontrast und Schutzstreifen.

8.19 Blinden- und sehbehindertengerechte Gestaltung öffentlich zugängiger Gebäude

In der DIN 18024-2 wird die Forderung erhoben, dass öffentlich zugängige Gebäude von allen Menschen „von fremder Hilfe weitgehend unabhängig" nutzbar sein müssen[1]. Ausdrücklich erwähnt sind dabei Blinde und Sehbehinderte. Unterhält man sich mit ihnen, stellt man sehr schnell fest, dass für sie insbesondere zwei „Barrieren" bestehen, die jedoch in der Öffentlichkeit noch zu wenig bekannt zu sein scheinen: Die Angst, sich zu verletzen, und die Angst, sich im Gebäude zu verirren.
– Gefahren (denen im Prinzip alle Nutzer ausgesetzt sind):
   – Die folgenschwersten Fußgänger-Unfälle in Gebäuden ereignen sich, wenn abwärtsführende Treppen oder Einzelstufen übersehen werden.
   – Schwere Stürze sind möglich, wenn niedrige Hindernisse übersehen werden.
   – Verletzungen im Kopfbereich lauern z.B. unter frei stehenden Treppen; bei Info-Monitoren, die in Augenhöhe an der Wand befestigt sind; bei im Flur stehenden Yucca-Palmen, Kakteen oder Kunstwerken.
   – Glasflächen an Fenstern oder Türen, die nicht rechtzeitig erkannt werden, können beim Dagegenstoßen zu Bruch gehen und schwere Schnittverletzungen verursachen.

Alle diese Gefahren betreffen in erheblich verstärktem Maße blinde und sehbehinderte Personen. So sind z.B. – nach einer Umfrage zu Problemen auf Treppen – Personen mit nicht eingeschränktem Sehvermögen im Durchschnitt schon zweimal gestolpert, haben sich den Fuß übertreten oder sind gestürzt, weil sie Treppenstufen übersehen haben; sehbehinderten Personen dagegen passierte dies schon fünf- und hochgradig sehbehinderten sogar sechsmal. Verletzt haben sich dabei 17 % der nicht behinderten Personen, 30 % der sehbehinderten und 62 % der hochgradig sehbehinderten Personen[2]. (Absolut betrachtet sind natürlich trotzdem die meisten Treppensturz-Unfallopfer nicht visuell behindert, sondern Personen mit normalem Sehvermögen!)
– Orientierungsprobleme
Schwieriger erkennbar als für Personen mit gutem Sehvermögen ist es für Sehbehinderte und (in verstärktem Maße) für Blinde z.B.,
   – wo Flure von einem Foyer abzweigen
   – wo Treppen beginnen oder Aufzüge sich befinden
   – in welchem Stockwerk sie angelangt sind
   – wo sich die Türe zu einem bestimmten Raum befindet.
Was für ein verzweifeltes Gefühl es z.B. für einen Blinden sein kann zu erkennen, dass er sich in einer menschenleeren Ecke eines großen Komplexes hoffnungslos verirrt hat, ist für den Außenstehenden nur schwer nachvollziehbar.
Es ist jedoch ohne Frage eine Aufgabe unserer Gesellschaft, diese Probleme anzugehen und damit blinden und sehbehinderten Personen zu größerer Selbstständigkeit zu verhelfen. Unverkennbar ist auch, dass ein großer Teil der angesprochenen Maßnahmen, die einem kleinen Kreis Behinderter Hilfe sein sollen, in Wirklichkeit der großen Masse aller Nutzer zugute kommen.

8.19.1 Treppen

In der DIN 18025-2 ist kein Hinweis über die optische Gestaltung von Treppen enthalten. Folglich werden in öffentlich zugängigen Gebäuden weiterhin Treppen gebaut, deren Material, Struktur und Farbe sich in aller Regel nicht von den oben und unten anschließenden An- und Austrittsflächen unterscheidet. Es muss davon ausgegangen werden, dass dies – die schlechte optische Erkennbarkeit von Treppen – mit eine Ursache der relativ häufigen und z.T. sehr folgenschweren[3] Treppenstürze ist.
Wie Untersuchungen gezeigt haben, wird die folgende „dynamische Treppengestaltung" von Nutzern als optimal sichernd empfunden[4]:

– Alle Treppenstufen werden an ihrer Kante mit einem ca. 5 cm breiten, in der Leuchtdichte zum Stufenbelag kontrastierenden Material dauerhaft markiert.
– Diese Markierungen reichen jeweils bis zur Stufenkante.
– Die Stirnseiten haben dieselbe Farbe wie die Trittstufen.
– Vor dem oberen und unteren Antritt eines Treppenlaufes sind taktile „Bodenindikatoren" als „Aufmerksamkeitsfelder" über die gesamte Treppenbreite verlegt[5].
– Das untere Aufmerksamkeitsfeld schließt direkt an die letzte Treppenstufe an.
– Die Aufmerksamkeitsfelder bilden gegenüber den Trittflächen sowie gegenüber der oberen und unteren Fußbodenebene außerdem optische Kontraste. Diese Kontraste sind jedoch geringer als jene zwischen Trittflächen und Markierung.
Die optischen Markierungen müssen so gestaltet sein, dass sie keine Rutsch- und Stolpergefahr beinhalten. Werden z.B. Winkelkanten oder Trittleisten verwendet, sind sie eben in die Stufenfläche zu integrieren[6].
Wendeltreppen beinhalten für blinde Personen das Problem, dass durch die Drehung beim Treppensteigen ein zeitweiliger Orientierungsverlust eintritt. Da auch die sonstigen Nachteile von Wendeltreppen so gravierend sind, dass sie z.B. nach den Bestimmungen des Unfallversicherungsverbandes für Rettungs- und Fluchtwege nicht zulässig sind, sollten im öffentlichen Bereich nur geradlinige Treppen vorgesehen werden.[7]
Freistehende Treppen beinhalten eine schwere Verletzungsgefahr im Kopfbereich, insbesondere für Blinde. Der Freiraum unter Treppen sollte daher bis zu einer lichten Höhe von 210 cm so gestaltet werden, dass er nicht begangen werden kann – z.B. durch eine Abschrankung, durch einen mindestens 30 cm hohen Sockel oder durch entsprechende Möblierung.[8]
Die Handläufe (in Höhe von 60 und 90 cm) sollten farblich so gestaltet sein, dass sie zur Wandfläche deutlich kontrastieren.[9] Dies dient nur in zweiter Linie dazu, dass Sehbehinderte den Handlauf leichter finden. Der wichtigste Grund für diese Forderung ist wiederum ein Sicherheitsaspekt: Diese dadurch auffälligen (z.B. nach unten führenden) Linien machen einen Treppenlauf von weitem erkennbar und verhindern damit, dass er übersehen wird.
Der innere Handlauf am Treppenauge darf nicht unterbrochen sein[10]: Für Blinde stellt der Handlauf eine enorm wichtige Orientierungshilfe dar, die bei Lücken (und seien sie auch nur kurz) u.U. versagt oder zumindest irritiert. (Abb. 8/25)

1-10 Siehe Anhang „Literaturverzeichnis nach Kapiteln"

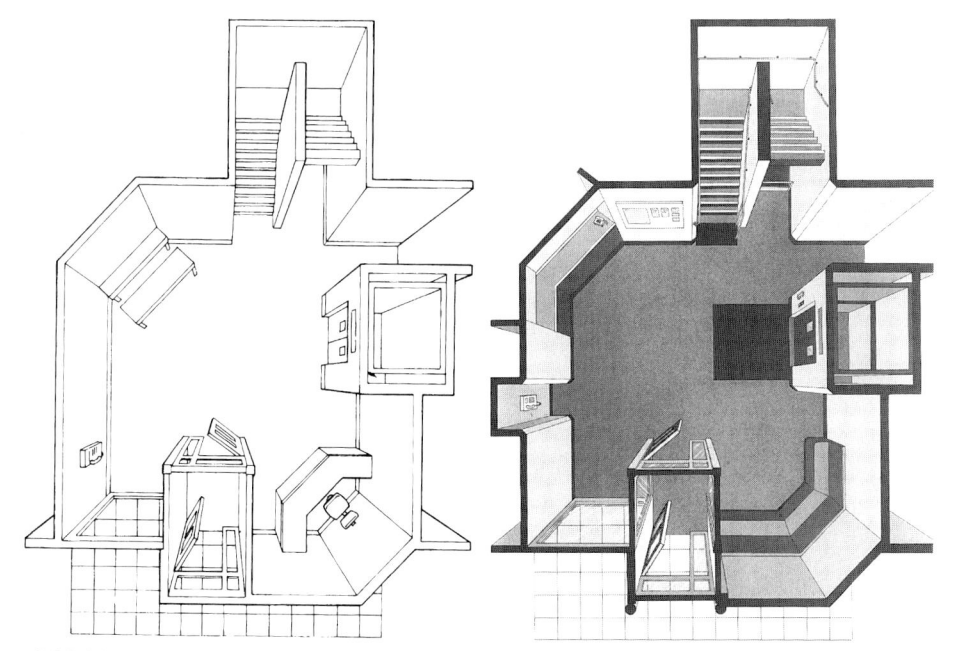

8/25 Die blinden- und sehbehindertengerechte Umgestaltung eines Eingangsbereiches:
– Handläufe wurden eingebaut, die beidseitig verlaufen und im Bereich des Podestes nicht unterbrochen sind.
– Eingebaute taktile Markierungen („Bodenindikatoren") geben Hinweise auf Aufzug und Treppe.
– Die Treppenstufen-Vorderkanten wurden kontrastreich markiert.
– Der Freiraum unter der Treppe ist durch eine Schranke gesichert.
– Das Telefon, das zum unangenehmen Hindernis werden konnte, ist in eine Nische versetzt.
– Die Türen im Windfang wurden so abgeändert, dass sie nun nach der gleichen Seite aufschlagen.
– Die Rezeption wurde aus der versteckten Ecke genommen und gegenüber von Aufzug und Eingangstüre plaziert, wo sie leichter zu finden ist.
– Möbel, die für Blinde zu Hindernissen werden könnten, wurden entfernt.
(aus: Building Sight, S. 79)

„Am Anfang und am Ende von Handläufen einer Treppe sind einheitlich taktile Hinweise auf Geschossebenen anzubringen."[11] Bei einfach strukturierten Gebäuden (z.B. mit nur drei Stockwerken) kann es u.U. genügen, ein, zwei oder drei erhabene Noppen anzubringen[12]. Dabei muss allerdings die Symbolik unbedingt dem Sprachgebrauch entsprechen: Es darf nicht sein, dass z.B. drei Noppen „2. OG" heißt, weil die Zählung mit dem Erdgeschoss („eine Noppe") beginnt! – Bei komplexeren Bauwerken ist ertastbare Schrift (sowohl in Braille- als auch in erhabenen „Schwarzschrift"-Buchstaben) unbedingt wünschenswert. (s. Kap. 2.3.3).

8.19.2 Türen[13]
Die optimalen Eingangstüren öffentlicher Gebäude für alle Mobilitätsbehinderten Personen, auch für Blinde und Sehbehinderte, sind Automatik-Schiebetüren. Um kostspielige Nachrüstungen zu vermeiden, sollten sie von Anfang an eingeplant werden. Drehtüren mit kleinem Radius, die nur den Durchlass für eine Person erlauben, sind für blinde Personen schwierig, da die Bewegung um die Rotationsachse die Richtungszuordnung erschwert. Auch Blindenführhunde haben hier in aller Regel größere Probleme. Falls derartige Türsysteme eingebaut werden, muss für Personen mit Mobilitätsbehinderung der Zugang durch eine separate Schiebe- oder Drehflügeltür gegeben sein, die ohne Umwege zu erreichen sein sollte. – Ebenso problematisch für Blinde und Sehbehinderte sind Pendel- oder Schwingtüren. Blinden, die in kurzem Abstand dem Fremdgeräusch der Schritte vorangehender Personen folgen, schlägt eine zurückschwingende Tür dann entgegen, ohne dass sie das Hindernis rechtzeitig erkennen und ihm ausweichen können. Eine Unfallursache – nicht nur, aber in verstärktem Maße für sehbehinderte Personen – stellen Ganzglastüren dar. Eine deutliche Markierung in Augenhöhe[14] muss daher bei Neubauten vorgesehen sein[15] und sollte bei Altbauten nachgerüstet werden. Dabei sind die unterschiedlichen Beleuchtungsverhältnisse des dahinter liegenden Raumes zu berücksichtigen: Die Markierung muss so gestaltet sein, dass sie sich grundsätzlich kontrastreich vom Hintergrund abhebt – sowohl dann, wenn der Raum unbeleuchtet und dunkel ist, als auch, wenn hell angestrahlte weiße Wände durch die Glasfläche scheinen.
Halb geöffnete Türen stellen für Blinde eine der häufigsten Verletzungsursachen dar, da eine schmale Türkante, auf die sie in diesem Fall treffen, von ihnen sehr schwierig zu orten ist. Türen sollten daher grundsätzlich so aufschlagen, dass sie nicht in die Bewegungsfläche eines Flures ragen können. Dies sollte auch dann der Fall sein, wenn sich Türen größerer Räume zur Sicherung von Fluchtwegen in Richtung Treppenhaus öffnen. Eine gute Lösung scheint es zu sein, sie in Nischen einzubauen (s. Kap. 3.4).
Türgriffe dürfen für Blinde, die nahe an einer Tür vorbeigehen, keine Verletzungsgefahr darstellen. Die Griffe sollten daher keine scharfen Kanten aufweisen, sondern möglichst abgerundet sein. Mit Rücksicht auf Sehbehinderte sollte ihr Leuchtdichtekontrast sich von dem des Türblatts deutlich kontrastierend abheben; dies wiederum (oder zumindest die Laibung) sollte einen deutlichen Kontrast zur Wandfläche haben[16].

8.19.3 Flure
In mehrgeschossigen Gebäuden mit gleicher Gestaltung mehrerer Stockwerke passiert es nicht selten, dass Besucher und sogar Mitarbeiter die Stockwerke verwechseln. Bei sehbehinderten und blinden Personen ist diese Verwechslungsgefahr noch mehr gegeben, da es für sie weniger bzw. kaum Anhaltspunkte mit Erinnerungswert gibt. – Nun ist es z.B. bei Parkhäusern seit längerer Zeit üblich, Parkdecks in Parkhäusern unterschiedliche Farbmarkierungen zu geben, die dann konsequent bei Eingangstüren, Parkplatznumerierungen und ggf. Leitlinien entlang der Wände durchgehalten werden. Mit Rücksicht auf Sehbehinderte wäre es wünschenswert, wenn eine derartige farbliche Unterscheidung verschiedener Stockwerke auch in öffentlichen Gebäuden übernommen würde. Noch einprägsamer allerdings und vor allem auch für Blinde nutzbar wäre die Verwendung unterschiedlicher Bodenbeläge (z. B. EG Fliesen, 1. OG. Parkett, 2. OG. Teppichboden)[17].
An den Wänden dürfen keine fest installierten Einrichtungsgegenstände wie Feuerlöscher, Aschenbecher, Heizkörper, Garderobehaken u.Ä. in die Bewegungsfläche ragen. Bei Renovierungsmaßnahmen sollten sie möglichst in Nischen versetzt werden.[18]
Optische Kontraste sind – nicht nur, aber insbesondere – für Sehbehinderte hilfreich: Türblätter und bzw. oder Laibungen, Fensterrahmen und nicht zuletzt der Fußbodenbelag sollten sich deutlich kontrastierend von den Wandflächen abheben. Bedienungselemente (Lichtschalter, Steckdosen, Tür- und Fenstergriffe) müssen durch kontrastreiche und taktil erfassbare Gestaltung für Blinde und Sehbehinderte leicht erkennbar sein[19]. Hilfreich ist es insbesondere für hochgradig Sehbehinderte, anstelle der üblichen punktförmigen Beleuch-

---
11–19 Siehe Anhang „Literaturverzeichnis nach Kapiteln"

tungskörper Lichtbänder vorzufinden, die Richtungsänderungen oder Abzweigungen von Fluren deutlich erkennbar machen.[20] (Abb. 8/26)

Sitzmöbel, Pflanztröge u.Ä. sollten, wenn irgend möglich, außerhalb der Bewegungsflächen in geeigneten Nischen untergebracht werden, da sie insbesondere für Blinde problematische Hindernisse darstellen. Ist dies nicht möglich, muss darauf geachtet werden, dass von scharfen Kanten oder überstehenden Zweigen keine Gefahr ausgeht.

8.19.4 Sanitärräume

Die Benutzung öffentlicher Toiletten wird erfahrungsgemäß von Blinden und Sehbehinderten möglichst vermieden. Wer als Sehender einmal das Pech hatte, eine Toilette benutzen zu müssen, bei der die Beleuchtung ausgefallen war, dürfte dafür Verständnis haben: Für blinde Personen besteht das Problem, dass sie in einem hygienisch kritischen Bereich zur Orientierung Wände, Griffe und Objekte mit den Händen berühren und ggf. Bedienelemente wie Hebel, Taster oder Zugkette für die Wasserspülung durch Tasten suchen müssen. Wichtig ist daher, dass sie leicht aufzufinden und eindeutig bedienbar sind. So dürfen z.B. bei elektrischen Bedienelementen (z.B. für Wasserspülung, Wasserhahn oder Händetrockner) keine Sensortasten verwendet werden, die nur optisch wahrnehmbar sind. Erforderlich sind deutlich erhabene Tasten, die eine erkennbare Druck- oder Kippbewegung ausführen. Abfallkörbe sollten direkt unter den Ausgabestellen für Papierhandtüchern stehen, um unnötige Sucharbeit zu ersparen.

Nicht selten ist festzustellen, dass in modernen Toilettenanlagen Farbkontraste nur eingesetzt sind, um gestalterische Effekte zu erzielen, während die für die Nutzung wichtigen Details (Toilettenbecken, Urinale, Waschbecken, Handtuchspender, Seifenspender u.Ä.) „Ton in Ton" mit dem Hintergrund gestaltet sind. Dies kann für Sehbehinderte sehr irritierend sein. Mit Rücksicht auf sie sollten alle Objekte und Bedienelemente in Sanitärräumen kontrastierend zur Wandfläche gestaltet sein, um das Auffinden zu erleichtern. Sehr wichtig ist auch ein ausreichender Leuchtdichtekontrast zwischen Fußboden und Wandfläche. Haben Boden- und Wandfliesen denselben Farbton (was häufig beobachtet werden kann), ist für viele Sehbehinderte das Erkennen der räumlichen Verhältnisse sehr erschwert. Um bestimmte Details hervorzuheben, kann auch an diesen Stellen die Wand auffällig anders gestaltet sein (z.B. hinter einer Wandseifenschale, einer Dusch-Aufhängung oder einem Toilettenpapierhalter).[21]

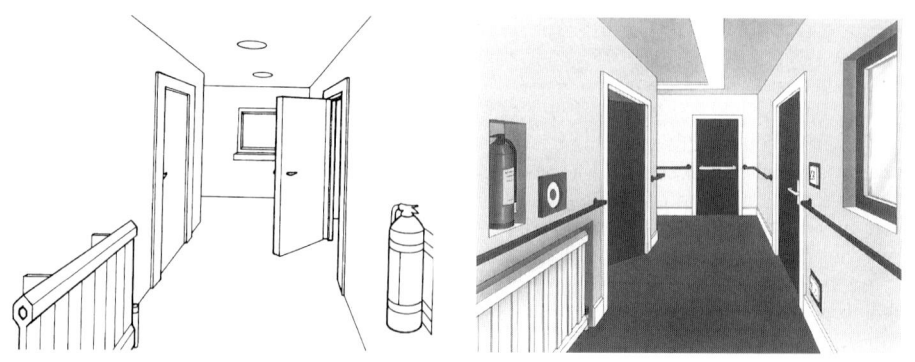

8/26 Die blinden- und sehbehindertengerechte Umgestaltung eines Flures:
– Hindernisse wurden in Nischen versetzt, Türen schlagen nicht mehr in den Flurbereich auf.
– Fußboden, Türen, Lichtschalter und Steckdosen kontrastieren gegenüber der Wandfläche.
– Die Einzelleuchten sind durch ein Leuchtband ersetzt, das Sehbehinderten Hinweise auf den Verlauf des Flures geben kann
(aus: Building Sight, S. 74)

8.19.5 Beleuchtung[22]

Die Bewältigung von Sehaufgaben, die Unfallverhütung und das Wohlbefinden des Menschen wird durch die Wahl der richtigen Beleuchtung entscheidend bestimmt. Die Beleuchtungsgüte wird z. B. durch Beleuchtungsniveau, Lichtrichtung und Lichtfarbe bestimmt, wobei die genannten Merkmale unterschiedliche Priorität für den jeweiligen Beleuchtungszweck haben können. Die verschiedenen Teile der DIN 5035 setzen dabei die Maßstäbe.

Die Anforderungen an die Beleuchtungsgüte steigen mit dem Schwierigkeitsgrad der Sehaufgaben: In Aufenthaltsräumen z.B. muss eine Nennbeleuchtungsstärke von mindestens 100 lx, in Fluren und Treppenbereichen von 120 lx, an Arbeitsplätzen im Bürobereich von 125 bis 500 lx und im feinmechanischen Bereich von über 1000 lx erreicht werden. – Die Werte der Nennbeleuchtungsstärke sind für normalsichtige Personen festgelegt worden. Mit Rücksicht auf Sehbehinderte ist bei der Beleuchtung von Verkehrsflächen, Treppen und Treppenpodesten „eine höhere Beleuchtungsstärke als nach DIN 5035-2 vorzusehen."[23] So werden z.B. für die Beleuchtung von Treppenanlagen 200 lx statt der vorgesehenen 120 lx empfohlen[24]; von Sehbehinderten gefordert werden 250 lx[25].

8.19.6 Blinden- und sehbehindertengerechte Aufzüge

Aufzüge spielen für die Orientierung Blinder und Sehbehinderter in größeren öffentlichen Gebäuden eine wichtige Rolle. Notwendig ist einerseits, dass die angebotenen Informationen von allen visuell Behinderten gelesen werden können: von Blinden, die nur Braillesche Blindenschrift lesen können, von Blinden, die nur erhabene „Schwarzschrift" lesen können sowie von Sehbehinderten. Notwendig ist andererseits, dass die drei genannten Gruppen nicht nur erkennen können, welche Taste sie drücken müssen, sondern auch die Rückmeldung bekommen, in welchem Stockwerk sie (tatsächlich) angekommen sind. Zur Gestaltung siehe Kap. 5.9.8.

8.19.7 Orientierungshilfen für Blinde und Sehbehinderte

In öffentlichen Gebäudekomplexen befinden sich in aller Regel Informationssysteme, die in erster Linie für Besucher gedacht sind, jedoch auch Mitarbeitern zugute kommen. Sie sind allerdings von Blinden praktisch nie, von Sehbehinderten nur in stark eingeschränktem Maße zu nutzen. Erforderlich ist bzw. wünschenswert wäre für diesen Personenkreis Folgendes:

– Damit Informationstafeln von Sehbehinderten gelesen werden können, müssen „Größe und Art der Schriftzeichen . . . eine gute, blendfreie Lesbarkeit ermöglichen."[26] Um dies zu erreichen, müssen die erforderlichen Maße eingehalten werden (s. Kap. 2.3.3). Dies gilt auch für von der Decke abgehängten Info-Tafeln, die häufig zur Führung von Besucherströmen eingesetzt werden. Wünschenswert ist es allerdings, dass alle optisch-schriftlichen Informationen in Augenhöhe angebracht sind (evtl. ergänzend zu den hoch hängenden Informationen): Der Sehbehinderte kann so den für ihn optimalen Leseabstand wählen und hat damit die größte Chance, die Information aufnehmen zu können.

– Ohne Frage wünschenswert wäre es, alle derartigen Informationen auch in Punktschrift vorliegen zu haben. Realisieren lässt sich dieser Wunsch jedoch vermutlich nur in Ausnahmefällen, wenn z.B. ein Mitarbeiter des jeweiligen Hauses, der die Blindenschrift beherrscht, diese Aufgabe übernimmt und konsequent alle Änderungen umgehend umsetzt. Die wichtigsten Informationen sollten jedoch grundsätzlich in jedem öffentlich zugänglichen Gebäude auch in Punktschrift und in ertastbarer „Schwarzschrift" vorhanden sein. Dies sind insbesondere Stockwerksanzeigen am

---

20-26 Siehe Anhang „Literaturverzeichnis nach Kapiteln"

Treppengeländer sowie im Aufzug und an dessen Laibung (s. Kap. 5.9.8); außerdem Zimmer- bzw. Raumnummern.
– Hilfreich für Sehbehinderte sind Leitlinien in verschiedenen Farben, wie sie vereinzelt in größeren Häusern mit starken Besucherströmen zu finden sind: Sie beginnen an einer Informationstafel beim Eingang, ziehen sich durch den gesamten Gebäudekomplex und führen damit zu den verschiedenen Abteilungen. Verlaufen die Streifen an der Wand[27], haben allerdings Sehbehinderte mit Gesichtsfeldausfällen Schwierigkeiten, einerseits die Leitlinie zu verfolgen und gleichzeitig den Gehbereich optisch zu kontrollieren. Schwierig, u.U. nicht mehr zu verfolgen für Sehbehinderte sind Leitlinien, die von weit auseinanderliegenden Punkten oder Strichen gebildet werden. Optimal für sie sind durchgehende Linien ohne Unterbrechungen, die auf dem Fußboden verlaufen.
– Wertvoll für Blinde sind ertastbare Leitlinien („Bodenindikatoren", s. Kap. 15.3). Im Gegensatz zu optischen Leitlinien ist allerdings eine Unterscheidung mehrerer nebeneinander verlaufender Leitlinien nicht möglich. Daher können nur die wichtigsten Zielpunkte angegangen werden – in einem großflächigen Eingangsbereich z.B. der Weg zur Auskunft bzw. Information, zu den wichtigsten Treppenanfängen, zu Aufzügen oder zu einer Stelle, an der schriftliche Informationen für Blinde, u.U. sogar ein Tastplan (s. Abb. 2.3/4) angebracht sind.
Ein Ziel derartiger Informationen ist es, blinde und sehbehinderte Personen in die Lage zu versetzen, einen bestimmten Raum ohne Begleitperson (die ihnen oft nicht zur Verfügung steht!) zu finden. Sehbehinderten Personen gelingt eine derartige Suchaufgabe in der Regel um so besser, je größer ihr Restsehvermögen ist. Blinde Personen schaffen sie nur nach einer sorgfältigen, intensiven Schulung; außerdem benötigen sie eine gehörige Portion Frustrationstoleranz, um nicht zu verzweifeln, wenn sie sich trotzdem im Gebäude verirren.
Die beschriebenen Orientierungshilfen sind jedoch nicht nur für Besucher, sondern auch für blinde und sehbehinderte Personen, die in dem betreffenden Gebäudekomlex einen Arbeitsplatz gefunden haben, von größter Wichtigkeit. Nicht selten sind derartige Hilfen Voraussetzung dafür, dass einem Blinden oder Sehbehinderten die Integration in die Arbeitswelt gelingt.

---

27 Siehe Anhang „Literaturverzeichnis nach Kapiteln"

9.0 Öffentliche Außenanlagen

Clemens Fauth

9.1 DIN Normen
Die Angaben in den Normen 18024 und 18025 gelten sinngemäß auch für öffentliche Freiflächen.
Allgemeine Grundsätze für Spielplätze zeigt die DIN 18034, Spielplätze und Freiflächen zum Spielen; Grundlagen und Hinweise für die Objektplanung auf.
Richtlinien für die Geräte gibt DIN 7926/1-5, Teil 1 behandelt dabei die Sicherheitstechnischen Anforderungen an Spielgeräte, Teil 2 bezieht sich auf Schaukeln, Teil 3 Rutschen, Teil 4 Seilbahnen und Teil 5 Karussells.
Mit der barrierefreien und behindertengerechten Ausbildung von Spielplätzen befassen sich spezielle DIN-Normen, wie die DIN 33972 Barrierefreie Spielplatzgeräte und DIN 32977 Behindertengerechtes Gestalten.
Bei der Bepflanzung des unmittelbaren Spielbereiches sind spezielle Verordnungen über das Verbot des Anpflanzens von Giftpflanzen zu beachten.
Wasser an Spielplätzen, Brunnen
Soll Wasser an Spielplätzen eingesetzt werden sind DIN 19643 Aufbereitung und Desinfektion von Schwimm- und Badebekenwasser, die Trinkwasserverordnung und das Bundesseuchengesetz zu beachten.

9.2 Bedeutung für den Rollstuhlbenutzer, Sehbehinderten und Betagten
Während der zum Haus gehörende Garten für den Rollstuhlbenutzer, Sehbehinderten und Betagten im Hinblick auf seine individuellen Bedürfnisse konzipiert ist, kann der Behinderte in den öffentlichen Anlagen weiteren Kontakt zu seiner Umwelt erhalten und pflegen. Je nach ihrer besonderen Funktion müssen an die öffentlichen Freianlagen spezielle Anforderungen gestellt werden. Diese betreffen z.B. Botanische Gärten, Tiergärten, Grünanlagen, Spiel- und Sportstätten und Spielplätze für Sehbehinderte. Auf Kap. 10 Sport- und Freizeitanlagen wird hingewiesen.
Sonderformen sind Außenanlagen an Krankenhäusern, Rehakliniken, Alten- und Pflegeheimen.

9.3 Beläge, Geländer, Rampen
Im Hinblick auf die Befahrbarkeit für Rollstühle gelten die in Kap. 6.5 gegebenen Hinweise sinngemäß.
Im öffentlichen Bereich sind vor allem die wassergebundene Decke, Plattenbeläge mit griffigen Oberflächen, aus Beton, Kunststein oder Naturstein und Asphalt geeignet.
Das im öffentlichen Bereich häufig verwendete Kleinsteinpflaster sollte ebene Oberflächen haben, die Fugen möglichst schmal und oberflächenbündig ausgefüllt sein (Abb. 9/1).
Nicht geeignet sind Sand und Kieswege mit höherer Kiesauflage vor allem für Rollstuhlbenutzer, Rasengittersteine mit größeren Öffnungen sind vor allem für alte und gehbehinderte Menschen schwierig zu begehen.
Die für Fußgänger eventuell notwendigen Treppen oder Stufen sind durch seitlich angeordnete Rampen zu ergänzen. (Abb. 9/2) Diese Rampen müssen der DIN 18024-2 entsprechen. Demnach beträgt die max. zulässige Steigung 6 %, die Rampe ist nach 6 m mit einem Zwischenpodest zu versehen. Gerade in öffentlichen Anlagen wird aus Kostengründen oft auf befestigte und befahrbare Wege verzichtet.
Es sollte immer bedacht werden, dass diese Wege auch mit Kinderwagen befahren werden. Fußgänger ermüden allerdings schneller, wenn sie nur auf harten Wegen gehen sollen. Breitere Wege können durch eine Trennung in unterschiedliche Belagsarten beiden Nutzergruppen gerecht werden. Materialwechsel können gezielt zur Führung und Orientierung z.B. von Blinden eingesetzt werden.

9.4 Wegebau
Die Anordnung von Wegen in öffentlichen Anlagen soll auch die Anforderungen der Sehbehinderten berücksichtigen. Für sie ist der Weg selbst, seine seitliche Begrenzung und die Struktur des Belages eine wichtige Orientierungshilfe (Abb. 9/3-4).
Ein notwendiger Belagwechsel, wie bei dem in Abb. 9/4 gezeigten Übergang über ein Gewässer, muss niveaugleich ausgeführt werden. Jedoch ist ein Mindesthöhenunterschied von 3 cm zwischen Fahrbahn und Gehweg einzuhalten (vgl. DIN 18024-1, 8.1).
Wo die Gefahr des Absturzes besteht, ist eine seitliche Begrenzung oder ein Geländer zusätzlich anzuordnen (Abb. 9/5). Während die Länderbauordnungen Sicherungsmaßnahmen erst ab einer bestimmten Absturzhöhe vorschreiben, sollte an kritischen Stellen eine Sicherungsmaßnahme vorgesehen werden. Eine zusätzliche Nutzung eines Handlaufes zeigt Abb. 9.6. Die Verknüpfung eines Handlaufs (s. Kap.5.1.) zum Spielen mit Sand und Wasser sind sehr beliebt.

9.5 Sperren/Sicherheitsbarrieren

Umlaufsperren und andere Sicherheitsbarrieren sollten wo immer möglich an Zugängen zu Grünflächen entfallen.

9.6 Mauern und Zäune

Bei der Verwendung von Mauern und Zäunen ist besonders zu beachten, dass für den Rollstuhlbenutzer der Blick über eine niedrige Mauer möglich sein sollte. Es empfiehlt sich eine Höhe, die auch zum Sitzen und Ausruhen Gehbehinderter und Betagter geeignet ist (Abb.9/7).
Die Mauerkrone sollte aus abgerundetem Material, wie z.B. Klinkerformsteinen, ausgebildet werden. Ein geringer Überstand ist notwendig, um langfristige Schäden durch herablaufendes Wasser zu vermeiden (Abb.9/8). Sitzbohlen müssen mit der Mauer bündig sein, damit Rollstuhlbenutzer und vor allem Sehbehinderte sich nicht verletzen können. Zur Begrenzung von Wegeflächen eignen sich auch Erdwälle (Abb. 9/9). Dabei ist z.B. zu Bäumen oder anderen Anlagen der für das Fahren mit dem Rollstuhl notwendige Mindestabstand von 120-150 cm einzuhalten (Abb.9/10).

9.7 Wasserflächen

Oft ist eine öffentliche Anlage, die eine wichtige Erholungsfunktion hat, mit einer Wasserfläche versehen. Ob es sich um ein stehendes oder fließendes Gewässer handelt, in beiden Fällen bilden sie eine Gefahr, wenn für Behinderte ein unbewehrter Zugang möglich ist. Wegen des besonderen Reizes, der von einem Gewässer ausgeht, verzichtet man gerne auf eine niedrige Begrenzung oder auf ein Geländer. Je nach Wassertiefe ist eine Einfassung des Gewässers vorzusehen.
Übergänge von der Wegefläche zur Wasserfläche wie in Abb. 9/11+12 sollten vermieden werden, weil ein Rollstuhl, aber auch Kinderwägen sehr leicht ins Wasser stürzen können. Es empfiehlt sich sogar, die Wegefläche zum Gewässer hin leicht ansteigend anzuordnen. Statt eines Geländers oder einer niedrigen Mauer eignen sich auch Pflanzbeete oder größere Steine als Umwehrung. Ein sehr flacher Übergang von etwa 4 % Gefälle ist möglich, wenn die befahrbare Fläche bis unter die Wasserfläche fortgesetzt wird. So kann ein Rollstuhlbenutzer unter Umständen bei Wassertiefen bis zu 50 cm aus eigener Kraft wieder aus dem Wasser herausfahren.

9.8 Entwässerung

Befahrbare, ebene Gehwegflächen und vor allem Rampen müssen immer entwässert werden. Offene Rinnen aus Formsteinen oder Klinkern sollten so flach sein, dass Rollstuhlbenutzer bei Bedarf durch sie hindurchfahren können (Abb. 9/13 a+b). Offene Muldenrinnen dürfen nicht tiefer sein

9/1 Verlegung von Kleinsteinpflaster

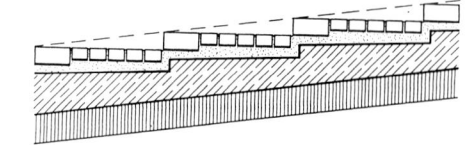

9/2 Kombination Treppe und Rampe. Der Fahrbereich wird als Rampe mit flachverlegten Klinkern in Mörtel verlegt, während der Gehbereich als Treppe ausgebildet ist

9/3 Weg als Orientierungshilfe für Sehbehinderte

9/4 Belagwechsel auf der Brücke

9/5 Holzbohlenfläche durch seitliche Begrenzung gegen Absturz sichern

9/6 Handlauf mit zusätzlicher Nutzung

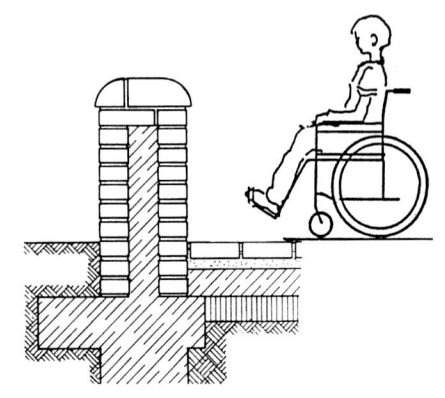

9/7 Mauer mit Betonkern und oberer Abdeckung mit geringem Überstand

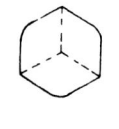

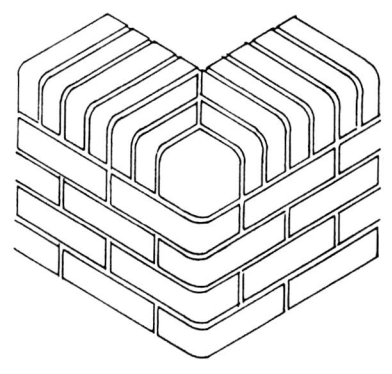

9/8 Beispiel mit abgerundeter Mauerkrone

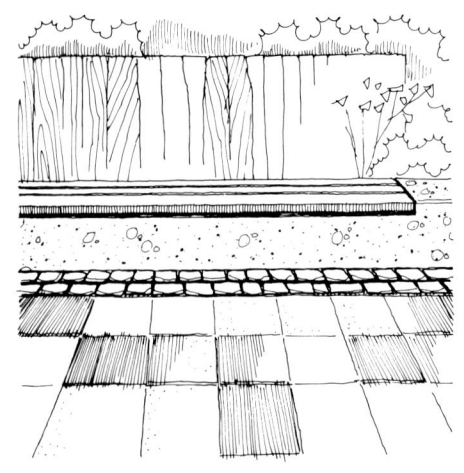

9/9 Mauern mit Sitzbohlen

9/10 Gepflasterter Erdwall mit rollstuhlgerechtem Abstand zum Baum

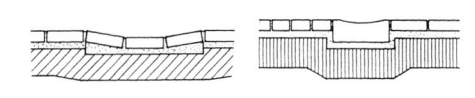

9/13 b Beispiele für offene Entwässerungsrinnen

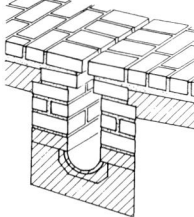

9/14 Schlitzrinne

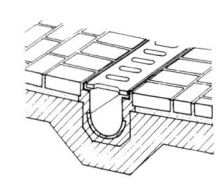

9/15 Einlaufrinne

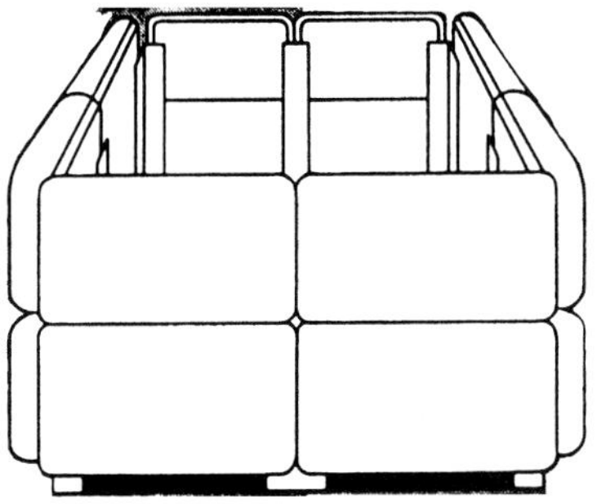

9/11

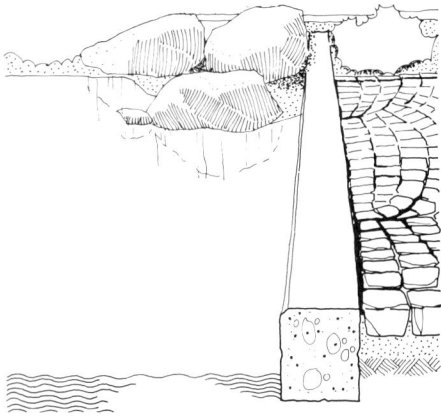

9/11+12 Beim Übergang von Gehfläche zu Wasserfläche Anschlag, Umwehrung oder Geländer vorsehen

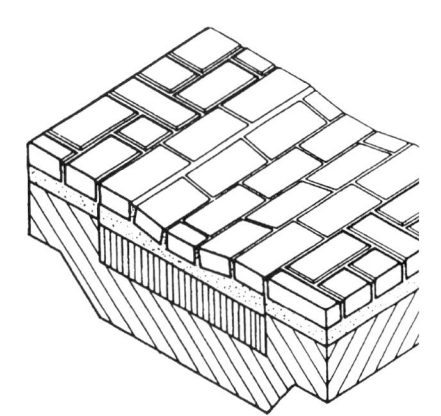

9/16 Pflanzbehälter aus Kunststoff

9/17 Pflanzbehälter aus Kunststoffgeflecht mit angeformter Sitzbank

9/13 a Beispiel einer offenen Rinne

als 1/30 der Breite. (DIN 18024-1,8.1). Besser befahrbar ist die geschlossene Entwässerungsrinne. Sie ist entweder durch Schlitzsteine (Abb. 9/14) oder mit einem Gitterrost abgedeckt (Abb. 9/15). Die Maschenweite von Gitterrosten sollte 10 mm nicht überschreiten. Brückenelemente über offene Rinnen ermöglichen eine gefahrlose Überquerung von offenen Rinnen (Fa. Hess Form + Licht, Schlachthausstr. 19, 78050 Villingen-Schwenningen).

9.9 Pflanzbehälter
Neben den in öffentlichen Anlagen üblichen Pflanzbeeten sind für Rollstuhlbenutzer, Sehbehinderte und Betagte besonders einzelne Pflanzbehälter wertvoll. Hier ist ein unmittelbares Heranfahren, Betrachten und Betasten möglich, wenn die Höhe der Pflanzbehälter eine Mindesthöhe von 40 cm und eine Maximalhöhe von 85 cm besitzen (Abb. 6.5/16).

Das Angebot reicht von Beton-, Holz-, Kunstoff-, und Metallgefäßen bis zu Terracottatöpfen. Manche Hersteller bieten die Gefäße mit Einsatzkörben an, die z.T. aus kunstoffummantelten Drahtkörben bestehen, die einen Boden als Wasserwanne besitzen. Die Wasserzufuhr kann über ein Wassereinfüllrohr erfolgen. Der Schwimmer zeigt den jeweiligen Wasserstand an. Wegen ihrer besonderen Widerstandsfähigkeit und aus Kostengründen haben sich Pflanzbehälter aus Kunststoff (Abb. 9/16+17) und auch aus Kunststoffgeflecht bewährt. Die Pflanzbehälter können als Sitzbank dienen. Die Pflanzbehälter sind z.T. auch als Baumgefäße geeignet, in denen kleinkronige Bäume wachsen können.

9.9.1 Hochbeete
Hochbeete in öffentlichen Anlagen sollten einer möglichst breiten Gruppe von Nutzern die Auseinandersetzung mit Pflanzen ermöglichen. Gemauerte Hochbeete mit einer variierenden Oberkante des Randes bieten jedem Nutzer die Möglichkeit der individuellen Wahl der Arbeitsposition unter seinen persönlichen Voraussetzungen. Wohnungsnahe Hochbeete im Vorgartenbereich sind pflegeleicht und sehr gut erreichbar. Die zentrale Lage, die Zugängigkeit und die sichere Funktionalität sind Vorraussetzungen damit Hochbeete von den Nutzern angenommen werden. Dabei unterscheiden sich die durchschnittlichen Abmessungen von Hochbeeten für stehende Personen bei Frauen und Männern in der Höhe und Tiefe.

9.10 Bepflanzung
Grundsätzlich sollte es vermieden werden, laubabwerfende Gehölze in Wegenähe zu pflanzen, da bei feuchter Witterung im Herbst durch herabfallendes Laub Rutschgefahr besteht. Sträucher, vor allem Beerenobst, ermöglichen ein Arbeiten in Sitz-

höhe. Vor allem Obstspaliere bieten die Möglichkeit der Auseinandersetzung mit Nutzpflanzen in einer passenden Höhe. Hochbeete müssen mit Pflanzen mit geeigneter Wurzeltiefe und Wuchshöhe bepflanzt werden. Ein zur Mitte gestufter Aufbau und Hängepflanzen im Randbereich sind möglich (Kap. 6.5.8.1).

9.11 Sonderanlagen

Für die Freizeitgestaltung in öffentlichen Anlagen gibt es bereits ein sehr reichhaltiges Sortiment von Spielen und Geräten, die auch für Rollstuhlbenutzer geeignet sind. Es gelten sinngemäß die Anforderungen, wie bereits oben angeführt, befahrbare Bodenbeläge, unterfahrbare Tische, Schutz vor Wind, Regen und Sonne.

9.11.1 Barrierefreie Spielplätze

Behinderte Kinder können mit Hilfe von zusätzlich eingesetzten Sinnen (z.B. Tasten, Hören) und Ersatzaktivitäten (z.B. Krabbeln) sowie durch den Einsatz sorgfältig ausgewählter Spieleinrichtungen das Spielfeld selbstständig erkunden lernen (Philippen, 1995). Um ein gemeinsames Spiel zu ermöglichen, darf kein Unterschied zwischen behinderten und nichtbehinderten Kindern gemacht werden, vielmehr sollten die Kinder ihren unterschiedlichen Fähigkeiten gemäß gefördert und vielfältige Spielmöglichkeiten für alle Kinder angeboten werden.

Barrierefrei bedeutet immer uneingeschränkte Zugänglichkeit für alle Kinder mit allen möglichen Behinderungen, mindestens (DIN 18024, 1 und 2) zum Sicht- und direkten Kommunikationskontakt mit allen Spielaktivitäten. Ein Hersteller (Richter Spielgeräte GmbH, Frasdorf) hat dabei Gruppen in Abhängigkeit zu bestimmten Behinderungen gebildet, die aufzeigen, welche zusätzlichen Gegebenheiten erfüllt sein müssen, damit alle Kinder mit unterschiedlichen Behinderungen am Spielbetrieb teilnehmen können.

Die wichtigsten Kriterien für ein barrierefreies Spiel sind vor allem die Erreichbarkeit und Benutzbarkeit der Spieleinrichtungen, der Spielwert und die Orientierungsmöglichkeiten auf dem Spielgelände sowie die Möglichkeit zur selbstbestimmten Aktivität (Schlosser, 1995).

9.11.2 Planungsempfehlungen

Die Attraktivität und Akzeptanz eines Spielplatzes hängen von verschiedenen Faktoren ab, die aufeinander abgestimmt einen hohen Spielwert garantieren.

Allgemein

Kreative Spiele, die auch geräteunabhängig stattfinden können, bieten gute Spielmöglichkeiten für alle Nutzer. Mobile Spielgeräte wie z.B. Schubkarren, Kinder-Traktor mit Anhänger, überdimensional große Würfel und ähnliches ergänzen die Spielplatzausstattung und bieten eine Fülle von Anregungen zum gemeinsamen Spiel.

Standortfaktoren

Auf ausreichend besonnte Spielbereiche mit partiellen Schattenspendern ist zu achten. Windschutzmaßnahmen bei Zugluft sind nötig und wenn möglich sind Unterstellmöglichkeit bei Regen anzubieten. Die Strukturierung des Spielplatzes in verschiedene Spielbereiche kann durch eine Geländemodellierung und Bepflanzung erfolgen. Schutzmaßnahmen gegen Immissionsquellen können durch bepflanzte Lärmschutzwälle oder Wände etc. durchgeführt werden.

Geräteauswahl, Spielwert

Durch den Einsatz multifunktional nutzbarer Geräte ist ein vielfältiges Spiel- und Erfahrungsangebot möglich. Auch ein altersunabhängiges Geräteangebot ist vorzusehen. Bei der Geräteauswahl ist auf ein integratives Miteinander behinderter und nicht behinderter Kinder zu achten, um ein gemeinsames Spielen zu ermöglichen.

Barrierefreiheit in allen Spielbereichen

Der Eingangsbereich sollte als barrierefreier Zugang und als Hauptweg ausgebildet werden. Ruhe- und Kommunikationsbereiche können durch anfahrbare sonnige und schattige Sitzmöglichkeiten und Nischen entstehen. Auf ausreichende Bewegungsbereiche für barrierefreie, erreichbare Spielgeräte und befahrbare Spielflächen ist zu achten. Unterschiedliche Erfahrungs- und Gestaltungsbereiche können durch einen kreativen Spielbereich und bespielbare Bepflanzung entstehen.

9.11.3 Barrierefreie Spielgeräte

Nachfolgend sind einige Spielgeräte aufgeführt, mit den entsprechenden Anforderungen an das Spielgerät, die es erfüllen sollte (Schlosser, 1995).

Einfache Sandkästen

Die direkte Anfahrbahrkeit sollte z.B. über eine Rampe gewährleistet sein. Der Sandkasten kann als erhöhter Sandspieltisch oder als sog. Backtische in Greifhöhe gestaltet werden.

Sand- und Matschbereiche

Rollstuhlgerecht sind Tische mit unterschiedlichen Unterfahrbarkeitshöhen (65-69 cm). Wasserpumpen sollen anfahrbar und mit seitlichen Bewegungsflächen ausgebildet werden. Auch Brunnen sollten anfahrbar und begehbar sein.

Wasserspieleinrichtungen

In künstlichen Wasserspieleinrichtungen wie Becken mit stehendem Wasser bis zu 40 cm Wasserhöhe ist die DIN 19643 einzuhalten. Dies ist mit großem Aufwand verbunden, wie tägliche Erneuerung bzw. Reinigung des Wassers. Deshalb ist zu überlegen, ob Wasserbecken nur bis zu einer Wassertiefe von 15 cm wie Watebecken und -rinnen ausgebildet werden. Dies ermöglicht ein unbeaufsichtigtes Spielen und die Gefährdung des Ertrinkens wird minimiert.

Wasserspielanlagen mit fließendem Wasser sind aus hygienischer Sicht in vielen Fällen die einfachere Lösung. Das ausfließende Wasser muss hygienisch einwandfrei sein (Trinkwasser aus dem Netz, geprüftes Grund- oder Oberflächenwasser). Ist ein Wasserkreislauf vorgesehen, muss das Wasser durch einen Sand- oder Kiesfilter gereinigt werden und ein Hinweisschild muss darauf aufmerksam machen, dass es sich um kein Trinkwasser handelt. Es empfiehlt sich vor der Planung bzw. Einrichtung einer Wasserspieleinrichtung Kontakt mit der zuständigen Gesundheitsbehörde.

Bei der Verwendung von Oberflächen- oder Grundwasser kann unter Umständen eine wasserrechtliche Genehmigung durch die untere Wasserbehörde nach den einschlägigen Landeswassergesetzen erforderlich sein.

Bauspielgeräte

Bauspielgeräte stellen eine Alternative und ein Ergänzungsangebot zu herkömmlichen Geräten und Gerätekombinationen dar. Die Möglichkeit einer sitzenden Tätigkeit und der ebenerdigen Bedienbarkeit vom befahrbaren Untergrund aus fördern ein ungeplantes, eigenbestimmtes Spiel.

Wippen

Bevorzugt sind Doppelwipptiere zu verwenden, die für größere Kinder und Begleitpersonen benutzbar sind. Bei Doppelwippen sollte möglichst auf die hintere und die seitliche Rückenstütze geachtet werden. Durch die Verwendung von Fallschutzplatten kann das Herabstürzen gemildert werden.

Schaukeln

Empfohlen wird der Einsatz von Sicherheitssitzen, als Alternative zu herkömmlichen Sitzen. Durch eine Begleitperson wird eine Reifenschwinger- bzw. Partnerschaukel nutzbar; der Reifen dient dabei als zusätzliche Greifhilfe bzw. Fußstütze. Netzschaukeln sind ein ideales Spielgerät für behinderte Kinder, da zusätzliche Greifmöglichkeiten bestehen. Mehrere Personen können gleichzeitig schaukeln und ein Schaukeln ist auch im Liegen möglich.

Rutschen

Die Nutzbarkeit einer Rutsche ist abhängig von der Aufstiegsart. Man unterscheidet Bock-, Hang- und Anbaurutschen. Hang-

oder Anbaurutschen sind vorteilhaft, vorausgesetzt sie können barrierefrei über Wege und Rampen angefahren werden. Der Rutscheneinstieg sollte auf einer Sitzhöhe von ca. 40 cm vorgesehen sein. Breitrutschen (ca. 100 cm breit) sind auch mit Begleitpersonal benutzbar. Ist der Rutschenauslauf waagerecht verlängert, so ist das Abbremsen des Rutschvorganges gewährleistet. Am Auslauf können alternative Bodenbeläge zu Sand gewählt werden, wie z.B. Rindenhäcksel. Auf größeren Spielplätzen sollten Rutschen unterschiedlicher Länge und Geschwindigkeiten angeboten werden, wie z.B. verlangsamende „Wellen". Die seitlichen Wangen sind umgreifbar vorzusehen.

Kletternetze
Zum langsamen Kennenlernen der Höhendimension sind Kletternetze geeignet. Da sie Mutproben für jedes Kind sind, ist im Einzelfall eine Begleitperson nötig. Die Verwendung von Fallschutzplatten oder verdichtete Hackschnitzel als Untergrund sind empfehlenswert. Unterschiedliche Kletteraufstiege wie Netze, schiefe Ebenen mit Hangseilen etc. sind an Gerätekombinationen alternative Aufstiegsmöglichkeiten zur Sprossenleiter. Vielfältige Anbaumöglichkeiten wie Rutschen und Stege an Netze und Hängenetzbrücken sind möglich.

Gerätekombinationen
Spielgeräte-Kombinationen sollten auf möglichst vielen Ebenen barrierefrei erreichbar sein. Viele Gerätehersteller bieten bereits Geräte an, die auch von behinderten Personen genutzt werden können. Die Vorteile der Kombinationen sind:
– Die Kombinationen sind multifunktional von vielen Kindern altersunabhängig benutzbar.
– Unterschiedliche Aufstiegsmöglichkeiten sind durch Rampen, Kletternetze, Seile, sog. Hühnerleitern etc. vorzusehen.
– Das Spielen auf mehreren Ebenen wird durch Rampen, befahrbare Holzstege, Zwischenpodeste ermöglicht.
– Die Anbringung umlaufender Geländer bzw. Absturzsicherungen bei Podesten und Plattformen trägt zur Sicherheit bei. Der einfache Zugang zum Spielhäuschen ist zu ermöglichen und zahlreiche Sitz- und Anlehnmöglichkeiten sind günstig.
– Mindestens eine Abstiegsmöglichkeit sollte für alle Kinder, auch Kleinkinder gefahrlos benutzbar sein.

Vegetationbereiche an Spielplätzen
Pflanzbereiche sind pädagogisch wichtige Schutzräume, als Rückzugsnischen und Streifräume auf einem Spielplatz. Spielplatzabpflanzungen sollten bespielbar sein, durch unterschiedliche Pflanzdichte, Pflanzflächenbreite und Pflanzenverwendung (z.B. Höhlenbau). Stammbüsche sind als Klettermöglichkeit einzuplanen. Dornige Gehölze sind in den Durchgangsbereichen zu vermeiden. Hackschnitzel- oder Mulchauflagen können bei sich herausbildenden Trampelpfaden ausgebracht werden. Zusätzlich kann Kies stellenweise aufgebracht werden.

9.12.1 Öffentliche Freiräume für Blinde- und Sehgeschädigte

Ein Mobilitätstraining verhilft dem Sehgeschädigten zu einer verstärkten Nutzung des Gehörsinns (akustische Wahrnehmung), des Tastsinns (haptisch-taktile Wahrnehmung) und des Geruchsinns (olfaktorische Wahrnehmung). Die Bewegung in Freiräumen schult die Fähigkeit, sich eigenständig im Raum zu orientieren und fortzubewegen. Trotz dieser oft hervorragend ausgebildeten Fähigkeiten sollten auch in „grünen Freiräumen" dem Sehgeschädigten die eigenständige Mobilität ermöglicht werden.
Die nachfolgend aufgeführten Hilfen können einen Beitrag zur Orientierung im Raum leisten (nach König, 1997).

9.12.2 Orientierungshilfen

Taktile Hilfen
Es befinden sich zusätzlich fühlbare Hinweise am Gerät oder Boden, wie z.B. Material- oder Belagswechsel, Brailleschilder, Holme, Entwässerungssysteme wie abgedeckte oder durchrollbare Rinnen (ca. 30 cm breit), Bodenwellen (5 cm Höhenunterschied pro m), Wegebegrenzungen wie ausgerundete Kantensteine, geschnittene Hecken, deutliche Grasnarben.

Tastleisten
Als Leitlinie in größeren Freiflächen können sog. Tastleisten dienen. In einer Höhe von ca. 25 cm befindet sich eine 3-7 cm breite Tastleiste. Beim Gehen tippt der pendelnde Blindenstock gegen die Tastleiste. Durch den Einsatz unterschiedlicher Materialien, wie z.B. Holz bzw. Metall, oder Profile, z.B. eine massive Flachschiene aus Metall oder Hohlkörper wie ein Rohr, kann zwischen der rechten oder linken Wegeseite unterschieden werden.
In Verweilbereiche ist die Tastleiste ca. 50 cm hineinzuführen und auf diese Unterbrechung ist mit Bodenindikatoren oder Aufmerksamkeitsfeldern hinzuweisen.

Akustische Hilfen
Als Ergänzung können z.B. ein begleitender Wasserlauf, Straßenlärm, Windräder, Akustikbrunnen oder Windspiele dienen, wie z.B. ein rotierendes Windrad oder ein Hohlkörper, über dessen Öffnung der Wind streicht. Sinnvoll wäre es, solche natürlichen Geräuschquellen als Orientierunghilfe in allen vier Himmelsrichtungen des Parks oder in bestimmten Abständen entlang eines Rundpfades zu installieren.

Optische Hilfen
Optische Orientierungspunkte können durch farbige Ausstattungselemente, Hell-Dunkel-Kontraste, Farbkontraste und Lichteffekte zur Verfügung gestellt werden.

Olfaktorische Hilfen
Hilfen, die den Geruchssinn ansprechen, sind zusätzliche Orientierungsmarken während der Blüh-/Duftperioden. Ein schattiger Laubengang mit dichtem Blätterdach kann eine Orientierungshilfe sein, weil bei Sonnenlicht der kühle Schatten und die Luftfeuchtigkeit sowie der jeweilige Geruch des Bodens wahrgenommen wird.
Duftpflanzen sind mit ihrem Duft und ihrer Vielfalt nur bedingt als Orientierungshilfe anzusehen, weil sie an vielen Stellen eines Parkes auftreten können und im allgemeinen nur für kurze Zeit im Jahr ihren Duft verströmen.

Temperatur
Temperaturunterschiede, wie sonnigwarme und schattigkühle Zonen können zur räumlichen Orientierung beitragen.

Bodenindikatoren
Als Hinweis auf Sitzgelegenheiten, Hinweistafeln oder Wegekreuzungen sollten im Gehbereich je nach Verwendungszweck unterschiedliche Bodenindikatoren von mindestens 1 m Länge über die gesamte Wegebreite vorgesehen werden. Durch die unterschiedliche Materialwahl in Bezug auf den Wegebelag kann mit einem Blindenstock und/oder mit den Füßen ein tastbarer Kontrast erzeugt werden. Sehbehinderte können farblich kontrastierende Flächen besonders gut wahrnehmen. Als Material kommen Betonplatten mit unterschiedlichen Oberflächenstrukturen, Verbundpflastersteine, Kleinsteinpflaster, Hartgummi, Holzschwellen o.Ä. in Betracht.

Klangrohre
Als Ersatz für Bodenindikatoren können sog. Klangrohre eingesetzt werden. Diese Rohre sind in den Boden eingelassen und ragen mit einem Teil aus der Erdoberfläche. Durch den Blindenstock können unterschiedliche Töne wahrgenommen werden. Die Rohre sollen auf ca. 1 m Länge angeordnet werden, da der Blindenstock pendelt und die Schrittlänge ca. 56 cm beträgt.

Aufmerksamkeitsfelder für Sehbehinderte
Die Länge der Aufmerksamkeitsfelder (Abb.9/18) sollte in Gehrichtung ca. 90 cm betragen. Für Sehbehinderte sind die Stufen auf der Trittfläche (in einem Abstand von ca. 2 cm von der Vorderkante) über die gesamte Stufenbreite durch einen dauerhaften weißen Streifen von mindestens 5 cm Breite zu markieren. Bei Niveauwechseln mit 3 Stufen ist jede Stufe entspre-

chend zu zeichnen. Bei Treppen mit mehr als drei Stufen muss auf beiden Seiten des Treppenlaufes ein gut umgreifbarer Handlauf vorhanden sein, der an den Enden ca. 40 cm über den Treppenlauf hinausragen sollte.

Eine Orientierung ist erschwert durch die nachfolgend aufgeführten Faktoren:
– ein unklares Wegesystem mit geschwungenen Wegen und schiefwinkligen Abzweigungen erschwert die Orientierung im Raum
– fehlende Übersichtmöglichkeiten zur Vorinformation über den Freiraum verhindern die Ausbildung eines geistigen Lageplanes
– fehlende Wegabgrenzungen als Leitlinie
– Treppen ohne Handläufe und farbliche Kontraste, überstehende Kanten, verschiedene Steigungsmaße
– fehlende Hinweise auf Treppen, Wegabzweigungen, Informationstafeln, Ausgänge etc.
– geringer Sonnen- und Windschutz
– unzureichende Beleuchtung, Farb- und Schwarz-Weiß-Kontraste.

9.12.3 Beete
Werden Hinweisschilder auf einzelne Pflanzen gegeben, sollen diese Pflanzen als Solitär stehen, um eine eindeutige Zuordnung zu ermöglichen.

Hochbeete
Hochbeete bieten in einer Höhe von ca. 80 – 90 cm die Möglichkeit durch Ertasten, unterschiedliche Pflanzenarten kennenzulernen. Die Einfassung kann durch unterschiedliche Materialien wie Holzbohlen, Betonbretter, Mauern o.Ä. erfolgen. Die Randausbildung sollte pultförmig unter 30° abgeschrägt sein, da dadurch das Ertasten der Informationen sehr erleichtert wird.
Die Informationshinweise können aber auch an Handläufen mit einzelnen Schildern an sog. Warzen befestigt werden. Durch die Warzen werden die Hinweisschilder taktil erfassbar, während der Blinde sich am Handlauf orientieren kann.

9.12.4 Wegebau
Eine einbaufreie Wegebreite von mindestens 1,5 m (Tastraum eines Langstockgängers 1,2 m) und eine lichte Höhe von 2,30 m im Gehwegprofil garantieren einen sicheren Bewegungsraum. Behindertengerechte Wegeneigungen mit max. 6 % Längsgefälle (besser 4 %) und maximal 2 % Quergefälle (besser 0,5-1 %) sowie entsprechende Ruhemöglichkeiten erleichtern insbesondere den älteren Sehgeschädigten die Fortbewegung. Ein ständiger Neigungswechsel irritiert dagegen Blinde in ihrer Orientierung. Eine taktile Begrenzung der Wege zu Vegetationsstreifen, Radwegen etc. dient als Orientierungshilfe

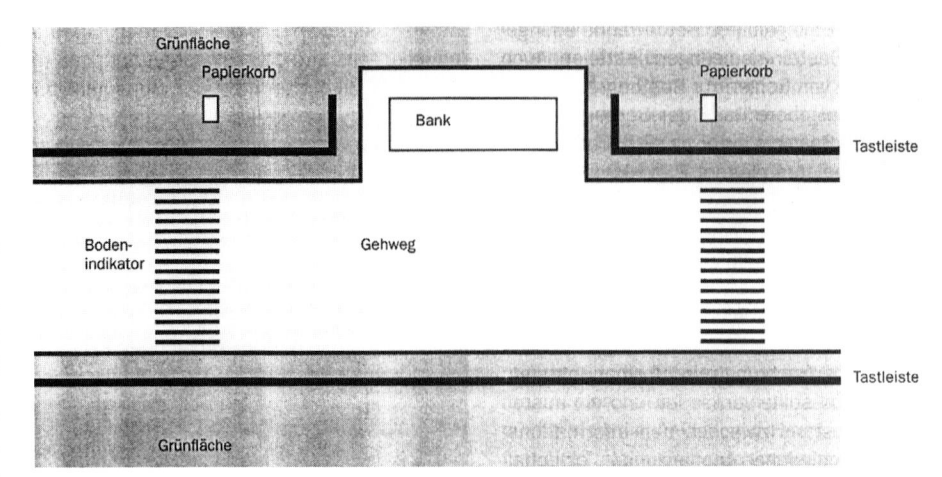

9/18 Aufmerksamkeitsfelder (Deutscher Blindenverband)

und bietet Schutz vor einem Abkommen in die angrenzenden Flächen. Geeignet sind Mulden-Entwässerungsrinnen, Klinkerrollschichten mit Gefälle zur Wegmitte, mindestens 3 cm hohe Kantensteine (besser bis zu 10 cm), deutliche Belagswechsel und auch geschnittene Hecken. Wenn Stufen unvermeidbar sind, müssen 30-50 cm vor der ersten und hinter der letzten Aufmerksamkeitsfelder über die gesamte Treppenbreite nach ISO CD 11550 vorgesehen werden.

9.13 Therapiegarten an einer Rehabilitationsklinik

9.13.1 Mindestausstattung eines Therapiegartens
Über folgende Mindestausstattung sollte ein Therapiegarten verfügen (nach Schaier, 1986).
Je nach Größe und Erfordernis kann die Ausstattung und Größe variieren:
– mind. 12 x 12 m, ebenes Gelände
– ca. drei Hochbeete in verschiedenen Bauweisen
– ca. drei unterfahrbare Beete
– ca. zwei Grundbeete, mit befestigten Wegen
– Sträucher
– Sitzgelegenheit im Schatten für Pausen
– Geräteschuppen oder ein naher Raum für Werkzeuge im direkt angrenzenden Gebäude
– Wasseranschluss.
Alternativ können hinzukommen:
– Pergola als Ruheplatz und für Arbeiten in der Höhe
– Stellage mit Blumenkästen
– Obstbäume in verschiedenen Höhen
– Spaliere
– Frühbeete, Frühhochbeet
– unterschiedliche Beläge
– Treppen mit Handlauf, Rampen zum Üben

– Glashaus, Gewächshaus, wenn möglich rollstuhlbefahrbar
– befestigtes Rasenstück, rollstuhlbefahrbar.

9.14 Gehgarten, Gehlernpfad
In einem sog. Gehgarten kann das Gehen auf unterschiedlichen Belagsmaterialien trainiert werden, auch Stufen, Treppen können je nach Zielgruppe der Institution und der Art der Behinderung in die Anlage integriert werden. Unebenheiten, Bordsteinkanten, Treppen, Rampen usw. können zu Stolperfallen werden, wenn Personen vorübergehend oder auf Dauer in ihrer Gehfähigkeit eingeschränkt sind, und dies nicht wieder ausreichend erlernt wird.
Gehlernpfade können unterschiedliche Bodenbeläge, Stufen, Rampen und Wegstrecken mit Längs- und Querneigungen aufweisen. Handläufe im Bereich der Hindernisse mit unterschiedlichem Schwierigkeitsgrad dienen den Patienten als Stütze. Gehlernpfade können mit gut tastbarer Wegeführung (z.B. Tastleiste oder Handlauf) auch für blinde und sehbehinderte Patienten eine Hilfe sein.
Unterschiedliche Bodenbeläge können im taktilen Vergleich kennengelernt werden.

10.0 Sport- und Freizeitanlagen

Klaus Schüle

10.1 Einleitung

Überlegungen zur Freizeit und zum Sport betreffen Behinderte und Nicht-Behinderte gleichermaßen. Unsere Gesellschaft wird heute vielfach auch als „Freizeit-Gesellschaft" gekennzeichnet. Eine ganze Freizeitindustrie blüht auf oder hat sich bereits etabliert. Es existieren Freizeitanlagen in allen Größenordnungen, von sich über Quadratkilometer hinziehenden Natur- und Erlebnisparks mit Hotels und Restaurants bis zu kleinen Squash-, Skate- und Rollschuhfeldern in einer umgebauten Lagerhalle um die Ecke. Das Angebot dieser Freizeiteinrichtungen ist schier unbegrenzt. Dabei nehmen Sportanlagen eine zentrale Stellung ein. Anlagen, die zumindest ein gehöriges Maß an Eigenaktivität und Mobilität verlangen. Wie sieht es hier mit der Chancengleichheit für Personen mit Behinderungen und anderen leistungsgeminderten Gruppen der Bevölkerung aus?

10.2 Begriffliches zur Freizeit

Auf den ersten Blick scheint „Freizeit" und ihre gesellschaftliche Einordnung ohne Probleme zu sein. Jedoch schon bei der Suche nach einer einheitlichen Begriffsdefinition der Freizeit stößt man auf eine Vielzahl unterschiedlicher Verwendungen, Beziehungen und begrifflichen Ausfüllungen. Konsens besteht in aller Regel lediglich darüber, dass Freizeit mit „Nicht-Arbeitszeit" gleichzusetzen ist. Weitere Begriffe tauchen auf: „Zeit der Selbstbestimmbarkeit", „Zeit der freien Entfaltung", „Zeit der größtmöglichen individuellen Freiheit", „nicht fremdbestimmte Zeit", „ungebundene Zeit", „zweckfreie Zeit", „Zeit der Muße", „Pause", „Erholungszeit" etc.
Bereits diese wenigen Bestimmungen machen deutlich, dass Interpretationsversuche wesentlich vom jeweiligen Standort des Betrachters abhängen und daher nicht immer ideologiefrei sind. Eine umfassende Definition wird somit kaum zu erwarten sein.

10.2.1 Freizeitbedürfnisse

Deutlich kommen mit Definitonsversuchen auch Erwartungen und Bedürfnisse, die an die Freizeit gestellt werden, zum Ausdruck.

Der Freizeitforscher Opaschowski (1979, 23; 1987, 92) unterscheidet dabei folgende acht grundlegende Bedürfnisse:
„1. Bedürfnis nach Erholung, Gesundheit und Wohlbefinden (Rekreation)
2. Bedürfnis nach Ausgleich, Zerstreuung und Vergnügen (Kompensation)
3. Bedürfnis nach Kennenlernen, Lernanregung und Weiterlernen (Edukation)
4. Bedürfnis nach Ruhe, Muße und Selbstbestimmung (Kontemplation)
5. Bedürfnis nach Mitteilung, Kontakt und Geselligkeit (Kommunikation)
6. Bedürfnis nach Zusammensein, Gemeinschaftsbezug und Gruppenbildung (Integration)
7. Bedürfnis nach Beteiligung, Engagement und sozialer Selbstdarstellung (Partizipation)
8. Bedürfnis nach kreativer Entfaltung, produktiver Betätigung und Teilnahme am kulturellen Leben (Enkulturation)."

Hier wird einsichtig, dass unsere komplexe, arbeitsteilige, durch Mechanisierung, Automation und Anonymität gekennzeichnete Gesellschaft eine Reihe individueller Lebensbedürfnisse unbefriedigt lässt, die dann in der Freizeit zu erfüllen versucht werden.
Auch der Pädagoge von Hentig (1973) resümiert, dass die Freizeitbedürfnisse im wesentlichen aus Arbeit und Technik resultieren: „Nachdem die Menschen in ihrer Geschichte erst Wälder gerodet und an ihrer Stelle landwirtschaftliche Anbauflächen geschaffen, dann Städte und Straßen, Werkstätten und Fabriken, Schulen und Krankenhäuser gebaut haben – müssen sie nunmehr Freizeitreviere bereitstellen. So gleichen wir die durch technische Entwicklungen verschobene Bedürfnislage aus."
Hierin sind selbstverständlich auch die Bedürfnisse der Behinderten enthalten, handelt es sich doch um soziale Grundbedürfnisse eines jeden von uns. Fasst man zusammen, so kristallisieren sich für unsere Fragestellung drei Hauptbedürfnisse heraus:
1. Das Bedürfnis nach Teilhabe am gesellschaftlichen Leben (Kommunikation, Interaktion und Integration)
2. Das Bedürfnis nach geistiger und körperlicher Anregung
3. Das Bedürfnis nach körperlicher Aktivität (im Sinne von Rekreation und Gesundheit).

Dass hierbei die jeweilige Wichtung unterschiedlich ausfallen mag, trifft für Behinderte und Nichtbehinderte gleichermaßen zu. Die Chance allerdings, diese Bedürfnisse überhaupt befriedigen zu können, ist in allen drei Bereichen auf Seiten der Behinderten jedoch noch erheblich geringer.

10.2.2 Freizeitverhalten und Freizeitinhalte

Von den Freizeitbedürfnissen heraus lassen sich das Freizeitverhalten und die entsprechenden Freizeitinhalte ableiten. Diese wiederum sind unter anderem abhängig von den persönlichen und institutionellen Gegebenheiten, worunter stichwortartig folgende Punkte genannt seien:
– Art und Schwere der Behinderung (ausschlaggebend sind vor allem Mobilitäts- und Kommunikationseinschränkungen)
– familiäre und häusliche Umgebung
– schulische und berufliche Bildung
– Ausbildung von Interessen- und Freizeitgewohnheiten
– Vorhandensein oder Nichtvorhandensein von Kontaktstellen für Behinderte
– Kompensations- und Regenerationswünsche infolge Überbeanspruchung durch Arbeit
– Einstellung der Umwelt zu Behinderten
– u.a.

Die überproportional hohe Arbeitslosenquote von Behinderten bringt es mit sich, dass Freizeit für viele von ihnen nicht lediglich am Wochenende oder als Urlaubsblock, sondern über lange Zeiten, für manche lebenslang, zur Verfügung steht. Auf die psychologische Seite dieser häufig durch die Behinderung bedingten unfreiwilligen Freizeitvermehrung kann hier nicht weiter eingegangen werden. Sie ist durchaus vergleichbar mit dem oft zitierten „Pensionsschock" der Ruheständler.
Die besondere Situation der Freizeit im Krankenhaus für langzeithospitalisierte Behinderte (z.B.: Querschnittgelähmte in der klinischen Rehabilitationsphase) sei hier nur erwähnt und auf weiterführende Literatur verwiesen (u.a. Nicklas 1981).
Untersuchungen zum Freizeitverhalten Behinderter liegen nur wenige vor. Auch von ministerieller Seite wird daher im Jahre 1990 noch immer auf die Schriftenreihe des „Bundesministeriums für Jugend, Familie und Gesundheit" von 1976 mit dessen Erhebung der „Stiftung Rehabilitation Heidelberg" (Tews u. Mitarb.) von 1971 zurückgegriffen.
Hiernach, und da dürfte sich in den vergangenen Jahren wenig geändert haben, stehen das passive Konsumieren des Fernsehens, Radiohörens und Lesens mit Abstand an der Spitze aller Freizeitbeschäftigungen. Hier gibt es auch keine wesentlichen Unterschiede zwischen den Altersgruppen. Bei allen weiteren Freizeitaktivitäten ist es allerdings sinnvoll, zwischen den Altersgruppen, zumindest Kindern und Jugendlichen sowie Erwachsenen, zu unterscheiden. Mangels einer repräsentativen Untersuchung bei Behinderten wird postuliert, dass zumindest die Wünsche und Bedürfnisse der Behinderten jenen der Nichtbehinderten entsprechen. Insofern wird eine Auflistung repräsentativer Erhebungen

an Nichtbehinderten von Opaschowski (1987, 16) herangezogen (Tabelle „Persönliche Freizeitbeschäftigungen im Zeitvergleich von 1957 bis 1986").

Interessant ist hierbei die Verschiebung der Interessen im Verlauf der gesellschaftlichen Entwicklung der letzten 30 Jahre in der Bundesrepublik.

Aus eigenen, allerdings nicht repräsentativen Befragungen spezieller Behindertengruppen (Körperbehinderte, Krebsbetroffene, Herzinfarktgeschädigte, Querschnittgelähmte, u.a.) wissen wir, dass der Wunsch nach sportlichen Aktivitäten etwa auf dem fünften bis sechsten Rangplatz steht. Alleine jedoch die Möglichkeit der Durchführung scheitert nicht selten bereits am Transportproblem.

10.3 Begriffliches zum Sport

Sport und Behinderung scheinen zunächst nicht miteinander vereinbar zu sein, wird Sport doch in unserer Medien-, Fernseh- und Werbegesellschaft allzu oft lediglich mit Leistungs- und Spitzensport und so mit Kraft, Gesundheit sowie „schneller, höher, weiter" in Verbindung gebracht. Dabei nimmt diese Art von Sport beim Gesamt der mehr als 20 Millionen organisierten Mitglieder des „Deutschen Sportbundes" (DSB) mit ca. 5 % quantitativ gesehen eine eher periphere Stellung ein. Die heute übliche Einteilung in „Breitensport", „Leistungssport", „Hochleistungssport" und „Gesundheitssport" verdeutlicht dies und lässt hier bereits die Vielfalt sportlicher Formen und Ausprägungen erkennen.

Ein solch breites Spektrum sportlichen Tuns erfasst damit praktisch alle Altersstufen vom Säuglingsschwimmen und Kleinkinderturnen bis zum Seniorensport. Entsprechend vielfältig sind auch die Erwartungen, Ziele und Aufgaben. Sie reichen von der Geselligkeit in Gruppen, der Vermittlung von Spaß an der Bewegung, der Selbstbestätigung, Kreativität, Spannung und Entspannung ebenso wie zu übergeordneten Zielen im Gewinn an Freude und Wohlbefinden durch körperliche Aktivität.

Alle diese Momente lassen sich auch beim „Sport mit Behinderten und von Behinderung Bedrohten" finden. Erweiternd kommt hier noch hinzu, dass Sport und Bewegung als Vorbeuge- und Rehabilitationsmaßnahme gesehen wird, eine Erkenntnis, die bereits aus altindischen und chinesischen Aufzeichnungen des zweiten bis dritten vorchristlichen Jahrtausends bekannt ist. Einige Streiflichter der letzten 100 Jahre mögen dies unterstreichen.

Der heute so populäre und anerkannte „Koronarsport" (d.h. Sport mit Herzpatienten) mit seinen mehr als 4500 Herzgruppen (1997) in der BRD beruht letztlich auf Erfahrungen, die bereits Oertel 1880 mit seiner „Terrainkur" sammelte und die Beckmann 1954 als „Ohlstädter-Modell" wieder einführte (Beckmann 1961). Mallwitz richtete ein „Orthopädisches Musterlazarett" mit angegliederter „Genesendenkompanie" ein (Schnelle 1960, 625; Lorenzen 1961, 5; Kosel 1981, 13). Hier sollte durch „Versehrtensport" den verwundeten Soldaten zu neuem physischem und psychischem Auftrieb verholfen werden.

Als drittes Beispiel soll Sir Ludwig Guttmann, ein weltweit anerkannter Neurologe und Neurochirurg, als „Vater des Gelähmtensports" herangezogen werden. Er hat wohl am konsequentesten den „Sport als Therapiemaßnahme" eingesetzt, als er die Querschnittgelähmtentherapie während des Zweiten Weltkrieges in Stoke Mandeville, in der Nähe von London, revolutionierte. Er behauptete einmal, dass das Einbringen des Sports in die Therapie Querschnittgelähmter seine beste Idee überhaupt gewesen sei. Er erkannte den Trainingseffekt des Sports primär in der Einflussnahme auf das neuromuskuläre System, daneben aber auch in seinem „natürlichen aufmunternden Wert, um Langeweile im Krankenhaus zu verhüten (Guttmann 1979, 24).

Diese doppelte Wirkung des Sports, Therapie und Animation, markiert die Eckpunkte des Einsatzes von Sport in der Rehabilitation. Bewegung und Sport kann demnach von einer streng funktionell ausgerichteten Krankengymnastik bis hin zur selbstgestalteten Freizeitbeschäftigung reichen. Es ist zu berücksichtigen, dass für viele Behinderte, soweit sie Bewegungseinschränkungen oder Antriebsstörungen unterliegen, der organisierte Sport in Gruppen mitunter die einzige Möglichkeit bietet, motorische Defizite auszugleichen und den lebensnotwendigen und sonst nicht

Persönliche Freizeitbeschäftigungen im Zeitvergleich von 1957 bis 1986
Rangfolge der jeweils zehn wichtigsten Aktivitäten (Aus: Opaschowski 1987, 16)

1957	1963	1975	1981	1986
1. Zeitung, Illustrierte lesen	1. Theater, Konzerte oder andere kulturelle Veranstaltungen	1. Zeitschriften, Zeitungen lesen	1. Lesen, Zeitung lesen	1. Lesen, Zeitung lesen
2. Gartenarbeit	2. Sich ausruhen, etwas schlafen	2. Radio hören	2. Handarbeiten	2. Fernsehen
3. Einkaufen gehen	3. Besuche machen	3. Fernsehen	3. Gartenarbeit	3. Handarbeiten
4. Reparaturen, kleinere Arbeiten im Haus	4. Fernsehen	4. Sich ausruhen, ohne etwas zu tun	4. Fernsehen	4. Gartenarbeit
5. Mit Kindern spielen	5. Sich mit der Familie beschäftigen	5. Sich mit Nachbarn unterhalten	5. Spazierengehen	5. Schwimmen
6. Aus dem Fenster sehen	6. Einen Einkaufsbummel machen	6. Hausputz, Saubermachen	6. Schwimmen	6. Radfahren
7. Gründlich ausschlafen	7. Mit Nachbarn unterhalten	7. Mittagsschlaf	7. Wandern	7. Spazierengehen
8. Bücher lesen	8. Sich am Vereinsleben beteiligen	8. Mit Kindern spielen	8. Radio hören	8. Radio hören
9. Ins Kino gehen	9. Am kirchlichen Gemeindeleben teilnehmen	9. Bücher lesen	9. Tanzen	9. Heimwerken
10. Verwandte oder Bekannte besuchen	10. Seine Allgemeinbildung verbessern	10. Gründlich durchschlafen	10. Radfahren	10. Wandern
Allensbach-Institut	Divo-Institut	Emid-Institut	B·A·T Freizeit-Forschungsinstitut	B·A·T Freizeit-Forschungsinstitut

zu befriedigenden Bewegungsbedarf zu decken.

Neben dieser eher funktionell ausgerichteten Sichtweise (z.B. Leistungssteigerung des Herz-, Kreislaufsystems, Muskel- und Konditionstraining) dürfen der Erlebniswert sowie die vielen kognitiven und sozialen Dimensionen, die der Sport gerade für die häufig in Isolation lebenden Behinderten geben kann, nicht vergessen werden. So hat sich die Palette der Sportarten, die Behinderte ausüben können, in den vergangenen Jahren wesentlich erweitert. Neben den bereits klassischen „Indoor-"Sportarten, wie Rollstuhlbasketball, Hallenbosseln, Sitzball, Prellball oder Volleyball, haben sich „Outdoor-"Sportarten, wie Reiten, Radfahren, verschiedene Wassersport- und Wintersportarten, dank entsprechender Hilfsmittel teilweise sogar schon zu „Olympischen" Disziplinen entwickelt.

10.3.1 Institutionen und Einsatzfelder

Behindertensport wurde von der „Nationalen Kommission für das Internationale Jahr der Behinderten 1981" in folgende vier Bereiche aufgeteilt:
1. Behindertensport im Rahmen der Rehabilitation
2. Behindertensport als Breiten- und Freizeitsport
3. Behindertensport als Wettkampfsport
4. Behindertensport als Sport an Sonderschulen.

Die übergeordneten Zielvorstellungen werden hiernach in der Sozialisation, (Sonder-)Erziehung, Rehabilitation und Ausfüllung der Freizeit gesehen. Konkretisiert werden diese Vorstellungen in der Aufforderung der Kommission, dass behindertengerechte Sportstätten und somit für alle nutzbare Anlagen so anzulegen sind, dass sie

„– physische, psychische und soziale Wünsche und Bedürfnisse befriedigen, z.B. Erholung, Betätigung, Entspannung, Interaktion, Geselligkeit, Lernen, Leistung
– soziale Bindungen und Beziehungen herstellen, auch zu Nichtbehinderten und damit Bekannten- und Aktionskreis erweitern
– präventive, rehabilitative und sonderpädagogische Maßnahmen durch ein breites Angebot von Individual- und Mannschaftssportarten durchführbar machen." (Nationale Kommission 1981, 15)

Entsprechend vielfältig sind auch die Tätigkeitsfelder und Institutionen, in denen Bewegungen und Sport mit und von Behinderten betrieben werden (Tabelle „Tätigkeitsfelder der Sporttherapie und des Behindertensports"). Dabei soll aber auch deutlich werden, dass Sport- und Freizeitanlagen von vornherein so anzulegen sind, dass sie multifunktional eingesetzt werden können, d.h. sowohl für Behinderte und Nichtbehinderte, junge und alte Menschen und gleichermaßen für Therapie und Animation im weitesten Sinne zu gebrauchen sind, um so durch die Verflechtung mit dem allgemeinen Sport dem Integrationsgedanken näher zu kommen. Roskam (1981, 28) brachte dies mit dem Slogan „Optimale Sport- und Freizeitanlagen für alle" auf einen Nenner. Damit wurde die ursprüngliche Forderung nach „Sportanlagen für alle – auch für Behinderte" noch erweitert.

10.3.1.1 Therapeutischer und rehabilitativer Bereich

Eine strenge Abgrenzung zwischen Formen der Therapie und Maßnahmen der Rehabilitation ist nicht möglich. Die Übergänge sind fließend. Von Therapie wird man immer dann sprechen, wenn ein akuter Interventionsbedarf besteht. Des weiteren wird Therapie durch ihre zeitliche Begrenzung gekennzeichnet, d.h., in aller Regel wird nicht „lebenslang" therapiert, wohingegen Rehabilitation bei nicht wenigen Schadensbildern und Behinderungen durchaus über Monate und Jahre, mitunter auch lebenslang, angebracht sein kann.

Wird Therapie häufig von medizinischer Seite als Monopol der Ärzte deklariert, zumindest was ihre Überwachung angeht, so wird sie in Rehabilitationskreisen längst auch anderen Berufsgruppen zugeordnet (Sprachtherapie, Arbeitstherapie, Psychotherapie, Sporttherapie etc.). Insofern braucht Therapie auch nicht ausschließlich in „geschlossenen" Räumen durchgeführt werden, sondern kann an vielen Orten stattfinden.

Ähnlich verhält es sich mit der Bewegungstherapie, zu der u.a. auch Krankengymnastik und die Sporttherapie gehören. Die Übergänge zum Behindertensport sind von hier aus fließend. Viele behindertensportliche Maßnahmen üben neben ihrer rein physiologischen Wirkung einen sozialtherapeutischen und sozialintegrativen Einfluss aus. Gerade diese Wirkung ist Beweis ihrer rehabilitativen Funktion.

Ziel aller therapeutischen Bemühungen sollte es schließlich sein, die Patienten/Behinderten für einen über die Klinik hinausreichenden Sport in der Freizeit zu motivieren, da hier, wie kaum sonst, die Chance zur sozialen Integration gegeben ist.

10.3.1.2 Breiten- und Freizeitsport

Behindertensport als Breiten- und Freizeitsport unterscheidet sich in seiner Zielsetzung nur geringfügig von der des allgemeinen Sports. Eine Verbesserung der Fitness, Freude und Spaß an der Bewegung und am Spiel, Gesellschaft und Gruppenerlebnisse, aber auch Selbstbestätigung durch eine Leistungssteigerung sind die Aspekte, die letztlich ein Beitrag zur Lebensqualität mit ihren physischen, psychischen und sozialen Komponenten darstellen.

Dabei spielt es keine Rolle, ob der Sport im organisierten und verbandsgebundenen Behindertensportverein oder in einer losen Gruppe nach Feierabend stattfindet. Viele Behinderte haben erst durch den Sport in der Gruppe (wieder) die Sicherheit und den Mut gewonnen, auch in anderen Lebensbereichen (wieder) Aktivitäten zu entwickeln. Entscheidend ist wohl, dass entsprechende Angebote gemacht werden und die Sportstätten ohne architektonische Barrieren ausgestattet sind.

10.3.1.3 Wettkampfsport

Das Ziel vieler Behinderten-Sportgemeinschaften ist der Vergleich mit anderen Vereinen. Wettkampfsport bietet daher die Chance, neben der körperlichen auch die allgemeine Mobilität zu fördern. Obgleich die Sportberichterstattung bisher nur zögerlich den Behindertensport zur Kenntnis nimmt, wird inzwischen zumindest über dessen Spitzen- und Leistungssport mehr und mehr berichtet. Wettkampfsport kann so durchaus auch als Wegbereiter der Behinderten in die Gesellschaft verstanden werden.

Angaben zur Gestaltung und Ausführung für die mitunter recht spezifischen Sportstätten können hier nicht gemacht werden. Verwiesen sei auf die Wettkampfmaße und Angaben des „Deutschen Behinderten-Sportverbandes" (DBS). Übergreifend sei lediglich erwähnt, dass besonders darauf

Tätigkeitsfelder der Sporttherapie und des Behindertensports (nach: Schüle 1988, 31)

Schule	Klinik	Beruf
Vorschulische Einrichtungen	Rehabilitationsabteilungen	Berufsbildungswerke
Sonderschulen	Rehabilitations- und Kurkliniken	Berufsförderungswerke
	Sonderkrankenhäuser: z.B. für Psychiatrie, Neurologie und Suchtkranke	Beschützende Werkstätten
	andere Kurkliniken	

↓ ↓ ↓ ↓

FREIZEIT — Vereine / Studios / Verbände / Organisationen / Behindertensport — Rehabilitations-Sport

zu achten ist, dass sowohl bei den Sportgeräten als auch den Sportstätten selbst die Gefahr von „Sekundärschäden" für den Athleten, etwa durch einen unsachgemäßen weichen Hallenbodenbelag für Rollstuhlfahrer, ausgeschaltet werden muss.

10.3.1.4 Sonderpädagogischer Bereich

Mit Behinderung aus pädagogischer Sicht ist eine Beeinträchtigung der Erziehung oder auch der Bildbarkeit in jedweder Hinsicht gemeint. Die Störungen können im intellektuellen Bereich der Lernfähigkeit liegen, etwa bei Lern- oder geistig Behinderten, aber auch in der Beeinträchtigung der Vermittlung bzw. der Aufnahme begründet sein. Letzteres käme bei einem Sinnesbehinderten durch eine Seh- oder Hörstörung, bei einem Armgeschädigten beispielsweise in einer zwangsweisen Verminderung der Schreibfähigkeit zum Ausdruck. Für viele Behinderte sind demnach spezielle Hilfen bzw. eine besondere, d.h. „Sonder-"Pädagogik vonnöten, um so die Chancengleichheit und einen Nachteilsausgleich gegenüber Nichtbehinderten zu erreichen. Im Schulbereich wird dieses durch eine kleinere Klassenfrequenz, speziell ausgebildete (Sonder-) Pädagogen und entsprechend behindertengerechte bauliche Veränderungen, spezielle Hilfsmittel, etwa Lesegeräte, Schreibmaschinen, sowie spezielles Lehrmaterial erreicht.

Für den Freizeit- und Sportbereich stehen ebenfalls eine Fülle von Hilfsmitteln und Sportgeräten bereit. Mitunter sind aber auch hier individuelle Sonderanfertigungen angezeigt. Wenngleich für die Sonderschulen der Grundsatz der Multifunktionalität im Sinne einer Begegnungsstätte von Behinderten und Nichtbehinderten gilt, so sollte für die jeweilige Zielgruppe, für die die Schule ausgerichtet ist, eine spezielle Zusatzausstattung bereitstehen, um den Belangen dieser Gruppe in besonderer Weise Rechnung zu tragen.

Auf detaillierte Angaben muss hier verzichtet werden. Es kann auf die „Planungshinweise" (Teile 1-4) des „Schulbauinstituts der Länder" (SBL) verwiesen werden.

10.4 Störungen und Behinderungsbilder

Die Vielfalt der Behinderungen und die große Variabilität ihrer Ausprägungen lässt eine Gruppierung nach den häufigsten Beeinträchtigungen und Auswirkungen für unsere Betrachtung sinnvoll erscheinen. Unter architektonischen Gesichtspunkten hat Thomson (1984) in seinem Buch „Sports and Recreation Provision for Disabled People", dessen Grundideen auch der Europarat (1986) für seine Empfehlungen von Sport- und Erholungsanlagen für Behinderte übernommen hat, nach fünf Hauptgruppen unterschieden:

1. Rollstuhlfahrer
2. Andere Bewegungsbehinderte („ambulant disabled")
3. Gehörlose und Schwerhörige
4. Sehbehinderte
5. Geistig Behinderte.

Van der Schoot et al. (1980, 14) gruppierten in ihrer Schrift „Behindertengerechte Sport- und Freizeitanlagen" nicht nach Behinderungsarten, sondern nach den wichtigsten funktionellen Beeinträchtigungen und Störungen. Demnach sind unter sportrelevanten Gesichtspunkten besonders zu berücksichtigen:
„Empfindungsstörungen, Wahrnehmungsstörungen, Emotionalitätsstörungen, Störungen der geistigen Leistungsfähigkeit, Bewusstseinsstörungen, Antriebsstörungen und motorische Störungen."

Im Hinblick auf die große Zahl verhaltensgestörter Kinder und Jungendlicher sowie das Anwachsen psychischer Störungen im Erwachsenenalter müssen auch noch Kommunikationsstörungen genannt werden.

Im einzelnen werden hierzu u.a. folgende Punkte aufgeführt:

– Empfindungs- und Wahrnehmungsstörungen

Gestört sein können die Aufnahme von sensorischen Reizen, wie Temperatur, Struktur, Farbe; Störungen in der Gestalt-, Figur- und Raumwahrnehmung oder deren Erfassung. Neben Hör- und Sehstörungen resultieren häufig auch Körperschemastörungen als Sekundärstörung aus den vorgenannten Grundstörungen.

– Emotionalitätsstörungen

Personen mit gestörter emotionaler Ausgeglichenheit können ängstlich, nervös, deprimiert, launisch, aggressiv, unkontrolliert und stimmungsschwankend sein. Sie kennzeichnen häufig ein geringes Selbstvertrauen.

– Störungen der Lernfähigkeit

Hierzu gehören Störungen im Erkennen, der Raumvorstellung, des Verstehens, Interpretierens und Umsetzens. Hinzu kommen Störungen des Denkens, Lernens und des Gedächtnisses.

– Bewusstseinsstörungen

Kennzeichen hierfür können sein: Unfähigkeit zu gliedern, strukturieren, ordnen „und so eine ungestörte Umweltbeziehung aufrecht zu erhalten" (S. 15).

– Antriebsstörungen

Der Antrieb kann hier entweder zur Hyperaktivität oder zur Hypoaktivität neigen. Insofern sind Übererregbarkeit einerseits oder aber Gleichgültigkeit und Apathie zwei typische Kennzeichen.

– Motorische Störungen

Neben grobmotorischen Störungen, die etwa durch das Fehlen oder die Nichtinnervation einer Gliedmaße vorliegen können, sind Beeinträchtigungen der Feinmotorik in Form von Koordinationsstörungen, etwa der Auge-Hand-Koordination, aber auch der Gesamtkörperkoordination, zu bedenken. Zum Ausdruck kann dieses in einer Störung der Kraft, Ausdauer, Schnelligkeit, aber auch der Flexibilität des Tempos und der Präzision sein.

– Kommunikationsstörungen

Hier sind Prozesse der sozialen Interaktion betroffen. Diese kommen u.a. in Vermeidungshaltung und Isolationstendenzen zum Ausdruck. Sie können sowohl auf verbaler wie nonverbaler Ebene liegen. Ihre Ursachen sind vielfältig und können, obwohl sie im psychischen Bereich verankert sind, häufig in körperlichen Unzulänglichkeiten begründet liegen.

In Tabelle „Zusammenhänge von Behinderungsarten und ihren funktionellen Störungen" werden die Aspekte der Behinderungsart und mögliche funktionelle Beeinträchtigungen zusammengebracht. Grundsätzlich kann davon ausgegangen werden, dass ein Schaden (impairment) im Sinne der WHO in aller Regel nicht nur eine, sondern mehrere Funktionsstörungen (disabilities) zur Folge hat und sich daher auch auf mehrere Lebensbereiche auswirkt. Erst hieraus resultiert schließlich die eigentliche Behinderung (handicap). Andererseits können wiederum gleiche Störungen und Beeinträchtigungen bei unterschiedlichen Behinderungsgruppen auftreten. Daher sind mit Ausnahme von Spezialeinrichtungen (etwa einer Blindenanstalt oder einer Gehörlosenschule) möglichst vielen der aufgeführten Störungen Rechnung zu tragen.

Will man aus der genannten Tabelle Schlussfolgerungen für die architektonische Planung von Sport- und Freizeiteinrichtungen ziehen, so fällt auf, dass in sportlicher Hinsicht die Vertikalsumme der Störungen bei den geistig Behinderten am größten ist. Es folgt die Gruppe der psychisch Behinderten und Sinnesbehinderten. Am wenigsten beeinträchtigt sind demnach die Rollstuhlfahrer sowie die übrigen Bewegungsbehinderten. Hier handelt es sich jedoch lediglich um Durchschnittswerte, die beim einzelnen sehr unterschiedlich ausfallen können.

Betrachtet man andererseits die jeweilige Horizontalsumme, so nehmen die Wahrnehmungs- und Empfindungsstörungen eine dominante Stellung ein. Kommunikations-, Antriebs- und motorische Störungen folgen auf den weiteren Rängen.

Obgleich letztlich jede Störung bei jeder Art von Behinderung auftreten kann, kann man sich zunächst an dieser Rangordnung orientieren. Im folgenden wird nun anhand möglicher baulicher Barrieren auf die jeweiligen Störungen und deren Berücksichtigung eingegangen.

Zusammenhänge von Behinderungsarten und ihren funktionellen Störungen.
(Die Behinderungsarten wurden in Anlehnung an Thomson (1984), die funktionellen Beeinträchtigungen und Störungen in Anlehnung an van der Schoot (1980) ausgewählt.)

Funktionelle Störungen	Behinderungen						
	Rollst.	Bew. B.	Gehörl.	Sehb.	G. B.	Psych. B.	Summe
Empfindungs- und Wahrnehmungsstörungen	+++	++	+++	+++	+++	++	16
Störungen der Emotionalität	-	-	+	+	++	+++	7
Störungen der geistigen Leistungsfähigkeit und des Bewusstseins	-	-	+	+	+++	+	6
Kommunikationsstörungen	+	++	+++	+++	+++	++	14
Antriebsstörungen	+	+	+	+	+++	++	9
Motorische Störungen	++	+++	+	+	++	+	10
Summe	7	8	10	10	16	11	

10.5 Folgerungen für den Sportstätten- und Freizeitbau

Zu den Einrichtungen der Sport-, Spiel- und Freizeitanlagen gehören:
A. Hallenanlagen
- Sporthallen
- Schwimmbäder/Kombibäder

B. Natur- und Freianlagen
- Sportplätze
- Fitness-Parcours
- Wasser- und Eissportanlagen
- Reitanlagen
- Skisportanlagen
- Naturparkanlagen
- Spielplätze.

Grundsatz ist: Eine Anlage ist um so behindertengerechter, je multifunktionaler sie ausgebaut und eingerichtet ist. Es geht also weniger darum, spezielle Sportstätten für Behinderte zu bauen, als vielmehr möglichst viele Sportanlagen behindertengerecht einzurichten.

Dabei gilt, dass eine klare innere und äußere Gliederung den Behinderten die Orientierung wesentlich erleichtert. D.h., die Anlage muss überschaubar und erfahrbar im wörtlichsten Sinne sein, Intimität und Offenheit gleichermaßen gewähren, so dass den primären Bedürfnissen des Sichwohlfühlens und Entspannenkönnens sowie dem Wunsch nach Kommunikation und Interaktion in möglichst entspannter Atmosphäre mit Gleichbetroffenen sowie Nichtbehinderten entsprochen wird.

An Einrichtungen, die allen Anlagen gemein sind, sollen die spezifischen Belange Behinderter aufgezeigt werden.

Äußere Zugänge

Auf die Anlage und Maße behindertengerechter Parkplätze wurde bereits an anderer Stelle dieses Buches hingewiesen. Zu ergänzen wäre hier, dass immer auch genügend Parkplätze für Busse vorhanden sein müssen, da die hier zu beschreibenden Einrichtungen regelmäßig und häufig von Gruppen, Schulklassen oder Wettkampfmannschaften besucht werden. Da nach unseren Erfahrungen die Lösung des Transportproblems für Behinderte entscheidend zur Akzeptanz und zum Gelingen des Bewegungs- und Sportangebotes beiträgt, sollten dann „am Ort der Tat" selbst keine Probleme mehr auftreten dürfen.

Entsprechende Rampen und Überdachungen (zumindest für ein bis zwei Busse) erleichtern auch Rollstuhlfahrern bei schlechter Witterung ein schnelles Ein- und Aussteigen. Abgesenkte Bordsteine sollten obligatorisch sein.

Der Eingang selbst muss ebenerdig oder über eine entsprechend rutschfeste Rampe, am besten über einen Windfang, erreichbar und durch keine Drehkreuze, wie sie bei Schwimmbädern üblich sind, behindert werden. Zumindest sollten neben den Kreuzen noch eine, von der Kasse aus zu öffnende rollstuhlbefahrbare Türe vorhanden sein.

Die Kasse muss vom Rollstuhl aus zu erreichen bzw. einzusehen sein (0,75 m). Dies erleichtert gleichermaßen auch Gehörlosen, die auf das Ablesen von den Lippen angewiesen sind, den Zugang. Andernfalls müssen Eintrittspreise, Wechselgeld etc. über elektronische Bildschirme angezeigt und gut zu lesen sein bzw. über eine Sprechanlage für Sehbehinderte und Blinde zu bedienen sein.

Innere Zugänge

Bei größeren Einrichtungen erscheint eine Übersichtstafel bzw. ein Übersichtsrelief (für Blinde) im Eingangsbereich als sinnvoll (Abb. 10/1). Hierauf sollten vor allem die einzelnen Wege und ihre Kennzeichnung durch eindeutige Symbole hervorgehoben werden. Die hier verwandten Leitlinien (Leitsysteme, Höhe: 1,40 m-1,60 m) müssen auf den Wänden oder dem Boden wieder erkennbar sein, z.B. durch Verwendung von leicht erhabenen, aufgerauten, farbig abgesetzten Keramikplatten oder einem festen breiten Handlauf, der gleichzeitig auch für Gehbehinderte eine Hilfe darstellt.

Automatisch gesteuerte Schiebe- oder Drehflügeltüren müssen, falls sie aus Glas sind, mit auffälligen und eindeutigen Pfeilen oder Streifen markiert sein. Besser sind Türen, die nur ab der oberen Hälfte aus Glas sind, da so keine Bruchgefahr durch anstoßende Fußrasten von Rollstühlen gegeben ist. Breite, über die ganze Türbreite reichende Griffleisten sollten bei allen Türen obligatorisch sein. Türen lediglich mit Klinken sind für Rollstuhlfahrer nicht geeignet, zumal dann nicht, wenn es sich um schwere feuerfeste Trenntüren handelt, wie sie aus Sicherheitsgründen bei größeren Anlagen anzutreffen sind.

Bei speziellen Anlagen für Blinde sollten Türen mit akustischen Zeichen gekoppelt werden. Offen stehende Türen sind für Blinde immer ein Hindernis!

Auf Treppen, Aufzüge und Rampen wird an anderer Stelle dieses Buches eingegangen. Generell sollten alle Räume behindertengerecht zugänglich sein. Hier dürfen auch die Zuschauerränge nicht vergessen werden!

Je nach Größe der Anlage sind behindertengerecht angebrachte Münzfernsprecher bzw. Kartentelefone einzurichten (s. Kap. 5.8).

Umkleidekabine

Umkleideräume, die für Rollstuhlfahrer ausgelegt sind, sind für die meisten anderen Behinderten auch richtig dimensioniert. Dabei sollten Gruppenumkleideräume so groß sein, dass zumindest zwei Rollstuhlfahrer aneinander vorbeifahren können. Dann ist auch genügend Platz zum Drehen vorhanden.

In den 70er Jahren kam es im Rahmen der sexuellen Liberalisierung in Mode, dass Gemeinschaftsumkleiden, Saunen etc. in Sportanlagen nicht mehr streng nach Geschlechtern getrennt benutzt wurden. Dieses hat sich für Behinderte nicht bewährt. Die Scheu, seine Behinderung anderen, zumal dem anderen Geschlecht, zu zeigen, ist nach wie vor sehr groß, so dass von der Mehrzahl getrennte Umkleiden und einige Einzelumkleiden gewünscht werden.

Durch breite unterfahrbare Sitzbänke (b = 50-60 cm), die auch ein Umkleiden im Liegen erlauben und auf denen Kleinkinder von Betreuungspersonen gewickelt, an- und ausgezogen werden können, unterscheiden sich die Umkleiden (Abb. 10/2+3) von den üblicherweise sehr schmalen Bänken vor den Spinden. Letztere sollten auch vom Rollstuhl aus erreicht werden können, ebenso die Kleiderhaken (ca. 120 cm). Eine größere Zahl von Schließfä-

329

chern müssen breiter ausgelegt sein, damit darin auch Gehhilfen, Prothesen, Korsetts u.Ä. untergebracht werden können. In Schwimmbädern hat sich die Installation einer größeren gepolsterten Liege (evtl. zur Wand abklappbar) sehr bewährt. Zumindest sollte Platz für eine mobile Liege da sein.

Höhenverstellbare Haartrockner (Abb. 10/4) gehören heute zum Standard öffentlicher Einrichtungen, seien hier aber der Vollständigkeit halber auch erwähnt. Spiegel (Abb. 10/5) in unterschiedlicher Höhe bzw. gekippte Spiegel gehören ebenfalls dazu wie Notrufanlagen (Abb. 10/6) in allen nicht einsehbaren Räumen wie Toiletten, Umkleide- und Duschräumen.

Über entsprechende Bodenbeläge wird an anderer Stelle berichtet (Kap. 5.1). Auch hier muss bei Nässe Rutschfestigkeit gewährleistet sein. Eine „Abstreifzone" (Schuhabtreter) zwischen Eingang und Umkleide verhindert unnötigen Schmutz, falls bei schlechtem Wetter schmutzige Rollstühle hereinfahren.

Sowohl in Umkleideräumen wie in Toiletten sind größere mit Deckel (!) versehene Abfallbehälter für Windeln etc. vorzusehen. Aufladeanschlüsse für Elektrorollstühle komplettieren die Elektroinstallation.

Duschen und Toiletten
Die sanitären Einrichtungen sollen jenen der DIN 18024 Teil 2 entsprechen. Die Duschräume sollten, neben Gemeinschaftsduschen, in denen einige Plätze mit klappbaren Sitz- und Haltevorrichtungen versehen sind, auch weit dimensionierte (Mindestmaß: 150 cm x 150 cm), offene, lediglich mit einem Duschvorhang versehene Spezialkabinen haben. Duschrollstühle sollten bereitstehen.

Großer Wert muss auf ein einwandfreies Funktionieren der Mischbatterien gelegt werden, d.h. sie müssen so eingestellt sein, dass keine Verbrennungen bei sensibilitätsgestörten Behinderten (etwa Querschnittgelähmte) möglich sind, Sicherheitsregulierung: max. 42 °C. Einige Duschen (Handbrausen) sollten auch vom Boden aus bedient werden können (Höhe max. 90 cm), da Beinamputierte und Querschnittgelähmte gerne mit Rollbrettern (Schederollern) zum Duschen und zum Bad fahren (Abb. 10/7). Auf die Länge der Schläuche der Handbrausen ist zu achten, damit Schwerstbehinderte ggf. auch von Helfern in ihren Duschrollstühlen gewaschen und abgebraust werden können. In Kniehöhe eingelassene Seifenschalen gehören dazu.

Für Hand- und Armbehinderte (z.B. Dysmelie-Betroffene, Unterarm-Amputierte etc.) sollte zumindest eine Duschvorrichtung auch mit entsprechenden Armaturen versehen sein.

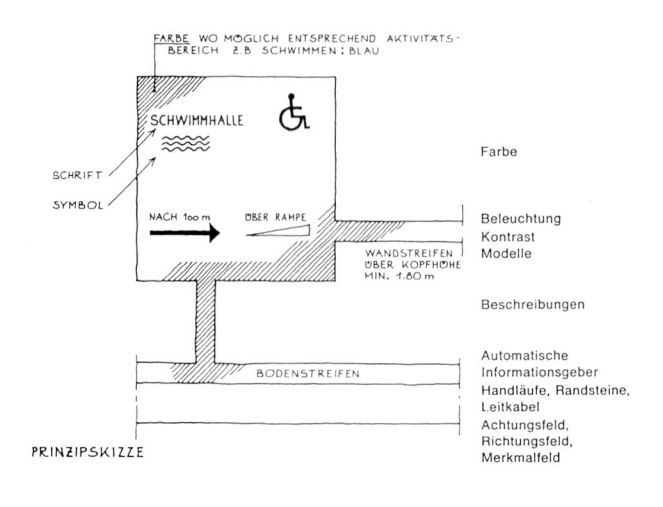

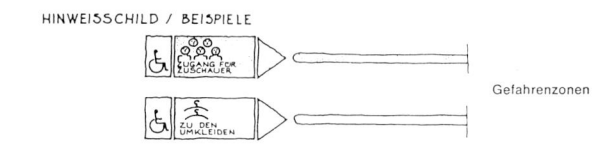

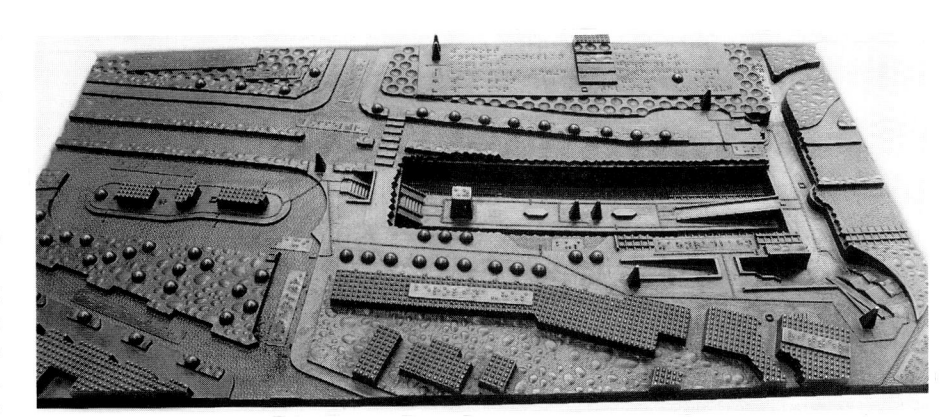

10/1a

10/1b

10/1a+b Leitsysteme und topologische Orientierungshilfen.
(a: aus van der Schoot, 1980, 44; b: Tiefbauamt Stuttgart)

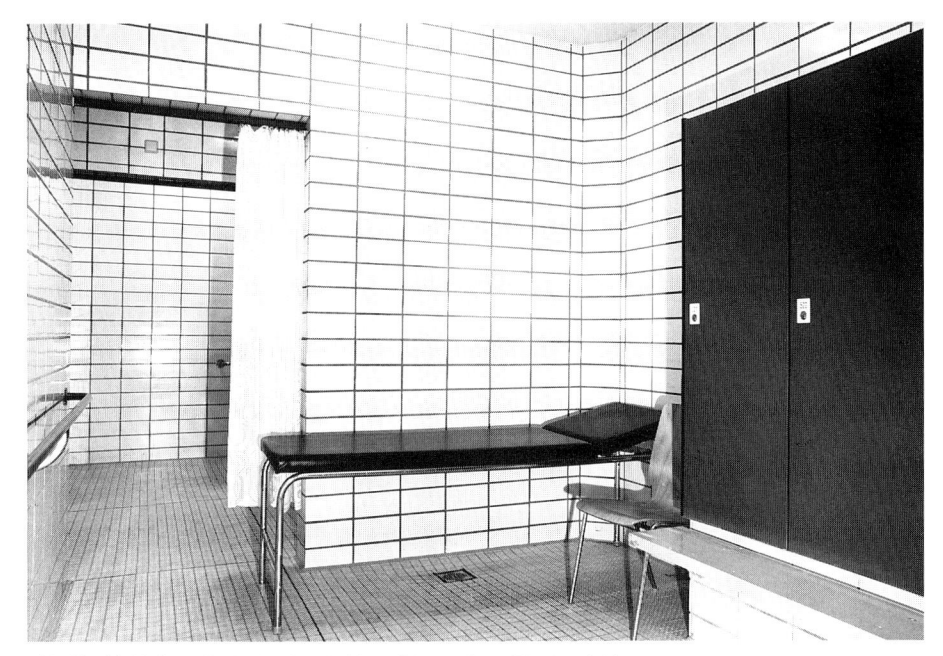

10/2 Umkleideliege im Hallenbad in Köln-Chorweiler. (Rita Kunigk)

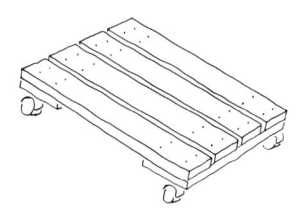

10/3 Sitzroller, Armaturen müssen erreichbar sein

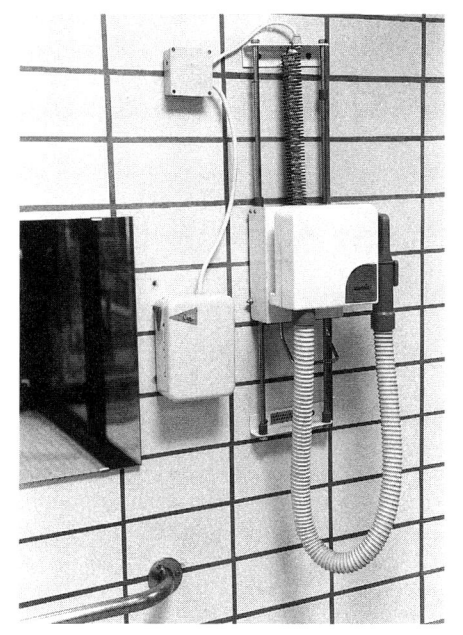

10/4 Höhenverstellbarer Fön im Hallenbad in Köln-Chorweiler. (Rita Kunigk)

10/5 Unterschiedlich hoher Spiegel und Fön im Hallenbad in Köln-Chorweiler. (Rita Kunigk)

10/6 Notrufanlage im Hallenbad in Köln-Chorweiler. (Rita Kunigk)

10/7 Sitzroller, Armaturen müssen erreichbar sein

Erste-Hilfe-Räume
Erste-Hilfe-Räume müssen auch für Rollstuhlfahrer erreichbar, d.h. die Türen entsprechend breit dimensioniert sein. Zusätzlich zur üblichen Ausstattung sollte hier ein Notfall-Telefon installiert sein. Wenn „Herzgruppen" Sport treiben, muss ein Defibrillator vorhanden sein. Hierfür ist jedoch der jeweils betreuende Arzt zuständig.

10.5.1 Hallenanlagen, Hallenausstattung

Da sich die Inhalte des Sports mit Behinderten überwiegend an jenen Nichtbehinderter orientieren, kommen grundsätzlich zunächst jene Elemente von „Normal"-Sporthallen zum Tragen (vgl. DIN 18032). Zusätzlich sollte man jedoch folgende Aspekte berücksichtigen:
– Größe der Halle
Je nach Ausrichtung des Bewegungsangebotes stehen im Idealfall ein Gymnastikraum, ein Konditions-, Fitness- oder Therapieraum, eine Standardturnhalle (15 x 27 x 5,5 m) oder eine Mehrfach- bzw. Mehrzweckhalle zur Verfügung. Von der Größe her bewährt sich die Normalsporthalle, da hier sowohl Therapie als auch Spiele durchgeführt werden können. In Mehrfachhallen kommt sich der Einzelne mit seiner häufig nur kleinen Gruppe verloren vor. Auch bewirkt der leider oft unzureichende Schallschutz, dass die Nebengeräusche der Nachbarsektion in aller Regel ganz erheblich stören.
– Boden – Wand – Decke
Boden, Decke und Wände sollen bezüglich Farbe und Akustik aufeinander abgestimmt sein, da sie wesentlich zur Grundstimmung der Sporttreibenden beitragen.
Für Sporthallenböden existiert inzwischen die DIN-Norm 18032 Teil 2. Der Belag sollte weder zu hart noch zu weich sein. Bei zu weichen Böden ist der Rollwiderstand und damit die Verletzungsgefahr beim Rollstuhlsport zu groß. Bevorzugt wird heute ein punktelastischer Boden, mit einem Belag, der sich nicht elektrostatisch aufladen sollte. Entladungen können bei Cerebralparetikern möglicherweise eine Spastik auslösen.
Mit Bodenmarkierungen sollte möglichst sparsam umgegangen werden, da zu viele eingezeichnete Spielfelder nur Verwirrung stiften. Bei Bedarf kann mit zusätzlichen, lediglich temporär angebrachten Klebebändern gearbeitet werden. Spezielle Bodenmarkierungen für Blinde, wie etwa ein Streifen aufgespritztes Gummigranulat, hilft zwar zur Orientierung, kann aber auch als Stolperschwelle wirken (vergl. SBL 1982, 58).
Die Wände sollten vielfach nutzbar sein, dabei jedoch nicht unruhig wirken. Eine Spiegelwand mit Handlauf wird nur für kleinere Hallen, in denen keine Ballspiele betrieben werden, empfohlen. Idealerweise wird eine Teilwand als „Therapiewand", die beschriftet, bemalt oder beklebt werden kann, abgeteilt und entsprechend ausgestattet. Aber auch an den übrigen Wänden sollten mobile Markierungen haften können.
Welches Material für die Wände gewählt wird, hängt von der Gesamtzweckbestimmung ab. Ziegel- und Holzwände bringen einen warmen Ton in den Raum, wobei erstere sicherlich haltbarer sind. Ungeeignet sind gestreifte Wände, da sie bei ungünstigen Lichtverhältnissen zu „flimmern" beginnen, u.U. bei Anfallgefährdeten epileptische Anfälle auslösen können. Abgepolsterte Wände und Holzverkleidungen werden beim Rollstuhlsport stark in Mitleidenschaft gezogen. Sie sollten deshalb erst ab ca. 40 cm Höhe (damit höher als die Fußrasten der Rollstühle) angebracht sein. Mindestens auf einer Seite sollte man auch durch Fenster ins Freie sehen können. Auch an die „Arbeitsatmosphäre" für den mitunter über viele Stunden unterrichtenden Sportpädagogen ist zu denken!
Die Decken mit ihren eingelassenen Beleuchtungen sollten wie die Seitenwände ebenfalls ballwurfsicher sein. Bei größeren Hallen können eindeutige Strukturen bzw. Markierungen zur Orientierung beitragen.
Je nach Lage der Halle und entsprechend dem Sonnenstand muss an einen entsprechenden Blendschutz gedacht werden. Oberlichter, durch die die Sonne ungedämpft aufs Spielfeld scheint, beeinträchtigen wesentlich den Übungsablauf und das Spielgeschehen.
– Hallenausstattung
Eine Aufzählung der existierenden spezifischen Sportgeräte für Behinderte würde den Rahmen dieses Beitrages weit sprengen. Hier sei aus dem deutschsprachigen Schrifttum auf die „Schriften des Schulbauinstituts der Länder" (Einrichtungen für Spiel und Sport mit Behinderten, Nr. 55-58) sowie die einschlägigen Kataloge der Geräteindustrie verwiesen. Jede Aufzählung wäre unvollständig, zumal eine Reihe von Geräten, den Hilfsmitteln vergleichbar, ganz individuelle, dem einzelnen Behinderten angepasste Sonderanfertigungen sind. Hier können daher nur exemplarisch einige Empfehlungen für Zusatzausstattungen der Hallen gegeben werden. In Anlehnung an die o.g. Schriftenreihe wären dies:
– Fest eingebaute Geräte
Versenkreckanlage. Steckbarren. Ausschwenkbare Sprossenwände mit feststellbaren Säulen (möglichst in einer eingebauten Wandnische) (Abb. 10/8). Versenkbare Säulen für Netzbefestigungen für Volleyball-, Badminton-, Fußballtennis- und Prellballspiele. Kletterstangen, Kletterstaue, ausziehbare Gitterleitern. Pendelballaufhängungen. Versenkte Schienen an den Wänden (quer und längs) zur Befestigung von Haken für Netze und andere Geräte. Höhenverstellbare Basketballkörbe (Abb. 10/9+10), Schaukelringe. „Therapietafel". Einrollbare großflächige Bodenmatten (Abb. 10/11), die ggf. in einer Wandnische oder unter einer Sitzbank verschwinden (vergl. van der Schoot et al. 1980, 63). Fest installierte Musikanlage. Leerrohre für den Einbau einer Videoanlage ersparen spätere Kosten.
In einem gesonderten Krafttrainingsraum sind in aller Regel die Trainingsgeräte, z.B. ein Vielfachtrainingsgerät (mit vier bis sechs Stationen), fest eingebaut.
– Mobile Geräte
Rampen für Rollstuhlslalom. Trampolin (groß), Minitrampoline. Tischtennisplatten. Turnbänke. „Lüneburger Stegel". Schaumstoffelemente. Weichbodenmatten in verschiedenen Größen mit Wandhalterungen zum Aufbewahren. Pedalos. Balancierkreisel. Sportrollstühle. Mehrere kleine Kästen. Auf die vielfältigen Kleingeräte und Klanggeräte, insbesondere aus der psycho-motorischen Übungsbehandlung kann hier nicht eingegangen werden. Wichtig ist, dass für sie genügend Platz in Regalen oder Schränken vorgesehen ist. D.h., der Geräteraum muss, neben dem Platz für die Normalausstattung, für diese zusätzlichen Geräte ausreichend dimensioniert sein.

10.5.2 Schwimmbäder, Kombibäder

Der Aufenthalt im Wasser, und Schwimmen im besonderen, bietet Behinderten, noch mehr als Nichtbehinderten eine hervorragende Möglichkeit, körperlich aktiv zu sein und etwas für ihr Wohlbefinden zu tun. Auf die positiven Wirkungen des Wassers braucht an dieser Stelle nicht besonders eingegangen zu werden, da diese weitestgehend bekannt sind.

Obgleich Baden und Schwimmen natürlich auch in Freigewässern und Freibädern erfolgen kann, wird die Schwimmhalle in unseren Breiten nach wie vor der häufigste Ort des organisierten Schwimmens im Vereins- oder Klassenrahmen sein. Leider gibt es jedoch bis heute nur relativ wenig Schwimmbäder, die sich auf die Belange Behinderter eingestellt haben, obgleich diesbezüglich nur wenige Aspekte zu berücksichtigen sind.

Die nachfolgenden Ausführungen lassen sich größtenteils auf Kombi- und Freibäder übertragen.

Größe und Form des Bades
Die Größe eines Bades bzw. eines Schwimmbeckens hängt – abgesehen von monetären Gesichtspunkten – primär von seiner Zweckbestimmung ab. Beckengrößen von 8 m x 12,5 m oder 10 m x 16,66 m und schließlich 12,5 m x 25 m dürften die gängigsten Größen sein. Die entsprechenden Richtlinien für den Bäderbau sind dabei zu berücksichtigen. Auf kleinere Therapiebecken oder Wannenbäder (z.B.

10/8 Sprossenwand. (Benz)

10/9 Transportierbare Basketballanlage. (Erhard)

10/10 Höhenverstellbares Basketballbrett. (Erhard)

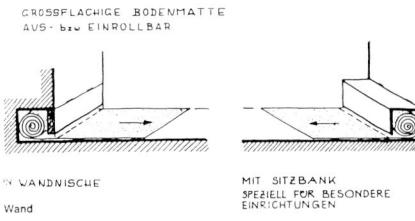

10/11 Einrollbare Bodenmatte. (Aus van der Schoot, 1980, 63)

„Schmetterlingswanne") soll an dieser Stelle nicht eingegangen werden (vgl. hierzu Kap. 4.9). Im Sinne einer Mehrzwecknutzung sollten diese Standardlängen auf jeden Fall eingehalten werden, da hier eine Orientierung an Wettkampfdistanzen möglich ist.

Auch wenn heute sog. Spaß- und Erlebnisbäder mit geschwungenen Formen sowie kombinierten Innen- und Außenbecken (Kombibäder) im Vormarsch sind, wäre es günstig, sie so anzulegen, dass auch einige Bahnen mit den o.g. Maßen darin enthalten sind. Dies gilt insbesondere für Anlagen, die lediglich über ein Becken verfügen.

Der Umlauf um das Becken sollte überall mindestens 1,5 m bis 2 m betragen, dann können auch Rollstuhlfahrer das Becken gefahrlos umfahren. Mit einer mobilen einsteckbaren „Reling" lässt sich das Becken u.U. zusätzlich absichern (Abb. 10/12+13). Auch für Zuschauer, Eltern, Studenten etc. sollten genügend Sitzplätze, evtl. in Nischen, vorgesehen werden.

Die Wassertiefen sollten variabel sein. Variobecken mit Hubböden (30-180 cm) haben sich, eine sorgfältige Bedienung und Pflege vorausgesetzt, gut bewährt. Eine deutliche Markierung zur Abgrenzung vom Schwimmer- und Nichtschwimmerbereich (ab ca. 115 cm) ist obligatorisch. Über die allgemeinen Maße und sonstigen Regelungen geben die o.g. Richtlinien Auskunft. Bei Becken ohne Hubboden ist ab 135 cm immer ein Stehrand in 100 cm Tiefe vorzusehen.

Die Wassertemperatur sollte 28 °C nicht unterschreiten, da es sonst vor allem beim Anfängerschwimmen von Cerebralparetikern leicht zur Auslösung einer unerwünschten Spastik kommen kann. Für therapeutische Zwecke sollte die Temperatur noch um 2 °C wärmer sein, also 30-32 °C.

– Decke und Farben

Gut aufeinander abgestimmte Farben von Wasser (bzw. Beckenkacheln), Wänden und Decke tragen auch hier wesentlich zur Behaglichkeit bei. Außerdem können ausgesuchte, einfach strukturierte Elemente die Orientierung erleichtern. Hier ist vor allem an die Decke zu denken, die häufig durchgängig strukturiert oder einfarbig ist. Dabei wird vergessen, dass die zunächst ungewohnte Rückenlage beim Rückenschwimmen auch beim Nichtbehinderten häufig schon zu Orientierungsschwierigkeiten führt. Einige markante Querstriche können hier für den Anfänger sehr hilfreich und motivierend sein.

Hierzu gehört neben Schwimmleinen und Bodenmarkierungen vor allem die große vom Wasser aus ablesbare Uhr.

– Einstieg und Beckenrand

Adäquate Ein- und Ausstiegsmöglichkeiten sind wesentliche Kennzeichen eines behindertengerechten Schwimmbeckens.

Hier zeigt sich in besonderer Weise, ob man die Belange, vor allem Körperbehinderter, verstanden hat. Die Wahl der Überlaufrinne (Abb. 10/14 a-d) ist wieder wesentlich von der Zweckbestimmung abhängig. Über die jeweiligen Vor- und Nachteile der Wiesbadener, St. Moritzer, Züricher und Finnischer Rinne wurde ausführlich in den Studien 57 der Planungsgrundlagen des Schulbauinstituts der Länder berichtet (S. 58). Die nachfolgenden Vorschläge zeigen vier Möglichkeiten für ein kombiniertes Therapie- und Lehrschwimmbecken auf.

1. Treppeneinstieg

Nach wie vor sind Treppeneinstiege an einer ganzen Seite besonders für das Anfängerschwimmen geeignet, da viele Wassergewöhnungsübungen vom Sitzen aus besonders gut durchgeführt werden können (Abb. 10/15). Es muss auf die richtige Wahl rutschfester Platten geachtet werden. Die Kanten sollten dunkelfarbig abgesetzt sein. Zudem muss an den Seiten, ggf. auch noch in der Mitte der Treppe, ein doppelläufiges Geländer installiert sein (Abb. 10/16).

Ein Treppeneinstieg kann separat neben der Schwimmfläche installiert sein. Er ist, auch wenn nur 80-100 cm breit, einer schiefen Ebene immer vorzuziehen. Sog. Rollstuhlrampen haben sich wenig bewährt, da die Räder im Wasser durchdrehen!

2. St. Moritzer Rinne mit breitem Einstieg

Hier entspricht die Einstiegshöhe der Sitzhöhe des Rollstuhls (50 cm). Die Breite des Einstiegs beträgt ca. 50 cm (Abb. 10/17). Wichtig hierbei ist die obere Abdeckung aus Holz oder abnehmbaren Schaumstoffmatten. Dies ist besonders für Querschnitt- und Halbseitengelähmte mit Sensibilitätsstörungen von Bedeutung. Raue Oberflächen, etwa Waschbeton, führen schnell zu Schürfwunden und Druckgeschwüren.

Ein Handlauf aus Edelstahl sollte so abgebracht sein, dass er weder die Ein- und Aussteiger noch die Schwimmer behindert.

Auf dieser Einstiegsseite kann noch ein manuell bedienbarer Lifter mit einem Kunststoffsitz oder einer Liege eingelassen werden (Abb. 10/18). Elektrische Lifter sind aufwändig und meist sehr langsam. Das gleiche gilt für Laufschienen (Deckenkran).

3. Züricher- oder Finnische Rinne

Diese Einstiegsart ist für Gehbehinderte und Amputierte besonders geeignet, da das Wasser ebenerdig direkt vom Rollbrett zu erreichen ist.

4. Trockengang

Ein Trockengang, der ca. 115 cm hochgezogen ist, ist für Therapeuten vorgesehen, die von außen ihre Anweisungen für krankengymnastische Übungen geben.

10/12 Einsteckbare Reling im Hallenbad in Köln-Chorweiler. (Rita Kunigk)

10/13 Einsteckbare Reling im Hallenbad in Köln-Chorweiler. (Rita Kunigk)

– Sonstige Hinweise

Die Auswahl der Fußbodenfliesen und ggf. Beckenbodenfliesen bedarf einer besonderen Sorgfalt, da es bei einer zu rauen rutschfesten Oberfläche bei Sensibilitätsgestörten zu den o. g. schlecht verheilenden Schürfwunden und Druckgeschwüren kommen kann.

Bei den sonst üblichen Einstiegen über Treppen oder Leitern sollten zu breite Geländer vermieden werden (max. 70 cm) und die Stufen vor allem so aus dem Wasser führen, dass auch Beinbehinderte nicht mit den Schienbeinen an ihnen anstoßen. Geländer müssen immer auf beiden Seiten vorhanden sein (Abb. 10/19).

Wärmebänke und eine Fußbodenheizung sind heute fast überall Standard. Sie trocknen schnell und sorgen für eine angenehme Atmosphäre. Auch ist eine zusätzliche Dusche in Beckennähe wertvoll.

Halterungen zur Aufbewahrung von Unterarmstützen sorgen für Ordnung im Bad und reduzieren die Unfallgefahr.

Da es inzwischen eine ganze Reihe von sinnvollen Schwimmgeräten, Schwimmhilfen, Trainings- und Therapiegeräten gibt, ist ein größerer Geräteraum mit Regalen und Gitterwagen unerlässlich.

Eine Unterwasserbeleuchtung ist effektvoll, dürfte aber nur nötig sein, wenn auch eine Unterwasserscheibe vorhanden ist. Diese

10/14a Wiesbadener Rinne

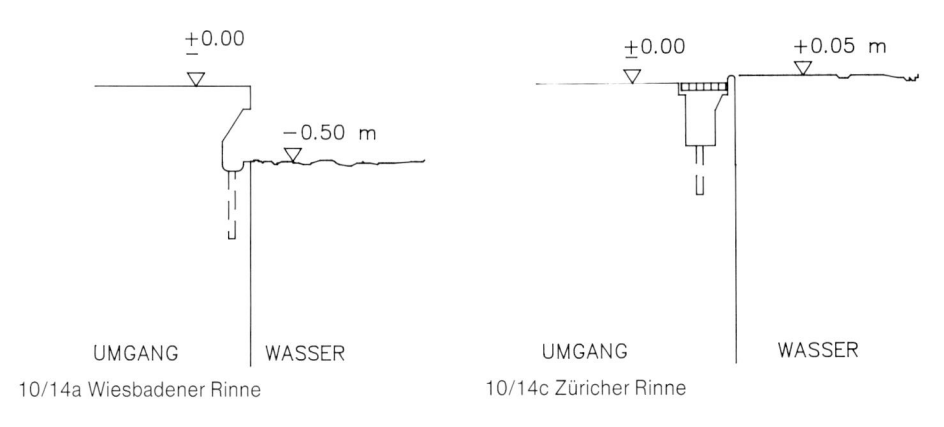

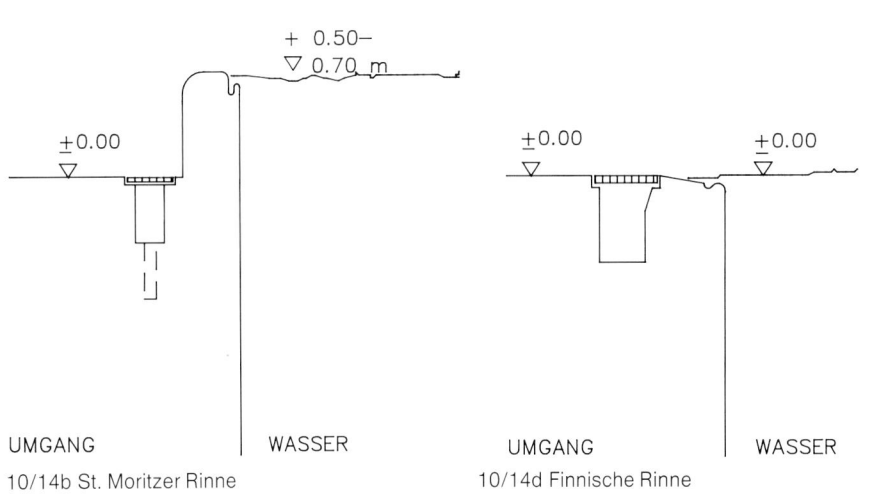

10/14c Züricher Rinne

10/14b St. Moritzer Rinne

10/14d Finnische Rinne

10/14a–d Unterschiedliche Überlaufrinnen, M. 1 : 50

10/15 Treppeneinstieg im Hallenbad in Köln-Chorweiler. (Rita Kunigk)

10/16 Treppeneinstieg im Hallenbad in Köln-Chorweiler. Beachte: dunkelfarbig abgesetzte Kanten. (Rita Kunigk)

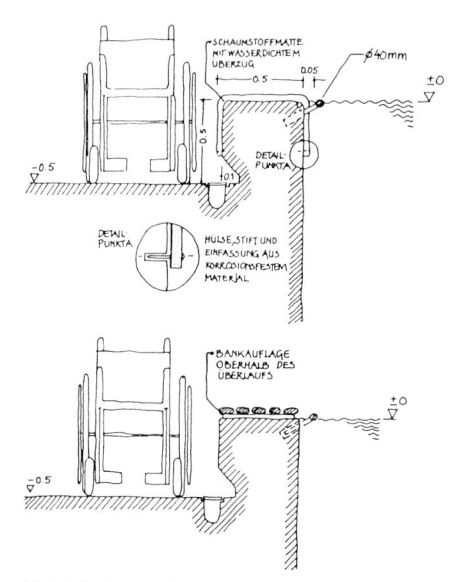

10/17 Beispiele für Einstiegsmöglichkeiten über Beckenrand. (Aus SBL 83, 59)

10/18 Einstieg durch manuell bedienbaren Lifter im Hallenbad in Köln-Chorweiler. (Rita Kunigk)

10/19 Einstieg durch Leiter. (Nach Thomson et al. S. 33)

335

könnte etwa am Therapiegang angebracht sein. Für Lehr-, Unterrichts- und Forschungszwecke empfiehlt sich eine solche Sichtscheibe auf jeden Fall. Mit Unterwasserlautsprechern können auch Sehbehinderte und Blinde beim Tauchen dirigiert werden.

Eine blendfreie Beleuchtung sowie Sonnenblenden verhindern Reflexionen auf der Wasseroberfläche. Diese könnten sonst zu Irritationen besonders bei Sehbehinderten und Anfallgefährdeten führen.

Auch in Schwimmbädern sind Leitsysteme von der Umkleide durch die Duschräume zum Schwimmbecken, vor allem für Sehbehinderte und Blinde, nützlich.

In öffentlichen Bädern müssen alle Becken von der Schwimm- und Bademeisterkabine aus einsehbar sein. In kleineren Bädern ohne Schwimmmeister empfiehlt es sich, dass das Schwimmbecken vom Umkleideraum aus noch für den Sportlehrer oder Übungsleiter einsehbar ist, so dass kein Kind unbeaufsichtigt ins Wasser gehen kann.

Duschrollstühle und Rollbretter (Abb. 10/20) sollten in Bädern mit höherer Frequentierung Behinderter mehrfach vorhanden sein. An geeignete Abstellplätze im Umkleideraum sollte gedacht werden.

10.5.3 Frei- und Naturparkanlagen

Vielen Behinderten stellt ein Aufenthalt im Freien und das Sichzurechtfinden in der Natur vor kaum lösbare Aufgaben, insbesondere bei Eis und Schnee im Winter. Die Gründe hierfür sind vielfältig. Sie können einmal in motorischen oder sensorischen Einschränkungen, ein andermal in einer psychischen Hemmnis und schließlich in einer mangelnden intellektuellen Fähigkeit liegen, Umwelt und Landschaft mit ihren möglichen Gefahren richtig abzuschätzen und einordnen zu können.

Andererseits besteht aber auch bei vielen Behinderten wie bei Nichtbehinderten der Wunsch, die Natur zu erkunden, zu erforschen und zu erspüren, um so den Zwängen unserer technisierten Gesellschaft, zumindest für Stunden, zu entfliehen und eventuell auch noch Abenteuer zu erleben. Zwischen diesen beiden Polen liegen die Frei- und Naturparkanlagen, die im folgenden angesprochen werden. Hier werden Punkte aufgezeigt, die zu berücksichtigen sind, damit Behinderte nicht ausgeschlossen werden. Dies bedeutet, dass trotz größtmöglicher Freiheit ein Mindestmaß an Geschütztheit erreicht werden muss.

Nach dem Grad ihrer Organisiertheit lassen sich Sportplätze, Reitsportanlagen, Fitness-Parcours, Wasser- und Eissportanlagen sowie Naturparkanlagen unterscheiden.

10.5.3.1 Sportplätze

Hierzu gehören im wesentlichen Ballspielplätze, Leichtathletikanlagen, Tennisplätze und Minigolfplätze. In Verbindung mit Schulen sind Kleinspielfelder (20 m x 40 m) am gebräuchlichsten. Sofern diese Felder vertieft eingelassen sind, sollte die oberste umlaufende Stufe für Rollstuhlfahrer mit einem Geländer und einer ca. 20 cm hohen Barriere versehen sein. Dass der Zugang zum unten liegenden Spielfeld über eine Rampe oder Aufzug erfolgt, ist selbstverständlich. Auf diesem Platz sind Einrichtungen zum Rollstuhlbasketball und Steckvorrichtungen für Ballspielnetze wie in der Halle vorzusehen.

Von der Anordnung her sind Umkleide- und Sanitärräume mit jenen der Hallenanlagen identisch. Wichtig ist, dass die Verbindungswege rollstuhlgerecht sind, d.h. nicht mehr als 6 % Steigung und keinen gekiesten, sondern festen Untergrund haben. Bei den Zuschauerrängen sollte ein Kontingent der Plätze ebenfalls für Rollstuhlfahrer vorgesehen sein.

Da seit einigen Jahren auch Tennis erfolgreich von Rollstuhlsportlern gespielt wird, sollten sich interessierte Vereine, ebenso wie Minigolf-Betreiber, mit den entsprechenden Verbänden ins Benehmen setzen (Deutscher Tennisbund, Deutscher Behindertensportverband, s. Kap. 10.5.3.5).

Auf eine genaue Auflistung der sportartspezifischen Besonderheiten und Hilfsmittel kann hier nicht eingegangen werden. Angaben sind beim „Deutschen Behindertensportverband" (DBS) erhältlich.

10.5.3.2 Fitness-Parcours

Als in den 70er Jahren die Jogging- und Fitnesswelle von Amerika aus auch Deutschland erfasste, wurden vielerorts Trimm-Pfade, Vita-Parcours und ähnliche konditionsfördernde Pfade – meist im Grünen oder Wald – eingerichtet. Im wesentlichen sind hier die Erkenntnisse des Intervalltrainings in Form von Stationen, an denen unterschiedliche Muskelgruppen trainiert werden, aufgenommen worden. Wichtig ist dabei, dass neben den jeweils ca. 30 s dauernden Belastungen zwischen den Stationen mindestens ebenso lange Pausen (30-60 s) zur Erholung eingehalten werden.

Bei geschickter Anlage und Konstruktion der Stationen können an denselben Geräten problemlos Übungen für Behinderte und Nichtbehinderte ausgeführt werden (Abb. 10/21). Derlei Anlagen lassen sich bei guter fachlicher Beratung beliebig variieren und für viele Krankheits- und Schadensbilder kombinieren.

10.5.3.3 Wassersportanlagen

Das Schwimmen in offenen Gewässern (See, Fluss, Meer) hat seinen besonderen Reiz, aber auch seine besonderen Gefah-

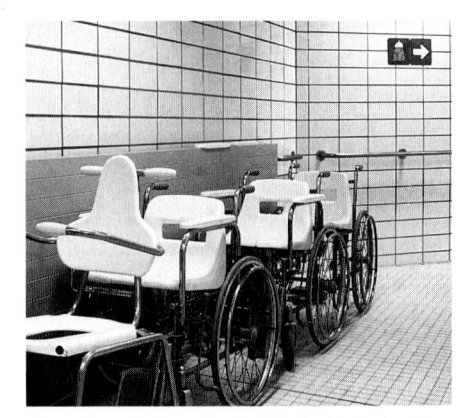

10/20 Platz für Duschrollstühle im Hallenbad in Köln-Chorweiler. (Rita Kunigk)

renquellen. Das gleiche gilt für alle Wassersportarten, vom Kajak- und Kanufahren über das Wasserskilaufen bis hin zum Segeln und Surfen; alles Sportarten, die auch von Personen mit den unterschiedlichsten Behinderungen ausgeführt werden.

Wenn auch hier nicht auf die Hilfsmittel und Modifikationen der Geräte eingegangen wird, so steht doch ihre Sicherheit und die der Anlagen im Vordergrund. Dieses um so mehr, da im Notfall Behinderte weit mehr gefährdet sind als ihre nichtbehinderten Mitsportler.

Dem Ufer und Einsteigeplatz kommt eine besondere Bedeutung zu. Rollstuhlgerechte Zugänge zum Strand oder ebensolche zu Bootsanlegestegen gehören hier ebenso erwähnt wie die richtige Uferbefestigung bei kleineren Flüssen und Bächen, die auch Krückengehern das Einsteigen ins Boot ohne ein Einsinken im Ufermorast erlauben.

Wenn die Zugänge keine größeren Gefälle als 6 % aufweisen, wird dies von den Eisschlittenfahrern (Abb. 10/22) (ice-picking) im Winter begrüßt werden, wenn sie vom Bootshaus zum zugefrorenen See fahren wollen, um dort ihre Runden zu drehen. Ice-picking ist eine Sportart, die besonders in Skandinavien gepflegt wird.

10.5.3.4 Reitanlagen

Reiten für Behinderte etablierte sich in Deutschland vor allem in den 70er Jahren. „Hippotherapie", „Therapeutisches Reiten" und „Reiten als Behindertensport" ist die inzwischen übliche Dreiteilung, aus der schon die unterschiedliche Zielsetzung des Reitens hervorgeht. Neben Körperbehinderten können geistig Behinderte, Verhaltensgestörte, psychisch Kranke sowie Blinde am Reiten teilnehmen, soweit der Reitlehrer hierfür eine spezielle Fortbildung absolviert hat.

Auch hier sind eher die jeweiligen therapeutischen Hilfen zum Reiten selbst und die unmittelbar mit dem Pferd in Verbindung stehenden Hilfsmittel, wie z.B. ver-

10/23 Mobile Aufsitzrampe für das therapeutische Reiten. (Röwer & Rüb GmbH)

änderte Steigbügel, Zügel und Sättel, wichtiger als größere architektonische Umbauten. Größere Reitanlagen verfügen neben einem offenen Platz auch über eine Reithalle mit angeschlossenem Clubhaus und einer Gastronomie. Neben behindertengerechten Parkplätzen (auch für Schulbusse!), Umkleiden und Sanitäreinrichtungen ist lediglich an eine adäquate Aufstiegshilfe in Pferderückenhöhe in Form einer Treppe oder eines Podestes zu denken (Abb. 10/23). Weitere Auskünfte sind über das „Kuratorium Therapeutisches Reiten" (Warendorf) zu erfragen.

10.5.3.5 Tennisanlagen
Im Verlauf der letzten Jahre hat sich gezeigt, dass der Tennissport heute auch im Rollstuhl möglich ist und nur geringfügige Regeländerungen notwendig sind, um wettkampfmäßig Behinderte und Nichtbehinderte integrativ zusammenzuführen. So sollten zum Tennis geeignete Rollstühle starre Rahmen und einen starken, so genannten negativen Radsturz haben (ca. 20° Neigung der großen Räder).
Um Rollstuhlfahrern den Zugang zu diesem Sport zu ermöglichen und ihnen "den Weg zu ebnen", müssen bauliche Maßnahmen entsprechend den Hallen- und Freizeitanlagen bedacht werden. Positive Beispiele mit Adressenangaben sind bei Herrn Jörg Schwahn, Wasserturmstr. 11, 52388 Nörvenich zu erfahren.

10.5.3.6 Skisport
Skilaufen ist längst zum Volkssport geworden. Bei vielen Behinderten haben Schnee und Eis ihren Schrecken verloren. Sah man vor 20 Jahren lediglich vereinzelt amputierte Krückenskiläufer auf den Alpinpisten, so sind zu diesen meist kriegsversehrten Pionieren des Behindertenskilaufens heute viele sog. Zivilbehinderte hinzugekommen (Blinde, Amputierte, Querschnittgelähmte, Cerebralparetiker, Herzpatienten etc.).
Neben dem alpinen Krückenskilauf gehört inzwischen der Monoskilauf für Personen mit versteiften Kniegelenken und Doppelbeinamputierte, ebenso das Skischlittenfahren für Querschnittgelähmte als alpine Skilauf- wie Langlaufdisziplin hinzu. Blinde und Sehbehinderte fahren paarweise (ein Blinder + ein Sehender) ebenfalls Lang- und Abfahrtslauf. Auch hier sind wieder die entsprechenden Hilfsmittel entscheidend für das Gelingen des Unternehmens.

10/21 Waldsportpfad in Köln-Königsdorf. (Klaus Schüle)

10/22 Ice-Picking. (Klaus Schüle)

Baulicherseits ist neben der Lösung der Parkplatzfrage vor allem die Liftsituation zu bedenken. Die Lifte sind möglichst so anzulegen, dass man ohne Anstieg vom Parkplatz zum Lift gelangen kann. Dieses gilt für Gelähmte, die mit ihren alpinen Skischlitten nur abfahren und lediglich ganz geringe Steigungen selbst überwinden können. Entscheidend für die Eignung einer Anlage ist die jeweils größte Steigung des Lifts, die Ausstiegsmöglichkeit sowie das vorhandene Hilfspersonal, da dieses ggf. einspringen muss. Vor jeder Benutzung muss jedoch ein „Fachmann" die Anlage auf ihre Brauchbarkeit für den jeweils einzelnen Behinderten begutachten.
Generell muss angemerkt werden, dass es wohl kaum möglich sein wird, alle Lifte behindertengerecht anzulegen oder umzubauen. Vielmehr geht es darum, möglichst viele Liftanlagen auch Behinderten zugänglich zu machen. Zu empfehlen wäre daher ein Verzeichnis, in dem alle geeigneten Anlagen aufgeführt sind. Dieses ist bei den Sportfachverbänden (Behindertensportverbänden) und Wintersportgemeinden (Verkehrsbüro) auszulegen.

10.5.3.7 Naturparkanlagen
Wild- und Naturparkanlagen erfreuen sich in einer Zeit der Hochtechnisierung immer größerer Beliebtheit. Hier kann lediglich empfohlen werden, dass die Zufahrtswege, Parkplätze, Unterstände und Sanitäranlagen auch entsprechend behindertengerechte Einrichtungen aufweisen. So weit möglich, sollten die Zugänge zu den jeweiligen „Attraktivitäten", wie z.B. Wasserfällen, Aussichtspunkten, Felsen, Höhlen, „Märchenwälder", Grill- und Spielplätzen etc., mit dem Rollstuhl zu erreichen sein, d.h. Steigungen nicht durch Treppen, sondern über feste Wege überwunden werden können. Für Sehbehinderte und Blinde sind Geländer vorzusehen.
Bei Waldlehrpfaden müssen die jeweiligen Lehrtafeln nahe genug am Weg und in der richtigen Höhe stehen (110-130 cm). Inzwischen gibt es entsprechende Tafeln für Blinde.
Mitunter wäre es schon erfreulich, wenn nur eine Auswahl der Sehenswürdigkeiten Behinderten zugänglich gemacht werden könnte. Die Wege hierzu sollten dann deutlich markiert und als behindertengerecht gekennzeichnet sein.

10.5.3.8 Spielplätze

Allgemeine Aspekte
Auch für Spielplätze sollte der Grundsatz gelten, dass an Stelle separater Behindertenplätze besser möglichst alle Plätze von vornherein behindertengerecht angelegt werden. Separate Plätze haben nur dort ihre Begründung, wo sie direkt einer Behinderteninstitution, etwa einem Heim für

geistig behinderte Kinder, einer Blindenschule etc., angeschlossen sind. In diesen Fällen müssen sie in spezifischer Weise auf die dort betreuten Behinderten und ihre Schadensbilder ausgerichtet sein.

Freie Entfaltungsmöglichkeiten einerseits und Schutzbedürftigkeit andererseits bestimmen die Überlegungen bei Spielplätzen und Freianlagen für alle Kinder gleichermaßen. Die Diskussion darüber, ob ein Klettergerüst an sich schon gefährlich ist oder aber gerade notwendig zur Anregung und Aufforderung von Kreativität, Mut und Eigenständigkeit, wird hierbei immer im Raum stehen.

Einen Kompromiß bietet die Einbindung von Eltern, Betreuern und geschultem Personal. Einig ist man sich darüber, „dass der Wert der Einrichtungen durch pädagogische Betreuung steigt. Neben der regelmäßigen Pflege und Instandsetzung sind Veränderungen und Ergänzungen des Spielangebotes notwendig" (SBL, Kurzinformation 18, 1981, S. 17). Dieses gilt in besonderer Weise für Spielplätze für Behinderte, da man davon ausgehen kann, dass der größte Teil aller behinderten Kinder ein erhebliches Defizit an motorischen und spielerischen Grunderfahrungen aufweisen, da für sie Schaukeln, Rutschen und Klettergerüste zunächst keinen oder nur einen geringen Aufforderungscharakter haben. Eine pädagogische Unterstützung und Hilfe ist daher unerlässlich.

Generell sollten Spielplätze so gestaltet sein, dass sie sowohl die Möglichkeit für Einzel- wie für Gruppenaktivitäten bieten und zulassen. Nur so wird man den kindlichen Sozialisationsbedürfnissen gerecht werden.

Eine überschaubare räumliche Gliederung sowie sichtbare, ggf. auch hörbare, fühlbare und erfahrbare Orientierungshilfen fördern das Sicherheits- und Geborgenheitsgefühl. Diese können aus Wegen, kleinen Wasserläufen, Hügeln, Mulden, Hecken, Wällen oder Wänden und Zäunen gestaltet werden.

Obgleich die Schwierigkeiten mit Benutzung und Wartung öffentlicher Toiletten bekannt sind, sollte man bei Behindertenspielplätzen deren Einrichtung anstreben, da bei inkontinenten Kindern ein Windelwechsel häufiger notwendig wird.

Schattenplätze und Unterstände aus Bäumen, „Pilzen", Zeltdächern u.Ä. sind bei größeren Anlagen, bei denen man sich nicht ins Haus oder in den Kindergarten zurückziehen kann, vorzusehen.

Spielbereiche
Den Empfehlungen der ACROD (Australien Council for Rehabilitation of Disabled) (s. SBL, Kurzinformation 18, S. 41) folgend, sollten Spielplätze die folgenden vier Aktivitätsbereiche aufweisen:

– Bereich mit festem Untergrund
– Rasenfläche
– Gartenbereich
– Abenteuer-Bereich.

Da Flächenareale mit festem Untergrund bereits kurze Zeit nach Regenfällen wieder zu benutzen sein sollten, müssen sie einen guten Wasserablauf und schnell trocknende Beläge haben. Diese können z.B. aus Asphalt, Bitumen oder glattem Tartan sein, sofern der Rollwiderstand für Rollstühle nicht zu groß ist und abbremst (Unfallgefahr!). Derlei Plätze eignen sich in unmittelbarer Verbindung mit Kindergärten, Schulen und Sportzentren auch bereits für gezieltere sportliche Aktivitäten.

Rasenflächen sind nach wie vor die bevorzugtesten Spielplätze, sofern sie gepflegt werden und nicht ausschließlich als Bolzplätze dienen. Sie sind vielfältig nutzbar, vom großen Fußball-, Volleyball- und Faustballspiel bis zum kleinen Gruppenspiel, dem Bodenturnen und Barfußlaufen der Kleinen. Eingebaute Sandkästen und ungemähte, naturbelassene Anteile („Wildwiesen") bereichern noch die Vielfältigkeit, soweit diese Areale hundefrei und sauber gehalten werden.

Die Anlegung eines Gartenbereichs, in dem „Kinder Blumen und Gemüse pflanzen, pflegen und beim Wachsen beobachten können" (SBL, S. 41), setzt sicherlich einen gewissen Arbeitsaufwand und pädagogisches Geschick des Personals voraus. Für rollstuhlgebundene Kinder und Gehbehinderte, die sich gar nicht oder nur mühsam mit ihren Gehapparaten bücken können, eignet sich die Anlage von 60-70 cm hochliegenden unterfahrbaren Pflanzgärten und Beeten. Auch Sandkästen lassen sich so anlegen.

Der Abenteuer-Bereich schließlich stellt die „Krönung" eines jeden Spielplatzes dar. Dabei sind der Fantasie keine Grenzen gesetzt, sofern der Platz keine deutlich erkennbaren Gefahren in sich birgt. Hier können zur Sammlung elementarer Bewegungserfahrungen letztlich alle Geräte, die die sog. motorischen Grundfertigkeiten wie stützen, klettern, rutschen, kriechen, krabbeln, hängen, schaukeln, schwingen, drehen, rollen, balancieren etc. fördern, eingesetzt werden.

Hinzu kommen Hügel, „Berge", Gassen und Straßen, alte Autos, Baumaterialien für Häuschen und Burgen sowie eine Seilbahn, ein Rundlauf, Brücken und Netze, so dass alle Sinne gereizt, erfahren und geschult werden können. Dazu gehört ebenso eine Wand zum Bemalen und Beschmieren, eine Sand- und Matschgrube sowie kleine Wasserfälle und Glocken- oder Gongspiele fürs Ohr.

Neben diesen Bau-, Sand- und Wasserspiel-Bereichen kann ein ganzes „Dorf" mit Klettertürmen und Palisaden errichtet werden, sofern dieses auch mit dem Rollstuhl zu befahren ist. Die Verknüpfung der einzelnen Spielbereiche sollte durch kurze und eindeutig markierte Wege geschehen, so dass auch Sehbehinderte und Blinde diese alleine erreichen können.

Hervorragende Anregungen zu Spielideen sowie Geräten und Objekten zur Sinnesschulung sind in den Schriften von Hugo Kükelhaus zu finden.

Spielgeräte
Im Sinne integrativer Bemühungen, mit dem Ziel, einen möglichst „normalen" Umgang mit Gleichaltrigen zu erreichen, kann es nur darum gehen, auch Behinderten die Spielwelt der Nichtbehinderten zu erschließen. Es gibt keine „Behindertenspiele", sondern nur Spiele und Spielgeräte, die besonders für Behinderte geeignet sind und im Sinne der zuvor beschriebenen Spielbereiche verloren gegangene oder wenig entwickelte Sinne und Aktivitäten schulen und fördern. Es gilt also, vorhandenes Spielmaterial daraufhin zu sichten und nötigenfalls behindertengerecht zu modifizieren und u.U. dem einzelnen anzupassen, wie dieses bei den Sportgeräten schon angesprochen wurde. Entscheidend ist, neben der richtigen Auswahl, ihre Eignung und nicht zuletzt auch ihre Anordnung.

Sicher, robust und vielseitig müssen die Geräte sein, dabei einen hohen Aufforderungscharakter haben. Bei der Auswahl sollten mehrere Altersstufen und Schwierigkeitsgrade berücksichtigt werden, ebenso Geräte, mit denen man sich alleine beschäftigen und sie ausprobieren kann, daneben Geräte für zwei, drei und mehrere Kinder. Es würde zu weit gehen, auf einzelne Geräte einzugehen. Auch hier sei auf die einschlägigen Hersteller, vor allem psychomotorischer Geräte verwiesen, ebenso auf die Ausführungen vom Schulbauinstitut der Länder (1982, 41 f) und van der Schoot et al. (1980, 87 ff).

11.0 Werkstätten für Behinderte

Joachim Hildebrand

11.1 Einleitung
Entsprechend des § 54 SchwbG (siehe Anhang) dienen die Werkstätten für Behinderte der beruflichen Rehabilitation. Die Werkstättenverordnung in der Fassung vom 21. August 1980 schafft die Grundlage für den Betrieb dieser Einrichtungen. Auf dieser Basis besteht in der Bundesrepublik Deutschland ein flächendeckendes Netz von Behindertenwerkstätten. Entsprechend diesem gesetzlichen Auftrag bieten die Träger in ihren Werkstätten ein breites Feld von Beschäftigungsmöglichkeiten. Hier bekommen Behinderte aller Behinderungsarten einen Dauerarbeitsplatz, der dem Grad und der Schwere der Behinderung angemessen ist.

11.2 Arbeitsbereiche
Folgende Arbeitsbereiche werden beispielhaft beschrieben:
– Holzbearbeitung
Herstellung und Vertrieb von qualitativ hochwertigem Holzspielzeug (mit eigenem Verkaufsprogramm), Geschenkartikel, Gebrauchsartikel und Werbegeschenke aller Art. Dieser Bereich sollte mit allen üblichen Holzbearbeitungsmaschinen, auch mit CNC-Maschinen und einer Lackierungsanlage ausgestattet sein (Abb. 11/1).
– Metallbearbeitung
Hier können sämtliche Bohr-, Dreh-, Schleif- und Fräsarbeiten in Alu und Stahl verrichtet werden. Neben den herkömmlichen Bearbeitungsmaschinen können für diese Arbeiten moderne CNC-Dreh- und Fräsmaschinen verwendet werden. Außerdem werden in einer solchen Abteilung Montagearbeiten von Metallteilen aller Art ausgeführt (Abb. 11/2+3).
– Schlosserei
Sämtliche Schlosserarbeiten einschließlich Schweißarbeiten jeder Art werden hier verrichtet.
– Elektro
Eine Elektroabteilung umfasst z.B. Leiterplattenbestückung, auch SMD-Bestückung. Zum Löten können mehrere Wellenlötanlagen zur Verfügung stehen. Es besteht die Möglichkeit der Vorbereitung von Bauteilen (Biegen und Schneiden) sowie der Weiterverarbeitung der fertigen Leiterplatten bis zur Komplettmontage von Baugruppen und Geräten. Durch die Ausrüstung mit Maschinen aller Art besteht die Möglichkeit, größere Aufträge zügig abzuwickeln (Abb. 11/4+5).
– Verpackung
In solchen Abteilungen werden Industrieartikel aller Art von Hand kommissioniert, zusammengestellt, komplettiert und zum Teil mit entsprechenden Maschinen verpackt.
Das Kuvertieren von Werbesendungen, Artikel versandfertig zu machen und Verpackungen von Ersatzteilen gehören ebenso zum Leistungsumfang wie das komplette Skin- oder Blisterpacken.
– Kunststoff
Dieser Bereich mit Schwerpunkt Vakuumformen stellt technische Formteile (bis zum Format 1000/700 mm) und Verpackungen aus den verschiedensten Kunststoffmaterialien her. Dabei kann sowohl Platten- als auch Rollenware verarbeitet werden.
Blisterherstellung und Nachbearbeitung mit modernsten CNC-Maschinen ist möglich. Ein eigener Werkzeugbau kann angeschlossen sein (Abb. 11/6).
– Buchbinderei – Katalog – Kopien
Im Lohnauftrag werden alle üblichen Buchbindearbeiten für Broschüren und Bücher erbracht (Abb. 11/7). Auch Arbeiten wie Falzen, Schneiden und Heften von Broschüren, Büchern und Zeitschriften sowie Katalogherstellung für Firmen und Kommunen können ausgeführt werden. Kopieraufträge bis zur DIN A0. Dazu werden ein eigenes Programm mit diversen Papierartikeln wie Notizbücher, Fotoalben etc. angeboten.
– Textil
In einer solchen Abteilung werden Webteppiche, Fleckerlteppiche und Kleidungsstücke nach Kundenwunsch gefertigt. Außerdem werden Serienarbeiten der Industrie im Nähen durchgeführt, z.B. Filtertüten aus Vlies und verschiedenen Stoffarten (Abb. 11/8+9).
– Montage
Recycling von Toner-Patronen und Demontage von Computertastaturen im Lohnauftrag für verschiedene Firmen.
– Flechterei
In der Flechterei-Abteilung werden Tabletts, Haushaltskörbe aller Art, Flaschenkörbe, Blumenübertöpfe, Stühle usw. individuell nach Kundenwunsch gefertigt (Abb. 11/10).
– Gärtnerei
An manche Werkstätten ist eine Gärtnerei angeschlossen, die ein umfangreiches Zierpflanzenprogramm, eine Reihe von Gemüse- bzw. Feingemüsesorten anbietet. Der Absatz erfolgt vor allem über private Kunden, auch Großabnehmer (z.B. Hotels) können beliefert werden. Eine Gärtnerei sollte ca. 3000 m² unter Glas und ca. 35 000 bis 40 000 m² Freiland aufweisen.
– Arbeitstraining
Der Bereich Arbeitstraining dient dazu, dass die Mitarbeiter ihre Fähigkeiten erkennen oder neue Fähigkeiten erlernen können (Abb. 11/11).

11.3 Planung
Bei der Planung von Werkstätten für Behinderte sind neben den üblichen Leistungen des Architekten für Entwurf, Planung und Objektüberwachung auch noch einige Besonderheiten zu beachten, die im folgenden Planungsablauf dargestellt werden.

11.3.1 Bauabsicht
Die Größe einer Werkstatt für Behinderte ist anhand des Bedarfs und des Einzugsgebietes darzustellen. Hierzu ist es notwendig, die Zahl der Arbeitsplätze anzugeben, wobei berücksichtigt werden muss, dass eine Werkstatt ab 120 Plätzen „selbständig anerkennungsfähig" ist. Eine Bestätigung durch Sonderschulen oder andere Einrichtungen ist notwendig. Die Genehmigung der Größe und Bedarfszahl erfolgt z.B. in Baden-Württemberg durch den Landeswohlfahrtsverband und in Bayern durch die Regierung von Schwaben und das Landesarbeitsamt.

11.3.2 Vorentwurf und Entwurf
Das dem Vorentwurf und Entwurf zu Grunde liegende Raumprogramm orientiert sich am Modellraumprogramm „Werkstatt für Behinderte" der zentralen Beratungsstelle für Werkstätten für Behinderte (ZBWB 84), Bonn 1984.
Der Gesetzgeber des Schwerbehindertengesetzes hat die Werkstatt wie folgt definiert:

11.3.2.1 Werkstatt für Behinderte
Die Werkstatt für Behinderte ist eine Einrichtung zur Eingliederung Behinderter in das Arbeitsleben. Sie bietet denjenigen Behinderten, die wegen Art und Schwere der Behinderung nicht, noch nicht oder noch nicht wieder auf dem allgemeinen Arbeitsmarkt tätig sein können, einen Arbeitsplatz oder Gelegenheit zur Ausübung einer geeigneten Tätigkeit.

11.3.2.2 Modellraumprogramm
Die Werkstatt muss es den Behinderten ermöglichen, ihre Leistungsfähigkeit zu entwickeln, zu erhöhen oder wiederzugewinnen und ein dem Leistungsvermögen angemessenes Arbeitsgeld zu erreichen. Sie soll über ein möglichst breites Angebot an Arbeitsplätzen, an Plätzen für Arbeitstraining sowie über eine Ausstattung mit begleitenden Diensten verfügen. Die Werkstatt soll allen Behinderten unabhängig von Art oder Schwere der Behinderung offen stehen, sofern sie in der Lage sind, ein Mindestmaß wirtschaftlich verwertbarer Arbeitsleistungen zu erbringen. Das Mo-

11/1 Bereich der Holzbearbeitung

11/5 Bereich Elektromontage

11/2 Bereich CNC-Metallbearbeitung

11/7 Buchbinderei

11/3 Metallbearbeitung

11/6 Bereich Kunststoffherstellung

11/4 Bereich Elektromontage

dellraumprogramm und Erläuterungen hierzu sind im Anhang wiedergegeben. Grundsätzlich werden vier Typen unterschieden:
Typ I – 120 Plätze
Typ II – 240 Plätze
Typ III – 360 Plätze
Typ IV – 480 Plätze.

Vorentwurf und Entwurf sind vom Einrichtungsträger in einem Erläuterungsbericht zu erklären. In der Regel ist der planende Architekt bei der Abfassung des Erläuterungsberichts mitbeteiligt.

Zu diesem Erläuterungsbericht kommt ein weiterer hinzu, in dem der Architekt die Gesamtbaumaßnahme im Hinblick auf die Gliederung der Anlage, die Gebäudegestaltung, die Außenanlagen einschließlich Andienung usw. darstellt. Hinzu kommt eine Kostenschätzung nach DIN 276, wobei die Kostenrichtwerte für den Bau von Werkstätten für Behinderte des Bundesministers für Arbeit und Sozialordnung, VI b -58 441, nicht überschritten werden dürfen. Im Hinblick auf die Genehmigung des Bauvorhabens sind die üblichen Vorgespräche mit den Genehmigungsbehörden zu führen.

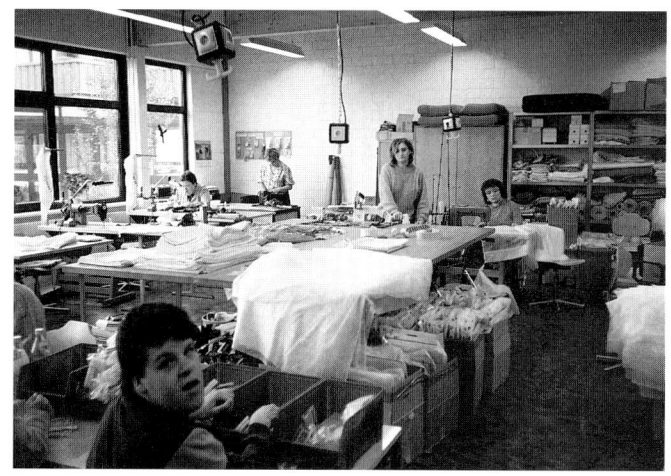

11/8 Bereich Textilbearbeitung

11/10 Bereich Flechten

11/9 Bereich Textilweberei

11/11 Arbeitstraining

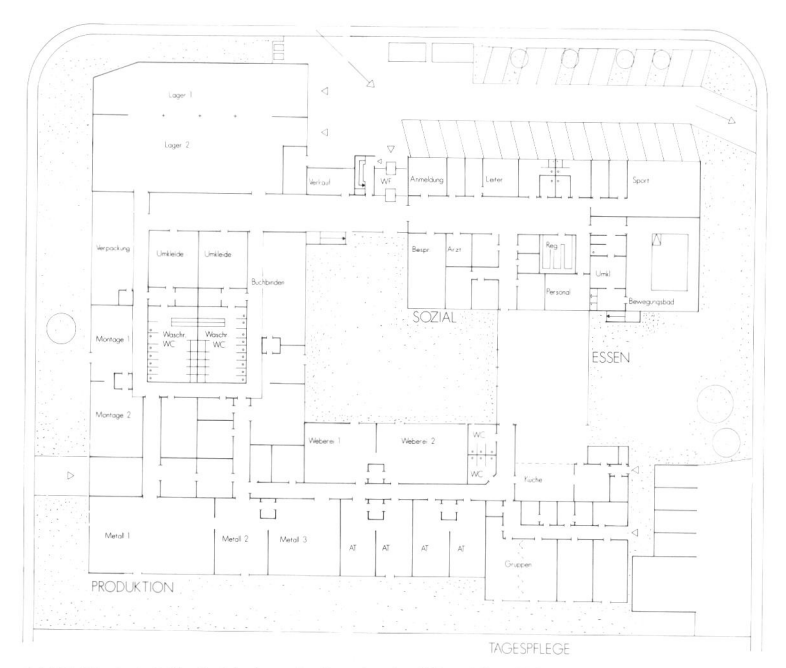

11/12 Werkstatt für Behinderte in Senden bei Neu-Ulm, EG-Grundriß, M 1:1000, Architekt: Joachim Hildebrand

11.3.2.3 Finanzierung und Antragstellung
Da die Finanzierung aus verschiedenen Einrichtungen und Organisationen erfolgen kann, besteht oft ein Koordinierungsausschuss. Die Finanzierung kann sich aus folgenden Mitteln zusammensetzen:
- Eigenmittel
- Eigenmittelersatz (Aktion Sorgenkind oder ähnliches), freiwillige Zuschüsse der Kommunen, Kapitalmarktmittel
- öffentliche Zuschüsse (teilweise als Darlehen)
- Bundesmittel (Ausgleichsfonds)
- Landesmittel, z.B. durch die Hauptfürsorgestelle (Ausgleichsabgabe)
- Bundesanstalt für Arbeit.

Da die Mittelzuwendung zu verschiedenen Zeiten erfolgen kann, empfiehlt es sich, bei der Baugenehmigung einen Antrag auf vorzeitigen Baubeginn zu stellen.

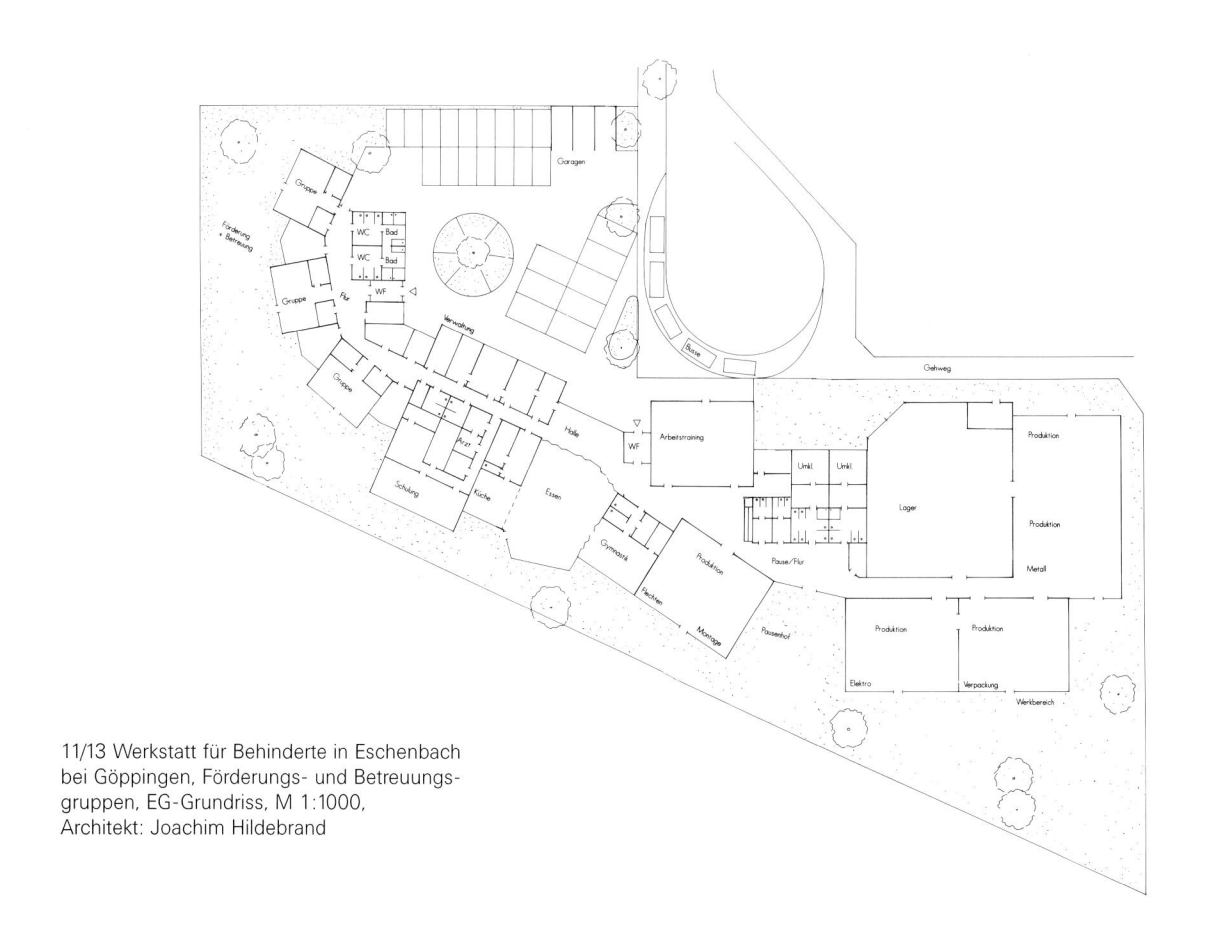

11/13 Werkstatt für Behinderte in Eschenbach
bei Göppingen, Förderungs- und Betreuungsgruppen, EG-Grundriss, M 1:1000,
Architekt: Joachim Hildebrand

Einem Antrag auf Finanzierung sind folgende Unterlagen beizufügen:
- übliche Planungsunterlagen im Maßstab 1:100, z.B. Baugesuchspläne einschl. Flächenberechnungen und umbauter Raum nach DIN
- detailliertes Raumprogramm
- Kostenschätzung nach DIN 276
- Erläuterungsberichte
- Zuschussantrag/anträge
- Wirtschaftlichkeitsberechnung
- Finanzierungsplan
- Auskünfte über den Bauherrn (Vereinssatzung, Vertretungsberechtigung, Gemeinnützigkeit, Registerauszug)
- notarieller Kaufvertrag.

Sobald die Finanzierung geklärt ist, können Bauantrag und Baugesuchspläne mit allen Unterlagen bei der Baugenehmigungsbehörde eingereicht werden.
Anhand von Lageplänen oder Grundrissen werden vier Werkstätten für Behinderte dargestellt (Abb. 11/12-15).

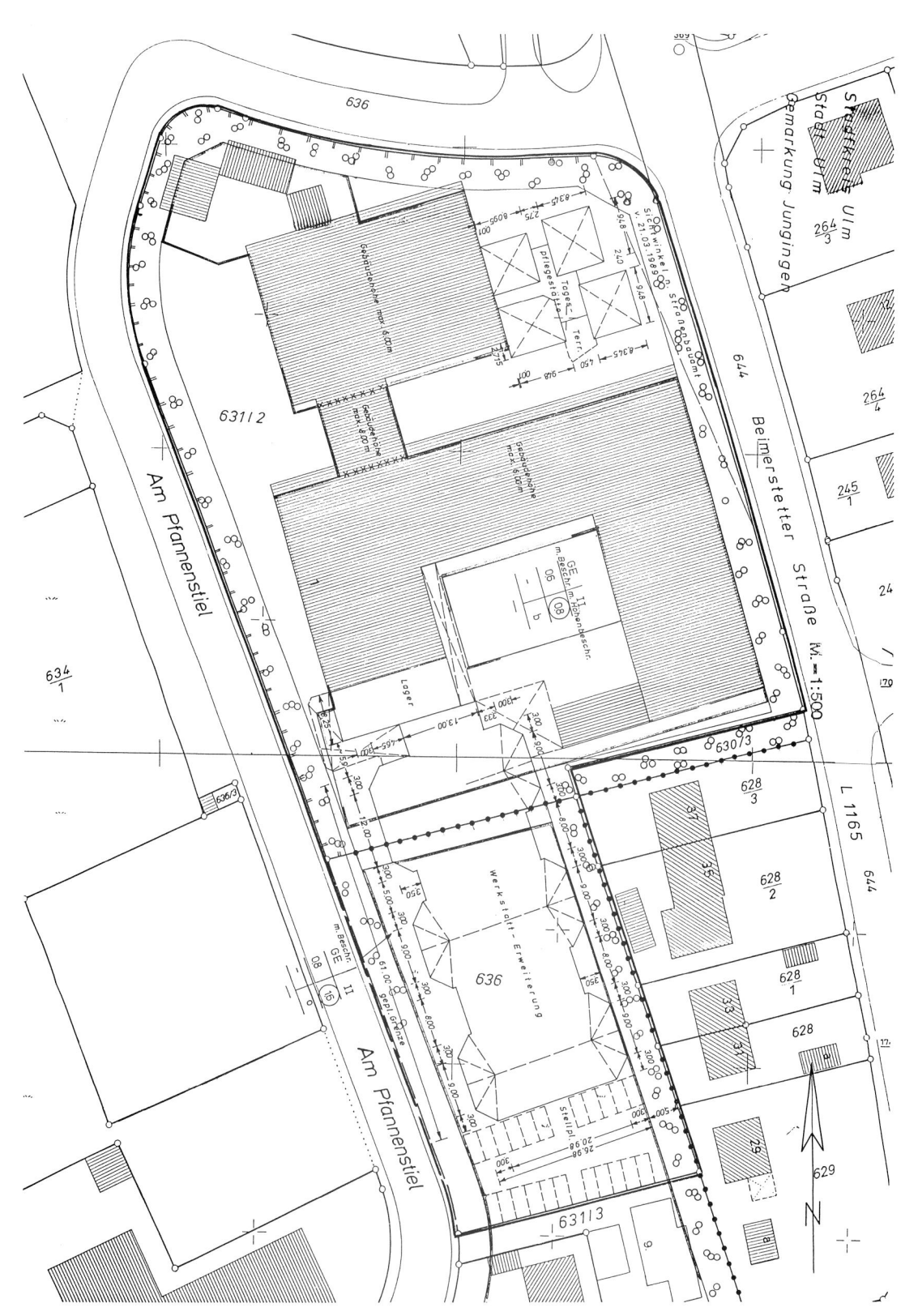

11/14 Werkstatt für Behinderte in Jungingen bei Ulm, Lageplan, M 1:1000, Architekt: Joachim Hildebrand

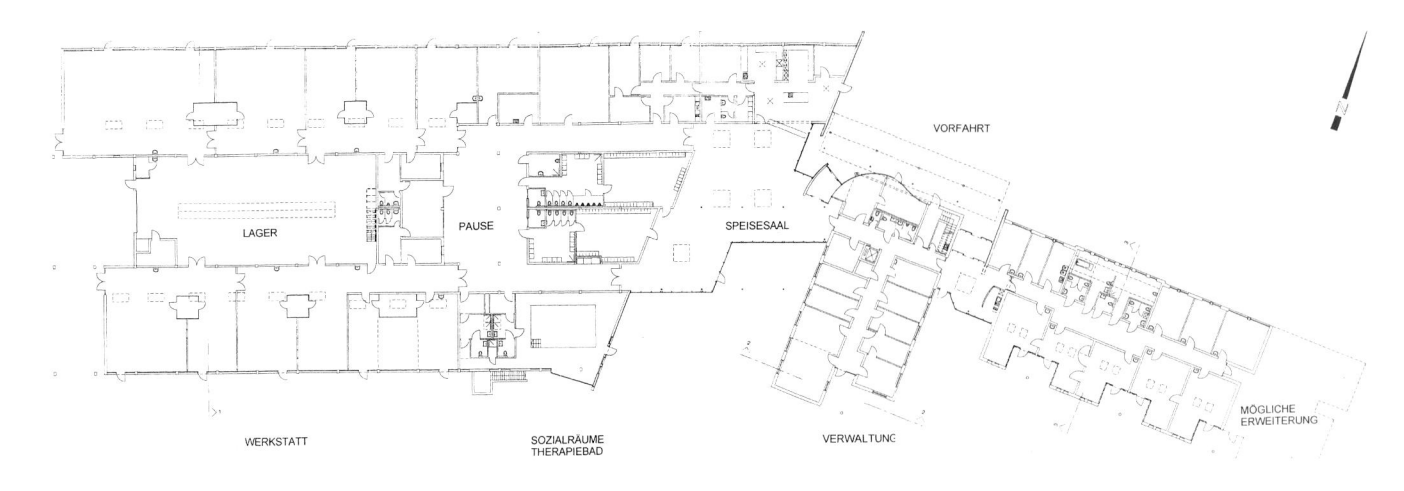

11/15 a+b Werkstätten und Förderstätte für Behinderte der Lebenshilfe e.V. Ulm/Neu-Ulm in der Finninger Straße, Neu-Ulm. Das Projekt gliedert sich in eine WfB mit 150 Plätzen und eine Förderstätte mit 18 Plätzen. Die Umkleide-, Sanitär- und sonstigen Räume verbinden die Arbeitsräume mit dem Eingangs-, Speise- und Aufenthaltsbereich. Unmitelbar am Eingang befinden sich der Laden und die WfB-Verwaltung. Architekt Mann+Partner, Laupheim

Grundriss M 1:1000

Schnitt M 1:500

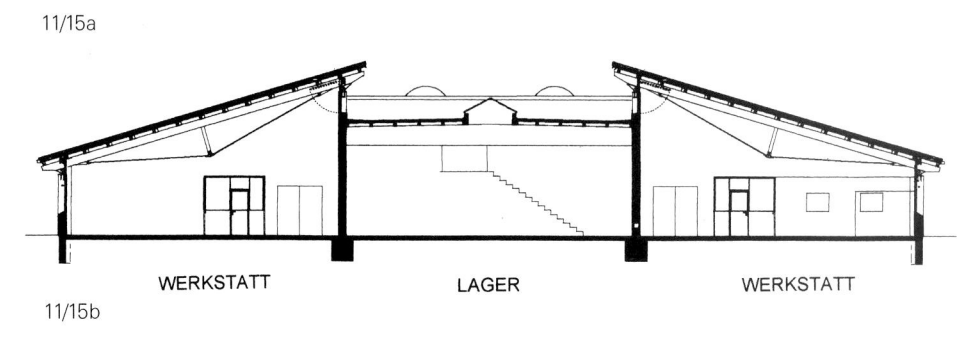

11/15a

11/15b

11/15 c

11/15 c+d
Werkstatt und Wirtschaftshof von Westen

11/15 d

12.0 Arbeitswelt

Peter Treier (Kapitel 12.1)
Klaus Buhmann (Kapitel 12.2)
Ralf Aßmann (Kapitel 12.3)

12.1 Arbeitsgestaltung, menschengerecht

Die Gestaltung der Arbeit umfaßt zwei Zielgruppen:
1. die Anpassung des arbeitenden Menschen (der Arbeitsperson) an die Erfordernisse der Arbeit
2. die Anpassung der Arbeit an den arbeitenden Menschen (die Arbeitsperson).

Während im ersten Fall vor allem die Personalauslese und die Personalentwicklung bedeutsam sind, geht es im zweiten Fall darum, die Arbeitsaufgabe und die Arbeitsbedingungen den Grenzen und Möglichkeiten der Arbeitsperson anzupassen. Beide Zielsetzungen sollen gemeinsam eine menschengerechte und -würdige Arbeitsgestaltung umfassen, die es auf verschiedenen Ebenen in aufeinander folgenden Schritten (man spricht von einer hierarchischen Struktur) zu vollziehen gilt.
Die Abbildung 12.1/1 stützt sich auf die bereits 1972 vom Darmstädter Arbeitswissenschaftler Prof. Dr. Rohmert erstmals vorgetragene Vorstellung von Wertungsebenen menschlicher Arbeit und war damals als Reaktion auf die §§ 90/91 Betriebsverfassungsgesetz vom 15. Januar 1972 zu verstehen.
Diese beiden grundlegenden Bestimmungen lauten:
Betr. VG § 90 – Unterrichts- und Beratungsrechte: Der Arbeitgeber hat den Betriebsrat über die Planung
1. von Neu-, Um- und Erweiterungsbauten von Fabrikations-, Verwaltungs- und sonstigen betrieblichen Räumen,
2. von technischen Anlagen,
3. von Arbeitsverfahren und Arbeitsabläufen,
4. der Arbeitsplätze
rechtzeitig zu unterrichten und die vorgesehenen Maßnahmen, insbesondere im Hinblick auf ihre Auswirkungen auf die Art der Arbeit und die Anforderungen an die Arbeitnehmer, mit ihm zu beraten.
Arbeitgeber und Betriebsrat sollen dabei die gesicherten arbeitswissenschaftlichen Erkenntnisse über die menschengerechte Gestaltung der Arbeit berücksichtigen.
Betr. VG § 91 – Mitbestimmungsrecht: Werden die Arbeitnehmer durch Änderungen der Arbeitsplätze, des Arbeitsablaufes oder der Arbeitsumgebung, die den gesicherten arbeitswissenschaftlichen Erkenntnissen über die menschengerechte Gestaltung der Arbeit offensichtlich widersprechen, in besonderer Weise belastet, so kann der Betriebsrat angemessene Maßnahmen der Abwendung, Milderung oder Ausgleich der Belastung verlangen.
Angesichts der Tendenzen einer verstärkten Ernstnahme der Arbeitsperson bei ihrer Tätigkeit um eine "Führung im Mitarbeiterverhältnis", also einer partizipativen (weniger autoritativen) Führung unter Einbeziehung der Mitarbeiter in die Überlegungen und Entscheidungen, die ihre Tätigkeit unmittelbar/mittelbar betreffen, sollte dieses Element des Mitdenkens, Mitgestaltens, Mitverantwortens gestandener Arbeitnehmerpersönlichkeiten auch über die gesetzlichen Vorgaben des Betr. VG und der Rechte/Pflichten von Betriebsräten hinausweisend extensiv seitens des Managements interpretiert werden. Diese Bestimmungen sind somit sinngemäß auch für unternehmerische Bereiche als relevant zu sehen, die formal nicht unter das Betr. VG fallen, in Unternehmen etwa, die keinen Betriebsrat haben. Im Kern geht es um eine unternehmerische Verantwortung, um ethische Anforderungen an jeden, der als Führungskraft bestellt, für menschengerechte, ja menschenwürdige Arbeitsbedingungen mitverantwortlich ist, und weist in letzter Konsequenz bis hin zu den einzelnen Mitarbeitern, die in diese unternehmerische Verantwortung angemessen einbezogen sind bzw. sich einzubringen haben. Hier ist übrigens eine wichtige Schnittstelle im Unternehmen zwischen Ökonomie/Technik und Ethik/Moral zu sehen. Dabei sind die Chancen gegeben, die Ideenwelt, etwa der Christlichen Gesellschaftslehre, einer zeitgemäßen Theologie der Arbeit und Technik, gedanklich auszubauen und konkret in der Welt der Arbeit umzusetzen. Die Rohmertsche 4 Stufen-Methode, hier von Treier um eine 5. Stufe ergänzt und unter dem Aspekt der Menschenwürde zusammengefaßt, geht bei der Arbeitsgestaltung wie folgt vor:

1. Stufe: Ausführbarkeit der verlangten menschlichen Arbeit
Es geht hier um vorwiegend anthropometrische, psychophysische und damit verbundene arbeitstechnische Probleme der Arbeitsgestaltung, konkret z.B. um Körperkräfte, um abgeforderte Sinnesleistungen, um Umfeldbelastungen (Klima, Lärm, Licht,

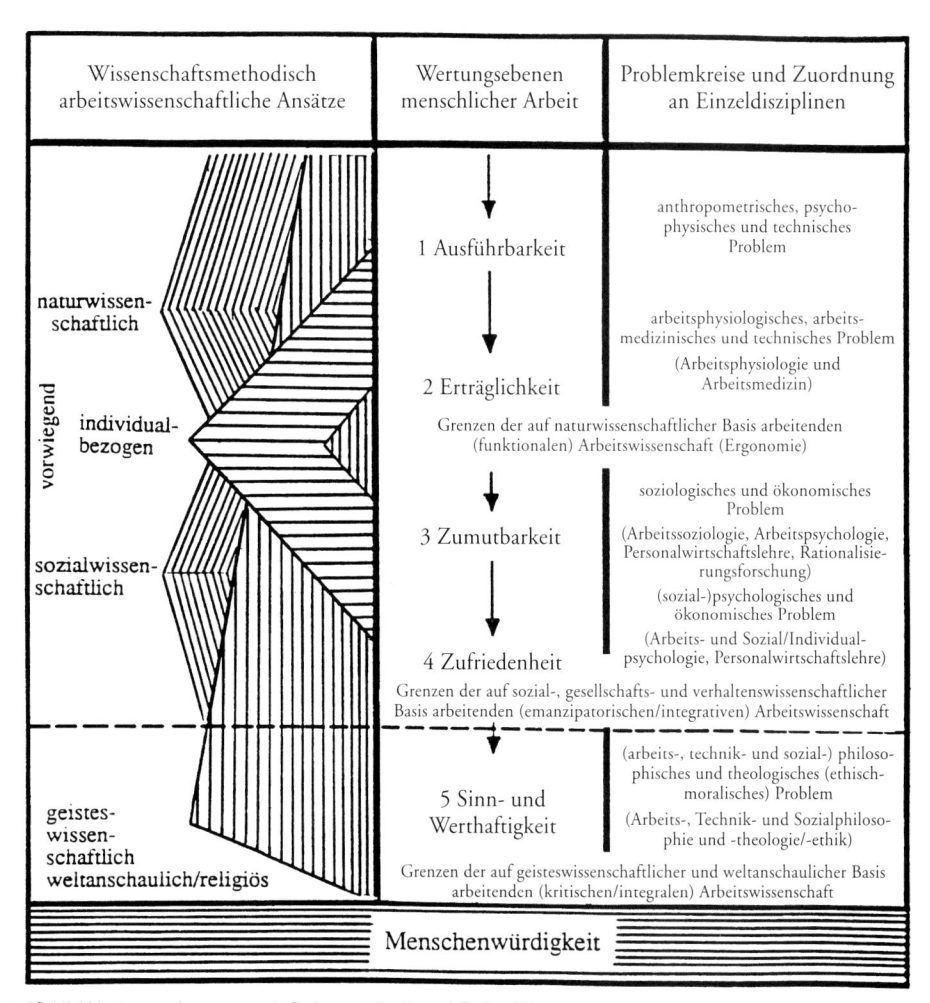

12.1/1 Wertungsebenen nach Rohmert (1-4) und Treier (5)

Radioaktivität, elektromagnetische Felder usw.), die eine Arbeit u.U. wegen extremer Einwirkungen nicht ermöglichen bzw. durch technische Maßnahmen erst entschärft werden müssen.

Geprüft werden muss also, ob eine Arbeitsaufgabe überhaupt „ausgeführt", die verlangte Leistung aufgrund der Arbeitsbedingungen kurzfristig von einem Menschen erbracht werden kann.

2. Stufe: Erträglichkeit der verlangten menschlichen Arbeit

Es geht hier um arbeitsphysiologische, -medizinische und arbeitstechnische Probleme der Arbeitsgestaltung, konkret z.B. um sog. Dauerleistungsgrenzen des Menschen, die zur Vermeidung gesundheitlicher Schäden nicht überschritten, die "autom. geschützten Reserven der Leistungsbereitschaft", z.B. durch Einsatz von Drogen im Arbeitsprozess, nicht angetastet werden sollen.

Solch eine Dauerleistungsgrenze stellt z.B. die Regel dar, wonach bei körperlicher Arbeit auf Dauer (8-Stunden-Schicht) die Pulsfrequenz maximal nur um 35 Pulse/Min. über den individuellen Ruhepuls im Durchschnitt ansteigen darf. Aber auch die MAK-Werte (Maximale Arbeitsplatz-Konzentrationswerte) können so, wie auch die 85 dB (A)-Lärmbelastungsgrenze als eine Art Dauerleistungsgrenze unter definierten Bedingungen angesehen werden. Geprüft werden muss also, ob eine kurzfristig ausführbare Tätigkeit auch auf Dauer (längerfristig) als erträglich einzustufen ist.

Mit den Stufen 1 und 2 wird eine erste Grenze der wissenschaftlichen Betrachtungen erreicht, nämlich die einer auf überwiegend naturwissenschaftlicher Basis arbeitenden (als funktional gekennzeichneten) Arbeitswissenschaft. Dies kann mit tradierten Vorstellungen einer Ergonomie gleichgesetzt werden und umfasst den überwiegenden Anteil der in den §§ 90/91 Betr. VG gekennzeichneten „gesicherten" Erkenntnisse der Arbeitswissenschaft.

3. Stufe: Zumutbarkeit der abverlangten menschlichen Arbeit

Mag eine Tätigkeit grundsätzlich geleistet werden können, also als ausführbar und erträglich eingestuft werden, so braucht sie noch lange nicht den Menschen zumutbar zu sein.

Geprüft werden muss also in einem weiteren Schritt, ob nach den jeweiligen Vorstellungen etwa einer Gruppe, z.B. der Tarifparteien, die gegebenen Arbeitsbedingungen wie die Arbeitsaufgabe selbst einzelnen aus der Sicht der Gruppe zugemutet werden dürfen und so von der Gruppe/Gemeinschaft/Gesellschaft als „Arbeit in dieser Form" überhaupt akzeptiert bzw. zugelassen werden kann.

4. Stufe: Zufriedenheit (subjektiv) mit den Gegebenheiten der verlangten menschlichen Arbeit

Dabei geht es hier darum, dass selbst eine im Grundsatz ausführbare, auf Dauer erträgliche und zumutbare Betätigung nicht zwangsläufig von der Arbeitsperson als subjektiv zufriedenstellend empfunden werden muss. Die Zufriedenheit mit einer verlangten Arbeit umfasst dabei nicht nur die Arbeitsbedingungen, sondern zielt auch auf das Ergebnis menschlicher Anstrengung, das Produkt der Arbeit.

Geprüft werden muss also, und dies auch aus der Perspektive produktiver Leistungserbringung, ob die Arbeitsperson sich mit ihrer Arbeit weitgehend zu identifizieren, sich in der Arbeit angemessen engagieren, ihre Persönlichkeit entfalten kann, schlicht möglichst mit den gewählten/übertragenen beruflichen Aufgaben zufrieden erweisen vermag bzw. erweist.

Mit diesen Stufen 3 und 4 wird erneut eine Grenze der wissenschaftlichen Betrachtung erreicht, nämlich die einer auf sozial-, gesellschafts- und verhaltenswissenschaftlicher Basis arbeitenden (emanzipatorischen/integrativen) Arbeitswissenschaft, die bereits deutlich bloß ergonomische Beurteilungsweisen übersteigt, komplexer die Problematik humaner Arbeitsgestaltung angeht und dabei die Stufen 1 und 2 integriert.

Hier hört nun die 4 Stufen-Betrachtung nach Rohmert auf, aber bereits diese Stufen zeigen den Anspruch der Arbeitswissenschaft in Richtung ganzheitlicher Problemorientierung, personaler Zentrierung und interdisziplinärer Strukturierung. Was jedoch in einem weiteren Schritt der Ergänzung bedarf, in der Arbeitswissenschaft der Vergangenheit von Ausnahmen abgesehen tunlichst aus der Betrachtung ausgeschlossen wurde, kann wie folgt gekennzeichnet werden:

5. Stufe: Sinn- und Werthaftigkeit der verlangten menschlichen Arbeit

Denn selbst wenn alle bisher genannten Wertungsebenen: Ausführbarkeit, Erträglichkeit, Zumutbarkeit, Zufriedenheit mehr oder minder im Arbeitsproze0 erfüllt sein mögen, so ist immer noch nach der Sinn- und Werthaftigkeit einer Betätigung hinsichtlich der Person, der Gemeinschaft/Gesellschaft, aber auch etwa aus ökologischer Perspektive zu fragen. Naturgemäß ist hier kaum mehr mit naturwissenschaftlicher Präzision etwas messbar, experimentell erforschbar. Selbst die rationale und emotionale Logik wird an Grenzen stoßen, denn hier geht es auch darum, neben einer „Arbeitswissenschaft des Kopfes auch die Arbeitsstunde des Herzens" in Anspruch zu nehmen.

Mit dieser 5. Stufe wird eine wohl letzte Grenze arbeitswissenschaftlicher Belehrung und arbeitsgestalterischer Umsetzung gekennzeichnet, die sich aus einer geisteswissenschaftlichen Orientierung, aber auch aus einer weltanschaulich/religiös bestimmten Grundlegung der Arbeitsgestaltung personaler, z.T. gemeinschafts-/gesellschaftlicher Art ergibt. Man mag hier von einer die Interdisziplinarität der Arbeitswissenschaft ergänzenden Trans- und Metadisziplinarität sprechen, und sicherlich werden in diesem Bereich von Sinn- und Wertausrichtung die tradierten Vorstellungen eines aristotelischen Wissenschaftsverständnisses tangiert, sie werden umfassender bedacht und zukunftsweisend erweitert werden müssen.

12.2 Barrierefrei gestaltete Büro- und Bildschirm-Arbeitsplätze

Büro- und Verwaltungstätigkeiten könnten von vielen Menschen mit Behinderungen ausgeführt werden, wenn die Arbeitsplätze auch nach ihren Bedürfnissen gestaltet würden.

Nach vollständiger Überarbeitung liegt die Norm DIN 18024 Teil 2, Barrierefreies Bauen; Öffentlich zugängige Gebäude und Arbeitsstätten im Weißdruck vor. Die wesentlichste Neuerung ist im erweiterten Geltungsbereich zu sehen. Die Planung nach dieser Norm beschränkt sich nicht mehr nur auf den öffentlich zugängigen Bereich von Gebäuden, wie den Kundenbereich z.B. einer Bank, sondern wurde auf die gesamte Arbeitsstätte mit allen Arbeitsplätzen ausgedehnt. Damit wird erstmalig auch im beruflichen Bereich dem Benachteiligungsverbot des Grundgesetzes Art. 3 Rechnung getragen.

Aber wozu bedurfte es einer DIN-Norm für eine barrierefreie Arbeitsplatzgestaltung, wo weltweit wissenschaftliche ergonomische Erkenntnisse in verbindliche Regelungen insbesondere in die Büro- und Bildschirm-Arbeitsplatzgestaltung eingeflossen sind? Ergonomie ist die Lehre von der Anpassung der Arbeit an die physischen und psychischen Bedürfnisse des Menschen. Aber nicht alle, sondern nur nicht behinderte Menschen werden in ergonomische Festlegungen einbezogen. Ein Beispiel hierfür ist die 1997 in Kraft getretene „Bildschirmarbeitsverordnung". Dort heißt es in §4 Abs. 3: „Von den Forderungen des Anhanges (den technischen Anforderungen Anm.d.V.) darf abgewichen werden, wenn der Bildschirm-Arbeitsplatz entsprechend den jeweiligen Fähigkeiten der daran tätigen Behinderten unter Berücksichtigung von Art und Schwere der Behinderung gestaltet wird". Oder anders ausgedrückt: die derzeit gültigen Gestaltungsanforderungen in der Arbeitsstättenverordnung, den berufsgenossenschaftlichen Sicherheitsregeln, der EU-Verordnung und den DIN-Normen berücksichtigen nur einen Teil der im Büro Beschäftigten. Barrierefreie Büro- und Bildschirm-Arbeitsplatzgestaltung dagegen soll sicherstellen, dass möglichst alle, auch Personen mit gesundheitlichen Einschränkungen ohne Umbau und ohne Umrüstungsmaßnahmen im Büro einen Arbeitsplatz finden können.

12.2.1 Der Arbeitsraum

Platzbedarf

Für den Büro- und Bildschirm-Arbeitsplatz müssen ausreichend bemessene Bewegungsflächen sowie Raum für wechselnde Arbeitshaltungen vorhanden sein.
Bewegungsflächen und Verkehrswege sind gemäß DIN 18024 Teil 2 zu bemessen. Die Festlegungen in der DIN 4543 Teil 1 „Flächen für Aufstellung und Benutzung von Büromöbeln" reichen nicht aus.
In jedem Arbeitsraum ist grundsätzlich eine freie Bewegungsfläche von 1,50 m x 1,50 m sicherzustellen. Die Freifläche hinter dem Schreibtisch von 1,5 m^2, wie sie die Arbeitsstättenverordnung vorsieht, ist für bewegungseingeschränkte Personen nicht ausreichend. Hinter dem Schreibtisch ist deshalb eine freie Tiefe von 1,20 m, besser 1,50 m vorzusehen. Auch der Zugang zum persönlich zugewiesenen Arbeitsplatz und Verkehrswege, z.B. zu und vor Schränken, Heizkörpern und Fenstern, dürfen 0,90 m Breite nicht unterschreiten.
Bei schwerhörigen und gehörlosen Mitarbeitern ist bei der Anordnung des Schreibtisches unbedingt darauf zu achten, dass der mögliche Blick zur Tür nicht verlorengeht. Nur so bemerken diese Mitarbeiter, wenn jemand den Raum betritt. In Mehrpersonenräumen sollten sich die Mitarbeiter ansehen können. Andernfalls sollten Stellwände aufgestellt werden, damit niemand einem anderen Mitarbeiter auf den Rücken sieht. Blicke auf den Rücken können nachweislich zu einem permanenten Unwohlsein durch eine vermeintliche ständige Kontrolle führen.
Bei günstigem Raumzuschnitt und geschickter Anordnung des Mobiliars ist bereits ab 10 m^2 eine barrierefreie Raumgestaltung möglich.

Beleuchtung, Blendung, Reflexion
Die Beleuchtung muss der Sehaufgabe entsprechen und an das Sehvermögen der Benutzer angepasst sein. Um geeignete Lichtverhältnisse zu gewährleisten, sind unbedingt folgende lichttechnischen Gütemerkmale zu beachten:
- Beleuchtungsniveau
- Leuchtdichteverteilung
- Begrenzung der Blendung
- Vermeidung störender Reflexionen und Spiegelungen
- Lichtrichtung und Schattigkeit
- Lichtfarbe und Lichtwiedergabe.

Am Büro-Arbeitsplatz ist ein Beleuchtungsniveau von mindestens 500 Lux (horizontale Beleuchtungsstärke) vorzusehen. Schon in einem Großraumbüro sind höhere Beleuchtungsstärken erforderlich. Auch ältere und seheingeschränkte Mitarbeiter sind auf ein höheres Beleuchtungsniveau angewiesen.
Eine Absenkung des Beleuchtungsniveaus beim Einsatz von Bildschirmgeräten ist bei der heute verwendeten Bildschirmanzeige in positiver Zeichendarstellung nicht mehr erforderlich.
Die erforderliche Beleuchtungsstärke muss allein durch künstliche Beleuchtung erbracht werden können, da ausreichendes Tageslicht nicht über das ganze Jahr gewährleistet ist.
Große Leuchtdichteunterschiede im Raum mit einem Kontrast größer als 10:1 führen zu erheblichen Sehbeschwerden. Deshalb sollte eine Tischleuchte immer nur in Verbindung mit einer ausreichenden Allgemeinbeleuchtung eingesetzt werden.
Zu starker Sonnenlichteinfall wird mit Hilfe von Lamellenstores, Vorhängen oder Jalousien vermieden.
Schon zu helle Wände oder Möbeloberflächen mit einem Reflexionsgrad von mehr als 0,65 können zu störenden Blendungen führen.
Zu geringe Leuchtunterschiede mit einem Kontrast kleiner als 3:1 bewirken einen monotonen Raumeindruck und erschweren seheingeschränkten Personen unnötig die zwingend erforderliche Möglichkeit, sich im Raum zu orientieren. Auch Stellteile, wie z.B. Lichtschalter sollten sich kontrastreich von der Wand abheben.
Spiegelrasterleuchten mit einem mattierten Raster verhindern wirksam eine störende Direktblendung. Störendes Flimmern der Leuchtstoffröhren kann durch Mehrphasenschaltung oder den Einsatz von elektronischen Vorschaltgeräten verhindert werden.
Arbeitsplätze sollen möglichst mit einer zur Hauptfensterfront parallelen Blickrichtung auf den Bildschirm und nicht direkt an Fenstern angeordnet sein. Bei der Aufstellung von Bildschirmgeräten vor Fenstern entstehen zu große Leuchtdichteunterschiede zwischen Bildschirm, Arbeitsfeld und Umfeld. Nahegelegene Fenster im Rücken der Benutzer führen zu stark belastenden Reflexionen und Spiegelungen auf der Bildschirmanzeige.
Nur eine ausreichende Schattigkeit ermöglicht eine leichte Orientierung. Eine ausschließlich indirekte Beleuchtung trägt zwar sehr zum Wohlempfinden bei, sollte aber in Büroräumen nur in Verbindung mit gerichtetem Licht eingesetzt werden.
Auch die Wirkung der Lichtfarbe sollte nicht unterschätzt werden. Während kalte Lichtfarben (mit höherem Blauanteil) die Belastung beim Lesen senkt, fühlt sich die Mehrheit der Mitarbeiter bei warmen Lichtfarben (mit höherem Rotanteil) wohler. Sogenannte „Tageslichtfarben" scheinen bei vielen Nutzern großen Anklang zu finden.

Lärm
Durch Arbeitsmittel und Klimaanlagen verursachter störender Lärm ist zu vermeiden. Der Beurteilungspegel am Arbeitsplatz in Büroräumen soll auch unter Berücksichtigung der von außen einwirkenden Geräusche höchstens 55 dB(A) betragen. Um dieses zu erreichen, müssen die Emissionswerte der einzelnen Geräte kleiner als der am Arbeitsplatz zulässige Beurteilungspegel sein.
Konzentration und Sprachverständigung können insbesondere beeinträchtigt werden durch
- den Informationsgehalt von Geräuschen
- die Höhe des Schalldruckpegels
- die Zusammensetzung des Frequenzspektrums
- die zeitliche Verteilung des Lärms.

Für gehörlose Mitarbeiter ist es zwingend erforderlich, dass hörbare Signale auch sichtbar gemacht werden (z.B. das Läuten des Telefons oder Warnsignale). Für schwerhörige Mitarbeiter muss zumindest der Lautstärkepegel derartiger Signale deutlich höher als das vorherrschende Grundgeräusch sein.

Raumklima
Die Raumtemperatur soll für sitzende oder leichte Tätigkeiten in der Regel 21 bis 22 °C betragen. Bei hohen Außentemperaturen kann die Temperatur höher sein, sollte jedoch 26 °C nicht überschreiten.
Zu starker Sonneneinstrahlung kann am wirkungsvollsten durch an der Fensteraußenseite angebrachte Jalousien oder Blenden entgegengewirkt werden. Beschichtete Fensterscheiben sollten nicht zu einer Farbverfälschung führen.
Die Luftgeschwindigkeit soll bei sitzender Tätigkeit einen Wert von 0,1 m/s bis 0,15 m/s nicht überschreiten. Bei höherer Raumtemperatur oder körperlicher Arbeit können höhere Luftgeschwindigkeiten erforderlich sein. Wärmeabgebende Geräte im Nahbereich des Mitarbeiters, z.B. ein Computer auf dem Schreibtisch, kann durch die Temperaturunterschiede oberhalb und unterhalb des Schreibtisches den Eindruck und die Wirkung von Zugluft erzeugen.
Die relative Luftfeuchtigkeit soll im Bereich von 30 % bis 65 % liegen. Bei einer relativen Luftfeuchte von 50 % und mehr werden auch elektrostatische Aufladungen weitgehend vermieden.
Großer Wert ist darauf zu legen, dass die Mitarbeiter durch An- und Abstellen von Heizkörpern und Öffnen der Fenster ihr Raumklima selber bestimmen können.

Selbst wenn hierdurch schlechtere physiologische Bedingungen entstehen, wird dem Gefühl, dem Raumklima hilflos ausgeliefert zu sein, entschieden entgegengewirkt. Leider verbieten sich derartige Lösungen für größere und Großraumbüros.

12.2.2 Büromöbel

Schreib- und Arbeitstische
Der Arbeitstisch muss eine ausreichend große und reflexionsarme Arbeitsfläche besitzen, die eine flexible Anordnung des Bildschirmgerätes, der Tastatur, des Schriftgutes und der sonstigen Arbeitsmittel zuläßt. Damit die Arbeitsmittel leicht umgestellt und an jeder Stelle der Arbeitsfläche angeordnet werden können, sollte die Tischfläche nicht geteilt bzw. die einzelnen Elemente nur in einer Höhe angeordnet werden. Die Anordnung von Tischflächen in unterschiedlichen Höhen ist nur bei kombinierten Sitz-Steharbeitsplätzen angezeigt. Die nutzbare Beinraumhöhe bei einer individuellen Arbeitstischhöhe ist direkt abhängig von der Dicke der Tischplatte einschl. Zarge plus Höhe der verwendeten Tastatur.

Diese Elemente dürfen zusammen nicht dicker sein als 6 cm. Kann auf eine Zarge nicht verzichtet werden, sollte sie mindestens 350 mm hinter der vorderen Tischkante angeordnet sein.

Höheneinstellbare Arbeitstische sind in jedem Fall Tischen mit einer festen Arbeitshöhe vorzuziehen. Als barrierefrei kann ein Arbeitstisch aber nur dann eingestuft werden, wenn eine Tischhöhe von ca. 600 mm bis 900 mm einstellbar ist. Die Höheneinstellung kann dabei durchaus von Fachpersonal vorgenommen werden müssen. Eine häufige Änderung der Höhe durch den Mitarbeiter ist nur dann erforderlich, wenn ständig andere Mitarbeiter denselben Schreibtisch benutzen. Bei höheneinstellbaren Tischen sind keine Fußstützen mehr erforderlich.

Um eine ausreichende Beinraumbreite zu gewährleisten, sollte auf fest eingebaute Unterschränke verzichtet werden. Rollcontainer können bei erhöhtem Platzbedarf, z.B. bei rollstuhlabhängigen Mitarbeitern, neben dem Schreibtisch angeordnet werden. Auch dürfen bei Winkelkombinationen in den Innenecken keine Tischbeine oder C-Gestelle mit langem Ausleger angeordnet sein, die bei der Verwendung von Bürodrehrollstühlen ein Schwenken von einer Arbeitsfläche zur anderen nicht zulassen.

Arbeitsstuhl
Bürodrehrollstühle nach DIN 4551 mit höhenverstellbarer Rückenlehne, die auch im Andruck verstellbar ist, können als ausreichend „barrierefrei" bezeichnet werden. Ausformung und Verstellbarkeit der Sitzfläche und der Rückenlehne sind bei diesen Stühlen so gestaltet, dass es sogenannter „Bandscheibenstühle" nicht mehr bedarf. Sitzbälle als Ersatz für Bürostühle sind absolut ungeeignet und gefährlich.

Es ist heute technisch noch nicht lösbar, einen geeigneten Bürodrehrollstuhl für alle herzustellen. Bei Personen mit starken körperlichen Einschränkungen wird auch in Zukunft eine individuelle Lösung erforderlich sein, die jedoch von dem zuständigen Reha-Träger bezuschusst wird.

12.2.3 Bildschirmgeräte

Anordnung auf der Arbeitsfläche
Die Anpassung an die individuellen Bedürfnisse des Benutzers und an die jeweilige Arbeitsaufgabe bedingt eine flexible Anordnung des Bildschirmgerätes auf der Arbeitsfläche.

Die Sehentfernung sollte nicht wesentlich größer sein als die Entfernung, in der man eine gedruckte Informationsquelle, also ca. 450 – 600 mm, liest. Größere Sehentfernungen sind nur bei großen CAD-Bildschirmen erforderlich.

Auch für die Neigung eines Bildschirmes gilt, dass sie um so belastungsärmer ist, je mehr sie der Neigung eines Buches in gemütlicher Sitzhaltung entspricht. Leider lassen die große Bautiefe vieler Bildschirmgeräte und Spiegelungen der Deckenleuchten auf der Anzeige eine derartige Neigung noch nicht oft zu. Die Festlegung, dass die Höhe der obersten Zeile auf dem Bildschirm maximal in Augenhöhe sein soll, ist nichts anderes als ein Kompromiß, um Bautiefen auszugleichen und Spiegelungen zu vermeiden.

Bildschirmanzeige
Das auf dem Bildschirm dargestellte Bild muss
– stabil und flimmerfrei
– ohne Verzerrungen
– im Bezug auf Helligkeit und Kontraste geeignet und einstellbar
– reflex- und blendfrei sein.

Die dargestellten Zeichen müssen scharf, deutlich und ausreichend groß sein sowie einen angemessenen Zeichen- und Zeilenabstand haben. Diese Anforderungen sind erfüllt, wenn die Zeichendarstellung in ihrer Qualität einer guten gedruckten Vorlage entspricht. Wie bei jeder gedruckten Vorlage ist auch bei der Bildschirmanzeige die Darstellung dunkler Zeichen auf hellem Grund leichter lesbar als helle Zeichen auf dunklem Grund.

Für seheingeschränkte Benutzer können Großschriften auf dem Bildschirm dargestellt werden. Blinde Mitarbeiter können sich den Bildschirminhalt über eine Sprachausgabe und/oder eine fühlbare Braillezeile ausgeben lassen, ohne dass in die Software des PC eingegriffen werden muss. Auf derartige Hilfsmittel für die berufliche Tätigkeit haben die betroffenen Personen einen rechtlichen Anspruch, so dass der Arbeitgeber nicht mit zusätzlichen Kosten belastet wird.

Tastaturen
Die Tastatur muss vom Bildschirm getrennt, flach und neigbar sein, damit sie den jeweiligen Arbeitsbedürfnissen entsprechend umgestellt oder verschoben werden kann. Laptops sind aus diesem Grund für ständige Arbeiten ungeeignet.

Die heute übliche Tastatur kann bei individueller Disposition und langer Benutzung zu Sehnenscheidenentzündungen führen. Hier bieten sich Tastaturen an, bei denen der alpha-numerische Teil geteilt und der Drehwinkel zwischen beiden Tastaturblöcken frei einstellbar ist.

Da es keine Eingabeeinheit geben kann, die für alle Benutzer geeignet ist, wird bei PCs ein anderer Weg beschritten: Neuere PCs sind so konzipiert, dass die individuell geeignete Eingabeeinheit anstelle oder zusätzlich zur üblichen Tastatur angeschlossen werden kann, ohne dass Eingriffe in die Software erforderlich sind. Ob Spezialtastaturen, Sprach- oder Lautsteuerungen, selbst Steuerungen über Blickkontakte werden so realisiert.

Gerätesicherheit
Die umfassende Einhaltung aller an ein Bildschirmgerät zu stellende Anforderungen kann von Laien nicht mehr überprüft werden. Es sollten deshalb nur solche Bildschirmgeräte angeschafft und betrieben werden, die mit dem GS-Zeichen ausgestattet sind und für den Strahlenschutz entweder der MPR II-Norm oder TCO 99 entsprechen. Für eine barrierefreie Gestaltung bürgt das von DIN-Certco vergebene Prüfzeichen „DIN-barrierefrei".

12.2.4 Neue Arbeitsformen

Die neuen Informationstechnologien lassen auch neue Arbeitsformen zu, die gerade Menschen mit Behinderungen zugute kommen sollten. Teilzeit und flexible Arbeitszeiten kommen den Bedürfnissen dieser Mitarbeiter weiter entgegen.

Ob jedoch Telearbeit für Menschen mit Behinderungen geeignet ist, hängt von vielen Faktoren ab und ist meist nur individuell zu entscheiden. Auch wenn es zunächst als eine gute Möglichkeit angesehen wird, wenn behinderte Menschen in ihrer für sie angepassten privaten Umgebung einer beruflichen Tätigkeit nachgehen, können die soziale Isolation und der Ausschluss aus der Gesellschaft weiter verfestigt werden. Ausschließliche Telearbeit wird demnach in keinem Falle dem Anspruch des SchwbG auf Integration in die Gesellschaft gerecht. Auch Telearbeitszentren, in denen ausschließlich behinderte Personen beschäftigt sind, unterstützen nicht die geforderte gesellschaftliche Integration.

Telearbeit kann dann für behinderte Menschen eine gute Chance sein, wenn der Mitarbeiter aus gesundheitlichen Gründen zeitlich begrenzt seinen innerbetrieblichen Arbeitsplatz nicht aufsuchen kann bzw. innerbetriebliche Tätigkeit und Telearbeit sich regelmäßig abwechseln. Auch zur fachlichen Einarbeitung kann es sinnvoll sein, zunächst den Arbeitsplatz im privaten Bereich einzurichten, um dann so bald wie möglich den Arbeitsplatz in das Unternehmen zu verlagern.

12.3 Gestaltung von Arbeitssystemen (nicht nur) für Personen mit Behinderungen

Die Arbeitsplatzsituation für Personen mit Behinderungen hat sich in den letzten Jahren und Monaten nicht verbessert, sondern es muss leider registriert werden, dass die Beschäftigungsquote dieser oftmals sehr gut qualifizierten, motivierten und leistungsfähigen Menschen in den Betrieben und Verwaltungen weiter sinkt.

Nach § 5 des Schwerbehindertengesetzes sind Verwaltungen und Betriebe zwar verpflichtet, 6 % der vorhandenen Stellen mit Schwerbehinderten zu besetzen. Im Oktober 1996 lag die Beschäftigungsquote in NW allerdings nur bei 4,6 %, im Bund liegt sie bei 3,9 % und ist vermutlich weiter rückläufig (Jahresbericht Landschaftsverband Rheinland, Hauptfürsorgestelle, 1997).

Erschwerend kommt hinzu, dass behinderte Menschen ihre Berufsausbildung aufgrund nicht kompensierter Handicaps oft später abschließen als der Durchschnitt der Bevölkerung.

Kommen eine Behinderung und ein Lebensalter über 40 Jahren zusammen, ist die Vermittlung fast aussichtslos, ab diesem Alter beginnen für den Direktor des Bremer Arbeitsamtes Christian Hawel die „Vermittlungsschwierigkeiten älterer Arbeitnehmer" (WZ, 17.2.96).

Kann eine humane Gestaltung des Arbeitssystems eine Lösung anbieten und wie könnte diese aussehen?

Sowohl bei der Integration von Menschen in den Arbeitsprozess durch angepasste Arbeitsplatzgestaltung wie auch bei der Konzeption von Produkten und Systemen für behinderte Personen dürfen Detaillösungen nicht isoliert verfolgt werden. Vielmehr sind beim Lösen von Arbeitsaufgaben auch die vielfältigen Beziehungen innerhalb des Arbeitssystems zu beachten und zu gestalten.

Das bedeutet, dass:
– die Menschen im Arbeitsprozess bzw. als Nutzer von Produkten
– die Gesellschaft, die für organisatorische, normative und rechtliche Vorgaben verantwortlich ist

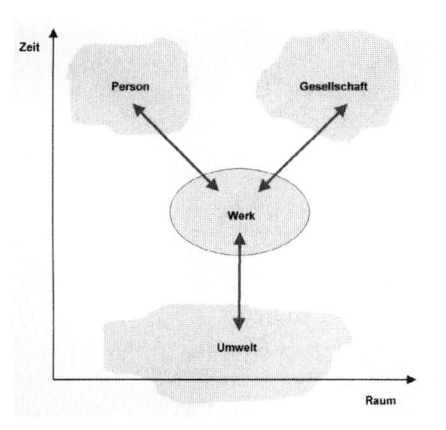

12.3/1 Die Elemente des Arbeitssystems in ihren Wechselbeziehungen

– und die gesamte lebende und leblose Umwelt

in Abhängigkeit von Raum und Zeit systematisch zu betrachten ist.

In Anlehnung an den technischen Systembegriff (s. DIN 19226) stellen in der Arbeitswissenschaft und Ergonomie die vielfältigen Beziehungen zwischen Mensch und Arbeit das Arbeitssystem dar. Die Arbeit wird hier als die zweckgerichtete Beeinflussung des Systemelements Arbeitsobjekt verstanden[1].

Ein von P. Treier 1983 vorgestelltes Modell beschreibt die Komponenten des Arbeitssystems in ihren Wechselbeziehungen, die Arbeit vollzieht sich im Wechselspiel der handelnden Personen, der Gesellschaft und der materiellen Umwelt.

Personen wirken allerdings nicht direkt auf die Gesellschaft und Umwelt ein, sondern stets durch ihre „Werke" oder Produkte, seien sie materieller oder immaterieller/informatorischer Natur.

Entsprechend verhält es sich auch mit den „Werken" der Gesellschaft. Gesetze (z.B. das Schwerbehindertengesetz), Verordnungen, Normen usw. sind ihr Werk. Diese wirken auf die handelnden Personen, und über deren Werk auch wieder auf die Gesellschaft und Umwelt ein.

Aber auch die Umwelt mit Klima, Fauna, Flora usw. reagiert nicht nur. Sie verändert sich und damit unsere Umweltbedingungen mit Wirkungen auf jeden Einzelnen, aber auch die Gesellschaft. Sie agiert teilweise autonom und teilweise von Mensch und Gesellschaft durch deren Werk provoziert (s. Abb. 12.3/1).

Bei der Gestaltung von Arbeitssystemen ist es daher notwendig, diese „Werke" zu analysieren und die Wirkungen, die sie auf die handelnden Personen, die Gesellschaft und die Umwelt haben, genauer zu untersuchen.

Gerade bei der Gestaltung von Arbeitssystemen für Personen mit Behinderungen müssen wir über den eigentlichen Arbeitsplatz, und den im Arbeitsproßess anstehen-

den Problemlösungen hinaus, die agierenden Personen im Zusammenhang mit ihrem Gesellschafts- und Umweltumfeld berücksichtigen.

So beginnt für viele Menschen mit Behinderungen die Arbeit unmittelbar nach dem Ertönen des Weckers, der so auch selbst schon zu einem Element des Arbeitssystems wird.

Die Bewältigung der Alltagsaufgaben wie das Aufstehen, das Anziehen, die Morgentoilette, die Zubereitung des Frühstücks, der Weg zum Arbeitsplatz und die Tätigkeiten am Arbeitsplatz, die mit der zu erledigenden Aufgabe in keinem direkten Zusammenhang stehen, sind Arbeit mit teilweise erheblichen Belastungen und hohen individuellen Beanspruchungen.

Aber auch die betriebliche Nutzung von Parkhäusern, Sanitäreinrichtungen, Kantinen, Treppenhäusern usw. ist mit der Arbeitsplatzgestaltung im engeren Sinne natürlich noch nicht gelöst.

Welche Rolle werden hierbei neue computergestützte Technologien im heraufziehenden Informations- und Kommunikationszeitalter spielen?

Werden sie sich auf den Einsatz körperbehinderter Personen positiv auswirken, oder wird der allgemeine Trend zur Rationalisierung und Automatisierung diesen potenziell günstigen Effekt rasch aufzehren und ins Gegenteil verkehren?

12.3.1 Computergestützte Technologien

Tatsache ist, dass wir zunehmend eine Vermischung von Tätigkeiten im Arbeits-, Privat- und Freizeitbereich erleben. Über die Vernetzung durch moderne Technik im EDV- und Informationszeitalter sind die unterschiedlichsten Lebens- und Aufgabenbereiche der Menschen miteinander verbunden, und damit sind nicht nur erwerbs

---

[1] Ein recht pragmatisches Modell, welches stärker an Mensch-Maschine-Wirkzusammenhängen orientiert ist und die gesellschaftlichen Bedingungen sowie die Einbeziehung der Umwelt weniger berücksichtigt, beschreibt Laurig, 1993. Die Systemelemente Mensch und Arbeitsaufgabe sind in ihren Beziehungen dargestellt und beschreiben das Lösen von Aufgaben durch Anwendung von Methoden und Verarbeitung von Information. Die Grenze des Systems kann die räumliche Begrenzung eines Arbeitsplatzes sein oder auch die Abgrenzung zu anderen Systemen. Eingabegrößen sind z.B. Material, Energie, Know-how usw., Ausgangsgrößen sind Arbeitsergebnisse bzw. Produkte mit bestimmter Qualität in bestimmten Quantitäten. Störgrößen im Eingang können z.B. schlechte Umgebungseinflüsse, wie z.B. Lärm oder Klimawirkungen usw., sein, Störgrößen im Ausgang sind z.B. Umweltverunreinigungen, die wiederum Eingangsstörgrößen für das eigene oder benachbarte Systeme sind.

mäßig ausgerichtete Beschäftigungen, sondern alle zielgerichteten Tätigkeiten innerhalb dieser Systeme Arbeit (vgl. Laurig, 1990).

Die seit den frühen 80er Jahren erlebte starke Zunahme der Computerisierung, die ungeheure Verbreitung von Elektronik und „elektronischer Intelligenz" in den Systemen und Produkten, verbunden mit schlanken Organisationsstrukturen wie „Lean Production" und „Lean Management", hat die moderne Arbeitsplatz- und Produktgestaltung nachhaltig verändert.

Die deutlichen Rationalisierungseffekte in der Wirtschaft müssen aber nicht zu einer schwieriger werdenden Integration behinderter Personen in den Arbeits- und Ausbildungsprozess führen, denn mit gutem Willen können die so gewonnenen Kapazitäten genutzt werden, um möglichst vielen qualifizierten, motivierten und leistungsfähigen Menschen auch mit Behinderungen eine Chance auf die angestrebte Erwerbsarbeit zu geben.

Viele neue Tätigkeitsfelder werden entstehen. Wir werden die Flexibilisierung der Arbeit durch Telearbeit mit PC und Modem in Bereichen wie Programmierung, Beratung, Schreiben und Redigieren, Design & Architektur, Marketing, Planung, Management usw. erleben. Zwar stecken die Entwicklungen hier noch am Anfang, das enorme Wachstumspotential ist aber schon heute erkennbar.

Der Anspruch der humanen Integration behinderter Personen in diese moderne Arbeitswelt ist jedoch nur in vernetzten Projekten der Gestaltung von Arbeitssystemen möglich, denn die Aufgaben die mit diesem Strukturwandel einhergehen sind komplex. Neben der technischen und ergonomischen Durchdringung der Hardwarekomponenten werden wir Antworten finden müssen auf so wichtige Fragen wie:
– wie vermeiden wir soziale Isolation?
– wie bringen wir private und betriebliche Interessen in Einklang?
– wie lösen wir die Probleme bei Führung von Mitarbeitern?
– wie kompensieren wir das Fehlen informeller Kontakte?
– welche Aufstiegschancen sind möglich und wie lassen sie sich realisieren?
– wie vermeiden wir Scheinselbstständigkeit und Sozialdumping?

Die hier kurz angerissene Problematik macht deutlich, dass sich für Architekten, Designer und Ingenieure, die für die Gestaltung von humanen Arbeitssystemen große Verantwortung tragen, viele Aufgaben ableiten lassen, wo durch sinnvolle Gestaltung von Systemen und Produkten Funktionsausfälle behinderter Personen kompensiert werden können und eine Integration in den Arbeits- und Ausbildungsprozess erleichtert bzw. erst ermöglicht wird.

Bei der Gestaltung von Komponenten des Arbeitssystems sind dem Menschen dienende, gut gestaltete Lösungen anzustreben. Die aktuellen Risiken und Chancen bei der Konzeption moderner Produkte mit integrierter elektronischer Intelligenz liegen aber darin, dass technische Gegenstände immer geringere Volumina benötigen.

Was machen wir aber nun mit einer Technik, die die Tendenz hat, zu verschwinden (vgl. Käo, 1991)?

Das lang gehätschelte Prinzip von form follows function ist kritisch zu überprüfen, und auch die Vorstellung, wonach die sinnliche Wahrnehmung (Außengestalt und Emissionen) eines Produktes sein Innenleben transparent machen soll, die Funktionstransparenz, ist nur noch bedingt gültig. Beispielsweise orientiert sich die Größe eines LAPTOP Computers vernünftigerweise an der ergonomisch sinnvollen Größe der Tastatur und des Bildschirms, und nicht an den technischen Möglichkeiten der Miniaturisierung, denn Eingabesysteme mit stecknadelkopfgroßen „Tasten" und Minidisplays im Briefmarkenformat in streichholzschachtelgroßen Gehäusen machen nun einmal keinen Sinn. Jedenfalls sind es keine Produkte, die dem Menschen dienen. Uns eröffnet sich vielmehr die Chance, dass wir die Produktformen von außen, der Schnittstelle zum Menschen und Nutzer her entwickeln können.

Nicht mehr die Technik und Mechanik bestimmt Volumen, Gewicht, Anzeigen und Stellteile von Produkten, sondern der Mensch hat zunehmend die Chance, zum Maß aller Dinge in der Gestaltung zu werden. Die konzeptionellen Freiräume werden zukünftig eher größer, denn sie werden weniger von der technisch notwendigen Körperlichkeit der Produkte determiniert sein, sondern sie können sich mehr am Maßstab Mensch und seinen Eigengesetzen orientieren.

Die Rolle der Ergonomie wird in diesem Prozess gestärkt, denn ihr kommt die Aufgabe zu, für den Prozess des Entwerfens und Gestaltens der Produkte incl. ihrer Benutzeroberflächen und Strukturen von Bedienelementen im Raum die theoretischen und praktischen Erkenntnisse bereitzustellen, um die Beziehungen zwischen den Menschen und seinen Produkten entsprechend seiner Fähigkeiten und Fertigkeiten, seinen Bedürfnissen, Motiven und seiner Disposition menschengerecht zu optimieren. Dabei sind die gesellschaftlichen Forderungen zu beachten und wertgebend weiterzuentwickeln.

Dies erfordert allerdings, dass man die vielfältigen Beziehungen von Mensch und Produkt (er)kennt. Die „Effektoren und Sensoren" physikalisch-technischer Systeme (z.B. Stellteile und Informationssysteme wie Displays, aber auch akustische und haptische Ausgabesysteme und elektronische Eingabesysteme wie Bild-, Spracherkennung usw.) treffen auf das sensomotorische, psychische, kognitive und pragmatische System des Menschen (vgl. Welsch, 1995).

12.3.2 Kriterien

Hochtechnologie ist so nicht nur eine bedeutsame Stütze unserer Wirtschaft und Gesellschaft, sie kann auch für viele Behinderte den Zugang zum Arbeitsplatz erleichtern oder erst ermöglichen.

Die Technik soll dem Menschen dienen und wir sollten anstreben, immer bessere Produkte für und mit zufriedenen und glücklichen Menschen herzustellen. Die nachfolgend aufgeführten Kriterien des Verbandes deutscher Industrie-Designer bieten einen guten Orientierungsrahmen. Auch gut gestaltete Komponenten des Arbeitssystems sind je nach ihrer Funktion durch eine ideale Verbindung der folgenden Eigenschaften gekennzeichnet:

1. Hoher praktischer Nutzen: Hohe Gebrauchstüchtigkeit und einwandfreies Funktionieren.
2. Gute Ergonomische Anpassung: Anpassung des Gegenstandes an die sensorischen, physischen und psychischen Gegebenheiten. Vermeidung von hohen Beanspruchungen durch unangepasste Belastungssituationen.
3. Ausreichende Sicherheit: Erfüllung einschlägiger Sicherheitsvorschriften und bestehender Leistungsnormen sowie Berücksichtigung von unachtsamem Gebrauch (Narrensicherheit).
4. Lange Lebensdauer und Gültigkeit, Übereinstimmung von ästhetischer und physischer Lebensdauer.
5. Sinnvolle Umfeldbeziehung: Der Gegenstand soll in Funktion und Gestalt nicht nur für sich, sondern auch in zwischengegenständlicher Beziehung, d.h. in seiner späteren Produktnachbarschaft, sinnvoll sein.
6. Hohe Umweltverträglichkeit: Energie- und ressourcenschonend in Herstellung und Gebrauch, abfallarm und recyclinggerecht.
7. Hohe Technische und formale Eigenständigkeit: Vermeidung von Nachahmungen (Plagiat).
8. Gute Gebrauchsvisualisierung: Die Form des Produktes soll nach Möglichkeit über Funktion oder Nutzung des Objektes informieren.
9. Hohe Gestaltqualität
– Überzeugender struktureller Aufbau, Erkennbarkeit des Formprinzips, z.B. bewusste Schalen- oder Skelettbauweise usw.
– augenscheinliche Beziehung des Ganzen zu seinen Teilen hinsichtlich Formen, Volumen, Maßen, Farben, Materialqualität und Produktgrafik;

- Durchgängigkeit von einmal gewählten Konstruktions- bzw. Gestaltungsprinzipien (formale Konsequenz);
- Prägnanz und Eindeutigkeit der Gestaltungselemente (z.B. Formübergänge, Kontraste von Formen, Farben und Schriften), Proportionen;
- ästhetisch sinnvolle Gliederung und Einklang mit Herstellung, Montage und Wartung der Teile;
- visuelle Störungsfreiheit (Vermeidung von Irritationen, Blendung und visuellen Fehlinformationen);
- Logik der Form hinsichtlich des verwendeten Materials, dessen jeweiligen Herstellungsverfahrens und Gebrauchs.

10. Eine sinnlich – geistige Stimulanz
Eine Gesamtwirkung, die den Nutzer animiert, erfreut, seine Sinne stimuliert; dort wo es sinnvoll ist, seine Neugierde weckt, zum Spielen oder eigenem Gestalten anregt, die Lust an Witz, Ironie oder Verfremdung anspricht. Kurzum eine Form, die zu einer inneren Identifikation führen kann.
(vgl. VDID Designer Portraits, 1983)

Architekten, Designer und Ingenieure sind daher aufgefordert, ihre Lösungen stets mit Mut zu Kreativität und Denkraumerweiterung in Systemzusammenhänge sinnvoll einzuordnen und über den Tellerrand der eigenen Disziplin hinauszuschauen, damit über konventionelle Lösungen hinaus allen Menschen dienende, gute Produkte entstehen.

Die Erfahrung zeigt, dass es meist keine Gleichgültigkeit oder Bequemlichkeit der Entscheidungsträger in den Betrieben ist, wenn den gesetzlichen Auflagen nach der Beschäftigung Behinderter nicht nachgekommen wird. Vielfach fehlen ganz einfach die Kenntnisse einer angemessenen Gestaltung des Arbeitssystems, die es auch behinderten Menschen ermöglichen würde, normale Leistungen im Betrieb zu erbringen.

Daher zielen Projektarbeiten im Fach Ergonomie (im Hauptstudium Industrial Design der Bergischen Universität Gesamthochschule Wuppertal) darauf, in interdisziplinären Projekten Produkte und Komponenten eines behinderungsgerechten Arbeitssystems unter Beachtung ergonomischer, ästhetischer, technischer, ökonomischer und ökologischer Aspekte zu gestalten (s. Abb.12.3/2).

Wovon sollten wir uns neben den schon genannten Kriterien in unserer Arbeit leiten lassen?
Welche gestalterischen Forderungen sind bei der Gestaltung von Komponenten des Arbeitssystems besonders für behinderte Personen zu beachten?

1. In erster Linie sind wir aufgefordert, System- bzw. Produktgestaltungen zu erarbeiten, die bei konsequenter Umsetzung Auswege aus dem Dilemma der schwierigen Vermittelbarkeit behinderter Personen in den Arbeitsprozess aufzeigen können.
2. Wir sollten in unseren Projekten, wo immer das möglich ist, die Gemeinsamkeiten und nicht die Unterschiede behinderter und nichtbehinderter Personen erkennen und in die Gestaltung einbeziehen.
3. Die Nutzung der Produkte sollte, wo immer das machbar ist, unabhängig von einer Behinderung von Jedem problemlos möglich sein.
4. Technisch und funktional ausgerichtete Problemlösungen (mit oftmals einschüchternder und diskriminierender Anmutung) sollte durch gelungene ergonomische und ästhetische Gestaltung so entscheidend aufgewertet werden, dass eine sozialverträgliche Arbeitssituation ermöglicht wird.
5. Die Akzeptanz von Produkten, die integrierte technische Hilfen beinhalten (um Funktionsausfälle zu kompensieren), hängt sehr wesentlich von der ästhetischen Anmutung ab. Man denke nur daran wie problematisch schon die Auswahl einer Brille sein kann.
6. Wo immer es möglich ist, soll eine technische Hilfe gar nicht als eine solche wahrgenommen werden, sondern sich harmonisch und wie selbstverständlich in das jeweilige Umfeld einfügen.
7. Eine Systemkomponente mit integrierten technische Hilfen für behinderte Personen sollte, wo immer das möglich ist, Personen ohne Behinderung beim Gebrauch nicht beeinträchtigen.

Wie eine diesen Ansprüchen genügende Gestaltung von Komponenten des Arbeitssystems aussehen kann, zeigen richtungsweisende Arbeiten von Studenten des Fachbereiches Industrial Design im Fach Ergonomie in Kooperation mit dem Fachbereich Maschinentechnik der Bergischen Universität Gesamthochschule Wuppertal mit vielen Anregungen von Rehabilitationseinrichtungen und Behindertenverbänden. Theorie ohne Praxis ist leer, und Praxis ohne Theorie ist blind (Maser, 1976) und so soll dieser Beitrag durch praktische Beispiele vervollständigt werden. Die ausgewählten Arbeiten dokumentieren, dass der praktischen Gestaltung umfangreiche theoretische Überlegungen vorausgehen müssen.

12.3.3 Beispiel EDV-Tastatur

In einer in Zusammenarbeit mit Ulf Röntgen (Student Industrial Design) gestalteten Tastatur wird aufgezeigt, wie Menschen, die durch Contergan in den oberen Extremitäten schwer geschädigt wurden, in die Lage versetzt werden, ohne unzumutbare Körperhaltungen einen Computer zu bedienen.

Die Problemlösung besteht in diesem Falle in der Teilung der Tastatur und einem im Arbeitstisch integrierten, verschiebbaren

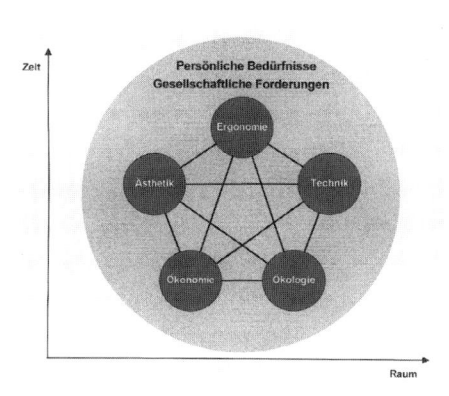

12.3/2 Die miteinander in Beziehungen stehenden Disziplinen der Gestaltung von Komponenten und Produkten des Arbeitssystems sind durch persönliche Bedürfnisse, gesellschaftliche Vorgaben sowie von Raum und Zeit determiniert

12.3/3 Computertastatur für Personen auch mit eingeschränkten Greifräumen

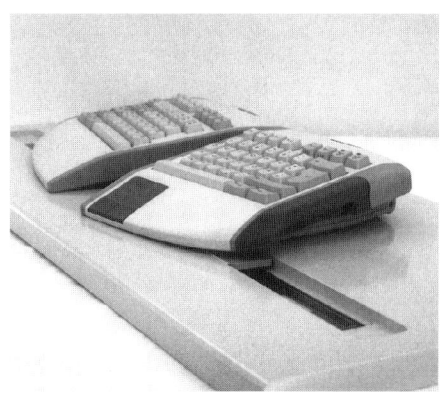

12.3/4 Personen ohne Behinderung sollen von diesem System profitieren. Die Tastatur kann durch ihre intelligente und ästhetisch ansprechende Gestaltung auch von Nichtbehinderten ergonomisch korrekt genutzt werden und einen Sitzarbeitsplatz sogar kurzfristig zum Steharbeitsplatz variieren lassen. Das setzt natürlich voraus, dass der Monitor entsprechend einstellbar ist. Auch wird bei dieser Tastatur die schädliche statische Haltearbeit durch das Abwinkeln der Handgelenke vermieden

und in vier Achsen vielfach verstellbaren Tragarm, mit dem sich die Tastenfelder flexibel im verbleibenden Greifraum des Bedieners positionieren lassen.

Die Tastenfelder lassen sich im Gehäuse austauschen und so auch den speziellen Bedürfnissen muskelerkrankter Personen anpassen (Abb. 12.3/3+4).

12.3.4 Beispiel EDV-Arbeitstisch

Das zweite Beispiel zeigt einen EDV-Arbeitstisch (Abb. 12.3/5-8), der in Zusammenarbeit mit Stefan Burda (Student Industrial Design) entstanden ist. Dieses Tischsystem ist für alle Menschen geeignet, bietet aber besonders für Personen, die aufgrund von Behinderungen wie Querschnittslähmung oder Muskelerkrankungen auf einen Rollstuhl angewiesen sind, ästhetisch und technisch gelungene integrierte Hilfen an.

Hierbei sind die Arbeits-, Bildschirm- und Ablagefläche getrennt voneinander in Höhe und Lage einstellbar und so immer in den erreichbaren Wirkraum bewegbar. Die Besonderheit besteht darin, dass sich der Arbeitsbereich mit geringem Kraftaufwand um den Nutzer herum bewegt und nicht umgekehrt. So können belastende Bewegungen des Oberkörper reduziert werden oder unterbleiben, und der Rollstuhl muss nicht mehr aufwändig rangiert werden. Der Tisch ist mit allen handelsüblichen Rollstühlen unterfahrbar und bei der Konzeption wurde darauf geachtet, dass keine Unfallgefahren durch sich überschneidende Teile entstehen.

Der Bogenträger besteht aus einem Baukasten von Tischbeinverbindern, Laufschienenhaltern und Zwischenstücken in verschiedenen Maßen, die auf ein Kernrohr gesteckt und mit einem Flansch an den beiden Enden verbunden werden. Tischbeine und Bogenträger dienen neben der statischen Funktion auch als Kabelkanal.

Der Baukasten ist erweiterbar mit speziell angepassten Arbeitsplatten, Fußstützen, Konzepthaltern und Beleuchtungselementen, die jeweils an den Bogenträger als Grundelement montiert werden können.

12.3.5 Beispiel Kopiergerät

Ein weiteres Beispiel ist ein in Zusammenarbeit mit Achim Pöllmann (Student Industrial Design) konzipiertes Kopiersystem (Abb. 12.3/9-11). Gängige Kopiergeräte weisen einige Merkmale auf, die eine Nutzung durch Rollstuhlfahrer und contergangeschädigte oder kleinwüchsige Menschen extrem erschweren.

Aufgrund der üblichen Walzentechnik der Kopiergeräte sind diese meist sehr hoch, nicht unterfahrbar und stehen oft auf sperrigen Unterschränken für den Papiervorrat.

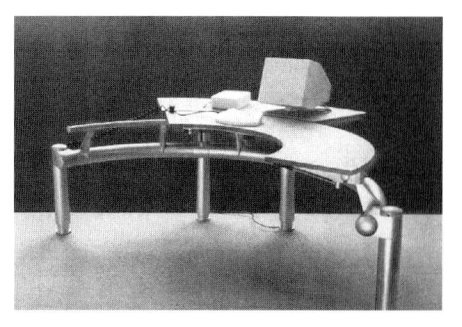

12.3/5 EDV-Arbeitstisch, der sich mit geringem Kraftaufwand um den Nutzer bewegen lässt

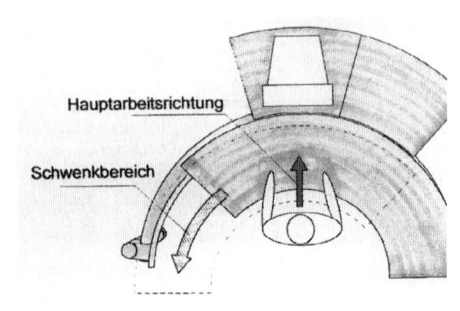

12.3/6 Prinzipdarstellung des EDV-Arbeitstisches

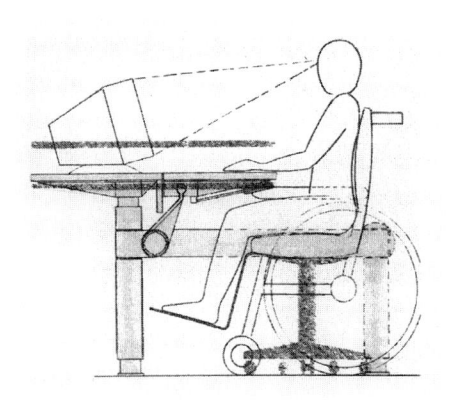

12.3/7 Der EDV-Arbeitstisch kann sowohl von einer kleinen Frau im Rollstuhl (5. Perzentil weiblich) ...

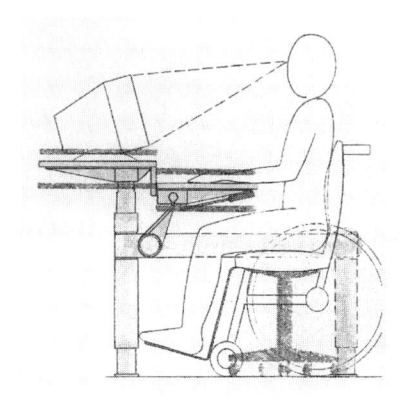

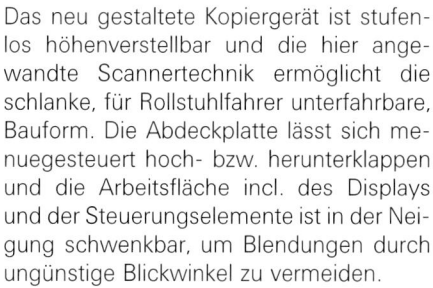

12.3/8 ... wie auch von einen großen Mann im Rollstuhl (95. Perzentil männlich) genutzt werden

Das neu gestaltete Kopiergerät ist stufenlos höhenverstellbar und die hier angewandte Scannertechnik ermöglicht die schlanke, für Rollstuhlfahrer unterfahrbare, Bauform. Die Abdeckplatte lässt sich menuegesteuert hoch- bzw. herunterklappen und die Arbeitsfläche incl. des Displays und der Steuerungselemente ist in der Neigung schwenkbar, um Blendungen durch ungünstige Blickwinkel zu vermeiden.

Der Papierauswurf liegt auf gleicher Höhe wie die Arbeitsfläche und ist von vorne zu erreichen.

Das Kopiergerät ist so für große und kleine Menschen, aber auch für Rollstuhlbenutzer und Personen mit eingeschränkten Greifräumen z.B. infolge einer Conterganschädigung ergonomisch korrekt einsetzbar.

Die häufig am Kopiergerät zu beobachtenden Zwangshaltungen sind hier vermeidbar:
– Rollstuhlfahrer können das Gerät frontal von vorne bedienen
– Personen mit sehr kurzen Armen können in deutlich aufrechterer Haltung arbeiten und vermeiden Rückenerkrankungen, die bei längeren Arbeiten an herkömmlichen Kopierern durch extremes Bücken vorprogrammiert sind
– Kleine bis sehr große Personen finden immer die ergonomisch korrekte Höheneinstellung.

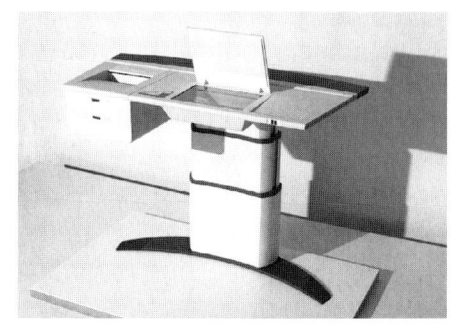

12.3/9 Das Kopiergerät ist stufenlos höhenverstellbar und die hier angewandte Scannertechnik ermöglicht die schlanke, für Rollstuhlfahrer unterfahrbare Bauform. Neben dem abgebildeten Festeinbau wurde auch eine verfahrbare, ebenfalls barrierefreie Ausführung konzipiert

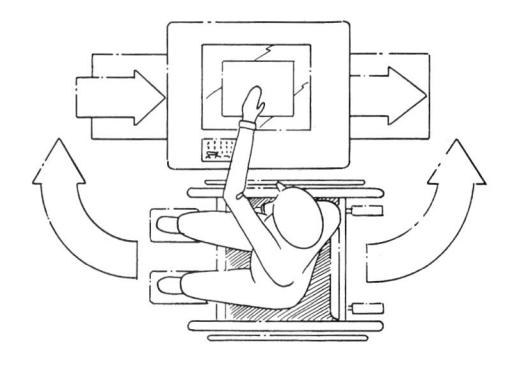

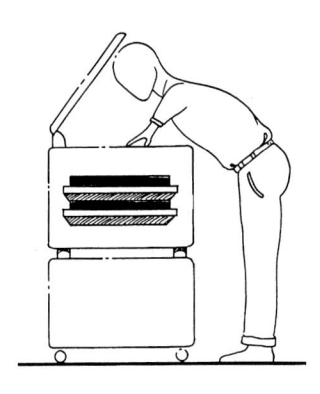

12.3/10 Normale Kopiergeräte lassen eine Nutzung durch Rollstuhlfahrer oder Personen mit kurzen Armen nur mit erheblichen Körperverrenkungen zu

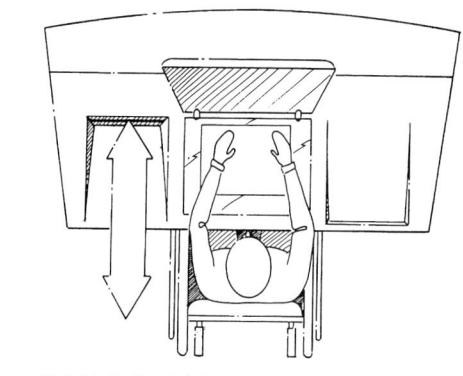

12.3/11 Rollstuhlfahrer können das Kopiergerät frontal von vorne bedienen

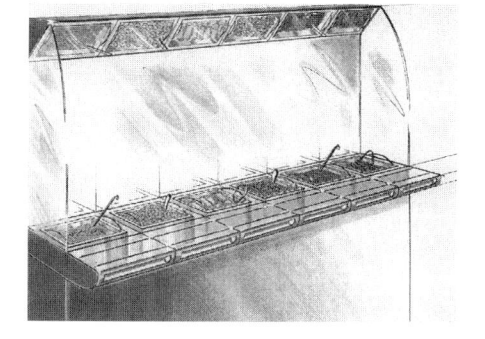

12.3/12 Die Grundidee der Kantinengestaltung basiert darauf, dass die Speisen mittels eines Schiebemoduls, das in Höhe der Tablettschiene in die Theke eingebaut ist, herausgezogen und entnommen werden können

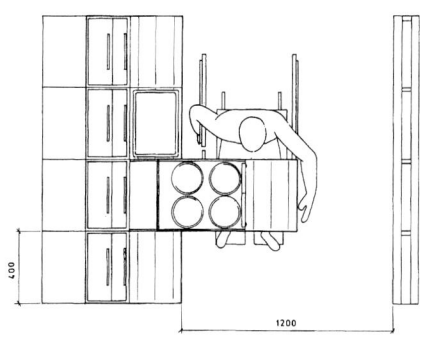

12.3/13 Der Kantinengast braucht sich nicht verrenken, um an die Speisen zu gelangen. Er kann problemlos an der Theke entlang fahren, einen Schieber herausziehen, das Gericht entnehmen und auf sein Tablett stellen

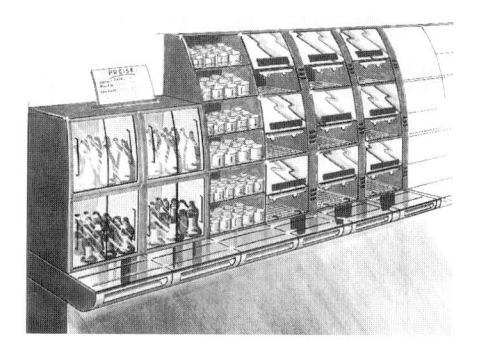

12.3/14 Gestaltungsvorschlag für den Kantinenbereich einer Cafeteria. Die Speisen in den unteren Fächern können nach dem Herausziehen der Schieber entnommen werden, im oberen Bereich sind aufklappbare Fächer vorgesehen

12.3.6 Beispiel Kantinengestaltung

Nun sind Einzellösungen wie oben beschrieben zwar sehr schön und hilfreich, als isolierte Insellösung führen sie aber noch nicht zum Ziel der beruflichen Integration. Viele Probleme wie z.B. die Nutzung von Sanitäreinrichtungen, Kantinen, Treppenhäusern, Parkhäusern usw. sind mit Arbeitsplatzgestaltung im engeren Sinne natürlich noch nicht gelöst.

So ist es nahe liegend, auch Kantinen in die Gestaltung von Arbeitssystemen mit einzubeziehen (Abb. 12.3/12-14). Ein in Zusammenarbeit mit Andrea Wachenfeld (Studentin Industrial Design) entstandenes Konzept für eine Kantine sieht vor, dass auch Personen, die auf einen Rollstuhl angewiesen sind, ihre Speisen selbstständig auswählen und entnehmen können.

Ein barrierefreies Kantinenkonzept muss daher auch die nachfolgenden Aspekte berücksichtigen:
– Die Kantine muss von Personen mit und ohne Rollstuhl problemlos nutzbar sein.
– Die Gerichte müssen aus jeder Perspektive gut einsehbar sein.
– Türen, Durchgänge und Wege müssen so breit sein, dass evtl. auch mit einem Rollstuhl gewendet werden kann.
– Die Bedienelemente im Bereich der Selbstbedienung (Vorrichtungen zur Essensentnahme, Bedienteile für Automaten …) müssen von allen Personen unkompliziert zu nutzen sein.
– Die Tablettablageschiene darf auch Rollstuhlfahrer nicht behindern.
– Die gesamte Gestaltung muss ästhetischen Ansprüchen genügen.

Die Grundidee der Gestaltung basiert darauf, dass die Speisen mittels eines Schiebemoduls, das in Höhe der Tablettschiene in die Theke eingebaut ist herausgezogen und entnommen werden können. Der rollstuhlabhängige Kantinenbenutzer braucht sich nicht verrenken, um an die gewünschten Speisen zu gelangen. Er kann problemlos an der Theke entlang fahren, einen Schieber herausziehen, das Gericht entnehmen und auf sein Tablett stellen.
So ist nicht nur eine bequeme Entnahme der Speisen, sondern auch ein zügiger Ablauf gewährleistet, bei dem die nachfolgenden Personen nicht beeinträchtigt werden.
Die Tablettschiene dient zusätzlich als Griffleiste zum Herausziehen der Schubelemente. Durch die Integration der Schieber in das System erscheinen diese nicht als Sonderausstattung für Behinderte, sondern werden harmonisch und ästhetisch ansprechend in das Konzept integriert.

Jedes technische Produkt für das private und betriebliche Umfeld kann auch eine Komponente des Arbeitssystems sein. Es erleichtert bzw. ermöglicht oft erst die angestrebte erwerbsmäßige Beschäftigung für Personen mit und ohne Behinderungen.

13.0 Arbeitspädagogische Probleme der Rehabilitation

Peter Treier

Die Arbeitspädagogik bietet im Rahmen einer „Rehabilitations-Arbeitswissenschaft" von ihren Methoden und Zielsetzungen her wertvolle Ansatzpunkte für eine häusliche und vor allem arbeitsplatzbezogen-betriebliche Wiedereingliederung Behinderter. Die verschiedenen arbeitspädagogischen Modelle und die damit gewonnenen Erfahrungen (Taylor, Münsterberg, Moede, Baumgarten, TWI-Methode, Riedel) können ohne besondere Schwierigkeiten den speziellen Bedürfnissen der beruflichen Rehabilitation angepasst und in diese integriert werden. Die arbeitspädagogische Rückführung behinderter Menschen in die Wirtschaft, einschießlich der damit verbundenen Maßnahmen einer behindertengerechten Arbeitsgestaltung sind aus einer humanökologischen Perspektive heraus auf dem Hintergrund der Wertung menschlicher Arbeit als einer existenziellen Daseinsdimension zu sehen. Vielseitige Möglichkeiten der innerbetrieblichen Berufsschulung werden hier an Hand konkreter Empfehlungen in Anlehnung an die Arbeitspädagogik Johannes Riedels diskutiert. Als ein besonderes Problem wird der Einfluss von Mängeln in der allgemeinen Berufsausbildung auf die Frühinvalidität verdeutlicht und abschließend die Notwendigkeit, im Sinne einer arbeitspädagogischen Prophylaxe den Gefahren einer Überforderung durch industrielle Arbeitsformen zu begegnen, aufgezeigt.

13.1 Begriff und Ziele der Arbeitspädagogik

Die menschliche Arbeit ist durch das Bemühen gekennzeichnet, eine Synthese zwischen „Wirkungszwang" und „Entfaltungsdrang" (Riedel, 1967, S. 7) unter Einsatz körperlich-geistig-seelischer Kräfte des Menschen im Rahmen vorgegebener, geplanter, zielgerichteter Betätigung als ein Handelnder zu verwirklichen. Die erzieherische Bemühung im Zusammenhang einer Arbeitspädagogik kann als der Versuch angesehen werden, beim Erwerb dieses Vermögens zu solcher Synthese in einer nicht unwesentlichen Daseinsdimension, nämlich der menschlichen Arbeit, zu helfen (Abb. 13/1).

Dieser umfassend-ganzheitlichen Sicht von menschlicher Arbeit ist auch Dörschels Verständnis von Arbeitspädagogik verpflichtet:
„Die Arbeitspädagogik als wissenschaftliche Disziplin der Erziehungswissenschaft reflektiert über die praktische Arbeitserziehung, erforscht sie empirisch, stellt Regeln und Modelle für die Praxis auf und bereitet Forschungsergebnisse anderer Wissenschaften für praktische arbeitserzieherische Zwecke auf." (Dörschel, 1972, S. 9).

Die Arbeitspädagogik ist neben der engeren pädagogischen Aufgabenstellung im Rahmen einer inter- und transdisziplinären Wissenschaft von der Arbeit zu sehen und ihren übergeordneten Zielen des individuellen Gesundheitsschutzes, der sozialen Angemessenheit und der technisch-wirtschaftlichen Rationalität der Arbeit einzuordnen. In einer weiteren Einschränkung auf die Probleme der beruflichen Wiedereingliederung Behinderter im Bereich einer „Rehabilitations-Arbeitswissenschaft" bietet die im einzelnen noch zu konzipierende „Rehabilitations-Arbeitspädagogik" von ihren allgemein bewährten Methoden und Vorgehensweisen her wertvolle Ansatzpunkte für die allgemeine Rehabilitation, insbesondere für eine betriebliche Wiedereingliederung Behinderter. Man kann aus pädagogischer Sicht so weit gehen, dass man die Rehabilitation als eine (meist leider erst nach der klinischen Entlassung) einsetzende, primär pädagogische Maßnahme wertet, deren Grundmotiv die Um- und Einstellung des ehemaligen Patienten auf die künftige Arbeit ist, also die Wieder-

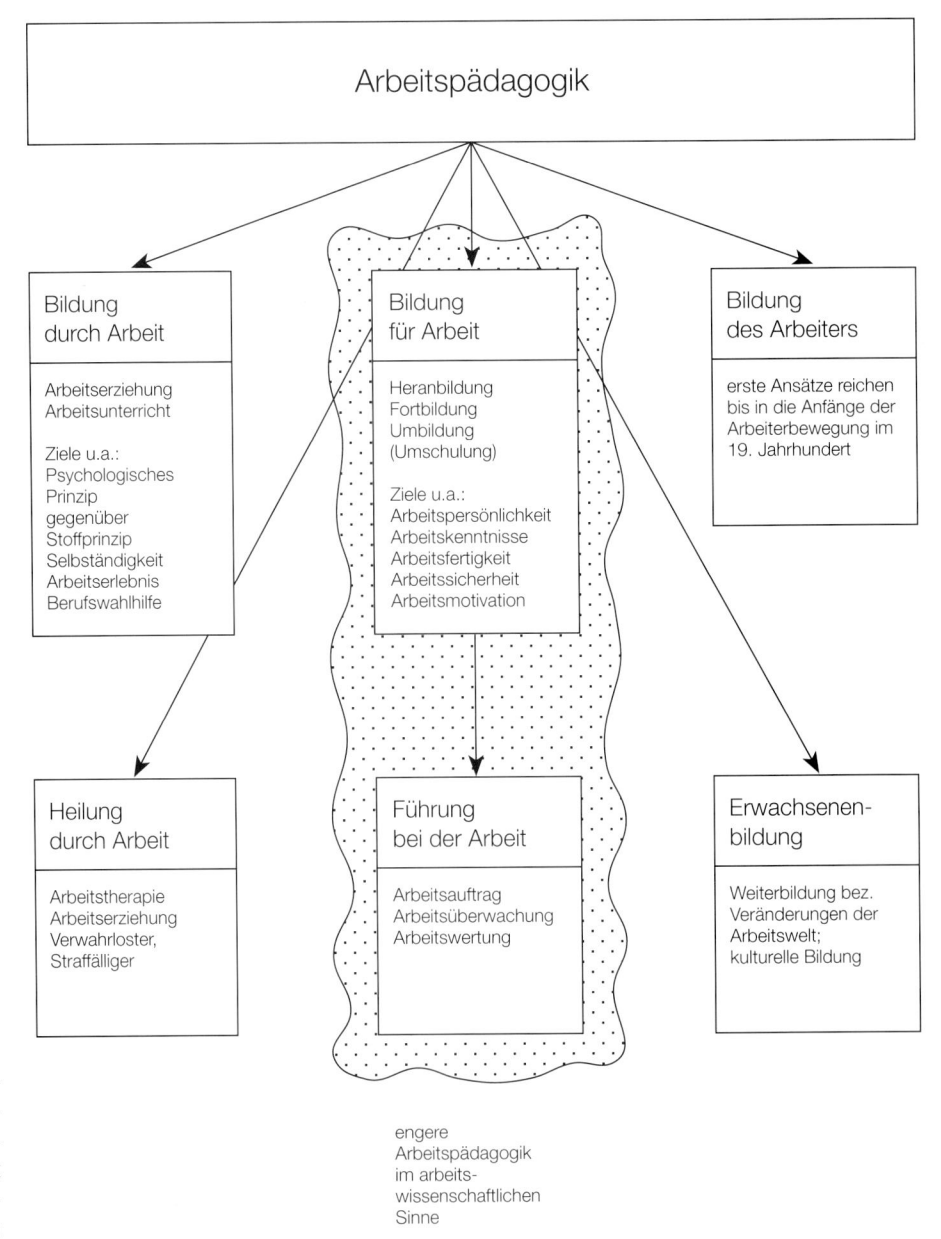

Arbeitspädagogik

Bildung durch Arbeit
Arbeitserziehung
Arbeitsunterricht

Ziele u.a.:
Psychologisches Prinzip gegenüber Stoffprinzip
Selbständigkeit
Arbeitserlebnis
Berufswahlhilfe

Bildung für Arbeit
Heranbildung
Fortbildung
Umbildung
(Umschulung)

Ziele u.a.:
Arbeitspersönlichkeit
Arbeitskenntnisse
Arbeitsfertigkeit
Arbeitssicherheit
Arbeitsmotivation

Bildung des Arbeiters
erste Ansätze reichen bis in die Anfänge der Arbeiterbewegung im 19. Jahrhundert

Heilung durch Arbeit
Arbeitstherapie
Arbeitserziehung Verwahrloster, Straffälliger

Führung bei der Arbeit
Arbeitsauftrag
Arbeitsüberwachung
Arbeitswertung

Erwachsenenbildung
Weiterbildung bez. Veränderungen der Arbeitswelt;
kulturelle Bildung

engere Arbeitspädagogik im arbeitswissenschaftlichen Sinne

13/1 Erziehung in der Arbeitspädagogik

einnahme möglichst des einstigen Arbeitsplatzes bzw. die Schaffung eines den Fähigkeiten des Behinderten angepassten und von diesem angenommenen Arbeitsplatzes. Entscheidend ist neben Wissen und Können die Einstellung zur künftigen Arbeit, die zu qualifizieren diverser Arbeitsmodelle (etwa in der Arbeitstherapie, der Heilpädagogik) bedarf, um eine optimale Mobilisierung befriedigender Selbsttätigkeit des Behinderten zu ermöglichen und so Voraussetzungen zur Hebung der Lebensqualität zu schaffen.

Auch wenn die folgenden Ausführungen sich bevorzugt auf Probleme körperlich Behinderter konzentrieren, weil hier für den Ingenieur und naturwissenschaftlich orientierten Arbeitswissenschaftler der Zugang zunächst einfacher erscheint, sei betont, dass die geistig und seelisch Behinderten gerade in pädagogischer Sicht eine besonders schwierige Aufgabe darstellen, die als eine Herausforderung für eine Rehabilitations-Arbeitspädagogik, ja für die gesamte Arbeitswissenschaft anzusehen ist. Leider liegt auf diesem Gebiet noch relativ wenig systematisch nach arbeitswissenschaftlichen Kriterien aufbereitetes Erfahrungsgut vor. Vieles von dem hier Skizzierten dürfte jedoch sinngemäß für alle Behinderungsarten gleichermaßen gültig sein.

13.2 Methoden und Modelle der Arbeitspädagogik

Die Arbeitspädagogik ist im wesentlichen aus vier modelltheoretischen Ansätzen heraus in den letzten 120 Jahren entstanden und wurde naturgemäß vom pädagogischen Geist ihrer Zeit wie von den Vorstellungen der von der Technik zunehmend geprägten Wirtschaftswelt beeinflusst:
– Frederick Winslow Taylor (1856-1915) und sein Modell der wissenschaftlichen Betriebsführung und damit verbunden die Bewegungs-Studien von Frank Bunker Gilbreth (1868-1924) und seiner Ehefrau Lilian Moller Gilbreth (1878-1972)
– Hugo Münsterberg (1863-1916), Fritz Giese (1890-1935), später Walther Moede (1888-1958), Franziska Baumgarten-Tramer (1883-1970) u.a. und damit die Modelle der Psychotechnik
– Training within Industry (TWI), als Modell entstanden aus den Bedürfnissen der Kriegswirtschaft in den USA
– Johannes Riedels (1889-1971) und sein individuell orientiertes Modell der Arbeitspädagogik.

Johannes Riedel ist wohl bisher der profilierteste Arbeitspädagoge seit Ende des 1. Weltkrieges. Sein Modell hat einen betont anthropologischen Ausgangspunkt: Arbeit als Mittel und Weg zur Leistung und Erziehung und als Möglichkeit zur Persönlichkeitsentwicklung werden in seiner Arbeitspädagogik zusammengefasst. Das Erlernen der Arbeit basiert auf Können, Wissen und auf der Arbeitseinstellung. Es spielt sich in vier Phasen ab:
1. Hineinfinden in die Arbeit
2. Probieren bis zur 1. Bewältigung
3. Festigen der Bewältigung bis zur Beherrschung
4. Einschmelzen des Beherrschten bis zur Meisterung.

In der Riedelschen Konzeption sind reiche praktische Erfahrung, ganzheitspsychologische Forschungsergebnisse und die Erkenntnisse der pädagogischen Arbeitsschulreformbewegung erfasst, wobei sein „arbeitspädagogisches Strukturmodell der Person, also das anthropologische Erwartungsbild, das er sich von erfolgreicher Arbeitserziehung macht und mit dem er zugleich als Hypothese in derselben arbeitet ..., deutlich Voraussetzungen und Bedingungen auf(zeigt), wie sie als Deutungskriterien in bestimmten Psychologien (z.B. von Philipp Lersch (1970), Gordon W. Allport (1970), Heinz Remplein (1967), Wilhelm Arnold (1963) u.a., der Verfasser) enthalten sind". (Dörschel, 1972, S. 40) Die Kritik setzt an dem vorherrschend ganzheitlich-personorientierten Ansatz von Riedel an, der zu einer regelrechten Individualpädagogik der Arbeit führe. Die Sozialbezüge wären zwar (situativ) mitbedacht, treten jedoch faktisch zurück. Diese Tendenz wird jedoch in einer der letzten Arbeiten Riedels (1964) modifiziert, so dass man unter Würdigung aller Aspekte, die Riedelsche Konzeption einer Arbeitspädagogik als die gegenwärtig komplexeste, von großer Variationsbreite, für alle praktischen wie theoretischen Bereiche menschlichen Leistungslebens Geltung beanspruchen kann und besonders geeignet erscheint, arbeitspädagogisches Gedankengut in die Rehabilitationsarbeit zu integrieren. Deshalb konzentrieren sich die wesentlichen Ausführungen auf eine Darstellung bzw. Neuableitung Riedelscher Gedanken auf arbeitspädagogische Probleme der Rehabilitation.

13.3 Wertung menschlicher Arbeitskraft und deren Träger

Die Anschauungen über die menschliche Arbeitskraft und deren Träger, die Arbeitsperson, hatten sich mit der Zeit grundlegend gewandelt. Die philosophisch-weltanschaulichen Ansätze im Altertum, die biblischen Aussagen über die Arbeit, die arbeitsethischen Ansätze bei Luther und Calvin, die marxistischen, sozialistischen, faschistischen Interpretationen bis hin zur modernen katholischen Theologie der Arbeit stellen den komplexen Hintergrund dar für eine in Konsequenz umfassend humanere Wertung des arbeitenden Menschen, seiner Arbeit als existenzielle Daseinsdimension und als Ergebnis seiner personalen Bemühungen. Die Arbeitskraft wird zunehmend als Arbeitsperson begriffen, eingebettet in ein höchst komplexes Wechselfeld von Beziehungen zwischen ihrer gesellschaftlichen und materiellen Umwelt. Schlagworte wie Lebensqualität, Sicherheit, Humanisierung der Arbeitswelt, menschengerechte Arbeitsgestaltung usw. verdeutlichen eine Tendenz, dem Menschen und seinen Bedürfnissen in breiter Front Geltung zu verschaffen und kulminieren in der Frage nach Sinn und Wert menschlicher Arbeit überhaupt. Hinter dieser noch undeutlichen, jedoch sich ständig weiter entwickelnden Anschauung steht ein Bild, eine Vorstellung vom Menschen, dessen Konturen im Sinne einer neuen Zeit allmählich sichtbar werden, wobei es Alterfahrenes, Bewährtes in neue Einsichten zu integrieren gilt. Hinter der Arbeit, selbst der einfachsten menschlichen Betätigung, steht der Mensch als körperlich-geistig-seelische Ganzheit und als Glied der menschlichen Gemeinschaft. Der Wert eines Mitarbeiters ist geprägt von seinen Eigenschaften als Arbeitspersönlichkeit: von seiner Einsatzbereitschaft, Zuverlässigkeit, Umsicht, Erfahrung usw. Diese Eigenschaften können auch bei eingetretener bzw. angeborener körperlicher Beeinträchtigung im wesentlichen erhalten bleiben, so dass zwar die „technischen" Einsatzmöglichkeiten, die Verwendbarkeit sich ändern, trotzdem aber ein vollwertiges Engagement des Behinderten als Mitarbeiter möglich sein kann. Durch neue Wertungen der Arbeit, sei es als personale Daseinsdimension in mehr individualistischer Sicht (Selbstverwirklichung) oder als gesellschaftliche Arbeit in mehr gemeinschaftlich-kollektivem Sinne, ist die Bemühung, den Behinderten vor einem arbeitslosen Dasein zu schützen, eine verantwortliche Aufgabe. Neben der gesellschaftlichen Verpflichtung gegenüber den Behinderten, die Wiedereingliederung vor einer Berentung anzustreben, ist dem Behinderten selbst die Pflicht anzulasten, im Rahmen gegebener Möglichkeiten seinen persönlichen Beitrag zur Volkswirtschaft zu leisten, damit die Schar der in der gesellschaftlichen Arbeit engagierten und letztlich die heute recht umfassenden und ständig noch steigenden Soziallasten erwirtschaftenden Volksglieder gestärkt und ein entsprechendes Selbstbewusstsein, ja Eigenständigkeit der Behinderten geschaffen wird. Erst aus diesem „Pflichtbewusstsein" heraus kann und darf das „Recht", ein „Rechtsanspruch" auf adäquate Rücksichtnahme, ja Engagement der Gesellschaft in Form der Schaffung von geeigneten ökonomischen Rahmenbedingungen, von Voraussetzungen der Qualifikation und des Einsatzes technisch-organisatorischer und psychosozialer Hilfen zu Gunsten Behinderter erhoben werden. Die Gemeinschaft darf nicht aus einem falsch verstandenen und letztlich inhumanen Denken heraus auf den adäquaten Arbeitseinsatz der Behinderten verzichten. Die umfassende erzieherische, pädagogische, insbesondere arbeitspädagogische Aufgabe wird auf dem Hintergrund dieses Grundsatzes der Wiedereingliederung in die Arbeit statt Berentung deutlich. Dabei gilt es gewisse Anforderungen zu erfüllen (Riedel, 1943, S. 19 ff), wie in Abb. 13/2 vermerkt.

Diese und ähnliche Anforderungen an die berufliche Wiedereingliederung Behinderter sind nur bei individueller Betreuung und bei Bereitschaft zur pädagogischen Kleinarbeit zufriedenstellend zu erfüllen.

13.4 Aspekte einer Strukturierung der Behinderungsarten, ihre Entstehung, begriffliche Erfassung

Die Aufgaben der Rehabilitation und damit auch die arbeitspädagogischen Orientierungen werden je nach Standpunkt verschieden bestimmt. Der folgende Definitionsversuch verdeutlicht das Bemühen, die verschiedenen Auffassungen zusammenzuführen und die verschiedenen Aspekte der Rehabilitationsproblematik zusammenzufassen.

„Die Rehabilitation ist auf personaler Entscheidung fußendes und aus gesellschaftlicher Verpflichtung heraus konzipiertes, umfassendes, ganzheitlich-planmäßig organisiertes System eines sich einheitlich formierenden Komplexes notwendiger, im Einzelfall sehr unterschiedlicher Maßnahmengruppen, basierend auf wissenschaftlichen Grundlagen und praktischen Erfahrungen medizinischer, pädagogischer, psychologischer, arbeits- und berufsfördernder sowie fürsorgerischer Art. Sie wird getragen von Rehabilitationseinrichtungen diverser Institutionen, von formellen und informellen gesellschaftlichen Gruppierungen unter Einbeziehung der ggf. zu aktivierenden Eigeninitiativen der von einer Behinderung Bedrohten bzw. bereits Behinderten, die einer umfassenden, auch subjektiv befriedigenden Reindividualisierung und Resozialisierung dienen. Es wird eine dauerhafte Erhaltung, Besserung oder Wiederherstellung der körperlichen, geistigen und seelischen Situation eines von Behinderung Bedrohten, Erkrankten, Verletzten oder von Geburt her Behinderten und die optimale Ausbildung seiner vorhandenen, verbliebenen oder wiedergewonnenen personalen, beruflichen und wirtschaftlichen Leistungsfähigkeit auf einer höchstens für ihn persönlich erreichbaren Ebene erstrebt." (Peter Treier)

Die Entstehung bzw. die Gründe einer Behinderung sind vielfältig. Man differenziert zwischen ererbten/angeborenen bzw. bei der Geburt erlittenen Behinderungen einerseits und zwischen verschiedenen, verschuldet oder unverschuldet erworbenen Behinderungen körperlicher, geistiger und/

1. Der Behinderte soll in seiner neuen Tätigkeit mindestens den gleichen Verdienst haben wie vorher, d.h. er darf keineswegs unterbezahlt, aber auch nicht mit Rücksicht auf seine Behinderung höher bezahlt werden als ein Unbehinderter bei gleicher Leistung.

2. Die neue Arbeit soll der früheren Arbeit gegenüber mindestens als gleichwertig empfunden werden. Hier sind erzieherische Momente besonders unter Berücksichtigung einer unterschwellig vorhandenen hierarchischen Ordnung (Wertung) zwischen einzelnen Berufen (z.B. Werkzeugmacher/Maschinenschlosser; Dreher/Schleifer) zu beachten.

3. In der neuen Tätigkeit muss eine angemessene Aufstiegsmöglichkeit vorhanden sein. Die Angemessenheit ist abhängig von Alter, Begabung, Weiterbildung u.ä. Momenten, die gleichermaßen für die Behinderten zu gelten haben. Diese Chance des Aufstiegs soll grundsätzlich nicht in Hinblick auf die Behinderung eines Arbeitnehmers unterbunden werden.

4. Die neue Tätigkeit soll möglichst eine dauerhafte und krisenfeste Berufsausübung ermöglichen, denn die berufliche Mobilität ist bei Behinderten zwangsweise mehr eingeschränkt. „Dauerhaft" heißt, dass der Behinderte in die Lage versetzt wird, seine Tätigkeit ohne Überlastung möglichst lange erfolgreich auszuüben. „Krisenfest" bedeutet, dass auch bei Veränderung der Wirtschaftslage bzw. bei veränderten Arbeitsanforderungen eine zumutbare, subjektiv befriedigende, menschenwürdige Weiterbeschäftigung zu erwarten ist.

13/2 Grundsätze der Wiedereingliederung

oder seelischer Art andererseits (Abb. 13/3). In Hinblick auf die berufliche Leistungsfähigkeit lassen sich Unterscheidungen treffen (Abb. 13/4).

13.5 Arbeitspädagogische Rückführung von Menschen mit Behinderungen in die Wirtschaft

Der Weg des Behinderten von dem Moment der Verletzung bzw. der Erkennung der vorhandenen, evtl. von Geburt an vorgegebenen, Behinderung bis zur Wiederaufnahme bzw. Erstaufnahme einer Berufsarbeit ist vielfältig. Entscheidend für den Erfolg ist, dass das bisher vorherrschende Nacheinanderdenken im Rahmen verschiedener Rehabilitationsmaßnahmen: von der medizinischen Erstversorgung über die Heilbehandlung, die schulische Aus- bzw. Weiterbildung bis hin zur beruflichen Qualifikation und Wiedereingliederung einem Gleichzeitigkeitsdenken Platz macht und so der Ganzheitlichkeit der Rehabilitationsbemühung angepasst und eine schnellere und meist effektivere Wiedereingliederung ermöglicht wird. Im vorliegenden Zusammenhang haben arbeitspädagogische Überlegungen bereits nach der Erstdiagnose der voraussichtlichen Restleistungsfähigkeit schon in der Phase der medizinischen Behandlung einzusetzen, wobei ar-

beitspädagogische Aspekte, interdisziplinär eingefügt in gesamtarbeitswissenschaftliche Überlegungen im Rahmen einer „Rehabilitations-Arbeitswissenschaft" zu sehen sind.

So stehen dem Arbeitspädagogen die Erkenntnisse und Möglichkeiten der Arbeitsgestaltung auf umfassend arbeitswissenschaftlicher, d.h. arbeitstechnischer, arbeitsphysiologischer, arbeitspsychologischer und arbeitssoziologischer Grundlage als Ansatzpunkte zur Verfügung und erlauben, von vornherein gezielter die Bildungsarbeit anzugehen. So wird die körperliche Behandlung verbunden mit der planmäßig betriebenen seelischen Rehabilitation im Sinn einer Ermutigungstherapie und mittels arbeitspädagogischer Bemühungen ausgerichtet auf ein sinnvolles, erstrebenswertes, realisierbares Ziel des Neuanfangs. Die Abb. 13/5 zeigt einige wesentliche Aufgabenstellungen der Arbeitspädagogik.

Besonderer Aufmerksamkeit aus arbeitspädagogischer Sicht bedarf die sog. Übungs- und Arbeitstherapie. Während die allgemeine Körperertüchtigung durch Rehabilitations-Sport und durch sonstige therapeutische Maßnahmen mit dem Ziel der Wiedergewinnung der körperlichen Beweglichkeit und der Kräftigung der beeinträchtigten Organe, aber auch der notwendigen Stärkung der Konzentration, der Motivation usw. betrieben wird, sollten die arbeitstherapeutischen Maßnahmen auf ein spezielles Training der für die Arbeitsaufnahme notwendigen Bewegungsabläufe und auf die Festigung relevanter Arbeitstugenden (wie z.B. Sorgfalt, Verantwortungsbewusstsein für Arbeitsweise, z.B. Unfallgefahren, aber auch für Produkt, Materialverbrauch usw.) konzentriert werden. Hier wird jedoch meist ohne genauere Kenntnis der Arbeitsverhältnisse und -anforderungen an industriellen Arbeitsplätzen häufig mit therapeutischem Material geübt, dessen Effekt nur teilweise den tatsächlichen Anforderungen des z.B. industriellen Berufs- und Tätigkeitsfeldes entspricht. So wird die Wiedereingliederung häufig unnötig verzögert, und es werden so arbeitspsychologische und -soziologische sowie nicht zuletzt arbeitsökonomische Nachteile in Kauf genommen, was letztendlich dann seitens der Unternehmen zum Verzicht auf die Beschäftigung Behinderter führt und entsprechende gesetzliche Verpflichtungen durch Ablösegelder erledigt werden. Hier gilt es, aufbauend auf eine systematische Arbeitsanalyse (Arbeitsablauf, Arbeitsanforderungen) der für Behindertenarbeit relevanten Tätigkeiten mit Hilfe von Arbeitsstudienfilmen, ergonomischen Messverfahren etc. einerseits und mit entsprechend arbeitswissenschaftlich fundierten, möglichst standardisierten Methoden erfolgenden Bestimmung der für die Arbeitswelt bzw. bestimmte Tätigkeiten relevanten Restleistungsfähigkeiten des Behinderten andererseits, die Voraussetzungen für eine sachgerechte, praxisnahe Rehabilitationsarbeit zu vertiefen. Insbesondere gilt es, die arbeitspädagogischen Erkenntnisse in die Rehabilitationsarbeit einzubringen, wodurch durchaus verwertbare, wenn auch im einzelnen noch an die spezifischen Bedingungen Behinderter anzupassende Erkenntnisse vorliegen.

13.5.1 Berufsberatung

Eine wichtige Aufgabe ist die Berufsberatung. Sie soll möglichst früh einsetzen und die Koordinierung der individuellen Vorgegebenheiten infolge der Behinderung, der Setzungen aus der Arbeitswelt, insbesondere aus der Sicht der materiellen und gesellschaftlichen Umwelt am Arbeitsplatz, der individuellen Wünsche der Behinderten und der aus technischer wie ökonomischer Sicht gegebenen Grenzen und Möglichkeiten rehabilitativer Maßnahmen – auch der Arbeitspädagogik – vollziehen. Von besonderer Bedeutung ist ferner die Vorbereitung auf die Berufstätigkeit im Sinne einer Wiedereinschulung oder einer Umschulung, je nach dem Grad und der Art der individuellen Behinderung.

13.5.2 Wiedereinschulung

Im Fall der Wiedereinschulung geht es darum, im alten oder eng damit verwandten Beruf meist im betrieblichen Rahmen wiederhineinzufinden: Wiedergewöhnung an anhaltende Arbeit überhaupt, Wiedergewinnung teilweise verlorener bzw. beeinträchtigter Fertigkeiten und Erfahrungen, Gewinnung neuer fachlicher Fertigkeiten und Erfahrungen, Ersatz vertrauter Bewegungen durch neue, wobei es z.T. Abände-

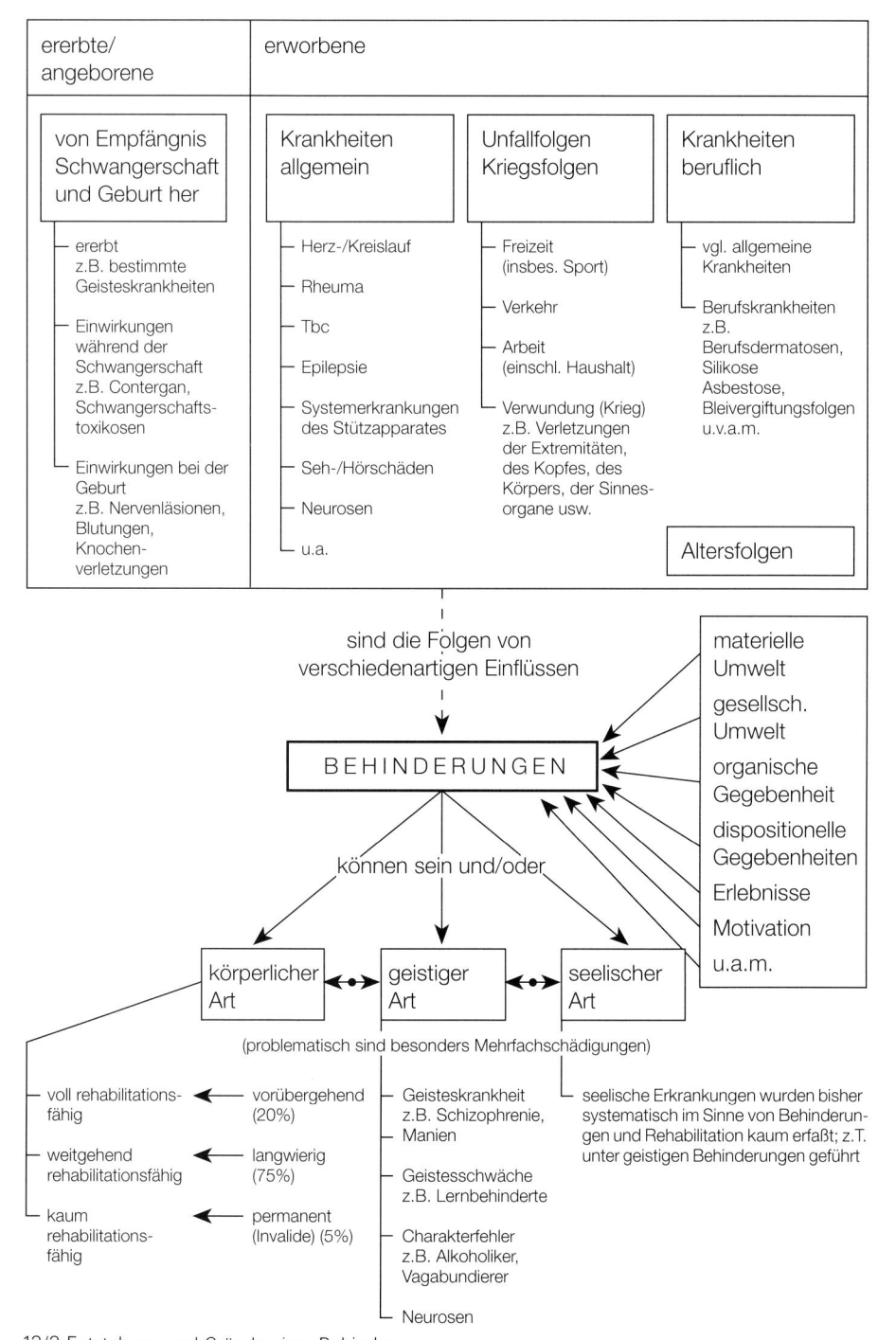

---

1. Leichte Behinderungen ohne weitergehende Auswirkung auf die Arbeit (ca. 20 % aller Behinderungen): z.B. Schönheitsfehler, etwa infolge von Brandverletzungen, kleinere Gliedverluste, Versteifungen usw., die im allgemeinen zwar Rücksichtnahme bei der Wiedereingliederung, insbesondere in psychologischer Sicht, erfordern, die aber im Bereich der Arbeit selbst keine besonderen Maßnahmen notwendig machen.

2. Schwere Behinderungen, bei denen eine Weiterarbeit unter gewissen Bedingungen im alten Beruf bzw. am alten Arbeitsplatz möglich ist. Die meisten Fälle (ca. 50 % aller Behinderungen) sind in diesem Zusammenhang zu registrieren, so dass der Schwerpunkt der Ausführungen sich auch in dieser Richtung orientiert.

3. So schwere Behinderungen, dass ein Berufs- und Tätigkeitswechsel erforderlich wird (ca. 25 % aller Behinderungen). Der eigentliche Körperschaden braucht dabei gar nicht besonders groß zu sein. Entscheidend ist, ob dieser Schaden, den spezifischen Anforderungen eines Berufes bzw. einer Tätigkeit nachzukommen, nicht gestattet. In diesen Fällen kommt eine Ein- und Umschulung in Frage.

4. Schwerste Behinderungen, die nur bedingt eine berufliche Leistung, etwa im Rahmen beschützender Werkstätten, zulassen (ca. 5 % aller Behinderungen). Diese Fälle sind meist sog. Mehrfachbehinderungen. Sie zeigen deutlich steigende Tendenz, wobei verschiedenartige körperliche Behinderungen sich vielfach mit Beschränkungen im geistigen und seelischen (emotionalen) Bereich verbinden und so die pädagogischen Anforderungen hier besonders hoch sind.

13/4 Unterschiedliche Behinderungen

13/3 Entstehung und Gründe einer Behinderung

rungen der Werkzeuge, Vorrichtungen, Maschinen (insbesondere der Bedienungselemente), des Arbeitsplatzes, besonderer Sicherheitsvorrichtungen, Einsatz technischer Hilfen besonders an den Schnittstellen von Mensch-Maschine etc. bedarf. Ferner gilt es, das Problem zu bewältigen, als Behinderter mehr oder minder Gegenstand teilnehmender/neugieriger Aufmerksamkeit von Mitarbeiter und Vorgesetzten zu sein. Erst wenn diese und andere Bedingungen erfüllt sind, kann eine langfristige Bewährungsprobe beginnen und wird eine Aussage über erfolgreiche, dauerhafte Wiedereingliederung möglich sein.

13.5.3 Umschulung

Im Fall der Umschulung wird eine Kombination zwischen betrieblicher Tätigkeit, normalen Bildungsgang oder Sonderkursen fachlicher Lehranstalten und begleitenden Maßnahmen von Rehabilitationszentren zweckmäßig sein. Es ist wichtig, sorgfältig das neue Berufsziel zu prüfen, die Belastungs-Beanspruchungs-Vorgaben zu optimieren, bevor mit einer Umschulung begonnen wird, denn man kann einen Behinderten nur einmal optimal umschulen: Misserfolge wirken sich katastrophal aus.

13.5.4 Neueinschulung

Im Falle der Neueinschulung von Behinderten wird eine Lehre oder eine Neuanlernung angestrebt. Es gelten weitgehend die vorherigen Überlegungen. Wichtig ist, dass etwa bei Abschlussprüfungen von Behinderten keinesfalls geringere Leistungen verlangt werden, denn der Behinderte würde im späteren Konkurrenzkampf nicht nur benachteiligt werden, sondern sein Selbstbewusstsein würde darunter leiden. Man kann allerdings auf bestimmte Prüfungsteile verzichten, die objektiv vom Behinderten nicht adäquat erbracht werden können und vielfach durch technische Ausstattungen am Arbeitsplatz kompensiert werden können.

Nach Wieder- bzw. Neuaufnahme normaler Berufsausübung sollte der Behinderte nicht sich ganz überlassen werden. Manche Mängel stellen sich erst im Laufe der Zeit heraus und können oft durch einseitige Belastungen zur erneuten Arbeitsunfähigkeit, ggf. zu dauernder Arbeitslosigkeit führen. Deshalb ist eine regelmäßige „Überwachung" der Behinderten und ihres Einsatzes, besonders bei Arbeitsplatzwechsel, erforderlich und eine Motivation des Behinderten, auf besondere Belastungen in seinen Tätigkeitsbereich rechtzeitig selber hinzuweisen, ja womöglich im Rahmen des betrieblichen Vorschlagswesens Erfahrungen zur Verbesserung einzubringen.

Immer wieder tritt die Frage auf: „Wiedereinschulung" oder „Umschulung"? Der Behinderte strebt meist eine Umschulung an, wobei möglichst ein sozialer Aufstieg ins Auge gefasst wird: z.B. vom Facharbeiter zum Arbeitsvorbereiter, vom Hilfsarbeiter zum Werksboten, Pförtner o.Ä. Erfahrungsgemäß wird bei dieser Frage die Bedeutung der körperlichen Beeinträchtigung für die Arbeitsleistung überschätzt, insbesondere da Depressionen dem Behinderten seine Lage oft schlimmer erscheinen lassen, als sie in Wirklichkeit ist. Manchmal wird die Mühe gescheut, die erforderlich ist, um die durch Körperschaden bedingte Beeinträchtigung durch eigene Anstrengung und durch den Einsatz von technisch-organisatorischen Hilfen zu überwinden. Die eigene Aktivität ist so gehemmt, man sucht automatisch den Weg des scheinbar geringsten Widerstandes, fordert sich nicht und bemüht sich auch nicht, begründete Vorstellungen vorzutragen, um Änderungen zu erreichen. Die Einsicht, dass nur durch persönliche Forderung (und sei diese auch von außen durch Beratung, Betrieb etc. aktiviert) langfristig befriedigende Ergebnisse gerade für den Behinderten zu erreichen sind, ist inzwischen allgemein anerkannt. Man kann deshalb als Entscheidungshilfe folgende Kriterien aufstellen (Abb. 13/6).

Die Regeln der Arbeitserziehung beziehen sich übrigens auf verschiedene Bereiche, insbesondere auf den Arbeitsplatz, die Arbeitsaufgabe, die Arbeitsmittel, den Unterweiser (Ausbilder), den behinderten Arbeitnehmer (als der zu Qualifizierende) und schließlich auf die Prüfung und Bewährungskontrolle selbst. Es würde hier zu weit führen, jeden dieser Aspekte in seinen Beziehungen und jeweils eigenständiger Problemstellung nur annähernd anzusprechen. Allein die Ausbildung der Ausbilder ist ge-

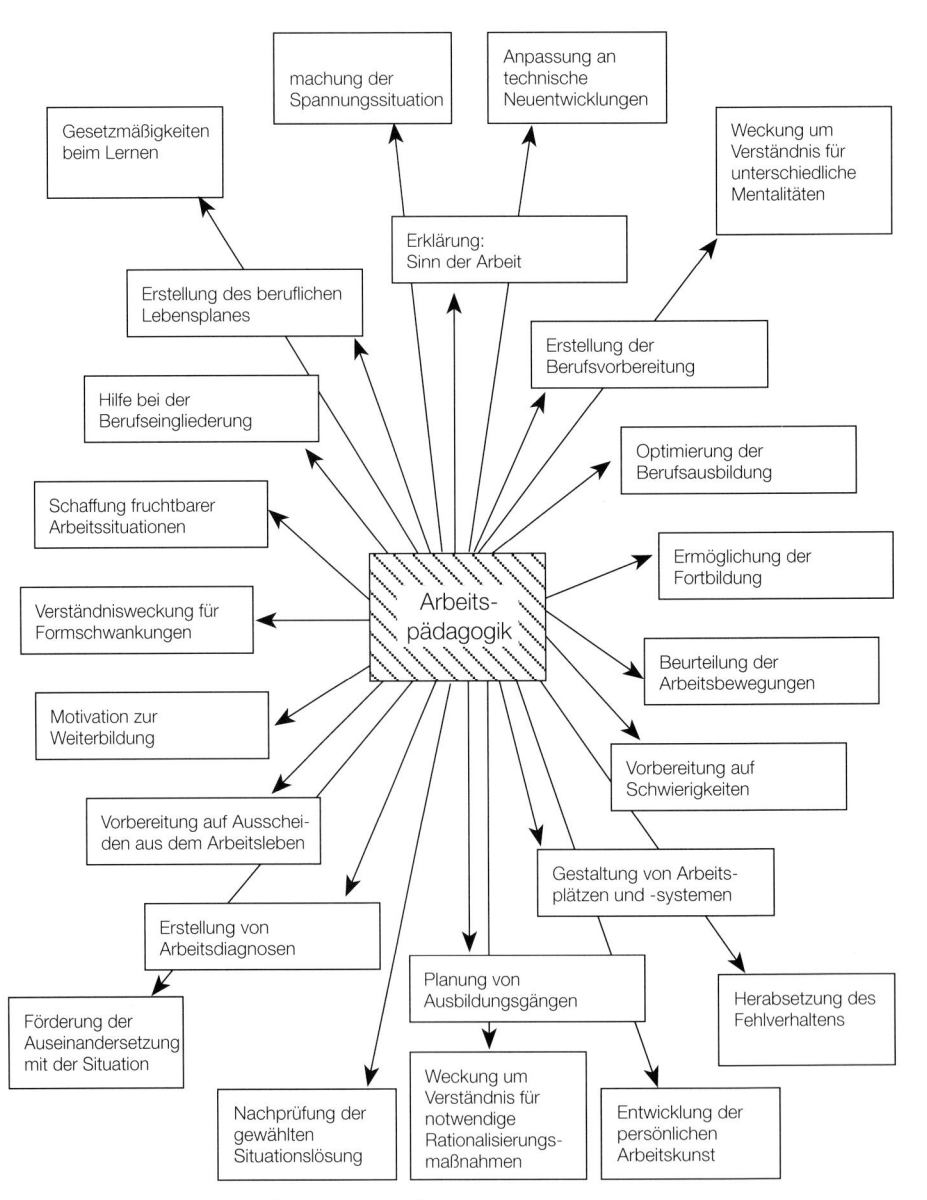

13/5 Aufgabenstellungen der Arbeitspädagogik

genwärtig ein recht umstrittenes Thema in der Bundesrepublik Deutschland, da ein einheitliches Berufsbild noch weitgehend fehlt und in der Praxis auf „Autodidakten" verschiedenster Herkunft, besonders im nichtakademischen Bereich, zurückgegriffen wird. Die Probleme sind erkannt, und man arbeitet verschiedenenorts daran.

13.6 Seelische Führung von Menschen mit Behinderungen im Betrieb

Die Leistungsfähigkeit des Behinderten ist infolge eines Körperschadens eingeschränkt, zumindest gehemmt, worauf bei der Arbeits- und Arbeitsplatzwahl einschließlich gestalterischer Aspekte Rücksicht zu nehmen ist. Daneben aber bestehen auch seelische Veränderungen, die ebenfalls bei der Wiedereingliederung und Führung des Behinderten berücksichtigt werden müssen. Wie überhaupt die vielfältigen Stressoren der Arbeitswelt (Abb. 13/7) sich bei ihm stärker auswirken. Der Behinderte ist meist über eine längere Zeit, manchmal auch dauernd, aus dem Gleichgewicht gebracht. Verwirrung, Unsicherheit usw. sind die Folgen, der Charakter des Menschen wird beeinträchtigt, zunächst als Hemmung, Einengung bestimmter Lebensgefühle und -möglichkeiten. Manche versuchen den Mangel durch Mehrleistung zu kompensieren: höhere Willensanspannung, größere Ernsthaftigkeit, Zähigkeit, manchmal auch Verbissenheit; andere lassen sich über Gebühr beeinflussen: Sie entwickeln Minderwertigkeitsgefühle, suchen Ersatz in Vergnügungen und im Abenteuer, flüchten in eine unnatürliche Ausgelassenheit oder fallen in Schwermut. Mit den charakterlichen Veränderungen ändert sich jedoch auch die innere Stellung und Haltung des Behinderten zur Gesellschaft/Gemeinschaft, wobei nicht übersehen werden kann, dass auch deren Verhalten zum Behinderten sich ändert. Die Auswirkungen auf die Arbeit, sowohl in ihrer personalen wie gesellschaftlichen Dimension, sind evident. Die Abb. 13/8 zeigt schematisch die erzieherischen Möglichkeiten im Spannungsfeld von Selbst- und Fremderziehung. Dabei wirken intentionale und funktionale Erziehung in Form in Belehrung/Anruf/Ansporn auf den behinderten Menschen. Um im Bereich der Arbeitswelt hier vorzubeugen und zu helfen, empfiehlt u.a. Riedel (1943):
1. dem Behinderten eine gewisse, durch sachliche Erwägungen gestützte Sonderstellung während der Wiedereingliederungsphase zuzubilligen,
2. dem Behinderten genügend Zeit zur Eingewöhnung in die für ihn veränderten Arbeitsbedingungen zu lassen,
3. den Arbeitsantrieb des Behinderten zu stärken,

1. Sofern die Art der Behinderung es zulässt, sollte eine Rückführung in den alten (oder eng artverwandten) Beruf – also die Wiedereinschulung – versucht werden. Die Vorteile sind evident:
1.1 Erhaltung der Berufserfahrung
1.2 Erhaltung des Gleichgewichts im Krafteinsatz
1.3 Verminderung des Aufwandes für die Rückführung
1.4 schnellste Wiedereingliederung
1.5 geringste innere Umstellung
1.6 keine Enttäuschungen, da beruflicher Wirkungskreis, Aufstiegsmöglichkeiten etc. genau bekannt sind.
2. Wenn die Eignung für den alten Beruf fehlt, kann Berufswechsel – also Umschulung – in Frage kommen. Es handelt sich um eine nachträgliche Korrektur der Berufswahl, wenn offensichtlich der Behinderte von Anfang an einen falschen Beruf ergriffen hat (Maßstäbe für den jeweils im Fall sind z.B. Zurückbleiben in Lohn, höhere Unfallhäufigkeit, Misserfolge in der Arbeit (Ausschuss), ständige Reibereien im Betrieb, Gesundheitsstörungen). Eine gewisse Problematik hinsichtlich der Kostenübernahme eines derartigen Berufswechsels besteht. Man muss jedoch beachten, dass der Behinderte unter solchen Umständen in seinem alten Beruf wahrscheinlich total versagen wird.
3. Wenn eine Umschulung notwendig ist, gilt es zu prüfen, ob vorhandene Berufserfahrungen ganz oder teilweise noch verwertet werden können. Der Übergang in einen gleich- oder höherwertigen Beruf sollte prinzipiell möglich sein.
4. Die Umschulung zu einem völlig neuen Beruf sollte nur in den Fällen vorgesehen werden, wo keine der vorherigen Ansatzpunkte gegeben sind.

13/6 Kriterien zur beruflichen Wiedereingliederung

4. den Behinderten vor Überanstrengungen zu schützen,
5. den Behinderten so weit zu entlasten, dass er sich ganz auf seine engere Arbeit konzentrieren kann,
6. beim Behinderten keine falschen Hoffnungen zu wecken.

Die Umstände, unter denen der Behinderte leben und arbeiten muss, erfordern:
1. eine sachlich und personell gestaltete Umgebung, die die Wiedereinarbeitung fördert,
2. die Bereitschaft der Gemeinschaft, die zusätzlichen Aufgaben in Hinblick auf behinderte Mitarbeiter zu übernehmen,
3. die Mitarbeit der Familienangehörigen zu aktivieren und zu lenken,
4. die Auswahl geeigneter Führungspersönlichkeiten für die Betreuung behinderter Mitarbeiter sorgfältig vorzunehmen, wobei Eigenschaften wie Verständnis, pädagogisches Geschick, Geduld, Takt, Autorität im Betrieb neben fachlichen Fähigkeiten und Erfahrungen in ergonomischen Fragen von besonderer Bedeutung sind.

13.7 Bewegungsschulung von Menschen mit Behinderungen als Beispiel arbeitspädagogischer Bemühungen

Jede Arbeit besteht grob aus „Überlegungen" (Was soll geschehen? Auf welche Weise soll es geschehen?) und aus „Bewegungen" (die man als den Vollzug eingeübter, beherrschter, „gekonnter" Bewegungen sehen kann). Während die Überlegungen dem Behinderten, der in seinen Beruf zurückgekehrt ist bzw. der einen artverwandten Beruf ergriffen hat, vertraut bzw. relativ schnell aus der Erinnerung rekonstruierbar sind, bereiten die Bewegungen oft erhebliche Schwierigkeiten. So ist die Hauptaufgabe der Wiedereinschulung die Bewegungsschulung. Bei einer Umschulung kommt die Überlegungsschulung zusätzlich dazu, aber auch da ist die Bewegungsschulung besonders wesentlich. Man kann unterscheiden:

13.7.1 Neue Bewegungen erlernen

In vielen Fällen muss z.B. die gesunde Hand Funktionen übernehmen, die bisher von der behinderten bzw. fehlenden Hand wahrgenommen wurden: Linksschreiben, Werkzeugführung durch die linke Hand. Die erforderliche Neuübung ist im Gegensatz zum Berufsanfänger für den berufserfahrenen Behindertern relativ einfach, da er sich gewissermaßen frei von beanspruchenden Überlegungen ganz auf die Bewegungsabläufe konzentrieren kann, ohne von anderen Gedanken abgelenkt zu werden. Schneller Übungsfortschritt beim Neulernen ist die Folge. Die Zahl der neu zu erlernenden Bewegungen ist erfahrungsgemäß jedoch nicht groß. Im wesentlichen handelt es sich um neue Bedienungsbewegungen (Übergang von Hand- auf Fußschaltung und umgekehrt), Linkszeichnen, Linksschreiben, Gewöhnung an neue, besonders angepasste Werkzeuge usw.

13.7.2 Umlernen an sich bekannter Bewegungen

Der Behinderte ist geneigt, alt eingeprägte Grundbewegungen (Greifen, Halten, Schlagen, Drehen, Gehen, Sitzen usw.) in der gewohnten Weise durchzuführen, wobei das Umlernen desto schwieriger ist, je ähnlicher die neue Bewegung der bereits vertrauten Bewegung ist. Das Umlernen verlangt deshalb: Entwöhnen von der alten Bewegung und Neubilden der neuen Bewegung. Dieser Vorgang erfordert also die bewusste Kontrolle und Unterbindung an sich automatisiert ablaufender Verhaltensweisen und ihre bewusste Neuformung. Die Abgewöhnung nicht mehr möglicher bzw. zweckmäßiger Bewegungen ist um so problematischer, je weniger der Behinderte die Notwendigkeit der Abgewöhnung nunmehr unzulässiger Bewegungen erkennt und akzeptiert. Planmäßige Übung des Unterbindens unerwünschter Bewegungen ist Voraussetzung, bevor das Neulernen erfolgen kann. Misserfolge sind meist keine Mängel der Neugewöhnung, sondern Folgen von nicht ausreichender Abgewöhnung; sie lähmen den Antrieb zum Neulernen, entmutigen und verleiten zum Pessimismus hinsichtlich der erstrebten Rehabilitationsziele. Je umfangreicher und komplexer die abzugewöhnenden Bewegungen sind – meist identisch mit dem Umfang und Komplexitätsgrad der Behinderung –, desto langwieriger ist die Umgewöhnung. Es empfiehlt sich deshalb, so früh wie möglich damit zu beginnen. Vom Grad der Abgewöhnung nicht mehr gültiger Bewegungen hängt die nächste Phase des Umlernens, das Neulernen, wesentlich ab. Dieser Vorgang der Abgewöhnung ist erfahrungsgemäß sehr schwierig und wird vielfach unterschätzt.

13.7.3 Veränderung der üblichen Arbeitstechnik

Der angestrebte Arbeitseffekt wird vom Behinderten durch andere Operationen erreicht als beim Nichtbehinderten üblich, d.h. zu der Veränderung der Bewegungen bei der gleichen Operation kommt noch die Veränderung der ganzen Operation. Die neue Arbeitstechnik resultiert aus den verbliebenen Restleistungsmöglichkeiten, hier insbesondere Restbewegungsmöglichkeiten, aber auch der Restkräfte (Zug, Druck, Drehmoment) des Behinderten und aus der Eigenart (insbesondere aus der Mechanik) der erstrebten Leistung. So wird z.B. der Schraubstock nicht mehr mit der Hand, sondern mit dem Armstumpf oder mit dem Knie bedient oder durch technische Verbesserungen in neuartiger Weise vollzogen.

Die Gewinnung neuer Arbeitstechniken ist nur in Verbindung von Überlegung (geistige Leistung) mit Ausprobieren zu erreichen, d.h. man muss einen neuen Weg zu einem bekannten Ziel suchen, im Gegensatz zur Übung, bei der durch Wiederholung eines an sich bekannten Weges eine Leistungssteigerung angestrebt wird. Die erforderliche geistige Leistung ist von der allgemeinen Intelligenz und der zur Verfügung stehenden Erfahrung abhängig. In beiden Richtungen kann und soll dem Behinderten durch arbeitspädagogische Maßnahmen geholfen werden, z.B. durch Aufzeigen erprobter Arbeitstechniken ähnlich Behinderter, durch Verdeutlichen allgemeiner Gesetzmäßigkeiten (Hebelgesetz, Gesetz von Schwingungskräften etc.). Zugleich gilt es zu planmäßigem Probieren anzuleiten, um so die Überlegungen durch praktische Versuche zu bestätigen. Dabei ist insbesondere zu Planmäßigkeit in der Arbeit zu erziehen.

Riedel hat diese Überlegungen in „Übungsregeln" im Rahmen der Behindertenschulung verdichtet (1943, S. 56 f.); (Abb. 13/9).

13.8 Exkurs: Einfluss von Ausbildungsmängeln auf die Frühinvalidität

Eine spezielle Fragestellung ergibt sich aus arbeitspädagogischer Sicht hinsichtlich des Einflusses von Ausbildungsmängeln auf die Frühinvalidität. Riedel hat bereits 1959 in einem Beitrag auf diese notwendige Ergänzung der Diskussion um die Frühinvalidität hingewiesen, denn

1. Frühinvalidität kann die Folge von falschem Verhalten bei der Arbeit sein. Dabei geht es um die Fälle, bei denen der Arbeitende zwar aus arbeitsmedizinischer Sicht der vorgegebenen Arbeit durchaus gewachsen ist, aber seine körperlichen, geistigen und psychischen Kräfte so unrationell einsetzt, dass es praktisch dennoch zu einer Überforderung kommt. Die Gründe können dabei in einer unzweckmäßigen Arbeitsgestaltung liegen oder, und dieser Aspekt ist arbeitspädagogisch relevant, in der persönlichen Art und Weise, wie bei an sich optimalen Arbeitsbedingungen die notwendigen Verrichtungen ausgeführt werden. Man denke an Haltungsfehler, Atmungsfehler, Spannungsfehler, Tempofehler, Ablenkungen, falsche Motivation u.Ä. Dabei sei zunächst offengelassen, ob und inwieweit durch gestalterische Maßnahmen die eine oder andere Form von Fehlverhalten gewissermaßen zwangsweise vermieden werden könnte oder ob nicht hier besser problembewußtes Verhalten anerzogen werden sollte.

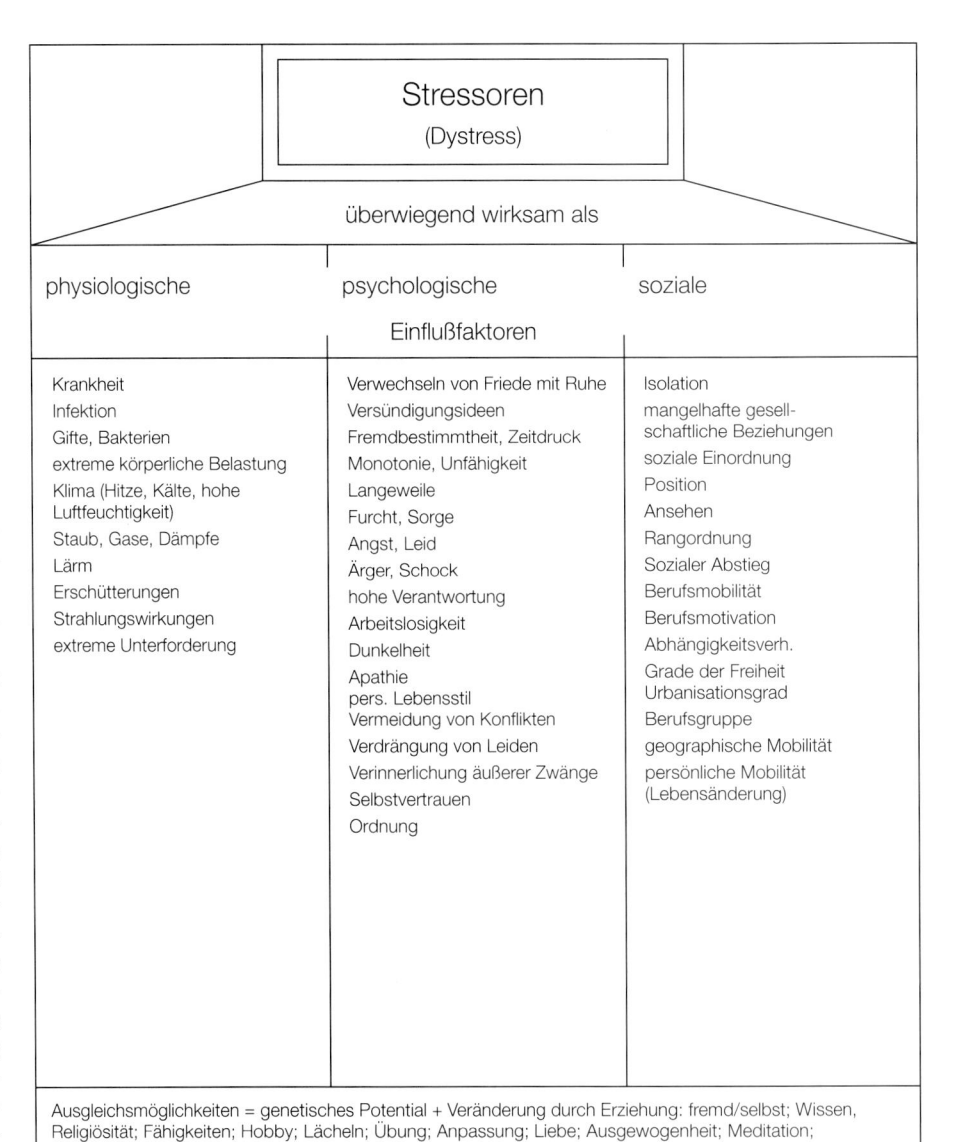

Stressoren (Dystress)			
überwiegend wirksam als			
physiologische	psychologische		soziale
Einflußfaktoren			
Krankheit	Verwechseln von Friede mit Ruhe		Isolation
Infektion	Versündigungsideen		mangelhafte gesellschaftliche Beziehungen
Gifte, Bakterien	Fremdbestimmtheit, Zeitdruck		soziale Einordnung
extreme körperliche Belastung	Monotonie, Unfähigkeit		Position
Klima (Hitze, Kälte, hohe Luftfeuchtigkeit)	Langeweile		Ansehen
Staub, Gase, Dämpfe	Furcht, Sorge		Rangordnung
Lärm	Angst, Leid		Sozialer Abstieg
Erschütterungen	Ärger, Schock		Berufsmobilität
Strahlungswirkungen	hohe Verantwortung		Berufsmotivation
extreme Unterforderung	Arbeitslosigkeit		Abhängigkeitsverh.
	Dunkelheit		Grade der Freiheit
	Apathie		Urbanisationsgrad
	pers. Lebensstil		Berufsgruppe
	Vermeidung von Konflikten		geographische Mobilität
	Verdrängung von Leiden		persönliche Mobilität (Lebensänderung)
	Verinnerlichung äußerer Zwänge		
	Selbstvertrauen		
	Ordnung		
Ausgleichsmöglichkeiten = genetisches Potential + Veränderung durch Erziehung: fremd/selbst; Wissen, Religiösität; Fähigkeiten; Hobby; Lächeln; Übung; Anpassung; Liebe; Ausgewogenheit; Meditation; Optimismus; Solidarität = Menschliche Arbeit ist ein Stück menschlicher Zusammengehörigkeit.			

13/7 Stressoren der Arbeitswelt

2. Das falsche Arbeitsverhalten wurzelt in der Regel im falschen Lernen, denn nur über Lernprozesse gelangt der Mensch überhaupt zur Bewältigung neuer Aufgaben. Selbst die elementarsten Bewegungen sind das Ergebnis oft langwieriger Lernprozesse, wobei die optimale Beherrschung nur unvollkommen erworbener Verhaltensweisen und damit eine überdurchschnittliche Leistungssteigerung planmäßiges Training voraussetzt. Ähnliches gilt für geistige (mentale) Arbeitselemente und für psychische Grundlagen jedweder Arbeitstätigkeit.

3. Arbeitspädagogisch ergibt sich die besondere Schwierigkeit daraus, dass in gezielten Umlernprozessen für das alltägliche Verhalten ausreichende, dennoch oft falsche und unrationelle Verhaltensformen korrigiert werden müssen. Dabei setzt jedes Umlernen zunächst eine mühsame, bewusste Zerstörung des bereits Gelernten voraus, bevor man eine erneute Einübung besserer Verhaltensweisen beginnen kann.

Zusammenfassend stellt Riedel fest: „Eine Ausbildung, die die Einzelheiten des zur Arbeit erforderlichen Tuns nicht richtig ‚beibringt' und einer falschen Gewohnheitsbildung Vorschub leistet, schafft damit die Voraussetzungen zu einem übermäßigen Kräfteverschleiß, der dann leicht zur Frühinvalidität führt." (1959, S. 166)

Aus arbeitspädagogischer Sicht ist unzureichend erworbenes Wissen im vorliegenden Zusammenhang weniger gefährlich, da derartige Fehler, derartiges Nicht- bzw. Nichtvollkommenes-Wissen etwa hinsichtlich der technologischen Arbeitsverfahren in der Praxis sich selbst bald korrigiert hat. Diese Korrektur ergibt sich jedoch nicht entsprechend zwangsläufig bei Fehlern im Arbeitsverhalten hinsichtlich der persönlichen Arbeitstechnik.

Fehler in der persönlichen Arbeitstechnik können sich beziehen auf:

1. Unnötige statische Belastungen durch Haltearbeit. Das Muskel-Skelett-System wird partiell überlastet, wodurch die örtliche Ermüdung bestimmter Körperteile relativ schnell ansteigt und auf Dauer infolge einseitiger Überlastung sich Krankheitserscheinungen bemerkbar machen, z.B. rheumatische Beschwerden, Sehnenscheidenentzündungen, krummer Rücken etc. Hier gilt es, den Arbeitenden auf die Gefahrenmomente gezielt hinzuweisen und ihn zu motivieren, dass er von sich aus zur Verbesserung behindernder, gefährdender oder unverhältnismäßig stark ermüdender Momente beiträgt. Die Arbeitswissenschaft, insbesondere die Ergonomie, bietet

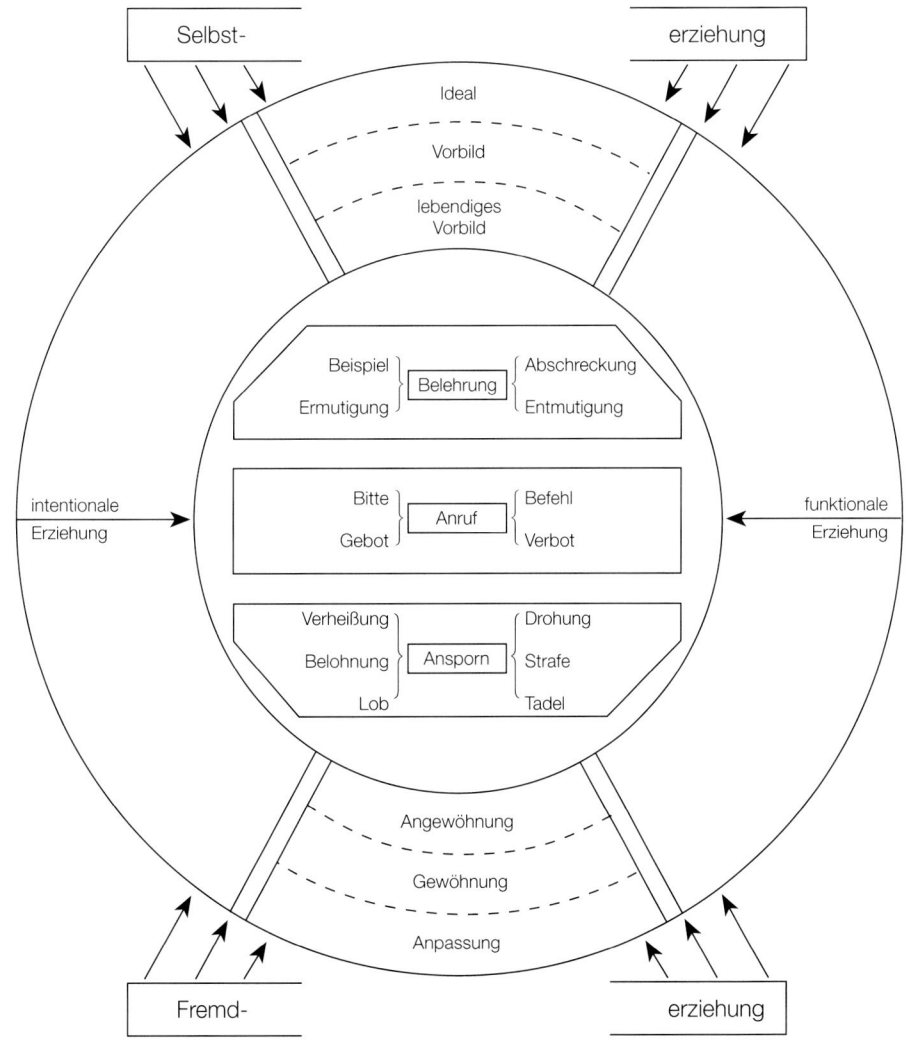

13/8 Möglichkeiten zur Erziehung

1. Wachsen lassen!

Nicht immer gängeln und eingreifen, sondern die Selbstständigkeit anregen! Auch Fehler können nützlich sein, wenn der Übende daraus lernt! Nichts erzwingen wollen!

2. Das Interesse wecken und wachhalten!

Mit je mehr Spannung und Freude geübt wird, desto besser und rascher wird gelernt! Besonders wichtig ist dafür die Persönlichkeit des Übungsleiters (Frische, Humor, Geduld) und der von ihm ausstrahlende Geist, der in der Übungswerkstatt herrscht.

3. Planmäßig üben!

Vom Einfachen zum Verwickelten, vom Leichten zum Schweren, vom Teil zum Ganzen, vom Wenig zum Viel, vom Kurz zum Lang fortschreiten! Immer nur eines auf einmal üben, damit sich die Aufmerksamkeit ungeteilt darauf richten kann!

4. Kurz, aber oft üben!

Vor allem in der ersten Zeit halten sowohl das Interesse als auch die Kraft nicht lange aus. Sobald Ermüdung eintritt, sinkt aber der Wert der Weiterübung rasch ab. Was an der einzelnen Übungszeit verloren geht, kann durch häufige Wiederholung gewonnen werden.

5. Den Übungsfortschritt erkennbar machen!

Der Übende muss spüren, wie er vorankommt. Wenn vorübergehend im Übungsfortschritt Stillstand auftritt (sog. Plateaus in der Übungskurve), kann das ein notwendiger Durchgang sein, der als solcher verständlich gemacht werden muss, damit seine Ursachen nicht an falscher Stelle gesucht werden und keine Mutlosigkeit eintritt.

13/9 Übungsregeln nach Riedel

zwar eine ganze Reihe theoretischer Ansatzpunkte, um statische und einseitig dynamische Arbeitselemente zu erkennen und somit Ansatzpunkte zur Verbesserung, doch wird man in vielen Fällen auf das Mitdenken des einzelnen Arbeitnehmers, auf seine Verbesserungsvorschläge und auf sein bewusst auf optimales Arbeitsverhalten gerichtetes Bemühen angewiesen sein.

2. Schlechte Bewegungskoordination. Mängel in der Bewegungsgestaltung führen zu unnötiger Belastung und frühzeitigem Verschleiß. Systematische Bewegungsstudien kennt man zwar seit den Bemühungen Taylors, Gilbreths, Thuns u.a., doch wurden im Grunde bis heute nur vereinzelt daraus Folgerungen weitgehender Art für die Praxis arbeitspädagogischer Bemühungen abgeleitet.

Die Entkrampfung des Bewegungsbildes während der Arbeitsabläufe und somit die Einsparung von Muskelenergie sowie die Verminderung stoßartiger Belastungen des Körpers, von damit verbundenen psychischen Momenten ganz abgesehen, sind durch bewährte oder neu zu entwickelnde Trainingsmethoden zu erreichen.

3. Nicht zuletzt ergeben sich selbst bei ergonomisch optimaler Arbeitsplatzgestaltung Spannungszustände bei der Arbeit, gerade bei Arbeitnehmern, die ein überdurchschnittliches Leistungsbewusstsein besitzen. Auch hier gilt es, arbeitspädagogisch steuernd einzugreifen, wobei sich z.B. Entspannungsübungen in entsprechenden Arbeitspausen genauso wie etwa ein gezielter Einsatz von funktioneller Musik während der Arbeit anbieten.

Die Auswirkung falschen Arbeitsverhaltens ist bei sehr gleichförmigen Tätigkeiten, aber auch bei monotonen Überwachungs- und Kontrolltätigkeiten, besonders zu beachten, da sich hier selbst relativ geringfügige Fehlverhalten in ihrer Wirkung summieren und die Möglichkeiten eines unbewussten Ausgleichs weitgehend eingeschränkt sind. Um hier bereits in der Anlernphase gezielt helfen zu können, muss man um die Voraussetzungen, Bedingungen und Wirkungen der einzelnen Arbeitsabläufe genau Bescheid wissen. Ferner gilt es, zwischen einer zeitlich begrenzten, einer intermittierenden und einer Dauertätigkeit zu unterscheiden. Auch geschlechts- und altersspezifische Einflüsse wie landsmannschaftliche Vorgegebenheiten gilt es zu beachten. Erst wenn das Zusammenwirken der Arbeitsperson mit der gesellschaftlichen wie der materiellen Umwelt organisch weitgehend als Einheit begriffen und das von der behinderten Arbeitsperson bestimmte Arbeitssystem als Ganzes gestalterisch angegangen wird, kann der arbeitspädagogische Beitrag in seiner Wirkung sich voll entfalten.

Riedel (1959) sieht insbesondere als bedeutsam an:

1. Die Anleitung zur richtigen Arbeitsplatztechnik.

Beim Erlernen der Arbeit muss es zu einer ganzheitlichen Funktionsweise des Arbeitenden kommen, so dass die Gesamtarbeit ein rhythmisch gegliedertes, harmonisches Ganzes und nicht aus lauter Einzelverrichtungen stückhaft zusammengesetzt ist, weshalb man zweckmäßigerweise erst in die richtige Gesamtbewegung einführt, bevor Einzelbewegungen verfeinert bzw. sinnvoll zugeordnet werden. So müssen z.B. die Hand- und Fußbewegungen (Peripherie-Bewegungen) mit den sie tragenden Bewegungen der Rumpfmuskulatur (Zentrumsbewegungen) harmonisch zusammenstimmen. Dies gilt auch für Aspekte wie konzentrative und distributive Aufmerksamkeitsanforderungen am Arbeitsplatz, Denkakte, die bewusst vollzogen und bewertet werden müssen, besonders wenn man die Chancen der Arbeitsstrukturierung zu Gunsten von Arbeitsplätzen Behinderter wahrnehmen will.

2. Die Aktivierung der Mitarbeit bei der Vervollkommnung der Arbeitsbedingungen.

Der Arbeitende hat erfahrungsgemäß den besten Einblick in die engeren Zusammenhänge des Arbeitsprozesses, so weit diese mit seiner Tätigkeit zusammenhängen. Diese wären nur durch umfassende Analysen mühsam feststellbar. Hier ist ein weiteres arbeitspädagogisches Feld im Rahmen des betrieblichen Verbesserungsvorschlagswesens, die Erziehung zum Mitdenken, Mitgestalten und Mitverantworten im Sinne einer langfristig anzustrebenden arbeitsplatzbezogenen Mitbestimmung der Mitarbeiter, gerade auch der Behinderten.

3. Die Schaffung einer inneren Teilnahme an der Arbeitsaufgabe.

Die Spontaneität in der Welt der Arbeit, die Freude an der Arbeit, diese ungezwungene Arbeitsbereitschaft ist eine Grundbedingung für langfristig hohe Arbeitswirksamkeit und Arbeitsbefriedigung. Die arbeitspädagogische Motivation kann hier individuell über den Effekt der Arbeit, die Art der Aufgabe oder über die Form der Tätigkeit anknüpfen.

13.9 Empfehlungen für die Baugestaltung

Aus der Sicht der Arbeitspädagogik lassen sich für die Entwurfsplanung eines neuen Werkstattbereiches folgende Kriterien formulieren:

1. Es sollten kleinere und überschaubare Arbeitsbereiche entstehen, in denen kleinere Gruppen mit entsprechend aufeinander bezogenen Aufgaben tätig sind. Die Gruppen sollten höchstens sechs Personen groß sein.

Vom Planer sind die Arbeitsinhalte zu berücksichtigen. Dies gilt für die Gestaltung des Arbeitsplatzes und des Arbeitsumfeldes. Auch die organisatorischen Absichten des Auftraggebers und die Aufgabenzuordnungen neben technischen und ergonomischen Überlegungen sind zu beachten.

2. Ausgehend von diesen kleineren Gruppen soll Übersicht und auch Einblick in andere Gruppenbereiche möglich sein und durch gestalterische Maßnahmen gefördert werden. Dies kann durch Farbgebung, Akustik und Raumakustik geschehen. Auch Sicht- und Rufkontakte sind geeignet. Die Anordnung und Gestaltung der Büro- und Arbeitsmöbel muss den Zugang zu den einzelnen Gruppenbereichen fördern. Die gebäudetechnische Ausrüstung wie Heizung, Elektroinstallation, Lüftungsinstallation, Lichttechnik usw. soll nicht nur auf die Gruppenbereiche Bezug nehmen.

3. Jede Gruppe sollte ihren eigenen Arbeitsbereich gestalten können im Rahmen einer grobstrukturellen gesamtgestalterischen Vorgabe. Dies ist notwendig, damit nicht unnötige Spannungen zwischen den einzelnen Gruppen und deren Vorstellungen entstehen.

4. Vor allem bei großräumigen Werkstätten sollten zwischen den einzelnen Arbeitsgruppen Innenhöfe mit Grüngestaltung liegen. Dadurch wäre laufend ein Bezug zur Natur möglich. Denkbar ist auch, dass einzelne Mitglieder der Gruppe diese innenliegenden Grünbereiche pflegen.

5. Auch Kunst im Bereich der Arbeitsstätte und besonders innerhalb der Gruppenbereiche ist sinnvoll. Die Arbeitnehmer können an der Auswahl mitwirken oder sogar eigene Produkte präsentieren.

6. Erholungsmöglichkeiten, Ruhezonen sollten eingeplant und entsprechend gestaltet werden. Sie sind in den Arbeitsablauf im Hinblick auf die Pausengestaltung zu integrieren. Es eignen sich ein Aquarium, Liegemöglichkeiten, Bücherregale, Musikgeräte und Automaten für Zwischenverpflegungen.

7. Jeder Arbeitsplatz sollte möglichst einen Blick in die freie Landschaft haben. Auch der Ausgang vom Arbeitsbereich zu einer Terrasse wäre günstig.

8. Jeder Gruppenbereich sollte von einem zentralen Gang erreichbar sein (Orientierung). Aber auch zusätzliche Türen sollten Querverbindungen zwischen Gruppenräumen ermöglichen, wenn ein Großraum nicht vorgegeben ist.

9. Das durch das Rauchen entstehende Problem ist aus Erfahrung schwer lösbar. Notfalls müssen „Raucherabteile" mit besonderen Lüftungsmaßnahmen gebildet werden.

10. Der Zugang und die Ausstattung der hygienischen und sozialen Einrichtungen

sind zu beachten (Orientierung). Das größere Umfeld muss behindertengerecht gestaltet sein.
11. Aktentransport in den Büros unter Umständen technisch lösen. Der Transport von Werkstücken und Werkzeugen im Betrieb sollte nicht unbedingt durch die Mitglieder in den Gruppenbereichen erfolgen.
12. Farbgebung in Arbeitsräumen: Die farbige Umgebung der Gruppen- und Arbeitsbereiche muss so konzipiert werden, dass die Farbstimmung die Arbeitsvorgänge positiv beeinflussen. Arbeitsbereiche müssen stets anders aussehen als Erholungsbereiche oder Verkehrszonen.
Durch Farbtests könnten die Anmutungen und Erwartungen der Mitarbeiter ermittelt werden. Die Ergebnisse sind vor ihrer Verwirklichung besonders zu bewerten.
13. Musik am Arbeitsplatz. Sie dient weniger der Leistungssteigerung als vielmehr der Hebung der Arbeitsfreude. Das Betriebsklima wird günstig beeinflusst, der Monotonie während der Arbeit wird entgegengewirkt und die seelische Ermüdung vermindert. Das Gemeinschaftsgefühl wird gefördert, das Stimmungstief wie auch das Gefühl, unter Zeitdruck zu stehen, werden vermindert. Zuviele Unterhaltungen am Arbeitsplatz unterbleiben. Der Arbeitsplatz wird nicht verlassen, um zu bummeln und um so der Eintönigkeit und Langeweile zu entgehen.

14.0 Berufliche Belastungen und Beanspruchungen behinderter Menschen

Josef Franz Scholz †

Behinderte, insbesondere qualifiziert ausgebildete Behinderte, sind fast immer durchschnittlich leistungsfähig und überdurchschnittlich motiviert. Leistungsvermögen und Leistungswille erklären sich aus der Tatsache, dass jede dauernde Behinderung psychisch verkraftet werden muss, sie wirkt also schicksalbestimmend und persönlichkeitsformend. Hinzu kommt, dass der oft langwierige Rehabilitationsprozess dem Behinderten eine beträchtliche Eigenleistung abverlangt, die fast immer die Leistungsanforderungen einer üblichen Arbeitnehmertätigkeit übertrifft.
Letzten Endes ist allerdings eine geglückte Rehabilitation im Einzelfall nicht nur eine Frage der inneren Substanz des Behinderten, sondern immer auch eine Persönlichkeitsfrage aller Beteiligten. Das notwendige Verständnis und die zweckmäßigsten Verhaltensweisen gegenüber Menschen mit Behinderungen wird nicht nur im Betrieb, aber dort vor allem, derjenige am besten aufbringen, der die beruflichen Belastungen und Beanspruchungen des Behinderten kennt. Dieses Wissen ist auch unverzichtbar bei der möglichst optimalen Anpassung des Arbeitsplatzes an den behinderten Menschen. Diese Art der Humanisierung der Arbeit ist der entscheidende Faktor, denn im Betrieb bleibt die Produktion vorrangig und der Fertigungsprozess darf nicht durch menschliche Unzulänglichkeiten beeinträchtigt werden.
Die üblichen Arbeitsbedingungen und Leistungsanforderungen einer Arbeitnehmertätigkeit wirken sich auf Menschen mit Behinderungen fast immer anders aus als auf nicht behinderte Personen. Diese Andersartigkeit ist je nach Art und Schwere der Behinderung außerordentlich unterschiedlich und kann bei den verschiedensten Gelegenheiten in Erscheinung treten. Dafür ein kleines Beispiel: wie mühsam und zeitaufwendig kann für jemanden, der an einer Bewegungseinschränkung des Knies oder des Hüftgelenks leidet, das Ein- und Aussteigen in einem öffentlichen Verkehrsmittel sein, eine Arbeitsleistung, die jemandem, der nicht behindert ist, gar nicht zu Bewusstsein kommt.
Auch für den nicht behinderten Berufstätigen bringt sein Arbeitsverhältnis zahlreiche Belastungen mit sich, die individuell sehr unterschiedlich empfunden werden. Die gleiche Belastung beansprucht den einen mehr, den anderen weniger; Alter, Geschlecht, Gesundheits- und Trainingszustand spielen hierfür eine entscheidende Rolle. Es ist sinnvoll, sich zuerst die Belastungen und Beanspruchungen vor Augen zu führen, die bei nicht behinderten Arbeitnehmern vorkommen. Die immer zahlreichen, aber jeweils andersartigen Faktoren, die im Arbeitsleben je nach Beruf und Arbeitsplatz belastend und ermüdend wirken können, lassen sich in vier Hauptgruppen darstellen: Zeitliche Inanspruchnahme; Körperliche Belastung; Seelisch-geistige Anforderungen; Beanspruchung der Sinnesorgane.

14.1 Zeitliche Inanspruchnahme
Die durch eine Berufstätigkeit gebundene Zeit in der Woche setzt sich zusammen aus:
1. der für den Weg von der Wohnung zur Arbeit und zurück notwendigen Zeit
2. der eigentlichen Arbeitszeit einschließlich der Überstunden
3. den Arbeitspausen im Betrieb
4. der für Geschäfts-/Dienstreisen, für freiwillige „Heimarbeit" und für Repräsentationspflichten der Firma aufgewandten Zeit
5. dem Zeitaufwand für die berufliche Fort- und Weiterbildung.

14.1.1 Weg zwischen Wohnung und Arbeitsplatz
Der Weg zwischen Wohnung und Arbeitsplatz sowie die zur Bewältigung dieses Weges gewählte Möglichkeit spielen eine entscheidende Rolle. Witterungseinflüsse können sich negativ auswirken, ebenso überfüllte öffentliche Verkehrsmittel und Wartezeiten beim Umsteigen. Die am Steuer des eigenen Wagens zwangsläufig auftretenden Belastungen ergeben sich aus der ununterbrochen notwendigen Konzentration, durch Unfallgefährdung, Staus, Stress- und Konfliktsituationen und u.U. durch eine täglich neue Parkplatzsuche.

14.1.2 Normalarbeitszeit
Die Normalarbeitszeit ist tariflich festgelegt; es gibt regelmäßige, unregelmäßige und flexible Arbeitszeiten (Gleit- und Kernarbeitszeit). Um die Jahrhundertwende betrug die wöchentliche Arbeitszeit noch ca. 60 Stunden, jetzt haben weit mehr als 50 % aller Arbeitnehmer eine tarifliche Wochenarbeitszeit von 38 Stunden. Geblieben sind als zusätzliche Belastungen Schichtarbeit, Wechselschicht, Nachtarbeit, Wochenendarbeit, Arbeit auf Abruf und Überstunden; auch Teilarbeitszeit im Tages-, Wochen-, Monats- oder Jahresrhythmus sowie Kurzarbeit bringen Probleme mit sich.

14.1.3 Pausenregelung
Die Pausenregelung variiert von Betrieb zu Betrieb. Dauer und Verteilung der Arbeitspausen sind durch Betriebsvereinbarungen oder tariflich festgelegt. Muß die Pause am Arbeitsplatz verbracht werden, ist ihr Erholungswert geringer, wünschenswert sind Erholungsräume mit Erfrischungsmöglichkeiten; ideal können gemeinsame gymnastische Lockerungsübungen sein. Für Betriebsangehörige mit bestimmten Behinderungen, aber auch für werdende Mütter und kränkliche ältere Arbeitnehmer haben sich verlängerte Pausen bewährt, die im Einzelfall nach Anhörung des Betriebsarztes genehmigt werden.

14.1.4 Reisen und „Heimarbeit"
In zahlreichen Berufen sind Geschäfts- bzw. Dienstreisen auszuführen. Nicht selten werden Arbeiten, meist schriftlicher Art, zum Aufarbeiten von Rückständen nach Hause mitgenommen. Von Leitenden Angestellten sind im Firmeninteresse Repräsentationspflichten wahrzunehmen, sehr häufig am Abend oder zum Wochenende.

14.1.5 Weiterbildung
Das „lebenslange Lernen" ist in immer mehr Berufen eine Selbstverständlichkeit geworden. Entweder werden aus eigener Initiative Weiterbildungsmöglichkeiten wahrgenommen, wie z.B. das Studium von Fachliteratur oder Fremdsprachen, der Besuch einer Volkshochschule u.a., oder es werden – ggf. auf Veranlassung des Arbeitgebers – Fort- und Weiterbildungsveranstaltungen wie Kurse, Seminare, Tagungen und Kongresse besucht.

14.2 Körperliche Belastung
Nachfolgend im einzelnen beschriebene Faktoren können belastend wirken.

14.2.1 Die Art der Arbeit
Hier sind die Unterscheidungen wichtig: geistig oder körperlich, im Freien oder in geschlossenen Räumen, leitend oder untergeordnet, eintönig oder abwechslungsreich, befriedigend oder frustrierend; und eine besonders wichtige Unterscheidung: statisch oder dynamisch und insbesondere stabil.

14.2.2 Schweregrad der Arbeit; Leistungskraft; Einstellung zur Arbeit
Meist wird aber nicht die Schwere der Arbeit als Hauptbelastung empfunden, sondern es sind andere Faktoren, die unterschiedlich stark die Leistungskraft beanspruchen und die auch für die innere Einstellung zur Arbeit mitentscheidend sind. Dazu gehören in erster Linie die Körper- und Gliedmaßenhaltungen und die Körper- und Gliedmaßenbewegungen, also ob die Arbeitsverrichtungen im Sitzen, Stehen oder Gehen, vorübergebeugt, kniend oder kauernd oder als Überkopfarbeit auszuführen sind, ob häufiges Bücken oder Leitern/Treppensteigen verlangt wird oder ob Handfertigkeit und/oder Fingergeschicklichkeit gefordert ist.

14.2.3 Arbeitsumwelt
Belastungen entstehen z.B. durch Lärm, Nässe, Hitze, Kälte, Schmutz, Rauch, Stäube, Gase und Dämpfe, Erschütterungen und Vibrationen u. v. a. m. Größe, Beleuchtung, Belüftung, Temperatur und Ausgestaltung der Arbeitsräume sind ebenfalls von großer Bedeutung. Schließlich können sich erhöhte Gefahrenmomente als Belastung am Arbeitsplatz auswirken, z.B. Verletzungsmöglichkeiten aller Art, Infektionsrisiken, schädliche Strahlen, toxische Arbeitsstoffe u.a. Körperschutzausrüstungen sowie überschwere, sperrige, glühende, vereiste, rutschige oder technisch unzulängliche Arbeitsgegenstände und Werkzeuge stellen zusätzlich oft sehr erhebliche Belastungsmomente dar.

14.3 Seelisch-geistige Anforderungen
Aus Begabung, Fachwissen und Berufserfahrung resultiert das geistige Leistungsvermögen, das u.a. für selbstständiges und kreatives Handeln, für Führungs- und organisatorische Aufgaben, für Wissensvermittlung, für die Anpassung an neue Technologien erforderlich ist. Je nach Beruf und Arbeitsplatz sind auch die Anforderungen an charakterliche/persönliche Eigenschaften außerordentlich vielfältig. Die eine Tätigkeit verlangt mehr Geduld, Toleranz und Kompromissbereitschaft, bei einer anderen stehen vielleicht Einfühlungsvermögen, Kontaktfähigkeit und Verschwiegenheit im Vordergrund. Mannigfaltig sind auch die Anforderungen an das Arbeitsverhalten, um nur einige aufzuzählen: Pflichtgefühl, Fleiß, Ausdauer, Pünktlichkeit, Sorgfalt, Verantwortungsbewusstsein u.a. m.
Schichtarbeit, Nachtschicht, Akkordarbeit, Fließbandtätigkeit, Monotonie am Arbeitsplatz, so genannte „einsame" Arbeitsplätze erfordern zu ihrer Bewältigung zusätzliche Energien, und die Vielzahl beruflicher Stress-Situationen sind eine im modernen Arbeitsleben trotz Arbeitszeitverkürzung oder vielleicht gerade deswegen zunehmende Belastung. Um wenigstens die wichtigsten anzuführen: Hektik, Reizüberflutung, organisatorische Unzulänglichkeiten, defekte Geräte und Maschinen, widersprüchliche Instruktionen, geistige Über- oder Unterforderung.

14.4 Beanspruchung der Sinnesorgane
Die Augen: Eine besondere Belastung und/oder Gefährdung der Augen kann verursacht werden durch eine geringe oder zu hohe Beleuchtungsstärke, durch direkte oder indirekte Blendung, durch Arbeitsstoffe, die eine Augenreizung auslösen, durch fehlende oder ungeeignete Schutzbrillen gegen chemische Einflüsse, Strahlenschäden und mechanische Schädigungen, durch erhöhte Unfallgefahr mit möglichen Splitterverletzungen oder Prellungen des Augapfels. Sind die je nach Beruf und Arbeitsplatz unterschiedlichen Mindestanforderungen hinsichtlich Sehschärfe, räumlichen Sehvermögens, Farbentüchtigkeit, Gesichtsfeld, Leuchtdichtekontrast nicht erfüllt, kann das eine zusätzliche Belastung und eine allmähliche Schädigung des Sehvermögens zugleich sein.
Die Ohren: Lärm kann je nach Lautstärke, Dauer, Häufigkeit und Frequenzzusammensetzung nicht nur zu Hörschäden führen, sondern beeinflusst Herz und Kreislauf und löst psychische und vegetative Reaktionen aus. Lärm kann auch eine erhöhte Unfallgefahr bedeuten, wenn Richtung, Entfernung und Herkunft warnender Signale oder Zurufe nicht gehört werden. Der persönliche Schallschutz (Gehörschutzwatte, Schallschutzhelme u.a.) wird oft vernachlässigt, vielleicht weil er das Raum- und Richtungshören und dadurch auch die persönliche Kommunikation am Arbeitsplatz beeinträchtigt. Die Ohren können auch durch Arbeiten in Druckluft gefährdet sein. Bei Hörgeräteträgern ist die lärmarme Gestaltung der Umwelt ausschlaggebend.
Die Haut: Arbeiten mit hautreizenden oder ätzenden Substanzen erfordern Hautschutzmittel und Hauptpflege. Giftige Stoffe, die durch die Haut resorbiert werden, bedeuten eine Vergiftungsgefahr. Eine allergische Reaktionsneigung vermindert die Belastbarkeit und schränkt die Zumutbarkeit bestimmter Arbeitsstoffe ein. Beruflich bedingte Hauterkrankungen können unter bestimmten Voraussetzungen als Berufskrankheiten anerkannt werden.
Geruch und Geschmack: haben auch im Arbeitsleben ihre Bedeutung. Zu erwähnen sind hier die individuell unterschiedlichen Geruchsschwellen für zahlreiche Arbeitsstoffe, die Warnwirkung des Geruchs und die Geruchsbelästigungen. Manche Berufe, z.B. der Koch, die Köchin, sind auf einen intakten Geschmackssinn angewiesen.

14.5 Individualfaktoren
Eine fünfte Hauptgruppe bilden die leistungsbestimmenden Individualfaktoren. Sie entscheiden über das Ausmaß der Beanspruchung des einzelnen durch seine beruflichen Belastungen. Hier spielen das Lebensalter, das Geschlecht sowie die Berufs- und Lebenserfahrung eine entscheidende Rolle. Nur andeutungsweise sei darauf verwiesen, dass die Leistungsmöglichkeiten geschlechtsspezifisch sind, dass es daher Beschäftigungsverbote für Frauen gibt und dass nicht wenige Ehefrauen, Mütter und Alleinstehende doppelbelastet sind.

Die individuelle Leistungsfähigkeit und Belastbarkeit hängen außerdem von der körperlichen Konstitution und dem Gesundheitszustand einschließlich der Funktionstüchtigkeit der Sinnesorgane und des Gedächtnisses ab und in bestimmten Fällen auch vom Körpergewicht. Hinsichtlich der Persönlichkeitsstruktur kommt es auf Eignung und Neigung, auf Auffassungs- und Reaktionsvermögen, auf Training, Informationsverarbeitung u. v. a. an. Auch die seelische Verfassung kann sich als eine Belastung am Arbeitsplatz auswirken, wenn sich die Gedanken – ungewollt, aber immer wieder – mit familiären Konflikten, mit Partnerproblemen, finanziellen Sorgen, unguten Wohnverhältnissen oder kranken Familienangehörigen beschäftigen müssen. Was ebenfalls nicht vergessen werden darf: Je nach der positiven oder negativen Einstellung zur eigenen Arbeit, je nach Leistungsmotivation und Freude oder Unlust an der eigenen Tätigkeit kann das Leistungsvermögen voll ausgeschöpft, es können sogar Leistungsreserven mobilisiert werden.

Auf die Leistung können sich zahlreiche weitere Individualfaktoren auswirken, so z.B. Lebens- und Ernährungsgewohnheiten, unzweckmäßiges Freizeitverhalten, fehlende Erholung und Entspannung, Pharmaka am Arbeitsplatz, je nach Wohnort und Arbeitsbeginn sehr frühes Aufstehen sowie erzwungene Hast beim Sichzurechtmachen und beim Frühstück.

14.6 Besondere Hinweise zu Behinderungsarten

Die bisherigen Ausführungen haben versucht, die individuelle berufliche Belastung als die Summe der Belastungen durch die arbeitsgebundene Zeit, durch die körperliche Belastung, durch die seelisch-geistigen Anforderungen und die Inanspruchnahme der Sinnesorgane unter Berücksichtigung der leistungsbestimmenden Individualfaktoren darzustellen. Wenn es sich dabei in erster Linie um die üblichen Arbeitsbedingungen und Leistungsanforderungen nichtbehinderter Arbeitnehmer gehandelt hat, so ist doch gerade dieses Wissen um die Vielzahl der Belastungen und Beanspruchungen im Arbeitsleben für die Beurteilung der Eignung eines Arbeitsplatzes für einen Menschen mit einer bestimmten Behinderung von ausschlaggebender Bedeutung. Denn die Praxis lehrt sehr schnell, dass wohl bei jedem Behinderten ein bestimmter Gesundheitsschaden im Vordergrund steht, der die eigentliche Behinderung ausmacht, dass aber daneben fast immer weitere Gesundheitsschäden bestehen, die hinsichtlich der Zumutbarkeit eines Arbeitsplatzes mitberücksichtigt werden müssen. Wer die Komplexität berufsbedingter Belastungen kennt, kann der Forderung nach einem humanen Arbeitsplatz auch für solche Mehrfachbehinderte am besten gerecht werden.

Das schließt nicht aus, für einzelne Behinderungsarten gesonderte Hinweise bezüglich ihrer Arbeitsplätze zu geben. Allerdings muss vor jeder Schematisierung und vor jeder Verallgemeinerung gewarnt werden. So wie es z.B. den Hirnverletzten nicht gibt, gibt es auch nicht den Arbeitsplatz für Hirnverletzte. Häufiger sich wiederholende Feststellungen werden nicht selten zu allgemein gültigen Erfahrungssätzen umgewertet. Da z.B. viele Hirnverletzte stark lärmempfindlich sind, wird Lärm generell als unverträglich für Hirnverletzte bezeichnet, obgleich nicht wenige dieser Behinderten Lärm gleich gut bzw. gleich schlecht vertragen wie Gesunde.

Nur unter dieser Einschränkung lassen sich verschiedene berufliche Belastungsfaktoren anführen, die in aller Regel bei bestimmten Behinderungsarten als unverträglich bzw. als unzumutbar bezeichnet werden.

14.6.1 Hirnverletzte

Diese Behindertengruppe wächst zahlenmäßig ständig durch Verkehrsunfälle, operative Eingriffe am Gehirn, als Folgezustand bestimmter Erkrankungen oder aufgrund angeborener Missbildungen. Die Folgen einer Gehirnerschütterung sind längstens nach zwei Jahren völlig abgeklungen, während sich die Dauerfolgen nach einer Hirnschädigung meist erst nach zwei Jahren annähernd überblicken lassen; in dieser Zeit bessert sich meist das Zustandsbild, kann sich aber auch verschlechtern. Eine besonders gefürchtete Komplikation ist das Auftreten einer traumatischen Epilepsie. In den ersten zwei Jahren sind die Aussichten auf Kompensationsmöglichkeiten ausgefallener oder beeinträchtigter Funktionen durch ein gezieltes Hirntraining am besten. Infolge der mannigfaltigen Dauerfolgen einer Hirnverletzung – dazu gehören Teillähmungen, Sprachstörungen, Schwindelzustände und vor allem Hirnleistungsschwäche und Wesensänderung – sind Arbeiten unter der Einwirkung von Hitze und Sonnenbestrahlung, schweres Heben, Tragen und Pressen, häufiges Bücken, absturzgefährdete Tätigkeiten, Schichtarbeit sowie Arbeiten unter Zeitdruck, mit Publikumsverkehr oder in Lärmbetrieben häufig unzumutbar.

Zum Teil gelten diese Einschränkungen auch für Epileptiker. Anfallskranke dürfen nicht an schnellrotierenden Maschinen beschäftigt werden. Es sind alle unfallgefährdeten Arbeitsplätze zu vermeiden, darüber hinaus berufliche Tätigkeiten, die üblicherweise mit einem erhöhten Alkoholkonsum verbunden sind. Was weitgehend unbekannt ist: Epileptiker haben fast immer die gleiche intellektuelle Begabung wie Gesunde. Eine für Anfallskranke spezifische Wesensänderung gibt es nicht. Durch Medikamente können etwa 80 % dieser Kranken anfallfrei bleiben.

14.6.2 Querschnittgelähmte

Rollstuhlversehrte, meist mit Blasen- und Mastdarmlähmungen, gelten mit Recht als Schwerstbehinderte, trotzdem können sie in einer Gemeinschaft unauffällig verbleiben, und viele werden wieder voll berufstätig, z.T. sogar am früheren Arbeitsplatz oder nach Umschulung in technische, zeichnerische, kaufmännische und Datenverarbeitungsberufe. Als Voraussetzungen müssen erfüllt sein: Möglichkeit der Bewältigung des Weges zur Arbeit, ein WC für Rollstuhlversehrte, Rampen statt Treppen u.a.

14.6.3 Tuberkulosekranke

Menschen mit einer offenen oder noch aktiven Tuberkulose dürfen nicht arbeiten. Erfreulicherweise ist in ganz Europa ein Rückgang der Erkrankungshäufigkeit an Tuberkulose zu verzeichnen. Kranke mit geschlossener und inaktiv gewordener Tuberkulose müssen Schwerarbeit, Arbeiten unter Sonneneinwirkung sowie mit Nässe, Zugluft, Stäuben, Gasen und Dämpfen verbundene Arbeiten vermeiden. In vielen Fällen kann allerdings die Tuberkulose völlig ausgeheilt werden, und diese Personen unterliegen dann nicht mehr diesen Einschränkungen.

14.6.4 Seelisch und geistig Kranke

Sie fühlten sich lange als „Vergessene der Sozialpolitik". Sie können je nach Art und Schwere ihrer Erkrankung oft nur Tätigkeiten in Werkstätten für Behinderte ausüben, aber dieses geschützte Beschäftigungsverhältnis ist vielen ein ihr Selbstvertrauen stärkender Lebensinhalt geworden. Nach wie vor sind Aufklärung und Erziehung der Öffentlichkeit nötig, damit diese Behinderten – manche auch teilhospitalisiert in Nacht- oder Tagkliniken – zumindest toleriert werden. Besondere Arbeitsplatzanpassungen erübrigen sich meist. Einige Kranke eignen sich häufig nach Training und Bewährung in den Werkstätten für Behinderte auch für ein Beschäftigungsverhältnis unter den üblichen Bedingungen des allgemeinen Arbeitsmarktes. Hier kommt es ausschlaggebend auf die menschliche Umgebung dieses Arbeitsplatzes an. Selbsthilfegruppen haben sich für diesen Personenkreis sehr bewährt, vgl. die hohe Erfolgsquote bei Selbsterfahrungsgruppen der Anonymen Alkoholiker.

14.6.5 Stoffwechselkranke

Zu diesen zählen die Chronisch-Leberkranken (einschließlich der nach Alkoholmissbrauch), die Zuckerkranken und die Personen mit erheblichem Übergewicht und mit Störungen der inneren Sekretion. Bei chronisch-degenerativen Leberprozessen wird nur in Ausnahmefällen körperliche Arbeit möglich sein. So weit, z.B. bei Zuckerkranken, komatöse oder präkomatöse Phasen, also Zustände mit Bewusstseinsverlust oder Bewusstseinsstörungen, auftreten, sind alle Berufe und Tätigkeiten zu vermeiden, bei denen der Betroffene sich und andere gefährden würde.

14.6.6 Sehbehinderte und Blinde
Für diese gelten fünf Schweregrade der ein- bzw. beidäugigen Sehbehinderung, der fünfte Schweregrad ist Blindheit oder Blindheit gleichzustellen (am besseren Auge 1/50 und weniger). Geburtsblinde werden in Blindenbildungsstätten – auch beruflich – ausgebildet, und zwar je nach Eignung und Neigung nicht nur in den klassischen Blindenberufen, sondern auch in gehobenen Tätigkeiten, evtl. als Geistesarbeiter nach entsprechenden Studien und Prüfungen. Späterblindete benötigen meist ein volles Jahr nach der Erblindung zur nervlichen und seelischen Stabilisierung (Erblindungsschock) und sollen sich ausnahmslos einer blindentechnischen Grundausbildung unterziehen. – Die Gewöhnung an Einäugigkeit hängt vom Lebensalter ab, ist etwa nach 14 Tagen abgeschlossen, wesentlich ist die Einarbeitung am Arbeitsplatz.

14.6.7 Geschwulstkranke
Von den an Krebs erkrankten Personen kann etwa ein Drittel, nicht zuletzt durch die Fortschritte der Medizin, geheilt werden. Sehr viele legen Wert darauf, ihren Arbeitsplatz wieder auszufüllen. Der Begriff „Fünfjahresheilung" bedeutet langfristige Rückfallfreiheit und nicht selten uneingeschränkte Arbeitsfähigkeit. Die Prognose der trotz durchgemachter Krebserkrankung Arbeitenden ist augenfällig günstiger als bei denen, die von vornherein resignieren.

14.6.8 Herzerkrankung
Menschen nach Herzinfarkt und mit degenerativen Herzerkrankungen bilden zahlenmäßig eine der Hauptgruppen der Behinderten. Es kann immer nur individuell geklärt werden, ob der jeweilige Arbeitsplatz der Belastbarkeit des Herzens entspricht. Stress-Situationen jeder Art sind – so weit nur irgendmöglich – zu meiden, gefährliche Lebensgewohnheiten (Rauchen, Alkohol, übermäßiges Essen, Bewegungsarmut, zu wenig Nachtruhe u.a.) müssen aufgegeben werden.

14.6.9 Haltungs- und Bewegungsgestörte
Diese bilden nach Erkrankungen und posttraumatischen Schäden des Stütz- und Bewegungsapparates die zweite Hauptgruppe der Behinderten, denn hierher gehören auch die mannigfachen Manifestationen des rheumatischen Formenkreises. Da es bei diesen Kranken auf die am Arbeitsplatz notwendigen Körper- und Gliedmaßenhaltungen und Körper- und Gliedmaßenbewegungen ganz besonders ankommt, kann durch eine entsprechende Gestaltung des Arbeitsplatzes eine oft entscheidende Hilfe gewährt werden. Hier ist auch auf die zahlreichen technischen Hilfen am Arbeitsplatz zu verweisen, die den Arbeitsablauf erleichtern, die Tätigkeit qualifizieren und es manchem Behinderten überhaupt erst ermöglichen, eine wirtschaftlich verwertbare Arbeit zu leisten.

14.7 Automatisierte Produktionsbereiche
Manche automatisierte Arbeitsplätze eignen sich hervorragend für Behinderte, es gibt aber auch solche, für die Menschen mit Behinderungen überhaupt nicht in Frage kommen. Werden auch teilautomatisierte Arbeitsabläufe in diese Betrachtung einbezogen, ergibt sich eine überraschende Vielfalt, ja Gegensätzlichkeit der Leistungsanforderungen. Nur wenige Faktoren können als charakteristisch und automationsspezifisch bezeichnet werden. Wohl aber gibt es bestimmte Eignungsvoraussetzungen zu den verschiedenen Arbeitsplatzstrukturen unterschiedlicher Automatisierungsgrade. Es empfiehlt sich daher die Prüfung der jeweiligen Arbeitsplatzverhältnisse und erst dann die ärztliche Eignungsuntersuchung der Bewerber um automatisierte Arbeitsplätze. Das Lebensalter der in den automatisierten Produktionsbereichen Beschäftigten schwankte in den von meinen Mitarbeitern und mir analysierten Betrieben zwischen 14 und 67 Jahren! Jedenfalls sind die Automatenbediener nicht, wie es ein führender amerikanischer Gewerkschaftsführer einmal ausgedrückt hat, nur „Babysitter für Schaltknöpfe" und ebenso wenig lässt sich ihre Tätigkeit als „wachsame Faulheit" (H. G. Schmidt) charakterisieren, tatsächlich müssen sie zahlreichen Leistungsanforderungen genügen.

14.8 Eigenschaften und Verhaltensweisen der Menschen mit Behinderungen
Wenn man sich die Vielzahl unterschiedlichster Belastungsfaktoren des Arbeitslebens vor Augen hält, ist es besonders erfreulich, dass fast jeder, der einen Arbeitsplatz besitzt, an seiner beruflichen Tätigkeit hängt, an seiner Arbeit Freude hat, u.U. auch viele Unannehmlichkeiten und Erschwernisse in Kauf nimmt und nichts mehr fürchtet als den Verlust seines Arbeitsplatzes. Das gilt in hohem Maße für Menschen mit Behinderungen, sie wollen in ihrer sozialen Stellung nicht absinken, sie sind bemüht, ihre Fähigkeiten und Kenntnisse voll zu verwerten und weiterzuentwickeln, sie wollen im Wettbewerb mit Nichtbehinderten keine Nachteile in Kauf nehmen. Dabei steht die behindertengerechte Gestaltung der Arbeitsplätze in vorderster Linie der Notwendigkeiten; sie wird um so besser gelingen, je mehr lebendige Anteilnahme am Einzelschicksal und Einfühlungsvermögen in die oft schwerwiegend veränderte Wettbewerbsposition des Behinderten vorhanden sind.

Noch ein Wort zu den Verhaltensweisen des Behinderten und zu seinen Arbeitseigenschaften. Mit Recht wird die Treue der Behinderten zu ihrem Betrieb und die Anhänglichkeit an ihren Arbeitsplatz hervorgehoben. Die besondere Verantwortung, die der Behinderte für seinen Arbeitsplatz empfindet, ist auch die tiefere Ursache für die erstaunliche Feststellung, dass bei Behinderten die Fehlzeiten im Betrieb durch Arztbesuche, Arbeitsunfähigkeitszeiten und sogar durch Kur geringer sind als bei Nichtbehinderten. Nicht wenige Behinderte helfen sich bei massiven gesundheitlichen Beschwerden mit entsprechenden Medikamenten über augenblickliche Zeiten des Unwohlseins hinweg und neigen eher zur Dissimulation bzw. zur Verharmlosung ihrer gesundheitlichen Störungen.

Auch diese Verhaltensweisen bestätigen, dass der Behinderte im allgemeinen von seiner Behinderung kein Aufheben macht, dass ihm das Unauffälligsein und Unauffälligbleiben ein echtes Bedürfnis ist und dass er ständig versucht, ggf. unter Einsatz seiner Leistungsreserven oder mit Hilfe von Medikamenten, Leistungs- und Stimmungsschwankungen zu überbrücken.

Es wäre unzutreffend, vom Behinderten am Arbeitsplatz nur ein Idealbild zu zeichnen, denn es ist nicht zu leugnen, dass einzelne Behinderte durch Überempfindlichkeiten, aggressives Verhalten oder neurotische Störungen zu recht schwierigen und letzten Endes unerträglichen Arbeitskollegen werden können. Das sind aber Ausnahmen, in der überwiegenden Mehrheit sind sich Menschen mit Behinderungen ihrer Verpflichtung bewusst, nicht durch abwegige Verhaltensweisen und schlechte Arbeitseigenschaften einer Verallgemeinerung von Negativurteilen gegenüber Behinderten Vorschub zu leisten. Diese Gefahr ist tatsächlich immanent: ein Betrieb, der einmal schlechte Erfahrungen z.B. mit einem Hirnverletzten gemacht hat, wird schwer zu bewegen sein, erneut einen Hirnverletzten einzustellen.

Im allgemeinen weichen die eigentlichen Arbeitsleistungen der Behinderten von denen der Nichtbehinderten weder zum Negativen noch zum Positiven ab. Überdurchschnittlich ist aber sehr häufig die Zuverlässigkeit der Behinderten bei der Arbeit. Nicht wenige Menschen mit Behinderungen neigen dazu, sich zu überfordern oder sich überfordern zu lassen.

15.0 Öffentlicher Verkehrsraum Straßen, Plätze, Wege

Axel Stemshorn

Für den öffentlichen Verkehrsraum hat nunmehr DIN 18024 Blatt 1 vom Januar 1998 Gültigkeit. Diese Norm hat den Titel „Barrierefreies Bauen, Straßen, Plätze, Wege, öffentliche Verkehrs- und Grünanlagen sowie Spielplätze, Planungsgrundlagen."
Diese Norm gilt für die Planung, Ausführung und Ausstattung von Straßen, Plätzen, Wegen, öffentlichen Verkehrsanlagen und öffentlich zugängigen Grünanlagen sowie für Zugänge zu öffentlichen Verkehrsmitteln und Spielplätzen. Sie gilt sinngemäß für Umbauten, Modernisierungen und Nutzungsänderungen.
Diese baulichen Anlagen und die Zugänge zu öffentlichen Verkehrsmitteln müssen für alle Menschen barrierefrei nutzbar sein. Die Nutzer müssen in die Lage versetzt werden, von fremder Hilfe weitgehend unabhängig zu sein.
Dies gilt insbesondere für
– Rollstuhlbenutzer, auch mit Oberkörperbehinderung
– Blinde und Sehbehinderte
– Gehörlose und Hörgeschädigte
– Gehbehinderte
– Menschen mit sonstigen Behinderungen
– Ältere Menschen
– Kinder, klein- und großwüchsige Menschen.
Soweit ist der Anwendungsbereich dieser Norm erläutert.
Im Jahre 1985 hat die Forschungsgesellschaft für Straßen- und Verkehrswesen Arbeitsgruppe Straßenentwurf in Köln, Alfred-Schütte-Allee 10, die Empfehlungen für die Anlage von Erschließungsstraßen – EAE 85 – herausgegeben. Straßen in bebauten Gebieten sind aus städtebaulicher Sicht von wesentlicher Bedeutung, prägen sie doch weitgehend das Gesicht einer Stadt. Bei der Planung des Straßennetzes sind deshalb Gesichtspunkte des Verkehrs und des Städtebaus stets im Zusammenhang zu betrachten; beim Entwurf der einzelnen Straßen ist der Gestaltung des Straßenraumes hohes Gewicht beizumessen. Die Initiatoren der EAE 85, der Bundesminister für Raumordnung, Bauwesen und Städtebau und die Forschungsgesellschaft für Straßen und Verkehrswesen, haben für die Erarbeitung der EAE 85 eine gemeinsame, paritätisch mit Verkehrsplanern und Städtebauern besetzte ad-hoc-Gruppe gebildet. Die EAE 85, deren Gliederung im Anhang ersichtlich ist, hat u.a. folgende städtebauliche Ziele und Grundsätze:
1. Bei der Konzeption des gesamtgemeindlichen Verkehrswegenetzes soll eine städtebaulich verträgliche Teilung der Verkehrsaufgaben auf die verschiedenen Verkehrsarten angestrebt werden. Dies ist auch deshalb erforderlich, weil viele Bevölkerungsgruppen zumindest zeitweise auf den öffentlichen Personennahverkehr sowie auf den Rad- und Fußgängerverkehr angewiesen sind.
2. Nichtmotorisierte Verkehrsteilnehmer (Fußgänger, Radfahrer, Kinder, Behinderte, ältere Menschen) sollen bei der Planung und dem Entwurf von Verkehrsanlagen als besonders schutzbedürftige Gruppen bevorzugt berücksichtigt werden. An verschiedenen Stellen, jedoch nicht durchgängig und nicht in allen Bereichen, die für Menschen mit Behinderungen bedeutend sind, sind Hinweise enthalten: So z.B. in 3.3 Anforderungen an verkehrsartenspezifische Netze: und … in topografisch bewegtem Gelände ist bei der Netzplanung zu beachten, dass Längsneigungen von mehr als 6 % für ältere Fußgänger unbequem und für Rollstuhlfahrer nicht mehr ohne Hilfe befahrbar sind.
4.1.2 Verkehrssicherheit: Ausreichende Verkehrssicherheit ist besonders für schwächere Verkehrsteilnehmer (Fußgänger, Radfahrer, ältere Menschen, Behinderte und Kinder) zu gewährleisten. Von diesen Personengruppen kann perfekte Aufmerksamkeit, Wahrnehmung, Reaktionsfähigkeit und Regelbeachtung nicht erwartet werden. Ihr Verhalten ist schwer berechenbar.
In 4.2.1 Grundsätzliche Überlegungen zu Nutzungsansprüchen an Straßenräume: … Besondere Ansprüche an Straßenräume haben ältere Menschen und Behinderte.
In 4.2.2 Fußgängerverkehr, Aufenthalt und Kinderspiel: Grundmaße für die Verkehrsräume des Fußgängerverkehrs lassen sich aus der Grundbreite von 0,55 m und in der Höhe von Fußgängern und Rollstuhlfahrern sowie den mindestens erforderlichen Bewegungsspielräumen zusammensetzen. In Tabelle 2 und Bild 5 sind hierzu Maßnahmen über die Länge und Breite von Fahrzeugen und Kraftfahrzeugen enthalten.
In 4.2.4 Kraftfahrzeug, Verkehr, sind in Bild 16 die Grundmaße für das Abstellen des Bemessungsfahrzeuges Pkw angegeben.
5.2.1.3 Fußgänger- und Radverkehrsflächen: … Straßenbegleitende Gehwege sollen nach Möglichkeit nicht schmaler als 2 m sein, davon 1,5 m lichte Mindestbreite und 0,5 m Schutzabstand zur Fahrbahn. … Für Behinderte kann die Benutzung straßenbegleitender Gehflächen erleichtert werden, wenn geringe Neigungen (kleiner als 6 %) angestrebt werden mit in angemessenen Abständen vorgesehenen Ruhebänken. Sehbehinderte können durch taktile Hilfen zu markanten Orientierungspunkten geführt und Borde an Überquerungsstellen abgesenkt werden.
In 5.2.1.10 Überquerungsstellen für Fußgänger und Radfahrer:
Rampen sollen Umwege vermeiden und in der Regel auch im Hinblick auf Rollstuhlfahrer eine Längsneigung von 8 % (neu 6 %) nicht überschreiten: Gekrümmte (gewendelte) Rampen sind anwendbar. Zwischen den Handläufen muss eine lichte Weite von mindestens 1,5 m vorhanden sein. Zumindest einseitig soll zusätzlich ein 0,4-0,5 m hoher Handlauf für kleine Kinder angebracht werden. Bei Längsneigungen von mehr als 8 % (neu 6 %) soll auch für Rollstuhlfahrer in etwa 0,75 m Höhe ein zweiter Handlauf angebracht werden.
Treppen sollen nicht gekrümmt oder gewendelt sein, können jedoch in der Ebene von Zwischenpodesten verschwenkt werden.
5.2.1.11.1 Muldenrinnen, Bordrinnen und Borde: Mulden, Bordrinnen und Borde haben u.a. die Aufgabe, Sehbehinderten eine Orientierungshilfe zu geben.

Die behindertengerechte Gestaltung des Straßenraumes ist Gegenstand eines Handbuches für Planer und Praktiker, das die Bundesanstalt für Straßenwesen, Brüderstr. 53, Bergisch-Gladbach, herausgibt. Bei diesem Handbuch für Planer und Praktiker handelt es sich um ein Arbeitsergebnis der Bundesanstalt für Straßenwesen, die dem Bundesminister für Verkehr unterstellt ist. Das Handbuch für Planer und Praktiker erscheint im Auftrag des Bundesministers für Verkehr.
Es ist zu fragen, warum nicht die beiden Bundesministerien für Raumordnung, Bauwesen und Städtebau und für Verkehr eine interministerielle Arbeitsgruppe gebildet haben, die in einem einzigen Handbuch die Empfehlungen der Bundesministerien gemeinsam der Öffentlichkeit vorlegt. Eine Kommentierung der Norm DIN 18024 Teil 1 vom Januar 1998 muss aus Platzgründen entfallen. Die Norm ist jedoch in vollem Wortlaut im Anhang abgedruckt.

15.1 Hindernisse und Gefährdungen für Blinde und Sehbehinderte

Frank Bolay

Grundsätzlich können alle Gegenstände und Einbauten (Abschrankungen, Straßenmöblierung, Lichtmasten, etc.) in und an Fußgängerverkehrsflächen für Blinde und Sehbehinderte ein Hindernis darstellen. Wird ein solches Hindernis nicht rechtzeitig erkannt, kann es zu einer Kollision, möglicherweise auch zu einer Verletzung kommen. Darüber hinaus kann bei der Umgehung eines Hindernisses die ursprüngliche Gehrichtung verloren gehen und so die Orientierung deutlich erschwert werden.
Andererseits können Einbauten in Fußgängerverkehrsflächen aber auch eine wichtige Hilfe für die Orientierung von Blinden und Sehbehinderten sein. So bieten beispielsweise Mauern oder Grünstreifen entlang der Gehrichtung gute Richtungshilfen; plätschernde Brunnen können helfen, den momentanen Standort zu lokalisieren.
In diesem Kapitel soll dargestellt werden, durch welche Maßnahmen erreicht werden kann, dass von Einbauten in Fußgängerverkehrsflächen für Blinde und Sehbehinderte möglichst wenig Gefahren ausgehen und gleichzeitig eine gute Hilfestellung zur Orientierung gegeben wird.
Neben der Gestaltung der einzelnen Einbauten, auf die unten eingegangen wird, spielt die Gesamtgestaltung von Bereichen, in denen sich Fußgänger bewegen, eine wichtige Rolle bei der Vermeidung von Gefahren für Blinde und Sehbehinderte. Die im Folgenden aufgeführten Punkte sollen allgemeine Anhaltspunkte geben, konkrete Kriterien lassen sich aufgrund der Vielfalt der Gestaltungsmöglichkeiten praktisch nicht aufstellen:
– Verwendung von leicht nachzuvollziehenden Grundstrukturen. Es ist beispielsweise einfacher geradlinig verlaufenden Gehachsen zu folgen als gekrümmten.
– Freihalten der Achsen von Hindernissen.
– Verdeutlichung des Verlaufes von Gehachsen durch Form und Anordnung der Einbauten.
Vitrinen am Rande von Gehachsen, deren Außenflächen parallel zur Gehrichtung verlaufen, können eine Unterstützung bei der Orientierung sein. Runde Vitrinen dagegen bieten keinen Anhaltspunkt für den Verlauf von vorbeiführenden Gehachsen.

– Beibehaltung von Grundstrukturen innerhalb größerer Gebäudekomplexe oder Geländeareale.
So erleichtern beispielsweise einheitliche Raster und einheitliche Abzweigwinkel die Orientierung von Blinden und Sehbehinderten und verringern das Risiko der Kollision mit Einbauten, deren Position aufgrund der einheitlichen Anordnung einfacher und sicherer erfasst werden kann.
In Kapitel 18.0 Orientierung wird die Rolle der Gesamtgestaltung öffentlicher Bereiche ebenfalls angesprochen.

15.1.1 Gestaltung von Hindernissen

Wie in Kapitel 2.3.5 Mobilität und Mobilitätstraining Blinder und Sehbehinderter beschrieben, stellt der Langstock heute das wichtigste Hilfsmittel für die Orientierung und Mobilität von blinden und hochgradig sehbehinderten Menschen dar. Abbildung 15.1/1 zeigt eine Person mit Langstock. Die Schraffur markiert den Bereich, in dem Gegenstände so rechtzeitig erkannt werden können, dass eine Kollision auch bei zügigem Gehen vermieden werden kann.
Hindernisse, die außerhalb dieses Bereiches liegen, sind nicht oder erst spät erfassbar. Eine meist schmerzhafte Kollision lässt sich auch bei mäßigem Gehtempo nicht vermeiden. An die Gestaltung der einzelnen Einbauten sind daher folgende Anforderungen zu stellen:
– Sichere Erkennbarkeit von Hindernissen mit dem Langstock durch entsprechende Formgebung.
– Sichere Erkennbarkeit von Hindernissen auch mit geringen Sehresten durch eine kontrastreiche Gestaltung und eine gute, blendfreie Beleuchtung der Umgebung. (Siehe Kapitel 15.4 Kontrastreiche Gestaltung der Umwelt und das in der Literaturliste aufgeführte Handbuch des Bundesministerium für Gesundheit.)
– Verringerung des Verletzungsrisikos bei einer dennoch stattfindenden Kollision durch Vermeidung scharfer Kanten und Ecken.

Die folgenden Abschnitte geben Hinweise zur geeigneten Gestaltung verschiedener Hindernisse. Dabei wird versucht, jeweils die wichtigsten Gestaltungsgrundsätze aufzuzeigen (Abb. 15.1/2+3).

15.1.1.1 Nicht auskragende Hindernisse
Mauer, Poller, Masten u.Ä. stellen für Blinde keine gefährlichen Hindernisse dar, da sie in aller Regel mit Hilfe des Langstockes sicher und rechtzeitig erkannt werden.
Für Sehbehinderte dagegen, die sich überwiegend mit Hilfe ihres Restsehvermögens orientieren, sind sie problematisch. Dies ist um so mehr der Fall, je niedriger (Poller), je dünner (Absperrpfosten) und je kontrastärmer sie im Vergleich zur Umgebung sind. Kollisionen mit Pollern und Absperrpfosten

15.1/1 Person mit Langstock

betreffen hauptsächlich den Unterleib und die Beine und sind somit sehr schmerzhaft. An Stellen mit starkem Fußgängerverkehr kollidieren auch Menschen ohne Sehbehinderung häufig mit derartigen Hindernissen. Bewährt haben sich hier rot/weiße, schwarz/weiße oder schwarz/gelbe Streifen als kontrastreiche Farbmarkierungen am oberen Ende der Poller und Pfosten. Entsprechendes gilt für in Fußgängerverkehrsflächen aufgestellte Verkehrszeichen und Lichtmasten, die mit einer gleichartigen Markierung etwa in Augenhöhe (1,35 bis 1,65 m über dem Boden) versehen werden sollten. Deutlicher noch ist eine Markierung des gesamten Mastes, wie sie in den Niederlanden zum Einsatz kommt.

15.1.1.2 Hindernisse mit etwa hüfthoher Bodenfreiheit
Einbauten, die an Wänden befestigt sind und auskragen (z.B. Briefkästen) oder auf dünnen, zentral angeordnete Füßen stehen (z.B. Vitrinen), erfüllen die für die sichere Erfassbarkeit genannten Anforderungen nicht. Gleiches gilt für Gehwegabschrankungen, die oft aus nur einem Querholm in Hüfthöhe bestehen. (Siehe auch Kap. 15.2 Baustellenabschrankungen).
In Abbildung 15.1/4 ist eine freistehende Vitrine dargestellt, die mit dem Langstock nur schlecht zu erfassen ist. Ferner sind drei Gestaltungsbeispiele dargestellt, die zeigen, wie die Erfassbarkeit von Hindernissen mit dem Langstock verbessert werden kann:
– Herabziehen von Seitenwänden bis zum Boden oder bis maximal 30 cm über Boden
– Errichten eines mindestens 10 cm hohen Podestes, das den Umriss des Hindernisses auf dem Boden nachbildet
– Anbringen einer Stange, ebenfalls in der Form des Umrisses des Hindernisses, in einer Höhe von maximal 30 cm über dem Boden.
Abbildung 15.1/5 zeigt eine Abschrankung, von der lediglich die senkrechten Pfosten, nicht aber der in Hüfthöhe verlaufende Querholm mit dem Langstock erfasst werden kann. Durch die Montage mindestens einer zusätzlichen waagerechten Stange in

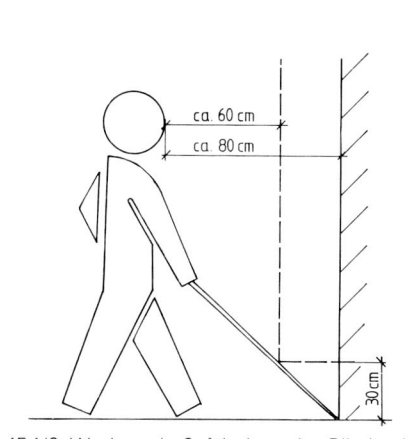

15.1/2 Wachsende Gefährdung des Blinden bei Einbauten mit einer Bodenfreiheit über 30 cm

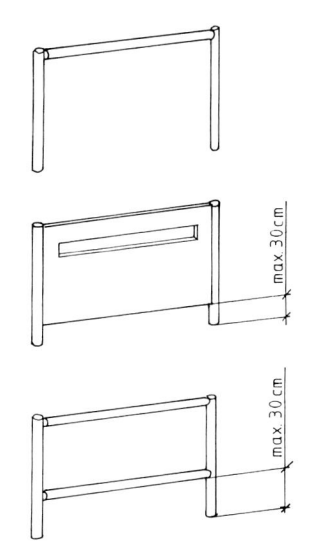

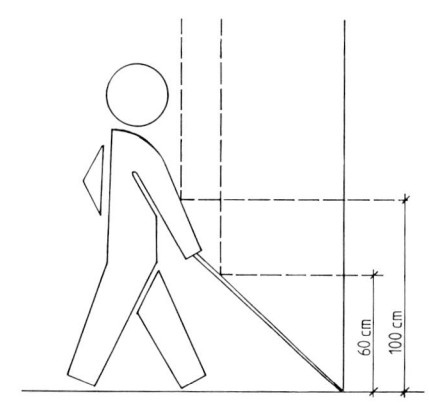

15.1/3 Gravierende Gefährdung bei einer Bodenfreiheit über 60 cm

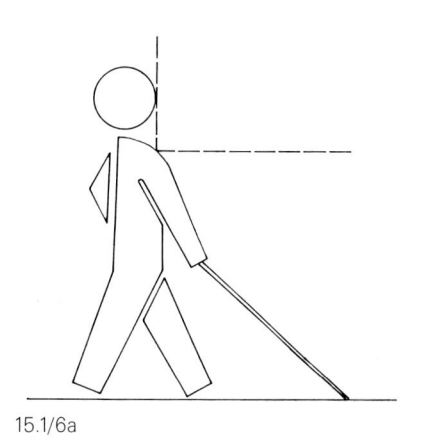

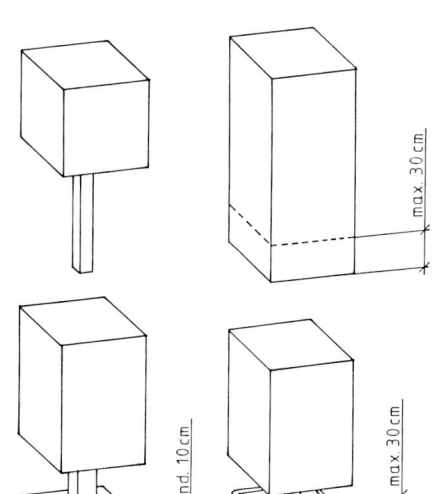

15.1/4 Mit dem Langstock schlecht zu erfassende Vitrine und Möglichkeiten einer verbesserten Gestaltung

15.1/5 Mit dem Langstock schlecht zu erfassende Abschrankung und Beispiele einer verbesserten Gestaltung

15.1/6a

15.1/6b

15.1/6a+b Großes Verletzungsrisiko bei Hindernissen in Kopfhöhe

max. 30 cm Höhe kann diese Situation entschärft werden. Noch besser ist eine geschlossene Ausführung, die mit dem Langstock einfacher erfasst werden kann.

Grundprinzip ist auch hier die Übertragung des Umrisses des Hindernisses auf den Boden, d.h. in den Bereich, in dem er mit dem Langstock sicher erfasst werden kann. Vielfach wird vorgeschlagen, um Hindernisse herum einen Streifen mit einer sich vom umgebenden Belag unterscheidenden Oberflächenstruktur zu verlegen (taktil erfassbare Bodenmarkierungen), um Blinde am Hindernis vorbei zu leiten. Diese Art der Hindernismarkierung wird jedoch von Blinden oft nicht erkannt, da gerade in Fußgängerverkehrsflächen Belagswechsel aus gestalterischen Gründen häufig eingesetzt werden.

Zudem können Hindernisse mit den oben beschriebenen Maßnahmen für Blinde und Sehbehinderte relativ einfach und zuverlässig erkennbar gemacht werden. Taktil erfassbare Bodenmarkierungen (siehe Kap. 15.3 Leit- und Schutzlinien für Blinde und Sehbehinderte) sollten Situationen vorbehalten bleiben, in denen keine anderen Maßnahmen zur Verfügung stehen, wie beispielsweise Hochbahnsteige von U-Bahnen. Ihre Erfassung erfordert den Einsatz der „Schleiftechnik" (s. Kap. 2.3.5 Mobilität und Mobilitätstraining bei Blinden und Sehbehinderten), die im Vergleich zu anderen Langstock-Techniken einen größeren Kraftaufwand erfordert. Es kann daher nicht vorausgesetzt werden, dass Blinde diese Technik auch außerhalb von Bereichen mit speziellen taktil und optisch erfassbaren Leitlinien (z.B. Bahnhöfen) anwenden. Die oben beschriebene Gestaltung von Hindernissen ermöglicht dagegen auch eine Erkennung mit der weniger anstrengenden und daher häufiger angewendeten „Tipptechnik".

Für Sehbehinderte sind auch Hindernisse mit etwa hüfthoher Bodenfreiheit so kontrastreich zu gestalten, dass eine gute Erkennbarkeit gewährleistet ist. (S. oben und Kap. 15.4 Kontrastreiche Gestaltung der Umwelt)

Insbesondere Hindernisse mit großen Glasflächen (Vitrinen, gläserne Geländer) sind für Sehbehinderte schlecht zu erkennen und erfordern eine zusätzliche Markierung, wenn sie zu wenig „massive" Teile besitzen, die ihre Erkennung ermöglichen.

15.1.1.3 Hindernisse in Kopfhöhe

In Kopfhöhe angebrachte Hindernisse bergen für Blinde und Sehbehinderte das Risiko äußerst schmerzhafter und gefährlicher Verletzungen (Abb. 15.1/6+7).

Hinweistafeln, Wegweiser, Sonnenschutzmarkisen, Telefonhauben u.Ä. in Fußgängerverkehrsflächen sind so anzubringen, dass die lichte Höhe mindestens 2,30 m beträgt. Im Interesse einer ausreichenden

15.2 Blinden- und sehbehindertengerechte Absicherungsmaßnahmen

Dietmar Böhringer

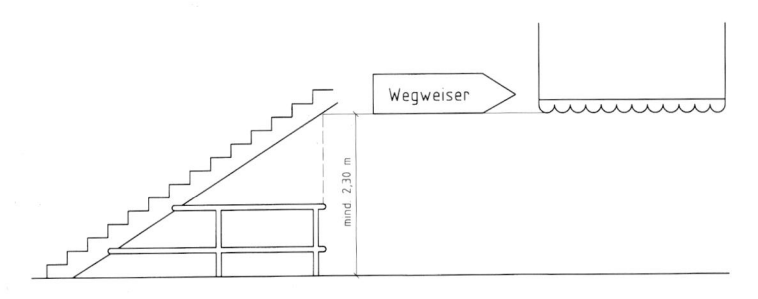

15.1/7 Abschrankung unter einer Treppe, Anbringung von herabhängenden Hindernissen in mind. 2,30 m Höhe

Lesbarkeit sollte jedoch gleichzeitig auf eine wesentlich höhere Montage von Hinweisschildern verzichtet werden. Ist eine derartige Anbringung nicht möglich, so ist der Umriss des Hindernisses durch eine der zuvor aufgeführten Maßnahmen mit dem Langstock erfassbar zu machen bzw. der Bereich mit einer lichten Höhe unter 2,30 m abzusperren.

In diesem Zusammenhang sei auch auf die Gefährdung durch frei von oben auf eine Fußgängerfläche herabführende Treppen und schräg verlaufende Verstrebungen hingewiesen. Hier ist häufig auch der Bereich mit einer lichten Höhe von weniger als 2,30 m begehbar, das Hindernis mit dem Langstock aber überhaupt nicht erfassbar und auch für viele Sehbehinderte schlecht zu erkennen.

Durch eine Abschrankung oder ein Podest von über 40 cm Höhe, das nicht mit einer Stufe verwechselt werden kann, sollte der gefährliche Bereich deutlich gekennzeichnet und die Verletzungsgefahr beseitigt werden.

15.1.1.4 Absätze als Hindernisse

Absätze bis zur Höhe üblicher Treppenstufen stellen bei geeigneter Markierung (siehe Kap. 15.5 Anforderungen von Blinden und Sehbehinderten an die Gestaltung von Treppen) keine gefährlichen Hindernisse dar. Vielfach bilden sie insbesondere für Blinde eine wertvolle Orientierungshilfe. So sind Randsteine in der üblichen Höhe von 10 cm eine mit dem Langstock sehr gut erfassbare Abgrenzung zwischen Bürgersteig und Fahrbahn.

Absätze hingegen, die
– höher sind als übliche Stufen
– nicht durch Abschrankungen oder Grünstreifen (mindestens 30 cm breit) gesichert und
– von der Oberseite her zugänglich sind,

können für Blinde und Sehbehinderte eine Gefährdung darstellen, wenn sie nicht erkannt werden (dies betrifft vor allem Sehbehinderte) oder für eine begehbare Treppenstufe gehalten werden. So kann beispielsweise die Verwechslung eines als Sitzstufe gedachten Absatzes innerhalb einer Fußgängerverkehrsfläche mit einer Treppenstufe zu einem Sturz führen (s. Kap. 15.5).

Mit Abschrankungen abgesicherte Absätze sind für Blinde und Sehbehinderte nur dann gefahrlos, wenn die Abschrankung, wie oben und im folgenden Abschnitt 15.2, Blinden- und sehbehindertengerechte Absicherungsmaßnahmen beschrieben, ausgeführt sind.

Gerade bei den oben erwähnten Sitzstufen lassen sich derartige Abschrankungen aber wohl kaum durchsetzen. Um dennoch gefährliche Situationen zu vermeiden, dürfen solche Absätze nicht unmittelbar neben Wegen eingeplant werden. Durch die Gesamtgestaltung sollte zudem versucht werden, Bereiche mit nicht gesicherten Absätzen von den übrigen Fußgängerverkehrsflächen zu unterscheiden.

Absätze, die von der Unterseite her zugänglich sind, stellen in der Regel keine Gefahr dar, da sie nicht mit begehbaren Treppenstufen verwechselt werden und keine Absturzgefahr besteht.

„Ich ging mit meinem weißen Langstock auf dem rechten Gehweg, den ich gut kenne. Plötzlich verlor ich den Boden unter den Füßen und landete in einer etwa zwei Meter tiefen Baugrube. Während des Fallens spürte ich, wie ich mit meinem Körper die Flatterleine – die einzige Absicherung der Baustelle – zerriß. Glücklicherweise kam ich ohne größeren Verletzungen davon, wenn auch völlig verschmutzt und vor allem mit einem furchtbaren Schrecken und einem Angstgefühl, das mich noch lange auf allen Wegen begleitete."[1]

Unterhält man sich mit mobilen blinden Personen, erschrickt man darüber, wie viele davon schon irgendwann einmal eine derartige schlimme Erfahrung gemacht haben. Stets entstand dabei ein Angsttrauma, das sie sehr belastete und monate- oder jahrelang verfolgte, häufig auch ein schwerer körperlicher Schaden. Ein besonders tragischer Sturz eines Blinden in eine 4 m tiefe Baugrube, der tödlich ausging, bewegte vor einigen Jahren die deutsche Öffentlichkeit mehrere Tage lang.

Wie sind derartige Unfälle möglich bei Blinden, die ein intensives Mobilitätstraining absolviert haben? – Der Blindenstock, der vor dem Körper pendelnd gehalten wird, ertastet bekanntlich jeweils einen Schritt voraus den Untergrund (siehe Kap. 2.3.5 und 15.1). Er erfasst damit auch abwärts führende Treppen oder Kanten. Um vor einer derartigen Gefahrenstelle noch rechtzeitig „abbremsen" zu können, muss der Blinde aber eine sehr hohe Konzentration aufbringen. Dies gelingt ihm an jenen Stellen problemlos, wo er weiß, dass derartige Gefahren vorhanden sind, und auch dort, wo er sich nicht gut auskennt: Hier verringert er seine Gehgeschwindigkeit automatisch und schleift mit dem Blindenstock so sorgfältig über den Boden, dass er sehr genaue Informationen über den Untergrund erhält. Diese „Stocktechnik" ist allerdings sehr anstrengend. Legt er jedoch eine ihm gut bekannte Strecke zurück, von der er weiß, dass sie keine Gefahrenpunkte

---

[1] Faltblatt a.a.O.; Vollert S. 88 f.

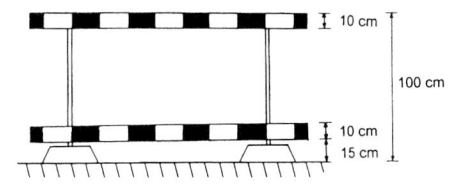

15.2/1 Sichere Baustellenabschrankungen:
Erforderlich ist eine 10 cm breite „Tastleiste" für Blinde (Unterkante 15 cm über dem Boden). Erforderlich sind außerdem eine hohe Standfestigkeit sowie ein Sicherheitsabstand zur Abbruchkante von 30 cm

15.2/3 Negativbeispiel:
Stabil aussehende Abschrankung, die in Wirklichkeit mit dem kleinen Finger oder durch eine Windböe umgeworfen werden könnte. Bei geringfügigem „Anrempeln" fielen Bretter aus der Halterung

15.2/2 Negativbeispiel:
Gedankenlos angebrachte Baustellenabschrankungen stellen – nicht nur für Blinde – eine große Gefahr dar

15.2/4 Test eines Absperrgerätes
Positiv:
– Die einzelnen Teile des Absperrgerätes waren fest miteinander verbunden und lösten sich bei einem Anprall nicht voreinander
– Die senkrechten Stützen waren elastisch und konnten daher Stöße weich abfangen
Negativ:
– Die Abschrankung hielt nur einer Horizontalkraft von 150 N in 1 m Höhe stand, was sich aber durch Beschweren der Grundplatte verbessern ließ
– Eine Tastleiste fehlte, ließ sich aber problemlos anbringen

aufweist, lässt die Konzentration automatisch nach. (Dies ist eine Erfahrung, die man z.B. auch vom Verkehrsverhalten der Kraftfahrer kennt!) Trifft der Blinde nun hier auf eine Aufgrabung, ist die Gefahr groß, dass er zu langsam reagiert. Einen drohenden Absturz in die Baugrube muss nun die Baustellenabschrankung verhindern.

Nach § 45 Abs. 6 der Straßenverkehrsordnung müssen die Unternehmer vor dem Beginn von Arbeiten, die sich auf den Straßenverkehr auswirken, von der zuständigen Behörde Anordnungen darüber einholen, wie ihre Arbeitsstellen abzusperren und zu kennzeichnen sind. Als zuständige Behörden im Sinne dieser Bestimmung kommen die Straßenbau- und die Straßenverkehrsbehörden in Betracht. Sie treffen unter Beteiligung der Polizei die erforderlichen Anordnungen, welche die Unternehmer auszuführen und einzuhalten haben. Unternehmer können sein: die Bau- und Tiefbaufirmen, aber auch die Gemeinden und Landkreise sowie Dt. Bahn AG und Post AG, soweit sie Arbeiten in eigener Regie durchführen.[2]

Wie sind Baustellenabschrankungen zu gestalten? Die RSA (Richtlinien für die Sicherung von Arbeitsstellen an Straßen) schreiben für die Absicherung in Fußgängerbereichen festes Absperrmaterial vor. Abschrankungen mit nur optisch auffälligem Material (z.B. „Flatterleinen" oder Leitkegel) sind nicht zulässig. „Als besondere Warneinrichtung für Blinde müssen im Bereich von Aufgrabungen auf oder neben Gehwegen sowie in Fußgängerbereichen oder -zonen unter Absperrschranken in der Regel zusätzlich Tastleisten angebracht werden; in anderen Fällen können sie angebracht werden. Die Tastleiste ist entsprechend einer Absperrschranke von 100 mm Höhe zu gestalten. Ihre Unterkante darf nicht höher als 150 mm +/-5 mm angebracht werden."[3] – Auf diesen Abschnitt weist auch die DIN 18024-1 hin[4].

Die tiefliegende „Tastleiste" ist erforderlich, damit der Blindenstock möglichst früh, ungefähr einen Schritt voraus, den Blinden vor der Gefahr warnt. Es ist daher positiv zu bewerten, dass die Unterkante nicht höher als 15,5 cm über Bodenniveau sein darf.

Gelegentlich sieht man noch dünne Rohre in ca. 15 cm Höhe als Tastleisten für Blinde. Sie waren im RSA-Entwurf vom Dezember 1994 vorgesehen, sind nach der endgültigen Fassung jedoch nicht mehr zulässig. Aus der Sicht blinder Fußgänger ist dies sehr zu begrüßen: Bei zügigem Gehen auf bekannten Wegen hebt mancher Blinde bei jedem Schritt seine Stock-

---

2 Vollert S. 89
3 RSA, S. 17, Abschnitt 3.1.1 (6)
4 DIN 18024 Teil 1, Seite 8, Abschnitt 14 „Baustellensicherung"

spitze bis zu 25 cm. Stößt sie an einer Abschrankung aber nicht mehr gegen die Tastleiste, sondern streicht darüber hinweg, dann prallt der Körper des Blinden praktisch ungebremst gegen die Abschrankung. Dies ist in jedem Fall sehr schmerzhaft, und die Gefahr, dass der Blinde die Abschrankung umreißt und mit ihr in die Tiefe stürzt, ist groß. Die Verwendung einer 10 cm breiten Tastleiste bietet Blinden deutlich höhere Sicherheit als nur die Anbringung eines Rohres. Es ist daher darauf zu achten, dass dieses Detail eingehalten wird!

Die RSA enthält noch die Sollbestimmung: „Auf eine ... standsichere Aufstellung sollte geachtet werden."[5] – Bei der genaueren Untersuchung einer stabil aussehenden Baustellenabschrankung (Abb. 15.2/3) wurde z.B. festgestellt, dass sie mit einer horizontal wirkenden Kraft in 1 m Höhe von 35 N (3,5 kp) umzuwerfen war. Zum Vergleich: Der kleine Finger eines Erwachsenen kann in der Regel eine Zugkraft von mehr als 80 N aufbringen! Es ist unverkennbar, dass mit derartigen Absperrgeräten unnötige Gefahren heraufbeschworen werden. Es wäre wünschenswert, wenn die erforderliche „Standsicherheit" – z.B. im Hinblick auf Sturm oder auf Fußgänger, die versehentlich dagegenstoßen oder -stolpern – genauer definiert und verbindlicher vorgeschrieben würde. Als gute Lösung würde sich anbieten:

– „Eine ausreichende Standfestigkeit bzw. Kippsicherheit muss gewährleistet sein: Die Abschrankung sollte durch eine horizontal wirkende Kraft von 300 N (30 kp), gemessen in 1 m Höhe, noch nicht umgeworfen werden; sie darf es keinesfalls bei einer Horizontalkraft von 250 N (25 kp) in 1 m Höhe. Absperrschranken sind so stabil zu befestigen, dass sie beim Dagegenstoßen nicht aus ihrer Halterung fallen können." – Die Standfestigkeit lässt sich im übrigen problemlos mit einer einfachen Federwaage („Sackwaage") kontrollieren und in der Regel mit geringem Aufwand erheblich vergrößern (z.B. durch Auflegen einer zweiten Bodenplatte auf den Sockel eines Absperrpfostens).

Seit längerer Zeit sind Absperrgeräte im Gebrauch, bei denen ein Kunststoffrohr in einem Recyclinggummi-Sockel verankert ist. Wie bei Testversuchen festgestellt wurde, geben derartige Abschrankungen bis zu 20 cm weit nach und fangen damit den Körper eines rasch dagegen Gehenden „weich" ab. Ist die Abschrankung dagegen unelastisch, dann ist einerseits der Aufprall schmerzhafter, andererseits die Gefahr größer, dass die Abschrankung umgestoßen wird. Elastische Absperrgeräte sind daher wünschenswert und starren Absperrgeräten vorzuziehen.

Es ist immer wieder zu beobachten, dass Baustellenabschrankungen erst hinter der Abbruchkante einer Baugrube beginnen (Abb. 15.2/2). Dies ist für blinde Fußgänger außerordentlich gefährlich, denn wenn der Blindenstock am Baugrubenrand hindurchgleitet und auf keinen Widerstand stößt, erfüllt selbst eine korrekt angebrachte Tastleiste ihre Warn- und Bremsfunktion nicht. Es besteht (wie oben) Absturzgefahr. Aus diesem Grund wäre eine weitere Ergänzung der RSA wünschenswert:

– „Zwischen Absperrschranken und einer Aufgrabung ist ein Sicherheitsabstand von mindestens 30 cm einzuhalten"

Für fest installierte Abschrankungen vor Absturzstellen (z. B. im Bahnhofsbereich) wären die entsprechenden Anforderungen wünschenswert und sollten eingehalten werden (Abb. 15.2/5):

– Eine Stange in Hüfthöhe ist nicht ausreichend; eine Tastleiste für den Blindenstock ist zu ergänzen.
– Hat die Tastleiste Bodenfreiheit, darf die Abschrankung nicht direkt über der Kante, sondern muss mit einem gewissen Sicherheitsabstand davor angebracht werden.
– Soll die Abschrankung direkt an der Kante errichtet werden, muss die Tastleiste Bodenberührung haben und mindestens 25 cm hoch sein.

Fest installierte Abschrankungen im Straßenraum (z. B. zwischen zwei Fußgängerüberwegen im Kreuzungsbereich) bestehen gegenwärtig in der Regel nur aus einer Stange in Hüfthöhe. Auch hier wäre es mit Rücksicht auf Blinde wünschenswert, eine ergänzende Tastleiste anzubringen: Der Blinde könnte sich mit Hilfe seines Stockes zügig daran entlangtasten, ohne mit der Kleidung an den stets schmutzigen Absperrstangen entlangzuwischen. Ausreichend wäre dazu eine Stange von geringem Durchmesser in ca. 25 cm Höhe.

Insbesondere, jedoch nicht nur im Bereich von Baustellen begegnet man immer wieder Schildern, die in Kopfhöhe in den Fußgängerbereich ragen. Dies gefährdet unaufmerksame oder abgelenkte Passanten, in besonderem Maße aber blinde und sehbehinderte Personen. Hier gilt laut RSA: „Die Mindesthöhe zwischen Unterkante Verkehrsschild und Boden beträgt in der Regel ... 2,0 m außerhalb der Fahrbahn und über Gehwegen, 2,2 m über Radwegen." Eine Reduzierung der Mindesthöhe bis auf 1,5 m ist nur zulässig, „so weit die Schilder nicht im Bereich von Geh- und Radwegen aufgestellt werden."[6] Es wäre zwingend notwendig, dass diese Regelung konsequenter als bisher beachtet wird und dass ggf. die entsprechenden Ordnungsbehörden tätig werden, um unnötige, schmerzhafte Unfälle im Vorfeld zu verhindern.

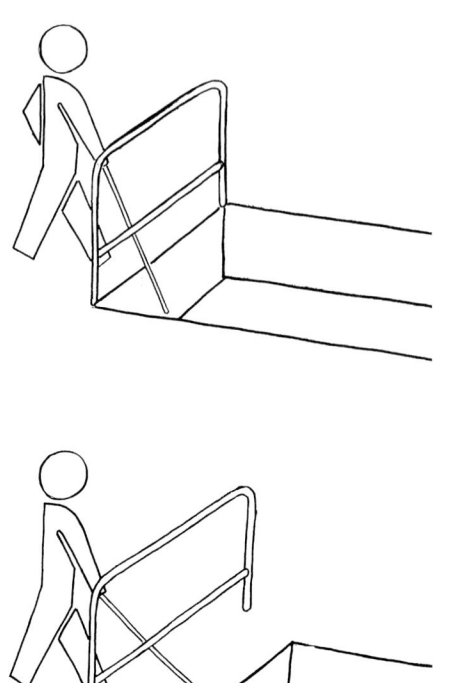

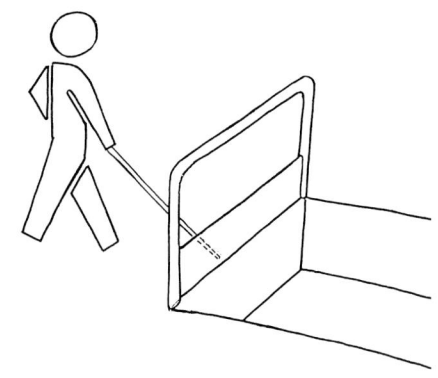

---

5 RSA, S. 16, Abschnitt 3.1.0 (3)
6 RSA, S. 12, Abschnitt 2.1

15.2/5 Hat bei fest installierten Abschrankungen die Tastleiste keine Bodenberührung, muß die Abschrankung mit einem Sicherheitsabstand vor der Absturzstelle angebracht werden. Wird die Abschrankung direkt über der Absturzstelle angebracht, muß die Tastleiste Bodenberührung haben und mindestens 25 cm hoch sein. (Zeichnungen und Fotos Dietmar Böhringer)

15.3 Leit- und Schutzlinien für Blinde und Sehbehinderte

Winfried Specht

15.3.1 Einleitung

Der Gebrauch des Blindenstocks (s. Kap. 2.3.5) sowie die Ausstattung von Lichtsignalanlagen mit akustischen bzw. taktilen Signalgebern (s. Kap. 17.4) hat wesentlich zur Selbstständigkeit blinder und sehbehinderter Menschen im Straßenverkehr beigetragen.
Gleichzeitig gab es aber auch Entwicklungen, die sich nicht vorteilhaft auf die Mobilität blinder und sehbehinderter Menschen auswirkten. Zu nennen sind:
– das Ansteigen des Verkehrsaufkommens sowohl beim Individualverkehr als auch im öffentlichen Personenverkehr
– der Einsatz moderner Verkehrsmittel (U-, S-Bahnen, Busse usw.), die weniger Fahrgeräusche entwickeln und daher akustisch schlecht wahrzunehmen sind
– kürzere Haltezeiten der öffentlichen Verkehrsmittel
– der häufige Wegfall der Möglichkeit, mit dem fahrenden Personal von der Haltestelle in Sprechkontakt zu treten, um sich zu vergewissern, ob das richtige Verkehrsmittel bestiegen wird
– die, durchaus zu begrüßende, verstärkte Nutzung von Fahrrädern, die jedoch von Blinden sehr spät oder nicht zu hören sind
– das Absenken bzw. Beseitigen von Bordsteinkanten (s. Kap. 17.1) und die Abgrenzung von Verkehrsflächen durch nur optisch wahrnehmbare Markierungen.

Sehr schwierig ist auch die Orientierung auf freien Plätzen oder in großräumigen Hallen, wenn nicht die Möglichkeit besteht, sich an Baukörpern, durch Schallreflexion usw. zu orientieren. Beispielsweise gibt es auf Bahnhöfen sehr starke Lärmentwicklungen durch Züge, so dass die Orientierung mittels akustischer Hinweise nicht möglich ist.
Der Einsatz von taktil und optisch wahrnehmbaren Bodeninformationen kann teilweise dazu beitragen, dass die Nachteile für blinde und sehbehinderte Menschen abgemildert werden. Blinde, die sich mit Hilfe des Langstockes im öffentlichen Bereich, in Gebäuden und in Verkehrsanlagen bewegen, können taktile Bodeninformationen mit dem Langstock ertasten. Sehbehinderten dient der optische Kontrast zur Orientierung.

15.3.2 Begriffserklärung

Taktil und optisch wahrnehmbare Bodeninformationen werden im folgenden – gemäß DIN 32984 – als „Bodenindikatoren" bezeichnet. Sie sind Bodenbelagselemente, die Blinden und Sehbehinderten als Orientierungshilfe dienen.
Mitte der 80er Jahre fanden in der Bundesrepublik Deutschland die ersten Versuche statt, derartige Orientierungshilfen zu gestalten (Bahnhof Wedel bei Hamburg sowie Bundesgartenschau Berlin). Mittlerweile sind zahlreiche Bahnsteige für Fernzüge, S-Bahnen usw. mit Leitstreifen ausgestattet worden. Sie finden sich aber auch an Bushaltestellen, als Hinweis auf Fußgängerüberwege und Lichtsignalanlagen, in öffentlichen Gebäuden oder auf Plätzen, um Blinden hier die Orientierung zu erleichtern (König S. 21, 24, 28, 31, 45, 65, 76, 81 und 136).

15.3.3 Ausführung

So vielfältig wie die Struktur der Bodenbeläge auf Bahnsteigen, Gehwegen usw. ist, so gibt es auch unterschiedliche Auffassungen darüber, wie die Struktur von Bodenindikatoren zu gestalten ist. In den letzten Jahren fanden zahlreiche Tests, Untersuchungen und Diskussionen statt.
Mittlerweile ist die Norm DIN 32984 Bodenindikatoren im öffentlichen Verkehrsraum in Vorbereitung, in der festgelegt wird, wie die Oberflächenstruktur der Bodenindikatoren zu gestalten ist und wie sie entsprechend ihres Einsatzbereiches einzubauen sind. Mit der Veröffentlichung der Norm ist im Laufe des Jahres 1999 zu rechnen. Die DIN 32984 sieht u.a. folgendes vor:
– Die Oberfläche von Bodenindikatoren weist ein Längsmuster aus, dessen Form im Querschnitt einem Wellenprofil entspricht. Die Profiltiefe beträgt ca. 3 mm, der Abstand der Wellenberge ca. 1 bis 2 cm.
– Bei Leitstreifen muss das Längsprofil immer in Gehrichtung weisen.
– Bodenindikatoren müssen rutschfest und gut zu reinigen sein. Sie können aus Keramik, Betonwerkstein, Gummi, Metall oder anderen geeigneten Materialien hergestellt sein. Ihr Brandverhalten muss der Klasse B entsprechen.
– Aus Bodenindikatoren werden die folgenden Orientierungshilfen für blinde und sehbehinderte Menschen gebildet:
a   Leitstreifen: Sie zeigen die Gehrichtung bzw. die Begrenzung von Gehflächen an. Sie sind in der Breite von 250 bis 600 mm auszuführen. Auf Bahnsteigen sollte die Breite 300 mm betragen.
b   Auffangstreifen: Diese werden quer über die Gehfläche verlegt, um auf Treppenanlagen, Fußgängerüberwege usw. hinzuweisen.
c   Aufmerksamkeitsfelder: Die flächig verlegten Bodenindikatoren sollen eine Tiefe von mindestens 900 mm haben. Sie weisen auf abzweigende Leitstreifen, Treppen und Rampen, beschrankte und unbeschrankte Bahnübergänge usw. hin. Empfohlen wird, Werkstoffe zu verwenden, welche sich vom Leitstreifen und dem Bodenbelag unterscheiden.
d   Begleitstreifen: Für Blinde ist es u.U. schwierig, Leitstreifen eindeutig zu erkennen, wenn der angrenzende Bodenbelag ähnlich rau ist wie die Bodenindikatoren. In diesem Fall sind ein- oder beidseitig zu einem Leitstreifen ‚Begleitstreifen' aus planen, fugenarmen Bodenelementen einzubauen. Dadurch kann auch ein schwacher optischer Kontrast des Leitstreifens erhöht werden.
e   Begrenzungs- und Schutzstreifen: Sie bilden eine taktile und optische Abgrenzung zwischen auf gleichem Niveau verlaufenden Verkehrsflächen, z.B. bei Fuß- und Radwegen. (Die für Blinde bessere Lösung ist ein Niveauwechsel von mindestens 3 cm Höhe, s. Kap. 17.3).
Schutzstreifen sollten eine Struktur haben, die sich deutlich von der der Leitstreifen unterscheidet. Strukturen, wie sie z.B. bei Noppennsteinen gegeben sind, haben sich an Straßenbahnüberwegen und als Abgrenzung zwischen Geh- und Radweg bewährt.
Im Bereich der Stuttgarter S-Bahn wurden zwei Leitlinien mit unterschiedlichen Strukturen verglichen: Einerseits ein Rillenabstand von 10 mm, andererseits eine Struktur, bei der 3 mm hohe Rippen im Abstand von 20 mm aufgebracht sind. Die 10 mm-Rillenstruktur wurde von blinden Testpersonen wesentlich schlechter beurteilt als die neu entwickelte Struktur, und zwar beim Gehen in Rillenrichtung als auch quer dazu. (Böhringer, S. 24) Gravierende Unterschiede ergaben sich bei einem Test mit Winterstreuung. Während die 10 mm-Struktur praktisch nicht mehr wahrgenommen wurde, konnte die 20 mm-Struktur noch ausreichend mit dem Blindenstock ertastet werden.
Wichtig ist, dass sich die ausgewählte Struktur der Leitstreifen deutlich von der des Belages unterscheiden muss, in den sie eingelegt werden sollen. So konnten beispielsweise in einer geschliffenen Oberfläche Rillen von ca. 10 mm Querschnitt gut ertastet werden, während sie in rauem, ‚feuerbeflammtem' Naturstein nicht mehr wahrzunehmen waren.
Vor dem Einbau von Schutz- und Leitlinien empfiehlt es sich, eine strukturelle Gestaltung von Orientierungshilfen, die von den sinusförmigen Rillen abweicht, im Vorfeld ausreichend zu testen, und zwar in der Umgebung, in der sie verlegt werden sol-

len (s. Kap. 17.3). Nur so kann sichergestellt werden, ob sie mit dem Langstock erkannt werden.
Folgende drei Punkte können als Planungshilfe dienen:
- Bei glatten Bodenbelägen können feinere Strukturen erfasst werden. Bei rauen Bodenbelägen sind gröbere Strukturen erforderlich, um mit derselben Sicherheit erfasst werden zu können.
- Über die Oberfläche stehende Wülste werden besser erfasst als vertiefte Rillen gleichen Querschnitts.
- Scharfkantige, eckige Strukturen sind unangenehmer zu erfassen als abgerundete.

Die Norm DIN 32984 sieht nur Maßnahmen für Neubauten oder grundlegende Umbaumaßnahmen vor. Für die Nachrüstung bestehender unterirdischer U-Bahnstationen wurde in München die Einfräsung von Rillen entwickelt (TÜV Bayern) und in Wien weiter verbessert (Böhringer, S. 22). Für S-Bahnstationen im oberirdischen Bereich wurde in Stuttgart ein mit Kaltplastikmasse gestalteter Leitstreifen ausgebracht. Über die Haltbarkeit und Rutschfestigkeit der verwendeten Kaltplastik wurde ein ausführliches Gutachten erstellt, das positiv ausfiel. Bei einer sachgerechten Aufbringung der Kaltplastik – auch bei Verwendung auf Betonverbundsteinen – ergeben sich entgegen anderer Darstellung (König, S. 78 und 80) keine Baumängel der Leitlinie (s. Stationen Vaihingen und Böblingen-Hulb im S-Bahnnetz Stuttgart).

15.3.4 Leuchtdichtekontrast

Mit Rücksicht auf sehbehinderte Personen, die sich in der Regel ohne Langstock bewegen, sollten Bodenindikatoren einen ausreichenden Leuchtdichtekontrast zum umgebenden Belag haben. Sollte es nicht möglich sein, diesen Kotrast zwischen Bodenindikatoren und Bodenbelägen herzustellen, muss der Begleitstreifen den erforderlichen Kontrast aufweisen.
Für Sehbehinderte besteht die Notwendigkeit, dass sie eine kontrastreiche Gestaltung von Gefahrenstellen (Bahnsteigkante, Bordsteinkante, Treppenstufe usw.) vorfinden.
Es gibt gute Beispiele für optisch kontrastierende Leitlinien in Gebäudekomplexen. Werden sie durch gut lesbare Hinweisschilder ergänzt, ist dies eine gute Orientierungshilfe (s. Kap. 2.6). Auch längs zur Gehrichtung angeordnete Beleuchtungskörper können Sehbehinderten zur Orientierung dienen.
Die DIN 32984 lässt einerseits mit den darin definierten Maßen Strukturen als normgerecht gelten, deren Tauglichkeit noch nicht nachgewiesen wurde. Andererseits werden Lösungen als nicht normgerecht ausgeschieden, die sich z.B. im Ausland auf hunderten von Kilometern bewährt haben (z.B. ‚Noppensteine' mit ca. 5 mm hohen kreisrunden Erhebungen mit einem Durchmesser von ca. 3 cm und einem Abstand von ca. 5 cm oder ‚Wellensteine' mit ca. 5 mm hohen Rippen mit einem Abstand von ca. 4 cm). Mit der DIN 32984 wurde erstmals in Deutschland der interessierten Öffentlichkeit die Notwendigkeit deutlich gemacht, dass Blinde und Sehbehinderte im öffentlichen Bereich zusätzliche Orientierungshilfen dringend benötigen. Inzwischen wurden die Empfehlungen der DIN 32984 in Publikationen des Bundesverkehrsministeriums aufgenommen (Empfehlungen 1992, S. 91 ff, Empfehlungen 1997, S. 73 ff).

15.4 Kontrastreiche Gestaltung der Umwelt

Winfried Specht

Bei einem nicht unerheblichen Teil der Bevölkerung liegt eine Sehbehinderung vor. Eine kontrastreiche Gestaltung der Umwelt bietet diesem Personenkreis im Straßenraum und in Gebäuden eine größere Sicherheit und eine bessere Informationsmöglichkeit. Dies nützt auch all den Menschen ohne Sehbehinderung, die durch mangelnde Aufmerksamkeit gleichfalls Vieles nicht wahrnehmen.
Ein Kontrast ergibt sich aus dem Unterschied der Leuchtdichte zweier Farben oder deren Farbkontrast.
Ein Forschungsprojekt zur Kontrastoptimierung des Bundesministeriums für Gesundheit hat ergeben, dass eine sinnvolle kontrastreiche Gestaltung zur Verbesserung der Orientierung Sehbehinderter beiträgt. Zwei Farben mit gleichem Helligkeitsgrad (Schwarz auf Blau, Dunkel-Dunkel) stellen einen schlechten Kontrast dar. Dagegen ist beispielsweise Weiß auf Schwarz (Hell-Dunkel) ein sehr guter Kontrast.
Dunkle Schriftzeichen auf hellem Hintergrund sind besser zu lesen. Soll jedoch helle Schrift auf dunklem Hintergrund verwendet werden, sind die Schriftzeichen ca. 25 % größer darzustellen, um gleich gut erkannt zu werden.
Schwarz auf Weiß stellt den am besten erkennbaren Kontrast dar. Gut zu erkennen sind auch rot-weiße oder gelb-schwarze Farbkombinationen.
Nach dem bereits genannten Forschungsprojekt empfiehlt es sich, den Kontrast entsprechend der Wichtigkeit der Information zu wählen. Je notwendiger die Information ist, desto größer sollte der Kontrast sein.
Informationen können in drei Prioritäten eingestellt werden:
- Höchste Priorität: Diese erhalten die Informationen, die warnen oder auf Notfälle hinweisen (z.B. Baustellenabsperrungen, Treppen, unerwartet auftretende Niveauwechsel, Rettungswege usw.).
- Mittlere Priorität: Informationen mit Entscheidungsfunktion (z.B. Straßenschilder, Fahrpläne, Linien- oder Fahrzielinformationen des öffentlichen Personenverkehrs).
- Niedrigste Priorität: Informationen mit Leitfunktion (z.B. Leitlinien).
Damit Hindernisse für Sehbehinderte keine

Gefährdung darstellen, müssen sie sich kontrastreich von der Umgebung abheben. Die Gestaltung einzelner Hindernisse (z.B. Masten, Poller usw.) ist in Kapitel 15.1 dargestellt. Auch hier gilt: Wurden durch geeignete Materialwahl diese Aspekte bei der Planung berücksichtigt, kann auf eine nachträgliche, häufig nicht beständige Markierung verzichtet werden (Anbringen eines weißen Strichs auf Treppenstufen usw.).

Die Notwenndigkeit einer kontrastreichen Umwelgestaltung soll an alltäglichen Situationen beispielhaft aufgezeigt werden.

- Sehbhinderte Personen können Glastüren u.U. nicht wahrnehmen oder sie können nicht erkennen ob die Türen geöffnet oder geschlossen sind. Dies stellt eine erhebliche Verletzungsgefahr dar. Die Glastüren sind daher deutlich zu kennzeichnen. Dies kann durch Aufbringen eines kontrastierenden gestalterischen Elementes erfolgen, und zwar in einer Höhe von 135-165 cm. Dabei ist darauf zu achten, dass diese Markierung im Kontrast zu den herrschenden Lichtverhältnissen steht.
- Gleichfalls nicht wahrnehmbar sind Türen, die ‚ton in ton' mit der Wandfläche gestaltet sind. Es ist wichtig, dass sich entweder die Laibung oder das Türblatt kontrastierend von der Umgebung abhebt.
- Bei der Beschriftung an Fahrzeugen des öffentlichen Personennahverkehrs, auf Fahrplänen, in Gebäuden usw. ist zu beachten, dass neben den ausreichend großen Lettern (s. Kap. 2.6) ein guter Kontrast zwischen Vordergrund- und Hintergrundfarbe besteht. Als für Sehbhinderte schlecht lesbar sei hier beispielsweise roter Schrift auf gelbem Hintergrund angeführt, wie dies gelegentlich anzutreffen ist.
- Häufig wird darauf verzichtet, einzelne Treppenstufen in einer Gehfläche in einem anderen Farbton zu gestalten. Die im gleichen Farbton gehaltenen Stufen werden dadurch nicht wahrgenommen und stellen eine Verletzungsgefahr dar (s. Kap. 15.5).

Um eine gute kontrastreiche Gestaltung zu erzielen, ist eine gute Ausleuchtung von Innenräumen, insbesondere an Haltestellen, in Gebäudefluren usw., Voraussetzung. Durch sie wird eine Verbesserung der Kontraste bewirkt. Eine gute Ausleuchtung muss gleichmäßig und blendfrei sein.

Beleuchtungskörper, die als Lichtband angeordnet sind, können von Sehbhinderten auch zur Orientierung genutzt werden.

15.5 Anforderungen von Blinden und Sehbehinderten an die Gestaltung von Treppen

Frank Bolay

Treppen können für Blinde und Sehbehinderte, ähnlich wie für Sehende, eine große Gefährdung darstellen. Wird eine Treppe nicht erkannt, kann es zu einem lebensgefährlichen Sturz kommen.

Die zentrale Anforderung von Blinden und Sehbehinderten an die Gestaltung von Treppen ist daher die Sicherstellung der Erkennbarkeit für beide Personengruppen. In den letzten Jahren sind aufgrund von Forschungsergebnissen und Praxiserfahrungen zum Teil neue Vorschläge für die bauliche Ausführung von Treppen entstanden.

- Die bisherige Forderung, die erste und letzte Stufe jedes Treppenabschnittes zu markieren, um die Erkennbarkeit für Sehbehinderte zu verbessern ist ausgeweitet worden.

Durch die Markierung aller Stufen einer Treppe wird eine so genannte „dynamische Treppenmarkierung"[1] erreicht, die eine entscheidende Verbesserung des Signalcharakters von Treppenstufenmarkierung ermöglicht. Die Abbildungen 15.5/1 a-c veranschaulichen die Wirkung dieser Treppenmarkierung:

a) Bei Annäherung an die Treppe von oben ist zunächst nur die Markierung der obersten Treppenstufe erkennbar.
b) Beim Weitergehen jedoch werden die Markierungen aller Stufenvorderkanten sichtbar. Die Erkennbarkeit der Treppe wird durch diese scheinbar großflächige Markierung deutlich verbessert.
c) Schließlich fächert sich die Markierung auf, jede einzelne Stufe ist deutlich erkennbar.

Durch diesen dynamische Effekt lässt sich die Auffälligkeit von Treppenmarkierungen erheblich verbessern.

Zunächst geäußerte Bedenken, diese Markierung würde sowohl Sehbehinderte wie Sehende mehr irritieren als ihnen zu helfen, konnten bei Testreihen unter Praxisbedingungen[2] nicht bestätigt werden.
Jetzt schon wurde die Forderung erhoben, bei Treppen mit drei Stufen alle Stufenvorderkanten zu markieren (DIN 18024-1).
- Die Markierung der Stufen muss direkt an deren Vorderkante erfolgen und eine Breite von ca. 8 cm aufweisen[3]. Durch das Abrücken von der Stufenkante geht der positive Effekt der „dynamischen Treppenmarkierung" verloren und die Stufen sind optisch weit schlechter zu erfassen.
- Die Stellstufen sollen die gleiche Farbe wie die Trittflächen aufweisen. Eine häufig vorgeschlagene Markierung der Stellstufen wird bei der Annäherung an die Treppe unter einem kleiner werdenden Winkel gesehen und verschwindet optisch kurz vor dem Betreten der jeweiligen Stufe, und damit genau zu dem Zeitpunkt, zu dem die Erkennbarkeit der Stufe enscheidend ist[2].
- Die Markierung muss durch eine durchgehende Linien auf der gesamten Treppenbreite erfolgen. Einzelne, eingelassene Pastillen oder Linien, die nur im Randbereich der Treppe aufgebracht sind, genügen nicht.
- Treppenmarkierung als Markierung an Absturzstellen sind mit hoher Priorität zu behandeln. Sie müssen einen Leuchtdichtekontrast $K > 0{,}83$ besitzen[4]. Durch eine geeignete Materialauswahl und Ausführung muss sichergestellt sein, dass dieser Kontrast über die Nutzungszeit der Treppe hinweg erhalten bleibt. (S. auch 15.4 Kontrastreiche Gestaltung der Umwelt)
- Blinde können mit dem Langstock sowohl den Beginn wie auch das Ende von Treppen erkennen. Wegen des bereits angesprochenen beträchtlichen Gefahrenpotenzials von Treppen erscheinen jedoch zusätzliche Sicherheitselemente, die taktil wahrnehmbar sind, sinnvoll. Mit dem zum Zeitpunkt der Drucklegung vorliegenden Normentwurf[4] wird dieser Erkenntnis Rechnung getragen. Wie in Abbildung 15.5/2 dargestellt, soll ober- und unterhalb jedes Treppenabschnitts ein so genanntes „Aufmerksamkeitsfeld" eingebaut werden. Diese Aufmerksamkeitsfelder sind aus einem Bodenbelag zu bilden, der sich taktil (Oberflächenstruktur, Härte) vom umgebenden Belag deutlich unterscheidet.
Entscheidend ist dabei, dass das untere Aufmerksamkeitsfeld direkt an die letzte Treppenstufe anschließt. Beginnt es, wie teilweise vorgeschlagen, ca. 30 cm vor der Stufe, besteht die Gefahr, dass diese Abstandsfläche von Sehenden und Sehbehinderten mit einer Stufe verwechselt wird. Damit wäre eine Gefährdung verbunden.
- Die taktilen Aufmerksamkeitsfelder bieten in der Regel auch für Sehbehinderte wahrnehmbare Kontraste zum umgebenden Bodenbelag. Damit unterstützen sie die oben beschriebene dynamische Treppenmarkierung zusätzlich.
- Die Stufen müssen auf der gesamten Länge der Treppe eine gleichmäßige Steigung und gleich bleibende Tiefe aufweisen. Ein sicheres Begehen der Treppe ist

---

1-4 Siehe Anhang „Literaturverzeichnis nach Kapiteln"

sonst, auch für sehende Menschen, nicht möglich. Das Ertasten jeder einzelnen Treppenstufe zur Feststellung von etwaigen Unterschieden in der Steigung ist unter Alltagsbedingungen nicht möglich.

- Treppen, sollten nicht gewendelt sein, notwendige Treppen dürfen nach DIN 18024-2 keine Wendelung besitzen. Damit wird sichergestellt, dass Treppen über die gesamte Breite das gleiche Steigungsverhältnis aufweisen. Gewendelte Treppen werden zum Treppenauge hin steiler und besitzen z.T. so schmale Auftritte, dass sie gar nicht begangen werden können.

Auch eine gebogene Ausführung von Treppstufen muss vermieden werden. So sind insbesondere halbkreisförmige Erweiterungen von Treppenenden für Blinde und Sehbehinderte schlecht zu begehen.[5]

Neben der schlechten Begehbarkeit erschweren gewendelte Treppen zusätzlich die Orientierung. So kann es Blinden und Sehbehinderten auf längeren Wendeltreppen durchaus schwindelig werden und es ist weitaus schwieriger, am Ende einer gewendelten Treppe die Gehrichtung zu finden.

- Auf beiden Seiten der Treppe muss ein Handlauf mit einem Durchmesser zwischen 30 und 45 mm vorhanden sein. Fehlt ein solcher Handlauf kann beispielsweise die in Bild 15.5/3 dargestellte Situation entstehen. Blinde und Sehbehinderte könne hier die Stützmauer irrtümlich wie eine Stufe betreten, werden beim nächsten Schritt jedoch „in die Leere" treten und stürzen.

Der innere Handlauf darf am Treppenauge nicht unterbrochen sein, um eine durchgehende Führung beim Begehen der Treppe sicherzustellen. Der äußere Handlauf kann auf Treppenabsätzen unterbrochen sein[5].

An Anfang und Ende sind Handläufe mindestens 30 cm waagerecht weiterzuführen. Damit kann die Lage der ersten bzw. letzten Stufe einer Treppe auch mit der am Handlauf gleitenden Hand wahrgenommen werden.

15.5/1 a-c „Dynamische Treppenmarkierung" (Fotos Böhringer)

Kinderwagen- und Rollstuhlrampen müssen durch Geländer so von der Treppe abgetrennt werden, dass der Übergang zwischen Rampe und Treppenstufen nicht betreten werden kann.

Hebt sich der Handlauf kontrastreich von seiner Umgebung ab, so ist er für Sehbehinderte leichter zu finden und bietet eine zusätzlich Hilfe zur Erkennung der Treppe. Der Kontrast des Handlaufes sollte 0,28 < K ≤ 0,50 gewählt werden.

- An „Anfang und Ende von Handläufen einer Treppe ... " sollen „ ... einheitlich Hinweise auf Geschossebenen angebracht werden" (DIN 18024-2).

Das Anbringen erhabener Schwarzschrift direkt auf einem Handlauf von 30 bis 45 mm Durchmesser erscheint nicht praktikabel. Gleichzeitig ist für Blinde das Suchen von Hinweisschildern an Wänden zu zeitaufwendig, um für die rasche Information über das erreichte Stockwerk genutzt zu werden.

Es bietet sich folgende Lösung an: Auf der Rückseite des Handlaufes wird das jeweilige Geschoss in braillescher Punktschrift angegeben; zusätzlich erfolgt diese Angabe in erhabener Schwarzschrift auf einem Hinweisschild oberhalb des Handlaufes. Dieses Hinweisschild dient gleichzeitig der Information der sehenden Nutzer.

Angaben zu den erforderlichen Abmessungen der erhabenen Schriftzeichen und der Punktschrift sind in Kapitel 5.9.8 Blinden-und sehbehindertengerechte Gestaltung von Aufzügen zu finden.

---

[5] Siehe Anhang „Literaturverzeichnis nach Kapiteln"

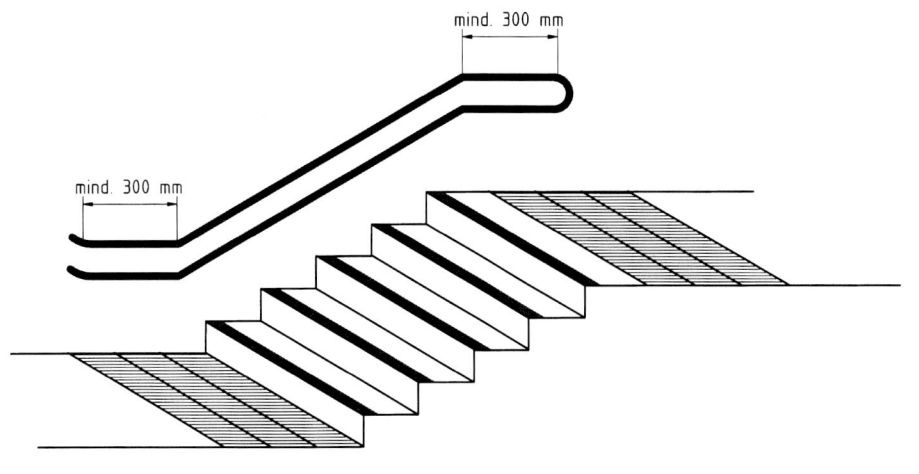

15.5/2 Gestaltung von Treppen (Zeichnung nach Böhringer)

16.0 Städtebau und Verkehr

Rolf Nill

15.5/3 Negativbeispiel:
Durch den fehlenden Handlauf besteht Absturzgefahr für Blinde, die die Stützmauer mit einer Treppenstufe verwechseln. Der freiliegende Reinigungskanal zwischen den Treppenstufen und der Stützmauer stellt eine zusätzliche Gefährdung dar

Bei Gebäuden mit wenigen Stockwerken und einer klaren baulichen Struktur kann diese Markierung auch mittels tastbarer Markierung am Handlauf, deren Anzahl dem Stockwerk entspricht (1. OG eine Markierung, 2. OG zwei) erfolgen.
– Treppen müssen Stellstufen besitzen. Dadurch verringert sich für Blinde die Gefahr, mit dem Langstock zwischen die Stufen zu geraten und hängenzubleiben. Für Sehbehinderte wird die Treppe leichter erkennbar, da mögliche Blendungen durch Beleuchtungskörper unterhalb der Treppe vermieden werden.
– Die Treppe ist so zu gestalten, dass unter ihr nur der Bereich mit einer lichten Höhe von über 2,30 m begangen werden kann. (s. Kap. 15.1) DIN 18024-1 schlägt dazu eine geschlossene Ausführung vor.

16.1 Gemeinsamkeiten der Bedürfnisse unterschiedlicher Gruppen

Eine gleichermaßen ideale Stadt für alle Bevölkerungsteile kann es nicht geben. Kompromisse zur Harmonisierung widerstreitender Interessen sind unumgänglich. Selbst der Personenkreis der Mobilitätsbehinderten, um die es hier geht, ist uneinheitlich. Je nach der Art ihrer Behinderung haben
– Menschen mit Körperbehinderungen (Geh-, Steh- und Greifbehinderte)
– Wahrnehmungsbehinderte (Blinde, Seh- und Hörbehinderte)
– kleinwüchsige Menschen
– Menschen mit geistiger Behinderung unterschiedliche Schwierigkeiten, sich im Stadtraum ohne fremde Hilfe zurechtzufinden und zu bewegen. Wollte man die Bedürfnisse einer Gruppe optimal befriedigen, so würde das häufig zur Benachteiligung anderer Gruppen führen. Es wird vielfach nötig sein, den kleinsten gemeinschaftlichen Nenner zu finden. Dies insbesondere auch, um die politische und finanzielle Durchsetzbarkeit von Maßnahmen zu verbessern. Gemeinsame Aktionen zu Gunsten großer Bevölkerungsteile sind eher mehrheitsfähig; Aufsplitterung in divergierende Einzelziele verringert die Erfolgsaussichten.
Nimmt man den Tatbestand, dass unsere Städte noch weit davon entfernt sind, Heimat und Ort des Wohlbefindens für die Mehrheit der dort lebenden Bevölkerung zu sein, so zeigt sich, wie wichtig es ist, dass die Grundbedürfnisse und Grundinteressen verschiedenster Bevölkerungsgruppen, soweit sie übereinstimmen, gebündelt werden, damit gemeinsam umfassende Verbesserungen erreicht werden können.
Ähnliche Grundbedürfnisse wie der Bevölkerungskreis der Mobilitätsbehinderten haben z.B.
– bezüglich der Barrierefreiheit: Kleine Kinder, Personen mit Kinderwagen oder schwerem Gepäck, ältere Menschen
– bezüglich der Entlastung der Straßen und Plätze vom Autoverkehr: Radfahrer sowie im Grunde die gesamte Bevölkerung, soweit sie hier als Fußgänger auftritt

– bezüglich des Angebots kontaktfördernder Stadträume und Einrichtungen, welche dabei helfen, die Isolation des Einzelnen zu überwinden: die gesamte Wohn- und Arbeitsbevölkerung.

Gleichzeitig treten auch Widersprüche zu Tage: Radfahrer, denen die vom Kraftverkehr entlasteten Straßen und Plätze ebenfalls zugute kommen, sind eine potenzielle Gefährdung für Menschen mit Behinderungen, alte Menschen, Kleinkinder. Ein Großteil der Wohn- und Arbeitsbevölkerung sowie viele Menschen mit Behinderungen sind auch Autofahrer. In dieser Funktion schränken sie andere Bedürfnisse ihrer eigenen Gruppe ein. Abgesehen von der Gemeinsamkeit der Grundbedürfnisse der unterschiedlichen Bevölkerungsteile muss also eine Ausdifferenzierung der widerstreitenden Einzelinteressen im Detail einhergehen. Wie letzteres vor sich gehen kann, wird in den Einzelkapiteln dieses Buches deutlich.
Ein Beispiel wäre die Frage: Wie grenzt man Gehwege baulich gegen unmittelbar anschließende Radwege ab? – Für Radfahrer ist bereits ein Höhenversatz von 2 cm zwischen Radweg und Gehweg gefährlich, für blinde Menschen als Leitlinie dagegen erwünscht. Alte und gehbehinderte Menschen sowie Personen mit Kleinkindern wünschen sich gar einen Bordstein von 10 cm Höhe, um ein überwechseln der Radfahrer auf den Gehweg unmöglich zu machen. Für die Sicherheit der Radfahrer hingegen ist es erwünscht, dass der Bordstein zwischen Fahrbahn und Radweg und nicht zwischen Radweg und Gehweg liegt.

16.2 Gegenwärtige Tendenzen der Stadtentwicklungsplanung

Die derzeitigen Anstrengungen in der Stadtentwicklungsplanung geben, verglichen vor allem mit den Maximen der sechziger und siebziger Jahre, Anlass zur Hoffnung auch für behinderte Menschen:
– Rückgang in der Neuausweisung großer, monostruktureller Wohngebiete („Schlafstädte"), dafür verstärkt Umnutzung früherer innerstädtischer Industrieareale, militärischer Einrichtungen und Bahnanlagen zu multifunktionalen Wohn-, Arbeitsplatz- und Versorgungsbereichen
– Tendenzen der Nutzungsdurchmischung solcher neugewonnener Flächen sowie bestehender monostruktureller Areale durch sukzessiven Stadtumbau
– zunehmendes Augenmerk auf stadträumliche Gestaltqualität und stadtästhetische Maßnahmen zur Erhöhung des Wohlbefindens der Bevölkerung
– verstärkte Rücksichtnahme auf räumliche Zuordnung funktional zusammengehöriger Nutzungen: Wohnen, Arbeiten, Einkaufen, Bildungs- und Sozialeinrichtungen,

Dienstleistungen usw. Zunehmende Nutzungsverdichtung (horizontal oder in mehreren Nutzungsebenen übereinander) und damit verbesserte Chancen der Wegminimierung
– Verdrängung wesentlicher Anteile des Individualverkehrs aus innerstädtischen Bereichen, Schaffung verkehrsberuhigter Zonen und verstärkter Ausbau des öffentlichen Personenverkehrs sowie verbesserte Angebote für Fußgänger und Radfahrer
– Ergänzung bestehender Teilstrukturen zu zusammenhängenden Netzen aus Grünanlagen, Fußwegsystemen, Fußgängerzonen: Überwindung großer Verkehrszäsuren durch Überwege und Brücken, verbunden mit entsprechenden Geländemodellierungen, Bau von Lärm- und Sichtschutzanlagen, Abbau städtebaulicher Barrieren
– Rückgewinnung von Straßen und Plätzen, die in den vergangenen Jahrzehnten dem Kraftverkehr geopfert worden waren, für Fußgänger, Ausbau von Verweilzonen. Hier liegt bereits der Grundansatz für das, was wir oben als den kleinsten gemeinschaftlichen Nenner der Interessen unterschiedlicher Bevölkerungsgruppen bezeichnet haben. Die angesprochenen Gruppierungen können hier politisch verstärkend wirken. Hierin liegt ihre Chance.

In der Praxis zeigen sich gleichzeitig Entwicklungstendenzen gegenläufiger und retardierender Art:
– zunehmende Finanz- und Bodenverknappung bei den Gemeinden, damit Einengung des Handlungsspielraums bei zunehmend härterem Wettbewerb der politischen Gruppen um die Ressourcen
– steigende Baulandpreise und Herstellungskosten, was die Chancen insbesondere der ohnehin benachteiligten Bevölkerungsgruppen weiter verschlechtert
– Verdrängung der Versorgungseinrichtungen, insbesondere des Einzelhandels, aus den fußläufigen Zentren in periphere Bereiche mit der Folge größerer Entfernungen und des Zwangs zur Fahrzeugbenutzung
– negative Auswirkungen der privatwirtschaftlichen Tendenzen, insbesondere der öffentlichen Verkehrsträger: Einseitige Orientierung an wirtschaftlich attraktiven Kundengruppen bei Benachteiligung der hierin weniger interessanten Bevölkerungsteile.

Allgemein wird die starke Zunahme des Anteils der Senioren an der Gesamtbevölkerung nicht genügend beachtet. Dies führt dazu, dass Entscheidungen getroffen werden, welche sich z.B. im Baubereich über Jahrzehnte auswirken und bei baulichen Barrieren eine zusätzliche Dienstleistung wie z.B. Begleitdienste erfordern. Die Langsamkeit, mit der die öffentlichen Verkehrsträger sich auf die Bedürfnisse der Mobilitätsbehinderten einstellen, ist hierfür symptomatisch. Z.T. sind bei dieser geänderten Orientierung sogar Angebote für die breite Bevölkerung, die bisher vorhanden waren, abgebaut worden.

Diesen Tendenzen entgegenzuwirken, sofern sie überhaupt beeinflussbar sind, hat nur Aussicht auf Erfolg, wenn sich die betroffenen Bevölkerungsgruppen zu gemeinsamem politischen Vorgehen zusammenfinden. Die Aktionen müssen dabei in die höchsten politischen Ebenen getragen werden: Angesichts der finanziellen Abhängigkeit der Kommunen von der projektorientierten Subventionspraxis von Bund und Ländern ist letztlich die Einzelmaßnahme zu Gunsten mobilitätsbehinderter Personen und vergleichbarer Gruppen auf Gemeindeebene von generellen Gesetzgebungs- und Finanzverteilungsentscheidungen der Bundes- und Länderparlamente abhängig.

16.3 Stadtstruktur, Zuordnung

Die Stadtstruktur ist in der Regel vorgegeben. Vom Bestehenden ausgehend, sind Verbesserungen zu planen. Diese werden notwendigerweise nur nach und nach im zeitlichen Ablauf realisiert werden können. Die Hoffnung auf eine schlagartige Verwirklichung des gewünschten Endzustandes wäre Illusion (z.B. die umfassend barrierefreie Gesamtstadt). Teilverbesserungen nicht zu wollen, weil das Gesamte noch lange auf sich warten lässt, wäre Verkennung des politisch Möglichen. Demgegenüber wären Teilaktionen ohne übergeordnete Koordination aber auch nicht zu verantworten.

Dabei käme es zu Maßnahmen, die sich z.T. gegenseitig unwirksam machen. Es bedarf also genereller Gesamtpläne, die in ihren Einzelstücken nach und nach verfeinert werden und an denen Einzelaktionen gemessen und denen sie angepasst werden müssen. Aus dem Gesamtplan „Barrierefreie Stadt" wird z.B. zunächst ein Teilplan für ein durchgängig fußläufiges Stadtteilzentrum verwirklicht. Nach und nach kommen weitere Teile hinzu bis zur vollständigen Realisierung des Gesamtplans.

Daneben gibt es auch Situationen, bei denen eine nur teilweise Realisierung weitgehend unwirksam bliebe: z.B. der Bau einer vollkommen barrierefreien U-Bahnhaltestelle, wenn alle anderen Haltestellen derselben Linie Rollstuhlbenutzern keinen Zugang ermöglichen.

In solchen Situationen wäre das sukzessive Vorgehen (sofern die Gesamtmaßnahme nicht auf einmal realisiert werden kann) ein anderes.
– In einer ersten Stufe wären z.B. die Bahnsteige aller wesentlichen Haltestellen einer Linie mittels Aufzügen oder Rampen rollstuhlgerecht/barrierefrei auszurüsten.
– In weiteren Stufen kämen dann die noch fehlenden Teile (Behinderten-WC, Leitstreifen und akustische Hilfen, Modelldarstellungen und Informationen in Blindenschrift usw.) hinzu.

In diesem Fall ist für die erste Stufe ein größerer finanzieller Kraftakt erforderlich, der sich nicht vermeiden lässt und der leider auch nur bestimmten Behinderungen gerecht wird, während für andere erst später gesorgt werden kann. Ob es längere Zeit oder gar auf Dauer bei Teilrealisierungen bleiben kann, hängt häufig auch vom Gewicht des Bedürfnisses ab: Vollausrüstung einer Haltestelle mit Einrichtungen für blinde und sehbehinderte Menschen wird man vornehmlich an stark frequentierten Standorten realisieren, besonders, wenn dort vermehrt mit ortsfremden Personen mit Behinderungen gerechnet werden muss. An anderen Haltestellen wird man darauf u.U. jedoch ganz verzichten.

Der Personenkreis, auf dessen Bedürfnisse die Stadtstruktur nach Möglichkeit angepasst werden soll, ist generell in seiner Fortbewegungsmöglichkeit begrenzt, sowohl was den Gesamt-Aktionsradius als auch was die Fortbewegungsgeschwindigkeit anbetrifft. Er ist also auf die unmittelbare Umgebung von Wohn- und Arbeitsplatz besonders angewiesen. Hierbei wird häufig neben den im eigentlichen Sinn behinderten Menschen der große Bevölkerungsteil der alten Menschen vergessen. Es ist jedoch falsch zu glauben, man plane hier für eine Bevölkerungsminderheit.

– Für diese Personen sollten die Orte, die regelmäßig aufzusuchen sind, in möglichst geringer Entfernung voneinander liegen.
– Für ihn ist die ästhetische Qualität, die Behaglichkeit der Stadtumwelt besonders bedeutsam.
– Für ihn müssen deshalb beim Durchschreiten eines Stadtraums, einer Straße, einer Grünanlage die optischen Reize in dichterer Aufeinanderfolge erlebbar sein, der Informationsreichtum der Umwelt größer als für Personen mit höherer Mobilität.

Menschen mit Behinderungen sind gewöhnlich in ihren Möglichkeiten der Kontaktaufnahme mit anderen eingeschränkt. Für sie bedarf es deshalb in besonderem Maß der Angebote, die Kontakte fördern und Kontakte anbieten. Die rein baulichen Möglichkeiten, hier helfend zu wirken, sind sicher begrenzt. Aber es gilt, durch Beseitigung störender und gefährdender Einwirkungen (z.B. des Straßenverkehrs), durch Bereitstellung von ruhigen und doch frequentierten Stadträumen den äußeren Rahmen dazu zu schaffen. Nur bei ihrem Vorhandensein können die sozialen und kulturellen Angebote der Kommunen, der Organisationen und Verbände sich voll entwickeln.

Mobilitätsbehinderte sind von baulichen Barrieren besonders betroffen. Ihr Wunschbild ist die „barrierefreie Stadt", dem man sich, soweit möglich, annähern sollte. Um es voll wirksam werden zu lassen, muss es ergänzt werden, um all die Angebote, die Wahrnehmungsbehinderten die Orientierung erleichtern und Gefahren abbauen.

Die nachfolgenden Darstellungen beziehen sich auf mittlere und größere Städte. Sie sind auf kleinere Gemeinden sinngemäß zu übertragen. Obwohl viele Menschen mit Behinderungen und bei zunehmendem Alter aus wirtschaftlichen Gründen oder wegen vorhandener sozialer Kontakte auf dem Lande bleiben wollen, ist es dort im allgemeinen schwieriger, Voraussetzungen zu schaffen, die behinderten und alten Menschen ein selbstständiges Leben unabhängig von fremder Hilfe ermöglichen. In großen Städten mit ihrem differenzierten Angebot an Arbeitsplätzen, Wohnfolgeeinrichtungen und Hilfsdiensten, verbunden mit leistungsfähigen Nahverkehrssystemen, sind die Voraussetzungen von vornherein günstiger. Es kommt dann in erster Linie darauf an, diese vorhandenen Einrichtungen für Menschen mit Behinderungen nutzbar zu machen und weiter auszubauen.

16.4 Wohnen und Wohnstandort

16.4.1 Generell barrierefreie Wohnungen

Viel wäre für Menschen mit Behinderungen getan, wenn künftig alle neu entstehenden Wohnungen nur noch in barrierefreier Form entsprechend der DIN 18025 Teil 2 erstellt werden könnten (vergrößerte Sanitärräume und Küchen, verbreiterte Türdurchgänge, auch bei WC, Freihalten der Bewegungsflächen nach DIN insbesondere als Wendemöglichkeit für Rollstühle in jedem Raum …). Dann wäre es im Bedarfsfalle jederzeit möglich, eine solche Wohnung ohne übermäßigen Zusatzaufwand durch Ergänzungsmaßnahmen an die vorliegende spezielle Behinderung anzupassen. Gelänge dies, so wären bei Eintritt einer Behinderung Umzüge in andere Stadtquartiere mit der Folge des Verlustes der sozialen Kontakte zu vermeiden. Das Ziel, behinderte Menschen sozial zu integrieren, wäre leichter zu erreichen; ihr Sonderstatus könnte gemildert werden, ihre örtliche Fixierung auf einige wenige Standorte entfiele, sie könnten praktisch an jeder Stelle der Stadt wohnen. Vielfach ließe sich dadurch eine Heimunterbringung vermeiden, ein nicht nur humanitärer, sondern auch gesamtwirtschaftlicher Aspekt!

Dieses Ziel sollte konsequent verfolgt werden. Grenzen sind gesetzt vor allem durch die Flächenrichtwerte des sozialen Wohnungsbaus, die zu Schwierigkeiten führen (erforderliche Mehrflächen). Dies sollte aber nicht davon abhalten, die Wohngebäude wenigstens ohne Barrieren zu planen. Erste Ansätze dazu finden sich in den Bauordnungen der Länder.

Da man häufig die Aufzüge einsparen will, läge es nahe, grundsätzlich nur alle Erdgeschosswohnungen barrierefrei zu gestalten mit der Folge, dass behinderte Menschen und Senioren automatisch in Erdgeschosswohnungen verwiesen werden. Die Erfahrung hat jedoch gezeigt, dass oft negative Aspekte wie Angst vor Einbruch und depressive Verstimmungen durch mangelnden Lichteinfall zu Problemen in Erdgeschosswohnungen geführt haben.

16.4.2 Standorte für Sonderwohnformen

Forderungen bei Wohnungen nach DIN 18025 Teil 1 hinsichtlich Lage des Standortes ergeben sich einerseits aus den Einrichtungen, die regelmäßig aufgesucht werden müssen, andererseits aus den Wegentfernungen, die der einzelne zurücklegen kann bzw. die im Zeitbedarf zumutbar erscheinen. Der Planer muss demnach besonders Wegbeziehungen zur Arbeit, zum Einkauf, zu den Bildungseinrichtungen, zu kulturellen Veranstaltungen, Kommunikations-, Sport- und Erholungseinrichtungen, zu Behörden, Betreuungsstellen usw. berücksichtigen. Demnach sind primär Standorte zu wählen, von denen aus möglichst viele dieser Einrichtungen zu Fuß oder mit dem Rollstuhl aufgesucht werden können.

Der angesprochene Personenkreis ist in höherem Maß als andere Bevölkerungsgruppen auf das öffentliche Verkehrsmittel angewiesen. Sonderwohnformen sollten deshalb innerhalb der zumutbaren Wegentfernungen zu den Haltestellen (300 bis maximal 500 m) angelegt werden. Behindertenstellplätze sollten leicht erreichbar sein; bei Tiefparkierungen empfiehlt es sich, die Stellplätze vom Geschossaufzug aus unmittelbar zugänglich zu machen.

Wegen der stärkeren Ortsgebundenheit behinderter und alter Menschen kommt der Qualität des Wohnumfeldes besondere Bedeutung zu. Sie können sich einer hässlichen, durch Lärm, Abgase, Verkehrsgefahren beeinträchtigten Umgebung weniger leicht entziehen als andere Bevölkerungsgruppen. Doch darf der Wunsch nach Ruhe, sauberer Luft, Nähe zu Gärten und Natur nicht dazu führen, dass die Wohnungen sich in isolierter Lage befinden; vielmehr sollte von der Wohnung aus der Blick auf lebendige Zonen (Fußgängerbereiche und dergl.) möglich sein.

Angesichts der derzeit noch vorhandenen Umweltsituation in unseren Städten sind Zielkollisionen unausbleiblich. Bei Stadtteilerneuerungen und partiellen Sanierungen entstehen hier wichtige Aufgaben.

16.4.3 Wohn- und Pflegeheime

Da diese Einrichtungen in der Regel Angebote besitzen, an denen auch selbstständig lebende Personen mit Behinderungen partizipieren können, empfehlen sich Standorte, in deren Nähe Wohngebiete liegen, die mit Sonderwohnformen nach DIN 18025 Teil 1 ausgestattet sind. In der Regel werden das also innerstädtische Bereiche sein, die eine möglichst vollständige Infrastrukturausstattung besitzen.

Die Nähe zum Arbeitsplatz ist nur dann ein Standortkriterium, wenn besondere Behindertenwerkstätten und dergl. vorhanden sind oder geschaffen werden sollen. Im allgemeinen genügt eine günstige Lage im Netz des ÖPNV und vollständig ausgerüstete Haltestellen, die Nähe zu belebten Fußgängerbereichen und zu öffentlichen Parkanlagen.

Ist mit diesen Heimen und Serviceeinrichtungen für die laufende ärztliche, pflegerische und therapeutische Betreuung der behinderten Bewohner zwar ausreichend gesorgt, so haben sie doch den Nachteil, dass diese aus der übrigen Bevölkerung bis zu einem gewissen Grade ausgegrenzt werden. Diesem Mangel lässt sich begegnen, wenn es gelingt, diese Einrichtungen in innerstädtische Kultur-, Sozial-, Geschäfts- oder Dienstleistungszentren einzubringen und sie, soweit möglich, nach außen zu öffnen. An solchen integrierten Anlagen wird verschiedenerorts experimentiert.

16.4.4 Körperbehindertensiedlungen

Diese ermöglichen zwar das Zusammenleben in Familien und Wohngemeinschaften sowie die weitgehend freie Ausübung von Berufen, auch fördern sie die Kontakte der Bewohner untereinander, haben jedoch den Nachteil der Monostruktur und der weitgehenden Abgrenzung nach außen. Es sind deshalb Modelle der Durchmischung mit anderen Bevölkerungsgruppen anzustreben, möglichst in zentraler Lage und nicht in Außenbezirken. Die Erfahrungen mit solchen Modellen sind überwiegend gut. Erlauben es die liegenschaftlichen Voraussetzungen – etwa im Rahmen einer innerstädtischen Sanierung – solche gemischten Wohneinrichtungen zu realisieren, so müsste eine Anzahl von Forderungen gleichermaßen erfüllt sein:

– starke Verzahnung mit der umgebenden Bebauung, verbunden mit einer möglichst großen Durchlässigkeit des Gebiets für andere Personengruppen

– Mischbelegung innerhalb der Gebäude selbst oder zumindest hausweise unterschiedlich mit Wohnmöglichkeiten für Familien, Alleinerziehende, Einzelpersonen, Studenten.

Lösungen mit Gruppen unterschiedlicher ethnischer Zugehörigkeit setzen besondere Sorgfalt und zusätzliche Betreuung voraus. Die Mischbelegung innerhalb der Gebäude selbst fordert Kooperationsbereitschaft von allen Beteiligten. Auch hier werden u.U. ergänzende Angebote einer gemeinsamen Betreuung und Beratung erforderlich.

16.4.5 Servicehäuser
Sie dienen der Versorgung der alten und behinderten Menschen über größere Siedlungseinheiten. Dabei ist es gleichgültig, ob diese in speziellen Behinderten- und Altensiedlungen oder in Sonderwohnungen nach DIN 18025 innerhalb herkömmlicher Wohngebiete leben. Damit garantieren diese Servicehäuser größtmögliche Unabhängigkeit und Selbstständigkeit dieser Personengruppen. Für den Standort ergeben sich vor allem zwei Kriterien.
– Servicehäuser sollen im Zusammenhang mit normalen Wohnansiedlungen liegen; isolierte Lagen sind nicht geeignet.
– Der Standort sollte nahe an einer ÖPNV-Haltestelle und günstig im Straßen- und Fußwegenetz liegen.

16.4.6 Sonderwohnformen in herkömmlichen Wohngebieten
Auch Personen mit stärkeren Behinderungen können durch die überall im Ausbau befindlichen Zusatzangebote (z.B. Essen auf Rädern, ambulante Pflege- und Einkaufsdienste usw.) in den Stand versetzt werden, selbstständig in eigener Sonderwohnung innerhalb herkömmlicher Wohngebiete zu leben. Natürlich wären Standorte in der Nähe von Servicehäusern und Pflegestationen wünschenswert. Das ist aber nicht zwingend. Nicht wünschenswert wären Sonderformen jedoch in abgelegenen, monofunktionalen Wohngebieten ohne eigene zentrale Einrichtungen, ohne ÖPNV-Anschluss, ohne lebendige Fußgängerzonen usw.
Mit jeder Standortplanung sollte auch sogleich die Planung der ergänzenden Pflegedienste einhergehen. Hier sind in der Vergangenheit häufig Versäumnisse vorgekommen.

16.4.7 Chancen der Durchsetzbarkeit
Es wäre zunächst denkbar, alle neuen Wohnungen künftig gemäß DIN 18025 Teil 2 als barrierefreie Wohnungen herzustellen. Erste zaghafte Ansätze in dieser Richtung, wenigstens für einzelne Geschosse, finden sich z.T. in novellierten Fassungen der Landesbauordnungen.
Möglich ist auch die Festlegung eines bestimmten Anteils solcher Wohnungen innerhalb eines Wohngebiets. Die Stadt/Gemeinde könnte hierzu im Rahmen des Bauleitplanverfahrens solche Prozentanteile innerhalb des Plangebiets festlegen, was nach dem Katalog aus § 9, Pkt. 8 BauGB grundsätzlich möglich ist.
Hinsichtlich des Baus spezifischer Wohnungen für Rollstuhlbenutzer nach DIN 18025 Teil 1 muss der Kommune daran gelegen sein, im Rahmen ihrer Zuständigkeit auf den Standort Einfluss zu nehmen, sei es im Sinne einer positiven Festlegung, sei es, indem sie ungünstige Standorte verhindert. Neben den Handhaben des Bauleitplanverfahrens bestehen natürlich die privatrechtlichen Möglichkeiten, um auf die Schaffung solcher Wohnungen Einfluss zu nehmen, u.a. durch:
– Koppelung der Grundstücksverkäufe der öffentlichen Hand an die Verpflichtung, bei den Neubebauungen einen gewissen Anteil der Wohnungen nach DIN 18025 Teil 1 oder 2 zu realisieren
– Bindung der kommunalen Siedlungsgesellschaften durch entsprechende Ratsbeschlüsse
– Vermittlung von Anregungen und Informationen an private Bauherren, Bauträgergesellschaften und Architekten u.a. auch hinsichtlich der Bezuschussungsmöglichkeiten. In der Praxis geschieht das, wenn überhaupt, häufig zu spät, wenn eine Planung oder gar der Bauantrag bereits auf dem Tisch liegt.
Damit hat die Gemeinde allerdings keine Möglichkeit, den Bau öffentlich geförderter Sonderwohnungen an ungeeigneten Standorten zu verhindern. Dazu wäre vielmehr eine frühzeitige, enge planerische Zusammenarbeit der Kommunalverwaltungen mit den für die finanzielle Förderung zuständigen Dienststellen erforderlich.

16.5 Standorte für Arbeitsplätze
Die Standortfrage stellt sich insbesondere bei speziellen Behindertenwerkstätten, als deren Träger neben Vereinen, Industriebetrieben usw. auch Kommunen in Frage kommen. Auch wenn die Gemeinde nicht selbst als Träger auftritt, hat sie die Aufgabe – etwa im Rahmen des Bauleitplanverfahrens oder durch Bereitstellen von Grundstücken – bei der Standortwahl mitzuwirken. Die Erreichbarkeit des Arbeitsplatzes für behinderte Beschäftigte ist hier ein wichtiges Kriterium. Dies sollte jedoch nicht dazu führen, dass die Wohnheime der Behindertenwerkstätten automatisch auf dem gleichen Gelände erstellt werden. Auch behinderte Menschen benötigen eine Trennung von Wohn- und Arbeitswelt.
Solange die öffentlichen Verkehrsmittel für die Benutzung durch behinderte Fahrgäste nicht genügend eingerichtet sind, ist das Problem für nicht motorisierte Beschäftigte nur durch entsprechend ausgerüstete Werksbusse zu lösen, welche die Beschäftigten am Wohnstandort abholen.
Bei den öffentlichen Verwaltungen stellt sich das Problem noch in anderer Form: Da der geforderte prozentuale Mindestanteil an körperbehinderten Beschäftigten, bezogen auf die Gesamtzahl, generell festgelegt ist, besteht hier die Notwendigkeit, alle größeren Dienstgebäude baulich entsprechend zu gestalten oder nachzurüsten. Das allein genügt aber nicht, wenn nicht gleichzeitig die verkehrliche Erreichbarkeit dieser Gebäude für behinderte Mitarbeiter sichergestellt werden kann. Die Gestaltung der Dienstgebäude für behinderte Mitarbeiter bedarf nicht nur im Eingangsbereich einer entsprechenden Berücksichtigung, sondern sollte durchgehend erfolgen, wobei hier die Gesamtpalette der Behinderungen zu beachten ist (kontrastreiche Gestaltung der Flure und Treppenhäuser für Blinde; besondere Schreibtischanordnung für Rollstuhlfahrer usw.).

16.6 Verkehr

16.6.1 Straßenraum, Wegenetze
Die Anforderungen an die Gestaltung der Straßenräume und Wegenetze sind vom Grundsatz her für alle Nutzer die gleichen: Ist die Stadt für die Fußgänger allgemein befriedigend gestaltet, so sind damit die grundsätzlichen Voraussetzungen für Menschen mit Behinderungen auch bereits vorhanden, und es bedarf nur gewisser Ergänzungen für sie. Die finanziellen Zusatzaufwendungen dafür halten sich erfahrungsgemäß in durchaus tragbaren Grenzen.
Neu zu schaffen bzw. aus vorhandenen Teilstücken zu einem System zu ergänzen, wären geschlossene, vom Kraftverkehr freie oder zumindest verkehrsberuhigte Wegenetze mit Verknotungen und Platzbildungen in Bereichen der zentralen Nutzungen und der ÖPNV-Haltestellen. Sie sollten mit öffentlichen Parkanlagen und Grünzügen, Sport- und Spielflächen in Verbindung stehen und vollflächig entsprechend DIN 18024 ausgebildet sein. Behindertenparkplätze in ausreichender Zahl sind an geeigneten Stellen dieser Netze anzuordnen. Dazu kommen Ergänzungseinrichtungen wie Behinderten-WC, Telefonzellen, Sitzbänke, Brunnen, künstlerische Objekte, Straßencafés, bewachsene Pergolen, Schutzdächer usw. Die Netze sollten in übergreifenden Konzepten geplant werden, wobei das Gesamtnetz in Stufen realisiert werden kann.
Die Wegesysteme können sich aus Elementen recht unterschiedlichen Charakters zusammensetzen:
– reine Fußgängerzonen in Geschäftszentren und in zentralen Bereichen größerer Wohngebiete
– verkehrsberuhigte Bereiche, 30-km-Zonen. Sofern dabei die Randsteine beseitigt werden, sind ersatzweise für Blinde und Sehbehinderte besondere optische und taktile Leitstreifen erforderlich
– Fußwege, unabhängig von Fahrstraßen. Z.T. können bisherige Fahrstraßen als Fußwege umgewidmet bzw. durch Umbau zumindest entlastet werden
– Wege in öffentlichen Grünanlagen und entlang von Gewässern

- Innenbereiche von Arealen mit Zeilen- und Blockrandbebauung
- verbreiterte und durch Pflanzstreifen von der Fahrbahn abgesetzte Bürgersteige.

Da der flächendeckende Endzustand des Wegenetzes nur in Stufen zu verwirklichen ist, muss darauf geachtet werden, dass die Zwischenzustände in sich einigermaßen funktionsfähig sind. Vor allem sollte vermieden werden, dass wegen Fehlens einzelner Bestandsstücke des Systems der Nutzen für eine einzelne, zeitlich vorgezogene, kostspielige Investition (z.B. Aufzug) ausbleibt oder sich nicht genügend auswirken kann. Es ist deshalb wichtig, die zeitliche Realisierung des Netzes anhand regelrechter Stufenpläne vorzunehmen.

Die technischen Möglichkeiten zur Überwindung breiter Verkehrsbänder (Hauptverkehrsstraßen, Gleisanlagen usw.) hängen von der jeweiligen topografischen Lage ab.
- Liegen Fußwegnetze und zu überwindendes Verkehrsband auf derselben Höhe, so ergeben sich bei der maximalen Längsneigung von 6 % Rampenlängen von ca. 60 Meter (Unterführung) bis ca. 100 Meter (Überführung), was für Personen mit handangetriebenen Rollstühlen, auch bei Anordnung ausreichender horizontaler Zwischenstücke, annähernd unüberwindbar ist. Die vermehrte Verwendung von Elektrorollstühlen ist zu beachten. Bei diesen spielen die Rampenlängen so gut wie keine Rolle; andererseits können sie nicht wie Schieberollstühle über Stufen gezogen werden.
- Bei unterschiedlicher Niveaulage des Verkehrsbandes und des Fußweges wird die restliche Höhendifferenz mittels geneigter Wege und Wegerampen (maximal 6 % Längsneigung) zu überwinden sein, was Über- und Unterführungen möglich macht. Bei Vorhandensein von Grünanlagen, die an das Verkehrsband anschließen, kann diese reduzierte Niveaudifferenz durch Geländemodellierungen erreicht werden.

Scheiden Rampen aus, so sind ersatzweise angeordnete Aufzüge nur in stark frequentierten Bereichen und gewöhnlich auch nur in Verbindung mit anderen Nutzungen (U-Bahn-Haltestelle) finanziell vertretbar. Rolltreppen und Rollsteige eignen sich nur für Personen mit sehr geringen Mobilitätsbehinderungen. Man wird in solchen Fällen wieder verstärkt voll signalisierte, höhengleiche Fahrbahnübergänge einrichten. Die an solchen Übergängen bisher praktizierte Privilegierung des motorisierten Verkehrs ist abzubauen:
- verlängerte Grünzeiten sowie Räumzeiten für Fußgänger
- keine gleichzeitige Freigabe für den abbiegenden motorisierten Verkehr während der Grünphase für Fußgänger.

Bei niveaufreien Lösungen sind aus Sicherheitsgründen Überführungen den Unterführungen in der Regel vorzuziehen, obwohl hier die zu überwindende Höhendifferenz größer ist. Lassen sich lange Fußgängertunnel nicht vermeiden, so sollten diese, wenn es geht, in kurze Teilstücke mit offenen, möglichst allseits einsichtigen Freiflächen aufgelöst werden. Bei unterirdischen Wegenetzen, welche nur punktuell mit dem Rollstuhl erreichbar sind (Aufzüge, Rampen usw.), sollten mit klaren Symbolen und Zeichen eventuell auch für Sehbehinderte mögliche Ausgänge gekennzeichnet werden. Ein zunehmendes Problem bildet der Konflikt mit Radfahrern, deren Zahl und deren Geschwindigkeit in den letzten Jahren erheblich zugenommen hat. Gemeinsam benutzte Wege für Fußgänger und Radfahrer sollten deshalb, wo immer möglich, vermieden werden. Im Kreuzungsbeginn höhengleicher Straßenquerungen ist auf den Bau besonderer, von den Fußgängerfurten getrennter Radfahrerfurten zu achten. An allen nicht signalisierten Kreuzungsstellen zwischen verschiedenen Verkehrsarten muss die Vorfahrts/Vorrangregelung geklärt und für alle Verkehrsteilnehmer einsichtig sein (z.B. ob der Radfahrer vor dem Fußgänger oder dem motorisierten Verkehr Vorrang hat oder nicht). Dies muss aus Bauart, Materialwahl, Farbgebung usw. ersichtlich sein. Blinde können das Herannahen eines Radfahrers akustisch gewöhnlich nicht wahrnehmen. Kreuzungen von Radwegen mit Fußwegen, auf denen vermehrt mit Blinden und hochgradig Sehbehinderten gerechnet werden muss, sollten deshalb signalisiert werden. Die bauliche Detailgestaltung der Wegenetze und Straßenräume ist weitgehend in DIN 18024 geklärt. Auch ist in den letzten Jahren eine Anzahl von Arbeiten auf diesem Gebiet veröffentlicht worden (z.B. „direkt" Verbesserung der Verkehrsverhältnisse in den Gemeinden. Herausgegeben vom Bundesminister für Verkehr).

Weiterhin sei verwiesen auf die „Empfehlungen für die Anlage von Erschließungsstraßen" (EAE 85), die allerdings die spezifischen Bedürfnisse behinderter Menschen nicht ausdrücklich behandeln.

Das besprochene Wegenetz darf nicht unter rein funktionalen Gesichtspunkten gesehen werden. Wie oben bereits gesagt, geht es beim Ausbau solcher Systeme zugleich um eine Verbesserung der Gestaltqualität der Straßen- und Stadträume. Ihre Planung sollte deshalb nicht den technischen Instanzen allein überlassen bleiben. Sie muss vielmehr interdisziplinär in Arbeitsgruppen unter Beteiligung von Architekten, Gartenplanern, Künstlern erfolgen. Architektenwettbewerbe, wie sie schon bisher für besonders anspruchsvolle städtische Teilräume ausgeschrieben worden sind, sollten bereits in der Aufgabenstellung auf Maßnahmen zu Gunsten behinderter Menschen Rücksicht nehmen.

Es ist selbstverständlich, dass an allen Planungsschritten, ja bereits im Vorfeld der Planung, die verschiedenen örtlichen Behindertenorganisationen und Arbeitskreise usw. zu beteiligen sind. Ihre konkrete Kenntnis struktureller und örtlicher Situationen kann weder durch überörtliche Instanzen, noch durch generelle Regelungen und Empfehlungen ersetzt werden.

16.6.2 Öffentliche Verkehrsmittel

Trotz jahrelanger Diskussion ist der Fortschritt in der praktischen Anpassung der Systeme des öffentlichen Verkehrs an die Bedürfnisse mobilitätsbehinderter Benutzer noch unbefriedigend. Das betrifft in besonderem Maß den Linienbusverkehr sowie den schienengebundenen Regional- und Fernverkehr der Dt. Bahn AG. Dies ist um so gravierender, als den Menschen mit Behinderungen die Alternative des eigenen Autos nicht im gleichen Maße wie der übrigen Bevölkerung zu Gebote steht. (Nur 20 % der Mobilitätsbehinderten über 18 Jahren haben einen eigenen Pkw verfügbar im Vergleich zu 46 % bei der übrigen Bevölkerung). Gleichzeitig wird aber faktisch der öffentliche Personennahverkehr ÖPNV) prozentual von Mobilitätsbehinderten doppelt so häufig genutzt wie von der Gesamtbevölkerung.

Die Notwendigkeit eines beschleunigten Ausbaus der öffentlichen Verkehrsmittel so, dass Menschen mit Behinderungen sie ohne fremde Hilfe benutzen können, steht deshalb außer Frage. Die Mehrkosten entsprechender Gestaltung halten sich in Grenzen, wenn deren Zielsetzungen frühzeitig in die Planung eingeflossen sind. Sie sind um so eher politisch durchsetzbar, als solche Maßnahmen auch einem breiten Bevölkerungskreis, vom Kleinkind über Personen mit schwerem Gepäck oder mit Kinderwagen bis zu älteren Personen, zugute kommen.

Wichtig ist ein möglichst flächendeckendes Angebot an barrierefreien Haltestellen. Die Haupt-Bedarfsschwerpunkte (Wohnungen, Arbeitsplätze, öffentlich zugängige Gebäude) sind zu berücksichtigen. Das System barrierefreier Fußwege soll mit der Lage dieser Haltestellen abgestimmt sein. Haltestellenüberdachungen mit Sitzbänken, aber auch ausreichende Standflächen für Rollstühle sind wichtig. Bedeutendere Haltestellen sind mit neuen, behindertengerechten Telefonanlagen zu ergänzen. Ein öffentliches Behinderten-WC sollte in der Nähe liegen. Leitstreifen und besondere Oberflächenbeläge zur optischen und taktilen Hervorhebung sollten die Auffindbarkeit für Blinde und Sehbehinderte erleichtern. Dies gilt insbesondere für Bushaltestellen, an denen die Haltepunkte für verschiedene Linien hintereinander an derselben Bordsteinkante liegen.

Hier bleibt noch einiges zu experimentieren; erprobte, allgemein anwendbare Lösungen zeichnen sich bisher nur zum Teil ab. Es sei auch nicht verschwiegen, dass manche Probleme im Augenblick als technisch unlösbar gelten müssen. (Vgl. dazu unten das Thema: Bahnsteighöhe der S-Bahnen.)

Park-and-Ride-Anlagen an Endhaltestellen kommen auch behinderten Personen zugute, sofern diese Haltestellen barrierefrei gestaltet sind.

An allen Verkehrssystemen ist der Spalt zwischen Fahrzeug und Bahnsteig möglichst gering zu halten und eine Höhendifferenz generell zu vermeiden. Hierbei muss beachtet werden, dass die Gefahr besteht, dass die kleinen Lenkräder eines Rollstuhls sich in dem Spalt verfangen können und damit Unfallgefahren darstellen.

Das Risiko wird zusätzlich erhöht, weil Bahnpersonal in der Regel nicht verfügbar ist und eventuelle Pannen oder Unfälle zu spät bemerkt werden.

16.6.2.1 Linienbus

Erstaunlich wenig ist in den vergangenen zwei Jahrzehnten im Linienbusverkehr zu Gunsten behinderter Menschen geschehen. Obwohl annähernd 70 % des öffentlichen Personennahverkehrs sich über Linienbusse abwickelt, sind Fahrzeuge und Haltestellen nach wie vor größten Teils für Rollstuhlbenutzer ungeeignet.

Die Entwicklung geeigneter Fahrzeugtypen hat zwar Fortschritte gemacht, die Praxis hinkt aber hinterher. Die derzeit im Einsatz befindlichen Fahrzeuge haben immer noch eine Fußbodenhöhe von 70 bis 90 cm über dem Straßenniveau. Soweit breite Fahrzeugzugänge vorhanden sind, werden sie durch mittlere Haltestangen eingeengt. Die Bedienungselemente nehmen auf Kleinwüchsige, auf Kinder, auf Greifbehinderte nicht ausreichend Rücksicht.

Die durch verschiedene Anstöße und Proteste endlich in Gang gekommene Entwicklung weist folgende Tendenzen auf: Erprobung von Niederflurbussen mit Fahrzeugbodenhöhen von ca. 32 cm über Straßenniveau und zusätzlicher Absenkmöglichkeit der Einstiegskante an Haltestellen mittels Luftfedern auf ca. 25 bis 27 cm. Die verbleibende Einstiegshöhendifferenz kann für Rollstuhlbenutzer bewältigbar gemacht werden, wenn die Haltestellenrandsteine entsprechend angehoben werden. Dabei muss die Haltestelle so angelegt werden, dass der Bus so dicht wie möglich heranfahren kann (Spaltbreite max. 10 cm), ohne dass es dabei zu einem Anprall des Fahrzeugs an den Randstein kommt. Der derzeit übliche Rückbau vorhandener Busbuchten kommt dem entgegen. Er sollte weiter gefördert werden. Dabei entstehen Haltestellen entweder am normalen Fahrbahnrand oder sgn. Haltestellenkaps am vorgezogenen Fahrbahnrand. Im letzteren Fall ist eine Anhebung der Haltestellenkante auf mindestens 18 cm ohne größere Schwierigkeiten möglich. Wo diese Anhebung nicht möglich bzw. wo der Spalt zu breit wird, bedarf es für den Rollstuhlbenutzer fahrzeuggebundener Einstieghilfen (Differenzlifte, ausklappbare Rampen). Die bisher alternativ verfolgten Lösungen mit elektropneumatischen Stufenliften an Bustypen mit normaler Fußbodenhöhe oder mit Hochbahnsteigen nach dem Muster der U-Bahnhöfe dürften als überholt anzusehen sein. Sonderformen mit Hubbühnen, insbesondere an Kleinbussen für den speziellen Transport von Rollstuhlbenutzern, bleiben davon unberührt, insbesondere dann, wenn Rollstuhlbenutzer ständig auf Hilfe angewiesen sind und auch am Ziel betreut werden müssen. Hier bieten sich Behindertentaxis als Ergänzung nach wie vor an.

16.6.2.2 Straßenbahn

Da wegen der häufig im Straßenraum vorhandenen Zwänge die durchgängige Ausstattung aller Haltestellen mit Hochbahnsteigen Schwierigkeiten macht, ist auch hier im Fahrzeugbau die Entwicklung von Niederflurtypen zu beobachten: Absenkung des gesamten Wagenfußbodens oder von Teilen auf ca. 35 cm über Schienenoberkante oder besonders abgesenktes Mittelabteil auf 30 cm oder weniger. Dabei müssten die Haltestellenkanten auf generell 20 bis 30 cm, je nach Fahrzeugtyp, angehoben werden. Ist dies nicht möglich (z.B. bei allen Haltestellen unmittelbar am Fahrbahnrand), so wären auch bei der Niederflurstraßenbahn ergänzende Einstieghilfen nötig. Die Entwicklung ist im Gange.

16.6.2.3 U-Bahn/Stadtbahn

Am weitesten fortgeschritten ist die Entwicklung voll behindertengerechter Systeme bei den U-Bahnen/Stadtbahnen. Im Endausbau müssen dabei alle Haltestellen des Netzes mit Hochbahnsteigen (ca. 90 cm über Schienenoberkante) ausgerüstet werden. Diese wiederum müssen voll rollstuhlgerecht anfahrbar sein: bei Bahnen auf Straßenniveau durch maximal 6 % geneigte Rampen, bei Hoch- oder Tieflage der Bahnhöfe über Personenaufzüge. Aufzugkabinen und Aufzugsschächte sollten transparent ausgeführt werden. Da ein genereller Umbau bzw. eine generelle Nachrüstung aller bestehender Bahnhöfe z.T. technisch unmöglich ist, z.T. zu enormen finanziellen Belastungen führt, ist der geringe Fortschritt auf diesem Gebiet nicht verwunderlich. Bei Linienneubauten können die Mehrkosten bei zweckmäßiger Planung meist in vertretbaren Grenzen gehalten werden.

16.6.2.4 S-Bahn

Wegen des Mischbetriebs mit Personenfern- und Regionalverkehrszügen können die Bahnsteighöhen an vielen Bahnhöfen nicht auf die für Rollstuhlbenutzer erforderliche Höhe von 96 cm über Schienenoberkante gebracht werden. Die verbleibende Stufe von ca. 25 cm gegenüber dem Wagenboden der neuen, behindertenfreundlichen Wagentypen ist für Selbstfahrerrollstühle unüberwindlich. Beim Ein- und Aussteigen müssen Mitreisende oder das Fahrpersonal helfen. An einigen Bahnhöfen werden ergänzend transportable Rampen oder Hubwagen eingesetzt. Das grundsätzliche Problem ist nicht gelöst.

Die Bahnhöfe selbst können z.T. über die Nachrüstung von Aufzügen rollstuhlgerecht umgebaut werden. Seit einigen Jahren sind Nachrüstungen nach dem Gemeindeverkehrsfinanzierungsgesetz zuwendungsfähig.

16.6.2.5 Schienenregional- und Fernverkehr

Die Entwicklung rollstuhlgerechter Lösungen kommt bei der Dt. Bahn AG nur langsam in Gang. Die neueren IC- und ICE-Wagen sind zwar in ihrem Inneren behindertenfreundlich ausgestattet. Da sie jedoch über keine Hebebühne verfügen, bleibt zwischen Fußbodenhöhe des Fahrzeugs und Bahnsteig eine Stufe, die für Rollstuhlbenutzer nicht überwindbar ist. Es bleibt insofern, wie bei der S-Bahn, bei personengebundenen Einzelhilfen mittels mobiler Rampen usw.

16.6.2.6 Taxen

Aus finanziellen Gründen spielt das normale Taxi für Mobilitätsbehinderte derzeit nur eine untergeordnete Rolle. Angesichts der allgemein zu beobachtenden Zunahme von Anruf-Sammeltaxen, könnten sich hier, vor allem soweit sie subventioniert werden, verstärkt Angebote für behinderte Menschen bieten. Es wäre Aufgabe der Kommunen und Verbände, bei den Taxiunternehmern auf die Anschaffung entsprechender Pkw mit Schwenksitzen hinzuwirken. In Verbindung mit klappbaren Rollstühlen sind diese in der Regel ausreichend. Großraumlimousinen und Kleinbusse mit Hebebühne dürften die Ausnahme sein.

Eine geeignete Gestaltung der Taxistandplätze ist Voraussetzung:
– Vermeidung einer Bordsteinkante auf dem Weg zur Fahrzeugtür
– günstige Lage in den Wegenetzen
– Verbesserung der Auffindbarkeit der Taxistände für Blinde.

16.6.3 Individualfahrzeug

Beim Privatfahrzeug, dessen Umbau je nach Art der Behinderung in der Regel möglich ist, spielt vor allem das Problem des Parkens eine Rolle. Größe von Garagen und Stellplätzen ist DIN 18024 Teil 1 zu entnehmen (vgl. auch EAE 85).

Abgesehen von Behindertenparkplätzen bei öffentlichen Gebäuden sollten allgemein in zentralen Bereichen Sonderparkplätze ohne Parkzeitbegrenzung vorgesehen werden. Sehr günstig liegen sie unmittelbar am Beginn von Fußgängerzonen oder in verkehrsberuhigten Bereichen.

In Parkhäusern sind Sonderstellplätze möglichst im Erdgeschoss oder nahe an den Aufzügen, jedenfalls in der Nähe der Ausgänge vorzusehen.

16.7 Folgeeinrichtungen

Entsprechend dem oben genannten Grundsatz sollen möglichst alle Folgeeinrichtungen auch für Menschen mit Behinderungen mitbenutzbar sein, während Sondereinrichtungen auf Anlagen beschränkt bleiben sollten, die für andere Bevölkerungsgruppen ungeeignet sind. Mit diesem Verfahren wird ein Abbau der Isolierung behinderter Menschen erreicht. Gleichzeitig lassen sich auf diese Weise Kosten sparen.

Abgesehen von dem generellen Erfordernis der Barrierefreiheit bedürfen die Folgeeinrichtungen z.T. gewisser Sonderausstattungen, z.B.

- für Schwimmhallen: Hubböden, Handgriffe, überbreite Kabinen, Deckenschienen in den Brauseräumen, rutschfeste Böden usw.
- Sondergeräte für Turnhallen und Gymnastikräume
- akustische Sondereinrichtungen für Gehörgeschädigte in Versammlungsräumen
- Sondereinrichtungen für Sehbehinderte in Bibliotheken usw.

Teilweise sind die Sondereinrichtungen organisatorischer Art. Da Menschen mit Behinderungen in vielen Fällen am normalen Betrieb nicht unmittelbar teilnehmen können oder wollen (z.B. beim öffentlichen Bad oder bei sonstigen sportlichen Angeboten), müssen hier in den allgemeinen Anlagen spezielle Öffnungs- bzw. Trainingszeiten (Warmbadetag) eingeführt werden. Dazu sind in der Regel besondere Aufsichtspersonen bzw. eine regelrechte therapeutische Betreuung erforderlich.

Vor allem sollten mehr sportlich-spielerische Möglichkeiten angeboten werden, die gleichzeitig Kommunikations- und Kontaktchancen bieten. Die vorhandene Tendenz, möglichst zentral gelegene Kommunikations-, Sport-, Spiel-, Einkaufs- und Kulturzentren zu schaffen, entspricht an sich schon diesem Anliegen. Gebäude, die jedem Vorübergehenden gestatten, "hineinzuschauen" und nach Belieben wohl gar mitzumachen, die also nicht in sich abgeschlossen, sondern mit der Umgebung verbunden sind, wären für Menschen mit Behinderungen eine Chance, ihre Isolierung zu überwinden.

In kleinerem Ausmaß können derartige Einrichtungen auch in Zentren von Stadtteilen geschaffen werden, wobei sie zweckmäßig mit Sport- und Schulanlagen, Volkshochschule, Bibliothek, Einkaufsmöglichkeiten und Dienstleistungen gekoppelt werden. Es wäre sinnvoll, derartige Zentren mit einer Pflegestation zu verbinden und sie durch Sonderdienste (ärztlicher und therapeutischer Beratungsdienst, Abholdienst, Essensdienst usw.) zu ergänzen.

Diese Einrichtung könnte gleichzeitig die Organisationsarbeit für die o.a. Sonderangebote übernehmen: Gymnastik- und Sportkurse, Sonderbadezeiten in den öffentlichen Hallenbädern, Bewegungsbäder, kulturelle und kommunikative Veranstaltungen, Anregungen zu Fortbildungskursen, Wohnungsberatung, Wohnungsvermittlung, Wohnungstausch.

16.8 Kommunale Fachplanung

Um den umfangreichen und vielfach komplexen Bedürfnissen der behinderten und alten Menschen entsprechen zu können, wird angeregt, dass die Kommunalverwaltungen spezielle Fachplanungen einrichten. In kleineren Städten empfiehlt es sich, die Belange dieser Gruppen in den Ressortplanungen zu berücksichtigen.

An den Fachplanungen sind im wesentlichen folgende Stellen zu beteiligen:
- Sozialamt, einschl. der freien Träger und der Behindertenfürsorge, der Berufsförderungswerke, der Kirchen usw.
- Stadtplanungsamt
- Schulamt
- Sportamt
- Wohnungsamt
- Hochbauamt
- Gartenamt/Grünflächenamt
- Verkehrsbetriebe
- Verkehrsamt
- Tiefbauamt.

Die Planung wird am zweckmäßigsten mit einer Projektgruppe aus den unmittelbar betroffenen Ämtern dieser Liste durchgeführt. Die übrigen Ämter werden bei Bedarf zugezogen. Als Basis der Fachplanung hat die Projektgruppe eine Datenanalyse anhand offizieller Statistiken sowie eigener Erhebungen und Befragungen zu erstellen und laufend fortzuschreiben.

Die Fachplanung selbst besteht in der Regel aus folgenden Teilen:
- Standort-, Kapazitäts-, Bauplanung
- Organisationsplanung (in der u.a. die Einrichtung und Arbeitsweise der Pflege- und Servicestationen geplant werden)
- Investitions- und Finanzplanung.

Auf der Ebene der Ratsgremien kämen folgende Einrichtungen in Frage:
- Bildung eines besonderen Ausschusses des Gemeinderates unter Mitwirkung der Behindertenverbände und -organisationen
- Einrichtung von entsprechenden Arbeitskreisen innerhalb der Parteien bzw. Gemeinderatsfraktionen.

Zu besonderer Aktivität wären – außer den bereits genannten Stellen – Architektenkammer, BDA, BDIA, BDLA, Staatliche Dienststellen (Arbeitsämter), Hoch- und Fachhochschulen, Gewerkschaften und Arbeitgeberverbände aufzurufen. Was die Beseitigung baulicher Barrieren anbetrifft, so wären besonders die Einzelhandelsvereinigungen, Kaufhauskonzerne, Theater und Filmtheater, Gaststätten usw. anzusprechen, die ihrerseits gemeinsame Aktionen zu Gunsten der Belange behinderter und alter Menschen in die Wege leiten könnten.

16.9 Forschung, Gesetzgebung

Auf diesem Gebiet ist in den vergangenen Jahren einiges geschehen. Dennoch bestehen gewisse Forschungsdefizite. Mängel zeigen sich vor allem im Bereich der praktischen Umsetzung, wie oben am Beispiel der Dt. Bahn AG dargestellt wurde. Es wird also weiterer öffentlich geförderter Forschungsvorhaben bedürfen, die jedoch stärker als bisher praxisorientiert sein müssen. Mancherorts fehlt es trotz Vorliegens praktikabler Lösungsmöglichkeiten immer noch am Problembewusstsein oder am politischen Durchsetzungswillen. Dies ist insbesondere bei den Trägern der öffentlichen Verkehrsbetriebe nicht recht verständlich. Offenbar wird hier auch der wirtschaftliche Aspekt nicht genügend berücksichtigt, erhöhen doch, wie wir oben dargestellt haben, Maßnahmen zu Gunsten der Behinderten die Attraktivität des Verkehrsmittels ganz allgemein. Die Erfahrungen haben übrigens gezeigt, dass die politische Durchsetzbarkeit sich stark erhöht, wenn zu der Behindertenproblematik der Seniorenaspekt permanent mit eingebaut wird.

In den vergangenen Jahren sind verschiedene gesetzliche und administrative Regelungen zu Gunsten der Menschen mit Behinderungen verbessert worden. Unmittelbare Handhaben liefern besonders folgende Gesetze und Richtlinien:
- Baugesetzbuch
- Baunutzungsverordnung
- Bauordnungen der Länder
- Weitere Gesetze, auf denen die Befugnisse der Gemeinden fußen (z.B. die Gemeindeordnungen der Länder)
- Straßenverkehrsordnung
- Gemeindeverkehrsfinanzierungsgesetz als Grundlage für die finanzielle Bezuschussung der Baumaßnahmen.

17.0 Blinden- und sehbehindertengerechter Verkehrsraum

17.1 Blinden- und sehbehindertengerechte Bordsteinabsenkungen

Dietmar Böhringer

Im folgenden wird der Verkehrsraum aus der Sicht der blinden und sehbehinderten Menschen dargestellt. Dazu wird besonders auf die Bordsteinabsenkungen, Verkehrsinseln, Radwege neben Gehwegen und Sicht-Signalanlagen eingegangen. Die oft sich scheinbar widersprechenden Anforderungen der Radfahrer, der Rollstuhlbenutzer und der blinden Menschen können durchaus zu Kompromissen führen.

Eine abwärtsführende Kante als Grenze zwischen Geh- und Fahrfläche ist dem Mitteleuropäer seit der Römerzeit geläufig. Im Hinblick auf Eindeutigkeit ist sie die beste Markierungsmöglichkeit einer Gefahrenlinie. Dies gilt durchgängig für alle Gruppen von Fußgängern, hat für blinde Personen jedoch einen herausragenden Stellenwert. In der Schweiz wird im Hinblick auf Überquerungsstellen für Fußgänger darauf hingewiesen, dass die in der Norm festgelegte Bordhöhe an Fußgängerübergängen einen Kompromissvorschlag darstellt zwischen den Interessen zweier Behindertengruppen: „Die Höhe des Absatzes darf für Rollstuhlfahrer nicht mehr, für Blinde nicht weniger als 30 mm betragen" (Abb. 16.1/1). In Deutschland wurde z.B. in der 1985 erschienenen EAE empfohlen, an Überquerungsstellen für Fußgänger nur noch eine Bordhöhe von „2 bis 3 cm" zu belassen[1]. In einer 1988 erschienenen ministeriellen Broschüre wurde sogar der Anschein erweckt, als ob die wirklich „behindertengerechte" Lösung eine Absenkung auf das Straßenniveau wäre (Abb. 17.1/2). 1992 erschien erstmals in einer offiziellen Schrift ein Hinweis, der Außenstehenden die Notwendigkeit einer verbleibenden Restbordsteinkante erläuterte: „Die Höhendifferenz von 3 cm ergibt sich nach dem derzeitigen Abstimmungsprozess beteiligter Gruppen und Verbände als Kompromiss zwischen den Erfordernissen der Blinden, sich nach ertastbaren Elementen zu richten, und denen der Rollstuhlbenutzer, möglichst ohne Höhendifferenzen den Straßenraum zu befahren. Daher sind für diese Höhendifferenz keine Bautoleranzen zugelassen."[2]

Noch immer werden aber vielerorts Bordsteine auf nur zwei, auf nur einen Zentimeter oder gar auf Niveaugleichheit abgesenkt; noch immer wird die Formulierung der DIN 18024 falsch verstanden, wird aus „Höhe von 3 cm" ein „Höhe von höchstens 3 cm". Dies ist ein schlimmes Missverständnis, das für Blinde nicht nur erhebliche Erschwernisse, sondern ernste Gefahren heraufbeschwört.

Blinde Personen, die sich selbstständig im Verkehr bewegen, benötigen zu ihrer Orientierung dringend deutliche Kanten, die sie mit Hilfe ihres Blindenstocks ertasten (s. Abb. 17.1/3). Je größer der Niveauunterschied zwischen Gehweg und Straße ist, desto rascher erfassen sie diese Begrenzungslinie; je geringer er ist, desto schwieriger ist es für sie. Sind Gehweg und Straße völlig niveaugleich, sind Blinde nicht in der Lage, den Straßenrand sicher zu erkennen. Versuchen sie, derartige Stellen alleine zu bewältigen, dann ist die Gefahr groß, dass sie (mit dem Bewusstsein, noch auf dem Gehweg zu sein) auf die Straße treten. Es ist offensichtlich, dass sie in einem solchen Falle sich und andere Verkehrsteilnehmer erheblich gefährden.

Mehrfach wurde schon versucht, Kompromisslösungen zu finden, die den Wünschen von Rollstuhlbenutzern mehr entge-

---

1–4 Siehe Anhang „Literaturverzeichnis nach Kapiteln"

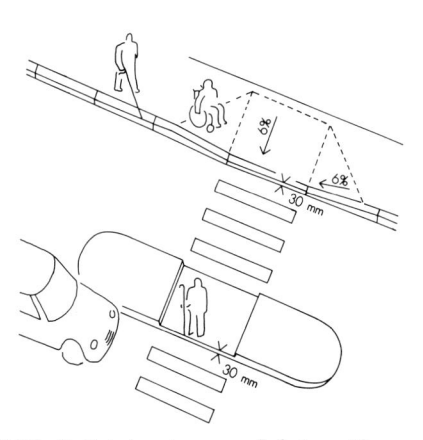

17.1/1 „Trottoirabsenkung am Fußgängerüberweg. Achtung: Die Höhe des Absatzes darf für Rollstuhlfahrer nicht mehr, für Blinde nicht weniger als 30 mm betragen" (Aus der Schweizer Norm[3])

17.1/2 Negativbeispiel: Überquerungsstellen, deren Bordstein zu extrem abgesenkt wurde, stellen eine schwere Gefährdung für Blinde dar und sind damit kein Paradebeispiel für „behindertengerechte Gestaltung". (Ausschnitt aus dem Titelblatt einer ministeriellen Broschüre[4])

17.1/3 Der Blindenstock erfasst die Bordsteinkante

17.1/4 Schmale Rampe mit senkrechter Begrenzung: Eine gute Lösung sowohl für Rollstuhlbenutzer als auch für Blinde – für Fußgängerströme jedoch eine Stolperfalle!

17.1/5 „Gebt uns unsere Bürgersteige zurück!", war die Reaktion vieler Engländer auf die rigorosen Bordsteinabsenkungen (Foto: Frank Bolay)

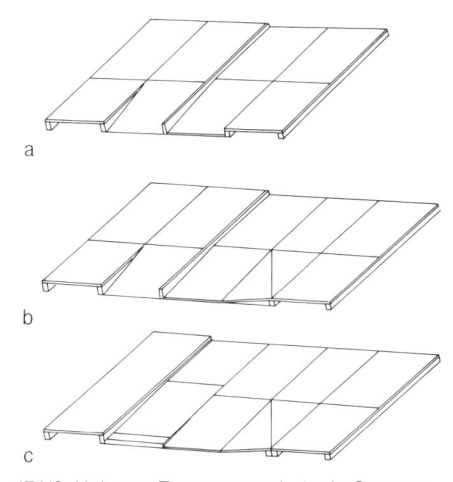

17.1/6 Hölzerne Testrampe, mit der in Stuttgart Versuche zur optimalen Gestaltung einer Auffahrt auf den Gehweg durchgeführt wurden. Diese Auffahrt sollte
– für Rollstuhlbenutzer gut zu bewältigen sein,
– für Blinde trotzdem die Begrenzungslinie Gehweg – Straße leicht und eindeutig erkennen lassen,
– für Nichtbehinderte keine Stolpergefahr und im Winter keine Rutschgefahr ergeben.
Aufgrund der negativen Testergebnisse wurde – zumindest vorläufig – der Versuch aufgegeben, den bestehenden Interessenkonflikt mittels einer Gehweg-Rampe zu lösen.

17.1/7 Interessanter Versuch zur Gestaltung einer Bordsteinkante, die „schwächeren Verkehrsteilnehmern" (z.B. Blinden, Kindern, Betagten) den notwendigen Sicherheitsabstand signalisiert. (Zeichnungen und Fotos, soweit nicht anders angegeben, Dietmar Böhringer)

genkämen, nämlich derart gestaltete niveaugleiche Übergänge vom Gehweg auf die Straße, dass sie auch Blinden eine sichere Orientierung erlauben. Dies gelang bisher nicht:

– Bodenindikatoren (= Strukturplatten, die mit Hilfe des Blindenstocks ertastet werden können), am Rand des Gehwegs verlegt als Ersatz für den entfallenen Niveauunterschied, versanken über Monate hinweg unter Streumaterial und waren nicht mehr zu ertasten. Auch solange sie erkennbar waren, waren sie nicht in der Lage, jene Informationen zu liefern, die für Blinde enorm wichtig sind: die genaue Lage und vor allem die genaue Richtung der Bordsteinkante[5].

– Schmale Rampen mit senkrechten Begrenzungen (Abb. 17.1/4) wären für Rollstuhlbenutzer eine gute Lösung und für Blinde zu akzeptieren, da sie die Unterbrechung des Gehwegs eindeutig als solche wahrnehmen könnten. An einzelnen, ausgewählten Stellen mag eine derartige Rampe auch eine gute Lösung sein – als Regelfall würde sie jedoch nie akzeptiert, da sie zur Stolperfalle werden kann, insbesondere an Stellen mit starkem Fußgängerverkehr.

– Würde man bei einer entsprechenden Rampe die Bordsteinkante verziehen, könnten Blinde die so entstandene flache Mulde nicht mehr als Rampe erkennen. Die Gefahr wäre wieder zu groß, dass blinde Personen den Straßenbereich mit dem zum

---

5 Siehe Anhang „Literaturverzeichnis nach Kapiteln"

Gehweg gehörenden Rampenbereich verwechseln und damit sich und andere Verkehrsteilnehmer in Gefahr bringen würden. Für Blinde, die mit einem Blindenführhund gehen (was immer häufiger der Fall ist), gilt Entsprechendes: Der Hund ist so geschult, dass er grundsätzlich eine Kante von noch mindestens 3 cm Höhe „verweist", d.h. Blinde durch sein Verhalten darauf aufmerksam macht. Wird die Bordsteinkante jedoch noch weiter abgesenkt, erschwert dies die Situation des Blinden erheblich, da der Hund Strukturunterschiede, aufgemalte Linien oder niedrigere Kanten u.U. nicht sicher als Grenze zu einem Gefahrenbereich erfasst.

Der Deutsche Blindenverband fordert daher mit Nachdruck, dass Bordsteine keinesfalls auf weniger als 3 cm abgesenkt werden dürfen[6]. Diese Forderung wird ihre Bedeutung behalten, solange keine anderen, gleichwertig sicheren taktilen Orientierungshilfen existieren – Orientierungshilfen, die einerseits durch umfangreiche Testverfahren abgesichert und andererseits von den Spitzenorganisationen der Blindenselbsthilfe bestätigt sind.

Nicht unerwähnt bleiben darf, dass starke Bordsteinabsenkungen auch vom verkehrspsychologischen Aspekt her sehr problematisch sind: Der minimale oder gar fehlende Niveauunterschied zwischen geschütztem Gehbereich und Straße erfordert vom Fußgänger ein erhöhtes Maß an Aufmerksamkeit, die „schwächere" Verkehrsteilnehmer, z.B. kleine Kinder und ältere Personen, nur schwer leisten können. Auf diese Problematik deutet auch die Entwicklung in England hin, wo ein bewusstes behindertengerechtes Planen und Bauen wesentlich früher als bei uns eingesetzt hat und seinerzeit viele rigorose Bordsteinabsenkungen vorgenommen wurden (Abb. 17.1/5): Hier lief mehr als 10 Jahre die Aktion „Gebt uns unsere Bürgersteige zurück", die nicht nur bei Blinden, sondern offensichtlich auch bei anderen Behinderten sowie bei Müttern und Rentnern großen Anklang fand.

Im „Dachverband integratives Planen und Bauen" in Stuttgart, in dem sowohl die Gruppe der Körperbehinderten als auch die Gruppe der Blinden und Sehbehinderten vertreten ist, wurde der Interessenkonflikt längere Zeit diskutiert. Mit Hilfe einer veränderbaren hölzernen „Testrampe" wurden praktische Versuche durchgeführt (Abb. 16.1/6). Dabei wurde wieder festgestellt: Wer jene Armkraft besitzt, um einen mechanischen Rollstuhl im Gehwegbereich zu bewegen, kann erfahrungsgemäß einen Höhenunterschied von 3 cm – u.U. mit großer Anstrengung – überwinden. Entsprechendes gilt für den Benutzer eines E-Rollstuhls. Dass Niveaugleichheit für den Rollstuhlbenutzer ohne Frage die optimale Lösung darstellen würde, steht außer Frage. – Umgekehrt kam zum Ausdruck, dass Bordhöhen von 10 bis 15 cm, wie sie bis in die 70er Jahre durchgängig üblich waren, von Blinden problemlos und sicher erfasst werden konnten, während eine Bordsteinhöhe von nur noch 3 cm dem Blinden eine anstrengende „Kratztechnik" mit dem Blindenstock sowie eine hohe Konzentration abverlangt. Schließlich ist er sich der Lebensgefahr bewusst, in die er geraten würde, wenn er einmal die Kante nicht wahrnehmen würde. Der „3-cm-Kompromiss" bedeutet also für beide Personengruppen einen deutlichen und schmerzhaften Verzicht auf eine für sie optimale Lösung; einen Verzicht, der jedoch für beide zumutbar erscheint.

Blinde, die in den vergangenen Jahren mit den Ergebnissen total nivellierender Baumaßnahmen konfrontiert wurden, resignierten häufig: Um keine Verkehrsgefährdung zu provozieren, gingen sie bestimmte Wegstrecken nicht mehr, auch wenn sie diese früher problemlos bewältigten, oder sie wagten sich überhaupt nicht mehr auf die Straße, wenn nicht eine Begleitperson zur Verfügung stand. Dies aber ist ein unerträglicher Zustand, der nicht hingenommen werden kann.

Abgesenkte Bordsteinkanten sind – bei entsprechenden Lichtverhältnissen – optisch u.U. schwer zu erkennen. Dies gilt insbesondere dann, wenn sich Farbton und Helligkeit von Gehfläche, Bordstein und Fahrbahn nicht oder nur geringfügig unterscheiden. In besonderem Maße betrifft dies den Personenkreis der Sehbehinderten, zu dem auch ein großer Teil der Betagten gehört. Hier sei an die Forderung der DIN 18024 erinnert: „Abgesenkte Borde sind ... optisch kontrastreich ... zu kennzeichnen"[7]. – Es wäre dringend zu wünschen, dass diese jahrzehntealte Forderung konsequentere Beachtung findet, als dies bisher der Fall ist!

6-7 Siehe Anhang „Literaturverzeichnis nach Kapiteln"

17.2 Wichtige Aspekte behindertengerechter Verkehrsinseln

Dietmar Böhringer

Eine Schutzinsel soll dem überquerenden Fußgänger die Möglichkeit bieten, mitten im fließenden Verkehr eine geschützte Zone zu finden, auf der gefahrlos der richtige Zeitpunkt zum Überqueren der weiteren Fahrspuren abgewartet und von wo aus die weitere Überquerung sicher bewältigt werden kann.

Trifft ein Blinder beim Überqueren einer breiten Fahrbahn auf eine Insel, so erkennt er sie in der Regel mit Hilfe des auf dem Straßenbelag gleitenden Stockes an ihrer Bordsteinkante. Fehlt diese jedoch, kann er nicht feststellen, wann die Schutzinsel beginnt und, was noch problematischer ist, wann sie endet. Damit besteht die Gefahr, dass er, ohne dies zu bemerken, die folgende Fahrspur betritt. Bei mehrspurigen Straßen ist dies die Überholspur, auf der normalerweise noch schneller und häufig auch aggressiver gefahren wird als auf der Normalspur (Abb. 17.2/1). Auf Straßenniveau abgesenkte Inseln bzw. Fahrbahnteiler stellen damit eine der gravierendsten Gefährdungen blinder Menschen im Straßenverkehr dar.

Noch in den 80er Jahren wurde dieser Aspekt in der Regel anders gesehen. So sollten Fahrbahnteiler nach der EAE 85 „bei geringer Verkehrsbelastung gegebenenfalls als höhengleiche Flächen (Materialwechsel) ausgebildet werden, sofern sie ausreichend erkennbar sind."[1] Bereits 1992 wurde jedoch in einem vom Bundesverkehrsministerium herausgegebenen Handbuch auch bei Inseln eine „Bordhöhe 0,03 m" empfohlen[2], und nach der DIN 18024-1 von 1998 müssen „Borde an ... Schutzinseln ... auf eine Höhe von 3 cm abgesenkt sein."[3]

Bedauerlicherweise werden gegenwärtig jedoch noch immer Inseln niveaugleich zur Fahrbahn gestaltet. Es ist daher notwendig, immer wieder darauf hinzuweisen, dass das wichtigste Gestaltungskriterium

1 Empfehlungen für die Anlage von Erschließungsstraßen (EAE 85), Hrgr. Forschungsgesellschaft für Straßen und Verkehrswesen, Arbeitsgruppe Straßenentwurf, Köln 1985, S. 57
2 direkt 47, S. 39
3 DIN 18024-1, Jan. 1998, S. 5, Abschnitt 10.1

17.2/1 Negativbeispiel: „Nullabsenkung"
Bei einer Absenkung der Bordsteinkante auf Straßenniveau büßt die Insel einen wesentlichen Teil ihres „Schutzcharakters" für Fußgänger ein. Besonders gravierend ist es, dass Blinde weder Anfang noch Ende der Insel erkennen können. Die Gefahr, dass sie in den fließenden Verkehr treten, ist groß; insbesondere dann, wenn (wie im Bild) Furten unterschiedlich signalisiert sind

17.2/2 Negativbeispiel: Verziehung und Pflasterung
Der Niveauunterschied zwischen Standfläche und Inselköpfen wurde hier nicht durch eine scharfe Kante deutlich gemacht, sondern mittels Verziehung überbrückt. – Diese Gestaltung nimmt Blinden wichtige Orientierungshilfen und gefährdet sie damit erheblich. Die Pflasterung macht das Begehen mit dem Blindenstock und das Befahren mit dem Rollstuhl sehr beschwerlich

einer „behindertengerechten" Insel lautet:
– Die Standfläche der Insel ist vom Straßenniveau durch eine Bordsteinkante abzusetzen, die mit Rücksicht auf Rollstuhlbenutzer nicht höher als 3 cm, mit Rücksicht auf Blinde nicht niedriger als 3 cm sein darf.

Gegenwärtig zunehmend ist zu beobachten, dass das höhere Niveau der Inselköpfe zum niedrigeren Niveau der Standfläche hin nicht scharf abgesetzt, sondern verzogen ist (Abb. 17.2/2). Für den Blinden bedeutet dieser Verzicht auf einen deutlichen Absatz, dass ihm entscheidende Orientierungshilfen genommen werden. – Es handelt sich dabei offensichtlich um eine „Modeerscheinung", die sich auszuweiten scheint, jedoch im Interesse der Blinden schnellstens gestoppt werden sollte. Gefordert werden muss also:
– Die Begrenzungskanten zwischen Standfläche und „Inselköpfen" sollten mindestens 10 cm hoch sein;
– sie sollten in Gehrichtung weisen.

Problematisch ist schließlich – was ebenfalls zunehmend beobachtet werden kann – die Gestaltung der begehbaren Fläche mit grobem Natursteinpflaster: Für den Blinden, der die Stockspitze direkt über den Belag ziehen muss, um die Bordsteinkante sicher zu erfassen, ist die Begehung sehr beschwerlich. Anstrengend ist auch das Befahren einer derart holprigen Fläche mit Rollstühlen. Als Forderung ist daher zu formulieren:
– Mit Rücksicht auf Blinde und Rollstuhlbenutzer ist die Standfläche einer Insel mit einem glatten Belag zu versehen, z.B. mit Betonplatten oder Asphalt, nicht aber z.B. mit holprigem Natursteinpflaster. (Die DIN 18024-1 fordert auch grundsätzlich eine erschütterungsarme Befahrbarkeit[4]!

Inseln liefern einem Blinden auch enorm wichtige Orientierungshinweise für die Überquerung einer breiten Straße, auf der er sonst leicht „die Richtung verlieren" könnte. Dazu benötigt er wieder den Bordstein: Nur eine mit dem Blindenstock abtastbare Kante lässt ihn eindeutig die Richtung der Begrenzungslinie erkennen[5].
Außerdem ist zu beachten (Abb. 17.2/3):
– Die Bordsteinkante sollte nicht gekrümmt, sondern geradlinig verlaufen;
– sie muss gemäß DIN 18024-1 rechtwinklig zur Überquerungsrichtung verlaufen[6].
Moderne Schienenfahrzeuge sind in der Regel sehr schnell und sehr leise. Sie stellen damit für Fußgänger eine Gefährdung

---

4 a.a.O., S. 4, Abschnitt 6
5 König S. 34
6 a.a.O., S. 5, Abschnitt 10.2

17.2/3a Negativbeispiele
a) Hohe Bordsteinkanten stellen für Rollstuhlbenutzer ein schweres, u.U. unüberwindliches Hindernis dar.
b) Auf Straßenniveau abgesenkte Inseln büßen einen wesentlichen Teil ihres „Schutzcharakters" für den Fußgänger ein. Sie stellen eine der gravierendsten Gefährdungen blinder Menschen im Straßenverkehr dar.
c) Nicht kontrastreich gestaltete Begrenzungen von Inseln gefährden Sehbehinderte und damit auch viele Betagte.
d) Bordsteinkanten, die in einer Rundung geführt werden,
e) Begrenzungslinien der Inselköpfe, die nicht in Gehrichtung weisen,
f) Bordsteinkanten, die nicht rechtwinklig zu Fußgängerüberwegen verlaufen sowie
g) Inselköpfe, die nicht mit einer Kante abgesetzt, sondern verzogen sind, geben blinden Personen schlechte oder falsche Richtungsinformationen, erschweren ihnen die Orientierung und gefährden sie damit.
h) Eine holprige Oberfläche ist sowohl für Rollstuhlbenutzer als auch für Blinde sehr unangenehm

17.2/3b Behindertengerechte Schutzinsel
a) Die Standfläche der Insel ist von der Straßenfläche durch eine Bordsteinkante von mindestens 3 cm Höhe deutlich abgesetzt. (Mit Rücksicht auf Rollstuhlfahrer darf der Niveauunterschied jedoch nicht höher als 5 cm sein.)
b) Diese Kante verläuft geradlinig.
c) Der Fußgängerüberweg verläuft rechtwinklig zu ihr.
d) Die Inselköpfe sind durch die Kante von mindestens 10 cm Höhe von der Standfläche deutlich abgesetzt.
e) Die Standfläche ist mit einem glatten Belag versehen (z.B. Asphalt oder Betonplatten, nicht jedoch Natursteinpflaster o.ä.).
f) Die Borde sind durch Verwendung farbigen Materials optisch kontrastreich abgesetzt

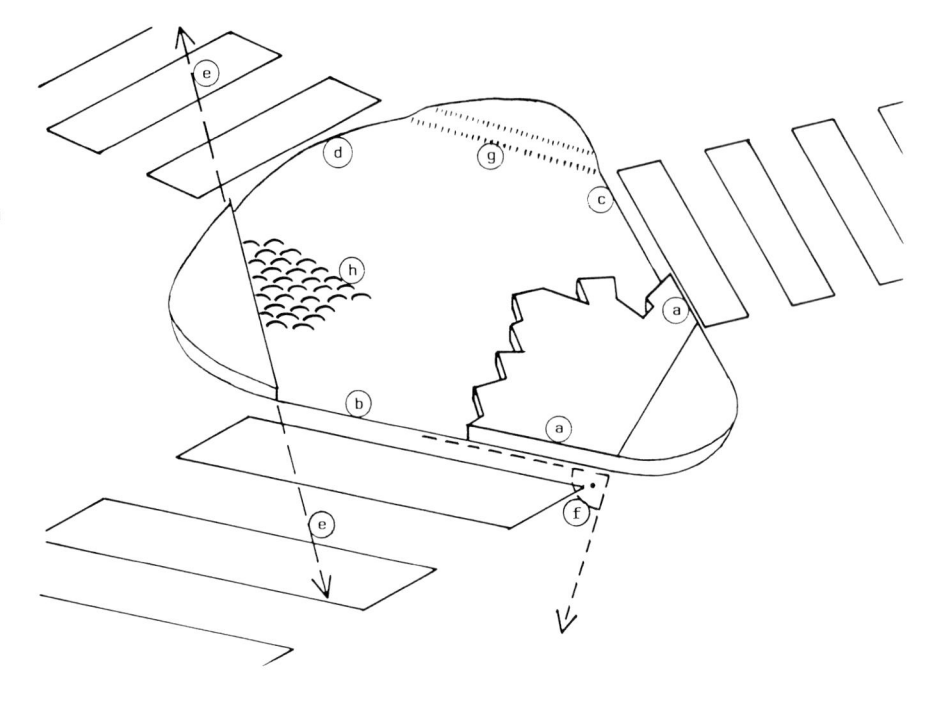

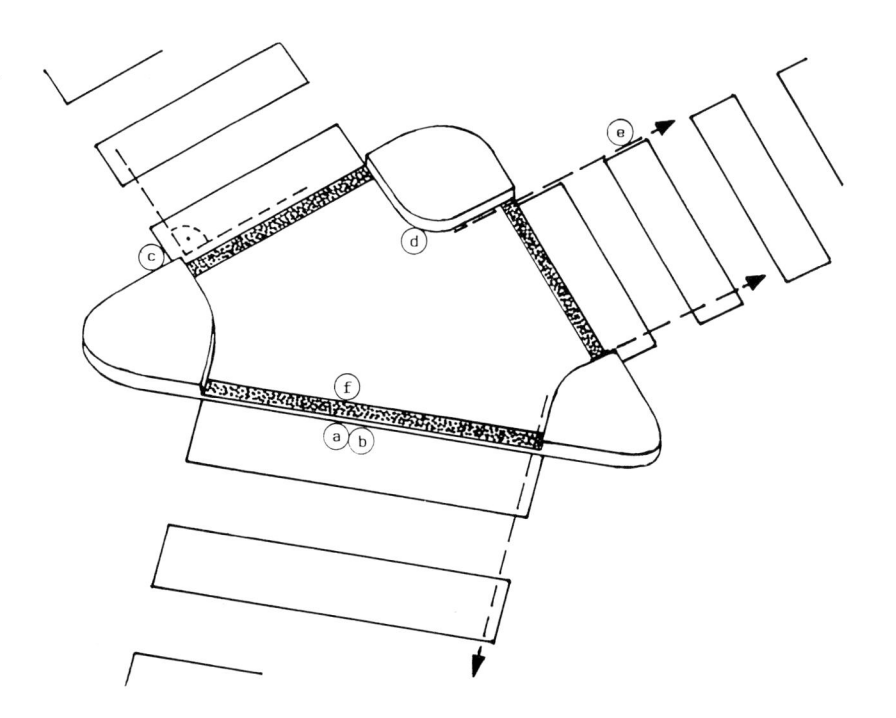

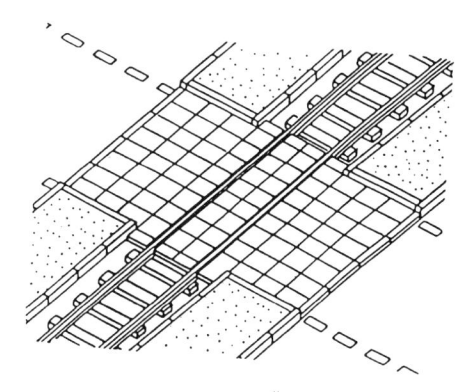

17.2/4a Bei niveaugleichen Überquerungsstellen von Straßenbahnbereichen sind Blinde, Kinder, Betagte, unaufmerksame oder abgelenkte Personen u.U. nicht in der Lage, den Gefahrenbereich rechtzeitig zu erkennen, was eine erhebliche Gefährdung darstellt

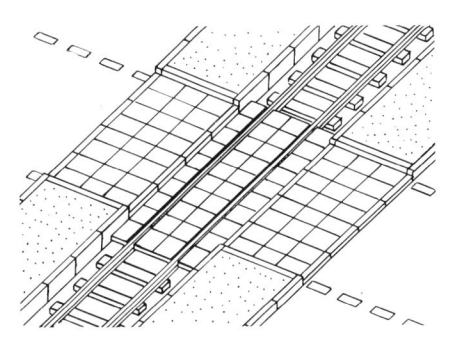

17.2/4b Der Gleisbereich eines Schienenweges sollte daher um 3 cm tiefer liegen als benachbarte Fußgängerbereiche

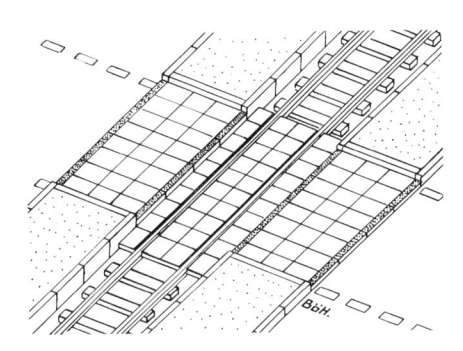

17.2/4c Die Borde – auch gegen den Gleisbereich – sollten durch Verwendung farbigen Materials optisch kontrastierend gestaltet werden

17.2/4a-c Gleise in Fußgängerbereichen (Zeichnungen und Fotos Dietmar Böhringer)

dar, die jener des Kfz-Verkehrs durchaus entsprechen kann. Trotzdem ist zu beobachten, dass Schienenüberwege niveaugleich gestaltet werden, und dass diese Gestaltung auch noch immer offiziell empfohlen wird. So heißt es einem 1997 vom Bundesministerium für Verkehr herausgegebenen Handbuch: „Vorplätze und Eingangsbereiche von Haltestellen sind integriert zu planen und zu gestalten. Dazu gehören (so weit wie möglich) Niveaugleichheit, durchgehende Wegeführung ...[7]". Was darunter zu verstehen ist, zeigen die Übersichtspläne von Stadtbahn- und Straßenbahnhaltestellen: Der Schienenüberweg hat außerhalb vom und im Gefahrenbereich identisches Ausehen, nicht einmal eine optische Markierung der Grenzlinie, geschweige denn ein Niveauunterschied weist auf die schwerwiegende Gefahr hin.

Zu fordern ist daher (Abb. 17.2/4):
– Der Gefahrenbereich eines Schienenüberweges muss um 3 cm tiefer liegen als benachbarte Fußgängerbereiche. Die Borde sind optisch kontrastierend zu kennzeichnen. Diese Forderung gilt auch für Straßenbahnlinien, die großflächige Fußgängerzonen durchqueren.

[7] direkt 51, S. 45

17.3 Radwege niveaugleich neben Gehwegen – eine Gefahr nicht nur für blinde Verkehrsteilnehmer

Dietmar Böhringer

Radfahrer sind für Blinde sehr schwierige Verkehrsteilnehmer: Im Gegensatz zu allen Motorfahrzeugen sind sie akustisch kaum wahrnehmbar, erreichen aber Geschwindigkeiten, die denen des sonstigen innerörtlichen Verkehrs entsprechen können. Sportliche Fahrer können z.B. auf der Ebene bis zu 50 km/h und auf abschüssigen Strecken noch wesentlich schneller fahren. Dies flößt Fußgängern – und in besonderem Maße blinden Fußgängern – Ängste ein. Diese sind nicht unbegründet: Nach Untersuchungen der 80er Jahre kam es bei den Fußgängern zu 80 % mehr Unfällen, wenn der Gehweg von einem Radweg begleitet war[1].

Dass Radfahrer auch für den Verkehrsplaner eine nicht unproblematische Rolle spielen, zeigt ihre von Ort zu Ort und von Straße zu Straße unterschiedliche Behandlung: Zum Teil benützen sie gleichberechtigt mit dem Kraftverkehr die Straße, zum Teil müssen sie sich mit Fußgängern auf einem kombinierten Rad/Gehweg arrangieren,

[1] Dräger a. a. O.

17.3/1 Radwege, die auf einem vom Gehweg abgesetzten Niveau verlaufen, sind von Blinden gut zu erkennen

zum Teil werden ihnen (als spezieller Fahrzeugkategorie) eigene Verkehrsflächen zugewiesen.

Bis in die 70er Jahre verliefen derartige Radwege grundsätzlich auf einem zwischen Straße und Gehweg gelegenen Niveau, das einige Zentimeter tiefer lag als der Gehweg (Abb. 17.3/1). Blinde Fußgänger konnten damit die beiden unterschiedlichen Verkehrsflächen gut differenzieren. Dieser Höhenversatz wurde jedoch in den 80er Jahren als nicht mehr aktuell betrachtet: „Zwischen Gehweg und Radweg sollte kein Höhenunterschied bestehen ...", wurde in den einschlägigen Empfehlungen von 1982 gefordert[2] und auch die EAE 85 wies in dieselbe Richtung[3]. Diese Forderung wurde inzwischen nur geringfügig relativiert: „Zwischen unmittelbar aneinander grenzenden Radwegen und Gehweg- bzw. Aufenthaltsflächen sollte ... in der Regel kein Höhenunterschied bestehen[4]." Verschiedene Gründe haben zu dieser Forderung nach einer höhengleichen Abgrenzung geführt:

– Ausweichmanöver von Radfahrern auf den Gehweg sind ohne Sturzgefahr möglich[5].

– Der Bau in zwei verschiedenen Höhen ist im Vergleich zu einer niveaugleichen Gestaltung kostenaufwendiger. Reinigung und Unterhaltung sind schwieriger[6].

– Eine Rolle gespielt haben könnte auch, dass es für Rollstuhlbenutzer anstrengend ist, einen Niveauunterschied zu überwinden.

Die Kennzeichnung niveaugleicher Geh- und Radwege erfolgt dabei meistens ausschließlich optisch durch einen weißen Trennungsstrich oder einen roten Farbauftrag auf dem Radweg (Abb. 17.3/2). Dies ist von Blinden nicht wahrnehmbar. Nur in seltenen Fällen sind Beläge mit Strukturunterschieden zu beobachten, was sich häufig jedoch taktil, d.h. mit dem Blindenstock, ebenfalls kaum oder überhaupt nicht differenzieren lässt.

Inzwischen gibt es eine Reihe von offiziellen Empfehlungen dazu, mit welchen Materialien ein für Blinde angeblich „akzeptabler Kompromiß" erreicht werden kann: „Dickschicht-Markierung" oder „schmaler Pflasterstreifen"[7]; „Abgrenzung durch Naturstein- oder Klinkerstreifen"[8]; „deutlich spürbarer Pflasterwechsel"[9]; „Leitstreifenplatten aus Faserbeton"[10]. – Ob diese Lösungen aber auch tatsächlich gut oder zumindest „akzeptabel" sind für Blinde, ist noch ungenügend untersucht. Von Seiten des Deutschen Blindenverbandes wird Skepsis erkennbar, da das Verfolgen von Bodenmarkierungen auf eine längere Strecke mühsam und schwierig ist[11].

Dass niveaugleiche Geh- und Radwege unbefriedigend sind, wird mittlerweile auch von offizieller Seite eingeräumt: „Die derzeit verbreitete Praxis, Radwege auf Gehwegen anzulegen, ist in den meisten Fällen weder bürgerfreundlich noch behindertengerecht... Gefährdungen sind vor allem dort zu erwarten, wo Fußgänger die Radwege kreuzen..."[12]

Wie in jüngster Zeit gebaute Radverkehrsanlagen zeigen, gehen Verkehrsplaner jedoch noch immer häufig davon aus, dass niveaugleich zum Gehweg verlaufende Radwege einen Sicherheitsgewinn darstellen (Abb. 17.3/3). Bereits Untersuchungen der 80er Jahre haben Ergebnisse erbracht, die jene Befürworter schockieren müssten:

– Nach einer Untersuchung der Radfahrunfälle in Berlin (West) der Jahre 1981 bis 1985 ist dort das Unfallrisiko von Radfahrern auf Straßen mit Radwegen deutlich höher als auf Straßen ohne Radweg; es kommt auf den Straßen mit Radwegen relativ häufiger zu Unfällen, und die Unfallfolgen sind schwerwiegender[13].

– Ursprünglich wurde, ähnlich wie in Deutschland, auch in Dänemark vermutet, dass der Bau straßenbegleitender Radwege die Sicherheit für die Verkehrsteilnehmer erhöht. „Vorher-Nacher-Untersuchungen" an Straßen, die Radwege erhalten hatten, belegten jedoch das Gegenteil. Ein besonders krasser und sprunghafter Anstieg von Unfällen war an den Knotenpunkten zu verzeichnen, insbesondere mit Fußgängern und abbiegenden Kraftfahrern. Insgesamt nahm die Zahl der Straßenverkehrsunfälle mit verletzten Personen und die Zahl der Verletzten mit dem Bau straßenbegleitender Radwege innerorts um rund 25 % zu.[14]

– Nur besonders „komfortable", d.h. leicht und flüssig befahrbare Radverkehrsanlagen, die zusammenhängend und auf größeren Streckenabschnitten die Straße begleiten, die an Knotenpunkten durch deut-

---

2 Empfehlungen für Planung, Entwurf und Betrieb von Radverkehrsanlagen, S. 45

3 EAE 85, S. 27, 4.2.3; S. 39, 5.1.2; S. 45, Tabelle 10; Seite 53, 5.2.1.11.1; Zeichnungen 5.2.1.11.2

4 ERA 95, S. 35

5 Empfehlungen für Planung, Entwurf und Betrieb von Radverkehrsanlagen, S. 45; EAHV, S. 11, 90, 164

6 Dräger a. a. O.

7 Empfehlungen für Planung, Entwurf und Betrieb von Radverkehrsanlagen, S. 45

8 EAHV, S. 11, 90, 164

9 Behinderte in der Stadt, S. 53

10 König 1991, S. 18.

11 König 1997, S. 19

12 direkt 51, S.86. Das hier angekündigte Forschungsprojekt (FE-Projekt 77399/96 „Radwegführung an Haltestellen") war bei Redaktionsschluß für den vorliegenden Beitrag noch nicht verfügbar.

13 Verkehrsunfälle mit Radfahrern

14 Bach a. a. O.

17.3/2 Negativbeispiel:
Den Radweg auf den Gehweg zu verlegen und ihn nur optisch kenntlich zu machen, ist eine häufig praktizierte Lösung. Untersuchungen deuten darauf hin, dass durch eine derartige Maßnahme die Unfallhäufigkeit nicht verringert, sondern erhöht wird

17.3/3 Negativbeispiel:
Radweg auf dem neu gestalteten Bahnhofsvorplatz in Leipzig. Die Begrenzung zwischen Geh- und Fahrfläche ist durch ein eingelegtes Metallband gestaltet; eine Reihe dunkler Platten beim Signalgebermast soll Aufmerksamkeit dafür wecken. Diese Situation kann von Blinden nicht, von Sehbehinderten kaum erkannt werden und wird, wie das Bild zeigt, von den übrigen Fußgängern nicht verstanden

liche Gestaltung die Vorrangverhältnisse für alle Verkehrsteilnehmer deutlich machen und dort radverkehrsgerechte Lichtsignalregelungen aufweisen, haben einen die Sicherheit verbessernden Effekt.

Im Vergleich zu auf Gehwegen markierten Radwegen ist also die einfache Mitbenutzung der Fahrbahn offensichtlich sicherer. „Radfahrstreifen", die auf der Fahrbahn markiert werden, sichern den Radfahrer jedoch noch besser (Abb. 17.3/4). Falls ein Parkstreifen vorhanden ist, sollten die Radfahrer vor den Parkplätzen auf Radfahrstreifen daran vorbeigeführt werden[15] (Abb. 17.3/5) oder, falls der Platz dazu nicht ausreicht, auf Angebotsstreifen. Diese Lösung scheint sich als die in den meisten Fällen sicherste herauszukristallisieren: Konflikte mit Fußgängern sind dabei nahezu ausgeschlossen; und während der Radfahrer bei den gegenwärtig üblichen Radwegen häufig unerwartet und plötzlich hinter parkenden Fahrzeugen auftaucht, kann er auf Radfahrstreifen vom Kraftfahrer problemlos beobachtet und seine Reaktionen können abgeschätzt werden.

Es ist jedoch sicherlich illusorisch anzunehmen, dass die bestehenden mangelhaften und die Gefahren vergrößernden Radwege umgehend verschwinden werden. Welche Möglichkeiten gibt es, vorhandene Radwege, z.B. bei Straßenerneuerungsarbeiten, blindengerecht zu gestalten?

– Die Trennung von Fahrrad- und Gehweg durch eine „6 bis 8 cm" hohe Kante ist zulässig bei Radwegbreiten ab 2 m[16]. (Bei Ausfahrten und Überwegen müsste auf 3 cm abgesenkt werden. Eine zusätzliche farbliche Kennzeichnung wäre wünschenswert, die für alle Verkehrsteilnehmer, in besonderem Maße aber für Sehbehinderte hilfreich wäre.) – Diese deutliche Trennung der beiden Wege würde gewährleisten, dass der Radweg als Fahrbahn von allen Verkehrsteilnehmern, auch von Blinden, erkannt wird. Außerdem könnte dadurch weitgehend verhindert werden, „dass Radfahrer zum Überholen unerlaubt auf den Gehweg ausweichen"[17].

– Eine gute Lösung ist die Trennung von Geh- und Radweg durch einen mindestens 50 cm breiten Grünstreifen[18]. Hier müsste allerdings nach einer ergänzenden Lösung für Ausfahrten und Überwegen gesucht werden, wo ein Grünstreifen ungeeignet wäre.

– Radwege, die niveaugleich und unmittelbar an den Gehweg angrenzen, sollten auf vereinzelte Sondersituationen beschränkt werden. In diesen Fällen müsste auf eine gute taktile, mit dem Blindenstock erfassbare Unterscheidungsmöglichkeit geachtet werden. Dabei sind zwei Prinzipien denkbar: Die gesamten Flächen unterscheiden sich in der Struktur, oder nur die Trennungslinie ist strukturiert[19]. Fertige, ausreichend erprobte und überzeugende Konzepte gibt es zur Zeit noch nicht: Wenn entsprechend der jeweiligen örtlichen Gegebenheit Vorschläge gemacht wurden, sollten diese von mobilen Blinden und von

---

15 Dräger a.a.O.
16 ERA 95, S. 3517 Hinweise ... S. 18
18 Behinderte in der Stadt, S. 53
19 ERA 95, S. 35

17.3/4 Radfahrstreifen scheinen sich als die sicherste Lösung herauszukristallisieren

17.3/5 Der Radfahrstreifen sollte nicht plötzlich aufhören, wenn Parkstreifen beginnen, ...

... sondern vor den parkenden Fahrzeugen weitergeführt werden

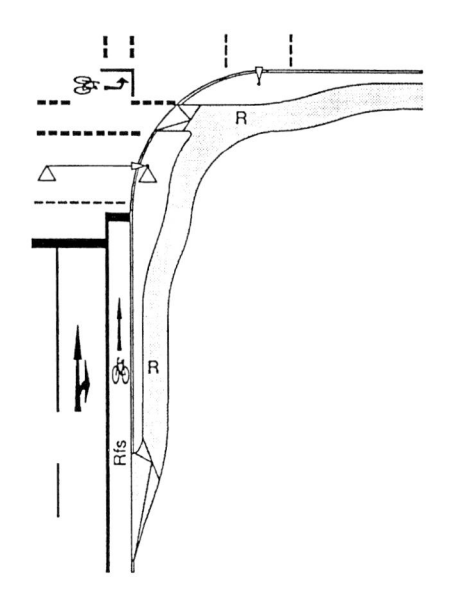

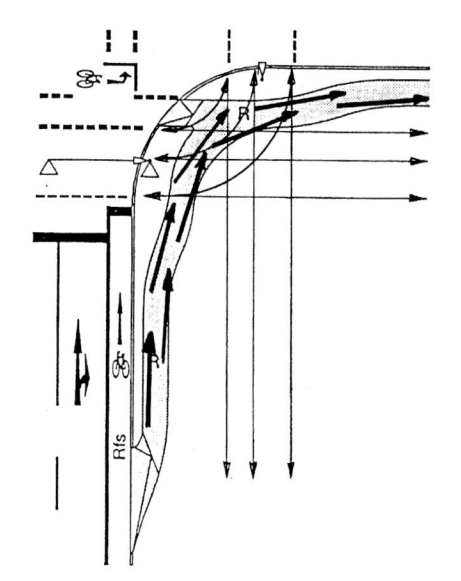

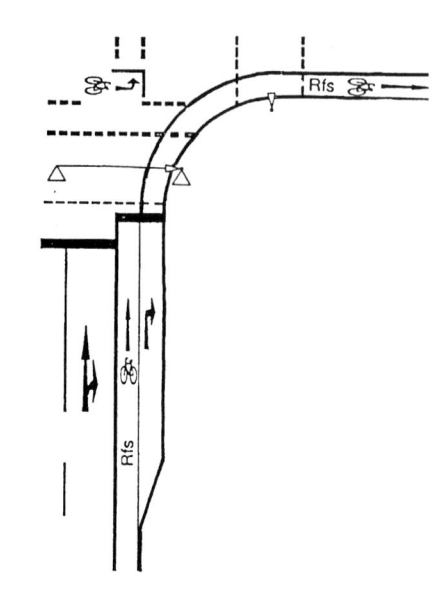

17.3/6
a) Damit Radfahrer so wenig wie möglich von Fußgängersignalanlagen aufgehalten werden, wird vorgeschlagen, Rechtsabbieger über den Gehwegbereich zu leiten

b) Dabei kreuzen die Radfahrer die sich an dieser Stelle bereits kreuzenden Fußgängerströme – eine Situation, die nicht nur für Blinde Schwierigkeiten und Gefahren mit sich bringt

c) Es sollte überdacht werden, ob ein Radfahrstreifen hier nicht mehr Sicherheit bringen könnte

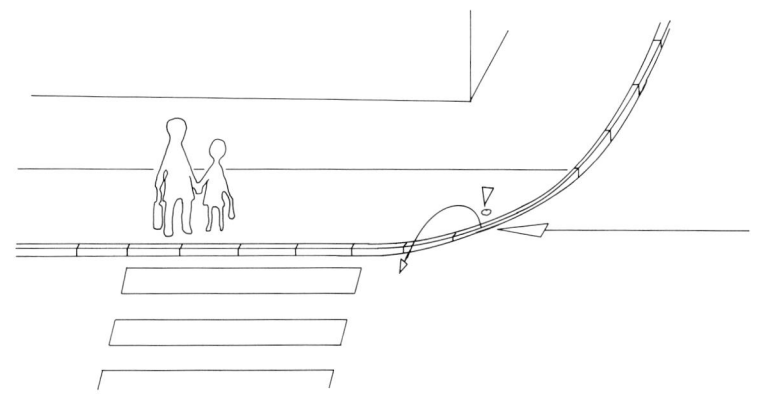

17.3/7 Negativbeispiel:
Den Radweg im Bereich der Krümmung auf den Gehweg hochzuführen, provoziert eine Sturzgefahr für den Radfahrer – oder, falls der Bordstein auf Straßenniveau abgesenkt wird, Gefahren für Blinde. Im Bereich von Fußgängerüberwegen kommt es zu Konflikten zwischen Radfahrern und wartenden bzw. überquerenden Fußgängern (s. Abb. 17.3/3)

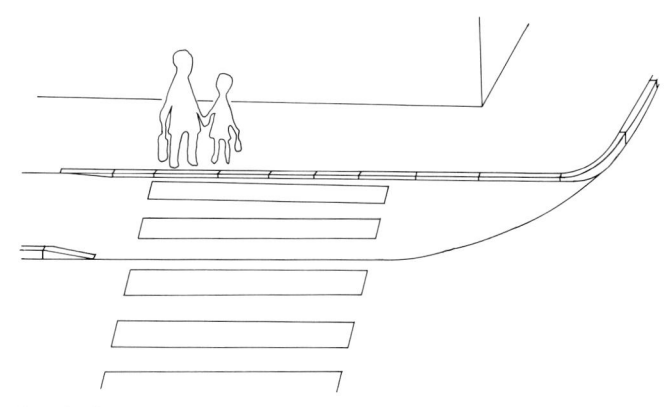

Entschärfung:
Eine Absenkung des Radwegs auf Fahrbahnniveau im Bereich des Überwegs (mit Einbau eines Bordsteins zwischen Geh- und Radweg) kann die Risiken für Fußgänger und Radfahrer an diesem kritischen Punkt verringern und vermittelt nicht nur Blinden ein höheres Maß ein Sicherheit

Radfahrern auf einer „Teststrecke" getestet werden. Diese sollte – ähnlich wie die üblichen Bemusterungen – vor Baubeginn angelegt werden und die verschiedenen, in Erwägung gezogenen Möglichkeiten auf kurzen Teilstücken präsentieren. Gute Erfahrungen wurden gemacht, wenn ca. fünf unterschiedliche Strukturen angeboten wurden und die Teilstücke eine Länge von ca. drei Metern hatten. Wichtig ist, dass bei diesem Testverfahren auch Strukturen mit einbezogen werden, mit denen im Ausland gute Erfahrungen gemacht wurden; außerdem, dass auch Winterstreuung und übliche Verunreinigungen simuliert werden. Wünschenswert wären schließlich Veröffentlichungen über Ergebnisse, um eine breitere Diskussion zu diesem Komplex zu bekommen. Bei einer guten Lösung müssen Blinde die Strukturunterschiede gut ertasten und als besondere Struktur sicher wiedererkennen können, Rollstuhlbenutzer dürfen nicht behindert werden, Radfahrer sowie Fußgänger dürfen nicht rutschen und Fußgänger nicht stolpern. Dies gilt auch für Gehbehinderte, z.B. Personen mit „Fußheberschwäche" oder Personen, die mit Gehhilfen unterwegs sind. Die Erstellung einer derartigen Teststrecke ist gegenwärtig auch dann angezeigt, wenn anscheinend perfekte Empfehlungen (s.o.) in Erwägung gezogen werden. (s. Kap. 15.3.1)

– Um die Bevorrechtigung von Radwegen gegenüber Nebenstraßen deutlich zu machen, werden Teilaufpflasterungen vorgeschlagen.[20] Für blinde Personen entstehen dadurch großräumige Flächen ohne für sie erkennbare Strukturierungen, die von ihnen sehr schwer zu bewältigen sind. Mit Rücksicht auf diesen Personenkreis sollten derartige Lösungen nur bei schmalen einmündenden Straßen vorgesehen werden. Wünschenswert wäre es außerdem, wenn jener Bereich, der für Fußgänger als Übergang über die Nebenstraße vorgesehen ist, mit einer 3 cm hohen Kante vom Gehweg abgesetzt wäre.

– In Einzelfällen ist zu beobachten, dass im Bereich von Bushaltestellen Fuß- und Radweg miteinander vertauscht werden, d.h., dass für eine kurze Strecke der Gehweg an der Straßenkante und der Radweg an den Grundstücksgrenzen entlang geführt wird. Dies schafft für Radfahrer und Fußgänger große Unsicherheiten. In ganz besonderem Maße gilt dies für Blinde, für die eine derartige Situation praktisch nicht erkennbar gemacht werden kann und daher extrem schwierig und gefährlich ist. Diese Regelung sollte daher in Zukunft unbedingt unterlassen werden. Statt dessen sollte, wenn irgend möglich, zwischen Radweg und Straße noch eine Fläche für die wartenden und aussteigenden Fahrgäste eingefügt werden.[21] Zu diskutieren wäre außerdem am Haltestellenbereich eine zebrastreifenähnliche Farbgebung auf dem Radweg. Damit würde betont, dass der aus- und einsteigende Fahrgast beim Überqueren des Radweges hier Vorrang hat.

– Die Gestaltung von Radverkehrsanlagen in Knotenbereichen scheint auch in der aktuellen ERA 95 unbefriedigend gelöst zu sein, da gerade an diesen kritischen Punkten häufig eine verstärkte niveaugleiche Führung von Fußgänger- und Fahrradverkehr vorgesehen ist. Der Vorschlag z.B., rechtsabbiegende Radfahrer mitten durch Fußgängerströme durchzuschleusen, um sie nicht von Fußgänger-Signalregelungen aufzuhalten, muss als problematisch bezeichnet werden und sollte überdacht werden. (Abb. 17.3/6)

Beachtenswert erscheint dagegen der genau umgekehrte Vorschlag, der schon vor Jahrzehnten realisiert wurde und gegenwärtig offensichtlich wieder aktuell ist: Radwege, die erhöht über dem Fahrbahnniveau verlaufen, werden vor Fußgängerüberwegen auf das Niveau der Fahrbahn abgesenkt (Abb. 17.3/7). Dies bringt mehrere Vorteile mit sich:

– Die Trennung in Fahrbahn und Nicht-Fahrbahn ist in diesem kritischen Bereich eindeutiger, z.B. beim Warten vor einer Fußgängersignalanlage.

– Blinde Fußgänger können wenigstens an dieser für sie besonders wichtigen Stelle Rad- und Gehweg voneinander unterscheiden.

– Wenn Rollstuhlbenutzer diese Rampe verwenden, haben sie eine stufenlose Auffahrt auf den Gehweg.

– Im Kreuzungsbereich muss der Radfahrer sowieso vom Niveau der Straße auf das Radwegniveau hinaufgeführt werden. Eine geradlinige Anstiegsstelle nach dem Überweg ist für ihn aber sicherer als eine gekrümmte bzw. schräge bereits im Bereich der Rundung.

Um Missverständnissen vorzubeugen, sei aber nochmals betont, dass das parallele und niveaugleiche Führen von Rad- und Gehwegen auch nach derartigen situationsverbessernden Maßnahmen problematisch bleibt.

---

20 ERA 95, S. 63
21 ERA 95 S. 32, Bild 10

17.4 Zusatzeinrichtungen für Blinde an Lichtsignalanlagen

Dietmar Böhringer

Wer schon einmal einen Stromausfall erlebt hat – wie plötzlich Wohnung und die hell erleuchtete Straße vor dem Haus in tiefem Dunkel versanken, wie das Suchen nach Kerze und Streichhölzern ein Hindernislauf wurde, bei dem man überall aneckte – der hat Mühe sich vorzustellen, wie blinde Menschen es schaffen, in dem ihnen auferlegten Dunkel quer durch die Stadt zu kommen, die Haltestellen öffentlicher Verkehrsmittel zu finden und verkehrsreiche Straßen zu überqueren. Dass viele Blinde diese Leistung tatsächlich vollbringen (s. Kap. 2.3.5), ist bekannt; dass viel Training, Frustrationstoleranz und Mut dazugehören, ist leicht nachzuvollziehen.

Wie muss ein Blinder vorgehen, um eine Straße sicher überqueren zu können? Mit dem Blindenstock ertastet er die Bordsteinkante und streicht mit der Stockspitze daran entlang, um deren Richtung zu erfassen. Er lauscht konzentriert auf die Verkehrsgeräusche – einerseits, um auch ihre Richtung wahrzunehmen, was für eine Überquerung auf kürzestem Wege für ihn wichtig ist; andererseits, um eine Lücke im Verkehrsfluss festzustellen, die er zum Überqueren nutzen kann. Wenn 1992 festgestellt wird, für Blinde sei „das Überqueren von Straßen ... ohne Gefährdung nur mit fremder Hilfe oder mit Hilfe von speziellen Signalanlagen für Blinde möglich"[1], so trifft dies nicht zu: Die Mehrzahl von Straßenüberquerungen (z.B. in reinen Wohngebieten), die mobile Blinde zu leisten haben, bewältigen sie logischerweise ohne fremde Hilfe und ohne spezielle Signalanlagen! Es gibt sogar Kreuzungen, deren Lichtsignalanlagen mit rein optischer Anzeige von Blinden genützt werden können: Nach sorgfältiger Schulung können sie anhand der Verkehrsgeräusche „auslauschen", wann die Grünphase ihres Fußgängerüberweges beginnt. Dies gilt schwerpunktmäßig jedoch nur für ältere, festzeitgesteuerte Anlagen, deren einzelne Phasen mit konstanter Gleichmäßigkeit er-

---

1 direkt 47, Bürgerfreundliche und behindertengerechte Gestaltung des Straßenraums, Hrsg.: Der Bundesminister für Verkehr, Bonn 1992, S. 17

folgen und daher leicht auswendig gelernt werden können. Bei modernen, bedarfsabhängig gesteuerten Anlagen versagt diese Technik in aller Regel.

Wie in Kap. 2.3.5 näher ausgeführt, sind daher in vielen Fällen Zusatzeinrichtungen notwendig, damit ein Blinder einen signalgeregelten Überweg selbstständig bewältigen kann. Ob eine Fußgängerfurt dann tatsächlich blindengerecht ist, d.h. von Blinden gefahrlos benützt werden kann, hängt allerdings nur zu einem Teil davon ab, ob die geeignete Blindenzusatzeinrichtung gefunden wurde. Mindestens ebenso wichtig ist nämlich die blindengerechte Gestaltung von Bordsteinkanten, Inseln und Fahrbahnteilern (s. Kap. 17.1 und 17.2).

Die 1977 erschienene erste Fassung der RiLSA wie auch die darauf folgenden von 1981 und 1985 enthielten Hinweise zu „Zusatzeinrichtungen für Sehbehinderte", deren wesentliche Aussage darin bestand, dass taktile und akustische Signalgeber gleichberechtigt nebeneinander verwendet werden dürfen. Aufgrund dieser Vorgabe wurde eine Vielzahl unterschiedlicher Systeme entwickelt, die z.T. noch heute im Einsatz ist.[2] Dies hatte insbesondere zwei gravierende Nachteile:

– Jeder Hersteller gestaltete seine eigenen Signale. Im Extremfall konnte das gleiche Piepsignal, das in der einen Stadt „grün" bedeutete, in einer anderen Stadt „rot" bedeuten

– Um unnötige Lärmbelästigung zu vermeiden, sollte die Akustik nur dann aktiviert werden, wenn sie wirklich von Blinden benötigt wurde. Die unterschiedlichen „Tricks", die dazu ersonnen wurden (zweimaliges Drücken – drei Sekunden langes Drücken – Suchen nach einem versteckten Druckknopf – Fernauslösung mit Hilfe eines besonderen Senders) waren jedoch nur Insidern möglich und schlossen nicht Eingeweihte von der Benützung dieser Signalanlagen aus.

Auf Initiative des Deutschen Blindenverbandes wurde in der aktuellen RiLSA-Ausgabe von 1992 eine weitgehende Vereinheitlichung durchgesetzt. Dabei wurde die Vorrangigkeit akustischer Freigabesignale gegenüber taktilen in den Vordergrund gestellt[3]. Die RiLSA-Darstellung der technischen Ausführung und der Einsatzkriterien wird ergänzt und präzisiert bzw. korrigiert durch die DIN 32981, die 1994 erstellt wurde und von der 1999 eine überarbeitete Neuauflage erscheint[4].

Die gegenwärtig aktuellen Zusatzeinrichtungen sind gekennzeichnet durch folgende Merkmale:

– Als Freigabesignal zur Anzeige der Fußgängergrünzeit ist ein getaktetes Sinussignal mit einer Tonfrequenz von 880 Hz einzusetzen, wobei die Einschaltdauer gleich der Pausendauer ist. Ein näher definiertes Frequenzgemisch ist nach DIN 32981 ebenfalls zulässig.

– Zum Auffinden der Fußgängerfurt und des Signalgebermastes können akustische Orientierungssignale in Form eines „Tickergeräusches" gegeben werden.

– Die Lautstärke der Signale muss sich an die Lautstärke der Umgebung anpassen.

– Ein taktiles Freigabesignal (in der Regel Vibrationstaster) kann ergänzt werden, darf aber nicht alleine gegeben werden.

– Taktile Signalgeber sind mit einem tastbaren Pfeil auszustatten, der dem Blinden Informationen über die einzuschlagende Richtung vermittelt sowie über Besonderheiten des Übergangs (ob z.B. querender Schienenverkehr oder Verkehrsinseln vorhanden sind).

Diese Vereinheitlichung ist ohne Frage eine große Leistung. In aller Regel ergeben sich auch für Blinde gute Lösungen, die gleichzeitig von Anliegern akzeptiert werden. Wenn Probleme auftreten, liegt es häufig daran, dass Fehler bei der Installation begangen wurden – dass z.B. die akustischen Signalgeber nicht in der richtigen Höhe angebracht oder die Lautstärke-Pegel nicht richtig eingestellt wurden. Es gibt jedoch auch offensichtliche Mängel, die beseitigt und Detaillösungen, die optimiert werden sollten

17.4.1. Ein Missverständnis?

In der RiLSA ist die Sollbestimmung enthalten, „die Mindestfreigabezeit der Fußgänger auch bei einer niedrig angesetzten Gehgeschwindigkeit so (zu) bemessen . . ., dass Sehbehinderte während der Freigabezeit nach Möglichkeit die ganze Fahrbahn überschreiten können." Erhofft hatte man sich offensichtlich mit dieser Formulierung, wie aus früheren Entwürfen hervorgeht[5], eine Verlängerung der Grünzeit für Fußgänger, insbesondere für blinde Personen: Trotz verlangsamter Gehgeschwindigkeit sollten sie, vom „akustischen Leuchtturm" des gegenüberliegenden Freigabesignals geleitet, einen Überweg gut und sicher bewältigen können. Von Signalbau-Verantwortlichen wurde diese RiLSA-Forderung jedoch anders interpretiert: Betrug z.B. an einer Furt die optische Grünphase zuzüglich Räumzeit 30 Sekunden und errechnete sich die Querungsdauer für einen extrem langsam gehenden Blinden z.B. auf 25 Sekunden, so wurde das akustische Signal nur für die ersten 5 Sekunden der optischen Grünphase gegeben. Damit sollte offensichtlich verhindert werden, dass Blinde gegen Ende der Grünphase die Überquerung beginnen und sich aufgrund verlangsamter Gehgeschwindigkeit nach Ablauf der Räumphase noch auf der Fahrbahn befinden. – Erreicht wurde dadurch, dass der Gedanke des „akustischen Leuchtturms" ad absurdum geführt wurde: Noch bevor die Blinde das Signal des gegenüberliegenden Masts hören kann, ist es u.U. bereits abgeschaltet. – Auch die Formulierung der DIN 32981, das akustische Freigabesignal müsse „möglichst während der gesamten Dauer des grünen Lichtzeichens gegeben werden", konnte die Problematik offensichtlich noch nicht grundsätzlich lösen. Hier wäre dringend eine veränderte Formulierung der RiLSA erforderlich: Jene Unklarheit, die unnötige Gefahren für Blinde heraufbeschwört, sollte möglichst rasch beseitigt werden!

17.4.2. Gestaltung des akustischen Freigabesignals

Mancher Leser mag sich an folgenden eindrucksvollen Versuch aus dem Physikunterricht erinnern: Zwei Schallgeber, die identische Sinusschwingungen erzeugten, waren in einem gewissen Abstand voneinander aufgebaut. Im Raum wechselten sich nun Stellen mit hoher und solche mit geringer Lautstärke ab, und es konnten Punkte lokalisiert werden, an denen absolute Ruhe herrschte – hier hatten sich die Sinuswellen der beiden Signalgeber exakt ausgelöscht. – Ein akustisches Signal, das aus 2,20 m Höhe gegen einen Fußgänger strahlt, wird von der Straßenfläche reflektiert, trifft mit einer geringfügigen zeitlichen Verzögerung ein zweites Mal das Ohr des Fußgängers und ruft dort – sofern es sich um ein reines Sinussignal handelt – den oben beschriebenen Interferenz-Effekt hervor. Dass ein reines Sinussignal für Orientierungszwecke denkbar ungeeignet ist, erscheint also aus rein physikalischen Gründen logisch. Dies wurde auch 1993 bei praktischen Versuchen in Berlin nachgewiesen: Blinde Testpersonen sollten einen auf einem freien Platz aufgebauten Mast aufgrund der von dort ausgestrahlten sinusförmigen Signale finden. Sie gingen mehrheitlich nicht geradlinig darauf zu, sondern in weitem Bogen zunächst am Mast vorbei, um ihn dann nach einem längeren Umweg von hinten zu erreichen. Als dagegen ein Frequenzgemisch mit dominanter Grundfrequenz von 880 Hz verwendet wurde, war die Zielgenauigkeit der simulierten Überquerungen erheblich verbessert.[6]

---

2 Ihre Vor- und Nachteile wurden in der vorhergehenden Auflage dieses Werks diskutiert (S. 366 ff.)

3 Wöhrle a.a.O.

4 Wenn in der DIN 32981 von „Blinden", in der RiLSA dagegen von „Sehbehinderten" gesprochen wird, ist dies eine bedauerliche Sprachverwirrung, die leider in der Bauliteratur häufig anzutreffen ist (Definition der Begriffe siehe Kapitel 2.3.2).

5 Vorentwürfe: 1989 S. 5; 1990/1 + 2, S. 7 f; 1992, S. 8

6 Donner S. 1235 f.

In Marburg (Abb. 17.4/1) wurde 1994 versucht, für Signalanlagen unter einer Hochbrücke Töne zu finden, die gut zu hören waren. Dabei ging der 880-Hz-Ton, obwohl auf volle Lautstärke gestellt, im Verkehrslärm unter. Als ideale Frequenz für alle testenden Blinden erwies sich ein Ton von 1350 Hz.[7]

Derartige Ergebnisse lassen den Schluss zu, dass das von der RiLSA geforderte Signal noch nicht optimal ist für die schwierige Orientierungsaufgabe, die es leisten soll. Hier ist also dringender Forschungsbedarf anzumelden!

17.4.3. „Taktile Signale dürfen nicht allein gegeben werden" (1)

In der RiLSA stehen kurz hintereinander zwei Forderungen, die sich widersprechen: „Zusatzeinrichtungen für Sehbehinderte sollen während der Betriebszeit der Lichtsignalanlage ständig betriebsbereit sein" (2) und: „werden Anwohner nachts durch die akustischen Signale gestört, ist zu prüfen, ob diese während der Nachtstunden abgeschaltet werden können" (3). Wird letzteres gemacht und dabei gleichzeitig das obige Zitat (1) ernst genommen, dann werden – wie es im Jargon jugendlicher Blinder heißt, „nachts die Bürgersteige für Blinde hochgeklappt". Dieses Abschalten ist deswegen besonders gefährlich, da bei dem geringen nächtlichen Verkehrsaufkommen jene oben beschriebene Blinden-Technik versagt, die Signalisierung einer Kreuzung anhand der Verkehrsgeräusche „auszulauschen".

Im ersten Vorentwurf war vorgesehen, während der Dauer der Abschaltzeit den taktilen Signalgeber eingesetzt zu lassen[8]; in den folgenden Vorentwürfen ist diese Forderung jedoch nicht mehr enthalten. Nachtabschaltungen werden bei der lautstärkeabhängigen Akustik nur relativ selten vorgenommen. Trotzdem: So lange sie erlaubt sind und sogar nahegelegt werden, ist es dringend erforderlich, für diese Fälle aus Sicherheitsgründen taktile Signale vorzusehen. (Abb. 17.4/2)

17.4.4. Hörbarkeit der akustischen Signale

Verfolgt man die Entstehung der gegenwärtigen Regelungen, ist festzustellen, wie die Wünsche blinder Fußgänger nach einem gut hörbaren „akustischen Leuchtturm" im Laufe der Diskussion zurückgedrängt wurden. So ließ sich die Forderung nach einer Lautstärke von „minimal 35 dB(A)" und „minimal 5 dB(A) über dem jeweils herrschenden Geräuschpegel der Umwelt"[9] nicht durchsetzen: Laut DIN 32981 darf die Lautstärke nur „zwischen 0 und 5 dB über dem Schalldruckpegel des Fremdgeräuschs" eingestellt sein, und die Mindestlautstärke wurde auf 30 dB reduziert. Zulässig ist es also, wenn die akustischen Signale die gleiche Lautstärke wie die Umgebungsgeräusche aufweisen! Tatsächlich muss immer wieder beobachtet werden, dass aufgrund von Anliegerprotesten die Lautstärke so weit zurückgenommen wird, dass die akustischen Signale auch bei gutem Hörvermögen kaum mehr wahrzunehmen sind; selbst dann nicht, wenn man direkt unter dem Signalgeber steht!

Zu wünschen ist daher einerseits eine sorgfältige Analyse darüber, in welcher Situation welche Lautstärke der Umgebung zugemutet werden kann: Was in einem engen, innerstädtischen Wohngebiet Proteste hervorruft, wird möglicherweise in einem Industriegebiet oder auf einem weiträumigen Platz von Passanten und Anwohnern noch nicht einmal registriert, geschweige denn als störend empfunden. An diesen Stellen, die u.U. für blinde Fußgänger große Bedeutung haben, könnte ihnen also sicherlich mehr Lautstärke (und damit mehr Sicherheit) als bisher geboten werden, ohne dass Belästigungen für andere Personen zu befürchten wären. Dies sollte in einer zukünftigen RiLSA-Ausgabe bedacht werden und in abgestuften Lautstärkeangaben Berücksichtigung finden, wobei zu Gunsten blinder Fußgänger zu hoffen wäre, dass die Werte deutlich nach oben korrigiert werden.

Zu wünschen ist aber auch andererseits, dass taktile Signale grundsätzlich angebracht werden – bzw. zumindest dann, wenn befürchtet werden muss, dass die akustischen Signale aufgrund von absehbaren Lautstärkereduzierungen kaum mehr nutzbar sind, was bei Signalanlagen mit dicht angrenzender Wohnbebauung in aller Regel der Fall ist. Dies müsste in der RiLSA ergänzt werden, die gegenwärtig taktile Signalgeber nur bei drohender Verwechslungsgefahr vorsieht. Zu berücksichtigen ist außerdem, „dass viele blinde und sehbehinderte Menschen über kein einwandfreies Hörvermögen verfügen"[10] und daher in verstärktem Maße auf ergänzende taktile Signalgeber angewiesen sind.

17.4.5. Verwechslungsgefahr akustischer Signale auf schmalen Verkehrsinseln

In den im norddeutschen Tiefland gelegenen Städten (z. B. Hamburg, Berlin oder Hannover) sind die innerörtlichen Verkehrsstraßen in aller Regel so großzügig bemessen, dass sich zwischen den beiden Fahrspuren Inseln von mehreren Metern Breite ergeben. Hier ist es zumeist möglich, „die

---

7 Auskunft von Herrn Waldmann von der Straßenverkehrsbehörde Marburg

8 Vorentwurf 1989, S. 6;

9 Vorentwurf 1992, S. 5

10 Wöhrle a.a.O.

17.4/1 Akustische Signalgeber, Marburg

17.4/2 Taktile Signalgeber:
Vibrierender Signalgeber, Husum
Rotierender Signalgeber, Esslingen

17.4/3 Maßnahmen in Gouda, Niederlande

– Lichtsignalmasten erhielten eine auffällige Farbgebung zur leichteren Erkennbarkeit durch Sehbehinderte

– Im Bodenbelag eingelassene Rillenplatten weisen Blinden die Richtung über den Fußgängerüberweg, der im Krümmungsbereich ansetzt, d.h. nicht rechtwinklig zur Bordsteinkante verläuft. (Fotos Dietmar Böhringer)

Gebermasten räumlich versetzt und ... so weit voneinander anzuordnen, dass Verwechslungsgefahren der akustischen Freigabesignale vermieden werden können"[11]. In vielen anderen Städten dagegen befinden sich zwischen zeitlich getrennt signalisierten Furten so schmale Inseln, dass die Signalgeber für beide Furten an nur einem Mast befestigt sind. (In Ulm z.B. traf dies nach einer Umfrage für 65 % jener Furten zu, die für Blinde signalisiert waren!) Werden hier jene einheitlichen akustischen Signale verwendet, die die RiLSA vorschreibt, können sie vom Blinden keinesfalls der einen oder anderen Furt zugeordnet werden. Wenn auf der Mittelinsel das akustische Freizeichen ertönt, kann es dem Blinden also nur mitteilen: „Die vor dir liegende Furt ist nun entweder grün – oder rot." Dies ist eine absolut unsinnige Aussage. Insofern erscheint es zunächst konsequent, wenn die RiLSA feststellt: „Ein zeitlich getrenntes Überqueren hintereinanderliegender Furten mit schmalen Fahrbahnteilern sollte für Sehbehinderte nur in Ausnahmefällen signalisiert werden".

Ist dieser Pessimismus aber tatsächlich angebracht? Diese Frage ist klar zu verneinen: Es gibt für dieses Problem mindestens vier verschiedene Lösungen, die von blinden Personen erprobt und für gut befunden wurden:

– Die RiLSA bietet als Möglichkeit an, taktile Signalgeber zu ergänzen und damit die sinnlose Meldung der Akustik durch eine sinnvolle zu ergänzen. Eine gewisse Verwechslungsgefahr ist jedoch nicht ganz auszuschließen, denn das exakt gleiche Signal sagt dem Blinden am einen Übergang: „Es ist jetzt sicher grün" und am anderen: „Es ist jetzt entweder rot oder grün; wie es tatsächlich ist, mußt du am taktilen Gerät nachprüfen".
– Seit Jahrzehnten bewährt hat sich das „Marburger Modell", nach dem an einer derartigen Stelle kein Einheitssignal, sondern unterschiedliche und deutlich voneinander unterscheidbare akustischen Signale verwendet werden.
– Ebenfalls jahrzehntelang bewährt hat sich an derartigen Übergängen die Verwendung ausschließlich taktiler Signale (gekoppelt mit Bodenindikatoren, s. Kap. 15.3.1, oder Abschrankungen, die Blinde zu den Signalmasten führen, Abb. 17.4/3). Seit nahezu 30 Jahren im Einsatz, jedoch noch wenig bekannt sind z.B. handtellergroße, rotierende Scheiben (Stadt Esslingen, Abb. 17.4/2). Sie liefern eine geradezu genial zu nennende „dynamische Richtungsinformation", die auch mit Handschuhen problemlos zu erkennen ist: Der Blinde wird in die richtige Richtung „losgeschoben", wenn es vor ihm grün wird bzw. „zurückgezogen", falls er einmal versehentlich die Hand auf das falsche Gerät gelegt hat und das wahrgenommene Freigabesignal für die hinter ihm liegende Spur gilt.
– Eine weitere Lösung, die sich sehr gut in der Praxis bewährt hat, ist die Kombination eines taktilen Freigabesignals mit einem akustischen Orientierungssignal, das nicht nur auf den Gehweg, sondern auch auf die Furt strahlt. Damit ist zweierlei erreicht: Die Verwechslungsgefahr ist praktisch ausgeschlossen, gleichzeitig aber ein „akustischer Leuchtturm" für die Überquerung vorhanden.

RiLSA und DIN 32981 haben in beachtenswerter Weise eine Vereinheitlichung der Zusatzeinrichtungen für Blinde an Lichtsignalanlagen geschaffen. Für die Zukunft ist es jedoch erforderlich,
– offensichtliche Mängel über Forschungsvorhaben zu beseitigen,
– in derselben Weise noch nicht Optimales zu optimieren sowie
– für bestimmte Sondersituationen Lösungsmöglichkeiten zu erarbeiten.

Noch steht der problematische Satz in der RiLSA, dass „bei schwer verständlichen Verkehrsführungen ... Zusatzeinrichtungen für Sehbehinderte nicht vorgesehen werden" sollen. Es wäre schön, wenn dieser Satz eines Tages gestrichen werden könnte!

[11] Vorentwürfe 1990/1+2, S. 9

Übersicht zu Nachteilen der Systeme

a – akustischer Signalgeber t – taktiler Signalgeber	Verwechslungsgefahr	Lärmbelästigung der Anwohner	Mangelhafte Orientierungshilfe für die Überquerung	Schwere Auffindbarkeit des Ampelmasts	Unbequeme Handhabung	Abhängigkeit von einem mitgeführten elektr. Gerät
Nur a, festzeitgesteuert	x	x	–	–	–	–
Nur a, mit Anforderung	x	(x)	–	x	–	–
Nur t	–	–	x	x	x	–
Nur t, mit Bodenmarkierung	–	–	–	–	x	–
Kombiniert a/t, Grünphase anzeigend	(x)	x	–	–	–	–
Kombiniert a/t, Mast anzeigend, permanent	–	x	–	–	–	–
Kombiniert a/t, Mast anz., mit Anforderung	–	(x)	–	x	–	–
Kombiniert a/t, Ultraschallausl., Grün anz.	(x)	(x)	–	–	–	x
Kombiniert a/t, Ultraschallausl., Mast anz.	–	(x)	–	–	–	x
Kombiniert a/t, lärmpegelgest., Grün anz.	(x)	(x)	–	–	–	–
Kombiniert a/t, lärmpegelgest., Mast anz.	–	(x)	–	–	–	–
„Sprechende Ampel", Ultraschallausl.	–	(x)	–	–	–	x

18.0 Orientierung

Rolf Nill
Volker Doose (Kapitel 18.8)

Für Menschen mit Behinderungen ist es – mehr noch als für sonstige Bevölkerungsgruppen – wichtig, dass die Struktur der Umwelt selbst übersichtlich ist und dem Benutzer die erforderliche Orientierung von sich aus erleichtert. Der größere Teil des Kapitels ist deshalb der Frage gewidmet, welche Maßnahmen für die Orientierung im Außenbereich von baulich-städtebaulicher Seite beigetragen werden müssen. Weiterhin zeigt sich, dass diese Maßnahmen mit der Erarbeitung von Plänen und Beschreibungen gekoppelt werden müssen, was zur Forderung nach der Einrichtung kommunaler Kommissionen führt, die beide Maßnahmen gemeinsam durchzuführen haben.

18.1 Orientierung im Raum

Die Probleme der Menschen, sich im Stadtgebilde zurechtzufinden, sind abhängig von der Art ihrer Behinderung: Liegen für Rollstuhlbenutzer die Erschwernisse vor allem in der unzulänglichen Kenntnis über rollstuhlgerechte Wegbeziehungen, Örtlichkeiten, Gebäude, so beginnen bei Blinden und Sehbehinderten die Schwierigkeiten bereits darin, sich vom Stadtgebilde und seinen Teilbereichen überhaupt eine räumlich-bildliche Vorstellung zu machen. Damit sie solche Vorstellungen bilden und im Gedächtnis speichern können, so, dass sie dann für die Orientierung vor Ort dienen können, ist zunächst Einfachheit und Übersichtlichkeit der Stadtstruktur selbst Voraussetzung. Dazu bedarf es dann zwar der Ergänzung durch Karten, Modelle, Führer, Beschreibungen sowie vor Ort durch taktile und akustische Hinweise; diese allein würden aber bei unübersichtlichen Strukturen des Stadtraums keine wirkliche Hilfe darstellen. Die Aufgabe, die erforderliche Orientierung zu ermöglichen, muss also von zwei Seiten aus gleichzeitig geschehen:
– Verbesserung der Übersichtlichkeit des Stadtgebildes und seiner Teilbereiche selbst
– Herstellung von ergänzenden Orientierungshilfen in Form von Karten, Modellen, Führern, Beschreibungen.

Dabei ergeben sich notwendige Wechselwirkungen: Z.B. entsteht bei der Erarbeitung von Karten und Führern für Menschen mit unterschiedlichen Behinderungen erst ein vollständiges Bild der baulichen Barrieren, die allenthalben vorhanden sind – was wiederum Voraussetzung für eine konsequente Planung zur Beseitigung dieser Barrieren darstellt. Andererseits schafft die planmäßige Anpassung der Stadtstruktur an die Bedürfnisse dieser Gruppen erst die Zugänglichkeiten und Wegbeziehungen, deren Darstellung den Aufwand zur Herstellung von Karten und Beschreibungen legitimiert. Aus diesem Grund muss eine gute Zusammenarbeit bestehen zwischen Instanzen für die bauliche Veränderung und Instanzen für die Erarbeitung von Behindertenplänen und -führern.

Innerhalb des Stadtgebildes sind zweierlei Raumbereiche hervorzuheben, in denen eine besonders gute Orientierung erforderlich ist:
– Bereiche, die der Mensch täglich aufsucht: also die unmittelbare Wohn- und Arbeitsplatzumgebung, das nahegelegene Stadtteilzentrum, usw.
– Bereiche, die sporadisch oder periodisch in größeren Zeitabständen aufgesucht werden: also in der Regel das Stadtzentrum mit den privaten und öffentlichen Dienstleistungen, Einkaufsmöglichkeiten, kulturellen Einrichtungen, Bahnhof usw.

Kann sich der behinderte Mensch von den erstgenannten Bereichen im Lauf der Zeit durch Gewöhnung eine ausreichend gute Vorstellung bilden, auch dann, wenn die Struktur an sich unübersichtlich ist, so bedürfen die Stadtzentren einer besonders sorgfältigen Planung der Orientierungsmöglichkeiten, die es auch dem ortsfremden Besucher erlauben, sich dort nach kurzer Vorinformation zurechtzufinden.

18.2 Prinzip der Übersichtlichkeit

Normalerweise sollte die Organisation der Stadtstruktur selbst dem Einwohner ausreichende Orientierungsmöglichkeiten bieten. Der Wald unserer Straßenschilder und Wegweiser versieht z.T. nur eine Notfunktion, um die Mängel des städtebaulichen Konzepts auszugleichen.
In vielen Fällen ruft die gebaute Umwelt selbst Missverständnisse hervor, indem etwa
– Hauseingänge sich nicht dort befinden, wo sie aufgrund der Wegführung, der äußeren Erscheinungsform des Gebäudes usw. erwartet werden
– Fußwege an Fahrstraßen aufhören
– Fahrbahnüberwege gegenüber der Fußwegachse räumlich versetzt sind
– rollstuhlgerechte Wege an Treppen plötzlich enden usw.

Oder die vorhandenen Einrichtungen sind so ungünstig platziert, dass der Benutzer entweder ihre Existenz gar nicht vermuten kann oder dass er, um sie zu benutzen, durch Hinweise und Gebote dazu veranlasst werden muss. Das ist sehr häufig der Fall bei Fußgängerüber- und -unterführungen, speziell bei Rampenanlagen. Ein solches Versuch-Irrtums-Verfahren sollte insbesondere behinderten Menschen erspart bleiben.
Primär muss also die notwendige Orientierung durch die Übersichtlichkeit der Umwelt selbst vermittelt werden.
Bei der baulichen Gestaltung sind zwei Prinzipien zugrunde zulegen:
– eindeutige Zuordnung von Form und Zweck
– Kontinuität des Systems.

Die äußere Erscheinung soll über die Aufgabe und Zuordnung einer Einrichtung klar unterrichten. Z.B. macht ein entsprechender Oberflächenbelag einer Straße dem Benutzer klar, dass er sich in einer Fußgängerzone befindet. Die entsprechende Gestaltung eines Weges, eines Platzes, einer Baulichkeit soll den behinderten Menschen darüber unterrichten, dass er diese Anlagen benutzen kann, auch wenn er zum ersten Mal dort ist. Er sollte nicht an jeder Wegbiegung besonderer Hilfen bedürfen. Die durchgängige Kontinuität schafft für den Benutzer Vertrauen an die Folgerichtigkeit der Planung; er muss wissen, dass er den eingeschlagenen Weg bis zum Ende zurücklegen kann und nicht an irgendeiner Stelle durch ein Hindernis zur Umkehr gezwungen wird.

18.3 Baulich-städtebauliche Orientierung für Gehbehinderte und Rollstuhlbenutzer

Die Wegbeziehungen sollen Ausgangspunkt und Ziel möglichst direkt miteinander verbinden; Rampen, welche Treppen ergänzen, dürfen keine übertriebenen Umwege verursachen.
– Der optisch sichtbare Weg soll derjenige sein, den auch der Mensch mit Behinderungen benutzen kann; er soll nicht auf unübersichtliche Nebenwege und Hinterhöfe umgelenkt werden.
– Der Wegcharakter muss kontinuierlich durchgehalten werden:
  – was als Fußweg beginnt, darf nicht als gefährliche Fahrstraße weiterführen, was mit Rampen anfängt, nicht an Stufen enden
  – was zu Beginn den Charakter eines breiten Bürgersteiges hat, darf nicht zum schmalen Randstreifen werden.
– Die Reise, die an einem behindertengerechten Bahnhof beginnt, darf nicht an einer Station enden, an der der Fahrgast den Zug nicht mehr verlassen kann.

Gebäude sollen Eingänge, die der Behinderte benutzen kann, möglichst an der Gebäudeseite aufweisen, an der sie aufgrund der sonstigen Situation vermutet werden. Das heißt, dass die Haupteingänge barrierefrei gestaltet werden (keine Hintereingänge, keine Klingel!). Ist diese Forderung bei vorhandenen Bauwerken z.T. nicht mehr zu erfüllen, so muss sie jedoch bei Neubauten als Prinzip zugrunde gelegt werden. Das kann etwa zum Verzicht auf monumentale Treppenanlagen an Haupteingängen zwingen, ein Gestaltungselement, das immer noch sehr häufig, speziell bei öffentlichen Gebäuden, Anwendung findet.

18.4 Baulich-städtebauliche Orientierung für Blinde und Sehbehinderte

Für den Blinden ist vor allem die Einfachheit des baulichen Systems der Umwelt ausschlaggebend. Er kann nur dann seinen Weg anhand der Blindenkarte oder anhand eines räumlichen Modells einigermaßen vorprogrammieren, wenn die Weglinien in der Realität einfach und klar verlaufen, und wenn nichts Unvorhergesehenes eintritt. Das spricht für möglichst geradlinige Wegführungen, die nicht durch Versätze und unnötige Wegbiegungen, Umwegführungen und dergl. unterbrochen werden.

Die Führungslinien, deren sich der Blinde bedient (Randsteinkanten, Hauswände, Raseneinfassungen), sollen durchgängig vorhanden sein und müssen Wegänderungen, Übergänge usw. ankündigen. Randsteine müssen deshalb auch an Absenkungen noch mindestens 3 cm Höhe haben. Bei ihrem Fehlen, also z.B. in verkehrsberuhigten Bereichen ohne Bürgersteige, sind ersatzweise Leitstreifen anzuordnen, die der Hauptwegrichtung folgen und den Blinden um Hindernisse herumführen. Um zusätzliche finanzielle Aufwendungen zu vermeiden, könnten hierzu die Entwässerungsmulden herangezogen werden. Da Blinde sehr genau auf taktile Reize reagieren, können Führungslinien durch Rillen oder Riffeln in der Wegoberfläche markiert werden. Ankündigungen von Wegbiegungen, Abzweigungen, Einfahrten, höhengleichen Straßenquerungen, weiterhin die Betonung besonderer Flächen wie Bushaltestellen, Wartezonen vor Lichtsignalen und auf Fahrbahnteilern usw. werden zweckmäßigerweise durch Änderungen in der Belagsart erfahrbar gemacht („Aufmerksamkeitsfelder").

Das kann geschehen durch
– besonders strukturierte (gepflasterte, geriffelte) Flächen
– besonders weiche, elastische Flächen.

Für Sehbehinderte, also Personen, die noch über einen mehr oder weniger großen Sehrest verfügen, sollen diese taktilen Markierungsmittel ergänzt werden durch eine kontrastreiche Gestaltung (optische Hell-Dunkel-Kontraste oder Farbkontraste und Hervorhebungen, Akzentuierungen durch Streifen, Flecken, Punkte, Ornamente). Wichtig sind auch Warnmarkierungen am Beginn von Treppen.

Auf diesem Gebiet wird im Augenblick an verschiedenen Orten und mit verschiedenen Mitteln experimentiert. Die praktischen Ausführungen sind örtlich sehr unterschiedlich, die Erfahrungen in ihrer Gesamtheit statistisch nicht ausgewertet. Als Folge sehen die gewählten Lösungen an verschiedenen Orten unterschiedlich aus. Sie nützen damit den einigermaßen ortskundigen Blinden und Sehbehinderten, sind aber für Personen, die mit der speziellen Örtlichkeit nicht vertraut sind, wenig hilfreich.

Insgesamt sollte nicht nur innerhalb einer Gebietseinheit eine präzise Kontinuität der Symbole durchgehalten werden, so, dass z.B. im Verlauf einer U-Bahnlinie ein bestimmtes Symbol immer dasselbe bedeutet. Auf Dauer wäre es vielmehr anzustreben, dass bundes- oder möglichst europaeinheitlich eine konsequente Symbolsprache für Blinde und Sehbehinderte innerhalb der Stadträume entwickelt wird. Es wäre an der Zeit, dass hier aufgrund der bisherigen Versuche und Entwicklungen einheitliche Regelungen getroffen werden. Signalisierte Fußgängerüberwege, die von Blinden benutzt werden, sollten durchweg mit Zusatzeinrichtungen ergänzt werden.

Immer noch gehört es zum gewohnten Stadtbild, dass Kraftfahrzeuge auf dem Gehweg abgestellt werden. Solche Hindernisse sind auch für (wie heute generell üblich) am Langstock ausgebildete Blinde schwierig zu erkennen, insbesondere bei Lastkraftwagen mit ihren weit überstehenden, hochliegenden Ladeflächen. Schaufenstervitrinen, Automaten, Verkehrszeichen, besonders gestaltete Baulichkeiten und Straßenmöbel bilden Gefahrenquellen. Sofern sie ortsfest angeordnet sind, können sie durch Leitstreifen entschärft werden, die um sie herumführen.

18.5 Orientierung durch Zeichen und Schilder

Hinweiszeichen sollen die Übersichtlichkeit der Stadtstruktur nicht ersetzen, sondern ergänzen. Angesichts des Abstumpfungseffektes, den ein Schilderwald hervorruft, sollten Schilder – abgesehen von der ästhetischen Beeinträchtigung der Umwelt – sparsam verwendet werden. Deshalb wird empfohlen, nach Möglichkeit keine Sonderschilder für Behinderte aufzustellen, sondern die vorhandenen und für jedermann notwendigen Hinweisschilder durch Zusätze zu ergänzen (siehe Abb. 18/1-18/11). In dieser Weise sind die Wege zu behindertengerechten Einrichtungen, Plätzen, Haltestellen, Zugängen, WC-Anlagen, öffentlichen Fernsprechern usw. zu kennzeichnen. Ergänzend könnten in besonderen Fällen Wegelängen, Rampenneigungen usw. angegeben werden. Ansätze zu einer Vereinheitlichung sind im Gange (vergl. DIN 66079 T 4 im Anhang).

Für Menschen mit Sehbehinderungen ist auf eine gute Ausleuchtung der Schilder zu achten (Nähe zu Straßenbeleuchtungen). Auch muss die Möglichkeit bestehen, dicht an sie heranzutreten. Die Höhe über Straßenniveau muss sich an Rollstuhlbenutzern orientieren. Die Ausschilderung von Behindertenparkplätzen ist durch die Verwaltungsvorschrift zur STVO offiziell geregelt. Elektroakustische Informationssysteme an Fußgängerüberwegen für Blinde und Sehbehinderte sind derzeit an verschiedenen Stellen in der Bundesrepublik in Erprobung.

18.6 Pläne, Modelle und Beschreibungen

In der vergangenen Zeit sind an vielen Orten Stadtpläne und Stadtführer für Behinderte erschienen oder befinden sich in der Be- oder Überarbeitung. Diese Bestrebungen sollten fortgesetzt werden. Die Arbeit an den entsprechenden Unterlagen hat weiterhin den schon genannten Vorteil, dass in ihrem Verlauf die hauptsächlichen baulichen Hindernisse erst offenbar werden und die Öffentlichkeit auf die Unzulänglichkeiten der gebauten Umwelt hingewiesen wird. Durch sie erst, als Voraussetzung zu Maßnahmen, kann mit einer wirksamen Abhilfe gerechnet werden.

Diese vielerorts erst anlaufenden Maßnahmen, die Details der Stadtstruktur an die Erfordernisse behinderter Menschen anzupassen, haben zur Folge, dass spezielle Stadtkarten und Stadtführer häufig überarbeitet und den veränderten Umständen angepasst werden müssen. Auf die Dauer sollte erreicht werden, dass die wesentlichen Informationen für Menschen mit Behinderungen in die regulären Stadtkarten und -führer eingetragen werden. Auf diese Weise würden auch andere Gruppen, z.B. Personen mit Kinder- und Einkaufswagen, gebrechliche und alte Menschen von den Informationen über stufen- und treppenlose Gehwege, Gebäudezugänge usw. profitieren. Damit könnte auch der Schwierigkeit begegnet werden, dass Sonderführer für zahlenmäßig begrenzte Bevölkerungsgruppen mit ihrer geringen Auflagenhöhe in der Regel nicht mit der wünschenswerten Ausstattung und kartographischen Durcharbeitung herzustellen sind.

Dasselbe gilt für Fahrpläne, ADAC-, Hotel- und Gaststättenführer, die ohne merklichen Zusatzaufwand mit den erforderlichen Informationen versehen werden können. Ausnahmen bilden hier nur die besonderen Karten und Führer für Blinde.

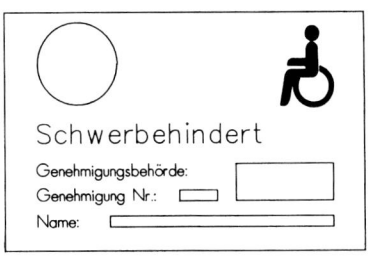

18.6.1 Prinzipielle Darstellungen

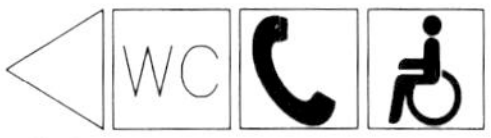

Als Hilfe für das Erstellen von Behinderten-Stadtführern ist bereits zu Beginn der 70er Jahre ein Leitfaden (durch die Bundesarbeitsgemeinschaft Hilfe für Behinderte) herausgegeben worden. Auf ihn und die darin enthaltene Gliederung stützen sich die meisten inzwischen entstandenen Stadtführer.

Karten, Führer und Beschreibungen sollten u.a. folgende Informationen enthalten:
– barrierefreie Wege bzw. Wege, die mit dem Rollstuhl zu bewältigen sind
– Hindernisse innerhalb des Wegenetzes mit dem Grad ihrer Überwindlichkeit (z.B. würde die Aussage „Rampe 10 %" vor dem Befahren mit dem handbetriebenen Rollstuhl zwar warnen, für den elektrisch betriebenen Rollstuhl oder für den mit Begleitperson jedoch ein Angebot signalisieren)
– Katalog sämtlicher öffentlich zugängiger Gebäude, Krankenhäuser, Hotels, Gaststätten, Banken, Apotheken, Ladengeschäfte, mit der Aussage, ob sie voll oder teilweise barrierefrei gestaltet sind, weiterhin, welche Ergänzungseinrichtungen sie aufweisen (Behinderten-WC)
– Lage von öffentlichen Behindertenparkplätzen
– entsprechend gestaltete öffentliche WC-Anlagen und Fernsprecher
– ÖPNV-Linien mit den voll barrierefreien Haltestellen bzw. mit dem jeweiligen Grad der Barrierefreiheit
– Taxistandplätze.

Für die Darstellungsweise sollte eine einheitliche Symbolik entwickelt werden, die mit den Symbolen der Beschilderung konform geht.

18.6.2 Pläne und Führer für Blinde

In den vergangenen Jahren sind Stadtpläne in Reliefdarstellung für Blinde mit den erforderlichen Erläuterungen in Blindenschrift entwickelt worden. Analoges gilt für Fahrpläne, Führer und sonstige Texte.
Räumliche Modelle von innerstädtischen Teilbereichen (z.B. Bahnhöfen) oder ganzen Stadtteilen sind in letzter Zeit in verschiedenen Städten ausgearbeitet worden. Solche Modelle sollten nicht nur in Blindenschrift, sondern allgemein für jedermann lesbar kommentiert werden. Schließlich sollen sie ja auch anderen Personengruppen (auch Kindern) als räumliche Informationshilfe dienen. Modelle sind an gut zugänglichen Orten, z.B. an den allgemeinen Informationsstellen, anzuordnen und zwar so, dass von dort aus die Leitstreifen für Blinde ausgehen. Zweckmäßigerweise ist auch deren Verlauf im Modell darzustellen. Wie erwähnt, sind derartige Hilfsmittel letztlich nur dann von Nutzen, wenn die Stadtstruktur selbst auf die Bedürfnisse der Sehgeschädigten abgestimmt ist, d.h. auch in der Realität Orientierungshilfen bietet, sowie Hindernisse und Gefährdungen vermeidet. Auch hier ist bei der Erarbeitung der Karten, Beschreibungen und Modelle eine weitgehende Kooperation mit den Stellen erforderlich (in der Hauptsache also mit den städtischen Fachämtern), die für die Gestaltung der städtischen Straßen- und Platzräume zuständig sind; des weiteren mit Verkehrsträgern und privaten Institutionen, wie Einzelhandelsverbänden usw.

18.7 Bildung von kommunalen Arbeitsgruppen

Für die doppelte Aufgabe, einerseits die bauliche Struktur der Stadt mit den erforderlichen Orientierungshilfen auszustatten und andererseits Pläne, Führer, Modelle und sonstige Erläuterungen auszuarbeiten bzw. die Zusatzinformationen in die regulären Ausgaben einzubeziehen, wird angeregt, kommunale Arbeitsgruppen zu bilden, die sämtliche Maßnahmen aufeinander abstimmen.
In die Arbeitsgruppen sind außer den Behindertenverbänden Vertreter des Einzelhandels, der privaten Dienstleistungen, der Verkehrsträger usw. einzubeziehen.

18.8 Das integrative Leit- und Informationssystem I.L.I.S.

Dem integrativen Leit- und Informations-System nach Architekt Volker Doose liegt der Gedanke zugrunde, durch plastische Elemente, wie eine Pyramidenschrift, Modul-Bausteine für Karten, Pläne, Piktogramme und Bodeninformationen, Orientierungshilfen zu vermitteln (Abb. 18.8/12+13).
Diese Hilfen sind in gleicher Weise lesbar für blinde und auch für sehende Menschen.
Die Pyramidenschrift besteht aus bekannten Schriftzeichen, die jedoch in der Charakteristik so überarbeitet und modifiziert wurden, das ein neuer Schrifttyp entstand. Den kompletten Zeichensatz gibt es in drei abgestimmten Größen, in denen auch die kleinste Pyramidenschrift von Blinden erkannt und gelesen werden kann.
Ergänzt wird die Pyramidenschrift durch Modul-Bausteine, die nach optischen und praktischen Gesichtspunkten zur Wiedergabe vielseitiger Inhalte geeignet sind:
– Gebäudegrundrisse
– Geländepläne
– Stadtteilpläne
– Figürliche Abbildungen
– Funktionsdarstellungen
– Sonderformen aus der speziellen Aufgabenstellung.

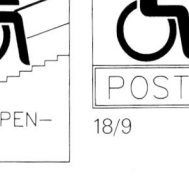

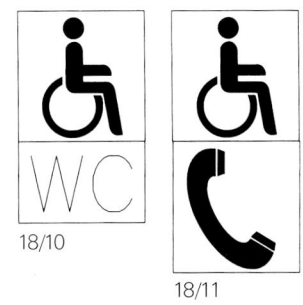

18/1 – 18/11 Hinweisschilder

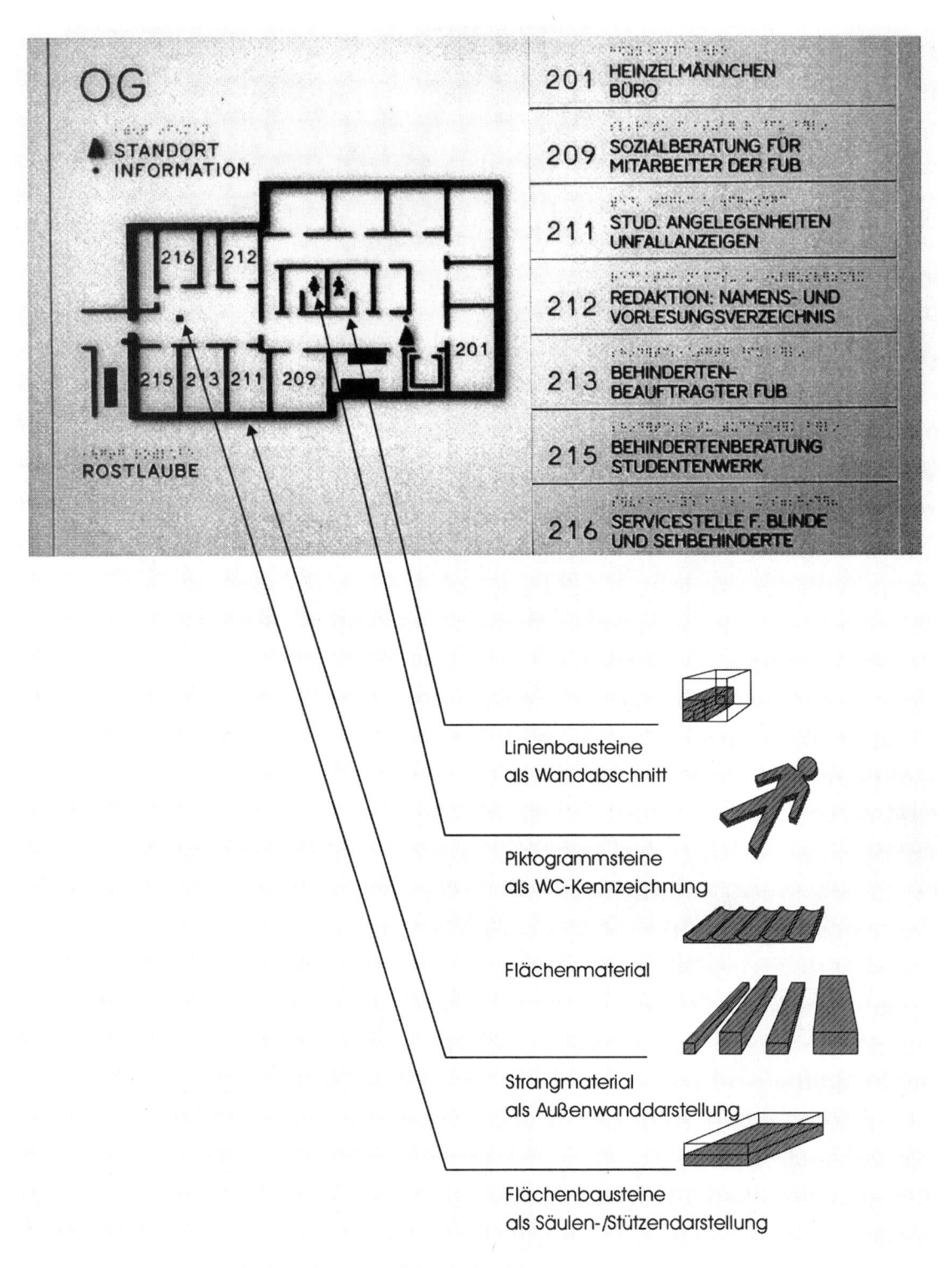

OG	**201** HEINZELMÄNNCHEN BÜRO
▲ STANDORT • INFORMATION	**209** SOZIALBERATUNG FÜR MITARBEITER DER FUB
	211 STUD. ANGELEGENHEITEN UNFALLANZEIGEN
[Grundriss mit Räumen 216, 212, 215, 213, 211, 209, 201]	**212** REDAKTION: NAMENS- UND VORLESUNGSVERZEICHNIS
	213 BEHINDERTEN-BEAUFTRAGTER FUB
ROSTLAUBE	**215** BEHINDERTENBERATUNG STUDENTENWERK
	216 SERVICESTELLE F. BLINDE UND SEHBEHINDERTE

- Linienbausteine als Wandabschnitt
- Piktogrammsteine als WC-Kennzeichnung
- Flächenmaterial
- Strangmaterial als Außenwanddarstellung
- Flächenbausteine als Säulen-/Stützendarstellung

18/12 Das integrative Leit- und Informationssystem: Gebäudeübersicht
Übersichtsplan in einem Institutsgebäude der Freien Universität Berlin, umgesetzt mit Modulbausteinen

Alle Bausteine besitzen drei Informationsebenen:
– Form
– Farbe
– Oberfläche.

Die einzelnen Modul-Bausteine lassen sich in fünf Gruppen unterteilen:
– Linienbausteine, zur Darstellung von Wandverläufen in Gebäudegrundrissen, Umrisse u.Ä.
– Flächenbausteine, zur Darstellung von Gebäuden in Straßen- und Geländeplänen
– Piktogrammsteine, zur Darstellung von Personen, Bodeninformationen, Treppen u.a.
– Flächenmaterial, zur Darstellung von Wasserflächen, Grünflächen oder besonders großflächigen Gebäudeanlagen
– Strangmaterial, zur Darstellung von Straßen, Haupt- und Nebenwegen, Wegestrukturen, Bahnstrecken, Buslinien usw.

Mit diesen Modul-Bausteinen lassen sich Gebäudeübersichten als Grundriss darstellen, sowie Objekttafeln, Lagepläne usw.
Die Beschilderung ist immer pultartig angeordnet, sowohl im Freien als auch in Gebäuden. Auf diesen Pultschildern finden Beschriftungen, Geländepläne, Grundrisse, Funktionsmodelle u.a.m. ihren Platz.
Die Pultschilder stellen die konsequente Umsetzung des integrativen Gedankens dar. Sie können an Wänden aber auch

WASSERRAD

DURCHMESSER: 5 METER
LEISTUNG: CA. 2 KW BEI 10 UMDREH./MIN.

ZAHL DER SCHAUFELN: 42
GUSSEISERNE ROSETTE: CA. 1880

SCHAUFEL
WELLE
SCHÜTZ
RECHEN
TEICH

DAS RAD DREHT SICH, SOBALD GENÜGEND WASSER AUF DIE SCHAUFEL TRIFFT.

DIE BEWEGUNG DER WASSERRADWELLE WIRD INS HAUS ÜBERTRAGEN UND BETREIBT ÜBER EINE TRANSMISSIONSANLAGE DEN SCHMIEDEHAMMER.

WASSERRÄDER DIENTEN SEIT DER ANTIKE DEM ANTRIEB VON MÜHLEN UND HAMMERWERKEN. ERST SEIT DER MITTE DES 19. JH. WURDEN SIE NACH UND NACH DURCH MOTOREN ERSETZT.

SCHENKUNG: KONSUL WOLFGANG BÖTTGER

19 WASSERRAD

PLATTENWEG
HOLZWEG
BODENINFO
WASSER

Piktogrammsteine als Bodeninformation

Flächenbausteine als Gebäudedarstellung

Linienbausteine als Mühlenflügel

Flächenmaterial als Wasser

Strangmaterial als Teichgrund

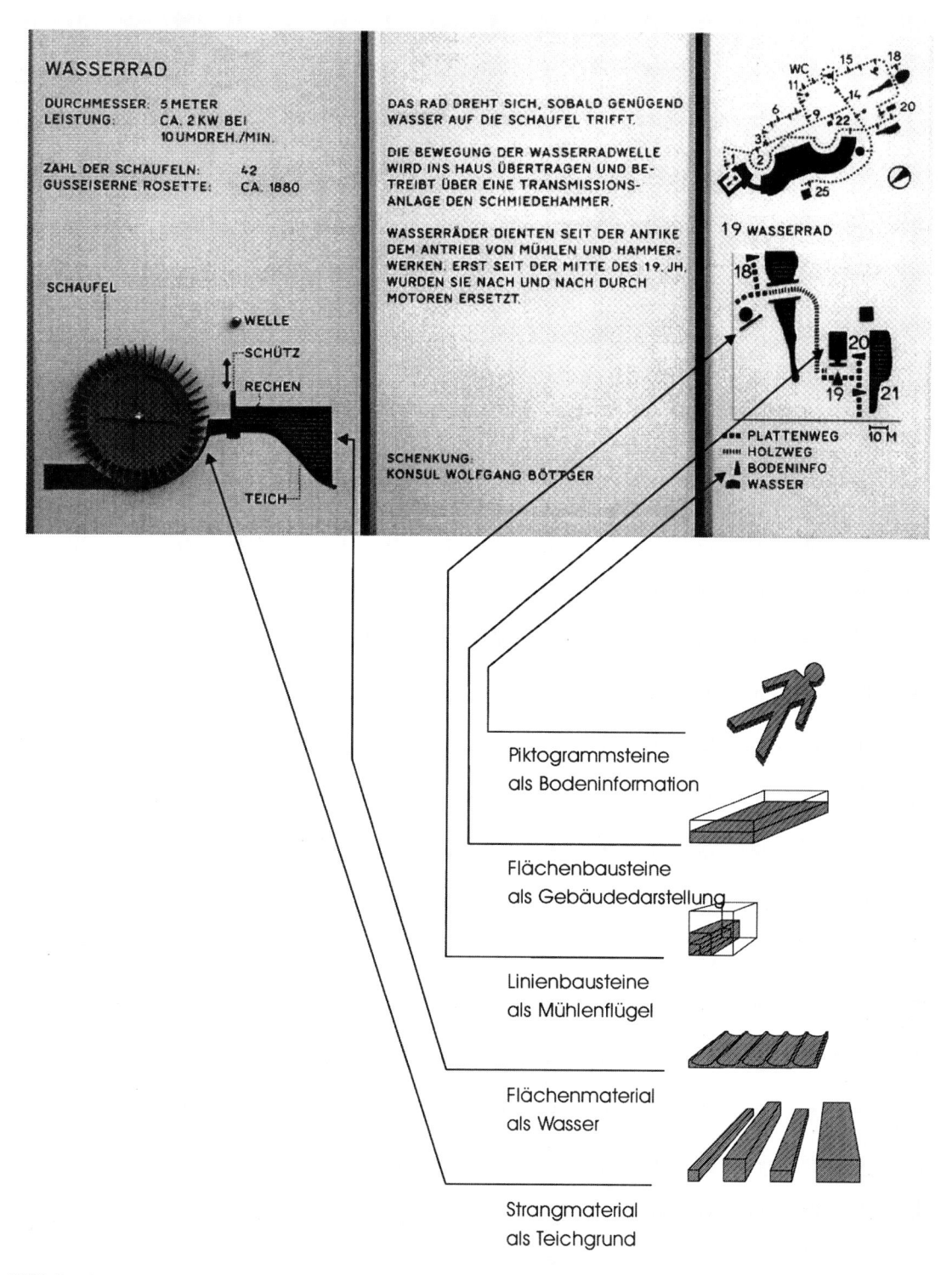

18/13 Das integrative Leit- und Informationsystem: Objekttafel und Lageplan
Objektdarstellung des Wasserrades im Museum für Verkehr und Technik, Berlin, umgesetzt mit Modulbausteinen

freistehend auf Stützen installiert werden. Die geneigte Form respektiert die ergonomischen Anforderungen verschiedener Nutzergruppen, stehender und sitzender sowie klein- und großwüchsiger Menschen.
Die Bodeninformation, als Intarsie gestaltet, ist Bestandteil des Integrativen Leit- und Informations-Systems. Dieser Bodeninformation liegen unterschiedliche Strukturen und Materialwechsel zugrunde, die den Sehbehinderten und Blinden mit Hilfe des Mobilitätstrainings Informationen über den Verlauf des Fußwegesystems und der Beschilderung vermittelt.

19.0 Informations- und Beratungsstellen auf der Ebene des Bundes, der Länder und der Gemeinden

Christa Osbelt

19.1 Einleitung

Unabhängig von den erneut zur Diskussion gestellten Themen anlässlich des „Internationalen Jahres der Senioren 1999", konnten die Länder und Kommunen der Bundesrepublik Deutschland bereits mit der Jahreszahl 1993, im „Europäischen Jahr der älteren Menschen und der Solidargemeinschaft der Generationen", ein neues Kapitel ihrer Wohnungs-, Sozial- und Städtebaupolitik beginnen, denn
– niemals zuvor stand
für eine Neuorientierung dieser Bereiche und für politische Entscheidungen und Programme ein derartig breites Spektrum an Erkenntnissen und neuen Rahmenbedingungen zur Umsetzung zur Verfügung
– niemals zuvor konnten
Probleme und Lösungsmöglichkeiten mit dem neuesten Stand des Wissens hinterfragt und zusätzlich mit dem neuesten Stand der Technik überprüft werden, wie seit diesem besonderen Jahr „der Solidargemeinschaft der Generationen".
Mit dem folgenden Beitrag und Rückblickbericht soll aufgezeigt werden:
– weshalb die Forderung nach einer Neuorientierung mit fundiertem Wissen im Bereich der Sozial-, Wohnungs- und Städtebaupolitik berechtigt ist
– weshalb noch immer in zwei Problemfeldern ein enormer Nachholbedarf abgebaut werden muss
– weshalb ein innovativer, Kosten sparender Wohnungs- und Städtebau in der Bundesrepublik Deutschland möglich ist
– weshalb das gesamte Spektrum der Erkenntnisse erst miteinander verknüpft zukunftsorientierte und Kosten sparende Ergebnisse erbringt.
Es soll aufgezeigt werden, weshalb für diese Querschnittsaufgabe die Notwendigkeit besteht, Informations- und Beratungsstellen auf Landesebene und in den Kommunen zu folgenden Schwerpunkten einzurichten:
– Zukunftsorientiertes Planen und Bauen, sowie zu den Nachholthemen
– Leben und Wohnen im Alter
– Leben und Wohnen mit Behinderungen.

19.2 Zukunftsorientiertes Planen und Bauen in der Bundesrepublik Deutschland

In jeder Lebensphase selbstbestimmend leben und richtig wohnen zu können, ist die Basis für die Zufriedenheit und das Wohlbefinden eines jeden Menschen.
Obwohl bereits im „besonderen Jahr" 1993 erneut und ein Jahr lang die längst bekannten Wohnprobleme der älteren Menschen im Mittelpunkt standen, verstärkten sich gleichzeitig die Diskussionen um einen menschengerechten Wohnungsgrundriss im sozialen Wohnungsbau, der für alle Altersgruppen geeignet ist.
Unter dem Aspekt „Mensch und Wohnen" wurden seit Anfang der 80er Jahre bereits
– zahlreiche Forschungsberichte und Gutachten im Auftrag unterschiedlicher Bundesministerien erstellt und veröffentlicht
– die Norm DIN 18025 Teil 1 „Barrierefreie Wohnungen – Wohnungen für Rollstuhlbenutzer" überarbeitet, seit Dezember 1992 verabschiedet
– die Neufassung von Teil 2 der Norm DIN 18025 „Barrierefreie Wohnungen", die auch „Wohnungen für alle Lebensphasen" heißen könnte, seit Dezember 1992 verabschiedet
– die Norm DIN 18024 Teil 1 „Barrierefreies Bauen – Straßen, Plätze, Wege, öffentliche Verkehrs- und Grünanlagen sowie Spielplätze" überarbeitet, seit Januar 1998 verabschiedet
– die Norm DIN 18024 Teil 2 „Barrierefreies Bauen – Öffentlich zugängige Gebäude und Arbeitsstätten" überarbeitet, seit November 1996 verabschiedet
– Erfahrungs- und Forschungsberichte über Beratungsinitiativen zu Wohnungsanpassungen an die Bedürfnisse der Bewohner von unterschiedlichen Ministerien in Auftrag gegeben und veröffentlicht.

19.2.1 Eine neue Norm räumt den Politikern und Planern alle Barrieren aus dem Weg

Im August 1989 eröffneten sich für den sozialen Wohnungsbau völlig neue Perspektiven, nachdem der Öffentlichkeit „der neueste Stand des Wissens und der Technik" im Entwurf der Norm DIN 18025 „Barrierefreie Wohnungen" Teil 1 und Teil 2 als „Gelbdruck" vorlag.
Diese Kenntnisse konnten sofort von Bauherren, Planern, Architekten und Bauaufsichtsbehörden genutzt, in Planungen und Bauten umgesetzt werden.
Der Mensch mit seinen unterschiedlichsten Bedürfnissen – vom Kleinkind bis zum alten Menschen – steht in diesen Planungsgrundlagen im Mittelpunkt.
Seit September 1990 konnten alle am Baugeschehen Beteiligten den veröffentlichten Bauforschungsbericht „Ermittlung der Kostenauswirkungen der überarbeiteten DIN 18025 Teil 2 Entwurf 1989" zur Kenntnis nehmen, den das Bundesministerium für Raumordnung, Bauwesen und Städtebau in Auftrag gegeben hatte. Darin heißt es auf Seite 13:
„Die heute verwendeten Wohnungsgrößen, die sich auf der Grundlage der Erkenntnisse der Bau- und Wohnforschung in der Bundesrepublik in vielen Jahren entwickelt haben, sind bei fantasievollen, individuellen Einzellösungen geeignet, die Forderungen der DIN 18025 Teil 2 Absatz 3 Maße der Bewegungsflächen ohne Mehrkosten zu erfüllen. Die Voraussetzung ist die frühzeitige Berücksichtigung der Kriterien beim Vorentwurf und die innere Einstellung des planenden Architekten."
Die ersten, zukunftsorientiert geplanten und gebauten Häuser können seit 1991 im Bundesland Bayern besichtigt werden.
Die Oberste Baubehörde des Bayerischen Staatsministeriums des Innern hatte im August 1989 sofort reagiert. In sechs bereits vergebenen Planungen wurde der so genannte „Gelbdruck" der DIN 18025 im Modellversuch noch berücksichtigt und im August 1991 konnten die ersten Mieter in einem barrierefrei gestalteten Umfeld in geeignete Wohnungen einziehen.
Der Beweis, dass „Wohnungen für jede Lebensphase", und damit der Würde des Menschen entsprechend, mit guter Grundrissplanung ohne Mehrkosten zu verwirklichen sind, wurde dort erbracht.
Als einzige „besondere Wohnungsgrundriss-Baunorm" ist die überarbeitete, auf den neuesten Stand des Wissens und der Technik gebrachte DIN 18025 Teil 1 „Barrierefreie Wohnungen – Wohnungen für Rollstuhlbenutzer" übriggeblieben.
Auch hier sind Raumgrößen nicht mehr vorgeschrieben. Nur die angegebenen Bewegungsflächen müssen eingehalten werden und geeignete, individuelle Grundrisse können für Rollstuhlbenutzer entstehen.
Aus den Fehlern der Vergangenheit ziehen die Jetzt-Verantwortlichen erste Konsequenzen, und seit Anfang der 90er Jahre werden verstärkt auch für den sozialen Wohnungsbau Wettbewerbe ausgelobt.
Den Baublöcken – seit den 60er Jahren üblich und inzwischen Hauptbetätigungsfeld der Sozialarbeiter – dürfen jedoch nicht nur umfeld-freundlichere Häuser entgegengestellt werden, sondern bei der Preisvergabe muss vor allem der Wohnungszuschnitt nach „dem neuesten Stand des Wissens und der Technik" Berücksichtigung finden.
Solange die Umsetzung der neuesten Erkenntnisse nicht erfolgt und veraltete „Planungs- und Baugewohnheiten" von den Auftraggebern und Bauherren nicht rechtzeitig erkannt werden, solange werden auch weiterhin Fehlplanungen mit den Mitteln des Bundes und der Länder „gefördert".

Durch die Norm DIN 18025 „Barrierefreie Wohnungen" sind alle bisherigen, Verwirrung stiftenden Planungsgrundlagen richtiggestellt.

Den Wohnungsvergabestellen in den Kommunen werden die alten „Sonderwohnform-Benennungen" im Wohnungsbestand noch lange Schwierigkeiten bereiten.

Wenn die Angaben zu den Wohnungsgrundrissen nicht den dazugehörenden Planungsgrundlagen entsprechen und wenn der Wohnungsbestand auf unterschiedliche Bedürfnisse hin nicht überprüft und gleichzeitig der individuelle Bedarf des vorgeschlagenen Mieters nicht erkannt wird, bleiben Fehlbelegungen mit erneutem Umzug in eine „bedürfnisgerechtere" Wohnung nicht aus.

19.3 Das Nachholthema „Leben und Wohnen älterer Menschen" und die ineinandergreifenden Probleme

Auch aus einer Veröffentlichung im Bundes-Bau-Blatt Januar 1993 mit dem Titel „Überlegungen zum Europäischen Jahr der älteren Menschen und der Solidargemeinschaft der Generationen" wurde der Handlungsbedarf deutlich. Gleichzeitig enthielt dieser Beitrag aber auch Antworten auf die Frage, weshalb die Umsetzung längst gefundener Lösungen nur zögerlich vorangeht:

„.... Das Schlagwort von der „generativen Herausforderung" machte in den 80er Jahren auf Entwicklungen in unserer Gesellschaft aufmerksam, die den Fachleuten der Bevölkerungswissenschaften schon seit längerem bekannt waren: Die rückläufige Zahl der Geburten und die starke Zunahme der Anzahl älterer Menschen. Dies ist ein Phänomen vieler westlicher Industriestaaten, jedoch nimmt die Bundesrepublik Deutschland eine Spitzenstellung ein. ...."

Aus diesem Artikel geht auch hervor, dass bereits am 14. Mai 1986 vom Europäischen Parlament auf einschneidende Veränderungen hingewiesen und deshalb die Proklamation eines besonderen Jahres für die älteren Menschen gefordert wurde, die der Rat jedoch erst im November 1990 – vier Jahre später – für das Jahr 1993 verabschiedete.

Inzwischen wird aus allen europäischen Ländern von enormen Verschuldungen, anhaltender und steigender Arbeitslosigkeit mit sozialen Einbußen, Wohnungsnot und wachsender Unzufriedenheit der Bürger berichtet. Sogar die skandinavischen Länder stehen mit ihren bisher vorbildlichen Sozialprogrammen längst vor einer „Wende".

Auch in der Bundesrepublik Deutschland haben die zur Lösung anstehenden Probleme zugenommen und sind vielschichtiger geworden. Die Familienstruktur hat sich verändert, mit Alten- und Behindertenpflege im Familienverbund kann dadurch nicht mehr wie bisher gerechnet werden, auch mit der 1995 inkraftgetretenen Pflegeversicherung lässt sich diese Lücke nicht ausfüllen. Heim- und Tagespflegeplätze sind knapp und teuer, die überwiegende Zahl der Heimbewohner sind Sozialhilfeempfänger und in den Kassen der Kommunen fehlen die Mittel. Um so mehr muss die Erhaltung der Selbständigkeit bis ins hohe Alter durch die richtige Wohnung Unterstützung finden.

Bereits vor der Wiedervereinigung versuchte die Bundesregierung der Staatsverschuldung durch Kürzungen entgegenzuwirken. So wurden z.B. seit Mitte der 80er Jahre auch für den sozialen Wohnungsbau die Mittel drastisch gekürzt.

Diese politische Entscheidung hat nicht nur eine Lücke im Wohnungsbau hinterlassen, sondern die Unzufriedenheit verstärkt, die durch Wohnungsnot und überhöhte Mieten wächst.

Auch für Alten- und Behindertenwohnungen wurde damals „kein Bedarf" signalisiert, und besonders diese fehlen jetzt. Über zukunftsorientiertes Planen und Bauen, Grundrisse und Wohnungen für jede Lebensphase, wurde nur in Fachkreisen diskutiert. Das Thema „Flächen- und Kostensparendes Bauen" war aktuell, dabei wurde an das Altern oder sich verändernde Bedürfnisse durch körperliche Einschränkungen nicht gedacht.

Die Zahl der Einzelhaushalte und der Alleinerziehenden wächst. Dadurch wird die Zahl der Wohnungssuchenden drastisch erhöht. Anlass für die Kommunen, verstärkt Ein- und Zweipersonenwohnungen im sozialen Wohnungsbau zu erstellen.

Gerade dabei lassen sich die Bedürfnisse der jüngeren mit denen der älteren Menschen zukunftsorientiert verknüpfen.

Werden dazu die Planungsgrundlagen der DIN 18025 Teil 2 berücksichtigt, ist ein Verbleib in der Wohnung bis ins hohe Alter, mitten in der Solidargemeinschaft der Generationen für jeden Bewohner möglich.

Im Jahr 1986 erschien der Bericht „Forum Nr. 5" des Kuratoriums Deutsche Altershilfe (KDA), mit dem Titel „Wohnungsanpassung – Maßnahmen zur Erhaltung der Selbstständigkeit älterer Menschen". Dieser Forschungsauftrag wurde vom Bundesministerium für Jugend, Familie, Frauen und Gesundheit, das damals noch nicht auf verschiedene Zuständigkeiten aufgeteilt war, unterstützt.

Darin wurden in schonungsloser Offenheit 23 Wohnverhältnisse älterer Bundesbürger beschrieben und dokumentiert, die mitten in der Wohlstandsgesellschaft der Bundesrepublik in jeder Kommune anzutreffen sind.

Mit dieser Dokumentation wurden die Versäumnisse im Sozialbereich und besonders drastisch die Fehlplanungen und gravierenden Mängel im sozialen Wohnungsbau aufgedeckt.

Das Wort „Wohnungsanpassung" tauchte auf und damit auch erstmals die Forderung, Beratungsstellen für ältere Menschen einzurichten.

19.3.1 Aufruf des Bundesbauministeriums zur Zusammenarbeit aller Tätigkeitsbereiche

Als erstes Bundesministerium reagierte das BMBau auf das Nachholthema „Leben und Wohnen älterer Menschen".

Über den Aufruf zu einem Expertengespräch am 30. Juni 1987 in Bonn, der vom damaligen Bundesbauminister Dr. Oskar Schneider erfolgte, schrieb der Pressedienst:

„ Schneider: Wohnen im Alter – Neue Herausforderung für die Wohnungspolitik – Fachkonferenz in Bonn – Auftakt für gemeinsame Überlegungen zur Verbesserung der Wohnsituation älterer Menschen...

Im Ergebnis kommt es mir (Schneider) darauf an, durch experimentelle Forschung Erkenntnisse und Hilfen für politische Entscheidungen in meinem Ressortbereich zu finden. Die Kernfrage, auf die wir eine Antwort finden wollen, lautet: ‚Welche organisatorischen, planerischen, gesetzgeberischen, administrativen und schließlich baulichen Maßnahmen und Vorkehrungen sind im räumlichen Umfeld notwendig und geeignet, das Wohlbefinden, die selbständige Lebensführung und die aktive Teilnahme unserer älteren Mitbürger am gesellschaftlichen Leben zu fördern?'..."

Noch im Mai 1988 stand der 1. Fachkongress „Wohnen im Alter" in Friedrichshafen unter der Schirmherrschaft der Bundesministerin für Jugend, Familie, Frauen und Gesundheit, der Soziologin Prof. Dr. Süssmuth und dem Bundesminister für Raumordnung, Bauwesen und Städtebau Dr. Schneider, die damit erstmals die Gemeinsamkeiten zweier Ressorts demonstrierten.

In den folgenden Jahren wurde in der Bundesregierung jede Lebensphase der Bürger auf verschiedene Ministerien und Zuständigkeitsbereiche verteilt, in dem jedes einzelne Ressort seine Prioritäten selbst bestimmt. So konnten auch bisher die längst vorliegenden Erkenntnisse und Forschungsberichte aus den einzelnen Bereichen zu keiner einheitlichen Leitlinie und Informationsquelle zusammengefügt werden.

Seit langem ist bekannt,
– dass 95 % der älteren Menschen in der Bundesrepublik nicht in Pflegeheimen, sondern irgendwo, mitten in der Gesellschaft leben, dort auch bleiben wollen
– dass ältere Menschen im Vergleich zu früheren Lebensjahren ihre Wohnung und

das Wohnumfeld als zentralen Mittelpunkt betrachten
– dass die richtige Wohnung und ein barrierefreies Umfeld körperlichen Einschränkungen entgegenwirken, sie mildern können und der Therapie und Rehabilitation unterstützend helfen.

Die Wohnbedürfnisse der behinderten und älteren Menschen sind ähnlich. Bauliche Barrieren im Wohn- und Wohnumfeldbereich stehen der Erhaltung der selbstständigen Lebensführung gleichermaßen im Weg. Darüber hinaus benötigen behinderte und ältere Menschen an der richtigen Stelle Bewegungsflächen, die auch spielende und heranwachsende Kinder für ihren Bewegungsdrang nicht entbehren können. Bauliche Barrieren im Wohnumfeld werden auch von Nichtbehinderten registriert.

19.4 Das Nachholthema „Leben und Wohnen mit Behinderungen"

Obwohl seit 1981, dem „Internationalen Jahr der Behinderten", im Bereich der Sozial- und Wohnungspolitik ein großes Informationsdefizit, die Bedürfnisse der jüngeren und älteren Behinderten betreffend, deutlich geworden ist, hat sich ihre Lebens- und Wohnsituation kaum verändert. Für behinderte und ältere Bundesbürger, die auch im „Internationalen Jahr der Senioren 1999" in den Landesbauordnungen noch als „Besondere Personengruppen" eingestuft und bezeichnet werden, sind seit 1981 eine Reihe von Programmen und neuen Konzepten entworfen worden, die auch nach 1993 entweder noch in der Erprobung steckten oder wegen Personalmangel und Kürzungen eingeschränkt wurden. Bei den Betroffenen selbst hat das „besondere Jahr 1981" bewirkt, dass sie zu mehr Selbstvertrauen gefunden haben und nicht mehr in den Hintergrund getreten sind. Sie fordern ihre Rechte und werden darin von Verbänden, Institutionen und Selbsthilfegruppen unterstützt.

Bereits 1984 hat der „Erste „Bericht der Bundesregierung zur Lage der Behinderten und die Entwicklung der Rehabilitation" den Nachholbedarf und die Informationslücken aufgedeckt und mit dem „Zweiten Bericht der Bundesregierung ... 1989" auch die Gründe dafür genannt. Besonders die Ausbildung und die mangelnde Zusammenarbeit aller Fachbereiche wurden im Bericht von 1989 kritisiert.

Ausgelöst durch die allgemeine Wohnungsnot und noch immer mit der Begründung „zu teuer" wird der Wohnungsbau für Schwerbehinderte nach wie vor vernachlässigt.

Diesem Argument trat bereits 1981 der Hessische Minister des Innern entgegen und ließ seine Kritik an den Planern, Architekten, Bauherren und den Bauaufsichtsbehörden in einem Erlass veröffentlichen:

„ ... Leider habe ich feststellen müssen, dass die Mindestanforderungen der Hessischen Bauordnung und der darauf basierenden Vorschriften oftmals nicht eingehalten werden...
Ich weise die Bauaufsichtsbehörden an, auf strikte Einhaltung der Bestimmungen zugunsten Behinderter zu bestehen ...
Die Anforderungen der Hessischen Bauordnung zugunsten Behinderter stellen nur ein selbstverständlich zu erfüllendes Minimum dar. Einfallsreichen Entwurfsverfassern sollte es nicht schwer fallen, darüber hinaus Lösungen im Planungsprozess zu finden, die ohne höheren Kostenaufwand bewirken, dass unseren behinderten Mitbürgern der Weg aus der gesellschaftlichen Isolierung durch Abbau baulicher Hindernisse im wahrsten Sinne des Wortes geebnet wird..."

Hessen war das erste Bundesland, das die überarbeitete Norm DIN 18025 „Barrierefreie Wohnungen" mit beiden Teilen in seine Technischen Wohnungsbau-Richtlinien vom 1. Januar 1993 an verbindlich eingeführt und damit alle „Sonderregelungen" außerkraft setzen konnte.

Bereits im Oktober 1984 war an die Bundesländer ein Appell aus Bonn gerichtet, der noch immer aktuell ist :

„ ... Der Beauftragte der Bundesregierung für die Belange der Behinderten, Otto Regenspurger, MdB, fordert Beratungsstellen für behindertengerechtes Planen und Bauen in allen Bundesländern. In einem Brief an alle Minister und Senatoren für Arbeit und Soziales der Länder weist Regenspurger auf die Bedeutung einer fachübergreifenden Beratung für alle am Bau Beteiligten hin, für Bauherren, Architekten und Behörden.

Nach Auffassung des Behindertenbeauftragten muss eine begleitende Sozialberatung Antworten auf Fragen der Baufinanzierung unter Einbeziehung öffentlicher Fördermittel sowie wirtschaftlicher und sonstiger Belastungen geben.

Als beispielhaft sieht Regenspurger eine Initiative in Bayern an. Im Bauzentrum München hat die Architektenkammer mit Unterstützung der Landesregierung eine Beratungsstelle eingerichtet, die zu regelmäßigen Terminen kostenlose Beratung anbietet..."

Noch immer ist die Münchener Informations- und Beratungsstelle die einzige dieser Art, die in einer Architektenkammer eingerichtet und mit entsprechend ausgebildeten Fachkräften zu festgelegten Zeiten besetzt, Planern, Architekten, Bauherren und Betroffenen beratend zur Verfügung steht.

19.4.1 Beratungsstellen für behinderte Menschen

Auch in den Kommunen der Bundesrepublik fehlen Beratungsstellen, deren Klientel vom behinderten Kleinkind bis zum älteren pflegeabhängigen Menschen reicht. Dazu gehören auch Betroffene nach einem Verkehrs- oder Arbeitsunfall und Entlassene aus Reha-Kliniken und Krankenhäusern.

Diese Beratungsstellen müssen eine schnelle und alles umfassende Hilfe anbieten können, denn für Ratsuchende bedeutet es eine große psychische Entlastung, die erforderliche Beratung und Hilfe bei nur einer Anlaufstelle vorzufinden. Besonders bei älteren Betroffenen wird dadurch die Schwellenangst vor dem Sozialamt und den Behörden abgebaut. Die oftmals beschwerliche Suche nach den zuständigen Dienststellen und Sachbearbeitern entfällt; gleichzeitig wird der Verwaltungsaufwand dadurch erheblich reduziert.

In der Bundesrepublik Deutschland stoßen behinderte und ältere Menschen nicht selten auf innere Barrieren bei ihren Mitmenschen, auch in den Verwaltungen, die sich nicht zuletzt aus Angst vor dem eigenen Altern oder körperlichen Einschränkungen aufbauen und durch die jahrelang propagierte Meinung vom „unwerten Leben" oftmals tief verwurzeln konnten.

In einer leistungs- und konsumorientierten Gesellschaft, die für ihre Konzepte auf stets einsatzbereite, junge Arbeitskräfte achtet, wird die Angst vor Krankheit und Behinderung noch verstärkt.

19.5 Wohnberatung für ältere und behinderte Menschen

Das Thema „Wohnen im Alter" und „Wohnungsanpassungen an die Bedürfnisse älterer Menschen im Wohnungsbestand" wurde erst nach dem 1. Fachkongress in Friedrichshafen aktuell. Seit 1988 stellten sich verstärkt zahlreiche Beratungsinitiativen, von unterschiedlichen Trägern und Institutionen finanziert, in den Dienst der älteren Menschen, die ihre Selbstständigkeit erhalten und Beratung für ihr „Wohnen im Alter" suchten. Mit ehrenamtlichen Mitarbeitern oder ABM-Maßnahmen besetzt, wurden bundesweit Modelle gestartet.

Im Oktober 1992 erschien der Forschungsbericht „Wohnberatung für ältere Menschen", den das Bundesbauministerium in Auftrag gegeben hatte. Darin sind von 40 Beratungsinitiativen, die nach 1987 ihre Arbeit für älterer Menschen aufgenommen hatten, sieben Anlaufstellen ausgewählt und deren Erfahrungen und Aktivitäten ausführlich beschrieben worden.

Aber auch über die Anfangsschwierigkeiten wurde darin ausführlich berichtet, mit denen sich die Mitarbeiter dieser Wohnberatungsstellen, bei den unterschiedlichsten Institutionen angesiedelt, noch zusätzlich auseinandersetzen mußten.

Ein Appell und Hinweis aus diesem Forschungsbericht:

„Damit die in vielen Gemeinden formulierte Altenpolitik nicht allein Programm bleibt,

sondern praktische Anwendung und Verbreitung findet, ist eine veränderte Denk- und Arbeitsweise in Ämtern, Organisationen und Unternehmen notwendig.
Zum Beratungs- und Aufgabenspektrum gehören nicht nur die Planung und Durchführung von Maßnahmen im baulichen Bereich, sondern auch die Vermittlung von sozialen Diensten zur Alltagsorganisation oder Hilfe im Umgang mit Behörden..."
Sind die Anlaufstellen für die Wohnprobleme der älteren Bürger erst einmal bekannt, weitete sich das Aufgabenspektrum stark aus und der Ansturm ist schon bald kaum zu bewältigen.
Anfangs reagieren die älteren Ratsuchenden noch zurückhaltend. Doch von Familienangehörigen, Sozialstationen, Krankenhäusern, Pflegediensten und allen, die Kenntnis von älteren Menschen und ihren Problemen haben, eingeschaltet, berichten die Mitarbeiter dieser Beratungsinitiativen nicht selten von menschenunwürdigen Verhältnissen:
Wohnungen, die durch niedrige Mieten bevorzugt von älteren Menschen bewohnt werden, ohne Bad und nur einer Toilette eine halbe Treppe tiefer, mit Ofenheizung und ohne Aufzug, sind in Altbauten keine Seltenheit.
Seit Inkrafttreten der Pflegeversicherung 1995 wird dieser Nachholbedarf bundesweit von den Ärzten registriert, die im Auftrag der Medizinischen Dienste zur Begutachtung und Eingruppierung für die Pflegeversicherungsträger Hausbesuche vornehmen müssen und dabei auch die Wohnverhältnisse der Antragsteller bewerten.
Obwohl Anfang 1999 die Zahl der Beratungseinrichtungen im gesamten Bundesgebiet auf ca. 160 geschätzt wurde, kann von einem ausreichenden und qualifizierten Beratungsangebot noch lange nicht die Rede sein.
Wird eine solche Beratungsstelle neu eingerichtet, werden diese Stellen überwiegend mit Sozialarbeiterinnen oder Sozialarbeitern besetzt, die für ihre Institutionen oder Kommunen die Aufbauarbeit leisten und sich gleichzeitig in dieses völlig neue Aufgabengebiet einarbeiten müssen.
Anfang 1994 gründeten einige dieser Pioniere die Bundesarbeitsgemeinschaft Wohnungsanpassung e.V., die bis zum „Internationalen Jahr der Senioren 1999" auch aus den neuen Bundesländern von 50 Mitgliedern getragen wird.
Beschämend, dass sie ohne Fördermittel des Bundes oder der Länder ihre „Aktivitäten für die Nation", wie Vorträge und Veranstaltungen, mit denen sie wesentlich zum „Bewusstmachen" für ein selbstständiges Leben im Alter beigetragen haben, nur von den Mitgliederbeiträgen und dem Erlös aus dem Verkauf ihrer Informationsschriften bestreiten müssen.

19.5.1 Studiengang für ein völlig neues Berufsbild

Die Bedeutung der Beratung als Dienstleistung für alte Menschen und für ein selbständiges Leben und Wohnen – eingebunden in die gewohnte Umgebung – bis ins hohe Alter, wurde auch bis zum „Internationalen Jahr der Senioren 1999" nicht umfassend erkannt.
Fachliches Wissen, sowohl im baulichen als auch im sozialen Bereich, Einfühlungsvermögen, Kenntnisse über die Krankheitsverläufe und Behinderungsarten sind neben dem sozialen Engagement nur einige Voraussetzungen, die an diese Beratertätigkeit gestellt werden.
Ein längst überfälliges Thema ist die gezielte Ausbildung, für die an allen Hochschulen ein neues Lehrdeputat eingerichtet werden muss.
Das Studium Architektur allein reicht nicht aus. Auch das Studium Sozialwesen steht nur auf einem Standbein. Erst eine Verknüpfung beider Bereiche, ergänzt durch spezielles, fachspezifisches Wissen kann die erforderlichen Voraussetzungen erbringen.
Noch gibt es in der Bundesrepublik kein vergleichbares Berufsbild, und so konnte für diese Beratertätigkeit, die eine Mehrfachqualifikation erfordert, bisher auch keine angemessene Eingruppierung herausgefunden werden.
Hinzu kommt, dass es diese Dienstleistung für die Bürger bisher nicht gab. Die Vielschichtigkeit der Anfragen und die individuell zu lösenden Aufgaben, der weitverzweigte Aufwand, der für jeden Ratsuchenden bei den verteilten Zuständigkeiten aus anderen Ämtern und Abteilungen erst zusammengetragen werden muss, ist bisher nicht beachtet worden.

19.5.2 Wohnberatung

Eine „Stellungnahme zur Bedeutung der Wohnberatung für ältere Menschen", die vom KDA am 25. November 1991 veröffentlicht wurde, unterstreicht, dass sogar nach jahrelangen Laufzeiten der Beratungsinitiativen der Nutzen, den die Kommunalverwaltungen selbst davon haben, nicht erkannt wurde.
Auslöser war die – wegen Sparmaßnahmen – bevorstehende Schließung einer der ersten Wohnberatungsstellen für ältere Menschen in München, die ihre Arbeit 1987 aufgenommen hatte und die seitdem auf Hochtouren lief.
Durch die Bündelung verteilter Zuständigkeiten und die gesamte Abwicklung von einer Anlauf- und Organisationsstelle aus sind aus den dargestellten Bereichen auf lange Sicht sogar enorme Ersparnisse zu verzeichnen.
Kommunalpolitiker, die ihre Sparmaßnahmen bewusst durchdenken, werden außer nach ökonomischen Sofortlösungen gleichzeitig auch nach langfristigen Einsparungen suchen. Zur Entlastung der Haushalte tragen barrierefreie Wohnungen in ganz besonderem Maße bei, wenn sich damit Zuschüsse für teure Pflegeplätze vermeiden oder hinauszögern lassen.
Inzwischen wurde in einer Studie nachgewiesen, dass mit „Wohnberatung für ältere Menschen" und dem Verbleib in bedürfnisgerecht angepassten Wohnungen pro Jahr Summen in Millionenhöhe eingespart werden können. Die Uni Bielefeld hat zu diesem Thema im September 1995 den ersten Bericht von Thomas Niepel „Effektivität und Effizienz von Beratung zur Wohnungsanpassung – Daten und Analysen zu Nutzen, Wirksamkeit und Wirtschaftlichkeit von Beratung zur Wohnungsanpassung aus alten-, gesundheitspolitischer und ökonomischer Sicht" veröffentlicht.
Unter der Regie des damaligen Ministers für Arbeit, Gesundheit und Soziales, Franz Müntefering, hatte NRW, als erstes Bundesland, im Dezember 1992 mit sechs Beratungsstellen beginnend, den Modellversuch „Wohnraumanpassung" gestartet und gefördert, deren Aktivitäten und Erfahrungen von Anfang an durch die Uni Bielefeld wissenschaftlich begleitet, ausgewertet und in regelmäßigen Abständen veröffentlicht wurden.
Bis Ende 1998 hatte sich in NRW die Zahl der am Modellprojekt beteiligten Beratungsstellen auf 40 erhöht, an deren Finanzierung sich zu gleichen Teilen inzwischen das Land, die jeweiligen Institutionen oder Kommunen und die Pflegeversicherungsträger beteiligten, nachdem sie die Einsparmöglichkeiten für ihre Kassen erkannt, aber auch zugeben mußten, dass sie sich nicht in der Lage sehen, ihren Versicherten eine solch qualifizierte Beratung anzubieten.
Da von Anfang an auch die Architektenkammer NRW in das Projekt mit eingebunden war, konnten über das „Nachrüsten im Wohnungsbestand" durch Seminare die Planer, Architekten und Handwerksbetriebe gleichzeitig für einen vorsorgenden, barrierefreien Wohnungs-Neubau sensibilisiert werden.
Wegbereitend, sowohl für die Arbeit der Beratungsstellen als auch für die Bürger, waren die regelmäßig erscheinenden Informationsschriften vom Ministerium, das darüber hinaus Veranstaltungen und Ausstellungen zum Thema „Wohnen im Alter" quer durch NRW förderte, was von den dort ansässigen Medien wiederum interessiert aufgegriffen und weiterhin verfolgt wurde.

19.6 Die Forschung des Bundes ist abgeschlossen; Länder und Kommunen können mit der Umsetzung beginnen

Am 21. und 22. April 1993 konnte das Bundesministerium für Raumordnung, Bauwesen und Städtebau bei einem Abschlusskongress die o.a. Aufzählung zu „Mensch und Wohnen" ergänzen.

Zum Thema „Älter werden im Wohnquartier – innovative Wohnungs- und Städtebauprojekte" war nach Bonn eingeladen worden. 21 Forschungsprojekte im experimentellen Wohnungsbau, seit 1988 mit rund 7 Mio. DM im Forschungsfeld „Ältere Menschen und ihr Wohnquartier" gefördert, konnten abgeschlossen der Fachwelt vorgestellt werden.

Darüber veröffentlichte das Pressezentrum des Deutschen Bundestages erneut Forderungen, die auch schon seit 1986 bekannt sind: „Bundesministerin Irmgard Schwaetzer hat eine Wohnungs- und Städtebaupolitik gefordert, die verstärkt auf die Ansprüche älterer Menschen ausgerichtet ist, um das Zusammenleben der Generationen zu fördern …

Auch die damalige Bundestagspräsidentin Rita Süssmuth plädierte dafür, dass mehr ältere Menschen mit jungen zusammenwohnen:

„Wir brauchen keine Sonderwohnformen für ältere Menschen, die zu räumlicher und sozialer Ausgrenzung führen", …

Wichtig seien vielfältige Wohnungsangebote für unterschiedliche Lebensformen im Alter. „Auch im Falle der Pflegebedürftigkeit gelten die Leitlinien: Verbleib in der vertrauten Umgebung und Selbsthilfe vor Fremdhilfe", betonte Süssmuth, „ … Die Gestaltung von Wohnung und Wohnumfeld entscheide mit darüber, wie lange ein selbstbestimmtes, unabhängiges Leben im nachbarschaftlichen Generationenverbund möglich sei …"

Damit konnte Neuland betreten werden. Die Erkenntnisse waren in jahrelanger Forschungsarbeit zusammengetragen, dokumentiert und mit diesem Fachkongress 1993 zur Umsetzung an die Verantwortlichen weitergereicht worden.

19.6.1 Verteilte Zuständigkeiten in den Bundesländern und Kommunen

Die verabschiedete neue Norm DIN 18025 Teil 1 und Teil 2 „Barrierefreie Wohnungen" wurde von der Bundesministerin beim Kongress im April 1993 zwar als richtungsweisend für den Wohnungs- und Städtebau bezeichnet, doch auch dabei liegt es im Ermessen der einzelnen Bundesländer, wie sie ihre Technischen Wohnungsbau-Richtlinien, ihre Bauordnungen und Rahmenbedingungen für die Vergabe der Fördermittel und damit als Vorgabe für die Kommunen gestalten. In den Kommunen sind wiederum die Zuständigkeiten auf mehrere Ämter verteilt und der Ermessensspielraum, welche Ausführungen umgesetzt werden, vergrößert sich besonders dann, wenn keine einheitliche Leitlinie vorgegeben war und der neueste Stand des Wissens nicht einfließen konnte.

Auch die Beteiligten aus den Forschungsprojekten berichteten in den Arbeitsgruppen beim Abschlusskongress von großen Schwierigkeiten, die, durch Kompetenzansprüche ausgelöst, zu Streitigkeiten zwischen Landes- und Kommunalverwaltungsangestellten führten und dadurch einer zügigen Abwicklung ihrer Arbeit entgegenstanden.

Im Dezember 1997 wurde bei der Bauministerkonferenz in Potsdam dem Antrag aus Nordrhein-Westfalen auf Änderung der Musterbauordnung zugestimmt und festgeschrieben, welche Kriterien für barrierefreies Bauen auch im nicht geförderten Wohnungsbau einzuhalten sind. Auch damit liegt es im Ermessen der einzelnen Bundesländer, wie und in welchem Umfang diese zukunftsorientierten Vorgaben in ihren Landesbauordnungen verankert werden, und über welche Informationsquellen sie dieses neue Wissen streuen und zur Umsetzung bringen.

Zum Wissenstransfer eignet sich in ganz besonderer Weise die Wanderausstellung des Bundesbauministeriums „Wohnen im Alter – am liebsten zu Hause", die mit ihren Beispielen auf ca. 160 m² Stellfläche bereits ein „Wohnen in jedem Alter" zeigt. Das wird durch die Texte und die darin erwähnten neuen Normen „Barrierefreies Bauen – Barrierefreie Wohnungen" noch zusätzlich unterstrichen.

Auch im Februar 1999 wurden in der Begleitbroschüre dieser Wanderausstellung die Umsetzungsmöglichkeiten in der Bundesrepublik für ein barrierefreies Leben und Wohnen bis ins hohe Alter vom ehemaligen Minister aus NRW, Franz Müntefering, nun als Bundesminister für Verkehr, Bau- und Wohnungswesen, noch einmal auf den Punkt gebracht und gleichzeitig auf den Informationsbedarf hingewiesen:

„Oft sind es nur Kleinigkeiten, die in den Wohnungen geändert werden müssen. Hier eine Stufe weniger, da ein Haltegriff mehr, dort ein bequemeres Bad. Planungsgrundlagen zum barrierefreien Wohnen stehen zur Verfügung. Auch die vorliegenden Forschungsergebnisse des Experimentellen Wohnungsbaus belegen: Durch geschickte Planung können Wohnungen geschaffen werden, in denen das Wohnen in jeder Lebensphase möglich ist. Aber auch für die Gestaltung des Wohnumfeldes und für Wohnungsanpassungen im Altbaubestand gibt es entsprechende Regelungen. Leider sind die zur Verfügung stehenden technischen Hilfsmittel oder baulichen Möglichkeiten noch zu wenig bekannt. Hier besteht noch ein enormes Informationsdefizit. Die Broschüre richtet sich nicht nur an ältere Menschen, sondern auch an jüngere Bauherren, an Wohnberater, Architekten und Handwerker, die sich mit diesem Thema befassen. Es werden alle Altersgruppen angesprochen. Die gezeigten Beispiele und Lösungsmöglichkeiten für barrierefreies Wohnen können und sollen dazu beitragen, dieses Informationsdefizit abzubauen. …"

19.7 Informations- und Beratungsstellen

19.7.1 Auf Landesebene

In den Informations- und Beratungsstellen kann der neueste Stand des Wissens und der Technik zur Verknüpfung von sozial- mit wohnungspolitischen Problemlösungen abgerufen und von dieser Stelle aus durch Veranstaltungen, Vorträge und Ausstellungen gestreut werden (Abb. 19/1).

Damit werden folgende drei Schwerpunktthemen abgedeckt:

– Planen und Bauen
zukunftsorientierter Wohnungsbau und Wohnumfeldgestaltung,
Straßen, Wege, Plätze, Grünanlagen und deren Ausstattung, nach DIN 18024 Teil 1 „Barrierefreies Bauen", öffentlich zugängige Gebäude und Arbeitsstätten, auch Kindertagesstätten, nach DIN 18024 Teil 2 „Barrierefreies Bauen",
Sanierungsprojekte und Umbauten im öffentlichen Bereich und im Wohnungsbestand

– das Nachholthema „Leben und Wohnen im Alter"
Planen und Bauen nach DIN 18025 Teil 2 „Barrierefreie Wohnungen",
Wohnungsanpassungsmaßnahmen im Wohnungsbestand an die Bedürfnisse der Bewohner

– das Nachholthema „Leben und Wohnen mit körperlichen Behinderungen"
Planen und Bauen nach DIN 18025 Teil 1 „Barrierefreie Wohnungen – Wohnungen für Rollstuhlbenutzer",
Wohnungsanpassungsmaßnahmen im Wohnungsbestand an die Bedürfnisse von Schwerbehinderten.

19.7.2 Auf kommunaler Ebene

Im kommunalen Bereich, in dem die Gesetze und politischen Konzepte umgesetzt und gleichzeitig ratsuchende Bürger versorgt werden müssen, übernimmt diese Querschnittsaufgabe eine dafür einzurichtende Informations- und Beratungsabteilung, die bisher verteilte Zuständigkeiten in nur einer Anlaufstelle zusammenfasst (Abb. 19/2).

Mit dieser Querschnittsaufgabe werden alle Ämter der Verwaltung erreicht und auf ein einheitliches Konzept ausgerichtet.

Die Aufträge werden in dieser Abteilung von zehn unterschiedlichen Arbeitsberei-

Diagramm 19/1

Auf Landesebene sollte eine Informations- und Beratungsstelle zum Thema „Zukunftsorientiertes Planen, Bauen und Sanieren" sowie zu den beiden Nachholthemen „Leben und Wohnen mit körperlichen Behinderungen" und „Leben und Wohnen im Alter" zur Verfügung stehen für …

- Sozial- und Wohnungspolitiker
- Städtebau- und Verkehrsplaner
- Architekten
- Ingenieure
- Wohnungsbaugesellschaften
- Handwerksbetriebe
- Bauherren
- Institutionen und freie Träger

19/1 Informations- und Beratungsstelle: mögliche Abrufstelle

Diagramm 19/2

Eine kommunale Informations- und Beratungs-Abteilung erreicht – über die ratsuchenden Bürger hinaus – durch ihre zehn Arbeitsbereiche

- alle Ämter in der Verwaltung und die Wohnungsvergabestelle
- die Bauherren, Wohnungsbaugesellschaften, Planer, Architekten, Ingenieure, Handwerks- und Verkehrsbetriebe
- für die ergänzende Hilfsmittelversorgung die Ärzte, Therapeuten, Krankenkassen und Sanitätsgeschäfte
- die Sozialstationen, Krankenhäuser, Reha-Kliniken, Hilfsdienste, Selbsthilfegruppen, Institutionen und Verbände
- die Kranken- und Altenpflegeschulen im Ausbildungsbereich
- die Studenten, z.B. aus dem Bereich Sozialwesen, Medizin, Psychologie, Architektur, Straßen- und Städtebau, Ingenieurwesen und Design

19/2 Informations- und Beratungsabteilung als zuständige Anlaufstelle

---

chen abgewickelt, die auch miteinander oder ergänzend im Einsatz sind:

– Informations- und Beratungsstelle für ein „Selbstständiges Leben und Wohnen in jedem Alter"

– Informations- und Beratungsstelle für ältere Menschen

– Informations- und Beratungsstelle für Behinderte

– Informations- und Beratungsstelle für Verwaltungen, Wohnungsbaugesellschaften, Planer, Architekten, Ingenieure und Handwerksbetriebe, die für den privaten und/oder sozialen Wohnungsbau, für öffentlich zugängige Gebäude, Arbeitsstätten und Sanierungsmaßnahmen tätig sind

– Informations- und Beratungsstelle für Wohnungsanpassungsmaßnahmen, Planungsbüro für Antragsberechtigte (Sozialhilfeempfänger) und für private Umbaumaßnahmen (Selbstzahler)

– Informations- und Beratungsstelle mit Ausstellung für die richtige Hilfsmittelversorgung, für Betroffene, für Ärzte, Therapeuten, Krankenkassen und Sozialstationen

– Beratungsstelle für bedürfnisgerechte Wohnungsvergabe und -belegung; Wohnungstausch; Prüfung des Wohnungsbestandes für unterschiedliche Nutzergruppen und Wohnprogramme, z.B. Wohngemeinschaften; zur Transparenz und gegen Fehlbelegung bei ungünstigem Grundriss

– Informations- und Beratungsstelle für Finanzierungsfragen, öffentliche Mittel, Zuschüsse, Darlehen oder Eingliederungshilfen (Sozialamt),

– Informations- und Beratungsstelle für den Aufbau von Beratungsinitiativen in Stadtteilen,

– Informations- und Beratungsstelle für Institutionen, Verbände, Altenpflegeschulen, Ergotherapeuten, Studenten (z.B. Ärzte, Psychologen, Sozialwesen, Architektur, Straßen- und Städtebau, Ingenieurwesen usw.), alle Bereiche, die für Menschen tätig werden.

20.0 Selbsthilfe in der Rehabilitation

Klaus Schüle

20.1 Vorbemerkungen

Eines der wesentlichen Ziele jeglichen rehabilitativen Handelns ist die Hilfe zur Selbsthilfe. Dieser Grundsatz gilt gleichermaßen für medizinische, schulische wie berufliche Belange. Im Gegensatz zum Akut-Patienten wird vom Rehabilitanden schon immer ein großes Maß an Eigeninitiative, d.h. Eigenhilfe, auf seinem Rehabilitationsweg erwartet. Selbsthilfe (SH) ist in der Rehabilitation also nichts Neues. „Neu ist jedoch die Intensität, mit der das Thema Selbsthilfe debattiert wird" (Aengenandt 1987, 4). Die Ursachen hierfür sind vielschichtig. Die Diskussion würde allerdings nicht so kontrovers geführt, stützte man sich lediglich auf die engen Inhalte des früheren Eigenhilfekonzepts. Entscheidend ist, dass unter Selbsthilfe auch „frei von staatlicher Hilfe" verstanden werden kann. Heute verbergen sich demnach hinter diesem Thema, je nach Standpunkt des Betrachters, sehr unterschiedliche Erwartungen, Hoffnungen und Ziele.

Die Zahl der Selbsthilfegruppen, SH-Zusammenschlüsse, SH-Initiativen, wird für die Bundesrepublik z.Zt. auf ca. 30-40 000 geschätzt, dabei ist ein Ende des Wachstums noch nicht abzusehen.

Bei einer Gruppengröße von 10-16 Mitgliedern beteiligen sich demnach 400-600 000 Menschen aktiv in Selbsthilfe-Gruppen (Vilmar und Runge 1986, 30 f). Heute versteht man unter Selbsthilfe alle möglichen Initiativen und Laienaktivitäten. Moeller (1978, 84) unterscheidet nach folgenden sieben übergeordneten Gesichtspunkten:
1. Psychologisch-therapeutische Selbsthilfegruppe
2. Medizinische Selbsthilfegruppe
3. Bewusstseinsverändernde Selbsthilfegruppe
4. Lebensgestaltende Selbsthilfegruppe
5. Arbeitsorientierte Selbsthilfegruppe
6. Lern- und ausbildungsorientierte Selbsthilfegruppe
7. Bürgerinitiativen.

Obgleich sich hiernach auch einige Kategorien überschneiden, liegen die Interessenfelder mitunter sehr weit auseinander. Sie reichen von der Frauengruppe und dem Zusammenschluss arbeitsloser Lehrer über Bürgerinitiativen hin bis zu gesundheitsorientierten Gruppen und Elterninitiativen behinderter Kinder, so dass im folgenden lediglich auf die „Gesundheitsselbsthilfe", zu der sich auch die Behinderten-Selbsthilfe rechnen lässt, näher eingegangen werden kann.

Fünf wichtige Kriterien haben jedoch fast alle Selbsthilfezusammenschlüsse gemein (vergl. Winkelvoss et al. 1981, 134; Forschungsverband Laienpotential 1987, 80):
„– Betroffenheit durch ein gemeinsames Problem
– keine oder geringe Mitwirkung professioneller Helfer
– keine Gewinnorientierung
– das gemeinsame Ziel der Selbst- und/oder Sozialveränderung
– die Betonung gleichberechtigter Zusammenarbeit und gegenseitiger Hilfe."

20.2 Gesundheitsselbsthilfe

Unter Gesundheitsselbsthilfe versteht man „individuelle Eigenleistung und gegenseitige Hilfeleistungen, die im Alltag zur Gesunderhaltung und zur Krankheitsbewältigung erbracht werden. Sie beruht auf der praktischen Erfahrung der Bevölkerung (und nicht auf spezieller Ausbildung) und wird unentgeltlich und informell (d.h. in der Regel ohne feste Organisationsformen) in der Familie, am Arbeitsplatz, im Freundeskreis, in der Nachbarschaftshilfe und in Selbsthilfegruppen erbracht" (Grunow 1986).

Die wohl bekannteste und erste Selbsthilfe-Initiative im heutigen Sinn sind die „Anonymen Alkoholiker" (AA). Als Gründungsjahr dieser psychologisch/therapeutischen Gruppe wird das Jahr 1935 angegeben. Hier trafen sich die beiden alkoholabhängigen Amerikaner, der Börsenmakler William Griffith Wilson und der Chirurg Dr. Robert Holbrook Smith, und entdeckten bei ihren gemeinsamen problemzentrierten Gesprächen das hohe therapeutische Potential dieser Gespräche. Hieraus entstand schließlich die sehr erfolgreiche Bewegung der „Anonymen Alkoholiker" (Moeller 1978, 54).

Andere Problemgruppen aus dem psychiatrischen Sektor wie „Emotions Anonymous" (EA)-Selbsthilfegruppe für seelische Gesundheit, „Narcotics Anonymous" oder die „Overeater Anonymous" folgten. 1975 wurde in Gießen die „Deutsche Arbeitsgemeinschaft Selbsthilfegruppen" gegründet, ein Zusammenschluss therapeutisch orientierter Gruppen und Experten.

Die Bedeutung der Gruppe als Realitäts-, Verständnis-, Hilfs- oder Kontrollinstanz wird hier jeweils in ihrer Relevanz zur Selbstheilung gesehen (Deimel 1984). Diese Gruppen unterscheiden sich wesentlich von jener Situation, in der die „Motivation" zur Mitarbeit an der eigenen Krankheitsbewältigung von einer direktiven Aufforderung des Gesundheitsexperten (in der Regel des Arztes) erfolgt, der Patient (Laie) dann aber weitgehendst alleine gelassen wird. Beim größten Teil der Selbsthilfegruppen erwächst die Hilfe aus dem Gespräch und der Freiwilligkeit Gleichbetroffener ohne Druck eines „mächtigen" Experten. Deshalb ist es auch nicht verwunderlich, dass gerade in der sozialpsychiatrischen und „gemeindenah" ausgerichteten Psychiatrie die Selbsthilfegruppen einen zunehmend gesicherten Platz in der ambulanten Nachsorge einnehmen.

Zeichnete sich für die Gesamtheit der Selbsthilfebewegung ein sehr buntes Bild ab, so lassen sich die Beweggründe, die zur Bildung von Gesundheitsselbsthilfegruppen führen, im wesentlichen auf drei Punkte fokussieren. An ihnen lässt sich zudem die derzeit herrschende Kritik an unserem Gesundheitswesen ablesen:
1. Defizitthese
2. Überversorgungsthese
3. Wandel der Bedürfnissituation.

Kursorisch sollen diese drei Thesen im nachfolgenden erläutert werden.

20.2.1 Defizitthese

Vernachlässigung des psychosozialen Bereiches

Hier wir von Mängeln im Gesundheitswesen ausgegangen, unter denen vor allem chronisch Kranke (z.B. Herzinfarkt-, Krebs-, Rheumapatienten, psychisch Kranke) und Behinderte zu leiden haben. Dabei wird herausgestellt, „dass wesentliche Erwartungen der Bürger in die medizinischen und sozialen Dienstleistungen nicht erfüllt werden können, weil deren Organisation einer bedarfsadäquaten Versorgung entgegensteht" (Badura et al. 1981, 4 u. 12 f.). Diese strukturellen Mängel werden besonders deutlich in der fehlenden Integration kurativer und rehabilitativer Dienste, der scharfen Trennung zwischen ambulanter und stationärer Versorgung sowie dem Fehlen einer organisatorischen Verbindung und persönlicher Kontakte zwischen medizinischen und sozialen Institutionen. Dieser Umstand wird um so gravierender, wenn man bedenkt, dass die steigende allgemeine Lebenserwartung zusammen mit dem medizinischen Fortschritt zu dem o.g. „Panoramawandel" der Erkrankungen führt, d.h. in den kommenden Jahren gerade die chronisch Kranken zusammen mit den „Alten" die „neuen" Behinderten ausmachen werden.

Neben organisatorischen werden aber auch therapeutische Mängel des professionellen Systems herangezogen. Da die heutige Medizin eindeutig die naturwissenschaftlich/technischen Leistungen favorisiert, wird die seelische und psychosomatische Dimension der Erkrankung vernachlässigt. Zum Ausdruck kommt dieses u.a. im Mangel an psychosomatischen Abteilungen oder auch in dem Ruf nach der Schaffung eines Lehrstuhls für „Psychoonkologie" (z.B. auf dem psychosozialen Krebskongreß in Heidelberg 1989). Der Patient wird zu sehr funktional gesehen, Distanz und Unpersönlichkeit sind die Folgen im Arzt-Patient-Verhältnis (vgl. Moeller 1981, 16 u. 225).

Das Bestreben der Gesundheits-Selbsthilfe-Zusammenschlüsse zielt nun darauf ab, dieses Defizit der „menschlichen Patientenversorgung" zu schließen.

20.2.2 Überversorgungsthese
Protest gegen Übermedikalisierung und Apparate-Medizin

Diese These orientiert sich im wesentlichen an den Aussagen des Medizin-Kritikers Illich (z.B. 1981, 261). Hier wird davon ausgegangen, dass das derzeitige Gesundheitssystem zu einer Übermedikalisierung unseres Lebens führt. Die Ursachen sind in den praktizierten Therapieformen mit ihrer hohen Medikamenten- und Geräteabhängigkeit zu finden, was schließlich darin endet, dass jedes Mehr an Ärzten auch zu einem Mehr an Krankheiten respektive Patienten führt.

Eine weitere Folge der wachsenden Experten- und Medizingläubigkeit führt zu einer Entmündigung des Patienten. Dies verwehrt „dem Menschen sein Menschenrecht auf Leben und Selbstheilung und verspricht statt dessen noch mehr aufwändige soziale Ansprüche auf Betreuung durch den Experten" (Illich, ebenda).

Dass hierdurch und vor allem durch die immer höhere Spezialisierung des Arztberufes die ohnehin schon leidlich bekannte Asymmetrie im Arzt-Patient-Verhältnis nicht abgebaut, sondern eher noch gefestigt wird, versteht sich von selbst. Hinzu kommt, dass sich die Sozialisation zum Arzt nach wie vor überwiegend in Universitätskliniken und Akutkrankenhäusern vollzieht. Rehabilitationskliniken mit ihren überwiegend chronisch Kranken und Behinderten werden nur gelegentlich tangiert. Damit wird der junge Arzt weiterhin nur in bescheidenem Maße mit den psychosozialen Auswirkungen dieser immer mehr auf uns zukommenden Krankheitsbilder konfrontiert.

20.2.3 Wandel der Bedürfniskonstellation
Berücksichtigung des „ganzen" Menschen in seinem sozialen Umfeld

Obgleich die Bundesrepublik besonders stolz auf ihr bis in die 70er Jahre geflochtenes „Netz" der sozialen Sicherheit ist, entwickelte sich gerade in diesen Jahren ein erhöhtes Misstrauen gegenüber den anonymen sozialstaatlichen Dienstleistungen wie auch gegenüber der Effizienz der inzwischen hochtechnisierten Medizin.

Die Grenzen kurativer Medizin werden besonders bei dem sich verändernden o.a. Krankheitsspektrum deutlich, wo es in besonderem Maße um die Bewältigung der eingetretenen Krankheit – etwa einer Krebserkrankung – geht. Dabei wurde klar, dass die professionelle Hilfe dem inzwischen geforderten hohen Betreuungsbedarf bei weitem nicht entspricht.

Andererseits wurden die Patienten, zum Leidwesen vieler Professioneller, „mündiger", d.h., es wird mehr Transparenz für oder bei ihrer Therapie verlangt. Zudem werden viele Patienten durch die Länge der Erkrankung/Behinderung zu „Experten" ihrer Krankheit/Behinderung, so dass eher ein gleichberechtigtes Arbeitsbündnis, denn ein hierarchisches Abhängigkeitsverhältnis angebracht ist (vgl. Röhrig 1989).

Schließlich bereitete – wie in anderen Lebensbereichen – die Erfolglosigkeit vielversprechender Programme den Boden für Alternativen wie Selbsthilfe, Selbstorganisation und Bürgerinitiativen. „Die Selbsthilfebewegung beansprucht ein Tätigkeitsfeld, auf dem die Institutionen der medizinischen Versorgung und die Sozialleistungsträger zu versagen scheinen oder sich nicht engagieren wollen" (Badura et al. 1981, 3).

Neben der Aufdeckung dieser strukturellen Schwächen spielt als weiterer wichtiger Aspekt das Heranziehen gesellschaftlicher Bedingungen zur ätiologischen Erklärung von Krankheiten hinein. Bei diesen Überlegungen wird von einer wesentlichen Mitbeteiligung psychischer und sozialer Faktoren bei der Entstehung und im Umfeld von Krankheiten ausgegangen. Als ein wesentlicher Inhalt dieser Aussage wird postuliert, dass, wenn gesellschaftliche Bedingungen zur Verursachung von Krankheiten beitragen, sie auch zur Bewältigung (coping) herangezogen werden können. Zudem wird der sozialen Geborgenheit und Unterstützung (social support) auch eine präventive Schutzfunktion zugesprochen.

Da die in unserer zur Kleinstfamilie sich hinentwickelnde anonyme Industriegesellschaft eigentlich der Primärgruppe Familie zukommende Schutzfunktion nur noch mangelhaft ausgebildet ist, drängen sich SH-Gruppen als alternative soziale Unterstützungssysteme in der Überlegung geradezu auf, zumal das Bedürfnis nach Geborgenheit ja gerade in belastenden Lebensumständen und Krisensituationen besonders deutlich wird.

20.2.4 Organisation
Entwicklung von Selbsthilfegruppen

Die Entstehungsgeschichte und weitere Entwicklung der SH-Gruppen verläuft häufig vom Zusammenfinden einiger Gleichbetroffener über die Gruppenbildung, den Zusammenschluss (Vernetzung) gleicher Gruppen bis zur Selbsthilfeorganisation. Eine Weiterentwicklung zu Landesverbänden und einem Bundesverband ist dann nur noch eine Frage der Zeit.

Stehen zunächst noch die ganz persönliche Betroffenheit und der Wunsch nach einer Veränderung der eigenen Lebensweise im Vordergrund, so kommt bei wachsender Organisationsform der Wunsch nach einer Veränderung sozialer Missstände im Außenfeld und der Gesellschaft überhaupt auf. Dies erfordert eine straffere Organisation und führt mit der Einstellung hauptamtlicher Mitarbeiter zwangsweise zu einem Prozess der Professionalisierung und Bürokratisierung.

Eine Professionalisierung in Selbsthilfeorganisationen erwächst ja gerade bei den „erfolgreichen" Gruppen, die eine zunehmende Mitgliederzahl zu verzeichnen haben (vgl. Behr 1979, 25). Die „Gefahr", die ihnen daraus erwächst, besteht letztlich in der Transformationsgesetzlichkeit (Konvergenzphänomen). Dies bedeutet die „sozialgesetzliche Tendenz zur Anpassung an die Einstellung und Verhaltensweisen von Personen und (damit) Institutionen an die dominierenden Systeme" (Thiemeyer 1981, 215). Dieses dürfte sich nicht nur auf die ökonomische und marktwirtschaftliche Seite beziehen – etwa durch eine finanzielle Förderung über die öffentlichen Haushalte und der damit notwendigen Einhaltung haushaltsrechtlicher Bestimmungen –, sondern auch auf die inneren Machtstrukturen der Organisationen, die sich durch die Hinzunahme von Hauptamtlichen und Experten ergeben, obgleich ja gerade solchen Tendenzen durch eine alternative Bewegung begegnet werden sollte.

Im Rückblick lassen sich nach Trojan et al. (1987, 23) „grob drei „Generationen" von Selbsthilfeorganisationen unterscheiden:
– eine erste Generation, entstanden vor 1960: vor allem der Deutsche Blindenverband, die Deutsche Gesellschaft für Hör-Sprach-Geschädigte (ein Dachverband), die Multiple-Sklerose-Gesellschaft, einige Alkoholiker-Verbände, die Bundesvereinigung Lebenshilfe für geistig Behinderte, der Bundesverband für spastisch Gelähmte und andere Körperbehinderte, Freundeskreis Camphill, Sozialhilfe-Selbsthilfe Körperbehinderte Krautheim sowie die Deutsche Hämophilie Gesellschaft
– eine zweite Generation, entstanden 1960 bis ca. 1970: hierbei handelt es sich fast ausschließlich um Elternzusammenschlüsse (ca. 10)
– eine dritte Generation, entstanden nach 1970: hierbei handelt es sich fast ausschließlich um Zusammenschlüsse von chronisch Kranken bzw. Operierten (ca. 10–15).

Aus diesem sehr heterogenen Bild von SH-Organisationen wird deutlich, dass sich unter dem Begriff „Selbsthilfe" sowohl Betroffene, Angehörige als auch andere Nichtbetroffene, Laien, Experten sowie Träger professioneller Dienste und Einrichtungen subsumieren lassen. Schließlich muss noch erwähnt werden, dass sich aus diesen Gruppierungen wiederum Verbindungen und „Vernetzungen" sowohl in vertikaler und horizontaler als auch regionaler und überregionaler Richtungen ermöglichen und je nach Problemlage aktivieren lassen.

20.3 Behindertenselbsthilfe

Das breite Spektrum der Behinderungsarten und deren unterschiedlichen Entstehungsursachen und Erscheinungsformen führen dazu, dass es – wie beim „Internationalen Jahr der Behinderten 1981" deutlich wurde – weder eine integrierte „Behindertenbewegung" noch eine gemeinsame „Behindertenlobby" gibt. Um so deutlicher melden sich jedoch die etablierten Behindertenverbände zu Wort (z.B. Reichsbund, VdK, etc.) und machen ihren Einfluss auch in der Sozialgesetzgebung geltend. Hieraus erwächst bei anderen Behinderten Unmut, ebenso wie über die staatliche Sozialpolitik, insbesondere deren starren und mitunter undurchsichtigen Verwaltungsvorschriften (vgl. Breeger 1979, 210; Breuer 1982, 301). Hinzu kommt auch hier eine wachsende kritischere Einstellung gegenüber dem Arzt-Patient-Verhältnis bzw. der Behinderten-Betreuer-Abhängigkeit.

Unter diesen Gesichtspunkten ist die Entwicklung der Selbsthilfegruppen in den 70er und 80er Jahren zu sehen, wobei die Trennung zwischen „Gesundheitsselbsthilfe" und „Behindertenselbsthilfe" eher künstlich und wenig ergiebig ist. Schätzungen gehen von 6-10 000 Gruppen im Selbsthilfe-Aktionsbereich „Gesundheit" aus (Vilmar und Runge 1986, 31). Damit stellt der Gesundheits/Behindertenbereich einen der größten Teilbereiche innerhalb der Selbsthilfe dar.

Die große Vielfalt und Komplexität der Schadensbilder erfordert allerdings eine differenzierte Betrachtungsweise. Fast allen gemein, ob Querschnittgelähmten, Hirntraumatikern oder Herzinfarktpatienten, ist, dass die meisten von ihnen ihr primäres Überleben einer ärztlichen Intervention mit häufig hohem technischem und medikamentösem Aufwand verdanken. Ein großer Teil fühlt sich dann mit den psychosozialen Folgen allerdings allein gelassen bzw. in eine Abhängigkeit manövriert, die bis zur physischen und psychischen Entmündigung führen kann. Dies hängt vom Grad der Erkrankung bzw. Behinderung, vom jeweiligen Lebenszusammenhang (Alter, Beruf, etc.), überwiegend aber vom Grad der gesellschaftlichen Isolation bzw. dem Ausmaß des Stigmatisierungsprozesses als Folge der Erkrankung/Behinderung ab (vgl. Schaft 1981, 289).

Aus diesen Überlegungen heraus sind die Gründungen von Behindertenverbänden und Elternvereinigungen zu verstehen. Mit ihnen sollte den gesellschaftlichen Ausgliederungen und der Diskriminierung ihrer Mitglieder oder Kinder begegnet werden und auch um die Rechte und finanziellen Hilfen gekämpft werden. Eine wachsende Mitgliederzahl machte schließlich eine professionelle Verwaltung mit einhergehendem „Bürokratismus" notwendig. Damit kommt jedoch die zuvor genannte Konvergenztheorie zum Tragen. Um möglichst viel vom „Sozialkuchen" und anderen Vergünstigungen zu erhalten, wird ein Wohlverhalten und Anpassung erwartet. „Die Unabhängigkeit ist verloren, das eigene Selbstverständnis ist hin, die Einrichtung nimmt den Charakter einer amtlichen Behörde an" (Klee 1980, 244).

Etwas sarkastisch stellt der für die Behindertenbelange sich engagierende Sozialpädagoge und Journalist Klee hierzu fest: „Die Aktivitäten der Mitglieder sinken, und die Aktivitäten der Vorstandsmitglieder steigen" (S. 223), und an anderer Stelle: „Sie hüten ihre Privilegien. Sie waren erstarrte, bürokratisierte Kriegsopferlobbyisten" (S. 225).

Erschrecken muss auch die Konkurrenzsituation einzelner Verbände. Nachdenklich stimmen in diesem Zusammenhang die Überlegungen von Radtke (1987), der die Behindertenverbände und die Behindertenbewegung, obwohl vom gleichen Ursprung ausgehend, mit zwei „verfeindeten Brüdern" vergleicht. Nach einer Analyse der Vor- und Nachteile beider beschreibt er aus der Sicht des Selbstbetroffenen die Behindertenbewegung als „das Sprachrohr der Wünsche, die Behindertenverbände (als) das Sprachrohr der Bedürfnisse von Behinderten".

Die Gründung zahlreicher Behindertenclubs, Selbsthilfegruppen, aber auch die Schaffung alternativer Arbeitsmöglichkeiten, entsprang den Emanzipationsbestrebungen der 70er Jahre. Die Bedeutung dieser Aktivitäten liegen auch hier sowohl im individuellen wie im gesellschaftlichen Rahmen. „Es ist ein Versuch einer Befreiung aus den selbst- und fremdgeschaffenen Ghettos der Isolation, des Selbsthasses und der Enteignung" (Timmer 1983, 178). Zunächst bietet die Gruppe einen Schutzraum für den Einzelnen zur Entwicklung eines neuen Selbstverständnisses. Ihm wird ein Maß an Geborgenheit, Echtheit und Offenheit zuteil, das ihm bisher gefehlt hat. In der relativ konkurrenzfreien Situation unter Gleichbetroffenen hat der Behinderte die Chance, sich seiner seitherigen Anpassungsmechanismen bewusst zu werden, sein Verhalten und die von ihm nicht zu erreichenden, aber doch internalisierten Normen der Nichtbehinderten selbst in Frage zu stellen. „Das Gefühl, als ganzer Mensch anerkannt und nicht nach fremden Leistungsmaßstäben beurteilt zu werden, gibt ihm ein Stück Hoffnung zurück, eine Voraussetzung jeder Selbstheilung" (Timmer 1983, 180). In psychoanalytischem Sinne handelt es sich bei diesen Prozessen um Konfliktarbeit, die der Behinderte leisten muss.

Deutlich wird dieses neue Selbstverständnis durch das Vorleben alternativer Lebensweisen im Wohn- und Arbeitsbereich. Wohngemeinschaften und Kommunen, die Gründung eigener kleiner Betriebe und Werkstätten sind äußeres Zeichen hierfür. Ebenso gehören hierzu Aktionen von Rollstuhlfahrern eines Frankfurter Volkshochschulkurses von 1974 (Straßenblockade, Klebeaktionen, öffentliches Rollstuhltraining, etc.) (Klee 1976). Hiermit wollen Gruppen Mängel der Gesellschaft aufdecken.

Andererseits werden auch die Grenzen der Selbsthilfegruppen Behinderter sichtbar. Sie liegen in der schwierigen Abschätzung der Annahme eines adäquaten Fremdhilfeangebotes, da das vorhandene oder noch nicht geweckte Selbsthilfepotential schwer einzuordnen ist. Zum anderen sind sie nicht selten einer „Überfrachtung mit Aufgaben der Politik und Verwaltung" ausgeliefert (Breuer 1982, 315). Und schließlich lässt sich Selbsthilfe nicht wie ein Medikament verordnen.

Fasst man die Gründe für den Eintritt und den Verbleib in einer Selbsthilfegruppe nochmals zusammen, so ergeben sich in Anlehnung an Trojan et al. (1987, 29) im wesentlichen folgende Punkte:
– Geborgenheit in der Gruppe finden
– Einstellung zu seiner Krankheit positiv verändern
– die Interessen aller Betroffenen nach außen vertreten
– die Einstellung derjenigen beeinflussen, die mit der Krankheit/Behinderung beruflich zu tun haben
– Kontakte zu engagierten Experten knüpfen

20.3.1 Selbsthilfe und Experten
Laiensystem – Professionelles System
Die immer wieder gestellte Frage nach der Hinzuziehung oder Ausschließung von Experten, also professionell Tätigen (z.B. Ärzten, Psychologen, Seelsorgern, Sozialarbeitern) ruft bei einigen Gruppen geradezu ideologischen Disput herauf. Während etwa Frauen- und Selbsterfahrungsgruppen die Beratung oder Einbeziehung meist rigoros ablehnen, ist die Bereitschaft zur Zusammenarbeit bei den gesundheitsorientierten Gruppen als groß anzusehen. Auch umgekehrt findet man bei den Professionellen „das ganze Spektrum von Ablehnung, abwartender Skepsis, Kooperationsbereitschaft bis hin zu Versuchen der Angliederung" (Behrendt et al. 1981, 93).

Das Interesse der Ärzte scheint sich nach eigenen Erfahrungen nur recht langsam wecken zu lassen. So waren von 100 Besuchern eines Seminars über Gesundheitsselbsthilfegruppen auf der Medica 1983 in Düsseldorf (eine der großen ärztlichen Fortbildungsveranstaltungen) nur fünf Ärzte anwesend. Auch die häufig wenig auf den Laien eingehenden Fachreferate bei Gruppenveranstaltungen deuten noch auf ein Missverhältnis hin. Wenn engagierte Ärzte immer wieder auch auf den eigenen Erfahrungsgewinn, den sie bei Gruppen erfahren, hinweisen, zeigte eine neuere Untersuchung des „Verbandes der niedergelassenen Ärzte Deutschlands" (NAV), dass lediglich knapp 20 % der 200 befragten Ärzte Kontakte mit SH-Gruppen hatten (Röhrig 1989, 10). Hier hofft man allerdings auf eine ständige Verstärkung des Dialogs und die Erkenntnis, dass Selbsthilfegruppen die ärztliche Arbeit nicht ersetzen können, jedoch ergänzen und erleichtern können. Zudem hat der 89. Deutsche Ärztetag 1986 in Hannover ausdrücklich in seinem „Blauen Papier" auf die wünschenswerte Zusammenarbeit von Ärzten und SH-Gruppen hingewiesen.

Zusammenfassend lässt sich feststellen, dass im Gesundheitsbereich „Laienhandeln einerseits und professionelle Hilfen andererseits je für sich recht eigenständige Handlungs- und Leistungsdomänen aufweisen" (Grunow 1986, 212). Damit wird auch klar, dass kaum eine Substitution zwischen Selbsthilfe und professioneller Hilfe möglich ist, beide sich also eher ergänzen als in Konkurrenz zueinander treten.

21.0 Finanzierung

Rolf Gennrich
Thomas Klie
Axel Stemshorn
Martina Wiese

Das Spektrum der möglichen Wohnformen in der Alten- und Behindertenhilfe hat sich im Laufe der letzten 20 Jahre, langsam aber stetig, spürbar gewandelt. Ein möglicher Gradmesser für diese Entwicklung ist die „Nomenklatur der Altenhilfe" des Deutschen Vereins für öffentliche und private Fürsorge.

In dieser Schrift werden die Betreuungs- und Hilfeangebote in der Altenhilfe definiert, die in der derzeitigen fachlichen Diskussion von Bedeutung sind. Wurden 1970 bei der ersten Auflage lediglich fünf Einrichtungstypen, nämlich:
Altenwohnung,
Altenwohnheim,
Altenkrankenheim/Altenpflegeheim
mehrgliedrige Einrichtungen
unterschieden, so sind in der jetzt 2. (völlig überarbeiteten Auflage) insgesamt 43 Begriffe zu finden.

Hinzugekommen sind u.a. das Altenwohnstift, das Betreute Wohnen, die Hospizbewegung, die Rehabilitationseinrichtung, Sozialstationen, Tagespflege, Wohngemeinschaften und der Begriff der Wohnungshilfen/Wohnungsanpassung. Mit der Vergrößerung der Angebotspalette sind auch die Fragen der Finanzierung komplexer und vielschichtiger geworden. Bauwillige Träger müssen neben den in den einzelnen Bundesländern höchst unterschiedlichen Förderrichtlinien und Abschreibungsregelungen schon in der Planungs- und Errichtungsphase ihr Wohn- und Betreuungskonzept im Rahmen von Pflegesatzverhandlungen mit dem oder den Kostenträger(n) abstimmen, insbesondere dann, wenn es sich um Angebote handelt, die neue Bereiche erschließen oder aber verschiedene traditionelle Angebote integrieren. Welche Wohnform letztendlich die geeignete ist, sollte insbesondere davon abhängig gemacht werden, welche Hilfen der ältere oder behinderte Mensch zum Erhalt seiner Selbstständigkeit und Kompetenz tatsächlich benötigt. Unter Berücksichtigung seiner biographischen Entwicklung und der Prüfung der ihm zur Verfügung stehenden informellen und familialen Netze sollten die Instrumente der Prävention und Rehabilitation ausgeschöpft sein, bevor eine langfristige stationäre Pflege in Betracht gezogen wird.

Das Gesundheitsreformgesetz von 1989 (SGB V), dessen Regelungen erst 1992 vollständig in Kraft getreten sind, eröffnete hier, zu den im weiteren Verlauf noch erörterten Bestimmungen des BSHG's, zusätzliche Leistungen und Maßnahmen zur Förderung der Gesundheit und zur Verhütung von Krankheiten (§§ 20). Insbesondere die §§ 37, 38 (Häusliche Krankenpflege, Haushaltshilfe) und die §§ 53-57 (Leistungen bei Schwerpflegebedürftigkeit) sind für die ambulante Pflege, aber auch für die Einrichtungen der Kurzzeitpflege von Bedeutung.

Neben diesen Sach- und Geldleistungen gibt das SGB V den Krankenkassen die Möglichkeit, neue Leistungen, Maßnahmen und Vorhaben zu entwickeln, um die gesetzliche Krankenversicherung weiterzuentwickeln (§§ 63-67). Durch den Abschluss von so genannten Versorgungsverträgen mit Rehabilitationseinrichtungen (§ 111) bringen sich die Krankenkassen zunehmend in den Bereich der teilstationären und rehabilitativen Hilfen auch in Zusammenarbeit mit Pflegeeinrichtungen ein. So werden mit stationären und teilstationären Altenhilfeeinrichtungen Versorgungsverträge mit dem Ziel einer Vermeidung von Krankenhauspflege oder dem Schwerpunkt Krankenhausnachsorge geschlossen, so daß hier neben dem öffentlichen Kostenträger die Krankenversicherung ein möglicher Ansprechpartner für einzelne Pflegeeinrichtungen sein kann.

Der Deutsche Bundestag hat am 22.4.1994 das Gesetz zur sozialen Absicherung des Risikos der Pflegebedürftigkeit (Pflege-Versicherungsgesetz – PflegeVG) verabschiedet: Der Bundesrat hat ihm am 29.4.1994 zugestimmt. Es trägt das Datum vom 26.5.1994 und ist im Bundesgesetzblatt Teil I vom 28.5.1994, Seite 1014ff. veröffentlicht.

Das Gesetz tritt in wesentlichen Teilen – insbesondere hinsichtlich seiner beitragsrechtlichen Bestimmungen – am 1.1.1995 in Kraft. Die Leistungen der Pflegeversicherung werden hingegen in zwei Stufen eingeführt und zwar die bei häuslicher Pflege ab 1.4.1995 und die bei stationärer Pflege ab 1.7.1996.

Das Sozialgesetzbuch (SGBii) wurde durch das Pflege-Versicherungsgesetz erweitert. Leistungsansprüche haben alle Personen, die pflegebedürftig sind. Menschen, die wegen einer körperlichen, geistigen oder seelischen Krankheit oder Behinderung regelmäßig Hilfen in ihrem Alltag benötigen, gelten als pflegebedürftig.

Das Pflege-Versicherungsgesetz unterscheidet drei Pflegestufen:
Pflegestufe I: erheblich pflegebedürftig
Pflegestufe II: schwerpflegebedürftig
Pflegestufe III: schwerstpflegebedürftig.

Zur Ermittlung der Pflegestufe prüft z.B. die AOK in Zusammenarbeit mit dem medizinischen Dienst, ob Pflegebedürftigkeit gegeben ist.

Bei der Pflegestufe I müssen täglich mindestens 45 Minuten für die Körperpflege, Beweglichkeit/Mobilität und Ernährung aufgewendet werden, für die hauswirtschaftliche Versorgung durchschnittlich täglich mindestens 45 Minuten.

Bei der Pflegestufe II sind täglich mindestens 2 Stunden für die Körperpflege, Beweglichkeit/Mobilität und für die Ernährung aufzuwenden. Für die hauswirtschaftliche Versorgung sind dies täglich mindestens 1 Stunde.

Und bei der Pflegestufe III sind täglich mindestens 4 Stunden für die Körperpflege, Beweglichkeit/Mobilität und für die Ernährung aufzuwenden. Für die hauswirtschaftliche Versorgung ist täglich mindestens 1 Stunde aufzubringen.

Im Hinblick auf die häusliche Pflegehilfe (Pflegesachleistung) erhalten Menschen, die in ihrer häuslichen Umgebung gepflegt werden Grundpflege und Unterstützung bei der hauswirtschaftlichen Versorgung durch geeignete Pflegekräfte.

In der Pflegestufe I sind dies 750 DM monatlich,

in der Pflegestufe II sind es 1800 DM monatlich und

in der Pflegestufe III sind es 2800 DM monatlich,

in besonderen Härtefällen sogar 3750 DM monatlich.

Wenn Personen ihre pflegerische Versorgung selbst sichern wollen, können sie anstelle der häuslichen Pflegehilfe ein monatliches Pflegegeld beantragen. Dies sind bei Pflegestufe I 400 DM, bei Pflegestufe II 800 DM und bei Pflegestufe III 1300 DM. Diese Sätze gelten auch für die Pflegevertretung im Urlaubsfall.

Bei der Tagespflege und Nachtpflege sind 750 DM, 1500 DM bzw. 2100 DM für die Pflegestufe I bis III aufzuwenden. Die vollstationäre Pflege sieht eine monatliche Kostenbeteiligung von 2000 DM, 2500 DM und 2800 DM je nach Pflegestufe vor.

Bevor im Einzelnen auf die Richtlinien zur Förderung des Wohnens alternder und behinderter Menschen eingegangen wird, sollen nachfolgend die rechtlichen und finanziellen Aspekte für den Bereich der stationären Pflege in ihren wesentlichen Grundzügen beschrieben werden.

21.1 Rechtliche und finanzielle Aspekte des Wohnens in stationären Einrichtungen

Nach einer Untersuchung der Universität Trier (Krug und Reh, 1992) lebten im Gebiet der alten Bundesländer zum Jahresende 1988 insgesamt 361 489 pflegebedürftige Menschen in stationären Einrichtungen der Alten- und Behindertenhilfe. Von diesen erhielten 243 463 Bewohner Leistungen nach § 68 BSHG bzw. § 27 c BVG. Dies entsprach einem Anteil von 67 % der in den Heimen lebenden Menschen. Die Bewohner verteilten sich auf insgesamt 5475 Einrichtungen unterschiedlicher Trägerschaften. Die ca. 140 000 Bewohner/innen der stationären Einrichtungen in Brandenburg, Ost-Berlin, Mecklenburg-Vorpommern, Sachsen, Sachsen-Anhalt und Thüringen sind im Gegensatz dazu fast zu 100 % auf ergänzende Sozialhilfe angewiesen.

So kann das BSHG im Zusammenhang mit den nachfolgend erläuterten Rechtsbeziehungen zum Sozialgesetzbuch I zu Recht als die wichtigste Finanzierungsgrundlage für die Gewährung von Hilfen in stationären Einrichtungen bezeichnet werden. Dass auch die Leistungen an die Personen, die ohne diese Unterstützung auskommen, den so genannten Selbstzahlern, über diese Abhängigkeit direkt beeinflusst und bestimmt werden, ist darin begründet, dass nach dem Heimgesetz der Selbstzahler nicht bessergestellt werden darf als der ebenfalls in dieser Einrichtung lebende Empfänger von Leistungen nach dem BSHG bzw. BVG.

21.2 Heimgesetz

Auf dem Hintergrund der vorgenannten Normen und Verträge schließt der Heimbewohner mit dem Träger der Einrichtung einen Heimvertrag, dessen Inhalt und Form wesentlich durch die Bestimmungen des Heimgesetzes beeinflußt werden. Aus diesem Heimvertrag resultieren die unterschiedlichen Verpflichtungen in Bezug auf Leistung und Entgelt zwischen den beiden Vertragsparteien, Heimbewohner und Heimträger, im Rahmen des Privatrechtes. Der Heimvertrag regelt beispielsweise:
– die Höhe der täglichen Heimkosten
– Verhalten bei Kostenerhöhung und Kostenminderung
– die vertraglich abzuleitenden Leistungsansprüche
– Leistungsänderungen, insbesondere beim Eintritt von Pflegebedürftigkeit.

Das Heimgesetz versteht sich insbesondere als ein Schutzgesetz mit dem Ziel, die Interessen und Bedürfnisse der Bewohner vor Beeinträchtigungen zu schützen (§ 2 Abs. 1 HeimG).

(§ 1) (1) Zweck des Gesetzes ist es,
1. „die Interessen und Bedürfnisse der Heimbewohner und der Bewerber für die Aufnahme in ein Heim vor Beeinträchtigungen zu schützen, insbesondere die Selbstständigkeit und Selbstverantwortung der Bewohner im Heim zu wahren", (in Gitter und Schmidt 1991)

In Bezug auf die Qualität der Versorgung und Betreuung ist es für die stationäre Altenhilfe symptomatisch, dass hier schon durch die gewählte Formulierung impliziert wird, dass alleine durch die Aufnahme in ein Heim psychische und physische Beeinträchtigungen eintreten können und dieses Gesetz es sich deshalb zur Aufgabe macht, den (älteren oder/und behinderten) Bewohner davor zu schützen. Es regelt allerdings im weiteren Verlauf nicht die erforderlichen personellen Voraussetzungen für den Bereich der Betreuung und Pflege, um die Ziele der nachfolgend beschriebenen Versorgung auch zu gewährleisten. Im Bereich der baulichen Ausstattung und der verwaltungstechnischen Organisation stellt sich die Situation anders dar[1]. In dem Kommentar zum § 1 Abs. 1 HeimG sind die zu schützenden Interessen und Bedürfnisse von Gitter und Schmid folgendermaßen näher beschrieben:

„Unter Interessen sind dabei sowohl materielle als auch immaterielle Interessen zu verstehen. Hierzu gehören unter anderem die Dauerhaftigkeit der Aufnahme und die Möglichkeit einer freien Gestaltung des Lebens im Rahmen der Heimbedingungen und deren Mitgestaltung (Dahlem/Giese S. 2 Rdn. 4) oder die ordnungsgemäße Erfüllung des Heimvertrages. Bedürfnisse sind außer den Grundbedürfnissen des Lebens wie Essen, Trinken und Wohnen insbesondere die medizinische Betreuung, die Möglichkeit zu einer gewünschten Betätigung und die Anregung zu geistigen und körperlichen Aktivitäten im Rahmen der vorhandenen Kräfte." (aaO, 17. Erg. Heimgesetz, 5)

An anderer Stelle heißt es weiter:
„Ob die Interessen und Bedürfnisse der Heimbewohner oder Bewerber verletzt sind, ist nicht im Hinblick auf den einzelnen Bewohner oder Bewerber der Einrichtung festzustellen, sondern im Hinblick auf die Mehrheit der Betroffenen.

Um eine Beeinträchtigung von Interessen und Bedürfnissen zu verhindern, trifft das Heimgesetz eine Vielzahl von Regelungen." (aaO; 17. Erg. Heimgesetz, 5)

Besonders interessant in Hinblick auf die Problemstellung einer angemessenen Personalbedarfsermittlung ist der Kommentar zu der neu aufgenommenen Formulierung zur Selbstständigkeit. Hier heißt es:

„Der zusätzliche Hinweis auf die Wahrung der Selbstständigkeit und Selbstverantwortung der Bewohner im Heim in Abs. 1 Nr. 1 ist deshalb von besonderer Bedeutung, weil eine Reihe von Heimen ihre Funktion noch immer vorwiegend in der Bewahrung

---

[1] Ob allerdings die Heimmindestbauverordnung ein Garant für eine gute Wohnqualität auch bei Pflegebedürftigkeit ist, darf bezweifelt werden. An dieser Stelle soll nur auf die umfangreichen Veröffentlichungen des Kuratoriums Deutsche Altershilfe verwiesen werden, die hier Standards definieren, die z.T. weit über den Richtwerten dieser Verordnung liegen. Doch verhinderte eine solche Mindestverordnung zumindest ein Abrutschen auf absoluten Minimalstandard.

alter oder behinderter Menschen sehen. Diese vom reinen Versorgungsdenken geprägte Aufgabenstellung eines Heims ist jedoch zu eng und wird den heutigen Vorstellungen über eine sachgerechte Unterbringung des Mitbürgers in einem Heim nicht mehr gerecht. Gerade die Entfaltung seiner Persönlichkeit im Rahmen seiner körperlichen und geistigen Fähigkeiten und die Aktivierung noch vorhandener Kräfte bedingen wesentlich das Wohl und die Zufriedenheit eines Heimbewohners (vgl. BT-Drucks. 11/5120)." (in Gitter und Schmidt, 1991; 17. Erg. Heimgesetz, 5)

Werden jetzt aus den vorgenannten Ausführungen Kriterien für eine angemessene Personalbesetzung in der stationären Altenhilfe abgeleitet, ergeben sich auf der Grundlage des Heimgesetzes folgende Anforderungen:
Die Einrichtung muß in der Lage sein:
– die Möglichkeit einer freien Gestaltung des Lebens im Rahmen der Heimbedingungen und deren Mitgestaltung zu ermöglichen
– die ordnungsgemäße Erfüllung des Heimvertrages zu gewährleisten
– die Grundbedürfnisse des Lebens wie Essen, Trinken und Wohnen zu befriedigen
– die medizinische Betreuung zu sichern
– die Möglichkeit zu einer gewünschten Betätigung und die Anregung zu geistigen und körperlichen Aktivitäten im Rahmen der vorhandenen Kräfte zu bieten
– die Selbstständigkeit und Selbstverantwortung der Bewohner auch im Heim zu wahren und zu fördern.
Besonders hervorzuheben ist, daß das Wohl und die Zufriedenheit eines Heimbewohners eng mit der Entfaltung seiner Persönlichkeit im Rahmen seiner körperlichen und geistigen Fähigkeiten und der Aktivierung noch vorhandener Kräfte verknüpft wird.
Hier ist deutlich die Abkehr von einem verwahrenden und vom Disengagement geprägten Pflegeverständnis bzw. Altersbild erkennbar.
Bedauerlich ist nur, daß die derzeitige Situation zwar als nicht befriedigend geschildert wird, aber nicht auf die dafür verantwortlichen Rahmenbedingungen eingegangen bzw. reagiert wird. Der Katalog der Forderungen, die sich aus den rechtlichen Grundlagen ableiten lassen, unterstützen im Grundsatz ein von Aktivierung und Kompetenz geprägtes Pflegeverständnis. Dies kann allerdings nur umgesetzt werden, wenn auch die Einrichtungen qualitativ und quantitativ dazu in die Lage versetzt werden, diese positiven Ansätze zu unterstützen. Da im Rahmen des Heimgesetzes keine konkreten Angaben zu den erforderlichen Mitarbeiterzahlen aufgenommen sind und es keine Heim(mindest)personal-Verordnung gibt, kann die Durchsetzung der Bestimmungen und Ziele dieses Gesetzes nur in Zusammenhang mit den derzeit gültigen Vereinbarungen, die in der Regel auf der Länderebene getroffen werden, gesehen werden.

21.3 Sozialleistungsrecht
Neben dem Wohnungsförderungsgesetz, das die öffentlichen Zuschüsse für Bauvorhaben regelt, findet sich im Sozialleistungsrecht eine Vielzahl von Bestimmungen, die für die Innenausstattung von behindertengerechten Wohnungen von nicht unerheblicher Bedeutung sind. Zu nennen ist hier zunächst das Sozialgesetzbuch V, das über § 33 SGB V im Rahmen der Hilfsmittelgewährung eine behindertengerechte Ausstattung von Wohnungen unterstützt. Zahlreiche Abgrenzungsprobleme erschweren jedoch im Einzelfall die Gewährung von Hilfsmitteln. Ein- und Umbauten werden so über § 33 SGB V in aller Regel nicht finanziert, jedoch die personenbezogenen und für den persönlichen Gebrauch bestimmten Hilfsmittel.
Leistungen der Pflegekassen umfassen neben technischen Hilfsmitteln auch Wohnungsanpassungsmaßnahmen zur Verbesserung des individuellen Wohnumfeldes von Pflegebedürftigen. Hierbei handelt es sich um Zuschüsse, die je Maßnahme 5000 DM nicht übersteigen dürfen, § 40 Abs. 4 SGB XI. Die technischen Hilfsmittel, die von den Pflegekassen zu gewähren sind, sind abzugrenzen von den medizinischen Hilfsmitteln gemäß § 33 SGB V. Nur die technischen Hilfsmittel, die nicht medizinische Hilfsmittel sind, fallen in die Leistungspflicht der Pflegekassen. Die Leistungen der Pflegekassen sind an Eigenleistungen der Pflegebedürftigen gebunden: Pflegebedürftige müssen für technische Hilfsmittel 10 % Zuzahlung leisten, höchstens jedoch 50 DM je Hilfsmittel. Zuschüsse für Maßnahmen zur Verbesserung des individuellen Wohnumfeldes verlangen einen angemessenen Eigenanteil der Versicherten. Reichen die Leistungen der Pflegeversicherung nicht aus, so tritt bei einkommensschwachen Personen ergänzend der Sozialhilfeträger für die notwendigen technischen Hilfsmittel und Wohnungsanpassungsmaßnahmen gemäß 68 ff. BSHG ein.
Maßnahmen der Rentenversicherungsträger kommen im Bereich der Wohnungen für ältere Menschen nicht in Betracht und werden daher in der folgenden Auflistung nicht benannt. Bedeutsam ist für die berechtigte Personengruppe das Bundessozialhilfegesetz, das insbesondere im Rahmen der Eingliederungshilfe recht weitgehend und bedarfsorientiert, ohne abschließenden Leistungskatalog wie im Krankenkassenrecht, bauliche Anpassungs- und Umbaumaßnahmen als Leistungen des Sozialhilfeträgers vorsieht.

Im Hinblick auf ältere Personen besteht hier die Schwierigkeit, daß ihre Behinderteneigenschaft und vor allem die Zielgerichtetheit der Maßnahmen im Rahmen einer sozialen Rehabilitation angesichts verbreiteter Altersstereotypen infragegestellt wird.
In besonderer Weise offen formuliert ist § 75 BSHG, der gerade im präventiven Bereich bauliche Anpassungsmaßnahmen unterstützen hilft. Im Bereich des BSHG besteht die Problematik, daß die Sozialhilfeträger äußerst unterschiedlich gewähren und weniger von der Erwartbarkeit bestimmter Leistungen ausgegangen werden kann. Der Vollständigkeit halber werden mögliche Leistungen anderer Sozialleistungsgesetze mitbenannt, etwa das Bundesversorgungsgesetz oder auch die Beihilfevorschriften des Bundes und der Länder.

21.4 SGB V (Krankenversicherung)
§ 33 SGB V Hilfsmittel
Gemäß Hilfsmittelverzeichnis nach § 128 SGB V kommen u.a. folgende Leistungen in Betracht:
– Atrodesenstuhl
– Behindertenstuhl
– behindertengerechtes Bett
– Bettgalgen
– Katapultsitz
– Krankenlifter
– Lifter
– Rutschbett
– Stehbett/Stehbrett
– Stehübungsgeräte
– Toilettenhilfen (Haltegriffe, Stützgeräte, automatische Toilettenanlage etc.).

21.5 SGB XI (Pflegeversicherung)
§ 40 SGB XI
§ 40 SGB XI unterscheidet zwischen Pflegehilfsmitteln, Verbrauchsartikeln, technischen Hilfsmitteln und Zuschüssen für Maßnahmen des individuellen Wohnumfeldes.
Pflegehilfsmittel sind Artikel und Produkte, mit deren Hilfe die Pflege erleichtert, Beschwerden gelindert und die Pflegebedürftigkeit vermindert werden kann. Pflegehilfsmittel sind nichtmedizinische Hilfsmittel i.S. des § 33 SGB V. Zu den Pflegehilfsmitteln zur Erleichterung der Pflege gehören Pflegebetten, Pflegebettenzubehör, Bettzurichtungen, spezielle Pflegebett-Tische und Pflegeliegestühle. Zu den Pflegehilfsmitteln zur Körperpflege/Hygiene gehören Produkte zur Hygiene am häuslichen Bett (Bettpfanne, Urinflasche, Urinschiffchen usw.), Waschsysteme. Zu den Pflegehilfsmitteln zur selbstständigen Lebensführung und Unterstützung der Mobilität gehören Haus-Notruf-Systeme für den häuslichen Bereich. Zu den Pflegehilfsmitteln zur Linderung von Beschwerden gehören etwa Lagerungsrollen, ggf. kommen Hilfsmittel hin-

zu, die grundsätzlich von der Krankenkasse geleistet werden können, jedoch im Einzelfall ausscheiden, da die medizinische Indikation fehlt. So können weiterhin als Pflegehilfsmittel gewährt werden, wenn die Voraussetzungen des § 33 SGB V in der Person des Versicherten nicht vorliegen: Pflegelifter, Lagerungskeile, Schieberollstühle, Badehilfen, Toilettenhilfen, Toilettenrollstühle und Duschrollstühle.

Zu den Verbrauchsartikeln gehören saugende Bettschutzeinlagen. Für die Verbrauchsmittel ist ein monatlicher Höchstbetrag von 60 DM vorgesehen.

Die technischen Hilfsmittel sollen regelmäßig leihweise überlassen werden, und es wird von den Versicherten eine Kostenbeteiligung in Höhe von 10 %, maximal 50 DM je Hilfsmittel verlangt.

Zuschüsse für Maßnahmen zur Verbesserung des individuellen Wohnumfeldes gemäß § 40 Abs. 4 Satz 1 SGB XI werden subsidär gewährt. Zunächst sind Leistungen der gesetzlichen Unfallversicherung, § 41 SGB VII, Leistungen der Hauptfürsorgestellen für erwerbstätige Schwerbehinderte gemäß § 31 Abs. 3 Satz 1 Nr. 1d SchwbG auszuschöpfen. Leistungen der Kriegsopferfürsorge und der Sozialhilfeträger sind gegenüber denen der Pflegeversicherung subsidär. Die Maßnahmen haben das Ziel, häusliche Pflege zu ermöglichen, sie zu erleichtern oder eine möglichst selbstständige Lebensführung des Pflegebedürftigen wiederherzustellen. Zu den möglichen Leistungen gehören: Armaturen in Küche, Bad und WC, Aufzüge zur Anpassung an die Bedürfnisse eines Rollstuhlfahrers (ebenerdiger Zugang, Vergrößerung der Türen, Schalterleiste in Greifhöhe usw.), in Bad und WC Einbau und Umgestaltung, Badewanne, dort entsprechende Einstiegshilfen, Umbaumaßnahmen von Bewegungsflächen, Erneuerung und Ersatz von Bodenbelägen, Absenkung von Briefkästen, Einbau und Umbau der Dusche, Absenkung der Fenstergriffe, Neu-Installation von bedienungsleichten Heizgeräten, Ergänzung und Veränderung von Kücheneinrichtungen, Einbau neuer bedienungsleichter Lichtschalter, Strom- und Heizungsventile, Orientierungshilfen für Sehbehinderte, Reorganisation der Wohnung, Umbaumaßnahmen im Schlafzimmer, Anpassung und Umbauten in der Toilette, Treppenlifter, Rampen und Installation von Handläufen an Treppen, Umgestaltung von Türen, Abbau von Türschwellen usw.

Der Zuschuss zur Pflegekasse darf den Betrag in Höhe von 5000 DM je Maßnahme nicht übersteigen. Darüber hinaus wird ein Eigenanteil des Versicherten erwartet, der einkommensabhängig verlangt wird. Übersteigen die Kosten der Maßnahme die 5000 DM-Grenze, so wird der übrsteigende Betrag bei Ermittlung des Eigenanteils berücksichtigt.

21.6 Bundessozialhilfegesetz

1. Eingliederungshilfe gemäß § 39 ff. BSHG mit EingliederungshilfeVO sieht folgende Leistungen vor:
– § 9, Abs. 1 EingliederungshilfeVO
Blindenuhren, Gebrauchsgegenstände des täglichen Lebens, z.B. Wasch-, Küchenmaschinen, besondere Schalteinrichtungen für Elektrogeräte, besondere Haltevorrichtungen
– § 18 EingliederungshilfeVO
Beihilfen oder Darlehen, z.B. Zuschüsse zum Wohnungsbau, zum Einbau einer Rampe, eines Aufzugs oder eines Treppenlifts, zur Ausstattung der Wohnung mit Teppichboden

2. Hilfe zur Pflege gemäß §§ 68 ff. BSHG
Reichen die Leistungen der Pflegeversicherung für Pflegehilfsmittel oder Umbaumaßnahmen nicht aus, so gewährt der Sozialhilfeträger bei Vorliegen der entsprechenden leistungsrechtlichen Voraussetzungen den Restbetrag.

3. Altenhilfe gemäß § 75 BSHG
Sehr offen formuliert ist § 75 BSHG, der u.a. folgende Leistungen möglich macht:
– Umzugsbeihilfen
– altengerechte Ausstattung vorhandener Wohnungen, z.B. rutschfester Bodenbelag, Verbesserung sanitärer Einrichtungen, Einbau leichter zu bedienender Heizungsanlagen
– Vorfinanzierung behindertenspezifischer Umbaumaßnahmen vor Abklärung der endgültigen Kostenträgerschaft (Umbaufonds).

21.7 Bundesversorgungsgesetz

– Gemäß § 26 c und e BVG können im Rahmen der Kriegsopferfürsorge die in der Sozialhilfe vorgesehenen Leistungen gemäß § 68 Abs. 2 und 75 BSHG gewährt werden.
– Gemäß § 11 BVG werden im Rahmen des Bundesversorgungsgesetzes Hilfsmittel in vergleichbarem Umfang wie gemäß § 33 SGB V gewährt.

21.8 Wohngeldgesetz

Gemäß § 16 WoGG i.V.m. Nr. 16.21 ff. der WoGVwV 1995 werden die Schwerbehinderten und Pflegebedürftigen bei der Einkommensberechnung durch die Einräumung von Freibeträgen privilegiert.

21.9 Rehabilitationsangleichungsgesetz

– Gemäß § 12 Nr. 4 i. V. m. § 20 RehabilitationsangleichungsG können im Rahmen der ergänzenden Leistungen als sonstige Leistungen Unterstützungen zur Beschaffung von behindertengerechtem Wohnraum gewährt werden. Das Rehabilitationsangleichungsgesetz ist jedoch ein Koordinationsgesetz und insofern abhängig von spezialgesetzlichen Leistungsvorschriften in den Sozialleistungsgesetzen der dem Rehabilitationsangleichungsgesetz unterliegenden Rehabilitationsträger.

21.10 Beihilfevorschriften

– Gemäß § 6 BhV des Bundes werden im Rahmen der Beihilfe Hilfsmittel im vergleichbaren Umfang gemäß § 33 SGB V gewährt, wobei die Beihilfestellen nicht an den Hilfsmittelkatalog nach § 128 SGB V gebunden sind.

21.11 Finanzierung von Wohnungen und Heimen für betagte Menschen mit Hilfe öffentlicher Mittel

Die Rahmenbedingungen der Objektförderung im öffentlich geförderten sozialen Wohnungsbau sind im zweiten Wohnungsbaugesetz (II. WoBauG) verankert. Bereits das II. WoBauG weist darauf hin, daß im öffentlich geförderten Wohnungsbau gem. § 26 II Nr. 2 II. WoBauG „bauliche Maßnahmen für bestimmte soziale Gruppen vordringlich zu fördern sind". Dieser allgemeine Fördervorrang bezieht sich u.a. auf ältere Menschen. Öffentlich geförderte Wohnungen werden gem. § 25 II. WoBauG jedoch nur für einen Personenkreis bis zu einer bestimmten Einkommensgrenze geschaffen. Die Einkommensgrenzen wurden durch das Wohnungsbauförderungsgesetz vom 6.6.1994 (BGBl I S. 1184) geändert. Sie betragen jetzt für einen Ein-Personen-Haushalt 23 000 DM und für einen Zwei-Personen-Haushalt 33 400 DM, zzgl. Für jeden weiteren zur Familie rechnenden Angehörigen 8000 DM. Für Schwerbehinderte ist eine Erhöhung der Einkommensgrenzen nicht mehr vorgesehen. Statt dessen können bei Ermittlung des Einkommens je nach Grad der Behinderung 4200 DM bzw. 9000 DM als Freibeträge abgesetzt werden.

Die Ausgestaltung und Umsetzung des öffentlich geförderten Wohnungsbaues erfolgt im Rahmen der Wohnungsbauprogramme und der Wohnungsbauförderungsbestimmungen der einzelnen Bundesländer.

In den meisten Bundesländern ist die Förderung von Wohnungen für Senioren integraler Bestandteil der allgemeinen Förderbestimmungen zum Miet- und Eigentumssektor. Spezielle Förderprogramme für ältere Menschen, oft in Verbindung mit behindertenfreundlichem oder -gerechtem Bauen, existieren derzeit nur in wenigen Bundesländern. Baden-Württemberg fördert z.B. betreute Seniorenmietwohnungen mit 25jähriger und mit 10jähriger Sozialbindung.

Anmerkung: Eigentumsmaßnahmen für Senioren werden nicht gefördert.

Bei Wohnungen, die ausschließlich für Senioren gefördert werden, müssen die Bewohner neben den Einkommens- gewisse Altersgrenzen erreicht haben, i. d. R. 60 oder 65 Jahre bei Einzug, oder aber beim Bezug eines Heimplatzes muß eine Pflegebedürftigkeit bestehen.

Die finanzierungsrelevanten Mindestnormen für baulich-technische Wohnstandards, wie z.B. Wohnflächengrenzen, Raumprogramme, Ausstattungs- und Einrichtungsmerkmale, Gemeinschafts-, Funktions- und Wirtschaftsräume, Lage des Objektes sowie zu seniorenspezifischen technischen Anforderungen, sind in den einzelnen Bundesländern sehr unterschiedlich und in vielen Fällen unzureichend, um einen wirkungsvollen Beitrag zur Sicherstellung seniorenorientierter Standards zu bieten. Die Art der Förderung (Gewährung als Darlehen oder Zuschuss), die absolute Höhe der Förderung je Quadratmeter Wohnfläche sowie die Konditionen werden ebenfalls von Land zu Land unterschiedlich geregelt.

Darüber hinaus ist die Wohnungsbauförderung primär auf den Neubau und die Neuschaffung von Wohnraum durch Ausbau, Umbau und Erweiterung gem. § 17 II. WoBauG ausgerichtet. Die Mehrzahl der älteren Menschen lebt jedoch in Bestandswohnungen und wäre zur Verbesserung der Wohnverhältnisse auf die Förderung von Modernisierungs- und Instandsetzungsmaßnahmen angewiesen. Eine Modernisierungsförderung wird jedoch nicht in allen Bundesländern betrieben, zudem ist der Ersatz von Modernisierungsmaßnahmen aufgrund bestehender Förderschwellen, insbesondere bei kleineren Anpassungsmaßnahmen, nicht anzuwenden. Ein zentrales Förderhemmnis besteht in der Finanzierung von Gemeinschafts-, Versorgungs- und Serviceeinrichtungen. Lediglich in zwei Bundesländern werden detaillierte Anforderungen an das Mindestmaß der herzustellenden Gemeinschafts- und Versorgungseinrichtungen formuliert und entsprechende Fördermittel zur Verfügung gestellt.

Das Fördervolumen, d.h. die Höhe der öffentlichen Mittel, sowie die Förderkontingente in den einzelnen Finanzierungsbereichen (Miet- bzw. Eigentumssektor, Neubau bzw. Um- und Ausbau oder Erweiterung) wird ebenfalls durch die einzelnen Länder festgelegt.

21.12 Gesetze, Rechts- und Verwaltungsvorschriften des Bundes und der Bundesländer

Bundesgebiet

A. Gesetze, Rechts- und Verwaltungsvorschriften

Zweites Wohnungsbaugesetz (II.WoBauG) in der Fassung der Bekanntmachung vom 19.8.1994 (BGBl.I S. 2137), zuletzt geändert durch Gesetz vom 24.3.1997 (BGBl. I S. 594).
Gesetz zur Förderung der Modernisierung von Wohnungen und von Maßnahmen zur Einsparung von Heizenergie (Modernisierungs- und Energieeinsparungsgesetz – ModEnG) in der Fassung der Bekanntmachung vom 12.7.1978 (BGBl. I S. 993), zuletzt geändert durch Gesetz vom 16.12.1986 (BGBl. I S. 2441).
Gesetz zur Sicherung der Zweckbestimmung von Sozialwohnungen (Wohnungsbindungsgesetz – WoBindG) in der Fassung der Bekanntmachung vom 19.8.1994 (BGBl. I S. 2166, ber. S. 2319).
Verordnung über wohnungswirtschaftliche Berechnungen (Zweite Berechnungsverordnung – II. BV) in der Fassung der Bekanntmachung vom 12.10.1990 (BGBl. I S. 2178), zuletzt geändert durch Verordnung vom 23.7.1996 (BGBl. I S. 1167).
Heimgesetz (HeimG) vom 23.4.1990 (BGBl. I S. 763).
Verordnung über bauliche Mindestanforderungen für Altenheime, Altenwohnheime und Pflegeheime für Volljährige (HeimMindBauV) vom 3.5.1983 (BGBl. I S. 550).
Verordnung über die Pflichten der Träger von Altenheimen, Altenwohnheimen und Pflegeheimen für Volljährige im Falle der Entgegennahme von Leistungen zum Zwecke der Unterbringung eines Bewohners oder Bewerbers (HeimsicherungsV) vom 24.4.1978 (BGBl. I S. 553).
Baugesetzbuch – BauGB, § 1: Aufgabe, Begriff und Grundsätze der Bauleitplanung: (5): Die Bauleitpläne sollen eine geordnete städtebauliche Entwicklung und eine dem Wohl der Allgemeinheit entsprechende sozialgerechte Bodennutzung gewährleisten und dazu beitragen, eine menschenwürdige Umwelt zu sichern und die natürlichen Lebensgrundlagen zu schützen und zu entwickeln.
Bei der Aufstellung der Bauleitpläne sind insbesondere zu berücksichtigen
1. die allgemeinen Anforderungen „Gesunde Wohn- und Arbeitsverhältnisse und die Sicherheit der Wohn- und Arbeitsbevölkerung ..."
2. die Grundbedürfnisse der Bevölkerung bei Vermeidung einseitiger Bevölkerungsstrukturen, ...
3. die sozialen und kulturellen Bedürfnisse der Bevölkerung, insbesondere die Bedürfnisse der Familien, der jungen und alten Menschen und der Behinderten, die Belange des Bildungswesens und von Sport, Freizeit und Erholung.

B. Planungsgrundlagen

DIN 18022, 11.89, Küchen, Bäder und WC's im Wohnungsbau
Planungsgrundlagen.
DIN 18024 Teil 1, Jan. 1998, Barrierefreies Bauen, Teil 1: Straßen, Plätze, Wege, öffentliche Verkehrs- und Grünanlagen sowie Spielplätze, Planungsgrundlagen.
EAE 85 Empfehlungen für die Anlage von Erschließungsstraßen.
DIN 18024 Teil 2, Nov. 1996, Barrierefreies Bauen, Teil 2: Öffentlich zugängige Gebäude und Arbeitsstätten, Planungsgrundlagen.
DIN 18025 Teil 1 Barrierefreie Wohnungen, Planungsgrundlagen, Wohnungen für Rollstuhlbenutzer, 12. 1992.
DIN 18025 Teil 2 Barrierefreie Wohnungen, Planungsgrundlagen, 12. 1992.

Bestellanschriften für bundesweite Regelungen:
DIN-Normen: Beuth-Vertrieb,
Kamekestr. 2, Köln oder
Burggrafenstr. 6, Berlin
BGBl.: Bundesgesetzblatt. Bundesanzeiger Verlagsges.mbH, Postfach 13 20, Bonn
BAnz.: Bundesanzeiger. Bundesanzeiger Verlagsges.mbH, Postfach 10 80 06, Köln.

Baden-Württemberg

A. Verwaltungsvorschriften

Verwaltungsvorschrift des Wirtschaftsministeriums zum Landeswohnungsbauprogramm 1998 (VwV-LWBPr 1998) vom 22.1.1998 (BABl. S. 149). Diese Richtlinie wird jährlich neu erlassen.
Verwaltungsvorschrift des Wirtschaftsministeriums über Zuwendungen zur Förderung des Wohnungsbaus (Wohnungsbauförderungsbestimmungen – WFB 1998) in der Fassung der Änderung vom 22.1.1998 (GABl. S. 206).
Verwaltungsvorschrift des Wirtschaftsministeriums über Zuwendungen zur Schaffung von Reihenhausgebieten (Reihenhausprogramm – VwV) vom 27.8.1996 (GABl. S. 624), geändert durch Verwaltungsvorschrift vom 22.1.1998 (GABl. S. 209).

B. Planungsgrundlagen

Soweit durch Bauordnungsrecht eingeführt:
DIN 18022, 11.89, Küchen, Bäder und WC's im Wohnungsbau
Planungsgrundlagen.
DIN 18024 Teil 1, Jan. 1998, Barrierefreies

Bauen: Straßen, Plätze, Wege, öffentliche Verkehrs- und Grünanlagen sowie Spielplätze, Planungsgrundlagen.
EAE 85 Empfehlungen für die Anlage von Erschließungsstraßen.
DIN 18024 Teil 2, Nov. 1996, Barrierefreies Bauen, Teil 2: Öffentlich zugängige Gebäude und Arbeitsstätten, Planungsgrundlagen.
Auch als Technische Baubestimmung eingeführt.
DIN 18025 Teil 1 Barrierefreie Wohnungen, Planungsgrundlagen, Wohnungen für Rollstuhlbenutzer, 12. 1992.
Auch als Technische Baubestimmung eingeführt.
DIN 18025 Teil 2 Barrierefreie Wohnungen, Planungsgrundlagen, 12. 1992.
Auch als Technische Baubestimmung eingeführt.
Empfehlungen des Landesausschusses für die Koordinierung von Rehabilitationsmaßnahmen in Baden-Württemberg (Reha-Koordinierungsausschuss) für die Errichtung von Förderungs- und Betreuungsgruppen für Schwerstbehinderte bei Werkstätten für Behinderte (Modell-Raumprogramm), Stand: Februar 1990.
Bestellanschriften:
GABl. und StAnz.: Staatsanzeiger für Baden-Württemberg GmbH, Postfach 104363, 70038 Stuttgart.

Bayern

A. Rechts-Verwaltungsvorschriften

Wohnungsbauförderungsbestimmungen 1982 (WFB 1982), Bekanntmachung des Bayer. Staatsministeriums des Innern vom 5.2.82 (MABl S. 106), zuletzt geändert durch Bekanntmachung vom 31.3.83 (MABl. S. 354).
Förderung des Wohnungsbaus im Programmjahr 1990, Bekanntmachung des Bayer. Staatsministeriums des Innern vom 10.10.89 (AllMBl. S. 976).
Förderung von Langzeit-, Kurz- und Tagespflegeplätzen für ältere Menschen: AG Pflege VG v. 7.4.1995 und Rechts-Verordnung v. 19.12.1995 (GVBl. Nr. 7 und 30/1995).
Richtlinien für die Förderung der Wohnungsmodernisierung (BayModR), Bekanntmachung des Bayer. Staatsministerium des Innern vom 3.4.87 (Staatsanzeiger Nr. 16).
Gemeinsame Bekanntmachung der Bayerischen Staatsministerien der Finanzen und des Innern vom 31.12.1980 (MABl. S. 65) betreffend Richtlinien für die Übernahme von Staatsbürgschaften zur Förderung des Wohnungswesens.
Vorschriften über die Förderung von Einrichtungen der Altenhilfe, wie etwa Sozialstationen, Altenclubs usw. sind zu erfragen beim Bayer. Staatsministerium für Arbeit und Sozialordnung, Winzererstraße 9, München.
Regierung von Schwaben, Augsburg: Wohnungsbauförderung für Behinderte
I. Bau von Mietwohnungen
1. öffentlich geförderter Wohnungsbau (1. Förderungsweg)
2. Wohnungsbauförderung mit leistungsfreien Baudarlehen (3. Förderungsweg)
Bayer. Landesplan für Menschen mit Behinderung
II. Bau oder Erwerb von Eigenheimen/Eigentumswohnungen.

B. Planungsgrundlagen

Soweit durch Bauordnungsrecht eingeführt:
DIN 18022, 11.89, Küchen, Bäder und WC's im Wohnungsbau
Planungsgrundlagen
DIN 18024 Teil 1, Jan. 1998, Barrierefreies Bauen, Teil 1: Straßen, Plätze, Wege, öffentliche Verkehrs- und Grünanlagen sowie Spielplätze, Planungsgrundlagen.
EAE 85 Empfehlungen für die Anlage von Erschließungsstraßen.
DIN 18024 Teil 2, Nov. 1996, Barrierefreies Bauen, Teil 2: öffentlich zugängige Gebäude und Arbeitsstätten, Planungsgrundlagen.
DIN 18025 Teil 1 Barrierefreie Wohnungen, Planungsgrundlagen, Wohnungen für Rollstuhlbenutzer, 12. 1992.
DIN 18025 Teil 2 Barrierefreie Wohnungen, Planungsgrundlagen, 12. 1992.
Bestellanschriften:
MABl.: Kommunalschriften-Verlag, J. Jehle GmbH, Postfach 40 03 68, München
StAnz.: Bayerische Staatszeitung GmbH, Wagmüllerstraße 201 II, München
AMBl.: Firma Schweitzer Sortiment, Lenbachplatz 1, München.

Berlin

A. Rechts- und Verwaltungsvorschriften

Richtlinien für den öffentlich geförderten sozialen Wohnungsbau in Berlin (Wohnungsbauförderungsbestimmungen 1990 – WFB 1990) vom 16.7.1990 (ABl. 1990 S. 1379).
Die Neufassung der Richtlinien für den geförderten Wohnungsbau in Berlin (Wohnungsbauförderungsrichtlinien 1998 – WFB 1998) befinden sich noch in der verwaltungsinternen Abstimmung. Wegen des in Berlin eingeleiteten Paradigmenwechsels in der Wohnungspolitik – Präferierung der Eigentumsförderung bei gleichzeitigem Rückzug aus dem Mietgeschosswohnungsbau – hat eine Beschlussfassung über die neuen WFB 1998 derzeit noch keinen Eilebedarf.
Die Förderung der „überschaubaren" Kontingente von insges. 300 WE im Wohnungsbauprogrammjahr 1999 erfolgt auf Grundlage der noch in Kraft befindlichen Richtlinien aus dem Jahr 1990 bzw. den zwischenzeitlich ergangenen Änderungen insbes. zur „Einkommensorientierten Förderung" (EOF) nach § 88e II. WoBauG. Planungsgrundlage für die Errichtung von Sonderwohnformen ist die DIN 18025 Teile 1 und 2.

B. Planungsgrundlagen

Soweit durch Bauordnungsrecht eingeführt:
DIN 18022, 11.89, Küchen, Bäder und WC's im Wohnungsbau
Planungsgrundlagen
DIN 18024 Teil 1, Jan. 1998, Barrierefreies Bauen, Teil 1: Straßen, Plätze, Wege, öffentliche Verkehrs- und Grünanlagen sowie Spielplätze, Planungsgrundlagen.
EAE 85 Empfehlungen für die Anlage von Erschließungsstraßen.
DIN 18024 Teil 2, Nov. 1996, Barrierefreies Bauen, Teil 2: öffentlich zugängige Gebäude und Arbeitsstätten, Planungsgrundlagen.
DIN 18025 Teil 1 Barrierefreie Wohnungen, Planungsgrundlagen, Wohnungen für Rollstuhlbenutzer, 12. 1992.
DIN 18025 Teil 2 Barrierefreie Wohnungen, Planungsgrundlagen, 12. 1992.
Es wird darauf hingewiesen, dass eine Einführung der aktualisierten DIN-Normen zum Thema des barrierefreien Bauens als technische Baubestimmung auch in Zukunft im Land Berlin nicht erfolgen wird. Vielmehr wird dem behindertengerechten Planen und Bauen in einem besonderen Rahmen durch die bauordnungsrechtliche Regelung des § 51 der Bauordnung Berlin (behindertengerechtes Bauen) entsprochen. Dieser § 51 behindertengerechtes Bauen hat folgenden Wortlaut:
1. Öffentlich zugängige bauliche Anlagen müssen so hergestellt und in Stand gehalten werden, dass Behinderte, insbesondere schwer Gehbehinderte und Behinderte im Rollstuhl, sowie alte Menschen und Personen mit Kleinkindern sie ohne fremde Hilfe zweckentsprechend nutzen können.
§ 50 Abs. 1 und 2 bleibt unberührt.
2. Sollten rechtmäßig bestehende bauliche Anlagen nach Absatz 1 in ihrer Nutzung oder wesentlich baulich geändert werden, gelten die in Abs. 1 genannten Anforderungen entsprechend; bei einer wesentlichen baulichen Änderung bleiben im übrigen die im § 77 Abs. 3 aufgestellten Voraussetzungen unberührt.
3. In den baulichen Anlagen nach Abs. 1 sind neben den Rettungswegen im Sinne von § 15 Abs. 4 zusätzliche bauliche Maßnahmen für die Selbstrettung von Behinderten im Rollstuhl nur dann erforderlich, wenn die Anlage oder Teile davon von diesem Personenkreis überdurchschnittlich,

bezogen auf den Bevölkerungsanteil der Behinderten, genutzt werden. Anderenfalls genügen betriebliche Maßnahmen, die die Rettung mittels fremder Hilfe sowie eine Brandschutzunterweisung für das Personal und für den Nutzerkreis zur Evakuierung hilfebedürftiger Personen vorschreiben.
Dieses Gesetz tritt am 1.01.1996 in Kraft.
Das Fördervolumen, d.h. die Höhe der öffentlichen Mittel, sowie die Förderkontingente in den einzelnen Finanzierungsbereichen (Miet- bzw. Eigentumssektor, Neubau bzw. Um- und Ausbau oder Erweiterung) wird ebenfalls durch die einzelnen Länder festgelegt.
Bestellanschrift:
ABl./GVBl.: Kulturbuchverlag GmbH, Passauer Str. 4, Berlin.

Brandenburg

A. Rechts- und Verwaltungsvorschriften

Erläuterungen
1. Mietwohnungen/Neubau
Bei Neubaumaßnahmen sind in der Regel 10 von Hundert der Wohnungen barrierefrei gemäß DIN 18025 Teil 2 zu schaffen. Wohnungen nach DIN 18025 Teil 1 (besondere Behinderungen, z.B. Rollstuhlfahrer) werden ausschließlich entsprechend dem nachgewiesenen Bedarf gefördert. Die Förderung im Rahmen des Sonderprogramms von barrierefrein und behindertengerechten Wohnungen (auch als integrative Wohnmodelle) erfolgt in Abstimmung mit dem Ministerium für Arbeit, Soziales, Gesundheit und Frauen (MASGF) aufgrund konkreter Bedarfsermittlung.
2. Mietwohnungen – Anpassung und Modernisierung/Instandsetzung
Im Rahmen der Modernisierung und Instandsetzung von Wohnraum und durch nachträgliche Anpassung vorhandener Wohnungen an die Bedürfnisse älterer und behinderter Menschen wird primär das Ziel verfolgt: Erhalt der bisherigen Integration in die Gesellschaft und Infrastruktur. Die erforderlichen baulichen Maßnahmen werden mit dem Einverständnis des Vermieters im Zusammenhang mit einer Modernisierung und Instandsetzung oder in Einzelfällen nach der Wohnraumanpassungsrichtlinie gefördert.
3. Eigenheime/Wohneigentum
In der Eigenheimförderung wird das generationsübergreifende Wohnen unterstützt, durch die anteilige Finanzierung der 2. Wohnung (Einliegerwohnung), sofern diese von Familienangehörigen, in der Regel einem Elternteil, genutzt wird. Außerdem wird für notwendige nachgewiesene Mehrkosten für die behindertengerechte Ausstattung/Anpassung der Wohnung ein zusätzliches Darlehen gewährt.
– Richtlinie zur Förderung des Neubaus sowie des Aus- und Umbaus von Miet- und Genossenschaftswohnungen (Mietwohnungsbau)
– Richtlinie zur Förderung der Modernisierung und Instandsetzung von Mietwohnungen (Mod.Inst.R)
– Richtlinie zur Förderung des Neubaus sowie des Aus- und Umbaus von selbstgenutztem Wohneigentum (EigenheimbauR)
– Erlass des Ministeriums für Stadtentwicklung, Wohnen und Verkehr zur Förderung der behindertengerechten Anpassung von Mietwohnungen (Wohnraumanpassungserlass).

B. Planungsgrundlagen

Soweit durch Bauordnungsrecht eingeführt:
DIN 18022, 11.89, Küchen, Bäder und WC's im Wohnungsbau Planungsgrundlagen
DIN 18024 Teil 1, Jan. 1998, Barrierefreies Bauen, Teil 1: Straßen, Plätze, Wege, öffentliche Verkehrs- und Grünanlagen sowie Spielplätze, Planungsgrundlagen.
EAE 85 Empfehlungen für die Anlage von Erschließungsstraßen.
DIN 18024 Teil 2, Nov. 1996, Barrierefrei Bauen, Teil 2, öffentlich zugängliche Gebäude und Arbeitsstätten, Planungsgrundlagen.
DIN 18025 Teil 1 Barrierefreie Wohnungen, Planungsgrundlagen, Wohnungen für Rollstuhlbenutzer, 12. 1992.
DIN 18025 Teil 2 Barrierefreie Wohnungen, Planungsgrundlagen, 12. 1992.

Bremen

A. Rechts- und Verwaltungsvorschriften

Zweites Wohnungsbaugesetz – II. WoBauG – i. d. F. der Bekanntmachung vom 11. Juli 1985 (BGBl. I S. 1284, 1661), zuletzt geändert durch Artikel 12 des Gesetzes vom 22. Dezember 1989 (BGBl. I S. 2408).
Zweite Berechnungsverordnung – II. BV – i. d. F. der Bekanntmachung vom 5. April 1984 (BGBl. I S. 553), zuletzt geändert durch Artikel 3 der Verordnung vom 19. Januar 1989 (BGBl. I S. 109).
Wohnungsbindungsgesetz (WoBindG) i. d. F. der Bekanntmachung vom 22. Juli 1982 (BGBl. I S. 972), zuletzt geändert durch Artikel 2 des Gesetzes vom 11. Juli 1985 (BGBl. I S. 1277).
Verwaltungsanordnung zur Förderung des sozialen Wohnungsbaues in der Freien Hansestadt Bremen (Wohnungsbauförderungsbestimmungen – WFB) vom 10. August 1989 (Brem. ABl. S. 501, 725).
Richtlinien für die Übernahme von Bürgschaften zur Förderung des Wohnungswesens durch die Freie Hansestadt Bremen vom 22. Dezember 1980 (Brem. ABl. 1981 S. 129).
Merkblatt über die öffentliche Förderung von Eigentumsmaßnahmen (z.B. Familienheime, Eigentumswohnungen) im Rahmen der Wohnungsbauförderungsprogramme ab 1987, Stand Mai 1989.
Richtlinien zur Förderung des Wohnungsbaues für alte Menschen in der Freien Hansestadt Bremen vom 5.3.1973 (Brem. ABl. S. 118).
Verwaltungsvorschrift zu § 44 der Bremischen Landeshaushaltsordnung – RdErl. des Senators für Finanzen vom 4.10.1976 (Brem. ABl. S. 413).
Richtlinien über die Gewährung von Zuschüssen zum Betrieb von Altentages-/Begegnungsstätten vom 26.11.1982 (Brem. ABl. S. 567).
Richtlinien zum Betrieb und zur Förderung von Dienstleistungszentren vom 1.1.1984.

B. Planungsgrundlagen

Soweit durch Bauordnungsrecht eingeführt:
DIN 18022, 11.89, Küchen, Bäder und WC's im Wohnungsbau Planungsgrundlagen
DIN 18024 Teil 1, Jan. 1998, Barrierefreies Bauen, Teil 1: Straßen, Plätze, Wege, öffentliche Verkehrs- und Grünanlagen sowie Spielplätze, Planungsgrundlagen.
EAE 85 Empfehlungen für die Anlage von Erschließungsstraßen.
DIN 18024 Teil 2, Nov. 1996, Barrierefreis Bauen, Teil 2: öffentlich zugängliche Gebäude und Arbeitsstätten, Planungsgrundlagen.
DIN 18025 Teil 1 Barrierefreie Wohnungen, Planungsgrundlagen, Wohnungen für Rollstuhlbenutzer, 12. 1992.
DIN 18025 Teil 2 Barrierefreie Wohnungen, Planungsgrundlagen, 12. 1992.
Verordnung über bauliche Mindestanforderungen für Altenheime, Altenwohnheime und Pflegeheime für Volljährige (HeimMindBauV) in der Fassung vom 3.5.1983 (BGBl. I S. 550).
Bestellanschrift: Verlag Carl Ed. Schünemann KG, II. Schlachtpforte 7, Bremen.

Hamburg

A. Rechts- und Verwaltungsvorschriften

– Hamburgische Bauordnung (HBauO), insbesondere §§ 3, 31, 33, 46 und 52
– Bauprüfdienst 2/1998 „Besondere Anforderungen an bauliche Anlagen zu Gunsten behinderter und alter Menschen" (BPD Behinderte)
– Heimgesetz (HeimG) vom 23.4.1990 (BGBl. I S. 763)
– Verordnung über bauliche Mindestanforderungen für Altenheime, Altenwohnheime und Pflegeheime für Volljährige (HeimMindBauV) vom 3.5.1983 (BGBl. I S. 551)

– Verwaltungsanordnung über bauliche Mindestanforderungen für Altenheime, Altenwohnheime und Pflegeheime für Volljährige (HeimMindBauV) vom 3.5.1983 (BGBl. I S. 551)
– Verwaltungsanordnung über die Förderung des sozialen Wohnungsbaus in der Freien und Hansestadt Hamburg – Wohnungsbauförderungsbestimmungen vom 12.2.1957 (Amtlicher Anzeiger Nr. 53, S. 231).

Merkblätter der Hamburger Wohnungsbaukreditanstalt:
1. Fördergrundsätze zum Wohnungsbauprogramm 1997 für Miet- und Genossenschaftswohnungen in Mehrfamilienhäusern in Hamburg
2. Fördergrundsätze zum Wohnungsbauprogramm 1997 für Eigenheime und Eigentumswohnungen in Hamburg
3. Fördergrundsätze zum Wohnungsbauprogramm 1997 für Wohnpflegeeinrichtungen und Heime in Hamburg
4. Fördergrundsätze über die Gewährung von Zuschüssen zur Schaffung rollstuhlgerechten, behindertengerechten und altengerechten Wohnraums.

B. Planungsgrundlagen

Soweit durch Bauordnungsrecht eingeführt:
DIN 18022, 11.89, Küchen, Bäder und WC's im Wohnungsbau
Planungsgrundlagen
DIN 18024 Teil 1, Jan. 1998, Barrierefreies Bauen, Teil 1: Straßen, Plätze, Wege, öffentliche Verkehrs- und Grünanlagen sowie Spielplätze, Planungsgrundlagen.
EAE 85 Empfehlungen für die Anlage von Erschließungsstraßen.
DIN 18024 Teil 2, Nov. 1996, Barrierefreies Bauen, Teil 2: öffentlich zugängige Gebäude und Arbeitsstätten, Planungsgrundlagen.
DIN 18025 Teil 1 Barrierefreie Wohnungen, Planungsgrundlagen, Wohnungen für Rollstuhlbenutzer, 12. 1992.
DIN 18025 Teil 2 Barrierefreie Wohnungen, Planungsgrundlagen, 12. 1992.
Planungshinweise für Stadtstraße (PLAST) Abschnitt 10: Behindertengerechte Verkehrsanlagen.
Bestellanschriften:
Amtl. Anzeiger: Verlag Lutcke Wulff, Heidenkampsweg 76 b, Hamburg
Hamburgische Wohnungsbaukreditanstalt, Besenbinderhof 31, Hamburg.

Hessen

A. Rechts- und Verwaltungsvorschriften

Sozialer Wohnungsbau
Förderung des Mietwohnungsbaus mit öffentlichen Mitteln
Erlass vom 9.5.1995 (StAnz. S. 2367)
Richtlinien zur Förderung des Mietwohnungsbaus im kombinierten Ergänzungsprogramm vom 16.11.1993 (StAnz. S. 2993), geändert durch Erlass vom 18.11.1994 (StAnz. S. 3271)
Richtlinien zur Förderung des Mietwohnungsbaus (Vereinbarte Förderung nach § 88 d des Zweiten Wohnungsbaugesetzes vom 12.5.1998 (StAnz. S. 1545)
Richtlinien über die Förderung von selbstgenutztem Wohneigentum vom 21.3.1998 (StAnz. S. 1064)
Technische Wohnnungsbau-Richtlinien – TWBR 1993, vom 17.8.1992 (StAnz. S. 2153), geändert durch Erlass vom 11.10.1993 (StAnz. S. 2771)
Richtlinien für die Förderung sozialer Gemeinschaftseinrichtungen (Investitionsförderungsrichtlinien – IFR) in der zweiten Neufassung vom 7. April 1989 (StAnz. 19/1989 S. 1026).
Richtlinien für die fachliche Gestaltung sozialer Gemeinschaftseinrichtungen (Fachrichtlinien Einrichtungen – FRE) in der Neufassung vom 8. Mai 1987 (StAnz. 22/1987 S. 1240).
Richtlinien für die Förderung nichtinvestiver sozialer Maßnahmen (Maßnahmenförderungsrichtlinien – MFR) in der zweiten Neufassung vom 11. Januar 1989 (StAnz. 8/1989 S. 519).

B. Planungsgrundlagen

Soweit durch Bauordnungsrecht eingeführt:
DIN 18022, 11.89, Küchen, Bäder und WC's im Wohnungsbau
Planungsgrundlagen.
Hessische Bauordnung (HBO) vom 20.12.1993 (GVBl. I S. 655), zuletzt geändert durch Gesetz vom 27.2.1998 (GVBl. I S. 34, 38):
§§ 33 Treppen, 36 Aufzüge, 47 Wohnungen, 54 Bauliche Maßnahmen für besondere Personengruppen, 82 Bußgeldvorschriften.
Verordnung über den Bau und Betrieb von Garagen und Stellplätzen (Garagenverordnung – GaVO) vom 16.11.1995 (GVBl. I S. 512)
Geschäftshausverordnung (GhVO) vom 4.6.1973 (GVBl. I S. 185), zuletzt geändert durch Verordnung vom 12.8.1991 (GVBl. I S. 267)
Richtlinien über Anlage, Bau und Einrichtung von Schulen (Schulhaus-Richtlinien – SHR) Erlass vom 20.12.1994 (StAnz. 1995 S. 210)
Richtlinien über Anlage, Bau, Betrieb und Einrichtung von Krankenhäusern (Krankenhaus-Richtlinien – KHR) Erlass vom 25.1.1996 (StAnz. S. 704)
Richtlinien über Bau und Betrieb von Gaststätten (Gaststätten-Richtlinien – GBR) Erlass vom 23.01.1991 (StAnz. S. 372, 648, 774), geändert durch Erlass vom 20.2.1992 (StAnz. S. 600)
Richtlinien über Bau und Betrieb von Versammlungsstätten (Versammlungsstätten-Richtlinien – VSR) Erlass vom 18.12.1990 (StAnz. S. 311), geändert durch Erlass vom 20.2.1992 (StAnz. S. 600)
Technische Wohnungsbau-Richtlinie – TWBR 1993, Erlass vom 17.08.1992 (StAnz. S. 2153), geändert durch Erlass vom 11.10.1993 (StAnz. S. 2771).
DIN 18024 Teil 1, Jan, 1998, Barrierefreies Bauen, Teil 1: Straßen, Plätze, Wege, öffentliche Verkehrs- und Grünanlagen sowie Spielplätze, Planungsgrundlagen.
EAE 85 Empfehlungen für die Anlage von Erschließungsstraßen.
DIN 18024 Teil 2, Nov. 1996, Barrierefreies Bauen, Teil 2: öffentlich zugängige Gebäude und Arbeitsstätten, Planungsgrundlagen.
Eingeführt als Technische Baubestimmung durch Erlass vom 29.8.1997.
DIN 18025 Teil 1 Barrierefreie Wohnungen, Planungsgrundlagen, Wohnungen für Rollstuhlbenutzer, 12. 1992.
Eingeführt als Technische Baubestimmung durch Erlass vom 21.2.1994
DIN 18025 Teil 2 Barrierefreie Wohnungen, Planungsgrundlagen, 12. 1992.
Eingeführt als Technische Baubestimmung durch Erlass vom 21.2.1994
Berücksichtigung der Belange behinderter Personen bei der Planung und Ausführung von baulichen Anlagen; Erlass vom 7. Mai 1981 (StAnz. S. 1117).
Brandschutztechnische Anforderungen für Heime und Einrichtungen nach dem Heimgesetz; Erlass vom 4. Dezember 1984 (StAnz. S. 2464).
Förderungszuschüsse zur Beseitigung baulicher Hindernisse für Behinderte bei bestehenden Gebäuden; Erlass vom 9. Mai 1986 (StAnz. S. 1071), geändert durch Erlass vom 28. Mai 1986 (StAnz. S. 1235).
Wohnungsbaurichtlinien; Erlass vom 12. Juli 1988 (StAnz. S. 1611), geändert durch Erlasse vom 12. Juli 1989 (StAnz. S. 1594) und 19. Januar 1990 (StAnz. S. 209) – s. Abschnitt VIII Technische Förderungsvoraussetzungen.
Richtlinien über die Gewährung von Zuschüssen zur alten- und pflegegerechten Ausstattung von neuzuschaffendem oder vorhandenem Wohnraum; Erlass vom 8. Januar 1990 (StAnz. S. 217) – s. Nr. 2.2 bis 2.4.

C. Bemerkungen

Bauliche Richtlinien für Tagespflegeheime, Rehabilitationseinrichtungen bzw. Therapieeinrichtungen gibt es derzeit für Hessen nicht. Die finanzielle Förderung dieser Einrichtungen durch das Land erfolgt im Rahmen der unter A) bezeichneten Investitionsförderungsrichtlinien – IFR.
Bestelladressen:

Gesetz- und Verordnungsblatt für das Land Hessen Teil 1 (GVBl. I):
A.Bernecker Verlag GmbH, Unter dem Schöneberg 1, 34212 Melsungen, Tel. 05664-948030; Fax 05664-948040
Staatsanzeiger für das Land Hessen (StAnz.): Verlag Kultur und Wissen GmbH, Marktplatz 13, 65183 Wiesbaden, Tel. 0611-36098-0; Fax 0611-301303.

Mecklenburg-Vorpommern

A. Rechtsvorschriften

Landesbauordnung Mecklenburg-Vorpommern in der Fassung der Bekanntmachung vom 6.5.1989 (GVOBl. M-V S. 468)
Verwaltungsvorschriften
Förderung des Wohnungsbaus in Mecklenburg-Vorpommern:
Neufassung der Richtlinien für die Gewährung von Zuwendungen des Landes Mecklenburg-Vorpommern zur Schaffung von eigengenutzten Eigentumsmaßnahmen sowie Miet- und Genossenschaftswohnungen – Wohnungsbauförderungsrichtlinien (WoBauRL)
Neufassung der Richtlinien für die Gewährung von Zuwendungen des Landes Mecklenburg-Vorpommern zur Instandsetzung und Modernisierung von Wohneigentum sowie Miet- und Genossenschaftswohnungen – Modernisierungsrichtlinien (ModRL)
Hinweise zum behindertengerechten Bauen, Erlass des Innenministers vom 19.12.1991 (AmtsBl. M-V 1992 S. 26)
Landesprogramm zur Förderung der Schaffung altengerechter Wohnungen mit Betreuungsangebot, Erlass des Bauministeriums vom 31.8.1995 (AmtsBl. M-V S. 1104) und 1. Änderung vom 20.5.1997 (AmtsBl. M-V S. 690)
Richtlinien für die Gewährung von Zuwendungen des Landes Mecklenburg-Vorpommern zur Schaffung von eigengenutzten Eigentumsmaßnahmen sowie Miet- und Genossenschaftswohnungen, Erlass des Bauministeriums vom 28.2.1997 (AmtsBl. M-V S. 240)
Richtlinien für die Gewährung von Zuwendungen des Landes Mecklenburg-Vorpommern zur Instandsetzung und Modernisierung von Miet- und Genossenschaftswohnungen, Erlass des Bauministeriums vom 28.2.1997 (AmtsBl. M-V S. 226)

B. Planungsgrundlagen

Soweit durch Bauordnungsrecht eingeführt:
DIN 18022, 11.89, Küchen, Bäder und WC's im Wohnungsbau
Planungsgrundlagen
DIN 18024 Teil 1, Jan. 1998, Barrierefreies Bauen, Teil 1: Straßen, Plätze, Wege, öffentliche Verkehrs- und Grünanlagen sowie Spielplätze, Planungsgrundlagen.
EAE 85 Empfehlungen für die Anlage von Erschließungsstraßen.
DIN 18024 Teil 2, Nov. 1996, Barrierefreies Bauen, Teil 2: öffentlich zugängliche Gebäude und Arbeitsstätten, Planungsgrundlagen.
DIN 18025 Teil 1 Barrierefreie Wohnungen, Planungsgrundlagen, Wohnungen für Rollstuhlbenutzer, 12. 1992.
DIN 18025 Teil 2 Barrierefreie Wohnungen, Planungsgrundlagen, 12. 1992.

Niedersachsen

A. Rechts- und Verwaltungsvorschriften

Gesetz zur Planung und Förderung von Pflegeeinrichtungen nach dem Elften Buch Sozialgesetzbuch (Niedersächsisches Pflegegesetz- NPflegeG) vom 22.5.1996 (Nds GVBl. S. 245)
Verordnung zur Durchführung des Niedersächsischen Pflegegesetzes (DVO-NPflegeG) vom 20.6.1996 (Nds GVBl. S. 280)
Vorschläge des MS zur Gestaltung von stationären Pflegeeinrichtungen vom Dezember 1996 (Bestellanschrift: Nds. Ministerium für Frauen, Arbeit und Soziales, Postfach 141, 30001 Hannover).
Bauaufsicht: Anforderungen zu Gunsten Behinderter an bauliche Anlagen, RdErl. d. MS vom 20.8.1976 (Nds. MBl. S. 1514).
Vorläufige Richtlinien für die Förderung von Sozialstationen durch das Land Niedersachsen, RdErl. d. MS vom 19.6.1977 (Nds. MBl. S. 777) und vom 5.11.1984 (Nds. MBl. S. 959).
Förderung des sozialen Wohnungsbaus im Lande Niedersachsen – Wohnungsbauförderungsbestimmungen (WFB 1987)
Wohnungsbauprogramm 1998, RdErl.d. MS vom 2.6.1998
Wohnungsbauprogramm 1997 vom 10.7. 1997 (Nds. MBl. S. 950)

B. Planungsgrundlagen

Soweit durch Bauordnungsrecht eingeführt:
DIN 18022, 11.89, Küchen, Bäder und WC's im Wohnungsbau
Planungsgrundlagen
DIN 18024 Teil 1, Jan. 1998, Barrierefreies Bauen, Teil 1: Straßen, Plätze, Wege, öffentliche Verkehrs- und Grünanlagen sowie Spielplätze, Planungsgrundlagen.
EAE 85 Empfehlungen für die Anlage von Erschließungsstraßen.
DIN 18024 Teil 2, Nov. 1996, Barrierefreies Bauen, Teil 2: öffentlich zugängliche Gebäude und Arbeitsstätten, Planungsgrundlagen.
DIN 18025 Teil 1 Barrierefreie Wohnungen, Planungsgrundlagen, Wohnungen für Rollstuhlbenutzer, 12. 1992.
DIN 18025 Teil 2 Barrierefreie Wohnungen, Planungsgrundlagen, 12. 1992.

Niedersächsische Bauordnung (NBauO) in der Fassung vom 13.7.1995 (Nds. GVBl. S. 199), zuletzt geändert durch das 8. Gesetz zur Änderung der NBauO vom 06.10.1997 (Nds GVBl. S. 422) – (§§ 1, 23, 34, 45, 48).
Allgemeine Durchführungsverordnung zur Niedersächsischen Bauordnung (DVNBauO) vom 11.3.1987 (Nds. GVBl. S. 29) – (§§ 14, 18, 29), geändert durch § 10 Abs. 2 der Verordnung vom 6.6.1996 (Nds. GVBl. S. 287).
Verordnung über den Bau und Betrieb von Garagen (Garagenverordnung-GaVO) vom 4.9.1989 (Nds. GVBl. S. 327) – (§ 4).

C. Bemerkungen

Besondere Förderungsrichtlinien für Therapie- bzw. Rehabilitationseinrichtungen gibt es in Niedersachsen derzeit nicht.
Bestellanschrift des MBl.:
Schlüter'sche Verlagsanstalt und Druckerei, Postfach 54 40, Hannover.

Nordrhein-Westfalen

A. Verwaltungsvorschriften

Richtlinien über die Gewährung von Zuwendungen zur Förderung von Einrichtungen freier gemeinnütziger und kommunaler Träger im Bereich der Sozialhilfe vom 28.4.1983 – IV A 4 – 5610.1 (MBl. NW 1983 Seite 1125) in der Fassung der Runderlasse vom 20.8.1984 und 30.6.1988 – SMBl. NW 2170.
Richtlinien über die Förderung von kommunalen und freien gemeinnützigen Altenkrankenheimen (Altenpflegeheimen) und Altenheimen mit Pflegeabteilungen aus den Mitteln des Landschaftsverbandes Rheinland vom 14. Okt. 1971.

B. Planungsgrundlagen

Soweit durch Bauordnungsrecht eingeführt:
DIN 18022, 11.89, Küchen, Bäder und WC's im Wohnungsbau
Planungsgrundlagen
DIN 18024 Teil 1, Jan. 1998, Barrierefreies Bauen, Teil 1: Straßen, Plätze, Wege, öffentliche Verkehrs- und Grünanlagen sowie Spielplätze, Planungsgrundlagen.
EAE 85 Empfehlungen für die Anlage von Erschließungsstraßen.
DIN 18024 Teil 2, Nov. 1996, Barrierefreies Bauen, Teil 2: öffentlich zugängliche Gebäude und Arbeitsstätten, Planungsgrundlagen.
DIN 18025 Teil 1 Barrierefreie Wohnungen, Planungsgrundlagen, Wohnungen für Rollstuhlbenutzer, 12. 1992.
DIN 18025 Teil 2 Barrierefreie Wohnungen, Planungsgrundlagen, 12. 1992.
In die Wohnungsbauförderungsbestimmungen des Landes wurden generelle Vor-

schriften zum barrierefreien Bauen aufgenommen. Im öffentlich geförderten Mietwohnungsbau werden in Nordrhein-Westfalen nur noch Wohnungen gefördert, die barrierefrei im Sinne der Nr. 2.15 Wohnungsbauförderungsbestimmungen sind.
Bestimmungen über die Förderung des Baues von Wohnheimen im Land Nordrhein-Westfalen (Wohnheimbestimmungen 1984) RdErl. d. Ministers für Landes- und Stadtentwicklung vom 20.3.1984 – IV A 2 – 2210 – 508/84 (Fassung 1987) (SMBl. NW Nr. 2370).
Verordnung über bauliche Mindestanforderungen für Altenheime, Altenwohnheime und Pflegeheime für Volljährige (HeimMindBauV) in der Fassung vom 3.5.1983 (BGBl. I. S. 550).
Bestellanschrift:
SMBl. NW: Verlag für Wirtschaft und Verwaltung Hubert Wingen, Alfredstr. 32, Essen.

Rheinland-Pfalz

A. Verwaltungsvorschriften

Wohnbauförderungsbestimmungen 1998 – WFB 98 – Verwaltungsvorschrift des Ministeriums der Finanzen vom 30.3.1998 (MinBl. 1998, S. 142)
Vollzug des Zweiten Wohnungsbaugesetzes, hier: Mietwohnungsbauprogramm 1998, Verwaltungsvorschrift des Ministeriums der Finanzen vom 30.3.1998 (MinBl. 1998, S. 149)
Einkommensorientierte Förderung von Mietwohnungen nach § 88 e des Zweiten Wohnungsbaugesetzes, Verwaltungsvorschrift des Ministeriums der Finanzen vom 30.3.1998 (MinBl. 1998, S. 169)
Vollzug des Zweiten Wohnungsbaugesetzes, hier: Wohnungsbauprogramm 1998 – Eigentumsmaßnahmen – Verwaltungsvorschrift des Ministeriums der Finanzen vom 3.3.1998 (MinBl. 1998, S. 177)
Förderung des sozialen Wohnungsbaues, hier: Förderung des Baues von Eigenheimen durch eine Zinsgarantie des Landes Rheinland-Pfalz, Verwaltungsvorschrift des Ministeriums der Finanzen vom 30.3.1998 (MinBl. 1998, S. 179)
Förderung des betreuten Wohnens behinderter Menschen, Verwaltungsvorschrift des Ministeriums für Arbeit, Soziales, Familie und Gesundheit vom Jan. 1994
Verwaltungsvorschrift zur Förderung des Baues und der Ausstattung von Einrichtungen für Behinderte vom 29.3.1988
Landesbauordnung Rheinland-Pfalz (LBauO) vom 12.11.1998
Verwaltungsvorschrift zur Förderung von Wohngemeinschaften behinderter Menschen vom 3.1.1994 (MinBl. 1994, S. 40).

B. Planungsgrundlagen

Soweit durch Bauordnungsrecht eingeführt:
DIN 18022, 11.89, Küchen, Bäder und WC's im Wohnungsbau Planungsgrundlagen
DIN 18024 Teil 1, Jan. 1998, Barrierefreies Bauen, Teil 1: Straßen, Plätze, Wege, öffentliche Verkehrs- und Grünanlagen sowie Spielplätze, Planungsgrundlagen.
EAE 85 Empfehlungen für die Anlage von Erschließungsstraßen.
DIN 18024 Teil 2, Nov. 1996, Barrierefreies Bauen, Teil 2: öffentlich zugängige Gebäude und Arbeitsstätten, Planungsgrundlagen.
DIN 18025 Teil 1 Barrierefreie Wohnungen, Planungsgrundlagen, Wohnungen für Rollstuhlbenutzer, 12. 1992.
DIN 18025 Teil 2 Barrierefreie Wohnungen, Planungsgrundlagen, 12. 1992.

Saarland

A. Rechts- und Verwaltungsvorschriften

Wohnungsbaugesetz für das Saarland in der Fassung der Bekanntmachung vom 20.11.1990 (Amtsblatt des Saarlandes 1991 S. 273), zuletzt geändert durch Art. 13 des Ersten Gesetzes zur Änderung des Dritten Buches Sozialgesetzbuch und anderer Gesetze vom 16.12.1997 (BGBl. I S. 2970)
Förderbestimmungen zum Wohnungsbaugesetz für das Saarland vom 23.01.1990 – WFB 1990 (AmtsBl. S. 157), zuletzt geändert am 27.8.1996 (AmtsBl. S. 973)
Richtlinien zur Durchführung des Wohnungsbauprogrammes im Dritten Förderungsweg vom 20.1.1997 (AmtsBl. S. 82), geändert am 14.4.1998 (AmtsBl. S. 442)
Der Landesaltenplan liegt zwischenzeitlich mit dem Titel „Souverän Älter Werden" in der Fortschreibung 1996 vor, dieser Plan beinhaltet allerdings keine Fördergrundsätze mehr für Investitionen zur Errichtung von Pflegeeinrichtungen. Grundlage für entsprechende Förderung sind nunmehr das Gesetz Nr. 1355 zur Planung und Förderung von Pflegeeinrichtungen vom 21.6.1995 (AmtsBl. Saar, S. 801) sowie die Rechtsverordnung über die Planung und Förderung von Pflegeeinrichtungen vom 16.1.1997 (AmtsBl. Saar, S. 122).

B. Planungsgrundlagen

Gesetz Nr. 1370 Bauordnung für das Saarland (LBO) vom 27.3.1996, §§ 38, 40, 46, 53 und 54.
Garagenverordnung (GarVO) § 4.
Geschäftshausverordnung (GhVO) § 4 und § 5 Abs. 2.
Versammlungsstättenverordnung (VStättVO) § 3a, § 5 Abs. 2, § 15 a und § 24 a+b.
Gaststättenbauverordnung (GastBauVO) § 3, § 4 Abs. 2, § 18 Abs. 4, § 26.

Bauaufsichtliche Richtlinie für Schulen (BASchulR) Ziff. 3.17.
Erschließungsstraßen (kein Bauordnungsrecht).

Soweit durch Bauordnungsrecht eingeführt:
DIN 18022, 11.89, Küchen, Bäder und WC's im Wohnungsbau Planungsgrundlagen
DIN 18024 Teil 1, Jan. 1998, Barrierefreies Bauen, Teil 1: Straßen, Plätze, Wege, öffentliche Verkehrs- und Grünanlagen sowie Spielplätze, Planungsgrundlagen.
EAE 85 Empfehlungen für die Anlage von Erschließungsstraßen.
DIN 18024 Teil 2, Nov. 1996, Barrierefreies Bauen, Teil 2: öffentlich zugängige Gebäude und Arbeitsstätten, Planungsgrundlagen.
DIN 18025 Teil 1 Barrierefreie Wohnungen, Planungsgrundlagen, Wohnungen für Rollstuhlbenutzer, 12. 1992.
Als technische Regel (Liste der technischen Baubestimmungen vom 1.9.1997) bauaufsichtlich eingeführt und im Amtsblatt des Saarlandes vom 18.12.1997 veröffentlicht.
DIN 18025 Teil 2 Barrierefreie Wohnungen, Planungsgrundlagen, 12. 1992.
Als technische Regel (Liste der technischen Baubestimmungen vom 1.9.1997) bauaufsichtlich eingeführt und im Amtsblatt des Saarlandes vom 18.12.1997 veröffentlicht.
Bestellanschrift:
GMBl, Amtsblatt des Saarlandes, SDV Saarbrücker Druckerei und Verlag GmbH, Halbergstraße 3, 66121 Saarbrücken.

Sachsen

A. Rechts- und Verwaltungsvorschriften
B. Planungsgrundlagen

Soweit durch Bauordnungsrecht eingeführt:
DIN 18022, 11.89, Küchen, Bäder und WC's im Wohnungsbau Planungsgrundlagen
DIN 18024 Teil 1, Jan. 1998, Barrierefreies Bauen, Teil 1: Straßen, Plätze, Wege, öffentliche Verkehrs- und Grünanlagen sowie Spielplätze, Planungsgrundlagen.
EAE 85 Empfehlungen für die Anlage von Erschließungsstraßen.
DIN 18024 Teil 2, Nov. 1996, Barrierefreies Bauen, Teil 2: öffentlich zugängige Gebäude und Arbeitsstätten, Planungsgrundlagen.
DIN 18025 Teil 1 Barrierefreie Wohnungen, Planungsgrundlagen, Wohnungen für Rollstuhlbenutzer, 12. 1992.
DIN 18025 Teil 2 Barrierefreie Wohnungen, Planungsgrundlagen, 12. 1992.

Sachsen-Anhalt

A. Rechts- und Verwaltungsvorschriften

1. RdErl. des Min. f. Wohn., Städteb. u. Verkehr vom 3.2.1995 – 22-240/22.21 Verwaltungsvorschriften zum Gesetz über die Bauordnung des Landes Sachsen-Anhalt (VVBauOLSA) (MBl. LSA Nr. 49/95 S. 1885 ff.) mit folgenden Anlagen:
Richtlinie für die Verwendung brennbarer Baustoffe im Hochbau (RbBH)
Sonderverfahren nach Art. 16 und 17 der EG-Bauproduktenrichtlinie
Richtlinie über brandschutztechnische Anforderungen an Lüftungsanlagen in Gebäuden (RbAL)
Richtlinie über den Bau und Betrieb von Hochhäusern (HochhR)
Richtlinie über den Bau und Betrieb von Verkaufsstätten (VSTR)
Richtlinie über den Bau und Betrieb von Versammlungsstätten (VStättR)
Richtlinie über den Bau von Betriebsräumen für elektrische Anlagen (EltBauR)
Richtlinie über den Bau und Betrieb von Gaststätten (GastBauR)
Richtlinie über den Bau und Betrieb von Krankenhäusern (KrBauR)
Anwendungshinweise zur Richtlinie über den baulichen Brandschutz im Industriebau (IndBauR)
Richtlinie über den baulichen Brandschutz im Industriebau (IndBauR)
Richtlinie für automatische Schiebetüren und elektrische Verriegelungen von Türen in Rettungswegen (RASEV)
Anwendungshinweise zu den Richtlinien über den Bau und Betrieb Fliegender Bauten (FlBauR)
Richtlinien über den Bau und Betrieb Fliegender Bauten (FlBauR)
2. Bauvorlagenverordnung (BauVorlVO) vom 30.11.1995 (GVBl. LSA Nr. 45/95 S. 396)
3. Bekanntmachung des MWV vom 20.12.1996 zur Einführung Technischer Baubestimmungen; Liste der Technischen Baubestimmungen (MBl. LSA Nr. 10/97 S. 578)
In Abschnitt 7 sind aufgenommen die Normen DIN 18024 Teil 1 vom April 1976 und DIN 18025 Teil 1 vom Dez. 1992 sowie DIN 18025 Teil 2 vom Dez. 1992.

B. Planungsgrundlagen

Soweit durch Bauordnungsrecht eingeführt:
DIN 18022, 11.89, Küchen, Bäder und WC's im Wohnungsbau Planungsgrundlagen.
DIN 18024 Teil 1, Jan. 1998, Barrierefreies Bauen, Teil 1: Straßen, Plätze, Wege, öffentliche Verkehrs- und Grünanlagen sowie Spielplätze, Planungsgrundlagen.
EAE 85 Empfehlungen für die Anlage von Erschließungsstraßen.
DIN 18024 Teil 2, Nov. 1996, Barrierefreies Bauen, Teil 2: öffentlich zugängige Gebäude und Arbeitsstätten, Planungsgrundlagen.
DIN 18025 Teil 1 Barrierefreie Wohnungen, Planungsgrundlagen, Wohnungen für Rollstuhlbenutzer, 12. 1992, als technische Baubetimmung am 20.12.1996 eingeführt.
DIN 18025 Teil 2 Barrierefreie Wohnungen, Planungsgrundlagen, 12. 1992, als technische Baubestimmung am 20.12.1996 eingeführt.
Bauordnung
Gesetz über die Bauordnung des Landes Sachsen-Anhalt (BauO LSA) und zur Änderung des Ingenieurgesetzes und des Vermessungs- und Katastergesetzes vom 23.6.1994 (GVBl. LSA Nr. 31/94 S. 723)
Bezugsnachweis:
Gesetz und Verordnungsblatt für das Land Sachen-Anhalt (GVBl. LSA) und das Ministrialblatt für das Land Sachsen-Anhalt (MBl. LSA) – Ausgaben bis Ende 1995: Magdeburger Druckerei GmbH, Nachtweide 36-43, 39124 Magdeburg oder PF 1239 39029 Magdeburg, Tel. 0391-223512; Ausgaben ab 1996: Freyburger Buchdruckwerkstätte GmbH, Am Gewerbepark 15, 06632 Freyburg/U., Tel. 034464-3040; Fax 034464-28067.

Schleswig-Holstein

A. Verwaltungsvorschriften

Bekanntmachung der Neufassung der Bestimmungen für die Förderung des sozialen Wohnungsbaues in Schleswig-Holstein, Wohnungsbauförderungsbestimmungen (WFB) vom 2.7.1990, Gl.Nr. 2330.6
Finanzierungsrichtlinien 1997 für die Förderung des sozialen Wohnungsbaues in Schleswig-Holstein vom 22.1.1998.

B. Planungsgrundlagen

Landesbauordnung für das Land Schleswig-Holstein vom 11.7.1990, § 41 (GVBl.), Abs. 3, § 59 Besondere bauliche Maßnahmen, § 41 Aufzüge, Abs. 5, § 59 Abs. 1-5.
Garagenverordnung (GaVO) vom 30.11. 1995 (GVBl. Schl.-H. 1996, S. 67), geändert durch LVO vom 18.9.1997 (GVOBl. Schl.-H., S. 455; § 2 Abs. 3 dazu).
Soweit durch Bauordnungsrecht eingeführt:
DIN 18022, 11.89, Küchen, Bäder und WC's im Wohnungsbau Planungsgrundlagen.
DIN 18024 Teil 1, Jan. 1998, Barrierefreies Bauen, Teil 1: Straßen, Plätze, Wege, öffentliche Verkehrs- und Grünanlagen, Planungsgrundlagen.
EAE 85 Empfehlungen für die Anlage von Erschließungsstraßen.
DIN 18024 Teil 2, Nov. 1996, Barrierefreies Bauen, Teil 2: öffentlich zugängige Gebäude und Arbeitsstätten, Planungsgrundlagen.
DIN 18025 Teil 1 Barrierefreie Wohnungen, Planungsgrundlagen, Wohnungen für Rollstuhlbenutzer, 12. 1992.
Mit Erlass vom 11.4.1997 (AmtsBl. Schl.-H. S. 162) als technische Baubestimmung eingeführt.
DIN 18025 Teil 2 Barrierefreie Wohnungen, Planungsgrundlagen, 12. 1992.
Mit Erlass vom 11.4.1997 (AmtsBl. Schl.-H. S. 162) als technische Baubestimmung eingeführt.

Thüringen

A. Rechts- und Verwaltungsvorschriften

Hinweise und Bewertungskriterien für die Umwandlung und den Ersatz von stationären Pflegeplätzen in Altenpflegeheimen in barrierefreie Wohnungen unter Berücksichtigung der Förderrichtlinie des sozialen Wohnungsbaues
Richtlinie für die investive Förderung zur Herrichtung von barrierefrein Wohnungen und zur Schaffung von Kommunikationsstätten für ältere Menschen
Richtlinien für die Förderung des sozialen Mietwohnungsbaues im Freistaat Thüringen ab Programmjahr 1997 (WBFR Mietwohnungen)
Richtlinie zur Förderung der Modernisierung und Instandsetzung von Mietwohnungen ab Programmjahr 1998 (ThürModR-Mietwohnungen)
Förderrichtlinie über die Gewährung von Zuwendungen zur Wohnungsanpassung für behinderte und kranke Personen und zur Behebung außerordentlicher Wohnungsnotstände sozial schwacher Haushalte ab Programmjahr 1997 (ThürR Beihilfe)
Förderrichtlinie zur Gewährung von Baukostenzuschüssen bei der Modernisierung von Wohnungen durch Mieter ab Programmjahr 1997 (MieterModR)
Richtlinie zur Förderung der Modernisierung und Instandsetzung von Eigenheimen und eigengenutzten Eigentumswohnungen ab Programmjahr 1997 (ThürModR-Eigenwohnraum)
Richtlinie für die Förderung der Schaffung und des Erwerbs von Eigenwohnraum ab Programmjahr 1997 (WBFR Eigenwohnraum)
Förderrichtlinie zur Gewährung von Zuschüssen bei der Privatisierung von Wohnungen ab Programmjahr 1997 (ThürPrivR)
Förderung des sozialen Wohnungsbaues in Thüringen
Wohnungsbauförderbestimmungen 1995 (WFB 1995)

B. Planungsgrundlagen

Soweit durch Bauordnungsrecht eingeführt:
DIN 18022, 11.89, Küchen, Bäder und WC's im Wohnungsbau, Planungsgrundlagen.
DIN 18024 Teil 1, Jan. 1998, Barrierefreies Bauen, Straßen, Plätze, Wege, öffentliche Verkehrs- und Grünanlagen sowie Spielplätze, Planungsgrundlagen.
EAE 85 Empfehlungen für die Anlage von Erschließungsstraßen.
DIN 18024 Teil 2, Nov. 1996, Barrierefreies Bauen: öffentlich zugängige Gebäude und Arbeitsstätten, Planungsgrundlagen.
DIN 18025 Teil 1 Barrierefreie Wohnungen, Planungsgrundlagen, Wohnungen für Rollstuhlbenutzer, 12.1992.
DIN 18025 Teil 2 Barrierefreie Wohnungen, Planungsgrundlagen, 12.1992.

21.13 Landesbauordnungen

Hinsichtlich der baulichen Anforderungen sind neben den Bestimmungen der Förderrichtlinien auch jene der Landesbauordnungen zu beachten.
Die Arbeitsgemeinschaft der für das Bau-, Wohnungs- und Siedlungswesen zuständigen Minister und Senatoren der Länder (ARGEBAU) hat bereits im Jahre 1973 die Musterbauordnung wie folgt ergänzt:
§ 72a Bauliche Maßnahmen für besondere Personengruppen
(1) Bauliche Anlagen und andere Anlagen und Einrichtungen, die von Behinderten, alten Menschen und Müttern mit Kleinkindern nicht nur gelegentlich aufgesucht werden, sind so herzustellen und zu unterhalten, dass sie von diesen Personen ohne fremde Hilfe zweckentsprechend genutzt werden können. § 72 bleibt unberührt.
(2) Absatz 1 gilt insbesondere für die dem allgemeinen Besucherverkehr dienenden Teile von
1. Waren- und sonstigen Geschäftshäusern
2. Versammlungsstätten einschließlich der für den Gottesdienst bestimmten Anlagen
3. Büro- und Verwaltungsgebäuden, Gerichten
4. Schalter- und Abfertigungsräumen der Verkehrs- und Versorgungseinrichtungen und der Kreditinstitute
5. Museen, öffentliche Bibliotheken, Messe- und Ausstellungsbauten
6. Krankenanstalten
7. Sportstätten, Spielplätze u.ä. Anlagen
8. Öffentlichen Bedürfnisanstalten
9. Stellplätzen und Garagen, die zu den Anlagen und Einrichtungen nach Nr. 1 bis 7 gehören.

Für andere als in Abs. 1 aufgeführte Anlagen und Einrichtungen, insbesondere für Schulen und ähnliche Ausbildungsstätten, können im Einzelfall Anforderungen nach Abs. 1 gestellt werden.
(3) Für bauliche Anlagen und andere Anlagen und Einrichtungen, die überwiegend oder ausschließlich von Behinderten, alten Menschen und Müttern mit Kleinkindern benutzt oder betreten werden, wie
1. Tagesstätten und Heime für Behinderte
2. Alten-, Altenwohn- und Altenpflegeheime
3. Tageseinrichtungen für Kinder
gilt Abs. 1 nicht nur für die dem allgemeinen Besucherverkehr dienenden Teile, sondern für die gesamte Anlage und die gesamten Einrichtungen.
Auch für die Garagenverordnungen, die Geschäftshausverordnungen, die Versammlungsstättenverordnungen sowie die Gaststättenverordnungen wurden von der ARGEBAU in den vergangenen Jahren Ergänzungen zu den Musterentwürfen erarbeitet.
Zur Zeit wird erwogen, die Musterbauordnung im Hinblick auf die Belange der Behinderten und Betagten zu ändern, damit eine einheitliche Regelung in den Landesbauordnungen möglich ist.

22.0 Östliche Bundesländer – Ausgangsbedingungen und Entwicklung

Herwig Loeper

22.1 Einleitung

Mit dem Einigungsvertrag wurden für das Gebiet der ehemaligen DDR die rechtlichen Voraussetzungen für eine grundlegende Veränderung der politischen, gesellschaftlichen und wirtschaftlichen Verhältnisse geschaffen.
Der nachfolgende Abschnitt ist der Versuch eines Rück- und Einblicks zugleich. Einerseits soll er eine Übersicht über die seinerzeitigen Ausgangsbedingungen in den östlichen Bundesländern für die Gestaltung einer alten- und behindertengerechten Umwelt vermitteln, andererseits gilt es, Zusammenhänge darzustellen, deren Kenntnis für ein besseres Verständnis der Situation, für die realistische Beurteilung der Möglichkeiten und vor allem für gegenwärtige und künftige Planungsentscheidungen hilfreich sein kann.
Nicht zuletzt möge er dazu beitragen, auch die Chancen dieser besonderen historischen Situation zu nutzen, indem in partnerschaftlicher Zusammenarbeit der Beteiligten neben bewährten Lösungen auch neue erschlossen werden.

22.2 Wohnungsbau in der ehemaligen DDR

Der Wohnungsbau in der ehemaligen DDR war nach dem Zweiten Weltkrieg bis in die 60er Jahre weitgehend durch das übergroße Wohnungsdefizit und den Wiederaufbau der kriegszerstörten Städte geprägt. Daneben standen einzelne, ehrgeizige Stadtneugründungen und Wohnungsbauvorhaben im Zusammenhang mit der Entwicklung größerer Industriestandorte.
Für alleinstehende, betreuungs- und pflegebedürftige Menschen gab es lange Zeit nur wenige, überwiegend konfessionelle Einrichtungen sowie Unterkünfte in notdürftig für diese Zwecke hergerichteten Gebäuden.
1956 wurde mit einer Verordnung über die Fürsorge in staatlichen Feierabend- und Pflegeheimen ein erster Schritt zur speziellen Wohnungsversorgung alter Menschen getan, dem nach und nach auch der Bau neuer Heime folgte.
Erst Anfang der 70er Jahre wurde durch „Partei und Regierung" im Rahmen des

Wohnungsbauprogramms bis 1990, neben dem Neubau und der Modernisierung von ca. 3 Millionen Wohnungen, auch der Bau von altengerechten Wohnungen und so genannten Wohnhäusern für ältere Bürger sowie der Bau von Wohnungen für Körperbehinderte beschlossen.

Nach zentralen städtebaulichen Planungskennziffern und Projektierungsrichtlinien sollten im Zuge des komplexen Wohnungsbaus, parallel mit der Erstellung neuer Wohnungen Kindereinrichtungen, Schulen und andere Gemeinschaftseinrichtungen entstehen. Auch die Errichtung von so genannten Sonderwohnformen wurde auf diese Weise geregelt. Danach waren, vorwiegend auf der Basis von Wiederverwendungsprojekten, in Neubaugebieten folgende Kapazitäten je 1 000 Einwohner vorzusehen:

- 28 altengerechte Wohnungen im Erdgeschoss oder 1. Obergeschoss allgemeiner Wohnbauten
- 12 altengerechte Wohnungen in speziellen Wohnhäusern für ältere Bürger
- 3 rollstuhlgerechte Wohnungen
- 8 Plätze in Feierabend- und Pflegeheimen.

Bis Ende der 80er Jahre wurde an diesen und anderen in der Komplexrichtlinie für die städtebauliche Planung von Neubaugebieten fixierten Werten festgehalten, obwohl sich bereits 1981 bei einer Analyse von 35 neuen Wohngebieten mit insgesamt rund 132 Tausend Wohnungen und 370 Tausend Einwohnern deutlich gezeigt hatte, dass im Durchschnitt bei Heimen mehr als das zweieinhalbfache der staatlichen Richtwerte realisiert wurde, bei alten- und behindertengerechten Wohnungen dagegen in der Regel nur die Hälfte der geforderten Stückzahl.

Dass intern der Entwicklung von Heimen der Vorzug gegeben wurde, resultierte bis ans Ende der DDR-Staatlichkeit wohl nicht nur aus einer administrativen und fachlichen Fehlorientierung, sondern letztlich auch daraus, dass die Baubetriebe im Rahmen ihrer Staatsplanauflagen jeden geschaffenen Heimplatz, somit jedes Bett, als eine Wohnung für das staatliche Wohnungsbauprogramm abrechnen konnten.

Über viele Jahre hat jedoch vor allem die schematische Handhabung theoretischer Planungsrichtwerte ohne ausreichende regionale Differenzierung bzw. Berücksichtigung empirisch-analytisch ermittelter Bedarfsgrößen zur ineffektiven Nutzung vorhandener Heim- oder Krankenhauskapazitäten geführt. So wurden nicht nur vielerorts unwirtschaftliche Behelfslösungen aufrechterhalten, sondern auch bei der Planung neuer Heime schwerwiegende Fehler begangen.

Darüber hinaus blieben bauliche Maßnahmen für ältere und behinderte Menschen durch eine investitionsmäßige a priori-Bindung an die Vorhaben des komplexen Wohnungsbaus und damit im wesentlichen auf etwa 160 so genannte Komplexstandorte beschränkt. Viele Klein- und Mittelstädte konnten bis in die Mitte der 80er Jahre kaum große Neubauvorhaben verzeichnen und verkamen infolge gleichzeitiger Vernachlässigung von Sanierungs- und Modernisierungserfordernissen in ihrer Bausubstanz sowie sozialen und technischen Infrastruktur.

Vor allem Städte mit 2 bis 10 Tausend Einwohnern, aber auch kleinere und größere Mittelstädte mit ursprünglich überwiegend handwerklichen bzw. klein- und mittelständischen Betrieben im Süden der ehemaligen DDR verloren in den Jahren zusehends ihre wirtschaftliche Existenzgrundlage. Ostberlin, die ehemaligen Bezirksstädte und andere Schwerpunkte des komplexen Wohnungsbaus boten demgegenüber eher berufliche Perspektiven und die Hoffnung auf eine moderne Wohnung. Während einerseits in Klein- und Mittelstädten, aber auch in den Altbaugebieten der Großstädte tausende sanierungsbedürftige Altbauten und Wohnungen unterbelegt oder unbewohnbar leerstanden, blieb andererseits selbst in den Städten mit großen Neubaugebieten der Effekt des Wohnungsbauprogramms durch den Zustrom neuer Bewohner aus dem Umland weit hinter den Erwartungen zurück. Für ältere Menschen war es deshalb stets sehr schwer, eine moderne Wohnung zu erhalten.

Demgegenüber brachte der Bau von rollstuhlgerechten Wohnungen für manche Familien mit einem schwerbehinderten Angehörigen oder auch für selbstständige, erwachsene Rollstuhlbenutzer unvergleichlich bessere Wohnverhältnisse als zuvor. Die zu geringe Anzahl der Wohnungen, ihre verkehrsungünstige Einordnung in Neubaugebiete am Stadtrand sowie ungelöste Vergabe- bzw. Wiedervergabeprobleme standen häufig den positiven Aspekten entgegen.

In den Dörfern, den Zentren der landwirtschaftlichen Großbetriebe, fand der Abwanderungsprozess jüngerer Arbeitskräfte kaum statt. Während sich die Jüngeren neue Wohnungen in Form von Einfamilienhäusern bauten, lebt heute die Mehrheit der alten Menschen dort in Wohnungen mit extremem Substandard.

Generell konnte in den Dörfern und Städten der ehemaligen DDR eine deutliche Benachteiligung der Wohnungsversorgung älterer Menschen in linearer Abhängigkeit zur Gemeindegröße festgestellt werden. Besonders Orte bis 10 Tausend Einwohner stellten sich mit ihren Wohnbedingungen für ältere und auch behinderte Menschen besonders problematisch dar, zumal in ihnen seinerzeit über 40 % der Rentner lebten.

In den Mittel- und Großstädten zeigte sich Anfang der 90er Jahre noch eine signifikante Abhängigkeit zwischen dem Baualter der Wohnungen und dem ihrer Bewohner. Überproportional häufig vertreten waren ältere Menschen auch in älteren Neubaugebieten der 50er und 60er Jahre sowie in Ein- und Zweifamilienhäusern dieser Zeit. Fast 90 % der Rentner lebten in Ein- und Zweipersonenhaushalten. Mit zwei Dritteln dominieren Altenhaushalte in Mehrfamilienhäusern. In Heimen lebten etwa 5 % der Menschen mit über 60 bzw. 65 Jahren. In Ostberlin waren es 1989 fast 9 %, in ländlichen Regionen dagegen oft weniger als 3 %.

Während in den westlichen Bundesländern seinerzeit etwa 70 % der Haushalte alter Menschen modern ausgestattet waren und somit über eine Sammelheizung, Bad/Dusche und WC verfügten bzw. nur 6 % der Wohnungen im Bereich eines gewissen Substandards (keine Sammelheizung, mangelhafte Sanitärausstattung) lagen, lebten in den östlichen Bundesländern zu Beginn der 90er Jahre etwa zwei Drittel der Haushalte älterer Menschen in Wohnungen ohne Sammelheizung, und ungefähr jeder dritte Haushalt war durch schwere Ausstattungsmängel im Sanitärbereich gekennzeichnet.

Etwa 360 Tausend Altenhaushalte hatten weder ein Bad noch ein Innen-WC.

22.3 Probleme und Entwicklung typischer Wohngebiete

Unter Beachtung der zuvor umrissenen Rahmenbedingungen werden nachfolgend, analog zu entsprechenden Untersuchungen in den westlichen Bundesländern, die Hauptlebensräume älterer und auch behinderter Menschen in den östlichen Bundesländern analysiert und in Hinblick auf ihre Voraussetzungen für eine barrierefreie, alten- und behindertenorientierte Wohnungsbau- und Stadtentwicklung gegenübergestellt.

Dabei sind im wesentlichen folgende Wohngebiete zu unterscheiden:
- Innerstädtische Altbaugebiete
- Wohnsiedlungen/Neubaugebiete
- Kleinstädte und ländliche Siedlungen.

22.3.1 Innerstädtische Altbaugebiete

Innerstädtische Altbaugebiete sind je nach Stadtgröße in der Regel durch eine mehr oder weniger dichte Blockrandbebauung aus zwei- oder mehrgeschossigen Wohngebäuden gekennzeichnet. Darüber hinaus besteht teilweise eine Durchmischung mit kleinen Handelseinrichtungen und Handwerksbetrieben, gastronomischen, kulturellen und anderen Funktionen. Häufig waren jedoch die ehemals gewerblich genutzten Erdgeschosse und Quartierbereiche im Zuge der Verstaatlichung in der ehemaligen DDR weitgehend verödet oder in Lager oder andere Nutzungen verwandelt worden und hatten damit in der Regel weder einen sozialen noch wirtschaftlichen Bezug zum Wohnquartier.

Als Hauptwohnbereiche älterer Menschen in den Mittel- und Großstädten bedurften diese Gebiete dringend einer grundlegenden Sanierung einschließlich wohnumfeldverbessernder Maßnahmen.

In den Jahren seit 1990 hat sich vielerorts eine sehr intensive Entwicklung vollzogen. Neben der Auflösung alter, störender Betriebe und der Durchsetzung verkehrsberuhigender Maßnahmen in Wohngebieten und innerstädtischen Bereichen einerseits ist allgemein eine soziale und wirtschaftliche Revitalisierung der traditionellen Funktionsmischung auch in diesen Gebieten feststellbar.

Darüber hinaus sind folgende Aufgabenschwerpunkte zunehmend in der Diskussion, in der Praxis jedoch nach wie vor unzureichend umgesetzt:
– Verwirklichung eines barrierefreien, alten- und behindertenorientierten Wohnungsangebotes durch Wohnungsanpassung, Modernisierungs- und Neubauergänzungsmaßnahmen
– Projekte für ein generationsübergreifendes Zusammenleben von älteren und jüngeren Bewohnern bis hin zu Wohn-, Betreuungs- oder Pflegegemeinschaften
– Neue Angebote für stationäre Pflege und Betreuung sowie ambulante, soziale Hilfs- und Pflegedienste (Sozialstationen, Tages- und Kurzzeitpflegeeinrichtungen, Krankenwohnungen, u.a.)
– Quartierbezogene Gemeinschaftseinrichtungen (Klubs, Treffs, Freiräume u.a.)
– Maßnahmen zur barrierefreien Gestaltung des Wohnumfeldes sowie der Verkehrsanbindungen.

Die innerstädtischen Altbaugebiete in den Städten der östlichen Bundesländer bieten zur Realisierung dieser Zielstellung im Vergleich zu anderen Wohnquartieren allgemein relativ günstige Voraussetzungen, denn
– die Bewohner verbindet trotz des teilweise noch schlechten Wohnungsstandards ein hohes soziales Identifikationsgefühl mit ihrem Wohngebiet
– notwendige baulich-räumliche Maßnahmen können von Anfang an in die Sanierungs- und Modernisierungsplanung einfließen und ggf. durch geeignete Förderungsprogramme gestützt werden
– die traditionell errichteten Gebäude bieten in ihren räumlichen und konstruktiven Parametern gute Voraussetzungen für strukturelle und bautechnische Maßnahmen
– die Maßnahmen haben durch ihre innerstädtische Einbindung für den Gesamtstadtorganismus quartierübergreifende Wirkung.

22.3.2 Wohnsiedlungen (Neubaugebiete)

Wohnsiedlungen, oder im Sprachgebrauch der ehemaligen DDR meist als Neubaugebiete bezeichnete Wohnquartiere, entstanden nach dem Zweiten Weltkrieg am Rande vieler größerer Städte.

Bis in die 80er Jahre wurde nahezu der gesamte staatliche und genossenschaftliche Wohnungsneubau auf diese Weise realisiert. Während die kleineren Wohnsiedlungen der 50er und 60er Jahre noch eine gewisse Anbindung an die Kernstädte besaßen, entwickelten sich die Großsiedlungen der 70er und 80er Jahre zu weitgehend autarken, monofunktionalen Stadtgebilden, teilweise mit Einwohnerzahlen von Großstädten (Berlin-Marzahn 35 000 WE, Leipzig-Grünau 30 000 WE). Die so genannten gesellschaftlichen Einrichtungen beschränkten sich jedoch weiterhin auf elementare Versorgungsaufgaben ohne besonderen Anspruch auf Urbanität oder ein Zusammenleben verschiedener Generationen.

Während heute in den älteren Wohnsiedlungen der 50er und 60er Jahre die aus der Monostruktur resultierenden sozialen und wirtschaftlichen Konflikte bereits erkennbar sind, stehen zusätzlich mit der breiten Überalterung der neueren Großsiedlungen weitere Probleme vor der Tür, an deren Bewältigung die Kommunen und Wohnungsbaugesellschaften bereits heute intensiv arbeiten müssen. Dem Strukturwandel zu einem generationsübergreifenden Zusammenleben muss dabei ein hoher Stellenwert eingeräumt werden.

Reichlich bemessene Frei- und Abstandsflächen sowie großräumige, ebenerdige Pkw-Stellplätze bieten häufig gute Voraussetzungen für eine strukturverbessernde Verdichtung sowie funktionelle und architektonische Aufwertungen der Siedlungen. Raum- bzw. quartierbildende Kopf-, Verbindungs- und Ergänzungsbauten ermöglichen nicht nur eine intensivere Baulandnutzung, sondern beinhalten auch die Chance zur verbesserten Ausstattung der Wohngebiete mit kommerzieller und sozialer Infrastruktur.

Als Problem in den älteren Wohnsiedlungen stellt sich vor allem das Überangebot relativ kleiner Wohnungen dar und damit das Defizit an zeitgemäßen modern ausgestatteten Familienwohnungen. Ebenso fehlen Angebote des Betreuten Wohnens sowie Wohnungen für Wohngemeinschaften jüngerer und ebenso auch älterer Menschen.

Außerdem ist die Anpassung, Modernisierung und Ergänzung des Wohnungsbestandes für eine alten- und behindertengerechte Nutzbarkeit sowie der Ausbau leistungsfähiger Dienstleistungsangebote bis hin zu Sozialstationen, Kurz- und Tagespflegeeinrichtungen sowie ambulanten Diensten der häuslichen Alten- und Krankenpflege, ggf. auch der Bau kleinerer integrierter Pflegeheime mit Wohncharakter erforderlich. Mit der Zeit nicht mehr benötigte Kindereinrichtungen und Schulen sollten dabei auf eine mögliche Umnutzung geprüft werden.

All das für ältere Wohnsiedlungen Gesagte, trifft zunehmend natürlich auch für die jüngeren Wohnsiedlungen zu. Im Gegensatz zu den älteren Wohnquartieren verfügen die Gebäude und Wohnungen in den jüngeren Wohnsiedlungen aber bereits heute über eine relativ moderne Ausstattung und bei mehr als fünf Etagen auch über einen Aufzug, so dass sie von vornherein bessere Voraussetzungen für ein Verbleiben in ihnen bis ins höhere Alter bieten. Dennoch werden die oftmals auch hier sehr kleinen Wohnungen (durchschnittlich knapp 60 m^2) mit ihren beengten und sehr einfach ausgestatteten Sanitärräumen kaum spezifischen Anforderungen älterer und behinderter oder gar pflegebedürftiger Menschen gerecht. Auch Anpassungsmaßnahmen und Umbauten stoßen in den industriell vorgefertigten Stahlbetonbauten und Sanitärraumzellen häufig im wahrsten Sinne des Wortes auf enge Grenzen bzw. sind teilweise nur mit erheblichem Aufwand realisierbar. Zahlreiche positive Modernisierungsbeispiele von Plattenbauten zeugen dennoch davon, dass in der Praxis für lähmende Skepsis kein Raum mehr und zur Sanierung der Plattenbausiedlungen keine realistische Alternative besteht.

22.3.3 Kleinstädte und ländliche Siedlungen

Kleinstädte und ländliche Siedlungen bis 10 Tausend Einwohner waren vor 1990 die Lebensräume und Wohnstandorte für mehr als 40 % der älteren Menschen in der ehemaligen DDR. Sie verfügten nicht nur über eine Wohnungssubstanz mit gravierenden Bau- und Ausstattungsmängeln infolge hohen Baualters, sondern häufig auch über eine sehr schlechte wirtschaftliche, soziale und technische Infrastruktur bis hin zur mangelhaften Verkehrsanbindung. In den letzten Jahren hat sich auch in diesen Bereichen die Wohnsituation und das infrastrukturelle Angebot wesentlich verbessert. Die Verkehrsanbindung kleinerer Städte und ländlicher Siedlungen dagegen gestaltet sich durch Stilllegungen von Nebenstrecken der Reichsbahn und Busverbindungen eher schwieriger.

Ältere Menschen, die lebenslang über kein Auto verfügten bzw. aus Altersgründen ein solches nicht mehr benutzen können, werden dadurch auf eklatante Weise in ihrer Mobilität eingeschränkt und möglicherweise von lebenswichtigen Versorgungsfunktionen der größeren Städte abgeschnitten.

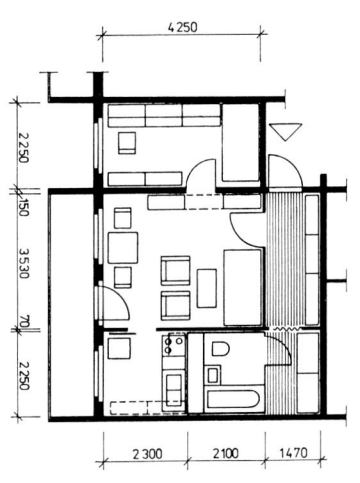

22/1 Ehemals als gehbehindertengerecht ausgewiesene Zweizimmerwohnung in der Wohnungsbauserie 70, Dresden, M 1:200

22/3 Appartementhaus für ältere Bürger in Wismar (73 Wohnungen, Gemeinschaftsräume und Räume für medizinische Betreuung), erbaut 1977

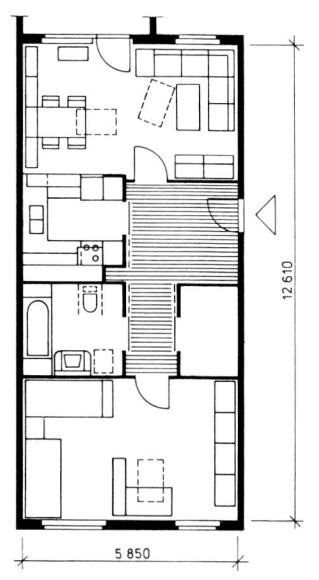

22/2 Ehemals als rollstuhlgerecht ausgewiesene Zweizimmerwohnung in der Wohnungsbaureihe 80, Erfurt, M 1:200

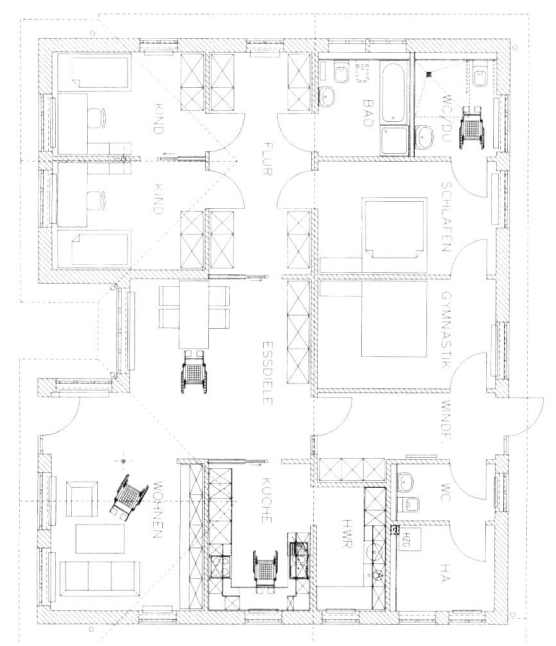

22/4 Neubau (1997) eines rollstuhlgerechten Einfamilienhauses nach DIN 18025/01 in Neudorf/Erzgeb., M 1:250. Architekt H. Loeper, Berlin

22/5 Neubau (1997) des Altenpflegeheimes „Sankt Stephanus" in Osterwieck/Harz, 72 Plätze in 6 Wohngruppen, Betreutes Wohnen und kirchl. Sozialstation. Entwurf: Architekt H. Loeper, Berlin

Die Kombination von unzureichender Infrastruktur, fehlenden sozialen Diensten und erheblichen Mobilitätsbeschränkungen lassen auch heute noch Kleinstädte und ländliche Siedlungen in den östlichen Bundesländern zu ausgesprochenen Problemregionen für ältere und behinderte Menschen werden.

Die überschaubaren sozialen Strukturen, die Nähe zur Natur sowie die fußläufige Erreichbarkeit der wenigen Versorgungsangebote kann dazu keinen Ausgleich schaffen. Zweifellos können die Lebensbedingungen für ältere Menschen auch in diesen Städten und Regionen durch eine alten- und behindertenorientierte Wohnungsbau-, Stadt- und Wohnumfeldentwicklung wesentlich verbessert werden. Der Ausstattung mit der notwendigen Infrastruktur werden jedoch allein aus wirtschaftlicher Sicht enge Grenzen gesetzt sein. Auch die üblichen Modelle der Altenhilfe werden damit nicht angemessen einsetzbar sein, so dass verstärkt auf nachbarliche, familiäre und wohngemeinschaftliche Interaktionen und Hilfen abgestellt werden muss. Erfolgsversprechende Lösungen könnten überörtlich organisatorisch und wirtschaftlich vernetzte ambulante Dienste sowie ein entsprechender regionaler Verband von Wohnstätten und Kleinstpflegeheimen sein, die die soziale Bindung erhalten helfen und als Teil einer größeren Wirtschaftseinheit (z.B. Altenzentrum) finanziell und personell gesichert werden.

Generationsübergreifende Wohnangebote und Dienste sowie Kurzzeit- und Tagespflegeeinrichtungen können vermutlich auch in dünnerbesiedelten Regionen wichtige Elemente im sozialen Netz sein. Darüber hinaus lassen sich auch ortsansässige Handwerksbetriebe, Gaststätten, Dienstleistungs- und Handelseinrichtungen motivieren, sich werbewirksam bzw. kostenneutral an einem kommunalen Serviceprogramm für ältere und behinderte Menschen zu beteiligen (Essen auf Rädern, Reparaturdienste, Notrufsysteme, Fahrdienste u.a.).

Leider ist erkennbar, dass der Einsatz von Fördermitteln und die Interessen der Wirtschaft erneut den Bau von größeren Heimen als „schnelle Hilfe" den Vorzug geben. Gern wird dabei auf die immernoch offenkundigen Defizite und Missstände im Pflegebereich verwiesen und ein Vergleich mit der Nachkriegssituation in den westlichen Bundesländern gezogen.

Moderne, dezentralisierte Konzepte, wie sie sich in den westlichen Bundesländern mehr und mehr herausbilden (z.B. Kleeblattmodell für Kleinstpflegeheim in Baden-Württemberg) werden oftmals infolge fehlender Infrastruktur in den östlichen Bundesländern als derzeit wirtschaftlich nicht vertretbar angesehen.

Es muss deshalb sehr deutlich auf die Gefahr hingewiesen werden, dass mit einer konservativen, rein quantitativen Bedarfsdeckung, z.B. durch den forcierten Bau größerer Pflegeheime, solchen Lösungen ganz der Boden entzogen wird. Die Chancen zur Entwicklung differenzierter und integrierter Wohn- und Betreuungsangebote für ältere und behinderte Menschen sowie infrastruktureller Voraussetzungen für ein gemeindenahes Modell können schnell auf lange Zeit vertan sein.

22.4 Zur Entwicklung einzelner Elemente alten- und behindertengerechter Lebensräume in den östlichen Bundesländern

22.4.1 Alten- und behindertengerechte Wohnungen

Nach den entsprechenden Planungs- und Projektierungsrichtlinien wurde in der ehemaligen DDR unterschieden nach altenadäquaten Wohnungen und Wohnungen Gehbehinderter (so genannte Versehrtengruppe I) sowie Wohnungen für Rollstuhlbenutzer (so genannte Versehrtengruppe II). Die an sie gestellten Anforderungen entsprachen weitgehend denen, wie sie auch in der DIN 18025 Teil 1 bzw. 2 fixiert sind. In der Praxis jedoch waren diese Wohnungen häufig mit vielfältigen Fehlern behaftet und entsprachen auch hinsichtlich ihrer städtebaulichen Einordnung und Anbindung an soziale Dienste nur selten den Erfordernissen. Häufig wurden neue Ein- und Zweizimmerwohnungen in Erdgeschosslage statistisch als altengerechter Wohnraum erfasst, jedoch nicht wirklich an ältere Menschen vergeben. Auch zahlreiche Rollstuhlfahrerwohnungen werden heute nicht mehr entsprechend ihrer ursprünglichen Zweckbestimmung genutzt (Abb. 22/1+2).

Zur Schaffung barrierefreier bzw. rollstuhlgerechter Wohnungen wird es künftig vor allem von Bedeutung sein, inwieweit die Bereitstellung von Wohnungsbaufördermitteln an die Einhaltung der Empfehlungen der DIN 18025 gekoppelt wird bzw. die Wohnungsbauförderungsgesetze der Länder die entsprechenden Forderungen aufnehmen. Gestützt wird diese Forderung durch den Beschluss der Bauministerkonferenz vom Dezember 1997 in Potsdam, auf Antrag von Nordrhein-Westfalen eine Vorschrift über barrierefreies Bauen in Mehrfamilienhäusern in die Musterbauordnung aufzunehmen. Danach sollen in Gebäuden mit mehr als zwei Wohnungen die Wohnungen eines Geschosses barrierefrei erreichbar sein. In diesen Wohnungen sollen die Wohn- und Schlafräume, eine Toilette, ein Bad und die Küche oder Kochnische mit dem Rollstuhl zugänglich sein. Wünschenswert bleibt darüber hinaus die Forderung, einen barrierefreien Wohnungsbau gemäß DIN 18025 Blatt 02 schrittweise zum allgemeinen Wohnungsbaustandard werden zu lassen.

22.4.2 Wohngemeinschaften und geschützte Wohnheime

Wohngemeinschaften, vorrangig psychisch Behinderter, existierten in der DDR als so genannte geschützte Wohnformen in der Regel innerhalb von Gruppenwohnungen (1988 etwa 200) oder speziellen „geschützten Wohnheimen", im extramuralen Bereich unter Obhut psychiatrischer Krankenhäuser und Dispensaires.

Vereinzelt gab es auch Wohngemeinschaften Körperbehinderter. Nennenswerte Erfahrungen dazu sind dem Verfasser jedoch nicht bekannt.

22.4.3 Beratung zur alten- und behindertengerechten Wohnungsanpassung

Beratungsstellen, wie sie in den meisten westlichen Bundesländern, vor allem von bzw. in Zusammenarbeit mit den Architektenkammern, seit Jahren erfolgreich betrieben und genutzt werden, befinden sich in den östlichen Bundesländern erst noch im Aufbau. Der teilweise bestehende Mangel an sachkundiger Beratung und Information sowie die gegenüber den Altländern noch vergleichsweise deutlich schlechteren Wohnbedingungen lassen diese Beratungsdienste außerordentlich wichtig werden, zumal die Wohnungsanpassung als schnelle und kostengünstige Lösung, als erste Möglichkeit zur Verbesserung der Wohnbedingungen gesehen werden muss.

22.4.4 Wohnhäuser für ältere Bürger/ Appartementhäuser/ befürsorgtes Wohnen/ Altenwohnheime

Spezielle Wohnhäuser mit Gemeinschaftsräumen und ambulanten Betreuungsleistungen wurden seit Mitte der 70er Jahre in mehreren Bezirken der ehemaligen DDR in Form wiederverwendungsfähiger Projektlösungen gebaut. Sie bestanden im wesentlichen aus Ein- und Zweizimmerwohnungen sowie einigen Gemeinschaftsräumen im Erdgeschoss. Die Betreuung der Häuser erfolgte größtenteils durch die Volkssolidarität. 1988 gab es 101 solcher Häuser mit rund 42 Tausend Wohnplätzen (Abb.22/3). Die Gebäude verfügten in der Regel über einen Aufzug, waren aber nicht auf die Erfordernisse von Schwerbehinderten und Rollstuhlbenutzern ausgelegt. Diese Gebäude werden heute in der Regel im Zuge von Modernisierungsmaßnahmen in Stätten des Betreuten Wohnens umgewandelt.

22.4.5 Mehrgenerationen-Wohnungen

Mit Ausnahme selbstbenutzter Eigentumswohnungen oder Einfamilienhäuser waren im genossenschaftlichen und staatlichen Wohnungsbau der ehemaligen DDR Bedingungen für ein wunschgemäßes Zusammenleben mehrerer Generationen in einem Haushalt kaum realisierbar. Die beengten Wohnverhältnisse der Familien, aber auch die hohe Beschäftigungsquote der Frauen von über 90 % setzten der Bereitschaft der Aufnahme behinderter und pflegebedürftiger Angehöriger in den Haushalt enge Grenzen.

Mit steigenden Pflegekosten in den Heimen und einer veränderten Arbeitsmarktsituation haben jedoch Familienpflege und Mehrgenerationswohnen auch in den östlichen Bundesländern wieder an Bedeutung gewonnen. Geeignete Wohnungsangebote sind jedoch noch selten.

22.4.6 Feierabend- und Pflegeheime/Altenheime/Altenpflegeheime

Etwa zwei Drittel aller Feierabend- und Pflegeplätze der östlichen Bundesländer befanden sich Anfang der 90er Jahre in Altbauten, die nicht den Mindestanforderungen der Heimmindestbauverordnung entsprachen. Ihre Überprüfung, Modernisierung, Aussonderung oder ihr Ersatz waren damit vorbestimmt.

Der Neubau von so genannten Feierabend- und Pflegeheimen wurde in der ehemaligen DDR seit 1971 auf der Grundlage einer speziellen Projektierungsrichtlinie sowie nach der TGL10733 Blatt 5 geplant und in der Regel nach den staatlichen Planungsvorgaben im Rahmen des so genannten komplexen Wohnungsbaus realisiert.

Die räumlich-funktionellen und technischen Anforderungen an die Heime entsprachen, mit Ausnahme geringerer Zimmergrößen und eines hohen Anteils von Doppelzimmern, weitgehend den entsprechenden Planungsempfehlungen in der damaligen Bundesrepublik und gingen seit Anfang der 80er Jahre in weiten Teilen durchaus über die Heimmindestbauverordnung hinaus

Dennoch können auch diese Heime ohne eine grundlegende Modernisierung heutigen Anforderungen nicht mehr standhalten. Sie sind mit häufig mehr als 200 Plätzen allgemein zu groß, zentrale Versorgungsfunktionen sind für einen wirtschaftlichen Betrieb weit überdimensioniert und zu personalaufwendig, die Wohnetagen sind nach einem traditionellen Stationsbetrieb organisiert, es fehlt an Wohnatmosphäre und vor allem an ausreichend Einzelzimmern. Baulicher Zustand und Ausstattung sind meistens stark modernisierungsbedürftig.

Neben dem Neubau zahlreicher neuer Altenpflegeeinrichtungen wurden in den ver-

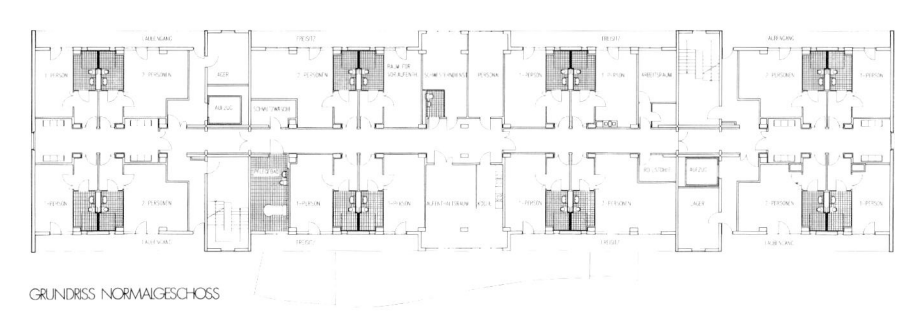

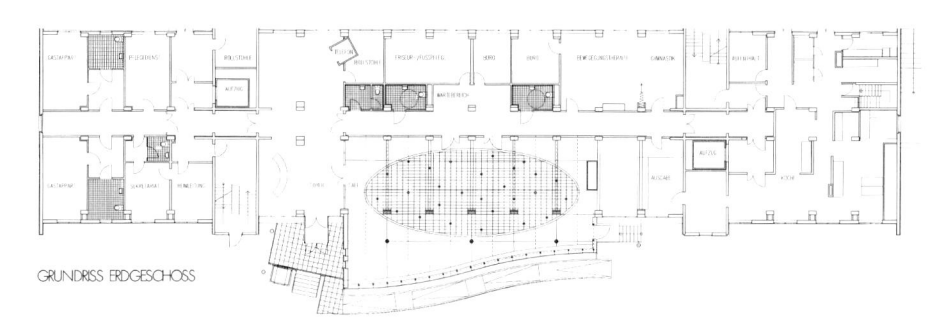

22/6 1996/97 modernisiertes Pflegeheim Sala und Martin Kochmann, Berlin, Weinbergweg, 129 Plätze
Mod. durch Architekten Kny & Weber, Berlin.
Das ehemalige Feierabend- und Pflegeheim vom Typ Berlin wurde seit 1974 in Stahlbetonskelettbauweise mit bis zu 280 Wohn- und Pflegeplätzen auf über 30 Standorten in Ost-Berlin errichtet.
(Gerhard Zwickert)

gangenen Jahren auch viele bestehende Einrichtungen neu strukturiert und modernisiert. Grundlage der Planungen sind länderspezifische Richtlinien und Förderungsbestimmungen (Abb. 22/5+6).

Der Modernisierung und Umgestaltung der ehemaligen Feierabend- und Pflegeheime in Plattenbauweise kommt dabei besondere Bedeutung zu. Diese Heime bestehen überwiegend aus drei Bauteilen, einem mehrgeschossigen „Bettenhaus" in Plattenbauweise, einem Wirtschafts- und Versorgungsgebäude mit zentraler Küche, Speisesaal und Klubraum häufig in Skelettbauweise mit Unterkellerung sowie einem eingeschossigen Verbindungsbau.

Fast immer muss bei einer Modernisierung der Heime der gesamte Gebäudeausbau und auch die Haustechnik erneuert werden. Im Zuge der Erfüllung heutiger Planungsvorgaben (Zimmergrößen, Einzelzimmeranteil, neue Funktionsräume etc.) werden teilweise auch Grundrissänderungen erforderlich. Hier ist entsprechende Erfahrung und sorgfältige Planung angesagt, da größere konstruktive Eingriffe in das statische Gefüge der Plattenbauten (statisch wirksame Fassade, Spannbetondecken etc.) zu erheblichen Kosten führen und die Wirtschaftlichkeit der Modernisierungsmaßnahmen gänzlich in Frage stellen können. Auch die notwendige Reduzierung der Platzkapazität beeinträchtigt die Wirtschaftlichkeitskennziffern. Nicht zuletzt stellt sich die Frage nach einer angemessenen Nutzung und Umgestaltung der Versorgungstrakte. Trotz dieser Schwierigkeiten liegen in verschiedenen östlichen Bundesländern erste, durchaus positive Erfahrungen mit der Sanierung von Heimen in Plattenbauweise vor.

22.4.7 Wohnheime für erwachsene Behinderte

Seit Anfang der 80er Jahre entstanden auf dem Gebiet der damaligen DDR zunehmend spezielle, auch als geschützte Wohnheime oder Heime für erwachsene, vorwiegend psychisch Behinderte bezeichnete Wohngebäude im Zusammenhang mit Werkstätten für Behinderte bzw. geschützten Werkstätten, wie deren offizielle Bezeichnung lautete.

Die 1986 erschienene Projektierungsrichtlinie sah für diesen Personenkreis Heime mit maximal 40 Plätzen in Wohngruppen sowie ein Angebot verschiedener Gemeinschafts- und Funktionsräume vor. Obwohl die Richtlinie auf den Einbau eines Aufzuges sowie die Berücksichtigung von Mehrfachbehinderungen ausgerichtet wurde, blieben derartige Maßnahmen in der Praxis aus Kostengründen allgemein unberücksichtigt, so dass bei den 1988 statistisch erfassten etwa 4 Tausend Plätzen nicht einheitlich auf ein entsprechendes räumlich-funktionelles Niveau der Heime geschlossen werden darf.

Dort, wo derartige Wohnplätze und auch andere geeignete Wohnformen nicht zur Verfügung standen, mussten erwachsene, auch jüngere Rollstuhlbenutzer, letztendlich in Alten- und Pflegeheimen untergebracht werden.

Heute leben diese Menschen überwiegend in Einrichtungen des betreuten Wohnens, integrierten befürsorgten Wohngemeinschaften und anderen Wohnformen eines zunehmend differenzierteren Angebotes, das teilweise aber auch durch neue Wohnheime und Wohn-Pflegeheime für Behinderte z.B im Land Sachsen ergänzt wird.

22.4.8 Geschützte Arbeitsplätze

Für körperlich, psychisch oder mehrfachbehinderte, arbeitsfähige Menschen wurden in einem dreistufigen System geschützte, d.h. auf die Erfordernisse und Möglichkeiten der Behinderten abgestimmte, Arbeitsplätze angeboten. Unterschieden wurden geschützte Einzelarbeitsplätze (1988 etwa 30,7 Tausend Plätze) und Plätze in geschützten Abteilungen von Betrieben (1988 etwa 5,6 Tausend Plätze) sowie Arbeitsplätze in speziellen geschützten Werkstätten des Gesundheitswesens (1988 etwa 6,4 Tausend Plätze). Während in ersteren reguläre Arbeitsverhältnisse mit entsprechender Entlohnung existierten, stand in den Werkstätten, je nach Behinderungsgrad, die Rehabilitation und Tagesbetreuung im Vordergrund.

Die Richtlinie für die Planung, Vorbereitung und Durchführung geschützter Werkstätten sah Werkstätten in einer Größenordnung von maximal 35 Arbeitsplätzen bzw. für höchstens 50 Rehabilitanden und weitere in Heimarbeit Beschäftigte vor.

Je Arbeitsplatz wurden 4-8 m² Nutzfläche und zuzüglich 5-10 m² Lagerfläche vorgesehen. Im Sozialbereich sollten weitere Räume für die Tagesbetreuung, für die Speisenversorgung, für die medizinisch rehabilitative Betreuung, Gymnastik und Ruheräume sowie Sanitär- und Verwaltungsräume zur Verfügung stehen. Das räumlich-funktionelle Niveau der Arbeitsstätten war jedoch abweichend von der Richtlinie durch erhebliche Unterschiede geprägt.

In den vergangenen Jahren wurden auf der Grundlage des § 54 SchwbG auch in den östlichen Bundesländern Werkstätten für Behinderte geschaffen, wie sie an anderer Stelle des Buches erläutert und aus den westlichen Bundesländern bekannt sind.

22.4.9 Rehabilitationspädagogische Förderungseinrichtungen für so genannte schulbildungsunfähige, förderungsfähige Kinder und Jugendliche im Alter von 3 bis 18 Jahren

Neben den ehemaligen Sonderschulen, auf die an dieser Stelle nicht mehr eingegangen wird, bestanden 1988 in der damaligen DDR weitere rehabilitationspädagogische Einrichtungen. Etwa 14 Tausend behinderte Kinder und Jugendliche wurden zu der Zeit in speziellen Förderungseinrichtungen betreut (davon etwa 7200 in Tagesstätten, 2200 in Wochenheimen, 1100 in Dauerheimen und etwa 1600 in Krankenhäusern). Vorwiegend psychisch behinderte Kinder und Jugendliche erhielten in ihnen eine lebenspraktische Erziehung und Bildung. Staatlich formuliertes Ziel war, diese Menschen auf ein Leben unter betreuten Wohn- und geschützten Arbeitsverhältnissen vorzubereiten.

Für diese Aufgabe wurden vorwiegend umfunktionierte Vorschuleinrichtungen, häufig aber auch weniger geeignete Gebäude und Behelfsbauten genutzt. Heute besuchen diese Kinder und Jugendlichen die verschiedenen Förderschulen, wie sie im jeweiligen Schulrecht der Länder vorgesehen sind und vielerorts zwischenzeitlich durch entsprechende Investitionen und Neubauten realisiert werden.

22.4.10 Ergänzende Einrichtungen und Dienste

In den westlichen Bundesländern hat sich in den vergangenen Jahren ein breites Spektrum, oft fast flächendeckendes Netz, von ergänzenden Diensten und Einrichtungen zur sozialen, pflegerischen Betreuung zu Hause bzw. in ihren Familien lebender älterer und behinderter Menschen entwickelt. Mehr und mehr werden derartige Angebote auch als Alternative zur stationären, institutionalisierten Versorgung erkannt.

In den östlichen Bundesländern dagegen sind Sozialstationen, Einrichtungen der Kurzzeit- und Tagespflege, Krankenwohnungen sowie eine Vielzahl ambulanter Sozial- und Pflege-, Hausnotruf-, Fahr-, Beratungs- und sonstiger Dienste noch im Aufbau begriffen.

Die früheren Angebote der Volkssolidarität, wie z.B. die Mitte der 50er Jahre gebildeten Klubs und Treffs, die seinerzeit wenigen Tagesbetreuungseinrichtungen in Verbindung mit Heimen sowie die Hauswirtschafts- und Hauspflegedienste und die Essenversorgung auf Rädern wurden jedoch in den vergangenen Jahren schon um ein Vielfaches durch neue Angebote verschiedener Träger ergänzt und ausgebaut.

22.4.11 Barrierefreies Bauen

Auch für die barrierefreie Planung von öffentlich zugängigen Gebäuden, Bereichen und Verkehrsanlagen hat es in der ehemaligen DDR entsprechende Planungsrichtlinien gegeben. Sie alle haben jedoch oft nur wenig ausrichten können gegen eine selbstgefällige Staats- und Planungsbürokratie, gegen Unwissenheit, Gleichgültigkeit und bestehende Vorurteile.

Letztlich erschien im Ergebnis jahrelanger Bemühungen von Behindertenorganisationen und Fachleuten noch 1990 die gesetzlich verbindliche Vorschrift der damaligen staatlichen Bauaufsicht 217/90 „Bauliche Maßnahmen für Menschen mit Behinderungen". Jedoch auch sie kam nicht mehr zum Tragen.

Barrierefreies Bauen orientiert sich heute an den Normen für barrierefreies Bauen DIN 18024 und DIN 18025. Darüber hinaus haben einzelne Länder eigene Richtlinien herausgegeben und Festlegungen zum barrierefreien Bauen in ihren Länderbauordnungen getroffen. Zunehmend finden die Forderungen des barrierefreien Bauens in der Öffentlichkeit Gehör und werden beim Neubau und der Modernisierung öffentlich zugängiger Gebäude, Straßenräume, Freianlagen und Verkehrsmittel berücksichtigt.

Anhang

Normen, Richtlinien und Empfehlungen

Wiedergabe der Normen mit Erlaubnis des DIN Deutsches Institut für Normung e.V. Maßgebend für das Anwenden der Norm ist deren Fassung mit dem neuesten Ausgabedatum, die bei der Beuth Verlag GmbH, Burggrafenstraße 6, 10787 Berlin erhältlich ist.

Europarat

Gemeinsamer Ausschuß für die Eingliederung und Wiedereingliederung der Behinderten

Empfehlungen und Entschließungen des Europarates zur Rehabilitation der Behinderten

XX. Planung und Ausgestaltung von öffentlichen Gebäuden, um sie dem Körperbehinderten leichter zugänglich zu machen (angenommen April 1959)
Der Ausschuß
– hält es für wünschenswert, den Körperbehinderten, die einen beträchtlichen Teil der Bevölkerung jedes Landes ausmachen, öffentliche Gebäude leichter zugänglich zu machen;
– lenkt die Aufmerksamkeit auf Maßnahmen, die ergriffen werden könnten, um öffentliche Gebäude so zu bauen oder auszugestalten, daß Körperbehinderten Zugang und Benutzung erleichtert werden (Beispiele für Maßnahmen dieser Art siehe unten);
– ersucht die öffentlichen Behörden eindringlich, wenn irgend möglich, diesen Gesichtspunkt bei Neubauten zu berücksichtigen und bestehende Gebäude entsprechend zu verändern;
– empfiehlt den Regierungen, in Zusammenarbeit mit den Behörden und den zuständigen Organisationen praktische Maßnahmen zu ergreifen.

Beispiele für Maßnahmen, durch die öffentliche Gebäude den Körperbehinderten leichter zugänglich gemacht werden können:
1. Ebenerdige Eingänge. Ein oder mehrere Krankenfahrstühle oder Selbstfahrer sollten in der Eingangshalle bereitstehen. In Postämtern und ähnlichen Gebäuden sollten Außen- oder Innenschalter in geeigneter Höhe und Lage angebracht sein.
2. Gerade Treppen mit breiten Stufen, um den ungehinderten Gebrauch von Krücken zu ermöglichen. Keine sogenannten offenen Treppenhäuser.
3. Geländer wo notwendig, insbesondere an Treppen; bei breiten Treppen ein Geländer in der Mitte. Das Geländer sollte so konstruiert sein, daß es einen wirklichen Halt bietet und leicht umfaßt werden kann. Für Blinde ist es sehr unangenehm, wenn das Treppengeländer, von dem sie sich meist leiten lassen, vor den letzten Stufen endet.
4. In Kaufhäusern sollten Personenaufzüge eingebaut werden; Fahrstuhltüren und Aufzugkörbe sollten genügend breit sein; die Bedienungsanlagen sollten in geeigneter Lage und Höhe angebracht sein.
5. Breite Türen, durch die Krankenfahrstühle durchfahren können.
6. Keine Türschwellen.
7. Genügend Raum zwischen Schalter und Geländer (vor dem Schalterfenster) sowie an den Ausgängen von Bahnhöfen, Sportplätzen usw.
8. In Bibliotheken und ähnlichen Gebäuden Lesetische in geeigneter Höhe, um Behinderten das Lesen im Krankenfahrstuhl oder Spezialfahrstuhl zu ermöglichen.
9. Wenigstens ein genügend großer Toilettenraum in jedem Stockwerk.
10. In Lichtspielhäusern, Theatern usw. Platz für Besucher in Krankenfahrstühlen; ferner einige Stühle (Spezialform und -konstruktion) für Gehbehinderte.
11. Zweckmäßige Anbringung von Apparaturen, wie Klingeln, Notrufanlagen, Fernsprechern usw. In Postämtern eine geräumige Fernsprechzelle.
12. Eine ausreichend breite Drehtür und nötigenfalls daneben Pendeltüren.
13. In öffentlichen Bädern einige Einrichtungen, die den Bedürfnissen der Körperbehinderten besonders gut angepaßt sind.
14. Geeigneter Fußbodenbelag; sowohl glatter wie rauher Belag (z.B. Kokosläufer) ist bei gewissen Behinderungen ungeeignet.
15. Besondere Vorrichtungen, um das Einsteigen in Züge und Busse zu erleichtern.
16. Überdachte Parkplätze für Fahrzeuge Behinderter in der Nähe der Gebäude.

Zu den bedeutendsten Dokumenten des Europarates zählen:
– Grundsätze und Richtlinien für die Rehabilitation der Behinderten (Empfehlung I)
– Wettbewerbsgeschützte Beschäftigung (Empfehlung XXV)
– Ausbildung des Rehabilitationspersonals (Entschließung I).

Zur sozialen und sozialmedizinischen Politik für alte Menschen

Entschließung 16 des Europarat-Ministerkomitees, von den Ministerstellvertretern angenommen am 15. Mai 1970

In der Erwägung, daß der Europarat die Aufgabe hat, einen engeren Zusammenschluß unter seinen Mitgliedern zu verwirklichen, um die Ideale und Grundsätze, die ihr gemeinsames Erbe sind, zu schützen und zu fördern und um ihren wirtschaftlichen und sozialen Fortschritt zu begünstigen;
Im Hinblick auf die Grundsätze des sozialen Fortschritts, die in der Europäischen Sozialcharta und in der Europäischen Ordnung der Sozialen Sicherheit und dem zugehörigen Protokoll enthalten sind;
gemäß den Richtlinien des Arbeitsprogramms des Europarates zur Erarbeitung einer sozialen und sozialmedizinischen Politik für alte Menschen;
im Hinblick auf den Bericht der Sachverständigen, die mit der Ausarbeitung dieser Studie auf Vorschlag des Regierungssozialkomitees und des Europäischen Gesundheitsausschusses beauftragt waren.
In der Erwägung, daß es wünschenswert ist, die Grundsätze einer sozialen und sozialmedizinischen Politik für alte Menschen festzulegen, empfiehlt das Ministerkomitee:
I. In Anbetracht dessen, daß unter der Doppelwirkung des Rückgangs der Geburtenzahl und der Zunahme der Lebensdauer während der letzten Generation der Anteil der alten Menschen an der Bevölkerung der verschiedenen Europäischen Länder erheblich gestiegen ist und weiterhin ansteige;
II. In Anbetracht dessen, daß der technische Fortschritt und die Änderung der Arbeitsbedingungen es oft erschweren, alte Menschen weiterzubeschäftigen und ihnen Arbeit zu beschaffen, die ihren Fähigkeiten entspricht;
III. In Anbetracht dessen, daß der wirtschaftliche und soziale Fortschritt, insbesondere die Entwicklung der industriellen Zivilisation, die Veränderungen im Familienleben und der Wohnbedingungen in städtischen Gebieten dazu führen, daß alte Menschen mehr und mehr vereinsamen und immer weniger mit der tätigen und moralischen Unterstützung rechnen können, die ihnen in der herkömmlichen Zivilisationsform früher von Verwandten gewährt wurde;
IV. In Anbetracht dessen, daß die Gesamtwirkung dieser zahlreichen Faktoren nur zu oft zu einer mehr oder minder bewußten Ablehnung der alten Menschen durch die heutige Gesellschaft führt;
V. In Anbetracht dessen, daß die Einstellung der alten Menschen sich geändert hat und daß sie heute größere Selbständigkeit und Unabhängigkeit suchen;
VI. In Anbetracht dessen, daß es daher dringend geboten ist, eine allgemeine Politik für alte Menschen festzulegen und praktisch durchzuführen, die es ihnen ermöglicht, einen angemessenen Platz in der Gesellschaft von heute und von morgen einzunehmen; und daß diese Politik die Anstrengungen in vielen eng miteinander verflochtenen Bereichen zusammenfassen muß, den Regierungen der Mitgliedstaaten, bei der Festlegung ihrer Politik für alte Menschen die folgenden Grundsätze zu berücksichtigen, die auch auf betagte Ausländer angewendet werden sollten, die ihren gewöhnlichen Aufenthalt im jeweiligen Hoheitsgebiet haben, gegebenenfalls unter der Voraussetzung, daß bestimmte aufenthaltsrechtliche Bedingungen erfüllt sind.

Einführung

1. Jede Politik für alte Menschen sollte dahin streben, eine bessere Verteilung der Lasten für die nicht mehr im Arbeitsleben stehenden alten Menschen auf die arbeitende Bevölkerung zu gewährleisten und den Aufbau einer gesunden Gesellschaft zu ermöglichen, die das gleichzeitige Vorhandensein von Angehörigen verschiedener Altersgruppen im wirtschaftlichen, psychologischen und sozialen Bereich in sich schließt.
2. Bei der Verteilung des Volkseinkommens sollte den alten Menschen ein angemessener Anteil, der ihren besonderen Bedürfnissen entspricht, zugestanden werden.
Durch geeignete Verfahren sollte sichergestellt werden, daß die alten Menschen den ihnen zustehenden Anteil nach einfachen und verläßlichen Maßstäben erhalten.
3. Neben der Frage der materiellen Hilfe erfordert die Festlegung des Platzes alter Menschen in der

Gesellschaft, daß die arbeitende Bevölkerung, die alten Menschen selbst und die gesamte öffentliche Meinung ständig über die Probleme des Alters und ihre Lösungen aufgeklärt und informiert werden. Dies ist die Voraussetzung dafür, daß die Generationen einander besser verstehen.

4. Es ist ganz allgemein nicht zu billigen, wenn es zu einer Absonderung der alten Menschen kommt; ihre Integrierung in die größere Gemeinschaft trägt zu einer besseren Ausgeglichenheit der Gesellschaft bei.

5. Die verschiedenen Maßnahmen einer vernünftigen Politik für alte Menschen hängen eng miteinander zusammen und können nur dann voll wirksam werden, wenn sie in ihrer Gesamtheit angewendet werden.

6. Die soziale Aktion für alte Menschen müßte in einer Weise harmonisiert werden, die Unterschiede, welche zu einer wirtschaftlichen und sozialen Unausgeglichenheit führen, ausschließt; diese könnten in Zukunft sonst infolge der fortschreitenden Erleichterung der Wanderungsbewegungen zunehmen.

Mittel und Einkommen

7. Die Alterssicherung sollte, soweit nötig, auf die gesamte Bevölkerung ausgedehnt werden.

8. Die Altersgrenze für den Anspruch auf eine Altersrente sollte u.a. unter Berücksichtigung der Zusammensetzung der Bevölkerung und der sich daraus ergebenden finanziellen Belastung festgelegt werden.

9. Die Sätze der Altersrenten sollten so hoch wie möglich bemessen werden unter Beachtung der Normen der internationalen Abkommen über Soziale Sicherheit, insbesondere der Europäischen Ordnung der Sozialen Sicherheit mit dem zugehörigen Protokoll des Übereinkommens der Internationalen Arbeitsorganisation über die Soziale Sicherheit von 1952 (Mindestnormen) und des Übereinkommens der Internationalen Arbeitsorganisation über Leistungen bei Invalidität und Alter und an Hinterbliebene von 1967.

10. Die Mindestaltersrente sollte bei den Personen, die vor dem Eintritt des Versicherungsfalles die Voraussetzungen für den Anspruch auf Vollrente (im Sinne des Artikels 29 Abs. 1 der Europäischen Ordnung der Sozialen Sicherheit) erfüllt haben, ausreichen, dem Bezieher einen angemessenen Lebensstandard zu sichern.

11. In Ermangelung einer Altersrente im Sinne der vorstehenden Nr. 10 sollten bedürftige alte Menschen ausreichende Mittel für die Beibehaltung eines angemessenen Lebensstandards erhalten.

12. Sowohl die Renten als auch die Leistungen für den Lebensunterhalt sollten in angemessenen Abständen Änderungen der Lebenshaltungskosten oder der allgemeinen Einkommensentwicklung, die sich aus dem Wachstum der Produktivität ergibt, angepaßt werden.

13. Die gesetzlichen Rentensysteme sollten in geeigneter Weise koordiniert werden, damit der Wechsel des Arbeitsplatzes nicht zum Verlust von Rentenansprüchen führt, und damit auf diese Weise ein Hindernis für die Freizügigkeit im Arbeitsleben beseitigt wird.

14. Ebenso wäre es, um jegliche unterschiedliche Behandlung alter Menschen, die in derselben Gemeinschaft leben, zu vermeiden, erwünscht, daß der Grundsatz der Gleichbehandlung der Angehörigen anderer Mitgliedstaaten mit den eigenen Staatsangehörigen aufrechterhalten und angewandt und die Erhaltung erworbener Rechte und Anwartschaften auf Altersrenten sichergestellt wird durch die Ratifizierung internationaler Verträge über die soziale Sicherheit der Wanderarbeitnehmer; dabei versteht sich, daß die Gewährung von beitragsfreien Leistungen von bestimmten Bedingungen abhängig gemacht werden kann.

15. Es sollten Schritte unternommen werden zur Angleichung der Methoden des Schutzes alter Menschen, und zwar sowohl durch Ratifizierung internationaler Verträge als auch durch gemeinsame Maßnahmen im Rahmen des Europarates.

Beschäftigung

16. Grundsätzlich sollte jede Politik der Beschäftigung von alten Menschen sich auf die Grundsätze stützen, die vom Ausschuß für Arbeitskräfte und soziale Angelegenheiten der OECD festgelegt worden sind (Konklusionen vom 5. Januar 1967).

17. Maßnahmen zur Schaffung geeigneter Beschäftigungsmöglichkeiten für alte Menschen sollten im Rahmen einer allumfassenden Arbeitsmarktpolitik ins Auge gefaßt werden.

18. Es sollten Maßnahmen ergriffen werden, die alte Menschen ermutigen und es ihnen erleichtern, eine ihren Fähigkeiten entsprechende berufliche Tätigkeit beizubehalten, um dadurch die Auswirkungen und zugleich eine der Ursachen des individuellen Altwerdens weitgehend abzuschwächen und um Schwierigkeiten auf wirtschaftlichem Gebiet vorzubeugen, die sich aus dem Vorhandensein einer zu großen Gruppe nicht im Arbeitsleben stehender Menschen ergeben.

19. Um zu ermöglichen, daß der Mensch – vor allem der alte Mensch – und seine Arbeit einander so weit wie möglich angepaßt werden, sollten Maßnahmen zur Anpassung von Arbeitsplätzen, die es älteren Menschen ermöglichen, berufstätig zu bleiben, angeregt und gefördert werden.

Wenn eine Anpassung nicht wünschenswert oder nicht möglich ist, sollte man den Arbeitsplatzwechsel alter Menschen fördern.

Um sicherzustellen, daß ein solcher Arbeitsplatzwechsel für Arbeitnehmer in vorgerücktem Alter nicht zu einschneidend wirkt, sollte während ihres ganzen Arbeitslebens die Arbeit ständig den physiologischen und psychologischen Veränderungen angepaßt werden.

20. Maßnahmen sollten getroffen werden mit dem Ziel, die Möglichkeit zur Schulung und zur praktischen Ausbildung zu bieten:

a) Rechtzeitig sollten Schritte unternommen werden für eine Schulung, durch die alte Menschen in Stand gesetzt werden, ihre Anpassungsfähigkeit zu bewahren und mit der technischen Entwicklung Schritt zu halten;

b) Berufliche Bildungsmöglichkeiten sollten vorgesehen werden zur Erleichterung des Überganges zu einer Beschäftigung, die der Neigung des Arbeitnehmers und seiner sich ändernden Eignung besser entspricht.

21. Um älteren Arbeitnehmern genügend geeignete Arbeitsplätze bieten zu können, sollte angestrebt werden, daß einerseits Arbeitsplätze geschaffen werden, die den Bedürfnissen der Betroffenen angepaßt sind und daß andererseits eine flexible Streuung der verschiedenen beruflichen Tätigkeiten auf die einzelnen Altersgruppen mit allen unter den Verhältnissen des betreffenden Landes geeigneten Mitteln gefördert wird.

22. Die Systeme für Altersrenten müßten so gestaltet werden, daß sie sowohl eine Verlängerung der Berufstätigkeit als auch die Freizügigkeit im Arbeitsleben fördern, insbesondere durch geeignete Regelungen, die die Kumulierung von Renten und Löhnen zulassen.

23. Es sollten Schritte zur Anpassung der Arbeitsvermittlungsdienste und ihrer Verwaltungsverfahren unternommen werden, die den Wechsel des Arbeitsplatzes und die Unterbringung alter Menschen an Arbeitsplätzen erleichtern.

24. Es sollten Maßnahmen ergriffen werden, die verhindern, daß alte Menschen arbeitslos werden, z.B. die Gewährung von Anpassungs- und Ausbildungsbeihilfen.

Wohnverhältnisse

25. Es sollte dafür Sorge getragen werden, daß es den alten Menschen ermöglicht wird, solange wie möglich in ihrer eigenen Wohnung zu bleiben.

26. Man sollte besonders bestrebt sein, die Wohnungen der alten Menschen ihren sich wandelnden Bedürfnissen wie auch ihren Wünschen anzupassen.

27. Wenn es alten Menschen nicht möglich ist, in ihrer Wohnung zu bleiben (Dienst- und Werkwohnungen, ungeeignete oder nicht anpaßbare Wohnungen, abgelegene Wohnlage), und wenn sie infolgedessen genötigt sind, sie aufzugeben, sollten sich die Behörden bemühen, ihnen eine ausreichend geräumige und besonders für sie gestaltete neue Wohnung zu beschaffen, um ihre Übersiedlung in Gemeinschaftseinrichtungen zu vermeiden.

28. Diese neuen Wohnungen sollten entweder in Wohngebieten oder unter günstigen Verkehrsverhältnissen in ihrer unmittelbaren Nähe liegen, so daß die Bewohner geeignete soziale und ärztliche Dienste in Anspruch nehmen können.

Ferner sollte der Wunsch alter Menschen, in der Nähe ihrer Familien zu leben, berücksichtigt werden.

29. Die alten Menschen sollten die Wahl zwischen Wohnungen inmitten normaler Familienwohnungen oder in besonderen Wohnblöcken haben, wobei in beiden Fällen Gemeinschaftseinrichtungen zur Verfügung stehen müssen; jede Zusammenballung der älteren Bevölkerungsgruppe sollte jedoch vermieden werden.

30. Bei Neubauten sollte man an die Notwendigkeit denken, Unfälle zu verhüten, die alte Menschen in besonderem Maße gefährden.

31. Auf Gemeinschaftsunterbringung sollte nur dann zurückgegriffen werden, wenn alle vorgenannten Maßnahmen nicht ausreichen, den alten Menschen das Verbleiben in einer Einzelwohnung zu ermöglichen.

32. Alte Menschen, die wegen ihres Gesundheitszustandes einer Pflege bedürfen, die ihnen zu Hause nicht geboten werden kann, sollten die Möglichkeit haben, sie in Einrichtungen zu erhalten, die ihren Bedürfnissen entsprechen, vornehmlich

– in Altenheimen für solche, die auch mit Hilfe sozialer Dienste nicht mehr in der eigenen Wohnung für sich selbst sorgen können, aber keine Dauerpflege benötigen,

– in Pflegeheimen für alte Menschen, die an schweren Gebrechen oder an chronischen Krankheiten leiden und ständiger ärztlicher Betreuung und Pflege bedürfen.

33. Es wäre erwünscht, daß in jedem Lande eine dem Bedarf entsprechende Zahl von Betten zur Verfügung steht unter Berücksichtigung der Bestrebungen, alten Menschen das Verbleiben in ihrer Wohnung zu ermöglichen.

34. Die Bettenzahl in Altenheimen sollte im Idealfall so begrenzt sein, daß die Einrichtung eine anheimelnde Atmosphäre behält.
35. Im Altenheim sollte jeder Bewohner und jedes Ehepaar ein eigenes Schlafzimmer mit Waschbecken und möglichst eine eigene Toilette haben. Es ist erwünscht, daß Ehepaare über zwei Betten sowie über einen weiteren Raum verfügen.
36. Anlagen und Einrichtungen in jedem Altenheim sollten so gestaltet sein, daß sie leicht zu benutzen sind. Mehrgeschossige Bauten sollten mit Fahrstühlen ausgestattet sein.
37. Nach Möglichkeit sollte jedem Altenheim ein Arzt zur Verfügung stehen, der für die allgemeinen gesundheitlichen Belange der Einrichtung zuständig ist, den Bewohnern die Gelegenheit zur regelmäßigen ärztlichen Untersuchung bietet und diejenigen, die keinen Hausarzt haben, behandelt. Das Vorhandensein dieses Arztes darf jedoch nicht hindern, daß die Heimbewohner sich nach Belieben an ihren Hausarzt wenden. Jedes Heim sollte auch die Dienste eines Sozialarbeiters in Anspruch nehmen können.
38. Um dem Personalmangel zu begegnen, sollten die Altenheime mit arbeitssparenden Einrichtungen ausgestaltet und die Beschäftigung von Teilzeitkräften in Erwägung gezogen werden.
39. Es wäre erwünscht, daß das gesamte für Altenheime und Organisationen vorgesehene Personal eine besondere Ausbildung erhält und daß jede Berufsgruppe, die sich besonders mit den alten Menschen befaßt, mit geeigneten Informationen versehen wird.
40. Veraltete Altenheime sollten nach und nach durch neuzeitliche Heime, die den Bedürfnissen alter Menschen entsprechen, ersetzt werden. Die vorhandenen herkömmlichen Altenheime, deren Räumlichkeiten umgebaut werden können, sollten nach Möglichkeit in Pflegeheime für alte Menschen, die schwer krank sind oder an chronischen Krankheiten leiden, umgewandelt werden, wenn ihnen keine modernen Pflegeheime zur Verfügung gestellt werden können.
41. Heime für alte Menschen sollen, auch wenn sie nicht zur Krankenpflege bestimmt sind, behördlich beaufsichtigt werden, um sicherzustellen, daß sie bestimmten Normen entsprechen und in verwaltungsmäßiger und technischer Hinsicht ordnungsgemäß geführt werden.

Schutz gegen Verkehrsunfälle
42. Zum Schutze alter Menschen im Straßenverkehr sollten besondere Maßnahmen ergriffen werden. Zu diesem Zweck sollten
1. alle Kraftfahrer über die besonderen Gefahren unterrichtet werden, denen alte Menschen im Straßenverkehr ausgesetzt sind; sie sollten damit rechnen, daß alte Menschen
– oft blindlings die Fahrbahn betreten,
– die Straße häufig nur überqueren können, wenn sie langsam gehen und auf jeden Schritt achten,
– mitunter auf halber Strecke die Nerven verlieren und unvermittelt zurücklaufen,
– vielfach schlecht sehen und hören,
– häufig dunkle Kleidung bevorzugen und daher im Dunkeln schlecht wahrzunehmen sind;
2. die örtlichen Behörden zweckmäßige Einrichtungen schaffen, die alten Menschen erleichtern, am Straßenverkehr teilzunehmen.

Ärztliche Probleme
43. Es wäre erwünscht, daß einerseits die künftigen Ärzte eine geeignete Ausbildung auf dem Gebiet der Geriatrie und Gerontologie erhielten und wenn andererseits den Ärzten auf Fortbildungskursen Gelegenheit gegeben würde, ihre Kenntnisse zu erweitern und auf den neuesten Stand zu bringen.
44. An den medizinischen Hochschulen sollten Lehrstühle für Geriatrie errichtet werden, um die Koordinierung der verschiedenen geriatrischen Fachgebiete an einer Hochschule zu ermöglichen und die Forschung zu fördern.
45. Auf dem Gebiet der Geriatrie sollten in ausreichendem Maße theoretisches Wissen und praktische Erfahrung in die Ausbildungslehrgänge und Fortbildungskurse für Krankenpflegerinnen, Krankengymnasten, Beschäftigungstherapeuten und Sozialarbeiter einbezogen werden.
46. Durch vorbeugende Maßnahmen und Behandlung sollte alten Menschen geholfen werden, ihre körperlichen und geistigen Kräfte in größtmöglichem Ausmaß zu erhalten.
47. Die Arbeitsmedizin sollte die Beratung über regelmäßige ärztliche Untersuchungen, die Unfallverhütung am Arbeitsplatz, die Planung einer für ältere Arbeitnehmer angemessenen Beschäftigung wie auch für die Vorbereitung auf den Ruhestand vorsehen. Sie sollte den Problemen der über 40 Jahre alten Arbeitnehmer ihre besondere Aufmerksamkeit zuwenden.
48. Die Öffentlichkeit sollte darüber unterrichtet werden, welche Vorteile regelmäßige ärztliche Untersuchungen für ältere Menschen haben; sie sollten von den Behörden auf der Grundlage der Freiwilligkeit angesetzt werden.
49. Die mit der Altenhilfe befaßten öffentlichen Behörden und Einrichtungen der freien Wohlfahrtspflege sollten der Gesundheitserziehung einen besonderen Platz einräumen.
50. Den Vorrang genießen sollte die Betreuung alter Menschen, die weiter in ihrer Wohnung leben, sei es durch normale Hauspflegedienste oder mit Hilfe von besonderen Einrichtungen, etwa motorisierten Diensten.
51. Einrichtungen für die Pflege chronisch kranker Patienten und besondere funktionelle Rehabilitationszentren für alte Menschen müßten möglichst in Verbindung zu den geriatrischen Abteilungen der Universitätskliniken geschaffen werden. Dienste in anderen Krankenhäusern sollten mit denen der Universitätskliniken koordiniert werden.
52. Altenpflegeheime können über mehr Betten verfügen als Altenwohnheime; sie sollten aber nicht mehr als 250, je Station 25 bis 30 Betten besitzen, wenn nicht die Schaffung größerer Einrichtungen aus medizinischen Gründen geboten ist.
53. Diese Einrichtungen müßten sicherstellen, daß ihre Benutzer sich dort heimisch fühlen; auch müßten sie mit geeigneten Einrichtungen nicht nur für die Behandlung der Kranken, sondern auch für die funktionelle Rehabilitation ausgestattet sein. Die letzteren müßten auch ambulanten Patienten zugänglich sein.
54. Einrichtungen dieser Art, die Pflegeheime im eigentlichen Sinne sind, müßten
a) über Fachärzte in ausreichender Zahl,
b) über besonders ausgebildetes Pflegepersonal in ausreichender Zahl,
c) über einen sozialen Betreuungsdienst verfügen.
55. Alte Menschen mit leichteren geistigen Störungen brauchen in der Regel nicht in Spezial-Krankenhäusern behandelt zu werden. Patienten mit schweren Verwirrungszuständen sollten möglichst nicht in Psychiatrischen Krankenhäusern, sondern in kleineren Spezialeinrichtungen Aufnahme finden.
56. Die gesundheitliche Betreuung alter Menschen sollte auf örtlicher Ebene in geeigneter Weise und unbeschadet ihrer Verbindung mit den sozialen Diensten koordiniert werden.
57. Es sollten alle Vorkehrungen dafür getroffen werden, daß die Betreuung der alten Menschen entweder aus öffentlichen Mitteln oder im Rahmen der Sozialen Sicherheit finanziert wird.

Die sozialen Dienste
58. Die Maßnahmen der sozialen Dienste sollten ganz allgemein den Wünschen der alten Menschen entsprechen.
59. Es sollten besondere Maßnahmen getroffen werden, um den für die Bevölkerung in ihrer Gesamtheit bestimmten sozialen Diensten die Mittel an die Hand zu geben, mit denen sie einem Auseinanderleben der alten Menschen und der jüngeren Jahrgänge entgegenwirken können.
60. Bei der Betreuung der alten Menschen sollten die sozialen Dienste mit einem möglichst weiten Kreise der örtlichen Bevölkerung, vor allem mit nahen Verwandten und den Nachbarn, zusammenarbeiten.
Diese Dienste sollten bestrebt sein, das durch das zunehmende Alter hervorgerufene Gefühl der Isolierung, das Gefühl, zu nichts mehr nütze zu sein, und das Gefühl der Abhängigkeit zu mildern und nach Möglichkeit zu beheben und im Gegenteil die Voraussetzungen für das Nebeneinander der Generationen im Geiste freundschaftlichen Verständnisses und gegenseitiger Hilfsbereitschaft zu schaffen.
61. Die sozialen Dienste sollten unter anderem folgende Ziele verfolgen:
a) Die alten Menschen sollten eine aktive Rolle in der Gemeinschaft spielen;
b) die grundlegenden Dienste für alte Menschen müssen dasselbe Niveau behalten wie bei anderen Altersgruppen;
c) die Dienste sollten unentgeltlich sein, abgesehen von einem Beitrag, den die Betreuten je nach Vermögen zu leisten hätten;
d) die den alten Menschen verbliebenen Fähigkeiten sollten je nach der Besonderheit des Einzelfalles so gut wie möglich genutzt werden;
e) die Generationen sollten auf kulturellem und beruflichem Gebiet sowie in der Freizeitgestaltung eng zusammenwirken.
62. Angesichts der Notwendigkeit, allen alten Menschen ohne Rücksicht auf ihre körperliche und geistige Verfassung stets ein Höchstmaß an zweckentsprechender Betreuung zuteil werden zu lassen und ihnen die bestmöglichen Voraussetzungen für eine würdige Lebensführung zu sichern, sollte der Grundsatz der Nichtabsonderung so weit wie möglich angewandt werden, und zwar auch bei solchen Personen, die nicht in der Lage sind, sich den sozialen Umweltbedingungen anzupassen.
63. Es sollte besonders dafür gesorgt werden, daß das Personal der sozialen Dienste in der Lage ist, die zu betreuenden alten Menschen zu verstehen, sich ihrer Probleme anzunehmen und sich mit ihren Bedürfnissen zu befassen, ohne daß hierbei notwendigerweise ein Unterschied zwischen den Generationen gemacht wird.
64. Die sozialen Dienste, die unterschiedlich sind, je nachdem sie rüstigen alleinstehenden Personen oder rüstigen, mit ihren Angehörigen zusammenlebenden Personen dienen sollen, sollten nach Prioritäten eingestuft werden, die der Tradi-

tion, dem politischen und sozialen System und der wirtschaftlichen Lage jedes Landes Rechnung tragen. Das Hauptziel sollte sein, den Wunsch der alten Menschen, ihre Unabhängigkeit und die Möglichkeit zur Führung eines zweckerfüllten Lebens zu bewahren, – einerseits –, mit den Maßnahmen zur bestmöglichen Nutzung des nationalen Kräftepotentials – andererseits – in Einklang zu bringen.

Falls den grundlegenden Bedürfnissen des einzelnen auf dem Gebiet des Einkommens, der allgemeinen Gesundheit, der Betreuung und Pflege bei Krankheit oder abnehmenden Leistungsvermögen Rechnung getragen ist, sollten je nach der wirtschaftlichen, sozialen und demographischen Lage jedes Landes die folgenden sozialen Dienste vorgesehen werden:

a) Unterbringungs- und Wohnungsdienste;
b) Dienste für teilweise oder völlig Behinderte, die alleinstehend sind oder mit Angehörigen zusammenleben, Wohnungsüberwachung mit begleitenden sozialen Diensten, Essen auf Rädern, Gestellung von Beförderungsmitteln;
c) Dienste für rüstige alte Menschen, die alleinstehend sind oder mit Angehörigen zusammenleben;
d) Dienste für rüstige alte Menschen, die in Gemeinschaftseinrichtungen leben;
e) umfassende Zentren, in denen alten Menschen Dienste auf sozialem, ärztlichem und kulturellem Gebiet zur Verfügung stehen.

Der Schaffung von Möglichkeiten zur Freizeitgestaltung (Studiengruppen, Klubs, Spielzimmer, Gemeinschaftsräume usw.), der Vorbereitung von Ferienaufenthalten und der Einrichtung von Büchereien sollte besondere Aufmerksamkeit geschenkt werden.

65. Hilfe, gegebenenfalls auch finanzielle Hilfe, sollte nötigenfalls einer Familie gewährt werden, die ständig eine alte Person betreut.

66. Um die Selbstachtung der alten Menschen nicht zu beeinträchtigen, sollten die sozialen Dienste in einer für sie annehmbaren Form erbracht werden.

67. Die alten Menschen sollten möglichst umfassend und genau über die Dienste unterrichtet werden, auf die sie Anspruch haben oder die sie in Anspruch nehmen können. Durch geeignete Planung sollte die Möglichkeit geschaffen werden, sich zu diesem Zweck auch der Massenmedien zu bedienen.

68. Alte Menschen sollten ermutigt werden, selbst bei örtlichen Beratungsstellen mit qualifizierten Kräften Informationen einzuholen, die für sie von Bedeutung sind, und den Rat und die Hilfe voll zu nutzen, die ihnen dort unentgeltlich sowie auf objektive und taktvolle Weise vermittelt werden.

69. Bei der Information alter Menschen wie auch der gesamten Öffentlichkeit sollte die Aufmerksamkeit ganz besonders darauf gelenkt werden, daß ältere Menschen sich gründlich auf den bevorstehenden Ruhestand vorbereiten müssen und dabei die Möglichkeit, sich auf die Ausübung einer Freizeitbeschäftigung vorzubereiten, nicht außer acht lassen sollen.

70. In Ländern, in denen die private Hilfstätigkeit bei der Altershilfe eine wesentliche Rolle spielt, sollten die privaten Organisationen besonders gefördert werden, sie sollten im Geiste einer guten Zusammenarbeit mit den öffentlichen Diensten finanziell und auch in anderer Weise von den Behörden unterstützt werden, die selbstverständlich die volle Verantwortung für die soziale Hilfe weiterhin tragen.

Eine regelmäßige gegenseitige Beratung zwischen privaten und öffentlichen Trägern ist unerläßlich, um die Wirksamkeit der Altenhilfe zu gewährleisten; ferner bedarf es hierzu der Mitarbeit aller Kreise der Bevölkerung.

71. Abgesehen von den Maßnahmen, die für die örtliche Koordinierung der verschiedenen ärztlichen und sozialen Dienste empfohlen werden, sollten die Sozialpolitik für alte Menschen und insbesondere die sozialen Dienste, die ihnen sowohl auf öffentlichem als auch auf privatem Sektor zur Verfügung stehen, auf nationaler Ebene koordiniert werden.

Wissenschaftliche Forschung

72. Auf sozialem, medizinischem, biologischem, psychologischem, demographischem und wirtschaftlichem Gebiet sollten Forschungsarbeiten durchgeführt werden, deren Ergebnisse das Phänomen des vorzeitigen Alterns erhellen und in der Folge seine Verhinderung oder Verlangsamung ermöglichen würden.

Dabei sollte der Schwerpunkt liegen auf:
a) einer Studie über die physiologischen und psychologisch-physiologischen Vorgänge des Alterungsprozesses, wobei den Problemen der Ernährung und der geistigen Gesundheit besondere Beachtung geschenkt werden sollte;
b) einer kritischen Auswertung der regelmäßigen ärztlichen Untersuchungen;
c) der Grundlagenforschung über Molekularbiologie;
d) den ökologischen Faktoren der verschiedensten Art, die den Alterungsprozeß beeinflussen können;
e) der soziologischen und psychologischen Forschung im Zusammenhang mit dem Alterungsprozeß und mit den alten Menschen, ihren Wechselbeziehungen zu jüngeren Gruppen, der öffentlichen Meinung und der Einstellung der Gesellschaft zu den Problemen des Alterns und zu den alten Menschen;
f) allen wirtschaftlichen und technischen Problemen, die die Beschäftigung alter Menschen aufwirft.

73. Die in verschiedenen Ländern bereits laufenden Forschungsprojekte müssen verstärkt weitergeführt werden mit dem Ziel, Verbesserungen in der Organisation der ärztlichen und sozialen Dienste für alte Menschen zu erreichen.

74. Es sollte nachdrücklich angestrebt werden, die Forschungstätigkeit auf europäischer Ebene dadurch zu koordinieren, daß zwischen den bestehenden Organisationen eine Verbindung hergestellt wird.

Verordnung über bauliche Mindestanforderungen für Altenheime, Altenwohnheime und Pflegeheime für Volljährige (Heimmindestbauverordnung – HeimMindBauV)

a) Bekanntmachung der Neufassung der Heimmindestbauverordnung vom 3. Mai 1983 (BGBl. I S. 550)

Auf Grund des Artikels 2 der Ersten Verordnung zur Änderung der Verordnung über bauliche Mindestanforderungen für Altenheime, Altenwohnheime und Pflegeheime für Volljährige vom 3. Mai 1983 (BGBl. I S. 547) wird nachstehend der Wortlaut der Verordnung über bauliche Mindestanforderungen für Altenheime, Altenwohnheime und Pflegeheime für Volljährige in der ab 11. Mai 1983 geltenden Fassung bekanntgemacht. Die Neufassung berücksichtigt:
1. die am 1. August 1978 in Kraft getretene Verordnung über bauliche Mindestanforderungen für Altenheime, Altenwohnheime und Pflegeheime für Volljährige vom 27. Januar 1978 (BGBl. I S. 189),
2. die am 11. Mai 1983 in Kraft tretende eingangs genannte Verordnung.

Die Rechtsvorschriften wurden erlassen auf Grund des § 3 in Verbindung mit § 22 des Heimgesetzes vom August 1974 (BOBl. I S. 1873).
Bonn, den 3. Mai 1983
Der Bundesminister für Jugend, Familie und Gesundheit – Geißler

b) Verordnung über bauliche Mindestanforderungen für Altenheime, Altenwohnheime und Pflegeheime für Volljährige (Heimmindestbauverordnung – HeimMindBauV)

Inhaltsübersicht
Erster Teil: Gemeinsame Vorschriften
§ 1 Anwendungsbereich
§ 2 Wohn- und Pflegeplätze
§ 3 Flure und Treppen
§ 4 Aufzüge
§ 5 Fußböden
§ 6 Beleuchtung
§ 7 Rufanlage
§ 8 Fernsprecher
§ 9 Zugänge
§ 10 Sanitäre Anlagen
§ 11 Wirtschaftsräume
§ 12 Heizung
§ 13 Gebäudezugänge

Zweiter Teil: Besondere Vorschriften

Erster Abschnitt
Altenheime und gleichartige Einrichtungen
§ 14 Wohnplätze
§ 15 Funktions- und Zubehörräume
§ 16 Gemeinschaftsräume
§ 17 Therapieräume
§ 18 Sanitäre Anlagen

Zweiter Abschnitt
Altenwohnheime und gleichartige Einrichtungen
§ 19 Wohnplätze
§ 20 Gemeinschaftsräume
§ 21 Funktions- und Zubehörräume
§ 22 Sanitäre Anlagen

Dritter Abschnitt
Pflegeheime für Volljährige
und gleichartige Einrichtungen
§ 23 Pflegeplätze
§ 24 Funktions- und Zubehörräume
§ 25 Gemeinschaftsräume
§ 26 Therapieräume
§ 27 Sanitäre Anlagen

Vierter Abschnitt
Einrichtungen mit Mischcharakter
§ 28 Einrichtungen mit Mischcharakter

Dritter Teil
Einrichtungen für behinderte Volljährige
§ 29 Einrichtungen für behinderte Volljährige

Vierter Teil
Fristen und Befreiungen
§ 30 Fristen zur Angleichung
§ 31 Befreiungen

Fünfter Teil
Ordnungswidrigkeiten und Schlußbestimmungen
§ 32 Ordnungswidrigkeiten
§ 33 Nichtanwendung von Vorschriften
§ 34 Berlin-Klausel
§ 35 Inkrafttreten

**Erster Teil
Gemeinsame Vorschriften**

§ 1 Anwendungsbereich
Einrichtungen im Sinne des § 1 Abs. 1 des Heimgesetzes, die in der Regel mindestens sechs Personen aufnehmen, dürfen nur betrieben werden, wenn sie die Mindestanforderungen der §§ 2 bis 29 erfüllen, soweit nicht nach den §§ 30 und 31 etwas anderes bestimmt wird.

§ 2 Wohn- und Pflegeplätze
Wohnplätze (§§ 14, 19) und Pflegeplätze (§ 23) müssen unmittelbar von einem Flur erreichbar sein, der den Heimbewohnern, dem Personal und den Besuchern allgemein zugänglich ist.

§ 3 Flure und Treppen
(1) Flure, die von Heimbewohnern benutzt werden, dürfen innerhalb eines Geschosses keine oder nur solche Stufen haben, die zusammen mit einer geeigneten Rampe angeordnet sind.
(2) In Pflegeheimen und Pflegeabteilungen müssen die Flure zu den Pflegeplätzen so bemessen sein, daß auf ihnen bettlägerige Bewohner transportiert werden können.
(3) Flure und Treppen sind an beiden Seiten mit festen Handläufen zu versehen.

§ 4 Aufzüge
In Einrichtungen, in denen bei regelmäßiger Benutzung durch die Bewohner mehr als eine Geschoßhöhe zu überwinden ist oder in denen Rollstuhlbenutzer in nicht stufenlos zugänglichen Geschossen untergebracht sind, muß mindestens ein Aufzug vorhanden sein. Art, Größe und Ausstattung des Aufzugs müssen den Bedürfnissen der Bewohner entsprechen.

§ 5 Fußböden
Fußbodenbeläge der von Heimbewohnern benutzten Räume und Verkehrsflächen müssen rutschfest sein.

§ 6 Beleuchtung
(1) Die Lichtschalter müssen ohne Schwierigkeit zu bedienen sein.
(2) In Treppenräumen und Fluren muß bei Dunkelheit die Nachtbeleuchtung in Betrieb sein. In Wohn-, Schlaf- und Gemeinschaftsräumen müssen Anschlüsse zum Betrieb von Leselampen vorhanden sein. In Schlafräumen müssen diese Anschlüsse den Betten zugeordnet sein.

§ 7 Rufanlage
Räume, in denen Pflegebedürftige untergebracht sind, müssen mit einer Rufanlage ausgestattet sein, die von jedem Bett aus bedient werden kann.

§ 8 Fernsprecher
In den Einrichtungen muß in jedem Gebäude mindestens ein Fernsprecher vorhanden sein, über den die Bewohner erreichbar sind und der von nicht bettlägerigen Bewohnern ohne Mithören Dritter benutzt werden kann.

§ 9 Zugänge
(1) Wohn-, Schlaf- und Sanitärräume müssen im Notfall von außen zugänglich sein.
(2) In Pflegeheimen und Pflegeabteilungen müssen die Türen zu den Pflegeplätzen so breit sein, daß durch sie bettlägerige Bewohner transportiert werden können.

§ 10 Sanitäre Anlagen
(1) Badewannen und Duschen in Gemeinschaftsanlagen müssen bei ihrer Benutzung einen Sichtschutz haben.
(2) Bei Badewannen muß ein sicheres Ein- und Aussteigen möglich sein.
(3) Badewannen, Duschen und Spülaborte müssen mit Haltegriffen versehen sein.
(4) In Einrichtungen mit Rollstuhlbenutzern müssen für diese Personen geeignete sanitäre Anlagen in ausreichender Zahl vorhanden sein.

§ 11 Wirtschaftsräume
Wirtschaftsräume müssen in der erforderlichen Zahl und Größe vorhanden sein, soweit die Versorgung nicht durch Betriebe außerhalb des Heimes sichergestellt ist.

§ 12 Heizung
Durch geeignete Heizanlagen ist für alle Räume, Treppenräume, Flure und sanitäre Anlagen eine den Bedürfnissen der Heimbewohner angepaßte Temperatur sicherzustellen.

§ 13 Gebäudezugänge
Die Eingangsebene der von den Bewohnern benutzten Gebäude einer Einrichtung soll von der öffentlichen Verkehrsfläche stufenlos erreichbar sein. Der Zugang muß beleuchtbar sein.

Zweiter Teil: Besondere Vorschriften

Erster Abschnitt
Altenheime und gleichartige Einrichtungen

§ 14 Wohnplätze
(1) Wohnplätze für eine Person müssen mindestens einen Wohnschlafraum mit einer Wohnfläche von 12 m^2, Wohnplätze für zwei Personen einen solchen mit einer Wohnfläche von 18 m^2 umfassen. Wohnplätze für mehr als zwei Personen sind nur ausnahmsweise mit Zustimmung der zuständigen Behörde, Wohnplätze für mehr als vier Personen sind nicht zulässig. Für die dritte oder vierte Person muß die zusätzliche Wohnfläche wenigstens je 6 m^2 betragen.
(2) Für die Berechnung der Wohnflächen nach Absatz 1 gelten § 42 Abs. 2 Satz 1 erster Halbsatz, § 43 und § 44 Abs. 1 der Zweiten Berechnungsverordnung entsprechend. Wintergärten und ähnliche nach allen Seiten geschlossene Räume (§ 44 Abs. 1 Nr. 2) werden nicht angerechnet.
(3) Wohnplätze für bis zu zwei Personen müssen über einen Waschtisch mit Kalt- und Warmwasseranschluß verfügen. Bei Wohnplätzen für mehr als zwei Personen muß ein zweiter Waschtisch mit Kalt- und Warmwasseranschluß vorhanden sein.

§ 15 Funktions- und Zubehörräume
(1) In jeder Einrichtung müssen mindestens vorhanden sein:
1. ausreichende Kochgelegenheiten für die Bewohner,
2. ein Abstellraum für die Sachen der Bewohner,
3. in Einrichtungen mit Mehrbettzimmern ein Einzelzimmer im Sinne des § 14 zur vorübergehenden Nutzung durch Bewohner,
4. ein Leichenraum, wenn nicht eine kurzfristige Überführung der Leichen sichergestellt ist.
(2) Besteht die Einrichtung aus mehreren Gebäuden, müssen die Anforderungen nach Absatz 1 Nr. 1 und 3 in jedem Gebäude erfüllt werden.

§ 16 Gemeinschaftsräume
(1) Die Einrichtung muß mindestens einen Gemeinschaftsraum von 20 m^2 Nutzfläche haben. In Einrichtungen mit mehr als 20 Bewohnern muß eine Nutzfläche von mindestens 1 m^2 je Bewohner zur Verfügung stehen.
(2) Bei der Berechnung der Fläche nach Absatz 1 können Speiseräume, in Ausnahmefällen auch andere geeignete Räume und Flure, insbesondere Wohnflure, angerechnet werden. Treppen, sonstige Verkehrsflächen, Loggien und Balkone werden nicht berücksichtigt.

§ 17 Therapieräume
In jeder Einrichtung muß ein Raum für Bewegungstherapie oder Gymnastik vorhanden sein, wenn nicht geeignete Gymnastik- und Therapieräume in zumutbarer Entfernung außerhalb der Einrichtung von den Heimbewohnern regelmäßig benutzt werden können. Gemeinschaftsräume nach § 16 können dafür verwendet werden.

§ 18 Sanitäre Anlagen
(1) Für jeweils bis zu acht Bewohner muß im gleichen Geschoß mindestens ein Spülabort mit Handwaschbecken vorhanden sein.
(2) Für jeweils bis zu 20 Bewohner muß im gleichen Gebäude mindestens eine Badewanne oder eine Dusche zur Verfügung stehen.
(3) In den Gemeinschaftsbädern der Pflegeabteilungen sind die Badewannen an den Längsseiten und an einer Stirnseite freistehend aufzustellen.

Zweiter Abschnitt
Altenwohnheime
und gleichartige Einrichtungen

§ 19 Wohnplätze
(1) Wohnplätze für eine Person müssen mindestens einen Wohnschlafraum mit einer Wohnfläche von 12 m^2, ferner eine Küche, eine Kochnische oder einen Kochschrank umfassen und über einen Sanitärraum mit Waschtisch mit Kalt- und Warmwasseranschluß und Spülklosett verfügen. Bei Wohnplätzen für zwei Personen muß die Wohnfläche des Wohnschlafraumes oder getrennter Wohn- und Schlafräume mindestens 18 m^2 betragen.
(2) Für Wohnplätze mit mehr als zwei Personen gilt § 14 Abs. 1 Satz 2 und 3, Abs. 3 Satz 2 entsprechend.
(3) Bei der Berechnung der Wohnflächen nach Absatz 1 gilt § 14 Abs. 2 entsprechend.

§ 20 Gemeinschaftsraum
(1) § 16 gilt entsprechend mit der Maßgabe, daß je Heimbewohner Gemeinschaftsraum von mindestens 0,75 m^2 Nutzfläche zur Verfügung stehen muß.
Sind in zumutbarer Entfernung außerhalb der Einrichtung geeignete Räume zur Gestaltung des gesellschaftlichen und kulturellen Lebens vorhanden, die den Bewohnern der Einrichtung regelmäßig zur Verfügung stehen, können sie auf die Gemeinschaftsräume angerechnet werden.

§ 21 Funktions- und Zubehörräume
In jeder Einrichtung müssen mindestens vorhanden sein:
1. ein Abstellraum für die Sachen der Heimbewohner,
2. besondere Wasch- und Trockenräume zur Benutzung durch die Heimbewohner.

§ 22 Sanitäre Anlagen
Für jeweils bis zu 20 Bewohner muß im gleichen Gebäude mindestens eine Badewanne oder eine Dusche zur Verfügung stehen.

Dritter Abschnitt
Pflegeheime für Volljährige
und gleichartige Einrichtungen

§ 23 Pflegeplätze
(1) Pflegeplätze müssen mindestens einen Wohnschlafraum mit einer Wohnfläche von 12 m² für einen Bewohner, 18 m² für zwei, 24 m² für drei und 30 m² für vier Bewohner umfassen. Wohnschlafräume für mehr als vier Bewohner sind nicht zulässig.
(2) Bei der Berechnung der Wohnflächen nach Absatz 1 gilt § 14 Abs. 2 entsprechend.

§ 24 Funktions- und Zubehörräume
(1) Funktions- und Zubehörräume müssen in ausreichender Zahl vorhanden und den Besonderheiten der Pflegebedürftigkeit angepaßt sein.
(2) § 15 Abs. 1 Nr. 2 bis 4, Abs. 2 in Verbindung mit Abs. 1 Nr. 3 gilt entsprechend. Außerdem müssen Schmutzräume und Fäkalienspülen in erforderlicher Zahl vorhanden sein.

§ 25 Gemeinschaftsräume
§ 20 Abs. 1 gilt entsprechend. Die Nutzflächen müssen jedoch so angelegt sein, daß auch Bettlägerige an Veranstaltungen und Zusammenkünften teilnehmen können.

§ 26 Therapieräume
§ 17 gilt entsprechend.

§ 27 Sanitäre Anlagen
(1) Für jeweils bis zu vier Bewohner müssen in unmittelbarer Nähe des Wohnschlafraumes ein Waschtisch mit Kalt- und Warmwasseranschluß und für jeweils bis zu acht Bewohner ein Spülabort vorhanden sein.
(2) Für jeweils bis zu 20 Bewohner müssen im gleichen Gebäude mindestens eine Badewanne und eine Dusche zur Verfügung stehen.
(3) Ist dauernd bettlägerigen Bewohnern die Benutzung sanitärer Anlagen nur in der Geschoßebene ihres Wohnschlafraumes möglich, so muß die nach Absatz 2 geforderte Anzahl an Badewannen und Duschen in dem jeweiligen Geschoß vorgehalten werden.
(4) § 18 Abs. 3 gilt entsprechend.

Vierter Abschnitt
Einrichtungen mit Mischcharakter

§ 28 Einrichtungen mit Mischcharakter
Sind Teile einer Einrichtung mehreren Einrichtungsarten im Sinne des § 1 Abs. 1 des Heimgesetzes zuzuordnen, so sind auf diese Teile die Anforderungen der Verordnung für die ihnen jeweils entsprechende Einrichtungsart anzuwenden.

Dritter Teil
Einrichtungen für behinderte Volljährige

§ 29 Einrichtungen für behinderte Volljährige
(1) In Einrichtungen für behinderte Volljährige sind bei der Anwendung der Verordnung die besonderen Bedürfnisse der Bewohner, die sich insbesondere aus Art und Schwere der Behinderungen ergeben, zu berücksichtigen. Von Anforderungen der Verordnung kann insoweit abgewichen werden.
(2) Als gleichartige Einrichtungen im Sinne des ersten und zweiten Abschnitts des zweiten Teils der Verordnung gelten auch Einrichtungen für behinderte Volljährige.

Vierter Teil
Fristen und Befreiungen

§ 30 Fristen zur Angleichung
(1) Erfüllen Einrichtungen, die bei Inkrafttreten dieser Verordnung im Betrieb, im Bau oder im baureifen Planungsstadium sind, die Mindestanforderungen der §§ 2 bis 29 nicht, so hat die zuständige Behörde zur Angleichung an die einzelnen Anforderungen angemessene Fristen einzuräumen. Die Frist für die Angleichung darf zehn Jahre seit Inkrafttreten der Verordnung an nicht überschreiten. Sie kann bei Vorliegen eines wichtigen Grundes verlängert werden.
(2) Für andere als die in Absatz 1 Satz 1 genannten Einrichtungen kann die zuständige Behörde auf Antrag angemessene Fristen zur Erfüllung einzelner Anforderungen nach dieser Verordnung einräumen. Die Fristen dürfen fünf Jahre vom Zeitpunkt der Anzeige nach § 7 des Heimgesetzes an nicht überschreiten. Sie können in besonders begründeten Ausnahmefällen verlängert werden.

§ 31 Befreiungen
(1) Ist dem Träger einer Einrichtung die Erfüllung der in den §§ 2 bis 29 genannten Anforderungen technisch nicht möglich oder aus wirtschaftlichen Gründen nicht zumutbar, kann die zuständige Behörde auf Antrag ganz oder teilweise Befreiung erteilen, wenn die Befreiung mit den Interessen und Bedürfnissen der Bewohner vereinbar ist.
(2) Der Träger einer Einrichtung ist vom Zeitpunkt der Antragstellung bis zur Entscheidung über den Antrag für die beantragten Tatbestände von der Verpflichtung zur Angleichung vorläufig befreit.

Fünfter Teil
Ordnungswidrigkeiten
und Schlußbestimmungen

§ 32 Ordnungswidrigkeiten
Ordnungswidrig im Sinne des § 17 Abs. 2 Nr. 1 des Heimgesetzes handelt, wer vorsätzlich oder fahrlässig entgegen § 1 eine Einrichtung betreibt, in der
1. die Mindestanforderungen an die Wohnplätze nach § 2, § 14 Abs. 1 oder 3 oder § 19 Abs. 1 oder 2 oder die Mindestanforderungen an die Pflegeplätze nach den §§ 2 oder 23 Abs. 1 nicht erfüllt sind,
2. Rufanlagen nach § 7 oder Fernsprecher nach § 8 nicht vorhanden sind,
3. die Wohn-, Schlaf- oder Sanitärräume entgegen § 9 Abs. 1 im Notfall nicht von außen zugänglich sind,
4. die Funktions- und Zubehörräume oder sanitären Anlagen nach § 15 Abs. 1 Nr. 2 oder 4, § 18 Abs. 1 oder 2, § 21, § 22, § 24 Abs. 1 oder § 27 Abs. 1 bis 3 nicht vorhanden sind,
5. die Gemeinschaftsräume nach § 16 Abs. 1, § 20 Abs. 1 oder § 25 Satz 1 nicht vorhanden sind,
6. die Therapieräume nach § 17 oder § 26 nicht vorhanden sind.

§ 33 Nichtanwendung von Vorschriften
Mit Inkrafttreten der Verordnung sind folgende Vorschriften, soweit sie Vorschriften über Mindestanforderungen für die Räume, Verkehrsflächen und sanitären Anlagen enthalten, auf die Einrichtungen nach § 1 nicht mehr anzuwenden:
1. die Verordnung des Wirtschaftsministeriums des Landes Baden-Württemberg über den gewerbsmäßigen Betrieb von Altenheimen, Altenwohnheimen und Pflegeheimen (Heimverordnung — HeimVO —) vom 25. Februar 1970 (Gesetzblatt für Baden-Württemberg. S. 98),
2. die Verordnung des Bayerischen Staatsministeriums für Wirtschaft und Verkehr über den gewerbsmäßigen Betrieb von Altenheimen, Altenwohnheimen und Pflegeheimen (Heimverordnung — HeimVO —) vom 23. August 1968 (Bayerisches Gesetz- und Verordnungsblatt, S. 319),
3. die Verordnung des Senats von Berlin über Mindestanforderungen und Überwachungsmaßnahmen gegenüber gewerblichen Altenheimen, Altenwohnheimen und Pflegeheimen für Volljährige vom 3. Oktober 1967 (Gesetz- und Verordnungsblatt für Berlin, S. 1457),
4. die Verordnung des Senators für Wirtschaft und Außenhandel der Freien Hansestadt Bremen über den gewerbsmäßigen Betrieb von Altenheimen, Altenwohnheimen und Pflegeheimen (Heimverordnung — HeimVO —) vom 30. April 1968 (Gesetzblatt der Freien Hansestadt Bremen, S. 95)
5. die Verordnung des Senats der Freien und Hansestadt Hamburg über den gewerbsmäßigen Betrieb von Altenheimen, Altenwohnheimen und Pflegeheimen (Heimverordnung) vom 29. Oktober 1968 (Hamburgisches Gesetz- und Verordnungsblatt, S. 248),
6. die Verordnung des Hessischen Ministers für Arbeit, Volkswohlfahrt und Gesundheitswesen über den gewerbsmäßigen Betrieb von Altenheimen, Altenwohnheimen und Pflegeheimen (Heimverordnung — HeimVO —) vom 7. Oktober 1969 (Gesetz- und Verordnungsblatt I für das Land Hessen, S. 195),
7. die Verordnung des Niedersächsischen Ministers für Wirtschaft und Verkehr über den gewerbsmäßigen Betrieb von Altenheimen, Altenwohnheimen und Pflegeheimen (Heimverordnung — HeimVO —) vom 3. Oktober 1968 (Niedersächsisches Gesetz- und Verordnungsblatt, S. 129),
8. die Verordnung des Landes Nordrhein-Westfalen über den gewerbsmäßigen Betrieb von Altenheimen, Altenwohnheimen und Pflegeheimen (Heimverordnung — HeimVO —) vom 25. Februar 1969 (Gesetz- und Verordnungsblatt des Landes Nordrhein-Westfalen, S. 142)

9. die Verordnung des Landes Rheinland-Pfalz über den gewerbsmäßigen Betrieb von Altenheimen, Altenwohnheimen und Pflegeheimen (Heimverordnung — HeimVO —) vom 25. Juli 1969 (Gesetz- und Verordnungsblatt für das Land Rheinland-Pfalz, S. 150)

10. die Verordnung des Landes Saarland über den gewerbsmäßigen Betrieb von Altenheimen, Altenwohnheimen und Pflegeheimen (Heimverordnung — HeimVO —) vom 1. April 1969 (Amtsblatt des Saarlandes, S. 197) und

11. die Verordnung des Ministers für Wirtschaft und Verkehr des Landes Schleswig-Holstein über den gewerbsmäßigen Betrieb von Altenheimen, Altenwohnheimen und Pflegeheimen (Heimverordnung — HeimVO —) vom 22. April 1969 (Gesetz- und Verordnungsblatt für Schleswig-Holstein, S. 89).

§ 34 Berlin-Klausel
Diese Verordnung gilt nach § 14 des Dritten Überleitungsgesetzes in Verbindung mit § 24 des Heimgesetzes auch im Land Berlin.

§ 35 (Inkrafttreten)

Normen, Vorschriften und Richtlinien in deutschsprachigen Staaten:

1. Österreich
ÖNORM B 1600 Teil 1 vom 1. August 1994
Barrierefreies Bauen, Planungsgrundsätze
ÖNORM B 1601 Teil 2 vom 1. August 1994
Spezielle Baulichkeiten für behinderte und alte Menschen, Planungsgrundsätze

2. Schweiz
Norm SN 521 500 mit Leitfaden
Schweizerischer Invalidenverband – SIV -
Froburgstraße 4, CH-4601 Olten
Tel. 0 62-32 12 62
Schweizerische Fachstelle für behindertengerechtes Bauen
Neugasse 136, CH-8005 Zürich
Tel. 01-2 72-54 44

Normen und Empfehlungen in der Bundesrepublik Deutschland

Empfehlungen für die Anlage von Erschließungsstraßen – EAE 85, Ausgabe 1985, der Forschungsgesellschaft für Straßen- und Verkehrswesen, Arbeitsgruppe Straßenentwurf

0. Einführung
1. Städtebauliche Ziele und Grundsätze
2. Gesamtgemeindliche Zusammenhänge
   2.1 Wechselwirkungen zwischen Planungsebenen und Fachplanungen
   2.2 Funktionale Gliederung von Verkehrswegnetzen
   2.3 Gebietstypen
   2.4 Standortwahl für geplante Baugebiete
   2.5 Finanzierung und Wirtschaftlichkeit von Erschließungsanlagen
3. Erschließungsplanung auf Ortsteilebene
   3.1 Grundsätzliche Überlegungen
   3.2 Ansprüche an die Netzplanung
   3.3 Anforderungen an verkehrsartenspezifische Netze
      3.3.1 Fußgänger- und Radverkehr
      3.3.2 Kraftfahrzeugverkehr
      3.3.3 Öffentlicher Personennahverkehr
   3.4 Netzformen
      3.4.1 Grundsätzliche Überlegungen
      3.4.2 Überlagerung verkehrsartenspezifischer Netze
      3.4.3 Hierarchische Differenzierung von Netzelementen
      3.4.4 Zentrale oder periphere Erschließung
      3.4.5 Vermaschte oder nichtvermaschte Netzformen
      3.4.6 Beispiele für Netzformen
      3.4.7 Modifizierte Netzformen
   3.5 Hinweise zu gebietsspezifischen Netzformen
      3.5.1 Grundsätzliche Überlegungen
      3.5.2 Stadtkerngebiete
      3.5.3 Stadtkernnahe Altbaugebiete
      3.5.4 Wohngebiete in Orts- und Stadtrandlage
      3.5.5 Industrie- und Gewerbegebiete
      3.5.6 Dörfliche Gebiete
      3.5.7 Freizeitwohngebiete
4. Grundlagen für den Entwurf von Straßenräumen
   4.1 Ziele und Bewertungskriterien
      4.1.1 Grundsätzliche Überlegungen
      4.1.2 Verkehrssicherheit
      4.1.3 Verkehrsablauf
      4.1.4 Umfeldverträglichkeit
      4.1.5 Straßenraumgestalt
      4.1.6 Wirtschaftlichkeit
   4.2 Nutzungsansprüche an Straßenräume
      4.2.1 Grundsätzliche Überlegungen
      4.2.2 Fußgängerverkehr, Aufenthalt und Kinderspiel
      4.2.3 Radverkehr
      4.2.4 Kraftfahrzeugverkehr
      4.2.5 Öffentlicher Personennahverkehr
      4.2.6 Begrünung
      4.2.7 Ver- und Entsorgung
   4.3 Ermittlung der Entwurfsvorgaben, der Nutzungsansprüche und der Bewertungskriterien
   4.4 Entwurfsprinzipien für Straßen und Wege
      4.4.1 Mischung oder Trennung der Verkehrsarten
      4.4.2 Maßgebender Begegnungsfall
      4.4.3 Fahrgeometrie oder Fahrdynamik
   4.5 Abwägung und Ausgleich der Nutzungsansprüche
5. Entwurf von Straßenräumen
   5.1 Hinweise zur Straßenraumgestaltung
      5.1.1 Allgemeine Hinweise
      5.1.2 Hinweise bei Anwendung des Mischungsprinzips
      5.1.3 Hinweise bei Anwendung des Trennungsprinzips
      5.1.4 Hinweise für Knotenpunkte und Plätze
   5.2 Entwurfselemente
      5.2.1 Streckenabschnitte
         5.2.1.1 Fahrbahnen und Fahrgassen
         5.2.1.2 Park- und Ladeflächen im Straßenraum
         5.2.1.3 Fußgänger- und Radverkehrsflächen
         5.2.1.4 Versätze
         5.2.1.5 Einengungen
         5.2.1.6 Teilaufpflasterungen
         5.2.1.7 Schwellen
         5.2.1.8 Sperren
         5.2.1.9 Wendeanlagen
         5.2.1.10 Überquerungsstellen für Fußgänger und Radfahrer
         5.2.1.11 Muldenrinnen, Bordrinnen, Borde und Bordabsenkungen
         5.2.1.12 Grundstückszufahrten
         5.2.1.13 Haltestellen des öffentlichen Personennahverkehrs
         5.2.1.14 Beleuchtung
         5.2.1.15 Grünpflanzungen
      5.2.2 Knotenpunkte
         5.2.2.1 Grundsätzliche Überlegungen
         5.2.2.2 Fahrspuren
         5.2.2.3 Inseln
         5.2.2.4 Eckausrundungen
         5.2.2.5 Sichtfelder
         5.2.2.6 Geh- und Radwege
         5.2.2.7 Knotenpunktformen
      5.2.3 Flächen für den ruhenden Kraftfahrzeugverkehr außerhalb des Straßenraumes
      5.2.4 Berücksichtigung der Ver- und Entsorgung
         5.2.4.1 Wasserversorgung, Entwässerung, Energieversorgung, Fernwärmeanlagen und Fernmeldeanlagen
         5.2.4.2 Müllabfuhr und Straßenreinigung
   5.3 Empfohlene Verkehrsanlagen
      5.3.1 Grundsätzliche Überlegungen
      5.3.2 Hinweise zu den Übersichten für Gebietstypen
      5.3.3 Stadtkerngebiete
      5.3.4 Stadtkernnahe Altbaugebiete
      5.3.5 Wohngebiete in Orts- oder Stadtrandlage
      5.3.6 Industrie- und Gewerbegebiete
      5.3.7 Dörfliche Gebiete
      5.3.8 Freizeitwohngebiete
6. Ausgewählte Entwurfs- und Gestaltungsbeispiele
6.1 Stadtkerngebiete (Beispiele 1 und 2)
6.2 Stadtkernnahe Altbaugebiete (Beispiele 3 bis 8)
6.3 Wohngebiete in Orts- oder Stadtrandlage (Beispiele 9 bis 12)
6.4 Industrie- und Gewerbegebiete (Beispiel 13)
6.5 Dörfliche Gebiete (Beispiele 14 und 15)
Anhang 1: Gesetze, Verordnungen, Erlasse und technische Regelwerke
Anhang 2: Überschlägige Abschätzung des Verkehrsaufkommens für geplante Wohngebiete in Orts- oder Stadtrandlage
Anhang 3: Eigenschaften und Verhaltensweisen der Verkehrsteilnehmer
Anhang 4: Schleppkurven der Bemessungswagen
Anhang 5: Abschätzung des Verkehrsablaufes an einspurigen Einengungen

DEUTSCHE NORM Januar 1998

Barrierefreies Bauen
Teil 1: Straßen, Plätze, Wege, öffentliche Verkehrs- und Grünanlagen sowie Spielplätze
Planungsgrundlagen

DIN 18024-1

ICS 11.180; 93.080.01 Ersatz für Ausgabe 1974-11

Deskriptoren: Bauwesen, bauliche Anlage, Planungsgrundlage, barrierefrei

Barrier-free built environment – Part 1: Streets, squares, paths, public transport, recreation areas and playgrounds – Design principles

Construction sans barrières – Partie 1: Rues, places, chemins, transport public et espaces verts – Principes d'aménagement

Inhalt

		Seite
	Vorwort	1
1	Anwendungsbereich	2
2	Normative Verweisungen	2
3	Definitionen	2
4	Maß der Bewegungsfläche	3
5	Maß der Begegnungsfläche	4
6	Oberflächenbeschaffenheit von Bewegungs- und Begegnungsflächen	4
7	Tür	4
8	Fußgängerverkehrsfläche	4
9	Verweilplatz	5
10	Zugang, Fußgängerüberweg und Furt auf gleicher Ebene	5
11	Straßenverkehrs-Signalanlage an Furten	5
12	Zugang zu unterschiedlichen Ebenen	6
13	Öffentlich zugängige Grünanlage und Spielplatz	7
14	Baustellensicherung	8
15	Haltestelle öffentlicher Verkehrsmittel und Bahnsteig	8
16	Pkw-Stellplatz	8
17	Öffentliche Fernsprechstelle und Notrufanlage	8
18	Bedienungselement	8
19	Ausstattung, Orientierung, Beschilderung und Beleuchtung	9

Vorwort

Diese Norm entstand im NABau-Gremium 01.11.00 "Barrierefreies Bauen". Sie löst die Ausgabe vom November 1974 ab.

DIN 18024 "Barrierefreies Bauen" besteht aus:

– Teil 1: Straßen, Plätze, Wege, öffentliche Verkehrs- und Grünanlagen sowie Spielplätze, Planungsanforderungen

– Teil 2: Öffentlich zugängige Gebäude und Arbeitsstätten, Planungsgrundlagen

Änderungen

Gegenüber der Ausgabe November 1974 wurden folgende Änderungen vorgenommen:

a) Der Inhalt wurde überarbeitet und den Bedürfnissen der Nutzer und Nutzerinnen an Straßen, Plätze, Wege, öffentliche Verkehrs- und Grünanlagen sowie Spielplätze angepaßt.

b) Der Titel wurde geändert.

Frühere Ausgaben

DIN 18024-1: 1974-11

Fortsetzung Seite 2 bis 9

Normenausschuß Bauwesen (NABau) im DIN Deutsches Institut für Normung e.V.
Normenausschuß Rettungsdienst und Krankenhaus (NARK)
Normenausschuß Maschinenbau (NAM)

© DIN Deutsches Institut für Normung e.V. · Jede Art der Vervielfältigung, auch auszugsweise, nur mit Genehmigung des DIN Deutsches Institut für Normung e.V., Berlin, gestattet.
Alleinvertrieb der Normen durch Beuth Verlag GmbH, 10772 Berlin

Ref. Nr. DIN 18024-1 : 1998-01
Preisgr. 06 Vertr.-Nr. 0006

Seite 2
DIN 18024-1 : 1998-01

1 Anwendungsbereich

Diese Norm gilt für die Planung, Ausführung und Ausstattung von Straßen, Plätzen, Wegen, öffentlichen Verkehrsanlagen und öffentlich zugängigen Grünanlagen sowie für Zugänge zu öffentlichen Verkehrsmitteln und Spielplätzen. Sie gilt sinngemäß für Umbauten, Modernisierungen und Nutzungsänderungen.

Diese baulichen Anlagen und die Zugänge zu öffentlichen Verkehrsmitteln müssen für alle Menschen barrierefrei nutzbar sein. Die Nutzer müssen in die Lage versetzt werden, von fremder Hilfe weitgehend unabhängig zu sein.

Das gilt insbesondere für

- Rollstuhlbenutzer – auch mit Oberkörperbehinderung,
- Blinde und Sehbehinderte,
- Gehörlose und Hörgeschädigte,
- Gehbehinderte,
- Menschen mit sonstigen Behinderungen,
- ältere Menschen,
- Kinder, klein- und großwüchsige Menschen.

2 Normative Verweisungen

Diese Norm enthält durch datierte oder undatierte Verweisungen Festlegungen aus anderen Publikationen. Diese normativen Verweisungen sind an den jeweiligen Stellen im Text zitiert, und die Publikationen sind nachstehend aufgeführt. Bei datierten Verweisungen gehören spätere Änderungen oder Überarbeitungen dieser Publikationen nur zu dieser Norm, falls sie durch Änderung oder Überarbeitung eingearbeitet sind. Bei undatierten Verweisungen gilt die letzte Ausgabe der in Bezug genommenen Publikation.

DIN 5035-2
    Beleuchtung mit künstlichem Licht – Richtwerte für Arbeitsstätten in Innenräumen und im Freien

DIN 15325 : 1990-12
    Aufzüge – Bedienungs-, Signalelemente und Zubehör – ISO 4190-5, Ausgabe 1987 modifiziert

DIN 18024-2 : 1996-11
    Barrierefreies Bauen – Teil 2: Öffentlich zugängige Gebäude und Arbeitsstätten, Planungsgrundlagen

DIN 18025-1 : 1992-12
    Barrierefreie Wohnungen – Wohnungen für Rollstuhlbenutzer, Planungsgrundlagen

DIN 18034
    Spielplätze und Freiflächen zum Spielen – Grundlagen und Hinweise für die Objektplanung

DIN 32981
    Zusatzeinrichtungen für Blinde an Straßenverkehrs-Signalanlagen (SVA) – Anforderungen

E DIN 32984
    Bodenindikatoren im öffentlichen Verkehrsraum

RSA[1])
    Richtlinien für die Sicherung von Arbeitsstellen an Straßen, Ausgabe 1995

RiLSA[2])
    Richtlinien für Lichtsignalanlagen, Ausgabe 1992

3 Definitionen

Für die Anwendung dieser Norm gelten die folgenden Definitionen:

3.1 Ausstattung: Funktionselemente, wie z. B. Orientierungshilfen, Straßenverkehrs-Signalanlagen, Aufzüge, Fahrtreppen, Hinweis- und Warnschilder, Geräte, Automaten, Telefonhauben, Poller, Papierkörbe, Abfallbehälter, Fahrradständer, Werbeträger, Abschrankungen.

---

[1]) Herausgegeben vom Bundesminister für Verkehr, zu beziehen über den Verkehrsblatt-Verlag

[2]) Herausgegeben und zu beziehen von der Forschungsgesellschaft für Straßen- und Verkehrswesen e.V.

Seite 3
DIN 18024-1 : 1998-01

3.2 Bewegungsfläche bei barrierefreiem Bauen: Bewegungsflächen bei barrierefreiem Bauen sind die zur Bewegung mit dem Rollstuhl notwendigen Flächen. Sie schließen die zur Benutzung von Ausstattungen und Einrichtungen erforderlichen Flächen ein.

3.3 Begegnungsfläche bei barrierefreiem Bauen: Begegnungsflächen bei barrierefreiem Bauen sind die zum Ausweichen mit dem Rollstuhl zusätzlich notwendigen Flächen.

4 Maß der Bewegungsfläche

4.1 Allgemeines

Bewegungsflächen dürfen sich überlagern, ausgenommen vor Fahrschachttüren (siehe 4.13).

Bewegungsflächen dürfen nicht in ihrer Funktion eingeschränkt sein, z. B. durch Mauervorsprünge, abgestellte Fahrzeuge, Ausstattungen, Türen in geöffnetem Zustand und Bepflanzung. Der Kopffreiraum muß mindestens 230 cm betragen.

4.2 Bewegungsfläche, 400 cm breit und 250 cm tief

Die Bewegungsfläche muß mindestens 400 cm breit und mindestens 250 cm tief sein:

- als Verweilfläche auf Schutzinseln oder Fahrbahnteilern von Hauptverkehrsstraßen.

4.3 Bewegungsfläche, 300 cm breit

Die Bewegungsfläche muß mindestens 300 cm breit sein:

- auf Gehwegen im Umfeld z. B. von Kindergärten und Schulen, Freizeiteinrichtungen, Einkaufszentren, Pflegeeinrichtungen,
- auf Fußgängerüberwegen und Furten.

4.4 Bewegungsfläche, 300 cm breit und 200 cm tief

Die Bewegungsfläche muß mindestens 300 cm breit und mindestens 200 cm tief sein:

- als Verweilfläche auf Fußgängerüberwegen und Furten von Erschließungsstraßen.

4.5 Bewegungsfläche, 200 cm breit

Die Bewegungsfläche muß mindestens 200 cm breit sein:

- auf Gehwegen an Sammelstraßen.

4.6 Bewegungsfläche, 150 cm breit und 150 cm tief

Die Bewegungsfläche muß mindestens 150 cm breit und mindestens 150 cm tief sein:

- als Wendemöglichkeit,
- als Ruhefläche, Verweilplatz,
- am Anfang und am Ende einer Rampe,
- vor Haus- und Gebäudeeingängen,
- vor Fernsprechstellen und Notrufanlagen,
- vor Serviceschaltern,
- vor Dienstleistungsautomaten, Briefeinwürfen, Ruf- und Sprechanlagen,
- vor Durchgängen, Kassen und Kontrollen,
- vor und neben Ruhebänken,
- vor Bedienungsvorrichtungen,
- vor und nach Fahrtreppen und Fahrsteigen,
- vor Rahmensperren und Umlaufschranken.

4.7 Bewegungsfläche, 150 cm breit

Die Bewegungsfläche muß mindestens 150 cm breit sein:

- auf Gehwegen (ausgenommen Gehwege nach 4.3 und 4.5),
- auf Hauptgehwegen (siehe 13.2.2),
- neben Treppenauf- und abgängen; die Auftrittsfläche der obersten Stufe ist auf die Bewegungsfläche nicht anzurechnen.

Seite 4
DIN 18024-1 : 1998-01

4.8 Bewegungsfläche, 150 cm tief

Die Bewegungsfläche muß mindestens 150 cm tief sein:

– neben der Längsseite des Kraftfahrzeuges des Rollstuhlbenutzers auf Pkw-Stellplätzen (siehe Abschnitt 16) (Bordhöhe siehe 10.1).

4.9 Bewegungsfläche, 130 cm breit

Die Bewegungsfläche muß mindestens 130 cm breit sein:

– zwischen Umlaufschranken.

4.10 Bewegungsfläche, 120 cm breit

Die Bewegungsfläche muß mindestens 120 cm breit sein:

– zwischen Radabweisern einer Rampe,

– situationsbedingt auf Hauptgehwegen (siehe 13.2.2).

4.11 Bewegungsfläche, 90 cm breit

Die Bewegungsfläche muß mindestens 90 cm breit sein:

– in Durchgängen an Kassen und Kontrollen,

– auf Nebengehwegen (siehe 13.2.3).

4.12 Bewegungsfläche, 250 cm tief

Die Bewegungsfläche muß mindestens 250 cm tief sein:

– entlang von Haltestellen öffentlicher Verkehrsmittel.

4.13 Bewegungsfläche vor Fahrschachttüren

Die Bewegungsfläche vor Fahrschachttüren muß so groß sein wie die Grundfläche des Fahrkorbs, mindestens jedoch 150 cm breit und 150 cm tief. Sie darf sich mit anderen Bewegungsflächen nicht überlagern. Sie darf nicht gegenüber abwärts führenden Treppen und Rampen angeordnet sein.

5 Maß der Begegnungsfläche

5.1 Begegnungsfläche, 200 cm breit und 250 cm tief

In Sichtweite, höchstens in Abständen von 18 m, müssen Hauptgehwege und in Sichtweite müssen Geh- und Nebengehwege Begegnungsflächen für Rollstuhlbenutzer von mindestens 200 cm Breite und mindestens 250 cm Tiefe aufweisen.

5.2 Begegnungsfläche, 180 cm breit und 180 cm tief

In Sichtweite müssen Gehwege neben Baustellensicherungen Begegnungsflächen für Rollstuhlbenutzer von mindestens 180 cm Breite und mindestens 180 cm Tiefe aufweisen.

6 Oberflächenbeschaffenheit von Bewegungs- und Begegnungsflächen

Bewegungs- und Begegnungsflächen müssen bei jeder Witterung leicht, erschütterungsarm und gefahrlos begeh- und befahrbar sein.

Orientierungshilfen siehe Abschnitt 19.

7 Tür

Türen müssen eine lichte Breite von mindestens 90 cm und eine lichte Höhe von mindestens 210 cm haben.

Für die Maße der Bewegungsfläche gelten Bild 10 und Bild 11 von DIN 18025-1 : 1992-12.

8 Fußgängerverkehrsfläche

8.1 Allgemeines

Gehwege an anbaufreien Hauptverkehrsstraßen sind gegen die Fahrbahn durch einen mindestens 75 cm breiten Schutzstreifen abzugrenzen.

In Anlieger- und Sammelstraßen darf der Höhenunterschied der Kanten zwischen Fahrbahn und Gehweg nicht niedriger als 3 cm sein.

Seite 5
DIN 18024-1 : 1998-01

Liegen Rad- und Gehwege auf gleichem Niveau nebeneinander, sind sie durch einen mindestens 50 cm breiten Begrenzungsstreifen zu trennen. Der Begrenzungsstreifen muß sich taktil und optisch kontrastierend von den Rad- und Gehwegbelägen unterscheiden.

Muldenrinnen dürfen nicht tiefer als 1/30 ihrer Breite sein.

Im übrigen ist E DIN 32984 zu berücksichtigen.

8.2 Längsgefälle

Gehwege ohne Verweilplätze sollten nicht mehr als 3 % Längsgefälle aufweisen.

Bei einem Längsgefälle zwischen 3 % und 6 % müssen in Abständen von maximal 10 m Verweilplätze mit weniger als 3 % Gefälle vorgesehen werden.

Lassen sich stärkere Längsgefälle aufgrund der topografischen Lage nicht vermeiden, sollten geeignete, ausgeschilderte Umgehungen oder andere Alternativen angeboten werden.

8.3 Quergefälle

Das Quergefälle von Gehwegen darf nicht mehr als 2 %, im Bereich von Grundstückszufahrten maximal 6 % betragen.

8.4 Richtungsänderung

Richtungsänderungen müssen taktil und optisch kontrastierend wahrnehmbar sein.

8.5 Verkehrsberuhigter Straßenraum

In verkehrsberuhigten Straßenräumen muß eine Orientierung durch taktil und optisch kontrastierend wahrnehmbare Leitsysteme nach E DIN 32984 möglich sein.

9 Verweilplatz

In Bereichen, z. B. von Gehwegen, Treppen- und Rampenanlagen, sollten überdachte Verweilplätze (Ruheflächen und -bänke) verfügbar sein. Sie müssen taktil und optisch kontrastierend auffindbar sein.

Maße der Bewegungsflächen siehe 4.6.

10 Zugang, Fußgängerüberweg und Furt auf gleicher Ebene

10.1 Bord

Borde müssen an Zugängen, Fußgängerüberwegen und Furten, z. B. Überquerungsstellen, Schutzinseln, Gehwegüberfahrten (Grundstückszufahrten), Kraftfahrzeug-Parkflächen und Taxistellplätzen in ganzer Breite auf eine Höhe von 3 cm abgesenkt sein.

Abgesenkte Borde sind taktil und optisch kontrastierend wahrnehmbar zu kennzeichnen.

10.2 Überquerungsstelle

Überquerungsstellen an Fußgängerüberwegen und Furten müssen rechtwinklig zur Fahrbahn angeordnet sein. Sie müssen so gestaltet sein, daß wartende Personen vom fließenden Verkehr her wahrgenommen werden können (Sichtfeld).

Im Bereich von Sichtdreiecken dürfen Sichthindernisse (z. B. Bepflanzung) nicht höher als 50 cm sein.

Abdeckungen von Entwässerungs- und Revisionsschächten u. ä. dürfen nicht im Überquerungsbereich liegen.

11 Straßenverkehrs-Signalanlage an Furten

Straßenverkehrs-Signalanlagen müssen nach DIN 32981 und RiLSA akustisch, optisch kontrastierend und taktil auffindbar und benutzbar sein.

Die zugrunde gelegte Querungsgeschwindigkeit darf nicht mehr als 80 cm/s betragen.

Bedienungselemente siehe Abschnitt 18.

Seite 6
DIN 18024-1 : 1998-01

12 Zugang zu unterschiedlichen Ebenen

12.1 Allgemeines

Unterschiedliche Ebenen sind außer über Treppen und Fahrtreppen auch über Rampen (siehe 12.5) oder Aufzüge (siehe 12.6) zugängig zu machen. Fahrsteige und Fahrtreppen ersetzen nicht Treppen und Aufzüge.

Maße der Bewegungsflächen siehe Abschnitt 4.

Orientierung und Beleuchtung siehe Abschnitt 19.

Im übrigen ist E DIN 32984 zu berücksichtigen.

12.2 Treppe

Treppen dürfen nicht gewendelt sein.

An Treppen sind – unabhängig von den erforderlichen Umwehrungen/Geländern – in 85 cm Höhe beidseitig Handläufe mit 3 cm bis 4,5 cm Durchmesser anzubringen. Der innere Handlauf am Treppenauge darf nicht unterbrochen sein; der äußere Handlauf muß 30 cm waagerecht über Anfang und Ende der Treppe hinausragen. Anfang und Ende des Treppenlaufs sind rechtzeitig und deutlich erkennbar zu machen, z. B. durch taktile Kennzeichnung an den Handläufen.

Taktile Geschoß- und Wegebezeichnungen müssen die Orientierung sicherstellen.

Bei Treppenläufen mit mehr als 3 Stufen müssen die erste und letzte Trittstufe mit einem 50 mm bis 80 mm breiten Streifen über die gesamte Trittbreite optisch kontrastierend markiert sein. Bei einer Treppe mit bis zu drei Stufen gilt dies für alle Stufen.

Der Niveauwechsel muß durch taktile und optisch kontrastierende Aufmerksamkeitsfelder nach E DIN 32984 rechtzeitig angezeigt werden.

Stufenunterscheidungen sind unzulässig.

Treppen sollten an freien seitlichen Stufenenden eine mindestens 2 cm hohe Aufkantung aufweisen.

Die Durchgangshöhe unter Treppen muß mindestens 230 cm betragen.

Die Unterseite des untersten Treppenlaufes muß bis zu einer Höhe von mindestens 230 cm geschlossen werden.

Maße der Bewegungsflächen siehe Abschnitt 4.

12.3 Fahrtreppe

Fahrtreppen dürfen eine Geschwindigkeit von 0,5 m/s nicht überschreiten. Der Vorlauf muß mindestens drei Stufen betragen.

Der Steigungswinkel sollte 30° ($\triangleq$ 57,7 %) nicht überschreiten. Der Betrieb muß auf Nutzungsanforderung verfügbar sein.

12.4 Fahrsteig

Bei Fahrsteigen darf eine Geschwindigkeit von 0,5 m/s und ein Steigungswinkel von 7° ($\triangleq$ 12,3 %) nicht überschritten werden. Der Betrieb muß auf Nutzeranforderung verfügbar sein.

12.5 Rampe

Die Steigung der Rampe darf nicht mehr als 6 % betragen. Nach höchstens 600 cm ist ein Zwischenpodest von mindestens 150 cm Länge anzuordnen. Die Rampe und das Zwischenpodest sind beidseitig mit 10 cm hohen Radabweisern zu versehen. Die Rampe ist ohne Quergefälle auszubilden.

An Rampe und Zwischenpodest sind beidseitig Handläufe mit 3 cm bis 4,5 cm Durchmesser in 85 cm Höhe anzubringen. Handläufe und Radabweiser müssen mindestens 30 cm am Anfang und am Ende in den Podestbereich waagerecht weitergeführt werden (siehe Bilder 7 bis 9 von DIN 18025-1 : 1992-12).

In der Verlängerung einer Rampe darf keine abwärtsführende Treppe angeordnet werden.

12.6 Aufzug

Der Fahrkorb ist mindestens wie folgt zu bemessen:

– lichte Breite 110 cm,

– lichte Tiefe 140 cm,

– lichte Breite der Fahrschachttüren mindestens 90 cm (siehe Bild 12 von DIN 18025-1 : 1992-12).

Der Betrieb muß auf Nutzungsanforderung verfügbar sein.

Seite 7
DIN 18024-1 : 1998-01

Im Fahrkorb sollten ein Klappsitz und gegenüber der Fahrkorbtür ein Spiegel zur Orientierung angebracht werden.

Personenaufzüge mit mehr als 2 Haltestellen sind zusätzlich mit Haltestellenansagen auszustatten.

Bedienungstableau und Haltestangen siehe Bilder 8 bis 11 von DIN 18024-2 : 1996-11.

Für ein zusätzliches senkrechtes Bedienungstableau gilt DIN 15325.

Orientierungshilfen siehe Abschnitt 19.

13 Öffentlich zugängige Grünanlage und Spielplatz

13.1 Allgemeines

Öffentlich zugängige Grünanlagen und Spielplätze müssen barrierefrei zugängig sein.

Für die Gestaltung von Spielplätzen gilt DIN 18034.

13.2 Hauptgehweg, Nebengehweg

13.2.1 Allgemeines

Erlebnisbereiche, z. B. Wiesen, Irrgärten, Sand-, Matsch-, Wasser-, und andere Spielbereiche sowie barrierefreie Spielplatzgeräte müssen von Hauptgehwegen aus auch für Blinde und Sehbehinderte wahrnehmbar und mindestens von Nebengehwegen aus erreichbar sein.

Wege in seitlich abfallendem Gelände sind absturzsicher zu gestalten.

Orientierungshilfen siehe Abschnitt 19.

13.2.2 Hauptgehweg

Hauptgehwege müssen ein Lichtraumprofil von mindestens 150 cm Breite und mindestens 230 cm Höhe haben. Die Wegbreite kann situationsbedingt auf eine Länge von höchstens 200 cm auf mindestens 120 cm beschränkt werden.

Sie dürfen ein Längsgefälle von 4 % und ein Quergefälle von 2 % nicht überschreiten. In Sichtweite, höchstens in Abständen von 18 m, sind Begegnungsflächen anzulegen (siehe 5.1).

Wenn in Ausnahmefällen Längsgefälle von 4 % bis höchstens 6 % geplant sind, müssen in Abständen von höchstens 10 m ebene Ruheflächen oder Verweilplätze (siehe 4.6 und Abschnitt 9) oder Begegnungsflächen (siehe 5.1) angeordnet werden.

In Abständen von nicht mehr als 100 m sind Ruhebänke aufzustellen.

13.2.3 Nebengehweg zu barrierefreien Spiel- und Freizeitgeräten sowie zu Erlebnisbereichen

Nebengehwege müssen ein Lichtraumprofil von mindestens 90 cm Breite und mindestens 230 cm Höhe haben (siehe 4.11). Sie dürfen ein Längsgefälle von 6 % und ein Quergefälle von 2 % nicht überschreiten.

Begegnungsflächen müssen in Sichtweite angelegt werden (siehe 5.1).

Bei Längsgefällen von 4 % bis 6 % sind in Abständen von höchstens 10 m ebene Ruheflächen oder Verweilplätze (siehe 4.6 und Abschnitt 9) oder Begegnungsflächen (siehe 5.1) anzuordnen.

13.3 Sanitäranlage

In Park- und Freizeitanlagen muß mindestens eine öffentlich zugängige Sanitäranlage vorhanden sein. Von Spielplätzen, die nicht unmittelbar einer Wohnanlage angeschlossen sind, muß mindestens eine öffentlich zugängige Sanitäranlage erreichbar sein.

Die Sanitäranlage ist nach DIN 18024-2 zu gestalten.

13.4 Notruf

Durch Meldeeinrichtungen, z. B. gebührenfreie Notrufanlagen, muß unverzüglich Hilfe herbeigerufen werden können.

14 Baustellensicherung

Gehwege und Notwege müssen gegenüber Arbeitsstellen nach RSA durch 10 cm hohe Absperrschranken in 100 cm Höhe (Höhe der Oberkante) gesichert werden.

Unter Absperrschranken sind zusätzlich 10 cm hohe Tastleisten in 25 cm Höhe (Höhe der Oberkante) anzubringen. Ihre Unterkante (bei rohrförmiger Ausbildung die Mitte des Rohrquerschnittes) darf nicht höher als 15 cm angebracht werden.

Gehwege und Notwege im Bereich von Baustellen müssen ein Lichtraumprofil von mindestens 120 cm Breite und mindestens 230 cm Höhe haben. In nicht überschaubaren Gehwegbereichen sind Begegnungsflächen nach 5.2 vorzusehen.

Rampen siehe 12.5.

Ausstattung, Orientierung, Beschilderung und Beleuchtung siehe Abschnitt 19.

15 Haltestelle öffentlicher Verkehrsmittel und Bahnsteig

Höhenunterschiede und Abstände von Fahrgasträumen zu Bahnsteigen und von Fahrgasträumen öffentlicher Verkehrsmittel zu Haltestellen dürfen nicht mehr als 3 cm betragen. Größere Unterschiede sind durch baulich oder fahrzeugtechnische Maßnahmen an mindestens einem Zugang auszugleichen.

Einstiegstellen müssen taktil und optisch kontrastierend ausgebildet sein.

Witterungsschutz, auch für Rollstuhlnutzer, und Sitzgelegenheiten sind vorzusehen.

Bewegungsflächen an Haltestellen dürfen nicht von Radfahrwegen gequert werden.

Im übrigen ist E DIN 32984 zu berücksichtigen.

An stark frequentierten, zentralen Bahnhöfen sind Sanitäranlagen nach DIN 18024-2 vorzusehen.

Orientierung und Beleuchtung siehe Abschnitt 19.

16 Pkw-Stellplatz

3 % der Pkw-Stellplätze, mindestens jedoch ein Stellplatz, müssen nach DIN 18025-1 gestaltet sein.

Maße der Bewegungsfläche siehe 4.8.

Werden Pkw-Stellplätze als Längsparkplätze angeordnet, so muß mindestens ein Pkw-Stellplatz 750 cm lang und mindestens 250 cm breit sein.

Bord siehe 10.1.

17 Öffentliche Fernsprechstelle und Notrufanlage

Fernsprechstellen und Notrufanlagen müssen auch durch Rollstuhlbenutzer angefahren und benutzt werden können.

Maße der Bewegungsflächen siehe 4.6.

Bedienungselemente siehe Abschnitt 18.

Ausstattung, Orientierung, Beschilderung und Beleuchtung siehe Abschnitt 19.

18 Bedienungselement

Bedienungselemente, z. B. an Geld- und Fahrkartenautomaten, Schalter, Taster, Briefeinwurf- und Codekartenschlitze und Notschalter müssen anfahrbar und auch mit eingeschränkter Greiffähigkeit leicht benutzbar sein; sie sind in 85 cm Höhe anzubringen. Sie dürfen nicht versenkt und nicht scharfkantig sein. Für blinde und sehbehinderte Menschen müssen Bedienungselemente durch taktil und optisch kontrastierende Gestaltung leicht erkenn- und nutzbar sein. Sensortasten als ausschließliche Bedienungselemente sind unzulässig.

Ablageflächen sollten eine Höhe von 85 cm haben.

Maße der Bewegungsflächen siehe Abschnitt 4.

Seite 9
DIN 18024-1 : 1998-01

19 Ausstattung, Orientierung, Beschilderung und Beleuchtung

Straßen, Plätze, Wege, öffentliche Verkehrsanlagen und Grünanlagen sowie Zugänge zu öffentlichen Verkehrsmitteln und Grünanlagen müssen mit Orientierungshilfen (für Blinde und Sehbehinderte mit Bodenindikatoren nach E DIN 32984) ausgestattet sein.

Ausstattungen müssen optisch kontrastierend wahrnehmbar und ohne Unterschneidungen ausgebildet sein.

Für Blinde ist diese Anforderung erfüllt, wenn die Ausstattung

- auf einem 3 cm hohen Sockel entsprechend den Außenmaßen der Ausstattung (z. B. Telefonhaube) oder
- ohne Unterschneidung bis 10 cm über den Boden herunterreicht oder
- mit Unterschneidungen mit einer 15 cm breiten Tastleiste mit der Oberkante in 25 cm Höhe über dem Boden entsprechend den Außenmaßen der Ausstattung versehen ist.

Blinde, Sehbehinderte und Menschen mit anderen sensorischen Einschränkungen müssen Hinweise optisch kontrastierend durch Hell-Dunkelkontrast (z. B. weiß auf schwarz) und taktil oder akustisch frühzeitig erkennen können; bei Richtungsänderungen oder Hindernissen müssen besondere Markierungen vorgesehen werden. Größe und Art der Schriftzeichen müssen eine gute, blendfreie Lesbarkeit sicherstellen.

Haltestelleninformationen und andere Orientierungshilfen müssen so gestaltet und montiert sein, daß sie auch durch Blinde (taktil oder akustisch), Sehbehinderte (Großschrift), Rollstuhlfahrer und Kleinwüchsige (Höhe der Anbringung) benutzbar sind. Sie müssen ausreichend hell beleuchtet sein.

Die Beleuchtung von Verkehrsflächen und Treppen mit künstlichem Licht ist blend- und schattenfrei auszuführen. Eine höhere Beleuchtungsstärke als nach DIN 5035-2 ist vorzusehen.

DEUTSCHE NORM

November 1996

Barrierefreies Bauen
Teil 2: Öffentlich zugängige Gebäude und Arbeitsstätten
Planungsgrundlagen

DIN 18024-2

ICS 11.180; 91.040.10

Ersatz für Ausgabe 1976-04

Deskriptoren: Bauwesen, bauliche Anlage, Planungsgrundlage, barrierefrei

Construction of accessible buildings –
Part 2: Publicly accessible buildings and workplaces, Design principles

Construction de bâtiments accessibles –
Partie 2: Bâtiments publics accesibles et lieux de travail, Principes de planification

Inhalt

	Seite		Seite
Vorwort	1	10 Wände und Decken	4
1 Anwendungsbereich	2	11 Sanitärräume	4
2 Normative Verweisungen	2	12 Sport-, Bade-, Arbeits- und Freizeitstätten	6
3 Begriffe	2	13 Versammlungs-, Sport- und Gaststätten	6
4 Maße der Bewegungsflächen	2	14 Beherbergungsbetriebe	7
5 Maße der Begegnungsflächen	3	15 Tresen, Serviceschalter und Verkaufstische	7
6 Türen	3	16 Pkw-Stellplätze	7
7 Stufenlose Erreichbarkeit, untere Türanschläge und -schwellen, Aufzug, Rampe	3	17 Bedienungsvorrichtungen	7
8 Treppe	4	18 Orientierungshilfen, Beschilderung	7
9 Bodenbeläge	4	Anhang A (informativ) Literaturhinweise	7

Vorwort

Diese Norm entstand im NABau-Gremium 0.1.11.00 "Barrierefreies Bauen". Sie ersetzt die Ausgabe 1976-04.

Der Beirat des NABau – siehe Beschluß 8/1995 – fordert die weitere Vereinfachung der Norm, die Absenkung auf "Mindeststandards" und – gerade bei Planungsnormen – die mögliche Zusammenfassung von Normen gleichen oder ähnlichen Inhalts. Das NABau-Gremium "Barrierefreies Bauen" hat bereits auf seiner Sitzung am 19. und 20. Januar 1995 beschlossen, alle vier Normen zum Thema "Barrierefreies Bauen" zu einer Norm (DIN 18030) zusammenzufassen. An dieser Vorlage wird gearbeitet.

Änderungen

Gegenüber der Ausgabe April 1976 wurden folgende Änderungen vorgenommen:

    a) Der Inhalt wurde überarbeitet und den Bedürfnissen der Nutzer an barrierefreie, öffentlich zugängige Gebäude und Arbeitsstätten angepaßt.

    b) Titel geändert.

Frühere Ausgaben

DIN 18024-2: 1976-04

Fortsetzung Seite 2 bis 7

Normenausschuß Bauwesen (NABau) im DIN Deutsches Institut für Normung e.V.
Normenausschuß Rettungsdienst und Krankenhaus (NARK) im DIN
Normenausschuß Maschinenbau (NAM) im DIN

Seite 2
DIN 18024-2 : 1996-11

1 Anwendungsbereich

Diese Norm dient der Planung, Ausführung und Einrichtung von öffentlich zugängigen Gebäuden oder Gebäudeteilen sowie von Arbeitsstätten, und von deren Außenanlagen. Sie ist sinngemäß auf bauliche Veränderungen und Nutzungsänderungen anzuwenden.

Diese baulichen Anlagen müssen für alle Menschen barrierefrei nutzbar sein. Die Nutzer müssen in die Lage versetzt werden, von fremder Hilfe weitgehend unabhängig zu sein. Das gilt insbesondere für

- Rollstuhlbenutzer – auch mit Oberkörperbehinderung –,
- Blinde und Sehbehinderte,
- Gehörlose und Hörgeschädigte,
- Gehbehinderte,
- Menschen mit sonstigen Behinderungen,
- ältere Menschen,
- Kinder, klein- und großwüchsige Menschen.

Diese Norm gilt nicht für Krankenhäuser.

Die Bewegungsflächen sind nach dem Mindestplatzbedarf der Rollstuhlbenutzer bemessen. Die Anforderungen an die Orientierung entsprechen auch den Bedürfnissen Blinder und Sehbehinderter.

Die Abschnitte 11 bis 16 enthalten zusätzliche Planungsgrundlagen für Räume, Bewegungsflächen und Einrichtungen, die im Regelfall ausschließlich Rollstuhlbenutzern dienen.

Die Formulierungen mit "sollte" sind Empfehlungen, die besonders zu vereinbaren sind.

2 Normative Verweisungen

Diese Norm enthält durch datierte oder undatierte Verweisungen Festlegungen aus anderen Publikationen. Diese normativen Verweisungen sind an den jeweiligen Stellen im Text zitiert, und die Publikationen sind nachstehend aufgeführt. Bei datierten Verweisungen gehören spätere Änderungen oder Überarbeitungen dieser Publikationen nur zu dieser Norm, falls sie durch Änderung oder Überarbeitung eingearbeitet sind. Bei undatierten Verweisungen gilt die letzte Ausgabe der in Bezug genommenen Publikation.

DIN 5035-2 : 1990-09
   Beleuchtung mit künstlichem Licht – Richtwerte für Arbeitsstätten in Innenräumen und im Freien
DIN 15325 : 1990-12
   Aufzüge – Bedienungs-, Signalelemente und Zubehör – ISO 4190-5, Ausgabe 1987 modifiziert
DIN 18022 : 1989-11
   Küchen, Bäder und WCs im Wohnungsbau – Planungsgrundlagen
DIN 18025-1 : 1992-12
   Barrierefreie Wohnungen – Wohnungen für Rollstuhlbenutzer, Planungsgrundlagen
ZH 1/571
   Merkblatt für Fußböden in Arbeitsräumen und Arbeitsbereichen mit Rutschgefahr[1]

3 Begriffe

Für die Anwendung dieser Norm gelten die folgenden Begriffe:

3.1 Einrichtungen

Einrichtungen sind die zur Erfüllung der Raumfunktion notwendigen Teile, z. B. Sanitär-Ausstattungsgegenstände, Geräte und Möbel; sie können sowohl bauseits als auch vom Nutzer eingebracht werden.

(Nach DIN 18022 : 1989-11)

3.2 Bewegungsflächen

Bewegungsflächen sind die zur Bewegung mit dem Rollstuhl notwendigen Flächen. Sie schließen die zur Benutzung der Einrichtungen erforderlichen Flächen ein.

4 Maße der Bewegungsflächen

4.1 Allgemeines

Bewegungsflächen dürfen sich überlagern, ausgenommen vor Fahrschachttüren (siehe 4.7). Bewegungsflächen dürfen nicht in ihrer Funktion eingeschränkt sein, z. B. durch Rohrleitungen, Mauervorsprünge und Einrichtungen, insbesondere auch in geöffnetem Zustand. Bewegliche Geräte und Einrichtungen an Arbeitsplätzen und in Therapiebereichen dürfen die Bewegungsflächen nicht einschränken.

4.2 Bewegungsflächen, 150 cm breit und 150 cm tief

Die Bewegungsfläche muß mindestens 150 cm breit und 150 cm tief sein:

- als Wendemöglichkeit in jedem Raum,
- am Anfang und am Ende einer Rampe,
- vor Fernsprechzellen und öffentlichen Fernsprechern,
- vor Serviceschaltern,
- vor Durchgängen, Kassen und Kontrollen,
- vor Dienstleistungsautomaten, Briefeinwürfen, Ruf- und Sprechanlagen.

4.3 Bewegungsflächen, 150 cm tief

Die Bewegungsfläche muß mindestens 150 cm tief sein:

- vor Therapieeinrichtungen (z. B. Badewanne, Liege),
- vor dem Rollstuhlabstellplatz,
- neben der Längsseite des Kraftfahrzeuges des Rollstuhlbenutzers auf Pkw-Stellplätzen.

4.4 Bewegungsflächen, 150 cm breit

Die Bewegungsfläche muß mindestens 150 cm breit sein:

- in Fluren,
- auf Hauptwegen,

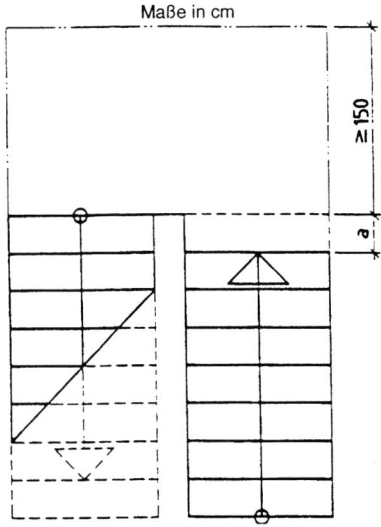

Bild 1: Bewegungsfläche vor Treppenauf- und -abgängen
(aus: DIN 18025-1 : 1992-12)

---

[1] Herausgegeben vom Hauptverband der gewerblichen Berufsgenossenschaften, zu beziehen über den Carl Heymanns Verlag KG, Köln

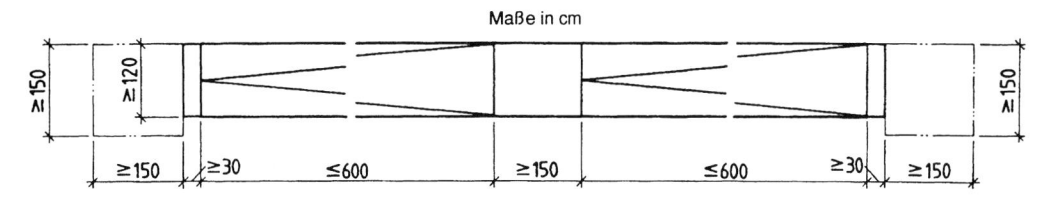

Bild 2: Rampe (Rampenlänge ≥ 600 cm) (aus: DIN 18025-1 : 1992-12)

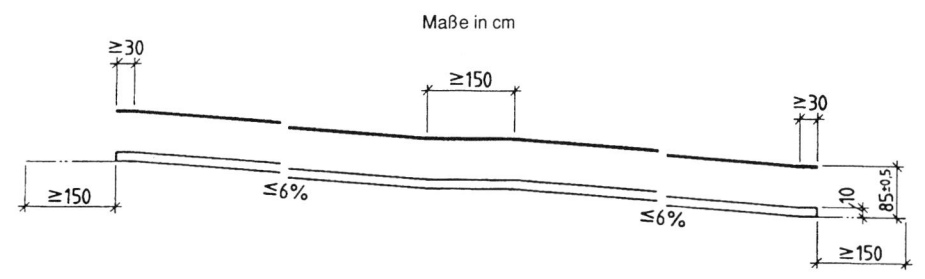

Bild 3: Rampe, Längsdarstellung (aus: DIN 18025-1 : 1992-12)

– neben Treppenauf- und -abgängen; die Auftrittsfläche der obersten Stufe ist auf die Bewegungsfläche nicht anzurechnen (siehe Bild 1).

4.5 Bewegungsflächen, 120 cm breit
Die Bewegungsfläche muß mindestens 120 cm breit sein:
 – entlang der Einrichtungen, die der Rollstuhlbenutzer seitlich anfahren muß,
 – zwischen Radabweisern einer Rampe (siehe Bilder 2 und 4),
 – neben Bedienungsvorrichtungen.

4.6 Bewegungsflächen, 90 cm breit
Die Bewegungsfläche muß mindestens 90 cm breit sein:
 – in Durchgängen neben Kassen und Kontrollen,
 – auf Nebenwegen.

4.7 Bewegungsfläche vor Fahrschachttüren
Die Bewegungsfläche vor Fahrschachttüren muß so groß sein wie die Grundfläche des Aufzugsfahrkorbs, mindestens aber 150 cm breit und mindestens 150 cm tief (siehe Bild 7). Sie darf sich mit Verkehrswegen und anderen Bewegungsflächen nicht überlagern.

4.8 Bewegungsflächen vor handbetätigten Türen
Vor handbetätigten Türen sind die Bewegungsflächen nach den Bildern 5 oder 6 zu bemessen (siehe DIN 18025-1)

5 Maße der Begegnungsflächen
Mehr als 1 500 cm lange Flure und Wege müssen für die Begegnung von Rollstuhlbenutzern eine Begegnungsfläche von mindestens 180 cm Breite und 180 cm Tiefe aufweisen.

6 Türen
Türen müssen eine lichte Breite von mindestens 90 cm haben (siehe Bilder 5, 6 und 7).

Türen von Toiletten-, Dusch- und Umkleidekabinen dürfen nicht nach innen schlagen.

Große Glasflächen müssen kontrastreich gekennzeichnet und bruchsicher sein.

Hauseingangstüren, Brandschutztüren und Garagentore müssen kraftbetätigt zu öffnen und zu schließen sein.

An kraftbetätigten Türen sind Quetsch- und Scherstellen zu vermeiden oder zu sichern. Das Anstoßen soll vermieden werden.

Rotationstüren sind nur dann vorzusehen, wenn auch Drehflügeltüren angeordnet werden.

Bewegungsflächen vor handbetätigten Türen siehe 4.8.
Untere Türanschläge und -schwellen siehe 7.2.
Bedienungsvorrichtungen siehe Abschnitt 17.
Türen sollten eine lichte Höhe von mindestens 210 cm haben.

7 Stufenlose Erreichbarkeit, untere Türanschläge und -schwellen, Aufzug, Rampe

7.1 Stufenlose Erreichbarkeit
Alle Gebäudeebenen müssen stufenlos, gegebenenfalls mit einem Aufzug oder einer Rampe, erreichbar sein.

7.2 Untere Türanschläge und -schwellen
Untere Türanschläge und -schwellen sind grundsätzlich zu vermeiden. Soweit sie technisch unbedingt erforderlich sind, dürfen sie nicht höher als 2 cm sein.

7.3 Aufzug
Der Fahrkorb des Aufzugs ist mindestens wie folgt zu bemessen:
 – lichte Breite 110 cm,
 – lichte Tiefe 140 cm.

Bedienungstableau und Haltestangen siehe Bilder 8 bis 11. Für ein zusätzliches senkrechtes Bedienungstableau gilt DIN 15325, ausgenommen 5.2 von DIN 15325 : 1990-12.

Bewegungsfläche vor den Fahrschachttüren siehe 4.7.

Lichte Breite der Fahrschachttüren siehe Abschnitt 6.

Im Fahrkorb sollte ein Klappsitz und gegenüber der Fahrkorbtür ein Spiegel zur Orientierung beim Rückwärtsfahren angebracht werden.

Orientierungshilfen siehe Abschnitt 18.

Seite 4
DIN 18024-2 : 1996-11

7.4 Rampe

Die Steigung der Rampe darf nicht mehr als 6 % betragen. Bei einer Rampenlänge von mehr als 600 cm ist ein Zwischenpodest von mindestens 150 cm Länge erforderlich. Die Rampe und das Zwischenpodest sind beidseitig mit 10 cm hohen Radabweisern zu versehen. Die Rampe ist ohne Quergefälle auszubilden.

An Rampe und Zwischenpodest sind beidseitig Handläufe mit 3 cm bis 4,5 cm Durchmesser in 85 cm Höhe anzubringen. Handläufe und Radabweiser müssen 30 cm in den Plattformbereich waagerecht hineinragen (siehe Bilder 2, 3 und 4).

Maße in cm

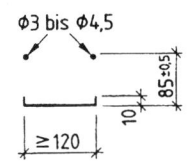

Bild 4: Rampe, Querdarstellung
(aus: DIN 18025-1 : 1992-12)

Bewegungsflächen am Anfang und am Ende der Rampe und zwischen den Radabweisern siehe 4.1 und 4.4.

In der Verlängerung einer Rampe darf keine abwärtsführende Treppe angeordnet werden.

8 Treppe

An Treppen sind beidseitig Handläufe mit 3 cm bis 4,5 cm Durchmesser anzubringen. Der innere Handlauf am Treppenauge darf nicht unterbrochen sein. Äußere Handläufe müssen in 85 cm Höhe 30 cm waagerecht über den Anfang und das Ende der Treppe hinausragen.

Orientierungshilfen siehe Abschnitt 18.

Bewegungsflächen neben Treppen siehe 4.4 und 4.7.

Notwendige Treppen dürfen nicht gewendelt sein.

Stufenunterschneidungen sind unzulässig.

9 Bodenbeläge

Bodenbeläge im Gebäude müssen nach ZH 1/571 rutschhemmend, rollstuhlgeeignet und fest verlegt sein; sie dürfen sich nicht elektrostatisch aufladen.

Bodenbeläge im Freien müssen mit dem Rollstuhl leicht und erschütterungsarm befahrbar sein. Hauptwege (z. B. zu Hauseingang, Garage) müssen auch bei ungünstiger Witterung gefahrlos befahrbar sein; das Längsgefälle darf 3 % und das Quergefälle 2 % nicht überschreiten.

10 Wände und Decken

Wände und Decken sind zur bedarfsgerechten Befestigung von Einrichtungs-, Halte-, Stütz- und Hebevorrichtungen tragfähig auszubilden.

11 Sanitärräume

In jedem Sanitärraum oder jeder Sanitäranlage ist mindestens eine für Rollstuhlbenutzer geeignete Toilettenkabine einzuplanen.

Sie ist wie folgt zu planen und auszustatten:

— Klosettbecken.

Rechts und links neben dem Klosettbecken sind mindestens 95 cm breite und mindestens 70 cm tiefe und vor dem Klosettbecken mindestens 150 cm breite und mindestens 150 cm tiefe Bewegungsflächen vorzusehen (siehe Bild 12). Die Sitzhöhe (einschließlich Sitz) sollte 48 cm betragen. 55 cm hinter der Vorderkante des Klosettbeckens muß sich der Benutzer anlehnen können.

Maße in cm

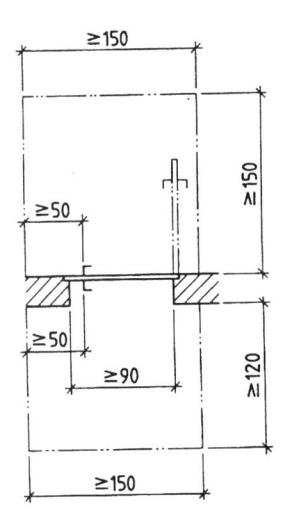

Bild 5: Bewegungsfläche vor Drehflügeltüren
(aus: DIN 18025-1 : 1992-12)

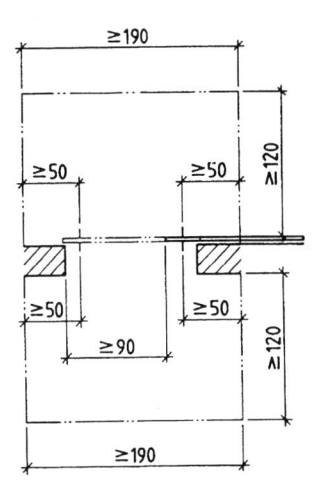

Bild 6: Bewegungsfläche vor Schiebetüren
(aus: DIN 18025-1 : 1992-12)

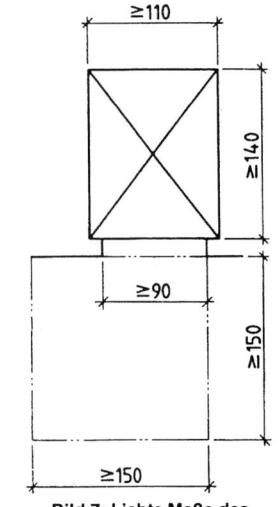

Bild 7: Lichte Maße des Aufzugsfahrkorbs und Bewegungsfläche vor den Fahrschachttüren
(aus: DIN 18025-1 : 1992-12)

Maße in cm

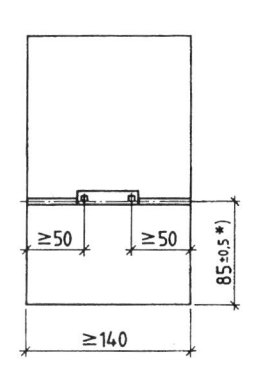

Bild 8: Höhenlage und Ansicht des Bedienungstableaus
(aus: DIN 18025-1 : 1992-12)

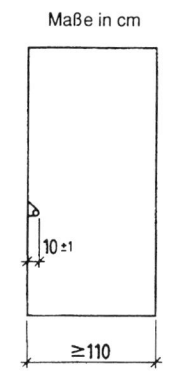

Bild 9: Tiefenlage des Bedienungstableaus
(aus: DIN 18025-1 : 1992-12)

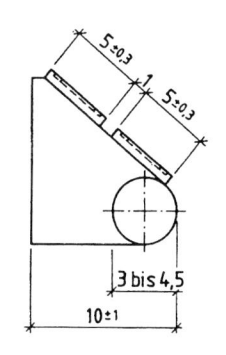

Bild 10: Querschnitt des waagrecht angeordneten Bedienungstableaus und der Haltestange
(aus: DIN 18025-1 : 1992-12)

Maße in cm

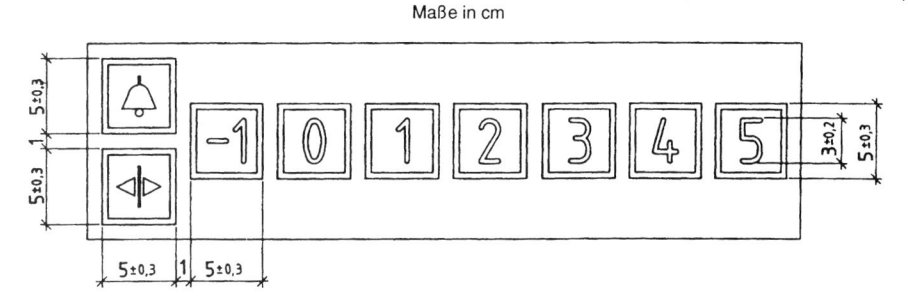

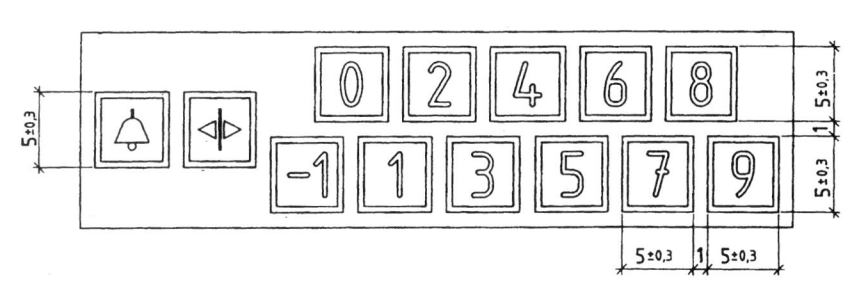

Bild 11: Anordnung der Tastatur auf dem Bedienungstableau, Schrift und Tasterrand erhaben (aus: DIN 18025-1 : 1992-12)
Taster mit runder geometrischer Form – statt rechteckiger – sind alternativ zulässig.

– Haltegriffe

Auf jeder Seite des Klosettbeckens sind klappbare, 15 cm über die Vorderkante des Beckens hinausragende Haltegriffe zu montieren, die in der waagerechten und senkrechten Position selbsttätig arretieren. Sie müssen am äußersten vorderen Punkt für eine Druckbelastung von 100 kg geeignet sein.

Der Abstand zwischen den Klappgriffen muß 70 cm, ihre Höhe 85 cm betragen (siehe Bild 12).

– Toilettenspülung.

Die Spülung muß beidseitig mit Hand oder Arm zu betätigen sein, ohne daß der Benutzer die Sitzposition verändern muß.

– Toilettenpapierhalter.

Je ein Toilettenpapierhalter muß an den Klappgriffen im vorderen Greifbereich des Sitzenden angeordnet sein.

– Waschtisch.

Ein voll unterfahrbarer Waschtisch mit Unterputz- oder Flachaufputzsyphon ist vorzusehen. Die Oberkante des Waschtisches darf höchstens 80 cm hoch montiert sein. Kniefreiheit muß in 30 cm Tiefe und in mindestens 67 cm Höhe gegeben sein. Der Waschtisch ist mit einer Einhebelstandarmatur oder mit einer berührungslosen Armatur auszustatten (siehe auch Abschnitt 17).

Vor dem Waschtisch ist eine mindestens 150 cm tiefe und mindestens 150 cm breite Bewegungsfläche anzuordnen (siehe Bild 12).

---

*) Bei 2reihiger Anordnung der Taster oberste Reihe höchstens 100 cm.

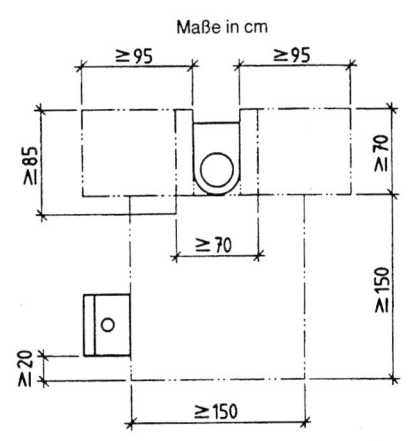

Bild 12: Bewegungsfläche vor und neben dem Klosettbecken, zwischen Haltegriffen und vor dem Waschtisch

– Spiegel.

Über dem Waschtisch ist ein Spiegel anzuordnen, der die Einsicht sowohl aus der Steh- als auch aus der Sitzposition ermöglicht.

– Seifenspender.

Ein Einhandseifenspender muß über dem Waschtisch im Greifbereich auch mit eingeschränkter Handfunktion benutzbar sein.

Die Entnahmehöhe darf nicht unter 85 cm und nicht über 100 cm angeordnet sein.

– Handtrockner.

Der Handtrockner muß anfahrbar sein. Die Handtuchentnahme oder der Luftaustritt sind in 85 cm Höhe anzuordnen. Die Bewegungsfläche vor dem Handtrockner muß 150 cm tief und 150 cm breit sein.

– Abfallauffang.

Ein abgedichteter und geruchsverschlossener Abfallauffang mit selbstschließender Einwurföffnung in 85 cm Höhe muß anfahrbar und mit einer Hand bedienbar sein.

Bewegungsfläche vor dem Abfallauffang siehe 4.5.

– Ein Wasserventil mit Wasserschlauch und ein Fußbodenablauf sind vorzusehen.
– Notruf ist vorzusehen (siehe Abschnitt 17).
– Türen siehe Abschnitte 6 und 17.

Die barrierefreie Toilettenkabine sollte mit Kleiderhaken in 85 cm und 150 cm Höhe und mit einer zusätzlichen, 15 cm tiefen und 30 cm breiten Ablagefläche in 85 cm Höhe ausgestattet werden.

Sanitärräume, z.B. in Raststätten, Sportstätten, Behinderteneinrichtungen, sollten mit einer 200 cm langen und 90 cm breiten Klappliege in 50 cm Höhe und einem klappbaren Wickeltisch, mindestens 50 cm breit und 50 cm tief, in 85 cm Höhe ausgestattet sein.

Bewegungsfläche siehe 4.3.

12 Sport-, Bade-, Arbeits- und Freizeitstätten

12.1 Zusätzliche Anforderungen an Toilettenkabinen bzw. Duschkabinen

– Der schwellenfreie Duschplatz, 150 cm breit und 150 cm tief, kann als seitliche Bewegungsfläche des Klosettbeckens angeordnet werden.
– Ein 40 cm breiter und 45 cm tiefer Dusch-Klappsitz mit Rückenlehne muß vorhanden sein. Die Sitzhöhe muß 48 cm betragen.
– Neben dem Klappsitz muß eine Bewegungsfläche von 95 cm Breite und 70 cm Tiefe (gemessen von der Vorderkante des Klappsitzes) verfügbar sein. Beidseitig des Klappsitzes müssen waagerechte, hochklappbare Haltegriffe vorhanden sein.
– Eine Seifenschale bzw. -ablage muß aus der Sitzposition in 85 cm Höhe erreichbar sein.
– Eine Einhebel-Duscharmatur, auch mit Handbrause, muß aus der Sitzposition seitlich in 85 cm Höhe erreichbar sein (siehe auch Abschnitt 17).
– Türen siehe Abschnitt 6.

12.2 Umkleidebereiche

In Arbeitsstätten, Sport- und Badestätten und in Therapieeinrichtungen ist mindestens ein Umkleidebereich für Rollstuhlbenutzer vorzusehen.

Bewegungsflächen siehe Abschnitt 4.

12.3 Schwimm- und Bewegungsbecken

Schwimm- und Bewegungsbecken sind mit geeigneten technischen Ein- und Ausstiegshilfen, z.B. Lifte, Rutschen, auszustatten. Abstellplätze für Rollstühle sind in Abhängigkeit von der jeweils gewählten ein- und Ausstiegshilfe vorzusehen.

Bewegungsfläche vor dem Rollstuhlabstellplatz siehe Abschnitt 4.

12.4 Hygieneschleuse, Durchfahrbecken

Hygieneschleusen sind mit beidseitigen Handläufen in 85 cm Höhe auszustatten.

Rampen von Durchfahrbecken sind nach 7.4 zu bemessen.

12.5 Rollstuhlabstellplatz

Rollstuhlabstellplätze sind vorzugsweise im Eingangsbereich vorzusehen. Ein Rollstuhlabstellplatz muß mindestens 190 cm breit und mindestens 150 cm tief sein. Bewegungsfläche vor dem Rollstuhlabstellplatz siehe 4.3 (siehe Bild 13).

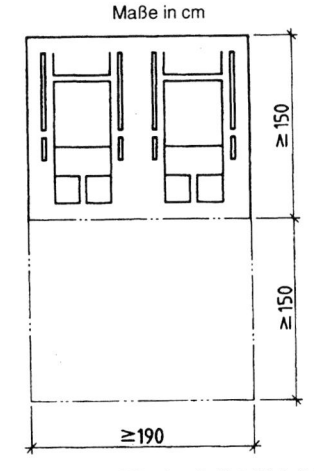

Bild 13: Platzbedarf für den Rollstuhlabstellplatz und Bewegungsfläche
(aus: DIN 18025-1 : 1992-12)

13 Versammlungs-, Sport- und Gaststätten

Plätze für Rollstuhlbenutzer müssen mindestens 95 cm breit und 150 cm tief sein.

1 %, mindestens jedoch 2 Plätze, sind für Rollstuhlbenutzer vorzusehen.

Je nach Bedarf sind weitere Plätze vorzusehen.

Sitzplätze für Begleitpersonen sind neben dem Rollstuhlplatz vorzusehen.

14 Beherbergungsbetriebe

Es sind 1 %, mindestens jedoch 1 Zimmer, nach DIN 18025-1 zu planen und einzurichten.

Jedes rollstuhlgerechte Gästezimmer muß mit Telefon ausgestattet sein.

In rollstuhlgerechten Gästezimmern sollten alle Geräte (z. B. Vorhänge, Türverriegelung) fernbedienbar sein.

15 Tresen, Serviceschalter und Verkaufstische

Zur rollstuhlgerechten Nutzung sollte die Höhe von Tresen, Serviceschaltern und Verkaufstischen 85 cm betragen.

Bei mehreren gleichartigen Einrichtungen ist mindestens ein Element in dieser Höhe anzuordnen und unterfahrbar auszubilden. Kniefreiheit muß in 30 cm Tiefe in mindestens 67 cm Höhe gegeben sein.

16 Pkw-Stellplätze

1 % der Pkw-Stellplätze, mindestens jedoch 2 Stellplätze, müssen nach DIN 18025-1 gestaltet sein (siehe auch 4.3 dieser Norm). In der Nähe des Haupteinganges ist ein Stellplatz für einen Kleinbus, Höhe mindestens 250 cm, Länge 750 cm, Breite 350 cm, vorzusehen.

In Parkhäusern und Tiefgaragen sollten rollstuhlgerechte Stellplätze in der Nähe der Aufzüge liegen; bei allen anderen Gebäuden unmittelbar am Haupteingang.

17 Bedienungsvorrichtungen

Bedienungsvorrichtungen (z. B. Schalter, Taster, Toilettenspüler, Briefeinwurf- und Codekartenschlitze, Klingel, Bedienungselemente kraftbetätigter Türen, Notrufschalter) müssen auch mit eingeschränkter Greiffähigkeit leicht benutzbar sein; sie sind in 85 cm Höhe anzubringen. Sie dürfen nicht versenkt und scharfkantig sein. Für Sehbehinderte und Blinde müssen Bedienungselemente durch kontrastreiche und taktil erfaßbare Gestaltung leicht erkennbar sein.

Die Tür des Sanitärraumes und/oder der Toilettenkabine muß abschließbar und im Notfall von außen zu öffnen sein.

Schalter für kraftbetätigte Türen sind bei frontaler Anfahrt mindestens 250 cm vor der aufschlagenden Tür und auf der Gegenseite 150 cm vor der Tür anzubringen.

Bedienungsvorrichtungen müssen einen seitlichen Abstand zur Wand oder zu bauseits einzubringenden Einrichtungen von mindestens 50 cm haben (siehe Bild 14).

Maße in cm

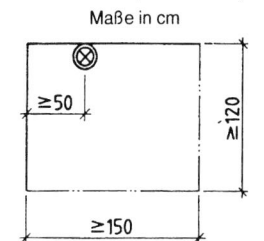

Bild 14: Bewegungsfläche neben Bedienungsvorrichtungen

Sanitärarmaturen mit Warmwasseranschluß sind mit Einhebelmischbatterien oder berührungslose Armaturen und mit schwenkbarem Auslauf vorzusehen; die Wassertemperatur darf an der Auslaufarmatur maximal 45 °C betragen.

Notrufschalter in Sanitärräumen oder Toilettenräumen müssen zusätzlich vom Boden aus (z. B. Zugschnur) erreichbar sein.

18 Orientierungshilfen, Beschilderung

Öffentlich zugängige Gebäude oder Gebäudeteile, Arbeitsstätten und ihre Außenanlagen sind mit Orientierungshilfen auszustatten.

Orientierungshilfen sind so signalwirksam anzuordnen, daß Hinweise deutlich und frühzeitig erkennbar sind, z. B. durch Hell/Dunkelkontraste (möglichst hell auf dunklem Hintergrund). Größe und Art von Schriftzeichen müssen eine gute, blendfreie Lesbarkeit ermöglichen.

Orientierungshilfen sind zusätzlich tastbar auszuführen, z. B. durch unterschiedlich strukturierte Oberflächen, bei Richtungsänderungen oder Hindernissen müssen besondere Markierungen vorgesehen werden.

Die Beleuchtung von Verkehrsflächen, Treppen und Treppenpodesten mit künstlichem Licht ist blend- und schattenfrei auszuführen. Eine höhere Beleuchtungsstärke als nach DIN 5035-2 ist vorzusehen.

Fluchtwege sollten durch besondere Lichtbänder und richtungweisende Beleuchtung, z. B. in Fußleistenhöhe, sowie durch Tonsignale gekennzeichnet werden.

Am Anfang und am Ende von Handläufen einer Treppe sind einheitlich taktile Hinweise auf Geschoßebenen anzubringen.

Personenaufzüge mit mehr als zwei Haltestellen sind zusätzlich mit Haltestellenansagen auszustatten.

Anhang A (informativ)
Literaturhinweise

DIN 18025-2
  Barrierefreie Wohnungen – Planungsgrundlagen
DIN 24970
  Dienstleistungsautomaten – Klassifikation und Begriffe
DIN 24972
  Dienstleistungsautomaten – Anforderungen an Betätigungs- und Anzeigeelemente
DIN 30791-2
  Transportkette – Fahrausweis – Begriffe
TRA 1300 Vereinfachter Personenaufzug[2])

---

[2]) Herausgegeben vom Verband der Technischen Überwachungsvereine e.V., zu beziehen über den Carl Heymanns Verlag KG, Köln

| DK 728.1-056.26 : 643 : 629.111.32 | DEUTSCHE NORM | Dezember 1992 |

Barrierefreie Wohnungen
Wohnungen für Rollstuhlbenutzer
Planungsgrundlagen

DIN 18 025
Teil 1

Accessible dwellings; Dwellings for wheel chair users, design principles
Logements sans obstacles; Logements pour les utilisateurs de fauteils roulants, principes de conception

Ersatz für Ausgabe 01.72

Alle Maße sind Fertigmaße.

Maße in cm

Inhalt

		Seite
1	Anwendungsbereich und Zweck	1
2	Begriffe	2
3	Maße der Bewegungsflächen	2
4	Türen	2
5	Stufenlose Erreichbarkeit, untere Türanschläge und -schwellen, Aufzug, Rampe	2
6	Besondere Anforderungen an Küche, Sanitärraum, zusätzliche Wohnfläche, Freisitz, Rollstuhlabstellplatz und Pkw-Stellplatz	3
7	Wände, Decken, Brüstungen und Fenster	3
8	Bodenbeläge	3
9	Raumtemperatur	3
10	Fernmeldeanlagen	4
11	Bedienungsvorrichtungen	4

1 Anwendungsbereich und Zweck

Diese Norm gilt für die Planung, Ausführung und Einrichtung von rollstuhlgerechten, neuen Miet- und Genossenschaftswohnungen und entsprechender Wohnanlagen. Sie gilt sinngemäß für die Planung, Ausführung und Einrichtung von rollstuhlgerechten, neuen Wohnheimen, Aus- und Umbauten sowie Modernisierungen von Miet- und Genossenschaftswohnungen und entsprechender Wohnanlagen und Wohnheime.

Sie gilt sinngemäß — entsprechend dem individuellen Bedarf — für die Planung, Ausführung und Einrichtung von rollstuhlgerechten Neu-, Aus- und Umbauten sowie Modernisierungen von Eigentumswohnungen, Eigentumswohnanlagen und Eigenheimen.

Rollstuhlbenutzer — auch mit Oberkörperbehinderungen — müssen alle zur Wohnung gehörenden Räume und alle den Bewohnern der Wohnanlage gemeinsam zur Verfügung stehenden Räume befahren können. Sie müssen grundsätzlich alle Einrichtungen innerhalb der Wohnung und alle Gemeinschaftseinrichtungen innerhalb der Wohnanlage nutzen können. Sie müssen in die Lage versetzt werden, von fremder Hilfe weitgehend unabhängig zu sein.

Die in den Anmerkungen enthaltenen Empfehlungen sind besonders zu vereinbaren.

Anmerkung: Benachbarte, nicht für Rollstuhlbenutzer bestimmte Wohnungen sowie alle den Bewohnern der Wohnanlage gemeinsam zur Verfügung stehenden Räume und Einrichtungen sollten neben den Anforderungen nach dieser Norm den Anforderungen nach DIN 18 025 Teil 2 entsprechen.

Fortsetzung Seite 2 bis 8

Normenausschuß Bauwesen (NABau) im DIN Deutsches Institut für Normung e.V.
Normenausschuß Rettungsdienst und Krankenhaus (NARK)
Normenausschuß Maschinenbau (NAM)

Seite 2   DIN 18 025 Teil 1

2 Begriffe

2.1 Einrichtungen

Einrichtungen sind die zur Erfüllung der Raumfunktion notwendigen Teile, z. B. Sanitär-Ausstattungsgegenstände, Geräte und Möbel; sie können sowohl bauseits als auch vom Wohnungsnutzer eingebracht werden.
(Aus: DIN 18 022/11.89).

2.2 Bewegungsflächen für den Rollstuhlbenutzer

Bewegungsflächen für den Rollstuhlbenutzer sind die zur Bewegung mit dem Rollstuhl notwendigen Flächen. Sie schließen die zur Benutzung der Einrichtungen erforderlichen Flächen ein.

Bewegungsflächen dürfen sich überlagern (siehe Bild 6).

Die Bewegungsflächen dürfen nicht in ihrer Funktion eingeschränkt sein, z.B. durch Rohrleitungen, Mauervorsprünge, Heizkörper, Handläufe.

3 Maße der Bewegungsflächen

3.1 Bewegungsflächen, 150 cm breit und 150 cm tief

Die Bewegungsfläche muß mindestens 150 cm breit und 150 cm tief sein:
— als Wendemöglichkeit in jedem Raum, ausgenommen kleine Räume, die der Rollstuhlbenutzer ausschließlich vor- und rückwärtsfahrend uneingeschränkt nutzen kann,
— als Duschplatz (siehe Bilder 1 und 3),
— vor dem Klosettbecken (siehe Bild 4),
— vor dem Waschtisch (siehe Bild 5),
— auf dem Freisitz,
— vor den Fahrschachttüren (siehe Bild 12),
— am Anfang und am Ende der Rampe (siehe Bilder 7 und 8),
— vor dem Einwurf des Müllsammelbehälters.

3.2 Bewegungsflächen, 150 cm tief

Die Bewegungsfläche muß mindestens 150 cm tief sein:
— vor einer Längsseite des Bettes des Rollstuhlbenutzers (siehe Bild 16),
— vor Schränken,
— vor Kücheneinrichtungen (siehe Bilder 18 und 19),
— vor der Einstiegseite der Badewanne (siehe Bilder 2 und 3),
— vor dem Rollstuhlabstellplatz (siehe Bild 15),
— vor einer Längsseite des Kraftfahrzeuges (siehe Bild 20).

3.3 Bewegungsflächen, 150 cm breit

Die Bewegungsfläche muß mindestens 150 cm breit sein:
— zwischen Wänden außerhalb der Wohnung,
— neben Treppenauf- und -abgängen; die Auftrittsfläche der obersten Stufe ist auf die Bewegungsfläche nicht anzurechnen (siehe Bild 14).

3.4 Bewegungsflächen, 120 cm breit

Die Bewegungsfläche muß mindestens 120 cm breit sein:
— entlang der Möbel, die der Rollstuhlbenutzer seitlich anfahren muß,
— entlang der Betteinstiegseite — Bett des Nicht-Rollstuhlbenutzers (siehe Bild 17),
— zwischen Wänden innerhalb der Wohnung,
— neben Bedienungsvorrichtungen (siehe Bild 13),
— zwischen den Radabweisern einer Rampe (siehe Bilder 7 und 9),
— auf Wegen innerhalb der Wohnanlage.

3.5 Bewegungsfläche neben Klosettbecken

Die Bewegungsfläche muß links oder rechts neben dem Klosettbecken mindestens 95 cm breit und 70 cm tief sein. Auf einer Seite des Klosettbeckens muß ein Abstand zur Wand oder zu Einrichtungen von mindestens 30 cm eingehalten werden (siehe Bild 4).

3.6 Bewegungsflächen vor handbetätigten Türen

Vor handbetätigten Türen sind die Bewegungsflächen nach den Bildern 10 oder 11 zu bemessen.

4 Türen

Türen müssen eine lichte Breite von mindestens 90 cm haben (siehe Bilder 10, 11 und 12).

Die Tür darf nicht in den Sanitärraum schlagen.

Große Glasflächen müssen kontrastreich gekennzeichnet und bruchsicher sein.

Bewegungsflächen vor handbetätigten Türen siehe Abschnitt 3.6.

Untere Türanschläge und -schwellen siehe Abschnitt 5.2.

Anmerkung: Türen sollten eine lichte Höhe von mindestens 210 cm haben.

5 Stufenlose Erreichbarkeit, untere Türanschläge und -schwellen, Aufzug, Rampe

5.1 Stufenlose Erreichbarkeit

Alle zur Wohnung gehörenden Räume und die gemeinschaftlichen Einrichtungen der Wohnanlage müssen stufenlos, gegebenenfalls mit einem Aufzug oder einer Rampe, erreichbar sein.

Alle nicht rollstuhlgerechten Wohnungen innerhalb der Wohnanlage müssen zumindest durch den nachträglichen Ein- oder Anbau eines Aufzuges oder einer Rampe stufenlos erreichbar sein.

5.2 Untere Türanschläge und -schwellen

Untere Türanschläge und -schwellen sind grundsätzlich zu vermeiden. Soweit sie technisch unbedingt erforderlich sind, dürfen sie nicht höher als 2 cm sein.

5.3 Aufzug

Der Fahrkorb des Aufzugs ist mindestens wie folgt zu bemessen:
— lichte Breite 110 cm,
— lichte Tiefe 140 cm.

Bei Bedarf muß der Aufzug mit akustischen Signalen nachgerüstet werden können.

Bedienungstableau und Haltestangen siehe Bilder 21 bis 24. Für ein zusätzliches senkrechtes Bedienungstableau gilt DIN 15 325.

Bewegungsflächen vor den Fahrschachttüren siehe Abschnitt 3.1 und Bild 12.

Lichte Breite der Fahrschachttüren siehe Abschnitt 4.

Anmerkung: Im Fahrkorb sollte gegenüber der Fahrkorbtür ein Spiegel zur Orientierung angebracht werden.

5.4 Rampe

Die Steigung der Rampe darf nicht mehr als 6 % betragen. Bei einer Rampenlänge von mehr als 600 cm ist ein Zwischenpodest von mindestens 150 cm Länge erforderlich. Die Rampe und das Zwischenpodest sind beidseitig mit 10 cm hohen Radabweisern zu versehen. Die Rampe ist ohne Quergefälle auszubilden.

An Rampe und Zwischenpodest sind beidseitig Handläufe mit 3 cm bis 4,5 cm Durchmesser in 85 cm Höhe anzubringen. Handläufe und Radabweiser müssen 30 cm in den Plattformbereich waagerecht hineinragen (siehe Bilder 7, 8 und 9).

Bewegungsflächen am Anfang und am Ende der Rampe und zwischen den Radabweisern siehe Abschnitte 3.1 und 3.4.

6 Besondere Anforderungen an Küche, Sanitärraum, zusätzliche Wohnfläche, Freisitz, Rollstuhlabstellplatz und Pkw-Stellplatz

6.1 Küche

Herd, Arbeitsplatte und Spüle müssen uneingeschränkt unterfahrbar sein. Sie müssen für die Belange des Nutzers in die ihm entsprechende Arbeitshöhe montiert werden können. Zur Unterfahrbarkeit der Spüle ist ein Unterputz- oder Flachaufputzsiphon erforderlich.

Zusätzlich gilt DIN 18 022.

Bewegungsflächen vor Kücheneinrichtungen siehe Abschnitt 3.2.

Anmerkung: Herd, Arbeitsplatte und Spüle sollten übereck angeordnet werden können (siehe Bild 19).

6.2 Sanitärraum (Bad, WC)

Der Sanitärraum (Bad, WC) ist mit einem rollstuhlbefahrbaren Duschplatz auszustatten. Das nachträgliche Aufstellen einer mit einem Lifter unterfahrbaren Badewanne im Bereich des Duschplatzes muß möglich sein (siehe Bild 3).

Der Waschtisch muß flach und unterfahrbar sein; ein Unterputz- oder Flachaufputzsiphon ist vorzusehen.

Der Waschtisch muß für die Belange des Nutzers in die ihm entsprechende Höhe montiert werden können.

Die Sitzhöhe des Klosettbeckens, einschließlich Sitz, muß 48 cm betragen. Im Bedarfsfall muß eine Höhenanpassung vorgenommen werden können.

Der Sanitärraum muß eine mechanische Lüftung nach DIN 18 017 Teil 3 erhalten.

Zusätzlich gilt DIN 18 022.

Bewegungsflächen vor und neben Sanitärraumeinrichtungen siehe Abschnitte 3.1, 3.2 und 3.5.

Besondere Anforderungen an die Sanitärraumtür siehe Abschnitt 4.

In Wohnungen für mehr als drei Personen ist ein zusätzlicher Sanitärraum nach DIN 18 022 mit mindestens einem Waschbecken und einem Klosettbecken vorzusehen.

---

[1]) Siehe § 39 Abs. 2 Zweites Wohnungsbaugesetz und § 5 Abs. 2 Wohnungsbindungsgesetz.

6.3 Zusätzliche Wohnfläche

Für den Rollstuhlbenutzer ist bei Bedarf eine zusätzliche Wohnfläche vorzusehen. Die angemessene Wohnungsgröße erhöht sich hierdurch im Regelfall um 15 m^2.[1])

6.4 Freisitz

Anmerkung: Jeder Wohnung soll ein mindestens 4,5 m^2 großer Freisitz (Terrasse, Loggia oder Balkon) zugeordnet werden.

Bewegungsfläche auf dem Freisitz siehe Abschnitt 3.1.

6.5 Rollstuhlabstellplatz

Für jeden Rollstuhlbenutzer ist ein Rollstuhlabstellplatz, vorzugsweise im Eingangsbereich des Hauses oder vor der Wohnung, zum Umsteigen vom Straßenrollstuhl auf den Zimmerrollstuhl vorzusehen. Der Rollstuhlabstellplatz muß mindestens 190 cm breit und mindestens 150 cm tief sein (siehe Bild 15).

Bewegungsfläche vor dem Rollstuhlabstellplatz siehe Abschnitt 3.2.

Zur Ausstattung eines Batterieladeplatzes für Elektro-Rollstühle ist DIN VDE 0510 Teil 3 zu beachten.

6.6 Pkw-Stellplatz

Für jede Wohnung ist ein wettergeschützter Pkw-Stellplatz oder eine Garage vorzusehen.

Bewegungsfläche vor einer Längsseite des Kraftfahrzeuges siehe Abschnitt 3.2.

Anmerkung: Der Weg zur Wohnung sollte kurz und wettergeschützt sein.

7 Wände, Decken, Brüstungen und Fenster

Wände und Decken sind zur bedarfsgerechten Befestigung von Einrichtungs-, Halte-, Stütz- und Hebevorrichtungen tragfähig auszubilden.

Anmerkungen: Brüstungen in mindestens einem Aufenthaltsraum der Wohnung und von Freisitzen sollten ab 60 cm Höhe durchsichtig sein.

Fenster und Fenstertüren im Erdgeschoß sollten einbruchhemmend ausgeführt werden.

8 Bodenbeläge

Bodenbeläge im Gebäude müssen rutschhemmend, rollstuhlgeeignet und fest verlegt sein; sie dürfen sich nicht elektrostatisch aufladen.

Bodenbeläge im Freien müssen mit dem Rollstuhl leicht und erschütterungsarm befahrbar sein. Hauptwege (z. B. zu Hauseingang, Garage, Müllsammelbehälter) müssen auch bei ungünstiger Witterung gefahrlos befahrbar sein; das Längsgefälle darf 3 % und das Quergefälle 2 % nicht überschreiten.

9 Raumtemperatur

Die Heizung von Wohnungen und gemeinschaftlich zu nutzenden Aufenthaltsräumen ist für eine Raumtemperatur nach DIN 4701 Teil 2 zu bemessen.

Die Beheizung muß je nach individuellem Bedarf ganzjährig möglich sein, z. B. durch eine Zusatzheizung.

Seite 4 DIN 18 025 Teil 1

10 Fernmeldeanlagen

In der Wohnung ist zur Haustür eine Gegensprechanlage mit Türöffner vorzusehen.

Fernsprechanschluß muß vorhanden sein.

11 Bedienungsvorrichtungen

Bedienungsvorrichtungen (z. B. Schalter, häufig benutzte Steckdosen, Taster, Sicherungen, Raumthermostat, Sanitärarmaturen, Toilettenspüler, Rolladengetriebe, Türdrücker, Querstangen zum Zuziehen von Drehflügeltüren, Öffner von Fenstertüren, Bedienungselemente automatischer Türen, Briefkastenschloß, Mülleinwurföffnungen) sind in 85 cm Höhe anzubringen.

Bedienungsvorrichtungen müssen ein sicheres und leichtes Zugreifen ermöglichen. Sie dürfen nicht versenkt und scharfkantig sein.

Heizkörperventile müssen in einer Höhe zwischen 40 cm und 85 cm bedient werden können.

Bedienungsvorrichtungen müssen einen seitlichen Abstand zur Wand oder zu bauseits anzubringenden Einrichtungen von mindestens 50 cm haben (siehe Bild 13).

Sanitärarmaturen sind als Einhebel-Mischbatterien mit Temperaturbegrenzern und schwenkbarem Auslauf vorzusehen.

Die Tür des Sanitärraumes muß abschließbar und im Notfall von außen zu entriegeln sein.

Haustürgangstüren, Brandschutztüren zur Tiefgarage und Garagentore müssen kraftbetätigt und manuell zu öffnen und zu schließen sein.

An kraftbetätigten Türen müssen Quetsch- und Scherstellen vermieden werden oder gesichert sein.

Schalter für kraftbetätigte Drehflügeltüren sind bei frontaler Anfahrt mindestens 250 cm vor der aufschlagenden Tür und auf der Gegenseite 150 cm vor der Tür anzubringen.

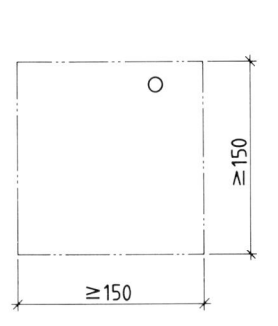

Bild 1. Bewegungsfläche im Bereich des Duschplatzes

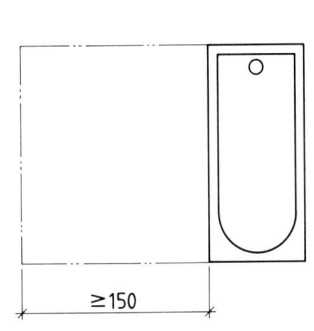

Bild 2. Bewegungsfläche vor der Einstiegseite der Badewanne

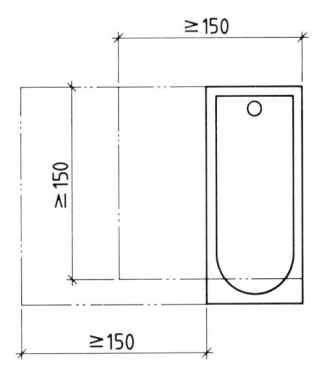

Bild 3. Bewegungsfläche Duschplatz; alternativ: Badewanne

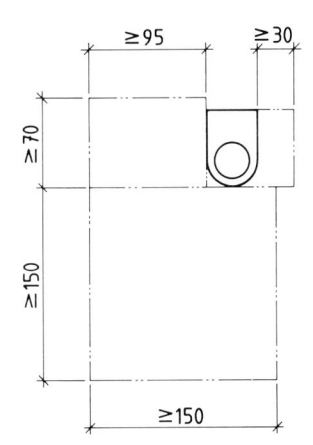

Bild 4. Bewegungsfläche vor und neben dem Klosettbecken

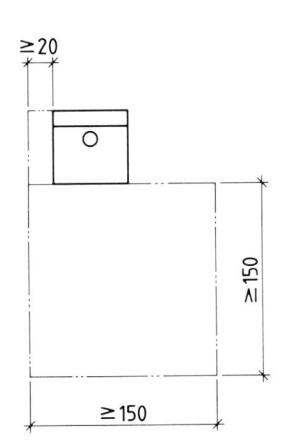

Bild 5. Bewegungsfläche vor dem Waschtisch

DIN 18 025 Teil 1   Seite 5

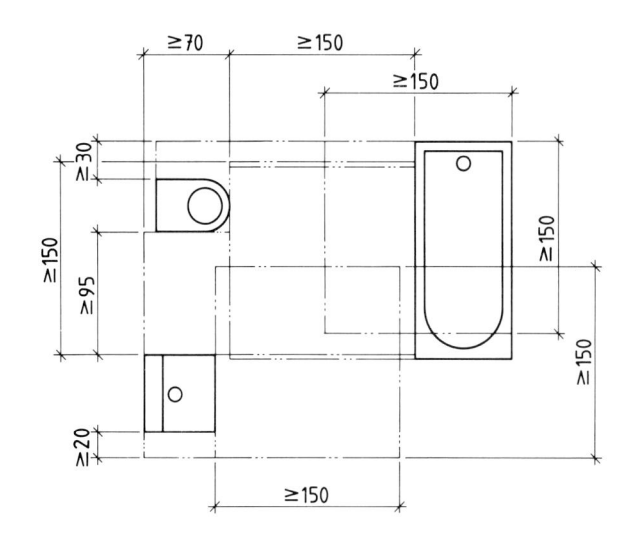

Bild 6. Beispiel der Überlagerung der Bewegungsflächen im Sanitärraum

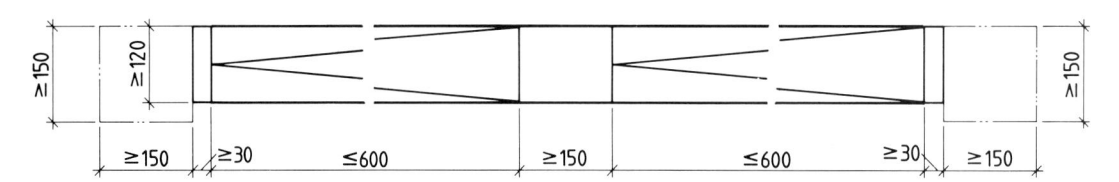

Bild 7. Rampe (Rampenlänge ≥ 600 cm)

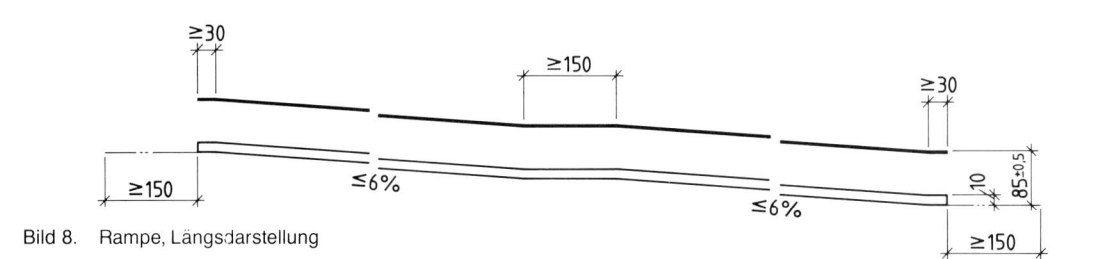

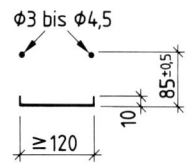

Bild 8. Rampe, Längsdarstellung

Bild 9. Rampe, Querdarstellung

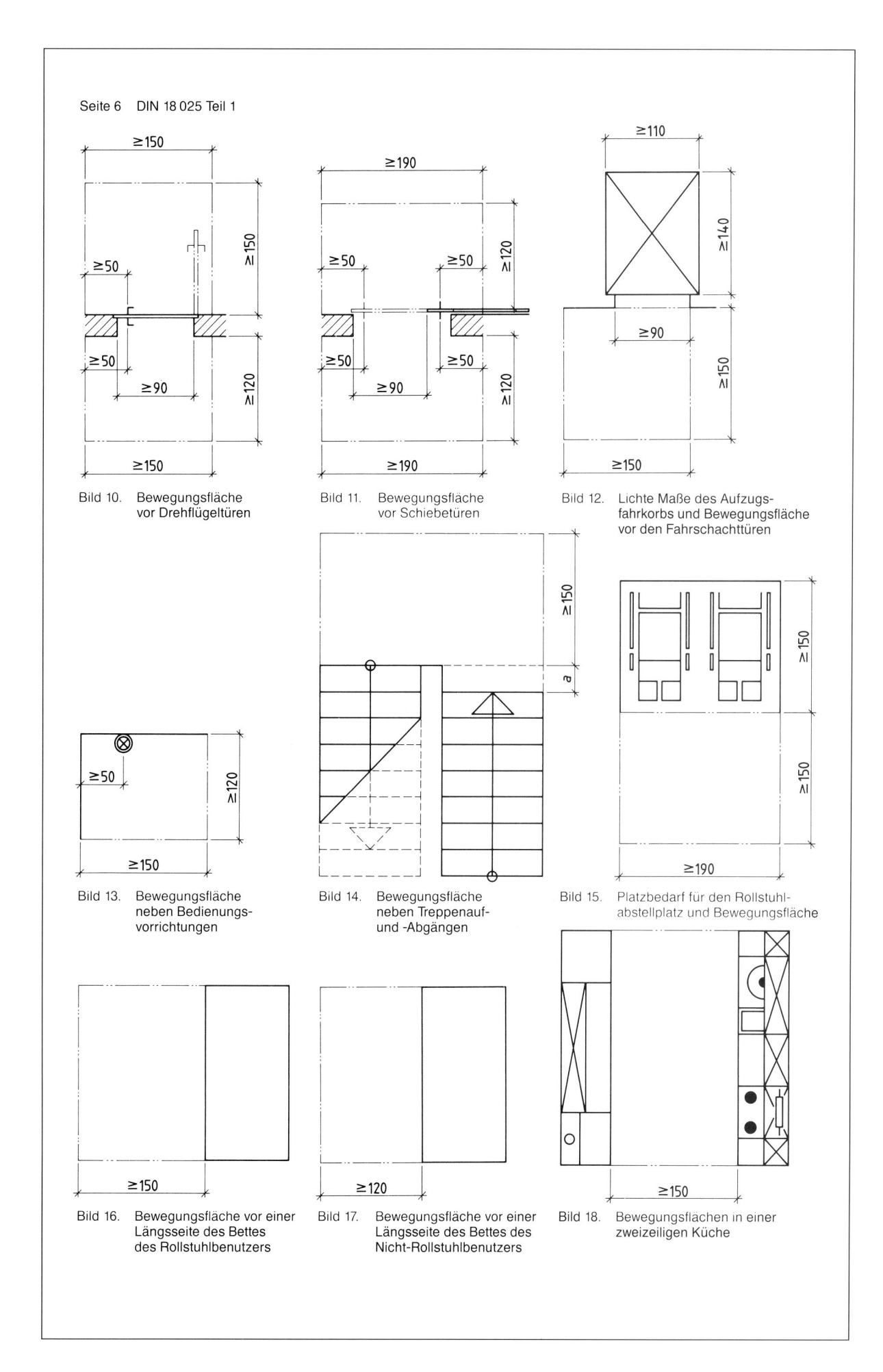

Seite 6 DIN 18 025 Teil 1

Bild 10. Bewegungsfläche vor Drehflügeltüren

Bild 11. Bewegungsfläche vor Schiebetüren

Bild 12. Lichte Maße des Aufzugsfahrkorbs und Bewegungsfläche vor den Fahrschachttüren

Bild 13. Bewegungsfläche neben Bedienungsvorrichtungen

Bild 14. Bewegungsfläche neben Treppenauf- und -Abgängen

Bild 15. Platzbedarf für den Rollstuhlabstellplatz und Bewegungsfläche

Bild 16. Bewegungsfläche vor einer Längsseite des Bettes des Rollstuhlbenutzers

Bild 17. Bewegungsfläche vor einer Längsseite des Bettes des Nicht-Rollstuhlbenutzers

Bild 18. Bewegungsflächen in einer zweizeiligen Küche

DIN 18 025 Teil 1   Seite 7

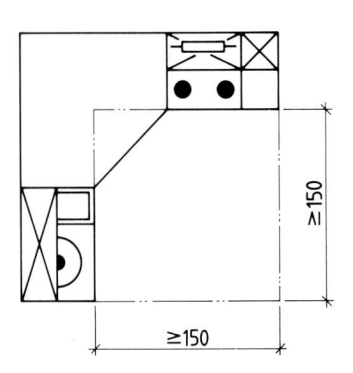

Bild 19. Bewegungsfläche in einer übereck angeordneten Küche

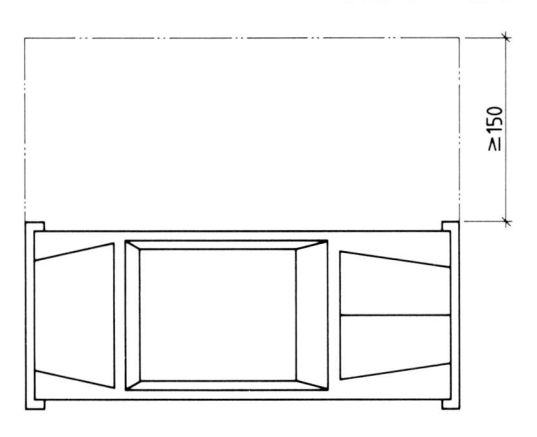

Bild 20. Bewegungsfläche vor einer Längsseite des Kraftfahrzeugs

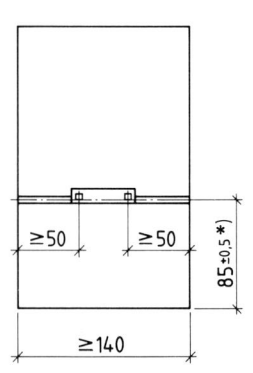

Bild 21. Höhenlage und Ansicht des Bedienungstableaus

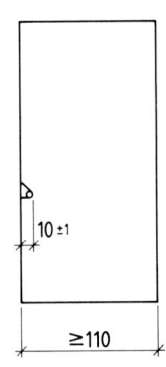

Bild 22. Tiefenlage des Bedienungstableaus

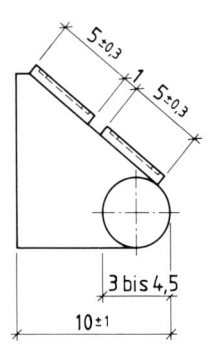

Bild 23. Querschnitt des horizontal angeordneten Bedienungstableaus und der Haltestange

---

*) Bei 2reihiger Anordnung der Taster oberste Reihe höchstens 100 cm

Seite 8 DIN 18 025 Teil 1

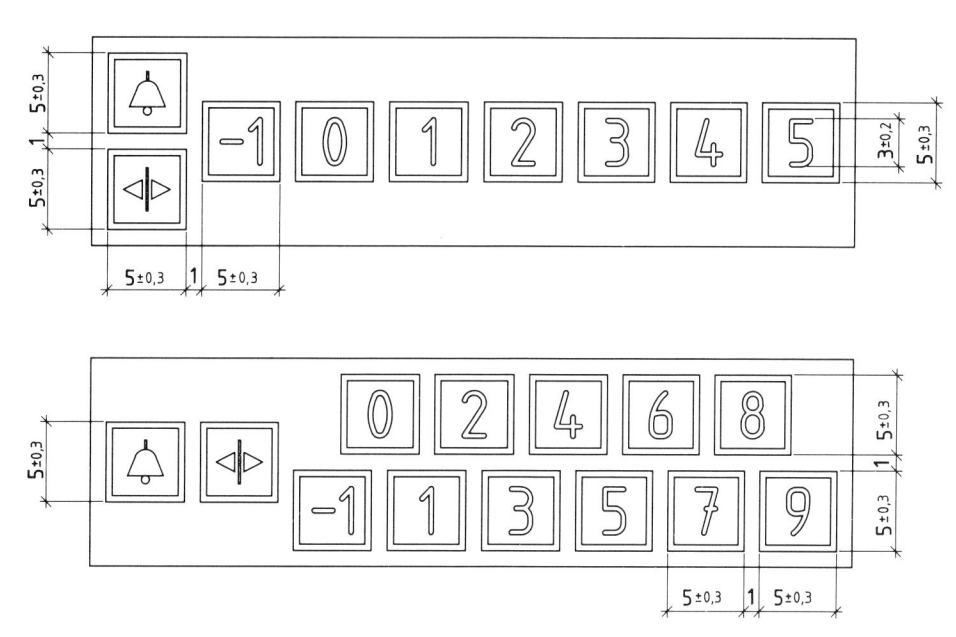

Bild 24. Anordnung der Taster auf dem Bedienungstableau, Schrift und Tasterrand erhaben

Zitierte Normen und andere Unterlagen

DIN 4701 Teil 2	Regeln für die Berechnung des Wärmebedarfs von Gebäuden; Tabellen, Bilder, Algorithmen
DIN 15 325	Aufzüge; Bedienungs-, Signalelemente und Zubehör; ISO 4190-5, Ausgabe 1987 modifiziert
DIN 18 017 Teil 3	Lüftung von Bädern und Toilettenräumen ohne Außenfenster, mit Ventilatoren
DIN 18 022	Küchen, Bäder und WCs im Wohnungsbau; Planungsgrundlagen
DIN 18 025 Teil 2	Barrierefreie Wohnungen; Planungsgrundlagen
DIN VDE 0510 Teil 3	Akkumulatoren und Batterieanlagen; Antriebsbatterien für Elektrofahrzeuge

Wohnungsbau- und Familienheimgesetz — II (WoBauG) in der Fassung der Bekanntmachung, zuletzt geändert durch Gesetz vom 14.08.1990 (BGBl. I, 1990 Nr. 42 S. 1730–1756), zu beziehen DIN Deutsches Institut für Normung e.V. (DITR), Postfach 11 07, 1000 Berlin 30.

Gesetz zur Sicherung der Zweckbestimmung von Sozialwohnungen (Wohnungsbindungsgesetz — WoBindG) in der Fassung der Bekanntmachung vom 22. Juli 1982 (BGBl, I S. 972), zuletzt geändert durch Gesetz vom 31.08.1990 (BGBl. I S. 1277), zu beziehen DIN Deutsches Institut für Normung e.V. (DITR), Postfach 11 07, 1000 Berlin 30.

Weitere Normen

DIN 1356 Teil 1	(z. Z. Entwurf) Bauzeichnungen; Grundregeln, Begriffe
DIN 15 306	Aufzüge; Personenaufzüge für Wohngebäude; Baumaße, Fahrkorbmaße, Türmaße
DIN 15 309	Aufzüge; Personenaufzüge für andere als Wohngebäude sowie Bettenaufzüge; Baumaße, Fahrkorbmaße, Türmaße
DIN 18 017 Teil 1	Lüftung von Bädern und Toilettenräumen ohne Außenfenster; Einzelschachtanlagen ohne Ventilatoren
DIN 18 024 Teil 1	Bauliche Maßnahmen für Behinderte und alte Menschen im öffentlichen Bereich; Planungsgrundlagen; Straßen, Plätze und Wege
DIN 18 024 Teil 2	Bauliche Maßnahmen für Behinderte und alte Menschen im öffentlichen Bereich; Planungsgrundlagen; Öffentlich zugängige Gebäude
DIN 18 064	Treppen; Begriffe

Frühere Ausgaben

DIN 18 025 Teil 1: 01.72

Änderungen

Gegenüber der Ausgabe Januar 1972 wurden folgende Änderungen vorgenommen:
— Der Inhalt wurde überarbeitet und den Bedürfnissen des Rollstuhlbenutzers entsprechend angepaßt.

Internationale Patentklassifikation

E 04 H 1/00

| DK 728.1-056.262 : 643 | DEUTSCHE NORM | Dezember 1992 |

Barrierefreie Wohnungen
Planungsgrundlagen

DIN 18 025 Teil 2

Accessible dwellings; design principles
Logements sans obstacles; principes de conception

Ersatz für Ausgabe 07.74

Alle Maße sind Fertigmaße.

Maße in cm

Inhalt

		Seite
1	Anwendungsbereich und Zweck	1
2	Begriffe	2
3	Maße der Bewegungsflächen	2
4	Türen	2
5	Stufenlose Erreichbarkeit, untere Türanschläge und -schwellen, Aufzug, Rampe, Treppe	2
6	Besondere Anforderungen an Küche, Sanitärraum, zusätzliche Wohnfläche und Freisitz	3
7	Wände, Brüstungen und Fenster	3
8	Bodenbeläge	3
9	Raumtemperatur	3
10	Beleuchtung	3
11	Fernmeldeanlagen	3
12	Bedienungsvorrichtungen	3

1 Anwendungsbereich und Zweck

Diese Norm gilt für die Planung, Ausführung und Einrichtung von barrierefreien, neuen Miet- und Genossenschaftswohnungen und entsprechender Wohnanlagen. Sie gilt sinngemäß für die Planung, Ausführung und Einrichtung von barrierefreien, neuen Wohnheimen, Aus- und Umbauten sowie Modernisierungen von Miet- und Genossenschaftswohnungen und entsprechender Wohnanlagen und Wohnheimen. Sie gilt sinngemäß — entsprechend dem individuellen Bedarf — für die Planung, Ausführung und Einrichtung von barrierefreien Neu-, Aus- und Umbauten sowie Modernisierungen von Eigentumswohnungen, Eigentumswohnanlagen und Eigenheime. Die Wohnungen müssen für alle Menschen nutzbar sein.

Die Bewohner müssen in die Lage versetzt werden, von fremder Hilfe weitgehend unabhängig zu sein. Das gilt insbesondere für
— Blinde und Sehbehinderte,
— Gehörlose und Hörgeschädigte,
— Gehbehinderte,
— Menschen mit sonstigen Behinderungen,
— ältere Menschen,
— Kinder, klein- und großwüchsige Menschen.

Planungsgrundlagen für Wohnungen für Rollstuhlbenutzer siehe DIN 18 025 Teil 1.

Die in den Anmerkungen enthaltenen Empfehlungen sind besonders zu vereinbaren.

Fortsetzung Seite 2 bis 6

Normenausschuß Bauwesen (NABau) im DIN Deutsches Institut für Normung e.V.
Normenausschuß Rettungsdienst und Krankenhaus (NARK)
Normenausschuß Maschinenbau (NAM)

2 Begriffe

2.1 Einrichtungen

Einrichtungen sind die zur Erfüllung der Raumfunktion notwendigen Teile, z.B. Sanitär-Ausstattungsgegenstände, Geräte und Möbel; sie können sowohl bauseits als auch vom Wohnungsnutzer eingebracht werden.
(Aus: DIN 18 022/11.89)

2.2 Bewegungsflächen

Bewegungsflächen sind die zur Nutzung der Einrichtungen erforderlichen Flächen. Ihre Sicherstellung erfolgt durch Einhalten der notwendigen Abstände.
(Aus: DIN 18 022/11.89)

Bewegungsflächen dürfen sich überlagern.

Die Bewegungsflächen dürfen nicht in ihrer Funktion eingeschränkt sein, z.B. durch Rohrleitungen, Mauervorsprünge, Heizkörper, Handläufe.

3 Maße der Bewegungsflächen

3.1 Bewegungsflächen, 150 cm breit und 150 cm tief

Die Bewegungsfläche muß mindestens 150 cm breit und 150 cm tief sein:
- auf dem Freisitz,
- vor den Fahrschachttüren (siehe Bild 1),
- am Anfang und am Ende der Rampe (siehe Bilder 2 und 3).

3.2 Bewegungsflächen, 150 cm breit

Die Bewegungsfläche muß mindestens 150 cm breit sein:
- zwischen Wänden außerhalb der Wohnung,
- neben Treppenauf- und -abgängen; die Auftrittsfläche der obersten Stufe ist auf die Bewegungsfläche nicht anzurechnen.

3.3 Bewegungsfläche, 150 cm tief

Anmerkung: Bei einem Teil der zu den Wohnungen gehörenden Kraftfahrzeug-Stellplätzen sollte vor der Längsseite des Kraftfahrzeuges eine 150 cm tiefe Bewegungsfläche vorgesehen werden.

3.4 Bewegungsfläche, 120 cm breit und 120 cm tief

Die Bewegungsfläche muß mindestens 120 cm breit und 120 cm tief sein:
- vor Einrichtungen im Sanitärraum,
- im schwellenlos begehbaren Duschbereich.

3.5 Bewegungsflächen, 120 cm breit

Die Bewegungsfläche muß mindestens 120 cm breit sein:
- entlang einer Längsseite eines Bettes, das bei Bedarf von drei Seiten zugänglich sein muß,
- zwischen Wänden innerhalb der Wohnung,
- vor Kücheneinrichtungen,
- zwischen den Radabweisern einer Rampe (siehe Bilder 2 und 4),
- auf Wegen innerhalb der Wohnanlage.

3.6 Bewegungsfläche, 90 cm tief

Die Bewegungsfläche muß mindestens 90 cm tief sein:
- vor Möbeln (z.B. Schränken, Regalen, Kommoden, Betten).

4 Türen

Türen müssen eine lichte Breite von mindestens 80 cm haben.

Hauseingangs-, Wohnungseingangs- und Fahrschachttüren müssen eine lichte Breite von mindestens 90 cm haben.

Die Tür darf nicht in den Sanitärraum schlagen.

Große Glasflächen müssen kontrastreich gekennzeichnet und bruchsicher sein.

Untere Türanschläge und -schwellen siehe Abschnitt 5.2.

Anmerkungen: Türen sollten eine lichte Höhe von mindestens 210 cm haben.

Im Bedarfsfall sollten Türen mit Schließhilfen ausgestattet werden können.

5 Stufenlose Erreichbarkeit, untere Türanschläge und -schwellen, Aufzug, Rampe, Treppe

5.1 Stufenlose Erreichbarkeit

Der Hauseingang und eine Wohnebene müssen stufenlos erreichbar sein, es sei denn, nachweislich zwingende Gründe lassen dies nicht zu.

Alle zur Wohnung gehörenden Räume und die gemeinschaftlichen Einrichtungen der Wohnanlage müssen zumindest durch den nachträglichen Ein- oder Anbau eines Aufzuges oder durch eine Rampe stufenlos erreichbar sein.

Anmerkung: Alle zur Wohnung gehörenden Räume und die gemeinschaftlichen Einrichtungen der Wohnanlage sollten stufenlos erreichbar sein.

5.2 Untere Türanschläge und -schwellen

Untere Türanschläge und -schwellen sind grundsätzlich zu vermeiden. Soweit sie technisch unbedingt erforderlich sind, dürfen sie nicht höher als 2 cm sein.
(Aus: DIN 18 025 Teil 1/12.92)

5.3 Aufzug

Der Fahrkorb des Aufzugs ist mindestens wie folgt zu bemessen:
- lichte Breite 110 cm,
- lichte Tiefe 140 cm.

Bei Bedarf muß der Aufzug mit akustischen Signalen nachgerüstet werden können.

Bedienungstableau und Haltestangen siehe Bilder 5 bis 8. Für ein zusätzliches senkrechtes Bedienungstableau gilt DIN 15 325.

Bewegungsflächen vor den Fahrschachttüren siehe Abschnitt 3.1.

Lichte Breite der Fahrschachttüren siehe Abschnitt 4 und Bild 1.

Anmerkung: Im Fahrkorb sollte gegenüber der Fahrkorbtür ein Spiegel zur Orientierung angebracht werden.
(Aus: DIN 18 025 Teil 1/12.92)

5.4 Rampe

Die Steigung der Rampe darf nicht mehr als 6 % betragen. Bei einer Rampenlänge von mehr als 600 cm ist ein Zwischenpodest von mindestens 150 cm Länge erforderlich. Die Rampe und das Zwischenpodest sind beidseitig mit 10 cm hohen Radabweisern zu versehen. Die Rampe ist ohne Quergefälle auszubilden.

An Rampe und Zwischenpodest sind beidseitig Handläufe mit 3 cm bis 4,5 cm Durchmesser in 85 cm Höhe anzubringen. Handläufe und Radabweiser müssen 30 cm in den Plattformbereich waagerecht hineinragen (siehe Bilder 2, 3 und 4).

Bewegungsflächen am Anfang und am Ende der Rampe und zwischen den Radabweisern siehe Abschnitte 3.1 und 3.5.

(Aus: DIN 18 025 Teil 1/12.92)

5.5 Treppe

An Treppen sind beidseitig Handläufe mit 3 cm bis 4,5 cm Durchmesser anzubringen. Der innere Handlauf am Treppenauge darf nicht unterbrochen sein. Äußere Handläufe müssen in 85 cm Höhe 30 cm waagerecht über den Anfang und das Ende der Treppe hinausragen. Anfang und Ende des Treppenlaufs sind rechtzeitig und deutlich erkennbar zu machen, z.B. durch taktile Hilfen an den Handläufen.

In Mehrfamilienhäusern müssen taktile Geschoß- und Wegebezeichnungen die Orientierung sicherstellen.

Treppe und Treppenpodest müssen ausreichend belichtet bzw. beleuchtet und deutlich erkennbar sein, z.B. durch Farb- und Materialwechsel. Die Trittstufen müssen durch taktiles Material erkennbar sein.

Stufenunterschneidungen sind unzulässig.

Anmerkung: Der Treppenlauf sollte nicht gewendelt sein.

6 Besondere Anforderungen an Küche, Sanitärraum, zusätzliche Wohnfläche und Freisitz

6.1 Küche

Herd, Arbeitsplatte und Spüle müssen für die Belange des Nutzers in die ihm entsprechende Arbeitshöhe montiert werden können.

Zusätzlich gilt DIN 18 022.

Bewegungsflächen vor Kücheneinrichtungen siehe Abschnitt 3.4.

Anmerkungen: Herd, Arbeitsplatte und Spüle sollten nebeneinander mit Beinfreiraum angeordnet werden können.

Die Spüle sollte mit Unterputz- oder Flachaufputzsiphon ausgestattet werden.

6.2 Sanitärraum (Bad, WC)

Der Sanitärraum (Bad, WC) ist mit einem stufenlos begehbaren Duschplatz auszustatten.

Anmerkung: Das nachträgliche Aufstellen einer Badewanne im Bereich des Duschplatzes sollte möglich sein.

Unter dem Waschtisch muß Beinfreiraum vorhanden sein; ein Unterputz- oder Flachaufputzsiphon ist vorzusehen.

Zusätzlich gilt DIN 18 022.

Besondere Anforderungen an die Sanitärraumtür siehe Abschnitte 4 und 12.

Bewegungfläche siehe Abschnitt 3.4.

6.3 Zusätzliche Wohnfläche

Für z.B. Kleinwüchsige, Blinde und Sehbehinderte ist bei Bedarf eine zusätzliche Wohnfläche vorzusehen. Die angemessene Wohnungsgröße erhöht sich hierdurch im Regelfall um 15 m².[1]

---

[1] Siehe § 39 Abs. 2 Zweites Wohnungsbaugesetz und § 5 Abs. 2 Wohnungsbindungsgesetz

6.4 Freisitz

Anmerkung: Jeder Wohnung sollte ein mindestens 4,5 m² großer Freisitz (Terrasse, Loggia oder Balkon) zugeordnet werden.

Bewegungsfläche auf dem Freisitz siehe Abschnitt 3.1.

(Aus: DIN 18 025 Teil 1/12.92)

7 Wände, Brüstungen und Fenster

Wände der Küche sind tragfähig auszubilden.

Anmerkung: Brüstungen in mindestens einem Aufenthaltsraum der Wohnung und von Freisitzen sollten ab 60 cm Höhe durchsichtig sein. Fenster und Fenstertüren im Erdgeschoß sollten einbruchhemmend ausgeführt werden.

Schwingflügelfenster sind unzulässig.

8 Bodenbeläge

Bodenbeläge im Gebäude müssen reflexionsarm, rutschhemmend und fest verlegt sein; sie dürfen sich nicht elektrostatisch aufladen.

Hauptwege (z.B. zu Hauseingang, Garage, Müllsammelbehälter) müssen auch bei ungünstiger Witterung gefahrlos begehbar sein; das Längsgefälle darf 3% und das Quergefälle 2% nicht überschreiten.

Anmerkung: Bodenbeläge in den Verkehrsbereichen sollten als Orientierungshilfe innerhalb und außerhalb des Gebäudes in der Beschaffenheit ihrer Oberfläche und in der Farbe kontrastreich wechseln (siehe auch Abschnitt 5.5).

9 Raumtemperatur

Die Heizung von Wohnungen und gemeinschaftlich zu nutzenden Aufenthaltsräumen ist für eine Raumtemperatur nach DIN 4701 Teil 2 zu bemessen.

Die Beheizung muß je nach individuellem Bedarf ganzjährig möglich sein, z.B. durch eine Zusatzheizung.

(Aus: DIN 18 025 Teil 1/12.92)

10 Beleuchtung

Anmerkung: Beleuchtung mit künstlichem Licht höherer Beleuchtungsstärke sollte nach dem Bedarf Sehbehinderter möglich sein.

11 Fernmeldeanlagen

In der Wohnung ist zur Haustür eine Gegensprechanlage mit Türöffner vorzusehen.

Fernsprechanschluß muß vorhanden sein.

(Aus: DIN 18 025 Teil 1/12.92)

12 Bedienungsvorrichtungen

Bedienungsvorrichtungen (z.B. Schalter, häufig benutzte Steckdosen, Taster, Türdrücker, Öffner von Fenstertüren, Bedienungselemente automatischer Türen) sind in 85 cm Höhe anzubringen. Sie dürfen nicht versenkt und scharfkantig sein. Schalter außerhalb von Wohnungen sind durch abtastbare Markierungen und Farbkontraste zu kennzeichnen.

Heizkörperventile müssen in einer Höhe zwischen 40 cm und 85 cm bedient werden können.

Namensschilder an Hauseingangs- und Wohnungseingangstüren sollen mit taktil erfaßbarer, aufgesetzter Schrift versehen sein.

Die Tür des Sanitärraumes muß abschließbar und im Notfall von außen zu entriegeln sein.

Seite 4   DIN 18 025 Teil 2

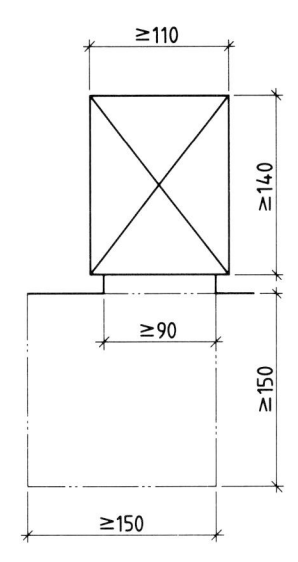

Bild 1. Lichte Maße des Aufzugsfahrkorbs und Bewegungsfläche vor den Fahrschachttüren
(Aus: DIN 18 025 Teil 1/12.92)

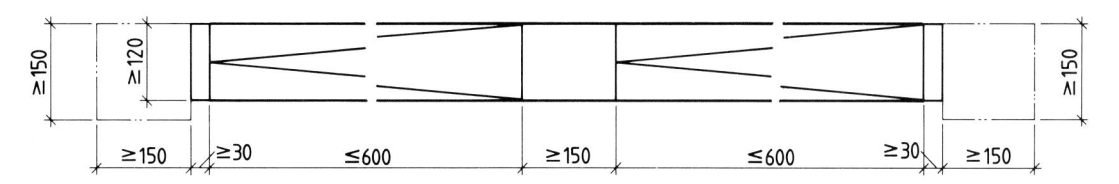

Bild 2. Rampe (Rampenlänge ≥ 600 cm)
(Aus: DIN 18 025 Teil 1/12.92)

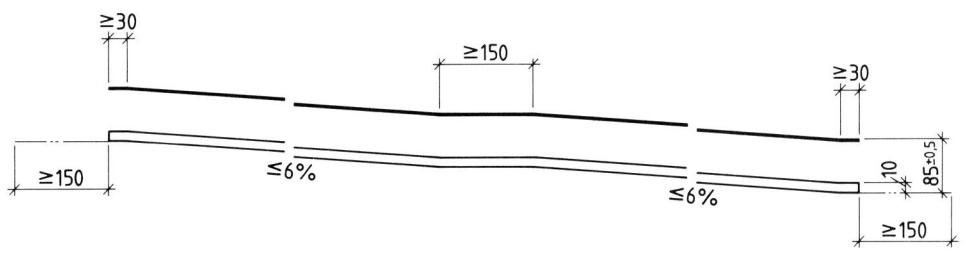

Bild 3. Rampe, Längsdarstellung
(Aus: DIN 18 025 Teil 1/12.92)

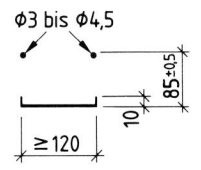

Bild 4. Rampe, Querdarstellung
(Aus: DIN 18 025 Teil 1/12.92)

DIN 18 025 Teil 2   Seite 5

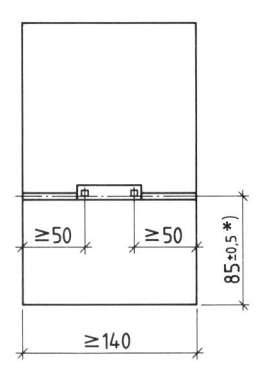

Bild 5. Höhenlage und Ansicht des Bedienungstableaus
(Aus: DIN 18 025 Teil 1/12.92)

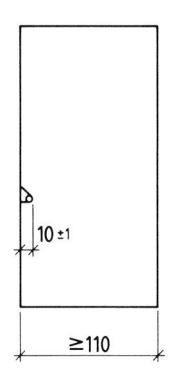

Bild 6. Tiefenlage des Bedienungstableaus
(Aus: DIN 18 025 Teil 1/12.92)

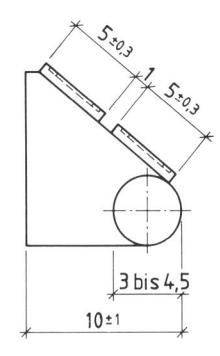

Bild 7. Querschnitt des horizontal angeordneten
Bedienungstableaus und der Haltestange
(Aus: DIN 18 025 Teil 1/12.92)

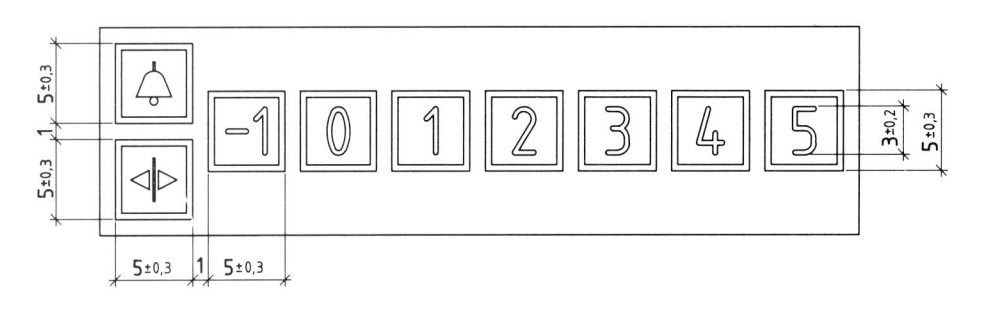

Bild 8. Anordnung der Taster auf dem Bedienungstableau, Schrift und Tasterrand erhaben
(Aus: DIN 18 025 Teil 1/12.92)

*) Bei 2reihiger Anordnung der Taster oberste Reihe höchstens 100 cm

Seite 6 DIN 18 025 Teil 2

Zitierte Normen und andere Unterlagen

DIN 4701 Teil 2   Regeln für die Berechnung des Wärmebedarfs von Gebäuden; Tabellen, Bilder, Algorithmen
DIN 15 325   Aufzüge; Bedienungs-, Signalelemente und Zubehör; ISO 4190-5, Ausgabe 1987 modifiziert
DIN 18 022   Küchen, Bäder und WCs im Wohnungsbau; Planungsgrundlagen
DIN 18 025 Teil 1 Barrierefreie Wohnungen; Wohnungen für Rollstuhlbenutzer, Planungsgrundlagen

Wohnungsbau- und Familienheimgesetz — II (WoBauG) in der Fassung der Bekanntmachung, zuletzt geändert durch Gesetz vom 14.08.1990 (BGBl. I, 1990 Nr. 42 S. 1730–1756), zu beziehen DIN Deutsches Institut für Normung e.V. (DITR), Postfach 11 07, 1000 Berlin 30.

Gesetz zur Sicherung der Zweckbestimmung von Sozialwohnungen (Wohnungsbindungsgesetz — WoBindG) in der Fassung der Bekanntmachung vom 22. Juli 1982 (BGBl, I S. 972), zuletzt geändert durch Gesetz vom 31.08.1990 (BGBl. I S. 1277). Zu beziehen durch: DIN Deutsches Institut für Normung e.V. (DITR), Postfach 11 07, 1000 Berlin 30.

Weitere Normen

DIN 15 306   Aufzüge; Personenaufzüge für Wohngebäude; Baumaße, Fahrkorbmaße, Türmaße
DIN 15 309   Aufzüge; Personenaufzüge für andere als Wohngebäude sowie Bettenaufzüge; Baumaße, Fahrkorbmaße, Türmaße
DIN 18 022   Küchen, Bäder und WCs im Wohnungsbau; Planungsgrundlagen
DIN 18 024 Teil 1 Bauliche Maßnahmen für Behinderte und alte Menschen im öffentlichen Bereich; Planungsgrundlagen; Straßen, Plätze und Wege
DIN 18 024 Teil 2 Bauliche Maßnahmen für Behinderte und alte Menschen im öffentlichen Bereich; Planungsgrundlagen; Öffentlich zugängige Gebäude
DIN 18 064   Treppen; Begriffe

Frühere Ausgaben

DIN 18 025 Teil 2: 07.74

Änderungen

Gegenüber der Ausgabe Juli 1974 wurden folgende Änderungen vorgenommen:
— Der Inhalt wurde überarbeitet und den Bedürfnissen des Nutzers entsprechend angepaßt.

Internationale Patentklassifikation

E 04 H 1/00

DEUTSCHE NORM   Februar 1998

Graphische Symbole zur Information der Öffentlichkeit
Teil 4: Graphische Symbole für Behinderte

**DIN
66079-4**

ICS 01.080.10

Deskriptoren: Technische Produktdokumentation, graphisches Symbol,
Behinderter, Bildzeichen, Beschilderung

Mit
DIN 66079-5 : 1988-02
teilweise Ersatz für
DIN 66079 : 1983-05

Graphical symbols for public information — Part 4: Graphical symbols for
disabled persons

Symboles graphiques destinés a l'information du public — Partie 4: Symboles
graphiques pour les invalides ou handicapes

Änderungen

Gegenüber DIN 66079 : 1983-05 wurden folgende Änderungen vorgenommen:
— Die Norm wurde redaktionell und graphisch überarbeitet und erweitert.

Frühere Ausgaben
DIN 66079: 1983-05

1 Anwendungsbereich

Diese Norm gilt für die Kennzeichnung von Sachverhalten für Behinderte zur Information der Öffentlichkeit, die in Form von graphischen Symbolen z. B. in
— Stadt- und Reiseführern,
— Adreßbüchern,
— Hotelführern,
— Haus-, Orts- und Gebietsprospekten sowie
— auf Schildern im Freien und in Gebäuden

Anwendung findet.

Diese Norm legt für die einzelnen Sachverhalte den Bildinhalt fest, mit dem das Aussehen des graphischen Symbols beschrieben wird. Die graphische Ausführung gilt als bevorzugte Darstellung, für die die Registriernummern nach DIN 30600 angegeben sind. Graphische Abweichungen werden durch die Symbolbeschreibung eingeschränkt.*)

2 Normative Verweisungen

Diese Norm enthält durch datierte oder undatierte Verweisungen Festlegungen aus anderen Publikationen. Diese normativen Verweisungen sind an den jeweiligen Stellen im Text zitiert, und die Publikationen sind nachstehend aufgeführt. Bei datierten Verweisungen gehören spätere Änderungen oder Überarbeitungen dieser Publikationen nur zu dieser Norm, falls sie durch Änderung oder Überarbeitung eingearbeitet sind. Bei undatierten Verweisungen gilt die letzte Ausgabe der in Bezug genommenen Publikation.

DIN 4844-1
  Sicherheitskennzeichnung — Teil 1: Begriffe, Grundsätze und Sicherheitszeichen
DIN 30600
  Graphische Symbole — Registrierung, Bezeichnung
ISO 3864
  Safety colours and safety signs

---

*) Die mit der Registriernummer versehenen graphischen Symbole sind in Form von Urbildern nach DIN 30600 zu beziehen.

Fortsetzung Seite 2 bis 4

Normenausschuß Technische Grundlagen (NATG) — Technische Produktdokumentation — im DIN
Deutsches Institut für Normung e.V.

© DIN Deutsches Institut für Normung e.V. · Jede Art der Vervielfältigung, auch auszugsweise,
nur mit Genehmigung des DIN Deutsches Institut für Normung e.V., Berlin, gestattet.
Alleinvertrieb der Normen durch Beuth Verlag GmbH, 10772 Berlin

Ref. Nr. DIN 66079-4 : 1998-02
Preisgr. 05   Vertr.-Nr. 0005

Seite 2
DIN 66079-4 : 1998-02

3 Beschreibung der Symbolinhalte und Funktionen

Lfd. Nr	Registrier-Nr / Form	Benennung und Symbolbeschreibung	Funktionen und Bemerkungen
3.1	06703 C	Behindertensymbol Oberkörper von drei Personen in Vorderansicht, die ihre Arme unterstützend miteinander verschränken	Allgemeine Darstellung des Sachverhaltes "Behindert" als übergeordnetes graphisches Symbol für alle Personen, die einer fürsorglichen Behandlung bedürfen und auf Hilfeleistungen anderer angewiesen sind.[1]
3.2	00496 C	Rollstuhlfahrer Rollstuhlbenutzer in Seitenansicht	Hinweis auf und Kennzeichnung von Anlagen und Einrichtungen für Personen, die auf die Benutzung eines Rollstuhls angewiesen sind. Bei der Anwendung dieses graphischen Symbols muß die Zugänglichkeit und die Benutzbarkeit einer Anlage oder Einrichtung für Rollstuhlbenutzer möglich sein. Dieses graphische Symbol ist Bestandteil der StVO.
3.3	06669 C	Toilette für Rollstuhlbenutzer (Behindertentoilette) Rollstuhlbenutzer in Seitenansicht mit gegenüberliegendem Schriftzug "WC"	Hinweis auf und Kennzeichnung von Toiletten, die für Rollstuhlbenutzer zugänglich sind und für den Behinderten zusätzliche Einrichtungen enthalten. Dieses graphische Symbol ist Bestandteil der StVO.
3.4	06706 C	Hörgeschädigt stilisiertes Ohr mit angedeutetem, nicht durchgehendem Negationsbalken	Darstellung des Sachverhaltes "Hörgeschädigt" zum Hinweis auf und zur Kennzeichnung von Einrichtungen, die für Hörgeschädigte geeignet sind und entsprechende Hilfen bieten.

[1] Zu diesem Kreis sind auch jene Personen zu zählen, die keine offensichtlich körperliche Behinderung aufweisen, jedoch durch Alter und Krankheit in ihrer körperlichen Leistungsfähigkeit eingeschränkt oder in ihren Bewegungen unsicher sind, z. B. Herz- und Kreislaufkranke.

Seite 3
DIN 66079-4 : 1998-02

Lfd. Nr	Registrier-Nr / Form	Benennung und Symbolbeschreibung	Funktionen und Bemerkungen
3.5	06707 C	Telefon für Hörgeschädigte Telefonhörer in Gebrauchslage mit Schallwellen, die zu einem stilisierten Ohr mit "Hörhilfeknopf" führen	Hinweis auf und Kennzeichnung von Einrichtungen, die Telefone enthalten, die für Hörgeschädigte besonders ausgerüstet sind.
3.6	06708 C	Blind gehende Person mit Blindenstock in Seitenansicht	Darstellung des Sachverhaltes "Blind" zum Hinweis auf und zur Kennzeichnung von Einrichtungen oder Anlagen, die für blinde oder stark sehbehinderte Personen entsprechend eingerichtet sind.
3.7	06709 C	Gehbehindert gehende Person mit Unterarmstütze in Seitenansicht	Hinweis auf und Kennzeichnung von Anlagen und Einrichtungen für Personen, deren Bewegungsmöglichkeit durch körperliche Behinderung so weit eingeschränkt ist, daß sie auf die Benutzung von Gehhilfen (z. B. Stock, Unterarmstütze) angewiesen sind. Bei der Anwendung dieses graphischen Symbols muß die Zugänglichkeit und Benutzbarkeit von Anlagen und Einrichtungen für Gehbehinderte vorgesehen sein.
3.8	06710 C	Sitzplatz für Behinderte Sitz- und Rückenpolster in Seitenansicht konturenhaftes Kreuz über dem Sitzpolster	Hinweis auf Sitzplätze und Kennzeichnung von Sitzplätzen, die vorzugsweise Schwerbehinderten mit entsprechendem amtlichen Ausweis vorbehalten sind.
3.9	06711 C	Parkplatz für Rollstuhlbenutzer (Schwerbehinderte) Rollstuhlbenutzer in Seitenansicht mit gegenüberliegendem Buchstaben P	Hinweis auf Parkplätze und Kennzeichnung von Parkplätzen, die Schwerbehinderten mit Ausnahmegenehmigung und entsprechendem Ausweis vorbehalten sind. Dieses graphische Symbol ist Bestandteil der StVO.

Seite 4
DIN 66079-4 : 1998-02

Lfd. Nr	Registrier-Nr / Form	Benennung und Symbolbeschreibung	Funktionen und Bemerkungen
3.10	05217 C	Aufzug für Rollstuhlbenutzer Rollstuhlbenutzer in Seitenansicht in einem Quadrat, das von zwei vertikalen Balken begrenzt wird oberhalb des Quadrates ein Pfeil aufwärts und ein Pfeil abwärts	Hinweis auf Aufzüge und Kennzeichnung von Aufzügen, die auch für Rollstuhlbenutzer geeignet sind. Dieses graphische Symbol ist Bestandteil der StVO.
3.11	06713 C	Rettungsweg für Rollstuhlbenutzer und Schwerbehinderte Rollstuhlbenutzer in Seitenansicht mit Pfeil in Kniehöhe auf ein vertikales Rechteck deutend richtungsabhängig	Hinweis auf Rettungswege und Kennzeichnung von Rettungswegen, die ausschließlich Rollstuhlbenutzern und Schwerbehinderten, die auf Hilfsmittel oder fremde Hilfe angewiesen sind, vorbehalten sind. Dieses graphische Symbol ist Bestandteil der Sicherheitskennzeichnung nach DIN 4844 und ISO 3864.
3.12	06714 C	Blindenführhund gehende Person in Seitenansicht mit Führhund und Blindenstock	Zur Kennzeichnung von Blindenführhunden sowie zum Hinweis auf und zur Kennzeichnung von Einrichtungen oder Anlagen, die für Blindenhundhalter besonders geeignet oder eingerichtet sind.

...für attraktives Wohnen mit möglichst wenig Barrieren...

Sie stehen in fast jeder deutschen Stadt und jeder kennt sie: Geschosswohnbauten aus den 50er Jahren. In der Bundesrepublik entstanden mit öffentlicher Förderung rund 1,9 Mio. dieser Bauwerke, die heute zu den Altbauten mit deutlichem Modernisierungsbedarf geworden sind.

In den Geschosswohnbauten der 50er Jahre wohnen noch heute viele Erstbewohner. Wie können diese gleichförmigen Gebäude nun auch für eine neue Bewohnerstruktur attraktiv werden und gleichzeitig den Bewohnern die Möglichkeit bieten, lange selbstständig in ihrer vertrauten Wohnung und Wohnumgebung zu bleiben? Das vorliegende Buch setzt sich mit dieser Frage intensiv auseinander. Die Autoren beleuchten systematisch die Möglichkeiten von Wohnungsanpassungen unter den Prämissen der größtmöglichen Barrierefreiheit für ein lebenslanges Wohnen und einer kostengünstigen, flexiblen und stufenweisen Realisierung.

Die Autoren entwickeln eine Vielzahl von kostenmäßig erfassten Veränderungsvorschlägen, bei denen die Reduzierung von Barrieren nach DIN 18025/2 im Vordergrund stehen. Falls nicht für alle Bau- und Wohnungsteile die Anforderungen der Norm erreicht werden können, werden u.a. kostenneutrale Möglichkeiten aufgezeigt, Barrieren zu verringern und die Nutzung zu erleichtern. Alle Beispiele sind durch Fotos, Pläne und Grafiken umfassend illustriert.

Entstanden ist ein „kombinatorischer Baukasten", mit dem aus der Vielfalt der Möglichkeiten situationsgerecht, je nach baulichem Bestand, Gebietscharakter, Entwicklungsziel und finanziellem Rahmen, die passendenden Maßnahmen ausgewählt werden können. – Das ideale Praxisbuch für Wohnungsunternehmen, Architekten und Fachplaner!

Barrierearme Wohnkonzepte für Geschosswohnbauten der 50er Jahre
Von Susanne Edinger, Helmut Lerch
128 Seiten mit 94 Farbfotos, 123 Plänen/Zeichnungen, 24 Grafiken. Format 24,5 x 31,5 cm, Broschur.
ISBN 3-87422-645-X

VERLAGSANSTALT ALEXANDER KOCH GMBH

DEUTSCHE NORM *Entwurf* November 2002

Barrierefreies Bauen
Planungsgrundlagen

DIN 18030

ICS 11.180.01; 91.010.99

Entwurf

Einsprüche bis 2003-02-28

Vorgesehen als Ersatz für
DIN 18024-1 :1998-01,
DIN 18024-2 :1996-11,
DIN 18025-1 :1992-12 und
DIN 18025-2 :1992-12

Barrierfree Building — Design principles

Construction sans barrières — Principes de projet

Anwendungswarnvermerk

Dieser Norm-Entwurf wird der Öffentlichkeit zur Prüfung und Stellungnahme vorgelegt.

Weil die beabsichtigte Norm von der vorliegenden Fassung abweichen kann, ist die Anwendung dieses Entwurfes besonders zu vereinbaren.

Stellungnahmen werden erbeten

— vorzugsweise als Datei per e-Mail an nabau@din.de in Form einer Tabelle. Die Vorlage dieser Tabelle kann im Internet unter **http://www.din.de/stellungnahme** abgerufen werden;

— oder in Papierform an den Normenausschuss Bauwesen (NABau) im DIN Deutsches Institut für Normung e.V., 10772 Berlin (Hausanschrift: Burggrafenstr. 6, 10787 Berlin).

Fortsetzung Seite 2 bis 27

Normenausschuss Bauwesen (NABau) im DIN Deutsches Institut für Normung e. V.

© DIN Deutsches Institut für Normung e.V. Jede Art der Vervielfältigung, auch auszugsweise, nur mit Genehmigung des DIN Deutsches Institut für Normung e. V., Berlin, gestattet. Alleinverkauf der Normen durch Beuth Verlag GmbH, 10772 Berlin

Ref. Nr. E DIN 18030:2002-11
Preisgr. 12   Vertr.-Nr. 0012

E DIN 18030:2002-11

— *Entwurf* —

Inhalt

Seite

Vorwort 4
1 Anwendungsbereich 4
2 Normative Verweisungen 5
3 Begriffe 6
4 Grundsätzliche Anforderungen 7
4.1 Allgemeines 7
4.2 Geometrische Anforderungen 7
4.2.1 Allgemeines 7
4.2.2 Bewegungsflächen 8
4.2.3 Greifhöhen, Bedienhöhen 9
4.2.4 Höhe des Bewegungsraumes 9
4.2.5 Beinfreiraum 9
4.3 Sensorische Anforderungen 10
4.3.1 Allgemeines 10
4.3.2 Visuelle Orientierungshilfen 11
4.3.3 Taktile Orientierungshilfen 11
4.3.4 Auditive Orientierungshilfen 11
4.4 Bauliche Maßnahmen 12
4.4.1 Stufenlose Erreichbarkeit von Gebäuden und Anlagen 12
4.4.2 Wände und Decken 12
4.4.3 Treppen 12
4.4.4 Rampen 13
4.4.5 Handläufe 14
4.4.6 Bodenbeläge 15
4.4.7 Türen 15
4.4.8 Fenster 19
4.5 Sanitärräume 19
4.5.1 Bewegungsflächen 19
4.5.2 Toilette 19
4.5.3 Waschtisch 20
4.5.4 Duschplatz 20
4.5.5 Badewanne 20
4.5.6 Lüftung 20
4.5.7 Notrufeinrichtungen 21
4.6 Küchen, Teeküchen 21
4.7 Wärmeversorgungsanlagen 21
4.8 Starkstromanlagen 21
4.9 Kommunikationsanlagen 21
4.10 Aufzüge 21
4.11 Rettungswege 21
5 Besondere Anforderungen 22
5.1 Allgemeines 22
5.2 Straßen, Plätze, Wege, öffentliche Verkehrs- und Grünanlagen sowie Spielplätze 22
5.2.1 Straßenverkehrs-Signalanlagen (siehe RiLSA) 22
5.2.2 Öffentlich zugängliche Grünanlagen und Spielplätze 22
5.2.3 PKW-Stellplätze 22
5.2.4 Baustellensicherung 22
5.2.5 Haltestelle und Bahnsteig öffentlicher Verkehrsmittel 22
5.3 Öffentlich zugängliche Gebäude und Arbeitsstätten 23
5.3.1 Service-Schalter 23
5.3.2 Umkleidebereiche 23
5.3.3 Schwimm- und Bewegungsbecken 23
5.3.4 Rollstuhlabstellplatz 23
5.3.5 Versammlungs-, Sport- und Gaststätten 23
5.3.6 Beherbergungsbetriebe 23
5.3.7 PKW-Stellplätze 23
5.4 Wohngebäude 24

5.4.1	Freisitz	24
5.4.2	Abstellplätze	24
5.4.3	PKW-Stellplatz	24
5.4.4	Gegensprechanlage	24

Anhang A (informativ) **Erläuterungen** 25

Literaturhinweise 26

E DIN 18030:2002-11

— *Entwurf* —

Vorwort

Diese Norm enthält Planungsgrundlagen für die barrierefreie Gestaltung des Lebensraumes, um allen Menschen zu ermöglichen, ihn sicher und weitgehend unabhängig von fremder Hilfe zu nutzen. Auf diese Weise wird auch dem Benachteiligungsverbot nach Art. 3 Grundgesetz und dem Gesetz zur Gleichstellung behinderter Menschen Rechnung getragen.

Diese Norm richtet sich an Planer und Bauherren und berücksichtigt die Bedürfnisse insbesondere folgender Personengruppen:

— Blinde und Sehbehinderte;

— Hörgeschädigte;

— Rollstuhlbenutzer;

— Gehbehinderte;

— Menschen mit sonstigen Behinderungen;

— ältere Menschen;

— Kinder;

— klein- und großwüchsige Menschen.

Werden die Anforderungen nach dieser Norm bereits bei der Planung von Baumaßnahmen berücksichtigt, sind Lösungen möglich, die Mehrkosten eines nachträglichen Umbaus vermeiden. Die Anforderungen der Norm basieren auf wissenschaftlichen Untersuchungen und praktischen Erfahrungen. Auf die Einbeziehung Betroffener und die Umsetzung ihrer Erfahrungen in bauliche Anforderungen wurde besonders Wert gelegt.

Änderungen

Gegenüber DIN 18024-1:1998-01, DIN 18024-2:1996-11, DIN 18025-1:1992-12 und DIN 18025-2:1992-12 wurden folgende Änderungen vorgenommen:

a) die vorgenannten Normen wurden in eine Norm zusammengeführt;

b) die sensorischen Anforderungen wurden erweitert;

c) es wurden Festlegungen für Rettungswege aufgenommen;

d) hinsichtlich Aufzüge wurde DIN EN 81-70 berücksichtigt.

1 Anwendungsbereich

Diese Norm gilt für die Planung, Ausführung und Ausstattung von Gebäuden und anderen baulichen Anlagen.

Die Festlegungen nach dieser Norm sollen sicherstellen, dass Gebäude und andere bauliche Anlagen allen Personen eine selbstbestimmbare, unabhängige und selbständige Nutzung ermöglichen. Sie gelten für Neu- und sinngemäß für Umbauten, Modernisierungen und Nutzungsänderungen.

Gebäude und andere bauliche Anlagen im Sinne dieser Norm können z. B. sein:

— öffentlich zugängliche Gebäude und Arbeitsstätten, einschließlich der zugehörigen Außenanlagen;

— Wohngebäude einschließlich der zugehörigen Außenanlagen;

— öffentliche Straßen, Wege, Plätze, Grünanlagen einschließlich Park- und Spielplätzen;

— Sport- und Freizeiteinrichtungen;

— Anlagen und Einrichtungen des öffentlichen Verkehrs einschließlich der Zugangsmöglichkeit zu Fahrzeugen.

2 Normative Verweisungen

Diese Norm enthält durch datierte oder undatierte Verweisungen Festlegungen aus anderen Publikationen. Diese normativen Verweisungen sind an den jeweiligen Stellen im Text zitiert, und die Publikationen sind nachstehend aufgeführt. Bei datierten Verweisungen gehören spätere Änderungen oder Überarbeitungen nur zu dieser Norm, falls sie durch Änderung oder Überarbeitung eingearbeitet sind. Bei undatierten Verweisungen gilt die letzte Ausgabe der in Bezug genommenen Publikation (einschließlich Änderungen).

DIN 276:1993-06, *Kosten im Hochbau.*

DIN 1450:1993-07, *Schriften; Leserlichkeit.*

DIN 5340, *Begriffe der physiologischen Optik.*

DIN 5035-2, *Beleuchtung mit künstlichem Licht; Richtwerte für Arbeitsstätten in Innenräumen und im Freien.*

DIN 18015-1, *Elektrische Anlagen in Wohngebäuden - Teil 1: Planungsgrundlagen.*

DIN 18 017-3:1990-08, *Lüftung von Bädern und Toilettenräumen ohne Außenfenster, mit Ventilatoren.*

DIN 18022:1989-11, *Küchen, Bäder und WCs im Wohnungsbau; Planungsgrundlagen.*

DIN 18034:1999-12, *Spielplätze und Freiräume zum Spielen; Anforderungen und Hinweise für die Flächensicherung, die Planung und den Betrieb.*

DIN 18041, *Hörsamkeit in kleinen bis mittelgroßen Räumen*

DIN 18195-5:2000-08, *Bauwerksabdichtungen - Teil 5: Abdichtungen gegen nichtdrückendes Wasser auf Deckenflächen und in Nassräumen; Bemessung und Ausführung.*

DIN 32975, *Optische Kontraste im öffentlich zugänglichen Bereich.*

DIN 32981, *Zusatzeinrichtungen für Blinde an Straßenverkehrs-Signalanlagen (SVA) – Anforderungen.*

DIN 32984:2000-05, *Bodenindikatoren im öffentlichen Verkehrsraum.*

DIN 33455, *Barrierefreie Produkte – Grundsätze und Anforderungen.*

DIN 33942:1998-05, *Barrierefreie Spielplätze – Sicherheitstechnische Anforderungen und Prüfverfahren.*

DIN EN 81-70, *Sicherheit für die Konstruktion und den Einbau von Aufzügen - Teil 70: Besondere Anwendungen für Personen- und Lastenaufzüge; Zugänglichkeit von Aufzügen für Personen, einschließlich Personen mit Behinderungen; Deutsche Fassung prEN 81-70:1999*

DIN EN 457, *Sicherheit von Maschinen; Akustische Gefahrensignale; Allgemeine Anforderungen, Gestaltung und Prüfung (ISO 7731:1986, modifiziert); Deutsche Fassung EN 457:1992*

E DIN 18030:2002-11 — *Entwurf* —

DIN EN 60447:1994-04, *Mensch-Maschine-Schnittstelle (MMI); Bedienungsgrundsätze (IEC 60447:1993); Deutsche Fassung EN 60447:1993*

E DIN ISO 3864-1:2000-11, *Sicherheitsfarben und Sicherheitszeichen - Teil 1: Sicherheitszeichen an Arbeitsstätten und in öffentlichen Bereichen - Gestaltungsgrundsätze (ISO/DIS 3864-1:2000)*

DIN VDE 0510-3 (VDE 0510 Teil 13), *Akkumulatoren und Batterieanlagen; Antriebsbatterien für Elektrofahrzeuge*

GUV 26.17[1], *Bodenbeläge für nassbelastete Barfußbereiche*

Verordnung über den Bau und Betrieb der Straßenbahnen (Straßenbahn-Bau- und Betriebsordnung - BoStrab [2].

RiLSA, *Richtlinien für Lichtsignalanlagen; Lichtzeichenanlagen für den Straßenverkehr (RiLSA)*[3].

ZVEI-Merkblatt, *Elektroakustische Alarmierungseinrichtungen.*

FGSV 295 RAS-Q 96[3], *Richtlinien für die Anlagen von Straßen; RAS – Teil: Querschnitte (RAS-Q 96).*

ZH 1/571 * BGR[4], *Merkblatt für Fußböden in Arbeitsräumen und Arbeitsbereichen mit Rutschgefahr.*

3 Begriffe

Für die Anwendung dieser Norm gelten die folgenden Begriffe.

3.1
Barrierefreiheit
Eigenschaft von Bauwerken, Außenanlagen, Verkehrsflächen und Grünanlagen zur weitgehend gleichberechtigten, selbstbestimmten und gefahrlosen Nutzung durch alle Menschen in jedem Alter, mit unterschiedlichen Fähigkeiten sowie mit und ohne Behinderungen

3.2
Barrierefreiheit, bedingt rollstuhlgerecht
Eigenschaft von Wohngebäuden und deren Außenanlagen nach 3.1 mit verringerten geometrischen Anforderungen

3.3
Bewegungsfläche
Fläche, die zur barrierefreien Nutzung von Bauwerken, Außenanlagen, Straßen, Plätzen, Wegen, öffentlichen Verkehrs- und Grünanlagen sowie Spielplätzen erforderlich ist

3.4
Bodenindikator
ein Bodenelement mit einem hohen taktilen, akustischen und optischen Kontrast (Leuchtdichte und Farbe) zum angrenzenden Bodenbelag
[DIN 32984:2000-05]

3.5
Einbauten
mit einem Bauwerk fest verbundene Einrichtungsgegenstände wie Einbaumöbel (z. B. Sitz/ -Liegemöbel, Schränke, Regale, Orientierungstafeln usw.); Wirtschaftsgegenstände in Außenanlagen (z. B. Wegweiser,

---

1) Bezugsquelle: Bundesverband der Unfallkassen e.V. (BUK)
2) Bezugsquelle: Deutsches Informationszentrum für technische Regeln (DITR) im DIN
3) Bezugsquelle: FSGV Verlag GmbH.
4) Bezugsquelle: Carl Heymanns Verlag GmbH.

Fahrradständer, Pflanzenbehälter usw.) sowie temporäre Einrichtungen zur Baustellen- und Verkehrssicherung (z. B. Bauschilder, -zäune, -beleuchtung)

**3.6
Furt**
markierter Bereich auf der Fahrbahn, der einen Fuß- oder Radweg gleichsam über die kreuzende oder einmündende Fahrbahn hinweg fortsetzt

**3.7
Kontrast**
relativer Leuchtdichteunterschied zwischen benachbarten Feldern

ANMERKUNG   Siehe auch DIN 1450 und DIN 5340.

**3.8
Leuchtdichtekontrast**
Wert für die Wahrnehmung des Unterschiedes der Leuchtdichte verschiedener Objekte im Gesichtsfeld

ANMERKUNG   Siehe auch DIN ISO 3864-1.

**3.9
Bewegungsraum**
dreidimensionaler Raum, der allen Menschen, insbesondere Blinden und Sehbehinderten, eine barrierefreie Nutzung der Bewegungsfläche in der erforderlichen lichten Höhe ermöglicht

**3.10
Orientierungshilfe**
Information, die allen Menschen, insbesondere Menschen mit sensorischen Einschränkungen, eine barrierefreie Nutzung sicherstellt

**3.11
Schwellkopie**
Plandarstellung (Reliefplan), die durch Erhabenheit ertastbar ist

**3.12
Signal**
eine sichtbare, hörbare und tastbare Anzeige, die Informationen übermittelt
[DIN EN 60447:1999-04]

4   Grundsätzliche Anforderungen

4.1   Allgemeines

Barrierefrei gestaltete Gebäude und andere durch den Anwendungsbereich dieser Norm erfasste Anlagen müssen die jeweils zutreffenden nachfolgenden Anforderungen erfüllen.

Die Anforderungen nach dieser Norm dürfen auch auf andere Weise, als in der Norm festgelegt, erfüllt werden.

Bei Bauvorhaben für spezielle Nutzergruppen können zusätzliche Anforderungen notwendig sein.

4.2   Geometrische Anforderungen

4.2.1   Allgemeines

Gebäude und andere bauliche Anlagen sind so zu gestalten, dass die grundsätzlichen geometrischen Anforderungen aller Menschen im Hinblick auf Bewegungsflächen, Bewegungsräume, Greifhöhen und Unterfahrbarkeit erfüllt werden.

Bewegungsflächen dürfen sich überlagern. Bewegungsflächen und Bewegungsräume dürfen in ihrer Funktion nicht eingeschränkt werden.

4.2.2 Bewegungsflächen

4.2.2.1 Maß der Bewegungsfläche 150 cm x 150 cm

— vor Gebäudeein- und –ausgängen;

— auf Verweilplätzen;

— auf Freisitzen;

— vor Durchgängen;

— vor Treppenauf- und –abgängen;

— am Anfang und am Ende von Rampen;

— vor Fahrschachttüren;

— an der Aufschlagseite (Bandseite) vor Drehflügeltüren;

— in Aufenthaltsräumen;

— in Sanitärräumen[5];

— in Duschen [5];

— vor Bedienungsvorrichtungen;

4.2.2.2 Maß der Bewegungsfläche 190 cm x 150 cm

— auf Rollstuhlabstellplätzen und

— vor Rollstuhlabstellplätzen.

4.2.2.3 Maß der Bewegungsfläche 300 cm x 200 cm

— Verweilflächen auf Fahrbahnteilen und Fußgängerüberwegen.

4.2.2.4 Maß der Bewegungsfläche 150 cm

— Gehwege;

— Rampenpodeste;

— An einer Längsseite von PKW-Stellplätzen an Parkbuchten;

— In Fluren (ausgenommen Wohnungen);

— vor Küchenreinrichtungen [5];

— vor der Längsseite des Bettes [5].

---

[5] Ausgenommen bedingt rollstuhlgerechte Wohnungen

4.2.2.5 Maß der Bewegungsfläche 120 cm

— Gehwege und Notwege im Bereich von Baustellen;

— Wege innerhalb einer Wohnanlage;

— Rampen;

— Flure in Wohnungen (bedingt rollstuhlgerecht);

— Sanitärräume (in bedingt rollstuhlgerechten Wohnungen);

— Duschen (in bedingt rollstuhlgerechten Wohnungen);

— Vor und hinter Schiebetüren;

— Küchen (in bedingt rollstuhlgerechten Wohnungen);

— neben der Betteinstiegsseite (in bedingt rollstuhlgerechten Wohnungen);

— vor Kleiderschränken;

4.2.2.6 Maß der Bewegungsfläche 90 cm

— in lichten Durchgängen;

— in lichten Türöffnungen.

— Vor Möbeln (Regale, Schränke).

4.2.3 Greifhöhen, Bedienhöhen

Das Regelmaß von Greifhöhen und Bedienhöhen beträgt 85 cm (Achsmaß) über OFF; erforderliche Abweichungen sind in einem Bereich von 85 cm bis 105 cm zulässig. Dies gilt nicht für Türgriffe.

4.2.4 Höhe des Bewegungsraumes

Die lichte Höhe des Bewegungsraums darf 230 cm nicht unterschreiten.

4.2.5 Beinfreiraum

Werden Einbauten, technische Anlagen und Elemente der Ausstattung im Sitzen genutzt, gelten die Maße nach Bild 1.

Maße in Zentimeter

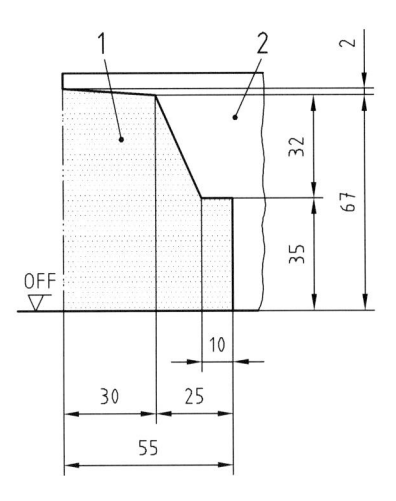

Legende

1   Beinfreiraum
2   Bau-, Ausrüstungs- oder Ausstattungselement

Bild 1 — Maße für den Beinfreiraum bei der Nutzung im Sitzen von Bau-, Ausrüstungs- oder Ausstattungselementen

4.3 Sensorische Anforderungen

4.3.1 Allgemeines

Der barrierefreie Lebensraum ist so zu gestalten, dass alle Nutzer, insbesondere auch Menschen mit sensorischen Behinderungen, Orientierungs- und Kommunikationsmöglichkeiten erhalten und ihnen eine sichere und selbständige Nutzung ermöglicht wird.

Alle Informationen zur Wegeführung, Erschließung (z.B. Hauskommunikationssysteme, Aufzüge) und Sicherheit (z. B. Notruf- oder Gefahrenmeldeanlagen, Rettungswege) müssen auch von Menschen mit sensorischen Einschränkungen erkannt werden können; sie sollen deshalb mindestens zwei der Sinne Hören, Sehen oder Tasten ansprechen. Dies gilt auch für Orte, die der sprachlichen Kommunikation dienen.

Informations- und Leitsysteme sind als geschlossene Informationskette lückenlos zu gestalten.

Orientierungshilfen müssen deutlich und frühzeitig erkennbar sein.

Nicht vermeidbare Hindernisse im Bewegungsraum müssen deutlich und frühzeitig wahrnehmbar sein.

Ausstattungen müssen optisch kontrastierend wahrnehmbar und ohne Unterschneidungen ausgebildet sein.

Für Blinde ist diese Anforderung erfüllt, wenn die Ausstattung

— auf einem 3 cm hohen Sockel entsprechend den Außenmaßen der Ausstattung (z.B. Telefonhaube) oder

— ohne Unterschneidung bis 10 cm über den Boden herunterreicht oder

— mit Unterschneidungen mit einer 15 cm breiten Tastleiste mit der Oberkante in 25 cm Höhe über dem Boden entsprechend den Außenmaßen der Ausstattung versehen ist.

— Entwurf —

4.3.2 Visuelle Orientierungshilfen

Visuelle Orientierungshilfen müssen die Anforderungen an optische Informationssysteme nach den Prioritäten der jeweiligen Orientierungsfunktion berücksichtigen (siehe Tabelle 1).

Tabelle 1 — Anforderungen an optische Informationssysteme

Priorität	1	2	3
Funktion	Warnungen/Hinweise für Notfälle	Entscheidungsfunktionen	Leitfunktionen
Orientierung (Beispiele)	Notausgang Rettungsweg	Fahrplan, Straßenschild	Kennzeichnung von Wegen
Optimale Objektgröße je m Betrachtungsabstand	36 mm für Bildzeichen und Schrift	36 mm für Bildzeichen 18 mm für Schrift	18 mm für Bildzeichen 14 mm für Schrift
Leuchtdichte	300 cd/m² bis 500 cd/m²	30 cd/m² bis 300 cd/m²	3 cd/m² bis 30 cd/m²
Kontrast	$0{,}83 < K \leq 0{,}99$	$0{,}5 < K \leq 0{,}83$	$0{,}28 < K \leq 0{,}5$

Optische Informationssysteme müssen zu ihrem Umfeld einen ausreichenden Kontrast aufweisen. Günstige Farbkombinationen sind in DIN 33455 angegeben. Reflektierende Oberflächen sind zu vermeiden (siehe DIN 33455).

4.3.3 Taktile Orientierungshilfen

Taktile Orientierungshilfen müssen vor Gefahrenstellen, bei Hindernissen oder Richtungsänderungen einen Aufmerksamkeitshinweis geben (siehe DIN 32984).

Taktile Orientierungshilfen müssen sich vom Umfeld deutlich unterscheiden, z.B. durch Form, Material, Härte, Oberflächenrauheit, erhabene Schriftzeichen bzw. Piktogramme o.ä. Tastbare Schrift oder Zeichen müssen zwischen 25 mm und 50 mm hoch, 1 mm erhaben und in Pyramidenschrift verfasst sein

Tastschalter müssen sich vom Umfeld deutlich unterscheiden und einen Druckpunkt haben, um beim Ertasten der Informationen ein unbeabsichtigtes Auslösen zu vermeiden und um eine eindeutige Rückmeldung zu geben, dass die Anforderung ausgelöst wurde.

Sensortasten dürfen nicht verwendet werden.

4.3.4 Auditive Orientierungshilfen

Bei akustischen Informationen als Töne bzw. Tonfolgen ist auf eine eindeutige Unterscheidbarkeit, bei sprachlichen Informationen auf eine einwandfreie Verständlichkeit zu achten. Vorzugsweise ist deshalb eine automatisierte Sprachausgabe digital erzeugter Texte anzustreben.

Sprachdurchsagen sollten durch einen einleitenden Ton (Gong) angekündigt werden.

Das Sprachsignal oder andere akustische Informationen (z.B. Freigabesignale, Auffindesignale, Ampelbeschallung, Alarmsignale oder Ansagen in öffentlichen Verkehrsmitteln und auf Bahnsteigen) müssen sich ausreichend vom Störschallpegel der Umgebung abheben (siehe DIN 32981, DIN EN 457 sowie das ZVEI-Merkblatt „Elektroakustische Alarmierungseinrichtungen"). Eine automatische Anpassung an wechselnde Störschallpegel (z. B. Straßenverkehrsgeräusche) ist anzustreben.

Zu speziellen Anforderungen an Räume für sprachliche Kommunikation (Nachhallzeit, Schallverteilung, siehe DIN 18041).

In derartigen Räumen sind für Menschen mit eingeschränktem oder fehlendem Hörvermögen die räumlichen Voraussetzungen für visuelle Hilfen (z.B. Absehen vom Mund, Textanzeigen, Gebärdendolmetschen) sowie elektroakustische Hilfen (induktive, Infrarot- oder FM-Übertragung) vorzusehen.

Alle Räume, die der sprachlichen Kommunikation dienen, sollen am Hörerplatz einen Störgeräuschpegel L_p aufweisen, der unter 40 dB(A) liegt. Solche Räume sind z.B. Kindergärten, Mehrpersonenbüros, Gerichtssäle, Klassenzimmer.

4.4 Bauliche Maßnahmen

4.4.1 Stufenlose Erreichbarkeit von Gebäuden und Anlagen

Alle wesentlichen Zugänge zu Gebäuden und Anlagen, alle Räume in den Wohnungen, einschließlich Freisitz, sowie Bereiche in öffentlichen Gebäuden müssen stufenlos erreichbar sein, es sei denn, nachweislich zwingende Gründe lassen dies nicht zu.

4.4.2 Wände und Decken

Wände und Decken, an denen baugebundene technische Hilfen, Fördersysteme und ähnliche Hilfsmittel angebracht werden sollen, müssen so ausgelegt sein, dass dies bei Bedarf – auch bei Nutzungsänderungen – möglich ist.

Im Bereich von 0 cm bis 200 cm über Oberkante Fußboden durchgehende lichtdurchlässige Innenwände oder Teile von ihnen, sind ab einer Breite von 50 cm mit Sicherheitsmarkierungen zu kennzeichnen.

4.4.3 Treppen

4.4.3.1 Erschließungsprinzip

Treppen sind als einzige vertikale Verbindung unzulässig. Sie sind durch Aufzüge oder Rampen zu ergänzen.

4.4.3.2 Laufgestaltung und Stufenausbildung

Notwendige Treppen müssen gerade Läufe haben, gewendelte Treppen sind unzulässig. In öffentlich zugänglichen Gebäuden sind nach höchstens zwölf Steigungen Podeste vorzusehen.

Treppen mit offenen Setz- oder unterschnittenen Trittstufen sind unzulässig. Schräge Setzstufen sind möglich.

4.4.3.3 Orientierungshilfen

Alle Trittstufen sollen durch Material- und Helligkeitskontrast hervorgehoben werden. Die Markierungsstreifen sollen eine Breite von 4 cm haben und an den Stufenkanten beginnen. Tritt- und Setzstufen müssen die gleiche Leuchtdichte erhalten.

Treppenan- und -austritt sollen durch Aufmerksamkeitsfelder gekennzeichnet werden. Das Aufmerksamkeitsfeld für den Antritt soll direkt vor der untersten Setzstufe liegen. Das Aufmerksamkeitsfeld für den Austritt soll hinter der obersten Trittstufe beginnen (siehe Bild 2).

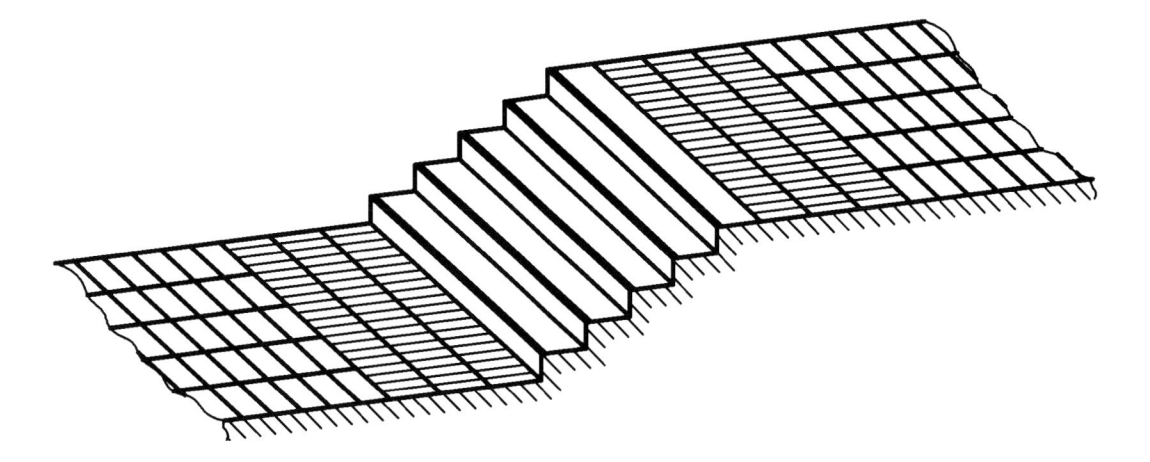

Bild 2 — Optimale Treppenmarkierung

4.4.4 Rampen

4.4.4.1 Bauliche Anforderungen

Die baulichen Anforderungen sind in den Bildern 3 bis 5 angegeben.

Erschließungsflächen für Gebäude mit einer Längsneigung von mehr als 3 % sind als Rampen auszubilden. Das Gefälle von Rampen darf maximal 6 % betragen. Eine Querneigung ist unzulässig.

Die Länge der einzelnen Rampenläufe wird auf höchstens 600 cm begrenzt. Zwischen den Läufen sind Podeste erforderlich.

In der Verlängerung einer Rampe darf keine abwärts führende Treppe angeordnet werden.

Maße in Zentimeter

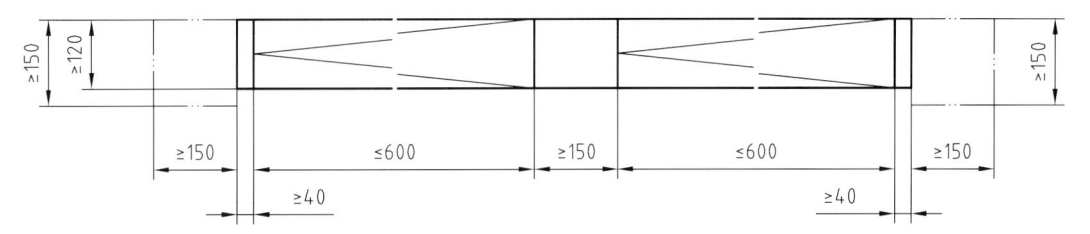

Bild 3 — Rampe, Grundriss

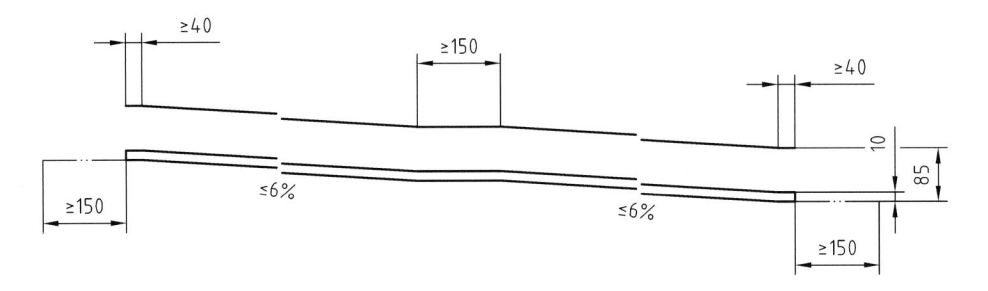

Bild 4 — Rampe, Längsschnitt

Maße in Zentimeter

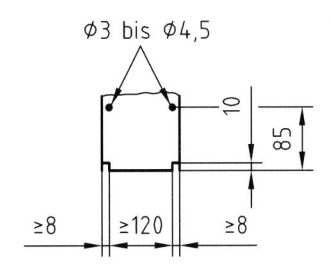

Bild 5 — Rampe, Querschnitt

4.4.4.2 Absturzsicherung und Radabweiser

An Rampenläufen und -podesten sind beidseitig 10 cm hohe Radabweiser anzubringen, die jeweils mindestens 40 cm über Beginn und Ende der Rampenanlage hinausführen.

Handläufe und Radabweiser müssen laufseitig senkrecht in einer Ebene liegen. Die laufseitigen Flächen von Füllungen, Stabwerken oder Ähnlichem von Geländern sollen einen Abstand von mindestens 8 cm, gemessen von der Laufseite des Radabweisers nach außen, erhalten.

4.4.4.3 Orientierungshilfen

Anfang und Ende von Rampenanlagen sollen optisch kontrastreich und taktil mit Aufmerksamkeitsfeldern durch Farb-, Material- und Strukturwechsel im Bodenbelag gekennzeichnet werden.

4.4.5 Handläufe

4.4.5.1 Anordnung

Treppen und Rampen sind einschließlich der Podeste beidseitig mit Handläufen zu versehen. Die Handläufe sind über Treppen- und Rampenaugen, Heizflächen und Ähnliches hinwegzuführen.

Handläufe sind über Treppenläufe oder Rampen in einer Höhe von 85 cm über Oberkante Fußboden anzubringen.

Die äußeren Handläufe sind über Treppenläufe oder Rampen mindestens 40 cm hinaus waagerecht weiter zu führen.

4.4.5.2 Formgebung

Handläufe müssen griffsicher, gut umgreifbar und rund mit einem Durchmesser von 30 mm bis 45 mm sein. Sie müssen eine Belastung von 1,0 kN aufnehmen können.

4.4.5.3 Orientierungshilfen

Handläufe sollen taktile Hinweise auf die Gebäudegeschosse, auf Anfang und Ende von Rampen- und Treppenläufen, auf die Richtung von Rettungswegen und auf andere Informationen erhalten.

4.4.6 Bodenbeläge

4.4.6.1 Bodenbeläge in Gebäuden

Bodenbeläge in Gebäuden müssen nach den Merkblättern BGR 181 und GUV 26.17 rutschhemmend, rollstuhlgeeignet und fest verlegt sein. Sie dürfen nicht reflektieren und sich nicht elektrostatisch aufladen.

4.4.6.2 Bodenbeläge im Freien

Bodenbeläge im Freien müssen mit dem Rollstuhl leicht und erschütterungsarm befahrbar sein. Beläge von Rampen sind rutschhemmend vorzusehen. Wichtige Verkehrsflächen müssen bei jeder Witterung gefahrlos zu nutzen sein.

4.4.7 Türen

4.4.7.1 Allgemeines

Türen müssen deutlich zu erkennen, sicher zu passieren, leicht zu öffnen und zu schließen sein.

4.4.7.2 Türarten und –konstruktionen

Die geometrischen Anforderungen an Türen sind in Tabelle 2 zusammengefasst.

Karusselltüren sind als alleiniger Zugang nicht zulässig. Pendeltüren müssen Schließvorrichtungen haben, die ein Durchpendeln der Türen verhindern.

Drehflügeltüren von Sanitärräumen mit einer Nettogrundfläche < 8,0 m², dürfen nicht in die Sanitärräume schlagen.

Untere Türanschläge und -schwellen sind zu vermeiden. Sind sie erforderlich, dürfen sie höchstens 2,0 cm hoch sein.

Drückergarnituren sind griffgünstig, vorzugsweise bogen- oder U-förmig, vorzusehen. Sie sollten in öffentlich zugängigen Gebäuden und bedarfsabhängig in Wohnbauten eine vergrößerte Breite von $\geq$ 17,5 cm erhalten. Drehgriffe und eingelassene Griffe sind zu vermeiden. Griffe von Schiebetüren sollen als senkrechte Bügel ausgebildet werden.

Ganzglastüren und Glasflächen in Türen > 0,5 m^2 sind bis zu einer Höhe von 2,0 m über Oberkante Fußboden gegen Bruch zu sichern.

Für Bewegungsflächen vor Türen siehe die Bilder 7 und 8.

Tabelle 2 — Geometrische Anforderungen an Türen

Türen	Anforderungen		Nutzungskategorien – Wohngebäude[a,b] – Öff. zugängliche Gebäude und Arbeitsstätten			Siehe Bild
			Maße cm			
			Breite	Tiefe	Höhe	
Alle	lichte Zargen-Durchgangsbreiten		≥ 80[a]	–	–	–
			≥ 90[b c d]			6, 7, 8
	Leibungstiefen[f]		–	≤ 26	–	7, 8
	lichte Zargen-Durchgangshöhen		–	–	≥ 205[e]	6
	Höhen über Oberkante Fußboden – Drücker		–	–	85	6
	– senkrechte Griffe		–	–	85[g]	–
	– Zuziehgriffe, waagerecht, gegenbandseitig		–	–	85	6
	– Bedienungselemente für Kraftbetätigung		–	–	85[h]	–
	– Türschilder		–	–	130[h]	6
	– Spione[b]		–	–	130[h]	
	waagerechte Abstände von Türdrückern und -griffen zu Bau-, Ausrüstungs- und Ausstattungsteilen		> 50[b h] > 30[a h]	–	–	7, 8
Drehflügeltüren	waagerechte Abstände von Bedienungselementen zu kraftbetätigten Türen bei frontaler Anfahrt	bandseitig	–	≥ 250[h]		9
		gegenbandseitig	–	≥ 150[h]	–	9
Schiebetüren		beidseitig	–	≥ 150[h]	–	10

[a] barrierefrei, bedingt rollstuhlgerecht
[b] barrierefrei
[c] Hauseingangs-, Wohnungseingangs- und Fahrschachttüren in Wohngebäuden nach [a]
[d] baurechtlich oder funktionell bestimmte Forderungen nach größeren Durchgangsbreiten bleiben unberührt
[e] Option
[f] Maßdifferenz zwischen OF-Türflügel und OF-Wand
[g] mittig
[h] Achsmaß

— *Entwurf* —

E DIN 18030:2002-11

Maße in Zentimeter

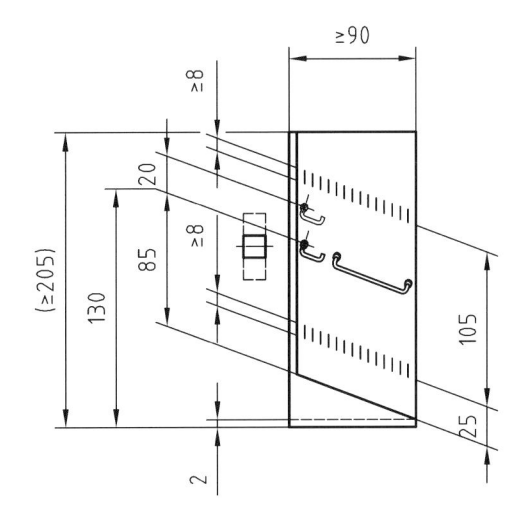

Bild 6 — Maße für Drehflügeltüren

Maße in Zentimeter

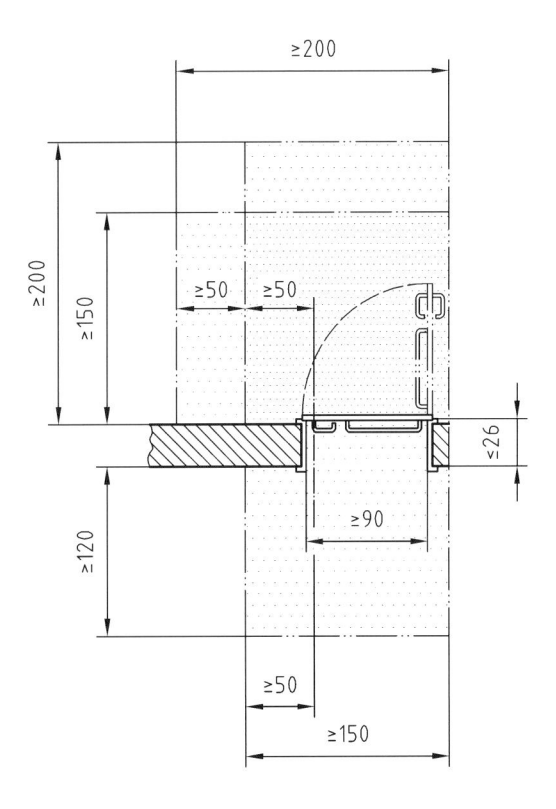

Bild 7 — Maße für und Bewegungsfläche vor Drehflügeltüren

Maße in Zentimeter

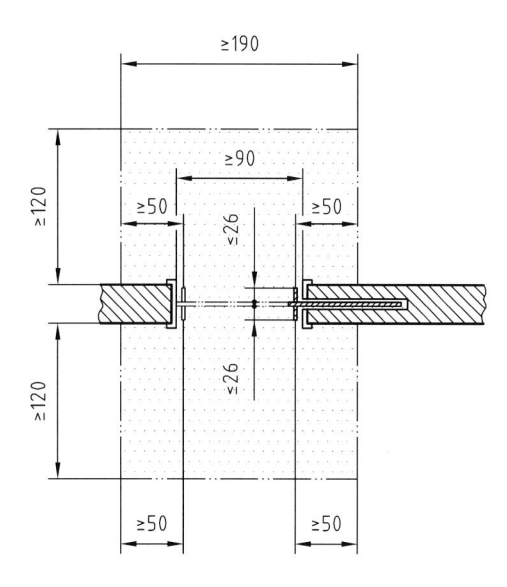

Bild 8 — Maße für und Bewegungsflächen vor Schiebetüren

Maße in Zentimeter

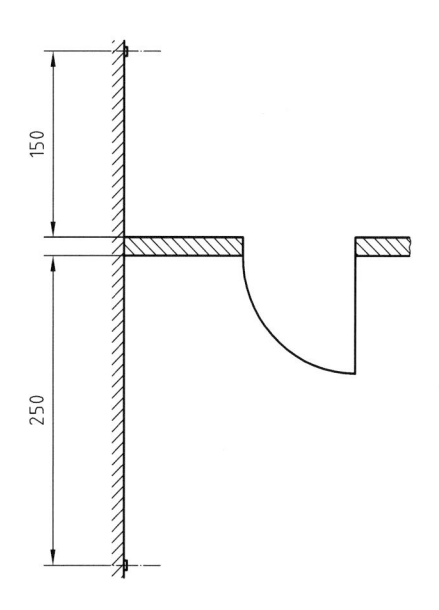

Bild 9 — Waagerechte Abstände von Bedienungselementen zu kraftbetätigten Drehflügeltüren bei frontaler Anfahrt

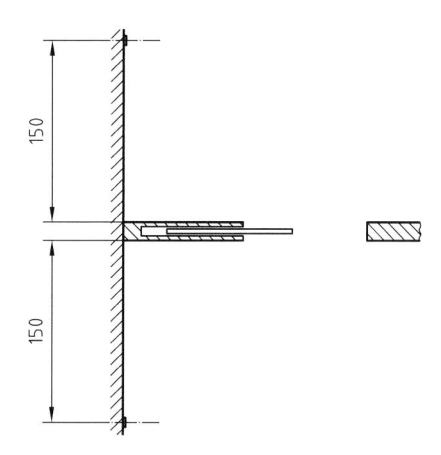

Bild 10 — Waagerechte Abstände von Bedienungselementen zu kraftbetätigten Schiebetüren bei frontaler Anfahrt

4.4.7.3 Automatische Türsysteme

Automatische Türsysteme sind so auszulegen, dass bei den Öffnungs- und Schließbewegungen Gefährdungen durch Drücken, Quetschen, Scheren und Einziehen ausgeschlossen werden.

Hauseingangstüren sollen, Garagentore müssen mit einer Öffnungsautomatik und mit kontrollierten Schließmitteln ausgerüstet werden. Feuerschutzabschlüsse müssen eine der folgenden Funktionen haben: Feststellvorrichtung, Freilaufanlage oder Öffnungsautomatik.

Feuerschutzabschlüsse, die bei aktivierter Schließung von Körperbehinderten allein passiert werden, müssen sich ohne Kraftaufwand kontrolliert öffnen lassen, wenn kein anderer geeigneter Rettungsweg zur Verfügung steht.

4.4.7.4 Orientierungshilfen bei Türen

Die Oberflächen von Zargen (auch Leibungen bei Ganzglastüren), Flügeln, schlossseitigen seitlichen Fälzen von Flügeln, Drückern/Griffen und Schildern sind untereinander kontrastierend auszubilden. Lichtdurchlässige Türflügel sind deutlich mit hellen und dunklen Sicherheitsmarkierungen zu kennzeichnen.

4.4.8 Fenster

In von Rollstuhlbenutzern genutzten Räumen sollen die Bedienungsgriffe der Fenster bedarfsabhängig in einer Höhe von 85 cm bis 105 cm über Oberkante Fußboden angebracht werden. Diese Höhe darf jedoch 140 cm über Oberkante Fußboden nicht überschreiten.

Kraftbetätigtes Öffnen und Schließen der Fenster wird empfohlen.

4.5 Sanitärräume

4.5.1 Bewegungsflächen

Die Bewegungsfläche in und vor Sanitärräumen darf nicht durch das Aufschlagen von Drehflügeltüren beeinträchtigt werden.

4.5.2 Toilette

Die Sitzhöhe des WC-Beckens darf einschließlich Sitz eine Höhe von 48 cm nicht überschreiten.

Die Tiefe des WC-Beckens muss 70 cm betragen.

55 cm hinter der Vorderkante des WC-Beckens muss der Benutzer sich anlehnen können.

Das WC-Becken muss so angebracht sein, dass das Anfahren von vorn und mindestens auf einer Seite möglich ist. In Gebäuden mit mehreren Sanitärräumen sollten von unterschiedlichen Seiten anfahrbare WC-Becken angeordnet werden.

In öffentlich zugänglichen Gebäuden muss das WC-Becken von beiden Seiten anfahrbar sein; für die Reinigung von Urinal- und Stomabeuteln sind eine Zapfstelle (Auslaufarmatur) mit Wasserschlauch mindestens 50 cm von der Raumecke entfernt und darunter ein Bodenablauf vorzusehen.

Auf jeder Seite des WC-Beckens muss ein Haltegriff montierbar sein. Der Abstand zwischen den Haltegriffen muss 65 cm und die Höhe der Haltegriffe darf in Abhängigkeit von der Sitzhöhe höchstens 85 cm betragen. Auf den Übersetzseiten müssen die Haltegriffe hoch klappbar sein und flach an der Wand anliegen.

In bedingt rollstuhlgerechten Wohnungen müssen im Bedarfsfall Haltegriffe nachrüstbar sein.

In Wohnungen für Rollstuhlbenutzer und in öffentlich zugänglichen Gebäuden und Arbeitsstätten muss die Spülung mit Hand oder Arm zu betätigen sein, ohne dass der Benutzer die Sitzposition verändern muss.

In öffentlich zugänglichen Gebäuden und Arbeitsstätten ist das nach dieser Norm zu planende WC mit einer Zapfstelle, einem Bodenablauf, einem Handwaschbecken und einem dichten und geruchsverschlossenen Abfallbehälter auszustatten.

In öffentlich zugänglichen Gebäuden und Arbeitsstätten muss je ein Toilettenpapierhalter an den beiden Haltegriffen im Greifbereich des Sitzenden angeordnet sein.

Bei mindestens einem Urinal in öffentlich zugänglichen Gebäuden und Arbeitsstätten muss der vordere obere Rand auf 48 cm Höhe liegen.

4.5.3 Waschtisch

In Wohnungen für Rollstuhlbenutzer und in öffentlich zugänglichen Gebäuden und Arbeitsstätten ist ein auf volle Tiefe unterfahrbarer Waschtisch mit Unterputz- oder Flachaufputzsiphon vorzusehen.

Beinfreiheit muss in 30 cm Tiefe und in mindestens 67 cm Höhe gegeben sein.

Die Höhe der Vorderkante der Waschtische soll 80 cm nicht übersteigen.

In Wohnungen für Rollstuhlbenutzer und in öffentlich zugänglichen Gebäuden und Arbeitsstätten ist über Waschtischen ein mindestens 1 m hoher Spiegel anzuordnen.

4.5.4 Duschplatz

Der Duschplatz muss stufenlos befahrbar sein. Der Boden muss rutschhemmend (R 10) sein.

In Wohnungen für Rollstuhlbenutzer und in öffentlich zugänglichen Gebäuden sowie Arbeitsstätten sind Haltegriffe im Duschbereich senkrecht und waagrecht in 85 cm Höhe über Oberkante Fußboden anzuordnen.

4.5.5 Badewanne

In barrierefreien Wohnungen soll das nachträgliche Aufstellen einer Badewanne möglich sein. Diese Badewanne muss unterfahrbar und mit einem Lifter nutzbar sein.

4.5.6 Lüftung

Der Sanitärraum muss eine mechanische Lüftung nach DIN 18017-3 aufweisen.

4.5.7 Notrufeinrichtungen

In Wohnungen für Rollstuhlbenutzer und in öffentlich zugänglichen Gebäuden und Arbeitsstätten muss im Sanitärraum mindestens eine Notrufanlage (siehe auch 4.3.1) zu einer Stelle, von der jederzeit Hilfe kommen kann, vorgesehen werden. Der Notruf muss vom WC aus sitzend und vom Boden aus liegend ausgelöst werden können.

4.6 Küchen, Teeküchen

Herd, Arbeitsplatte und Spüle sollen übereck angeordnet sein.

In Wohnungen für Rollstuhlbenutzer müssen Herd, Arbeitsplatte und Spüle uneingeschränkt unterfahrbar sein.

In barrierefreien Wohnungen sind Küchen so zu planen, dass Herd, Arbeitsplatte und Spüle unterfahrbar nachgerüstet werden können.

4.7 Wärmeversorgungsanlagen

Heizkörperventile müssen gut greifbar und in einer Höhe zwischen 40 cm und 85 cm bedient werden können. Die Beheizung muss nach dem individuellem Bedarf ganzjährig möglich sein (evtl. unabhängige Zusatzheizung). Der Raumthermostat ist in 85 cm Höhe anzuordnen.

4.8 Starkstromanlagen

Zur Ausstattung einer Batterie-Ladestation für Elektrorollstühle ist DIN VDE 0510-3 (VDE 0510 Teil 3) zu beachten. Auf eine ausreichende Lüftung an dieser Stelle ist zu achten.

Die unteren Steckdosen sind in einer Höhe von 40 cm über OFF anzuordnen.

Eine höhere Beleuchtungsstärke als nach DIN 5035-2 ist vorzusehen (siehe 4.3).

4.9 Kommunikationsanlagen

Kommunikationsanlagen (z.B. Türöffner- und Klingelanlagen, Gegensprechanlagen, Notrufanlagen und Warnsysteme, Telekommunikationsanlagen) sind barrierefrei nutzbar und nach DIN 33455 zu gestalten. Klingelanlagen sollen die Anordnung der Nutzeinheiten in den einzelnen Geschossen widerspiegeln.

4.10 Aufzüge

Es sind Aufzüge des Typs 2 nach DIN EN 81-70 (Mindestinnenmaße der Kabine 110 cm x 140 cm) zu verwenden. Die lichte Zugangsbreite muss mindestens 90 cm betragen.

4.11 Rettungswege

Für Rettungswege sind zur Evakuierung aus dem Gefahrenbereich ergänzende Maßnahmen festzulegen.

Dazu gehören insbesondere:

a) Einrichtung brandgesicherter Bereiche für den Zwischenaufenthalt stark Mobilitätsbehinderter;

b) das Vorhalten visueller Informationen mittels Lichtsignalgebern in den und aus den von gehörlosen und schwerhörigen Personen genutzten Räumen und Fluren;

c) das Vorhalten akustischer Informationen für blinde und stark sehbehinderte Personen;

d) ein individuell ausgerichtetes Informationssystem für die unter c) bezeichneten Personen durch entsprechende Plandarstellung des Rettungsweges mittels sogenannter Schwellkopien.

E DIN 18030:2002-11 — *Entwurf* —

In Aufenthaltsräumen sollten Rauchmelder installiert werden.

5 Besondere Anforderungen

5.1 Allgemeines

Barrierefrei gestaltete Gebäude und andere durch den Anwendungsbereich dieser Norm erfasste Anlagen müssen die jeweils zutreffenden nachfolgenden Anforderungen erfüllen.

Die Anforderungen nach dieser Norm dürfen auch auf andere Weise als in der Norm festgelegt erfüllt werden.

Bei Bauvorhaben für spezielle Nutzergruppen können zusätzliche Anforderungen notwendig sein.

5.2 Straßen, Plätze, Wege, öffentliche Verkehrs- und Grünanlagen sowie Spielplätze

5.2.1 Straßenverkehrs-Signalanlagen (siehe RiLSA)

Straßenverkehrs-Signalanlagen müssen nach DIN 32981 und RiLSA optisch kontrastierend, akustisch und durch Bodenindikatoren taktil auffindbar sein.

Die Signale müssen optisch, akustisch und taktil angezeigt werden.

Die der Signalplanung zugrunde zu legende Fortbewegungsgeschwindigkeit darf nicht mehr als 0,6 m/s betragen.

5.2.2 Öffentlich zugängliche Grünanlagen und Spielplätze

Öffentlich zugängliche Grünanlagen und Spielplätze müssen barrierefrei zugänglich sein. Bei mehreren Zugängen muss mindestens der Hauptzugang barrierefrei sein.

Bei der Ausstattung von Spielplätzen sollen auch barrierefreie Spielgeräte nach DIN 33942 vorgesehen werden.

In Park- und Freizeitanlagen sowie bei großen, nicht wohnanlagenbezogenen Spielplätzen muss mindestens eine barrierefreie, öffentlich zugängliche Sanitäranlage vorhanden sein.

5.2.3 PKW-Stellplätze

PKW-Stellplätze, die für Behinderte ausgewiesen werden, müssen mindestens 350 cm breit sein.

Längsparkplätze, die als PKW-Stellplätze für Behinderte ausgewiesen werden, müssen mindestens 350 cm breit sein. Vorhandene Bewegungsflächen können angerechnet werden.

5.2.4 Baustellensicherung

Gehwege und Notwege müssen gegenüber Baustellen durch 10 cm hohe Absperrschranken in 100 cm Höhe (Höhe der Oberkante) gesichert werden. Zusätzlich sind unter den Absperrschranken 10 cm hohe Tastleisten in 25 cm Höhe (Höhe der Oberkante) anzubringen. Ihre Unterkante (bei rohrförmiger Ausbildung die Mitte des Rohrquerschnittes) darf nicht höher als 15 cm angebracht werden.

In nicht überschaubaren Gehwegbereichen sind Begegnungsflächen vorzusehen.

5.2.5 Haltestelle und Bahnsteig öffentlicher Verkehrsmittel

Witterungsschutz, auch für Rollstuhlbenutzer, und Sitzgelegenheiten sind vorzusehen.

Haltstelleninformation und andere Orientierungshilfen müssen so gestaltet und montiert sein, dass sie auch durch Blinde (taktil oder akustisch), Sehbehinderte (Großschrift), Rollstuhlbenutzer und Kleinwüchsige (Höhe der Anbringung) benutzbar sind.

Höhenunterschied und Abstände von Fahrgasttüren zu Bahnsteigen und von Fahrgasträumen öffentlicher Verkehrsmittel zu Haltestellen dürfen nicht mehr als 5 cm betragen. Geringere Werte sind anzustreben. Größere Unterschiede sind durch bauliche oder fahrzeugtechnische Maßnahmen an mindestens einem Zugang auszugleichen.

Einstiegsbereiche (Leitstreifen, Haltestellen-/Bahnsteigkanten) müssen taktil und optisch kontrastierend ausgebildet sein.

Orientierungshilfen sind nach DIN 32984 vorzusehen. Haltestellen, deren Zugänge, Haltestelleninformation und andere Orientierungshilfen müssen einen gut wahrnehmbaren Leuchtdichtekontrast haben. Die Beleuchtung ist nach den E-Baurichtlinien der BOStrab vorzusehen.

An stark frequentierten, zentralen Bahnhöfen sind Sanitäranlagen nach 4.5.1 bis 4.5.5 sowie 4.5.9 vorzusehen.

5.3 Öffentlich zugängliche Gebäude und Arbeitsstätten

5.3.1 Service-Schalter

Service-Schalter mit geschlossenen Verglasungen und Gegensprechanlage sind zusätzlich mit einer induktiven Höranlage auszustatten. Zur rollstuhlgerechten Nutzung sollte die Höhe des Service-Schalters 85 cm betragen.

5.3.2 Umkleidebereiche

In Arbeitsstätten, Sport- und Badestätten sowie Therapieeinrichtungen mit Umkleidebereichen ist mindestens eine Umkleidekabine mit einer Bewegungsfläche von 150 cm x 150 cm für das Umkleiden im Sitzen bzw. im Liegen vorzusehen. In Schwimmbädern und Sportstätten ist eine geschlechtsspezifische Unterscheidung notwendig.

Die Kabine ist sowohl mit einer Liege als auch mit einem Sitz auszustatten.

5.3.3 Schwimm- und Bewegungsbecken

Schwimm- und Bewegungsbecken sind mit geeigneten technischen Ein- und Ausstiegshilfen auszustatten.

5.3.4 Rollstuhlabstellplatz

In öffentlichen Einrichtungen, deren Nutzung einen Wechsel des Rollstuhls erforderlich macht, sind Rollstuhlabstellplätze vorzusehen.

5.3.5 Versammlungs-, Sport- und Gaststätten

1 %, mindestens jedoch zwei Plätze, sind für Rollstuhlbenutzer vorzusehen. Sitzplätze für Begleitpersonen sind neben dem Rollstuhlplatz vorzusehen.

5.3.6 Beherbergungsbetriebe

Es sind 1 %, mindestens jedoch ein Zimmer für Rollstuhlbenutzer zu planen und einzurichten. In rollstuhlgerechten Gästezimmern sollten alle Geräte (z.B. Vorhänge, Türverriegelung) fernbedienbar sein.

5.3.7 PKW-Stellplätze

Die PKW-Stellplätze, die für Behinderte ausgewiesen werden, sind in ausreichender Anzahl, zielnah und bedarfsorientiert bereitzustellen.

1 % der PKW-Stellplätze, mindestens jedoch zwei Stellplätze, sind als Stellplätze, die für Behinderte ausgewiesen werden, zu gestalten und müssen die Anforderungen nach 4.2.1.3 erfüllen. In der Nähe des Haupteinganges ist ein Stellplatz für einen Kleinbus vorzusehen.

In Parkhäusern und Tiefgaragen sollen die Stellplätze, die für Behinderte ausgewiesen werden, in der Nähe der Aufzüge liegen, bei allen anderen Gebäuden unmittelbar am Haupteingang, bzw. am barrierefreien Eingang liegen.

5.4 Wohngebäude

5.4.1 Freisitz

Jeder Wohnung soll ein mindestens 4,5 m² großer Freisitz (Terrasse, Loggia oder Balkon) unmittelbar zugeordnet werden.

5.4.2 Abstellplätze

Im Gebäude (vorzugsweise in/oder vor der Wohnung) ist für jeden Rollstuhlbenutzer und z.B. für Kinderwagen ein verschließbarer Abstellplatz vorzusehen. Zur Ausstattung eines Batterieladeplatzes für Elektrorollstühle ist DIN VDE 0510-3 (VDE 0510 Teil 3) zu beachten.

5.4.3 PKW-Stellplatz

Jede Wohnung muss über einen PKW-Stellplatz oder eine Garage in möglichst kurzer Entfernung und mit verkehrssicherer Erreichbarkeit verfügen; für Wohnungen für Rollstuhlbenutzer muss dieser wettergeschützt sein.

5.4.4 Gegensprechanlage

In der Wohnung ist zur Haustür eine Gegensprechanlage mit Türöffner vorzusehen (siehe DIN 33455).

— Entwurf —

Anhang A
(informativ)

Erläuterungen

Dieser Norm-Entwurf wurde im Zeitraum von 1998 bis 2002 vom NABau-Arbeitsausschuss 01.11.00 "Barrierefreies Bauen" erarbeitet. Ziel des Ausschusses ist die Zusammenfassung der bisher gültigen Normen DIN 18024-1 und DIN 18024–2 sowie DIN 18025-1 und DIN 18025–2 in eine einzige Folgeausgabe. Dieser Arbeitsausschuss setzt sich aus Vertreterinnen und Vertretern folgender Gruppen bzw. Institutionen zusammen:

— Menschen im Rollstuhl und gehbehinderte Menschen;

— blinde und sehbehinderte Menschen;

— schwerhörige, ertaubte und gehörlose Menschen;

— Aufzugbauer;

— Architekten und Stadtplaner;

— Hochschulen;

— Verkehrsplaner;

— Berufsgenossenschaften;

— Verbraucherschutz-Organisationen;

— Sozialverbände;

— Sozialbehörden;

— Kommunale Spitzenverbände;

— Baubehörden des Bundes und der Länder;

— Rehabilitationsträger und andere .

Der Arbeitsausschuss stand bei seinen Beratungen vor zwei Aufgaben:

a) Umsetzen der Bedürfnisse von auf unterschiedliche Weise in der Raum- und Wegenutzung eingeschränkten Personengruppen in miteinander korrespondierenden Anforderungen an Gebäude, Verkehrswege und Grünanlagen;

b) Berücksichtigung der Interessen der Planer an einer rationellen Realisierbarkeit der Anforderungen, wie auch das Interesse der öffentlichen Verwaltung an möglichst geringen Mehrkosten.

Viele Anforderungen dieses Norm-Entwurfs stellen Kompromisse zwischen diesen beiden Anliegen dar. Die Vertreterinnen und Vertreter der Betroffenen sind beim Erreichen dieser Kompromisse oft an ihre Grenzen gestoßen.

Insgesamt ist der Arbeitsausschuss der Auffassung, dass die Umsetzung der vorliegenden Anforderungen mit verhältnismäßig geringem Aufwand die Lebensqualität wachsender Teile der Bevölkerung in Deutschland erheblich verbessern wird. Dafür muss das barrierefreie Bauen in das alltägliche Baugeschehen hineingetragen werden.

Der notwendige Aufwand an technischen Maßnahmen und Kosten lässt sich weiter verringern, wenn die Anforderungen dieser Norm frühzeitig bei der Planung von Bau- und Umbauvorhaben berücksichtigt werden.

— Entwurf —

Literaturhinweise

[1] Bayerisches Staatsministerium des Innern - Oberste Baubehörde (Hrsg.); Wohnen ohne Barrieren; München, 1993
((Inhalt: Stadt- und Regionalplanung, Erschließung, Wohnung, Beispiele))

[2] Bundesministerium für Gesundheit (Hrsg.); Verbesserung von visuellen Informationen im öffentlichen Raum - Handbuch für Planer und Praktiker; Bonn, 1996 (Bezug: Hrsg. Am Propsthof 78 a, 53121 Bonn)

[3] Echterhoff, Wilfried u.a., (Forschungsgemeinschaft "Auto - Sicht - Sicherheit"); Verbesserung von visuellen Informationen im öffentlichen Raum - Handbuch für Planer und Praktiker zur bürgerfreundlichen und behindertengerechten Gestaltung des Kontrastes, der Helligkeit, der Farbe und der Form von optischen Zeichen und Markierungen in Verkehrsräumen und in Gebäuden; Bundesministerium für Gesundheit (Hrsg.); Bonn, 1996

[4] Handbuch für Planer und Praktiker "Verbesserung von visuellen Informationen im öffentlichen Raum"; zu beziehen über FMS Fach Media Service Verlagsgesellschaft mbH, Siemensstr. 6, 61352 Bad Homburg

[5] Hempel, Ekkehard; Planungsgrundlagen - Städtebauliche, bautechnische und brandschutztechnische Forderungen an Wohn-, Pflege- und Betreuungsstätten für Senioren bzw. Behinderte; Schriftenreihe "Barrierefreies Planen und Bauen im Freistadt Sachsen", Heft Nr. 4; Sächsisches Staatsministerium für Soziales, Gesundheit und Familie/Sächsisches Staatsministerium des Innern (Hrsg.); Dresden, 1995

[6] Hempel, Ekkehard; Planungsgrundlagen für barrierefreie, öffentlich zugängige Gebäude, andere bauliche Anlagen und Einrichtungen; Schriftenreihe "Barrierefreies Planen und Bauen im Freistadt Sachsen", Heft Nr. 2; Sächsisches Staatsministerium für Soziales, Gesundheit und Familie/Sächsisches Staatsministerium des Innern (Hrsg.); Dresden, 1995

[7] Huber, Ferdinand; Barrierefreies und rollstuhlgerechtes Bauen im Sanitärbereich; Erding 2001

[8] Wilfried Jäckel, Kurt-Alphons Jocheim, Axel Stemshorn, Gerhard André; Qualitätssicherung und Vernetzung in der Rehabilitation – Jahrestagung der deutschen Vereinigung für die Rehabilitation Behinderter e.V., Ulm 1989 (Universitätsverlag München)

[9] Loeschcke, Gerhard; Pourat, Daniela; Wohnungsbau für alte und behinderte Menschen; Stuttgart, 1996

[10] Loeschcke, Gerhard; Pourat, Daniela; Integrativ und barrierefrei; Verlag Das Beispiel, Darmstadt 1994

[11] Marx, Lothar, Alten- und Pflegeheime, Maßnahmekatalog zur Verbesserung der baulichen gegebenheiten in Heimen der Altenhilfe; Hrsg: Bayerisches Staatsministerium für Arbeit und Sozialordnung, Familie, Frauen und Gesundheit; März 1994; Winzererstr. 9, 80997 München

[12] Marx, Lothar; Arbeitsblätter: "Bauen und Wohnen für Behinderte" Nr. 5 - Wohnen ohne Barrieren; München, 1995 (Bezug: Hrsg., Franz-Josef-Strauß-Ring 4, 80539 München)

[13] Marx, Lothar; Barrierefreies Planen und Bauen für Senioren und behinderte Menschen, August 1994; Herausg. Karl Krämer Verlag Stuttgart, Zürich

[14] Marx, Lothar; Barrierefreie Wohnungen; Leitfaden für Architekten, Fachingenieure und Bauherren zu DIN 18025-1 und –2. Ausgabe 1992; vergleichbare Betrachtung und Erläuterungen Juni 1992; Herausg. Bayerisches Staatsministerium des Innern; Freistaat Sachsen, Staatsministerium für Soziales, Gesundheit und familie, Wirtschaftsministerium Baden-Württemberg

[15] Meyer-Buck, Hartmut; Scherer, Friedrich; Einrichtungen für Spiel und Sport mit Behinderten - Planungshinweise; Teil 1: Sehbehinderte und Blinde; Zentralstelle für Normungsfragen und Wirtschaftlichkeit im Bildungswesen (Hrsg.); Berlin, 1981

[16] Philippen, Dieter P.; BSK-Soforthilfe Planungsberater; Teil 1/2: Barrierefreie Wohnungen; Teile 3: Barrierefreie Sanitärräume; Teil 4: Die barrierefreie Küche; Teil 5/6: Barrierefreies Bauen, Öffentlich zugängige Gebäude und Arbeitsstätten; Teil 7: Barrierefreier Aufzug TRA 300; Teil 8: Unfallprävention im Wohnbereich; BSK Bundesverband Selbsthilfe Körperbehinderter e. V. (Hrsg.); Krautheim, 1997

[17] Ruhe, Carsten; Günstige Raumakustik hilft Hörgeschädigten; Beratende Ingenieure 11/12 (1998), Seiten 45 bis 50

[18] Stemshorn, Axel (Hrsg.); Barrierefrei Bauen für Behinderte und Betagte; Leinfelden, 1999;
Inhalt: DIN-Normen, Kommentar, Statistik, Wohnformen, Wohnungsbau, Außenanlagen, öffentliche Gebäude, Sport- und Freizeitanlagen, Werkstätten, Städtebau und Verkehr, Orientierung, Beratung, Selbsthilfe, Finanzierung, Neue Bundesländer

[19] Stolarz, Holger; Wohnungsanpassung - Maßnahmen zur Erhaltung der Selbständigkeit älterer Menschen; Grundlagen und praktische Hinweise zur Verbesserung der Wohnsituation; Kuratorium Deutsche Altershilfe (Hrsg.); Köln, 1992
Inhalt: Handlungsrahmen zur Verbesserung der Wohnsituation älterer Menschen - Situationsanalyse und Einschätzung des Bedarfs für Anpassungsmaßnahmen, Entwicklung von Maßnahmevorschlägen anhand konkreter Beispiele, Voraussetzungen für eine Realisierung des Wohnungsanpassungskonzepts; Dokumentation von Wohnbeispielen mit Vorschlägen für Anpassungsmaßnahmen

[20] Verwaltungs-Berufsgenossenschaft (Hrsg.); Barrierefreies Bauen - Leitfaden für Verwaltungsgebäude; Merkblatt SP 6/2; Hamburg, 1996

[21] Weber + Partner; Wohnungen alter und pflegebedürftiger Menschen - Beispielhafte Lösungen; Schriftenreihe "Forschung", Heft Nr. 486; Bundesministerium für Raumordnung, Bauwesen und Städtebau (Hrsg.); Bonn, 1991

[22] Eduard Zwierlein; Behinderte Menschen in der Gesellschaft (Luchterhand Verlag 1996

Ergänzende Unterlagen zu einzelnen Kapiteln

Zu Kapitel 3.1 Wohnwert
Axel Stemshorn

Fragebogen zur Wohnsituation der Körperbehinderten
Blatt 1: Allgemein

(1) Name der Eltern:

(2) Wohnort:

(3) Einwohnerzahl des Wohnortes ca.:

(4) Zahl und Alter der Kinder:

(5) Alter des behinderten Kindes:

(6) Art der Behinderung:
- ☐ körperbehindert
- ☐ hörbehindert
- ☐ sprachbehindert
- ☐ sehbehindert

(7) Ist das Kind an den Rollstuhl gebunden:
- ☐ nein
- ☐ gelegentlich
- ☐ ständig

(8) Ihre jetzige Wohnform:
- ☐ Mietwohnung
- ☐ Eigentumswohnung
- ☐ Eigenheim
- – Anzahl der Zimmer: ...
- – Etage: ...

(9) Ausstattung der Wohnung:
- ☐ Fahrstuhl
- ☐ Einzel-Ofenheizung
- ☐ (Öl-Gas-Elektro)
- ☐ Sammelheizung
- ☐ Einbauküche
- ☐ Gasherd
- ☐ Elektroherd
- ☐ WC in der Wohnung
- ☐ Bad
- ☐ Dusche
- ☐ Balkon
- ☐ Terrasse

(10) Bei welchen Verrichtungen benötigt das Kind regelmäßig Hilfe:
- ☐ Aufstehen
- ☐ zu Bett gehen
- ☐ An- u. Auskleiden
- ☐ Waschen
- ☐ Baden
- ☐ WC-Benutzung
- ☐ Essen
- ☐ Trinken

(11) Haben Sie die Möglichkeit, Ihre jetzige Wohnung durch den Einbau entsprechend der technischen Hilfsmittel so zu ergänzen, daß das Kind jetzt oder später wohnen bleiben kann:

(12) Wenn nicht, haben Sie jetzt oder in naher Zukunft die Absicht, eine nach heutigen Maßstäben behindertengerechte Wohnung zu suchen:

(13) Wären Sie, wenn es sich als notwendig erweist, bereit, einen Wohnortwechsel vorzunehmen:

(14) Würden Sie das behinderte Kind zu Hause oder in unmittelbarer Umgebung behalten, wenn eine entsprechende Wohnmöglichkeit evtl. mit Service-Leistungen gegeben wäre:

Blatt 2: Betroffene

1) Geschlecht
- ☐ männlich
- ☐ weiblich

(2) Familienstand
- ☐ ledig
- ☐ verheiratet
- ☐ geschieden
- ☐ verwitwet

(3) Ehepartner behindert
- ☐ ja
- ☐ nein

(4) Ich wohne gegenwärtig
- ☐ bei den Eltern
- ☐ bei den Verwandten
- ☐ in eigener Wohnung
- ☐ zur Untermiete
- ☐ im Pflegeheim
- ☐ in anderen Institutionen

(5) Art der Behinderung
- ☐ körperbehindert
- ☐ hörbehindert
- ☐ sprachbehindert
- ☐ sehbehindert

(6) Hilfsmittel
- ☐ einfacher Rollstuhl
- ☐ elektrischer Rollstuhl
- ☐ Laufgerät
- ☐ Krücken/Stockbrücke
- ☐ einfacher Stock/Stöcke
- ☐ sonstige Hilfsmittel

(7) Brauchen Sie tagsüber persönliche Hilfe oder Betreuung
- ☐ nein
- ☐ gelegentlich
- ☐ mehrere Male täglich
- ☐ ständig

(8) Brauchen Sie nachts Hilfe
- ☐ nein
- ☐ gelegentlich
- ☐ ständig

(9) Wer hilft Ihnen hauptsächlich
- ☐ Eltern
- ☐ Großeltern
- ☐ Ehepartner
- ☐ Geschwister

(10) Hilfe von Außenstehenden
- ☐ Verwandte
- ☐ Pfleger/Pflegerin
- ☐ andere Personen/Nachbarn
- – wieviele Stunden täglich ...
- – wie oft in der Woche ...

(11) Haben Sie am Wochenende und an Feiertagen Hilfe
- ☐ samstags
- ☐ sonntags
- ☐ an Feiertagen

(12) Wer bezahlt die Hilfe
- ☐ Gesamtkosten selbst
- ☐ teilweise selbst
- ☐ Gesamtkosten werden bezahlt
- – von wem ...

(13) Bei welchen Verrichtungen benötigen Sie Hilfe
- ☐ An- und Ausziehen
- ☐ Anlegen der Prothesen und Schienen
- ☐ Waschen, Kämmen usw.
- ☐ WC-Benutzung
- ☐ Bad-Benutzung
- ☐ Mahlzeiten vom Rollstuhl zum Bett und umgekehrt
- ☐ sonstiger Hilfsbedarf

(14) Können Sie ohne Hilfe
- ☐ sich auf Fußwegen bewegen
- ☐ aus dem Auto aus- und einsteigen
- ☐ durch die Haustür kommen
- ☐ Fahrstühle benutzen
- ☐ Treppen benutzen
- ☐ einzelne Stufen (z.B. Kantstein) benutzen
- ☐ sich innerhalb der Wohnung bewegen

(15) Können Sie ohne Hilfe
- ☐ leichtere Hausarbeit verrichten (z.B. staubwischen, Betten machen, abwaschen, Essen kochen)
- ☐ sonstige Hausarbeiten
- ☐ keine Hausarbeiten

(16) Womit beschäftigen Sie sich
- ☐ Lesen
- ☐ Schreiben
- ☐ Zeichnen/Malen
- ☐ Handarbeiten
- ☐ BastelnMusizieren
- ☐ Blumenpflege
- ☐ Geselligkeit mit Freunden und Verwandten
- ☐ Kino, Theater, Konzert, Museen
- ☐ Sport
- ☐ Radio/Fernsehen
- Sonstige Beschäftigungen: ...

(17) Schulbildung
- ☐ Volksschule/Sonderschule
- ☐ Realschule/Gymnasium
- ☐ Hochschule

(18) Schulbesuch
- ☐ öffentliche Schule
- ☐ Heimschule/Internat
- ☐ Hausunterricht

(19) Beruf erlernt
- – welchen ... wo ...

(20) Fahren Sie einen Pkw
□ ja   □ nein

(21) Arbeitsstelle
□ in einem Betrieb oder bei einer Behörde
□ in einer Werkstatt für Behinderte
□ in einer Werkstatt für Behinderte mit Heimunterbringung
□ an einem anderen Arbeitsplatz: welchem?

(22) Benötigen Sie Hilfe
□ bei der Arbeit
□ auf dem Weg von und zum Arbeitsplatz

(23) Wie wohnen Sie jetzt
□ in einer Mietwohnung
□ in einer Eigentumswohnung
□ in einem Eigenheim
□ handelt es sich dabei um sozialen Wohnungsbau
– in welcher Etage liegt die Wohnung: …
– wie viele Zimmer hat die Wohnung: …
– mit wie vielen Personen wohnen Sie zusammen: …

(24) Ausstattung der Wohnung
□ Zentralheizung
□ Ofenheizung
□ Elektroherd
□ Gasherd
□ Einbauküche
□ WC
□ Badezimmer mit Badewanne
□ Badezimmer mit Dusche
□ Badezimmer mit WC
□ Balkon
□ Terrasse
□ Fahrstuhl im Haus
□ Rampe am Hauseingang
□ Rampe an der Terrasse

(25) Sind Sie mit Ihrer Wohnung in bezug auf Größe, Lage, Anordnung der Räume zufrieden:
□ ja   □ nein
– wenn nein: was erschwert Ihr Leben in der jetzigen Wohnung: …
□ Raumgröße
□ Treppen
□ einzelne Stufen
□ Türschwellen
□ schmale Türen
□ Schwierigkeiten im Bad
□ Schwierigkeiten im WC
□ keine Unterfahrbarkeit der Kücheneinrichtung mit dem Rollstuhl

(26) Würden Sie gern mit anderen Körperbehinderten in einem Haus wohnen?
Würden Sie lieber als einziger oder mit wenigen Körperbehinderten in einem Mietshaus wohnen?

(27) Würden Sie es begrüßen, wenn in einem großen Wohnhaus oder Wohnblock Gemeinschaftseinrichtungen vorhanden wären? Welche Gemeinschaftseinrichtungen würden Sie benutzen:
□ Leseraum
□ Fernsehraum
□ Cafeteria
□ Hobbyraum
□ Gymnastikraum

(28) Welche Einrichtungen können Sie von Ihrer jetzigen Wohnung aus erreichen, und welche sollten unbedingt erreichbar sein
□ Geschäfte, Kaufhaus
□ Apotheke, Drogerie
□ Ärzte, Krankenhaus
□ Post
□ Bahn
□ Gaststätten
□ Behörden
□ Polizei
□ Bücherei
□ Kino
□ Theater, Konzerträume
□ Ausstellungen, Museen
□ Vortragsveranstaltungsräume
□ Gemeindezentren
□ Kirche
□ Sporteinrichtungen
□ Parks/Grünanlagen

Blatt 3: Ärzte (Krankenhäuser, Kliniken)

Wieviele Patienten, diesen Fragebogen betreffend, befinden sich z.Zt. in Ihrem Hause?
□ Männlich
□ Weiblich
□ Unverheiratet
□ Verheiratet
Grad der Behinderung
□ Leicht
□ Mittel
□ Schwer
Durchschnittlicher Aufenthalt
□ Leicht
□ Mittel
□ Schwer
Müssen viele Patienten nach Beendigung des notwendigen Aufenthaltes länger als notwendig in der Klinik verbleiben?
Warum?
Benötigten diese Patienten eine behindertengerechte Wohnung nach der DIN 18 025 Teil 1?
Wieviele werden einen 24-Stunden-Service benötigen?
Wieviele nur einige Stunden?
Eventl. Anmerkungen:

Blatt 4: Patienten

Alter
Geschlecht
Ledig
Verheiratet
Einwohnerzahl Ihres bisherigen Wohnortes ca.
Wie haben Sie bisher gewohnt?
□ Bei oder mit Ihrer Familie
□ Allein
□ Mietwohnung
□ Eigentumswohnung
□ Eigenheim
□ Pflegeheim
□ Behinderteninstitution
Entspricht die bisherige Wohnung und deren Umgebung Ihrer neuen Situation?
Besteht von dieser Wohnung aus die Wiederaufnahme einer geregelten Berufstätigkeit?
Könnte Ihre bisherige Wohnung, falls notwendig, durch den Einbau entsprechender technischer Hilfsmittel (z.B. Badezimmer, WC, Küche) so ergänzt werden, daß Sie weiterhin dort wohnen bleiben könnten?
Wenn nicht, haben Sie dann jetzt oder in naher Zukunft die Absicht, eine nach heutigen Maßstäben behindertengerechte Wohnung zu suchen?
Wären Sie auch bereit, einen Wohnortwechsel vorzunehmen, wenn Ihnen auf diese Weise eine behindertengerechte Wohnung zur Verfügung gestellt werden könnte und gleichzeitig adäquate Möglichkeiten der beruflichen Tätigkeit zur Verfügung stehen?
Würden Sie es gern sehen, daß in einem Miethaus mehrere Behinderte zusammen mit Nichtbehinderten wohnen würden?

Fragebogen zur Wohnsituation von Rollstuhlbenutzern in Stuttgart
Befragungszeitraum:

Stadtteil:
Straße:
Stockwerk:
Gebäudetyp:

(1) Was gefällt Ihnen:
a) an ihrer Wohnung/Baukörper
b) an der Wohnumgebung

(2) Was stört Sie:
a) an Ihrer Wohnung/Baukörper
b) an der Wohnumgebung

(3) Welche, auf die Behinderung abzielende besondere technische und bauliche Ausstattung weisen Wohnung und Gebäude auf: (Lifte, Rampen, Türverbreiterungen etc.)
a) seit Baubeginn (Jahr …)
b) durch Um/Ausbau

(4) Welche Möglichkeiten haben Sie, das Gebäude im Rollstuhl zu verlassen?
a) ohne fremde Hilfe
b) mit Begleitperson
c) keine Möglichkeit

(5) Welche Umstände verhindern es, das Gebäude ohne fremde Hilfe verlassen zu können?

(6) Wie oft verlassen Sie im Durchschnitt pro Woche Ihre Wohnung?

(7) Welche Probleme treten dabei auf?

(8) Wie beurteilen Sie Ihre Wohnumgebung hinsichtlich der Möglichkeiten, sich als Rollstuhlfahrer darin zu bewegen?
a) Die Wohnumgebung bietet dafür insgesamt gesehen gute Möglichkeiten (keine Mobilitätsbarrieren topographischer und baulicher Art):
b) Die Wohnumgebung bietet diesbezüglich nur teilweise die Möglichkeit:
c) Die Wohnumgebung bietet diesbezüglich schlechte Möglichkeiten:

(9) Wie erledigen Sie Einkäufe in Ihrer Wohnumgebung?
a) Ohne fremde Hilfe
b) mit Begleitperson
c) Einkäufe werden übernommen

Fortsetzung S. 472

(10) Welche Geschäfte sind in Ihrer Wohnumgebung vorhanden? (kurze – mittelfristige Bedarfsdeckung)
Einkaufsgeschäfte:
- ☐ Supermarkt
- ☐ Lebensmittelladen
- ☐ Metzgerei
- ☐ Bäckerei
- ☐ Drogerie
- ☐ Apotheke
- ☐ Papier- und Schreibwaren
- ☐ Reinigung
- ☐ Frisör
- ☐ Bank
- ☐ Schuhgeschäft/Schuhreparatur
- ☐ Textilien

(11) Wie beurteilen Sie die Ausstattung mit Einkaufsgeschäften?
a) Gute Ausstattung, der Bedarf kann voll gedeckt werden
b) Ausreichende Ausstattung, der überwiegende Teil der Einkaufsgeschäfte ist vorhanden (der tägliche Bedarf kann voll gedeckt werden)
c) Nur teilweise ausreichende Ausstattung, der überwiegende Teil der Einkaufsgeschäfte fehlt (der tägliche Bedarf kann nur teilweise gedeckt werden)
d) Mangelhafte Ausstattung, es befinden sich keine Einkaufsgeschäfte zur Deckung des täglichen Bedarfs in der Wohnumgebung.

(12) Welche Probleme treten beim Einkaufen auf bzw. verhindern bisher das Einkaufen?
a) Die Beurteilung der Wegentfernung
   Stufe 1: Alle Geschäfte der Wohnumgebung befinden sich in erreichbarer Nähe
   Stufe 2: Der überwiegende Teil der Geschäfte
   Stufe 3: Nur teilweise
   Stufe 4: Kein Geschäft
b) Die Beurteilung des Auftretens von Geländesteilheiten auf dem Weg zu den Einkaufsgeschäften.
   Stufe 1: Ebene Wegstrecke, keine steilen Partien
   Stufe 2: Teilweises Auftreten steiler Partien
   Stufe 3: überwiegendes Auftreten steiler Partien
   Stufe 4: Steile Partien im gesamten Wegenetz
c) Die Beurteilung des Auftretens baulicher Barrieren des Wegenetzes. (Stufen, Bordsteine)
   Beurteilungsrangfolge s. (12) b)
   Stufe 1:
   Stufe 2:
   Stufe 3:
   Stufe 4:
d) Die Beurteilung des Auftretens baulicher Barrieren im Zugangsbereich der Einkaufsgeschäfte
   Beurteilungsrangfolge s. (12) b)
   Stufe 1:
   Stufe 2:
   Stufe 3:
   Stufe 4:

e) Die Beurteilung des Auftretens baulicher Barrieren im Innenbereich der Einkaufsgeschäfte
   Beurteilungsrangfolge s. (12) b)
   Stufe 1:
   Stufe 2:
   Stufe 3:
   Stufe 4:

(13) Besteht die Möglichkeit Service und Pflegedienste herbeizurufen, d.h. Hilfen bei den Verrichtungen des täglichen Lebens wie z.B. Krankenpflege, Putzhilfen, Essensdienste etc.?
a) ist generell möglich
b) ist möglich durch Nachbarschaftshilfe aus dem Wohnumfeld
c) ist nicht möglich
d) weiß nicht, keine Angabe

(14) Ist Ihre medizinische Versorgung sichergestellt?
☐ ja   ☐ nein

(15) Inanspruchnahme von Ärzten:
In der Wohnumgebung
Hausbesuch   Besuch der Praxis
              ☐ fremde Hilfe
Außerhalb
Hausbesuch   Besuch der Praxis
              ☐ fremde Hilfe
☐ Allg. Arzt
☐ Zahnarzt
☐ Facharzt

(16) Welche Möglichkeiten der Freizeitgestaltung, der Erholung und des Kontakts haben Sie im außerhäuslichen Bereich der Wohnumgebung?
☐ a) Spazierfahrten in für Fußgänger vorbehaltenen Bereichen (Fußgängerzonen, begrünte Gehwege)
☐ b) Spazierfahrten in nahegelegenen Grünanlagen (Parks) oder in Naturbereichen (Wald, Wiese, Uferwege etc.)
☐ c) Besuch von Gaststätten, Cafes etc.
☐ d) Besuch kultureller Veranstaltungen, Bildungsangebote etc.
☐ e) Sonstiges
Ist möglich, nicht möglich
K. A. ohne/mit fremder Hilfe

(17) Üben Sie einen Beruf aus bzw. gehen Sie einer Beschäftigung nach?

(18) Falls ja, ist der Arbeitsplatz in der Wohnumgebung?

(19) Besuchen Sie eine Schule oder sonstige Bildungseinrichtung?

(20) Falls ja, befindet sich die Schule in der Wohnumgebung?

(21) Welche Probleme treten beim Besuch der Schule bzw. des Arbeitsplatzes auf?

(22) Wie erreichen Sie Ziele außerhalb der Wohnumgebung, welche Verkehrsmittel benutzen Sie?
- ☐ Pkw Selbstfahrer
- ☐ Pkw Mitfahrer
- ☐ Taxi
- ☐ Transport u. Fahrdienste
- ☐ Bus
- ☐ Straßenbahn
- ☐ S-Bahn

(23) Würden Sie bei einem behindertengerechten Umbau öffentliche Nahverkehrssysteme benutzen wollen?
☐ Ja   ☐ Nein

(24) Worin sehen Sie als Rollstuhlfahrer darin Vorteile/Nachteile?

(25) Seit wann wohnen Sie hier? Seit: ...

(26) Sind Sie als Rollstuhlfahrer schon
☐ einmal
☐ mehrmals umgezogen?

(27) Bisherige Wohnorte: ...

(28) Gründe für den letzten Umzug: ...

(29) Was hat sich an Ihrer Wohnsituation geändert?
- ☐ gebessert
- ☐ verschlechtert
- ☐ gleichgeblieben

- ☐ Wohnung
- ☐ Baukörper
- ☐ Wohnumgebung

(30) Sind Sie nach Abwägung der Vor- und Nachteile mit Ihrer Wohnung und Wohnumgebung zufrieden?
Wohnung
- ☐ sehr zufrieden
- ☐ zufrieden
- ☐ nur teilw. zufrieden
- ☐ nicht zufrieden

Wohnungsumgebung
- ☐ sehr zufrieden
- ☐ zufrieden
- ☐ nur teilw. zufrieden
- ☐ nicht zufrieden

(31) Wie alt sind Sie? ...

(32) Geschlecht: ...

(33) Sind Sie
☐ Mieter
☐ Eigentümer der Wohnung/des Hauses?

(34) Bewohnen Sie die Wohnung/das Haus
☐ allein
☐ in Gemeinschaft mit:

Zu Kapitel 3.6
Barrierefreier Wohnungsbau in der Bundesrepublik Deutschland
Axel Stemshorn

Experimenteller Wohnungsbau – Barrierefreies Wohnen nach DIN 18025 (Normenentwurf)
Geförderte Maßnahmen des Freistaates Bayern (Stand 1.1.91)

Standort	WE	Bauherr	Architekt	Anmerkung
Lindenberg I.BA Regierungsbezirk Schwaben	27	BSG-Allgäu, Im Oberösch 1 Kempten-St. Mang	Dipl.-Ing. Peck u. Rössel Seidlstr. 25 München	4 WE Teil 1 23 WE Teil 2
Lindenberg II.BA Regierungsbezirk Schwaben	19	BSG-Allgäu, Im Oberösch 1 Kempten-St. Mang	Dipl.-Ing. Peck u. Rössel Seidlstr. 25 München	19 WE Teil 2
Regensburg Regierungsbezirk Oberpfalz	44	WB Siedlungswerk Hans-Thoma-Str. 9 Amberg	Dipl.-Ing. Kierner Ludwig-Richter-Str. 1 Amberg	8 WE Teil 1 36 WE Teil 2
Regensburg Regierungsbezirk Oberpfalz	ca. 30	Stadtbau GmbH Regensburg	Stadtbau GmbH Regensburg	Sanierung eines bestehenden Gebäudes nach Teil 2
Bad Birnbach Regierungsbezirk Niederbayern	10	Marktgemeinde Bad Birnbach	arc Architekten Bauerstr. 22 München	4 WE Teil 1 WE Teil 2
Deggendorf Regierungsbezirk Niederbayern	8	Stadtbau GmbH Westl. Stadtgraben 3 Deggendorf	Architektengemeinschaft Dirtheuer-Ebe Jahnstr. 46, München	5 WE Teil 2 3 WE Teil 2

Barrierefreier Wohnungsbau nach DIN 18 025 Teil 2 in Baden-Württemberg

Blaubeuren		Schmucker GmbH	Architekten-Etage Prof. Stemshorn/Fink/Hörger Frauenstr. 31, Ulm	35 WE Teil 2

Zu Kapitel 5.11
Bautechnischer Brandschutz und feuersicherheitliche Maßnahmen
Manfred Sautter

Brandschutzordnung
Die Brandschutzordnung gibt Regeln für die Brandverhütung und Anweisungen über die Maßnahmen bei Ausbruch eines Brandes. Es ist Pflicht eines jeden Beschäftigten, die Brandverhütungsvorschriften gewissenhaft zu beachten.

1. Vorbeugende Maßnahmen
Neben der Beachtung der allgemeinen Verhütungsmaßnahmen ist es die Pflicht eines jeden Einzelnen, an seinem Arbeitsplatz so zu handeln und diesen so zu verlassen, daß jegliche Gefahr eines Brandes ausgeschlossen wird.

Von besonderer Wichtigkeit ist:

– Flucht- und Rettungswege sind freizuhalten.

– Elektrische Geräte (z.B. Bügeleisen, Heizkissen, Tauchsieder, Kochplatten und dergl.) bei Benützung nicht ohne Aufsicht lassen; nach Gebrauch Strom abschalten.

– Bei Gasgeräten nach Benützung Hähne, bzw. nach Dienstschluß Haupthähne schließen. Auftretende Störungen an elektrischen Geräten und Gasgeräten unverzüglich dem techn. Personal melden.

– Für Reparaturen an elektrischen Geräten und Leitungen ist ausschließlich das techn. Personal zuständig.

– Unter Treppen, in Treppenräumen dürfen keine Mülleimer und Sammelgefäße sowie keine brennbaren Stoffe abgestellt werden.

– Bei Umgang und bei der Lagerung feuergefährlicher Stoffe und Flüssigkeiten ist besondere Vorsicht geboten. Auf die Einhaltung der gesetzlichen Vorschriften ist zu achten. Brennbare Flüssigkeiten dürfen nur mit Genehmigung der techn. Leitung zur Reinigung verwendet werden.

2. Maßnahmen bei Brandausbruch
Kann ein Brand nicht sofort gelöscht werden, gilt folgendes:

1. Brand melden

Feuermelder

nächster Standort

Tel. .... oder ....

Melde ruhig und deutlich:

Wo brennt es? Was brennt?

Sind Menschen in Gefahr?

2. Menschen retten

Keine Aufzüge benutzen, Sammelplätze aufsuchen.

Nächster Sammelplatz

3. Brand bekämpfen

Standort des nächsten Handfeuerlöschers und Wandhydranten

4. Türen und Fenster schließen

5. Feuerwehr einweisen

Anordnungen der Einsatzleitung befolgen

Ruhe bewahren

Mit dem nächsten Feuerlöscher oder von einem Wandhydranten aus den Brand bekämpfen. In verqualmten Räumen kriechend bewegen, nasses Tuch vor Mund und Nase halten. Personen mit brennenden Kleidern zu Boden werfen, wälzen, mit Decken oder Kleidern abdecken.

Weitere Maßnahmen
In gefährdeten Bereichen sämtliche Türen aufschließen und alle Lichter einschalten.

Brennbare Flüssigkeiten, Gasflaschen und andere gefährliche Stoffe sind aus der Gefahrenzone zu entfernen.

Bei Ausbruch eines Brandes begeben sich sämtliche Ärzte und das Pflegepersonal zu ihren Krankenstationen. Sie sorgen dort für Ruhe und Ordnung. Gehfähige Kranke sind anzukleiden.

3. Einsatzleitung
Bis zum Eingreifen der Feuerwehr trifft .... die notwendigen Maßnahmen.

Der Einsatzleiter der Feuerwehr bildet zusammen mit dem Verwaltungsleiter, dem ärztlichen Direktor und dem Betriebsingenieur die Einsatzleitung.

4. Räumung
Bei erforderlicher Räumung des Krankenhauses:

– Sammelplatz im Personalwohnheim

– Gebäude 6 (Blauer Salon)

– Gebäude 5 (Krankenpflegeschule) und

– unteres Parkdeck im Wirtschaftshof.

Bei Räumung der Personalwohngebäude:

– Sammelplatz Personalkantine 1. UG Kreiskrankenhaus.

Zu Kapitel 7.0
Umbaumaßnahmen bei Wohnungen
Axel Stemshorn

Formblatt zur Ermittlung der Unfallbedingten Baukosten nach Bau-Berufsgenossenschaft Bayern-Sachsen

Aktenzeichen: _____ Verletzter: _____

Ermittlung der unfallbedingten Baukosten:
Der Haushalt des Verletzten besteht aus ____ Personen.
Der Kubikmeter liegt nach Auskunft des _____ Bauamtes _____ vom
für Garagen bei _____ DM,
für Wohngebäude bei _____ DM.
Nach den genehmigten Bauplänen vom _____ ergeben sich unfallbedingte Baukosten für:
Neubau / Anbau / Umbau / Garage / Aussenanlagen
des/r _____ in _____

1. Neubau / Anbau / Umbau:
1.1 Übernahme zu 100% der Bau- und Einrichtungskosten:
   Bad (BGF)   7,2 m²
   Therapiebecken, Gymnastikraum (BGF)   15,6 m²
   Raum für Pflegepersonal (BDF)   ____ m²
      ____ m²

   ____ m² x ____ m (Geschoßh.) x ____ DM/m³ = ____ DM
   Aufzug bautechnisch (BFG) = ____ DM
          maschinentechnisch, nach Angebot oder Rechnung = ____ DM

1.2 Übernahme zu 50% der Bau- und Einrichtungskosten (× 0,5):
   Schlafzimmer (NGF)   15,0 m²
   Wohnzimmer (NGF)   ____ m²
   Küche und Eßplatz (NGF)   10,0 m²
   Abstellraum (NGF) in der Wohnung   ____ m²
   _____ ____ m²
   _____ ____ m²

   Zwischensumme   ____ m²
   Flur (10% aus Zwischensumme)   ____ m²
   Netto-Grundrißfläche (NGF)   ____ m²
   Mauerzuschlag (20%) aus NGF   ____ m²
   Brutto-Grundrißfläche (BGF) 0,5 ×   ____ m²
   ____ m² x ____ m (Geschoßh.) x ____ DM/m³ = ____ DM
   Heizungskeller 0,5 x ____ m²
   ____ m² x ____ m (Geschoßh.) x ____ DM/m³ = ____ DM
   Dach (Summe BGF aus 1.1)   ____ m²
         (Summe BGF aus 1.2)   ____ m²
   (nicht ausgebaut, Faktor 0,33) x 0,5 x 0,5 x   ____ m²
   ____ m² x 3,00 m (Geschoßh.) x ____ DM/m³ = ____ DM

2. Garage:
   Übernahme zu 50% der Bau- und Einrichtungskosten:
   Garage (BGF) 0,5 x ____ m²
   ____ m² x ____ m (Geschoßh.) x ____ DM/m³ = ____ DM
   Garagendach (BGF reduziert) 0,5 x ____ m²
   ____ m² x ____ m² (Geschoßh.) x ____ DM/m³ = ____ DM

3. Außenanlagen (abhängig vom Einzelfall):
   Übernahme zu ____ % für _____ = ____ DM
   Übernahme zu ____ % für _____ = ____ DM

Gesamtkosten   netto = ____ DM
+ ...% Mehrwertsteuer   = ____ DM
Gesamtkosten   brutto = ____ DM

Zu Kapitel 13.0
Werkstätten für Behinderte
Joachim Hildebrand

Auszug aus dem Schwerbehindertengesetz – SchwbG
in der Fassung vom 26. 8. 1986 (BGBl. I S. 1421)
§ 55
Verrechnung von Aufträgen auf die Ausgleichsabgabe.
Arbeitgeber, die an Werkstätten für Behinderte Aufträge erteilen, können 30 von Hundert des Rechnungsbetrages auf die jeweils zu zahlende Ausgleichsabgabe anrechnen. Die ordnungsgemäße Abwicklung der Lieferaufträge ist vom Arbeitgeber gegenüber der Hauptfürsorgestelle nachzuweisen.

§ 56
Vergabe von Aufträgen durch die öffentliche Hand.
(1)
Aufträge der öffentlichen Hand, die von den Werkstätten für Behinderte ausgeführt werden können, sind bevorzugt diesen Werkstätten anzubieten.
(2)
Der Bundesminister für Wirtschaft erläßt hierzu im Einvernehmen mit dem Bundesminister für Arbeit und Sozialordnung allgemeine Richtlinien.

Richtlinien für die Berücksichtigung bevorzugter Bewerber bei der Vergabe öffentlicher Aufträge (u.a. Werkstätten für Behinderte und Blindenwerkstätten)

§ 1
Personenkreis
Bevorzugte Bewerber im Sinne dieser Richtlinien sind:
4.
Nach § 56 des Schwerbehindertengesetzes (SchwbG) in der Fassung der Bekanntmachung vom 29. April 1974 (Bundesgesetzblatt I S. 1005), zuletzt geändert durch das Gesetz zur Änderung des Heimarbeitsgesetzes und anderer arbeitsrechtlicher Vorschriften vom 29. Oktober 1974 (Bundesgesetzblatt I S. 2879), Werkstätten für Behinderte, die nach § 57 SchwbG anerkannt sind.
Für Bewerber nach § 1 Nr. 4 gilt folgende Mehrpreisstaffel:
Bei Angeboten für den Betrag

bis	5000 DM	6 v. H.
über	5000–10000 DM	5 v. H.
über	10000–50000 DM	4 v. H.
über	50000–100000 DM	3 v. H.
über	100000–500000 DM	2 v. H.
über	500000–1 Mio DM	1 v. H.
über	1 Mio	0,5 v.H.

Der jeweils zulässige Mehrpreis ist, beginnend mit dem Satz von 6 v. H., entsprechend der Angebotssumme stufenweise zu berechnen und zusammenzuzählen.

Der Bundesminister für Arbeit
und Sozialordnung
VI b 3 – 58 441

Bonn, den 10. April 1991

Betr.: Kostenrichtwerte für den Bau von Werkstätten für Behinderte
Für die Förderung von Werkstätten für Behinderte wurde ab 1990 von Pro-Platz-Kosten von bis zu 60 000,– DM (Index Nov. 1989) ausgegangen.
Aufgrund der gestiegenen Baupreise ist es erforderlich geworden, die Kosten an die heutige Situation auf dem Bausektor anzugleichen.
Nach den Indexsteigerungen (Stand: Febr. 1991) muß für einen Ausbau, der an den bisherigen Qualitätsstandard orientiert ist, einschließlich Außenanlagen und Nebenkosten, aber ohne Grundstücks- und Ausstattungskosten grundsätzlich mit Baukosten bis zu 66 000,– DM je Werkstattplatz gerechnet werden.
Die arbeitsplatzbezogenen Ausstattungskosten betragen pro Platz grundsätzlich bis zu 6500,– DM. Dies gilt nicht für Arbeitsplätze, an die besondere Qualitätsanforderungen zu stellen sind.

Beschluß:
Bei Baupreisen nach Index II/1991 muß für einen guten Ausbau einschließlich Außenanlagen und Nebenkosten, aber ohne Grundstück und Ausstattungskosten grundsätzlich mit Kosten bis zu 66 000,– DM je Werkstattplatz gerechnet werden.
Bei den arbeitsplatzbezogenen Ausstattungskosten sollten normalerweise 6500,– DM pro Platz nicht überschritten werden.
Die neuen Richtwerte gelten auch für Projekte, die der Beirat für die Rehabilitation der Behinderten in seiner Sitzung am 14.12.1990 aus Gründen der Kostenüberschreitung zurückgestellt hat.

Modellraumprogramm – Werkstatt für Behinderte (ZBWB 84)

Erläuterungen zu Blatt 1

Konzeption
Der Gesetzgeber des Schwerbehindertengesetzes hat die Werkstatt wie folgt definiert:
(1) Die Werkstatt für Behinderte ist eine Einrichtung zur Eingliederung Behinderter in das Arbeitsleben.
Sie bietet denjenigen Behinderten, die wegen Art oder Schwere der Behinderung nicht, noch nicht oder noch nicht wieder auf dem allgemeinen Arbeitsmarkt tätig sein können, einen Arbeitsplatz oder Gelegenheit zur Ausübung einer geeigneten Tätigkeit.
(2) Die Werkstatt muß es den Behinderten ermöglichen, ihre Leistungsfähigkeit zu entwickeln, zu erhöhen oder wiederzugewinnen und ein dem Leistungsvermögen angemessenes Arbeitsentgelt zu erreichen. Sie soll über ein möglichst breites Angebot an Arbeitsplätzen und Plätzen für Arbeitstraining sowie eine Ausstattung mit begleitenden Diensten verfügen.
(3) Die Werkstatt soll allen Behinderten unabhängig von Art oder Schwere der Behinderung offenstehen, sofern sie in der Lage sind, ein Mindestmaß wirtschaftlich verwertbarer Arbeitsleistungen zu erbringen.

HNF = Hauptnutzfläche
Die Nutzfläche (DIN 277 1.8) wird nach der Zweckbestimmung unterteilt,
NNF = Nebennutzfläche
in der Regel zunächst in Hauptnutzfläche und Nebennutzfläche.
FF = Funktionsfläche
FF ist die Netto-Grundrißfläche von Räumen für betriebstechnische Anlagen (DIN 277 1.9)
VF = Verkehrsfläche
VF ist die Netto-Grundrißfläche, die der Verkehrserschließung oder der Verkehrssicherung dient (DIN 277 1.10)
NGF = Netto-Geschoßfläche
NGF ist die Summe der vorgenannten Flächen.
Die Zuordnung der Räume im Modellraumprogramm erfolgte nach Raumzuordnungskatalog.
Die einzelnen Bereiche erhielten folgende Ordnungszahl:
1.0.0 = Arbeitsbereich
2.0.0 = Verwaltung und begleitender Dienst
3.0.0 = Wirtschaft und Versorgung
Die VF ist im Modellraumprogramm minimal ausgewiesen, die Wirtschaftlichkeit eines Entwurfes hängt wesentlich von der Minimierung der VF ab. Der Anteil VF zur NGF sollte 20 % nicht überschreiten.
Zu 1.0.0 Im Arbeitstrainingsbereich soll der Behinderte möglichst wirklichkeitsnah und praxisbezogen an die Arbeits- und Berufswelt herangeführt werden. Maßnahmen zur Weiterentwicklung der Persönlichkeit des Behinderten sind eingeschlossen.
Dies geschieht in zwei Phasen (Grundkurs a) und Aufbaukurs b)).
a) Vermittlung von Fertigkeiten und Grundkenntnissen verschiedener Arbeitsabläufe. Sie dienen der Gewöhnung an Sorgfalt, Ausdauer und Leistung sowie der Geschicklichkeit im Umgang mit verschiedenen Werkstoffen und der Handhabung von Werkzeugen und Maschinen. Zugleich sollen das Selbstwertgefühl des Behinderten sowie sein Arbeits- und Sozialverhalten gefördert und Neigungs-/Eignungsschwerpunkte festgestellt werden.
b) Vermittlung von Fertigkeiten mit höherem Schwierigkeitsgrad, insbesondere im Umgang mit Maschinen und vertiefter Kenntnisse über Werkstoffe und Werkzeuge. Zugleich Übung der Fähigkeit zu größerer Ausdauer und Belastbarkeit sowie zur Ausübung unterschiedlicher Beschäftigungen im Arbeitsbereich.
Für die Vermittlung der Kenntnisse und Fertigkeiten werden geeignete Werkzeugausrüstungen für Papier-, Ton-, Textil-, Kunststoff-, Holz- und Metallbearbeitung benötigt.
Zu 1.01 In den Flächen sind Anteile für Vorrichtungsbau, Meisterboxen, Werkzeug- und Zwischenlager enthalten.
Die Raumhöhen für den Arbeitsbereich entsprechend § 23 Arb Stätt V.
Bei der Ermittlung der Flächen ging man von folgenden Mittelwerten aus:
Typ I – 9,14 m^2, Typ II – 8,69 m^2, Typ III – 7,19 m^2 und Typ IV – 6,31 m^2.
Die Reduzierung der Mittelwerte bei steigender Platzzahl resultiert aus dem Anteil Maschinenplatz zu Montageplatz. Sollte produktionsbedingt der Anteil von Maschinenplätzen den Bedarf an Arbeitsplatzfläche erhöhen, so ist dies durch Vorlage von Maschinenaufbauplänen zu belegen.
Zu 1.02 Die Lagerfläche kann bei entsprechender Produktion und Bedarf überschritten werden. Der Bedarfsnachweis soll dann erbracht werden.

Zu 1.03 Mindestfläche nach § 29 Arb Stätt V.
Zu 1.04 Dem Behinderten ist es zu ermöglichen, auch während der Arbeitszeit an einem geeigneten Platz auf einer Liege auszuruhen, entsprechend § 31 Arb Stätt V.
Zu 1.06 WC, Umkleide und Waschräume müssen für Männer und Frauen getrennt angeordnet werden.
Zu 1.07 Der § 34-35 und 36 der Arb Stätt V und die DIN 18 024 sind zu beachten

Erläuterungen zu Blatt 2 + 3
Zu 2.00 Die Arbeitsplatzfläche in der Pforte sollte auch für einen Schwerbehinderten geeignet sein.
Zu 2.05 Die WfB soll, wenn möglich, Eigenproduktion anstreben.
Für Marketing, Entwicklung oder Konstruktion kann eine spezifische Fachkraft erforderlich werden. Eine notwendige Arbeitsplatzfläche sollte zur Verfügung stehen.
Zu 2.06 Der Mehrzweckraum dient verschiedenen Nutzungen:
Teambesprechung, Elternsprechzimmer, Betriebsrat, Elternbeirat, Vorstandssitzung, außerdem als Sprech- und Untersuchungsraum für den Medizinischen und Psychologischen Dienst.
Zu 2.07 Die ärztliche und psychologische Betreuung muß mindestens durch Vertragskräfte sichergestellt werden.
Doppelnutzung eines Raumes ist möglich.
Zu 2.08 Das Krankenzimmer ist in einer Behinderteneinrichtung für Erste Hilfe und Notfälle erforderlich.
Das Krankenzimmer entspricht dem Sanitätsraum des § 38 der Arb Stätt V.
Zu 2.09 Ein Sozialarbeiter oder ein Sozialpädagoge gehören zur Mindestausstattung der begleitenden Dienste einer Werkstatt. Stellt sich die Unterbringung beider Fachkräfte in einem Raum als nachteilig heraus, kann Raum 2.05 mitgenutzt werden.
Zu 2.10 Die Notwendigkeit der Pädagogik in der WfB ist unbestritten.
Im Interesse der Werkstatt selber liegt, neben den Bemühungen um eine Weiterentwicklung der Persönlichkeit des Behinderten, die Steigerung seiner beruflichen Leistungsfähigkeit.
Die Pflege des in vorausgegangener Erziehungs- und Bildungsarbeit Erreichten ist notwendig und soll ergänzt werden durch Berufsbildung. Für eine fachliche Fortbildung der Mitarbeiter auf heilpädagogischen und handwerklich-technischem Gebiet ist Sorge zu tragen. Der erforderliche Raum sollte zur Verfügung stehen.
Zu 2.12 Das Arbeits- und Sozialverhalten des Behinderten kann auch durch seine Teilnahme an sportlichen Aktivitäten positiv beeinflußt und gefördert werden. Unter Berücksichtigung der behinderungsbedingten Einschränkungen bieten sich hier vor allem solche sportlichen Übungen an, die der Schulung der Bewegungskoordination und -abläufe, des Tempos, der Kraft, Ausdauer und des partnerschaftlichen Verhaltens dienen.

Modellraumprogramm – Werkstatt für Behinderte (ZBWB 84, Blatt 1–5)

	Bereich: Werkstatt	Typ I 120 Plätze			Typ II 240 Plätze			Typ III 360 Plätze			Typ IV 480 Plätze		
Fläche nach DIN 277	Raumbezeichnung	Anzahl der Räume	Raumgröße m² von – bis	Fläche insgesamt m²	Anzahl der Räume	Raumgröße m² von – bis	Fläche insgesamt m²	Anzahl der Räume	Raumgröße m² von – bis	Fläche insgesamt m²	Anzahl der Räume	Raumgröße m² von – bis	Fläche insgesamt m²
HNF	1.00 Arbeitstrainingsbereich	1–3	46–52	156	1–3	46–52	156	3–6	46–52	312	3–6	46–52	312
	1.01 Arbeitsbereich			941			1908			2275			2716
	1.02 Lagerfläche			156			312			468			624
	1.03 Aufenthaltsraum Werkstattpersonal	1	12	12	1–2	12	24	1–3	12–36	36	2–4	12–36	48
	1.04 Liege-Ruheraum oder Ruhezone	1	6–12	12	1–2	6–12	24	1–3	6–12	36	1–4	6–12	48
HNF				1277			2424			3127			3748
NNF	1.06 WC, Umkleide- + Waschräume			104			208			312			416
	1.07 WC, Umkleide- + Waschraum (Personal)			26			52			78			78
NNF				130			260			390			494
VF				100			200			300			400
NGF				1507			2884			3817			4642
	Bereich: Verwaltung + begl. Dienst												
HNF	2.00 Pforte + Zentrale	1	8–13	13	1	8–13	13	1	8–13	13	1	8–13	13
	2.01 Werkstattleiter	1	24–26	26	1	24–26	26	1	24–26	26	1	24–26	26
	2.02 Schreibzimmer (2 Mitarbeiter)	1	12–18	18	1	12–18	18	2	12–18	36	2	12–18	36
	2.03 Einkauf – Verkauf	1	12–18	18	1	12–18	18	1	12–18	18	1	12–18	18
	2.04 Buchhaltung	1	12–18	18	1	12–18	18	2	12–18	36	2	12–18	36
	2.05 Büro (z.b.V.)	1	12–18	18	1	12–18	18	1	24	24	1	24	24
	2.06 Mehrzweckraum	1	24	24	1	24	24	1	36	36	1	36	36
	2.07 Arzt – Psychologie	1	12	12	1	12	12	2	12	24	2	12	24
	2.08 Krankenzimmer	1	12	12	1	12	12	1	12	12	1	12	12
	2.09 Sozialarbeiter + Pädagoge	1	12–18	18	1	12–18	18	1	12–18	18	1	12–18	18
	2.10 Schulungsraum – Ausbildung	1	52	52	1	52	52	2	52	104	2	52	104
	2.11 Archiv/Registratur	1	26	26	1	26	26	1	52	52	1	52	52
	2.12 Mehrzweck (Freizeit-Gymnastik einschl. Umkleide, WC, Geräteraum)			106			106			106			106
HNF				361			361			505			505
NNF	2.13 Teeküche, Abstell- + Putzraum			12			12			18			18
	2.14 Garderobe – WC Personal und Besucher	2	12	24	2	12	24	2	18	36	2	18	36
NNF				36			36			54			54
VF				52			78			78			91
NGF				449			475			637			650

	Bereich: Wirtschaft + Versorgung Küchenbereich abgestimmt auf Verteilerküche									
HNF	3.01 Speisesaal	1	158–198	1	198	1	158–198	1	237–297	1	316–396
	3.02 Ausgabe + Spüle	1	65	1	65	1	65	1	104	1	104
	3.03 Hausmeisterwerkstatt	1	26	1	26	1	26	1	26	1	26
HNF			289		289		289		427		526
NNF	3.05 WC, Umkleide Personal		6		6	6–12	12	6–12	24	6–12	24
	3.06 Abstellraum (Putzmittel, Geräte)		26		26		26		39		39
	3.07 Garagen Wagenpflege		52		52		52		255		255
NNF			84		90		90		318		318
FF	3.08 Technikzentrale (Heizg., Wasservers.)	1	104	1	104	1	104	1	130	1	130
	3.09 Trafostation: Energieverteiler, Preßluft		104		104		104		130		130
FF			208		208		208		260		260
VF			60		60		60		100		100
NGF			641		647		647		1105		1204

Zu 3.01 Als Richtwert gilt für die Flächenermittlung 1.2 bis 1.5 m² je Essensnehmer.
Für Werkstatttyp II, III und IV wurde der Flächenbedarf halbiert, da das Essen hier in mindestens zwei Schichten verabreicht werden kann.
Es ist jedoch zu beachten, daß der Speisesaal gleichzeitig Pausenraum, entsprechend § 29 Arb Stätt V. ist.
Zu 3.02 In Ausgabe und Spüle können weitere Arbeitsplätze für Behinderte geschaffen werden. Diese Arbeitsplätze können auch als Trainings- und Schulungsplätze zur Verselbständigung der Behinderten genutzt werden.
Zu 3.07 Dieser Flächenbedarf richtet sich nach Notwendigkeit und Größe eines eigenen Fahrdienstes.
Zu 3.08 + 3.09 Die vorgegebenen Flächen sind Richtflächen und können unterschritten werden.
Eine entwurfs- und funktionsbedingte Überschreitung dieser Flächen soll begründet werden.

	Bereich: Wirtschaft + Versorgung Küchenbereich abgestimmt auf Selbstversorger									
HNF	3.01 Speisesaal	1	158–198	1	198	1	158–198	1	237–297	1	316–396
	3.02 Küche + Spüle	1	104	1	104	1	152	1	156	1	156
	3.03 Vobereitung				26		26		52		52
	3.04 Kühl- + Lagerräume		104		104		104		156		156
	3.05 Aufenthalt Personal	1	6–12	1	12	1	12	1	26	1	26
	3.06 Büro Koch	1	6	1	6	1	6	1	6	1	6
	3.07 Hausmeisterwerkstatt	1	26	1	26	1	26	1	26	1	26
HNF			476		524		524		719		818
NNF	3.08 WC, Umkleide Personal, Waschraum	6–12	12		12	6–12	12	6–12	24	6–12	24
	3.09 Abstellraum Putzmittel + Geräte		12		12		12		24		24
	3.10 Garagen Wagenpflege		52		52		52		255		255
NNF			76		76		76		303		303
FF	3.11 Technikzentrale (Heizung, Wasservert.)	1	104	1	104	1	104	1	130	1	130
	3.12 Trafostation: Energieverteiler, Preßluft		104		104		104		130		130
FF			208		208		208		260		260
VF			90		90		90		150		150
NGF			850		898		898		1432		1531

Bei den Flächenangaben des Küchenbereiches wurde davon ausgegangen, daß auch hier zusätzliche Arbeitsplätze für Behinderte geschaffen werden können.
Die Kapazität der Küchen ist meist ausreichend, um über den Eigenbedarf hinaus weitere Essen auszuliefern.
Die Erläuterungen von ZBWB 84, Blatt 4,5 treffen auch hier zu.

Modellraumprogramm – Werkstatt für Behinderte mit Verteilerküche (ZBWB 84, Blatt 8)

Typ		HNF m²	NNF m²	VF m²	FF m²	NGF m²
I	Arbeitsbereich	1277	130	100	–	1507
	Verwaltung Begl. Dienst	361	36	52	–	449
	Wirtschaft Versorgung	289	84	60	208	641
	Gesamt 120 Plätze	1927	250	212	208	2597
II	Arbeitsbereich	2424	260	200	–	2884
	Verwaltung Begl. Dienst	361	36	78	–	475
	Wirtschaft Versorgung	289	90	60	208	647
	Gesamt 240 Plätze	3074	386	338	208	4006
III	Arbeitsbereich	3127	390	300	–	3817
	Verwaltung Begl. Dienst	505	54	78	–	637
	Wirtschaft Versorgung	427	318	100	260	1105
	Gesamt 360 Plätze	4059	762	478	260	5559
IV	Arbeitsbereich	3748	494	400	–	4642
	Verwaltung Begl. Dienst	505	54	91	–	650
	Wirtschaft Versorgung	420	318	100	260	1098
	Gesamt 480 Plätze	4673	866	591	260	6390

Modellraumprogramm – Werkstatt für Behinderte mit Versorgerküche (ZBWB 84, Blatt 9)

Typ		HNF m²	NNF m²	VF m²	FF m²	NGF m²
I	Arbeitsbereich	1227	130	100	–	1507
	Verwaltung Begl. Dienst	361	36	52	–	449
	Wirtschaft Versorgung	476	76	90	208	850
	Gesamt 120 Plätze	2114	242	242	208	2806
II	Arbeitsbereich	2424	260	200	–	2884
	Verwaltung Begl. Dienst	361	36	78	–	475
	Wirtschaft Versorgung	524	76	90	208	898
	Gesamt 240 Plätze	3309	372	368	208	4257
III	Arbeitsbereich	3127	390	300	–	3817
	Verwaltung Begl. Dienst	505	54	78	–	637
	Wirtschaft Versorgung	719	303	150	260	1432
	Gesamt 360 Plätze	4351	747	528	260	5886
IV	Arbeitsbereich	3748	494	400	–	4642
	Verwaltung Begl. Dienst	505	54	91	–	650
	Wirtschaft Versorgung	818	303	150	260	1531
	Gesamt 480 Plätze	5071	851	641	260	6823

Modellraumprogramm – Werkstatt für Behinderte mit Verteilerküche

Modellraumprogramm – Werkstatt für Behinderte mit Versorgerküche

Modellraumprogramm – Werkstatt für Behinderte mit Verteilerküche

Typ			HNF m²	NNF m²	VF m²	FF m²	NGF m²
I	120 Plätze	Produktionsbereich	1305	130	100	–	1535
		Verwaltung Begl. Dienst	418	44	52	–	514
		Wirtschaft Versorgung	273	84	60	208	625
		Gesamt m²	1996	258	212	208	2674
		%	100%	13%	10,6%	10,4%	134,0%
II	240 Plätze	Produktionsbereich	2482	260	200	–	2888
		Verwaltung Begl. Dienst	418	76	78	–	572
		Wirtschaft Versorgung	273	90	60	208	631
		Gesamt m²	3119	426	338	208	4091
		%	100%	13,66%	10,84%	6,67%	131,17%
III	360 Plätze	Produktionsbereich	3164	390	250	–	3804
		Verwaltung Begl. Dienst	387	82	78	–	547
		Wirtschaft Versorgung	364	318	100	260	1042
		Gesamt m²	3915	790	428	260	5593
		%	100%	20,18%	10,93%	6,64%	137,75%
IV	480 Plätze	Produktionsbereich	3782	494	300	–	4576
		Verwaltung Begl. Dienst	600	82	91	–	773
		Wirtschaft Versorgung	364	318	100	260	1042
		Gesamt m²	4746	894	491	260	6391
		%	100%	18,84%	10,35%	5,48%	134,67%

Modellraumprogramm – Werkstatt für Behinderte mit Versorgerküche

Typ			HNF m²	NNF m²	VF m²	FF m²	NGF m²
I	120 Plätze	Produktionsbereich	1305	130	100	–	1535
		Verwaltung Begl. Dienst	418	44	52	–	514
		Wirtschaft Versorgung	474	102	90	208	874
		Gesamt m²	2197	276	242	208	2923
		%	100%	12,56%	11,02%	9,45%	133,04%
II	240 Plätze	Produktionsbereich	2428	260	200	–	2888
		Verwaltung Begl. Dienst	418	76	78	–	572
		Wirtschaft Versorgung	522	102	90	208	922
		Gesamt m²	3368	438	368	208	4382
		%	100%	13%	10,93%	6,18%	130,11%
III	360 Plätze	Produktionsbereich	3164	390	250	–	3804
		Verwaltung Begl. Dienst	387	82	78	–	747
		Wirtschaft Versorgung	656	330	150	260	1396
		Gesamt m²	4207	802	478	260	5947
		%	100%	19,06%	11,36%	6,18%	136,6%
IV	480 Plätze	Produktionsbereich	3782	494	300	–	4576
		Verwaltung Begl. Dienst	600	82	91	–	773
		Wirtschaft Versorgung	656	330	150	260	1556
		Gesamt m²	5038	906	541	260	6743
		%	100%	17,98%	10,74%	5,16%	133,88%

Zu Kapitel
20.0 Selbsthilfe in der Rehabilitation
Klaus Schüle

Die nachfolgenden Verzeichnisse und Kontaktadressen können nur einen Anhalt über die auf 40 000 Selbsthilfeinitiativen und den darin enthaltenen ca. 6-10 000 Gruppen im Gesundheits- und Behindertenbereich geben.

Adressenverzeichnisse

Bundesverband der Betriebskrankenkassen; Bundesarbeitsgemeinschaft Hilfe für Behinderte e.V.; NAV-Verband der niedergelassenen Ärzte Deutschlands e.V. (Hrsg.):
REHA-Helfer. Leitfaden für die Zusammenarbeit mit Selbsthilfegruppen (ohne Jahr, 351 Seiten)
Verlag und Vertrieb: Verlag für moderne Kommunikation H.-Peter Meyer, Friedensstraße 10/12, Mülheim/Ruhr
Aufgelistet sind ca. 50 bundesweit tätige Behinderten-Selbsthilfeorganisationen mit ihren Untergliederungen bis hin zur regionalen/örtlichen Ebene. Im Anhang folgen die Adressen der Wohlfahrtsverbände und sonstigen Bundesorganisationen.

Ärzte Zeitung (Hrsg.):
Selbsthilfegruppen (Stand 1987, 220 Seiten)
Redaktion der Ärzte Zeitung, Ressort Gesundheitspolitik, Postfach 10 10 47, Dreieich
Beispielhaft werden 101 Selbsthilfegruppen vorgestellt. Meistens ist am Schluß auch die Adresse des jeweiligen Bundesverbandes angegeben. Im Anhang sind die Anschriften zentraler Kontaktstellen, insbesondere der *Onkologie* angegeben.

Vilmar, F.; Runge, B.:
Auf dem Weg zur Selbsthilfegesellschaft?
40 000 Selbsthilfegruppen: Gesamtüberblick, politische Theorie und Handlungsvorschläge (350 Seiten)
Klartext-Verlag, Essen 1986
Nach einem umfassenden und kritischen Überblick zur Selbsthilfelandschaft, der aus jahrelanger Arbeit über diesen Gegenstand in der „Studiengruppe für Soziale Selbsthilfe" (B. Runge, Kurfürstenstr. 83, Berlin) entstanden ist, werden auf ca. 15 Seiten exemplarische Beispiele zum Aktionsbereich „Behinderte und Kranke" gegeben. Eine Liste von Gruppen und Adressen schließt das Buch ab.

Stadt Ulm (Hrsg.):
Wegweiser. Alltags- und Krisenhilfen für Bürger in Ulm/Neu-Ulm/Alb-Donau-Kreis (ca. 1100 Seiten, 1985 mit Ergänzungen 1987)
Auf diesen Wegweiser wird hier besonders hingewiesen, da er zeigt, wie eine Kontaktstelle hier: „KORN (Koordinationsstelle Regionales Netzwerk) Informations- und Vermittlungsstelle für gesundheitliche Hilfsangebote" durch jahrelange intensive und mühsame interdisziplinäre Arbeit ein Ringbuch mit Adressen und Angeboten von allen regionalen und überregionalen Trägern der aufgeführten Kreise erstellt hat. Die Aktualisierung ist allerdings durch das Auslaufen von „Arbeitsbeschaffungsmaßnahmen" (ABM) aufs äußerste gefährdet. Ein Umstand, der im übrigen für viele Bereiche der Selbsthilfearbeit derzeit noch typisch zu sein scheint.

Überregionale Selbsthilfe-Kontaktadressen:

Deutsche Arbeitsgemeinschaft Selbsthilfegruppen (DAGSHG) e.V.
Friedrichstr. 28
Gießen
Tel.: 06 41/7 02 24 78

Nationale Kontakt- und Informationsstelle zur Anregung und Unterstützung von Selbsthilfegruppen (NAKOS)
Albrecht-Achilles-Straße 65
Berlin
Tel.: 0 30/8 91 40 19

Regionale Selbsthilfe-Kontaktstellen

Selbsthilfe-Kontakt- und Informationsstelle (SeKIS)
Albrecht-Achilles-Straße 65
Berlin
0 30/8 92 66 02

Regionale Selbsthilfe Kontakt- und Informationsstelle Zehlendorf
Nachbarschaftsheim Mittelhof
Angela Dlouhy
Königsweg 43
Berlin
0 30/8 02 70 42

Regionale Selbsthilfe Kontakt- und Informationsstelle Schöneberg/Steglitz
Nachbarschaftsheim Schöneberg
Barbara Veldten
Fregestraße 53
Berlin
0 30/8 52 70 07 und 8 52 70 20

Regionale Selbsthilfe Kontakt- und Informationsstelle Spandau
Kulturhaus Spandau e.V.
Maurerstraße 7-10
Berlin
0 30/3 31 11 64

Kontakt- und Informationsstelle für Selbsthilfegruppen (KISS)
Gaußstraße 21
Hamburg
0 40/39 57 67

KIBIS – Kontakte, Informationen, Beratung im Selbsthilfebereich
Ute van Bargen und
Thomas Leisching
Beselerallee 57
Kiel
04 31/56 02 22

Die Brücke Rendsburg e.V. – Verein zur Förderung der seelischen Gesundheit
Christel Schmahl
Materialhofstr. 1 a
Rendsburg
0 43 31/2 52 99

Lübecker Selbsthilfezentrum
c/o Solveigh Webecke
Moislinger Straße 92 b
Lübeck
04 51/8 32 31

AOK – Lübeck Gesundheitszentrum
Kontakt- und Informationsstelle für Selbsthilfe im Gesundheitswesen
Herr Schütt
Fleischhauerstraße 59
Lübeck
04 51/15 08-2 91 und -2 94

Arbeitsgemeinschaft Selbsthilfegruppen im Gesundheitsladen
Braunschweiger Straße 53 b
Bremen
04 21/4 98 86 34

Gesundheitstreffpunkt Bremen
Heino Brückmann
Lindenstraße 61
Bremen/Vegesack
04 21/65 64 11

Release e.V.
Dr. Hesse
Bahnhofstraße 29
Stuhr/Brinkum
04 21/89 32 33

Regionale Arbeitsgemeinschaft
Selbsthilfegruppe Bremen Nord
Werner Dierker
Petersenweg 15
Bremen
04 21/6 36 16 01

Universität Oldenburg
Koordinationsstelle Selbsthilfegruppen
Arb.-Einh. Psychologie
Birkenweg 5
Oldenburg
04 41/7 98 82 31 od. -2 52

Gemeinschaftspraxis List
Frau U. Kallenbach
Oskar-Winter-Straße 9
Hannover
05 11/66 30 28

Lebensberatung Ev.-luth. Kirchenkreis
Walsrode
Dipl. Psych. Herr Schäfer-Erhardt
Kirchplatz 8
Walsrode
0 51 61/80 10

Betriebskrankenkasse Volkswagen
Goethestraße 49
Wolfsburg
0 53 61/18 32 02

Psychosoziale Arbeitsgemeinschaft Braunschweig
Herr Barthels
Howaldstraße 3
Braunschweig
05 31/7 79 24

Regionale Kontaktstelle für Selbsthilfegruppen in Braunschweig

Betriebskrankenkasse Braunschweiger Hüttenwerke
Alte Leipziger Straße 117-118
Braunschweig
05 31/70 13-2 40

Institut für Eltern- und Jugendberatung
Ulla Mathles
Domplatz 4
Braunschweig
05 31/4 56 16 oder 4 56 17

Betriebskrankenkasse der Salzgitter AG
Frau Hogräfer
Thiestraße 15
Salzgitter
05 31/40 52 42

Ev. Familien Bildungsstätte Wolfenbüttel
Beatrice Franz
Neuer Weg 6
Wolfenbüttel
0 53 31/7 64 87

IKOS – Informations- und Kontaktstelle für Mitarbeit und Selbsthilfe
Moritz von Blanckenburg
Universität Göttingen IfS
Sprangerweg 2
Göttingen
05 51/39 56 59

Göttinger Beratung und Selbsthilfe e.V.
Kontakt in Krisen
Herzberger Landstrae 39
Göttingen
05 51/4 74 77

Marburger Arbeitsgemeinschaft Selbsthilfegruppen
Frau Raabe

Psychosoziale Beratungsstelle der Bürgerinitiative Sozialpsychiatrie e.V.
Haspelstraße 17
Marburg
0 64 21/2 60 41-42

Marburger Arbeitsgemeinschaft Selbsthilfegruppen
Herr Schmitz

Sozialer Dienst der AOK
Marburg-Biedenkopf
Rollwiesenweg 1
Marburg
0 64 21/40 12 55

Treffpunkt e.V.
Verein zur Förderung von psychosozialer Selbsthilfe und Beratung
Laustraße 9
Bad Wildungen
0 56 21/7 24 24

Gesundheitszentrum der AOK
Kirchhofstraße 33
Hilden
0 21 03/5 80 50

Gesundheitszentrum der AOK
Friedhofstraße 8
Langenfeld
0 21 73/7 58 11 und 7 30 71

Gesundheitszentrum der AOK
Neanderstraße 16
Mettmann
0 21 04/7 60 31

Gesundheitszentrum der AOK
Minoritenstraße 11
Ratingen
0 21 02/10 02-33

Duisburger Arbeitsgemeinschaft Selbsthilfegruppen
c/o Psychiatrische Hilfsgemeinschaft e.V.
Weidmannstraße 15
Duisburg
02 03/55 89 19

AOK – Krankenkasse
Achim Bertenburg
Postfach 13 40
Außenwall 13 a
Rheinberg
0 28 43/20 81

AOK – Gesundheitszentrum Essen
Herr Hassel
Lindenallee 57
Essen
02 01/20 11-5 30 und -5 33

Kontakt- und Informationsstelle für Selbsthilfegruppen im Gesundheitszentrum Neustadt
Ruth Kempcke
Mellerstraße 69
Osnabrück
05 41/58 90 44

DPWV Landesverband NRW
Projekt Selbsthilfegruppen
Westhoffstraße 8-12
Dortmund
02 31/84 03-1 27

OASE Bochum
Zentrum für Selbsthilfegruppen und Krisenhilfe
Alte Buscheystraße 138
Bochum-Querenburg
02 34/7 00-23 32

Lünener Arbeitsgemeinschaft Selbsthilfegruppen
c/o Dr. med. H.-G. Hellhammer
Yorckstraße 2
Lünen-Braumbauer
02 31/87 16 40

Volkshochschule Unna
Helmut Breitkopf
Hertinger Str. 45
Unna
0 23 03/8 17 99

Kontakt- und Informationsstelle Selbsthilfegruppen
c/o Psychologischer Beratungsdienst des DPWV
Stapenhorststraße 5
Bielefeld
05 21/17 14 22

Ev. Familien- und Erziehungsberatung des Kirchenkreises Halle
Anne Waltrup
Brockhäger Landstr. 2/4
Halle/W.
0 52 01/20 62
Heike Hünefeld
Amselweg 8
Oerlinghausen
0 52 02/78 86

Arbeitskreis für Selbstmordverhütung und Krisenberatung e.V.
Ilse Hildebrandt
Brunnenstraße 2
Detmold
0 52 31/3 29 84

DPWV Kreisgruppe Minden-Lübbecke
Lindenstraße 29
Minden
05 71/2 50 33

DPWV Kreisgruppe Köln
Franz Koch
Herwarthstraße 12
Köln
02 21/52 70 83

Aachener Arbeitsgemeinschaft Selbsthilfegruppen
c/o Dr. E. Rüter (VHS)
Peterstraße 21-25
Aachen
02 41/4 84 17

Regionale Arbeitsgemeinschaft Selbsthilfegruppen

Bonner Verein für gemeindenahe Psychiatrie
Thomas Brüninghaus
Bonner Talweg 86 a
Bonn
02 28/21 61 4/

Gemeinschaft der Selbsthilfegruppen Koblenz
Margot Demel
Kolpingstraße 12
Vallendar
02 61/6 24 42

Wuppertaler Arbeitsgemeinschaft Selbsthilfegruppen
c/o Prof. Hans Ruppelt
Kirchstraße 9
Wuppertal
02 02/45 61 11

Frauen-Beratung und Selbsthilfe e.V.
G. Morsbach
Kieselstraße 41
Wuppertal
02 02/42 39 46

Gesundheitszentrum der AOK
Friedrich-Ebert-Straße 123
Velbert
0 20 51/3 18-3 00

Europäisches Institut für Sozialmedizin und Andragogik e.V. – Patientenladen
Selbsthilfe-Kommunikations- und Informationsstelle
Beckmannstraße 92
Solingen
0 21 22/4 28 82

DPWV – Kontakt- und Informationsstelle für Selbsthilfegruppen
Rita Jannschewski
Dortmunder Straße 13
Witten
0 23 02/15 59

Frankfurter Arbeitsgemeinschaft
Selbsthilfegruppen im Selbsthilfe- und Nachbarschaftszentrum Ostend e.V.
Uhlandstraße 50
Frankfurt
0 69/44 50 67

Beratungsstelle Selbsthilfegruppen in der psychosozialen Ambulanz, Universitätsklinikum
Theodor-Stern-Kai 7
Frankfurt/M.
0 69/63 01-63 04/74 80

Psychosoziale Arbeitsgemeinschaft Darmstadt e.V.
Frau Gaby Käfer
Sturzstraße 9
Darmstadt
0 61 51/66 16 54

Caritasverband für den Kreis Bergstraße
Bensheimer Weg 16
Heppenheim
0 62 52/21 62

Deutsche Arbeitsgemeinschaft Selbsthilfegruppen e.V.
Jürgen Matzat
Friedrichstraße 28
Gießen

Gießener Arbeitsgemeinschaft Selbsthilfegruppen
Friedrichstraße 28
Gießen
06 41/7 02-24 78

Fuldaer Arbeitsgemeinschaft Selbsthilfegruppen
c/o Jugendhilfe Fulda e.V.
Heinrichstraße 67
Fulda
06 61/7 15 05

Gesundheitszentrum Gelnhausen
AOK Main-Kinzig
Schulstraße 7
Gelnhausen
0 60 51/8 20-2 28

Informations- und Kontaktstelle für Mitarbeit und Selbsthilfe (IKOS)
Gundula Wagner
Kriemhildenstraße 8
Worms
0 62 41/8 53-2 37

Kontakt- und Informationsstelle für Selbsthilfegruppen (KISS)
Markthallenstraße 2
Saarbrücken
06 81/5 84 76 34

Homburger Arbeitsgemeinschaft Selbsthilfegruppen
c/o Institut für klinische Psychotherapie
Dr. Greß
Postfach
Homburg/Saar
0 68 41/16 39 97 und 98

Arbeitsgemeinschaft Selbsthilfegruppen Rhein-Neckar
Im Gesundheitstreff
Schimper Straße 41
Mannheim
06 21/33 24 62

Herz-Kreislauf-Präventionsstudie
Kontaktstelle für Selbsthilfegruppen
Blumenstraße 29
Stuttgart
07 11/2 10 56 26

Stuttgarter Arbeitsgemeinschaft Selbsthilfegruppen
c/o Gebhard Roese
Nestroyweg 20
Stuttgart
07 11/7 35 23 36

Diakonische Bezirksstellen Aalen
Frau Voß
Marienstraße 12
Aalen
0 73 61/3 27 26

Informations- und Kontaktstelle für Mitarbeit und Selbsthilfe (IKOS)
Jürgen Flamm
Rathaus West. Z. 144
Kaiserallee 4
Postfach 62 60
Karlsruhe
07 21/1 33 38 15

Psychologische Beratungsstelle für Familien, Kinder, Jugendliche und Erwachsene
Frau Ch. Thirion
Illenauer Allee 4
Achern
0 78 41/49 94

Gesundheitsladen Freiburg
Zasiusstraße 40
Freiburg
07 61/70 96 70

AOK-Ravensburg
Welfenstraße 2
Postfach 11 30
Ravensburg
07 51/3 71-1 32

Münchener Arbeitsgemeinschaft Selbsthilfegruppen
Gesundheitspark im Olympiastadion (Olympiagelände)
Spiridon-Louis-Ring
München
0 89/3 06 10 10

Selbsthilfezentrum München
Auenstraße 31
München
0 89/72 51 78 oder 77 46 07

Dr. med. Christian Göpfert
Hallberger Allee 2
Tutzing/Starnberg
0 81 58/13 09

Modell Bergen
Hildegard Seeholzer
Bahnhofstraße 17
Bergen/Oberbayern
0 86 62/53 73

Selbsthilfegruppe Regenbogen
Peter Meik
Meister-Ermart-Straße 27
Straubing
0 94 21/3 28 09

Regionalzentrum Selbsthilfegruppen
Heiner Dehner
Feuerleinstraße 16
Nürnberg

Erlanger Arbeitsgemeinschaft Selbsthilfegruppen
Frau Ilka Wick
Hagenau
0 91 33/56 12

Coburger Arbeitsgemeinschaft Selbsthilfegruppen
Haus Mohrenstraße 3 e.V.
Mohrenstraße 3
Coburg
0 95 61/9 03 15

Informations- und Kontaktstelle für Mitarbeit und Selbsthilfe (IKOS)
Gabriele Monath
Rückmainstraße 2
Würzburg
09 31/3 74 68

Innere Mission Ansbach
Sozialpsychiatrischer Dienst
Postfach 14 06
Karolinenstraße 29
Ansbach
09 81/1 44 40

Selbsthilfe-Kontaktstellen im Ausland

International Information Centre on Self-Help and Health
E. van Evenstraat 2 C
B-3000 Leuven, Belgium

Team Selbsthilfe
c/o Elsi Freutel Domening
Mutschellenstraße 115
CH 8038 Zürich/Schweiz
0 04 11/4 81 83 89

Manchester Aerea Resource Center
Terry Martin
61 Bloom Street
GB Manchester 1/Great Britain
00 44 61/8 34 73 60

Nottingham Self-Help Groups Project
Judy Wilson
33 Mansfield Road
GB Nottingham NG 1 3 FF
Great Britain
0 04 46 01/41 32 79

Selbsthilfezentrum an der Universität Amsterdam
Institute Witonshop der Androgologie
Matthieu Karel
Grote Bickersstraat 72
NL Amsterdam
Niederlande

Projekt Patientenbegleitung und Patientenorganisation
Rijksuniversiteit Limburg
Koordin, Dr. Bremer-Schulte
Postbus 616
NL 6200 MD Maastricht
Niederlande

Adressen zum Thema Patientenrechte (Inland)

Psychiatrie Beschwerdezentrum
Schnackenbergstraße 4
Berlin

Gesellschaft für Patientenhilfe e.V.
Beratung in der Info-Stelle für Gesundheitsfragen
Müggenkampstraße 77
Hamburg
0 40/4 90 36 60

Allgemeiner Patienten-Verband
Postfach 11 26
Marburg

Arbeitskreis „Kunstfehler in der Geburtshilfe"
Hamburger Straße 50
Dortmund

Beschwerdestelle Psychiatrie
Alte Buscheystraße 138
Bochum

Sozialistische Selbsthilfe Köln
Beschwerdezentrum
Liebigstraße 25
Köln
02 21/55 61 89

Deutscher Patienten-Schutzbund
Adenauerallee 94
Bonn
02 28/21 88 01

Allgemeine Deutsche Patientenorganisation (ADPO)
Hausener Weg 61
Frankfurt/M.
0 69/78 78 10

Adressen von Patientenvereinigungen im Ausland

Verein für Patientenrechte
Stiftgasse 8
A 1070 Wien/Österreich

Federatio Nationale des Groupes d'Usagers de la Sante
18, rue Victor Massé
75 009 Paris/France

College of Health
18, Victoria Park Square
Bethnal Green
London E E 2 9 PF/Great Britain

Clientenbond in der Geestelijke Gezondheitszorg
Postbus 645
3500 AP Utrecht/Niederlande

People's Medical Society
14 Eastminer Street
Emmaus, PA 18 049/USA

Behindertenverbände

Bundesarbeitsgemeinschaft Der Clubs Behinderter und ihrer Freunde e.V. (BAG cbf)
Eupener Straße 5
Mainz
0 61 31/22 55 14 – 22 57 78

Bundesarbeitsgemeinschaft Hilfe für Behinderte
Kirchfeldstr. 149
Düsseldorf
02 11/31 00 60
(In der Bundesarbeitsgemeinschaft sind ca. 50 Selbsthilfeorganisationen für chronisch Kranke und Behinderte zusammengeschlossen)

Landesarbeitsgemeinschaft Hilfe für Behinderte in Bayern e.V.
Rathausgasse 7
München
0 89/83 30 39

Landesarbeitsgemeinschaft Hilfe für Behinderte Berlin e.V.
Schorlemer Allee 40
Berlin
0 30/8 23 60 36

Landesarbeitsgemeinschaft Hilfe für Behinderte Bremen e.V.
Gröpelinger Heerstraße 147
Bremen
04 21/61 10 45

Hamburger Landesarbeitsgemeinschaft für Behinderte e.V.
Südring 36
Hamburg
0 40/27 11 13

Landesarbeitsgemeinschaft Hilfe für Behinderte Hessen e.V.
Gutenbergstraße 35
Marburg
0 64 21/2 20 36

Landesarbeitsgemeinschaft NW Hilfe für Behinderte e.V.
Kleine Wienburgstraße 5
Münster
02 51/27 42 43 oder 29 31 17

Landesarbeitsgemeinschaft Hilfe für Behinderte Rheinl.-Pfalz e.V.
Klarastraße 29
Mainz
0 61 31/23 44 02

Landesarbeitsgemeinschaft Hilfe für Behinderte Saarland
Am Beckerwald
Spiesen-Elversberg
0 68 21/7 10 85

Kontaktadressen für geplante Landesarbeitsgemeinschaften

Schleswig-Holstein
Dr. Herbert Feuchte
Gesellschaft zur Förderung der Gehörlosen in Groß Hamburg e.V.
Bernadottestraße 126
Hamburg
0 40/8 80 68 41

Niedersachsen
Jutta Braun
Landesverband zur Förderung Körperbehinderter e.V. Niedersachsen
Engelbosteler Damm 72
Hannover
05 11/70 24 28

Quelle: Trojan, A. (Hrsg.); Wissen ist Macht – Eigenständig durch Selbsthilfe in Gruppen
Fischer, Frankfurt/M. 1986, 241-247

Kontaktstellen für Krebspatienten
(aus: Ärzte Zeitung (Hrsg.): Selbsthilfegruppen)

Selbsthilfegruppen für Krebskranke
Frauenselbsthilfe nach Krebs
Bundesverband e.V.
B 6 10/11
Mannheim
06 21/2 44 34

Landesverband Niedersachsen e.V.
Elly Wiegand
Auf der Höhe 30
St. Andreasberg
0 55 82/10 16

Landesverband Nordrhein-Westfalen e.V.
Alida Wagner
Normannstraße 16
Emmerich
0 28 2/5 11 09

Landesverband Hessen e.V.
Margaret Oberbacher
Rheingaustraße 21
Hofheim
0 61 92/81 31

Landesverband Rheinland-Pfalz e.V.
Hannelore Gardlo
Richard-Wagner-Str. 29
Beindersheim
0 62 33/7 26 55

Landesverband Baden-Württemberg e.V.
Irmgard Schmid
Schönbronnerweg 41
Wildberg
0 70 54/21 21

Krebsliga Saarland e.V.
Mainzer Straße 106
Saarbrücken
06 81/6 59 10

Selbsthilfegruppen der Bayerischen Krebsgesellschaft e.V.
Turmblinger Straße 4
München
0 89/53 11 75

Arbeitskreis der Pankreatektomierten
(für Patienten mit Bauchspeicheldrüsenkrebs)
Ostpreußenallee 8
Dormagen
0 21 06/4 23 29

Bundesverband der Kehlkopflosen e.V.
Obererle 65
Gelsenkirchen
02 09/59 22 82

Deutsche Illeostomie-, Colostomie-, (ILCO) Urostomie-Vereinigung, e.V. (für Patienten mit künstlichem Darm- und Blasenausgang)
Kepserstraße 50
Freising
0 81 61/8 49 09/11

Deutsche Krebsgesellschaft
Geschäftsstelle Tumorzentrum Rhein/Main
Theodor-Stern-Kai 7
Frankfurt
0 69/63 01 57 44

Krebsverband Baden-Württemberg e.V.
Adalbert-Stifter-Straße 105
Stuttgart
07 11/8 48 21 00 oder 07 11/8 48 28 04

Bayerische Krebsgesellschaft e.V.
Turmblinger Straße 4
München
0 89/53 11 75

Deutsche Krebsgesellschaft
Landesverband Berlin e.V.
Königsberger Straße 36 a
Berlin
0 30/7 72 90 90

Landesverband Bremen für Krebsbekämpfung und Krebsforschung e.V.
Rembertistraße 99
Bremen
04 21/32 51 69

Hamburger Landesverband für Krebsbekämpfung und Krebsforschung e.V.
Martinistraße 52
Hamburg
0 40/4 60 42 22

Hessische Krebsgesellschaft e.V.
Karl-Oelemann-Weg 11
Bad Nauheim
0 60 32/29 17

Arbeitsgemeinschaft für Krebsbekämpfung des Landes Niedersachsen e.V.
Ellernstraße 36
Hannover
05 11/81 50 91 oder 05 11/81 50 92

Gesellschaft zur Bekämpfung der Krebskrankheiten Nordrhein-Westfalen e.V.
Kettwiger Straße 6
Düsseldorf
02 11/7 33 66 55

Krebsgesellschaft Rheinland Pfalz e.V.
Schloßstraße 8
Koblenz
02 61/3 10 47 oder 02 61/3 10 48

Landesverband für Krebsbekämpfung und Krebsforschung e.V.
Faktoreistraße 4
Saarbrücken
06 81/4 00 30

Schleswig-Holsteinische Krebsgesellschaft e.V.
Flämische Straße 6-10
Kiel
04 31/9 42 94

Hilfsorganisationen

Deutsche Krebshilfe e.V.
Thomas-Mann-Straße 40
Bonn
02 28/72 99 00

Informations- Beratungsdienst der Deutschen Krebshilfe
02 28/72 99 00

Krebsinformationsdienst (KID)
Heidelberg
0 62 21/41 01 21

Förderkreis für krebskranke Kinder e.V.
Büchsenstraße 22
Stuttgart
07 11/29 73 56

Sonstige Bundesorganisationen

Bund der Kriegsblinden Deutschlands e.V.
Schumannstraße 35
Bonn
02 28/21 31 34

Bund Deutscher Kriegs- und Wehrdienstopfer, Schwerbeschädigter und Behinderter e.V. (BDK)
Hallplatz 15
Nürnberg
09 11/20 30 35

Bund Deutscher Kriegsopfer, Körperbehinderter und Sozialrentner (BDKK) e.V.
Bonner Talweg 88
Bonn
02 28/21 61 16

Reichsbund der Kriegsopfer, Behinderten, Sozialrentner und Hinterbliebenen e.V.
Bundesvorstand
Beethovenstraße 56-58
Bonn
02 28/36 30 71/73

Verband der Kriegs- und Wehrdienstopfer, Behinderter und Sozialrentner Deutschlands e.V. (VdK) – Sitz Bonn
Wurzerstraße 2-4
Bonn
02 28/36 40 61

Wohlfahrtsverbände

Bundesarbeitsgemeinschaft der Freien Wohlfahrtspflege e.V.
Franz-Lohe-Straße 17
Bonn
02 28/2 26

Arbeiterwohlfahrt Bundesverband e.V.
Oppelner Straße 130
Bonn
02 28/6 68 50

Diakonisches Werk der EKD e.V.
Stafflenbergstraße 76
Stuttgart
07 11/2 15 91

Deutscher Caritasverband e.V.
Karlstraße 40
Freiburg/Breisgau
07 61/20 01

Deutscher Paritätischer Wohlfahrtsverband e.V. – Gesamtverband –
Heinrich-Hoffmann-Straße 3
Frankfurt am Main
0 69/6 70 61

Deutsches Rotes Kreuz e.V.
Friedrich-Ebert-Allee 71
Bonn
02 28/54 11

Zentralwohlfahrtsstelle der Juden in Deutschland e.V.
Hebelstraße 6
Frankfurt am Main
0 69/43 02 06

Literaturverzeichnis

Das Gesamtliteraturverzeichnis ist so aufgebaut, daß zunächst die in den Kapiteln genannte oder die den Kapiteln zugeordnete Literatur angeführt wird. Die übrige Literatur, vor allem Standardwerke und Literatur, die zu mehreren Kapiteln gehört, ist in den nachfolgenden Literaturverzeichnissen zusammengestellt „nach Verfasser – ohne Verfasser".
Auf folgende Dokumentationsstellen wird hingewiesen:
1. Dokumentationsstelle für Bautechnik in der Fraunhofer-Gesellschaft, Silberburgstr. 119 a, Stuttgart
2. Institut für Dokumentation und Information über Sozialmedizin und öffentliches Gesundheitswesen, Westerfeldstr. 15, Bielefeld
3. Dokumentationsstelle der Stiftung Rehabilitation Heidelberg, Postfach 3 06, Heidelberg

Literaturverzeichnis nach Kapiteln

Kapitel 1.0 Der Anspruch der Menschen mit Behinderungen an die Gesellschaft und Umwelt

Kurt-Alphons Jochheim

Bleidick, U.: Integration und Schule, Kongreßbericht Integration heute und morgen. Reha 89, Düsseldorf

Council of Europe: The use of the international classification of impairments, disabilities and handicaps. Strassbourg 1989

Dönhoff, K.: Verbesserte sozialphysische Interaktion zwischen Behinderten und Nichtbehinderten durch freizeitorientierte Rehabilitation, in BMJFFG: Gesundheitsförderung und Rehabilitationshilfen. Bonn-Bad Godesberg 1971

Frühauf, Th.: Hilfen zur Integration im Kindergartenalter, Kongreßbericht Integration heute und morgen, s.o.

Haack, G.: Wohnen und soziale Teilhabe. Kongreßbericht Integration heute und morgen, s.o.

Heinemann, G.: Die Behinderten in unserer Gesellschaft, in: VdK 1. Bundeskongreß Behinderter. Bonn 1970

Helios Informationsdienst, Brüssel

Jochheim, K. A.: Der Behinderte in der Stadt. Weltgesundheitstag 1966, Hrsg.: Bundesausschuß f. ges. Volksbelehrung

Jochheim, K. A.: Welche Aufgaben der Rehabilitation stellen sich in der Zukunft? Weltgesundheitstag 1968, s.o.

Jochheim, K. A.: Was bedeutet Gesundheit, Leistungsfähigkeit und Produktivität für den Behinderten? Weltgesundheitstag 1969, s.o.

Jochheim, K. A.: Implementation of the Charta for the eigthees 5. European regional conference. Dublin 1990

Kluge, K.-J. u. Zialniok, W.-J.: Alle Behinderten – unsere Partner. Neuburgweier 1970

Kommission der Europäischen Gemeinschaft. Luxemburg 1989: XXIII Gesamtbericht über die Tätigkeit der EG

Safilios-Rothschild, C.: The Sociology and Social Psychology of Disability and Rehabilitation Random House. New York 1970

Schubert, W. M.: University Training in spite of Disability ISRD Proceedings of the Tenth World Congress. Georg Thieme Verlag, Stuttgart 1967

Swedish Central Committee for Rehabilitation Life together. E. Olofssons Boktrykerie AB, Stockholm 1972

WHO: International classification of impairments, disabilities and handicaps. Geneva 1980

Kapitel 2.1 Statistik Altersstufen
Vjenka Garms-Homolová

AG Gesundheitsanalysen und soziale Konzepte an der FU Berlin und Interdisziplinäre AG für angewandte soziale Gerontologie an der GH Kassel (Hrsg.) (1991): Alte Menschen in der Stadt und auf dem Lande. Beiträge zur Gerontologie und Altenarbeit, Bd. 82, Berlin: Deutsches Zentrum für Altersfragen, 251 S.

Bartholomai, B. & M. Melzer (1993): Wohnungsbaufinanzierung und Perspektiven der Wohnungsnachfrage in den neuen Bundesländern. Stuttgart: Deutsche Verlags-Anstalt

BMFuS (Hg.) (1994): Die Alten der Zukunft – Bevölkerungsstatistische Datenanalyse: Forschungsbericht. Erarbeitet vom Bundesinstitut für Bevölkerungsforschung. Stuttgart, Berlin, Köln: Kohlhammer-Verlag, Schriftenreihe des BMFuS, Bd. 32

Bucher, H.J.; Kocks, M.; Siedloff, M. (1996): Regionale Alterung, Haushalts– und Wohnungsmarktentwicklung. Bundesforschungsanstalt für Landeskunde und Raumordnung. Expertise im Auftrag der Sachverständigenkommission „2. Altenbericht der Bundesregierung". Bonn

Bundesminister für Raumordnung, Bauwesen und Städtebau (Hg.) (1985): Bereitstellung von Behindertenwohnungen. Bonn: Schriftenreihe Wohnforschung 04.109

Burkhard, G.; Fietze, B. & Kohli, M. (1989): Liebe, Ehe, Elternschaft. Eine qualitative Untersuchung über den Bedeutungswandel von Paarbeziehungen und seine demographischen Konsequenzen. Wiesbaden: Bundesinstitut für Bevölkerungskunde, Untersuchung zur Bevölkerungswissenschaft, H. 60

Deutscher Bundestag (Hg.) (1998): Zweiter Bericht zur Lage der älteren Generation in der Bundesrepublik Deutschland: „Wohnen im Alter" und Stellungnahme der Bundesregierung zum Bericht der Sachverständigenkommission, 13. Wahlperiode, Drucksache 13/9750, vom 28. 01. 98

Garms-Homolová, V. & U. Hütter (1983): Motorische Leistungsfähigkeit und motorische Behinderungen 60– bis 90jähriger Großstadtbevölkerung. Zeitschrift für Gerontologie, 16, 6, 260-269

Garms-Homolová, V.; Hütter, U. & Leibing, C. (1982): Wohnbedingungen und Selbstversorgung im Alter. In: Zt. Gerontologie, 15, 150-157

Hämmerlein, H. (1996): Einführung in die Wohnungswirtschaft. Baden-Baden: Nomos Verl.-Ges.

Höhn, C.; Mammey, U.; Schwarz, K. (1981): Die demographische Lage in der Bundesrepublik Deutschland. Zeitschrift für die Bevölkerungswissenschaft, 2, 199-230

Matthesius, R.-G.; Jochheim, K.-A.; Barolin, G.S.; Heinz, C. (1995): Die Internationale Klassifikation der Schadensbilder, Fähigkeitsstörungen und Beeinträchtigungen – Deutschsprachige Übersetzung und Kommentierung der „International Classification of Impairments, Disabilities, and Handicaps (ICIDH) der WHO. Ullstein Mosby

Matthesius, R.-G. (1990): Internationale Klassifikation der Schädigungen. Behinderungen und Beeinträchtigungen. VEB Verlag Volk und Gesundheit. Berlin (nicht mehr verfügbar)

Münz & Ulrich (1994): Was wird aus den neuen Bundesländern? Demographische Prognosen für ausgewählte Regionen für Ostdeutschland. Demographie aktuell, Heft 3, Humboldt-Universität Berlin, Lehrstuhl für Bevölkerungswissenschaft

Neumann, J. & E. Wacker (1991): Hilfe– und pflegebedürftige Menschen mit Behinderung in Familien und Einrichtungen. Untersuchung zur Situation der Klienten und ihrer Pflegepersonen sowie zum zukünftigen Hilfebedarf. Zwischenbericht 1991, Band 3. Sekundärstatistische Gesamterhebung des Versorgungsnetzes der Behindertenhilfe in den alten Bundesländern. Manuskript

Niemeyer, F. (1994): Nichteheliche Lebensgemeinschaften und Ehepaare – Formen der Partnerschaft gestern und heute. Wirtschaft und Statistik 7, 504-517

Pohl, K. (1985): Wende – oder Einstellungswandel? Heiratsabsichten und Kinderwunsch 18– bis 28jähriger deutscher Frauen 1978 und 1983. Zeitschrift für Bevölkerungswissenschaft 1, S. 99

Rückert, W. (1992): Bevölkerungsentwicklung und Altenhilfe. Folgen der Bevölkerungsentwicklung für die Altenhilfe – von der Kaiserzeit bis über das Jahr 2000 hinaus. Köln: Kuratorium Deutsche Altershilfe, Forum 18

Schneekloth, U. & Müller U. (1997): Hilfe– und Pflegebedürftige in Heimen. Endbericht zur Repräsentativbefragung im Rahmen des Forschungsprojekts „Möglichkeiten und Grenzen selbständiger Lebensführung in Einrichtungen". München: Infratest Sozialforschung und Infratest Epidemiologie und Gesundheitsforschung, Schriftenreihe des BMFSFJ, Band 147.2

Schneekloth, U. & Potthoff, P. (1993): Hilfe– und Pflegebedürftige in privaten Haushalten. Stuttgart, Berlin, Köln: Kohlhammer

Schuntermann, M.F. (1996): Die Internationale Klassifikation der Impairments, Disabilities und Handicaps (ICIDH) – Ergebnisse und Probleme. Die Rehabilitation. Heft 1, 6-13

Schuntermann, M.F. (1994): Überblick über die seit ihrem Erscheinen aus der ICIDH entwickelten Untersuchungsinstrumente. In: Matthesius, R.-G.; Jochheim, K.-A.; Barolin, G.S.; Heinz, C.: Die Internationale Klassifikation der Schadensbilder, Fähigkeitsstörungen und Beeinträchtigungen – Deutschsprachige Version der „International Classification of Impairments. Disabilities, and Handicaps", Hg. WHO, Ullstein Mosby, 71-85

Sommer (1996): Entwicklung der Bevölkerung bis 2040. Ergebnisse der achten koordinierten Bevölkerungsvorausberechnung. Wirtschaft und Statistik, 7, 4497-503

Statistsches Bundesamt (Hg.) (1996): 1 % Gebäude– und Wohnraumstichprobe. Wiesbaden: Stat. Bundesamt

Statistsches Bundesamt (Hg.) (1996): Schwerbehinderte 1995, Fachserie 13, Reihe 5.1. Stuttgart: Metzler-Poeschel

Statistsches Bundesamt (Hg.) (1994): Statistisches Jahrbuch 1994 für die Bundesrepublik Deutschland. Stuttgart: Metzler-Poeschel

Statistsches Bundesamt (Hg.) (1989): Statistisches Jahrbuch 1989 für das Ausland. Stuttgart: Metzler-Poeschel

Statistsches Bundesamt (Hg.) (o.A.): Gesundheitsbericht für Deutschland. Stuttgart: Metzler & Poeschel

Stolarz, H. (1984): Pilotprojekt „Altenwohnhaus" in Haltern. Dokumentation des Wettbewerbsergebnisses. Kuratorium Deutsche Altershilfe (Hg.). Köln

Stolarz, H.; Friedrich, K.; Winkel, R.. (1993): Wohnen und Wohnumfeld im Alter. In: Deutsches Zentrum für Altersfragen (Hg.): Expertisen zum ersten Altenbericht der Bundesregierung – II. Aspekte der Alterssituation im Osten und Westen der Bundesrepublik. Berlin: Deutsches Zentrum für Altersfragen, 243-403

Voigt, H. (1993): Haushalte und Familie. Ergebnisse des Mikrozensus. Wirtschaft und Statistik 3, 191-199

Voigt, H. (1992): Haushalts- und Familientypen 1972 und 1990. Ergebnisse des Mikrozensus. Wirtschaft und Statistik 4, 223-230

Vortmann, H. & G. Wagner (1993): Lebensverhältnisse älterer Menschen in der früheren DDR und im früheren Bundesgebiet. In: Deutsches Zentrum für Altersfragen (1993) (Hg.): Expertisen zum ersten Altenbericht der Bundesregierung – II. Aspekte der Alterssituation im Osten und Westen der Bundesrepublik. Berlin: Deutsches Zentrum für Altersfragen, 199-239

Wacker, E. & H. Metzler (1995): Hilfebedarf und Betreuungsstandards in Wohneinrichtungen der Behindertenhilfe. Arbeitspapier im Projektverbund „Möglichkeiten und Grenzen der selbständigen Lebensführung in Einrichtungen der Alten- und Behindertenhilfe", Tübingen: Eberhard-Karls-Universität, 6 S.

Wacker, E.; Wetzler, R; Metzler, H.; Hornung, C. (1998): Leben im Heim. Angebotsstrukturen und Chancen selbständiger Lebensführung in Wohneinrichtungen der Behindertenhilfe. Bericht zu einer bundesweiten Untersuchung im Forschungsprojekt „Möglichkeiten und Grenzen selbständiger Lebensführung in Einrichtungen". Baden-Baden: Nomos-Verlagsgesellschaft, Schriftenreihe des Bundesministeriums für Gesundheit, Bd. 102

WHO (1980): International Classification of Impairments, Disabilities, and Handicaps. A Manual of Classification Relating to the Consequences of Disease. Geneva: WHO

World Health Organisation (ed.) (1997): Draft International Classification of Impairments, Activities, and Participation (ICIDH-2), Unterlage für die Tagung vom 22. bis 26. April 1997 in Genf (unveröffentlicht)

Zeitfang, K. & R. Pfleiderer (1990).: Unfallgeschehen in Heim und Freizeit. Repräsentativbefragung für die Bundesrepublik Deutschland. Dortmund: Wirtschaftsverlag NW, Schriftenreihe der Bundesanstalt für Arbeitsschutz, S. 30

Kapitel 2.2 Psycho-soziale Aus- und Nebenwirkungen der Behinderung
Norbert Hahn

Bernd, H. u.a.: Architektur als Ideologie, Frankfurt 1968

Goffmann, E.: Stigma, Frankfurt 1967

Gunnberger, R.: Le Marcism, Press Universitaire, Francaise, Paris o.J.

Spitz, A. R.: Bibliographie Vom Säugling zum Kleinkind, Stuttgart 1972

Kapitel 2.3.1 Behindertengerechte Umwelt als Mittel der Integration Blinder und Sehbehinderter
Dietmar Böhringer

Appelhans, P.; Krebs, E.: Kinder und Jugendliche mit Sehschwierigkeiten in der Schule, Heidelberg 1983

Blankenagel, A.; Jäger, W.: Wandel in den Ursachen der Blindheit in den letzten hundert Jahren, in: 175 Jahre Blindenbildung in Deutschland, Berlin 1981

Hennies, G. und Majerski-Pahlen, M.: Der Blinde im geltenden Recht, 4. Aufl., Berlin 1990

Jäger, W.: Wandel in den Ursachen der Blindheit in den letzten hundert Jahren, in: Staatliche Blindenschule Ilvesheim, Jahresbericht für das Jubiläumsjahr 1967/68, S. 93

Keller, H.: Meine Welt, in: Der grüne Zweig 116, hrsg. von Werner Pieper, 1983

Leydhecker, W.: Augenheilkunde, Berlin, Heidelberg, New York

Kapitel 2.3.2 Blindheit und Sehbehinderung aus medizinischer Sicht
Dietmar Böhringer

– Blankenagel, Anita; Jäger, Wolfgang: Wandel in den Ursachen der Blindheit in den letzten hundert Jahren, in: 175 Jahre Blindenbildung in Deutschland, Berlin 1981

– Grehn, Franz: Augenheilkunde, Berlin, Heidelberg, New York (u.a.), 1998

– Jäger, Wolfgang: Wandel in den Ursachen der Blindheit in den letzten hundert Jahren, in: Staatliche Blindenschule Ilvesheim, Jahresbericht für das Jubiläumsjahr 1967/68, S. 93

– Keller, Helen: Meine Welt, in: Der grüne Zweig 116, hrsg. von Werner Pieper, 1983

Kapitel 2.3.3 Schriftliche Informationen für blinde und sehbehinderte Personen
Dietmar Böhringer

Verbesserung von visuellen Informationen im öffentlichen Raum, Handbuch für Planer und Praktiker, Hrsg. Bundesministerium für Gesundheit, Bonn 1996

Kapitel 2.5 Der Bewegungsraum und seine Messung
Ernst Krauspe

Berning, J.: Aufgaben des technischen Beraters bei der Durchführung eines umfassenden Eingliederungsplanes. In: Rehabilitation, Kongreßber., Kassel, 1971, Georg Thieme Verlag, Stuttgart, 1972, S. 64-65

Brattgard, S.-O., Paulsson, J., Petersson, B.: „Metod för tredimensionell registrering av rörelsemönster vid fullskaleförsük", Byggforskningen, Rapport R 9: 1971, Stockholm

Exner, G.: Ärztliche Aufgaben in der Rehabilitation der zweiten Hand in Studium und Berufsausbildung bei schwer Körperbehinderten. Rehabilitation, Kongreßber., Kassel 1971, Georg Thieme Verlag, Stuttgart, 1972, S. 106-107

Fichtner, H. J.: Die nahtlose Rehabilitation körperbehinderter Erwachsener und Jugendlicher aus der Sicht des Rehabilitationsarztes. In: Georg Thieme Verlag, Stuttgart, 1972, S. 108-109

Haike, H. J.: Die nahtlose Rehabilitation körperbehinderter Erwachsener und Jugendlicher aus der Sicht des Unfallchirurgen. In: Rehabilitation, Kongreßbericht, Kassel, 1971, Georg Thieme Verlag, Stuttgart, 1972, S. 112-113

Hoeschel, E.: Zur Suche nach dem geeigneten Arbeitsplatz. In: Rehabilitation, Kongreßber., Kassel, 1971, Georg Thieme Verlag, Stuttgart, 1972, S. 126-127

Lanz, T. von und Wachsmuth, W.: Praktische Anatomie Band I/3 Arm, 2. Aufl., Springer-Verlag, Berlin-Göttingen-Heidelberg 1959

Lanz, T. von u. Wachsmuth, W.: Praktische Anatomie Band I/4 Bein und Statik, 2. Aufl., Springer-Verlag, Berlin-Göttingen-Heidelberg 1960

Wagner-Fischer, A.-M.: Die Rolle von Alltagshilfen, angepaßter Bekleidung und Wohnungsausstattung für die soziale Eingliederung körperbehinderter Kinder. Aus der Zeitschrift „das behinderte Kind", H. 4/5, 6. Jhrg., Juli 1969

Zutt, Zitat nach R. Haizmann: Rehabilitation – Gemeinschaftsaufgabe unserer Gesellschaft, in Rehabilitation, Kongreßber., Kassel, 1971, Georg Thieme Verlag, Stuttgart, 1972, S. 1-7

Kapitel 2.7 Bewegungshilfen, Rollstühle
Axel Stemshorn

Architecture et Accessibilité (Documents Techniques 1), Association Nationale pour le Logement des Handicapes, Avenue E. Plasky 186, 1040 Bruxelles

Deutsche Vereinigung für die Rehabilitation Behinderter e.V. (Hrsg.): Praktische Hilfen für Körperbehinderte, Loseblattsammlung. Treu Druck und Verlag, Heidelberg 1970

Schweizerische Rheumaliege: Hilfsmittel für behinderte Rheumakranke. ICTA Information Centre, Rehabilitation Engineering, Mai 1969

Engel, P.; Bennedik, K.; Hildebrandt, G.: Der Rollstuhl, 1978, G. Schindele Verlag

Kapitel 2.9 Der Rollstuhl am Arbeitsplatz und zu Hause
Walter Rohmert, Werner Lesser

Engel, P.; Armonies, G.; Tondera, K. L.; Henze, W.; Hildebrandt, G.: Untersuchungen und Entwicklungen zur Verbesserung des Sitzkomforts in Rollstühlen und zur Verhinderung von Sitzschäden. Abschlußbericht des Instituts für Arbeitsphysiologie und Rehabilitationsforschung der Philipps-Universität Marburg, 1986

Ertomis Bildungs- und Förderungs GmbH (Hrsg.): Fähigkeits- und Anforderungsprofile – Hilfe für die Eingliederung Behinderter. Wuppertal, 1981

Fischbach, F.: Funktionsgerechte Büromöbel für Behinderte, Rehabilitation 26 (1987), S. 85-95

Hale, G. (Hrsg.): Handbuch für Körperbehinderte, Otto Maier Verlag, Ravensburg 1984

Hell, W.; Kern, U.; Weertz, K.: Integration überwiegend körperlich Behinderter in einem Industriebetrieb. Leitfaden zur präventiven und korrektiven Arbeitsgestaltung. Projektträger Humanisierung des Arbeitslebens (Hrsg.), Wirtschaftsverlag NV, Bremerhaven 1985

Istanbuli, S.; Lesser, W.: PRODIS-Informationspaket Arbeitsplatzgestaltung für Behinderte (Leitfaden zur Integration der Behinderten in die Arbeitswelt), Librex Buchvertrieb der deutschen Wirtschaft, Köln 1987

Lesser, W.: Ergonomische Untersuchungen der Gestaltung antriebsrelevanter Einflußgrößen beim Rollstuhl mit Handantrieb, VDI-Verlag, Düsseldorf 1986

Rohmert, W.; Landau, K.: Das Arbeitswissenschaftliche Erhebungsverfahren zur Tätigkeitsanalyse (AET), Handbuch, Verlag H. Huber, Bern 1979

Spieler, B.; Junker, R.; Kriegel, B.: Variable Arbeitsplätze für Behinderte und Nichtbehinderte, Landschaftsverband Rheinland – Hauptfürsorgestelle – (Hrsg.), Köln, 1985

Stiftung Rehabilitation Informations- und Dokumentationsstelle für Technische Hilfen (Hrsg.): Informationssammlung Technische Hilfen für Behinderte, Heft 1-11, Heidelberg, 1986

Wieland, K.; Laurig, W.; Schulze-Icking, G.: Arbeitsplätze für Behinderte – Handbuch technischer Arbeitshilfen zur Arbeitsgestaltung –, Bundesanstalt für Arbeitsschutz (Hrsg.), Wirtschaftsverlag NV, Bremerhaven 1984

Kapitel 3.1 Wohnwert
Axel Stemshorn

Bundesminister für Städtebau und Wohnungswesen als Herausgeber unter der Mitwirkung des Statistischen Bundesamtes: Das Wohnen in der Bundesrepublik (1968)

institut für altenwohnbau des kuratoriums deutsche altershilfe e.V., Sachsenring 39-41, Köln: Literatur s. dort

Kräntzer, K. R.: Grundrißbeispiele für Geschoßwohnungen und Einfamilienhäuser nach DIN 18 011 und DIN 18 022. Bauverlag 1976

Kapitel 3.2 SIESTA Qualitätsdiagnose von Einrichtungen der Altenhilfe
Gerhard Berger, Gabriele Gerngroß-Haas

Berger, Gerhard; Gerngroß-Haas, Gabriele (1993): SIESTA: Wie gut ist Ihre Einrichtung? In: Altenheim Jg. 32, H.9, S. 679-684.

Berger, Gerhard; Gerngroß-Haas, Gabriele (1997): Wo liegen die Stärken und Schwächen? Von der Qualitätsdiagnose zur Qualitätssicherung. In: Altenheim Jg. 36, H. 3, S. 28-39.

Berger, Gerhard (1998): Die SIESTA-Qualitätsdiagnose als erster Schritt einer Qualitätsentwicklung über das bereits Erreichte hinaus. In: Harald Blonski: Qualitätsmanagement in der Altenpflege, Hagen, Kunz Verlag 1998, S. 47-93.

Berger, Gerhard; Gerngroß-Haas, Gabriele (1998): SIESTA – Pilotstudie Baden-Württemberg. Hrsg.: Sozialministerium von Baden-Württemberg.

Kapitel 3.3 Wohnform
Joachim Brohm

Brohm, Joachim und Juster, Kurt: Die Wohnsituation der Körperbehinderten in der Bundesrepublik Deutschland, Schriftenreihe des Bundesministers für Raumordnung, Bauwesen und Städtebau, Bonn 1976

Doose, Volker: Lebenslaufwohnen – Ein Ratgeber mit Anregungen zum Bauen für Mobilitätsbehinderte, Hrsg.: Fördergemeinschaft der Querschnittsgelähmten in Deutschland e.V., Bonn 1993

Freie und Hansestadt Hamburg, Baubehörde, Amt für Wohnungswesen: Wohnen im Alter, Hamburg 1996

Kapitel 3.4 Neue Wohnformen für betagte und behinderte Menschen
Gabriele Gerngroß-Haas

(Die Ziffern betreffen die Anmerkungen in diesem Kapitel)

1 Gerhard Naegele, Zukünftige Anforderungen der Altenhilfe an die Kommunalpolitik, in: Soziale Arbeit 12/87, S. 450-459. Und: Hans Peter Tews, Qualitätskriterien der stationären Versorgung in der Altenhilfe, in: Altenheim 2/88, S. 63-64

2 Wie die Entwicklung zum „betreuten Altenwohnen" inzwischen verlaufen ist, wird detaillierter geschildert in: Gabriele Gerngroß-Haas, Altenwohnungen, betreutes Wohnen, Servicehäuser. In Altenheim 1/1991, S. 18-24

3 In Zusammenhang mit dem gegenwärtig stattfindenden Ausbau der ambulanten sozialpflegerischen Dienste bessert sich die Situation schrittweise

4 Zahlenangaben zitiert nach: KDA-Presse– und Informationsdienst, 4/1988, S. 4-5

5 Stadt Stuttgart, Sozial– und Schulreferat, GR-Drucksache Nr. 1121/1980, Unterbringung versorgungsbedürftiger Multiple-Sklerose-Kranker

Gabriele Gerngroß-Haas, Pflegebedürftige im mittleren Lebensalter: Im Altenpflegeheim fehlplaziert? In: Altenheim 12/82, S. 289-292

Erste Erfahrungen mit dieser Abteilung für jüngere Pflegebedürftige haben wir in einer empirischen Auswertung festgehalten; vgl. dazu: Gabriele Gerngroß-Haas, Jodok Erb, Ein Pflegeheim für ältere und jüngere Menschen. Ergebnisse einer empirischen Untersuchung der Abteilung für jüngere Pflegebedürftige an der Else-Heydlauf-Stiftung, Stuttgart, in: Wohnen mit Körperbehinderung in Stuttgart, Beiträge zur Stadtentwicklung 26, Hrsg.: Landeshauptstadt Stuttgart, 1989, S. 75-80

6 Derartige Servicehäuser sind in anderen europäischen Ländern, z.B. Schweden, schon weiter verbreitet. Vgl. hierzu z.B.: Behindernde Hilfe oder Selbstbestimmung der Behinderten. Neue Wege gemeindenaher Hilfen zum selbständigen Leben. Kongreßbericht der internationalen Tagung „Leben, Lernen, Arbeiten in der Gemeinschaft", Hrsg.: VIF, München 1982. Oder: Ernst Klee, Behindertenreport, Frankfurt a. M., 1974

7 Gabriele Gerngroß-Haas, Konzepte zur Altenheimplanung. Überlegungen der Architekturpsychologie, in: Altenheim 5/86, S. 114-118

8 Gabriele Gerngroß-Haas, Thomas Drautz, Ältere Menschen mit psychischen Schwierigkeiten im Heim, Beiträge zur Stadtentwicklung 22, Stuttgart 1986, Kap. 3.3.: Anregungen zur baulichen Gestaltung, S. 39-57

9 Traditionellerweise gelten als „kleine" Einrichtungen Heime mit etwa 20-50 Plätzen, Heime „mittlerer" Größe haben etwa 50-150 Plätze, als „große" Heime gelten 150-500 Plätze, „Anstalten" haben oft über 500 Plätze

10 Andrea Pfeiffer, Größe von Einrichtungen für alte, behinderte und psychisch kranke Menschen, insbesondere Wohneinrichtungen – Gutachten im Auftrag der Landeshauptstadt Stuttgart, Sozialamt, 1987

11 Alt und Jung – Innere Nähe durch äußere Nähe? KDA-Presse– und Informationsdienst, Folge 6, 1986, S. 9-17

12 Gabriele Gerngroß-Haas, Bedeutung psychosozialer Begleitung, in: KDA-Reihe „Thema": Betreutes Wohnen, Köln 1989, S. 49-52

13 Heike Schulz, Soziale Beziehungen im Alter. Integration durch „Insulation", 1979, S. 168. Oder: Rotraut Weeber u.a., Alte Menschen, Hausfrauen und Kinder in einem neuen Wohngebiet, Stuttgart 1972, S. 50-54

14 Heike Schulz, a.a.O.

15 Spezieller zumindest für bestimmte Ältere – aber das werden gerade diejenigen sein, die auf solche Wohnformen wie Servicehäuser zurückgreifen. So lassen die ersten Ergebnisse von Intensivinterviews mit den BewohnerInnen der „Reinsburgstraße" auch darauf schließen, daß bei vielen der älteren Bewohner offensichtlich der Wunsch nach altershomogenem Wohnen vorherrscht

16 Vgl. hierzu die Erfahrungen aus der Planungs- und Auswertungsphase der ersten Abteilung für jüngere Pflegebedürftige in Stuttgart: Gabriele Gerngroß-Haas und Jodok Erb, Ein Pflegeheim für ältere und jüngere Menschen. Ergebnisse einer empirischen Untersuchung der Abteilung für jüngere Pflegebedürftige an der Else-Heydlauf-Stiftung, Stuttgart, a.a.O., bzw. die Kurzfassung der Ergebnisse dieser Studie unter dem gleichen Titel, in: Altenheim 10/1988, S. 421-431

17 Die Interviews wurden im Rahmen eines Projektseminars im WS 88/89 und SS 89 am Institut für Sozialforschung – Abteilung für Soziologie und Sozialplanung, Universität Stuttgart, durchgeführt

18 Eine dieser Evaluationsuntersuchungen hat bereits begonnen. Vgl. hierzu: Gabriele Gerngroß-Haas, Gerhard Berger, Erwin Müller, Wohnen mit gesicherter Pflege. In: Altenheim 2/1993, S. 83-96

19 Gerhard Berger, Gabriele Gerngroß-Haas: Wohnen mit gesicherter Pflege im Servicehaus. Wissenschaftliche Begleitforschung des Modellprojektes „Haus am Weinberg" in Stuttgart. Hrsg.: Bundesministerium für Familie, Senioren, Frauen und Jugend, Bonn 1996. Gabriele Gerngroß-Haas: Wer tut was wann wo – und warum bzw. warum nicht? Architektur und Nutzung eines Servicehauses für alte Menschen und Körperbehinderte unter umweltpsychologischer Perspektive, Fraunhofer IRB Verlag (T 2764), Stuttgart 1997. Gerhard Berger, Gabriele Gerngroß-Haas: Wege zum Wandel. Servicehäuser bewähren sich. In: Altenheim 8/97. S. 14-21. Vgl. hierzu: Gabriele Gerngroß-Haas, Gerhard Berger, Erwin Müller: Wohnen mit gesicherter Pflege. In: Altenheim 2/93, S. 83-96.

Kapitel 3.5 Betreutes Wohnen
Gabriele Gerngroß-Haas

(Die Ziffern betreffen die Anmerkungen in diesem Kapitel)

1 Gerhard Berger, Gabriele Gerngroß-Haas: Wohnen mit gesicherter Pflege im Servicehaus. Wissenschaftliche Begleitforschung des Modellprojekts „Haus am Weinberg" in Stuttgart. Hrsg.: Bundesministerium für Familie, Senioren, Frauen und Jugend, Bonn 1996. Und: Gabriele Gerngroß-Haas: Wer tut was wann wo – und warum bzw. warum nicht? Architektur und Nutzung eines Servicehauses für alte Menschen und Körperbehinderte unter umweltpsychologischer Perspektive, Fraunhofer IRB Verlag (T 2764), Stuttgart 1997. Sowie: Gerhard Berger, Gabriele Gerngroß-Haas: Wege zum Wandel. Servicehäuser bewähren sich. In: Altenheim 8/97, S. 14-21. Vgl. hierzu auch: Gabriele Gerngroß, Gerhard Berger, Erwin Müller. Wohnen mit gesicherter Pflege. In: Altenheim 2/93, S. 83-96.

2 Hans Peter Tews (1994 a): Betreutes Wohnen: Entwicklung, Anforderungen, Effekte, Probleme. In: Kuratorium Deutsche Altershilfe (Hrsg.): Qualitätsgeleitetes Planen und Arbeiten in der Altenhilfe. 9 Workshops und Seminare zur Qualitätssicherung in der ambulanten und stationären Altenhilfe. Dokumentation einer Fachtagung am 5. und 6. Mai 1994 im Wissenschaftszentrum Bonn-Bad Godesberg, S. 357.

3 Laut KDA (Kuratorium Deutsche Altershilfe, Köln) wurde die Altenwohnung bereits in den 70er Jahren als eine in sich abgeschlossene Wohnung definiert, die in Anlage, Ausstattung und Einrichtung den besonderen Bedürfnissen des alten Menschen Rechnung trägt und ihn in die Lage versetzt, möglichst lange ein selbstständiges Leben zu führen (Institut für Altenwohnbau des Kuratoriums Deutsche Altershilfe, Hinweise für den Bau und die Ausstattung von Altenwohnungen und Altenwohnhäusern, Köln 1973, S. 3). Bezüglich der baulichen Anforderungen gab es entsprechende Planungsempfehlungen des Bundesministers für Städtebau und Wohnungswesen vom 8. Dezember 1972, die als

Anlage zu den Richtlinien zur Förderung gedacht waren. Hierin wurden z.B. Aussagen zu Lage und Hausform, zu Raumprogramm, Bemessung und Ausstattung gemacht. Weiter gab es z.B. vom Institut für Altenwohnbau des KDA sog. „Hinweise für den Bau und die Ausstattung von Altenwohnungen und Altenwohnhäusern" (von 1972/73). Diese waren als eine in Detail gehende Ergänzung der Planungsempfehlungen des Bundesbauministeriums konzipiert. Aus baulich-technischer Sicht heißt „Altenwohnung" heute in erster Linie barrierefreie horizontale und vertikale Erschließung der Wohnung unter zusätzlicher Berücksichtigung der Standortqualität. Das entscheidende Qualitätsmerkmal der Altenwohnung nach heutigem Standard ist ihre Barrierefreiheit, d.h. sie hat keine Schwellen und Niveauunterschiede und verfügt über die notwendigen Bewegungsflächen. Die DIN 18025 Teil 2 (vom Dezember 1992) definiert im einzelnen die Qualitätsstandards für barrierefreie Altenwohnungen.

4 Vgl. hierzu ausführlicher: Gabriele Gerngroß-Haas (1991): Altenwohnungen, betreutes Wohnen, Servicehäuser. In: Altenheim, H.1, S. 18-24.

5 Zitiert nach Tews 1994 a, a.a.O., S. 368.

6 Wüstenrot Stiftung Deutscher Eigenheimverein e.V. (Hrsg.) (1994.): Selbständigkeit durch Betreutes Wohnen im Alter. Karl Krämer: Stuttgart/Zürich.

7 Hans Peter Tews (1994 b): Wohnen und Versorgung im Alter im Historischen Wandel. In: Wüstenrot-Stiftung 1994, S. 55.

8 Vgl. hierzu: „Verwaltungsvorschrift des Ministeriums für Arbeit, Gesundheit, Familie und Sozialordnung über das Mindestmaß und die Förderung der Gemeinschafts- und Versorgungseinrichtungen sowie über die Anforderungen für die Gewährleistung eines abrufbaren Zusatzservices bei betreuten Altenwohnungen" vom 16. März 1989. Veröffentlicht in: GABI. Nr. 14/1989. Bzw. in der neuesten Fassung: „Verwaltungsvorschrift des Sozialministeriums über Zuwendungen zur Förderung der Gemeinschafts- und Versorgungseinrichtungen bei Betreuten Altenwohnungen" vom 18. April 1996. Veröffentlicht in: GABI. vom 3. Juni 1996. In der neuesten Fassung von 1996 fehlt der letzte Zitat-Halbsatz. In diesem Sinne wird in der neuen Fassung der Verwaltungsvorschrift des Sozialministeriums Baden-Württemberg von 1996 unter Punkt 5.1 ausgeführt: „Betreute Altenwohnungen können im Einzelfall auch an ältere Menschen vergeben werden, die 60 Jahre oder älter sind und vorübergehend oder längerfristig pflegebedürftig sind, soweit der Betreuungsgeber die Gewähr für angemessene, qualitätvolle und wirtschaftliche Pflege bietet." Insofern deutet sich hier eine wichtige Weiterentwicklung von Positionen an, auf die auch im Punkt „Entwicklungen und Präzisierungen" hingewiesen wird.

9 H. Leyendecker et al. (1992): Betreutes Wohnen in Altenwohnheimen. Schriftenreihe des Ministeriums für Bauen und Wohnen des Landes Nordrhein-Westfalen. Düsseldorf, S. 76. Und: Landesinstitut für Bauwesen und angewandte Bauschadensforschung NRW (LBB) (Hrsg.) (1993): Wohnen im Alter. Zukunftsweisende Lösungen: Praxis – Probleme – Perspektiven. Im Auftrag des Ministeriums für Bauen und Wohnen des Landes Nordrhein-Westfalen (Bearbeitung: Weeber + Partner, Stuttgart), Aachen, S.79.

10 Hans-Peter Winter (1995): Wohn- und Betreuungsqualität für ältere Menschen. Erfahrungen und Perspektiven. In: Ministerium für Bauen und Wohnen des Landes Nordrhein-Westfalen (Hrsg.): Wohnen Plus. Betreutes Wohnen in NRW – zukunftsweisende Beispiele. Dokumentation der Tagung vom 12.10.1994, S. 11 f.

11 Vgl. hierzu z.B.: Hans Peter Tews (1994): Selbstständig, aber nicht allein. Betreutes Wohnen im Alter. In: Altenheim H. 9, S. 628-639.

12 Wüstenrot Stiftung Deutscher Eigenheimverein e.V. (Hrsg.) (1996): Betreutes Wohnen mit Pflegekern. Realisierungswettbewerb für den Neubau von Altenwohnungen mit Altenbegegnungsstätte und Sozialstation in Markgröningen. Sonderheft Architektur + Wettbewerbe. Karl Krämer: Stuttgart/ Zürich, S.3.

13 Arbeiterwohlfahrt Landesverband Baden-Württemberg et al. (Hrsg.) (1993): Betreutes Wohnen im Alter – Ein Fragenkatalog, Stuttgart Juli 1993.

14 Ministerium für Arbeit, Gesundheit und Sozialordnung Baden-Württemberg (Hrsg.) (1995): Betreutes Wohnen im Alter. Das Verzeichnis. Stuttgart.

15 Städtetag Baden-Württemberg, Gemeindetag Baden-Württemberg, Landeswohlfahrtsverband Baden, Landeswohlfahrtsverband Württemberg-Hohenzollern (Hrsg.) (1995): Betreutes Wohnen für Senioren – Qualitätssiegel Baden-Württemberg. Anforderungen – Prüfverfahren – Informationen. Karlsruhe/Stuttgart.

16 Nähere Informationen und die zur Durchführung notwendigen Materialien sind erhältlich bei: Dr. Gerhard Berger, Christian-Albrechts-Universität zu Kiel, Institut für Soziologie, Olshausenstraße 40, D-24098 Kiel, Tel. (0431) 880-3461 oder (0431) 24 913, Fax (0431) 880-3467.

17 Gerhard Berger, Gabriele Gerngroß (1996): Wohnen mit gesicherter Pflege im Servicehaus. Wissenschaftliche Begleitforschung des Modellprojekts „Haus am Weinberg" in Stuttgart. Hrsg.: Bundesministerium für Familie, Senioren, Frauen und Jugend, Bonn. Und: Gabriele Gerngroß-Haas (1997): Wer tut was wann wo – und warum bzw. warum nicht? Architektur und Nutzung eines Servicehauses für alte Menschen und Körperbehinderte unter umweltpsychologischer Perspektive. Fraunhofer IRB Verlag: Stuttgart.

18 Gitta Doege (1989): Das Dienstleistungsangebot des Trägers von Betreuungsleistungen am Beispiel der Servicehäuser Kiel der Arbeiterwohlfahrt Schleswig-Holstein. In: Brigitta Fischer (Bearb.)/ Kuratorium Deutsche Altershilfe (Hrsg.): Betreutes Wohnen. Materialsammlung und Diskussionsbeiträge. Köln: KDA „thema" 27, S. 26-34.

19 Internes Arbeitspapier: Modell Servicehaus 2000, Kiel-Mettenhof, Vaasastr. 2, 24109 Kiel, S. 10 (ohne Jahr).

20 Martina Racki (Bearb.)/ Kuratorium Deutsche Altershilfe (Hrsg.) (1993): Betreutes Wohnen. Erfahrungen aus der Praxis. Köln: KDA „thema" 80.

21 Wüstenrot Stiftung 1994 a.a.O.

22 Rainer Dilcher, Heiner Schäfer (1994): Betreutes Wohnen im Quartier. Individuelles Wohnen mit koordinierten Hilfs- und Pflegediensten am Beispiel der Wohnungs- und Infrastrukturplanung einer Mittelstadt (Neu-Isenburg). In: Bundesministerium für Familie, Senioren, Frauen und Jugend (Hrsg.) (1994): Betreutes Wohnen – Lebensqualität sichern. Dokumentation der Tagung des Bundesministeriums für Familie und Senioren am 15./16. März 1994 in Leipzig, S. 58.

23 Ebd., S. 58.

24 Bundesministerium für Familie, Senioren, Frauen und Jugend 1994, a.a.O.

25 Willi Rückert (1994): Betreutes Wohnen – Lebensqualität sichern. Bedeutung von Rechtsformen und Trägerschaften. In: Bundesministerium für Familie, Senioren, Frauen und Jugend 1994 a.a.O.

26 Z.B.: Wirtschaftsministerium Baden-Württemberg/ Ministerium für Arbeit, Gesundheit und Sozialordnung Baden-Württemberg (Hrsg.) (1993): Wohnungen für ältere Menschen. Beispiele betreuter Seniorenwohnanlagen. Stuttgart. Vgl. als weitere Publikationen mit Beispielen auch: Peter Lorenz (1994): Planen und Bauen für das Alter. Wohnen im dritten Lebensabschnitt. Verlagsanstalt Alexander Koch: Stuttgart. Oder: Wüstenrot Stiftung Deutscher Eigenheimverein e.V. (1995): Funktion und Formen von Bewohnerbeteiligung im Betreuten Wohnen. (Bearbeitung: Jochen Schott, Gerda Zill, WOHNBUND Frankfurt). IRB Verlag: Stuttgart; Wüstenrot Stiftung Deutscher Eigenheimverein e.V. (1995): Qualitätsmerkmale des Betreuten Wohnens. (Bearbeitung: Rudolf Schweikart und Walburga Wessel, unter Mitarbeit von Monika Robitzsch und Frauke Schönberg, ISPO Saarbrücken). IRB Verlag: Stuttgart; LBS Badische Landesbausparkasse Stiftung Wohnen im Alter, Karlsruhe (Hrsg.) (1996): Wohnen im Alter in Baden. Ratgeber für neue Wohnformen. (Bearbeitung: empirica – Gesellschaft für qualitative Marktforschung und Kommunikationsanalysen mbH Bonn; Verfasser: M. Krings-Heckemeier, A. Opitz, J. Beyenburg, D. Weltzien, unter Mitarbeit von L. Willen und M. Wurster) Druck Center Meckenheim; LBS, Bonn (1997): Wohnen mit Service, (Bearbeitung: empirica Bonn).

27 Zitiert nach: Harald Frank (1994): Betreutes Wohnen: Stand – Entwicklung – Tendenzen. In: BWGZ (Kommunalzeitschrift des Gemeindetags Baden-Württemberg) Jg. 117, H. 8, S.253.

28 Gerhard Berger, Gabriele Gerngroß 1996 a.a.O. Und: Gabriele Gerngroß (1998): Wohnen mit gesicherter Pflege im Servicehaus. Die Ergebnisse der wissenschaftlichen Begleitforschung des Hauses am Weinberg im Überblick. Hrsg.: Mühlschlegelstiftung, Stuttgart. Zu beziehen über „Haus am Weinberg", Augsburger Straße 555, 70329 Stuttgart.

29 Die Erfahrungen im „Haus am Weinberg" bestätigen insofern nicht „die Annahme einer 20prozentigen Pflegequote als maximale Obergrenze, die nicht überschritten werden sollte, wenn nicht zugleich eine erhebliche Abnahme der Akzeptanz hingenommen werden soll" (Zitat: Frank 1994, S.254).

30 Abgedruckt in: Wüstenrot 1994 a.a.O, S. 132-134.

31 Vgl. hierzu: Gerngroß-Haas 1989 b. Dies ist umso wichtiger vor dem Hintergrund, dass gleichzeitig mit dem Aufbau des Betreuten Wohnens Altenheimplätze abgebaut werden und zunehmend von MitarbeiterInnen vor Ort die Befürchtung geäußert wird, dass „etliche Menschen zwischen eigener Wohnung und Pflegeheim auf der Strecke bleiben". (Zitat: „Und was ist mit denen, die demnächst zwischen Betreutem Wohnen und Pflegeheim „durchfallen" werden? Viele offene Fragen für viele alte Menschen." Badische Zeitung vom 27. Jan. 1996).

32 Das Raumprogramm ist z.B. ersichtlich aus: Landeshauptstadt Stuttgart, Sozial- und Schulreferat, Gemeinderatsdrucksache Nr. 669/1986: Altenwohnanlage in Stuttgart-Obertürkheim, Augsburger Straße. Und: Gemeinderatsdrucksache Nr. 437/1988: Projekt „Haus am Weinberg" – Wohnungen und Dienstleistungen für alte und behinderte Menschen – Stuttgart-Obertürkheim, Augsburger Straße. Im übrigen vergleiche den Endbericht der wissenschaftlichen Begleitforschung.

33 Vergleiche Fußnote 14 und 15.

Kapitel 3.6 Wohnungen für blinde und sehbehinderte Menschen
Manfred Tretter, Dietmar Böhringer

(Die Ziffern betreffen die Anmerkungen in diesem Kapitel)

1 DIN 18025, Teil 2, Seite 3, Abschnitt 6.3
2 Barker u.a., Building Sight, S. 75
3 a.a.O. S. 78
4 Verbesserung von visuellen Informationen ..., S. 38
5 a.a.O. S. 100
6 a.a.O S. 82
7 Barker u.a. , Building Sight, S. 75
8 a.a.O. S. 82 und 86
9 Van Dyck: Nicht so, sondern so; Kleiner Ratgeber für den Umgang mit Blinden, Illustrationen Rolf Totter, Herausgeber Deutscher Blindenverband, 4. Aufl., Bonn 1981

Barker u.a.: Building Sight, A handbook of building an interior design solutions to include the needs of visually impaired people, London 1995

Verbesserung von visuellen Informationen im öffentlichen Raum, Handbuch für Planer und Praktiker, Hrsg. Bundesministerium für Gesundheit, Bonn 1996

Kapitel 4.9 Therapie- und Sporteinrichtungen, Bewegungsbad und Sauna
Gottfried Ebenhöh

Krause, D.: Physikalische Behandlung und Physiotherapie in: Orthopädie in Praxis und Klinik, Band II Allgemeine Orthopädie; hrsg. von A. N. Witt u.a., Georg Thieme, Stuttgart 1981

Rulffs, W.: Ausstattung von Alteneinrichtungen mit Möglichkeiten zur physikalischen Therapie, in: K. L. Schmidt (Hrsg.). Physikalische Medizin, Balneotherapie und Rehabilitation im höheren Lebensalter, Steinkopff Verlag, Darmstadt 1987

Kapitel 5.1 Oberflächen im Raum: Wand – Decke – Boden
Axel Stemshorn

Boden:

Verordnung über Arbeitsstätten (Arbeitsstätten-Verordnung ArbStättV) vom 20. März 1972

Ergänzend hierzu Arbeitsstätten-Richtlinien als Ergänzung zu einzelnen § der Arbeitsstätten-Verordnung.

Vom Zentralverband des Deutschen Baugewerbes e.V. (ZDB), Bonn (Fachverband des Deutschen Fliesengewerbes und Bundesfachgruppe Estrich und Bodenbeläge) sind folgende Merkblätter herausgegeben:

Keramische Fliesen und Platten, Naturwerkstein und Betonwerkstein auf beheizten Fußbodenkonstruktionen, Januar 1980

Zementgebundene Heizestriche. Ergänzende Hinweise zu den Merkblättern, Juli 1984

Elastische Bodenbeläge, textile Bodenbeläge und Parkett auf beheizten Fußbodenkonstruktionen, Januar 1981

Zementgebundene Heizestriche. Ergänzende Hinweise zu den Merkblättern, Juli 1984

Beurteilen und Vorbereiten von Untergründen, Verlegen von elastischen Bodenbelägen, textilen Bodenbelägen und Parkett, Januar 1982

Keramische Fliesen und Platten, Naturwerkstein und Betonwerkstein auf Fußbodenkonstruktionen mit Dämmschichten, Oktober 1983

Bewegungsfugen in Bekleidungen und Belägen aus Fliesen und Platten, Oktober 1983

Bodenbeläge aus Fliesen und Platten außerhalb von Gebäuden, Juli 1988

Hinweise für die Ausführung von Abdichtungen im Verbund mit Bekleidungen und Belägen aus Fliesen und Platten für Innenbereiche, Februar 1988

DIN 51 097 Prüfung Keramischer Bodenbeläge. Bestimmung der rutschhemmenden Eigenschaft

Naßbelastete Barfußbereiche. 2.80

Bundesverband der Unfallversicherungsträger der öffentlichen Hand – BAGUV -: Merkblatt Bodenbeläge für naß-belastete Barfußbereiche (GUV 26.17), Februar 1986

Hauptverband der gewerblichen Berufsgenossenschaft, Sankt Augustin (ZH 1/571): Merkblatt für Fußböden in Arbeitsräumen und Arbeitsbereichen mit erhöhter Rutschgefahr, April 1989

Dieses Merkblatt wurde ebenfalls vom Bundesverband der Unfallversicherungsträger der öffentlichen Hand – BAGUV – unter der Nummer 26.18 zum Oktober 1990 herausgegeben.

Erich Schmidt Verlag, BIA-Handbuch, Geprüfte Bodenbeläge – Positivliste – (560 210), V/91

Schreeg: Zur Beurteilung der Trittsicherheit von Fußböden, insbesondere der Rutschhemmung: Natursteinverband-Vortrag, Februar 1991

Wollenberg, H. D.: Trittsichere Fliesen, veröffentlicht in „Fliesen und Platten", 8/90

Jung, K.: Einflußfaktoren auf die Rutschhemmung, veröffentlicht in „Die BG", Februar 1991

Jäger, W.: Trittsicherheit: Fakten, Faktoren, Trends, veröffentlicht in „Sicherheitsingenieur", 11/91

Skiba, R.: Geräte zur Bestimmung der Reibung zwischen Schuh und Fußboden unter Berücksichtigung des Menschlichen Ganges. Sonderdruck aus Kautschuk + Gummi – Kunststoffe, Heft 6/84, Dr. Alfred Hüthig Verlag, Heidelberg

Hopp, E.: Strapazierfähige Bodenbeläge in Supermärkten, veröffentlicht in „Fliesen und Platten", 7/91

Merkblatt für Treppen (ZH 1/113), April 1991

Skiba, R.; Wortmann, H. R.; Mellwig, D.; Gesamthochschule Wuppertal: Bewegungsabläufe und Kräfte beim Treppenaufstieg und -abstieg aus der Sicht der Gleitsicherheit

Skiba, R.: Geräte zur Bestimmung der Reibung zwischen Schuh und Fußboden unter Berücksichtigung des menschlichen Ganges. Sonderdruck aus Kautschuk + Gummi – Kunststoffe, 37. Jahrgang, Heft 6/84, Dr. Alfred Hüthig Verlag, Heidelberg

Böhner, B.; Wildbrett, G.; Gmeiner, M.: Zur Reinigungsfreundlichkeit rutschhemmender Fliesen, veröffentlicht in „Keramische Zeitschrift", 5/1991

Böhner, B.; Wildbrett, G.: Modellversuche zur Hochdruckreinigung keramischer Fliesen, veröffentlicht in „Chemieprodukte Haushalt, Gewerbe, Industrie", 18/1990

Gmeiner, Wildbrett, Klasnar: Untersuchung zur Hochdruckreinigung rutschhemmender Fliesen für Großküchen in „Chemieprodukte: Haushalt, Gewerbe, Industrie". 84. Jahrgang, Nr. 18, Nov.-Heft 1988

Forschungsgesellschaft für das Straßenwesen. Arbeitsanweisung für kombinierte Griffigkeits- und Rauhheitsmessungen mit dem Pendelgerät und Ausflußmesser, Ausgabe 1972

Radandt, S.; Bärenz, P.; Coenen, W.; Schenk, H.: Sturzunfälle im Nahrungsmittel- und Gaststättenbereich, veröffentlicht in „Die BG", Juni 1989

Vorschriften und Regeln

Nachstehend sind die insbesondere zu beachtenden einschlägigen Vorschriften und Regeln zusammengestellt.

1. Gesetze/Verordnungen
   Verordnung über Arbeitsstätten (Arbeitsstättenverordnung – ArbStättV) (ZH 1/525) mit Arbeitsstätten-Richtlinien (ASR), insbesondere
   ASR 7/3 „Künstliche Beleuchtung"
   ASR 12/1-3 „Schutz gegen Absturz und herabfallende Gegenstände"
   ASR 17/1,2 „Verkehrswege"

   Bauordnungsrecht der Länder: Bauordnungen
   Versammlungsstättenverordnungen
   Geschäfts- und Warenhausverordnungen
   Garagenverordnungen
   Bestimmungen über Bau und Ausrüstung von Schulen und Kindergärten.

2. Unfallverhütungsvorschriften
   Allgemeine Vorschriften (VBG 1)
   Bauarbeiten (VBG 37).

3. Richtlinien
   Richtlinien für Bau und Ausrüstung von Schulen (GUV 16.3)
   Richtlinien für Kindergärten (GUV 16.4)
   Richtlinien für Lagereinrichtungen und -geräte (ZH 1/428).

4. DIN-Normen
DIN 18064 Treppen; Begriffe
DIN 18065 Gebäudetreppen; Hauptmaße
DIN 24530 Treppen aus Stahl; Angaben für die Konstruktion
DIN 24531 Trittstufen aus Gitterrost für Treppen aus Stahl
DIN 31003 Ortsfeste Arbeitsbühnen einschließlich Zugänge; Begriffe, Sicherheitstechnische Anforderungen, Prüfung.

Kapitel 5.6 Schallschutz
Arnold Wietrzichowski

DIN 18005 Schallschutz im Städtebau (April 82), mit Beiblatt 1, Teil 1 (Mai 87)

DIN 4109 Schallschutz im Hochbau (Nov. 89)

VDI-Richtlinie 2719 (Aug. 87), Schalldämmung von Fenstern und deren Zusatzeinrichtungen

Dittrich, G.: Wohnen alter Menschen, Städtebauinstitut – Forschungsgesellschaft mbH, Nürnberg

Gabler, W.: Merksätze zur Lärmminderung in der Stadt- und Raumplanung „Kampf dem Lärm", Nr. 5 Oktober 1964, 11. Jg.

Gösele/Schüle: Schall, Wärme, Feuchtigkeit; Grundlagen, Erfahrungen und praktische Hinweise für den Hochbau, Bauverlag Wiesbaden

Teppichgemeinschaft e.V.: Teppich und Teppichboden, ihre schall- und wärmetechnischen Eigenschaften

Kapitel 5.8 Elektro-Installationen und -Einrichtungen
Georg Riehle
(Die Ziffern betreffen die Anmerkungen in diesem Kapitel)

1 Elektrizitts-Versorgungs-Unternehmen

2 VDE-Bestimmungen, heute herausgegeben als DIN VDE-Normen; Sicherheitsnormen für das Gebiet der Elektrotechnik

3 DIN 18025 Teil 1, 12.92, Barrierefreie Wohnungen; Wohnungen für Rollstuhlbenutzer; Planungsgrundlagen

4 DIN 18025 Teil 2, 12.92, Barrierefreie Wohnungen; Planungsgrundlagen

5 DIN 18024 Teil 2, 11.96, Barrierefreies Bauen, Teil 2: Öffentlich zugängige Gebäude und Arbeitsstätten, Planungsgrundlagen

6 DIN 18015 Teil 1, 3.92, Elektrische Anlagen in Wohngebäuden; Planungsgrundlagen

7 DIN 18015 Teil 2, 8.96, -; Art und Umfang der Mindestausstattung

8 DIN 18015 Teil 3, 07.90, -; Leitungsführung und Anordnung der Betriebsmittel

9 HEA Hauptberatungsstelle für Elektrizitätsanwendung e.V., Am Hauptbahnhof 12, Frankfurt

10 RAL Deutsches Institut für Gütesicherung und Kennzeichnung e.V., Bornheimer Str. 180, Bonn

Elektrische Anlagen in Wohngebäuden; Anforderungen; RAL-RG 678; Ausgabe März 1990

11 DIN 5035 Teil 1, 06.90, Beleuchtung mit künstlichem Licht; Begriffe und allgemeine Anforderungen
Teil 2, 06.90, -; Richtwerte für Arbeitsstätten in Innenräumen und im Freien
Teil 5, 12.87, -; Innenraumbeleuchtung mit künstlichem Licht; Notbeleuchtung

12 Verordnung über Arbeitsstätten (Arbeitsstättenverordnung-ArbStättV)

13 ASR 7/4 Sicherheitsbeleuchtung; zu § 7 Abs. 4 der ArbStättV

14 DIN VDE 0108, Errichten und Betreiben von Starkstromanlagen in baulichen Anlagen für Menschenansammlungen sowie von Sicherheitsbeleuchtung in Arbeitsstätten

15 DIN VDE 0510 Teil 3, Akkumulatoren und Batterieanlagen; Antriebsbatterien für Elektrofahrzeuge

16 DIN VDE 0100 Teil 701, Errichten von Starkstromanlagen mit Nennspannungen bis 1000 V; Bestimmungen für Betriebsstätten, Räume und Anlagen besonderer Art; Räume mit Badewanne oder Dusche

17 DIN VDE 0100 Teil 737, -; Feuchte und nasse Bereiche und Räume; Anlagen im Freien

18 DIN VDE 0855 Teil 1, -; Antennenanlagen; Errichten und Betrieb

19 DIN VDE 0833 Teil 1, Gefahrenmeldeanlagen für Brand, Einbruch und Überfall; Allgemeine Festlegungen
Teil 2, -; Festlegungen für Brandmeldeanlagen
Teil 3, -; Festlegungen für Einbruch- und Überfallmeldeanlagen

Kapitel 5.9 Aufzüge und Personen-Förderanlagen
Georg Riehle, Dietmar Böhringer
(Die Ziffern betreffen die Anmerkungen in diesem Kapitel)

1 Bauordnungen der Länder

2 Verordnung über Aufzuganlagen (Aufzugverordnung-AufzV) i. d. F. vom 17. 06. 98

3 Technische Regeln für Aufzüge; Leitsysteme für Fernnotrufe; TRA 106

4 Allgemeine Verwaltungsvorschrift zur Aufzugverordnung

5 Personenaufzüge, Lastenaufzüge, Güteraufzüge; TRA 200

6 Sicherheitsregeln für die Konstruktion und den Einbau von Personen- und Lastenaufzügen sowie Kleingüteraufzügen; Teil 1: Elektrisch betriebene Aufzüge

7 Teil 2: Hydraulisch betriebene Aufzüge

8 Richtlinien für Behindertenaufzüge; VdTÜV-Merkblatt Aufzüge 103; Herausgeber Vereinigung der Technischen Überwachungsvereine e.V., Essen

9 DIN 18025 Teil 1, Barrierefreie Wohnungen; Wohnungen für Rollstuhlbenutzer; Planungsgrundlagen

10 DIN 18025 Teil 2, Barrierefreie Wohnungen; Planungsgrundlagen

11 DIN 18024 Teil 2, 11.96, Barrierefreies Bauen, Teil 2: Öffentlich zugängige Gebäude und Arbeitsstätten, Planungsgrundlagen

12 DIN 15306, Personenaufzüge für Wohngebäude; Baumaße, Fahrkorbmaße, Türmaße

13 DIN 15309, Personenaufzüge für andere als Wohngebäude sowie Bettenaufzüge; Baumaße, Fahrkorbmaße, Türmaße

14 DIN 15315, Aufzüge; Bedienungs-, Signalelemente und Zubehör; ISO 4190/5, Ausgabe 1982, modifiziert

15 Verordnung über Anlagen zum Umgang mit wassergefährdenden Stoffen und über Fachbetriebe (VAwS); Herausgegeben von den einzelnen Ländern

16 Forschungsbericht F 2167 des BMBau, Institut für Bauforschung e.V. IfB, Hannover, IRB-Verlag, Stuttgart

17 DIN EN 115, Sicherheitsregeln für die Konstruktion und den Einbau von Fahrtreppen und Fahrsteigen

18 Richtlinien für Fahrtreppen und Fahrsteige; Herausgegeben vom Hauptverband der gewerblichen Berufsgenossenschaften, Zentralstelle für Unfallverhütung und Arbeitsmedizin; Bestell-Nr. ZH 1/484

19 Verordnung über Arbeitsstätten (Arbeitsstättenverordnung-ArbStättV)

20 Arbeitsstättenrichtlinien (ASR)

21 „Standardmaße" der Blista Brailletec Marburg, Stand 1/99, Die angegebenen Maße stellen den Durchschnitt von „Groß" und „Mitte" dar.

22 König S. 72; direkt 47, S. 72

23 Siehe DS (=Druckschrift) 800-05 der Deutschen Bahn AG, Absatz 75

24 Verbesserung der visuellen Informationen ..., S. 83

25 DIN 18024-1: S. 7, Abschnitt 12.6; DIN 18024-2: S. 7, Abschnitt 18

26 DIN 18024-1: Verweis S. 7; DIN 18024-2: S. 5; DIN 18025-1: S. 7; DIN 18025-2: S. 5

27 König S. 72

28 König S. 130

29 Verbesserung von visuellen Informationen ..., S. 83; direkt 47, S. 74; direkt 51, S. 56

direkt 47, Verbesserung der Verkehrsverhältnisse in den Gemeinden, Bürgerfreundliche und behindertengerechte Gestaltung des Straßenraumes, Hrsg.: Bundesministerium für Verkehr, Bonn 1992

direkt 51, Verbesserung der Verkehrsverhältnisse in den Gemeinden, Bürgerfreundliche und behindertengerechte Gestaltung von Haltestellen des öffentlichen Personennahverkehrs, Hrsg.: Bundesministerium für Verkehr, Bonn 1997

König, Volker: Handbuch über die blinden– und sehbehindertengerechte Umwelt- und Verkehrsraumgestaltung, Hrsg.: Deutscher Blindenverband e.V., Bonn 1997

Verbesserung von visuellen Informationen im öffentlichen Raum, Handbuch für Planer und Praktiker, Hrsg.: Bundesministerium für Gesundheit, Bonn 1996

Kapitel 6.5 Außenanlagen am Haus
Clemens Fauth

Bayerisches Staatsministerium des Innern, Oberste Baubehörde (Hrsg.), Öffentlich zugängige Gebäude und Arbeitsstätten, Arbeitsblatt ‚Barrierefreie Wohnungen' Nr. 2, München 1998

Bayerisches Staatsministerium des Innern, Oberste Baubehörde (Hrsg.), Öffentlich zugängige Gebäude und Arbeitsstätten, Arbeitsblatt ‚Wohnen ohne Barrieren' Nr. 5, München 1997

Bayerisches Staatsministerium des Innern, Oberste Baubehörde (Hrsg.), Öffentlich zugängige Gebäude und Arbeitsstätten, Arbeitsblatt ‚Bauen und Wohnen für Behinderte' Nr. 6, München 1997

Kalaus-Zimmermann, Hertha: Gärtnern am Hochbeet, München, 1986

Landeshauptstadt München, Baureferat, Hauptabteilung Gartenbau u. Sozialreferat, Abteilung Sozialplanung, (Hrsg.), Beiträge zur Sozialplanung 133: Schlosser, D., Barrierefreie Freiräume, Grünflächen, Spielflächen, Spielplätze, Juli 1995

Oswald R., Klein A., Wilmes K.: Niveaugleiche Türschwellen bei Feuchträumen und Dachterrassen, Bauforschung für die Praxis, Band 3, IRB Verlag, 1994

Richtlinien für die Planung und Ausführung von Dächern mit Abdichtungen – Flachdachrichtlinien –, Zentralverband des Deutschen Dachdeckerhandwerks e.V., Helmut Gros Verlag Berlin, Berlin 1982

Schaarschmidt, Katharina: Im Sitzen gärtnern, in Kraut und Rüben, Heft 10/1994, Seite 47-50

Schaier, Alice: Gartenarbeit für Körperbehinderte und Senioren, Verlag Modernes Leben, Dortmund, 1986

Schwarz, Silke: Handbuch menschengerechte Aussenraumplanung, – aus der Sicht einer Betroffenen –, Diplomarbeit Fachhochschule Osnabrück, Fachbereich Landespflege, 1997

Schlosser, D.: Mehr Lebensqualität für mobilitätsbehinderte und ältere Menschen – ein Schritt zu mehr Eigenständigkeit durch barrierefreies Bauen in der Freiraumplanung. Diplomarbeit im Fachbereich Landespflege, Fachhochschule Weihenstephan 1993

Stiglmayr, Jakob: Schöne Duftpflanzen, Ulmer Verlag, Stuttgart, 1995

Stoneham, P. Thoday: Landscape Design for elderly and disabled people, Garden Art Press, 1994

Wirth, Peter: Gartensitzplätze, Konzeption und Planung, Eugen Ulmer Verlag GmbH & Co, 1993

Kapitel 8.19 Blinden- und sehbehindertengerechte Gestaltung öffentlich zugängiger Gebäude
Dietmar Böhringer

(Die Ziffern betreffen die Anmerkungen in diesem Kapitel)

1 DIN 18025-2, Abschnitt 1
2 Böhringer 1999/1, S. 48
3 Dworschak a.a.O.
4 Böhringer 1999/2, a.a.O.
5 DIN 32984
6 Dworschak a.a.O.
7 König S. 126
8 Building Sight S. 78/79
9 Verbesserung von visuellen Informationen im öffentlichen Raum, S. 82; Building Sight, S. 71
10 DIN 18024-2, Abschnitt 8; Bilder dazu siehe König S. 129
11 DIN 18025-2, Abschnitt 18
12 Building Sight S. 71
13 König S. 124 ff.
14 Building Sight S. 66
15 DIN 18024-2, Abschnitt 6
16 Building Sight S.67; Verbesserung visueller Kontraste s. 100
17 König S. 134
18 Building Sight S.74 f.
19 DIN 18025-2, Abschnitt 17
20 Building Sight S.74; Verbesserung visueller Kontraste S. 100
21 Siehe Abbildungen in: Building Sight S. 86 f.
22 König S. 137 f., Loeschcke/Pourat S. 18 ff., Building Sight S. 97 ff.
23 DIN 18025-2, Abschnitt 18
24 Marx S. 146
25 König S. 139
26 DIN 18025-2, Abschnitt 18
27 Siehe Verbesserung visueller Kontraste S. 94

Böhringer, Dietmar: Mehr Sicherheit für Treppen, in: Das Bauzentrum 1/99, S. 48-56

Böhringer, Dietmar: Mehr Sicherheit für Treppen – Korrektur der „auf den Kopf gestellten" Zeichnung von Heft 1/99, S. 54, in: Das Bauzentrum 2/99

Building Sight, A handbook of building and interior design solutions to include the needs of visually impaired people, Hrsg.: RNIB (Royal National Institute for the Blind), London 1995, ISBN 011 701 993 3

Dworschak, Walter: Unfälle auf Treppen, in: iFPS '98, international Fall Protection Symposium (Internationales Symposium zur Verhütung von Absturz- und Sturzunfällen), Wuppertal, 15.-18.09.98, Abstracts – Resumees, Hrsg.: Bau-Berufsgenossenschaft Rheinland und Westfalen, Zentrum für Sicherheitstechnik, 1998

König, Volker: Handbuch über die blinden- und sehbehindertengerechte Umwelt- und Verkehrsraumgestaltung, Bonn 1997

Loeschcke, Gerhard; Pourat, Daniela: Wohnungsbau für alte und behinderte Menschen, Stuttgart, Berlin, Köln 1995, ISBN 3-17-013810-3

Loeschcke, Gerhard: Parameter für Neu- und Umbauten von Hochschulanlagen unter Berücksichtigung der Bedürfnisse Behinderter, Hrsg.: Deutsches Studentenwerk, Bonn o.J.

Marx, Lothar: Barrierefreies Planen und Bauen für Senioren und behinderte Menschen, Stuttgart 1994

– Verbesserung von visuellen Informationen im öffentlichen Raum, Handbuch für Planer und Praktiker, Hrsg. Bundesministerium, Bonn 1996

Kapitel 9.0 Öffentliche Außenanlagen
Clemens Fauth

Allgemein:

Wartner, I: Behindertengerechte Freiräume in der Stadt, Diplomarbeit, Technische Universität München, 1979

Freiräume für Hörgeschädigte und Gehörlose:

Wolf, Heike: Bedürfnisse von Hörgeschädigten und Gehörlosen in der Freiraumplanung, Diplomarbeit, FH Weihenstephan, 1996

Blinden- und sehbehindertengerechte Freiräume:

König, Volker: Handbuch über die blinden- und sehbehindertengerechte Umwelt- und Verkehrsraumgestaltung, Deutscher Blindenverband e.V. (Hrsg.), Bonn, 1997

Züge, Ute und Seebauer, Claudia: Barrierefreies Bauen für Sehgeschädigte, Diplomarbeit, FH Weihenstephan, 1994

Züge, Ute und Seebauer, Claudia: Barrierefreies Bauen für Sehgeschädigte, in: Das Gartenamt, Heft 08/1995, 43. Jahrgang, Seite 528-534

Barrierefreie Spielräume:

Landeshauptstadt München, Baureferat, Hauptabteilung Gartenbau u. Sozialreferat, Abteilung Sozialplanung, (Hrsg.), Beiträge zur Sozialplanung 133: Schlosser, D., Barrierefreie Freiräume, Grünflächen, Spielflächen, Spielplätze, Juli, 1995

Philippen, D.P., Prof.: Spielen, Barrierefrei für Alle, Richter Spielgeräte (Hrsg.), Frasdorf, Fuck-Verlag, 1995

Richter Spielgeräte Katalog, 83112 Frasdorf

Kapitel 10.0 Sport- und Freizeitanlagen
Klaus Schüle

Beckmann, P.: Internistische Übungsbehandlung. Hippokrates, Stuttgart 1961

Council of Europe: 5th Conference of European Ministers responsible for Sport. Dublin 1986: Final draft Design Guidelines to promote Access to and use of Sports and Recreation Facilities bis disabled People. Strassbourg 1986

Guttmann, L.: Sport für Körperbehinderte. Urban & Schwarzenberg, München – Wien – Baltimore 1979

Hentig, H. von: Die Wiederherstellung der Politik. Stuttgart, München 1973

Klein, J.: Bewegungstherapie und Sport nach stationärem Aufenthalt in der Eifel-Höhenklinik Marmagen und der Klinik Bergisch-Land Wuppertal-Ronsdorf. Inaug. Diss. Köln 1985

Kosel, H.: Behindertensport. Pflaum, München 1981

Lorenzen, H.: Lehrbuch des Versehrtensports. Enke, Stuttgart 1961

Nicklas, K.: Freizeit im Krankenhaus. Eine sozialmedizinische Analyse in einer Rehabilitationsklinik und die Konzeption eines freizeitpädagogischen Modells. Richarz, Sankt Augustin 1981

Nationale Kommission für das Jahr der Behinderten 1981 – Arbeitsgruppe IX. Behindertensport, Abschlußbericht, BMA, Bonn 1981

Opaschowski, H. W.: Einführung in die freizeitkulturelle Breitenarbeit. Bad Heilbrunn 1979

Opaschowski, H. W.: Pädagogik und Didaktik der Freizeit. Leske + Budrich, Opladen 1987

Roskam, F.: Behindertengerechte Sport- und Freizeitanlagen aus der Sicht des allgemeinen Sportstättenbaues. In: Behindertengerechte Sport- und Freizeitanlagen. Hrsg.: Internationaler Arbeitskreis Sport- und Freizeiteinrichtungen e.V. (IAKS), Köln, 1981, 28-33

Van der Schoot, P.; Gottschalk, T.; Mikoleit, U., Tietz, M.; Weck-Arnold, S.; Weck, W.: Behindertengerechte Sport- und Freizeitanlagen. Schriftenreihe „Sport- und Freizeitanlagen" des Bundesinstitutes für Sportwissenschaft (BISp), Berichte B/79, Köln 1980

Van der Schoot, P.; Magoley, H.: Beispiele zur Planung, zum Ausbau und zur Ausstattung von behindertengerechten Sport- und Freizeitanlagen. In: Behindertengerechte Sport- und Freizeitanlagen. Hrsg.: Internationaler Arbeitskreis Sport- und Freizeitanlagen e.V. (IAKS), Köln 1981, 12-28

Schulbauinstitut der Länder (Hrsg.): Einrichtungen für Spiel und Sport mit Behinderten. In- und ausländische Planungsbeispiele und Planungshilfen. Schriften des Schulbauinstituts der Länder, Heft 102 (Kurzinformation 18), Berlin 1982

Schulbauinstitut der Länder (Hrsg.): Einrichtungen für Spiel und Sport mit Behinderten.

Planungshinweise, Teil 1: Sehbehinderte und Blinde (SBL Studien 55), Berlin 1981

Planungshinweise, Teil 2: Geistigbehinderte (SBL Studien 56)

Planungshinweise, Teil 3: Körperbehinderte (SBL Studien 57), Berlin 1983

Planungshinweise, Teil 4: Hörgeschädigte (SBL Studien 58), Berlin 1987

Schnelle, H. H.: Bewegungstherapie in der Chirurgie und Orthopädie. In: Arnold, A. (Hrsg.): Lehrbuch der Sportmedizin. Barth, Leipzig 1960

Schüle, K.: Die Stellung der Sporttherapie und des Sporttherapeuten in der Rehabilitationskette. Brennpunkte der Sportwissenschaft (BSW) 2, 1 (1988), 25-42

Tews, H. P.: Freizeit und Behinderung. Schriftenreihe des Bundesministers für Jugend, Familie und Gesundheit, Band 47. Kohlhammer, Stuttgart-Berlin-Köln-Mainz 1976

Thomson, N.; Dendy, E.; de Deney, D.: Sports and Recreation Provision für Disabled People. Disabled Living Foundation, London 1984

Kapitel 12.3 Gestaltung von Arbeitssystemen (nicht nur) für Personen mit Behinderungen
Ralf Aßmann

Hawel, Christian, Interview in der Westdeutschen Zeitung, Düsseldorf, 17.2.96

Landschaftsverband Rheinland, Hauptfürsorgestelle, Jahresbericht 1997, Rheinland Verlag GmbH, Köln 1998

Käo, Tönis: Vom Verschwinden der Gegenstände. Vortrag auf dem Symposium: Intelligent Building, Uni Karlsruhe 1991, Siemens Eigenverlag, 1991

Luczak, Holger; Volpert, Walter: Handbuch der Arbeitswissenschaft, Verlag: Schäfer, Poeschel, Stuttgart 1997

Maser, Siegfried: Theorie ohne Praxis ist leer, Praxis ohne Theorie ist blind, Beitrag in: form, Zeitschrift für Gestaltung, Nr.:73, 1976

Schmidtke, Heinz: Ergonomie 3. Auflage, Verlag: Hanser, München, Wien 1993

Treier, Peter: Arbeitswissenschaft – aber welche? in: Angewandte Arbeitswissenschaft Bachem, Wirtschaftsverlag, Köln 1983

VDID Designer Portraits, Düsseldorf, 4. Auflage, 1983 in: Maser, Siegfried, Beiträge zur Designtheorie Band 1 BUGH Wuppertal 1995

Welsch, Wolfgang: Elektronische Welten – künstliche Paradiese? in: form, Zeitschrift für Gestaltung, 152 4/1995 form GmbH, 1995

Kapitel 13.0 Arbeitspädagogische Probleme der Rehabilitation
Peter Treier

Allport, G. W.: Gestalt und Wachstum in der Persönlichkeit, Hrsg. v. H. v. Bracken, A. Hain, Maisenheim a. G. 1970

Arnold, W.: Person, Charakter, Persönlichkeit. C. J. Hogrefe, Göttingen 1963

Dörschel, A.: Arbeitspädagogik. Reihe: Ausbildung und Fortbildung, Bd. t. E. Schmidt, Berlin 1972

Lersch, P.: Der Aufbau der Person. Barth, Freiburg i. Br. 1970

Remplein, H.: Psychologie der Persönlichkeit. Die Lehre von der individuellen und typischen Eigenart des Menschen. E. Reinhardt, München-Basel 1967

Riedel, J.: Wiedereingliederung von Kriegsversehrten in die Industrie. Forkel, Stuttgart 1943

Riedel, J.: Ausbildungsmängel und Frühinvalidität. In: Zentralblatt für Arbeitswissenschaft und soziale Betriebspraxis 13 (1959), 10, S. 165-167

Riedel, J.: Menschliche Produktivität. Heidelberg: Quelle & Meyer 1964

Riedel, J.: Einführung in die Arbeitspädagogik. G. Westermann, Braunschweig 1967

Dieser Beitrag stellt eine grundlegend überarbeitete Fassung eines Vortrages auf der Internationalen Tagung für Humanökologie in Wien 1975 dar; pub. u. a. im Tagungsband und in der Zeitschrift Rehabilitation, Stuttgart 15 (1976), 83, S. 71-83

Kapitel 15.1 Hindernisse und Gefährdungen für Blinde und Sehbehinderte
Frank Bolay

Bundesministerium für Gesundheit (Hrsg.): Verbesserung von visuellen Informationen im öffentlichen Raum, Handbuch für Planer und Praktiker zur bürgerfreundlichen und behinderungsgerechten Gestaltung des Kontrasts, der Helligkeit, der Farbe und der Form von optischen Zeichen und Markierungen in Verkehrsräumen und in Gebäuden, Bonn 1996

Ministry of Transport and Public Works, Road Safety Directorate (Hrsg.): Manual traffic provisions for people with a handicap, Den Haag 1986 – ausführliche Darstellung der Thematik Behinderte im Verkehr mit zahlreichen Zeichnungen und Fotos, Text in englischer Sprache

Schweizerischer Invalidenverband SIV: Schweizer Norm SN 521 500 mit Leitfaden, Behindertengerechtes Bauen, Ausgabe 1989, Olten 1989

DIN 18024 Teil 2, Nov. 1996, Barrierefreies Bauen, Teil 2: Öffentlich zugängige Gebäude und Arbeitsstätten, Planungsgrundlagen

Kapitel 15.2 Blinden- und sehbehindertengerechte Absicherungsmaßnahmen
Dietmar Böhringer

Faltblatt „Mehr Sicherheit für blinde und sehhinderte Menschen an Baustellen", Hrsg.: Deutscher Blindenverband e.V., Bonn 1990

DIN 18024 Teil 1, Ausgabe Januar 1998

RSA: Richtlinien für die Sicherung von Arbeitsstellen an Straßen, Teil B: Innerörtliche Straßen, Hrsg.: Bundesministerium für Verkehr, Bonn 1995 (inkl. Korrekturen, Stand 1. Januar 1996)

Vollert, Helmut: Die Absicherung von Arbeits- und Baustellen – aus der Sicht des blinden und sehbehinderten Verkehrsteilnehmers. In: Horus, Marburger Beiträge zur Integration Blinder und Sehbehinderter, 3/1990, S. 88-91

Kapitel 15.3 Leit- und Schutzlinien für Blinde und Sehbehinderte
Winfried Specht

König, V: Handbuch über die blinden- und sehbehindertengerechte Umwelt- und Verkehrsraumgestaltung, Deutscher Blindenverband e.V., 3/1997

Empfehlungen und Planungshilfen für die bürgerfreundliche und behindertengerechte Gestaltung von Haltestellen des öffentlichen Personennahverkehrs, Handbuch direkt Nr. 51, Bundesministerium für Verkehr, Bonn 1997

Empfehlungen und Planungshilfen für die bürgerfreundliche und behindertengerechte Gestaltung des Straßenraumes, Handbuch direkt Nr. 47, Bundesministerium für Verkehr, Bonn 1992

Böhringer, Dietmar: Leit- und Schutzlinien für Blinde. Verband der Blinden- und Sehbehindertenpädagogen, Blindsehbehindert 1/95, S. 19 ff

EN DIN 32984, Bodenindikatoren. Deutsches Institut für Normung

TÜV Bayern e.V.: Gutachten: Einrichtung eines Warnsystems für Sehbehinderte im Bahnsteigbereich der U-Bahn München, München 1990

Kapitel 15.4 Kontrastreiche Gestaltung der Umwelt
Winfried Specht

Orientierungshilfen für Sehbehinderte im öffentlichen Bereich durch kontrastreiche Gestaltung der Umwelt; Verbesserung der visuellen Kontraste, Abschlußbericht, Bundesministerium für Gesundheit, GZ 413-3355/45, Hrsg. Bundesministerium für Gesundheit, Bonn 3/1995

Kapitel 15.5 Anforderungen von Blinden und Sehbehinderten an die Gestaltung von Treppen
Frank Bolay

(Die Ziffern betreffen die Anmerkungen in diesem Kapitel)

1 Böhringer, Dietmar: Mehr Sicherheit für Treppen, in: das bauzentrum 1/1999

2 Böhringer, Dietmar: Mehr Sicherheit für Treppen – Korrektur der ‚auf den Kopf gestellten' Zeichnung von Heft 1/99, S. 54, in: das bauzentrum, 2/1999

3 Bundesministerium für Gesundheit (Hrsg.): Verbesserung der visuellen Information im öffentlichen Raum, Handbuch für Planer und Praktiker zur bürgerfreundlichen und behinderungsgerechten Gestaltung des Kontrasts, der Helligkeit, der Farbe und der Form von optischen Zeichen und Markierungen in Verkehrsräumen und in Gebäuden, Bonn 1996

4 DIN 32984 (Entwurf 1998) Bodenindikatoren im öffentlichen Verkehrsraum

5 König, Volker: Handbuch Umwelt und Verkehrsraumgestaltung, Deutscher Blindenverband, Bonn 1997

Kapitel 17.1 Blindengerechte Bordsteinabsenkungen
Dietmar Böhringer

(Die Ziffern betreffen die Anmerkungen in diesem Kapitel)

1 EAE 85, Abschnitt 5.2.1.11.1, S. 53; Vergl. 17.2
2 direkt 47, Verbesserung der Verkehrsverhältnisse in den Gemeinden, Bürgerfreundliche und behinderungsgerechte Gestaltung des Straßenraumes, Hrsg. Bundesministerium für Verkehr, Bonn 1992, S. 31 ff
3 SN 521 500 „Behindertengerechtes Bauen", 20.03 Fußgängerübergang
4 Arbeitsblätter „Bauen und Wohnen für Behinderte", Nr. 4, Planungsgrundlagen für Verkehrsbauten, Straßen-Wege-Plätze, Hrsg. Bayerisches Staatsministerium des Innern, Oberste Baubehörde, München 1988
5 Siehe 17.2, 2. Abschnitt
6 König, Volker: Handbuch über die blinden- und sehbehindertengerechte Umwelt- und Verkehrsraumgestaltung, Hrsg. Deutscher Blindenverband, Bonn 1997, S. 17, 32
7 DIN 18024 Teil 1, Jan. 1998, S. 5, Abschn. 10.1 (Formulierung in der Fassung von 1974, Abschn. 2.4: ‚Borde sind durch Verwendung farbigen Materials optisch abzusetzen. Dies gilt insbesondere für abgesenkte Borde')

Kapitel 17.2 Wichtige Aspekte behindertengerechter Verkehrsinseln

direkt 47, Verbesserung der Verkehrsverhältnisse in den Gemeinden, Bürgerfreundliche und behindertengerechte Gestaltung des Straßenraumes. Hrsg.: Der Bundesminister für Verkehr, Bonn 1992

direkt 51, Bürgerfreundliche und behindertengerechte Gestaltung von Haltestellen des öffentlichen Personennahverkehrs. Hrsg.: Bundesministerium für Verkehr, Bonn 1997

König, Volker: Handbuch über die blinden- und sehbehindertengerechte Umwelt- und Verkehrsraumgestaltung. Hrsg.: Deutscher Blindenverband, Bonn 1997

Kapitel 17.3 Niveaugleiche Radwege neben Gehwegen – eine Gefahr für Blinde
Dietmar Böhringer

Bach, Ole; Rosbach, Ole; Jorgensen, Else: Verkehrssicherheit von Radwegen in dänischen Städten, Naestved 1985; zitiert nach: Forschungsdienst Fahrrad Nr. 67, ADFC, Bremen 1988

Behinderte in der Stadt, Lebensraum für Eigenständigkeit, Gutachten im Rahmen des Senatsprogramms „Behindertenfreundliches Berlin", Berlin 1989

Empfehlungen für Anlage von Hauptverkehrsstraßen, EAHV, Entwurf 1990

Dräger, Werner (Bundesanstalt für Straßenwesen, Bereich Unfallforschung): Komfort und Sicherheit von Radwegen im Vergleich zur Fahrbahnbenutzung, Referat 1987, zitiert nach: Forschungsdienst Fahrrad 42, ADFC, Bremen 1987

direkt 51, Bürgerfreundliche und behindertengerechte Gestaltung von Haltestellen des öffentlichen Personennahverkehrs, Hrsg. Bundesministerium für Verkehr, Bonn 1997

EAE 85, Empfehlungen für die Anlage von Erschließungsstraßen, Hrsg.: Forschungsgesellschaft für Straßen- und Verkehrswesen, Arbeitsgruppe Straßenentwurf, Köln 1985

EAHV, Empfehlungen für Anlage von Hauptverkehrsstraßen, Entwurf 1990

Empfehlungen für Planung, Entwurf und Betrieb von Radverkehrsanlagen, Ausgabe 1982, Hrsg.: Forschungsgesellschaft für Straßen- und Verkehrswesen, Arbeitsgruppe Straßenentwurf

ERA 95, Empfehlungen für Radverkehrsanlagen, Köln 1995

Hinweise zur Beschilderung von Radverkehrsanlagen nach der Allgemeinen Verwaltungsvorschrift zur Straßenverkehrsordnung, Hrsg.: Forschungsgesellschaft für Straßen- und Verkehrswesen (FGSV), Arbeitsgruppe Straßenentwurf, Köln 1998

König, Volker: Blindenleitstreifentypen und ihre Entwicklung in: Symposium Blindenleitsysteme in Verkehrsanlagen, Hrsg.: Deutscher Blindenverband e.V., Bonn 1991

König, Volker: Handbuch über die blinden– und sehbehindertengerechte Umwelt- und Verkehrsraumgestaltung. Hrsg.: Deutscher Blindenverband, Bonn 1997, S. 19

Verkehrsunfälle mit Radfahrern, Hrsg.: Der Polizeipräsident in Berlin; zitiert nach: Forschungsdienst Fahrrad Nr. 58, Allgemeiner Deutscher Fahrrad-Club e.V. (ADFC), Bremen 1988

Kapitel 17.4 Zusatzeinrichtungen für Blinde an Lichtsignalanlagen
Dietmar Böhringer

RiLSA – Richtlinien für Lichtsignalanlagen, Ausgabe 1992, Hrsg.: Forschungsgesellschaft für Straßen- und Verkehrswesen, Köln 1992, S. 66 f.

RiLSA, Änderung vom 26.09.94 (Betr.: Einbeziehung der akustischen und taktilen Freigabesignale in die Signalsicherung), Verkehrsblatt 18/1994, S. 602

DIN 32981 Zusatzeinrichtungen für Blinde an Straßenverkehrs-Signalanlagen (SVA) August 1994; Neuausgabe 1999

Donner, Ulrich und Vogt, H.: Straßenverkehrssignalanlagen mit Zusatzeinrichtungen für Blinde, in: Fortschritte der Akustik, DAGA 1994, S. 1233-1236

Wöhrle, Dorothée: Akustische Zusatzeinrichtungen an Ampelanlagen, in: Tagungsbericht Orientierungs- und Mobilitätstraining mit speziellen Gruppen, 6. bis 8. Oktober 1994 in Fulda, Hrsg.: AG Orientierung & Mobilität beim VBS (Bezugsadresse: Monika Strohbach, Tel. 0511/586447)

Vorentwürfe bzw. Vorarbeiten zur RiLSA:

1985: Signalanlagen für Blinde, Ergebnisprotokoll der Fachausschußsitzung vom 14.1.84, Deutscher Blindenverband, Mai 1985

1989: Forderungen an die Hersteller von Lichtzeichenanlagen bezüglich der Entwicklung von Zusatzeinrichtungen für Blinde und hochgradig Sehbehinderte an Ampelanlagen, Fachausschuß für Verkehr und Umwelt, 29.10.89; verabschiedet am 25.11.89 vom Verwaltungsrat des Deutschen Blindenverbandes

1990/1 („verabschiedet in Meinerzagen"): Richtlinien für blinden- und sehbehindertengerechte Zusatzeinrichtungen an Ampelanlagen; Anforderungen an Lichtzeichenanlagen (LZ) mit Zusatzeinrichtungen für Blinde und hochgradig Sehbehinderte (2. Fassung), Hrsg. Deutscher Blindenverband, Bonn 1990

1990/2 („abgestimmt mit Vertretern der Ausschüsse ..."): Richtlinien für blinden- und sehbehindertengerechte Zusatzeinrichtungen an Ampelanlagen; Anforderungen an Lichtzeichenanlagen (LZA) mit Zusatzeinrichtungen für Blinde und hochgradig Sehbehinderte (2. Fassung), Hrsg. Deutscher Blindenverband, Bonn 1990

1992: Anforderungen an Straßenverkehrssignalanlagen (SVA) mit Zusatzeinrichtungen für Blinde und hochgradig Sehbehinderte, Hrsg.: Deutscher Blindenverband, Autor: Volker König, Bonn 1992

Kapitel 20.0 Selbsthilfe in der Rehabilitation
Klaus Schüle

Aengenendt, H.: Vorwort zu „Selbsthilfe in der Behindertenarbeit". Bundesarbeitsgemeinschaft für Behinderte e.V. (Hrsg.): Selbsthilfe in der Behindertenarbeit. Soziale Unterstützung und politische Interessenvertretung durch Betroffene. Reha-Verlag, 2. Aufl. Bonn 1987, 4

Badura, B.; von Ferber, Chr. (Hrsg.): Selbsthilfe und Selbsthilforganisation im Gesundheitswesen. Oldenbourg, München, Wien 1981

Behrendt, J.-U.; Deneke, Chr.; Itzwerth, R.; Trojan, A.: Selbsthilfegruppen vor der Vereinnahmung? Zur Verflechtung von Selbsthilfezusammenschlüssen und professionellen Sozialsystemen. In: Badura, B.; von Ferber, Chr. (Hrsg.): Selbsthilfe und Selbsthilfeorganisation im Gesundheitswesen. Oldenbourg, München, Wien 1981, 91-124

Breeger, N.: Selbstorganisationsversuche Behinderter am Beispiel des Clubs 68 – Verein für Behinderte und ihre Freunde e.V. in Hamburg. In: Runde, P.; Heinze, R. E. (Hrsg.): Chancengleichheit für Behinderte. Luchterhand, Neuwied u. Darmstadt 1979, 237-254

Breuer, R.: Selbstorganisierte Behindertenarbeit im Stadtteil. In: Heinze, R. E.; Runde, P. (Hrsg.): Lebensbedingungen Behinderter im Sozialstaat. Westdeutscher Verlag, Opladen 1982, 289-319

Deimel, H.: Zur Rolle des Sports in psychiatrischen Patienten-Klubs. Motorik 7 (1984), 59-65

Ferber von, Chr.: Selbsthilfe im Sozialstaat. In: Bundesarbeitsgemeinschaft Hilfe für Behinderte e.V. (Hrsg.): Selbsthilfe in der Behindertenarbeit. Soziale Unterstützung und politische Interessenvertretung durch Betroffene. Reha-Verlag, Bonn, 2. Aufl. 1987, 10-19

Grunow, D.: Formen und Leistungen der Selbsthilfe im Gesundheitswesen. In: Nöldner, K.; Kreuter, H. (Hrsg.): Medizin – Gesundheit – Politik. Prävention als interdisziplinäre Aufgabe. Hartmannbund-Jahrbuch 1986. Deutscher Ärzte-Verlag, Köln 1986, 199-213

Illich, I.: Die Nemesis der Medizin. Von den Grenzen des Gesundheitswesens. Rowohlt, Reinbek 1981

Klee, E.: Behindertenreport II „Wir lassen uns nicht abschieben". Fischer, Frankfurt 1976

Klee, E.: Behindert. Fischer, Frankfurt 1980

Forschungsverbund Laienpotential, Patientenaktivierung und Gesundheitsselbsthilfe (Hrsg.): Gesundheitsselbsthilfe und professionelle Dienstleistungen. Soziologische Grundlagen einer bürgerorientierten Gesundheitspolitik. Springer-Verlag, Berlin, Heidelberg, New York 1987

Moeller, M. L.: Selbsthilfegruppen. Rowohlt, Reinbek 1978

Moeller, M. L.: Anders helfen, Selbsthilfegruppen und Fachleute arbeiten zusammen. Klett, Stuttgart 1981

Radtke, P.: Behindertenverbände – Behindertenbewegung: Gedanken über ein Kapitel verlorengegangener Toleranz. In: Bundesarbeitsgemeinschaft für Behinderte (Hrsg.): Selbsthilfe in der Behindertenarbeit. Soziale Unterstützung und politische Interessenvertretung durch Betroffene. Reha-Verlag, Bonn, 2. Aufl. 1987, 64-69

Röhrig, P.: Kooperation von Ärzten mit Selbsthilfegruppen. Brendan-Schmittmann-Stiftung des NAV Verband niedergelassener Ärzte Deutschlands. Köln 1989

Schaft, S.: Selbsthilfe und chronische Krankheit – Unterstützung und Belastung in einer Selbsthilfegruppe krebserkrankter Frauen. In: Badura, B. (Hrsg.): Soziale Unterstützung und chronische Krankheit. Zum Stand sozialepidemiologischer Forschung. Suhrkamp, Frankfurt 1981, 285-316

Thiemeyer, D.: Selbsthilfe und Selbsthilfebetriebe aus ökonomischer Sicht. In: Badura, B.; von Ferber, Chr. (Hrsg.): Selbsthilfe und Selbstorganisation im Gesundheitswesen. Oldenbourg, München, Wien 1981, 203-218

Timmer, B.: Selbsthilfegruppen und ihre Bedeutung für Behinderte. Unveröffentl. Dipl. Arbeit. Dt. Sporthochschule Köln 1983

Trojan, A.; Deneke, Chr.; Halves, E.: Die Bedeutung der Selbsthilfegruppe für Betroffene und Sozialpolitik. In: Bundesarbeitsgemeinschaft Hilfe für Behinderte e.V. (Hrsg.): Selbsthilfe und Behindertenarbeit. Soziale Unterstützung und politische Interessenvertretung durch Betroffene. Reha-Verlag, Bonn, 2. Aufl. 1987, 29-38

Vilmar, F.; Runge, B.: Auf dem Weg zur Selbsthilfegesellschaft? 40 000 Selbsthilfegruppen: Gesamtüberblick, politische Theorie und Handlungsvorschläge. Klartext, Essen 1986

Winkelvoss, H.; Trojan, A.; Itzwerth, R.: Zur Definition und Verbreitung von Gesundheitsselbsthilfegruppen. In: Kickbusch, I.; Trojan, A. (Hrsg.): Gemeinsam sind wir stärker. Selbsthilfegruppen und Gesundheit. Fischer, Frankfurt 1981, 133-138

Kapitel 21.0 Finanzierung
Rolf Gennrich, Thomas Klie, Axel Stemshorn, Martina Wiese

Friedrich, J.: Das „neue" Heimgesetz, in Zeitschrift für das Fürsorgewesen 8/1990

Gitter und Schmidt: Heimgesetz, Kommentar mit Bundes- und Landesrecht, Starnberg, 1991

Hinschützer, U.: Pflegesätze in stationären Einrichtungen der Altenhilfe. Band I. DZA 73/1. Berlin, 1988

Jacobi: Caritas 82: 110.116 in Krug und Reh, Bonn, 1992

Klie, Th.: Heimaufsicht Hannover, 1988

Krug und Reh: Pflegebedürftige in Heimen. Studie im Auftrag des Bundesministeriums für Familie und Senioren, Bd. 4, Bonn, 1992

Peters/Hommel: Sozialgesetzbuch Allgemeiner Teil. Stuttgart, 1976

Kapitel 22.0 Östliche Bundesländer – Ausgangsbedingungen und Entwicklung
Herwig Loeper

Bauliche Maßnahmen für Menschen mit Behinderungen; Mindestforderungen; Vorschrift d. Staatl. Bauaufsicht 217/90; Bauakademie d. DDR, Bauinformation 1990

Burkhardt, E.; Loeper, H.: Bauen ohne Barrieren; in: Architektur der DDR, Berlin 30, 1981, 9, S. 516-520

Bollmann, R.: Behinderte in der Umwelt; Verlag für Bauwesen. – Berlin (DDR), 1980

Erler, H.: Gesundheits- u. Sozialbauten i. d. DDR; Verlag Volk u. Gesundheit, Berlin 1981

Hempel, E.: Wohnheime f. erwachsene, vorwiegend psychisch Behinderte; in: Das stationäre u. ambulante Gesundheitswesen, Heft 35; Verlag Volk u. Gesundheit, Berlin (DDR), 1984

Komplexrichtlinie zur Städtebaul. Planung u. Gestaltung v. Wohngebieten i. Zeitraum 1986-1990; Ministerium f. Bauwesen; Berlin (DDR) 1986

Loeper, H.: Altengerecht? Behindertengerecht? Bauen für alle!; in: Architektur, Berlin 39, 1990, 11, S. 7-9

Loeper, H.: Wohnstätten u. komplementäre Betreuungseinrichtungen für Behinderte u. ältere Bürger; in: Das stationäre u. ambulante Gesundheitswesen, Heft 35; Verlag Volk u. Gesundheit, Berlin (DDR), 1984

Richtlinie f. d. Planung und Projektierung baulicher Maßnahmen für Körperbehinderte in gesellschaftlichen Bauten; in: Bauforschung – Baupraxis; Bauakademie d. DDR, Bauinformation, Berlin, 1980

Projektierungsrichtlinie Feierabendheime mit Pflegestationen; Katalogwerk Bauwesen G 8603 REX; Bauakademie d. DDR, Bauinformation, Berlin, 1986

Richtlinie Förderungseinrichtungen f. schulbildungsunfähige, förderungsfähige Kinder u. Jugendliche – Planung u. Projektierung; in: Hinweise, Richtlinien u. Normative f. Bauten d. Gesundheits- u. Sozialwesens; Ministerium f. Gesundheits- u. Sozialwesen, Berlin (DDR) 1976

Richtlinie Geschützte Werkstätten – Planung u. Projektierung; in: Hinweise, Richtlinien u. Normative f. Bauten d. Gesundheits- u. Sozialwesens; Ministerium f. Gesundheits- u. Sozialwesen, Berlin (DDR) 1988

Richtlinie f. d. Planung u. Projektierung baulicher Maßnahmen für Körperbehinderte und ältere Bürger bei Straßen u. Wegen; Zentr. Forsch.-Inst. d. Verkehrswesens der DDR, Berlin, 1990

Richtlinie Wohnheime f. erwachsene Behinderte – Planung u. Projektierung; in: Hinweise, Richtlinien u. Normative f. Bauten d. Gesundheits- u. Sozialwesens; Ministerium f. Gesundheits- u. Sozialwesen, Berlin (DDR) 1989

Richtlinie f. d. Planung u. Projektierung v. Wohnungen u. Wohnhäusern f. ältere Bürger u. Körperbehinderte; in: Bauforschung – Baupraxis; Bauakademie d. DDR, Bauinformation, Berlin, 1977

Soziale Betreuung; in: Mitteilungen 25 (1989) 6, Institut f. med. Statistik u. Datenverarbeitung, Berlin (DDR)

Literaturverzeichnis nach Verfasser

Arbeitsausschuß Wohnungsfragen in der De. Vg.: Die Behinderten-Wohnung. In: Die Rehabilitation, 3. Jg. (1964), H. 3, S. 139-144, Hrsg.: Staatliche Hochbauverwaltung des Landes Baden-Württemberg Planungshilfe – Bauliche Maßnahmen für Behinderte

Association Francaise de Normalisation (ADNOE), 23 rue Notre-Dame-des-Victoires, Paris 2, Frankreich (Hrsg.): Constructions Handicapés Moteurs Logement. NF P 91-201, Nov. 1966, frz.

Banser-Eckert-Uder: Modell eines Gesamtschulzentrums für behinderte und nichtbehinderte Kinder unter besonderer Berücksichtigung der Anforderungen körperbehinderter Kinder. Verlag Julius Beltz, Weinheim, Berlin, Basel

Bayes, K. und Francklin, S.: Designing for the Handicapped. London, George Godwin, 1971

Bayerische Architektenkammer: Barrierefreie Wohnungen, Leitfaden für Architekten, Fachingenieure, Bauherren zur DIN 18 025 Teil 1 und Teil 2, Ausgabe 1992/1993, vergleichende Betrachtung und Erläuterung

Bayerische Architektenkammer (in Zusammenarbeit mit dem Club Behinderter und ihrer Freunde e.V. München): Wegweiser des Behindertengerechten Planens und Bauens

Bayerische Architektenkammer: Barrierefreies Bauen Teil 2, Leitfaden für Architekten, Fachingenieure, Bauherren zur DIN 18024 Teil 2, München 1997

Bayerische Architektenkammer: Barrierefreie Wohnungen, Leitfaden für Architekten, Fachingenieure und Bauherren zur DIN 18025 Teil 1 und 2, Ausgabe 1992

Bayerisches Staatsministerium für Arbeit, Familie und Sozialordnung. Wohnfibel für Behinderte, Finanzhilfen

Bennedik, K.: Der Rollstuhlfahrer im Altersheim. In: Beschäftigungstherapie, 1970, H. 3

„Bauen für Behinderte und Betagte", Hrsg. Institut für Hochbauforschung an der Eidg. Technischen Hochschule Zürich, Zürich 1975

Bennedik, K., Engel, P. und Hildebrandt, G.: Der Rollstuhl, Schindele Verlag GmbH, Rheinstetten-Neu, 1978

Berndt, H.: Förderungsrichtlinien des Bundes und der Länder für Alten- und Behinderten-Wohnungen. In: Innere Mission, 62. Jg. (1972), Nr. 3/4, S. 193/198

Bladh, K.-A.: Die Reiseumgebung der Bewegungsbehinderten, Bauwelt 1971, H. 41

Bläsing, W.: Die Rehabilitation der Körperbehinderten, München 1967. Unterrichts- und Erziehungsfragen in einer Körperbehindertenschule, Jahrbuch der Fürsorge für Körperbehinderte, 1965/66, S. 315 ff.

Bläsing, W. und Hauberg, G.: Körperbehinderte Kinder in der Schule, Niedersächsisches Schulverwaltungs-Blatt, 5, 1967

Blohmke, F.: Anforderungen an Wohnungen für Behinderte, Wohnungsmedizin 3. Jg., 1965, Nr. 4, S. 2-7. Der Gehbehinderte in seinem Heim, Die Therapiewoche, 1963, Nr. 16, S. 5.

Die Wohnungseinrichtung für Körperbehinderte, Spezialausstattung für Bad und Toilette, Medizinal Markt, Acta medico-technica, Berlin, J. 14, 1966, H. 2, S. 52-55. Wohnungen, Heime, öffentliche Einrichtungen für Behinderte. Jahrbuch der deutschen Vereinigung für Rehabilitation Behinderter e.V. De. Vg. 1965/1966

Boeck, R. J.: Die städtebaulichen und wohnkulturellen Forderungen zum Problem des alternden Menschen in der Großstadt. Die Großstadt Wien als Lebensstätte der Wiener, Wien 1937

Bohne, A.: Gestalterische Merkmale bei Altenwohnungen, Heimen und Altenkrankenhäusern. Wohnungsmedizin, Jg. 5, 1968, H. 4, S. 55 ff.

Brattgard, S. O.: Planung von Wohnungen für Schwerbehinderte in Schweden, Wohnungsmedizin 2-3/1972

Brech, J. und Potter, Ph.: Älter werden wohnen bleiben, VWP Verlag für wissenschaftliche Publikationen Wohnbund e.V.

Brech, J.: Neue Wohnformen in Europa, Berichte des 4. Internationalen Wohnbund-Kongresses, VWP, Bd. 2, 1989

Bringa, O. R. und Norges: Heandikap forbund: Grunnelementer I Planlegging For Rullestolbrukere, 1981

Bundesarbeitsgemeinschaft der Clubs Behinderter und ihrer Freunde (Hrsg.): CeBeeF, Zeitschrift für Behinderte und ihre Freunde

Bundesarbeitsgemeinschaft der freien Wohlfahrtspflege (Hrsg.): Die Altenheimplanung in der Altenhilfe, Bonn 1963

Bundesausschuß für gesundheitliche Volksbelehrung e.V. Bad Godesberg (Hrsg.): Gesundheit, Arbeit und Produktivität, Weltgesundheitstag 1969

Bundesausschuß für gesundheitliche Volksbelehrung e.V. Bad Godesberg (Hrsg.): Hilfe für das behinderte Kind

Bundesminister für Arbeit und Sozialordnung: Behinderte, Leitfaden für Behinderte, Dezember 1978

Bundesminister für Raumordnung, Bauwesen und Städtebau: Beispieldokumentation behindertenfreundliche Umwelt, im Auftrag bearbeitet von Dipl.-Ing. Gerhard Achterberg und Ing. (grad.) Klaus Bade, vorgelegt vom Institut für Bauforschung e.V., Hannover, 1981 (Heft 04.070 der Schriftenreihe)

Bundesminister für Raumordnung, Bauwesen und Städtebau (Hrsg.), Schriftenreihe des: Die Wohnsituation der Körperbehinderten in der Bundesrepublik Deutschland 1976; im Auftrag bearbeitet von Dipl.-Ing. J. Brohm und K. Juster

Bundesminister für Jugend, Familie und Gesundheit: Einrichtungen der medizinischen Rehabilitation. Schriftenreihe Band 39. Gesundheitsförderung und Rehabilitationshilfen für Behinderte durch Freizeitprogramme, Schriftenreihe 1971

Bundesminister für Verkehr (Hrsg.): Empfehlungen und Planungshilfen für die bürgerfreundliche und behindertengerechte Gestaltung von Haltestellen des Öffentlichen Personennahverkehrs, 1997

Bundesministerium für Verkehr (Hrsg.):Direkt, Verbesserung der Verkehrsverhältnisse in den Gemeinden, Gotha Druck, Weimar 1997 ISBN 3-926181-31-1

Bundesministerium für Raumordnung, Bauwesen und Städtebau (Hrsg.): Wohnen im Alter – Zuhause im Wohnquartier, 1995

Bundesminister für Gesundheit (Hrsg.): Verbesserung von visuellen Informationen im öffentlichen Raum, Handbuch für Planer und Praktiker, Fach-Media-Service-Verl.-Ges., Hof/Saale 1996 ISBN 3-926181-28-1

Bundeszentrum Humanisierung des Arbeitslebens bei der Bundesanstalt für Arbeitsschutz und Unfallforschung Dortmund: Gestaltung von Arbeitsplätzen für Behinderte, 1981

Christian, W.: Die Behinderten im Rahmen der Bevölkerungsentwicklung – Versuch einer Vorausschätzung, Bundesarbeitsgemeinschaft Hilfe für Behinderte e.V. (Hrsg.): Der behinderte Mensch und die Eugenik, Düsseldorf 1969

Coleman R. (Hrsg.): Design für die Zukunft, Wohnen und Leben ohne Barrieren, DuMont, Köln 1997 ISBN 3-7701-4187-3

Cramer, H. Dr.: Die neue Werkstätten-Ordnung, Verlag C. H. Beck, München, 1980

Dann, U. und Bonk, R.: Die Eingliederung behinderter Menschen in den Verkehr, Bonn 1990

Der Fahrzeugdienst der Schweizerischen Arbeitsgemeinschaft, Kantonschulstr. 1, Zürich 1, Schweiz (Hrsg.): Der richtige Fahrstuhl, 1962

Der Regierende Bürgermeister von Berlin, Senatskanzlei/Planungsleitstelle, Potsdamerstr. 65, Berlin: Die Situation der Behinderten in Berlin (West), Abschlußbericht

Deutscher Behindertensportverband e.V. in Verbindung mit der Kreisverwaltung des Kreises Marburg – Biedenkopf, Dr. med. Gerd Sluet und Ulrich Naumann, Architekt: Planungshilfen für ein behindertengerechtes Bauen bei Sport- und Freizeitstätten, 1980

Deutsches Studentenwerk: Tagung der Beauftragten für Behindertenfragen bei Hochschulen und Studentenwerken, Bonn 1997

Deutsche Vereinigung für die Rehabilitation Behinderter e.V. (Hrsg.): Die Behindertenwohnung. Ratschläge zur zweckmäßigen Einrichtung des Wohnbereichs und der Sanitärräume, Heidelberg-Schlierbach o.J.

Deutsche Vereinigung für die Rehabilitation Behinderter e.V. (Hrsg.): Die Rehabilitation

Deutsche Vereinigung für die Rehabilitation Behinderter e.V. (Hrsg.): Praktische Hilfen für Körperbehinderte, Heidelberg 1970 (Loseblattsammlung)

Deutsche Vereinigung für die Rehabilitation Behinderter e.V. (Hrsg.): Verzeichnis für Anstalten, Kliniken und Einrichtungen für die Eingliederung und Pflege Körperbehinderter in Deutschland. Heidelberg-Schlierbach 1959

Deutsche Vereinigung für die Rehabilitation Behinderter e.V.: Die Behinderten-Wohnung, Ratschläge, erarbeitet von dem Arbeitsausschuß Wohnungsfragen und Hilfen für das tägliche Leben der Deutschen Vereinigung für die Rehabilitation Behinderter e.V., Die Rehabilitation, 1964, H. 3

Deutsche Vereinigung für die Rehabilitation Behinderter e.V.: Die Behinderten-Wohnung II, Ratschläge für Sanitärausstattungen, V. S. I. Bonn in Verbindung mit der De. Vg. Heidelberg 1965

Deutsche Vereinigung für die Rehabilitation Behinderter e.V.: Die Wohnung des Körperbehinderten, Bericht über das 1. Seminar der Deutschen Vereinigung für die Rehabilitation Behinderter e.V. in Hannover 1968, Jahrbuch der De. Vg. 1969/70

Deutsches Rotes Kreuz (Hrsg.): Die Arbeit erleichtern – auch für die behinderte Hausfrau, DRK Sonderdruck, 8 S., o.J. Erst fragen – dann helfen. Wichtige Punkte für den Umgang mit behinderten Menschen, DRK Sonderdruck, 8 S., o.J., Hausarbeit vom Rollstuhl aus, Hamburg, Erstauflage V/1966, Nachdruck III/68. Hilfe für Behinderte durch das DRK. Eine Standortbestimmung. DRK Sonderdruck, 12 S., o.J.

Dicke, W.: Geschützte Werkstätten als Aufgabe einer modernen Körperbehindertenfürsorge, Jahrbuch der Fürsorge für Körperbehinderte, 1961, S. 70 ff.

Dittrich, G. (Hrsg.): Die Stadt – Wohnen alter Menschen, Deutsche Verlagsanstalt Stuttgart

Dittrich, G. (Hrsg.): Die Stadt – Wohnen Alleinstehender, Deutsche Verlagsanstalt Stuttgart

Dittrich, G. (Hrsg.): Die Stadt – Wohnen Körperbehinderter, Deutsche Verlagsanstalt Stuttgart.

Eichler, J.: Loseblattsammlung – Praktische Hilfen für Körperbehinderte. Deutsche Vereinigung für die Rehabilitation Behinderter e.V., Heidelberg (Hrsg.), Treu Druck und Verlag, Heidelberg

Epprecht, M.: Planung und Ergotherapie für Betagte. Bezug: Stiftung für das Alter, Kantonal-Komitee Zürich, Forchstraße 145, CH-8032 Zürich

Evangelische Akademie von Kurhessen-Waldeck und Evangelische Akademie in Hessen und Nassau (Hrsg.): Wohnungsbau für körperbehinderte und alte Menschen als öffentliche Verpflichtung. Ergebnisse aus drei gemeinsamen Tagungen im Februar, März und Oktober 1971. Hofgeismar 1971 (Als Manuskript vervielfältigt)

Exner, G.: Problems of University Training for the Disabled with Special Regard to Arcitectural Barriers. W. Dicke u.a. (Hrsg.): Industrial Society and Rehabilitation – Problems and Solutions. ISRD – Proceedings of the 10th World Congress, Stuttgart 1967, S. 47-48

Foott, S.: Handicaped at home, 1977

Funke, U.:Vom Stadtmarketing zur Stadtkonzeption, W. Kohlhammer Stuttgart, 2. Aufl. 1997 ISBN 3-17-015182-7

Gerngroß-Haas G.: Wer tut was wann wo – und warum bzw. warum nicht?, Fraunhofer IRB Verlag 1997 ISBN 3-8167-4938-0

Forschungsgruppe der Stiftung Fokus für die Planung von Wohnungen für Schwerkörperbehinderte (Hrsg.): Prinzipprogramm der Fokus-einrichtungen für Körperbehinderte. Göteborg 1968 (Als Manuskript vervielfältigt)

Goldsmith, S.: Access for the disabled Archt. Journal 137 (1963) Nr. 12, S. 627-642

Goldsmith, S.: Architecural barriers to the disabled, Archt. Journal 136 (1962), Nr. 16, S. 909-910. Design of all types of buildings accessible to and usable by physically handicapped persons

Goldsmith, S.: Birmingham Copec house improvement society, Singlestorey houses for the handicapped, Archt, Journal 141 (1965) Nr. 26

Goldsmith, S.: Designing for the disabled, a manual of technical information. Hrsg.: Royal Institute of British Architects, London Selbstverlag 1963, 240 S.

Goldsmith, S.: Further thoughts on design for the disabled. 1. The American code and the Norwich project. 2. The draft British Standard Code of Practice. Archt. Journal 142, 1965, Nr. 15, S. 862-872, Nr. 17, S. 971-979, ild

Goldsmith, S.: Housing for the disabled – can it be economic?: Analyse of the cost of a hypothetical scheme for wheelchair use. Builder 204, 1963, Nr. 6252, S. 553-556, 4 Grundr., s.a. Housing Review 12, 1963, Nr. 3, S. 91-98

Goldsmith, S.: The disabled, a mistaken policy? Journal Royal Inst. Brit. Architects 74, 1967, Nr. 9, S. 387-389

Goldsmith, S.: Designing for the Disabled. Hrsg. v. Royal Institut of British Architects, Technical Information Service, 66 Portland Place, London W 1, London 1967

Groß, H.: „Bauen für Behinderte in Nordrhein-Westfalen", hrsg. vom Institut für Landes- und Stadtentwicklungsforschung des Landes NRW, Dortmund

Haag, G.: Offene Hilfen in Beziehungen zu Alten- und Behinderten-Wohnungen. Innere Mission, 62. Jg. (1972), Nr. 3/4, S. 178-186

Hamilton, Lady: Advantages and Disadvantages of Housing for Married Disabled Persons. W. Dicke u.a. (Hrsg.): Industrial Society and Rehabilitation – Problems and Solutions. ISRD-Proceedings of the Tenth World Congress. Stuttgart 1967, S. 45-46

Hamilton: Housing the disabled. Reprinted from the News Review of the Central Council for the Care of Cripples, 1961-1962

Hamilton: Housing for the disabled. Housing Review 11, 1962, Nr. 1, S. 18-22, Discusses the planning of purpose-built housing for the disabled

Heinle, Wischer & Partner: Das Friesen-Konzept für das Krankenhaus und Gesundheitswesen von morgen, Stuttgart

Heinle, Wischer & Partner: Ein- und Mehrbettzimmer im Akutkrankenhaus, Analyse ihrer Tauglichkeit, Stuttgart

Höfs, J. und Loeschcke, G.: Die rollstuhlgerechte Wohnung, 1981, Verlagsanstalt Alexander Koch GmbH

Hörber, F.: Ärztliche Beurteilung der Fahrtauglichkeit für Pkw's bei uns und in anderen Ländern. Schellingstr. 29, München, Mitteilungen VdK, Aug. 1967, S. 360-383 ff.

Hörber, F.: Der Versehrte und sein Fahrzeug. 4. Aufl. 1965, VdK, München

Hörber, F.: Zum Problem der körperbehinderten und alten Menschen im Straßenverkehr. Die Rehabilitation, H. 1, Febr. 1967, S. 30-34 ff.

Huber, V.: Rücksicht auf Betagte und Behinderte. Bauen und Wohnen, 25. Jg. 1970, H. 5

Hug, S.: Eine Heimat für das Alter, Seminar SS 89, Dipl.-Ing., Institut für öffentliche Bauten und Entwerfen, Uni Stuttgart

Hugues, Theodor: Die altengerechte Wohnung, Verlag Georg D. W. Callwey 1975

ISO International Organisation for Standardization. Needs of disabled people in buildings. Design Guidelines, Genf 1982

ISRD, Informaton Centre, Fack, Bromma 3, Schweden (Hrsg.): Conversion of Cars for Disabled Drivers, 1966, engl., span.

ISRD, Information Centre, Fack, Bromma 3, Schweden (Hrsg.): Directions for the Preparation of a Guide for Disabled Persons in Towns and Other Built-Up Areas. 1966, engl.

ISRD (International Society of Rehabilitation of the Disabled) Conferences: The physically disabled and their environment, Stockholm, Oct. 12-18, 1961, Report of the proceedings, Stockholm, Selbstverlag 1962, 208 S. I. Problems of handicapped hornemakers. II. Problems of handicapped persons in repect of community planning and transport

Jochheim, K. A.: Der Personenkreis für die geschützte Werkstätte. Jahrbuch der Fürsorge für Körperbehinderte, 1965/66, S. 281 ff. Grundlagen der Rehabilitation in der Bundesrepublik Deutschland, Stuttgart 1958. Rehabilitation für Körperbehinderte, 1964, S. 61 ff.

Jochheim, K. A. und Scholz, J. F. (Hrsg.): Rehabilitation. Taschenbuchreihe, Georg Thieme Verlag Stuttgart 1975

Juster, K.: Der behinderte Jugendliche und seine Freizeit, Jahrbuch der Deutschen Vereinigung für die Rehabilitation Behinderter e.V. – De. Vg. 1969/70, Heidelberg 1970

Karlus, Hul: Altenhilfe als Konzept der Stadterneuerung, Arbeitshilfen Heft 38, Eigenverlag des Deutschen Vereins für öffentliche und private Fürsorge

König, V. und Deutscher Blindenverband e.V. (Hrsg.): Handbuch über die blinden- und sehbehindertengerechte Umwelt- und Verkehrsraumgestaltung, Moeker Merkur Druck, Köln 1997

Kratzmeier, H.: Daheim statt im Heim

Kräutzer, K. R.: Wohnungen für Rollstuhlbenutzer, Wohnungen für alte Menschen. In Mitteilungsblatt der Arbeitsgemeinschaft für Zeitgemäßes Bauen e.V. Kiel, Heft Nr. 3/4/77

Krumlinde, H. H. Dr.: Behindertengerechtes Wohnen, Ausstattung von Küche und Bad für alte und behinderte Menschen, Verlagsgesellschaft Rudolf Müller, Köln 1979

Kuldschun, H./Rossmann, E.: Planen und Bauen für Behinderte, Deutsche Verlagsanstalt Stuttgart 1974/77

Kuratorium Deutsche Altershilfe: Planung/Bau von Altenwohnungen/Altenwohnhäusern, Köln 1981

Land Brandenburg: Neubau von Pflegeplätzen, Pflegeheime im Land Brandenburg GU-Ausschreibung, 1992

Lehle, F.: Das behinderte Kind, Rehabilitation und finanzielle Hilfen, Prakt. Rechtsratgeber

Lehr, U.: Psychologie des Alterns, 7. Aufl., UTB & Meyer

Lehrstuhl für Verkehrsingenieurwesen der ETH Zürich (Leitung Prof. Hothach): Verkehrsprobleme körperlicher Behinderter. Bericht zu den Vorschlägen der Schweizerischen Kommission für Rehabilitation, Zürich 1971

Loeschcke, G. Prof. Dr. Ing.: Parameter für Neu- und Umbauten von Hochschulanalysen unter Berücksichtigung der Bedürfnisse Behinderter, Deutsches Studentenwerk e.V.

Loeschcke, G.: Betreutes Wohnen, Kohlhammer, Stuttgart 1996 ISBN 3-17-014018-3

Loeschcke, G. Prof. Dr.-Ing. und Pourat, D. Dipl.-Ing.: Integrativ und barrierefrei, Behindertengerechte Architektur für Hochschulen und Wohnheime, Verlag Das Beispiel, Darmstadt 1994 ISBN 3-923974-28-0

Lorenz, P.: Planen und Bauen für das Alter, Wohnen im dritten Lebensabschnitt, A.Koch, 1994 ISBN 3-87422-620-4

Madörin jun.: Wohnformat im Alter, Verlag Paul Haupt Bern und Stuttgart, 1985

Marx, L.: Barrierefreies Planen und Bauen für Senioren und behinderte Menschen, Krämer, Stuttgart 1994 ISBN 3-7828-1121-6

Marx, L. Dipl.Ing.: Altersgerechte Technik, Erfassung altersgerechter Technik im Auftrag des Bundesministers für Raumordnung, Bauwesen und Städtebau, 1991

Marx, L. i.A. des Bundesministerium für Raumordnung, Städtebau und Bauwesen: Neue Technologien für atersgerechte Wohnungen

Marx, L., i.A. des Bundesministeriums für Raumordnung, Städtebau und Bauwesen, München: Neue Technologien für altersgerechte Wohnungen, Bayerische Architektenkammer

Merkel, K.-H. Dr.-Ing.: Die Rehabilitation Behinderter als integrierter Bestandteil der Gesundheitsfürsorge und Krankenversorgung – Bauplanerische Ansätze und Modelle

Nederlandse Centrale Vereiniging ter bevordering van de Refalidatie, Stadhouderstaan 142, Den Haag, Holland (Hrsg.): Bruikbar bouwen. Adviescommissie Huisvesting (holl.). Geboden Toegang 1973

Nellist, I.: Planning Buildings for Handicapped Children, London, Crosby Lockwood, 1970, 118 pages. Plans and photographs. Reviewed by Dr. Albert Kushlick in Mental Health, the Journal of the National Association for Mental Health, 39 Queen Anne Street, London W. 1, Spring 1971

Neugebauer/Düwel: Wohnungsbau in NW, Altenwohnungen in NW, Finanzierung, Technik, Wirtschaftlichkeit

Neve de, W.: Hinweise zum Umbau von Kraftwagen für körperbehinderte Fahrer. Beiträge zur Orthopädie und Traumatologie, Berlin, J. 14, 1967, H. 5, S. 279-282

Nüschler, F. (SAEB, Arbeitsgemeinschaft zur Eingliederung Behinderter): Architektur und Invalidität. Schweizer Journal, 1970, Nr. 10, 8 S.

Bauen für Behinderte und Betagte in der Schweiz. Innere Mission, 62. Jg. (1972), Nr. 3/4, S. 164-172

Bautechnische Forderungen behinderter Menschen. Separatdruck aus der Neuen Zürcher Zeitung, Beilage Technik, 31 S., Zürich 1969

Philippen, D. P. Prof., Institut für technische Lebensraumplanung für behinderte und ältere Menschen e.V., Reichsbund Wohnungsbau- und Siedlungsgesellschaft mbH, Hannover 1992

Philippen, D. P. Prof.: Barriere frei, Landes-Bausparkasse Rheinland-Pfalz 1992

Philippen, Prof. D.P.:Der barrierefreie Lebensraum für alle Menschen, Verlag Druckerei Fuck, Koblenz 1998 ISBN 3-927481-16-5

Philippen, D. P. Prof.: Barrierefreie Arbeitswelt, VdK, Bonn

Philippen, D. P. Prof.: Wohnen ohne Barrieren, Reichsbund der Kriegs- und Wehrdienstopfer e.V., Bonn 1992

Presber, W.: Besonderheiten der Wohnungsgestaltung für Schwerbeschädigte, Zeitschrift für die gesamte Hygiene und ihre Grenzgebiete, Bd. 13 1967, S. 584-586

Presber, W., Herzog, W. und Rose, N.: Technologie über Wohnungen für Körperbehinderte, Zeitschrift für die gesamte Hygiene und ihre Grenzgebiete, Bd. 15 1969, S. 368-381

Presber, W. und Rose, K.: Wohnraum für Körperbehinderte, Beiträge zur Orthopädie und Traumatologie, Bd. 12 1965, S. 166-174

Presber, R. und de Neve: Technische Hilfen für das tägliche Leben. VEB-Verlag Volk und Gesundheit, 1973

Rapp, W.: Familienheim oder Eigentumswohnung, Rehabilitations-Verlag GmbH, Bonn

Raschko Bettyann: Housing interiors for the disabled and elderly, USA 1982

Reha-Team: Rehabilitations-Technik am Menschen Nordwürttemberg, Vertrieb und Fertigungs GmbH

Reichsbund der Kriegs- und Zivilbeschädigten, Sozialrentner und Hinterbliebenen e.V.: Beseitigt bauliche und technische Hindernisse. Vorschläge zur Eingliederung Behinderter in die Gesellschaft 1972

Riessner, H.: Allgemeine Forderungen nach behindertenfreundlichen und behindertengerechten Baunormen für öffentliche Gebäude, Verkehrsbauten und den staatlich geförderten Wohnungsbau. Innere Mission, 62. Jg. 1972, Nr. 3/4, S. 187-193

Sanitär- und Heizungs-Handels-Contor, z.B. Wilhelm Gienger GmbH, Lebensraumplanung und Haustechnik der Gemeinsamkeit

Sozialmedizinische Aspekte zum Wohnungsbau für körperbehinderte und alte Menschen. Innere Mission, 62. Jg. (1972), Nr. 3-4, S. 125-133

Riessner, H. und Hildebrand, D.: Erfahrungen in einem Alumnat für körperbehinderte höhere Schüler. Die Rehabilitation, 5. Jg. 1966, H. 3

Rudel, E. M.: Die Grenzen der Abänderungsmöglichkeit einer Normalwohnung. Jahrbuch der Deutschen Vereinigung für die Rehabilitation Behinderter e.V. – De. Vg. 1969/70, Heidelberg 1970, S. 136-141

Schmieg, H.: Intensivpflege im Krankenhaus, Überlegungen und Vorschläge zu neuen Formen baulicher Ausprägung, Igma Dissertationen 13, Verlag Karl Krämer GmbH & Co.

Scholz, F. F. und Jochheim, K. A. (Hrsg.): Rehabilitation. Taschenbuchreihe Georg Thieme Verlag Stuttgart 1975

Schobertik, H. Prof. Dr. med.: Richtig Sitzen, Besser Leben

Schubert, W. M.: Selbstförderung des Körperbehinderten über Treppen unter besonderer Berücksichtigung des Monolifts. Die Rehabilitation, 6. Jg. 1967, H. 2, S. 40-44

Schütz, R. M.; Tews, H. P., Minister für Soziales, Gesundheit und Energie, Schleswig-Holstein: Ältere Menschen in Schleswig-Holstein, Studie

Schweizerischer Invalidenverband (Hrsg. u. Verlag), Postfach 3 57, CH-4600 Olten 1: Leitfaden zur Vermeidung der architektonischen Barrieren und Hindernisse, 1976

Schweizerische Zentralstelle für Baurationalisierung, Torgasse 4, Zürich, Schweiz (Hrsg.): Wohnungen für Gehbinderte, dtsch., frz., ital., StB (98), SNV 1963

Simon, P. Dr. med.: „Die Rollstuhlversorgung bei älteren Menschen" in MOT/77, „Wie sind die kompensatorischen Möglichkeiten des Rollstuhls bei der Rehabilitation Querschnittgelähmter zu beurteilen?" in Krankengymnastik 1974, S. 219-220, „Der Rollstuhl" in Deutsches Ärzteblatt – Ärztliche Mitteilungen, Heft 41, 66. Jahrgang, S. 2829-2833, „Systematik der Rollstuhlverordnung" in Medizinisch-orthopädische Technik, Heft 2, 96. Jahrgang 1976, S. 25-28

Stemshorn, A.: „Aspekte für die Ausbildung, Weiterbildung und Fortbildung von Fachkräften der Rehabilitation für die Bereiche Bauen und Wohnen" in Bericht über die Arbeitstagung der Deutschen Vereinigung für die Rehabilitation Behinderter e.V. in Bremen, Heidelberg 1975

Stiftung Rehabilitation, Postfach 10 14 09, Heidelberg: Grundsätze zur Planung von behindertengerechten Studentenwohnheimen und Erschließung von Hochschulanlagen für Rollstuhlfahrer

Stiftung Rehabilitation Heidelberg, Informations- und Dokumentationsstelle für Technische Hilfen, Postfach 10 14 09, Heidelberg

Informationssammlung
Heft 1 Haushalt, Alltag/Mahlzeiten/Kleidung Bereich 100/110/120
Heft 2 Körperpflege Bereich 130
Heft 3 Kommunikation Bereich 140
Heft 4 Geh- und Mobilitätshilfen Bereich 150
Heft 5 Fahrgeräte, Rollstühle Bereich 180/190
Heft 6 Auto und Verkehr Bereich 210
Heft 7 Physiotherapie/Ergotherapie/Freizeit/Sport Bereich 220/230/320
Heft 8 Möbel Bereich 260
Heft 9 Bauen, Wohnen Bereich 300
Heft 10 Arbeitsplatz, Ausbildung Bereich 330
Heft 11 Gesamt-Stichwortverzeichnis

Stolarz, H.: Wohnungsanpassung – Maßnahmen zur Erhaltung der Selbständigkeit älterer Menschen, KDA Forum, Kuratorium Deutsche Altershilfe, 1986

Stolarz H.: Wohnungsanpassung-Maßnahmen zur Erhaltung der Selbständigkeit älterer Menschen, Kuratorium Deutsche Altershilfe (Hrsg.), 2.Aufl.1992

Svenska Centralkommitten för Rehabilitering (SVCR), Fack, Bromma 3, Schweden (Hrsg.),

Förteckning över tekniska hjälpmedel för handikappede, Schwed

SVCR, Fack, Bromma 3, Schweden (Hrsg.): Handikapped husmoder (The Physically Handicapped Housewife). SVCR Publication Series Nr. 6, 1958, schwed./engl.

SVCR, Fack, Bromma 3, Schweden (Hrsg.): Information för vanförevarden. Sondernummer über Rollstühle. Febr. 1964, schwed.

SVCR, Fack, Bromma 3, Schweden (Hrsg.): Information om rehabilitering. Sondernummer über Behindertenfahrzeuge und behinderte Kraftfahrer, Juni 1966, schwed.

SVCR, Fack, Bromma 3, Schweden und ISRD, 219 East, 44th Street, New York, N. Y. 10017, USA (Hrsg.): The Physically Disabled and Their Environment, Okt. 1961, engl.

SVCK (Swedish Central Committee for the Care of Cripples) Informationsblad (Hrsg.): Badoch toalettrum, CI. 2-1, 1963

SVCK Swedish Central Committee for the Care of Cripples (Hrsg.): Hydraulisk lyltplatta, schwed., Informationsblad DL. 11-1, 1962

SVCK Informationsblad (Hrsg.): Invalidbostadsbidrag, CI, 0-2 X, 1964

SVCK Informationsblad (Hrsg.): Mekaniska anordningar för att lösa vertikala förbindelser for rörelsehindrade i villor och andra bostadsformer, C 3, 11-1, 1963

SVCK Swedish Central Committee for the Care of Cripples (Hrsg.): Principförslag till sy – och strykenhet samt förvaringsskap för linne och sinutsvätt, Informationsblad CI, 3-2, 1963

SVCK Informationsblad (Hrsg.): Sammandrag av anvisningar för bostadsplanering för rörelsehindrade, C 0-1, 1963

SVCK (Hrsg.): Stockholmsguide för rörelsehindrade, Skriftserie Nr. 9, Stockholm 1963

The Central Council for the Disabled, 34 Eccleston Square, London SW 1 (Hrsg.): Planning for disabled people in the urban environment

US Department of Health, Education and Welfare, Vocantional Rehabilitation Administration, Washington D. C., USA (Hrsg.): No More Architectural Barriers, Rehabilitation Record, Bd. 2, Nr. 6, 1961 (engl.)

Wagner, H. Prof. Dipl.-Ing., Institut für Ausbau- und Innenraumplanung an der Technischen Universität Berlin: Behindertengerechtes Planen – Die Wohnung, Verlag Kiepert KG, Berlin 1981

Wagner-Fischer, A.-M.: Das Behinderte Kind, Verlag: Rehailitationsverlag GmbH, Mülheim

Wagner-Fischer, A.-M.: Die Küche der behinderten Hausfrau, RAS Rohr-Armatur-Sanitär-Heizung, 20, 1965, Nr. 3, S. 136, 138, 140, 142, 144

Wagner-Fischer, A.-M.: Welche Möbel für die Zeit des Alters? DRK Generalsekretariat, Bonn

Wagner-Fischer, A.-M.: Unabhängig in die Zukunft, Alltagshilfen beim Älterwerden. Aus Das Altenheim, Heft 1966, S. 7-12 ff., DRK-Generalsekretariat, Bonn

Wagner-Fischer, A.-M.: Ärztlicher Rat für Halbseitengelähmte, Georg Thieme Verlag Stuttgart 1973

Walther-Rost, A.: Richtlinien und Empfehlungen zur Gestaltung der Naßzelle, Kleinwohnung und Heime für Körperbehinderte. Pro Senectura, Postfach, CH-8030 Zürich

Literaturverzeichnis nach Titeln

Alt und geistig behindert, Ein europäisches Symposium, Bundesvereinigung Lebenshilfe für geistig Behinderte e.V. (Hrsg.), Lebenshilfe Verlag, Marburg 1993

Ältere Menschen und ihr Wohnquartier, Bundesminister für Raumordnung, Reha-Verlag GmbH, Bonn

Älterwerden in Deutschland, Lexikon, Altenheimführer, Hewo-Verlag, ISBN 3-924642-04-4

Älter werden – Unabhängig bleiben, Arbeitsgemeinschaft Wohnberatung e.V., ISBN 3-925271

Alten- und behindertengerechte Wohnungen mit Dienstleistungsangeboten im Wohnhaus Reinsburgstrasse in Stuttgart-West, Kuratorium Deutsche Altershilfe (Hrsg.), 1990

Altengerechte Infrastruktur, Nr. 2312, IRB, ISBN 3-8167-2235-0

Altenheime, Nr. 2699, Bd. 1, IRB, ISBN 3-8167-2623-2

Altenheime, Nr. 2700, Bd. 1, IRB, ISBN 3-8167-2624-0

Altenheime und Behindertenwohnheime in Nordrhein-Westfalen, Bericht, 2/90, Ministerium für Bauen und Wohnen, Düsseldorf, 1988/89

Altenpflege- und Krankenheime, Nr. 2661, Bd. 1, IRB, ISBN 3-8167-2585-6

Altenpflege- und Krankenheime, Nr. 2662, Bd. 2, IRB, ISBN 3-8167-2586-4

Altenpläne und Altenhilfe, Nr. 2852, IRB, ISBN 3-8167-2776-X

Altenpolitik für Behinderte im Seniorenalter, Konsequenzen und Empfehlungen für Praxis und Politik, Bundesministerium für Familie und Senioren (Hrsg.), Bonn 1993

Altentagesstätten, Nr. 2841, IRB, ISBN 3-8167-2765-4

Altenwohnungen, Nr. 2664, Bd. 1, IRB, ISBN 3-8167-2588-0

Altenwohnungen, Nr. 2665, Bd. 2, IRB, ISBN 3-8167-2589-9

Altenzentren, Nr. 2840, IRB, ISBN 3-8167-2764-6

Angebot zur Gesundheitsvorsorge und Gesundheitsförderung in Stuttgart, Arbeitsgemeinschaft für Gesundheitserziehung und Gesundheitsbildung, Stuttgart

Arbeitsplätze für Behinderte I, Dokumentation technischer Arbeitshilfen, Bundesanstalt für Arbeitsschutz und Unfallforschung, ISBN 3-88314-104-6

Architektur und Wettbewerbe 117, Verlag Karl Krämer & Co., Stuttgart

Auf Rollstuhlverkehr zugeschnitten. Baumeister 67. Jg. (1970), H. 9, S. 1040-1042 (Siedlung Het Dorp, Arnheim Holland)

Aufzüge – Planung, Konstruktion, Ausführung, Nr. 2270, IRB, ISBN 3-8167-2193-1

Aufzüge – Vorschriften, Normen, Richtlinien, Nr. 2269, ISBN 3-8167-2192-3

Badezimmer, Nr. 1495, IRB, ISBN 3-8167-1415-3

Barrierefreie Arbeitswelt für Menschen I, mit und ohne Behinderungen, Teil B, Verwaltungs- und Berufsgenossenschaft, ISBN 3-7921-0395-8 II. Teil A, ISBN 3-7921-0395-8

Barrierefrei Bauen, Wohnungen für alle, Informationen über die neue DIN 18025, Bundesminister für Raumordnung, Bauwesen und Städtebau, 1992

„Barrierefrei bauen und wohnen", Ministerium für Bauen und Wohnen des Landes Nordrhein-Westfalen 1998

Barrierefreie Wohnungen. Bayerische Architektenkammer, Ausg. 1992

Bauen für Behinderte, Zusammenstellung von Planungsgrundlagen und finanziellen Förderungsmöglichkeiten, VdK Landesverband Baden-Württemberg e.V., Stuttgart

Bauen für Behinderte und alte Menschen, Deutsches Institut für Normung (DIN) e.V., ISBN 3-410-12476-4

Bauen für Blinde, Nr. 1535, IRB, ISBN 3-8167-1457-9

Bauen und Bauten für Behinderte. Architekturwettbewerbe, Verlag Karl Krämer GmbH & Co., Stuttgart 1975

Bauen ohne Barrieren, Europ. UN-Seminar, Warschau, 1974, Mitteilungen über Praxis und Probleme der Rehabilitation, Altbuch 74, Berlin

Bauliche Hilfen für Alte, Schwache, Behinderte, Bundesanstalt für Arbeitsschutz und Unfallforschung, ISBN 3-88314-201-8

Bautätigkeit und Wohnen 5, Die Wohnsituation der Haushalte (1982), Statistisches Bundesamt Wiesbaden, Verlag Kohlhammer GmbH, Stuttgart, ISBN 205 9005-82900

Bautätigkeit und Wohnen 5,1 % – Wohnungsstichproben 1978, Verlag Kohlhammer GmbH, Stuttgart, ISBN 205 2205-78900

Bauten für Behinderte. Internationale Asbestzement-Revue, ac. 38, Verlag Karl Krämer GmbH & Co., Zürich

Bau- und Wohnforschung, Wohnungsumbau für Rollstuhlbenutzer, Heft Nr. 04, Bundesminister für Raumordnung, Bauwesen und Städtebau, Bonn

Bedarfsplanung für Sozialinfrastrukturmaßnahmen, Nr. 1170, IRB, ISBN 3-8167-1088-3

Behindert, über die Enteignung von Körper und Bewußtsein, Kritisches Handbuch, Fischer Verlag, ISBN 3-596-23860-9

Behinderte im Beruf – Planungsaspekte, Nr. 1829, IRB, ISBN 3-8167-1751-9

Behinderte im Verkehr, Nr. 1387, IRB, ISBN 3-8167-1247-9

Behinderte Kinder erobern ihre Umwelt, Reha-Verlag GmbH, Bonn

Behindertengerechtes Bauen, Katalog baulicher Maßnahmen, Landeshauptstadt Hannover, Hochbauamt

Behindertengerechtes Bauen (1987), Architektenkammer Niedersachsen

Behindertengerechtes Bauen, Empfehlungen für den Migros-Ladenbau, Migros-Genossenschafts-Bund (Hrsg.), Limmatdruck AG, 1990

Behindertengerechte Einrichtungen in Städten und Gemeinden, Tagesbericht, Verlag Modernes Lernen, Dortmund, ISBN 3-8080-0199-2

Behindertengerechte Sport- und Freizeitanlagen, Bundesinstitut für Sportwissenschaft, Köln, ISBN 3-921896-36-3

Behindertenheime und Behindertenzentrum Nr. 1105, IBR, ISBN 3-8167-1023

Behindertenschulen und -werkstätten im Ausland, Nr. 1108, IBR, ISBN 3-8167-1026-3

Behindertenschulen und -werkstätten in der BRD, Nr. 1109, IBR, ISBN 3-8167-1027-1

Behindertenwohnungen, Nr. 1106, IRB, ISBN 3-8167-1024-7

Behindertenwohnungen – Normen und Empfehlungen, Nr. 1107, IRB, ISBN 3-8167-1025-5

Behinderte Studenten in der BRD, BMBW, ISBN 3-87066-616-1

Beratungsdienst Behinderten- und altersgerechtes Bauen, Jahresbericht 1990, Architektenkammer Niedersachsen

Beratungsstelle für behindertengerechtes Planen und Bauen, Bayerische Architektenkammer

Bericht über den 9. Weltkongreß der Internationalen Gesellschaft für die Rehabilitation Behinderter, Kopenhagen 1963

Bericht des Bundesministers für Verkehr über Fortschritte bei der behindertengerechten Gestaltung des öffentlichen Verkehrs, Zimmermann, Friedrich, Dr., Bonn

Berichte 91, Deutsches Institut für Urbanistik, Pressestelle

BEST Berufs- und Studienbegleitende Beratungsstelle für Hörbehinderte München/ Stiftung zur Förderung körperbehinderter Hochbegabter, Vaduz FL Liechtenstein ISBN 3-908-506-08-5

Betreutes Wohnen – Lebensqualität sichern, Bundesministerium für Familie, Senioren, Frauen und Jugend, Bonn 1994

Betreutes Wohnen für ältere Menschen in Baden-Württemberg, Untersuchungsbericht, Ministerium für Arbeit, Gesundheit, Familie und Frauen, Stuttgart

Bundesaltenplan, Richtlinien für den Bundesaltenplan, Bundesministerium für Familie und Senioren (Hrsg.), 3. Auflage 1993

Bundesministerium für Verkehr (Hrsg.): Direkt, Verbesserung der Verkehrsverhältnisse in den Gemeinden, Bonn 1998

Bürgerfreundliche und behindertengerechte Gestaltung des Straßenraums, Bundesminister für Verkehr, Bonn, Direkt Nr. 47 (1992)

City Toilette, Wall Verkehrsanlagen GmbH, Berlin

Daheim im Heim, Bundesministerium für Familie und Senioren (Hrsg.), Kölnische Verlagsdruckerei GmbH, 1992

Das kleine Senioren Lexikon, Hewo-Verlag, ISBN 3-924642-04-4

Der Entwurf: Älter werden in Schleswig-Holstein, Perspektive 2000

Der rote Faden, Ein Ratgeber für ältere Menschen, Bundesministerium für Familie und Senioren, Bonn 1992

Die ältere Generation, Last und Chance für Familie und Gesellschaft, Evangelische Aktionsgemeinschaft für Familienfragen, Bonn

Die soziale Dimension der EG-Freizügigkeit, LWV Württemberg-Hohenzollern

Die Stadt der Zukunft für behinderte Menschen, Wohnungsmedizin 6. Jg. 1968, H. 5, S. 78

Der Wohnungsmarkt für alte Menschen. Bauen und Wohnen, Jg. 20 1965, H. 6, S. VI 30, VI 32

Die Küche für körperbehinderte Hausfrauen, Wohnungsmedizin 3 1965, Nr. 2, S. 10-11

Einrichtungen und bauliche Anlagen zugunsten Behinderter, Kreisbau- u. Planungsamt Göppingen

Einrichtungen für Behinderte in Baden-Württemberg, Wegweiser Politik für Behinderte, Ministerium für Arbeit, Gesundheit, Familie und Sozialordnung, Stuttgart

Einrichtung für behinderte Kinder, Nr. 1104, IRB, ISBN 3-8167-1022-0

Förderung der Integration von Schwerbehinderten am Arbeitsplatz, Deutscher Wirtschaftsdienst, ISBN 3-87156-0731

Gartenarbeit für Körperbehinderte und Senioren, Verlag Modernes Lernen, Dortmund, ISBN 3-8080-0087-2

Gelenkschutz und Rehabilitation bei chronischer Polyarthritis, Gustav Fischer Verlag, Stuttgart, ISBN 3-437-10929-4

Geschichte: Behindert, besonderes Merkmal: Frau, AG Spak Publikationen, München, ISBN 3-923126-33.6

Gesundes Wohnen, Wechselbeziehungen zwischen Mensch und gebauter Umwelt, Kompendium, Beckert, Mechel, Lamprecht

Häusliche Krankenpflege, rund um die Uhr, Krankenwohnung, Tagungsbericht, ISBN 37983-13180

Heime für Körperbehinderte, Bauwelt 1960/61, S. 1163-1168

Helfer und Selbsthilfegruppen in Karlsruhe, 1. Aufl., Sozial- und Jugenddezernat, Karlsruhe, 1987, ISBN 01 75-59 35

Hilfe für das behinderte Kind, Bd. 27, Tönz, Otmar, Arbeit zur Theorie und Praxis der Rehabilitation in der Medizin, Psychologie und Sonderpädagogik, Hans Huber Verlag, Bern, ISBN 3-456-81779-9

Hilfe für Menschen mit Behinderungen und psychischen Erkrankungen, Landkreis Esslingen

Hilfsmittelkatalog, AOK-Bundesverband, Bonn, ISBN 3-553-37-400-4

Ihre Rechte als Heimbewohner, Bundesministerium für Familie und Senioren (Hrsg.), Bonn 1993

Im Blickpunkt: Ältere Menschen, Statistisches Bundesamt, Metzler-Poeschel, Stuttgart, ISBN 3-8246-0229-6

Informationen 17, Wohnbund-Zentrale, 1992

Informationen, Wohnbund, 1991

Informationsblatt 19 1992, Arbeitsgemeinschaft Allergiekrankes Kind

Informationssammlung Stiftung Rehabilitation Heidelberg, Heft 1-11

Kinder- und familiengerechtes Wohnen Nr. 1143, IRB, ISBN 3-8167-1061-1

Kindertagesstätten, Nr. 111, IRB, ISBN 3-8167-0016-0

Kooperationsmöglichkeiten für einen behindertengerechten öffentlichen Personennahverkehr in München, Bundesministerium für Verkehr, Bonn, Nr. 70220/87

Küche und Haushaltsgerät der körperbehind. Hausfrau. Wohnungsmedizin 3, 1965, Nr. 4, S. 1

Kurzbericht, Modellprojekt „Beratungsdienst für die selbständige Lebensführung im Alter – Wohnraumanpassung", Arbeiterwohlfahrt, Landesverband Schleswig-Holstein e.V., Kiel

Kurzinformation 2/91, Förderung von Familienheimen und eigengenutzten Eigentumswohnungen in Nordrhein-Westfalen, Ministerium für Bauen und Wohnen, Düsseldorf

Lebensraum für Alte Menschen, Forum 15, Kuratorium Deutsche Altershilfe

Medizinisch-soziale Grundversorgungsstation, Institut für Grundlagen Architektur und Entwerfen, Uni Stuttgart, ISBN 3-7828-1910-1

Mehrfach behinderte Kinder und Jugendliche, 3. Aufl., Marhold, ISBN 3-7864-3954-0

Mehrgenerationen-Wohnen, Nr. 2311, IRB, ISBN 3-8167-2234-2

Mehr Hilfen und Sicherheit für blinde und sehbehinderte Menschen im öffentlichen Verkehr, Rede des Bundesministers für Verkehr, Zimmermann, Friedrich, Dr., 1990

Miteinander Wohnen – Wohnprojekte für jung und alt, VWP, Darmstadt 1992, ISBN 3-922981-69-0

Mitgliederverzeichnis 1992, Wohnbund e.V., Verband zur Förderung wohnpolitischer Initiativen

Mobilitätsbehinderte Menschen im Verkehr, Hrsg.: Universität Kaiserslautern Fachgebiet Verkehrswesen und Verkehrsclub Deutschland, Kaiserslautern 1997

Nachsorgeleitfaden Krebs, Ein Wegweiser für Krebspatienten und Selbsthilfegruppen, Ministerium für Arbeit, Gesundheit und Sozialordnung Baden-Württemberg, Krebsverband Baden-Württemberg, 4. Auflage Stuttgart 1992

Neue Konzepte für das Pflegeheim – auf der Suche nach mehr Wohnlichkeit, Kuratorium Deutsche Altershilfe (Hrsg.), 1988

„Neue Wohnformen für ältere Menschen – Voraussetzungen zum selbständigen Wohnen", Ministerium für Bauen und Wohnen des Landes Nordrhein-Westfalen, Köln 1995

Orientierungssysteme in Gebäuden Nr. 1957, IRB, ISBN 3-8167-1879-5

Pflegen zuhause, Ratgeber für die häusliche Pflege, Bundesministerium für Arbeit und Sozialordnung, Bonn 1995

Planung für Behinderte ist Planung für alle, 5. Fimitic Kongreß, Gemeinnütziger Reichsbund Wohnungsbau und Siedlungsgesellschaft mbH, Hannover

Planungsgrundlagen für barrierefreie Gestaltung des öffentlichen Verkehrsraumes, Schriftenreihe Barrierefreies Planen und Bauen im Freistaat Sachsen, Sächsisches Staatsministerium für Wirtschaft und Arbeit, Dresden (Hrsg.)

Planungshilfe 1, Barrierefreies Planen und Bauen, Staatliche Hochbauverwaltung des Landes Hessen, Hessisches Ministerium der Finanzen (Hrsg.), 2. Aufl. Wiesbaden 1992

Planungshilfen zur Nutzungsänderung von Alten- zu Pflegeheimen, W. Kohlhammer Verlag, Stuttgart, ISBN 3-17-010646-5

Planen und Bauen für alte und behinderte Menschen, Beispiele und Planungshilfen für das Land Brandenburg, Ministerium für Stadtentwicklung, Wohnen und Verkehr des Landes Brandenburg (Hrsg.), Potsdam 1992

Praktische Hilfen für Körperbehinderte, 3. Aufl., Deutsche Vereinigung für die Rehabilitation Behinderter e.V., 1983, ISBN 3-9800900-0-0

Publikationen, Bundesministerium für Raumordnung, Städtebau, Bonn, Deichmannsaue

Qualitätssiegel Baden-Württemberg, Betreutes Wohnen für Senioren, Hrsg.: Städtetag Baden-Württemberg, Gemeindetag Baden-Württemberg, Landeswohlfahrtsverband Baden, Landeswohlfahrtsverband Württemberg-Hohenzollern, Karlsruhe/Stuttgart 1995

Rampen für Fußgänger, Nr. 2696, IRB, ISBN 3-8167-2620-8

Ratgeber für behinderte Menschen und ihre Angehörigen, Ministerium für Arbeit, Gesundheit, Familie und Sozialordnung, Stuttgart

Ratgeber Häusliche Pflegehilfe, AOK, Verlag W. E. Weinmann, Filderstadt 1995

Raumordnung, Bauwesen und Städtebau, Wohnen alter und pflegebedürftiger Menschen – beispielhafte Lösungen, Verlag IRB, F 2 163

Rehabilitation, Bauen für Behinderte und Alte. Deutsche Bauzeitung, 106. Jg. 1972, H. 6, S. 623-628

Rehabilitation 3. Kücheneinrichtungen für Behinderte und Alte. Behinderten-Bungalow in Japan. Deutsche Bauzeitung, 106. Jg. 1972, H. 6, S. 630-631

Sanitäranlagen und Küchen in Wohnungen für Körperbehinderte (Rollstuhlfahrer). Sanitär + Spezialwohnungen für Querschnittgelähmte. Wohnungsmedizin, 6. Jg. 1968, H. 2, S. 30

Sozialhilferecht, Schellhorn, Walter, 7. Aufl., BSHG-Textausgabe, ISBN 3-472-00430-4

Spiel, Sport und Freizeiteinrichtungen für Behinderte, Nr. 727, IRB, ISBN 3-8167-0642-8

Strukturqualität geriatrischer und gerontopsychiatrischer Einrichtungen in Hessen, Geschäftsstelle Qualitätssicherung Hessen, Eschborn 1998

Technische Wohnungsbau-Richtlinien 1993, Hessisches Ministerium für Landesentwicklung, Wohnen, Landwirtschaft, Forsten und Naturschutz (Hrsg.), Wiesbaden 1992, ISBN 3-89051-123-6

Thema Wohnbedarfsuntersuchung, KDA, Kuratorium Deutsche Altershilfe

TÜV-Merkblatt, Richtlinien für Behindertenaufzüge, TÜV Rheinland, Köln

Umbau und Sanierung, DMB Deutscher Mieterbund Köln

Verkehr-Forschung, Das Niederflurbussystem, Europäische Kommission, CECA-CE-CEEA, Brüssel-Luxemburg, 1995

Verkehrsnachrichten Heft 1, 2, 4, 11, 12, Bundesminister für Arbeit und Sozialordnung, Bonn

Verstärkte Hilfe für die Behinderten. Aktionsprogramm der Bundesregierung zur Förderung der Rehabilitation verkündet. Deutscher Bundestag, 6. Wahlperiode, Drucksache B I/896, S. 15-19

Verwaltungsvorschrift des Wirtschaftsministeriums zum Landeswohnungsbauprogramm 1996, Gemeinsames Amtsblatt, Staatsanzeiger für Baden-Württemberg GmbH, 1996

Verzeichnis der lieferbaren Schriften, KDA, Kuratorium Deutsche Altershilfe

Verzeichnis der Publikationen mit Inhaltsang., Deutsches Zentrum für Altersfragen e.V., 1992

Vom Umgang mit Formaldehyd, bga Bundesgesundheitsamt, ISBN 3-92 4403-57-0

Wodurch kann die Gesellschaft das Leben Behinderter in der Familie erleichtern? Jahrbuch der Deutschen Vereinigung für die Rehabilitation Behinderter e.V., De. Vg. 1969/70, Stuttgart o.J.

Wohnen alter und pflegebedürftiger Menschen – Beispielhafte Lösungen, Bundesminister für Raumordnung, Bauwesen und Städtebau, ISBN 09 38-8817

Wohnen Behinderter Bd. 245/1 und 2. Literaturstudie, W. Kohlhammer, Stuttgart, ISBN 3-17-011131-7 und -0

Wohnen im Alter, Perspektiven einer Lebensform, Bd. 2, Bayerische Architektenkammer, ISBN 3-927679-01-1

Wohnen im Alter, Heute schon an morgen denken, RWE-Bauplanung

Wohnen von Menschen mit Behinderungen, Ziese-Verlag, Oldenburg, ISBN 39801943-88

Wohnen ohne Barrieren, Bayerisches Staatsministerium des Innern (Hrsg.), München 1995

Wohnberatung für ältere Menschen, Bundesministerium für Raumordnung, Bauwesen und Städtebau (Hrsg.)

Wohngesundheit, Nr. 1329, IRB, ISBN 3-8167-1247-9

Wohnhochhaus für Querschnittgelähmte. Wohnungsmedizin, 6. Jg. (1968), H. 6, S. 94

Wohnungen für ältere Menschen, Planung Ausstattung Hilfsmittel, Bundesministerium für Raumordnung, Bauwesen und Städtebau, 1995

Wohnkonzepte für Menschen mit Behinderungen, Grundlagen und Planungshilfen, Ministerium für Bauen und Wohnen des Landes Nordrhein-Westfalen, Aachen 1996 ISBN 3-930860-47-3

Wohnpolitische Innovationen, Wohnbund Jahrbuch, VWP, Verlag wissenschaftlicher Publikationen, ISBN 3-922981-65-8

Wohnungsanpassung, Anpassung an die Wohnung, TU Berlin, ISBN 3 7983-1391 1. Verkaufsstelle FRA-B, Franklinstraße 15, Berlin

Wohnungsbau für Behinderte und Alte als öffentliche Verpflichtung. In: Das Altenheim, 10 (1971), Nr. 3, S. 69-70 (I) und 10 (1971), Nr. 5 S. 119-120 (II)

Zur Situation der Behinderten in der BRD, Statistisches Bundesamt, Wiesbaden, ISBN 1020600-81900

Zur Situation Körperbehinderter Studierender an den Universitäten und wissenschaftlichen Hochschulen der BRD. Die Rehabilitation, 7. Jg., Heft 2, 1968, S. 59 ff.

Autoren, Daten und Anschriften

Aßmann, Ralf, Dipl.-Ing. Maschinentechnik und Dipl. Designer Industrial Design.
Tätigkeit als Geschäftsführer der Forschungsgruppe für Entwicklung und Erprobung technischer Hilfen für Behinderte der Evangelischen Stiftung Volmarstein. Seit 1991 Lehre an der Bergischen Universität, Gesamthochschule Wuppertal, Fachbereiche 12 (Maschinentechnik) und 5 (Industrial Design; Ergonomie).
Anschrift: Hintersudberger Str. 90, 42349 Wuppertal

Berger, Gerhard, Dr., Diplom-Soz. Wiss.
Studium der Sozialwissenschaft in Bochum, Wissenschaftlicher Assistent am Institut für Soziologie und Sozialplanung der Universität Stuttgart. Seit 1992 Akademischer Rat am Institut für Soziologie der Christian-Albrecht-Universität Kiel, Lehr- und Forschungsschwerpunkte: Methoden und Techniken der empirischen Soziologie, Soziologie des Alterns, Stadt- und Regionalsoziologie.
Anschrift: Rührsbrook 13 B, 24226 Kiel

Böhringer, Dietmar, Dipl.-Päd. Fachschulrat Leiter einer Berufsschulabteilung an der Nikolauspflege Stuttgart, Bildungsstätte für Blinde und Sehbehinderte. 1977 erste Aktivitäten zur blinden- und sehbehindertengerechten Gestaltung von Wegstrecken im Straßenverkehrsbereich. Mitglied der „Initiativgruppe blinden- und sehbehindertengerechtes Planen und Bauen Stuttgart" seit 1985; Gründungsmitglied der „Interessengemeinschaft Behindertengerechtes Planen und Bauen Stuttgart"; Beauftragter für blinden- und sehbehindertengerechtes Planen und Bauen des Verbandes der Blinden- und Sehbehindertenpädagogen e.V.
Anschrift: Riegeläckerstr. 8, 71229 Leonberg

Bolay, Frank,
Jahrgang 1967. Nach Abitur und einjährigem Praktikum in einem Behindertenheim ab 1987 Studium im Allgemeinen Maschinenbau. Ab 1984 Mitarbeit in einer Freizeitgruppe für Blinde und Sehbehinderte, aus der 1986 die „Initiativgruppe für blinden- und sehbehindertengerechtes Planen und Bauen in Stuttgart" hervorging. 1996 – 1998 Wissenschaftlicher Mitarbeiter an der Universität Gesamthochschule Siegen im Forschungsprojekt „Merkmalprofile zur Eingliederung Leistungsgewandelter und Behinderter in Arbeit". Seit 1998 Wissenschaftlicher Mitarbeiter an der FernUniversität Gesamthochschule in Hagen, Arbeitsstelle für Rehabilitationstechnik.
Adresse: Voßhöfener Str. 79, 58300 Wetter/Ruhr

Brohm, Joachim, Dipl.-Ing., Baudirektor i.R.
Architekturstudium und Assistent an der TU Braunschweig. Bis 1995 Leitung der Dienststelle „Förderung des Wohnungsbaus" in der Baubehörde Hamburg mit Schwerpunkt der Durchsetzung von Wohnungen für kinderreiche, betagte und behinderte Menschen. Vorstandstätigkeit in verschiedenen Institutionen, die sich der Verbesserung der Lebens- und Wohnsituation behinderter und betagter Menschen widmen.
Anschrift: Jochim-Sahling-Weg 65, 22549 Hamburg

Buhmann, Klaus, Dipl.-Ing., Technischer Aufsichtsbeamter
Bergbaustudium an der TU Clausthal-Zellerfeld. Seit 1974 Technischer Aufsichtsbeamter der Verwaltungs-Berufsgenossenschaft Hamburg. Von 1978 bis 1984 Obmannschaft im Fachausschuß Verwaltung. In dieser Zeit entstanden die „Sicherheitsregeln für Bildschirmarbeitsplätze im Bürobereich". 1986 Wechsel in den Arbeitsbereich „Barrierefreie Gestaltung" und Mitarbeit in den entsprechenden Normungsgremien des DIN. Seit 1997 Koordinator für die barrierefreie Gestaltung von Verwaltungsgebäuden, Büro- und Bildschirm-Arbeitsplätzen bei der Verwaltungs-Berufsgenossenschaft.
Anschrift: Verwaltungs-Berufsgenossenschaft, BV2, Spaldingstr. 160, 20097 Hamburg

Doose, Volker
1935 in Meldorf geboren. Seit 1960 tätig als Architekt in Büros in Flensburg, Braunschweig, Ludwigshafen, Hamburg. 1966 Gründung eines eigenen Architekturbüros in Hamburg. 1969-1977 Gremienarbeit in der Architektenkammer Hamburg. 1988 Gründung eines Büros für Architektur und Design in Berlin: Beratung der Freien Universität zum Thema Zugänglichkeit und Nutzbarkeit; Intergrative Leitsysteme in Museen und Gartenbauaustellungen. Seit 1989 Arbeit im DIN-Ausschuß Barrierefreies Bauen. Seit 1995 Arbeit im DIN-Ausschuß Gebrauchsgüte. Seit 1976 Vortrags- und Seminartätigkeit, Veröffentlichungen im europäischen Raum zu Themen: Begegnungsformen, Intergrative Leitsysteme, Lebenslaufbauen.
Anschrift: Schäferstr. 21, 20357 Hamburg

Ebenhöh, Gottfried, Dr. med.
Arzt für Orthopädie, Chirotherapie, Sportmedizin Studium in Würzburg. Berufliche Stationen Nürnberg, Bayreuth und Werneck in Unterfranken. Dort Weiterbildung zum Arzt für Orthopädie und langjähriger Oberarzt am Orthopädischen Krankenhaus Schloß Werneck. Seit 1988 Chefarzt am Neuro-Orthopädischen Reha-Zentrum Bad Orb.
Anschrift: Reha-Zentrum, Spessartstraße 20, 63619 Bad Orb

Fauth, Clemens, Dipl.-Ing. Landschaftsarchitekt BDLA. Nach Studium der Landschaftsarchitektur an der Uni München/Weihenstephan Tätigkeit als Landschaftsarchitekt, u.a. behindertengerechte Anlagen von Außenanlagen z.B. bei Krankenhäusern, Altenheimen, Institutsgebäuden und im Geschoßwohnungsbau; Planung der Außenanlagen an Ingenieurbauwerken und Brücken, Straßen und Schienenwegen. Nachdiplomierung in Rapperswil, Schweiz im Fach CAD/Elektronische Bildverarbeitung. Lehrtätigkeit an der Fachhochschule München im Fachbereich Architektur. Zahlreiche Wettbewerbserfolge. Mitglied im Bund Deutscher Landschaftsarchitekten und in der Bayerischen Architektenkammer.
Anschrift: Fleischerstraße 6, 80337 München

Garms-Homolová, Vjenka, Prof. Dr. phil., Diplom-Psychologin
war im Deutschen Zentrum für Altersfragen Berlin und danach als Assistenzprofessorin an der Freien Universität Berlin, Fachbereich Medizinische Grundlagenfächer, Institut für Soziale Medizin, tätig. 1987 wechselte sie an das Institut für Soziologie der Erziehung im Fachbereich Erziehungs- und Unterrichtswissenschaften der gleichen Universität. Seit Oktober 1990 hat sie eine Vertretungsprofessur im Fachbereich Erziehungswissenschaft, Psychologie und Sport an der Universität Osnabrück inne. Forschungserfahrung auf dem Gebiet der gerontologisch orientierten Gesundheits- und Versorgungsforschung und Autorin/Mitautorin von rund 150 wissenschaftlichen und populärwissenschaftlichen Veröffentlichungen.
Anschrift: IGK e.V., Institut für Gesundheitsanalysen und soziale Konzepte e.V., Neue Straße 3 B, 14163 Berlin

Gennrich, Rolf
Studienabschlüsse: Sozialpädagogik, Köln mit den Schwerpunkten Heilpädagogik und Massenkommunikationspädagogik. Soziale Gerontologie, GHK Kassel, Diplom-Sozial-Gerontologe mit den Schwerpunkten Sozialplanung, Leitung und Organisation von Einrichtungen der Altenhilfe. Nach dem Studium der Sozialpädagogik Arbeit in allen Bereichen der stationären Altenhilfe: pflegerische Ausbildung, Stationsleitung, Pflegedienstleitung, Sozialer Dienst. Von 1986 bis 1991 Leiter eines Seniorenzentrums der Arbeiterwohlfahrt in NRW mit 114 Heimplätzen und Angeboten der Kurzzeit- und Tagespflege. Seit 1991 Mitarbeiter des KDA, Referat Betriebswirtschaft, hier insbesondere zuständig für Fragen der Pflegesatzgestaltung, Altenhilfeplanung und für die Beratung der neuen Bundesländer. Ein weiterer Schwerpunkt ist die Förderung und Beratung der Träger von Tages- und Kurzzeitpflege-Einrichtungen.
Anschrift: Am alten Gaswerk 6, 40764 Langenfeld

Gerngroß-Haas, Gabriele, Diplom-Soziologin, Master of Science EP.
Studium der Soziologie und Environmental Psychology. Nach 7jähriger Berufstätigkeit in der empirischen Sozialforschung 1979-1993 Leiterin des Sachgebiets „Sozialplanung in der Hilfe für alte, behinderte und psychisch kranke Menschen" beim Sozialamt der Landeshauptstadt Stuttgart; Arbeitsschwerpunkte im Bereich Sozialplanung: Entwicklung von Zielvorstellungen und Konzeptionen für bestimmte Fragestellungen und Hilfeangebote. Planung entsprechender Projekte und Maßnahmen sowie Begleitung ihrer Umsetzung, empirische Auswertung und Evaluation realisierter Projekte im Sinne der Rückkoppelung zur Planungsphase; Lehrbeauftragte am Institut für Sozialforschung, Abteilung für Soziologie und Sozialplanung der Universität Stuttgart. Seit 1993: HERAPLAN. Büro für Planung, Forschung und Beratung im Sozialbereich. Schwerpunkt Alten- und Behindertenpflege.
Anschrift: Heusteigstraße 94, 70180 Stuttgart.

Hahn, Norbert, Dipl.-Soziologe, Dipl.-Pädagoge und Studienrat z. A. an der Fachhochschule für Sozialwesen in Frankfurt/Main. Tätig in der Erwachsenenbildung und Forschung im Bereich der Behindertenpsychologie.
Anschrift: Harderstraße 6, 65185 Wiesbaden

Hildebrand, Joachim, Freier Architekt
Seit 1969 mehrere Bauten aller Art für Behinderte, z.B. Schulen, Wohnheime, Werkstätten sowie Förderungs- und Betreuungsgruppen in Baden/Württ. und Bayern. Ein behindertes Kind
Anschrift: Lautengasse 17, 89073 Ulm-Donau

Jochheim, Kurt-Alphons, Prof., Dr. phil. (hc), emeritierter Hochschullehrer,
ehemaliger Leiter des Instituts für Rehabilitation und Behindertensport an der Deutschen Sporthochschule Köln, ehemaliger Vorsitzender der Deutschen Vereinigung für die Rehabilitation Behinderter e.V., ehemaliger Leiter des Rehabilitationszentrums der Universität Köln, ehemaliger Präsident der Rehabilitation International.
Anschrift: Sperberweg 10, 50374 Erfstadt-Lechenich

Klie, Thomas, Prof. Dr. jur.
Fachhochschule Freiburg. 1. Vorsitzender der Gesellschaft Soziale Gerontologie und Altenarbeit in der Deutschen Gesellschaft für Gerontologie und Geriartrie.
Anschrift: Ev. Fachhochschule, Buggingerstr. 38, 79114 Freiburg, Tel. 0761-47812-0/32/23

Krauspe, Ernst, Dr. med. Facharzt für Chirurgie und Orthopädie
Chefarzt am Kreiskrankenhaus, Chirurgische Abteilung. Tätigkeitsbereiche: Operative Orthopädie, spezielle Wiederherstellungschirurgie, Beschäftigungstherapie, Krankengymnastik, Rehabilitation.
Anschrift: Paulinenstraße 24, 32108 Bad Salzuflen

Lesser, Werner, Dr.-Ing. Maschinenbau
Studium: Maschinenbau in Darmstadt. Beruflicher Werdegang: Ab 1979 Wiss. Mitarbeiter am Institut für Arbeitswissenschaft der Technischen Hochschule Darmstadt. 1985 Promotion. Tätigkeitsschwerpunkte: ergonomische Gestaltung von Rollstühlen, Arbeitseinsatz von Rollstuhlfahrern. Ab 1987 Leiter der Arbeitsgestaltung im Produktbereich Omnibus der Mercedes-Benz-AG in Mannheim. Tätigkeitsschwerpunkte: Einsatz von Mitarbeitern mit Einsatzeinschränkungen, Einführung von neuen Formen der Arbeitsorganisation.
Anschrift: Heinz-Heins-Weg 2, 63287 Darmstadt

Loeper, Herwig, Dipl.-Ing., Freischaffender Architekt
Architekturstudium an der Hochschule für Architektur und Bauwesen Weimar, 1970 Diplom. Tätigkeit in Forschung und Praxis auf den Gebieten Wohnungsbau, Sozial- und Kureinrichtungen, barrierefreies Bauen. Mitglied in der Gesellschaft für Rehabilitation in der ehemaligen DDR. Zusammenarbeit mit CIB-W 84 Stockholm; Mitglied des Fachnormenausschusses DIN 18024 und DIN 18025. Seit 1990 eigenes Büro in Berlin; Integrations- und Objektplanung für ältere und behinderte Menschen.
Anschrift: Barnimstraße 36, 10249 Berlin

Nill, Rolf, Prof. Dr. phil.
Referent für Stadtentwicklungsplanung bei der Stadt Tübingen. Leiter des Hochschulamtes. Die Beschäftigung mit den Belangen der Behinderten resultiert aus den Arbeiten, die für die Stadtverwaltung durchgeführt wurden, wobei der Schwerpunkt auf dem Bereich der baulich-städtebaulichen Voraussetzungen liegt.
Anschrift: Neckarhalde 7, 72072 Tübingen

Osbelt, Christa, Dipl.-Designerin, Innenarchitektin und Architektin
Leiterin der „Beratungsstelle für alten- und behindertengerechtes, barrierefreies Planen, Bauen

und Wohnen" der Landeshauptstadt Wiesbaden. Mitglied im Arbeitsausschuß für DIN 18024 und DIN 18025.
Anschrift: Roonstraße 7, 65195 Wiesbaden

Riehle, Georg, Dipl.-Ing. (FH)
Maschinenbaustudium an der FH Karlsruhe. Seit 1958 bei der Deutschen Bundespost; ab 1960 beim Posttechnischen Zentralamt in Darmstadt. Inzwischen seit über 20 Jahren zuständig u.a. für die Planung und den Betrieb von Aufzuganlagen, hebetechnischen Einrichtungen und kraftbetätigten Türen und Toren bei der Deutschen Bundespost; nunmehr im Unternehmen Postdienst.
Anschrift: Gerenweg 9b, 64846 Groß-Zimmern

Rohmert, Walter, Professor, Dr.-Ing.
Studium der Elektrotechnik an der TH Aachen. Beruflicher Werdegang: 1955-56 Direktionsassistent in der AEG, Kassel, 1956-63 Wiss. Mitarbeiter am Max-Planck-Institut für Arbeitspsychologie, Dortmund. 1959 Promotion und 1962 Habilitation, jeweils in der Fakultät Maschinenwesen der TH Aachen, seit 1963 o.-Professor und Direktor des mit dem Lehrstuhl verbundenen Instituts für Arbeitswissenschaft der TH Darmstadt.
Anschrift: Institut für Arbeitswissenschaft der Technischen Hochschule Darmstadt, Petersen Straße 30, 64287 Darmstadt

Sautter, Manfred, Dipl.-Ing. (FH)
Brandschutzsachverständiger beim Regierungspräsidium Stuttgart. Vorbeugender baulicher Brandschutz. Abwehrender Brandschutz. Dipl.-Ing. (FH) nach Ausbildung am Berufsförderungswerk Heidelberg seit 1977. Feuerwehrtechnische Ausbildung bis zur Inspektorprüfung an der Landesfeuerwehrschule Baden-Württemberg in Bruchsal.
Anschrift: In den Beeten 16, 74379 Ingersheim

Scholz, Josef Franz, Dr. med., Arzt für Arbeitsmedizin und Allgemeinmedizin, verstorben am 20. 7. 1998

Schüle, Klaus, Univ.-Professor, Dr. Sportwiss., Dipl. Sportlehrer
Studium: Soziologie, Volkswirtschaftslehre, Politik und Sport in Tübingen und Köln. Beruflicher Werdegang: Ab 1969 Diplomsportlehrertätigkeit. Ab 1971 Wiss. Mitarbeiter u. Assistent am Seminar und Institut für Rehabilitation und Behindertensport der Deutschen Sporthochschule Köln. 1976 Promotion. 1985 Habilitation, seit 1991 Professor für Rehabilitation, Sporttherapie und Behindertensport. Arbeitsschwerpunkte: Soziologie des Behinderten. Sporttherapie bei onkologischen und degenerativen orthopäd. Erkrankungen. Ausbildungsfragen von Berufen in der Rehabilitation.
Anschrift: Institut für Rehabilitation und Behindertensport der Deutschen Sporthochschule Köln, Carl-Diem-Weg 6, 50933 Köln

Specht, Winfried
Seit dem 11. Lebensjahr auf beiden Augen blind. Besuch der Blindenschulen in Ilvesheim und Stuttgart bis zur kaufmännischen Wirtschaftsschule. Ausbildung zum Datenverarbeitungskaufmann/Programmierer am Berufsförderungswerk Heidelberg. Seit 1980 Programmierer am Rechenzentrum der Universität Stuttgart. Ehrenamtliche Leitung der „Bezirksgruppe Stuttgart im Blindenverband Ost-Baden-Württemberg e.V." seit 1987. Mitglied der „Initiativgruppe blinden- und sehbehindertengerechtes Planen und Bauen Stuttgart" seit ihrem Bestehen.
Anschrift: Elisabethenstr. 38, 70197 Stuttgart

Stemshorn, Axel, Prof. Dipl.-Ing.
Freier Architekt und öffentlich bestellter und vereidigter Sachverständiger für Hochbau/Entwurf und Planung des technischen Ausbaus sowie für das Fachgebiet Barrierefrei Planen und Bauen. Studium an der Universität Karlsruhe. Bürotätigkeit in Karlsruhe, Reutlingen, Esslingen, Stuttgart und Ulm. Seit 1965 Assistent an der Universität Stuttgart. Seit 1971 Lehrtätigkeit an der Staatlichen Akademie der bildenden Künste Stuttgart im Studiengang Architektur und Design, Fachgebiete Technischer Ausbau und barrierefreies Bauen für Behinderte und Betagte. Eigenes Architekturbüro in 89073 Ulm mit zwei Partnern.
Anschrift: Staatliche Akademie der Bildenden Künste Stuttgart, Am Weißenhof 1, 70191 Stuttgart

Treier, Peter, Professor Dr. phil. Dipl.-Ing.
Nach Schulbesuch, Lehrzeit und Industriepraktikum, 1956-1959 Studium an der Staatl. Ingenieurschule für Maschinenwesen Wuppertal (Ing. grad.), 1959-1963 Studium an der RWTH Aachen, Fachrichtung Fertigungstechnik (Dipl.-Ing.), Studium generale und Erwerb der Missio canonica für höhere Fachschulen, 1963-1966 Ingenieurtätigkeit im Siemens-Konzern mit Schwerpunkten in der fertigungstechnischen Entwicklung und Betriebsorganisation. Zweitstudium an der Uni Würzburg (Philosophie, Pädagogik, Psychologie), 1966-1969 Ingenieurtätigkeit bei der Fa. J. P. Bemberg AG. 1969-1971 hauptamtliche Lehrtätigkeit als Baurat im Ingenieurschuldienst in Remscheid, Lehrbeauftragter der Päd. Hochschule Rheinland, Abt. Wuppertal (Arbeitswissenschaft). 1972 Ernennung zum Professor an der Bergischen Universität-Gesamthochschule Wuppertal im Fachbereich Maschinentechnik und als Serviceleistender für die Fachgebiete Druckereitechnik und Industrie Design. Vertretung der Lehrgebiete Arbeits- und Betriebswissenschaft, Betriebsorganisation, industrielle Führungstechnik und Sondergebiet Instandhaltung und Qualitätssicherung. 1984 Promotion zum Dr. phil. an der Philosophischen Fakultät der RWTH Aachen, Forschungsaktivitäten auf dem Gebiet der Rehabilitations-Arbeitswissenschaft und der Ingenieurpädagogik Industrieberatungen.
Anschrift: Bergische Universität Gesamthochschule Wuppertal, Gaußstraße 20, 42097 Wuppertal

Tretter, Manfred
Besuch mehrerer Blindenschulen bis zum Abschluß der Fachhochschulreife an der Deutschen Blindenstudienanstalt in Marburg. Studium der Sozialarbeit an der Fachhochschule Esslingen. Seit 1981 Berufstätigkeit in verschiedenen psychiatrischen Einrichtungen, zur Zeit an einer Tagesstätte für chronisch psychisch Kranke in Esslingen. Ehrenamtliche Mitarbeit in der Blindenselbsthilfe, vor allem im Deutschen Verein der Blinden und Sehbehinderten in Studium und Beruf e.V. sowie in der „Initiativgruppe blinden- und sehbehindertengerechtes Planen und Bauen Stuttgart".
Anschrift: Heidestr. 44, 70469 Stuttgart

Wagner-Fischer, Anne-Marie, Dr. med.
Fachhochschullehrerin für Sozialmedizin, verstorben im Mai 1999

Wiese, Martina
Studium: Okt. 1980 – Nov. 1987, Universität Dortmund, Fachbereich Raumplanung, Abschluß: Dipl.-Ing. Raumplanung. Beruf: Seit Februar 1988 Wissenschaftliche Angestellte in einem wohnungswirtschaftlichen Forschungsinstitut, Gemeinnütziger Förderverein für Wohnungswesen, Städteplanung und Raumordnung an der Ruhr-Universität Bochum e.V., Förderergesellschaft der AWOs. Arbeitsbereiche: Konzeptionierung und Akquisition von Projekten, Bearbeitung von Forschungsprojekten zu aktuellen Fragen des Wohnungswesens und der Wohnungswirtschaft u.a. zum Themenfeld „Betreutes Wohnen für Senioren". Seit 1990 Geschäftsführerin beim Gemeinnützigen Förderverein archplan, Bau- und stadtökologische Konzepte, Selm/Münster.
Anschrift: Eichendorffstraße 35, 59379 Selm

Wietrzichowski, Arnold, Prof. Dipl.-Ing.
Architekturstudium TH Stuttgart bis 1956. Tätigkeit im Architekturbüro bis 1959; danach Lehrtätigkeit an der Bauingenieurabteilung der Uni Stuttgart bis 1966 mit Vertiefung im Bereich der Bauphysik. Freiberufliche Tätigkeit als Architekt; seit 1969, vorwiegend als beratender Ingenieur auf den Gebieten der Bauphysik. Seit 1972 Lehrauftrag für Bauphysik an der Staatlichen Akademie der bildenden Künste, Stuttgart. Seit 1983 im Verband beratender Ingenieure.
Anschrift: Im Wengert 65, 71229 Leonberg

Stichwortverzeichnis

Abfall, Sammlung von 268
Abfallarten 268
Abfallbeseitigung 268
Abfallmengen 268
Ablagen 222
Absicherungsmaßnahmen 370
Abstellflächen 178
Abstellplätze 178
Abstellraum 176
Abstellraum, befahrbarer 177
Abwurfanlage 270
Abwurfschächte 273
Achselstützen 60
aggressive Identitätsverteidigung 37
Altenheime 31, 187
Altenhilfe 81, 86
Altenwohnhaus 103
Altenwohnheim 31, 186
Altenwohnung 103
Altersgliederung 30
Anfahrt 271
Anspruch älterer behinderter Menschen 25
Anspruch an die Gesellschaft 23
Anspruch an die Umwelt 26
Anspruch behinderter Erwachsener 25
Anspruch behinderter Jugendlicher 24
Anspruch behinderter Kinder im Kindergartenalter 23
Anspruch behinderter Kinder im Schulalter 23
Antennenanlagen 252
Apathie 37
Apotheken 299
Arbeit 345
Arbeit, Schweregrad 364
Arbeitsbereiche 339
Arbeitsflächen 222
Arbeitsgestaltung 345
Arbeitsgruppen, kommunale 399
Arbeitskraft 355
Arbeitspädagogik 354
Arbeitsplatz 79, 363
Arbeitsplatz, außer Haus 223
Arbeitsplatz, in Werkstätten 223
Arbeitsplatz, zu Hause 223
Arbeitsplätze 380
Arbeitsplätze, geschützte 428
Arbeitsraum 347
Arbeitsschutzgesetz 299
Arbeitsstätten 299, 311
Arbeitsstätten-Richtlinien 300
Arbeitsstätten-Verordnung 299, 300
Arbeitsstuhl 348
Arbeitssysteme 349
Arbeitsumwelt 364
Arbeitswelt 223, 345
Armaturen 232, 241, 242
Armlehnen 66
Arthritisstützen 60
Ärztliche Probleme 431
Arztpraxen 299
Aufladung, elektrostatische 207

Aufmerksamkeitsfelder 204
Aufzug 306, 307
Aufzüge 253, 272, 273, 318
Ausbildungsstätten 299
Ausblick 278
Außenanlagen 287
Außenanlagen, öffentliche 319
Außenbereich, Bodenbeläge im 206
Ausstattung 197
Austauschbarkeit 184, 233
Autoparksysteme 286

Bad 249
Baden-Württemberg 415
Badestätten 311
Badewanne 234
Bahnhöfe 299
Balkon 250, 278, 290
Balkontüren 214, 221
Banken 299
Barrierefreier Wohnungsbau 120
Basketballfeld 190
Bauen, anpassbares 81, 117, 119
Baugestaltung 362
Baustellenabschrankungen 368, 371
Bayern 416
Be- und Entlüftungsanlage 196
Becken 333
Beckenrand 193, 333
Bedienungsvorrichtungen 244, 315
Begegnungsflächen 305
Behandlungszentren 188
Beherbergungsbetriebe 299, 315
Behinderte 32, 87, 164, 171, 183, 220, 229, 339
Behindertenfreundlich 83
Behindertengerecht 83
Behindertenselbsthilfe 410
Behindertensport 327
Behinderung 28, 146
Behinderung, Anerkennung der 37
Behinderung, Grad der 296
Behinderung, Kaschieren oder Verbergen 37
Behinderung, Verleugnen 37
Behinderungsarten 356, 365
Beihilfevorschriften 414
Beinstützen 66
Beläge 287, 319
Beleuchtung 244, 247, 318, 347
Beleuchtungsanlagen 245
Bepflanzung 321
Beratungsstellen 402, 406
Berlin 416
Berufsberatung 357
Beschäftigung 430
Beschilderung 315
Beschlagsarten 208
besuchsgeeignet 117
Betagte 87, 164, 171, 183, 220, 229, 287, 289, 319
Betreutes Wohnen 81, 100, 111
Bett 154, 161
Bewegungsbad 186, 193, 197
Bewegungsfläche 167, 220, 231, 239, 244
Bewegungsflächen, Maße 304

Bewegungshilfen 63
Bewegungsraum 55, 57, 58
Bewegungsraummessung 55
Bewegungstherapie 186
Bewertungsgruppen 202
Bewohnbarkeit 181
Bildschirm-Arbeitsplätze 346
Bildschirmanzeige 348
Bildschirmgeräte 348
Blendung 347
Blinde 44, 152, 270, 318, 323, 366, 368, 373, 375, 398
Blindenleitstreifen 204
Blindenleitstreifensystem 204
Blindheit 40
Blitzschutz 273
Blitzschutzanlagen 244
Boden 197, 200, 230
Bodenbeläge 201, 309
Bodenindikatoren 44
Bodenindikatoren, taktile 203
Bodenleuchten 247
Bogenschießanlage 190
Bordsteinabsenkungen 384
Braillesche Blindenschrift 44
Brandenburg 417
Brandschutz 271
Brandschutztüren 244
Brandwände 272
Breitband-Kommunikationsnetz (BK-Netz) 252
Breitensport 327
Bremen 417
Brüstung 209, 278
Brüstungshöhe 193
Bundessozialhilfegesetz 414
Bundesversorgungsgesetz 414
Büro-Arbeitsplätze 346
Büromöbel 348

Charta 27
Computergestützte Technologien 349

Dachboden 250
Dauerlüftung 209
DDR 422
Decke 197, 200, 230, 309
Deckenleuchten 247
Deckenschienen 194
Dielen 250
Dreh-Kippbeschläge 208
Drehfenster 208
Dünnbettabdichtungen 233
Dusche 196, 249, 330
Duschplatz 184, 232, 233

EDV-Arbeitstisch 352
EDV-Tastatur 351
Eigenheim 186
Eigenschaften, feuchtigkeitstechnische 198
Eigenschaften, lichttechnische 198
Eigenschaften, mechanische 198
Eigenschaften, schalltechnische 198
Eigenschaften, wärmetechnische 198
Eigentumsverhältnisse 296
Einarmantrieb 64

Einbettzimmer 156
Einfamilienhaus 99
Eingangsbereich, äußerer 135, 141
Eingangsbereich, innerer 142, 144
Eingangsbereiche 230
Einhand-Hebelantrieb 64
Einpersonenhaushalte 30
Einpersonenwohnung 90
Einrichtung 197, 222, 276
Einrichtungen der Altenhilfe 86
Einrichtungsgegenstände 232
Einstiegshilfen 194
Einzelheizungen 226
Einzeltherapie 190
Elektrische Fußbodenstrahlungsheizung 228
Elektro-Installationen 243
Elektroantrieb 63, 64
Elektrostatische Aufladung 198
Empfangsantennenanlage 244
Entwässerung 280, 287, 320
Entwicklung, europäische 26, 27
Ergotherapie 187
Erreichbarkeit, stufenlose 306
Erste-Hilfe-Räume 332
Essplatz 146, 147, 149
Europäische Gemeinschaft 26, 27
Europäische Kommission 28
Experten 410

Fahrrad-Kombinationen 70
Fahrradraum 276
Fahrschachttüren 244
Fahrsteige 262, 263
Fahrtreppen 262
Fallrohr 281
Familienwohnung 90
Federball 190
Fenster 208
Fernmeldeanlagen 243, 250
Fernmeldeanschluss 252
Fernsprechanschluss 244
Fernsprechstellen 253
Fernsprechzellen 244
Fernverkehr 382
Fertigbäder 243
Festigkeit 199, 206
Feuerwehrflächen 271
Finanzierung 341, 342, 411, 414
Flughafengebäude 299
Flure 250, 272, 317
Forschung 406
Freigabesignal, akustisch 394
Freiräume 323
Freisitz-Arten 278
Freizeitbedürfnisse 325
Freizeit 325
Freizeitanlagen 325
Freizeitbau 329
Freizeitsport 327
Freizeitstätten 311
Freizeitverhalten 325
Frühinvalidität 360
Führer 399
Fußbodenaufbau 239
Fußbodenstrahlungsheizung 227

Fußbodenstrahlungsheizung, elektrische 228
Fußwärme 207

Garagen 250, 281
Gasanlagen 273
Gaststätten 299, 315
Gebäude, öffentlich zugängige 316
Gebäudesystemtechnik 245
Gefahrenmeldeanlagen 253
Gefällestrecken 239
Gegenstromanlage 196
Gehbehinderte 289, 397
Gehböcke 60
Gehgestelle 60
Gehgestelle, bewegliche 60
Gehgestelle, fahrbare 61
Gehgestelle, starre 60
Gehhilfen 58
Gehschulung 190
Gehstöcke 59
Gehwagen 61
Gehwege 286
Geländer 200, 319
Gemeinschaftseigentum 276
Geräusche 229
Geschosswohnung 99
Gestaltung, kontrastreiche 374
Gesundheitsselbsthilfe 408
Gitterroste 219, 281
Greifbereich, horizontaler 57
Greifbereich, vertikaler 57
Greifreifenantrieb 63
Griffstange 217
Großmüllbehälter 270
Grundgesetz 299
Gütesiegel „Barrierefrei" 85
Gymnastikraum 186

Hallenanlagen 329, 332
Hallenausstattung 332
Haltegriff 241, 242, 243
Haltegriffe 232
Hamburg 417
Handläufe 200
Handtrockner 244
Hausarbeitsraum 174, 248
Hausarbeitsraum, Anordnung des 175
Hausarbeitsraum, Ausstattung 176
Hausarbeitsräume, Grundformen der 174
Hauseingangstüren 213, 221, 244
Haushalte 30
Haushaltsgröße, durchschnittliche 29
Haussteuerungstechnik 250
Hauswirtschaftsräume 230
Hebegeräte 240
Hebelantrieb 63, 64
Hebesitz-Roller 68
Hebezugsystem 194
Heimgesetz 412
Heimmindestbauverordnung 432
Heizkörperheizung 227
Heizung 223, 225
Helios II Programm 28
Helios-Programm 27
Hessen 418
Hilfsmittel 72

Hindernisse 368
Holzroste 281
Hubboden 194, 333

Individualfahrzeug 383
Informationsverarbeitungsanlagen 250
Innenbereich 201
Innenbereich, Treppen im 205
Integration 40
ISO-Korb 281

Jalousetten 211

Kantinengestaltung 353
Kantinenkonzept, barrierefreies 353
Kaufvertrag 342
Kaufverträge 276
Keller 250
Kfz-Einstieg 79
Kinderwagenraum 276
Klingelanlage 245
Kontraststreifen 204
Kopiergerät 352
Körperbehindertensiedlungen 379
Kraftmaschinen 188
Krankengymnastik 187
Krankenversicherung 413
Küche 149, 164, 166, 171, 248
Küchenausstattung 166
Küchenraum 164

Läden 299
Landesbauordnungen 422
Längsgefälle 286
Lärm 229, 347
Laubengangerschließung 138
Lebenslaufwohnen 92, 93
Leerdosen 246
Leerrohre 246
Legionellen-Problematik 231
Leitlinien 373
Lichtsignalanlage 393
Lichtsignalanlagen 46
Lifter 72, 234, 240
Lifter, bodengebundene 74
Lifter, bodengebundene, fahrbare 72
Lifter, deckengebundene 73
Lifter, wandgebundene 74
Lifterhilfen 75
Liftrollstuhl 66
Linienbus 382
Logopädie 187
Löschwasserversorgung 273
Luft- und Oberflächentemperatur 223
Luftfeuchtigkeit 224
Luftgeschwindigkeit 224
Lufttemperatur 224
Lüftung 223, 243

Mauern 320
Mecklenburg-Vorpommern 419
Mehrgenerationen-Wohnungen 427
Mehrpersonenhaushalte 30
Mehrpersonenwohnung 90
Mehrspänner 138
Messung 55
Möbel 222, 243

Mobilfunk-Telefon 252
Mobilität 45
Mobilitätstraining 45, 46
Modellraumprogramm 339
Mülltonnen 269, 270
Mülltonnenschränke 269, 270

Nachtbeleuchtung 273
Naturparkanlagen 337
Niedersachsen 419
Nordrhein-Westfalen 419
Norm-Innentemperaturen 225
Normalarbeitszeit 363
Notruf 243
Notrufanlage 273
Notrufeinrichtungen 253
Notrufschalter 244

Oberfläche des Türblatts 213
Oberflächen 197, 230
Oberflächentemperatur 224
Oberlichtfenster 209
Orientierung 207, 397
Orientierungshilfen 315, 318, 323

Parallel-Schiebe-Kippbeschlag 209
Parkhäuser 284, 299
Personen-Förderanlagen 253
Personenaufzug, vereinfachter 263
Personenaufzüge, Antriebe 259
Personenaufzüge, Kosten für 259
Pflanzbehälter 321
Pflege 198, 207
Pflegeabteilung 31
Pflegeheime 102, 379
Pflegestation 187
Pflegeversicherung 26, 413
Piktogramme 267
Pkw-Garagen 283
Pkw-Stellplätze 281, 282, 315
Planungsempfehlung 322
Planungsgrundlagen 135, 197
Planungsvoraussetzung 164
Platzbedarf 69, 347
Plätze 367
Privatwohnung 102, 186
Produktionsbereiche 366
Psycho-soziale Behinderung, Nebenwirkung 35
Psycho-soziale Beziehungen 35, 36, 38
Punktschrift 44, 265, 266
Putzräume 273

Qualitätsdiagnose 81, 86
Quergefälle 286

Radwege 389
Rampen 286, 306, 307, 319
Raum 197
Raumerfassung 44
Raumklima 223, 347
Raumprogramm 342
Raumspar-Schwenktür 221
Raumtechnische Anlagen 196
Reflexion 347
Regale 222
Rehabilitation 324, 327, 354, 356, 408

Rehabilitationsangleichungsgesetz 414
Reinigung 200, 209
Reise 315, 364
Reitanlagen 336
Relative Luftfeuchtigkeit 224
Rheinland-Pfalz 420
Rollatoren 61
Rolli-Bikes 66
Rollladen 209
Rollladenantriebe 247
Rollstuhl, am Arbeitsplatz 76
Rollstuhl, Anpassung des 76
Rollstuhl, Designobjekt 71
Rollstuhlabstellplatz 250, 274, 276
Rollstuhlbenutzer 88, 142, 156, 158, 181, 319, 287, 397
Rollstühle 63, 178
Rollstuhlfahrer 78
Rollstuhlgerecht 287
Rollstuhlgestaltung 77
Rollstuhlsitzhöhe 193
Rollstuhlverladung 79
Röntgenräume 273
Roste 205, 207
Rotationstüren 221
Rückenlehnen 67
Rutschen 272
Rutschhemmung 200, 207

Saarland 420
Sachsen 420
Sachsen-Anhalt 421
Sammeleinrichtung 269
Sanitäre Installation 231
Sanitärraum 153, 179, 230, 231, 311, 318
Sanitärraum, Anordnung 181, 183
Sanitärraum, Zuordnung 182
Sauna 186, 197
Säuren 207
Schallschutz 229
Schalter 246
Schiebe-Falzbeschläge 209
Schiebefenster 209
Schienenregionalverkehr 382
Schilder 398
Schlafräume 230, 248
Schleiftechnik 45
Schleswig-Holstein 421
Schrägaufzüge 262
Schränke 222
Schulbauinstitut, der Länder 328
Schutzlinien 373
Schutzzone 249
Schwarzschrift 44, 265, 266
Schwelle 281
Schwimmbad 193, 332
Schwimmbecken 332
Schwingfenster 208
Sehbehinderte 44, 152, 270, 287, 318, 319, 366, 368, 373, 375, 398
Sehbehinderung 40
Sehgeschädigte 323
Selbsthilfe 408, 410
Servicehaus 104, 105, 106, 380
Serviceschalter 315
Sessel 222

Sicherheitsbeleuchtung 273
Signale, akustische 46
Signale, Hörbarkeit der akustischen 395
Signale, taktile 46
Sinnesorgane 364
Sitz- und Liegefilter 75
Skisport 337
Sonderwohnformen 379
Sonnenschutz 225
Soziale Dienste 431
Sozialleistungsrecht 413
Spiegelung 207
Spielgeräte 338
Spielplätze 337
Sport 326
Sportanlagen 299, 325
Sporteinrichtung 186
Sportplätze 336
Sportstätten 311, 315, 329
Spülklosett 242
St. Moritzer Rinne 334
Stadtbahn 382
Städtebau 377
Stadtentwicklungsplanung 377
Stadtpläne 399
Stadtstruktur 378
Stahlblechtüren 213
Standplätze 270
Starkstromanlage 243, 246
Steckdosen 246
Stehgeräte 75
Stehhilfen 58
Steigungsverhältnis 206
Stockwerksanzeige 267
Stoßleisten 199
Straßen 367
Straßenbahn 382
Stromkreise 250
Stromkreisverteiler 246
Studiengang 405
Stühle 222
Stützgriff 243
Systemgestaltung 78

T30-Türen 217
Tableau 265
Tagesstätten 186
Taktile Signale 395
Tapeten 200
Tastenart 267
Taster 246
Tastpläne 46
Taxen 382
Technische Hilfen 79
Telekommunikationsanschluss 245
Temperatur 196
Temperaturverlauf 225, 226
Tennisanlagen 337
Teppichbeläge 206
Terrasse 250, 278, 290
Terrassentüren 214, 221
Therapie 186, 324
Therapieeinrichtung 186, 190
Therapieräume 230, 250
Therapiezentren 188
Tiefgarage 284
Tipptechnik 45

Tische 222
Tischleuchten 247
Tischtennistisch 190
Toiletten 330
Toiletten- und Duschstühle 68
Torantriebe 247
Trainingsmittel 188
Treppen 205, 272, 308, 316, 375
Treppenaufzüge 262
Treppeneinstieg 334
Treppenhäuser 250
Treppenmarkierung 375
Trittschalldämmung 207
Trockengang 334
Türanschläge 306
Türantriebe 247
Türblatt, Oberfläche 213
Türdichtungen 219
Türen 305, 317
Türen, handbetätigte 305
Türöffneranlagen 252
Türrahmen, Oberfläche des 213
Türsprechanlagen 252

U-Bahn 382
Überbrückung 281
Übersichtlichkeit 397
Überstromschutzorgane 244
Übungsmittel 188
Umbaumaßnahmen 296
Umkleidekabine 329
Umkleideräume 196
Umweltgestaltung 47
Unterarmstützen 60
unterfahrbar 239
Unterschneidung 206

Verdrängungsraum 202
Verkehr 377, 380
Verkehrsfläche 244
Verkehrsinsel, behindertengerechte 386
Verkehrsmittel 381
Verkehrsraum 384
Verkehrsraum, öffentlicher 367
Verkehrsunfälle 431
Verkehrsweg 271
Versammlungsräume 299
Versammlungsstätten 315
Versorgung, wohnortnahe 27
Verwaltungsgebäude 299
Video-Türsprechanlagen 252
Vierfuß-Gehhilfen 60
Vorhänge 200

Wand 197, 198, 230
Wände 309
Wandleuchten 247
Wanne 184, 233, 239
Warenhäuser 299
Wärmemenge 223
Wärmeschutzverordnung 281
Warmsprudelbecken (Whirlpools) 196
Waschmaschine 243
Waschtisch 241
Wasseraufbereitung 196
Wasserflächen 320
Wasserspiegel 193

Wassersportanlagen 336
Wassertechnische Anlagen 196
WC 196, 249
Wege 367
Wegebau 319, 324
Wegebegrenzung 290
Weiterbildung 364
Wendefenster 208
Werkstätten 339
Wetterschutz 224
Wettkampfsport 327
Whirlpools 196
Widerstandsfähigkeit 207
Windschutz 225
Wissenschaftliche Forschung 432
Wohnanlage 97, 98, 186
Wohnberatung 404, 405
Wohnen, befürsorgtes 426
Wohnfläche 29, 146
Wohnformen 31, 81, 87, 88, 98, 102
Wohngeldgesetz 414
Wohngemeinschaften 426
Wohnheime 97, 379
Wohnraum 146, 147, 230, 247
Wohnraumanpassung 26
Wohnsituation 29
Wohnsituation alter Menschen 31
Wohnsituation Behinderter 34
Wohnstandort 379
Wohnung 181
Wohnung, behindertengerechte 117
Wohnungen, barrierefreie 379
Wohnungsanpassung 426
Wohnungseingangstüren 214, 221
Wohnungsgröße 83
Wohnungstüren 214, 221
Wohnungsversorgung 29
Wohnverhältnisse 430
Wohnwert 81, 82

Zähler 246
Zäune 320
Zeichen 398
Zentralheizungen 226
Zimmerrollstuhl 68
Zimmertüren 214, 221
Zufahrt 271
Zugang 250, 329
Züricher oder Finnische Rinne 334
Zweibettzimmer 158
Zweipersonenwohnung 90
Zweispänner 138

Bücher in der Verlagsanstalt Alexander Koch

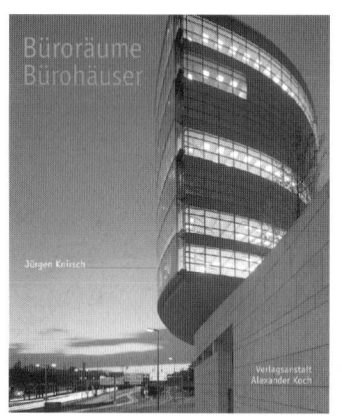

ISBN 3-87422-643-3

ISBN 3-87422-638-7

ISBN 3-87422-644-1

ISBN 3-87422-648-4

ISBN 3-87422-636-0

ISBN 3-87422-642-5

ISBN 3-87422-630-1

ISBN 3-87422-640-9

ISBN 3-87422-645-X